2012

中国铁路工程总公司年鉴

YEARBOOK OF CHINA RAILWAY ENGINEERING CORPORATION

中国铁路工程总公司年鉴编委会　编

中国铁道出版社

内容提要

中国铁路工程总公司年鉴（2012 年卷），记述总公司 2011 年企业改革和发展实况，企业重组、主要业绩、技术进步和创新，可供社会各界阅读参考。

图书在版编目（CIP）数据

中国铁路工程总公司年鉴. 2012 / 《中国铁路工程总公司年鉴》编委会编. — 北京：中国铁道出版社，2013.4
ISBN 978-7-113-16394-5

I. ①中… II. ①中… III. ①铁路运输—建筑企业—中国—2012—年鉴 IV. ①F532.6-54

中国版本图书馆 CIP 数据核字（2013）第 076007 号

书　　名：中国铁路工程总公司年鉴（2012）
作　　者：《中国铁路工程总公司年鉴》编委会
责任编辑：罗桂英
封面设计：唐艳静
责任校对：龚长江
责任印制：赵星辰
出版发行：中国铁道出版社（100054，北京市西城区右安门西街 8 号）
网　　址：http://www.tdpress.com/
印　　刷：北京隆元普瑞彩色印刷有限公司
版　　次：2013 年 4 月第 1 版　2013 年 4 月第 1 次印刷
开　　本：880mm×1230mm　1/16　印张：47.25 插页 34 字数：1000 千字
书　　号：ISBN 978-7-113-16394-5
定　　价：300 元

《中国铁路工程总公司年鉴》（2012）编委会

企业精神

勇于跨越　追求卓越

中国铁路工程总公司　中国中铁股份有限公司

China Railway Engineering Corporation

地址：北京市海淀区复兴路 69 号 9 号楼中国中铁大厦

邮编：100039

电话：(086) 010-51845225

网址：www.crecg.com

电子信箱：Webmaster@crec.cn

▲6月30日，中共中央政治局常委、国务院总理温家宝出席京沪高速铁路开通仪式，亲切接见慰问中国中铁等建设单位代表。

▲7月15日，中共中央政治局常委、中央书记处书记，国家副主席，中央军委副主席，中央党校校长习进平亲切接见参加学习培训的中国中铁等中央党校学员。

▲ 4 月 14 日，中共中央政治局委员、国务院副总理回良玉视察中铁建工承建的玉树第二完全小学。

▲ 5 月 1 日，中共中央政治局委员、中央书记处书记，中央宣传部部长刘云山视察中铁四局承建的渡江战役纪念馆。

▲ 9 月 22 日，中共中央政治局委员、北京市委书记刘淇视察中铁隧道施工的南水北调穿黄工程。

▲ 3 月 11 日，中共中央政治局委员、广东省委书记汪洋视察中铁上海局施工的深圳北站工地。

5 月 23 日，贵州省委书记栗战书视察中铁建工承建的贵阳中煤盘江重工项目。

6 月 23 日，辽宁省委书记王珉视察中铁建设分公司承建的沈阳四环项目。

6 月 2 日，福建省委书记孙春兰视察中铁建工承建的福州地铁项目。

10 月 29 日，湖南省委书记周强视察中铁隧道承建的长沙营盘路湘江隧道项目。

8 月 1 日，国家发改委主任张平视察中铁建工承建的玉树扎北工程。

8 月 22 日，国务院国资委主任王勇观看中国中铁玉树灾后重建宣传资料。

6 月 14 日，铁道部党组书记、部长盛光祖视察中铁大桥局施工的京沪高铁南京大胜关桥。

▲ 李长进
总公司董事长、总经理、党委副书记
股份公司董事长、党委书记

▲ 白中仁
总公司党委书记、董事
股份公司总裁、执行董事、党委副书记

企业法人
营业执照
（副　本）
注册号100000000010518(9-1)
发照机关
二〇一〇年七月十五日

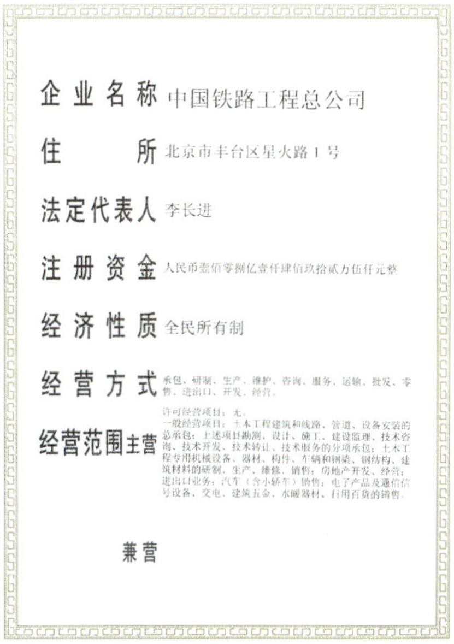

企业名称　中国铁路工程总公司
住　　所　北京市丰台区星火路1号
法定代表人　李长进
注册资金　人民币壹佰零捌亿壹仟肆佰玖拾贰万伍仟元整
经济性质　全民所有制
经营方式　承包、研制、生产、维护、咨询、服务、运输、批发、零售、进出口、开发、经营。
经营范围主营　许可经营项目：无。
一般经营项目：土木工程建筑和线路、管道、设备安装的总承包；上述项目勘测、设计、施工、建设监理、技术咨询、技术开发、技术转让、技术服务的分项承包；土木工程专用机械设备、器材、构件、车辆和钢梁、钢结构、建筑材料的研制、生产、维修、销售；房地产开发、经营；进出口业务；汽车（含小轿车）销售；电子产品及通信信号设备、交电、建筑五金、水暖器材、日用百货的销售。
兼营

▲ 中国铁路工程总公司企业法人营业执照

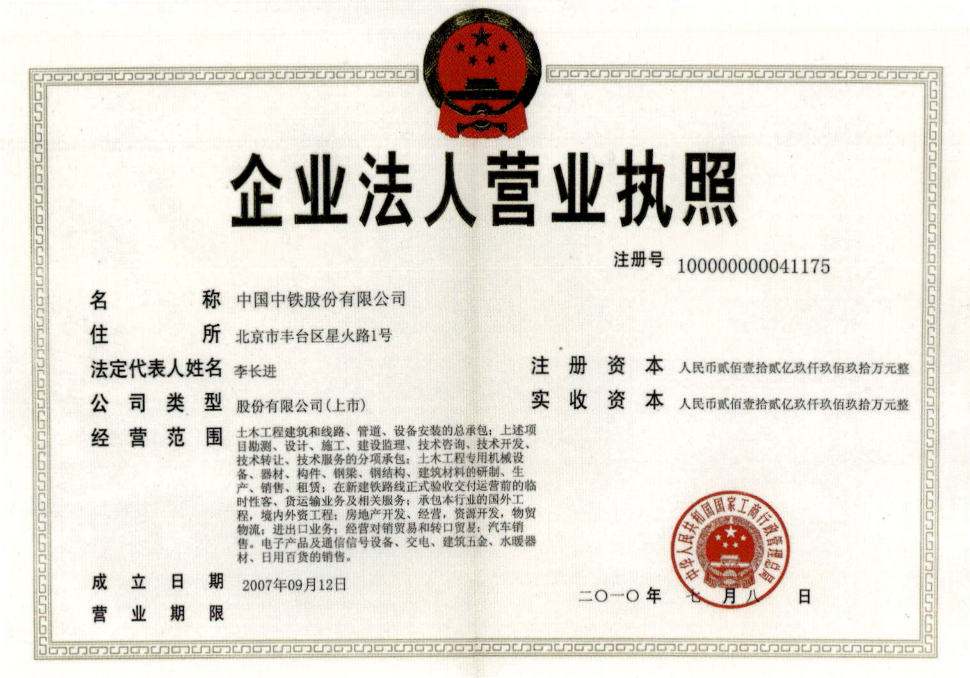

企业法人营业执照

注册号 100000000041175

名称	中国中铁股份有限公司
住所	北京市丰台区星火路1号
法定代表人姓名	李长进
注册资本	人民币贰佰壹拾贰亿玖仟玖佰玖拾万元整
公司类型	股份有限公司(上市)
实收资本	人民币贰佰壹拾贰亿玖仟玖佰玖拾万元整
经营范围	土木工程建筑和线路、管道、设备安装的总承包；上述项目勘测、设计、施工、建设监理、技术咨询、技术开发、技术转让、技术服务的分项承包；土木工程专用机械设备、器材、构件、钢梁、钢结构、建筑材料的研制、生产、销售、租赁；在新建铁路线正式验收交付运营前的临时性客、货运输业务及相关服务；承包本行业的国外工程，境内外资工程；房地产开发、经营，资源开发，物贸物流；进出口业务；经营对销贸易和转口贸易；汽车销售。电子产品及通信信号设备、交电、建筑五金、水暖器材、日用百货的销售。
成立日期	2007年09月12日
营业期限	

二〇一〇年七月八日

▲ 中国中铁股份有限公司企业法人营业执照

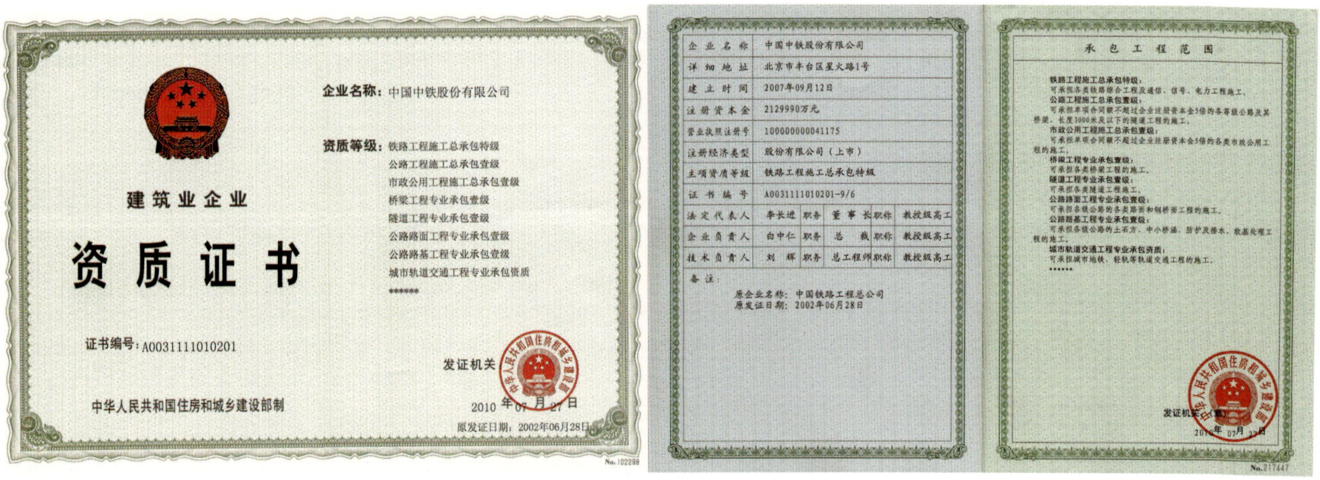

建筑业企业

资质证书

企业名称：中国中铁股份有限公司

资质等级：铁路工程施工总承包特级
公路工程施工总承包壹级
市政公用工程施工总承包壹级
桥梁工程专业承包壹级
隧道工程专业承包壹级
公路路面工程专业承包壹级
公路路基工程专业承包壹级
城市轨道交通工程专业承包资质
******

证书编号：A0031111010201

发证机关

2010年07月27日

原发证日期：2002年06月28日

中华人民共和国住房和城乡建设部制

企业名称	中国中铁股份有限公司				
详细地址	北京市丰台区星火路1号				
建立时间	2007年09月12日				
注册资本金	2129990万元				
营业执照注册号	100000000041175				
注册经济类型	股份有限公司（上市）				
主项资质等级	铁路工程施工总承包特级				
证书编号	A0031111010201-9/6				
法定代表人	李长进	职务	董事长	职称	教授级高工
企业负责人	白中仁	职务	总裁	职称	教授级高工
技术负责人	刘辉	职务	总工程师	职称	教授级高工

备注：
原企业名称：中国铁路工程总公司
原发证日期：2002年06月28日

承包工程范围

铁路工程施工总承包特级：
可承担各类铁路综合工程及通信、信号、电力工程施工。
公路工程施工总承包壹级：
可承担单项合同额不超过企业注册资本金5倍的各等级公路及其桥梁、长度3000米及以下的隧道工程的施工。
市政公用工程施工总承包壹级：
可承担单项合同额不超过企业注册资本金5倍的各类市政公用工程的施工。
桥梁工程专业承包壹级：
可承担各类桥梁工程的施工。
隧道工程专业承包壹级：
可承担各类隧道工程施工。
公路路面工程专业承包壹级：
可承担各级公路的各类路面和钢桥面工程的施工。
公路路基工程专业承包壹级：
可承担各级公路的土石方、中小桥涵、防护及排水、软基处理工程的施工。
城市轨道交通工程专业承包资质：
可承担城市地铁、轻轨等轨道交通工程的施工。
******

发证机关

▲ 中国中铁股份有限公司建筑业企业资质证书

1

2

3

1. 云南新河高速公路（2011 年国家优质工程金质奖、国优 30 年经典工程）
2. 河南省驻马店至泌阳高速公路（2011 年国家优质工程银质奖）
3. 大连国际金融中心 B 座工程（2011 年国家优质工程银质奖）
4. 天津津滨水厂（2011 年国家优质工程银质奖）
5. 昆明荷塘月色小区二期第 2～6 栋（2011 年国家优质工程银质奖）

4

5

获奖工程

中国中铁

▲ 南宁大桥（2011 年中国建设工程鲁班奖）

▲ 福州南站（2011 年中国建设工程鲁班奖、中国土木工程百年百项精品工程奖）

▲ 杭州湾跨海大桥（2011 年中国建设工程鲁班奖）

▲沈阳地铁 1 号线工程
（2011 年中国建设工程鲁班奖）

▲ 淮阴卷烟厂“十一五”技改工程
（2011 年中国建设工程鲁班奖）

1. 青藏铁路那曲物流中心（(2011 年中国土木工程詹天佑大奖）
2. 武广铁路客运专线浏阳河隧道（2011 年中国土木工程詹天佑大奖）
3. 德阳东汽汉旺生产基地灾后恢复重建工程（2011 年中国建设工程鲁班奖）
4. 国道 317 线鹧鸪山隧道（2011 年中国土木工程詹天佑奖）
5. 襄渝二线新大巴山隧道（2011 年中国土木工程詹天佑奖）

▲ 哈大客专鞍山隧道铺轨

▲ 6 月 29 日，青藏线西宁至格尔木增建二线电气化铁路全线通车。

▲ 6 月 30 日，京沪高铁通车运营，图为动车驶过京沪高铁浍河彩虹桥。

▲ 德靖铁路德保车站首节轨排铺设

▲ 龙厦铁路龙山车站轨排铺设

▲兰州至重庆客运专线铺架

▲向塘至莆田铁路铺架开工

▲兰新二线西店村二号大桥箱梁架设

1. 宁德至武夷山高速公路深洋大桥施工
2. 达万高速公路甘坝咀大桥顺利贯通
3. 四川广元至巴中高速公路（四川天府杯金奖）
4. 贵阳市环城高速公路花溪大桥（2011 年北京市第十五届优秀市政公用工程设计二等奖）
5. 德滨高速跨京沪铁路转体桥施工
6. 福建双永高速公路

▲ 广西黎钦铁路飞龙郁江特大桥水中墩施工

▲ 柳州“三桥一路”广雅大桥主拱合拢

▲ 武汉金桥大道跨京广铁路斜拉桥顺利合龙

▲ 肇庆西江特大桥主拱顺利合龙

▲ 黄冈长江大桥 3 号主塔下梁浇注

▲ 贵广铁路岩山隧道施工

▲ 湘桂 2 标隧隧相连

▲ 8 月 14 日，南疆铁路吐库二线中天山隧道右线 TBM 独头掘进突破了 10km，创造了国内敞开式 TBM 独头掘进的新纪录。

▲ 国内首条盾构法施工的水下铁路隧道，图为动车驶出广深港客运专线狮子洋隧道出口。

▲6 月 30 日，青岛胶州湾隧道正式通车运营。

▲ 台山核电站取水隧洞项目

▲ 贵广南广铁路广州枢纽项目东平水道桥钢梁架设

▲ 玉蒙铁路鸡街特大桥架梁

▲ 广西沿海铁路三岸邕江双线特大桥

▲ 施工中的武汉鹦鹉洲长江大桥

▲ 施工中的穗莞深项目部东江南特大桥

▲ 长沙地铁首条盾构隧道贯通

▲郑州轨道交通 1 号线开始铺轨

▲ 广州地铁 6 号线盾构 8 标工程成型隧道

▲上海轨道交通 13 号线首节轨排铺设

▲ 6 月 22 日，中国中铁以 BT 模式建设的深圳市地铁 5 号线正式开通运营。

1. 大包电气化铁路施工

2. 龙厦铁路第一条接触网导线架设

3. 衡茶吉铁路吉安南站接触网工程

4. 哈大客专沈大段接触网质量综合动态数据检测

▲ 天津北塘污水处理厂（一期）工程通水试运营

▲海南省万宁市兴隆旅游区环境综合整治工程

▲长城汽车股份有限公司试车场主体工程

▲上海市白龙港污泥处理工程正式投产运营

▲ 重庆市化工园区供水项目净水厂工程
（全国用户满意建筑工程）

▲ 贵州省高级人民法院审判法庭大楼工程（国家级 AAA 级安全文明工地）

▲ 合肥火车站无站台柱雨棚钢结构工程
（中国建筑钢结构金奖）

▲ 天津滨海会议中心（全国用户满意工程）

▲上海动车段四线库检查库（全国优秀焊接工程）

▲ 玉树第一民族中学

▲ 6 月 16 日，两台盾构在郑州同时下线，中国中铁在国内最大的盾构研发制造基地全面投产。

▲ 直径 9300mm 土压平衡盾构“中国中铁 34 号”和直径 4150mm 的土压平衡盾构“中国中铁 36 号”。

▲ 10 月 19 日，中铁装备公司研制的硬岩盾构（复合式 TBM）中国中铁 20 号顺利贯通重庆轨道轨道交通 6 号线 2 期茶园站至邱家湾站区间右线。

▲郑州地铁 2 号线全线第一台下井组装的盾构机

▲ PS5I-H 防爆湿喷机

▲ 刚果（金）MKM公司变电站输电设备

▲中铁资源地勘公司在进行槽探编录

▲ 建设中的鹿鸣钼矿选矿厂车间

▲ 芒来煤矿装煤作业

▲ 刚果（金）国际矿业公司铜板生产车间

▲ 青岛海湾大桥水下无封底混凝土套箱关键技术获中国公路学会科学技术奖特等奖

▲《海底隧道钻爆法施工关键技术研究》获四川省 2011 年度科技进步二等奖

▲ 北京地铁 5 号线蒲黄榆车站大断面单拱单柱双层地铁车站中洞法施工获国家级工法

▲《烟大铁路轮渡系统集成技术及应用》项目获 2011 年度国家科学技术进步二等奖

▲ 博茨瓦纳大学综合教学楼项目获得 2011 年中国建设工程鲁班奖（境外工程）

▲ 塞尔维亚萨瓦桥顺利合龙

▲ 缅甸帕克库大桥施工

▲ 塔吉克斯坦公路三标路基施工

▲ 4 月 27 日，股份公司董事长李长进会见缅甸联邦共和国副总统吴丁昂敏乌阁下

▲ 12 月 28 日-29 日，中国铁路工程总公司第三次（股份公司第一次）党代会成功召开。

▲ 1 月 24 日～25 日，中国中铁召开第四届科技大会。

▲ 8 月 24 日，股份公司总裁白中仁会晤来华访问的老挝副总理兼外长通伦。

▲ 6 月 24 日，中国中铁召开庆祝建党 90 周年暨创先争优活动经验交流表彰大会。

▲ 股份公司一届二次职代会上，签订《集体合同》

▲中铁五局开展“四要十二不准”签字承诺

▲中铁西北院创新争优活动督导测评

▲ 中国中铁玉树灾后重建现场指挥部召开创先争优活动“一优两先”表彰大会暨攻坚誓师大会

▲ 中铁十局开展廉洁从业巡展

▲ 中铁电气化局党委与沈阳铁路局党委携手“共建双优”活动启动

▲ 中铁隧道开展劳动竞赛活动

▲ 中铁三局兰新项目党工委组织开展“党员先锋岗”签名活动

▲中铁四局安哥拉项目开展“画”说安全活动

▲ 中国中铁员工节日坚守援建一线

▲ 中铁西南公司开展“心手相牵助成长”关爱农民工子女活动

▲节能减排主题宣传活动

▲向农民工宣传安全知识

▲组织防汛抢险突击队修筑河堤、清理河道

举办庆祝中国中铁首次党代会召开晚会

▲ 廉洁从业，开展领导干部作风建设年

▲以人为本，关注职业健康

▲追求卓越，开展“巨晓林杯”变电专业技术比武

▲安全发展，举行消防安全演练

中国铁路工程总公司组织机构图

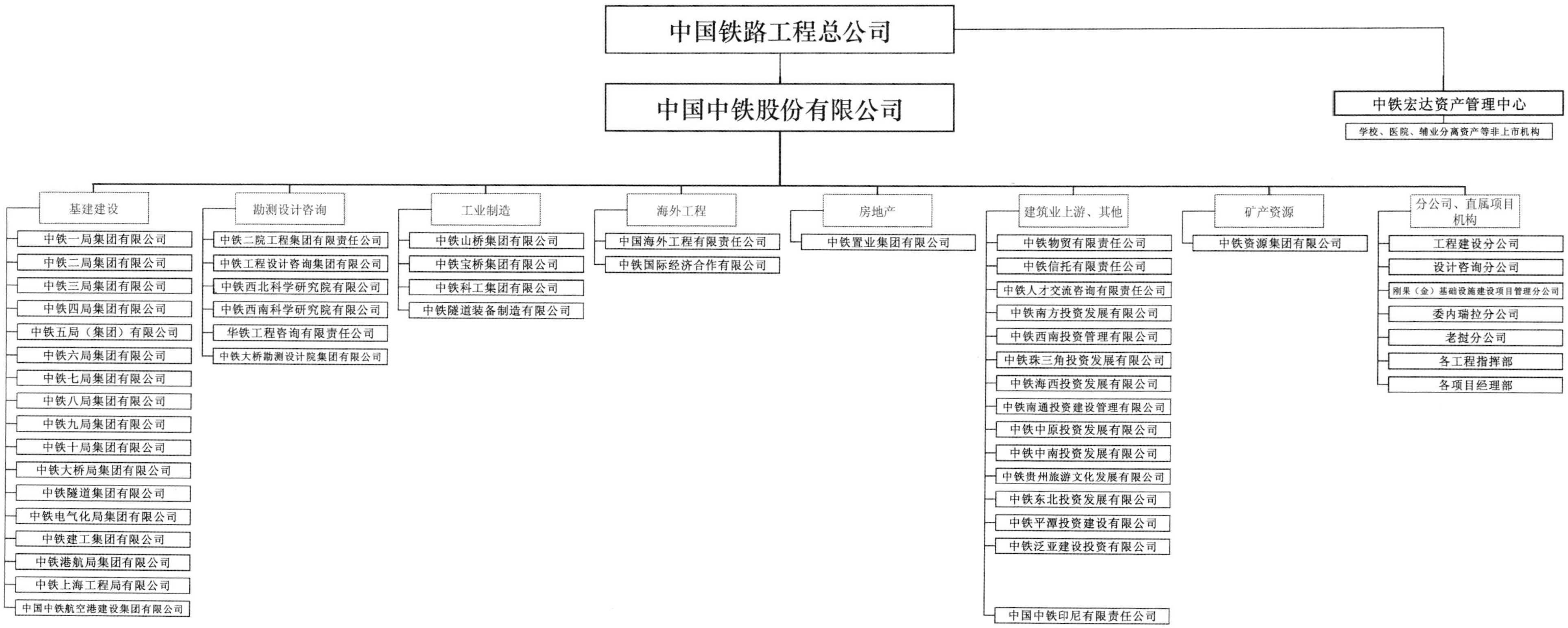

中国中铁股份有限公司总部组织机构图

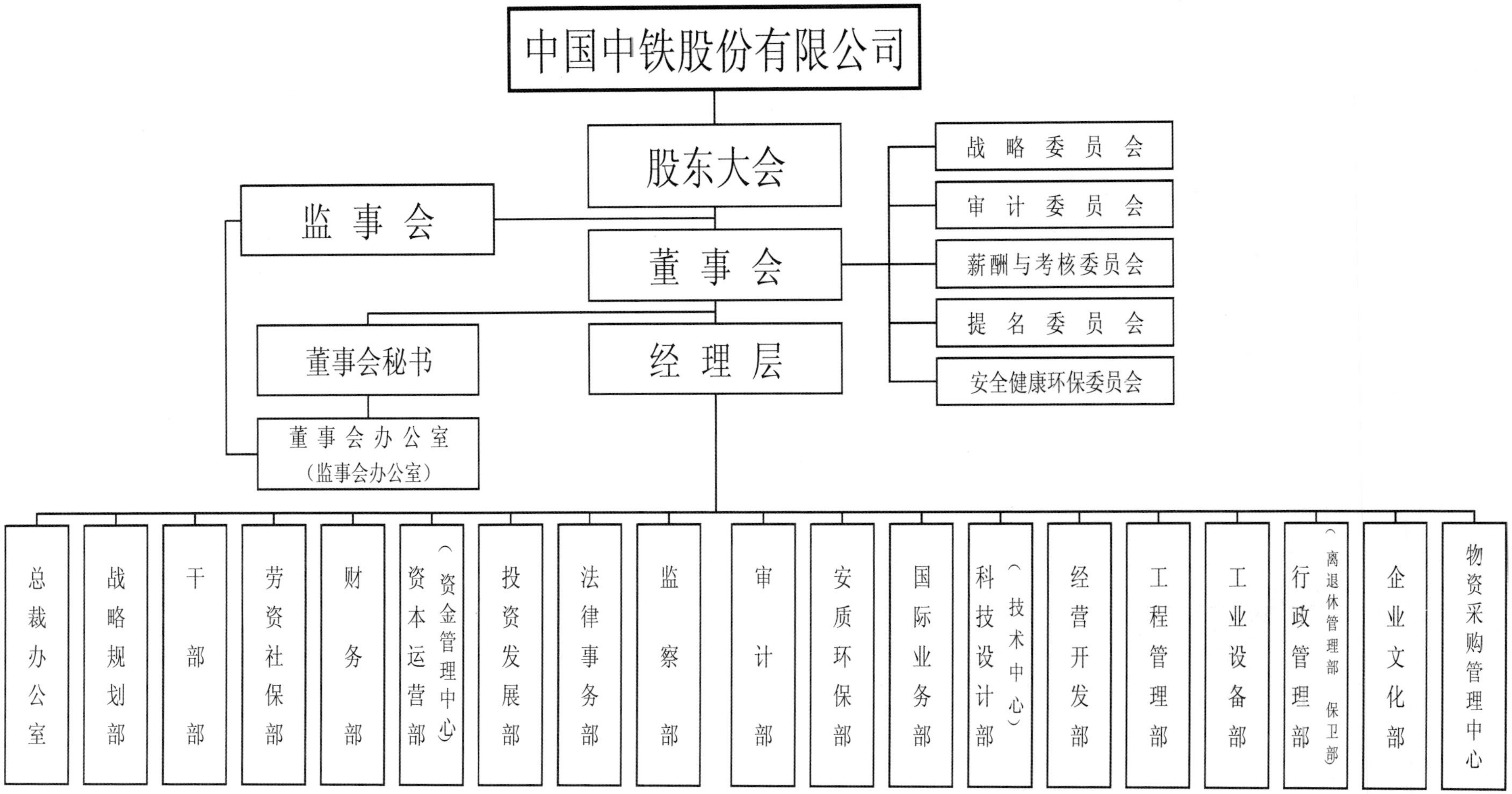

▲中国中铁股份有限公司总部党群机构：党委办公室（保密办）（与总裁办合署办公）、党委干部部（与干部部合署办公）、党委组织部、党委宣传部（与企业文化部合署办公）、纪委、工会、团委、机关党委（机关工会）、报社、政研会

凡　例

1.《中国铁路工程总公司年鉴》由中国铁路工程总公司办公厅主办。

2.《中国铁路工程总公司年鉴》重点记述中国铁路工程总公司和中国中铁股份有限公司的改革和发展概况，反映公司的主要业绩和良好的社会形象，突出企业创新和进步，是一部资料性工具书，既有存史价值，又为现实服务。2012 年卷记事时限为 2011 年 1 月 1 日至 12 月 31 日，重大事件适当前伸和后延。

3. 本期年鉴的框架结构设计划分为 11 个栏目：特稿、大事记、概述篇、市场篇、工程篇、工业篇、科技篇、管理篇、党群篇、荣誉篇、附录，下设分目、条目。

4. 本年鉴行文采用记述体，以条目为主，每个条目一般为 200～400 字。特稿采用摘要，重要文件和文件目录摘要，以免过繁、过长。对重点工程的记述突出技术进步、特点和创新，不过细叙述一般情况。

5. 写入年鉴的内容，着重反映企业基本情况和创新成就，资料来源主要是由公司总部各主管部门和各所属单位提报，并经主管领导审核。有一部分资料为编辑部日常积累的资料(含图表)，保持了各方面事物的系统性和连续性。

6. 年鉴的统计指标，主要采用公司总部提供的统计资料，不足或缺项部分由各单位提报资料补充。

7. 彩页图片的编选，重点选择中央及部委和省市领导视察代表性照片，各类重点工程和获奖工程富有特色的图片，以及反映企业改革、管理、企业文化和对外交往的照片等，大多数为各单位提供，部分由编辑部采编。

8. 本年鉴的版式编排执行国家标准，以便于进行广泛交流。计量单位一律采用国际单位制，以便与国际接轨。采用国家文字改革委员会公布的标准简化汉字，专业术语采用有关国家标准和行业标准的约定，标点符号和数字书写，按出版部门有关出版物的规定执行。

9. 本年鉴出现的中国铁路工程总公司所属各单位全称和简称对照参看下表。

中国铁路工程总公司所属单位全称及简称对照

中国铁路工程总公司——总公司

中国中铁股份有限公司——中国中铁、股份公司

中国海外工程有限责任公司——中海外

中铁一局集团有限公司——中铁一局

中铁二局集团有限公司——中铁二局

中铁三局集团有限公司——中铁三局

中铁四局集团有限公司——中铁四局

中铁五局(集团)有限公司——中铁五局

中铁六局集团有限公司——中铁六局

中铁七局集团有限公司——中铁七局

中铁八局集团有限公司——中铁八局

中铁九局集团有限公司——中铁九局

中铁十局集团有限公司——中铁十局

中铁大桥局集团有限公司——中铁大桥局

中铁隧道集团有限公司——中铁隧道

中铁电气化局集团有限公司——中铁电气化局

中铁建工集团有限公司——中铁建工

中铁港航局集团有限公司——中铁港航局

中铁航空港建设集团有限公司——中铁航空港

中铁上海工程局有限公司——中铁上海局

中铁二院工程集团有限责任公司——中铁二院

中铁工程设计咨询集团有限公司——中铁设计咨询

中铁大桥勘测设计院集团有限公司——中铁大桥院

中铁山桥集团有限公司——中铁山桥

中铁宝桥集团有限公司——中铁宝桥

中铁科工集团有限公司——中铁科工

中铁隧道装备制造有限公司——中铁装备

中铁信托有限责任公司——中铁信托

中铁置业集团有限公司——中铁置业

中铁资源集团有限公司——中铁资源

中铁国际经济合作有限公司——中铁国际

中铁物贸有限责任公司——中铁物贸

中铁西北科学研究院有限公司——中铁西北院

中铁西南科学研究院有限公司——中铁西南院

中铁工程建设分公司——建设分公司

华铁工程咨询有限责任公司——华铁咨询

中国中铁股份有限公司委内瑞拉分公司——委内瑞拉分公司

中国中铁股份有限公司老挝分公司——老挝分公司

中铁西南投资管理有限公司——中铁西南公司

中铁南方投资发展有限公司——中铁南方公司

中铁海西投资发展有限公司——中铁海西公司

中铁中原投资发展有限公司——中铁中原公司

中铁印尼有限责任公司——中铁印尼公司

中铁贵州旅游文化发展有限公司——中铁贵州公司

中铁泛亚建设投资有限公司——中铁泛亚公司

中国中铁哈大铁路客运专线工程指挥部——哈大指挥部

中国中铁股份有限公司驻上海办事处——上海办事处

中铁宏达资产管理中心——宏达中心

中国铁路工程总公司党校——总公司党校

中铁咸阳管理干部学院——咸阳干院

中铁电气化勘测设计研究院——中铁电化院

中铁工程设计院有限公司——中铁工程设计院

北京电铁通信信号勘测设计院——中铁通号院

目　录

企业基本情况

职工队伍

资产和财务状况

管理体制创新

生产经营发展

企业新纪录

四　市场篇

市场开发

铁路市场

公路市场

城轨市场

桥隧市场

其他建筑市场

海外市场

五　工程篇

工程概况

新建、续建铁路

铁路复线技改

电气化铁路

桥隧工程

公路工程

城轨工程

市政工程

工业和民用建筑

其他工程

海外工程

生产组织经营

钢梁钢结构

道岔和提速道岔

机械类产品

混凝土及其他产品

生产工艺及技术创新

科技管理

攻关研究课题

科研成果和进步

工法与专利

设计经营管理

铁路设计

城轨设计

桥隧设计

四电设计

其他设计

技术咨询与服务

学会及学术活动

教育与培训

董事会、监事会工作

综合管理

战略管理

干部管理

劳资社保管理

财务管理

资本运营管理

投资开发管理

法律事务管理

审计工作

安全质量环保工作

国际业务管理

科技设计管理

经营开发管理

工程管理

工业设备管理

行政管理

物资管理

非上市资产管理

企业党的工作

组织工作

宣传思想和文化工作

纪检监察工作

工会工作

共青团工作

机关党委工作

机关工会工作

报　社

政研会工作

十 荣誉篇

高级技术专家

优秀施工企业和企业家

劳模和先进单位及个人

优秀工程勘察设计奖

优秀工程咨询成果奖

优质工程奖

科技成果奖

所属单位

托管项目

人员变动情况

统计资料

文件辑要

专题资料

认真贯彻落实公司党代会精神
为实现新的发展战略目标奠定坚实基础

——在中国中铁2012年工作会议上的讲话（摘要）

李　长　进

（2012年2月27日）

一、2011年政治工作的简要回顾

一年来，全公司各级党组织围绕企业中心工作，特别是面对外部环境重大变化带来的严峻挑战，坚持把好方向、出好思路、抓好保障、带好队伍，开拓创新，扎实工作，为推动企业持续发展提供了坚强有力的政治保证。股份公司党委集中精力主要抓了六项重点工作：

一是成功召开了公司党代会，谋划了企业新的发展方向。这次总公司第三次（股份公司第一次）党代会是在企业面临战略性转折的关键时期和攻坚克难的严峻形势下召开的，对全公司统一思想，坚定信心，把握方向，明确目标和任务，都具有十分重大的意义。公司党委高度重视，年初就进行了全面部署，适时成立了筹备领导小组和工作机构，先后指导所属7家单位召开了党代会，组织51个单位选举产生了355名党代表，“两上两下”推选公司“两委”委员候选人。特别是公司党委高度重视党代会报告的起草工作，主要领导亲自主持，研究谋划企业今后的发展思路、奋斗目标和主要措施。在股份公司开展的经济运行督导检查中，10名班子成员亲自带队，深入到各单位进行调研，全面了解和掌握了企业经济运行现状。在此基础上，公司党委中心组又专门利用两天时间，集中认真听取督导检查情况，全面分析企业面临的形势、经济运行中的突出问题，研究制定了应对当前暂时困难的思路和对策；并召开全公司创先争优活动研讨会，就如何提高企业党的建设科学化水平，听取了各单位党委的意见；还通过“三上三下”的方式，广泛征求了股份公司领导班子、各级党委、公司党委委员对报告初稿的意见和建议，集中了全公司各级党组织和广大干部职工的集体智慧。经过认真准备，公司党代会于2011年12月28日-29日在京胜利召开，会议全面总结了五年来企业改革发展的成就和基本经验，认真分析了企业面临的形势，在企业“十二五”发展战略的基础上，进一步明确了实现“一大目标”、达到“五个标准”、推进“六大战略”新的发展思路，提出了“十二五”期间“确保一个目标、实现两个突破、达到三个增长”的核心发展目标，制定了应对企业当前暂时困难的六项措施，部署了提高企业党的建设科学化水平的七项重点任务，树立了全公司科学发展、和谐发展新的旗帜，使公司党代会开成了一个继往开来、凝心聚力、开拓创新的大会。

二是推进干部人事制度改革，不断加强领导班子建设。面对“十二五”改革发展需要和严峻形势，公司党委把加强各级领导班子和干部队伍建设，充分发挥领导干部攻坚克难的引领作用作为关键措施来抓。为创新干部管理体制，公司党委经过深入调研、反复研究讨论，制定了领导干部十项制度办法，全面规范了领导干部的试用、交流、任期、综合考核评价、淘汰退出和责任追究各项工作，并于2011年6月召开的全公司干部工作会议上颁布实施，构建了新的干部管理体系；为严格干部管理，公司党委加大了日常考核和动态调整力度，全年共调整变动二级企业领导人员106人，并对安全质量事故负有领导责任的干部人员进行了问责，个别人员作了免职处理；为调动各级领导班子积极性，公司党委重新修订了“四好”班子创建活动评比条件，加大了业绩考评的权重，并对12家2010年度股份公司“四好”班子成员给予当年年薪5%的一次性奖励；为强化领导干部能力素质，公司党委先后举办了第六期领导人员中央党校理论培训班、新任职领导人员培训班、三级企业领导人员培训班、西南交大青年干部EMBA培训班，共培训人员323人次，选派10名局以上领导干部参加了中组部、国资委、中央党校举办的干部进修班，有效提升了干部素养和能力；为加强人才队伍建设，股份公司制定下发了“十二五”人才发展规划和培训规划，提出了员工控制总量目标，以“六支人才队伍”建设为目标开展“六项培训工程”；为推进总部机关建设，公司党政对总部机关机构进行了重新编制、推行了新的业务模块设置和职员序列，进行了总部员工业绩考核和重新聘任工作，健全了总部全员业绩考核体系。通过这些措施，为企业平稳渡过2011年的严峻局面提供了重要保障。

三是深入开展创先争优活动，构建党建工作新格局。公司党委把充分发挥基层党组织的凝聚力和战斗力，作为应对各种困难和挑战的重要措施来抓。坚持以加强项目党建和机关党建为重点，扎实推进“百千万创先争优示范工程”，指导各级党组织创造性地开展了各具特色的主题实践、党工共建、党团共建活动，公司党委先后组成4个调研组，对18个二级单位、60多个项目部的创先争优活动情况进行了调研，总结推广了项目党建标准化、“双标共建”、“五小”工作法等一批经验，召开了庆祝建党90周年暨创先争优活动经验交流表彰大会，选树表彰了78个基层示范党委、152个示范党支部、243名党员示范岗。并按照中央和国资委党委的部署要求，在总部机关率先以整风的精神开展了党的建设活动，明确提出了创建学习型、创新型、高效型、服务型、清廉型机关的目标，着力解决“门难进、脸难看、事难办”的问题，克服“庸、懒、散”等现象，取得了明显成效。并及时召开创先争优活动第三阶段推进会，对所属二、三级企业机关党的建设作了部署，对“为民服务创先争优”活动作了安排，推动机关党的建设不断深化。活动中，公司党委还积极探索提高党建工作科学化水平的新途径，研究制定了推行项目党建标准化管理、加强和改进海外项目党建思想政治工作等制度，努力构建以项目党建、机关党建、海外党建、农民工党建、党群共建为内容的中国中铁党建工作新格局，受到了李源潮、王勇等中央和国资委领导的充分肯定，公司党委总结的《在创先争优中提高基层党建科学化水平》、《创建“百千万”示范工程，深入推进创先争优活动》的经验分别在《人民日报》和《求是》杂志上刊载。中铁一局窦铁成获中央表彰的“全国优秀共产党员”、电气化局二公司党委获“全国先进基层党组织”、二局四公司党委书记张文杰获“全国优秀党务工作者”称号。

四是加强宣传文化工作，凝聚企业发展力量。公司党委针对严峻复杂的形势，始终把统一思想，坚定信心作为宣传思想工作的中心任务来抓。深入开展了以“讲形势、讲优势、讲前景、讲对策、讲稳定”为主要内容的“五讲”教育，先后3次编发宣传提纲，统一全公司广大干部职工的思想。围绕京沪高铁、深圳地铁5号线、玉树灾后重建等重点工程加强宣传鼓动工作，全年对外报道突破一万篇。坚持开展工程项目文化建设达标活动，创建示范点46个，7家二级企业荣获“全国文明单位”称号。特别是针对舆情应对的新形势，研究制定了各类突发事件应对工作指引，建立了总部舆情管理联席会议制度，有效应对了多起舆论危机。继续大力宣传窦铁成、巨晓林先进事迹，2011年“五一”又表彰了第二届中国中铁“十大专家型技术工人”、“十大杰出女性”、“十大新型农民工”和第五届“中国中铁十大杰出青年”，通过扎实有效的宣传文化工作，有力凝聚了企业发展力量，全面带动了“四个一流”职工队伍建设。在全国国有企业核心价值体系建设座谈会上，公司党委创新思想政治工作的经验得到了中宣部的高度评价，中铁电化局党委作了大会交流。全公司有3个单位荣获全国五一劳动奖状，13人荣获全国五一劳动奖章，21个集体、37名个人分别获全国工人先锋号、火车头奖杯、铁路工人先锋号、火车头奖章。

五是加强思想作风建设，推进党风和反腐倡廉工作。公司党委和纪委把加强领导干部的思想作风建设、发挥领导干部的表率作用，作为克服企业暂时困难的重要举措。全面落实党风廉政建设责任制，扎实推进“领导干部作风建设年”活动，制定了《中国中铁廉洁文化手册》，形成了“风清气正、人和企兴”的中国中铁廉洁理念，推进“六项工程”建设，构建了具有中国中铁特色的惩治和预防腐败体系；深入开展工程建设领域突出问题和“小金库”专项治理，对9个二、三级企业，23个重点工程项目进行了专项检查督导；加强领导干部廉洁从业教育，对1626名各级新任职领导人员进行了廉洁谈话；加大违纪违法案件查处力度，共立案查办68件，给予党纪政纪处理135人，挽回经济损失691万元。特别是针对宇松铁路重大责任质量事故和波兰A2高速公路项目重大经营亏损等问题，专门组成检查组进行了深入调查，全面分析了原因，提出了整改意见。同时，针对多起重点案件，积极配合中纪委、国资委纪委、铁道部纪委和地方纪检组织、司法机关办案，有效规避了企业风险。

六是加强党的群众工作，推进和谐企业建设。公司党委把加强党的群众工作当作新时期企业党建的一项重要任务来抓。积极指导工会、共青团组织开展各具特色的活动，形成推动企业发展的合力。进一步加强职工民主管理，在2011年公司职代会上，公司领导班子成员首次进行了大会述职述廉，并进行了民主评议和测评。围绕企业生产经营，深入开展了“二次创业杯”劳动竞赛、群众安全生产监督员和青年安全监督岗活动，共设立群安员和青年监督岗员5万余人，召开了群安员表彰推进会，举办了青年监督岗员大赛，推动了“群众保安全”工作的深化，“班前安全质量宣誓”活动获“中央企业优秀社会责任实践成果奖”。积极构建和谐劳动关系，深化“三工建设”和“三不让”承诺，加大“送温暖”活动力度，2012 年全公司共筹集“两节”送温暖资金 8400 余万元，走访慰问困难职工、一线职工、离退休人员和农民工 25 万余人，是历年来力度最大的一次。还组织了委铁项目参建员工及家属集中慰问活动，取得了良好效果。加强农民工“五同”管理，开展了农民工志愿服务活动，工作经验被中组部编入全国基层党组织加强社会管理培训教材，4 个二级单位被授予“全国模范劳动关系和谐企业”称号，股份公司首次荣获“全国模范职工之家”称号。加大信访维稳工作力度，特别是针对 2011 年底严重拖欠职工和农民工工资问题，各级党委、工会组织深入调查，积极配合行政采取得力措施，推动问题及时解决，有力地维护了企业和社会稳定。

二、2012 年企业工作需要把握的主要思路和重大问题

一是要牢牢把握“稳中求进”这一总体思路。结合企业改革发展的实际，深刻理解和把握“稳中求进”这一总体思路。稳中求进的前提是“稳”，要“稳”字当头，以稳求进；在稳健的基础上谋发展、谋上进。盲目扩张不是稳，盲目投资不是稳，大手大脚不是稳；保持适度规模才是稳，量力而行、量入为出才是稳，精打细算、降本增效才是稳。就是要控制投资规模，控制负债过快增长，加强全面预算管理，保正常的生产经营，保资产增值，保队伍稳定。“进”不仅仅体现在经济指标上，更重要的是要体现在企业管理水平提升上、体制机制的创新上，体现在转变发展方式、提高发展质量上，体现在资产质量的提高上、项目的盈利能力上。

根据这一思路，2012 年全公司的中心工作是**“保发展、调结构、强管理、促稳定”**。“保发展”，就是实行稳健的生产经营方针，加强全面预算管理和现金流管理，全力维护正常的生产经营，控制经营风险，确保企业持续稳定发展。“调结构”，就是加快推进经营结构调整、体制机制的创新和队伍结构的优化，推动企业转型升级。“强管理”，就是坚持从严治企、加强标准化和精细化管理，提升管理能力，提高经济效益。“促稳定”，就是关心职工生活，化解各种不稳定因素，维护企业和队伍稳定。

二是要牢牢把握“攻坚克难”这一基本特征。充分认识企业面临形势的严峻性和复杂性，从“攻坚克难”这一基本特征出发，彻底破除盲目乐观、等待观望、无所作为的“等靠要”思想，不能把所有的困难和问题都归咎于外部环境的变化，更不能用困难来掩盖经营管理中存在的突出问题，切实把企业发展的基点，放在眼睛向内、苦练内功、主动调整、积极应变上；放在强化管理、降本增效、开源节流上；放在上下一心、抱团过冬上。

三是牢牢把握转型升级这一发展主线。中央提出“十二五”期间要以加快转变经济发展方式为主线，坚持把经济结构战略性调整作为主攻方向。国资委中央企业负责人会议把“转型升级”作为转变经济发展方式的重点，提出中央企业要积极改造提升传统产业，培育发展战略性新兴产业，优化产业机构、产品结构、产权结构和组织结构，实现企业发展向内生增长、集约高效、资源节约和环境友好转型。这是我们今年以及今后一个时期的发展主线。

四是要牢牢把握做实做优这一主攻方向。这次党代会提出的企业总体发展思路，核心目标就是“做强做优、建设世界一流企业”。但目前企业“大而不强、大而不优”的问题仍然突出，实现这一目标还任重道远，有许多现实问题需要解决，特别是要进一步做实企业发展基础，为“做强做优”创造条件。

五是要牢牢把握改革创新这一根本动力。推动转型升级的关键是坚持改革创新，着力解决影响和制约企业科学发展的体制机制性问题，加快解决一些长期积累的重点难点问题，进一步解放企业生产力。

结合企业实际，2012 年我们要着力破解四个方面躲不开、绕不过的重点难点问题。一要在充分发挥企业三个层级市场竞争主体作用上取得新进展。二要在创新项目管理体制机制上取得新进展。三要在外协队伍的管控上取得新进展。四要在强化执行力上取得成效。

六是要牢牢把握风险管控这一关键环节。提高风险管控能力是确保 2012 年企业平稳发展的关键。这次公司党代会明确提出了当前企业发展存在着安全质量、海外经营、项目投资、队伍稳定、干部廉洁从业等“五大风险”。高度重视干部廉洁从业方面的风险，大力加强各级领导干部的法治教育和反腐倡廉教育，强化领导干部自律意识，规范经营行为。把控好企业各方面风险，渡过高风险时期。

七是要牢牢把握文化引领这一重大课题。文化管理是企业现代管理的重要标志，也是企业的重要软实力。党的十七届六中全会提出了建设社会主义文化强国的目标，这既是我们中央企业的重大政治、社会责任，也是实现企业新的战略目标的重要途径，是全面提升企业管理能力的重要手段。积极推进文化强企战略，加快构建企业核心价值体系和文化管理体系，推动企业文化大发展大繁荣。全面规划企业使命、发展愿景、经营理念、管理理念、团队精神、品牌建设等文化建设目标和措施；总结提炼体现时代特征、具有中国中铁特色的企业核心价值观，构建企业的精神、理念、行为、制度、形象和团队文化的新体系，提炼企业效益、创新、合作、执行力、和谐和廉洁文化的新理念，认真研究和探索建设企业“家文化”的课题，把企业建设成广大职工安居乐业的大家庭。

三、2012年政治工作主要任务和要求

根据中央和国资委的部署，按照总公司党代会提出的目标任务，2012年，全公司党建思想政治工作的总体要求是：**以科学发展观为指导，以全面落实公司党代会精神为主线，以提高企业党的建设科学化水平为目标，大力加强思想政治、领导班子、基层党组织、企业文化、党风廉政、和谐企业六大建设，为企业攻坚克难、转型升级提供坚强有力的政治保证，以优异的成绩迎接党的十八大胜利召开。**

（一）以贯彻落实公司党代会精神为重点，进一步坚定信心，振奋精神。

（二）以转变工作作风为重点，进一步加强各级领导班子和干部队伍建设。

（三）以开展“基层组织建设年”为重点，进一步深化创先争优活动。

（四）以企业文化建设为重点，进一步发挥思想政治工作的服务保证作用。

（五）以服务基层服务职工为重点，进一步推进和谐企业建设。

（六）以提高执行力建设为重点，进一步加强党风和反腐倡廉工作。

四、关于董事会建设方面的工作

一是加强组织建设，顺利完成了董事会换届。2011年初，根据上市公司治理规定和国资委的意见，股份公司董事会进行了换届，第二届董事会正式履职。我们通过全面考核评价，及时对26家二级子公司董事会进行了换届调整，并加强各级董事会专门委员会、日常工作机构建设，调整充实了股份公司下派产权代表队伍，健全了述职考评制度，加大了上市公司治理、投资融资、财务管理等方面业务培训，进一步提高了各级董事会的履职能力。**二是坚持把关定向，确保科学决策。**一年来，股份公司董事会坚持超前思考、超前谋划，在深入分析形势的基础上，适时提出了加大非铁路市场的经营力度、拓展市场领域，加快结构调整、增强抗市场风险能力，做精做细在建项目、提高毛利率水平，适度控制投资规模、加快投资产出，加大清收清欠，缓解资金压力等一系列重要举措，为企业及时调整工作思路，应对困难局面起到了重要引导作用。特别是以“提高决策质量，增强决策效果”为重点，健全了决策授权制度，加强了决议执行跟踪和评价，完善了高管层业绩考核和薪酬管理制度，并充分发挥各专门委员会的咨询参谋作用，在充分调研论证的基础上，先后召开董事会10次，对企业发展战略、基本管理制度、重大投资融资项目、重大人事任免等方面共计83项议案作出了决策，决策效果普遍符合或超过了预期目标。**三是加强内部控制，突出风险防范。**股份公司董事会紧紧围绕“目标、风险、控制”这一主线，先后组织召开了内控体系发布运行、内控体系建设会议，开展了公司总部、二级公司、三级企业内控体系建设，推动内控与经营管理的有机融合，向基层单位和工程项目延伸，向财务、资金、安全生产等重要业务及高风险领域拓展，突出管控关键，完善管控措施，从源头上有效防范了企业风险，内控建设的经验在北京辖区上市公司进行了推广。**四是注重规范运作，提升治理水平。**股份公司董事会高度重视各级董事会建设。2011年4月出台了《关于进一步加强和改进全公司董事会监事会工作的意见》，对董事会的工作进行了新的职能定位，规范了运作程序，完善了考核评价机制。一年来，各级董事会以贯彻落实《意见》为主线，进一步完善了决策前调研、会议召集、议案提交、审议表决机制，提高了决策质量；加强了与出资人、企业党组织、监事会、工会等方面的沟通配合，提高了董事会的规范运作水平，促进企业治理结构的协调运转。股份公司董事会还健全完善定期报告的编制和发布机制，进一步深化投资者关系，提高信息披露的质量和效果，探索出双层董事会运作机制，被国资委总结为“中铁模式”在中央企业推广。股份公司董事会连续四年被国资委评价为“运行良好”，荣获“中国上市公司最佳董事会、优秀董事会”称号。

面对新形势和要求，2012年重点要做好以下五项工作：

一是要进一步强化整体上市公司的理念。

二是要进一步提高利用资本市场服务企业发展的水平。

三是要进一步提高董事会科学决策的效果。

四是要进一步发挥董事会监督指导的作用。

五是要进一步提高母子公司治理能力。

攻坚克难保发展　调整优化上水平

——在中国中铁2012年工作会议上的讲话（摘要）

白中仁

（2012年2月27日）

一、2011年工作回顾

2011年是企业生产经营面临困难最多、压力最大的一年，也是全公司上下迎难而上、经受住严峻考验的一年。一年来，全公司紧密围绕“练内功、打基础、强管理、创一流”的中心工作，积极应对各种严峻困难和重大挑战，团结一心，顽强拼搏，较好地完成了各项工作任务。企业营业额首次突破XXXX亿元，比上年增长XX%；新签合同额在铁路市场极度萎缩的情况下，依然完成近XXXX亿元；在极其困难条件下，实现归属母公司净利润XXX亿元，企业净资产达到780亿元，比上年末增长5.6%；全公司职工人均工资达到5.68万元，同比增长8%。经过广大干部职工的共同努力，实现了企业“十二五”发展的良好开局。

回顾2011年走过的不平凡历程，主要体现在六个方面：

一是精心谋划，实现企业良好开局。2011年年初，面对复杂多变的国内外经济环境和繁重的生产经营任务，我们坚持早谋划、早部署、早安排，确保“十二五”开好局、起好步。新年伊始，就召开了一系列全局性会议，深入分析面临的形势，提出了“练内功、打基础、强管理、创一流”的中心工作，制定了做大主业规模、做强企业实力、做优企业质量、做专新兴业务、做实发展基础等重要举措，坚持把工作重心转移到抓基层、打基础、强管理、调结构上，并围绕企业“十二五”发展战略目标，制定了科技、海外、工业制造、人才、信息化、节能减排等子战略，完善了二级公司发展战略，修订了企业绩效考核办法。同时在总部机关实行了新的机构编制、推行了新的业务模块化设置和职员序列，开展了总部职工业绩考核和重新聘任工作，健全了总部全员业绩考核体系；制定了领导干部考核、任期、交流、淘汰、问责、退出等10项制度，建立了新的领导干部管理体系；加强了人才队伍建设，先后培训领导人员323人次，国际业务人员421人次，培养国家青年科技奖1人、茅以升铁道工程师奖4人。一年来的实践证明，我们年初提出的工作思路是符合客观实际的，所采取的措施，为企业应对市场环境突变奠定了基础。

二是审时度势，及时推动经营转型。2011年二季度，针对市场环境、特别是铁路建设市场的急剧变化，公司领导班子始终坚定发展信心，团结带领全公司广大干部职工同心同德，全力维护企业健康稳定发展局面。在企业发展处于极为关键的时刻，股份公司和公司党委经过深入调研，于六月下旬及时召开了经营工作、干部工作、创先争优三个重要会议，明确提出了“三个不动摇”的原则，即坚持推进企业“十二五”发展战略规划不动摇，坚持企业“练内功、打基础、强管理、创一流”的中心工作不动摇，坚持实现全年生产经营各项目标不动摇，确定了“坚定发展信心、转变经营思路、创新经营格局、调整经营策略、加大经营力度”的经营方针和各项措施，统一了思想，稳定了局面。全公司及时推动经营工作转型，在保证铁路市场份额的同时，不等不靠，主动出击，加快向公路、市政、城市轨道交通、房建、海外等市场领域拓展。2011年，虽然铁路一级市场开标总额仅为2010年的4.5%，但公司累计中标额达到184.5亿元，占开标总额的50.6%；公路新签合同额达到939.3亿元，同比增长22.9%；市政新签合同额536.9亿元，同比增长49.5%；城轨新签合同额557.5亿元，同比增长16.7%；房建新签合同额868.2亿元，同比增长138.5%；海外业务成功签约埃塞俄比亚铁路、安哥拉市政配套和住房工程等重大项目，并在中老铁路、中缅铁路、印尼铁路专用线、伊朗高铁等项目运作上取得了积极进展。新兴业务板块也呈现出良性发展的势头。先后实施了郑州地铁2号线、沈阳四环快速干道、昆明区域地铁、武汉鹦鹉洲大桥、贵州龙里体育文化度假中心、江门江顺大桥等一批总承包和BT项目，16个在建项目全年完成投资100.7亿元，回款24.7亿元，收益16.2亿元；土地一级开发完成投资33亿元，实现年度收益13.5亿元；房地产业务积极适应国家宏观调控政策，合理控制开发节奏，强化楼盘销售管理，完成销售面积186万平米，确认营业收入140.6亿元，销售回款138.7亿；矿产资源业务加快建设投产步伐，积极引入战略投资，实现销售收入23.29亿元；高速公路业务加强集中运营管理，实现清分收入20.38亿元；信托业务创新金融服务，新增信托规模326亿元，为公司所属企业新增融资41.8亿元。通过全公司上下的共同努力，取得了企业经营当年调整、当年见效的积极成果，有力维护了稳定发展大局。

三是攻坚克难，确保企业可持续发展。面对铁路建设资金严重拖欠、大批在建项目停建缓建的困难局面，我们始终从维护企业持续健康发展的大局出发，千方百计保生产经营、保可持续发展、保职工生活。一方面，2011年九、十月份，公司牵头组织七家中央建筑装备企业，多次向国务院、铁道部和国资委领导反映情况，受到了上级领导的高度重视，使问题得到了逐步缓解。另一方面，全力加强施工生产组织，合理配置资源，强化全方位管控，确保在建重点难点工程稳步推进。经过全公司共同努力，举世瞩目的京沪高铁开通运营，深圳地铁5号线、广深港高铁客专广深段、太中银铁路建成通车，青藏铁路西格二线电气化工程开通运营，参建的广珠城际、张集等铁路以及青岛胶州湾跨海大桥投入使用，北京地铁5条线、15号线、西安地铁2号线等开通运营，世界最大规模水工隧洞群雅砻江锦屏二级水电站4号引水隧洞贯通，哈大客专、京石客专等一批即将开通项目按期实现节点目标，石武、杭甬、成绵乐客专和兰新、兰渝、南广铁路等项目有序推进。在海外工程方面，委内瑞拉铁路项目克服了重重困难，保持了平稳推进；中海外承建的摩洛哥东西高速公路、肯尼亚机场改扩建项目顺利竣工；中铁四局等单位承建的安哥拉社会住房项目、伊朗德黑兰北部高速公路、阿尔及利亚体育场、坦桑尼亚达市独立大厦等项目进展顺利，中铁建工还蝉联了“坦桑尼亚最佳外资承包商奖”。全年共获国家建筑工程鲁班奖16项，国家优质工程奖6项，土木工程詹天佑奖5项，火车头优质工程54项。施工企业资质就位顺利推进，首批企业通过初步审核，勘察设计咨询新获资质10项，工业制造业务的道岔、桥梁钢结构、铁路专用工程机械继续保持国内领先地位。同时，从企业长远发展的需要出发，进一步加大科技投入、推动技术创新，在高速铁路建造和盾构及掘进技术两个国家实验室建设上取得了新进展，中铁盾构郑州研发制造基地建成投产，已有30台自主品牌盾构设备进入地铁和市政施工，实现安全掘进8万米，创造了单护盾TBM月掘进1868米的世界纪录，并实现产品海外市场零突破。中铁山桥产业园开工建设，中铁宝桥机械产品扩能改造项目稳步推进，西南院、西北院科技大厦投入使用。全年获国家科技进步奖5项，通过国家级工法评审38项，新增国家级认定企业技术中心2个，新增博士后工作站2个，有效专利授权519项，其中发明专利146项，获国家优秀工程勘察设计奖11项，信息化建设在中央企业考评中升为B级，实现了“登高”阶段目标。

四是强化管理，着力提高发展质量。针对企业资金高度紧张、生产经营举步维艰的严峻形势，我们坚持苦练内功，挖潜提效，加强督导，强化管理，全力维护企业生产经营的正常运行。全面实施经营管理指标和关键业绩指标考核，大力推进全面预算管理，推行《会计核算手册》，开展财务风险预警活动，举办首届财务会计职业技能大赛，加强财务信息化建设和现金流管理。特别是在三季度组织了由公司领导带队的10个督导组，历时一个多月时间，先后对38个二级公司及部分三级企业、重点项目进行了经济督导检查，切实摸清了底数。在认真分析各单位经济运行情况的基础上，集中研讨并提出了11项措施要求，以“一对一”的方式对生产经营较为滞后的单位进行了督导，为完成各项指标起到了重要促进作用。继续深化资金集中管理，全年合并层面资金归集度达到72%，各级资金中心运用沉淀资金开展内部调剂731.24亿元，节约财务费用13.06亿元，并成功发行2011年度第一期120亿元中期票据，有效缓解了企业资金压力；加强设备和物资集中管理，累计在2585个工程项目实施了物资集中采购，总额达1259.6亿元，集中采购施工设备总额28.4亿元；严格经济合同、规章制度和重要决策的法律审核把关，加强内部经济纠纷调解和重大法律纠纷案件管理，积极开展工程项目、经济效益、内控和专项审计活动，深入推进工程建设领域突出问题和“小金库”专项治理，堵塞了管理漏洞。加大二次经营力度，截止2011年底，对在建的979个铁路标段项目累计清理变更设计调概约690亿元，上报待批复的Ⅰ类变更设计117亿元。全面加强安全质量管理，深入开展安全大检查、安全生产月、岗前安全质量宣誓、群众安全生产监督员、青年安全监督岗等活动，组建了3支铁路隧道专业抢险救援队，全公司累计开展各类安全质量大检查活动近3万次，发现并整改安全隐患10万多项，企业生产安全事故件数和死亡人数分别同比减少54.5%和47.4%。同时，坚持“过紧日子”，先后下发了多个勤俭办企业的制度要求，层层制定开源节流增收节支的具体措施，严格控制各类费用增长，确保了企业健康持续发展。

五是果断应对，维护企业和职工队伍稳定。针对2011年大事多、难事多、突发性事件多的不利局面，公司领导班子采取有力措施，果断应对，全力维护企业稳定和社会形象。针对波兰A2高速公路项目亏损和青岛中心地产诉讼案件遭恶意炒作事件，股份公司积极应对，并研究制定了舆情分析月度例会制度，加强了舆情监管。宇松铁路重大质量事故后，股份公司迅速反应，主动向上级有关部委汇报情况，加强与新闻媒体沟通，严肃处理有关责任人员，并在全公司深入开展了质量安全大反思、大检查、大整顿活动，把事故影响降到最低程度。针对拖欠职工和农民工工资的突出问题，公司领导班子从讲政治、促和谐、保稳定的高度出发，把集中解决工资拖欠、维护队伍稳定作为压倒一切的政治任务来抓，明确责任分工，建立周报督办制度，加大协调力度，在不到一个月的时间，组织各单位解决拖欠工资60亿元，有效预防和控制了多起群体性事件，维护了企业和社会稳定。

六是坚持"两手抓"，发挥企业政治优势。在企业发展面临暂时困难的时候，我们坚持加强党建思想政治工作，充分发挥企业政治优势，团结广大干部职工共克时艰。各级行政积极配合公司党委开展以"创先争优"活动为主题的"百千万创先争优示范工程"活动，深入开展"领导干部作风建设年"活动，充分发挥了各级党组织的政治核心和战斗堡垒作用，充分发挥了各级领导干部的表率作用。积极推进和谐企业建设，大力支持开展"三工建设"、落实"三不让"承诺、强化农民工"五同"管理、开展"送温暖"活动，进一步完善了职工收入正常增长和保障机制，建立了企业年金制度，提高了离退休人员生活待遇，进一步凝聚了广大职工的力量。加强非上市单位和资产管理，积极扶持职业教育院校发展，探索医疗服务单位改革，全公司非上市资产共完成营业收入7.8亿元，创造利润4500万元，实现了国有资产保值增值。认真履行社会责任，加强节能减排，全年全公司万元营业收入综合能耗同比下降5.5%，实现了国资委年度考核目标，股份公司荣获"十一五"中央企业节能减排优秀企业称号。积极开展定点扶贫工作，组织参与了南方地区抗洪抢险、铁路应急抢险，特别是按照国资委的部署要求，全力投入玉树灾后重建工作，圆满实现了各项节点工期目标，充分发挥了央企的脊梁作用。

二、2012年股份公司生产经营目标及重点工作

全公司2012年生产经营工作的总体要求是：**坚持以科学发展观为指导，深入贯彻落实公司党代会精神，紧密围绕"保发展、调结构、强管理、促稳定"的中心任务，以转变发展方式、提升发展质量为目标，着力开拓国内外市场，着力夯实管理基础，着力强化安全质量，着力加强风险管控，着力推进自主创新，着力保障和改善职工生活，努力实现全面协调可持续发展，以优异的成绩迎接党的十八大胜利召开。**

2012年全公司生产经营的主要目标为：

（一）确保完成新签合同额XXXX亿元，其中基建建设业务XXXX亿元，勘察设计业务XX亿元，工业制造业务XXX亿元，国际业务XXX亿美元，房地产业务XXX亿元，矿产资源业务XX亿元。

（二）确保完成企业营业额XXXX亿元，其中基建建设业务XXXX亿元，勘察设计业务XX亿元，工业制造业务XXX亿元，国际业务XX亿美元，房地产业务XXX亿元，矿产资源业务XX亿元。

（三）实现利润总额XX亿元，归属母公司净利润XX亿元。

（四）确保安全生产，杜绝重大及以上因工责任生产安全事故，减少较大生产安全责任事故，年度百亿元销售收入因工责任事故死亡人数不大于1.5人。交验工程质量达到国家、行业质量验收标准，单位工程一次验收合格率100%，杜绝较大及以上工程质量责任事故。

（五）职工工资收入实现与企业效益同步增长，按时足额发放职工工资和保障内退及下岗职工基本生活费。

围绕2012年生产经营的总体要求和各项奋斗目标，股份公司首次按照职能定位，确定了八个方面的工作重点。

一是要在推进全面预算管理上下功夫。股份公司要把加强全面预算管理作为首要任务来抓。要坚持以企业发展战略为引领，进一步完善全面预算管理体系，规范预算编制、执行和考核评价流程，明确2012年企业各项预算标准，落实各个层级、各个环节的责任，增强预算管理的全面性、可行性和一致性，实现业务预算与资本预算、财务预算的全面对接。

二是要在健全完善企业绩效考核机制上下功夫。经股份公司董事会批准，公司经理层按照自我加压的原则，制定了经营和管理考核指标，以及个人KPI考核指标。其中包括企业利润总额、EVA(经济增加值)、新签合同额和营业收入四项经营指标，以及安全质量、资产负债率、综合毛利率、应收账款周转率，资金、物资，设备集中管理等管理指标。

三是要在提高投资收益回报上下功夫。股份公司将把有序推进基建上游、房地产、资源开发、金融信托、高速公路管理等新兴业务的发展列为重点工作来抓。要按照"围绕主业、突出重点、量入为出、有保有压"的原则，坚持以投融

资预算为导向，突出提高投资收益回报的重点，强化投融资集中管控，规范投融资行为，落实既有项目投资，严控新上项目规模，有效规避投资风险。

四是要在提升自主创新能力上下功夫。股份公司把推动企业技术创新、管理创新作为一项重要任务来抓，紧密围绕转型升级、结构调整、技术创新、产品优化等关键，确定重点课题和项目，集中力量进行攻关。

五是要在拓展海外市场上下功夫。按照国资委提出的“产业资本与金融资本相结合走出去、扭住主业走出去、瞄准国内巨大市场需求走出去、组织企业优秀人才走出去、围绕企业品牌走出去”等方面的要求，坚持以国际化经营战略为指导，抓好“集中管控、区域经营和精细化管理”三大重点工作。进一步明确企业内部国际化经营的分工定位、目标市场、任务重点和保障措施，健全国际化经营管理体系，加强海外项目投标、合同、财务、分包等关键要素的集中管控，加强海外安全和突发事件的危机管理，提升海外项目的集中管理能力。

六是要在加强执行力建设上下功夫。建立和健全企业经济活动分析制度、经济运行督导制度，重要决策反馈报告制度，经济责任问责制度，深入开展企业经济运行督导检查、安全质量稽查、工程项目专项治理检查、外协队伍管理效能监察等活动，对企业各项重大决策、制度和要求的落实加强督促和检查。进一步完善和强化企业经营活动的内部协调和仲裁制度，强化执行的监督考核，把执行力作为各级领导班子考核的重要内容，作为企业领导人员考核奖惩和选拔任用的重要依据，

七是要在控制经营风险上下功夫。进一步强化企业内控管理，认真做好风险量化分析，完善内部风险管理报告制度，建立“企业定期体检”制度，健全风险评估常态化机制，及时进行风险预警，对“三重一大”、投融资业务、重大海外项目要建立专项风险评估，积极推进风险管理信息系统建设，探索开展风险管理评价考核工作，加强企业规章制度、经济合同、重要决策的法律审核把关，加大工程项目审计、经济效益审计和专项审计的力度，切实提高风险管控能力，确保企业持续健康发展。

八是在形成企业发展合力上下功夫。全公司各级党组织要紧密围绕企业生产经营中心工作，广泛深入开展以基层组织建设年为重点的“百千万创先争优示范工程”活动，积极推进项目党建和现场思想政治工作，大力培养选树先进典型，加强企业文化建设，充分发挥党组织的政治核心和战斗堡垒作用，推动重点工程建设和生产经营任务的完成。各级纪委组织要加强以“执行力建设年”为重点的思想作风建设，促进领导干部转变作风，落实廉洁从业规定，为企业改革发展保驾护航。各级工会和共青团组织要紧密围绕企业奋斗目标和急难险重任务，广泛开展形式多样的劳动竞赛、科技攻关、岗位建功、群众安全生产监督员、青年安全监督岗等活动，进一步调动和发挥广大职工群众的积极性和创造性，推动企业持续健康发展。

三、2012 年对全公司各单位的重点工作要求

一是要在全面开拓市场、提升营销质量上抓落实。

二是要在强化施工组织管理、推动工程建设上抓落实。

三是要在加强安全质量工作、确保安全发展上抓落实.

四是要在加强标准化和精细化管理、提高盈利能力上抓落实。

五是要在加强外协队伍管理、提高管控能力上抓落实。

六是要在抓好降本增效、提升发展质量上抓落实。

七是要在关心职工生活、维护企业和队伍稳定上抓落实。

围绕中心工作　全面履行职责
团结带领广大职工群众为推进企业全面协调
可持续发展作出新贡献

——在中国中铁工会二届十一次全委（扩大）会议上的工作报告

姚　桂　清

（2012 年 2 月 28 日）

一、2011 年工会工作总结回顾

2011 年是国家“十二五”计划开局之年，也是股份公司实施“十二五”发展战略的起步之年。一年来，全公司各级工会组织紧紧围绕“推进两大转变、实现二次创业”的发展目标和“练内功、打基础、强管理、创一流”的中心工作，找准位置，认真履职，积极探索，创新工作，为推进企业发展和维护队伍稳定作出了应有贡献，首次荣获了“全国模范职工之家”称号。

（一）大力开展劳动竞赛，助推企业科学发展成效明显。围绕企业“十二五”发展战略，紧扣科学发展主题，在“十一五”“六比六创”建功立业杯劳动竞赛的基础上，及时调整深化劳动竞赛内容，突出工程创优、安全生产、自主创新、效益提高、素质提升、和谐发展等重点，制定印发了《关于在“十二五”期间开展中国中铁“二次创业杯”劳动竞赛的指导意见》，在全公司开展了新“六比六创”劳动竞赛。各单位结合实际，不断丰富竞赛内涵，创新竞赛方式，提升劳动竞赛的感召力和影响力，有效调动了广大职工的积极性、主动性和创造性。中铁大桥局在 11 座在建长江大桥中开展了独具特色的“长江大桥杯”劳动竞赛，一年内收到合理化建议 1356 件，完成技术创新 19 项。许多单位在重点工程建设中，积极与地方工会、建设单位开展联合竞赛，不仅得到地方政府和主业的大力支持，而且提升了企业社会影响力。全年共有 3 个单位荣获全国五一劳动奖状，121 个集体分获全国工人先锋号、火车头奖杯、铁路工人先锋号及中国中铁 2010 年度“建功立业杯”劳动竞赛先进集体，13 人荣获全国五一劳动奖章，37 人荣获火车头奖章。

（二）深入推进群众安全监督工作，促进企业安全发展作用突出。3 月份举办了第二期群安员培训班，二、三级公司工会干部、项目安质部长和群安员代表 90 余人参加培训，积极探讨群众安全生产监督工作的规律和特点，查找问题，交流经验，总结了一些比较实用的工作方法，进一步提升了群众安全监督的能力。5 月底召开了“深入推进群众安全生产监督工作座谈会”，公司领导、各单位工会干部及优秀群安员共 60 余人参加了会议。公司领导同与会人员就一线安全生产及群众安全生产监督工作存在的突出问题进行深入交流并提出具体要求，进一步明确了群安员工作的思路和重点。会议还对 10 名有突出贡献的群安员奖励 2 万元。会后各级工会对所有在建项目群安员工作展开了“拉网式”检查，督促“五个纳入”措施的落实和群安员在施工现场的全覆盖，及时发现和解决问题，积极总结和推广经验，并在《中国中铁》报开辟专栏，加强先进典型的宣传报道。研究制订了《群众安全生产监督工作指南》，进一步推动了群众安全生产监督工作的规范化、标准化。目前全公司共设立 3 万多名群安员，为推动企业安全生产发挥了特殊作用。

（三）不断完善职代会制度建设，职工民主管理取得突破。年初成功召开了股份公司一届二次职代会，圆满完成了各项议程。公司工会代表职工与行政签订了《中国中铁 2011 年集体合同》。首次组织了职工代表民主评议领导干部，10 名公司领导逐一向大会述职述廉，民主测评结果当场公布。针对涉及企业改革管理和职工利益的重点问题，专门安排 8 名职工代表作大会提案发言，大会共收到职工代表提案 225 项，立项 203 项，会后督促相关部门全部处理办复，并完善出台了多项企业管理制度。首次召开职代会闭会期间代表团长联席会议，审议通过了企业年金方案等议案，有效落实了职代会职权。加强职工董事监事激励约束机制建设，研究起草了《职工董事、监事考核评价办法》，使职工民主管理更加完善。加强职代会民主评议结果运用，将各单位职代会对领导班子民主测评结果以 30%权重纳入“四好班子”考评指标；对职代会民主测评优秀称职率达不到 2/3 和不称职率超过 1/3 的领导干部，分别启动不胜任、不称职的组织认定程序；将股份公司职代会民主评议结果按 10%权重纳入领导人员年薪考核指标，实现了民主管理的新突破。

（四）认真维护职工合法权益，企业劳动关系和谐发展。积极推进和落实平等协商集体合同制度，年初针对企业发展中的重点和职工关心的热点问题，协商行政修订完善集体合同，更加注重加强安全生产、职工就业上岗、提高职工收入、提升队伍素质等内容，使公司《2011 年集体合同》在职代会上表决中获得全票通过。年内两次联合有关部门组成检查组，开展“四项费用”专题调研和集体合同签订履行情况的监督检查，推动了集体合同履约兑现。特别是针对铁路市场出现的新变化，开展了职工和农民工工资拖欠情况专项调研，并建立了周报制度，及时与行政沟通情况，督促解决拖欠问题。着力推动“送温暖”工程，不断深化“三不让”帮扶救助和“三工”建设，组织开展了对委铁项目参建员工及家属集中慰问活动，走访慰问 526 户家庭，拍摄制作“家音”光盘 495 套，发放慰问金 45.42 万元，公司工会拨专款 50 万元用于现场“三工”建设，使参战员工及家属感受到了组织的关怀与温暖。针对当前困难形势，“两节”期间组织开展了“真情暖职工、关爱促和谐”的“送温暖”活动，全公司共筹措资金 10362 万余元，慰问困难职工 2.41 万多人，慰问一线职工、各类先进、科技专家、离退休老同志和农民工 22.49 万人，保证了职工队伍稳定，促进了企业和谐发展。中铁五局、中铁山桥、中铁宝桥、中铁一局新运公司被授予“全国模范劳动关系和谐企业”称号。

（五）积极开展职工技术创新，全力打造“四个一流”队伍。为推动一线职工学习，以网络技术在职工教育培训中的应用为课题，研究探索创建“中国中铁网络技术学院”的可行性和可操作性取得成果。制定印发《中国中铁专家型职工学习工作室创建标准及管理办法》，建设了以“赵秀丽创新工作室”、“杨改锁工作室”为代表的“专家型职工学习工作室”，搭建了职工学习交流和技术创新平台。为促进员工成长发展，组织开展第二届“十大专家型技术工人、十大杰出女性、十大新型农民工”评选活动，“五一”前隆重召开了“四个十大”表彰视频大会，首次制作宣传视频短片集中介绍先进人物事迹，首次在全公司同步视频直播，引起了强烈反响；将先进人物事迹编纂成《风采录》、《巾帼颂》，刻印成光盘，扩大了宣传效果；组织先进模范人物到云南昆明进行健康疗养，激励了员工发展。各单位不断创新和丰富职工素质提升的载体和形式，通过建立“职工书屋”、“铁成式班组”、“农民工夜校”、“专家型职工工作室”，广泛开展岗位练兵、技术比武、技能培训和技术革新活动，促进了职工素质提高。在首届中央企业项目管理创新技能大赛中，股份公司代表队在 72 个参赛队伍中脱颖而出，荣获大赛三等奖，为中国中铁赢得了荣誉。

（六）深化女职工素质提升建功立业活动，女职工工作再上台阶。组织召开了女工委二届四次全委（扩大）会议、庆祝“三八”国际妇女节暨“二次创业巾帼争先”座谈会，部署了 2011 年女工重点工作和“十二五”巾帼建功活动，表彰了女职工先进集体和先进个人。认真落实公司党委《关于进一步加强和改进培养选拔女干部工作的指导意见》，制定下发了《“十二五”期间女职工提升素质建功立业的实施意见》，对提高女职工队伍素质、促进女职工成长发展作出了统一部署。举办了第三期清华大学先进女职工素质提升研修班，召开了“智慧女性”片区联谊研讨会，开展了“二次创业，巾帼建功”征文比赛，汇编出版了《帼之慧》和《玫瑰绽放》，展示了女职工的思想智慧，激发了女职工创业奉献热情。组织开展首届女职工书画摄影比赛，并参加“首届中国女性书画摄影大赛”，获得 8 个奖项，女工委获得“优秀组织奖”，展示了中铁工程女性的巾帼风采。全年有 60 名女职工、31 名女工工作者、23 个女职工集体、15 个女工组织受到全国妇联、铁总和公司表彰。股份公司工会女工委在全路女工工作会议上，作为两家单位之一，作大会经验介绍。

（七）深入开展党工共建创先争优活动，组织建设明显加强。以共建组织、共建班子、共建机制、共建队伍、共建品牌、共建阵地为着力点，深入推进“党工共建创先争优百千万示范工程”，评选表彰了 35 个“四好工会班子”和 98 名“四强工会工作者”。通过党工共建创先争优，进一步推进工会制度化、标准化建设。8 月份公司党委下发了《关于加强和改进新形势下工会工作的指导意见》，为进一步加强和改进工会工作奠定了坚实基础。“党工共建创先争优”活动经验分别在国资委、铁总会议上作介绍。重视和加强工会干部素质提升、能力培训工作，制定下发了“十二五工会干部培训规划”，举办了工会干部法律知识培训班，培训工会干部 300 多名，并选送 35 名基层工会干部参加了铁总培训。组织各级工会干部加强理论研究，撰写调研论文，汇编出版了“中国中铁工会优秀论文选编”和“工会干部清华培训班感言集”。公司工会作为唯一一家企业工会在2011年全国工会干部教育培训工作会议上作经验介绍。

与此同时，进一步规范工会财务管理，召开了年度财务工作会议，举办了工会财务人员培训班，加大了工会经费收缴和清欠力度，开展了“小金库”全面复查工作，对16家企业工会进行了财务工作监督检查和经费审计，有效推进了工会财务管理规范化建设，股份公司工会在铁总财务竞赛评比中获一等奖，所属单位工会荣获1个全总财务工作先进集体、4个铁总财务先进集体。工会对外宣传工作取得重要突破，《工人日报》头版头条报道了“党工共建创先争优百千万示范工程”活动，并连续2期对中铁劳模文化进行深度报道；《中国妇女报》先后2次整版专题报道了中铁女职工工作纪实和“智慧女性”联谊会品牌活动；《中国工运》在第7期刊登了党工共建创先争优活动经验，并在11期封底封面对中铁工会工作进行了图片宣传；《中国工人》也利用专刊综合宣传了中铁工会工作，进一步扩大了中国中铁工会的影响力。群众性文体活动有声有色，制定下发了《关于认真贯彻落实〈全民健身计划（2011-2015年）〉，进一步加强和深化职工群众体育工作的通知》，组织开展了“全民健身日（周、月）”系列活动，进一步提高了职工的健身意识和健康水平。

二、2012年工会工作总体思路和主要任务

2012年是股份公司面临形势严峻、发展压力较大的一年，也是加快转型升级、转变发展方式、全面推进科学发展的攻坚之年，更是各级工会组织迎接新挑战、展示新作为的重要一年，工会工作面临新的机遇和考验。我们要进一步统一思想认识，认清形势任务，明确工作思路，更好地推进工会工作创新发展。

一是要认真落实中央对群众工作的新要求，进一步增强做好工会工作的光荣感。当前我国正处在加快推进全面建设小康社会阶段，面对艰巨繁重的改革发展稳定任务，党和国家始终坚持以人为本、保障和改善民生的执政理念，高度重视和关心群众工作。胡锦涛总书记在建党90周年大会上强调：要高度重视并切实做好新形势下群众工作，只有我们把群众放在心上，群众才会把我们放在心上；只有我们把群众当亲人，群众才能把我们当亲人。在2012年中央经济工作会议上，党中央又把保障和改善民生放到更加突出的位置，作为5项重要任务之一。2011年底，习近平主持中央书记处办公会议专门听取全总党组工作汇报，对不断增强工会组织吸引力和凝聚力，做好新形势下职工群众工作，引导广大职工在推进经济稳中求进中充分发挥主力军作用，作出了重要指示。党和国家对改善民生的高度重视，对工会工作的重要指示，既是对工会组织和工会干部的极大鼓舞和鞭策，更是对我们做好工会工作提出的新的更高要求。各级工会组织要不辜负党中央的新要求和广大职工的新期待，切实增强做好工会工作的荣誉感和使命感，以饱满的激情和奋发有为的精神状态，更好地履行好工会工作的重要职责。

二是要认真贯彻中国特色社会主义工会发展道路和“服务职工在基层”总体部署的新举措，进一步增强做好工会工作的责任感。2012年初，全总召开十五届执行委员会第六次会议，审议通过了《关于学习宣传实践中国特色社会主义工会发展道路的决议》，研究部署了在全国工会系统集中开展“面对面、心贴心、实打实服务职工在基层”活动，并作为2012年工会工作的主线。全总的决议和部署既为我们工会工作指明了方向，又为我们做好工会工作提出了新的任务。中国特色社会主义工会发展道路是中国特色社会主义道路的重要组成部分，是中国工运事业蓬勃发展的必由之路，它科学回答了新时期“走什么样的工会发展道路、建设什么样的工会”这一重大时代课题；开展“服务职工在基层”活动，是实践中国特色社会主义工会发展道路的重要途径，是构建和谐劳动关系、参与社会管理创新的迫切需要，也是转变工作作风、提升工会组织形象的具体实践。各级工会要深入学习贯彻十五届六次执委会决议精神，进一步增强责任感和使命感、自觉性和坚定性，坚定不移地走中国特色社会主义工会发展道路，切实履行维护职责，深入开展服务职工活动，不断提高服务职工群众的能力和水平，把工会真正建设成深受职工群众信赖的“职工之家”。

三是要准确把握企业改革发展的新任务，进一步增强做好工会工作的使命感。紧紧围绕企业中心任务开展工会工作，是时代赋予工会组织的历史使命，也是做好工会工作的根本要求。2011年底总公司第三次（股份公司第一次）党代会，在深刻分析和正确判断企业面临形势的基础上，对当前及今后五年企业发展和党的建设作出全面部署，提出了实现“一大目标”、达到“五个标准”、推进“六大战略”的企业发展总体思路和“确保一个目标、实现二个突破、达到三个增长”的核心发展目标。刚刚结束的工作会议对2012年重点工作做出安排部署，明确了2012年的中心工作，坚持把转变发展方式、提高发展质量作为主攻方向。这些新的任务既为我们团结动员广大职工建功立业提供了广阔舞台，同时也提出了新的课题，更加需要我们充分发挥工会组织优势和职工群众的主力军作用。各级工会组织要切实承担起这一重要使命，结合企业发展的新任务，进一步拓展劳动竞赛领域和丰富竞赛内涵，深化群众性经济技术创新活动，切实提高职工文化技术素质，不断增强自主创新能力，更好地适应建设世界一流企业的要求。

四是要积极适应群众工作面临的新形势，进一步增强做好工会工作的紧迫感。随着市场经济的深化发展和企业改革的不断深入，企业组织形式、劳动关系类型和职工队伍的内部结构、思想观念、利益诉求等呈现出多元化、多样化趋势，不同职工群体的各项权益实现程度差异较大，“80后”、“90后”的新生代职工价值取向更加务实，法律意识和维权意识日益增强，对工会维权的要求更加迫切、期望越来越高，给工会工作带来了许多新任务、新要求和新挑战。特别是当前，由于受国内外形势变化的影响，我们企业进入了一个比较严峻的困难时期，面临着前所未有的压力和挑战，影响企业科学发展、和谐发展的深层次矛盾日益凸显，职工群众的利益实现遇到许多新情况新问题，不稳定因素逐渐增多，维权维稳压力越来越大，迫切需要我们把做好新形势下职工群众工作摆在更加突出位置，团结动员广大职工群策群力、共渡难关，可以说工会工作责任重大、任务艰巨。因此，各级工会组织要充分认识形势的变化和肩负的重任，进一步增强责任感、使命感和紧迫感，主动围绕中心、服务大局，创造性地开展工作，更加有效地维护职工合法权益，更广泛地把职工组织到工会中来，在凝聚广大职工克服暂时困难、推动企业科学发展中更好地发挥作用。

按照以上总体思路，2012 年重点将做好以下几个方面工作：

（一）认真贯彻落实十七届六中全会和公司党代会精神，切实抓好职工形势任务教育和企业文化工作。

（二）广泛开展群众性经济技术创新工程，充分发挥职工在推进企业科学发展中的主力军作用。

（三）以“面对面心贴心实打实服务职工在基层”活动为主线，切实维护职工合法权益，努力构建企业和谐劳动关系。

（四）进一步健全完善职代会制度，不断深化职工民主管理。

（五）以“二次创业、巾帼建功”为主线，积极推动女职工工作创新发展。

（六）全面加强工会自身建设，进一步提升工会工作水平。

深化反腐倡廉　促进调整优化
为中国中铁稳步发展提供动力和保证

——在中国中铁反腐倡廉建设工作会议上的报告

王秋明

（2012 年 2 月 27 日）

一、2011 年党风建设和反腐倡廉工作的基本情况

一年来，全公司各级纪检监察组织在国资委纪委监察局和公司党政的正确领导下，坚持以中国特色社会主义理论体系为指导，紧紧围绕企业改革发展中心任务，以“领导干部作风建设年”活动为主线，以工程建设领域突出问题专项治理为重点，积极构建惩治和预防腐败体系，全面加强党风和反腐倡廉建设，为企业科学发展营造了良好环境、提供了有力保证。

（一）深入开展作风建设主题教育活动，促进了各级领导人员作风的进一步转变

公司党委坚持把领导人员作风建设作为推进企业科学发展的战略任务，按照“五抓五促”的总体要求，在全公司深入开展了“领导干部作风建设年”主题教育活动，进一步增强了各级领导人员的“五种意识”，提高了“四种能力”。公司纪委在《中国中铁》报开辟“领导干部谈作风”专栏，编辑报道了二级企业 35 名党政主要领导对作风建设的认识和要求；邀请最高人民检察院铁路运输检察厅阎敏才厅长，为总部机关部门以上领导人员和所属单位党政主要领导、在京单位领导班子成员近 300 人作预防职务犯罪专题报告；公司纪委主要领导利用检查调研机会为基层单位讲作风建设专题党课 8 场，636 名党员干部受到教育。各级纪委与新任职领导人员进行廉洁谈话 1626 人（次），与各级领导人员签订廉洁从业责任书 6581 份，组织党性、党风、党纪教育 2300 余场（次），有力促进了各级领导人员作风的转变。各单位结合实际，抓住领导人员作风建设存在的突出问题，广泛开展教育活动。中铁电气化局以“五抓、三弘扬、一促进”为载体，教育领导人员在思想上“清心”、行为上“清正”、形象上“清廉”，营造了“清风”氛围。中铁置业以“五讲、五查、五提升”为主要内容，组织开展作风建设自查自纠，引导员工献计献策，形成了全员参与作风建设的生动局面。中铁建工举办作风建设巡回演讲，大力宣传发生在身边的典型事例，弘扬清风正气，促进廉洁从业，深受广大干部职工好评。

（二）严肃查处违纪违法案件，进一步净化了企业的发展环境

各级纪检监察组织坚持从严治党、从严执纪，以工程项目和关键岗位人员为重点，主动发现案件线索，积极拓展案件来源，持续加大办案力度，严肃查处各类违纪违法案件。2011 年，全公司共受理来信、来访、电话举报 513 件（次），初步核实线索 210 件；立案查办违纪违法案件 68 件，其中大案要案 29 件；涉案 153 人，给予党纪政纪处理 135 人，受到刑事处理 18 人；涉案总金额 2502 万元，通过办案挽回经济损失 691 万元。配合各级纪委和司法机关查办涉及企业案件 97 件，在严肃惩治腐败的同时，有效维护了企业的合法权益。案件特点表明，发生在项目管理岗位的案件更加集中，贪污、贿赂等经济类案件仍占较大比例，利用“小金库”牟取私利的案件频繁发生，配合各级纪委和司法机关办案数量明显上升。公司高度重视配合中央纪委查办铁道部专案工作，公司主要领导两次召集 17 家施工单位主要领导和纪委书记进行动员部署，分析形势、宣传政策、明确要求；先后配合中央纪委进行了 7 起案件的谈话取证工作。公司纪委在配合办案中全力以赴做到提醒到位、陪同到位、反馈到位、基础工作到位，得到了中央纪委的肯定。

（三）扎实推进专项治理工作，有效促进了工程项目的规范管理

根据公司《工程建设领域突出问题专项治理工作实施方案》安排和铁道部“三整治一提高”活动要求，公司组织召开专项治理工作领导小组会议，研究部署 2011 年专项治理

工作，明确了工程项目安全质量、减亏扭亏、协作队伍、招投标、资金管控、查办案件等六项重点整改任务。公司纪委监察部选取全公司30%的亏损项目建立督查电子台帐，动态掌握项目减亏扭亏情况；制定《专项治理整改工作检查督导方案》，对3个二级企业、6个三级企业和23个重点工程项目开展专项检查，共发现各类问题117个，针对资金管控、招标管理、协作队伍管理等方面反映集中的问题，逐一帮助分析，提出整改意见，促进规范管理。深入开展"小金库"专项治理，共发现"小金库"192个，涉及金额5607万元，及时督促整改，完善资金管理制度。积极参与企业管理重大问题调查，深入分析了宇松铁路项目协作队伍管理方面存在的突出问题，提出整改要求，并在全公司开展协作队伍管理自查自纠活动；对波兰A2高速公路项目重大经营亏损问题进行调查，分析亏损原因，追究管理责任，提出防范海外经营风险的意见和建议。中铁一局从规范协作队伍管理、强化物资集中采购入手，建立项目亏损预警机制，变亏损项目事后整治为事前预防，以规范管理根治项目亏损。中铁五局开展了工程项目用工情况专项调研，积极探索规范架子队管理的途径和方法，为完善用工机制，强化用工管理提供了借鉴。

（四）认真落实党风廉政建设责任制，推进了惩防体系建设的不断深化

为了进一步深化全公司惩防体系建设，2011年九月，公司纪委召开推进惩防体系建设专题会议，全面总结几年来惩防体系建设的基本情况，交流部分单位强化教育监督、加大惩处力度、创新工作载体、完善体制机制的经验和做法，就全面落实惩防体系建设重点任务进行了部署，对全面开展惩防体系建设自查作出了具体安排。公司党委坚持以党风廉政建设责任制为抓手，落实领导责任，强化监督检查，确保了惩防体系建设的整体推进。一年来，公司党委领导亲自带队，先后对中铁六局、七局、隧道集团、西南院等11个二级企业、16个三级企业党风廉政建设责任制落实情况进行检查，通过听取汇报、座谈讨论、实地考察等方式，全面了解各单位党风和反腐倡廉建设情况；通过查阅资料、问卷调查、群众评议等方式，从4个大项、38个方面对惩防体系建设情况进行量化考核，分析存在问题，明确整改要求，有力促进了惩防体系建设各项任务的落实。在国资委党委惩防体系建设检查中，强卫东书记高度评价了公司惩防体系建设工作，认为中国中铁惩防体系建设思路清晰、措施有效，党风廉政建设责任制得到较好落实；大力推进"六项工程"建设，具有企业特色的惩防体系框架基本形成；运用惩防体系思路解决突出问题有成效，创新反腐倡廉工作取得了新进展。

（五）融入企业管理，进一步完善了反腐倡廉建设工作机制

各单位始终把创建"廉洁示范工程"作为纪检监察工作融入中心、促进管理的有效载体，坚持把创建活动与规范项目管理相结合，保证了"资金安全、工程优质、干部优秀"目标的实现。公司纪委全面总结了近年来"廉洁示范工程"创建活动基本经验，进一步明确创建内容，健全创建标准，完善考核办法，命名表彰了第一批49个"廉洁示范工程"，促进了创建活动的规范化、标准化，有效提升了工程项目管理水平。中铁二局、四局以创建"廉洁工程"促项目党风建设，以项目班子建设促项目规范管理，加强教育、宣传、监督和考核，充分发挥了"廉洁工程"建设在促进项目健康发展中的积极作用。公司纪委坚持把反腐倡廉区域联建活动作为整合内部资源、落实惩防体系建设重点任务的有效载体，及时召开联席会议，总结经验，查找不足，确定了今后一个时期区域联建的功能定位和主要任务，进一步完善了具有中国中铁特色的区域联建工作机制。各片区大力加强与地方纪委和司法机关的沟通合作，充分发挥地方资源优势，积极探索企地共同预防职务犯罪、共同防范廉洁风险、共同查办违纪违法案件的有效途径，形成了企地共同营造良好发展环境、共同服务企业发展的长效机制。

（六）不断加强自身建设，进一步提升了纪检监察工作的能力和水平

各级党委按照中央纪委等四部委《关于加强和改进中央企业和中央金融机构纪检监察组织建设的若干意见》要求，不断加强领导，健全组织，充实力量，为纪检监察组织全面履行职责提供了保障。公司纪委指导华刚矿业、中铁物贸等8个单位及时组建纪委（纪工委），建立工作制度。中铁港航局等新建单位及时健全了各级纪检监察组织。中铁航空港选配27名具有专业知识、年富力强的同志充实纪检监察队伍。公司纪委制订了纪检监察干部培训规划，选送13名二级企业纪委书记参加中国纪检监察学院组织的培训；举办案件管理软件培训班，分两个片区组织案件质量互检，培训案件检查和案件审理人员。全公司共举办各类培训57场，1800多人（次）接受了培训，提高了业务水平，增强了综合能力。各单位深入开展调查研究和理论研讨，向中国监察学会铁道分会报送论文22篇，有7篇优秀论文获得表彰；公司纪委对各单位133篇优秀论文和调研报告进行了评选，并汇编成册予以发布。

在充分肯定成绩的同时，我们也要清醒地认识到，全公司党风建设和反腐倡廉工作还存在一些不容忽视的问题。个别单位党委对构建惩防体系重视不够，惩防体系建设重点任务落实不到位，融入管理解决企业发展突出问题的效果不明显；一些单位主动办案意识不强，或有案不办，或办案不力，重保护、轻惩处的现象还比较突出；一些领导人员作风漂浮，贯彻上级工作部署、落实"三重一大"决策、实施各项管理措施的执行力还不强；少数二级企业纪检监察组织还不健全，力量比较薄弱，一些纪检监察干部创造性开展工作的能力素质还有待提高。这些问题，需要我们采取有效措施，认真加以解决。

二、2012 年党风建设和反腐倡廉工作的主要任务

2012 年全公司党风建设和反腐倡廉工作的总体要求是：**认真贯彻十七届中央纪委七次全会和中央企业反腐倡廉建设工作会议精神，全面落实公司党代会战略部署，紧密围绕"保发展、调结构、强管理、促稳定"的中心任务，以增强执行力为重点，深化领导人员作风建设；以落实廉洁从业制度为重点，规范领导人员从业行为；以协作队伍管理效能监察为重点，促进项目规范管理，强化监督约束，严肃惩治腐败，进一步完善惩防体系，为中国中铁稳步发展提供有力保证。**

（一）以增强执行力为重点，深化领导人员作风建设，为企业科学发展提供动力和保证

执行力也是生产力、竞争力和战斗力。公司党代会确定的发展思路能否贯彻，这次工作会议确定的目标任务能否实现，企业各项管理制度能否落实，关键在人，关键在领导人员的执行力。为此，公司党委决定，2012 年在全公司开展"执行力建设年"活动。

（二）以落实廉洁从业若干规定《实施办法》为重点，强化监督约束，进一步规范领导人员从业行为

健全用权行为监督机制，是现代企业管理的基本要求，也是确保领导人员廉洁从业的重要举措。各级纪检监察组织要进一步突出监督重点，健全工作机制，强化责任追究，确保权力始终在监督下运行。

（三）以工程项目为重点，加大办案力度，保持惩治腐败高压态势

坚决查办违纪违法案件是各级纪检监察组织的重要职责。各单位要深入分析反腐倡廉建设面临的形势和违纪违法案件的特点，把握办案重点，加大惩治力度，不断净化企业发展环境。

（四）以协作队伍管理效能监察为重点，规范项目管理，促进企业管理优化升级

当前，由协作队伍引发的经济效益流失、项目安全质量、干部廉洁从业、企业稳定发展等问题日益突出，进一步加强协作队伍管理，已经上升为企业长远发展的战略问题。为此，2012 年将继续在全公司深入开展协作队伍管理效能监察。

（五）以落实惩防体系建设《实施办法》为重点，加强总结调研，努力提高惩防体系建设科学化水平

2012 年是全面落实惩防体系建设《2008-2012 年工作规划实施办法》，谋划惩防体系建设 2013-2017 年重点任务的关键一年。各单位要切实抓好工作推进，确保各项安排有序衔接、重点任务有效落实。

（六）以完善工作机制为重点，加强自身建设，进一步增强纪检监察工作服务企业改革发展的能力和水平

面对繁重的反腐倡廉建设任务，各级党委要继续深入贯彻落实四部委《若干意见》，以完善机制、深化载体为重点，不断加强纪检监察组织建设，努力提升纪检监察工作能力和水平。

凝心聚力　攻坚克难
为企业实现新的发展战略目标贡献力量
——在共青团中国中铁二届九次全委（扩大）会议上的报告

李新生

（2012 年 2 月 28 日）

第一部分　2011 年工作回顾

2011 年，在各级党委和上级团组织的正确领导下，全公司各级团组织高举中国特色社会主义伟大旗帜，深入学习实践科学发展观，大力开展创先争优活动，围绕“练内功、打基础、强管理、创一流”的中心工作，认真遵循企业发展规律、履行团组织根本职责，凝聚青年思想，促进企业发展，服务青年成才，加强自身建设，为推动企业改革发展和实现各项奋斗目标做出了积极贡献。

一、突出理想信念，强化教育引导，在凝聚青年上显成效

全公司各级团组织根据企业发展的最新形势和青年群体的变化，从践行社会主义核心价值体系和社会主义文化的高度出发，不断加强青年理想信念教育，不断创新引导青年的方式方法，凝聚青年为推动企业改革和稳定发展做出了积极贡献。

1.突出学习引导，青年理想信念更加坚定。各级团组织紧紧围绕建设社会主义核心价值体系，加强青年的理想信念教育，统一思想认识，创新方式方法，促使“落地生根”，进一步夯实了青年坚定理想信念的思想基础。组织青年认真学习贯彻胡锦涛同志“七一”重要讲话和党的十七届六中全会精神，坚持用社会主义文化教育青年，引导青年坚定跟党走社会主义道路的理想信念，中国中铁青年网全年共刊发学习胡锦涛总书记“七一”重要讲话和党的十七届六中全会精神信息 932 篇。以学习吴大观、郭明义等先进人物为契机，引导青年将吴大观精神、雷锋精神内化为自觉行动。开展“我与祖国共奋进”形势政策教育活动，集中宣传中国特色社会主义事业取得的伟大成就，宣传企业改革发展的艰苦历程和光辉业绩，全公司共开展宣讲会 964 场次，累计 38200 人次参加了活动。

2.突出企业特色，形势任务教育更加深入。开展以“讲形势、讲优势、讲前景、讲对策、讲稳定”为主要内容的企业形势任务学习教育活动，引导青年充分认识和积极应对当前企业面临的形势，进一步统一思想、坚定信心，全力打好生产经营攻坚战，共组织活动 1447 场次，累计 41000 余人参加了学习宣讲活动。开展“推进两大转变，实现二次创业—我与企业同发展”主题征文活动，引导广大团员青年深入学习企业“十二五”发展规划，评选表彰优秀征文 20 篇。结合企业发展内外部新形势，建立以“七个一”为主要内容的团委负责人重难点工程联系点制度，了解青年情、倾听青年声、集中青年智，切实提高共青团服务能力。中铁置业开展了“三个讲清，三个增强”教育活动；中铁建工开展了“扬正气、颂廉洁、强作风、树形象”巡回演讲活动；中铁国际等单位团委还通过 MSN、QQ 等开设了“五讲”网络专栏，供海外青年员工学习。

3.突出形式创新，重大纪念活动更有声色。认真开展纪念建党 90 周年活动，结合党委的统一部署，分四个协作区组织开展“永远跟党走——唱响红歌，创先争优”文艺比赛，共开展比赛 640 余次，参与人数 5 万余人。大力开展“学党史、知党情、跟党走”活动，并在中国中铁青年网开设了专栏，共组织“学、知、跟”活动 478 场次，参加人数为 7000 余人次。充分利用“国庆”、“五四”等重大节日契机，积极开展主题宣传、主题团日、主题教育实践和先进典型评选表彰活动，切实加强民族精神和时代精神教育，弘扬时代主旋律。总部机关召开了庆“五•四”青年座谈会，中央企业团工委和股份公司领导与青年面对面交流。

二、推进重点活动，创新工作载体，在服务发展上展作为

全公司各级团组织团结带领广大团员青年紧密围绕企业中心工作，围绕“急难险重新”任务，投身企业改制重组、技术创新、安全生产、节能降耗、文化建设主战场，开展了一系列富有中国中铁企业特色的品牌活动，为“推进两大转变、实现二次创业”发展战略目标实现做出了积极贡献。

1.抓载体，在施工生产攻坚中建功立业。认真总结哈大线、深圳地铁五号线等重点项目青春建功主题活动经验，对活动涌现出的优秀集体和个人进行专项表彰，深入推进青年安全生产、青年创新创效、青年突击队、项目团组织建设的“四线”创建活动。开展“大干四季度、献礼党代会”青春建功活动，引导广大青年以饱满的热情和良好的面貌迎接党代会的胜利召开，努力为企业年度生产经营目标全面完成做出积极贡献。积极开展青年突击队竞赛活动，围绕“急难险重新”任务充分发挥广大青年的生力军和突击队作用，引导青年积极投身企业重点工程建设，全年获得省部级以上青年文明号65个，获得省部级以上青年岗位能手77人，其中9人获得全国青年岗位能手称号。

2. 抓预防，在企业安全生产中有所作为。层层签订《青年安全包保责任书》，做到纵向到底、横向到边，构建了青年安生生产包保体系，建立了完善的青年安全生产责任机制。深入开展“安全生产，青年争先”主题实践活动，通过安全团课、安全宣讲、知识竞赛、应急演练、班前安全质量宣誓等活动，通过宣传栏、板报、短信等宣传形式，进一步在青年中普及安全常识。强化青年安全监督岗队伍建设，总结青年安全监督岗管理办法试点工作，广泛开展青年安全监督岗岗员技能大赛，累计开展青安岗培训和考试700余次，累计参加人员14000余人，累计征集安全知识试题24000余题。

3. 抓激励，在企业科技创新中有新贡献。做好青年创新创效活动的总结和宣传，通过典型示范引导青年投身创新创效实践，召开了青年创新创效成果评审会，表彰近年来在青年创新创效活动中涌现出来的优秀成果40项、优秀个人115名。围绕企业技术创新和改革发展实际需求，积极探索青年创新创效长效机制建设，制定《深化中国中铁青年创新创效活动的实施意见》。深入开展青年节能减排示范行动，不断加强节能减排标准化建设，开展了节能减排青年先进集体和个人评选活动，并在全国“节能宣传周”发出“节约降本”倡议书。

4. 抓热点，在履行社会责任中展现风采。广泛开展青年志愿活动，大力弘扬志愿服务精神，积极参与环保行动、爱心募捐、帮困助残等社会公益活动。服务大运会等国家重大活动以及企业重点任务，大力开展青年文明号创建及志愿者服务活动，展示了企业良好社会形象。积极开展了关爱农民工子女志愿服务行动，对全公司贫困农民工及子女状况进行摸底调查，开展与农民工子女结对帮扶活动，为农民工子女的健康成长提供服务。在“中国中铁映秀幼儿园”举行了慰问活动，进一步提升了中国中铁的社会形象。股份公司荣获2010年中央企业青年志愿者工作先进单位称号。

三、搭建成长平台，引导岗位建功，在促进成长上做贡献

1. 围绕队伍建设，青年人才培养有新路径。开展青年素质工程，以培养“四个一流”高素质青年人才队伍为目标，组织青年“学业务知识，考注册证书，上技术等级，达一专多能”。探索推进青年模拟竞聘活动，服务企业人力资源开发，召开“青年模拟竞聘”观摩研讨会，履行团组织的育人职能。积极做好新进大中专毕业生的引导工作，通过编制《毕业新生入企指引手册》等形式和载体，分六项工作内容统一部署全公司迎接新进大中专毕业生工作，为新员工上好第一堂课。开展青年职业生涯规划，通过设定青年成才目标、合理规划职业前景、开展交流培训等方式，帮助青年找准成长发展的方向和路径。

2. 围绕企业形势，青年岗位技能有新提升。举办第十届青年技能竞赛盾构操作工、试验工和电工比赛，通过创新活动的内容和形式，不断提高青年技能大赛的影响力和实用性，促进青年岗位技能得到提升，共有23个单位的230名选手参加三个大赛决赛，16名同志通过比赛晋升技术等级，18名选手受到团中央、国资委表彰。扎实开展导师带徒活动，注重实用技能的传承，发挥好师傅的“传、帮、带”作用，对结对的优秀师徒组合给予表彰奖励。

3. 围绕个人需求，维护青年权益有新作为。积极争取青年代表参与民主管理，努力维护青年合法权益，不断健全完善服务青年的工作机制，努力提升服务青年的能力和水平。强化人文关怀，通过献爱心、送温暖等方式，努力为青年提供力所能及的帮助和服务，扎实服务外来务工青年工作、生活、学习等方面需要，积极为其搭建成长成才平台。为青年办实事，在青年交友婚恋、住房团购、文化娱乐、心理辅导等方面积极创造条件、提供帮助，使青年思想稳定、身心健康、安居乐业，更好地融入企业、服务企业、奉献企业。

4. 围绕服务成长，青年典型培养有新形式。进一步强化青年典型培育工作，注重发挥先进典型的先锋模范和示范导向作用，评选表彰第五届“十大杰出青年”，编制“创先争优——青年楷模”报告文学集。利用典型示范促进日常工作，开展“两优两先”和优秀青年项目经理、总工评选活动。大力开展“学习身边好榜样”活动，引导青年树立人人是才、人人都能成才、有用就是才的理念，努力提高青年成才意识和主动性。2011年，中国中铁受中央企业团工委表彰集体和个人数为中央企业中最多。

四、坚持党建引领，推进制度落实，在组织建设上出成果

全公司各级团组织按照“两个全体青年”的要求，坚持党建带团建，结合创先争优活动，深入推进组织全覆盖，大力加强团的基层组织建设和标准化建设，努力提升团干部素质，吸引力和凝聚力进一步增强。

1.创先争优扎实推进。大力开展“党团共建，创先争优”活动，分三个阶段进行部署，以“百千万示范工程”为载体指导基层落实好各项指标。通过开展建立联系点、实行公开承诺、点评工作台帐、召开推进会、开展群众评议、开展“学、查、整、树”活动等措施来落实创先争优活动各项要求，确保活动不走样、有特色。各单位团组织积极贯彻落实各项活动要求，并结合自身实际开展了形式多样的活动，共有9642个“百千万示范工程”创建集体和个人通过中国中铁青年网亮明创建身份、承诺创建措施。中央企业团工委创先争优简报共刊登中国中铁综合信息9篇，信息总分位列中央企业第一名，中央企业团工委书记许高峰出席了在中铁建工于家堡项目举行的中国中铁党团共建创先争优“百千万示范工程”授旗仪式。

2.组织建设稳步跟进。以中央企业青年工作会议为契机，制定了《中国中铁所属单位团委负责人管理办法》，把加强团干部队伍建设纳入企业干部队伍建设整体规划。评选表彰“中国中铁党建带团建工作先进单位”，中铁四局和中铁大桥局荣获中央企业“党建带团建工作先进单位”称号。启动“组织找团员，团员找组织”的“双找”活动，督促新成立单位及时组建团组织，全面落实组织全覆盖工作，积极消灭团建空白点。切实加强团内信息化建设，2011年共青团信息工作综合评比位列中央企业第一位。

3.团干部素质不断提升。深化落实团干部队伍建设“123”工程，选拔优秀青年人才到专兼职团的岗位任职，进一步强化团干部下基层“123”要求。举办2011年基层团委书记培训班，侧重在思想作风和能力素质上加大对团干部的培养力度，并抽调人员参加中央企业集团级团委书记培训班。出台学习制度，加强机制建设，推出团干部集中学习制度，全年集中召开四次集中学习，召开7次协作区工作研讨、座谈会。

4.理论工作结出硕果。进一步强化了理论工作对实践的指导，建立共青团协作区工作制度，推广团干部QQ群“每日一题”活动，制定共青团重点工作督办落实等制度。继续推进工作试点，分别在青年突击队、青年创新创效小组、青年安全监督岗、青年模拟竞聘、青年技能人才培养等机制建设上取得了实践成果。召开团建标准化建设集中研讨活动，对项目团建、机关团建、海外团建、农民工团建等方面分类标准化建设进行了重点研讨。

第二部分　面临的形势和对共青团工作的思考

2012年，是企业实现“十二五”发展规划的关键之年。新形势、新任务，给共青团和青年工作带来了新机遇、新挑战。结合企业实际，谋划好明年工作，要求我们要充分认识、正确理解、准确把握这些新特点、新变化，坚定不移地推进企业“十二五”发展战略，为实现建设世界一流企业目标贡献智慧和力量。

一、更深刻地理解国家经济发展的新变化。

二、更清晰地认识企业改革发展面临的新形势。

三、更准确地把握加强团建工作的新契机

四、更科学地应对青年群体变化的新考验。

第三部分　2012年的主要工作

2012年，全公司共青团工作的指导思想和总体要求是：**以科学发展观为指导，全面落实公司党代会和工作会议精神，深化党建带团建，加强青年思想引导，组织青年建功立业，服务青年成长成才，创新工作思路和方式方法，切实加强基层组织建设，推进团建工作标准化建设，促进企业又好又快发展，团结带领广大青年为实现公司年度各项目标做出积极贡献，以优异的成绩迎接党的十八大胜利召开。**

一、深入学习研究，筑牢理想信念，加强思想引导

要根据社会和青年群体的新变化，结合企业实际，进一步创新思想教育引导的方式和载体，用社会主义核心价值体系和文化成果武装青年头脑，引导广大青年牢固树立正确的理想信念和价值取向，构筑青年强大的精神支柱。

二、坚持改革创新，始终围绕中心，服务企业发展

要把服务“保发展、调结构、强管理、促稳定”2012年中心任务当作青春建功的主战场，紧密结合大局，做好两个服务，发挥共青团品牌活动优势，团结带领广大团员青年为企业转变发展方式、提升发展质量建功立业。

三、坚持以人为本，切实服务青年，建设一流队伍

要从企业和青年最根本的需求入手，更加关注青年的成长成才、技能培养和岗位贡献，努力为青年搭建了交流思想、学习先进、提高技能、展示才华的平台，努力营造有利于青年人才脱颖而出的良好环境和氛围。

四、扎实推进工作，巩固创新载体，加强自身建设

要按照“两个全体青年”的要求，坚持党建带团建，努力实现组织全覆盖，大力加强团的基层组织建设和基层工作，进一步增强团组织的吸引力和凝聚力。

总公司 2011 年大事记

一月

1 日，湖南省委常委、长沙市委书记陈润儿一行，到中铁隧道集团承建的营盘路湘江隧道工地，亲切看望和慰问坚守在施工一线的干部员工。

6 日

✦股份公司董事长、党委书记李长进在总部会见来访的吉林省委常委、长春市委书记高广滨一行，副总裁戴和根、总部有关部门负责人、中铁置业主要领导以及长春市副市长肖万民、长春市汽车产业开发区有关负责同志参加会见。

✦中铁二院西北勘察设计有限责任公司在兰州成立。甘肃省副省长石军与中国中铁副总裁、总工程师刘辉共同为新成立的公司揭牌。

✦中海外召开党员领导干部专题民主生活会。股份公司总裁白中仁出席会议并作重要讲话。

✦国资委企干二局孟凡良副局长一行陪同股份公司外部非执行董事韩修国到中国中铁与股份公司董事长李长进、总裁白中仁进行会谈，董秘于腾群参加会见。

✦中铁港航局党委召开领导班子专题民主生活会。股份公司副总裁段秀斌出席会议，并就港航局下步发展提出要求。

✦中铁四局召开领导班子深入开展“创先争优”活动专题民主生活会。股份公司副董事长、党委副书记、工会主席姚桂清出席会议并讲话。

6 日～7 日，股份公司副董事长、党委副书记、工会主席姚桂清到中铁九局检查指导工作，宣布股份公司党委对九局领导班子调整补充的决定，参加九局领导班子民主生活会，对九局党风廉政建设、创先争优活动情况进行检查，并看望慰问困难职工。

7 日

✦中铁哈大指挥部召开领导班子专题民主生活会，股份公司副董事长、党委副书记、工会主席姚桂清出席会议并做重要讲话。

✦中铁十局党委召开“深入开展创先争优活动”为主题的党员领导干部民主生活会。股份公司副总裁章献出席会议，并对十局下步发展提出要求。

✦中国中铁一局、二局、三局、六局、八局、建工集团、电气化局等单位参建的广珠城际铁路正式开通运营。

9 日，中铁一局承建的天津海滨大道全线通车。

9 日～10 日，股份公司总裁白中仁，副总裁、总会计师李建生，副总裁戴和根等一行，到刚果（金）绿纱公司、国际矿业公司、MKM 公司检查调研，看望慰问一线员工。

10 日

✦中铁宝桥党委召开创先争优活动领导班子专题民主生活会。股份公司监事会主席、党委副书记、纪委书记王秋明出席会议并作重要讲话。

✦中铁二院召开创先争优活动党员领导干部专题民主生活会。股份公司副总裁、总工程师刘辉出席会议并作重要讲话。

11 日

✦中国中铁一局、二局、五局、十局参建的太中银铁路正式开通。

✦中铁二局举行党员领导干部创先争优活动专题民主生活会。股份公司董事长、党委书记李长进出席会议并作重要讲话。

✦国务院副总理回良玉访问刚果（金）期间，在中国政府代表团其他成员和刚方有关人员陪同下，视察中铁八局承建的“资源换发展一揽子项目”刚果（金）金沙萨市凯旋大道工程。

12 日

✦中铁大桥局成功浇注我国单孔跨径最大铁路箱梁——安庆长江大桥箱梁。

✦四川省副省长王宁一行，到中铁五局承建的成绵乐 8 标第五项目部眉山梁场检查。

18 日，沈阳市人民政府与中国中铁股份有限公司在中国中铁总部签订战略合作暨沈阳四环快速路 BT 项目框架协议。

21 日

✦铁道部副部长王志国一行，到中铁八局建筑公司承建的清水路苑三组团项目检查。

✦中国驻摩洛哥大使许镜湖一行，到中铁大桥局承建的摩洛哥布里格里格河谷斜拉桥检查指导。

✦中国中铁召开一届二次职工代表大会。

23 日，中国中铁召开 2011 年工作会议。

24 日～25 日，中国中铁召开第四届科技大会，股份公司董事长、党委书记李长进，总裁白中仁，副总裁、总工程师刘辉分别在会上做重要讲话。

25日，广元市市长马华一行，到中铁八局承建的兰渝铁路重点工程嘉陵江双线特大桥施工现场检查慰问。

26日，股份公司召开产权代表2010年度述职座谈会。国务院国有企业监事会07办主任夏策明，股份公司董事长、党委书记李长进，总裁、党委副书记、执行董事白中仁，副董事长、党委副书记、工会主席姚桂清，党委副书记、纪委书记、监事会主席王秋明，股份公司派出的27名专职董事监事和21名兼职董事监事以及总部相关部门负责人参加会议。会议由董秘于腾群主持。

27日

✦股份公司2011年第一次临时股东大会在北京召开。会议由董事长李长进主持。会议选举产生股份公司新一届董事会和监事会。

✦股份公司总裁白中仁、副总裁刘辉一行到中铁上海工程局进行调研。期间，白总裁一行听取中铁上海工程局总经理孔逋关于近期工作开展情况的汇报，充分肯定上海局成立以来所做的工作，对上海局下步发展提出要求。

二　月

8日，中铁建工集团坦桑公司承建的坦桑尼亚通讯大楼正式启用。

9日，中铁建工集团投资的位于丰台科技园总部基地东区的中铁产业园暨诺德中心隆重举行奠基仪式。中国中铁董事长、党委书记李长进，总裁白中仁，副董事长、党委副书记、工会主席姚桂清，副总裁段秀斌，丰台区区委书记李超钢，区长崔鹏，政协主席初建华等领导出席仪式。

12日，股份公司总裁白中仁、副总裁段秀斌等一行到中铁建工集团承建的北戴河站工程项目部检查指导工作，并代表股份公司看望、慰问在春节期间坚持在重点工程一线施工的广大员工和农民工兄弟。

16日，湖北省副省长段轮一一行，到中铁大桥局检查指导工作。

20日，河南省副省长史济春、张大卫、陈雪枫和省长助理、省政府秘书长安惠元等一行，到中铁建工承建的郑州东站工程，看望并慰问奋战在工地一线的参建员工。

22日，中国—哈萨克斯坦企业家午餐会在北京钓鱼台国宾馆举行。哈萨克斯坦总统纳扎尔巴耶夫、中国国务院副总理王岐山，商务部部长陈德铭、铁道部党组书记盛光祖、铁道部副部长卢春房，以及哈方有关部门负责人出席宴会，李长进董事长应邀参加宴会，会议由商务部部长陈德铭主持。

21日，中国中铁总部机关召开员工业绩考核及重新聘任工作动员大会。

22日

✦股份公司总裁白中仁在总部会见巴基斯坦巡回大使哈里尔•艾哈迈德一行，双方就巴基斯坦瓜达尔至马斯腾铁路项目的有关问题交换意见。

✦第十届中华技能大奖和全国技术能手表彰大会在北京举行。中铁一局专家型技术工人窦铁成荣获中华技能大奖。

23日

✦中国中铁与包头市政府举行战略合作框架协议签署仪式。

✦河南省副省长陈雪枫一行，到中铁装备公司新乡盾构生产基地调研指导。

26日，中国中铁二院设计，二局、五局等单位承建的成兰铁路正式开始动工修建。

27日，中国中铁与南宁市邕宁区人民政府签订南宁市龙岗新区城市基础设施BT项目框架协议。

28日

✦中国中铁设计、建设的张家口至呼和浩特铁路客运专线、呼和浩特至准格尔至鄂尔多斯铁路正式开工建设。

✦中国中铁一局、二局等单位承建的北京市8条新建轨道交通线路正式开工建设。

✦中国中铁成功中标沈阳市四环快速路投资—建设项目，投资额约人民币65亿元，总工期27个月，回购期三年。

✦股份公司董事长、党委书记李长进在青岛市燕岛宾馆会晤山东省委常委、青岛市委书记李群。

三　月

1日，中共中央政治局委员、广东省委书记汪洋一行，到中铁四局承建的深圳北站枢纽和深圳地铁5号线施工工地进行专题调研。

2日

✦中铁五局长沙办公中心在长沙举行揭牌仪式。

✦股份公司总裁白中仁与兰州交通大学校长任恩恩在兰州交通大学国际会展中心签订《中国中铁股份有限公司与兰州交通大学科技合作与人才培养协议》。

✦中铁大桥局与广东省中山市签署项目投资协议。

3日

✦陕西省委常委、副省长江泽林一行，在西安市委书记孙清云等领导陪同下，到中铁一局建安公司施工的西安地铁二号线行政中心站检查。

✦股份公司总部机关党委召开2011年工作会议。

7日～19日，股份公司总裁白中仁赴委内瑞拉，先后会见委内瑞总统查韦斯，副总统兼能源部长拉米雷斯，IFE 局长弗兰克林等政要，并到北部平原铁路现场办公，检查工程进展情况，解决项目实施过程中一些重大问题，慰问现场参建员工。

8 日

✦中国中铁举行庆祝“三八”国际妇女劳动节先进集体和先进女职工表彰暨“二次创业巾帼争先”座谈会。

✦股份公司董事长、党委书记李长进在总部会见湖南省湘潭市市委书记陈三新、市长史耀辉一行。双方就不断增进互信，进一步加强合作交换意见。

8 日～14 日，股份公司副总裁周孟波前往印度尼西亚，就印度尼西亚苏门答腊煤炭运输项目的融资促进、运价调整机制以及项目开工前各方的准备工作与印尼国有煤矿公司(PTBA)和雄鹰集团进行会谈。

9 日

✦中铁八局与中铁信托举行战略合作研讨会并签署战略合作协议。

✦中国中铁与湖北省武汉市政府在北京签署战略合作框架协议。

14 日，四川省乐山市委书记唐坚一行，到中铁五局承建的成绵乐 8 标工地检查。

15 日

✦副总裁周孟波在股份公司总部会见肯尼亚国有企业咨询委员会委员考伊麦特女士等一行。

✦青海省副省长张建民一行，到中铁资源承建的坎布拉后弘文化园区检查指导。

21 日，山西省常委、太原市委书记陈川平一行，到中铁三局六公司承建的太原南内环东延项目检查指导。

22 日，中铁八局承建的四川省灾后重建 4 座火车站之一—德阳新客站正式投入使用。

24 日～25 日，股份公司党委中心组组织集体学习，认真学习贯彻全国“两会”精神，重点学习温家宝总理在十一届全国人大四次会议上所作的《政府工作报告》，学习中央、国资委领导有关会议讲话精神及文件规定。

26 日，中铁建工集团开发的山东省章丘市“中国中铁•诺德名城”项目正式开工建设。

28 日

✦中国中铁和中国出口信用保险公司在中国中铁大厦签署战略合作协议。

✦中铁大桥院与武汉钢铁（集团）公司签订战略合作协议。

29 日

✦股份公司总部召开员工业绩考核暨重新聘任工作总结大会。

✦四川省委书记刘奇葆一行，到中铁五局成兰指挥部石亭江双线特大桥施工现场检查，慰问所属二公司参建员工。

31 日

✦股份公司副总裁马力一行，就清理整合四级及以下企业减少管理层级等事宜到中铁八局检查调研。

✦中铁六局召开中层及以上干部大会。股份公司总裁白中仁，副董事长、党委副书记、工会主席姚桂清出席会议并作重要讲话。

✦中铁西北院主持完成的“十一五”国家科技支撑计划课题 “多年冻土工程检测与病害防治技术研究”顺利通过验收。

✦中国中铁董事长、党委书记李长进，总裁白中仁，副总裁、总会计师、总法律顾问李建生一行，在中国工商银行总部会晤中国工商银行行长杨凯生。双方就加强全面合作，推进“走出去”金融服务、重大项目融资、债券融资、资金管理等事宜进行交流。

✦股份公司公布 2010 年度报告，营业收入与净利保持持续增长。在《财富》2010 年世界 500 强排名中，名列第 137 位，较 2009 年排名上升 105 位。

四 月

1 日

✦国资委纪委书记强卫东一行，在股份公司党委书记、董事长李长进，总裁白中仁、纪委书记王秋明，中铁隧道党委书记、董事长郭大焕，总经理张继奎等领导陪同下，到中铁隧道承建的北京铁路地下直径线项目就惩治和预防腐败体系建设工作情况进行检查调研。

✦中铁建工集团 16 名员工完成中国南极科考中山站“十五”能力建设收尾任务，随中国第 27 次南极科考队返回。

6 日

✦股份公司总裁白中仁，副总裁、总工程师刘辉一行，到中铁设计咨询集团检查调研。

✦中铁建工承建的青藏铁路的起点站—西宁站枢纽改造工程正式开工。青海省委书记强卫、省长骆惠宁，铁道部副部长卢春房等领导参加开工典礼。

✦中国中铁承建的 2011 年玉树灾后重建工作全面启动。

7 日，中铁隧道集团承建的万里长江首条地铁隧道—武汉地铁 2 号线越江隧道右线盾构机成功穿越长江。

8 日，中铁大桥局联合体中标武汉鹦鹉洲长江大桥 BT 投融资建设项目。

10 日，股份公司总裁白中仁，副总裁、总工程师刘辉，副总裁章献一行，到中铁海西公司进行调研并会晤莆田市领导。

11 日～12 日，股份公司副董事长、党委副书记、工会主席姚桂清一行，到中铁七局承建的石武客专郑州动车组运用所二分部、郑州轨道交通二号线06工区指挥部、郑州轨道交通二号线06工区长江路站施工现场和集团公司机关，检查项目标准化建设、基层党组织和党支部建设以及创先争优活动的开展情况。

12日～13日，股份公司总裁白中仁，副总裁、总工程师刘辉，副总裁段秀斌、章献一行，到中铁港航局及股份公司南方装备基地调研检查。

13日

✦黑龙江省省长王宪魁、副省长吕维峰、于莎燕一行，到中铁资源鹿鸣公司检查指导。

✦股份公司总裁白中仁，副总裁、总工程师刘辉，副总裁段秀斌、章献一行，在佛山市高明区会晤佛山市委书记陈云贤。

14日，股份公司党委书记、董事长李长进率调研组，到中铁五局乐山项目就项目党建和架子队党支部进行调研。

15日，中国中铁投资建设的江苏临海高等级公路如东段BT项目正式开工建设。

16日，中国中铁与玉树州委州政府在玉树县第二完全小学工地举行"'两基一强'抓党建、'双标共建'新玉树"推进会暨授旗仪式。玉树州州长王玉虎等州委州政府领导，中国中铁股份公司副总裁马力，中铁建工、中铁二局等参建单位领导出席推进会。

18日，中铁工程建设分公司举行成立十周年庆祝仪式。股份公司董事长、党委书记李长进，总裁白中仁出席，并对建设分公司下步发展提出要求。

当地时间18日，美国《福布斯》杂志公布全球企业2000强(Forbes Global 2000)榜单，中国中铁列第311位。

19日

✦国土资源部副部长、中国地质调查局局长汪民一行，到中铁资源集团调研指导。股份公司董事长、党委书记李长进、副总裁章献，中铁资源董事长易政青、总经理吴建元、党委书记李辉等领导陪同调研。

✦中铁西北院与兰州市安宁区政府正式签署中铁西北科学研究院有限公司研发中心与产业基地项目投资框架协议。

✦甘肃省副省长、省舟曲灾后重建领导小组组长泽巴足一行，到中铁一局市政环保公司承建的舟曲项目部调研检查。

25日～26日，股份公司在总部召开2010年度暨2010年一季度经济活动分析会。股份公司领导李长进、白中仁、姚桂清、李建生、刘辉、马力、周孟波、戴和根、段秀斌、王秋明、章献、许廷旺，董事会秘书于腾群，国资委监事会07办、各专职产权代表，总部各部门负责人，各子公司主要负责人、总会计师、财务部长共190人参加会议。

27日

✦股份公司在总部召开庆祝"五一"、"五四"暨表彰"四个十大"先进人物表彰视频会。股份公司总裁白中仁出席会议并作重要讲话，党委副书记、副董事长、工会主席姚桂清宣读表彰决定，李建生、马力、于腾群等股份公司领导及高管出席会议。

✦股份公司董事长、党委书记李长进率代表团赴缅甸进行友好访问，先后会见缅甸联邦共和国副总统吴丁昂敏乌阁下和铁道部部长吴昂敏先生，出席"关于缅甸木姐—皎漂铁路运输系统项目合作谅解备忘录"的签字仪式。

✦贵州省委常委、常务副省长王晓东一行，到中铁八局承建的玉屏县舞阳河大桥检查。

28日，湖南长沙空港城启动暨人民路东延线空港城段开工仪式在长沙隆重举行。股份公司副总裁、总工程师刘辉代表股份公司出席开工仪式并做致辞。湖南省委书记、省人大常委主任周强，国有重点大型企业监事会主席石大华，湖南省委常委、常务副省长于来山，副省长韩永文，长沙市市长张剑飞等省、市各级领导以及建设分公司、中铁二局、五局、十局、大桥局的主要领导出席开工仪式。

29日，新任国资委监事会主席时希平、前任主席崔世安以及国有企业监事会07办主任夏策明、副主任李慧敏、监事魏新岚、姚森雄、赵志德一行7人到中国中铁总部进行工作交接，并与董事长、党委书记李长进，总裁白中仁以及姚桂清、李建生、刘辉、马力、周孟波、王秋明、章献、于腾群等领导和高管，股份公司全体董事、监事座谈交流。

五 月

1日，中央政治局委员、中央书记处书记、中央宣传部部长刘云山，在安徽省委副书记、省长、省政府党组书记王三运，安徽省委常委、宣传部部长臧世凯，中共安徽省委常委、合肥市委书记孙金龙，合肥市委副书记、合肥市市长、市政府党组书记吴存荣等省市领导的陪同下，到中铁四局建筑公司承建的渡江战役纪念馆视察。

3日

✦青海省委常委、常务副省长徐福顺一行，到中铁二局承建的玉树下拉秀牧民房建设工程检查。

✦股份公司召开专项治理工作领导小组会议，通报开展工程建设领域突出问题专项治理工作情况，研究部署2011年专项治理工作。

9日

✦股份公司总裁白中仁、副总裁章献在石家庄市政府迎宾楼会晤石家庄市艾文礼市长一行。

✦中铁隧道集团承担的国家重点基础研究发展计划

(973 计划)课题 “基于高效破岩的盾构刀盘刀具数字化设计基础研究”正式启动。

✦中铁航空港与国家救灾应急装备工程技术研究中心签署科技合作框架协议。

10 日，国家发改委副主任徐宪平一行，到中铁建工承建的向莆铁路南昌西站项目检查指导。

11 日

✦中铁一局、三局、六局、八局、电气化局、建工集团等单位参建的京沪高铁正式开始运行试验。

✦浙江省委常委、杭州市委书记黄坤明一行，到中铁一局参建的杭州地铁 1 号线Ⅱ标检查指导。

12 日，安徽省委书记张宝顺在省委常委、合肥市委书记孙金龙、合肥市市长吴存荣等陪同下，到中铁四局承建的合肥枢纽南环线检查。

13 日，中国中铁与中南大学签署《高速铁路建造技术国家工程实验室委托管理协议》。

14 日，股份公司第十届青年技能竞赛盾构机械操作工技能大赛在深圳圆满落幕。

15 日，福建省副省长倪岳峰一行，到中铁港航局承建的崇武中心渔港检查指导。

16 日，中共中央候补委员、青海省省长骆惠宁一行，到中铁二局承建的玉树灾后重建项目部检查。

23 日

✦股份公司总裁白中仁、副总裁段秀斌，在中国中铁总部会见山东省德州市市长陈先运一行。双方就加快推进在多领域合作，建立战略合作伙伴关系交换意见。

✦贵州省委书记栗战书、省长赵克志到中铁建工集团承建的贵阳中煤盘江重工项目考察。

✦铁道部副部长卢春房一行，到中铁大桥局承建的南钦铁路三岸邕江特大桥检查指导。

25 日，股份公司总裁白中仁、副总裁段秀斌一行，赴广东省江门市考察，并与江门市市委书记陈继兴、市长刘海就广东轨道交通产业化园区（中国南车动车组修造基地）、江顺大桥、滨江新区建设等事宜进行友好洽谈。

26 日，上海市委副书记、市长韩正一行，到中铁上海局承建的白龙港污水处理厂项目调研。

27 日

✦中铁一局与宁夏银川市出资成立的银川中铁水务集团有限公司正式挂牌成立。

✦中铁西南院产业基地投产暨研发中心正式启用仪式在成都市高新西区举行。四川省副省长李成云，中国工程院院士冯叔瑜，四川省军区、西南交通大学、中国中铁部分成员单位领导等出席仪式。中国中铁总裁白中仁出席仪式并作重要讲话。

30 日，甘肃省委副书记、省长刘伟平，副省长、省舟曲灾后重建领导小组组长泽巴足一行，到中铁一局市政环保公司承建的舟曲配水厂督查指导。

六月

2 日，中共中央政治局常委、全国政协主席贾庆林在中共湖南省委书记周强陪同下，视察中铁大桥局桥科院武汉桥梁监理公司监理的湖南湘西矮寨大桥。

9 日,中央党校第 49 期省部级干部进修班学员、国家体育总局局长刘鹏等一行赴中国中铁总部考察，中国中铁总裁白中仁及姚桂清、李建生、周孟波、段秀斌、许廷旺、于腾群等公司领导及高管与进修班学员进行座谈。

11 日，由中国企业改革与发展研究会和华顿经济研究院共同主办的第十届中国上市公司百强论坛和颁奖典礼在浙江绍兴举行。中国中铁荣获“2010 年度中国上市公司百强”，股份公司董事长、党委书记李长进获得“中国功勋企业家勋章”，总裁白中仁获得“中国最佳企业领袖”，董秘于腾群获得“中国最佳董秘”的称号。

12 日，黑龙江省委书记吉炳轩一行，到中铁一局桥梁公司承建的哈尔滨市松花江大桥项目检查。

14 日，铁道部党组书记、部长盛光祖率铁道部有关部门负责人，赴京沪高铁建设一线进行现场办公，看望慰问奋战在建设一线的干部职工，安排部署开通运营工作。铁道部党组成员、副部长胡亚东、陆东福、卢春房，铁道部原副部长、京沪高速铁路建设领导小组办公室副主任蔡庆华参加京沪高速铁路现场办公和总结会。中国中铁总裁白中仁陪同铁道部领导全程添乘检查全线，并代表股份公司在总结会议上表态发言。

16 日

✦中国中铁装备盾构研发制造基地正式建成投产，它是国内最大的盾构研发制造基地。

✦中国中铁股份有限公司 2010 年度股东大会在北京召开。

21 日，中铁电气化局承建的我国第一条高原电气化铁路—青藏铁路西格二线正式开通运营。

22 日

✦中国中铁与深圳市以 BT 模式建设的地铁 5 号线正式开通运营。

✦由《理财周报》主办的“2011 中国上市公司董事会价值管理论坛暨 2011 中国上市公司最佳董事会颁奖典礼”在深圳举行。股份公司执行董事、总裁白中仁获 “2011 中国上市公司最具价值总裁”，董秘于腾群获 “2011 中国上市公司最佳董秘”。

23 日，陕西省委副书记、省长赵正永一行，到中铁一局、三局承建的西宝客专兴平东制梁场检查。

24日，中国中铁在总部办公楼报告厅召开庆祝建党90周年暨创先争优活动经验交流大会。

25日，由《中国证券报》社主办的“第13届（2010）年度中国上市公司高峰论坛暨金牛奖颁奖典礼”在北京举行。股份公司董事长、党委书记李长进荣获“金牛最佳企业领袖”殊荣，董秘于腾群荣获“金牛最佳董秘”奖。

25日～26日，股份公司党委在总部隆重召开全公司干部工作会议。

27日，兰州市委副书记、市长袁占亭，副市长俞敬东、牛向东等一行，到中铁一局承建的兰州盐场污水处理厂项目检查指导。

27日～30日，股份公司董事长、党委书记李长进应邀出席第七届新疆喀什•中亚南亚商品交易会，并与喀什市主要领导会谈。

28日，中铁一局承建的新疆喀什至新疆和田铁路正式开通运营，结束和田地区不通火车的历史。

七 月

5日

✦湖南省副省长韩永文一行，到中铁三局承建的沪昆客专杭长Ⅱ标项目施工现场检查指导。

✦股份公司总裁白中仁在昆明市市委中心，拜会云南省委常委、昆明市委书记仇和，就加强政企合作，推进昆明地铁3号线西延段工程，继续参与昆明轨道交通建设，积极参与昆明都市快线、安置房、保障性住房等双方关心的问题进行交谈。

✦中共中央政治局委员、全国人大常委会副委员长、中华全国总工会主席王兆国，在黑龙江省委书记吉炳轩、省长王宪魁以及哈尔滨铁路局主要领导的陪同下，视察中铁电气化局承建的哈尔滨西客站，并慰问参建员工。

6日，股份公司党委中心组组织集体学习，认真学习贯彻总书记胡锦涛在庆祝中国共产党成立90周年大会上的重要讲话精神。

7日，美国《财富》杂志公布2011年“世界企业500强”排名。中国中铁以2010年营业收入699.73亿美元再度入选，排名第95位，较上年上升42位，首次跻身前100强。

10日，中铁置业投资开发的中铁•青岛中心主体顺利封顶，并以237.7米的高度刷新青岛的最高楼记录。

11日，中国中铁总裁白中仁，副董事长、党委副书记、工会主席姚桂清，副总裁马力一行，赴玉树检查指导灾后重建工作，看望慰问员工，检查灾后重建项目，召开中国中铁玉树灾后重建工作会，出席中国中铁玉树灾后重建现场指挥部创先争优活动“一优两先”表彰大会暨攻坚誓师大会。

15日，股份公司总裁白中仁，副总裁、财务总监、总法律顾问李建生一行，在天津市滨海新区，考察于家堡金融区规划发展及建设情况，会晤天津市委常委、副市长崔津渡。双方就建立合作互信的伙伴关系深入交换意见，为下一步拓展和扩大合作领域提出构想，为中国中铁进一步巩固和扩大天津市场奠定基础。

17日，中铁电气化局承建的中国出口量最大的铁路—乌（乌鲁木齐）阿（阿拉山口）电化改造工程全线一次送电成功。

20日

✦陕西省省长赵正永、副省长祝列克率陕西省引汉济渭调水工程调研团，到中铁隧道局参建的引汉济渭调水工程秦岭3号隧道项目进行专题调研。西安市市长陈宝根、陕西省水利厅厅长王锋、副厅长洪小康及陕西省政府办公厅、安康市、汉中市、引汉济渭办公室等负责人陪同调研。

✦中国中铁与昆明市政府在中国中铁总部签署战略合作框架协议。

23日20时50分，杭深线永嘉至温州南间，北京南至福州D301次列车与杭州至福州南D3115次列车发生追尾事故。事故发生后，股份公司领导高度重视，立即指示在事故发生地点附近施工的有关单位和项目部，迅速组织人员、机械、设备等奔赴事故现场进行抢险救援。

28日，中铁山桥集团博士后工作站正式揭牌成立。

八 月

1日，云南省常务副省长罗正富一行，到中铁一局承建的云桂铁路石林南站新建货车外绕线工程检查。

2日，河南省委书记、省人大常委会主任卢展工一行，在河南省委常委、洛阳市委书记毛万春，副省长张大卫等领导的陪同下，到中铁航空港承建的郑卢高速公路洛阳至洛宁段土建1标检查指导。

3日～5日，由股份公司董事长李长进，非执行董事韩修国，独立董事贺恭、贡华章、王泰文组成的中国中铁董事会考察调研组，先后对建设分公司组织实施的沈阳四环快速路BT工程项目和中铁置业投资开发的人杰水岸房地产项目进行考察调研。

4日，国家发展和改革委员会副主任徐宪平率领的赴藏调研组一行，在西藏自治区党委常委、常务副主席吴英杰等陪同下，到中铁八局承建的拉日铁路TJ1标工程调研。

8日～9日，中国中铁工会二届十次全委（扩大）会暨党工共建创先争优推进会在总部举行。会议对上半年工会工作进行总结，对后几个月工会工作重点进行研究部署。股份公司党委书记、董事长李长进，总裁白中仁，党委副书记、副董事长、工会主席姚桂清，副总裁、总工程师刘辉出席会议并讲话。

9日

✦中共中央政治局委员、中央军委副主席徐才厚一行，在黑龙江省委书记吉炳轩、省长王宪魁、沈阳军区司令员张又侠等领导陪同下到中铁大桥局承建的乌苏大桥视察。

✦股份公司董事长、党委书记李长进一行在中铁装备公司董事长、党委书记李建斌，总经理韩亚丽等陪同下到中铁装备公司郑州盾构研发制造基地检查指导。

✦“迪博•中国上市公司内部控制指数”发布会在北京召开。股份公司以内部控制指数 963.49 列中国上市公司内部控制指数综合排名 100 强第 10 位。

10日

✦河北省副省长宋恩华一行，到中铁八局承建的河北省涿鹿县桑干河项目（桑干河新城项目、桑干河“石湖水库”工程等）施工现场检查指导工作。

✦股份公司董事长、党委书记李长进一行，到股份公司施工总承包的郑州地铁 2 号线施工现场检查指导。

12 日，浙江省委书记赵洪祝、省长吕祖善一行，到中铁四局承建的杭州东站检查工作。

15 日，股份公司总裁白中仁在钓鱼台国宾馆拜会来华访问的埃塞俄比亚总理梅莱斯•泽纳维阁下。

16 日，中铁二局负责设计施工、西北院监理的玉树灾后重建重点工程—玉树县第一民族中学竣工交付。

16 日～25 日，国资委监事会境外国有资产检查组前往委内瑞拉，对股份公司承建的委内瑞拉北部平原铁路项目开展检查。

16 日～22 日，股份公司派出由 10 位公司领导任组长、总部相关业务部门参加的经济运行督导组，先后对股份公司 38 个子分公司及部分三级子公司、重点项目部进行实地督导检查。

18 日，中铁资源集团与国家林业局调查规划设计院合作协议签字仪式在京举行。股份公司董事长李长进、副总裁戴和根、国家林业局副局长张建龙、森林资源管理司副司长徐济德出席签字仪式。

20 日，安徽省副省长倪发科率省考察团，到中铁四局厄瓜多尔分公司考察调研。

22 日，国务院国资委主任王勇、副主任黄丹华带领国资委相关厅局负责人赴青海玉树，在青海省省长骆惠宁、副省长王令浚的陪同下，看望并慰问参与玉树灾后重建工作的中国中铁等 4 家央企的员工。

23 日，中国中铁第六期领导人员中央党校理论培训班在中央党校开班。

24 日，股份公司总裁白中仁在钓鱼台国宾馆会晤来华访问的老挝副总理兼外长通伦。

25 日，中国中铁首届财务会计职业技能大赛总决赛在股份公司总部举行。

26 日～30 日，中国中铁首期新闻发言人培训班在总公司党校举办。

29 日，股份公司董事长、党委书记李长进在总部会见来访的英国前首相托尼•布莱尔阁下。

31 日、1 日，股份公司分别在北京和香港举办 2011 年度中期业绩发布会。

九 月

1 日，股份公司总裁白中仁、副总裁周孟波会见国家开发银行副行长郑之杰一行，就加强双方全面合作，重点推进“走出去”金融服务、国内重大项目融资、出口信贷等事宜进行深入交流。

3 日，安徽省省长王三运一行在合肥市市长吴存荣等陪同下，到中铁四局承建的渡江战役纪念馆工程调研检查。

5 日

✦股份公司总裁白中仁，副董事长、党委副书记、工会主席姚桂清，副总裁、总会计师、总法律顾问李建生，副总裁戴和根一行，到中铁资源鹿鸣钼矿项目调研检查。

✦股份公司董事长、党委书记李长进一行，到中铁置业和中铁十局联合投资开发的中铁汉峪项目调研检查。

6 日，股份公司总裁白中仁在哈尔滨市同黑龙江省副省长于莎燕举行会谈，双方就加强合作、推进伊春鹿鸣钼矿发展交换意见，并达成共识。

7 日～8 日，股份公司总裁白中仁，副董事长、党委副书记、工会主席姚桂清，副总裁、总会计师、总法律顾问李建生一行，深入沈阳四环快速路全线 10 个标段逐个项目现场办公，并与沈阳市市长陈海波就加强战略合作，进一步拓展中国中铁与沈阳合作领域，加快推进四环建设进行座谈。

13 日，股份公司总裁白中仁一行，到中铁南方公司检查指导，并对中铁南方公司未来发展及新一届领导班子提出具体要求。

14 日，由四川省省委副书记、省长蒋巨峰率领的四川省党政代表团，在河南省委副书记、省长郭庚茂，副省长张大卫，郑州市委副书记、代市长吴天君，副市长、郑州新区党工委书记赵瑞东等领导的陪同下，考察参观中铁装备。

16 日

✦股份公司总裁白中仁在总部会见力拓能源集团副总裁海伦•纽厄尔女士一行五人。双方就莫桑比克煤矿项目合作开发交换意见。

✦中铁一局、四局、七局、电气化局等单位参建的西安地铁二号线一期正式通车试运营。

17日～19日，股份公司总裁白中仁，副总裁、财务总监、总法律顾问李建生，副总裁、总工程师刘辉，副总裁段秀斌等到中铁大桥局、中铁大桥院、中铁科工等企业，就2011年经济运行情况进行督导检查。

19日，湖北省与中央企业深化合作会议暨项目签约仪式在武汉举行。湖北省委书记李鸿忠，国务院国资委主任王勇，省委副书记、省长王国生出席并讲话。股份公司总裁白中仁全程出席活动。

20日，安徽省副省长詹夏来一行，到中铁四局江北产业集中区路网工程检查。

22日

✦中共中央政治局委员、北京市委书记刘淇、北京市委副书记、市长郭金龙等，在河南省省委书记、省人大常委会主任卢展工，省委副书记、省长郭庚茂等陪同下，到中铁隧道局施工的南水北调穿黄工程 II－A 标南岸竖井隧洞施工现场检查工作，中铁隧道局总经理张继奎陪同视察。

✦河北省副省长宋恩华一行，到中铁一局四公司保阜项目调研。

23日

✦北京市副市长洪峰一行，到中铁航空港五分公司承建的国家汽车质量监督检验中心项目检查。

✦作为2011欧亚经济论坛最重要的平行分会之一，由国家开发银行主办的“金融合作”分会在西安举行，股份公司总裁白中仁出席并发言。

24日，福建省委副书记、省长苏树林一行，到中铁一局向莆铁路闽侯梁场工地检查。

十月

3日，天津市市委副书记兼滨海新区区委书记何立峰一行，到中铁航空港北京公司承建的滨海站施工现场检查指导。

9日，山西省委书记、省人大常委会主任袁纯清，省委副书记、省长王君一行到中铁六局太原铁建公司晋中龙湖立交桥工程项目观摩检查。

9日～10日，股份公司召开党委中心组学习会议。

13日，2011年扬州与中央企业合作交流会在北京举行。会上，扬州市市长谢正义致辞，副市长王玉新作专题推介，市政府秘书长何金发主持交流会。股份公司副总裁段秀斌代表中国中铁应邀出席交流会。

16日，股份公司董事长、党委书记李长进到中铁贵州国际旅游体育休闲度假中心项目检查调研。

17日，美国《新闻周刊》联合两家全球领先的环境研究机构 Trucost 和 Sustainalytics 公布2011年“全球500绿色企业排名”，中国中铁首次入闱“全球500绿色企业”。

16日～18日，股份公司总裁白中仁、副总裁戴和根一行，赴安徽省铜陵市铜陵有色金属集团控股有限公司进行考察。

18日

✦由中铁一局、大桥局、大桥院等单位承建的中缅油气管道工程（国内段）隧道及跨越工程第一EPC合同项正式开工。

✦甘肃省委常委、兰州市委书记陆武成到中铁十局三建公司承建的金雁黄河桥项目检查。

20日

✦2011年中国中铁反腐倡廉区域联建华中片区工作会议在郑州召开。

✦股份公司副总裁戴和根在合肥会晤蚌埠市委书记、市人大常委会主任陈启涛，蚌埠市委副书记、市长周春雨一行，双方就加强政企合作，建立战略合作伙伴关系交换意见，对推动蚌埠龙子湖西岸滨湖新区项目建设进行会谈。

20日～21日，股份公司副总裁、总工程师刘辉在武汉主持召开股份公司2011年度优秀勘察设计奖、优秀工程咨询成果奖评审会。

23日，股份公司总裁白中仁在总部会见来访的兰州市市长袁占亭一行，就有关项目合作事宜进行洽谈。

24日

✦股份公司总裁白中仁、副总裁段秀斌一行，在珠海会晤港珠澳大桥管理局局长朱永灵。

✦中共中央政治局委员、国务院副总理张德江一行，到中铁八局成仁高速公路项目考察调研。

25日

✦中国中铁股份有限公司与埃塞俄比亚铁路公司在埃塞俄比亚首都亚的斯亚贝巴正式签署亚的斯亚贝巴-吉布提铁路项目塞贝塔（Sebeta）-米埃索（Mieso）段的EPC总承包合同。

✦股份公司董事长、党委书记李长进，总裁白中仁出席长春市城市基础设施建设项目首次推介会暨签约仪式。

27日

✦股份公司董事长、党委书记李长进在广州会见来访的缅甸副总统吴丁昂敏乌。

✦辽宁省委书记、省人大常委会主任王珉在省委常委、沈阳市委书记曾维，省委常委、秘书长周忠轩及沈阳地铁集团董事长王刚等陪同下，到中铁五局沈阳地铁二号线三标视察。

28日

✦由股份公司投资建设并倾力打造的中铁国际旅游体

育休闲度假中心项目安置区和路网建设正式破土动工，标志着中铁国际生态城项目由设计规划阶段转入实质性施工阶段。

✦股份公司副总裁段秀斌到包头诺德国际花园项目调研房地产发展，并与包头市代市长孙炜东、副市长牛俊雁、政府秘书长王惠明等进行洽谈。

29 日～11 月 8 日，股份公司在石家庄党校组织举办第九期三级企业领导人员培训班。

十一月

2 日，总部机关召开党员代表会议，选举总部机关出席总公司第三次（股份公司第一次）党代会的代表。

3 日，中铁建工一行 18 人随中国第 28 次南极科考队乘坐“雪龙号”从天津邮轮母港起航，第十次出征南极。

6 日

✦股份公司与兰州市政府在兰州签订战略合作框架协议。

✦中铁西北院建院五十周年庆典暨中铁科技大厦启用仪式在兰州举行。

6 日～8 日，2011（第十三届）中国国际矿业大会在天津梅江会展中心召开。股份公司董事长、党委书记李长进出席大会并在行业发展高层论坛上作主旨演讲。

7 日，中国建筑业协会 2010 年～2011 年度鲁班奖揭晓。中国中铁共计有 16 个项目获此殊荣。

8 日，股份公司总裁白中仁在总部会见澳大利亚汉科公司常务副董事长桑迪•雷杰等一行四人。

9 日，股份公司总裁白中仁、副总裁李建生、董秘于腾群在总部会见汇丰（中国）银行行长黄碧娟女士一行。

14 日，全国政协常委、经济委员会副主任、铁道部原副部长孙永福一行到中铁大桥局长昆项目部湘江特大桥工地检查指导工作。

16 日，由美国《工程新闻记录》（ENR）与中国《建筑时报》共同主办的 2011 年度中国承包商与工程设计企业“双 60 强”排名榜单及“最值得推荐的 30 家中国工程法律律师事务所（团队）”在上海揭榜。中国中铁列 2011 年中国承包商 60 强第 1 名，中铁二院列中国工程设计企业 60 强第 4 名。

18 日

✦昆明市域铁路（安宁-嵩明）试验段开工仪式在昆明西山区碧鸡关隧道西口举行，股份公司董事长、党委书记李长进出席开工仪式并致辞。

✦印度尼西亚南苏门答腊煤炭运输项目融资框架协议签字仪式在巴厘岛举行，股份公司副总裁周孟波、国家开发银行计划总监陈剑英和印尼 BATA 公司董事长鲁迪分别代表三方在在融资框架协议上签字。

✦安徽省铜陵市与央企合作项目推介会暨签约仪式在北京举行。铜陵市委书记、市人大常委会主任姚玉舟，市委副书记、市长侯淅珉与八家央企签订相关合作项目投资协议。股份公司副总裁马力出席仪式，并代表股份公司与铜陵市签订战略合作协议。

18 日～26 日，股份公司总裁白中仁到委内瑞拉铁路项目检查指导工作。

20 日，辽宁省省长陈政高、常务副省长许卫国、副省长滕卫平、沈阳市市长陈海波一行到中铁一局承建的辽宁省图书馆新馆检查指导。

21 日

✦江顺大桥 BT 工程建设动员大会在江门举行。股份公司董事长、党委书记李长进出席并致辞，广东省副省长雷于蓝，股份公司副总裁段秀斌、章献，江门市委书记刘海、代市长庞国梅，广东省、江门市和中国中铁有关单位和部门的负责人等 300 余人参加动员大会。

✦股份公司董事长、党委书记李长进，副总裁戴和根、章献在深圳拜访深圳市市长许勤、常务副市长吕锐锋等领导，双方就有关工作交换意见。

21 日～24 日，中国建筑业协会 2011 年度全国“AAA 级安全文明标准化诚信工地”揭晓，股份公司共有 16 项工程获此殊荣。

24 日，由香港大公报联合北京上市公司协会、上海市股份公司联合会、香港中国企业协会、香港中资证券业协会和香港特许秘书公会共同举办的“中国证券金紫荆奖”颁奖典礼在香港举行。中国中铁荣获“最佳管理团队”和“最受两地投资者欢迎的上市公司”两项大奖。

25 日，央企走进河北战略合作恳谈会在石家庄举行。股份公司副总裁马力出席恳谈会，并代表股份公司与河北省签订战略合作框架协议。

27 日，中国中铁召开二届十次全委（扩大）会议，审议通过召开总公司第三次党代会暨股份公司第一次党代会的决议。

十二月

2 日，股份公司总裁白中仁，副总裁、总工程师刘辉在兰州拜会甘肃省委常委、市委书记陆武成和市长袁占亭。

5 日，股份公司召开 2011 年度《企业年度工作报告》编制工作布置培训视频会议。总部各部门负责人及编制工作人员在公司总部主会场参加会议，各单位分管领导、财务总监、董秘及相关部门负责人在各单位分会场参加会议。

6日

✦股份公司董事长、党委书记李长进到中铁信托开展调研。期间，李董事长分别听取中铁信托2011年党委工作、董事会工作、经营管理工作情况汇报，并同领导班子成员及部分中层干部进行座谈。

✦中铁二院召开第二次党员代表大会，股份公司党委书记、董事长李长进出席。

✦股份公司董事长、党委书记李长进到中铁西南院检查指导工作。

✦股份公司总裁白中仁，副总裁李建生、戴和根在郑州会晤河南省委常委、郑州市代市长吴天君一行。双方就基础设施建设、城市轨道交通、装备制造、商务区开发等项目的合作与实施方面达成共识，为双方战略合作奠定基础。

✦股份公司成立中铁泛亚建设投资有限公司。泛亚公司与中国中铁昆明轨道交通工程指挥部采用一个机构两个牌子的管理模式合署办公。

6～7日，股份公司总裁白中仁带队对中铁隧道党风廉政建设责任制落实和反腐倡廉工作情况进行检查。

7日，股份公司总裁白中仁，副总裁戴和根、李建生一行，到中铁装备检查指导。

11日，福州市与中央企业项目合作洽谈暨签约仪式在人民大会堂召开。股份公司副总裁戴和根代表股份公司与福州市签署战略合作协议，国务院国资委主任王勇、副主任金阳，福建省委书记孙春兰、省长苏树林，福建省委常委、福州市委书记杨岳，福州市代市委杨益民，股份公司董事长、党委书记李长进等领导共同见证。

11日～16日，股份公司总裁白中仁在国家行政学院参加由中组部、商务部、国家行政学院联合举办的省部级干部提高对外开放水平专题研讨班。研讨班学员由各省、自治区、直辖市政府分管副省长（副主席、副市长），各副省级城市分管负责人，部分中央企业和金融机构主要负责人组成，共115人。

13日，股份公司承担的国务院国资委《建设规范董事会的中央企业母子公司治理问题研究》课题研讨会在股份公司总部召开。课题组组长、股份公司董事长、党委书记李长进，课题组副组长、国务院国资委企业改组局副局长秦永法，课题组副组长、股份公司董秘于腾群，国资委企业改组局、董办（监办）、南开大学公司治理研究中心有关人员及部分专家学者参加会议。

14日，北京证监局副局长张海文一行到股份公司总部，就中国中铁内部控制体系建设运行情况开展调研检查。股份公司董事长、党委书记、内控体系建设领导小组组长李长进，副董事长、党委副书记、工会主席姚桂清，副总裁马力，董秘于腾群，董办（监办）、总裁办（党办）、战略规划部、审计部负责人及相关人员参加调研座谈。

15日，由中铁上海局所属市政公司承建的上海白龙港南线输送干线完善工程SST2.6标项目DN4000顶管首段单排贯通，此举刷新国内超大直径顶管的新纪录。

19日，广东省江门市委书记刘海与市委副书记、代市长庞国梅率代表团到访股份公司，总裁白中仁与市委书记刘海一行进行正式会谈。

19日～20日，国务院国资委在北京会议中心召开中央企业负责人会议，贯彻落实党的十七大和十七届历次全会精神，贯彻落实中央经济工作会议精神，总结2011年工作，分析形势，研究部署2012年工作。中共中央政治局委员、国务院副总理张德江出席会议并讲话，国务院国资委主任、党委书记王勇出席会议并作工作报告。股份公司董事长、党委书记李长进，总裁白中仁参加会议。

22日，中国中铁列“2011 中国国有企业上市公司排行榜100强”第9位。

26日

✦股份公司总裁白中仁一行到中铁置业检查党风廉政建设责任制落实情况。

✦中铁隧道局承建的国内最长的水下隧道—狮子洋隧道正式通车运营。该隧道是广深港高铁最关键的控制性工程，全长10.8公里，三次穿江越洋，是我国第一条水下铁路隧道，也是世界上通行速度最快的水下铁路隧道。

28日，郑州市轨道交通2号线一期工程盾构开始掘进。该工程由股份公司总承包，总合同约34亿元，由中铁一局、三局、五局、七局、九局、隧道、电气化局承建。

28日～29日，中国共产党中国铁路工程总公司第三次（股份公司第一次）代表大会在北京召开，来自全公司51个选举单位的349名代表出席会议。国有重点大型企业监事会主席时希平、国资委党建局局长刘汉滨、党建局组织处处长车家发、国有企业监事会处长赵志德、监事会07办处长魏新岚、监事会07办主任姚森雄，股份公司领导班子成员及高管出席大会开幕式。

29日，由世界经理人集团、世界企业家杂志和世界金融实验室共同评选的2011年“中国50家最受尊敬上市公司”评选揭晓，中国中铁等50家上市公司获“中国最受尊敬上市公司”称号。股份公司还入选“中国上市公司十佳董事会”、董秘于腾群再次获“中国上市公司十佳董秘”。

企业基本情况

【企业性质】 中国铁路工程总公司（China Railway Engineering Corporation，缩写 CREC）是集勘察设计、施工安装、房地产开发、工业制造、科研咨询、工程监理、资本经营、金融信托、资源开发和外经外贸于一体的多功能、特大型企业集团，总部设在北京。中国铁路工程总公司具有国家建设部批准的铁路工程施工总承包特级资质、公路工程施工总承包一级资质、市政公用工程施工总承包一级资质以及桥梁工程、隧道工程、公路路基工程专业承包一级资质，城市轨道交通工程专业承包资质，拥有中华人民共和国对外经济合作经营资格证书和进出口企业资格证书。2000 年通过质量管理体系认证，同时获得英国皇家 UKAS 证书。2003 年通过环境管理体系和职业健康安全管理体系认证。2004 年通过香港品质保证局质量/环保/安全综合管理体系认证，并获得国际资格证书。作为全球最大建筑工程承包商之一，2011 年排名世界企业 500 强第 95 位，在中国企业 500 强中排名 9 位，在中央企业排名第 6 位，在 2011 年世界 225 家最大国际承包商中排名第 33 位。并入围当年“全球 500 绿色企业”、“社会责任榜”第 9 位，首次入选“全球 500 绿色企业”。

中国铁路工程总公司的前身是 1950 年 3 月成立的铁道部工程总局和设计总局，后变更为铁道部基本建设总局。1989 年 7 月，铁道部撤销基本建设总局，组建中国铁路工程总公司。2000 年 9 月，与铁道部“脱钩”，整体移交中央大型企业工作委员会管理。2003 年 4 月归属国务院国资委管理。2006 年 11 月，成为首批国有独资企业董事会试点企业。2007 年 9 月 12 日，独家发起设立中国中铁股份有限公司（以下简称中国中铁），并于 2007 年 12 月 3 日和 12 月 7 日，分别在上海证券交易所和香港联合交易所挂牌上市。截至 2011 年底，全公司共有员工 29.1 万人，拥有各类专业技术人才 14.8 万人，其中中国工程院院士 3 人、国家勘察设计大师 4 人、享受国务院特殊政府津贴的 59 人、国家级有突出贡献的中青年专家 2 人，具有高级技术职务的有 14000 人、高级工程师 10090 人。公司拥有各类执业资格人员 1 万多人，其中有注册建造师 7300 多人。

中国铁路工程总公司主要从事股权管理、非上市单位和存续资产管理，中国中铁是其经营业务的运营主体，拥有下属子、分公司 40 余家和其它项目机构，主要有中铁一局、二局、三局、四局、五局、六局、七局、八局、九局、十局、大桥局、隧道、电气化局、建工、航空港、上海局、港航局等 17 家施工企业集团；中铁二院、设计咨询、大桥院、西北院、西南院、华铁咨询等 6 家勘察设计科研企业；中铁山桥、宝桥、科工、装备等 4 家工业制造企业；中海外、中铁国际、委内瑞拉分公司、老挝分公司、印尼公司等 5 家国际业务公司；另有中铁置业、资源、信托、物贸、西南、南方、海西、中原、贵州、昆明、成都和建设分公司等 10 余家房地产、金融、投资管理公司。中铁宏达资产管理中心为中国铁路工程总公司成立的具有法人资格的全民所有制企业，负责管理学校、医院、主辅分离资产等未进入上市范围的机构和资产。

作为国家授予的全国首批“创新型企业”，中国铁路工程总公司拥有高速铁路建造技术国家重点实验室、盾构及掘进技术国家重点实验室、4 个博士后科研工作站、14 家经国家认可的检测实验中心、2 个经国家认定的技术中心和 17 个省部认定的技术中心，在高原铁路、高速铁路、电气化铁路、城市轨道交通、大型桥梁及隧道、高速铁路道岔、钢结构研发生产等多个领域拥有核心技术，达到了世界先进、国内领先水平。截至 2011 年底，公司先后有 465 项科技成果通过省部级科技成果鉴定，共获国家科技进步奖和发明奖 91 项（其中特等奖 4 项、一等奖 12 项），省部级科技进步奖 1252 项，拥有有效国家专利 1502 项（其中发明专利 354 项）。

【控股经营】 2011 年，公司主要控股子公司 45 家，其中从事基建建设业务的 19 家子公司有：中国海外工程有限责任公司、中铁一局集团有限公司、中铁二局集团有限公司、中铁三局集团有限公司、中铁四局集团有限公司、中铁五局(集团)有限公司、中铁六局集团有限公司、中铁七局集团有限公司、中铁八局集团有限公司、中铁九局集团有限公司、中铁十局集团有限公司、中铁大桥局集团有限公司、中铁隧道集团有限公司、中铁电气化局集团有限公司、中铁建工集团有限公司、中铁国际经济合作有限公司、中铁港航工程局集团有限公司、中国航空港建设集团有限公司、中铁上海工程局有限公司。从事勘察设计业务的 6 家子公司有：中铁二院工程集团有限责任公司、中铁工程设计咨询集团有限公司、中铁大桥勘测设计院集团有限公司、中铁西北科学研究院有限公司、中铁西南科学研究院有限公司、华铁工程咨询有限责任公司。从事工程设备和零部件制造业务的 4 家子公司有：中铁山桥集团有限公司、中铁宝桥集团有限公司、中铁科工集团有限公司、中铁隧道装备制造有限公司。从事房地产开发业务的 1 家子公司为中铁置业集团有限公司。从事其他业务的 15 家子公司有：中铁西南投资管理有限公司、广西岑兴高速公路发展有限公司、广西全兴高速公路发展有限公司、云南富砚高速公路有限公司、中铁信托有限责任公司、中铁资源集团有限公司、中铁南方投资发展有限公司、中铁佛山投资发展有限公司、中铁海西投资发展有限公司、中铁物贸有限责任公司、中铁中原投资发展有限公司、中铁中南投资发展有限公司、中铁东北投资发展有限公司、中铁贵州旅游文化发展有限公司、中铁（平潭）投资建设有限公司。

【企业分级】 股份公司 2011 年度按年度工作报告企业分级情况见表 3-1。

表 3-1　中国铁路工程总公司企业分级情况（2011）

序号	企业名称	企业代码	企业级次	类别
1	中国铁路工程总公司	10201654-8	一级	境内
2	中国中铁股份有限公司	71093500-3	二级	境内
3	中国海外工程有限责任公司	10000662-9	三级	境内
4	中铁一局集团有限公司	22052234-5	三级	境内
5	中铁二局集团有限公司	62160289-9	三级	境内
6	中铁三局集团有限公司	11010451-3	三级	境内
7	中铁四局集团有限公司	14918552-5	三级	境内
8	中铁五局（集团）有限公司	21440016-5	三级	境内
9	中铁六局集团有限公司	10188476-5	三级	境内
10	中铁七局集团有限公司	170071602	三级	境内
11	中铁八局集团有限公司	20197383-8	三级	境内
12	中铁九局集团有限公司	24061200-6	三级	境内
13	中铁十局集团有限公司	16319874-4	三级	境内
14	中铁大桥局集团有限公司	17768578-9	三级	境内
15	中铁隧道集团有限公司	17107568-0	三级	境内
16	中铁电气化局集团有限公司	62590614-4	三级	境内
17	中铁建工集团有限公司	71092118-9	三级	境内
18	中铁港航工程局有限公司	190383398	三级	境内
19	中铁航空港建设集团有限公司	10205420-2	三级	境内
20	中铁上海工程局有限公司	56652893-9	三级	境内
21	中铁二院工程集团有限责任公司	73020712-6	三级	境内
22	中铁设计咨询集团有限公司	76420572-7	三级	境内
23	中铁大桥勘测设计院集团有限公司	17768505X	三级	境内
24	中铁西北科学研究院有限公司	H1706520X	三级	境内
25	中铁西南科学研究院有限公司	G5151927-1	三级	境内
26	华铁工程咨询有限责任公司	10111219-1	三级	境内
27	中铁山桥集团有限公司	10531159-3	三级	境内
28	中铁宝桥集团有限公司	72735754-5	三级	境内
29	中铁科工集团有限公司	30006541-2	三级	境内

30	中铁隧道装备制造有限公司	69872966-0	三级	境内
31	中铁信托有限责任公司	743633968	三级	境内金融
32	中铁置业集团有限公司	71093457-X	三级	境内
33	中铁国际经济合作有限公司	67235278-9	三级	境内
34	中铁资源集团有限公司	67660374-1	三级	境内
35	中铁物贸有限责任公司	56575979 4	三级	境内
36	中铁西南投资管理有限公司	66972427-0	三级	境内
37	中铁南方投资发展有限公司	671879861	三级	境内
38	中铁海西投资发展有限公司	68085885-1	三级	境内
39	中铁中原投资发展有限公司	56645200-6	三级	境内
40	中铁贵州旅游文化发展有限公司	57330175-9	三级	境内
41	中铁宏达资产管理有限公司	565000008	二级	境内
42	中铁咸阳干部管理学院	43563101-2	二级	境内
43	中国铁路工程总公司党校	E0263314-5	二级	境内

【改革发展】 原隶属于中海外的中国铁工建设有限公司重组并入中铁建工集团，成为其子企业。将原上海分公司代中国中铁持有的中铁南通投资建设管理有限公司的 2 亿元股权，通过协议方式转让给中铁上海局。按分步注销计划，截至 2011 年底共注销近 20 家四级及以下法人企业，并彻底完成 7 级以下法人企业注销任务。严格对各层级投资新设、收购兼并和分改子公司等审核把关工作，全年新增企业 80 家，其中投资新设 70 户，收购兼并 10 户。

按照中国中铁内控体系建设总体部署，对管理制度进行了全面梳理，进行业务尽职调查、管理框架设计、流程图绘制及描述编写、关键控制点辨识与措施制定、重大风险识别与评估、业务流程优化、管理工作改进、内控手册编制。截至 2011 年底，全公司二级企业都完成了内控体系发布运行工作，大部分三级企业完成了内控体系建设工作。通过积极开展工程项目审计、经济责任审计、财务收支审计和管理绩效审计等各项工作，全公司全年增收节支 19773 万元，提出审计建议被采纳 7515 条。2011 年全公司大力加强资金集中管理，首次将资金集中度列为领导人员业绩考核关键指标。全公司合并层面资金归集度达到 70%，运用沉淀资金开展内部调剂 213.11 亿元，同比增加 93.81 亿元；成功发行 120 亿元公司债券及 67 亿元短期融资券，改善了全公司债务结构。积极推进物资集中采购，累计在 1943 个工程项目上实施了物资集中采购，总额达 1215 亿元，同比增长 92.2%。继续推进大型设备集中采购调配，全公司共集中采购施工设备 4145 台套，总额 42 亿元，集中采购度由上年的 40.8%上升至 87.7%。

【中国中铁股份有限公司法人治理结构】

（一）股东大会

股东大会是股份公司的权力机构。截至 2011 年 12 月 31 日，公司的股东总数为 772,580 户。其中，A 股股东（含中铁工）总数为 745,046 户，H 股股东总数为 27,534 户。中国铁路工程总公司为股份公司的控股股东，持有 11,950,010,000 股，占股份公司总股本的 56.10%。

（二）董事会

1 月 1 日～1 月 27 日，股份公司董事会由李长进、白中仁、姚桂清、贺恭、贡华章、王泰文、辛定华 7 位董事组成，其中李长进为执行董事、董事长，白中仁为执行董事、总裁，姚桂清为执行董事、副董事长，贺恭、贡华章、王泰文、辛定华为独立非执行董事。 1 月 27 日～12 月 31 日，股份公司董事会由李长进、白中仁、姚桂清、韩修国、贺恭、贡华章、王泰文、辛定华 8 位董事组成，其中李长进为执行董事、董事长，白中仁为执行董事、总裁，姚桂清为执行董事、副董事长，韩修国为非执行董事，贺恭、贡华章、王泰文、辛定华为独立非执行董事。董事会下设五个专门委员会，其中审计委员会、薪酬与考核委员会全部由独立非执行董事组成。

（三）监事会

1月1日～1月22日，股份公司监事会由王秋明、季志华、张喜学、周玉清、林隆彪5位监事构成，其中王秋明任监事会主席，季志华、张喜学、周玉清、林隆彪为职工代表监事。

1月22日～1月27日，股份公司监事会由王秋明、刘建媛、张喜学、林隆彪4位监事组成，其中王秋明任监事会主席，刘建媛、张喜学、林隆彪为职工代表监事。

1月27日～12月31日，股份公司监事会由王秋明、刘建媛、张喜学、林隆彪、陈文鑫5位监事构成，其中王秋明任监事会主席，陈文鑫为股东代表监事，刘建媛、张喜学、林隆彪为职工代表监事。

（四）高管层

由10名成员组成，包括总裁白中仁，副总裁、财务总监、总法律顾问李建生，副总裁、总工程师刘辉，副总裁马力、副总裁周孟波、副总裁戴和根、副总裁段秀斌、副总裁章献、总经济师许廷旺和董事会秘书于腾群。

【公司治理规则】在原有的公司治理规则体系的基础上，2011年公司按照《公司法》、《证券法》等有关法律法规的要求以及中国证券监督管理委员会等有关监管机构的规定，积极推进现代企业制度，完善法人治理规则，制定出台了《进一步加强和改进全公司董事会监事会工作的指导意见》、《中国中铁股份有限公司内部利润分配管理办法》、《中国中铁股份有限公司关于董事会、董事考核评价暂行办法》《中国中铁股份有限公司关于监事会、监事考核评价暂行办法》，修改完善了《中国中铁股份有限公司章程》。

【社会责任】 中国中铁切实践行“建造精品、改善民生”的神圣使命，积极承担社会责任，在拉动经济、促进就业、环境保护、抢险救灾、公益事业等方面做出了重要贡献，2011年获“中央企业优秀社会责任实践成果奖”。2011年是中国中铁响应党和国家扶贫号召，定点帮扶湖南省桂东和汝城两个贫困县的第十年。公司坚持“科技扶贫，教育扶贫”，选送第八批扶贫干部到两个贫困县，全年共投入188万元，启动并完成了8个扶贫项目，为当地的发展做出了贡献。由于教育扶贫成绩显著，公司被中国扶贫基金协会授予“2011年度公益大使奖”。中国中铁秉承节约能源、减少排放的宗旨，完善三大体系，严格贯彻执行能源管理体系标准要求，把建立资源节约型、环境友好型企业作为目标，把工程项目节能减排作为降低成本、提高效益的重要途径，加强能源消耗的过程管理和控制，实现工程项目精细化管理；加大经费投入和研发力度，大力开展节能减排技术攻关和技术改造，推广应用先进节能减排技术和产品。2011年，公司被国务院国资委授予“‘十一五’节能减排优秀企业”称号。

在青海玉树灾后重建工作中，中国中铁承担结古镇城南片区的恢复重建任务。主要包括城乡居民住房建设、公共服务设施建设、基础设施建设等三大类，共计60余个大项、100余个子项、170余个单体，重建总投资额为43.75亿元。公司以“开工必先，全程领先”为指导思想，广大员工克服重重困难，高质量施工，创造了四天一层楼的灾后重建玉树速度、玉树奇迹。2011年，公司在全面加快施工进度的同时，把确保居民入住置于首位，优化资源配置，加大施工力量，累计投入各类人员3800人，机械设备243台（套）。2011年，中国中铁承建的青海玉树藏族自治州玉树县第二完全小学完工，该工程是玉树震后重建的首所交付使用的学校。

中国中铁每年通过接收大中专毕业生、接收转业军人、通过人才市场引进人才等形式，为社会创造和提供着大量新的岗位。2011年，公司建立与驻地公安、维稳部门、社保部门的沟通协调机制，促进了军转干部解困政策的落实和企业军转干部信访反映问题的解决。公司在国内基建投资大幅紧缩、铁路工程项目调整和资金压力较大的情况下，充分展示央企的社会责任，为150万农民工提供了就业机会，启动预防和解决拖欠农民工工资工作的长效机制，通过各种渠道积极筹措32亿元资金，全力解决因政策等因素引起的农民工工资拖欠问题，取得了良好的效果。2011年，公司广泛开展了农民工志愿服务活动，在国资委召开的中央企业农民工工作视频会议上，白中仁总裁交流了中国中铁加强农民工工作的经验，受到国资委领导充分肯定。3月26日《经济日报》全文刊登李长进董事长的署名文章《全面推进“五同”管理，切实加强农民工思想政治工作》。4月份，中国中铁加强农民工“五同”管理的案例，被中组部写入“全国基层党组织加强社会管理集中轮训教材”。在中央文明办关爱农民工活动启动仪式上，巨晓林作了大会发言。

职工队伍

【公司组织机构】 见彩页机构图。

【职工队伍整体情况】 2011年末总公司职工总数为299889人，其中在岗职工255675人，非在岗职工44214人。其他从业人员45725人，全部从业人员301400人。

【总公司、股份公司干部队伍结构情况】 2011年末，全公司干部数为163862人。

干部的年龄结构：30岁及以下76902人，占46.9%；31～40岁39933人，占24.4%；41～50岁32841人，占20%；51岁及以上14186人，占8.7%。

干部的教育结构：硕士及以上4342人，占2.6%；本科74134人，占45.2%；专科54210人，占33.1%；中专17182人，占10.5%；高中及以下13994人，占8.6%。

【总公司领导】
李长进　董事长、总经理、党委副书记
白中仁　党委书记、董事
姚桂清　副董事长、党委副书记、工会主席
李建生　党委常委
刘　辉　党委常委
马　力　党委常委
周孟波　党委常委
戴和根　党委常委
段秀斌　党委常委
王秋明　党委副书记、纪委书记

【总公司董事会组成人员】
董 事 长：李长进
副董事长：姚桂清
董　　事：白中仁
职工董事：毛小民

【股份公司领导及高管】
李长进　董事长、党委书记
白中仁　总裁、党委副书记、董事
姚桂清　副董事长、党委副书记、工会主席
李建生　副总裁、财务总监、总法律顾问、党委常委
刘　辉　副总裁、总工程师、党委常委
马　力　副总裁、党委常委
周孟波　副总裁、党委常委
戴和根　副总裁、党委常委
段秀斌　副总裁、党委常委
王秋明　党委副书记、纪委书记、监事会主席
章　献　副总裁、党委常委
许廷旺　总经济师
于腾群　董事会秘书

【股份公司三总师副职】
副总会计师　张继华
副总工程师　季志华、汪建刚、郑　机、李开言、闵国暐、刘成军、史柏生、甘百先、温德智、陈诗平
副总经济师　王立平、李新洲、余汉林、傅漳湖、张　敏

【股份公司外派专职董事监事】　股份公司外派专职董事监事任职单位情况见表 3-2。

表 3-2　股份公司外派专职董事监事任职单位情况

序号	姓名	任职单位及职务	
		董事	监事
1	魏振国	港航董事、中原董事、设计咨询董事、国际董事	宝桥监事
2	郭佳芳	三局董事、十局董事、华铁董事	六局监事、九局监事、设计咨询监事
3	刘关洪	大桥董事、山桥董事	七局监事、隧道监事会主席、港航监事
4	罗立生	四局董事、电化董事、大桥董事	三局监事会主席、置业监事
5	舒　畅	建工董事、上海局董事	一局监事会主席、国际监事、海西监事
6	常仲相	八局董事、资源董事、大桥院董事、西南院董事	大桥监事、山桥监事会主席
7	陈晓春	六局董事、九局董事、电化董事、西南院董事	大桥（股份）监事会主席
8	刘　坚	建工董事、宝桥董事、山桥董事	上海局监事、西北院监事会主席
8	刘永红	二局董事、四局董事、电化董事	大桥院监事会主席、设计咨询监事会主席
10	方永忠	中海外董事、五局董事、科工董事、航空港董事	建工监事会主席
11	刘宝来	一局董事、五局董事、二院董事	四局监事、海西监事会主席
12	梅　权	三局董事、大桥院董事	中海外监事、六局监事会主席、科工监事会主席
13	魏　都	四局董事、七局董事、八局董事	十局监事会主席、科工监事
14	齐学勇	二局董事、六局董事	宝桥监事会主席、航空港监事、上海局监事

15	张明贤	西南院董事、西南投资董事	二局监事会主席、八局监事、隧道监事
16	韦忠信	二局董事、置业董事、隧道装备董事、航空港董事	九局监事会主席
17	吴致强	二院董事、海西董事、六局董事	西南院监事会主席、电化监事
18	席福禄	一局董事、设计咨询董事、华铁董事、西南投资董事	隧道装备监事会主席、中原监事会主席
19	范胜利	置业董事、二院董事、设计咨询董事	国际监事、西南院监事
20	张喜学	三局董事、九局董事、上海局董事、华铁董事	八局监事会主席、西南投资监事会主席
21	李德忠	大桥董事、山桥董事	七局监事会主席、建工监事、二院监事
22	陈路明	五局董事、七局董事、隧道董事	四局监事主席、佛山监事
23	王凤江	一局董事、宝桥董事、西北院董事	十局监事、华铁监事会主席
24	魏玉鑫	七局董事、隧道董事	中海外监事会主席、航空港监事、人才中心监事
25	修　贵	建工董事、国际董事(股东代表)、西北院董事	一局监事、 二局监事、电化监事会主席
26	曹建生	八局董事、九局董事、港航局董事	五局监事会主席、西北院监事
27	李安宁	十局董事、宝桥董事	五局监事、二院监事主席、山桥监事
28	吴泽林		港航监事、隧道装备监事
29	程广朝	隧道董事、贵州旅游董事	
30	李小京	十局董事	贵州旅游监事会主席

【总公司总部干部情况】 2011 年，中国铁路工程总公司现员 29 人。各部门干部员工情况见表 3-3：

表 3-3　中国铁路工程总公司总部干部情况表（2011）

序号	部　门	定员	现员	姓　名	
1	党委办公室、保密办		3	杨玉堂、常玉伟 李　辉	
2	人力资源部（党委干部部）		2	余汉林、王飞孟 裴清宁	
3	党委宣传部		3	徐　进、曹艳春 刘福广	
4	党委组织部		2	丁荣昌、黄建中	
5	政研会		2	毛小民、曹艳春	
6	纪委（监察部）		6	王宏光、苑宝印 曹　兴、杨建华 陈文志、俞　坚 林道明	
7	工　会		4	刘建媛、毛小民 池洪军、郑　黎 陈宝华、刘治国	
8	团　委		1	李新生、曹　彬	
9	财务部		2	李　平	沈　炜
11	内退人员		4		谢　宾、胡一江、李旋
12	不在岗人员		1		张志龙

【股份公司总部干部情况】 截至2011年底，中国中铁股份有限公司定员321人，现员285人，专职三总师副职13人。各部门干部员工情况见表3-4：

表3-4 2011年度股份公司总部员工情况分布

序号	部　　门	定员	现员	姓　　名	
	公司领导及高管		12	李长进、白中仁、姚桂清、李建生、刘　辉、马　力、周孟波、戴和根、段秀斌、王秋明、章　献、许廷旺、于腾群	
	三总师副职		15	季志华、汪建刚、王立平、李开言、郑　机、闵国暐、李新洲、刘成军、余汉林、史柏生、张继华、傅漳湖、甘百先、温德智、陈诗平	
1	董事会办公室	16	9	张睿开、陈文鑫 余　赞、万　明	蔡　阳、李　伟、段银华、王凯、高伟 李德忠、张喜学、陈路明、王凤江、修　贵、魏玉鑫、曹建生、李安宁 专职董、监事8人
2	总裁办公室 （党办、保密办）	36	32	杨玉堂、常玉伟、李　辉	谭风华、杨社香、刘颖惠、郑　江、吕月胜、罗庆梅、王国卿、杨文博、董　晓、高丽萍、葛瑞鹏、唐艳静、冉新彦、王利生、孙玉宝、徐　朵、庞德宁、王　剑、周　慧、赵家兴、台玉春、余金平、陈一鑫、付晓涛、汪　鲤、吴宗宝、刘卫生、罗　恒、何广春
3	战略规划部	15	11	周民忠、范永贵 方　锐、景　象	法中奎、曾　虹、朱公梅、郭新立、刘小莹、王晋铎、丁　宾
4	干部部 （党委干部部）	14	11	*余汉林 王飞孟、裴清宁	张春全、韩绿滨、张劲枫、胡丁旺、陈光建、任玉超、段　鹏、刘传刚、续海龙
5	劳资社保部	19	16	刘志伟、靖建平 李　敏	曾庆光、杨书华、张顺昌、宋智聪、黄建宁、钱荣华、仝　婕、李素明、卢　峰、王　鋆、李　博、谢学文、王源海
6	财 务 部	31	24	杨　良、李　静 王　恺	王为林、刘素美、尹翔飞、辛小松、宋　洁、石　磊、何　川、王大中、白　桦、闫　刚、黄弘昭、闫　旭、孙　琳、彭　娜、朱　沛、李晓鹏、许小林、田　华、吕　琨、曾　晶、吴飞飞
7	资本运营部	15	15	林　鑫、肖　圣 杨　涛	段乐骋、汪　涛、周　雅、张旭升、于晓涛、孔令同、戴春华、石晓烽、黄荣虹、文少兵、贺传亮、李　娜
8	法律事务部	9	7	王怀远、陈晓平	吴　青、吴　茵、林　一、孙晋迎、罗　志
9	监察部	14		与纪委合署办公	
10	审计部	10	8	林隆彪、张利生 吴　青	王　芸、吴　昊、何　勇、李晓寒、刘贵明
11	安质环保部	10	8	李凤超、韩学诠 樊玉智	任乐春、柴海楼、张　柠、胡科敏、张业忠
12	国际业务部	16	10	陈之功、赵艳杰 曹登敬、杨新平	邓飞喜、刘铁民、蒋　莉、胡　海、杨　蕾、傅晓江
13	科技设计部	22	22	*刘成军、 陈唯一、何　宁 李海明、高　峰 张　瀚、刘涵宁	朱高明、王　洁、刘建廷、白　昭、王　烨、罗静峰、袁　明、李永全、黄从治、于　波、赵远志、黄佳强、耿治平、马志伟、冯莎莎、杨晶晶
14	经营开发部	13	8	梁　勇、杨宗林 李夏初	曹增才、王永胜、史　洁、赵文光、闫荣泽
15	工程管理部	12	12	*汪建刚、 何荣康、唐连成	李恒高、许　德、撒应群、卢　炜、宋上明、申国锋、陈铁师 毛建军、李卫华、游利平
16	投资发展部	13	7	冯慧光、罗晓春	罗元恒、孙旭东、汪先俊、王圣明、艾秋根

17	工业设备部	6	5	沈　平、孟祥红	杨路帆、贤慧、全国星
18	企业文化部（党委宣传部）	6	8	徐　进、曹艳春 刘福广	史艳丽、李翊萌、刘赪、尚宪鹏、李元
19	行政管理部	10	10	权有勇、韩　东 袁立新	单保中、刘　辉、刘建锁、夏玉民、任宝生、常金盛、刘刚
	小计	281	253	现员为253人	
1	党委办公室				与总裁办公室合署办公，定员列行政编制
2	党委组织部	5	4	丁荣昌、黄建中	高元宝、王正芹
3	党委宣传部				与企业文化部合署办公，定员列行政编制
4	党委干部部				与干部部合署办公，定员列行政编制
5	纪　委（监察部）	12	10	王宏光、苑宝印 曹　兴、杨建华 陈文志、俞　坚 林道明	章　静、韩凤岩、童旭升
6	工　会（体　协）	12	11	刘建媛、毛小民 王　伟、池洪军 郑　黎、陈宝华 刘治国	白敏芳、邓志胜、王丹、朱成亮
7	机关党委	2	1	*权有勇	杨云峰
8	团　委	4	2	李新生、曹　彬	
9	《中国中铁》报社	4	4	程建伟、屈建国	戴　骥、陈　丽
10	政研会秘书长	1	0	*曹艳春	
	小　计	40	31	现员为人31	

注：姓名前加“*”的为兼职人员

【股份公司总部部门及内设机构负责人】 中国中铁股份有限公司总部内设机构负责人及以内设机构负责人名单见表3-6（以2011年12月31日在册为准）。

表3-6　股份公司总部部门负责人及内设机构负责人

部　门	姓　名	职　务
董事会办公室（监事会办公室）	张睿开	副主任（主持工作）
董事会办公室（监事会办公室）	陈文鑫	股份公司专职监事
董事会办公室（监事会办公室）	余　赞	副主任
董事会办公室（监事会办公室）	万　明	副主任
总裁办公室（党委办公室、保密办公室）	杨玉堂	主　任
总裁办公室（党委办公室）	常玉伟	副主任
总裁办公室（党委办公室）	李　辉	副主任
战略规划部	周民忠	部　长
战略规划部	范永贵	副部长
战略规划部	方　锐	副部长
战略规划部	景　象	副部长
干部部（党委干部部）	王飞孟	副部长

干部部（党委干部部）	裴清宁	副部长
劳资社保部	刘志伟	部　长
劳资社保部	靖建平	副部长
劳资社保部	李　敏	副部长
财务部	杨　良	部　长
财务部	李　静	副部长
财务部	王　恺	副部长
资本运营部	林　鑫	部　长
资本运营部	肖　圣	副部长
资本运营部	杨　涛	副部长
投资发展部	冯慧光	部　长
投资发展部	罗晓春	副部长
法律事务部	王怀远	部　长
法律事务部	陈晓平	副部长
审计部	林隆彪	部　长
审计部	张利生	副部长
审计部	吴　青	副部长
安质环保部	李凤超	部　长
安质环保部	韩学诠	副部长
安质环保部	樊玉智	副部长
国际业务部	陈之功	部　长
国际业务部	赵艳杰	副部长
国际业务部	曹登敬	副部长
国际业务部	杨新平	副部长
科技设计部	陈唯一	副部长
科技设计部	何　宁	副部长
科技设计部	李海明	副部长
科技设计部	高　峰	副部长
科技设计部	张　瀚	副部长
科技设计部	刘涵宁	副部长
经营开发部	梁　勇	部　长
经营开发部	杨宗林	副部长
经营开发部	李夏初	副部长
工程管理部	何荣康	副部长
工程管理部	唐连成	副部长
工业设备部	沈　平	部　长
工业设备部	孟祥红	副部长
行政管理部	权有勇	部　长
行政管理部	韩　东	副部长
行政管理部	袁立新	副部长
企业文化部（党委宣传部）	徐　进	部　长

企业文化部（党委宣传部）	曹艳春	副部长、政研会秘书长
企业文化部（党委宣传部）	刘福广	副部长
党委组织部	丁荣昌	部　长
党委组织部	黄建中	副部长
纪委（监察部）	王宏光	纪委副书记兼监察部部长
纪委（监察部）	苑宝印	纪委副书记
纪委（监察部）	曹　兴	案件检查室主任
纪委（监察部）	杨建华	案件审理宣传教育室主任
纪委（监察部）	陈文志	纪委办公室主任
纪委（监察部）	林道明	案件检查室副主任
纪委（监察部）	俞　坚	执法监察室副主任
工　会	刘建媛	工会副主席
工　会	毛小民	工会副主席、政研会副会长
工会（体协）	王　伟	体协秘书长
工　会	郑　黎	工会办公室主任
工　会	刘治国	工会组织民管部部长
工　会	池洪军	生产宣传部部长
工　会	陈宝华	工会生活保障女工部部长
团　委	李新生	书　记
团　委	曹　彬	副书记
中国中铁报社	程建伟	总　编
中国中铁报社	屈建国	副总编

【总公司总部业务部室负责人】　中国铁路工程总公司各部室副职以上人员名单见表 3-6：

表 3-6　总公司总部业务部室负责人

部　门	职　务	姓　名
办公厅、党委办公室、保密办公室	主　任	杨玉堂
办公厅、党委办公室	副主任	常玉伟
办公厅、党委办公室	副主任	李　辉
党委干部部	部　长	余汉林
党委干部部	副部长	王飞孟
党委干部部	副部长	裴清宁
党委宣传部	部　长	徐　进
党委宣传部	副部长	曹艳春
党委宣传部	副部长	刘福广
党委组织部	部　长	丁荣昌
党委组织部	副部长	黄建中
政研会	副会长	毛小民
政研会	秘书长	曹艳春
纪委（监察部）	纪委副书记兼监察部部长	王宏光

纪委（监察部）	纪委副书记	苑宝印
纪委（监察部）	纪委办公室主任	陈文志
纪委（监察部）	案件检查室主任	曹　兴
纪委（监察部）	案件审理宣传教育室主任	杨建华
纪委（监察部）	案件检查室副主任	林道明
纪委（监察部）	执法监察室副主任	俞　坚
工　会	副主席	刘建媛
工　会	副主席	毛小民
工　会	办公室主任	郑　黎
工　会	生产宣传部部长	池洪军
工　会	组织民管部	刘治国
工　会	生活保障女工部	陈宝华
团　委	团委书记	李新生
团　委	团委副书记	曹　彬
财务部	部　长	李　平

【专业技术队伍】　围绕“人才强企”战略，不断加大专业技术人才队伍建设，人才队伍实力逐步增强，人才队伍结构进一步优化。全公司已拥有管理和专业技术人员 138206 人，技师、高级技师 10582 人。总公司现有中国工程院院士 3 人，全国勘察设计大师 5 人，国家有突出贡献的中青年专家 5 人，新世纪百千万人才工程国家级人选 4 人，中国青年科技奖 2 人，詹天佑奖获得者 57 人，享受政府特殊津贴 285 人，省部级有突出贡献的中青年专家 12 人，铁道部级有突出贡献的中青年专家 43 人，总公司有突出贡献的中青年专家 66 人，铁道部青年科技拔尖人才 95 人，茅以升铁道工程师奖获得者 34 人，总公司科技拔尖人才 321 人。

【工人队伍】　2011 年末总公司工人总数为 126383 人，其中技术工人 99269 人。技术工人中初级工 9379 人，中级工 21830 人，高级工 44154 人，技师 9147 人，高级技师 2506 人。高级工以上的高技能人才数量占全部技术工人的 56.2%，技师、高级技师数量占全部技术工人的 11.7%。技术工人中 35 至 49 岁的占 67%，初中及以下的占 50%。

【职工培训】　（一）紧密围绕企业施工生产需要，股份公司分别在深圳、武汉、山海关等地举办盾构、电工、工程试验、工程机械操作等主要工种技能培训班和盾构、电工、工程试验技能大赛，积极发挥高技能人才培养导向作用。尤其是在深圳成功举办的中国中铁第十届青年技能竞赛盾构机械操作工技能大赛，是国内首次有组织、有规模的国家级二类大赛，16 家参赛单位 64 名选手参加了大赛。这次大赛对股份公司开拓城市轨道交通市场和提升盾构操作技能具有明显的导向作用，有力促进全公司盾构操作技术的交流与融合，大力推进了盾构操作高技能人才培养，提升了股份公司自有品牌的盾构设备在国内市场上的知名度和影响力。推动各单位认真开展“重点工程培训年”活动，通过现场培训和集中专项培训，提升现场操作层技能人才的综合能力素质。各单位共举办技能培训近 2110 班次，累计 23 万人次参加培训。

（二）组织全系统 145 人参加了中央企业班组长管理能力资格认证考试，通过率 92.4%。组织 45 人参加第三期中央企业班组长远程培训，强化了操作层骨干队伍的建设。在首期中央企业班组长管理能力资格认证远程培训工作中，中铁山桥的于博洋、四局的徐松苗等 8 人，股份公司李博、宝桥张启林等 4 人，西南院肖祥东、五局雷涛等 3 人，分别被国资委授予优秀学员、最佳管理员和优秀管理员。

【高技能人才培养】　经股份公司推荐，中铁一局窦铁成、中铁电气化局巨晓林 2 人列入国家级技能大师工作室建设计划，每人获得财政部 10 万专项补助资金，国家人力资源和社会保障部已正式发布了技能大师工作室授牌文件，标志着股份公司高技能人才培养获得国家认可和支持。

2011 年 2 月 22 日，中共中央政治局委员、国务院副总理张德江接见了窦铁成、巨晓林等 20 名第十届中华技能大奖获得者。随后在人社部组织召开的座谈会上，窦铁成代表中国中铁作了题为“终身学习不懈努力努力创新不辱使命”的发言，展示了中国中铁高技能人才的风采。

巨晓林在 2011 年 3 月获得了国务院颁发的政府特殊津贴。

【总公司总部机构、编制情况】 中国铁路工程总公司总部设置以下3个行政机构：

（一）董事会秘书局：履行总公司董事会秘书局工作，由中国中铁股份有限公司董事会办公室负责具体工作。

（二）办公厅：履行总公司行政办公工作，由中国中铁股份有限公司总裁办负责具体工作。

（三）财务部：履行总公司财务管理工作。

总公司总部专职员工2人（在财务部）。

【股份公司总部机构、编制情况】 中国中铁股份有限公司总部设置19个行政职能部门和3个管理中心（见股份公司总部组织机构图），总编制285人，各部门不设内部机构。

【总公司、股份公司总部党群机构、编制情况】 中国铁路工程总公司（中国中铁股份有限公司）总部党群机构有党委组织部、党委干部部（与股份公司干部部合署办公）、党委宣传部（与股份公司企业文化部合署办公）、党委办公室（保密办）（与股份公司总裁办合署办公）、纪委（与股份公司监察部合署办公）、工会（体协）、团委、机关党委（机关工会）（与股份公司行政管理部合署办公）、中铁报社、政研会等部门，总编制40人。

资产和财务状况

【主要指标】 2011年，中国中铁完成新签合同额5708亿元，其中国内完成 5268.2 亿元，海外完成 439.8 亿元；完成企业营业额5046.2亿元，其中国内完成4850.2亿元，海外完成196.4亿元。截至2011年底，中国铁路工程总公司的资产总额达4738.9亿元，同比增长19.7%。其中，流动资产 3637.4亿元，同比增长20.7%，流动资产占资产总额 76.76%。负债总额 3878.5 亿元，其中带息负债 1302.4 亿元。（总公司完成主要经济指标见表3-7）

表3-7 中国铁路工程总公司2011年主要经济指标（单位：亿元）

项目	2011年	2010年	同比增长（%）
资产总额	4738.9	3958.8	19.7
净资产	860.4	782.3	10.0
营业总收入	4613.2	4741.7	-2.7
利润总额	95.7	103.7	-7.7
技术开发投入（亿元）	98.2	91.2	7.7
利税总额	273.6	251.9	8.6
全员劳动生产率	19.1	17.3	10.3
净资产收益率	8.7	10.2	-14.7
总资产报酬率	3.2	3.6	-11.1
国有资产保值增值率	107.8	109.7	-1.7

【财务指标】 见表3-8。

表3-8 中国铁路工程总公司2011年度财务指标

一、绩效指标：	
（一）盈利能力指标：	
1.净资产收益率（不含少数股东权益）(%)	8.65
2.总资产报酬率（%）	3.15
3.营业利润率（%）	1.95
4.主营业务利润率（%）	7.03

5. 成本费用利润率（%）	2.12
6. 盈余现金保障倍数	-1.85
7. 成本费用总额占营业总收入的比率（%）	97.89
（二）资产质量指标：	
1. 总资产周转率（次）	1.05
2. 流动资产周转率（次）	1.38
3. 存货周转率（次）	3.03
4. 应收账款周转率（次）	5.06
5. 资产现金回收率（%）	-3.09
6. 应收账款增长率（%）	18.25
7. 存货增长率（%）	27.59
（三）债务风险指标：	
1. 资产负债率（%）	81.84
2. 已获利息倍数	3.32
3. 流动比率	1.19
4. 速动比率	0.69
5. 现金流动负债比率（%）	-4.39
6. 短期借款占全部借款的比率（%）	50.81
7. 抵押资产占总资产比率（%）	10.3
8. 担保金额占净资产比率（%）	45.43
9. 带息负债比率（%）	33.58
10. 或有负债比率（%）	0.6
（四）经营增长指标：	
1. 营业总收入增长率（%）	-2.71
2. 主营业务收入增长率（%）	-2.96
3. 营业利润增长率（%）	-9.97
4. 利润增长率（%）	-7.65

【资产比重变动】 见表 3-10。

表 3-10　中国铁路工程总公司 2011 年资产比重及变动情况（财务部）

单位：亿元

项目	年末数	年初数	增长额	增幅%	占总资产%
货币资金	672.4	597.9	74.5	11.08	14.19
应收账款	963.8	815.0	148.8	15.44	20.34
预付账款	247.4	207.7	39.7	16.05	5.22
其他应收款	206.4	183.5	22.9	11.09	4.36

存货	1517.0	1189.7	327.3	21.58	32.01
流动资产合计	3637.4	3012.7	624.7	17.17	76.76
长期股权投资	70.4	81.6	-11.20	-15.91	1.49
固定资产	330.0	318.2	11.8	3.58	6.96
资产总计	4738.9	3958.8	780.1	16.46	100.00

【技术动力装备】 截至2011年底，股份公司主要施工设备总台数达到69900台，原值接近325亿元，净值181亿元，总功率600万千瓦。主要施工设备台数比2010年末64300台增加8.7%，设备原值比2010年末290亿增加近12.3%，总功率比2010年末的520万千瓦增加15%。2010年全公司新增主要施工设备6900台，组成固定资产34亿元。增幅较前两年有所回落，但装备结构得到进一步改善。目前，全公司已有 600 吨以上混凝土箱梁制运架设备及无砟轨道施工设备等高铁设备807台（套），原值57.4亿元以上；地铁和隧道施工盾构/TBM已有143台，原值77.9亿元。装备实力继续在高铁建设和城市地铁建设领域中处于全国领先地位。

管理体制创新

【战略管理】 1．完成股份公司"十二五"规划的编制上报工作。根据国资委《关于开展中央企业"十二五"发展规划编制工作的通知》（国资厅发规划［2009］58号）要求，2010年5月股份公司成立了"十二五"发展规划编制的工作机构，经过四个多月的收集资料、调研论证等工作，于2010年8月完成了股份公司"十二五"发展规划的编制工作，2010年11月、12月分别经股份公司总裁办公会和股份公司董事会审议通过，于2011年3月正式上报国资委。

2.组织开展二级公司子战略的编制工作。根据《关于编制股份公司"十二五"发展规划工作安排的通知》要求，组织启动了所属各二级公司"十二五"发展规划的编制工作。全公司需要编制上报"十二五"发展规划的子公司共计35家，其中工程局集团公司17家、海外公司2家、勘察设计及研究咨询企业6家、工业企业4家、房地产企业1家、资源1家、投资公司2家（西南投资公司、南方投资公司）、信托1家、物资贸易1家。截至2011年年底已有34家二级公司上报"十二五"发展规划。股份公司"十二五"科技发展、人力资源、海外、工业、资源、房地产等职能和业务板块发展战略已经董事会审议通过并颁布实施。

3.认真做好子战略的审核批复工作。12月21日，股份公司召开专题会议对上报的各单位"十二五"发展规划进行评审。针对规划内容是否符合国资委制定的中央企业发展规划编制大纲（修订稿）和股份公司战略管理办法的要求；主营业务范围是否符合国资委对股份公司的要求；规划目标和主要经济指标是否齐全、合理提出了修改意见，形成了《评审纪要》，并逐一对各单位的发展规划进行批复。

4.认真做好战略合作协议的签署工作。根据国资委资源大整合、大联合的要求，先后组织起草、评审、完成了中国中铁与中国南车、长春市、铜陵市、兰州市、河北省、福州市、厦门市签订战略合作协议的相关工作，并与上述省市和企业签订了战略合作协议。

【改制重组】 将中海外所属中国铁工建设有限公司重组并入中铁建工。2011年3月30日股份公司第二次董事会第二次会议审议通过重组方案。4月20日股份公司下达了《关于将中海外所属中国铁工建设有限公司重组并入中铁建工的通知》(中铁股份划[2011]185号文)。4月29日中铁建工集团在中国铁工建设召开了重组动员会议。重组工作顺利完成。

【内控监督、体系建设、风险管理】 1.认真做好发布运行内控体系。按照《企业内部控制基本规范》的要求，完成了内部控制制度的经理层、董事会的审核审批和发布运行工作。3月1日召开了总部内控体系发布运行会议，自2011年1月1日起股份公司总部内控体系正式发布运行。全公司二级企业年内都完成内控体系发布运行工作，并积极推进内控体系有效运行。

2.开展全面风险评估工作。结合企业实际，在组织开展风险管理初始信息收集和所属各单位风险评估结果的基础上，编制风险评估调查问卷，从5大类74个风险列举出公司层面面临的风险，从风险发生的可能性和影响程度两个维度制定风险评估准则，开展了风险问卷调查，评估确定公司层面重大和重要风险，编制完成了《2011年度全面风险管理报告》，提请总裁办公会审议，经公司董事会批准，于4月份已经上报国资委。股份公司撰写的《以流程管理为载体，全面构建企业内部控制体系》材料，在2011年2月国资委召开的中央企业管理创新暨全面风险管理经验交流会上进行了交流。同时参与了国资委组织的海外经营风险控制方案的编写工作。

3.积极三级推进企业内控体系建设。按照股份公司《全公司内控体系建设总体方案》和推进计划，10月31日召开股份公司内部控制工作视频会议，对推进逐级建立内控体系、内控评价及审计工作进行了全面部署和安排。在完成二级企业内部控制体系建立工作的基础上，全面推进三级企业内控体系建设工作。各单位按照股份公司内控体系建设总体推进方案和视频会议精神，加强领导，强化措施，有序推进三级企业内控体系建设工作，截止去年底大部分三级企业完成了内控体系建设工作。

4.推进内控管理信息化工作。按照制度流程化、内控信息化的要求，制定了内部控制与风险管理体系运行管理信息系统建设实施方案，提交公司信息化评审，经总裁办公会议审批，自2011年9月开展内控管理软件部署及相关数据的录入工作。2011年12月22日组织总部相关部门进行评审和征求意见，在不断完善的基础上，实现了总部上线试运行的工作目标。

5.积极协助开展内控自我评价。按照企业内部控制规范体系的要求，协助开展了内部控制审计机构的比选工作，经董事会审议，股东大会批准，确定了内控审计的会计师事务，协助组织制定内控审计工作方案。按照工作方案及实施计划，有条不紊协助推进内控审计工作。截至2011年底协助完成了中期测试和缺陷确认及整改工作，完成了对所属企业内控评价工作抽样检查工作。

6.做好内控体系建设的总结和上报工作。按照证监会北京监管局《关于做好北京辖区上市公司内控规范实施工作的通知》的要求，制定了《中国中铁股份有限公司内部控制实施方案》，经2011年3月30日公司第二届董事会第二次会议审议批准，报证监会北京监管局，每月按时向北京监管局上报公司内部控制实施情况。按照北京证监局，完成上报了2011年全公司《内控规范实施工作总结》。2011年12月13日，北京证监局副局长张海文一行七人对股份公司内控规范实施情况进行检查，对全公司内控体系建设工作给予肯定。

【修订管理制度】 根据股份公司《内部控制体系建设方案》，重点对总部内控体系文件进行修改完善，推进7家试点单位内控体系建设工作，在认真试点的基础上全面启动全公司的内控体系建设工作。

根据《中国中铁股份有限公司规章制度管理办法》，下发了《关于印发<2011年公司规章制度制定和修订计划>的通知》，组织管理制度评审专题会14次，评审各项管理制度50个，提高了各项管理制度科学性和准确性，完善了企业制度建设。

【中海外企业管理】 安全质量管理得到了加强。公司全面落实安全质量责任制，层层签订安全质量责任书，开展“安全生产月”活动，对公司境外近80个在建项目进行安全质量隐患排查和整改工作，取得一定成效。博茨瓦纳大学教学综合楼项目获中国建设工程鲁班奖（境外工程）荣誉称号，填补历史空白；南非锰矿项目获股份公司“安标工地”荣誉称号；公司获“全国安全生产知识主体竞赛活动”优胜单位奖，受到国家安全监督总局和全国中华总工会的表彰。

公司管理架构进一步理顺。公司根据经营发展需要，积极推进组织结构调整，完善公司管理架构。根据企业资质年检工作要求，通过积极努力，年内注销7家非法人机构；按照国资委及股份公司要求，积极开展境外机构个人代持股清理工作，规范企业境外国有产权管理；按照股份公司工作部署，完成铁工建设重组移交工作；通过调研，将赞比亚公司及南非锰矿项目指挥部并入南部非洲公司，科中药厂收归公司总部直管，办理印尼办事处更名手续，注销广州分公司，在苏丹、东帝汶设立子公司，公司经营布局更加合理。

基础管理工作得到重视和加强。按照股份公司管理要求，认真开展内控体系自我评价工作，对117个流程进行系统梳理，提高公司内控风险管理水平。站在企业长远发展高度，本着“增强针对性、注重实用性、强化可操作性”原则，着手重新修订和建立公司级制度百余项。有效控制投融资规模，优化融资结构，全年节约融资成本约2100万元人民币，资金集中度达90%。全年共完成6个境外子分公司负责人离任审计、5个公司资产和效益审计，提出合理化建议52条，加强外欠款清理清收力度，累计收回各类外欠款近2.2亿元人民币。加大科研开发力度，全年共有1项工法被评为国家一级工法，2项工法被评为国家二级工法，实现国家级工法零的突破。

人才队伍建设得以巩固。公司以落实股份公司领导干部管理十项制度为契机，完善公司领导干部管理体制。突出强化境外子分公司领导班子建设，部分单位得到配齐配强。完善员工收入向境外倾斜、向艰苦地区倾斜、向施工一线倾斜管理思路，提高驻外员工薪酬待遇。全年共引进高端专业人才14名，通过传帮带、培养提拔年轻干部等方式挖掘内部潜力，先后外派出国人员44人次，最大限度满足现场管理人员需求。以培养“四支人才队伍”为目标，调动各方培训资源，全年共培训员工百余人次，提升员工队伍整体素质。

和谐企业建设不断推进。公司开展以“百千万创先争优示范工程”为载体创先争优活动，完善厂务公开员工民主管理制度，建立员工工资正常增长和支付保障机制，加强开展“三工建设”、“三不让”承诺和送温暖活动。境内外子分公司在抓好生产经营的同时，以不同方式积极履行社会责任，马里塞纺作为雇佣工人最多的工业企业，为当地提供约1500个工作岗位。公司向南苏丹中学捐赠部分教学用品和办公设备等，密切同当地政府、有关部门的沟通联系，树立良好的企业形象，为做深做透区域市场打下良好的基础。

【中铁二局管理制度】 中铁二局《2011～2015年发展战略规划》经公司总经理办公会、公司党委三届二次全委会讨论，确立“沿建筑业价值链纵向一体化为主，适度发展相关多元业务，致力于成为中国领先、具有国际竞争力的建筑承包商和城市运营商”的发展战略。坚持“精强主业”和“效益优先”原则，走产业多元化、业务板块专业化的可持续发展道路，大力发展建筑主导产业，重点做强工程施工、房地产、国际业务、物流业务，做好现有基础设施投资及管理、设计咨询、商业物业业务，形成多个板块稳步协调发展的战略格局的发展模式。

开展“三整治一提高”活动。结合铁道部《2011年铁路工程建设领域突出问题专项治理工作要点》和着力抓好招标投标、质量安全、投资控制和资金管理三项专项整治及提高监督检查有效性工作（简称“三整治一提高”）的总体安排和中国中铁的有关文件精神，公司自2011年4月～2011年12月，分全面深入排查、集中整治、验收总结提高三个阶段，在全公司深入开展工程建设领域突出问题专项治理及铁路工程“三整治一提高”活动，规范经营投标行为和提高经营开发能力及工作质量，防范投标风险和投标事故发生，争取中标更好、更多的项目，为企业可持续发展提供基本保障；所属各单位、各部门加强组织领导，管理人员全面参与，结合岗位责任，重点查找在招标投标、质量安全、投资控制和资金管理三项专项整治及提高监督检查有效性工作存在的突出问题，并拿出解决问题的方案和措施，抓整改，求实效。通过本次活动的开展，确保工程建设领域突出问题专项治理取得实效，提升公司工程项目管理整体水平，推动企业健康稳定、可持续全面协调发展。

【中铁四局战略管理及重组】 编制《中铁四局集团“十二五”发展规划》。其“十二五”总体发展战略：实施建筑业相关多元化的成长性战略和高品质、低成本的竞争性战略。总体发展目标：大力发展建筑主导产业，拓展上下游产业并形成一定规模，努力把中铁四局打造为成发展规模持续扩张，经济效益稳步增长，产业结构更加优化，管理体系更加科学，员工生活更加富裕，继续位居中国中铁系统前列的现代企业。同时从企业规模、效益、结构调整、管理、员工收入和企业管理等六个方面对局“十二五”期间的总体发展目标进行细化，提出“十二五”期间实现企业营业额 2400 亿元，到 2015 年企业净利润达到 9 亿元的奋斗目标。

各子、分公司在年内已完成“十二五”发展战略的编制工作。局对一、二、三、四、五、七、建筑、钢结构、机电、城轨和房地产等 11 家公司制订的“十二五”发展规划进行了审核。

中铁四局企业内部重组。一是重新组建了市政分公司，并于 2011 年 4 月 29 日正式挂牌。二是对上海、重庆分公司进行了重组。将局上海动车段项目经理部、上海动车段项目经理部一分部和局上海地铁 M9 线项目经理部整体划归上海分公司；将一公司到重庆分公司宁武高速公路 A7 标打增援的两个项目经理部整体划归重庆分公司。三是对天津分公司、机械工程分公司、钢结构公司、设计研究院等单位进行了改制或更名。四是新设立了中铁四局辽宁工程公司和珠海、佛山、惠州、济南、宁夏分公司等经营性的子分公司以及中铁四局安哥拉分公司。五是继续推进四级公司的清理和注销工作，完成建筑公司下属的安徽铁衡建筑工程检测有限公司和装饰公司下属的合肥铁诚印务有限公司注销手续。

企业外部重组。自 2010 年 10 月 30 日股份公司将中铁四局原六公司和市政分公司整体划转中铁上海局以来，已完成四局原六公司股权转让和市政分公司资产转让、在建工程项目移交、非上市资产移交、人员资质的变更和党群关系接转及部分助勤人员调转等工作。2011 年，中铁四局在经营布局、资源配置、财经工作等方面进行了一系列改革和创新，为推进企业持续、优质发展提供了保证。

人力资源改革深入推进。将项目经理由高到低分为四个等级进行管理聘任，开展了“首席员工”评选试点。出台了领导班子与成员考核评价等 10 项制度。各单位对首次签约到期的 2092 名计划外聘用人员实行了劳务派遣或择优使用

集约管理得到有序实施。全年共完成物资集中采购供应 126.03 亿元，占全局物资采购总额的 83.6%；在昆明地区，局对钢材、商品混凝土进行了集中招标采购，尝试了非铁路项目物资集中采购新模式；加大了对大型设备及周转材料的统一调剂力度，其中：四公司等单位大部分周转料实现自给自足。

经济管控做到了不断深化。全局资金集中度达 86.5%，较上年度提高 1.34 个百分点，日均集中资金 77 亿元，较上年度净增 22 亿元；全年办理银行承兑汇票 3632 笔，日均办理 10 笔，金额达 27.85 亿元，有效缓解了资金紧张局面；全年通过税收筹划节税 1.18 亿元，局实现资金管理净收益 2.36 亿元。

清欠工作取得了重大成效。全年共收回纳入清欠指标的欠款 20.53 亿元，占年度计划的 92.7%。在铁道部 2000 亿元应急资金下发后，局立即进行专门部署，共收取项目业主拖欠资金 89.21 亿元。负债管理得到了全面响应。绝大多数单位严格按照局债务管理的统筹方案，坚持债务支付以业主资金到位相挂钩，统一支付时间、统一支付比例、充分合理地使用金融工具，保证了生产经营和企业稳定。工经工作实现了稳步推进。52 个铁路项目及深圳地铁年内批复变更索赔金额 32.9 亿元，占年度计划的 122.8%，其中 25 个收尾项目开累批复 95.3 亿元，占期望值的 96.4%，27 个在建项目开累批复 14.23 亿元，占期望值的 22.3%。二季度末下达的至 75.39 亿元确权目标，至年末已计量 47.24 亿元，占目标值的 62.7%，全局已完工未结算款显著降低，经营风险逐步化解。

为提高企业运营效率和内部管理水平，2011 年主要完成了以下五项工作：一是完成子、分公司内控体系建设试点。按照全局内控体系建设总体计划，选取了三家子、分公司作为试点单位，开展三级企业内控体系建设试点工作。所有试点单位的内控体系文件均已通过本单位决策成审议通过，发布运行。二是督导检查非试点单位内控体系建设。现各子分公司内控体系建设工作基本完成，并将在年内正式发布运行。三是通过德勤会计师事务所对内控体系进行的审计。四是完成 2011 年的企业内部风险评估工作。为通过 2011 年的风险评估，识别了全局当前面临的主要风险，并针对主要风险，制定相应的应对措施，根据股份公司要求，对全局 2011 年的各项经营管理活动进行了风险评估，并根据评估结果形成了《2011 年度中铁四局集团全面风险管理报告》。五是改进内控体系建设发现的缺陷。按照迪博公司在《管理建议书》中提出的管理缺陷，各相关部门对照《管理建议书》中提出的问题，落实整改，形成书面答复。

【中铁五局改革与资源整合】 实行局机关长沙、贵阳两地办公，设立长沙、贵阳办公中心。长沙办公中心设 21 个职能部门，贵阳办公中心设 8 个职能部门。成立贵州工程公司，将一、二、四公司在贵州境内的 8 个项目包括人员、资产、债权债务整体移交给贵州工程公司，移交工程任务量 23.3 亿元；将贵州黔铁工程监理（咨询）公司全部资产和债权债务整体划归贵州铁建工程质量检测咨询有限公司进行管理；将原委托多元中心管理的三建公司人员及施工板块移交建筑公司管理；分立一、二级房地产业务，成立成都投资公司，

将局本部和置业公司对金牛、郫县、开阳项目的股权移交成都投资公司管理；成立乌鲁木齐、青岛、吉林、兰州、肯尼亚分公司；设立劳务资源管理中心，将人资部劳务资源管理职能划归劳务资源管理中心。

开展四级及以下法人企业清理注销工作，完成了贵州建筑装饰工程有限公司和贵阳洁新物业管理有限公司的注销。推进以资金集中管理、物资集中采购供应、机械设备集中采购与调配、商业保险集中管理、劳务资源集中管理等“五个集中”为主要内容的集约化管理。

【中铁六局改革及修订管理制度】 2011年3月24日公司党政联席会议研究决定，在中铁六局海外工程公司、越南项目管理分公司、越南项目经理部的基础上，重组设立中铁六局集团海外工程有限公司。该公司作为中铁六局集团的全资子公司，既是集团公司实施海外工程全面管理、履行承包合同、完成生产经营目标、拓展海外业务的经营主体，也代表集团公司履行海外业务管理职能。同时，原中铁六局集团有限公司海外工程公司、中铁六局集团有限公司越南项目管理分公司撤销。

公司2011年度新制定或修订规章制度60项，其中包括：《境外项目财务管理办法》、《外部劳务队伍管理办法》、《子分公司绩效考核及负责人薪酬管理办法》、《领导人员交流制管理办法》、《内控体系运行管理办法》、《设备物资管理考核办法》、《检测试验办法》、《财务审计办法》、《工程项目经营预警管理办法》、《工会大额资金使用管理办法》、《外事工作管理办法》等。

【中铁七局改革及修订管理制度】 2011年，针对国内基建市场环境变化的实际，中铁七局及时调整经营策略，优化市场布局，强化区域经营，整合驻外办事处，成立了6个区域经营分公司，推行经营开发片区负责制，形成了企业的经营特色和优势区域。公司大力拓展非铁路市场和海外经营，稳步推进房地产开发，有效应对因铁路工程项目停缓建给公司造成的巨大影响，生产经营能力得到加强，完成了各项经营目标。

公司2011年新修订规章制度约20余项，其中包括：《公司主要领导沟通协商工作制度》、《安全质量事故责任追究办法》、《项目红线成本预算管理办法》、《企业绩效考核办法》、《房地产企业绩效考核办法》、《项目部经营管理绩效考核办法》、《生产经营区域化管理暂行规定》、《路外项目经营开发风险控制管理办法》、《经营开发考核奖惩办法》、《架子队标准化管理实施意见》、《薪酬管理办法（试行）》、《关于进一步加强和改进董事会监事会工作的措施》等管理制度。

【中铁八局改革及内部管理】 2011年，中铁八局改革管理：一是完成了成立中铁汽车销售服务有限公司方案的制订，牵头组织整合工作的实施。二是牵头组织了四公司汽车业务分离后发展思路的调研工作，提出了四公司战略发展思路和发展重点的建议，并根据四公司提出的有关具体问题拟订了支持四公司发展的方案。三是组织对集团四级及以下法人企业有关情况进行了调查，提出了清理整合工作建议计划，指导、督促相关子公司成立了清理整合工作领导小组，按照推进计划逐项解决存在的问题，完成了集团厂办大集体企业及员工的调查工作。四是集团公司采取集中办公等方式，按期完成特级资质申报工作，通过初审和现场审核。全年共取得8项一级资质。分别是房地产开发一级（房开公司）、公路工程施工总承包一级（二公司）、市政公用工程施工总承包一级（市政公司）、房屋建筑工程施工总承包一级（昆房公司）、公路路基工程专业承包一级（二公司）、钢结构工程专业承包一级（一公司）、建筑装修装饰工程专业承包一级（昆房公司）、城市轨道交通工程专业承包（一公司）。

五是建立了集团公司内部控制体系，编写了与框架相关的流程体系文件，编制了《内部控制发现及改进建议报告》、《内控与风险管理手册》等。2011年底，13家子公司全面完成了内控体系建设工作。六是做好高技能技术人才注册工作，完成了3名一级注册建造师的初始注册，5名一级注册建造师增项注册，3名一级注册建筑师的延续注册，完成3名一级注册建造师的变更注册。

【中铁九局企业改革重组】 稳妥推进企业改革重组，一是新组建4家子公司：为吉林房地产开发有限公司、中铁九局集团矿业（沈阳）有限公司、大连建设有限公司、香港久隆国际投资集团有限公司。2家公司股权变更，股权由子公司转回九局，分别为工程监理有限公司及爆破工程有限公司。二是沈桥厂政策性破产工作取得重大突破。2010年12月30日沈阳市中级人民法院下达了宣告沈阳桥梁厂破产的〔2011〕沈中民四破字第1号民事裁定书，沈阳桥梁厂进入破产清算阶段。沈阳市铁西区政府已给付中铁九局1300万元。辽宁省财专办出具了“辽宁专员办关于沈阳桥梁厂破产费用预案审核工作的报告”，财政部年底前批准6158万元的财政补贴。三是厂办集体改革扎实推进，组织人员进行集体企业财务决算编制，收集整理相关文件16个。

【中铁十局改革及修订管理制度】 2011年，中铁十局改革管理：一是天津分公司改制为一人有限公司。二是强化委内瑞拉分公司职能。。三是逐步由单一的建筑施工业向建筑业纵向一体、适度相关多元化转变，初步形成基建建设、海外业务、上游业务、房地产、资源开发等“五大业务板块”，企业市场竞争力有了较大提高。四是组织制定出台四百多项管理制度和办法，建立内控体系并提出42项需新制定或修订完善的制度文件，建立了完善的内控管理体系。

【中铁大桥局重组与改革改制】 2011年，中铁大桥局稳步推行企业重组和改革改制。调整了子公司布局，以武汉分公司为基础组建七公司，以重庆分公司为基础组建八公司，以沈阳分公司为基础组建沈阳工程公司，以中山公司和六公司中山梁场为基础组建九公司，以上海和浙江分公司为基础组建上海工程公司，新组建了特种公司、鹦鹉洲桥项目公司。配合市场营销工作，设立了黑龙江、新疆、内蒙古、萧山等分公司，组建铺架、基础、设计分公司；注销了股份公司沈阳分公司、集团公司厦门分公司。

在管理上积极推进企业由传统型企业向现代化企业转变，由重生产向重管理转变，由重规模向重效益转变。

【中铁建工管理创新】 2011年中铁建工制定了“十二五”发展战略，确立了“坚定一个目标，做强两大主业，拓展三大市场，推进四大调整，实现五个提升”的总体发展目标。编制完成公司房地产和国际两大业务战略及市场营销战略、生产管理战略、人力资源战略、财务与资本运营战略、科技创新战略、信息化战略、企业文化战略和品牌战略等八大职能战略，所属22家分子公司均开展了子战略编制工作。目前，建工集团已经形成以总战略为先导，以子战略为支撑的战略体系，公司将战略实施情况纳入业绩考核内容，要求年初进行战略分解，制定有关方案和计划落实战略目标，年终上报《战略执行情况报告》，及时分析纠偏，确保战略实施的有效性。

2011年3月完成建工集团总部机关内控体系建设工作，编制了《内部控制手册》、《内控体系流程文件》、《内部控制体系运行管理办法（试行）》。年底，所属22家子分公司的内控体系建设工作全面完成。

【中铁港航局改革重组及新的管理制度】 2011年中铁港航局重组工作：1月20日完成中铁港航局集团注册工作，母公司名称为“中铁港航局集团有限公司”，注册资本金增加至8亿元人民币，并分别完成了各子（分）公司的名称变更工作，完成了东南海洋公司（参股）、工程检测中心等单位注册工作。集团公司对机关机构设置进行了适时调整，设15个业务部门，5大经营中心。

2011年是中铁港航局重组后的第一年，结合重组以后港航局在资源条件和发展能力方面的优劣势分析，制定了中铁港航局“十二五“发展规划，确立了企业的基本定位、发展方向和各项战略目标。

【中铁航空港改革及新的管理制度】 2011年中铁航空港企业改革：一是建立了规范的法人治理结构，设立了董事会、监事会、党委会、经理层。二是对机关机构设置做出了相应调整，将机关由原来的1室9部2中心调整为16个职能部门、4个事业部和团委。三是按照区域化、专业化的原则，将原公司所属50余家子、分公司进行重组，优化组合成6家子公司、7家分公司。四是各子、分公司机关设立了与中铁航空港机关相应的对口部门。

管理创新：一是组织编制了中铁航空港“十二五”发展战略规划；实现企业重组和国内外市场开发过程中的资源共享、优势互补，与中铁一局、中铁咨询和中海外等兄弟单位签订了战略合作框架协议。二是建立内控体系，制定下发了《内部控制体系运行管理办法》、《内部控制手册》、《内控体系流程文件》和《管理建议书》等一系列配套文件。三是加强资质资源整合，推进资质就位工作。，本年度，先后完成了铁路和房建总承包特级，公路和市政总承包壹级，矿山总承包叁级，机电专业承包壹级，城轨专业承包和装饰装修一体化壹级和测绘乙级等9项资质的上报工作。其中：市政和城轨资质经住建部公告后已换领新证书；公路资质已通过评审；装修一体化、矿山、机电资质已公告通过待取证；房建特级资质已公告待核查；铁路特级资质根据股份公司的安排，待补充资料后重新上报；同时取得了测绘乙级资质。四是规范认证管理，加强管理体系与规章制度的整合。组织了三体系内审培训和国标50430培训，确定将“三标一体”和国标50430标准要素融入到规章制度中，取消了程序文件；编制了中铁航空港《质量、环境和职业健康安全管理手册》并下发至各单位；配合认证机构完成了对中铁航空港2011年度的复评审核，督促各部门和分公司整改复评审核中存在的不足；协助子公司进行认证机构转换和管理体系认证工作。五是建立绩效考核体系，完善绩效考核制度。制定下发了中铁航空港《子、分公司绩效考核管理办法》，与子、分公司签订了2011年度《经营管理目标责任书》，并组织对子、分公司2010年度经营业绩进行了年度考核。六是加强制度建设，建立健全制度体系。2011年共出台管理制度184项，编印了三册制度汇编下发至机关各部门和子、分公司，同时在中铁航空港协同平台上设立“管理制度”专栏。

【中铁上海局改革重组及新的管理制度】 2010年12月8日，公司在上海登记注册成立，由原中国中铁股份有限公司上海分公司、中铁三局集团上海华海工程有限公司、中铁四局集团第六工程有限公司和中铁四局集团市政工程分公司整体重组而成。2011年1月11日，“中铁四局集团第六工程有限公司”更名为“中铁上海工程局第一工程有限公司”；2011年2月24日，“中铁三局集团上海华海工程有限公司”更名为“中铁上海工程局华海工程有限公司”；2011年2月25日，经公司研究，决定在合肥设立中铁上海工程局有限公司第三分公司；2011年3月17日，中铁上海工程局第二工程有限公司注册成立；2011年5月20日，股份公司总裁办公会研究同意，决定将所持中铁南通资建设管理有限公司股权全部转让给中铁上海工程局有限公司；2011年5月30日，中铁上海工程局市政工程有限公司注册成立。2011年2月22日，决定成立中铁上海工程局北京办事处；2011年3

月23日第三次总经理办公会研究决定成立中铁上海工程局成都、昆明、南宁、天津、武汉和长沙办事处；2011年12月19日，第七次总经理办公会议研究，决定成立中铁上海工程局有限公司沈阳、西安和福州办事处。2011年，公司共有全资子公司4家，直管项目公司1家，分公司1家，办事处10家。印发《中铁上海工程局有限公司规章制度汇编》。和《中铁上海工程局有限公司项目管理手册》。

【中铁大桥院改革重组】 2010年12月24日，根据《关于中铁大桥勘测设计院集团有限公司升格管理的通知》（中铁股份党干[2010]74号），中铁大桥勘测设计院有限公司升格为正局级单位。按照股份公司的总体部署，经2011年中铁大桥院股东会第二次会议审议通过，决定以中铁大桥勘测设计院有限公司为母公司设立企业集团。8月5日，国家工商行政管理总局核准中铁大桥勘测设计院有限公司名称变更为“中铁大桥勘测设计院集团有限公司”，同时核准以其为母公司组建的企业集团名称为“中铁大桥勘测设计院集团”，8月30日，在武汉市工商行政管理局变更注册登记。

2011年，按照现代企业管理的要求，中铁大桥院对内部架构进行了梳理调整：

成立技术中心，并明确其定位，及其与科技部、科研院等技术部门之间的职责分工；成立监察审计部，加强公司纪检监察、审计及内控风险管理工作；合并原社会事业管理中心、文印中心成立后勤保障部，纳入机关范畴，将原社管中心的社保管理职能划归人力资源部；董事会秘书处更名为董事会办公室/监事会办公室，进一步规范董（监）事会与经营层信息沟通渠道；企业策划部更名为战略规划部，增强战略规划体系和业务发展整体规划的协调能力；总工程师办公室更名为科技部，作为公司科技进步、科技发展的归口管理部门；物资设备安全部更名为安全和物资设备部，进一步强调安全生产管理职责；经营开发部/计划部更名为计划经营部；海外部更名为海外事业部。

生产单位撤销所、分院建制，设立院，分别成立第一、二、三设计院，科研院，勘测院，城建院，强化其市场开发、技术创新、人才培养等职能，由单纯生产型向经营生产型转变。

【中铁宝桥管理体制创新】 2011年，中铁宝桥通过收集、整理、分析、梳理公司现状，提出了660条管理建议和371项管理缺陷，建立了公司业务流程框架，编制了内部控制手册，对212个三级流程进行了测试、缺陷认定和整改工作。

完善升级信息化管理系统，对道岔车间网络管理信息系统进行升级改造，完善储运部产品出入库系统，建设并实施了上网行为管理系统，对财务管理系统进行了二次开发。

坚持管理体制创新，坚持中干竞聘制和岗位交流制。1.对17个中层管理岗位公开竞聘。按照程序，严格筛选16人。（2.先后两次调整中层干部77人次。3.在物资保障部进行了大范围的岗位交流。坚持高标准人才引进方针。1.通过院校招聘2011年度应届大学毕业生45人、通过社会招聘专业技术人才11人。2.根据《2011年优秀劳务派遣工招聘管理办法》和招聘工作安排，严格按照程序筛选转化48名优秀劳务工。

【中铁科工改革管理】 2011年，中铁科工完善集团所属二三级单位领导班子和负责人的绩效考核办法；制定《中铁科工集团有限公司劳务派遣人员管理暂行办法》，完善技能人才聘用机制；对集团各子分公司进行经济督导，分析存在问题，制定相应措施；全年共制定各类管理性文件和管理办法共计16项；实行了三个集中管理（物资、设备集中采购，资金集中管理）。

1.强化集团内控、质量体系建设。2011年，中铁科工集团完成了内控体系建设，健全完善了安全生产管理体系、质量管理体系、科技创新体系、财务管理体系、法律事务管理体系、工资分配及员工绩效考核体系等各项企业管理制度体系。对质量、环境、职业安全健康三个标准认证体系统一整合，在本部机关及在武汉各子、分公司全面开展质量（ISO9000含GB/T50430）、环境（ISO14000）、职业健康安全（OHSAS18000）管理体系（以下简称QES体系）的整合、贯标及认证工作，中铁重工于2011年10月取得中国船级社三标合一体系认证证书。

2.完善规章制度。发布实施了《中铁科工集团有限公司子、分公司负责人薪酬暂行管理办法》、《中铁科工集团有限公司本部员工住房公积金管理暂行办法》、《中铁科工集团有限公司劳务派遣人员管理试行办法》、《中铁科工集团有限公司劳动用工管理试行办法》、《中铁科工集团公司首席技工评选和管理暂行办法》、《集团本部录用操作技能岗位员工的暂行办法》、《中铁科工集团对分公司考核资本金的确认与计算办法》、《中铁科工集团内部债权债务清理暂行办法》、《中铁科工集团会计档案管理办法（暂行）》、《中铁科工集团有限公司法律事务工作暂行办法》、《中铁科工集团有限公司法律纠纷案件管理暂行办法》。

3.健全集团市场营销体系。一是拓宽新市场、新领域。面对铁路建设市场急剧萎缩，各子分公司开始由路内向路外市场延伸，在广泛承接市政钢梁制造与安装业务方面取得了成绩；拓展了厂房建筑钢结构制造与安装业务，在安全、资金风险能得到完全控制、毛利率不低于9%的前提下承揽任务，实行事业部管理模式，开创了新的业务领域。作为总承包方，首次独自从业主方承接了江西五桂特大悬索桥全桥施工任务。二是开展区域经营。2011年，集团公司提出建立大城市经营根据地的经营思路，集团部分公司分别在宁波、广州、深圳、昆明、贵阳等大城市建立了营销分公司，直接承揽与协助承揽经营任务在4亿元以上。三是重视资质申报工作。2011年，分别获通用门式起重机80吨及以下、桥式起重机260吨及以下、桅杆起重机75吨及以下等多种规格的设备制造许可资质；申请获批了门式起重机、桅杆式起重机安装、改造、维修许可A级资质。

【中铁西北院管理体制创新】 2011年，中铁西北院加强管理体制创新，起草编制了以下管理办法和规定：制定了《中铁西北科学研究院有限公司薪酬管理暂行办法》、《中铁西北科学研究院有限公司领导人员管理暂行办法》、《中铁西北科学研究院有限公司员工绩效考核办法》、《年度业绩考核管理暂行办法》、《生产经营单位效益结算管理办法》，完善会计报表和统计报表报送体系，建立财务信息分析和通报制度。

2011年，中铁西北院不断优化人才队伍结构，提高队伍素质。截至2011年12月31日，中铁西北院在职员工总数383人(含中铁二院西北公司25人)，其中男性316人(含中铁二院西北公司22人)，女性67人（含中铁二院西北公司3人），拥有博士学历的5人，硕士学历的77人（含中铁二院西北公司5人），本科学历的198人（含中铁二院西北公司19人）。在职员工中科技人员和管理干部337人，其中公司领导班子8人，三总师副职8人，中层领导干部48人。2011年新提职干部8人，其中提为中层正职的4人，提为中层副职的1人，提为助理级的1人，提为科级的2人。2011年共引进各类人才28人，其中应届高校毕业生26人（博士生1人，硕士生17人，本科生8人）。

【中铁西南院管理体制创新】 2011年，中铁西南院管理体制创新：

1. 战略调整：结合“十二五”发展规划，中铁西南院对原发展战略作了适当修订，并对2011年～2015年发展战略进行细化，成立了以公司总经理为组长的发展战略细化工作领导小组和以中国中铁股份有限公司副总裁刘辉为总牵头的发展战略细化顾问专家小组。

2. 管理创新：按中国中铁有关规定，中铁西南院结合“十二五”发展战略需要，不断增强公司管理创新能力，规范各子公司法人治理结构，提高法人治理水平，提高依法治企能力；根据发展战略，设立八部一室，精简机关人员，提高行政效能；成立专门科技研发机构，整合科研资源，增强研发实力；成立桥梁公司，填补桥梁维护、管养市场空白；增加部门内设机构，提高服务水平，培养年轻人才；创新科研人才绩效考核，滚动筛选科研人才，优化科研人才队伍；拓展人才引进渠道，任人唯贤，充实关键岗位；适时成立专门工作组，积极开展有关工作，组织架构逐步优化。

3. 制度建设：建立和完善科技、生产、安全、经营、管理、人才培养等管理制度。制定、修订《科技管理办法》、《科研项目管理办法》、《科研津贴管理办法》、《科技成果奖励管理办法》、《安全生产管理办法》、《经营开发管理办法》、《法律事务工作办法》、《职业技能等级认定实施办法》、《规章制度管理办法》以及绩效考核制度等，切实保障公司各项工作的顺利开展。

4. 人才队伍建设：不断优化人才队伍结构，提高队伍素质。截至2011年12月31日，中铁西南院（含子公司）员工人数788人，其中在职职工495人，外聘人员293人。在职职工中男性407人，女性88人，拥有博士学历的7人，硕士学历的114人，本科学历的274人。科技人员和管理干部451人，其中公司领导班子8人，总经理助理1人，三总师副职5人，中层干部（公司本部各单位正副职及子公司班子成员）62人。2011年新提职干部27人，提为中层正职的2人，平均年龄为37岁；提为中层副职的15人，平均年龄34.9岁；提为科级的10人，平均年龄28.2岁；获得享受国务院政府特殊津贴专家1人（严金秀）；引进各类干部共91人，其中应届高校毕业生64人（博士生2人，硕士生27人，本科生33人，大专2人），其它引进干部28人（硕士1人、本科23人，大专4人）。

5. 信息化建设：中铁西南院新基地5月启用以来，公司快速完成了宽带网络、视频会议系统、电话系统、门禁系统、卫星电视系统等现代化综合办公网络的建设，按照中国中铁“五统一信息化建设”要求，对内网、VPN专线进行了改造，搭建了域服务器OCS平台；积极开展电子档案管理系统建设，制定了即时通平台管理、视频会议管理、信息化网络运行、安全管理、计算机软硬件集中采购等管理办法，为各项工作的顺利开展提供了信息保障。

6. 风险管控：2011年，中铁西南院加强内部审计，限期督促整改；完善内控体系建设，适时调整内控领导小组成员，成立内控评价工作机构，制定了内控评价工作方案，完成了内控体系建设所需流程文件的制定工作，建立了规范的流程图，完成了年度内控评价工作；加强法律事务工作，树立重大经营决策、重要规章制度、重要合同签署必经法律论证的理念，设置了总法律顾问，建立了法律风险防范机制。

生产经营发展

【股份公司生产经营】 2011年，中国中铁完成新签合同额5708亿元，其中国内完成5268.2亿元，海外完成439.8亿元。全年承揽铁路任务1256亿元，同比增长28.8%，铁路大中型基建市场占有率45.4%；承揽非铁路任务4110亿元，同比增长32.6%，其中，城轨工程1002亿元，同比增长79.8%；市政工程776亿元，同比增长44.6%；房建工程887亿元，同比增长2.2%；勘察设计咨询板块106亿元，同比增长2.5%；工业板块169亿元，同比增长3.2%，均创历史最好水平。中铁二局新签合同额超过700亿元，中铁一局和四局均超过500亿元。中铁五局、八局、隧道局、电化局、大桥局、港航局等单位在水利水电、航道治理、光伏发电、油气管道、水务水工等领域实现了突破。中铁山桥和宝桥承揽了港珠澳大桥50%以上钢结构工程；中铁二院连续七年位列全国勘察设计企业勘察设计收入首位，华铁咨询连续两年排名全国百强工程监理企业首位。

【投资项目情况】 2011年，基础设施、房地产和矿产资源三大投资板块在建项目133个，投资总规模2433亿元，年度完成投资466.3亿元、较上年同比增长23%，为年度投资预算的102.2%，全年回款203.4亿元，预计年度投资收益61.8亿元，开累完成投资1177亿元、剩余投资规模1256亿元。其中：BT项目16个，投资规模433亿元，年度完成投资100.7亿元，较上年同比增长63.5%，回购24.7亿元，预计收益16.2亿元、收益率16.1%；土地一级开发项目11个，投资规模278亿元，年度完成投资33亿元，较上年同比下降12%，出让土地1317亩，回收资金16.8亿元，预计收益13.5亿元、收益率40.8%；房地产二级开发项目88个，投资规模1554亿元，年度完成投资274.7亿元，较上年同比增长25%，年度销售面积186万平米、销售率67.9%，实现销售额150.4亿元，较上年同比增长6.2%，实现销售回款138.7亿元，较上年同比增长31.3%，确认营业收入140.6亿元，较上年同比增长35.3%，预计收益28.1亿元；矿产资源项目18项，投资规模168亿元，年度完成投资58亿元，较上年同比增长87%，实现营业收入23.3亿元，较上年翻番，实现归属母公司净利润4.0亿元，较上年同比增长43.9%。此外，投资建成的10条BOT高速公路年度实现清分收入20.4亿元，较上年同比增长34%，开累实现清分收入49.9亿元。

【中铁一局生产经营发展】 2011年，是中铁一局“十二五”发展规划的开局之年，面对复杂多变的内、外部环境，中铁一局广集信息、科学判断、理性分析，不断完善体制机制，公司创新推广高效工艺工法工装，持续推进作业层建设，各项经济指标在股份公司系统名列前茅，企业发展质量进一步提升，完成了职代会暨工作会确定的各项主要目标。2011年，企业完成营业额438.9亿元、新签合同额460.2亿元，实现净利润4.1亿元。

公司立足铁路、公路、市政公用、工业与民用建筑、水务与房地产、电务与机电安装工程六大主导产品(业务)；以轨道、隧道与地下工程、桥梁、土石方与基础工程、“四电”集成与机电安装五大专业集成优势为依托；构建主业突出、上下游业务为辅的立体产品结构和国际、国内平面市场结构；采取区域化、差异化和联合化的经营方式；不断提升企业执行力和创新力；把中铁一局打造成为管理一流的国际化低碳建筑工程总承包企业。

【中铁二局生产经营发展】 2011年，中铁二局完成企业营业额602亿元，新签合同额730亿元。企业营业额、新签合同额、企业总资产、净资产4项指标在中国中铁系统继续保持第一。

完成施工产值340.2亿元，为集团公司年度计划418亿元的81.4%，为总公司年度计划405亿元的84%；与去年同期完成390.5亿元相比，减少50.2亿元，减幅12.9%。其中：铁路工程占44.1%、公路工程占15.2%、城市轨道交通占15.3%。承建的多个重难点项目取得重大突破：京沪、广珠、广深港、深圳地铁五号线、青岛海底隧道等项目如期实现开通目标；世界埋深最大的锦屏水电站引水洞、长达14公里的向莆铁路金瓜山隧道顺利贯通，破解高地热、长隧道单掘进通风等施工难题；哈大、石武、大西、成绵乐等28个重点关注项目推进顺利；贵广、成渝等项目探索隧道快速施工的新方法。国际项目稳中有升，全年完成营业额6868万美元；委铁项目复工后进展顺利，已完成一半以上建设任务，文莱两个住房项目有序推进，埃塞轻轨、国铁项目已进入施工筹备。

【中铁三局生产经营发展】 2011年，中铁三局围绕“调结构、闯市场、练内功、保增长”的发展思路，实施“三足鼎立”、转型升级、人才强企和科技引领四大战略推进标准化，开展“精细化管理年”活动，在铁路市场极度萎缩的情况下，完成营销额309.2亿元，完成营业额276.4亿元，实现净利润 2.9 亿元。在传统市场领域，紧紧依托 414 亿元的在建项目，以现场抢市场，在低迷的市场环境下，重点经营铁路配套工程，在站房和“四电”工程中抓机遇，取得了一定成效；城轨市场，稳中有进，拓展了长春、东莞、西安和福州市场，积极配合股份公司在深圳、成都和昆明的 BT 运作，争取更大的市场份额；公路、市政及其他市场，累计完成营销额 268.5 亿元，在一定程度上弥补了铁路市场份额的不足。积极拓展新兴市场，以 BT 建设和自有土地房地产开发为代表的上游业务取得突破。

【中铁四局生产经营发展】 2011 年，中铁四局在“市场缺量，现场缺钱”的严峻环境下，提出了“以到位资金控制施工数量，以现金流量控制施工节奏，以资金储备控制市场风险”的新理念，统筹部署全年生产，适时调整施工节奏，不断强化现场监控，使施工生产保持有序可控，实现了“安全年”。全年共完成营业额 420.1 亿元，为局四个季度计划 410 亿元的 102.5%，为股份公司年度计划 378 亿元的 111.1%，在股份公司系统排名第三，其中海外完成 54.5 亿元，为年初计划的 109%，在股份公司系统排名第一。一公司、安哥拉项目部等十几家单位超额完成了年度指标，其中二公司、五公司、一公司、四公司完成产值超过了 52 亿元。参建的京沪高铁、张集铁路、深圳地铁 5 号线、杭州东站普速场按时开通。

【中铁五局生产经营发展】 2011 年，中铁五局完成新签合同额 300.7 亿元，其中境内完成 276.6 亿元、境外完成 23.4 亿元（折合为 3.7 亿美元）；完成企业营业额 322.5 亿元，其中境内完成 310.8 亿元、境外完成 11.7 亿元（折合为 1.9 亿美元）。杜绝了安全生产责任死亡事故、质量一般及以上责任事故。主要管理指标基本完成，其中：资金集中度 72%，机械设备集中采购率 96%，物资集中采购率 87.6%，有息负债 66.5 亿元，资产负债率 88.5%，综合毛利率 7.9%。

【中铁六局生产经营发展】 2011 年，面对铁路市场的重大变化和前所未有的生产经营艰难局面，中铁六局迎难而上，全面加快“二次创业”步伐，全年施工情况稳定，安全质量可控。2011 年，完成企业营业额 152.2 亿元，与 2010 年同比减少 53.1 亿元，减少 25.85%。按业务版块分类如下：基建建设 150.1 亿元，占总额的 98.61%；工业 6011 万元，占总额的 0.40%；房地产 1.0 亿元，占总额的 0.67%；其他产值 4898 万元，占总额的 0.32%。

企业营业额按专业分类完成如下：铁路 100.5 亿元，占总额的 65.99%；公路 18.2 亿元，占总额的 11.96%；市政 20.2 亿元，占总额的 13.30%；房建 2.2 亿元，占总额的 1.41%；水利水电 1.3 亿元，占总额的 0.87%；城轨 6.2 亿元，占总额的 4.09%；其它 3.6 亿元，占总额的 2.38%。

【中铁七局生产经营发展】 2011年，中铁七局面对严峻的市场形势，公司上下凝心聚力、共谋发展，全年完成营业收入224亿元，新签合同额241.2亿元，圆满完成了股份公司下达的年度主要经济指标。

为抓好生产经营，公司坚持国内国外并举，路内路外并重，将经营重点向非铁路市场转移，全年承揽路外任务97.7亿元，首次超过了路内任务，一改以往主要依靠铁路支撑主业的局面；在城市轨道交通、房地产等领域取得了新的发展，新进入了上海、武汉地铁市场，通过招拍挂新购得陕西省西咸新区2011-07-3号永平路以南宗地的使用权，与郑州市二七区政府就郑州中央商务区的开发签订了框架协议；在路外市场、海外市场上取得了新的突破，开拓了机电安装工程新领域，全年中标海外项目17个，累计中标金额4.6亿美元，走在了中国中铁股份公司二级子公司的前列。四公司、郑州公司、电务公司和海外分公司在自主经营、滚动发展方面迈出了坚实的步伐。

【中铁八局生产经营发展】 2011 年，中铁八局全年共完成总营业额 268.6 亿元，为股份公司下达计划 265 亿元的 101.35%。其中国内完成 265.5 亿元，境外完成 3.1 亿元（4813.4 万美元），为股份公司下达计划 4000 万美元的 120.33%。

2011 年全集团公司完成新签合同额 307.0 亿元，完成股份公司下达年度计划 376 亿元的 81.65%，比去年同期减少 58.5 亿元，减少幅度为 16.01%。

【中铁九局生产经营发展】 2011 年，中铁九局共完成施工产值 158.3 亿元，完成年度计划的 69%，其中铁路工程完成 108.4 亿元，占 68.4%；公路工程完成 15.6 亿元，占 9.8%；市政工程完成 13.3 亿元，占 8.4%；房建工程完成 9.4 亿元，占 6.0%；城市轨道交通工程完成 5.2 亿元，占 3.3%；房地产项目完成 0.6 亿元，占 0.4%；海外工程完成 4.6 亿元，占 2.9%；其他工程完成 1.2 亿元，占 0.8%。

2011 年，中铁九局共完成新签合同额 162.1 亿元，完成股份公司年初下达的 300 亿元经营指标计划的 54%。其中：铁路工程中标 57.7 亿元，占中标总额的 35.6%；非铁路工程中标 104.4 亿元，占中标总额的 64.4%，其中：公路 24 亿元，占中标总额的 14.8%；市政 24.5 亿元，占中标总额的 15.1%；房建 23.8 亿元，占中标总额的 14.7%；城轨 2.8 亿元，占中标总额的 1.7%；其他工程 11.6 亿元，占中标总额的 7.2%；房地产项目中标 3.2 亿元，占中标总额的 2%；矿产资源及其他中标 1.4 亿元，占中标总额的 0.8%；海外项目中标 13.1 亿元，占中标总额的 8.1%。

【中铁十局生产经营发展】 2011 年，中铁十局完成新签合同额 279.9 亿元（除海外），其中铁路 54.8 亿元，公路 97.6 亿元，市政 80.1 亿元，房建 12.8 亿元，城轨 5.2 亿元，房地产 18.1 亿元，其它 10.7 亿元。

2011 年，在紧抓一级市场的同时，加大了对铁路二级市场、专用线与结合部项目的开发力度，并取得可喜成果。在铁路二级市场中标 18 项，新签合同额 19.5 亿元；地方铁路中标 28 项，价值 33.2 亿元；在以上中标项目中，济铁公司中标 20 项，价值 12.0 亿元；四公司中标 16 项，价值 6.2 亿元，青岛公司中标 6 项，价值 6.1 亿元。

公路市场全年中标 37 项，新签合同额 97.6 亿元，在山东、陕西、江苏、浙江、广东等公路优势市场，中标 14 项，价值 18.8 亿元，保持了传统优势。在河北市场新签合同额 7.5 亿元，安徽市场新签合同额 7.3 亿元，山西市场新签合同额 7.1 亿元，次优势区域实现了滚动发展。特别是二公司在湖南公路市场连中四标，新签合同额 8.5 亿元。

相关公司以驻地城市为中心，坚持“经营城市”的理念，建立关系，抢占市场。经过各单位的共同努力，中标市政项目 54 项，新签合同额共计 80.1 亿元，实现了公司成立以来在市政项目上的突破。其中，三建公司在合肥市中标 4 项，价值 12.9 亿元，取得成效。

全局重点跟踪济南市、济南铁路局、兰州铁路局投资的房建项目，全年中标 9 项，新签合同额总计 12.8 亿元。其中，建筑公司仅在济南市就中标 6 项，新签合同额 15.1 亿元。

【中铁大桥局生产经营发展】 2011 年，在市场发生重大变化的背景下，中铁大桥局实现新签合同额 248.4 亿元，完成企业营业额 236.2 亿元，为股份公司下达年度生产经营目标计划的 101.4%，在逆境中实现了“十二五”的良好开局。年内，相继有京沪高铁大胜关长江大桥、胶州湾跨海大桥、二七长江大桥等 26 项在国内外均有重大影响的工程竣工或通车。

【中铁隧道生产经营发展】 2011 年，中铁隧道新签合同额 301.8 亿元，完成股份公司下达计划 360 亿元的 83.8%，其中国内施工项目 285.4 亿元、勘测设计 7 亿元、其他 9.4 亿元。

3 月 12 日，中铁隧道广深港铁路客运专线狮子洋隧道右线盾构机（直径 11.18 米）成功实现江中对接。至此，中国采用盾构法施工的首条水下铁路隧道、世界上时速等级最高的水下铁路隧道全线贯通。

4 月 26 日，中铁隧道施工的秦岭 3 号勘探试验隧洞提前完成设计开挖里程。引汉济渭调水工程秦岭 3 号勘探试验隧洞长 3885 米，斜井综合坡度 8.15%，最大坡度 9.03%。据陕西省水利厅官网显示：该斜井为世界目前最长在建施工斜井，被誉为“世界第一斜井”。

5 月 13 日，中铁隧道承建的龙厦铁路象山隧道全线贯通。该隧道是龙厦铁路全线最长隧道，采用单线双洞方案，共设辅助施工斜井 5 座，左线长 15898 米，右线长 15917 米。由于隧道穿越煤矿采空区、煤层瓦斯、岩溶涌水、高地温、高地应力、软弱大变形、断层及其影响带等不良地质地段，地质条件十分复杂，建设难度及规模在中国隧道施工史上均名列前茅，被铁道部列为“极高风险隧道”。

8 月 6 日，由中铁隧道承建的被誉为“万里长江地铁第一隧”的武汉地铁二号线右线贯通，成为中国第一条成功穿越长江的地铁隧道。创造了五项“全国第一”的记录：国内首条穿越长江的地铁隧道、国内盾构独头掘进最长的区间隧道、国内埋深最大的地铁隧道（最深处达 46 米）、国内水压最高的地铁隧道（达 5.3bar）、国内首条在江底修建带泵房联络通道的隧道。

9 月 24 日，由中铁隧道设计施工总承包的长沙营盘路湘江隧道工程建成。10 月 29 日上午，湘江首条过江隧道正式竣工通车。该隧道通道总长约 8.5 公里，主线为双向四车道，设计车速为 50 公里/小时，是一个双线多匝道多出入口的互通式多通道隧道，相当于在湘江底下建一座“水下互通式立交桥”。

【中铁电气化局生产经营发展】 2011 年，中铁电气化局新签合同由国内工程项目、勘测设计、工业产品销售、房地产开发、技术咨询、工程监理、物资供应和境外项目 8 部分组成。其中，国内工程项目新签合同额 311.6 亿元，占总额的 85.88%；勘测设计新签合同额 3.2 亿元，占总额的 0.89%；工业产品销售新签合同额 17.3 亿元，占总额的 4.75%；房地产新签合同额 14.8 亿元，占总额的 4.07%；技术咨询新签合同额 0.3 亿元，占总额的 0.08%；工程监理新签合同额 1.2 亿元，占总额的 0.33%；物资供应新签合同额 11.5 亿元，占总额的 3.17%；境外项目新签合同额 3.1 亿元，占总额的 0.84%。

【中铁建工生产经营发展】 2011 年，中铁建工实现了平稳较快发展。全年累计完成新签合同额 300.9 亿元，同比增长-3.9%。其中铁路新签合同额 31 亿元（包括合同外增加值），占总造价的 10.30%，同比增长-80.40；国内非铁路项目新签合同额 239.7 亿元，占总造价的 79.67%，同比增长 93.51%；海外项目新签合同额 11.6 亿元，占新签合同额的 3.9%，同比增长-9.7%；设计、工业、物流合计新签合同额 5.7 亿元，占新签合同额的 1.9%，同比增长 7.1%；房地产销售额 12.9 亿元，占新签合同额的 4.3%，同比增长-1.1%。

房地产累计完成投资 73 亿元，为股份公司下达 63 亿元的115.9%，其中土地一级开发完成投资 3.9 亿元、房地产二级开发完成投资 69.1 亿元；累计完成融资总额 70.3 亿元，新增融资 35.6 亿元。全年累计完成完成企业营业额 242.7 亿元，为股份公司下达 226.8 亿元的 107%，同比增长 5.0%。其中铁路工程企业营业额 88.6 亿元，占总造价的 36.5%，同比增长 22.7%；国内非铁路工程企业营业额 123.2 亿元，占总造价的 50.8%，同比增长 43.6%；海外工程企业营业额 10.0 元，占企业营业额的 4.1%，同比增长 26.9%；设计、工业、物流合计企业营业额 9.3 亿元，占企业营业额的 3.8%，同比增长-33.8%；房地产企业营业额 11.6 亿元，占企业营业额的 4.8%，同比增长 32.9%。

【中铁航空港生产经营发展】 2011 年，在国家宏观经济政策调整、货币政策紧缩、基建投资骤减的影响下，中铁航空港集团完成产值 122.8 亿元，同比增长 51.2%。其中铁路项目完成 43.1 亿元，同比减少 8.1%；公路项目完成 21.3 亿元，同比增长 156.6%；房建项目完成 46.5 亿元，同比增长 146.0%；市政项目完成 3.3 亿元，同比增长 50.0%；城轨项目完成 7.5 亿元，同比增长 56.3%；机场项目完成 1 亿元，同比增长 900.0%，其它项目完成 0.1 亿元。

2011 年，中铁航空港集团新签合同 75 项，合同额总计 108 亿元，为股份公司下达计划 130 亿元的 83.1%，其中铁路工程为 16 项，合同额 16.5 亿元，占新签合同额 15.31%；公路工程 5 项，合同额 11.3 亿元，占新签合同额 10.5%；市政工程 1 项，合同额 0.2 亿元，占新签合同额 0.15%；房建工程 45 项，合同额 69.3 亿元，占新签合同额 64.2%；机场工程 3 项，合同额 1.4 亿元，占新签合同额 1.31%；城轨工程 2 项，合同额 7.0 亿元，占新签合同额 6.44%；其他工程 3 项，合同额 2.3 亿元，占新签合同额 2.09%。监理公司新签合同额 2500 万元。

【中铁科工生产经营发展】 2011 年，中铁科工实现新签合同额 20.3 亿元，超额完成股份公司下达年度计划 20 亿元的 1.4%。

2011 年度在传统的箱梁运架、铺轨设备等新产品研制方面取得较好成绩，YJ900 型运架一体机、JQDS900 型分体式运架设备、CPG500 型长钢轨铺轨机组、ZPC160 自行式转盘车等新产品试制成功并顺利出厂。除此之外，在港口、采矿作业设备领域进行了大量经营努力，做好了充分的技术准备。

桥梁钢结构制造与安装，是中铁科工规模产业，综合实力处于行业前列。以前业务绝大部分来自于大型铁路桥梁钢梁，近两年特别是 2011 年在城市立交桥钢梁制造与安装在武汉、西安、合肥、昆明、贵阳等城市区域打开了局面。

工程施工，是中铁科工产业布局的重要组成部分，主要项目领域仍然是桥梁工程。近两年的变化情况：承接项目以前均为百、千万元级的中小型桥梁，现在具备承揽亿元级大型桥梁的能力（2009 年分包承建中铁三局南广铁路郁江大桥项目，合同额 2.3 亿）；实现了由分包到独立中标大型桥梁工程的突破（2010 年独立中标江西上饶五桂公路大桥项目，总造价 2.9 亿）。此外，实施“施工工法与施工装备”互动研究、互动创新战略，经过几年的研究积累，2010 年研制成功具有完全自主知识产权的 GZP600 型全浮动式共振破碎机，2011 年开始运用其承揽旧混凝土公路路面振动破碎修复施工工程。

科技检测与监控，是中铁科工新兴产业，核心内容为大吨位箱梁运架设备群远程安全监控系统。2011 年该系统项目得到国家安监总局和国家质检总局的支持，业已通过有关科技成果鉴定；专门成立武汉瑞敏检测科技公司，负责该项目的独立运营。

【中铁资源生产经营发展】 2011 年，中铁资源全年共完成营业收入 26.0 亿元，为年度计划的 134%；实现净利润 4.7 亿元，为年度计划的 111%，归属母公司净利润 4.2 亿元，为年度计划的 117%，总体上实现了“十二五”开门红。

一是实体项目产出能力进一步增强。刚果国际矿业公司、绿纱公司、国金公司等有色项目全年完成采矿量 97 万吨，选矿量 92 万吨，生产阴极铜 9020 吨、碳酸钴含钴 500 吨、铅精矿含铅 6070 吨、锌精矿含锌 6620 吨、成品金 164 公斤；芒来煤矿完成原煤生产 820 万吨，销售 730 万吨，分别为年度计划的 135%和 129%，提前 88 天完成全年生产任务；郭白铁路发运煤炭 1338 列，完成运输量 450 万吨，圆满完成年度运输计划。

二是地勘、商贸业务规模进一步扩大。地勘公司完成营业收入 1.15 亿元，在 6 个普查项目上取得良好找矿效果，整装勘查取得重要进展，申请 1072 万元国土资源部海外专项基金，募集 3 亿元风险勘查基金，为地勘业务的发展提供了资金支持。商贸公司完成物资和设备采购 3.7 亿元、国际运输 102 批次，开辟了国外矿产品运输回国通道，全年发运回国矿产品 3.3 万吨，实现销售 7.0 亿元。

三是项目建设进一步推进。芒来煤矿完成地面储装系统建设，为实现年 1000 万吨生产能力创造了条件；MKM 公司采矿剥离 50 万方，破碎平台填筑 50 万方，初步具备了采矿条件；绿纱公司优化施组方案和现场管理，扩产建设工作有序推进；鹿鸣钼矿精心优化组织设计，有效降低了投资规模，完成基建和设备招标采购 9.5 亿元；海西煤业完成场区基础设施建设，开展了土方剥离，为 2011 年生产销售创造了条件；热贡公司完成景区经营性资产接收，实现了开园试运营，并加快了景区建设步伐。

四是推进与地方政府的战略合作，萝北石墨矿取得实质性进展；在充分调研基础上，组织了广西武宣铅锌矿、云南文山钨矿等项目分析论证；承揽了股份公司深圳、昆明、成都等地铁项目地质工程监测任务，促进了廊坊物探传统业务发展；坚持“走出去”战略，组织了中亚杰鲁依金矿和印尼煤炭国际商贸物流调研；探索了资源、资本两个市场对接，开展了私募基金经营业务。

五是经营管理进一步规范。做好国家部委及地方政府的汇报衔接，在获得鹿鸣钼矿“路条”的基础上，开展了一系列要件整理、评审和报批工作，加快了多个项目的证照办理，为依法合规经营创造条件。

【中铁西北院生产经营发展】 2011 年，中铁西北院审时度势、主动及时地调整了经营思路，采取有效措施进一步改善了发展结构，充分发挥自身专业特色，市场经营成效显著。中国中铁下达的年度新签合同额的指标为 5.5 亿元，公司 2011 年累计承揽合同额 11 亿元，实际新签合同额为 7.7 亿元，完成年度计划的 139%，再创公司历史最好水平，其中：基建建设合同 3.8 亿元，勘察设计合同 0.6 亿元，监理合同 1.9 亿元，监测及科研合同 1.5 亿元；中国中铁下达的年度完成营业额指标为 4.2 亿元，截至 12 月 31 日，公司累计完成营业额 6.1 亿元，完成年度计划的 145%，其中：基建建设完成 2.6 亿元，勘察设计完成 0.9 亿元，监理项目完成 1.4 亿元，监测及科研合同完成 1.3 亿元。

2011 年，中铁西北院《高新技术企业证书》通过复审；“省级企业技术中心”通过认定，这也是甘肃省第一家技术服务型企业通过该认定。

【中铁西南院生产经营发展】 2011 年，中铁西南院全年完成营业收入 5.0 亿元，为中国中铁下达年度任务 4.5 亿元的 111%，同比增长 48%；完成经营指标 6.61 亿元，其中：新签合同额 5.92 亿元，为中国中铁下达年度任务 5.5 亿元的 108%，同比增长 14%；实现归属母公司净利润 4406 万元，同比增长 51%；企业净资产达到 2.32 亿元，比上年末增长 66%。

2011 年，公司以传统铁路项目为依托，加大城市轨道交通项目、水电项目、高速公路项目等非铁路市场的经营开发力度，与比利时贝卡尔特集团、意大利吉尔德塔集团、瑞士巴士夫集团麦考公司、日本日铁住金株式会社等多家企业加强交流合作，为国际业务拓展奠定良好条件，生产经营规模不断扩大。

2011 年，中铁西南院及时推动经营工作转型，在保证铁路市场份额的同时，加快向路外市场领域拓展。实行领导班子成员经营开发及生产管理包保区域责任制，注重区域结构调整；成立了广东分公司，拓展了区域市场经营开发，并向周边区域和市场辐射，优化经营网络布局；加强产品市场开发，以湿喷机等高科技产品为依托，深度挖掘传统铁路产品市场新需求，加大产品市场结构调整；加大城市轨道交通、水利水电、高速公路、矿山、石化、石油、桥隧等非铁路市场的经营开发力度。经营转型取得新成效。2011 年，公司铁路新签合同额 3.8 亿元，同比增长 3.19%；公路新签合同额 3543 万元，市政新签合同额 3606 万元，同比增长 67.49%；城轨新签合同额 1.1 亿元，同比增长 88.45%；其它新签合同额 3411 万元，同比增长 74.3%；路外市场合同额合计 2.1 亿元，同比增长 41.2%。

与此同时，公司资质建设也取得了新的突破。2011 年，公司在加强现有资质管理的基础上，加大力度进行新资质建设。组织了隧道施工一级资质、工程勘察（岩土工程、工程测量）甲级资质、铁路施工总承包一级资质的申请工作，取得了工程勘察（岩土工程、工程测量）甲级资质资格，其它资质的申请工作正按计划抓紧进行。

【建设分公司生产经营发展】 中铁工程建设分公司 2011 完成营业额 51.15 亿元。

2011 年建设分公司所属的在建工程项目共计 32 个，完成或超额完成了建设单位下达的年度计划，年累完成营业额 51.15 亿元亿元，占股份公司下达年度计划 45 亿元的 114%，比 2010 年同比增长 35%。各项目都做到了“施工安全稳定、工程质量可控、重点项目进度有序、施工难点均有突破”，其中：沈阳四环快速路 BT 项目、长沙县 BT 交通投资项目、广东轨道交通产业园配套基地项目、佛山市高明区投资项目、江门市江顺大桥、沈海高速 A12 标、靖海高速 A2 标、苛临高速 LJ5 标、郑卢高速 11 标等新中标项目准备充分、组织科学、管理到位，取得良好开局；福建双永高速 A15 标、永宁高速 A2 标、山西平阳高速 4 标、陕西十天高速 A-CD45 标、重庆轻轨一号线杨公桥项目、四川纳黔高速 C19 标主体工程顺利完工，其中永宁高速公路 A2 标、重庆轻轨杨公桥项目顺利通过交工验收；玉蒙铁路秀山隧道、青海省西久公路拉脊山隧道、十天高速 A-CD40 标吕河隧道、重钢 EPC 项目二期新界牌坡隧道、博深高速公路 4 标等重难点工程取得突破性进展（已贯通或打到合同分界里程）；丹通高速公路 B11 标等收尾项目工程进展顺利。

【华铁咨询生产经营发展】 2011 年，华铁工程咨询有限责任公司在铁路建设市场形势发生重大变化的情况下，全年新签合同额依然保持在了 4 亿元以上。

【中铁西南公司生产经营发展】 2011 年，中铁西南公司围绕“强管理、调结构、拓市场、争效益”的中心工作，推进公司持续、健康、协调发展。全年完成营业额 29.0 亿元，为年度计划 24.4 亿元的 119%，比上年增长 24.4%；投资完成 15.2 亿元，为年度投资计划 15 亿元的 101%；建安完成 10.4 亿元，为年度计划的 126%，七条高速公路实现运营收入 13 亿元，比上年增长 22%，高于全国 17.5%的平均增幅；节能减排在去年基础上下降 5.8%，超额完成下降 5%的年度目标；全年未发生一起重伤以上安全责任事故；全公司员工工资实现稳步增长，公司综合实力增强，在市政基础设施投资建设和高速公路运营管理方面的品牌形象提升。

公司全年在建 BT 项目 2 个，即柳州“三桥一路”项目和桂林“一路两江”项目，其中柳州“三桥一路”项目完成投资 10.4 亿元，为年度投资计划的 127%，完成建安 9.8 亿元，为年度计划的 135%，双拥、维义两大桥内外业同步完成、一次性高分通过竣工验收，为实现回购打下基础，桂林“一路两江”项目克服融资、征地拆迁困难，取得了完成投资 4.8 亿元的好成绩。高速公路板块面对行业性的通行费收入增幅放缓的形势，公司积极采取措施，实现了收入稳步提高。同时，狠抓高速公路板块“四大成本”控制，全年养护成本同比下降 1.4%，运营成本及管理成本同比减少 4.8%，打击各类偷逃通行费事件 62888 起，打击各类偷盗路产行为 58 起，挽回企业直接经济损失 322 万元，同比增长 244%；狠抓“五规范”，运营管理水平明显提高，多家运营子公司获得行业主管部门的表扬，其中富砚公司安全管理获云南省交通厅目标考核一等奖，云南省“征费工作先进单位”；岑兴公司获“广西高速公路交通绿化美化先进单位”；岑梧公司综合管理、全兴公司路政管理均进入广西高速公路管理前三名，涌现出第一个超 800 万元收费无差错技术能手。

公司全年中标南宁市邕宁区龙岗新区城市基础设施 BT 建设项目，中标额 29.9 亿元，草签了昆明市草海北片区及其安置地块基础设施 BT 项目建设框架合作协议。在国家宏观经济放缓、融资极度困难的形势下，采取措施筹措各类资金 34.0 亿元，保障了公司和各单位正常生产经营需求。

企业新纪录

【中国中铁入围“全球500绿色企业”】 美国《新闻周刊》联合两家全球领先的环境研究机构 Trucost 和 Sustainalytics 公布了2011年“全球500绿色企业排名”和“全美500绿色企业排名”。中国中铁入围“全球500绿色企业”。

【中国中铁获中国承包商60强第一名】 11月16日，由美国《工程新闻记录》(ENR)与中国《建筑时报》共同主办的2011年度中国承包商与工程设计企业“双60强”排名榜单及“最值得推荐的30家中国工程法律律师事务所(团队)”在上海揭榜。中国中铁荣列2011年中国承包商60强第1名，中铁二院荣列中国工程设计企业60强第4名。

【中国中铁获多项国家级奖项工程】 2011年，全公司16项工程获中国建筑工程鲁班奖（2010～2011年）：沪蓉国道主干线湖北宜昌至恩施公路八字岭隧道、天津市快速路南仓道铁东路立交工程、苏州科技文化艺术中心、新建北京至天津城际轨道交通工程、北京南站改扩建工程—站房工程、新建武汉北编组站、合武铁路大别山隧道、苏通长江公路大桥、塔吉克斯坦公路项目沙尔—沙尔隧道、南宁市南宁大桥、新建铁路福厦线福州南站房及配套工程、东汽汉旺生产基地灾后异地重建项目、杭州湾跨海大桥工程、淮阴卷烟厂“十一五”技改工程（含“十五”后期规划调整）项目、哈尔滨市道外二十道街松花江大桥及引道工程、沈阳地铁1号线。

2011年，全公司获得中国土木工程詹天佑大奖5项：青藏铁路那曲物流中心、杭州湾跨海大桥、襄渝铁路新大巴山隧道、国道317线鹧鸪山隧道、武汉至广州高速铁路浏阳河隧道。此次全国共有5个铁路项目入选，中国中铁入选项目占其中3个。

【中国中铁董事会获得多项奖项】 2011年，股份公司获2011年度上市公司优秀董事会、2010年最佳董事会奖、2010年最佳公司治理奖、中国百强上市公司奖、中国上市公司最佳董事会奖、蓝筹公司金鼎奖、最佳管理团队和最受两地投资者欢迎的上市公司奖等多项荣誉；董事长李长进获最具战略眼光董事长奖、金牛最佳企业领袖奖等多项荣誉；执行董事、总裁白中仁获“中国最佳企业领袖”、“2011 中国上市公司最具价值总裁”等多项荣誉；董秘于腾群获最具创新力董秘、2011 中国上市公司最佳董秘、金牌董秘等多项荣誉称号；董秘及其领导的工作团队连续第四年被上海证券交易所评为“优秀的董秘及其领导的工作团队”。

【中国中铁董事会运作模式被确定为“中铁模式”】 2011年6月，中国铁路工程总公司和股份公司“双层董事会”关系的公司治理经验得到了国务院国资委的充分肯定，被国务院国资委确定为建设规范董事会中央企业处理“双层董事会”的三种模式之一—“中铁模式”，并在中央企业进行推广。“中铁模式”运作经验先后在国资委《关于推进和完善中央企业董事会建设妥善处理“双层董事会”有关问题的通知》(国资改革[2011]645号)、国资委企业改革局《中央企业建设规范董事会工作简报》2011年第4期、国资委企业改革局《国有企业改革动态》2011年第10期（总第18期）上刊载。

【中国中铁获“扶贫公益大使”称号】 2011年10月17日，中国扶贫基金会授予中国中铁“扶贫公益大使”称号。从2002年起，中国中铁定点扶贫湖南省汝城县和桂东县。10年来，中国中铁在两县累计投入了扶贫资金近2000万元，先后开展扶贫项目70多个。中国中铁摸索出了“扶贫先扶智”和扶贫与干部挂职锻炼相结合的工作思路，将扶贫工作的重点放在教育扶贫上，将有限的资金投在当地中小学教舍的建设、修缮和教学设备的购置以及资助贫困学生上，取得了明显的成效，中国中铁在当地群众心目中树立了良好的形象，产生了深远影响。10年来中国中铁先后派出了20名干部到两县挂职副县长，一批又一批扶贫干部在监督使用扶贫资金、寻找好的扶贫项目的同时积极参与挂职县委、县政府的日常工作，为定点扶贫县的改革发展出谋划策、贡献力量。

【股份公司工会获“全国模范职工之家”】 2011年10月，股份公司工会被“中华全国总工会”授予“全国模范职工之家”荣誉称号。这是股份公司首次获“全国模范职工之家”称号。

【股份公司获“十一五”节能减排优秀企业】 2011年，股份公司被国务院国资委授予“‘十一五’节能减排优秀企业”称号。2011年全公司万元营业收入综合能耗为0.0742吨标煤，比上一年下降5.5%，超额完成年度下降5%的节能减排考核目标。股份公司组织推荐申报的“轨道板预制装备智能化项目”获工信部批准，成为首批80个两化融合促进节能减排重点推进项目，是股份公司首次取得工信部项目立项，也是唯一一家中央建筑企业获批项目。

【沈阳地铁 1 号线获中国建筑工程鲁班奖】 11 月 7 日，在北京人民大会堂举行的2010至2011年度中国建设工程颁奖大会上，由中铁四局承建的沈阳地铁 1 号线获 2010～2011 年度中国建筑工程质量最高奖—鲁班奖（国家优质工程）。

沈阳地铁一号线在建设过程中，推广应用建筑业 10 项新技术中的 35 个子项，创造了“四个国内之最”的纪录：根据车站的使用功能和周边的施工条件，穿越主城区的 5 个车站采用暗挖法施工，创国内地铁施工之最；盾构机在车站风井内组装、始发和接收，及在封闭式车站内调头的施工方法为国内首创；通过对盾构刀盘形式、刀具形状、开口率和加泥系统的改造和改进，提高土体改良添加剂的膨润性和粘结性，实现了右线 1526 米连续推进不换刀具，创国内纪录；在国内首次通过招标方式引入安全监理单位。

【“华电内蒙古辉腾锡勒 2#（库伦）200 兆瓦风电场工程”获国家优质工程银质奖】 中铁三局三公司承建华电内蒙古辉腾锡勒 2#（库伦）200 兆瓦风电场工程”获得 2011 年度国家优质工程银质奖。该风电场位于内蒙古自治区乌兰察布市，海拔高度在 2000 米～2131 米。风电场 10 米高度的年平均风速为 6.3 米/秒；40 米高度的年平均风速为 8.7 米/秒，平均风功率密度为 534.6 瓦/平方米，施工条件非常复杂。本工程为大体积混凝土施工，施工中克服了工程条件复杂和施工技术要求高的困难，对原材料、配合比、温度和收缩应力、浇筑方法、养护条件等进行全面控制，完成了工程任务。

【杭州湾跨海大桥获中国土木工程詹天佑大奖】 杭州湾大桥桥梁起点位于嘉兴市，终点位于慈溪市，全长 36 公里，其中海域部分长 31.5 米。大桥分为北引桥、北航道桥、中引桥、南航道桥、南引桥五大部分，其中南引桥分为南引桥水中区、南引桥滩涂区、南引桥陆地区。

中铁四局承建的 9-A 标位于浙江慈溪市东十塘向杭州湾海域伸展，施工内容分为南引桥滩涂区 9.78 公里的超长海上栈桥新建及维修，5.5 公里的下部主体工程。合同标价：78180 万元。合同工期：2003 年 10 月 15 日～2007 年 4 月 15 日。中铁四局组织二公司、五公司、物资公司参建。

杭州湾是世界上三大强潮海湾之一，地质复杂，浅层富含天然气，气候多变，风高浪急，环境变幻莫测，凶险异常。大桥建设面临着一系列世界难题。中铁四局坚持“科技领先，人文建桥”，致力于科技开发、强化科技意识，依靠先进的技术手段和科学的管理措施，围绕浅层天然气排放、超长栈桥施工及安全运行\施工全过程数字化监控和管理、GPS 系统的全过程运用、海上长大钻孔桩施工、海上耐久砼研制等七大技术难题，开展了一系列技术攻关活动，形成了应对海洋复杂施工环境的技术能力，从而在异常复杂的环境中，创造出了世界瞩目的工程奇迹。大桥于 2007 年 6 月 26 正式贯通。

【《烟大铁路轮渡系统集成技术及应用》项目获得国家科学技术进步二等奖】 由中铁四局钢结构公司参建的《烟大铁路轮渡系统集成技术及应用》项目获得 2011 年度国家科学技术进步二等奖。这是该项目获得的国家科学技术最高荣誉，在中铁四局科技创新史上具有里程碑意义。

烟大铁路轮渡工程，是涉及铁路、港口、船舶、航运等多学科、多专业的综合性系统工程，具有世界先进水平。自烟台至大连跨越渤海海峡，为世界第 35 座运距超过 100 公里的铁路轮渡和目前中国最长的跨海铁路轮渡，是中国东部沿海铁路通道的重要组成部分。

中铁四局钢结构公司承建的烟大铁路轮渡栈桥工程，是该项目的核心部分，是实现轮渡与陆地、与铁路连接的枢纽工程，也是世界上第一座双孔联动的下承式板梁结构。

烟大铁路轮渡栈桥工程 2005 年 5 月开工，2006 年 12 月 26 日开通运营，至今运营良好，受到国内外业界高度评价。先后获得 2008 年度中国建设工程鲁班奖、第八届中国土木工程詹天佑奖、中国钢结构金奖、全国优秀焊接工程、铁道部优质工程一等奖、中国铁道协会科学技术奖特等奖、中国施工企业管理协会科学技术奖技术创新成果一等奖等多项殊荣。

【博茨瓦纳大学综合教学楼项目获中国建设工程鲁班奖（境外工程）】 中海外承建的博茨瓦纳大学综合教学楼项目获得 2011 年度中国建设工程鲁班奖（境外工程），该教学楼项目位于非洲南部国家博茨瓦纳首都哈博罗呢市，是集智能型、节能型、绿色型的教学、实验、办公为一体的综合性教学大楼。本工程建筑面积 45300 平方米，于 2007 年 8 月 22 日开工，2010 年 5 月 26 日正式交付业主。

大楼正立面设计有 16 根混凝土高 19.5 米的通天柱，外立面 32 根清水浅黄色面砖造型柱，对垂直度及平整度要求高。该项目主体施工时，当地气温高达 55 摄氏度，混凝土易开裂，建筑智能设施系统复杂、智能化程度高，功能齐全，涉及多个子系统，管线交叉多、安装精度要求高。施工中积极推广应用博国建筑部“十项新技术”，共计有 10 个大项、33 个子项，通过对原材料、配合比的科学选配，对温度和收缩应力、养护方法、安装工艺等进行有效控制，高质量的完成了施工任务。项目交工后，工程质量受到了业主、监理和设计单位的一致好评。工程投入使用一年多来，结构安全稳定，各个功能系统运行正常，博大师生非常满意，得到了博茨瓦纳教育部及中国驻博茨瓦纳大使馆经商处的高度赞赏，取得了良好的社会效益，为中国中铁、中海外赢得了荣誉。

【中铁一局企业新纪录】 2011 年，中铁一局获得省部级以上优质工程奖 26 项，其中鲁班奖 3 项（北京至天津城际轨道交通工程、杭州湾跨海大桥工程、南宁大桥）、詹天佑奖 1 项（北京奥林匹克公园中心区市政配套工程）、全国市政金杯示范工程 1 项(上海浦东浦江镇公共交通配套工程)；国家级优秀 QC 成果 15 项，省、部级优秀 QC 成果 67 项；获得国家科技进步奖及“中国建筑业先进企业”等 46 项省部级以上集体荣誉、84 项个人荣誉。

【中铁二局企业新纪录】 2011 年，中铁二局获得省部级以上优质工程奖 26 项，其中鲁班奖 3 项（北京至天津城际轨道交通工程、杭州湾跨海大桥工程、南宁大桥）、詹天佑奖 1 项（北京奥林匹克公园中心区市政配套工程）、全国市政金杯示范工程 1 项(上海浦东浦江镇公共交通配套工程)；国家级优秀 QC 成果 15 项，省、部级优秀 QC 成果 67 项；获得国家科技进步奖及“中国建筑业先进企业”等 46 项省部级以上集体荣誉、84 项个人荣誉。

【中铁三局企业新纪录】 2011 年，经国家工程建设质量奖审定委员会审定，中铁三局获 2011 年度“全国工程建设质量管理小组活动优秀企业”称号；总经理刘宝龙同志获 2011 年度“全国工程建设质量管理小组活动卓越领导者”称号；副总经理、总工程师常乃超同志获 2011 年度“全国工程建设质量管理小组活动优秀推进者”称号。

年内，中铁三局新增国家级工法 4 项、省部级工法 39 项、企业级工法 59 项，获国家级工法数量为中铁系统中获得数量最多的企业之一；中铁三局新申请专利 79 件，受理 73 件，新增授权专利 43 件，其中发明专利 9 件。权专利数量首次突破 40 项，授权专利不但数量继续快速增长，而且发明专利比重大幅提高；2011 年，中铁三局获总公司科学技术奖一等奖 2 项、中施企协创新成果一等奖 2 项，获得一等奖总数量为历年最高。

中铁三局承建的沈阳地铁 1 号线十二合同段青年大街站—怀远门站区间，连续 3 年被指挥部评为沈阳市一号线样板工地、优秀项目部等多项荣誉；多次被沈阳市城乡建设委员会评为建筑安全文明工地；多次被沈阳市建设安全委员会评为优良施工现场，在一号线施工各单位评比中一直名列前茅，多次受到各检查组的表扬及兄弟单位的学习参观，取得了一定的社会效益。

【中铁四局企业新纪录】 2011 年，中铁四局承建的武广铁路浏阳隧道工程获“全国用户满意奖工程”；重庆市化工园区供水项目净水厂工程获“全国用户满意建筑工程”奖；承建的河南驻马店至泌阳高速公路获“国家优质工程”银奖；参建云南新河高速公路获“国家优质工程奖”金奖；承建的安庆“香樟里•那水岸”节能省地型住宅小区工程获“全国建筑业新技术应用示范工程”称号；合肥滨湖会展中心大厅钢结构工程和大连站客运设施改造工程获“全国优秀焊接工程”；承建的沪杭客运专线嘉兴南站无站台柱雨棚工程获中国钢结构金奖、全国优秀焊接工程奖；承建的大连客运专线设施改造工程获全国优秀焊接工程奖；承建的上海动车段四库线检查库工程获全国优秀焊接工程奖；承建的合肥火车站无站台柱雨棚工程获中国钢结构金奖；承建的南京南站火车站改工程获中国钢结构金奖；中铁四局五公司蝉联“全国文明单位”；承建的合蚌铁路客运专线杜家岗特大桥工地获全国建筑安全文明施工最高奖。

【中铁五局企业新纪录】 2011 年，中铁五局承建沈阳地铁 1 号线中街站获中国建筑工程鲁班奖，并先后获得了辽宁省科技进步三等奖、辽宁省建筑业新技术应用示范工程、沈哈长三市优质工程金杯奖、辽宁省工程建设优秀质量管理小组、全国工程建设优秀质量管理小组二等奖等奖项。5 个单位工程均获得了沈阳市优良工程结构奖、沈阳市建设工程玫瑰杯奖、辽宁省优质主体结构工程奖、辽宁省建设工程世纪杯奖。获国家级、省部级工法各 2 项，局级工法 23 项。获国家专利授权 21 项，其中发明专利 1 项、实用新型专利 20 项。获省部级科技进步奖 1 项。中铁五局通过了贵州省知识产权试点单位验收。

【中铁六局企业新纪录】 2011 年，中铁六局参建的京津城际轨道交通工程和承建的天津市快速路南仓道铁东路立交工程获得 2010～2011 年度中国建设工程鲁班奖。京津城际开行至滨海新区塘沽站无站台柱钢结构雨棚工程、九江站改造无站台柱钢结构雨棚工程、山西省体育中心训练基地运动员训练 A 馆工程获得全国优秀焊接工程奖。2011 年全年获得“折角型声屏障吸音板的安装方法”等发明专利 8 项，“一种单导体梁架桥机柔性支腿锚固装置”等实用新型专利

29 项。

【中铁七局企业新纪录】 2011 年，中铁七局集团第三工程有限公司荣获 2011 年度全国优秀施工企业，中铁七局集团第三工程有限公司何江、中铁七局集团建筑工程有限公司曾卫平荣获 2011 年度中国工程建设优秀职业经理人。

全年有 2 项工程获中国建筑工程鲁班奖、3 项工程获国家优质工程银质奖、1 项工程获中国铁道建协火车头优质工程奖。

2011 年，中铁七局科技研发实力得到加速提升。全年投入科研经费 1000 余万元，新立科研项目 42 项。其中，科研成果"京沪高铁上海虹桥枢纽牵引供电综合应用技术研究"获中施协技术创新二等奖；"既有路面现场冷再生水泥稳定砂砾底基层施工技术"获 2011 年河南省建设科技进步三等奖；"小断面单线铁路特长隧道施工通风技术研究"、"浅海区大面积深厚软基层处理技术"、"液压变腿高低轨道步履式门式起重机架梁施工技术"、"神府高速公路大断面黄土隧道施工技术研究" 获 2011 年总公司科学技术奖。此外，有 10 个项目通过省（部）级及股份公司级鉴定，5 项 QC 成果获全国工程建设优秀质量管理小组优秀成果奖，11 项成果获省部级工程建设优秀质量管理小组优秀成果奖，全年新增授权专利 14 项。

【中铁八局企业新纪录】 2011 年，中铁八局获国家安监总局、全国总工会"落实企业安全生产主体责任知识竞赛优胜单位"称号；获 2011 年度四川省安全生产先进单位。全年共创建省级安全标准工地 2 个、市级安标工地 1 个、股份公司级安全标准工地 4 个；获得中国建筑工程鲁班奖 1 项、国家优质工程奖 1 项、省部级优质工程奖 16 项（其中"火车头"奖 1 项、四川省"天府杯"奖 7 项、四川省优质结构工程奖 1 项、云南省优质工程奖 3 项、"巴渝杯"奖 2 项、"市政工程金杯"奖 2 项）、获股份公司优质工程项目 8 项。同时还获得全国用户满意工程奖 1 项、四川省用户满意工程奖 7 项。

【中铁九局企业新纪录】 2011 年，中铁九局创国家级优质工程 1 项、省部级优质工程 4 项，其中承建的沈阳地铁一号线工程获中国建筑工程鲁班奖。获国家级优秀质量管理小组 4 个、辽宁省优秀质量管理小组 20 个。获实用新型专利 8 项（其中发明专利 2 项），新申请专利 5 项。获国家级工法 1 项、省级工法 10 项。

【中铁十局企业新纪录】 2011 年，中铁十局共签订局级以上科研合同 31 项，有 3 项在股份公司立项，8 项列为山东省省级技术创新项目；评审科技成果 37 项（局级成果 17 项、股份公司成果 3 项、省级成果 17 项）；申报科技成果奖励 17 项，获得了省级以上科学技术奖 9 项；24 项工法被评为局级工法，获得省级工法 12 项、获得国家级工法 3 项；新增专利申请 40 项，新增授权专利 19 项（发明专利 2 项、实用新型专利 17 项）；获 2011 年"中国施工企业管理协会技术创新先进企业"称号和"'十一五'全国建筑业科技进步与技术创新先进企业"称号。

【中铁大桥局企业新纪录】 2011 年，中铁大桥局 1 项工程获中国建筑工程鲁班奖、1 项工程获中国土木工程学会詹天佑奖、8 项桥梁工程入选"中国百年百项杰出土木工程"、2 项关键技术获国家科技进步二等奖。新增发明专利授权 37 项、实用新型专利授权 14 项，截至年底，中铁大桥局共获得发明专利授权 90 项、实用新型专利授权 107 项。

【中铁隧道企业新纪录】 2011 年，中铁隧道施工纪录：4 月 21 日，中铁隧道兰渝铁路西秦岭隧道出口创造了直径 10 米以上大直径掘进机日掘进 42.69 米、月掘进 841.8 米、同步衬砌 552 米的世界纪录。此前，中铁隧道在重庆轨道交通 6 号线曾创造了直径 10 米以下 TBM 日掘进 46.807 米、月掘进 861.984 米的全国纪录。5 月 8 日，中铁隧道兰渝铁路西秦岭隧道出口 TBM 项目部创造了铁路隧道出砟连续皮带突破 7000 米和隧道内掘进同步衬砌超 3000 米两项全国纪录。5 月，中铁隧道台山核电站取水隧洞项目克服长距离掘进、用水短缺等困难因素，接连创造"南海号"盾构机单日掘进 34.5 米（23 环），单月掘进 727.5 米（485 环）的成绩，再次刷新国内大直径泥水盾构施工新纪录。8 月 14 日，由中铁隧道施工的中天山隧道右线 TBM 独头掘进突破 10 公里，创造了国内敞开式 TBM 独头掘进的新纪录。11 月，中铁隧道引洮供水一期工程总干渠 7#隧洞 TBM 月掘进完成 1868 米，创造了单护盾 TBM 月掘进的世界记录。

优质工程：中铁隧道沈阳地铁 1 号线工程获 2010～2011 年度中国建设工程鲁班奖；襄渝铁路新大巴山隧道、国道 317 线鹧鸪山隧道获 2011 年中国土木工程詹天佑奖；集团公司参建的北京地铁 1 号线、京广铁路衡广复线大瑶山隧道、厦门东通道（翔安隧道）、乌鞘岭特长铁路隧道、武汉长江隧道等 5 项工程获"百年百项杰出土木工程"；上海轨道门交通 7 号线工程获全国市政金杯示范工程。

中铁隧道获国家级工法 5 项，专利授权 16 项，其中发明专利 6 项。

【中铁电气化局企业新纪录】 2011 年，中铁电气化局承建的华能昌邑第一风力发电（49.5 兆瓦）工程获国家电力优质工程银质奖；上海市轨道交通 2 号线东延伸工程通信系统施工总承包项目；南京地铁一号线南沿线供电系统、通信系统、信号系统、环控、综合信息系统安装工程；广州市轨道交通二、八号线延长线供电系统安装工程；南京地铁二号线接触网施工安装总承包工程获火车头优质工程奖；北京地铁四号线工程获北京市长城杯工程金质奖；西铁工程家园住宅小区 ABC 栋住宅楼工程获陕西省建设工程长安杯奖。2011 年获中国铁道科学技术奖 5 项，其中："高速铁路电气化施工关键技术研究"、"GSM-R 网络互联互通关键技术与测试方法研究"和"电气化铁路牵引网高次谐波谐振抑制技术及装置"获二等奖；"客运专线（时速 300～350 公里）牵引供电设备运营维护技术"、"客运专线接触网零件系列产品的研制"获三等奖。北京地铁 1、2 号线消隐改造工程获北京市科学技术奖二等奖。获中铁股份公司科学技术奖 4 项，其中："电气化铁道用 27.5 千伏气体绝缘开关柜(GIS)的研制"获特等奖；"城市轨道交通牵引供电系统谐波及短路仿真分析平台开发"获二等奖；"高速铁路接触网吊弦、电连接设置方案研究"、"重庆单轨整体夹持 T 型汇流排国产化研究"获三等奖。获国家优秀 QC 成果 5 项，行业国优、省部级优秀 QC 成果 54 项。2011 年度集团公司获全国质量管理小组活动优秀企业、全国工程建设质量管理活动优秀企业、全国用户满意企业、全国质量 AAA 单位。中铁电气化局集团二公司党委获中央企业先进基层党组织，集团公司第八次获得全国"安康杯"竞赛优胜企业，连续两年获得"首都文明单位"称号，首次获得"全国文明单位"称号，获得 2011 年度"企业文化建设百强单位"称号。中铁电气化局集团西安通号处、中铁电气化局集团公司京沪高铁电气化项目分部获"五一劳动奖状"；中铁电气化局集团建筑工程公司获"首都劳动奖状"；中铁电气化局集团公司城铁公司、中铁电气化局集团公司京沪高铁电气化项目分部、中铁电气化局集团公司京石客专项目部获"火车头奖杯"。

【中铁建工企业新纪录】 2011 年，中铁建工获中国建筑工程鲁班奖承建奖 2 项、参建奖 1 项，国家优质工程 2 项，中国土木工程詹天佑奖 1 项、参建奖 2 项，全国用户满意工程 1 项，全国建筑工程装饰奖 1 项；获国家"AAA 级安全文明标准化诚信工地"3 项；获国家级优秀 QC 成果 9 项；首获"全国建筑业绿色示范工程"1 项，这也是股份公司首获此殊荣。被中国建筑业协会评为"全国建筑业先进企业"、"二〇一一年度全国工程建设质量管理优秀企业"，被中国施工企业管理协会评为"二〇一〇年度全国优秀施工企业"，被国家工程建设质量奖审定委员会评委"国家优质工程奖设立三十周年突出贡献单位"。坦桑公司蝉联 2011 年"坦桑尼亚最佳外资承包商"奖。获得省部级以上科技奖 5 项；国家级工法 1 项、省部级工法 13 项；授权实用新型专利 14 项、发明专利 3 项；通过住建部科技示范工程验收 1 项；完成股份公司重点科技课题研究 5 项，其中 2 项达到国际先进水平，3 项达到国内领先水平；通过股份公司科技成果评审 5 项，获总公司科学技术奖一等奖 2 项、二等奖 2 项。

【中铁港航局企业新纪录】 2011 年，中铁港航局获火车头优质工程奖：大同市南三环御河大桥；安康至毛坝高速公路 AME14 合同段高坝特大桥。中国中铁优质工程奖：大同市南三环御河大桥；安康至毛坝高速公路 AME14 合同段高坝特大桥。中国中铁安全标准工地（车间）：新建贵广（南广）铁路广州枢纽站前工程 GTGG-2 标段；广州南沙开发区凤凰三桥。全国工程建设优秀质量管理小组：西铜高速公路 XTK-3 合同段钢箱梁现场焊接质量控制 QC 小组；北京地铁 6 号线一期 05 标项目经理部 QC 小组。知识竞赛："落实企业安全生产主体责任知识竞赛活动"获得了国家安监总局和中华总工会的表彰，获优胜单位奖，得到荣誉证书和奖牌。

【中铁航空港企业新纪录】 2011 年，中铁航空港北京公司（原中铁建工集团北京有限公司），参加建设的北京南站改扩建工程—站房工程获 2010～2011 年度中国建设工程鲁班奖（国家优质工程），承建的广州新客站钢结构工程（总包）获 2010 年中国钢结构金奖（国家优质工程）。

2011 年，中铁航空港获总公司科学技术奖二等奖 1 项、三等奖 1 项，取得了国家级工法 5 项、省级工法 6 项；获得发明专利 1 项、实用新型专利 4 项；积极申报北京市企业技术中心，经北京市经济和信息化委员会对中铁航空港综合实力、技术创新体系建设与运行机制、技术中心基本条件、技术创新活动成果等一系列严格考核评审后取得了北京市技术中心的认证；与中国人民解放军后勤工程学院合作，成立了国家救灾应急装备工程技术研究中心中国中铁航空港建设集团有限公司分中心，共同合作科研立项 4 项，其中 1 项获重庆市科技进步奖二等奖。

《大跨度放射伞状空间桁架高精度信息化分块安装技术研究》获股份公司科学技术奖二等奖；《深圳地铁红岭站综合施工技术和太阳广场桩基托换施工技术研究》获股份公司科学技术奖三等奖；与中国人民解放军后勤工程学院合作

项目《重庆市地下开挖地质灾害的评估与安全规定》获重庆市科技进步奖二等奖。

【中铁上海局企业新纪录】 2011年，中铁上海局获2项省部级科学技术进步奖，2项社会力量科学技术进步奖，其中，《大口径长距离钢管顶管施工技术》获中国施工企业协会科学技术奖科技创新成果奖二等奖；《CRTSⅠ型板式无砟轨道施工技术及关键设备研究》获中国铁道学会科学技术奖三等奖；《大跨度单主缆宽幅悬索桥施工技术研究》获股份公司科学技术奖一等奖；《大直径地下污水泵站无内支撑两墙合一施工关键技术研究》获股份公司科学技术奖三等奖。积极申报国家级工法，获得预应力混凝土系杆拱桥逆序拆除施工工法等4项国家级工法，其中一项一级工法，三项二级工法；申报发明专利12项、实用新型专利20项，授权“单主缆斜吊杆地锚式悬索桥的施工方法”发明专利，授权“浮筒式水上钻孔平台”等实用新型专利7项。

【中铁大桥院企业新纪录】 2011年，中铁大桥设计院“大跨度铁路桥梁钢成套技术开发及应用”、“强潮海域跨海大桥建设关键技术”两个项目获得2011年度国家科技进步二等奖。

2011年，中铁大桥设计院获得发明专利8项、实用新型专利2项。

【中铁科工企业新纪录】 2011年，中铁科工各项技术创新指标大幅提升。共获得外部各级科技经费340.2万元；获批各级科技立项21项、各级科学技术奖励11项；通过省部级科技成果鉴定(评审)6项；全年授权专利达到10项，其中发明专利3项。均较2010年有大幅度提升。

2011年，中铁科工新产品研制工作取得新成绩。完成了轮胎行走式高频振动路面破碎机的研制，拓展了集团道路改造施工新领域；研究了大型运架设备的“远程监控”技术及其装置，并得到了国家相关部委的认可和大力支持，提升了竞争实力；完成了适用于山岭地区“分体式”与“一体式”大型运架设备的研制，攻克了中国西部地区过隧架梁的特大施工难点；成功研制了隧道口门吊新产品，拓宽了常规产品领域；研制了用于海滩淤泥滩地固化新型桩机，延伸了粉喷桩机的使用领域；完成了中铁南方中山装备制造基地2000吨门式起重机的研究设计；完成了铜陵大桥400吨架梁起重机以及嘉绍通道320吨架梁起重机的研制任务。

2011年，中铁科工技术创新体系建设进一步完善。集团公司作为高新技术企业通过了国家复审；集团成功获批为“湖北省首批创新型企业”；集团公司技术中心通过了“湖北省省级企业技术中心”的复审，评价为优秀；集团九桥公司获“全国工程建设科技创新示范单位”称号。

2011年，中铁科工参与和主编国家及行业标准与往年相比大幅提升。集团公司作为铁道部施工机械标准化技术归口单位，2011年，归口管理并主编或参编了1项国家标准、18项铁道行业标准的制修订工作；颁布了1项集团公司企业标准。

【中铁西北院企业新纪录】 2012年，中铁西北院出版了《高堑坡设计及病害分析与防治》、《多年冻土与铁路工程》、《路堑边坡工程理论与实践》等7本著作和1本专家论文集。

2011年，中铁西北院成功进入三个市场。2011年年初，中铁西北院通过承揽奉节—巫溪高速公路滑坡、高边坡的勘察设计工作，成功挺进奉节—巫溪高速公路市场；2011年3月，中铁西北院中标大西铁路客运专线跨灞河西堤、跨西禹高速、跨北环铁路、渭洛河特大桥等六座桥梁的线性控制及应力监测项目(最大跨径100米)，首次进入铁路桥梁的线性控制及应力监测市场；2011年4月，随着十天高速（湖北十堰市至甘肃天水市）汉中西段调查评估、监测及检测、科研工作的顺利开展，标志着该公司成功进入陕西省高速公路市场。

2011年，中铁西北院通过了“甘肃省高新技术企业”复审，获得了甘肃省“省级技术中心”的称号。有12项专利获得证书，其中发明专利5项、实用新型专利7项；新申请专利12项，其中发明专利7项、实用新型专利5项。

【中铁西南院企业新纪录】 2011年6月，中铁西南院科技研发中心获得成都市企业技术中心认定，8月获得四川省企业技术中心认定。

2011年，中铁西南院研发了TKJ-15型混凝土喷射机械手、TK系列转子活塞式湿喷机、HSP206D型和HSP206T型地质超前预报仪、ZDF-3型直流电火花源、ZGS30型多通道浅层地震仪、ZGS201型超声波透射测桩仪等机械设备；研发出“睿兴”牌聚羧酸高性能减水剂、早高强复合外掺料、喷射混凝土专用高性能超塑化剂、TKW-1无碱速凝剂等新材料。

顺利通过企业安全管理三体系评审，对目前使用的1349类技术标准进行了现场核查，更新39种，废止4种；参与了“铁路工程纤维混凝土结构设计规程”和“隧道工程防水技术规范”的编制工作，完成了全年《现代隧道技术》

编辑出版工作，刊登论文186篇；完成各类技术汇编、论坛论文集、会议论文集、专业杂志等共计百万余字的编辑出版工作，举办高水平学术交流会议3次，参加高层次会议20余次，人数280余人次。

申报科技创新项目47项，其中国家级3项、省部级39项、其他5项；新签科研项目29项，通过评审、鉴定的科技成果8项；科技成果获奖25项，其中国家科技进步奖1项、总公司科学技术奖7项、社会力量设奖16项；获国家知识产权局授权发明专利1项、实用新型专利5项。

2011年中铁西南院新签科研合同29项，合同额合计2453.9万元，其中上级拨款资助项目合同额合计316.4万，自筹资金合同额合计2119万，其他单位委托项目合同额合计18.5万元。

【建设分公司企业新纪录】 2011年，建设分公司重钢搬迁专用线EPC项目部被重庆市评为“集体一等功”并授予重庆市“工人先锋号”，项目副经理王多全获个人“一等功”和“五一劳动奖章”，获集体和个人二、三等功共9名。河南郑卢项目部被评选为2011年度郑卢高速公路质量管理先进单位以及2011年度郑卢高速公路安全管理先进单位。项目张卫东（先进技术员）、魏锦扬（先进项目总工）、孙宝哲（先进技术员）被评为2011年度郑卢高速公路先进个人；刘东奎、付健康、郑晓波被评选为2011年度郑卢高速公路质量管理先进个人；张卫东、付健康被评为2011年度郑卢高速公路安全管理先进个人。厦成线漳州段A1标获福建省2011年度“平安工地建设”先建单位9月获奖金43万元。

2011年获得1项国家级奖项、1项省部级奖项、4项股份公司奖项。其中：沪蓉西高速公路八字岭隧道获2010～2011年度中国建设工程鲁班奖；沪蓉西高速公路八字岭隧道获得火车头优质工程奖一等奖；广东省博深高速公路四合同段获得广东省平安工地示范点和安全标准工地称号；福建省福永高速公路A8标和莆永高速公路A6标项目获股份公司“安全标准工地”称号；广东省博深高速公路四合同段项目获股份公司“节能减排标准化工地”。

市场开发

【市场环境】 2011 年中国经济进入到以保障改善民生、调整经济结构、提高发展质量为突出特征的新的发展阶段，国民经济增长方式由扩大基本建设投资拉动增长转变为以消费、投资、出口协调拉动增长的方式，这对我们以基建为主业、以扩大规模为主要发展方式的建筑企业的经营开发业务产生了重大影响。特别是铁路建设市场急转直下的变化远远超出预期，非铁路建筑市场竞争不断加剧，加上部分在建项目投资不到位、出现大面积缓建停工现象，全公司经营工作经受了前所未有的严峻考验。

【营销策略】 2011 年经济形势复杂多变，国内基建市场经营开发环境十分严峻，竞争异常激烈。各单位认真贯彻落实股份公司年初工作会议和 6 月份经营工作会议精神，积极应对市场环境变化，及时将 2011 年经营工作的重点转向非铁路市场，超前谋划，统筹协调、上下联动、攻坚克难，全力扩大市场份额，2011 年国内非铁路市场新签合同额创历史最高水平，铁路市场占有率处于领先地位，经营质量进一步提高，项目成本管理工作体系初步建立，玉树灾后重建协调管理工作稳步推进，各项工作取得了显著成绩。

【股份公司市场开发】 全年承揽国内非铁路任务 2961 亿元，比上年的 1834 亿元增加 1127 亿元，增长 61.4%，为历年承揽非铁路任务的最好水平。城轨、公路、市政、房建、其他工程等专业市场领域承揽任务额均比上年大幅度增长并创历史最高水平。

2011 年铁路市场招标额骤减致使新签铁路任务额较上年大幅下滑，全年承揽铁路任务 766 亿元，仅为上年的 20%。2011 年铁路一级市场招标总额 364.9 亿元，为 2010 年的 4.5%，其中中国中铁中标额 184.5 亿元，占一级市场招标总额 50.6%，铁路市场的传统优势地位得以巩固和发展，铁路市场占有率处于领先地位。

分类工程承揽所占比例情况，见下图

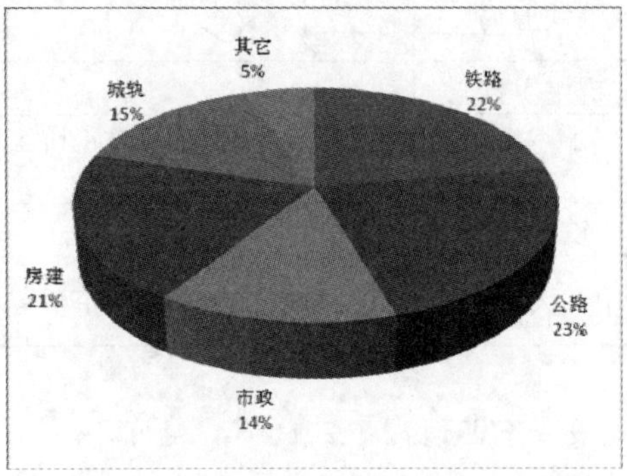

表 4-1 2011 年股份公司中标重大工程项目

序号	中标单位	项目名称	业主单位	中标价（万元）	中标时间
一	铁路工程				
1	中铁隧道局	新建吉林至珲春铁路重点控制工程施工总价承包 JHSK I 标段	吉图珲快速铁路公司筹备组	538,013	2011.01
2	中铁四局	新建吉林至珲春铁路站前其他工程 JHS I 标段	长吉城际铁路有限责任公司	193,101	2011.06
3	中铁电化局	新建天津新港北铁路集装箱中心站工程	北京铁路局	132,550	2011.03
4	中铁六局	改建铁路枢纽太原南站及相关工程	太原铁路局	220,263	2011.02
5	中铁五局	新建成都至兰州铁路站前工程先期开工段土建工程施工 CLZQ-02 标段	成兰铁路有限责任公司	106,806	2011.02
6	中铁大桥局	新建吉要至珲春铁贵重点控制工程 II 标段	长吉城际铁贵有限责任公司	106632	2011.1
二	公路工程				
1	中国中铁	沈阳四环快速路投资-建设项目	沈阳市交通局	650,000	2011.05
2	中铁大桥局	湖北恩施至来凤高速公路及湖北恩施至重庆黔江高速公路宣恩至咸丰(鄂渝界)段一期土建工程施工 TJ-6 标	湖北高路鄂西高速公路有限公司	190,775	2011.06
3	中铁一局	新疆 S215 线三岔口—莎车高速公路 SS-4 标	新疆交通建设管理局	208,669	2011.06
4	中铁隧道局	青海省共和至玉树（结古）公路一期工程 GYI-SGB7 标	青海省共和至玉树公路建设指挥部	111,068	2011.05
5	中铁一局	湖北恩施至来凤及恩施至黔江高速公路宣恩至咸丰段一期土建工程 8 标	湖北高路鄂西高速公路有限公司	93,703	2011.06
三	市政、房建工程				

1	中铁航空港	海南省三亚市美丽之冠大酒店建设	三亚华创七星房地产开发有限公司	108,888	2011.02
2	中铁电化局	昆明市轨道交通工程供电系统总承包项目	昆明地铁有限公司	89,464	2011.03
3	中铁一局	广东河源巴登新城一期工程项目施工总包	深圳巴登新城投资有限公司	200,000	2011.06
4	中铁四局	安徽省江北产业集中区起步区启动点市政道路及相关配套工程	安徽省江北开发有限责任公司	62,009	2011.09
5	中铁八局	安岳县安岳大道北段一期、二期、三期道路工程施工	安岳县兴安城市建设投资开发有限公司	67,791	2011.06
四	轨道交通工程				
1	中国中铁	昆明轨道交通3号线	昆明轨道交通有限公司	146,530	2011.04
2	中铁一局	杭州地铁2号线一期工程SG2-11-2：蜀山车辆段与综合基地场区工程	杭州市地铁集团有限责任公司	62,688	2011.06
3	中铁一局	武汉市轨道交通三号线土建工程第十标段	武汉地铁集团有限公司	60,783	2011.07
4	中铁三局	东莞市城市快速轨道交通R2线工程(东莞火车站～东莞虎门站段)[2306标：会展中心站、会展中心站～新城中心站区间]土建工程	东莞市轨道交通有限公司	82,916	2011.01
5	中铁五局	南昌市轨道交通1号线一期工程土建施工五标段	南昌轨道交通有限公司	93,217	2011.06
五	桥梁工程				
1	中铁大桥局	武汉鹦鹉洲长江大桥正桥工程建设—移交（BT）工程	武汉市建设投资开发集团有限公司	247,500	2011.04
2	中铁大桥局	重庆东水门长江大桥	重庆市城市建设投资公司	71830	2011.07
3	中铁大桥局	武汉鹦鹉洲长江大桥正桥工程建设	武汉市建设投资开发集团有限公司	174,124	2011.04

【股份公司投资开发项目】 2011年，全公司坚持以推动新兴业务发展为导向，以控制投融资预算为重点，以提高收益回报为目标，促进产业结构不断优化。基建上游业务以BT、施工总承包等经营模式，成功实施了深圳、成都、昆明、石家庄、青岛等地铁项目以及蒙西铁路公安长江特大桥和洞庭湖特大桥工程，全年新签合同额1280亿元，实现收益34.7亿元，较上年翻了一番；海外业务新签合同额突破百亿美元，同比增长53.9%；完成营业额38亿美元，同比增长34.4%，特别是成功签约合同总金额96亿美元的柬埔寨柏沙矿山铁路及港口项目，创造了国际建筑企业对外工程承包的新纪录，中铁四局、五局、六局、七局、十局海外业务实现了滚动发展，中铁装备盾构设备成功进入马来西亚市场；房地产业务克服宏观调控影响，全年实现营业收入161亿元，完成销售回款207亿元，同比增长33%。矿产资源业务加快投产建设步伐，刚果金绿纱矿和MKM矿提前半年试投产，鹿鸣矿取得突破，全年实现营业收入33亿元，同比增长26%，实现净利润4.4亿元。高速公路运营业务加强内部管理，5条线路实现了年度盈亏平衡，全年实现清分收入23.4亿元，同比增长15%。信托业务积极探索产融结合，资产规模首次突破千亿元。中铁二局、八局、建工集团在物流、汽车销售、房地产等方面取得了良好成效；贵州生态城被列为省“十二五”旅游发展规划“十大项目”。

【中铁一局市场开发】 2011年，中铁一局根据国家宏观经济政策调整，特别是铁路建设市场急剧变化带来的严峻挑战，及时调整营销方针，不断加大路外市场营销力度，稳步拓展海外市场，市场营销成绩显著。

中铁一局及时将营销方针调整为“抓大兼小、化劣为优、重视结构、拓宽新域”，引领营销工作方向，适应了市场形势变化；持续完善营销网络，新增温州、无锡等5个营销网点，恢复西宁、拉萨等4个办事处，为进一步开拓目标市场奠定了基础；制定了新领域开发激励措施，积极跟踪资源类、股份公司投资类项目，中标中缅石油管道、坎布拉后弘文化园、伊春钼矿等工程，新领域开拓初见成效；系统梳理路外重点项目，完善了“路外优质项目清单”，明确主责单位和人员，重点盯控，动态追踪，路外市场新签施工合同额307亿元，较2010年增长了30%以上，为保持营销规模提供了有力支撑。

中铁一局不断优化产品结构，加大地方铁路和铁路专用线追踪力度，内蒙、新疆等地区成果丰硕；城轨市场发挥专业齐全优势，开拓了南宁、福州等新市场，持续扩大北京、杭州、武汉、西安等既有市场份额，共中标102亿元，位居股份公司首位；公路市场深度开发重点区域，策划追踪大标段项目，共中标99亿元，位居股份公司前列，其中单标价值20.9亿元的新疆三莎项目为集团公司历史最大公路工程；市政和房建市场紧盯目标区域，大小兼顾，中标89亿元，较2010年增长了349%，其中单标价值20亿元的河源巴登新城项目为集团公司历史最大市政工程。

中铁一局不断完善海外事业管理体制机制，初步确立了三大海外战略区域，9个子（分）公司成立了海外事业机构，制定了境外工程项目绩效考核管理等办法，有力推动了海外事业发展；坚持“合作共赢、自营必成”的海外经营信念，积极追踪目标市场，中标印度德里地铁、斐济河道清淤、香港高铁三个项目，共计 9.7 亿元。投融资方面，主动追踪，深入调研，介入福建平潭 BT 项目，预期收益良好。承包运输方面，包神铁路实现正式运输，甘泉铁路开始煤炭临运，“一局运输”品牌在业内初具影响力。

【中铁二局市场开发】 2011 年，中铁二局完成任务 730 亿元，其中，工程中标 485.8 亿元、房地产开发 17 亿元、基础设施投资 4.8 亿元、勘察设计与咨询 0.6 亿元、工业制造 1.5 亿元、物流贸易 230.5 亿元。工程中标中：铁路项目 11 项，金额 1.5 亿元；非铁路项目 211 项，金额 397.8 亿元（含勘察设计与咨询 0.6 亿元）；国外工程 1 项，金额 13.1 亿美元折合 86.5 亿元人民币，完成公司年度经营目标计划 451.2 亿元的 107.7%，完成中国中铁下达的年度经营目标计划（含基建建设、勘测设计、外经）456 亿元的 106.5%，与 2011 年度相比，中标总额减少了 69 亿元，其中铁路项目中标金额减少了 337.8 亿元，非铁路项目中标金额增加了 192.6 亿元，国外中标金额增加了 76.3 亿元，非铁路项目和国外工程新签合同额均创历史新高。（见表 4-2）

表 4-2 中铁二局 2011 年各类工程按行业类别划分中标情况 计量单位：亿元

分工程类别 / 年度	铁路工程	公路工程	市政工程	房建工程	轨道交通工程	其它	合 计
2011 年	1.5	63.1	52.0	206.5	60.6	15.7	399.3
份额（%）	0.4	15.8	13.0	51.7	15.2	3.9	100.0
2011 年比 2010 年增减	-337.8	-1.4	+35.9	+172.8	-9.6	-5.0	-145.5

中标额在 4 亿元以上的项目明显增多，如：杭州地铁 1 号线（7 亿元）、广西桂林市西二环路（5.6 亿元）、沈阳四环快速路 BT 项目（4.2 亿元）、湖北恩来凤高速（4.4 亿元）、望江锦园房建（5.8 亿元）、上海轨道交通 11 号线、13 号线轨道工程（4.8 亿元）、东莞市虎门镇市政工程投资建设-移交项目（7.2 亿元）、东莞市轨道交通试验段（6.4 亿元）、昆明市轨道交通 3 号线（5 亿元）、成都规划馆综合楼（5.2 亿元）、青岛市普集路铁路职工住宅项目（4 亿元）、泉州东海滨城 A11、调 B 地块工程（6.5 亿元）、贵阳中铁逸都国际 B 组团（4.3 亿元）、贵阳旧城改造项目（120 亿元）、新疆高速公路（15.5 亿元）、锦州国家石油储备库工程(4.3 亿元)。

【中铁三局市场开发】 2011 年，针对全年营销形势，中铁三局顺应市场发展要求，围绕做大做强，稳固市场，长期发展的经营思路，对市场区域营销网络进行了新的整体布局，重新划分设立了八大区域指挥部，规定了具体区域经营管理工作职责，强化了区域经营的领导和管理，在划定的区域内重建和接续关系，有效调配资金、人员和其它资源，努力构筑经营优势，区域经营格局基本形成。集团公司结合实际情况，加大区域协调力度，完善管理办法，提高了资质的使用频次，稳固了各单位市场格局，避免了内部无序竞争，形成了区域内外协调发展的局面。

2011 年，中铁三局承揽工程项目 151 项，完成新签合同额 309 亿元，完成全年计划的 72%。其中铁路项目 35 亿元、城市轨道交通项目 56 亿元、公路项目 68 亿元、市政项目 23 亿元、房建项目 33 亿元、海外项目 15 亿元。（详见表 4-3）

表 4-3 中铁三局 2011 年分专业承揽情况表

项目	计划	完成			所占比例%
		数额（万元）	%	差额	
铁路	650000.0000	352774.3388	54.27%	297225.6612	11.41%
其中：一级市场		0.0000			
公路	600000.0000	676018.6846	112.67%	-76018.6846	21.86%
市政	220000.0000	225965.0372	102.71%	-5965.0372	7.31%
房建	200000.0000	331601.3192	165.80%	-131601.3192	10.72%
城市轨道交通	700000.0000	558719.9293	79.82%	141280.0707	18.07%
海外	350000.0000	148333.6746	42.38%	201666.3254	4.80%
投资	450000.0000	542288.3130	120.51%	-92288.3130	17.54%
其他	1130000.0000	256188.8987	22.67%	873811.1013	8.29%
合计	4300000.0000	3091890.1954	71.90%	1208109.8046	100.00%

【中铁四局市场开发】 2011 年，中铁四局面对严峻的市场形势和残酷的竞争压力，坚持以企业发展战略为指导，及

时转变工作重心，坚定贯彻营销理念，积极调整营销思路，强化营销手段，采取切实可行的应对措施，实现了非铁路营销新的突破。

全局营销系统始终坚持理性投标的原则，做到“有所为有所不为”。修改完善了投标评审办法，规范了投标程序。对规模大、效益好、有利于提升企业核心竞争力的项目、区域、领域，重点投入、重点扶持、重点经营；对资金投入量大、不利于企业长远发展的项目，做到慎重参与；同时坚持“四不投”的原则（即：项目毛利率亏损的标不投，资金不到位的标不投，垫资或履约保证金过高的标不投，投标成本过大的标不投），从源头上把好关，理性抉择，在惨烈的市场竞争中既提高了市场份额，又确保了中标质量，为企业效益积累提供了保障。

2011 年全局完成新签合同额 400.4 亿元，占股份公司下达年度计划 450 亿元的 89%。其中完成铁路工程营销新签合同额 69.4 亿元，非铁路工程营销新签合同额 240.6 亿元（其中：公路 79.1 亿元、市政 70.7 亿元、房建 22.7 亿元、城轨 40.2 亿元、港口航道工程 6.4 亿元，机场工程 0.2 亿元，其他工程 21.3 亿元），为局年度调整计划 225 亿元的 106.9%，是 2010 年完成 155.4 亿元的 154.8%。

2011 年全局完成企业营业额 420.1 亿元。国内完成 365.6 亿元，国内基建建设领域完成 320.6 亿元。其中：铁路 185.3 亿元、公路工程 73.4 亿元、市政工程 26.7 亿元、房建工程 11.6 亿元、城市轨道交通工程 13.3 亿元、其他工程 10.3 亿元；国内勘察设计 2533 万元；工业 2.9 亿元、房地产 4.6 亿元、基础设施投资业务 15 亿元、批发零售贸易 8.4 亿元、其他 13.9 亿元。国外基建项目完成 54.5 亿元。

【中铁五局市场开发】 2011 年，中铁五局完成新签合同额 300.7 亿元，其中新签工程合同额 245.1 亿元，非工程合同额 55.6 亿元。完成全年 430 亿元经营目标的 69.9%，与上年同期 510.4 亿元相比减少了 209.7 亿元，降低 41.8%。其中：铁路工程 23.8 亿元，公路工程 99.8 亿元，市政工程 10.7 亿元，城轨工程 41.1 亿元，房建工程 29.1 亿元，水电工程 2.5 亿元，其他工程 14.7 亿元，境外工程 23.4 亿元。年初以来，中铁五局根据形势的变化，及时调整经营结构、将经营重心转移到非铁路领域，着力拓展公路、城轨、房建和海外市场，新揽非铁路和海外任务合计 221 亿元，其中公路工程较上年同期增加 27.1 亿元、房建工程较上年同期增加 21.9 亿元、市政较上年同期增加 6.4 亿元、城市轨道交通工程较上年同期增加 11.7 亿元、水利工程较上年同期增加 2.5 亿元，海外新签合同额较上年同期增加 18.9 亿元以上。局充分发挥集团开发的优势，对全局资质和区域资源集中调配使用，对西北地区 2.5 亿元以上的项目，其他区域 5 亿元以上的项目，由局直接组织投标。成立城轨经营小组，统一管理城轨项目投标工作，并参与报价决策。成立了乌鲁木齐、吉林、青岛、兰州、肯尼亚分公司，扩大了经营区域覆盖面，西北分公司成立第一年，就承揽任务 20 多亿元。中铁五局经营部门对各单位尤其是经营困难的子公司开展了专项帮扶，在重点项目的标书编制、报价决策中给予指导帮助，提高了各单位的投标质量。坚持“项目毛利亏损的标不投，资金不到位的标不投，垫资或履约保证金过大的标不投，恶性竞争的标不投，投标成本过大的标不投”的“五不投”原则，避免了盲目低价抢标，确保了中标质量。完善激励机制，3 月对各单位下达了上半年经营目标，四季度又对各单位下达了与年度绩效考核指标相分离、高于年度指标的经营单项考核指标，有效调动了各单位的经营积极性。

【中铁六局市场开发】 2011 年，中铁六局坚定不移地推进铁路市场的维护与拓展工作，全力以赴、最大限度地承揽市场份额。同时，按照年初“调结构”的工作部署，将调整经营结构作为补强企业“短板”、实现持续发展的重要举措来抓，在加强京、津、晋、冀、蒙五省市路外市场开发的同时，积极加大其他省市市场的拓展力度，设立西南、武汉两个办事处，注册了武汉、成都分公司和沈阳建设有限公司，全方位进军公路、市政、房建、轨道交通等领域市场，路外份额首次超过路内份额。

全年完成新签合同额 128.55 亿元，较去年同期减少 91.82 亿元。其中，铁路工程 56.3 亿元，较去年同期减少 121.01 亿元；公路工程 20.71 亿元，较去年同期增长 8.08 亿元；市政工程 29.49 亿元，较去年同期增长 9.34 亿元；城市轨道交通工程 9.83 亿元，较去年同期增长 3.91 亿元；房建工程 6.02 亿元，较去年同期增长 4.96 亿元；水利电力工程 0.40 亿元，为 2011 年新增专业；房地产项目 1.58 亿元，较去年同期增长 0.54 亿元；其他项目 4.23 亿元，较去年同期增长 2.03 亿元。（详见表 4-4）

表 4-4　中铁六局 2011 年专业份额见下表：

项目 时间	铁路	公路	市政	房建	水利水电	城市轨道	其他
2011 年	43.8%	16.11%	22.94%	4.68%	0.31%	7.64%	4.52%

主要项目有：(1)北京市中低速磁悬浮交通示范线（S1 线）西段工程 03 标段；(2)府谷煤业铁路专用线工程第六标段；(3)海西高速公路网沈海复线宁德漳湾至连江浦口高速公路宁德段路基土建工程 A4 标段；(4)京石二通道（大苑村—市界段）高速公路工程第 3 标段。

【中铁七局市场开发】 2011年，中铁七局面对严峻的市场形势和残酷的竞争压力，坚持以企业发展战略为指导，优化经营机构、完善经营机制、转变经营思路，及时转变工作重心，坚定贯彻营销理念，积极调整营销思路，不断强化营销手段，采取一系列切实可行的应对措施，实现了股份公司下达的年度经营指标。

全集团经营开发系统始终坚持理性投标的原则，认真贯彻落实股份公司经营开发工作会和集团公司职代会、工作会精神，全面把握"积极开发、稳步推进、精耕细作、协调统一"的"十六字"发展思路，深刻领会"积极开发"的丰富内涵，以"重点开发铁路市场、稳健开发路外市场"为主线，以区域包保为抓手，以信用评价为体现，以考核奖惩为保障，始终坚持科学开发，不断提升开发能力，切实提高开发质量，全力当好企业持续健康发展的开路先锋，努力实现集团公司经营开发新突破。

2011年，中铁七局完成新签合同额241.2亿元。铁路市场新突破：新建铁路锡林浩特至二连浩特线站前工程XEZQ-2标段中标，铁路市场在呼和浩特局有零的突破；新区域的突破：上海轨道交通1号线、11号线及武汉市轨道交通3号线土建工程3标段中标，正式进入上海、武汉地铁市场；机电安装领域：福州市洋里污水处理厂机电设备安装工程中标，迈入机电安装领域。（详见表4-5）

表4-5 中铁七局2011年新签合同额构成表 （单位：万元）

类别	铁路	公路	市政	房建	城轨	物资	其他	房地产	海外	合计
金额	937049	574066	73220	130631	110111	31468	58133	196813	300161	2411652

【中铁八局市场开发】 2011年，国内外经济形势发生了深刻、复杂的变化，国外经济低迷，金融危机再度爆发；国内银根紧缩，信贷规模受到控制，铁路市场工作思路调整，招投标项目急剧减少，铁路市场签单率急剧下降，路内外工程项目市场竞争进入白热化阶段。在全球经济进入周期性低谷阶段的情况下，中铁八局的市场经营工作也受到影响。

2011年中铁八局完成新签合同额307.02亿元，完成股份公司下达年度计划376亿元的81.65%，比去年同期减少58.52亿元，减少幅度为16.01%。

按照合同性质分类：铁路工程28.44亿元，公路工程9.89亿元，市政工程27.95亿元，房建工程125.69亿元，水电工程1.38亿元，城市轨道8.57亿，其它工程5.42亿（工程合同：207.34亿）；房地产项目22.42亿元，海外工程18.81亿元，工业、物资供应和其他经营共计58.45亿元。（详见表4-6）

表4-6 2011年中铁八局集团新签合同额完成情况（单位：万元）

项目类别及名称	2011年完成情况			2010年完成	同比增长
	合同额	占合同额比例	占工程项目比例		
总　计	3070170			3655348	-16.01%
一　国内部分	2882064	93.87%		3620100	-20.39%
(一)工程项目	2073370	67.53%		3029480	-31.56%
1、铁路工程	284399	9.26%	13.72%	1776856	-83.99%
2、公路工程	98944	3.22%	4.77%	313416	-68.43%
3、市政工程	279481	9.10%	13.48%	324855	-13.97%
4、房建工程	1256886	40.94%	60.62%	480801	161.42%
5、水利电力工程	13794	0.45%	0.67%	19902	-30.69%
6、城市轨道交通工程	85701	2.79%	4.13%	105976	-19.13%
7、其它工程	54165	1.76%	2.61%	7674	605.82%
(二)勘测设计					
(三)工业产品销售	37363	1.22%		21121	76.90%
(四)房地产项目	224222	7.30%		130813	71.41%
(九)批发零售	301717	9.83%		31596	854.92%
(十)机械租赁				111	-100.00%
(十一)其它经营	245392	7.99%		406979	-39.70%
二　国外部分	188106	6.13%		35247	433.68%
(一)境外工程	188106			35247	433.68%

【中铁九局市场开发】 2011 年完成新签合同额 162.1 亿元,完成股份公司年初下达的 300 亿元经营指标计划的 54%。铁路市场同比明显低于往年,与去年同比降低 71.4%,路外市场开发能力有所增强。2011 年,中铁九局出台一系列加大路外市场的开发政策,路外市场的占有率有了很大的提高。2010 年路外市场中标 79.1 亿元,占中标额 25.9%。2011 年路外市场中标 86.71 亿元,占中标额 53.5%。同比增长 9.6%。

2011 年,中铁九局中标项目仍主要集中在东北地区,占总合同额的 53.6%。华北、西南、华南、西北、华东地区均占有一定的份额。海外地区合同出现可喜成绩,开始显露头角,中标额达到 8.1%,超过了国内除东北、华北以外的其他地区。并且成功进入经援项目市场,第一次进入境外输变电领域和工业园区项目。2011 年,九局立足东北,认真研究辽宁省市场,研究沈阳和大连的“十二五”规划,抓住辽宁省 2013 年召开全运会和国家东北振兴计划的有利契机,利用地缘优势,大力发展和开拓东北路外市场,努力扩大东北地区的市场份额。科学合理利用人力资源和社会影响力,充分体现优选和集中的原则,充分利用在辽宁的各子分公司的专业和区域优势,成立辽宁地区重点项目跟踪小组,专人负责,一责到底。2011 年,东北三省新签合同额 286 项 86.9 亿元,占中标总额的 53.6%。实现了东北地区新签合同额较大突破。

2011 年,中铁九局在后金融危机、宏观经济政策紧缩、铁路基建项目放缓等形势的影响下,及时调整结构,采取“全方位、全领域、全过程”开发的新举措,大力开发路外市场,在既有办事处基础上新增办事处,全国共成立 25 个办事处,基本覆盖国内重点市场,其中局直属重点区域办事处 6 个,子分公司副处级办事处 8 个,其他办事处 11 个,真正形成九局“大开发”格局。

【中铁十局市场开发】 2011 年,中铁十局完成新签合同额 255.9 亿元,其中国内基建 255.1 亿元,海外工程 10.8 亿元。2011 年,中铁十局加大对区域经营的协调力度,根据各子分公司所在地域优势和资源的状况,重新修订下发了《中铁十局集团公司非铁路区域暂行办法》,划分了城市地铁及轻轨区域表,细化了非铁路营销区域,合理整合市场资源;做强区域优势,在安徽、广东、陕西的高速公路市场,山东、河北的市政市场,江苏、浙江的水务市场都保持较好的信誉,严格对投标项目分阶段认真组织评审,从源头上控制项目风险,对工程规模较大、科技含量高、社会影响大的营销项目,局里集中组织运作,组织策划论证。

【中铁大桥局市场开发】 2011 年,中铁大桥局新签合同额 248.4 亿元,占股份公司下达年度目标计划 320 亿元的 77.6%。新签合同额分类情况为:国内项目合计 236.2 亿元,占总合同额的 95.1%,其中:铁路工程 29.3 亿元,占 11.8%;公路工程 55.9 亿元,占 22.5%;市政工程 59.9 亿元,占 24.1%;水利电力工程 2 亿元,占 0.81%;港口码头工程 0.4 亿元,占 0.16%;城市轨道工程 1.6 亿元,占 0.64%;工业产品销售 3.2 亿元,占 1.3%;其他 84 亿元,占 33.8%。国外项目合计 12.3 亿元,占总合同额的 5%。合同额超过 1 亿元以上的工程项目 27 项,合同额 165.3 亿元,占总合同额的 66.5%。

【中铁隧道市场开发】 2011 年,中铁隧道新签合同额 301.8 亿元,完成股份公司下达计划 360 亿元的 83.8%,其中国内施工项目 285.4 亿元、勘测设计 7 亿元、其他 9.4 亿元。

铁路市场:新签合同额 71.69 亿元(含在建工程增加合同额 17.89 亿元),占总额的 25.12%,主要项目包括新建吉林至珲春铁路重点控制工程施工总价承包 JHSK I 标段 1 项;公路市场:新签合同额 70 亿元,占总额的 24.53%,主要项目包括山西省岢岚至临县高速公路路基桥隧工程 LJ5 标段、湖北省谷城至竹溪高速公路一期土建工程 34 合同段;城轨市场:新签合同额 94.1 亿元,占总额的 24.53%,主要项目包括南京地铁 3 号线 D3-TA03 标(台泻路站(含)—浦珠路站)、武汉市轨道交通 4 号线二期区间及车站第七标段;其他建筑市场:新签合同额 49.6 亿元,占总额的 17.38%,主要项目包括广西六寨至河池高速公路房建工程№LH-FJ2 标段、万华烟台工业区液化烃地下水封洞库工程、中缅天然气管道工程(国内段)隧道工程 EPC 总承包 2 标等 33 项。

【中铁电气化局市场开发】 2011 年,受国家宏观调控政策,铁路建设计划及资金情况影响,铁路基建市场大幅度萎缩,导致以往占全局年新签合同额 6 成以上的铁路合同额,较两年前大幅下降。中铁电气化局提出“调结构、转方式、全员开发”的市场经营方针,在紧盯铁路基建市场政策即项目情况变化的同时,加大力度重点挖潜成熟市场,在非铁路市场取得较好成绩。随着北京、上海、广州等一线城市不断完善线网的规划和建设,一大批二线城市加快了城市轨道交通建设的步伐,集团公司在地铁领域的市场占有率和专业领域在不断扩大,城市轨道交通市场保持良好的发展势头。同时积极开拓新兴市场,中标南水北调等项目。

全年完成新签合同额 362.87 亿元,比上年减少 36.3%,为年度计划 400 亿元的 90.72%。企业营业额 320.3 亿元,在股份公司 47 家企业中分别名列第 4 和第 5 位。全年新签合同由国内工程项目、勘测设计、工业产品销售、房地产开发、技术咨询、工程监理、物资供应和境外项目8部分组成。其中，国内工程项目新签合同额 311.62 亿元，占总额的85.88%；勘测设计新签合同额3.21亿元，占总额的0.89%；工业产品销售新签合同额17.25亿元，占总额的4.75%；房地产新签合同额14.76亿元，占总额的4.07%；技术咨询新签合同额 0.28 亿元，占总额的 0.08%；工程监理新签合同额1.20亿元，占总额的0.33%；物资供应新签合同额11.50亿元，占总额的 3.17%；境外项目新签合同额 3.05 亿元，占总额的0.84%。

全年工程项目共中标和变更补充合同共 688 项，由铁路、公路、市政、房建、城市轨道交通、水利电力和其它7部分组成，没有港口码头和机场工程。其中，铁路工程404项，中标额约为162.7亿元，约占工程项目总额的52.2%；公路工程38项，中标额约为20.79亿元，约占工程项目总额的6.7%；市政工程14项，中标额约为4.95亿元，约占工程项目总额的1.6%；房建工程50项，中标额约为34.68亿元，约占工程项目总额的11.1%；水利电力工程2项，中标额约为1.23亿元，约占工程项目总额的0.4%；城轨交通工程77项，中标额约为83.52亿元，约占工程项目总额的26.8%；其它项目103项，中标额约为3.78亿元，约占工程项目总额的1.2%。

【中铁建工市场开发】 2011 年是中铁建工集团实施“十二五”发展战略的开局之年，也是企业站在新起点、实现新跨越的关键之年。在股份公司的正确领导下，克服经营困难，全面分析新形势、新问题，及时调整工作思路，攻坚克难，确保了企业经营开发工作的持续平稳。全年累计完成新签合同额 300.88 亿元，同比增长-3.9%。其中铁路新签合同额30.99亿元（包括合同外增加值），占总造价的10.3%，同比增长-80.4%；国内非铁路项目新签合同额239.729亿元，占总造价的79.67%，同比增长93.51%；海外项目新签合同额11.59亿元，占新签合同额的3.9%，同比增长-9.7%；设计、工业、物流合计新签合同额 5.73 亿元，占新签合同额的1.9%，同比增长7.1%；房地产销售额12.85亿元，占新签合同额的4.3%，同比增长-1.1%。

主要特点有：1.战略引领，攻坚克难，新签合同额实现“十二五”开门红。面对2011年严峻的市场形势，中铁建工集团顶住压力完成年初制定的各项目标，全年累计完成新签合同额300.88亿元，与上一年度基本持平，实现了“十二五”发展的开门红。2.完善经营体系，构建“大经营”格局。不断完善了具有中铁建工特色的三级经营开发体系。2011 年除顺利完成北京公司的分离移交外，还实质性推进了铁工建设的战略重组，实现了铁工建设以线桥隧和工民建工程施工为主业的综合施工企业的战略转型。3.重视大客户市场，强化高端经营。突出挂帅经营，形成了由集团层面三位主要领导挂帅、四位分管领导主责、其他班子成员积极参与的良好经营机制。组团开展了系列高端经营活动，通过走访大客户，洽谈大项目，取得了显著成效。4.在区域市场经营上，实现了“四个转变”。一是变游击战为阵地战，实现品牌经营；二是变盲目深入为有备而来，实现优化经营；三是变单兵作战为团队作战，实现集约经营；四是变短期经营为持续经营，坚定不移打持久战。5.厚积薄发，海外经营实现新突破。坦桑公司在坦桑尼亚房建市场拿到了50%以上的市场份额，蝉联2011年“坦桑尼亚最佳外资承包商”奖。国际公司稳定了阿尔及利亚、哈萨克斯坦、巴布亚新几内亚等市场。同时实现了第十次出征南极的壮举，进一步展示了中国中铁的品牌实力。

【中铁港航局市场开发】 2011年，中铁港航局开发跟踪的项目120个，范围分布广东、广西、海南、山东、山西、陕西、福建、辽宁、江苏、浙江、湖北、云南等十二个省份。其中：共承接91个项目，开发新签合同额66.1亿元，二次经营合同额额21.6亿元，项目具体如下：

（一）新签合同额项目

1.山东红帆直线驱动列车试验线工程施工总承包（包括土建、铺轨及设备采购安装工程），合同金额5亿元；

2.金沙江向家坝水电站库区复建小汶溪大桥工程，合同金额7343万元；

3.金沙江向家坝水电站库区复建大汶溪大桥工程，合同金额1.4亿元；

4.金沙江向家坝水电站国道213线南岸金沙江大桥及配套工程，合同金额1亿元；

5.山西灵河高速公路原神段1j9标，合同金额2亿元；

6.湖北省咸宁至通山高速公路建设项目土建工程第四合同段路基土石方工程，合同金额1381万元；

7.武汉二七长江大桥上跨铁路工程（武昌侧），合同金额3717万元；

8.安康市紫阳县西门河汉江特大桥，合同金额4239万元；

9.中国中铁股份公司江门市江顺大桥BT项目土建部分，合同金额9.5亿元；

10.湖北省郧县（鄂豫省界）至十堰高速公路一期土建工程施工第YSTJ10合同段，合同金额3.8亿元；

11.沈阳四环快速路BT项目土建工程第九标段，合同金额3.8亿元；

12.青岛凤凰岛度假大酒店项目[联排、独栋高级客房（不含E户型）、展示厅工程]，合同金额1.2亿元；

13.昆明市晋宁县酸水塘水库工程施工，合同金额1664万元；

14.盐城港大丰港区5万吨级通用码头工程试桩项目

DFG-SZ1 标段，合同金额 3809 万元；

15. 盐城港大丰港区 5 万吨级通用码头工程试桩项目 DFG-SZ2 标段，合同金额 4095 万元；

16. 中铁南方装备基地软基处理工程，合同金额 3.8 亿元；

17. 深圳港盐田港区集装箱码头扩建工程配套堆场陆域形成工程，合同金额 1409 万元；

18. 厦门港古雷航道二期工程，合同金额 9569 万元；

19. 珠海港高栏港区南水作业区干散货码头西护岸后 70 米陆域形成及东围埝 230.5 米部分工程，合同金额 3634 万元；

20. 福建富源石化仓储发展有限公司码头工程，合同金额 1.1 亿元；

21. 广东中远船务工程有限公司钢材堆场垫梁，合同金额 158 万元；

22. 广东中远船务工程有限公司分段堆场（临江水域）工程，合同金额 850 万元；

23. 海南洋浦冷能利用基地项目陆域形成吹填造地工程，合同金额 3654 万元；

24. 中国石化海南炼化 30 万吨原油码头工程（中国石化海南炼油化工有限公司新建 5000 吨级化工泊位工程、海南炼化扩建 8#泊位工程、海南炼化扩建 7#泊位工程、海南炼化 2#泊位改扩建工程），合同金额 4.6 亿元；

25. 青岛奥帆中心水下防波堤拆除及相关港池疏浚、航道拓宽工程，合同金额 6000 万元；

26. 大连顺迈房地产开发公司河口湾护岸工程，合同金额 2365 万元；

27. 湛江钢铁基地 30 万吨码头工程，合同金额 1.6 亿元；

28. 珠海裕丰二期疏浚工程，合同金额 8000 万元；

29. 广东中远船务造船扩建项目二期驳岸软基处理工程补充协议，合同金额 82 万元；

30. 广东中远船务锚固、锚定座工程，合同金额 69 万元；

31. 华润电力海丰电厂一期（2×1000 兆瓦）超超临界燃煤发电机组工程围填海场平工程，合同金额 3.2 亿元；

32. 舟山长白岛海洋工程装备和船坞制造项目，合同金额 63 万元；

33. 广东中远船务工程有限公司造船扩建项目二期驳岸软基工程合同补充协议一，合同金额 42 万元；

34. 珠海港高栏港区南水作业区“二港池通航水域（1、2 区）疏浚工程项目，合同金额 475 万元；

35. 珠海港高栏港区南水作业区“二港池通航水域（3 区）疏浚工程项目，合同金额 1732 万元；

36. 新会港二期工程，合同金额 1200 万元；

37. 广东轨道交通产业园基地工程，合同金额 2 亿元；

38. 广东中远船务工程有限公司 200 吨风暴缆桩、150 吨揽桩桩基础及钢材堆场 8 根砼桩、1～2 轴间 1#预处理进料辊道基础，合同金额 36 万元；

39. 福建石狮鸿山热电厂厂区灰堤临时储灰场工程，合同金额 550 万元；

40. 中铁南方工程装备基地码头 1#泊位建设工程，合同金额 3596 万元；

41. 珠海港高栏港区南水作业区二港池通航水域疏浚工程，合同金额 1 亿元；

42. 珠海港高栏港区南水作业区干散货码头铁路装车线地基处理工程，合同金额 3391 万元；

43. 平阳县宋埠-西湾围垦区吹填软基处理工程（吹填及软基处理项目），合同金额 3.4 亿元；

44. 涡河航运开发建设工程（河南段）二期工程施工一标段，合同金额 3352 万元；

45. 中山二茅涌航道应急改道工程，合同金额 1896 万元；

46. 大亚湾石化区 D1 地块 II 区海堤防护工程，合同金额 2500 万元；

47. 珠海港高栏港区南水作业区二港池航通水域拓宽疏浚工程，合同金额 1439 万元；

48. 广西北海 LNG 接收站陆域形成工程，合同金额 3.1 亿元；

49. 昆明市轨道交通 3 号线工程土建施工项目西标段马街—眠山站盾构区间，合同金额 1.6 亿元；

50. 西安市地铁四号线一期工程试验段土建项目试验段-2 标，合同金额 2 亿元；

51. 河口东扩土方回填工程（C、D 区）工程，合同金额 739 万元；

52. 珠三角成品油管道二期工程第四标段中村油库工程及中村场站工程土建工程，合同金额 1862 万元。

53. 珠海高栏港经济区铁炉湾回填工程（一期），合同金额 4583 万元；

54. 青岛黄岛通用直升机场场平工程，合同金额 1.5 亿元；

55. 长白一期水工工程临时码头拆除，合同金额 44 万元；

56. 惠州大亚湾华瀛石油化工有限公司燃料油调和配送中心及配套码头项目芒洲岛爆破平整工程（补充协议 1、2），合同金额 437 万元；

57. 庐山石门涧悬索桥大修加固工程，合同金额 220 万元；

58. 胜利一号露天煤矿 2011 年 5～6 煤间剥离工程，合同金额 3448 万元。

（二）二次经营项目

1. 广西岑溪至兴业高速公路 5 标、4 标，合同金额 950

万元；

2. 西安至铜川高速公路3标，合同金额1.2亿元；

3. 重庆奉节至云阳高速土建B18标，合同金额5449万元；

4. 安毛高速22标，合同金额4064万元；

5. 安毛高速7标，合同金额1.3亿元；

6. 安毛高速14标，合同金额1.6亿元；

7. 随岳北高速9标，合同金额2650万元；

8. 恩施连珠大桥及接线工程，合同金额778万元；

9. 大同市南三环御河桥，合同金额3669万元；

10. 昆明市西坝路4标，合同金额4176万元；

11. 山西太原南中环，合同金额8090万元；

12. 西安城市交通C01标，合同金额3962万元；

13. 重庆涪陵黄旗作业区疏港道路连接线工程，合同金额690万元；

14. 十天高速H-C05标项目经理部，合同金额2419万元；

15. 彭武项目C3合同段，合同金额2839万元；

16. 西汉二期，合同金额1545万元；

17. 西安市三环路C11标，合同金额708万元；

18. 胡蓉西高速湖北恩利段第六合同段，合同金额3126万元；

19. 佛山市和顺至北窖公路主干线平胜大桥主桥工程，合同金额1702万元；

20. 梅县松口大桥（梅东桥）工程，合同金额635万元；

21. 山西闻喜东镇至垣曲蒲掌高速公路，合同金额661万元；

22. 深圳湾滨海休闲带-A段景观工程4标，合同金额450万元；

23. 深圳地铁5306标太安站，合同金额4276万元；

24. 深圳地铁5号线5303B标，合同金额1558万元；

25. 广州新客站ZQ-2标项目部，合同金额3.9亿元；

26. 武广铁路客运专线（湖南段），合同金额2.5亿元；

27. 黔桂铁路2标，合同金额4735万元；

28. 温福铁路白马河特大桥，合同金额1.2亿元；

29. 武汉天兴洲公铁两用长江大桥，合同金额1.9亿元；

30. 武广客专，合同金额6279万元；

31. 哈大客专TJ-1标，合同金额3931万元；

32. 北京地铁十号线劲松站，合同金额5139万元；

33. 北京六环，合同金额5545万元；

【中铁航空港市场开发】 2011年，中铁航空港执行“区域化经营，专业化发展，精细化管理”的经营思路，坚持“铁路、公路、市政板块占整个业务板块的三分之一；房建板块占整个业务板块的三分之一；机场场道、城市轨道交通、海外、房地产开发等板块占整个业务板块的三分之一”的原则。发挥房建特级资质的优势，紧盯政府保障房和廉租房、房地产项目、公共建筑、地铁上盖物业、铁路站房、机场航站楼等房建市场，房建市场份额占新签合同额的64%。积极参与铁路、公路项目投标，争取保持市场营销份额的稳定。城市轨道交通市场以提高市场占有率为前提，巩固既有市场，深度开发新兴市场，提前介入潜在市场，在西安、长沙、北京、深圳、福州、青岛、昆明、石家庄、天津、重庆、武汉等城市地铁进行沟通及投标，取得良好成效。市政项目市场开发以扩大市场份额、提升企业影响为目标，关注热点城市圈，以区域公司所在城市为重点，辐射周边城市，集中精力开发社会影响大、经济效益优的项目。机场业务是重点培育和发展的板块，力争走专业化道路，重点与民航总局、发改委、空军等有关部门进行沟通与交流，努力营造良好的外部环境，努力提高机场场道、航站楼及机场配套项目的市场份额，树立机场建设领域的品牌，做大做强机场业务建设。海外市场按照“借船出海、合作出海”的指导思想，利用中铁航空港的专业技术优势，积极参与股份公司组织的海外项目。2011年12月13日，与中海外签订战略合作框架协议。通过相互交流、取长补短，力争在开拓海外市场方面创造双赢的结果。

2011年，中铁航空港新签合同75项，合同额总计108亿元，为股份公司下达年度计划130亿元的83.1%，2011新签合同额中铁路工程为16项，合同额16.54亿元，占新签合同额15.31%；公路工程5项，合同额11.34亿元，占新签合同额10.5%；市政工程1项，合同额0.16亿元，占新签合同额0.15%；房建工程45项，合同额69.34亿元，占新签合同额64.2%；机场工程3项，合同额1.41亿元，占新签合同额1.31%；城轨工程2项，合同额6.95亿元，占新签合同额6.44%；其他工程3项，合同额2.26亿元，占新签合同额2.09%。监理公司新签合同额2500万元。

【中铁上海局市场开发】 2011年，上海工程局中标59项，完成新签合同额63.14亿元，占总公司下达年度目标计划96亿元的65.77%。其中城市交通市场营销16.2亿元，占25.72%；市政工程完成9.5亿元，占14.97%；公路及其它工程完成37.5亿元，占59.31%。合同额超过1亿元以上的工程项目12项，合同额44.9亿元，占总合同额的71.10%。主要项目有：城轨工程5项：昆明市轨道交通3号线工程土建施工项目（西标段）昆明小渔村地铁站、广州市轨道交通6号线一期轨道工程施工总承包Ⅰ标、宁波市轨道交通2号线一期地下土建工程TJ2108标段、北京地铁14号线工程土建施工24合同段、上海市轨道交通11号线北段延伸工程（安亭站—花桥站）11.H.2标；市政工程1项：宜昌市城乡路（东城大道—东站路）及东站路（城乡路—东山三路）市政工程；公路工程6项：沈阳四环快速路BT项目土建部分第十标段、江苏省临海高等级公路如东段工程第五合同段、江苏省临海高等级公路如东段三标、广西宜州至河池公路肯研互通式立交（河池西互通）土建工程、广西桂平至来宾高速公路第四合同段、江苏省临海高等级公路如东段工程等。

【中铁二院市场开发】 2011年，适逢“十二五”规划开局，是中铁二院发展进程中极不寻常又殊为不易的一年。全年主要呈现出宏观环境转冷、铁路基建萧条、市场竞争激烈、经营开发困难、发展压力倍增等特征。铁路建设面临重大调整，已开工和即将开工项目均处于安全检查和标准梳理过程中，建设资金到位率低，项目进展缓慢，前期项目处于停顿状态，全年基本没有新开工的铁路项目。作为以铁路勘察设计为主业的企业，中铁二院面对因市场变化带来的严峻考验，调整经营工作方针和战略，明确“保安全、保质量、保稳定、促发展”的前进方向，整体经营业绩稳步增长，尤其是海外、城轨、工程技术服务等板块增幅明显，经营“转场”初见成效，为全年经济指标的完成奠定基础。

2011年，中铁二院完成新签合同额88.5亿元，与2010年同比增加26.8%，为年度目标62亿元的142.7%，同比上涨35.3%。分述如下：

1.工程勘察设计板块：37.94亿元，占新签合同额的42.88%，同比下降12.7%。铁路项目24.12亿元，占新签合同额的27.52%，同比下降20.1%；轨道交通项目8.23亿元，占新签合同额的9.39%，同比增长5.2%；公路项目2.68亿元，占新签合同额的3.06%，同比下降26.5%；市政工程项目1.75亿元，占新签合同额的1.97%，同比上涨130.7%；水运项目4012万元，占新签合同额的0.45%；其它项目7580万元，占新签合同额的0.86%，同比增长589.7%。

2.海外板块：37.75亿元，占新签合同额的42.67%，同比增长693.6%。工程勘察设计3.87亿元，占新签合同额的4.37%，同比下降18.4%；工程总承包33.86亿元，占新签合同额的38.27%。

3.工程技术管理服务板块：5.31亿元，占新签合同额的6%，同比上涨65.6%。

4.工程总承包板块：5.83亿元，占新签合同额的6.59%，同比下降32.6%。

5.房地产板块：1.42亿元，占新签合同额的1.61%，同比下降71.3%。

6.产品产业化板块：2306万元，占新签合同额的0.26%，同比下降67.2%。

2011年，中铁二院承担勘察设计、咨询及总承包项目396项，实现营业总收入58.5亿元，较2010年的58.1亿元增加4293万元，增长0.74%。在全国工程勘察设计企业营业收入百强排名中，由第23位跃升至第12位，勘察设计收入连续六年排名第一位，在“中国承包商和工程设计企业双60强”排名中，由第五位上升至第四位，位列“2011最具国际拓展力工程设计企业”第3名，全国勘察设计企业境外收入50强排名第16位。分述如下：

1.国内勘察设计收入完成38.7亿元，同比增长21.3%；工程技术服务完成4.3亿元，同比增长13.5%；工程总承包完成5.5亿元，比同降低1.1%；海外收入完成4.3亿元，同比降低49.9%。

2.实现净利润4.5亿元，同比增长16.88%；全年共上缴利税5.7亿元。

2011年，中铁二院全年共收款53.8587亿元，与2010年同期相比减少3%，为年度目标63.3857亿元的85%。分述如下：

1.铁路工程项目23.3亿元，占总额的43.27%，与2010年同比减少9.05%。

2.轨道交通项目4.2亿元，占总额的7.75%，与2010年同比减少1.48%。

3.公路市政工程项目3.3亿元，占总额的6.13%，与2010年同比减少1%。

4.海外合同项目6.8亿元，占总额的12.61%，与2010年同比增加92.35%。

5.工程总承包5亿元，占总额的9.37%，与2010年同比减少1.11%。

6.其它项目（监理咨询、房地产、产品产业化等）11.2亿元，占总额的20.88%，与2010年同比增加30.9%。

【中铁设计咨询市场开发】 2011年，中铁设计咨询企业营业额为17.5亿元，完成中国中铁股份有限公司下达计划企业营业额17亿元的103%，同比2010年企业营业额17亿元增加3%。实现利润总额1.6亿元。2011年，新签合同729项，新签合同额29亿元，完成股份下达年度计划28亿元的103%，同比2010年新签合同额28.1亿元增加3%。新签合同额主要构成：铁路合同额14.5亿元（比上年增加2亿元），占新签合同额的49.9%；城市轨道交通合同额1.5亿元（比上年增加0.6亿元），占新签合同额的5.1%；工程总承包合同额5.2亿元（比上年减少1.9亿元），占新签合同额的18%；工程监理合同额3.6亿元（比上年减少0.4亿元），占新签合同额的12.3%；技术咨询合同额1.5亿元（比上年增加0.1亿元），占新签合同额的5.2%。

【中铁科工市场开发】 2011年，中铁科工市场营销工作在“抓市场、拓领域、变思路、促增长”工作思路的指导下，克服约占60%的主导市场急剧萎缩的困难，全年完成新签合同额20.3亿元，较上年增长15.56%，全面完成年度新签合同额任务指标。

各业务板块占比情况：钢结构占比61.78%，工程施工占比 18.10%，搬提运架设备占比 9.20%，隧道施工设备占比 2.79%，桩机占比 2.20%，其他机械产品占比 5.13%，其他业务占比 0.8%。

在拓宽新市场、新领域方面，面对铁路建设市场急剧萎缩，各子分公司开始由路内向路外市场延伸，在广泛承接市政钢梁制造与安装业务方面取得较好成绩；拓展厂房建筑钢结构制造与安装业务，在安全、资金风险能得到完全控制、毛利率不低于 9%的前提下承揽任务，实行事业部管理模式，开创新的业务领域；作为总承包方，首次直接从业主方承接了江西五桂特大悬索桥全桥施工任务，开创中铁科工独自承接整座特大桥施工的新篇章。

在区域经营方面，提出建立大城市经营根据地的经营思路，分别在宁波、广州、深圳、昆明、贵阳等城市建立了营销分公司，直接承揽与协助承揽经营任务在 4 亿元以上，对弥补去年铁路市场急剧萎缩起到了关键作用，并为集团今后如何继续拓宽区域经营、规划建立大城市经营根据地积累了经验。

在机械产品制安资质申报方面，分别获通用门式起重机 80 吨及以下、桥式起重机 260 吨及以下、桅杆起重机 75 吨及以下等多种规格的设备制造许可资质；申请获批了门式起重机、桅杆式起重机安装、改造、维修许可 A 级资质。

【中铁国际市场开发】 2011 年，中铁国际完成新签合同额 7.2 亿美元。新签项目主要集中在铁路、公路、市政、港口码头等。

按项目类别分：新签公路工程项目合同额 2.6 亿美元，占新签合同额的 36.3%；新签市政工程项目合同额 723 万美元，占新签合同额的 1.0%；新签桥隧工程项目合同额 638 万美元，占新签合同额的 0.9%；新签其它项目合同额 4.4 亿美元，占新签合同的 61.8%。

按区域市场分：南部非洲（南非、安哥拉）4.6 亿美元，占新签合同额的 64.7%；中国香港地区 1.5 亿美元，占新签合同额的 21.5%。东欧（白俄罗斯）5555 万美元，占新签合同额的 7.7%；西非（尼日利亚）3471 万美元，占新签合同额的 4.8%；西亚（阿联酋）719 万美元，占新签合同额的 1.0%；中非、南美（喀麦隆、委内瑞拉）共 214 万美元。

【中铁西南公司市场开发】 2011 年，中铁西南公司坚持以市场开发为龙头，按照股份公司对基础设施投资业务板块“大力开发和拓展经营周期短、回报高、有发展潜力的短平快项目”的要求，以区域化市场开发为理念，以广西南宁、柳州、桂林为主战场，积极开拓西南地区乃至全国其他市场，全年追踪考察南宁市龙岗新区基础设施项目、昆明草海北片区及其安质地块基础设施 BT 项目、成都天府新区和保障房建设项目、南宁地铁二号线项目、苏州市东环快速路南延工程和南环快速路西延工程项目等近十个投资项目。2011 年 2 月 27 日签订南宁市邕宁区龙岗新区城市基础设施 BT 项目建设框架协议，12 月 5 日取得该项目的成交通知书，总投资约 29.9 亿元，进入南宁市场。12 月 9 日草签昆明草海北片区及其安质地块基础设施 BT 项目合作框架协议，总投资约 76 亿元，打开了昆明市场。

在大力开拓市场的同时，公司按照股份公司“下大力创新商业模式”的要求，积极实践以“BT 模式投资基础设施与房地产开发联动”的商业模式，化解投资风险。成立了“BT 项目投资置换土地经营开发领导小组”，积极与柳州市、桂林市就 BT 项目投资回购款置换土地开发展开商谈，特别是在桂林，公司与中铁二局瑞城公司展开合作，并与桂林市就“清风岭”（约 600 亩）土地开发进行多次洽谈，初步达成合作意向，为有效规避桂林“一路两江”BT 项目投资风险，实现二次滚动开发奠定基础。

【中铁中原公司市场开发】 2011 年，中铁中原公司依托中国中铁的品牌优势，全面开展中原地区的上游业务板块开发。注重与省市领导的沟通交流，建立互信基础，以政策营销、品牌营销为核心，智慧经营、智慧运作，不断寻找新的突破点。针对河南及郑州的市场环境条件，制定紧盯郑州市轨道交通、河南省城际铁路项目，兼顾需要特种专业设备的市政工程项目、土地一级整理开发项目的经营策略。

1. 中原市场潜力巨大，合作环境有待突破

随着中原经济区上升为国家战略，郑州及中原市场潜力巨大。郑州市轨道交通建设管理办公室发布了《郑州市城市轨道交通建设规划(第二阶段)》，截至 2017 年，建设规划项目总投资初步估算为 655 亿元，截至 2021 年，建设项目总投资为 910 亿元。

根据《中原城市群城际轨道交通线网规划》，河南省规划了包括郑州、开封、洛阳、新乡、焦作、许昌、平顶山、漯河、济源九个城市在内的中原城市群城际轨道交通线网，线路总长度 1049.7 公里。近期规划实施郑州—新乡城际铁路、新郑机场—许昌城际铁路、云台山城际铁路延长线、新郑—新密—登封城际铁路等线路，投资总估算约 240 亿元。

2. 建立交流机制，逐步夯实中国中铁在中原市场的基础

公司以郑州地铁 2 号线为依托，加强与政府领导的沟通与交流，在培养感情增进互信的同时，着力于品牌和政策营销，构建全面的信息和沟通网络。一方面建立与省市政府、各级职能部门间沟通联络的畅通渠道，另一方面建立长期有效的项目信息追踪机制。在与政府加强对接的过程中，借鉴股份公司类似投资建设项目的成功案例和成熟经验，做好宣传和推介工作，在推广宣传中国中铁品牌，深化中国中铁品牌影响力的同时，展示中国中铁在项目建设、投资融资方面的实力；强化服务意识，为河南省政府、郑州市政府及有关

部门做好营销服务工作。

在与河南省政府、郑州市政府加强联系的同时，公司充分解读“大中原、大市场”的理念，加强与周边地市政府及各级有关部门的联系，加大中国中铁品牌宣传的力度，扩展宣传渠道，先后与濮阳市、许昌市、洛阳市、新乡市等地方政府进行了接触，了解各地城市发展规划、投资建设环境、政府合作意向等。

中铁中原公司进一步加强与省市政府及各级职能部门之间的联系沟通。河南省有关大型国企活动“河南与央企合作会议”、“承接产业和技术转移洽谈会”、“国际投资贸易洽谈会”等国际性活动，均邀请中国中铁高层领导作为嘉宾出席；郑州市政府在重大项目决策过程中，要求建设主管部门听取中国中铁下属企业的意见和建议；许昌市新区管委会、濮阳市新区管委会也主动与中铁中原公司就新区建设的模式和意向进行了沟通和交流。

3.推广项目建设新模式、新思路，开展郑州市轨道交通项目投资

郑州市轨道交通项目是公司的立足之本，是公司发展的平台和依托，开展轨道交通项目的投资建设是公司重中之重。

中铁中原公司整理推广股份公司成功运作的投资模式，积极开展投资公关活动，与郑州市政府及相关部门进一步加强沟通和交流，力争取得实质性成效。借鉴中国中铁在昆明、成都成功实施轨道交通项目投资建设的成功案例，比照昆明、成都的合作模式，结合郑州市的实际情况，公司就郑州市轨道交通项目 1 号线二期、2 号线二期、4 号线、5 号线采用“投融资+工程总承包+回报”BT 模式进行建设起草合作框架协议稿，与郑州市政府展开深入谈判。

4.推进应用新技术、新设备，开辟郑州市政工程市场

郑州市中州大道下穿隧道工程，拟采用土压平衡盾构矩形顶管技术，需要投入特种施工装备。公司利用隧道设计和装备制造优势，为市规划局、建委提供方案和技术咨询，得到市领导的首肯，该技术在郑州市乃至整个河南省尚属首例。

5.以成熟城际铁路线路为支点，促进合作框架的形成

河南省城际铁路网建设已被河南省列为重点建设项目。河南省铁投公司拟采用 BT 模式建设城际铁路并以联合开发指定土地收益回购。郑州—开封城际铁路延长线（总投资 11 亿元）已具备成熟的建设条件，中铁中原公司联合中铁七局，与河南省有关职能部门就项目合作模式、规划方案、投资条件、建设程序等进行初步测算磋商，并就框架协议的签署进行谈判。

铁路市场

【股份公司铁路市场情况】 2011 年，全年承揽铁路任务 766 亿元。2011 年铁路一级市场中标额 184.5 亿元，占一级市场招标总额 50.6%，铁路市场的传统优势地位得以巩固和发展，铁路市场占有率处于领先地位。

【中铁一局铁路市场】 2011 年，中铁一局在铁路市场：国铁板块合同额 61 亿，主要是在建项目的新签补充合同额；另有地方铁路及企业铁路专用线中标 33 亿元。

【中铁二局铁路市场】 2011 年，国家宏观经济政策调整、基建市场形势发生重大变化、铁路建设市场出现系列重大变故，中铁二局全年中标铁路项目 11 项，金额 1.5 亿元，占经营总额的 0.56%，与 2010 年相比减少 239 亿元。

【中铁三局铁路市场】 面对 2011 年铁路项目招标严重萎缩，铁路建筑市场低迷、招标项目少的严峻形势，经营开发部全员珍惜有限的铁路投标项目机会，做好项目信息追踪及项目标前策划工作，为领导做好项目及标段决策提供有力依据。在编标过程中认真把好每一道关，首先做好编投标工作安排，做到分工明确、时间节点清晰；在充分熟悉招标文件及设计资料的前提下编制技术、商务、报价分册目录，搭建起投标文件框架，并对多单位参加的项目在目录编制中明确分工及接口问题，在编标过程中加强协调；投标文件初稿完成后加强审核、修改，加强有可能造成废标的如投标函、授权书、承诺书、投标保函等商务资料及技术标工期等的反复审核，避免低级错误及废标现象发生。在此前提下反复优化标书，努力做到更好。项目投标结束后做好开标记录及分析，为以后铁路项目投标决策提供依据。认真组织，圆满完成了铁路项目编投标工作。2011 年，经营开发部共组织编制完成 7 个项目、15 个标段铁路项目编投标工作，投标价累计 282.6 亿元，但均未中标。

【中铁四局铁路市场】 2011 年，中铁四局完成新签合同额 400.4 亿元，占股份公司下达年度计划 450 亿元的 89%。其中完成铁路工程营销新签合同额 69.4 亿元，非铁路工程营销新签合同额 240.6 亿元（其中：公路 79.1 亿元、市政 70.7 亿元、房建 22.7 亿元、城轨 40.2 亿元、港口航道工程 6.4 亿元，机场工程 0.2 亿元，其他工程 21.3 亿元），为局年度调整计划 225 亿元的 106.9%，是 2010 年完成 155.4 亿元的 154.8%。2011 年，铁路建设一级市场的开标总额为 365 亿元，仅为 2010 年 8517 亿元的 4.28%。国务院明确表

示将停止所有新开工项目的审批，并对原所有已批项目进行重新论证，一些在建项目要停建或缓建，中铁四局积极收集信息，密切跟踪项目进展，参与了仅有的几次投标机会，6月份中标合同额为19.3亿元的吉图珲铁路站前1标工程，10月又中得大准至朔黄铁路联络线2标工程。

1.吉图珲铁路客运专线JHSⅠ标。投资总额19.3亿元，合同工期：2011年6月20日～2012年7月31日。因大环境影响，2011年9月15日，业主通知全线停工，进入休工阶段。铁道部三次派出督导组，了解吉图珲施工进展情况和面临的问题，并对总工期进行调整，预计开通时间2015年7月。线路全长360.547公里，其中吉林市境内正线建筑长度113.926公里，延吉市境内正线建筑长度246.621公里。中铁四局承揽施工的JHSⅠ标段起讫里程：长吉城际DK126+590.38～DK127+792.4517；DK7+000～DK35+778；GDK50+424～GDK59+400。本标段正线长37.588正线公里，其中桥梁长17座11290延长米，隧道长8座12537延长米，路基长13761延长米。

2.合肥枢纽一标。投资总额27亿元。开竣工日期：2011年6月15日～2012年7月31日（预计）。合肥铁路枢纽新建合肥北城至合肥站HFSN-1标工程施工范围：DK100+000～DK128+540（合肥铁路枢纽新建合肥北城至合肥站），全长28.54公里；蚌福联络线HBDK106+300～HBDK124+000；合肥铁路枢纽因新建合肥北城至合肥站工程引起的既有线改造工程（改建淮南线K80+900～K82+700，正线长1.8公里；改建淮南线K83+100～K84+700，正线长1.6公里；改建淮南绕行下行线K6+200～K7+800，长1.6公里；改建铝厂专用线(K0+000～K0+600)，长0.6公里；改建铁四局材料厂专用线(CDK0+000～CDK0+640)，长0.64公里；改建物流专用线(WDK0+000～WDK0+500)，长0.5公里）。

3.金华至温州铁路扩能改造工程站前1标。投资总额27.8亿元。合同工期：本标段总工期32个月，正式开工日期2010年12月1日，计划2013年9月15日完成全线铺轨，2013年12月31日达到联调联试条件。本标段已于2010年9月12日开工。工程概况：金华至温州铁路扩能改造工程全长188.812公里，设计里程为DK0+000～DK188+812，其中东孝站（含）～金华南段增建第二线5.303公里，新建正线金华南～温州南双线183.509公里。项目位于浙江省西南部，自起金华东孝站，向南经金华南、武义北、永康南、缙云西、丽水、祯埠、青田至温州南站。

4.大准至朔黄铁路联络线杀虎口隧道。投资总额1.7亿元，合同工期：2011年10月～2013年3月。大准至朔黄铁路联络线杀虎口隧道工程，是大准至朔黄铁路联络线重点控制工程，位于内蒙古呼和浩特市和林格尔县新店子镇境内，隧道出口与朔州市右玉县相邻。隧道起讫里程为DK14+703～DK17+653，全长2950米，为单洞双线隧道，隧道最大埋深约95米。左线进口至DK14+927.02和右线进口至DK14+937.02分别位于R=1200米和R=1195.82米的右偏曲线上；左线DK16+040.72～DK16+489.14和右线DK16+050.71～DK16+479.15分别位于R=1200米和R=1204.19米的左偏曲线上，其余段落均位于直线段，洞内纵坡分别为+3.2‰、+3.6‰的单面坡上。

5.宁芜联络线应急工程。投资总额4亿元，合同工期：2010年11月～2011年5月。工程概况：宁芜货线应急工程南京南站明挖隧道位于京沪高铁南京南站北广场下方，施工起讫里程HCK20+600.00～HCK22+860.00，全长2.26公里；工程内容主要为区间土建工程：明洞开挖土方设计193.44万立方米，明挖隧道：设计2260米。

【中铁五局铁路市场】 2011年，中铁五局铁路工程新签合同额23.8亿元，在建铁路项目36个。

1. 新建铁路拉萨至日喀则线TJ3标。合同总额10.2亿元，合同工期：2011年2月1日～2013年8月4日。工程概况：拉日铁路TJ3标段位于雅鲁藏布江峡谷区色麦至萨嘎段，起止里程为DK86+700～DK111+000，管段总长24.3公里，海拔高程为3700～4000米。主要工程量：桥梁工程4288.17延长米/9座；隧道工程17144.58延长米/3座；无碴道床17224.58米；路基土石方62.08万立方米；车站1座；涵洞295.3横延米/12座；CRTSⅠ型双块式轨枕（SK-2型）预制90963根。标段内桥、隧占总工程量的88.1%。

2.新建成都至兰州铁路工程2标。合同总额10.7亿元，合同工期：2011年4月～2013年6月10日。工程概况：本标段起止里程DK7+800～D1K43+400，主要工程数量：路基土石方及附属工程、区间站、桥涵工程（不含T梁制架）、改移道路、改移沟渠、部分三电迁改。管段长38.645公里，其中路基长20.24公里，桥梁长18.4公里。

3. 南水北调中线一期工程总干渠与铁路交叉工程施工总价承包黄河南Ⅷ标段。合同总额10.2亿元，合同工期：2011年12月20日～2012年10月19日。工程概况：该项目位于河南省平顶山市宝丰县，设计全长3.103双线公里。改线起点为DK243+300，终点为DK246+402.64。项目含路基、桥梁、涵洞、轨道等工程。主要工程量：区间路基土石方15.47万立方米，一座跨总干渠1-64米双线现浇预应力混凝土简支梁铁路桥，一座3-24米预应力混凝土简支T梁梁桥，涵洞13座190.34米，新铺轨道4.272公里，线路拨接0.967公里。

【中铁六局铁路市场】 2011年面对铁路市场发生的重大变化，中铁六局坚定不移地推进铁路市场的维护与拓展工作，全力以赴、最大限度地承揽市场份额。全年铁路市场中标134项，新签合同额56.3亿元，比去年同期减少121.1

亿元，占新签合同额的43.8%。主要项目：

1.改建铁路枢纽太原南站及相关工程。合同金额 26.6亿元，按照铁道部2013年开通太原南站的总体目标，合同截止日期为2013年6月30日。施工区段北起太原站，南至新建太原南站南咽喉，全长11公里，涵盖路基、桥涵、轨道、房建等多个专业。

2.府谷煤业铁路专用线工程第六标段。合同总额2.8亿元，合同工期：2011年10月10日～2013年10月15日。工程概况：煤炭专用线，线路全长42.001公里；专用线起于朔准线古城乡境内在建朔准线油坊坪站（含）K162+200，线路出站后沿皇甫川左岸经蔺家圪卜横跨皇甫川进入麻镇境内，经园家火盘沿公路靠山一侧，在麻镇政府西侧3公里处设置麻镇站；线路沿皇甫川南下，在韩家园子处西折进入哈镇境内，以隧道穿过银路峁、横跨清水川进入赵五家湾乡后，在石峡沟的右岸设赵家塔站，线路出站后沿石峡沟右岸向西行进，通过许家梁隧道后进入庙沟门镇境内，至买卖沟左侧设本线终点站银子湾站（含）CK42+001。主要含拆迁、路基、桥涵、隧道、轨道、其他运营生产设备及建筑物工程、大型临时和过渡等工程项目。

【中铁七局铁路市场】 2011年，面对铁路市场发生的重大变化，中铁七局坚定不移地推进铁路市场的维护与拓展工作，全力以赴地承揽市场份额。全年铁路项目新签合同额93.7亿元，其中：铁路一级市场61.8亿元；铁路二级市场16.6亿元；地方铁路15.3亿元，占新签合同额的38.85。

2011年，中铁七局铁路市场主要中标项目：

1.府谷煤业铁路专用线四标。合同工期735天，合同价款4.2亿元。府谷煤炭铁路专用线全部位于陕西省榆林市府谷县境内，本标段线路全长约4.195公里，主要工程内容：DK11+979.55～DK16+175 里程内所含的所有线下工程以及所含桥的桥面系制作、安装、以及路基道碴上路以及养护等工程。主要工程量：特大桥1220.99延米/2座；大桥485.1延米/3座；大桥（双线）140.6延米/1座；跨线桥345延米/3座；涵洞1045横延米/11座；二道河湾(双线)大桥、大路峁沟特大桥、迎路峁1#大桥、迎路峁2#大桥、迎路峁3#大桥、迎路峁特大桥、增加全线四电工程。

2.建铁路锡林浩特至二连浩特线站前工程 XEZQ-2 标段。合同工期912天，合同价值7.5亿元。新建铁路锡林浩特至二连浩特线位于内蒙古自治区锡林郭勒盟境内，线路总长202.364公里。主要工程内容：特大桥2座2162.26延米，大桥3座810.81延长米，中桥1座108.92延长米，框架桥11座1742.8顶平米，涵洞179座2502.73横延米；区间土石方1520.86万立方米，站场土石方225.03万立方米；新建车站10个、改扩建车站1个。

【中铁九局铁路市场】 2011年，中铁九局铁路工程中标102项，中标额57.7亿元，占中标总额的35.6%，其中中标沈阳铁路局项目45.6亿元，占铁路工程的79%。

1.平齐线茂林至满汉营段增建二线工程。2011年1月中标，中标价3.2亿元。计划2011年1月30日开工，预计2011年9月30日竣工。线路全长46.96公里。

2.平齐线郑家屯至茂林段增建二线工程。2011年3月中标，中标价9.4亿元。计划2011年3月20日开工，预计2011年12月20日竣工。路基土石方295.93万立方米，特大桥1座，中桥11座，小桥12座，涵洞11座，改建站场2个，封闭站场3个，新建站场1个。

3.新建吉林至珲春铁路站前工程。2011年6月中标，中标价27.4亿元。计划2011年6月20日开工，预计2012年7月31日竣工。线路全长44.7公里，路基填筑21.26公里541.55万立方米，主要桥梁13座，隧道5座。

【中铁十局铁路市场】 2011年，中铁十局铁路市场新签合同额47.4亿元，占年新签合同额的17.68%。全局全力拓展铁路二级市场，铁路二级市场中标38项，新签合同额12.5亿元；铁路专用线中标18项，价值13.8亿元；结合部项目中标28项，价值12.7亿元。主要中标项目有：包兰线惠农至银川段增建第二线工程青草圈、惠农站站房工程；新建铁路云桂线（云南段）站前工程四标段（补充协议）；邯济铁路潘店站、茌平站接轨工程；济南市刘长山路西延线下穿京沪铁路立交桥工程；兖州市城市道路下穿京沪铁路立交桥工程；准格尔旗鼎峰公司红进塔煤炭集运站铁路专用线工程；山东鲁北煤炭储备基地铁路专用线工程等。

【中铁大桥局铁路市场】 新建吉林至珲春铁路重点控制工程Ⅱ标段，合同价10.7亿元，全长15.29公里，工期2011年1月～2012年3月。

武汉化工新区铁路专用线 HGXSG-3 标段，合同价 1.2亿元，全长5.85公里，工期2011年8月～2012年8月。

【中铁隧道铁路市场】 2011年，中铁隧道中标铁路工程项目1项，新签合同额71.7亿元（含在建工程增加合同额17.9亿元）。

新建吉林至珲春铁路重点控制工程施工总价承包 JHSKⅠ标段位于吉林省境内，西起吉林市，东至延边朝鲜族自治州珲春市。标段全长89.868公里，主要工程有，拉法山隧道段：DK35+778～DK50+424，长度14.646公里，主要包括拉法山隧道（10035米）、生菜顶子大桥（5孔简支箱梁）、双庙子隧道（3303米）、双庙子特大桥[（32+48+32）米连续梁+20孔简支箱梁]；石门隧道段：DK91+132～DK97+654，长度6322米；安图隧道群段：DK191+000～DK259+700，长度 68.7 公里，主要包含桥梁 11024 米/23 座，隧道 41076 米/28 座，路基填筑 361 万立方米/16.6 公里；中标价款 53.8 亿元，原开工日期为 2011 年 1 月 15 日，竣工日期为 2012 年 2 月 29 日。第一次调整工期开工日期为 2011 年 7 月 1 日，竣工日期为 2015 年 6 月 30 日；第二次调整工期为敦化至延吉段土建工程完工时间为 2012 年 3 月 1 日，蛟河段完工时间为 2013 年 9 月 30 日。

【中铁电气化局铁路市场】 2011 年，中铁电气化局中标铁路工程（亿元以上）8 项。新建天津新港北铁路集装箱中心站工程 13.3 亿元；新建成都至兰州铁路先期 CLZQ-06-1 标段 7.5 亿元；新建向塘至莆田铁路抚州站站房和全线县级站站房工程施工总价承包 4 亿元；大秦四亿吨配套双桥至茶坞段应急改造工程 2.1 亿元；榆树湾煤矿铁路专用线项目 1.1 亿元；新建成都调度所工程 8.3 亿元；新建成都动车段工程 16.5 亿元；中亚金谷国际物流奎屯铁路专用线及物流园相关工程 1.6 亿元。

【中铁建工铁路市场】 2011 年，中铁建工承揽的重要铁路项目有 11 项：1.新建武汉至宜昌铁路仙桃西站站房工程 HYZF-3 标段，中标价 4990 万元，合同工期 2011 年 3 月～2012 年 8 月 31 日，建设单位为沪汉蓉铁路湖北有限责任公司。2.新建哈尔滨至大连铁路客运专线新大连站站房工程甲供物资站房钢结构，中标价 1.1 亿元，建设单位为沈阳铁路局。3.新建哈尔滨至大连铁路客运专线沈阳北站改造工程、沈阳站改造工程甲供物资站房钢结构构件（含材料和制作），中标价 5831 万元，建设单位为沈阳铁路局。4.临策铁路增建房屋工程施工总承包，中标价 5950 万元，合同工期 180 天，建设单位为呼和浩特铁路局土地房产管理处。5.西宁站钢结构安装工程，中标价 1.2 亿元，建设单位为青藏铁路公司。6.攀钢集团西昌钒钛资源综合利用项目-铁路专用线（站前部分）工程二标段，中标价 9367 万元，建设单位为攀钢集团。7.北戴河车站改造工程，中标价为 3.7 亿元，建设单位为北京铁路局。8.新建北京动车段增建四线检查库工程，中标价 9800 万元，合同工期：2011 年 2 月 18 日～2011 年 6 月 8 日，建设单位为北京铁路局。9.南昌西站钢结构材料及制作工程，中标价 3.2 亿元，建设单位向莆铁路股份公司。10.滨海站钢结构安装工程，中标价 5000 万元，建设单位为北京铁路局站房工程建设指挥部。

【中铁航空港铁路市场】 1.杭州至杭州南越江工程跨越既有沪昆线及在建杭甬客专段项目、通宁泵站、道路改移及其它新增工程。中铁三局集团有限公司中标，重组后中铁航空港集团第三工程有限公司施工。建设单位：杭甬铁路客运专线有限责任公司。工程位于杭州市萧山区，包括临时粪便处理厂操作平台工程，萧山区通宁泵站改造工程，浙赣线 K14+788 雨水泵房工程，萧山区通货路道路改移工程（临时工程），萧山区通货路道路改移工程，通货路二次改移临时道路工程，萧山区通货路电力线路改建工程，萧山区通货路电信线路改建工程，通货路边高铁给水迁改工程，通货路道路改移 10 千伏罗山 765 线长山开墩里吴分线备用线迁移改造工程，中穗粮库办公临时过渡房工程，彩虹大道工程（主线跨萧山枢纽段高架桥全长 314 米），越江工程正线工程（杭甬铁路的连接线），总造价 3.4 亿元，合同工期 223 天。

2.太原铁路局调度指挥中心危房改造工程。中铁建工中标，中铁航空港北京公司施工。建设单位为太原铁路局，工程位于山西省太原市建设北路 185 号，规模 24198 平方米，分为地下 2 层，地上 6 层，公建综合性建筑。结构型式为框架结构，总造价 3 亿元，合同工期 441 天。

【中铁二院铁路市场】 2011 年，中铁二院铁路新签合同额受铁路建设大环境影响，较去年有所回落。在铁路勘察设计和咨询领域，全年共新签合同 516 个，合同金额 24.1 亿元。在铁路勘察设计项目方面，经营开发工作如下：

1.参与铁道部组织的铁路勘察设计项目招投标工作（5 项）：参加了丽江至攀枝花、昆明至禄劝、合肥至安庆、福州松下港支线、蒙西至华中地区运煤通道等铁路计 5 个项目。

2.参与铁道部鉴定中心组织的铁路站房概念设计工作（10 项）：参加了杭州南、乌鲁木齐、成贵客专沿线 9 站、佛山西、渝万客专 4 站、渝黔铁路沿线 8 站、云桂铁路（云南段）沿线 7 站、玉溪西、贵广沿线龙里站等 7 个站、贵广沿线桂林西站等 9 个站等，共计 10 个项目。

3.参与路局和企业主导的招投标项目（5 项）：参加了巴伦台至开特勒专用线、株洲北和江村站综合自动化改造方案竞选、新疆天龙矿业股份有限公司和石河子开发区化工材料产业园铁路专用线、富源羊尾哨战略装车站改扩建等 5 个项目。

4.参与施工图审核、评估等铁路咨询项目（3 项）：参加了集通线扩能改造施工图审核、郑州至新郑机场城际铁路施工图审核、长株潭城际无砟轨道评估等 3 个项目。

另外，2011 年，中铁二院获得了重庆西站房、新疆石河子开发区化工材料产业园专用线等项目。通过有效经营工作，直接获得项目主要有川藏铁路雅安至昌都段和成都至青白江至金堂铁路等项目，共计长度约 850 公里。

表 4-7　中铁二院 2011 年铁路板块主要新签合同一览表

序号	项目名称	合同额（万元）
1	新建云桂铁路（广西段）勘察设计	45368.8
2	琼州海峡跨海工程可研专题研究（前期）	17890
3	新建巴中至达州铁路建设工程勘察设计	8718
4	昆阳至玉溪铁路扩能改造工程勘察设计	7109
5	三江至南川铁路扩能改造工程勘察设计	5383
6	合肥至福州铁路客运专线（闽赣段）工程施工图审核、线下工程沉降评估、精测网评估	4762
7	新建成都至都江堰铁路彭州支线勘察设计	3154
8	新建长沙至昆明铁路客运专线湖南段施工图审核服务	2900
9	新建吉林至珲春铁路工程施工图审核	1990

【中铁设计咨询铁路市场】 2011 年，铁路建设步伐调整，新上项目大幅减少，面对铁路建设形势的变化，中铁设计咨询一方面积极参加铁道部勘察设计投标，争取铁路项目。同时关注铁路建设管理方式的调整、变化，追踪铁路局和地方的铁路项目。在经营开发铁路勘察设计市场的同时，积极开发企业铁路专用线市场。2011 年内，中铁设计咨询投标的铁路项目主要有合肥至安庆铁路、菏泽至兰考铁路、金华至宁波铁路、金华至台州铁路、松江河至延吉铁路扩能、丽江至攀枝花铁路、蒙西至华中地区煤运通道浩勒报吉至三门峡段、三门峡至荆州段和岳阳至安吉段等。承担了齐齐哈尔至海拉尔至满洲里客运专线、沈阳至本溪城际铁路等项目预可行性研究。年内，承担了呼尔特矿区北部矿区铁路专用线、营盘壕煤矿铁路专用线、锦泰精细化工园铁路专用线等 40 多个项目规划、预可行性或可行性研究。铁路工程新签合同额 14.5 亿元，比上年增长了 16%，占全年新签合同额的 49.9%。

公路市场

【股份公司公路市场情况】 2011 年，股份公司公路新签合同额达到 939.3 亿元，同比增长 22.9%。

【中铁一局公路市场】 2011 年，中铁一局公路市场方面相较于前两年略有萎缩，中标 35 项 86 亿元，但仍然是公司第二大板块，占施工新签合同额的 22.9%。平均单标价值 2.5 亿元，与往年相比有大幅提升。公路连续出现几个中标额超过 4 亿的大标，特别是新疆三莎公路 20.9 亿元，既是公司历年来公路中标额最大的项目，也是少有的施工总承包项目。另外几个大标是湖北恩黔高速 9.4 亿，乌鲁木齐东二环分包 1、2 标共 8.3 亿，广东从莞高速 6.8 亿，厦门国道 324 改线 4.2 亿，贵州三黎高速 4 亿。

【中铁二局公路市场】 2011 年，中铁二局利用铁路项目招标空闲之际，组织多个非铁路项目运作，增大了中标几率，提高了中标项目质量，拓展了新的区域和领域。中标新疆 G3014 乌尔禾—阿勒泰高速公路项目第 1 项目包（金额 15.5 亿元），是公司参与市场竞争以来高速公路工程投标中标金额最大的项目，也是公司首次进入新疆高速公路市场；中标湖北恩来高速工程 TJ-4 标（4.4 亿元），为扩大公司在中南地区高速公路建设领域的影响有着积极的作用。全年在公路市场中标 64.5 亿元，占经营总额的 17.04%，与 2010 年相比增加 13.8 亿元。

【中铁三局公路市场】 2011 年，中铁三局强化区域责任，各子、分公司发挥专业化优势，加强市场运作的力度，集团的社会影响力和产业集中度不断提升。二公司重点在河北中得 2 个项目，分别是河北省茅荆坝（蒙冀界）至承德公路路基、路面、桥梁、隧道工程施工 5 标段和河北省石家庄至磁县（冀豫界）公路改扩建工程路基桥涵、路面工程 XJ-4 标，共计 8.4 亿元；六公司将经营重点转移到能体现自身特点和优势的专业领域，树立了品牌，仅在贵州公路市场就承揽到 4 项工程，贵州省清镇至织金公路土建工程第 6 标段、贵州省遵义至毕节公路路面工程施工第 28 标段、贵阳市金阳新区道路路面改造工程 B 标段(分包)、贵州省三穗至黎平高速公路路基、桥隧工程 LJ3 标段，总额达 11.2 亿元。

【中铁四局公路市场】 2011 年，中铁四局各子（分）公司广揽信息，重构市场，通过开展高端营销，积极参与市场竞争，全年公路领域完成新签合同额 79.1 亿元。一公司在河南市场连中 5 个高速公路标，体现了在河南高速公路市场的区域优势。

1.滨海新区西外环高速公路（津汉高速—海景大道）工程 6 标段。工程造价 2.3 亿元，合同工期：2011 年 2 月 01 日～2012 年 5 月 31 日。工程概况：工程位于天津市滨海新区，工程北起位于东南环铁路（现状蓟港铁路）南侧，与北侧港城大道分离式立交相接，向南设置第九大街分离式立交，止于京津塘高速互通式立交北侧，起止桩号 K11+870.007～K14+851.5，路线长度 2981.5 米，道路面积 133510 平方米，桥梁面积 47129.6 平方米。

2.甘肃金武高速公路 JW2 合同段。工程造价 1.3 亿元，合同工期：2011 年 6 月～2012 年 6 月。工程概况：JW2 合同段路线起点桩号 K24+000，位于龙口坝东南方向 2 公里，路线终点桩号 K45+000，位于水源镇东南方向 1 公里，路线全长 21 公里。标段主要工程项目为：路基土石方及路基附属、桥梁、涵洞通道及改移道路、河道等工程。

3.江西德上高速公路 A8 标。工程造价 1.6 亿元，原合同工期 2010 年 10 月 28～2012 年 2 月 28 日，16 个月，调整后合同工期 2010 年 10 月 28 日～2012 年 6 月 31 日，20 个月。工程位置及施工范围：A8 合同段起点桩号 K25+700，终点桩号 K30+550，全长 4.85 公里。线路总体为东北至西南走向，位于玉山县怀玉乡境内，起于关口村凿字亭西南侧 150 米，终于白泥村北侧 300 米处。

4.江西抚吉高速公路 B3 标。工程造价 1.6 亿元，合同工期：2011 年 6 月 28 日～2012 年 6 月 27 日。工程位置及施工范围：抚州至吉安高速公路 B3 合同段路线处于赣中地区，总体呈东西走向，起于永丰县沿陂镇的艾溪源，经过佐龙乡的马形坑、五石，于 K123+963 处跨越恩江后进入恩江镇，终于 K128+000 处与 B4 标段相接，里程范围为 K117+000～K128+000，全长 11 公里。

5.江西抚吉高速公路 B7 标。工程造价 2.2 亿元，合同工期：2011 年 6 月 28 日～2012 年 8 月 27 日。抚州至吉安高速公路 B7 合同段工程路线处于赣中地区，总体呈东西走向，起于吉水县文峰镇店前村，经过洲上村至文峰山，于 K161+030～K162+070 段设置文峰山隧道穿越文峰山，终于 K162+560 处与 B8 标段相接，路线起讫里程为 K156+540～K162+560，全长 6.02 公里。

6.南石高速公路 A4 标。工程造价 2.7 亿元，合同工期：2011 年 2 月～2013 年 2 月。南石高速公路 A4 标位于南安市官桥镇，主线起于一片寺隧道中变坡点处，经岩前、成竹、泗溪，设下溪边分离式桥上跨 X319，于林边设官桥互通与 G324 衔接，终于泗溪村林边南，起止里程：K15+900～K22+524，全长 6.624 公里，设计有隧道 0.5 座计单洞 2427 米，桥梁 10 座 1194 米，涵洞通道 24 座 880.61 米，官桥互通区立交一座。

【中铁五局公路市场】 2011 年，中铁五局公路工程新签合同额 99.8 亿元，在建公路项目 96 个。

1. 湖南长韶娄高速公路 9 标。合同工期：2011 年 9 月 1 日～2012 年 9 月 1 日，合同总额 1.6 亿元。工程概况：该项目位于湘乡市金石镇金安村，起讫里程 K44+375.436~K52+000，线路长 7.625 公里。本合同段主要工程包括路基土石方 157.7 万立方米、路基防护和排水工程 6.8 万立方米、通道与涵洞工程 54 座、大桥 2 座、中小桥 4 座、互通 1 处等工程内容。

2. 娄新高速公路第 12 标段。合同工期：2011 年 9 月 11 日～2014 年 10 月 1 日，合同总额 2.1 亿元。工程概况：该项目起止里程为 K25+500～K51+000，全长 25.5 公里。本合同段工程主要是 K25+500～K51+000 主线路面面层、基层、沥青桥面铺装、互通路面面层、基层及全标段路面排水。设计时速为 100 公里/小时的四车道高速公路标准，整体式路基宽度为 26 米。

3. 唐津高速公路(塘承高速—津塘公路)扩建工程 3 标。合同工期：2011 年 11 月～2014 年 9 月 30 日，合同总额 3.7 亿元。工程概况：项目位于天津市塘沽区五十间房村，本标段起止里程 K1055+125.465～K1063+159.666，全长 8.034 公里，总造价 3.589 亿元。主要工程量有互通式立交桥 2 座，中小桥 4 座，涵洞 11 座，路基 2 段共计 3.3 公里。其中津塘互通式立交桥全长 2781.666 米，5 个匝道；津京塘互通式立交桥全长 1900 米，三个匝道。

4.承德至赤峰高速公路第 3 合同段。合同工期：2011 年 1 月 19 日～2013 年 3 月 20 日，合同总额 11.1 亿元。工程概况：项目位于河北省承德市承德县境内，起点里程 K37+050，终点里程 K60+100，线路全长 23.05 公里。计划修建临时房屋 7000 平方米，修临时便道 12 公里；曹家沟隧道左线长 2541 米，右线长 2284 米；两家隧道左线长 542 米，右线长 492 米；岗子隧道左线长 327 米，右线长 327 米；路基挖方设计 399.3 万立方米，路基填筑设计 448 万立方米；桥梁总长 1849 延米工。

5. S202 从江至贯洞公路工程项目。合同工期：2011 年 10 月 25 日～2015 年 10 月 24 日，合同总额 9.2 亿元。工程概况：该项目位于贵州省从江县境内东北部，贵州省黔东南州从江县高增乡高增村，线路起讫里程 K0+000～K13+263.865，全长 13.264 公里，路基宽度 21 米，双向四车道一级公路，设计时速60公里/小时。项目以路基、桥梁、隧道为主，并涵盖路面、交通安全设施、绿化及环境保护等工程内容。路基工程：挖方251万立方米，填方260.6万立方米，清淤换填23万立方米，附属圬工18.4万立方米；桥梁工程（分左右幅）：小桥1座29延米，中桥1座43延米，大桥6座1833延米；涵洞工程：钢筋砼盖板涵23座939横延米，圆管涵5座35横延米；隧道工程（双洞）：长大隧道1座3961延米；路面工程：沥青砼路面16.6万平方米，水稳层9.5万立方米；交通安全设施1266万元；绿化及环境保护189万元；改移工程：改路2.8公里，改沟（河）1.4公里，跨线桥44延米。

6. 江西抚州至吉安高速公路B6合同段。合同工期：2011年6月28日～2012年10月27日，合同总额2.1亿元。工程概况：该项目位于赣中地区，总体呈东西走向。起讫里程为K144+000～K156+540，全长12.54公里。管段主要工程有大桥980米/2座，中桥331.1米/5座，互通立交桥80米/1座，分离立交桥170米/2座，支线上跨桥77米/1座，路基土石方338万方，涵洞2052.1米/53座，变更小桥32米/2座（河元2#分离桥、塔下分离桥）。

7. 省道308线小河西至上都段一级公路。合同工期：2011年12月10日～2013年11月10日，合同总额2.3亿元。工程概况：该项目位于多伦淖尔至西干沟段起讫里程为K1+240～K17+000，线路长15.76公里。工程包括：路基、路面、桥涵、排水及防护工程，其中大桥1座、公铁立交桥1座、中桥2座、小桥6座、涵洞6道。

8. 北京京石高速公路第二通道第七合同段。合同工期：2011年6月1日～2013年5月31日，合同总额3.5亿元。工程概况：该项目位于北京市房山区石楼镇夏村西北侧，起止里程为K15+050～K19+450，全长4.4公里。工程数量：桥梁11座（大石河桥、马刨泉河桥、万窑路分离式立交桥、石夏路分离式立交桥及7座通道桥），路基借土填方约81万立方米，钢筋砼箱涵1座，圆管涵461.1米，石灰粉煤灰稳定碎石路面底基层215818平方米，水泥稳定碎石路面基层102019平方米，地方线路改造2907米。

9. 青岛至兰州国家高速公路雷家角（陕甘界）至西峰段LX14合同段。合同工期：2011年1月20日～2013年7月20日，合同总额4.4亿元。工程概况：该项目位于甘肃省庆阳市庆城县驿马镇。起讫里程为K1369+600～K1387+695.402，全长18.376公里。其中大桥3座，涵洞9道，天桥17座，通道桥（涵）20道，路基挖方330.97万立方米，路基填筑413.54万立方米。

10. 抚吉高速公路B5合同段。合同工期：2011年6月28日～2012年10月27日，合同总额1.6亿元。工程概况：项目位于江西省吉安市永丰地区。起讫里程为K139+000～K144+000，标段长度为5公里。工程数量：特大桥1座，中小桥1座，分离立交1座，共计1404.12延米；路基土石方1472520立方米，服务区1处，涵洞12道。

11. 福建泉州南石高速公路A1标。合同工期：2011年2月18日～2013年2月18日，合同总额2.7亿元。工程概况：本项目线路起于福建南安市霞美镇张坑村，与已建的南惠高速公路主线相接。路线起点K0+000，终点K4+290，线路设计长度4.290公里，实际施工起点为K0+700，实施长度3.589公里。主要工程数量：路基挖方35万立方米，路基填方45万立方米，特大桥（西溪特大桥，左幅2330.11米，右幅2345.92米）共1座，大桥273.832米/1座，中桥80米/1座，小桥(15.54米及19.24米）共2座，涵洞、通道7座。

12. 大兴至思南高速公路15标。合同工期：2011年1月20日～2013年3月20日，合同总额4亿元。工程概况：项目位于贵州省印江县与思南交接处新寨乡，起讫桩号为K131+900～K136+700，路线全长4.8公里。双向四车道，主要工程项目有路基、桥梁、涵洞、隧道、防护及排水工程。工程数量：桥梁3座合计长2244米。制梁场位于K135+400段路基上，共需30米小箱梁132片、T梁70片。路基及附属主要工程量：挖方375874.2立方米，填方428351立方米，种草、铺草皮72247平方米，挂网喷混植草16199平方米，浆砌工程2.07万立方米，框架锚杆17593千克，框架锚索6710米。

13. 连霍高速公路洛阳至三门峡（豫陕界）段改扩建工程TJ-12标。合同工期：2011年7月1日～2012年7月1日，合同总额6.3亿元。工程概况：项目位于三门峡市陕县境内，起讫里程为RK91+400～RK99+300，全长7.9公里。主要工程数量：路基土石方137.5万立方米(土方71.7万立方米，石方65.8万立方米)，防排水14463立方米，大中桥3702米/9座，涵洞18米/1座；隧道3181.5延米/2座，其中，金银山隧道左线1187米，右线1233米，张茅隧道左线2027米，右线1916米。

14. 灵河高速公路神池至河曲段LJ7标。合同工期：2011年4月15日～2012年4月30日，合同总额3.8亿元。工程概况：项目位于山西省忻州市偏关县境内，起点里程K72+210，终点里程K77+000，全长4.79公里。主要工程数量:挖土方353.43万立方米(站场52.43万立方米，区间 298.3 万方)，填土方 89.4 万立方米(其中灰土填筑 6.33 万立方米)，填石方 4.52 万立方米，桥梁总长：2143.32 米/9 座，其中大桥 1936.16 米/6 座，中桥 129 米/2 座，天桥 78.16 米/1 座，涵洞 549.44 米/6 道，圬工 5.9 万方，预制 T 梁 436 片(预制 T 梁为 40 米)，箱梁 36 片，现浇梁 4 孔，桩基 21282 米/451 根，孔桩直径为 1.5 米、2.0 米、1.8 米，主要以 1.5 米为主。墩柱主要以矩形墩为主。

【中铁六局公路市场】 2011 年，中铁六局公路市场情况：

1. 京石二通道（大苑村—市界段）高速公路工程第 3 标段。工期 24 个月，投资 2.9 亿元。工程概况：设计速度：120 公里/小时；本工程为京石二通道高速公路工程第 3 标段，总长 3.5 公里，其中桥梁 5 座，涵洞 9 道，其他为路基。路基、桥梁、涵洞、路面(改建地方路)、安全设施及预埋管线、绿化及环境保护、照明工程。

2. 海西高速公路网沈海复线宁德漳湾至连江浦口高速公路宁德段路基土建工程 A4 标段。工期：2010 年 12 月 30 日～2013 年 4 月 20 日，投资 3.5 亿元。工程概况：设计行车速度：100 公里/小时，车道数：6 车道，路基土石方 67.34 万立方米；不良地基处理 0.596 公里，路面工程 18.3 万平方米，桥梁 97 米/1 座，隧道 3661.5 米/2.5 座；涵洞 10 道。含宫后门中桥（3×30 米预制 T 梁）；飞鸾 1#隧道左线长 309 米、右线长 307 米、飞鸾 2#隧道左线长 737 米、右线长 721 米；油车岭隧道左线长 2628 米，右线长 2621 米（隧道净空 14.5 米×5 米）。

【中铁七局公路市场】 2011 年，中铁七局公路工程中标 65 项，中标额 57.4 亿元，占中标总额的 23.8%。主要中标项目：

1. 四川省会东至河门口公路工程第二标段。合同工期 16 个月，合同价值约 3.3 亿元。四川省会东至河门口公路位于会东县鲹鱼河沿岸，工程起自会东县鲹鱼河大桥桥头，与会东县环城公路和 S310 省道相接，路线全长 43.076 公里。该工程包括会东至河门口公路的路基、路面、桥梁涵洞、隧道及沿线防护设施（不含绿化以及通风、照明设备采购安装等工程）工程。本标段主要工程内容：路基、桥涵、隧道。

2. 郑卢高速公路洛阳至洛宁段土建工程 LNTJ-3 标段。合同工期 540 天，合同价值约 3.1 亿元。郑州至卢氏高速公路洛阳至洛宁段起于洛阳市西部，向西经宜阳，终点位于洛宁县，全长 68.92 公里。LNTJ-3 标段位于宜阳县境内，主要工程内容：路基、桥涵、通道、排水防护等工程。

3. 洛阳至栾川高速公路嵩县至栾川段土建工程 SLTJ.2 标段。合同工期 20 个月，合同价值约 5.3 亿元。洛阳至栾川高速公路是河南省 2010 年计划开工的重点高速公路项目，全线位于洛阳市境内，起点在嵩县纸坊乡东北接洛嵩段终点，终点位于栾川县庙子乡接拟建尧山至西峡高速公路，路线全长 67.75 公里。本标段主要工程内容：路基、桥涵、隧道等工程。

4. 广西岑溪至水汶公路土建工程 NO.3 合同段。合同工期 33 个月，合同价值约 8.3 亿元。广西岑溪至水汶公路土建工程 NO.3 合同段起于岑溪市，总体走向由北至南，与 G207 连接后到达水汶镇。本标段主要工程内容：路基、桥涵、隧道、房建、交安设施等工程。

5. 乐昌至广州高速公路项目樟市至花东段及韶赣北连接线土建工程 T15 合同段。合同工期 20 个月，合同价值约 8.8 亿元。乐昌至广州高速公路樟市至花东段是乐昌至广州高速公路项目的一段，经过英德市、清远市，止于广州花都区的花东镇，线路长约 140 公里。本标段主要工程内容：路基、桥涵、隧道等工程。

6. 海西高速公路网漳州南联络线南靖至龙海高速公路路基土建工程 A5 标，中标价值 3.26 亿元，开工日期 2011 年 1 月 1 日，合同工期 730 日历天。工程概况：路线全长 5.017 公里。主要控制点：西岩隧道、磁美分离、东园特大桥、枫林枢纽互通。

7. 省道 308 线小河西至上都段一级公路 TJ-2 标。中标价值 2.95 亿元，开工日期 2011 年 12 月，合同工期 23 个月。工程概况：公铁立交桥 1 座，互通立交 1 处，大桥 1 座，小桥 3 座，涵洞 13 道。

8. 广州至清远高速公路改扩建(广州段)土建工程 A10 标段。中标日期，中标价值 1.67 亿元，开工日期 2011 年 4 月，合同工期 18 个月。工程概况：路线总长 1.703km。新建及拼宽桥梁 1252.29 米/2 座，新华高架桥跨铁路段拆除既有桥梁 1005.19m/1 座；路基长度 0.452km，其中路基拼宽 0.452km。

9. 茅荆坝（蒙冀界）至承德公路 17 标段。中标价值 2.74 亿元，开工日期，合同工期 28 个月。工程概况：全长 8.449 公里，互通立交 2 处，大桥 2 座，隧道 1 座及其他构造物工程。

【中铁八局公路市场】 2011 年，中铁八局公路市场情况见表 4-8。

表 4-8　中铁八局 2011 年公路市场情况

序号	项目名称	合同金额（万元）	工期	工程概况
1	G213 线映秀至都江堰段（粤汶公路）灾后恢复重建工程III标段	13685	2011.1.28～2013.1.28	G213 线映秀至-都江堰段位于汶川大地震震中阿坝州汶川县映秀镇、漩口乡境内，起于烧火坪隧道映秀端，沿岷江前行，止于友谊隧道汶川与都江堰交界处。本路是干线公路成都～都江堰～映秀～汶川～马尔康（九寨沟）的重要组成部分，是目前汶川物资进出最快捷的通道。技术标准：公路等级：二级公路，设计速度：40 公里/小时，路基宽度：8.5 米，行车道宽度：7.0 米，路面结构类型：沥青混凝土路面（隧道中间段：水泥砼路面），设计洪水频率：路基 1/50、大中桥 1/100、小桥及涵洞 1/50，地震基本烈度：Ⅷ度。该标段分为新建和加固两部分，桥梁为大跨径刚构桥梁，隧道为高瓦斯隧道。新建部分为 K1016+788.415～K1019+220.000，全长 2.40 公里，包括漩口大桥 251 米、寿江大桥 436 米、漩口隧道 1533.3 米；加固部分为 K1028+330.000～K1029+280.000 的友谊隧道，全长 950 米。
2	国道昆明南连接线高速公路工程土建施工招标	50000	2012 年 12 月 31 日完工	里程桩号为 K20+000～K24+998，主线全长 4.998 公里。主要包括昆河铁路跨线桥（长 384 米）、南昆铁路跨线桥（长 1020.08 米，包括箱梁顶推施工）、大冲立交 GFK 主线桥（长 794.6 米）、大冲立交 B 匝道桥（长 618.06 米）、盖板涵 3 座、框架涵 6 座、路基工程 3.594 公里等
3	川陕片区天丰路改造工程	15930	360 个日历天	道路 0+000～1+041.787，下穿隧道.+660～1+120，全长 1501.787 米

【中铁九局公路及市政市场】　2011 年，中铁九局公路工程中标 10 项，中标额 24 亿元，占中标总额的 41.5%。市政工程中标 68 项，中标额 24.5 亿元，占中标总额的 15.1%。

1.沈阳经济区新城建设项目—旅游产业大道东段（佟沟至白清寨）。2011 年 8 月中标，中标价 1.1 亿元。计划 2011 年 8 月 27 日开工，预计 2012 年 8 月 31 日完工。线路全长 5.02 公里。路基挖方 87.3 万立方米，填方 44.6 万立方米，沥青路面 31 万平方米；中桥 3 座，小桥 3 座，盖板涵 2 座，圆管涵 5 道等。

2.江苏如东临海高速公路工程。2011 年 9 月中标，中标价 1.6 亿元。计划 2011 年 6 月 12 日开工，预计 2012 年 8 月 31 日完成。线路全长 11.31 公里。路基土石方约 114 万立方米，大桥 2 座，中桥 5 座，小桥 1 座，涵洞 35 座。

3.杭州至瑞丽公路云南龙陵至瑞丽高速公路。2011 年 9 月中标，中标价 3.8 亿元。计划 2011 年 10 月 28 日开工，总工期 30 个月。线路全长 3.96 公里。主要有特大桥 2 座，大桥 5 座，连拱隧道 1 座，路基土石方 74.5 万立方米。

4.中山市小榄快速干道。2011 年 10 月中标，中标价 6.1 亿元。计划 2011 年 8 月开工，预计 2014 年 1 月竣工。路线全长 17.31 公里。有特大桥 1 座，大桥 2 座，涵洞 4 道，路基土石方 11.23 万立方米。

5.哈尔滨阳明滩大桥疏解工程。2011 年 4 月中标，中标价 2.7 亿元。计划 2011 年 4 月 15 日开工，预计 2011 年 10 月 31 日通车。线路全长 1092.9 米。高架桥双向八车道，地面道路双向六车道，景观道路道口处采用钢混叠合梁跨越。

6.长春硅谷大街道路工程。2011 年 9 月中标，中标价 1.4 亿元。计划 2011 年 9 月 9 日开工，预计 2012 年 10 月 20 日竣工。道路全长 2.78 公里。

7.长春景阳大路与西四环路立交桥三标段。2011 年 9 月中标，中标价 1 亿元。计划 2011 年 9 月 20 日开工，预计 2012 年 9 月 30 日竣工。

8.兰州市南山路西柳沟立交桥跨兰新线标段。2011 年 9 月中标，中标价 1.2 亿元。计划 2011 年 10 月 20 日开工，预计 2012 年 6 月 20 日竣工。主要有主线桥 1 座，匝道 3 条。

9.沈阳四环快速路 BT 项目。2011 年 9 月中标，中标价 4.4 亿元。计划 2011 年 3 月 18 日开工，预计 2012 年 12 月 31 日竣工。项目为股份公司的 BT 项目，全长 21.3 公里。主要有特大桥 2 座，大桥 6 座，中桥 2 座，小桥 2 座，框构桥 5 座，盖板涵 8 座，圆管涵 50 座。路基挖方 71.2 万立方米，填方 187 万立方米。

10.沈阳小什字街—工农路公铁立交桥。2011 年 10 月中标，中标价 1 亿元。计划 2011 年 10 月 25 日开工，预计 2012 年 12 月 31 日竣工。道路全长 817.02 米，其中桥梁 620 米，路基长 197.02 米。

【中铁十局公路市场】　2011 年，中铁十局全年中标 37 项，新签合同额 97.6 亿元，在山东、陕西、江苏、浙江、广东等公路优势市场，中标 14 项，价值 18.77 亿元，保持了传统优势。在河北市场新签合同额 7.52 亿元，安徽市场新签合同额 7.25 亿元，山西市场新签合同额 7.12 亿元，次优势区域实现了滚动发展。特别是二公司在湖南公路市场连中四标，新签合同额 8.5 亿元。

1.S242 线尼勒克—巩留公路项目中铁十局承建。工期及投资：计划工期 2011 年 04 月 01 日～2012 年 11 月 30 日，总投资 4 亿元。

工程范围：本合同段自省道 K0+000，向北至 K13+190 至伊犁河边，工程内容主要包括路基工程、路面工程、桥涵工程、交叉工程、隧道工程、交通安全设施及预埋管线工程、绿化及环境保护工程、管理养护与服务房屋建筑工程等。

主要工程量：路基挖土、石方 1150502 立方米，路基填筑方 1594814 立方米，路面 627910 平方米，特大、大桥 2225.93 米/3 座、涵洞 235 道，路线交叉 25 处。

要点：本标段特殊路基主要软弱地基和黄土地基。K0+150～K1+500 和部分路段为软弱地基，填方路基采用挖除基底软弱层，换填渗水土的方式处理；K41+580～K41+930、K49+250～K49+700 两段落为黄土地基，采用单夯力为 3000KJ 强夯机械夯实 4 遍，达到消除湿陷性。本合同段设隧道工程 1 座，为群吉萨依隧道，全长 1264 米，建筑限界净宽 10 米，净高 5.0 米，为双向两车道。群吉萨依隧道采用三心圆结构，设置仰拱，隧道洞门采用翼墙式明洞洞门。

2. 山东省德州至河南省商丘干线公路鄄城至菏泽段高速公路路基、桥涵和互通立交工程 2# 标段。工期及投资：本工程计划工期 2011 年 10 月 8 日～2013 年 02 月 09 日，总投资 1.92 亿元。

工程范围：本合同段为二合同段，路线起讫里程 DK224+000～DK240+800，全长 16.8 公里。本合同段工程内容主要包括路基、桥梁。

主要工程量：路基土方 211 万方，二灰土 38 万方，二灰碎石 0.98 万方。桥涵等工程施工混凝土 5.75 万方，浆砌片石 2.55 万方；桥梁 18228 米 /7 座（含互通式跨线桥、分离式立交桥及改路桥梁）、涵洞 68 道（含圆管涵、盖板涵），通道 17 道，预制先张梁板 1186 片，后张箱梁 312 片。

要点：重点为京九铁路分离立交主桥连续梁施工，主桥以（30+55+42）米连续梁形式上跨越京九铁路，施工过程除营业线Ⅱ级要点 43 次（每次施工要点时间 120 分钟/次，接触网停电状态）外，其余全部属于临近营业线 C 类施工。本桥上部结构左幅、右幅分别采用（30+55+42）米预应力连续梁结构形式，采用现场支架现浇的施工工艺。主桥两侧引桥桥梁结构采用后张 25 米箱梁先简支后连续的结构形式。25 米后张预应力砼小箱梁在梁场集中预制，架桥机架梁。桥墩为双柱式钢筋砼墩、桩基础。桥台为肋板式桥台，左、右幅桥长 1109 米。

3. 繁峙至大营高速公路路基、桥隧工程 5 标段。工期及投资：计划工期 2011 年 1 月 20 日～2012 年 1 月 20 日，总投资 1.9 亿元。

工程范围：本合同段为 LJ5 合同段，路线起讫里程 K34+935～K41+000，全长 6.016 公里，合同段主要内容包括：路基、桥涵工程。

主要工程量：路基土石方：路基挖土方 101.2 万立方米，填方 194.9 万立方米，路基防护圬工量为 2.7 万立方米；桥梁工程：大桥 570 米/3 座，中桥 342.1 米/4 座，小桥 20 米/2 座，天桥 4 座。预制 20 米箱梁 140 片，预制 30 米箱梁 153 片，预制 10 米空心板梁 40 片，涵洞及通道工程：涵洞及通道总计 1762.09 延米/33 道、桥涵工程混凝土总计 11.4 万立方。

要点：繁峙至大营高速公路是山西省高速公路网规划的“3 纵 11 横 11 环”中第 3 横的重要组成部分，本项目设计采用双向四车道标准，车速 100 公里/小时。本项目位于山西省东北部代县盆地内，地形总体较为平坦，属大陆性半干旱气候区，沿线不良地质较多，现场交通条件较好。本标段管段内地貌单元为山前冲洪积黄土丘陵区，微地貌为黄土冲沟、黄土台地，受地表水侵蚀作用，冲沟发育，大型冲沟较多。地层岩性以第四季冲洪积黄土为主，普遍为Ⅰ～Ⅱ级非自重性湿陷性黄土，局部段落为Ⅱ级自重性湿陷性黄土，厚度 3～15 米不等，未见地下水。

4. 三门峡市陕州大道西延工程土建工程。工期及投资：计划工期 2011 年 3 月 10 日～2012 年 5 月 9 日，总投资 1.31 亿元。

工程范围：本合同段为 TJ-1 合同段，路线起讫里程 K896+400～K901+600，全长 5.2 公里，本合同主要内容包括：一级标准，路基土石方、排水排污地下管线、石灰粉煤灰稳定底基层、水泥粉煤灰基层、淄阳河大桥一座，涵洞 11 道。

主要工程量：路基土方 34.5 万方，6%石灰处理路床 11.2 万方，石灰粉煤灰稳定层 39 万平方，水泥粉煤灰基层 22.1 万平方，各种雨污水管 23.9 公里。

要点：淄阳河大桥位于本项目新修路段，中心桩号 K899+188.355，交角 120°，本桥上部采用 8-30 米先简支后连续箱型梁，下部为桩柱式墩台，桥长 247.2 米，桥梁桥面宽度为净 51.0+2×3.0 米人行道，全宽 57.0 米。其中基桩 100 根，墩柱 70 个，桥台 2 个，30 米预制后张法预应力箱梁 160 孔，全桥混凝土 2.3 万方，钢筋 2221 吨。本标段路基为双向十车道，K896+400～K898+000 段为既有老路两侧加宽，其余地段均为新建，路基宽度 67 米，其中：行车道宽度 2×4×3.75 米，中央分隔带宽度 2.0 米，路缘带宽度 2×0.5 米，侧分带宽度 2×2.0 米，慢车道宽度 2×7.0 米，人行道宽度 2×3.0 米，绿化带宽度 2×5.0 米。

5. 东至至九江公路安徽段。工期及投资：计划工期 2011 年 1 月 1 日～2013 年 12 月 30 日，总投资 2.8 亿元。

工程范围：路基、桥涵、互通区、收费站及服务区、线外工程。

主要工程量：本项目共有路基挖方 93.58 万立方米；填方 107.26 万立方米；路面 20 万平方米；大桥 853.54 米/4 座，中小桥 58 米/1 座，分离立交桥 53 米/2 座，车行天桥 61.1 米/1 处，涵洞 21 道，通道 12 道。

要点：路基填筑采用机械化施工，自卸车运输，推土机摊铺，平地机整平，重型振动压路机碾压的方法施工，并辅以人力施工配合。水泥稳定碎石基层及沥青面层采用集中拌合，自卸车运输至施工现场。摊铺机摊铺，压路机压实。

6.安徽综合交通行业地方道路改造项目 S105 龙塘 至巢湖段 NO.2.1 标段。工期及投资：24 个月。计划开工日期：未定(以监理签订的开工令为准确定开工日期)，总投资 2.9 亿元。

工程范围：本标段为第一标段，起讫里程为 K0+000～K17+322.9，全长 17.5 公里，全线按双向四车道一级公路标准设计。

主要工程量： 路基工程：挖除旧路面 51159 平方米、挖土方 152539 立方米、挖石方 47608 立方米、填方 757834 立方米、低剂量水稳 438547 平方米、水泥稳定碎石基层 440202 平方米、下面层 387078.33 平方米；中面层 343498.26 平方米、上面层 362354.1 平方米。桥梁工程：桥梁砼总量：C50 钢纤维砼 1046 立方米；C50 砼 20267.82 立方米；C40 砼 4947.3 立方米；C40PVC 防水砼 2442.90 立方米；C30 砼 7754.83 立方米；C30 水下砼 16692 立方米；C25 砼 9.4 立方米；C25 水下砼 959.18 立方米；C15 砼 24.40 立方米。

要点：路基、桥涵、路面及绿化标线工程全部包含，老路处理及老路拼接施工为重难点工程。施工分三阶段进行，第一阶段为路基及结构物施工，此阶段是下步施工的基础，进展快慢直接影响后续工程的开展；第二阶段为路面施工，线路长，工程量大，工期紧；第三阶段为交通标志、标线及绿化等施工。

7.安徽省黄山至祁门高速公路路面工程第 4 标段。工期及投资：计划工期 2011 年 12 月 1 日～2013 年 1 月 30 日，总投资 1.7 亿元。

工程范围：主要工程为 K77+800～K102+978.476 的全部路面和路面排水工程。

主要工程量：5%水泥稳定碎石 450731 平方米，细粒式沥青混凝土 600997 平方米，中粒式沥青混凝土 603429 平方米，粗粒式沥青混凝土厚 376774 平方米。

施工要点：路面施工采用全部采用机械化施工。水泥稳定层混合料采用分 2 处拌合场集中厂拌，分两个作业面同时施工，每处拌合场设置 2 台拌和站拌合，每个作业面配备 2 台同型号摊铺机及相应配套的压实设备和运输设备。基层厚 36 厘米的分两层摊铺，每层摊铺厚度为 18 厘米，底基层、基层厚 20 厘米或 17 厘米的采用一层摊铺，压路机压实。沥青混凝土面层混合料采用 1 处集中拌和站拌合，分一个作业面摊铺施工。路面摊铺机施工拼装成一定施工宽度，除变宽段外，不得用带液压自动伸缩的摊铺机。

8.湖南省浏阳(黄泥界)至醴陵高速公路项目路面工程。工期及投资：计划工期 2011 年 10 月 12 日～2012 年 12 月 13 日，总投资 1.9 亿元。

工程范围：本合同段为 20 合同段，路线起讫里程 K57+500～K80+962 ，全长 22.28 公里。

主要工程量：设计时速 100 公里/小时，沥青混凝土路面和水泥稳定基层以及其他附属工程等。其中基层 502745 平方米、上面层 555142 平方米、中面层 538403 平方米、下面层 409256 平方米、粘层 948679 平方米、封层 496845 平方米。乳化沥青透层 496845 平方米。

9.湖南省大围山（湘赣界）至浏阳高速公路项目路面工程。工期及投资：计划工期 2011 年 10 月 11 日～2012 年 10 月 10 日，总投资 1.8 亿元。

工程范围：本合同段为 24 合同段，路线起讫里程 K0+000～K20+500，全长 20.50 公里 。

主要工程量：设计时速 100 公里/小时，沥青混凝土路面和水泥稳定基层以及其他附属工程等。其中 4 厘米 ARH 米上面层 21242 立方米、6 厘米 ARHM 中面层 31862 立方米、8 厘米下面层 25372 立方米，40 厘米抗裂型水稳碎石基层面积 409732 平方米、沥青面积 848182 平方米、改性沥青同步碎石封层 369188 平方米、沥青透层 369188 平方米、30 厘米水泥砼面层 80331 平方米、SBS 改性乳化沥青表处封层 81087 平方米。

10.湖南省郴州至宁远高速公路项目路面工程。工期及投资：计划工期 2011 年 12 月 20 日～2012 年 12 月 19 日，总投资 2.5 亿元。

工程范围：本合同段为 34 合同段，路线起讫里程 K190+200～K216+760.753。全长 26.503 公里。主要工程量：设计时速 100 公里/小时，沥青混凝土路面和水泥稳定基层以及其他附属工程等其中 4 厘米细粒式沥青 622737 平方米、6 厘米中粒式改性沥青混凝土 622737 平方米、8 厘米粗粒式沥青混凝土 551652 平方米、26 厘米连续配筋砼基层 27025 平方米、改性沥青同步碎石封层 656886 平方米、PCR 乳化沥青黏层 1147176 平方米、水泥浆粘结层 1247827 平方米、煤油稀释沥青透层 640771 平方米、36 厘米 5%水泥稳定碎石基层 642855 平方米、18 厘米 5%水泥稳定碎石基层 32178 平方米、30 厘米水泥砼路面 3193 平方米。D40 桥梁伸缩缝 33 米、D60 桥梁伸缩缝 136.8 米、D80 桥梁伸缩缝 955.84 米、D160 桥梁伸缩缝 147 米。

11.省级高速榆商线榆林至绥德高速公路面工程 LM-3 标段。工期及投资：计划工期 2011 年 03 月 01 日～2012 年 8 月 31 日，总投资 3.5 亿元。

工程范围：LM-3 标段的起讫里程为 K53+400～K86+387，路线长 32.987 公里，设计速度 100 公里/小时，整体式路基宽度为 26 米，分离式路基宽度为 13 米。

主要工程量：厚 180 毫米水泥稳定碎石底基层 566804 平方米、厚 200 毫米水泥稳定碎石底基层 11257 平方米、厚 200 毫米水泥稳定碎石基层 10674 平方米、厚 400 毫米水泥稳定碎石基层 549453 平方米、厚 120 毫米沥青稳定碎石基层（ATB-30）470036 平方米、透层 534082 平方米、粘层 1332104 平方米、封层 801298 平方米、厚 60 毫米中粒式改性沥青混凝土（AC-20）801298 平方米、厚 40 毫米改性沥青混凝土（AC-13）801298 平方米、厚 260 毫米普通水泥混凝土面板 6196 平方米。

要点：本项目工程主要为路面水泥稳定碎石基层及底基

层、沥青混凝土路面面层施工。底基层及基层 18 厘米、20 厘米厚采用一次摊铺；基层厚度 40 厘米采用分层摊铺，每层摊铺压实厚度为 20 厘米。混合料在拌合场，采用稳定土拌合站集中拌合，大型运输车运输，稳定土摊铺机双机挂线联铺。采用 3 台振动压路机振动碾压，采用胶轮压路机静压，同时配备轻、小型压路机进行边部压实，确保压实质量内实外美。主线细粒式沥青混合料 AC-13 上面层、中粒式沥青混合料 AC-20C 中面层均采用 SBS 改性沥青，改性沥青的基质沥青采用 90 号 A 级，改性剂采用 SBS 类，在本项目全部使用成品改性沥青。主线的 ATB-30 基层采用 A 级 70 号（1-3）道路石油沥青。沥青使用前进行针入度、延度、软化点、溶解度、薄膜加热、闪点、含蜡量、密度等项目检测，确保原材料技术指标符合要求。不合格者不使用。沥青碎石选用当地符合规范要求的碎石。

12. 中铁沈阳四环 BT 工程项目(路面工程)四标段。工期及投资：计划工期 2011 年 09 月 01 日～2013 年 5 月 31 日，总投资 4.3 亿元。

工程范围：本标段为四标段（苏家屯区、铁西区），起讫里程为 K97+225～K130+761.186(项目起点)，标段长 33.536 公里。

主要工程量：4 厘米厚 SMA 沥青玛蹄脂抗滑层表面层 692859 平方米、4 厘米厚细粒式 SBS 沥青混凝土表面层 468958 平方米、5 厘米厚中粒式 SBS 改性沥青混凝土中面层 643663 平方米、6 厘米厚中粒式沥青混凝土下面层 468317 平方米、7 厘米厚粗粒式沥青混凝土下面层 644163 平方米、粘层油 1805381 平方米、下封层 1339971 平方米、透层油 1339732 平方米、20 厘米水泥稳定碎石基层 1158973 平方米、20 厘米水泥稳定砂砾底基层 1222338 平方米、20 厘米级配砂砾垫层 1294955 平方米、水泥混凝土 20241 平方米、碎石垫层 22394 平方米、培中央分隔带 189524 平方米、边分隔带 252519 平方米、培土路肩 84765 平方米。

要点：本项目工程主要为级配砂砾垫层、路面水泥稳定砂砾底基层及水泥稳定碎石基层、改性沥青混凝土路面面层施工。

13. 合肥市徽州大道与合肥市高铁南站衔接工程 1 标。工期及投资：工期、2011 年 11 月 19 日～2012 年 9 月 17 日，总投资 3.5 亿元。

工程范围：K0+000～K1+156.062，长 1.156 公里，其中徽州大道主线共 10 联 29 跨；南二环地面道路长 1.62 公里、下穿地道 0.57 公里；徽州大道至南二环立交设置 A、B、C、D、E、F、G 共 7 条高架匝道。

主要工程量：路基挖方 17.2 万方、填方 11.7 万方、路面结构水泥稳定碎石 6.2 万方、沥青混凝土约 2.6 万方、雨水管道 9483.4 米、污水管道 2359 米、桩基 698 根、咬合桩 942 根、承台 183 座、墩柱 185 个、桥台 7 个，现浇连续梁共计 52 联，其中钢箱梁 4 联。

要点：须按照方案的要求进行安全文明施工围挡，确保施工期间车辆、行人安全通行。必须充分考虑其对工期及安全的影响；施工期间交通必须有可行的交通组织方案，保证沿线单位及居民通行。沿线涉及各类管杆线较多，要充分考虑管杆线施工对工期的影响，特别是既有管线，确保既有管杆线安全运行。本工程排水施工时应确保沿线居民排水畅通，做好导流、疏浚工作，做好沟槽处理及箱涵施工保障措施方案及临时倒流方案，南二环下穿施工，现浇预应力连续箱梁施工。

【中铁大桥局公路市场】 2011 年，中铁大桥局公路市场情况：

广东省连州（湘粤界）至怀集公路项目路基桥涵、隧道工程 13 标段，合同价 4.3 亿元，全长 11 公里，工期为 2011 年 9 月～2014 年 3 月。

湖北省保康至宜昌高速公路宜昌段一期土建工程 BYYCTJ-7 标，合同价 2.9 亿元，全长 7.8 公里，工期为 2011 年 8 月～2013 年 1 月。

湖北省恩施至来凤高速公路及湖北恩施至重庆黔江高速公路宣恩至咸丰(鄂渝界)段一期土建工程施工 TJ-6 标，合同价 19.1 亿元，全长 34.96 公里，工期为 2011 年 8 月～2014 年 5 月。

江苏省芜申线（高溧段）航道整治工程桥梁施工项目 WSXGL-SG-QL3 标段，合同价 1 亿元，全长 0.98 公里，工期为 2011 年 4 月～2012 年 12 月。

福建省泉州湾跨海大桥路基土建工程 A1 标段，合同价 8.8 亿元，全长 5.91 公里，工期为 2011 年 6 月～2014 年 3 月。

广东省广佛江快速通道江顺大桥工程江门段，合同价 7.8 亿元，施工范围 28#主墩、29#辅助墩、30#过渡墩，工期为 2011 年 12 月～2014 年 12 月。

云南省普立（黔滇界）至宣威公路 4 标段，合同价 5.2 亿元，全长 1.79 公里，工期为 2011 年 8 月～2014 年 7 月。

武汉至汉川一级公路舵落口至新沟镇段改建工程桥梁施工，合同价 1.5 亿元，全长 1.36 公里，工期为 2012 年 2 月～2014 年 1 月。

香港中环湾仔绕道—北角段隧道及东区走廊连接路项目，合同价 3.4 亿元，全长 4.5 公里，工期为 2011 年 1 月～2017 年 6 月。

孟加拉约德普尔—迈门辛格公路改造项目 WI-3 标段工程，合同价 1.3 亿元，全长 29.6 公里，工期为 2011 年～2013 年。

赞比亚共和国 MONGU 至 KALABO 公路 MONGU 至 TAPO 段，合同价 4.5 亿元，全长 32.2 公里，工期为 2011 年 7 月～2015 年 5 月。

【中铁隧道公路市场】 2011 年，中铁隧道中标公路工程项目 16 项，新签合同额 70 亿元（含在建工程增加合同额 7 亿元）。主要项目包括：

1. 山西阳泉西环高速公路路基、桥隧及采空区治理工程

LJ3标段。工期2010年12月25日～2012年6月25日，合同价3.8亿元。工程位于阳泉市盂县境内，标段起讫里程为K8+900～K12+820，全长3.92公里。工程范围主要包括隧道工程、路基土石方工程、防护排水工程、特殊路基处理等。本项目主要结构物为檀树岩分离式隧道1座，左线长3842米，桩号为ZK8+982～ZK12+824；右线长3805米，桩号为K8+982～K12+787。

2.山西省岢岚至临县高速公路路基、桥隧工程LJ5标段。工期2010年12月20日～2012年6月20日，合同价4.6亿元。项目区域地跨山西省吕梁地区兴县及忻州市岢岚县。起始桩号为K33+400，终止桩号为K43+600，全长10.2公里。工程内容包括有路基挖土石方218.46万立方米、填方116.78万立方米、防护及排水工程117268.9立方米，涵洞18座、桥梁工程2113米/4座、隧道工程5941米/1座（双洞长）。

3.浙江舟山市定海金塘观前至沥港互通公路Ⅰ标段工程。工期2011年1月20日～2012年1月19日，合同价0.25亿元。该标段包括沥港互通（A、B匝道）、沥港互通至大浦口段（K0+055～K3+000）和木岙至金塘互通段（K0+000～K5+062），路段全长8.007公里。

4.湖北省谷城至竹溪高速公路一期土建工程34合同段。工期2011年1月26日～2012年9月26日，合同价3.8亿元。合同段位于十堰市竹溪县，关垭子隧道出口位陕西省安康市平利县，标段起点里程K221+650，终点里程YK229+571.587（ZK229+573.587），途经郭家湾、罗家院、跨305省道及竹溪河，再横跨梨树湾及宴家沟北侧山谷，终点为关垭子隧道出口，线路全长7.922公里（设计无断链）。工程内容包括路基土石方（挖方180.92万立方米，填方111.31万立方米）、防护及排水工程（3.015万立方米）、涵洞及通道工程（1018.21米/21座）、桥梁工程（751.625米/3座）、隧道工程（3273.837米/3座）等。

5.贵州省仁怀至赤水高速公路土建工程RCTJ-7标段。工期2011年2月15日～2012年7月14日，合同价4.1亿元。 仁怀至赤水高速公路是贵州省高速公路规划“678网”中第五条纵线赤水至望谟公路的一段，全长163.8公里，本合同段起点为分离式路基，起点桩号K41+050（ZK41+020），之后依次设梅子沟隧道、木樸寨大桥、吴家寨大桥、牛路沟隧道、牛路沟大桥、王家坪一号大桥、王家坪二号桥（右幅）、冯家咀大桥、咀上大桥，标段终点为李家寨隧道出口，终点桩号K48+923（ZK48+917），合计线路长度7.873公里。

6.贵州省仁怀至赤水高速公路土建工程RCTJ-11标段。工期2011年2月15日～2012年6月14日，合同价3.8亿元。该标段位于习水县境内，起讫里程左线ZK60+609～ZK66+154，右线YK60+597～YK66+195，线路全长5.598公里。主要工程：大桥2399.5米/10座；中桥39.5米/1座；涵洞1座；隧道两座，分别为邓家沟隧道（分离式隧道，左线长1255米，右线长1227米）和麻杠隧道（双连拱隧道，长260米）；路基挖方76.54万立方米，路基填方13.61万立方米，防护及排水工程1.39万圬工方。

7.湖北省谷城至竹溪高速公路一期土建工程GZTJ-8标。工期2011年7月26日～2013年6月10日，合同价3.8亿元。本合同段位于谷城县紫金镇境内，起止桩号为K42+700～K46+800，线路长4.1公里。主要工程为大坪山隧道（整个隧道右洞长8265米，中铁隧道负责进口段4077米），设人行横洞11处，车行横洞5处，紧急停车带10处，在隧道中部设置2座通风斜井，1号斜井长419米，2号斜井长352米。

8.福建省三明长深高速公路连接线（城市快速通道）一期A1合同段。工期2011年11月10日～2012年11月8日，合同价4.2亿元。该工程位于三明市沙县境内，管段起讫里程为K12+340～K18+190。主要工程为隧道2501米，桥梁1164.75米，路基土石方3847110立方米，涵洞及通道1368.24米。

9.乐昌至广州高速公路项目樟市至花东段及邵赣北连接线土建工程T29标。工期2011年12月1日～2012年7月15日，合同价6.3亿元。本合同段位于广州市花都区境内，合同段起点为K257+300，途经梯面镇及花山镇，终点为K265+690，线路全长8390米。工程内容包括路基土石方（442.1万立方米）、防护及排水（36000立方米）、涵洞及通道（1202.82米/18座）、改路、河、渠工程（973米）、桥梁工程（1962.99米/6座）、隧道工程(1770米/1座)等。

10.甘肃省平凉—武都地方高速公路（S15）成县至武都段CW17标段。工期2011年12月15日～2013年12月15日，合同价3.8亿元。本合同段位于武都区城关镇境内。本标段全线均为分离式，左线起止桩号为ZK81+720～ZK85+690，线路长3.97公里，右线起止桩号为YK81+760～YK85+720，线路长3.96公里。主要工程为樊家山隧道、武都西隧道和北峪河12号大桥。樊家山隧道左线全长3812米（该标段承担1906米，16标承担1906米），樊家山隧道右线全长3768米(该标段承担1882米,16标承担1886米)，武都西隧道左线全长3763米（该标段承担1880米，18标承担1883米），樊家山隧道右线全长3781米（该标段承担1889米，18标承担1892米）。

11.广西壮族自治区防城至东兴高速公路土建工程No.3合同段。工期2011年12月1日～2013年5月30日，合同价1.6亿元。本合同段起讫里程为K19+000～K33+000，线路全长14公里。合同段内主要包括路基挖方190.6083万立方米，路基填方183.4467万立方米，各种防护、排水圬工共计5.5723万立方米，大桥330米/2座，中桥254.2米/4座，华石互通1处，分离式立交3处，涵洞45道，通道34道。

12.荣成—乌海高速公路河北徐水至涞源（冀晋界）段LJSG-18合同段。工期2011年11月30日～2013年5月22日，合同价2.7亿元。该合同段位于河北保定，起讫里程为K88+200.00～K92+600.00，线路全长4.4公里。主要工程量大桥2932.24米/7座，路基挖方524714.5立方米，填方

149537.3 立方米，1-3×3 米涵洞 1 座。桥梁工程下部结构形式为柱式墩、薄壁空心墩、桩基础、桥台采用 U 台、扩大基础；上部结构连续 T 梁共计预制 T 梁 984 片，其中 30 米梁 552 片，40 米梁 432 片。

13. 福建省莆永高速公路永春至永定泉州段路基土建工程 A1 标段。工期 2012 年 1 月 1 日～2013 年 12 月 31 日，合同价 4.2 亿元。本合同段位于福建泉州市永春县达埔镇境内，线路起讫里程为 K0+000～K3+900，路线全长 3900 米。主要工程项目包括路基土石方、防护及排水、桥梁、涵洞及互通立体式立交、隧道工程。本合同段工程内容包括路基土石方（挖方 80.8038 万立方米，填方 79.308 万立方米）、防护及排水（挡土墙 216 立方米浆砌圬工 4.5 万立方米）、涵洞及通道（376.01 米/15 座）、改路、河、渠工程（367.96 米）、桥梁工程（2589.35 米/10 座）、隧道工程(2155 米/0.5 座)等。

14. 青海省共和至玉树（结古）公路一期工程 GYI-SGB7 标。工期 2011 年 5 月 1 日～2013 年 7 月 15 日，合同价 11.1 亿元。本工程位于玉树藏族自治州玉树县境内，标段起讫里程为 K760+000～K783+500，线路全长 23.5 公里，合同价款 11.11 亿元。工程范围包括隧道工程、路基土石方、路基防护及排水工程、桥梁工程(含 B6、B8 标段桥梁上部施工)、涵洞及通道工程、互通式立交及改路、改河等工程。主要工程量为：路基土石方 193.8 万立方米、圬工 15.6 万立方米；桥梁 5626 米/26 座，涵洞通道 917 横延米/40 道；互通立交 1 处；隧道 3120 米/1 座。

【中铁电气化局公路市场】 2011 年，中铁电气化局中标公路工程（亿元以上）4 项：湖北省宜昌至巴东（鄂渝界）公路机电工程 JD3 标段 2.2 亿元；茅荆坝至承德公路第 7 标段 3.7 亿元；宝鸡市蟠龙大道建设项目 PL-3 标段 1.2 亿元；京台高速公路弓鱼连接线 A1 标段 3.9 亿元。

【中铁航空港公路市场】 2011 年，中铁航空港公路市场情况：

1. 中铁沈阳四环 BT 项目工程（路面工程）第一标段。总造价约 3.9 亿元，合同工期 21 个月。中铁航空港一公司中标，建设单位为沈阳市交通局，本标为第一合同段，起终点里程为 K0+000～K30+300，路线全长 30.3 公里，采用双向 6 车道高速公路标准，设计速度为 100 公里/小时。桥涵设计的汽车荷载等级为公路 I 级。

2. 中铁沈阳四环快速路 BT 项目工程土建工程第一标段。总造价约 3.4 亿元，合同工期 21.5 个月。中铁航空港一公司中标，建设单位为沈阳市交通局，本标为第一合同段，起终点里程为 K0+000～K9+000，路线全长 9.0 公里，主要工程项目有桥梁、路基。主要工程数量为：路基挖土方 31.35 万方，挖石方 16.06 万方。分离立交 3 座，盖板涵 5 道。采用双向 8 车道高速公路标准，设计速度为 100 公里/小时。桥涵设计的汽车荷载等级为公路 I 级。

3. 湖南省益阳市苏家坝至新屋冲公路、新屋冲至新凤村公路、青山庙至泉水塘公路、泉水塘至迎风桥公路项目第 TJ2-TJ5 合同段土建施工工程第 TJ3 标段。总造价 2.5 亿元，合同工期 21 个月。中铁航空港一公司中标，建设单位为湖南铁投银城高速公路有限公司，本标为 TJ3 合同段，起终点里程为 K8+000～ K16+300，路线全长 8.3 公里，主要工程项目有桥梁、路基。主要工程数量为：路基土石方数量 133.66 万立方米，桥梁 1014.64 米/5 座，涵洞 13 道，隧道 380 米/1 座，互通式立交 1 处，通道、天桥 20 处，分离式立交 64.88 米/1 座。采用四车道高速公路标准，设计速度为 80 公里/小时，路基宽 24.5 米。设计荷载为公路—I 级。

4. 珲春至乌兰浩特高速公路吉林至沈阳联络线吉林至草市段建设项目 A24 合同段。总造价 1.3 亿元，工期 2011 年 4 月 20 日～2012 年 9 月 30 日。中铁航空港一公司中标，建设单位为吉林省高速公路集团有限公司，本标为 A24 合同段，起终点里程为 K0+621～K12+212，路线全长 11.59 公里，采用高速公路路基改桥后土模法代替满堂支架施工现浇梁工艺。主要工程项目有大中桥、小桥、涵洞、通道、互通立交、A 辅道、分离式立交桥。主要工程数量为：路基挖土方 61 万方，挖石方 7100 万方。路基利用土方 43.5 万方，利用石方 2700 万方。大中桥 930.39 米/5 座，小桥 25.528 米/2 座，涵洞 15 道，通道 4 道，互通立交 1 处，A 辅道 5.0465 公里，分离式立交 862.12 米/10 座。采用双向四车道高速公路标准，设计速度为 40 公里/小时，桥涵设计的汽车荷载等级为公路Ⅱ级。

【中铁上海局公路市场】 2011 年，中铁上海局中标江苏省临海高等级公路如东段工程、沈阳四环快速路新建工程第十合同段、广西桂来高速公路第四合同段工程等 8 个公路项目，主要项目有：

1. 江苏省临海高等级公路如东段 BT 工程。投资总额 22 亿元（含 3 亿元前期费用）。工期安排：开工日期 2011 年 6 月 30 日，建设期 32 个月，回购期 28 个月。施工单位：中铁十局（路基一标）、中铁九局（路基二标）、中铁上海局二限公司（路基三标）、中铁七局郑州公司（路基四标）、中铁上海局华海公司（路基五标）、中铁四局一公司（路面一标、路面二标）、中铁四局机电设备安装有限公司（交安标）。工程概况：路线起自海安如东交界，接老坝港工业园区规划振海路，项目起点桩号 K3+298，跨越北凌河南支线后，路线偏南向东，沿东南方向利用洋通大道，途经如东沿海经济开发区，洋口经济开发区，在一线海堤内侧沿 221 省道向南到达东安科技园区，最后路线止于如东与通州交界遥望港，项目终点桩号为 K77+670，全长 74.372 千米。本项目采用一级公路标准进行建设，设计车速为 100 公里/小时。一般路段采用 26 米的一级公路标准断面；港口及开发区路段 K12+850～K23+765、K43+685～K56+410 总长 23.64 千米，采用 33.5 米或 34.5 米的一级公路标准断面。

2. 沈阳四环快速路新建工程第十合同段。合同造价 2.6

亿元，合同工期：2011 年 3 月 19 日～2012 年 4 月 30 日。施工单位：中铁上海局三分公司。工程概况：本项目设计为双向六车道城市快速路，设计行车速度：主线 100 公里/小时，辅路 40./小时；道路红线宽度 70 米；道路标准断面为：3.0 米(人行道)+ 7.5 米(辅路)+5.0 米(边分隔带)+12 米（主路)+7.0 米（中央分隔带）+12 米（主路)+ 5.0 米(边分隔带)+ 7.5 米(辅路)+ 3.0 米(人行道)，全宽 62 米。主线桥分离式、菱形立交设计。主体工程包括桥梁 9 座（大桥 3 座、中桥 3 座、下穿框构桥 1 座、小桥 2 座、盖板涵 1 座）、路基土石方（主要为填方、挖方，特殊路基处理主要为鱼塘段抛石挤淤、清淤填片石）。

3. 广西桂来高速公路第四合同段工程。合同造价 2.7 亿元，合同工期：2011 年 5 月 1 日～2013 年 9 月 1 日（暂定)，实际开工时间 2011 年 5 月 1 日。施工单位：中铁上海局二公司。工程概况：桂平至来宾高速公路 IV 合同段包括主线 K210+000～K222+000)全长 12 千米和武宣联线 3.8563 千米。主线（K210+000～K222+000)，路基土石方 231.65 万立方米；大、中桥 194.17 米/2 座；小桥 60.08 米/2 座；跨线立交桥 186.2 米/3 座；线外桥 49 米/1 座；钢筋混凝土盖板通道 34 个；钢筋混凝土圆管涵 13 个。武宣联线（LK4+500～LK8+356.3）为进出武宣县及周边乡镇的公路。路线长 3.8563 千米，路基土石方 35.64 万立方米，黔江特大桥 749.68 米/1 座；涵洞 8 个。黔江特大桥上部结构为(106+200+106）米三跨一联的预应力混凝土变截面连续箱梁，主桥全长 412 米，整幅式布置。箱宽 9.5 米，翼板悬臂 4.2 米，全宽 17.9 米。两岸引桥分别采用 2×30 米和 9×30 米，先简支后连续预应力砼 T 型梁，引桥共长 337.682 米。

4. 江苏省临海高等级公路如东段工程 5 标。合同造价 4.1 亿元，合同工期：2011 年 7 月 12 日～2012 年 8 月 31 日，实际开工时间 2011 年 7 月 12 日。施工单位：中铁上海局华海公司。工程概况：本标段起点位于桩号 K60+000，线路接四标终点径直向南前行，跨越如泰运河，进入东安科技园区，路线利用一期和二期之间的通道穿过园区，跨越纳潮河，线路略向西偏继续向南，跨越遥望港，终于如东通州交界，桩号 K77+670，本标段线路全长 17.67 千米。公路用地面积 1268 亩；拆迁 11175 平方米；混凝土用量 12710.6 立方米；沥青砼路面 328440 平方米；本标段箱涵有 5 道，圆管涵 29 道；大桥 3 座，中桥 3 座，小桥 6 座，主要道路交叉 1 处。

5. 宜州至河池高速公路肯研互通式立交土建工程。合同造价1亿元，合同工期： 2011年5月10日～2012年11月9日，总工期18个月。施工单位：中铁上海局一公司。工程概况：广西河池互通是实现河池至都安高速公路与宜州至河池高速公路连接的枢纽立交，同时也是河池市的西出口，采用半定向Y型+单喇叭的组合型式。该互通内的宜河高速及单喇叭立交为一期工程，正在施工建设。由于宜河项目在施工图设计时，河池至都安项目还处于施工可研究阶段，因此，宜河项目只做了本互通的一期工程，综合考虑都安方向的接线，预留了二期工程位置。现根据河池至都安项目实施线位，完成河池西互通的二期工程。由于地形限制，结合交通量及综合考虑河池西一期单喇叭立交，该互通二期采用半定向Y型方案，主流方向F匝道下穿宜河高速，次流方向I匝道上跨宜河高速，以节省工程量和提高主流的行车安全。该互通主交通流F、G匝道均采用设紧急停车带的单向双车道断面，次交通流H、I匝道采用单向单车道断面。河池西互通立交工程匝道总长2915.3米，互通范围内共有4座匝道桥共1826.5米。

【中铁二院公路市场】 2011 年，中铁二院在公路、市政板块方面，总体与 2010 年基本持平。公路新签合同额 2.7 亿元，市政新签合同额 1.8 亿元。在公路领域出现同比下降 26.5%的情况下，市政领域则取得了同比增长 130.7%的成绩。全年公路、市政板块共新签合同 178 个，新签合同额共计 4.44 亿元，同比增长 0.6%。分述如下：

公路主要中标项目：主要有省道 217 线石渠至马尼干戈等四条公路改建工程 A3 标段勘察设计、湄洲湾至重庆高速公路福建省三明段 A2 合同段勘察设计。

市政中标项目：主要有沙文生态科技产业园沙果南路、沙果北路、金干北路及四苏路道路工程勘察设计、重庆快速路三纵线红岩村嘉陵江大桥至五台山立交段工程勘察设计。

主要新签合同项目见表 4-9：

表 4-9 中铁二院 2011 年公路、市政板块主要新签合同一览表

序号	项目名称	合同额（万元）
1	广州增城沙庄至花都北兴公路二期工程（荔城至花都北兴段）公路工程勘察设计	4288.28
2	福建省海西高速公路网三明市境高速第 S1 合同段工程勘察设计	3101.9258
3	达州市张家坝明月江大桥建设工程总承包	3000
4	中国电力投资集团公司腊撒水电站密松至腊撒公路工程勘察设计合同	2680.886
5	大广高速公路粤境良口至中和里段施工图勘察设计补充（第 D4 合同段）	2457.2248
6	重庆市快速路一横线（歇马—蔡家段）工程设计	1670
7	火车北站扩能改造配套工程市政配套部分工程勘察设计	1600
8	硅谷大街道路及下穿铁路框架桥工程、吉林大路道路及上跨铁路立交桥工程、凯旋	1076

	路上跨铁路立交桥工程	
9	彭水县城摩围山隧道工程勘察	700
10	彭水县城摩围山隧道工程设计	609

【建设分公司公路市场】2011 年，建设分公司公路市场情况：

1. 岢岚至临县高速公路路基、桥隧工程 LJ5 标段。合同额 4.6 亿元，工期：2011 年 1 月 1 日～2012 年 7 月 1 日。工程概况：里程为 K28+100～K38+300，线路全长 10.2 公里，山西省吕梁市、忻州市境内。主要工程数量：包括分离式隧道 1 座 2949 米、大桥 5 座 1060 米、路基土 205 万立方米、石方 105 万立方米、涵洞 23 道。

2. 宝鸡市蟠龙大道建设项目路基桥梁路面工程。合同额 9513 万元，工期：2011 年 7 月 1 日～2013 年 7 月 1 日。工程概况：宝鸡市蟠龙大道建设项目 PL-1 标段，起止里程 K0+000～K6+500，线路全长 6.5 公里。起于省道 212 陇凤公路 K100+150 处金河乡蒋家庙村，终于宝鸡市蟠龙塬顶西营村以西，与规划的蟠龙大道建设项目相连接。主要工程数量：路基 5.232 公里，挖土方 65.3 万立方米，填土方 6.8 万立方米，回填砂砾石 4.7 万立方米，软基处理强夯及冲击碾压 5.3 万平方米，浆砌圬工 4.1 万立方米，污水及雨水管道 3468 米。大桥 1089.45 米/3 座、中桥 178.24 米/3 座、盖板涵 5 道。

3. 上游投资项目：沈阳四环快速路投资一建设项目。合同额 65 亿元，2011 年 3 月 1 日开工，整体项目建设工期 29 个月。工程概况：该项目位于沈阳市三环外平均距离约 8 公里，项目全长 132 公里，直径 40 公里，包围面积 1254 平方公里，路线位于未来沈阳主城区边缘地带，共经过沈阳六个区，该项目断面规划为红线 70 米、绿线 90 米。断面组成包括 1 条 7 米宽中央绿带（预留轻轨空间）、6 条快速机动车道、辅路 4 条车道、2 条 5 米宽边分隔带、2 条 3 米宽非机动车道及两条路侧绿带。主要工程数量：全线共与铁路交叉 13 次，其中主线下穿 5 处，主线上跨 8 处，包括跨秦沈客专、铁路沈阳西站（裕国铁路编组站）两处大桥；与浑河交叉 2 次；与高速市政交叉 6 处， 其中 4 处主线上跨、2 处主线下穿。上述各条道路的工程建设内容均包括道路、桥涵（如有）、雨水管线、污水管线、电力管线、绿化工程、照明及亮化及其它配套设施的建设等。

4. 广东轨道交通产业园配套基地 BT 及 EPC 项目。合同额 25 亿元，工期：2011 年 8 月开工，以基本解决三通一平、施工图到位、具备开工条件，获得甲方批准，以首先开工独立项目的开工时间为准。整体项目建设工期：暂定 18 个月。工程概况：本 BT+EPC 项目具体包括如下两个部分：基础配套工程：包括配套基地内的基础配套及周边的路网配套（含园区内软基处理、道路、给水、排水、排污、涵洞、绿化等；园区周边的疏港大道、广珠铁路江门南站规划道路、厂前路）；基地员工村建设。配套厂房建设工程：包括经入园企业同意并委托承建的企业厂房土建工程；厂房用地软基处理。

5. 江顺大桥及配套道路 BT 和工程总承包。合同额 28.6 亿元，工期：2011 年 9 月开工，以基本解决三通一平、施工图到位、具备开工条件，获得政府方批准，以首先开工独立项目的开工时间为准。整体项目建设工期 42 个月。工程概况：江顺大桥 BT 工程项目全长约 4.47 公里，东接佛山市顺德区城市主干道杏龙路，西接同步建设的广佛江快速通道江门段（近期与滨江大道相接）。配套道路 BT 工程项目包括：配套道路包括西环路隧道工程、金瓯路（江门水道一港澳码头）、江睦路、建设路与迎宾路立交及周边环境整治工程、胜利南路等工程。主要工程数量：上述工程的建设内容均包括道路、桥涵、雨水管线、污水管线、电力管线、绿化工程、照明及亮化及其它配套设施的建设等。

城轨市场

【股份公司城轨市场情况】 2011 年，股份公司城轨新签合同额 557.5 亿元，同比增长 16.7%。

【中铁一局城轨市场】 2011 年，城市轨道市场成为中铁一局施工领域第一板块，公司在 19 个城市中标 51 个项目 92 亿元，占施工新签合同额的 24.5%，位居总公司第一名，继续领跑城轨市场。在北京、武汉、杭州、西安等几个传统城市，中标额均在 10 亿左右，持续保持一定的优势；同时进入南宁、东莞、福州等三个土建盾构新市场，并通过铺轨、机电等专业优势重新进入重庆、上海市场。另外天津地铁盾构管片项目的中标，拓展了中铁一局的城市轨道业务范围。

【中铁二局城轨市场】 2011 年，中铁二局城市轨道交通一直保持稳定，中标项目质量明显提高，单个标段的规模明显增大，中标额在 4 亿元以上的项目明显增多，如：杭州地铁 1 号线（7 亿元）、上海轨道交通 11 号线、13 号线轨道工程（4.8 亿元）、东莞市轨道交通试验段（6.4 亿元）、昆明市轨道交通 3 号线（5 亿元）。全年中标 26.3 亿元，占中标总额的 10.37%，较上年减少 9.2 亿元。

【中铁三局城轨市场】 城轨地铁市场作为中铁三局路外工程的主营业务，具有巨大的发展潜力。2011 年，各指挥部、子分公司、办事处协调配合，积极开拓市场，取得了一定成绩。城轨承揽完成 55.8 亿元，新开辟了福州、南昌、东莞、南宁地铁市场，重回上海、南京和西安市场。二公司中标福州地铁 2 项工程，福州市轨道交通 1 号线工程土建施工 5 合同段、福州市轨道交通 1 号线工程土建施工 08 合同段；桥隧公司中标南昌地铁，南昌市轨道交通 1 号线一期工程土建施工二标段；五公司中标西安市地铁三号线一期工程鱼化寨至保税区段（不含试验段）土建施工项目-17 标段、南宁市轨道交通一号线一期工程南湖站土建施工项目；华东公司中标南京至高淳城际轨道南京南站至禄口机场段工程南京南站两端区间土建施工（DJ-TA03 标）项目，电务公司挤入杭州地铁市场，中标杭州地铁 1 号线工程通信系统安装工程和南京地铁三号线、十号线工程接地网工程。

【中铁四局城轨市场】 2011 年，中铁四局将城轨市场的开拓作为非铁路营销的重中之重，并将其列为企业加快转型的重点，先后在北京、杭州、武汉、西安、昆明等 14 个省市承揽城轨项目 40.2 亿元，并且首次进入了福州、无锡、郑州、温州等地铁市场：电气化公司重返杭州并打入无锡地铁市场；五公司全年中标城轨项目总额 11.5 亿元，尤其在福州地铁市场连中两标；城轨分公司承揽任务由去年的 2.4 亿元增加到 9.1 亿元，；八分公司首次进入了郑州地铁市场，转型初见成效；在昆明、成都、宁波等地铁市场，发挥各子（分）公司优势，提高标书质量，加强专家沟通，为项目的中标打下坚实基础。

城市轨道交通行业是国家的重点发展方向，全国已有 39 个城市的城轨建设规划获得立项批准，其中 31 个城市已经陆续开工建设。按照“全局统筹协调、一家主责牵头、多家专业配合”的原则，实施整体营销策略，逐步建立起完整的城轨市场营销链条；同时，通过加强施工生产管理，干好在建项目，确保实现滚动发展，全力推动城轨营销实现新的跨越。

1. 郑州市轨道交通 1 号线一期工程轨道安装工程施工 01 标。工程造价 1.8 亿元，合同工期：2011 年 8 月 30 日进场，11 月 26 日开始铺轨，2012 年 6 月 30 日完成正线及辅助线轨道铺设，2012 年 7 月 31 日完成无缝线路铺设，2013 年 12 月 30 日竣工。郑州市轨道交通 1 号线一期工程为一条东西方向的直径线，贯穿郑州市东西发展主轴，覆盖东西主轴客流走廊。线路衔接碧沙岗综合服务中心、二七广场商业中心、郑东新区 CBD、综合交通枢纽等区域及市级功能中心，同时联系紫荆商业中心、须水商业中心、西部大学城等重点地区；快速联系新郑州站和郑州火车站，加强城市轨道交通线网与铁路枢纽的衔接，实现城市交通与区域交通的一体化。一期工程轨道安装工程 01 标，起于西流湖以西的凯旋路站，终于紫荆山站（轨道安装工程 01 标终点 DK21+085.000），全线均为地下线，设站 11 个，均为地下车站。其中换乘站 3 座，分别为桐柏路站、二七广场站、紫荆山站。正线线路起讫里程：YDK9+146.000～YDK21+085.000；ZDK9+146.000～ZDK21+085.000，线路全长 11.939 公里。

2. 上海地铁 9 号线工程。工程造价 8728.3 万元。合同工期：2011 年 12 月 1 日～2012 年 6 月 15 日。工程概况：上海松江老城区公共交通配套工程，设计起点为松江南站站，设计终点为松江新城站（不含），线路全长约 5.373 公里，全部为地下线；共设车站 3 座，分别为松江南站站、醉白池站、松江体育中心站，均为地下站；与上海轨道交通 9 号线一期工程共用九亭车辆段。轨道结构一般地下线采用 DTIII2 型扣件、长枕埋入式钢筋混凝土整体道床；中等减振地段采用轨道减振扣件，高等减振地段采用中档钢弹簧浮置板轨道；特殊减振地段采用钢弹簧浮置板轨道；道岔采用每米 60 公斤钢轨 9 号单开道岔、三开道岔、单渡线及其交叉渡线（城轨 229 型号），轨下基础采用短枕式整体道床。

3. 福州市轨道交通一号线 02 标。合同造价 4.1 亿元，合同工期：2011 年 4 月 20 日～3013 年 10 月 20 日。福州轨道交通一号线 02 标位于福州市晋安区五四北秀峰路，工程内容包含：秀山站、秀山站—罗汉山站区间、秀山站—罗汉山站区间明挖段、罗汉山站、罗汉山站—福州火车站区间，共计五个子单位土建工程。主要工程数量：车站主要工程数量：挖土石方 157594 立方米，高压旋喷桩 12518 米，围护结构砼 18209 立方米，主体结构砼 40273 立方米，柔性防水层 49973 平方米。区间主要工程数量：旋喷桩 5934 米，深层搅拌桩 20832 米，盾构掘进 3916.72 米，预制钢筋砼管片 25059 立方米，联络通道及泵房 3 个。

4. 上海轨道交通 12 号线 28 标。工程造价 8388 万元，合同工期：2010 年 7 月 1 日～2012 年 12 月 30 日，实际开工期 2011 年 2 月 12 日。上海轨道交通 12 号线 28 标施工段含两区间盾构隧道工程，即金京路站—杨高北路站及杨高北路站～巨峰路站区间。其中：金京路站—杨高北路站区间隧道单线长约 960 米，隧道主要位于巨峰路下方，采用两台 Φ6340 盾构先后从金京路站西端头井始发，最后在杨高北路站东端头井进洞接收，完成区间隧道推进，区间隧道设联络通道及泵房一座。杨高北路站—巨峰路站区间隧道单线长约770米，主要位于巨峰路主干道下方，亦采用两台φ6340盾构先后从杨高北路西端头井始发，侧穿数栋民房后至巨峰路站东端头井进洞接收，完成隧道推进，区间隧道中设联络通道及泵房一座。本工程主要含两区间共3463.214米长隧道盾构掘进、管片拼装及防水、两座联络通道及泵房施工等。

【中铁五局城轨市场】 2011年，中铁五局城轨工程新签合同额41亿元，在建城轨工程项目33个。

1．南京地铁三号线土建工程D3-TA09标。合同总额4亿元，合同工期：2011年3月1日～2013年9月30日。工程概况：该标段设计为两站两区间，采用明挖法（局部盖挖）施工。主要工程数量：车站工程2个，共计385.2米，其中，夫子庙站185米，常府街站200.2米；区间工程2个，总长1655.3延米，其中，大行宫站至常府街站区间长为783.3延米，常府街站至夫子庙区间872延米。

2．武汉地铁六号线海洋乐园站。合同总额2.3亿元，合同工期：2011年9月23日～2013年12月31日。工程概况：海洋乐园站位于博览中心西北向广场下。6号线海洋乐园站包括地铁和商业开发两部分。其中：车站为地下二层岛式站台车站。南侧商业开发为地下一层。车站结构型式采用双层三跨结构。主要工程数量：土石方开挖11.79万立方米，回填土方2.43万立方米，钢支撑3915吨。地下连续墙钢筋砼21236立方米，钢筋、型钢制安4274吨，三重管旋喷桩10000米，SMW桩72232立方米，主体结构钢筋砼26693立方米。

3．武汉市地铁堤角至汉口北一标。合同总额1.9亿元，合同工期：2011年4月28日～2013年4月27日。工程概况：该标段从里程范围：CK0+000～CK3+300（不含），正线高架桥梁长度3.36公里；高架车站2座，分别为黄埔新城站、南湖村站。工程数量：区间高架车站2座，混凝土浇筑：81245立方米，钢筋制作：9631吨。

4．株机厂中低速磁浮试运线。合同总额5140万元，合同工期：2011年5月1日～2013年4月30日工程概况：该标段区间路基AK0+055～AK0+668.45，长613.45米；AK1+313.05～AK1+503.515，长190.465米，区间路基总长803.915米；桥两座，特大桥AK0+668.45～AK1+313.05，长644.6米，32孔-20米/孔，基础为柱桩；中桥AK1+503.515～AK1+572.895，长69.38米，6孔，梁均为预制梁。正线全长1572.895米，库车线长55米，铺轨长度全长1690.435米。涵洞5座。另还新建组装车间、道岔平台和运控中心厂房。

5．上海城轨13号线一期轨道工程。合同总额4.4亿元，合同工期：2011年8月15日～2014年6月30日。工程概况：该标段起点为华江路站，终点为南京西路站，正线全长16.468公里/双线，全线正线均为地下线路。工程数量：正线铺轨32.92公里，辅助线铺轨3.52公里，道岔：60千克/米钢轨9号单开道岔16组，60千克/米钢轨9号道岔6.6米间距单渡线1组，60千克/米钢轨9号道岔5.0米间距交叉渡线1组，60千克/米钢轨9号三开道岔4组，车档10座。车辆段：库内线铺轨7.25公里，库外线铺轨4.86公里，铺道岔50千克/米钢轨7号单开道岔31组，50千克/米钢轨7号道岔4.5米交叉渡线2组，铺车档27座。世调段：铺轨3.86公里。

6．北京地铁6号线二期工程土建施工15合同段。合同总额3亿元，合同工期：2011年7月15日～2013年12月31日。工程概况：该标段施工场址起于郝家府站，区间线路由郝家府站向东，沿运河东大街北侧设置，郝家府站为地下两层三跨岛式车站，结构形式采用现浇钢筋混凝土地下箱形框架结构，各层板采用板式结构。郝家府站结构总长315.05米，标准段宽度20.8米，有效站台长158米。共设置4个出入口，2个风道，3个安全疏散通道。盾构区间设计里程为K40+501.55～K41+770.4，右线长度1268.85米，左线长度1269.303米。区间在右K41+062.5处设联络通道兼泵房一座，在右K41+500处设联络通道一座。

7．郑州轨道交通2号线一期土建工程01标。合同总额5.2亿元，合同工期：2011年1月1日～2014年1月20日。工程概况：郑州地铁2号线一标左右线起点里程DK9+437.700，左线终点里程DK12+185.650、右线终点里程DK12+283.450，左线全长2751.119米、右线全长2848.45米。施工范围包括两个车站及两个区间，分别为广播台站、广播台站—新龙路站区间（简称广新区间）、新龙路站、新龙路站—国基路站区间（简称新国区间）。广播台站和新龙路站为明挖法施工车站，广新区间和新国区间为盾构法施工区间。

8．重庆城轨1号线轨道工程(沙坪坝－大学城段)。合同总额2.6亿元，合同工期：2011年2月1日～2012年9月10日。工程概况：该标段为重庆轨道交通一号线（朝天门－沙坪坝段）工程的延伸线，本段工程线路全长约20.208公里。工程数量：正线铺轨单线41.991公里，站线铺轨：单线9.491公里，道岔38组。

【中铁六局城轨市场】 2011年，中铁六局城市轨道交通工程新签合同额9.83亿元，较去年同期增长3.91亿元。

1.北京市中低速磁悬浮交通示范线（S1线）西段工程03标段。工期：2011年3月15日～2012年9月15日。投资3.8亿元。工程概况：本标段为北京市中低速磁浮交通示范线（S1线）西段工程03标段，包含一站两区间，分别是金安桥站、四道桥—金安桥区间及金安桥—苹果园区间。标段西起四道桥站设计终点，向东沿规划阜石路西延线跨越六环西侧辅路、西六环、永定河、东河堤路、丰沙铁路后以隧道穿越石景山，跨工业主题园路后沿阜石路左侧敷设到达金安桥站，出金安桥站后线路向东沿京门铁路南侧控制带敷设，分别跨越北辛安路、北辛安东路等至苹果园站。承包范围包括：金安桥站、四道桥站—金安桥站区间和金安桥站—苹果园站区间。本工程设计图纸所表述的全部施工内容，包括：土建建筑工程（含地下降水、基础钢筋、喷射混凝土护坡、主体结构、围护结构、轨道台座等）及水电专业预留预埋工作、总负责及协调配合、站前广场等。

2. 北京地铁6号线二期工程土建施工14合同段。工期：2011年7月1日～2013年12月31日，投资3.5亿元。工程概况：本标段为北京地铁六号线二期工程土建施工14合同段，包括车站一座：玉带河大街站、区间一个：玉带河大街站—郝家府站区间，包括本合同段的土建工程、装修工程、安装工程、降水工程、专项工作、战站前广场、总负责及协调配合等。

【中铁七局城轨市场】 2011年，中铁七局城轨市场中标7项，新签合同额11.01亿元，占中标总额的4.5%。

主要中标项目：

1. 武汉市轨道交通三号线土建工程3标段。合同工期28个月，合同价款约4.9亿元。武汉市轨道交通三号线为武汉市第一条穿汉江地铁工程，三号线从武汉市沌阳大道站出发，沿东风大道、龙阳大道走行，过王家湾后，与江汉二桥平行在其下游下穿汉江，上岸后下穿轻轨宗关车站，过双墩进入王家墩CBD，经范湖、菱角湖公园进入建设大道，沿建设大道及其延长线东行，过黄浦大街、二七路后，下穿京广铁路进入后湖，过兴业路、后湖大道后，线路西偏，垂直穿越金桥大道，终点站抵汉口三金潭站。全线均为地下线路，全长28公里，设站23座。

2. 上海地铁11号线南段工程接触网Ⅱ标。合同工期488天，合同价款约3.4亿元。上海轨道交通11号线南段工程起点为浦东新区的龙阳路站，终点为滴水湖边的临港新城站，长约58.962公里。本标段主要工程内容：接触网、三轨等工程。

3. 西安市地铁三号线一期工程鱼化寨至保税区段(不含试验段)土建施工项目TJSG-11标。合同工期958天，合同价款约3.1亿元。西安市地铁三号线一期工程设计正线长39.15公里，其中地下线长约27.1公里，高架线约11.6千米，敞口段长约0.5千米。共设车站25座，本标段位于西安市东二环，共1站2区间，分别为长乐公园站、咸宁路站—长乐公园站区间、长乐公园站—通化门站区间。

4. 南京至高淳城际快速轨道南京南站至禄口机场段工程南京南站土建工程DT-TA01标段，中标日期2011年3月，中标价值1.91亿元，开工日期2011年3月1日，合同工期28个月。工程概况：为四柱五跨地下两层（局部三层）站。车站为地下两层岛侧式站台车站，主体结构采用钢筋混凝土箱体框架结构，车站长252.4m，标准段宽度47.5m，车站基坑开挖深度约为14.3m～15.6m。车站暗挖共长252.4米，负一层、负二层分十个施工段进行施工。

【中铁八局城轨市场】 2011年，中铁八局城轨市场情况见表4-10。

表4-10　中铁八局2011年城轨市场情况

序号	项目名称	合同金额（万元）	工期	工程概况
1	宁波市轨道交通1号线一期高架土建工程GTJ1109标	14918	24个月	宁波市轨道交通1号线一期高架土建工程GTJ1109标段[望春桥站—徐家漕站高架部分区间、徐家漕站、徐家漕站—芦港站区间、芦港站（含GTJ1110标段的预制梁的制作安装），共2站2区间，里程K5+812～K7+244，全长1432米]
2	昆明市轨道交通首期工程轨道工程施工一标段	19183	311日历天	一标段项目设计起点为右ⅠDK20+525，终点为右ⅠDK41+900。首期工程南段线路总长为约21.375公里，其中高架线长约10.136公里，地下线长约11.095公里，地面线长约0.144公里，含高架站5座，地下站6座。 本标段包含：设计起止点（右ⅠDK20+525～ⅠDK41+900.416）范围内正线及辅助线（不含大梨园车辆段、五腊村停车场、严家山停车场及出入线）轨道工程，具体内容包括轨道施工、轨排井封堵等施工。
3	大连市202路轨道线路延伸工程轨道铺轨工程施工	13001		大连市202路轨道线路延伸铺轨工程大连至旅顺段城市轨道线路，含正线和铁山车辆段出入线两部分，全长双线41.852公里，其中正线里程为DK00+196.336～DK41+563.600，全长40.357公里；铁

				山车辆段出入线 CDK0+000～CDK0+799.074、RDK0+000～RDK0+640.332，全长 1.495 公里。正线为双线，设计最高行车速度为 100 公里/小时；轨距为 1435 毫米.其中，整体道床约 28 单线公里，碎石道床约 54 单线公里；无缝线路约 71.4 单线公里，普通线路约 10.6 单线公里。
4	昆明地铁三号线石嘴车站	11000	392 日历天	本工程分为石咀车辆段明挖区间和石咀站明挖区间，均采用明挖顺作法施工。石咀车辆段明挖区间线路入线段起止里程为 RCK0+305.85～+520.00，长 214.15 米，出线段起止里程为 CCK0+268.94～+483.096，长 214.06 米；石咀站明挖区间线路起止里程为 YDK4+200～+439.8，长 239.8 米，在 YDK4+374.8 处与石咀车辆段明挖区间相连。 石围护结构形式采用围护桩+内支撑支护，围护桩采用 ϕ1 米@0.8 米咬合桩；第一道内支撑采用钢筋混凝土矩形支撑，第 2～4 道及倒撑采用 ϕ609 毫米，壁厚 t=16 毫米的 Q235 钢管支撑。结构形式为单层三跨钢筋混凝土框架结构，侧墙、顶板厚度均为 900 毫米，底板厚 1000 毫米。

【中铁十局城轨市场】 2011 年，中铁十局城轨市场情况：

1.西安市地铁三号线一期工程鱼化寨至保税区段（不含试验段）土建施工项目 TJSG-5 标段。合同工期：2011 年 12 月 1 日～2014 年 7 月 31 日，具体开工日期以业主开工令为准，总投资 3 亿元。工程范围：太白南路站起讫里程 YDK18+429.726～YDK18+657.226，全长 227.5 米，标准段宽 20.5 米，标准段埋深 15.21 米，车站主体建筑面积为 14907.84 平方米；车站设置 7 个出入口 4 组通道、2 组 7 个风亭。太白南路站～吉祥村站区间，起讫里程为 YDK18+658.726～YDK20+107.867，右线全长 1449.141 米，ZDK18+658.726～ZDK20+107.867，左线短链 7.767 米，左线全长为 1441.465 米；采用矿山法施工，主要包括：暗挖结构和区间隧道在 YDK19+255（ZDK19+258.253）及 YDK19+590（ZDK19+582.901）处设置的施工竖井兼区间联络通道。

2.福州市轨道交通 1 号线工程 06 合同段。计划工期 2011 年 5 月 31 日～2013 年 9 月 30 日，总工期 853 日历天，总投资 2.2 亿元。主要工程量：本标段包括一站一区间，即：区间（茶亭站～达道站）、达道站，区间上行全长 1230.139 米，区间下行全长 1231.839 米，采用盾构法施工。车站主体长约 142 米，宽 20.5 米，为换乘站，地下三层结构，其中一、二层为明挖顺作，地下三层为盖挖逆作。区间部分：茶亭站—达道站区间隧道工程，区间上行全长 1230.139 米，区间下行全长 1231.839 米为盾构区间。先进行上行线隧道掘进施工，到茶亭站站前接收井吊出，然后转场至始发井，进行下行线隧道掘进施工，到达达道站接收井后拆卸吊出，完成本区间盾构段隧道施工。隧道的主要衬砌物是 C50 的钢筋混凝土平板型管片。混凝土管片共 2058 环。管片衬砌有标准环、左楔环和右楔环三种。衬砌环中心环宽为 1200 毫米，沿环向分为 6 块管片，即 3 块标准块，2 块相邻接块和 1 块封顶块。管片混凝土强度为 C55，抗渗等级 P10。

【中铁大桥局城轨市场】 南京地铁三号线工程土建工程 D3-TA01 标，合同价 1.6 亿元，全长 2.5 公里，工期为 2011 年 4 月至 2013 年 6 月。

【中铁隧道城轨市场】 2011 年，中铁隧道城轨市场情况：

2011 年，中标城轨工程项目 24 项，新签合同额 94.1 亿元（含在建工程增加合同额 9.9 亿元）。主要项目包括：

1.南京地铁 3 号线 D3-TA03 标（台冯路站（含）—浦珠路站），工期 2011 年 2 月 1 日～2013 年 6 月 30 日，合同价 6.3 亿元。

2.北京地铁大兴线 04 合同段，工期 2010 年 10 月 28 日～2010 年 12 月 31 日，合同价 0.03 亿元。

3.青岛市地铁一期工程(3 号线)土建施工 03 标段，工期 2011 年 1 月 1 日～2013 年 12 月 31 日，合同价 3.9 亿元。

4.昆明市轨道交通 3 号线试验段工程（标段二：沙沟尾站），工期 2011 年 2 月 15 日～2012 年 1 月 31 日，合同价 2.0 亿元。

5.武汉市轨道交通 4 号线二期区间及车站第七标段，工期 2010 年 10 月 1 日～2013 年 6 月 15 日，合同价 5.8 亿元。

6.重庆轨道交通 6 号线二期中梁山隧道土建工程，工期 2011 年 8 月 19 日～2013 年 4 月 5 日，合同价 8.5 亿元。

7.南昌市轨道交通 1 号线一期工程土建施工 4 标段，工期 2011 年 10 月 8 日～2013 年 7 月 31 日，合同价 8.0 亿元。

8.南昌市轨道交通 1 号线一期工程土建施工 8 标段，

工期：2011年11月1日～2013年6月30日，合同价5.8亿元。

9.南京地铁3号线土建工程D3-TA05标，工期2011年12月1日～2013年12月31日，合同价6.5亿元。

10.宁波市轨道交通2号线一期地下土建工程TJ2104标，工期2011年12月10日～2013年12月21日，合同价3.7亿元。

11.广东东莞市城市快速轨道交通R2线工程2307标，工期2011年11月20日～2013年3月31日，合同价3.3亿元。

12.广州市轨道交通6号线二期工程施工2标段，工期2011年12月31日～2013年5月1日，合同价5.1亿元。

13.无锡地铁2号线土建施工GD02TJSG-14标，工期2011年12月28日～2013年3月31日，合同价6.2亿元。

14.南宁东站综合交通枢纽一期工程（地下空间）—轨道交通换乘站，工期2011年4月2日～2012年7月18日，合同价3.8亿元。

15.杭州地铁1号线SG1-52：七堡综合体核心区南侧地下工程，工期2011年5月31日～2012年8月20日，合同价1.7亿元。

16.武汉市轨道交通3号线土建工程11标段，工期2011年7月1日～2013年9月25日，合同价2.5亿元。

17.杭州地铁1号线工程SG1-50：城站站Ⅱ标，工期2011年6月15日～2013年6月15日，合同价1.1亿元。

18.合肥市南北高架1号线工程轨道交通车站，工期2011年7月6日～2011年10月1日，合同价0.5亿元。

19.深圳市地铁龙岗线（华新站）自然形成空间市政配套工程，工期2010年10月15日～2011年12月30日，合同价0.3亿元。

20.深圳地铁7号线田贝—太安区间土建工程，工期2011年3月1日～2013年10月1日，合同价1.2亿元。

21.武汉市轨道交通3号线土建工程第七标段，工期2011年9月1日～2013年6月30日，合同价2.8亿元。

22.昆明市轨道交通3号线初期工程西标段，工期2011年3月31日～2013年1月31日，合同价4.1亿元。

23.天津市文化中心地下交通枢纽5、6号线文化中心站换乘通道，工期2011年8月10日～2012年6月20日，合同价0.8亿元。

24.杭州地铁1号线工程龙翔桥站过街通道C、D通道，工期2011年9月1日～2012年6月30日，合同价0.2亿元。

【中铁电气化局城轨市场】 2011年，中铁电气化局城轨市场情况：

城市轨道交通工程（亿元以上）18项：北京14号线供电总包6亿元；上海市轨道交通12号线工程牵降混合所、降压变电所、跟随所、电力监控系统施工及设备总承包1.8亿元；上海市轨道交通16号线牵引变电1.9亿元；武汉城市轨道交通二号线一期工程沿线供变电系统安装工程1.5亿元；北京地铁15号线工程土建施工15合同段4.3亿元；西安市地铁三号线一期工程鱼化寨至保税区段（不含试验段）土建施工项目D3TJSG-9标段6.6亿元；西安市地铁一号线后卫寨—纺织城段供电系统施工总承包工程3.4亿元；北京地铁15号线一期西段机电系统总承包3.1亿元；北京地铁10号线（二期）五路停车场上盖综合利用工程8亿元；北京地铁15号线一期工程西段设备系统总承包4.4亿元；北京S1号线设备系统四电总包4.8亿元；上海16号线通信系统1.7亿元；上海16号线接触轨3.3亿元；哈尔滨市轨道交通一号线一、二期工程供电系统设备采购及安装3.4亿元；昆明市轨道交通工程供电系统总承包项目8.9亿元；重庆六号线支线供电设备集成3.7亿元；西安一号线机电安装1.2亿元；哈尔滨市哈西地铁联络线土建工程1标段2.5亿元。

【中铁航空港城轨市场】 2011年，中铁航空港城轨市场情况：

1.西安市地铁三号线一期工程鱼化寨至保税区段（不含试验段）土建施工项目TJSG-8标段。造价3.6亿元。开工日期2011年12月1日，竣工日期2014年7月24日，总工期31.8个月。中国中铁，中铁航空港三公司施工。建设单位为西安市地下铁道有限责任公司，工程位于西安市市区，中标标段为8标，包含一个车站两个区间，标段起讫里程为YDK21+613.952～YDK24+461.502，跨度总长2647.55米。本标段小寨站东侧线路设单渡线及2-3号线联络线，该段隧道采用矿山法开挖，利用YDK21+880.428处盾构吊出井兼做施工竖井，吊出井东西两个方向开设四个工作面，施工暗挖隧道。施工降水采用洞外管井降水。

2.贵阳市轨道交通运管中心及配套项目（腾祥·迈德国际）（一期）工程。造价3.3亿元，开工日期2011年7月25日，竣工日期2013年4月13日，合同工期832天。中铁航空港北京公司中标，建设单位为贵阳市腾祥城市轨道交通房地产开发有限公司。工程位于贵阳市金阳新区，规模181244.32平方米，深基坑开挖施工，人工挖孔桩共计499根，其中穿越溶洞的孔桩数为175根，溶洞率为39%～40%；超过16米深度的孔桩共计46根桩，最长桩长为43.3米。

【中铁上海局城轨市场】 2011年，中铁上海局在城轨市场中标7项，新签合同额14.8亿元，中标项目见表4-11：

表 4-11　中铁上海局 2011 年城轨市场中标情况

序号	项目名称	中标额（万元）
1	昆明市轨道交通 3 号线工程土建施工项目（西标段）昆明小渔村地铁站	14331.59
2	广州市轨道交通 6 号线一期轨道工程施工总承包Ⅰ标	13645.86
3	宁波市轨道交通 2 号线一期地下土建工程 TJ2108 标段	62546.75
4	北京地铁 8 号线工程轨道专业安装工程Ⅲ标	8369.99
5	北京地铁 14 号线工程土建施工 24 合同段	19269.36
6	北京地铁 8 号线二期平西府车辆段临时停车场轨道安装工程	2078.10
7	上海市轨道交通 11 号线北段延伸工程（安亭站-花桥站）11.H.2 标	27496.10

1. 昆明市轨道交通 3 号线工程土建施工项目（西标段）昆明小渔村地铁站。工程造价 1.4 亿元，合同工期：2011 年 4 月 1 日～2012 年 11 月 30 日。施工单位：中铁上海局市政公司。工程概况：小渔村站是昆明市轨道交通 3 号线初期工程的中间站，位于春雨路与规划道路（现状大渔路附近处）交叉路口，沿春雨路呈西北及东南向布置。小渔村站起止里程为 YDK5+842.4～YDK6+023.4，主体总长度 181 米，标准段总宽度 19.7 米，为地下二层岛式站台车站，站台板宽 11 米、长 118 米，车站设计为盾构过站。共设 4 个出入口（其中 1 个预留出入口），2 组共 6 个风亭，车站开挖深度为 17.5 米至 18.2 米。主体围护结构采用 800 毫米厚地下连续墙，柔性接头，竖向设 4 道内支撑加 1 道倒撑，第一层为钢筋砼支撑，其余为 φ609 毫米钢支撑。车站结构形式为单柱双跨框架结构，采用明挖顺筑法施工，底板厚 1000 毫米（端头井 1200 毫米），中板厚 400 毫米，顶板厚 800 毫米，侧墙厚 700 毫米（端头井 800 毫米）。附属结构采用 φ1000 毫米的套筒咬合桩围护，内设 2 道 φ609 毫米钢支撑。车站西北面为昆明电缆厂，东南面临马街村、米轨铁路、现状大渔路。西北侧昆明电缆厂为 3～5 层厂房、仓库，部分建筑位于拟建 C、D 号出入口通道位置，距车站主体结构西北侧边线距离为 15～20 米；东南侧为马街村的 2～3 层城中村民房，距车站主体结构东侧边线距离为 30～38 米；米轨铁路，用于铁路工人上下班交通工具的客运，在每天上午 11 点及下午 5 点有 2 列客运，单列载客量在 50 人左右，位于车站东南侧，走向为北东至南西，距车站主体结构东侧边线距离为 24～28 米，位于 A、B 号出入口通道上方，与 A、B 号出入口通道轴线基本垂直。

2. 广州市轨道交通 6 号线一期轨道工程施工总承包Ⅰ标。工程造价 1.4 亿元，合同工期：2011 年 9 月 15 日～2012 年 12 月 28 日。施工单位：中铁上海局一公司。工程概况：轨道Ⅰ标始起白云区的浔峰岗高架，贯穿荔湾区，终于越秀区的北京路站，正线线路里程为 Z(Y)DK0+000～Z(Y)DK11+500，线路长度 11.5 双线公里，管内设 11 个车站，有 10 个区间，本标段还有部分出入段线（R(C)K0+200～R(C)K0+400）和 5、6 号线联络线路（LDK0+140～LDK0+676.394）的轨道工程施工，另本标段还包括标段内的所有正线、出入段线、联络线以及浔峰岗停车场的感应板安装工程。标段内主要工作内容包括：前期准备及辅助设施工程、整体道床铺设、无缝线路铺设、道岔铺设、线路和信号标志安装、车挡及附属设备安装、人防门（防淹门）门槛施工及安装配合、下料口的封堵、基地轨排井的封堵、盾构过站及始发吊出井的回填、感应板的安装、桥面防水施工以及监理工程师指示的工程等。

3. 宁波市轨道交通 2 号线一期地下土建工程 TJ2108 标段。工程造价 6.3 亿元。合同工期：2010 年 12 月 30 日～2014 年 5 月 30 日，调整后工期：2011 年 5 月 18 日～2014 年 5 月 30 日，实际开工时间为 2011 年 5 月 18 日。施工单位：中铁上海工程局华海公司。工程概况：本标段为汽车市场站、甬江北站和汽甬区间。汽车市场站为地下二层岛式车站，总长 218.95 米、宽 17.8 米，采用厚度 800 毫米的地下连续墙围护，设置 6 个出入口；汽甬区间为二层明挖区间总长 337.132 米，宽 17.8～19.3 米，采用 800 毫米的地下连续墙围护，设置 7 个出入口；甬江北站为换乘站，其中 2 号线为地下二层岛式车站，总长 246.8 米、宽 20.2 米，采用厚度 800 毫米地下连续墙围护；3 号线为地下三层岛式车站，总长 164.6 米、宽 21.5 米，采用厚度 1000 毫米地下连续墙围护，设置 6 个出入口、7 组风亭。

4. 北京地铁 8 号线工程轨道专业安装工程Ⅲ标。工程造价 1 亿元，合同工期：2011 年 7 月 1 日～2011 年 12 月 27 日，共计 179 天。施工单位：中铁上海局一公司。工程概况：项目部负责施工北京地铁 8 号线轨道三标为车辆段铺轨工程，主要施工范围为平西府车辆段铺轨及轨道安装，为满足 8 号线北段年底开通运营需要，增加临时停车场一处，现临时车场施工已基本完工，二期工程主要主要施工范围为平西府车辆段铺轨及轨道安装，本工程主要包括无碴道床轨道、有碴道床轨道、有碴道床道岔、接触轨铺设、轨道附属设备共 5 个分部工程。

5.北京地铁14号线工程土建施工24合同段。工程造价1.9亿元。合同工期：2010年11月20日～2014年12月28日。施工单位：中铁上海局一公司。工程概况：北京地铁14号线土建工程24合同段包括善各庄站、善各庄站至终点区间，另包括一段出入段线。本合同段主要工程内容包括：车站、区间及出入线土建工程、装修工程、安装工程、降水工程、专项工作、站前广场、总负责及协调配合等。善各庄站位于规划路南湖渠路与规划来广营东路交叉口及交叉口东北侧，沿规划南湖渠路东北-西南方向布置。车站周边规划条件尚不成熟，车站有效站台中心里程K47+209.000，车站总长277.49米，起止桩号为右K47+126.418（左K47+116.888）～K47+403.980。本车站设4个出入口、2组风亭、1个大端设备用房紧急疏散出口。善各庄站后折返线区间(善各庄站至终点区间)线路出善各庄站后沿远期规划道路向东北方向敷设，下穿沈家村干渠到达区间设计终点，里程为右YCK0+102.793～右YCK0+282.460，总长179.667米。出入段线工程(马泉营车辆段外)自善各庄站后区间终点开始，里程为：CK0+282.46～CK0+610，向北357.54米后，下穿香江北路(下穿后到达本标段终点)、西干沟引水渠，向东北方向继续前行，至香江北路车辆段。

6.上海市轨道交通11号线北段延伸工程（安亭站—花桥站）11.H.2标。工程造价2.7亿元。合同工期：2011年6月30日开工，2012年6月30日完成竣工验收，实际开工日期为2011年6月28日。施工单位:中铁上海局华海公司。工程概况：上海市轨道交通11号线北段工程（安亭站—花桥站）范围东起11号线北段支线终点站安亭站，西至花桥巷浦路；跨越的道路主要有曹安公路、兆丰路、漕新路、同三国道、沪宁高速公路、曹浦路、梅浦路、徐公桥路、规划纵六路-规划纵一路和沿沪大道等。本工程线路全长约6千米，全线为高架，设高架车站3座，分别为兆丰路站、光明路站、花桥站。最大站间距3.3千米，最小站间距1.1千米，平均站间距1.9千米。合同工程范围：光明路站土建工程；花桥站土建工程；沪宁高速西侧（XDK2+494.000）～（XDK6+000.606）区间的土建工程、交通便道及检修便道工程。

【中铁二院城轨市场】 2011年，中铁二院城轨板块稳中有升，在15个城市共组织和协调完成城市轨道交通投标项目超过90项，中标29项，累计新签合同额为8.23亿元，同比增长5.2%。在城市轨道交通的市场开发中，经营地域取得了新的突破，在坚守传统领地的同时，新近开辟了佛山、石家庄、厦门的新的市场，为实现中铁二院做大做强城市轨道交通业务提供了支持。分述如下：

一、主要中标项目：成都地铁3号线一期工程的总体总包计部分工点系统设计、青岛地铁2号线一期工程的总体总包及部分工点系统设计、厦门市轨道交通1号线一期工程总体总包及试验段工程设计、重庆轨道交通5号线勘察设计总承包（联合）、佛山市轨道交通2号线工程可行性研究等项目。详情见表4-12：

表4-12　中铁二院2011年城市轨道交通主要中标项目一览表

序号	项　目　名　称	中标价(万元元	备　注
1	宁波市轨道交通1号线二期工程设计(勘察设计)	1542.47	
2	成都地铁3号线一期工程设计总体、设计管理及单项设计标	5054	
3	南京地铁4号线一期工程D4-XS06标	3609.05	
4	南宁市轨道交通一号线一期工程设计通信信号标	1377.4	
5	青岛市地铁2号线一期工程土建3标、7标、系统3标、4标	6156	
6	南昌市轨道交通2号线一期工程土建01标	2420	
7	成都地铁3号线一期工程土建3CZ1、3CLD标段、	6694	
8	佛山市城市快速轨道交通2号线工程可行性研究（含全部专题）	1076.4	
9	西安地铁四号线工程D4TJSJ-4（土建）、D4XTSJ-1（通信）	3253	
10	长沙市轨道交通4号线系统2标（车辆段）、设计咨询标	4103.7	
11	石家庄市城市轨道交通1一期工程勘察设计咨询	1959.35	
12	成都地铁7号线工程可行性研究及工可地勘报告编制	284	直接委托
13	厦门市轨道交通2号线项目可行性研究报告编制	244	直接委托

14	重庆市轨道交通 3 号线北延伸段工程可行性研究编制（联合）	22	直接委托
15	重庆市轨道交通 5 号线工程勘察设计总承包（联合）	32000(暂定 tin	
16	成都地铁 1 号线南延线工程可行性研究及工可地勘报告编制	165	直接委托
17	西安地铁 6 号线工程可行性研究报告编制志	200（暂定）	直接委托
18	厦门市轨道交通 1 号线一期工程设计总体、设计及勘察管理、	7389	
19	深圳市车公庙综合交通枢纽工程工程可行性研究和设计总承包	5070	
小计		82619.37	

二、通过经营开发直接获取的项目：厦门市轨道交通 2 号线工程、成都地铁 7 号线工程、成都地铁 1 号线南延线工程、西安地铁 6 号线、昆明地铁 4 号线以及昆明市安宁快速轨道交通线等项目的工程可行性研究报告编制，上述项目的成功获取，为其后续业务的开发创造了有利条件。

三、前期项目：2011 年，中铁二院加大城市轨道交通前期业务的开发力度，协调并组织力量参与前期业务的开发，获取了东莞市城市快速轨道交通接驳网的研究、成都天府新区轨道交通线网规划以及泉州市轨道交通建设规划修编、襄阳市城市轨道交通线网规划研究、东莞市快速轨道交通 R4 线以及 R1 线南延线的预可行性研究等项目，进一步丰富了集团公司城市轨道交通的业务范围。

主要新签合同项目表 4-13：

表 4-13　城市轨道交通板块主要新签合同一览表

序号	项目名称	合同额（万元）
1	深圳市城市轨道交通 11 号线工程设计总承包	21000
2	贵阳市轨道交通一号线工程（贵阳北站—场坝村）设计总承包（合同未给）	18000
3	青岛市地铁 2 号线一期工程设计总体总包管理	4795
4	青岛市地铁 2 号线一期工程土建工点设计七标段	2796.8
5	广州市轨道交通十三号线首期工程（鱼珠～象颈岭段）设计（土建 1302 标）	2360
6	重庆轨道交通二、三号线延伸段工程	2351.3
7	铁路合肥南站配套城市轨道交通工程勘察设计	1980
8	青岛市地铁 2 号线一期工程土建工点设计三标段设计合同	1644.8

【中铁设计咨询城轨市场】　2011 年，中铁设计咨询加大了对各地城市轨道交通项目勘察设计的投标，组织参加了多个城市轨道交通项目勘察设计投标。取得了南京市地铁的 4 号线、12 号线、机场线的轨道系统设计和 4 号线一期工程单项设计 07 标段设计，北京市轨道交通燕房线工程土建设计 04、05 标段设计，首次取得长沙市轨道交通 3 号线一期工程 3216 标段设计，上海轨道交通 17 号线轨道系统设计及调坡测量。突破性地承揽了石家庄市轨道交通 3 号线供电系统及信号系统设计和太原市轨道交通 1 号线、2 号线地质灾害评估。承揽了北京市中低速磁悬浮示范线（S1 线）西段工程施工图审核，郑州市轨道交通 2 号线一期工程施工图审核。为增强集团公司在轨道交通项目总体总包的实力，集团公司与中国北车股份有限公司就城市轨道交通 BT 项目战略合作签订了框架协议。截止 2011 年末，集团公司已经在北京、上海、天津、南京、广州、深圳、沈阳、青岛、太原、长沙、太原、石家庄、苏州、无锡等十多个城市承担了城市轨道交通项目的勘察设计。城市轨道交通新签合同额 1.5 亿元，比上年增加了 59.5%，占全年新签合同额的 5.1%。

桥隧市场

【中铁二局桥隧市场】　2011 年，中标锦州国家石油储备库工程项目 C1 标段（金额 4.3 亿元），公司首次进入国家战略石油储备项目施工领域，意义重大；中贵联络线（渝黔段）管道工程隧道工程招标第 2 合同包；麓湖项目示范区新增桥梁；通川区张家坝州河大桥；广东中山市博爱路悦来南路下穿隧道工程；珠海大道（南湾立交至珠海大桥）新增通道A1等，合计中标7.23亿元。

【中铁四局桥隧市场】 2011年，中铁四局中标多项桥隧工程。其中：中标的新建吉林至珲春铁路站前工程JHSⅠ标段中小川特大桥位于吉林市江密峰镇小川村，中心里程为DK13+040.95，起讫里程为DK12+421.45～DK13+660.45，桥梁全长1239米。桥梁孔跨布置为：18-32米简支箱梁+1-(40+64+40)米连续梁+15-32米简支箱梁。采用(40+64+40)米三孔连续梁跨越环城公路，根据跨径、交通及现场地质情况，采用支架现浇法施工。中标的新建大准至朔黄铁路联络线重点控制性工程第二标段工杀虎口隧道，位于山西省朔州市右玉县境内，全长2950米，隧道普遍为软弱围岩，开挖断面大，地质复杂多变，高风险地段总长965米，占隧道总长的33%，施工总工期15.3个月。

1.苏南运河WJ-QLI标。工程造价2.1亿元。合同工期：2011年3月～2013年4月。WJ-QL1标段施工新运河大桥、八坼大桥、平望运河大桥三座桥梁的主桥工程、引桥工程、接线工程、桥两侧各100米航道工程、及三座大桥的老桥拆除。 其中新建八坼大桥位于吴江市八坼镇老桥北侧2公里处，桥梁全长766.72米；平望运河大桥位于吴江市平望镇G318国道东西方向跨越苏南运河，桥梁全长608.28米；新运河大桥位于吴江市平望镇西北方向跨越苏南运河，新运河段改建部分桥梁长为220.2米；苏南运河航道整治全线要求达到Ⅲ级航道标准，要求净空满足80×7米。原老桥通航净宽不满足80米要求，需拆除重建。

2.合肥莲花路跨派河桥。工程造价1.6亿元。合同工期：2010年6月14日～2011年12月31日。莲花路派河大桥位于经开区新港工业园内，处在合经区莲花路与派河相交处，该桥全长1044.5米，主桥为（70+120+70）米悬浇连续箱梁桥，引桥为30米预制架设小箱梁，桥面宽度双幅全宽48米，双向八车道，通航等级为限制性III级航道，单孔双向通航孔满足通航净宽60米，净高满足10米的要求。

3.合肥合作化南路高架桥。工程造价3.2亿元，合同工期：2011年2月～2011年11月。第二标段起迄里程为K2+188～K3+980。道路全长1792米，其中高架桥梁总长度1533米。标段沿线主要相交的道路有：望江西路、休宁路、铁路专用线。主要工程内容：高架道路工程、地面道路工程、交通标志标线工程、交通信号与临近工程、排水工程、照明工程、绿化工程、管线综合。第二标段共有主线连续梁16联共50跨，匝道连续梁8联共24跨，桥梁总面积45849.8平方米。挖方397615立方，填方 363731立方，余方弃置400899立方米。

4.合肥金屯立交桥匝道工程。工程造价5000万元，合同工期：2012年6月30日主体完成。施工单位：中铁四局四公司。金寨路一环立交右转匝道工程，WS匝道桥梁长约230米、SE匝道桥梁长约240米，匝道两端通过拼桥形式与老桥衔接，桥梁总宽7.5米，工程主要建设内容：桥梁、道路、排水、交通、绿化、照明、供电、声屏障等。

5.大准至朔黄铁路联络线杀虎口隧道。投资总额1.7亿，合同工期：2011年10月～2013年3月。大准至朔黄铁路联络线杀虎口隧道工程，是大准至朔黄铁路联络线重点控制工程，位于内蒙古呼和浩特市和林格尔县新店子镇境内，隧道出口与朔州市右玉县相邻。隧道起讫里程为DK14+703～DK17+653，全长2950米，为单洞双线隧道，隧道最大埋深约95米。

【中铁五局桥隧市场】 2011年，中铁五局桥隧市场情况：

1. 贵阳高新技术产业经济带沙文生态科技产业园金苏大道一绕城高速公路互通式立交桥工程。合同工期：2011年1月25日～2011年11月27日。合同总额3963万元。工程概况：该标段大桥1座，254.052米，涵洞及通道：6道(其中主线接长涵2道)；路基断面：挖方21.32万立方米，填方8.87万立方米；路基面积：2.88万平方米(含水泥砼路面)；护排水工程：161164 立方米。

2. 龙洞堡机场扩建高架桥工程。合同工期：2011年8月10日～2012年11月30日，合同总额：1.6亿元。工程概况：该标段位于贵州省中部龙洞堡机场。主要工程桥梁工程，油小线至5号路高架桥、航站区高架桥共计3.8万平方米；陆侧交通道路改造和航站楼前广场共17.3万平方米。

3. 西宁火车站综合改造工程（祁连路-互助路下穿隧道工程）Ⅱ标段。合同工期：2011年3月15日～2012年7月26日，实际开工日期2012年5月15日），合同总额1.3亿元。工程概况：该项目位于青海省西宁市城东区，设计全长230.6米。起点为CK20+291.200，终点为CK20+521.800。本工程含公路隧道、轨道交通工程，主体结构三层，其中地下一层为公路隧道层，地下二、三层为轨道交通预留站的站厅层和站台层。主要工程量：土石方240000立方米、钢筋9000吨、高性能混凝土55000立方米。

4. 昆明晋宁县酸水塘水库输水隧洞JNSST-SG-02合同段。合同工期：2011年12月1日～2013年11月30日，合同总额2935万元，分劈1550.8万元，施工单位：中铁五局、港航局。工程概况：该标段位于晋宁县昆阳镇酸水塘村委会以南2公里处的龙母河上。输水隧洞全长：3475.281米。工程包括：进口引渠段、有压洞段、竖井段、无压洞段、出口明渠段，及施工临时工程。工程数量：输水隧洞一座3475.28米，中铁五局施工长度1796.4米。

5. 柳州职教办学区桥梁工程。合同工期：2011年8月24日～2012年6月30日，合同总额1765万元。工程概况：该标段位于柳州市内 。主要包括两座小桥：职教园纬六路桥工程，桥宽35米，桥长约48米，荷载标准采用公路Ⅱ级，采用三肢新月拱桥；职教园纬七路桥工程，桥宽32米，桥长约47米荷载标准采用公路Ⅱ级，单跨36米钢筋混凝土拱桥。

【中铁六局桥隧市场】 2011年，中铁六局桥隧市场情况：

1.保定市西二环下穿京广铁路桥工程。工期91天。投资2040万元。工程概况：本项目桥址位于京广铁路保定站（K134+489）与于家庄站（K146+748）之间的区间线路上。保定市西二环道路中心线与京广铁路下行线交点处铁路里程为K142+342.5，道路里程为K0+488.5。框架桥中心线与铁路中心线的夹角为84.4度。桥址位于京广铁路保定站（K134+489）与于家庄站（K146+748）之间的区间线路上。桥址处既有京广铁路双线，电气化铁路，线间距4.5米，60千克/米钢轨，无缝线路，钢筋混凝土枕，直线区段，线路纵坡为1.0‰上坡。路基填方高度约为1米。铁路里程K142+322处有一座1-0.85米盖板涵，桥涵编号为“桥-84”，此涵洞与新建框架桥中心间距为19.85米，用途为排洪，与铁路正交，在框架桥顶进施工时须予以拆除。框架桥桥区及两侧影响范围内路基上有113#-116#电气化钢筋混凝土接触网杆、及通讯51#和52#杆。其中113#和114#接触网杆及通讯51#和52#杆位于框架桥桥区范围内，施工前进行妥善地拆改过渡；115#接触网杆距离框架桥边墙外侧的距离为9.2米，116#接触网杆距离框架桥边墙外侧的距离为10.5米，施工期间对该组接触网杆采用防护桩防护。本框架地道桥结构采用四孔连体式结构。净跨为9-17-17-9米，框架桥顶板顶面距最低钢轨底面的距离为0.8米。框架桥结构总高度为8.5米，结构净高6.4米，顶板厚1.0米，底板厚1.1米，边墙、中墙厚均为1.0米。顶板加腋均采用0.5×1.5米，框架桥主体全长为14.5米。框架桥主体前端刃角长5.0米，主体后端尾墙长3.5米，尾墙侧人行道悬臂板长度采用2米。框架桥顶进到位后将刃角边墙按主体结构补齐，两侧接重力式八字式挡墙，框架桥底板后端设置用于框架桥顶进的三角项块。

2.岢岚至临县高速公路路基、桥隧工程（第LJ3合同段）。工期：2010年12月29日～2012年4月28日。投资5.6亿元。工程概况：设计时速60公里/小时，K17+600～K25+240，主线线路长度7.64公里。大桥12座，中桥3座；拱涵269.94/4米/道；涵洞73/3米/道，波纹管涵一道151.86米；土方：挖方5663097立方米，填方1500316立方米。

【中铁七局桥隧市场】 中铁七局是具备大型综合施工能力的建筑施工企业，但是在含金量高及技术复杂的长大隧道、深水基础等领域业绩有所缺失。为增强企业核心竞争力，为企业长远生存发展创造更加良好的环境，亟待承揽此类高新尖项目，为企业持续发展积累施工业绩。2011年中标主要项目：

1.渠县渠江二桥（渠江明月大桥）建设工程。中标价值1.02亿元，合同工期22个月。工程概况：全长573m。无隧道、路基、涵洞；桥梁1座，长度为573米。

2.四川省道101线成南路巴中西华山隧道新建工程。中标日期2011年9月，中标价值0.58亿元，开工日期2011年8月，合同工期450日历天。工程概况：路线全长5.185km。主要控制点为广巴高速连接线、S101线及西华山隧道。其中设置涵洞2道、跨线桥1座、隧道1处、平面交叉1处。

【中铁十局桥隧市场】 2011年，中铁十局桥隧市场情况：

1.石家庄至武汉高速铁路客运专线郑州站站房高架匝道（桥）工程SWKZSG-1标段。计划工期：2011年1月30日～2012年1月30日，总投资：1.2亿元。工程范围：本合同段为SWKZSG-1合同段，主要工程包括：高架匝道、桥梁。主要工程量：本标段由A、B、C、D、E五条高架匝道组成，桥梁总长2026米、桥梁宽度以8米、9米和16米三种形式为主，桥梁面积27618平方米。要点：该高架桥项目是郑州综合交通枢纽核心区交通工程及107辅道工程中的重要组成部分，本项目位于郑州市郑东新区商鼎路、东风东路、心怡路、站南路。项目共分A、B、D、E四条匝道，总里程2.4公里。桥梁下部结构桩基础294根，共1.73万延米，墩（台）身84个。上部结构为钢筋砼箱梁C40砼2240.59立方米、预应力钢筋砼箱梁C50砼13215.1立方米、钢箱梁1239.52吨。全桥共有连续箱梁71孔，其中钢筋砼连续箱梁19孔，预应力钢筋砼箱梁46孔，钢箱梁6孔。

2.岢岚至临县高速公路路基、桥隧工程LJ5合同段。工期及投资：工期：2011年1月1日～2012年6月28日，总投资1.3亿元。工程范围：本合同段为LJ5合同段，路线起讫里程K28+100～K38+300。本合同段全长10.2公里。本合同段工程内容主要包括路基、路面、桥涵、隧道等。主要工程量：路基土石方351万立方米，涵洞1069.48米，隧道5913.6双线米。桥梁工程上部结构为先简支后连续预应力混凝土箱梁，下部结构采用柱式墩、柱式台和钻孔灌注桩基础。预制混凝土箱梁采用预制厂集中预制，运梁平板拖车轨道运输，架桥机架设后进行体系转换。下部结构桩基础采用冲击式钻机钻孔，钢护筒，泥浆护壁，实行垂直导管法有压灌注；墩柱采用整体式模板、脚手架围护作业或翻模施工；盖梁采用支架法或抱箍施工。混凝土在拌和站集中拌和，搅拌运输车运至施工现场，混凝土输送泵灌注。

3.北营线互通式立交工程施工。工期及投资：计划工期2011年12月25日～2013年9月10日，总投资2.5亿元。工程范围：立交区主线营大路桩号范围为YDK4+700～YDK7+350，营大路与北营路交叉桩号为YDK5+769.384，交叉位置北营路中心桩号BYK2+494.325。立交区营大路主线长2650米。交叉路北营路全长1280米，匝道全长2687.608米。本合同段工程内容主要包括路基、路面、桥梁、涵洞等。主要工程量：路基土、石方766771立方米，路面级配碎石垫层112444立方米，水泥稳定碎石底基层、基层221094.00平方米，沥青混凝土237489平方米，桥梁墩台348座，梁体预制安装515片，涵洞及通道9座。要点：本标段软基处理采用CFG桩、强夯及换填等方式处理。路基填筑施工以机械化作业为主，采用“三阶段、四区段、八流程”的施工方法。

4.淮北市经济开发区新区一期相王大桥工程。计划工期为2011年11月10日～2013年5月2日。总投资1.15亿元。主要工程量：在南岸相王大道南段与陈张路交叉口(K1+122.7)，主线全长为972.7米。主桥为独塔双索面无背索斜拉桥与预应力砼连续梁协作体系结构，一幅整体的箱梁，单箱六室结构；引桥上部采用预应力砼连续梁。下部采用钢筋砼桥墩、钻孔灌注桩；桥面铺装为沥青砼。道路采用沥青砼路面、水泥稳定碎石上基层、石灰稳定土下基层。要点：本工程主要为斜拉桥施工项目。

5.济南市刘长山路西延线下穿京沪铁路立交桥工程。计划工期：2011年4月20日～2012年6月30日，总投资1.3亿元。工程范围：10.5米+15.0米+15.0米+10.5米钢筋混凝土框架桥主体工程、1-3.5×2.6米雨水涵、防护套管、供暖管道防护套管以及相关铁路通信、信号、电力、电气化设施迁改等相关工程。主要工程量：4孔框架桥、1-3.5×2.6米雨水涵、防护套管顶进以及四电迁改等。要点：本桥下穿7股既有行车线，列车行车速度快，施工难度大，安全隐患多，顶进质量要求高。京沪线为繁忙干线，行车密度大，在不影响行车的前题下进行顶进施工，对安全要求极高，施工难度极大。铁路产权单位多，有多种设施在箱涵顶进前需要迁改，对工期产生不利影响。尽量提前办理既有线慢行手续，及早着手进行迁改。

6.兖州市城市道路下穿京沪铁路立交桥。计划工期2011年5月8日～2012年12月31日，总投资1.3亿元。主要工程数量：兖州市城市道路下穿铁路立交桥二期工程北护城河路东延下穿京沪铁路立交桥主要工程内容包括京沪下行K639+394.56处新建6.0+15.0+15.0+6.0钢筋砼框架桥、边孔铁路路基投影范围以内钢筋砼U型框架及挡土墙、施工过渡铁路线路加固防护、铁路站场施工过渡、通信、信号、电力、电气化及给排水、采暖管道、接触网、站场、车辆、泵站内建筑物及引道纵、横断面，引道路面等附属工程的内容。要点：本工程铁路两侧施工挖孔桩，并采用D型便梁加固线路，工作量大、安全隐患多，是本工程的重点、难点；本工程为6-15-15-6米框构顶进，在顶进过程中预防昂头、扎头及偏离方向，确保中线及水平是本工程的重点；降低地下水位是本工程的重点，框构预制及顶进期间地下水位必须降至底板以下1.0米。

7.阜阳市颍东路下穿京九铁路立交工程。工期2011年5月8日～2012年8月8日，总投资1.6亿元。主要工程量：颍东路下穿京九铁路立交工程起点位于阜阳市规划向阳北路平交口，道路设计起点ZK0+000(=YK0+000)，向东分左右幅道路下穿铁路后，终点与既有阜蚌路顺接，道路设计终点ZK0+711.173(=YK0+718.968)，线路全长711.173米（右幅718.968米）（不包含沥青混凝土路面、标线标志、隔离墩、防撞墙、绿化、路灯工程）。要点：本工程主要为下穿铁路立交桥施工项目。

8.合肥市包河大道高架工程第1标段。工期：2011年3月6日～2011年11月30日，总投资5.4亿元。工程范围：包河大道高架工程北起繁华大道，南至金斗路南，道路路幅宽60(64)米，双向6～8车道，主线桥宽25.5米，双向6车道。标段起迄里程K0+000.000～K2+549.057，线路全长2.549公里。主要工程量：路基土方挖方为24.15万方，填方为12.42万方；路面结构层水泥稳定碎石15.3万平方米，沥青混凝土约为13.9万平方米，雨水管道8193米，污水管道4303米，桩基950根，承台240座，墩柱308根，现浇箱梁41联，涵洞5座，通道1座，混凝土挡土墙1146米。要点：须按照方案的要求进行安全文明施工围挡，确保施工期间车辆、行人安全通行。繁华大道、大连路、兰州路等交口须编制门洞支架方案。沿线涉及各类管杆线较多，要充分考虑管杆线施工对工期的影响，特别是既有管线，确保既有管杆线安全运行。本工程排水施工时应确保沿线居民排水畅通。

【中铁大桥局桥隧市场】 2011年，中铁大桥局桥隧市场情况：

1.福建泉州湾跨海大桥土建工程A1标，合同价88263万元，全长5.91公里，工期为2011年6月至2014年3月。

2.重庆东水门长江大桥，合同价71830万元，全长1.12公里，工期为2011年5月至2013年12月。

3.武汉鹦鹉洲长江大桥正桥工程，合同价174124万元，全长3.42公里，工期为2011年4月至2014年10月。

其他建筑市场

【股份公司其他建筑市场情况】 2011年，股份公司市政新签合同额536.9亿元，同比增长49.5%；房建新签合同额868.2亿元，同比增长138.5%；实施了郑州地铁2号线、沈阳四环快速干道、昆明区域地铁、武汉鹦鹉洲大桥、贵州龙里体育文化度假中心、江门江顺大桥等一批总承包和BT项目。

【中铁一局其他建筑市场】 2011年，中铁一局市政和房建市场有很大发展，中标89亿元，高于历年中标额。该板块一是运作了20亿元的广东河源巴登新城总承包项目，二是在股份公司的支持下中标福建平潭竹屿湖BT项目并承建全部施工任务，三是在中标深圳援疆深喀大道工程，四是先后中标了沈阳地区5项相关市政、房建建设项目，其中辽宁省图书馆中标额 3.25 亿，是今年最大的公共建筑工程。另外，新领域市场刚刚起步，已经中标 7.4 亿元，特别是中标中石油集团的中缅油气管道 EPC 总承包项目，为公司进军电力、石化、煤炭等能源企业新领域市场增强了信心。

【中铁二局其他建筑市场】 2011 年，中铁二局提高中标项目质量，拓展新的区域和领域。中标贵阳花果园、五里冲项目住宅楼及相应地下室等工程（金额 120 亿元），是公司首个中标金额最大的房建项目，扩大了公司在房建板块的市场份额。全年其他建筑市场中标 20.7 亿元，占经营总额的 3.8%。比上年增加 13.1 亿元。

【中铁三局其他建筑市场】 2011 年，中铁三局房建承揽 33.2 亿元，创历史纪录。建安公司承揽了山西医科大学第一医院地下车库、“缤纷南郡”三期、四期工程施工三标段、北河湾小区 1#、2#楼及地下车库工程、北车风电建设工程二期工程、南京南站、虹桥动车所厂房增加等工程；市政市场承揽 22.6 亿元，其中六公司承揽 5 项，分别是贵阳市金阳新区道路路面改造工程 B 标段(分包)、太原市滨河西路南延路面工程第二标段、中铁沈阳四环 BT 工程项目(路面工程)第三标段、太原市南十方院防洪方涵改线工程、汾河太原城区治理美化二期南延伸段补充景观桥工程等；电务公司承揽了天津西站交通枢纽配套市政公用工程供电系统安装 A 包；物资市场开发也迈出了可喜步伐，物资公司中标长昆铁路客运专线湖南段站前工程甲控物资和新建南宁至广州铁路钢材(GC01 包件)招标采购项目。

【中铁四局房其它建筑市场】 2011 年，中铁四局各子（分）公司广揽信息，重构市场，使沉寂几年的市政、房建等传统市场得到迅速恢复，全年完成新签合同额 93.4 亿元（其中：市政 70.7 亿元、房建 22.7 亿元，其它 0.6 亿元），确保了中铁四局传统领域的优势地位。建筑公司全年完成非铁路营销额 27.4 亿元，是去年同期的 4.9 倍，中标蚌埠陶山小区二期房建工程，首次挺进保障房市场；四公司中标海南兴隆环境治理项目，使局非铁路项目首次打入海南市场；三公司在天津、市政分公司在安徽等市政领域，也连续承揽多项市政水务工程，有效填补了局因企业重组、专业公司分离而造成的产业和区域空白。

1. 重庆汽车综合试验场项目。工程造价 4.9 亿元，合同工期：2010 年 11 月～2013 年 3 月 31 日。工程概况：重庆汽车综合试验场工程位于重庆市垫江县黄沙乡，整个场地呈南北向展布的长方形，工程占地约 3800 亩，长约 2300 米，宽度约 950 米。重庆汽车综合试验场是目前国内设计等级最高的综合汽车试验场。工程建设方为重庆长安汽车有限公司，工程由德国欧博迈亚公司进行初步设计，重庆同乘工程咨询设计有限公司施工图设计，重庆联盛建设项目管理有限公司监理，中铁四局集团有限公司施工总承包。工程内容：主要包括高速环道（SBA）、制动测试道路（BPS）、舒适性路段（EFB）、车外噪声测试道路（AKS）、动态广场（FDF）、越野道路（OFK）、基本性能环道（LS）、综合评价道路（BUS）、一般操纵稳定性路面（HKN）、湿滑操控稳定性路面（NHK）、湿滑动态广场、标准坡道（STH）、强化测试道（HKV）及内部交通连接道路、防护及维修道路共 13 条主要道路；进场桥梁、排水工程以及道路相关机电设备安装、试车场电力、照明、通讯、网络系统等。

2. 长城徐水汽车试验场。工程造价 1.7 亿元，合同工期：2010 年 10 月 20 日～2012 年 10 月 31 日。工程地点位于河北省保定市长城汽车股份有限公司徐水县大王店工业园内。长城汽车股份有限公司徐水项目试车跑道、桥涵、等工程主要包含以下三部分：试车跑道：试车跑道长度为 7019.144 米，其中南直线跑道长 1178.931 米，宽 16.25 米，北直线跑道 1178.929 米，宽 16.25 米。西端曲线长 2330.642 米，东端曲线长 2330.611 米（四条缓和曲线，每条长 491 米），标准断面 22.25 米宽，由 3 条试车道及 1 条辅助车道组成，环形部设计线半径（设计中心线）580 米。合同总价 8888 万元。桥涵：桥涵共八座，其中四座在试车跑道直线段，分别为 A1、A2、A3、A4 通道。四座在试车跑道高填段，分别为 A5、B1、B2、B3。A1、A2、A3、A4 跨径 26.9 米，A5 跨径 31.5 米，B1、B2、B3 跨径 15 米。桥涵净空 4.3-5.8 米。桥涵主体为现浇钢筋混凝土结构，合同总价 7300 万元。预埋管道：全线设计包括给排水、动力、电气、弱电专业的管道进出高环的预埋，包括了管道位置、管径大小、埋深深度、埋管长度，预埋时钢管做四油三布加强级防腐，预埋管道总长度为 10337 米，合同暂定价为 312 万元。

3. 上海通用广德试车场。工程造价 9704.7 万元，合同工期：2010 年 11 月～2011 年 12 月 31 日，因工程量增加和阴雨天气，导致工期延至 2012 年 5 月。通用广德试车场 A6 标工程内容为：全长 880 米的长坡桥工程(往小、大里程两边分别设计为 12%和 7%的纵坡)；比利时环路；耐久性环路；城市广场，倒车台，路缘，河床路，砂石路；腐蚀性试验区；综合耐久性试验区；操纵稳定性、平顺性试验路；车内噪声路；车外噪声路；跑偏路；4 条标准坡道等试验道路路面工程（包含 58 种特种路面施工）；场内连接路 1#-6#路面工程；石灰土路肩工程；给排水土建和安装工程；电气工程；弱电管线预埋工程等。

4. 涡阳县涡楚河泵站及配套污水管网工程。工程总价 535.9 万元，合同工期：2011 年 10 月 8 日～2012 年 3 月 8 日。涡阳县城涡楚河污水中途泵站工程建设规模：0.5 立方米/秒。工程位于涡阳县城涡楚河与乐行路交口西南侧，县气象局隔壁，泵站功能为将涡阳县城涡楚河以西的污水提升进入涡楚河的倒虹污水管道，最终进入城东污水处理厂。该工程占地 3 亩，站内建构筑物有配电值班室、提升泵站、出水稳压井，及附属工程。工程内容包括泵站土建及相应的机械、电气、自控仪表、化验等设备。

5.昆明市西坝河截污干管工程。工程造价 2775.1 万元，合同工期：2011 年 8 月 31 日～2012 年 5 月 31 日。本标段为西坝河截污干管工程，主要包括金碧路污水干管、西昌路污水干管、气象路污水干管及相应的雨、污管道改造工程。

6.金寨县新城区江天路道排工程。工程造价 3160.5 万元，合同工期：2011 年 9 月 1 日～2012 年 5 月 18 日。本标段工程为金寨县江天路（金顾路至江叶东路段）道排工程。江天路位于金寨县新城区北部，沿线经过江环北路、石船路、南五东路、南四路、南三东路、江叶东路等 6 条规划路，全长 3026.7 米。设计道路总宽 40 米：4.5 米人行道+5 米非机动车道+3 米绿化带+0.25 米路缘带+2×3.5 米机动车道+0.5 米双黄线+2×3.5 米机动车道+0.25 米路缘带+3 米绿化带+5 米非机动车道+4.5 米人行道。行车道采用水泥混凝土路面，人行道采用环保吸水砖铺设。

7.重庆汽车综合试验场项目。工程造价 4.9 亿元，合同工期：2010 年 11 月～2013 年 3 月 31 日。重庆汽车综合试验场工程位于重庆市垫江县黄沙乡，整个场地呈南北向展布的长方形，工程占地约 3800 亩，长约 2300 米，宽度约 950 米。重庆汽车综合试验场是目前国内设计等级最高的综合汽车试验场。工程建设方为重庆长安汽车有限公司，工程由德国欧博迈亚公司进行初步设计，重庆同乘工程咨询设计有限公司施工图设计，重庆联盛建设项目管理有限公司监理，中铁四局集团有限公司施工总承包。工程内容：主要包括高速环道（SBA）、制动测试道路（BPS）、舒适性路段（EFB）、车外噪声测试道路（AKS）、动态广场（FDF）、越野道路（OFK）、基本性能环道（LS）、综合评价道路（BUS）、一般操纵稳定性路面（HKN）、湿滑操控稳定性路面（NHK）、湿滑动态广场、标准坡道（STH）、强化测试道（HKV）及内部交通连接道路、防护及维修道路共 13 条主要道路；进场桥梁、排水工程以及道路相关机电设备安装、试车场电力、照明、通讯、网络系统等。

8.长城徐水汽车试验场。工程造价 1.7 亿元，合同工期：2010 年 10 月 20 日～2012 年 10 月 31 日。工程地点位于河北省保定市长城汽车股份有限公司徐水县大王店工业园内。长城汽车股份有限公司徐水项目试车跑道、桥涵、等工程主要包含以下三部分：试车跑道：试车跑道长度为 7019.144 米，其中南直线跑道长 1178.931 米，宽 16.25 米，北直线跑道 1178.929 米，宽 16.25 米。西端曲线长 2330.642 米，东端曲线长 2330.611 米（四条缓和曲线，每条长 491 米），标准断面 22.25 米宽，由 3 条试车道(低速车道 100 公里/小时、中速车道 180 公里/小时、高速车道 240 公里/小时)及 1 条辅助车道组成，环形部设计线半径（设计中心线）580 米。合同总价 8888 万元。桥涵：桥涵共八座，其中四座在试车跑道直线段，分别为 A1、A2、A3、A4 通道。四座在试车跑道高填段，分别为 A5、B1、B2、B3。A1、A2、A3、A4 跨径 26.9 米，A5 跨径 31.5 米，B1、B2、B3 跨径 15 米。桥涵净空 4.3～5.8 米。桥涵主体为现浇钢筋混凝土结构，合同总价 7300 万元。预埋管道：全线设计包括给排水、动力、电气、弱电专业的管道进出高环的预埋，包括了管道位置、管径大小、埋深深度、埋管长度，预埋时钢管做四油三布加强级防腐，预埋管道总长度为 10337 米，合同暂定价为 312 万元。当年及累计完成投资：投资总额为 1.65 亿，当年完成投资 6487 万元，累计完成投资 6813 万元。

9.杭州钱江通道及接线工程南接线段 02 标。工程造价 5.3 亿元。合同工期： 2010 年 10 月～ 2012 年 12 月。管段起讫里程 K16+685.5～K18+455.5，路线长度 1770 米，包括非互通高架桥、互通区主线高架桥及匝道工程。本标段主线部分连续箱梁 16 联，匝道部分连续箱梁 23 联，预制小箱梁 48 片，涵洞 9 座。路基填筑总填方 236048 立方米，总挖方量 13051 立方米。地面高程一般在 4.0～6.4 米。现多被开垦为鱼塘和农田等，表层有厚度不一的耕填土，多以粉土出现。

10.杭州钱江通道及接线工程南接线段 03A 标。工程造价 4.3 亿元。合同工期：2011 年 5 月～2013 年 1 月。南接线段路线起点桩号 K15+850，衔接钱江隧道南岸出口，终点桩号为 K43+560，路线长 27.71 公里。全线设新湾枢纽、齐贤枢纽 2 处；设六工段、党湾和益农 3 处互通；六工段互通连接线 1 处，养护工区 1 处，管理分中心 1 处，超限检测站 1 处。主线设计时速 100 公里，整体式路基标准宽度 33.5 米，桥梁、涵洞宽度 33.0 米，双向按 6 车道设计标准。

钱江通道及接线工程南接线段第 03A 合同段 K18+455.5～K20+908.9，路线长度 2453.4 米，全部为主线高架桥工程。

11.杭州市彩虹快速路滨江段四标段。工程造价 2.1 亿元，合同工期：2011 年 7 月～2013 年 3 月杭州彩虹快速路滨江段四标段（高架西段）工程位于杭州市滨江区，彩虹快速路是杭州市快速路网（三纵五横）系统中重要一横。工程西起涵虚路，东至江晖路，全线采用“高架+地面道路”的形式。地面道路桩号范围为 K6+520～K8+009.5，全长 1489.5 米（含长二河桥、襄七房河桥）；高架道路桩号范围为 K6+520～K8+009.5，包括江晖路西侧一对上下匝道。

12.齐齐哈尔富拉尔基污水厂工程。工程造价 1.1 亿元。合同工期：2010 年 5 月 4 日～2010 年 10 月 30 日，由于新增构筑物较多，竣工日期调至 2011 年 6 月 30 日。施工单位：中铁四局三公司。齐齐哈尔富拉尔基污水厂位于齐齐哈尔市富拉尔基区，杜岗公路 101 号 206 米处。建筑规模 10 万吨/日污水处理厂，总建筑面积 7042 平方米。

13.天津市北塘污水处理厂工程（一期工程及再生水厂工程）。工程造价 2.3 亿元，合同工期：2009 年 12 月 24 日～2011 年 12 月 31 日。北塘污水处理厂（一期）工程，造价约 20158 万，地处天津滨海新区北塘区，日处理约15万立方米/日。主要工程内容包括：新建生物池二座、初沉池二座、二沉池八座、二沉池集配水井二座、曝气沉砂池二座、进水泵房一座、建筑工程17 座及附属工程；北塘再生水厂，合同价3322万元，合同工期：2011年2月15日～2011年12月31日。本工程位于北塘污水处理厂内，占地面积12750.8平方米，主要包括再生水处理车间、清水池、加氯间、送水泵房、室外工程、自动化控制仪表安装工程。该工程主要采用超滤（UF-S）+反渗透（RO）工艺，建成后最高供水规模4.5万立方米/日。

14.东郊污水处理厂升级改造工程（二、三、四）合同。工程造价1.5亿元，合同工期：2010年9月15日～2011年5月10日，由于新增构筑物较多，竣工日期调至2011年9月30日。

二合同：主要工程内容包括厂区4座曝气池、4座二沉池及其它结构物改造，新建部分结构物。以及厂区管线、道路、绿化改造工程。工程造价约7998万，合同工期：2009年12月6日～2010年11月30日，总工期360天。

三合同：日处理量按40万立方米/日（原改造规模32万吨/日，新增8万吨/日）规模改造包括：二沉池改造、新建鼓风机房、多级A/O反应池、回流污泥泵房、排水管道和配套附属工程的施工。合同工期：2010年6月26日～2010年11月30日。

四合同：新建一座1331.52平方米的附属用房。单跨跨度7.2米，框架结构、地上3层，建筑高度最高14.7米，地下深度2.0米。主要包括：建筑工程、装修工程、强电设备安装工程、弱电设备安装工程、给排水工程、采暖等工程。合同工期：2010年9月15日～2011年5月10日

15.成都市青白江区污水处理厂技改项目（一期）。工程造价4024万元，合同工期：2010年3月16日～2011年6月30日。工程概况：成都市青白江区污水处理厂占地69亩，2000年建成投产，目前已运行9年。设计处理能力10万吨/日，目前平均污水处理量8.9万吨/日。主要处理青白江城区和工业集中发展区近14万人口的生活污水和30多家企业的工业污水。本工程内容是厂内技术改造，将处理后污水的排放标准从GB8978-1996一级标准提高到GB18918-2002一级A标准。主要施工内容包括新建二沉池2座、絮凝斜管沉淀池1座、曝气生物滤池（BAF池）1座、沉砂池1座、配电间1栋、加药间3栋、氧化沟改造初沉池2条、氧化沟升级改造4条、鼓风机房改造升级1座，以及各种工艺管道、电气施工和附属工程等。

16.临港工业区部分道路工程黄河道（渤海三十路～渤海三十七路）道路、排水工程。工程造价1.3亿元，合同工期：2010年5月29日～2011年6月30日。工程位于天津市滨海新区临港工业区，桩号范围为K5+452.616～K7+710.000，全长约2257米。主要工程内容包括河道土方开挖66000立方米、土方卸载446040立方米、钢板桩5038延长米、大口井1058座、DN300～DN1000管总长9905米、特殊检查井185座、路基回填10%灰土63209立方米、铺设土工格栅111190平方米、路基摊铺水泥石灰土524799平方米、路基摊铺二灰土81952平方米、水泥稳定碎石157824平方米、路肩土方填筑77009立方米、侧石安装9144米、道路面层沥青混凝土71367平方米。

17.蚌埠市政工程。工程造价1.5亿元，合同工期：2010年6月～ 2012年6月。南湖路工程位于蚌埠市经济开发区的龙子湖西岸区南片区，是一条南北走向的城市次干道，路基填筑设计38875立方米，8%灰土设计8489.25立方米。机动车道级配碎石设计48505平方米，，龙滩路工程位于蚌埠市经济开发区的龙子湖西岸区南片区，是一条南北走向的城市次干道，路基填筑设计70516立方米，，路基挖方设计26340立方米，，清淤设计255049立方米，回填片石设计54297立方米，回填碎石设计18101立方米，它北起东海大道，南至环湖西路，中间与多条道路交叉

18.海南万宁综合整治工程。工程造价4亿元，合同工期：2011年9月～2011年12月。工程概况：为了迎接第12届海南欢乐节，彻底改变万宁市兴隆比较滞后的市政设施，环绕欢乐节主会场及其周边的道路管网进行全面改造两桥、六路、一广场、河岸的全面提升，主要工程项目有：兴梅大道、温泉大道、康乐大道、金日路、明珠路、剧场路，新建月亮河广场，改建明珠桥、康乐桥等。兴梅大道全长3057.93米，温泉大道全长2231.046米，康乐大道全长1010.589米，金日路全长554.545米，剧场路全长465.13米，明珠路一期860.855米，康乐桥全长82米，明珠桥全长88米。

19.贵州黔东工业区城市道路工程。工程造价1.7亿元，合同工期：2011年9月7日～2012年12月31日。本标段为黔东循环经济工业园核心区城市主干道道路工程第二标段工程。起讫里程为K4+000～K6+805.537，线路全长2805.537米，包括路基工程，桥涵工程。本标段路基工程总长2350.197米，多为高填深挖路段。桥涵工程有：舞阳河大桥：本桥横跨舞阳河，与河道基本正交，分左右两幅，主跨为100米空腹式钢筋混凝土箱型拱，桥梁全长为177.18米； 跨铁路桥：跨越株六复线，桥梁全长129.5米；舞溪寺大桥：本桥中心桩号为K6+651.00，起点桩号K6+577.5，终点桩号K6+724.5，全长147.0米。

20.北京电力管道工程。工程造价5547万元，合同工期：2011年10月12日～2012年4月22日。北京未来科技城电力隧道三标，本标段施工范围为神华规划二路、神华规划三路、神华规划五路、北区一号路。施工工程量分别是神华规划二路：埋管/拉管491.7米，直线井8座，四通井1座；神华规划三路：埋管/拉管：1302.7米，直线井20座，四通井6座；神华规划五路：埋管/拉管1337米，直线井18座，转角井8座，三通井3座，四通井3座；北区一号路：4.85×2.9米双孔暗挖电力隧道429延长米，4.0×6.0米竖井4座；2.0×2.3米单孔暗挖电力隧道711.9延长米，φ4.0米埋管竖井3座，φ5.2米埋管竖井4座。

21. 东莞虎门镇长堤路市政工程 02 标。工程造价 4.4 亿元。合同工期：2011 年 1 月 29 日~2012 年 10 月 29 日。东莞市虎门镇长堤路道路规划等级为城市次干路，北起虎门—厚街镇界（接厚街镇规划西环路），南至规划凤凰路（现况炮台路），路线全长约 11.54 公里，其中路堤合一段约 9.38 公里，路堤分离段约 2.16 公里。由中铁四局项目经理部承担施工任务的长堤路二标段起讫桩号为 K4+980～K9+400，路线全长 4.42 公里，位于太平水道东岸，沿太平水道南行布线。路线起点位于长堤路水上派出所，途径则徐、金州、新湾、部队及南栅社区，终于新湾渔港码头。

22. 淮南下穿工程。工程造价 2.8 亿元，合同工期：2011 年 9 月～2013 年 9 月。南纬六路中央公园下穿隧道工程范围起自南经十一路，起点桩号为 K0+000，自西向东分别与南经十二路、南经十三路相交，终于南经十四路，终点桩号为 K1+403.534，道路全长 1403.534 米。中央公园下穿隧道为长距离浅埋式隧道，全长 1135 米，其中隧道暗埋段长 775 米，敞开段长 360 米。基坑中部 K0+610～910 段 300 米为人工景观湖。人工湖先行动工，人工湖挖出后，形成了较大的汇水区域，隧道穿人工湖段，自湖底向下还要继续下挖约 11 米。全隧道工程采用明挖顺作施工。

【中铁五局其他建筑市场】 2011 年，中铁五局其他建筑市场情况：

1. 遵义温州路还房小区“新舟园”工程。合同总额 8000 万元，合同工期：2011 年 2 月 15 日～2012 年 10 月 15 日。工程概况：项目施工位置在遵义温州路还房小区，工程数量：房屋建筑面积 106214 平方米。

2. 贵阳市小河区翁岩公共租赁住房（三号地块）工程。合同总额 9825 万元，合同工期：2011 年 10 月 20 日～2013 年 2 月 12 日。工程概况：本工程位于贵阳市小河区翁岩村开发大道东北侧，共 2 栋建筑（编号为 A 栋、B 栋）。A、B 栋均为高层（地下 2 层，地上 34 层），其中地下二层为地下停车库和设备用房，一、二层为商场及公建配套用房，三层～三十四层为住宅。本工程结构类型为框支一剪力墙结构，建筑占地面积 3759.00 平方米，总建筑面积 77693.0 平方米（其中住宅建筑面积 55812.5 平方米，商业建筑面积 7087.40 平方米，地下层建筑面积 14576.2 平方米），建筑高度最高 99.9 米。

3. 贵州省黔中水利枢纽工程总干渠 C1 标。合同总额 1.6 亿元，合同工期：2011 年 6 月 25 日～2014 年 2 月 28 日。工程概况：本标段 2 座渡槽总长 467 米，拱肋施工预制吊装工程量大，施工安全风险高。其中平寨渡槽跨度 108 米、跨高 75 米，白鸡坡渡槽跨度 156 米、跨高 125 米，均为高大跨拱排渡槽，是本标段重难点工程。

4. 中缅天然气管道工程国内段隧道工程 EPC 总承包第六合同项。合同总额 1.1 亿元，合同工期：2011 年 8 月 4 日～2012 年 12 月 31 日。工程概况：本合同项跨都匀、独山、荔波三地，标段跨度 212 公里，有 2 座桥梁，9 座隧道，隧道总为 6879.15 米。其中，最长的埂地隧道 1473.32 米；标段初步设计共需修建便道 10.5 公里，新建及整修伴行道 38.12 公里。

5. 沙沱水电站移民复建工程潮砥集镇迁建新址场地平整工程。合同总额 6060 万元，合同工期：2011 年 6 月 26 日～2012 年 6 月 30 日。工程概况：管段长度 1.402 公里。主要工程内容：土石方开挖、石方回填、挡墙、边坡支护、给排水工程、供电和电信配套系统。

6. 河南南水北调工程。合同总额 4159 万元合同工期：2011 年 12 月 20 日～2012 年 10 月 19 日，。工程概况：南水北调总干渠焦枝线铁路桥工程，位于河南省平顶山市宝丰县，设计全长 3.103 双线公里，项目含路基、桥梁、涵洞、轨道等工程。工程数量：区间路基土石方 15.47 万立方米，一座跨总干渠 1-64 米双线现浇预应力混凝土简支梁铁路桥，一座 3-24 米预应力混凝土简支 T 梁梁桥，涵洞 13 座 190.34 米，新铺轨道 4.272 公里，线路拨接 0.967 公里。

7. 贵阳市盐沙线道路工程施工 A 标段。合同总额 5.4 亿元，合同工期：2011 年 6 月 1 日～2012 年 11 月 30 日。工程概况：贵阳市盐沙线道路工程南起市北路、南垭路交叉口，全线长约 17.1 公里，道路宽度 34 米（30 米），双向六车道。主要施工范围为 K0+000～K3+700 主线新建和 BK0+000～K2+400 造，全标段范围内共设计有小关 1#桥、小关 2#桥、小关老路桥、小关辅道桥、小关立交道路工程、小关 1#隧道和小关 2#隧道，其余为路基工程、排水工程相及关附属工程，不含沥青路面摊铺工程。

8. 贵阳轻轨二号线龙洞堡机场土建接驳 2 标。合同总额 1.3 亿元，合同工期：2011 年 12 月 27 日～2012 年 12 月 26 日。工程概况：项目位于龙洞堡机场站的南、北两端的近、远期机场建设范围内，线路单线总长约 1141.735 米，隧道 2 座长约 1141.735 延长米，大部分为明挖，明挖部分位于机场回填区的下方，有 2 段为暗挖隧道。

9. 广深铁路布吉站辅助客运站行包房工程项目。合同总额 4601 万元，合同工期 540 天，开工日期 2011 年 9 月 7 日。工程概况：本工程位于深圳市布吉镇，行包房建筑面积 4926.49 平方米。

10. 毕节试验区科技文化中心科技馆、图书馆、博物馆外装饰工程。合同总额 1670 万元，合同工期 120 天，开工日期：2011 年 9 月 15 日。工程概况：本工程为两栋建筑的外装饰工程：博物馆幕墙工程和科技馆、图书馆的外装饰工程，其中博物馆的外装面积为 6000 多平方米，科技馆和图书馆的外装面积为 13000 多平方米。外装以石材幕墙为主配以铝板吊顶、点式玻璃幕墙、隐框玻璃幕墙、铝合金门窗、地弹门等装饰。

11. 贵阳市收储配租公租房装修项目。合同总额 164

万元，合同工期 60 天，开工日期 2011 年 6 月 25 日。工程概况：装修房屋 123 套。

12. 黔西世纪莲城二期工程。合同总额 2263 万元，合同工期 480 天，开工日期 2011 年 9 月 10 日。工程概况：房建工程，地下一层、地上三十层框剪结构，建筑总高：93.90 米，建筑面积：19760 平方米。

13. 贵阳市云岩区茶园村保障性住房建设工程。合同总额 1.4 亿元，开工日期 2011 年 9 月 10 日。工程概况：本工程为 6 栋，-1+32 层，框架剪力墙结构，地上 32 层，层高 2.9 米，地下一层，层高 5.7 米，总建筑面积 91600 平方米，地下室面积为 11960 平方米，总户数 1520 户。

【中铁六局其他建筑市场】 2011 年，中铁六局其他建筑市场情况：

1. 天津市政道路与津山铁路立交二期工程施工一标段。工程投资 2.2 亿元，工期：2011 年 5 月 5 日～2012 年 5 月 4 日。工程概况：规划蓟汕路、规划一号路、三号路、十一号路、雪莲南路、跃进路、广宁路南侧 U 型槽及相关附属工程；唐口地道南北两侧引道、挡墙及道路排水照明工程；外环张贵庄上跨桥拓宽工程及其与津山线交叉节点引起的路内三电迁改和接触网改建工程等。

2. 辽西北供水工程（二段）地质勘探试验洞施工三标。工程投资 3953.3 万元，工期：2011 年 6 月 6 日-2012 年 4 月 30 日。工程概况：3 条地质勘探试验洞，分别为 7#、8#、9#探洞。探洞断面均为圆拱直墙型，7、9#探洞成洞段面尺寸为 6.6 米×6 米，直墙高 3.5 米，圆弧高 2.5 米；8#探洞成洞断面尺寸为 5 米×5.5 米（宽×高），直墙高 3.0 米，圆弧高 2.5 米。7#探洞洞长 1324.59 米，8#探洞洞长 1084.13 米，9#探洞洞长 1410.98 米。

【中铁七局其他建筑市场】 2011 年，中铁七局其他建筑市场中标情况：房建工程中标 13 项，中标额 13.06 亿元，占中标总额的 5.4%；其他工程（水利水电、电力等）中标 13 项，中标额 5.81 亿元，占中标总额的 2.4%。主要项目：

1. 西安国际花园•东苑工程。中标价值 1.09 亿，开工日期 2012 年 5 月，合同工期 16 个月。工程概况：框架剪力墙结构，总建筑面积，70491 平方米。其中 1 号楼 18 层 13677 平方米，2 号楼 18 层 13671 平方米，4 号楼 11 层 7471 平方米，5 号楼 11 层 6559 平方米，6 号楼 18 层 6704 平方米，7 号楼 18 层 6704 平方米，8 号楼 18 层 7242 平方米，商业区 3 层 1167 平方米，地下车库一层 7296 平方米。

2. 武警南宁市支队机关营区迁建项目工程。中标价值 0.71 亿元，合同工期 210 日历天。工程概况：本次投标工程项目包括礼堂、文体活动中心、警通中队、车勤中队、十中队、食堂、1#、2#公寓楼、综合指挥大楼等，总建筑面积 34026 平米。

3. 烟台岩丰大厦。中标价值 1.67 亿元。工程概况：该工程为框架剪力墙结构，建筑面积 90000 平方米，地下 1 层，地上 33 层。

4. 钦州至崇左高速公路监控、通信、收费综合系统及隧道机电工程 QC-JD2 标。中标日期 2011 年 12 月，中标价值 0.62 亿元，开工日期 2011 年 12 月。工程概况：钦州至崇左高速公路 K0+000－K122+650 路段的隧道机电系统及路段供电照明系统，本路段共设有 5 座隧道，具体包括：鸡排山隧道、冉后山隧道、路河山隧道、四方山隧道、蕾帽山隧道，包括隧道供电、照明、通风、消防设备系统及路段供电照明系统的工艺及软件设计、设备采购、运输、安装、调试、完工测试、试运营、验收及管理操作的培训、竣工文件和缺陷责任期的服务。

5. 伊春鹿鸣矿变电工程。伊春鹿鸣矿 110KV 变电站新建工程、伊春鹿鸣钼矿采选及配套工程，中标价值 1.70 亿元。工程概况：伊春鹿鸣矿变配电工程，包括生活区、采矿厂、选矿厂、渗渠、采场供电、中心林场等。变电站所有土建工程及所有设备的安装和调试。

【中铁八局其他建筑市场】 2011 年，中铁八局其他建筑市场情况见表 4-14：

表 4-14 中铁八局 2011 年其他建筑市场情况

序号	项目名称	合同金额（万元）	工期	工程概况
1	中缅天然气管道工程（国内段）隧道工程 EPC 总承包（第四合同项）	21700	开工日期：2011 年 7 月 18 日；完工日期：2012 年 12 月 31 日；交付管道安装日期：2012 年 11 月 25 日	项目起点为云南省昆明市富民县者北乡下河里村，终点为云南省曲靖市富源县后所镇发五多村，项目区间跨度直线距离近 250 公里，共计 10 座隧道，隧道总长度为 10271.59 米，均为石油及天然气管道共用隧道。重点控制性工程：小对方隧道长度为 2130 米，小黑箐隧道长度为 1459.9 米。项目工程地点分为四个县：富民县（下河里隧道 712.4 米、竹子箐隧道 1202.71 米，小对方隧道 2130 米）；先锋镇（大脑包隧道 457 米、小黑菁隧道 1459.9 米、大松棵隧道 843.36 米）；马龙县（北道岭隧道 1091.74 米、假角山隧道 1076 米）；富源县（石口子隧道 1376 米、分水岭隧道 372.48 米）。
2	中缅天然气管道工程（国内段）隧道	21400	开工日期：2011 年 7 月 18	项目起点为贵州省盘县断江镇丘田村，终点为贵州省关岭县坡贡镇板寨村至客布村，项目区间跨度直线距离近 250 公里，

	工程EPC总承包(第四合同项)		日； 完工日期：2012年12月31日； 交付管道安装日期：2012年11月25日	共13座隧道，隧道总长度为11825.82米，均为石油及天然气管道共用隧道。重点控制性工程：狮子山隧道2484.07米，项目工程地点分为三市四个县：盘县（八丘田隧道 1051.81米、松林头隧道868.4米、响水隧道446.19米、营盘山隧道1190.51米），普安县（水打田1#隧道342.37米、水打田2#隧道412.39米、水打田3#隧道649.54米、上马基隧道1110.43米、狮子山隧道 2484.07 米），晴隆县（银子洞隧道 979.63米），关岭县（大坡隧道510.58米、猴儿关隧道1002.88米、长石头隧道777.02米）。
1	屏山县新县城迁建项目及县城新市安置分流区建设项目施工总承包B标段	60000	360个日历天	下台地场平46万平米，安置房42万平米。6、6+1框架、砖混结构。
2	中信广场	49000	730个日历天	总建筑面积约133291平米。
3	乐至县普罗旺斯庄园工程	49000		未出图
4	昆明市盘龙区东华街道办事处蒋家营城中村改造施工工程	80000	2年	蒋家营城中村改造项目总建筑面积 292299.70 平方米。1#为地上43层，2#为地上33层，3#、4#为地上44层，均为住宅，共计 121076.51 平方米；5#为办公楼，地上 41 层，面积50517.40；5#裙楼为商业，共5层，面积37843.21平方米；地下室3层，87635.26平方米；其余为设备及管理用房。设计使用年限：50年；建筑物抗震设防列度：8度。
5	中国东方航空西安维修基地新机库主体工程	13766	开工日期：2012-3-1；合同总工期653天	中国东方航空西北公司在现维修基地内新建一座标准双 747维修机库，建筑由机库大厅及附楼组成，附楼地上六层，地下一层。建筑物占地面21180平方米，总建筑面积36443平方米。其中机库大厅建筑面积 15751 平方米，附楼部分建筑20692平方米。机库大厅结构为钢筋混凝土柱，钢网架结构，大厅跨度155米，进深85米。建筑物控制高度36.35米。附楼为钢筋混凝土框架结构。本工程为Ⅰ类机库，建筑抗震设防烈度为7度，建筑物主体结构设计合理使用年限为50年。机库大厅耐火等级为一级，附楼部分建筑物火灾危险性为丙类，耐火等级为二级，屋面防水等级为Ⅱ级。

【中铁九局房建及其他市场】 2011年房建工程中标40项，中标额23.84亿元，占中标总额的14.7%。其他工程（地方专用线，电力网络等）中标123项，中标额11.67亿元，占中标总额的7.2%。

1.中国医科大学沈北新校园项目。2011年2月中标，中标价1.5亿元。计划2011年6月1日开工，预计2012年9月30日竣工。建筑面积86925平方米，钢筋混凝土剪力墙结构。

2.梅河口水郡华庭一期工程。2011年5月中标，中标价1.1亿元。计划2011年5月20日开工，预计2012年6月20日竣工。建筑面积81858.16平方米。

3.辽宁省残疾人中等职业技术学校新建工程。2011年6月中标，中标价1亿元。计划2011年10月19日开工，预计2012年5月10日竣工。绿化面积6.89万平方米，广场面积2.89万平方米，道路面积2.18万平方米。桥梁6座，暗渠2座，篮球场1座，足球场1座等。

4.河畔新城工程。2011年7月中标，中标价1.5亿元。计划2011年7月6日开工，预计2012年11月10日竣工。工程建筑面积8.75万平方米，钢筋混凝土剪力墙结构。

5.蓟县新城示范镇A地块一期村民还迁经济适用房工程。2011年10月中标，中标价1.3亿元。计划2011年10月10日开工，预计2012年11月15日竣工。总建筑面积6.4万平方米。

6.“华跃城”西区房地产开发项目。2011年10月中标，中标价2亿元。计划2011年9月30日开工，预计2013年9月30日竣工。建筑面积：地上9.01万平方米，地下1.69万平方米。

7.朗钜国际城•行政服务中心项目。2011年12月中标，中标价2.7亿元。计划2011年8月31日开工，预计2012年12月25日竣工。建筑面积约7.39万平方米，写字楼23层，公寓楼21层。

8.梅河口水郡华庭二期工程。2011年12月中标，中标价1.2亿元。计划2011年9月15日开工，预计2012年10月25日竣工。总建筑面积8.11万平方米。

9.西安成品油铁路专用线工程。2011年9月中标，中标价1.7亿元。计划2011年9月30日开工，预计2013年3月29日竣工。有特大桥1座，框架式桥1座，涵洞220.79横延米，铺轨14.68公里，新铺单开道岔16组，特种道岔2组等。

10.察哈素矿井铁路专用线工程。2011年9月中标，中标价3.3亿元。计划2011年7月1日开工，预计2013年3月31日竣工。线路全长17.16公里，其中专用线13.03公里，疏解线4.13公里。

11.府谷煤业铁路专用线。2011年9月中标，中标价1.9亿元。计划2011年10月10日开工，预计2013年10月10日竣工。线路全长5.66公里。主要有桥梁5座，涵洞8座，跨线桥2座，隧道2座等。

【中铁十局其他建筑市场】 2011年，中铁十局其他建筑市场情况：

1.烟台市莱山区松岚西中铁·逸都项目一期工程。计划工期2011年11月～2012年10月30日，总投资1.3亿元。工程范围：本工程包括C-1#、B-5#、B-7#、B-13#、B-15#、B-17#楼及B区地下车库，施工内容为建筑、安装工程施工，包括但不限于基础、主体、楼地面、屋面、总包管理及配合、内外装饰（不含精装修）、给排水、电气、有关的预留预埋和配合（如弱电智能等）等内容。主要工程量：本工程总建筑面积约为70000平方米，其中：C-1#楼为21层，地下1层；B-5#、B-7#楼均为18层，地下1层；B-13#、B-17#楼均为6层，地下2层；B-15#楼为6层，地下1层。钢筋3150吨，混凝土34000立方米，砌体12000 立方米，抹灰85000平方米。

2.济南市西蒋峪片区公共租赁住房二标段。中铁十局承建。工工期为2011年5月31日～2012年10月31日，具体开工日期以业主下达的开工令为准，总工期日历日数为519日历日，总投资2.8亿元。主要工程量：第二标段施工范围包括 A-4#楼～A-9#楼及部分地下车库，总建筑面积110505平方米，框架结构。A-4#楼建筑面积19314.48平方米，地下一层、地下二层为储藏室及部分设备和电气机房，地下三层为连接车库走道，面积1635.74平方米。地上二十五层住宅面积17001.28平方米，商业面积677.46平方米。A-5#楼建筑面积10872.23平方米，地下一层、地下二层为储藏室及部分设备和电气机房，-8.4 米标高处为连接车库走道，地上一、二层为商业网点，十五层均为住宅。A-6#楼建筑面积19295.33平方米 ，地下一层地下二层为储藏室及部分设备和电气机房，面积1636.21平方米架空层为连接车库走道，地上二十五层住宅为17001.28平方米，商业面积657.84平方米。A-7#楼建筑面积10702.98平方米，地下一层、地下二层为储藏室及部分设备和电气机房，-8.400标高处为连接车库走道，地上一、二层为商业网点，十五层均为住宅。A-8#楼建筑面积10426.53平方米，地下一层、地下二层为储藏室及部分设备和电气机房，-8.400 标高处为连接车库走道，地上十五层均为住宅。A-9#楼建筑面积8335.06平方米，地上7058.04平方米，地下1277.02平方米。地下一层、地下二层为储藏室及部分设备和电气机房，地上十一层均为住宅。

3.合肥市经开区出口加工区公租房工程。工期：2011年11月15日～2012年7月15日，总投资：3.2亿元。主要工程量：本项目占地面积约167亩，总建筑面积约24万平方米，其中地上建筑面积225000平方米，地下建筑面积约15000平方米。本次计划建设1#、2#、3#、4#、7#楼，建筑面积约136000平方米，其中地上121500平方米，地下建筑面积约14500平方米。1#楼为11层，局部地下一层为生活及消防泵房，框架结构；其余4栋地上6层，框架结构，2#和4#楼地下室为食堂，3#和7#楼无地下室。所有单体户内均为精装修。

4.天津市海河堤岸（海津大桥至春意桥）景观工程。计划工期2011年5月20日～2012年4月30日，合同工期346个日历天，合同价款2.7亿元。工程范围：纵向建设范围从海津大桥至春意桥，总长度约1400米；横向建设范围北岸（左岸）从海河东路侧石至堤岸岸线，南岸（右岸）从海河西路侧石至堤岸岸线。主要工程内容包括结构工程、景观工程及绿化工程等。主要工程量：围堰2944.8米，挖方207318立方米，填方158500 立方米，钻孔灌注桩7211米/φ800、35856米/φ600，胸墙、挡土墙、锚碇板C30抗冻混凝土8541立方米，土层锚杆21997米，钢拉杆242.8吨。石材等铺装29108 平方米，木平台铺装4740平方米，生态透水地坪铺装11287平方米，铸铁、木、不锈钢栏杆等2364米；服务用房等建筑物1388平方米；欧式白景亭、跌水景墙、月亮湾藤廊架、雕塑、喷泉水池等构筑物及景观小品9处，其中钢结构60.8吨；喷泉、跌水、水循环、喷淋等设备424台，给排水管道32708米，井室150座；柱头灯、照树灯、庭院灯、地灯、水底灯、洗墙灯、嵌入式壁灯、草坪灯、廊下灯、LED灯等照明器具2730套，盘、柜等配电设备54台，电缆51900米。绿化工程：挖方110000 立方米，做微地形210001立方米，栽植树木13943株，灌木、草坪等154804.7平方米。景观工程：石材铺装主要包括景观平台、广场、花园、道路等平面铺装及挡墙、建筑物、构筑物、景观小品等外立面铺装，石材选用花岗岩、蘑菇石、文化石、原野石、小料石、透水砖等，平面铺装采用砂浆垫层，立面铺装采用挂贴及干挂形式。

【中铁大桥局其他建筑市场】 2011年，中铁大桥局其他建筑市场情况：

1.沈阳市金阳大街/沈抚城际铁路高架桥工程，合同价4.1亿元，全长3.6公里，工期为2011年5月～2012年9月。

2.沈阳新立堡跨浑河桥工程，合同价 2.9 亿元，全长1.34公里，工期为2011年8月～2012年11月。

3.沈阳四环快速路BT项目土建工程，合同价3.9亿元，全长2.99公里，工期为2011年3月～2012年12月。

4.武汉市二环线雄楚大街立交工程子项珞狮南路高架南延段工程，合同价1.2亿元，工期为 2011年5月～2011年11月。

5.海翔大道二期完善工程（公铁立交—孚莲路段），合同价2亿元，全长8.69公里，工期为2011年11月～2013

年11月。

6.江苏如皋港港口（G204南延）二期工程长青沙二桥，合同价4亿元，全长3.23公里，工期为2011年2月～2013年7月。

7.南通江海大道西段快速化改造工程施工C标，合同价3.2亿元，全长1.2公里，工期为2011年10月～2012年12月。

8.深圳平湖街道新南北门坳综合整治工程，合同价1.3亿元，雨污水管网26公里，电力、电信管网3公里，工期为2011年6月～2012年6月。

9.深圳新生污水管网完善工程，合同价9580万元，污水管网15公里，工期2011年9月至2012年5月。

10.浙江玉环变－乐清变500千伏双回输电线路大跨越段海中铁塔基础工程，合同价1.1亿元，工期为2012年2月～2012年11月。

11.中缅测气管道工程（国内段）澜沧江跨越工程，合同价19682万元，全长280米，工期为2011年至2013年2月。

【中铁隧道其他建筑市场】 2011年，中铁隧道其他建筑市场情况：

2011年度中标其他建筑工程项目33项，新签合同额49.6亿元。主要项目包括：

1.广西六景至钦州港公路房建工程No.LQ-FJ2标，工期2011年2月1日～2011年9月30日，合同价0.5亿元。

2.广西钦州至崇左高速公路房建工程No.QC-FJ1标，工期2011年2月1日～2011年9月30日，合同价0.4亿元。

3.广西六寨至河池高速公路房建工程No.LH-FJ2标段，工期2011年3月1日～2011年10月31日，合同价0.5亿元。

4.玉林至铁山港高速公路房建工程施工No.F2标，工期2011年10月10日～2011年12月31日，合同价0.4亿元。

5.北京郑常庄热力隧道穿越地铁工程，工期2011年1月10日～2011年6月30日，合同价0.1亿元。

6.贵阳市内环路路面改造（北京路—枣山路地下通道）工程，工期2011年1月1日～2011年2月20日，合同价0.3亿元。

7.重庆市一横线西段（宝圣立交—张家梁立交段）二标段，工期2011年1月20日～2012年9月20日，合同价4.8亿元。

8.深圳市光侨路（光明大街—新公常路）市政工程1标段，工期2011年3月18日～2013年3月18日，合同价0.97亿元。

9.杭州市庆春路过江隧道南延段工程，工期2011年3月15日～2011年12月28日，合同价1.8亿元。

10.福安市溪北洋隧道工程A标段，工期2011年10月至1012年3月，合同价1.0亿元。

11.福安市溪北洋隧道工程B标段，工期2011年12月18日～2012年6月10日，合同价1.1亿元。

12.深圳市根玉路市政工程1标段，工期2011年9月1日～2012年8月31日，合同价0.2亿元。

13.长沙市南湖路湘江隧道工程设计施工总承包，工期2011年12月1日～2013年5月30日，合同价9.0亿元。

14.遵义市中心城区子尹路南延线土建工程，工期2011年1月1日～2012年12月31日，合同价1.8亿元。

15.广东顺德高明区高明大道海天路口项目，工期2011年1月16日～2012年7月15日，合同价4.5亿元。

16.石家庄市新胜利大街地下空间利用隧道上方及以东地下土建工程，工期2011年4月1日～2011年11月26日，合同价2.2亿元。

17.湖北省恩施市金凤大道许家坪隧道工程，工期2011年6月1日～2013年5月21日，合同价1.2亿元。

18.杭州市省府路地下人行通道工程，工期2011年7月15日～2012年4月10日，合同价0.1亿元。

19.浙江省宁波市富春江路南延一期工程（隧道段），工期2011年5月26日～2012年5月19日，合同价0.3亿元。

20.贵阳市盐沙线道路工程施工E标段，工期2011年5月30日～2012年11月30日，合同价2.9亿元。

21.武汉市王家墩商务区核心区地下交通环廊工程1标，工期2011年8月1日～2012年5月31日，合同价2.2亿元。

22.北京市管线综合（崇文门三角地电力隧道迁改（地下直径线工程），工期2011年8月20日～2011年11月12日，合同价0.2亿元。

23.重庆两江新区长安南路道路工程，工期2011年12月08日～2012年7月5日，合同价0.4亿元。

24.北京市西北旺220千伏变电站配套电力沟道工程第四标段，工期2011年6月30日～2011年10月7日，合同价0.3亿元。

25.辽西北供水工程（桓仁—清河段）地质勘探试验洞施工四标段，工期2011年10月25日～2012年10月30日，合同价0.45亿元。

26.辽西北供水工程（二段）地质勘探试验洞施工5标，工期2011年7月26日～2012年4月30日，合同价4.3亿元。

27.深圳市第二劳动教养管理所过渡性安置项目工程，工期2011年1月15日～2011年4月5日，合同价0.2亿元。

28.国家高速公路网十堰至天水联络线汉中至略阳公路机电D05标，工期2011年1月1日～2011年9月30日，合同价0.3亿元。

29.深圳警犬基地过渡性安置项目工程，工期2011年3月25日～2011年6月25日，合同价0.06亿元。

30.郑州市中原万达广场高压入地隧道工程竞争性谈判1、2标，工期2011年6月14日～2011年8月23日，合同价0.02亿元。

31. 广西防城港核电厂泵房前池泵房两侧直立墙及AC/AL厂房负挖工程，工期2010年9月30日～2011年4月30日，合同价0.6亿元。

32. 万华烟台工业区液化烃地下水封洞库工程，工期2011年7月1日～2014年3月31日，合同价2.6亿元。

33. 中缅天然气管道工程（国内段）隧道工程EPC总承包2标，工期2011年6月5日～2012年11月25日，合同价3.0亿元。

【中铁电气化局房建市场】 2011年，中铁电气化局房建工程（亿元以上）11项：北京图景嘉园二标段1.8亿元；和泰紫园项目3.5亿元；河北建投十号地项目D标段1.4亿元；农六师武装部民兵训练基地工程1.9亿元；明瀚锦绣花园1.6亿元；中节能（苏州）环保科技产业园一期项目建安工程总承包1.3亿元；郑州市铁路局材料厂改造项目一期工程3.5亿元；丰台区长辛店北部居住区一期（南区）B45-3#住宅楼等8项1.2亿元；益民小区、安民小区北区、建设路职工住宅小区2.3亿元；丰台区长辛店北部居住区一期（南区）B54地块、B55地块1.3亿元；丰台区长辛店北部居住区一期（南区）B53-1#住宅楼等4项1.3亿元。

【中铁建工其他建筑市场】 2011年，中铁建工市政房建市场主要承揽工程有15项：

1. 长富金茂大厦工程，总标价7.9亿元，建设单位为杨富实业(深圳)有限公司。

2. 嘉里凤凰城住宅发展项目一期总承包，总造价3.2亿元，建设单位为恒运置业（唐山）有限公司。

3. 广安门铁路住宅小区施工总承包工程A标段，总造价5.1亿元，建设单位为北京京铁房地产开发公司。

4. 青藏铁路花园四期1#、2#、3#、4#、5#、6#、7#、8#、9#住宅楼主体工程及3#、4#之间转角楼工程，总造价3.6亿元，建设单位为青藏铁路公司。

5. 中铁诺德滨海花园工程，总标价6.6亿元，建设单位为大连中铁华升房地产开发有限责任公司。

6. top未来工程，总造价5.2亿元，建设单位为苏州艾维克建设发展有限公司。

7. 昆明市西山区草海北片区46号地块安置房项目工程施工总承包，总造价34.3亿元，建设单位为昆明轨道交通有限公司。

8. 上海铁路局石泉路单位租赁房二期项目，总造价6.4亿元，建设单位为上海铁路局。

9. 中国中铁•诺德名城一期工程，总造价6.8亿元，合同工期2011年5月1日～2012年9月30日，建设单位为山东中铁诺德房地产开发有限公司。

10. 芜湖华强R10项目美加印象二期工程，总造价3.9亿元，建设单位为芜湖市华强旅游投资开发有限公司。

11. 中铁产业园•诺德中心工程，总造价8.1亿元，建设单位为北京中铁华升置业有限公司。

12. 大世界商务广场一期项目工程，总造价4.5亿元，合同工期2011年7月15日～2012年12月30日，建设单位为宁夏大世界房地产开发有限公司。

13. 成都东客站综合交通枢纽道路客运场站建设项目东、西广场新增地下空间工程，总造价2亿元，合同工期2010年8月～2011年3月30日，建设单位为成都交通枢纽场站建设管理有限公司。

14. 西宁市火车站综合改造工程（地下空间）二标段，总造价2.5亿元，合同工期2011年3月15日～2012年7月26日，建设单位为西宁市城市交通投资建设有限公司。

15. 沙河堡成都新客站片区基础设施项目涉铁部分连接站台南北匝道桥(成都东站高架桥)市政工程，总造价1亿元，建设单位为成都市兴城投资有限公司。

16. 沈阳南站地铁配套工程站房下地铁区间工程，总造价5282万元，合同工期2011年4月10日～2012年9月15日，建设单位为沈阳铁路局。

【中铁航空港其他建筑市场】 2011年，中铁航空港其他建筑市场承揽情况：

1. 海南省三亚美丽之冠大酒店总承包工程。总造价10.9亿元，开工日期2011年2月20日，竣工日期2013年2月21日。中铁航空港中标，建设单位为三亚华创七星房地产开发有限公司、三亚森特房地产开发有限公司。工程位于海南省三亚市新风路，规模658113.17平方米，分为地下4层，地上28层，公建综合性建筑。结构型式为桩筏基础、框架-剪力墙结构，本工程九栋楼地上结构为国内独有的圣诞树造型，外挑部分大量采用钢筋混凝土预应力组合桁架超长悬挑，层间错落阶梯状挑出，最大悬挑长度约13.5米，结构复杂，施工难度大，目前国内尚无类似结构形式。施工中采用高支模落地脚手架配合高空型钢悬挑支模架相结合的方法，施工中利用安全计算软件辅助计算，全过程实时监控支撑脚手架及结构组合桁架变形，严格控制组合桁架内外脚手架拆除顺序，确保脚手架施工安全及结构施工质量。

2. 西江新城核心启动区项目。总造价4.8亿元，中铁航空港北京公司中标，建设单位为中铁建设分公司、中铁佛山投资发展有限公司。工程位于佛山市高明区荷城街道，规模48066平方米，公建综合性建筑。该工程结构型式为钢结构加混凝土结构。

3. 北京铁路局1号住宅楼等8项工程。总造价1亿元，开工日期2011年2月26日，竣工日期2012年2月2日。中铁航空港北京公司中标，建设单位为北京铁路局。工程位于北京市丰台区丰西北里，规模41109平方米，分为地下1层，地上6层。现浇剪力墙结构，。

4. 新建市级美术馆地基处理工程。总造价3554万元，开工日期2011年12月3日，竣工日期2012年1月31日。中铁航空港中标，建设单位为大同市市政建设发展公司。工程位于位于御东文化核心区西南地块，西侧邻市政规划太和路，东侧为御东新区主轴线并与在施图书馆遥相呼应，北侧与博物馆之间由市民广场区隔。本工程±0.00 米相当于绝对标高 1057 米，建筑层数为地下 3 层（地下夹层、地下展厅层、避难层），采用混凝土灌注桩基础钢筋混凝土框架-剪力墙结构，地上为钢结构空间桁架体系。

5. 天津金泰丽湾嘉园一期二标段。工程总造价 1.9 亿元，开工日期 2011 年 8 月 1 日，计划竣工日期 2012 年 6 月 30 日。中铁航空港中标，建设单位为天津津浦伟业地产有限公司。工程位于天津东丽区津汉路北，总建筑面积 74614 平方米，其中七栋住宅楼（8#－14#楼），建筑面积 60344 平方米，剪力墙结构，地下一层，层高 3.1 米，地上十四层，层高 2.9 米；车库建筑面积 14270 平方米，地下一层，层高 4.5 米。

6. 远达锦绣半岛项目一期。总造价 13668 万元，开工日期 2011 年 11 月 21 日，计划竣工日期 2013 年 7 月 20 日。中铁航空港中标，建设单位为甘肃远达房地产置业有限公司。工程位于甘肃省兰州市，为一综合性建筑，包括住宅、酒店式公寓及写字楼、公共服务设施及商业工程等，本项目一期“远达锦绣半岛 9#、10#、11#主楼”工程，单栋建筑面积 22780 平方米，总建筑面积 68340 平方米，地上 32 层，框架剪力墙结构。

7. 同泉路南侧廉租住房建设项目一标段。总造价 1.8 亿元，合同工期两年。中铁航空港中标，建设单位为大同市房地建筑开发公司。工程位于大同市同泉路南侧，总建设面积 120839 平方米，包括六栋商业楼（1#～6#商业楼）、13 栋住宅楼（1#～13#住宅楼）及地下车库，商业楼结构形式为框架结构，地上两层；住宅楼结构形式分为两种：1#～5#住宅楼为框架剪力墙结构，地下一层，地上十一层；6#～13#住宅楼为砖混结构，地上六层。

8. 门头沟 S1 线区域组团 01-11 地块及曹各庄、桥户营村土地一级开发项目定向安置房项目。工程造价 3.5 亿元，合同工期 909 天。中国中铁航空港建设集团有限公司中标，建设单位为北京国信嘉业房地产开发有限公司 ，工程位于门头沟区永定镇小园安置房地块。南邻 G108 国道，西接 S209 国道，工程由 7 个单体建筑组成，规模 162597.36 平方米，包括高层住宅 6 座，两万平米地下车库 1 座，全现浇钢筋混凝土框架剪力墙结构，总用钢量达 1.2 万吨，浇筑混凝土总量超过 7 亿立方米，高层楼体基础筏板结构为大体积混凝土，最高结构檐高达 71.5 米，全现浇结构。

9. A 号楼大使馆舍等 6 项。工程造价 5886 万元，合同工期 459 天。中铁航空港中标，建设单位为北京外交人员服务局。工程位于朝阳区亮马河北小街，地处使馆区，建设项目为使馆类建筑。规模 7644 平方米，A 楼的主要功能为使馆官邸，层数为 3 层，建筑高度为 10.65 米，B1、B2 楼主要功能为使馆办公，层数为 5 层，建筑高度为 19.50 米，框架剪力墙结构。

10. 西北旺镇辛店居住组团 A 地块定向安置房项目 A-02 地块 3 标段工程。工程造价 1.1 亿元，合同工期 660 天。中铁航空港中标，建设单位为北京威凯建设发展有限责任公司。工程位于海淀区西北旺镇，东临辛店西二路，西临辛店西一路，东南临辛店北小街西北临永丰北环路，规模 46769.39 平方米，分为地上 15 层，地下地下 2 层，剪力墙结构。

11. 太阳城 6#地一期项目工程。工程造价 1.5 亿元，合同工期 487 天。中铁航空港中标，建设单位为天津顺驰新地置业有限公司。工程位于天津市河东区鲁山道与贺兰路交口，规模 96984 平方米，地下 1 层，地上 3-6 层，民宅类综合性建筑。钢筋混凝土框架-抗震墙结构，

12. B-5#住宅楼、B-6#住宅楼、B1 地下车库工程。工程造价 1 亿元，合同工期 600 日历天。中铁航空港中标，建设单位为北京中海豪景房地产开发有限公司。工程位于北京市丰台区花乡六圈地，规模 52608.22 平方米，地下三层，地上十六层，住宅楼工程。全现浇剪力墙结构。

13. 首开·乐活小镇一期工程。工程造价 2 亿元，合同工期 661 日历天。中铁航空港中标，建设单位为沈阳首开盛泰置业有限责任公司。工程位于辽宁省沈阳市沈北新区虎石台大街，规模 12 万平方米，1#至 6#、12#至 16#、22#至 26#、33#至 34#楼，均为地上六层；35#至 37#楼为地下一层，地上九层；39#至 41#楼为地下一层，地上十一层，住宅楼工程。全现浇剪力墙结构。

14. 六郎庄回迁安置用房工程二标段工程。工程造价 4.7 亿元，合同工期 414 日历天。中国中铁航空港建设集团有限公司中标，建设单位为北京万柳置业集团有限公司，工程位于北京市海淀区树村，规模 148600 平方米，1#、17#号楼为地下一层，地上十层；2#、3#号楼为地下一层，地上一部分九层、一部分十层；4#楼地下二层，地上八层；15#楼地下二层，地上九层；16#楼、18#楼地下一层，地上部分为九层；19#楼地下二层，地上一部分九层、一部分十层；20#楼地下二层，地上一部分八层、一部分九层，住宅楼工程。全现浇剪力墙结构。

15. 海军 1819 场道工程第一标段。工程造价 1734 万元，合同工期 148 日历天。中国中铁航空港建设集团有限公司中标，建设单位为中国海军 1819 工程指挥部，工程位于海南省临高县加来镇，距临高县 21 公里，距海口市 98 公里，工程内容包括停机坪、库前坪、试车坪、场道附属设施工程等。

16. 庆阳机场扩建工程。总造价 5368.1 万元，合同工期 152 日历天。中国中铁航空港建设集团有限公司中标，建设单位为庆阳机场扩建工程项目建设指挥部，工程位于甘肃省庆阳市西峰区，工程内容包括：原跑道向北延长 800 米，宽度为 45 米，两侧各设 1.5 米宽道肩，总宽度 48 米。原跑道道肩及相邻的 2 米宽的道面拆除后，两侧各加宽 9.5 米，加宽后的道面外侧分别设 1.5 米宽道肩，总宽度 48 米。采用沥青混凝土结构。

17. 池州市九华山机场航站楼建筑工程施工及总承包管理服务。总造价为 6954.1 万元，合同工期 337 日历天。中铁航空港中标，建设单位为池州市九华山机场建设投资有限公司。公共建筑，框架结构。全长 144 米，工程总建筑面积

11700 平方米。建筑高度：21、15 米，地上二层，工程内容包括土建工程、钢结构工程、玻璃幕墙工程、装饰工程、给排水工程、消防工程、通风空调工程、照明动力工程、变配电工程、屋面工程，主体为组合钢筋混凝土框架结构。

18. 木里煤矿聚乎更煤矿区八号井东采区土石方剥离工程。工程造价约 1.1 亿元。中铁航空港一公司中标，建设单位为中铁资源集团海西煤业有限公司。工程位于青海省海西州天峻县木里镇。主要工程内容包括土石方穿孔、爆破剥离、装车、运输、排弃、排土场推平碾压等。

19. 山西省 136 国防工程。工程造价 1 亿元，合同工期 5 个月。中铁航空港一公司中标，建设单位为太古高速公路建设管理处。工程位于太古高速公路西山特长隧道，主要包括：隧道主洞及斜竖井设防、停车港（右洞景观段）、新增斜井及出入口工程、国防动员委员会指挥所及出入口、风道、通风井工程、斜井外连接线、防护门制作安装工程等。

【中铁上海局其他建筑工程】 2011 年，中铁上海局中标 31 个市政项目，2 个房建项目，1 个水利电力项目，10 个其他工程类项目，主要项目有：

1. EPC 项目中煤陕西榆林能源化工有限公司甲醇醋酸系列深加工及综合利用项目系统工程全厂地下管网工程（二标段）。工程总价 4695.3 万元，合同总工期 150 日历天，开工日期 2011 年 11 月 11 日。施工单位：中铁上海局市政公司。工程概况：工程位于榆林市横山县的白界乡和榆阳区芹河乡境内的榆横煤化学工业区。园区东北距榆林市约 25 千米，西南至横山县约 40 千米。中煤陕西榆横煤化工项目一期Ⅰ工程系统工程全厂地下管网工程共包括：一循供回水系统（CWS1/CWR1）、二循供回水系统（CWS2/CWR2）、三循供回水系统（CWS3/CWR3）、原水系统（RW）、生产及低压消防水系统(IW)、高压消防水系统(FW)、生活给水系统(PW)、回收水系统(BW)、回用水系统(RUD)、清净雨水系统(RWW)、生活污水系统(SD)、生产污水系统(WW)、含盐废水系统(SAD)等 13 个系统。本工程属全厂一级地下管网工程第二标段，为非金属管道系统，范围包括清净雨水系统(RWW)、生活污水系统(SD)、生产污水系统(WW)、含盐废水系统(SAD)共 4 个系统。

2. 上海青草沙南汇支线 QNZ-C9 标施工工程。工程总价 7568 万元，开工日期 2011 年 2 月 15 日，计划竣工日期 2011 年 12 月 30 日。为弥补中途征地拆迁和设计事宜延误时间，竣工日期变更为 2012 年 12 月 20 日。施工单位：中铁上海局市政公司。工程概况：工程为上海青草沙南汇支线工程，南汇支线是青草沙水源地原水工程陆域输水系统的重要组成部分，承担着向川沙水厂、航头水厂、惠南水厂输送青草沙原水的重任。南汇支线工程全线共分 12 个标段，本工程为 9 标段管道、顶管井以及附属工程的总承包施工。本工程设计规模为 128 万立方米/天，工程内容为 2 根 DN1800 钢管，全线采用顶管施工工艺，2 根管道主要敷设在 A2 公路东侧绿化带内，沿途将穿越轨道交通、沪南公路、立交匝道、民房等大型重要基础设施。上海青草沙南汇支线 QNZ-C9 标，工程内容为 2 根 DN1800 钢管，单根管线 4232.1 米，总长 8464.2 米。全线采用顶管施工工艺，分四段顶管，长度分别为 1455.2 米、1422.8 米、67.5 米、1286.6 米，管道中心间距 5 米，钢管外壁 1820 毫米，壁厚 18 毫米，管道外防腐采用熔融结合环氧粉末涂剂，涂层厚度≥400 微米；内防腐采用水泥砂浆衬里。顶管井共 4 座，其中工作井 3 座，接收井 1 座。沿线顶管井内设有单向补压塔井、阀门井以及排气排水井等附属设施。

3. 宜昌市城乡路（城东大道—东站路）及东站路（城乡路—东山三路）市政工程。工程总价 1.1 亿元，合同工期：2011 年 4 月 1 日～2011 年 10 月 26 日。施工单位：中铁上海局市政公司。工程概况：城乡路（东城大道—东站路）起点为城东大道，终点为东站路全长 3024.7 米，道路等级：城市主干道，规划红线宽 36 米，双向 6 车道，车行道宽 22 米，两侧宽 4 米人行道，路面沥青混凝土路面。东站路（城乡路—东山三路）起点东山三路，全长 1000 米，道路等级：城市主干道，规划红线宽 44 米，双向 6 车道，车行道宽 22.5 米，两侧宽 6.75 米人行道，路面沥青混凝土路面。

4. 昆明主城老城区市政排水管网及调蓄池建设工程第二标段。工程总价 5160 万元，合同工期：2011 年 7 月 19 日～2012 年 3 月 31 日。施工单位：中铁上海局市政公司。工程概况：乌龙河调蓄池与滇池北岸水环境治理工程白马庙雨水泵站合建，规划总占地面积 11340 平方米。调蓄池规划容积 1.1 万立方米，设计平面尺寸为 55 米×33 米，基坑深度 12.8 米。进水为丹霞路干管，收集乌龙河流域合流水，减少雨季溢流量；出水管接入西苑浦路 DN1200 污水干管，最终汇入第三污水处理厂进行处理；出水排入乌龙河下游。调蓄池采用地下式结构，顶板以上覆土 2.0 米，并结合周边环境进行绿化景观布置，为方便管理，值班用房及高低压配电室采用地面式框架结构。

5. 中国电科第十六所 6#环境设备研发部工程。工程总价 2056 万元，合同工期：2011 年 6 月 12 日～2012 年 1 月 17 日。施工单位：中铁上海局三分公司。工程概况：工程位于安徽省合肥市高新区望江西路以北。本工程地上 1 层，局部 3 层，建筑面积约 14339 平方米，主体结构为单层钢结构，夹层部分为钢筋混凝土框架结构，建筑物设计主钢构设计使用年限为 25 年，围护结构设计使用年限为 15 年。本建筑按火灾危险性分类为戊类单层工业厂房，建筑耐火等级为二级，抗震设防烈度为 7 度。

6. 马钢（合肥）钢铁有限责任公司 BOT 水厂项目建安工程（一标段）。工程总价 2288 万元，总工期 150 日历天，开工日期 2011 年 7 月 28 日。施工单位：中铁上海局市政公司。工程概况：马钢（合肥）工业供水有限责任公司 BOT 水厂项目设计总规模为 10 万立方米/天，一期供水量为 5 万立方米/天。本工程内容包括：取水头部、源水管线、取水泵房、加药间及配电室、值班室及倒班宿舍、道路、围墙、设备基础等土建工程、厂区工艺管线等生产辅助设施的制安，以及场地的平整及土方的挖、填、运，土建、装饰、安装、上下水、卫生器具的安装，地基和基础处理，构筑物的蓄水试验，所有施工临时措施，施工用水、电的接引，工艺管线及设备的安装，道路及排水的施工，消防设施的施工。

【中铁二院其他市场情况】 2011 年，中铁二院工程技术服务板块进步明显，新签合同额 5.3 亿元，同比增长 65.6%；工程总承包有一定回落，新签合同额 5.8 亿元，同比下降 32.6%。分述如下：

一、工程总承包：2011 年，中铁二院签订了枕头坝一级水电站水库蓄水区铁路防护处理工程、攀成钢旺苍 61 万吨焦化项目铁路专用线施工总承包合同、贵州省六盘水市花园路至水钢隧道工程、法国贷款四川省灾后重建罗江县基础建设重建工程城镇供水设施及管网工程 DB 总承包、水江铁路（企业）企业专用线工程 EPC 总承包合同等 14 项工程总承包合同，合同金额 5.8 亿元。详情见表 4-15：

表 4-15　中铁二院 2011 年工程总承包板块主要新签合同一览表

序号	项目名称	合同额（万元）
1	枕头坝一级水电站水库蓄水区铁路防护处理工程	10470
2	攀成钢旺苍 61 万吨焦化项目铁路专用线工程设计、施工总承包合同	6899.9751
3	贵州省六盘水市花园路至水钢隧道工程	12600
4	法国贷款四川省灾后重建罗江县基础建设重建工程城镇供水设施及管网工程DB总承包	3180
5	水江铁路（企业）企业专用线工程	2512
6	湖北省建材供销公司铁路专用线工程	3878.51
7	陕西陕煤韩城矿业有限公司象山矿井铁路专用线改扩建	1752.5269
8	达州市张家坝明月江大桥	3000
9	瓮福化工杨柳坪工厂站、天福工厂站技改工程	3350
10	昆明南车城轨装备基地建设项目动调线工程	3679
11	水江铁路（企业）企业专用线工程	2512
12	河南天冠企业集团有限公司铁路专用线二期工程	1200
13	梧贵高速上跨南广铁路立交通道	1750

二、咨询评估：2011 年，中铁二院承担了新建柳州至肇庆铁路、新建广东西部沿海铁路项目建议书评估；重庆轨道交通六号线二期工程、西安地铁三号线一期工程、无锡市轨道交通 2 号线工程可行性研究报告评估及广州市轨道交通 3 号线后评价等六项咨询评估工作。通过组织召开项目评估会，与项目所在地政府各级部门、建设单位、国家发改委多次沟通，已上报国家发改委柳肇、广东沿海两个铁路项目和重庆、西安两个城轨项目的评估报告。广东省发展和改革委员会委托的评估珠三角城际轨道交通广州至佛山项目二期工程可行性研究报告项目，已上报广东省发改委正式的评估报告。

2011 年，面对国家对房地产业更为严格的宏观调控，中铁二院房地产板块新签合同额 1.4 亿元，较上年大幅缩水，同比下降 71.3%。另一方面，房地产业务积极应对国家宏观调控，加快了资金回笼，超额完成了各项年度生产经营目标，全年实现销售收入 3.84 亿元，回款金额达 6.18 亿元。

2011 年房地产板块项目开发经营情况简介如下：

1. 中铁·峰汇国际项目二期：该项目位于重庆市北部新区重庆火车北站附近，占地面积 3 万余平方米，总建筑面积近 11 万平方米，容积率 2.99，绿地率 37%。为减少公司对中铁·峰汇国际项目二期的前期投入和规避国家宏观调控带来的各种风险，中铁二院成立销售谈判工作组，面向市场寻求二期合作伙伴公司。2011 年 6 月 15 日与重庆龙轩房地产营销策划有限公司就中铁·峰汇国际二期项目商品房包销成功签约，总金额 5 亿元。为该项目二期的成功开发奠定了基础，同时为进行项目合作提供了新的思路和新的商业模式。中铁·峰汇国际二期工程于 2011 年 9 月 16 日开工建设，已完成重庆公司办公楼产权分割，为集团公司创造资产增值近 7000 万元。

2. 西安优胜美地：该项目位于西安市南部，秦岭山脉脚下，占地面积约 509 亩。按照中铁二院关于西安项目开发建设与对外转让并行实施的要求，根据中铁股份财[2011]152 号《关于中铁二院置业公司转让所持陕西千层浪房地产公司等企业股权及相关债权的批复》，该项目在天津产权交易中心以 3.36 亿元价格正式挂牌转让，并最终于 2011 年 6 月 28 日与浙江伟基建设集团公司顺利签约，7 月 25 日 3.36

亿元项目转让款已全部到位，现正配合开展项目工地移交等后续工作。

3.伊萨贝拉项目：该项目位于郫县犀浦镇国宁村，占地136亩，开发物业形态为高层住宅及商业，建筑面积274402.11平方米、居住户数2289户、地下车库1192个。该项目一期工程已经交付使用，项目二期于2011年9月30日全面竣工，部分楼宇也已经按期交付使用；小区公共配套幼儿园工程正在建设之中，计划6个月完成。2011年3月，与销售代理公司签订了《伊萨贝拉销售代理补充协议》，降低了伊萨贝拉项目的销售成本，有效促进了全年销售工作。全年住宅共计签约272套、面积23739平方米、金额13119万，商铺签约17套，面积1782平米，金额3137万元，车位签约164组，面积6191平米，金额1023万元，合计约1.73亿元。同时完成一、二期共计835户的产权办理。

4.中铁轨道交通高科技产业园项目：中铁二院置业公司高度重视该项目，成立工业地产项目部，全权负责"产业园"项目土地权属的取得和各项资质的报规报建工作，该项目的三宗用地成都市国土局于2011年12月12日挂牌出让公告，工业地产项目部已成功办理了竞买报名。同时，协助中铁晨丰公司完成了项目用地现场平场、地勘、文物考古、打围，施工用水用电申请等工作。

2011年，中铁二院在经营传统业务的同时，其新兴板块也取得一定进展，均衡、多元的业务发展格局正日臻完善。分述如下：

一、中铁二院旗下的产业公司全年新签合同额累计达到2300多万元，其中中铁天宝公司研发的CPIII测量系统、轨道几何检测系统、板精调系统等首批成果产品已正式发布并推向市场，以通道式蒸发冷凝专利产品为依托的地下铁（四川）设备新技术有限公司正在积极筹建中，有望很快产生效益。

二、矿产资源业务进展顺利，成功申请到四川省平武县涌沟洼金矿普查权，彭水萤石重晶石选矿厂也正式竣工试投产，已生产萤石精粉345吨。

三、磁浮交通、机场航道、港口码头等新领域取得实质性进展。磁浮交通方面，已成功签约中国南车株机公司中低速磁悬浮试运线EPC项目，其分段试验中各项技术指标均达到了设计要求，为今后磁浮交通市场的经营开发产生了重要的示范作用和带动效应。机场航道方面，获得了重庆机场T3航站楼的勘察设计项目，实现了该领域的实质性突破。港口码头方面，承揽了印尼甲里文仓储和码头一体化等工程，为港航设计业务向国际拓展奠定了基础。海洋工程方面，获得了海口市东海岸人工岛开发项目勘测设计任务。环保工程方面，获得了江西赣州6万立方米/天污水处理厂设计项目，标志着公司有能力在环保领域进一步挖掘和开拓市场。

2011年，中铁二院投融资项目经营情况简介如下：

1."中国海南国际高铁技术研究中心及培训中心"项目选址方案已经确定，并已启动项目控制性详细规划等工作，即将进入控规编制等具体工作阶段。

2.矿产投资业务

2011年，中铁二院继续实施依托主业找矿工作，在做好国内现有项目的同时，积极推进海外资源项目。

（1）成兰线方面，继续跟踪阿坝州三个金矿点的矿权申报工作，同时开展平武县涌沟洼金矿区普查权申请工作，目前已完成县国土局签字手续。

（2）成西线方面，开展了青川县金厂湾金矿区的普查勘探工作，目前该矿区普查工作已取得了较好的勘探成果，已圈出较大规模的矿化带两条，具有一定规模的矿化体有两条。

（3）川藏线方面，继续与化探队合作，完成了《成康铁路雅安至康定段沿线找矿靶区优选实施方案》，并对优选区进行了野外踏勘调查，对有矿化点及成矿前景的天全县团牛坪银铅锌多金属矿区41.32平方公里的矿区进行矿权申报，目前申请办理县国土部门签字手续。

（4）昆万线（老挝境内）找矿工作，完成了《老挝梦卡西梦万荣铅锌矿风险勘探研究报告》，与S.T Group Co. Ltd签署了初步合作协议，完成了找矿设计工作。泰国锑矿项目，已完成《泰国锑矿普查设计》，计划2012年在条件成熟时开展野外勘察工作。

（5）重庆彭水萤石重晶石项目，是中铁二院唯一进入开发阶段的矿产项目，该项目2011年7月已开始进行试生产。

3.股权投资。2011年1月，中铁二院与兰州大成科技股份有限公司在兰州交通大学签订战略投资协议，投资1666万元，占该公司4.86%的股份，达成参股兰州大成股权投资的目的。年内，中铁二院还着手启动了长城证券股权转让和中铁信托增资扩股的工作，由中铁信托提出请求，希望中铁二院将所持有1700万股长城证券股权转让给中铁信托，并用转让款对中铁信托进行增资。2011年7月29日，中铁二院第二届董事会（第5次）会议审议通过《关于转让长城证券股权及参与中铁信托增资扩股的研究报告》。目前中铁信托已上报该项目及增资扩股方案，等待中铁股份公司审批。

【中铁设计咨询其他市场情况】 2011年中铁设计咨询在确保完成好已经开工的广西桂林康密劳铁路专用线、内蒙古察哈素矿井铁路专用线、青海坎布拉旅游景区俄家台接待区四星级宾馆工程、洛阳城轨组装场铁路专用线等总承包项目外，积极开发承揽新的工程总承包项目。2011年工程总承包营业额3亿元（比上年增加1.3亿元），占全年营业额的

17.3%。2011年工程总承包新签合同额5.2亿元（比上一年减少1.9亿元），占新签合同额的18%。

中铁设计咨询为促进技术咨询业务的开展，年内设置了咨询公司，统一管理中铁设计咨询管控的咨询项目。同时，鼓励分公司发挥专业优势，承揽专业咨询业务。2011年，承担了北京、武汉、上海调度所运营调度系统施工图审核，郑州市轨道交通2号线一期工程施工图审核，赤大白铁路桥梁墩台加固方案审查。投标了厦门市轨道交通1号线一期工程设计监理（含施工图审核）等项目。桥梁、轨道、机动等院利用标准设计、专项设计、产品设计等优势对外开展了技术咨询服务。地路院、检测公司、监理公司、济南工程技术公司开展了地质勘察监理和工程检测。2011年，技术咨询（含技术咨询、工程检测、地勘监理）营业额1.1亿元（比上年增加0.2亿元）占全年营业额的6.2%；技术咨询新签合同额1.5亿元（比上年增加0.1亿元），占新签合同额的5.2%。2011年，中铁设计咨询各监理公司除继续完成京沪高速铁路，哈大、京石、石武、西宝、沈丹等客运专线的一些标段监理项目外，还新中标承揽了吉林至珲春铁路、大准至朔黄联络线、邯济铁路扩能改造等一些新开工项目的标段工程监理。2011年，工程监理营业额2.6亿元（比上年增加0.3亿元），占全年营业额的14.7%；工程监理新签合同额3.6亿元(比上年减少0.4亿元)，占新签合同额的12.3%。

海外市场

【股份公司海外市场情况】 2011年，海外业务成功签约埃塞俄比亚铁路、安哥拉市政配套和住房工程等重大项目，并在中老铁路、中缅铁路、印尼铁路专用线、伊朗高铁等项目运作上取得了积极进展。

股份公司全系统在46个国家和地区新签国际业务项目合同211个，合同总额共计65.0475亿美元。其中：境外承包工程合同171个（500万美元以上81个；含上亿美元以上项目7个）；设计项目合同13个；道岔机械产品加工合同24个。分类新签合同情况见表4-16~18：

表4-16　2011年中国中铁新签境外业务合同额按板块分类统计表

分项／类别	承包工程	道岔和机械产品加工	工程设计	进出口贸易	外派劳务	境外实业	境外开矿	其它
金额	559177	5918	9459	18530	1376	1745	53834	436
占比	85.96%	0.91%	1.45%	2.85%	0.21%	0.27%	8.28%	0.07%

注：总合同额 650475万美元

表4-17　2011年中国中铁新签境外业务合同额按工程及业务类别统计表

分项／类别	铁路	公路	市政	房建	水电	码头	机场	城轨	劳务	贸易	境外办厂	境外开矿	其他
金额	248671	120492	17622	138457	18301	11385	9151	10476	1376	18530	1745	53834	436
占比%	38.23	18.52	2.71	21.29	2.81	1.75	1.41	1.61	0.21	2.85	0.27	8.28	0.07

注：总合同额：650475万美元

表4-18　2011年中国中铁新签境外业务合同额按区域划分统计表

分项／类别	亚洲	非洲	拉美	欧洲	大洋洲
金额	114843	452810	61169	14399	7255
占比	17.66%	69.61%	9.40%	2.21%	1.12%

注：总合同额　650475万美元

【中海外海外市场】 2011年，公司全系统新签合同额8.1亿美元，折合人民币约51.4亿元，同比减少40.6%，完成股份公司下达年度计划指标88.8亿元人民币的57.9%，其中外经业务完成年度计划14亿美元的49.5%。完成公司年度计划13.7亿美元的59.4%，其中外经业务完成年度计划12.9亿美元的53.6%。新签合同额在持续多年增长后首次出现了回落。

2011年，公司全系统完成营业额5.9亿美元，折合人民币约37.3亿元，同比减少30.8%，完成股份公司下达年度计划指标48.2亿元人民币的77.3%，其中外经业务完成年度计划7.6亿美元的63.5%。完成公司年度计划9.1亿美元的65.1%，其中外经业务完成年度计划8.7亿美元的

55.7%。营业额在持续多年增长后首次出现了回落。

1.新签合同额的主要构成：对外承包工程4.8亿美元，占合同总额58.5%；国内承包工程1.4亿元人民币，占2.8%；进出口贸易1.9亿美元，占22.8%；国内贸易等其他业务6.1亿元人民币，占11.8%；对外劳务合作1364万美元，占1.7%；海外实业1745万美元，占2.1%；房地产1344万元人民币，占0.3%。公司主营业务境外承包工程新签合同构成情况：按市场分，东非（南部苏丹、肯尼亚）3116万美元，占6.5%；西非（马里、加蓬、赤几）6200万美元，占13.0%；北非（摩洛哥、毛塔）1.8亿美元，占36.8%；中非（刚果<金>、赞比亚）1.9亿美元，占39.6%；亚太地区（巴新、斯里兰卡、新加坡）1949万美元，占4.1%。

表4-19　按项目规模为：

项目规模	项目个数	新签合同额（万美元）	所占比例（%）
1亿美元以上	1	16,896	35.5
5000万-1亿美元	2	18,839	39.6
1000-5000万美元	3	7,477	15.7
500-1000万美元	2	1,262	2.6
500万美元以下	21	3,159	6.6
合计	29	47,633	100

按项目类别为：公路交通16个，2.7亿美元，占56.3%；铁路工程1个，1.7亿美元，占35.5%；房建工程10个，1404万美元，占2.9%；机场项目1个，1920万美元，占4.0%；其它工程1个，574万美元，占1.3%。

2.营业额的主要构成：对外承包工程完成营业额3.5亿美元，占59.0%；国内承包工程7547万元人民币，占2.0%；进出口贸易1亿美元，占17.7%；国内贸易等5.9亿元人民币，占15.9%；海外实业1745万美元，占3.0%；劳务合作1238万美元，占2.1%；房地产1000万元人民币，占0.3%。

境外承包工程1－12月共实施项目98个（完工8个，在建90个），其中合同额在千万美元以上的较大在建项目35个。完成营业额3.5亿美元，与去年同期相比减少2.3亿美元，同比减少39.5%。分类情况如下：

境外工程按市场分布为：东非（南部苏丹、肯尼亚）完成4077万美元，占11.7%；南部非洲（博茨瓦纳、南非）完成3554万美元，占10.2%；西非（马里、赤几、加蓬）完成8000万美元，占23.0%；北非（摩洛哥、毛塔）完成1.2亿美元，占35.2%；中非（刚果<金>、赞比亚）完成4489万美元，占12.9%；亚太地区（巴新、斯里兰卡）完成1865万美元，占5.3%；欧洲地区（波兰）完成551万美元，占1.7%。

境外工程按项目分类为：交通运输项目2.5亿美元，占72.8%；房屋建筑项目5387万美元，占15.5%；机场建设项目4061万美元，占11.7%；其它项目25万美元，占0.1%。

【中铁国际海外市场】　中铁国际2011年完成新签合同额71，732万美元，新签项目主要集中在铁路、公路、市政、港口码头等。完成生产总值1.6亿美元。

新签合同额按项目类别分：新签公路工程项目合同额26，072万美元，占新签合同额的36.3%；新签市政工程项目合同额723万美元，占新签合同额的1.0%；新签桥隧工程项目合同额638万美元，占新签合同额的0.9%；新签其它项目合同额4.4亿美元，占新签合同的61.8%。

新签合同额按区域市场分布为：南部非洲（南非、安哥拉）4.6亿美元，占新签合同额的64.7%；中国香港地区1.5亿美元，占新签合同额的21.5%；东欧（白俄罗斯）5555万美元，占新签合同额的7.7%；西非（尼日利亚）3471万美元，占新签合同额的4.8%；西亚（阿联酋）719万美元，占新签合同额的1.0%；中非、南美（喀麦隆、委内瑞拉）共214万美元。

新签合同按项目规模分类见表4-17。

表4-20

项目规模	项目个数	新签合同额（万美元）	所占比例（%）
1亿美元以上	2	52，900	73.7
5000万-1亿美元	1	8,255	11.5
1000万-5000万美元	3	7，360	10.3
500-1000万美元	4	2，251	3.1
500万美元以下	5	966	1.3
合计	15	71732	100

营业额按项目类别构成见表4-14：

表4-21 中铁国际生产总值构成表

项目类别	完成生产总值（万美元）	所占比例（%）
铁路工程项目	1,306	8.4
公路工程项目	7,055	45.2
桥隧工程项目	1,987	12.7
市政工程项目	1,920	12.3
港口码头项目	1,093	7.0
其它	2,252	14.4
总计	15,613	100

【中铁一局海外市场】　中铁一局不断完善海外事业管理体制机制，初步确立了三大海外战略区域，9个子（分）公司成立了海外事业机构，制定了境外工程项目绩效考核管理等办法，有力推动了海外事业发展；坚持“合作共赢、自营必成”的海外经营信念，积极追踪目标市场，中标印度德里地铁、斐济河道清淤、香港高铁三个项目，共计9.7亿元。

【中铁二局海外市场】　在国际业务方面，阵地经营已见雏形。在新的五年规划中，企业将进一步加大推进国际业务力度，计划每年以50%以上的速度增长。目前，公司联合中铁二院中标 16.37 亿美元的埃塞俄比亚亚的斯亚贝巴至吉布提铁路工程一期项目，这是中铁二局史上最大的国际业务订单位为积极实施“走出去”战略，努力拓展国际业务奠定了坚实的基础。同时，中老铁路等国外重大项目的具体推进运作也受到密切关注。全年中标国外项目3项，金额10.3亿元。

【中铁三局海外市场】 集团公司充分发挥专业营销优势、技术优势、服务优势、装备优势以及资质、品牌等无形资产优势，完成了由单一营销向投资和海外营销的转变，提升了企业营销层次。海外市场除尼日利亚、埃塞俄比亚的后续工程，又先后中标尼日利亚贡贝州水坝、尼日尔州米纳公路等项目，合同总价14.8亿。投资开发，投资项目结出硕果，山西霍永高速公路BT项目进入实施阶段，推动了全集团经营格局发生深刻变化，迈开了上游市场的第一步。一年来投资、海外市场对拉动营销额的上升明显有力，合计营销额达69 亿元，占总营销额的 22.34%，比去年两个板块承揽 13 亿占比2.2%有了显著提升。

【中铁四局海外市场】 2011 年，中铁四局海外业务实现新签合同额 72.41 亿元，同比增长 263%。为股份公司下达年度计划3亿美元的381%，在股份公司系统排名第二，在安徽省排名第一。

2011 年中标援毛塔总统府办公楼维修项目 1057 万美元；援安哥拉罗安达总医院项目5039万美元；委内瑞拉中西部铁路亚莫段改造项目1.1亿美元;委内瑞拉中西部铁路线上料采购4156万美元;安哥拉一期住房市政配套工程5.5亿美元;安哥拉一期住房合同雇主义务调增、合同物价调增、合同汇率调增等3.8亿美元。

1.厄瓜多尔乔内综合一期工程。项目名称：厄瓜多尔乔内综合一期工程项目。合同造价5088.9万美元。建设方：厄瓜多尔国家水利部SENAGUA。设计单位：A.C.I公司。合同工期：2010年12月6日～2013年11月20日。。起讫里程：圣安东尼奥排水渠0+000～6+370.34。格兰德河大坝地理坐标位于9,923,000N和612,700E，厄瓜多尔乔内市郊。工作内容包括：圣安东尼奥营地及格兰德河大坝营地建设；圣安东尼奥排水渠包含露天开挖、草皮保护、普通回填、沥青碎石路面处理等；格兰德河大坝水坝主体、临时围堰、导流洞、溢洪道、供水及灌溉分流系统等。

2.援毛里塔尼亚总统府办公楼、国际会议中心维修项目。合同造价6871万元人民币，合同工期：2011年7月8日～2012年7月8日。该项目是属于国家商务部的援外项目，该项目不是一个新建项目，是一个对原有建筑已经维修和翻新的项目。具体的施工背景为毛里塔尼亚政府总统府办公楼、国际会议中心建设与上世纪90年代，当时由中国政府援建。但是随着使用年限递增，自然环境的侵蚀，以及设备技术的不断进步，两个单位工程已经越来越显示出落后时代，特别是毛塔地区每年的季节性风沙侵袭，更加速了设备的老化，这些设备的老化已经无法满足原有的基本使用功能。故中国政府决定对其进行翻新援建，项目施工的主要内容为对总统府办公楼以及国际会议中心进行装饰上的的翻新和设备的更新和安装。目前的总统府办公楼和国际会议中心的基本情况如下：总统府办公楼基地约 11774 平方米范围，总建筑面积约5295平方米，由总统府办公楼、附属设备用房组成。其中主建筑物总统府办公楼地上四层，总建筑总高度约21.00米，混凝土框架结构；附属设备用房为一层建筑，其中附属设备用房面积约180平方米，水泵房面积约100平方米；国际会议中心基地：整个国际会议中心基地约120580平方米范围，总建筑面积约9016平方米，由国际会议中心、别墅（六栋）、变配电间、水泵房组成。其中主建筑物国际会议中心地上三层，总建筑总高度约12.8米，混凝土框架结构；水泵房（变配电间）为一层建筑，面积约368平方米。该项目是2011年4月7日公司与毛方政府协商签订项目对外实施合同，4月18日商务部与公司签订项目施工总承包合同，项目正式开工日期2011年7月8日，竣工日期为2012年7月8日，计划总工期12个月，此工期安排满足招标文件要求。

3.埃塞俄比亚梅加公路项目。合同造价5620万美元，合同工期：2010年12月20日～2013年12月20日。Addis Ababa（雅迪斯）-Moyale（莫亚乐）主干道的长度约 200公里，是东非大通道的一部分，是埃塞为匹配非洲高速标准而进行道路升级的政府举措。公司承建的标段就在这条主干道上，公司承建的是Ageremariam(啊格瑞玛雷) - Mega（梅加）公路的第二标段，全长为97.8公里，起点为Yabelo(亚贝罗)镇的三岔口处，终点为Mega（梅加）镇，起始点里程桩号分别为K94+500～K192+300。本工程主要施工内容为对原有路面进行拓宽、升级、改造。该项目是中铁四局海外公司与埃塞公路局签订的施工合同，使用合同文本为1987年版FIDIC条款，合同投标价为7.7亿元埃塞比尔（约合5620万美元），扣除预留金、指定暂定金、计日工后的不含增值税的合同净价款为：5.7亿埃塞比尔。本合同为工程量清单报价，计价项目为清单内所列项目，凡合同内所注明的清单项目工作内容及其隐含的内容均为承包商义务。工程款以40%当地币、60%美元的比例支付，美元与当地计价款金额按1：13.6695 固定汇率折算。资金来源来自非洲发展银行贷款。合同签订后业主已支付总合同款20%的预付款。

4.中国驻阿曼使馆新建工程。合同造价3947万元人民币，合同工期：2010年8月1日～2012年1月15日。该项目属于中国外交部的驻外领馆建设工程。项目位于阿曼首都马斯喀特新建使馆区内，西临阿联酋使馆、东临埃及使馆，南侧为双车道市政道路，隔路与使馆中心绿地相望，北侧临海，据海岸线约150米。使馆用地东西约70米，南北约180米，与相邻使馆用地间距约5米，与市政道路间留有20米绿化带。该项目总占地面积 12588 平米，总建筑面积约

4004.27平米。该项目包括签证楼、办公及接待楼、大使官邸、馆员宿舍楼、车棚、设备用房、室外道路管网七个单位构成。其中签证楼建筑面积187平米，办公楼及接待楼1686平米，大使官邸593平米，馆员宿舍楼1181平米，设备用房288平米，车棚10平米。除车棚采用柱下独立基础加钢结构外，其他单位工程均为地基采用桩基础，主体结构为钢筋混凝土框架结构。

5.安哥拉一期住房市政配套工程。工程造价 5.5 亿美元。合同工期：2011年12月23日～2014年6月23日。工程概况：项目位于罗安达省卡库克-丹德区，是社会住房项目的组成部分。补充合同范围：室外辅助工程、市政设施、给排水及便道。

【中铁五局海外市场】 2011年，中铁五局海外工程新签合同额23.4亿元，承建境外项目22个，累计完成营业额1.7亿美元，折合人民币11.9亿人民币元。与2010年相比，累计完成营业额增加0.77亿人民币元，增长率为7%。项目主要涉及公路、铁路、桥梁、隧道、房屋建筑、市政工程等领域；方式包括对外援助、国际竞标、优惠贷款等业务。市场遍及南太平洋、东欧、中亚、西非、东非、东南亚、南美等区域。在建项目18个。

1.尼日利亚东部铁路维修7#标段。合同总价82亿奈拉（折换成人民币3.4亿元），合同工期：2011年12月17日～2013年11月17日。工程概况：本项目于2011年10月4日与Lingo公司签订合同，从Kuru-Maidugui线路全长640公里，工期10个月。业主单位为尼日利亚铁路局。正式开工时间为2011年12月17日。工程内容包括线下工程：清表，清涵洞，新增水沟，涵洞桥梁维修，路基修补。线上工作包括：起道，拨道，换枕，换轨，道碴的铺设等。

2.斯里兰卡贾夫纳地区公路项目一期工程C7。合同总价8871万美金(折换成人民币6.1亿元)实际开工时间2011年6月9日，合同原定竣工时间2013年12月9日。工程概况：该工程为斯里兰卡贾夫纳半岛市连接通道，全长83.46公里，为既有公路改扩建工程，属斯里兰卡AB级公路。改建后的公路路面结构为砂砾土底基层+级配碎石基层+5厘米厚的沥青砼路面，AB16号公路、AB18号公路、AB32号公路路面宽8.2米(不含线路两侧1米宽的土路肩)，AB20号公路路面宽9.0米(不含线路两侧1米宽的土路肩)。

3. 加纳A-P公路合同总价7703万加纳赛地(折换成人民币3.7亿元)，合同工期：2011年1月17日～2014年11月1日，实际开工日期：2011年11月1日。工程概况：A-P项目位于加纳首都大ACCRA省，项目全称为Awoshie-Pokuase Road，为Kwame Nkrumah高速路的延伸段。 项目以Awoshie交叉路口为起点，与在建的Bush（即N1-LOT2标段）高速路平交，沿途经过Awoshie、Anyaa、Ablekuma、Olebu、Amamorley、Ayawaso、Pokuase村落、城镇，终点在Pokuase与Nsawam高速路平交。A-P项目共设两个标段，其中第二标段由中铁五局承建。承建的A-P项目起讫里程为CH3+000～CH15+120，合同线路主线长12.12公里。本项目CH3+000～CH10+000段为双向各2个行车道，外侧设双向各2行车道的服务道路，CH10+000～CH15+120段为分离式路基，只设双向各2个行车道的服务道路。全线路基总宽度为60米，路面结构层为330毫米天然沙砾底基层+100毫米级配碎石基层+200毫米沥青处治碎石基层(起联结层作用)+50毫米沥青混凝土磨耗层；结构物共设9座箱涵和1座跨铁路立交小桥；平面设环形交叉路口4处，平面交叉路口小支线27处。

4. 肯尼亚C15公路项目。合同总价15.1亿先令(折换成合人民币12.2亿元)，合同工期：2011年9月7日～2013年9月6日。工程概况：项目位置位于东非肯尼亚西部省，北距肯尼亚第三大城市基苏木160公里。该项目为一个28.7公里新建公路工程，原路面为泥结碎石路面，建设工期及质保期均为24个月。新建路面结构为1.5米硬路肩+6.5米行车道+1.5米硬路肩，底基层和基层均为水泥稳定天然砂砾，面层为双层沥青表面处治路面。主要施工内容有：路基清表，排水工程，路基土石方工程，水泥稳定天然砂砾底基层和基层，双层沥青表面处治面层，标志标线，波形护栏等交通设施工程。全线双层沥青表面处治路面路面工程为本项目重点。工程数量：双层沥青表处面层：285000平方米。

5.援汤加瓦伊普阿大桥重建项目。合同总价2748万元，合同工期：2011年4月1日～2012年9月30日，变更工期：2011年6月22日～2012年12月21日。工程概况：本项目为援汤加瓦伊普阿大桥重建项目。建设项目包括：土石方工程、道路工程、桥梁护岸工程、钢筋工程、市政管网工程、拆除工程六部分，建设里程为K1+000～K1+614.112，总长614.112米。

6. 恩达里—尼基—基岗杜—尼日利亚边境道路沥青化工程(77公里)。合同总价174亿西法(折换成合人民币2.5亿元)，合同工期：2011年4月13日～2012年10月13日。工程概况：整体工程主要包括：整治一条长77千米的主干道、铺沥青；修建4个结构工程(三个框架桥，一个钢筋砼梁桥)及工地拆销、复原；在Biro修建并装备1座收费站/过磅处；47千米的乡村道路整治；复原主干道沿线的社会教育基础设施和健康设施的围墙；为妇女团体和协会提供200辆双轮运货车；减轻对环境的影响。主要工程数量：路基清表118万平方米，填方34.37万立方米，挖方4.87万立方米，弃方28.42万立方米，软土等特殊路基处理8700立方米，基坑层33.3万立方米，底基层20.9万立方米，基层19.8万立方米，透层91.5万平方米，双表处面层1.67万立方米，钢筋混凝土多梁桥(OA2)一座，位于PK49+642，框架桥三座(OA1)于PK11+862、(OA3)位于PK52+462、(OA4)PK76+954，涵洞64座共770米，排水工程(边沟等)、防护工程7.6万米，路缘石1.924万米，乡村道路整治47.2公里。

7.援吉尔吉斯斯坦国立医院项目。合同总价6533万元，合同工期：2011年6月22日～2012年6月22日。工程概况：本项目是吉尔吉斯斯坦国立医院泌尿中心大楼，为一栋

6 层主楼和两层裙楼的综合性建筑，建筑总面积 5762 平方米。工程内容包括该建筑的土建、装修、水电、暖通施工，并提供必要的医疗设备和家具。

8. 斐济污水管网升级第五合同标段项目。合同总价 629.3 万斐济元，合同工期：2011 年 5 月 31 日～2012 年 12 月 31 日。工程概况：施工区域为苏瓦最集中的富人区、使馆、学校汇集区之一。项目将设计预制检查井变更为砖砌检查井和砼现浇井。其中 ф1050 毫米检查井 310 个，ф1200 毫米检查井 18 个，ф1500 毫米检查井 4 个，ф1800 毫米检查井 2 个。依据设计，有部分检查井需要被检查竖井所代替(其中 ф300 毫米检查竖井 77 个，ф375 毫米检查竖井 4 个，ф150 毫米检查竖井 87 个)。管材数量，其中：DN150—21 公里，DN225—1.6 公里，DN300—180 米，PN12 高承压上升管线 233 米。另外加压泵站一座。

9. 加纳 POASE BRIDGE 项目。合同总价：489.1 万加纳塞地，变更后的合同总价：597.6 万加纳塞地，合同工期：2011 年 8 月 25 日～2012 年 8 月 25 日。工程概况：该项目位于西部 SEKONDI，距 ACCRA 约 300 公里，合同线路总长度为 288.079 米，其中引道长 227.419 米，桥长 60.66 米，共两跨；下部构造为钻孔灌注桩基础，设计桩直径为 1200 毫米，桩长 12 米，共 24 根，墩台采用实体钢筋混凝土，上部为简支预制倒“T”型普通钢筋混凝土梁，预制梁板长 21 米，共 16 片；桥面系布置为 3.8×2+1.5+1.45×2+0.5×2，桥面包含 1.5 米中央分隔带，1.45 米人行道及 0.5 米护栏总宽度为 13 米。

【中铁七局海外市场】 2011年，中铁七局海外业务总体上取得了进一步的发展，并呈现出良好的发展态势，全年实现新签合同额4.6亿美元，占股份公司下达年度计划3亿美元的153%。2011年，中铁七局海外经营开发以“规避风险、以我为主”为宗旨，进一步提高了中标质量，进一步拓展了海外市场；施工生产以“效益优先、稳步发展”为宗旨，进一步加强了管理，进一步突出了效益，使中铁七局海外业务逐步走向了质量效益型的发展之路。

2011年，中铁七局累计中标项目17个，其中分别分布在塞内加尔、赞比亚、刚果（金）、塞拉利昂4个国家。中标项目主要有：

1. 塞内加尔马塔姆三桥项目。合同额1562万美元，业主为西非国家经济共同体投资。工程概况Matam地区3座桥的重建，桥的长度分别为：Matam 1（140 ml），Matam 2（340ml），Matam 3（40ml）。此工程桩基设计为打入桩，尺寸为45cm钢筋砼方桩，三座桥打入桩的总数量为416颗。

2. 赞比亚南方省131.5公里红土路项目。合同额4035万美元，业主为赞比亚国家公路局。项目位于赞比亚南方省，合同段起点为Munyumbwe，距离赞比亚手都卢萨卡月280公里，终点为Njami，距离Lusaka约100KM。全长131.5公里，路面为沥青混凝土面层，简支梁桥13座，圆管涵900mm的6100米，1200mm的3856米，箱涵共57座。

3. 赞比亚西尔马大桥项目。合同额1480万美元，业主为赞比亚国家公路局。该项目所在地为赞比亚南方省，连接两侧西方省城市SENEGA与南方省城市SESHIKE道路，是该道路连接的唯一通道。桥梁所在地本次考察一侧为由首都LUSAKA出发经由南方省省会城市LIVINGSTONE转SESHIKE市，顺原双向单车道砂路约121公里，进入丛林直至ZAMBEZI河（3.6公里）.桥址由南方省距离首都约800公里,其中由赞比亚首都LUSAKA到SESHIKE约675公里为沥青路，剩余121.4公里为砂填方路，最后3.6公里前2.6公里车辆可进入，后1公里需要修建便道到现场。该桥设计长200米，5跨(34+44+44+44+34)设计为钢结构主梁，钢筋混凝土桥面，沥青混凝土铺装，两侧各1公里道路沥青双表路面。

4. 援塞拉利昂公路修复项目。合同额2805万美元，业主为中华人民共和国商务部。该段公路自塞拉利昂首都弗里敦科索镇至丽晶村，路线总长度约为11公里，沥青混凝土路面，双向两车道，路基宽度10米，行车道宽度7米。

5. 金沙萨卢蒙巴大道重建及现代化工程LOT3标（二期）项目。合同额为9494万美元，业主为刚果（金）大型工程管理局。卢蒙巴大道是金沙萨市区通往金沙萨恩吉利国际机场的唯一通道，原路面为双向四车道，改扩建为双向八车道，增加照明排水等内容。主要工程量为沥青砼9.5万m^2、碎石填筑4.3万m^3、新建水沟双侧6KM，新建小桥一座。

6. 刚果(金)利卢韦齐项目。合同额3000万美元，业主为刚果（金）政府。该项目位于刚果(金)加丹省境内，是刚果(金)利卡西-科卢韦兹公路项目的控制性工程，是连接利卡西和科卢韦兹唯一条公路通道，也是刚果（金）南部重要交通组成部分。其大桥设计全长710m，横跨跨越LUALABA湖，上部结构采用5×50m+4×50m+5×50m三联装配式预应力混凝土先简支后连续T形梁桥；下部结构桥墩采用方形桥墩，基础采用钻孔桩加设承台，桩径为1.8米和1.5米两种。桥台为轻型肋板式桥台，双排桩，单幅为2根桩径为1.5米。全桥钻孔桩桩长在为26～50m，桩基处于深水区，最大水深达15m。

【中铁八局海外市场】 2011年，中铁八局海外市场情况见表4-22。

表4-22 中铁八局海外市场情况统计表

序号	项目名称	合同额（万美元）	工期	工程概况
1	摩洛哥丹吉尔至肯尼特拉高速铁路第 3 标段	16421	30 个月	修建 PR312+500 和 PR341+380 之间除卢克斯高架桥外全长 26.6 公里的路基，高铁附属工程；位于 314 省道，高铁东边的基建工程，21 座桥涵构筑物，连接通道，排水等附属工程
2	金沙萨市卢蒙巴大道市政道路工程 2 标段	9344	30 个月	金沙萨市卢蒙巴大道市政道路工程 2 标段项目位于金沙萨市，由市中心通住恩吉利机场的城市主干路，全长 7 公里，双向八车道，左右幅分开。本工程起点 PK4+800，终点为 PK11+800

【中铁九局海外市场】 2011年共新签合同44项，分别为委内瑞拉5项，沙特4项，刚果（金）34项，坦赞铁路1项，合同额计2.04亿美元。

1.中铁资源绿纱矿采矿及土方剥离工程。项目为资源换项目，工期2011年8月至2016年8月。项目为单价合同，暂定采矿剥离单价为5.6美元/立方米，项目暂定投资为3500万美元。

2.MKM矿业有限责任公司MKM铜钴矿采矿工程。项目为资源换项目，工期从2011年11月至2016年11月。项目为单价合同，暂定采矿剥离单价为6美元/立方米，项目暂定投资为3500万美元。

3.比西亚联合循环电站项目。项目工期从2012年1月至2012年9月，项目投资3557.6万美元。主要工作量为生产、浇筑混凝土19285.6立方米。

4.海尔工业园冰箱及辅房项目。项目工期从2011年11月至2012年7月，项目投资5896.8万美元。项目为委内瑞拉海尔工业园电冰箱厂及附属房屋工程，总建筑面积35430平方米。

【中铁十局海外市场】 2011年，中铁十局海外市场情况：

1.肯尼亚基苏木机场二期。中铁十局承建。工期及投资：计划工期2011年11月8日～2013年3月8日，合同总工期为15个月。总投资为19.6亿肯先令，折合人民币1.32亿元。工程范围：该工程地点位于肯尼亚KISUMU市，维多利亚湖畔，工程主要包括三部分：（1）现使用跑道面层加固以及两侧拓宽7.5米；（2）新建1825×38米平行滑行道、新建货机停机坪工程及附属工程；（3）平行滑行道及货机停机坪导航灯光系统。主要工程量：现场清理21公顷，150毫米表土清理31500立方米，弃土开挖240000立方米，沥青混凝土路面17000立方米，钢筋混凝土路面8000立方米，水稳层18000立方米，水泥土层30000立方米。要点：本项目路基材质较好，部分路基为软基，软基处理采用换填法和硬性材料回填法，路基压实采用强夯、冲击碾压压实标准，填方材料强度要达到规范的规定。路基填筑采用机械化施工，自卸车运输，推土机摊铺，平地机整平，重型振动压路机碾压的方法施工，并辅以人力施工配合。水泥稳定碎石基层、混凝土层、沥青面层采用集中拌合，自卸车运输至施工现场。

2.圣伊西德罗矿山铁矿石开采工程。中铁十局承建。工期及投资：计划工期2011年8月～2012年8月，合同金额为8500万美元。项目业主：委内瑞拉瓜亚那集团奥利诺科铁矿公司（C.V.G. FERROMINERA ORINOCO C.A.）主要工程量：圣伊西德罗矿山铁矿隶属委内瑞拉CVG集团奥里诺科铁矿公司。2011年7月，中铁十局与铁矿公司签订了360万吨的开采和装车的合同。在2011年8月～2012年8月期间，用18艘载货量为35000吨（由卖方决定+/-10%）的货船运送铁矿石。截止到2011年底完成了2460万美元。

3.委内瑞拉帕鲁阿港口改扩建工程。中铁十局承建。工期及投资：计划工期2011年9月5日～2013年10月。合同金额为6720万美元。项目业主：委内瑞拉瓜亚那集团奥利诺科铁矿公司（C.V.G. FERROMINERA ORINOCO C.A.）

主要工程量：帕鲁阿港为CVG FMO集团所有，现有一个3.5万吨级的矿石出运码头，建设于上世纪五十年代，现有码头装船能力为350万吨/年。急需通过在原有港口设施的基础上对码头既有装船机进行替换，改造火车卸料漏斗给料机、卸料漏斗至码头的皮带机系统、新增卸料漏斗以及供电、控制、给水、排水、消防、环保等，并新增一个堆场和环线铁路，使帕鲁阿港口装船能力达到720万吨/年，以满足现有港口装船需要，提高与增加铁矿石的装运与发货能力。对FERROMINERA的帕鲁阿港口既有的进料、卸料、取料和矿石装料系统进行整修。

【中铁电气化局海外市场】 2011年中铁电气化局承揽白俄罗斯奥希波维奇—日洛宾段既有铁路电气化建设项目，与中国电气进出口有限公司签定分包合同，合同额3.05亿元；香港广深港高速铁路830接触网项目投标，并中标，中标额1.62亿元。完成斯里兰卡既有铁路电气化项目技术建议书和商务报价；伊朗阿沃兹地铁重新核价；德黑兰地铁三号线、七号线的报价；德黑兰地铁六号线高压所的报价；土库曼斯坦铁路通号项目投标；香港观塘延长线和南岛线的施工方案及商务报价。

全年在建项目6个。其中新开工项目2个：白俄罗斯奥希波维奇-日洛宾铁路项目和广深港高速铁路香港段（以下简称香港830项目）。延续项目4个：质保期内的乌兹别克项目，收尾的伊朗德黑兰地铁四号线、五号线二期、五号线三四期和北延线。年内完成营业额2200万元。其中乌兹别克斯坦土库马其—安格让段电气化铁路改造工程完成800万元；白俄罗斯项目完成300万元；伊朗德黑兰地铁五号线完成480万元；伊朗地铁四号线完成620万元。

【中铁建工海外市场】 2011年，承揽的海外项目主要有6项：1.巴新18套住宅楼项目，总造价5131万元，合同工期自现场接管起工期52周，建设单位巴新Rubmit有限公司。2.NHIF多多马医疗中心安装项目，总造价7137万元，合同工期2011年2月18日～2011年9月20日，建设单位国家健康保险基金会。3.PPF多多马学生公寓项目，总造价1.3亿元，合同工期2010年7月26日～2011年7月26日，建设单位为PPF。4.PPF多多马行政大楼项目，总造价5868万元，建设单位为PPF。5.NSSF阿鲁沙旧莫西路商业大楼项目，总造价1.4亿元，建设单位为NSSF。6.独立大厦二期工程，总造价2.1亿元，建设单位为COSMOS PROPERTIES LIMITED。

【中铁二院海外市场】 2011年，中铁二院海外市场取得重大突破。成功签约了孟加拉通济至巴扎尔铁路增建二线EPC、埃塞俄比亚塞必达至米索段铁路EPC等7项重大项目合同，新签合同额达到37.75亿元，超额完成中铁股份有限公司年初下达计划任务2亿元的目标任务。与2010年相比呈现出迅猛的增长势头。特别是孟加拉铁路项目EPC项目，为亚洲开发银行贷款项目，该项目是孟加拉国近年来最大的铁路施工总承包项目，受到孟加拉国政府的高度重视，同时也是中铁二院海外承揽的第一个EPC工程，对于集团公司提高营业收入，扩大知名度，增强国际竞争力具有重大意义，推动了中铁二院国际化工程总承包经营及管理水平的提高。现分述如下：

一、2011年新签的海外工程项目

1．阿根廷贝尔格拉诺货运铁路改造项目勘察设计

2．几内亚马塔康至卡利亚矿区干线铁路项目可研

3．尼日利亚新建现代化铁路勘察设计委第二号补充协议

4．尼日利亚新建现代化铁路勘察设计委第三号补充协议

5．孟加拉铁路项目EPC

6．委内瑞拉帕鲁阿港EPC口改造勘察设计及项目EPC

7．埃塞SEBETA-MIESO段铁路EPC总承包。

二、2011年海外市场在建项目

2011年，，中铁二院海外项目分布亚洲、非洲、南美洲等地区，正在实施的项目15项，主要业务范围为铁路、轻轨、公路市政、房建港口等基础设施。（详见表4-19）

表4-19　中铁二院2011年境外在建项目情况一览表

序号	项 目 名 称	规模	合同额	工作内容
1	委内瑞拉北部平原铁路项目	465公里	2.01亿美元	勘察设计
2	埃塞俄比亚亚的斯亚贝巴至吉布提铁路项目(160公里/H)	317公里	6254万美元	勘察设计
3	埃塞俄比亚亚的斯亚贝巴至吉布提铁路项目(120公里/h)	310米	4000万美元	勘察设计
4	埃塞俄比亚亚的斯轻轨EPC	31米	1550万美元	勘察设计
5	缅甸木姐至皎漂铁路运输系统（中缅铁路)项目	897公里	合同未定	勘察设计
6	新建泛亚铁路磨憨/磨丁至万象段(老挝铁路)项目	417公里	合同未定	勘察设计
7	尼日利亚铁路现代化项目	537公里	1988万美元	勘察设计
8	尼日利亚阿布贾城铁项目	77.782公里	1608万美元	勘察设计
9	阿尔及利亚东西高速公路项目	52公里	合同未定	勘察设计
10	援利比里亚卫生部办公楼续建工程项目	约4100平方米	100万人民币	施工图设计
11	几内亚马塔康至卡利亚重载铁路项目	约300公里	3200万人民币	可研
12	孟加拉Tongi至Bhairab Bazar增建二线铁路EPC项目	64.255公里	2.02亿美元	施工总包
13	援巴基斯坦国道公路网维修项目	162公里	2540万人民币	勘察设计
14	格鲁吉亚第比利斯绕城铁路项目	38.6公里	4300万人民币	勘察设计
15	格鲁吉亚现代化铁路项目	60.3公里	7000万人民币	勘察设计

三、跟踪意向项目

2011年，中铁二院在老挝、斯里兰卡、印尼苏门答腊、柬埔寨、伊朗、孟加拉、巴基斯坦、越南、卡塔尔、蒙古、土耳其、几内亚、塞内加尔、南非、埃塞、加纳、加蓬、委内瑞拉、斯洛文尼亚、萨摩亚、厄瓜多尔、俄罗斯、阿尔及利亚、尼日尼亚、阿根廷、尼泊尔、东帝汶、刚果（金）、新加坡、香港等30个国家和地区，共追踪铁路、公路、城市轨道交通、房建、港口码头、设备采购等近40个项目。

四、海外项目催收款情况

2011年，中铁二院海外项目收款共计4.1亿元，完成年初计划收款5.7亿元的73%，缺口达1.6亿元，同时，对自2004年至2011年9月的应收款情况进行了全面清理。

【中铁设计咨询海外市场】 中铁设计咨询积极培育海外市场，承担项目的专业范围，也从铁路、公路、建筑开始介入城市轨道交通项目；业务领域也从勘察设计拓展到工程总包，并有了新的突破。2011年内，新承担了援巴基斯坦水毁公路修复项目勘察设计、援吉尔吉斯斯坦中文学校的勘察设计；援马里巴马科大学二期工程的设计监理、援卢旺达政府办公楼项目的设计监理。并中标几内亚比绍9.24国家体育场维修项目（EPC）和利比里亚邦州铁矿项目至邦峰新建铁路专用线设计施工总承包。2011年，海外（含援外）项目营业额6226万元人民币（比上年增加2221.99万元），是股份公司下达年计划目标500万美元的195%。新签合同额1.07亿元人民币（比上年增加7225万元），是股份公司下达年计划目标800万美元的210%。

工程概况

【股份公司工程概况】 2011年度完成施工产值3733亿元（其中：路内1913亿元，路外1819亿元），完成年度计划4203亿元的89%。较去年完成值3997亿元减少264亿元（6.6%）；铁路项目的产值完成较去年2352亿元减少439亿元（18.7%）；路外工程较去年1645亿元增加174亿元（10.6%）。

2011年，受铁路建设项目停建缓建特别是建设资金不到位影响，给完成2011年度生产计划指标带来了极大困难，全年全公司只有中铁四局、五局、十局、隧道、电气化局、建工、航空港7家单位完成了年度任务指标。具体情况详见表5-1。

表5-1 2011年各单位路内外工程完成产值情况（万元）

序号	单位	年计划	年完成	%	路内			路外		
					年计划	年完成	%	年计划	年完成	%
1	一局	4200000	3590027	85	1721926	1340535	78	2478074	2249492	91
2	二局	4065000	3356045	83	2454519	1468522	60	1610481	1887523	117
3	三局	3354000	2306652	69	2456219	1328356	54	897781	978296	109
4	四局	3700000	3700788	100	1980061	2072804	105	1719939	1627984	95
5	五局	2897000	2903340	100	1917000	1875664	98	980000	1027676	105
6	六局	2411000	1475142	61	2131730	992670	47	279270	482472	173
7	七局	2372273	1919289	81	1319464	955588	72	1052809	963701	92
8	八局	1985000	1833436	92	828600	674495	81	1156400	1158941	100
9	九局	2300000	1582617	69	1868127	1128717	60	431873	453900	105
10	十局	2315000	2360898	102	1478000	1289898	87	837000	1071000	128
11	大桥局	1899670	1860711	98	1135460	981574	86	764210	879137	114
12	隧道局	2850000	2885684	101	1184582	1118853	94	1665418	1766831	106
13	电气化局	2679000	2672691	100	2073789	2035290	98	605211	637401	105
14	建工	2062000	2070654	100	1000070	852414	85	1061930	1218240	115
15	航空港	1100000	1145816	104	426611	414875	97	673389	730941	109
16	上海局	900000	809521	90	458888	278947	61	441112	530575	120
17	港航局	940000	855757	91	396302	321304	81	543698	534453	98
公司合计		42029943	37329067	89	24831348	19130506	77	17198595	18198563	106

【中铁一局工程概况】 2011年，面对在建项目资金短缺的不利形势，中铁一局统筹组织施工生产，系统完善工艺工

法，持续规范质量安全行为，重点工程进展顺利，质量安全总体受控。

中铁一局不断完善施工生产管理机制，制定了“工程进度分级预警管理办法”，对进度滞后项目实施警告，督导其采取措施及时纠偏，以节点目标完成确保整体工期受控；制定了“停工项目管理办法”，根据在建项目资金状况，“保重点、停一般”，明确了项目停工流程和工作要求，施工生产理性推进；完善了“项目工厂化管理达标考核办法”，编制了10项“工厂化生产管理标准”，新开工项目预制构配件，钢筋、模板加工，混凝土拌合基本实现了工厂化生产；坚持技术方案分级审批和专家论证制度，及时组织专家组、督导组深入现场解决施工生产难题，在建项目有序推进。京沪高铁开通运营。西宝、京福、沪昆、山西中南部、兰新第二双线等铁路项目未雨绸缪，科学策划，攻坚克难，不断突破。浙江云景高速公路项目，以探索实践分工序承包模式为重点，创新管理，精耕细作，赢得各方一致赞誉。无锡轨道交通1号线项目，标准化管理，工厂化生产，成为集团公司城轨施工典范。缤纷南郡二期项目，注重技术创新，加强工期管理，各项目标超预期实现。银川中铁水务挂牌运营、兰州盐场污水厂即将投产、马鞍山第二污水厂运行稳定，水务事业持续发展。一批重难点工程相继攻克：向莆铁路金瓜山隧道创造了三年月均正洞掘进194米纪录并顺利贯通；云桂铁路石林隧道高起点规划布局、高标准过程控制、高效率节点推进，成为全线亮点；深圳地铁、北京地铁收官攻坚，相继告捷；六沾二线快速扭转被动局面，质量安全、信用评价名列全线前茅，为企业信誉持续提升做出贡献。

【中铁二局工程概况】 2011 年，中铁二局施工生产克服建设资金短缺和铁路工程任务紧缺等多重困难，施工产值总体平稳，全年完成340亿元，较2010年减少50亿元，为计划的81.4%。其中：铁路工程占44.1%、公路工程占15.2%、城市轨道交通占15.3%。13个生产性子分公司中，有9个超额完成年度计划。质量创优成效明显，全年荣获国家和省部级优质工程奖26项，其中，鲁班奖3项，为有史以来最多的一年，此外，还获得詹天佑大奖1项，全国市政金杯奖1项，国家级优秀QC成果15项，省、部级优秀QC成果67项。承建的多个重难点项目取得重大突破：京沪、广珠、广深港、深圳地铁五号线、青岛海底隧道等项目如期实现开通目标；世界埋深最大的锦屏水电站引水洞、长达14公里的向莆铁路金瓜山隧道贯通，破解高地热、长隧道单掘进通风等施工难题；哈大、石武、大西、成绵乐等28个重点关注项目按期推进；贵广、成渝等项目探索隧道快速施工的新方法。国际项目稳中有升，全年完成营业额6868万美元；委铁项目复工后，完成一半以上建设任务，文莱两个住房项目有序推进，埃塞轻轨、国铁项目进入施工筹备。

2011 年中铁二局施工生产管理，主要完成以下工作：1．抓施工组织，生产活动有序开展。公司根据在建项目基本情况和业主工期要求，编制下发《年度施工生产总体部署》，确定40项重点工程和18项关注工程，加强检查和督导。2．抓现场管理，施工一线总体平稳。全年颁布实施多项管理办法和规定，完善项目管理、隧道施工、架子队实施等各项管理体系，推进公司施工管理的规范化和制度化。公司本部加强对项目的管理和技术支持，全年派出80个工作组和技术服务组，深入管理任务重、技术难度大、安全风险高的项目现场，帮助指导施工组织、技术方案、设备协调、架子队建设、体系认证和施工管理等各项工作。在劳务队伍管理上，坚持实行劳务协作队伍准入制度，先后办证1245次，核实有效劳务分包队伍560家，对符合规定要求的218支队伍进行日常考评，剔除13支不合格协作队伍并上报中国中铁。3．抓问题整治，基础管理得到进一步规范。修订完善21个管理文件，开展“安全质量暨项目管理突出问题集中整治活动”。

截至2011年12月底，集团公司共有在建项目454项，其中正在施工的项目246项，主体完工及收尾项目208项。

【中铁三局工程概况】 2011 年，中铁三局在去年“标准化管理年”的基础上，继续深化标准化建设，实施“精耕细作、精细管理。”推行精细化管理，倡导“人员精干、管理精细、装备精良、快速反映”、“细节决定成败”、“精、准、细、严”等理念。继续加大对新中标项目施工调查暨策划和施组管理，全面推行以架梁线、铺轨线和联调联试线三条主线进行施工控制的办法，对现有工程项目实行项目分级管理，全面推行项目管理问责制，提升企业项目综合管理水平。

2011 年全年中铁三局完成建安产值249.7亿元，其中铁路工程完成施工产值 150.2 亿元，占全集团总额的60.16%。公司现有工程项目共计274个，其中：铁路工程项目120个、公路工程项目42个、城轨工程项目41个、市政工程项目11个、房建工程项目42个、其他工程项目8个、海外工程项目10个。公司重点工程项目43个，其中铁路工程项目22个、城市轨道交通工程项目19个、市政工程项目2个。铁路工程项目中，高速铁路项目1个、客运专线项目7个。公司施工生产管理的重点：向莆XPJX-4标武夷山隧道、西城隧道；广珠复工SG-4标江门隧道；中南部ZNTJ-9标段太岳山隧道；沪昆客专（云南段）TJ4标文笔山隧道、石将军隧道；南广铁路NGZQ-4标郁江双线特大桥主跨施工；杭长湖南段Ⅱ标西北上行联络线特大桥和南西联络线特大桥斜拉桥转体施工；杭甬客专HYZQ-1标铺架及无砟轨道施工；西平铁路XPS-1标铺架；张唐铁路ZTSG-4标五道梁隧道。

【中铁四局工程概况】 2011年，中铁四局完成企业营业额420.1亿元，其中：境内基建建设完成320.6亿元（铁路185.3亿元、公路73.4亿元、市政26.7亿元、房建11.6亿元、城轨13.3亿元、其它10.3亿元），勘察设计2533万元，工业2.9亿元，房地产46亿元，基础设施投资15亿元，批发零售贸易8.4亿元，其它13.9亿元，为四个季度计划410亿元的102.5%，占股份公司年度计划378亿元的111.1%；其中：境外完成54.5亿元（铁路12.1亿元、房建38.9亿元、其它3.5亿元），占年初计划50亿元的109%。在股份公司排名第三，一、二、四、五公司等十几家单位超额完成了任务指标。

全局在建项目共324项。其中按工程性质分：铁路项目77个、市政68个、轻轨2个、地铁33个、房建49个、公路88个、航道2个，其他5个；按区域分：安徽77个、北京5个、福建9个、甘肃10个、广东13个、广西2个、贵州8个、河北7个、河南5个、黑龙江2个、湖北9个、湖南4个、吉林5个、江苏20个、江西15个、辽宁12个、内蒙古18个、海南1个、山东8个、山西3个、陕西8个、上海12个、四川8个、天津19个、新疆1个、云南13个、浙江12个、重庆4个、国外14个。

全年开展了两次施工生产综合大检查。上半年，局派出9个检查组对全局在建的69个项目进行了施工生产综合大检查，查找出了各类安全质量问题585项，整改闭合585项。下半年，局将综合检查与专业检查相结合，成立了8个专业（综合）检查组对全局在建的75个项目进行了施工生产综合大检查，并成立了3个复查组，对存在严重问题的9个项目进行了复查，共发现问题759项，整改闭合759项。全局竣工单位工程607件，合格率100%。南京南站、张集铁路、杭州东站普速场等重难点项目开通；杭长客专浙江段金华东站咽喉区改造拨接、合肥南环线钢桁梁柔性拱特大桥跨越合宁高速、沪昆客专江西段宜春特大桥转体施工等难点工序完成；兰新二线新疆段、张唐铁路桃花山隧道、西宝客专咸阳西联络线、金温铁路汤村隧道、宁波北环甬江特大桥及集包铁路制运架等一批工期紧张、技术含量高、施工组织复杂的项目实现稳步推进；合蚌铁路客运专线无砟轨道和高速道岔首件工程分别高分通过铁道部评估，被铁道部誉为“毫米精度”和“全路最好”；宁杭客专无砟轨道全线率先完成。深圳地铁5号线、海南万宁综合整治应急工程、安哥拉社会住房项目及委内瑞拉北部平原铁路等路外和海外重难点项目完成了工期目标。

2011年，铁路信用评价继续位居A类。上、下半年分别以294.436和291.741的高分，均位列第4名，连续13次进入铁道部A类企业。重点工程合福铁路客运专线、石武铁路客运专线、宁波北环线、合肥南环线等多项重点工程在业主各项评价过程中，全线第一。非铁路项目在各省份的公路工程信用评价中，多数项目取得了A或AA级，最终在交通运输部的评价中，四个公路一级资质均获得了A级的评价。

【中铁五局工程概况】 截至2011年末，中铁五局工程项目共计286个，分布在全国25个省、直辖市以及境外。。其中：铁路工程36个、城市轨道交通33个、公路工程96个、房建工程70个、市政工程37个、水利水电工程10个、其它工程4个。完成企业营业额318亿元，为股份公司下达计划的104%。实现归属母公司净利润3.1亿元，占股份公司下达计划的93.6%。

2011年中铁五局项目管理方面：一是加强施工组织领导。坚持以现场为中心，制定实施《片区指挥部、子分公司主要领导项目督导报告办法》，局和公司领导班子把主要工作精力放在施工生产上，切实加强生产督导，组织解决项目难点问题，为施工生产的推进提供了组织保证。二是解决保障项目资源、资金。多渠道筹措生产资金。在争取业主资金支持的同时，开展应收账款保底10.5亿元，支持各子分公司、项目部资金29亿元，开具未到期银行承兑汇票23亿元。三是以在建项目施工组织为核心，优化施工组织设计。实施了“保重点、保关键、保稳定”的施组优化工作方针、“以业主资金条件为主、注重项目成本效益、兼顾好同一业主中相邻标段的整体情况”的施组优化原则，分片区对23个在建重点铁路项目的施组逐一进行了优化，保证了重难点项目和关键工程有序施工。

贵广、湘桂铁路施工全线第一。成绵乐2标、成绵乐8标、沪昆浙江、沪昆江西、山西中南部通道、拉日、兰新2标、兰新12标等项目有序进展。蒙河、衡茶吉、赣龙等项目平稳推进。玉蒙铁路秀山隧道贯通。哈大、石武、杭甬项目进入收尾。京沪高铁、深圳地铁5号线交付运营。

全年认真落实质量安全包保责任制、铁路项目内部信用评价制、铁路项目外部信用评价目标责任制三项机制，坚决实行安全生产一票否决制，严格安全生产绩效考核和责任追究。全年实现年度安全、质量目标。单位工程一次验收合格率100%。杜绝了安全生产责任死亡事故、质量一般及以上责任事故。在上下半年铁路施工企业信用评价中，均被评为A级，是信用评价开展七年来首次在全年获评A级。下属一公司、六公司参建的沈阳地铁一号线获鲁班奖。创股份公司及省部级优质工程7项、国家级优秀QC小组7个、全国AAA级安全文明诚信工地4个。塔吉克斯坦沙尔隧道工程获得鲁班奖，这是中铁五局境外工程第一次获此奖项。5项工程被评为火车头优质工程，6项工程被评为股份公司优质工程。获国家级优秀QC小组成果奖5项、省部级优秀QC小组成果奖17项。

【中铁六局工程概况】 2011年，中铁六局完成企业营业额152.2亿元（其中，建安产值完成150.2亿元，工业产值完成6011万元，房地产完成10449万元，设计咨询完成655万元，其他完成3637万元），占年度内控计划248.8亿元的61.3%，占股份公司下达年度计划238亿元的64%；与10月底调整的年度计划178.5亿元相比，完成85.3%。

中铁六局铁路营业线施工项目共涉及北京、太原、呼和浩特、济南、武汉、昆明、上海、哈尔滨9个铁路局。营业线施工情况稳定，全年营业线施工5329项，邻近营业线施工34836项，总计40165项。京包3A上跨顶推斜拉桥按期实现年底交工通车，广珠铁路虎跳门特大桥钢管拱竖转实现合龙及混凝土顶升完成，准朔铁路黄河特大桥按照业主要求工期实现钢管拱的合龙，京石客专跨五环简支提篮拱9月2日混凝土顶升按期完成，昆枢项目最长隧道新友谊隧道（全长1120米）9月23日贯通，合福客专葫芦岭隧道（355米）/王家冲隧道于7月19日和11月19日先后贯通，太兴铁路新城家曲隧道（347米）/新周家山隧道（687米）于7月26日和7月30日贯通。

津秦铁路秦皇岛站改造施工，涉及北京、太原两个铁路局，京哈、津山、大秦三大繁忙干线，施工影响范围大，经过大小330次封锁施工，已经实施了前三步；石家庄新枢纽开通普速场、客整所Ⅰ级要点施工中，安全正点完成全部封锁作业内容；昆枢铁路王家营西站改造，保证了连续大小13次封锁施工的实施，完成了在昆明局的首次大型封锁施工；在京石客专西长线拨接中，12月1日圆满完成封锁施工任务，为2012年开通京石客专奠定基础。。

全年，完成铁路投资99.3亿元，铁路铺轨508公里，其中正线342公里、站线166公里；桥梁67.053公里，隧道28.660公里；通信252条公里、自动闭塞87公里。

【中铁七局工程概况】 2011年，中铁七局铁路项目完成产值10.9亿元，开工143个项目，至年终，完工36个项目。完工的主要项目有：黄织铁路、同煤铁丰专用线、广西防城港铁路第二调车场新增股道工程、平朔东露天矿铁路专用线工程1标段、广东省阳春市铁路支线工程Ⅱ标、深圳地铁、沙河堡成都新客站片区基础设施项目涉铁部分纬一路至纬五路市政工程、廊沧高速四标、江西德兴至南昌高速公路D3标段、云南临沧市耿马至沧源（永和）二级公路土建工程、国道317线汶川至马尔康公路改建项目路基土建工程、杭州至瑞丽高速公路湖北省阳新至通城段土建工程、昆明市滇池环湖南岸截污工程七标、广州市林和路延长线工程、中化泉州石化项目青兰山库区竖向、道路及排水工程-青兰山库区C区道路施工总承包、广西隆林（黔桂界）至百色高速公路路面工程、神木至府谷高速公路工程LJ-4标、神木至府谷高速公路工程LJ-10标、湖南省吉首至茶洞高速公路土建C5合同段工程、湛江海大路口至蔚律港疏港公路4标段、广东顺德高速5标、黄河积石峡水电站水库淹没区等级公路改建工程、濮范高速公路5合同、福建省永安至宁化高速公路（闽赣界）路基土建工程A10合同段、福州秀宅高速公路收费站搬迁工程、广西兴安至桂林高速公路土建工程3标、广西兴安至桂林高速公路土建工程7标、山西省榆次龙白至祁县城赵高速公路S8标段、武咸公路高架桥、领秀城二期地下车库及幼儿园工程、十堰至天水联络线（G7011）陕西境白河至安康公路、济源市学苑路下穿焦枝铁路立交工程、110千伏西岭变至鹿鸣变送电线路新建工程、坦桑尼亚60公里道路工程、莫桑比克95公里道路项目、津巴布韦光纤项目。

【中铁八局工程概况】 2011年，中铁八局在建工程项目215个，合同总价698亿元，开累完成410亿元。5000万元以上在建工程项目155个，其中以局名义中标子公司独立施工的项目50个。年初，制定《集团公司2011年在建工程项目进度计划》，结合年度、季度生产计划下达了主要工程施工生产形象进度要求。针对2011年完工在建重点铁路项目较多，加强项目重点节点工期的管理。继续加强在建重点工程状态分级管理，以动态监控与评价考核为手段，促进工程项目有序可控。加强现场监控管理检查，对重点工程重点帮助和督导。一是将局管、托管项目和5000万元以上子公司自管项目纳入局重点管理范畴，重点对遂渝二线、南涪铁路、成渝客专、大瑞线、广珠城际、贵阳枢纽改貌站前站后、兰渝铁路、兰新铁路、锡乌铁路、德阳站改、宁武高速、广南高速、广甘高速、中缅等项目进行了现场检查督导。二是对宁武公路、中缅石油管道、广甘G1和G15、广南GN4、湖北宜都公路等项目，派人现场蹲点，解决工作滞后或重点节点工期不能按期兑现等问题。。三是采取每两周一次的大交班会、每周五的工程信息通报等形式跟踪监控，掌握重点工程施工现场进展情况及存在主要问题。四是深入施工现场，检查落实项目技术管理的要求，协助解决现场施工问题。按照2011年工作方针推进现场标准化管理，开展项目前期策划与风险评估，加强施工组织设计管理。规范全局的计划、统计工作和试验、测量工作。

【中铁九局工程概况】 2011年，中铁九局在建工程项目125项。其中铁路工程42项、公路工程20项、市政工程28项、房建工程24项、城轨工程7项、海外工程3项、其他工程1项。5亿元以上工程项目27项，铁路客运专线项目7项。全年，中铁九局完成铁路建设投资108.4亿元，新建铁路631.6公里，正线铺轨284.2公里，站线铺轨220.1公里，增建二线铁路53.6公里，完成铁路桥梁104.7公里，完成铁路隧道22.8公里。

2011年新开工的重点铁路项目有13个，主要有：新建铁路吉林至珲春线JHSⅣ标段工程、鲅鱼圈北站扩能改造工程、平齐线增建二线工程、桂林康密劳铁路专用线工程等；完工的重点铁路项目有19个，主要有：通辽枢纽扩能改造工程、库俄线库车西至俄霍布拉克支线工程ZHS标段、吉林站改建及相关工程、新建沈阳西部工业走廊铁路工程、锦阜高铁路应急工程、桂林康密劳铁路专用线工程等；续建的重点铁路项目有29个，主要有：新建铁路东北东部铁路通道前阳至庄河段DT2标段工程、新建盘锦至营口铁路客运专线工程、通霍铁路通辽北至霍林河段扩能改造工程、新建铁路哈尔滨至大连铁路客运专线工程、平齐线增建二线工程、新建铁路吉林至珲春线JHSⅣ标段工程、东北东部靖宇至松江河铁路工程、新建兰州铁路兰州至重庆线兰州枢纽工程二标段、东北东部铁路通道通化至灌水段新建铁路工程DT3标段、湘桂铁路衡阳至永州段扩能改造工程、新建锡林浩特至乌兰浩特铁路忙罕屯至乌兰浩特段工程等。

【中铁十局工程概况】 2011年，中铁十局承建了向莆铁路2标、向莆铁路12标、新建兰州至重庆铁路广元至重庆段站前工程LYS-14标段、新建兰州至重庆铁路夏官营至广元土建LYS1－2标段、宁启铁路3标、新建铁路云桂线（广西段）站前工程1标段、新建铁路云桂线（云南段）站前工程4标段、新建铁路德龙烟线德州至大家洼段工程综合Ⅰ标段、中南部铁路通道ZNTJ-15标段、大同至西安客运专线铁路工程3标段、新建铁路赣州至韶关铁路站前工程ZQ-3标段、新建枣庄至临沂铁路工程、新建宿州至淮安铁路工程SHZH-1标段、莞惠城际轨道交通项目9标、哈尔滨西客站Ⅲ标段、杭州东站扩建工程艮山门动车运用所、阜淮线电气化改造工程Ⅰ标段、新建青岛北客站及相关工程综合2标段、北同蒲铁路1标、邯济铁路扩能改造工程ZH-3标、邯长铁路扩能改造工程Ⅰ标段、广深铁路石龙车站迁建工程、新建兰新铁路第二双线乌鲁木齐枢纽引入工程、新建湄南铁路支线工程、包兰线新增第二线青草圈站房工程。

2011年完工铁路工程：京沪高铁土建3标、京沪高铁济南西站及相关工程、京沪高速铁路济南西站无柱风雨棚、济南西客站动车所；新开工铁路工程：包兰线新增第二线青草圈站房工程。

【中铁大桥局工程概况】 2011年，中铁大桥局在建工程累计148项，其中，国内新开工项目42项，完工或收尾工程27项。推进“三化管理”，实行资金、物资、设备、劳务、施组集中的集约化管理。实行企业技术标准、项目标准化管理，以机械化、工厂化、专业化、信息化为支撑手段实行精细化管理，全面落实法人管项目的理念。局被评为“全国工程建设质量管理先进单位”，4项工程同获“鲁班奖”、1项工程被评为“全国用户满意建筑工程”、1项工程被评为“全国建筑业绿色施工示范工程”、7项工程被评为省部级优质工程、4个QC小组被评为“全国工程建设优秀QC小组”。

【中铁隧道工程概况】 2011年，中铁隧道承建工程项目302个，其中铁路项目34个、公路项目96个、市政项目47个、城市轨道项目92个、水电项目13个、房建项目7个、其他项目13个。

全年完成企业总产值320.7亿元，为年度计划285亿元112.5%，比上年303.5亿元增长6.7%，其中设计3.7亿元，施工307.6亿元。施工中：铁路工程114亿元，公路工程73.4亿元，城市轨道66亿元，市政工程43.7亿元，水利水电6.9亿元，房建工程0.9亿元，其他工程2.7亿元。

2011年完成隧道成洞444.9公里，同比增加17.6公里，增幅4.1%，其中铁路隧道成洞完成204.2公里，同比减少12.3公里，减幅5.9%；折合单线完成654.6公里，同比减少22.4公里，减幅3.3%。桥梁年累完成77.95公里，同比增加10.8公里，增幅1.9%。土石方年累完成4956万立方米，同比减少1755万立方米，减幅26.2%。

2011年，中铁隧道集团承建的向莆铁路FJ-1B/2B标工程全部完工，玉蒙铁路秀山隧道基本实现贯通，龙厦铁路象山隧道于5月13日全隧贯通，年末主体工程施工完成，狮子洋隧道建成通车，石家庄隧道主体按期完工。在建铁路项目中，南广8标、云桂1标、西平XPS-2标，兰渝3标、长株潭、吉图珲JHSK-I标，金温4标全面停工，京福6标、合福8标，关角隧道大部分工程停工，中天山隧道、六沾铁路因资金不足，施工进度受到很大影响。施工比较正常的项目仅有贵广、沪昆、西秦岭和山西中南部通道等。2011年，中铁隧道集团新中标重点铁路项目3个：

中铁隧道集团施工的大型市政项目较少，完成施工产值所占份额也相对较低。当年在建市政项目约35个，当年新中标项目24个。重点市政项目青岛胶州湾海底隧道正式通车，长沙营盘路过江隧道按期投入使用，合肥南北高架桥1号线1标段主体完工。浙江舟山普陀区沈家门港海底隧道工程作为重难点项目之一，前期从处理设计方案、专家评审到最后正式图纸下发耽误较长时间，工程进度滞后合同工期较多。杭州市彩虹快速路滨江段1标段工程工期紧，任务重，要在水中围堰筑岛，施工组织困难，管理难度大，技术要求高。长沙南湖路湘江隧道工程东、西岸始发井、接收井因前期原因施工总体滞后。项目为设计施工总承包，合同管理风险较大。

【中铁电气化局工程概况】 2011年，中铁电气化局参建项目320项，其中铁路工程项目197项、非铁路项目123项。建成、开通项目58项，新开工项目57项。全年建成、开通电气化铁路2074.15正线公里，架设接触网5042.469条公里。变电工程，建成开通牵引变电所亭145座，其中京沪高铁104座、西格二线19座、广深港11座、乌阿线11座。通信工程，开通西格二线、乌阿线、宝天线元龙车站、深圳地铁4号线、重庆地铁3号线等通信工程2185公里，建成通信站389站，敷设通信光电缆6970条公里。信号工程，建成、开通电气集中站235站，自闭线路1987公里，敷设信号电缆7487.33条公里。电力工程，建成、投入使用站照68站，敷设电力贯通线1687.85条公里，敷设高低压电缆4548.56条公里，配电所380座。土建工程，完成土石方1956.77万方，贯通隧道27590.35洞米，建成桥梁折合57721.84延米，正线铺轨54.843公里，站线铺轨82.261公里；建成、投入使用各种房屋45.58万平方米。全年完成工程任务总额319.6亿元、施工产值267.1亿元，分别为年度调整计划的96.8%和100.6%。其中铁路工程完成工程任务总额247.5亿元、施工产值201.8亿元，分别为年度调整计划的94.5%和99.3%；公路工程完成工程任务总额12.2亿元、施工产值11.5亿元，分别为年度调整计划的101.1%和101.1%；市政工程完成工程任务总额1.8亿元、施工产值1.8亿元，分别为年度调整计划的110.8%和110.8%；房建工程完成工程任务总额 9.8 亿元、施工产值 9.8 亿元，分别为年度调整计划的 117.8%和 117.8%；城市轨道交通工程完成工程任务总额 46.5 亿元、施工产值 40.4 亿元，分别为年度调整计划的 102.4%和 100.7%；其他零小工程完成工程任务总额 1.8 亿元、施工产值 1.7 亿元，分别为年度调整计划的 238.2%和 224.8%。

竣工、开通投产单位工程项目 58 项：西格二线（关角山隧道未开工）6 月 26 日建成开通；京沪高铁“四电”系统集成 6 月 28 日开通；新建广深港客运专线铁路“四电”系统集成工程 6 月 30 日开通；乌阿线电气化铁路工程 7 月 15 日开通；新建北京地区列车餐饮加工配送基地工程 7 月 31 日投入使用；宝天线元龙站通信信号灾后重建工程 11 月 16 日开通；千河桥桥基加固工程 6 月 30 日交工；蓟港铁路北塘西至东大沽扩能改造工程 4 月 15 日交工；郑州北上到场信号工程 12 月 1 日开通；西安给排水工程 11 月 26 日投入使用；广深港客运专线声屏障工程 10 月 20 日建成投入使用；西安北站客服系统工程 1 月 11 日建成投入使用；新建大理至丽江铁路站后房建工程 8 月 17 日交付使用；新建武汉综合维修基地工程 6 月 28 日建成投入使用；天津大功率机车检修基地 11 月 25 日建成；改建地方铁路准东线周家湾至虎石段增建第二线项目电力及电力牵引供电工程 11 月 29 日开通；内蒙庙梁应急工程 10 月 28 日开通； 京沪高速铁路防灾安全监控系统 7 月 1 日投入使用；京津城际轨道交通工程防灾安全监控系统地震监控子系统施工 7 月 1 日投入使用；安徽专业线年家岗站工程通信信号工程 8 月 1 日开通；武店、刘府站信号设备大修工程 11 月 23 日完工；庙梁煤炭铁路专用线牵引供电工程 10 月 28 日开通；辽溪铁路辽阳至安平段改移工程 10 月 31 日完工；新建仁和至丽江铁路丽江站房工程 8 月 17 日投入使用；西安地铁 2 号线 11 标土建工程 9 月 16 日开通；西安地铁 2 号线供电工程 9 月 16 日开通；深圳地铁 4 号线 455 工程 5 月 1 日开通；深圳地铁 1 号线续建（2 标和 3 标）（通信及警用通信系统）工程 6 月 30 日开通；深圳地铁 1 号线续建信号安装工程 6 月 30 日开通；天津地铁 9 号线（原津滨二期工程）5 月 1 日开通；北京轨道交通 8 号线二期 AFC 系统工程 12 月 31 日开通；北京地铁 8 号线二期信号过渡系统工程 12 月 31 日开通；天津轨道交通 2 号线供电系统安装工程 9 月 28 日开通；兰州交通大学新建北校区 19#学生宿舍楼工程 12 月 31 日投入使用；北京市地铁 15 号线一期工程机电系统总承包项目 12 月 31 日开通；北京地铁 15 号线一期工程 08 标段 12 月 31 日开通； 宝汉公路 15 标土建工程 11 月 8 日开通；宝汉公路 16 标土建工程 11 月 8 日开通；210 国道秦岭北坡改建工程 8 月 3 日开通；重庆轻轨 3 号线二期土建工程 8 月 4 日开通；江北机场站改造工程 12 月 28 日完工；十天高速公路土建工程 10 月 27 日开通；兰州南河嘉园 1、2 号综合楼工程 10 月 21 日投入使用； 深圳轨道交通 4 号线二期传输和电话系统工程 5 月 1 日开通；深圳轨道交通 4 号线二期车站通信系统工程 5 月 1 日开通；深圳地铁 2 号线工程接触网安装工程首期施工 6 月 30 日开通；北京地铁 15 号线设备系统总承包工程 12 月 30 日开通；北京地铁 15 号线信号系统安装工程 12 月 30 日开通；北京地铁 9 号线信号安装工程 12 月 30 日开通；重庆轨道交通 3 号线一期信号系统工程 12 月 28 日开通；重庆市轨道交通 3 号线一期工程设备供电线路系统 12 月 28 日开通；重庆轨道交通 3 号线一期轨道梁桥系统工程 12 月 28 日开通；重庆市轨道交通 3 号线一期工程设备供电设备系统 12 月 28 日开通；重庆轨道交通 3 号线二期全线土建工程（检修通道）12 月 28 日开通；重庆轨道交通 3 号线一期工程通信系统总承包工程 12 月 28 日开通；重庆市轨道交通 3 号线二期工程车站综合接地供货安装工程 12 月 28 日开通；重庆地铁 3 号线 2 期通信系统集成 12 月 28 日开通；沈阳地铁 2 号线一期风、水、电安装 6 标 12 月 30 日开通。

新开工项目 57 项：京沪高速铁路防灾安全监控系统 1 月 16 日开工；京津城际轨道交通工程防灾安全监控系统地震监控子系统施工 4 月 6 日开工；武店、刘府站信号设备大修工程 0 月 1 日开工；天津新港集装箱站中心工程 4 月 1 日开工；安阳信号大修工程 10 月 20 日开工；神朔铁路分公司 2011 年第一批整治整修四电专业工程施工 6 月 1 日开工；河口南站东西牵出线增设接触网工程 9 月 1 日开工；包神铁路 2011 基建、大中修第一批施工项目（六标段）9 月 6 日开工；包神铁路 2011 基建、大中修第一批施工项目（七标段）9 月 6 日开工；沪昆、京九北线 17 站牵出线、渡线电化改造工程（一标段） 11 月 1 日开工；沪昆、京九北线 17 站牵出线、渡线电化改造工程（二标段）11 月 1 日开工；武汉军专线电力、电气化工程 4 月 1 日开工；大秦线 4.5 亿吨配套四站应急改造工程 2 月 21 日开工；平朔公司东露天煤矿铁路专用线四电及房建工程 5 月 15 日开工；武广铁路客运专线综合视频监控系统Ⅰ类变更设计工程 11 月 1 日开工；铁厂沟铁路专用线电力、通信、信号改造工程 8 月 1 日开工；东北东部铁路通道前阳至庄河段工程 DT3 标段 9 月 4 日开工；新建铁路哈尔滨至大连客专防灾安全监控系统工程 4 月 29 日开工；蒲白线罕井至白水通信线路改造工程 8 月 16 日开工；安徽华塑专用线厂内站通信信号工程 4 月 1 日开工；七里湖、九江北通信信号扩能改造工程 5 月 1 日开工；南昌局战时备用指挥所通信工程 4 月 1 日开工；乌兰木伦装车站通信、信号、电力工程 9 月 15 日开工；安徽华塑股份有限公司 100 万吨/年聚录乙烯项目铁路专用线工程场内站 11 月 28 日开工；安徽华塑股份有限公司 101 万吨/年聚氯乙烯项目铁路专用线工程年家岗站 11 月 1 日开工；成兰铁路线下工程 3 月 1 日开工；新建向塘至莆田铁路抚州站站房和全线县基站站房工程（XPZF-3 标段）6 月 1 日开工；北京城市轨道交通试验线工程 8 月 15 日开工；北京轨道交通 8 号线二期 AFC 系统工程 3 月 15 日开工；北京轨道交通 8 号线二期信号及过渡工程 3 月 1 日开工；西安二级路网化 D1 标 11 月 16 日开工；西安二级路网化 E1 标 11 月 16 日开工；西安二级路网化 A2 标 11 月 16 日开工；西安二级路网化 E2 标 11 月 16 日开工；宝鸡市蟠龙大道建设项目 PL-1 标段 7 月 1 日开工；耀州至旬邑二级公路移寨沟大桥 7 月 18 日开工；宝鸡蟠龙大道土建工程 7 月 17 日开工；京台高速公路建瓯段 A1 标 2 月 21 日开工；十天高速机电工程（汉中—略阳）5 月 15 日开工；沈阳市四环快速路 BT 工程第 4 标段 3 月 18 日开工；延靖高速靖边东靖边南 ETC 不停车收费系统改造工程 10 月 20 日开工；北京地铁 6 号线一期工程机电专业Ⅰ标段设备安装 5 月 30 日开工；北京地铁 9 号线工程正线区间疏散平台 7 月 1 日开工；北京地铁 10 号线二期工程供电系统及综合监控系统设备安装工程 5 月 16 日开工；杭州地铁 1 号线工程车站（含区间）设备安装及设备区装修施工 D 标 4 月 30 日开工；南京地铁大胜关桥项目部 10 月 12 日开工；武汉市轨道交通 2 号线一期工程供变电系统沿线安装工程 7 月 20 日开工；大连市快速轨道交通 3 号线接触网维修管理工程 1 月 1 日开工；大连市 202 路轨道线路延伸接触网正线工程 6 月 12 日开工；昆明市轨道交通首期工程供电系统总承包 8 月 17 日开工；北京市中低速磁悬浮 S1 线西段工程设备系统总承包（设备 1 标）11 月 9 日开工；北京地铁 5 号线增购车辆工程通信信号系统设备采购安装项目 10 月 10 日开工；北京天和苑 5#楼房建工程 3 月 23 日开工；铁路湖州南站站前配套一期工程落客平台地下通道换乘区域 2 月 15 日开工；中国铁道科学研究院高速弓网关系试验台 4 月 14 日开工；中国铁道科学研究院东郊实验室还建工程 9 月 29 日开工；北京益民小区、安民小区北区、建设路职工住宅小区房建工程 10 月 10 日开工；北京地铁 14 号线工程马泉营车辆段 10 月 12 日开工。

完成工程数量：2011 年中铁电气化局集团建成、开通电气化铁路 2074.15 正线公里，架设接触网 5042.469 条公里。各主要项目完成数量见表 5-2。

表 5-2　2011 年电气化工程主要开通项目完成数量表

项　　目	基　础	支柱安装	承力索	导　线	附加线
单　　位	个	根	条公里	条公里	条公里
京沪高铁		58386	3638.44	3638.44	9036.27
西格二线	3050	12236	801	801	1237.3
广深港客运专线		3394	308.14	308.14	446.02
乌阿线电气化	11217	8925	595.213	595.213	500.53

【中铁建工工程概况】　2011 年，中铁建工累计完成施工产值 232.7 亿元，为年度计划的 102.59 %。与去年同期相比增长 11.5%。国内施工面积 21907756 平方米。其中重点工程面积 4066225 平方米，占施工面积的 19%。铁路项目完成 89.23 亿元，占施工产值的 38%。施工面积 2894273 平方米，约占总施工面积的 13%。全年累计共有 5000 万以上施工项目 196 个。年累新开工项目 93 项，年累新开工面积 221 万平方米，累计新开工项目价值 118 亿元。全年重点工程项

目完工 1 项。完工面积 50000 平方米。完工产值 12795 万元。完成项目占 2011 年重点工程项目个数 2%，占 2011 年重点工程项目施工面积的 1%，占 2011 年重点工程项目施工产值 2%。完成项目重点集中在北京公司 1 项。其中包括铁路站房工程 1 项。重点工程年累完成产值 566841 万元。

【中铁港航局工程概况】 2011 年，中铁港航局施工项目 107 个，施工范围涵盖水工、铁路、公路、桥梁、隧道、市政、轨道交通、房建等各个建筑施工领域。新开工项目 32 个，其中公路 8 个、轨道交通 2 个、水工 22 个；完工项目 26 个，其中水工 14 个、轨道交通 3 项、铁路 1 项、房建 2 项、公路 3 项、市政 3 项；剩余在建项目 81 个，其中水工项目 29 个、铁路项目 11 个、公路项目 21 个、市政项目 10 个、轨道交通项目 8 个、房建项目 2 个。在建项目分布于北京、广东、云南、福建、湖北、贵州等全国 18 个省市自治区。

2011 年中铁港航局全年完成营业额约 85.75 亿元，完成股份公司下达的年度计划 94 亿元的 91.2%，其中：水工工程项目 33 个，本年完成产值 15.3 亿元，完成年度计划的 86.2%；铁路工程项目 11 个，本年完成产值 32.1 亿元，完成年度计划的 81.1%；公路工程项目 20 个，本年完成产值 18.6 亿元，完成年度计划的 125.54%；市政工程项目 10 个，本年完成产值 10.8 亿元，完成年度计划的 146.71%；轨道交通工程项目 7 个，本年完成产值 6.4 亿元，完成年度计划的 107.2%；房建工程项目 3 个，本年完成产值 2.2 亿元，完成年度计划的 113.9%；附营项目完成产值 3045 万元。

【中铁航空港工程概况】 2011 年，中铁航空港在建项目 198 个，其中铁路项目 22 个、公路项目 19 个、房建项目 140 个、市政项目 3 个、城轨项目 10 个、机场项目 3 个、其它项目 1 个。全年完成产值 122.8 亿元，其中铁路项目完成 43.1 亿元，占全年完成产值的 35.1%；公路项目完成 21.3 亿元，占全年完成产值的 17.3%；房建项目完成 46.5 亿元，占全年完成产值的 37.8%；市政项目完成 3.3 亿元，占全年完成产值的 2.7%；城轨项目完成 7.5 亿元，占全年完成产值的 6.1%；机场项目完成 1 亿元，占全年完成产值的 0.8%，其它项目完成 0.1 亿元，占全年完成产值的 0.1%。

1. 铁路工程 2011 年无新开工项目，完成产值均为续建项目贡献产值。在建铁路项目 22 个：新建山西中南部铁路通道瓦塘至汤阴东(含)段站前工程 ZNTJ-11 标 DK447+200～DK547+200 里程段、沪昆铁路客运专线长昆湖南段Ⅷ标 DK345+790.4～DK357+963.62 里程段、沪昆铁路客运专线杭长湖南段 HCTJ-Ⅱ标 DK887+226.3～DK907+171.235 里程段、新建铁路大同至西安客运专线站前施工 7 标 DK442+280～DK458+378.15 里程段、兰新铁路第二双线张掖至红柳河段 LXS-10 标 DK527+204.68～DK546+272.58 里程段、新建铁路天津至秦皇岛客运专线滨海站房工程、新建石太铁路客运专线太原南站站房工程、新建铁路哈大客运专线—鞍山西、辽阳站站场工程、新建铁路德龙烟线德州至大家洼段综合 3 标 DK218+745～DK257+530.37 里程段、新建青岛至荣成城际铁路 QZRH-II 标 DK59+500～DK73+689 里程段、向莆铁路 JX-4B 标 DK188+250～DK210+650 里程段等；完工铁路项目：京沪高速铁路土建工程 JHTJ-2 标段 DK390+605.5～DK406+918.87 里程段和 JHTJ-5 标段 DK961+100～DK992+720.14 里程段、石武客专 SWZQ-1 标 DK514+481～DK526+792 里程段、新建铁路哈尔滨至大连铁路客运专线 TJ-1 标 DK82+210～DK94+075.95 里程段。

2. 公路工程 2011 年在建项目 19 个。新开工公路项目 6 个：钱江通道及接线工程南接线段第 10 合同段、河北省茅荆坝至承德公路工程 1 标段、山西省霍州至永和关高速公路 LJ9 合同段、郑卢高速公路洛宁至卢氏段 3 标、中铁股份公司沈阳市四环快速路交通 BT 工程第一合同段、珲春至乌兰浩特高速公路吉林至沈阳联络线吉林至草市高速公路一期工程；续建公路项目 13 个：山西省山阴至平鲁高速公路 1j6 标、山西省太原至古交高速公路路基、桥涵、隧道工程施工第 S3 合同段、仁怀至赤水高速公路 RCTJ-19 合同段、广明高速公路陈村至西樵 S02 合同 A 段等；完工公路项目 4 个：承德至秦皇岛高速公路承德段工程、新疆维吾尔自治区国道 045 线赛果木湖至果子沟段公路改建工程、青海省黄河积石峡水电站水库淹没区等级公路改建工程、珲春至乌兰浩特高速公路吉林至沈阳联络线吉林至草市高速公路建设项目二期工程。

3. 城轨工程 2011 年在建项目 10 个，均为续建项目：长沙市轨道交通 2 号线一期工程 8 标段、西安市地铁 1 号线一期工程汉城路至纺织城段 14 标、北京地铁 10 号线二期工程土建施工 13 合同段等；完工城轨项目 4 个：天津地铁 2 号线9标、重庆轨道交通3号线一期7标、重庆市轨道交通1号线11标、天津地铁3号线16合同段、深圳地铁5号线B区塘廊车辆段。

4.市政工程2011年在建项目3个，均为续建项目：武汉市城投集团中北路延长线道路排水工程4标、宝安区福永码头至洲石路道路工程2标。

5.房建工程2011年在建项目140个，新开工市政房建项目25个：海南省三亚市美丽之冠大酒店、贵阳市轨道交通运管中心及配套项目（腾祥•迈德国际）一期工程、天津金泰丽湾喜园项目一期二合同段、门头沟S1线区域组团项目定项安置房项目小园项目2C地块等；续建市政房建项目118个：天融中兴商业广场一期工程、广安门铁路住宅小区施工总承包工程 A 标段、国家汽车质量监督检验中心工程（一期）等；房建完工项目57个。

【中铁上海局工程概况】 截至2011年底，中铁上海局在建工程项目105个，其中铁路项目17个、公路项目14个、市政项目45个、城市轨道项目24个、房建项目5个，项目分布 17个省及3个直辖市。开工项目36个，其中铁路项目7个、公路项目5个、市政项目17个、城市轨道项目6个、房建项目1个。完工项目33个，其中铁路项目2个、公路项目4个、市政项目15个、城市轨道项目9个、房建项目3个。

新建、续建铁路

【拉萨至日喀则铁路】 建设单位为青藏铁路有限公司；设计单位为中铁第一勘察设计院集团有限公司；监理单位为西南交大监理咨询有限公司。拉萨至日喀则铁路全长253.156公里，桥、隧占总工程量的46.69%。中铁五局承建TJ3标工程。合同总额10.2亿元，2011年5月1日开工，合同竣工时间2013年8月4日。TJ3标段位于雅鲁藏布江峡谷区，色麦至大竹卡段，起止里程为DK86+700～DK111+000，管段总长24.3公里。主要工程量：标段内站场路基土石方及其附属、桥梁、涵洞、有碴轨道和无碴轨道的铺设、站台墙和地道等站场设施及大型临时设施工程等。其中，路基1599米；特大桥4座3403.95延长米，大桥3座736.84延长米，中桥2座123.7延长米；涵洞10座267.61横延米。年累完成3.8亿元，剩余价值6.4亿元。

中铁八局承建TJ1标工程。合同价款20.1亿元，合同工期1461天。标段位于西藏拉萨市、曲水县境内，本标段正线起讫里程为K2005+437.8～DK41+000（青藏铁路K2003+837.8=拉日铁路DK1+600），联络线起讫里程为LDK0+000～LDK2+228.96（青藏铁路K2001+573=联络线LDK0+000）；线路正线全长41.025公里，联络线全长2.241公里。主要工程数量为：路基34.35公里（含联络线）；桥梁12座，其中特大桥2座3669.849延长米，大桥1座378.56延长米，中小桥8座；隧道6座共计4.382公里；涵洞122座2844.17横延米；铺轨295.69公里，预制架设T梁1397孔；新建车站3座。2011年完成产值5.3亿元，开累完成产值5.3亿元。

【成都至兰州铁路】 中铁五局承建2标。合同总额10.7亿元，2011年3月21日开工，计划2014年6月10日竣工。建设单位：成兰铁路责任有限公司；设计单位：中铁二院工程集团有限责任公司；监理单位：北京铁城建设监理有限责任公司。本标段起止里程DK7+800～D1K43+400，主要施工内容包含路基土石方及附属工程、区间站、桥涵工程（不含T梁制架）、改移道路、改移沟渠、部分三电迁改。管段长38.645公里，其中路基长20.245公里，桥梁长18.4公里。主要工程数量：桥梁10座，框架涵12座，涵洞111座，路基11段，车站1座。年累完成2亿元，开累完成2亿元，剩余价值8.7亿元。

【吉林至珲春铁路】 中铁四局承建JHSⅠ标工程。合同价款19.3亿元，合同工期：2011年6月20日～2012年7月31日。因大环境影响，2011年9月15日，业主通知全线停工，进入休工阶段。JHSⅠ标段起讫里程：长吉城际DK126+590.38～DK127+792.4517；DK7+000～DK35+778；GDK50+424～GDK59+400。本标段正线长37.588正线公里，其中桥梁长17座11290延长米，隧道长8座12537延长米，路基长13761延长米。主要工程数量：区间路基土石方383.0445万立方米、站场土石方7.6652万立方米.桥涵工程：特大桥9座8738.6延米、大桥8座2553.79延米、中桥2座76.02延米、混凝土及砌石圬工144708圬工方。轨道工程：正线铺新轨9.05公里、铺道床48061立方米，站线铺新轨0.54公里。2011年开累完成2.4亿元。主要工程形象进度：1.路基工程：路基21段，开工20段，完成区间路基土石方185.06万立方米,水泥砂浆桩6500米,取弃土场处理7747立方米，支挡结构1471立方米。2.桥梁工程：大桥、特大桥17座，全部开工，正线涵洞45座，开工35座，完成钻孔桩1807根；承台及明挖基础73个；墩柱8个；框架小桥143.1顶平米,框架涵1042.9横延米。3.隧道工程：隧道8座，全部开工，完成明洞、洞门工程246延长米，洞身开挖、支护499.5延长米。

中铁九局承建JHS-Ⅳ标段站前工程。工程造价27.4亿元，2011年6月15日开工，预计2013年10月30日竣工。建设单位：长吉城际铁路有限责任公司；设计单位：中铁工程设计咨询集团有限公司；监理单位：黑龙江铁路建设监理公司。是长吉图开发开放先导区规划实施交通基础设施的重要组成部分。工程位于吉林省敦化市境内，起始里程DK146+300，终点里程DK191+000，路线长度44.7公里。设计时速250公里/小时。主要工程数量：路基工程21.26公里，包含软土地基处理CFG桩120.9万延米、水泥搅拌桩93.7万延米、碎石桩18.9万延米、预应力管桩28.2万延米，路基土石方541.55万立方米，路基附属22.2万立方米，支挡结构圬工6.1万立方米；大桥、特大桥21.895公里/13座，框架中桥4座，小桥11座，涵洞54座；新建隧道4.754公里/5座；正线铺轨6.6公里，站线铺轨5.02公里，铺岔15组，铺道碴3.64万立方米；新建站台7座及三电工程等。2011年开累完成产值13.4亿元，完成总价的48.9%。

中铁隧道承建吉图珲客运专线工程Ⅰ标项目。标段全长89.868公里，主要由以下四部分组成：拉法山隧道段：DK35+778～DK50+424，长度14.646公里，主要包括拉法山隧道（10035米）、生菜顶子大桥（5孔简支箱梁）、双庙子隧道（3303米）、双庙子特大桥（32+48+32连续梁+20孔简支箱梁）；石门隧道段：DK91+132～DK97+654，长度6322米；安图隧道群段：DK191+000～DK259+700，长度68.7

公里，主要包含桥梁11024米/23座，隧道41076米/28座，路基填筑361万立方米/16.6公里。中标价款53.8亿元，原开工日期为2011年1月15日，竣工日期为2012年2月29日，总工期411日历天。第一次调整工期开工日期为2011年7月1日，竣工日期为2015年6月30日；第二次调整工期为敦化至延吉段土建工程完工时间为2012年3月1日，蛟河段完工时间为2013年9月30日。进入冬休期后，工程全面停工，面临第三次工期调整。

中铁大桥局承建吉林至珲春铁路JHSK-2标。松花江特大桥标段包括三桥一隧，即客专第二松花江特大桥、松花江普速特大桥、龙潭山隧道（1302米）和天泰特大桥；桥梁群段7.5公里，包含桥梁7座4149米，路基填筑3.3公里，72万方，二道口梁场1座；大川屯3号特大桥段包括一桥一隧，即大川屯3号特大桥和大川隧道；第二松花江特大桥主墩36#墩、37#墩墩身完成第一节浇筑。整个标段桩基施工完成工程总量的27%，隧道开挖施工完成工程总量的10%。

【京沪高铁】 中铁三局承建京沪高速铁路JHTJ-5标。合同价款113.2亿元，合同工期：2008年1月15日～2012年12月31日。2月20日开始联调联试。5月11日开始全线运行试验。6月30日开通运营。

中铁四局承建南京南站站前（含部分站房、配套市政工程）。南京南站由三个车场组成：京沪高速场（10股道）、沪汉蓉宁杭场（12股道）、宁安城际铁路场（6股道），站台15个，其中基本站台2个，中间站台13个。考虑城市配套规划，将站场设为高架桥车站，桥的正线线间距均5米，其余到发线均为6米。南京南站高架桥全长673.56米，设置为14座双线桥，中间156米主站房范围不在本标段范围内；在156米～450米范围内为雨蓬柱设置区域，450米范围外为一般桥梁区。本标段工程为南京南站站场（站房156米之外）线下及线上工程（不含京沪场铺轨）。合同额24.26亿元，总工期22个月。2011年度完成投资7.7亿元，完成年度计划7.7亿元的100%。

1.南京南站站前工程。南京南站站前工程均施工完毕。年度完成产值1857万元，开累完成23.9亿元。

2.南京南站站房工程。南京南站站房工程（与中建股份联合体）主要负责雨棚及站房电力、BAS施工任务，雨棚位于站房东西两侧，对称布置，覆盖中间站台148.1米，建筑面积为106218平方米，主体采用正三角形钢管桁架与钢管混凝土柱组成空间桁架结构体系，电力部分包括站房内的10千伏配电所、10/0.4千伏变电所及箱变、柴油发电机组、动力配电箱（柜）、电缆桥架、高、低压电缆线路及BAS系统。合同额64589万元，工期903天。南京南站站房工程竣工。年度完成产值1.5亿元，开累完成6.2亿元。

3.南京南站配套市政工程。工程造价6.9亿元，合同工期2009年1月～2011年8月20日。南京南站配套市政工程共分东西两个区域。项目主要有地下建筑、地面停车场、市政给排水、天桥、暖通、照明、电力、设备安装、消防及静态标识等组成。其中，南京南站地下室主要由地下车库和地下安全通道及部分设备用房组成，东西区各东西方向宽85.7米，南北长264.7米。

南京南站市政配套工程基本完成，地面层和站房同步开通。年度完成产值3.7亿元，开累完成7.5亿元。

4.南京铁路枢纽土建工程NJ-3标项目。合同造价6.18亿元，总工期22个月。2011年度完成投资9715万元，完成年度计划9715万元的100%。开累完成20.3亿元，完成合同价的100%。全面完成了京沪高铁开通运营的各项节点目标，确保了京沪高铁6月30日开通运营。经理部被上海铁路局授予“联调联试标杆单位”、京沪高铁公司授予“劳动竞赛先进单位”等荣誉称号；12人次获“京沪百日大干先进个人”等荣誉称号。

5.宁芜联络线应急工程。工程造价4亿元，合同工期：2010年11月～2011年5月。宁芜货线应急工程南京南站明挖隧道位于京沪高铁南京南站北广场下方，施工起讫里程HCK20+600.00～HCK22+860.00，全长2.26公里；工程内容主要为区间土建工程：明洞开挖土方设计193.44万，明挖隧道：设计2260米。工程进展：明洞开挖土方设计193.44万立方米，累完161.61万立方米，明挖隧道：设计2260米，完成1735米，完成76.77%。2011年完成产值3.1亿元。

中铁六局承建京沪高铁二标段工程。京沪高速铁路二标段主体投标单位为中铁一局，中铁六局作为专业联合体单位参与施工，承建京沪高速铁路沧德特大桥DK238+470～DK285+903段计42.518公里的全部施工任务（约占该桥总长度40%）。分劈合同价25.4亿元；主体工程工期2008年1月18日～2010年12月31日。工程位于河北省沧州市南皮县和东光县境内，其中南皮县境内13.3公里，东光县境内29.2公里。截至2011年12月31日，桥上工程均完成，工程克缺及联调联试工作圆满完成，确保了京沪高速铁路于2011年6月31日开通；完成了14条河道的护砌工程，并通过验收；完成了桥下防护栅栏、绿化、维修通道和地界标的安装；桥下剩余工程主要有：两处警务用房装修和南皮梁场土地复垦。

中铁八局承建京沪高速铁路土建工程JHTJ－5标DK1129+700～DK1148+522段。合同价款14.55亿元，合同工期:2007年12月～2010年10月1日，实际开工日期2008年4月，2011年5月30日完成。工程由一、桥梁公司施工。一公司负责承建的新建京沪高速铁路土建工程JHTJ－5标DK1129+590.5～DK1148+522段，该段位于江苏省常州市管辖范围内，全长18.9315公里，施工的区段包括常州西桥段、常州高速站桥段、常州东桥段，双线设计时速350公里/小时，施工全段为桥梁工程，结构形式包括连续梁、简支梁、提篮拱、非标简支梁。2011 年完成主要工程数量：桥面系完成 1267 延米，无碴道床 3613 米，铺轨 1.5 公里，桥梁声屏障 23505 米，轨道精调 38.613 公里。2011 年完成产值 6347 万元，开累完成产值 14 亿元。

【哈尔滨至大连铁路客运专线】 中铁一局承建部分。管段全长 90.87 公里。合同工期：2007 年 9 月 1 日～2011 年 11 月 15 日。2011 年累计完成施工产值 3.9 亿元，完成年度计划 3.7 亿元的 104.87%；开工累计完成施工产值 49.2 亿元。

中铁二局承建部分。承担哈尔滨至大连客运专线 TJ-1 标 DK233+000～DK308+665.5 长 75.3 公里的线下工程及全标段铺轨等施工任务。2011 年，项目部施工生产主要有线下附属收尾和线上轨道工程施工两个部分。2011 年完成施工产值 4.2 亿元（验工计价额），为年度计划 3.3 亿元的 124.9%。完成正线铺轨 23 公里，累完 722 公里，占设计的 95%；站线铺轨 25 公里，累完 34 公里，占设计的 80%；铺岔 22 组，累完 106 组，占设计的 49%；铺砟 14.7 万方，开累 25.7 万方，占设计的 68%；防护栅栏 16.34 公里，占设计的 98%；声屏障 46490 平方米，占设计的 97%。至此，线上轨道工程除大连北站和辽阳站 6 道外基本完成，线下附属工程除 290 米防护栅栏、1512 平方米声屏障因拆迁遗留问题未完成外全部完成。

中铁五局承建部分。合同总额 28 亿元，合同开工时间 2007 年 9 月，合同竣工时间 2012 年 12 月 31 日。建设单位：哈大铁路客运专线公司；监理单位：哈大铁路客运专线北京铁城联合体监理站。管段位于辽宁省境内，里程为 DK185+275～DK233+000，线路正线全长 47.143 公里。主要工程数量：桥梁 6 座 43674.06 米，其中特大桥 4 座 43553.66 米，分别为惠屯特大桥、潮沟特大桥、西海特大桥、营海特大桥（五局管段内计 14005.35 米），中桥 2 座 120.4 米，分别为盖陈公路中桥、营口站刚构中桥；车站 2 座，分别为新盖州站、新营口站；梁场 2 个，负责制架梁 1316 片；轨道板场 1 个；框架涵 4 座；水泥搅拌桩 64538 根计 689015 米，CFG 桩 67470 根计 1587870 米；路基土石方 140.1 万方，其中区间为 14.4 万方，站场 125.7 万方。管段内重点工程为西海特大桥和营海特大桥，分别为 26545.8 米和 13994 米。

中铁八局承建部分。由一、二、昆建、桥梁公司参与施工。合同总价 264400 万元，合同工期：2007 年 8 月 1 日～2011 年 4 月 30 日，开工日期 2007 年 9 月 10 日，工程施工完成。工程始于 DK131+209，止于 DK185+275，全长 54.066 公里。管段内工程内容及主要工程数量为：路基土石方工程 341 万方，长度 16.811 公里，占管段全长的 31%；桥梁工程 15 座，长 36.773 公里，占管段长的 67.9%，制运架梁 990 榀，连续梁 6 联，其中特大桥 10 座，最长的鲅鱼圈特大桥全长 17.914 公里； 隧道 1 座，长 582 延米，占管段长的 1.1%；涵洞 55 座，计 1247.98 横延米；车站 1 个；制梁场 1 处 990 榀箱梁预制；轨道板预制场 1 处，轨道板铺设 53.456 公里（双线）。2011 年完成产值 1.5 亿元，开累完成产值 30.1 亿元。

中铁九局承建部分。工程造价 25.4 亿元，2007 年 10 月 10 日开工，预计 2012 年 7 月 30 日竣工。建设单位：哈大铁路客运专线有限公司；设计单位：铁道第三勘测设计院；监理单位：韩国铁道施设公团外方总监组和铁城铁科院联合体监理公司。工程位于辽宁省辽阳市和沈阳市境内，施工管段起始里程 308+665.5，标段终点于 DK390+865.4，路线长度 70.09 公里。施工范围：本管段内设有辽阳 1 个车站、预留新灯塔和新沈阳 2 个车站、4 个区间施工，包括路基、桥涵、无砟轨道、站场、房屋等工作内容。主要工程数量：路基工程长度 9.31 公里，其中路基挖方 41.4 万立方米，路基填方 170 万立方米，涵洞 17 座。桥梁工程 17 座，特大桥 60.78 公里/4 座，中桥 11 座。无砟轨道板 58.04 双线公里。改建辽阳站站场 1 处。截至 2011 年底累计完成产值 24.9 亿元（其中合同内产值为 22 亿元，合同外产值为 2.9 亿元），完成总价的 98%。工程主体完工。

中铁建工承建房屋及站场相关工程。客运专线沿途设鞍山西站、辽阳站、普兰店西站、瓦房店西站、营口东站、海城西站、盖州西站、鲅鱼圈东站 8 座车站。本工程由哈大铁路客运专线有限责任公司建设，铁道部第三勘察设计院集团有限公司设计，北京铁城铁科院监理联合体监理。1. 鞍山西站：中铁建工承建。合同价款 3 亿元，合同工期：2009 年 8 月 1 日～2010 年 12 月 31 日。本工程位于鞍山市千山区大阳气村内，整座车站包括站房综合楼、无站台柱雨蓬、站台面、地道及配套房屋。站房综合楼地上 2 层，建筑面积 14234 平方米，建筑高度 22.5 米，框架结构，独立基础。2011 年完成产值 1 亿元，主要形象进度，装饰安装施工阶段。2. 辽阳站：中铁建工承建。合同价款 2.8 亿元，合同工期：2009 年 8 月 1 日～2010 年 12 月 31 日。本工程位于辽宁省辽阳市，整座车包括站房综合楼、无站台柱雨篷天桥、站台、旅客地道及配套房屋。站房综合楼地上 2 层，建筑面积 7497 平方米，建筑高度 22.05 米，框架结构。2011 年完成产值 1.1 亿元，主要形象进度，装饰安装施工阶段。3. 普兰店西站：中铁建工承建。合同价款 5000 万元，合同工期：2009 年 8 月 1 日～2010 年 12 月 31 日。本工程位于辽宁省普兰店市石河镇，整座车站包括站房综合楼、无站台柱雨篷天桥、站台、旅客地道及配套房屋。站房综合楼地上 2 层，建筑面积 3188 平方米，建筑总高度 14.55 米，框架结构。2011 年完成产值 9471 万元，年底进入装饰装修收尾阶段施工。4. 瓦房店西站：中铁建工承建。合同价款 7900 万元，合同工期：2009年8月1日～2010年12月31日。本工程位于辽宁省瓦房店市老虎屯镇，整座车站包括站房综合楼、无站台柱雨篷天桥、站台、旅客地道及配套房屋。站房综合楼地上2层，建筑面积3089.49平方米，建筑总高度14.85米，主体结构为框架结构。2011年完成产值9471万元，年底进入装饰装修收尾阶段施工。5.营口东站：中铁建工承建。合同价款1.5亿元，合同工期：2009年8月1日～2010年12月31日。本工程位于辽宁省营口市柳树镇，整座车站包括站房综合楼、无站台柱雨篷天桥、站台、旅客地道及配套房屋。站房综合楼地上2层，建筑面积5281.82平方米，建筑总高度17.45米，现浇钢筋混凝土框架结构体系。2011年完成产值4094万元，装饰装修施工阶段。6.海城西站：中铁建工承建。合同价款1.05亿元，合同工期：2009年8月1日～2010年12月31日。本工程位于辽宁省海城市东四镇，整座车站包括站房综合楼、无站台柱雨篷天桥、站台、旅客地道及配套房屋。站房综合楼地上2层，建筑面积3184平方米，建筑总高度15.3米，现浇钢筋混凝土框架结构体系。2011年完成产值4094万元，装饰装修施工阶段。7.盖州西站：中铁建工承建。合同价款1.08亿元，合同工期：2009年8月1日～2010年12月31日。本工程位于辽宁省盖州市团山镇，整座车站包括站房综合楼、无站台柱雨篷天桥、站台、旅客地道及配套房屋。站房综合楼地上2层，建筑面积3196平方米，建筑总高度13.4米，现浇钢筋混凝土框架结构体系。2011年完成产值4094万元，装饰装修施工阶段。8.鲅鱼圈东站：中铁建工承建。合同价款1.3亿元，合同工期：2009年8月1日～2010年12月31日。本工程位于辽宁省营口市鲅鱼圈开发区于园子村，整座车站包括站房综合楼、无站台柱雨篷天桥、站台、旅客地道及配套房屋。站房综合楼地上2层，建筑面积5254平方米，建筑总高度21.05米，框架结构。2011年完成产值1.2亿元，装饰装修施工阶段。

【北京至石家庄铁路客运专线】 中铁一局承建京石客专JS-2标段。合同总价56.9亿元，合同工期2008年8月1日～2011年4月30日。JS-2标段位于涿州市至保定市之间，里程范围线路长度为91.9正线公里，其中桥梁81.62公里，占管段全长88.8%。主体工程完工，2011年计划1.87亿元，年累完成2.6亿元，占计划的139.2%；开累完成59亿元，占施工总额59.1亿元的99.8%。22局铺轨2011年8月出公司管段。

中铁六局承建京石客专JS-1标段。总体工期目标：改建西长线拨接改为2012年3月15日～31日进行，京石正线部分2012年7月1日联调联试，2012年11月底竣工。标段包括西长线改造工程（XK9+155.46～XK17+836.75）、京石客运专线改建及新建工程（DK0+000～DK12+343）和北京动车段改造工程，线路自北京西站（西长铁路XK9+115.46＝DK0+000）引出，沿着既有西长左线南侧增建客专左线（右线利用既有西长左线），在西长线西翠路立交涵附近，客专左线接入既有西长左线，客专右线则由既有西长左线改拨至既有西长右线，之后客专双线利用既有西长左右线至重聚园小区附近离开既有线，线路跨过永定河后折向东南，在DK12+343处为施工终点。2011年累计完成1.9亿元，预计完成年度计划（2亿元）的91.4%；开累完成产值9.2亿元（其中合同内完成7亿元，合同外完成2.2亿万元）。

中铁六局承建京石客专石家庄枢纽工程。工程于2009年11月中标，合同内产值15.4亿元，原计划2012年6月30日全部完成，受2011年铁道部建设资金紧张影响，调整为2012年年底开通京石高速场和动车所，剩余石青高速场开通时间铁道部尚无明确意见，初步计划在2013年完成所有合同内工程。工程起点自DK277+500开始，线路贯通新客站高速场，设计终点DK287+700，线路全长10.2公里。工程主要包括京广上下行改建、新建京石正线、石青客专、石太直通线、动车Ⅰ、Ⅱ线、北西联络线、西北联络线、石德便线、西北联改建、石太联改建、新建普速机务折返段、普速客车整备所、新石家庄站站场（含太青高速场、京石高速场和京广普速场）、动车所等工程。2011年，开累完成产值8.3亿元。京广上下行拨接至京广普速场内，同时开通普速机务折返段、开通普速客车整备所、开通京广普速场站内25至28道及两咽喉所有道岔；完成了京石正线所有CFG桩和管桩地基处理，路基填筑及桥涵施工，全线达到沉降评估条件；新建动车所路基填筑完成、站场轨道铺设完成。

中铁电气化局承建京石客专土建工程。2008年8月1日开工。由于铁道部技改建成开通时间向后推迟。2011年京石客专合同外增加8.7亿元，总合同额由25.9亿元变更到34.6亿元。全年完成投资7亿元，开累完成投资30.1亿元。全年完成钻孔桩48根，开累完成11850根，完成设计量的99.8%；完成承台21个，开累完成1107个，完成设计量的99.6%；完成墩身78个，开累完成1118个，完成设计量的99.6%；完成现浇梁111孔，开累完成172孔，完成设计量的96.6%；完成连续梁11处，开累完成31处，完成设计量的100%；轨道板打磨712块、开累完成19743块，完成打磨量的100%；防撞墙258孔，开累完成1065孔，完成设计量的95%；完成遮板307孔，开累完成1074孔，完成设计量的95.8%；完成路基103.77M全部完成；完成底座板27.15公里，开累完成49.05公里，完成设计量的94.3%。由于征地拆迁影响，杜家坎工地还有4个桥墩、6孔现浇梁未开工。

【石家庄至武汉铁路客运专线】 中铁二局承建部分。2008年10月15日中标，合同工期38.5个月，由于工期调整，总工期需延长约8～12个月，预计竣工时间2012年10月31日。线路北起石家庄铁路枢纽，南至邢台市临城县，起讫里程DK287+700～DK351+100，全长63.4公里。其中路基16段，全长26.4公里，桥梁15座，全长37公里；铺轨起讫里程DK287+700～DK601+000（626.6公里）。2011年完成建安产值7.7亿元，占年度计划的8.9亿元的86.5%。工程形象进度为：CFG桩完成20万米，累完493.1万米，为设计总量的100%；路基土石方完成30.4万方，累完536.1万方，为设计总量的100%；轨道板粗铺19513块，为设计总量的100%；轨道板灌浆19513块，为设计总量的100%；完成道岔43组，为设计的84.3%；支承层完成26.1公里，为设计总量100%；长轨铺设626.13公里，为设计总量的100%。全线总体具备静态验收条件。

中铁三局承建部分。合同价款62.4亿元，合同工期：2008年10月15日～2012年6月30日。完成情况：桥上声屏障1265.5平方米；桥面系完成栏杆预制、安装；泄水管安装；电缆槽盖板安装，折合桥面系延长米为828.09米；河床铺砌4619圬工方；无砟轨道完成侧向挡块施工，全桥共计3740块，折合1.36754铺轨公里；精密网控制测量完成9.76821公里。

中铁四局承建石武客专河北段SZ-3标段工程。合同价款47.2亿元，合同工期：2008年11月10月～2011年12月31日。起止里程为DK420+000～DK490+248，全长70.248公里，途径河北省邯郸市的永年县、邯郸县、成安县、临漳县和高开区，主要工程为“两桥一站”即：20.11公里的榆林洺河特大桥、47.915公里的张庄漳河特大桥和2.223公里邯郸东站及区间路基。主要施工内容为：标段范围内的改移道路、管线路防护、通讯线路和高压电线路迁改等，路基工程（包括地基处理、区间路基土石方、邯郸东站场土石方、路基加固防护、路基地段综合接地引入地下等站后预留接口、声屏障工程）、桥涵工程、信号、综合接地贯通地线及连接、旅客站台墙、综合管沟、地道、路基及桥梁地段无碴轨道道床、大型临时设施和过渡工程。1月5日，局管段率先在全线11家施工单位开始电缆槽盖板铺设施工。4月17日，张庄漳河特大桥上最后一孔侧墙挡块灌注完成，侧墙挡块比业主比原计划提前了整整一个月；6月4日，轨道精调完成；7月14日，线间防水层全面完成；7月27日，桥梁栏杆完成（包括穿管）；8月25日，电缆槽盖板完成。2011年底主体工程全面完成，剩余工程主要为防护项目。2011年完成产值1.9亿元，各项年度计划基本完成，开累完成产值48.2亿元，完成合同价的100%。局经理部成为了京石、石武标段全线13家单位中唯一一家自始至终连续五次荣获信用评价第一殊荣的单位，实现“五连冠”，这也是建局以来首个获得信用评价“五连冠”的项目经理部。

中铁四局承建石武客专（河南段）段轨道工程铺架。合同造价约8.8亿,合同工期：2008年10月～2011年3月。石武客运专线河南段线路北起河南省与河北省省界，南至河南与湖北省交界，经董寨国家自然保护区西侧进入湖北境内。正线起讫里程：DK490+248～DK1044+360，全长506.843公里。郑西贯通线自郑西客专新荥阳站至新郑州站，全长39.389公里，也包含在本项目范围内。河南段全线共设9个车站。由北至南分别为安阳东站、鹤壁东站、新乡东站、郑州东站、许昌东站、漯河西站、驻马店西站、明港东站、信阳东站。主要工程数量：正线铺长轨589.796公里；其中：无碴道床地段铺长轨586.182公里，有碴道床地段铺长轨3.614公里（郑州黄河公铁两用桥主桥）；正线长轨焊接、锁定1074.962公里；站线铺轨35.139公里；铺碴：123349立方米；铺道岔138组，其中：正线无碴高速道岔74组，有碴道岔64组。铁路临时便线4.532公里，铺轨基地一处。完成情况：全线施工完成，静态验收结束。

中铁七局承建的石武客运专线工程SWZQ-3工程。包括石武线30.618km和郑西贯通线39.389km，起自郑州枢纽黄河大桥南岸,向南跨贾鲁河、连霍高速，经新郑州站进入郑州市管城区,继续向南跨陇海铁路、机场高速，经南曹乡进入新郑市孟庄镇，并止于孟庄镇。郑西贯通正线起自新郑州站，向南跨陇海铁路，转向西跨石武客专，继续西行跨南水北调中线工程、西南环城高速公路，接入郑西客运专线新荥阳站，先后经郑州市管城区、二七区、中原区、荥阳市。

本标段主要工程项目：石武跨贾鲁河特大桥、跨连霍高速公路特大桥及两桥间路基，郑武跨陇海铁路特大桥、跨机场高速公路特大桥及两桥间路基,郑西贯通线跨陇海铁路特大桥、跨南水北调特大桥及两桥间路基。其中特大桥6座共66.738 km，路基3段共1.7 km。合同价值：约52.674亿元（含中铁八局）。

路基工程：路基CFG桩开累完成712356米，完成设计量的100%；土石方开累完成42.98万方,完成设计量的100%。桥梁工程：设计钻孔桩15681根、承台1756个、墩身1756个，全部完成。预制梁设计1455孔，完成1455孔，全部完成。架梁设计1455孔，完成1455孔，全部完成。现浇连续梁设计26联，全部完成。

无碴轨道：Ⅰ型板：（一分部无碴轨道）底座板开累完成14648双线米，完成设计量14648双延米的100%；轨道板灌注完成14648双线米，完成设计量14648双延米的100%。

Ⅱ型板：无碴轨道防水层开累完成49632延米，完成设计量49632双延米的100%；底座板开累完成50473双线米，完成设计量50473双延米的100%；轨道板灌注开累完成50473双延米（15456块），完成设计量50473双延米的100

%。

2011年完成产值53900万元，截至2011年年底，所有工程完工，计划2012年3份开始联调联试。

中铁八局承建石武客专河南段3标(SWZQ-3)/8标(SWZQ-8)。合同价款20亿元，工程开工日期2008年12月1日，计划2011年底开通运营。石武客专河南段项目部SWZQ-3标主要承担郑武跨机场高速公路特大桥8.933公里（DK726+000～DK734+932.81）范围内的桥梁线上、线下施工，新郑州站以南21.43公里（DK713+502.67～DK734+932.99）范围内608孔箱梁制运架工程。石武客专河南段项目部SWZQ-8标主要承担石家庄至武汉（河南段）（DK970+147.87～DK980+018.61）段9.8704公里的全部线下工程施工和DK954+830～DK980+018.61（25.19公里）即屈庄隧道以南至淮河北岸箱梁的制、运、架工作。由二、桥梁公司施工。2011年完成产值1.5亿元，开累完成产值16.5亿元。

中铁建工承建石武客专郑州东站工程。合同价款30.8亿元，合同工期：2009年9月10日～2010年12月31日。工程建设单位：郑州铁路局郑州工程指挥部；设计单位：中南建筑设计研究院；监理单位：郑州中原铁道建设工程监理监理有限公司。石武客专郑州东站工程是全国最大铁路站房工程，在国家铁路网中处于重要枢纽地位，是河南省、铁道部、郑州市和郑州铁路局各级领导极为关注的重点工程民心工程。工程位于郑州市郑东新区，总规划用地面积约240公顷，其中车站枢纽用地规模约100公顷，总建筑面积41.2万平方米。是国家规划的“四纵四横”铁路快速客运网中石武客运专线和徐兰客运专线的十字交汇枢纽。汇集铁路客运、公路客运、轨道交通、城市公交等多种交通方式，实现多种交通方式的有机衔接。设股道32条，设旅客列车到发线30条。设站台16座。站房高峰小时旅客发送量7400人，最高聚集人数5000人。结构形式：框架、钢结构。高度为52.3米，站房为地上3层。2011完成年产值9.1亿元，形象进度为匝道桥桩基础、承台、桥墩、站房装饰装修施工。

中铁上海工程局承建石武客专河北段SZ-3标工程。合同价款30.3亿元，合同工期：2008年10月15日～2012年6月30日（含调试期），共计1172天。工程概况：SZ-3标段线路，正线双线47.915公里，其中桥梁1座，即张庄漳河特大桥（河北省内管段）/47915.202延长米，包括连续梁7座（挂篮和支架法施工）/794.5延长米，桩基12878根，桥墩台1484个；其中制梁场两处，分别为邯郸制梁场和临漳制梁场，共预制架设简支双线整孔箱梁1461孔；其中CRTSⅡ型轨道板制板场1处，即成安制板场，共预制、打磨CRTSⅡ型标准轨道板21331块，共铺设、精调CRTSⅡ型标准轨道板14550块；其中CRTSⅡ型板式无砟轨道95.949公里（含与邯郸东站相接过渡段）。石武客运专线铁路设计为跨区间无缝线路，采用具有中国自主知识产权的无砟轨道技术，轨道板规模化生产与铺设、铺设精度的控制等均是本合同段内的重点控制项目。2011年完成主要工程量及开累总量：路基工程：桥上声屏障全部完成，共计12695.33平方米。桥梁工程：桥梁工程全部完成，其中：桩基完成12878根，桥墩台完成1484个，预制架设箱梁1461孔，桥面系完成44689.95延长米。轨道工程：共预制、打磨CRTSⅡ型标准轨道板21331块，共铺设、精调CRTSⅡ型标准轨道板14550块；其中CRTSⅡ型板式无砟轨道95.949公里（含与邯郸东站相接过渡段）。

【天津至秦皇岛铁路客运专线】 中铁六局承建津秦客专5标段工程。合同价37.7亿元，总工期为48个月，2008年11月8日开工。建设单位：津秦铁路客运专线有限公司；监理单位：北京铁建工程监理有限公司；设计单位：铁道第三勘察设计院。津秦铁路客运专线五标段工程，起点里程为DK233+150，终点里程为DK302+923，正线长度40.3公里，津山外绕线16.4公里；京哈（秦）改线14.4公里及秦山地区相关改造工程。主要施工内容包括路基、桥涵、轨道、秦山地区相关工程、生产房屋、给排水、四电系统、及其它运营生产设备及建筑物、大临及过渡工程。并对秦皇岛站、北戴河站、龙家营站、柳村站Ⅲ场、龙山线路所、山海关站进行改建。修建津山外绕线，改建京哈线、大秦线、柳江地方铁路。2011年度共完成计价产值10.4亿元。1.路基工程：区间土石方开累完成93.3%，站场土石方开累完成47.7%，路基附属工程完成40%，CFG桩总量168万延米全部完成。2.桥涵工程：桥梁工程下部结构完成96%，涵洞完成79%。箱梁制、架407孔全部完成；T梁预制961孔全部完成；T梁架设762孔，完成79%。现浇箱梁完成27孔，完成79%。3.轨道工程：轨道板预制48199块全部完成；完成正、站线铺轨84公里，铺道岔77组。4.站场改造及四电工程：完成山海关站、取消龙山线路所、柳村北站、龙家营临时客站、北戴河站西咽喉改造、秦东上联线路所、秦东信号所、秦北临时过渡车站站场改造和四电工程。2011年6月22日开通津山外绕线，完成了秦皇岛站八步站改工程的第一、二、三步过渡施工。

中铁大桥局承建秦津客专工程施工总承包2标段。主体工程全部施工完成，只剩部分轨道板未完成。

中铁电气化局承建津秦客专土建工程。2008年11月18日开工。截至2011年底完成的主要实物量：路基土石方351.24万方，涵洞1485横延米，桩基工程完成42根，轨道2.23公里，道岔45组，站线铺轨15.51公里；房建6392.99平方米。

中铁航空港承建津秦客专滨海站站房工程。项目由中铁建工集团中标，重组前中铁建工集团北京公司承建，重组后中铁航空港北京公司承建。合同价款14.2亿元，合同工期：

2010年9月1日～2012年12月31日，总工期28个月。设计技术标准：站房主体按设计基准期50年，设计使用年限100年；耐火等级：站房地下一级、地上部分及站台雨棚二级；结构安全等级：站房为一级，站台雨棚为二级。新建铁路天津至青皇岛客运专线滨海站站房工程是新建天津至秦皇岛铁路客运专线引入天津枢纽中四个主要客运站之一，是集多种交通出行方式为一体的综合交通枢纽。位于天津市塘沽区北部滨海新区，北环线北塘西站与京津唐高速公路之间，距塘沽城区新北路约有5公里。合同内主要为滨海站站房及站台雨棚。站房地下二层、地上二层，即：地上站台层、高架候车层及地下出站层、地铁站台层构成。候车形式为高架候车，进出站形式为上进下出。站房总建筑面积79950平方米，包括南北站房、高架站房及设备用房等。站台雨棚采用无站台柱雨棚，建筑面积69344平方米，站台面至雨棚屋面总高18.7米，东西向长447米，南北方向宽189米。2011年累完成施工产值3.2亿元，开累完成施工产值3.5亿元。年累完成主要工程量：站房工土方开挖29万立方米；地下结构防水工程17060平方米；基础底板混凝土23450立方米；地下室混凝土浇筑16266立方米；站台雨棚桁架，主桁架50榀，次桁架132榀，檩条580吨。

【南京至杭州铁路客运专线】 中铁四局承建宁杭客专Ⅰ标工程。工程造价46亿元，合同工期：2009年3月～2012年4月。宁杭铁路客运专线Ⅰ标工程正线全长74.15公里，宁杭客运专线至京沪高速场L3上下行联络线4.61公里。正线起止里程为DK1+780.25～DK075+212.92，途经南京市秦淮区（2.1公里）、江宁区（22.6公里）、溧水县（29.7公里）、句容市（7.6公里）、溧阳市（13.2公里）五个区县市。主要工程数量为：路基全长33.09公里，填方450.8万立方米（含级配碎石104.5万立方米），挖方370.4万立方米；特大桥10座36401.51延长米，大中桥6座1193.19延长米，框架桥9座4798.09顶平米，联络线单线特大桥2座4612.28延长米，公路桥4座4645平米；涵洞168座4445.49横延米（包括倒虹吸14座419横延米）；隧道3座3284延长米，明洞1座136延长米；CRTSⅡ型板式无砟轨道22492块；四座车站站房15459.2平方米；钢结构站台雨棚49308平方米。

1.重点工程：秦淮河特大桥全长9869.875米，以2联（60+2×100+60）米、1联（48+80+48）米连续梁分别跨越南京南联络线、宁杭高速公路东山枢纽匝道和秦淮河主河槽（通航河道），该桥共287个墩台，工程规模大，大跨度连续梁和水中基础施工难度大。工程造价：183634万元。合同工期：2009年3月～2010年7月（因国家大形势，铁路投资中断故延期）。。

L3上行联络线特大桥在41＃～46＃墩上跨宁杭正线秦淮河特大桥、仙西联络线和沪汉蓉上行联络线，上部结构形式为（53.5+83+132+83+53.5）米大跨刚构悬灌连续梁，采用菱形挂篮施工，在施工过程中对连续梁线形控制中结构施工模拟计算，参数控制、预拱度的设置、立模高度的确定等经过总结和提高形成《多跨刚构连续梁挂篮施工线形控制工法》，被评为安徽省省级工法。

L3上下行联络线特大桥三座共132个墩台；溧水跨宁杭高速公路特大桥总长4709米，钻孔桩1218根，142个墩台；卧龙湖特大桥桥长602公里，钻孔桩166根，19个墩台；跨沿江高速公路特大桥，长度2611米，卧龙山中桥长111米，设计桩基共690根，承台83个；框构桥2座，跨常溧路框架桥713.5顶平方米，溧水站框构桥1479.4顶平方米；隧道2座，卧龙1号隧道183米，卧龙2号隧道193米，累计长度376米，两座隧道均为Ⅴ级围岩，采用双侧壁法施工；溧水站站场路基DK45+150～DK46+969，长1820米，区间路基长约1270米，其中路基挖方共约76.6万立方米，填方约62.8万立方米，CFG桩13.83万米。

2.宁杭客运专线第八分项目部施工范围为：DK47+350（溧水车站杭州侧站线分界）～DK75+213.16（本标段终点）是管段内的工期控制工程，全长28.592公里（含长链0.729公里）。工程造价8.7亿元（未含简支箱梁制架、无碴道床、铺轨）。施工单位：中铁四局七分公司。

湖北岗特大桥跨G104国道（48+80+48）米连续梁位于500千瓦输电线路下，且连续梁跨越台资珠宝厂，输电线路及珠宝厂拆迁难度大、周期长，是管段内征拆工作的难点。管段内东庐山隧道全长2908米，是全线第三长隧道，隧道浅埋段落较多，洞身穿越7条断层破碎带，围岩级别交错变化，开挖工法频繁转换，是管段内的难点工程和工期控制工程。

主要工程数量：路基共计22段，全长20.201公里，填方172.031万立方米（含表层级配碎石14.26万立方米），挖方149.102万立方米；特大桥3座4209.6延长米，大中桥7座1165.57延长米，公跨铁4座，涵洞108座2799.04横延米；隧道1座2908延长米，CRTSⅡ型板式无砟道床28.592公里；房屋3610平方米。

2011年完成产值12亿元，开累计价45.6亿元，占合同总额46.4亿元的98.2%。安全质量有序可控。2011下半年信用评价取得第一名，在宁杭公司立功建业竞赛活动中取得“优胜单位”称号。

中铁四局承建宁杭客专铺轨工程。工程造价8363万元，合同工期：2010年4月～2012年7月20日。本标段位于江苏省境内，起自南京，途经上坊、句容、溧水、瓦屋山，至溧阳市郊。里程范围为：DK1+852～DK075+213.16，正线长度74.079公里。其中，由中铁四局宁杭客运专线架梁二分项目部（2#运架设备）架设施工的桥梁分别是

DK029+908.755 的高阳河特大桥和位于 DK006+711.45 的秦淮河特大桥，设计机械架设箱梁 383 孔（32 米梁 357 孔，24 米梁 26 孔）。高阳河特大桥 141 孔箱梁由溧水制梁场（DK32+600）供应，秦淮河特大桥 242 孔箱梁由江宁制梁场（DK12+350）供应。箱梁架设采用一台 DF900D 型导梁式定点起吊架桥机及 DCY900L 型运梁车配套进行运架梁施工。高速道岔：主要分布于江宁东站、句容西站、溧水站、瓦屋山站、溧阳站和宜兴东站。形象进度：架设箱梁 383 孔，全部完成。高速道岔完成 29 组，剩余宜兴东站 12 组。

【绵阳－成都－乐山铁路客运专线】 中铁二局承建成绵乐客专 CMLZQ-5 标工程。工程总投资 39.9 亿元，工期 29 个月。新建成（都）绵（阳）乐（山）铁路客运专线 C 米 LZQ-5 标段 DK171+550～DK181+920 段路基、隧道、桥涵等线下工程，正线长 10.37 公里，其中路基 3.9 公里、明挖隧道及车站 6470 米/1 座、涵洞 420.7 米/19 座；DK181+920～DK232+500 简支箱梁制、运、架 926 孔；DK171+550～DK232+500 无砟轨道板的制、铺及无缝线路铺设，其中桥梁段无砟道床 44.8 公里、路基段无砟道床 62.02 公里、隧道段无砟道床 16.82 公里、正线铺轨折合单线 121.9 公里、无砟道岔 34 组、普通道岔 6 组。2011 年累完成施工产值 7.5 亿元、占年度调整计划 7.5 亿元的 100%；开累完成产值 28.2 亿元，占标段总造价 39.9 亿元的 70.7%。主要工程形象进度：路基土石方年度完成 9.7 万立方米，开累完成 88.9 万立方米，占设计总量 90.1 万立方米的 98.7%；双流机场隧道年度完成 512 成洞米，开累完成 5478 成洞米，占设计总量 5527 成洞米的 99.1%；双流机场站年度完成 40575 平方米，开累完成 66235 平方米，占设计总量 80669 平方米的 82.1%；箱梁预制年度完成 287 孔，开累完成 771 孔，占设计总量 926 孔的 83.3%；箱梁架设年度完成 382 孔，开累完成 670 孔，占设计总量 926 孔的 72.4%；轨道板预制年度完成 14396 块，开累完成 21279 块，占设计数量 21279 块的 100%。

中铁五局承建成绵乐客专江油至眉山段 CMLZQ-2 标段。合同总额 37.8 亿元，2009 年 7 月 1 日开工，合同竣工时间 2011 年 11 月 30 日。建设单位：成都成绵乐城际铁路有限责任公司；设计单位：中铁二院工程集团有限责任公司；监理单位：北京铁城建设监理有限责任公司成绵乐铁路工程监理项目部。项目位于四川省绵阳市高新区至广汉市北外乡境内，起迄里程为 DK35+310～DK111+400，全长 72.937 公里。主要工程量：路基工程总长为 42.21 公里，土石方总量约 1100 万方；桥梁 37 座 30.731 公里，其中特大桥 16 座 26.121 公里，大桥 17 座 4.241 公里，中桥 4 座 0.370 公里；轨道工程为 DK0+000～DK111+400 范围内 44146 块 CRTSI 型无砟轨道板的预制，以及 CMLZQ-2 标段 145.87 单线公里 CRTS I 型无砟道床板的铺设；绵阳北站、绵阳站、罗江东站、德阳站、旌阳站和广汉北站等 6 个车站的站场建筑及附属工程。年累完成 7.1 亿元，开累完成 30.6 亿元，剩余价值 7.1 亿元。

中铁五局承建眉山至峨眉段 CMLZQ-8 标段。合同总额 50.1 亿元，2010 年 9 月 17 日开工，合同竣工时间 2012 年 12 月 31 日。建设单位：成绵乐铁路客运专线有限责任公司；设计单位：中铁二院；监理单位：四川铁科建设监理有限公司。成绵乐客运专线眉山至峨眉段线路全长 85.818 公里，站前工程 CMLZQ-8 标线路长 53.410 公里，以及 7 标范围内（DK232+500～DK264+900）简支箱梁的制、运、架，及无砟轨道制、铺及轨道铺设。主要工程量：路基（含站场路基）折合成双线长度 14941.289 米，车站 3 个（乐山车站、峨眉山车站、天下名山站）；桥梁 69 座 39747 米，制架梁 1947 孔；隧道 5 座 1099 延长米；正线无砟轨道铺轨 170.38 公里，正线无砟道床 170.38 公里。年累完成 24.8 亿元，开累完成 31.5 亿元，剩余价值 18.6 亿元。

中铁四局承建成绵乐客运专线站前工程 CMLZQ-3 标段。工程造价原为 15.8 亿元，调整后为 16.1 亿元。原合同工期：2009 年 7 月 1 日～2011 年 10 月 31 日，调整后合同工期：2009 年 7 月 1 日～2012 年 12 月 31 日。标段里程范围为：DK111+400～DK136+720［毗河双线特大桥大桥北段台尾（不含过渡段）］，正线长度 24.904 公里。本标段线路自广汉北出站端 DK111+400 向南，设鸭子河特大桥上跨宝成线和鸭子河后沿既有线西侧通过广汉市境内，之后在向阳镇境内设青白江特大桥上跨 G108 国道和青白江后设青白江东车站，出站后沿成绵高速西行进、跨青温铁路、北环线和新都大道（在建）、设新都东车站至标段线路终点 DK136+720。主要工程数量：特大桥 4 座 18.068 公里；路基长 6.835 公里，填方/挖方：136.7 立方米；框架桥 11 座 8900.9 顶平米；涵洞 27 座 829.85 横延米；站场 2 处，分别为青白江东车站和新都东车站；通道 2 处 1405.1 顶平米；预制和架设箱梁 502 片；无砟轨道 49.09 公里，采用 CRTS-I 型板式轨道。2011 年完成建安产值 4.1 亿元，开累完成建安产值 15.8 亿元。

【合肥至蚌埠铁路客运专线】 中铁四局承建合蚌客专 HBZQ-2 标铺架工程。合同造价约 5.8 亿元，合同工期和控制节点工期：1. 合蚌正线：水家湖铺轨基地筹建，2009 年 12 月 12 日开始筹建，2010 年 9 月 28 日筹建完成达到轨排生产能力，并完成铺架前的相关施工准备工作，工期 291 天。正线无砟轨道铺轨从 2011 年 6 月 1 日开始，采用无砟轨道长钢轨铺轨机组 WZ500 铺设，在合蚌客专 DK57+385.222 处右侧设置铺轨基地先向合肥方向铺设，然后调头向蚌埠方向铺设，2011 年 10 月 18 日完成。计划工期 140 天。应力放散及锁定：单元轨节焊接、应力放散及锁定施工随铺架进度跟进实施，2011年6月20日开始，2011年10月27日完成，工期129天。高速道岔铺设：2011年4月2日开始，2011年9月30日完成。2.蚌埠南联络线：2010年8月1日开始，2011年8月8日完成。3.合肥枢纽：单线箱梁架设完成。轨道铺设：1.合蚌客专DK105+500～DK128+280段，长轨铺设2011年8月8日开始，2011年9月14日完成，计11天。单元轨节焊接、应力放散及锁定计划2011年9月15日开始，2011年9月30日完成，计16天。2.合福蚌福联络线HDK105+500～HDK124+000段，长轨铺设2011年10月1日开始，2011年10月18日完成，计18天。单元轨节焊接、应力放散及锁定2011年10月11日开始，2011年10月26日完成，计16天。3.淮南线改建K80+900～K84+700（上、下行长度7.6公里），2010年8月5日、8月10日分别对改建地段进行拨接；2010年8月18日～8月21日分别对改建地段进行换轨、单元焊、锁定作业。施工范围分为：1.DK0+000～DK105+500段无砟轨道铺轨和部分箱梁架设，全长110公里，设水家湖、淮南东2个车站，主要工程数量为：正线铺轨208.472公里，站线5.72公里、铺设道岔27组，其中无砟道岔17组，铺砟2.9万方，架设双线整孔箱梁3座桥共513孔，正线一次性铺设跨区间无缝线路。2.蚌埠—蚌埠南联络线上行线L2DK0+000～L2DK3+646.485、下行线L1DK0+000～L1DK4+526.48，共计8.172公里，该段采用换铺法铺设无缝线路，主要工程数量为：T梁架设156孔共6座桥，铺轨8.172公里、铺设道岔8组，拆除道岔6组，拆除线路0.4公里，铺砟2.6万立方米。3.蚌埠联络线。4.合肥枢纽施工范围：合蚌客专DK105+500～DK128+280地段（含合肥北城车站）长轨铺设，合福蚌福联络线HDK105+500～HDK124+000地段长轨铺设及单线箱梁架设，淮南线K80+900～K84+700地段改建工程。主要工程数量为：正线铺轨78.689公里，站线4.176公里、铺设道岔20组，其中无砟道岔17组，架设500吨单线箱梁4座桥共244孔。工程完成情况：设计铺设长轨287.16公里，完成216.26公里。设计人工铺轨1.26公里，完成0.81公里。设计高速道岔37组，完成30组。

中铁四局承建合蚌客专站前二标。投资总额34.4亿元，合同工期：2009年5月19日～2012年7月31日（预计）。新建铁路合肥至蚌埠客运专线站前二标工程施工范围：DK57+580～DK100+000，共计42.42公里范围内的站前及相关工程；DK0+000～DK100+000铺轨；合蚌客专站前一标蚌埠联络线特大桥T型梁、九龙岗特大桥243孔箱梁制、架。全线设计为无砟轨道跨区间无缝线路，路基所占比重较大。主要工程量：路基填方214.3万方；特大桥25787.93延米，中桥380.9延米，小桥103.91延米，涵洞1015.2横延米，制、架双线箱梁1027孔、单线T型梁116孔、双线T梁20孔；CRTSⅡ型板式无砟道床84.84公里，粒料道床3.82万方，正线铺轨210.456公里，站线铺轨6.319公里，铺道岔46组；房屋6208.58平方米。起讫里程和地理位置：DK57+580～DK100+000，位于安徽省合肥市长丰县境内。2011年主要工程形象进度：CFG桩完成1.15万米，土石方完成0.13万立方米，路基护坡完成19680米（单侧），路基排水沟完成25736米（单侧），路基电缆槽安装完成23050米（单侧），路基防护栅栏安装完成44383米（单侧），路基封闭层完成22131米（双侧）；箱梁架设完成80孔，T梁架设67孔；防护墙完成154孔，竖墙完成290孔，遮板安装完成109孔，桥梁电缆槽安装完成392孔，防水层完成392孔，轨道板预制完成2187块；底座板浇筑完成301孔；轨道板粗铺完成731孔，轨道板精调、灌浆完成785孔；侧向挡块完成787孔；长轨铺设完成153.24公里；轨道精调完成88427米（单侧）。2011年完成产值8.3亿元，开累完成33.1亿元。获得荣誉：杜家岗特大桥被中国建筑业协会授予2011年AAA级安全文明标准化诚信工地称号，该奖项是全国建筑安全文明施工最高奖。

【西安至宝鸡客运专线】 中铁一局承建西宝客运专线XBZQ-1标，由一、二、三、四、新运、物贸、电务公司施工。合同总价49.6亿元，合同工期36个月，2009年12月15日～2012年12月15日。工程概况：新建铁路西安至宝鸡客运专线是国家中长期铁路网规划的重要组成部分，也是国家实施西部大开发战略的重点项目。项目建成后对提升西安铁路枢纽地位，增强中西部地区铁路运输能力和路网机动性，推动关中—天水经济区和川陕渝经济区快速发展，将产生非常重要的促进作用。中铁一局集团承建新建西安至宝鸡铁路客运专线XBZQ-1标段，线路全长60.86公里，线路从咸阳西到杨凌南站跨越秦都区、兴平市、武功县及杨凌区四区县。主要工程量为3座特大桥54.80公里，4段路基6.69公里（含杨凌南车站），无砟轨道122.2公里，正线铺轨276.57公里，站线铺轨25.15公里，涵洞15座337横延米，箱梁制架1582孔，32米T梁架设13孔，悬臂灌注连续梁T构15个，支架现浇梁40孔，制梁场3个，轨枕厂1个，铺轨基地1处，车站1个。线路四跨既有铁路，三跨国道，多次跨越县乡级道路。全线共计砼173万方。工程进度：路基设计长度6.69公里，其中区间路基3段共3.2公里，杨凌站场路基3.49公里。区间土石方设计46.2万方，累计完成45.76万方；站场土石方设计101.6万方，累计完成88.96万方。桥梁设计3座54249.8米。开累完成52495.11米。占设计的96.8%。桥面系设计54249双延米，完成35529双延米，完成65.5%。2011年12月，全标段内承台施工全部完成。17处连续梁，全部完成，跨货北环铁路连续梁中跨合龙。

年累完成13.9亿元，占年度计划10.8亿元的128.5%；

累计完成 34.4 亿元，占任务总额 49.6 亿元的 69.3%。

中铁四局承建西宝铁路客运专线 XBDJ 标段。工程造价 7 亿元，合同工期：2010 年 2 月 21 日～2012 年 8 月 21 日，实际开工时间为 2010 年 1 月 1 日。工程位于陕西省西安市、咸阳市，起讫里程：三桥至西安北动走线：K0+896.09～K13+053.47（运营里程），咸阳西上行联络线：K1101+800～K1104+084.03、LDzK1+647.11～LDzK4+346.32，咸阳西下行联络线：K1104+000～K1104+816、LDzK2+374.130～LDzK2+903.92。开累完成投资 6.1 亿元。工程进度：三桥站至西安北动车走行线工程全部完工。咸阳西部分挖方完成 19004 立方米，填方完成 16425 立方米；改良土垫层完成 10877 立方米；级配碎石完成 5284 立方米；钻孔桩 282 根；承台完成 58 个；墩身完成个 57 个；门式墩盖梁 7 个；预应力砼 T 梁 33 孔；咸平路立交拆除完；咸阳西信号楼 1 座；顶进箱型桥底板、墙身、顶扳浇筑完。

【长沙至昆明客运专线】 中铁一局承建长沙至昆明客专湖南段八标，中铁一局一公司、二公司、三公司、桥梁公司、深圳公司、建安公司、物贸公司、新运公司、电务公司施工。合同总价 51.2 亿元，工期：2010 年 9 月 1 日～2014 年 1 月 20 日，总工期 40.7 个月。沪昆客专长昆湖南段八标起讫里程 DK324+218.25～DK380+075，线路全长 55.857 公里，途经湖南省怀化市下属的中方县、鹤城区、经开区和芷江县，主要工程数量有：19925.11 米/54 座、隧道 24872 米/27 座、路基 11075.13 米/88 段、车站 2 座、梁场 2 处、箱梁预制架设 518 孔、铺轨基地 1 处、正线铺轨 364 单线公里、站线铺轨 8.162 单线公里。

完成情况：路基土石方：区间土石方设计 337.3 万方，累计完成 257 万方；站场土石方设计 362.4 万方，累计完成 61 万方；软基处理：CFG 桩设计 27 万米. 累计完成 14.1 万米。桥梁设计 55 座（其中特大 10、大 29、中 16）、开工 50 座，累计完成 6196 成桥米。涵洞设计 38 座、开工 14 座、主体完 8 座，设计 1692 横延米，累计完成 313 横延米。隧道设计 27 座、开工 27 座，设计 24868 成洞米，累计完成 8662 成洞米。

本标段重点桥梁、隧道进度：芷江跨沪昆铁路特大桥：设计长 750.39 米，20 个墩台，钻孔桩累完 241/250 根、承台累完 14/20 个、墩台累完 2/20 个，累计完成 232 延长米。跨焦柳铁路特大桥：设计长 4611.2 米，累计完成 1474 成桥米，累计完成钻孔桩 520/1345 根。承台设计 118 个，累计完成 27 个。墩台身设计 131 个，累计完成 9 个。芷江舞水特大桥：设计长 901.62 米，累计完成 389 成桥米，累计完成钻孔桩 222/256 根。承台设计 23 个，累计完成 9 个。墩台身设计 23 个，累计完成 6 个。坨沙隧道：设计长 4722 米，累完 1397 成洞米。出口开挖累计完成 723 米/1830 米，仰供累计完成 582 米，二衬累计完成 511 米。斜井施工正洞往出口方向开挖累完成 571/1800 米，仰供累完 502 米，衬砌累完 450 米。往进口方向开挖累完 378/1092 米，仰供累计完成 228 米，拱墙衬砌累计完成 212 米。新屋里隧道：设计长 4181 米，累完 949 成洞米。进口开挖累计完成 532/1240 米，仰供累计完成 390 米，衬砌累计完成 330 米。出口开挖累计完成 324/1472 米，仰供累完 218 米，衬砌累完 150 米。斜井辅助正洞施工 1469 米。斜井施工正洞往出口开累开挖完成 314/1129 米，仰供累计完成 190 米，拱墙衬砌累计完成 150 米。往进口累计开挖 86/340 米。

2011 年累完成 12.8 亿元，完成年度计划 12.5 亿元的 102%。开累完成 14.9 亿元，占投资总额 51.2 亿元的 29.1%。

中铁三局承建沪昆铁路客运专线云南段 TJ4 标段。合同价款 40.5 亿元，合同工期：2010 年 10 月 1 日～2015 年 3 月 25 日。完成情况：1. 征地拆迁：标段共取得用地 1647.6 亩，占全部用地 4728 亩的 35%。其中永久用地取得 378.8 亩，占设计 1775.9 亩的 21%；临时用地取得 1268.8 亩，占设计 2952 亩的 43%。2. 临建工程：根据标段内的任务及现场施工条件，项目部共规划了临建项目 59 项，其中：搅拌站 7 座、钢筋加工场 5 座、施工便道 11 个、炸药库 6 座、驻地 18 处、试验室 3 处、填料拌合站 3 座，隧道湿喷站 5 座，梁场 1 处。临建工程按照标准化管理要求施工完成搅拌站 7 座、钢筋加工场 5 座、炸药库 6 座、试验室 3 处、隧道湿喷站 5 座、驻地 13 处（开工工点的施工便道全部施工完成）。3. 隧道工程累计进尺 2015 延米。4. 桥梁工程完成孔桩 6693 米（310 根），承台施工完成 17 座。

中铁三局承建沪昆铁路客运专线贵州段 CKGZTJ-2 标。合同价款 41.8 亿元，合同工期：2010 年 10 月 1 日～2013 年 12 月 31 日。完成情况：1. 征地拆迁：永久性征地设计 1360 亩，完成 1232 亩，完成总量的 91%，临时用地计划 2494 亩，完成 2209 亩，完成总量的 89%；拆迁设计总量 45124 平米，完成 15890 平米，完成总量的 35%。2. 路基工程。区间路基：设计土石方 232.5 万方，完成 65.246 万方，完成设计数量的 20.17%；站场路基：设计土石方 74.1 万方，完成 54 万方，完成设计数量的 72.87%。3. 桥梁工程。特大桥：标段内共有特大桥 3 座/2336.34 米，完成 176.63 成桥米，完成设计数量的 7.56%；大桥：标段内共有大桥 29 座/6782.89 米，完成 826.74 成桥米，完成设计数量的 12.19%。完成大桥两座：贵路大桥、三穗车站四线大桥。中桥：标段内共有大桥 14 座/1050.9 米，完成 73.31 成桥米，完成设计数量的 6.98%。4. 涵洞工程：标段内共有涵洞 31 座/919.63 横延米，完成 137 横延米，完成设计数量的 14.9%。完成 3 座涵洞：D1K484+920，D1K485+070，D1K485+400.5 隧道工程：长度大于 3 公里隧道：标段内共有 1 座/3632 米，完成 464.8 成洞米，完成设计数量的 12.8%；长度大于 1 公里小于 3 公里隧道：标段内共有 6 座/9882 米，完成 1391.5 成洞米，完成设计数量的 14.08%；长度小于 1 公里隧道：标段内共有 27 座/13350 米，完成 2534 成洞米，完成设计数量的 18.98%。6.制架梁：本标段共设预制梁场一处（三穗制梁场）：设计预制箱梁 284 孔，预制完成 9 孔，完成设计数量的 3.1%。未进行架梁施工；轨道板预制：本标段共设轨枕预制厂一处（三穗轨枕厂）：设计预制轨枕 41.12 万根，预制完成 0 根，完成设计数量的 0%。未进行铺板施工。

中铁五局承建沪昆铁路客运专线贵州段 CKGZTJ-8 标，系续建工程。合同总额 27.6 亿元。本标段工程线下工程计划 2010 年 10 月 1 日开工，2013 年 9 月 27 日竣工；架梁开始日期 2013 年 5 月 18 日，架梁结束日期 2014 年 5 月 5 日；铺轨开始日期 2013 年 11 月 1 日，铺轨结束日期 2015 年 6 月 30 日；站前工程计划工期 36 个月，开工时间 2010 年 10 月 1 日，竣工时间 2013 年 9 月 27 日。实际开工时间 2010 年 11 月 15 日。建设单位：沪昆铁路客专贵州公司；设计单位：中国中铁二院工程集团有限责任公司；监理单位：河南长城铁路和美国哈莫尼公司联合体。本标段起讫里程为 DK784+137～DK818+413，线路长度 36.479 公里。主要工程量：挖土方 29.71 万方，挖石方 128.62 万方，级配碎石 31.17 万方，挖淤泥 20.54 万方，AB 组填料 259.39 万方；桥梁 22 座，其中特大桥 8 座 7833.79 米，大桥 7 座 2034.81 米，中桥 5 座 390.35 米，小桥 2 座；新建涵洞 59 座 1893.15 横延米；预制架设整孔箱梁 261 孔；隧道 18 座 12.036 公里；正线铺轨 481.477 公里，站线铺轨 17.54 公里，铺道岔 31 组，线路有关工程 36.479 公里；大临工程包括简支箱梁制梁场 1 处，铺轨基地 1 处，铺轨基地引入沪昆客专线便线 1 条。年累完成 4.1 亿元，开累完成 5.1 亿元，剩余价值 22.5 亿元。

中铁五局承建沪昆铁路客运专线云南段站前工程 1 标，系续建工程。合同总额 34.6 亿元，2010 年 12 月 3 日开工，合同竣工时间 2015 年 10 月 15 日。建设单位：沪昆铁路客运专线云南有限责任公司；设计单位：中铁二院工程集团有限责任公司；监理单位：华铁工程咨询有限责任公司。1 标全长 40.258 公里，起讫里程 DK977+651.51～DK1017+906.7。主要工程量：路基 7.455 公里，桥梁 15 座 9.051 公里，隧道双线 7 座 23.782 公里，富源车站，富源梁场（制架 269 孔箱梁），双块式无砟轨道道床正线 80.26 单线公里、站线 1.45 单线公里，涵洞 30 座 0.533 公里，三电迁改、大临电力。年累完成 3.8 亿元，开累完成 4.2 亿元，剩余价值 30.4 亿元。

中铁八局承建长沙至昆明客运专线引入贵阳枢纽工程。合同价价款 27.8 亿元，合同工期：2010 年 10 月 1 日～2014 年 6 月 30 日。工程位于贵州省贵阳市境内，站前工程起点里程 DK693+138，终点里程 DK731+600.061，正线全长 36.389 公里。主要工程量：区间路基断面土石方 349.3 万方（其中填方 49.69 万方，挖方 299.61 万方），站场路基土石方 514.53 万方，隧道 13 座/8865 米，特大桥 6905.34 米/9 座，大桥 4615.62 米/18 座，中桥 169 米/2 座，小桥 228.9 平方米/1 座，涵洞 1469.1 横延米/35 座，车站 2 座，区间路基 9.4 公里。现完成大小临设施建设，但由于图纸、征拆原因主体工程尚未进行施工。2011 年完成产值 1.4 亿元，开累完成产值 1.9 亿元。

中铁九局承建沪昆铁路云南段引入昆明枢纽工程站前工程。工程造价约 10 亿元，2010 年 12 月 1 日开工，预计 2014 年 11 月 30 日竣工。建设单位：昆明铁路局；设计单位：铁道第二勘测设计院；监理单位：中铁二院咨询监理公司。工程位于昆明市呈贡县洛羊镇境内。施工范围：昆明南站至动车运用所出入段线；昆明南动车运用所及综合维修车间；本线与枢纽环线间上、下行联络线。主要工程数量：路基土石方 739.94 万立方米，路基附属圬工 18.39 万立方米，改良土 145.87 万立方米；复杂特大桥 2535.54 米/1 座，一般特大桥 5508.06 米/5 座，大桥 3 座，框架桥 2 座，小钢构中桥 2 座，涵洞 23 座；正线铺轨 6.37 公里，站线铺轨 55.85 公里，铺岔 92 组，铺道床 12.67 万立方米。

中铁大桥局承建沪昆客专长昆湖南段 GKTJ-1 标。湘江特大桥主桥桩基完成 182 根，剩余 2 根。整个标段桩基完成 3694 根，承台完成 275 个。

中铁港航局承建长沙至昆明段（贵州）站前工程 CKGZTJ-10 标段。合同价款 4.5 亿元，合同工期：2010 年 10 月～2015 年 2 月。工程概况：北盘江特大桥位于贵州西南部光照水电站下游 1.2 公里处。桥梁中心里程为 DK881+943.0，桥梁全长 721.25 米。主桥采用 1-445 米上承式钢筋混凝土拱桥。引桥及拱上孔跨布置为：6.6 米+（1-32.75）米简支箱梁+（2-65.9）米预应力混凝土 T 构+（4-42）米预应力混凝土连续梁+（4-42）米预应力混凝土连续梁+（2-65.9）米预应力混凝土 T 构+（2-37.85）米预应力混凝土连续梁+6.6 米。主桥为上承式全劲性骨架钢筋混凝土拱桥，拱圈立面为悬链线，拱轴系数米=2.0。拱圈跨度为 445 米，矢高 100.0 米，矢跨比 1/4.45。拱圈采用单箱三室的变宽度箱型截面。在拱脚到拱顶 65 米范围拱圈平面由 28 米变至 20 米，拱顶水平长度 315 米范围内为 20 米等宽。上部结构箱梁采用单箱单室截面，梁顶宽为 13.4 米，梁底宽为 8.0 米。全桥除 T 构段箱梁高从 7.5 米变化到 4.0 米外，其余跨梁段梁高均为 4.0 米。主拱采用钢筋混凝土劲性骨架拱圈，主梁采用简支梁、预应力混凝土 T 构、连续梁三种组合形式。建成后将成为我国乃至世界建桥史上又一座里程碑式的工程。主要工程数量：土石方开挖约 38.3 万立方，浇筑混凝土约 17 万立方。截至 2011 年底累计完成产值为 8098 万元（包含合同外边坡防护产值）。

中铁港航局承建沪昆铁路客运专线湖南段站前工程CKTJ－1标段。合同价款6.5亿元，合同工期：2010年9月1日～2013年11月30日。工程概况：本标段位于湖南省长沙地区，里程范围：DK6+848.4～DK19+395.95，全长12.5公里。主要包括3座特大桥、5座大桥、2座中桥。分别是：周家冲大桥、邹家大屋大桥、白田村大桥、跨武广客专特大桥、、柳树塘中桥、柳树塘特大桥、寺头冲中桥、寺头冲大桥、跨芙蓉大道特大桥 18个墩台、盘古庙大桥。1座隧道即袁家冲隧道（总长425米）、13段路基（总长3284米）、6座涵洞（总长205米）。截至2011年底累计完成1.6亿元。

中铁航空港承建沪昆铁路客运专线长昆湖南段Ⅷ标DK345+790.4～DK357+963.62里程段。由中铁一局中标，重组前中铁一局一公司承建，重组后中铁航空港建设集团二公司承建。合同价款7.9亿元，合同工期：2010年9月1日～2014年1月20日，共41个月。设计技术标准：客运专线，双线，设计速度目标值250公里/小时，预留进一步提速条件。标段全长12.173公里，沿线途经湖南省怀化、芷江两市县。主要工程数量：路基1.748公里/16段，特大桥3.107公里/4座，大桥1.842公里/8座，中桥0.070公里/1座，隧道5.418公里/5座，其中新屋里隧道（全长4181米）和罗旧舞水特大桥（1202.74米）为标段重点控制性工程。2011年累完成施工产值2.4亿元，开累完成施工产值2.7亿元。年累完成主要工程量：路基土石方50.6万立方米；特大桥1353.2延米；大桥692.5延米；中桥38.5延米；隧道1408.8成洞米，涵洞32.7横延米。

【成都至重庆客运专线】 中铁二局承建成渝客专 CYSG-5标。工程造价31.36亿元，总工期48个月。成渝客运专线CYSG-5标起讫里程为DK240+154.2～DK289+100，正线长度48.946公里，起于永川东站，以大安隧道下穿既有成渝高速公路，经九龙河双线大桥和梅江河双线特大桥上跨九龙河和梅江河，经来凤双线特大桥接璧山车站，出璧山车站以缙云山隧道下穿缙云山，经大学城双线特大桥上跨大学城，最后经梁滩河双线特大桥至标段终点重庆西左联络线起点。2011年完成产值10.2亿元，占年度计划10亿元的102%；路基土石方开挖完成497万立方米，占年度计划482万立方米的103%，开累完成589万立方米，占设计667.6万立方米的88.2%；A、B组填料（设计为改良土）完成64.45万立方米，占年度计划60万立方米的107%，开累完成64.45万立方米，占设计122.8万立方米的52%；附属工程完成21.4万立方米，占年度计划20万立方米的107%，开累完成21.4万立方米，占设计31.5万立方米的67.9%；桥梁下部成桥8121.6延米，占年度计划8075延米的100.6%；桥梁下部工程全部完成14座，占设计23座的61%；桩基完成3623根，占设计4293根的84.4%；承台完成422个，占设计571个的74%；墩台完成379个，占设计571个的67%；隧道工程成洞6012延米，占年度计划成洞5792延米的103.7%，开累成洞6312延米，占设计成洞12689延米的49.7%。

中铁八局承建成渝客专 CYSG-1 标段工程。合同价款37.4亿元，工程于2010年9月1日开工，计划2014年08月31日竣工，总工期1461天。标段位于成都市、简阳市境内，本标段起讫里程为DK5+000～DK55+578，全长50.62公里。本标段地处成都市、简阳市；成都市内、简阳市内城市交通道路众多，成都市郊、简阳市郊村镇密布，省道、县道、乡道交织成网，交通便利。施工范围包括：DK5+000～DK55+578 段设计范围内站前工程及站后接口工程；DK0+000～DK103+050轨道板制作；DK0+000～DK55+578段正线箱梁制运架、无砟道床，不含铺轨工程。本标段主要工程数量为：正线路基9.36公里，占线路长度的18.49%；桥梁26.5座计33.72公里，其中特大桥共11.5座计30.05公里，大桥12座计3.40公里，中桥3座计0.27公里，桥梁长度占线路长度的66.61%，其中成都高架特大桥为全线重点工程，全长20218.97米；隧道2座计7.54公里，占线路长度的14.90%，其中龙泉山隧道为全线控制工程，为高瓦斯隧道，全长7328米；新建车站1座。2011年完成产值11.8亿元，开累完成产值15.3亿元。

【兰新铁路第二双线】 中铁一局承建兰新二线甘青段LXS-4标段。2010年2月4日进场，标段所辖工程项目包括：3座隧道（含1座斜井）、3座桥梁和194米路基工程。2011年累完成3.74亿元，完成年度计划3.72亿元的100.1%；开累完成6.5亿元，完成工程总造价18.5亿元的35%。

中铁一局承建兰新二线红柳河至哈密段LXTJ3标段。总造价37.1亿元。线路位于哈密市境内，东起DK1245+000，西至DK1300+600，标段正线全长55.6公里，主要经过哈密市和农十三师管辖地段。本标段主要工程内容有：迁改、路基、桥涵、铺架、无砟轨道（含 DK1119+679～DK1501+500的铺轨工程）、大临及过渡和综合接地、接触网立柱基础、声屏障基础、电缆沟槽、连通管道等站后工程中有关接口工作内容。主要工程数量有：路基工程36.658公里，桥梁工程特大桥1座19.671公里，预制架设箱梁591孔。其中路基断面方约355万方，圬工方35万方，CFG桩448万米，水泥搅拌桩27万米，强夯40万平方，重锤夯24万平方，冲击碾压2万平方；现浇（32+48+32）米和（60+100+60）米连续梁各1座；涵洞40座；箱形桥2座；铺轨382公里。自2010年4月初进场。2011年累完成8.77亿元，占业主年计划8.83亿元的99.2%，开累完成18.6亿元，占施工总额37.1亿元的50.2%。2011年新疆公司“六位一体”年度考核总得分99.025分，排名第一；2011年下半年新疆公司优质样板工程评选 7 个，排名第一。

中铁二局承建兰新二线甘青段 LXS-8 标段。2010 年 2 月中标，合同标价 29.98 亿元，2010 年 4 月开工建设。新建兰新铁路第二双线西宁至张掖段站前工程 LXS-8 标设计里程 DK345+155～DK407+122，线路长 61.363 正线公里，位于甘肃省中牧山丹马场和张掖市民乐县境内。工程包括：三电迁改工程、道路改移工程；路基；桥涵；隧道及明洞：不含隧道照明，含接触网滑槽；轨道；站后四电工程基础及预埋件、预埋过轨管线、电缆沟槽、贯通综合接地铜缆及引入等；旅客地道；大临设施及过渡工程（不含轨道、站后四电工程的大临工程）。2011 年完成施工产值 6.9 亿元，开累完成产值 13.1 亿元。截至年底，共完隧道 4949.55 米，占年初计划 8691 米的 57%，其中一工区完成 4406.55 米，占年初计划 4841 米的 91%；三工区完成 543 米，占年初计划 2770 米的 28%。桥梁完成 6669.51 米，占年初计划 6099 米的 109.4%，其中一工区成桥 6237.4 米，占年初计划 5131 米的 122%；三工区成桥 431.1 米，占年初计划 978 米的 44%。涵洞完成 568.9 米，占年初计划 480 米的 119%，其中一工区完成 153.6 米，占年初计划 130 米的 118%；三工区完成 544.4 米，占年初计划 350 米的 156%。制梁（二工区）完成 149 孔，占年初计划 268 孔 56%，架梁（四工区）完成 147 孔，占年初计划 333 孔的 44%。路基土石方完成 137.92 万方，占年初计划 76.92 万方的 179%，其中：1 工区完成 34.96 万方，占年初计划 11.5 万方的 304%，3 工区完成 121.59 万方，占年初计划 65.42 万方的 185.9%。

中铁二局承建兰新二线 LXTJ5 标。合同总价 58.25 亿元，合同开工日期为 2010 年 1 月 1 日，因调整工期，完工日期待定。该标段位于新疆吐鲁番地区管辖的鄯善县和吐鲁番市境内，起于新疆吐鲁番地区和哈密地区交界附近（DK1489+000），向西延伸至新建吐鲁番北站西端出口（DK1679+000），标段全长 187.905 公里。主要工程：路基设计全长 165.069 公里，土石方 1968.8 万立方米（不含过渡段及基床表层级配碎石 177 万立方米），桥梁设计 22.835 公里，共计 88 座，其中特大桥 8 座，计 12.346 公里；大桥 38 座，计 8.724 公里；中桥 23 座，计 1.508 公里；小桥 19 座，计 0.256 公里；制运架 T 梁 836 孔，槽型梁 75 孔；涵洞设计 415 座，共计 8984 横延米；双块式无砟道床 187.905 双线公里；新建吐哈、鄯善北、吐鲁番北、小草湖西、胜金北 5 座车站（只做土石方工程），2011 年完成 9.3 亿元，占本年度调整计划 8.8 亿元的 105.04%；开累完成 27.15 亿元，占合同总额 58.25 亿元的 46.60%。开累完成三电迁改 114 处，占设计 141 处的 80.9%；路基土石方部完成；涵洞已全部完成；桥梁完成 18886.3 成桥米，占设计的 82.7%；连续梁完成 3 联，占设计 4 联的 75%；连续刚构完成 14 联，占设计 18 联的 77.8%；T 梁预制 836 孔，占设计的 100%；T 梁架设 830 孔，占设计的 99.3%。轨枕预制 75796 根，占设计的 13.1%，槽形梁开累预制 10 片，占设计的 6.7%。

中铁三局承建兰新铁路 10 标。合同价款 32.3 亿元，合同工期：2010 年 4 月 1 日～2013 年 12 月 31 日。完成情况：区间路基主体工程完成，路基附属完成 5%；桥涵工程：除张掖南站受设计和征拆影响的 5 座涵洞外，桥涵工程主体全部完成，4 联连续梁全部完成，箱梁预制完成 271 孔，开累完成 411 孔，箱梁架设 279 孔，开累完成 326 孔（先架梁段架设完成）；轨道工程：无碴道床轨枕预制完成 251100 根，开累完成 256500 根。

中铁四局承建兰新铁路第二双线（新疆段）站前工程 LXTJ4 标段，系续建工程。合同造价 88 亿元，合同工期：2010 年 3 月 1 日～2013 年 3 月 1 日。新建兰新铁路第二双线（新疆段），正线长 179 公里，其中有 76 公里处于新疆著名的百里风区地带。管段全部位于哈密市管辖内，线路东起既有哈密车站出站端，向西延伸至哈密与吐鲁番地区交界处。线路起讫里程：DK1310+000～DK1489+000。该段线路位置均在既有兰新铁路南侧，与既有兰新铁路的间距大约在 2 至 7 公里不等，经过二堡、柳树泉等村镇和三道岭矿区，其余都在戈壁滩。施工内容包括路基土石方 2864 万立方米，改移道路 13.48 公里，桥梁 43 座共 30.23 公里（制运架箱梁 800 孔、槽梁 204 孔、7 联连续刚构），隧道 5 座共 5.680 公里，小桥涵 318 座，防风明洞 40.1 公里，无砟轨道道床铺设 358.034 公里。重点工程：路基软基处理与土方填筑、火石泉特大桥、红星特大桥、淀泉特大桥、十三间房特大桥、雁塔台隧道、防风明洞、桥梁制运架及无砟轨道工程。2011 年完成产值 17.41 亿元（新疆公司计划为 17.4 亿元），开累完成产值 48.19 亿元，业主累计批复验工计价 48.19 亿元。受资金影响，兰新铁路新疆有限公司调整了施工组织，级配碎石、路堤附属工程、桥梁桥面系、轨道工程、先导段工程、防风工程等项目均已停止，暂缓施工。形象进度为：路基土石方设计 2603.85 万立方米全部完成。箱梁预制完成 718 孔，占总量的 90%；槽梁预制完成 47.5 孔，占总量的 23.3%；箱梁架梁完成 578 孔，占总量的 72.3%。隧道五座设计 5680 米，累计完成 4700 成洞米，占总量的 82.7%。涵洞 278 座，设计 6972.69 米，全部完成。

中铁四局承建兰新铁路 11 标。合同价款约 12.8 亿元，合同工期：2010 年 4 月～2013 年 12 月。管段里程为 DK546+307.6～DK592+538，路基长为 39.83 公里，路基主要工程数量为：区间路基土石方总断面方约 452.7 万立方米，级配碎石 49.3 万立方米；站场 1 座，即高台南站。主要工程数量：特大桥 2 座，桥长为 4007.68 米大桥 2 座，桥长 480.84 米；中桥 20 座，桥长 1370.86 米；小桥 11 座，涵洞 69 座。2011 年度完成建安产值 3 亿元，累计完成建安产值 10 亿元。

中铁五局承建兰新二线西宁至大通段站前工程LXSQZ-2标段，系续建工程。合同总额29.6亿元，2010年5月16日开工，合同竣工时间2013年6月30日，后根据甘青指《关于核报五年总工期施工组织方案的通知》(兰新铁工程〔2011〕40号文)，工期将延迟1年，即从2014年2月1日开始铺轨，2014年12月31日达到开通条件，总工期为5年。建设单位：青藏铁路公司西宁站枢纽改造工程建设指挥部；设计单位：中铁第一勘察设计院集团有限公司；监理单位：北京铁城监理有限责任公司兰新铁路西宁至大通段工程监理站。项目为新建铁路兰新第二双线西宁至大通段站前工程，位于青海省西宁市城东区、城北区、大通县境内。起止里程DK192+100～DK240+431.01，标段长48.33公里。主要工程数量：路基19.586公里、桥梁9座19.598公里、涵洞50座1158.1横延米、隧道3座9.147公里、铺无砟轨道道床100.37单线公里。年累完成10.1亿元，开累完成18.2亿元，剩余价值11.4亿元。

中铁五局承建兰新二线甘青段12标。项目地点甘肃省酒泉市清水镇。本标段自DK605+800～DK682+737.05，线路长度76.937公里，位于甘肃省酒泉市肃州区境内，主要工程数量：路基50.47公里，区间土石方597万方，站场土石方62万方，CFG桩44.3万米；隧道明洞1座625米；桥梁38座，其中特大桥4座23392.78米，大桥6座1963.84米，中桥9座612.03米；涵洞95座；站场1座，其中黄沙嘴明洞和连续钢构为重点工程，三坝沙河特大桥和西店村特大桥为控制工程。合同总额295965万元。2010年4月1日开工，合同竣工时间2013年12月31日。建设单位：兰新铁路甘青有限公司；设计单位：中铁第一勘察设计院集团有限公司；监理单位：北京铁城建设监理有限责任公司。年累完成6.5亿元，开累完成16.3亿元，剩余价值13.3亿元。

中铁八局承建兰新二线西宁至张掖段站前工程LXS-9标。合同价价款35.2亿元，工程2010年3月1日开工，计划2013年11月30日竣工，总工期45个月。标段位于甘肃省民乐县、张掖市甘州区境内，线路自民乐县八卦营村附近DK407+122引出，沿干巴子山东侧行进，在李尤村附近设民乐车站，出站后线路跨越G227国道，走行于G227国道西侧，沿G227线向西北前行，线路在河满村附近以120米主跨跨越连霍高速公路，在金张掖酒业以西250米至本段终点DK487+298.6，全长80.176公里。主要有桥梁共21座，其中特大桥共10座计39220延长米，大桥2座计382延长米，中桥1座计44延长米，框架桥8座计140延长米，桥梁长度占线路长度的49.4%；正线路基40.583公里，占线路长度的50.6%，区间路基土石方共计492万方，其中挖方127万方；涵洞71座，计1582延米。2011年完成产值7.4亿元，开累完成产值16.4亿元。

中铁九局承建兰新二线张掖至红柳河段LX-13标段。工程造价37.9亿元，2010年4月1日开工，预计2013年12月31日竣工。建设单位：兰新铁路甘青公司；设计单位：铁路第一勘察设计院；监理单位：北京铁城建设监理有限责任公司兰新铁路甘青段监理站。起止里程DK682+737.05～DK800+970.18，线路长度74.34公里，跨越三个行政区域，线路分别位于甘肃省酒泉市、嘉峪关市及玉门市境内。主要工程数量：路基土石方762万立方米，CFG桩基286.8万延米；特大桥24445.4米/8座，大桥5座，中桥6座，小桥13座，涵洞161座；隧道1座；正线铺轨147公里，站线铺轨4.61公里，拆除既有碴轨道6.4公里，新铺有碴轨道6.53公里；新建车站2座，生产及办公房9912平方米等。2011年完成产值6.7亿元，开累完成产值17.9亿元，完成总价的47%。

中铁十局承建兰新二线乌鲁木齐枢纽引入工程。合同价款4.1亿元，合同工期：2010年6月～2013年6月。施工地点：乌鲁木齐市。标段全长4.6公里。主要工程数量：主要工程为仓房沟立交特大桥，全长2609.9米，全桥孔跨布置为[29-32米简支箱梁+)（32+48+32）米连续梁+47-32米简支箱梁]；涵洞296.7米/7座；箱型桥325.2平方米/1座；地道桥1552平方米/2座。轨道工程，路基地段3.29铺轨公里，桥梁段5.22铺轨公里，共计8.51铺轨公里。特大桥桩基完成15颗。

中铁航空港承建兰新二线张掖至红柳河段LXS-10标。项目由中铁三局中标，重组前中铁三局一公司承建，重组后中铁航空港三公司承建。起止里程DK527+204.68～DK546+272.58，合同价款6.3亿元，合同工期：2010年4月1日～2013年12月31日，共45个月。线下工程2011年10月31日完工。设计技术标准：线路等级Ⅰ，双线、设计速度200公里/小时及以上。标段位于甘肃省临泽县境内，管段长19067.9米，区段内正线结构物有2座特大桥、1座大桥、1座中桥，分别是临泽南跨兰新铁路立交特大桥（桥长3839.94米）、程家河特大桥（桥长3184.98米）、茶子河大桥（桥长207.53米）、兰堡村干渠立交中桥（桥长66.2米），桥梁总长7301.65米；8段路基，路基总长11766.25米；箱桥7座，涵洞24座。2011年累完成施工产值8143.5万元，开累完成施工产值2.8亿元。年累完成主要工程量：路基土石方2.5万立方米，桥梁工程桩基34根、承台56个、墩台143个、现浇梁508米，成桥6152米。

中铁港航局承建兰新二线西宁至大通段LXSQZ－2标。工程造价6.2亿元，合同工期48个月。。工程概况：路基土石方：设计数量113.89万立方。其中：挖方24.22万立方，换填渗水土15.71万立方，卵砾石垫层8.51万立方，B组料56.29万立方，级配碎石5.15万立方，中粗砂4.01万立方；桥梁：特大桥1座，全长1983.65米，中桥1座，全长35.82米。涵洞14座，梁场1处，制架预制箱梁588孔（32

米简支箱梁538孔、24米简支箱梁50孔）。主要工程数量：桥梁2座/2007.65米，路基挖填方113.89万立方，涵洞14座264.56米；预制箱梁588孔。完成产值及形象进度：截至2011年底完成21186.36万元，占年度计划的55%。年度完成路基土石方21.21万立方，占总量的100%；特大中桥折合完成148.82米，占总量的92%；涵洞完264.56米，占总量的100%；制梁完成277孔，占总量的47%。

【沈阳至丹东客运专线】 中铁九局承建沈阳至丹东客专本溪枢纽及丹东站工程。工程造价约33.2亿元，2010年5月1日开工，预计2013年12月31日竣工。建设单位：京沈客专辽宁有限责任公司，委托沈阳铁路局代建；设计单位：铁道第三勘察设计集团公司；监理单位：沈阳铁路局建设监理有限公司。工程位于辽宁省境内，包括本溪枢纽和丹东站两部分。本溪枢纽起自本溪石桥子开发区高城村DK43+635.2至本溪市平山区解放南路本溪隧道进口DK68+460，客专正线全长19.38公里；丹东站DK252+000～DK252+994，全长994米。主要工程数量：路基土石方442万立方米，桥梁5875.42米/12座，隧道8395.87米/9座，铺轨113.1公里，铺道岔297组，铺道碴25.8万立方米，拆除道岔183组，站场4座，涵洞19座，新建房屋6.15万平方米，新建站台7座，地下通道4座，行包通道2座等。

截至2011年底累计完成产值9.2亿元，完成总价的27%。

【杭州至长沙客运专线】 中铁三局承建杭长客运专线浙江段1标。合同价款42.6亿元，合同工期：2010年4月15日～2013年6月30日。完成情况：1.路基工程。区间路基管桩设计1027根，完成407根，开累完成1027根，完成设计100%；土石方设计2.5万方，完成1.5万方，开累完成2.5万方，完成设计100%。边坡防护完成抗滑桩1416方。站场路基管桩设计11084根，完成2412根，开累完成6428根，完成设计58%；钻孔桩设计532根，完成83根，开累完成532根，完成设计100%；土石方设计22.5万方，完成5.5万方，开累完成7.5万方，完成设计33%。2.桥涵工程。钱江特大桥：钻孔桩设计485根，完成294根，开累完成485根，完成设计100%；承台设计55个，完成35个，开累完成55个，完成设计的100%；墩身设计55个，完成35个，开累完成55个，完成设计100%；系杆拱1处，完成1处，开累完成1处，完成设计100%；桥面系设计1780双延米，完成890双延米，开累完成890双延米，完成设计50%；箱梁预制设计54孔，完成54孔，开累完成54孔，完成设计100%；箱梁架设设计54孔，完成29孔，开累完成29孔，完成设计的54%。萧山特大桥：钻孔桩设计1765根，完成802根，开累完成1510根，完成设计的86%；承台设计181个，完成95个，开累完成125个，完成设计69%；墩身设计181个，完成88个，开累完成96个，完成设计的53%；连续梁设计40078方，完成4500方，开累完成4500方，箱梁预制设计108孔，完成35孔，开累完成35孔，完成设计的33%。L1联络线特大桥：钻孔桩设计702根，完成283根，开累完成671根，完成设计96%；承台设计116个，完成73个，开累完成100个，完成设计的86%；墩身116个，完成71个，开累完成79个，完成设计68%；连续梁设计8744方，完成500方，开累完成500方，完成设计的6%；箱梁预制设计98孔，完成31孔，开累完成31孔，完成设计32%。L2联络线特大桥：钻孔桩设计929根，完成394根，开累完成880根，完成设计95%；承台设计122个，完成104个，开累完成112个，完成设计92%；墩身122个，完成76个，开累完成76个，完成设计62%；连续梁设计8615方，完成660方，开累完成660方，完成设计8%；箱梁预制设计97孔，完成32孔，开累完成32孔，完成设计33%。L3联络线特大桥：钻孔桩设计910根，完成546根，开累完成804根，完成设计88%；承台设计118个，完成61个，开累完成79个，完成设计67%；墩身设计118个，完成38个，开累完成41个，完成设计35%；连续梁设计13188方，完成809方，开累完成809方，完成设计6%；箱梁预制设计99孔，完成19孔，开累完成19孔，完成设计19%；箱梁架设设计99孔，完成9孔，开累完成9孔，完成设计9%。L4联络线特大桥：钻孔桩设计744根，完成320根，开累完成665根，完成设计89%；承台设计114个，完成68个，开累完成71个，完成62%；墩身114个，完成35个，开累完成35个，完成设计31%；连续梁设计6579方，完成409方，开累完成409方，完成设计6%；箱梁预制设计98孔，完成19孔，开累完成19孔，完成设计19%；箱梁架设设计98孔，完成9孔，开累完成9孔，完成设计9%。普安寺左线及L3并线特大桥：钻孔桩设计353根，完成240根，开累完成240根，完成设计68%；承台设计37个，完成14个，开累完成14个，完成设计38%；墩身设计37个，完成6个，开累完成6个，完成设计16%。普安寺右线特大桥：钻孔桩设计256根，完成190根，开累完成190根，完成设计74%；承台设计28个，完成10个，开累完成10个，完成设计36%；墩身设计28个，完成2个，开累完成2个，完成设计7%。普安寺右线大桥：钻孔桩设计121根，完成90根，开累完成90根，完成设计74%；承台设计15个，完成10个，开累完成10个，完成设计67%；墩身设计15个，完成2个，开累完成2个，完成设计13%。金城路中桥完成12延米。涵洞105延米。3.轨道工程。绍兴轨枕板预制设计6135块，完成6135块，开累完成6135块，完成设计100%。钱江南岸引桥完成无砟轨道16.18单线公里。

中铁三局承建杭长客运专线湖南段2标。合同价款37.8

亿元，合同工期：2010 年 4 月 15 日～2012 年 7 月 31 日。完成情况。路基工程：区间路基土石方 45.5 万方，站场土石方 98.2 万方；AB 组填料完成 74.5 万方，CFG 桩完成 80 万延米，路基附属圬工方完成 7.5 万方；桥梁工程：完成钻孔桩 3939 根，承台 650 个，墩身 1007 个，折合成桥 23808 延米；隧道工程：完成折合成峒 1586 米。

中铁四局承建杭长客运专线浙江段站前工程 HCZJ-4 合同段。工程造价：34.7 亿元。合同工期：2010 年 4 月～2013 年 7 月。管段正线全长 46.653 公里，杭长东南及东孝联络线 5.657 公里。本标段桥梁共计 11 座，其中特大桥 7 座，联络线单线特大桥 2 座，大中桥 2 座，路基 9 段，涵洞 81 座，制架双线整孔箱梁 870 孔，现浇连续梁及钢构 15 联，CRTSⅡ形板式无砟道床 93 公里，CRTSⅡ型板预制 191.5 公里。2011 年完成产值 219230 万元，占总价的 63%。

中铁四局承建杭州至长沙铁路客运专线江西段站前工程 HKJX-7 合同段。工程造价 63.3 亿元，合同工期：2010 年 4 月 12 日～2013 年 6 月 30 日。标段位于江西省境内，途经江西省新余、宜春两个地级市以及新余所辖渝水区和分宜县，线路自 DK695+618.85 路基引出，新余市以北 6 公里处新设新余北站、在宜春市东南 4.5 公里处新设宜春东站，标段终点位于上官塘 1 号大桥桥端（DK758+383.27）。江西省新余、宜春境内共设 2 个车站，线路长度 63.28 公里。主要工程数量：本标段结构物密集，以特大桥及大、中桥、隧道为主。主要工作量有：路基土石方 380.59 万立方米，特大桥、大中桥 28 座 45.611 公里，框架式桥 2 座 94.6 米，隧道 7 座 4785.12 米，新建高速站场 2 个、CRTS II 型无砟轨道施工 63280 延米，正线铺轨 695.27 公里（含湖南段铺轨），站线铺轨 80.885 公里，铺道岔 116 组。2011 年完成产值 19.8 亿元，占业主下达年度计划 20.8 亿的 95.2%，开累完成产值 28.6 亿元，占总合同额 63.3 亿元的 45.2%。

中铁五局承建杭长客运专线浙江段 HCZJ-5 标。合同总额 30.2 亿元。2010 年 5 月 30 日开工，合同竣工时间 2013 年 6 月 30 日。建设单位：沪昆铁路客运专线浙江有限责任公司；设计单位：中铁第四勘察设计院集团有限公司；监理单位：北京铁城建设监理有限责任公司。项目位于浙江省金华市、衢州市境内。中铁五局全管段里程为：DK163+639.61～DK212+155.58。正线全长 48.515 公里，其中，桥梁 7 座 41.81 公里，涵洞 39 座 896.6 横延米，路基正线长度 6.71 公里，正线区间路基土石方 85.35 万方、站场路基土石方 25.64 万方，车站 1 座（龙游车站），正线无砟道床 97.031 单线公里，站线无砟道床 1.76 公里，铺面渣 1346 立方米等线路相关工程等。年累完成 10.3 亿元，开累完成 18.4 亿元，剩余价值 11.8 亿元。

中铁五局承建沪昆铁路客运专线江西段站前工程 HKJX-2 标，系续建工程。合同总额 38.5 亿元。2010 年 6 月 30 日开工，合同竣工时间 2013 年 6 月 30 日。建设单位：沪昆铁路客运专线江西有限责任公司；设计单位：中铁第四勘察设计院集团有限公司；监理单位：铁四院（湖北）工程监理咨询有限公司、沃森工程技术（北京）有限公司联合体。本标段全长 64.029 公里，里程 DK365+430～DK430+172.34，桥梁 47 座 47.2 公里（特大桥 20 座，大桥 17 座，中桥 10 座），占正线总长的 73.7%，路基全长 16.82 公里，占正线总长的 26.3%（含弋阳东站）。制架整孔箱梁 1426 孔。线路基本与沪瑞高速公路并行，标段有 8 联连续梁（含连续刚构），最大主跨为 125 米。沿线 1 次跨越沪昆高速公路、1 次跨越 320 国道，5 次跨越既有铁路，2 次跨越既有粮库专用线，多次上跨县乡公路、河道和水库，与既有线并行达 6 公里，协调难度大，施工及安全压力较大。2011 年共计完成投资 14.2 亿元。

中铁九局承建杭长客专 DK212+155.08－DK212+155.08 段。工程造价 26 亿元，2010 年 4 月 16 日开工，预计 2013 年 6 月竣工。建设单位：沪昆铁路客运专线浙江有限责任公司；设计单位：中铁第四勘察设计院集团有限公司；监理单位：华铁-德铁国际联合体。位于浙江省衢州市境内，正线长度 35.02 公里，起点里程为 DK212+155.08，线路跨龙丽高速公路至衢州，在既有衢州站站房同侧落地设客专车站，出站后线路跨江山港，走向基本与既有浙赣铁路左侧平行，在江山港附近跨越浙赣铁路，线路终点里程为 DK247+173。主要工程数量：路基土石方 176 万立方米，路基附属 6 万立方米，土工合成材料 14 万平方米，地基处理 CFG 桩 8.7 万米。特大桥 7 座，大桥 1 座，中桥 1 座。无碴道床 69.24 公里，轨道板预制 161.76 公里，轨道板铺设 69.24 公里，新铺单开道岔 54 组，拆除单开道岔 14 组，重铺 4 组及三电工程等。截至 2011 年底累计完成产值 9.4 亿元，完成总价的 36%。

中铁港航局承建沪昆客运专线(江西段)2 标。工程造价 10.9 亿元，合同工期：2010 年 1 月 1 日～2013 年 12 月 30 日。工程概况：管段起讫里程为：DK415+097.91～DK430+179.725，总长约 15 公里，桥梁 4 座/总桥长 12714.3 米，占线路总长的 84.3%。桥梁从管段起点至终点布置顺序分别为胡家特大桥(长 569.46 米)、河潭特大桥(长 3088.16 米)，应家坞特大桥(长 569.46 米)，贵溪特大桥(长 8487.23 米)；其中贵溪特大桥含（60+100+60）米连续梁一联跨沪昆高速公路、（32+48+32）米连续梁一联跨贵溪至志光公路、（70+125+70）米连续梁一联跨既有铁路皖赣线及江铜专用线，该桥是全线的控制性工程；线路路基共有 4 段，总长度 2359.61 米，主要为填方；涵洞 12 座，合计 229.23 米。主要工程数量：桥梁4座，长12.715公里；涵洞12座/229.23米，路基土石方：设计34.39万立方。截至2011年底完成3.4亿元，占年度计划的73%。年度完成路基土石方19.59万立方，占总量的100%；涵洞完成229.23米，占总量的100%；特大中桥折合完成5503.50米，占总量的88%；制梁完成312孔，占总量的47%；架梁完成267孔，占总量的33%。

中铁航空港承建杭长客专湖南段HCTJ-Ⅱ标。中铁三局中标，重组前中铁三局一公司承建，重组后中铁航空港二公司承建。起止里程DK887+226.3～DK907+171.235，合同价款7亿元，合同工期：2010年4月15日～2012年7月31日，共28个月。标段横跨湖南省长沙市雨花区、长沙县和浏阳市境内，起点为柏加浏阳河特大桥90号墩，结束于长沙浏阳河特大桥281号墩，正线长度19.945公里。其中：路基工程284.452米；正线桥梁2座：柏加浏阳河特大桥10.28公里，长沙浏阳河特大桥9.38公里，桥梁总长19.66公里；正线CR吨SO型板式无碴轨道铺设39.89单线公里（不含轨道板预制）。主要工程数量为：钻孔桩5121根/112457延米，承台混凝土82976立方米，墩身混凝土109923立方米。连续梁共9联，分别为（32+48+32）米两联、（40+56+40）米一联、（40+64+40）米三联、（64+116+64）米一联、（75+135+75）米两联。两跨浏阳河（75+135+75）米、跨长株高速公路（64+116+64）米连续梁为管内重点工程，也是全线的重点工程之一。施工干扰大、工期紧、技术含量高。2011年累完成施工产值3亿元，开累完成施工产值6亿元。年累完成主要工程量：路基AB组填料14118立方米，级配碎石7496立方米；两座特大桥共完成16459.47延长米。

【大同至西安铁路客运专线】 中铁二局承建大西客专站前九标工程。2011年是大西客专开工建设的第二年，全年完成产值16.1亿元，占大西公司年度调整计划15.9万元的101.3%。完成主要形象指标：路基土石方年累完成56.4万立方米，占年度计划53.7万立方米的105%，开累完成159.3万立方米，占设计量257.6万立方米的61.8%。路基附属工程年累完成地基处理各类桩基186.4万米，占年度计划165万米的113%，开累完成544.8万米，占设计量657.2万米的82.9%；桥梁施工年累完成21373成桥米，占年度计划21300成桥米的100.3%，开累完成43496成桥米，占设计量46174成桥米的94.2%；制架梁年累完成制梁472孔，占年度计划460孔的102.6%，开累完成制梁787孔，占设计量1355孔的58.1%；年累完成架梁514孔，占年度计划514孔的100%，开累完成架梁640孔，占设计量1355孔的47.2%；新仪张隧道年累完成隧道施工85成洞米，占年度计划90成洞米的94.4%，开累完成196.6成洞米，占设计量439成洞米的44.8%；其中年累完成开挖111.6延米，仰拱及填充173延米，二次衬砌45延米，开累完成开挖297.6延米，仰拱及填充224延米，二次衬砌45延米。

中铁三局承建大西客专7标工程。合同价款40.2亿元，合同工期：2010年3月10日～2013年12月31日。完成情况：1.征地拆迁改移道路土方250000立方米。2.路基工程。中区间路基：挖方完成236320立方米，完成设计数的11.4%；改良土填筑完成603416立方米，完成设计数的90.3%；基床表层级配碎石完成35060立方米，完成设计数的39.4%；路桥过渡段级配碎石完成69678.58立方米，完成设计数的87.2%；路涵过渡段级配碎石完成15868.5立方米，完成设计数的75.3%。站场路基：挖方完成47645立方米，完成设计数的14.5%；改良土填筑完成328720立方米，完成设计数的100%；基床表层级配碎石完成5200立方米，完成设计数的31.9%。路基地基处理：水泥土挤密桩完成513710米，完成设计数的28.1%；柱锤冲扩桩完成1438113米，完成设计数的78.2%；CFG桩完成253307米，完成设计数的36.3%；钻孔灌注桩完成20122米，完成设计数的100%。3.桥梁工程：特大桥完成2座，完成成桥13277.2米，完成设计总数的39%；大桥完成12座，完成成桥889.5米，完成设计总数的32.5%；中桥完成6座，完成成桥509米，完成设计总数的40.1%。4.涵洞工程：完成12座计316.84横延米，完成设计总数100%。5.隧道工程：1-3公里隧道完成0.7座，完成成洞2029米，完成设计数的70.41%。6.制架梁：洪洞梁场制梁272孔，完成设计数的46.37%，架梁252孔，完成设计数的42.5%；霍州梁场制梁240孔，完成设计数的40.1%，架梁177孔，完成设计数的29.6%；标段累计制梁512孔，完成设计数的43.3%，架梁429孔，完成设计数的36.3%。

中铁六局承建大西客专太原枢纽代建工程DXTS-1标段。大西客专太原枢纽太原局代建工程DXTS-1标段合同价款13.2亿元，合同工期：2010年10月1日～2013年12月31日，共38个月，实际开工日期2011年3月1日。建设单位：太原铁路局太原南站工程建设指挥部；设计单位：铁道第三勘察设计院；监理单位：山西铁建工程监理有限公司大西太原枢纽监理部；质监单位：铁道部工程质量安全监督总站太原监督站。2011年完成3771万元，开累完成3771万元。完成路基土方19.9万方；标段内除征地拆迁及其它因素影响外，已完工框构中桥2座、涵洞3座。

中铁十局承建大西客专3标段。合同价款37.7亿元，合同工期：2010年3月～2013年12月31日。工程概况：大同至西安客运专线正线全长678.4公里。本标段为站前施工-3标段，起讫里程为太中DK9+100～DK332+568.31，正线长度为40.354公里。主要工程数量：路基土石方35万方。特大桥2座，其中鸣李跨石太铁路特大桥8899.9延长米、晋中萧何特大桥 28887.56 延长米；框架式中桥 1 座 ，涵洞 4 座，预制箱梁 1103 孔 。正线铺轨 283.27 公里 ，站线铺轨 12.49 公里。完成路基土方 33 万方，桥梁完成 19425 米。

中铁航空承建大西客专站前施工 7 标。由中铁三局中标，重组前中铁三局一公司承建，重组后中铁航空港三公司承建。起止里程 DK442+280～DK458+378.15 合同价款 8.3 亿元，合同工期：2010 年 3 月 10 日～2013 年 6 月 30 日，共 40 个月。设计技术标准：客运专线，双线、350 公里/小时。标段位于山西省临汾市霍州市境内，跨三教乡、李曹镇 2 个乡镇，12 个自然村，正线长度 15.731 公里。主要工程数量：路基 5.742 公里（含站场），正线桥梁 15 座 7.045 公里，隧道 1 座 2.882 公里，正线无碴轨道铺设 31.462 单线公里，站线无碴轨道铺设 1.25 单线公里，站场 1 座（霍州东站）。2011 年累完成施工产值 4.6 亿元，开累完成施工产值 6.5 亿元。年累完成主要工程量：路基土石方 70 万立方米；隧道开挖 2488 米，仰拱 2588 米，衬砌 2630 米；桥梁工程桩基 1393 根，承台 158 个，墩台 141 个，现浇梁 268 米；涵洞 98 横延米。

中铁上海工程局承建第 11 合同段工程。合同价款 18.3 亿，合同工期：2010 年 3 月 10 日～2013 年 12 月 31 日，总工期 46 个月。工程概况：大西晋陕黄河特大桥位于山西省永济市和陕西省合阳县境内，大桥里程为：DK701+923.61～DK711+892.79，桥梁全长 9.969 公里，孔跨布置为（31-32 米）简支箱梁+（54+2×90+54）米连续梁+（17-48 米+2-40 米）简支箱梁+（15-2×108 米）单 T 刚构钢桁加劲组合结构+(63-48)米简支箱梁+(8-2×48)米单 T 刚构+(48+80+48)米连续梁+（3-2×48 米）单 T 刚构+（1-2×35 米）单 T 刚构简支箱梁桥梁。桥梁桩基直径 1.25～2.0 米 ，桩长 46～92 米，承台高度 2.5～5.0 米，墩高多在 40 米以上，圬工总方量约 110 万立方米。桥梁施工规模大、难度高、技术复杂，其中 2×108 米单 T 刚构钢桁加劲组合结构在国内首次运用，是本桥的重点和难点工程之一。轨道结构采用 CRTS I 型双块式无砟轨道，铺轨长度 19.96 公里。施工进度：全标段桩基、承台、墩身施工均已完成，进入了梁部施工阶段，且 80 米、90 米连续梁已经合拢，剩余主要结构为主桥 T 构及河西小 T 构施工。

【合肥至福州铁路客运专线】 中铁一局承建合福客专土建施工 HFMG-5 标段，由二公司、五公司、桥梁公司、四公司、电务公司施工。管段从南岸特大桥合肥端台尾到莆建村大桥福州端台尾，里程为 DK578+027～DK630+331.95，管段长度 52.3 公里。本标段路基 9.264 公里/61 段（其中框架涵 1076.5 横延米/29 座）；桥梁 24.249 公里/49 座；隧道 18.57 公里/24 座；正线 II 型轨道板预制 203.685 公里（含 IV 标），II 型轨道板铺设 103.262 公里；梁场 2 处：武夷山东站梁场和丰乐梁场；轨道板场 1 处：武夷山东站轨道板场；车站 1 座：武夷山东站；人行天桥 1 座。计划开工日期 2010 年 4 月 18 日，架梁开始日期 2011 年 11 月 1 日，结束日期 2012 年 12 月 20 日；2013 年 6 月 27 日前完成全标段无砟道床铺设，2013 年 6 月 30 日交付铺轨并达到交工程度，2013 年 7 月 31 日前完成完工验收。主体工程进展情况：设计 160 个工点，累计到图 158 个工点，开工 137 个工点，其中：路基工程开工 54 段，桥梁工程开工 48 座，隧道工程开工 24 座，涵渠工程开工 11 座。路基工程：设计区间土石方 350.12 万立方，累计完成区间路基土石方 306.25 万立方；设计站场土石方 304.2 万立方，累计完成站场路基土石方 248.43 万立方。桥梁工程：设计 24470 延米/48 座，其中特大桥 18 座，大桥 21 座，中桥 9 座。累计完成折合桥梁 15245.86 延长米，完成了总量的 62.5%。隧道工程：设计 18540 成洞米/25 座，其中 2 公里<L 以上隧道 2 座，1 公里<L<2 公里隧道 2 座，1 公里<L 隧道 21 座，累计开工 24 座。累计完成折合成洞 11434.33 米，完成 61.7%。梁场制梁情况：武夷山梁场，累计制梁 23 孔，因缺资金自 9 月份制梁停工。

2011 年累完成 12.7 亿元，占调整后年计划 10.2 亿元的 124.5%，累完 17.4 亿元，占施工总额 41.9 亿元的 41.6%。

中铁二局承建闽赣Ⅷ标。新建合福铁路客运专线共划分为 8 个施工标段，2010 年 04 月中铁二局中标合福铁路Ⅷ标段，总中标价 50.74 亿元，合同工期：2010 年 4 月 18 日～2013 年 7 月 31。主要工程内容包括：三电迁改及永临结合、道路改移、桥梁、涵洞、路基、隧道、轨道、车站和站后房建等。其中：区间路基 4320.3 米，占线路总长的 6.1%；站场 2 个，即闽清北车站、福州站；桥梁 14351.2 米/29 座，占线路总长的 20.2%；隧道 49980 米/15.5 座，占线路总长的 70.3%；铺设无砟道床 128.01 公里；铺轨 460.23 铺轨公里。截至 12 月 31 日，累完成施工产值 15.45 亿元，占设计 50.7 亿元的 30.47%。实物指标完成情况：隧道完成 21126.5 成洞米，占设计的 42.04%；桥梁完成 6508.5 成桥米，占设计的 46.88%；涵洞累完 57.9 横延米，占设计的 45.1%；路基土石方完成 136.7 万立方米，占设计的 44.47%。

中铁四局承建合福客专安徽段站前及相关工程 HFZQ-1 标工程。投资总额：4.1 亿元，合同工期：2010 年 4 月 18 日～2014 年 3 月 31 日（受铁道部投资规模缩减影响，延迟后的最终工期未定）。起讫里程：起点为合蚌合福设计分界点 HBDK124+000，终点为 DK32+058，主要位于安徽省合肥市境内。施工范围：起点为合蚌合福设计分界点 HBDK124+000，终点为 DK32+058。主要有：HBDK124+000～HBDK148+135 蚌福联络线及合肥枢纽配套工程，包括新建、改建（含铺轨）工程；DK1+250～DK32+058 线下工程（不含轨道板预制）；合蚌合福设计分界点至 DK130+040 铺轨；DK184+000～

DK343+180 永临结合电力工程（不含 HBDK124+000～HBDK125+600 三电迁改）；合福铁路安徽段二标炯炀河特大桥箱梁制、运、架；蚌福联络线轨道板制、运、铺；HBDK148+135～DK1+250 段由合肥南环铁路项目承包商负责施工。主要工程量：路基土石方 170.75 万方；特大桥 38019.32 延米，中桥 576.1 延米，涵洞 895 横延米，制、架双线箱梁 1255 孔、单线 T 型梁 45 孔；正线铺轨 306.83 公里、站线铺轨 15.48 公里；房屋 2000 平方米。2011 年完成产值 8.4 亿元，开累完成产值 12 亿元。

中铁六局承建合福客专站前六标。工程造价 21.4 亿元，工程已于 2010 年 8 月 1 日开工，计划于 2013 年 3 月 31 日前完成无砟轨道铺设工作，总工期 32 个月。截至 2011 年底合福线完成投资 5.2 亿元。各专业主要形象进度如下：隧道工程：开挖及支护完成 6703.5 米，仰拱 6482.2 米，二衬 6026.6 米。桥涵工程：钻孔桩完成 1462 根，明挖及承台 173 个，墩台身 111 个。预制箱梁 28 孔，连续梁完成 1 联。涵洞完成 10 座共计 260.27 延米。路基工程：地基处理 CFG、钻孔桩完成 12.2 万米，土石方 40 万方，附属工程 1.9 万方。

中铁大桥局承建合福铁路安徽段 HFZQ-3 标（铜陵长江大桥）。3#墩主塔完成至 30.3 米，4#墩主塔完成至 34.7 米；两岸钻孔桩开累完成 4438 根，占设计总量的 95，承台开累完成 369 个，占设计总量的 77%。

【青岛至荣成城际铁路】 中铁一局承建青荣城际铁路（QRZH-II 标段）。2011 年 2 月 23 日开工，年累完成 2.94 亿元，为业主调整后年度计划 2.89 亿元的 101.7%；开累完成建安产值 3.48 亿元，约完成合同量的 31.96 亿元的 10.9%。

中铁航空港承建青岛至荣成城际铁路 QZRH-Ⅱ标。中铁一局中标，重组前中铁一局一公司承建，重组后中铁航空港辽宁公司承建。起止里程 DK59+500～DK73+689，合同价款 4.05 亿元，合同工期：2010 年 10 月 01 日～2013 年 9 月 30，总工期 36 个月。设计技术标准：线下 250 公里/小时。标段正线长 14.189 公里，途径两市四镇，分别是即墨市、莱西市，北安办事处、灵山镇、段泊岗镇，夏格庄镇，途经 13 个村庄。主要工程项目 2 座特大桥、2 段路基，其中韩流庄特大桥全长 1.49 公里，五沽河特大桥全长 9.7 公里；第一段路基长 732.29 米，第二段路基长 2284.86 米。重点工程为五沽河特大桥跨 S209 省道（48+80+80+48）米连续梁、跨 S394 省道（32+48+32）米连续梁和蒙沙河、五沽河、孙旺疃水塘等水中墩施工。2011 年累完成施工产值 7042.3 万元。年累完成主要工程量：涵洞 139 横延米；桥梁 790 延米；路基 700 延米。

【穗莞深城际轨道交通项目工程】 中铁港航局承建施工总承包穗莞深城际轨道交通项目工程 SZH－1 标段。合同主体：中铁大桥局集团有限公司。合同价款 17 亿元，合同工期：2009 年 9 月 22 日～2011 年 7 月。工程概况：穗莞深城际轨道交通工程 1 标起止里程：DK26+000～DK40+370。线路经沙田、道滘、洪梅三镇，由洪梅大桥（DK26+000～DK26+343.35）、洪梅站特大桥（DK26+343.35～DK27+588.35）、洪梅特大桥（DK27+588.35～DK29+603.35）、东江南特大桥（DK29+603.35～DK36+726.35）、沙田站大桥（DK36+726.35～DK37+106.35）、南环河特大桥（DK37+106.35～DK40+186.95）共 6 座桥梁组成，全部采用高架桥布置，其余 0.183 公里为桥隧过渡段路基。东江南特大桥主桥为穗莞深线重难点工程。该主桥结构型式为：新建桥与既有公路桥墩对应布置。主桥全长 552 米，桥式采用（143+264+143）米加劲连续钢桁梁结构，两桥墩之间 264 米，梁端至边支座中心 1.0 米，主墩墩身为门式结构（高 34 米），承台均为大体积混凝土承台（26.85 米×16.8 米×6 米，2706 立方），主墩基础采用 Φ2.8 米大直径钻孔桩基础，桩长 44 米。主要工程数量：全标段共约 463 个墩台，约 3379 根桩基，双线简支梁约 392 孔，连续混凝土梁约 11 联，连续钢桁梁 1 联。截至 2011 年底累计完成产值为 7.1 亿元。

中铁大桥局承建穗莞深城际轨道交通项目工程施工总承包 SZH-1 标段。桩基开累完成 1767 根，承台开累完成 238 个，墩台开累完成 221 个；东江南特大桥主桥钢梁合龙。

【贵阳至广州铁路】 中铁二局承建贵广铁路 GGTJ-1 标，系续建工程。合同价款 47.34 亿元，开工时间为 2008 年 12 月 19 日。本标段位于贵州省黔南州龙里县至都匀市区间，线下工程起讫里程为 DK36+960～DK106+220，线路全长 69.26 公里，其中，路基总长 8.233 公里，占线路总长 11.9%。隧道 23 座，总长 49.739 公里，占线路总长的 71.8%。桥梁 37 座，总长 11.288 公里，占线路总长的 16.3%；制、架箱梁 321 孔，T 梁 132 孔；铺轨工程全长 213.85 公里。本标段控制工期工程为油竹山隧道（9896 米）和平寨隧道（7370 米），按照贵广公司暂定的指导性施组安排，2011 年 10 月 10 日开始架梁，2012 年 10 月 22 日架完；2013 年 5 月 18 日开始铺轨，2013 年 12 月 25 日铺至终点。本标段分别由一公司、二公司、三公司、四公司、新运公司、物资公司参与施工。2011 年累完成施工产值 7.3 亿元，开累完成施工产值 22.1 亿元。隧道年累完成 13596 成洞米，其中重点工程平寨隧道完成 2192 成洞米，太阳庄隧道完成 1316 成洞米，油竹山隧道完成 2478 成洞米，斗篷山隧道完成 1842 成洞米。桥梁年累完成 2183 成桥米。路基年累完成 29.7 万方。

中铁五局承建贵广铁路 GGTJ-3 标。合同总额 37.98 亿元（含21局分包），2008年12月19日开工，竣工时间2013年1月18日。建设单位：贵广铁路股份有限公司；设计单位：中铁第二勘察设计院集团有限公司；监理单位：郑州中原铁道建设监理公司。本标段为三江乡车站至邦土站（不含），起讫里程为DK186+080.75～DK250+811，主要位于黔东南州的榕江县和从江县，线路长度64.687公里。业主指定21局分包DK239+376～DK250+811，计11.435公里；管段DK186+080.75～DK238+376，线路长53.252公里。主要工程包括标段内的改移道路、管线等迁改工程；区间和站场路基土石方及其附属、桥梁、涵洞；无碴轨道的铺设；站台墙和地道等站场设施；大型临时设施工程等。主要工程量：路基2.8198公里；桥梁20座5.4958公里；车站1个（榕江车站）；隧道15.5座（单洞双线隧道）44939.697公里；无砟道床总计53.252公里（双线米，不含车站侧线长度）。年累完成11.1亿元，开累完成29亿元。

中铁八局承建贵广铁路引入贵阳枢纽站前工程。合同总价121713万元，开工日期2009年6月30日，计划2012年11月30日完工。由二、三、市政、桥梁、昆建公司参与施工。新建贵阳至广州铁路贵阳北站经贵阳站至在建贵阳枢纽客车外绕线新望城坡隧道（客车外绕线里程为DK597+250）间约14.659正线公里，工程起止里程为DK0+000～DK14+653.9。主要工程量有7座桥梁共计4465延米；5座隧道工程共计3574延长米；区间路基土石方：挖方1143820立方米，其中控爆23831立方米；填方126975立方米；2个站场，贵阳站和贵阳北站，站场土石方：挖方2113899立方米，其中控爆134415立方米；填方3072282立方米。2011年完成产值1.6亿元，开累完成产值5亿元。

【兰州至重庆铁路】 中铁一局承建兰渝铁路广元至重庆段LYS-13标段。合同总价31.83亿元，合同工期2009年07月20日～2014年1月20日，，实际开工日期2009年9月17日。新建兰州至重庆铁路广元至重庆段LYS-13标段为南充经广安至高兴段单线铁路，正线长度89.34公里。该标段位于四川南充、广安、华蓥市境内，为兰州至重庆铁路的支线，由南充经广安由高兴站和襄渝二线相接。国铁Ⅰ级单线铁路。

工程内容：南充至高兴单线ID2K770+955.51～ID2K860+092，正线长89.34公里及高兴单线、阆中（不含）DK686+975～DK754+000段、南充地区的兰渝正线DK754+000～D1K764+700段(包括兰渝线至南充东左、右联络线左、右联络线及铺架等内容组成。

主要工程数量：1.迁改工程，改移道路：区间改移16.08公里，站场改移0.3公里。2.路基工程，路基土石方：土方190.2万立方米，石方547.75万立方米；级配碎石35.23万立方米；挖淤泥0.86万立方米。路基附属工程：附属圬工9.08万立方米，水泥搅拌桩181.17万米，CFG桩19.75万米，其它加固圬工9.13万立方米，支挡圬工8.7万立方米。3.桥涵工程：桥梁工程总计40座14317.92延米。其中特大桥7座6526.09延米，大桥27座7433.28延米，中桥5座322.85延米，小桥1座35.7延米。T梁预制架设417单线孔。涵渠工程总计329座。其中新建涵渠325座（盖板涵303座，倒虹吸4座，渡槽3座、立交桥3座、跨线桥9座、框架桥4座、框架2座、人行天桥13座），盖板涵接长4座。4.隧道工程总计14座16196延米。其中3公里<L≤4公里隧道2座6747延米，2公里<L≤3公里隧道2座4264延米，L≤1公里隧道10座5143延米5.其它运营生产设备及建筑物9站。其中新建站5站，线路所2所，既有站2站。

2011年累完成4.95亿元，占计划4.95亿元的100%，累计完成建安产值15.15亿元，占施工总额31.8亿元的47.6%。

中铁二局承建兰渝铁路LYS—10标段。合同总金额33.46亿元（制梁任务调整后）。其中线下工程约15.11亿元，铺架工程约18.35亿元。新建兰州至重庆铁路兰州东至夏官营、广元至重庆段土建工程及兰州东至重庆段铺架工程施工总价承包10标段具有线下工程桥隧比例大、地质条件复杂、便道高差大、安全压力大、铺架工程跨度长、工程建设标准高等特点。线下工程全长31.575公里，铺架工程全长393.358公里。线下工程以隧道、桥梁等结构工程为主。其中隧道共4座，分别是仲家山隧道、玄真观隧道、四方山隧道、肖家梁隧道，总长26183米；桥梁共7座，总长2937.53米；1座车站（太公车站1678.6米）；区间路基长度2206米；10座涵洞共286.57横延米；房建2057平方米。铺架工程主要包括DK28+976～DK172+358段1038孔（单线）T梁制运架，以及DK28+976～DK423+358段正线铺轨771.243公里，其中有砟轨道380.039公里，无砟轨道391.204公里；站线铺有砟轨道46.27公里；铺道岔187组。

2011年完成施工产值6.4亿元，占年度计划9.1亿元的70.2%；开累完成产值12.8亿元，为设计总量的38.1%。完成桥梁工程1062.26成桥米，为计划1471成桥米的72.2%，开累完成2701.65成桥米，为设计总量的90%；完成隧道工程12300.55成洞米，为计划14202成洞米的86.6%，开累完成23586.94成洞米，为设计总量的90%；已100%完成涵洞工程；完成路基土石方52.51万立方米，为计划62万立方米的84.7%，开累完成108.11万立方米，为设计总量的90.5%。6月26日，渭源制梁场顺利完成首孔32米简支T梁灌注；9月30日，渭源制梁场以91.5分通过铁道部上道审查认证工作，渭源梁场开始步入大规模制梁制梁生产阶段。12月16日中午12时35分，三岔口特大桥双线刚构连续梁合龙。

中铁七局承建 LYS-3 标段。线路总长 40.597km，起讫里程为 DK192+403-DK233+000，其内容主要包括迁改工程（道路、光电缆及管道）、路基（含站场）及附属工程、桥梁（下部结构、现浇连续梁及桥面系）、涵洞、隧道、轨道（整体道床和线路标志）、车站房建和运营设备及建筑物。其中隧道四座，特大桥 8 座，大桥 1 座，小桥 1 座，车站 1 座，路基 10.7 公里。该标段为中铁隧道集团和中铁七局三公司联合投标，中铁隧道集团为主体投标单位，中铁七局三公司为专业联合方。

合同工期：2009 年 2 月 18 日至 2014 年 7 月 17 日。

合同总价：合同总价约为 200000 万元

重难点工程：纸坊隧道、哈达铺隧道，为本标段重点工程，纸坊隧道初始风险等级为“极高”，哈达铺隧道初始风险等级为“高度”。

节点工期：路基工程：2009 年 4 月 18 日开工计划 2011 年 5 月 31 日结束；桥涵工程：2009 年 4 月 18 日开工计划 2012 年 1 月 31 日结束；隧道工程：2008 年 9 月 16 日开工计划 2014 年 2 月 15 日结束。

哈达铺隧道为双洞单线隧道，全长为 16501 米，集团公司管段为 12501 米，哈达铺隧道 2009 年 4 月 18 日施工，计划 2012 年 7 月 3 日贯通，隧道贯通工期为 39.1 个月，隧道土建工期（含道床）为 45.6 个月。

中铁八局承建兰渝铁路成都铁路局代建站前施工 2 标工程。合同价款 33.3 亿元，合同工期：2009 年 7 月 20 日～2014 年 9 月 19 日，开工日期 2009 年 10 月 28 日。由一、二、四、建筑、桥梁、电务公司参与施工。施工范围为熊洞湾隧道出口（不含）至王家岩 1 号双线大桥（不含）DK577+450～DK606+710。工程线路起点为 DK577+450，正线引入既有广元车站，出站后线路经新皇泽寺隧道，沿既有宝成铁路右侧行进至 DK587+100 处跨过既有宝成铁路，于王家沟村附近跨过嘉陵江，而后线路经轩盘岭隧道、明觉寺隧道后至本标段终点 DK606+710。本标段正线长度 29.302 公里，主要工程量，共有桥梁 32 座 13770 延米，隧道 17 座 25460 延米，铺轨 282 公里，制架梁 1569 孔，其中，轩盘岭隧道 5986 米，属高瓦斯隧道；明觉寺隧道 5716 米及其它隧道属低瓦斯隧道。2011 年完成产值 5.4 亿元，开累完成产值 12.7 亿元。其中轩盘岭隧道开累完成掘进 5500 米，衬砌 5234 米，折合成洞 5388 米，占设计总长的 90%。

中铁九局与中铁十三局专业联合体中标兰渝铁路兰州枢纽工程 2 标段，联合体中标价为 18.12 亿元。中铁九局六公司和中铁十三局五公司通过协商谈判， 经兰州铁路局兰州枢纽工程建设指挥部同意，对施工任务划分为：十三局负责 HDK57+715～HDK63+500（红山顶隧道出口）内的全部工程项目（不含一章中等级公路改移），其余部分由九局施工。工程自 2009 年 8 月 10 日开工，预计 2012 年 12 月 31 日竣工，九局部分工程总造价 8.8 亿元。建设单位：兰州铁路局兰州枢纽工程建设指挥部；设计单位：中铁第一勘察设计院集团有限公司；监理单位：甘肃铁一院工程监理有限责任公司。本标段位于兰州市安宁区和西固区境内，线路起点于 HDK54+500 富民村隧道出口处，终点接入既有兰新线 K20+000 处。标段内主要构造物有新建兰州北编组站（包括上行出发场，上、下行调车场，下行到达场，交换场及车辆段、机务折返段）；路基土方 2902 万立方米；铺轨 212 公里，铺岔 398 组；特大桥 1593.74 米/2 座，大桥 2 座，房屋 13 万平方米等。2011 年完成产值 1.5 亿元，开累完成产值 5.4 亿元，完成总价的 61.4%。项目组织实施的《急流、基岩裸露地区深水栈桥钢管桩工法》获辽宁省 2010 年度 QC 质量管理一等奖、铁道部 2010 年度 QC 质量管理优秀奖。

中铁十局承建兰渝铁路广元至重庆段站前工程 LYS-14 标段。合同价款 58.7 亿元，合同工期：2009 年 7 月～2014 年 1 月。工程概况：本标段为新建铁路兰州至重庆线广元至重庆段站前工程 LYS-14 标段，范围包括渭沱（含）至重庆北（不含）DK881+400～DK952+110、新井口嘉陵江大桥（含）至井口（含）DHK6+500～DHK10+670 段，正线长 70.713 公里。 主要工程数量：区间路基土石方 664 万方，站场土石方 383 万方，隧道 23 座计 27394 延长米，特大桥 14 座，大桥 25 座、中桥 1 座、小桥 3 座、涵洞 110 座；含南充至重庆北铺架工程。完成路基土方 900 万方，桥梁完成 18628 米，隧道完成 26480 米。

中铁十局承建兰渝铁路夏官营至广元土建 LYS－1、LYS－2 标段。合同价款 14.4 亿元，合同工期：2009 年 2 月～2014 年 7 月。工程概况：中铁十局承担 LYS-1 标段（施工里程 DK30+150～DK63+849）、LYS-2 标段（施工里程 DK103+150～DK119+050）共 49.7 公里 的铁路站前工程。主要工程数量：特大桥 5 座、大中桥 18 座、箱型桥 4 座、跨线桥 7 座、涵洞 107 座、隧道 2.5 座（其中 0.5 座为与 19 局共同施工）、车站 1 个（张家庄）。完成路基土方 357 万方，桥梁完成 8375 米，隧道完成 7974 米。

【南宁至广州铁路】 中铁一局承建南广铁路 NGZQ-6 标段。合同总价 30.4 亿元，合同工期：2009 年 3 月 1 日～2012 年月 1 日。主要工程量：路基区间土石方 735 万断面方，站场土石方 514 万断面方，路基附属圬工 43.5 万方，软基桩 38 万米，特大桥 6 座 6290.09 延米，大桥 23 座 7109.26 延米，中桥 2 座 139 延米，涵洞 128 座 4336.42 横延米，隧道 20 座 7080 米，正线铺轨 399.772 公里，站线铺轨 30.528 公里。铺道岔 102 组，铺道碴 102.2 万方。

2011 年累完成 6.1 亿元，完成年度计划 10 亿元的 61%；开累完成 21.7 亿元，完成施工总额 30.4 亿元的 71.5%。

完成实物情况：路基土石方累完 1213/1249 万方，完

97%，桥梁累完12608/13936延米，完90.5%，桥梁36座主体完成36座。涵洞累完4206/4206横延米，完100%，涵洞121座，主体完成121座。隧道累完7037/7050成洞米，完99.8%，隧道20座、贯通20座、主体完18座。剩余二衬19米开始施工。

梧州南制梁场2011年10月23日完成制梁，开累制梁358/358孔，12月14日完成架梁任务。主要施工项目是线下施工扫尾和确保铺轨工作正常推进。

中铁三局承建南广铁路4标。合同价款16.5亿元，合同工期：2009年3月1日～2011年11月30日。完成情况：桥梁开累完成27.854公里；涵洞开累完成2854横延米；隧道开累完成433成洞米；预制箱梁完成870孔；架设箱梁完成856孔；桥面系工程已经全面启动，已完成23公里，占设计总量的78%；路基挡护绿化完成27万平米，完成设计总量的98%；接触网基础完成976个，完成设计总量的89%，其他路基相关工程施工均已接近收尾。重点工程郁江主桥：283#、284#墩主塔全部浇筑完成；主桥钢梁拼装于11月22日已经顺利完成合拢。

中铁港航局承建南广铁路站前工程NGZQ－8标。工程造价6.7亿元，合同工期：2009年6月21日～2011年10月31日。工程概况：鼎湖特大桥位于肇庆市西江北岸，西起北岭山，经九坑水库大坝下游约200米，跨三茂线、国道321、长利涌河道及进港公路，东至莲花镇。鼎湖特大桥桥址内地势较为平坦，全线地质层较多，有素填土层、第四系全新统冲洪积层、四系全新统残坡积层、泥盆系中统砂岩、石炭系下统层。桥位区多为溶洞区，溶洞高度最高达18米。地形以水田和鱼塘为主，水系纵横交错。该桥技术标准高，施工难度大，南广线被提为全国样板工程，鼎湖特大桥为全线的重点工程之一。本项目施工段为南广铁路NGZQ-8标鼎湖特大桥119#～286#墩，里程为D1K400+697.54～D1K406+250；桥长5535米；桥梁孔跨布置为（1-32+1-22+2-24+4-32+2-24+1-22）米简支箱梁+(27－32）米简支箱梁+（1-20米）简支箱梁+（49-32）米简支箱梁+（1-24米）简支箱梁+（82-32米）简支箱梁。桩基Φ125计1111根（暂定），总延米约为40495延米，桩基混凝土方量：5.3万方；承台混凝土方量为2.5万方；墩身混凝土方量为1.7万方；路基17.46米。截至2011年底累计完成5.4亿元。

【云南至桂州铁路】 中铁一局承建云桂铁路云南段站前工程7标。总造价35.9亿元，合同工期：2010年6月1日～2014年5月31日，64个月，其中石林隧道计划贯通工期为47.2个月。新建云桂铁路云南段站前工程七标段，线路全长50.9公里，其中正线长26.402公里，联络线长24.529公里。主要工程数量包括：特长隧道（石林隧道）1座18.218公里、短隧道4座999米、桥梁18座8145.04米（新增16-32米桥梁1座）、涵渠133座、路基26.6公里、T梁预制及架设207孔，正线铺轨492.329铺轨公里等。2011年累完成4.8亿元，为业主调整后年度计划4亿元的120%；开累完成5.9亿元，为施工总额35.9亿元的16.5%。

中铁四局承建引入南宁枢纽站前及部分站后工程SN-1、SN-2标。工程造价约15亿元，合同工期：2010年5月1日～2013年12月31日，其中含6个月联调联试时间。主要工作量：T梁架设1386孔，正线铺轨499公里，站线铺轨36.4公里，铺道岔165组，铺道碴130.9万立方米。其中南宁枢纽铺轨98.992公里；站线3.022公里；架梁1386孔，道岔15组，道碴27.6万立方米。云桂正线铺轨400.28公里、站线33.352公里，道岔150组，道碴103.3万立方米。新建云桂铁路设计时速250公里。

本标段包括南宁枢纽及云桂线两部分。1.南宁枢纽：包括柳南线、南广线、南钦铁路、云桂线引入南宁枢纽。柳南客专引入线东起DK738+900，西至南宁站昆明端K790+350，线路长18.513公里。含屯里动车所及走行线、钦柳联络线、北湖客技站及走行线、南宁站改扩建等相关工程。新建南宁至黎塘铁路引入线东起DK738+900，西至南宁站柳州端DK787+500，线路长15.013公里，含新建南宁东站。云桂引入线起自南宁站，终点为江西村DK21+500，含南环线、南宁南编组站相关工程。南环线自邕宁至南宁南，设邕宁、五象南、玉洞、那罗、南宁南等站，其中五象南、玉洞站为新建站，其它为改扩建站，其中既有天潭站在南环线增建二线开通后封闭。在南宁南设沙井铁路货运中心。2.云桂线：新建云桂铁路自DK21+500～DK225+100段，新建坛洛、隆安东、田东北客运中间站3个；改扩建平果、田阳、百色既有中间站3个。建安产值完成情况工程实物量完成和进度情况：设计架梁1259.5孔，开累完成38孔，剩余1221.5孔。基地铺轨3.96公里，上碴7400立方米，铺设道岔8组，牵出线路基接长及铺轨300米，土方6710立方米，临建房屋1900平方米，龙门吊走行线603.5双延米，立群吊30台、大龙门吊6台。

中铁十局承建云桂线（广西段）站前工程1标段。合同价款31亿元， 合同工期：2010年5月～2015年9月。工程概况：本标段施工里程段为DK21+500～D2K110+700的站前工程。架梁范围为DK21+728～DK110+211。主要工程数量：路基土石方1115万立方；正线桥梁28座21.937公里；隧道9座7.543公里；桥隧总长占线路长度的29.48%。标段内重点控制工程为：扬美左江双线特大桥（L-8423米），主跨采用(88+168+88)米连续钢构；渌驮双线特大桥(L-2484米)，主跨采用（68+128+68）米连续梁；平果右江双线特大桥（L-1496米），主跨采用（80+144+80）米连续梁；平果车站改扩建。完成路基土方126万方，桥梁完成2665米，隧道完成2288米。

中铁十局承建云桂线（云南段）站前工程4标段。合同价款38.8亿元，合同工期：2010年6月～2015年4月。工程概况：本标段施工里程DK473+300～DK539+120，主要工程数量：路基土石方288万方，隧道12座/40416延米，特大桥7座（其中复杂特大桥2座，全长为1659.7米）、大桥9座、中桥1座、涵洞33座等。桥梁完成2035米，隧道完成7482米。

中铁上海工程局承建云桂铁路引入南宁枢纽站前及站后工程SN-1标工程。合同价款16.9亿元，合同工期：2010年5月1日～2013年12月31日，总工期共计44个月。工程概况：由中铁上海工程局承建的新建云桂铁路引入南宁铁路枢纽站前及部分站后工程1标段，自南宁站（不含）～江西村特大桥（不含），里程范围为DK1+363～DK21+500。本标段工程内容为：南宁枢纽相关配套工程，SN-2标、SN-3标施工范围内的T梁预制及架设。枢纽I工程工作内容包括：三电迁改、管线迁改、改移道路、路基、桥涵、轨道工程、站场工程、其他运营生产设备及建筑物（包括给排水建安工程、站场建筑、站场附属工程）及大型临时设施。主要工程量：区间路基土方159.74万立方米，站场路基土方7.45万立方米。桩板挡土墙23985圬工方，水泥搅拌桩130779.8米，抗滑桩2204米，CFG桩25743.7米，高压旋喷桩3812根。四线特大桥1723.68延长米/1座，双线特大桥6681.76延长米/2座，双线大桥684.414延长米/2座，四线中桥1座；南宁枢纽内铺新轨98.992铺轨公里，铺道床97.592铺轨公里。施工进度：预制T梁完成422片。新南宁邕江四线特大桥完成862.7延米。铺架工程：完成南（宁）广（州）铁路凤岭双线特大桥、凤岭双线中桥共38孔T梁架设。路基土石方设计167.19万方，累计完成54.42万方。桩板挡土墙23985圬工方，完成15000垢工方。水泥搅拌桩130779.8米，完成125000米。抗滑桩2204米，完成2204米。CFG桩25743.7米，完成25743.7米。高压旋喷桩3812根，完成3332根。四线特大桥1座，完成862.7延米。双线特大桥2座，已开工2座，完成2900.4延米。双线大桥2座，已开工2座，全部完成。四线中桥1座，未开工。

【向塘至莆田铁路】 中铁一局承建向塘至莆田铁路FJ-5A标段。由中铁一局三、四、五、新运、厦门、物贸、电务公司施工。工程概况：新建向塘至莆田铁路XPFJ-5标段：中铁一局管段长度为35.68公里，主要施工项目有站场2个：杜坞车站、永泰车站，土石方约246万方。隧道10座：其中高盖山隧道（半座）左线7721米，右线7710米，高盖山二号隧道左线1755米，右线1753.14米，寨尾山隧道单洞双线长3972米，洋门隧道（半座）单洞双线长3170米，金瓜山隧道（半座）单洞双线长6991米，小远亭隧道单洞双线长347米，仙人脚隧道单洞双线长352米，西岭隧道单洞双线长819米。桥梁10座：其中特大桥1座，大桥4座，中桥1座，小桥4座。涵洞28座。DK454+100～DK545+875.699；FDK489+460～FDK543+674.01段长庆站（不含）至永泰站（含）、永泰站（不含）至福州站（不含）、永泰站（不含）至莆田站（不含）的铺轨、制架工程及大机养、护轮轨、线路备料。

重点单位工程是高盖山隧道、金瓜山隧道、大樟溪桥里特大桥。其中高盖山隧道工期44个月，2008年10月1日～2012年6月30日；金瓜山隧道工期40个月，2008年10月1日～2012年2月28日。大樟溪桥里特大桥工期为15个月，2008年12月1日～2010年2月28日。

五公司施工范围：DK472+640～DK480+437段，长度7.797公里。承担高盖山隧道出口段左右线共计15431米，狮公滩中桥左右线2座，本区段内信号综合接地、整体道床以及相应大临过渡工程的施工管理，价值约5.0亿元。

三公司施工范围：DK480+437～DK489+460、FDK490+787.2～FDK494+603段，长度12.838公里。承担高盖山2#燕尾式隧道1755米，寨山尾双线隧道3972米，洋门双线隧道进口段3170米，大樟溪桥里双线特大桥1座－706米，双线大桥3座－1030米，永泰车站1座，本区段内路基工程、小桥涵工程、信号综合接地、整体道床等工程及相应大临过渡工程的施工管理，价值约4.1亿元。

四公司施工范围：FDK514+923～FDK522+484.5、FDK536+182.32～FDK543+674.01段，长度15.052公里。承担金瓜山双线隧道出口段6991米，溪源双线大桥1座－410米，1公里以下双线隧道3座－1518米，杜坞车站1座，杜坞疏解线土建工程，本区段内路基工程、小桥涵工程、信号综合接地、整体道床等工程及相应大临过渡工程的施工管理，价值约5.1亿元。

厦门公司施工范围：承担全标段1613孔桥梁预制、桥面现浇以及相应大临工程的施工管理，价值约3.5亿元。

新运公司施工范围：承担全标段架梁1613孔、289公里正线铺轨、29公里站线铺轨、98组道岔、上碴整道等工程及相应大临过渡工程的施工管理，价值约6.2亿元。

物贸公司施工范围：承担全标段无碴道床轨枕预制76公里及相应大临工程的施工管理，价值约0.4亿元，并负责全标段的甲供、甲控物资采购供应工作。

电务公司：承担本标段内三电迁改施工任务，价值约1680万元。

2011年累完成6.64亿元，完成业主年度计划6.62亿元的100.3%，开累完成19.6亿元，完成施工总额27.2亿元的71.9%。

隧道：隧道设计8座，总长32760米，开工8座，贯通6座，主体完工4座。

重点隧道—高盖山隧道：设计 15436 米，累完 14674 成洞米。

重点—金瓜山隧道出口：设计 6991 米，累完 6604 成洞米。

中铁二局承建向莆铁路 XPFJ-5B 标。工程总价 15.35 亿元。向塘至莆田铁路工程三江镇至福州段 XPFJ-5B 标工程全长 30.322 公里，，位于福州市永泰县境内，分为两段，一段起讫里程为 DK462+638.45～DK472+640，长度 10001.55 米，主要工程为高盖山隧道进口段（左线 9882 米，右线 9898 米）和后角岭左、右线中桥；另一段起讫里程为 FDK494+603～FDK514+923，长度 20320 米，主要工程包括洋门隧道出口段 2（3169 米）、梨璧山隧道 2（1133 米）、南洋隧道 2（603 米）、南洋隧道 2（4053 米）、下楼隧道 2（1102 米）及金瓜山隧道进口段 2（7106 米）7 座隧道，文埕湾大桥 2（187 米）、大漳溪台口特大桥 2（732 米）、南洋 1 号大桥 2（205.5 米）、南洋 2 号大桥 2（295 米）、青坑中桥 2（43.5 米），路基五段，长 1700 米。2011 年，完成产值 3.4 亿元，为年度计划 3.6 亿元的 94%（完成业主调整年度计划 3 亿元的 111%），开累完成产值 14.5 亿元。

中铁三局承建向莆铁路 JX-4B 标。合同价款 15.4 亿元，合同工期：2008 年 10 月 1 日～2011 年 9 月 30 日。完成情况：路基主体工程全部完工；桥梁线下工程全部完工，桥面系完成 30%；隧道工程西城隧道开挖完成，武夷山隧道主体全部完成。

中铁四局承建向莆铁路 JX-2B 标。工程造价 13 亿元，合同工期：2008 年 6 月 10 日～2012 年 9 月 30 日。新建向莆铁路南昌枢纽 JX-2B 标工程位于江西省南昌市，正线里程为 D2K1449+800～D2K1453+367.7、D2K1480+628.99～D2K1501+670.6。主要工程数量：正线路基 13.08 公里双线路基，改建京九线长度 16.497 公里单线路基，动走线路长度 3.329 公里单线路基；特大桥八座共 14695.86 米，大桥 2 座共 714 米，小桥 2 座共 18.1 米，涵洞 129 座共 2791.95 米；车站两座（南昌西站、三江镇站）和房建、给排水及相关工程，站前与站后预留接口等，其中桥梁工程不包括制架梁。涉及区间路基土石方 258.34 万方，站场路基土石方 633.98 万方，道砟 28 万方，房建图纸未到，约 3 万平方米。

2011 年完成 11.98 亿元，开累完成投资 11.98 亿元。剩余工程量：声屏障 4395 平米；道砟 8.7 万方；各类房屋 3.1 万平米；站场道路 2.5 万平米；站台墙 3891 米；围墙 8096 米；以及给排水等。

中铁五局承建向莆铁路 JX-3 标。合同总额 29.7 亿元。建设单位：向莆铁路股份有限公司；设计单位：中铁第四勘察设计院集团有限公司；监理单位：西南交通大学工程建设监理公司。JX-3 标土建工程范围 DK46+484.663～DK95+900，线路长度 49.298 公里，里程为 D1K14～D2K1501+670.6=DK46+484.663；DK46+484.663～DK258+200，线路长度 288.940 公里。本标段设有大型铺架基地及制梁场各 1 处。主要工程量：设计改移道路 20.388 公里，其中，路基土石方 49.7 万立方米，新建公路桥 14 座，路面（沥青和水泥路面）8.3 万立方米；还有电力、通信线路、信号及给排水管路迁改工程；取弃土场 659.8 亩；区间路基土石方 667.19 万方，站场土石方 69.5653 万方；桥梁 20 座，共 7576.4 延长，其中特大桥 2 座 5235.87 米，大桥 9 座 1846.04 米，中桥 6 座 447.78 米，小桥 3 座 46.72 米，桥面系 7576.4 延长米。涵洞 209 座 5055 横延长米。制架 T 型桥梁：折为单线梁共计 2760.5 孔；正线铺轨 589.856 公里，站线铺轨 67.806 公里，铺道岔 270 组。年累完成 2732 万元，开累完成 23.3 亿元，剩余价值 6.5 亿元。

中铁十局承建向莆铁路 FJ-2 标。合同价 37 亿元。合同工期：土建工程 2008 年 10 月～2011 年 9 月，铺架工程 2012 年 11 月。工程概况：土建工程全长 62.828 公里，铺架工程全长 193.427 公里。主要工程量：区间路基土石方 269.5 万立方米，站场路基土石方 357.5 万立方米。桥梁 27 座，总长 10.725 公里，隧道 21 座，总长 21.06 公里。铺架线路总长 193.427 公里。线下主体工程完成，架梁完成 561 孔。

中铁十局承建向莆铁路 12 标。合同价 4.85 亿元，合同工期：2008 年 6 月～2013 年 9 月。工程概况：本标段为中铁二十一局与中铁十局联合体中标，标段正线全长 24.941 公里。十局负责起点 DK514+184～DK522+100 和 DK528+851～DK534+735 两段工程施工，长度 13.8 公里。 施工地点，福建莆田白沙镇。主要工程数量：路基土石方 77.21 万立方；特大桥 3 座 8180 米，隧道 2 座 2008 米。线下主体工程完成，附属工程施工。

中铁建工承建向莆铁路南昌西站。合同价款 20.1 亿元，合同工期：2010 年 8 月 15 日～2013 年 6 月 30 日。建设单位：向莆铁路股份有限公司；设计单位：中南建筑设计研究院股份有限公司；监理单位：北京赛瑞斯国际工程咨询有限公司。南昌西站是亚洲最先进的高铁车站之一，是一座高度现代化的中国铁路客运特等站，南昌西站建成后将成为华中地区最重要的铁路客运枢纽与规模最大铁路客运站。工程位于南昌市红谷滩新区，生米大桥连接线以南、320 国道以西、赣江以西，面积达 10 平方公里，车站总建筑面积 25.88 万平方米。车场总规模 12 台 22 条到发线、4 条正线。站房高峰小时旅客发送量 8635 人，最高聚集人数 8000 人。结构形式：站房为框架+钢结构，雨棚为钢桁架。建筑总高度为 41.6 米，站房为地下 1 层，地上 2 层。2011 完成年产值 3 亿元，形象进度为主体施工阶段。

【山西中南部铁路通道】 中铁一局承建山西中南部铁路通道 ZNTJ-11 标段。合同总价 46.4 亿元，计划竣工日期 2014

年9月30日，总工期54个月。标段起终点里程DK447+200～DK547+200，正线长91.4公里，主要工程内容为：“三电”迁改、路基、桥涵、隧道、无砟轨道、铺轨、站场设施等工程。主要工程数量为：区间路基土石方8909141立方米，站场土石方5454768立方米，特大桥11座12327.22延长米，大桥17座3994.34延长米，中桥16座1300.39延长米，框架式桥20座5727.6顶平米，涵洞186座5931.65横延米，隧道14座26582延长米，正线铺轨322.79公里，站线铺轨59.67公里，铺轨基地1处，T梁预制存梁场1处，共1233孔，另外还有站场建筑，防护圬工，软基处理。2011年累完成10.6亿元，为年度计划10.1亿元的104.6%；开累完成18.1亿元，占施工总额47.7亿元的37.87%。

中铁三局承建山西中南部铁路通道洪洞北至汤阴东段ZNTJ-9标段。合同价款18.4亿元，合同工期：2010年4月10日～2014年9月30日。

完成情况：1.路基工程：年累完成11.7万方，路基开累完成55.02万方，占设计总量71.73%，具体以下D2K391+259.09～D2K391+449：设计长度189.91米，设计数量183076方，年累数量34000方，占设计总量18.57%。D2K391+449～D2K391+766.25：设计长度317.25米，设计数量171093方，年累数量83000方，占设计总量48.51%。

2.桥梁工程：

特大桥：（1）贾庄特大桥：桩基础年累完成42个，占设计总量59.15%；承台、扩大基础年累7个，占设计总量41.18%；年累完成105.9成桥米，占设计总量20.07%；（2）旧县大桥：桩基础年累完成48个，占设计总量29.27%；年累完成30.57成桥米，占设计总量5.86%。

中桥：（1）段家湾中桥：桩基础年累完成22个，占设计总量100%；承台、扩大基础年累完成2个，占设计总量100%；墩台身年累完成2个，占设计总量100%；年累完成35.7成桥米，占设计总量68.0%；（2）古县河中桥：桩基础年累完成24个，占设计总量100%；承台、扩大基础年累完成4个，占设计总量100%；墩台身年累完成2个，占设计总量50%；年累完成32.99成桥米，占设计总量37.0%。

桥梁工程开累完成240.63成桥米，占设计总量9.1%；年累完成222.04成桥米，占年度计划23.96%。

3.涵洞工程：涵洞工程开累完成60.97米，占设计总量37.35%；年累完成36.44米，占年度计划？？%；

4.隧道工程：L≥6公里以上隧道：太岳山隧道：上台阶年累完成2520.4米，占设计总量39.75%；下台阶年累完成2541.4米，占设计总量40.08%；仰拱年累完成2507.5米，占设计总量39.55%；衬砌年累完成2460米，占设计总量38.80%；年累完成2343.75成洞米，占设计总量37%；开累完成2741.42成洞米，占设计总量43.2%。

1≤L<3公里隧道：（1）杏树咀隧道：上台阶年累完成1433.1米，占设计总量68.24%；下台阶年累完成1507.3米，占设计总量71.77%；仰拱年累完成1520.7米，占设计总量72.41%；衬砌年累完成1593.2米，占设计总量75.86%；水沟电缆槽年累完成1614米，占设计总量76.85%。年累完成1442成洞米，占设计总量68.66%；开累完成1990.87成洞米，占设计总量94.8%。（2）前家岭隧道：上台阶年累完成988.3米，占设计总量56.83%；下台阶年累完成926.3米，占设计总量53.26%；仰拱年累完成894.5米，占设计总量51.43%；衬砌年累完成921.2米，占设计总量52.97%。年累完成872.6成洞米，占设计总量50.17%；开累完成1086.96成洞米，占设计总量62.50%。

L<1公里以下隧道：燕庄隧道：上台阶年累完成677.9米，占设计总量77.29%；下台阶年累完成715.4米，占设计总量81.57%；仰拱年累完成745.1米，占设计总量84.96%；衬砌年累完成745米，占设计总量84.94%；水沟电缆槽年累完成400米，占设计总量45.61%。年累完成731.62成洞米，占总设计总量83.42%；开累完成850成洞米，占设计总量96.92%。

紫砂隧道：上台阶年累完成403.3米，占设计总量66.77%；下台阶年累完成426.1米，占设计总量70.54%；仰拱年累完成434.2米，占设计总量71.88%；衬砌年累完成430.7米，占设计总量71.30%；水沟电缆槽年累完成220米，占设计总量36.42%。年累完成404.8成洞米，占总设计总量67.01%；开累完成570.72成洞米，占设计总量94.49%。

贾庄隧道：上台阶年累完成41.5米，占设计总量9.65%；下台阶年累完成79米，占设计总量18.37%；仰拱年累完成94米，占设计总量21.86%；衬砌年累完成111米，占设计总量25.81%；水沟电缆槽年累完成430米，占设计总量100%。年累完成96.2成洞米，占总设计总量22.37%；开累完成421.4成洞米，占设计总量98%。

小水头1#隧道：上台阶年累完成602.2米，占设计总量63.38%；下台阶年累完成639.7米，占设计总量67.33%；仰拱年累完成637.5米，占设计总量67.10%；衬砌年累完成669.5米，占设计总量70.47%；水沟电缆槽年累完成950米，占设计总量100%。年累完成638.4成洞米，占总设计总量67.2%；开累完成931成洞米，占设计总量98%。

小水头2#隧道：上台阶年累完成278.4米，占设计总量45.63%；下台阶年累完成317.6米，占设计总量52.06%；仰拱年累完成326.5米，占设计总量53.52%；衬砌年累完成399.6米，占设计总量65.50%；水沟电缆槽年累完成610米，占设计总量100%。年累完成334成洞米，占总设计总量54.75%；开累完成596.8成洞米，占设计总量97.8%。

东庄隧道：上台阶年累完成716.3米，占设计总量75%；下台阶年累完成730.9米，占设计总量76.53%；仰拱年累完成 749.1 米，占设计总量 78.43%；衬砌年累完成 877.1 米，占设计总量 91.8%；水沟电缆槽年累完成 955 米，占设计总量 100%。年累完成 630.2 成洞米，占总设计总量 65.9%；开累完成 910 成洞米，占设计总量 95.28%。

西堡隧道：上台阶年累完成 251 米，占设计总量 72.33%；下台阶年累完成 260 米，占设计总量 74.92%；仰拱年累完成 288 米，占设计总量 82.99%；衬砌年累完成 342 米，占设计总量 98.55%。年累完成 261.5 成洞米，占设计总量 75.36%；开累完成 322.71 成洞米，占设计总量 93%。

旧县 1#隧道：上台阶年累完成 410.0 米，占设计总量 80.39%；下台阶年累完成 433.0 米，占设计总量 84.90%；仰拱年累完成 412.0 米，占设计总量 80.78%；衬砌年累完成 501.0 米，占设计总量 98.23%。年累完成 404.7 成洞米，占设计总量 79.35%；开累完成 474.3 成洞米，占设计总量 93.0%。

旧县 2#隧道：上台阶年累完成 659.5 米，占设计总量 66.54%；下台阶年累完成 718.5 米，占设计总量 72.50%；仰拱年累完成 740 米，占设计总量 74.67%；衬砌年累完成 763.9 米，占设计总量 77.08%；水沟电缆槽年累完成 800 米，占设计总量 80.72%。年累完成 694.4 成洞米，占设计总量 70.07%；开累完成 980.98 成洞米，占设计总量 98.98%。

中铁五局承建山西中南部铁路通道 ZNTJ-10 标。合同总额 16.3 亿元，2010 年 5 月 25 日开工，计划 2014 年 9 月 30 日竣工。建设单位：晋豫鲁铁路通道股份有限公司；设计单位：中铁工程设计咨询集团有限公司、中铁隧道勘测设计院有限公司；监理单位：甘肃铁一院工程监理有限责任公司。项目位于山西省临汾市安泽县、长治市长子县境内。起讫里程为 DK416+250～DK447+200，线路长度 30.95 公里，主要工程量：路基挖方 29.3 万方，填方 3.7 万方；桥梁 6 座 2498.53 米（特大桥 2 座 1529.22 米，大桥 3 座 886.4 米，中桥 1 座 82.91 米）；新建涵洞 3 座 62.11 横延米；隧道 8 座 26995 米，占线路总长的 87.22%。其中，10 公里以上隧道 2 座，4 公里～10 公里隧道 1 座，1 公里～2 公里隧道 2 座，1 公里以下 3 座。年累完成 5.3 亿元，开累完成 6.9 亿元。

中铁七局承建山西中南部铁路通道工程 ZNTJ-14 标段。2011 年完成 91400 万元，开累完成 107349 万元，占合同价 288680 万元的 37%。路基工程：区间路基设计 227 万方，开累完成 178 万方；站场路基设计 105 万方，开累完成 79 万方。

桥梁工程：大中桥设计 7 座，已全部开工，中桥设计 5 座，已全部完工。五陵卫河特大桥钻孔桩设计 514 根，累计完成 275 根，承台设计 54 个，开累完成 16 个，墩身设计 54 个，开累完成 15 个。二安大桥已完工。小桥开累完成了设计的 57%。涵洞设计 187 座，开工 136 座，完工 97 座。公跨铁立交桥设计 72 座，开工 21 座，主体完工 4 座。

桥梁预制及架梁情况：预制梁共设计 3254 片，开累完成 722 片，其中铁路 T 梁设计 2454 片，开累预制 T 梁 540 片。公路箱梁设计 800 片，开累预制 182 片。

T 梁架设共设计 2388 片，累计架设 T 梁 76 片（含肖河中桥 12 片）。

轨道工程：铺轨设计 196.51 公里，开累完成 35km，其中：正线设计 170.71km，开累完成 27km；站线设计 25.8km，开累完成 8km。

中铁十局承建山西中南部铁路通道 ZNTJ-15 标段。合同价 30.9 亿元，合同工期：2010 年 9 月～2012 年 12 月。工程概况：施工地点为河南省濮阳市。标段长 72.11 公里，主要工程数量：路基 59.39 公里，路基土石方 684 万方；正线桥梁 11 座共计 12728 延米；京九联络线 13.87 公里，联络线桥梁 3 座共计 4302 延米。其中复杂特大桥 3 座，一般特大桥 2 座，大桥 4 座，中桥 5 座，框架中桥 2 座。特殊结构连续梁 5 处，钢桁梁 4 处。框架中桥 2 座，框架小桥 71 座，顶进框架桥 41 座，上跨公路桥 46 座，涵洞 319 座。正线铺轨 156.29 公里（柳屯至台前北）、站线铺轨 17.97 公里等。完成路基土方 630 万方，桥梁完成 8346 米。

中铁大桥局承建山西中南通道 ZNTJ-16 标。桩基开累完成 277403 米，占设计总量的 87%；承台开累完成 456 个，占设计总量的 58%，墩身完成 352 个，占设计总量的 45%；将军渡黄河桥 86～87#墩钢桁梁架设完成，87～88#墩、92～93#墩钢桁梁架设完成 8 个节间。

中铁航空港承建山西中南部铁路通道瓦塘至汤阴东（含）段站前工程 ZNTJ-11 标 DK501+400～DK530+000 里程段中铁一局中标，重组前中铁一局一公司承建，重组后中铁航空港一公司承建。合同价款 7.1 亿元，合同工期：2010 年 4 月 1 日～2013 年 3 月 31 日，共 36 个月。设计技术标准：中南铁路设计等级为国铁Ⅰ级双线重载铁路，时速 120 公里/小时，牵引质量为 10000 吨，轴载 30 吨。新建山西中南部铁路通道瓦塘至汤阴东（含）段站前工程 ZNTJ-11 标 DK501+400～DK530+000 里程段，地处长治、壶关两县。路基长 12.644 公里；框架小桥（涵）46 道，共长 978.85 延米；特大桥 4 座，共长 3042.25 米；大中桥 7 座，共长 929.53 米；隧道 4 座，共长 9245 米；车站 1 座，长 2812.05 米，其中西岭隧道长度 5118 米，为标段重点控制性工程。2011 年累完成施工产值 4 亿元，开累完成施工产值 5.6 亿元。年累完成主要工程量：路基土石方 263.4 万立方米，附属工程 1.63 万立方米；特大桥 1029.6 延米；大桥 103.6 延米；中桥 217.7 延米；小桥 143.4 延米；涵洞 237.7 横延米；隧道成洞 4555.5 米。

【天津至保定铁路】 中铁二局承建津保铁路第四标段，系续建工程。工程造价29.8亿元，合同工期：2010年9月11日～2013年2月11日。新建天津至保定铁路工程JBSG-4标段位于河北省霸州市、保定市境内， 包括：津保正线DK55+224.36～DK96+813.4，正线长度41.58904公里，京九联络线左线HLDK97+000～霸州西站站中心，右线HLDK96+600～霸州西站站中心，左线长1.257公里，右线长1.244公里。主要工程量为：路基工程21.6公里，以填方为主，包括区间路基土石方约为273.4万立方米；站场土石方约143万立方米，水泥砂浆桩约227万米，碎石桩约403万米，CFG桩17.8万米，多方位水泥搅拌桩6.24万米，旋喷桩0.71万米。桥梁21203米/9座，其中一般特大桥20706.12米/5座，大桥442.8米/2座，中桥110.32米/2座；包括连续梁4联，其中两联（40+64+40）米和两联（32+48+32）米连续梁。双线整孔箱梁642孔，箱梁预制场1个。正线铺轨263.862公里，站线铺轨19.931公里。2011年完成“跨043省道连续梁”主跨和“跨大广高速公路连续梁”合拢以及“跨106国道连续梁”主跨下部结构。完成土石方25万立方、制箱梁91孔、涵洞130横延米、桥梁8790桥梁折合米，完成施工产值5.1亿元，占全线五个标段完成总产值的65%。

中铁六局承建天津至保定铁路工程。2010年9月1日开工，2013年2月28日竣工，调整竣工为2014年2月底，合同额调整为19亿元。截至2011年底，完成1.4亿元，结转17.6亿元，2012年计划完成4.5亿元。已完成工程主要形象进度：子牙河特大桥钻孔桩累计完成39根、承台3个、墩身2个、箱梁1孔；动车走行线左线特大桥累计完成钻孔桩434根、承台56个、墩柱43个、架梁24孔；动车走行线右线特大桥累计完成钻孔桩234根、承台29个、墩柱17个；津保铁路便线3.6公里：路基、铺轨全部完成；预制梁场大临完成，已完成T梁预制185孔。

中铁大桥局承建天津至保定铁路工程JBSG-3标。标段内完成桩基284根，预制梁24片。二个梁场中扬芬港梁场通过取证。

【张家口至唐山铁路】 中铁三局承建张唐铁路ZTSG-4标。合同价款31.3亿元，合同工期：2010年9月1日～2014年8月31日。完成情况：1.大临工程。混凝土拌和站完成8座，施工便道完成累计70.82公里，便桥完成302米。2.隧道工程。年内隧道完成开挖9664米，仰拱8128米，衬砌完成6572米，折合成洞米9400成洞米，开累完成10500成洞米。L≥6公里以上隧道：五道梁隧道进口完成开挖289米，仰拱完成275米，衬砌完成194米；五道梁隧道1#斜井完成辅助坑道738米，正洞完成开挖760米，仰拱完成604米，衬砌完成378米；五道梁隧道2#斜井完成辅助坑道950米，正洞完成开挖537米，仰拱完成20米，衬砌完成108米；五道梁隧道出口完成开挖862米，仰拱完成771米，衬砌完成563米。丰宁隧道进口开挖完成843延米，支护完成843延米，衬砌完成603.5延米；丰宁隧道出口开挖完成770延米，支护完成770延米，衬砌完成475延米；丰宁隧道进口开挖完成843延米，支护完成843延米，衬砌完成603.5延米；丰宁隧道出口开挖完成770延米，支护完成770延米，衬砌完成475延米。3≤L<6公里隧道：白土山隧道完成开挖1304米，仰拱1266米，衬砌879米；宋家梁隧道进口开挖完成163延米，支护完成163延米，衬砌完成71.8延米；宋家梁隧道出口开挖完成324延米，支护完成324延米，衬砌完成243.6延米；老营沟隧道进口掌子面开挖完成248米，仰拱完成208米，衬砌完成183米；老营沟隧道出口完成开挖282米，仰拱完成207米，衬砌完成199米。1≤L<3公里隧道：长阁隧道出口开挖完成429延米，支护完成429延米，衬砌完成384.4延米；石板沟隧道出口完成掌子面开挖16米；窑上隧道进口完成开挖232米，仰拱完成194米，衬砌完成187米；窑上隧道出口完成开挖353米，仰拱完成307米，衬砌完成170米； 榆树底隧道出口掌子面开挖70米，仰拱完成22米，衬砌完成12米；台上隧道出口完成开挖372米，仰拱340米，衬砌328米；遥岭隧道出口完成开挖535米，仰拱446米，衬砌418米；西梁隧道完成开挖537米，仰拱522米，衬砌510米。L<1公里以下隧道：后沟里隧道出口开挖完成4.5米，支护完成4.5延米；北苏武隧道出口开挖完成290.4延米，支护完成290.4延米，衬砌完成225延米。招兵沟隧道出口完成开挖172米，仰拱完成139米，衬砌完成114米； 三岔口隧道完成掌子面开挖221米，仰拱施工221米，衬砌施工221米（完工）。3.路基桥涵：由于重载方案变更，业主下达停工令，桥梁完成宋家梁潮河特大桥1根桩基。涵洞完成一座基础。2011年7月至11月，桥梁图纸到位岗子沟特大桥，涵洞到图40座，路基到图4.18公里。4.三电迁改：全线共计167处三电迁改工程，完成42处。其中通信迁改6处，10千伏以下电力线13处，10千伏电力线22处，35千伏电力线1处。

中铁六局承建张唐铁路ZTSG-1标、9标。在建项目张唐ZTSG-1标从2011年3月15日，DK36+621～DK36+933段正线路堑开挖土石方76万方；2011年4月4日试验段路基和DK45+506.5～DK52+118.5段10座涵洞开工，已完成涵洞8座；北草帽山隧道、烟囱山隧道、山字梁隧道、板山隧道，共计开挖3325.4米。2011年4月15日建设指挥部下发张唐线路基、桥涵停工通知，致使一标路基、桥涵施工进展缓慢，施工图纸不能及时到位，征拆工作滞后；合同额22.4亿元， 2011年完成2.2亿元，结转20.2亿元，2012年计划完成11亿元。

在建项目张唐ZTSG-9标系指张唐线既有车站改造和联

络线工程，线路全长 59.205 公里，开竣工日期要求：2010 年9月10日--2015年3月10日，共计54个月；合同额11.3 亿元，2011 年完成产值 0.0554 亿元，结转 11.2 亿元，2012 年计划完成 4 亿元。

中铁四局承建张唐铁路工程 ZTSG-6 标。工程造价约 27.2 亿元，合同工期原定为 2010 年 9 月 1 日～2014 年 8 月 31 日，2014 年 9 月 1 日开通试运行，总工期 48 个月本标段正线铺架工程开始日期为 2013 年 2 月 16 日；铺架工程结束日期为 2014 年 4 月 15 日，整道及精调结束日期为 2014 年 5 月 31 日。张唐铁路线路全长 528.5 公里，设站 16 座。本标段 ZTSG-6 标段位于承德市兴隆县与唐山市遵化之间，起讫里程为 DK351+500～DK402+525（土建综合工程），正线长度 51.025 公里。铺架起讫里程为 DK244+568～DK418+200，正线铺轨 344.8 公里， 预制架设 1343 孔梁。主要工作内容为：标段范围内的改移道路、迁改工程、迁改工程的征地等、路基、桥涵（包括预制架设桥梁）、隧道、轨道、站场、房屋建筑、站场建筑物及设备工程、综合管沟、大临及过渡工程、配合辅助工程及相关内容。

【大理至瑞丽铁路】 中铁一局承建大瑞铁路大理至保山段站前工程 3 标。中标价 10.1 亿元，大瑞铁路大理至保山段站前工程第三标段始于大理州永平县杉阳镇仁寿村，终于保山市隆阳区小青村，线路全长 31.6 公里（里程桩号为 D1K104+100～D1K135+666），其中大理段 6.2 公里 ，保山段 25.4 公里。

主要工程有隧道 2 座，分别为大柱山隧道，全长 14535 米，江顶寺隧道，全长 3887 米。特大桥 4 座，分别为杉阳 2#双线特大桥，长 1017.9 米；西山寺特大桥，长 677.1 米；妻贤村特大桥，长 774.3 米；孟营特大桥，长 1126.6 米。中桥 2 座，为佛田庄中桥、马家庄中桥，共计 77.8 米。小桥 1 座，涵洞 40 座，计 934.66 横延米。区间路基和 3 个车站的土石方工程（衫阳会让站、保山北站、保山站）。区间土石方设计 68.42 万方；站场土石方设计 150.9 万方；软基处理水泥搅拌桩设计 767188 米。工期：2008 年 3 月 31 日～2013 年 8 月 31 日。其中 2013 年 5 月 1 日～2013 年 8 月 31 日进行桥面系及配合铺轨架梁等施工。建设单位：滇西铁路有限责任公司。

年累完成 1.06 亿万元，占年度计划 1.04 亿元的 102.5%；开累完成 4.3 亿元，占施工总额 8.4 亿元的 51.4%。

重点隧道大柱山隧道设计 14484 米（大柱山隧道设计 14484 米，预留 II 线 209.4 米。合计 14693.4 米）：年累 855.24 成洞米，开累完成 2416.84 成洞米，占设计的 16.45%。大柱山隧道计划 2013 年 8 月 1 日贯通，截至 2011 年 12 月 25 日累计开挖 2710.8 米（进口 1060.5 米、出口 1440.9 米、预留二线 209.4 米），2009 年 4 月进洞，已 33 个月、月均开挖 82.1 米。按计划要求月均应开挖 278.5 米（14484 米/52 月），进度滞后 22 个月。

中铁八局承建大瑞线大理至保山段站前工程 I 标，由一、二、三、昆建、昆房、电务公司施工。合同价款 18.4 亿元，工程合同工期 55 个月，开工日期 2008 年 6 月 16 日，由于地质原因，工期已滞后。标段起讫里程 DK0+920～D1K72+100[大坡岭隧道进口工区（含）]，线路由既有大理站西端引出，穿福星隧道，跨西洱河及楚大高速公路，穿太邑隧道、漾濞隧道后，沿漾濞江左岸紧坡而下，于石家村跨越漾濞江至漾濞县河西镇设站；出站后线路沿老滇缅公路西行，穿秀岭隧道、跨顺濞河、穿阿克路隧道，经北斗，穿大坡岭隧道至本标段终点，线路正线长度 70.03 公里，桥隧总长 65.084 公里，占线路长度的 92.9%。本标段内有：区间路基 3.62 公里，车站路基 1.76 公里，路基总长 5.38 公里，占线路长度的 7.68%，路基土石方 35 万立方，附属圬工 10 万立方；车站 5 座；桥梁 16 座计 5288.3 延长米（其中特大桥 3 座，大桥 8 座，中桥 5 座），占线路长度的 7.55%；涵洞 39 座计 538.14 横延米；隧道 13.5 座计 59.941 公里（其中隧道长度＜1 公里的有 3 座计有 770 米、在 1＞L≤2 公里的有 4 座计有 5620 米、在 3＞L≤4 公里的有 2 座计有 7210 米、在 5＞L≤9 公里的有 3 座计有 2137 米、＞10 公里的有 1.5 座计有 24969 米，其中秀岭隧道长 17605 米），占线路长度的 85.59%；隧道内弹性支撑块式无碴轨道 39.173 公里；公路桥 2 座计 2827 平方米。2011 年完成产值 1.6 亿元，开累完成产值 10 亿元。

中铁六局承建大理至瑞丽铁路澜沧江特大桥钢管拱制作工程。建设单位：滇西铁路有限责任公司；设计单位：中国工程设计咨询集团有限公司；监理单位：中国公路工程咨询集团有限公司。新建铁路大理至瑞丽线澜沧江特大桥是一座上承式劲性骨架钢管混凝土拱桥，大桥位于大理州永平县杉阳镇岩洞村和保山市水寨乡平坡村之间的澜沧江上，全桥长 528.1 米，主跨为 342 米；桥跨布置 32.75 米+24.7 米+24.7 米+32.7 米+4×32.7 米+102 米+4×32.7 米+32.7 米。主拱拱肋在外包混凝土前为钢管混凝土桁架拱，计算跨度 342 米，桁架拱轴线为悬链线，矢高 83.061 米，拱轴系数米＝3.4。左右拱肋相对内倾，内倾角度 6.8 度，拱脚主拱间距为 28 米，拱顶主拱间距 8.191 米。每肋截面为 4 管式桁架，拱脚处桁架高 9.5 米，拱顶高 5.5 米。上、下弦管的钢管外径为 1.0 米，壁厚根据受力部位的不同分 26 毫米、36 毫米、42 毫米、46 毫米。竖向腹杆除拱脚处受力需要采用钢箱截面外，其余为工型截面或宽翼缘 H 型钢。桁架上、下平联均为宽翼缘 H 型钢，宽翼缘 H 型钢型号为 HW400X400 及 HW350X350。全桥共设置 20 道横撑，横撑为箱型混凝土截面，内包钢结构桁架，其弦管为 Φ600 钢管，腹杆为型钢。主要工程数量为钢管拱制作拼装 4900 吨。价值为 4990 万元。2010 年已全部完成了 8 跨拱肋的预拼装，二次转铰以下大理侧和保山侧钢管拱已全部拼装完毕并供货至安装单位，剩余二次转铰以上大理侧和保山侧钢管拱还未进行供货及施工，预计2012年底全部完成。

【贵阳至开阳铁路】 中铁五局承建贵阳至开阳铁路站前工程施工标。合同总额32.9亿元。2010年9月1日开工，合同竣工时间2013年6月30日。建设单位：贵阳市域铁路有限公司；设计单位：中国中铁二院工程集团有限责任公司；监理单位：武汉铁道工程建设监理有限责任公司贵阳市域铁路贵开监理站。新建贵阳至开阳铁路位于贵阳市境内东北部，线路起于长昆线贵阳北站，途径贵阳东、三江农场、羊昌、南江乡，终点位于开阳县城附近。线路全长62.83公里。包括贵阳东站长沙端（DK0+000）至开阳站（DK54+450），建筑长度为54.32公里；贵阳北（LgDK1+200）至贵阳东站（LgDK9+710）联络线，其中左线长8.51公里、右线长8.11公里。

中铁港航局承建贵开铁路第三项目。工程造价5.2亿元，合同工期29个月。工程概况：施工范围为DK31+807.4～DK44+040.3，全长12.233公里。主要结构物有桥梁8座，隧道4座。其中桥梁工程包括龙泉寺双线大桥145.99米（4-32米梁）、高寨双线特大桥699.485米（21-32米梁）、王选双线大桥392.826米（10-32米+2-24米梁）、朱家寨双线大桥411.2米（12-32米梁）、大坝土双线特大桥538.891米（5-32米梁+（36+64+36）米连续梁+7-32米梁）、田坡头双线大桥291.2米（72+128+72米连续刚构梁）、兰家寨双线大桥295.715米（2-24米梁+7-32米梁）、南江双线特大桥649.5米（1-24米梁+7-32米梁+（93.1+176+93.1）米连续刚构+1-24米梁）、隧道工程包括兰家寨明洞2（70）米、兰家寨隧道2（172米）、双园一号隧道2（313米）、双园二号隧道2（1545米）、DK40+533兰家寨框架桥（1-8米），路基土石方和站场土石方共计178.89万立方。主要工程数量：隧道座4/2100米，桥梁座8/3424.81米，涵洞18座/378.9米，路基土石方和站场土石方共计178.89万立方。
截至2011年底完成1.2亿元，占年度计划的49%。年度完成路基土石方52.01万立方，占总量的29.07%；涵洞完成303.53米，占总量的80.11%；特大中桥折合完成700.33米，占总量的20.45%；隧道完成折合完成911.74米，占总量的43.42%。

【杭州至宁波客运专线】 中铁三局承建杭甬客专HYZQ-1标。合同价款62亿元，合同工期：2009年3月1日～2011年12月31日。完成情况：1.路基工程。DK14+404～DK14+800段路基工程表层级配碎石920方，电缆槽375米，栅栏445米，接触网支座8个，集水井 5个；杭州南站站场DK14+800～DK16+755.17段路基工程完成高压旋喷桩 40000米，表层级配碎石2000方，接触网支座164个，电缆槽1991米，栅栏1100米，集水井15个；46+859.88～46+876及47+148～47+311.27段完成电缆槽358米，接触网支座8个，栅栏379米，集水井3个。2.桥涵工程。钱江铁路新桥南引桥段完成连续梁9663方，现浇双线20米箱梁2孔，计砼390方。（连续梁及支架现浇简支梁全完）桥面系完成9089双延米（栏杆部分已经全完）。声屏障4624单延米；萧山特大桥完成连续梁1125方（已经全完），桥面系7110双延米（栏杆部分已经全完）。声屏障5244单延米延米；柯桥特大桥完成承台2个，计397方（全完）；墩身3个，计612方；完成连续梁1617方，桥面系13428双延米（栏杆部分全完）。声屏障9943单延米；钱江特大桥箱梁架设328孔；萧山特大桥箱梁架设142孔；柯桥特大桥箱梁架设157孔。3.隧道工程。五峰寺隧道全部完成，包括底板113米，二次衬砌完成201米，水沟电缆槽完成492双延米，进口明洞54米，进口洞口防护3800平方米。4.轨道工程。正线有砟轨道完成道砟铺设13480方；正线CRTSⅠ型板式无砟轨道底座板34.493单线公里，轨道板铺设34.493单线公里，灌板27.48单线公里；正线CRTSⅡ型板式无砟轨道完成底座板（含板式道岔底座板）45.252单线公里，轨道板（含板式道岔道岔板）铺设45.252单线公里；正线CRTSⅠ型双块式完成底座板677.8单延米，道床板浇筑完成677.8单延米；正线轨枕埋入式无砟轨道完成底座板1171.4单延米，道岔板浇筑完成1171.4单延米；站线无砟轨道柯桥高架站：CRTSⅠ型板式底座板完成2939.372单延米，道床板浇筑完成2939.372单延米；长枕埋入式完成301.168单延米，道岔板浇筑完成301.168单延米；轨道板预制轨枕板场预制Ⅰ型板3700块；铺道岔铺设24组，其中杭州南站12组，柯桥站12组；铺轨及锁定完成正线铺轨、锁定258.8单线公里，站线铺轨、锁定完成14.47单线公里。5.地方新增工程。商聚街2×12立交桥L=193.49米（在杭州南站下穿杭甬杭长）跨杭甬的已经完成，两线之间的U型槽已完，跨杭长只施工了一节框架，完成基础混凝土900立方米、承台混凝土1560.8立方米、主体框架混凝土2467.3立方米、U型槽混凝土283立方米；郎家路4×8立交桥L=184.05米（在杭州南站下穿杭甬杭长）跨杭甬部分已经完成，跨杭长只施工了2节框架，完成基础混凝土1500立方米、承台混凝土1867立方米、主体框架混凝土3576立方米、附属工程22立方米；通货路改移，钻孔桩704米（全完）、承台224.1立方米（全完）、墩身149.45立方米（全完）、侧墙44.9立方米（全完）、台帽51.4立方米（全完）、空心板梁162.93立方米（全完）、挡墙405立方米、排水沟430米、检查井18个、挖土方3000立方米；通城大道立交桥L=470米（在杭州南站上跨杭甬杭长，上跨杭甬杭长部分为左幅41+45右幅41+43连续梁）完成钻孔桩780米；彩虹大道立交桥L=314米（在杭州南站上跨杭甬杭长，上跨杭甬杭长部分为47.5×2连续梁）钻孔桩完成1913米、系梁完成77立方米/2个、墩身完成66立方米/3个。

中铁五局承建杭甬铁路客运专线HYZQ-1标。合同总额13.2亿元。2009年4月27日开工，合同竣工时间2011年10月31日，后调整至2012年8月1日。建设单位：上海铁路局，浙江省铁路投资集团有限公司；设计单位：中铁第四勘察设计院集团有限公司；监理单位：华东监理公司。杭甬铁路客运专线HYZQ-1标DK47+311～DK65+704段工程全长18.392公里，结构工程主要有特大桥2座18.28公里，路基105.58米。其中袍江特大桥起讫里程DK47+311.27～DK47+879.67，全长568.4米，绍兴特大桥起讫里程DK47+985.25～DK65+704，全长17718.75米，二标桥曹娥江特大桥制架梁72孔，支架现浇24米标准梁1孔；制架梁共576孔。管段内无砟轨道CRTSⅡ型板施工共计5658块。年累完成2.1亿元，开累完成13.6亿元，剩余价值-3543万元。

【西安至平凉铁路】 中铁一局承建西安至平凉铁路3标，中铁一局一、三、五、桥梁、新运、电务、建工公司施工。工程造价25.1亿元，总工期27个月，2008年12月20日～2011年2月20日。本标段线路经彬县、长武及甘肃省宁县、泾川等县，至陇东重镇平凉市，即从太峪隧道出口—平凉南，起至里程为DK120+648～DK269+768；DK269+768～宝中K169+500，长149.13公里。主要工程有：车站11座，新建长庆桥、泾川、泾明、花所、彬县、彬县西、大佛寺、长武、米家沟、齐家河，改建平凉南站；铺架工程永寿梁隧道（左线）出口（DK112+770）—平凉南（宝中K169+500）段铺架工程（含预制梁）153.832正线公里；铺轨基地及制梁场设在平凉南站，预制T梁1902片。桥梁工程特大桥29246.95延长米/19座，大桥1344延长米/5座，中桥2265延长米/33座；隧道工程18687延长米/18座，其中相公塬隧道4180延长米；电力蒿店（DK92+250）—大佛寺（DK135+000）电力线路永临结合部分。

2011年累完成4.4亿元，完成年度计划8.4亿元的52.81%；开累完成19亿元，完成施工总额25.1亿元的75.8%，总体施工进度滞后，主要受征地拆迁影响，严重制约施工进度。

中铁三局承建西平铁路XPS-1标。合同价款14.1亿元，合同工期：2008年12月20日～2012年2月20日。完成情况：1.路基工程：区间路基挖方完成7.55万立方米，填方完成34.169万立方米；站场路基挖方完成3.4万立方米，填方完成12.329万立方米；路基浆砌片石完成4.1万立方米；土工格栅21.5万平方米；灰土挤密桩完成15.97万米，强夯24.02万平方米。2.桥涵工程：铁路大、中桥梁完成2028.68延米；涵洞工程完成20座，折合409横延米。3.隧道工程：隧道工程完成491.796延米，三座隧道全部达到铺架条件。4.铺架工程：桥梁架设46孔；正线新铺轨60公斤/米线路6.796公里；新铺道岔9组；站线铺轨1.84公里；拆除线路0.315公里；铺设面碴累计13.592万立方米。5.房建工程：南市车站综合楼完成一层框架柱，灵源加压泵房完成地基处理，灵源综合楼完成填土、基坑开挖，灰土挤密桩完工灵源综合楼完成填土、基坑开挖、灰土挤密桩完工。灵源深井泵房：地基处理完成；永寿车站：总体临建搭设。永寿站场旅客站台墙17.8方。接触网工区锅炉房：主体完工。接触网工区存油间：主体完工。接触网工区生产待班楼：主体完工。接触网工区作业车、梯车、材料库：主体完工。加压泵房：主体完工。车站锅炉房：主体完工。10千伏配变电所及保养点：主体完工。

【蒙（自）河（口）铁路】 中铁一局承建蒙河铁路1标段，中铁一局三、四、五、重庆、电务、新运、建工、工贸公司施工。中标价23.7亿元，工期45个月，2009年3月25日～2012年12月25日。本标段起点位于云南省蒙自县，终点位于屏边县，线路起讫里程为DK1+000～DK72+080，线路全长71.137正线公里。所包含的主要工程内容：本标段内的路基、桥涵（预应力混凝土连续梁、连续刚构梁、支座及桥面系）、二标桥梁桥面系中吊篮、墩台围栏除外的桥面系工程、隧道及明洞、线路防护栅栏、改移道路、改移公路桥、三电及水油气管道的迁改、无碴道床、大型临时设施及过渡工程、配合辅助工程、路基上的电缆沟槽、全线范围内的预制梁、架梁和轨道工程（含铺轨）等土建工程项目。结构物众多，分布不均衡本标段共有特大、大、中、小桥30座，共计7993.12米；隧道12座，共计35324.65米，桥隧结构物占线路60.9%，另外有涵洞149座，共计2920.21横延米。大部分大型结构物多集中在郎敞寨至屏边的群山峻岭内，蒙自至郎敞寨大部分地段为路基工程。

重点工程—屏边隧道（全长10381米）：开工时间为2009年11月17日，计划2012年7月30日衬砌贯通，2012年9月30日竣工，总工期42个月。
年累完成4.98亿元，占业主调整后年度计划4.95亿元的100.6%；开累完成14.3亿元，占施工总额23.7亿元的60.6%。

中铁五局承建蒙河铁路2标，系续建工程。合同总额22.7亿元。2009年4月1日开工，合同竣工时间2012年10月25日。建设单位：滇南铁路有限责任公司；设计单位：中铁二院工程集团有限责任公司；监理单位：云南铁路工程监理有限责任公司蒙河铁路监理站。云南国际铁路通道蒙自至河口铁路，位于云南省红河州屏边县和河口县境内，其2标管段线下工程全长70.36公里；米轨联络线长1.89公里；路基（含站场路基）长3.82公里；桥梁18座4428.06米；涵洞29座1772.61横延米；隧道20座61859延长米；车站6个；总工期43个月。隧道进出口大都在陡峭的山坡上，桥隧相连，地质环境复杂，施工难度大，交通不便，施工条件艰苦。年累完成5亿元，开累完成13.4亿元，剩余价值9.3亿元。

【德（州）龙（口）烟（台）铁路】 中铁一局承建德龙烟铁路德州至大家洼段Ⅲ标段，中铁一局桥梁公司、建安公司、原一公司、新运公司、桥梁公司施工。2011年累完成4.3亿元，占业主下达年度计划8.4亿元的51.1%；开累完成8.3亿元，完成总投资25.1亿元的32.9%。

中铁四局承建德龙烟铁路德大段二标工程。工程造价：18.35亿元。合同工期：2010年6月6日～2013年6月5日。起讫里程为DK95+130～DK182+947。主要工程数量：电力迁改工程91处、1100万余立方土石方工程、地基处理水泥搅拌桩约350万延米、袋装砂井约230万延米、特大桥4座4065.33延米、大中桥67座6761.56延米（其中连续梁5处、1-64米系杆拱4处、1-64米钢桁梁1处、现浇槽型梁1处）、小桥1090.62延米、涵洞5842.34延米、房屋8345平方米、粒料道床36.7万方、新道岔铺设63组等。工程进度：袋装砂井214万米，路基搅拌桩132万米，结构物搅拌桩74万米，碎石垫层28万立方米，砂垫层13万立方米，区间路基填方540万立方米；站场挖方10.5万立方米，填方226万立方米。桩基2177根，承台335个，墩柱335个。主要剩余工程量：路基工程：土石方300万立方米，片石40万立方米，播草籽1409030平方米，栽植灌木、乔木1095万株，土工合成材料140万平方米，防护栅栏192.585单侧公里，声屏障10563平方米；桥梁工程：特大桥1056延长米，大桥540延长米，中桥467延长米，小桥97.7延长米，涵洞94横延米。新技术：采用重物搬运装置将钢桁梁拖拉就位，将滑动摩擦改为滚动摩擦。累计完成投资12.3亿元、建安产值数12.3亿元。

中铁十局承建德龙烟铁路德州至大家洼段工程综合Ⅰ标段。合同价款21.6亿元，合同工期：2010年6月 ～2013年6月 。工程概况：施工范围为黄河涯（含）DK000+000～DK95+130段新建工程（单线），黄河涯至岳高铺上行疏解线4.12公里，DK95+130～DK170段内T型梁的预制及架设及长钢轨铺设。主要工程数量：路基土石方1057万方，特大桥5座，大桥17座，中桥37座，正线铺轨99公里，站线铺轨23公里等。重点桥梁工程为DK1+988.4漳卫新河大桥、DK21+078.3跨京沪高速铁路特大桥（跨京沪高速铁路处采用（2-24）米混凝土槽型梁，其余地段采用简支T梁）。完成路基土方696万方，桥梁完成4255米。

中铁航空港承建德龙烟铁路德州至大家洼段综合3标，中铁一局中标，重组前中铁一局一公司承建，重组后中铁航空港辽宁公司承建。起讫里程DK218+745～DK257+530.37，合同价款5.8亿元，合同工期：2010年6月6日～2013年6月5日，共36个月。设计技术标准：客货共用国铁1级；单线、预留复线；设计时速160公里/小时；最小曲线半径：一般3500米、困难2800米。标段线路长36.975公里，其中有短链一处，长2055.28米。沿线途经东营、潍坊两市。管段内有车站四座（田庄站、小清河西站、官台站、东宅科站）；改线一处（长度为1.956公里）；共有桥梁26座，其中特大桥6座（含益羊线弥河分流特大桥）、大桥8座、中桥12座，共计9759.55米/26座。路基总长度约30.167公里，路基过渡段软基处理为水泥土搅拌桩设计90万延米，设计土石方量370万立方米。管段内四次跨越公路、六次跨越河流、一次跨越铁路，分别为：DK219+399.7跨东青高速公路、DK224+135.9跨230省道、DK248+480.03跨南海路、DK254+435.9跨226省道、DK225+579跨武家大河、DK231+718.16跨支脉河、DK248+220.95跨小清河、DK241+472.2跨新塌河、DK246+436.61跨系张僧河、DK249+72跨营子沟、DK256+171.3跨宅羊铁路。2011年累完成施工产值2.1亿元，开累完成施工产值2.5亿元。年累完成主要工程量：涵洞1942.4横延米；路基完成3207.8延米，其中旋喷桩66000延米，搅拌桩162472延米，水泥搅拌桩741877延米；桥梁完成5207.77延米。

【(东)莞惠(州)城际轨道】 中铁三局承建莞惠城际GZH-7标（含SKZH-1标）。合同价款21.3亿元，合同工期：2009年9月18日～2012年1月31日。完成情况：1.暗挖隧道：竖井累计完成361米，正洞开挖支护完成1984米，仰拱完成1249米，衬砌完成288米。土方开挖完成23万方，初支喷射混凝土完成31976方，仰拱填充完成1707.165方，二衬混凝土浇筑完成3785.7方。2.明挖区间：DK51+339～DK51+434盾构井施工连续墙、主体结构施工完成。DK51+434～DK52+000明挖段完成明挖围护及主体施工95米。明挖段累计地连墙完成浇筑8269.24方，主体混凝土累计浇筑18118.168方。土方开挖47983方。明挖段临近既有线地面深孔注浆施工完成。3.高架区间：常平东1号特大桥完成钻孔桩161根，承台21座，墩身18座，垫石完成0#～7#墩身；常平东2号特大桥完成钻孔桩234根，承台34座，墩身30座，预制遮板847块。4.常平车站：常平车站为地下三层车站，完成箱涵迁改完成180米，围护结构地下连续墙12幅。5.常平东站：已完成钻孔桩53根。6.轨枕预制：截至2011年底莞惠7标完成双块式轨枕预制55141根。

中铁八局承建莞惠城际轨道交通GZH-10标段工程。合同价款5.6亿元，合同工期：2009年9月18日～2012年1月31日，实际开工日期为2009年10月18日。标段位于广东省惠州市，施工范围：DK84+685～DK90+930段，正线长6.245公里，其中桥梁长6.082（含高架车站）公里，路基长0.163公里，2011年完成产值8337万元，完成桥梁1151.45延米。

中铁十局承建莞惠城际轨道交通项目9标。合同价款9.4亿元。合同工期：2009年9月～2012年1月。工程概况：施工地点为惠州市惠城区沥林镇。GZH-9合同段，起点里程GDK67+151，终点里程DK82+314，线路全长14.823公里，其中高架桥长11.103公里，占本标段长度的74.90%。主要工程数量：路基土石方43万立方；高架区间11.103公里；无砟轨枕道床施工，包括GZH-8至GZH-14标轨枕板预制，标段内共铺设无砟轨枕道床30.11公里。完成路基土方28万方，桥梁完成10724米。

【集(宁)包(头)铁路增建第二双线】 中铁四局承建集包铁路增建第二双线工程JBZH-6标。工程造价24.8亿元，合同工期：2009年4月1日～2011年9月30日。新建京包铁路集宁至包头段增建第二双线工程JBZH-6标位于内蒙古自治区包头市境内，施工范围为：DK759+800～K14+200

正线及货物外绕线（HDYK9+000～HDYK22+800）范围内线下土建工程、房建、给排水、站场建筑及设备安装工程；包头站、包头东站、包头西站站改工程施工及大型临时设施和过渡工程。主要工程数量为：路基全长 56 公里，土石方 758 万方；特大桥 6 座，大中桥 20 座；涵洞 96 座；钢结构站台雨棚 103737 平方米；房屋建筑面积 22792 平方米；正线铺轨 306 铺轨公里，站线 29.8 铺轨公里；制架梁 1020 孔，架梁 1122 孔。2011 年完成投资 2 亿元，开累完成投资 11.6 亿元。

中铁四局承建集宁至包头段增建第二双线工程 6 标铺架。合同造价约 6.8 亿元，合同工期：2009 年 4 月～2011 年 11 月。铺架工程及工程量：察素齐至包头枢纽区间里程为 DK705+047～K22+850＝DK824+669，正线长度 113 公里。主要工程量为：正线铺轨 243.85 公里，站线铺轨 39.38 公里，铺道岔 169 组，铺道砟 75 万立方米，桥梁架设 795 孔及线路相关工程。察素齐至台阁牧区间里程为 DK672+738～DK705+047，正线长度约 33.309 公里。主要工程量为：正线铺轨 66.618 公里，铺道砟约 15 万立方米，桥梁架设 256 孔及线路相关工程。桥梁架设：严格按供梁计划组织生产桥梁，认真组织桥梁运输，满足铺架进度要求。合理安排施工方案和工艺，成立 QC 攻关小组，使用新技术，采用先进的机械设备 TJ165 架桥机、DJ168 公铁两用架桥机。跨区间无缝线路施工：500 米长钢轨焊接委托呼铁局焊轨段焊接，除道岔内部焊接采用铝热焊外，其余现场单元轨焊接和锁定焊均采用移动式接触焊，以确保钢轨焊接质量和进度。加强上砟整道工作，用大型养路机组对轨道按规范要求进行线路养护，以确保开通时速达 160 公里。铺砟工作：在铺轨前预铺 15 厘米厚道砟，铺轨完成后，及时上砟整道。组织 60 辆 K13 矿石车分 3～4 列补砟，加强线路铺设后的整道工作。完成情况：设计铺轨 305.168 公里，完成 239.015 公里。设计架梁 1122 孔，完成 736 孔。设计上砟 90 万立方米，完成 57.414 万立方米。设计铺设站线 19.686 公里，已全部完成。设计铺道岔 51 组，已全部完成。

中铁六局承建集宁至包头增建第二双线 JBZH-5 标段。合同额 21.3 亿元，调整合同额 22.3 亿元。开竣工日期要求：集包增建第二双线工程项目开工日期 2009 年 4 月 10 日，投标工期为 974 天，即合同竣工日期为 2011 年 12 月 31 日，后蒙冀公司根据呼铁局与内蒙古自治区对接会议精神，对开通日期进行了调整，要求 2012 年 8 月 30 日开通试运营。施工范围包含京包线 DK632+483～DK759+800 段，南绕货物线 NDK623+388.89～NDK687+747.68 段，土建综合工程。主要内容包括区段内改移道路，路基、桥涵、轨道、房屋以及其他运营生产设备及大型临时设施和过渡工程、呼东客车整备所工程。2011 年完成产值 3.5 亿元，开累完成 19.26 亿元。截至 2011 年底，路基土石方累计完成 2071 万方，完成 98.5%，梁桥工程主体部分已经全完，箱桥完成 17177 顶平米，完成 96%，涵洞完成 7372 横延米，完成 99.8%，正线铺轨完成 10.89 公里，完成 100%。站线铺轨完成 12.69 公里，完成 65%，铺设道岔 47 组，完成 77%，房建工程完成 9985 平米，完成 35%。

【广（州）深（圳）铁路新建站房工程】 中铁五局承建广深铁路布吉站辅助客运站行包房工程，系新建工程。合同总额 4601 万元，2011 年 9 月 7 日开工。建设单位：广深铁路股份有限公司；设计单位：华南理工大学建筑设计研究院；监理单位：广东至艺工程建设监理有限公司。项目位于广东深圳市布吉镇，行包房建筑面积 4926.49 平方米，西侧为布吉车站一站台、东侧为深惠路、北侧靠近布吉枢纽的东广场。层数为地下一层，局部楼梯间位置有地面一层，与行包地道相连。主要工程数量：行包房建筑面积 4926.49 平方米，年累完成 1461 万元。

中铁十局承建广深铁路石龙车站迁建工程。合同价款 6 亿元，合同工期：2010 年 7 月～2011 年 8 月。工程概况：施工地点，广东省东莞市石龙镇。主要工程数量：路基土石方 92.38 万方；框架式中桥 5 座共计 205.63 延米，轨道工程正线 10.66 铺轨公里、站线 3.122 铺轨公里。房建工程 39682 平方米。 站房主体工程完成，R2 线过轨段施工中。

中铁建工承建广深铁路布吉辅助客运站站房建设工程。合同价款 4.1 亿元，合同工期：2010 年 3 月 29 日～2012 年 8 月 31 日。建设单位：广深铁路股份有限公司；设计单位：华南理工大学建筑设计院；监理单位：广东至艺工程建设监理有限公司。布吉综合客运枢纽是深圳市六大综合交通枢纽之一，位于深圳市龙岗布吉镇布吉火车站地区，西靠现吉华路、东临深惠路，南起穿孔桥、北至规划车站路所围合的梯形区域，总用地面积为 13.71 公顷。新建的广深线布吉辅助客运站为布吉客运枢纽的重要组成部分，其站房模式为跨线式， 主站房采用框架结构，基础形式为桩基筏板，地上 2 层，地下 1 层，建筑高度 27.5 米。2011 年完成产值 1.7 亿元，形象进度，装修、屋面系统施工。

【厦（门）深（圳）铁路】 中铁三局承建厦深铁路 2 标。合同价款 7.7 亿元，合同工期：2008 年 9 月 1 日～ 2011 年 2 月 28 日。完成情况：路基工程：（分区间和站场各完成土石方数量，完成设计数的百分比；如有加固工程也分列），区间路基土石方 5.2 万方，完成设计数量的 100%；站场路基土石方 0.8 万方，完成设计数量的 99.73%，桥梁工程：松寿头特大桥：完成 79.48 成桥米，完成设计数量的 97.62%；涵洞工程：10 年已全部完成；隧道工程：10 年已全部完成；制架梁：完成制梁 5 孔，箱梁架设 30 孔，装梁 40 孔，完成设计量的 100%。

中铁八局承建厦深铁路 XSGW-1 合同段。合同价款 8.1 亿元，开工日期 2008 年 8 月 23 日，总工期 28 个月。由二、三、电务、桥梁公司施工。标段施工里程为 DK245+962.61～DK260+292，线路正线长度 14.464 公里。主要工程包括路基土石方 202 万方；桥梁双线 6 座 7.513 公里；隧道双线 2 座 1.354 公里；普宁站设制梁场 1 处，预制箱梁 467 片。其中设普宁站：DK256+200～DK258+105。2011年完成产值1075万元，开累完成产值7.7亿元。

【巴彦乌拉至新邱铁路】 中铁四局承建巴彦乌拉至新邱铁路ZH-06标段。工程造价：2亿万元。合同工期：2009年2月15日～2010年9月30日，受业主资金及征地拆迁影响，工期延后。本标段（ZH-06标）工程范围DK81+530～DK124+000，线路正线长度42.47公里，桥梁工程设单线桥5座计2502.72延米（其中特大桥3座，中桥2座），涵洞76座计1841横延米；新设车站2个（白音昌站、黄花塔拉站）。桥梁工程：博等沟特大桥（重点工程）、东扣根特大桥、新镇特大桥。2011年完成产值3730万元，开累完成产值18896万元。

中铁四局承建巴彦乌拉至新邱铁路ZH-08标段。工程造价2.4亿元，合同工期：2009年2月15日～2010年9月30日，受业主资金及征地拆迁影响，工期延后。本标段（ZH-08）起止里程为DK150+100～DK196+000，线路正线长度为45.930公里。本标段起始3.9公里位于通辽市奈曼旗境内，剩余里程均位于赤峰市敖汉旗境内。主要施工内容为：路基、桥涵、房屋、其他生产运营设备及建筑物、临时工程及过渡工程。其中路基土石方546万断面方；孟克河特大桥819.03延米（24墩2台，158根桩），孟克河大桥436.02延米（12墩2台，72根桩）；框架桥2座22.545延米；涵洞111座计2161.84横延米；车站2座（清河站与长胜站），房屋面积1680平方米。2011年完成产值4763万元，开累完成产值1.8亿元。

中铁九局承建巴新铁路工程KZ-01标段、ZH-02标段。工程造价1.3亿元，2007年11月15日开工，预计2012年12月31日竣工。建设单位：辽宁春城工贸有限公司；设计单位：铁道第三勘察设计院；监理单位：天津新亚太工程监理有限公司。新建巴彦乌拉至新邱地方铁路工程KZ-01标段、ZH-02标段，其里程为DK1+200～DK19+000，走行线全长15.4公里，隶属北方巴新铁路有限公司管辖。主要工程数量：公路桥2630平方米，涵洞33座，中桥5座，特大桥816.4米/1座；路基土方251.52万立方米。2011年完成产值566万元，开累完成产值9176万元，完成总价的69.8%。

【重庆至利川铁路】 中铁五局承建重庆至利川线Ⅵ标段，系续建工程。合同总额19.8亿元。2008年12月28日开工，合同竣工时间2013年12月28日。建设单位：渝利铁路有限责任公司；设计单位：中国中铁二院工程集团有限责任公司；监理单位：长沙中大监理公司。标段里程为D1K233+370.3～DK274+983，线路长41.626公里，途经重庆沙子镇、冷水乡、枫木乡及湖北省利川市汪营镇，在凉雾乡与在建宜万铁路接轨。主要工程量：区间路基土石方1918973立方米（断面方），车站2座（沙子关车站和凉雾车站）；桥梁20座9418.21延长米，特大桥5座6122.5延长米，大桥13座3177.85延长米，中桥2座117.86延长米；涵洞48座1521.9横延米；隧道8座23440米。年累完成5.4亿元；开累完成20.2亿元，其中：合同内191202万元，合同外完成10600万元；剩余价值6707万元（合同内）。

中铁大桥局承建重庆至利川线土建铺架工程施工Ⅲ标段。蔡家沟特大桥悬浇梁完成设计数量的88.5%，22#墩12#块完成、23#墩13#块完成。除蔡家沟特大桥外其他工程主体施工全部结束。

【佛山至肇庆城际轨道项目】 中铁八局承建佛肇城际佛山至肇庆城际轨道交通GZZH-1标段工程。合同价款4.2亿元，合同工期：2010年05月15日～2012年08月31日，实际开工日期为2010年05月15日。标段工程主要施工内容为：桥梁6.882公里（含狮山高架车站），路基0.278公里，全长7.16公里。主要工作内容5座桥梁下部结构（含7联连续梁、12孔支架现浇40米简支梁，不含25米和30米简支梁的预制、架设）、路基、桥梁过渡段、无碴轨道道床、双块式轨枕运输、铺装、道路改移、道路绿化、沟渠改移、“三电”及管线改移（不包含10千伏及以上高压线路迁改）。桥梁工程比例大，占本标段正线长度的96.1%（含高架站桥），是本标段的最主要的特点。桥梁工程多处跨越既有公路、鱼塘、小型水库。2011年完成产值6004万元，开累完成产值6268万元，桥梁完成827.5延米。

中铁港航局承建佛肇段工程施工总承包GZZH－3标段。工程造价6.6亿元，合同工期：2010年5月15日～2012年3月9日。工程概况：珠三角城际轨道交通项目佛肇段工程施工总承包GZZH-3标段起点里程为DK50+107.82，终点里程为DK55+329.27，线路全长5.22公里。位于佛山市三水区城市北侧，自东向西，从瓷砖市场进场，然后穿过同福路，进洞后一直西延，沿途穿过东信山庄别墅区、沿广三高速布线、下穿在建的二广高速及广茂铁路，在三水西站货场东侧出洞，标段止于三水西站货场。主要工程数量：本标段工程主要为云山隧道及隧道两端的路基段。云山隧道全长4720双延米，分为明挖段900双延米（含过渡段、敞开段）及矿山法施工段3840双延米；路基段长481.5米，路基段地基处理CFG桩75567米、管桩处理119355米、碎石垫层5327立方，路基填筑50693立方，双块式轨枕施工10.32公里。截至2011年底完成3.05亿元，占调整年度计划的90%。

【巴准铁路（巴图塔至点岱沟）】 中铁九局承建DK117+533～DK127+771标段。工程总造价3.4亿元，2010年9月5日开工，预计2012年12月30日竣工。建设单位：神华新准铁路有限责任公司；设计单位：中铁第五勘察设计院集团有限公司；监理单位：内蒙古沁原工程建设监理有限公司。新建铁路巴准线（巴图塔至点岱沟段）工程，位于内蒙古鄂尔多斯市准格尔旗境内。标段里程桩号DK117+533～DK127+771，长12.24公里。主要工程数量：路基土石方

209.68 万立方米，大桥 1411.41 米/7 座，中桥 2 座，涵洞 14 座，肋式盖板涵 1 座。隧道 4237 米/4 座等。2011 年完成产值 8500 万元，占总价的 24.7%。

中铁上海工程局巴准线（巴图塔至点岱沟段）工程施工第二标段。工程造价 3.7 亿元，合同工期：2010 年 9 月 5 日～2011 年 9 月 20 日。工程概况：工程位于内蒙古自治区鄂尔多斯市准格尔旗境内，为铁路Ⅰ级双线，电力牵引，牵引质量 10000 吨。本标段起始里程为：DK16+450～DK32+804，正线长度 16.354 公里，施工内容为路基、桥梁及涵洞。其中路基累计 10.923 公里（其中填方 44 万立方米，挖方 404 万立方米），桥梁 5.502 公里。土工格栅 9 万平方米，不透水土工布 13 万平方米。特大桥 3 座分别为：奎洞沟特大桥 872.61 米；木匠沟特大桥 1737.65 米，碾房塔特大桥 847.61 米，累计 3457.26 延米。大中桥 7 座，累计 1973.88 延米。涵洞 15 座，累计 796.49 延米。混凝土 233963 立方米。主要工程数量：有特大桥 3280.81 延米/3 座，大桥 2221.37 延米/7 座，涵洞 236.77 延米/9 座。其余为路基工程，其中路基挖方 426.3 万立方米，填方 29.82 万立方米。共有混凝土约 23 万立方米。钢筋约 7200 吨。2011 年年度完成 2.4 亿元，占调整年度计划的 113%。年度完成路基土石方 237 万立方米，占总量的 55%，涵洞完成 184 米，占总量的 78%，特大中桥折合完成 4151 米，占总量的 69%。

【广州至珠海铁路】 中铁三局承建广州至珠海铁路 4 标。合同价款：13.1 亿元，合同工期：2008 年 5 月 16 日～2011 年 12 月 15 日。完成情况：区间及站场土石方完成：20.1 万立方米，计 192.3 万元，全部完成时间 2011 年 5 月 30 日，路基附属工程完成 920 万元，尚未全部完成，桥梁工程，双线特大桥完成 121 成桥米，计 490 万元。其中杜坑特大桥连续梁 2011 年 5 月完成合拢，6 月份完成 128 米钢管拱安装；棠下特大桥 2011 年 3 月份完成连续梁合拢；元岭特大桥 2011 年 4 月份完成全部下部结构；单线特大桥完成 35.8 成桥米，计 43 万元，东头围特大桥桥面系 2011 年 12 月安装完成；大桥完成 59 成桥米，计 260 万元。其中跨佛开高速大桥 2011 年 3 月份完成提篮拱系梁浇筑，5 月份完成提篮拱安装；坪头大桥 2011 年 4 月完成全部下部结构；中桥完成 169 成桥米，计 1034 万元。其中江门南通道立交桥 2011 年 3 月份完成全部下部结构；跨昆南公路中桥、跨 325 国道中桥 2011 年 4 月份完成全部下部结构；杜阮中桥、莲花中桥 2011 年 5 月份完成全部下部结构；龙泉中桥 2011 年 6 月份完成全部下部结构；涵洞完成 42 横延米，计 56 万元；隧道：双线隧道完成 1043.5 成洞米，计 8063.7 万元，全部为江门隧道工程。

中铁六局承建广州至珠海铁路 SG-5 标段。合同价款 14.84 亿元，在施工过程中Ⅰ类变更设计及材料差价调整增加造价 3.16 亿元，截至 2011 年底合同总价为 18 亿元。项目于 2008 年 4 月底开工，计划于 2012 年 10 月底竣工。标段位于珠江三角洲西翼，跨江门水道（Ⅲ级航道）至三江，过虎坑水道（Ⅲ级航道）至古井、沙堆，跨越虎跳门水道（Ⅰ级航道）进入珠海市斗门区，沿珠港大道南行至本线设计终点高栏港站。虎跳门特大桥为广珠铁路重点控制工程，是单线铁路内提篮拱桥亚洲第一跨度。截至 2011 年，完成合同产值 16.9 亿元，剩余 1.1 亿元。

【东北东部铁路通道项目】 中铁九局承建东北东部铁路通道前阳至庄河段 DT2 标段。工程造价 61.5 亿元，2010 年 4 月 7 日开工，预计 2013 年 9 月 30 日竣工，建设单位：丹大快速铁路有限责任公司；设计单位：铁道第三勘察设计院集团有限公司；监理单位：沈阳铁路建设监理有限公司。工程位于辽宁省丹东市境内，正线长度为 93.66 公里，起点里程为 DK63+798，线路毗邻丹大高速和 201 国道，东至丹东市，线路终点里程为 DK252+000。主要工程数量：路基挖方 418.3 万立方米，填方 926.5 万立方米，水泥砂浆桩 97.57 万延米，水泥搅拌桩 54.54 万延米，CFG 桩 118.49 万延米，钢筋混凝土管桩 134.81 万延米。正线桥梁长 49.14 公里，联络线及配套工程桥梁长 3.88 公里，全线共计 37 座桥梁，其中特大桥 49797 延米/26 座，大桥 2446.5 米/8 座，中桥 3 座。涵洞 119 座。隧道 15601.5 米/8 座。正线铺轨 226.11 公里，站线铺轨 60.79 公里，铺碴 82.72 万立方米，铺岔 192 组。新建车站 6 个，改建车站 1 个，房屋 29271 平方米及大临工程等。截至 2011 年末累计完成产值 25.5 亿元，完成总价的 41%。

中铁九局三公司承建东北东部靖宇至松江河铁路工程。工程造价 17.6 亿元，2009 年 9 月 20 日开工，预计 2012 年 3 月 20 日竣工。建设单位：东北东部铁路通道工程建设指挥部；设计单位：吉林铁道勘察设计院有限公司；监理单位：沈阳铁路建设监理有限公司。线路起点接轨于宇辉铁路靖宇站，车站中心为新线起点 DK0+000，经由靖宇县、三道湖镇、花园口镇，抚松县县城、松江镇等地。线路终点引入浑白铁路松江河站，车站中心为新线终点 DK73+910，线路全长 73.9 公里。主要工程数量：全线特大桥 5458 米/7 座，大桥 4043 米/16 座，中桥 8 座，框构桥 6 座，涵洞 91 座，公路桥 6 座，道路涵 4 座。全线 500 米以下的短隧道 2 座，500 米以上至 3000 米的中长隧道有 11 座，3000 米以上至 10000 米的长隧道有 3 座，全线最长的隧道为下山头隧道，全长 7940 米。路基长度 32.2 公里，路基土石方 7.68 万立方米。铺轨 95.4 公里，铺道岔 69 组等。截至 2011 年底开累完成产值 7.4 亿元，完成总价的 41.88%。

中铁九局承建东北东部铁路通道通化至灌水段。工程造价 14 亿元，2009 年 4 月 1 日开工，预计 2012 年 7 月 30 日竣工。建设单位：沈阳铁路局；设计单位：沈阳铁路局吉林勘测设计院；监理单位：沈阳铁路局建设监理公司。位于吉林省通化市境内，与辽宁省接壤，正线长度 63 公里，起点里程 DK119+000，接轨点为 DK136+355 处主要工程数量：路基土方 638.1 万立方米，路基防护 23.9 万立方米；特大桥 3 座，大桥 8 座，中桥 5 座，小桥 2 座，框构桥 2 座，公铁上跨立交桥2座，涵洞63座；隧道6座；正线铺轨103.16公里，站线铺轨10.7 公里，拆改9.73公里，铺砟12万立方米。2011年完成产值2亿元，开累完成产值11.9亿元，完成总价的84%。

【青岛北客站】 中铁二局承建青岛北客站Ⅰ标，系续建工程。该工程项目为青岛北客站及相关工程综合(ZH)Ⅰ标段，青岛北客站设在青岛市李沧区，位于胶济线现有沧口站西南侧。青岛北客站线路引入工程主要呈南北走向，沿既有胶济线，途经青岛市四方区、李沧区。青岛北站（含站场、站房及相关配套工程）为8台18线，车站站房建筑为地上二层、地下三层和局部设置夹层，总建筑面积为65239平方米，站台无柱雨棚覆盖面积72800平方米。综合（ZH）Ⅰ标段线路起自胶济客专线 KDK13+900，以路基的形式进入青岛北客站，出站后，以2-24米五线中桥跨越营子河，线路终点至KDK18+100，线路全长 4.2 公里。在此范围还包括货线HDK16+700～HDK18+100，线路长度 1.4 公里；青荣线QRDK13+900～QRDK18+100，线路长度4.2公里。地铁青岛北站站工程，是地铁1、3、8号线同站换乘车站。

国铁中标时间为2010年2月11日，地铁中标时间为2010年3月16日。开工时间为2010年4月1日，竣工日期为2014年3月31日。其中，国铁引入线工程工期为2010年4月1日～2014年3月31日；青岛北客站站房及雨棚工程工期为2010年4月1日～2014年1月31日；地铁工程工期为2010年4月1日～2013年6月30日。

青岛北客站及相关工程造价307804万元，其主要规模涉及路基工程4.2公里，桥涵工程有五线中桥1座/60.4米、框架桥8座/16127.6顶平米；涵洞15座/861横延米；行包地道7072顶平米；人行天桥1座/101.8米；房屋建筑面积65239平方米，无站台柱雨棚面积72800平方米；正线铺轨15.28公里，站线铺轨17.34公里。

地铁工程是本标段的重点工程。地铁车站是地铁 3、8号线与1号线共同换乘的地铁车站，造价达10亿元，是普通地铁车站的几倍。钢结构是本标段的重点工程，也是本标段的难点工程。本标段铁路工程是客运专线，为了达到一次开通成功，站前工程要严格控制路基和桥梁的工后沉降、差异沉降和结构变形。

工程形象进度完成情况：征地拆迁：企业厂房及民房房屋需拆除27177平方米、围墙拆除1150米、迁移苗木4805棵、改移道路1085米、征地654.4亩。三电迁改共108处，完成92处。路基工程：挖土方设计61.5万立方米，完成58.2万立方米；填土方设计109.1万立方米，完成13.9万立方米。各类地基处理桩设计125.1万米，完成91万米。桥涵施工：国铁投资桥涵共13座，其中中桥1座、框架涵12座。中桥设计60.4米，完成26.7米；框架涵设计2938顶平米，已开工8座，完成1384顶平米；地方投资桥涵共12座，其中框架桥8座、框架涵3座，人行天桥1座。框架桥涵设计16775顶平米，已开工7座，完成7567顶平米；人行天桥设计658.8顶平米（因青荣城际铁路引入青岛北客站线路设计方案未定，尚未进行施工）。地铁工程（含共用部分）：本标段地铁工程为青岛地铁3、8号线与1号线地铁青岛北站站，分三个区，即地铁A、B、C区。国铁与地铁共用部分（地铁A区，即地铁3、8号线东段）已完成所有工程桩731根、高压旋喷桩1327根、冠梁及钢筋混凝土支撑2853立方米、土石方22.1万立方米、垫层砼2588立方米、钢支撑及钢构件7079吨，地下二层主体结构完成钢筋砼42182立方米；地铁B区（含B1、B2、B3区，即地铁3、8号线与1号线交叉区域，含市政工程）围护桩设计1579根，已全部完成；止水帷幕高压旋喷桩设计2417根，完成2173根；工程桩设计2029根，已全完；地铁C区（含C1、C2、C3区）为3、8号线与1号线明挖区间C1区、C3高压旋喷桩已全完，C3区围护桩已全完。C区围护桩设计1184根，完成1171根；高压旋喷桩设计3134根，完成3026根；C1区基坑土石方设计77901立方米，完成39490立方米；C2区基坑土石方设计122794立方米，完成16020立方米。C1区主体结构钢筋砼设计8446立方米，完成2733立方米。站场构筑物工程：行包地道设计 7072 顶平米，完成 6072顶平米；无柱雨棚桩基础设计 904 根完成；承台设计 224个，完成222个。站房工程：站房部分斜拱柱、高架候车厅、东西广厅、出入口梯步桩基设计共992根，完成794根。

2011年累完成施工产值12.67亿元，占合同总价30.78亿元的41.2%。在建设指挥部组织的2011年上半年信用评价中得分 288 分，排名第一；在下半年的信用评价中得分289分，排名第一。

中铁十局承建青岛北客站及相关工程综合2标段。合同价款7.5亿元，合同工期：2010年3月～2012年2月。本标段为新建青岛北客站及相关工程综合（ZH）II 标段，范围包括新建四方—沙岭庄货单线、沙岭庄动车运用所、沙岭庄—青岛北客站双线工程。主要工程数量：路基土石方，区间路基挖土方15.4万方、挖石方5.14万方；站场挖土方27.6万方，借土填方19.03万方，借填石方28.94万方。桥梁，一般双线特大桥1649.73延米/1座，购架预应力混凝土T梁100孔；新建改建中桥2座，小桥5座，涵洞17座。轨道，新建正线16.87公里，新建站线26.55 公里、改建站线5.81 公里。完成路基土方42万方，桥梁完成1026米。

【北同蒲（大同至太原）铁路】 中铁六局承建北同蒲四线BTSX-1标段。合同价款13.7亿元，后调整为15.16亿元。开工日期2007年11月26日，计划工期36个月。开竣工日期要求：北同蒲增四线项目开工日期2007年10月21日开工，合同竣工日期：2010年10月20日。由于建设资金和变更批复影响，工期顺延。新建铁路北同蒲韩家岭至原平线韩家岭至应县增建四线工程BTSX-1标段全长66.657公里，主要工程数量：路基土石方8550796立方米，特大桥5座7228.21延长米，大桥3座1006.82延长米，中桥9座

686.12 延长米，框构桥 6 座，涵洞 182 座 4521.02 延米。截至 2011 年底完成 13.6 亿元（包括合同外 4290 万元），结转 1.6 亿元，2012 年计划完成 1.6 亿元。2011 年北同蒲增四线主要完成了 60 孔梁的预制，198 孔梁的架设，37.04 公里线路的铺设，3-25 米宁应公路桥桥梁下部主体施工以及 30 片梁的预制。

中铁十局承建北同蒲铁路 1 标。十局、十二局联合中标，中标价 9.2 亿元，其中十局承担工程约 5.6 亿元。总工期：2007 年 10 月 21 日～2010 年 10 月 20 日。工程概况：本工程位于山西省北部。BTQZ-1 标段为 DK87+9～DK119+000 段双线 22.3 公里，主要工程数量：路基土石方 368 万立方，大桥 1 座，中桥 10 座，小桥、涵洞 73 座，线路铺轨 169.9 公里等。路基土石方、桥涵主体工程完成。架梁完成 335 孔，铺轨完成 70 公里。

【衡（阳）茶（陵）吉（安）铁路】 中铁五局承建衡茶吉铁路 HCJ-2 标，系续建工程。2009 年 6 月 15 日开工，合同竣工时间 2012 年 10 月 25 日。建设单位：南昌铁路局衡茶吉铁路公司；设计单位：中铁第五勘察设计院；监理单位：长沙中大监理有限公司。HCJ-2 标线路全长 136.452 公里，其中包括 DK49+326～DK124+650（正线长度 75.675 公里，长链 351 米）以及醴茶支线改建（LDK101+050～LDK108+400，长 7.35 公里）、文（竹）茶（陵）联络线（DK0+007～DK52+883.954＝K117+400～K116+647.01，长 53.427 公里。短链 202.84 米）；全线预制梁 1085 孔，铺架总长 341.76 公里，包括井冈山站（不含）至茶山坳、文竹至茶陵联络线，醴茶支线改建，衡阳枢纽相关工程（含衡阳北增建调车线工程）。主要工程数量：路基土石方 1944 万立方米，其中区间路基土石方 1601 万立方米，站场 343 万立方米；各类桥梁 79 座，其中特大桥 13 座，大中桥 37 座，框架桥 21 座，空心板梁桥 8 座；涵洞 507 座；隧道 17 座 24188 延长米，其中正线 16 座 22549 米，文茶联络线 1 座 1639 米，最长控制性工程云阳山隧道 5083 米。年累完成 5.9 亿元，开累完成 21.7 亿元，剩余价值 6.2 亿元。

中铁电气化局承建衡茶吉铁路土建工程，为续建工程。2009 年 5 月 18 日开工，截至 2011 年底完成路基土石方 1395.68 万方，特大桥折合完成 13758.6 延米，涵洞合计 10026.64 横延米，隧道折合完成 386 成洞米。

【锡（林浩特）乌（兰浩特）铁路】 中铁四局承建锡乌铁路 XWTZ-2 标段。工程造价 15.1 亿元，合同工期：2009 年 4 月 1 日开工，计划 2011 年 10 月 30 日铺通并于 2011 年 12 月 31 日开通。本标段土建工程起讫里程为：DK174+750～DK303+400，起点西乌旗（含），终点阿拉坦（不含），长度 127.62 正线公里。铺架工程里程为：DK244+200～通霍 K416+528.46，起点包木台站（含），终点霍林河站，长度 157.79 正线公里（含站场）。项目业主为内蒙古锡乌铁路有限责任公司，设计单位为铁道第三勘察设计集团有限公司，监理单位为北京方达工程管理有限公司。该工程由中铁四局锡乌铁路项目部（一公司代局指）承建，项目部下设五个分部、一个梁场、一个铺架基地和材料厂。主要工程内容：土建工程包括迁改、站场、区间路基土石方及加固防护工程、桥涵、房屋、暖通、给排水、机务、车辆、站场建筑设备等工程。铺架工程包括标段内铺轨上碴及制架梁工程。主要工程量：区间路基和站场土石方约 1600 万立方米，特大桥 5 座累计 10225.22 延米，大桥 6 座累计 1748.27 延米，框架桥 3 座累计 81.68 延米，公路上跨桥 3 座累计 318.92 延米，涵洞 235 座累计 4925.66 延米，房屋 15876 平方米，制架梁 544 孔，播草籽 18 万平方米，栽植灌木 1858.7 万株，碎石包坡 49.8 万立方米，浆砌片石约 54 万立方米，干砌片石约 15 万立方米，铺设道砟约 55 万立方米。全标段共有桥梁桩基 2818 根，墩台身 403 个。标段总造价约 15.1 亿元。2011 年共完成建安产值 0.45 亿元，开累共完成建安产值约 10.83 亿元。在 2011 年上半年铁道部质量信誉评价中获得第二名。

中铁八局承建锡林浩特至乌兰浩特 WXTZ-03 标段工程，由建筑公司施工。合同价款 10.9 亿元，合同工期：2009 年 4 月 1 日～2011 年 9 月 30 日，实际开工日期为 2009 年 4 月 1 日。新建铁路锡林浩特至乌兰浩特线地处内蒙古东部，由西向东贯穿郭勒盟、赤峰市、通辽市、兴安盟四个盟市，基本为东西走向。WXTZ-03 标段范围 DK303+000～通霍 K416+528.46（阿拉坦至霍林河），线路正线长度 99.603 公里，其中：路基长度 78.201 公里，占线路长度的 78.5%；正线桥梁计 9352.73 延长米（其中特大桥 4 座，7129.9 米；大桥 7 座，1938.03 米；中桥 4 座，284.8 米；小桥 1 座，15 米），正线铁路桥占线路长度的 9.4%；涵洞 186 座，4114.79 横延米；隧道 4 座，7.935 公里，占线路长度的 8%。新建线路设计行车速度 120 公里/小时。工程尚未全部完工，形象进度为：桥梁设计 9370 延长米，合完成 9259 延长米，完成设计的 98.8%。隧道设计 7987 成洞米，现折合完成 5981 成洞米，完成设计的 74.9%。路基土石方设计 1089 万方，现累计完成 1075 万方，完成设计的 98.7%。涵洞设计 4115 横延米，现累计完成 4009 横延米，完成设计的 97.4%。2011 年完成产值 1.7 亿元，开累完成产值 8.7 亿元。

中铁九局一公司承建锡乌铁路忙罕屯至乌兰浩特段，2009 年 3 月 1 日开工，预计 2012 年 8 月 25 日竣工，工程总造价 9.88 亿元。建设单位：沈阳铁路局白阿工程建设指挥部；设计单位：铁道第三勘察设计院集团公司；监理单位：黑龙江中铁建设监理有限责任公司。新建锡林浩特至乌兰浩特铁路引入忙罕屯车站后，沿既有白阿铁路增建第二线及既有线改造至乌兰浩特站及相关工程。起点为白阿线乌兰浩特站 K80+950 站场土石分界线，终点为 K144+095，锡乌铁路与白阿铁路在芒罕屯站接轨，全长 62.8 公里，其中双绕双改线段三处，总长 26.3 公里；增二线并行段长 36.5 公里。主要工程数量：路基土石方 445.3 万立方米，路基附属 34.32 万立方米。大桥 5 座，中桥 4 座，框架桥 1 座，涵洞 41 座，地道桥 1 座，无柱风雨棚 1 座，天桥 1 座，公路大桥 9 座。正线铺轨 124.3 公里，站线铺轨 23.62 公里，连接线铺轨

0.15 公里，铺碴 48.4 万立方米，铺岔 83 组。新建 2 个车站，改建 2 个车站及三电工程等。2011 年完成产值 1.1 亿元，开累完成产值 7.2 亿元，完成总价的 72.7%。

【沪（上海）杭（州）铁路客运专线】 中铁一局承建 7 标段。2011 年项目部克服资金紧张困难，加大变更设计力度，年底变更设计累计批复 1.8 亿元。两个桥面防水层标准试验段，通过沪杭公司验收。2011 年 11 月份上海铁路局召开施工协调会，确定杭州东站枢纽轨道联调联试时间为 2012 年 8 月，受无砟轨道施工技术条件影响，沪杭客专至杭州东站枢纽未开通段施工计划时间相应同步推迟。2011 年累验工计价 23063.68 万元，占年度计划 6681.46 万元（剩余产值）的 345.19%；开累完成 28 亿元，约完成合同量 26.3 亿元的 106.58%。

【广（州）深（圳）（香）港铁路客运专线】 中铁一局参建广深港铁路客运专线 PJ-标段。中铁一局深圳、新运、环保、物贸、电务公司施工。工程于 2008 年 11 月 2 日开工。工期：2008 年 10 月 10 日～2012 年 3 月 10 日。广深港客运专线是北京—武汉—广州—深州—香港客运专线的南段，起自在建的武广客运专线新广州站，向东经番禺、东莞至深圳市，在深圳市龙华镇设新深圳站，出新深圳站后客运专线以隧道穿深圳市福田区至深圳河接香港段，至终点西九龙站。本标段为广深港客运专线广深段羊台山隧道出口以南综合工程 PJ 标段，铺轨起讫里程为：DK1+600～DK115+930，正线长 113.884 公里。主要工程包括：1.新广州至羊台山隧道出口端（DK1+600～DK97+172），正线长 95.126 公里铺轨、铺岔工程，东涌（2 条到发线）、虎门（4 条到发线）、光明（2 条到发线）站线铺轨工程。2.羊台山隧道出口至深圳河深港分界段（DK97+172～DK115+930）长 18.758 公里正线轨道工程（无碴轨道），及新深圳车站（含正线 20 股道）、福田站（含正线 8 股道）轨道工程。3.新深圳动车运用所综合工程（不含“四电工程”）：动车运用所场坪工程，动车走行线（2.1 单线公里），综合维修工区场坪工程，动车所、综合维修工区场坪工程，动车所、综合维修工区房屋工程，动车所设备、给排水设备及机械设备，给排水设备及机械设备，动车运用所、动车走行线、综合维修工区轨道工程，“三电”及管线迁改等工程。主要工程数量：站场土石方 366.58 万立方米、路基附属圬工 2.38 万方、出入段左右线大桥 805.5 米、小桥 34.4 米、矩形涵 238.83 米、正线铺轨 223.614 公里、站线铺轨 47.465 公里、房屋 20702 平方米。

广深港 PJ 项目广深段已于 2011 年 6 月底全部完成，已完工程主要包括动车所工程：路基 28 公里、站房 14 栋、给排水 18 公里、铺轨 19 公里、铺岔 54 组、消防 9 公里等；完成出入段大桥和电力拆迁工程；铺轨工程：正线铺轨 201 公里、轨道板铺设 10.4 公里、道岔 105 组、站线铺轨 28 公里（不包含动车所）。7 月 25 日广深港客专广深段联调联试全部完成。

2011 年累完成 9895 万元，完成年计划 9895 万元的 100%；开累完成 9.6 亿元，完成施工总额 11.1 亿元的 86.8%。

【陕西麻园子煤炭铁路专用线土建工程】 中铁一局参建麻园子铁路专用线土建工程施工总承包合同 TJ-A、B 标段。合同总价：1.2 亿元，合同工期：2011 年 6 月 1 日～2012 年 1 月 30 日。建设单位：陕西西平物流有限责任公司。监理单位：陕西同大铁道建设监理有限责任公司。工程概况：麻园子铁路专用线施工里程分为 DK128+300～DK129+680 段（B 标段）和 XDK0+000～XDK2+718 段（A 标段），全长 4.098 公里，位于彬县境内西平铁路南侧。东接西平铁路彬县西车站，西至麻园子村。B 标段线路长 1.38 公里，主要工程内容有：区间路基 1.38 公里；箱型桥 2 座；线路穿越 1 个乡镇，3 个自然村。A 标段线路长 2.718 公里，主要工程内容有：装车站 1 座，站场路基 1.918 公里；桥梁 1 座，146.11 延米；隧道 1 座，507 延米，煤矿采空区自该隧道下穿过；箱型桥 1 座；涵洞 5 座，线路穿越 1 个乡镇，2 个自然村。B 标段合同工期 4.5 个月，即 2011 年 6 月 1 日～2011 年 10 月 15 日；A 标段合同工期 8 个月，即 2011 年 6 月 1 日～2012 年 1 月 30 日。

【贵阳市域铁路久永线】 中铁一局承建贵阳市域铁路久永线。新建久长至永温铁路工程范围为久长站（含）至永温站，全长 35.736 公里，为设计行车速度 120 公里/小时的 II 级（单线）电气化铁路。合同工期：2010 年 5 月 1 日～2012 年 10 月 31 日。主要工程数量：桥梁 31 座，长度 9.567 公里，隧道 15 座，长度 7.6886 公里，全线桥隧比重约为 48.75%；区间土石方为 246.0 万方，站场土石方 243.3 万方；涵洞 50 座 1623.7 横延长米；正线铺轨 33.484 公里，铺站轨 11.95 公里，房屋 7600 平方米。2011 年累完成 2.8 亿元，为调整后年度计划 2.7 亿元的 104.9%；开累完成 3.7 亿元，完成施工总额 10.9 亿元的 33.5%。

【林（歹）织（金）铁路】 中铁二局承建。桥梁工程：全线共 72 座桥梁，开工 38 座。累计折合完成 3326 延长米，占设计数量的 14.2%。涵洞工程：全线共 127 座涵洞，开工 54 座。累计折合完成 865.4 横延米，占设计数量的 22.5%。隧道工程：全线共 38 座隧道，开工 25 座。开累完成 5622.3 成洞米，占设计数量的 14.1%。路基工程：全线区间路基共 69 段，现开工 40 段；车站共 11 座，开工 4 座。土石方开累完成 361.8 万方（其中区间 286.1 万方，车站 75.7 万方），占设计数量的 40.9%。T 梁预制工程：完成 35 孔，占设计总量的 4.74%。2011 年累完成施工产值 3.25 亿元，占建设指挥部年度计划 3.21 亿元的 101.29%；开累完成施工产值 5 亿元，占合同价值 29.2 亿元的 17.22%。

【福建德宁白马港铁路支线】 中铁三局承建。合同价款 8.5 亿元，合同工期：2010 年 9 月 1 日～2012 年 8 月 31 日。完成情况：1.路基工程。路基：设计 270 万方，开累完成

5.321万方，占设计总量的2%。(1)区间路基土石方，设计123.8万方，开累完成5.321万方，占设计总量的4.3%。DK4+666～DK4+923.05天池二号隧道—跨沈海特大桥间路基累计完成4.091万方，占设计的3.3%；DK5+242.68～DK5+770.57跨沈海特大桥—下邳大桥间路基上周完成0万方，累计完成1.23万方，占设计的1%。湾坞特大桥～天池山二号隧道进口段路基临建工程已完成。(2)站场路基：设计145.9万方，累计完成0万方，占设计的0%。2.桥梁工程。湾坞特大桥：完成成桥米72.7米，完成设计的9.7%；跨沈海高速公路特大桥：完成成桥米424.2米，完成设计的57.4%。3.涵洞工程：完成0个，合计0横延米，完成设计数的0%。4.隧道工程：长大隧道，完成0座。天池山一号隧道完成成洞米143.5米，完成设计的4%；天池山二号隧道完成成洞米532.4米，完成设计的16.5%。

【上海铁路动车段工程】 中铁四局承建。合同造价调整后为29.12亿元。原计划工期为2008年3月～2010年12月，2010年铁道部增加投资新增四线库等工程，工期相应延长。上海动车段项目开工至今已经四年。截至2011年底，高级修场三号库（解体组装库）已完成所有设备基础施工；四号库（车体检修涂装库）已完成所有施工任务；新增四线库已完成两条综合管沟及桩基施工。2011年完成产值2.23亿元，为年度计划1.86亿元的120%，完成开累产值26.68亿元。

【宁波铁路枢纽北环线工程】 中铁四局承建。工程造价31.1亿元，合同工期：2010年7月～2014年7月。宁波铁路枢纽新建北环线位于浙江省宁波市，线路在既有萧甬线洪塘乡站（不含）接轨沿既有镇海支线至沈家，跨甬江后线路折向西南与既有北仑线并行，继续往南至云龙站与甬台温铁路接轨，正线全长40.1公里。其中新建双线22.9公里，并修建北环线至既有北仑支线方向的联络线长1.4公里，镇海支线长3.1公里，桥梁占线路总长的81%。工程范围包括洪塘乡编组站改建、沈家站改建、邱隘站改建、云龙站改建、宝幢站改建，洪塘乡疏解线，云龙上行疏解线，镇海支线联络线，北仑支线联络线；工程内容包括标段范围内的垃圾清运、改移道路、改移沟渠、迁改工程、路基、桥涵（含T梁预制架设）、轨道、通信、信号及信息工程、电力及电力牵引工程、房屋建筑、站场建筑及设备工程、综合管沟、大临及过渡工程、配合辅助工程及相关内容等。本标段共有特大桥6座38442.67米，中桥10座409.69米，小桥11座232.54米；T梁预制架设1648孔。2011年完成产值138330万元，占总价的44.43%。

【汉（口）宜（昌）铁路】 中铁四局承建汉宜铁路W1标铺架。工程造价约5.9亿元，合同工期和控制节点工期：铺架左线：开工日期2009年11月20日，2009年11月22日开始架梁施工，2011年4月20日完成全部架梁施工；2011年4月23日左线铺轨到达DK206+500接轨点。铺架右线铺轨：工具轨排的铺轨于2010年3月7日开始，根据左线架梁施工进度分段实施，于2011年5月20日右线铺轨到达标段终点DK206+500。补砟整道、应力放散及锁定：补砟整道、单元轨节焊接、应力放散及锁定施工随铺架进度跟进实施，于2010年1月1日开始，2011年7月15日完成。轨道精调：2011年7月1日开始，2011年8月31日完成。竣工验收：2011年11月1日开始，2011年12月31日完成。主要工程数量为：T梁架设4022片（含桥梁横向联接及桥面湿接缝施工），正线铺轨170.997公里、站线铺轨11.076公里、铺道岔32组、铺道砟498960立方米及线路有关工程87.415公里等。本标段所有T形桥梁均同二公司桥梁场供应（宜昌桥梁场），线下单位有二公司、四公司和葛洲坝集团。本标段以铺架左线为主线从宜昌向武汉方向进行铺架，铺架工程起止里程（双线）DK293+623.24～DK206+500，沿线设枝江中间站1座，共有桥梁39座，特大桥20座、大桥17座、中桥4座线。正线铺轨（双线）170.997公里、站线铺轨11.076公里、铺道岔32组、铺道床498960立方米及线路有关工程87.415公里、T梁架设4022片（含桥梁横向联接及桥面湿接缝施工）等工程。线路设计为跨区间无缝线路，施工时先铺设普通线路，待道床基本稳定后再换铺无缝线路。截至2011年底，开累完成铺轨170.997公里，铺架至线路终点。开累完成架桥2043孔，架桥完成。开累上砟589350立方米。站线铺轨开累11.152公里。线路已通过路局静态验收，联调联试时间未定。

中铁大桥局承建汉宜铁路工程先期开工段HYZQ-1标，主体工程5月完工，其它工程11月完工。

【襄樊东站无站台柱雨棚工程】 中铁四局承建。工程造价1亿元，合同工期：2010年8月～2011年2月3日。襄樊东站雨棚总面积为35591平方米。雨棚主体结构形式为倒三角钢管桁架，屋面檩条采用高频焊接H型钢，支撑于桁架上弦。整个无站台柱雨棚平面由三部分组成：P1轴～P8轴为第一部分；P8轴～P18轴为第二部分，P18～P25轴为第三部分。相邻两部分主桁架和檩条断开，形成三个温度区段，以缓和和解决温度应力对结构的不利影响。雨棚柱基础采用钻孔灌注桩，基础柱网为18×37.65米。采用钢管混凝土柱。襄樊东站设高站台3个，总建筑面积为16660平方米。

【包头站无站台柱雨棚工程】 中铁四局承建。工程造价1.8亿元，合同工期：2009年4月1日～2011年11月30日。工程基础采用三桩承台基础，桩径0.8米，桩长15米，钻孔桩采用C40混凝土。钢结构采用实腹H型钢结构，建筑投影面积约60004平方米。雨棚横向跨度122.3米，其中AB跨20.25米，BC跨29.8米，CD跨24.5米，DE跨29.75米，EF跨18米，F-1/F站房处天桥悬挑15米。雨棚纵向长度454.5米，分25个轴线，轴距共有18米、16.2米、23.7米、19.8米、27米共5种，雨棚内新建12米宽人行天桥1座。雨棚主构件材质为Q345B，总重约6460吨（含天桥）。

屋面材料为镀铝锌彩钢板，吊顶材料为氟碳喷涂压型彩钢板，包边材料为铝板，雨棚排水采用虹吸式电伴热排水系统。

【德保至靖西铁路】 中铁五局承建全线制梁、铺架工程和站后“四电”工程施工任务。合同总额 2.7 亿元。制梁于2010 年 11 月 15 日开工；铺架于 2011 年 12 月 1 日开工，竣工时间 2012 年 8 月 31 日。建设单位：南宁铁路局田德铁路建设指挥部；设计单位：中铁五院工程集团有限责任公司；监理单位：南宁铁路局柳铁建设监理公司。新建德靖铁路自在建田德线德保站引出，向西沿 210 省道走行，经坡堂、那西，折向西南，经陇至、都安、大道于靖西县西北侧约 2 公里其荣村附近设靖西站至线路终点，正线全长 39.977 公里，国铁Ⅱ级。截至 2011 年底，制梁完成 117 孔，完成总量的 55%；铺架完成铺轨 2.178 公里，完成总量的 5%，架梁 16 孔，完成总量的 7%，上碴 3.4 万方，完成总量的 30%；“四电”工程各项工作准备就绪。剩余工程量：制梁 97 孔，铺轨 45.783 公里，架梁 198 孔，道岔 22 组，上碴 8 万方，全线通信、信号、电力及接触网工程。年累完成 5400 万元，开累完成 1.3 亿元，剩余价值 1.4 亿元。

【邯郸至黄骅港铁路】 中铁六局承建邯郸至黄骅港铁路工程 3 标段。2011 年 6 月，完成清凉店站改；7 月 20 日架设邯黄铁路第一孔梁—南王政渠大桥。2011 年，完成区间土方 530 万方，占设计数量的 69.7%；站场土方 188 万方，占设计数量的 54%；桩基 3901 根，占设计数量的 100%；承台 604 个，占设计数量的 93%；墩身 485 个，占设计数量的 74%；预制 T 梁 314 孔，占设计数量的 23%；框构桥 14 座，占设计数量的 61%；架设 T 梁 43 孔，占设计数量的 3%；连续梁 374 延米，占设计数量的 49%；现浇梁 296 延米，占设计数量的 88%；涵洞完成 182 座，占设计数量的 72%；清凉店站改和尧头村跨石德铁路特大桥上跨石德高速公路 1-72 米钢行梁顺利完成。在建的邯黄铁路合同总额 265232 万元， 2011 年开累完成产值 9.7 亿元，结转产值 17 亿元，结转工程均需在 2012 年完成。

【茂名至湛江铁路】 中铁六局承建茂名至湛江铁路 MZZQ-2 标段工程。正线线路自青年湖大桥（含）开始向西南前行，经过湛江市所辖吴川市、坡头区、遂溪县等县市区，到黄略站（新建）后分上下行接入黎湛线塘口站。标段正线起点里程为 DK17+173，终点里程为 DK76+950，正线长度 59.777 公里。新建黄略至塘口联络线，上行 4.93 公里，下行 3.59 公里。主要施工内容为：改移道路工程、三电迁改工程、路基工程、桥涵工程（不含制架梁及桥面系）、房屋工程（不含独立的信号、电化房屋）、接触网支柱基础、新建车站、改造既有车站、大型临时设施和过渡工程。2011 年完成产值 11 亿元，完成总产值的 8.0%。开累完成主要工作量：区间路基土石方 608.00 万方，站场路基土石方 162.94 万方，特大、大、中桥折合 10076.0 延米，小桥工程折合 10902.4 顶平米，涵洞折合 5450.5 延米。2011 年开累完成产值 106780 万元，完成总产值的 77.8%。

【北京至天津城际铁路延伸线】 中铁六局承建。合同价款 11.44 亿元，截至 2011 年年底，开累验工 2.33 亿元，其中 2011 年度验工计价 1.23 亿元。具体形象进度：路基工程：完成路基土石方 14 万方混凝土 9065 方、土工格栅 15000 平米、填筑砂石 30652 方、旋喷桩 44207 米、钻孔灌注桩 1098 米、水泥砂浆桩 22127 米、钢筋混凝土管桩 27070 米、翻挖凿除换填 8 万方。桥涵工程：完成跨津山铁路特大桥钻孔桩 6557 方、墩台混凝土 670 方，框架桥 350 顶平米，顶进涵洞 142 横延米、桩盖板 38 横延米。轨道工程：铺设道床 18525 方、铺设钢筋混凝土枕线路 7.22 公里、铺道岔 20 组。通号工程：敷设光缆 2 公里、敷设电缆 24 公里、敷设贯通接地铜缆 19 公里、完成设备基础 22 处。电力接触网工程：完成接触导线架设 16.8 公里、拆除接触导线 31.5 公里、新建网上开关站 1 处。房建工程：完成信号房屋 470 平米、车辆房屋 18 平米、工务房屋 506 平米。

【太兴铁路太原至静游段】 中铁六局承建太兴铁路太原至静游段 TXXS-1 标工程。合同价款约 17.3 亿元，合同工期：2010 年 3 月 20 日～2013 年 3 月 20 日。建设单位：太兴铁路有限责任公司；设计单位：中铁工程设计咨询集团有限公司；监理单位：山西铁建工程监理咨询有限责任公司。本标段所涉及车站 7 座，其中改造既有中间站 4 个，分别为：西张站、古东站、古交站及镇城底站；封闭既有车站 3 个，分别为：土堂站、柳林河站及扫石站。全线（太岚线 K3+500～DK93+300）范围内通信信号及信息、电力及电力牵引供电、大型临时设施和过渡工程等全部四电工程。其中：通信线路 120.55 公里，区间闭塞 89.48 区间公里，联锁道岔 176 组，供电线路 92.6 正线公里，接触导线 300.6 条公里。2011 年完成产值 2.2 亿元，年累计完成产值 4.02 亿元，结转 13.33 亿元。截至 2011 年底，路基土石方累计完成 22.21 万立方米；桥梁钻孔桩开累完成 310 根，承台开累完成 47 个，墩台累计完成 42 个；隧道完成 6 座，累计完成 10826.71 横延米；框架桥累计完成 38 顶平米，涵洞累计完成 263.55 延米，其中 10 座已完工。

【太原铁路枢纽西南环线】 中铁六局承建太原铁路枢纽西南环线工程 XNHS-1 标段。合同价款 22.78 亿元，开竣日期为 2009 年 9 月 1 日～2013 年 8 月 31 日。 建设单位：太原铁路枢纽线有限责任公司；设计单位：铁道第三勘察设计院集团有限公司；监理单位：山西铁建工程监理咨询有限责任公司西南环线监理站。西南环线基本呈南北走向，起点是西山支线汾河车站，终点是太中银线北六堡车站。正线全长 53.54 公里。其中Ⅰ标段分为两个段落：汾北段主要为新增汾皇联络线、汾太疏解线、改石太右线及其相关工程；汾河至北堰为既有线增二线，速度目标值为 120 公里/小时，局部限速 80 公里/小时。2011 年完成产值 5455 万元，开累完成产值 3.6 亿元，结转 19.2 亿元。截至 2011 年底，完成路基土方 69 万方，路基附属完成排水槽 3.2 公里；桥涵工程中，一跨汾河特大桥全部完成；柴村右线特大桥完成钻孔桩 64 根，承台 7 个，墩身 5 个；公路中桥完成钻孔桩 20 根，承台 3 个，墩台 2 个，柴村双线特大桥完成钻孔桩 364 根：承台 36 个，墩台身 36 个；柴村左线特大桥完成钻孔桩 244 根，承台 25 个，墩台身 14 个。预制梁 24 片框构 8 座、涵洞 7 座和旅客地道 1 座，新建站台墙 1350 延米；铺设线路 2.8 公里。

【准格尔至朔州铁路】 中铁六局承建准格尔至朔州铁路工程 ZSXS-2 标段。合同价款 9.6 亿元，后调整为 10.3 亿元，投标工期 29 个月，即 2008 年 12 月 1 日～2012 年 4 月 30 日；后铁道部对准朔二标施工工期进行调整，要求 2013 年 6 月 30 日完成。标段起点里程为 DK92+180，终点里程为 DK141+700，榆树湾改线前正线长度为 30.443 公里，改线后正线长度 36.168 公里。由太原公司和桥隧公司分专业施工，太原公司负责标段内隧道除外的所有施工项目，主要包括路基、桥涵、铺碴、线路有关工程、车站、房建、暖通、给排水等工程。桥隧分公司负责标段内隧道工程。截至 2011 年底完成 8.1 亿元，结转 2.3 亿元，2012 年计划完成 1.7 亿元。

【巴中至达州铁路站前工程】 中铁七局承建第一标段。2011 年完成 36200 万元，开累完成产值 51319 万元，占合同价 274000 万元的 18.7%。

形象进度：路基土石方设计 640 万方，开累完成 247 万方，占设计总量的 38.5%。桥梁工程设计 46 座，开工 38 座，桩基设计 2063 根，挖孔桩开累完成 1120 根，钻孔桩开累完 669 根，扩大基础设计 62 个，开累完成 40 个。承台设计 347 个，开累完成 184 个。墩台身设计 408 个，开累完成 44 个。涵洞设计 62 座（总长 1596 横延米），开工 12 座，完工 6 座。

隧道工程设计 25 座（设计长度为 41622.75m），开工 22 座，共 30 个工作面，其中 29 个工作面已经进洞。

【武汉新港江北铁路】 中铁七局承建 XGSG-1 标工程。工期要求：2010 年 7 月 1 日至 2012 年 12 月 30 日。

2011 年完成 20000 万元，开累完成 25861 万元，占合同价 70734 万元的 36.5%。

到位正式施工图 61 份（到位 73%）。征地拆迁工作进展缓慢，设计施工用地 992 亩，地方政府仅提供了施工用地 242 亩，已到图纸但受拆迁影响的有 8km，具备施工条件的仅有 6km，占全线 29.59km 的 20.2%。

形象进度：区间路基土石方设计 117 万方，开累完成 49 万方。站场路基土石方设计 29.8 万方，开累完成 12 万方。钻孔桩开累完成 737 根，承台开累完成 114 个，墩身开累完成 103 个。涵洞设计 118 座，到图 63 座，开工 61 座，完工 43 座。

重点工程滠水河特大桥桩基设计 474 根，累完 386 根。承台设计 94 个，累完 69 个。墩台身设计 94 个，累完 67 个。

新洲香炉山制梁场：规划设置预制梁台座 30 个，其中 32mT 梁台座 24 个， 24mT 梁台座 3 个，16mT 梁台座 3 个。设 2 台 80t/42m 龙门吊，3 台 10t/33m 门吊；制梁区占地面积 9502 平米。存梁区共分 13 个单元，可存梁 300 片。本制梁场按合同要求，负责武汉新港江北铁路一、二期制梁任务。一期共有（2005）2101 铁路提速 T 梁 139 孔 278 片，其中：32m 梁 84 孔，24m 梁 18 孔，16m 梁 37 孔。因泵站河至汉施公路区间黄陂区要求将路基方案改为高架桥方案（新港公司与武汉市黄陂区已基本达成一致意见），该处高架桥为 3.5km 双线桥，初步设计为 108 孔双线桥，桥跨为 32m、24m，将增加一期制梁 108 双线孔 432 片。二期未进行招标，据了解，约有 1000 单线孔 T 梁。因本标段有 16m、24m、32m 三种梁型，其中 24m、32m 为一型号规格，16m 为一型号规格；T 梁累计预制 88 片；梁场已于 12 月 19 日通过铁道部认证。

【娄邵铁路工程】 中铁七局承建第 1 标段。合同工期：2010 年 8 月 6 日至 2013 年 4 月 25 日。

2011 年完成 21100 万元，开累完成 27600 万元，占合同价 380000 万元的 7.2%。

龙山隧道、跨沪昆高速特大桥的桩基及高墩身已于 12 月中旬复工。后续复工的项目有金凤村隧道、老屋冲隧道、跨国道 320 桥连续梁、水中墩、三星村桥墩身和邵东制梁场。

永久征地设计 2618 亩，已征 1574 亩。桥梁图纸到位 18 座（设计 31 座），路基图纸到位 80%，隧道图纸已基本到位，涵洞图纸到位 85 座（设计 190 座）。电力迁改设计 211 处，实际迁改完成 35 处。通信迁改设计 35 处，实际迁改完成 5 处。信号迁改设计 9 处，完成 1 处。

形象进度：路基工程共设计 31.5 公里，已开工 17 公里，土石方设计总量 1281 万方，开累完成 297 万方，地基处理水泥搅拌桩完成 7.2 万延米，路基附属完成 3000 圬工方。

桥梁工程共设计 17.5km/27 座（不含怀邵衡增加桥梁 18 座，计 13.47 公里），其中特大桥 10 座，大桥 15 座，中小桥 2 座，开工 13 座。开累完桩基 1318 根，承台 64 个，墩台身 33 个。涵洞设计 190 座（已到图纸），开工 37 座，15 座主体已完。

隧道设计 4 座/总计 2422m，开工 3 座，龙山隧道（设计 1686m，其中暗洞 1634m）：上断面累计开挖 280m，下断面累计开挖 266m，仰拱累计完成 257m，二衬累计完成 244m。金凤村隧道（设计 338m，其中暗洞 284m）：上断面累计开挖 266m，下断面累计开挖 251m，仰拱累计完成 234m，二衬累计完成 196m。老屋冲隧道（设计 199m，暗洞 154m）：上断面累计开挖 65m，下断面累计开挖 57m，仰拱累计完成 57m，二衬累计完成 42m。

邵东制梁场：制梁任务3728片（已到图纸部分），开累制梁54片。

【广珠城际轨道交通工程】 中铁八局承建广珠城际轨道交通工程ZH-3标段。由二、三、四、昆建、桥梁公司参与施工。合同价款33.5亿元，合同工期：2006年6月1日～2008年10月8日，开工日期2006年6月28日。工程位于K62+822.49～K90+202.59、K104+893.72～K107+825.34，工程经由中山市中山北站（石岐）至珠海拱北。主要工程数量为：25座桥梁（其中特大桥17座，大桥6座，中桥2座）线下施工，29座桥梁箱梁预制架设（含首开段特大桥4座），隧道2座共635米，路基4.063公里，车站9座，单线104.504公里无碴轨道施工。正线长35.71公里，设计最高行车速度：200公里/小时。2011年完成产值2.3亿元，开累完成产值32.5亿元。

【南川至涪陵铁路】 中铁八局承建，由一、二、四、电务公司施工。合同价款19.8亿元，合同工期27个月，开工日期2008年9月1日，原计划2011年3月31日完工，由于地质原因工期推迟至2011年9月。施工标段地处四川盆地的东南边缘，南起重庆市南川区金佛山西侧的万盛～南川地方铁路南川火车站，向北途经南川区的水江镇，武隆县的平桥镇、鸭江镇，涪陵区的梓里镇，北止长江边的重庆市涪陵区渝怀铁路的涪陵站。起讫里程为：南川段DK33+000～DK56+000，涪陵段DK97+020～相应渝怀线K130+728.43，正线全长78.331公里。主要工程量：路基土石方845万立方米；特大桥共6座计4653.48延长米，大桥28座计7027.05延长米，中桥19座计1702.89延长米，框架桥5座计141.9延长米；涵洞177座，计3438横延米；隧道20座计25.9公里，其中梓里隧道设计为高风险隧道；新建车站5座；房屋11156平方米，制架梁437孔，铺设轨道98.35公里。梓里隧道于2011年10月7日贯通，，2011年完成产值1.6亿元，开累完成产值19.6亿元。

【成都至都江堰铁路彭州支线站前工程】 中铁八局承建。合同价款21亿元，合同工期：2010年5月10日～2011年11月10日。由一、二、三、四、桥梁、建筑、电务公司施工。工程于2010年7月8日开工。本工程位于成都市境内，从成灌铁路郫县西站至彭州站，正线长20.561公里，其中桥梁占线路长度的99.78%；均按时速200公里客运专线标准设计。主要工程数量：挖方8.38万立方米，填方9.2万立方米（其中A、B填料为8.58万立方米， 级配碎石0.62万立方米），特大桥1座20.516公里，其中，预应力砼预制简支箱梁702孔，现浇简支箱梁7孔，连续梁7联27跨；站房6个16130平方米；箱梁预制场1个；正线无砟轨道约41公里，站线有砟轨道1.31公里，道岔6组。2011年主要进行桥梁工程和站房工程施工。主要工程进展情况：桥梁1座共计20516延米，开工累计完成20516成桥米，本年完成2864米；箱梁制、架设计695榀，预制已全部完成，架设完成637榀，占设计总量的91.5%；新民场、三道堰、古城3个车站已完成基础施工，累计折合完成2000平方米，占站房设计16130平方米的12%。2011年完成产值6.7亿元，开累完成产值13亿元。

【桐梓煤化铁路专用线工程】 中铁八局承建。合同价款1.8亿元，合同工期：2011年4月1日～2012年4月1日。该工程负责承建由贵州省金赤化工公司投资建设的桐梓县煤化工基地铁路专用线的路基、桥涵、轨道、及四电部分。专用线全长8.116公里。桥梁总长2123.71米，其中特大桥2座、大桥3座、中、小桥各1座、框架桥3座、涵洞5座；路基总长3576米，其中挖、填方共计28万方、AB组填料3.4万方、路基挡土墙1.1万方、水沟6484立方米；架梁73孔、铺轨总长12.485公里、新铺道岔17组、道砟3.3万方。

【贵昆铁路六沾增建二线铺架工程】 中铁八局承建。桥梁数量为572孔通桥（2005）2101客货共线铁路预制后张法简支T梁的预制（其中32米梁522孔，24米梁50孔），计划供货期从2010年2月至2010年8月，历时7个月。2009年9月20日开始梁场基建，2009年11月23日试生产第一孔梁，截至到2011年3月7号完成最后一孔桥梁的生产任务，共生产桥梁572孔。

【贵阳枢纽改貌货运中心站前、站后工程】 中铁八局承建贵阳市域铁路贵阳枢纽改貌货运中心站前、站后工程。合同工期：2010年5月10日～2011年5月31日。贵阳枢纽改貌铁路货运中心位于贵阳市南部二戈寨片区，设有集装箱站和综合性货场。是全国铁路运输体系中规划的40个集装箱专办站之一，是全国铁路集装箱运输布局调整的二期工程，同时也是贵州省最高等级的铁路集装箱站点，将作为区域性铁路集装箱运输中心辐射贵州省及周边地区。站前部分主要工程数量为正线铺轨3.371公里，站线铺轨19.724公里，土石方482.9996万方，路基圬工11.7124万方，框架桥2座637.5顶平米，涵洞18座3124.16横延米；站后工程主要有站内房屋建筑、通讯、信号、接触网及其他配套工程。2011年主要完成站前和站后剩余的全部工程。2011年完成主要工程量：站前完成站场土石方181万断面方、路基附属工程17铺轨公里、涵洞314横延米、正线轨道2铺轨公里、站线轨道19.724铺轨公里；站后完成土石方28.9万断面方、浆砌片石1.05万圬工方、房屋工程3.74万平方米、房屋基础及地基处理5.96万平方米、站线轨道15.34铺轨公里、管道2.16万米、站台面14.16万平方米。该工程于2010年5月10日开工。站前工程合同价2.7亿元，2011年完成产值1.1亿元，开累完成产值2.6亿元。站后工程合同价2.5亿元，2011年完成产值2.1亿元，开累完成产值2.4亿元。

【盘锦至营口铁路客运专线】 中铁九局承建。工程造价44.4亿元，2009年7月15日开工，计划2012年6月30日竣工。工程位于辽宁省锦州市、盘锦市境内，全长48.57公里，起点位于京哈线秦沈通道上的锦北站，分为左右两个单线，左线跨越G305线、京哈线秦沈通道、沟海线，右线部分利用秦沈沟海联络线，跨越沟海线，左右两线在赵荒地线路所处并线；之后线路在沟海线左侧与既有沟海线并行，跨越西沙河、绕阳河进入盘锦站，在越过双台河后，在渤海站前二次跨越沟海线，然后在沟海线右侧与既有线并行，终于DK48+569.68盘锦特大桥桥尾。主要工程数量：路基长3.60公里，土石方78万立方米；桥梁长44.97公里，其中单线特大桥6.97公里/3座，双线特大桥40.387公里/2座，单线连续钢构中桥1座；盘锦北、盘锦2个车站，赵荒地线路所1处；无砟轨道铺设86.47公里，1-12米旅客地道1座，平改立13处等。建设单位为京沈铁路客专辽宁有限责任公司，设计单位为铁道第三勘察设计集团公司，监理单位沈铁监理公司盘营客专监理一标监理站。截至2011年末累计完成产值34.3亿元，完成总造价的77%。

【内蒙西部战略铁路工程】 中铁九局承建。共计3个标段，分别为新建伊白线铁路桥梁标段、新建贺珠线铁路桥梁标段、白音华能源区物流园专用线新建工程线桥标段，均位于锡林郭勒盟境内。累计正线长度407.86公里，工程总造价15.21亿元。新建伊白线铁路桥梁标段2010年3月1日开工，已于2010年6月30日竣工，工程总造价1.61亿元；新建贺珠线铁路桥梁标段2010年5月1日开工，已于2010年11月30日全部开通，总造价9.58亿元；白音华能源区物流园专用线新建工程线桥标段2010年7月1日开工，主体已于2010年12月20日开通，总造价3.87亿元。西部战略工程总造价15.06亿元。主要工程数量：路基土石方850万立方米，路基附属8.8万立方米；特大桥23697.73米/15座，大桥14座，中桥7座，涵洞75座；下穿隧道明洞2座；正线铺轨52.12公里，站线铺轨8.01公里，新铺道岔4组，铺碴12.88万立方米。建设单位为沈阳铁路局通辽工程建设指挥部，设计单位为沈阳中铁铁道勘察设计院，监理单位为沈阳铁路局建设监理公司、天津新亚太监理公司、北京华铁工程咨询有限公司。2011年主要进行路基附属收尾工程，完成产值4728万元，开累完成15.1亿元，完成总价的99.3%。

【扎兰屯至阿荣旗铁路工程】 中铁九局一公司承建。2009年5月20日开工，预计2013年8月31日竣工，总造价约4.38亿元。建设单位：呼伦贝尔阿扎铁路有限责任公司；设计单位：铁道部第五勘察设计院集团有限公司；监理单位：黑龙江中铁建设监理有限公司。工程位于内蒙古自治区呼伦贝尔市所辖的阿荣旗、扎兰屯市境内，线路全长34公里，为新建单线地方Ⅰ级铁路。主要工程数量：路基土石方255.2万立方米，特大桥2座，大桥1座，中桥9座，隧道5271米/2座，框架桥5座，涵洞31座，公路特大桥1座，铺轨37.15公里，铺碴15.06万立方米，新铺道岔23组，拆除道岔30组，重铺7组及三电工程等。2011年完成产值4462万元，开累完成产值3亿元，完成总价的70.5%。

【库车西至俄霍布拉克支线】 中铁九局二公司承建库车西至俄霍布拉克支线工程ZHS标段。工程造价11.8亿元，2009年4月15日开工，2011年12月18日全线通车。建设单位：乌鲁木齐铁路局；设计单位：中铁一院；监理单位：乌鲁木齐铁路监理公司。线路全长87.27公里，主要工程数量：路基土石方643.56万立方米。特大桥4座，大桥10座，中桥14座，小桥16座，涵洞218座。隧道7.752公里/6座。正线铺轨87.27公里。中间站4座，会让站2座，预留会让站2座。2011年完成产值2.8亿元，开累完成产值11亿元，完成总价的93%。

【赣州至韶关铁路】 中铁十局承建赣州至韶关铁路站前工程ZQ-3标段。合同价款9.8亿元，合同工期：2009年8月～2012年3月。工程概况：赣州—邵关铁路正线长179.07公里。ZQ-3标包括南康下行疏解线6.254公里，邵关上行疏解线8.78公里，改建京广线下行线0.569公里，南康京九线改线1.376公里。主要工程数量：路基土石方202万方，特大桥2座3161.27米（其中韶关上行疏解线浈江特大桥桥梁全长2325.97米，全桥孔跨布置为（44+72+44）米连续梁+9-32米简支T梁+1-56米系杆拱+55-32米简支T梁。大桥3座921米，中小桥7座；隧道1座380米；正线铺轨188.53公里，站线铺轨34公里；制架梁897孔等。完成路基土方202万方，桥梁完成1440米。

【枣庄至临沂铁路工程】 中铁十局承建。合同价款14.2亿元，合同工期：2009年8月～2011年5月。工程概况：本标段为站前综合标段。枣临铁路西起京沪线井亭站，东至兖日线的朱保车站，正线全长119.51公里。主要工程数量：路基土石方769万方。特大桥4座4406米，大桥15座3505米，中小桥69座。正线铺轨127.3公里，站线铺轨32.7公里等。完成路基土方764万方，桥梁完成3600米。

【宿州至淮安铁路工程】 中铁十局承建宿州至淮安铁路工程SHZH-1标段。合同价款6.2亿元，合同工期：2009年6月～2011年12月。工程概况：SHZH-1标段工程范围包括DK0+000～DK113+518.298范围内的站前、站后及相关工程（含符离集站疏解线及安徽段铺轨基地、制梁厂建设），线路长度113.03公里，符离集站疏解线长5.18公里。主要工程量：区间正线铺轨119.59公里（含疏解线），站线铺轨20.65公里，道岔66组。跨京沪线特大桥3.882公里。制架梁489孔。制梁完成661片，架梁完成210孔，铺轨完成35公里。

【哈尔滨西客站】 中铁十局承建哈尔滨西客站III标段。合同价款5.7亿元，合同工期：2009年12月～2011年10月。工程概况：施工地点为哈尔滨市。施工里程 DK14+950～DK18+300，

主要工程数量：路基水泥搅拌桩73.6万米。路基土石方120万方；单线特大桥2座1494.4米，架设T梁46孔；涵洞1座264米；铺轨23.7公里，铺道岔61组；房屋3.2万平方米。土建肢体工程完成。

【湄南铁路支线工程】 中铁十局承建。合同价款9.2亿元，合同工期：2010年8月～2012年8月。施工地点：福建省泉港区。标段长度44.885公里。主要工程数量：路基土石方255万立方米；特大桥合计（8座），大桥1座；隧道4座2673米；轨道工程50.88/铺轨公里等。路基土石方完成14万方，桥梁完成433米。

【包兰线新增第二线青草圈站房工程】 中铁十局承建。工程造价2.1亿元，合同工期：2011年5月～2012年8月。主要工程量：站房建筑物长152米；在主站房东南侧设有站台雨棚，长450米，宽69.50米；人行天桥主桥采用跨度26.7+31.5米钢箱梁，一端悬臂长度3.5米。站房桩基承台完成57个。

【南（宁）广（州）铁路】 中铁大桥局承建南广铁路站前工程NGZQ-8标。西江桥钢箱拱架设完成，桥面钢梁开始架设准备完成。整个标段下部结构完成95%，上部结构完成70%。

【贵广南广铁路广州枢纽工程】 中铁大桥局承建贵广南广铁路广州枢纽工程GTGG-2标。跨穗盐路斜拉桥钢箱梁完成3个节段施工，跨东平水道钢桁拱钢梁完成28个节间。整个标段下部结构完成75%，上部结构完成30%。

中铁港航局二公司承建贵广南广铁路广州枢纽及相关工程GTGG－2标段。工程造价15.9亿元，合同工期：2009年9月21日～2011年10月21日。工程概况：贵广南广铁路广州枢纽及相关工程包括新建贵广、南广铁路四线并行引入新广州站以及广州枢纽相关改造工程。本段线路四线从佛山西站引出，经佛山机场北侧修建四线隧道后，四线沿既有广茂通道至三眼桥，从三眼桥北侧折向南，跨既有广茂线、西环高速后，四线沿武广通道西侧并行，经疏解后分别引入新广州站的客专场和城际场，引入客专场两线为南广线，该场主要办理贵广、南广线始发终到客车及至深圳的通过车，引入城际场两线为贵广线，该场主要办理贵广、南广线立折车及至珠海的通过车。引入广州站的两线在三眼桥线路所的南广两线上分别出岔，接入三眼桥至广州西的两线。贵广南广铁路广州枢纽GTGG-2标段，起讫里程GDK815+050.83～GDK828+098.938，贵广线设计长度13.715公里，建筑长度13.048公里；南广线设计长度12.306公里，建筑长度为11.001公里，标段范围内分为东平水道特大桥，路基段及陈村水道特大桥3个部分。东平水道特大桥起讫里程为：DK815+050.83～DK822+829.14，全长7.778公里，其中由北向南依次为四线桥（DK815+050.83～DK819+848.662）、双线桥（NDK819+848.719～NDK822+529.148）和单线桥（YDK822+559.038～YDK822+853.953）。路基段起讫里程为：DK822+829.14～DK822+959.77，全长130.63米。陈村水道特大桥起讫里程为：DK822+940.946～DK828+098.938，全长5.158公里，其中由北向南依次为贵广双线，南广左单线和南广右单线并行（DK822+940.946～DK826+197.246）、贵广双线（DK826+197.246～DK826+594.756）、贵广左单线与贵广右单线并行（DK826+594.756～DK828+098.938）。南广左单线桥及南广右单线桥终点均为在建武广客专92号墩。本标段新建特大桥梁2座，为东平水道特大桥和陈村水道特大桥（其中四线桥部分4.798公里），桥梁总长12.936公里，占本段线路长度的98.99%；路基段长度130.63米，占本段线路长度的1.01%，路基土石方工程填挖方共计约78700立方。截至2011年底累计完成产值9.4亿元。

【锦州至赤峰铁路】 中铁大桥局承建综合五标。桥梁主体施工只剩余1个墩身，土石方开累完成511万方。

【麟游矿区至宝鸡二电厂铁路专用线】 中铁隧道局承建麟游矿区至宝鸡二电厂铁路专用线土建工程TJ-D标段，起讫里程为DK36+700～DK51+550，长14.85公里，包含特大、大、中桥1553.31米/7座（不含制、架梁）、隧道10759米/6座、涵洞255.85延米、路基土石方工程及三电迁改等。设计车速120公里/小时，基宽度7.7米（单线），隧道净空（宽×高）5.8×7.25米。合同工期35个月（2011年12月15日～2014年6月14日），合同价款3.8亿元。

【府谷煤炭专用线控制段工程】 中铁隧道局承建府谷煤炭专用线控制段工程，位于陕西省府谷县境内。本工程包含隧道3座、3座施工斜井及横洞、大桥1座、路基3段、涵洞4座。合同工期890天（2011年5月21日开工），合同价款3.7亿元。

【西（安）（安）康二线土建】 中铁电气化局承建，为续建工程。2009年11月15日开工。截至2011年底完成路基土石方149.82万方，完成桥梁折合11389.75延米，涵洞1414.9横延米全部完成，隧道只剩余秦岭隧道未贯通，实际贯通10762.32折合洞米。

【海（天）青（岛）铁路土建工程】 中铁电气化局承建，为续建工程。2010年10月18日开工。土建专业正常施工，四电专业只配合站前工程施工。2011年初建设指挥部确定总投资计划为7亿元，11月将计划调整为5.5亿元，2011

年度验工总额为 5.2 亿元。至年底，全线开累完成 8.13 亿元，为海青线合同总额的 39.45%。完成的主要实物工作量：1、迁改工程：通信迁改、管道改移已全部完成，220 千伏以下电力线路迁改全部完成，剩余 6 处 220 千伏及 3 处 500 千伏电力线路迁改。2、路基、桥涵工程：全线共安排 9 个工区进行路基、桥涵的施工，施工人员 1957 人，大型施工机具 276 台套，完成土石方填筑 448.4 万方，约占任务总量的 51.8%；特大桥 8 座，已开工 7 座（北胶莱河特大桥未开工），累计完成 5056.6 延米，占任务总量 36.1%；大桥 15 座，已全部开工，累计完成 1259.28 延米，占任务总量 35.1%；中桥 28 座，已开工 27 座，累计完成 893.05 延米，占任务总量 42.8%；小桥 90 座，已开工 68 座，累计完成 946.66 延米，占任务总量 71.3%；涵洞 265 座，累计完成 4207.99 延米，占任务总量 66.9%。其中跨潍胶公路系杆拱、跨胶济客专连续梁（转体）、跨济青高速公路连续梁、跨潍莱高速公路连续梁等 4 个特殊桥跨已开始建设。跨潍胶公路系杆拱完成支架搭设、预压；跨胶济客专连续梁（转体）111#、112# 墩身浇注完成；跨济青高速公路连续梁北侧完成 2#块浇注，南侧完成 1#块浇注；跨潍莱高速公路连续梁北侧完成 2#块浇注，南侧完成 3#块浇注。3、芝兰庄站改工程：继 8 月 16 日完成姚哥庄—芝兰庄—胶州信号开通任务后，9 月 4 日-20 日又安全优质地完成 8 组道岔的插入及 3 组道岔的就地铺设，完成芝兰庄车站站改的第一阶段任务，与之相配套的接触网、通信、电力、房建、给排水均已建成交付使用。4、胶州梁厂工程：已完成“T”梁制作 563 片，占全部任务的 45.9%。房建工程完成折合 320 平米。

【漳州港尾铁路工程】 中铁电气化局承建，为续建工程。2010 年 10 月 6 日开工，2011 年由于铁路建设速度放缓，9 月底开始停工。截至停工完成路基土石方 15 万方，隧道掘进 858.13 洞米，涵洞完成 94.5 横延米，桥梁工程折合完成 404.38 延米。

【于家堡站站房工程】 中铁建工承建。合同价款 16.1 亿元，合同工期：2010 年 3 月～2012 年 8 月 31 日。建设单位：北京铁路局；设计单位：铁道第三勘察设计集团有限公司；监理单位：北京赛瑞斯国际工程咨询有限公司。于家堡站地处滨海新区于家堡中心商务区北端，是于家堡综合交通枢纽工程的一部分，建筑面积为 87943 平方米，地下 2 层，基底标高-20.5 米（场区自然地面大沽高程 1.60 米），基坑开挖深度 22.1 米。2011 年完成产值 2.85 亿元，形象进度盖挖区中板施工。

【广州和谐型大功率机车检修基地】 中铁建工承建。合同价款 3.6 亿元，合同工期：2010 年 4 月 19 日～2011 年 1 月 10 日。建设单位：广铁集团；设计单位：中铁工程设计院有限公司；监理公司：浙江江南工程管理股份有限公司。本工程位于广州市花都区，铺轨总长度约 11 公里，总规模满足年检修 500 台 2 年修机车、200 台 6 年修机车以及年制造 200 台新车能力，并预留年检修 500 台 2 年修机车的能力。钢筋混凝土、钢结构形式，建筑面积 228956 平方米，建筑高度 19 米，跨度 48 米。2011 年完成产值 3.7 亿元。年底进行厂房施工，室内设备基础施工。

【贵昆铁路六盘水至沾益段增建第二线工程】 中铁建工承建。合同额：37597 万元。工期为 2008 年 1 月至 2010 年 10 月。建设单位：昆明铁路局曲靖铁路建设指挥部；设计单位：中铁二院工程集团有限责任公司；监理单位：中铁二院咨询监理公司。贵昆铁路六盘水至沾益段位于贵州省六盘水市、毕节地区和云南省曲靖市境内，线路东起六盘水枢纽滥坝车站，向西途径水城、威宁、宣武、沾益等县市，终至沾益车站，线路全长 247.633 公里。本段铁路向西经嵩明抵云南省会昆明，向东经贵州省会贵阳至上海，为上海—株洲—怀化—昆明铁路通道的重要组成部分。贵昆线六盘水至沾益段里程自贵昆铁路 K233+300～K477+100，既有线路全长 253.8 公里，其中昆明铁路局管段 K366+900～K471+000，既有线路全长 104.1 公里，沾益站为盘西线接轨站。本标段正线长度 44.619 公里，桥梁 16 座，其中特大桥 1 座、大桥 2 座、中桥 3 座、框架桥 2 座、跨线公路桥 6 座、人行天桥 2 座；隧道 1 座 4584 延长米，涵洞 102 个，站场 4 个。2011 年继续列为集团重点工程，完成产值 1.4 亿元，主要形象进度菜园街跨线桥桩基、墩身、承台施工。

【西宁站房及西宁西过渡工程】 中铁建工承建。合同价款 30.3 亿元，合同工期：2010 年 9 月 20 日～2013 年 3 月 19 日。建设单位：青藏铁路公司建设指挥部；设计单位：中南建筑设计研究院股份有限公司、中铁第一勘察设计院集团有限公司设计；监理单位：沈阳方正建设监理有限公司。西宁站房工程位于青海省西宁市区既有西宁车站处，西宁车站规模按到发线 17 台（面）、21 条到发线（含正线），其中普速场 5 台（面）、7 条到发线（含正线），高速场 12 台（面）、14 条到发线（含正线）。西宁站站区位于岗地间坳谷及阶地，岗地地形稍有起伏，局部地段墓地及成片的民房，坳谷及阶地地形平缓，开阔。结合站场的布置形式，西宁站车站建筑设计采用线侧候车与线下出站的布局方式，旅客流线采取“上进下出”的设计构思，将车站分为地上二层候车层、站台层、出站层三个主要层面。西宁站站房总建筑面积 139121 平方米，其中客运用房面积 59109 平方米，无站台柱雨棚 10800 平方米，地下通道面积 12059 平方米，站房地上面积 47050 平方米，建筑层数：地下 1 层，地上 2 层；站房建筑高度：41.99 米。2011 完成年产值 8003 万元，形象进度为线侧站房结构施工。

【玉蒙铁路第一合同段】 中铁建设分公司承建。工程造价 7 亿元，合同工期：2005 年 11 月 15 日～2008 年 10 月 15 日。实际开工日期 2006 年 3 月 26 日，竣工日期为 2012 年

10 月。新建铁路昆明至河口线玉溪至蒙自段是西南国际铁路通道的重要组成部分，也是铁道部和云南省的重点建设项目。本标段全长 37.45 公里，包括路基、桥梁、隧道、涵洞、既有线改造、站场及附属工程等，全标段共有隧道 10 座，总计长 23990 延米；桥梁 10 座，总计 1825.138 延米；涵洞 84 座，总计 1827.6 横延米；路基及站场土石方共 243.37 万方。工程量大，桥隧长度占线路总长的 67%。正线大部分地段桥隧相连，场地窄，施工难度大；本合同段有长 10.29 公里的全线控制工程秀山隧道和 6.67 公里的重点工程汉邑村隧道，其地质条件复杂、地下水发育，施工难度大，工期相对较紧。秀山隧道全长 10302 米，不良地质包括煤层瓦斯、放射性铀矿、高膨胀岩等，隧道日最大涌水量 24 万方，被列为铁道部Ⅰ级高风险隧道。2011 年 6 月 9 日，全长 10294 米的秀山隧道平行导坑安全顺利贯通，正洞计划于 2012 年元月 10 日贯通。截至 2011 年底，玉蒙铁路第一标段累计完成施工产值 10.3 亿元，占合同总额 7 亿元的 148%。

【重钢集团环保搬迁铁路专用线工程】 中铁建设分公司承建。工程造价 7 亿元，合同工期 35 个月，开工日期 2005 年 11 月 15 日，预计竣工日期 2013 年 5 月。重钢环保搬迁铁路专用线工程分两期实施。前期工程主要包括：王家坝接轨站扩建、SDK 联络线、新建重钢车场。后期工程主要包括：XDK 联络线。一期工程：重钢车场工程已完工并交验（接触网除外）。SDK 联络线工程已完工并交验（接触网除外）。王家坝车站工程：房建工程已完工并移交，岔改已完成，轨道工程已完成 62.5%。二期工程进展情况：二期 XDK 联络线土石方开累完 10.5 万方，占总量 22.7 万方的 46%。陈家湾 2#特大桥及王家湾大桥所有桩基全部开挖完成，其余工程由于业主资金支付问题处于停滞状态。隧道开累完成折合成洞 5569 米，占合同数量 5682 米的 98%。新界牌坡隧道主体工程已全部完工。截至 2011 年底，项目累计完成产值 9.1 亿元，占合同总额 10.96 亿元的 83%。

【阳春市铁路支线工程】 中铁上海工程局二公司承建阳春市铁路支线工程Ⅰ标。合同价款 4753 万元，合同工期：2010 年 5 月 15 日～2011 年 5 月 15 日，调整后工期：2010 年 6 月 28 日～2011 年 9 月 30 日，实际开工时间：2010 年 6 月 28 日。工程概况：阳春南山铁路专用线线路自岗美站北端预留牵出线接轨，平行既有阳阳铁路走行约 3 公里左折自阳阳高速南穿屯堡小学北侧垭口，上跨省道 S277，穿华吉岭垭口，跨黄村公路，经观河、狗仔头，绕观音山南，于大塘上跨漠阳江，其后线路前行经下南山、上南山，由鬼仔陂左转至工业园工厂站，线路全长 16.315 公里。铺轨总长度 19.524 公里，其中正线 16.315 公里，站线 3.209 公里。沿线分布特大桥 2 座 1756.96 米，中桥 2 座 137.62 米，渡槽 1 座 36 米，涵洞 49 道，通道 21 道，线外涵 12 道，平交 5 处，改移道路 3.572 公里。线路共分为 4 个标段，本标段为Ⅰ标段，起始里程为 DK0+000～DK4+475.6（含岗美站），总长 4.475 公里，主要工程：特大桥一座（4×32+18×24）米、中桥一座（2×32）米，涵洞 15 座，其余全部为路基工程。主要工作内容为：岗美站改扩建、桥涵工程、路基工程（包括地基处理、路基填筑、路基附属工程）、渡槽、道路顺接、拆铺轨道、通信、绿化及环境保护工程、临时设施及过渡工程等。主要形象进度：完成正线铺轨及 T 梁架设施工，附属工程施工完成 70%，剩余岗美站改扩建及部分附属工程未施工。截至 2011 年底，完成建安产值 2692.1 万元，开累完成 4306.2 万元，占合同金额的 90.6%。

【樟树盐化工业基地铁路专用线】 中铁上海工程局二公司。合同价款 1500 万元，合同工期：2011 年 9 月 1 日～2012 年 1 月 31 日，调整后工期：2011 年 10 月 10 日～2012 年 1 月 31 日，实际开工时间：2011 年 10 月 10 日。工程概况：本项目为樟树、新干盐化基地铁路专用线液态危险品装车点及其相关工程，是江西省“十一五”期间重点建设的十大产业基地之一，项目总投资为 1500 万，专用线起止里程为 DK0+000～DK1+073.111，位于樟树、新干盐化工业基地铁路装卸站内，距离樟树东站约 2.7 公里，在基地铁路专用线 K2+721.1 处接轨。本项目主要工程量有路基、涵洞、轨道工程、门卫房、消防道路、四电（信息、信号、通信、供电）工程，其中盖板涵 1 座，路基挖土方 103859 立方米，利用土 39305 立方米，M7.5 浆砌片石 1855 立方米，C15 片石砼 1051 立方米，铺 50 千克/米轨 3.695 公里，铺设 9 号单开道岔 6 组，C25 砼路面消防道路 8040 平方米，平交道口 1 处，车控道岔控制设备 6 套。截至 2011 年底，完成建安产值 465 万元，开累完成 465 万元，占合同金额的 31%。

【淮南矿区潘一东区专用线】 中铁上海工程局三分公司承建。合同价款 1588 万元，合同工期：2011 年 10 月 2 日～2012 年 2 月 23 日，经调整，实际工期：2011 年 10 月 20 日～2012 年 3 月 18 日。工程概况：潘一东区铁路专用线及矿井装车站工程Ⅰ标为淮南矿区新建铁路项目，设计起讫里程为：DK0+000～DK5+980，线路全长 5.98 公里（涵道岔）。线下工程：路基填土约 6.1 万立方米，挖方约 0.72 万立方米；设涵洞 30 座，其中涵洞 30 座；沿线设平交道 4 处。线上工程：铺 50 千克/米 12 号道岔 2 组、铺轨 5.923 公里（不含道岔）；区间正线轨枕铺设为 1600 根/公里，混凝土轨枕采用新Ⅱ型；道床结构采用双层普通碎石道床，道床总厚度为 40 厘米。施工完成进度情况：搅拌站建成，施工用变压器安装完成，电力电线架设完成，施工便道修筑完成，路基淤泥挖除全部完成，路基挖方完成 2.4 万立方米，路基填方完成 6.7 万立方米。截至 2011 年 12 月底，完成年度产值 431 万元，完成开累产值 431 万元。

【芜湖新兴铸管三山工业区铁路专用线】 中铁上海工程局三分公司承建。合同价款 4700 万元，合同工期：2011 年 11 月 11 日～2012 年 4 月 10 日。工程概况：芜湖新兴铸管有限责任公司三山工业区铁路专用线位于安徽省芜湖市三山工业区新兴铸管厂新厂区内，合同暂定工程量：路基土石方4万立方米，粉喷桩25万米，路基渗水料1.76万立方米，轨道3.92公里，道岔26组，交叉渡线2组，路基排水沟2.28公里，过轨涵7座。工程进度：2011年11月25日开工，至2011年12月31日，完成路基土石方22000立方米，粉喷桩70000米。截至2011年底，完成年度产值354.25万元，完成开累产值354.25万元。

【淮南矿业四站防雷工程】 中铁上海工程局三分公司承建。合同价款164万元，合同工期：2011年9月20日～2011年11月18日，经调整，实际工期：2011年10月18日～2011年12月16日。工程概况：淮南矿业集团铁路运输有限责任公司四站既有车站防雷（潘一矿站 潘二矿站 潘三矿站 张集北站）系统主要内容是：安装避雷网、避雷带，避雷引下线及接地装置，屏蔽笼，防雷柜等。进度情况：2011年12月2日，合同工程全部完成，12月10日通过验收，移交业主。截至2011年底，完成年度产值164万元，完成开累产值164万元。

【甘其毛都至万水泉南铁路】 中铁上海工程局市政公司承建甘其毛都至万水泉南铁路站前工程施工一标。工程造价5.2亿元，合同总工期578日历天，开工日期2010年8月6日。工程概况：甘其毛都至万水泉南段铁路工程位于内蒙古自治区西北部的包头市、巴彦淖尔市境内，为塔本陶勒盖矿区配套铁路运煤专用线的境内部分，线路南起包神铁路的万水泉南站，向北至中蒙边境中方口岸甘其毛都，线路全长366.853公里(其中万水泉南至河西段21.619公里已建成)。GQSG-1标段位于包头市境内，标段施工范围：DK22+500～DK56+769，正线长度34.8公里，含乌兰计站和哈业脑包站。主要工程数量：路基填方395.55万立方米，路基挖方206.45万立方米；隧道5534延长米/1座；特大桥3946延长米/3座，大中桥1969延长米/11座；涵洞2200横延米/78座。主要施工技术情况：乌拉山1号隧道是标段内控制性工程，属长大隧道，安全风险大，工期紧。开工前，项目编制了乌拉山1号隧道实施性施工组织设计并经过公司及原中铁四局审批。同时编制监控量测方案、超前地质预报方案、光面爆破方案等用以指导施工，施工过程中加强施组方案的执行落实。乌拉山1号隧道于2011年12月5日全线贯通，安全质量处于可控状态，满足了业主对工期的总体要求。完成产值及形象进度：2011年完成路基土石方363万立方米，占总量的67%，乌拉山隧道全线贯通，折合成洞米5150米，占总量的93%，涵洞完成1298米，占总量的89%，特大中桥折合完成3853米，占总量的71%。累计完成产值2.45亿元，占调整年度计划的100%。

【沈阳至铁岭城际铁路】 中铁三局承建（松山路～道义）工程土建施工第二合同段。合同价款：3.1亿元。合同工期：2010年4月5日～2012年2月5日。完成情况：1.师范大学站。①车站主体结构完成245.4米。②车站4号出入口围护桩完成65根。③车站1号风道围护桩完成50根。2.医学院站～师范大学站区间。①风井围护桩完成123根。②风井土方开挖完成12000立方米。③区间师范大学站端头加固完成2个。④区间医学院站端头加固完成1个。⑤区间左线盾构后配套台车已下井（共6辆），电瓶车已下井。

中铁三局承建（松山路～道义）工程土建施工第三合同段。合同价款：2.1亿元。合同工期：2010年5月4日～2012年3月3日。完成情况：1.工程学院站①车站围护桩施工完成472根。②车站底板结构施工完成189.2米。③车站底板侧墙结构施工完成373米。④车站中板结构施工完成95.5米。⑤车站中板侧墙结构施工完成176米。⑥车站底板立柱施工完成18根。⑦车站中板立柱施工完成12根。2.师范大学站～工程学院站区间。①区间盾构井围护桩完成84根；②区间右线初支开挖完成216.3米；③区间左线初支开挖完成120米。

【合肥铁路枢纽工程】 中铁四局承建合蚌客专合肥枢纽南环铁路工程。合同价款约2.2亿元，合同工期：2009年8月17日～2010年8月30日，计划总工期13个月（因故延期）。合肥铁路枢纽南环线工程位于合肥市南郊，线路基本呈东西走向，东接轨于合宁线肥东站（DK437+500），西与西宁线、合武线长安集车站接轨（DK477+100），将合宁、合武铁路在枢纽内的客车径路以高标准线路贯通，设计时速250公里，线路长度约39.626公里。施工管段里程为DK452+467～DK470+400.48，主要工程有南淝河特大桥4.742公里（DK452+467～DK457+209）、包河人道特大桥1.797（DK457+507～DK459+304）、膨胀土路基处理298米（DK457+209～DK457+507）；其中南淝河特大桥87#墩桩基直径为2.8米，包河特大桥有三联连续刚架桥和1-128米系杆拱；依次跨越合宁高速公路匝道、包河大道、合宁高速公路包河收费站；跨规划习友路、叠嶂路、安医大附属医院大门、十一号路、石鼓路、松林路、合武铁路H6线设计均为（32+48+32）米连续梁，跨玉环路设计为（40+64+40）米连续梁，跨宝塔路、翡翠路、芙蓉路设计均为（48+80+48）米连续梁，跨金寨路设计为（56.5+90+56.5）米连续梁，跨312国道设计为（115+230+115）米钢桁梁柔性拱。

合肥南站工程：1.合肥南站位于合宁高速公路以北，包河大道与宿松路间。该站有两条客运专线（沪汉蓉、京福）引入，采用分场布置，沪蓉场和京福场均为6台11线。沪蓉场设计范围DK459+100～DK462+300，技术标准同区间。京福场施工范围为HFDK1+051.41（DK459+548.59）～HBDK148+132.22（DK462+015.48），长约2.5公里，采用CRTSⅡ型板式无砟道床。2.动车走行线，合肥南站设四条动车走行线：D1K0+000～D1K1+206.545，长1206.545米；D2K0+000～D2K1+200，长1200米；D3K0+000～D3K0+600，长600米；D4K0+000～D4K1+000，长1000米。3.动车运用所及综合维修保养点，合肥南动车运用所与到发场纵列布置，设于车站西端习友路、宿松路、合宁高速公路与阜合客专组成的夹角地上，进出运用所的道路与宿松路衔接。动车运用所远期规模存车线30条，检查库线6条。本次南环线工程设出入段线2条，存车线10条，洗车线1条，检查库线2条；合福相关工程设存车线10条，检查库线2条，修及不落轮镟线2条，牵出线1条。动车运用所线下工程按远期规模一次建成。

南站项目主要工程数量为：填方302万立方米，挖方165方，CFG桩36万米，特大桥2座3158.88延长米，中桥13座，涵洞9座；CRTSⅡ型板式无砟道床6491米。

2011年施工进展：土方设计580.6万立方米，累完502.9万方，完成86.62%；路基设计1717米，完1300米，完成75.71%；特大桥设计4座，设计20303.01延米，累完15200延米，完成74.87%；制梁设计419片，累完368片，完成87.83%。2011年完成产值8亿元。

中铁四局承建合肥铁路枢纽南货场搬迁。工程造价：4.1亿元，合同工期：2010年4月～2011年10月。合肥铁路枢纽合肥南货场搬迁工程位于合肥市庐阳区及长丰县境内，主要施工内容包括合肥南货场搬迁至合肥北站新建综合性货场工程、新建合肥北与合肥东联络线L15线工程、新建合肥北与桃花店联络线L14线工程及相关配套工程。主要设计工程量：桥梁3座、L14线板桥河大桥（32+20+32+32）135.85延米、L15线板桥河中桥（5-16）102.95延米、L15DK1+324公跨铁大桥188.06延米，累计426.86延米；框构6座、其中顶进4座2828.65顶平方，明挖2座1049.5顶平方、累计3878.15顶平方米；涵洞累计22个、累计284.75横延米；桥梁107根桩基（L14线板桥河大桥数量为暂定）、7个承台、43个墩台。9孔T梁、9孔空心板梁，T梁价购架桥机架设，空心板梁现场预制，汽车吊架设；路基累计管段长度7.4公里，填土方185.30万立方米、借土填方97.64万立方米、改良土34.16万立方米、填AB料55241立方米、挖土方38.07万立方米；站场砼路面28.98万平方米、站场排水3.2万延米；道岔设计64组、新铺36组，插铺28组（道岔数量包含电厂专用线改造未投标部分），铺轨上碴管段单线长20.63公里、上碴量5.2万立方米；房屋建筑26座，综合货场整车仓库、12300平米，立体仓库（材料总库）、3606平方米，累计29307平方米。2011年完成产值8496万元。

中铁四局承建合肥铁路枢纽新建合肥北城至合肥站HFSN-1标工程。投资总额：2.7亿元，合同工期：2011年6月15日～2012年7月31日（预计）。起讫里程和地理位置：DK100+000～DK128+540，主要位于安徽省长丰县和合肥市境内。施工范围：DK100+000～DK128+540（合肥铁路枢纽新建合肥北城至合肥站），全长28.54公里；蚌福联络线HBDK106+300～HBDK124+000；合肥铁路枢纽因新建合肥北城至合肥站工程引起的既有线改造工程[改建淮南线K80+900～K82+700，正线长1.8公里；改建淮南线K83+100～K84+700，正线长1.6公里；改建淮南绕行下行线K6+200～K7+800，长1.6公里；改建铝厂专用线（K0+000～K0+600），长0.6公里；改建铁四局材料厂专用线（CDK0+000～CDK0+640），长0.64公里；改建物流专用线（WDK0+000～WDK0+500），长0.5公里]。主要工程量：路基土石方275.05万方；特大桥30841.42延米，中桥546.28延米，小桥48.94延米，涵洞1023.1横延米，制、架双线箱梁686孔、单线箱梁244孔；正线铺轨89.67公里、站线铺轨4.368公里、铺设道岔26组；新建房屋4115平方米。2011年完成产值13.6亿元，开累完成产值25.6亿元。

中铁四局承建合肥铁路枢纽南环线铺轨工程。工程造价约5.3亿元，合同工期：2009年12月10日～2012年6月9日。主要工程数量为：CRTSⅡ型板式无砟道床6491米，粒料道床19.25万立方米，正线铺轨75.989公里，站线铺轨47.817公里，铺道岔166组。箱梁架设121孔（飞虎路特大桥32米梁28孔，经开区特大桥32米梁70孔，24米梁23孔）。铺架工程工期：开始日期为2011年7月1日，结束日期为2011年10月31日。联合调试工期：开始日期为2012年1月1日，结束日期为2012年6月9日。为了能够给南环线铺轨创造条件，长安集站改必须在铺轨前完成，计划2011年4月1日开始，2011年5月31日完成。肥东站站改在铺轨到达前完成，计划2011年5月1日开始，2011年7月5日完成。长安集铺轨基地的筹建，于2010年10月7日开始筹建，2011年4月15日具备生产能力，3月31日筹建完毕。铺轨前基地内存500米长钢轨60公里。2011年9月1日开始南环正线向肥东方向的铺轨，10月14日完成铺轨。大养、单元焊、锁定焊紧跟随后，11月4日完成放散锁定。12月2日完成线路整理和轨道精调工作。京福场的无砟道岔在2011年7月1日开始施工，10月15日完成，然后铺设无砟道床的钢轨，10月31日完成。动车运用所及到发线铺轨在不影响南环线工期的情况下，平行作业，2009年8月1日开始施工，10月31日结束铺轨工程。工程项目的形象进度：长安集站改铺轨开累3.6公里，正线还未施工。架梁设计121孔，开累架桥95孔。上砟开累133000立方米。肥东站站改3道、4道延长线，安全1、安全2线完成；道岔预拼17#、19#、2#、20#、34#、32#、16#、14#、2#、4#、6#、8#。

铁路复线技改

【广西沿海铁路扩能改造工程】 中铁二局承建钦北铁路扩能改造工程QB标，系续建工程。工程投标额46.4亿元。广西沿海铁路钦州至北海段扩能改造工程QB标工程北接在建的南钦铁路钦州北站（不含），经钦州市的钦北区、钦南区，北海市的合浦县、银海区、海城区，止于北海站，正线长度99.474公里。钦州北至合浦段新建双线、保留既有线，形成三线模式；合浦至北海段增建第二线。本线除引入钦州、北海地区部分限速外，其余地段设计行车速度为250公里/小时。全线设钦州东、大马、合浦、北海和北海港前站5个车站。全线桥梁31.38公里/80座，桥梁长度占钦北正线总长的31.1%。其中，特大桥21.3公里/13座。隧道1292米/4座。路基工程：66.77公里，路基土石方1697万立方米。涵洞6571米/274座。制架梁871孔。正线和站线铺轨234公里、道岔140组、铺设粒料道床64.5万立方米。2011年累完成施工产值17.5亿元，开累完成施工产值24.8亿元，占投标价46.4亿元的53.5%。其中，路基土石方年度完成984万方，开累完成1335万立方米，剩余数量362万立方米；桥梁年度完成14434延长米，开累完成21648延米，剩余9584延米；涵洞年度完成3393横延米，开累完成4166横延米，剩余1814横延米；隧道全线设计总长1292米/4座，年度完成952成洞米，开累完成982.02成洞米，剩余309.98延长米。

中铁三局承建钦防铁路1标。合同价款11.4亿元，合同工期：2010年3月1日～2012年7月31日。完成情况：1.路基工程。挖方96.67万立方米，填方完成71.99万立方米；抗滑桩完成230根，7859圬工方；涵洞基底旋喷桩3077米；水泥搅拌桩完成82688米；冲击碾压完成32530平方米；挡土墙完成圬工方6.423万立方米；土钉完成1779米；L形墙完成396圬工方；锚杆框架梁完成8331.7立方米；人字形骨架护坡完成圬工方18192.2立方米；绿色防护撒草籽完成39172.5平方米，喷播植草完成29097平方米，喷混植生完成19860平方米，种灌木完成25.4千株；天沟完成砼2640.6立方米；地面排水沟完成砼24134.38立方米；路基护肩完成6086方混凝土；路基电缆槽安装完成8.6公里（单侧）；土工合成材料铺设8615平方米。2.桥梁工程。桩基完成579根，11732.4延长米；承台完成148个，21375.9圬工方；墩台完成151个；20021.8立方米；台背回填6021方；浆砌片石2795.2方；干砌片石758.5方；锥体填筑8073.2方；桥梁检查设备：吊篮完成38个、围栏完成24个、检查梯完成36个；框架桥完成5座，共计762.8顶平米；框架涵完成11座，920.23顶平米；顶进涵完成4座，共计368顶平米；盖板涵完成11座，353.42横延米。3.隧道工程。正洞衬砌完成1983.2圬工方；喷射混凝土完成100.3圬工方；防护喷锚完成1787立方米；防护抗滑桩完成5根，535圬工方；防护盲沟完成289米；洞门完成4座；隧道地段侧沟电缆槽完成288延米（双侧），2225圬工方。4.轨道工程。南防改线铺设底碴2000立方米；钦州车站拆除线路0.4公里，拆除道岔4组。

中铁九局承建广西沿海铁路黎塘至钦州段扩能改造工程LQ标段。工程总造价20.4亿元，2010年11月20日开工，预计2013年12月31日竣工。建设单位：广西沿海铁路责任有限公司；设计单位：中铁四院南宁勘测设计院有限公司；监理单位：华铁工程咨询有限责任公司黎钦监理站。工程从广西南宁市黎塘镇出发，经横州跨郁江，过沙坪、陆屋、平吉向南延伸至钦州马皇，是广西沿海铁路的组成部分，也是跨越北部湾地区的区域性铁路线路。本线为增建二线，从既有湘桂线沙江站引出向南至马皇站，长度约99正线公里，全线大部分线路沿既有线两侧修建，同步实施的黎塘地区相关工程全长4.06公里。钦州地区相关工程全长14.7公里。主要工程数量：路基土石方858万立方米；特大桥5座，大桥17座，中桥13座，小桥12座；隧道1367米/4座；正线铺轨174.29公里，站线铺轨13.69公里；房屋1.25万平方米及三电工程等。2011年完成产值4.4亿元，开累完成产值5.6亿元，完成总价的27.4%。

中铁大桥局承建广西沿海铁路南钦北段扩能改造工程NQ-1标。三岸邕江特大桥主桥钢梁架设完成。标段内年度完成桩基539根，承台94个，墩身112个。

中铁港航局二公司承建广西沿海铁路南宁至钦州北段扩能改造工程站前工程(NQ－1标)。工程造价6.7亿元，合同工期：2009年10月1日～2012年4月1日。工程概况：本工程位于广西壮族自治区南宁市境内，自南宁东站引出，向南沿南北高速公路（南宁至北海）东侧南行，跨三岸互通、邕江后设五象站、大塘站，穿花甲山隧道后在小董镇附近设小董西站，跨既有南防铁路线后在马皇站西侧设钦州北站。本标段起于南宁东站DK0+000处，终点里程约为DK18左右，全长约为18公里左右。自DK0+000始：屯里特大桥（左右线）—小那舅大桥（左右线）—那平双线大桥—杨屋双线特大桥—邕江双线特大桥—联坡双线特大桥—待定（DK18左右）。其中桥与桥之间为路基工程。本工程范围含3座特大桥（杨屋双线特大桥、邕江双线特大桥、联坡双线特大桥），其余为路基、涵洞、框架桥等工程。杨屋双线特大桥：2×24米+33×32米+（56+88+48）米连续梁+1×32米+1×24

米+2×32 米+（80+2×128+80）米连续梁+41×32 米+1×24 米预应力混凝土箱梁；全长 3237.2 米，其中全桥 24 米箱梁 4 片，32 米箱梁 77 片。邕江双线特大桥：4×24 米+8×32 米+2×24 米+9×32 米+（132+276+132）米钢桁拱+39×32 米箱梁；全长 2537.2 米，其中全桥 24 米箱梁 6 片，32 米箱梁 56 片。联坡双线特大桥：19×32 米箱梁；全长 608 米，其中全桥 32 米箱梁 19 片。截至 2011 年底累计完成 5.8 亿元。

【湘桂铁路扩能改造工程】 中铁二局承建衡阳至永州段 GTXG-2 标，系续建工程。该工程造价 30.09 亿元，于 2009 年 3 月中标，合同工期 2009 年 3 月 28 日～2011 年 11 月 28 日（因 2011 年建设资金不到位，完工时间调整为 2012 年 7 月 31 日）。湘桂铁路衡阳至永州段扩能改造工程 GTXG-2 标段起讫里程为 DK13+500～DK110+100，线路全长 96.6 公里，途经湖南省衡阳市雁峰区、蒸湘区、衡南县、祁东县和永州市祁阳县，工程建设单位为广州铁路（集团）公司，设计单位为中铁第四勘测设计院集团有限公司，监理单位为华南铁路监理公司。本标段主要工程有：路基土石方 1765 万立方米，其中区间土石方 1198 万立方米，站场土石方 567 万立方米；桥梁 37 座 14372 双线米，其中特大桥 7 座 6083 双线米，大桥 30 座 8289 双线米；隧道 19 座，13796 双线米；涵洞 252 座，8089 米横延米；制梁场 3 处，共预制箱梁 549 孔。2011 年完成施工产值 2.8 亿元，为下达计划 3.5 亿元的 81.4%；开累完成产值 27.5 亿元，占合同总额 30.09 亿元的 91.3%。其中土石方开累完成 1756 万方，完成率 100%；桥梁桩基、承台、墩身完成 100%；隧道成洞完成 13796 米，完成 100%；制梁 427 孔，占设计的 77.2%；架梁 376 孔，占设计的 70.0%。红石山隧道实现全线首座隧道贯通、祁东梁场实现全线首孔箱梁预制、大山地特大桥实现全线首座大桥墩台基础完工、榨陂特大桥实现全线首孔连续梁合龙、并实现全线首孔箱梁架设的战绩。

中铁五局承建湘桂铁路扩能改造工程 1 标，系续建工程。合同价款 21.6 亿元，2009 年 4 月 1 日开工，合同竣工时间 2012 年 12 月 31 日。建设单位：南宁铁路局湘桂线提速扩能改造工程建设指挥部；设计单位：中国中铁第二勘察设计院；监理单位：华铁工程咨询公司。湘桂铁路 XG-1 标段扩能改造站前工程为Ⅰ级双线铁路，速度目标值 200 公里/小时，最小曲线半径 3500 米，限制坡度 6‰；全段为新建地段，线路（DK152+000～DK213+853.7）全长 61.614 公里，其中：湖南段全长 35.760 公里；广西段全长 25.862 公里。铺架工程 DK152+000～DK255+800 全长 103.713 公里。改移公路 4.03 公里，断面土方 856 万方；特大桥 6 座 5737.22 米，大桥 12 座 3763.65 米，整体箱梁或并置箱梁 283 孔，小桥 6 座 86.7 米；涵洞 209 座 4783.82 米；隧道 6 座 8308 米；正线铺轨 205.77 公里，站线铺轨 12.638 公里，铺新岔 43 组，铺碴 54 万方；站场 2 个（东安东车站、庙头西车站）。2011 年累完成 3 亿元，开累完成 20.8 亿元，剩余价值 7559 万元。

中铁九局广州分公司承建湘桂铁路衡阳至永州段扩能改造工程 DK110+100～DK153+828.13 段。工程造价 11.3 亿元，2009 年 3 月 28 日开工，预计 2012 年 11 月末竣工。建设单位：广州铁路（集团）公司湘桂铁路扩能改造工程建设指挥部；设计单位：中铁第四勘察设计院集团有限公司；监理单位：华南铁路建设监理公司。工程位于湖南省永州市境内，线路全长 43.7 公里。主要工程数量：路基土石方约 500.5 万立方米，路基附属 450.5 万立方米；桥梁总长 7160.72 米/12 座，其中特大桥 5271.08 米/5 座，大桥 7 座；隧道 1876 米/4 座；正线铺轨 92.53 公里，站线铺轨 10.83 公里。2011 年完成产值 5500 万元，开累完成 8.8 亿元，完成总价的 77.7%。

【牡绥扩能改造工程】 中铁三局承建 3 标。合同价款 7.3 亿元，合同工期：2010 年 5 月 1 日～2012 年 10 月 31 日。完成情况：1.路基、桥涵工程。前期因征地、地方归属等原因影响工程正常开工，根据牡绥Ⅲ标施工组织设计总体安排、路基、桥涵工程量未全部完成，在 2012 安排全部完成。（1）路基工程：完成土石方 109614 立方米。其中：土方 56600 立方米，石方 40900 立方米，AB 组填料 3214 立方米；（2）桥涵工程：转心湖大桥：孔桩全部完成、承台完成 7 个、墩身完成 5 个；涵洞：完成盖板涵 1 座（1-3 米）、框架涵 1 座（1-5 米），共计 39.56 米。2.隧道工程。隧道工程为本年施工主体，具体 2011 年形象进度完成情况如下：（1）红池隧道。红池隧道进口正洞施工开挖 328.05 米，仰拱施工 310.6 米，衬砌施工 393 米，折合成洞米 351.31 米；红池隧道斜井（518 米）斜井洞身施工完毕，斜井正洞完成开挖 40 米，折合成洞米 24.09 米；红池隧道出口正洞施工开挖 570.25 米，仰拱施工 578 米，衬砌施工 537.1 米，折合成洞米 553.7 米。（2）转心湖隧道。转心湖隧道进口正洞施工开挖 538.9 米，仰拱施工 600 米，衬砌施工 646 米，折合成洞米 600.14 米；转心湖斜井（885 米）斜井施工完毕，斜井正洞开挖 174 米，仰拱施工 34 米，折合成洞 105.5 米；转心湖隧道出口正洞施工开挖 775.5 米，仰拱施工 808 米，衬砌施工 558.3 米，折合成洞米 735.28 米。

【金华至温州铁路扩能改造工程】 中铁四局承建金华至温州铁路扩能改造工程站前 1 标。工程造价：27.8 亿元。合同工期：开工日期 2010 年 12 月 1 日，计划 2013 年 9 月 15 日完成全线铺轨，2013 年 12 月 31 日达到联调联试条件。设计正线里程范围：DK0+000～DK34+665，线路全长 34.665

公里。塘雅客、货车联络线合计4条，共18.171公里。本标段主要工程数量：咨询图桥梁23座17897.04米，其中特大桥12座16804.5米（联络线单线特大桥6座，正线双线特大桥6座），大桥2座662米，中桥5座383.54米，小桥4座47米；隧道2座10176米，其中汤村隧道全长9645米，为金温线上重点控制性工程之一；路基6.595公里，土石方233.52万方（其中区间59.23万立方米，站场174.29万立方米）；车站3处（东孝、金华南为改建，武义北为新建），梁场2处（金华南分设箱梁及T梁制梁场，分别承担标段内简支箱梁预制110孔(32米梁102孔,24米梁8孔)，T梁预制248孔（32米梁228孔，24米梁11孔，20米梁4孔，16米梁3孔，12米梁2孔），汤村隧道出口至标段终点桥梁上部结构简支箱梁制架由2标段实施）。重点工程：东阳江特大桥（32+48+48+32米、48+80+48米连续梁）、跨金丽温高速公路1#特大桥（48+80+48米、60+100+60米连续梁）、汤村隧道（全长9645米）。截至2011年底完成产值83111万元，占总价的29.9%。

中铁上海局承建金华至温州铁路扩能改造工程站前工程JWSG-Ⅰ标。合同价款39.1亿元，合同工期：2010年9月1日～2013年4月30日，总工期32个月。工程概况：由中铁上海工程局一公司承建的金华至温州铁路扩能改造工程JWSG-Ⅰ标段，正线里程范围：DK0+000～DK34+665，线路全长34.665公里。本标段站前工程总造价约13亿，主要工程内容包括拆迁及征地、路基、桥涵、隧道及明洞工程；双块式轨枕为甲供，本标段仅汤村隧道（9645米>6公里）为无砟轨道；大型临时设施和过渡工程；其他工程。站前线下工程工作内容包括：本标段范围内的拆迁建筑物、改移道路、改沟、改渠、砍树及挖根、路基（含绿化、安全栅栏）、桥梁、涵洞、隧道及明洞以及与线下工程相关的所有附属工程（接触网支柱基础、隧道内接触网支架预埋件、声屏障基础、电缆沟槽、综合接地、连通管道等）、站台墙、站区排水、公路跨线桥、环保、水保工程、临时工程、取弃土用地、挖地界沟、预制埋设地界桩以及因客运专线建设而产生的地方相关工程。主要工程量：桥梁11座/10304.67米，其中特大桥7座/9423.46米（联络线单线特大桥1座，正线双线特大桥6座），大桥2座/673.63米，中桥2座/207.58米； 隧道2座/10190米，其中汤村隧道全长9645米，为金温线上重点控制性工程之一；区间路基约6.052公里；车站3处，站场路基5.258公里（东孝、金华南为改建，武义北为新建），本标段地属金华市，与既有金温铁路有并行、交叉。本标段属于全线重点工程的有：东阳江特大桥[（32+48+48+32）米、（48+80+48） 米连续梁]、跨金丽温高速公路1#特大桥[（48+80+48）米、(60+100+60）米连续梁]、汤村隧道（全长9645米）。施工进度：开工特大桥6座、大桥2座、中桥2座，钻孔桩2683根完成2032根，承台340个完成188个，墩台身340个完成157个，连续梁198个节块完成77个节块。开工隧道2座：汤村隧道进口明洞完，正洞进尺474.3米，二衬322米；1#斜井正洞小里程进尺297米，二衬108米；1#斜井正洞大里程进尺319米，二衬167米；2#斜井斜井正洞小里程进尺32.7米；2#斜井正洞大里程进尺27.3米；3#斜井正洞小里程进尺501.4米，二衬308米；3#斜井正洞大里程进尺206.4米，二衬108米；白阳岭隧道出口明洞开挖完，仰拱104米，二衬20米；正洞进尺251.5米，二衬178.5米。开工框架涵6座，完成5座。开工路基三段，完成土石方51.414万立方米。高压旋喷桩完成3945米。

【杭州东站改扩建工程】 中铁四局承建杭州东站扩建铺架工程。工程造价约1.52亿元，合同工期：2008年12月31日～2011年6月28日。因受上海建工地铁施工和房建施工严重滞后影响，工期拖后一年半。根据最新工期，铺架分部工期安排如下：2010年11月16日开始浙赣外绕右线特大桥铺架任务，12月底完成桥梁尾工处理等任务。2011年5月完成浙赣外绕2.5公里新线无缝线路施工。2011年12月底完成普速场无缝线路施工。2012年5月前完成高速场高速道岔铺设、所有道岔焊接和无缝线路施工。2012年6月30日前完成全部工程轨道施工。杭州东站扩建工程项目主要是普速场、沪杭长场和宁杭甬场施工，八公司承担的主要施工任务为：无缝线路长钢轨卸、换铺、焊接、放散锁定，总计61.705公里。高速道岔铺设34组。137孔T梁架设及支座安装（变更后取消了37孔T梁架设），其中，浙赣外绕上行右线改线特大桥，32米梁48孔、24米梁4孔；动走线特大桥，32米梁36孔、24米梁6孔和26米梁6孔。两座桥梁总计架梁100孔。完成情况：设计铺轨61.705公里，完成12.474公里。

中铁四局承建无站台柱雨棚工程。工程造价1.2亿元，合同工期： 2010年9月16日～ 2012年6月30日。上坊站无站台柱雨棚工程、瓦屋山站无站台柱雨棚工程和句容西站无站台柱雨棚工程结构形式皆为钢管混凝土柱单侧悬挑焊接箱型钢梁结构体系，雨棚横向（垂直线路方向）设置并列两个轴线，轴线距离为38.3米、38.5米和38.3米，纵向（平行于线路方向）设置30个轴线，标准轴线距离为14.4、15米和14.4米。雨棚屋面维护结构采用压型钢板，吊顶采用铝单板，檩条采用C型钢檩条，屋面檩条及纵向系梁沿纵向采用椭圆孔及销栓连接的方式设置两道伸缩缝。其中，上坊站雨棚覆盖面积9900平方米，瓦屋山站雨棚覆盖面积9120平方米，句容西站雨棚覆盖面积9767平方米。溧水站无站台柱雨棚工程结构形式为四柱三跨钢框架结构体系，雨棚横向（垂直线路方向）设置四个轴线，纵向（平行于线路方向）设置30个轴线。雨棚钢梁为H型钢梁，雨棚屋面维护结构采用压型钢板，吊顶采用铝单板，檩条采用C型钢檩条，屋面檩条及纵向系梁沿纵向采用椭圆孔及销栓连接的方式设置两道伸缩缝，覆盖面积23990平方米。

中铁四局承建杭州铁路东站扩建工程。工程造价：24.7亿元。合同工期：2009年12月～2011年6月。杭州东站扩建工程由4台9线扩建为15台30线，按3个场横列式布置，由东向西依次布置为普速场、沪杭长场、宁杭甬场。其中普速场2台5线，沪杭长场6台12线，宁杭甬场7台13线。车站北端引入沪杭客专线、宁杭客专线、浙赣绕行线改线以及动车走行线；南端引入杭甬客专线、杭长客专线以及浙赣绕行线改线。包含了路基、桥涵、站场，无柱雨棚、轨道、通信、信号、信息，电力及电力牵引供电，房屋建筑及给排水、过渡工程、其他运营生产设备及建筑物，大型临时设施、改路改河等工程量。主要工程量：站场土石方272.076万立方米，水泥搅拌桩3933661米，旋喷桩112560米，钢筋砼管桩52014米，特大桥4座，大桥3座，中桥18座，小桥16座，涵洞47座，无柱雨棚基础396根，承台94个。2011年完成产值199390万元，占总价的80.8%。

中铁四局承建杭州东站扩建工程无站台柱雨棚工程。工程造价2.2亿元，合同工期：2009年3月～2012年12月。杭州东站雨棚覆盖面积为73952平方米。设计纵向有C、D、F、G、J、L、M、P、Q共9条轴线，雨棚跨度为（25.5+6×43+46.55）米，横向共12条轴线，间距分别为21米、25米。雨棚共15个站台30个股道，其中普速场站台2座站台为26-30股道，沪杭场站台6座站台为13-25股道，宁杭场站台7座站台为1-12股道。无站台柱雨棚主体结构采用钢管桁架结构，屋面系统采用直立锁边铝镁锰合金板，吊顶板采铝条形板。主体结构最高为17.6米，立柱共94根，其中格构柱10根，钢管直立柱84根，格构柱采用铝板幕墙装饰。屋面排水系统采用虹吸排水系统。

中铁十局承建杭州东站扩建工程艮山门动车运用所。合同价款3.8亿元（其中：电力通信信号11044万元，三电及房建内设备费用9623万元），合同工期：2009年12月～2012年4月。工程概况：施工地点为杭州东站。将艮山门编组站改建为动车运用所，主要工程数量：拆除艮山门编组场既有17股编组线，新建动车存车线15条，新建4线检查库1座；局部既有沪杭线和宣杭线的改线。2011年10月增加杭长综合维修车间通道工程。四线库开通，与之配套使用的附属房屋等全部交付使用。杭长工程U11底板浇筑完毕；两孔七米桥加固施工，钻孔施工完成，植筋完毕。

【赣州至龙岩铁路扩能改造工程】 中铁五局承建GL-5标段，系续建工程。合同总额25.9亿元。2010年10月1日开工，合同竣工时间2014年2月28日。建设单位：赣龙复线铁路有限责任公司；设计单位：中铁第四勘察设计院集团有限公司；监理单位：西安铁一院监理公司赣龙铁路GL-4标监理项目部。项目位于福建省连城县、上杭县、龙岩市新罗区境内，从主线DK224+881开始至龙岩站DK272+789结束，长度47.91公里；铁山洋站及东南联络线，其中东南下行联络线LZDK0+000～LZDK6+895.15，长6.89515公里；东南上行联络线LYDK4+900～LYDK7+111.08，长2.21108公里。主要工程量：路基279.65万方，桥梁30座9905.82延长米，其中特大桥6座4184.9延长米，大桥18座5537.6延长米，中小桥6座183.32延长米；涵洞34座1234.76延长米；隧道19座38943米；此外，还包括站场、无砟轨道、房屋、三电迁改、综合接口等工程项目，年累完成3.3亿元，开累完成5.1亿元，剩余价值20.7亿元。

【京广铁路保定站改造工程】 中铁六局承建Ⅱ标段。合同价款2.7亿元，合同工期：2010年9月1日～2012年8月31日，共计24个月；实际开工为2011年6月1日。建设单位：北京铁路局保定站改造工程和既有石太线扩能改造工程建设指挥部，设计单位：中铁工程设计咨询集团有限公司，监理单位：北京铁建工程监理有限公司保定站改造工程项目监理部。截至2011年底，完成总产值1837.3万元（含四电专业），占合同额的6.78%。

【改建正蓝旗至多伦铁路工程】 中铁六局承建LDZH标段。合同价款6.5亿元，合同工期2010年10月25日～2012年10月30日，总工期24个月。因甲方资金不到位，合同工期后延，甲方暂定2013年9月底前竣工。本工程位于内蒙古自治区锡林郭勒盟境内，线路全长44.39公里，属于在建项目。铺轨47.99公里（其中正线44.39公里，站线3.6公里），铺设道岔25组；全线土石方433万立方米；特大桥4座（总长7513.18延长米），大桥2座（总长846.54延长米），中桥4座（总长422.87延长米），制架桥梁264孔，涵洞50座（总长828.07延长米），顶进涵1座（总长13.85延长米）；房屋610平方米；三电44.39公里。截至2011年底完成1.9亿元，结转4.6亿元，2012年计划完成2亿元。

【天津站改扩建工程】 中铁六局承建。合同额8.83亿元，调整合同额11.25亿元（其中包含已完成未计价及索赔金额），截至2011年底完成9.38亿元（为已计价产值），结转1.87亿元，2012年计划完成1.23亿元（未完成部分）。工期目标：天津站改扩建工程，开工日期2007年1月1日，投标工期为19个月，即合同竣工日期应为2008年7月31日；2008年8月1日天津站京津城际车场、普速车场顺利开通运营，剩余工程为津秦高速车场、津秦高速存车场、津秦正线。后铁道部对天津站改范围内的津秦客专工程施工工期进行了调整，要求2012年12月31日达到开通条件。

【南疆铁路库阿增建二线】 中铁六局承建ZH-4标段。合同额6.28亿元，调整合同额6.46亿元。合同工期2009年9月15日～2011年12月30日，建设指挥部调整工期，要求2012年12月30日开通至喀拉玉尔滚。喀阿段2012年不开通。改建铁路南疆线特尔希克至阿克苏增建第二线工程，线路东起阿克苏地区特尔希克（K833+500），西至阿克苏站（K985+200），线路全长共计151.68公里。其中区间路基土方396.1万立方米；站场土方34万立方米；梁桥：大桥8座/1592.1延长米，中小桥32座/1489.1延长米，框架桥52座/3758.1顶平米；涵洞396座/3233延长米（14座平改立）；房建工程4168平方米。2011年完成6.2亿元，结转0.3亿元，2012年计划完成0.3亿元。

【改建铁路枢纽太原南站及相关工程】 中铁六局承建。合同价款26.62亿元，合同工期：2011年2月1日～2012年7月30日。工程位于太原市迎泽区和小店区内，包括两站、两所、两区间。两站为太原站、新建太原南站，新建太原南站包括大西和石太两个车场，各为5台11线，总规模为10台22线，站台长度500米和450米；两区间为太原—太原南区间、太原南—新鸣李区间；两所为太原客车整备所改建、太原南动车运用所，其中太原南动车运用所包括石太客专8股道。建设单位：太原铁路局太原南站工程建设指挥部，设计单位：铁道第三勘察设计院，监理单位，山西铁建监理咨询有限公司太原南站相关工程监理部。2011年计划完成产值4.8亿元，实际完成2.7亿元，开累完成产值11.05亿元，结转15.57亿元。截至2011年底完成路基土方99万方；标段内除征地拆迁及其它因素影响外，具备施工条件框构桥已完工，特大桥完成钻孔桩699根，完成设计78%，承台完成56个，完成设计34%，墩身完成52个，完成设计32%，主体已完工的有框架桥9座、地道桥1座。

【改建铁路昆明枢纽工程站前二标】 中铁六局承建。合同价款22.6亿元，开工时间为2009年11月25日，计划竣工时间为2012年11月25日。2011年完成产值5.3亿元，开累完成9.8亿元，占中标额43.36%。

【昆明至玉溪铁路扩能改造工程站前二标】 中铁六局承建。合同价款15.4亿元，开竣工日期要求：昆玉铁路扩能改造工程项目2010年8月1日开工，于2013年6月15日竣工，合同工期35个。本标段工程线路长30.968正线公里，属于在建项目。主要含道路、管线迁改、路基、桥涵（不含预制梁、架梁、桥面系，含连续梁及其连续梁上的桥面系和预应力桥面系中的吊篮、墩台围栏）、隧道、其他运营生产设备及建筑物工程（地道、天桥）及大型临时设施等工程项目。其中：路基9.507公里，占线路全长31%；桥涵10.443延长米，占线路全长34%，隧道11.008公里，占线路全长35%。截至2011年底完成3.15亿元，结转12.27亿元，2012年计划完成3.24亿元。

【平齐线郑家屯至满汉营增建二线工程】 中铁九局承建。工程造价约12.4亿元，2010年10月1日开工，预计2012年11月30日竣工。建设单位：沈阳铁路局辽西指挥部；设计单位：锦州铁道勘察设计院有限公司；监理单位：沈阳铁路建设监理有限公司平齐线增建二线工程监理站。工程起于K89+400，于DK94+301.36处跨越设计大郑左线，依次跨越西辽河、省道207线后于K101+300与既有线衔接，绕行结束。K101+300～K196+071.22段既有平齐线除部分曲线地段和桥涵地段既有线改建外，其余段均维持既有平面位置不动，新增二线位于既有线右侧等高并行。全线扩能后线路全长106.81公里。主要工程数量：路基土石方400万立方米；特大桥3225米/1座，中桥8座，框构桥9座，平改立17座，涵洞21座；站场4座，正线铺轨124.94公里，站线铺轨37.04公里，铺碴41.44万立方米，铺新岔64组，铺旧岔4组；新建旅客地道3座等。2011年完成产值4.5亿元，完成总价的36%。

【萧甬铁路绍兴县城区段改造工程】 中铁九局一公司承建。工程总造价5.94亿元，2010年7月1日开工，预计2013年6月30日竣工。建设单位：上海铁路局宁波铁路枢纽工程建设指挥部；设计单位：中铁上海设计院集团有限公司；监理单位：上海华东铁路建设监理有限公司。工程位于浙江省绍兴市内，工程主要为既有萧甬铁路改建，将城区内既有路基改造为高架桥通过，其里程为DK23+100～DK30+900。包括特大桥1座5.66公里和两侧龙口段路基2.14公里。因既有柯桥站拆除引起钱清站站场改造1处。主要工程数量：路基土石方31.5万立方米；特大桥5660.82米/1座，中桥3座，小桥2座，涵洞4座；正线铺轨16.58公里，站线铺轨8.19公里；站场改造1座；房屋12002平方米。2011年完成产值8524万元，开累完成产值2.9亿元，完成总价的56.6%。

【大同至准格尔增二线二道河至点岱沟段】 中铁九局一公司承建03标段。工程造价1.7亿元，2008年5月25日开工，2012年12月末竣工。建设单位：中国神华准格尔能源有限公司；设计单位：铁道第三勘察设计院；监理单位：中铁济南工程建设监理有限公司。标段位于内蒙古准格尔旗，全长 8.88 公里。主要工程数量：路基土石方 95.3 万立方米，大桥 3 座，中桥 1 座，涵洞 20 座，单线隧道 6 座，双线隧道 1 座。2011 年完成产值 5488.2 万元，开累完成产值 8096.1 万元，完成总价的 48.81%。

【沈吉线扩能改造工程】 中铁九局三公司承建石家至烟筒山段扩能改造工程。工程造价 2.9 亿元，2009 年 5 月 25 日开工，2011 年 3 月末竣工。建设单位：沈阳铁路局吉林工程建设指挥部；设计单位：吉林铁道勘察设计院有限公司；监理单位：沈阳铁路建设监理有限公司。工程位于吉林省中南部的磐石市境内，是沈吉线的重要组成部分，本标段为 DT04 标段 DK313+000～DK342+300，线路全长 29.3 公里。主要工程数量：路基土石方 3.59 万立方米，路基附属土石方 7.68 万立方米。大桥 2 座，铁路中桥 5 座，立交桥 3 座，地道桥 2 座，公路立交桥 1 座。正线铺轨 39.14 公里，站线铺轨 18.14 公里，铺道岔 65 组，过渡线路 5.08 公里等。2011 年完成产值 2951 万元，开累完成产值 2.9 亿元，工程竣工。

中铁九局四公司承建沈吉线东陵站客车停留线工程。工程造价 1.2 亿元，2010 年 7 月 1 日开工，2011 年 9 月 30 日竣工。建设单位：沈阳铁路局沈阳工程建设指挥部；设计单位：沈阳铁道勘测设计院、锦州铁道勘察设计院；监理单位：沈阳铁路局建设监理有限公司。位于沈阳市境内，正线长度 1.7 公里，经该专用线进入东陵停留线，与沈吉线接轨。主要工程数量：路基土石方 12 万立方米；桥梁 1 座，防护涵 4 座；正线铺轨 1.7 公里，新建房屋 8814 平方米等。

【鲅鱼圈北站扩能改造工程】 中铁九局六公司承建。工程造价 1.2 亿元，2011 年 9 月 20 日开工，预计 2012 年 6 月 20 日竣工。建设单位：沈阳铁路局大连工程建设指挥部；设计单位：沈阳铁道勘察设计院有限公司；监理单位：北京铁研建设监理有限公司。工程位于辽宁省营口市鲅鱼圈境内，起止里程为 K10+600～K11+250。主要工程数量：路基土石方 21.76 万立方米，框架涵 1 座，正线铺轨 1.34 公里，面碴 3.07 万立方米，拆除线路 1.3 公里，站线铺轨 18.79 公里，铺新岔 49 组，联锁道岔 53 组及三电工程等。2011 年开累完成产值 2003 万元，完成总价的 22.9%。

【哈大客专沈阳枢纽改建工程】 中铁九局承建沈阳站沈阳北站改建工程。工程造价 11.4 亿元，2008 年 8 月 1 日开工，计划 2012 年 7 月 15 日竣工。建设单位：沈阳铁路局哈大客专沈阳枢纽工程建设指挥部；设计单位：铁道第三勘测设计院集团有限公司；监理单位：沈阳铁路建设监理有限公司。工程位于辽宁省沈阳市境内，起点里程 DK390+865.34，终点 DK404+200，正线全长 13.33 公里。主要工程数量：路基土石方 462.26 万立方米，路基附属砼 8.76 万立方米；特大桥 3733 单延米/2 座，中桥 1 座，框构中桥 11 座，小桥 8 座，涵洞 14 座；正线铺轨 34.61 公里，站线铺轨 23.38 公里，铺碴 47.74 万立方米，铺岔 160 组；房屋建筑 3.89 万平方米及三电工程等。2011 年完成产值 4.1 亿元，开累完成产值 10.6 亿元，完成总价的 80.9%。

由中铁建工及中铁九局联合体共同施工哈大客专沈阳站改造工程。工程总造价 7.14 亿元。建设单位：沈阳铁路局哈大客专沈阳枢纽工程建设指挥部；设计单位：中南建筑设计院、中铁第一勘察设计院集团有限公司；监理单位：沈阳北京赛瑞斯国际工程监理有限公司。

工程位于沈阳市既有沈阳站站场内，车站中心里程 J2K395+804.452，在原沈阳站的基础上新、扩建，包括建筑、结构、落客平台、给排水、暖通、电气及相关配套工程，总建筑面积 17.46 万平方米。主要工程数量：高架候车室 30187 平方米，地下通道 13340 平方米，西站房 21390 平方米，高架车道、落客平台及匝道 9900 平方米，无站台柱雨棚 88617 平方米，行包地道 5124 平方米，站台墙 9000 延米等。2011 年完成产值 3.8 亿元，开累完成产值 6.1 亿元，完成总价的 85.0%。

中铁九局承建哈大客专沈阳北站改造工程。工程造价 5.5 亿元，2010 年 4 月 1 日开工，预计 2012 年 12 月 30 日竣工。工程位于皇姑区昆山东路 37 号，施工范围：新建高架候车室，新建和接长旅客地道，接长行包地道，新建 7、8 站台，改建 1～6 站台，新建子站房和高架通廊，新建和改建无站台柱雨棚 。主要工程数量：高架候车室 23663 平方米，无站台柱雨棚 33669 平方米，行包地道 1084 平方米，旅客地道 5500 平方米，站台 53047 平方米。2011 年完成产值 2.9 亿元，开累完成产值 4.8 亿元，完成总价的 86%。

中铁九局承建沈阳北动车存车场及相关工程。工程造价 4.4 亿元，2009 年 4 月 10 日开工，计划 2012 年 7 月 15 日竣工。建设单位：沈阳铁路局哈大客专沈阳枢纽工程建设指挥部；设计单位：铁道第三勘测设计院集团有限公司；监理单位：沈阳铁路建设监理有限公司。工程位于辽宁省沈阳市境内，起点里程为 WZDK405+700，终点 WZDK408+361，正线全长 2.66 公里。主要工程数量：路基土石方 151.67 万立方米；铺轨 19.89 公里，铺碴 6.1 万立方米，铺岔 55 组；框构中桥 2 座；房屋建筑 2.92 万平方米；给水管路 15.05 公里，排水管路 10.98 公里以及相配套的四电工程。2011 年完成产值 1.4 亿元，开累完成产值 3.4 亿元，完成总价的 81.76.8%。

【邯济铁路扩能改造工程】 中铁十局承建 ZH-3 标。合同价款 18.6 亿元，合同工期：2010 年 10 月 1 日～2012 年 9 月 30 日。工程概况：施工地点为聊城、德州、齐河。标段长度，起点为邯济线 K164+500，终点为津浦线 K328+000，全长 84.13 公里。主要工程数量：路基土方 368.4 万方。新建特大桥两座共 7547 延米、大中桥 22 座共 1772 延米、新建改建涵洞 4450 横延米、制梁 858 孔。正线铺轨 91.47 公里、站线铺轨 26.71 公里等。完成路基土方 338 万方，桥梁完成 7940 米。

【赣龙复线铁路扩能改造工程】 中铁大桥局承建 GL-2 标。钻孔桩开累完成 2556 根，承台开累完成 170 个，墩台开累完成 43 个，隧道开挖开累完成 3830.9 米。

【通霍铁路通辽北至霍林河段扩能改造工程】 中铁九局承建。工程造价 38.3 亿元，2009 年 11 月 12 日开工，预计 2012 年 8 月末竣工。建设单位：沈阳铁路局通霍铁路有限责任公司筹备组；设计单位：铁道第三勘察设计院集团有限公司；监理单位：黑龙江中铁建设监理有限责任公司及沈阳铁路建设监理有限公司。工程位于内蒙古自治区通辽市和兴安盟境内，起自通辽北站，经由通辽市、科尔沁左翼中旗、扎鲁特旗、科尔沁右翼中旗、霍林郭勒市，终点为霍林河站，全线 417.6 公里。主要工程数量：路基土石方 1505.8 万立方米，路基附属 72.33 万立方米；特大桥 868.12 米/1 座，大桥 11 座，中桥 39 座，小桥 23 座，涵洞 348 座；隧道 2135 米/4 座；正线新建 434.08 公里，站线新建 72.23 公里，铺碴 212.76 万立方米，铺岔 330 组，各类信号电缆 400.79 公里，生产及办公房屋 31500 平方米。2011 年完成产值 3.6 亿元，开累完成产值 37.5 亿元，完成总价的 98%。主体完工。

【吉林站改建及相关工程】 中铁九局承建。合同价款 9.3 亿元，2007 年 8 月 1 日开工，2011 年 11 月 30 日竣工。建设单位：长吉城际铁路有限责任公司；设计单位：铁道第三勘察设计院集团有限公司；监理单位：沈阳铁路局建设监理公司。工程位于吉林铁路枢纽内，在对既有铁路进行改建的基础上与新建长吉城际铁路相连接，线路全长 13.13 公里。DK98+000～改 DK122+150 段设计速度 200 公里/小时，改 DK122+150～长图 K126+533 段设计速度 160 公里/小时。主要工程数量：路基土石方 113.83 万立方米，路基附属 6.4 万立方米；特大桥 2 座，大桥 1 座，刚构连续梁中桥 1 座，框构中桥 6 座，小桥 1 座，涵洞 25 座。正线铺轨 25.98 公里，站场轨道 12.5 公里，新铺道岔及道岔组合 37 组。天桥 2842 平方米，旅客地道 1680 平方米，无柱雨棚 53060 平方米，站台墙 4730 米。2011 年完成产值 3676 万元，工程竣工。

【邯长铁路扩能改造工程】 中铁十局承建Ⅰ标段。合同价款 16.3 亿元，合同工期：2010 年 9 月 28 日～2012 年 8 月 31 日。工程概况：工程地点为河北武安市。标段长度 107.614 公里。主要工程数量：区间土石方 482 万方、站场土石方 184 万方；特大桥 1 座，大桥 6 座，梁式中桥 16 座，框构桥 10 座；隧道 3 座总长 1540 单延米；正线铺轨 166 公里、站线铺轨 70 公里 等。完成路基土方 344 万方，桥梁完成 7940 米，完成隧道 562 米。

【大庆西站改建工程】 中铁建工承建。合同价款 7.3 亿元，合同工期：2010 年 12 月 1 日～2013 年 5 月 31 日。建设单位：哈齐客专大庆西站指挥部；设计单位：中南建筑设计研究院；监理单位：黑龙江中铁建建设监理有限公司。大庆西站（暨让湖路站）站房及站台雨棚位于大庆市主要城区—暨让湖路区的北部。站场北侧是联系大庆让湖路区、行政区萨尔图区和开发区的东西向城市主干道—中三路。本站为高架跨线候车模式，采用“上进下出”的设计构思，将车站功能划分为二层候车室、基本站台候车室、地下出站层三个层面。站房、股道上方 19 米标高商业夹层、高架平台、站台雨棚总建筑面积为 101921 平方米，其中雨篷总建筑面积为 39185 平方米、站房建筑面积为 408089 平方米、商业夹层建筑面积为 5024 平方米、高架平台建筑面积为 9623 平方米。建筑设计为地上 2 层（局部设置夹层）地下 1 层（局部设置夹层）。建筑层高为：站台层 9 米、高架候车层 10 米、商业夹层 9 米、办公夹层 4.45 米、站房檐高 35 米、基底标高-13 米。其中出站厅及换乘城市交通系统的地下层净空高度 9.5 米，设备机房及派出所办公夹层 4.45 米。2011 完成年产值 1.7 亿元，形象进度为主体施工阶段，框架柱、承台、钢结构施工。

【国投新集矿区铁路改扩建项目】 中铁上海工程局二公司承建。合同价款 1.6 亿元，合同工期：2010 年 7 月 18 日～2011 年 10 月 18 日，调整后工期：2010 年 7 月 18 日～2011 年 12 月 31 日，实际开工时间：2010 年 7 月 18 日。工程概况：国投新集能源股份有限公司矿区铁路改扩建工程位于阜阳市颍上县境内。起点 DK0+000（=阜淮上行线 K46+102.479），在阜淮下行线 K44+625.7 位置处上跨，到 DK3+802.908（=刘庄既有线 K2+687.055）接入梁庄既有车档待机线，在刘庄既有线上下行方向增设 5、6 道 2 条到发线，K3+780 为梁庄站中心，在梁庄站中心增设调度指挥中心一处，行至刘庄既有线 K5+045.757 向右出岔顺接专用线设置机务整备所一处，沿线工程包括路基、桥涵、轨道、三电、房建、给排水及附属工程。主要形象进度：路基土石方工程（主要为梁庄站站场路基土石方、立交疏解线及机务整备所路基土石方未施工）共完成 5.44 万立方米，完成总量 23.65%。站场附属工程：站场围墙完成 2200 米，完成总量 46.56%；站场排水沟完成 3600 米，完成总量的 60%。桥涵工程：盖板涵完成 4 座，圆管涵完成 1 座，箱型桥完成 3

座，顶进涵完成 1 座，完成总量 39.13%。房建工程共完成 3176.5 平方米，完成总量 23.42%。电力工程完成电力桥架基础 150 个、立柱 80 个、桁架 40 个，完成总量的 60%。轨道工程完成钢轨铺设 5000 米，完成总量的 30.23%；完成道岔铺设 13 组，完成总量的 50%。预制梁工程完成预制梁 101 片，完成总量 57.95%。截至 2011 年底，完成建安产值 6031 万元，开累完成 6757 万元，占合同金额的 42.2%。

【淮南矿业车站扩能改造工程】 中铁上海工程局三分公司城建顾桥矿站、张集站、汤店站。合同价款 2349 万元，合同工期：2011 年 11 月 1 日～2012 年 3 月 31 日，经调整，实际工期：2011 年 12 月 4 日～2012 年 5 月 16 日。工程概况：张集站扩能改造工程：站线铺轨 1.26 公里，铺碎石道碴 2819 立方米；路基填方 3176 立方米，挖方 2683 立方米，清表方 463 立方米；新铺道岔 5 组，拆除道岔 6 组，拆除既有线路 0.36 公里；三电改造。顾桥矿站扩能改造工程：站线铺轨 2.14 公里，铺碎石道碴 4825 立方米；路基填方 10560 立方米，挖方 3962 立方米，清表方 154 立方米；新铺道岔 10 组，新铺交叉渡线 1 组、拆铺道岔 2 组，拆除道岔 4 组；拆除既有线路 0.68 公里；圆涵 1-1.25 米接长 3 处；三电改造。汤店站扩能改造工程：站线铺轨 0.54 公里，铺碎石道碴 1208 立方米；路基填方 7741 立方米，挖方 1268 立方米，清表方 793 立方米；新铺道岔 2 组，拆除道岔 2 组；拆除既有线路 0.16 公里；接长 1-1.25 米圆管涵 1 处，接长 2-5.0 米圆管涵 2 处；三电改造。截至 2011 年底，完成年度产值 55 万元，完成开累产值 55 万元。

中铁上海工程局三分公司潘一矿站、戴楼站、顾桥站。合同价款 2780 万元，合同工期：2011 年 9 月 7 日～2011 年 12 月 29 日。

工程概况：潘一矿站扩能改造工程：站线铺轨 1.97 公里，铺碎石道碴 3823 立方米；路基填方 10889 立方米，挖方 3256 立方米，清表方 4034 立方米；新铺道岔 4 组，拆除道岔 6 组，拆铺道岔 9 组、新铺菱形交叉 1 组；拆除既有线路 0.86 公里；拆安 2 组调车绞车设备；还建投光灯塔一座；新建车档 2 个；三电改造。戴楼站扩能改造工程：站线铺轨 0.7 公里，铺碎石道碴 2677 立方米；路基填方 3035 立方米，挖方 161 立方米，清表方 375 立方米；新铺道岔 9 组，铺旧道岔 5 组（利用潘一站拆除道岔），拆除道岔 14 组；拆除既有线路 0.7 公里；新建投光灯塔一座；新建车档 1 个；三电改造。顾桥站扩能改造工程：站线铺轨 2.04 公里，铺碎石道碴 5698 立方米；路基填方 13894 立方米，挖方 1454 立方米，清表方 2106 立方米；新铺道岔 13 组，拆除道岔 13 组；拆除既有线路 0.91 公里；接长 1-1.5 米圆管涵 6.58 米、接长 1-1.0 米圆管涵 14.39 米、接长 1-1.25 米圆管涵 27.08 米、接长 1-1.5 米盖板涵 26.15 米；还建投光灯塔一座；还建清扫房一间；三电改造。工程进度：潘一矿站土石方、道岔、三电改造工程全部完成；戴楼站土石方、道岔、三电改造工程全部完成；顾桥站涵洞接长完成 47 米，挖方作业全部完成。截至 2011 年底，完成年度产值 2128 万元，为年度计划 1921 万元的 111%；完成开累产值 2128 万元。

【杨浦站货8线区域改造工程】 中铁上海工程局一公司承建。工程造价2030万元，合同工期：2011 年12月16日～2012年4月20日，总工期120天。工程概况：杨浦站货8线区域改造工程位于中铁集装箱公司上海杨浦办理站，位于南北走向的内江路和西南-东北走向的周家嘴路的交叉路口边。本次主要工程为拆除既有货8线的仓库及站台，将其改造为集装箱货物装卸线，新建货9线，将货13线、货8线、货7线间区域改造成专业集装箱作业区，对该区域内装卸工艺、车流组织进行设计，并对该区域内堆场、道路、给排水消防、供电照明等设施进行改造。主要工程内容、工程数量：1.拆除工程：钢筋混凝土货物仓库及值班室1座（一层），建筑面积3198平方米；砖混结构货运楼2座（三层），建筑面积531.36平方米；钢结构简易棚1座（一层），建筑面积120.22平方米；门吊基础1座，长度81米；拆除既有硬面25132.80平方米。2.改造货8线568米，增设货9线528米，货8线、货9线铺设平过道2处。3.门吊走行基础及走行轨375米，集装箱堆场硬面21044.35平方米。4.门吊受电滑线375米，电力电缆敷设，场地照明，配电改造。5.场地排水、消防管网改造。6.货3线门吊基础整治。施工进度：2011年年度完成货8线区域地面建筑物拆除4899立方米，10吨门吊基础、破损堆场硬面拆除，完成25132平方米，PHC管桩4160米，建安产值完成316万元。

电气化铁路

【黄韩侯铁路土建电气化工程】 中铁电气化局承建，为续建工程。2010 年 9 月 28 日开工，由于受到铁路建设速度放缓的影响，该工程只有土建专业在 2011 年 8 月底以前在施工，10 月初各专业全部停工。截至停工，土建专业完成土石方 6.4 万方，桥梁开工 10 座，完成钻孔桩 769 根，承台完成 153 个，墩身完成 135 个，涵洞完成 711.61 延米。黄韩侯铁路工程西安局管内 HHQ-3 标段于 2010 年 11 月开工，计划于 2013 年竣工。截至 2011 年底，桥梁开工 8 座折合 982 延长米，隧道折合 33 延长米，小桥涵 7 座折合 82.6 横延米。电力迁改累计完成 190 处，完成设计数量的 154%；通信迁改累计完成 436 处，完成设计数量的 67%。累计完成验工 3665 万元。房建、通信信息、电力、接触网及牵引变电专业未展开施工。

【西格二线电气化工程】 中铁电气化局承建，为续建工程。2007 年 10 月 6 日开工。除关角山隧道外，2011 年 6 月 26 日建成开通，至建成开通共计完成迁改工程通信施工 435 处、电力施工 336 处。通信信号工程敷设通信光电缆 517.44 公里，信号电缆 1411 条公里，信号设备安装 3880 台件、通信设备安装 189 台件，自闭线路 517.44 公里。电力工程完成高压架空线 382.2 公里、低压架空线 54.1 公里，新建 35/10 千伏变电所 1 座，10 千伏配电所 5 座，高压电缆敷设 265 公里、低压电缆敷设 38.9 公里。建成投入使用各种所亭 19 座，接触网专业完成基础浇制 3050 个，立杆塔 12236 根，架设承导线 801 条公里，附加线 1147.8 条公里。

【水蚌线土建电气化工程】 中铁电气化局承建，为续建工程。2010 年 1 月 1 日开工。截至 2011 年底完成征地 549 亩，路基土石方 251.725 万方，房建工程 6 处，轨道工程起落道 10 公里，拆除线路 0.6 公里，新铺线路 8.3 公里，预铺道岔 1 组，拆除道岔 7 组；桥梁工程完成现浇梁 144 米，架梁 18 片，框架涵完成 220.4 横延米，评改立交完成 644.13 顶进米。四电专业处于停工状态，施工主要是接触网专业基础浇注完成 63 个，立杆 263 根，电力专业敷设低压电缆 4.5 公里。通信专业敷设地区电缆 43.2 条公里。

【沿河铁路土建电气化工程】 中铁电气化局承建，为续建工程。2009 年 11 月 15 日开工，由于受铁路建设放缓的影响，2011 年 9 月土建专业开始停工，四电专业 11 月开始停工。截至停工，土建专业完成土石方 499.6 万方，桥梁钻孔桩 1294 根，墩身 182 个，承台 238 个，贯通隧道 1420 洞米全部贯通，涵洞 111 座全部完成，站线铺轨 0.2 公里。接触网专业完成基础浇注 302 个，立杆 798 根，立钢柱 163 根。变电专业未开工，通信专业敷设电缆 1 条公里，敷设光缆 101.2 条公里。信号专业敷设电缆 16.9 条公里。电力专业立杆 842 根。

【兰新线红乌段电气化工程】 中铁电气化局承建，为续建工程。2009 年 4 月 20 日开工，由于铁道部技改及 2011 年铁路建设速度放缓等因素影响延期建成开通。截至 2011 年底土建专业完成土石方 961.49 万方（含地貌变更数量）。墩身 24 个全部完成，涵洞完成 21 座，铺轨 5.75 公里，安装道岔 31 组，站线铺轨 6.023 公里。通信专业建成通信基站 22 座，敷设光缆 559.89 条公里，电缆 30 公里，室内设备安装 107 台件，室外设备安装未安装。信号专业完成信号机安装 854 架，道岔安装 184 组，敷设电缆 832.533 条公里，室内设备安装 15 台件，室外设备安装 13 台件。电力专业完成立杆 1968 根，架线 196.187 条公里，敷设电缆 164.283 条公里，配电所完成 7 座，箱变安装 73 台。接触网专业完成基础浇制 23652 个，立杆 9460 根，立钢柱 9150 根，架设承力索 571.558 条公里，架设接触线 523.517 条公里，架设附加线 1267.469 条公里。变电专业开工 28 座所亭，完成 2287 个基础浇制，构支架基础浇制 1912 组，地网敷设 19545 米，设备安装 1254 台件，主变就位 8 台。房建专业完成 20630 平方米。

【渝利线电气化工程】 中铁电气化局二公司承建。合同价款 8.4 亿元，合同工期：2011 年 12 月 1 日～2013 年 6 月 30 日。建设单位：成都铁路局重庆建设指挥部；设计单位：中铁二院；监理单位：四川铁科监理公司、中铁二院监理公司、大西南监理公司。工程概况：重庆至利川铁路是规划建设的沪—汉—蓉客运通道的重要组成部分。线路地处中国中、西部地区的结合部，西起重庆市，向东途经重庆市长寿区、涪陵区、丰都县和石柱县，止于湖北省利川市。本线向西通过遂渝线可达到成都市，东经在建的宜万线和拟建的汉宜客运专线直达武汉，进而沟通合肥、南京、上海等长江中下游城市，还可通过京广铁路通道连接华北和华南等地区，通过武九与东南沿海的江西、福建等省区连接。本项目地理位置优越，是川渝地区联系华东、中南、沿海地区及华北部分地区最重要的快速铁路运输主通道，与襄渝线、渝怀线、川黔线一起，共同担负川渝地区与东中部地区、华北地区及东南沿海地区的客货交流。工程包括正线隧道照明、通信、信息、信号、电力、电气化、房屋（不含客运站房）等站后工程，双溪、复盛、长寿西、长寿北、涪陵北、丰都 6 个车站及双溪—丰都段的信号、通信、信息工程。新建牵引变电所4座：复盛、长寿北、涪陵北、丰都；新建分区所3座，开关站4座。主要技术标准：铁路等级：Ⅰ级。正线数目：双线。限制坡度：9‰，加力坡18.5‰。路段旅客列车速度目标值：200公里/小时。最小曲线半径：3500米。线间距：4.4米。牵引种类：电力。机车类型：客机SS9、CRH1；货机HXD3。牵引质量：3500吨。到发线有效长度：850米，双机地段880米。闭塞方式：自动闭塞。行车指挥系统：调度集中。建筑限界：满足开行双层集装箱列车要求。主要工程数量：接触网114.586正线公里，承导线架设296.18条公里，加强线架设164.8条公里，供电线架设109.4条公里，回流线架设217条公里，混凝土支柱安装925根，钢柱安装1999根，硬横梁安装179组，支柱装配6666组，隧道装配3744组。房屋建筑工程11836平方米。该工程2011年因站前工程影响，渝利线接触网、电力、变电、通信、房建专业没有开工，信号专业2011年12月1日开工，全年累计完成敷设贯通地线41.3公里。

【渝怀铁路重庆北至涪陵段增建二线工程站后标段】 中铁电气化局二公司承建。合同价款3亿元，合同工期：2011年12月1～2013年6月30日。建设单位：渝涪铁路有限责任公司；设计单位：中铁二院；监理单位：黑龙江中铁建监理公司。工程概况：渝怀铁路重庆北至涪陵段增建二线从重庆北开始，沿既有渝怀线左侧经唐家沱站、鱼嘴站，在鱼嘴站至庙坝站区间于DK45+100处与既有渝怀线平交换边到既有渝怀线右侧直至涪陵。全线共设重庆北、唐家沱、鱼嘴、洛碛（新建）、长寿、王家坝、蔺市、涪陵西、涪陵等9个车站，正线全长97.461公里，其中隧道26座28436米，桥梁66座18712米。站后工程包括接触网、变电、电力、通信、信息、信号专业。主要技术标准：铁路等级：Ⅰ级。限制坡度：6‰，仅运行旅客列车地段13‰。旅客列车行车速度：120公里/小时。最小曲线半径：一般1200米，困难800米。牵引种类：电力。机车类型：客机SS7C，货机HXD3。牵引质量：4000吨。到发线有效长度：850米。闭塞类型：自动闭塞。主要工程数量：接触网：接触导线新建92.26条公里，接触导线改建152.08条公里，钢柱安装802根，混凝土支柱安装1379根，硬横跨安装49组。电力工程：高压架空线路18.03条公里，高压电源架空线路9条公里，高压电缆线路81.37条公里，低压电缆线路26.9条公里，低压变电所、站6座，10千伏配电所2座。变电工程：新建鱼嘴牵引变电所1处，增容改造既有长寿、涪陵牵引变电所2处，新建唐尚湾、邓家岩分区所2处。本工程合同竣工时间2013年6月30日，因站前工程进度影响，2011年渝涪线主要进行承力索更换和接触网改建任务。接触网专业2011年3月16日开工，变电专业电力专业2011年8月16日开工，通信专业2011年7月27日开工，信号专业2011年6月27日开工。截至2011年底接触网专业基础浇制331个，立杆121根，钢柱安装162根，软横跨安装26组，支柱装配101组，承力索架设52.2公里，导线架设3.82公里，附加线架设8.3公里。变电专业没有开工。电力专业：挖电缆沟1.1公里，电缆敷设1.65公里，电杆组立81根，配电箱安装5个，变压器安装1台，挖电缆沟1.1公里，电缆敷设1.65公里。通信专业：挖沟1.8公里，光缆敷设0.8公里，水泥槽防护0.8公里，布放闭塞电缆120米。信号专业：开挖电缆沟12公里，电缆敷设30公里，信号机安装25架，扼流变46台，箱合安装130个，安装道岔转辙装置20组，安装各类组合柜45架。

【西平线电气化工程】 中铁电气化局西安电气化公司承建。合同价款6.3亿元，合同工期：2010年4月20日～2012年7月30日。建设单位：西平铁路责任有限公司；设计单位：中铁第一勘察设计院；监理单位：陕西同大监理公司西平监理站、陕西铁一院铁道建设监理公司西平监理站。工程概况：西（安）平（凉）线位于陕西省中西部和甘肃省东部。地处渭北、陇东黄土高原，东连西安枢纽，西接宝中铁路，行经陕甘两省的咸阳、庆阳、平凉三市，途经中国十三大煤炭基地之一黄陇基地的彬长矿区，与312国道和银武高速公路并行。线路自陇海铁路茂陵站引出，向西北经陕西省兴平、礼泉、乾县、永寿、彬县、长武及甘肃省宁县、泾川等县，至陇东重镇平凉市，于宝中铁路平凉南站接轨。桥隧工程总长91.4公里，占线路总长度的34.3%，主要分布于蒿店至长庆桥。新建电气化铁路全长266.593公里，全线除蒿店至太峪为双线区间外，其余为单线，全线共设车站26处，近期开站22处，线路所1处，远期预留车站3处，其中茂陵、平凉南为接轨站，采用计算机联锁设备和调度集中系统（CTC），自动站间闭塞，区间检查采用计轴设备完成，保留64D半自动闭塞功能作为应急措施，各站新设信号综合防雷系统。全线为电力牵引方式，牵引网供电采用带回流线的直接供电，设牵引变电所6个，分区所1个，10千伏电力变电所6个，35千伏电力变配电所1个。主要技术标准：铁路等级：国铁Ⅰ级。正线数目：单线、预留二线，其中蒿店至太峪一次双线。限制坡度：6‰、双机坡13‰。旅客列车设计行车速度：120公里/小时。最小曲线半径：一般1200米、困难800米。牵引种类：电力。牵引质量：煤列5000吨，其他列车4000吨。到发线有效长度：1050米。机车类型：客机SS7C；货机SS4、SS7。闭塞类型：自动站间闭塞。主要工程数量：通信及新专业敷设光缆330.73条公里，敷设通信电缆369.28条公里，区间及站场通信设备22站，地区通信设备22站，电源设备22站，货运制票系统5站，现车管理和货运管理系统5站，预确报系统2站，车号识别系统3站，客运营销系统7站，货运营销系统10站；信号专业自动站间闭塞22站，敷设电缆22站，信号机安装22站，轨道电路安装22站，连锁道岔安装296组；电力专业新建35千伏电源线路9.5公里，10kV架空线路225.5公里，敷设10千伏电缆线路139.3公里，敷设低压及控制电缆84.9公里，35千伏高压变电所设备安装1所，10千伏配电所设备安装6所，10/0.4千伏变电所设备安装9所，箱变安装41座，电化区段杆上变台安装9所，机电设备监控1处，信号电源检测23站，隧道照明45.61公里；变电专业新建变电所6座，分区所2座，调度所2座；接触网专业架设承导线434.381条公里，设备安装57台。该工程于2011年9月组建项目部，由于受站前施工进度影响不具备站后工程施工条件，只是配合站前工程施工。

【哈密货车南环线站后四电工程】 中铁电气化局承建。合同价款5.6亿元，合同工期：2010年6月8日～2012年12月31日。建设单位：乌鲁木齐铁路局哈密铁路建设指挥部；设计单位：中铁第一勘察设计院集团有限公司；监理单位：华铁工程咨询有限责任公司。哈密货车南环线工程由既有兰新线红光站东侧引出，经新建哈密东、哈密南站，引入既有兰新线火石泉站，工程包含新建货车南环线正线、普速客车联络线、改建既有红光站军专线、新建哈密东区段站、火石泉接轨站工程和改建既有兰新线工程。本线东起兰新线K1308+500，西至兰新线K1342+000（火石泉出站），与既有兰新线衔接，为双线正线，包括房建、通信、信号、电力、电力牵引等工程。主要工程数量：接触网挂网共计211.75条公里；新建1座牵引变电所、1座分区所、1座分区所、1座自藕所、1座电力调度所；新建房屋总建筑面积21380平方米；通信光、电缆敷设152.835条公里、通信设备安装；信号电缆敷设、信号机安装291架、各类箱盒安装1557个、信号设备安装。该工程于2011年3月26日开工，接触网专业完成基础浇注2033个，立杆1168根，承力索架设37.79条公里，接触线架设37.79条公里，附加线架设64.67条公里；变电专业完成设备基础浇注157个，构支架组立28组，主变就位2台，地网敷设2190米；通信专业完成光缆敷设68.14条公里，电缆敷设33.18条公里；信号专业完成电气集中站1站，电缆敷设406.34条公里，道岔安装34组，信号机架设123架，设备暗转2739台；电力专业完成立杆781根，架线55.2条公里，高压电缆敷设15.6条公里，低压电缆敷设2.8条公里，箱变安装1台；房建专业完成房屋建设折合14244.9平方米。

【唐山客车线工程】 中铁电气化局承建，为续建工程。2010年9月1日土建专业开工，截至2011年底，线下工程完成土石方16.91万方，明挖中桥完成559.06延米，中桥顶进77.45顶进米，12.55万圬工方，墩台完成6.4万圬工方，涵洞完成112.3横延米。施工人员进行迁改施工及少量的接触网施工和电力施工。变电、通信、信号专业未开工。迁改完成施工任务的43%，接触网完成施工任务的10%，电力专业完成施工任务的5%，房建专业完成施工任务的30%。

【哈大客专“四电”系统集成工程】 中铁电气化局承建，为续建工程。2009年10月27日开工，该工程由于铁道部技改等因素影响延期建成开通。按照哈大公司最新安排：沈阳—大连（不含枢纽）2012年3月15日工程竣工达到联调联试条件，沈阳—哈尔滨（不含枢纽）2012年4月1日工程竣工达到联调联试条件；商业运营日期2012年7月15日。截至2011年底完成实物工作量：接触网专业完成立杆41947根，承力索架设2349条公里，导线架设2315条公里，附加线架设3870.23条公里。变电专业，开工72各所亭，完成设备基础2576个，构支架组立971组，各种设备2134台件，敷设高压电缆88.014条公里、地网敷设70170米，电缆头制作4430个。电力专业敷设综合电缆3201条公里，敷设10千伏一级贯通电缆3184.6条公里，箱变安装379个；房建专业折合完成9050平米。

【广深港“四电”系统集成工程】 中铁电气化局承建，为续建工程。2009年12月1日开工，由于铁道部技改延等因素影响延期建成开通。2011年7月5日接触网送电开始联调联试，2011年12月30日运营。截至送电开通，接触网立钢柱2474根，架设承力索308.14条公里，架设接触线308.14条公里，附加线架设446.02条公里。电力专业建成配电所5座，敷设高压电缆703.296条公里，敷设低压电缆89.06条公里，箱变安装46台。变电专业建成所亭11座，安装主变6台，安装所用变及自偶变11台，设备安装292台套。

【京沪高铁“四电”系统集成工程】 中铁电气化局承建，为续建工程。2010年1月开始施工，11月31日先导段建成，并进行科学实验。2011年2月20日，京沪高铁“四电”系统集成德州至虹桥段电气化工程向接触网送电一次成功；3月18日，北京南至德州东段电气化工程向接触网送电一次成功。至此，京沪高铁正线1318公里接触网全部带电运行，铁道部京沪高铁建设指挥部先后2次发出贺电，表彰奖励京沪高铁电气化项目部按期、优质完成送电开通工作。4月7日，京沪高速铁路北京南—上海虹桥间加开55001/2次，使用CRH380B-6401L号动车组进行京沪高速铁路全线检测；5月9日，京沪高铁进行全线拉通试验，5月11日起，按照铁道部安排，以实际列车运行图为基础，进行为期一个月的时速300公里不载客全线拉通运行试验。5月30至31日，铁道部在北京召开京沪高铁初步验收会认为，京沪高铁电气化接触网满足8辆编组单弓受流动车组和16辆编组双弓受流动车组最高时速350公里运营的弓网受流性能要求，工程可以投入运营。截至投入运营完成实物工作量为：接触网专业完成支柱安装58386根，架设承力索3638.4公里，架设接触线3638.4条公里，附加线9687.8条公路。变电专业建成牵引变电所亭104座。电力专业完成敷设10千伏贯通线8760条公里，箱变安装393台，建成配电所58座。四电附属房屋57118平方米及调试及防灾、客服系统。

【京福客专“四电”系统集成工程】 中铁电气化局承建，为续建工程。2010年10月4日合蚌段及合肥枢纽开工，合福段尚未开工。由于铁道部技改等因素影响延期建成开通。截至2011年底，接触网专业立杆5794根，架设承力索334.6条公里，架设承力索 295.55 条公里，架设附加线 718.16条公里，设备安装194台。变电专业建成所亭14座，完成设备基础浇注288个，设备安装306台套，地网敷设103070米。电力专业10/0.4千伏变电所（所）建成5座，控制电缆敷设1000米，贯通电缆敷设888条公里，高压电缆敷设92.2条公里，箱变安装40座。房屋建成5260平方米。

【厦深客专“四电”系统集成工程】 中铁电气化局承建，为续建工程。2010年9月10日开工，由于铁道部技改等因素影响，厦深公司安排，2012年12月31日达到联调联试条件，商业运营日期为2013年7月1日。截至2011年底，完成投资5934万元，建安5934万元；开累10512万元。接触网专业完成H型钢柱组立4180根；AF肩架安装4109套；隧道吊柱安装5236根；支柱装配3883根。平湖南站改，砼柱安装完成61根，格构式钢柱安装10根。电力变电专业：平湖南站改工程完成10千伏电缆敷设3公里。房建专业196座大小房屋，完成征地57.27亩。普宁变电所、深湖变电所场坪清除地上附着物完成 42500 平米，完成围墙基础开挖600米。开挖土方25300立方。站前工程接口检查情况：管段桥梁106座。已贯通66座。隧道53座，已贯通46座，路基正在施工中。

【津秦客专“四电”系统集成工程】 中铁电气化局承建，为续建工程。2010年10月30日开工，由于铁道部技改等因素影响延期建成开通。建设单位安排工程2012年8月31日建成达到联调联试条件，商业运营日期为 2012 年 12 月31日。截至2011年底接触网专业立支柱5480根，架设承力索64.29条公里，架设附加线237.39条公里。电力专业建成1座配电所，箱变基础浇注完成6个，变电专业建成1座AT所，完成设备基础浇注134个，构支架组立4组。通信专业漏缆敷设11.4条公里，铁塔安装完成1个。信号专业站房内信号设备安装：共计6站，未开工。（唐山站：安装就位电源屏4台、移频柜5台、防雷分线柜2台、接口柜1台、轨道柜2台、组合柜15台、电池柜2台、UPS柜2台，走线槽全部安装完毕，绝缘软线7000米）。

【向莆客专“四电”系统集成工程】 中铁电气化局承建，为续建工程。2009年12月26日开工，由于铁道部技改等因素影响延期建成开通。建设单位安排全线2013年3月1日建成达到联调联试条件，2013年9月30日完成联调联试，2013年12月30日商业运营。截至2011年底接触网专业立杆13559根，隧道打灌12758根，架设承力索342.489条公里，架设接触线204.82条公里，架设附加线816.34条公里；变电专业完成设备基础浇注750个，构架组立550组，避雷器安装18座，地网敷设13865米，设备安装129台套；电力专业完成10千伏贯通线路施工400.52公里，低压电缆敷设52.12公里，高压电缆敷设12.26公里，10千伏电源线路完成82.47公里，箱变安装69台；房建专业完成11037平方米。

【杭甬客专四电系统集成工程】 中铁电气化局承建，为续建工程。2010年10月20日房建专业开工；12月8日接触网专业开工。由于铁道部技改等因素影响延期建成开通。建设单位安排工程2012年5月底基本完工；2012年7月1日杭州南—宁波开始联调联试，2012年8月1日杭州南—杭州东开始联调联试；商业运营日期 2012年12月31日。该工程到2011年底接触网专业完成立钢柱5147根，架设承力索85.2条公里，架设附加线483条公里。电力专业敷设电缆35条公里，箱变安装48台。变电专业完成设备基础浇注338个，主变就位26台，设备安装完成75%。房建专业房屋共5680平米，房屋主体全部完工，房屋装修及附属工程完成90%以上。

【南广铁路“四电”系统集成工程】 中铁电气化局三公司、电气化公司和西安通号处承建。合同价款27.7亿元，合同工期：2010年10月1日～2012年12月31日。建设单位：南广铁路有限责任公司；设计单位：中铁设计咨询、中铁二院；监理单位：铁四院（湖北）工程监理咨询有限公司南广铁路站后工程监理部。工程概况：新建南宁至广州铁路黎塘西（不含）至肇庆东（不含）段工程，自广西南宁市宾阳县黎塘西站柳州端D1K0+000开始，沿西江流域，经广西贵港市区及桂平、平南两县，梧州市藤县、苍梧两县，广东省云浮市郁南、云安、云城两县一区，肇庆市高要市、端州区、鼎湖区，终到肇庆东站南宁端D2K406+250。正线全长401.6公里。另包括柳广上下行联络线及根竹、贵港地区相关工程。新建正线（左线）中桥及以上桥梁共计 187 座，累计127296.12延长米，占新建正线长度的比例为31.76%；隧道100 座累计 105943 延长米，占新建正线长度的比例为26.43%，全线桥隧比例为 58.19%。近期设根竹、贵港、厚禄、桂平、平南、藤县、梧州南、郁南、南江口、云浮东、大湾等11个车站，其中厚禄、大湾站为越行站。预留覃塘北、永康越行站条件。藤县站预留办理货运条件，南江口站不办理货运业务。柳广上下行联络线单、双线合计总长12.5公里。根竹、贵港地区相关工程包括既有中转港、油库专用线改建工程，长2.4公里，既有贵港站货场搬迁还建及既有根竹站、贵港站改建工程。主要技术标准：铁路等级：Ⅰ级。正线数目：双线。旅客列车设计行车速度：250公里/小时，贵港地区、广州枢纽内根据实际情况确定。最小曲线半径：3500米。限制坡度：黎塘西至根竹12‰，根竹至肇庆东6‰。到发线有效长度：850米，仅办理客运的车站650米。牵引种类：电力。牵引质量：4000吨。闭塞方式：自动闭塞。建筑限界：满足开行双层集装箱列车运输要求。

主要工程内容：通信专业：全线新设SHD 2.5GB/SSDH长途骨干及本地中继传输系统，新设SDH 2.5Gb/s接入网，沿线车站、区间基站、牵引变电所及信号中继站设SDH 622Mb/s接入网设备，新数据网分别接入南宁和新广州汇聚节点，新建调度通信系统，利用广州、南宁调度所通信设备，沿线车站新设调度通信设备，全线新建GSM-R无线通信系统，新建基站分别接入广州、南宁基站控制器，新建应急通信、会议视频系统。

信号专业：南广铁路列控系统按CTCS-2设计，采用四显示自动闭塞，全线新建12车站计算机联锁设备，新设13套CTC车站子系统设备、30套客专标准的列控中心设备。站内正线（贵港站黎湛场除外）采用与区间同制式的ZPW2000轨道电路，其他区段及贵港站黎湛场站内采用97型25周相敏轨道电路。正线60千克/米42号、60千克/米18号及60千克/米12号道岔暂按S700K型三相交流电动转辙机配置，采用多点牵引多机控制方式及钩式外锁安装装置。各站设置信号集中监测设备，采用高可靠性智能化综合电源屏。

电力专业：南广铁路全线新建6座10千伏配电所，改建贵港10千伏配电所，利用柳南铁路黎塘西10千伏配电所，贵广铁路肇庆东10千伏配电所，增设相关设备为本线供电。新建1条一级负荷10千伏贯通线及1条综合负荷10千伏贯通线，均采用电缆敷设。车站设10/0.4千伏室内变电所或箱式变电站供电，区间设箱式变电站给通信、信号等以及负荷供电，分别由一级负荷贯通线和综合负荷贯通线提供主、备用电源。

变电专业：全线新建居仕、贵港、桂平、武林、藤县、郁南、山头口、肇庆东共8座AT牵引变电所，其中新建居仕、贵港牵引变电所为黎湛铁路黎塘至贵港段预留供电条件；新建黎塘西等9座AT分区所；新建黎塘西直供开闭所；新建15座AT所。

接触网专业：架设接触网1112条公里。

该工程于2010年9月组建项目部，由于受站前工程影响推迟到2011年12月10日开工，建成开通时间相应向后推迟，计划2013年6月30日建成，2013年9月30日完成系统集成试验，2013年10月1日～2013年12月30日试运行和验收。截至2011年年底接触网专业完成立杆安装5370根，隧道打灌5380处。

【广珠城际四电系统集成】 中铁电气化局承建，为续建工程。中铁电气化局、中国铁路通信信号集团两家联合体共同承包，合同总额8.7亿，中铁电气化局为主办方。2009年4月18日电气化工程开工，2011年1月7日开通运行广州南站至珠海北站段，截至年底牵引供电工程运行良好，得到建设管理方好评。剩余近20公里区段原计划于2011年底开通，由于站前工程及珠海站征地拆迁等原因，影响站后工程施工进展，使全线开通日期拖后，至今没有明确。

【成绵乐铁路“四电”系统集成工程】 中铁电气化局二公司承建。合同价款16.4亿元，合同工期：2010年9月1日～2012年4月30日。建设单位：成绵乐铁路客运专线有限公司；设计单位：中铁二院；监理单位：北京铁城、成都大西南、中铁二院、华铁、四川铁科监理有限公司。工程概况：成绵乐铁路客运专线为设计运营速度250公里/小时的城际客运专线。线路起于成都，向北经德阳、绵阳止于江油；向南经眉山至我国著名旅游城市—乐山市。线路全长315.87公里。全线共设江油、青莲、绵阳、罗江东、德阳、广汉北、青白江东、新都东、成都东客站、成都南、双流机场、双流西、新津、新津南、彭山北、眉山东、青神、乐山、峨嵋、峨嵋山等20个站，近期设车站20个，其中有配线中间站20个。预留车站2个（旌阳按有配线预留，高新区按无配线预留）。主要技术标准：铁路等级：客运专线。正线数目：双线。设计速度：速度目标值：200公里/小时，基础设施速度目标值250公里/小时；绵阳、成都部分地区限速120～160公里/小时。最小曲线半径：一般4000米，困难3500米。限制坡度：一般12‰，局部不超过20‰。牵引种类：电力。机车类型：动车组。到发线有效长度：450米，部分650米（有长编组列车停靠站）。列车运行方式：自动控制。列车最小追踪运营间隔：4分钟。

主要工程数量：通信专业包括车站20站，中继站6座，牵引变电所7座，分区所8座，自耦所12座，电力配电所9座，光纤直放站19站，室内覆盖8处，综合维修保养点3处，公安派出所4所，立交桥21座的通信。

信号工程包括正式工程和过渡工程。成绵乐铁路信号工程成都至江油、成都至峨眉山客运专线，线路全长315.87公里，不含成都东客站站区工程（DK154+800～DK157+720，正线长2.920公里）。引入成都枢纽相关工程，包括四条动车走行线（折合复线，全长12.4公里）、引入成都站联络线工程（全长5.6公里）。既有宝成线相关工程含江油普速场、三合场、绵阳北、绵阳普速场、皂角铺站工程。全线设江油（普速场既有、城际场新设）、青莲、绵阳（普速场既有、城际场新设）、罗江东、德阳（城际场）、旌阳、广汉北、青白江东、新都东、成都南、双流机场（地下）、双流西、新津、新津南、彭山北、嵋山东、青神、乐山（成绵乐场）、峨眉（高架）及峨眉山20个站及自动闭塞（含6个自动闭塞中继站）；宝成线三合场、绵阳北、皂角铺3个车站；成都疏解线DK146+480线路所和动车走行线DK152+090线路所及自动闭塞。

电力工程包括10千伏架空线路34公里，10千伏电缆线路897.7公里，低压电缆线路231公里，新建10千伏配电所8座，改造10千伏配电所1座，新建远控变电站25座，箱式变电站168座。

牵引供电工程包括：接触悬挂975条公里，供电线267条公里，供电线（电缆）69条公里，回流线38条公里，正馈线626条公里，保护线626条公里，架空地线54条公里，SCADA子系统2套，保护线234条公里，开闭所1座，牵引所7座，AT所12座，分区所7座。房建工程包括生产房屋21121平米，生活房屋1200平米，还建房屋24571平米，共计46892平米。

截至2011年年底配合站前绵阳北、江油站接触网完成支柱安装274根，支柱装配114处，承力索架设6.7条公里。

【武黄城际铁路“四电”系统集成工程】 中铁电化局二公司承建。合同价款6.5亿元，合同工期：2010年9月1日～2012年12月31日。建设单位：湖北城际铁路有限责任公司；设计单位：中铁第四勘察设计院集团有限公司；监理单位：兰州交大工程咨询有限责任公司武黄城际铁路监理站。该工程实际开工日期2011年10月8日，具体建成开通时间未确定。工程概况：武汉至黄石城际铁路位于湖北省中部，起于武汉站，向东经葛华科技新城、鄂州市城区、花湖开发区，终点位于黄石市黄金山开发区。正线长96.78公里，其中武汉枢纽内正线12.566公里（含利用既有武汉至武东普客线5.086公里），区间正线84.216公里。新建武昌至何刘联络线自余家湾站引出，沿南环线前行至何刘与武黄城际铁路正线衔接，新建联络线长25.7公里。在新建南湖站与流芳站区间时，为避免拆迁既有线北侧的道路、小区、高压铁塔，新建的联络线利用既有南环线线位，在既有线路南侧修建一段新线路与既有南湖、流芳车站相连，该段线路长度约4.5公里。新建大花岭货运基地从京广线大花岭站南端咽喉东侧3道引出，新建下行疏解线7.2公里，上行疏解线1.4公里接入新建的大花岭货运基地。

武黄城际铁路正线新设花山、葛店南、华容南、鄂州站城际场、鄂州东、花湖、黄石北、大冶北8个车站，其中花山、华容南、鄂州东、花湖为无配线车站，葛店南站预留武汉至黄冈城际铁路引入条件。何刘至武昌联络线设流芳站城际场、南湖东站。因新联络线占用流芳货场用地，需改建既有流芳站，新设城际场及动车存车场，城际场规模四台七线，动车存车场新建存车线6条，预留2条；改建的流芳站普速场近期规模为5股道（含正线），远期预留到发线1条。为沟通城际场与武汉动车段进路，两场间设置渡线相连。南湖东站为无配线车站。

主要技术标准：铁路等级：客运专线。正线数目：双线。设计速度：速度目标值200公里/小时及以上。最小曲线半径：区间正线4500米。线间距：区间正线4.8米。最大坡度：20‰。到发线有效长度：650米。牵引种类：电力。机车类型：动车组。列车运行方式：自动控制。行车指挥方式：调度集中。轨道类型：区间正线无砟轨道，枢纽内正线有砟轨道。

枢纽内线路主要技术标准：武汉枢纽内正线及联络线按120公里/小时速度标准设计，最小曲线半径700米，正线线间距4.0米，有砟轨道。

主要工程数量：通信工程：包括沿途车站、区间、电力配电所、牵引变电所亭、远动、及防灾等子系统的通信施工。敷设长途通信光缆451.57条公里，敷设地区电缆135条公里，架设铁塔59座，安装各种设备2320台套。

信号专业：包括武黄城际铁路区间正线何刘至大冶北（DK8+000～DK93+200）信号工程，线路长84.216公里，新设8个车站，其中4个为无配线车站。武黄城际铁路武汉枢纽内正线信号工程，线路长12.566公里（含利用既有武汉至武东普客线5.086公里）敷设信号电缆205.1396公里及各种设备安装调试。

电力专业：包括外部电源、配电所、电缆敷设、箱变安装、远动设备安装调试及过度工程。其中敷设10千伏电源架空线路26公里，敷设10千伏电源电缆线路51公里，敷设10千伏电力线路263.2公里，敷设低压电缆线路128.2公里，10千伏配电所3座，10千伏区间箱式变66座，0.4千伏变电所35座，升降式投光灯塔61座，可倾式灯柱140座，灯桥3座，隧道照明5277米，室内带动力配线3414千瓦。

变电专业：包括新建牵引变电所2座，AT分区所3座，AT所4座，开闭所1座。

接触网专业：包括新建、改建、过渡工程均纳入“四电集成”施工承包范围。主要包括武黄正线，包含武汉站中心（利用既有线5.086公里）至线路终点，全线正线以及所有新建客站的到发线、牵出线、安全线，全线相关施工配合、过渡工程。武昌至何刘上下行联络线，新建流芳站城际场的到发线、还建普速场、改建部分南环线、京广线及相关配套的过渡工程。其中承导架设765.226条公里，安装钢柱8622根，架设附加线716.519条公里，设备安装337台件。房建工程：包括通信房屋2处900平米，信号房屋1处275平米，电力专业房屋2575平米，电化房屋4215平米。防灾安全监控系统：包括风雨监测点13处，异物侵限监控点2处，监控单元10处。

接触网工程：2011年完成基础浇制42个，立杆3根，钢柱31根，软横跨安装14组，支柱装配2组，锚板埋设9组，附加线架设15.897条公里。拆除工程：完成附加线拆除1.85条公里，支柱拆除31根，软横跨拆除14组。

【西宝铁路客运专线电气化工程】 中铁四局承建。合同价款2429万元，合同工期：2010年1月1日～2013年6月1日。咸阳西跨线联络线电力、电气化工程，包括咸阳西站电气化过渡改造及咸阳西至茂陵东区间电力、电气化正式工程。咸阳西上行联络线4.346公里，设上行线立交特大桥1座，643.6米在里程K1103+600处通过新插铺13#道岔接入既有陇海上行线；下行联络线4.718公里，设下行线立交特大桥1座1527.6米，在里程K1104+000处通过新插铺2#道岔接入既有陇海下行线。其中电气化工程概算1751万：包括各型钢柱组立188根，混凝土支柱组立110根，架设硬横梁40组，接触网25.5条公里，独立供电线5条公里，回流线4.2条公里，架空地线11条公里，新建分相2处，改移分相2处；拆除硬横梁26组，混凝土支柱50根，钢柱59根，接触悬挂16.8条公里，附加导线22条公里。咸阳西联络线合同内电力工程概算44万：含高压电缆0.3公里、低压电缆2.1公里，箱变2台。合同外增加彩虹厂还建信号楼电力外线工程及咸平路立交市政照明配套工程。咸阳西电力迁改合同内主要工程量：路内10千伏贯通、自闭各一处共1.1公里；路外10千伏线路1处0.3公里，已于2010年12月完成迁改施工。合同外咸平路立交电力自闭、贯通电缆迁改1.9公里。施工进度：接触网工程：完成咸阳西4道接触网拆除1.1条公里；浇制供电线基础31个、硬横梁基础80个，锚板拉线基础埋设50个；组立混凝土支柱42根，组立硬横梁圆管钢柱50根，组立供电线及回流线钢柱20根；咸阳西站接触网施工下部工程基本结束，已全面转入上部施工。电力工程：咸阳西接建信号楼电力工程箱式变压器已安装完成；咸阳西接建信号楼照明系统安装完成。电力迁改工程：完成咸平路立交顶进涵贯通、自闭电力迁改工程。电力电气化工程2011年完成建安产值700万元，开累完成建安产值2147万元，截至2011年底累计完成验工计价2147万元。

【沾六复线站后工程】 中铁五局承建，系续建工程。合同价款31.9亿元，其中建安1.3亿元（含甲供料）。2010年4月15日开工，合同竣工时间2011年12月31日。建设单位：成都都铁路局贵阳建设指挥部；设计单位：中铁二院工程集团有限责任公司；监理单位：北就现代通号工程资询有限公司（六沾项目监理站）。项目位于贵州毕节威宁县、云南曲靖宣威市。主要工程数量：接触网205条公里、供电线36条公里；电力架空线路24公里、电缆线路136公里、低压线路21公里；房建9813平米；信号73组联锁道岔、自闭线路73公里；牵引供电2所、3个分区所。2011年累完成5219万元，开累完成7605万元，剩余价值5307万元。

【广西沿海铁路黎塘至钦州段扩能改造工程】 中铁六局承建。本工程为中铁六局与中铁九局联合体中标，其中中铁六局负责电气化工程，主要包括：接触网线路315.69条公里，牵引变电所2座，分区亭3处，电力调度所1座；工程总价值1.6亿元。工程已于2010年9月1日开工，计划于2012年5月31日完工，受站前标段影响及南宁铁路局建设计划调整，至2011年底已完成产值286万元，仅完成总工作量的1.74%。

【新建杭州至长沙铁路客运专线浙江段站前工程HCZJ-6标段】 中铁六局电务公司与中铁九局联合体中标，电务公司负责四电工程。四电（含三电迁改）合同价款1.1亿元，工程于2010年4月10日开工，计划于2013年6月30日完工。截至2011年底已完成产值4127万元，完成总工作量的37.47%。

【大准铁路增建二线二道河至点岱沟段工程】 中铁六局承建。本工程因建设单位投资计划调整，计划改为2012年9月30日竣工，工程价值5293万元，至2011年完成3901万元，完成全部工程的73.70%。

【成都地铁二号线供电系统工程】 中铁八局承建。2011年4月20日开工。成都地铁二号线始于郫县犀浦站，止于龙泉区的龙泉东站，全长41.3公里，共设28座车站，一个控制中心，一座车辆段及综合基地，1个停车场，2台主变电所。该工程共设15座在牵引降压混合变电所，32座降压变电所，7座跟随式降压变电所，PSCADA、杂散电流系统等设备安装、单体调试及系统联调联试工作。2011年12月30日全线一期工程（成灌客站至红柳车辆段共21站）完成单体试验工作，各变、配电所均一次送电成功。

【成昆线单线计轴自动闭塞信号工程】 中铁八局承建。该工程是成都铁路局为了提高成昆线运输能力的应急扩能项目，该工程在既有线新建自动闭塞乐山至金口河段共长116.874正线公里，西昌北至黄联关段29正线公里，施工共145.874正线公里。该工程各站均需新设出发信号机、区间均需新设通过信号机及计轴设备，并同步修改室内闭塞电路。该工程2011年9月15日开工，2011年12月30日全线施工完毕，沙湾至金口河段10站9区间投入使用，为铁路运输作出了贡献，受到了成都铁路局的高度评价。

【改貌集装箱货运中心站四电工程】 中铁八局承建。工程敷设长途干线光缆2站，长途干线电缆1站，地区及站场光电缆2站；无线列调3公里；信号施工联锁道岔77组，新设信号设备集中监测系统2站，计轴自动站间闭塞2站；电力线路53.5公里，1座低压变电所，配电所1座，箱式变电站3座，室外落地式配电箱14处，室内动力配电1128.3千瓦，电力远动2处；接触网30.89条公里。该工程2010年4月20日开工，2011年 5月31日完工交验。

【原平南站微机联锁工程】 中铁八局承建。本站联锁设备采用K5B型2×2取2硬件冗余结构，轨道电路站内采用BES型 25HZ 相敏轨道电路叠加 ZPW-2000G 型电码化；原平南-唐林岗支线区间采用64D半自动闭塞；区间采用UM71改进型无绝缘移频自动闭塞，站内列车、调车全部采用铝合金LED机构；转辙设备采用ZY（J）系列电动液压转辙机。本工程共有联锁道岔60组，信号机127架，轨道电路114区段，敷设各型号电缆137条公里。该工程2011年8月20日开工，2011年11月30日完工。

【川黔南宫山至关田段无线列调系统改造工程】 中铁八局承建。该工程主要完成南宫山至关田21个车站、47处隧洞及明洞共160公里干线缆改造工作，主要完成161.3公里光缆、151.8公里电缆、10.25公里漏缆敷设及21台无线车站台、64处互控台、98处天线架设工作。该工程2011年10月8日开工，2011年12月30日主体工程施工已经完毕，计划2012年2月全线开通。

【宁启复线电化工程3标】 中铁十局承建。合同价25.3亿元，合同工期：2009年12月15日～2011年11月30日。工程概况：工程地点，海安（含）—南通（含）（K195+100～K268+300），标段全长73.2公里。主要工程数量：路基土方410万方；特大桥8座/18128米（其中复杂特大桥6座、一般特大桥 2 座），其中跨新长铁路特大桥全长 2089.31米，包括跨栟茶河（40+72+40）米现浇连续梁，跨海防立交引道（75+125+75）米现浇连续梁，和跨规划 328 国道（40+64+40）米连续梁和1联（32+2-34+32）米连续刚构；大桥3座，中桥64座，小桥35座，涵洞553座。完成路基土方344万方，桥梁完成15622米。

【阜淮线电气化改造工程Ⅰ标段】 中铁十局承建。工程造价6.5亿元，合同工期：2009年10月～2011年3月。工程概况：阜阳枢纽袁寨站（不含）—淮南站（含）段范围内的路基、轨道、桥涵、站场、电力、通信信号、三电迁改、房屋等工程，标段全长114公里。主要工程数量：路基土石方16.5万立方，路基声屏障8463平方米，线路防护栅栏227单侧公里；平改立框架桥13座，上跨公路立交1座，小桥5座，涵洞16座；正线铺轨5.38公里，站线铺轨12.38公里等。路基土石方完成15万方，涵洞接长施工完成，线路防护栅栏完成206公里，路基声屏障完成7850 平方米。

桥隧工程

【大准至朔黄铁路联络线杀虎口隧道】 中铁四局承建。工程造价：1.685 亿。合同工期：2011 年 10 月～2013 年 3 月。大准至朔黄铁路联络线杀虎口隧道工程，是大准至朔黄铁路联络线重点控制工程，位于内蒙古呼和浩特市和林格尔县新店子镇境内，隧道出口与朔州市右玉县相邻。隧道起讫里程为 DK14+703～DK17+653，全长 2950 米（其中Ⅳ级围岩 1586 米，占全长的 54%，Ⅴ级围岩 1364 米，占全长的 46%），为单洞双线隧道，隧道最大埋深约 95 米。左线进口至 DK14+927.02 和右线进口至 DK14+937.02 分别位于 R=1200 米和 R=1195.82 米的右偏曲线上；左线 DK16+040.72～DK16+489.14 和右线 DK16+050.71～DK16+479.15 分别位于 R=1200 米和 R=1204.19 米的左偏曲线上，其余段落均位于直线段，洞内纵坡分别为+3.2‰、+3.6‰的单面坡上。2011 年完成产值 1300.3 万元，占总价的 7.7%。

【山西中南部铁路通道沁河特大桥】 中铁五局承建。山西中南部铁路通道沁河特大桥（DK417+277.05）长 905.75 米，（1-32+10-64+6-32）米，墩高最高为 69 米，64 米箱梁采用节段预制拼装。开累完成 277.23 成桥米。

【杭长浙江客运专线金华江特大桥】 中铁五局承建。金华江特大桥位于浙江省金华市境内，中心里 DK169+359.217，全长 11435.346 米，其中跨金华江主跨 103 墩～109 墩（75+4×135+75）米按连续梁设计，连续梁及水中墩施工是本桥的重难点，该连续梁是铁道部重点关注的建设项目。2011 年成桥 4585 米，完成年计划 102.8%，开累 8118 米，剩余 3317 米。

【拉日铁路雅江 1 号特大桥】 中铁五局承建。拉日铁路雅江 1 号特大桥起讫里程为 IDK103+856.8～IDK104+729.05，中心里程为 IDK104+291.925，全长 874.25 米。孔跨布置：1-24 米+3-32 米预应力混凝土梁+（72+120+72）米连续刚构+14-32 米预应力混凝土梁。主桥采用墩梁固结体系，箱梁采用单箱单室截面，箱梁底宽 6.0 米，顶宽 7.5 米，支点梁高 8.5 米，跨中及端部现浇段梁高 4.5 米，梁底曲线采用 1.6 次抛物线，箱梁顶板厚 0.4 米，底板厚 0.45～0.9 米，腹板厚 0.4～0.7 米。主墩采用空心桥墩，百年水位+1 米以上部分采用矩形截面，以下部分采用由矩形渐变为圆端形的实体截面，两主墩高分别为 52.5 米、49 米，空心部分墩高 38.5 米，基础采用钻孔灌注桩基础。2011 年成桥 468.21 米，完成年计划的 82%，开累 468.21 米，剩余 406.04 米。

【沪昆铁路客运专线（江西段）贵溪特大桥】 中铁五局承建。沪昆铁路客运专线贵溪特大桥长 8.487 公里，有箱梁 244 孔，（60+100+60）米、（32+48+32）米、（70+125+70）米连续梁各一联，同时 2 次跨越既有粮库专用线，1 次跨越既有皖赣铁路。2011 年累完成 3683 成桥米，开累完成 6218 成桥米，剩余 2269 成桥米。

【成绵乐客专 8 标乐山青衣江特大桥】 中铁五局承建。乐山青衣江特大桥（DK296+037）桥梁全长 5028 米，孔桩 22277 米/1306 根，承台 142 个，制、架梁 125 孔，特殊结构 5 联，分别上跨 306 省道收费站、成乐高速公路、青衣江主航道、在建乐宜高速公路、在建乐雅高速公路，为标段重难点控制工程。下部工程完成 97%，5 联连续梁梁部完成 55%（有 1 联完成合拢），线下平均月成桥 190 米，2011 年成桥 2584 米，完成年度计划的 83%，开累完成 4530 米，剩余 498 米。

【成绵乐客专 8 标峨眉车站特大桥】 中铁五局承建。峨眉车站特大桥（D3K312+284.8）桥梁全长 7628.143 米，孔桩 73766 米/1961 根，承台 239 个，制、架梁 223 孔，其中两联双线变四线道岔连续梁，上跨既有成昆线峨眉山车站出线处新建峨眉车站站台，亦为标段重难点控制性工程。截至 2011 年底，除了 229#～238#墩因 525 厂拆迁影响不能施工外，其余墩（台）身全部施工完成，且 2 联 7×32 米连续梁和一孔现浇简支梁全部施工完成，架梁完成 118 孔； 2011 年成桥 4650 米，完成年度计划的 90%，开累完成 7101 米，剩余 527 米。

【新建成都至兰州铁路 2 标北延线双线大桥】 中铁五局承建。北延线大桥设计全桥长 208.38 米，设计结构型式为（36+112+36）米连续梁钢管混凝土系杆拱桥。全桥共 2 墩 2 台，中心里程 D1K14+744。该桥施工干扰较大，系杆拱桥施工工艺复杂，工期长，难度大。开累完成钻孔桩 52 根。

【新建成都至兰州铁路 2 标鸭子河特大桥】 中铁五局承建。鸭子河特大桥设计全桥长 2644.36 米，设计结构型式为全桥结构为[1×（32+40+32）连续梁+2×32+2×24+9×32+1×24+6×32+2×24+8×32+（11×48）简支箱梁（移动模架施工）+（36+64+36）连续梁+1×32+3×24+24×32]米，全桥共 74 墩 2 台。开累完成 327 根。

【贵开铁路南江双线特大桥】 中铁五局承建。贵开铁路南江双线特大桥全长 649.5 米，最大墩高 83 米，10×19.9 米的挖井基础深达 33 米，基础深 11 米，墩身伸入挖井 22 米。上部构造为（1×24+7×32）米 T 梁+（92+176+92）米连续刚构+（1×24）米T梁。跨越南江大峡谷核心景区，轨面与河谷高差230余米，两岸山势陡峻，安全风险大。2011年完成基础孔桩40根，占设计数量82根的49%，2#墩墩身浇注完成18米，4#墩墩身浇注完成7米，3#、5#墩承台混凝土灌注完成；7#墩孔桩开挖100米；8#墩防护施工完成，孔桩开始开挖；9#主墩11米钢筋混凝土基础灌注完成；10#主墩基础开挖完成，等待设计院出处理方案；开累完成成桥米247.55米；剩余401.95米。

【玉蒙铁路秀山隧道】 中铁五局承建。秀山隧道是昆河线玉蒙段的重点工程，位于云南省通海县境内，隧道进口里程为DK27+060，出口里程为DK37+362，中心里程为DK32+211，全长10302米，是全线的控制性重点工程。中铁五局承建秀山隧道正洞5260米（DK31+902～DK37+362）、平导5452米（PDK31+902～PDK37+354）的施工任务。正洞年度开挖完成上台阶1405米、下台阶1419米、衬砌1504米、铺底1430米、成洞米5260米，完成设计的99.9%，剩余2米。平导年度开挖完成497米，开累开挖完成5016米，成洞米4448.54米，完成设计的82%，剩余567.46米。

【沪昆客专云南段壁板坡隧道】 中铁五局承建。壁板坡隧道是全线重难点工程及控制工期工程，也是沪昆客专云南段确定的3座Ⅰ级风险控制隧道中最长的隧道，更是本标段施工的重中之重。壁板坡隧道进口起迄里程DK977+657，出口里程DK992+413，全长14756米，中心里程DK985+035，进口1363米为合修段，其余13393为分修段。线路左侧设贯通平导（长14717米）。进口里程YDK977+683，出口里程YDK992+400。进口位于贵州省盘县境内，出口位于云南省富源县境内。壁板坡隧道进口正洞（合修段）年度开挖完成上台阶874米、下台阶796米、衬砌626米、铺底806米、成洞米752米。开累完成成洞米1076米，完成设计的78.9%。剩余287成洞米。左线正洞，年度开挖完成上台阶1386米、下台阶1262米、衬砌978米、铺底1211米、成洞米586米，开累完成成洞米586米，完成设计的4.4%。剩余12807米。右线正洞年度开挖完成上台阶226米、下台阶186米、衬砌144米、铺底172米、成洞米88米，开累完成成洞米88米，完成设计的0.66%。剩余13324米。平导年度开挖完成2225米，开累开挖完成4586米，开累完成设计的31.2%，剩余10131米。

【贵广快速铁路岩山隧道】 中铁五局承建。隧道位于贵州省黔东南州榕江县境内，岩山隧道DK218+640～DK233+190，全长14693米，为贵广全线第一长隧道，全隧共设3个斜井、1个平导、1个横洞共5个辅助坑道进行施工。岩山隧道洞身共穿越22个断层带，岩体破碎程度较高，褶皱分布广泛，不良地质和特殊地质段较多，偏压顺层、岩爆、涌水突泥、软岩变形等不良地质现象极其发育，隧道洞身两次下穿八匡河河床，隧道最大涌水量11.4万立方米/天，为Ⅰ级高风险隧道，是贵广铁路重点控制性工程之一。2011年，开累完成成洞13748米，剩余860米。

【山西中南部铁路通道范家山隧道】 中铁五局承建。山西中南部铁路通道范家山隧道设计10190米，2010年7月1日进洞，2011年成洞2990.5米，开累3688.4米，剩余6501.6米。

【山西中南部铁路通道发鸠山隧道（进口段）】 中铁五局承建。发鸠山隧道（进口段）设计6865米，2010年12月1日进洞，平均月成洞125.5米。2011年成洞1614.4米，开累1630.9米，剩余5227.1米。

【山西中南部铁路通道红泥寺1号隧道】 中铁五局承建。山西中南部铁路通道红泥寺1号隧道，设计5060米，2010年8月23日进洞。2011年成洞2113.2米，开累2180.9米，剩余2879.1米。

【拉日铁路甫当隧道】 中铁五局承建。拉日铁路甫当隧道起讫里程IDK94+468～IDK101+971，全长7564.89米（含长链61.89米），最大埋深约380米，为单线隧道。甫当隧道位于雅鲁藏布江左岸，河谷深切，呈“V”字形，地形起伏大，地面高程3730～3750之间，相当高差达200米以上。隧道进口867.75米位于半径R-2000米的曲线上、洞身923.07米位于R-2000米的左偏曲线、948.14米位于R-1600米的左偏曲线、出口56.42米位于R-1200米的右偏曲线上，其余均处于直线上，洞内坡度5‰和-5‰。甫当隧道洞身长，围岩含水体较大，存在突然涌水、岩爆、泥石流、危岩、落石、围岩失稳、坍塌等不良地质情况。2011年成洞1891.5米，完成年计划的89.2%，开累1891.5米，剩余5673.39米。

【拉日铁路色麦村隧道】 中铁五局承建。拉日铁路色麦村隧道起讫里程：IDK087+695～IDK094+388，全长6693米，为单线隧道。进口位于雅江北岸山坡，洞口基岩裸露，山坡较陡；隧道洞身分别有2034.35米位于半径为R-2000米的曲线上，出口115.76米位于半径R-2000米的右偏曲线上，洞内单面上坡，坡度依次为12‰、9‰。洞身通过低高山区，左侧为雅鲁藏布江，地形起伏较大，洞身穿越的山体高程超过3900米，山势总体东高西低，其上沟谷发育，切割相对较深，洞身上方有一条常年流水冲沟；出口位于一泥石流冲沟内。2011年成洞1905.3米（或桥），完成年计划的89.2%，开累1905.3米，剩余4787.7米。

【拉日铁路帕当山隧道】 中铁五局承建。拉日铁路帕当山隧道位于雅鲁藏布江南岸，起讫里程IDK106+190～IDK109+026，全长2886.69米（含长链50.69米），为单线隧道。该处河谷深切，呈V字形，地形起伏大，相对高差达

200 米以上。山体脊部高程约 4400 米，进口坡面较缓，出口坡面较陡，进、出口段地面高程为 3730～3750 米之间。山体基岩裸露，岩体破碎，雨季时有泥石流爆发，淹没公路。山体坡面上植被较稀疏。工点范围内仅局部有小便道通行，大部分地段行走困难，交通极为困难，对岸江边有 318 国道；帕当山隧道存在危岩落石、错落等不良地质，是本标段的重难点之一。本年计划完成 905.158 成洞米，本隧道共有 1 处横洞，与进出口合计 4 个工作面，根据年度计划，以及隧道整体进度计划，分别在 2011 年的 3、4 季度达到施工高峰期，施工高峰期进度指标为 480 米/每月，最高指标达到 500 米/每月，计每个工作面正洞进度指标为 125 米，工期满足工程总工期要求。平均月成洞 113.3 米，2011 年成洞 793.2 米，完成年计划的 89.2%，开累 793.2 米，剩余 2042.8 米。

【兰新铁路 2 标西宁隧道】 中铁五局承建。西宁隧道全长 5743 米，围岩较差，Ⅵ级围岩 1370 米、Ⅴ级围岩 1843 米、Ⅳ级围岩 2530 米，有膨胀岩、盐岩、石膏岩等不良地质；浅埋段部分地段隧道基础需要进行加固处理；下穿西宁市区段，地表建筑物密集；出口端与防空洞相交，安全风险高。是本标段的隧道重难点工程，为一级风险隧道。开累成洞 2510 米，2011 年成洞 2253.5 米，完成年计划 92%，剩余 3233 米。

【新建铁路衡茶吉线 HCJ-2 标云阳山隧道】 中铁五局承建。云阳山隧道是本标段最长的隧道，隧道全长 5083 米，地质情况复杂（穿越含煤系地层段、断层地段、高地温），隧道围岩情况差（Ⅱ级围岩 8.5%，Ⅲ级围岩 46.5%，Ⅳ级围岩 33.3%，Ⅴ级围岩 11.7%）。工期紧（控制工期为 20.5 个月）、任务重，是本标段的控制隧道。2011 年成洞 2298 米，开累 5083 米，剩余 0 米，于 2011 年 6 月 19 日贯通。

【保定市西二环下穿京广铁路桥工程】 中铁六局承建。工程造价 2040.2 万元，工期 91 天。工程概况：本项目桥址位于京广铁路保定站（K134+489）与于家庄站（K146+748）之间的区间线路上。保定市西二环道路中心线与京广铁路下行线交点处铁路里程为 K142+342.5，道路里程为 K0+488.5。框架桥中心线与铁路中心线的夹角为 84.4 度。桥址位于京广铁路保定站（K134+489）与于家庄站（K146+748）之间的区间线路上。桥址处既有京广铁路双线，电气化铁路，线间距 4.5 米，60 千克/米钢轨，无缝线路，钢筋混凝土枕，直线区段，线路纵坡为 1.0‰上坡。路基填方高度约为 1 米。铁路里程 K142+322 处有一座 1-0.85 米盖板涵，桥涵编号为“桥-84”，此涵洞与新建框架桥中心间距为 19.85 米，用途为排洪，与铁路正交，在框架桥顶进施工时须予以拆除。框架桥桥区及两侧影响范围内路基上有 113#-116#电气化钢筋混凝土接触网杆、及通讯 51#和 52#杆。其中 113#和 114#接触网杆及通讯 51#和 52#杆位于框架桥桥区范围内，施工前进行妥善地拆改过渡；115#接触网杆距离框架桥边墙外侧的距离为 9.2 米，116#接触网杆距离框架桥边墙外侧的距离为 10.5 米，施工期间对该组接触网杆采用防护桩防护。本框架地道桥结构采用四孔连体式结构。净跨为 9-17-17-9 米，框架桥顶板顶面距最低钢轨底面的距离为 0.8 米。框架桥结构总高度为 8.5 米，结构净高 6.4 米，顶板厚 1.0 米，底板厚 1.1 米，边墙、中墙厚均为 1.0 米。顶板加腋均采用 0.5×1.5 米，框架桥主体全长为 14.5 米。框架桥主体前端刃角长 5.0 米，主体后端尾墙长 3.5 米，尾墙侧人行道悬臂板长度采用 2 米。框架桥顶进到位后将刃角边墙按主体结构补齐，两侧接重力式八字式挡墙，框架桥底板后端设置用于框架桥顶进的三角项块。

【岢岚至临县高速公路路基、桥隧工程】 中铁六局承建岢岚至临县高速公路路基、桥隧工程（第 LJ3 合同段）。工程造价 5.6 亿元，工期：2010 年 12 月 29 日～2012 年 4 月 28 日。工程概况：设计时速 60 公里/小时，K17+600～K25+240，主线线路长度 7.64 公里。大桥 12 座；中桥 3 座；拱涵 269.94/4 米/道；涵洞 73/3 米/道，波纹管涵一道 151.86 米；土方：挖方 5663097 立方米，填方 1500316 立方米。

【新建武汉至黄石城际铁路鄂州高架桥】 中铁六局承建。合同总价：2.7 亿元（不含站场改造部分），调整价值：2.5 亿元。合同工期：2010 年 2 月 2 日～2012 年 3 月 8 日，应业主的要求，2012 年 10 月底提供铺架通道。鄂州站高架桥 DK51+000～DK52+550，即鄂州特大桥 11 号墩～57 号墩，直线桥，双线～四线，全长 1550 米（其中高架站 447.7 米）。2011 年钻孔灌注桩累积完成 226 根；承台完成 18 座；墩身完成 21 个；现浇梁完成（13#～19#墩）6×32.7 米渡线连续浇筑，四线连续梁 A 节段砼浇筑。辅助工程完成情况：（41 +54 +54 +41）米四线连续梁现浇支架完成 6 轴～—13 轴平台搭设。2011 年完成产值 6660 万元。

【新建蒙泰不连沟煤矿铁路专用线工程 A 标段/孔兑沟特大桥】 中铁六局太原公司承建。合同价款 7051 万元，2011 年 3 月 15 日开工，2011 年 12 月 28 日孔兑沟特大桥主体及架梁全部施工完毕。建设单位：内蒙古蒙泰不连沟煤业有限责任公司铁路筹备处；设计单位：中铁第五勘察设计院集团有限公司；监理单位：内蒙古沁原工程建设监理有限责任公司。内蒙古蒙泰不连沟煤业有限责任公司不连沟铁路专用线不连沟站至何家塔站工程位于内蒙古自治区准格尔旗境内。专用线正线从呼准铁路何家塔站南咽喉引出，折向东跨孔兑沟，至 S103 北侧设不连沟装车站，本标段主要控制工程为孔兑沟特大桥。孔兑沟特大桥全长 1551.285 米的单线铁路桥，距离既有线 6.3 米，共 47 跨，94 片简支 T 梁（每片梁长 32.6 米，每片梁重 139.284 吨），每跨跨度为 32 米；桥位于 R=600 米的曲线和直线上，架梁由 0#台台尾向 47#墩方向架设。支座采用 TZ-3000-ZX 和 TZ-3000-GD 型橡胶支座，由于特大桥大部分为高桥墩，采用 DJ-180 架桥机架梁，运梁车采用 YT180。

【省道 S102 线渝巫路开县镇安至白鹤段改造工程炮台梁隧道】 中铁八局承建。工程总投资 1.1 亿元，合同工期：2011 年 4 月～2012 年 12 月，调整工期：2011 年 4 月至 2013 年 6 月。炮台梁隧道工程位于开县镇东街道办。炮台梁隧道工程位于开县镇东街道办。隧道为分离式公路隧道，设计速度为 60 公里/小时，设计荷载：公路-Ⅰ级。最大埋深 217 米；隧道进口浅埋存在偏压问题，长度约 200 米。岩层为厚层状泥岩夹砂岩。覆盖土层厚约 1～3 米。经调查进洞口未见不良地质现象。洞身围岩主要为粉砂质泥岩，厚层块状，层理不发育，岩层产状近水平，围岩级别为Ⅲ～Ⅳ级。洞门型式采用城墙式和棚洞式，并对洞门进行装饰。隧道单洞净宽：10.25 米，建筑限界净高：5.0 米；左线隧道进口里程 K2+720，出口里程 K4+200，左洞长 1480 米；右线隧道进口里程 K2+790，出口里程 K4+180，右洞长 1390 米。2011 年完成投资 3585 万元，右线开挖 311 米，仰拱、二衬 44 米 ；左线开挖 533 米，仰拱 501 米，二衬 251 米。

【省道 S364 十水线改建工程小榄水道特大桥】 中铁八局承建。工程总投资 2.3 亿元，工期要求 2013 年 1 月 30 日完成。小榄水道特大桥位于中山市东凤镇沙口大桥下游约 3.5 公里处的广珠城际快速轨道小榄水道特大桥的两侧，本桥分左右幅设计，中间预留 33 米空间置轻轨桥，左右幅主塔墩基础错位 15 米布置。小主线桥左线起于 K6+700.2，终于 K7+715.4，总长 1015.2 米；右线起于 K6+700.2、终于 K7+682.7，总长 982.5 米。主桥为跨越小榄水的一座预应力混凝土双塔双索面斜拉桥，跨径布置为 98+220+98=416 米。两侧为引桥部分，引桥跨越小榄岸大堤处采用一孔 50 米预制 T 梁外，其余各跨均采用 20-34 米跨径的预制 T 梁，并采用先简支后桥面连续体系。主要工程数量：主桥长 832 米，引桥长 1198.4 米。桩基 168 根，系梁承台 112 个，墩柱 99 个，箱梁 832 米，预制 T 梁 350 片。2011 年完成投资 3626 万元，主桥共完成桩基 48 根，过渡墩桩基 5 根，引桥桩基 49 根。

【泉州市后渚至东通道工程-北山隧道】 中铁八局承建。泉州市后渚至城东通道工程—北山隧道工程，位于北山村，起点桩号：K2+278，终点桩号：K2+588，隧道全长 310 米，属于短隧道。左右线内轮廓净间距为 6.95 米，为小间距隧道。隧道采用双向六车道，设计车速：60 公里/小时，道路等级为城市Ⅰ级主干道。隧道左线净宽 13.25 米，右线净宽 15 米，车行道净高 5 米，人行道净高 2.5 米。北山隧道场址区地貌属残坡积台地区，地形起伏大，其中进口地形属缓坡状，山坡植被发育（主要为龙眼树），出口地形较为陡峭。隧道进口段左洞基岩埋藏较深，右洞基岩埋深较浅；隧道出口段围岩主要为残积土及全风化岩，天然坡体稳定，进口段坡度约 10 度～20 度，出口段坡度约为 25 度～35 度。主要工程数量：隧道长 310 米，双线六车道。工程投资 5127 万元竣工日期 2011 年 7 月 22 日。，2011 年完成投资 3038 万元，左洞上台阶开挖 255 米，下台阶开挖 310 米，仰拱及二衬完成 310 米；右洞上台阶开挖 142 米，下台阶开挖 228 米，仰拱 231 米、二衬完成 286 米。

【四川木里河沿河通乡公路卧落大桥】 中铁八局承建。竣工日期 2011 年 4 月 30 日。工程投资 3724 万元，卧落大桥位于四川省凉山彝族自治州木里县后所乡大弯子村以西，右岸逆流而上至立洲水电站坝区下游，左岸至博科乡连接 S216 省道，是沿河通乡公路上的一座重要桥梁。该桥主跨为 160 米箱形拱桥，引桥采用预应力混凝土空心板梁。桥跨布置形式为（20+170+20）米，总长 222 米，总宽 7 米。主桥净跨径为 160 米的 C50 钢筋混凝土箱形拱箱，净矢高 26.667 米，矢跨比 1/6，采用悬链线拱箱，拱轴系数 m=1.756。主拱采用预制与现浇结合的箱形截面，共 4 个箱室，组合截面高 2.70 米。主拱箱采用无支架缆索进行吊装，每个箱肋分 7 段，最大吊装重量 95 吨，节段长 24.67～25.19 米、宽 1.71～1.86 米。拱上建筑采用梁式建筑形式，全桥采用简支腹孔，腹孔由立柱、帽梁、纵向桥面板组成。主桥桥面纵梁为 C40 先张法预应力混凝土 T 梁，梁高 0.9 米，宽 1.395（1.39）米，长 9.96（9.94）米，横向 5 片对称布置，共 85 片，最大吊装重量 16 吨。引桥桥面纵梁为 C40 后张法预应力混凝土空心板，板高 1 米，宽 1.5 米，长 19.94 米，横向 4 片对称布置，共 8 片，最大吊装重量 46 吨。主要工程数量：主跨 160 米，引桥 222 米。拱箱 28 榀，10 米 T 梁 85 片，20 米箱梁 8 片 2011 年完成投资 500 万元，预制拱箱 5 榀，吊装 10 米 T 梁 18 片，预制及吊装 20 米箱梁 6 片。

【宜宾市屏山岷江大桥工程】 中铁八局承建。工程投资 0.8 亿元，工期：2011 年 1 月～2013 年 6 月。屏山岷江大桥桥梁全长 816.08 米，桥面宽度为 16.5 米，主桥为连续刚构桥，桥跨布置为 130.5 米（边跨）+235 米（主跨）+130.5 米（边跨），梁体采用悬臂现浇，共 29 节段，引桥北岸为 3×30 米预制简支梁跨，南岸为 7×30 米预制简支梁跨。2011 年完成投资 550 万元，4#墩爆破 1500 立方米，开挖 600 立方米；5#墩爆破完成 1600 立方米，开挖 650 立方米。

【城口至万源快速公路通道工程 CW02 合同段】 中铁八局承建。工程造价 8088 万元，工期：2010 年 5 月 17 日～2012 年 5 月 16 日。工程位于重庆市城口县，城万快速公路通道是连接重庆城口县至四川万源石塘新建二级公路，为 4 小时重庆的部分工程，施工里程 K5+500～K10+294，全长 4.794 公里。主要工程数量：路基土石方 33.4 万方，长隧道 0.5 座 1460 米、短隧道 1 座 185 米、中桥 4 座 230 米，涵洞 12 座。2011 年完成产值 6100 万元，完成主要工程数量：路基土石方 25 万方，漆树坡隧道折合成洞 963 延米，桥梁折合成桥 37 延米、涵洞完工 8 座。

【哈大客专沈阳枢纽工程文官屯特大桥】 中铁九局承建。工程造价 1.1 亿元，2008 年 11 月 11 日开工，2011 年 6 月 20 日竣工。工程位于辽宁省沈阳市境内，中心里程 WZDK402+992.945，全桥长 2538.12 单延米，本桥为跨越客专左右线、哈大线、沈阳崇山路等立交而设。全桥采用 20 孔-32 米单线 T 梁+2 孔-20 米单线 T 梁+52 孔-12 米单线 T 梁 +1 孔-20 米双线 T 梁+1 孔-24 米双线 T 梁+1 联-（40+64+40）米双线连续箱梁+12 孔-32 米双线 T 梁结构，圆端形桥墩，T 型桥台，钻孔桩基础。

【哈大客专沈阳枢纽工程北皇特大桥】 中铁九局承建。工程造价 4410 万元，2008 年 9 月 8 日开工，2011 年 12 月 20 日竣工。工程位于辽宁省沈阳市境内，中心里程为右 DK398+378.865，全桥长 1194.49 单延米。本桥为跨越北皇线、长江南路、华山路等立交而设。桥梁孔跨形式为 19 孔-32 米单线 T 梁+5 孔-24 米单线 T 梁+3 联-（40+64+40）米单线连续梁结构，圆端形桥墩，T 型桥台，钻孔桩基础。

【盘营客专盘锦北下行联络线跨秦沈线特大桥】 中铁九局一公司承建。工程造价 1.65 亿元，2009 年 7 月 15 日开工，计划 2012 年 12 月 31 日竣工。位于辽宁省锦州市、盘锦市境内，桥梁全长 4514.04 米，起止里程为盘营客专 DK0+719.79～DK5+234.83。本桥跨越 G305 线、京哈线秦沈通道、沟海线后在赵荒地线路所处与盘锦北上行联络线跨沟海线特大桥（右线）并线。钻孔桩 916 根，承台 137 座，墩台身 137 座，单线预应力混凝土简支 T 梁 128 孔，3 联连续梁（其中跨秦沈客专为 60+100+60 米连续梁）。截至 2011 年末开累完成产值 1 亿元，完成总价的 78%。

【盘营客专盘锦北上行联络线跨沟海线特大桥】 中铁九局一公司承建。工程造价 7565 万元，2009 年 7 月 15 日开工，计划 2012 年 12 月 31 日竣工。工程位于辽宁省锦州市、盘锦市境内，起止点里程为右 DK2+180.49～右 DK4+434.86，桥梁全长 2254.37 米。本桥部分利用秦沈沟海联络线，并跨越沟海线，在赵荒地线路所处与盘锦北下行联络线跨秦沈线特大桥（左线）并线。钻孔桩 399 根，承台 70 座，墩台身 70 座，单线预应力混凝土简支 T 梁 66 孔，1 联连续梁（其中跨沟海线为 48+80+48 米连续梁）。截至 2011 年底开累完成产值 6275 万元，完成总价的 83%。

【新建盘营客专工程绕阳河特大桥】 中铁九局一公司承建。工程造价 11.4 亿元，2009 年 7 月 15 日开工，计划 2012 年 5 月 31 日竣工。工程位于辽宁省锦州市、盘锦市境内，全长 21198.32 米，起点位于新建盘营客专赵荒地线路所处，起止点里程为 DK5+974.65～DK27+172.97。本桥在沟海线左侧与既有沟海线并行，跨越西沙河、绕阳河进入盘锦站。钻孔桩 5804 根，承台 653 座，墩台身 653 座，双线预应力混凝土简支箱梁 628 孔，4 联连续梁（其中跨京沈高速公路为 80+128+80 米连续梁）。截至 2011 年底开累完成产值 11.12 亿元，完成总价的 98.5%。主体完工。

【新建盘营客专工程盘锦特大桥】 中铁九局承建。工程造价 11.6 亿元，2009 年 7 月 15 日开工，计划 2012 年 5 月 31 日竣工。工程位于辽宁省盘锦市境内，全长 19188.18 米，起点位于新建盘营客专盘锦站，起止里程为 DK29+368.68～DK48.569.69。本桥自盘锦站引出，跨盘锦市东风街、双台子河后，跨越新工街，在渤海站前跨越沟海线，在沟海线右侧与既有线并行，并跨越盘锦市兴油街等多条主要街道。钻孔桩 5736 根，承台 594 座，墩台身 594 座，双线预应力混凝土简支箱梁 545 孔，1 座连续刚构，2 联道岔连续梁，8 联连续梁(其中跨沟海线为 80+128+80 米转体合龙连续梁)。

【前庄铁路东双岔河特大桥】 中铁九局二公司承建。工程造价 3872 万元， 2010 年 4 月 5 日开工，计划 2013 年 12 月 4 竣工。工程位于辽宁省丹东东港市大孤山镇，桥位经过东双岔河与谷屯村，中心里程 DK65+324.11，起讫里程 DK64+250～DK66+398.02，全桥长 2148.02 米，桥梁孔跨样式：双线预应力混凝土简支 T 梁 66 孔（63 孔-32 米+3 孔-24 米），桩基础 430 根，墩台 67 座。

【前庄铁路赵家坨子特大桥】 中铁九局二公司承建。工程造价 2515.1 万元，2010 年 11 月 1 日开工，计划于 2013 年 11 月 1 日竣工。位于辽宁省丹东东港市大孤山镇，桥位经过赵家坨子村，中心里程为 DK69+436.06，起讫里程为 DK68+712.2～DK70+158，全桥长 1445.8 米，桥梁孔跨样式：43 孔-32 米+1 孔-24 米双线预应力混凝土简支 T 梁，桩基础 256 根，墩台 45 座。2011 年末桥梁下部工程完工。

【前庄铁路大洋河特大桥】 中铁九局二公司承建。总造价 2.2 亿元，2010 年 10 月 20 日开工，预计 2012 年 4 月 7 日竣工。工程位于辽宁省丹东东港市大孤山镇，桥位横跨大洋河，中心里程为 DK75+144.46，起讫里程为起讫里程为 DK73+264.1～DK77+024.17，全桥长 3760.3 米。桥梁孔跨样式为 3 孔-32 米+1 孔-24 米+2 孔-32 米+2 孔-24 米+99 孔-32 米结构，其中 6 孔-32 米、7 孔-32 米为道岔连续梁。

【前庄铁路工程后高家堡子特大桥】 中铁九局二公司承建。

工程造价 2109 万元，2010 年 7 月 7 日开工，预计 2012 年 5 月 31 日竣工。工程位于辽宁省丹东东港市黄土坎镇的北侧，桥位经过东港市黄土坎镇爱民村，中心里程为 DK79+302.61，起讫里程为 DK78+875.14～DK79+730.7，全桥长 855.56 米。桥梁孔跨样式为 15 孔－32 米+1 孔-24 米+10 孔-32 米双线预应力混凝土简支 T 梁结构，钻孔桩 224 根，承台 27 座，墩台身 27 座。2011 年桥梁下部施工。

【前庄铁路工程卧龙特大桥】 中铁九局承建。工程造价 1.8 亿元，2010 年 6 月 18 日开工，2011 年 6 月 10 日竣工。工程位于辽宁省东港市北井子镇的东侧，桥位经过东港市北井子镇孙家屯村、林屯村以及长山镇长山村，中心里程为 DK106+859.2，起讫里程为 DK104+701.15～DK109+015.18，全桥长 4314.03 米。上部为 49 孔-32 米+1 孔-24 米+59 孔-32 米+1 孔-24 米+22 孔-32 米双线预应力混凝土简支 T 梁结构，钻孔桩 1176 根，承台 133 座，墩台身 133 座。

【前庄铁路工程龙太河特大桥】 中铁九局承建。工程造价 1.5 亿元，2010 年 5 月 9 日开工，2011 年 6 月 24 日竣工。工程位于辽宁省丹东东港市北井子镇，桥位经过东港市北井子镇王家坨子村、徐家坨子村以及石桥村，中心里程为 DK98+583.23，起讫里程为 DK96+511～DK100+655.45，全桥长 4144.45 米。上部为 9 孔-32 米+2 孔-24 米+6 孔-32 米+3 孔-24 米+81 孔-32 米+2 孔-24 米+25 孔-32 米双线预应力混凝土简支 T 梁结构，桩基础 1044 根，墩台 129 座。

【前庄铁路工程枣儿河特大桥】 中铁九局承建。工程总造价 1.4 亿元，2010 年 5 月 10 日开工，2011 年 8 月 26 日竣工。工程位于辽宁省东港市椅圈镇，桥位经过东港市椅圈镇黄城村，中心里程为 DK94+249.49，起讫里程为 DK92+366.93～DK96+133.86，全桥长 3766.93 米。上部为 12 孔-32 米+2 孔-24 米+12 孔-32 米+1 孔-24 米+29 孔-32 米+2 孔-24 米+58 孔-32 米双线预应力混凝土简支 T 梁结构，桩基础 956 根，承台 117 座，墩台 117 座。

【前庄铁路工程石佛跨 201 国道特大桥】 中铁九局承建。工程造价 1.6 亿元，2010 年 10 月 15 日开工，预计 2012 年 11 月 10 日竣工。位于辽宁省东港市前阳镇，桥位经过前阳镇石佛村。中心里程为 DK125+156.12，起讫里程为 DK123+406.84～DK126+905.2，全桥长 3498.36 米，大桥孔跨样式： 3 孔-32 米+1 孔-24 米+25 孔-32 米+1 联-（48+80+48）米连续梁+33 孔-32 米+1 孔-24 米+26 孔-32 米+2 孔-24 米+11 孔-32 米，桩基础 890 根，承台 106 座，墩台 106 座，双线预应力混凝土简支 T 梁 102 孔，1 联连续梁。

【前庄铁路工程石头沟特大桥】 中铁九局承建。工程造价 1.7 亿元，2010 年 10 月 9 日开工，计划 2012 年 10 月 10 日竣工。位于辽宁省东港市新城区，桥位经过新城区宣城村、八棵树村、柞木村、刘家泡村，中心里程为 DK118+377.17，起讫里程为 DK116+661～DK120+093.33，全桥长 3432.3 米。大桥孔跨样式：10 孔-32 米+1 孔-24 米+32 孔-32 米+2 孔-24 米+1 孔-32 米+1 联（32+48+32）米连续梁+48 孔-32 米+1 孔-24 米+7 孔-32 米，桩基础 970 根，承台 106 座，墩台 106 座，双线预应力混凝土简支 T 梁 102 孔，1 联连续梁。

【前庄铁路工程潘家坝跨丹大高速特大桥】 中铁九局承建。工程造价 6825 万元，2010 年 7 月 16 日开工，计划 2012 年 9 月 30 日竣工。位于辽宁省东港市黄土坎镇于椅圈镇之间，桥位经过黄土坎镇赵家岭村和椅圈镇德祥村，中心里程为 DK83+189.01，起讫里程为 DK82+454.88～DK83+923.14，全桥长 1468.26 米，大桥孔跨样式：29 孔-32 米+1 孔-116 米简支系杆拱+12 孔-32 米，桩基础 318 根，承台 43 座，墩台 43 座，双线预应力混凝土简支 T 梁 41 孔，1 联简支系杆拱。

【前庄铁路工程跨铁甲灌渠特大桥】 中铁九局承建，位于辽宁省丹东东港市长山镇，桥位经过长山镇卧龙村和大顶子村，中心里程为 DK113+094.3，起讫里程为 DK111+893.53～DK114+295.56，全桥长 2402.03 米。上部为 73 孔 32 米双线预应力混凝土简支 T 梁结构，桩基础 622 根，承台 74 座，墩台 74 座。2010 年 6 月 6 日开工，预计 2012 年 10 月 10 日竣工，工程总造价 10180 万元。

【前庄铁路工程长家岭特大桥】 中铁九局承建，位于辽宁省东港市长山镇，桥位经过长山镇长山村和卧龙村，中心里程为 DK110+582.05，起讫里程为 DK109+446.15～DK111+717.25，全桥长 2271.1 米，上部为 69 孔 32 米双线预应力混凝土简支 T 梁结构，桩基础 622 根，承台 70 座，墩台 70 座。2010 年 6 月 7 日开工，计划于 2012 年 7 月 15 日竣工，工程总造价 8845 万元。

【前庄铁路工程前卧龙特大桥】 中铁九局承建，位于辽宁省东港市椅圈镇，桥位经过椅圈镇马家岗，中心里程为 DK88+842.51，起讫里程为 DK87+878.1～DK89+804.62，全桥长 1926.52 米。上部为 52 孔-32 米+2 孔-24 米+5 孔-32 米双线预应力混凝土简支 T 梁结构，桩基础 570 根，承台 60 座，墩台 60 座。2010 年 6 月 7 日开工，计划于 2012 年 10 月 10 日竣工，工程总造价 6708 万元。

【前庄铁路工程前阳跨 201 国道特大桥】 中铁九局承建，位于辽宁省东港市前阳镇，桥位经过前阳镇农民村、新疆村，中心里程为 DK134+451.99，起讫里程为 DK133+028.42～DK135+872.37，全桥长 2843.95 米。大桥孔跨样式：23 孔-32 米+1 孔-116 米简支系杆拱+60 孔-32 米。桩基础 724 根，墩台 85 座，双线预应力混凝土简支 T 梁 83 孔，1 联简支系杆拱。2010 年 7 月 15 日开工，预计 2013 年 9 月 27 日竣工，工程总造价 14890 万元。

【前庄铁路工程安民河特大桥】 中铁九局承建，位于辽宁省丹东市汤池镇，桥位经过接梨树村、金固村，中心里程为 DK141+181.56，起讫里程为 DK140+138.6～DK142+227.02，全桥长 2088.42 米。上部为 38 孔-32 米+2 孔-24 米+24 孔-32 米双线预应力混凝土简支 T 梁结构，桩基础 536 根，墩台 65 座。2010 年 5 月 10 日开工，预计 2013 年 11 月 2 日竣工，工程总造价 7013 万元。

【前庄铁路工程马家堡特大桥】 中铁九局承建，位于辽宁省丹东市同兴镇，桥位经过同兴村，中心里程为 DK141+181.56，起讫里程为 DK148+943.23～DK149+580.42，全桥长 637.19 米。上部为 19 孔-32 米双线预应力混凝土简支 T 梁，桩基础 132 根，墩台 20 座。2010 年 7 月 7 日开工，2013 年 12 月 19 日竣工，工程总造价 3256 万元。

【前庄铁路工程金丹跨沈丹铁路特大桥】 中铁九局承建，位于辽宁省丹东市振安区，桥位经过蛤蟆塘村，中心里程为 JDLDK5+734.28，起讫里程为 JDLDK5+260.11～JDLDK6+208.45，全桥长 948.34 米。上部为 8 孔-32 米+1 孔-24 米+7 孔-32 米+1 孔-24 米+12 孔-32 米单线预应力混凝土简支 T 梁结构，桩基础 168 根，墩台 30 座。2011 年 8 月 10 日开工，预计 2014 年 3 月 28 日竣工，工程总造价 2650 万元。

【前庄铁路工程花园东路特大桥】 中铁九局承建，位于辽宁省丹东市同兴镇，桥位经过同兴村，中心里程为 DK248+314.97，起讫里程为 DK247+950.12～DK248+679.82，全桥长 729.70 米。大桥孔跨样式：32 米+48 米+48 米+18 孔×32 米，桩基础 178 根，墩台 22 座，双线预应力混凝土简支 T 梁 19 孔，现浇 48 米箱梁 2 孔。2011 年 8 月 10 日开工，预计 2014 年 1 月 15 日竣工，工程总造价 3200 万元。

【沈丹客专本溪枢纽跨沈丹甲线特大桥】 中铁九局六公司承建的，位于辽宁省本溪市境内，全桥长 561.7 米，钻孔桩 168 根，承台 19 座，墩身 17 座，桥台 2 座。2010 年 6 月 18 日开工，预计 2012 年 7 月 31 日竣工，总造价 2450 万元。2011 年完成产值 1378 万元，完成总价的 62%。完成桩 148 根、承台 16 座、墩身 15 座、桥台 1 座 。

【沈丹客专本溪枢纽张蛮子沟特大桥】 中铁九局六公司承建，位于辽宁省本溪市内，全桥长 561.01 米，钻孔桩 87 根，承台 18 座，墩台身 18 座。2010 年 7 月 15 日开工，预计 2012 年 11 月 15 日竣工，总造价 2450 万元。2011 年完成产值 970 万元，完成总产值的 30.8%。

【沈丹客专本溪枢纽太子河特大桥】 中铁九局七公司承建。工程造价 9770 万元，2010 年 7 月 26 日开工，预计 2013 年 6 月 30 日竣工。工程位于辽宁省本溪市境内，全桥长 1355.42 米，钻孔桩 246 根，承台 24 座，墩台身 38 座，明挖基础 4 座，挖井基础 10 个，双线预应力混凝土简支箱梁 35 孔，（32+48+32）米连续梁 1 孔，（60+100+60）米连续梁 1 孔。2011 年完成产值 3887 万元，完成总价的 39.8%。

【沈丹客专本溪枢纽改乙线太子河特大桥】 中铁九局七公司承建。工程造价 7696 万元，2010 年 6 月 3 日开工，预计 2012 年 6 月 30 日竣工。工程位于辽宁省本溪市境内，全桥长 1128 米，钻孔桩 262 根，承台 24 座，挖井基础 10 个，墩台身 34 座，双线预应力混凝土简支 T 梁 32 孔，96 米钢管拱 1 孔。2011 年完成产值 8611 万元，完成总价的 96.5%。

【杭长客专夏金特大桥】 中铁九局二公司承建。工程造价 3.5 亿元，2010 年 7 月 1 日开工，预计 2012 年 12 月 7 日竣工。位于浙江省龙游县内，全桥长 6659 米，钻孔桩 1752 根，承台 206 座，墩台身 206 座，双线预应力混凝土简支箱梁 199 片，连续梁 2 联。2011 年完成产值 7638 万元，开累完成 1.4 亿元，完成总价的 83.6%。

【杭长客专工程安仁特大桥】 中铁九局二公司承建。总造价 1.3 亿元，2010 年 7 月 1 日开工，预计 2012 年 12 月 7 日竣工。工程位于浙江省龙游县内，全桥长 2951 米，钻孔桩 546 根，承台 91 座，墩台身 91 座，双线预应力混凝土简支箱梁 90 片。2011 年，桥梁下部工程完工，预制梁架设 87 片。

【杭长客专工程下山溪特大桥】 中铁九局六公司承建。工程造价 3787 万元，2010 年 8 月 2 日开工，预计 2012 年 12 月 7 日竣工。工程位于浙江省龙游县内，全桥长 766 米，钻孔桩 192 根，承台 24 座，墩台身 24 座，双线预应力混凝土简支箱梁 23 片。2011 年完成产值 533.7 万元，开累完成产值 1349.2 万元，完成总价的 35.6%。完成钻孔桩 192 根、承台 22 座、墩台身 22 座。

【杭长客专工程平塘特大桥】 中铁九局六公司承建。总造价4340.7万元，2010年7月1日开工，预计2012年12月7日竣工。位于浙江省衢州市郊，全桥长878米，钻孔桩216根，承台26座，墩台身26座，双线预应力混凝土简支箱梁22片，现浇连续梁1联。2011年完成产值1178.7万元，开累完成产值2168.4万元，完成总价的50%。完成钻孔桩214根、承台25座、墩台身25座。

【杭长客专工程上山溪特大桥】 中铁九局六公司承建。工程造价2.9亿元，2010年7月1日开工，预计2012年12月7日竣工。工程位于浙江省衢州市郊，全桥长5668米，钻孔桩932根，承台171座，墩台身171座，双线预应力混凝土简支箱梁164片，现浇连续梁2联。2011年完成产值6040.1万元，开累完成产值9015.5万元，完成总价的30.6%。完成钻孔桩766根、承台134座、墩身121座。

【杭长客专工程乌溪江特大桥】 中铁九局六公司承建。工程造价3亿元2010年7月1日开工，预计2012年12月7日竣工。工程位于浙江省衢州市郊，全桥长5799米，钻孔桩1510根，承台180座，墩台身180座，双线预应力混凝土简支箱梁175片，现浇连续梁1联，132米提篮拱1联。2011年完成产值4772.1万元，开累完成产值6071.5万元，完成总价的20.1%。完成钻孔桩702根、承台69座、墩台身60座。

【杭长客专工程江山港特大桥】 中铁九局六公司承建。工程造价2.7亿元，2010年8月2日开工，预计2012年12月7日竣工。工程位于浙江省衢州市内，全桥长5225米，钻孔桩1323根，承台157座，墩台身157座，双线预应力混凝土简支箱梁136片，现浇连续梁5联及斜连续刚构1联。2011年完成产值10413.6万元，开累完成产值16081.4万元，完成总价的59.2%。完成钻孔桩1232根、承台117座、墩身90座。

【吉图珲客专工程平安堡特大桥】 中铁九局承建。工程造价1.4亿元，2011年6月15日开工，预计2014年12月30日竣工。位于敦化市平安堡村东南侧，中心里程为DK148+556.185，桥梁全长2645.39米。本桥为跨越江平线、规划鹤大高速公路及既有长图线等立交而设。桥梁跨孔类型：35孔-31.5米简支箱梁+1联-（40+64+40）米连续梁+41孔-31.5米简支箱梁。圆端形桥墩，双线矩形空心桥台，钻孔桩基础。钻孔桩600根，承台74座，扩大基础6座，墩台身80座。2011年开累完成产值664.5万元，完成总价的4.8%。完成钻孔桩217根、承台3座、扩大基础6座、墩台1座。

【吉图珲客专工程铁北特大桥】 中铁九局承建。工程造价3299万元，2011年6月15日开工，预计2014年12月30日竣工。工程位于敦化市太平岭乡铁北村附近，中心里程为GDK150+941.325，桥梁全长635.97米，为跨越田道等立交而设。桥梁跨孔类型19孔-31.5米简支箱梁。圆端形桥墩，双线矩形空心桥台，钻孔桩基础。钻孔桩223根，承台20座，墩台身20座。2011年开累完成产值680.3万元，完成总价的20.6%。完成钻孔桩130根，承台4座。

【吉图珲客专工程小石河特大桥】 中铁九局承建。工程造价1.2亿元，2011年6月15日开工，预计2014年12月30日竣工。中心里程GDK152+860.275，桥梁全长2302.27米，线间距4.6米，位于曲线上。本桥位于敦化市柳树沟村至敦化火车站之间，为跨越既有长图铁路、市政公路及小石河河堤等立交而设。桥梁跨孔类型：34孔-31.5米简支梁+1联（40+64+40）米连续梁+2孔-31.5米简支梁+1孔-23.5米简支梁+1联（40+64+40）米连续梁+15孔-31.5米简支梁+1孔-23.5米简支梁+4孔-31.5米简支梁+1联（32+48+32）米连续梁，圆端形桥墩，双线矩形空心桥台，钻孔桩基础。2011年开累完成产值987.2万元，完成总价的8.3%。完成钻孔桩192根、承台5座、扩大基础1座。

【吉图珲客专工程牡丹江特大桥】 中铁九局承建。总造价1.6亿元，2011年6月15日开工，预计2014年12月30日竣工。工程位于敦化市江南镇附近，中心里程GDK157+785.12，全长2761.68米，为跨越牡丹江、市政道路及既有长图线而设。桥梁跨孔类型：2孔-31.5米简支箱梁+1联-（32+48+32）米预应力混凝土连续梁+4孔-31.5米简支箱梁+1联-（40+64+40）米预应力混凝土连续梁+16孔-31.5米简支箱梁+1孔-23.5米简支箱梁+1孔-19.5米简支箱梁+1孔-23.5米简支箱梁+2孔-31.5米简支箱梁+1联-（40+64+40）米预应力混凝土连续梁+34孔-31.5米简支箱梁+11孔-31.5米简支箱梁，圆端形桥墩，双线矩形空心桥台，钻孔桩基础。2011年开累完成产值4586.6万元，完成总价的29%。

【吉图珲客专工程改长图线牡丹江特大桥】 中铁九局承建。工程造价7164.6万元，2011年6月15日开工，预计2014年12月30日竣工。工程位于敦化市江南镇双胜村东侧，中心里程CTDK157+556.055，全长2327.38米，位于曲线上，为跨越牡丹江河及城市立交而设。桥梁为3孔-32米简支T梁+1联-(32+48+32)米预应力混凝土连续梁+4孔-32米简支T梁+1联-（40+64+40）米预应力混凝土连续梁+17

孔-32 米简支 T 梁+3 孔-24 米简支 T 梁+2 孔-32 米简支 T 梁+1 联-（40+64+40）米预应力混凝土连续梁+31 孔-32 米简支 T 梁，圆端形桥墩，双线矩形空心桥台，钻孔桩基础。2011 年开累完成产值 3279.9 万元，完成总价的 45.8%。

【吉图珲客专工程得胜特大桥】 中铁九局承建。工程造价 1.3 亿元，2011 年 6 月 15 日开工，预计 2014 年 12 月 30 日竣工。位于敦化市得胜村南侧，中心里程 DK163+945.095，全长 2597.81 米。本桥为城乡立交而设。上部结构为 79 孔-31.5 米简支箱梁，圆端形桥墩，双线矩形空心桥台，钻孔桩基础。2011 年开累完成产值 7152.4 万元，完成总价的 53.1%。

【吉图珲客专工程大桥乡特大桥】 中铁九局承建。工程造价 2622.7 万元，2011 年 6 月 15 日开工，预计 2014 年 12 月 30 日竣工。位于大桥乡附近，中心里程 GDK167+682.66，全长 505.6 米，位于曲线上。本桥为城乡立交而设。上部为 15 孔-31.5 米简支箱梁结构，圆端形桥墩，双线矩形空心桥台，钻孔桩基础。2011 年开累完成产值 872.2 万元，完成总价的 33.25%。

【吉图珲客专工程大石头特大桥】 中铁九局承建。总造价 2.9 亿元，2011 年 6 月 15 日开工，预计 2014 年 12 月 30 日竣工。工程位于延边州敦化市大石头镇李家屯村南侧，中心里程 GDK179+651.53，全长 5607.22 米，为城乡立交而设。上部为 171 孔-31.5 米简支箱梁结构，圆端形桥墩，双线矩形空心桥台，钻孔桩基础。2011 年开累完成产值 1.3 亿元，完成总价的 44.35%。

【吉图珲客专工程青沟子特大桥】 中铁九局承建。总造价 3637.4 万元，2011 年 6 月 15 日开工，预计 2014 年 12 月 30 日竣工。位于友谊村东南附近，中心里程 DK183+732.6，全长 701.2 米，位于直线上。上部为 21 孔-31.5 米简支箱梁结构，圆端形桥墩，双线矩形空心桥台，钻孔桩基础。2011 年开累完成产值 1603 万元，完成总价的 44.1%。

【吉图珲客专工程哈尔巴岭特大桥】 中铁九局承建。总造价 4653.1 万元，2011 年 6 月 15 日开工，预计 2014 年 12 月 30 日竣工。工程位于敦化市大石头镇哈尔巴岭村，中心里程 DK190+480，全长 897 米，位于直线上。上部为 27 孔-31.1 米简支箱梁结构，圆端形桥墩，双线矩形空心桥台，钻孔桩基础。2011 年开累完成产值 3626.9 万元，完成总价的 77.9%。

【平齐线增二线工程西辽河特大桥】 中铁九局二公司承建。总造价 2253 万元，2011 年 4 月 1 日开工，预计 2012 年 9 月 1 日竣工。工程位于吉林省双辽市境内，全桥长 3225.61 米，钻孔桩 812 根，承台 100 座，墩身 98 座，桥台 2 座。2011 年完成产值 1020.4 万元，完成总价的 45.3%。

【兰新铁路第二双线酒泉立交特大桥】 中铁九局承建。总造价 4.3 亿元，2010 年 4 月 1 日开工，预计 2012 年 8 月 31 日竣工。工程位于甘肃省嘉峪关市内，全桥长 7371.8 米，钻孔桩 1876 根，承台 222 座，墩台身 222 座，双线预应力混凝土简支箱梁 212 孔。2011 年开累完成产值 3.4 亿元，完成总价的 80%。

【兰新铁路第二双线河口村 1#立交特大桥】 中铁九局承建的。总造价 4.6 亿元，2010 年 4 月 1 日开工，预计 2012 年 5 月 1 日竣工。位于甘肃省嘉峪关市内，全桥长 7980.5 米，钻孔桩 2102 根，承台 246 座，墩台身 246 座，双线预应力混凝土简支箱梁 237 孔。2011 年开累完成产值 4 亿元，完成总价的 87%。桥梁下部工程完工。

【兰新铁路第二双线河口村 2#特大桥】 中铁九局承建。工程造价 3800 万元，2010 年 4 月 1 日开工，预计 2012 年 4 月 12 日竣工。工程位于甘肃省嘉峪关市内，全桥长 659.1 米，钻孔桩 206 根，承台 41 座，墩台身 19 座，双线预应力混凝土简支箱梁 16 孔。2011 年开累完成产值 2660 万元，完成总价的 70%。

【兰新铁路第二双线北大河特大桥】 中铁九局承建。总造价 6456 万元，2010 年 4 月 1 日开工，预计 2012 年 4 月 30 日竣工。工程位于甘肃省嘉峪关市内，全桥长 1119.7 米，钻孔桩 340 根，承台 52 座，墩台身 34 座，双线预应力混凝土简支箱梁 32 孔。2011 年开累完成产值 5172 万元，完成总价的 80%。

【兰新铁路第二双线黑山湖跨兰新立交特大桥】 中铁九局承建。总造价 1.9 亿元，2010 年 4 月 1 日开工，预计 2012 年 4 月 30 日竣工。位于甘肃省嘉峪关市内，全桥长 3351.6 米，钻孔桩 593 根，承台 71 座，墩台身 100 座，双线预应力混凝土简支箱梁 93 孔。2011 年开累开完成产值 17393 万元，完成总价的 90%。

【兰新铁路第二双线双井子河特大桥】 中铁九局承建。工程造价 4168 万元，2010 年 4 月 1 日开工， 2011 年 12 月 15 日竣工。工程位于甘肃省嘉峪关市内，全桥长 722.8 米，钻孔桩 191 根，承台 23 座，墩台身 23 座，双线预应力混凝土简支箱梁 22 孔。

【兰新铁路嘉峪关既有线跨兰新第二双线特大桥】 中铁九局承建。工程造价8739万元，2010年4月1日开工，预计2012年5月30日竣工。工程位于甘肃省嘉峪关市内，全桥长1913.2米。钻孔桩370根，承台61座，墩台身61座，双线预应力混凝土简支T梁60孔。2011年开累完成产值7777.7万元，完成总价的89%。

【黎钦铁路工程飞龙郁江特大桥】 中铁九局六公司承建。位于广西省横县新福镇飞龙郁江上游，起止里程为DK29+411.56～DK30+010.975，桥梁全长599.42米。孔跨布置为7孔-32米简支T梁+（62+2×100+62）米连续刚构+1孔-32米简支T梁，单线。2011年开累完成产值1330万元，完成总价的29.42%。

【黎钦铁路跨南钦铁路特大桥】 中铁九局六公司承建。工程造价8720万元。主要为跨越江表河、本线联络线、南防改线及南钦铁路而设。桥跨布置48孔-32米+3孔-24米+2孔-32米简支T梁+1联-（32+48+32）米连续梁+39孔-32米简支T梁，桥梁中心里程YDK106+917.48，桥梁全长3107米，有钻孔桩667根，墩台93座，桥台2座。2011年开累完成产值1281万元，完成总价的14.69%。

【扎阿铁路工程八一特大桥】 中铁九局一公司承建。工程造价1642万元，工期：2009年6月20日～2012年9月10日。工程位于扎兰屯市八一村附近，全长865.24米，该桥跨越山谷所设，谷深约28米。桥墩均采用圆端型实体桥墩，墩台为7～26米，桥台均采用T型桥台，钻孔灌注桩基础，桩径均为φ1.25米，孔桩深度为9～26米。桥台设双侧钢筋混凝土步板人行道，桥上设护轮轨。单线50公斤/米钢轨普通线路。2011年开累完成产值1218.4万元，完成总价的74.2%。

【扎阿铁路工程音河特大桥】 中铁九局一公司承建。工程总造价2473万元，线下工程工期：2009年6月20日～2010年9月，架梁及桥面系工期：2011年8月20日～9月10日。工程位于音河乡附近，全长1360.07米，为跨越音河而设。桥墩均采用圆端型实体墩，墩台为6.5～7.5米，桥台均采用T型桥台，钻孔灌注桩基础，桩径均为φ1.0米，孔桩深度为24～30米。桥台均设双侧钢筋混凝土步板人行道，桥上设护轮轨。单线50公斤/米钢轨普通线路。2011年开累完成产值1980.2万元，完成总价的80.1%。

【萧甬铁路工程柯桥特大桥】 中铁九局一公司承建。总造价2.6亿元，2010年7月1日开工，预计2012年10月31日竣工。工程位于浙江省绍兴市内，全桥长5660.82米，钻孔桩1416根，承台176座，墩台身176座，双线预应力混凝土简支T梁175孔。2011年开累完成产值11730万元，完成总价的44.9%。

【湘桂铁路工程湘江 1#特大桥】 中铁九局广州分公司承建。工程造价8509.12万元，2009年6月20日开工， 2011年6月30日竣工。线路在DK111+461～DK111+872之间跨越湘江，夹角为90°。全桥孔跨布置为：1孔-31.5米简支梁（组合梁）+1联（48+4×80+48）米预应力混凝土连续梁+4孔-31.5米简支梁组合梁，全桥长593.40米。线路双线，线间距D=4.6米，立面5.2‰。

【湘桂铁路工程湘江 2#特大桥】 中铁九局广州分公司承建。工程造价1.1亿元，2009年8月8日开工， 2011年6月29日竣工。位于湖南省永州市境内，横跨湘江，连接冷水滩区高溪市镇及竹山桥镇，起止里程为DK118+849.075～DK119+920.405，桥梁全长1071.33米，墩台身23座，承台23座，钻孔桩252根。孔跨布置为2孔-32米简支组合箱梁+1联（60+100×2+60）米连续梁+1孔-24米简支组合箱梁+3孔-32米简支组合箱梁+1联（60+100+60）米连续梁+10孔-32米简支组合箱梁，双线。本桥墩台采用桩基础和扩大基础，桥墩设计为圆端形实体或空心桥墩，桥台设计为双线矩形空心桥台，本桥梁部除跨越采用（60+100×2+60）米及（60+100+60）米预应力混凝土连续梁外，其余的地段均采用预制后张法简支箱梁，连续梁采用挂篮悬臂浇筑施工，简支箱梁采用预制架设施工。

【湘桂铁路工程王家屋特大桥】 中铁九局广州分公司承建。工程造价8078.38万元，2009年6月13日开工，预计2012年5月30日完工。位于湖南省永州市冷水滩区新火车站南方约4公里处，起止里程为DK146+002.50～DK147+783.110，桥梁全长1780.61米，孔跨布置为12孔-32米简支T梁+1联（40+64+40）米连续梁+36孔-32米简支T梁+2孔-24米简支T梁。连续梁于DK146+482.96处跨越在建铁路洛湛线，本桥与洛湛线成19°44′31″夹角，此处立交为三层立交，在建洛湛线下有在建冷东二级公路。本桥梁部除跨越采用1-（40+64+40）米预应力混凝土连续梁外，其余的地段均采用预制后张法简支T梁，连续梁采用挂篮悬臂浇筑施工，简支T梁采用预制架设施工。2011年开累完成7273.46万元，完成总价的90%。

【湘桂铁路工程杨家桥特大桥】 中铁九局广州分公司承建。工程造价5722.33万元，2009年6月20日开工，预计2012年4月10日完工。全长1260.85米，38孔-32

米简支T梁结构。铁路里程为DK148+089.15～DK149+350。基础采用明挖扩大基础和钻孔灌注桩基础，桥墩采用圆端型实体墩，桥台采用钢筋砼矩形空心桥台，桥梁支座采用刚性支座。本桥线路为曲线桥，最小半径2800米，双线线间距4.6米，设计时速200公里/小时。2011年开累完成5172.64万元，完成总价的90.39%。

【梅大高速工程漳龙铁路分离立交桥】 中铁九局广州分公司承建。工程造价5650万元，2011年7月26日开工，预计2013年4月30日完工。全桥长1130米，起止里程为K0+689～K1+819；桥跨布置为左线：24孔×20米+7孔×30米+22孔×20米=1130米，右线：25孔×20米+7孔×30米+21孔×20米=1130米，结构形式为薄壁墩预应力空心板+预应力空心梁结构；桥台为柱式台和肋板式台，桥墩形式为T型柱式独墩。2011年开累完成294万元，占总造价的19.2%。

【省道207线资中县沱江二桥工程】 中铁九局成都分公司承建。工程造价1.2亿元，2008年2月24日开工，2011年10月1日竣工，达到验收状态，预计2012年4月份通过竣工验收工作。工程位于四川省内江市资中县境内，该桥起于资太路罗汉洞村四社，经罗汉洞村三社、七社，在一社以箱梁和连续钢构桥跨沱江至南岸松山坝村下穿成渝铁路，在水南镇交通村接国道321线和省道207线，全长2965米，其中大桥长583.7米，引道长2381.3米，引道及大桥宽23米，沥青混凝土路面。

【宇松铁路工程下山头隧道】 中铁九局隧道分公司承建。工程造价1.5亿元， 2009年9月25日开工，预计2013年11月15日竣工。隧道进口里程为DK53+770，出口里程为DK61+730，全长7960米。平面入口位于直线上，出口位于左偏、R=1200米的曲线上。隧道所经地区为低山地貌，其中DK58+280～DK61+730为丘前缓坡，地势较平缓；其余为丘陵剥蚀区，地势较为陡峻，"V"字型冲沟较发育，地形相对高差较大，相对高差最大接近400米。隧道进口处自然坡度约32度，出口处自然坡度约17度。最大埋深为323.14米。隧道开挖方41.9万立方米，初衬砼20556立方米，二衬砼79055.6立方米，注浆锚杆（φ25）54924米，φ22药卷锚杆48754米，超前小导管19362米。2011年开累完成产值9395.5万元，完成总价的61.74%。洞身开挖4944.4米，仰拱及回填4579.7米，完成二衬3789.7米。

【宇松铁路工程花园口 1#隧道】 中铁九局隧道分公司承建。工程造价1.1亿元，2009年9月25日开工，预计2013年9月30日竣工。进口里程为DK22+980，位于爬犁沟村西南侧，河谷东岸，出口里程为DK28+330，位于花园口镇西南方，腰甸子村东北方，全长5350米。隧道所经地区为低山地貌，地势较为陡峻，"V"字型冲沟较发育，地形相对高差较大，相对高差最大约268米。隧道进口处自然坡角约30度，出口处自然坡度约31度。最大埋深296.21米。隧道开挖方27.4万立方米，初衬砼12646立方米，二衬砼52334.1立方米，注浆锚杆（φ25）29700米，φ22药卷锚杆35773米，超前小导管4323米。2011年开累完成产值6496.1万元，完成总价的61.42%。洞身开挖3418.3米，仰拱及回填3067米，完成二衬2414.7米。

【宇松铁路工程迟榆顶子隧道】 中铁九局三公司承建。总造价3885.4万元，2009年9月20日开工，预计2013年7月1日竣工。进口里程为DK20+855，出口里程为DK22+440，位于爬梨沟村西南方，河谷西岸，全长1585米。进口位于直线上，出口位于左偏R=1600米的曲线上。隧道最大埋深为73.77米，出口洞口段为隧道最小埋深处，埋深仅为8.22米，属洞口浅埋地段。考虑进洞困难，进口采用50米长的φ108大管棚超前支护，出口采用140米长的φ108大管棚超前支护。Ⅲ级围岩192米，Ⅳ级围岩638米，Ⅴ级围岩755米，施工采用出入口双侧作业。围岩开挖8.5万立方米，衬砌圬工方2.2万立方米，水沟电缆槽3170米（双侧）。2011年开累完成1759万元，完成总价的45.3%。隧道洞身开挖650米，仰拱及回填589米，二衬505米完成。

【宇松铁路工程腰甸隧道】 中铁九局三公司承建。2010年4月30日开工，预计2012年8月30日竣工，总造价1352.28万元。进口里程为DK28+955，出口里程为DK29+705，位于花园口镇以南500米处，全长750米。隧道进口为左偏R=1200米的曲线，出口位于直线段。隧道属低山地貌，地表有基岩出漏，植被发育，隧道进出口局部辟为农田，最大埋深约为93.92米。其中Ⅱ级围岩、Ⅲ级围岩602米，Ⅳ级围岩60米，Ⅴ级围岩72米，桥隧相连段16米，施工采用出口作业。围岩开挖3.8万立方米，衬砌圬工方0.87万立方米，水沟电缆槽1500米（双侧）。2011年开累完成产值1003万元，完成总价的74.2%。洞身开挖566米，仰拱及回填549米，二衬487米完成。

【宇松铁路工程花园口 3#隧道】 中铁九局三公司承建。工程造价2035.67万元，2010年5月20日开工，预计2013年7月15日竣工。隧道进口里程为DK31+425，位于花园村正东方，河谷东岸，出口里程为DK32+455，位于花园村正东向，河谷东岸，全长1030米。隧道全长位于6.0‰的下坡段，进口位于右偏R=1200米的曲线上。为单线铁路隧道，其中Ⅲ级围岩645米，Ⅳ级围岩235米，Ⅴ级围岩150米，施工采用入口作业。围岩开挖 5.04 万立方米，衬砌圬工方 1.16 万立方米，水沟电缆槽 2060 米（双侧）。2011 年开累完成产值 700 万元，完成总价的 34.4%。洞身开挖 338 米，仰拱及回填 323 米，完成二衬 217 米。

【宇松铁路工程珠宝 1#隧道】 中铁九局三公司承建。工程造价 4015.49 万元， 2009 年 10 月 10 日开工，预计 2013 年 7 月 30 日竣工。进口里程为 DK32+935，位于珠宝沟屯西北侧，珠宝河西岸，出口里程为 DK35+046，全长 2111 米。平面进出口位于直线上，洞身有一右偏 R=2000 米的曲线。隧道所经地区为低山地貌，地形起伏较大，局部基岩裸露，山坡树木茂密，最大埋深约为 128.26 米。为单线铁路隧道，其中Ⅲ级围岩 1235 米，Ⅳ级围岩 760 米，Ⅴ级围岩 116 米，施工采用出入口双侧作业。围岩开挖 10.26 万立方米，衬砌圬工方 2.39 万立方米，水沟电缆槽 4222 米（双侧）。2011 年开累完成产值 2056 万元，完成总价的 51.2%。洞身开挖 1000 米，仰拱及回填 878 米，完成二衬 716 米。

【宇松铁路工程珠宝 2#隧道】 中铁九局三公司承建。工程造价 7185.31 万元，2009 年 10 月 10 日开工，预计 2013 年 10 月 30 日竣工。进口里程为 DK35+355，位于珠宝沟屯西北，珠宝河西岸，出口里程为 DK38+478，位于白兴屯东北方约 1 公里，全长 3123 米。平面位于直线上，其中 DK35+355～DK35+489 为丘前缓坡，DK35+489～DK38+485 为低山丘陵剥蚀区，陵剥蚀区地势较为陡峻，“V”字型冲沟较发育，地形相对高差较大，相对高差最大接近 95 米。隧道进口处自然坡度约为 34 度，出口处自然坡度约为 54 度。最大埋深为 164.07 米。为单线铁路隧道，其中Ⅳ级围岩 2930 米，Ⅴ级围岩 193 米，施工采用出入口双侧作业。围岩开挖 16.78 万立方米，衬砌圬工方 4.43 万立方米，水沟电缆槽 6246 米（双侧）。2011 年开累完成产值 4286 万元，完成总价的 59.7%。洞身开挖 1541 米，仰拱及回填 1484 米，完成二衬 1288 米。

【宇松铁路工程自兴 2#隧道】 中铁九局三公司承建。工程造价 1916.7 万元，2010 年 5 月 20 日开工，预计 2013 年 9 月 30 日竣工。所处地段属于低山地貌，地形起伏不大，局部基岩裸露，山坡树木茂密。隧道最大埋深为 61.18 米。隧道全长 728 米，为单线铁路隧道，其中Ⅳ级围岩 342 米，Ⅴ级围岩 386 米，施工采用入口作业。围岩开挖 3.98 万立方米，衬砌圬工方 1.08 万立方米，水沟电缆槽 1456 米（双侧）。2011 年开累完成 543 万元，完成总价的 28.3%。洞身开挖 163 米，仰拱及回填 121 米，完成二衬 118 米。

【宇松铁路工程自兴 3#隧道】 中铁九局三公司承建。工程造价 1870.4 万元，2010 年 5 月 20 日开工，预计 2013 年 9 月 30 日竣工。进口里程为 DK39+978，出口里程为 DK40+914，全长 936 米。隧道位于 5.5‰的下坡坡段。为单线铁路隧道，其中Ⅲ级围岩 608 米，Ⅳ级围岩 192 米，Ⅴ级围岩 136 米，施工采用入口作业。围岩开挖 4.45 万立方米，衬砌圬工方 1.03 万立方米，水沟电缆槽 1872 米（双侧）。2011 年开累完成产值 1127 万元，完成总价的 60.3%。洞身开挖 687 米，仰拱及回填 582 米，完成二衬 512 米。

【宇松铁路工程双河村隧道】 中铁九局三公司承建。工程造价 4783.39 万元，2009 年 10 月 10 日开工，预计 2013 年 10 月 30 日竣工。进口里程为 DK41+320，出口里程为 DK43+948，位于徐家沟西南约 300 米处，河谷北岸，全长 2628 米。隧道全程位于 4.5‰坡度的上坡段，属低山地貌，地形起伏较大，局部基岩裸露，山坡树木茂密，最大埋深为 175.82 米。考虑进洞困难，进口采用 10 米长的φ108 大管棚超前支护，出口采用 30 米长的φ108 大管棚超前支护。为单线铁路隧道，其中Ⅲ级围岩 1500 米，Ⅳ级围岩 960 米，Ⅴ级围岩 168 米，施工采用出入口双侧作业。围岩开挖 12.89 万立方米，衬砌圬工方 3.01 万立方米，水沟电缆槽 5256 米（双侧）。2011 年开累完成产值 1668 万元，完成总价的 34.9%。洞身开挖 821 米，仰拱及回填 730 米，完成二衬 540 米。

【宇松铁路工程江沿村隧道】 中铁九局三公司承建。工程造价 2649.55 万元， 2009 年 10 月 10 日开工，预计 2013 年 8 月 30 日竣工。进口里程为 DK45+106，位于徐家沟东约 800 米处，出口里程为 DK46+355，位于江沿村西南约 500 米处，河谷西岸，全长 1249 米。平面进口位于直线上，出口位于右偏 R=1200 米的曲线上。属低山地貌，地形起伏较大，局部基岩裸露，山坡树木茂密，最大埋深为 107.16 米。考虑进洞困难，进口采用 30 米长的φ108 大管棚超前支护。为单线铁路隧道，其中Ⅲ级围岩 20 米，Ⅳ级围岩 1138 米，Ⅴ级围岩 91 米，施工采用入口作业。围岩开挖 6.90 万立方米，衬砌圬工方 1.79 万立方米，水沟电缆槽 2498 米（双侧）。2011 年开累完成产值 1345 万元，完成总价的 50.8%。

【宇松铁路工程胜利村隧道】 中铁九局三公司承建。工程总造价 1532.87 万元，2010 年 4 月 20 日开工，预计 2013 年 9 月 30 日竣工。进口里程为 DK52+025，位于胜利村西北约 700 米山谷南侧；出口里程为 DK52+795，位于胜利村西南约 200 米处，全长 770 米。隧道全长位于 15.5.0%的上坡段，隧道平面上位于左偏半径 1200 米的曲线上。属低山地貌，地形起伏较大，局部基岩裸露，山坡树木茂密。最大埋深为 71.73 米。为单线铁路隧道，其中Ⅲ级围岩 472 米，Ⅳ

级围岩 231 米，V级围岩 67 米，施工采用入口作业。围岩开挖 3.97 万立方米，衬砌圬工方 0.89 万立方米，水沟电缆槽 1540 米（双侧）。2011 年开累完成合同内产值 777 万元，完成总价的 50.7%。

【宇松铁路工程庙岭 1#隧道】 中铁九局三公司承建。工程造价 2135.06 万元，2010 年 4 月 30 日开工，预计 2013 年 10 月 30 日竣工。位于白山市抚松县松江河镇松江村，隧道全长 1145 米。工程所在区域属低山地貌，地形起伏较大，局部基岩裸露，山坡树木茂密，最大埋深为 81.92 米。为单线铁路隧道，其中Ⅱ级围岩、Ⅲ级围岩 736 米，Ⅳ级围岩 288 米，V级围岩 121 米，施工采用出口作业。围岩开挖 5.47 万立方米，衬砌圬工方 1.6 万立方米，水沟电缆槽 2290 米（双侧）。2011 年开累完成产值 1140 万元，完成总价的 53.4%。

【宇松铁路工程庙岭 2#隧道】 中铁九局三公司承建。总造价 4153.2 万元，2010 年 5 月 30 日开工，预计 2013 年 8 月 30 日竣工。位于白山市抚松县松江河镇松江村，隧道全长 1935 米，最大埋深为 91.86 米。为单线铁路隧道，其中Ⅱ级围岩 355 米、Ⅲ级围岩 557 米，Ⅳ级围岩 248 米，V级围岩 775 米，施工采用进出口两端同时掘进。围岩开挖 9.69 万立方米，衬砌圬工方 3.1 万立方米，水沟电缆槽 3870 米（双侧）。2011 年开累完成产值 1573 万元，完成总价的 37.9%。洞身开挖 784 米，仰拱及回填 651 米，完成二衬 472 米。

【前庄铁路工程草莓沟 1#隧道】 中铁九局隧道分公司承建。工程造价 1.9 亿元，2009 年 10 月 1 日开工，预计 2014 年 3 月 19 日竣工。工程位于辽宁省丹东市草莓沟村，起讫里程 DK248+775～DK251+980，全长 3205 米，为单洞双线隧道，设计时速 200 公里/小时，洞身最大埋深约 105.33 米。隧道进口至 DK251+527.642 段位于曲线上，曲线半径 R=2200 米；DK251+527.642 至隧道出口位于直线上，隧道内纵坡为单字坡，为 15‰的下坡。隧道开挖方 43.6 万立方米，仰拱填充砼 3.26 万 立方米，二衬砼 5.30 万立方米，注浆锚杆（φ25）11.63 万米，φ22 砂浆锚杆 5.17 万米，超前小导管 11.55 万米。2011 年完成产值 3529 万元，完成总价的 18.57%。

【前庄铁路工程草莓沟 2#隧道】 中铁九局隧道分公司承建。工程造价 1.95 亿元，2009 年 10 月 1 日开工，预计 2014 年 6 月 16 日竣工。起讫里程 TJLDK154+965～TJLDK159+227，全长 4262 米，进口位于草莓沟村东，出口位于山城一组南侧，为单洞双线隧道，设计时速 120 公里/小时，隧道内埋深约 20～150 米。隧道进口位于直线上，隧道出口位于曲线上，曲线半径为 R=1000 米，线间距 4.0～4.2 米；隧道内纵坡为下坡，从进口 TJLDK158+300 为 6‰的下坡，从 TJLDK158+300 至出口为 3‰的下坡。隧道在 TJLDK158+053 下穿盘道岭公路，公路路面高程为 51.24 米，轨面与路面高差为 21.118 米，隧道在 TJLDK158+161 下穿盘道岭公路隧道，公路隧道路面高程 45.53 米，轨面与公路路面高差为 16.06 米。隧道在 TJLDK156+440 处下穿沈丹客专锦江山隧道，轨面高差为 27.18 米。隧道开挖方 43.3 万立方米，仰拱填充砼 2.38 万立方米，二衬砼 5.45 万立方米，注浆锚杆（φ25）10.44 万米，φ22 砂浆锚杆 8.84 万米，超前小导管 5.11 万米。2011 年完成产值 2499 万元，完成总价的 12.78%。

【前庄铁路工程盘道岭隧道】 中铁九局隧道分公司承建。工程造价 1.4 亿元，2009 年 10 月 1 日开工，预计 2013 年 12 月 27 日竣工。工程位于辽宁省丹东市振兴区，起讫里程 JDLDK0+355～TJLDK5+225，进口位于锦江山东侧，出口位于山城一组南侧，全长 4870 米，为单线隧道，设计时速 120 公里/小时，隧道内埋深约 17.5～106.5 米。隧道在 K2+458 位置设置斜井一座，斜井长度为 416 米。隧道在 JDLDK01+423.15 处下穿正线草莓沟 1 号隧道（DK250+855～DK250+910），轨面高差 14.08 米；隧道在 JDLDK1+907.91 处下穿沈丹客专锦江山隧道，轨面高差 25.855 米；隧道在 JDLDK3+935 和 JDLDK4+050 处下穿盘道岭公路隧道，公路隧道路面高程分别为 54.41 米和 46.31 米，轨面到路面高差分别为 33.155 米和 24.71 米。隧道开挖方 25.8 万立方米，仰拱填充砼 12139 立方米，二衬砼 39627 立方米，注浆锚杆（φ25）36862 米，φ22 砂浆锚杆 29074 米，超前小导管 27836 米。2011 年完成产值 2093 万元，完成总价的 14.56%。

【沈丹客专本溪枢纽工程新岭隧道】 中铁九局六公司承建。工程造价 7621 万元，2010 年 6 月 29 日开工，预计 2012 年 11 月 30 日竣工。工程穿越本溪市北中低山区，地貌形态复杂，沿线所经之处山峦叠嶂，沟谷纵横，地形起伏较大，局部山体基岩裸露。进出口里程为 DK44+255，出口里程为 DK45+794.91，全长 1539.91 米，为单洞双线隧道，隧道最大埋深 103 米。隧道全长位于直线上，隧道内线间距 4.6 米，隧道内纵坡为单字坡，隧道全长为 17.38‰的上坡。隧道开挖方 21.07 万立方米，初衬砼 9067 立方米，二衬砼 4.82 万立方米，中空锚杆（φ25）52434 米，φ22 砂浆锚杆 23830 米，超前小导管 48712 米。2011 年完成产值 3550 万元，完成总价的 48%。完成洞身开挖 816.41 米、初期支护 690 米、仰拱 259 米。

【沈丹客专本溪枢纽唐家堡子隧道】 中铁九局六公司承建。工程造价 5030.97 万元，2010 年 9 月 15 日开工，预计

2012年11月15日开通。工程位于辽宁省本溪市境内，穿越北中低山区及凹地，沟谷发育，地形起伏较大。进口里程为DK46+078.44，出口里程为DK47+095，全长1016.56米，为单洞双线隧道，隧道最大埋深为90米。隧道总开挖方量12.68万立方米，二衬混凝土总量15972.5立方米，仰拱回填混凝土总量8055立方米，进口帽檐式洞门13米，出口帽檐式洞门13米，偏压式明洞一个，长度34米，II级下锚洞一个，长度4米，IV级下锚洞一个，长度4米，对称路堑式明洞一个，长度11米，综合设备洞室4个。2011年完成产值2075万元，完成总价的43.9%。完成隧道开挖470米、初期支护273米、仰拱263米。

【沈丹客专本溪枢纽工程威宁营隧道】 中铁九局七公司承建。工程造价1.1亿元，2010年7月20日开工，预计2013年12月31日竣工。工程位于本溪市威宁营，为双线铁路隧道。进口里程为DK49+659.21，出口里程为DK52+167.77，全长2508.56米。洞身最大埋深约157米，最小埋深约13米。隧道纵坡为单坡，坡度为-15.7‰。隧道开挖方35万立方米，初衬砼12540立方米，二衬砼68970立方米，中空锚杆（φ25）65659米，φ22砂浆锚杆27824米，超前小导管85639米。2011年完成产值1603.5万元，完成总价的12.8%。出口完成开挖330米，完成仰拱228米、二衬178米。

【沈丹客专本溪枢纽工程小明沟隧道】 中铁九局七公司承建。工程造价6380.8万元，自2010年7月15日开工，预计2013年8月31日竣工。工程位于辽宁省本溪市境内，进口里程为DK52+301，出口里程为DK53+830.24，全长1529.24米。隧道位于R=2200曲线上，进口至出口为4‰的上坡，最大埋深约99.8米。隧道开挖方21万立方米，初衬砼7620立方米，二衬砼39624立方米，中空锚杆（φ25）52438米，φ22砂浆锚杆24944米，超前小导管36131米。2011年完成产值1295.2万元，完成总价的17%。

【吉图珲客专工程西山隧道】 中铁九局承建。工程造价9275.8万元，2011年6月15日开工，预计2014年12月30日竣工。工程位于敦化盆地内，进口里程DK170+610，出口里程GDK172+152，隧道全长1542米，最大埋深92米，本隧道设置1处斜井，斜井与线路左线交于DK171+000，平面投影长度197米，斜长197.3米，综合坡度5.2%。暗洞初期开挖支护：Ⅰ级围岩310米、Ⅲ级围岩360米、Ⅳ级围岩177米、Ⅴ级围岩70米、Ⅵ级围岩70米，弃渣18.88万立方米，喷射混凝土9953立方米，二衬混凝土36154立方米，衬砌钢筋1417吨，钢架1662吨。2011年开累完成产值1227.1万元，完成总价的13.2%。完成掘进258米、仰拱204米、二衬204米。

【吉图珲客专工程增益1#隧道】 中铁九局承建。工程造价9293.8万元，2011年6月15日开工，预计2014年12月30日竣工。工程位于延边州敦化市大石头镇增益村西侧，进口里程DK185+568，出口里程GDK187+113，隧道全长1545米，最大埋深72米。本隧道设置1处斜井，本斜井为临时工程，工程竣工后进行封堵，斜井与线路左线交于DK186+300，斜长214米，综合坡度6.3%。Ⅲ级围岩590米、Ⅳ级围岩433米、Ⅴ级围岩388米，弃渣19.59万立方米，喷射混凝土13465立方米，二衬混凝土39128立方米，衬砌钢筋1216吨，钢架1537吨。2011年开累完成产值1155万元，完成总价的12.4%。

【吉图珲客专工程增益2#隧道】 中铁九局承建。工程造价2814.7万元，2011年6月15日开工，预计2014年12月30日竣工。工程位于延边州敦化市大石头镇增益村东侧，进口里程DK187+522，出口里程DK188+034，隧道全长512米，最大埋深45米。Ⅳ级围岩310米、Ⅴ级围岩128米，弃渣6.19万立方米，喷射混凝土4332立方米，二衬混凝土12026立方米，衬砌钢筋567吨，钢架603吨。2011年开累完成产值1270万元，完成总价的45.1%。

【吉图珲客专工程哈尔巴岭1号隧道】 中铁九局承建。工程造价4249.5万元，2011年6月15日开工，预计2014年12月30日竣工。工程位于延边州敦化市大石头镇哈尔巴岭村西侧，进口里程DK188+275，出口里程DK189+048，隧道全长773米，最大埋深58米。Ⅲ级围岩303米、Ⅳ级围岩180米、Ⅴ级围岩181米，弃渣9.24万立方米，喷射混凝土5011立方米，二衬混凝土18200立方米，衬砌钢筋796吨，钢架651吨。2011年开累完成产值993.9万元，完成总价的23.4%。完成掘进180.8米、仰拱221.5米、二衬59.5米。

【扎阿铁路工程新发村隧道】 中铁九局一公司承建。工程造价8615万元，工期：2010年4月10日～2012年7月15日。工程位于新发村附近，起迄里程为DK5+449～DK8+718，全长3269米，为单线隧道，是全线的重点工程之一。施工采用进、出口加斜井同时作业。隧道经过地段的围岩级别为434米Ⅴ级围岩、358米Ⅵ级围岩、536米Ⅴ级围岩、1375米Ⅲ级围岩、110米Ⅳ级围岩、456米Ⅴ级围岩。明洞241米，中心深埋水沟587米，隧道弃碴27.46万立方米，喷混凝土10724立方米，二衬混凝土25137立方米，仰拱混凝土5131立方米，衬砌钢筋762吨，型钢钢架640吨。2011年开累完成产值4814万元，完成总价的55.9%。

【扎阿铁路工程五星隧道】 中铁九局一公司承建。工程造价4014万元，工期：2009年8月10日～2012年4月15日。工程位于五星村附近，起讫里程为DK12+362～DK14+220，全长1858米，为单线隧道。施工采用进、出口同时作业。隧道地处丘陵地区，地形起伏，隧道穿过山峰高程为 435 米，最大埋深 57 米。Ⅴ级围岩的开挖及支护 569 米，Ⅳ级围岩的开挖及支护 56 米，Ⅲ级围岩的开挖及支护 1183 米，明洞 50 米，中心深埋水沟 500 米，隧道弃碴 10.09 万立方米，喷混凝土 5487 立方米，二衬混凝土 13963 立方米，仰拱混凝土 2776 立方米，衬砌钢筋 277 吨，型钢钢架 206 吨。2011 年开累完成产值 2027 万元，完成总价的 50.5%。

【大准增建二线西哈拉 1#隧道】 中铁九局一公司承建。工程造价 1569 万元，工期：2010 年 8 月 12 日～2012 年 5 月 30 日。工程位于内蒙古鄂尔多斯市准格尔旗薛家湾镇西哈拉社，隧道为单线铁路隧道。隧道左侧距黄河岸边陡崖 200～250 米，洞身比黄河底高约 50 米，隧道最大埋深约 48.55 米。隧道进口端为“V”型冲沟，出口端为鸡爪形冲沟，基岩裸露，沟心弯曲狭窄，多跌水，岸坡险峻陡峭。隧道进口里程为右 DK242+485，出口里程为右 DK243+355，全长 870 米。Ⅲ级围岩 600 米、Ⅳ级围岩 250 米、Ⅴ级围岩 20 米，其中洞身土石方开挖 43475 立方米，初期支护 C20 混凝土 1466 立方米，仰拱填充 C20 混凝土 2645 立方米，二次衬砌 C30 混凝土 6509 立方米，格栅钢架 11.91 吨。2011 年开累完成产值 1035.1 万元，完成总造价的 65.98%。

【大准增建二线西哈拉 2#隧道】 中铁九局一公司承建。工程造价 1620 万元，工期：2010 年 10 月 29 日～2012 年 5 月 15 日。工程位于内蒙古鄂尔多斯市准格尔旗薛家湾镇西哈拉社，隧道为单线铁路隧道。隧道进口里程为右 DK243+400，出口里程为右 DK244+375，全长 975 米，Ⅲ级围岩 840 米、Ⅳ级围岩 115 米、Ⅴ级围岩 10 米、明洞 10 米，其中洞身土石方开挖 47817 立方米，初期支护 C20 混凝土 1483 立方米，仰拱填充 C20 混凝土 3050 立方米，二次衬砌 C30 混凝土 7193 立方米，二次衬砌钢筋 15.27 吨，格栅钢架 5.95 吨。2011 年开累完成产值 1163.2 万元，完成总造价的 72.7%。

【巴准铁路保佬兔沟隧道】 中铁九局一公司承建。工程造价 3931.71 万元，工期：2011 年 3 月 5 日～2012 年 9 月 30 日。工程位于内蒙古鄂尔多斯市准格尔旗薛家湾镇，隧道为双线铁路隧道。隧道起讫里程 DK117+435～DK117+980，全长 545 米，隧道最大埋深约为 26.46 米。隧道在 DK117+498～DK117+577 段下穿城大高速公路，洞顶最小埋深约 13 米。Ⅴ级围岩 520 米，其中洞身土石方开挖 58821 立方米，初期支护 C25 混凝土 5063 立方米，仰拱填充 C20 混凝土 4111 立方米，二次衬砌 C35 混凝土 9358 立方米，二次衬砌钢筋 644.82 吨，格栅钢架 6.74 吨，Ⅰ18/HW175 型钢钢架 748.67 吨。2011 年 5 月 22 日正式进洞施工，共完成隧道洞身开挖及初期支护 48 米，仰拱及填充施工 32 米，二衬施工 26.8 米。

【巴准铁路后碾房梁隧道】 中铁九局一公司承建。工程造价 4189.1 万元，工期：2011 年 8 月 1 日～2012 年 9 月 30 日。位于内蒙古鄂尔多斯市准格尔旗薛家湾镇，隧道为双线铁路隧道，位于低丘陵沟壑区，地形较平缓，坡度较小，呈中间高两边低，自然坡度 25°～35°。隧道起讫里程 DK121+825～DK122+422，全长 597 米。Ⅴ级围岩 592 米，其中洞身土石方开挖 63613 立方米，初期支护 C25 混凝土 5291 立方米，仰拱填充 C20 混凝土 4337 立方米，二次衬砌 C35 混凝土 8247 立方米，二次衬砌钢筋 692.678 吨，格栅钢架 164.6 吨，Ⅰ18 型钢钢架 609.35 吨。2011 年共完成隧道上台阶开挖 55 米，中台阶开挖 50 米，下台阶开挖 45 米，仰拱及填充 44 米。

【巴准铁路潘家圪楞隧道】 中铁九局一公司承建。工程造价 1.6 亿元，2011 年 9 月 13 日开工，预计 2012 年 12 月 30 日竣工。工程位于内蒙古鄂尔多斯市准格尔旗潘家圪楞村境内，隧道为双线铁路隧道，位于低丘陵区，地形起伏大，冲沟发育，进、出口端坡度较缓，洞身、出口端覆盖砂质黄土较厚，进口端较薄。隧道起讫里程 DK123+368～DK126+115，全长 2747 米。隧道最大埋深约 100 米，洞内纵坡为 3.0‰、-5‰和-8‰的人字坡。根据隧道地形、地质条件及工期要求，设无轨单车道运输斜井 1 座，斜井与线路左线相交于 DK124+535，与线路大里程方向平面夹角 53°，最大纵坡 11.5%，全长 337 米。Ⅴ级围岩的开挖及支护 2257 米，Ⅳ级围岩的开挖及支护 340 米，明洞工程 150 米，隧道洞身土石方开挖 31.86 万立方米，喷混凝土 22090 立方米，二衬混凝土 48633 立方米，仰拱填充混凝土 19794 立方米，衬砌钢筋 2971.94 吨，格栅钢架 1112.43 吨，Ⅰ16/Ⅰ18/HW175 型钢钢架 1741.75 吨。

【湘桂铁路工程上松山隧道】 中铁九局广州分公司承建。工程造价 4436.4 万元，2009 年 8 月 10 日开工，预计 2012 年 1 月 31 日完工。工程位于湖南省永州市祁阳县崇山村的缓坡丘陵地区，隧道进口接路基，隧道出口接永州湘江 1#特大桥。隧道起讫里程为 DK110+542～DK111+418，全长 876 米，为双线隧道，最大埋深 95 米。土方 11.76 万立方米，初衬砼 4807 立方米，二衬砼 16107.6 立方米，注浆锚杆（φ25）24778.6 米，φ22 药卷锚杆 18277 米，超前小导管 1658 米等。2011 年开累完成 4214.58 万元，占总价值的 95%。

【梅大高速工程圣人山隧道】 中铁九局广州分公司承建。工程造价 2.3 亿元，2011 年 1 月 14 日开工，预计 2013 年 8 月 9 日完工。工程位于广东省梅州市境内，左线起讫里程 LK3+600～LK6+176，长 2576 米；右线起讫里程 RK3+631～RK6+196，长 2565 米，最大埋深 212 米。隧道开挖 56 万立方米，初衬砼 33123 立方米，二衬砼 77490 立方米，注浆锚杆（φ25）228790 米，φ22 药卷锚杆 399802 米，超前小导管 253840 米。2011 年开累完成产值 6255 万元，完成总价的 11%。

【梅大高速工程龙坑隧道】 中铁九局广州分公司承建。位于广东省梅州市，左线隧道里程 LK6+251～LK6+860，长 609 米，右线隧道里程 RK6+318～RK6+900，长 582 米，工程总造价 7925 万元。隧道开挖 13 万立方米，初衬砼 8743.5 立方米，二衬砼 18151 立方米，注浆锚杆（φ25）128390 米，φ22 药卷锚杆 66768 米，超前小导管 54196 米。2011 年完成隧道开挖 661 米，二衬 473 米。开累完成产值 2762 万元，完成总价的 34.8%。

【沈海复线高速工程金钟山 1#隧道】 中铁九局广州分公司承建。工程造价 1.4 亿元，2011 年 5 月 25 日开工，预计 2013 年 5 月 25 日完成。工程位于福建省莆田市仙游县高阳村，隧道进口接路基，隧道出口接金钟中桥。隧道起讫桩号为左洞 ZK71+637～ZK73+770，右洞 YK71+685～YK73+745。左洞长 2133 米，右洞长 2060 米。采用分离式双洞布置，左洞进口处于半径为 1100 米的平曲线上，洞身位于直线上，出口处于半径为 3525 米的平曲线上；右洞进口处于半径为 1100 米的平曲线上，洞身位于直线上，出口处于半径为 3500 米的平曲线上。左洞纵坡为 2%，右洞纵坡为 2%。隧道开挖 51.5 万立方米，初衬砼 1.5 万立方米，二衬砼 5.2 万立方米，φ22 毫米水泥砂浆锚杆 82551.7 米，φ50 毫米无缝钢管注浆小导管 52706.6 米。2011 年开累完成产值 469.6 万元，完成总价的 3.3%。

【沈海复线高速工程金钟山 2#隧道】 中铁九局广州分公司承建。工程总造价 2 亿元，2011 年 5 月 25 日开工，预计 2013 年 5 月 25 日完成。工程位于福建省莆田市仙游县高阳村，隧道进口接金钟中桥，隧道出口接金钟 1#大桥。隧道起讫桩号为左洞 ZK73+841～ZK76+533，右洞 YK73+815～YK76+563，左洞长 2692 米，右洞长 2748 米。采用分离式双洞布置，左洞进口处于半径为 3525 米的平曲线上，洞身位于直线上，出口处于半径为 960 米的平曲线上；右洞进口处于半径为 3500 米的平曲线上，洞身位于直线上，出口处于半径为 970 米的平曲线上。左洞纵坡为 2%和 3%，右洞纵坡为 2%和 3%。隧道开挖 67.8 万立方米，初衬砼 2.1 万立方米，二衬砼 6.9 万立方米，φ2 毫米水泥砂浆锚杆 137628.1 米，φ50 毫米无缝钢管注浆小导管 45929.1 米。2011 年开累完成产值 2732.4 万元，完成总价的 14%。

【通灌铁路工程新开岭 1#隧道】 中铁九局隧道分公司承建。工程造价 3431 万元，工期：2009 年 4 月 10 日～2011 年 9 月 15 日。隧道全长 1841 米，进口位于辽宁省桓仁县拐磨子镇新开岭村，进口里程 DK119+059，出口位于吉林省通化县大泉源乡新开岭村，出口里程 DK120+900。隧道位于直线和半径 R=3000 米曲线上，直线长 1141.5 米，曲线长 699.5 米，纵向位于 8‰与 7‰的上坡，隧道最大埋深 131 米。Ⅴ级围岩的开挖及支护 266 米，Ⅳ级围岩的开挖及支护 60 米，Ⅲ级围岩的开挖及支护 250 米，Ⅱ级围岩开挖支护 1220 米。明洞 35 米。隧道弃碴 83278 立方米，喷混凝土 3373 立方米，二衬混凝土 17636.65 立方米，衬砌钢筋 352 吨，格栅钢架 232 吨。

【通灌铁路工程李家堡子隧道】 中铁九局隧道分公司承建。位于吉林省通化县大泉源乡和胜村西侧，为单线Ⅰ级铁路隧道，进口里程 DK129+600，出口里程 DK131+386，全长 1786 米。隧道所处山体地势起伏较大，最大高差 198 米，最大埋深 193.494 米。隧道位于直线的 R=1200 米的曲线上，其曲线长 369 米，直线长 1417 米。工程总造价 3261 万元。工程竣工。

【庄盖高速公路戴峪岭 2#隧道】 中铁九局六公司承建。工程造价 2.4 亿元，2009 年 10 月 1 日开工，预计 2012 年 6 月 30 日竣工。工程位于盖州市徐屯镇与小石棚镇境内，庄河端左线洞口里程为 ZK81+975，右线洞口里程为 K81+985，盖州端左线洞口里程为 ZK84+905，右线洞口里程为 K84+850。其中左线长 2930 米，右线长 2865 米。隧道平面线型庄河端和盖州端洞口均处在直线线段上，洞身庄河端附近有一右偏圆曲线，庄河端左右线平面设计线位间最小净距为 18.53 米。纵断面线型两段位于凸形竖曲线上，左、右洞身直坡段均为-2.50%，洞身范围内最大深埋为 262 米。隧道开挖方 59.34 万立方米，初衬砼 22722 立方米，二衬砼 55179 立方米，砂浆锚杆（φ25）48480 米，砂浆锚杆（φ22）231869 米，超前小导管 10411 米。2011 年开累完成产值 18191 万元，完成合同总额的 75.92%。

【温州七都大桥 2 标】 中铁十局承建。合同价款 1.8 亿元，合同工期：2006 年 6～2011 年 6 月，业主调整竣工日期 2012 年 12 月。施工地点：温州市鹿城区七都镇。主要工程数量：特大桥 1121 米/0.5 座，匝道桥 500 米/2 座。墩台完成，连续梁施工。

【长春市光复路斜拉桥工程】 中铁十局承建。合同款 1.7 亿元，合同工期：2010 年 9 月～2012 年 7 月。施工地点：长春市亚泰大街。桥梁长度 368 米。主要工程量：砼 4.8 万立方米，钢筋 7652 吨，预应力钢绞线 431 吨，索塔 2 座，斜拉索 120 根。桩基完成 48 颗。

【淮北市相王大桥】 中铁十局承建。工程造价 1.2 亿元，合同工期：2011 年 11 月～2013 年 05 月。施工地点：安徽省淮北市烈山区宋疃镇。标段长度 972.7 米。主要工程数量：大桥 475 延米，其中主桥全长 265 米（50+110+60+45）米斜拉桥。桩基施工。

【西久公路拉脊山隧道】 中铁十局承建。合同工期：2007 年 9 月～2009 年 6 月。施工地点：青海省湟中县境内。全长 2650 米，所在项目标段为西久公路 XJA1 合同段。完成 2497 米。

【向莆铁路 FJ-2 标尤溪隧道】 中铁十局承建。合同工期：土建工程 2008 年 10 月～2011 年 11 月 30 日；施工地点：福建莆田。（设计 6192 米）主体工程完成。

【嘉绍大桥Ⅴ、Ⅶ标】 中铁大桥局承建。Ⅴ标施工全部完成，Ⅶ标预制节段梁完成 1386 片，占设计总量的 48%，架设完成 628 片，占设计总量的 22%。

【厦漳跨海大桥】 中铁大桥局承建。主塔施工完成，钢梁架设完成 5 个节段，引桥 52 孔现浇梁完成 46 孔。

【大连市长海县长山大桥】 中铁大桥局承建。主墩桩基施工完成，14#墩开始进行承台施工，15#墩封底完成。

【福州市琅岐闽江大桥】 中铁大桥局承建。4#墩主塔承台浇筑完成，引桥桩基开累完成 108 根占设计数量的 75%。

【武汉至黄冈城际铁路 WGSG 标段（黄冈长江大桥）】 中铁大桥局承建。2#墩主塔完成至 156 米，钢梁共架设 3 个节间；3#墩主塔完成至 156 米，钢梁共架设 2 个节间。

【宁安铁路安庆长江铁路大桥】 中铁大桥局承建。3#墩主塔完成至 159.5 米，钢梁架设 4 个节间；4#墩主塔完成至 139.5 米，钢梁架设 3 个节间，钢梁无索节段完成 12 节间，全桥钢梁总计完成 19 个节间。

【澜沧江特大桥】 中铁大桥局承建。由于甲供钢管拱中间铰轴供应不到位，2011 年施工无任何进展。

【郑州至焦作线郑州黄河特大桥工程】 中铁大桥局承建。桩基开累完成 3680 根，承台开累完成 299 个，墩台开累完成 131 个，钢梁拼装完成 4 个节段。

【莫家寨双线特大桥】 中铁隧道承建。莫家寨双线特大桥属于新建贵阳至广州铁路站前工程施工总价承包 GGTJ-2 标，位于贵州省黔南、黔东南自治州。全长 696.13 米。6×32 米+（72+128+72）米连续刚构+5×32 米+2×24 米，连续梁均采用悬臂现浇施工，下部结构基础采用钻孔桩、挖孔桩和明挖施工，墩柱一般采用支架法翻模施工，莫家寨双线特大桥最高墩 85 米，采用塔吊提升、翻模施工。于 2008 年底开工，至 2011 年末，完成成桥 589 米。

【丰都车站双线特大桥】 中铁隧道承建。丰都车站双线特大桥属于新建铁路重庆至利川线土建施工 4 标段，位于重庆丰都与石柱县境内。全长 701.5 米。为连续梁，最高墩 87.5 米（空心墩）。施工工艺复杂，技术含量高。工程于 2008 年 12 月开工，至 2011 年末，完成成桥 687.7 米。

【金竹滩龙河特大桥】 中铁隧道承建。金竹滩龙河特大桥属于新建铁路重庆至利川线土建施工 4 标段，位于重庆丰都与石柱县境内。全长 544.26 米。为连续刚构梁，施工工艺复杂，技术含量高。工程于 2008 年 12 月开工，至 2011 年末，完成成桥米 462 米。

【苏村坝大桥】 中铁隧道承建。苏村坝大桥属于四川省雅泸高速公路 C13 合同段，位于四川省石棉县，苏村坝大桥横跨大渡河，大渡河水流湍急，水深约 20 米，桩基施工难度大。主桥桥跨组合为（132+220+67.65）米预应力砼高低塔斜拉桥，斜拉索采用双索面、密索、对称扇形布置，主梁为预应力钢筋砼双纵肋主梁。索塔为 A 型塔，高塔塔高为 121.5 米，低塔塔高为 101.5 米。深水大直径长桩施工难度大，泸沽端低塔便道修建困难、材料机具运输困难，斜拉桥施工工艺复杂，该桥是本标段的重点控制工程，同时由于受大渡河汛期和瀑电水电站蓄水时间的影响，工期节点任务重，也是本工程的难点。工程于 2008 年 1 月 20 日开工，2010 年桥梁合拢。截至 2011 年末，累计完成 569.65 成桥米，全部完成。

【南平建溪特大桥】 中铁隧道承建。京福铁路客运专线闽赣 VI 标南平建溪特大桥长 1231.42 米，跨越建溪（闽江一级支流）、205 国道、既有横南铁路（单线）。特殊桥梁结构施工技术要求高、难度大，为全线难点桥梁工程之一。同时位于河中的水中墩施工水深约 11 米，采用钢套箱围堰施工。位于山坡、铁路边的桥墩施工时，施工工艺复杂，技术含量高，保证方案可行，稳步推进科学施工组织是本工程的难点。该桥于 2010 年 7 月开工，至 2011 年末完成成桥 361.44 米。

【中天山隧道】 中铁隧道承建。该隧道位于吐鲁番托克逊县与巴州和硕县境内，隧道全长 22467 米，为国内在建的第二铁路长隧，进口采用 TBM 掘进，出口钻爆法施工。工程于 2007 年 4 月 26 日开工，计划 2011 年 2 月 28 日完工。施工队伍于 2007 年 5 月 1 日陆续进场建点，2007 年 6 月 8 日开工，项目合同线下工程竣工日期为 2011 年 2 月 28 日。由于种种原因工期推迟，业主要求 2012 年 10 月开挖贯通。截至 2011 年末，隧道开累成洞 18972 米。

【关角隧道】 中铁隧道集团承建。关角隧道属新建青藏铁路西宁至格尔木段增建第二线工程 XGZHQ5-2 标，工程位于青海省天峻县乌兰县，关角隧道通过区属青藏高原亚寒带半干旱气候区，海拔 3417 米，高寒缺氧，年平均气温-0.5℃，极端最高气温 28.0℃，极端最低气温-35.8℃，最大月平均日温差 24.7℃，常冬无夏，春秋相连，施工环境恶劣。关角隧道单洞长 32.605 公里，中铁隧道承建的 XGZHQ5-2 标，长 15.253 公里。工程于 2007 年 11 月 6 日开工，计划 2013 年 3 月 31 日完工。截至 2011 末，隧道开累成洞 22534 米。

【北京铁路地下直径线隧道】 中铁隧道承建。北京铁路地下直径线隧道属于北京铁路枢纽北京站至北京西站地下直径线 2 标，位于北京市中心区。线路大致呈东西走向，包含一个出口段明挖工程、一个西端预埋段工程、一个拱形暗挖段工程、一个风井兼盾构井工程、一个宣武门至吊出井区间盾构工程、一个盾构吊出井和区间轨道工程，其中宣武门盾构井（DK4+756）～盾构吊出井（DK6+782.5）盾构区间隧道长 5175 米。2005 年 12 月 25 日开工，原计划 2007 年 12 月完工，由于业主的原因，工期顺延。最新工期：盾构掘进要求 2013 年 6 月 30 日前结束，轨下结构、道床及四电安装施工要求于 2014 年 8 月 31 日前完成，项目计划于 2014 年 10 月 31 日前全部完工。截至 2011 年末，暗挖隧道施工全部完工，盾构掘进 2739 米。

【西秦岭特长隧道】 中铁隧道承建。该隧道为兰渝铁路重点隧道，位于甘肃省陇南市武都区境内，进口位于透防乡潘家沟，出口位于洛塘镇老盘底，左线 DK395+116～DK423+352，长 28236 米，中铁隧道施工长度为 27105 米（DIK402+519～DIK403+650 段 1131 米为 XQLS1 标施工任务），其中钻爆法施工段长度为 10958 米，TBM 法施工段长度为 16147 米，采用的 TBM 直径为 10.2 米，中铁隧道还承担 2739 米右线隧道的施工任务。截至 2011 年末，钻爆法施工全部完成，TBM 隧道掘进剩余 4300 米。

【秀山隧道】 中铁隧道参建。该隧道为玉蒙铁路重点隧道，隧道全长 10.032 公里，中铁隧道负责隧道正洞 4842 米、平导 4933 米的施工，此隧道围岩变化频繁，隧道穿越的主要地质构造有五里箐向斜、里山背斜及关营 F4 等五个断层，破碎带宽 20～200 米不等。进口工区需进行帷幕注浆地段，正洞 838 米，平导 840 米。2011 年末，隧道正洞开挖全部贯通。

【象山隧道】 中铁隧道集团承建。象山隧道为中铁隧道集团有限公司承建的龙厦铁路 ZD-Ⅰ标重点工程，也是龙厦铁路的控制性工程。该隧道位于福建省龙岩市及漳州市，为双洞单线隧道，左、右线长度均为 15898 米。2006 年 12 月开工，计划 2011 年 12 月完工。2011 年末，隧道主体完工。

【三联隧道】 中铁隧道集团承建。该隧道为六沾铁路重点隧道，由中铁隧道和中铁十六局共同施工，中铁隧道承担 7499.92 米的施工任务，设计为两斜井+平导方案。平导位于线路右侧，全长 1342.95 米，平导中线与隧道左线中线间距约 35 米，其轨面以上断面净空尺寸为 3.5 米宽×3.6 米高，设计采用有轨单车道运输，与正洞同坡，设四个横通道与正洞相通。合同工期 42 个月（2008 年 1 月 1 日～2011 年 6 月 30 日，业主调整工期，要求 2012 年 6 月份开挖贯通）。截至 2011 年末，隧道开累成洞 6887 米。

【大相岭隧道隧道】 中铁隧道集团承建。大相岭隧道属于雅泸高速公路 C6 合同段，位于四川省雅安市荥径县，其中左线 4846 米、右线 4877 米；通风斜井 1926.45 米，其中排风斜井 924.21 米、送风斜井 1002.24 米；隧道施工通过高埋深地段和断层破碎带，可能出现岩爆、高地温、大变形以及涌突水等不良地质问题。2007 年 12 月 12 日开工，2011 年末，隧道开挖全部完成。

【永寿梁隧道】 中铁隧道集团承建。新建西安至平凉铁路永寿梁隧道位于陕西省咸阳市境内，通过黄土浅埋段、土石分界及不整合接触带和圆砾土段、膨胀（岩）土段、近水平岩层段、黄土地段及黄土陷穴段、突涌水段等不良地质地段，出口紧临银武高速。Ⅰ线 DK95+607～DK112+765，长 17160.76 米，Ⅱ线 DK95+591～DK112+750，长 17154.92 米，单线隧道，一次建成双线。全隧围岩为Ⅲ级、Ⅳ级、Ⅴ级，设计辅助坑道有 4 座斜井和 1 座横洞。截至 2011 年末，Ⅰ线隧道开累成洞 15040 米，Ⅱ线隧道开累成洞 14807 米。

【太峪隧道】 中铁隧道集团承建。新建西安至平凉铁路太峪隧道隧道位于陕西省咸阳市境内，隧道起止里程 DK115+050～DK120+644，长 5594 米，其中 DK115+050～DK115+092（42 米）为单洞双线大跨段，DK115+092～DK115+131（39 米）为双连拱段，Ⅱ线（右线）一次施工至 DK115+260（129 米），预留Ⅱ线位置。隧道除进口 947.49 米段位于半径为 1600 米的曲线上外，其余均位于直线上，线路纵坡依次为 950 米（10.5‰），4300 米（11.0‰），348 米（7.0‰）的单面下坡，进口端采用单压式明洞门，出口端采用翼墙式洞门，设计辅助坑道有 1 座斜井和 1 座横洞，全隧围岩为Ⅳ级、Ⅴ级。截至 2011 年末，左线隧道开累成洞 2498 米，右线隧道开累成洞 2645 米。

【三都隧道】 中铁隧道承建。新建贵阳至广州铁路三都隧道位于贵州省三都县普安镇，全长 14598 米，是全线的控制工期工程。该隧道一平一斜井一横洞带平导，地质复杂，隧道进口段及以西段存在岩溶施工高风险，为Ⅰ级风险隧道。2008 年底开工，计划施工工期为 44.5 个月（不含隧道内整体道床施工）。截至 2011 年末，隧道开累成洞 10776 米。

【大寨隧道】 中铁隧道承建。新建贵阳至广州铁路大寨隧道位于贵州省黔南、黔东南自治州，全长 8969 米，隧道穿越含汞地层。沿线穿越众多断层破碎带。隧道设 2 座斜井。2008 年底开工，计划施工工期为 44.5 个月（不含隧道内整体道床施工）。截至 2011 年末，隧道开累成洞 8384 米。

【羊甲隧道】 中铁隧道承建。新建贵阳至广州铁路羊甲隧道位于贵州省黔南、黔东南自治州，全长8069米，2008年底开工，计划施工工期为44.5个月（不含隧道内整体道床施工）。截至2011年末，隧道开累成洞6304米。

【同马山隧道】 中铁隧道承建。新建贵阳至广州铁路同马山隧道位于贵州省黔南、黔东南自治州，全长13929米，隧道设2座斜井，1座横洞。2008年底开工，计划施工工期为44.5个月（不含隧道内整体道床施工）。截至2011年末，隧道开累成洞11163米。

【长洪岭隧道】 中铁隧道承建。新建重庆至利川铁路长洪岭隧道位于重庆市丰都县和石柱县境内，全长13287米，设1座横洞，两座斜井。为全线第二长隧道，也是全线的控制工程。长洪岭隧道下穿江池镇，控制地表下沉，确定居民安全，是重点也是难点。2008年底开工，计划施工工期为60个月。2011年隧道开挖贯通。

【方斗山隧道】 中铁隧道承建。新建重庆至利川铁路方斗山隧道位于重庆市丰都县和石柱县境内，全长4870米，是全线5座高风险岩溶隧道之一，地质构造复杂，不良地质主要有岩溶、煤层瓦斯、断层和高地应力等，施工中可能突水突泥、瓦斯突出等危急施工风险，因此施工难度大，风险性高。2008年底开工，计划施工工期为60个月。2011年隧道开挖贯通。

【南白洞隧道】 中铁隧道承建。新建重庆至利川铁路南白洞隧道位于重庆市丰都县和石柱县境内，全长4870米，是全线5座高风险岩溶隧道之一，地质构造复杂，不良地质主要有岩溶、煤层瓦斯、断层和高地应力等，施工中可能突水突泥、瓦斯突出等危急施工风险，因此施工难度大，风险性高。2008年底开工，计划施工工期为60个月。2011年末隧道开挖贯通。

【北岭山隧道】 中铁隧道承建。新建南宁至广州铁路北岭山隧道位于广东省云浮市和肇庆市境内，全长11669米，设1座斜井，是全线控制工程。2009年3月开工，计划施工工期为36个月。截至2011年末，隧道开累成洞7204米。

【飞鹰隧道】 中铁隧道承建。新建南宁至广州铁路飞鹰隧道位于广东省云浮市和肇庆市境内，全长7143米，设两座斜井，是全线控制工程。2009年3月开工，计划施工工期为36个月。截至2011年末，隧道开累成洞4367米。

【木寨岭隧道】 中铁隧道承建。新建兰州至重庆铁路木寨岭隧道位于甘肃省定西市，全长19050米（右线19068米），为双洞单线特长隧道。含8座辅助坑道。隧道地质构造复杂，地处地震区，不良地质发育，山体滑坡、泥石流、岩堆、危岩落石及人为坑洞等频繁存在，断层破碎带数量众多（约18个）且带宽较长（最长近1公里），隧道洞身穿过岩层富含板岩及炭质板岩，该岩石遇水易崩解软化，围岩稳定性较差；局部有灰岩，推测存在岩溶水；洞身穿过板岩及炭质板岩比例较大，约46.53%；同时，木寨岭隧道中段有约350米长的纯灰岩段，推测存在大量岩溶水，开挖中可能发生突水突泥；另外，木寨岭隧道先后间断通过11条断层破碎带，断层破碎带长度约200～950米，合计占总隧长约23.66%；开挖遇断层破碎带时围岩易产生大滑坍；该座隧道为极高风险隧道。是本标段控制性重难点工程。2009年2月开工，计划施工工期为67个月。截至2011年末，隧道开累成洞25404米。

【哈达铺隧道】 中铁隧道集团承建。新建兰州至重庆铁路哈达铺隧道位于甘肃省定西市，隧道全长16591米，其中中铁隧道施工出口段左右线4090米（含1座单车道无轨斜井，设计断面5米×5.9米），为双洞单线特长隧道。隧道地质构造复杂，地处地震区，不良地质发育，山体滑坡、泥石流、岩堆、危岩落石及人为坑洞等频繁存在，断层破碎带数量众多（约18个）且带宽较长（最长近1公里），隧道洞身穿过岩层富含板岩及炭质板岩，该岩石遇水易崩解软化，围岩稳定性较差；局部有灰岩，推测存在岩溶水；开挖遇断层破碎带时围岩易产生大滑坍隧道板岩夹灰岩和板岩夹砂岩合计占总隧长约50.03%，同时通过1条断层破碎带长约100米，该座隧道为高风险隧道。隧道施工难度大、风险性高，是本标段控制性重难点工程。2009年2月开工，计划施工工期为67个月。截至2011年末，隧道开累成洞6388米。

【马家山隧道】 中铁隧道承建。新建兰州至重庆铁路马家山隧道位于甘肃省定西市，隧道全长7435米。2009年2月开工，计划施工工期为67个月。截至2011年末，隧道开累成洞5842米。

【平郎隧道】 中铁隧道承建。新建铁路云桂线（云南段）站前工程1标平郎隧道（8840米）为本标段重点工程。开挖跨度达22米的平郎出口施工控制难度极大，故既是重点又是难点。工程开工日期为2010年6月1日，计划2014年12月10日竣工。截至2011年末，隧道开累成洞507米。

【孟村隧道】 中铁隧道集团承建。该隧道为新建铁路云桂线（云南段）站前工程1标孟村隧道（10002米）为本标段重点工程。工程2010年6月1日开工，计划2014年12月10日竣工。截至2011年末，隧道开累成洞946米。

【富宁隧道】 中铁隧道集团承建。 新建铁路云桂线（云南段）站前工程1标富宁隧道（13748米）是本标段的重点工程，富宁隧道地质构造复杂，不良地质主要有断层破碎带、危岩落石、岩溶、岩体风化破碎、软岩变形问题和地温等，为全线Ⅰ级风险隧道，施工难度大，风险性高，工期紧。工程2010年6月1日开工，计划2014年12月10日竣工。截至2011年末，隧道开累成洞1426米。

【那坡隧道】 中铁隧道集团承建。新建铁路云桂线（云南段）站前工程1标那坡隧道（6451米）于2010年6月1日开工，计划2014年12月10日竣工。截至2011年末，隧道开累成洞1477米。

【平安隧道】 中铁隧道集团承建。新建铁路云桂线（云南段）站前工程1标平安隧道（5920米）既是该标段的重点，又是难点。工程于2010年6月1日开工，计划2014年12月10日竣工。截至2011年末，隧道开累成洞453米。

【南吕梁山隧道】 中铁隧道承建。山西中南部通道南吕梁山隧道为双洞单线特长隧道，左线全长23441米，右线全长23464.7米（本标段负责进口段左线长12628米、右线长12650米，1号斜井为无轨运输，全长2630米，2号斜井为无轨运输，全长2450米）；南吕梁山隧道为全线控制性工程，主要有黄土、砂岩、页岩、泥岩、灰岩、角砾状白云质泥灰岩及白云质泥灰岩、膏溶角砾岩、页岩夹灰岩、页岩夹砂岩、白云岩与泥灰岩互层等；通过煤系地层，存在煤与瓦斯突出、煤层自燃的可能性，属于瓦斯隧道（进口分部），为风险隧道。本工程2010年4月10日开工，计划2014年1月15日竣工。截至2011年末，隧道开累成洞7573米。

【隰县隧道】 中铁隧道承建。西中南部通道隰县隧道全长10505米，斜井均为无轨运输，1号斜井全长420米，2号斜井全长645米；隰县隧道通过砂岩、泥岩及泥质砂岩，部分地段穿越膨胀性粉质粘土地段，施工中可能发生软岩大变形，个别地段地下水位高，存在突泥、涌水的危险，为一级风险隧道。进口洞门位于陡壁黄土上，且洞口明洞要在高填方路堤上修筑，进洞安全是难点。本工程2010年4月10日开工，计划2014年1月15日竣工。截至2011年末，隧道开累成洞5954米。

【南雅隧道】 中铁隧道承建。京福铁路客运专线闽赣Ⅵ标南雅隧道（全长8690米）是本标段最长的隧道，且隧道穿越煤系地层，存在瓦斯突出的可能性，是本标段的重点和难点。本工程2010年8月1日开工，计划2012年12月4日竣工。截至2011年末，隧道开累成洞3025米。

【雪峰山3号隧道】 中铁隧道承建。沪昆客专6标雪峰山3号隧道全长6815米，隧道存在多条断破碎带、富水地层、放射性、高地应力、岩爆、危岩落石等诸多不良地质段，成为隧道施工的技术难题。隧道辅助坑道多且地质条件较差，施工进度对总工期影响大。本工程为新上项目，2010年9月1日开工，计划2013年10月31日竣工。截至2011年末，隧道开累成洞2065米。

【梨子坪隧道】 中铁隧道承建。沪昆客专6标梨子坪隧道全长6315米，隧道存在多条断破碎带、富水地层、放射性、高地应力、岩爆、危岩落石等诸多不良地质段，成为隧道施工的技术难题。施工进度指标较大。隧道辅助坑道多且地质条件较差，施工进度对总工期影响大。本工程2010年9月1日开工，计划2013年10月31日竣工。截至2011年末，隧道开累成洞2944米。

【长城岭隧道】 中铁隧道承建。沪昆客专6标长城岭隧道全长7554米，隧道存在多条断破碎带、富水地层、放射性、高地应力、岩爆、危岩落石等诸多不良地质段，成为隧道施工的技术难题。隧道辅助坑道多且地质条件较差，施工进度对总工期影响大。本工程2010年9月1日开工，计划2013年10月31日竣工。截至2011年末，隧道开累成洞2416米。

【燕山隧道】 中铁隧道承建。张家口至唐山铁路ZTSG-2标段燕山特长隧道长21167米，是本标段的控制性工程，隧道洞身穿越的主要地层岩性为花岗岩。隧址区的断层、构造裂隙带岩体破碎，节理裂隙发育，燕山隧道洞身穿越断层多达14条。洞身埋深超过200米硬岩地段存在岩爆，施工风险高。隧道采用7座斜井辅助施工，现场施工组织管理难度大。本工程2010年9月1日开工， 计划2014年8月31日竣工。截至2011年末，隧道开累成洞3054米。

【赤城隧道】 中铁隧道承建。张家口至唐山铁路ZTSG-2标段赤城隧道是本标段的控制性工程，存在湿陷性黄土、断层破碎带（洞身穿越9条断层）、岩爆等不良地质，存在较大的安全风险和工期压力，施工难度极大，对组织管理要求极高。确保在不良地质地段的快速安全施工属于本标段施工的难点。本工程2010年9月1日开工，计划2014年8月31日竣工。截至2011年末，隧道开累成洞1538米。

【白草鞍隧道】 中铁隧道承建。张家口至唐山铁路ZTSG-2标段赤城隧道是本标段的控制性工程，存在湿陷性黄土、断层破碎带（洞身穿越6条断层）、岩爆等不良地质，存在较大的安全风险和工期压力，施工难度极大，对组织管理要求极高。确保在不良地质地段的快速安全施工属于本标段施工的难点。本工程2010年9月1日开工，2014年8月31日竣工。截至2011年末，隧道开累成洞1076米。

【钱江铁路新桥南引桥】 中铁三局中标，重组前中铁三局一公司承建，重组后中铁航空港三公司承建。钱江铁路新桥南引桥属杭州至宁波客运专线HYZQ-1标，全长9.7公里，起迄里程DK4+705.48～DK14+445.155(DK12+950.29前为四线桥，DK12+950.29后为双线桥）。桥位于杭州市萧山区，跨越既有浙赣铁路及多处跨公路及河流。全桥特殊孔跨 29 联，最长为斜跨浙赣绕行线（70+125+70）米连续梁，最高为上跨机场高速（60+100+60）米连续梁。2011 年累完成主要工程量：现浇梁 13921 立方米； CRTSI 型板式无碴轨道底座板 9899.4 米，铺设轨道板 4060 块，灌注轨道板 CA 砂浆 3590 块。斜跨浙赣绕行线（70+125+70）米连续梁，2011 年 4 月 23 日合拢；上跨机场高速（60+100+60）米连续梁 9 月 17 日合拢。

【小清河特大桥】 中铁一局中标，重组前中铁一局一公司承建，重组后中铁航空港辽宁公司承建。小清河特大桥属新建铁路德龙烟线德州至大家洼段综合 3 标，全长 1707.75 米。其主跨为 1-64 米道碴桥面钢桁梁，采用浮运转体法架设。工程特点：水中桩基、承台、墩柱施工，水中围堰施工，浮运船拼装、钢桁架拼装、运输转体架设等。2011 年 12 月 7 日小清河特大桥钢桁梁架设成功。

【跨越秦沈客专公铁转体立交桥】 中铁航空港承建。跨越秦沈客专公铁转体立交桥属中铁股份公司沈阳市四环快速路交通 BT 工程第一合同段重点工程。桥长 1448.06 米，桥梁总体布置为 14-40 米+2-80 米+18-40 米，主跨转体部分采用 2-80 米 T 型刚构连续箱梁，为减少上部结构施工对铁路行车的影响，在既有京哈线铁路两侧浇筑梁体，然后通过转体使主梁就位、调整梁体线形、封固球铰转动体系的上、下盘，最后浇筑合拢段，使全桥贯通。转体部分采用 2-80 米 T 型刚构连续箱梁，转体角度为 52°；转体重量 11800 吨，为东北地区最大吨位转体。2011 年跨越秦沈客专公铁转体立交桥两个主墩下承台完成，下球铰安装完成，累计完成 570 延米。

【西岭隧道】 中铁一局中标，重组前中铁一局一公司承建，重组后中铁航空港一公司承建。西岭隧道属新建山西中南部铁路通道瓦塘至汤阴东（含）段站前工程 ZNTJ-11 标重点工程，铁路单线隧道，全长 5128 米。隧道出、入口分别有 45 米和 100 米明洞，最大埋深 115 米，最小埋深 3 米，属浅埋隧道。隧道内有 700 米范围存在老窑水，有高压涌水的可能。隧道出口下穿 225 省道，洞顶覆盖层厚度 1 米，施工风险非常大。隧道采用三台阶临时仰拱法、台阶法和全断面法施工。2011 年累成洞 2156 米，其中隧道开挖 2385 米，仰拱 2375 米，衬砌 2139 米。开累成洞 3348 米。

【西山特长隧道古交端工程】 中铁一局一公司中标，重组前中铁一局一公司承建，重组后中铁航空港一公司承建。西山特长隧道古交端工程属山西省太原至古交高速公路路基、桥涵、隧道工程施工第 S3 合同段。隧道为上下行分离式双洞、双向四车道，建筑限界宽 10.25 米、高 5.0 米，隧道设计古交端洞门型式为反削式，左洞全长 7110 米，右洞全长 7030 米。隧道左线最大埋深为 450.897 米，最小埋深为 13.133 米；右线最大埋深约 439.343 米，最小埋深为 2.582 米。2011 年累成洞 8749 成洞米，其中隧道开挖 9017 米，仰拱 1256 米，衬砌 9234 米。开累成洞 13466 米。

【李家峰隧道】 中铁三局中标，重组前中铁三局一公司承建，重组后中铁航空港三公司承建。李家峰隧道属新建铁路大同至西安客运专线站前施工 7 标段的重点工程，铁路双线黄土浅埋隧道（最大埋深 58 米），位于山西省霍州市李曹镇境内，起讫里程改 DK448+123 至改 DK451+005，隧道全长 2882 米。2011 年累成洞 2489 米，其中隧道开挖 2488 米，仰拱 2588 米，衬砌 2630 米。2011 年 11 月 9 日隧道贯通。

【江门江顺大桥】 中铁建设分公司承建。项目路线全长约 3.58 公里，其中桥长 2290 米，桥宽 40 米（含两边人行道），江顺大桥主桥对称布置，主桥全长 1172 米，主跨长 700 米，跨径布置为（60+176+700+176+60）米，边跨设一个辅助墩，主桥为 H 型双塔斜拉桥。主塔基础采用钻孔桩+圆哑铃型承台基础，主塔设上、下横梁。斜拉索采用平行高强钢丝斜拉索。斜拉索锚固采用钢锚梁锚固方案。主梁采用钢箱梁结构，支承体系采用半漂浮体系，配重梁采用混凝土箱梁。江顺大桥 Z3#、Z4#墩塔柱基础各设有 28 根 φ3.0 米钻孔灌注桩，桩基呈花式布置：行距 6 米、列距 3 米，桩底进入微风化或中风化岩。承台平面尺寸为 73.052 米（横桥向）×24.5 米（顺桥向），承台厚度 6.5 米，承台顶设 3.0 米塔座，承台底设 2.5 米封底混凝土。塔座为棱柱体，底面为 23.2 米（横桥向）×20 米（顺桥向），顶面为 17.2 米（横桥向）×14 米（顺桥向）。索塔有两个塔柱和两道横梁。柱身为钢筋混凝土空心箱型截面，上下两道横梁为预应力箱型截面。上塔柱高 60.1 米，中塔柱高 105.77 米，下塔柱高 20.13 米，索塔高高度 186 米，索塔在桥面以上高度为 158.63 米，高跨比为 0.227。主要工程数量：钻孔桩 92 根，墩台 6 个，钢箱梁 1052 米，斜拉索 44 对。项目按双向 6 车道一级公路、设计时速为 80 公里/小时标准设计，概算总投资约 21.2 亿元。

公路工程

【重庆巫山至奉节段】 中铁一局桥梁公司承建重庆巫山至奉节段 A10 合同段。合同价款 1.4 亿元，合同工期：2007 年 11 月 16 日～2010 年 8 月 17 日，计划 2012 年 6 月底完工。工程概况：管段 2.407 公里。桥梁共 5 座（特大桥 1 座、大桥 4 座）。路基土石方设计 45 万方，重点何家坪特大桥为斜拉桥，塔座高 3 米，塔墩高 20.5 米，塔柱高 127.7 米，总高度达 151.2 米。制梁设计 480 片。施工进展情况：路基施工全部完成，控制工程何家坪大桥主体完成，开始施工桥面系。丁家咀大桥目前下部主体施工完成。项目梁共设计 480 片，预制累计完成 430 片，架设 423 片。其中 50 米的 T 梁设计 65 片，累计完成 48 片，架设 45 片；30 米的 T 梁设计 180 片，累计完成 147 片，架设 143 片；20 米的 T 梁设计 235 片，累计完成 235 片，架设 235 片。

【汉中至略阳高速公路】 中铁一局桥梁公司承建汉中至略阳高速公路路基桥隧工程 H-C38 合同段。合同价款 2.9 亿元，合同工期：2009 年 5 月 30 日～2011 年 2 月 28 日。线路起止桩号为 YK465+450（ZK465+446）～K468+600，线路全长 3.15 公里。主要施工任务包括四座大桥、一座隧道及部分路基施工。桥为龙王沟大桥、后沟村大、嘉陵江大桥、马蹄湾大桥四座；隧道为龙王沟隧道，左线长 936 米，右线长 958 米。

【思剑高速公路】 中铁二局一公司承建思剑高速公路 2 标，系续建工程。合同价款 5.1 亿元，于 2010 年 8 月开工建设，工期 30 个月。

思（南）至剑（河）高速公路是贵州省规划的“678”高速公路网的第 2 纵—沿河至榕江高速公路中段，第 2 合同段位于贵州省思南县城郊，全长 8.008 公里，主要工程为路基 6.126 公里，桥梁 2043 米/5 座、互通式立体交叉跨线桥 161 米/1 座，乌江特大桥为全线控制性工程，挖方 135.8 万立方米，填方 126.6 万立方米。2011 年完成产值 1.3 亿元，其中桩基完成 252 根、承台 25 个、圆柱墩 93 根、矩形墩完成 1665.3 米、盖梁 37 片、涵洞 19 座，T 梁制运架 50 片，连续刚构箱梁 14 个节，挖方 138.11 万方、填方 124.21 万方。截至 2011 年底累计完成产值 2.8 亿元，剩余产值 1.8 亿元。

【大思高速公路】 中铁二局一公司承建大思高速公路 17 标。合同价款 2.6 亿元，合同工期：2010 年 12 月 30 日～2013 年 2 月 27 日。大（兴）至思（南）高速公路是国家高速公路杭州至瑞丽贵州境内的东段，第 17 合同段位于贵州省思南县城郊，线路起讫里程为 K141+750～K143+610，路线全长 1.86 公里，起于思南县城东北方向的响水滩附近，终点位于思南县大龙头村附近。包含互通 1 座（思南东互通），互通内有匝道 4 条（A 匝道 1400 米，B 匝道 300 米，C 匝道 419 米，D 匝道 541 米），被交道（与国道相交）513 米，改路 950 米。标段内主要工程内容有：土石方 244 万立方米，桥梁工程 1.8 公里/6.5 座（大桥 1670 米/5 座，中桥 78 米/1 座，小桥 56 米/0.5 座）。涵洞 424 米/16 座。其中小营盘大桥主墩高 121 米，为该标段重点工程，4#墩～8#墩为(80+2×150+80)米的连续钢构。2011 年度完成产值 1.3 亿元，其中桥梁 7578.3 万元，涵洞 263 万元，路基 3902.7 万元，其它 797.8 万元。

中铁五局承建大兴至思南高速公路 DSTJ-12 合同段。合同价款 6.5 亿元，工期：2010 年 12 月 30 日～2013 年 6 月 30 日。建设单位：贵州省公路局；设计单位：中交第一公路勘察设计研究院有限公司；监理单位：广西桂通公路工程监理咨询有限责任公司。大思高速公路 12 合内段位于贵州省铜仁市印江县境内，起讫点里程为 K118+560、终点里程为 K124+100，全长 5.54 公里，全线按双向四车道公路标准建设，设计时速 80 公里/小时，桥涵设计荷载采用公路-Ⅰ级。主要工程量为：大桥 2 座单线长 1657.1 延米（大桥 1 座，分离式立交 1 座））；隧道 1.5 座单洞长 7030 延米；路基单线长 2433 米；通道 2 座；涵洞 1 座；路面工程 52.069 公里。年累完成 26092 万元，开累完成 26092 万元，剩余价值 39349 万元。

中铁五局承建大兴至思南高速公路 DSTJ-3 合同段。合同总额 4.3 亿元，工期：2010 年 11 月 19 日～2012 年 10 月 14 日。建设单位：贵州省公路局；设计单位：贵州省交通规划勘察设计研究院；监理单位：贵州科达公路工程咨询监理有限公司。本合同段起讫里程 K25+380～K36+600，线路总长 11.2 公里。主要工程量：路基土石方 382.68 万立方米，其中挖方 209.79 万立方米，填方 172.89 万立方米；路基防护和附属工程 18.3 万方；大桥 5 座 1403.06 米，中桥 2 座 141.68 米，匝道桥 3 座；铜仁西互通 1 处；分离式隧道 2 座 1583 米，连拱隧道 1 座 210 米；通道、涵洞 40 座。2011 年完成 1.9 亿元，开累完成 2 亿元，剩余价值 2.3 亿元。

中铁港航局二公司承建贵州省大兴(湘黔界)至思南高速公路土建工程施工第Ⅰ类工程第 DSTJ－18 标段。合同价款 3.9 亿元。合同工期：2010 年 12 月 30 日～2010 年 5 月

29 日。工程概况：项目为杭州至瑞丽国家高速公路贵州境大兴（湘黔界）至思南段第 18 合同段乌江特大桥，是杭瑞高速公路贵州省大兴至思南段上一座特大型桥梁，桥位路线在距思南县城下游约 2.5 公里处跨越乌江，线路起止里程 K143+610～K145+195，线路长 1.585 公里。

乌江特大桥全桥分左右两幅，单幅桥梁宽 14.5 米。右线桥梁起点桩号 K143+622，终点桩号 K145+162，桥梁中心桩号 K144+392；左线桥梁起点桩号 K143+620.400=STK143+619.428，终点桩号 STK145+161.028，桥梁中心桩号 K144+391.200=STK144+390.228。主桥采用五跨预应力混凝土连续刚构桥，主墩墩梁固结。跨径布置为（108+3×200+108）米，主桥长 816 米。全桥跨径组成（3×39.6）（左幅：3×40.4）米+（4×40）米 T 梁+（108+3×200+108 米）连续刚构+11×40 米 T 梁。桥梁全长 1540 米（左线 1541.6 米）。2011 年累计完成 12304.6 万元。

【水盘高速公路】 中铁二局一公司承建水盘高速公路 10 标，系续建工程。合同价款 1.6 亿元，合同工期：2009 年 11 年 13 日～2012 年 5 月 13 日。水盘高速公路第 10 合同段起点位于六盘水市营盘乡马蹄心村东侧，起点里程 K35+940，途经马蹄心、干沟、新寨等地，止于康底村北面，终点里程 K37+710，线路全长 1.77 公里，其中 3 座大桥总长度 1360 米，占线路总长 76.8%。新寨大桥是该标段重点控制性工程，为连续刚构桥，主墩高 76 米、主跨宽 120 米。2011 年完成桥梁 673.54 成桥米，土石方开挖 2077 方，填方 4538 方，完成产值 6883 万元，开累完成 1.1 亿元，剩余产值 3464.89 万元。

【贵阳北京东路】 中铁二局一公司承建贵阳北京东路 A 标，系续建工程。合同价款 1.8 亿元，2009 年 7 月 15 日开工，工期 1 年。变更设计后，合同价款 6 亿元，工期 18 个月，其中隧道变更设计后为 2275 米/2 座，挖填方 24.8 万立方米，项目于 2010 年 3 月 1 日开工建设。北京东路是贵阳市规划建设的“三环十六射”城市骨干路网之一，设计为城市主一级干道，双向六车道，路面宽度 40 米，西起北京路与宝山北路交叉口，与东二环立交互通，跨水东路、南明河，与 128 县道相接。北京东路 A 标地处贵阳城市中心区，是贵阳市施工难度最大的市政工程，主要是道路、排水和隧道工程，全长 1.6 公里。2011 年完成产值 4.5 亿元，隧道完成 1950.5 成洞米，挖填方完成 10 万立方米；开累完成产值 6 亿元，隧道开累完成 2275 成洞米，挖填方开累完成 24.8 万立方米。

【广州市番禺区黄榄快速干线（西段）工程】 中铁二局四公司承建，系续建工程。合同工期变更为 2009 年 10 月～2012 年 6 月（等业主批复）。开工令于 2010 年 1 月 5 日下达，正式工程于 2010 年 1 月 7 日破土动工。本标段包括黄榄快速干线主线和规划三路跨线工程。主线桥长 1781.5 米，路基长 218.5 米。规划三路全长 580 米，采用桥梁形式上跨黄榄快速干线。2011 年完成产值 1 亿元，为年度计划 1.9 亿元的 55%；累计完成 2.1 亿元，占总价 3 亿元的 70%。

【张花高速公路】 中铁二局机筑公司承建张花高速公路 12 标，系续建工程。合同价款 4.4 亿元，工期：2009 年 9 月 9 日～2012 年 3 月 9 日。施工里程 K45+700～K48+700，长链 93 米，线路全长 3.093 公里。主要工程量：路基土石方 29.6 万立方米；桥梁 5 座 2361 成桥米。2011 年完成施工产值 1.3 亿元，累计完成施工产值 3.5 亿元。2011 年 10 月 25 日，顺利完成最高墩（三角岩大桥 8#墩高 132.9 米）施工。

中铁十局承建湖南省张家界至花垣高速公路土建工程 4 标段。合同价款 2.3 亿元，合同工期：2009 年 7 月 1 日～2011 年 12 月 30 日。施工地点：湖南张家界，全长 2.02 公里。主要工程数量：路基土石方 230.3 万立方米；桥梁 1458 延长米/13 座；涵洞 841 横延米/31 座，隧道 857 横延米/3 座。主体工程完成，剩余路面基层。

【霍永高速公路】 中铁三局承建。合同价款 19.1 亿元，合同工期：2011 年 3 月 8 日～2012 年 12 月 31 日。完成情况：1.路基工程：挖土方完成总量的 59.5%，填土方完成总工程量的 17%。2.桥梁工程：桥梁桩基完成 08.1%，梁板预制完成 4.5%。3.隧道工程：完成比例 42.2%。城川河为全线控制性工程，全桥长 1005.6 米，城川河大桥先后上跨城川河、209 国道和中南铁路隰县段，起点里程 K88+589.2，终点里程 K89+594.8，桥梁主跨跨径布置为（70+4×132+70）米，城川河大桥连续梁主墩采用双肢墩，最高墩高 113.6 米。施工重、难点为高空作业、高墩施工。完成情况：1.桩基施工：桩基设计 147 根，灌注完成 147 根。2.承台施工：承台设计 19 个，年底完成 18 个，8#主墩承台 2012 年施工。3.墩柱施工：柱式墩柱设计 24 根，完成 10 根，空心薄壁墩 26 根，正在施工。

中铁六局承建山西霍州至永和关高速公路东段 LJ3 标段。合同价款 2.4 亿元，合同工期：2010 年 11 月 15 日～2012 年 7 月 31 日。建设单位：霍永至永和关高速公路东段建设指挥部；设计单位：山西交科公路勘察设计院；监理单位：山西省交通建设工程监理总公司。本标段工程（霍州至永和关高速公路东段第 LJ3 标段）位于霍州市白龙镇，起点里程为 K11+059.460，位于汾河特大桥上，线路下桥后向永和关方向前行，于 K12+320～K13+760（本标段终点里程）处设霍州南互通立交一处，本标段主线路全长 2.697 公里。

汾河特大桥全长约2413.96米，本标段桥长约占1000米(永和关方向一侧)。本标段汾河特大桥第21#～44#桥墩采用矩形墩设计，最大墩高54.7米，最小墩高8.2米，桩基采用摩擦桩设计，永和关侧桥台采用柱式桥台，桥梁上部结构采用先简支后连续预应力砼T梁。霍州南互通式立体交叉中心里程为K12+731.520米，采用A型双喇叭形式设计，主线总长1440米、匝道总长7377.104米、被交路总长1080米，桥梁上部结构预应力砼箱梁165米/2座、预应力砼空心板16米/1座。本标段路面工程施工，霍州至永和关方向重交通采用半刚性基层沥青混凝土路面；永和关至霍州方向特重交通采用柔性基层沥青混凝土路面设计。截至2011年底完成产值6065.2万元，主要工程数量有路基挖土方99.38万立方，挖石方6.4万立方，填土方87.94万立方米，利用石方3.4万立方；汾河特大桥130.6延米，霍州南互通A匝道2号桥7.77延米，涵洞515.4横延米。路基附属5579立方。中铁航空港承建山西省霍州至永和关高速公路LJ9合同段，中铁一局一公司中标，重组前中铁一局一公司承建，重组后中铁航空港一公司承建。合同价款2.5亿元，合同工期：2011年3月15日～2012年5月31日。山西省霍州至永和关高速公路LJ9合同段，位于山西省临汾市汾西县境内，起于邢家要乡的朱洼庄村，途径邢家要乡的下返里村，终于佃平乡的西沟洼村，起讫里程K34+581～K40+000，全长5.419公里。设计技术标准：高速公路双向四车道；路基及桥幅宽度，整体式24.5米，分离式12.25米；设计时速为80公里/小时。主要工程数量：大桥2065.5米/12座，隧道工程1770米/12座，路基工程长度2464.5米，路基土石方开挖59.32万立方米，土石方填筑10.5万立方米。2011年完成施工产值1.4亿元，完成主要工程量：路基土石方52.95万立方米；大桥1103延米；隧道成洞927米；制梁294片，架梁184片。

【十天高速】 中铁三局承建十天高速汉中西段H-C22标。合同价款3.7亿元，合同工期：2009年5月30日～2011年11月19日。完成情况：1.桥梁2899米/17座（含互通主线桥梁）。2.天桥7座，通道、涵洞61道，倒虹吸4道，渡槽12道。3.路基工程：老道寺停车区1处，新街子互通式立交1处，新建二级公路连接线2.7公里；挖方197万立方米，填方182万立方米，完成变更后借砂砾填筑56万方，8%灰土10万方，6%灰土30万方，5%灰土86万方。4.新增工程：增设大型边坡抗滑挡墙6处，增设抗滑桩3处共计48根，增设路基基底及涵底换填约30万方；新增倒虹吸10道，新增天桥3座。

中铁四局承建十天高速公路18标。工程造价2.9亿元，合同工期：2009年3月～2012年9月。国家高速公路网十堰至天水联络线是连接福银、包茂、京昆和连霍四条高速公路的一条重要的横向联络线，是构建陕西省“承东启西，连接南北，覆盖全省、通达四邻”高速公路网的重要组成部分。路线基本为东西走向，起于十堰市郧县胡家营镇双河口乡富家河村（鄂陕界湖北境），止于安康汉滨区建民镇，全长129.795公里，拟接安康至汉中高速公路。本合同段为A-CD18标段，左洞施工范围：ZK02+783～ZK06+612，单向掘进3829米；右洞施工里程：YK02+808～YK06+612，单向掘进3804米，单洞累计7633米。线路位于湖北境内郧县胡家营镇两河口乡富家河村三组。主要工程数量：本标段陕鄂界隧道为特长隧道，左右分离式。2011年完成建安产值9542万元，开累完成2.3亿元。

中铁建设分公司承建十天高速A-CD40标。合同价款2.5亿元，2009年4月1日开工，日期：2011年12月竣工。标段分LA、LB及LD（属设计优化，与业主合同暂未签定）三条线，其中LA线长5.85公里，LB线长2.55公里，LD线长6.59公里，路线全长14.99公里。主要包括路基10.68公里；大桥7座，长度4380延米；涵洞20座，253横延米；隧道3座，长度2175米。2011年，累计完成施工产值17974万元，占工程造价25323万元的71%。项目主体工程已全部完工，并于12月10日顺利交验，12月27日实现了全线通车目标。

中铁建设分公司承建十天高速A-CD45标。合同价款2亿万元。2009年3月20日开工，2011年12月31日竣工。标段位于陕西省安康市关家乡磨河村九组，路线全长2.18公里。主要有路基60米，涵洞2座共49米，隧道4.215公里，磨河村隧道左右线长2090米/2112米，为双车道单线分离式隧道。2011年，累计完成施工产值1.8亿元，占工程造价2亿元的90%。项目主体工程已全部完工，并于12月10日顺利交验，12月27日全线通车。

【丹通高速公路】 中铁三局承建桓仁新开岭（辽吉界）至丹东古城子段第八合同段。合同价款3.2亿元，合同工期：2008年11月21日～2012年9月20日。完成情况：路基附属浆砌水沟完成2680米，路基附属浆砌边坡完成225米。东岭隧道左线二衬85米，电缆槽侧壁完成1015米，洞内路面完成995米，边沟完成995米，明洞回填完成；右线二衬75米，电缆槽侧壁完成1025米；洞内路面完成1005米，明洞回填完成，边沟完成1005米。焦家堡隧道左线洞内路面完成320米，洞身瓷砖完成320米；右线洞内路面完成320米，洞身瓷砖完成320米。小城子隧道左线洞身瓷砖完成650米，路面完成250米；右线路面完成325米，洞身瓷砖完成555米。

中铁建设分公司承建丹通高速路基工程第十一合同段。本工程造价3.8亿元，合同工期38月，2008年11月17日～2011年12月30日。工程线路全长6.6公里。主要工程有大桥4座、隧道2座、通道涵4座和60多万方的路基土石方工程，其中错草沟大桥（桥长131.1米）、五道岭子林场大桥（桥长106米）、五道岭子3号公公分离立式立交桥（桥长381米）、新丰公公分离式立交桥（左桥长282.1米，右桥长405米）、通道桥2座。桥梁主要结构形式为钻孔桩基础和浅基础，柱式桥墩，重力式、肋板式桥台，上部结构为采用预应力砼简支空心板梁、装配式预应力砼箱梁和预应力砼连续箱梁。2011年，累计完成施工产值3.8亿元，占工程造价3.8亿元的100%。项目主体工程完工，路基工程交验完成。

【郑卢高速公路】 中铁三局承建郑卢高速公路洛宁至卢氏段土建工程LFTJ-7标段。合同价款3.2亿元，合同工期：2010年11月20日～2012年5月31日。完成情况：桩基252根、桥台2个、承台32个、立柱38根、墩身8个、盖梁23个、挖方75万方、填方28万方；隧道中导洞、中隔墙全部完成并已经进洞开挖61米；涵洞完成4.71道。其中，树下大桥完成桩基124根、桥台1个、承台18个、立柱30根、墩身2个，盖梁13个；大铁沟特大桥完成桩基128根、桥台1个、承台14个、墩身6个、盖梁10个；隧道左幅进口上导洞进尺76米，右幅进口上导洞47米，左幅出口上导洞56米，右幅出口上导洞106米，下导洞15米。

中铁四局承建郑卢高速公路洛阳至洛宁段LNTJ-4合同段。工程造价3.8亿元，合同工期：2010年9月～2012年5月30日。郑卢高速公路洛阳至洛宁段LNTJ-04标位于洛阳市宜阳县寻村镇及盐镇境内。起点桩号K17+255，终点桩号K24+900，路线全长7.645公里。线路上设置甘棠河特大桥1座1059.2延米、郭坑大桥、楚凹大桥、上房窑大桥、黄庄大桥、共计4座1756.2延米，上部结构分别有30米组合箱梁80片、40米组合箱梁160片，50米连续T梁402片。天桥5座386.06延米，通道2道113.5延米，涵洞4道293.93延米，宜阳停车区1处，另外路基挖方161.7万立方米，路基填方56.9万立方米，水泥稳定底基层14.23万平方米，水泥稳定基层14.53万平方米。主要工程量：1.路基工程：路基填方569076立方米，路基挖方1617065立方米。2.桥涵工程：桥梁基桩498根，桥梁墩柱216根，桥梁盖梁143个梁板预制642片，梁板现浇15片，桥梁附属5312立方米，涵洞通道5个。3.路基附属工程：防护工程27400立方米，软基处理67334平方米，边坡绿化129092平方米。新技术、新工艺应用：标段在河南省境内首次采用自动张拉、压浆设备，全过程采用电脑系统控制，确保预制梁预应力张拉及压浆质量满足规范要求。2011年完成产值14500万元。

中铁航空港承建郑卢高速公路洛宁至卢氏段LSTJ-3合同段，中铁一局一公司中标，重组前中铁一局一公司承建，重组后中铁航空港一公司承建。合同价款2.4亿元，合同工期：2010年12月01日～2012年05月31日。郑卢高速公路洛宁至卢氏段LSTJ-3合同段，位于河南省洛宁县赵村乡至西山底乡境内，起讫里程K83+500～K93+100，全长9.6公里。设计技术标准：高速公路双向四车道；路基及桥幅宽度，整体式26米，分离式13米；主线设计速度：100公里/小时；上下匝道设计速度：80公里/小时。主要工程数量：大桥445.18米/3座，中桥85.08米/1座，分离式立交桥53.08米/1座，机耕天桥55.12米/1座，互通式立交桥93.99米/2座，互通立交主线跨线桥105.16米/1座；路基挖方175.3万立方米，填方157.3万立方米；涵洞通道1698.2米/43道；倒虹吸33.7米/2道；隧道411延米/1座（左线411米，右线412米），停车区1处，互通区1处。2011年完成施工产值1.4亿元，完成主要工程量：路基土石方213.3万立方米；大桥582.3延米、中桥358延米、涵洞1471.6横延米；隧道成洞477米；制梁534片，架梁120片。

中铁建设分公司承建郑卢高速公路洛宁至卢氏段11标。合同价款2.7亿元，合同工期540天，2010年12月20日开工，2012年5月31日竣工。标段全长6.85公里。全线采用双向四车道高速公路标准，路基宽度24.5米，设计速度80公里/小时。线路上设置钢筋混凝土盖板通道8道，钢筋混凝土拱涵4道，钢筋混凝土盖板涵2道，桥梁5座(后凹大桥5×40+5×40米预应力混凝土装配式箱梁，前麻窝大桥3×30+（45+80+45）+4×30+3×30米预应力混凝土连续钢构+预应力混凝土装配式箱梁，沉于沟大桥5×30+4×40米装配式预应力混凝土连续箱梁，郭家埝大桥3×30+45+80+45+3×30米预应力混凝土连续钢构+预应力混凝土装配式箱梁，郭家埝1号大桥4×30米预应力混凝土连续箱梁）。2011年，累计完成施工产值9735万元，占工程造价26840.32万元的36%。路基开挖土石方累计完成39.7万方，填方累计完成17.1万方，利用土石方累计完成28.9万方。涵洞全部完成。桥梁桩基308根全部完成，梁场预制箱梁共计104片，承台累计完成57个，盖梁累计完成68片，墩柱累计完成87根。

【陕西境铜川至皇陵公路】 中铁三局承建。合同价款：3.5亿元，合同工期：2010年11月20日～2012年5月31日。完成情况：隧道完成全断面开挖2014米，二衬1713米；大桥除两大里程桥台有待变更外，完成全部下部工程，完成施工产值1.9亿元。

【厦漳高速公路】 中铁三局承建。合同价款3.3亿元，合同工期：2009年5月16日～2011年11月15日。2011年完成情况：承台1个、系梁4个、墩身16个、盖梁6个、预制T梁196片、吊装T梁214片、悬浇箱梁414.5米、防撞护栏3624米，桥面铺装39013平方米。开累完成桩基306根、承台32个、系梁97个、墩身166个、盖梁81个、桥台2个、台帽2个、预制T梁525片、吊装T梁521片、悬浇箱梁1057米、防撞护栏5450米、桥面铺装41613平方米。

中铁电化局承建厦漳高速公路土建工程，为续建工程。2010年4月29日开工。截至2011年底完成实物工作量：完成土石方29.61万方，清表完成42803平方米，隧道掘进1435.515折合洞米，涵洞完成114.6米，征地完成1处。

中铁建设分公司承建福建厦门至漳州高速公路漳州段路基土建工程A1标。合同价款3亿元，合同工期24月，2010年6月8日开工，2012年6月7日竣工。本工程为福建省国家高速公路网厦成线厦门（海沧）至漳州（天宝）高速公路漳州段路基土建工程A1合同段，线路全长4644.876米，项目位于漳州市境内。主要工程有分离式隧道0.5座，涵洞及通道7座，大桥1座，中桥2座；其中灯火寨隧道进口端左线长2017米，右线长2010米。2011年累计完成产值17556万元，占工程造价3亿元的58%。路基土石方开累完成48.96万方，占合同数量55.85万方的88%。涵洞工程全部完成。附属圬工开累完成3665方，占合同数量11827方的31%。桥梁月开累完成折合成桥655米，占合同数量1084米的60%。灯火寨隧道开累完成折合成洞1620米，占合同数量4027米40%。其中左洞开挖累计完成903米，二衬累计完成706米。右洞开挖累计完成1085米，二衬累计完成861米。

【张涿高速公路】 中铁三局承建张涿高速公路LJ-S1标。合同价款：3.5亿元，合同工期：2009年11月1日～2011年7月31日。完成情况：北龙门隧道上台阶1607米，下台阶1816米，仰拱及整平层1862米，二次衬砌2033米；电缆槽1656米，洞门工程完成两处；太平庄隧道上台阶26米，下台阶46米；仰拱60米，二次衬砌50米；路基填筑已完成403560方。

【广西六（寨）至河（池）高速】 中铁四局承建广西六（寨）至河（池）高速路面D标。工程造价2.4亿元，合同工期：2010年9月～2011年8月，因路基施工单位延期交验，导致实际工期延长至2012年5月。广西六寨至河池高速公路是国家西部开发省际公路通道阿荣旗至北海的重要组成部分，同时也是《国家高速公路网规划》中兰州至海口高速公路的组成部分。六河路面D标路线全长32.439公里，起讫桩号：K75+511～K107+950，技术标准为四车道高速公路，设计时速100公里。路基宽度26米。主要工程量：水泥稳定碎石底基层约83万吨，煤油稀释沥青透层658593平方米，改性乳化沥青粘层614638平方米，橡胶改性乳化沥青防水粘层739107平方米，改性乳化沥青稀浆封层650721平方米，4厘米厚AC-13细粒式沥青混凝土709801平方米，约7.1万吨，6厘米厚AC-20中粒式沥青混凝土712904平方米，约11万吨，8厘米厚AC-25粗粒式沥青混凝土621225平方米，约12万吨。2011年完成产值2.01万元，开累完成产值2.08万元。

【云南大理—丽江高速公路联络线土建工程】 中铁四局承建。工程造价2.8亿元，合同工期：2010年7月～2012年7月。云南大理至丽江高速公路是国家公路网规划的杭州—瑞丽高速公路的联络线。16合同段起讫桩号为K110＋380～K113＋600，线路全长3.22公里。太平村特大桥全长1187.8米，中心里程K111+077，桥跨布置为(3×40+4×40+3×40+4×40+3×40+3×40+4×40+3×40)米预应力混凝土后张T梁，先简支后连续。白玉村大桥全长1502.58米，中心里程K112+775，上部构造采用40米装配式预应力混凝土连续T梁和（65+120+65）米预应力混凝土连续-钢构，桥跨布置为[2×（4×40）+（65+120+65）+7×（3×40）+2×40]米，下部构造桥墩采用薄壁墩、柱式墩。截至2011年底完成产值2.5亿元，占总价的71.2%。桥梁工程设计2座，开工2座：钻孔桩设计482根，开累完成482根；承台设计80个，开累完成75个；墩身设计192根，开累完成174根；台身设计4个，开累完成4个；桩系梁设计42个，开累完成42个；盖梁设计118个，开累完成105个；制梁设计600片，开累完成280片；架梁设计600片，开累完成248片。

【滨海新区西外环高速公路（津汉高速—海景大道）工程】 中铁四局承建滨海新区西外环高速公路（津汉高速—海景大道）工程6标段。工程造价2.3亿元，合同工期：2011年02月01日～2012年5月31日。工程位于天津市滨海新区，工程北起位于东南环铁路（现状蓟港铁路）南侧，与北侧港城大道分离式立交相接，向南设置第九大街分离式立交，止于京津塘高速互通式立交北侧，起止桩号K11+870.007～K14+851.5，路线长度2981.5米，道路面积133510平方米，桥梁面积47129.6平方米。设计标准为双向八车道高速公路，路基宽度为43.5米，设计车辆荷载为公路-Ⅰ级，桥面净宽41.5米，设计时速100公里，沥青砼路面。主要工程数量：钻孔灌注桩278根、承台（系梁）64个、墩柱216根、桥台4座、盖梁68片、现浇梁2联、预制梁372片、软基处理367659立方米、路基填筑207250立方米。2011年完成产值1943万元，开累完成产值1943万元。全年完成修筑施工便道2.26公里、路基挖方13653断面方、钻孔灌注桩54根、承台2个、墩台身24个、涵洞3座计59横延米。

【沈阳绕城高速公路改扩建工程】 中铁四局承建沈阳绕城高速公路改扩建工程桥梁四标。工程造价3亿元，合同工期：2010年11月～2012年10月。本合同段为沈阳绕城高速公路改扩建工程桥梁四标，起讫桩号为白塔堡K61+558.5～金宝台K70+300，路线全长8741.5米。主要工程数量：特大桥1座、通道桥5座、匝道桥8座、小桥4座、涵洞17道、分离式立交6座、互通式立交3处。2011年工程进展：土方设计121.6万方，累完119.39万方，完成98.18%；路基设计13000米，累完9979米，完成76.76%。全年完成产值2亿元。

【江西德上高速公路】 中铁四局承建。工程造价2.2亿元，合同工期：2010年10月～2012年6月。B1合同段起始桩号K30+625.691，终点桩号K36+060.304，全长5434.613公里。路线总体为南北向，位于上饶市怀玉乡境内。主要控制点有三清山西互通、三清山西服务区、锦溪大桥、童家圩一号大桥、童家圩二号大桥、童家圩三号大桥。2011年工程进展：土方设计426万方，累完426万方，完成100%；路基设计8821米，完8821米，完成100%；大桥设计9座，设计1708.9延米，累完1279延米，完成74.847%；制梁、架梁：制梁设计433片，累完361片，架梁355片。全年完成产值1.7亿元。

中铁四局承建江西德上高速公路A4标。工程造价2.6亿元，原合同工期2010年10月28～2012年4月25日，调整后合同工期2010年10月28日～2012年8月31日。德上高速A4标段起点桩号K12+940，终点桩号K15+400，全长2.46公里。线路总体为东西走向，位于德兴市龙头山乡和玉山县怀玉乡境内。主要工程数量：管段内桥梁5座，分别为陇首1、2、3、4高架桥和汪村高架桥，其中陇首3、4高架桥为半幅桥梁半幅路基结构，桥梁全长1850米，其中桩基346根、薄壁实体墩39个、薄壁空心墩39个、柱式墩14根、30米简支T梁45片、40米简支T梁420片，混凝土共计约13万立方米；路基开挖土石方24.4万立方米、填筑土方6.1万立方米、挡土墙1.1万立方米。2011年完成建安产值1.5亿元，开累产值1.6亿元。

中铁四局承建江西德上高速公路A8标。工程造价1.6亿元，原合同工期2010年10月28～2012年2月28日，调整为2010年10月28日～2012年6月31日。A8合同段起点桩号K25+700，终点桩号K30+550，全长4.85公里。线路总体为东北至西南走向，位于玉山县怀玉乡境内，起于关口村凿字亭西南侧150米，终于白泥村北侧300米处。本项目工程主要工作内容：路基土石方、桥梁涵洞、防护、排水、环保绿化等工程。其中大桥2座，长976米；挖方115.5万立方米，填方114.9万立方米；涵洞及通道14座，长634.56米。C15片石砼挡土墙18417立方米。2011年度完成建安产值1.4亿元，开累完成建安产值1.5亿元。

【贵州仁赤高速公路】 中铁四局承建仁赤高速公路RCTJ-1合同段。工程造价2.9亿元，合同工期：2010年7月～2012年7月。本合同段起讫桩号为K0+997.235～K9+450，全长8.453公里，呈南北走向。主要工作内容为路基土石方、防护及排水、桥涵。2011年工程进展：土方设计320.1万方，累完274.94万方，完成85.89%；路基设计6455米，完4260米，完成65.99%；大桥设计1998延米，累完600延米，完成30.03%；连续梁：罗旺田大桥主体完；涵洞：设计22座，主体完8座，6座在施工。全年完成产值1.7亿元。

【甘肃雷西高速公路】 中铁四局承建甘肃雷西高速公路LX05合同段。工程造价4.4亿元，合同工期：2011年1月20日～2013年7月20日。青岛至兰州国家高速公路雷家角（陕甘界）至西峰段起点位于甘陕交界的雷家角，终点位于西峰李家寺，路线全长126.56公里，全线按四车道高速公路标准建设，设计时速80公里/小时，整体式路基宽24.5米。LX05合同段路线起点桩号YK1296+100(ZK1295+900)，终点桩号K1309+400，路线全长13.152公里。主要工程项目为：路基土石方及路基附属、桥梁、涵洞通道及改移道路、河道等工程。桥涵工程包括桥梁18座（特大桥1座，长2408米；大桥10座，长2460米；中桥2座，长172米；小桥1座，长15.52米；通道桥3座，长51.12米；天桥1座，长48.12米）、盖板涵20座。路基挖土方105.7万立方米，挖石方3.9万立方米，路基填筑57万立方米，桥涵两侧8%灰土填筑2.9万立方米，路基土方掺5%石灰处理6.8万立方米，土工格栅39520平方米，M7.5浆片3.5万立方米。2011年工程进展：土方设计167.9万方，累完106.4万方，完成63.37%；路基设计8115米，完3700米，完成45.59%；大、中桥设计13座，设计5040延米，累完2620延米，完成51.98%；通道桥设计3座，开工2座在施工；中、小桥设计6座，开工2座；涵洞涵洞设计20个，开工5座，主体完2座。制梁、架梁：梁场：制梁设计1676片，累完477片，架梁累完122片。全年完成产值1.8亿元。

【甘肃金武高速公路】 中铁四局承建金武高速公路JW2合同段。工程造价1.3亿元，合同工期：2011年6月～2012年6月。JW2合同段路线起点桩号K24+000，路线终点桩号K45+000，路线全长21公里。主要工程项目为：路基土石方及路基附属、桥梁、涵洞通道及改移道路、河道等工程。2011年工程进展：土方设计201.84万立方米（挖方14.27万立方米，填方187.57万立方米），累完22.86万立方米；大、中、小桥设计 21 座，开工 7 座；涵洞设计 50 座，开工 10 座；制梁设计 175 片，累完 18 片。全年完成产值 1593 万元。

【湖北谷竹高速公路】 中铁四局承建湖北谷竹高速公路 GZTJ-25 标。工程造价 3.6 亿元，合同工期：2010 年 8 月 15 日～2012 年 10 月 15 日。GZTJ-25 标段起讫桩号为（K156+000～K160+610），全长 4.61 公里。本合同段线路主要控制因素为杜家沟滑坡、竹山互通、堵河大桥。主要工程数量：路基挖土石方 101.1 万立方米、填土石方 152.4 万立方米；主线桥梁 1850.75 米/4 座、匝道桥梁 366.08 米/1 座；盖板涵洞和通道 395.15 米/15 座；分离式隧道 1 座（左幅长 970 米，右幅长 965 米）；竹山互通 1 处，有 A、B、C、D、E、M、Q，匝道，总长度 2.07 公里。2011 年完成建安产值 9127 万元，开累完成建安产值 1.2 亿元。

【福建宁武高速公路】 中铁四局承建福建宁武高速公路 A19 标。工程造价 3.9 亿元，合同工期：2009 年 10 月 30 日～2011 年 10 月 30 日。福建宁武高速公路为国家高速公路沈阳至海口纵线，福建宁德至江西上饶联络线。本标段为 A19 标段，位于武夷山市洋庄乡境内，起讫桩号为 K273+600～K283+500，路线全长 9.9 公里。本标段共设桥 12 座 2474.55 米，隧道 4 座 2416.5 米，涵 9 道 256.48 米；盖板涵 13 道 529.46 米；互通一座，服务区 1 处，主线省际收费站 1 处；路基挖方 84.88 万立方米，路基填方 145.25 万立方米。2011 年完成产值 1.4 亿元，开累完成产值 3.3 亿元，占清单合同工程量 3.6 亿元的 92%。

中铁四局承建福建宁武高速公路 A3 标。工程造价 2.4 亿元，合同工期：2009 年 11 月 16 日～2011 年 11 月 15 日。福建宁武高速公路为国家高速公路沈阳至海口纵线，福建宁德至江西上饶联络线。本标段为 A3 标段，主线起于政和县杨源乡杨源村东侧(YK108+780)，与 A2 合同段终点相连接，终于杨源乡下畲村附近(YK116+000)，与 A4 合同段起点相接，路线全长 7.216478 公里。本段全线位于政和县杨源乡境内。施工范围为 K108+780～K116+000，路基、桥梁、涵洞、互通、服务区、绿化环保及相关安全设施、预埋管线等配套工程。主要工程数量：主线大桥 5 座 1151.7 米，互通桥 2 座 309 米；涵洞 16 座 738.21 米；通道 3 座 165.47 米；路基挖方 233.0817 万立方米，路基填方 208.0119 万立方米。2011 年完成建安产值 5634 万元，开累完成 2.2 亿元。

中铁四局承建宁武高速公路 A10 标。工程造价 3.55 亿元，合同工期：2009 年 12 月 5 日～2011 年 12 月 12 日。本项目是国家高速公路沈阳至海口线宁德至上饶联络线福建境内宁德段，A10 标起止里程 K6+280～K13+600，路线长 7.32 公里。主要工程数量：路基挖方 127.26 万立方米，路基填筑 129.95 万立方米，涵洞 10 座 473.73 米，深洋大桥单线 1788.9 米，文山大桥 367 米，章岭 1 号大桥单线 800 米，章岭 2 号大桥 682 米，章岭隧道左线 396 米，右线 452 米，白水洋隧道左线 1428 米，右线 1379.5 米。2011 年完成建安产值 1.6 亿元，开累完成 3.1 亿元。主体已完工。

中铁四局承建福建宁德宁武高速公路 A7 合同段。工程总造价 3.1 亿元，合同工期：2009 年 10 月 10 日～2011 年 10 月 09 日。福建宁德宁武高速公路 A7 合同段位于南起闽东重镇宁德，起点位于溪头村，上跨七步溪，延山边展线升坡，下设竹下大桥、西山角大桥、赤垄大桥三个分部，终点位于西山角村（YK78+160），合同段全长 6.16 公里。总工程量为：路基挖方总额 314.5 万立方米，路基填方约 187.8 万立方米，共设有 53 个涵洞共 1685.3 延米；9 座桥梁，单幅总长 3231.75 延米，桥梁桩基 322 根 6476.4 米，预制 T 梁 684 片；另含三条连接线工程，分别为周宁连接线 3.705 公里，周宁连接线支线 1.581 公里，李墩连接线 4.627 公里。

中铁八局承建宁武高速（南平段）A11 合同段。工程投资 4.1 亿元，工期：2009 年 10 月 30 日～2012 年 5 月 30 日。本工程位于福建省政和县，施工里程 DK160+000～DK168+690，全长 8.69 公里。主要工程数量：路基土石方 199 万方、隧道 4 座、桥梁 22 座、涵洞 8 座，1#制梁 510 片、1#架梁 516 片、2#制梁 708 片、2#架梁 708 片。2011 年完成产值 25000 万元。2011 年完成主要工程数量：路基土石方 39 万方，界溪 1#隧道左线折合成洞 1273 延米，界溪 1#隧道右线折合成洞 1275 延米，界溪 2#隧道左线折合成洞 264 延米，界溪 2#隧道右线折合成洞 134 延米；桥梁折合成桥 4021 延米，1#梁场制梁完成 370 片，架设完成 314 片；2#梁场制梁完成 375 片，架设完成 327 片。

中铁七局承建福建宁德至武夷山高速南平段路基土建 A2 标项目。合同工期：2009.7.20—2011.7.19。

合同价值：32965 万元，2011 年开累完成 24116 万元。

【江西奉铜高速公路】 中铁四局承建江西奉铜高速公路 B4 标。工程造价 1.5 亿元，原合同工期 2010 年 8 月 9 日～2011 年 10 月 8 日，根据业主工期调整为 2010 年 8 月 9 日～2012 年 5 月 30 日。江西奉新至铜鼓高速公路项目土建工程线路起于奉新县干洲镇源头村，起点桩号为 K37+100，止于白田西南，与 A2 测设段（桩号为 K79+554.836）的起点相接，主线线路全长约 45.334 公里。设计为全封闭、全立交，双向四车道高速公路。奉铜高速 B4 项目经理部路线起讫里程 K70+900～K79+554.836，本合同段主线全长 8.655 公里，设计为全封闭、全立交，双向四车道高速公路，其中含互通一处，互通起讫里程：K78+400～K79+554.836，互通主线长 1.155 公里，下部基础均为钻孔桩基础、柱式墩、肋式台，上部为预应力砼连续箱梁及预应力砼空心板梁。主要工程数量：本段主要工程内容为路基土石方、桥梁、涵洞、通道等工程。路基开挖土石方共计 93.4 万方，路基填方共计 104.9 万方；大桥 2 座 500.6 延长米；中桥 3 座 233.2 延米；分离立交 1 处 132.4 延米；互通匝道桥 2 座 226.15 延米；桥式汽车通道 5 座 254.5 延米；盖板涵 20 座 689.90 横延米；箱涵 3 座 102.78 横延米；圆管涵 8 座 245.59 横延米。2011 年完成产值 8600 万元，开累完成产值 1.4 亿元，开累完成比例为 98.8%。

中铁四局承建江西奉铜高速公路 B8 标。工程造价 2 亿元，原合同工期为 2010 年 8 月 9 日～2011 年 10 月 8 日，根据业主工期调整为 2010 年 8 月 9 日～2012 年 5 月 30 日。江西奉新至铜鼓高速公路项目土建工程线路起于奉新县干洲镇源头村，起点桩号为 K37+100，止于白田西南，与 A2 测设段（桩号为 K79+554.836）的起点相接，主线线路全长约 45.334 公里。设计为全封闭、全立交，双向四车道高速公路。奉新至铜鼓（赣湘界）高速公路 B8 标段起点 K106+280 位于江西省宜丰县草坪村，终点桩号 K114+255.148，全长 7.975 公里。主要工程数量：B8 标段主要工作内容包括路基土石方、桥梁涵洞、防护、排水、环保绿化等工程。其中大桥 7 座，长 2802 米，中桥 7 座，长 348.82 米，其中制架梁：25 米后张箱梁 576 片，20 米空心板梁 36 片，现浇梁 19 孔；路基挖方 111.3 万立方米，填方 102.8 万立方米；涵洞及通道 42 座，长 1374.4 米。2011 年完成产值 1.1 亿元，开累完成产值 1.7 亿元。

【江西抚吉高速公路】 中铁四局承建江西抚吉高速公路 B3 标。合同造价 1.6 亿元，合同工期：2011 年 6 月 28 日～2012 年 6 月 27 日。抚州至吉安高速公路 B3 合同段路线处于赣中地区，总体呈东西走向，起于永丰县沿陂镇的艾溪源，经过佐龙乡的马形坑、五石，于 K123+963 处跨越恩江后进入恩江镇，终于 K128+000 处与 B4 标段相接，里程范围为 K117+000～K128+000，全长 11 公里。主要工程数量：大桥 2 座 796 米，中桥 3 座 159.8 米，公路分离立交（主线上跨）1 座 44.06 米，公路分离立交（主线下穿）3 座 160.26 米；圆管涵 10 座 239.5 米，盖板涵 30 座 1245.43 米，暗板桥 2 座 78.23 米，改路 8 条 2127.23 米，路基土石方为 113 万立方米。2011 年完成产值 7240 万，开累完成建安产值 7240 万元。

中铁四局承建江西抚吉高速公路 B7 标。合同造价 2.2 亿元，合同工期：2011 年 6 月 28 日～2012 年 8 月 27 日。抚州至吉安高速公路 B7 合同段工程路线处于赣中地区，总体呈东西走向，起于吉水县文峰镇店前村，经过洲上村至文峰山，于 K161+030～K162+070 段设置文峰山隧道穿越文峰山，终于 K162+560 处与 B8 标段相接，路线起讫里程为 K156+540～K162+560，全长 6.02 公里。本合同段主要工作内容包括路基土石方、桥梁涵洞、隧道、防护、排水、环保绿化等工程。其中路基挖方 56.4 万立方米（挖土方 42 万立方米，挖石方 14.4 万立方米），路基填方 82.7 万立方米，借方 24.5 万立方米；大桥 2 座，长 605 米，中桥 2 座，长 122.14 米；涵洞、通道、暗板桥、圆管涵等共 21 道；隧道 1 座，单洞长 1040 米。2011 年完成产值 7916 万，开累完成建安产值 7916 万元。

【南石高速公路】 中铁四局承建。工程造价 2.7 亿元，合同工期：2011 年 2 月～2013 年 2 月。南石高速公路 A4 标位于南安市官桥镇，主线起于一片寺隧道中变坡点处，经岩前、成竹、泗溪，设下溪边分离式桥上跨 X319，于林边设官桥互通与 G324 衔接，终于泗溪村林边南，起止里程 K15+900～K22+524，全长 6.624 公里，设计有隧道 0.5 座计单洞 2427 米，桥梁 10 座 1194 米，涵洞通道 24 座 880.61 米，官桥互通区立交一座。2011 完成建安产值 7933 万元，开累完成建安产值 7933 万元。

【武罐高速公路】 中铁四局承建武罐高速公路 3 标。工程造价 1.8 亿元，合同工期：2009 年 6 月～2012 年 10 月。甘肃省武罐高速公路工程是“国家高速公路网”兰州至海口公路的重要地段，同时也是甘肃省规划的公路网主骨架中的第二纵。本标段位于甘肃省陇南市武都区城郊乡，起点里程 K15+085，向东方向经大堡村、崔家梁、潘家湾，终点里程 K18+070，线路长度为 2.985 公里。主要控制点有：水中墩桩基施工。主要工程数量：灌注桩 274 根，共长 6827 米，其中 ϕ1.5 米钻孔灌注桩 243 米，ϕ1.7 米钻孔灌注桩 2698 米，ϕ2.2 米钻孔灌注桩 3886 米。桥墩均采用 ϕ1.5 米和 ϕ2.0 米圆柱墩，0#台为柱式台、99#台为肋板台。盖梁均采用半幅式及双幅式墩盖梁。上部结构均采用预制 30 米后张预应力砼箱梁，共计预制箱梁 796 片。2011 年完成建安产值 7525 万元，开累完成 1.6 亿元。

中铁四局承建武罐高速公路 5 标。工程造价 2.3 亿元。合同工期：2010 年 6 月～2013 年 6 月。甘肃省武罐高速公路工程是“国家高速公路网”兰州至海口公路的重要地段，同时也是甘肃省规划的公路网主骨架中的第二纵。本标段位于甘肃省陇南市武都区汉王镇范围内，起点里程 K27+028，自西北向东南走向，途经甘家沟、罗寨、汉坪、绸子坝、包家坝、固水子等村庄，终点里程 K35+100，线路长度为 8.025 公里。工程数量：路基挖方 4.3 万立方米，路基填筑 152.8 万立方米，大桥 5 座其中左侧 1609 延米，右侧 1591.75 延米；中桥 4 座共 218.7 延米；涵洞 18 座共 696.74 横延米，通道桥涵 11 座共 424.22 延米。2011 年完成建安产值 1 亿元，开累完成 1.4 亿元。

中铁四局承建武罐高速公路 22 标。工程造价 5 亿元，合同工期：2010 年 6 月～2013 年 10 月。武罐高速 WG22 标段起止里程 YK128+460.4～YK132+400，全长 3.940 公里，大中桥 19 座（主线设大桥 6 座，互通立交一处），隧道 2 座。2011 年完成建安产值 2.3 亿元，开累完成 2.7 亿元。

【甘肃瓜星高速公路项目】 中铁四局承建。工程造价 0.9 亿元，合同工期：2010 年 6 月～2011 年 5 月。瓜州至星星峡项目位于甘肃省西北部地区，是古丝绸之路上甘新运输大通道之一，也是我国东部及西南各省市通往新疆的主要陆路运输道路。标段起讫里程 K63+800～XK72+605，全长 8.805 公里。管段内包括柳园服务区、柳园互通（收费站广场）各一处。采用双向四车道高速公路标准设计，整体式路基宽度 26 米（分离式路基宽度 13 米），利用旧路为 12 米，设计速度每小时 100 公里。主要工程数量：挖方 55.7 万立方米，填方 73.07 万立方米，路基防护（M7.5 浆砌片石）：24199 立方米，大桥 1 座，中小桥、通道立交桥共计 11 座，涵洞 16 道。2011 年完成产值 4821 万元，开累完成 8368 万元。

【定武高速公路营双项目】 中铁四局承建。工程造价 2.1 亿元，合同工期：2010 年 8 月～2012 年 11 月。定武高速公路联络线（G2012）甘肃省营盘水至双塔公路土建 YS7 标段，位于甘肃省古浪县境内，横跨裴家营、大靖两镇，起止里程为 K412+644.98～K428+170，路线全长 15.525 公里。主要工程数量：路基总挖方量 107.2 万立方米，其中挖土方 79.75 万立方米，挖石方 27.44 万立方米；总填方 174.36 万立方米，利用土方 19.44 万立方米，利用石方 21.07 万立方米，借土填方 129.30 万立方米，结构物台背填筑 4.54 万立方米。改河、改路、渠挖土方 27.3 万立方米，夯填土方 13.56 万立方米。本标段桥梁有：大桥 2 座 451 米，中桥 9 座 505.72 米，匝道跨线桥一座 1 座 107.56 米，分离式立交桥 2 座 125.5 米，天桥 2 座 133 米，涵洞 32 座 1188.31 横延米，通道涵 4 座 129.5 米，通道桥 9 座 195.36 米。2011 年完成产值 1.4 亿元，开累完成 1.4 亿元。

【二连浩特至广州国家高速公路】 中铁五局承建二连浩特至广州国家高速公路湖南省安化（梅城）至邵阳公路 1 标段。合同价款 19.5 亿元，工期：2010 年 6 月 6 日～2012 年 12 月 6 日，除清塘铺隧道外其他工程 2012 年 8 月 6 日完成。建设单位：湖南利联安邵高速公路开发有限公司；设计单位：湖南省交通规划勘察设计院；监理单位：北京华路顺工程咨询有限公司。安邵高速公路全长 130 公里，全线采用双向四车道高速公标准建设，设计速度 100 公里/小时，路基宽度 26 米。第 1 标段位于湖南省益阳市安化县梅城镇、清塘镇及娄底涟源市的伏口镇，里程范围为 K94+112～K127+660，总长 33.548 公里。主要工程数量：路基 15.407 公里，其中挖方 399.17 万立方米，填方 400.52 万立方米，防护工程 14.04 万立方方米，排水工程 7.92 万立方米；桥梁按单幅为 42 座 18184.47 米（按双幅为 29 座 9.092 公里），预制梁 5650 片；隧道 9 座 9049.75 米（双洞）；涵洞 83 道 3834.28 米（包含倒虹吸管）；渡槽 2 道 150.4 米；天桥 8 座 411.22 米。设清塘服务区（K95+400～K96+500）、清塘 U 型转弯（K103+200～K104+800）和伏口互通（K123+200～K124+500）。2011 年完成 5.1 亿元，开累完成 8.6 亿元，剩余价值 10.9 亿元。

中铁港航局承建安邵高速公路土建施工 TJ1 标第五、六合同段。合同价款 1.9 亿元。合同工期：26 个月，计划开工日期 2010 年 4 月 18 日，实际开工日期 2010 年 7 月 10 日，计划完工日期 2012 年 6 月 17 日前完工。工程概况：标段位于湖南省涟源市伏口镇，里程范围为：K115+760～119+335，全长 3.575 公里。主要实物工程量：大桥 2981.02 单线米/12 座；路基挖方 11.76 万立方，路基填方 0.36 万立方；挡护及排水圬工 1.08 万立方；土工格栅 6760 平方；隧道 897 双线米/2 座；制架梁 648 片。钢筋 1.054 万吨；钢绞线 572.8 吨，主要工程数量：桥梁 12 座/2981.02 延长米，隧道 2 座长 897 延长米，路基 12 万立方，预制梁 648 片。2011 年，完成 1.2 亿元，占年度计划的 93%。完成路基土石方 10.34 万立方，占总量的 86%；大中桥折合完成 1127 米，占总量的 26%；隧道完成折合完成 1075.33 米，占总量的 67%；制梁完成 85 片，占总量的 13%；架梁完成 30 片，占总量的 5%。

中铁港航局集团第二工程有限公司承建二连浩特至广州国家高速公路湖南省澧县（东岳庙）至常德高速公路项目土建工程第五合同段。合同价款：2.3 亿元。合同工期：2009 年 11 月 8 日～2012 年 7 月。工程概况：本合同段为二连浩特至广州国家高速公路湖南澧县（东岳庙）至常德公路工程第 5 合同段，位于湖南省常德市澧县、津市境内，起始于澧县澧澹乡永固村 K28+540，止于津市市第四办事处关山村 K31+000，全长 2.46 公里，其中路基长 0.11864 公里，澧水特大桥 2.342 公里。主要工程数量：路基挖土石方 2.2 万方，填方 1.3 万方。桥梁一座，长 2341.35 米，其中桥梁桩基础 370 根，系梁 170 个，墩柱 296 个，盖梁 137 个，预制小箱梁 404 片，预制 T 型梁 180 片，现浇连续箱梁 24719 立方。2011 年累计完成 1.9 亿元。

【承德至赤峰高速公路】 中铁五局承建承德至赤峰高速公路第 3 合同段。合同价款 11.1 亿元，合同工期：2010 年 11 月～2013 年 1 月 19 日。建设单位：承赤高速筹建处；设计单位：河北省交通规划设计院；监理单位：河北路桥技术开发有限公司承赤高速公路 JL 三驻地办。河北省茅荆坝（蒙冀界）至承德公路工程Ⅰ类 3 标段项目位于河北省承德市承德县境内，起点里程 K37+050，终点里程 K60+100，全长 23.05

公里。本工程按双向四车道高速公路标准设计，设计速度100公里/小时，线路采用整体式+分离式路基，整体式路基宽为26米，分离式路基宽（2×13米）。主要工程量：路基挖土石方399.3万立方米，路基土石方填筑448万立方米，隧道6513单延米，桥梁20座1849延米，涵洞54座。2011年完成4.3亿元，开累完成4.3亿元，剩余价值6.8亿元。

【厦门至成都国家高速公路】 中铁五局承建湖南省汝城（湘赣界）至郴州公路14标段。合同价款3.6亿元(含变更产值)，工期2008年12月16日～2012年6月18日。建设单位：湖南省汝郴高速公路建设开发有限公司；设计单位：湖南省交通勘测设计公司；监理单位：湖南湖大建设监理有限公司。本合同段位于郴州市汝城县境内，起于文明乡快乐村ZK66+291(YK66+285)，终于文明乡新东村K68+200，全长1.909公里。工程主体为K67+184文明特大桥。文明大桥为一座特大型桥梁，起于分离式隧道出口，止于整体式路基，线形、地形、地质等情况复杂，左、右幅桥桥型布置不尽相同。左幅桥桩号范围为K66+296.40～K68+071.78，右幅桥桩号范围为YK66+297.021～YK67+200.621和K67+200～K68+087.28。主桥因跨越一开阔平坦区域而采用较大跨径的高墩多跨连续刚构结构形式。全桥总长1790.88米。2011年完成1亿元，开累完成3.4亿元，剩余价值1903万元。

【湖北省宜昌至巴东（鄂渝界）高速公路】 中铁五局承建宜昌至巴东（鄂渝界）高速公路第YBE24合同段。合同价款3.6亿元，工期：2009年8月10日～2012年10月20日。建设单位：湖北省宜昌至巴东高速公路建设指挥部；设计单位：中交第二公路勘察设计研究院有限公司；监理单位：湖北顺达公路工程咨询监理有限公司。湖北省宜昌至巴东（鄂渝界）高速公路第二十四合同段，起讫桩号YK139＋452～K144＋397.404，线路总长4.95公里，其中有两桥一隧和路基，即响水河大桥、王家湾大桥、马家坡隧道和一小段路基。桥梁2座1460延长米，隧道1座7928延长米，重点工程马家坡隧道长7928单延米，建筑限界宽10.25米，高5.0米，双向四车道高速公路隧道。2011年完成1.6亿元，开累完成3亿元，剩余价值6224.06万元。

【唐津高速公路(塘承高速～津塘公路)扩建工程】 中铁五局承建唐津高速公路(塘承高速～津塘公路)扩建工程3标。合同价款3.7亿元，工期：2011年11月～2014年9月30日。建设单位：天津新展高速公路有限公司；设计单位：天津市市政工程设计研究院；监理单位：天津市路驰建设工程监理公司。本标段起止里程K1055+125.465～K1063+159.666，全长8.034公里，总造价3.6亿元。主要工程量有互通式立交桥2座，中小桥4座，涵洞11座，路基2段共计3.3公里。其中津塘互通式立交桥全长2781.666米，5个匝道；津京塘互通式立交桥全长1900米，三个匝道。2011年完成480.3万元，开累完成480.3万元，剩余价值3.6亿元。

【灵河高速公路】 中铁五局承建灵河高速公路神池至河曲段LJ7标。合同价款3.8亿元，工期：2011年6月10日～2012年4月30日。建设单位：山西神河高速公路建设管理处；设计单位：山西交科公路勘察设计院；监理单位：河北华达公路工程咨询监理有限公司。神河高速公路路基第LJ7合同段施工管段位于山西省忻州市偏关县境内，起点里程K72+210，终点里程K77+000，全长4.79公里。全线按双向四车道公路标准建设，设计时速80公里/小时，整体式路基宽24.5米，桥涵设计荷载采用公路-Ⅰ级。主要工程数量：挖土方353.43万立方米(站场52.43万方，区间298.3万方)，填土方89.4万立方米(其中灰土填筑6.33万立方米)，填石方4.52万立方米；桥梁9座2143.32米，其中大桥6座1936.16米，中桥2座129米，天桥1座78.16米，涵洞6道549.44米，圬工5.9万方，预制T梁436片（预制T梁为40米），箱梁36片，现浇梁4孔，桩基451根21282米。2011年完成3546万元，开累完成3546万元，剩余价值3.4亿元。

【连霍高速】 中铁五局承建连霍高速洛三（豫陕界）段改扩建工程TJ-12标段。合同价款6.3亿元，工期：2011年1月15日～2013年6月30日。建设单位：河南省弘扬高速公路有限公司；设计单位：河南省交通规划勘察设计院有限责任公司；监理单位：北京中通公路桥梁咨询发展有限公司。连霍高速公路洛阳至三门峡（豫陕界）改扩建工程TJ-12标位于三门峡市陕县境内，跨硖石乡、张茅乡，位于陇海线与郑西高铁之间，走向基本平行于郑西高铁。起讫里程为RK91+400～RK99+300，全长7.9公里，分离式路基宽2×13米。主要工程为：路基土石挖方137.5万立方米(土方71.7万立方米，石方65.8万立方米)，填方4.3万立方米，防排水14463立方米；大中桥5座1911米，天桥3座294米，涵洞1座21米；隧道2座3181.5延米，其中，金银山隧道左线1187米，右线1233米，张茅隧道左线2027米，右线1916米。2011年完成7141万元，开累完成7246万元，剩余价值5.6亿元。

中铁五局承建连霍国道主干线（GZ45）永登（徐家磨）至古浪高速公路YG7合同段。合同价款3.7亿元，工期：2009年4月15日～2011年9月30日。建设单位：甘肃路桥公路投资有限公司；设计单位：甘肃省交通规划勘察设计院有限责任公司；监理单位：甘肃兴陇交通工程监理有限责任公司。本标段起点桩号为右线YK2396+200(左线ZK2396+200)，位于安远镇极乐村；终点桩号为右线YK2400+900(左线

ZK2400+876），路线全长 4.7 公里。主要工程量：隧道 1 座 7072 米（单线），涵管 7 个 430 米（变更后），防护 10074 平方米，路基挖方 77409 立方米、填方 860817 立方米。2011 年完成 8534.6 万元，开累完成 3.2 亿元，剩余价值 5516.7 万元。

中铁五局承建霍国道主干线永登（徐家磨）至古浪高速公路第 10 标。合同价款 3.9 亿元，调整后工期：2009 年 5 月 1 日～2012 年 10 月。建设单位：甘肃路桥公路投资有限公司；设计单位：甘肃省交通规划勘察设计院有限责任公司；监理单位：山东德州交通工程监理有限公司。连霍国道主干线永登（徐家磨）至古浪高速公路 YG10 合同段位于武威市古浪县境内，线路起点里程 YK2412+300=ZK2412+243.19，终点里程 K2417+740，线路全长 5440 米（以右线计）。本标段内重点工程为高岭隧道，右幅全长 6333.45 米，左幅全长 6314.45 米。隧道进出口洞顶上方为危岩落石，洞身围岩属于Ⅴ级围岩黄土隧道，局部有地下水，施工较为困难。2011 年完成 7757 万元，开累完成 2 亿元，剩余价值 1.9 亿元。

【青海省共和至玉树（结古）公路】 中铁五局承建青海省共和至玉树（结古）公路一期工程施工 A5 标段。合同价款 6.2 亿元，工期：2011 年 7 月 15 日～2013 年 7 月 31 日。建设单位：青海省共和至玉树公路建设指挥部；设计单位：青海省公路科研勘测设计院；监理单位：青海省公路工程咨询监理处。青海省共和至玉树公路 A5 合同段主要工程内容：K290+000～K303+500（兴海岔口至苦海滩段）左幅鄂拉山隧道 2560 米及引道路基、防护、桥涵（下部）、路面垫层工程部分，路线全长 13.500 公里；K298+000～K303+500（兴海岔口至苦海滩段）右幅鄂拉山隧道 2585 米及引道路基、防护、桥涵（下部）、路面垫层工程部分，路线全长 5.500 公里。2011 年完成 4236 万元，开累完成 4236 万元，剩余价值 5.8 亿元。

【青岛至兰州国家高速公路】 中铁五局承建青岛至兰州国家高速公路雷家角（陕甘界）至西峰段 LX14 合同段。合同价款 4.4 亿元，工期：2011 年 2 月 8 日～2013 年 7 月 20 日。建设单位：甘肃省高等级公路建设开发有限公司；设计单位：甘肃省交通规划勘察设计院有限责任公司；监理单位：北京港通路桥工程监理有限责任公司。雷西项目部管段为 LX14 合同段，起讫里程为 K1369+600～K1387+695.402，全长 18.376 公里。起点位于庆城县驿马镇太乐村（K1369+600），顺接 LX13 合同段终点，终点位于庆阳市西峰区彭原乡李家寺村（K1387+695.402），长链长 281.070 米。其中大中桥 7 座，涵洞 9 道，天桥 16 座，通道桥 17 座，通道涵 18 道，互通立交 1 处，路基挖方 330.97 万立方米，路基填筑 413.54 万立方米。2011 年完成 1.6 亿元，开累完成 1.6 亿元，剩余价值 2.8 亿元。

【贵州惠兴高速公路】 中铁五局承建惠兴高速公路 16 合同段。合同价款 4.5 亿元，工期：2010 年 9 月～2013 年 3 月 12 日。建设单位：贵州高速公路开发总公司；监理单位：贵州科达公路工程咨询监理有限公司。本标段为贵州省惠水至兴仁高速公路镇宁至兴仁段土建工程施工第 16 合同段，位于黔西南州贞丰县境内，起讫桩号为 K137+835～YK144+541.231，路线全长 6.727 公里。路线起于贞丰境白层镇田湾，沿麻窝沟谷斜坡布线至海子坝，沿线设置 3 座大桥和海子坝隧道，然后以长隧道（老熊湾隧道）至叶家湾出洞，后设叶家湾大桥至本合段终点。主要工程数量：路基土石方 112.8 万立方米（其中挖石方 65.9 万立方米，填方 46.9 万立方米）；大桥 4 座 1936.8 双延米；隧道 2 座 2850 双延米。本标段重点工程为老熊湾隧道、坡内地大桥。2011 年完成 1.7 亿元，开累完成 2.4 亿元，剩余价值 2.1 亿元。

【S202 从江至贯洞公路】 中铁五局承建。合同价款 9.2 亿元，工期：2011 年 8 月 1 日～2015 年 10 月 25 日。建设单位：从江县交通运输局；设计单位：贵州省交通规划勘察设计研究院；监理单位：贵州通力达公路工程监理咨询有限公司。S202 从江至贯洞公路位于贵州省从江县境内东北部，项目起于从江县城东北面的高增乡银良村，接从江县城銮里大道，止于贯洞镇德刷寨，路线全长 13.264 公里。项目工程主要有路基、路面、桥梁、隧道、安全设施及交通工程等。设计等级一级，设计车速为 60 公里/小时，设计路基宽 21 米，双向四车道。主要工程量有路基挖方 251.8 万方、填方 260.6 万方、软基处理 23 万方、结构层及沥青路面约 17 万平米；大桥 6 座、中桥 1 座、小桥 2 座、涵洞 23 座，隧道 1 座 3961 米。2011 年完成 1.1 亿元，开累完成 1.1 亿元，剩余价值 8.1 亿元。

【永宁高速公路】 中铁六局承建永宁高速公路 A5 合同段。2010 年完成产值 1.7 亿元，永宁 A5 项目剩余工程于 2011 年 8 月 14 日全部完工，该工程于 2011 年 12 月 16 日通车，综合性文件及竣工图移交完毕。

【北京至包头高速公路】 中铁六局承建京包高速公路（五环路-六环路）工程第 3A 标段。合同价款 2.1 亿元，合同工期 455 天。建设单位：北京市首发高速公路建设管理有限责任公司，设计单位：中铁工程设计咨询集团有限公司，监理单位：北京市高速公路监理有限公司，施工单位名称：中铁六局集团北京铁建公司直属第十五项目部。京包高速公路（五环路—六环路段）工程第 3A 标段起至北五环路箭亭桥南约 1.5 公里处，终点与京包高速公路（六环路-德胜口段）

相接，全长 19.9 公里。京包高速公路（五环路—六环路段）上地铁路分离式立交桥是京包高速公路（五环路—六环路）工程的一部分，起点里程为 K2+880，终点里程为 K3+390，全长 510 米，采用（46+46+230+98+90）米五跨连续独塔单索面预应力钢筋砼斜拉桥。本桥上跨既有京新铁路、城铁十三号线，与既有京新铁路相交处铁路里程为 K22+756，公路里程为 K3+55.703，相交角度 19 度。本桥为大跨度独塔不等跨半漂浮体系斜拉桥，副主跨比为 0.426，小于常用的 0.5～0.8。主塔为水滴型，中塔柱内倾角达 22° 43′08″。主塔及箱梁设计为高性能混凝土。单箱多室宽梁体，梁体顶面宽度为 35.5 米，箱梁横向变截面。曲线上大吨位顶推预应力钢筋混凝土箱梁（顶推吨位 22984 吨，顶推轨迹平曲线半径为 3500 米）；顶推段顶程较长（顶推距离为 213 米）。交角 19° 小角度斜交上跨既有京包铁路和城铁十三号线及待建的京张、京包客专，顶推作业须多次封闭铁路要点施工。斜拉索规格多（LZM7-265～LZM-421，共八种规格，）其中 LZM7-421 为国内目前最大的冷铸镦头锚。本工程 2010 年 6 月 8 日开工，2011 年 12 月 28 日竣工验收完毕。

【山西岢岚至临县高速公路】 中铁六局承建岢岚至临县高速公路 LJ3 标段。合同价款 5.6 亿元，合同工期：2010 年 12 月 29 日～2012 年 4 月 28 日。建设单位：岢临高速公路建设管理处；设计单位：山西交科公路勘察设计院；监理单位：山西省交通建设工程监理总公司。岢岚至临县高速公路是山西省高速公路网规划“三纵十一横十一环”中西纵高速公路的重要组成部分，也是山西省西部把第四横（保德－五台长城岭）和第五横（平定杨树庄－佳县）高速公路串联起来的重要路段。起点位于岢岚县高家会乡西会村，与忻保高速立体交叉，设岢岚枢纽，接拟建的西纵高速神池至岢岚段，终点位于临县陈家庄，接拟建的临县至离石高速公路，路线全长 125.227 公里。岢临高速公路 LJ3 合同段里程为 K17+600～K25+240，全长 7.64 公里。截至 2011 年底完成产值 1.9 亿元，完成路基利用填方 103 万方，路基挖土石方 405 万方，路基附属 3.43 万立方；桥梁工程：12 座大桥完成 840 延米，3 座中桥完成 60 延米；涵洞通道 295 横延米。

中铁建设分公司承建岢岚至临县高速公路路基、桥隧工程 LJ5 标。合同价款 4.6 亿元，合同工期 19 月。线路全长 10.2 公里。主要的工程数量包括王家沟隧道 1 座，左线长 2957 米，右线长 2984 米；大桥 4 座共计 1036.5 米；路基挖土石方 218.56 万立方米，填方 116.89 万立方米，防护及排水工程 117268.9 圬工方，土工格栅 62320 平方米；涵通道 19 座，共计 1073.44 米，其中盖板涵 7 座，拱涵 12 座。2011 年累计完成施工产值 1.1 亿元，占工程造价 45802.44 万元的 23%。王家沟隧道开挖累计完成 1758 米，占设计量的 30%；仰拱铺底累计完成 1326 米，占设计量的 22%；衬砌累计完成 1068 米，占设计量的 18%。桥涵工程桩基挖孔完成 118 棵，占设计数量的 65%；桩基灌注 76 棵，占设计数量的 42%；墩柱完成 20 棵，占设计数量的 13.7%；预制梁 25 米箱梁完成 7 片，占设计数量的 2%；涵洞开工 13 座，基础完成 6 座，主体完工 3 座。路基完成挖方 104 万方，占设计数量的 48%，填方 46 万方，占设计数量的 39%。

【新疆 G045 线赛里木湖至果子沟口段公路改造工程】 中铁六局承建新疆 G045 线赛里木湖至果子沟口段公路改造工程第九合同段。合同价款 1 亿元，合同工期：2009 年 7 月 17 日～2010 年 11 月 16 日。建设单位：新疆维吾尔自治区交通建设管理局；设计单位：新疆公路规划勘察设计研究院；监理单位：山东格瑞特交通监理有限公司。G045 线赛里木湖至果子沟口段公路改建工程第九合同段为 K552+314.426～K581+035，全长 28.721 公里，主要工程包括路面底基层、基层、沥青混凝土面层铺装、桥面铺装、路面排水等工程。截至 2011 年底完成产值 1.4 亿元，主要工程数量为路面工程 13.221 公里。2011 年度安全质量状况良好，未发生安全质量事故。2011 年信用评价被自治区评为 AA 级。工程正在进行收尾，未办理竣工资料的移交工作。

【山西平定至阳曲高速公路】 中铁六局承建平定至阳曲高速公路路基第 26 合同段。合同价款 4.5 亿元，合同工期：2009 年 11 月 30 日～2011 年 6 月 30 日。建设单位：山西省平阳高速建设管理处；设计单位：山西交科公路勘察设计院；监理单位：山西省交通建设工程监理总公司。山西平定至阳曲高速公路路基第 26 合同段为太原枢纽互通式立体交叉工程，其主要用以连接原太高速公路和平阳高速公路实现两条高速公路交通量的转换，并在原太高速阳曲镇出入口增加前往太原方向的匝道。太原枢纽采用三位一体复合式枢纽互通，与原太高速交叉桩号为 K119+584.082，交角为 105.74°；枢纽区主线里程为 K118+000～K122+980，全长 4.98 公里，起点位于阳曲县侯村乡会沟村南侧，终点位于尖草坪区阳曲镇北山头村西北侧、与太原环城高速公路西北段相接；工程施工项目中需要与原太高速、西北环高速、G108 国道以及北同蒲铁路大量交叉作业，施工影响和难度较大。截至 2011 年底完成产值 4.3 亿元，路基工程完工，桥梁工程基本完成，一座中桥，三座天桥由于地方原因导致取消桥梁施工，同时变更增加改路。

中铁建设分公司承建平定至阳曲高速公路路基、桥隧及采空区治理工程。工程造价 4.1 亿元。工期：2009 年 12 月 1 日～2011 年 12 月。本工程为山西平定至阳曲高速公路第四合同段，工程位于阳泉市平定县境内；线路全长 2.7 公里。合同段结构包括秋林隧道一座、郝家庄 1#大桥一座；其中控制性工程秋林隧道为分离式双向六车道特长隧道，右线

2035米，左线2110米。重点工程郝家庄大桥，大桥采用钻孔灌注桩基础，墩柱采用柱式墩，0#桥台采用肋板式，12#桥梁采用U型台；桥梁上部结构为12×30米的预应力砼箱梁，最大墩柱高度为33.86米。2011年，累计完成施工产值3.9亿元，占工程造价4.1亿元的96%。路基工程和桥梁工程已完成交验工作，隧道工程已全部完工，准备交验。

【河北张家口至石家庄高速公路-涞源至曲阳段】 中铁六局承建河北张家口至石家庄高速公路/涞源至曲阳段土建项目二期第LJ-N7标段。合同价款3.8亿元，合同工期：2009年01月01日～2011年10月31日。建设单位：河北省保定市交通局，设计单位：河北省交通规划设计院、中铁咨询集团有限公司，监理单位：秦皇岛保神交通建设监理有限公司。本项目为张石高速公路涞源至涞水段第二期，属张石高速第LJ－N7标段。标段起点为K44+170，终点为K48+025，标段长度为3.855公里。另外还包含K63+503京原铁路分离式立交桥（9标）、K68+309.5京原铁路分离式立交桥（10标）、京原线K140+661.3（公路LK77+910）张石高速公路2－16.5米框架地道桥（11标）。2011年度完成产值102万元，路基土石方爆破开挖约34.6万方，完成率100%；填方累计完成20万方，完成率83%。

【宁德漳湾至连江浦口高速公路】 中铁六局承建宁德漳湾至连江浦口高速公路宁德段路基土建工程A4标段。合同价款3.5亿元，有效合同价款3.2元，暂列金额3217万元，合同工期：2011年7月1日～2013年10月31日。合同段总长6.56公里，其中路基2.8公里（土石方挖方67.34万方，填方73.5万方），隧道3661.5米/2.5座（飞鸾1#隧道308米/座，飞鸾2#隧道729米/座，油车岭隧道2624.5米/0.5座，竖井393米），宫后门中桥97米/1座（3×30米预应力混凝土连续T梁），涵洞10道。2011年度计划完成5058万元，实际完成产值1053万元，占年度计划的20.8%。

【福建上杭高速】 中铁七局承建福建省龙岩市上杭蛟城高速公路土建A1标工程。本标段预制梁设计763片，开累完成652片。架梁设计763片，累计架梁505片。贵竹隧道左洞设计1075m，已贯通，仰拱累计完成994m，二衬累计完成972m；右洞设计1100m，累计开挖818m，仰拱累计完成754m，二衬累计完成748m。

【福建双永高速】 中铁七局承建福建省永春至永定高速公路（闽粤界）龙岩段工程。重点工程联金隧道左洞设计1771m，累计开挖1455m，仰拱累计完成709m，二衬累计完成1157m；右洞设计1785m，累计开挖1566m，仰拱累计完成606m，二衬累计完成1340m。

中铁建设分公司承建龙岩段福建省永春至永定高速公路A15合同段。工程造价4.8亿元，合同工期：2009年8月～2011年12月。福建省永春到永定（闽粤界）高速公路龙岩段A15合同段位于龙岩市永定县湖雷镇境内，路线全长7.26公里。设永定互通式立体交叉、岩前大桥、增瑞1号、2号、3号大桥、荷花隧道、增瑞隧道。本合同段主要工程量有桥梁1338.5米/4座；隧道2419.46米/2座，互通立交1处（互通区内有桥梁共计1104.25米/4座，大桥有1038.25米/3座，中桥有66米/1座）；涵洞及通道土石方388万方，其中弃方34万方；浆砌共有2.9万方；锚杆、锚索共23105米。2011年，项目主体工程完工，于12月26日交验。

【洛栾高速】 中铁七局承建洛阳至栾川高速公路嵩县至栾川段土建工程SLTJ.5标段工程。业主单位：河南嵩阳高速公路有限公司。合同工期552日历天。合同价值：3.9亿元，开累完成22107万元。

【广西岑水高速】 中铁七局承建广西岑溪至水汶公路土建工程№3合同段工程。业主单位：广西信达高速公路有限公司，合同工期：33个月。合同价值：8.3亿元，2011年开累完成20121万元。

【重庆奉溪高速】 中铁七局承建的重庆奉节至巫溪高速公路项目。土建工程E1标段：合同工期：2009.9.30—2012.3.30。合同价值：30380万元，2011年开累完成19005万元。

【兰州至海口国家高速公路】 中铁八局承建兰州至海口国家高速公路广元至南充段工程项目第D类GN4标段。原合同工程造价3.3亿，增加枢纽后预计合同总价3.8亿。主线部分自2009年5月1日开工，2011年10月31日完工。枢纽部分自2010年5月1日开工，预计2012年4月10日完工。由中铁八局二公司施工。主线部分施工里程为K18+000～K26+290，全长8.293公里，主要工程数量为：桥梁3243米/10座，涵洞（通道）375.2米/12道；停车区一处，路基挖方91.5万方，路基填方37.4万方及附属工程。控制性工程为祝神庙大桥（墩高103米），杨家沟大桥（墩68米）和三个梁场的988片T梁预制。枢纽部分全长约5公里，主要工程数量为：桥梁2179米/6座，涵洞（通道）83.5米/6道；其中：整体式大桥532米/2座，单幅式大桥1647米/4座。路基挖方45.7万方，路基填方3.6万方及附属工程。控制性工程为A、B匝道桥的高墩，分别为97米和92米，以及453片T梁预制。2011年完成产值1.8亿元。

中铁八局承建姚渡（甘川界）至广元公路工程土建工程G1标段。工程总投资3.6亿元，施工工期：2009年9月1

日～2012年4月31日，较计划工期滞后3个月。兰州至海口高速公路是8条西部大通道之一，是国家高速公路网“7918”网中，9条南北纵线中的第8纵，是新疆、西藏、甘肃、四川、重庆、贵州等西部地区进入海南的主要通道。川甘界至广元界G1合同段地处甘肃省文县中庙乡侯家沟村境内，靠近国道212线3.5公里；将军石隧道全长左线5805米、右线全长5804米。标段左线施工范围正线ZK0+010～ZK2+890，全长2880米，右线施工范围正线K0+015～K2+900，全长2895米。主要工程量为隧道施工5775米及隧道进口端路基25米，无桥梁。2011年完成产值4074万元，开累完成产值1亿元。

中铁八局承建姚渡（甘川界）至广元公路工程土建工程G15标。合同价款2.2亿元，合同工期：2009年6月17日～2012年2月16日。该合同段起于宝轮镇龙泉村，止于宝轮镇小林村，施工起止里程K50+235～K55+696.627，全长5.46公里。工程有桥梁6座：清江河特大桥（全长1704.55米）、徐家梁1#（全长393.5米）、徐家梁2#大桥（全长226.1米）、晏家河大桥（全长186.1米）、李家沟大桥（全长278.1米）、宝轮服务区中桥（长28米），涵洞7道、人行通道5道，路基挖方66.6万立方米，填方67.3万立方米，抗滑桩21根，横重式挡土墙共6段，累计297.5米，服务区改河一处以及边坡防护工程等。路基土石方完成130万余方；路基原设计抗滑桩21根全部施工完成，正对变更新增的抗滑桩施工；路基框架锚杆完成400余延米，挡墙施工完成3800余方；清江河特大桥下部构造全部施工完毕，T梁已经架设130片；李家沟大桥下部构造施工全部施工完成；晏家河大桥下部构造全部施工完成，该桥箱梁已经架设全部施工完成，桥面铺装及防撞护栏全部施工完成，徐家梁二号大桥下部构造全部施工完成；徐家梁一号大桥桩基、地系梁全部施工完成；墩身完成26根，盖梁完成8片；完成下部构造总产值的90%；梁片预制：20米箱梁共计310片，预制完成137片；T梁共计310片，预制完成137片；梁片预制设计共850已共计完成264片。2011年完成8300万元，开累完成2.2亿元。

【映秀至汶川高速公路】 中铁八局承建映秀至汶川高速公路A6合同段项目。合同价款2.5亿元，工期：2009年12月18日～2012年6月18日。本合同段工程位于映秀镇桃关村境内，起讫里程K18+850～K22+572，线路长3.722公里。主要工程为福堂隧道、福堂岷江大桥、桃关1#隧道、桃关沟大桥及G213线分离式拱桥。福堂隧道、桃关1#隧道均为分离双向四车道高速公路隧道，福堂隧道左幅长2680米，右幅长2600米，桃关1#隧道左幅长611米，右幅长670米。其中福堂特长隧道为主要控制性工程。隧道工程已完成开挖及初支2353米、二衬1913米、排水沟及电缆沟2306米；桥梁工程已完成钻孔桩661米/29根、墩柱74.58.26米/3根、系梁2道、盖梁6个、桥台台身及承台及拱圈砼8876立方米、预制T梁29片。路基工程已完成主动防护网26500平方米、挡土墙17859立方米、浆砌路基土石方8.9万方。2011年完成产值1.2亿元。

【成都—自贡—泸州高速公路项目】 中铁八局承建。工程总投资为49300万元，工期2010年5月10日～2012年5月30日。成都—自贡—泸州高速公路成都境、眉山境段是《四川省高速公路网布局规划》中成都至赤水公路的重要组成部分。项目起始于成都绕城高速公路，止于泸州分水岭，接泸州至赤水高速公路。成都—自贡—泸州—赤水（川黔界）高速公路CR2合同段位于成都市区锦江区双流县境内。成都—自贡—泸州高速公路CR2合同段为高架桥工程，主要技术标准：设计速度为100公里/小时；设计荷载为公路-Ⅰ级；设计净空高度为5米；地震动峰值加速度为0.1g；主线最大纵坡为3.0%；路基（桥面）宽度为：2×16.75米（主线分离式）；路拱横坡为2%；设计洪水频率为1/10（桥涵及主线路基）。本标段起讫里程桩号为K2+938.5～K7+495.5，全长4557米，本标段工程数量合计：桩基861根、承台376个、墩身401个、盖梁362个、预制梁1746片。全桥砼共计196407立方米，钢筋31013502公斤。2011年完成产值2亿元。

【乐山至雅安段公路】 中铁八局承建乐山至雅安段公路路基土建工程施工TJ11标段。合同价款3.1亿元，合同工期24个月。标段里程K80+370～K90+050，线路长9680米。8座桥梁合计长度1321米，桩基227根、墩柱140根、系梁52个、箱梁331片；涵洞及通道34道，其中圆管涵11座，总长354.33米，盖板涵23座，总长766米；隧道2座（单线总长2268米），其中水口隧道左线长1294米，右线长1298米；肖家山隧道左线长973米，右线长970米。2011年完成产值1.7亿元，累计完成金额为2亿元。

中铁八局承建乐山至雅安段公路路基土建工程施工TJ5标段。工程总投资3.6亿元，工期：2010年4月30日～2012年4月30日。标段起讫里程K30+800～K37+300，线路长6500米。3座桥梁合计长度2597.5米，桩基4444根、墩柱292根、地系梁146个、墩系梁11个、盖梁146个；一座隧道单洞合计长度5069.5米；路基挖方87922立方米，填方328841立方米及附属工程。截至2011年底开累完成产值2.9亿元。

【G213线映秀至都江堰段灾后恢复重建工程Ⅲ标段】 中铁八局承建。工程总投资1.4亿元，工期：2010年7月20日～2013年6月19日。G213线映秀至都江堰段灾后恢复重建工程两阶段施工图设计Ⅲ标段（K1016+788.415～K1019+220），路线起于漩口水泥厂对面，起点里程K1016+788.415，新建漩口大桥跨漩口工业园区，进入漩口隧道，出隧道后新建寿江大桥跨寿江，与G213线原有公路相接，终点里程为K1019+220.000，路线全长2.4公里。主要工程量：新建漩口大桥，新建漩口隧道，新建寿江大桥，既有友谊隧道加固，路基及附属工程和路面工程。截至2011年底开累完成产值721万元。

【湖北宜都高速】 中铁八局承建湖北宜都四合同段。合同价款1亿元，2009年3月24日正式开工。本合同段起讫里程为K26+770～K28+700、ZK26+775～ZK28+700，全长1.93公里。主要工程内容：桥梁1座，涵洞1道，隧道1座，其余为路基工程。其中本标段熊渡电站大桥为分离式桥梁，起讫里程桩号分别为K26+770.5～K27+336.5，全长566米，ZK26+780～ZK28+348，全长568米。左右线上均为14×40米预应力混凝土T梁，先简支后连续结构。左线2～12号墩和右线5～12号墩采用空心薄壁墩，其余采用圆柱墩。左线6、、9、10、11号和右线6～12号采用挖孔桩，其余采用钻孔桩。桥台左右线都为U型桥台，明挖扩大基础。熊渡2号隧道也为左右分离式隧道，其中左线隧道起讫里程桩号为ZK27+357～ZK28+638，隧道全长为1.28公里；右线隧道起讫里程桩号为K27+337.5～K28+612.5，隧道全长为1.275公里。截至2011年12月14日开累完成9858万元。

【S102线渝巫路开县镇安至白鹤段改造工程】 中铁八局承建省道S102线渝巫路开县镇安至白鹤段改造工程炮台梁隧道工程。工程总投资1.1亿元，合同工期：2011年4月2012年12月，调整工期：2011年4月～2013年6月。炮台梁隧道工程位于开县镇东街道办。隧道为分离式公路隧道，设计速度为60公里/小时，设计荷载：公路-Ⅰ级，最大埋深217米；隧道进口浅埋存在偏压问题，长度约200米。岩层为厚层状泥岩夹砂岩，覆盖土层厚约1～3米。经调查进洞口未见不良地质现象。洞身围岩主要为粉砂质泥岩，厚层块状，层理不发育，岩层产状近水平，围岩级别为Ⅲ～Ⅳ级。洞门型式采用城墙式和棚洞式，并对洞门进行装饰。隧道单洞净宽10.25米，建筑限界净高5.0米；左线隧道进口里程K2+720，出口里程K4+200，左洞长1480米；右线隧道进口里程K2+790，出口里程K4+180，右洞长1390米。2011年完成投资3585万元，右线开挖311米，仰拱，二衬44米；左线开挖533米，仰拱501米，二衬251米。

【省道S364十水线改建工程】 中铁八局承建省道S364十水线改建工程小榄水道特大桥。工程总投资2.3亿元，工期要求2013年1月30日完成。小榄水道特大桥位于中山市东凤镇沙口大桥下游约3.5公里处的广珠城际快速轨道小榄水道特大桥的两侧，本桥分左右幅设计，中间预留33米空间置轻轨桥，左右幅主塔墩基础错位15米布置。小主线桥左线起于K6+700.2，终于K7+715.4，总长1015.2米；右线起于K6+700.2、终于K7+682.7，总长982.5米。主桥为跨越小榄水的一座预应力混凝土双塔双索面斜拉桥，跨径布置为98+220+98=416米。两侧为引桥部分，引桥跨越小榄岸大堤处采用一孔50米预制T梁外，其余各跨均采用20～34米跨径的预制T梁，并采用先简支后桥面连续体系。主要工程数量：主桥长832米，引桥长1198.4米。桩基168根、系梁承台112个、墩柱99个、箱梁832米、预制T梁350片。2011年完成投资3626万元，主桥共完成桩基48根，过渡墩桩基5根，引桥桩基49根。

【长安高速公路】 中铁八局承建长安高速公路长治至平顺段主线LJ2合同段。工程投资3.6亿元，工期：2009年9月1日～2011年12月31日。隧道工程施工是本标段施工组织的重点和难点，是控制工期、质量和成本的关键。主要工程数量：挖土方93万方，挖石方28万方，填方73万方；大桥2座：槐树坪大桥（75+130+75）米的连续刚构，碑滩大桥(虹梯关互通主线)13孔40米；匝道桥12孔30米；通道涵1处，互通立交1座，服务区1座；槐树坪分离式隧道：左线1561.7米，右线1577米。设计速度为80公里/小时，双幅四车道，路基宽度24.5米。2011年完成投资1.4亿元，完成土石方39万立方米、承台3个、墩柱39个、梁预制及吊装265榀。隧道洞身掘进完成31米，二次衬砌完成895.2米。

【泉州市后渚至东通道工程—北山隧道工程】 中铁八局承建。工程投资5127万元，工期要求2011年7月22日完工。泉州市后渚至城东通道工程—北山隧道工程，位于北山村，起点桩号K2+278，终点桩号K2+588，隧道全长310米，属于短隧道。左右线内轮廓净间距为6.95米，为小间距隧道。隧道采用双向六车道，设计车速60公里/小时，道路等级为城市Ⅰ级主干道。隧道左线净宽13.25米，右线净宽15米，车行道净高5米，人行道净高2.5米。北山隧道场址区地貌属残坡积台地区，地形起伏大，其中进口地形属缓坡状，山坡植被发育（主要为龙眼树），出口地形较为陡峭。隧道进口段左洞基岩埋藏较深，右洞基岩埋深较浅；隧道出口段围岩主要为残积土及全风化岩，天然坡体稳定，进口段坡度约10度～20度，出口段坡度约为25度～35度。主要工程数量：隧道长310米，双线六车道。2011年完成投资3038万元，左洞上台阶开挖255米，下台阶开挖310米，仰拱及二衬完成310米；右洞上台阶开挖142米，下台阶开挖228米，仰拱231米、二衬完成286米。

【四川木里河沿河通乡公路卧落大桥工程】 中铁八局承建。工程投资3724万元，工期调整为2011年4月30日完工。卧落大桥位于四川省凉山彝族自治州木里县后所乡大弯子村以西，右岸逆流而上至立洲水电站坝区下游，左岸至博科乡连接S216省道，是沿河通乡公路上的一座重要桥梁。该桥主跨为160米箱形拱桥，引桥采用预应力混凝土空心板梁。桥跨布置形式为（20+170+20）米，总长222米，总宽7米。主桥净跨径为160米的C50钢筋混凝土箱形拱箱，净矢高26.667米，矢跨比1/6，采用悬链线拱箱，拱轴系数m=1.756。主拱采用预制与现浇结合的箱形截面，共4个箱室，组合截面高2.70米。主拱箱采用无支架缆索进行吊装，每个箱肋分7段，最大吊装重量95吨，节段长24.67～25.19米、宽1.71～1.86米。拱上建筑采用梁式建筑形式，全桥采用简支腹孔，腹孔由立柱、帽梁、纵向桥面板组成。主桥桥面纵梁为C40先张法预应力混凝土T梁，梁高0.9米，宽1.395（1.39）米，长9.96（9.94）米，横向5片对称布置，共85片，最大吊装重量16吨。引桥桥面纵梁为C40后张法预应力混凝土空心板，板高1米，宽1.5米，长19.94米，横向4片对称布置，共8片，最大吊装重量46吨。主要工程数量：主跨160米，引桥222米。拱箱28榀、10米T梁85片、20米箱梁8片。2011年完成投资500万元，预制拱箱5榀，吊装10米T梁18片，预制及吊装20米箱梁6片。

【重庆市港口大道（梧木公路一期）工程】 中铁八局承建。工程投资1.9亿元，工期调整为2011年12月31日完工。港口大道起于通江大道，终点与东港工业园区外环高速延伸道相连，途径磨盘山、下湾、大山坝、赵家岩、马颈、马家岩、河口场等地，全长7.91公里，横跨苦竹溪、牛头溪、鱼溪三条溪流，经过峡口镇、迎龙镇、广阳镇。港口大道道路等级为二级公路，设计行车速度为60公里/小时，标准轴载为BZZ-100，道路结构组合形式为马蹄脂SMA13+双层AC面层+半刚性基层，设计年限为15年。采用双向四车道，道路全宽为24米，横断面布置设计为4米（人行道）+0.25米（路缘带）+3.75米×2（车行道）+0.25米×2双黄中隔带+3.75米×2（车行道）+0.25米（路缘带）+4米（人行道）=24米。路拱坡度采用1.5%，路拱曲线采用半立方次抛物线形式。纵断面除K0+682.209～K1+169段纵坡5.2%，坡长478米外，其余纵坡控制在5%内，全路段纵向变坡17次，平均每公里5.846次，最大纵坡5.2%/1处。竖曲线最小半径，凸形2000米/1处，凹形2500米/1处，最短坡长217.36米，竖曲线占路线总长36.9%。2011年完成投资9085万元，土石方完成挖填约46万立方米，苦竹溪大桥架梁47榀；渔溪大桥下部结构完成，架梁54榀；牛头溪大桥墩身完成4根，预应力T型梁完成60榀；抗滑桩成孔42根，浇筑112根；路面完成7.86公里。

【福州市南台大道南段（螺洲互通立交及配套）工程】 中铁八局承建。工程投资3.3亿元，工期：2011年1月至2013年6月。福州市南台大道南段项目位于福州市南台岛南部，北起牛头山边南二环路—南台大道交叉口，与已设计并正在实施的南台大道北段相接，向东南经程巷村，在光桥村与既有迎宾路相交，继续向南行经义序镇、半天村、天福村后，与三环路相交（螺洲互通），止于社园山侧与正在建设的螺洲大桥北接线相连，路线全长4.26公里。螺洲互通立交1座，主干路水桥（小桥）1座，立交辅路水桥（中小桥）1座。其中螺洲互通立交由1座主线桥及8座匝道桥组成，共长7.8公里，道路工程4.26公里。2011年完成投资6244万元，完成桩基59根、1个桥台、25个承台、25个墩柱。

【宜宾市屏山岷江大桥工程】 中铁八局承建。工程投资0.8亿元，工期要求：2011年1月～2013年6月。屏山岷江大桥桥梁全长816.08米，桥面宽度为16.5米，主桥为连续刚构桥，桥跨布置为（130.5+235+130.5）米（边跨），梁体采用悬臂现浇，共29节段，引桥北岸为3×30米预制简支梁跨，南岸为7×30米预制简支梁跨。2011年完成投资550万元，4#墩爆破1500立方米，开挖600立方米；5#墩爆破完成1600立方米，开挖650立方米。

【城口至万源快速公路通道工程】 中铁八局承建CW02合同段。工程投资8088万元，工期：2010年5月17日～2012年5月16日。本工程位于重庆市城口县，城万快速公路通道是连接重庆城口县至四川万源石塘新建二级公路，为4小时重庆的部分工程，施工里程K5+500～K10+294，全长4.794公里。主要工程数量：路基土石方33.4万方，长隧道0.5座1460米、短隧道1座185米、中桥4座230米，涵洞12座。2011年完成产值6100万元，完成主要工程数量：路基土石方25万方，漆树坡隧道折合成洞963延米，桥梁折合成桥37延米、涵洞完工8座。

【广西南宁外环公路】 中铁八局承建NO.5合同段。合同总造价为3.2亿元，开工时间2010年10月20日，由于业主变更设计，减少大量土石方，涵洞等，合同竣工时间2012年10月完工。由于征地拆迁影响，工期延误，预计完成时间2012年12月30日，合同造价变为2.4亿元。本合同段全长12.424公里。主要工程内容包括：临时工程及设施、路基、特殊路基处理、防护、排水、路面、桥梁、互通、分离式立交、涵洞、通道等，合同段内土石方364万方，共布设桥梁22座（含互通式跨线桥、分离式立交桥及改路桥梁共4842米）、涵洞79道、通道34道。

【呈七公路改扩建工程】 中铁八局承建呈七公路改扩建一标工程。全段中标价14600万元。呈七公路一标段全长1.35公里，设计道路为双向6车道，其中道路965米，桥梁385米，工程结构多样，包含大桥两座，上跨南昆铁路和昆河铁路，属既有线施工，桥梁水下桩4000余米，空心板梁400余片，钢梁3000余吨，涵洞2座，路基开挖施工，路基填筑施工，路基最大开挖高度51米，高边坡段设计采用锚杆防护施工。2011年完成施工产值1873万元，挖土石方完成63万立方米，桥梁完成118延米。

【昆明绕城公路】 中铁八局承建昆明绕城公路西北段土建第九合同段。工程投资2.3亿元，工期调整为2010年9月4日～2012年9月30日。路线全长为5.178公里，设计行车速度为60公里/小时，路基宽度23米，行车道宽度为4×3.5米。涵通道6道，共计230米，桥梁共有7座，共计2221米。2011年完成产值10348万元。

【云南省云龙县小甸至表村三级公路改造工程】 中铁八局承建云龙县小甸至表村三级公路改造工程第Ⅰ标段。工程总投资8868万元，工期调整为2010年5月～2012年5月。施工里程K76+935.18～K90+400，路基10.45公里，土石方84万立方米，浆砌片石挡土墙12万立方米，喷锚5.4万平方米，桥梁1349米/16座/52孔，涵洞324米/35道。2011年完成产值3665万元。

【施甸至孟定二级公路】 中铁八局承建施甸至孟定二级公路永康至临清段第八合同段。工程投资1亿元，工期：2009年11月～2011年9月。路线全长13.78公里，技术标准二级，沥青混凝土路面。大桥8座，计长1148.02延米；中桥5座，计长262.5延米；隧道1座，计长220延米。2011年完成产值1600万元。

【沈阳市绕城高速公路改扩建工程】 中铁九局四公司承建。工程总造价3.6亿元，工期：2010年11月15日～2012年9月30日。建设单位为辽宁省高等级公路建设局，设计单位为辽宁省交通规划设计院，监理单位为辽宁驰通公路工程监理事务所。工程起讫桩号K57+250～K59+604，位于沈阳浑南地区下深沟立交与白塔堡立交之间，全长2.35公里。施工范围：特大桥1座（浑南高架桥A段），拆除路面及路基挖方共计21万立方米。截至2011年开累完成产值1.8亿元，完成总价的50%。下部工程完工。

【旅游产业大道东段（佟沟至白清寨）新建工程】 中铁九局六公司承建。工程总造价1.1亿元，工期：2011年8月27日～2012年8月30日。建设单位为沈阳五里河建设发展有限公司苏家屯分公司，设计单位为沈阳市公路规划设计院，监理单位为北京中鑫伟业公路工程监理有限公司。该工程位于沈阳市苏家屯区，起点为佟沟南，向东延伸途径14个村屯，跨越沈丹高速、十大线公路等，终点为白清寨东，路线全长16.16公里。主要工程数量：路基挖方87.3万立方米、填方44.6万立方米、沥青路面31万平方米；中桥3座、小桥3座、盖板涵2座、圆管涵5道、平面交叉4处、道口14个、过道圆管涵20座。截至2011年底开累完成产值1225万元，完成总价的11.3%。

【庄河至盖州高速公路】 中铁九局六公司承建庄河至盖州高速公路路基9合同段。工程总造价2.4亿元，工期：2009年10月1日～2012年6月30日。建设为单位为辽宁省高等级公路建设局，设计单位为辽宁省交通勘测设计院，监理单位为辽宁驰通公路工程监理事务所。里程桩号K81+600～K84+910，线路全长3310米。有路基挖方0.55万立方米，填方9.3万立方米，上跨分离式立交桥1座、隧道1座5795米。2011年完成产值8109万元，开累完成产值2亿元，完成总价的80%。

【乌兰浩特市洮儿河乌兰大桥、钢铁大桥新建工程】 中铁九局七公司承建。工程总造价1.9亿元，合同工期：2011年5月25日～2012年12月31日。建设单位为乌兰浩特市建设局，设计单位为中国城市建筑研究院，监理单位为吉林铁道勘察设计院。该工程位于内蒙古乌兰浩特市境内，桥梁跨越洮儿河，桥位垂直于主河道。乌兰大桥桥梁起点桩号为K0+121.598，桥梁终点桩号为K0+548.398，桥长426米。钢铁大桥桥梁起点桩号为K0+251.6，桥梁终点桩号为K0+688.4，桥梁总长426米。工程引道总长570.16米。截至2011年底完成钻孔桩103根、预制箱梁148片、路基填筑16.9万立方米、桥台台身14个、桥台承台2座。

【抚顺旺清门（吉辽界）至南杂木高速公路】 中铁九局大连工程处承建抚顺旺清门（吉辽界）至南杂木高速公路第2合同段。工程总造价2.2亿元，工期：2009年6月15日～2012年4月30日。建设单位为辽宁省高等级公路建设局，设计单位为辽宁省交通设计院，监理单位为沈阳公路监理有限公司。合同段起点位于新宾县红升乡旧门村的K72+500，终点止于新宾县红升乡白旗村东南方向的K82+400处，沿线经过红升乡，跨越的主要公路有省道沈通线、村通工程白妈线，跨越的主要河流有苏子河，里程桩号为K72+500～K82+400，线路全长9.9公里。主要工程数量：路基土石方209万立方米，路基附属1.3万立方米；大桥2座、中桥6座、小桥9座、涵洞11座；隧道2078.53米。2011年完成产值 2394 万元，开累完成产值 2 亿元，完成总价的 91%。路基工程、桥梁工程完工，隧道主体完工。

【大连皮炮高速公路】 中铁九局大连工程处承建大连皮炮高速公路路基 3 合同段。工程造价 2.1 亿元，已于 2011 年 10 月 28 日正式通车。建设单位为辽宁省高等级公路建设局，设计单位为辽宁勘测设计院，监理单位为丹东诚达建设监理有限公司。该工程位于辽宁省普兰店、瓦房店境内，起点桩号为 K30+000.000，终点为金岛枢纽互通立交 G 匝道与沈大高速公路的交叉点，桩号为 GK1+529.362，路线全长 14.02 公里。主要工程数量：路基挖方 95.87 万立方米，路基填方 262.78 万立方米；大桥 3 座，中桥 3 座，小桥 3 座，涵洞、通道 66 座。

【梅大高速公路】 中铁九局广州分公司承建梅大高速公路土建工程 1 标。工程总造价 5.1 亿元，工期：2010 年 11 月 4 日～2013 年 5 月 31 日。建设单位为广东博大高速公路有限公司梅大分公司，设计单位为广东省公路勘察规划设计院有限公司，监理单位为北京华通公路桥梁监理咨询有限公司。工程起点位于梅江区三角镇，与梅州西环高速公路程江至三角段相接。起点桩号 K0+000，终点桩号 K7+567.588，全长 7.57 公里。主要工程数量：圣人山隧道（左线长 2576 米，右线长 2565 米）、龙坑隧道（左线长 609 米，右线长 582 米）；三角分离立交桥全桥长 450 米，漳龙铁路分离立交桥 1130 米，洋坑大桥 480 米，径下大桥 330 米以及总长为 2064 米的路基工程。2011 年完成产值 1 亿元，开累完成 1.4 亿元，完成总价的 26.9%。

【沈海复线高速公路】 中铁九局广州分公司承建沈海复线高速公路莆田段 A2 合同段。工程总造价 4.7 亿元，工期：2011 年 5 月 1 日～2013 年 2 月 28 日。建设单位为莆田沈海复线高速公路有限责任公司，设计单位为福建省交通规划设计院，监理单位为福建省交通建设工程监理咨询公司。该合同段位于福建省莆田市仙游县石苍乡高阳村，终点位于菜溪乡坑下村，路线全长 5.68 公里。主要工程为分离式隧道 2 座，金钟 1 号隧道长度为左洞 2060 米、右洞 2133，金钟 2 号隧道长度为左洞 2692 米、右洞 2748 米；大桥 1 座，中桥 1 座，涵洞 2 座，通道 1 座；路基挖土石方 16.6 万立方米，路基填方 55.9 万立方米。截至 2011 年底开累完成产值 5842 万元，占合同总价的 12.5%。

中铁电化局承建沈海复线高速公路漳州段 A2 标工程。合同价款 3.5 亿元，合同工期：2010 年 12 月 3 日～2012 年 12 月 3 日，工程于 2011 年 4 月 1 日开工。建设单位：漳州沈海复线高速公路有限公司；施工单位：中铁电气化局铁路工程公司；设计单位：福建省交通规划设计院沈海复线漳州平和段设计代表处；监理单位：厦门中平工程监理咨询有限公司。工程概况：本工程位于漳州市芗城区和南靖县境内，起点桩号 K6+356（为天宝特大桥 63 号墩中心线），终点桩号 K13+110，路线起于漳州市芗城区天宝镇田寮村附近，经天宝特大桥、国道 319 线、靖城枢纽互通，终于南靖县靖城镇沥阳村附近。总长 6.574 公里。主要工程数量：天宝特大桥 2.754 公里、枢纽互通 1 号桥、2 号桥、田边分离式中桥、涵洞、路基土石方工程、附属工程、临时工程、排水及防护和其他工程等。截至 2011 年底完成清表 178064 平方米、PCT 桩 21242 米、砂桩 40569.20 米，桥梁折合 328.77 延米、钻孔桩 147 根、墩柱 26 个、承台 13 个、盖梁 13 个、涵洞 116.51 横延米。

中铁建设分公司承建海西高速公路沈海复线高速公路漳州天宝至诏安段路基土建工程 A12 标段。合同价款 20899.92 万元，合同工期 24 月，2010 年 10 月开工，2012 年 9 月竣工。工程位于漳州市诏安县境内，全长 11.33 公里。项目主要结构物有大中桥梁 6 座 942 米（所罗大桥 182 米，心田大桥 157 米，霞葛互通跨线桥 82 米，东溪大桥 282 米，霞村大桥左幅 132 米右幅 107 米，结斜门大桥左幅 132 米右幅 107 米），互通立交 1 座（含匝道桥 1 座 287 米）；涵洞 43 道（含霞葛互通处 6 道，S309 省道改路工程 4 道）。路基土石方开挖 207.7 万立方米，路基填方 162.6 万立方米。2011 年累计完成施工产值 4366 万元，占工程造价 20899.92 万元的 21%。项目完成路基清表 10.86 公里，挖土石方 60.39 万方，利用土填方 41.86 万方，片石砼挡墙完成 5598 立方米，桩基完成 206 根，承台完成 7 个，立柱完成 16 根，盖梁完成 1 个，系梁完成 26 个，T 梁预制 7 片，涵洞完成 14 道 777.8 延米，另外 8 道正在施工。

【增从高速公路】 中铁九局广州分公司承建增从高速公路工程 S11 标段。工程总造价 2.1 亿元，工期：2009 年 4 月 1 日～2011 年 9 月 30 日。建设单位为广州市公路开发公司，设计单位为中交第二公路勘察设计研究院有限公司，监理单位为广州诚信公路建设监理咨询有限公司。该标段位于广州市从化市温泉镇境内，起点里程 K55+415，终点里程 K58+290，线路全长 2.88 公里。主要工程数量：路基土石方 27 万立方米；大桥 564 米/1 座，涵洞 4 座；隧道 3742 米/4 座。

【江西德兴至上饶高速公路】 中铁九局广州分公司承建德兴至上饶高速公路项目 B4 合同段。工程总造价 1.2 亿元，工期：2010 年 10 月 28 日～2012 年 2 月 26 日。建设单位为江西省高速公路投资集团德兴至上饶高速公路项目建设办公室，设计单位为中国公路工程咨询集团有限公司，监理单位为江西省嘉和工程咨询监理有限公司。该合同段位于江西省上饶市玉山县境内，主要经过必姆镇与临湖镇。起点桩号为 K44+600，终点桩号为 K48+900，全长 4.3 公里。主要工程数量：土石方 196 万立方米，大桥 626 米/4 座、小桥 2 座、涵洞 8 座、互通立交 1 处。2011 年，完成产值 5400 万元，开累完成产值 5700 万元，完成总价的 49%。

【宁波穿山至好思房公路工程】 中铁十局承建。合同价款 7.4 亿元，合同工期：2010 年 3 月～2012 年 2 月。施工地点：宁波市北仑区，标段长度 5339 米。主要工程数量：路基挖方 4.32 万方，路基填方 0.42 万方，圬工砌体 1.01 万方。本合同段共有桥梁 2 座，其中北仑高架主线桥 2904 米/1 座，大碶主线桥 2409 米/1 座，（其中包括匝道桥 8 座）。现浇箱梁完成 2915 米。

【西久公路】 中铁十局承建西久公路 XJA1 合同段。合同价款 1.6 亿元，合同工期：2007 年 9 月～2009 年 6 月，业主调整工期，2012 年 12 月竣工。施工地点：青海省湟中县境内，线路总长 5.93 公里，主要工程数量：路基土石方 18.7 万立方米，沥青砼路面 1.9 万平方米，水泥砼路面 1.2 万平方米；桥梁 654 米/2 座，隧道长 2650 米，土方完成 12 万方，桥梁完成 461 米，隧道完成 2497 米。

中铁建设分公司承建西久公路拉脊山隧道工程一合同段。工程造价 1.6 亿元，合同工期 32 个月，2007 年 7 月 15 日～2011 年 11 月 30 日，实际竣工日期 2012 年 6 月。项目位于青海省东部，路线走廊所经地区位于拉脊山区，为高海拔严寒地区，冬季施工环境较为恶劣；工程线路全长 5.930 公里，主要工程包括：隧道 1 座，拉脊山隧道 2650 米；大桥两座，其中骟马台大桥长度 522 米，大马鸡沟大桥长度 132 米；路基土石方 18.7 万方，防护工程 3.8 万方；涵洞四道。2011 年，开累完成产值 11371 万元，占工程造价 16080 万元的 71%。骟马台大桥总长度 522 米，剩余 264 米防撞护栏未完工。大马鸡沟大桥总长度 132 米的，剩余桥面系工程和 30 片架梁施工。拉脊山隧道全长 2650 米，2011 年 6 月 25 日开挖至分界里程；二衬累计完成 2428 米。

【汉鄂高速公路】 中铁十局承建汉鄂高速公路 HETJ-4 标工程。工程造价 3.1 亿元，合同工期：2009 年 7 月～2011 年 5 月。施工地点：湖北鄂州，标段长度 8.5 公里. 主要工程数量：特大桥 2 座 2590 延米，预制箱梁 544 片，小港特大桥连续梁（35+60+35）米，广山高架桥连续梁（72+125+125+72）米。小港特大桥主体完成，广山高架桥跨京九铁路施工防护棚。

【广珠西线三期第五合同段工程】 中铁十局承建。工程造价 2.7 亿元，合同工期：2009 年 12 月 30 日～2012 年 2 月 28 日。施工地点：广东省中山市三乡镇，标段长度 3.288 公里。主要工程数量：路基土石方 147 万方；桥梁 799.42 米/6 座（左、右线）；隧道 2901 单洞米/6 座；涵洞、互通 234.1 延米/7 座。路基土石方完成 131 万方；隧道完成 2257 米。

中铁建设分公司承建广东省中山市沙溪至月环土建工程施工招标第五合同段。合同价款 2.7 亿元，合同工期 26 月，2010 年 3 月 16 日开工，2012 年 5 月 15 日竣工。项目为广珠西线二期工程的往南延续，路线总长 3.2875 公里。主要工程有：桥梁 421.24 米/4 座；隧道 2901 单洞米/3 座；互通立交 1 处，即三乡互通（含涵式通道 43 米/2 道、涵洞 152.3 米/6 道）；涵洞 20 米/1 道，1-10 米桥式通道 2 座。2011 年，开累完成产值 13048 万元，占工程造价 2.7 亿元的 48%。路基土石方开累完成 116.8 万方，占合同数量 147 万方的 80%。涵洞开累完成折合成涵 258 米，占合同数量 326 米的 79%。附属圬工开累完成 7620 方，占合同数量 16976 方的 45%。桥梁工程开累完成折合成桥 257 米，占合同数量 408 米的 63%。南龙隧道左线 10 月 26 日贯通，右线 11 月 16 日贯通。斜飞凤隧道左线 5 月 23 日贯通；右线 8 月 19 日贯通。八亩隧道左线开挖累计完成 440 米。右线开挖累计完成 256 米。

【广乐高速公路】 中铁十局承建 T26 标。合同价款 7.5 亿元，合同工期：2011 年 6 月～2013 年 2 月。施工地点：广东省清远市黎溪镇和飞来峡镇，标段长度 12.9 公里。主要工程数量：路基土石方 505 万方；桥梁 18 座/5866 延米，其中特大桥 1 座/1170 米；制架梁 2502 片，现浇梁 240 延米。路基土石方完成 371 万方；桥梁完成 2229 米。

【贵州省六盘水至盘县高速公路】 中铁十局承建土建工程施工第 8 合同段。合同价款 1.5 亿元，合同工期：2009 年 5 月 1 日～2012 年 10 月 30 日。施工地点：贵州省六盘水市，全长 1.88 公里。主要工程数量：路基土石方 18.4 万立方米；桥梁 1219.04 延长米/4 座。路基土方完成 17 万方，桥梁完成 601 米。

中铁十局承建土建工程施工第 20 合同段。合同价款 1.4 亿元，合同工期：2009 年 5 月 1 日～2012 年 10 月 30 日。施工地点：贵州省盘县，全长 7.355 公里。主要工程数量：路基土石方 187 万立方米；桥梁 2095 延长米/5 座，涵洞 963 横延米/36 座。路基土方完成 187 万方，桥梁完成 2036 米。

【南安至厦门高速公路】 中铁十局承建泉州段路基土建工程施工第 A4 合同段。合同价款 3.5 亿元，合同工期：2009 年 9 月 1 日～2011 年 9 月 1 日。施工地点：福建泉州，全长 6.396272 公里。主要工程数量：路基土石方 364.8 万立方米；桥梁3617.5延长米/8座；涵洞421横延米/12座；隧道2408横延米/2座。路基土方完成361万方，桥梁完成3515米，隧道工程全部完成。

【永定湖雷至城关高速公路】 中铁十局承建LA1合同段。合同价款3亿元，合同工期：2010年8月12日～2012年8月11日。施工地点：福建龙岩市永定县，全长9.992公里。主要工程数量：路基土石方431万立方米；级配碎石底基层28134平方米；级配碎石基层2205平方米；水泥稳定碎石基层27729平方米；水泥混凝土面板27168.1平方米；大桥1174.3米/5座；隧道2216米/1座。路基土方完成397万方，桥梁完成819米.隧道完成2067米。

【湖北恩来恩黔高速公路】 中铁大桥局承建第六合同段。路线全长34.564公里，施工项目涵盖路基约21公里，特大桥2座，大桥26座，中桥2座，隧道5座，涵洞通道53道，天桥9处，互通1处，分离式立交2座，服务区1处。总挖方量为896万方，填方量381万方，预制T梁2675片。龙桥特大桥为主跨268米的上承式钢管拱桥，主拱圈的缆索吊机扣挂法安装，主拱圈桁架的加工和组拼、主拱圈起吊系统的设计和施工以及钢管混凝土的浇筑。孟家坪特大桥及玛瑙塘大桥为预应力混凝土连续刚构箱梁桥，两桥均为高墩桥梁，主墩及交界墩平均墩高66米，最高墩高达99米。龙桥特大桥18根桩基完成12根，整个工程桩基共计完成233根，占设计数量的15%，隧道累计开挖444.4米占设计总数量的7%。

【广深沿江高速】 中铁大桥局承建广深沿江高速（深圳段）II标段。钻孔桩开累完成1272根，占设计总量的99%；承台开累完成326个，占设计总量的98%；墩身开累完成318个，占设计数量的95%。预制梁开累完成225片，占设计数量的80%，架设完成154片，占设计数量的54%，现浇梁完成46孔，占设计数量的92%。

中铁港航局二公司承建广深沿江高速公路（深圳段）项目第二合同段。合同价款4.6亿元；合同工期：2009年4月25日～2011年8月25日；工程概况：标段位于机场境内，包括机场特大桥下部结构91#墩～114#墩，机场互通主线桥上部结构27孔30米组合箱梁的预制和架设、湿接缝施工、体系转换和桥面及附属工程施工，25孔（27－31米）变截面连续箱梁支架现浇和桥面及附属工程施工；下部结构1#墩～51#墩的施工。本合同段桥孔跨组成（自北向南）为：[2×（5×30米）＋4×30米＋5×30米＋2×（4×30米）]预制组合箱梁＋(3×40米＋6×30米＋5×30米＋6×31米＋5×27米)现浇箱梁。主桥桥墩均位于海中，海中基础及下部结构采用栈桥和平台施工法，栈桥布置在左右两幅桥的中轴线上，利用支栈桥与施工场地连接，主栈桥共计2123米，其中机场特大桥主线桥栈桥长1653米，机场互通分离式立交桥主栈桥长470米。主要工程数量：桩基557根，承台152个，墩身152个，现浇梁50个施工段，预制梁283片。2011完成产值1.7亿元，占年度计划130.1%。

【武西高速公路】 中铁大桥局承建桃花峪黄河大桥TJ-5、TJ-6标。5标墩身完成设计数量的80%，预制箱梁完成259个节段占设计的23%。6标134#墩塔柱左幅第16节浇筑，右幅第17节浇筑；135#墩柱下横梁第一次混凝土浇筑。

【宁波象山港公路大桥及接线工程】 中铁大桥局承建1标、7标。1标下部结构基本完成，预制梁开累完成300片，占设计总量的53%，架设完成252片，占设计总量的44%，现浇梁开累完成80孔，占设计总量的95%，悬浇梁开累完成101块，占设计总量的42%。7标144片箱梁全部完成预制，架设完成141片。

【马鞍山长江公路大桥MQ-01合同段】 中铁大桥局承建。主塔42个钢箱节段完成34个，占设计数量的81%。

【九江长江公路大桥A2合同段】 中铁大桥局承建。全标段钻孔桩剩余12根；墩身剩余29个，215孔现浇箱梁开累完成144孔，占设计总量的70%，土石方累计完成153.4万方。

【汝城至郴州高速公路】 中铁大桥局承建土建工程第19A标段。5#墩主塔施工开累完成12个节段，6#墩主塔开累完成10个节段，共完成22个节段，占设计总数量的25%。

【黑瞎子岛乌苏大桥及引道工程】 中铁大桥局承建。主塔上塔柱施工完成至36米，剩余42.45米，钢梁开累架设完成4个节段。引桥墩身完成114个，架梁完成112片。

【武汉硚口至孝感高速公路】 中铁大桥局承建第QXTJ-04标段。因征地拆迁的影响，无法开工。

【淳安县环湖公路】 中铁大桥局承建淳安县环湖公路上江埠大桥及接线工程，2011年6月29日通车。

【咸阳市渭河横桥工程】 中铁大桥局承建咸阳市渭河横桥工程第QL合同段，2011年12月26日通车。

【广明高速公路】 中铁电化局承建土建工程，为续建工程。2010年1月6日开工。截至2011年底佛陈大道跨线桥折合完成600延米，钻孔桩93根，承台完成26个，墩台完成48个，盖梁完成9个，预制梁完成10片；文登路高架桥折合完成800延米，钻孔桩139根，承台完成77个，墩柱完成104个，盖梁完成43个，预制梁完成97片，现浇梁完成100米，架梁2孔；花卉大道跨线桥完成170折合米。钻孔桩51根，承台完成19个，墩柱完成12个，盖梁完成14个，现浇梁完成75米。

【神木至府谷高速公路】 中铁电化局承建LJ-1-1标段，为续建工程。合同价款4亿元，工期：2009年7月～2011年10月。工程位于榆林市神木县，起讫里程为K0+000～K3+058，主线3.058公里，主要工程量：路基挖方204.7万方，填方26.66万方，防排圬工2万方，桥梁4座。窟野河特大桥主桥（88+4×165+88）米连续钢构是该工程控制性工程，最高墩74.3米，最大跨165米，上部结构设计为悬臂现浇C55预应力变截面连续梁，依次上跨S204、神延铁路老龙池大桥和神木火车站公路。2011年，开累完成2.7亿元。

【宝鸡蟠龙大道土建工程】 中铁电化局承建。合同价PL3标段1.2亿元；PL1标段9513万元，合同工期PL3标段：2011年7月11日～2013年6月30日；PL1标段：2011年7月1日～2013年7月1日。建设单位：宝鸡市交通运输局；施工单位：中铁电气化局西铁建设公司、西铁工程公司；设计单位：西安公路研究院；监理单位：内蒙古华讯工程咨询监理有限公司。工程概况：蟠龙大道东上塬公路建设项目是宝鸡市为开发蟠龙新区而建的一条西北—东南走向的城市道路，路线全长18.45公里，分为三个合同段，电化局承担PL3合同段和PL-1标段施工。PL3标段里程起于K11+560，终于K18+299.951，全长6.74公里，经过千河乡和蟠龙镇两个乡镇。主要工程数量：千河特大桥1座1653延长米，中桥2座112.12米，匝道桥2座525.12延长米，路基土石方为34万立方米，涵洞7座139.8横延米。截至2011年底，桥梁开工2座，完成桩基40根、系梁5根、承台10个、预制板梁71片。PL-1标段起于省道212陇凤公路K100+150处金河乡蒋家庙村，终于宝鸡市蟠龙塬顶西营村以西，全长6.5公里，与规划的蟠龙大道建设项目相连接。主要工程数量：路基5.232公里、大桥1089.45米/3座、中桥178.24米/3座、盖板涵5道。截至年底完成路基土石方12.6万方，禁令河大桥折合完成150米，完成钻孔桩45根、系梁7个、墩柱2个、预制梁9片，兴隆中桥完成钻孔桩7根。

【京台高速公路】 中铁电化局承建建瓯段A1标工程。合同价款3.9亿元，合同工期：2010年2月21日～2013年2月15日，工程于2011年2月27日开工。建设单位：南平京台高速公路有限责任公司；施工单位：中铁电气化局铁路工程公司；设计单位：中交第一公路勘察设计研究院有限公司；监理单位：福建省交通建设监理咨询公司。工程概况：福建省建瓯至闽侯高速公路土建路基工程A1合同段路线位于建瓯市，起于东安村，桩号为K0＋000，终于K7＋700，全长7.7公里。按双向四车道高速公路标准建设，整体式路基宽度26米，设计时速100公里/小时。主要工程数量：路基土石方挖方87.76万方，填方103.79万方；大桥3091.28米/8.5座，中小桥170.24米/2.5座，涵洞698.58米/9道，通道107.3米/4道；隧道1460米/1座；互通式立交1座。2011年，完成土石方20.935万方、桥梁528延米、挖孔桩20个、钻孔桩238个，墩柱69个，系梁89个、承台2个、盖梁21个、隧道掘进折合89延米、涵洞105.43横延米。

【钱江通道及接线工程】 中铁航空港承建钱江通道及接线工程南接线段第10合同段，由中铁一局一公司中标，重组前中铁一局一公司承建，重组后中铁航空港一公司承建。合同价款3.5亿元，合同工期：2010年11月1日～2012年10月31日。钱江通道及接线工程南接线段第10合同段，位于浙江省杭州市萧山区党山镇镇龙殿村，起讫里程K37+902.5～K41+237.5，全长3.335公里。设计技术标准：高速公路双向六车道，桥幅宽度33米，设计时速为100公里/小时。主要工程量：主线高架桥3335米/1座（桥宽33米），其桥梁上部结构主要有27联预应力混凝土先简支后连续梁、1联跨信益线（40+60+40）米预应力连续箱梁；下部结构为H型敞口双柱式墩，设置有盖梁，底部为承台加桩基础。2011年，完成施工产值1.6亿元，完成主要工程量：特大桥1296.1延米，其中钻孔桩完成600根、承台86个、墩身31个、盖梁完成16个、预制箱梁完成160片、架梁完成80片。

【河北省茅荆坝至承德公路】 中铁航空港承建茅荆坝至承德公路工程1标段，中铁一局中标，重组前中铁一局一公司承建，重组后中铁航空港一公司承建。合同价款9.2亿元，合同工期：2011年3月20日～2014年1月21日。河北省茅荆坝至承德公路1标段，位于河北省承德市北部，起止里程K2+125～K17+000，全长14.875公里。设计技术标准：按照全封闭、双向四车道高速公路标准建设，设计速度100公里/小时，路基及桥幅宽度，整体式半幅路基宽12.75米，分离式半幅路基宽13米。主要工程数量：路基土石方开挖35.2万立方米，土石方填筑125.1万立方米；分离式特长隧道1座，左线长2944米，右线2915米（茅荆坝特长隧道河北段长度）；长隧道1座1178米；特大桥4152.5米/3座；大桥1214米/2座；中桥122米/2座；涵洞通道13道。2011年完成施工产值3亿元，完成主要工程量：路基土石方 98.8 万立方米；特大桥 237.7 延米、大桥 250.4 延米、中桥 50.4 延米、涵洞 478.3 横延米；隧道成洞 2418 米；制梁 498 片，架梁 187 片。

【山西省山阴至平鲁高速公路】 中铁航空港承建山阴至平鲁高速公路 1j6 标。中铁一局五公司中标，重组前中铁一局一公司承建，重组后中铁航空港一公司承建。合同价：2.亿元。合同工期：2010 年 10 月 15 日～2011 年 10 月 31 日，总工期 12.5 个月。起讫里程：K190+900～K195+000，全长 4.1 公里。主要工程数量：大桥 1521 米/4 座；吴辛寨隧道 628 米/座；通道 1 处，涵洞 3 道；路基挖方 96 万立方米，填方 19 万立方米；重锤夯实 2 万平方米，强夯 1.7 万平方米，灰土桩 1.2 万米。2011 年累完成施工产值 15428 万元，开累完成施工产值 16245 万元。年累完成主要工程量：路基土石方 65.5 万立方米，附属工程 0.15 万立方米；大桥 1352 延米；涵洞 30 横延米；隧道 1039 成洞米；制梁 189 片，架梁 116 片。

【仁怀至赤水高速公路】 中铁航空港承建 RCTJ-19 合同段，中铁三局中标，重组前中铁三局一公司承建，重组后中铁航空港三公司承建。合同价款 2.7 亿元，合同工期：2010 年 8 月 30 日～2012 年 8 月 30 日。仁怀至赤水高速公路 RCTJ-19 合同段，位于贵州省习水县土城镇赤水河西岸，起讫里程 K100+000～K109+820，全长 9.819 公里。设计技术标准：高速公路双向四车道；路基及桥幅宽度，整体式 21.5 米，分离式 11.25 米；设计时速为 80 公里/小时。主要工程数量：大桥 1045 米/5 座，中桥 94 米/1 座，互通立交主线跨线桥 147 米/2 座，停车区一处；路基工程长度 8774.084 米，路基土石方开挖 228 万立方米，土石方填筑 154 万立方米。2011 年完成施工产值 1.7 亿元，开累完成施工产值 2 亿元。全年完成主要工程量：路基 8.774 公里(含停车区)，其中路基土石方 297 万立方米，涵洞 17 个；桥梁 1.192 公里，其中桩基 164 根、承台 12 个、墩台 128 个，制梁完成 81 片，架梁完成 50 片。

【山西省太原至古交高速公路】 中铁航空港承建路基、桥涵、隧道工程施工第 S3 合同段。中铁一局一公司中标，重组前中铁一局一公司承建，重组后中铁航空港一公司承建。合同价款 4.6 亿元，工期要求：2009 年 4 月 8 日～2011 年 11 月 16 日（调整后）。山西省太原至古交高速公路路基、桥涵、隧道工程施工第 S3 合同段，主要为西山特长隧道古交端工程，全长 7.25 公里，起止里程 Y(Z)K7+550～Y(Z)K14＋800。隧道建筑限界宽 10.25 米、高 5.0 米，隧道设计为上下行分离式双洞、双向四车道。古交端洞门型式为反削式，左洞全长 7110 米，右洞全长 7030 米。隧道左线最大埋深为 450.897 米，最小埋深为 13.133 米；右线最大埋深约 439.343 米，最小埋深为 2.582 米。2011 年完成施工产值 3 亿元，开累完成施工产值 4.3 亿元，全年完成主要工程量：路基土石方 0.46 万方；隧道成洞 8749 米。

【莆永线莆田段】 中铁建设分公司承建莆田段路基土建工程 A6 合同段。合同价款 4.4 亿元。式期 2010 年 5 月 1 日～2012 年 6 月 30 日。标段起点位于莆田市仙游县大济镇溪口村，路线长度 11 公里；主要工程数量包括桥梁 5 座，其中大桥 4 座，中桥 1 座；隧道 2.5 座，其中白鸽岭隧道全长 1680 米，古濑隧道全长 535 米，佛堂隧道全长 437 米；涵洞 23 道；通道 7 处。2011 年累计完成产值 34918 万元，占工程造价 43885 万元的 80%。路基土石方累计完成挖方 185.73 万方，填方 171.31 万方。桥梁工程溪口 1#大桥、溪口 2#大桥、古濑大桥、白鸽岭中桥主体工程基本完工。古濑隧道右线 5 月 5 日贯通，左线 6 月 30 日贯通。佛堂隧道右线 3 月 8 日贯通，左线 6 月 30 日贯通。白鸽岭隧道左线开挖支护累计施工 1501 米，二衬累计施工 1265 米。右线开挖支护 1274 米，衬砌累计施工 1223 米。

【福建福州至永泰高速公路】 中铁建设分公司承建路基土建工程 A8 标。合同价款 3.2 亿元，合同工期 24 月，2010 年 5 月 8 日开工，2012 年 5 月 7 日竣工。福州至永泰高速公路 A8 合同段起点位于福州城峰镇穴利村附近，段路线长 5.76 公里；主要工程内容包括路基 254 万方、桥梁 7 座/1441 延米米、涵洞 18 座/764.96 延米、隧道 1.5 座/1731 延米等工程，其中丘山隧道左线 765 米，右线 708 米，湖台隧道左线 999 米，右线 996 米。2011 年累计完成施工产值 2.5 亿元，占工程造价 3.2 亿元的 76%。路基土石方开累完成 252 万方，占合同数量 267 万方的 94%；附属圬工开累完成 10610 方，占合同数量 31603.3 方的 34%。桥梁工程开累完成折合成桥 1224 米，占合同数量 1441 米的 85%。隧道开累完成折合成洞 1649 米，占合同数量 1734 米的 95%。其中丘山隧道左线 7 月 21 日贯通；右线 10 月 5 贯通；湖台隧道左线 11 月 25 日贯通，右线开挖累计完成 958 米。

【福建省永春至宁化高速公路】 中铁建设分公司承建路基土建工程 A2 合同段。合同价款 35645.57 万元，2009 年 6 月 16 日开工，2011 年 11 月竣工。标段地处福建省三明市境内，路线全长 7.717 公里。大湖应急通道（三级路）全长约 2.26 公里，与主线 K12+580 处相接。合同段共有分离式隧道 1.7 座，其中樟林隧道左线长 1223 米，右线长 1160 米；石林隧道(进口端）左线长 2002.44 米，右线长 1990 米；大桥 1 座，渡槽、涵洞及通道 21 座（含大湖三级路），分离式立交 1 座。2011 年，累计完成施工产值 3.3 亿元，占工程造价 3.6 亿的 92%。项目主体工程已全部完工，并于 11 月 25 日顺利交验，确保了 12 月 16 日全线通车目标的实现。

【海西高速公路】 中铁建设分公司承建漳州南联络线南靖至龙海高速公路路基土建工程 A2 标段。合同价款 30568.75 万元，合同工期 24 月，2011 年 1 月 1 日开工，2012 年 12 月 30 日竣工。漳州南联络线南靖至龙海高速公路 A2 标位于福建省龙海市九湖镇，项目线路总长 10 公里，主要工程为湖山隧道（左线 1645.481 米，右线 1645 米）、内寮水库大桥（352.04 米）、九湖分离大桥（左线 977.54 米，右线 987.54 米）、程溪中桥（97 米）、漳州南互通主线桥及沿线路基、涵洞通道工程 27 道等。桥梁上部结构采用预应力混凝土 T 梁，桥面净宽 13 米，下部结构均采用柱式墩、桩基础；分离式立交桥 2 座、车行天桥 2 座及匝道桥 1 座合计 648.28 延米长。2011 年累计完成施工产值 3234 万元，占工程造价 3.1 亿元的 11%。湖山隧道洞口完成挖方 3.3 万立方米；内寮水库大桥完成桩基 56 根，系梁 16 道，墩柱 18 个。九湖分离大桥完成桩基 94 根，系梁 17 道，墩柱 22 个。预制梁 T 形梁 25 米计 64 片，20 米空心板梁 23 片，16 米空心板梁 8 片。小型预制块：涵洞盖板 625 片，六角块 43000 块；路基完成清表 3.6 公里，填方 6500 立方米，清淤 3600 立方米。

【广东博罗至深圳高速公路】 中铁建设分公司承建土建工程第四合同段。合同价款 3.8 亿元，2009 年 8 月 6 日开工，2012 年 2 月 6 日竣工。标段起点位于银屏山自然保护区西北侧的旗岭下，路线长度 5.129 公里。工程内容包括路基工程（挖方 11.98 万方，填方 54.37 万方）、防排水工程（防护工程 6370 方，排水工程 6444.7 方）、涵洞工程（128.07 米/2 座）、改路工程（484.41 米）、改沟工程（260 米）、桥梁工程(2755.88/2 座双幅)和隧道工程(5835/1 座双线)。2011 年，累计完成施工产值 3.3 亿元，占工程造价 3.8 亿元的 85%。路基土石方、涵洞工程全部完成。桥梁开累完成折合成桥 1105 米，占合同数量 1401 米的 79%。水涧山隧道进口左线于 11 月 2 日贯通，右线于 11 月 22 日贯通。

【四川黔川界至纳溪段高速公路】 中铁建设分公司承建 C19 合同段。本项目位于四川省泸州市纳溪区境内，线路全长 5.25 公里。包括分离式隧道、路基、桥梁、涵洞、分离式立交、服务区。主要工程有路基土石方：185.2 万方；防护 17256 方；排水 4889.8 方；梨子坪大桥 536 米（左右幅相加）；涵洞 784.69 米/11 道；铜锣山隧道左线 2140 米，右线 2068 米。分离式互通 4 处；人行通道 117.5 米/2 道。2011 年累计完成施工产值 23500 万元，占工程造价 2.3 亿元的 104%。项目主体工程已全部完工并顺利交验。

【广三高速公路扩建工程】 中铁建设分公司承建 S03 标段。合同价款 9518.6 万元，2009 年 10 月 10 日开工，2012 年 6 月竣工。项目是在既有广三高速公路基础上左右两侧整体式加宽，由原来双向四车道扩建为双向八车道。项目全长 14 公里。2011 年，累计完成施工产值 5628 万元，占工程造价 9518 万元的 59%。路基总长为左右幅各 1400 米，总长 2800 米，软基处理全部完成，现路基已交工 681 米，另有 881 米已填筑完成，976 米施工至 93 区顶，正在进行路床施工；7 座涵洞全部完成；中小桥涵、通道桥 1 座 3 孔立交桥桩基全部完成，左幅下部结构完成，剩余右幅下部结构正在施工，3 座通道桥完成 2 座，剩余 1 座桩基已完成。大桥共 1242 米，已完成 872 米，完成率 70%。

【二广高速公路】 中铁建设分公司承建粤境连州至怀集段 17 标。合同价款 2.3 亿元，2011 年 3 月 10 日开工，2012 年 6 月 30 日竣工。二广高速位于怀集县梁村镇蓝钟河东岸，向西跨越蓝钟河、省道 S349（设梁村互通），再经岗坪镇南侧至粤桂省界，与在建的广西灵峰至八步公路相接，路线全长 9.192 公里。主要工程量：特大桥 1 座，蓝钟河特大桥全桥长 1037.56 米，是本标段的控制性工程。大桥 3 座，匝道桥 2 座，小桥 6 座（涵式盖板桥），涵洞及通道 35 座，路基土石方 4347922 立方米，其中路基开挖 2050357 立方米，路基填筑 2297565 立方米。2011 年，累计完成施工产值 9205 万元，占工程造价 2.3 亿元的 40%。桥梁工程完成桩基础 217 根，承台及系梁 9 个，墩柱 93 个，盖梁 23 道，预制梁 196 片，蓝钟河特大桥左幅 6#～7#连续箱梁支架正在进行预压；路基土石方完成挖方 95 万立方（包括填筑便道开挖），填筑 85 万立方；全线软基处理已全部结束，涵洞工程完成 917 延米。

【临潼骊山经铁炉至蓝田公路改建工程】 中铁建设分公司承建 I2 标段。合同价款价 5629.6 万元，2011 年 3 月 22 日开工，2012 年 12 月 30 日竣工。工程西起国道 310，南止国道 312，连接了临潼区代王镇、马额镇、铁炉乡、小金山及蓝田县的金山镇、三官庙和蓝田县城。有土石方工程 1109853 立方米，防护工程 98072 立方米，涵洞 15 道。路面工程全长 27.017 公里，公路等级为二级。2011 年，累计完成施工产值 3836 万元，占工程造价 5629.55 万元的 68%。路基土石方累计完成 73.5 万方，占合同数量 85.9 万方的 81%；防护工程累计完成 36230 方，占合同数量 38072.26 方的 87%；涵洞工程累计完成 148 折合成涵米，占合同数量 202.52 米的 61%。

【上海S6公路新建工程】 中铁上海工程局一公司承建S6-5

标段工程。合同价款3亿元。合同工期：2010年8月28日～2012年3月31日。工程概况：项目部负责施工的第5标段位于嘉定区南翔、马陆两镇交界处，承担其中1.1公里的高架桥梁和1.3公里的地面辅道施工，以及5～7标966片预应力小箱梁的预制和运输任务。

S6－5 标段主线高架工程范围是：上行起点桩号为 K5+535.278(含对应墩及伸缩缝)，上行终点桩号为 K6+598.278(不含对应墩及伸缩缝)，全长 1063 米；下行起点桩号为 K5+499.278(含对应墩及伸缩缝)，下行终点桩号为 K6+607.278(不含对应墩及伸缩缝)，全长 1108 米。另有匝道桥两座，NS1 匝道桥起点桩号为 K6+329.278，终点桩号为 K6+579.278，全长 250 米；SX1 匝道桥起点桩号为 K6+286.278，终点桩号为 K6+556.278，全长 270 米；S6－5 标段地面道路范围是 K5+495～K6+800，道路全长 1.305 公里，地面道路桥梁 3 座(滑家浜桥 40 米、大长浜桥 40 米、云长泾桥 54 米)；S6-5 标～S6-7 标范围内的 966 片小箱梁的预制、运输及本标段的卸梁与安装。高架和地面道路不包括水泥稳定碎石基层、桥面防水层及以上路面工程。

2011 年，完成主要工程量及开累总量：1.路基工程：水泥搅拌桩完成 30495 米，开累 35495 米，仅剩余云长泾东侧台后部分由于高压架空线未拆迁，未施工；预压土方完成 0.6 万立方米，开累完成 0.6 万立方米；浜塘处理完成 0.5 项，开累 1 项；挡土墙完成 188.9 米，开累完成 188.9 米，全部完成。2.桥梁工程：主线高架桥下部结构全部完成，共有：PHC 管桩完成 926 根，开累完成 1155 根；承台完成 110 个，开累完成 110 个；立柱完成 167 个，开累完成 167 个；箱梁安装完成 222 片，开累完成 222 片；支架现浇梁 NS1K1～NS1K3、XK30～XK32、SK16～SK18 浇注完成，SK4～SK6 底腹板钢筋绑扎完成，XK18～XK20 底模铺设完成；地面桥 PHC 管桩完成 140 根，开累完成 140 根，剩余云长泾桥 2#、3# 墩台 55 根由于高压架空线影响未施工；地面桥完成滑家浜桥承台 4 个、墩柱 10 个、盖梁 4 榀；大长浜桥、云长泾桥未施工；箱梁预制完成 690 片，开累完成 691 片。

【宜州至河池高速公路】 中铁上海工程局一公司承建肯研互通式立交土建工程。合同价款1.04亿元。合同工期：开工日期2011年5月10日，完工日期2012年11月9日，总工期18个月。工程概况：广西河池互通是实现河池至都安高速公路与宜州至河池高速公路连接的枢纽立交，同时也是河池市的西出口，采用半定向Y型+单喇叭的组合型式。该互通内的宜河高速及单喇叭立交为一期工程，正在施工建设。由于宜河项目在施工图设计时，河池至都安项目还处于施工可研究阶段，因此，宜河项目只做了本互通的一期工程，综合考虑都安方向的接线，预留了二期工程位置。现根据河池至都安项目实施线位，完成河池西互通的二期工程。由于地形限制，结合交通量及综合考虑河池西一期单喇叭立交，该互通二期采用半定向Y型方案，主流方向F匝道下穿宜河高速，次流方向I匝道上跨宜河高速，以节省工程量和提高主流的行车安全。该互通主交通流F、G匝道均采用设紧急停车带的单向双车道断面，次交通流H、I匝道采用单向单车道断面。河池西互通立交工程匝道总长2915.3米，互通范围内共有4座匝道桥共1826.5米。主要工程量：路基挖方29156立方米、路基填方511370立方米；本工程匝道总长2915.3米，互通范围内共有4座匝道桥共1826.5米，其中预制箱梁244片。施工进度：路基土石方设计54.8万方，累计完成10.8万方。匝道桥设计4座，开工4座，完成钻孔桩89根、承台5个、系梁4个，完成立柱22个、帽梁11个，折合完成453延米。涵洞、预制梁未开工。

【江西瑞寻高速公路】 中铁上海工程局二公司承建 B8 标。合同价款 1.7 亿元。合同工期：2009 年 11 月～2011 年 11 月，实际开工时间：2010 年 1 月 20 日。工程概况：承担管段 K1560+1500～K1563+150，正线长 3 公里土建工程施工，主要结构物有金刚山隧道，8 座涵洞。寻乌金刚山隧道为一分离式隧道，隧道左洞始于 ZK1560+759，终于 ZK1562+445，长度 1686 米，隧道右洞起始桩号为 YK1560+790，终于 YK1562+415，长度为 1625 米，净空高度 5 米，隧道属于公路长隧道，隧道进出口洞门均为削竹式型式。2011 年，完成建安产值 5621.4 万元，开累完成 17971 万元，占合同金额的 109%。现场施工完成隧道二衬 18 米，隧道路面 3311 延米，隧道装饰 3311 延米，防护工程 17074 立方米，排水工程 6652.5 立方米，该项目提前 5 个月结束施工。

【绍兴至诸暨高速公路】 中铁上海工程局二公司承建 SZTJ02 合同段。合同价款 7554.7 万元。合同工期：2008 年 11 月 25 日～2010 年 12 月 25 日，调整后工期 2009 年 1 月 25 日～2011 年 6 月 30 日，实际开工时间：2009 年 5 月 31 日。工程概况：绍诸标陶堰特大桥，起点为 K3+000～K4+396，全长 1396 米，上部配跨为（3×20+1×30+8×20+4×30+（40+80+45）+1×32.7+4×30+6×27.6+4×35+1×32.7+16×30）米，下部为柱式墩、钻孔灌注桩基础及实体墩、桩基接承台，柱式桥台，钻孔灌注桩基础。2011 年，完成施工产值 2441 万元，开累完成 8163.7 万元，占合同金额的 108%。主要完成钻孔桩 196 根，承台 72 个，立柱 142 根，盖梁 90 榀，箱梁预制及架设 494 片，现浇箱梁 52 段，桥面铺装及护栏 96 孔 3736 延米。

【江苏省临海高等级公路】 中铁九局三公司承建临海高等级公路如东段工程第二合同段。工程总造价 1.6 亿元，工期：2011 年 6 月 12 日～2012 年 8 月 31 日。建设单位为江苏省如东县人民政府，设计单位为江苏省交通规划设计院有限公司，监理单位为南通市交通建设咨询监理有限公司。工程起始里程 K28+387～K39+700，线路全长 11.31 公里。路基填方 104.9 万立方米，挖方 11.3 万立方米，湿喷桩 2.95 万延米，水泥石灰稳定土底基层 27.89 万平方米，大桥 2 座，中桥 5 座，小桥 1 座，箱涵 1 道，圆管涵 34 道。截至 2011 年底开累完成产值 8050 万元，完成总价的 52%。

中铁上海工程局二公司承建如东段工程 3 标。合同价款 1.3 亿元。合同工期：2011 年 6 月 12 日～2012 年 8 月 31 日，调整后工期 2011 年 6 月 12 日～2012 年 12 月 30 日，实际开工 2011 年 6 月 12 日。工程概况：桥梁工程特大桥 536.22 米一座，中桥 48.10 米一座，小桥 30.08 米一座，圆管涵 18 座，箱涵一座，盖板涵一座。后张法预制组合箱梁 140 片，先张法预制空心板梁 192 片。特大桥洋口大桥位于临海高等级公路如东段新建工程 3 标，桥梁中心桩号为 K47+738.03，桥跨布置形式为(3-25)+(4-25)+(50+80+50)+(4-25)+(3-25)米，总长 536.22 米。桥梁主桥采用 50+80+50 米三跨预应力砼变截面连续箱梁跨越四贯河，两侧引桥采用两联先简支后连续部分预应力砼组合箱梁。洋口大桥采用挂篮施工工艺。道路工程一般路段采用双向四车道，路基顶宽 26 米，洋口港区路段采用双向六车道，顶宽 33.5 米，路基设计标高为中央分隔带外侧边缘处路面标高。2011 年，完成建安产值 5351.7 万元，开累完成 5865.1 万元，占合同金额的 44.4%。完成路基土石方 26.3 万立方米，圆管涵 694 米，钻孔桩 203 根，承台 13 个，立柱 28 根，预制板梁 265 片，预制箱梁 33 片。

中铁上海工程局华海公司承建如东段工程 5 标。合同价款 4.1 亿元。合同工期：合同开、竣工时间为 2011 年 7 月 12 日～2012 年 8 月 31 日，实际开工时间为 2011 年 7 月 12 日。工程概况：标段起点位于桩号 K60+000，线路接四标终点径直向南前行，跨越如泰运河，进入东安科技园区，路线利用一期和二期之间的通道穿过园区，跨越纳潮河，线路略向西偏继续向南，跨越遥望港，终于如东通州交界，桩号 K77+670，本标段线路全长 17.67 公里。公路用地面积 1268 亩；拆迁 11175 平方米；混凝土用量 12710.6 立方米；沥青砼路面 328440 平方米；本标段箱涵有 5 道，圆管涵 29 道；大桥 3 座，中桥 3 座，小桥 6 座，主要道路交叉 1 处。2011 年，完成 9500 万元，开累完成 9500 万元。

【广西桂来高速公路】 中铁上海工程局二公司承建第四合同段工程。合同价款 2.7 亿元。合同工期：2011 年 5 月 1 日～2013 年 9 月 1 日，开工时间 2011 年 5 月 1 日。工程概况：主线 K210+000～K222+000）全长 12 公里和武宣联线 3.8563 公里。主线（K210+000～K222+000），路基土石方 231.65 万立方米；大、中桥 194.17 米/2 座；小桥 60.08 米/2 座；跨线立交桥 186.2 米/3 座；线外桥 49 米/1 座；钢筋混凝土盖板通道 34 个；钢筋混凝土圆管涵 13 个。武宣联线（LK4+500～LK8+356.3）为进出武宣县及周边乡镇的公路。路线长 3.8563 公里，路基土石方 35.64 万立方米，黔江特大桥 749.68 米/1 座；涵洞 8 个。黔江特大桥上部结构为(106+200+106)米三跨一联的预应力混凝土变截面连续箱梁，主桥全长 412 米，整幅式布置。箱宽 9.5 米，翼板悬臂 4.2 米，全宽 17.9 米。两岸引桥分别采用 2×30 米和 9×30 米先简支后连续预应力砼 T 型梁，引桥共长 337.682 米。2011 年，完成建安产值 4104 万元，开累完成 4104 万元，占合同金额的 15.3%。完成土石方 21 万立方米，涵洞 14 座，钻孔桩 55 根，承台 8 个，立柱 20 根。

【榆商线榆林至绥德高速公路】 中铁港航局深圳公司。合同造价 3.8 亿元。合同工期：2010 年 3 月 3 日～2011 年 6 月 2 日（15 个月）；实际开工时间为 2010 年 3 月 3 日，竣工日期 2012 年 9 月 20 日。工程概况：标段为榆林至绥德高速公路土建工程的一部分，含隧道、桥梁、涵洞、通道、路基、附属等工程。起点里程为右线 YK111+720，左线 ZK111+740，终点里程为右线 YK114+930，左线 ZK114+970，线路右线 3210 米，左线 3230 米。工程内容主要有隧道 3 座，单洞左、右线总长 5484 米；路基填筑土石方 11.4 万立方，路基开挖土石方 8.03 万立方；2×13 米小桥 2 座，1—6 米通道 1 座，1—4 米涵洞 2 座。2011 年完成产值 1.3 亿元，占年度计划的 91%。

【合淮阜长丰连接线】 中铁四局承建。工程造价：23356 万元。合同工期：2011 年 5 月～ 2011 年 10 月。

本工程起点位于杨公南路 S311 交口处，终点位于合阜高速公路长丰南高速公路收费站。公路全长约 10.435 公里，其中 K0+000～K7+570 段是城市Ⅰ级主干道，道路红线 60 米，K7+570～K10+434.5 段是一级公路，道路红线 33.5 米。工程进展：土石方工程完；桥涵进度表：中、小桥设计 3 座完；制梁、架梁：梁场：预制梁设计 134 片完；涵洞：涵洞设计 51 座完。主道：左幅、右幅面层沥青摊铺完；辅道：左幅沥青摊铺完；右幅沥青摊铺 3000 米，剩余 5400 米。2011 年完成产值 21835 万元。

城轨工程

【北京地铁 6 号线】 中铁三局承建北京地铁 6 号线 1 标。合同价款：6.7 亿元。合同工期：2007 年 12 月 15 日～2013 年 10 月 1 日。完成情况：甜十区间左右线贯通；十里堡站 2、3 号出入口完成，2 号风道完成，1 号出入口暗挖段完成；青年路站三期主体结构完成、1 号出入口暗挖段完成，4 号出入口、2 号风道完成；青褡区间左右线贯通；十青区间联络通道完成。

中铁三局承建北京地铁 6 号线二期十二标。合同价款：3.1 亿元。合同工期：2011 年 7 月 1 日～2013 年 12 月 31 日。完成情况：临建工程全部完成；围护桩 200 根；降水井 80 眼。

中铁三局承建北京地铁 6 号线工程轨道专业Ⅱ标段安装工程。合同价款：4.7 亿元。合同工期：2011 年 8 月 1 日～2013 年 3 月 29 日。完成情况：正线混凝土整体道床 6 公里，常营站西侧 9 号单开道岔 2 组，褡裢坡站 9 号单开道岔 2 组，五里桥车辆段剩余洗车库库内库外、不落轮旋库库内库外、工程车库内、平交道口道口板铺设。

中铁六局承建北京地铁 6 号线二期工程 14 标段。合同价款： 3.5 亿元。合同工期：2011 年 7 月 1 日～2013 年 12 月 31 日。建设单位：北京市轨道交通建设管理有限公司，设计单位：北京市市政工程设计研究总院，监理单位：中咨工程建设监理公司。标段位于北京市通州区，起于玉带河大街站止于郝家府站，包含玉带河大街站、玉带河大街站～郝家府站区间，设计起讫里程为：左 K37+953.000～K40+160.909、右 K37+953.000～K40+161.571，单线隧道长度左线 2207.909 米、右线 2208.571 米。采用盾构法施工。2011 年完成生产生活临建、开工准备等前期工作，2011 年 12 月 25 日玉带河大街站正式开工，2011 年共完成施工产值（安全文明措施费）1100 万元。

中铁电气化局承建北京地铁 6 号线供电系统及综合监控设备安装工程。合同价款：49619 万元；工期：2011 年 6 月 16 日～2012 年 12 月 31 日。建设单位：北京市轨道交通建设管理有限公司。施工单位：中铁电气化局集团城铁公司。设计单位：中铁电气化勘测设计研究院有限公司。监理单位：铁科院（北京）工程咨询有限公司。工程概况：北京地铁 6 号线是一条贯穿中心城东西方向轨道交通线，西起慈寿寺，东至通州新城，全长 43 公里，经由海淀区、西城区、东城区、朝阳区和通州新城等五个城区；全线设站 27 座，其中换乘站 12 座。一期工程由海淀区五路居站至朝阳区草房站，线路长 30.7 公里，车站 20 座，停车场及车辆段各 1 座；二期工程位于通州新城，线路长约 12.52 公里，车站 7 座，车辆段 1 座。主要工程数量：各类设备安装 2848 套/台/面，电缆敷设 1114.966 公里，各类电缆头制安 20684 个，刚性接触网安装 99.23 条公里，疏散平台安装 72.6 公里。该工程于 2011 年 6 月 16 日开工，截至年底完成各类设备安装 43 面，缆线敷设 3.14 公里，接触网架设 17 条公里。

【北京地铁 7 号线】 中铁三局承建北京地铁 7 号线工程土建施工 02 合同段。合同价款：7.9 亿元。合同工期：2010 年 5 月 1 日～2014 年 12 月 30 日。完成情况：1. 菜市口站：完成全部电力方沟改移 840 米；完成热力管线改移 370.5 米，占总合同量 385 米的 96%；完成架空电力改移；完成导行路施工。2. 广安门内站：完成降水井 86 眼，占总合同量的 91 眼的 95%；1 号竖井及横通道 55 米全部完成；2 号竖井及横通道完成 54 米，占总合同量 64 米的 84%；3 号竖井及横通道完成 83.5 米，占总合同量 98.5 米的 85%。4 号竖井及横通道完成 62 米，占总合同量 79 米的 78%；上部小导洞 249 米全部完成；下部小导洞完成 210 米，占总合同量 249 米的 84%；人工挖孔桩完成 237 延米，占总合同量 2750 米的 9%；横导洞完成 21.5 米，占总合同量 229.5 米的 9%；边桩下基础梁完成 72 米，占总合同量 498 米的 14%。

【北京地铁 8 号线】 中铁一局二公司承建。合同价款 4.3 亿元。合同工期 2007 年 11 月 28 日～2013 年 4 月 1 日，2008 年 5 月 22 日开工。项目包括两站两区间：西三旗站、西三旗南站、西三旗站－西三旗南站和西三旗南站－永泰站两个盾构区间。1. 西三旗站：为地下两层 11 米标准岛式车站，结构全长 199.8 米，标准段宽度 19.9 米，总建筑面积 11838 平方米。车站围护采用 φ800@1400 毫米钻孔灌注桩加钢支撑，车站主体除 4 号出入口采用明、暗结合施工外其余均采用明挖顺作法施工。2. 西三旗南站（改为清河小营站）：为地下两层 11 米标准岛式车站，结构全长 186 米，标准段宽度 20.7 米，总建筑面积 11700 平方米。车站基坑围护采用 φ800@1400 毫米钻孔灌注桩加钢支撑，全部采用明挖顺作法施工。3. 盾构区间：西三旗站～西三旗南站区间总长 1285.5 米，西三旗南站－永泰站区间总长 538 米，两个区间单线总长 3611.4 米。区间地段地质以粉质粘土、粉土为主，有部分中砂。八号线二期工程于 2011 年 12 月 28 日通车。

中铁上海工程局一公司承建北京地铁 8 号线二期工程轨道专业 III 标工程。合同造价：1.04 亿元。合同工期：2011 年 7 月 1 日～2011 年 12 月 27 日。工程概况：施工范围为平西府车辆段铺轨及轨道安装，为满足8号线北段年底开通运营需要，增加临时停车场一处，现临时车场施工已基本完工，二期工程主要主要施工范围为平西府车辆段铺轨及轨道安装，本工程主要包括无碴道床轨道、有碴道床轨道、有碴道床道岔、接触轨铺设、轨道附属设备共5个分部工程。2011年年度完成主要工程量及开累总量：铺轨工程，碎石道床铺设3.039公里，整体道床2.027公里，接触轨安装4.146公里。道岔工程，7号单开道岔铺设19组，9号单开道岔5米间距交叉渡线1组，7号单开道岔5米间距交叉渡线1组。

【北京地铁9号线】 中铁一局二公司施工土建施工04合同段。工程概况：北京地铁九号线04合同段包括六里桥站、丰台北路站～六里桥站区间、六里桥站～太平桥站区间。六里桥站为九、十号线换乘车站，车站共设7个出入口、4座风亭、4个疏散口，另外在车站东南象限设九～十号线联络线。丰台北路站～六里桥站区间起讫里程右K6+509.548～右K8+086.227。六里桥站～太平桥站区间线路基本呈东西走向，起讫里程右K8+423.827～右K9+397.562，里程右K9+006.546处设置施工竖井。总价6.93亿。工期要求：2008年10月1日～2012年9月30日。

中铁上海工程局一公司承建北京地铁9号线07合同段工程。合同造价：1.4亿元。合同工期：2009年3月1日～2012年9月30日，实际工期：2009年10月25日～2011年4月30日。工程概况：工程以郭公庄站南端约70米处为起点，起点里程为YCK0+400.000，起点开始左、右线分开为单层单跨结构，线路由北向南，再转向东在YZCK0+692.824（ZZCK0+657.354）处左、右线结构变为单层双跨结构，然后一直向东再转向北进入车辆段，设计最小控制曲线半径为210米。总建筑面积13904平方米。主要工程内容包括：郭公庄站站后出入线区间土建工程、安装工程、专项工作、总负责及协调配合等。2011年12月5日完成竣工验收。

【北京地铁10号线】 中铁三局承建北京地铁10号线二期05合同段。合同价款：4.2亿元。合同工期：2008年12月28日～2013年9月30日。完成情况：1.大红门车站主体结构：二衬施工完成4822立方米混凝土；完成顶板土方回填25500立方米；完成车站主体结构站台板及楼梯1200立方米混凝土；完成车站二次结构砌筑全1840立方米；完成车站公共区装修35%即站厅层及站台层18轴～27轴；完成车站设备及管理用房装修总工程量的50%；完成车站设备安装总工程量的70%。2.车站附属结构：1号出入口完成围护桩14根，土方2670立方米，二衬48米（计677立方米）；2号出入口完成围护桩125根，土方6179立方米，二衬143米（计1516立方米）；暗挖段初支开挖完成100%，二衬完成65%；3号出入口及1号消防疏散通道完成围护桩151根，土方开挖3420立方米，3号出入口结构完成80%，1号消防疏散通道结构完成100%；1号风道围护桩71根，土方10900立方米，二衬结构70%；3.盾构区间：石榴庄站～大红门站盾构区间左线掘进完成剩余的20.165米，右线掘进完成剩余的255.165米，合计275.33米，229环，联络通道兼泵房完成即11米。大红门站～角门东站区间右线联络线暗挖段初期支护完成47.7米即70.5%，二衬完成67.7米即100%；左线掘进完成880.453米，右线掘进完成812.753，合计1693.206米，1412环；角门东站端头加固完成；管片加工完成1412环；联络通道完成50%即5米.

中铁六局承建北京地铁10号线二期工程土建施工07合同段。合同造价：本标段工程造价约为3.8亿元，区间造价约为1.8亿元。合同工期：2008年12月28日～2012年10月17日。标段位于北京市丰台区，主要包括一站两区间：角门西门站、角门东站-角门西站区间、角门西站-草桥站区间。截至2011年底总产值完成情况2.755亿元，2012年计划完成1.05亿元，合同履行情况以及安全质量卡控情况优良，年底竣工的车站主体结构、区间结构顺利通过五方验收。截至2011年底工程累计结算金额3.19亿元。2011年底，角门西站工程顺利通过北京市结构长城杯终审。角门西站下穿既有四号线暗挖段施工获北京市市级工法。

中铁电气化局承建北京地铁10号线二期工程供电系统及综合监控系统设备安装工程。合同价款：2.4亿元。合同工期：2010年9月1日～2013年2月28日。建设单位：北京市轨道交通建设管理有限公司。施工单位：中铁电气化局集团一公司。设计单位：北京城建设计研究总院有限责任公司。监理单位：华铁工程咨询有限责任公司。工程概况：北京地铁10号线是北京轨道交通线网中的第二环线，线路位于城市道路三、四环之间。北京地铁10号线二期工程自一期工程劲松站末端至一期工程巴沟站西折返线，线路长度约32.45公里，设车站23座，其中换乘站12座，平均站间距（劲松～宋家庄～巴沟段）1.40公里；二期与一期工程构成北京市地铁第二环线。二期工程线路起于10号线一期劲松站南端折返线处，线路沿东三环一直向南，经化工大学南路、大羊坊路，在经过南三环分钟寺桥后，沿规划龙爪树路向南，之后转向西，到达石榴庄路；并沿石榴庄路一直向西，经成寿寺路、宋家庄路、光彩路到达石榴庄站；之后线路沿规划石榴庄路向西，经玉泉营后沿看丹路向西，在刘家村转向北；沿前泥洼路、西局中街、莲怡园东路向北，过吴家村路转向东北，穿过北京西机务段后沿西三环路向北，经莲花池西路、复兴路至永定河引水渠转向西北沿蓝靛厂南路继续向北，经阜石路、玲珑路、紫竹院路、远大路，至火器营转向东至一期巴沟西折返线即本线终点。主要工程数量：供电系统：供电设备安装1994台套，高压电缆敷设87.5公里，直流电缆敷设197.4公里，控制电缆敷设227.1公里，通讯线缆敷设65.8公里。综合监控系统：综合监控系统设备安装1700台套，光缆敷设78.3公里，通讯线缆敷设98.15公里；疏散平台安装55.23公里。供电及综合监控系统设备集成服务1项。该工程于2011年5月16日开工，截至2011年年底各专业完成6站基础槽钢、接地扁钢、电缆支架安装，6个站设备也已进场并安装，3个变电所电缆敷设及接线，正在进行试验。已完成3个区间电缆支架安装以及5个区间疏散平台打孔和预埋化学锚栓。合计完成总工程量10%。

中铁港航局三公司承建北京地铁10号线二期15标。合同造价：2.9亿元。合同工期：合同开工时间为2009年4月1日～2012年6月30日。工程概况：北京地铁10号线二期15合同段是慈寿寺站～车道沟站区间线路呈南北走向，位于京密引水渠西侧蓝靛厂南路西边绿地内。本区间隧道总长1282.171米，其中：明挖1121.009米；暗挖段：161.162米。本区间与五路停车场相连，区间在停车场出入线引入正线前是单线单洞结构，采用暗挖法施工；出入引入正线后是四线四洞结构，部分区段因道岔原因变为四线三洞结构及四线二洞结构，采用明挖法施工。本区间在K53+97.509～K53+127.509设轨排井。明挖基坑宽度约为23米，深度约为18米。围护结构采用钻孔灌注桩，基坑采用钢管支撑与锚索支撑相互结合体系。主要工程数量：明挖部分长1122.009米，暗挖部分长161.162米。产值：截至2011年底完成产值15507.68万元，占年度计划的137%。

中铁航空港承建北京地铁10号线二期工程土建施工13合同段，中铁建工集团中标，重组前中铁建工集团北京公司承建，重组后中铁航空港北京公司承建。合同价：9.4亿元。合同工期：2010年4月26日～2012年9月28日，共30个月。工程位于北京市海淀区玲珑路与蓝靛厂南路交叉口西北象限，东为蓝靛厂南路，西侧紧邻待建的14标段地铁列检库，南侧紧邻玲珑路，车站东南角与慈寿寺桥距离较近，为北京城区西四环与西三环之间重要的地下、公共交通枢纽。车站主体成“L近型布置，南北向为10号线，东西向为6号线，是6号线、10号线及S1线，3线换乘站。其中6号线地下三层、10号线地下二层，总建筑面积60197平方米。6号线车站主体结构采用三层三跨、局部三层四跨箱型框架结构，10号线车站主体结构采用两层三跨箱型框架结构，采用明挖顺作法施工。基坑围护结构采用钻孔灌注桩+预应力锚索，6号线车站采用围护桩+钢支撑的支护形式。2011年累完成施工产值2.4亿元，开累完成施工产值3.5亿元。年累完成主要工程量：土方开挖42万立方米；主体结构混凝土5万立方米；内部结构砌筑完成3480立方米。

【北京地铁14号线】 中铁三局承建北京地铁14号线00标。合同价款：4亿元。合同工期：2009年9月15日～2013年12月31日。完成情况：1.永定门外站：明挖主体结构100%完成；暗挖小导洞完成737米，完成79%，条基钢筋完成104吨，砼181方，明挖顶板土方回填800方。2.陶然桥站：西侧基坑交通导改完成，基坑围挡基本完成；西侧主体明挖段灌注桩完成17根，完成14%，开累完成39根，完成33%。

中铁六局承建北京地铁14号线01标段。合同价款：3.1亿元。合同工期：2010年5月1日～2014年12月31日，调整竣工日期2012年12月31日。建设单位：北京市轨道交通建设管理有限公司，设计单位：北京城建设计研究总院有限公司，监督单位：北京市建设工程安全质量监督总站，监理单位：北京逸群工程咨询有限公司，施工单位：中铁六局北京公司。工程位于丰台区，为高架桥梁结构形式，起点桩号K0+156.5，终点桩号K4+737.555，总长约4.5公里。其中包括跨越永定河、西五环路和丰沙铁路等节点、两座车站（张郭庄站及新增园博站）。上部结构主要形式为现浇箱梁，下部结构采用桩基础接承台接墩柱形式。2011年，完成桩基588根，护坡桩172根，承台70座，墩柱53座，桥台1座，简支箱梁7跨，累计完成产值约6500万。

中铁港航局三公司承建北京地铁14号线04合同段。合同造价：4.1亿元。合同工期：2010年5月1日～2014年12月31日，调整竣工时间提前至2013年1月15日。工程概况：管段起讫里程为K8+534.25～K11+584.18，包括一站三区间。其中车站长度206.4米，区间长度2568.73米。本合同段线路出郭庄子车站后下穿京石高速、卢沟桥路后，沿丰体南路一直向东延伸，经过大井站后沿丰体南路向东穿西四环丰北桥，并沿丰台北路东行，经过七里庄站后沿丰台北路向东行至西局站。主要工程数量：暗挖土方210000（立方），明挖土方126500（立方），喷射混凝土（立方）36400，车站206（米），区间2556（米），竖井109（米），横通道（271米）。工程重难点：标段内共有一级风险源41个，二级风险源27个，三级风险源19个。北京地铁14号线04标工程量大，工期异常紧迫，结构繁杂，风险高，技术难度大、管线改移、交通导改难。其中大井站和郭大区间右线280米长的双线单洞大断面施工是控制工期的重点，管段内暗挖区间下穿丰北桥立交桥区、武警建筑群、丰体中心地下水池以及区间叠加段等众多风险源是施工安全、质量控制的难点。产值：截至2011年底完成产值12878万元，占年度计划的57%。

中铁上海工程局一公司承建北京地铁14号线24合同段工程。合同造价：1.9亿元。合同工期：工期：2010年11月20日～2014年12月28日。工程概况：北京地铁14号线土建工程24合同段包括善各庄站、善各庄站至终点区间，另包括一段出入段线。本合同段主要工程内容包括：车站、区间及出入线土建工程、装修工程、安装工程、降水工程、专项工作、站前广场、总负责及协调配合等。2011 年当年产值 6294 万元，建安产值 8037.71 万元。

【上海地铁 9 号线】 中铁四局承建上海地铁 9 号线铺轨工程。工程造价：8728.3 万元。合同工期：2011 年 12 月 1 日～2012 年 6 月 15 日。上海松江老城区公共交通配套工程，设计起点为松江南站站，设计终点为松江新城站（不含），线路全长约 5.373 公里，全部为地下线；共设车站 3 座，分别为松江南站站、醉白池站、松江体育中心站，均为地下站；与上海轨道交通 9 号线一期工程共用九亭车辆段。轨道结构一般地下线采用 DTⅢ2 型扣件、长枕埋入式钢筋混凝土整体道床；中等减振地段采用轨道减振扣件，高等减振地段采用中档钢弹簧浮置板轨道；特殊减振地段采用钢弹簧浮置板轨道；道岔采用每米 60 公斤钢轨 9 号单开道岔、三开道岔、单渡线及其交叉渡线（城轨 229 型号），轨下基础采用短枕式整体道床。主要工程实物量：单线 5.725 公里无孔 60 公斤 25 米 U75V 热扎轨 DTⅢ2 型扣件长轨枕 1680 根。单线 0.293 公里无孔 60 公斤 25 米 U75V 热扎轨Ⅱ型检查坑扣件短轨枕 1680 对。单线 0.6 公里无孔 60 公斤 25 米 U75V 热扎轨 DTⅢ2 型扣件长轨枕 1680 根。单线 0.584 公里无孔 60 公斤 25 米 U75V 热扎轨 DTⅢ2 型扣件长轨枕 1600 根。单线 0.147 公里无孔 60 公斤 25 米 U75V 热扎轨Ⅱ型检查坑扣件短轨枕 1600 对。单线 1.196 公里无孔 60 公斤 25 米 U75V 热扎轨轨道减振器扣件长轨枕 1680 根单线 3.367 公里无孔 60 公斤 25 米 U75V 热扎轨 DTⅢ2 型扣件（不含轨枕，浮置板）。60 公斤/米钢轨 9 号单开道岔 8 组，60 公斤/米钢轨 9 号三开道岔 1 组，60 公斤/米钢轨 9 号 5.0 米间距交叉渡线 1 组。工程目前正处在施工前准备工作。

【上海地铁 11 号线】 中铁上海工程局二公司承建上海地铁 11 号线北段（二期）11（北二）GT-5（东明路站、浦三路站）土建工程。合同造价：2.2 亿元。合同工期：2009 年 8 月 31 日～2011 年 11 月 31 日，实际开工时间：2010 年 7 月 18 日。工程概况：东明路车站外包全长 183.56 米，为地下两层多跨钢筋混凝土框架结构岛式站台车站，标准段结构净宽 18.4 米，基坑最大开挖深度为 18 米。基坑环境保护等级为二级。附属结构包括 4 个出入口及 2 组风井，均为地下一层箱形结构。主要采取明挖顺作法施工。浦三路站：车站外包全长 311.2 米，为地下两层单柱双跨或双柱三跨钢筋混凝土框架结构侧式站台车站，标准段结构净宽 26 米，基坑最大开挖深度为 19 米。基坑环境保护等级为二级。车站附属结构包括 4 个出入口及 3 组风亭，其中 2 号风亭内包于车站主体结构内，与主体结构同时施工。采取明挖顺作法施工。截至 2011 年底，完成建安产值 13675 万元，开累完成 20375 万元，占合同金额的 91%。

中铁上海工程局华海公司承建上海地铁 11 号线北段延伸工程（安亭站－花桥站）土建工程。合同造价：2.7 亿元。合同工期：2011 年 6 月 30 日～2012 年 6 月 30 日，际开工日期为 2011 年 6 月 28 日。工程概况：上海市轨道交通 11 号线北段工程（安亭站－花桥站）范围东起 11 号线北段支线终点站安亭站，西至花桥巷浦路；跨越的道路主要有曹安公路、兆丰路、漕新路、同三国道、沪宁高速公路、曹浦路、梅浦路、徐公桥路、规划纵六路－规划纵一路和沿沪大道等。本工程线路全长约 6 公里，全线为高架，设高架车站 3 座，分别为兆丰路站、光明路站、花桥站。最大站间距 3.3 公里，最小站间距 1.1 公里，平均站间距 1.9 公里。合同工程范围：光明路站土建工程；花桥站土建工程；沪宁高速西侧（XDK2+494.000）－（XDK6+000.606）区间的土建工程、交通便道及检修便道工程。2011 年完成 9045.4 万元，开累完成 9045.4 万元。

中铁上海工程局华海公司承建上海轨道交通 11 号线三林站。合同造价：2.1 亿元。合同工期：2008 年 12 月 30 日～2010 年 4 月 30 日，调整后工期：2010 年 4 月 30 日～2012 年 6 月 30 日，实际开工时间为 2009 年 6 月 20 日。工程概况：本标段包含三林站和济三风井（中间独立风井，由上海二建和中环线一起施工）。三林地铁站位于上南路三林路路口的三林路下，车站呈东西走向，为地下二层双岛式站台车站。车站总长 486.623 米，标准净宽 26.8 米，端头井净宽 30.6 米。车站顶板覆土厚度约为 2.80 米，基坑标准段开挖深度约 15.8 米，端头井基坑开挖深度约 17.9 米，基坑环境保护等级为二级。围护结构采用地下连续墙，标准段墙厚 800 毫米，深 29 米，沿基坑深度方向依次设置第一道混凝土支撑和三道钢管支撑；端头井处墙厚 800 毫米，深 31 米，沿基坑深度方向依次设置第一道混凝土支撑和四道钢管支撑。支撑选用 φ609 钢管，壁厚 16 毫米。车站设置 5 个出入口、3 组风井、1 个预留出入口。采用 SMW 工法，钻孔桩+搅拌桩围护结构，开挖深度最深 12 米左右，设置 3 道钢支撑，支撑选用 φ609 钢管，壁厚 16 毫米。产值情况：2011 年完成 5967.58 万元，开累完成 17908.07 万元

【上海地铁 12 号线】 中铁四局承建上海地铁 12 号线 28 标。工程造价：8388 万元。合同工期：2010 年 7 月 1 日～2012 年 12 月 30 日；实际开工期：2011 年 2 月 12 日。建设单位：上海轨道交通 12 号线发展有限公司；标段含两区间盾构隧道工程：金京路站－杨高北路站及杨高北路站－巨峰路站区间。其中：金京路站－杨高北路站区间隧道单线长约 960 米，隧道主要位于巨峰路下方，采用两台 φ6340 盾构先后从金京路站西端头井始发，最后在杨高北路站东端头井进

洞接收，完成区间隧道推进，区间隧道设联络通道及泵房一座。杨高北路站～巨峰路站区间隧道单线长约 770 米，主要位于巨峰路主干道下方，亦采用两台 φ6340 盾构先后从杨高北路西端头井始发，侧穿数栋民房后至巨峰路站东端头井进洞接收，完成隧道推进，区间隧道中设联络通道及泵房一座。工程主要含两区间共 3463.214 米长隧道盾构掘进、管片拼装及防水、两座联络通道及泵房施工等。

主要工程及工程数量：(1)金京路站～杨高北路站、杨高北路站～巨峰路站单圆盾构区间隧道推进施工；(2)金京路站～杨高北路站、杨高北路站～巨峰路站区间旁通道及泵站施工；(3)车站端头井盾构进出洞地基加固；(4)临时工程的施工、安装及拆除等。(5)施工用水用电；(6)工程及其影响范围内的建筑物、构筑物和管线的保护等；截至 12 月 31 日，完成产值 8388 万元，占总价的 100%。工程全部完成。

【上海地铁 13 号线】 中铁五局承建上海地铁 13 号线一期轨道工程。合同价款 4.4 亿元。2011 年 11 月 15 日开工，合同竣工时间 2014 年 6 月 30 日。建设单位：上海轨道交通十三号线发展有限公司；设计单位：中铁上海设计院集团有限公司、北京城建设计研究总院有限责任公司；监理单位：上海先行建设监理有限公司。项目起点为华江路站，终点为南京西路站，正线全长 16.468 公里（双线），全线正线均为地下线路。2011 年，年累完成 6000 万元，开累完成 6000 万元，剩余价值 31242 万元。

【广州地铁 6 号线】 中铁二局四公司承建广州地铁 6 号线 13 标段。天河站总工期 2008 年 3 月 30 日～2011 年 12 月 30 日；三号线三号通道 2011 年 12 月 30 日前完成；长湴站总工期 2008 年 5 月 16 日～2011 年 12 月 30 日。正式工程 2008 年 5 月 18 日开工。第十三标段包括天河客运站、长湴站及存车线和原三号线天河客运站Ⅲ号通道。天河客运站是六号线的第 21 座车站，起点里程 YCK22+989.4，终点里程 YCK23+075.2，外包总长 83.3 米，有效站台中心里程 YCK23+030。长湴站及存车线是六号线的第 22 座车站，起点里程 YCK23+962.7，终点里程 YCK24+30.3，外包总长 348.2 米，有效站台中心里程 YCK24+000。2011 年，完成产值 6637 万元，为年度计划 5500 万元的 121%。

中铁二局城通公司承建广州市地铁 6 号线盾构 8 标段。合同价款 1. 5 亿元，开工日期 2010 年 6 月 23 日。广州市轨道交通六号线盾构 8 标段土建工程包括长湴站～天河客运站、天河客运站－洒水车队吊出井两个盾构区间，总长 3261.783 米，本标段盾构区间主要在市区穿越，地势起伏较大，沿线为密集建筑群。隧道穿越的主要建(构)筑物有元岗村口人行天桥、金元岗购物广场、天河客运站客运大楼、元岗特大桥、广汕路高架桥及城市主干道燕岭路、广汕路、天源路等。2011 年，完成施工产值 1.032 亿元，为年度计划 1.030 亿元的 100.2%。顺利穿越元岗特大桥、金元岗购物广场及广汕路高架桥等重要建（构）筑物，到达天河客运站过站，实现二次始发，陆续穿越三号线 II 号出入口、元岗特大桥、燕岭路、元岗加油站等重要建（构）筑物及城市主干道，完成盾构隧道 2765.564 成洞米，管片生产 1066 环。

中铁上海工程局一公司承建广州地铁 6 号线一期轨道工程轨道Ⅰ标。合同造价：1.4 亿元。合同工期： 2011 年 9 月 15 日～2012 年 12 月 28 日。工程概况：由中铁上海工程局一公司承建的广州市轨道交通 6 号线一期轨道工程轨道Ⅰ标，始起白云区的浔峰岗高架，贯穿荔湾区，终于越秀区的北京路站，正线线路里程为 Z(Y)DK0+000～Z(Y)DK11+500，线路长度 11.5 双线公里，管内共设 11 个车站，有 10 个区间，本标段还有部分出入段线（R(C)K0+200～R(C)K0+400）和 5、6 号线联络线路(LDK0+140～LDK0+676.394)的轨道工程施工，另本标段还包括标段内的所有正线、出入段线、联络线以及浔峰岗停车场的感应板安装工程。主要工程数量：轨道铺设 24.484 公里，长轨焊接接头 1919 个，长轨铺设锁定及放散 47.427 公里，感应板安装 32.728 公里，道岔组装 17 组。施工进度：轨道铺设设计 24.484 公里，累计完成 7.1 公里；道岔组装设计 17 组，累计完成 4 组；感应板安装设计 32.728 公里，累计完成 750 米。年计划投资 13386 万元，累计完成 3400 万元，占年计划的 25.4%。

【深圳地铁 2 号线】 中铁五局承建其铺轨工程。合同价款 4.5 亿元。2009 年 6 月 8 日开工，合同竣工时间 2011 年 12 月 30 日。建设单位：深圳市地铁集团有限公司；设计单位：中铁二院工程集团有限责任公司；监理单位：铁科院（北京）咨询有限公司。项目全长 35.772 公里，共设车站 29 座，全线均为地下段。其中首期工程由赤湾站至世界之窗站，线路长 15.14 公里，设车站 12 座，在赤湾设车辆段 1 处；东延线工程由世界之窗站至新秀站，线路延伸后在首期工程后海站接轨设停车场 1 处，线路长 20.632 公里，设车站 17 座，东延线线路出新秀站后预留了继续向东延伸的条件。首期工程正线轨道工程单线总长 30.250 公里；区间消防水管长度约为 31605 米，压力排水管长度约为 10931 米；车站区间弱电支架 15 托臂 3470 套，隧道区间弱电支架 5 托臂 30470 套。东延线工程正线轨道工程单线总长 41.294 公里；区间消防水管长度约为 41490 米，压力排水管长度约为 12696 米；车站区间弱电支架 15 托臂 4750 套，隧道区间弱电支架 5 托臂 41640 套。2011 年完成产值 1.3 亿元。

中铁电化局承建，续建工程深圳地铁 2 号线接触网项目。2009 年 9 月 9 日开工，2011 年 9 月 8 日全线开通。完成刚性接触网安装 55 条公里，接触线架设 37.820 公里等全部工程量。

【深圳地铁 4 号线】 中铁电化局承建深圳地铁 4 号线二期工程—车站通信系统，续建工程。合同工期：2007 年 10 月～2011 年 6 月。于 2009 年 7 月 15 日开工，2011 年 6 月完成 CCTV 系统、闭路电视系统改造、时钟系统、UPS 系统、PA 系统、旅客信息系统，共计安装各类设备 6332 套/块，线缆 17 公里等全部工程量。

【深圳地铁 5 号线】 中铁四局承建责深圳地铁 5 号线的工程有：5304 标（主体土建）、5311 标（轨道二标）以及站后设备安装及装修工程 5503B 标、5504 标 5 个标段（工程造价约 19 亿元）。1.5304 标：合同工期：2008 年 1 月 20 日～2011 年 6 月 30 日。标段起点为长岭陂站（不含），终点至坂田站，标段起止里程 DK18+540～DK25+142.2，管段长 6.602 公里。管段内有 4 站 4 区间：长岭陂－深圳北站区间、深圳北站（龙华站）、深圳北站－民治站区间、民治站、民治站－五和站盾构施工区间五、五和站、五和－坂田区间、坂田站。2. 轨道 5311 标：。合同工期：2009 年 12 月 25 日～2010 年 10 月 31 日。项目于 2009 年 12 月 25 日开工，项目位于深圳市宝安区、龙岗区和罗湖区，起自民治站小里程 DK21+440，沿线经过民治站、五和站、坂田站、杨美站、上水径站、下水径站、长龙站、布吉站、百鸽笼站、布心站、太安站、怡景站，到达终点站黄贝岭站大里程 DK39+800.482，共有 13 站 12 区间，铺轨总长度共计 18457.16 双延米。标段全部为地下线，道床型式包括普通整体道床和金属弹簧隔振器浮置板式整体道床两类。浮置板道床共长 5130 单延米，主要分布在百鸽笼基地往标段终点段。深圳地铁 5 号线轨道工程 5311 标，首组道岔开铺。

中铁四局承建深圳地铁 5 号线站后设备安装、装修 5503B、5504 标。5311 标、5503B、5504 标均在 2009 年 12 月 25 日同时开工。深圳地铁 5 号线 5503B、5504 标主要承担西丽站至坂田站共 8 站 7 区间的动力照明设备安装工程、环控设备安装工程、给排水设备安装工程以及车站的装饰装修工程。2011 年 6 月 22 日深圳地铁 5 号线全面交付并开通运营。

中铁五局承建深圳地铁 5 号线 5306 标。合同总额 5.9 亿元。2008 年 2 月 12 日开工，2011 年 6 月 30 日全线开通试运营，合同工期 42 个月。建设单位：深圳市地铁公司 5 号线建设分公司、中铁南方投资发展有限公司；设计单位：铁道部第三勘测设计院、北京市城市建设设计院；监理单位：广州轨道交通建设监理有限责任公司、深圳市东部建设监理有限责任公司。标段包括百鸽笼站（不含）-布心站区间、布心站、布心站～太安路站区间和太安路站，共 2 站 2 区间，(右线里程 CK33+192.588～CK35+931.6，右线线路全长约 2.739 公里，左线里程 CK33+217.318～CK35+996.42，左线线路全长约 2.779 公里)。2011 年完成产值 5867 万元。

中铁电化局承建深圳地铁 5 号线设备系统集成项目，续建工程。合同开竣工日期为 2010 年 1 月～2011 年 5 月，因受前期土建施工滞后影响，实际工期：2010 年 3 月 10 日～2011 年 6 月 22 日。主要工程数量：通信系统：各类设备安装 12532 台/套，线缆敷设接续 1603 公里；信号系统：各类设备安装 2980 台/套，线缆敷设 898 公里，波导管安装 80.2 公里；接触网系统：刚性接触网安装 80 条公里，柔性接触网安装 42 条公里；供电系统（包括变电所、环网、电力监控、杂散电流防护）：各类设备安装 1402 台/面，线缆敷设 1462 公里；综合监控系统（包括综合监控和综合安防）：各类设备安装 14148 台/套，线缆敷设 1746 公里；消防系统(包括 FAS 和气灭)：各类设备安装 27171 台/套，线缆敷设接续 681 公里，感温光纤敷设 80 公里，气灭管网安装 16 公里。

【天津地铁 2 号线】 中铁一局天津公司施工天津地铁 2 号线第 17 合同段。合同价款 2.6 亿元。工期：2007 年 9 月 20 日～2011 年 5 月 31 日。建设单位：天津市地下铁道总公司。工程包括：东南角站车站全长 139 米，标准段宽 22.7 米，三层；建国道站车站全长 138 米，标准段宽 20.5 米，三层。东南角站至建国道站区间左线长 813.218 米，右线长 826.824 米；建国道站至天津站（不含）区间左线长 581.63 米，右线长 563.581 米。工程特点：东南角站～建国道站区间需过海河，水文地质较复杂，容易发生隧道涌水，并且工期紧，对施工技术水平和管理能力要求高，

中铁五局承建天津地铁 2 号线第 16 合同段。同总额 6.1342 万元。2009 年 4 月 15 日开工。建设单位：天津市地下铁道总公司；设计单位：铁道部第二勘察设计院集团有限公司。标段自曹庄至李明庄，正线全长 22.56 公里，全线设站 19 座，其中地下站 18 座，地面站 1 座。本合同段主要工程数量：房屋面积 87488 平方米；地下正线铺轨长 21.237 公里，地面正线铺轨 2.274 公里，车辆段铺轨 13.368 公里。司；监理单位：中原监理有限公司。2011 年，年累完成 1.2 亿元，开累完成 5.97 亿元，剩余价值 1648 万元。2011 年 10 月 13 日交验，余东延线罩棚工程。

【杭州地铁 1 号线】 中铁二局二公司施工杭州地铁 1 号线工程火车东站，续建工程。合同价款 1.4 亿元；扩标后，本站由原 175 米增加到 270.986 米（以 1 号线左线为准），标准段宽 50.1 米。车站标准段主体基坑开挖深度 23.76 米，含承台最深处约 28 米，工程造价 4.1 亿元。合同工期：2008 年 7 月 28 日～2010 年 1 月 31 日。2011 年，完成建安 20147.96

万元，占年度计划19000万元的106%；开累完成建安40773.4万元，为合同总额41000万元的99.4%，剩余226.6万元。主体工程：土方开挖设计39.8万立方米，年度完成2.45立方米，累计完成39.8万立方米，占设计的100%；路基处理：钻孔灌注桩设计504根，累完504根，占设计的100%。高压旋喷桩设计9399.7米，累计完成9399.7米，占设计100%。

中铁二局城通公司承建杭州地铁1号线富城区间项目。全同价款1.4亿元，工期：2010年3月开工～2011年12月。标段包括杭州市江北段富春路站－秋涛路站－城站站两个盾构区间，位于杭州市主城区。其工程施工风险点之多，密度之高，施工难度之大，在全国地铁盾构施工项目中都屈指可数。2011年，完成施工产值8361.6万元，为年度计划6390万元的130.9%。

中铁三局承建杭州地铁1号线工程武林广场站土建工程。合同价款：1.6亿元。合同工期：2008年1月28日～2009年10月14日。完成情况：导墙464米，地连墙72幅，冠梁157米，钢筋混凝土支撑176米，钢筋1368.5吨，混凝土7625立方米，土方12000立方米，珠江路站北端头盾构始发加固224根三轴搅拌桩，47根高压旋喷桩，长江路站南端头盾构接收加固257根三轴搅拌桩，50根高压旋喷桩。

中铁三局承建杭州地铁1号线工程轨道工程Ⅰ标段。合同价款：2.7亿元。合同工期：2011年3月1日～2011年10月31日。完成情况：完成剩余的15.713公里线路铺设工程、焊轨工程及附属安装工程。

中铁电气化局承建杭州地铁一号线接触网、环网电缆、杂散电流防护、疏散平台安装工程。合同价款：1.7亿元；工期：2011年5月26日～2012年9月30日。建设单位：杭州市地铁集团有限责任公司。设计单位：中铁二院工程集团有限责任公司。监理单位：天津市路安电气化监理有限公司。工程概况：杭州地铁一号线线路全长约53.6公里，地下区间疏散平台总长约76604.39米（单侧），沿线路正线区间布设。杭州地铁一号线全线共29个地下区间，4个高架区间，均设置疏散平台。高架区间的疏散平台由高架区间施工桥梁栏板时一并考虑。疏散平台的运营功能：列车在区间隧道行驶过程中发生事故无法驶入前方车站而必须在隧道内疏散乘客时，组织乘客从列车侧门离开列车，通过沿隧道设置的疏散平台、联络通道疏散至对侧的隧道、车站等安全区域。主要工程数量：各类设备安装14台，电缆敷设322.6公里，各类电缆头制安648个，接触线安装56.2条公里。疏散平台安装40.5公里。该工程于2011年5月26日开工，截至2011年底完成接触线架设19条公里，电缆72.246公里。

中铁上海工程局华海公司承建杭州地铁1号线工程城站站。合同造价：9691.6万元，清单调整后合同价为1.4亿元。合同工期：2007年11月28日～2009年7月30日，调整工期：2008年04月06日～2012年05月30日，实际开工时间为2008年4月06日。工程概况：车站总长160.038米；车站标准段宽度27.7米，5号线宽度为20.9米，顶板覆土厚度3.4米；1号线车站段地下2层，出入口及附属结构地下1层，预留的下穿5号线段地下3层；本站设1号、2号、3A、3B共4个出入口，风亭3组；车站总建筑面积13256.3平方米。产值情况：2011年完成604.83万元，开累完成13525.83万元。

中铁工程建设分公司承建杭州地铁1号线湘湖站及湘滨区间。工程造价3.1亿元。工期：2007年7月26日～2012年6月30日。工程位于杭州市江南副城湘湖旅游度假区内，湘湖站位于风情大道与规划中湘西路交叉口处，工程包括一站一区间以及区间盾构施工。主要工程为车站的主体工程及附属工程（包括15个出入口、1个紧急疏散口、7个风亭）等土建工程。湘湖站～滨康路站盾构区间（19号盾构），区间总长左线约1626.87米，右线约1687.57米，以及其中的1个联络通道、1个中间风井（兼作联络通道及泵房）等附属结构。2011年，累计完成施工产值3.9亿元，占工程造价3.1亿元的128%。区间隧道左、右线已全部贯通。

【南京地铁3号线】 中铁二局五公司承建南京地铁3号线7标。标段全长约3017米，包括新庄站、新庄站～市政府站盾构区间、市政府站（3号线）。标段位于南京林业大学校门西侧，设计范围K18+39.262～K18+201.262，中心里程K18+124.262，本站为地下两层岛式车站，多跨框架结构，有效站台长140米，站台宽10.4米，车站外包总长163.4米。车站的地下一层为站厅层、地下二层为站台层，本站设有4个出入口，1个消防出入口，2组风亭。总建筑面积11634平方米。本车站主体和附属结构均采用明挖顺筑法施工，出入口过龙蟠路通道采用矩形盾构法施工。新市盾构区间设计范围为K18+201.961～K20+879.825，区间双线延长米为2677.864米。市政府站位于太平北路和北京东路的交叉路口下，是地铁3号线与4号线的换乘车站，本标段招标范围为市政府站3号线相关内容。3号线车站设计范围K20+880.575～K21+057.175，中心里程K20+975.175，本站为地下三层岛式车站，采用双柱三跨框架结构，车站外包总长178.26米，标准段外包总宽22.3米。2011年，开累完成1.01亿元，占年度计划9770的103%，累完产值1.01亿元，占设计4.9亿元的20.5%。

中铁三局承建南京地铁3号线14标。合同价款：4.7319亿元。合同工期：2010年12月1日～2013年9月20日。完成情况：胜太西路站：围护结构：钻孔灌注桩完成244根，冠梁完成186米，挡墙完成186米，钢筋混凝土支撑完成9根；明挖区间配线段：钻孔灌注桩现已完成373根，占设计总量的89%；冠梁完成347.2米，占64%；挡墙完成347.2米，占64%；钢筋混凝土支撑完成19根，占58%；深层搅拌桩完成9052.97立方，占92%；临时立柱完成473.8米，占85%；凿除桩头完成340米，占63%；土方开挖完成53500立方，占58%；挂网喷射混凝土5000平方，铺设防水卷材6800平方；底板完成8段，占62%；顶板完成5段，占38%；中板完成1段；胜-天区间区间盾构：管片1977环已全部完成。

中铁五局承建南京地铁3号线土建工程D3-TA09标。合同总额4亿元。2011年7月18日开工，合同竣工时间2013年9月30日。建设单位：南京地下铁道有限责任公司；设计单位：广州地铁设计研究院有限公司、北京城建设计研究总院有限责任公司；监理单位：上海三维工程建设咨询有限公司。标段工程包括两个车站及两个盾构区间（大行宫站～常府街站盾构区间、常府街地下车站、常府街站～夫子庙站盾构区间、夫子庙地下车站）。大行宫站～常府街站区间双线长度约783.3米，盾构法施工；常府街站为半盖挖地下车站，车站长度199.8米，标准段宽度为19.6米，车站基坑开挖深度为17.23～17.94米；常府街站-夫子庙站区间双线长度约872米，盾构法施工；夫子庙站为三、五号线换乘站，车站长度185米，标准段宽度22.3米，基坑深度23.17米。2011年，年累完成5546万元，开累完成5546万元，剩余价值3.4亿元。

【南京地铁12号线】 中铁三局承建南京地铁12号线大胜关桥同步实施配套高架区间土建工程D12-TA01标。合同价款：1.2亿元。合同工期：2010年8月1日～2011年11月30日。完成情况：完成梁体浇筑22联，共1921米，挡板立柱安装3842单延米，防水保护层完成809米。

中铁上海工程局华海公司承建南京地铁12号线大胜关桥同步设施配套轨道工程D12-TA03标。合同造价：9000万元。合同工期： 2010年8月1日～2010年11月30日，调整后开、竣工时间2010年10月1日～2012年9月30日，实际开工时间为2010年10月1日。工程概况：本项目包括南京地铁十二号线一期及大胜关大桥地铁和国铁合建段，线路总长7348米。二期工程为在大胜关大桥引桥段和高铁并行段线间距小于20米范围内高架区间土建工程，长江南岸线路总长1849.9米；长江北岸线路总长634米，长江南北岸左右线累计总长2483.9米。两期线路总长9831.9米，一期、二期工程均为本标段施工范围。2011年完成2714.75万元，开累完成9331.75万元。完成2.47公里铺轨施工。

【南京地铁宁高城轨】 中铁三局承建南京地铁宁高城轨南禄段DJ-TA03标土建施工。合同价款：1.9亿元。合同工期：2011年11月1日～2013年6月30日。完成情况：临建：现场5A号竖井内的施工场地硬化完成700平方，临建房屋完成410平方米，临时围挡完成277米约完成临建工程的25%；工程主体：完成直径1米的灌注桩474.2米。

中铁七局承建的南京至高淳城际快速轨道南京南站至禄口机场段工程DT-TA01标。合同工期：2011.2.17—2013.6.30。合同价值：19097万元，开累完成6200万元。

【重庆地铁1号线】 中铁工程建设分公司承建重庆地铁1号线杨公桥、烈士墓车站及区间隧道工程。工期： 2009年6月1日～2011年5月30日。本项目为“重庆市轨道交通一号线杨公桥、烈士墓车站及区间隧道工程”项目的土建工程部分。线路全长2083米，主要包括两站三区间：沙坪坝车站站后折返线终点至杨公桥车站约606米区间隧道；杨公桥车站非开发结合部分盖挖段（约42米）；杨公桥车站至烈士墓车站646米区间隧道；烈士墓车站（约183米）；烈士墓车站至烈一磁区间隧道出洞口（约604米）。截至12月31日，除杨公桥站1#出入口因拆迁原因未施工外，项目所属两站三区间及其附属结构均已施工完成，移交给后续铺轨、装修及设备安装单位。

【重庆地铁2号线】 中铁电气化局承建重庆地铁2号线延伸段土建工程检修通道工程。合同价款：8856万元；工期：2011年5月8日～2012年12月28日。建设单位：重庆市轨道交通（集团）有限公司。施工单位：中铁电气化局集团城铁公司。设计单位：上海市隧道工程轨道交通设计研究院。监理单位：中铁二院监理公司重庆公诚监理公司联合体重庆轨道交通二号线延伸段监理部。工程概况：轨道交通二号线延伸段起于二号线新山村站，穿越鱼洞长江大桥，止于鱼洞站，线路全长12.02公里，全线检修通道累计约有470跨。全线共设7座高架车站。主要工程数量：钢梁制作安装470跨，钢格板制作安装470跨。该工程于2011年5月8日续建，12月28日开通，完成钢梁制作安装331跨，钢格板制作安装303跨。

【重庆地铁3号线】 中铁电化局承建重庆地铁3号线一期工程供电设备系统，续建工程。合同工期2010年1月～2010年12月，实际竣工时间为2011年6月1日。主要工程数量：各类设备安装883台/套，光、电缆敷设170.3公里，各类电缆头制安9782个，光纤连接212处，太阳能光伏发电子系统1套。

中铁电化局承建重庆地铁3号线二期工程通信系统设备集成项目，续建工程。2010年5月10日开工，2011年12月28日开通，完成各类设备安装10254台/套，各类线缆敷设385公里，光纤熔接3520芯等全部工程量。

中铁电化局承建重庆地铁3号线二期信号系统工程，续建工程。合同工期2010年3月～2011年5月。因受前期土建施工滞后影响，实际开工日期为2011年1月20日，实际竣工时间为2011年12月30日。主要工程数量：各类设备安装1135台/套，各类线缆敷设接续276公里。

中铁电化局承建重庆地铁3号线一期信号系统工程。为续建工程，于2010年2月28日开工，2011年12月28日开通，完成各类设备安装1880台/套，各类线缆敷设接续292公里等全部工程量。

中铁电气化局承建重庆地铁3号线二期信号系统工程。合同价款：2124.4万元；工期：2011年1月20日～2011年12月30日。建设单位：重庆市轨道交通（集团）有限公司。施工单位：中铁电气化局集团城铁公司。设计单位：北京城建设计研究总院有限责任公司。工程概况：重庆轨道交通三号线二期工程（龙头寺～江北机场）起于龙头寺站后，向北沿金渝大道、金开大道、兴科路、凯歌路经过北部新区、鸳鸯镇、凉井、两路镇进入双龙东路，主线从双龙东路站向北接空港开发区站，江北机场支线从双龙东路站经机场高速公路后接入江北机场站。二期工程全长18.875公里，其中主线长17.350公里，支线长1.525公里；高架线路总长为15.602公里；全线设童家院子、经开园、江北机场支线3处地下区间，隧道总长为2.614公里；明槽过渡段总长为0.659公里。二期工程（龙头寺～江北机场）设童家院子、金渝、经开园、鸳鸯、翠云南、翠云北、凉井、回兴、双龙、滨港、江北机场共11个车站。本次工程范围为三号线二期17.350公里正线，1.525公里支线，包括其中的折返线、渡线、存车线的室外信号设备；11座正线车站室内信号设备；21列6辆编组列车的车载信号设备；信号维修工区；与三号线一期信号系统的接口。主要工程数量：各类设备安装1135台/套，各类线缆敷设接续276公里。该工程于2011年1月20日开工，12月28日开通，完成各类设备安装1135台/套，各类线缆敷设接续276公里等全部工程量。

中铁电气化局承建重庆地铁3号线南延伸段土建工程检修通道工程。合同价款：1.2亿元；工期：2011年3月1日～2012年12月28日。建设单位：重庆市轨道交通（集团）有限公司。施工单位：中铁电气化局集团城铁公司。设计单位：上海市隧道工程轨道交通设计研究院。监理单位：中铁二院监理公司重庆公诚监理公司联合体重庆轨道交通三号线南延伸段监理部。工程概况：轨道交通三号线南延伸段接轨于三号线一期二塘站站后折返线，线路全长16.2公里，设10个车站。高架区间轨面至地面高度大于3.5米时，设置检修通道，其两端接入高架车站。主要工程数量：钢梁制作安装700跨，钢格板制作安装700跨。该工程于2011年3月1日续建，12月28日开通，完成钢梁制作安装631跨，钢格板制作安装469跨。

【重庆地铁6号线】 中铁电化局承建重庆地铁6号线一期工程供配电设备系统集成及安装工程。合同价款：6.9亿元；工期：2011年9月20日～2012年9月30日。建设单位：重庆市轨道交通（集团）有限公司。施工单位：中铁电气化局集团城铁公司。设计单位：重庆市轨道交通设计研究院有限责任公司。监理单位：重庆市轨道交通设计研究院有限责任公司、重庆赛迪工程咨询有限公司、重庆联盛联合体（负责供电设备系统、供电线路系统和综合接地系统），中咨工程建设监理公司（负责低压配电系统）。工程概况：六号线一期工程由上新街至礼嘉，线路总长23.684公里，其中地下线16.816公里，高架线6.822公里，地面线及敞开段0.046公里；全线共设16座车站，平均站间距1.514公里，其中地下站12座，高架站4座。最大站间距为光电园站至竹林公园站的2.975公里，最小的站间距为竹林公园站至大竹林站的0.871公里，在大竹林附近设大竹林车辆段综合维修基地，控制中心与一、三号线合建。主要工程数量：各类设备安装1037套/面，电缆敷设275.9公里，各类电缆头制安6496个，汇流排安装33锚段，各类试验及调试88所。该工程于2011年9月20日开工，截至2011年底完成汇流排安装10锚段，各类设备安装43套/面。

【青岛地铁3号线】 中铁三局承建青岛地铁3号线8标段。合同价款：2.4亿元。合同工期：2010年6月1日～2013年12月31日。完成情况：1.双山站：机械钻孔桩开累完成290根；旋喷桩开累完成265根；冠梁开累完成200米；土石方开挖完成5638立方米。2.保儿站：机械钻孔桩开累完成111根；土方开挖完成34019立方米；预应力锚索开累完成3342米；喷射混凝土开累完成2131平方米；冠梁开累完成298.5米；旋喷桩开累完成110根。

中铁四局承建青岛地铁3号线土建施工01段。合同造价：3.8亿元。合同工期：2010年10月～2013年1月。标段起点桩号为K0+000（国铁青岛火车站），终点为K2+747.3（地铁汇泉广场站），线路全长2747.3米，工程内容包括青岛火车站、青岛火车站～人民会堂站区间、人民会堂站、人民会堂站～汇泉广场站区间，共两个车站、两个区间。1.青岛火车站。青岛火车站是青岛市地铁一期工程（3号线）的起点站，同时也是与规划2号线的换乘车站，2号线车站主体已施工完成，是结合周围地下开发的地下二层岛式车站，本站为地下三层岛式车站。车站全长214米，车站中心里程K0+126.5。该站所处位置地形变化较大，西端地面高程约5.7米，东端地面高程约12米。2.青岛火车站－人民会堂站区间。青岛火车站～人民会堂站区间工程，起点位于青岛火车站大里程端K0+214，终点位于人民会堂站小里程端 K1+467.259，全长 1253 米。3.人民会堂站。人民会堂站位于大学路与太平路交汇路口北侧，西北侧紧临人民会堂，南侧和西侧有 7 棵银杏树，车站全长 144.4 米，标准段总宽 18.8 米，设备用房全部外挂于东侧空地。车站有效站台中心里程为 K1+538.059，车站起点里程 K1+467.259，车站终点里程为 K1+611.659。有效站台长 120 米，宽 10 米。4.人民会堂站～汇泉广场站区间。人民会堂站～汇泉广场站区间工程，起点位于人民会堂站大里程端区间起点里程 K1+611.659，终点位于汇泉站小里程端区间终点里程 K2+747.3，全长 1135.650 米。2011 年，完成产值 8080 万元，开累 8847 万元。

中铁八局承建青岛地铁 3 号线 13 标段工程。合同价款 3.4 亿元。合同工期：2010 年 7 月 20 日～2013 年 12 月 21 日，实际开工：2010 年 9 月 13 日。标段全长 2.06 公里。2011 年完成施工产值 5179 万元，完成导洞 600 米，主洞 300 米，场地防护。

中铁九局承建青岛地铁 3 号线 6 标段，合同价款 3.7 亿元。工程自 2010 年 6 月 1 日开工，预计 2012 年 12 月 31 日竣工。建设单位为青岛市地下铁道公司，设计单位为中铁隧道勘测设计院有限公司，监理单位为山东济铁工程建设监理有限责任公司。项目位于青岛市市区，正线长度为 2.6 公里，包括宁夏路站～敦化路站区间（414 米）、敦化路站、敦化路站～错埠岭站区间、错埠岭站、错埠岭站～清江路站区间，2 站 3 区间。主要工程数量：钻孔桩 10166.53 延米，旋喷桩 6196.05 延米，土方 42 万立方米，商品混凝土 9.6 万立方米，钢筋 1.4 万吨。2011 年完成产值 3926 万元，开累完成产值 4195 万元，完成总价的 11.3%。

【大连地铁】 中铁三局承建大连地铁 209 标。合同价款：2 亿元。合同工期：2009 年 11 月 1 日～2012 年 1 月 30 日。完成情况：1.红旗西路站：主体围护结构：孔桩 Φ1000 累完成 1851 米，挡墙桩 Φ800 完成 120.065 米，钻孔立柱灌注桩完成 90.92 米；钢管桩完成 3800 米，旋喷桩完成 3200 立方米。2.红南区间：土石方 15852.70 立方米，喷射混凝土 2708.46 立方米，锚杆 10360.29 米，超前小导管 11208.48 米。

中铁九局大连工程处承建大连地铁工程 204 标段。合同价款 3.5 亿元。工程自 2009 年 12 月 01 日开工，预计 2012 年 12 月 31 日竣工，建设三勘察设计院，监理单位为甘肃铁科建设工程咨询有限公司。项目位于辽宁省大连市内，工程包括姚家站、姚家～南关岭区间、南关岭站和南关岭～南关岭镇部分区间。姚家站为半地上、半地下两层结构，站台中心里程为 CK1+267.571，起、讫点里程分别为 CK1+203.921、CK1+339.921，车站长 136 米，采用明挖施工。姚家～南关岭区间位于大连市华北路北侧，起止里程为 DK1+339.921～DK2+380，线路长度为 1040 米。其中暗挖段 470 米，明挖段 570 米。南关岭车站为地下二层结构，车站中心里程 DK2+770.901，车站设计起、讫点里程为 DK2+380、DK3+114.001，长度 734 米，包括站前明挖结构 249.1 米、车站主体 484.9 米，采用明挖施工。南关岭～南关岭镇暗挖区间起、讫点里程 DK40+234、DK40+945.599，长度 711.6 米。2011 年完成产值 19588.4 万元，开累完成产值 25769 万元，完成总价的 75.3%。

中铁五局承建大连地铁一期工程 103 标。合同总额 3.9 亿元。2009 年 9 月 8 日开工，合同竣工时间 2012 年 3 月 6 日，调线后总工期大约持续到 2014 年 8 月。建设单位：大连市地铁建设指挥部；设计单位：中铁隧道勘察设计院；监理单位：上海天佑咨询有限公司。标段起始里程为 CK10+526.126 至 CK12+850.253，全长 2324.127 米，施工范围包括七十九中车站、七十九中～西安路区间（简称七～西区间）、西安路车站以及西安路～功成街区间（简称西～功区间）。2011 年，年累完成 1.3 亿元，开累完成 1.8 亿元，剩余价值 2.03 亿元。

中铁九局大连工程处承建大连地铁工程 109 标段。合同价款 3.1 元。2010 年 2 月 1 日开工，预计 2012 年 5 月 31 日竣工。建设单位为大连市地铁建设指挥部，设计单位为沈阳铁道勘测设计院有限公司，监理单位为上海天佑工程咨询有限公司。项目位于辽宁省大连市境内，全长 1.75 公里，起点里程 DK0+0，终点里程 DK1+749.41。工程包括东海公园站后区间、东海公园车站、东海公园至东海新区车站区间、东海新区车站的地基处理、旋喷桩施工、主体结构施工、主体回填等工作内容。主要工程数量：挖填土石方 156.32 万立方米，止水旋喷桩帷幕 40.86 万延长米，工程钢筋用量 1.72 万吨，工程混凝土用量 10.61 万立方米，防水卷材铺设共计 10.55 万平方米。2011 年完成产值 1.5 亿元，开累完成产值 3 亿元，完成总价的 96%。

中铁九局大连工程处承建大连地铁工程 217 标段。合同价款 1.1 亿元。2010 年 8 月 1 日开工，预计 2012 年 12 月 31 日竣工。建设单位为大连市地铁建设指挥部，设计单位为中铁工程咨询设计集团有限公司，监理单位为大连大保建设管理有限公司。项目位于辽宁省大连市境内，里程 LDK0+001.080～LDK1+472.130，全长 1424.18 米。明挖隧道段起讫正线里程 LDK0+001.080～LDK0+100，全长 998.92 米，出入段线设计里程 LDK0+001.080～LDK0+188.142 为长 187.062 米的明挖四线隧道段；出入段线设计里程 LDK0+188.142～LDK0+940.000 为长 751.858 米的明挖双线隧道段；LDK0+940.000～LDK1+000.000 为长 60 米的 U 型槽段；LDK1+000.000～LDK1+026.870 为长 26.87 米路基段；高架桥段正线里程 LDK1+026.870～LDK1+472.130，全长 445.26 米。2011 年开累完成产值 3520 万元，完成总价的

32.9%。明挖隧道段完成土方 12 万立方米，完成总量 72.9%；隧道主体结构 278 米，完成总量 27.8%等。

中铁十局承建大连地铁 201 标段。工程概况：合同价款 2.2 亿元，合同工期：2011 年 1 月～2012 年 2 月（共 14 个月）。主要工程量：本标段包括 1 个车站-交通大学站（为地下双层岛式车站）；1 个区间-西安路站至交通大学站区间，其中盾构段长 1330.674 米，矿山法区间长 466.39 米，共 1797.064 米。盾构区间右线施工完成。

中铁十局承建大连地铁 205 标段。合同价款 1.5 亿元。合同工期 2009 年 12 月～2012 年 6 月。主要工程量：主要包括南关岭站－华北路站区间、华北路站、华北路站～泉水路站区间，即“一站两区间”。区间长度为 2087.01 米，车站长 161.50 米，区间开挖完成 1130 米。

【大连市 202 路轨道线路】 中铁八局承建大连市 202 路轨道线路延伸 6 标段工程。合同价款 6671 万元。合同工期：2009 年 12 月 31 日～2011 年 6 月 30 日，实际开工：2010 年 3 月 18 日，2011 年 9 月 23 日完工。标段全长 1.514 公里，2011 年完成投资 2118 万元。

中铁八局承建大连市 202 路轨道线路延伸 9 标段工程。合同价款 21739 万元。合同工期：2009 年 11 月 20 日～2011 年 9 月 30 日，实际开工：2010 年 3 月 25 日。标段全长 4.94 公里。2011 年完成投资 5505 万元，桥梁完成 1690 延米。

中铁八局承建大连市 202 路轨道线路延伸工程轨道铺轨工程。合同价款 1.3 亿元。工期：2011 年 6 月 1 日～2011 年 12 月 31 日。大连市项目为大连至旅顺段城市轨道线路，全长 40.357 公里，其中高架线 31.021 公里，隧道总长 5.231 公里，地面线长 2.393 公里，铁山车辆段长 1.495 公里。2011 年，完成投资 1432 万元，完成 1.3 公里的地下线整体道床、短轨枕预制。

中铁九局大连工程处承建大连市 202 路轨道线路延伸工程。合同价款 9868.5 万元。2010 年 3 月 1 日开工，预计 2012 年 6 月 30 日竣工。建设单位为大连市 202 路轨道线路延伸工程总指挥部，设计单位为铁道第三勘察设计研究院，监理单位为辽宁诚信建设监理公司。工程位于大连市旅顺口区，连接了中心城区和旅顺口区，线路东起 1 号线河口站，沿旅顺南路经黄泥川、龙王塘、经郭家村向西北，由郭水路横穿水师营后至终点旅顺新港站，线路全长约 41.60 公里。中铁九局大连工程处承建了旅顺站—铁山镇站（DK30+820—DK33+380）高架线路工程。全长 2.56 公里。工程包括桩基础 167 根、墩柱 96 座、桥台 1 座、箱梁 33 联，桥面铺装 25660 平方米等。2011 年完成产值 4225 万元，开累完成产值 8556 万元，完成总价的 87%。桥梁下部工程已完，箱梁完成 31 联，完成总量的 94%。

【大连市金州至普湾新区城际铁路】 中铁九局承建金州至普湾新区城际铁路工程第 7 标段。工程总造价 7296.2 万元。建设单位为大连市金州至普兰店快速轨道工程建设总指挥部，设计单位为铁道第三勘察设计院集团有限公司，监理单位为北京铁城建设监理有限责任公司。工程位于三十里堡隧道出口至四十里段，标段范围为 DK28+950-DK31+230.63，长 2.28 公里。有中桥 2 座，框构小桥 2 座。封闭路堑 369.33 米，沿河路基 150 米，路基防护坡面防护 71.33 米，一般路基长度 1523 米。2011 年开累完成产值 800 万元，完成总价的 11%。

【宁波地铁 1 号线】 中铁上海工程局华海公司承建宁波地铁 1 号线一期工程地下工程 V 标段。合同造价：3.8 亿元人民币，另增加樱花主变电所的施工合同，合同造价 3378 万元。合同工期：开工 2009 年 8 月 19 日，拟竣工日期 2013 年 5 月 31 日。工程概况：宁波市轨道交通 1 号线一期工程 TJ-V 标项目樱花公园站，位于中山东路、中兴路交汇处，车站为 1、3 号线“L”型换乘站，1、3 号线设换乘联络线。1 号线车站为地下二层框架结构，1 号线车站在上，3 号线车站为地下三层框架结构，3 号线车站在下。车站设 7 个出入口、5 个风井。车站分三期施工：一期施工 1 号线车站，1 号风井、2、3 号出入口、主变电站及 3 号线车站北端头井；二期施工 3 号线车站、联络线及 4、5 号出入口；三期施工 1、6、7 号出入口。产值情况：2011 年完成 7958.35 万元，开累完成 22241.18 万元。

【宁波地铁 2 号线】 中铁上海工程局华海公司承建宁波地铁 2 号线一期地下土建工程 TJ2108 标段。合同造价：6.3 亿元。合同工期：2010 年 12 月 30 日～2014 年 5 月 30 日，调整后工期：2011 年 5 月 18 日～2014 年 5 月 30 日，实际开工时间 2011 年 5 月 18 日。工程概况：标段为汽车市场站、甬江北站和汽甬区间。汽车市场站为地下二层岛式车站，总长 218.95 米、宽 17.8 米，采用厚度 800 毫米的地下连续墙围护，设置 6 个出入口；汽甬区间为二层明挖区间总长 337.132 米，宽 17.8～19.3 米，采用 800 毫米的地下连续墙围护，设置 7 个出入口；甬江北站为换乘站，其中 2 号线为地下二层岛式车站，总长 246.8 米、宽 20.2 米，采用厚度 800 毫米地下连续墙围护；3 号线为地下三层岛式车站，总长 164.6 米、宽 21.5 米，采用厚度 1000 毫米地下连续墙围护，设置 6 个出入口、7 组风亭。2011 年完成 12384.23 万元，开累完成 12384.23 万元。地下连续墙完成 266 幅，占总量的 71%，高压旋喷桩加固完成 3397 根，占总量的 75%。

【宁波福庆路-宁穿路城市道路工程】 中铁上海工程局华海公司承建宁波福庆路-宁穿路城市道路工程二期地下工程 II

标段。合同造价：2.6亿元。合同工期：2010年3月1日～2011年9月1日，调整后工期：2010年6月1日～2011年12月31日，实际开工时间为2010年6月15日。工程概况：地下车库：地下车库为二层地下结构，结构形式为钢筋混凝土框架体系，基础为地梁筏板基础，地下二层和地下一层南侧分别与车站站厅层及宁穿路下立交结构相连，东西两侧各有一条地下车行网络信道，主要轴网为8.4米×8.4米。本工程的特点是不设置变形缝，主体结构连在一起，关系复杂，标高变化多，且长宽较大（253.63米×101米），属超长结构。本工程主体结构设计使用年限为50年，建筑地基基础设计等级为甲级。结构安全等级为二级。防火等级为一级，防水等级为一级。地铁车站：福庆路站位于规划宁穿路隧道下方，东西走向，为地下双层岛式车站，车站总长253.63米，总宽28.6米，车站中心里程K18+29.957.车站结构包括车站主体、北侧2个出入口、南侧两个预留出入口、2个风道。主体建筑为一个建筑，未设变形缝。车站明挖施工，底板结构设置抗浮桩。宁穿路与地铁车站整体纵向坡度3‰，车站两端底板设动力坡，坡度大于3‰。车站结构设置外包防水。车站总建筑面积1308平方米，车站主体建筑面积1131平方米，其中站厅层为5915平方米，站台层建筑面积为5396平方米，车站附属建筑面积为1771平方米.主体结构设计使用年限为100年，安全等级为一级。综合管廊：西侧路段管廊是行政中心区内部使用的管廊，两管廊连接，但相对独立，由不同的管理部门管理和使用。综合管廊为钢筋混凝土结构，抗震设防烈度6度，耐火等级一级，防水等级一级，自然进风，机械排风。宁穿路管廊净高2.8米，西侧路综合管廊≥2.2米。宁穿路综合管廊被变形缝分成11个施工段，综合管廊施工结合宁穿路道路工程搭配施工，局部围护结构采用水泥搅拌桩。西侧路综合管廊作地下车库和地铁车站的一部分，和两个地下结构交叉在一起，这部分管廊和地下车库及地铁车站一起分段、分块施工。宁穿路道路工程：西起河清路，东止于福庆路，主路采用下穿式，道路等级为城市次干路，设计路全长671.37米，道路规划红线宽44米。主路设计行车速度为40公里/小时。穿路道路工程主要分为U型槽、下穿隧道和后塘河西桥、后塘河东桥两部分。产值情况：2011年完成16031.27万元，开累完成22080.27万元。

【武汉地铁2号线】 中铁二局城通公司承建武汉轨道交通2-18A标。合同价款3.1亿元。开工日期2009年5月13日，计划竣工日期2012年5月。标段包括3层岛式车站1座，3个地面出入口。洪山广场站为地下三层多柱多跨箱型结构，属武汉地铁2#线与4#线的换乘车站，其中：2#线方向长度为169.52米；4#线方向长度为155.60米。2011年，完成施工产值1.1亿万元，为年度计划8500万元的127%。完成车站负一、二层主体结构，2号线负三层主体结构，4号线负三层底板，以及V号出入口围护桩。其中土方开挖12万米3，结构砼13450立方米，钻孔桩121根，S米W桩1060米3。

中铁四局承建武汉地铁2号线一期土建工程第25标段。合同造价：2.4亿元。合同工期：2008年8月1日～2010年7月31日，24个月（业主因车站选址和征地拆迁等问题影响导致合同工期滞后一年多）。武汉轨道交通二号线一期工程25标段位于武汉市洪山区光谷广场环岛绿化带西端的卓豹路上，线路沿卓豹路到达终点光谷广场站。本工程包含一站一区间两个单位工程，即光谷广场站、名都站～光谷广场站区间。光谷广场站为地下二层岛式站台结构全长278.8米，车站设有5个出入口和3座风亭，其中1号出入口预留3号出入口和3号风亭合建。名～光区间单线长1039.693米（包含明挖段41.792米，其中左线含短链2.591米），线间距为13米，采用矿山法施工。主要工程数量：名都站～光谷广场站区间隧道：岩溶处理钻孔21878米，注浆12056立方米；土方开挖87632立方米；超前小导管147622米；单液浆7951立方米；钢筋制安3676吨；型钢及钢板制安729吨；水泥药卷锚杆76393米；混凝土37461立方米；PVC防水板40256平方米。区间明挖段及光谷广场站：钻孔桩10062米；旋喷桩6100米；土方开挖107191立方米；钢支撑2044吨；钢筋5748吨；混凝土34552立方米；防水自粘卷材15072平方米。2011年，完成建安产值1934.4万元，开累完成建安产值2.3亿元。完成主要形象进度：名～光区间暗挖隧道1993.21米，施工全部完成；名～光区间明挖段41.792米，施工全部完成。光谷广场站基坑土方开挖10.7万立方米，土方回填3万立方米，完成光谷广场站主体结构底板252.2米，中板232.5米，顶板207.2米。2011年项目部荣获武汉市建筑工程安全文明施工现场称号（黄鹤杯）。

【武汉地铁6号线】 中铁五局承建武汉地铁6号线海洋乐园站。合同价款2.3亿元。2011年2月28日开工。建设单位：武汉地铁集团有限公司；设计单位：长江地铁勘察设计院；监理单位：上海建通工程建筑有限公司。标段靠近博览中心天桥布置，位于博览中心西北向广场下。6号线海洋乐园站包括地铁和商业开发两部分。其中：车站为地下二层岛式站台车站。南侧商业开发为地下一层。车站结构型式采用双层三跨结构。车站分二层布置，地下一层为设备层及公共区，地下二层为站台层。主要工程量：土石方开挖11.79万立方米，回填土方2.43万立方米，钢支撑3915吨。地下连续墙钢筋砼21236立方米，钢筋、型钢制安4274吨，三重管旋喷桩10000米，SMW桩72232立方米，主体结构钢筋砼26693立方米。2011年，年累完成6732万元，剩余价值1.7亿元。

【哈尔滨地铁 1 号线】 中铁一局二公司施承建八标段工程大学-太平桥-交通学院站。合同价款 5.6 亿元。合同工期：2008 年 10 月 15 日～2010 年 4 月 15 日(调整为 2012. 6. 15)。工程概况:工程为三站两区间及出入段线,包括工程大学站、太平桥站、交通学院站、工程大学站—太平桥站区间、太平桥站—交通学院站区间和出入段线。标段起终点里程为：SK13+523. 936～SK15+746. 436. 车站采用明挖法施工，区间采用盾构法施工、部分采用明挖法施工，出入段线部分采用盾构法施工、其余采用明挖法施工，其中入线段有 12 米的暗挖法施工段。主要工程量：工程大学站车站全长 156.4 米。太平桥站一号线车站主体长度为 331.5 米；车站主体长度为 132.0 米；交通学院站车站长 241 米。工程大学站-太平桥站区间单线全长约 881.45 米。太平桥站-交通学院站区间隧道总长 601.569 米，其中盾构上行线长约 469.685 米下行线长约 440.685 米，明挖区间上行线长约 131.884 米，下行线长约 160.884 米。入段线明挖段总长约 796.513 米；出段线明挖段总长约 942.837 米，盾构总长约 559.84 米。

工程大学站、太平桥站、交通学院站主体结构完成，正在进行出入口及风亭施工。工~太区间：右线盾构 2010 年 3 月 1 日始发，设计 881.45 米，2010 年已贯通；左线盾构 2010 年 10 月 30 日始发，设计 881.45 米，2011 年 4 月 15 日完成掘进。太～交区间：节点要求太交区间左线：2012 年 2 月 20 日完成；太交区间右线：2011 年 10 月 11 日完成，现进度滞后，盾构区间 909.37 米原计划 2011 年 5 月 20 日左右线同时开始掘进。左线盾构（天津城建川崎）6 月 20 始发后故障多，停机，2011 年 8 月 21 日恢复掘进，已完 355.2 米，左线设计 439.134 米；右线盾构（城轨海瑞克）7 月 26 日始发，已完 469.686 米，右线设计 469.686 米。太交明开区间主体结构（明挖 154.036 米）主体施工完成。出入线段区间：节点要求出入段线 2012 年 4 月 30 日完成。出段线 939.53 米，其中盾构 559.84 米；入段线 796.513 米，其中盾构 173 米。出段线海瑞克盾构机 8 月 10 日进场吊装下井调试，出段线盾构盾构机 11 月负环拼装，12 月掘进 70.8/587 米；出段线明挖段现主体完成。入段线明挖段现主体施工。入段线穿越建行楼角 12 米暗挖段施工计划 2012 年施工。

中铁八局承建哈尔滨地铁 1 号线一期工程第四标段工程。合同价款 2.4 亿元。合同工期 2008 年 10 月 15 日～2011 年 4 月 15 日，开工日期 2008 年 10 月 25 日，2011 年 6 月 30 日完工。中铁八局昆建公司施工。2011 年完成施工产值 5423 万元。

中铁电化局承建哈尔滨地铁 1 号线一、二期工程供电系统设备采购及安装工程。合同价款：3.4 亿元。工期：2011 年 8 月 11 日～2012 年 12 月 31 日。实际开工 2011 年 10 月 18 日。建设单位：哈尔滨地铁集团有限公司。施工单位：中铁电气化局集团城铁公司。设计单位：中铁第一勘察设计院集团有限公司。监理单位：铁科院工程监理有限公司。工程概况：轨道交通 1 号线工程包括本次实施的一、二期工程以及后续建设的南延伸段、东延伸段工程。1 号线一、二期工程为城市东西骨干交通线，起点位于铁路哈尔滨南站至铁路哈尔滨东站。线路全长 17.47 公里，全部为地下线。1 号线一、二期工程共设 18 座地下车站，1 号线一、二期工程在清滨公园站附近设置控制中心；设太平桥车辆段 1 座，分别接轨于太平桥站和交通学院站；设哈南停车场 1 座，接轨于农科院站；主变电所两座，分别位于太平桥车辆基地和电表厂三角地。主要工程数量：各类设备安装 9571 套/台/面，各类支架安装 57000 套，电缆敷设 1117.59 公里，各类电缆头制安 14992 个，刚性接触网安装 42.84 条公里。截至 2011 年年底，完成支架安装 3060 套。

【哈尔滨市哈西地铁联络线】 中铁电化局承建哈尔滨市哈西地铁联络线 1 标段土建工程。合同价款：2.5 亿元。合同工期：2011 年 4 月 15 日～2012 年 9 月 3 日。建设单位：哈尔滨地铁集团有限公司。施工单位：中铁电气化局集团铁路工程公司。设计单位：中铁第三勘察设计院。监理单位：黑龙江省正信监理有限公司。工程概况：哈尔滨地铁西客站联络线工程线路全长 5.77 公里，全部为地下线，设 5 座地下车站。本标段为哈尔滨地铁哈西联络线土建工程第一标段，含起点—汽车齿轮厂站区间隧道、汽车齿轮厂站、汽车齿轮厂站—哈尔滨西客站区间隧道。汽车齿轮厂站位于丽江路与先进街交汇处。设计施工范围为汽车齿轮厂站及站前明挖区间段。车站自身设计起讫里程为：DK5+673.011～DK5+891.011，区间明挖段起讫里程为 DK5+638.311～DK5+673.011。车站为地下二层二跨岛式框架结构(局部为二层三跨)，车站主体长 218 米，宽 18.3 米，高 16.3 米，顶板覆土约 2.5 米。附属部分由出入口通道、出入口地面厅、风道、风亭组成，共 4 个出入口（一个预留）、2 个风亭，基坑开挖深度约 10—16.5 米开挖工法为：明挖。起点—汽车齿轮厂站区间设计里程 DK5+242.000～DK5+638.311，长 792.622 米。起点—汽车齿轮厂站区间：区间采用暗挖法施工，起点处设置竖井一座。其中右 DK5+242.000～右 DK5+435.311(左 DK5+242.000～左 DK5+638.311)为标准暗挖断面，右 DK5+435.311～右 DK5+638.311 为暗挖大断面。区间在 DK5+247.000 处设置迂回风道兼泵房一座。DK5+638.311～DK5+673.011 为区间明挖段，该段纳入汽车齿轮厂站。隧道位于丽江规划道路正下方。汽车齿轮厂站—哈尔滨西客站区间设计里程 DK5+891.011～DK6+606.875，上行线长 711.927 米，下行线长 715.864 米，全长 1427.791 米。暗挖段为 DK5+891.011～DK6+385.000，上行线长 490.052，下行线长为 493.989，全长 984.041。区间在

DK6+171.000 处设置施工竖井及横通道。明挖断为 DK6+385.000～DK6+606.875，全长 221.875 米。区间在里程 DK6+385.000 处设活塞风井及联络通道兼废水泵房一座。

主要工程数量：隧道 2 座，共计 876 双延米、车站 265.4 米，明挖区间 221.7 米。围护结构：钻孔灌注桩 14025.9 立方米，混凝土导墙、冠梁 1109.8 立方米，钢筋 2108.4 吨，喷射混凝土 3335 立方米，钢筋网 142.26 吨，钢支撑 1910.7 吨。土石方：挖方 166646 立方米，填方 3469 立方米。车站主体结构：混凝土 21696 立方米，钢筋 5121 吨。区间结构：喷射混凝土 10871 平方米，抗渗混凝土 23719 立方米，钢筋 7079 吨。防水：施工缝 9549 米，卷材或涂刷防水层 64063 平方米。2011 年起一汽暗挖区间完成隧道主体初期支护 407 米。汽车齿轮厂站完成第一至十三段底板，第一至十三段（底板以上中板以下）侧墙，第一至十三段中板，第一至四段（中板以上顶板以下）侧墙，第一至四段顶板及小里程端墙。汽—哈暗挖区间完成隧道主体初期支护 438 米。汽—哈明挖区间围护桩完成 358 根；主体结构 57.902 米。

截至 2011 年底，暗挖区间完成隧道主体初期支护 407 米。汽车齿轮厂站完成第一至十三段底板，第一至十三段（底板以上中板以下）侧墙，第一至十三段中板，第一至四段（中板以上顶板以下）侧墙，第一至四段顶板及小里程端墙。汽～哈暗挖区间完成隧道主体初期支护 438 米。汽～哈明挖区间围护桩完成 358 根；主体结构 57.902 米。

【西安地铁 1 号线】 中铁一局建安公司施工西安地铁 1 号线通化门车站。工程造价 2.1 亿元。工期：2008 年 11 月 15 日～2012 年 11 月 12 日。项目西起咸阳市森林公园，东至纺织城，全长 31.8 公里。西安地铁通化门车站位于西安市金花北路与长乐路“十”字路口西侧。该站为地铁一号线与中远期地铁三号线的换乘站，两部分车站一次建成。一号线车站东西方向布置，三层三跨；三号线车站南北方向布置，两层多跨。车站总建筑 23070 平方米，车站共设置 7 个出入口，其中Ⅶ号出入口为预留出入口，其他出入口分别设置于金花路十字路口的四个象限，满足出入车站、疏散及过街功能。

中铁七局承建的西安市地铁一号线一期工程汉城路至纺织城土建工程 D1TJSG-7 合同段。合同工期：2009.2.1—2011.13.30。合同价值：26442 万元，开累完成 22004 万元。

中铁电化局承建西安地铁 1 号线土建施工 TJSG—9 标工程，续建工程。2009 年 2 月开工。2011 年完成区间施工 3.12 公里，全线主体贯通。年度完成 2.04 亿元，开累完成 3.5 亿元。

中铁航空港承建西安地铁 1 号线一期工程汉城路至纺织城段土建施工 TJSG-14 标。中铁三局中标，重组前中铁三局一公司承建，重组后中铁航空港三公司承建。合同总价：3.8 亿元。合同工期：合同工期 2009 年 4 月 15 日～2011 年 12 月 31 日。西安地铁 1 号线 TJSG-14 标起讫里程 YDK27+762.133～YDK31+431.569，线路跨度总长 3669 米，共包括个区间（长乐坡至浐河东站区间、浐河东站至半坡站区间及半坡站至纺织城区间的土建工程施工），其中左线盾构隧道长度 2216.88 米单线延米，右线盾构隧道长度 2254.476 米单线延米。另外还有部分区间采用明挖和暗挖法施工。标段内地铁线路靠近西安市长乐东路和纺北路，地面交通繁忙，车辆、行人较多，沿线房屋密集。线路三次穿过 f6 地裂缝、下穿浐河和立交桥等建筑物。2011 年累完成施工产值 21250.7 万元，开累完成施工产值 34477 万元。年累完成主要工程量：地铁成洞 4571 米，其中明挖 195 米，暗挖隧道 1455 米，盾构施工 2921 米。

【西安地铁 2 号线】 中铁九局西安分公司承建西安地铁 2 号线渭河车辆段 2 标段及综合基地项目。合同价款约 3.2 亿元。2008 年 12 月 31 日开工，2011 年 6 月 30 日完工，2011 年 8 月 2 日通过验收。建设单位为西安市地下铁道有限责任公司，设计单位为中铁第一勘察设计院集团有限公司，监理单位为陕西兵器建设监理咨询有限公司。项目位于陕西省西安市北郊尚稷路，总建筑面积约 7.43 万平方米，包括：桥涵 1 座，轨道线路总长 13.64 公里，铺碴 3.77 万立方米，铺岔 36 组，信号、接触网工程及机电设备安装工程等。

中铁九局西安分公司承建西安地铁 2 号线 TJSG-26 标段。合同价款 2.4 亿元。开工日期：2011 年 5 月 1 日～2013 年 6 月 30 日。建设单位为西安市地下铁道有限责任公司，设计单位为中铁第一勘察设计院集团有限公司，监理单位为北京希地环球建设工程顾问有限公司。工程位于陕西省西安市长安区，标段总长 1.89 公里。工程由韦曲南站站后配线、停车场出入场线、停车场站场、站场上部建筑及配套设施构成。其中韦曲南站站后配线长 290 四延米，停车场出入场线暗挖段长 415 双延米，明挖段长 440 双延米。站场土方工程 44 万立方米，站场房屋总建筑面积为 20748 平方米，占地 11 万平方米（包括：运用库、综合楼、洗车库、公安派出所、混合变电所、污水处理站、锅炉房、2 个门卫房）。2011 年完成产值 1680 万元，完成总价的 7%。

中铁建工承建西安地铁 2 号线 TJSG-24 标航天城站工程。合同价款 6145 万元。合同工期 2010 年 1 月 1 日～2011 年 12 月 31 日。工程由西安市地下铁道有限责任公司建设，中铁第一勘察设计研究院集团有限公司设计，广东重工建设监理有限公司监理。西安地铁 2 号线是贯穿西安南北的首条地铁线路，航天城站位于长安区长安北街与文化街和新华街相交路段下，车站呈南北向布置。本车站为地下2层岛式明挖车站，基坑长度163.4米，标准段宽度约19.5米，车站底板埋深约16.8米，基坑深度约23.5米，总建筑面积9688平方米。围护结构为设置有内支撑的钻孔灌注桩形式。2011完成产值3948万元，年底进行1号风道施工。

【西安地铁4号线】 中铁港航局三公司承建西安地铁4号线试验段工程土建施工项目试验段-2标工程。合同总额：2亿万元。合同工期：2012年1月1日～2014年10月31日。工程概况：大差市站位于西安市新城区、碑林区解放路、和平路、东大街十字路口。四号线大差市站沿解放路、和平路呈南北向布置，为地下二层岛式（换乘节点处三层）站台车站，六号线大差市站沿东大街呈东西向布置，与四号线呈"T"字岛换乘，设于地下三层。四号线车站站台中心里程为YCK15+598.500，车站总长501.30米，标准段宽22.70米，高15.01米，车站主体建筑面积为24392.37平方，车站附属建筑面积为3430.57平方(包括备用区域出入口通道面积)，车站总建筑面积为27822.94平方。车站采用14米宽岛式站台，有效站台长为118米。车站公共区共设置四个出入口通道和两个风亭，其中一个出入口为预留，车站备用区域共设置八个出入口，均为预留。

【成都地铁2号线】 中铁二局二公司、城通公司承建成都地铁2号线二期（西延线）工程1标。合同价款6.5亿元，合同工期711天。标段起讫里程为YDK15+277.615～YDK19+837.4，线路长4559.785米，另包括红光停车场及出入段线1座。主要工程数量：YDK15+277.615～+390段填方路基，长112.385米；YCK15+390～+600段挖方路堑U型槽，长210米；YCK15+600～+904段明挖区间隧道，长304米；YDK15+904～YCK16+140段明挖西区站，长236米；YCK16+140～+353.620段明挖区间隧道，长213.62米；YDK16+353.620～+431.492段为盾构始发井，长77.872米；YDK16+431.492～YDK17+699段为盾构区间，长1267.508米；YDK17+699～+877段为明挖外语学校站（盾构站内过站），长178米；YDK17+877～YDK19+837.4为盾构区间，长1960.4米；中间风井1座，设置于YCK18+200～+221.20，长21.2米，为区间风井兼盾构吊出井。**1.** 二公司承建YDK15+277.615～YDK19+837.4，线路长4559.785米，另包括红光停车场及出入段线1座。2011年完成建安2.6亿元，为年度计划1.5亿元的172%；开累完成2.8亿元，为合同总额3.2亿元的88.9%，剩余3541.7万元。**2.** 城通公司承建盾构始发井（包括盾构区间、始发井、中间风井），3个盾构隧道是盾构始发井～外语学校站、外语学校站～中间风井、中间风井～互助站，互助站与中间风井设置吊出井。隧道起于盾构始发井，止于互助站西端。2011年，完成施工产值25156.72万元，为年度计划26260.00万元的95.8%，累计完成成型隧道5091.476成洞米，累计完成管片生产4537环。

中铁二局城通公司承建成都地铁2号线一期土建14标项目。工期：2009年3月开工～2012年7月。"东门大桥站～钢管厂站"盾构区间隧道工程起于东门大桥站东端，止于钢管厂站西端，起始里程为Z（Y）DK36+316.744，终点里程为Z（Y）DK33+491.00。本工程包括"东门大桥站～牛王庙站、牛王庙站～牛市口站、牛市口站～钢管厂站"3个盾构区间隧道总长4615.639米，4个联络通道（YDK33+850、YDK34+710、YDK35+090（含泵房）和YDK36+095（含泵房））和12个洞门。2011年完成施工产值8032.9万元，为年度计划7600万元的105.7%。顺利完成了项目8段隧道全部贯通。完成盾构隧道315.00成洞米，结构砼20335立方米，钻孔桩148根，联络通道4个，风亭2个，出入口5个。项目获得成都市"安标工地"称号。

中铁四局承建成都地铁2号线一期工程洪柳车辆段运用库网架结构工程。合同价款：6350万元。合同工期：2011年2月～2012年10月。工程位于成都市区东南角，绕城高速公路内侧，老成渝路以南，。工程主体结构为单层四跨现浇混凝土排架及网架屋顶。厂房纵向长264米，共25轴，基本柱距12米，分别在10～11、17～18轴间设伸缩缝；横向宽139米，由A～F轴组成，混凝土柱高度H=12.925米，建筑面积34277.1平方米。

中铁八局承建成都地铁2号线一期工程土建15标段(塔子山站+10#、11#盾构区间）。合同价款2.3亿元，合同工期2008年9月1日～2012年12月30日，开工日期2009年2月6日，2011年11月1日完工。塔子山公园站为地下二层岛式车站，站台宽度10米，车站总长度149.5米，标准段宽18.7米，车站最宽处43.2米，车站中心里程为YDK37+543，总建筑面积为9450平方米。车站共设4个出入口（包含一个紧急疏散出入口）和两组风亭，由二公司施工。2011年完成7294万元。

中铁九局四公司承建成都地铁2号线站东广场站工程，合同价款9210.1万元。工期：2008年11月12日～2011年9月29日。建设单位为成都轨道交通有限公司，设计单位为中铁二院集团有限公司，监理单位为四川铁科建设监理公司。项目位于四川省成都市三环路东五段与规划道路的十字交叉口下方，呈东西布置。车站中段80米长的单层暗挖段完全穿越三环路车行道，两端采用明挖法施工，车站有效站台中心里程为YCK40+047.000，暗挖段宽23.78米，明挖标准段宽22.7米，车站总长182.3米，车站总建筑面积11565平方米。主要工程数量：车站明挖部分面积7150平方米，暗挖部分面积 1590 平方米，4 个出入口、2 个风亭总面积 2825 平方米，开挖及运输土方 98891.5 立方米，回填土方 25848 立方米，混凝土 31198 立方米，钢筋 6677 吨。

【长沙地铁 1 号线】 中铁三局承建长沙地铁 1 号线一期工程 11 标。合同价款：2.7 亿元。合同工期：2011 年 6 月 10 日～2013 年 4 月 10 日。完成情况：大白路站：围护结构钻孔桩 553 根、临时钢立柱安装及其基础钻孔桩 49 根、冠梁 555 米已全部完成；混凝土支撑及连梁完成 1338 米；冠梁顶混凝土挡墙完成 533 米；基坑土石方开挖完成 60000 立方米。底板完成 120 米，侧墙完成 100 米，顶板完成 50 米。大白路站一万家丽路站区间明挖段：围护结构钻孔桩完成 211 根；主体结构抗拔桩完成 7 根；冠梁完成 235 米；基坑土石方开挖完成 15380 立方米；围护结构钢支撑架设完成；主体结构完成 160 米。大白路站一万家丽路站区间高架桥：桩基钻孔桩完成 130 根；承台完成 31 个；墩台身完成 31 个；开始进行箱梁施工。

中铁五局承建长沙地铁 1 号线一期工程 1 标。合同价款 4.6 亿元。2011 年 6 月 18 日开工，合同竣工时间 2013 年 7 月 31 日。建设单位：长沙市轨道交通集团有限公司；设计单位：中铁第五勘察设计院集团有限公司；监理单位：上海地铁咨询监理科技有限公司。项目线路全长 3.37 公里，包括两站两区间，其中汽车北站总长为 459.5 米（YDK9+907.4～YDK10+366.9），开福区政府站总长为 192 米（YDK11+446.3～YDK11+638.3）、汽车北站---开福区政府站区间（YDK10+366.9～YDK11+446.3）为盾构法施工，区段总长为 1079.4 米，开福区政府站---北辰三角洲站区间（YDK11+638.3～YDK13+276）为盾构法施工，区段总长为 1637.7 米，车站施工范围包括车站主体和出入口、风亭等附属结构，采用明挖顺作法施工，区间隧道施工范围包括隧道主体和联络通道、洞门等附属工程。2011 年，年累完成 4284 万元，开累完成 4284 万元，剩余价值 4.2 亿元。

中铁五局承建长沙地铁 1 号线一期工程土建施工项目 6 标。合同价款 4.6 亿元。建设单位：长沙市轨道交通集团有限公司；设计单位：中国中铁四院工程集团有限责任公司；监理单位：北京铁研建设监理有限责任公司。标段工程范围为南湖路站、黄土岭站（原赤黄路站）、涂家冲站（原新建西路站）三个车站。南湖路站为地下二层、横向双跨岛式车站，车站主体结构长 192.6 米，标准段宽 18.9 米，加宽段 22.9，采用明挖顺做法施工；黄土岭为 1、4 号线换乘站地下二层（局部一层）横向双跨岛式车站，车站主体结构长 372.2 米，标准段宽 24.6 米，加宽段宽 32.6 米，采用半盖挖顺做法施工；涂家冲站为地下二层（部分三层）、横向双跨岛式车站，车站主体结构长 175.5 米，标准段宽 18.9 米，加宽段 18.9 米，采用明挖顺做法施工。2011 年，年累完成 2896 万元，开累完成 2896 万元，剩余价值 4.3 亿元。

【长沙地铁 2 号线】 中铁五局承建长沙地铁 2 号线五标（区间盾构隧道）。合同价款 1.2 亿元。2011 年 10 月 8 日开工，合同竣工时间为 2012 年 4 月 1 日。建设单位：长沙轨道交通集团有限公司；设计单位：中国中铁二院工程集团有限责任公司；监理单位：上海三维工程建设咨询有限公司。标段起于溁湾镇站，终于湘江中路站。主要包括溁湾镇站～橘子洲站盾构区间隧道（起讫里程为 DK4+450.900～DK5+444.000，左线短链长度为 11.555 米）、橘子洲站～湘江中路站盾构区间隧道（起讫里程为 DK5+582.000～DK6+123.200，左线短链长度为 2.457 米）。其中区间左线全长 1520.294 米、区间右线全长 1534.300 米，左右线全长 3054.594 米。两区间共设置两个联络通道，里程分别为 YDK4+932.000（ZDK4+932.832）、YDK5+889.000（ZDK5+889）。2011 年，年累完成 4050 万元，开累完成 4050 万元，剩余价值 1.3 亿元。

中铁航空港二公司承建长沙地铁 2 号线一期工程 8 标段。中铁一局中标，重组前中铁一局一公司承建，重组后中铁航空港二公司承建。合同价：2.4 亿元。合同工期：自 2009 年 10 月 28 日～2011 年 11 月 28 日。1. 芙蓉广场站位于五一大道与建湘路交汇处，五一大道上，为地下三层岛式车站。车站全长 149 米，围护结构采用 1 米厚的地下连续墙加设钢筋混凝土和钢管内支撑体系，标准段基坑总宽度 21.8 米，标准段基坑挖深 26.8 米。车站共设 5 个出入口，2 组风亭。本站为盾构过站。2. 迎宾路口站位于五一大道与迎宾路交汇处，车站沿五一路东西向布置，为地下二层岛式车站。车站全长 270.8 米，围护结构采用 φ1 米的桩基加设钢筋混凝土和钢管内支撑体系，标准段基坑总宽度 18.7 米，标准段基坑挖深 15.86 米。车站共设 6 个出入口，2 组风亭。迎宾路口站西端为盾构始发井，东端为盾构接收井。

芙蓉广场站和迎宾路口站，主体工程全部完工。2011 年累完成施工产值 11710.07 万元，开累完成施工产值 19055.1 万元。年累完成主要工程量：迎宾路口站基坑开挖 8.5 万立方米、主体底板 16 节、中板 16 节、顶板 16 节；芙蓉广场站地下连续墙浇筑 30 幅。

【福州地铁 1 号线】 中铁三局承建福州地铁 1 号线 05 合同段。合同价款：4.9 亿元。合同工期：2011 年 2 月 28 日～2013 年 10 月 31 日。完成情况：1. 东街口站：1）三轴搅拌桩槽壁加固完成 501 幅，合计完成 32488.071 米；2）三轴搅拌桩地基加固完成 1122 幅，合计完成 83617.128 米（其中强加固区域为 33235.2 米，弱加固区域为 50303.691 米）；

3）地下连续墙完成 42 幅，其中混凝土 7532.76 立方米，钢筋 1107.98 吨；4）临时立柱桩完成 23 根，合计完成 1201.3 米（其中空桩长度为 491.3 米，实桩长度为 710 米），钢筋 111019 吨；2.南门兜站：1）南门兜站三轴搅拌桩槽壁加固完成 55 幅，合计 1518 米；2）钻孔灌注桩完成 15 根，合计完成 449.8 米（其中空桩长度为 249.8 米，实桩长度为 240 米），钢筋 86.41 吨；3）2 号出入口双轴地基加固完成 536 幅，合计完成 10572 米（其中强加固区域为 3883 米，弱加固区域为 6689 米）；4）2 号出入口及环形过街通道 SMW 完成 224 根，总计完成 3789 米，钢筋 344.285 吨；5）2 号出入口冠梁完成 93.93 米；6）2 号出入口冠梁支撑完成 35 米；7）2 号出入口主体结构全部完成。

中铁三局承建福州地铁 1 号线 08 合同段。合同价款：4.48 亿元。合同工期：2011 年 6 月 31 日～2013 年 2 月 30 日。完成情况：1.葫芦阵站围护结构：导墙设计 448 米，全部完成；三轴搅拌桩（槽壁加固）设计 12990 米，全部完成；三轴搅拌桩（地基加固弱加固）设计 23538 米，全部完成；三轴搅拌桩（地基加固强加固）设计 7506 米，全部完成；地下连续墙设计 78 幅，全部完成；临时立柱桩，全部完成。2.黄山站围护结构：导墙设计 439 米，全部完成；地下连续墙 76 幅，已完成 42 幅，完成了设计的 55%。3.白湖亭—葫芦阵站区间：三轴搅拌桩（盾构端头井强加固）设计 13910 米，已完成 5563 米，完成了设计的 40%；三轴搅拌桩（盾构端头井弱加固）设计 6626 米，已完成 2791 米，完成了设计的 42%。4.葫芦阵站-黄山站区间：三轴搅拌桩（盾构端头井强加固）设计 28615 米，已完成 14321 米，完成了设计的 50%；三轴搅拌桩（盾构端头井弱加固）设计 13510 米，已完成 6812 米，完成了设计的 50%。

中铁四局承建福州地铁 1 号线 02 标。合同造价：4.1 亿元。合同工期：2011 年 4 月 20 日～3013 年 10 月 20 日。福州轨道交通一号线 02 标位于福州市晋安区五四北秀峰路，工程内容包含：秀山站、秀山站～罗汉山站区间、秀山站～罗汉山站区间明挖段、罗汉山站、罗汉山站～福州火车站区间，共计五个子单位土建工程。主要工程数量：车站主要工程数量：挖土石方 157594 立方米，高压旋喷桩 12518 米，围护结构砼 18209 立方米，主体结构砼 40273 立方米，柔性防水层 49973 平方米。区间主要工程数量：旋喷桩 5934 米，深层搅拌桩 20832 米，盾构掘进 3916.72 米，预制钢筋砼管片 25059 立方米，联络通道及泵房 3 个。2011 年当年完成建安产值 1379.33 万元，开累完成建安产值 1379.33 万元。完成主要形象进度：秀山站无施工、秀山站～罗汉山站区间无施工、秀山站～罗汉山站区间明挖段施工围护结构连续墙 48 幅、导墙 352 米，罗汉山站清表土方 2560 立方米，其余无施工、罗汉山站～福州火车站区间无施工。

中铁建工承建福州地铁 1 号线白湖亭站土建工程。合同价款 7762 万元。合同工期 2009 年 12 月 26 日～2011 年 6 月 21 日。建设单位：福州市城市地铁有限责任公司，设计单位：上海市隧道工程轨道交通设计研究院，监理单位：上海三维工程建设咨询有限公司。白湖亭站为福州市轨道交通 1 号线的第 14 站，工程位于福州市仓山区则徐大道则徐广场西南侧，车站骑跨迎宾路，线路沿则徐大道布置。白湖亭站位于则徐大道下，基本呈东南至西北走向，全长 180 米，宽为 19.2 米。站台中心处埋深 15.86 米，南端头井埋深 16.786 米，而相邻附属结构部分底板的埋深约为 9.34 米。地下 2 层，总建筑面积 10688 平方米，主体结构为双柱三跨地下二层车站，岛式站台，2011 年完成产值 3005 万元。年底进行负一层、负二层主体施工。

【郑州地铁 1 号线】 中铁四局承建郑州市轨道交通 1 号线一期工程轨道安装工程施工 01 标。工程造价：1.8 亿元。合同工期：2011 年 8 月 30 日～2013 年 12 月 30 日。

标段起于西流湖以西的凯旋路站，终于紫荆山站（轨道安装工程 01 标终点 DK21+085.000），全线均为地下线，设站 11 个，均为地下车站。其中换乘站 3 座，分别为桐柏路站、二七广场站、紫荆山站。正线线路起讫里程：YDK9+146.000-YDK21+085.000ZDK9+146.000-ZDK21+085.000，线路全长 11.939 公里。轨道型式有一般短枕式整体道床轨道、中等减振扣件轨道、橡胶隔振垫轨道、钢弹簧浮置板轨道。主要工程数量：整体道床 28.076 公里（其中钢弹簧浮置板整体道床 3.092 公里，橡胶减振垫整体道床 6.733 公里，立柱式检查坑整体道床 1.845 公里），碎石道床 4.174 公里，合计铺轨 32.25 公里；铺道岔 33 组（其中橡胶减振垫道岔 3 组），铺交叉渡线 3 组，无缝线路 22.182 公里。2011 年，中原东路地铁站开始铺轨。完成正线铺轨 0.3 公里，累计 0.4 公里，浇注正线 0.3 公里，已开始中原东路道岔的施工。

【郑州地铁 2 号线】 郑州轨道交通 2 号线一期土建工程施工总承包项目由中原公司代表中国中铁股份有限公司履行总承包职责，统筹组织、指挥和协调中国中铁各参建单位的有关工作。股份公司参建单位有一、三、五、七、九局、隧道及电气化集团。合同价款（暂定）34.1 亿元，去除降造费 12%再加上包干费 2%，实际合同签定额 30.6 亿元。工期：2011 年 1 月 1 日～2014 年 1 月 20 日，2011 年 3 月 1 6 日开工，洞通日期 2013 年 8 月 17 日（960 天），由于前期工程滞后及站位设计方案未稳定，洞通时间预计延后 365 天，竣工时间相应延后 365 天。主要工程量：正线线路长约 18.162km，均为地下线，承建车站 15 座，盾构区间 15 个，出入段线区间 1 个，车辆段 1 处。2011 年开累完成 35005.30

万元，占暂定合同额3.4亿元的10.3%。

中铁七局承建郑州市轨道交通二号线一期土建六标段。合同工期：2011.1.11—2013.9.27。合同价值：67023万元，开累完成8902万元。

【苏州地铁1号线】 中铁上海工程局华海公司承建苏州地铁1号线I-TS-09标。合同造价：2.3亿元，后清单调整2.2亿元。合同工期：2008年3月1日～2010年9月15日，调整后工期：2008年6月1日～2011年10月26日，实际开工时间为2008年6月1日，交工验收时间为2011年10月26日。工程概况：本工程包括一站两区间，其中养育巷站为主体结构地下二层岛式，设出入口三个，主体结构外包全长133.200米，标准段外包宽度为22.100米，基坑开挖深度20.3米。两区间为广济路站－养育巷站，养育巷站－人民路站区间，均采用盾构法施工；广济路站－养育路站区间右线长1107.5米，左线长1106.997米，区间全长2214.497单线米。设联络通道两处，其中一座联络通道兼做泵房；养育巷站－人民路站区间，右线长度为520.57米，左线长度为568.001米，全长1088.571单线米。产值情况：2011年完成1395.44万元，开累完成21500.44万元。

中铁上海工程局华海公司承建苏州地铁1号线I-TS-15标。合同造价：2.1亿元。合同工期：2008年6月1日～2010年5月31日，调整工期：2008年6月1日～2011年10月26日，实际开工时间为2008年6月30日，交工验收时间为2011年5月22日。工程概况：华池街站位于苏州工业园区华池街与翠园路交叉口处，测设里程有CK21+305.00处，车站东西向长155米，结构底板埋深约16米，相应标高-13.0米左右。车站主体结构总长169.2米，标准宽度19.064米，有4个出入口（含预留及疏散口），三组风亭。车站总建筑面积8857.5平方米，其中车站主体结构建筑面积为6598平方米，附属结构建筑面积为2259.5平方米。华池街站：主体围护结构为地下连续墙，附属围护结构为SMW桩，主要采用明挖法施工。华池街站－星湖街站：区间单延米总长为660.986米，其中左线长度为330.166米，右线长度为330.82米。区间隧道从华池街站出发，进入翠园路东行，到达星湖街站。全区间均为双层结构，其中右DK21+427.762～右DK21+550.000段为双层跨结构，结构与车站等宽；右DK21+550.000～右DK21+744.000段顶层结构双侧各加宽5米：右DK21+744.000～右DK21+760.000段顶层结构北侧加宽5米。全区间采用明挖法施工。产值情况：2011年完成120.2万元，开累完成2亿元。项目施工内容已全部结束。

【东莞轨道交通R2线】 中铁三局承建东莞轨道交通R2线2306标。合同价款：8.3亿元。合同工期：2011年1月15日～2014年12月30日。完成情况：其中安全防护、文明施工措施费1161.96万元（签订合同40天内支付50%）鸿西区间前期工程24.41万元（完成100%），建筑物（管线）调查10万元（完成100%），盾构段补充勘察45.42万元（完成100%），场内便道25.28万元（完成60%）。大型机械设备进退场10.14万元（完成10%），鸿福路站主体围护结构完成722.5万元（完成4.95%），1#竖井及横通道完成97.6万元（完成41.9%），2#竖井及横通道134.5万元（完成80.32%），一期交通疏解416.75万元（完成100%），1#竖井临时供水3.4万元（完成100%），鸿西区间临时用电148.18万元（完成100%）。大型机械设备进退场10.1万元(完成10%)，鸿福路站临时供水24.6万元(完成100%)，鸿福路站临时供电172.97万元（完成100%）。合同外人工调差2.3万元，材料调差1195元。

【无锡地铁2号线】 中铁上海工程局华海公司承建无锡地铁2号线4标。合同造价：2.1亿元(不含暂列金)。合同工期：2010年6月25日～2011年5月31日，调整后工期：2010年7月15日～2011年8月31日，实际开工时间为2010年7月15日。工程概况：本区间主要包括地铁2号线金桥路站－查桥站明挖段区间、地铁4号线东园站－查桥站明挖段区间及地铁2、4号线查桥车辆段出入段线部分明挖段区间，地铁2号线线路出侧式高架站金桥路站900米左右入地，沿规划的东安大道布置，入地后前行约430米平面交叉、立面上跨查桥车辆段出入段线，继续前行约60米平面交叉、立面上跨4号线区间，后与4号线区间及查桥车辆段出入段线平行布置，与查桥站地下二层2号线站台层对接，全长约828.5米，包括U型槽段235.0米，矩形暗埋段593.5米。产值情况：2011年完成8550.98万元，开累完成22230.98万元。

中铁上海工程局华海公司承建无锡地铁2号线GD01TJSG-18标段。合同造价：4.1亿元。合同工期：2009年11月1日～2012年4月30日，实际开工2009年11月1日。工程概况：本标段包括2站1区间：①湖滨路站：位于五湖大道与观山路交叉口处，沿观山路东西向靠北侧布置，为地下二层10米宽岛式站台车站，车站东端设置区间人防隔断门。车站设置四个出入口、两组风亭。车站有效站台外包总长度191.6米，外包总宽18.7米。车站主体围护结构为800毫米厚地下连续墙，端头井处墙深31米，标准段墙深28米，槽段接头采用焊接工字钢，地下墙混凝土强度等级为C35。附属围护结构为SMW桩，主要采用明挖法施工。②雪浪站：采用地下连续墙围护结构，明挖顺作法施工。车站采用800毫米厚地下连续墙，基坑开挖深度15.5～16.2米；北端头井围护墙墙深为30米。基坑开挖深度约17.2米，③出入场线：采用明挖顺作法施工，本次出入场线区间设计基坑由深至浅分别采用钻孔灌注桩围护、SMW工法桩围，SMW 工法桩内插型钢 HN700×300×13×24，为 Q235b 钢。产值情况：2011 年完成 17749.79 万元，井累完成 34672.79 万元。

【昆明地铁首期工程】 中铁二局城通公司承建昆明地铁首期工程土建 12 标项目，建续建工程。开工日期 2010 年 4 月 30 日，合同竣工日期 2012 年 1 月 1 日。工程包含 1 号线 1 期及 2 号线 1 期，沿南北走向，线路起于昆明市盘龙区汽车站北站，经盘龙区、官渡区、终于呈贡新区广电大学站。全线共设 31 座车站，全线长 41989.820 米。昆明市轨道交通首期工程土建施工项目标段 12 标段线路主要沿北京路南北走向，含 3 站 3 区间，包括昆明北站站、圆通街站、人民路站 3 个车站；区间隧道为昆明北站～圆通街区间(630.025 米）、圆通街～人民路区间、人民路～文化宫区间、盾构区间隧道单线长 2954.836 米。2011 年，完成施工产值 1.5 亿元，为年度计划 1.8 亿元的 85.7%。

中铁二局城通公司承建昆明地铁首期工程土建Ⅳ标项目。开工日期 2010 年 1 月 12 日，计划竣工日期 2011 年 12 月。本标段包含 2 个车站：行政中心站、呈贡南站，与 3 个盾构区间：呈贡南站－呈贡站－行政中心站－呈贡北站。2011 年完成施工产值 1.8 亿元，为年度计划 2 亿元的 91.6%。完成盾构穿越昆明特有软土、高强度圆砾、全风化粉砂岩及碎石桩等地层的推进，项目 6 段隧道全部贯通。完成盾构隧道 4878 成洞米，结构砼 11310 立方米，钻孔桩 797 根，联络通道 4 座。项目部 2011 年获全国工程建设优秀质量管理小组二等奖，多次被昆明市住房和城乡建设局评为“安全生产先进单位”、“安全质量标准化优良工地”，连续 2 年被评为昆明地铁建设“先进单位”，有 2 人连续 2 年获昆明地铁建设“先进个人”称号，有 1 人被昆明市呈贡县住房和城乡建设局评为“先进个人”。

中铁八局承建昆明市轨道交通首期工程一标。合同价款 1.9 亿元。合同工期：2011 年 01 月 24 日～2011 年 11 月 30 日。项目设计起点为右ⅠDK20 +525，终点为右ⅠDK41+900。首期工程南段线路总长为约 21.375 公里，其中高架线长约 10.136 公里，地下线长约 11.095 公里，地面线长约 0.144 公里，含高架站 5 座，地下站 6 座。2011 年完成产值 8567 万元，施工及完成情况：高架轨一般轨道铺轨完成 16.738 公里；地下一般轨道铺轨完成 1.741 公里；砼整体道床完成 6287.58 立方米；焊轨完成 17.4 公里；铺道岔完成 21 组；钢轨伸缩调节器完成 20 对。

中铁上海工程局市政公司承建昆明地铁首期工程土建施工项目标段五。合同造价：2.7 亿元。合同工期：2010 年 4 月 20 日～2011 年 9 月 30 日，其中车站主体结构于 2011 年 3 月 31 日完成。工程概况：工程为标段五的呈贡站。位于彩云南路与联大路交叉口处的地下，车站与彩云南路平行，沿南北偏西向布设。彩云南路规划道路红线宽 80 米。车站周边无重要建筑，无拆迁。彩云南路为昆明南部的主干道，车流量较大，两侧地下管线较少。车站有效站台中心里程为右 IDK36+602.821，包括车站设计起点里程右 IDK36+531.521 至车站设计终点里程右 IDK37+004.721 范围内主体部分和附属部分。车站南北两侧接盾构区间，设置盾构井：南端头为盾构接收井，北端头为盾构始发井。车站南端设置轨排井，轨排井预留两个 9.15 米×30 米的轨排吊装孔。车站总建筑面积为 26134.6 平方米，车站主体总长度 473.2 米，标准段总宽度 20.7 米，标准段基坑平均深度 16.85 米（换乘节点处 23.6 米，南端头井段深约 17.1 米，北端头井段深约 17.9 米），覆土厚度 2.43～3.25 米，地面设计标高约 1929.46～1931.1 米。

主要工程数量：主体围护地下连续墙 22742.58 立方米，主体基坑挖土石方 180555.03 立方米，主体钢支撑 3821.683 吨，主体钢筋砼 39016 立方米，主体防水 26414 立方米；附属围护钻孔孔灌注桩 9774 延米，附属土石方 41826 立方米，附属钢支撑 454.317 吨，附属钢筋砼 7989 立方米；附属暗挖 61.03 延米，附属防水 8375 平方米。产值及形象进度：主体结构全部完成；附属围护结构钻孔灌注桩完成 771 根，占总量的 92.34%；附属结构钢支撑架设 1870 吨，占总量的 62%；附属结构土方开挖完成 20200 立方米，占总量的 67%；附属结构主体工程完成总量的 59%。累计完成产值 18437.47 万元，占整年度计划的 100%。

【昆明地铁 3 号线】 中铁港航局三公司承建昆明地铁 3 号线西标段。合同总额：1.6 亿万元。合同工期：2012 年 1 月 2 日～2013 年 1 月 15 日。工程概况：盾构区间线路右线起止里程为 YCK6+943.95～YCK8+605.950，长 1647.871 米（含 14.129 米短链），左线起止里程为 ZCK6+943.95～ZCK8+605.950，长 1667.589 米（含 5.589 米长链）。

中铁上海工程局市政公司承建昆明地铁 3 号线土建施工西标段小渔村站。合同造价：1.4 万元。合同工期：2011 年 4 月 1 日～2012 年 11 月 30 日。工程概况：小渔村站是昆明市轨道交通 3 号线初期工程的中间站，位于春雨路与规划道路（现状大渔路附近处）交叉路口，沿春雨路呈西北及东南向布置。小渔村站起止里程为 YDK5+842.4～YDK6+023.4，主体总长度 181 米，标准段总宽度 19.7 米，为地下二层岛式站台车站，站台板宽 11 米、长 118 米，车站设计为盾构过站。共设 4 个出入口(其中 1 个预留出入口)，2 组共 6 个风亭，车站开挖深度为 17.5 米至 18.2 米。主体围护结构采用 800 毫米厚地下连续墙，柔性接头，竖向设 4 道内支撑加 1 道倒撑，第一层为钢筋砼支撑，其余为 φ609 毫米钢支撑。车站结构形式为单柱双跨框架结构，采用明挖顺筑法施工，底板厚 1000 毫米（端头井 1200 毫米），中板厚400毫米，顶板厚800毫米，侧墙厚700毫米（端头井800毫米）。附属结构采用φ1000毫米的套筒咬合桩围护，内设2道φ609毫米钢支撑。主要工程数量：地下连续墙73幅、主体结构土方6.9万立方米、附属结构土方3.4万立方米、钢支撑安装拆除3000吨、防水工程27000平方米、结构砼3.0万立方米、结构钢筋8000吨、咬合桩19795米。产值及形象进度：2011年年度完成产值3457万元，占年度计划的100%。地连墙施工全部完成，土方开挖完成2万立方米、钢支撑安装完成700吨、主体结构底板完成2段。

【昆明地铁6号线】 中铁八局承建昆明地铁6号线一期工程。合同价9000万元。合同工期：2011年2月8日～2011年9月20日。起点于巫家坝机场，终点为航空港南站。上跨段位于东郊变电站附近，上跨既有沾昆铁路（沾昆线上跨桥中心里程为K2601+530），线路中心距新建机场高速上跨沾昆铁路桥梁边缘9米。下穿沾昆铁路段，起讫里程为DK22+095.00～DK22+335.25，全长240.25米，基坑深度约10.3～16.77米。在里程DK22+210～DK22+240处下穿沾昆铁路，基坑深度约10.5～10.8米，与沾昆铁路前进方向夹角72°，顺线路方向宽度30米，顺沾昆铁路方向跨度34米。沾昆线为双线两股道，股道间距为5.0米，该处轨面高程2047.6米。2011年完成施工产值7059万元。

【深圳北站综合交通枢纽工程】 中铁四局承建。合同价款：1.5亿元。合同工期：2008年3月1日～2010年12月（实际2011年7月底）。工程位于深圳市宝安区龙华西南部，是深圳市总体规划重点发展区域，主要工程量：场平土石方、新区大道改造工程、枢纽范围内地铁4/6号线区间工程、东广场建筑、玉龙路改造工程及上塘路。2011年7月底，深圳北站综合交通枢纽工程全面交付使用。

中铁上海工程局一公司承建深圳北站综合交通枢纽配套工程。合同造价：30.4亿元（中铁上海工程局承建的概算造价为5.8亿元）。合同工期：开工日期2008年3月1日～2011年6月30日，总工期40个月。工程概况：由中铁上海工程局承建的深圳北站综合交通枢纽配套工程的工程范围包括：市政配套工程的新区大道改造工程、玉龙路改造与新建工程，轨道交通6号线预留工程站后区间工程和轨道交通4号线站前区间工程，枢纽东广场工程（A、B区）。

主要工程量：场平土石方84万立方米；钻孔桩12500米，圬工结构67500立方米，结构钢筋48500吨，沥青混凝土路面113000平方米。施工进度：新区大道改造工程主体已施工完成，玉龙路桥梁工程下部结构已施工完成，连续梁已施工80%，轨道交通4、6号线高架桥已施工完成，东广场土建结构已施工完成。

【青岛胶州湾隧道工程】 中铁电化局承建青岛胶州湾隧道工程机电设备总承包工程，续建工程。2010年12月日开工，截至2011年6月30日建成开通。供电系统完成8个变电所，1个箱式变电所安装。给排水系统完成了废水排水、雨水排水各1套。通风系统完成了排烟系统3套，通风工程1项。防火门及防火卷帘系统各1套。

【山东红帆直线驱动列车试验线】 中铁港航局三公承建。合同造价：5亿元。合同工期：280天。施工单位：工程概况：试验线区间路基全长1573米，桥梁1233米，辅助线长约770米，区间路基土石方约66197立方，其中填方35374立方，防护工程3430立方，路基采用水泥改良土。项目配备生产房屋牵引变电所综合楼2768平方，检车库1243平方，敷设接触轨约3.3公里。主要工程数量：桥梁1233米，辅助线长约770米。产值：截至2011年底完成产值2348万元，直线驱动列车试验线：桥梁设计长1233米，年累完成752.01米，开累完成752.01米，完成总量的61%。

市政工程

【沈阳四环快速路BT工程】 中铁三局承建沈阳四环路面工程。合同价款：4.2亿元合同工期：2011年9月1日～2013年5月31日。完成情况：完成临建工程和冬季备料为明年的施工做准备。

中铁九局七公司承建沈阳四环快速路BT工程第二标段。工程总造价约4.4亿元，合同工期：2011年3月1日～2012年12月31日。建设单位为沈阳市交通局，设计单位为沈阳市公路规划设计院，监理单位为北京中鑫伟业公路工程建立有限公司。该工程位于沈阳市于洪区全胜、范家屯，工程起点桩号K9+000，路线向西北延伸，在前辛台跨越沈通高速公路，在平罗镇北跨越沈于公路，在沈北新区跨越黄河北大街，终点桩号K30+300，无断链，全长21.3公里。主要工程量：结构物44座，其中特大桥3座，大桥2座，中桥1座，小桥1座，盖板涵6座，圆管涵31座。路基土方188.6万立方米，其中挖方62.3万立方米，填方126.3万立方米。

中铁十局承建沈阳四环快速路七标。合同价款：2.1亿元。合同工期2011年3月18日～2012年4月30日。主要工程数量：大桥5座（长度1790米）、中小桥5座，路基土方183万立方。大桥墩台完成4座，架梁完成1座。

中铁港航局三公司承建沈阳四环快速路BT项目土建工程。合同造价：3.8亿元。合同工期：16.5个月。工程概况：沈阳四环快速路工程位于未来沈阳主城区边缘，距三环外平均距离约8公里，全长132公里，直径40公里，包围面积1254平方公里。全线共交叉铁路13处，高速公路7处，跨浑河2次。线路共经过沈阳六个区。第九标段起讫里程为K108+400～K121+100，全长12.7公里，位于苏家屯区和铁西区。主要工程数量：路基土石方：挖方31.74万立方，填方102.69万立方，主线上跨沈大高速18×25米小箱梁；西苏堡特大桥43×30米，预制T梁，70+2×100+70连续梁；其它桥梁176.6延米/7座；涵洞1542.8延米/24座。产值：2011年年度完成产值22860万元，占年度计划的132%。

中铁航空港承建沈阳四环快速路BT项目工程土建工程第一标段。合同价款3.4亿元，工期：2011年3月18日～2012年12月31。沈阳市四环快速路交通BT工程第一合同段，起讫里程K0+000～K9+000，位于沈阳西部地区，全长9.0公里。起于于洪区京沈高速公路与新蔡线交叉处，下穿京沈高速公路、西部出海铁路，上跨102国道、秦沈客专铁路。设计技术标准：快速路，主道100公里/小时，辅道40公里/小时。主要工程项目包括路基工程、桥涵工程、交叉工程、公路设施及预埋管线工程、其他工程。2011年，完成施工产值2.2亿元，完成主要工程量：路基5800米；涵洞2119横延米；桥梁1050延米；暗排2378延米。

中铁上海工程局三公司承建沈阳四环快速路新建工程第十合同段。合同价款2.6亿元。合同工期：2011年3月18日～2012年4月30日，开工日期2011年4月13日。工程概况：项目设计为双向六车道城市快速路，设计行车速度：主线100公里/小时，辅路40公里/小时；道路红线宽度70米；道路标准断面为：3.0米(人行道)+7.5米(辅路)+5.0米(边分隔带)+12米（主路)+7.0米（中央分隔带）+12米（主路)+5.0米(边分隔带)+7.5米(辅路)+3.0米(人行道)，全宽62米。主线桥分离式、菱形立交设计。主体工程包括桥梁9座（大桥3座、中桥3座、下穿框构桥1座、小桥2座、盖板涵1座）、路基土石方（主要为填方、挖方，特殊路基处理主要为鱼塘段抛石挤淤、清淤填片石）。2011年，完成年度产值1.68亿元，为年度计划1.61亿元的104%；完成开累产值1.68亿元。

【玉树灾后重建项目】 新建工程。青海省玉树州发生地震后，中央立即启动应急预案，抗震救灾工作从4月14日开始至6月20日结束，灾后重建工作随即从6月20日开始。整个灾后重建工作拟投资320亿元，由国家投资和地方投资两部分，其中国家投资初步估计为75%，规划定性为原址重建，并将整个玉树州结古镇划分为东南西北四大板块，分别由中国铁建、中国中铁、中国水利水电和中国建筑四家央企承担，加上定点援助巴塘乡的辽宁省援建和结古镇的市政配套援建北京市，共有六家援建单位。中央要求，要力争三年时间基本完成恢复重建任务，使灾区基本生产生活条件和经济社会发展全面恢复并超过灾前水平，生态环境切实得到保护和改善，实现“居民拥有新家园、生态迈上新台阶、设施得到新改善、城乡呈新面貌、社会和谐新局面”的五新重建目标。

玉树重建规划由中规院编制。结古镇南区由中国中铁负责，规划面积86万平方米，3年内需要完成城南片区内的城镇居民住房建设，教育、医疗、文化、社会管理等公共服务设施建设，交通、能源、水利、市政、农牧区等基础设施的建设，生态环境保护建设，特色产业和服务业设计建设，干线公路建设；共计120余个项目，涉及到房建、水利、市政、电力、公路、桥梁、绿化等相关专业内容，其中房建面积约为63万平方米，308省道569公里、水电站1座，便民桥梁加固6座，输电线路敷设27公里。由中铁二局和中铁建工两个独立局各承担50%的援建任务，总造价45亿左右。

2011年，中铁建工集团完成产值2.4亿元。开工的主要工程有七项：玉树县第二完全小学收尾、胜利路商住组团1主体结构施工。商住组团三抹灰、门窗施工；玉树县第二幼儿园：室外施工完成。下拉秀农牧民住房内墙腻子、藏式构件安装施工。扎北统规自建区、拉秀镇农牧民住房装修收尾。拉日村15散户全部开工。胜利路组团一大众社区12#—33#楼已完成15栋楼的基础及土方回填，16、18、19#一层施工。

中铁二局承建工程施工共21项、设计28项：主要有玉树县第一民族中学；扎西大同南、巴塘、下拉秀近900套牧民住房；胜利路、西杭、扎南三个商住组团；玉树地震遗址博物馆和文成公主庙两项十大标志性建筑及勒巴沟景区打造；玉树州农业银行办公大楼等项目。21项工程开工已开工19项，其中玉树县第一民族中学工程及已交付使用、农牧民住宅交付近500套。

【集疏港公路二期中段2标项目】 中铁一局天津公司施工。合同总价约11.9亿元。合同工期2008年11月15日～2010年8月30日。工程为集疏港公路二期中段的泰达大街互通立交和疏港一线互通立交，设计桩号为K15+228.689～K20+418.539，全长5189.85米。桥梁面积共计257754平米，道路面积18.4万平米，排水14.7公里。主线全部为高架桥，高架桥双向八车道，总宽43米，匝道桥宽8米，10米两种，地面辅道双向六车道，泰达大街互通立交位于海滨大道与泰达大街相交处，本立交上跨泰达大街。除主线两幅、T线两幅外，另有匝道A线、B线、C线、D线。疏港一线立交位于疏港一线与海滨大道相交处，西侧接九大街和开发区，东侧接疏港二线和集装箱物流中心，为部分互通立交。除主线两幅外，另有匝道A线、B线、C线、D线。开累完成情况：完成钻孔桩2848根/2848根，承台483个/483个，墩柱888个/888个，盖梁182片/182片，预制梁1056片/1056片，架梁1056片/1056片，现浇梁97联/97联。

【福建省莆田妈祖城核心区项目】 妈祖城核心区基础设施建设项目是中国中铁股份有限公司承建的妈祖城核心区土地开发的BT项目。建设单位为中铁海西投资发展有限公司，设计单位为中铁二院工程集团有限责任公司，监理单位为福州市建设工程监理有限公司。项目位于忠门半岛南端妈祖故里附近地带，坐北朝南，东临平海湾，南濒湄洲湾，西北环丘，与圣地妈祖祖庙和湄洲岛国家旅游度假区隔海相望。规划总用地面积为565.54公倾，其中约4.7平方公里为填海造地。

中铁二局二公司承建妈祖城项目5座桥的任务。合同价款5.5亿元，签约合同价2.6元。合同工期：2009年3月1日～2011年8月31日，变更工期2009年8月31日～2012年8月31日。2011年完成建安13621万元，为公司年度计划12000万元的113.5%；开累完成建安23314万元，为合同总额26196.68万元的89.0%，剩余2882.68万元。桥梁设计841.84米/4座，开工4座，年完成桥282.94米，累完795.94米，占设计的94.5%，剩余45.9米。

中铁四局承建妈祖城核心区基础设施建设项目II合同段。。工程造价：1.01亿元。合同工期：2009年10月～2012年12月。面积约5.68平方公里，投资总额约为25亿元，建设工期约为2年。主要工程数量：公司在目前承建的主要工作内容为：东仙采石场，2公里环城路（HCK0+000～HCK2+000）、次干道1(CG1K0+000～CG1K0+466.9)、以及贤良路(XLK0+000～XLK0+611.2)，内容包括：路基土方259629立方米、抛石护脚171850立方米、路面、排水、交通、路灯、园林绿化工程及小桥一座（全长27米，桥跨布置为：2×13米，上部结构为钢筋混凝土简支空心板梁（80片）；下部结构采用柱式墩，嵌岩桩基础40根，累计1028米，柱径采用Φ100厘米，桩径采用Φ120厘米；扶壁式桥台，嵌岩桩基础，桩径Φ100厘米）。完成建安产值：2011年完成7294万元，累计1.02亿元。

中铁九局广州分公司承建莆田市妈祖城核心区基础设施建设工程。合同价款约1.3亿元。主要工程数量：路基土石方59.2万立方米，路基吹填砂约65万立方米，路面11.08万平方米，附属工程33531立方米。2011年完成产值4742万元，开累完成产值7800万元，完成总价的60.8%。

中铁港航局一公司承建莆田市妈祖城核心区基础设施建设项目填海造地及内湾护岸工程。合同价款：4.1亿元。合同工期：2009年8月31日～2012年8月31日。施工单位： 工程概况：妈祖城核心区填海造地工程面积约341.04万平方，位于莆田市忠门半岛东南湄洲湾畔的妈祖故里。本工程施工项目以场地吹填、砂袋护岸、施打排水板、东片区部分挖方工程和场地平整等为主。核心区内三个填海造地片区位于内湾，滨海路海堤已经修建完成，无通航建筑，运砂船不能直接进入内湾供砂填筑，妈祖阁山脚下海边受潮汐影响不大，且风浪不大，海堤前水域尺度能方便布置贮砂坑和绞吸船吹填造地作业，具备良好的施工条件。产值情况：截至2011年底完成产值2.2亿元。

【海南三亚洞库工程】 中铁二局机筑公司承建。合同价款7765万元。2010年10月18日开工，计划2012年10月18日竣工，合同工期24个月。工程涉及中国人民解放军92304部队某地下油库工程Ⅱ标为二、三号洞库，二号洞库上导洞主坑道轴线长579米，下导洞主坑道轴线长624米，布置8座5000立方米油罐，三号洞库主坑道轴线长259米，布置8座500立方米油罐。其中二号洞库设4个洞口，三号洞库设1个洞口。土建结构采用整体贴壁钢筋混凝土被覆形式。工程分二、三号洞库，导洞合计1462米，二、三号洞库分别各布置8座油罐。主要工程量：土石方15.5万立方米，隧道1462成洞米。2011年完成施工产值3752万元，累计完成施工产值3752万元。

【太原南内环东街打通工程】 中铁三局承建。合同价款：6121万元。合同工期：2009年10月25日～2010年12月31日。完成情况：太原南内环东街打通工程一标段完成产值3227.31万元,（包括2010年度材料预付款250.22万元,）

本年完成产值1573万元。

【广西桂林河道整治工程】 中铁三局承建。合同价款：3.6782亿元。合同工期：2011年7月1日～2012年12月31日。完成情况：南溪河截污工程：破除砼路面8800平方米；土方开挖10300立方米；回填7260立方米；管道安装5564米；检查井砌筑330座；恢复路面7200平方米，南溪河水利工程：清淤2.1万立方，填方0.7万立方，修建便道1.35公里.

【广西柳州市广雅大桥工程项目】 中铁三局承建。合同价款：4.5亿元。合同工期：2010年10月1日～2012年1月31日。完成情况：引桥：孔桩完成7根，承台完成5个，墩身完成5个，现浇梁完成单幅325.2米，主桥：钢箱拱制作完成7493吨，安装完成7493吨，桥面梁制作完成4120.566吨，安装完成3408.3吨。

【重庆汽车综合试验场】 中铁四局承建。合同造价：4.9亿元。合同工期：2010年11月～2013年3月31日。工程建设方为重庆长安汽车有限公司，工程由德国欧博迈亚公司进行初步设计，重庆同乘工程咨询设计有限公司施工图设计，重庆联盛建设项目管理有限公司监理。工程位于重庆市垫江县黄沙乡，整个场地呈南北向展布的长方形，工程占地约3800亩，长约2300米，宽度约950米。重庆汽车综合试验场是目前国内设计等级最高的综合汽车试验场。工程内容：主要包括高速环道（SBA）、制动测试道路（BPS）、舒适性路段(EFB)、车外噪声测试道路(AKS)、动态广场(FDF)、越野道路(OFK)、基本性能环道(LS)、综合评价道路(BUS)、一般操纵稳定性路面（HKN）、湿滑操控稳定性路面（NHK）、湿滑动态广场、标准坡道（STH）、强化测试道（HKV）及内部交通连接道路、防护及维修道路共13条主要道路；进场桥梁、排水工程以及道路相关机电设备安装、试车场电力、照明、通讯、网络系统等。主要工程数量：场内新建道路总长约37450米。路基工程：地基处理填挖方各260万立方米；路基挖方490万立方米，路基填筑390万立方米；路床石灰土80万；堆载预压23万立方米。路面工程：继配碎石21万立方米；水泥稳定碎石1.1万立方米；水泥混凝土路面11400立方米；沥青路面106500立方米；特殊路面铺装69700平方米。桥涵工程：有43米长简支箱梁桥1座；35米长简支箱梁桥1座；33米长简支箱梁桥1座；142米长连续梁桥1座；排水盖板涵1500米；排水圆管涵5200米。2011年年度计划完成建安产值37228万元，累计完成建安产值4.62亿元。

【长城徐水汽车试验场】 中铁四局承建。合同造价：1.7亿元。合同工期：2010年10月20日～2012年10月31日。工程地点位于河北省保定市长城汽车股份有限公司徐水县大王店工业园内。工程主要内容：试车跑道：试车跑道合同总价8888万元。桥涵合同总价7300万元。预埋管道合同暂定价为312万元。新技术、新工艺应用：高环曲线路面横断面为三次抛物线曲线，且断面形式多，给高环内侧刷坡增大了难度，为提高工作效率、降低人员机械设备的投入、并且保证刷坡的精度，采用边坡智能修整技术。2011年，投资总额为1.65亿，当年完成投资6487万元，累计完成投资6813万元。

【上海通用广德试车场】 中铁四局承建。合同造价：9704.7万元。合同工期：2010年11月～2011年12月31日，因工程量增加和阴雨天气，导致工期延至2012年5月。通用广德试车场A6标工程内容为：全长880米的长坡桥工程(往小、大里程两边分别设计为12%和7%的纵坡)；比利时环路；耐久性环路；城市广场，倒车台，路缘，河床路，砂石路；腐蚀性试验区；综合耐久性试验区；操纵稳定性、平顺性试验路；车内噪声路；车外噪声路；跑偏路；4条标准坡道等试验道路路面工程（包含58种特种路面施工）；场内连接路1#-6#路面工程；石灰土路肩工程；给排水土建和安装工程；电气工程；弱电管线预埋工程等。主要工程量：混凝土3.9万立方米，沥青混凝土1.8万立方米，级配碎石12万吨，灰土路肩2万立方米，盐溅槽钢构防雨棚1个，砂石堆料棚1个，4套箱变站及配套设施，27个中杆灯及照明系统。桥梁工程：880米长坡桥1座。路面工程：水泥混凝土3.9万立方米，沥青混凝土1.8万立方米，级配碎石16万吨，灰土路肩2万方。附属工程：盐溅槽钢构防雨棚1个（113米×6.3米），砂石堆料棚1个。电气、给水工程；4套箱变站及配套设施，27个中杆灯及照明系统。新技术、新工艺应用：比利时环路石块铺设数量达到30万块，采用自制横梁标尺法控制每一石块的标高，加快了施工进度，一次性验收合格2011年累计完成投资、建安产值：2011年年累完成产值7803万元。

【涡阳县涡楚河泵站及配套污水管网工程】 中铁四局承建。工程总价：535.9万元。合同工期：2011年10月8日～2012年3月8日。涡阳县城涡楚河污水中途泵站工程建设规模：0.5立方米/秒。工程位于涡阳县城涡楚河与乐行路交口西南侧，县气象局隔壁，泵站功能为将涡阳县城涡楚河以西的污水提升进入涡楚河的倒虹污水管道，最终进入城东污水处理厂。该工程占地3亩，站内建构筑物有配电值班室、提升泵站、出水稳压井，及附属工程。工程内容包括泵站土建及相应的机械、电气、自控仪表、化验等设备。主要工程量：地下式泵房一座，管理用房及配电间工程，DN1000钢筋砼顶管约300米，DN600钢筋砼管246米，DN820钢管269米，φ1500污水检查井5座，排泥井2座及相关设备安装工程。2011年完成建安产值210.25万元。

【昆明市西坝河截污干管工程】 中铁四局承建。工程造价：2775.1万元。合同工期：2011年8月31日～2012年5月

31 日。本标段为西坝河截污干管工程，主要包括金碧路污水干管、西昌路污水干管、气象路污水干管及相应的雨、污管道改造工程。产值完成情况：2011 年，共完成建安产值 284.5 万元。

【金寨县新城区江天路道排工程】 中铁四局承建。工程造价：3160.5 万元。合同工期：2011 年 9 月 1 日～2012 年 5 月 18 日。本标段工程为金寨县江天路（金顾路至江叶东路段）道排工程。江天路位于金寨县新城区北部，沿线经过江环北路、石船路、南五东路、南四路、南三东路、江叶东路等 6 条规划路，全长 3026.7 米。设计道路总宽 40 米：4.5 米人行道+5 米非机动车道+3 米绿化带+0.25 米路缘带+2×3.5 米机动车道+0.5 米双黄线+2×3.5 米机动车道+0.25 米路缘带+3 米绿化带+5 米非机动车道+4.5 米人行道。行车道采用水泥混凝土路面，人行道采用环保吸水砖铺设。主要工程内容有：道路工程：路基土石方（爆破）开挖、路基土石方填筑、道路结构层及面层、涵洞、交通标志标线、平面交叉、路灯平面布置、道路临时排水；给、排水工程：给水管道、污水管道、雨水管道；电气工程：红绿灯、监控、弱电（移动、联通、电信、广电）、路灯电缆等管道及路灯安装。产值完成情况：2011 年完成建安产值约 1666.7 万元。

【安徽省江北产业集中区起步区的市政路网工程】 中铁四局承建。工程造价：6.2 亿元。合同工期：2010 年 10 月 28～2011 年月 12 月 30 日。规划面积 5.7 平方公里，规划建设“三横二纵”5 条市政主次干道。其中的三横：皖跃路（1.866 公里）、皖江大道（2.189 公里）、长河北路（2.653 公里）；二纵：和州大道（2.091 公里）、和美路（2.04 公里），五条道路总长约 10.839 公里。主要工程数量：道路总长 10.839 公里，土方 89.1 万方，清淤 4 万方，级配碎石 68.6 万方，抛石挤淤 7.9 万方，水泥搅拌桩 100.09 万延米，水泥稳定碎石 37.6 万方，沥青砼 15.9 万吨，雨水管 2.24 万延米，污水管 1.4 万延米，电力管道 25.17 万延米，照明、信号管道 2.29 万延米，给水管道 1.38 万延米、人行道面砖 4.8 万平米、路缘石 9.98 万延米、箱涵 5 座。2011 年完成产值 5.1 亿元。

【刘大线航道整治工程 2 标段】 中铁四局承建。工程造价：1.1 亿元。合同工期：2010 年 11 月～2013 年 1 月。刘大线航道位于盐城市大丰市境内，西起自串场河刘庄镇，沟通通榆运河，沿新团河向东经大丰市至大丰港。全线采用四级航道通航标准建设，设计最大船舶吨位 500 吨。共设计桥梁 13 座。产值：2011 年完成产值 4626 万元，占总价的 42.1%。

【嘉绍跨江公路通道】 中铁四局承建嘉绍跨江公路通道南岸接线第 4 合同段。工程造价：21247.26 万元。合同工期：2009 年 9 月～2012 年 7 月。本合同段起讫里程为 K65+500～K68+000，主线长 2.5 公里（桥梁总长 1563.16 公里），包含路基、特大桥 1 座 1381.086 米（曹娥江大桥：跨径左幅：11×25+5×40+34.91+(55+3×90+55)+25+4×40+12×25 右幅：11×25+5×40+25+(55+3×90+55)+34.91+4×40+12×25 上部结构为预应力砼小箱梁、变截面连续梁，下部结构为实体墩、柱式墩台，桩基为钻孔灌注桩）、中小桥 2 座 182.08 米，箱通、灌溉涵各一座等，软基处理形式主要为塑料排水板、预应力管桩、预压等。产值：2011 年完成产值 18330.46 万元，占总价的 94.73%。

【杭州钱江通道及接线工程】 中铁四局承建杭州钱江通道及接线工程南接线段 02 标。工程造价：5.3 亿元。合同工期：2010 年 10 月～2012 年 12 月。管段起讫里程 K16+685.5～K18+455.5，路线长度 1770 米，包括非互通高架桥、互通区主线高架桥管及匝道工程。本标段主线部分连续箱梁 16 联，匝道部分连续箱梁 23 联，预制小箱梁 48 片，涵洞 9 座。路基填筑总填方 236048 立方米，总挖方量 13051 立方米。2011 年完成产值 1.9 亿元，占总价的 35.1%。

中铁四局承建杭州钱江通道及接线工程南接线段 03A 标。工程造价：4.3 亿元。合同工期：2011 年 5 月～2013 年 1 月。南接线段路线起点桩号 K15+850，衔接钱江隧道南岸出口，终点桩号为 K43+560， 路线长度 2453.4 米，全部为主线高架桥工程。2011 年完成产值 7744.19 万元，占总价的 18%。

【杭州市彩虹快速路】 中铁四局承建杭州市彩虹快速路滨江段四标段。工程造价：2.1 亿元。合同工期：2011 年 7 月～2013 年 3 月。工程位于杭州市滨江区，彩虹快速路是杭州市快速路网（三纵五横）系统中重要一横。工程西起涵虚路，东至江晖路，全线采用“高架+地面道路”的形式。地面道路桩号范围为 K6+520～K8+009.5，全长 1489.5 米（含长二河桥、襄七房河桥）；高架道路桩号范围为 K6+520～K8+009.5，包括江晖路西侧一对上下匝道。截至 12 月 31 日，完成产值 1323.6 万元，占总价的 6%。工程进展情况：路基土石方：设计 4.1 万立方米，开累完成 0 万立方米。桥梁工程：设计 1 座桥梁，开工 1 座桥梁，设计钻孔桩 411 根，开累完成 104 根。

【苏南运河工程】 中铁四局承建苏南运河 WJ-QLI 标。工程造价：2.1 亿元。合同工期：2011 年 3 月～2013 年 4 月。WJ-QL1 标段施工新运河大桥、八坼大桥、平望运河大桥三座桥梁的主桥工程、引桥工程、接线工程、桥两侧各 100 米航道工程、及三座大桥的老桥拆除。其中新建八坼大桥位于吴江市八坼镇老桥北侧 2 公里处，桥梁全长 766.72 米；平望运河大桥位于吴江市平望镇 G318 国道东西方向跨越苏南运河，桥梁全长 608.28 米；新运河大桥位于吴江市平望镇西北方向跨越苏南运河，新运河段改建部分桥梁长为 220.2 米；苏南运河航道整治全线要求达到Ⅲ级航道标准，要求净空满足 80×7 米。原老桥通航净宽不满足 80 米要求，需拆除重建。2011 年完成产值 4515.34 万元，占总价的 21.2%。

【齐齐哈尔富拉尔基污水厂工程】 中铁四局承建。工程造价：1.1 亿元。合同工期：2010 年 5 月 4 日～2010 年 10 月 30 日，由于新增构筑物较多，竣工日期调至 2011 年 6 月 30 日。齐齐哈尔富拉尔基污水厂位于齐齐哈尔市富拉尔基区，杜岗公路 101 号 206 米处。建筑规模 10 万吨/日污水处理厂，总建筑面积 7042 平方米。主要工程施工构筑物：1、粗格栅及提升泵房；2 粗细格栅间配电室；3 细格栅及旋流沉沙池；4CASS 生化池；5 接触池；6 污泥脱水间；7 加氯加药间；8 鼓风机房及变配电所；9 仓库机修及给水处理车间；10 厂区给水泵站；11 污水源热泵房；12 综合楼；13 门卫室；14 围墙。产值：2011 年完成产值 608 万元；开累完成产值 8597 万元。

【天津市北塘污水处理厂工程】 中铁四局承建天津市北塘污水处理厂工程（一期工程及再生水厂工程）。工程造价：2.3 亿元。合同工期：2009 年 12 月 24 日～2011 年 12 月 31 日。北塘污水处理厂（一期）地处天津滨海新区北塘区：日处理约 15 万立方米/日。主要工程内容包括：新建生物池二座、初沉池二座、二沉池八座、二沉池集配水井二座、曝气沉砂池二座、进水泵房一座、建筑工程 17 座及附属工程；工程造价约 20158 万。合同工期：2009 年 12 月 24 日～2011 年 5 月 30 日。北塘再生水厂：本工程位于北塘污水处理厂内，占地面积 12750.8 平方米，主要包括再生水处理车间、清水池、加氯间、送水泵房、室外工程、自动化控制仪表安装工程。该工程主要采用超滤（UF-S）+反渗透（RO）工艺，建成后最高供水规模 4.5 万立方米/日。合同价：3322 万元合同工期：2011 年 2 月 15 日～2011 年 12 月 31 日。产值：2011 年完成产值 8510 万元；开累完成产值 2.4 亿元。

【东郊污水处理厂升级改造工程】 中铁四局承建东郊污水处理厂升级改造工程（二、三、四）合同。工程造价：1.5 亿元。合同工期：2010 年 9 月 15 日～2011 年 5 月 10 日，由于新增构筑物较多，竣工日期调至 2011 年 9 月 30 日。主要工程内容：二合同包括厂区 4 座曝气池、4 座二沉池及其它结构物改造，新建部分结构物。以及厂区管线、道路、绿化改造工程。三合同日处理量按 40 万立方米/日（原改造规模 32 万吨/日，新增 8 万吨/日）规模改造包括：二沉池改造、新建鼓风机房、多级 A/O 反应池、回流污泥泵房、排水管道和配套附属工程的施工。四合同新建一座 1331.52 平方米的附属用房。单跨跨度 7.2 米，框架结构、地上 3 层，建筑高度最高 14.7 米，地下深度 2.0 米。主要包括：建筑工程、装修工程、强电设备安装工程、弱电设备安装工程、给排水工程、采暖等工程。产值：2011 年完成 1.2 亿元；开累完成产值 1.6 亿元。一、三、四合同段验交完成。

【成都市青白江区污水处理厂技改项目（一期）】 中铁四局承建。工程造价：4024 万元。合同工期：2010 年 3 月 16 日～2011 年 6 月 30 日。工程概况：成都市青白江区污水处理厂占地 69 亩，2000 年建成投产，目前已运行 9 年。设计处理能力 10 万吨/日，目前平均污水处理量 8.9 万吨/日。主要处理青白江城区和工业集中发展区近 14 万人口的生活污水和 30 多家企业的工业污水。本工程内容是厂内技术改造，将处理后污水的排放标准从 GB8978-1996 一级标准提高到 GB18918-2002 一级 A 标准。主要施工内容包括新建二沉池 2 座、絮凝斜管沉淀池 1 座、曝气生物滤池（BAF 池）1 座、沉砂池 1 座、配电间 1 栋、加药间 3 栋、氧化沟改造初沉池 2 条、氧化沟升级改造 4 条、鼓风机房改造升级 1 座，以及各种工艺管道、电气施工和附属工程等。产值：年完成产值 1000 万元；开累完成产值 2884 万元。一期工程竣工验交。

【临港工业区部分道路工程黄河道（渤海三十路～渤海三十七路）道路、排水工程】 中铁四局承建。工程造价：1.3 亿元。合同工期：2010 年 5 月 29 日～2011 年 6 月 30 日。工程概况：工程位于天津市滨海新区临港工业区，桩号范围为 K5+452.616～K7+710.000，全长约 2257 米。主要工程内容包括河道土方开挖 66000 立方米、土方卸载 446040 立方米、钢板桩 5038 延长米、大口井 1058 座、DN300～DN1000 管总长 9905 米、特殊检查井 185 座、路基回填 10%灰土 63209 立方米、铺设土工格栅 111190 平方米、路基摊铺水泥石灰土 524799 平方米、路基摊铺二灰土 81952 平方米、水泥稳定碎石 157824 平方米、路肩土方填筑 77009 立方米、侧石安装 9144 米、道路面层沥青混凝土 71367 平方米。产值：年完成 4500 万元；开累完成产值 8055 万元。

【合肥合作化南路高架桥】 中铁四局承建。工程造价：3.2 亿元。合同工期：2011 年 2 月～2011 年 11 月。合肥市合作化南路高架桥第二标段起迄里程为 K2+188～K3+980。道路全长 1792 米，其中高架桥梁总长度 1533 米。标段沿线主要相交的道路有：望江西路、休宁路、铁路专用线。主要工程内容：高架道路工程、地面道路工程、交通标志标线工程、交通信号与临近工程、排水工程、照明工程、绿化工程、管线综合。第二标段共有主线连续梁 16 联共 50 跨，匝道连续梁 8 联共 24 跨，桥梁总面积 45849.8 平方米。挖方 397615 立方，填方 363731 立方，余方弃置 400899 立方米。2011 年底工程进展：工程完工。

【淮南新城】 中铁四局承建。工程造价：2.3亿万元。合同工期：2012年6月30日主体全部完成。建设单位：淮南市山南新区城市基础设施投资建设有限公司。工程概况：I期：北环路（G206国道--南经十八路）：位于淮南市南部新区。起点与206国道相接，终点与南经十八路相联，道路全长7669.085米。本标段（K0+212.465～K3+119.148）。道路全长2906.683米。2008年已完成所有路基土石方，1-16米简支梁桥1座，1-Φ1.5米圆管涵6座。2009年需完成剩余K0+212.465～K2+228结构层二灰碎石18厘米厚43381平方米，15厘米厚27397平方米；K0+212.465～K3+119.148段人行道铺装24517平方米、绿化及侧石5808米、路缘石5697米等附属工程。2011年完成产值3761万元。南纬三路主体完工，在验收；南经九路、北环路：通车。

【蚌埠市南湖路市政工程】 中铁四局承建。工程造价：1.5亿元。

合同工期：2010年6月～2012年6月。工程位于蚌埠市经济开发区的龙子湖西岸区南片区，是一条南北走向的城市次干道。路基填筑设计38875立方米，8%灰土设计8489.25立方米。机动车道级配碎石设计48505平方米，龙滩路工程位于蚌埠市经济开发区的龙子湖西岸区南片区，是一条南北走向的城市次干道，路基填筑设计70516立方米，路基挖方设计26340立方米，清淤设计255049立方米，回填片石设计54297立方米，回填碎石设计18101立方米。2011年完成产值3744万元。

【合肥莲花路跨派河桥】 中铁四局承建。工程造价：1.6亿元。合同工期：2010年6月14日～2011年12月31日。建设单位：合肥市重点工程建设管理局。工程概况：莲花路派河大桥位于经开区新港工业园内，处在合经区莲花路与派河相交处，该桥全长1044.5米，主桥为（70+120+70）米悬浇连续箱梁桥，引桥为30米预制架设小箱梁，桥面宽度双幅全宽48米，双向八车道，通航等级为限制性III级航道，单孔双向通航孔满足通航净宽60米，净高满足10米的要求。2011年完成产值1.5亿元。

【海南万宁综合整治工程】 中铁四局承建。工程造价：4亿元。合同工期：2011年9月～2011年12月。主要工程项目：兴梅大道，温泉大道，康乐大道，金日路，明珠路，剧场路，新建月亮河广场，改建明珠桥，康乐桥等。兴梅大道全长3057.93米，温泉大道全长2231.046米，康乐大道全长1010.589米，金日路全长554.545米，剧场路全长465.13米，明珠路一期860.855米，康乐桥全长82米，明珠桥全长88米。2011年完成产值4亿元。工程全部完工。

【贵州黔东工业区城市道路工程】 中铁四局承建。工程造价：1.7亿元。合同工期：2011年9月7日～2012年12月31日。本标段为黔东循环经济工业园核心区城市主干道道路工程第二标段工程。起讫里程为K4+000～K6+805.537，线路全长2805.537米，包括路基工程，桥涵工程。本标段路基工程总长2350.197米，多为高填深挖路段。桥涵工程有：舞阳河大桥：本桥横跨舞阳河，与河道基本正交，分左右两幅，主跨为100米空腹式钢筋混凝土箱型拱，桥梁全长为177.18米；跨铁路桥：跨越株六复线，桥梁全长129.5米；舞溪寺大桥：本桥中心桩号为K6+651.00，起点桩号K6+577.5，终点桩号K6+724.5，全长147.0米。。

2011年工程进展：挖方设计50.88万立方米，累完14.27万立方米；填方设计27.2万立方米，累完9.92万立方米；舞阳河大桥：挖孔桩设计26根完；跨铁路大桥：挖孔桩设计42根，累完7根。2011年完成产值1160万元。

【北京电力管道工程】 中铁四局承建。工程造价：5547万元。合同工期：2011年10月12日～2012年4月22日。北京未来科技城电力隧道三标，本标段施工范围为神华规划二路、神华规划三路、神华规划五路、北区一号路。施工工程量分别是神华规划二路：埋管/拉管491.7米，直线井8座，四通井1座；神华规划三路：埋管/拉管：1302.7米，直线井20座，四通井6座；神华规划五路：埋管/拉管1337米，直线井18座，转角井8座，三通井3座，四通井3座；北区一号路：4.85×2.9米双孔暗挖电力隧道429延长米，4.0×6.0米竖井4座；2.0×2.3米单孔暗挖电力隧道711.9延长米，Φ4.0毫米埋管竖井3座，Φ5.2米埋管竖井4座。2011年完成产值1005万元。

【东莞虎门镇长堤路市政工程】 中铁四局承建东莞虎门镇长堤路市政工程02标。工程造价：4.4亿元。合同工期：2011年1月29日～2012年10月29日，共计21个月。标段起讫桩号为K4+980～K9+400，路线全长4.42公里，位于太平水道东岸，沿太平水道南行布线。路线起点位于长堤路水上派出所，途径则徐、金州、新湾、部队及南栅社区，终于新湾渔港码头。工程内容包括路基土石方、桥涵构筑物、软基处理、给排水、电气、拆除结构物及相对应里程的堤防工程等。主要工程量有：桥梁3座计239米，路基挖方3.97万立方米，填方30.97万立方米，软基处理桩78.3万米，清淤换填6.96万立方米，围堰3.997公里，拆除工程砼及浆砌体4.6万立方米立方米，给、排水、电气工程4.42公里，新建钢筋混凝土堤防挡墙3.997公里。新技术、新工艺应用举措：1、钉形桩为一种新型的软基处理方式，为东南大学岩土工程研究所的专利技术，钉形桩机设置同心双轴钻杆，内钻杆正向旋转喷浆的同时，外钻杆反方旋转搅拌，通过搅拌叶片的伸缩而形成的类似钉子形状的水泥土搅拌桩。钉形桩具有施工简便、振动小、桩体受力合理等优点。2011年完成建安产值10232万元，开累完成产值1.02亿元。

【青岛海湾大桥接线工程】 中铁四局承建。工程造价：1.1亿元。合同工期：2009年12月10日～2011年4月30日，总工期506个日历天。本工程为青岛海湾大桥（北桥位）青岛端接线工程，桥梁西起海湾大桥李村河互通立交东侧，向东跨过四流路、规划周口路、重庆路、台柳路、黑龙江路、海尔路等主要道路，接规划长沙路，形成青岛市快速路系统的第三“横”。本合同段为第十一合同段(主线里程K6+904～K7+684)，主线长780米，位于308国道至海尔路西北侧，包括大桥接线主线7联、匝道3联、3座地面桥。主要工程数量：主线桥：为双幅结构，钻孔桩为嵌岩桩基础，柱式及圆端式墩身，上部结构为预应力连续箱梁，共单幅7联，计21跨，共27508.9平方米。匝道桥：为单幅结构，钻孔桩为嵌岩桩基础，柱式及圆端式墩身，上部结构为预应力连续箱梁，全部为单箱单室结构，共3联，计9跨，共2440平方米。地面桥：ZZ2匝道跨张村河桥为1跨简支板梁结构，计有梁板9片，共248.4平方米；海尔工业园桥为8跨简支板梁结构，计有梁板176片，共1748平方米；株洲路跨张村河桥为现浇空心板结构，共3920平方米。2011年完成建安产值3493万元，累计9987万元。已完工。

【淮南南纬六路中央公园下穿隧道工程】 中铁四局承建。工程造价：2.8亿元。合同工期：2011年9月～2013年9月。工程范围起自南经十一路，起点桩号为K0+000，自西向东分别与南经十二路、南经十三路相交，终于南经十四路，终点桩号为K1+403.534，道路全长1403.534米。中央公园下穿隧道为长距离浅埋式隧道，全长1135米，其中隧道暗埋段长775米，敞开段长360米。基坑中部K0+610～910段300米为人工景观湖。人工湖先行动工，人工湖挖出后，形成了较大的汇水区域，隧道穿人工湖段，自湖底向下还要继续下挖约11米。全隧道工程采用明挖顺作施工。主要工程量：根据设计文件，基坑土石方开挖45万立方米、钢筋混凝土浇筑5.9万立方、钢筋约1万吨，回填素土3.8万立方米、回填5%灰土20万立方米、给排水埋设管道4公里、泵站房3座以及安装照明配套设施。产值：2011年完成3508万元，开累3508万元。

【贵阳市盐沙线道路工程】 中铁五局承建贵阳市盐沙线道路工程施工A标段。合同价款5.6亿元。2011年3月11日开工。建设单位：贵阳市建设投资控股有限公司；设计单位：上海浦东建筑设计研究院有限公司；监理单位：贵州国龙项目管理咨询有限公司。贵阳市盐沙线道路工程南起市北路、南垭路交叉口，线路途经雅关、偏坡、都拉营、沙文等集镇，北接麦沙大道，全线长约17.1公里，道路宽度34米（30米），双向六车道，全程以城市快速路标准设置，合同工期暂定540天。A标段里程桩号为K0+000～K3+700，主要施工范围为K0+000～K3+700主线新建和BK0+000～K2+400造。全标段范围内共设计有小关1#桥、小关2#桥、小关老路桥、小关辅道桥、小关立交道路工程、小关1#隧道和小关2#隧道，其余为路基工程、排水工程相及关附属工程，不含沥青路面摊铺工程。2011年，年累完成8150万元，开累完成8150万元，剩余价值47850万元。

中铁八局承建贵阳市盐沙线道路工程施工D标段。2011年8月22日开工。标段总长1800米。沿线包涵大小3座桥梁，都拉营立交主线桥长930米，双幅桥标准宽27米，都拉营立交下行匝道桥长290米，单幅桥宽9米，都拉营立交上行匝道桥长236米，单幅桥宽9米。已完成路基土石方12万方，桥梁成桥88延米。

【贵阳机场扩建工程】 中铁五局承建。总造价1.6亿元。2011年8月10日开工，合同竣工时间2012年11月30日。建设单位：贵州省机场集团有限公司；设计单位：中国民航机场建设集团公司、上海浦东建筑设计研究院有限公司、中国民航总院西南设计分院；监理单位：重庆联盛建设项目管理有限公司。工程主要由两大部分组成，第一部分是桥梁工程，油小线至5号路高架桥、航站区高架桥共计3.8万平方米，造价1.21亿元，第二部分是陆侧文通道路改造和航站楼前广场共17.3万平方米，造价0.36亿元，合同总造价1.5744亿元，土石方变更有591万元。2011年，年累完成3856.5万元，开累完成3856.5万元，剩余价值1.2亿元。

【国家级贵阳经济技术开发区道路基础设施建设5号路工程】 中铁五局承建。合同价款4210.9万元。2011年5月8日开工，合同竣工时间2011年12月20日。建设单位：贵合投资发展有限公司；设计单位：中铁二院贵阳公司；监理单位：贵州纵益建设监理咨询有限公司。工程位于国家级经济技术开发区南部，呈东西走向。作为开发区内部的一条重要东西通道，起于开发区开发大道三期终点与花孟公路的交叉口，道路在K0+045处上跨小黄河，道路向东依次经过陈亮村、道路终点接连沙锅寨规划的桐荫路，道路规划宽度40米，起点中桩里程：K0+000，终点里程：K1+071.425，道路等级为道路Ⅰ级主干道，计算车速为60公里/小时，红线宽度40米。2011年，年累完成1341万元，开累完成1341万元，剩余价值2869万元。

【贵阳高新技术产业经济带沙文生态科技产业园金苏大

道～绕城高速公路互通式立交桥工程】 中铁五局承建。合同价款 3963 万元。2011 年 4 月 21 日开工，合同竣工时间 2011 年 11 月 17 日。大桥 1 座 254.052 米，涵洞及通道 6 道(其中主线接长涵 2 道)；路基断面：挖方 21.32 万立方米，填方 8.87 万立方米；路基面积：2.88 万平方米(含水泥砼路面)；护排水工程 161164 立方米。2011 年，年累完成 2227 万元，开累完成 2227 万元，剩余价值 1736 万元。

【贵州省龙里中铁国际生态城综合工程】 中铁五局承建白晶谷环线工程、石漠化治理工程、商品混凝土工程。2011 年 11 月 12 日开工，合同竣工时间 2021 年 11 月 12 日。建设单位：中铁工程总公司；设计单位：贵州建筑设计院、北京新自然公司。中铁国际生态城白晶谷一号道路工程位于白晶谷旅游区，该道路是白晶谷环线的重要组成部分，起点接贵新高速，终点接悦龙西路，沿途与白晶中路和贵龙大道相交，道路全长 3052.442 米。该道路规划为城市二级次干道，道路路幅规划宽度 K0+000～K0+413.0375 宽 24 米，K0+413.0375～K3+052.422 宽 22 米，车行道宽 15 米，道路计算行车速度为 30 公里/小时；）石漠化治理工程土石方合计 162.65 万方，其中 A 场挖方 25.16 方，填方 34.62；B 场挖方 47.59；填方 55.28 方；搅拌站合计生产商品混凝土 800 万立方米。2011 年，年累完成 1504.85 万元，其中，石漠化治理工程完成产值 369.28 万元，白晶谷一号道路完成产值 637.19 万元，搅拌站及驻地完成产值 450 万元，便道完成产值 48.38 万元。

【柳州市外环路（南外环）工程 3 标】 中铁五局承建。合同价款 4406 万元。建设单位：柳州市城市投资建设发展有限公司；监理单位：中国轻工业南宁设计工程有限责任公司；设计单位：中铁第四勘察设计院集团有限公司。2011 年 4 月 20 日开工，合同竣工时间 2010 年 8 月 10 日（因征地拆迁影响，工期延长）。工程起止里程 K2+000～K2+920，道路等级为城市主干道Ⅰ级，沥青砼路面。主要工程数量：路基土石方约 35 万方，桥梁 2 座 132 米，市政排水管道 2732 米，沥青路面 34000 平方米。2011 年，年累完成 570 万元，开累完成 570 万元，剩余价值：3836 万元。

【广州市番禺区黄榄快速干线(西段)工程道路桥梁标】 中铁五局承建。合同价款 1.7 亿元。建设单位：广州市番禺交通建设投资有限公司；设计单位：武汉市政工程设计研究院有限责任公司；监理单位：广州市广州工程建设监理有限公司。2010 年 1 月 18 日开工，竣工时间未确定。本标段起点桩桩号 K5+960，止点桩号 K7+571.525，全长 1611.525 米，其中主线桥梁共长 604 米，共有桥梁：大岗沥大桥、冲涌中桥、规划一路跨线桥、规划一路 GHB0+095.6 小桥、1 座人行天桥和 2 座梯道桥。桥梁上部结构型式共有：预制 T 梁、预制箱梁、预制空心板、现浇箱梁等。主要工程数量：设计图路基挖土方总数为 12369 立方米，路基填土方总数为 127938.6 立方米；大桥 1 座 562 延米，中桥 1 座 42 延米，跨线桥 1 座 252.4 延米，小桥 1 座 20.4 延米，人行桥 1 座，梯道桥 2 座；过街箱涵 4 座 265.5 延米。2011 年，年累完成 9087.39 万元，开累完成 14739.52，剩余价值 2717.89 万。

【河北省廊坊市下穿京沪铁路立交桥工程】 中铁六局承建。合同价款：2.5 亿元。合同工期：2010 年 11 月 1 日～2011 年 3 月 31 日。建设单位：河北省廊坊市建设局，设计单位：中铁第五勘察设计院集团有限公司，监理单位：北京铁建监理有限公司，施工单位名称：中铁六局北京公司第三十三项目部。河北省廊坊市下穿京沪铁路立交桥工程廊坊市下穿京沪线立交桥工程共 4 处，其中框构桥 3 座（8-16-8 米两座、1 孔 12 米 1 座）、1-3 米顶管 1 处；总面积 4500 平方米，总顶程 293 米。

【晋中市龙湖立交桥】 中铁六局承建晋中市龙湖立交桥二标段。合同价款 2.1 亿元。合同工期：2010 年 9 月 25 日～2011 年 10 月 1 日。建设单位：晋中市公用基础设施投资建设有限责任公司，设计单位：太原市市政工程设计研究院，监理单位：北京中城建建设监理有限公司。工程为晋中市龙湖街与汇通路交叉处全互通立交工程。相交道路汇通路为城市主干道，是连接太原市和晋中市的快速通道；龙湖街为晋中市城市东西向主干道。本次工程内容主要包括道路、桥梁、附属等工程。其中道路工程包括立交主线（龙湖街、汇通路）与匝道部分；桥梁工程包括立交主线桥、匝道桥两部分；附属工程包括地面人行系统、人行通道、涵洞和黄龙江覆盖及改线等内容。工程主要工程如期完成，2011 年 10 月 14 日举行了通车典礼。截至 2011 年底，桥梁部分泄水管、道路有部分人行系统尚需施工。

【郑州市京广路-沙口路快速通道上跨铁路工程Ⅰ标】 中铁七局承建郑州市京广路-沙口路快速通道上跨铁路工程Ⅰ标。业主单位：郑州铁路局工程管理所。合同工期：297 日历天，合同工期要求 2011 年年底完。合同价值：约 1.1 亿元，2011 年开累完成 9032 万元。

【成都东客站片区市政工程】 中铁七局承建沙河堡成都新客站片区基础设施项目涉铁部分市政工程。业主单位：成都市兴城投资有限公司。合同工期：约 24 个月，开工日期 2010 年 3 月 1 日。合同价值：约 3 亿元，2011 年开累完成 13120 万元

【四川省达州市渠县渠江二桥工程】 中铁七局承建四川省达州市渠县渠江二桥工程。业主：四川省达州市渠县市政工程公司。工期要求：22个月，开工日期2008年9月1日。工程造价： 10188万元，2011年开累完成9856万元。

【沙河堡成都新客站片区基础设施建设】 中铁八局承建沙河堡成都新客站片区基础设施建设(一期)D标段。合同价款5.2亿元。工期： 2012年6月。该标段施工任务为机场路东延线以东、铁路站场以西、M7线以南范围内的道路、桥梁、下穿隧道及电力隧道工程，主要工程数量为机场路东延线下穿隧道（双向四车道，长度624米）、驿都大道下穿隧道（双向6车道，长度517米）、机场路东延线跨线立交桥、机场路东延线道路工程、N7、N8、N10、N11、N14、M7、W2、W3、W4、W5道路工程、机场路东延线电力隧道、纬四路电力隧道及跨秀水河小型桥涵3座。2011年完成投资3.3亿元，完成道路12万平方米。

【重庆市园博园主要基础设施工程】 中铁八局承建。重庆园博园位于重庆主城核心区—北部新区龙景湖片区。金开大道、金山大道、金兴大道、金渝大道等四条城市快速干道为园区边界，据机场高速、渝宜高速、渝邻高速、内环高速、渝合高速、重庆铁路客运枢纽江北客运站、重庆江北客运机场均在15公里内，距渝中区15公里。主要工程数量：仿古拱桥5座（2#拱桥长110米；3#、4#、6#拱桥分别长73米；5#拱桥长56米）；单洞双向车道隧道3座（核心景区隧道长87.5米；大中华展区1#隧道长165米；大中华展区2#隧道长147米）；道路、边坡挡墙约6.8公里。工程投资1.24亿元，2011年完成投资7461万元，三号桥、四号桥、五号桥完成；隧道掘进72.5米，二衬399.5米；道路完成6.8公里。

【城（口）万（源）快速公路通道工程】 中铁八局承建城（口）万（源）快速公路通道工程CW9合同段八台山隧道。调整工期：2010年6月4日～2012年8月31日。八台山隧道分属CW09、CW10合同段，主洞里程桩号K43+205～K48+480、长5277米，避难通道里程桩号YK43+206～YK48+450、长5244米，属特长隧道。主要工程数量为八台山隧道(主洞)2800米，避难通道2800米。工程投资1.67亿元，2011年已完成投资6024万元，主洞1028成洞米，避难通道1068成洞米。

【金西大道延伸段道路工程】 中铁八局承建金西大道延伸段道路工程Ⅱ、III标段工程。合同价款：第Ⅱ合同段为2.28亿，第III合同段为1.49亿。施工期：第Ⅱ合同段2010年3月5日～2011年8月30日；第III合同段2010年3月5日～2011年6月30日。本工程位于贵州省贵阳市，第Ⅱ合同段施工里程K1+000-K3+000，全长2000米；第III合同段施工里程K3+000-K4+438.017，全长1438.017米，2011年完成产值及主要工程数量：第Ⅱ合同段完成产值3833万元，排水工程1112米，水稳碎石基层750米，沥青路面750米，制梁、架梁各96片；第III合同段完成产值320万元，制梁49片、架梁60片。

【六盘水市康乐北路】 中铁八局承建六盘水市康乐北路延伸段B标段工程。合同价款7052万元。工期：2010年9月21日～2011年9月21日。工程位于贵州省六盘水市，该标段里程为K1+600～K2+734.199，全长1.134公里，主要工程数量：路基土石方5.2万方，康乐北路隧道（左、右）各460米。2011年完成产值3200万元。康乐北路隧道左洞折合成洞215延米，康乐北路隧道右洞折合成洞294延米。

【贵阳市北京东路】 中铁八局承建贵阳市北京东路D标。合同价款2.6亿元。合同工期：19个月。工程2010年6月28日开工。工程起止里程为K4+800～K6+600，全长1.8公里，桥左右幅桥梁相对独立，共5座桥，（南明河大桥左幅桥，南明河左幅1#桥，南明河大桥右幅桥，南明河右幅1#桥，南明河右幅2#桥）总长2304.983米，占标段总长64%。其中南明河大桥，集“难、险、高、大”为一体，大桥左右幅为（50+80+100+80+50）米预应力混凝土连续刚构，主桥为空心薄壁墩，最高60米。综合了小半径曲线前支点挂篮悬臂施工技术，60米空心薄壁墩施工、60米高悬臂施工、跨水东路悬臂施工防护等工艺于2011年12月8日完工，2011年12月27日完成正式竣工验收。

【毕节市迎宾路及郭家湾高架桥】 中铁八局承建。合同价款7332万元，工期28个月。该项目全长0.93公里，道路总宽度33-45.5米不等；其中主路宽45.5米，辅路为33米，主路双向六车道；辅路为双向四车道，郭家湾高架桥倒天河三号桥总长为52米。郭家湾高架桥梁全长494米。倒天河辅桥构造为1×40米的预应力砼现浇简支箱梁，桥梁全长52米。工程路线全长930米，路基挖方67116立方米，路基填方61118立方米；结构物台背回填8496立方米，挡土墙10891立方米；C30毛石砼(引道挡墙)1077立方米；级配碎石层1267立方米，水泥稳定碎石基层33031平方米，中粒式沥青砼、粗粒式沥青砼、改性沥青混合料各29644平方米，2010年末工程已全部竣工通车。由于工程得到业主的好评，另新增土石方12万方及部分挡墙、路面工程，补充合同金额1000万元。2011年3月30日完成。

【花溪高校聚集区栋青路道路工程】 中铁八局承建花溪高校聚集区栋青路道路工程施工 A 标段。标段道路全长 1270 米。主要包括道路、桥梁、综合管网、附属工程。路基挖方 126499 立方米、填方 103196 立方米、清表 19157 立方米、浆砌挡墙 2753 立方米、护坡 12730 平方米、人行道 11430 平方米、截水沟 590 米。该工程于 2011 年 7 月 20 日开工，已完成路基土石方 19 万方，排水工程 1500 米，路基附属完成 20%。

【阜阳市颍上路泉河大桥】 中铁八局承建。合同价款 1.5 万元。合同工期：2010 年 7 月 6 日～2012 年 1 月 26 日，实际开工：2010 年 7 月 6 日。该项目全长 0.89 公里。2011 年完成投资 6582 万元。2011 年 10 月 26 日通车。

【沈阳市二环路改造工程】 中铁八局承建沈阳市二环路改造工程三、四标段（下部工程）。合同价款：四标 6.6 亿元。工期：三标 2011 年 7 月 18 日～2011 年 10 月 15 日；四标：2011 年 7 月 18 日～2011 年 10 月 20 日。1. 三标段：沈吉铁路至沈铁路段（K7+755.5～K10+180），全长 2388.75 米，全桥设计为双向 6 车道。桥台设计为排桩桩基，桥墩设计为群桩桩基。根据地质资料，桩基采用 C30 钢筋混凝土钻孔灌注桩，设计桩径 D=1.5 米，桩长 22 米～36 米。桥墩外观设计横向采用 Y 型设计，上宽下窄，侧面为曲线过渡，立面呈花瓶状，混凝土设计强度等级为 C40；桥台设计采用一字式桥台，并在桥台外侧设置翼墙，混凝土设计强度等级为 C40。2011 年完成施工产值 7011 万元，成桥 1455.21 延米。2. 四标段：沈铁路至望花桥立交桥段（K5+400～K7+705.5），全长 2305.5 米，全桥设计为双向 6 车道。桥台设计为排桩桩基，桥墩设计为群桩桩基。根据地质资料，桩基采用 C30 钢筋混凝土钻孔灌注桩，设计桩径 D=1.5 米，桩长 22 米～36 米。桥墩外观设计横向采用 Y 型设计，上宽下窄，侧面为曲线过渡，立面呈花瓶状，混凝土设计强度等级为 C40；桥台设计采用一字式桥台，并在桥台外侧设置翼墙，混凝土设计强度等级为 C40。2011 年完成施工产值 6291 万元，成桥 1602.37 延米。

【桂林市西二环二标段工程】 中铁八局承建。合同价款 5.1 亿元。2010 年 12 月 4 日开工，工期 24 个月。工程为城市快速道路，设计车速为 80 公里/小时，道路红线宽度：50 米、54 米，双向 6 车道。地震烈度Ⅵ度。最小圆曲线半径 1000 米，最大纵坡 1.936%。全长 8.056 公里，沿线有如下主要构筑物分布：K11+840 跨桃花江 5×35 米预应力连续箱梁桥；K14+180 三孔（29.85+34.3+29.85）米普通钢筋混凝土连续箱梁跨线桥；K17+7701-16 米简支空心板梁桥；沿线分布：1-5*3 钢筋混凝土过水箱涵 4 座，1-5*4 钢筋混凝土过人箱涵 4 座；在桃花江桥附近及 K17+770，2011 年完成施工产值 1500 万元。

【金堂大道南段（淮口至土桥）工程】 中铁八局承建金堂大道南段（淮口至土桥）工程 E 标段。合同价款 2.9 亿元。调整工期：2010 年 3 月～2012 年 3 月。金堂大道连接金堂县与乐至县，本标段位于金堂县远郊，线路经过地区人口密度大，村庄众多。该公路设计等级为一级，双向六车道，设计车速 80 公里/小时，路基面、桥梁同宽，为 29 米。本段施工长度 8.54 公里（K22+700～K31+240）。主要工程数量：陈家湾隧道左线长 470 米，右线长 468 米；桥梁 4 座：烂堰河大桥全长 263.5 米；蔡家河大桥全长 218 米；三湾堰大桥全长 159 米；石鸭子河中桥长 86.06 米。各式涵洞 21 座。路基土石方：挖方 158 万立方米，填方 132 万立方米。2011 年完成投资 12911 万元，隧道仰拱 180 米，二衬 370 米；预制梁 200 片，架设 265 片，道路路面 20 万平方米。

【永川区兴龙大道南段跨成渝铁路桥】 中铁八局承建。合同价款 0.9 亿元。调整工期：2011 年 3 月至 2012 年 3 月。项目位于重庆永川市凤凰工业园区。桥梁部分起讫里程为 K3+745～K4+126，全长 381 米；分别于 k3+790 处斜跨临江河，于 k4+003 处中心斜跨成渝铁路（k345+970.1）；本桥位于 R=3500 米的圆曲线上。桥梁上部结构采用装配式预应力砼连续 T 梁，孔跨以 30 米为主。跨成渝铁路处采用 45 米装配式预应力混凝土简支 T 梁。2011 年完成投资 8064 万元，孔桩 78 根，66 个墩柱，2 个桥台。

【空港新城春华大道渝北段道路工程】 中铁八局承建。合同价款 2.6 亿元。调整工期：2011 年 2 月至 2012 年 12 月。春华大道渝北段道路工程位于重庆市空港新城，原设计道路全长为 4.41 公里。标准路幅宽度为 44 米和 54 米。主要工程内容为道路土石方、道路工程（路基边坡挡护、路面、人行道及附属）、排水工程和桥梁工程四部分组成。后因道路规划与拟建市中央公园规划发生冲突，对春华大道北段改线重新设计。改线变更后，目前已确定的变更工程预计产值约为 2.577 亿元，主要分为以下五大部分：1）、春华大道保留段：即原春华大道未调整的 870 米；2）、春华大道西延段：道路全长 1.7 公里；3）、春华大道北延段：该段道路全长 1.74 公里，包含两座 5 跨×30 米的桥梁；4）、春华大道平场土石方工程；5）、春华大道溢洪道接长段：为 10.2 米×5.5 米的双孔箱涵接长，全长 300 米，含土石方回填配套工程。2011 年完成主要工程数量：土石方完成 94 万立方米，1#跨线桥上部结构施工完成；2#跨线桥墩台身施工完成。

【安岳县安岳大道北段一期、二期、三期道路工程】 中铁八局承建。合同价款 6.7 亿元。工期要求：2011 年 7 月～2012 年 12 月。工程安岳大道北段 K0+000～K6+000，位于四川省安岳县岳阳镇、文化镇境内。道路总长 6.0 公里，红线宽 100 米，分一标段 K0+000～K2+087，二标段 K2+087～K4+173，三标段 K4+173～K6+000，主要工程内容有：道路工程、排水工程、桥梁工程。道路工程含低填浅挖路基处理、桥头路基处理、陡坡路堤或填挖交界处理工程、特殊路基处理工程、路基防护工程、路基路面排水工程、清理地表、取弃土场处理、高填深挖路基工程、路基坡面零星绿化工程、预制场及拌合场、施工便道、土石方工程、路面工程、预留过街管线通道工程、交通管理设施工程、钢筋混凝土盖板涵工程、道路照明工程、道路绿化工程，共 19 个分项工程；排水部分包括雨水网管工程、污水管网两部分（污水管网暂不纳入本次工程量）；桥梁范围共包含 K1+050、K1+925、K2+058、K3+475 共四座桥，工程建设内容分为均为桥梁及护岸工程。2011 年完成投资 3.02 亿元，土石方开挖完成 71.5 万方，填方完成 67.3 万方；软基处理挖方完成 33.4 万方，换填碎石完成 32.1 万方，碎石桩完成 164087 米。桩基完成 48 根；涵洞完成 5 座。

【哈尔滨阳明滩大桥疏解工程】 中铁九局二公司承建。合同价款约 1.7 亿元。2011 年 4 月 1 日开工。建设单位为哈尔滨市城市建设投资集团有限公司，设计单位为哈尔滨市市政工程设计院和黑龙江省公路勘察设计院，监理单位为哈尔滨百信监理公司。工程起止里程 K10+611.9～K11+704.786，全长 1092.89 米。主要工程数量：盖梁 66 个，钻孔桩 464 根，桥墩 88 座，承台 84 座，桥台 4 座，架梁 300 片，钢筋混凝土管道铺设 1627 米，特殊地基处理 38734 立方米。2011 年 10 月 6 日通车。

【长春市四环北段跨越哈长线 K8+380 公铁立交桥工程】 中铁九局三公司承建。合同价款 1.3 亿元。开工日期 2010 年 3 月 15 日～2011 年 11 月 30 日。建设单位为长春市高新技术产业开发区委员会，设计单位为锦州铁道勘察设计院有限公司，监理单位为吉林省赛得工程管理有限公司。

左幅 38 孔、右幅 37 孔，预应力砼箱梁结构，桥梁中心桩号为 K5+378.617，桥梁全长 1179 米。在长春北至一间堡区间先后跨越哈长下行线、长白右线、四场牵 1 线、长白联络线、哈长上行线。桥梁中心线与哈长铁路上行线斜交，角度 100.953°，交点铁路里程 K8+380；与哈长下行线斜交，交角 107.045°，交点铁路里程 K8+380；与长白右线斜交，交角 106.685°；与长白联络线斜交，交角 102.12°，交点里程 K1+613.5；与四场牵 1 线斜交，交角 78.953°。本桥采用斜交正做。

【长春远达大街北延长线立交桥工程】 中铁九局三公司承建，合同价款 8093 万元。合同工期：2010 年 9 月 22 日～2011 年 10 月 25 日。工程位于长春市东北部地区，自南向北经过二道区、经开北区和高新北区。远达大街与长新路、北三环平面交叉。工程起点桩号 K0+305.462，终点桩号 K1+256.462，全长 951 米，其中桥梁长 781 米，引道长 170 米。桥梁为连续箱梁，桥面全宽 13 米，建筑面积为 20202 平方米。 2011 年开累完成 7361 万元，完成总价 91%。

【乌兰浩特都林街、查干街公铁立交桥工程】 中铁九局六公司承建。合同价款 1.13 亿元。2011 年 4 月 15 日开工，预计 2012 年 6 月 30 日竣工。建设单位为内蒙古乌兰浩特市建设局，设计单位为吉林铁道勘察设计院，监理单位为吉林铁道勘察设计院乌兰浩特监理站。工程位于内蒙古乌兰浩特市境内，其中白阿线 K82+704 都林街立交桥，起讫里程 K0+000～K0+581.92，全长 581.9 米；白阿线 K83+271 查干街立交桥工程，起讫里程 K0+021～K0+636.2，全长 615.2 米。2011 年开累完成产值 10578 万元，完成 93.4%。

【鞍山腾千公铁地道桥工程】 中铁九局承建。合同价款 7925 万元。工程 2009 年 9 月 30 日开工，预计 2012 年 6 月 30 日竣工，建设单位为鞍山公路处，设计单位为沈阳铁道勘察设计院，监理单位为北京通达监理有限公司。工程数量：有顶进框构式地道桥 2 座（鞍山站桥和东矿专用线桥），顶进式 1.5 米圆管涵 1 座，地道桥综合排水 1 处（其中泵站 1 座、排水管线 1080 米），引线工程 740 延米（路基土石方 12.13 万立方米、路面 23031 平方米）。2011 年开累完成产值 7288 万元，完成总价的 92%。

【沈北新区陵园街道路贯通工程】 中铁九局七公司承建。合同价款 1.19 亿元。工期：2010 年 2 月 7 日～2011 年 9 月 1 日。建设单位为沈阳蒲河新城建设局，设计单位为沈阳铁路铁道勘察设计院，监理单位为北京通达建设监理有限公司。项目起于沈阳沈北区界 K0+910.25，终于蒲盛路，与沈北新区孝信街相连接，道路全长 1275.24 米。新建下穿立交桥，铁路里程为于虎下行线 K15+632，桥宽 2-20.75 米（全宽 45.9 米），净高 4.5 米，公路与铁路交叉角 86.8 度。桥梁预留东北环二线线位。

【辽阳河东新城新运大桥工程】 中铁九局七公司承建。合同价款 2 亿元。工期：2009 年 11 月 23 日～2011 年 9 月。建设单位为沈阳市河东新城开发建设有限公司，设计单位为沈阳市市政工程设计研究院，监理单位为沈阳市振东建设工程监理有限公司。工程是辽阳市主城区的重要交通干道。新运大桥为斜桥，斜交角为 71° 43’ 20”。工程全长 822.94

米，由主桥、引桥、引道三部分组成。桥梁主桥为4跨大跨径变截面连续箱梁桥，长度为380米，跨径布置为70+120+120+70=380米。两侧引桥采用连续箱梁形式，西引桥长120米，东引桥长160米，西引道长105米，东引道长57.94米。

【振连路大连湾3标段工程】 中铁九局大连工程处承建。合同价款1.02亿元。建设单位为大连开发区振连路工程建设指挥部，设计单位为大连市市政设计研究院，监理单位为大连市大开建设咨询监理有限公司。工程位于大连市甘井子区大连湾镇镇内，本标段长度为1129米，其中桥梁长度810米，路基长度319米，与既有振连路开发区段桥梁连接。工程自2010年2月4日开工，预计2012年10月31日竣工，。施工范围：7联34米宽共计810米长的现浇连续箱梁，319米长34米宽的道路路基3.7万立方米。2011年完成产值1350万元，开累完成产值3310万元，完成总价的32.5%。

【大连市甘南路、棋南线工程】 中铁九局大连工程处承建。合同价款约8亿元。工程2011年6月23日开工，预计2013年9月30日竣工。建设单位为大连市甘井子区交通局，设计单位为大连市市政设计研究院有限责任公司，监理单位为华铁工程咨询有限责任公司及大连宝泉工程咨询有限公司。项目起点位于华东路与原甘南路交叉处，沿现状甘南路上跨华北路、哈大铁路线、规划哈大铁路线，经南关岭环岛，继续向北方向，穿过南关岭白云灰厂，在骆驼山附近进入隧道。甘南路工程主要包括2140米桥梁工程与两条分别为2468.7米和2463.5米的隧道工程。棋南线工程起点位于华南广场，终点至棋盘村，为新建双向八车道城市主干路工程，线路全长7279米，其中棋南线立交桥长度1015米。2011年开累完成产值约1.02亿元，完成总价的13%。

【上海通用汽车研发试验中心（广德）工程】 中铁十局承建。合同价款1.2亿元，合同工期2010年4月～2011年9月。施工地点，安徽省广德县。主要工程数量：高速环道路基工程全长9036米；沿高速环道路基两侧均设排水，排水工程分明沟、管涵和箱涵；进场地道工程全长68米，横断面净宽8.5米，净高4.5米。路基土方（设计203万立方米）、地道沟结构砼（设计2751立方米）完成。

【兰州市中心滩黄河大桥】 中铁十局承建。工程造价1.1亿元，合同工期：2010年11月01日～2012年7月。工程概况：施工地点：兰州市城关区。标段长度6558米，主要工程数量：桥梁长度441米，结构形式：46+138+46中承式钢箱系杆拱桥。主跨桥墩完成，钢箱梁施工。

【湖南长沙万家丽北延线】 中铁十局承建。合同价款2.4亿元。合同工期24个月，实际开工日期2011年7月。工程地点：长沙市长沙县。主要工程数量：路基土石方87万方。捞刀河大桥全长621米，桥梁主桥采用（75+110+75）米变截面Y型刚构，引桥采用30米等截面连续箱梁。路基土石方完成31万方。捞刀河大桥桩基墩台施工。

【合肥市徽州大道高架工程】 中铁十局承建合肥市徽州大道高架工程一标段。工程造价：3.5亿元，合同工期2011年11月～2012年7月施工地点，合肥市包河区，标段长度1.16公里。主要工程数量：桥梁4498米，现浇砼连续梁52联（其中钢箱梁4联）；路基土方37万立方米。路基土方完成22万方。现浇梁完成9联。

【阜阳市颍东路下穿京九铁路立交桥】 中铁十局承建。工程造价1.62亿。合同工期：2011年9月～2012年10月。工程概况：施工地点：安徽阜阳。标段长度，左幅711.173米、右幅长718.968米，主要工程数量：主箱体；2孔6.6米（左幅长45米、右幅长46.5米）、2孔13.6米（左幅长45米、右幅长46.5米）；U型槽76节。主箱体预制完成。

【武汉黄浦大街—金桥大道快速通道】 中铁大桥局承建【武汉黄浦大街—金桥大道快速通道ZYSLJ-1标。2011年9月30日通车。

【陕西汉中市西二环大桥】 中铁大桥局承建。2011年12月27日完工。

【江西九江八里湖大桥】 中铁大桥局承建。下部结构基本完成，三个“指环型”40米主塔分别完成至35.2米、35.8米、35.6米，主梁施工开累完成326米，占设计总数量的77%。

【武汉鹦鹉洲长江大桥】 中铁大桥局承建。武汉鹦鹉洲长江大桥正桥工程全长3420米，主要包括南、北锚碇，1#墩、2#墩、3#墩以及南北引桥、匝道工程。正桥设双向8车道，设计行车速度为60公里/小时。其中主桥长2100米，采用(2250+2×850+225)米三塔四跨钢-混凝土结合梁悬索桥，桥面宽32.5米。北锚碇基础采用圆形沉井结构，沉井外径为66.0米，高43米。1#墩基础采用44φ2.0米的钻孔桩；承台设计为哑铃形，平面尺寸为67米×28米，厚5.5米；边塔设计为混凝土结构，塔高129.2米。2#墩基础采用39φ2.8米的钻孔桩；承台为圆端形，平面尺寸为70×34米，厚6.5米；中塔设计为钢-混凝土叠合塔，塔高152米，下塔柱为混凝土结构，上塔柱为钢结构。3#墩基础采用 20φ2.8 米的钻孔桩；承台设计为哑铃形，平面尺寸为 59 米×21 米，厚 6 米；边塔设计为混凝土结构，塔高 129.2 米。南锚碇设计为圆形地下连续墙结构，外径 68 米，高 27.14 米。引桥长 1320 米(汉阳段 595 米，武昌段 725 米)，采用 35、50 米预应力混凝土连续箱梁结构。北锚碇沉井下沉 14.36 米；1#墩塔柱上游第十二节、下游第十三节浇筑完成；2#墩承台封底完成；3#墩承台钢筋绑扎全部完成，准备混凝土浇筑工作；南锚地连墙帷幕 192 个灌浆孔累计完成 160 个。

【重庆东水门长江大桥】 中铁大桥局承建。东水门长江大桥工程起于南岸区涂山路，设东水门长江大桥跨越长江，经湖广会馆平接渝中区陕西路，并接千厮门嘉陵江大桥渝中连接隧道。项目主要内容包括东水门长江大桥正桥（含主桥及南北引桥）、与涂山路相接的南引道，以及与渝中区陕西路相接的匝道，全长约 1.2 公里。其中，东水门长江大桥正桥为公轨两用桥梁，下层为双线轨道交通，上层为双向四车道汽车交通。东水门长江大桥主桥为双塔单索面钢桁梁斜拉桥，桥跨布置为 222.5+445+190.5，主桥长 858 米，主跨为 445 米。P1#墩主塔完成至 58.6 米，P2#墩主塔完成至 59 米。

【福建省泉州湾跨海大桥】 中铁大桥局承建福建省泉州湾跨海大桥路基土建工程 A1 标。泉州湾跨海大桥工程起于晋江南塘，与泉州市环城高速公路晋江至石狮段相接，在石狮蚶江跨越泉州湾，经惠安秀涂、张坂，终于塔埔，与泉州市环城高速公路南惠支线相接。其中泉州湾跨海大桥桥长 12454.894 米，分南岸陆地区引桥、南岸浅水区引桥(六车道)、蚶江互通主线桥、南岸浅水区引桥(八车道)、南岸深水区引桥（八车道)、主桥、北岸深水区引桥（八车道)、北岸浅水区引桥(八车道)、秀涂互通主线桥九个区段。A1 标段总长 5.913 公里，包括南岸陆地区引桥、南岸浅水区引桥(六车道)及南岸浅水区引桥(八车道)。桥梁规模大，本标段结构主体混凝土总量约 24.5 万余方，钢筋 3.8 万余吨。节段预制箱梁 1803 节段、30 米小箱梁 740 片，工期紧张的情况下，需投入大量的预制台座、存梁台座、模板；预制梁场软土地质地段需要进行地基处理，工期紧工作量大；节段箱梁预制和架设是本工程的重点。处于施工准备阶段。

【文昌市清澜大桥】 中铁大桥局承建。17#主塔封顶完成，18#墩主塔完成至 86.34 米，引桥下部结构完成，预制梁完成 182 片，架设完成 154 片，分别占设计总量的 57%、48%。

【漳州市九龙江大桥及接线工程】 中铁大桥局承建。下部结构全部完成，上部悬浇梁完成 120 块，占设计数量的 62%，现浇梁完成 45 孔，占设计数量的 77%。

【武汉二七长江大桥正桥工程】 中铁大桥局承建武汉二七长江大桥正桥工程第 II、III 标。2011 年 12 月 30 日通车。

中铁港航局二公司承建武汉二七长江大桥正桥工程III标段。合同总造价：5.3 亿元。合同工期：2008 年 10 月 1 日～2011 年 8 月 1 日。工程概况：武汉二七长江大桥工程分为三个标段，其中III标段里程为 K12+153.823～K12＋858.323（5#边塔墩～S3#墩），武昌岸主桥 5#边塔墩基础、塔柱及上部结构结合梁、斜拉索施工，主桥 6#～7#墩基础、下部结构及上部边跨混凝土梁施工，南岸引桥预应力混凝土连续箱梁挂篮悬浇施工。全长 704.5 米。武汉二七长江大桥正桥工程，包括通航孔主桥、非通航孔深水区及两岸非通航孔岸滩区，总长度为 2922 米。桥跨布置从北至南依次为：（2×45+70+2×45）米预应力混凝土连续箱梁+5×50 米预应力混凝土连续箱梁+6×90 米钢混凝土结合连续梁+（90+160+2×616+160+90）米三塔斜拉桥+（45+60+45）米预应力混凝土连续箱梁。桥路线沿京广铁路下行线，穿解放大道及江岸货场铁路疏解区，过长江后经武昌罗家港泵站，沿罗家港排水明渠至和平大道。工程 2011 年底建成通车。

【柳州维义（白鹭）大桥】 中铁大桥局承建。2011 年 12 月 13 日竣工验收。

【武汉市城投集团中北路延长线道路】 中铁航空港承建武汉市城投集团中北路延长线道路排水工程 4 标。中铁三局中标，重组前中铁三局一公司承建，重组后中铁航空港建设集团二公司承建。合同价：2.0 亿元。合同工期：2010 年 10 月 30 日～2012 年 4 月 30 日。标段位于武汉市区东北角，南侧为东湖风景区，北侧为杨春湖城市副中心，与武汉火车站毗邻。线路西起主线桥 N119 号墩，东至三环线青化路立交西侧，里程范围 K3+900～K4+940.726，全长 1040.726 米。施工内容包含桥梁、道路及排水工程。2011 年完成施工产值 15657.08 万元，开累完成施工产值 1.6 亿元。桥梁主体工程完成；道路排水工程：排水管道完成 4031 米，土方完成 79030 立方米，水稳层完成 63400 平方米，混凝土路面完成 7700 平方米。

【宝安区福永码头至洲石路道路工程】 中铁航空港承建宝安区福永码头至洲石路道路工程 2 标。中铁三局中标，重组前中铁三局一公司承建，重组后中铁航空港建设集团深圳分公司承建。合同价 3.08 亿元，合同工期：2009 年 10 月 1 日～2011 年 8 月 31 日。项目西起沿江高速福永立交，向东穿越凤凰山连接洲石路，道路全长 11.089 公里，主要工程量有：凤凰山隧道(左线长 1331.58 米，右线长 1443.29 米)、两座匝道桥、三座框架涵及 840 米的软基处理。2011 年，年累完成施工产值 1.5 亿元，开累完成施工产值 2.5 亿元。凤凰山隧道、两座匝道桥主体完工。

【柳州市双拥大桥工程】 中铁上海工程局一公司承建。合同造价：9.04 亿元（暂定)。合同工期：2009 年 6 月 15 日～

2011年12月15日。工程概况：本工程起点里程为：K12＋043.115，终点里程为：K13＋981.206，路线全长1938.091米，其中主桥部分长510米，跨径组合为40米+430米+40米；引桥部分长984.76米。本桥设计为两个主塔，塔高104.811米，A形结构，分别位于柳江南岸的江滩和北岸防洪堤堤脚处，采用桩基承台基础，塔身采用钢箱结构。主桥全宽38米，采用扁平流线型钢箱梁，梁高3.5米，引桥宽度为2×18米，采用现浇箱梁，两岸道路部分长443.331米，立交总长1436.8米，北岸引道全宽37米，南岸引道全宽54米。工程进度：柳州市双拥大桥于2011年12月12日通过工程竣工验收。

【苏州普陀山路跨浒光运河桥工程】 中铁上海工程局二公司承建。合同造价：4160.7万元。合同工期：2010年3月1日～2011年1月25日，调整后工期2010年4月29日～2011年3月23日，实际开工时间：2010年4月29日。工程概况：本工程位于苏州高新区通安镇与东渚镇分区交界处，呈东西走向，跨越浒光运河，河道斜交6度，桥宽30米。主孔27+45+27，主梁为32米单悬臂梁，中挂孔为35米简支钢箱梁，梁高均为1.8米，引桥两头各接5×20米预应力简支板梁，梁高90厘米。本桥跨径组合为5×20+27+45+27+5×20米，全长299米。进度情况：2011年，完成建安产值3553.5万元，开累完成6221万元。项目管理人员15人，协作队伍3家90人；进场设备5套。形象进度：完成钢箱梁架设11片，板梁架设290片，现浇箱梁2联，路面工程14775平方米。

【绥阳煤电一体化水泥项目基地至电厂道路】 中铁上海工程局二公司承建。合同价款4195万元。合同工期：2009年8月28日～2010年12月28日，调整后工期：2009年11月1日～2011年7月30日，实际开工时间：2009年11月15日。工程概况：标段位于绥阳县蒲场镇，离遵义市约39公里，距绥阳县城约11公里，基地至电厂道路起于规划的基地转盘，顺后水河而下至电厂储煤坪附近，路线长约2.85公里。按山岭重丘区二级公路标准，计算行车速度40公里公司/小时，路基宽度12米（即行车道宽2×3.5米，硬路肩宽2×1.5米，土路肩加固宽2×0.75米），有桥梁2座（169延米），涵洞10座（203.5延米）。2011年，完成建安产值1380万元，开累完成3456万元，占合同金额的82%。完成挖土石方6.26万立方米，填土6.97万立方米，排水沟3267立方米，路基防护12132平方米。

【江阴青霞路跨锡澄高速特大桥】 中铁上海工程局二公司承建江阴青霞路跨锡澄高速特大桥JYBT(II)-B2合同项目。合同价款8177亿元，合同工期：2009年10月28日～2011年5月30日，调整后工期为2010年3月18日～2011年10月1日，2010年3月18日开工。工程概况：全桥横向有两幅组成，每幅宽19米，中央分隔带宽3米，桥梁全长1141米，桥跨布置为：（5×35+4×35+4×35）组合箱梁+（4×13.352）连续箱梁+（4×35）组合箱梁+（2×50）T型梁+5×35组合箱梁。桥梁上部结构主要采用35米跨预制小箱梁、跨锡澄高速公路也采用35米跨预制小箱梁，跨璜塘河采用50米跨预制T梁，靠近锡澄高速公路东侧采用现浇等截面连续箱梁与东段预制小箱梁顺接。下部结构为圆柱形墩身及系梁、盖梁。钻孔灌注桩共计273根；Ø1.5米的钻孔桩254根，Ø1.8米的钻孔桩共计3根，Ø1.2米的钻孔桩共计16根；左幅有34道排架，右幅32道排架，系梁共计54个，Ø1.5米墩柱257根，左右幅盖梁共计60个，左右幅台帽共计4个；35米箱梁336榀，50米的T梁共计36榀。2011年，完成建安产值6315万元，开累完成9408万元。主要完成承台24个，立柱146根，盖梁24榀，T梁预制及架设36榀，箱梁预制及架设336榀，桥面铺装及护栏4564延米。

【天津开发区南港工业区红旗路互通式立交桥工程】 中铁上海工程局华海公司承建。合同造价：6.3亿元。合同工期：2010年8月8日～2012年10月30日，实际开工时间2010年9月16日。工程概况：红旗路互通式立交工程位于南港工业区中心节点，是连接南港港口与外阜的主要通道，是目前南港工业区在建的最大市政项目。立交桥采用“半定向、半苜蓿叶组合型、三层互通立交”形式，桥梁部分包括两条主线桥（东西向的红旗路主线桥梁、南北向的海港路主线桥梁）、13条匝道线，A、F、G、H、I、J、K线为桥梁结构；B、C、D、E、L、M线为路基结构。总桥面积为134014.平方米。产值情况：2011年完成33016万元，开累完成43182万元。

【黄山市花山大桥工程】 中铁上海工程局市政公司承建。工程总价：6927万元。合同工期：2010年10月19日～2012年4月19日，后业主变更为2012年9月30日前完成。工程概况：大桥位于屯溪区屯光镇境内，全长606米，其中主桥为240米独塔双索面斜拉桥，引桥为(3×30)+(4×30+3×30)360米先简支后连续小箱梁，桥宽34米，为黄山市首座斜拉桥。该桥设计公路等级为双向四车道。斜拉索采用独塔双索面扇形布置，拉索在梁上标准间距为6.0米及4.0米，塔上标准间距为2.0米，斜拉索采用镀锌钢绞线，抗拉强度为1860兆帕，锚具采用钢绞线斜拉索群锚。斜拉索单侧19对，全桥76根。主要工程数量：混凝土27000立方米、钢筋4270吨、钢铰线747吨、沥青路面7200立方米、人行道1080立方米。产值及形象进度：2011年年度完成产值3437万元，占调整年度计划的90%。引桥部分主体结构完成，梁预制完成60%、架设完成36%。主塔第一到三节施工完成，主梁完成0#、3#块施工，5#块施工完成40%。

【黄山市中心城区文峰桥建设工程】 中铁上海工程局市政公司承建。工程总价：4223.2万元。合同工期：2011年11月29日～2013年2月28日，其中桥梁通车在2012年11

月15日前完成。工程概况：工程位于黄山市屯溪区黎阳镇和阳湖镇，南起率水河南侧已建文峰路，经文峰桥跨越率水河，与率水以北已建文峰路接顺，全长480米，工程范围包括桥梁工程、道路工程（含滨江南路、率水路两个交叉口）、排水工程、建筑工程、结构工程及相应的附属工程。文峰桥跨径组合为20+30+30.45+5.4+17.3+5.4+30.45+30+30+20米，桥宽28米，总长249米，其中20米跨采用简支空心板梁，30米跨采用简支变连续小箱梁，16.4米跨采用简支小箱梁，5.4米为连续跨，采用现浇箱梁，与小箱梁的盖梁连为整体。为了整体的景观效果，同时增强桥梁的实用性，在桥梁中心区域设置观光廊亭，在桥梁的人行道内设置人行廊道，为具有徽派风格的仿古廊桥。

工程有¢1200毫米桩基84根，5.2米×5.2米承台12个，7.2米×8.6米承台4个，多边形墩柱12个，薄壁墩8个，20米空心板梁48片，30米小箱梁60片，16.4米小箱梁10片。

主要工程数量：道路：路基挖方760立方米，路基填筑1584立方米，换填发泡轻质土5330立方米，HDPE防渗土工膜3939平方米，L型挡土墙42.3米，驳岸整治64米，沥青混凝土路面5390平方米，彩色人行道板2183平方米。桥梁：桥梁φ1200毫米钻孔灌注桩1596米，C20砼94.7立方米，C30砼1792.8立方米，C40砼2214.3立方米，C50砼3316立方米，沥青砼桥面399立方米，防水涂料6424.2平方米，支座392块，伸缩装置168.2米，人行道护栏498米，管道井4个。产值及主要形象进度：2011年度完成施工便道填筑260米，¢1200毫米桩基钻孔浇筑20根，桩基完成23%，产值100万元，占总产值的2.4%。

【沈阳南部污水处理厂工程】 中铁上海工程局市政公司承建。合同造价：8.8亿元。合同工期：2009年7月16日～2010年10月3日。2011年4月1日开工，计划竣工日期2012年11月30日。工程概况：本工程是沈阳市生态城市建设的重点工程，位于沈阳市苏家屯区东谟家堡村，设计污水处理能力为80万吨/日，分为两期建设，一期处理能力为60万吨/日，一期占地509亩。污水处理工艺采用国内工艺成熟运行稳定的改良A^2/O工艺，设计出水达到国家《城镇污水处理厂污染物排放标准》（GB18918-2002）一级A的排放标准。服务范围包括浑河北岸（沈阳城区南部）剩余污水，以及浑河南岸长白地区、曹仲地区污水。环境效益可达到年消减COD约6.1万吨，消减BOD约2.73万吨。

主要工程数量：沈阳南部污水处理厂工程项目总承包——土建安装、设备采购及安装、联合试运行、运行验收等工作。主要包括粗格栅及污水提升泵房、细格栅及曝气沉砂池、改良A^2/O生化池、二沉池及配水井、中途提升泵房及雨水泵房、高效沉淀池、V型滤池间、紫外线消毒池、鼓风机房、加药间、综合楼、机修车库仓库、污泥缓冲池、污泥脱水间及变电间等共计39个土建单体以及厂区暗渠和各种管道、厂区电缆敷设、厂区照明、室外工艺、仪表、自控、闭路电视监控系统、设备采购及安装、联合试车、运行验收等。其中土方70万立方米、砼20万立方米、钢筋2万余吨、模板50万平方米，各种管线总长64公里。截至2011年底，累计完成钢筋17780吨、砼175000立方米、土方450000立方米、模板42700平方米，累计完成25783万元，占年度计划的117%。

【上海市污水治理白龙港片区南线输送干线完善工程】 中铁上海工程局市政公司承建上海市污水治理白龙港片区南线输送干线完善工程（东段输送干管）SST2.6标。合同造价：2.2亿元。合同工期：2011年2月28日～2012年8月28日。工程概况：上海市污水治理白龙港片区南线输送干线完善工程主要建设内容长度约为26.21公里的污水输送干管。起点自浦东新区外环线和罗山路交叉口处西北侧向南穿越外环线后沿外观规划绿带500米边线敷设，从环东二大道立交起沿迎宾大道一直至远东大道西侧，敷设在道路南侧现状50绿带内，并沿远东大道西侧绿带敷设至龙东大道，最后沿龙东支路南侧规划绿带敷设进入白龙港污水处理厂，处理后外排长江。SST2.6标，从远东大道西侧远东9#井（不含远东9#井）～白龙港污水处理厂进水泵房，长约3.98公里，包括3座工作井和2座接收井，5座检查井和1处透气井（与工作井或检查井合建）以及为进入各顶管井需要的便道、便桥的建设、填浜、已建桥的加固和监测等。干管拟采用顶管方式，敷设方式采用平行双管，顶管内径为4000毫米，外径为4640毫米，顶管底埋深15.0～16.0米。

主要工程数量：SST2.6标从远东大道西侧远东9#井（不含远东9#井）～白龙港污水处理厂进水泵房，长约3.98公里（双排管道总长7.96公里），包括3座工作井和2座接收井，5座检查井和1处透气井（与工作井或检查井合建）以及为进入各顶管井需要的便道、便桥的建设、填浜、已建桥的加固和监测等。干管拟采用顶管方式，敷设方式采用平行双管，顶管内径为4000毫米，外径为4640毫米。产值：2011年年度完成产值2510万元，占调整年度计划的31%。

【上海青草沙南汇支线工程】 中铁上海工程局市政公司承建上海青草沙南汇支线QNZ-C9标施工工程。合同造价：7568万元。合同工期：开工日期2011年2月15日，计划竣工日期2011年12月30日。竣工日期变更为2012年12月20日。工程概况：本工程为上海青草沙南汇支线工程，南汇支线是青草沙水源地原水工程陆域输水系统的重要组成部分，承担着向川沙水厂、航头水厂、惠南水厂输送青草沙原水的重任。南汇支线工程全线共分12个标段，本工程为9标段管道、顶管井以及附属工程的总承包施工。本工程设计规模为128万立方米/天，工程内容为2根DN1800钢管，全线采用顶管施工工艺，两根管道主要敷设在A2公路东侧绿化带内，沿途将穿越轨道交通、沪南公路、立交匝道、民房等大型重要基础设施。工程内容：为2根DN1800钢管，单根管线4232.1米，总长8464.2米。全线采用顶管施工工艺，分四段顶管，长度分别为1455.2米、1422.8米、67.5米、1286.6米，管道中心间距5米，钢管外壁1820毫米，壁厚18毫米，管道外防腐采用熔融结合环氧粉末涂剂，涂层厚度≥400微米；内防腐采用水泥砂浆衬里。顶管井共4座，其中工作井3座，接收井1座。沿线顶管井内设有单向补压塔井、阀门井以及排气排水井等附属设施。主要工程数量：顶管井4座，其中工作井3座，采用沉井施工；接收井1座，采用工法桩做围护结构。DN1800钢管管道8464.2米，沿线顶管井内设有单向补压塔井1座、阀门井以及排气排水井各1座。产值2011年年度完成产值995万元，占调整年度计划的27%。

【广州南沙开发区凤凰三桥土建施工工程】 中铁港航局二公司承建。合同总价：6.4亿元。合同工期：原合同工期为30个月，后因中途停工，2010年复工后经业主口头承诺，工期暂定为36个月。实际开工：2010年9月3日。工程概况：本标段为广州市南沙区凤凰三桥工程位于南沙区横沥镇和万顷沙镇，起止里程为K4+334.000～K7+465.152，主线全长3.131公里。凤凰三桥主桥起点由K4+494.00～K5+004.00之间长510米，为无推力钢箱系杆拱桥，主跨为308米的提篮式钢箱拱及钢箱梁结构，桥跨布置为40+61+308+61+40米的中承式系杆拱桥；引桥长977.85米，从127#墩开始桥跨布置为：(3×40+3×40+3×40+3×30+3×30+3×30+30+35+30+3×30）米的连续箱梁结构，箱梁采用单箱双室断面，引桥南沙侧于本标段起点K4+334.00～K4+494.000（主桥起点），121#～117#之间为4×40米的连续箱梁结构，箱梁采用单箱三室断面；二涌中桥全长66.097米，桥梁上部结构采用3×20米简支预应力混凝土空心板梁结构。截至2011年底累计完成1.8亿元。

【济南铁路局青岛职工住宅楼工程房建工程】 中铁港航局深圳公司承建。合同造价：3.7亿元。合同工期：2010年11月20日～2012年11月30日。工程概况：工程位于青岛市市北区普集路15、17号，东临大港居住区及昌乐河，南临胶济铁路专线及泰山路居住区，西靠铁路大港站和港口，北临青岛站列车中转站及青岛港。总占地面积为14.457公顷，总建筑面积为650865.54平方，工程结构类型有框架结构、框剪结构、剪力墙结构三种类型，基础类型有桩筏基础、独立基础加防水板两种。产值：2011年，完成产值1.8亿元，占年度计划1.6亿元的110%；完成开累产值1.9亿元。

【深圳观澜河污水工程】 中铁工程建设分公司承建。工程造价2亿元，合同工期：2010年10月3日～2013年4月26日。项目位于深圳市宝安区观澜河右岸，观澜应急污水厂对面，距离西侧观澜河约为30米。拟开挖基坑占地面积约2.6万平方米，开挖深度15.9～21.7米，基坑开挖周长约740米。主体构筑物主要有：调蓄池池体、池内格栅间、池内跌水间、池内车道、提升泵房、闸门井。2011年，开累完成产值10030万元，占工程造价20000万元的50%。

【中铁国际生态城·安置小区】 中铁贵州旅游文化发展有限公司负责项目。中铁国际生态城是中国中铁与贵州省各级政府密切合作，共同打造的一座占地30000亩（其中：一期22000亩、二期8000亩），预计总投资约505亿元，集众多经济、社会功能为一体的新型生态旅游城市综合体。其安置小区工程是维系项目持续稳定推进的关键环节，因贵龙大道线型和标高调整的影响，工程选址和规划设计被迫调整，为达到2012年年底交付村民使用的工期要求，公司精心组织，多方协调，依托中铁五局建筑总公司、路桥公司等实力较强的系统内单位，全力推进工程施工速度，2011年安置区一期工程孔桩和独基已完成总量的80%，大规模土石方平基、地勘工作实施顺利。

【中铁国际生态城·石漠化综合治理工程】 中铁贵州旅游文化发展有限公司负责项目。中铁国际生态城是中国中铁与贵州省各级政府密切合作，共同打造的一座占地30000亩（其中：一期22000亩、二期8000亩），预计总投资约505亿元，集众多经济、社会功能为一体的新型生态旅游城市。其石漠化综合治理工程（高尔夫球场）是提升项目品质，打造高档地产的必备因素，公司本着快速、节约的实施原则，通过对比考察国内外多家高尔夫球场规划设计实施机构，结合项目实际土石方量和造价等条件，最终选择了由北京新自然高尔夫设计公司负责组织球场施工，选择中铁五局路桥公司负责球场大型土石方施工，截至2011年底，开工建设的A球场已完成清表总量的70%，球车道、球场内土石方调配完成总量的20%。

【中铁国际生态城·路网（白晶环线）1号路】 中铁贵州旅游文化发展有限公司负责项目。中铁国际生态城是中国中铁与贵州省各级政府密切合作，共同打造的一座占地30000亩（其中：一期22000亩、二期8000亩），预计总投资约505亿元，集众多经济、社会功能为一体的新型生态旅游城市。2011年，路网（白晶环线）1号路已完成全线清表和土石方挖填，道路线型基本全线贯通。

工业和民用建筑

【青岛铁路职工住宅楼】 中铁二局承建。该工程位于青岛市市北区普集路 15、17 号，原青岛站北货场内，占地 248 亩，北为青岛港，南临泰山路居住区，西靠铁路大港站和港口，东为大港居住区及昌乐河。由 27 栋高层住宅、地下车库以及小学、幼儿园、会所、下沉广场组成，总建筑面积 71.71 万平方米。单体楼座地上部分在 31 层到 35 层之间不等，均带地下室，地上建筑高度 94.2 米到 101.1 米之间不等。为现浇钢筋混凝土剪力墙结构，采用桩筏基础或独立基础，以中风化花岗岩作为持力层。结构安全等级为二级。抗震等级为三级，建筑抗震设防类别为丙类，抗震设防烈度为 6 度，耐火等级为一级，地下室防水等级为二级，结构使用年限为 50 年。

项目采用分批分阶段招投标的方式进行，现已经全部完成。1 标段：土石方及边坡支护工程，2009 年 11 月 2 日中标，中标价 7922.68 万元，2009 年 11 月 5 日开工；2 标段：6～11 号楼、15 号楼及地下车库工程，2010 年 10 月 28 日中标，中标价 64680.88 万元，2010 年 10 月 29 日开工；3 标段：青岛市普集路铁路职工住宅项目（不包括土石方及边坡支护工程和 6～11 号楼、15 号楼及地下车库），2010 年 11 月 22 日中标，中标价 109798.66 万元。工程中标总价 197049.85 万元，其中土石方 737542 立方米，钢筋 58426 吨，混凝土 448918 立方米。工程计划完工时间 2013 年 9 月 30 日。2011 年开工楼座 20 座，当年封顶 8 栋，完成地下车库及主体结构折合完成建筑面积 30 万平方米，截至 2011 年底完成产值 9 亿元。

【西安铁路局华清路住宅小区 8#楼】 中铁三局承建。合同价款：8546.6 万元。合同工期：2011 年 12 月 20 日～2012 年 10 月 20 日。完成情况：土建：钢筋、模板、混凝土完成总工程量的 6%；电气：预留预埋完成预留预埋总工程量的 6%；暖通：预留预埋完成预留预埋总工程量的 6%。

【榆次花园路经济适用房小区 1#-3#楼、地下车库及配套用房工程】 中铁三局承建。合同价款：1.5 亿元。合同工期：2010 年 9 月 10 日～2013 年 1 月 10 日。完成情况：完成主体结构施工 1#、2#1~17 层，3#1~20 层，完成产值 7746 万元。

【山西骅燕置业有限公司康馨苑小区Ⅱ标段（B4#、B5#、B6#）】 中铁三局承建。合同价款：9549 万元。合同工期：2010 年 9 月 30 日～2012 年 9 月 5 日。完成情况：完成主体、砌体、抹灰、外墙保温、外墙贴砖、地面填充层，完成产值 6128 万元。

【景怡花园住宅楼工程】 中铁三局承建。合同价款：7516 万元。合同工期：2011 年 5 月 10 日～2013 年 4 月 23 日。完成情况：完成主体 6 层封顶；1 万平方米，完成产值 2197 万元。

【北车风电建设二期工程】 中铁三局承建。合同价款：4.4 亿元。合同工期：2010 年 11 月 10 日～2011 年 8 月 15 日。完成情况：倒班宿舍南七层部分完成；十二层及东部七层部分主体完成。北综合楼室内抹灰完成，窗框安装完成，玻璃幕墙骨架及石材幕墙骨架安装完成。复合材料厂房：基础及预制混凝土柱、吊车梁全部完成，二区、三区主体完成，复合材料厂房辅房主体完成。

【工务机械段住宅项目】 中铁三局承建。合同价款：9343.58 万元。合同工期：2010 年 11 月 10 日～2011 年 8 月 15 日。完成情况：1#楼 28 层，2#楼 26 层、3#楼 25 层主体完成；完成产值 7000 万。

【万景苑住宅小区标段二施工工程】 中铁三局承建。合同价款：1.3 亿元。合同工期：2010 年 7 月 20 日～2012 年 7 月 25 日。完成情况：5#楼 10-18 层（封顶）主体结构；二次结构；砌体工程；室内抹灰 1-7 层；暖气立管安装完成；2011 年 6 月 10 日主体封顶，11 月 2 日主体验收。6#楼 14-18 层（封顶）主体结构；二次结构；砌体工程；室内抹灰 12-16 层；暖气立管安装完成；2011 年 5 月 12 日主体封顶，9 月 30 日主体验收。

【山西博义房地产开发有限公司新建海棠湾住宅小区一期工程第一标段】 中铁三局承建。合同价款：8217 万元。合同工期：2011 年 3 月 21 日～2012 年 12 月 19 日。完成情况：完成基础工程及主体结构 1-8 层，2 万㎡，完成产值 2810 万元。

【北河湾小区 1#商住楼、2#住宅楼及地下车库工程】 中铁三局承建。合同价款：1.2 亿元。合同工期：2011 年 7 月 23 日～2014 年 6 月 4 日。完成情况：完成钢筋混凝土灌注桩（后压浆）根；土方 1 万立方米；基础工程伐板混凝土浇筑，完成产值 1024 万元。

【哈密铁路八街集资建房高层住宅及地下车库，二十六街集急资建房 1#、2#及地下车库，三十五街集资建房】 中铁三局承建。合同价款：2.8 亿元。合同工期：2011 年 11 月

17日～2013年8月1日。完成情况：由于拟建工程地方有小区换热站，2012年4月15日供暖结束后，进行拆除，合同内的工作内容未开始。完成了场地内的树木砍伐；完成了场地内的树木砍伐与外部施工道路；完成了场地内的房屋、水电拆迁、施工外围道路、场地内树木砍伐等三通一平工作，办公临时用房等。

【贵州省贵阳市新王府公寓1、2、3、5号商住楼】 中铁五局承建。合同总额1.1亿元。工期：2009年4月10日～2012年12月31日。建设单位：贵州兆基房地产开发有限公司；设计单位：贵州化兴建设监理有限公司；监理单位：中国华西工程设计建设有限公司。4栋商楼：地上商业三层，住宅32层，地下室四层，建筑高度98.8米，框架剪力墙结构。主要工程数量：房屋面积105395平方米。2011年，年累完成4054万元，开累完成1.02亿元，剩余价值1213万元。

【贵州省遵义市水榭花都项目】 中铁五局承建。合同价款1.4亿元。2007年9月23日开工，合同工期585天。4栋高层商住楼，裙楼5层，上部结构27层。主要工程数量：房屋建筑面积127162平方米。建设单位：遵义瑞港企事业主地产开发有限公司；设计单位：贵州化工医药规划设计院；监理单位：贵州建工监理咨询有限公司。2011年，年累完成1362万元，开累完成1.3亿元，剩余价值800万元。

【贵州大学花溪校园扩建工程7标】 中铁五局承建。合同价款2.2亿元。工期：2010年11月15日～2011年6月12日。建设单位：贵州大学；设计单位：贵阳市建筑设计院有限公司；监理单位：贵州三力建设监理有限责任公司、贵州弘典工程建设咨询有限公司、贵州国龙项目管理咨询有限公司。标段位于贵州省贵阳市花溪区吉林村。本标段分一号学生宿舍区（含1#宿舍、2#宿舍、3#宿舍、4#宿舍、5#宿舍、6#宿舍、学生服务中心共7栋），二号学生宿舍区（含1#宿舍、2#宿舍、3#宿舍、4#宿舍、学生活动中心共5栋），总建筑面积约141260平方米。2011年，年累完成19283万元，开累完成2.2亿元，2011年12月31日交验。

【贵州都匀福安凯莱大饭店工程】 中铁五局承建。合同价款1.7亿元。工期：2010年4月22日～011年6月21日。建设单位：贵州黔南福安房地产开发有限公司；设计单位：重庆市卓创国际工程设计有限公司；监理单位：贵州建工监理咨询有限公司。建筑面积：地下室48448平方米，地上62000平方米，高度104.4米，框架-剪力墙结构，层高3.3-20.4米，标准层3.3-4.1米，地下5层，地上24层。五星级酒店2.5万平方米，酒店式公寓1.7万平方米，裙房建筑（商业及停车场）6.9万平方米。房屋建筑面积110448平方米。201年，年累完成3458万元，开累完成3662万元，剩余价值13138万元。

【贵州贵阳银海元隆广场（A区）1、2#楼】 中铁五局承建。合同价款1.5亿元。工期：2010年7月5日开工，合同工期650天。建设单位：贵州银海益沣房地产开发有限公司、贵州地矿投资有限公司；设计单位：贵阳市建筑设计院有限公司；监理单位：贵州建工监理咨询有限公司。2栋商住楼，地下室4层，标高-21.2米，上部31层（其中：裙楼2层，住宅29层）；10#楼：859万元，7451平方米（-2、6层）；消防工程2008万元。总建筑面积85396平方米。年累完成8926万元，开累完成12257万元，剩余价值2800万元。

【金元集团公司金阳五星级酒店】 中铁五局承建。合同总额1.4亿元。工期：2008年3月10日～2009年11月9日。建设单位：贵阳元龙房地产开发有限公司；设计单位：中国建筑西南设计研究院；监理单位：贵州省三维监理公司。工程由地下室、裙楼和主楼组成，主要为现浇钢筋混凝土框架结构，部分设置剪力墙，隔墙用小型砌块填充维护。总建筑面积为68735.72平方米，其中地下部分为24030.98平方米，地上部分为44704.74平方米年累完成5829万元。开累完成1.4亿元，剩余价值613万元。

【青海交通职业技术学院新校区生活保障区建设工程施工A标段】 中铁五局承建。合同价款1.2亿元。工期：2010年9月29日～2012年9月30日。建设单位：青海省地方铁路局；设计单位：青海建筑勘测设计研究院；监理单位：青海省工程监理公司。学生公寓4栋38407平方米，共6层，建筑高度20米；老师公寓1栋面积2718平方米，共6层，建筑高度18米；食堂及后勤服务中心1栋，面积18330平方米，共4层，建筑高度18米。年累完成7391万元，开累完成8390万元，剩余价值3841万元。

【青藏花园五期项目（青藏铁路公司职工保障性住房项目）】 中铁五局承建。合同价款4.6亿元。建设单位：青藏铁路公司生活基地建设指挥部；设计单位：中国中建设计集团有限公司。13栋房屋，其中，10栋33层，2栋30层，1栋12层。建筑面积220000平方米。年累完成2900万元，开累完成4181万元，剩余价值4200万元。

【成都清水·路苑六组团项目】 中铁五局承建。合同价款2.6亿元。建设单位：成都铁路地区旧改中心；设计单位：四川建筑西南设计研究院有限公司；监理单位：四川康利建设项目管理有限责任公司。工程位于成都青羊区黄土村武清路段（原成都西货场）总组团街区的西南角，占地面积3.2万平方米，总建筑面积约15万平方米，由11栋18层住宅楼及一层地下车库和配套小区商业建筑构成。年累完成13040万元，开累完成21452万元，剩余价值4332万元。

【贵阳市乌当区新庄村公租房工程】 中铁五局承建。合同价款2.4亿元。2011年11月1日开工。建设单位：贵阳市公共住宅建筑投资有限公司；设计单位：华西建筑设计院；监理单位：贵州化兴建设监理有限责任公司。工程位于贵阳市乌当区新庄村，分廉租房（含L-4、L-6、L-7、L-8、L-9、L-10、L-11共7栋），公租房（G-1、G-2、G-3共3栋），公共设施（幼儿园、小学、球场），总建筑面积约187000平方米。年累完成260万元，开累完成260万元，剩余价值23653万元。

【天津汉沽喜盈盈大酒店工程】 中铁六局承建。工程继2010年7月主体结构竣工后，因业主原因，工程的二次结构和装修工程你处于停工状态。

【天津涪水道铁路住宅小区工程】 中铁六局承建。合同造价：5.6亿元，合同工期：2011年5月6日～2012年9月16日。建设单位：天津京铁房地产开发公司，设计单位：天津市城市规划设计研究院，监理单位：天津华泰监理有限公司。涪水道地块铁路职工经济适用房项目北地块工程，包括1座覆盖全场地的地下车库，内含2幢15层、8幢18层、3幢25层、4幢29层的职工住宅楼和若干幢1～3层的配套公建，总建筑面积约 18.38 万方。工程地下桩基工程已于2010年12月完成，共计完成产值3000万元。

【山西省体育中心训练基地运动员训练A馆工程】 中铁六局承建。合同价款：8000万。合同工期：2009年11月15日～2011年6月30日，总工期594天。建设单位：山西省政府工程建筑事务管理局，设计单位：中建国际(深圳)设计顾问有限公司，监理单位：山西天地衡建设工程项目管理有限公司。训练A馆工程总建筑面积约24122.10平方米，建筑高度22.45米，地上四层。结构形式：主体为钢筋混凝土框架结构，屋顶为钢结构。2011年完成产值1708万元，累计完成7000万元。

【晋机东风小区 4#高层住宅楼工程】 中铁六局承建。本工程建筑面积30526平方米，总建筑高度99.45米，地下一层，层高3.3米，地下设备层层高1.8米，地上三十三层，层高 3.0 米。合同价 4849.7 万元。招标开工时间为 2009年1月25日，竣工时间为2011年4月13日，总工期810日历天。建设单位：晋西机器工业集团有限责任公司；设计单位：太原市建筑设计研究院；监理单位：山西神剑建设监理有限公司。本工程2011年底完工并交付使用。

【武汉铁路局信阳北货场经济适用房项目】 中铁七局承建武汉铁路局信阳北货场经济适用房项目。合同工期：2009.10.30—2010.13.30。合同价值：9214万元，2011年开累完成7938万元。

【郑州铁路局经开集团住宅小区工程】 中铁七局承建郑州铁路局经开集团住宅小区工程。合同工期：2011.1.1—2012.5.1，合同价值：5148万元，开累完成3192万元。

【中铁瑞景茗城二期】 中铁八局建筑公司承建。合同价款1.6亿元。合同工期2009年7月31日～2011年7月31日。该项目总建筑面积为177118平方米。

【银海樱花語A3地块】 中铁八局承建。合同价款暂定1.7亿元，工期：2011年3月2日～2012年9月30日。银海樱花語A3地块总建筑面积134935.56平方米。结构形式：房屋结构1-15栋均为12层全现浇剪力墙结构，建筑面积合计106251.30 平方米，地下车库为双层全现浇框架剪力墙结构，建筑面积为28684.26平方米。2011年完成施工产值9443万元，主体完成90%，装饰装修完成42%，水电安装完成58%。

【中铁·百年印象Ⅰ期住宅】 中铁八局承建。中铁属·百年印象属昆明市城中村改造项目，位于昆明市经济技术开发区小麻苴片区，距市中心八公里。该项目总用地面积 108亩，总建筑面积约28万平方米，建筑密度为21.5%，绿化率为45.31%，容积率为3.31，共23栋高层建筑，住宅总户数为1976户，商业面积约12万平方米。分A、B期建设，A期11栋，B期12栋。2011年完成施工产值26392万元，A期11栋主体、室内水、电安装完成，B期桩基础完成。

【渝铁家苑·西区】 中铁八局承建。合同价款1.5亿元，2009年12月15日开工，计划2012年6月30日完工。进入收尾阶段。完成投资1.4亿元。

【金怡源购物中心B区】 中铁八局承建。该项目投资8500万元，2010年2月1日开工，计划2012年1月24日完工。完工待交验，完成投资8500万元。

【瑞景澜庭】 中铁八局承建。瑞景澜庭二期住宅楼投资7061万元，2010年5月31日开工，计划2011年10月31日完工交验。完成投资7061万元。

【江苏连云港金榜华府】 中铁八局承建。合同价款 2.8亿元，2010年10月30日开工，计划2013年12月31日完工。目前多层18-25号楼主体完工，高层14~16号楼主体完成15层，完成投资5811万元。

【蓝光·香江国际土建总包工程】 中铁八局承建。项目投资1.8亿元。工期：2010年1月30日～2012年10月31日。工程位于四川省南充市，该项目共计3个标段，15#、18#、19#楼为一个标段；16#、17#楼为一个标段；28#-32#楼为一个标段，总面积98913平方米（建筑面积）。2011年完成产值9400万元，完成主要工程数量：16号楼主体工程、砖砌体工程全完，外墙抹灰工程完成75%；17号楼主体工程施工完，砖砌体工程完成 50%。15、18、19 号楼合同段和28-32号楼于2011年12月1日竣工交验。

【清水·路苑】 中铁八局承建。项目投资31831万元。工期:，2009年12月26日～2012年6月30日。室外环境施工，完成投资3.2亿元。

【富仕康保障性安居住房】 中铁八局承建。项目投资1.08亿元，2010年9月1日开工，计划2012年5月30日完工。完成投资1.6亿元。

【屏山新县城】 中铁八局承建。项目投资10亿元，工期：2011年1月～2011年5月。安置房2011年7月1日～2012年7月完工，计划4月交房69栋，2079套。完成产值6亿元。

【屏山新安镇】 中铁八局承建。项目投资2.01亿元，工期:2010年12月16日～2012年12月完工。房建主体完工，完成产值2.1934亿元。

【遂宁世界华人财富会所二期】 中铁八局承建。遂宁世界华人财富会所工程位于遂宁市河东新区，北临遂宁涪江三桥东引道，西南临东平大道，东临城市规划路，北望遂宁新行政中心，西、东、南为规划居住区、商业区环绕。工程为原遂宁世界华人财富会所门厅、报告厅、大展厅部分功能调整和改造项目。总建筑面积为54952.23平方米，建筑基底面积为39112.07平方米，共有5层（其中±0.000以下两层，±0.000以上3层），建筑总高度33.35米（室外地面至玻璃外壳顶），其中±0.000以下高度为6.0米（至室外地面）；±0.000 以上主体建筑高度为 23.82 米。总建筑面积54952.23平方米，建筑基底面积39112.07平方米，共有5层。2011年完成投资7921万元，完成门厅报告厅竣工交验工作（除负一层）；大展厅新增部分三层现浇梁板砼、完成。四层完成50%。完成负二层、负一层、一层砖砌及抹灰体工作；完成玻璃幕墙碗口脚手架搭设；完成屋面搁置式玻璃龙骨除锈、防腐以及玻璃详细尺寸计划工作；点式玻璃转接件焊接玻璃放样30%，生产转接件驳接爪50%。

【安宁亚泉湾商住小区】 中铁八局承建。工程投资 1.06亿元。工期：2011年2月20日～2012年11月15日。安宁亚泉湾商住小区 2#、3#、4#、5#楼及部分车库建筑面积81401.43平方米。2#、3#、4#为地下2层，地上34层；5#地下2层，西单元地上11层，东单元地上18层。设计使用年限：50年；建筑物抗震设防列度：8度；地下室及一类建筑耐火等级为一级、二类建筑耐火等级为二级。地下室及屋面防水等级为二级。砌体施工质量控制等级为B级。室内环境污染控制类别：住宅为Ⅰ类，公建为Ⅱ类。2011 年完成投资8076万元，完成建筑面积62027平方米。

【成都市成华区江湾城住宅项目】 中铁八局承建。工程投资0.8亿元，工期：2011年2月～2012年7月。工程位于四川省成都市二环路东三段。工程用地原为成都市川棉厂的厂房，施工场地以西为成都市二环路，以北为实验小学，以西为锦绣东方小区，以南为某小区。“成都市成华区川棉厂住宅项目”规划建设用地为111537.740平方米。本工程总建筑面积为46388平方米，为2栋楼共3个单元及地下室组成。1A期19号楼为会所商铺1号楼为住宅，住宅由B和C两个单元组成，B型为31层，型为29层，地上建筑面积27735.75平方米。建筑高度105.6米。地下室为一层，用途为车库及设备用房，建筑面积18652.25平方米。工程等级：一级。建筑耐久年限：三类，使用年限50年以上。建筑耐火等级：一级。地下室耐火等级一级。抗震设防烈度：7度。地下室防水等级：二级。房屋面防水等级：二级。2011 年完成投资6610万元，完成建筑面积38520平方米。

【遂宁河东新区联福小区（A、B、C区）工程二标段】 中铁八局承建。工程投资1.8亿元。遂宁联福住宅小区II标段工程位于遂宁市河东新区。本工程用地为河东新区开发用地，西侧为德水路规划道路，南侧为北安路，东侧为东平大道延伸段。本工程规划建设净用地总面积为 56031.7 平方米。本工程总建筑面积 108875.4 平方米，容积率为 3.0。其中地上建筑面积为 84811.3 平方米，地下建筑面积为24065.4平方米，包括4栋高层住宅及地下车库等。该小区底层为商铺和局部住宅，其上为住宅，由B+B，和B+C两个单元组成，B、C 型均为 18 层，建筑高度 54.25 米。2011年完成投资764万元，完成建筑面积4547平方米。

【遂宁新塘房、柳莲小区安置房工程】 中铁八局承建。合同价款3386万元。遂宁新糖房小区、柳莲小区安置房工程位于遂宁市河东新区，新糖房小区共有多层住宅楼20栋，建筑面积82165平方米，中标合同价9349万元；柳连小区共有10栋多层住宅楼，建筑面积27304平方米，新塘房小区安置房工程于 2011 年 9 月完成 19 栋楼以及室外附属工程，3#楼于12月完成主体工程的施工。柳莲小区10栋楼及其小区道路、绿化、广场施工全部完成并竣工交验。新塘房小区安置房工程预计 2012 年 2 月中旬完成 3#楼内外墙施工，拆除脚手架；4月低交验。

【"峨半家园"工程】 中铁八局承建。"峨半家园"分为一期工程和二期工程，其中一期工程合同价值为1.1亿万元；二期工程按照发包人提供的设计文件中的房屋建筑、装饰及水电安装工程，总建筑面积101650.61平方米。主要建筑包括：多层住宅共18栋。施工内容有各栋建筑物的建筑基础、土建主体、室内外装饰装修、水电安装工程；室外附属及环境工程，包括室外道路、园林景观绿化、室外给排水、室外电力、室外消防、室外弱电综合管网、室外安防、天燃气。截至2011年一期工程全部完成，并竣工交验。2012年进行二期工程的施工。

【重庆工业职业技术学院新校区】 中铁八局承建。合同价款1.2亿元。合同工期：2009年4月～2011年6月30日。项目建筑面积82000平方米。工程主要包括：综合教学楼、产学结合中心、图文信息中心、地下车库、学校行政中心，2010末综合教学楼与学校行政中心已全部竣工。

【昆明力神重工经济适用房（三标段）工程】 中铁八局承建。合同价款5579万元，合同工期：400天。项目位于云南昆明。主要工程数量：总建筑面积约34759.76平方米，包括8栋6层住宅及两个地下室。2011年完成产值800万元。

【东方锅炉股份有限公司德阳职工安居房工程】 中铁八局承建。合同价款2.03亿元，合同工期：13个月。项目位于四川德阳。主要工程数量：总建筑面积约10.5万平方米，包括10栋18F-27F高层住宅楼和2F商业建筑及地下车库等。2011年完成产值1.5亿元。

【蓟县新城示范镇A地块一期工程】 中铁九局二公司承建。合同价款1.3亿元。工期：2011年10月10日～2012年11月15日。建设单位为天津市蓟县新城建设投资有限公司，设计单位为天津市华汇工程建设设计有限公司，监理单位为天津市国际工程建设监理公司。总建筑面积63905.59平方米。施工范围为10-18号住宅楼。11、12、14、16-18号楼为17层，15号楼为15层，10、13号楼为24层。钻孔灌注桩基础，钢筋混凝土剪力墙结构，框架砼结构。2011年完成产值1274万元，完成总价的10%。

【中铁九局总部大厦工程】 中铁九局四公司承建。合同价款约1.5亿元。工期：2010年8月18日～2012年12月26日。设计单位为东北设计研究院，监理单位为沈阳建都建设监理公司。工程位于辽宁省沈阳市和平区南五马路与胜利大街交界处，地下2层，地上22层，总建筑面积43080平方米，其中混凝土工程30000立方米、钢筋工程4500吨，砌筑工程4600立方米。2011年完成产值5000万元，开累完成产值6800万元，完成总价的46%。

【中国医科大学沈北新校园建设项目】 中铁九局四公司承建。合同价款1.5亿元。工期：2010年6月18日～2012年9月30日。建设单位为中国医科大学，设计单位为新大陆建筑设计公司、中国建筑东北设计研究院、哈尔滨工业大学建筑设计院，监理单位为沈阳建筑大学建设项目管理公司。工程位于沈阳市沈北新区蒲河大道77号，工程包括公共教学楼、图书馆综合楼、9号研究生宿舍楼、10号研究生宿舍楼，建筑面积86925平方米，钢筋用量5205吨，混凝土用量43412立方米，砌体用量20807立方米。2011年开累完成产值4877万元，完成总价的32.7%。

【辽宁省残疾人中等职业技术学校工程】 中铁九局四公司承建。工程总造价1.04亿元。工期：2011年6月25日～2012年5月30日。建设单位为辽宁省十二届全运会接待场所办公室，设计单位为辽宁省建筑设计研究院，监理单位为沈阳建筑大学建设项目管理公司。工程位于沈阳市东陵区祝家镇柏叶村，包含仿真实训楼、图书馆、学生食堂、文体馆、学生公寓A、学生公寓B、锅炉房、大车库、连廊A、连廊B，共计10个单位工程，总建筑面积38649.05平方米。2011年开累完成产值6200万元，完成总价的59.67%。

【沈阳市河畔新城住宅工程】 中铁九局四公司承建。合同价款1.5亿元。工期：2011年7月6日～2012年9月30日，2013年9月10日精装修完成。建设单位为沈阳华新联美置业有限公司，设计单位为辽宁省建筑设计研究院，监理单位北京赛瑞斯国际工程咨询有限公司。位工程于沈阳市浑南新区，用地面积18000平方米，总建筑面积87450平方米，包括六栋29层局部30层的高层住宅，地下车库1座，分为人防车库部分及地下车库部分。其中住宅建筑面积72620平方米，物业用房建筑面积230平方米，地下车库建筑面积12550平方米，设备用房建筑面积2050平方米。2011年完成产值约4000万元，完成总价的27%。

【辽宁省反腐倡廉教育基地项目】 中铁九局承建。总造价1.2亿元。工期：2011年7月30日～2012年7月20日。建设单位为辽宁省第十二届全运会接待场所基建办公室，设计单位为东北设计院，监理单位为沈阳建筑大学建设项目管理公司。工程位于沈阳市苏家屯区大羊安村。1标段由办案用房、证人楼、武警营房、地下车库、人防工程组成，2标段由综合配套用房和警示管组成。总建筑面积32787.9平方米，其中混凝土工程19928立方米、钢筋工程2848吨。2011年开累完成产值3400万元，完成总价的28%。主体结构完成 80%，砌筑工程完成 10%等。

【沈阳市阳光 100 高尔夫公馆联排别墅工程】 中铁九局四公司承建。合同价款 6940.1 万元。工期：2011 年 10 月 13 日～2012 年 9 月 30 日。建设单位为辽宁鹰达卫华房地产开发有限公司，设计单位为沈阳卓越建筑设计院有限公司，监理单位为沈阳新佳城管理有限公司。工程位于沈阳经济开发区七号街十号路交汇处，包含 22 栋别墅，总建筑面积 32045.44 平方米。钢筋 2699.66 吨，混凝土 23192 立方米，防水 70789.43 平方米，土方 46904 立方米。 2011 年开累完成产值 405 万元，完成总价的 5%。

【秦皇岛市华跃城西区工程】 中铁九局四公司承建。合同价款 2.03 亿元。自 2011 年 9 月 30 日～2013 年 9 月 30 日。建设单位为飞龙房地产开发有限公司，设计单位为北京龙安华诚建筑设计有限公司，监理单位为石家庄安泰建设监理有限公司。工程位于河北省秦皇岛市海港区，工程包括 1～6#楼及地下车库，总建筑面积 107030.65 平方米，其中地上建筑面积 90125.87 平方米，地下建筑面积 16904.78 平方米。2011 年开累完成产值 3000 万元，完成总价的 14.79%。地下车库主体完成，各主楼地下部分完成。

【中铁堰澜山商住楼一期建设项目】 中铁九局成都分公司承建，位于四川省郫县三道堰镇，建筑面积 90876.77 平方米，其中地上建筑面积 72344.17 平方米，地下建筑面积 18523.6 平方米。单体住宅 42 栋，其中 A 户型 2 栋，B 户型 2 栋，C 户型 19 栋，D 户型 2 栋，E 户型 19 栋，商业中心 1 栋。工程自 2008 年 9 月 30 日开工，2011 年 11 月 1 日竣工，预计 2012 年 2 月 15 日通过竣工验收，工程总造价 17000 万元。

设计单位为广州南方建筑设计研究院，监理单位为四川元丰建设项目管理有限公司。

【尚岛春天国际度假酒店工程】 中铁九局成都分公司承建，位于四川省成都市郫县三道堰镇，总建筑面积 11344.03 平方米。建筑设计为地上 5 层、地下 1 层，地上建筑面积 8530.35 平方米，地下建筑面积 2813.68 平方米。主体建筑高度 20.85 米，框架结构。总造价 7900 万元。建设单位为四川世纪天怡酒店投资有限公司，设计单位为成都军区建筑设计院，监理单位为四川泰兴建设管理有限责任公司。

2011 年开累完成产值 1750 万元，完成总价的 22.2%。

【广州盛德大厦工程】 中铁九局广州分公司承建，位于广州市天河区黄埔大道 371 号，工程总用地面积 6302.7 平方米，由写字楼一栋，地上 20 层，地下室两层；住宅楼一栋，地下室两层，地上 37 层；裙楼六层的建筑物组成，均为钢筋混凝土框架剪力墙结构，写字楼建筑总高度为 88.6 米，住宅楼建筑总高度 123.7 米。地下室建筑面积 8396 平方米，地上建筑面积 58186 平方米，总建筑面积 66582 平方米。合同工期 600 日历天，总投资约 25000 万元。

设计单位为广东省建工设计院，监理单位为广州建筑工程监理有限公司。

2011 年开累完成产值 34376 万元，完成总价的 70%。

【梅河口水郡华庭住宅小区一期工程】 中铁九局长春分公司承建。合同价款 1.08 亿元。工期：2011 年 6 月 5 日～2012 年 6 月 20 日。建设单位为梅河口鸿泰房地产开发有限责任公司，设计单位为联安国际建设设计有限公司，监理单位为吉林省北华建设项目管理有限公司梅河口分公司。工程位于吉林省梅河口市，工程建设用地 39059 平方米，建筑面积 81858 平方米，其中住宅面积 56165 平方米，商业面积 7315 平方米，地下建筑面积 18378 平方米。主体结构为现浇钢筋混凝土剪力墙结构。施工范围：住宅 6 层，8 层，9 层，11 层，18 层，住宅投影外沿街商业 2 层，住宅投影范围内底层商业 1 层，汽车库地下 1 层。2011 年开累完成产值 8558 万元，完成总价的 79%。

【烟台富海怡景花苑小区工程】 中铁十局承建。合同造价 3.8 亿元。合同工期：2010 年 3 月～2012 年 6 月。工程概况：房屋建筑面积 150017 平方，8 栋住宅楼主体工程全完。

【烟台中铁逸都小区工程】 中铁十局承建。合同造价 1.3 亿元。合同工期：2011 年 11 月～2012 年 9 月。工程概况：房屋建筑面积 70000 平方，包括 C1#楼 B5#楼 B7#楼 B13#楼 B15#楼 B17#楼及地下车库。工程开工，基坑开挖。

【济南站北货场住宅楼工程】 中铁十局承建。合同造价 10.4 亿。合同工期：2011 年 11 月～2014 年 8 月工，程概况：建筑面积 40.27 万平方。一期工程新建住宅 17 幢楼，总建筑面积 35.6 万平方米。工程开工，场地清理，基坑开挖。

【清雅居公租房工程第一标段】 中铁十局承建。合同价款 1.1 亿元。合同日期：2011 年 8 月～2013 年 8 月。工程概况：本工程位于济南市天桥区东沙王路以东，规划路以西，北太平河以南，曹家圈虹吸干渠以北，东沙片区 B-2 地块。总建筑面积 183622.12 m²，其中一标段 44383.97 m²，一标段含 1#楼和地下车库。进行地下车库、1#楼基坑垫层施工。

【济南铁路局聊城地区益民小区、安民小区北区、建设路职

工住宅小区工程】 中铁电气化局承建。合同价款：2.3亿元。合同工期：2011年3月7日～2013年10月1日。建设单位：济南铁路局聊城地区职工住宅建设指挥部。施工单位：中铁电气化局建筑公司。设计单位：聊城市规划建筑设计院。监理单位：中铁济南工程建设监理有限公司。工程概况：本工程包括建设路铁路职工住宅小区、安民小区北区、铁路益民小区三个小区工程。建设路铁路职工住宅小区位于建设路北、昌润路西、聊城京剧院南侧，站北花园五期东侧，主要工程量为6栋住宅楼，总建筑面积70196.3平方米。安民小区北区位于铁路安民小区北临、铁路工务段南侧，站前路西侧主要工程量为2栋住宅楼，总建筑面积14090.28平方米。铁路益民小区位于昌润路西，铁路医院南侧，魏大庙村北侧，主要工程量为2栋住宅楼，总建筑面积22378平方米，主楼均采用PHC管桩+筏板基础，剪力墙结构，设计使用年限为50年。工程位于黄河冲积平原，土壤类型为亚沙土。地层为第四纪全新统黄河冲击层，第四系沉积较厚。建筑场地地基土层共分为8层，自上而下依次为杂填土、粘土、粉土、粉质粘土、粉土、粉细砂、粉土、粘土。持力层为第三层粉土层。地下水埋深为2.5～5.7米左右，场地水位主要受大气降水及市内地表水系侧补控制。场区地下水对混凝土无腐蚀性，对混凝土中钢筋有弱腐蚀性。本工程抗浮设计水位为-4.5米(建施相对标高)。地下室地面及顶部覆土完成后可停止降水。

2011年3月16日，建筑公司成立聊城项目部负责项目施工。为保证安全质量，按照施工任务内容、工序要求，制定静压PHC管桩、基坑土方开挖、地下结构超长无缝、车库密肋楼盖优化、新型塑料（周转）模壳、外墙悬挑式脚手架等18项专项施工方案。在PHC静压管桩施工中，成立了“PHC静压管桩专项质量攻关小组”，对施工过程的质量全程盯控，有效控制了静压管桩施工质量，桩身静载、低应变、高应变试验均符合规范设计要求。在基坑降排水施工中，经探索分析，现有降水方案无法满足工程实际要求，项目部组织聊城市基坑降水相关专家对降排水方案进行深入论证，确定采用“外截内排深井联合降水”方案。在地下结构超长无缝施工中，项目部组织技术人员对原材料，砼出灌及入场质量以及砼施工质量进行全程盯控，施工裂缝得到有效控制，并节约了工期。在3个地下车库密肋楼盖施工中，采用周转型塑料模壳代替传统的模板施工，通过模壳优化方案实施，减少了模板、砼和钢筋用量，加快了施工进度，节约了工程成本，而且提高了砼观感质量。截至年末，建设路小区及益民小区工程完成地下结构施工，安民小区完成桩基及止水帷幕工程。

【中航广场】 中铁建工承建。合同介款2.7亿元，合同工期：2007年6月8日～2010年2月2日。深圳中航广场工程由深圳和记黄埔中航地产有限公司投资开发，深圳市建筑设计研究总院设计，深圳市华西建设监理有限公司进行监理。项目是集办公、公寓及商业为一体的综合楼，位于福田区深南路原天虹商场地块。总建筑面积238645.7平方米，地上建筑含2栋塔楼，其中办公楼49层，建筑高度245.2米；公寓46层，建筑高度166.1米。商业裙楼6层，高度31.0米，地下室4层，总深度19.8米，框筒结构，人工挖孔灌注桩基础。2011年完成产值11199万元，年底裙房及地下室装修收尾完成，二期地铁接口处结构施工。

【重庆国际大厦】 中铁建工承建。本工程是集办公、商业、宾馆为一体的综合性、智能性大厦，位于重庆市渝中区新华路201号，占地面积8000平方米，总建筑面积为99470.15平方米，建筑总高250.8米（不含设备机房高度），建筑层数63F/－5F，筒中筒结构，地下5层，地上63层，框筒结构，人工挖孔灌注桩基础。

本工程由重庆市建筑设计院设计，重庆展翔房地产开发有限公司、重庆中兴房地产开发有限公司进行开发，北京中建建设监理公司进行监理。合同额8233万元。合同工期2008年11月1日～2010年9月30日。2011年继续列为集团重点工程，完成产值893万元。年底粗装修施工。

【深圳南山商业文化中心】 中铁建工承建。本工程是一座集办公、酒店、公寓及商业为一体的综合性超高层综合建筑群，位于深圳市南山区后海片区，海德一路与后海大道交汇处东北角。总用地面积25727.8平方米，总建筑面积232045平方米，地下室3层，覆盖了基本上整个用地面积，上部分为A、B2栋塔楼及1栋裙房，其中：A栋塔楼建筑高度为300.8米，建筑面积116970平方米，61层；B栋塔楼建筑高度156米，建筑面积44280平方米，36层；裙房建筑高度24米，4层。地下室覆盖面积大，呈东西方向长129.65米，南北方向长140.4米，地下3层，用做停车场及设备房，停车场车位1130个。框筒结构，人工挖孔灌注桩基础。

深圳南山商业文化中心工程由深圳市香江置业有限公司投资兴建，北京市建筑设计研究院设计，深圳市九州建设监理有限公司进行监理。合同额87334万元。合同工期2008年12月18日～2011年12月30日。2011年继续列为集团重点工程，完成产值17701万元。年底进行主体施工。

【青岛国际贸易中心】 中铁建工承建。本工程是集办公、酒店、商业、疗养于一体的综合性大厦，位于青岛市东海路北侧，香港路南侧，山东路西侧，毗邻华仁大厦，建筑面积37.8万平方米，地下4层，地上为A座、B座、C座及裙房四部分，A座47层、B座51层；C座46层。基础结构形式为筏板基础，地下部分为框架剪力墙结构，主体结构为框肢

—剪力墙结构。

本工程由青岛中金渝能置业有限公司建设，北京市建筑设计研究院青岛北洋设计有限公司设计，青岛理工大学建设工程监理咨询公司进行监理。中铁建工集团承建A座和B座，合同额156613万元。合同工期2009年6月1日～2012年5月31日。2011年继续列为集团重点工程，完成产值28457万元，年底A塔49层结构施工完成，B塔地面施工。

【泰山·基业工程】 中铁建工承建。本工程是集办公、商业、宾馆为一体的综合性智能化大厦，位于青岛市香港中路以南、汕头路以西的中央商务CBD区心腹地段，南北长约70米，东西长约93米，总建筑面积为109092平方米，其中地下24109平方米，地上84983平方米，地下5层，地上46层（自然层65层），地上建筑总高242米，高位转换框支剪力墙结构，筏板基础。

该工程由青岛中核元诚置业有限公司建设，山东大卫国际建筑设计有限公司设计，山东新昌隆建设咨询有限公司监理。合同额19596万元。合同工期2009年2月至2012年1月。2011年完成产值6710万元，主体施工阶段。

【河北省唐山市唐山香格里拉大酒店一期】 中铁建工承建。本工程位于唐山市路北区大理路与长虹道交口，为香港嘉里集团投资的多功能国际五星级大酒店。总建筑面积为84361平方米，其中地下2层，地上24层，地上建筑总高112米，高位转换框支剪力墙结构，筏板基础。

该工程由“瑞和置业（唐山）有限公司”建设，“四川山鼎建筑工程设计咨询有限公司”设计，“北京兴电国际工程管理公司”监理。合同额77987万元。合同工期2011年7月至2013年6月。2011年完成产值633万元，地下室结构施工阶段。

【中铁南方总部大厦】 中铁建工承建。中铁南方总部大厦工程位于深圳市南山区后海滨路与创业路交汇处东南侧。总用地面积5253.04平方米，总建筑面积57567.85平方米，是一座集办公、商业为一体的综合性高层建筑群。建筑主要由1栋高层办公及裙楼（结构形式为框架剪力墙）构成，地下室三层，覆盖了基本上整个用地面积，地下室建筑面积14530.14万平米。建筑层数，地下3层，地上24层，框架-剪力墙结构，钻孔灌注桩基础。整个工程建成后气势宏伟，造型美观。

该工程方由中铁南方投资发展有限公司建设，中铁工程设计院有限公司设计，深圳市华西建设监理有限公司监理，合同额万元。合同工期2011年9月28日～2013年4月30日。2011年完成产值500万元。年底进行工程桩施工。

【中铁产业园诺德中心商业办公楼】 中铁建工承建。本工程位于北京丰台区南四环西路，由四栋高层办公楼组成，地下三层，四栋建筑物在地下室连为一个整体，地下室顶部以上各自独立，1#办公楼地上建筑面积64950平方米，其中主楼11层，高度50米，建筑面积为33979平方米；配楼10层，建筑面积为27140平方米；会议室2层，建筑面积为6500平方米。地下室建筑面积为42792平方米；2#、3#、4#办公、商业楼地上21层，高度80米。建筑面积140000平方米，地下三层，建筑面积26500平方米。合同工期为2011年4月25日～2012年7月31日。

该工程由北京诺德置业有限公司建设，中铁工程设计院有限公司设计，北京中建协工程咨询有限公司监理。合同额45000万元，合同工期2011年4月至2012年7月。2011年完成产值18776万元，年底进行装修施工。

【海南省三亚市美丽之冠大酒店工程】 中铁航空港承建。合同价：108888万元。合同工期：2011年2月20日～2013年2月21日；结构工期2011年3月1日～2012年3月31日；其中七星级酒店工期为910天。

三亚美丽之冠大酒店工程位于海南省三亚市新风路299号、三亚市临春河畔，整个工程由六栋产权式酒店、一栋产权式公寓及一栋白金五星级酒店、一栋七星级酒店及地下车库、裙房等建筑物组成，总建筑面积约65.8万平方米(其中地下约32.3万平方米，地上约33.5万平方米)，结构形式为桩筏基础、框架-剪力墙结构。地下室单层最大建筑面积约9.7万平方米。

每栋楼的地上结构均采用国内独有的圣诞树造型，外挑部分大量采用钢筋混凝土预应力组合桁架超长悬挑，层间错落阶梯状挑出，最大悬挑长度约13.5米，结构复杂，施工难度大，目前国内尚无类似结构形式。施工中采用高支模落地脚手架配合高空型钢悬挑支模架相结合的方法，利用安全计算软件辅助计算，全过程实时监控支撑脚手架及结构组合桁架变形，严格控制组合桁架内外脚手架拆除顺序，确保脚手架施工安全及结构施工质量。

2011年累完成施工产值67453万元。年累完成主要工程量：浇筑混凝土245551立方米；支设模板1227368平方米；钢筋加工及绑扎49206吨；有粘结预应力70吨；无粘结预应力69吨。截至2011年底，地下室结构全部完成，地上结构施工至第15层。

【贵阳市轨道交通运营中心及配套项目（腾祥·迈德国际）一期工程】 中铁航空港承建。合同价：33003.5万元。合同工期：2011年11月10日～2014年2月18日，832日历天。贵阳市轨道交通运营中心及配套项目（腾翔·迈德国际）一期工程，位于贵州省贵阳市金阳区新区林城西路北侧，发展路与金哲路交汇处。工程总建筑面积为 181244.32 平方米，分为 A1、A2、A3 写字楼及 A0 轻轨控制中心，具体建筑物概况如下：

1、A0 栋交通控制中心：总建筑面积 16051.66 平方米，地下 1 层共 2675 平方米，地上 5 层共 13375 平方米；结构形式为框架剪力墙结构；建筑总高度 27 米；

2、A1 写字楼：总建筑面积 39993.8 平方米，地下 2 层共 3200 平方米，地上 23 层共 36800 平方米；结构形式为框架剪力墙结构；建筑总高度 106 米；

3、A2 写字楼：总建筑面积 31797.03 平方米，地下 2 层共 2700 平方米，地上 22 层共 29300 平方米；结构形式为框架剪力墙结构；建筑总高度 96 米；

4、A3 写字楼：总建筑面积 45325.11 平方米，地下 2 层共 4000 平方米，地上 20 层共 41325 平方米；结构形式为框架剪力墙结构；建筑总高度 88 米；

5、A1、A2、A3 写字楼及 A0 轨道控制中心整个地下室建筑面积共计 48076.72 平方米。

2011 年累完成施工产值 358 万元。年累完成主要工程量：土方开挖及外运 92600 立方米，边坡支护 1510 平方米，爆破及石方外运完成 4500 立方米。

【北京市广安门铁路住宅小区施工总承包工程 A 标段】 中铁建工集团中标，重组前中铁建工集团北京公司承建，重组后中铁航空港北京公司承建。合同价：51202 万元。合同工期：792 日历天，开工日期为 2010 年 8 月 1 日～2012 年 9 月 30 日竣工。设计技术标准：建筑一类，耐火地下一级，地上二级；抗震设防烈度 8 度；使用年限：50 年。

北京市广安门铁路住宅小区施工总承包工程 A 标段，位于北京市宣武区手帕口南街 80 号，由北京京铁房地产开发公司开发，总建筑面积约 18.4 万平方米，由 5 栋住宅、7 栋公建和 1 个地下车库组成。车库及住宅楼地下二、三层部分为人防工程，抗力级别为核五级。车库及住宅均为地下三层；B3 住宅地上 27 层，B4、B5、B6、B7 住宅地上 29 层；公建地上 3 层。基础为筏板基础，住宅为剪力墙结构，公建及车库为框架剪力墙结构。

2011 年累完成施工产值 15269 万元，开累完成施工产值 15806 万元。年累完成主要工程量：车库及住宅楼地下室混凝土 38457 立方米；地上主体结构混凝土浇筑 9162 立方米；截至 2011 年底，地上结构施工至第 8 层。

【中国电科第十六所 6#环境设备研发部工程】

合同造价：2056 万元。

合同工期：2011 年 6 月 12 日～2012 年 1 月 17 日。

施工单位：中铁上海工程局三分公司。

工程概况：工程位于安徽省合肥市高新区望江西路以北。本工程地上 1 层，局部 3 层，建筑面积约 14339 平方米，主体结构为单层钢结构，夹层部分为钢筋混凝土框架结构，建筑物设计主钢构设计使用年限为 25 年，围护结构设计使用年限为 15 年。本建筑按火灾危险性分类为戊类单层工业厂房，建筑耐火等级为二级，抗震设防烈度为 7 度。

劳动力部署：中国电科第十六所 6#环境设备研发部工程项目部为合作管理型项目部，配备管理人员 8 人，其他人员 2 人。主要设备进场 11 台套，作业人员 80 人。

进度情况：主体结构完成；墙体砌筑完成、墙面粉刷完成；钢结构安装完成；门窗框安装完成。

建安产值：截至 2011 年 12 月底，经理部完成年度产值 1275 万元，占年度计划 1248 万元的 102%；完成开累产值 1275 万元。

其他工程

【锦屏电站引水洞工程】 中铁二局二公司承建。中标时间2007年8月10日，中标价8亿元，合同工期：2007年8月18日2013年9月15日。合同主体：中铁二局与中水五局。1#～引水隧洞施工长度5101米；2#引水隧洞施工长度5139米。主要工程内容：隧道工程10.240公里/2座（均为4000米以上隧道）；辅助洞室工程（横通道500米、横向排水洞400米）；隧洞堵水灌浆工程等辅助工程。截至2011年12月发生的变更项目有：1#引水隧洞上断面绿泥石片岩变形段二次扩挖共263米；2#引水隧洞上断面绿泥石片岩变形段二次扩挖共142米。隧洞内溶洞处理1项。

2011年完成建安3亿元，占年度计划1.4亿元的212.0%；开累完成建安6.5亿元，为设计80011.7万元的80.7%，剩余1.5亿元。

【沙沱水电站移民复建工程潮砥集镇迁建新址场地平整工程】 中铁五局承建。合同价款6060万元。合同开工时间：2011年6月26日，合同竣工时间：一期工程为2011年12月25日；二期工程在一期工程间隔一年后施工，工期为6个月。建设单位：贵州乌江水电开发有限责任公司；设计单位：中国水电顾问集团贵阳勘测设计研究院；监理单位：贵州黔水工程监理有限责任公司。管段长度1.402公里。主要工程内容包括土石方开挖、石方回填、挡墙、边坡支护、给排水工程、供电和电信配套系统。年累完成4573万元，开累完成4573万元，剩余价值1487万元。

【中缅天然气管道工程国内段隧道工程EPC总承包第6合同段】 中铁五局承建。中缅油气管道工程（国内段）包括1干8支，与中缅原油管道并行。干线从云南省瑞丽市58号界碑入境，在贵州安顺市油气管道分离，油气管道向南经贵阳市、都匀市、广西河池市、柳州市，最后到达贵港市，干线全长1726.8公里，管径1016公里，设计压力10兆帕，全线采用X80/X70级钢管。支线为丽江支线、玉溪支线、都匀支线、河池支线、桂林支线、钦州支线、北海支线及防城港支线；支线长855.6公里。资金来源为业主自筹。本合同段跨都匀、独山、荔波三地，主要工程数量：隧道9座6937.78米，其中，最长的埂地隧道1468.4米，为本标段的重点工程，也是全线9个控制性工程之一；本标段隧道最小坡度0.2%，最大坡度31%。隧道穿越的不良地质主要为岩溶、暗河、瓦斯。为保证隧道施工及管道铺设、检修，初步设计共需修建便道10.5公里，新建及整修伴行道38.12公里。合同总额11375.89万元。建设单位：中国石油天然气股份有限公司管道建设项目经理部；监理单位：长沙华星建设监理有限公司；设计单位：中铁二院工程集团有限责任公司。2011年9月22日开工，合同竣工时间2012年12月31日，交付管道安装日期2012年11月25日。年累完成1660.96万元，开累完成1660.96万元，剩余价值9714.93万元。

【昆明清水海新麦冲隧洞工程】 中铁五局承建。合同总额5157.3万元。合同工期：2011年4月11日～2012年11月1日。建设单位：昆明自来水集团有限公司清水海水源开发建设分公司；监理单位：广东河海工程咨询有限公司昆明清水海新麦冲隧洞工程监理部；新麦冲隧洞全长3095.684米，由进口引渠段、进口有压段、竖井段、扩散段、消力池段、隧洞洞身段及出口箱涵段组成。进口引渠段全长27.8米，洞身段总长2932.869米，其中有压段长16.4米，竖井段长7.8米，消力池段长59.331米，无压洞身段长2849.338米，出口箱涵段长128.315米，箱涵未端与大平地隧洞进口相接。2001年，年累完成1205万元，开累完成1205万元，剩余价值3952.3万元。

【云南牛栏江-滇池补水大公山隧洞施工1标】 中铁五局承建。合同总额1.7亿元。合同工期：2009年7月13日～2012年11月30日。建设单位：云南省牛栏江—滇池补水工程建设指挥部；设计单位：中国水电顾问集团昆明勘测设计研究院；监理单位：中国水利水电建设工程咨询昆明分公司。合同段起止里程K1+682～K13+269，大公山隧洞正洞长11618.972米，1#支洞338.5米、3#支洞239.621米、8#支洞209.5米。年累完成8755.3万元，开累完成12890.2万元，剩余价值4428.2万元。

【云南省牛栏江-滇池补水工程输水线06标】 中铁五局承建。合同总额2.3亿元。2009年10月10日开工，合同竣工时间2012年11月30日。建设单位：云南水投牛栏江滇池补水工程有限公司；设计单位：中国水电顾问集团昆明勘测设计研究院；监理单位：长江勘测规划设计研究有限责任公司。合同段为大公山隧洞11502.462米(13+269～24+706)，位于寻甸和嵩明县境内嵩（明）待（补）高速公路右侧，工程包括输水线路大公山隧洞13+269～24+706段洞身及4#支洞、5#支洞、6#支洞、7#支洞、10#支洞、11#支洞共6条施工支洞。年累完成9936万元，开累完成1.3亿元，剩余价值9548.3万元。

【黔中水利枢纽一期工程总干渠 C6 标土建及金属结构制安工程项目】 中铁五局承建。合同总额 1.02 亿元。2010 年 12 月 25 日开工，合同竣工时间 2013 年 12 月 31 日。建设单位：贵州省黔中水利枢纽工程建设管理局；设计单位：贵州省水利水电勘测设计研究院；监理单位：中水珠江规划勘测设计有限公司。本标段起点为总干 51+250（杨柳 1#渡槽进口 20 米处），末端为总干 62+850（桂家湖水库），全长 11.60 公里。主要工程量：隧洞 3 座 1949 米，渠道 6314 米。年累完成 4960.5 万元，开累完成 4960.5 万元，剩余价值 5228.4 万元。

【辽西北供水工程】 中铁六局承建。合同价款 3953.3 万元。工期：2011 年 6 月 25 日～2012 年 4 月 30 日，2012 年 5 月 10 日退场完毕。工程位于新宾县境内，合同主体为 3 条地质勘探试验洞（以下简称探洞），分别为 7#、8#、9#探洞。2011 年完成产值 1640.9 万元，其中 7#探洞施工里程 0+425，开累完成 425 米；8#探洞施工里程 0+205，开累完 205 米；9#探洞施工里程 0+630，开累完成 630 米。

【山西广林风力发电厂】 中铁八局承建。项目投资 2592 万元，2011 年 8 月开工，2012 年 1 月 30 日完工待设备安装调式后交验。

【水利水电工程—长河坝水电站】 中铁八局承建。合同价款 1.1 万元。2011 年 1 月 9 日开工，总工期 22 个月。长河坝水电站项目部承担的长河坝水电站响水沟大桥、大渡河大桥及枫林沟大桥工程。其工程主要包括：响水沟大桥（一孔净跨径为 133 米中承式钢管混凝土拱桥，桥梁全长为 154.0 米）、大渡河特大桥（93.5 米+210 米+93.5 米三跨一联的预应力砼连续刚构桥，桥梁全长 411.4 米，桥高 210 米）、枫林沟大桥（48+80+48 米三跨一联预应力砼连续刚构桥，桥全长 182 米，桥高 60 米），以及边坡防护工程。其中响水沟大桥 22 个月，大渡河大桥 14 个月，枫林沟大桥 19 个月，均以监理工程师下发的开工令为准。主要工程量包括：浮渣清理 20000 立方米，锚索 50 束，边坡喷锚 2534 平方米，边坡柔性防护网 610 平方米；枫林沟大桥钻孔桩 480 米，承台墩台砼 2754.9 立方米，C50 预应力箱梁砼 2046.24 立方米；大渡河大桥挖孔桩 270 米，墩台身砼 7920.16 立方米，C60 预应力箱梁砼 8576.7 立方米；响水沟大桥挖孔桩 90 米，下部结构砼 7176 立方米，上部结构砼 1223 立方米。三座桥累计完成施工产值 3130 万元。

【宾川鸡足山索道】 中铁八局承建。合同价款 1440 万元。合同工期：2010 年 8 月 2 日～2010 年 12 月 31 日，实际开工时间 2010 年 8 月 1 日。项目全长 1.2 公里。2011 完成产值 905 万元。2011 年 8 月 16 日交验合格。

【"希夷之大理"彩虹桥】 中铁八局承建。合同价款 9248 万元，工期：2010 年 5 月 16 日～2011 年 3 月 22 日。《希夷之大理》大型实景演出剧场彩虹桥，位于大理古城北门水库，建筑结构安全等级二级，设计耐久年限 50 年，抗震设防烈度为八度。彩虹桥桥系为钢结构拱行管桁架结构，结构形势宛如雨过彩虹，上玄杆由两根 φ1200×25 构成，下玄杆由一根 φ1200×25 构成，上下玄杆之间由 φ402×16、φ500×16 腹杆相贯连接而成，构成彩虹桥主跨距为 223.643 米，净跨距为 153.145 米，失高为 34.052 米，彩虹桥钢结构总重约为 1222.048 吨（其中马道、灯光支架、吊杆暂定为 140 吨）。彩虹桥横跨大型实景演出水上表演剧场，在水上表演剧场上方。2011 年完成施工产值 1157 万元，钢结构 120 吨，承台砼 1450 立方米，钢筋 178 吨，舞台装置土建部分 8100 平方米，3 号 4 号侧台工程 6500 平方米，灯架工程钢结构制安 168 吨，土方 11 万立方米，砼挡墙 1900 立方米。

【四川木里河俄公堡水电站引水隧洞】 中铁八局承建。工程投资 1.1 亿元。工期：2008 年 12 月 15 日～2012 年 3 月 31 日。木里河俄公堡水电站引水系统工程 C4-1 标工程位于四川省木里县境内的木里河上，隧道为引水隧道，其主要为俄公堡水电站发电而建，里程范围：引 0+050~引 4+350，全长 4.3 公里，为圆形有压隧洞。标段起点里程标高为：2297.368 米，标段终点里程标高为 2290.801 米，纵向流水面坡度为-1.65‰。引用流量 191.1 立方米/s，混凝土衬砌洞段成洞洞径 8.00 米，喷锚支护洞段成洞洞径 8.30 米。分别于里程 1+470 和 3+250 位置与 1#支洞和 2#支洞相交。其中 1#支洞长 316.65 米，2#支洞长 777 米。主要工程数量：1 号支洞长 316.85 米；2 号支洞长 777 米，主洞长 4300 米。2011 年完成投资 3476 万元，主洞开挖 1340 米，衬砌 798 米。

【中缅天然气管道工程（国内段）第四合同项】 中铁八局承建。工程投资 2.2 亿元。工期：2011 年 7 月 18 日～2012 年 12 月 31 日。工程起点：云南省昆明市富民县者北乡下河里村，终点：云南省曲靖市富源县后所镇发五多村，隧道 10 座共计 10721.59 米，隧道断面 3.8 米×3.8 米，石油及天然气管道共用。其中重点控制性工程：小对方隧道 2130 米，小黑箐隧道 1459.9 米。项目工程地点四个县：富民县（下河里隧道 712.4 米、竹子菁隧道 1202.71 米，小对方隧道 2130 米）；寻甸县（大脑包隧道 457 米、小黑菁隧道 1459.9 米、大松棵隧道 843.36 米）；马龙县（北道岭隧道 1091.74 米、假角山隧道 1076 米）；富源县（石口子隧道 1376 米、分水岭隧道 372.48 米）。2011 年完成产值 2100 万元。完成主要工程数量：下河里隧道折合成洞 54.8 延米、竹子菁隧道折合成洞 70.6 延米、小对方隧道折合成洞 161.2 延米、大脑包隧道折合成洞 86 延米、小黑菁隧道折合成洞 195.6 延米、大松棵隧道折合成洞 53.4 延米，分水岭隧道折合成洞 23.2 延米。

【中缅天然气管道工程（国内段）第五合同项】 中铁八局承建。工程投资 2.1 亿元。工期：2011 年 7 月 18 日～2012 年 12 月 31 日。工程起点贵州省盘县断江镇丘田村，终点贵州省关岭县坡贡镇板寨村至客布村，隧道 13 座共计 11825.82 米，隧道断面 3.8 米×3.8 米，石油及天然气管道共用。其中重点控制性工程：狮子山隧道 2484.07 米。项目工程地点分三市四个县：盘县（八丘田隧道 1051.81 米、松林头隧道 868.4 米、响水隧道 446.19 米、营盘山隧道 1190.51 米）；普安县（水打田 1#隧道 342.37 米、水打田 2#隧道 412.39 米、水打田 3#隧道 649.54 米、上马基隧道 1110.43 米、狮子山隧道 2484.07 米）；晴隆县（银子洞隧道 979.63 米）；关岭县（大坡隧道 510.58 米、猴儿关隧道 1002.88 米、长石头隧道 777.02 米）。2011 年完成产值 2100 万元。完成主要工程数量：八丘田隧道折合成洞 37.3 延米、响水隧道折合成洞 60.9 延米、营盘山隧道折合成洞 58.3 延米、水打田 1#隧道折合成洞 60.9 延米、水打田 2#隧道折合成洞 74.8 延米、水打田 3#隧道折合成洞 66 延米、上马基隧道折合成洞 117 延米、狮子山隧道折合成洞 158.2 延米、银子洞隧道折合成洞 39.4 延米、大坡隧道折合成洞 16.7 延米、猴儿关隧道折合成洞 68.6 延米、长石头隧道折合成洞 50.8 延米。

【伊春鹿鸣钼矿工程】 中铁九局机械设备公司承建，矿山基建期 2 年。建设单位为中铁资源集团有限公司，设计单位为中冶北方工程技术有限公司。工程位于黑龙江省伊春市鹿鸣林场事业区内。工程内容：采场办公楼、车辆存放库、设备保养间、仓库、加油站等设施以及外部联络道路的施工，占地面积约 21 万平方米；路基工程包括进出场、场区内、场区至采区境界外道路路基，占地面积约 3.6 公里，总体挖方量 54 万立方米，填方量 40 万立方米。2011 年完成产值 4475.8 万元。采矿厂基建主要是路基换填及道路施工，露天采剥完成 70.45 万立方米，混凝土供应 2.07 万立方米。

【中铁南方装备基地软基处理工程】 中铁港航局一公司承建。合同价款：3.6 亿元。合同工期：2010 年 11 月 5 日～2012 年 1 月 31 日。工程概况：中铁南方工程装备基地位于广东省中山市火炬开发区临海工业园东六围内，基地面积 1000 亩。东六围四面环水，原先为围垦耕种地，地形较为平坦、低洼，表层土质为淤泥或淤泥质土。基地场地一面临水，东海堤为抛石海堤，三面须修筑砂袋围堰进行合围。场地无道路直通，只能靠水路进行运输。初期造地施工通过吹填泥砂的方式形成，随后进行软基处理施工。产值情况：截至 2011 年底完成产值 34450.74 万元

【福建富源石化仓储码头工程】 中铁港航局一公司承建。合同价款： 1.1 亿元。合同工期：2011 年 6 月 12 日～2012 年 12 月 30 日。工程概况：福建富源石化仓储发展有限公司码头工程的建设地点位于湄洲湾港肖厝港区肖厝作业区内，行政区划属泉州市泉港区界山镇下朱村。地理位置约在东经 118° 57′ 06″，北纬 25° 13′ 19″（南浦电厂 5 万吨级煤码头的西北面）。工程建设主要规模为建设 5000 吨级液体化工泊位一个，结构按 1 万吨级设计。本工程主要建设项目包括：工作平台、栈桥、设施平台、引堤（+8.5 米标高以上）、停泊及回旋水域挖泥、工艺管线钢架混凝土基础以及配套装卸工艺、供电照明、消防设施预埋件等。产值情况：截至 2011 年底完成产值 3097.55 万元，占年度计划的 101.06%。

【厦门港古雷航道二期工程】 中铁港航局航道公司承建。合同价款：9569.02 万元。合同工期：2011 年 6 月 30 日～2013 年 7 月 19 日。工程概况：厦门港古雷航道二期工程是在现有古雷 10 万吨级航道的基础上进行扩建的工程。航道设计范围为：从古雷 10 万吨级航道起点 A 点起至规划港区南 9#泊位附近的 E 点，航道全长 12.84 公里，其中 A 点至 D 点建设长约 9.53 公里的 15 万吨级乘潮单向航道（同时满足 10 万吨级油船全潮双向通航，以及 15 万吨级油船和 5 万吨级散货船交汇通航），D 点至 E 点建设 5 万吨级单向航道（3.31 公里）。工程新增用海面积 6.19 平方公里。主要工程数量：泊位船舶回旋水域共用水域内的疏浚工程量为 53.02 万方，炸、清礁工程量为 49.59 万方。新抛航标 3 座。完成产值及形象进度：截至 2011 年底完成产值 3278.19 万元，占年度计划的 116%。年度完成炸礁 25.19 万方，占总量的 58.80%；清礁完成 24.83 万方，占总量的 50%；新抛设三座航标，占总量的 100%。

【汕尾华润电力海丰电厂围填海场平工程】 中铁港航局三公司承建。合同造价：3.2 亿元。合同工期：23 个月。工程概况：华润电力海丰电厂 2×1000 兆瓦超超临界燃煤发电机组工程厂址位于汕尾市海丰县小漠镇澳仔村，东距海丰县城约 56 公里，距离汕尾市约 32 公里（直线距离），西侧紧邻惠州市惠东县。本期装机容量 2×1000 兆瓦，预留扩建余地。围填海场平工程分东、西、南护岸，其中东护岸约 976 米、西护岸约 388 米、南护岸约 557 米，防波堤约 1186 米，开山土石方 4688900 立方。主要工程数量：护岸分东护岸 976

米、西护岸 388 米、南护岸约 557 米，防波堤约 1186 米，开山土石方约 4688900 立方。边坡支护 GPS2 主动防护网约 1400 平方，普通砂浆锚杆 109.8 吨，植生袋 28031 平方，锚杆框架钢筋混凝土 2165 立方。产值：截至 2011 年底完成产值 1608.7 万元。

【刘大线航道整治工程项目】 中铁港航局承建。工程总价：9363.8809 万元。合同工期：2010 年 12 月 31 日～2012 年 8 月 31 日。

工程概况：刘大线航道是江苏省干线航道网规划“两纵四横”中的二纵“连申线”的组成部分，是大丰港的疏港航道，整治航道里程 55.553 公里。公司承建其中第四标段，位于江苏省盐城市大丰市境内，起点位于新团船闸下游引航道终点，经新团河、胜利河、平地开挖段，终点位于北中心河与斗龙港交会处。

主要工程数量：标段总长 12.156 公里，包括新建护岸 25479.8 米，软基处理 8119.7 延米，开挖水上方 206.8 万方、水下方 37.7 万方，回填 39.3 万方，填筑围堰 2 万方。

完成产值及形象进度：截至 2011 年底完成产值 1202.72 万元，占年度调整计划的 100%。年度主要完成底板混凝土浇筑 10665 方，占总量的 49.66%；墙身夹石混凝土浇筑 21672.9 方，占总量的 40.30%；模袋混凝土护坡 15985 方，占总量的 15.21%；细石混凝土灌砌块石护底 1400 方，占总量的 25.36%。

【高栏港大平湾八期填土工程】 中铁港航局承建。合同造价：2.6 亿元。合同工期：2010 年 8 月 17 日～2011 年 8 月 12 日。工程概况：大平湾八期填土工程位于珠海高栏港大平湾，范围东到现有海堤路，南到北一路东南面的现有水泥路，西到东六路（规划）南段市政管线走廊，北到北三路（规划）。总填土面积 419.855 万平方，总测量理论填方量约 1673.3725 万立方。产值：截至 2011 年底完成产值 12344.912 万元，占年度计划的 60.46%。

海外工程

【股份公司境外在建项目情况】 截至 2011 年 12 月底，股份公司全系统境外在建工程项目和设计项目总数 319 个，涉及 53 个国家和地区，在建项目合同总额 187.6119 亿美元，目前尚未完成的合同总额 115.1225 亿美元，在建项目中：500 万美元以上较大的项目有 208 个；上亿美元项目有 17 个；道岔及钢结构产品加工涉及 17 个国家和地区。另外，截至 12 月底正在追踪的主要项目有 231 个。

2011 年中国中铁境外业务新签合同额完成营业额
与年初计划指标对照表

序号	指标 单位	合同额、营业额完成情况与年度计划指标比较						说明
		合同额计划	已完成合同额	完成所占比例	营业额计划	已完成营业额	完成所占比例	
1	中海外公司	140000	69272	49.48%	76000	48222	63.45%	
2	中铁国际公司	250000	71732	28.69%	32000	15013	46.92%	
3	中铁一局集团	15000	14798	98.65%	2000	3008	150.40%	
4	中铁二局集团	15000	131122	874.15%	2000	2364	118.20%	
5	中铁三局集团	13500	14268	105.69%	2000	2161	108.05%	
6	中铁四局集团	30000	114370	381.23%	35000	65573	187.35%	
7	中铁五局集团	15000	33292	221.95%	15000	18398	122.65%	
8	中铁六局集团	5000	0	0.00%	6000	3765	62.75%	
9	中铁七局集团	30000	46041	153.47%	25000	25221	100.88%	
10	中铁八局集团	6000	12436	207.27%	4000	5333	133.33%	
11	中铁九局集团	10000	20409	204.09%	2500	3423	136.92%	
12	中铁十局集团	12000	17250	143.75%	4000	6642	166.05%	
13	中铁大桥局集团	17000	18331	107.83%	6000	6087	101.45%	
14	中铁隧道集团	5000	0	0.00%	5000	2830	56.60%	

15	中铁电化局集团	3000	4720	157.33%	1000	346	34.60%	
16	中铁建工集团	16000	24257	151.61%	10000	17243	172.43%	
17	中铁山桥集团	1600	3930	245.63%	1000	1710	171.00%	
18	中铁宝桥集团	2600	1988	76.46%	1400	958	68.43%	
19	第二勘察设计院	3000	62020	2067.33%	1500	11465	764.33%	
20	中铁设计集团	800	1613	201.63%	500	646	129.20%	
21	中铁港航局	500	0	0.00%	2000	0	0.00%	中老项目
22	中铁航空港	400	0	0.00%	1000	0	0.00%	中老项目
23	中铁上海工程局	500	0	0.00%	2000	0	0.00%	中老项目
24	中铁资源	7000	--	---	7000	---	---	报表不清
25	中铁科工	100	0	0.00%	100	0	0.00%	没有业务
26	委内瑞拉分公司	----	0	---	156000	42277	27.10%	
27	中国中铁本部	401000	0	0.00%	----	0	---	合同额减掉重复的11374后剩下合同额为：650475
总计		1000000	661849	66.18%	400000	282685	70.67	
占年度计划指标比例		新签合同额占全年计划合同额比例为66.18%实际65.05%			完成营业额，占全年计划营业额比例为70.67%			

【中海外境外项目】 1.卢蒙巴大道二标项目。该项目是与刚果民主共和国基础设施、公共工程和重建部签订的公路项目，于2011年5月正式签订合同，合同额9344万美元。

2.卢蒙巴大道三标项目。该项目是与刚果民主共和国基础设施、公共工程和重建部签订的公路项目，于2011年5月正式签订合同，合同额9495万美元。

3.马里1号国道维修工程项目。该项目是与马里政府签订的公路项目，于2011年7月正式签订合同，合同额4126万美元。

4.马里5号国道4.5公里道路项目。该项目是与马里政府签订的公路项目，于2011年9月正式签订合同，合同额1431万美元。

5.拉巴特—丹吉尔高速铁路北线3标项目。该项目是与摩洛哥铁路局签订的铁路项目，于2011年11月正式签订合同，合同额16896万美元。

6.肯尼亚KISUMU机场二期项目。该项目是与肯尼亚机场管理局签订的机场项目，于2011年11月正式签订合同，合同额1920万美元。

【中铁国际海外项目分布】 年内在建项目35个，分布于10个国家和地区，其中：

一、铁路工程。

1.马来西亚沙巴铁路更新改造项目。合同额3392.63万美元，合同工期39个月，2011年2月完工交付。

2.印尼南苏门答腊煤炭运输项目初步设计分包合同。合同额1600万美元，合同工期12个月，截至2011年12月，累计完成1491万美元，为合同额的93%。

3.安哥拉铁路项目。合同额11611万美元，合同工期36个月，截至2011年12月，累计完成11298万美元，为合同额的97%。此项目已基本交付，现正在进行新签附属工程的实施。

4.摩洛哥Tanger-Kenitra高速铁路线软地基处理项目。合同额2634万美元，合同工期11个月，截至2011年12月，累计完成1712万美元，为合同额的65%。

二、公路工程。

1.香港湾仔绕道工程二期项目。合同额12987万美元，合同工期80个月，截至2011年12月，累计完成3683万美元，为合同额的28%。

2.香港湾仔绕道工程五期项目。合同额15561万美元，合同工期96个月，截至2011年12月，累计完成1807万美元，为合同额的7%。

3.安哥拉Biula—Muconda公路重建项目。合同额12454万美元，合同工期24个月，截至2011年12月，累计完成3325万美元，为合同额的27%。

4.安哥拉Lucusse/Lumbala Caquengue公路重建项目。合同额8255万美元，合同工期18个月，截至2011年12月，累计完成701万美元，为合同额的8%。

5.尼日利亚KOGI州AJEGWU-IDAH公路项目。合同额1050万美元，合同工期12个月，该项目已于2011年11月完工。

6.尼日利亚KANO州JANGUZA-KAREYE公路项目。合同额2283万美元，合同工期24个月，截至2011年12月，累计完成53万美元，为合同额的2%。

7.尼日利亚KOGI州IDAH-AYIGBA公路改建项目。合同额1805万美元，合同工期12个月，截至2011年12月，累计完成728万美元，为合同额的40%。

8.尼日利亚KOGI州EJULE-AJAOKUTA公路改建项目。合同额407万美元，合同工期8个月，该项目已于2011年11

月完工。

尼日利亚 KOGI 州洛科贾(LOKOJA)城市道路修复项目。合同额 406.83 万美元，合同工期 8 个月，该项目已完工。

9. 尼日利亚 KOGI 州 ALLOMA-OFABO 公路项目。合同额 205 万美元，合同工期 6 个月，截至 2011 年 12 月，累计完成 200 万美元，为合同额的 98%。

10. 柬埔寨 8 号公路项目。合同额 1398 万美元，合同工期 32 个月，该项目已于 2011 年 3 月完工。

三、桥隧工程。

1. 尼日利亚 KANO 州三座公路桥项目。合同额 634 万美元，合同工期 12 个月，截至 2011 年 12 月，累计完成 591 万美元，为合同额的 93%。

2. 摩洛哥 TAZA 桥梁项目。合同额 2434 万美元，合同工期 26 个月，该项目已于 2011 年 2 月完工。

3. 摩洛哥姆鲁亚高架桥项目。合同额 2327 万美元，合同工期 35 个月，该项目已于 2011 年 2 月完工。

4. 香港荃湾排洪隧道项目。合同额 4347 万美元，合同工期 48 个月，截至 2011 年 12 月，累计完成 3591 万美元，为合同额的 83%。

四、市政工程。

1. 香港临时建筑废物处理设施。合同额 1323 万美元，合同工期 45 个月，该项目已于 2011 年 12 月完工。

2. 香港沙田污水处理厂改扩建项目。合同额 1781 万美元，合同工期 22 个月，该项目已于 2011 年 12 月完工。

安哥拉万博市 BULA 学校修复项目。合同额 580 万美元，合同工期 18 个月，截至 2011 年 12 月，累计完成 413 万美元，为合同额的 71%。

3. 安哥拉万博市 Dangereux 学校修复项目。合同额 689 万美元，合同工期 18 个月，截至 2011 年 12 月，累计完成 523 万美元，为合同额的 76%。

4. 尼日利亚 KOGI 州政府办公楼二期工程。合同额 753 万美元，合同工期 15 个月，截至 2011 年 12 月，累计完成 525 万美元，为合同额的 70%。

5. 尼日利亚 KOGI 州体育场。合同额 2653 万美元，合同工期 28 个月，2011 年完成产值 1065 万美元，该项目已于 2011 年 12 月完工。

6. 尼日利亚卡诺州会议中心。合同额 739 万美元，合同工期 12 个月，截至 2011 年 12 月，累计完成 321 万美元，为合同额的 43%，。

7. 委内瑞拉农业灌溉 II 期项目。合同额 1400 万美元，合同工期 12 个月，截至 2011 年 12 月，累计完成 1076 万美元，为合同额的 77%。

8. 委内瑞拉蒙萨灌溉项目设计合同。合同额 13 万美元，合同工期 3 个月，该项目已完工。

9. 喀麦隆巴富萨姆和林贝体育场场平项目。合同额 335 万美元，合同工期 3 个月，截至 2011 年 12 月，累计完成 280 万美元，为合同额的 84%。

五、工业和民用建筑。

1. 安哥拉马兰热渔业部三个别墅。合同额 340 万美元，合同工期 12 个月，截至 2011 年 12 月，累计完成 270 万美元，为合同额的 79%。

2. 安哥拉爱顿花园项目 ridge 房建项目。合同额 3567 万美元，合同工期 14 个月，截至 2011 年 12 月，累计完成 2812 万美元，为合同额的 79%。

六、其他工程

1. 尼日利亚 OMOTOSHO 二期电站项目基础工程项目。合同额 4188 万美元，合同工期 11 个月，截至 2011 年 12 月，累计完成 3532 万美元，为合同额的 84%。

2. 阿联酋阿布扎比 Habltat 岛防波堤工程。合同额 1903 万美元，合同工期 5 个月，该项目已于 2011 年 12 月完工。阿联酋船舶租赁为 174 万美元。

3. 安哥拉分公司零星小项目。合同总额 826 万美元，截至 2011 年 12 月，累计完成 682 万美元，为合同额的 83%。

【委内瑞拉北部平原铁路项目】 项目是中委两国在《委内瑞拉玻利瓦尔共和国开展铁路技术和投资合作框架协议》下的项目。作为中国政府推荐的项目执行公司，CREC 于 2009 年 7 月 30 日与委内瑞拉铁路局（简称 IFE）正式签订了项目 EPC 总承包合同。委内瑞拉 Tinaco-Anaco 铁路（简称迪阿铁路）为委内瑞拉国家规划铁路网中北部平原铁路（全长 1115 公里）中的一段，线路西起科赫德斯（Cojedes）州的迪那科（Tinaco），东至安索阿特吉（Anzoátegui）州的阿那科（Anaco），优化后的线路正线全长 462.3 公里。

2009 年 10 月 20 日，IFE 向 CREC 支付了 8 亿美圆预付款，该笔预付款全部来源于中委基金。

迪阿铁路为旅客列车最高运营速度每小时 220 公里、货车最高运营速度每小时 120 公里的客货共线铁路。全线经过设计优化后，除有总长 13.23 公里的桥梁（占正线总长度的 2.9%）外，其余均为路基工程。沿线设置 10 个车站，其中 Dos caminos 车站、Chaguanamas 车站分别将与意大利公司承建的 San juan～San fernando 铁路、Chaguanamas～Cabruta 铁路衔接。

该工程由中国中铁委内瑞拉分公司具体负责，由中铁二院设计，中国中铁所属一局、二局、四局、九局、十局参建。

中铁一局承建。合同总价：5.7 亿美元（暂定）折合人民币：38.53 亿元。开工日期：2009 年 12 月 8 日，原计划竣工日期：2011 年 6 月 30 日线下工程（暂定）。年累计完成施工产值 45677.6 万元，占年计划 85000 万元的 53.7%；开累完成 151765.4 万元，占总造价 385336 万元的 39.4%。

中铁二局承建。2011 年 3 月下旬，恢复施工生产。中铁二局在委铁项目共承担59公里的施工任务，设计填方300万立方米，挖方497万立方米；桥梁4座，涵洞139座，合2935延米。其中：箱涵59座，圆涵80座，排水圬工9.6万立方米，防护植草74万平方米，管段内设车站一座，跨线桥23座。管段已开工42.7公里，今年完成产值3453.9万美元，开累完成产值约1.2亿美元。其中，今年正线路基完成挖方63.67万、填方59.82万，累计完成挖方259.5万、填方173.8万；涵洞今年完成720.71延米，累计完成主体70座、成涵1423延米；桥梁桩基已全部完成，今年完成桩基17根，承台8个，墩身4个。排水圬工完成1.2万方。开累完成线下工程总量约50%。

中铁四局承建。合同价款：75亿美元（其中中铁四局23亿美元）。合同工期：2009年10月31日～2013年2月。中铁四局管段土建工程全长180公里，里程为K000+000～K180，经过科赫德斯（COJEDES）州的迪那科市（TINACO）、瓜里科（GUARICO）州的迪斯纳多斯（S.FCO.DE TIZNADOS）和奥迪斯（ODIZ）市，全管段共设3个客运站，1个货运站和1个中转站，270公里铺轨工程（K0-K270）。由于工程规模大，工期紧，我局组建了局项目经理部负责四局管段施工组织、工程指挥和协调工作，调集中铁四局所属一公司、二公司、五公司、八分公司等四个综合施工管理能力较强的子（分）公司成立项目分部，参与项目建设。截至2011年12月30日，中国中铁委分公司下达我局计划产值19.9亿元，完成产值12.2亿元，完成计划的61%。开累完成43.8亿元。

中铁九局大连工程处承建。合同价款3.2亿美元。工期：2010年2月6日～2012年5月。建设单位为委内瑞拉国家铁路局，设计单位为铁道第二勘察设计院集团有限公司。项目位于委内瑞拉瓜里科州境内，起点里程为K317+300，终点里程为K366+900，线路全长49.6公里。途经城市为土库彼多、萨拉萨。施工范围：迪纳科至阿纳科铁路四标段线下工程，包括路基、桥梁、涵洞、土库彼多车站、上跨立交桥。主要工程数量：大桥3座，涵洞142座，上跨立交桥26座。路基挖方537.4万立方米，填方236.3万立方米，级配碎石41万立方米，植草72.1万平方米，排水沟混凝土3.9万立方米等。2011年完成产值3583.9万美元，开累完成产值1.4亿美元，完成总价的42.5%。

中铁十局承建。工期：2009年8月6～2012年12月5日。项目是中铁十局与中国中铁股份公司委内瑞拉分公司签订的分包合同，合同金额为76829.08万美元。标段起于K366+900，止于K465+300，全长98.4公里，途径萨拉萨市、马科来科、阿拉瓜巴塞罗纳及阿那科市。主要工程量为：桥梁10座，全长2828.73延米，其中特大桥1座、大桥8座、中桥1座，占管段长度2.87%，其中桩基758根，制架钢混梁82孔；涵洞260座，折合6099.61横延米；路基全长95.57公里，占管段长度的97.13%，其中挖方46.97公里，填方48.6公里，车站3座（萨拉萨车站1座、阿拉瓜巴塞罗纳车站1座、阿那科车站1座），路基土石方断面方1634.68万方(含变更)，其中挖方1135.43万方，填方499.26万方；基床表层级配碎石93.5万方；预制轨枕67万根。业主是委内瑞拉国家铁路局。截至2011年底累计完成施工产值2.8亿美元。

【委内瑞拉中西部铁路亚圣段修复工程】 中铁四局承建。合同价款：4122万美元。合同工期：2012年3月20日～2014年5月20日。项目由委内瑞拉国家铁路自治局代表委内瑞拉政府作为建设方，FERROLASA公司进行设计、施工总承包。起讫里程：K20+800～K139+037，工作内容包括：既有铁路修复、清筛、换枕、换轨、无缝线路焊接等。委内瑞拉国家中西部铁路修复工程，是港口城市卡贝略至西部工业城市巴基西梅托市中间的圣费利佩至亚里塔瓜段，正线长度57.757公里，双线路基，单线铺轨；合同额177253264.79Bs(不含主要材料费及IVA税)，折合4122万美元（按委内瑞拉官方汇率）。同时新签中西部铁路修复工程物资采购合同，工程的钢轨、桥梁木枕、岔枕委托我方从中国采购，铝热焊剂委托我方采购欧洲品质的材料，材料采购合同格为82106274.63Bs，折合1909万美元。

【文莱356套住房】 中铁二局承建。文莱356套住房项目业主是文莱达鲁萨兰国政府发展部公共工程局（JKR)，对外合同主体是ALISAN-JAYA和中铁二局联合体，为固定单价合同，合同金额3264.46万美元。该项目分为Type-D型（15栋126套）、Type-E型（12栋106套）、Type-F型（12栋-106套）、Type-SD型（9栋18套），分两期交付。根据国际建筑市场发展趋势、文莱国家建筑行业特点和项目工程实际，国际部对该项目采取属地化管理模式，国际部共派出6人组成项目经理部，其他人员包括现场项目经理等全部属地聘请。2011年，该项目完成营业额1968万美元，是年度计划1900万美元的103.6%。2011年主要形象进度为：完成建筑面积22300平方米。工程进展良好，无安全事故，合同工期可控。

【埃塞俄比亚铁路勘察设计】 中铁二局承建。合同款价6254万美元，合同生效日期为2010年8月6日，工期为2010年9月至2012年3月。项目埃塞俄比亚亚的斯亚贝巴-吉布提铁路Sebeta-Adama-Mieso段勘察设计，业主是埃塞俄比亚铁路总公司，对外合同主体是中铁二局和中铁二院联合体。2011年8月30日，该项目的初步设计提交业主。2011年10月27日，向业主提交全线的线路、战场、隧道、桥涵和轨道施工图，全线站前工程施工图全部完成。2011年12月5日，向业主提交站后机电、通信、房间施工图。全年共完成设计产值 450 万美元，是年度计划 280 万美元的 160.7%。

【埃塞俄比亚 Mekelle 市政公路项目】 中铁三局承建。合同价款：6431 万元。合同工期：2009 年 6 月～2011 年 7 月。完成情况：填方 3.5 万立方(包含变更数量)，挖方 0.4 万立方，

【埃塞俄比亚 WAZ 公路项目】 中铁三局承建。合同价款：2.7 亿元。完成情况：清表 15.324 公顷，填方 18.54 万立方，挖方 26.49 万立方，底基层 9.69 万立方，基层 3.52 万立方，沥青面层 18.87 万平方，混凝土 3794.478 方，浆砌片石 5854.48 方。

【尼日利亚 SOKOTO 水毁道路修复项目】 中铁三局承建。合同价款：665 万元。完成情况：清表 5200 平方米，清除沥青路面 10400 平方米，基层土方填筑压实 35000 立方米，4+027 箱涵主体及 3+830 和 3+710 箱涵涵洞底板混凝土 127.44 立方米；3+830 箱涵完成箱涵主体模板和钢筋安装。

【厄瓜多尔乔内综合一期工程】 中铁四局承建。工程造价：5088.9 万美元。合同工期：2010 年 12 月 6 日～2013 年 11 月 20 日。圣安东尼奥排水渠从乔内郊区至圣安东尼奥公路右侧沼泽地，里程段为 0+000～6+370.34，全长 6370.34 米，

工程内容：河渠清理修筑、排水渠等。圣安东尼奥营地及格兰德河大坝营地建设；圣安东尼奥排水渠包含露天开挖、草皮保护、普通回填、沥青碎石路面处理等；格兰德河大坝水坝主体、临时围堰、导流洞、溢洪道、供水及灌溉分流系统等。产值：2011 年完成产值 2005 万美元，占年度计划的 112%。

【援毛里塔尼亚总统府办公楼、国际会议中心维修项目】 中铁四局承建。工程造价：6871 万元人民币。合同工期：2011 年 7 月 8 日～2012 年 7 月 8 日。该项目是 2011 年 4 月 7 日公司与毛里塔尼亚政府协商签订项目对外实施合同，4 月 18 日商务部与公司签订项目施工总承包合同，项目正式开工日期 2011 年 7 月 8 日，竣工日期为 2012 年 7 月 8 日，计划总工期 12 个月，此工期安排满足招标文件要求。项目是属于国家商务部的援外项目，该项目不是一个新建项目，是一个对原有建筑已经维修和翻新的项目。项目施工的主要内容为对总统府办公楼以及国际会议中心进行装饰上的的翻新和设备，更换总统府办公楼 3 台电梯、空调系统，提供液压维修梯等；更换国际会议中心空调系统、4 套同声传译系统、800 人会议扩声系统；更换元首别墅空调系统、淋浴设备以及相应的装饰装修工程。截至 2011 年 12 月，该项目开累完成产值 2008 万元人民币。项目在获 2011 年度“三工建设先进单位”荣誉称号和 2011 年度“项目文化建设示范点”荣誉称号。

【埃塞俄比亚梅加公路项目】 中铁四局承建。工程造价：5620 万美元。合同工期：2010 年 12 月 20 日～2013 年 12 月 20 日。项目是中铁四局海外公司与埃塞公路局签订的施工合同，使用合同文本为 1987 年版 FIDIC 条款，项目的业主单位为埃塞国家公路局（ETHIOPIAN ROADS AUTHORITY）；该项目的监理单位为 RENARDET CONSULTING ENGINEERS。Addis Ababa（雅迪斯）-Moyale（莫亚乐）主干道的长度约 200 公里，是东非大通道的一部分，是埃塞为匹配非洲高速标准而进行道路升级的政府举措。公司承建的标段就在这条主干道上，公司承建的是 Ageremariam(啊格瑞玛雷) - Mega（梅加）公路的第二标段，全长为 97.8 公里，起点为 Yabelo(亚贝罗)镇的三岔口处，终点为 Mega（梅加）镇，起始点里程桩号分别为 K94+500～K192+300。

本工程主要施工内容为对原有路面进行拓宽、升级、改造。截至 2012 年 12 月 31 日，全线完成设计 30 公里，开工 16 公里。其中路基成型 0.32 公里。路基清理开累完成 32.1 万平方米，占全线路基清理 195.6 万平方米的 16.4%；路基土石方开累完成 74280 立方米，占全线路基土石方 539692 立方米的 13.7%。按照以“百分比”验工计价的新模式，截至 2010 年 12 月底，共完成验工计价 3049 万元人民币。（含增值税，埃塞比尔：人民币按 1：0.5026 的汇率计算）

【中国驻阿曼使馆新建工程】 中铁四局承建。合同造价：3947 万元人民币。合同工期：2010 年 8 月 1 日～2012 年 1 月 15 日。实际 2011 年 9 月 28 日正式开工，工期顺延至 2013 年 3 月 13 日完工。该项目属于中国外交部的驻外领馆建设工程。项目位于阿曼首都马斯喀特新建使馆区内，西临阿联酋使馆、东临埃及使馆，南侧为双车道市政道路，隔路与使馆中心绿地相望，北侧临海，据海岸线约 150 米。使馆用地东西约 70 米，南北约 180 米，与相邻使馆用地间距约 5 米，与市政道路间留有 20 米绿化带。该项目总占地面积 12588 平米，总建筑面积约 4004.27 平米。该项目包括签证楼、办公及接待楼、大使官邸、馆员宿舍楼、车棚、设备用房、室外道路管网七个单位构成。其中签证楼建筑面积 187 平米，办公楼及接待楼 1686 平米，大使官邸 593 平米，馆员宿舍楼 1181 平米，设备用房 288 平米，车棚 10 平米。除车棚采用柱下独立基础加钢结构外，其他单位工程均为地基采用桩基础，主体结构为钢筋混凝土框架结构。

该项目是 2010 年 12 月中铁四局海外公司与外交部签订的施工合同，但是由于桩基础设计变更，经过外交部审批同意，实际与 2011 年 9 月 28 日正式开工，工期顺延至 2013

年3月13日完工。

截至2012年12月31日，签证楼、官邸办公楼和馆员楼都已开始施工，其中签证楼的土方、基础降水、桩基础工程已经全部完工，直径10以下钢筋已完成17吨，占清单重量23.49吨的72%，直径10以上的钢筋已经完成44吨，占清单总量46.9吨的94%；官邸办公楼桩基已经完成400立方米，占清单总量577.57立方米的69%，直径10以下钢筋已完成31吨，占清单重量134.91吨的69%，直径10以上的钢筋已经完80吨，占清单总量242.71吨的33%；馆员住宿楼的土方、桩基础工程已经完成清单总量的全部，直径10以下钢筋已完成15吨，占清单重量29.3吨的51%，直径10以上的钢筋已经完30吨，占清单总量51.79吨的58%。截至12月底该项目开累完成产值9616177元人民币。

【安哥拉一期住房市政配套工程】 中铁四局承建。合同价款：5.5亿美元。签订日期：2011年12月23日～2014年6月23日。工程概况：项目位于罗安达省卡库克-丹德区，是社会住房项目的组成部分。补充合同范围：室外辅助工程、市政设施、给排水及便道。工程施工正处在准备阶段。

【斐济国王公路NAQIA和WANIBOA桥项目】 中铁五局承建。合同价款3190万元人民币。建设单位：斐济政府；设计单位：斐济政府工程部；监理单位：斐济政府工程部。2010年9月27日开工，合同竣工时间2012年1月22日。项目位于斐济共和国纳齐亚村和瓦里博阿村，距苏瓦首都约60公里。NAQIA桥位于Kings Road的CH21+070处，上部结构为5跨20米的简支I型梁，总长103.608米；每跨7片梁，共计35片梁；桩基础为打入H型钢桩42根，直径1350毫米，钻孔灌注桩8根；墩身最高高度为11.532米；WAINIBOA桥位于Kings Road的CH17+050处，上部结构为5跨20米的简支I型梁，总长103.219米，每跨7片梁，共计35片梁；桩基础为打入H型钢桩43根，直径1350毫米钻孔灌注桩8根。年累完成1571万元，开累完成1571万元，剩余价值1619万元。

【塔吉克斯坦公路改造项目(3标)】 中铁五局承建。合同总额2969.1万美元。工期：2008年9月24日～2011年5月11日。建设单位：塔吉克斯坦共和国交通信息部；设计单位：塔吉克斯坦共和国交通信息部勘察设计院（施工图设计由承包人承担）；监理单位：Cardno Acil Pty Ltd。塔吉克斯坦公路，起点杜尚别，终点塔吉克斯坦、吉尔吉斯斯坦东部边境。项目为第3标段，起点里程为K248+240，终点里程为K336+854，全长88.614公里.属于既有公路改造工程，包括道路改线、改坡、拓宽的土石方工程、挡护工程、桥梁维修、涵洞改（新）建工程、路面工程和道路交通设施工程。2011年，年累完成6464万元，开累完成22.1亿元。

【加纳恩沙瓦姆-阿坡德瓦公路工程改造项目(N-A)】 中铁五局承建。合同价款6256.8万美元。工期：2008年9月20日～2011年4月16日。建设单位：加纳政府公路局；设计单位：加纳COMPTRAN工程咨询公司；监理单位：加纳COMPTRAN工程咨询公司。加纳NA项目是加纳首都阿克拉至第二大城市库玛西公路主干道的一部分，始于援建项目终点，终点到Akuffokrom，绕开恩沙瓦姆集镇。标段里程桩为CH23+800～CH33+100，道路全长9.3公里，采用双向四车道。年累完成1.7亿元，开累完成3.4亿元，剩余产值8066万元。

【加纳阿基摩塔-欧芬卡公路工程项目(A-O)】 中铁五局承建。合同价款1.4亿美元。建设单位：加纳交通部；设计单位：加纳公路局；监理单位：加纳公路局。工期：2007年4月15日开工，合同原定竣工时间2009年11月15日，变更后竣工时间为2011年5月15日。加纳A-O项目起点为ACHIMOTA，终点OFANKOR，为双向8车道，全长5.852公里，年累完成3.3亿元，开累完成7.5亿元，剩余价值1.98亿元。

【援肯尼亚甘塞公路】 中铁五局承建。合同价款3085.5万元。2010年5月18日开工。建设单位：中国商务部；设计单位：铁道第三勘察设计院集团有限公司；监理单位：广州万安建设监理有限公司。援肯尼亚甘塞公路工程主要包括：新建公路6.363公里、既有路修复工程13.52公里；新建既有桥梁栏杆12.6米；新建涵洞2座，新建圆管涵343.5米、交通管理设施等。2011年，年累完成396万元，开累完成2886万元。

【加纳 N1 公路项目】 中铁五局承建。合同价款4216.8万美元。工期：2009年3月27日～2011年6月30日。建设单位：加纳千年发展局；监理单位：ICT-BANS联营体。标段1包括修建一条双向六车道公路（每车道3.5米）（不含辅道），从公里0+475-公里6+000，（从Tetteh Quarshie立交桥到Apenkwa立交桥，在Apenkwa立交桥以西）。2011年，年累完成13154万元，开累完成27407万元，剩余产值1267万元。

【加纳恩沙瓦姆-阿坡德瓦公路工程改造项目(A-P)】 中铁五局承建。变更后合同总价3.6亿元。工期：2006年6月1日～2013年12月31日。A-P项目位于加纳首都大ACCRA省，项目全称为Awoshie-Pokuase Road，该路为Kwame Nkrumah高速路的延伸段，终点在Pokuase与Nsawam高速路平交，项目设两个标段，项目起讫里程为CH3+000 CH15+120，为A-P项目的第2标段，合同路线主线长12.12公里。2011年，年累完成500万元；开累完成500万元，剩余产值3.6万元。

【斯里兰卡贾夫纳地区公路项目一期工程C7标】 中铁五局承建。该工程为斯里兰卡贾夫纳半岛市连接通道，全长83.46公里，为既有公路改扩建工程，属斯里兰卡AB级公路。合同总价8871万美金。建设单位：斯里兰卡民主社会主义共和国交通部公路发展局(RDA)；设计单位：中铁五局(集团)海外工程分公司（设计施工总承包）；监理单位：斯里兰卡中央工程咨询局（CECB）。2011年6月9日开工，合同竣工时间2013年12月9日。年累完成2950万元，开累完成2950万元，剩余产值57379万元。

【贝宁77公里公路项目】 中铁五局承建。合同价款174亿西法（合3671万美金，24963万人民币）。建设单位：贝宁政府公路局；监理单位：CIRA-SARL监理公司。项目位于贝宁共和国境内，是贝宁北部通往尼日尼亚的通道，工程始于N|DALI市，经NIKI市，到达CHIKANDOU，止于尼日尼亚边境。该工程是从恩达里-尼基-基岗杜-尼日利亚边境道路沥青化工程(77公里)。整体工程主要包括：整治一条长77公里的主干道、铺沥青；修建4个结构工程（三个框架桥，一个钢筋砼梁桥）及工地拆销、复原；在Biro修建并装备1座收费站/过磅处；47公里的乡村道路整治；复原主干道沿线的社会教育基础设施和健康设施的围墙；为妇女团体和协会提供200辆双轮运货车；减轻对环境的影响。2011年，年累完成2980万元，开累完成2980万元，剩余产值219833万元。

【昆曼公路湄公河大桥项目】 中铁五局参建。合同价款1.5亿元。工期：2010年6月11日～2012年12月10日。建设单位：泰王国政府交通部公路局以及老挝人民民主共和国政府公共工程及交通部道路局；设计单位：泰国监理协会、日本监理协会；监理单位：亚洲工程咨询有限公司（泰国）、西安方舟工程咨询有限公司（中国）、老挝交通工程咨询公司（老挝）。工程为昆明-曼谷通道的会晒-清孔段，位于老挝会晒与泰国清孔之间，跨越湄公河距中国边境220公里。资金来源于中国和泰国，业主为泰国与老挝。项目全长11.624公里，包括桥梁工程、涵洞工程、道路工程、房屋建筑工程等。中铁五局与泰国Krung Thon公司组成联合体，中铁五局在此工程中主要承建此工程的跨越湄公河的主桥（75+3×110+75米T形刚构）老挝境内7公里路基及排水、边境检查站等工程。2011年，年累完成3157万元，开累完成3157万元，剩余产值2.7万元。

【荣市至胡志明市铁路通信信号现代化项目】 中铁六局承建。截至2011年12月31日，该项目开累收取业主资金9740.4万元，商务部代培费收入336.89万；资金支出7074.2万元，资金余额2666.2万元。2011年全年完成产值12100万元，累计完成产值1.3亿元。

【越南河内轻轨吉灵至河东线项目】 中铁六局承建。截至2011年12月31日，项目收到预付款收入36091万元，资金支出14601.17万元，资金余额21489.83万元。2011年全年完成产值为14000万元，累计内部验工17654万元。

【金沙萨市凯旋大道市政道路工程】 中铁八局承建。道路全长3.665公里，施工内容包括路基、沥青路面、排水沟、桥涵、人行道和照明工程等。合同额2923万美元，工期18个月，自2010年1月1日～2011年6月30日，其中K1+500～K3+665段，按刚方要求于2010年6月30日前交付，满足刚方建国50周年“6.30”阅兵需求。截至2011年底路面等主体工程已经完工，现照明工程和人行道等超合同价部分待签订补充合同并落实资金后施工。

【金沙萨市630大道2标市政道路工程】 中铁八局承建。道路长2.5公里，宽15米，主要施工内容包括场地清理、给排水工程、桥涵工程、路基、路面、交通和照明工程等。工期：2011年1月1日～2012年6月30日。合同总价1934万美元，2011年底路面等主体工程已经完工，计划2012年5月份施工。

【金沙萨市卢蒙巴大道2标市政道路工程】 中铁八局承建。合同造价9344万美元。2011年6月开工，合同工期30个月。道路全长5.8公里，主要工程量：新建桥梁4座，1-10米立交桥1座；Matete（7+11+10+11+4）米空心板梁桥1座；Ndjili(3×22米)预应力T梁桥1座；Nsanga(1-13)米小桥1座，涵洞7座。2011年完成路基两侧水沟5500延米。

【西开赛省卡南加市机场路及卢蒙巴路】 中铁八局承建。合同价款2259万美元。2011年6月开工，合同工期12个月，卢蒙巴大道（3.9公里）和机场路（6.97公里），合计11.87公里。主要工程量沥青面层14.2万平方米，土石方19.6万方。截至2011年底，卡南加卢蒙巴路路基土石方工程已基本施工完，2011年12月已开始沥青路面施工；机场路现正进行路基土石方施工。

【肯尼亚基苏木机场改造工程】 中铁十局承建。合同额为4978万美元。工期：2008年9月10日～2011年9月12日竣工了。

【斯里兰卡南部公路项目】 中铁十局承建。合同价款 1.3 亿美元。合同工期： 2011 年 4 月 23 日～2013 年 4 月 23 日。项目是与中国通用技术进出口总公司合作开发，中铁十局施工的项目，于 2010 年 6 月正式签订了与斯里兰卡公路发展局（Sri Lanka Road Development Authority）签订的南部高速公路发展项目南段工程 Pinnaduwa—Godagama 的合同。工程地点位于斯里兰卡南部 Galle 省，起点 Pinnaduwa K30+000，终点 Godagama K60+050。该项目按照公路段里程划分为两个合同标段，第一包：Pinnaduwa-Kodagoda 段（15 公里）；第二包：Kodagoda-Godagama 段（15 公里）。发展项目（Pinnaduwa-Godagama）工程长约为 30.25 公里，主线路面结构层为 4 厘米沥青上面层+6 厘米沥青下面层+20 厘米级配碎石基层+30 厘米颗粒状底基层。进入加勒港公路连接线约 4.3 公里，地方道路长约 28.8 公里。截至 2011 年底已完成 766 万美元。

【援乌干达医院项目】 中铁十局承建。合同价款：4400 万元。工期：2010 年 1 月～2011 年 10 月。工程概况：本工程为商务部的援建项目，由中铁十局集团建筑工程有限公司与中国成套设备进出口（集团）总公司合作，以“中成套”的名义投标，投标报价为 4400 万元人民币。工程建设场址位于乌干达首都坎帕拉市市区西部的 Nakawa Division, Naguru 1 Parish, Block 5, Plots 7-15，距市中心约 3.5 公里。项目建设总用地面积 17993 平方米，建设规模 5772.8 平方米，建筑占地面积 3161 平方米，地面机动车停车位 35 辆，床位数为 100 床（含急诊科病床）。

【孟加拉国约德普尔-迈门辛格公路改造项目 WI-3 标段工程】 中铁大桥局集团公司与孟加拉 PBL 公司组成的联合中标，合同价款 28.39 亿达卡，约合 2.6 亿元人民币。总工期 30 个月。中铁大桥为联合体主办方，占 51%的份额。该标段全长 29.6 公里，设计为双向 4 车道，路面全宽 22.4 米。工作内容包括路基工程、路面工程、两座桥梁、人行天桥等内容，目前人员正在陆续进入现场。

【孟加拉 Tongi（栋吉）至 Bhairab Bazar（派罗布•巴扎尔）增线铁路工程】 中铁大桥局承建。合同价款 4154 万美元。途经 Narshingdi（纳尔辛迪），终于 Bhairab Bazar（派罗布•巴扎尔）。线路全长 64.255 公里，含各类大小桥梁 40 座，其中重点钢桥 4 座、涵洞 31 座由我公司负责施工。已完成项目部建设、施工场地拆迁、施工栈桥及钻孔平台搭建、各主桥地质钻探等工作。

【香港中环湾仔绕道—北角段隧道及东区走廊连接路工程】 由香港俊和-中国中铁-中铁大桥局组成的联营体成功中标，中标金额 40.2 亿港元，其中集团公司占联营体 10%的份额。合同总工期 77 个月。项目工程内容：隧道、道路工程、大楼地基工程、桥面清拆、园景平台、隔音屏障、道路排水及绿化工程。

【摩洛哥布里格里格河斜拉桥项目】 中海外-中铁大桥局组成联营体共同承建，中海外为牵头方，中标后中铁大桥局负责管理项目。工期 34 个月（含 4 个月施工准备期）。该项目的合同总额为 9500 万美元。项目的工程内容包括斜拉桥桥长 951.66 米，主桥为 3 跨斜拉桥、其中主跨 376 米、两个边跨 183 米、引桥为 5 跨预制 T 梁结构，桥面宽 26.4 米。该桥为摩洛哥王国最大的斜拉桥项目，该桥的建设对于大桥局在北非市场打响品牌具有意义。此桥也是公司第一次在北非地区承揽工程。目前项目正在进行主塔塔柱施工，引桥也进入盖梁施工阶段。

【赞比亚芒古-卡拉博（Mongu-Kalabo）公路项目芒古-塔坡（Mongu-Tapo）段桥梁部分工程】 中铁大桥局承建。合同价款 6967 万美元。2011 年 7 月 1 日开工，总工期 47 个月。项目位于赞比亚首都卢萨卡（LUSAKA）以西约 600 公里。MONGU 至 TAPO 道路全长 34.216 公里，主要穿越 BAROSTSE 泛洪平原区并跨越赞比西河，项目分为路基和桥梁两个施工合同段，公司负责桥梁施工段。其中桥梁部分工程内容为桥梁 25 座，全长 3880 米，包括一座跨越赞比西河的特大桥，12 座大桥，12 座中桥。项目首个钻孔桩于 11 月 29 日完成。

【坦桑尼亚基甘博尼跨海大桥及道路工程】 中铁大桥局与中铁建工集团组成的联合体联合中标。项目位于坦桑尼亚经济首都达累斯萨拉姆市库拉希尼海湾。项目施工内容包括库拉希尼岸 1000 米引道，680 米长主桥及引桥，基甘博尼岸 1500 米引道、收费站及辅助设施。库拉希尼岸引道下穿坦赞铁路，连接城区主干道曼德拉路。基甘博尼岸引道连接 KIBADA 路。基甘博尼桥全长 680 米，主桥为混凝土双塔单索面斜拉桥，主跨 200 米，桥跨布置为（40 米+60 米+200 米+60 米+40 米）。桥梁下部结构为钻孔桩和钢筋混凝土承台与墩身，上部结构为预应力混凝土箱梁，桥面宽 32 米，包括双向 6 车道以及 2.5 米的人行道。桥面以上桥塔高 55 米。引桥为双幅布置的连续预应力混凝土箱梁，桥面宽 14.8 米。奇加波尼岸 4 孔，库拉希尼岸 3 孔，跨度均为 40 米。

【伊朗德黑兰北部高速公路一期工程项目】 中铁隧道承建。德黑兰北部高速公路连接伊朗首都德黑兰和北部里海旅游城市查卢斯，全长约 120 公里。一期工程路线全长 31.481

公里；业主为德黑兰北部高速公路公司；资金来源为85%中国政府提供买方信贷，15%伊朗业主自筹；合同金额4亿美金，合约工期1095天。主要工程数量有挖方（含改河、改渠、改路）550万立方米，填方181.9万立方米，弃方超运13,241,056立方米·公里；特大桥319米（双线/1座），大桥1755.58米（单线/11座），中桥620.4米（单线/7座），小桥22.44米（双线/1座），立交桥44.32米（单线/1座），改路小桥17.64米（单线/1座）；钢筋砼盖板涵（单线/15座、双线/46座），石拱涵（双线/1座）；特长分体隧道9739.76米（单线/2座），长分体隧道4785米（单线/2座），中短分体隧道6980.506米（单线/20座），联拱隧道1180米（双线/4座）。2011年全年完成产值2267.8万美元，开累完成12228万美元，占总产值的30.5%。

【白俄罗斯奥希波维奇-日洛宾铁路电气化项目】 中铁电气化局承建。合同总额暂定为3.1亿元。工期：2012年4月3日～2012年12月25日。中铁电气化勘测设计研究院协助白俄罗斯铁路设计院完成设计。线路概况：该项目从奥希波维奇至日洛宾，总共107.2双正线公里、2个牵引变电所、2个箱式分区所、6个箱式开闭所。中铁电气化局计划投入100人，租赁当地接触网作业车和架线车3辆，其他工程用车在当地租赁。工程内容：中铁电气化局负责变电系统、全线接触网上部设材供货；变电所、分区所、开闭所及42公里（ПК3883+81-ПК3463+14）接触网上部安装、调试；并根据业主的需要，对白方接触网上部安装施工单位提供督导服务。当年完成工作量：发运3批物资，总价值为1386万元。

【德黑兰地铁四号线H4变电所工程】 中铁电气化局承建。2010年底完成施工调试，1月7至9日，分别向德黑兰地铁四号线送电，均一次送电成功。项目部9月初向伊方提交了工程竣工文件，目前正在敦促伊方尽快发放临时验收证书；取得五号线二期工程最终验收证书；完成5号线三、四期及补充八合同项目的消缺工作并签署临时验收协议；完成北延线消缺工作，正在申请最终验收证书。

【香港830项目】 中铁电气化局承建。合同价款1.6亿元。工期：2011年7月11日～2015年5月10日。香港830项目业主为香港地铁公司(MTR)。项目总承包商：CCQJV联合体。承建单位为中铁电气化局集团有限公司。质量缺陷保质期：2015年5月10日—2016年5月10日。工程概况：广深港高速铁路香港段全长26公里，除石岗停车场位于地面外，其余线路包括西九龙终点站全部为隧道，不设中间站，由西九龙向北直达深圳福田站。在新界段的石岗，将设置紧急救援处和列车停放处。工程主要工程数量包括支柱145根，吊柱1077处、软横跨45组、腕臂1754套、承导81条公里、开关设备等90套，附加线65公里、SCADAD电缆63公里。

【阿尔及利亚巴哈吉四万人体育场】 中铁建工承建。合同价款10.2亿元，开工日期为2008年7月20日，交付日期为2010年12月20日，合同总工期为29个月。已办理延期9个月，暂时延期至2011年9月。工程由阿尔及尔省青年体育与旅游局MOKHTARI.H建设，法国ATSP公司、法国DVVD公司、法国GLI公司、中铁工程设计院有限公司设计，法国IOSIS公司监理并审核深化设计工作。工程位于阿尔及利亚的阿尔及尔省BARAKI（巴哈吉）县，是一座40000人座的足球体育场。场地平面近似椭圆形，长轴长约230米，短轴长约209.6米。整个体育场采用下沉式设计，结构由碗状钢筋混凝土看台与钢结构罩棚构成，看台下结构在南侧部分为地上3层，在东、西、北侧部分为地上2层。南侧有3个车道由地面经地下2层入口进入场内，东、西、北侧有25个观众入口从地上1层进入四周看台区。从场内地面开始计算，看台高度则为24.00米～32.33米，钢结构罩棚的最大高度为52.18米。2011年完成产值8426万元，年底进行承台、桩基、框架柱施工。

生产组织经营

【概况】 2011 年，股份公司工业企业在宏观调控和铁路建设减缓的形势下，完成新签合同额 131 亿元，营业额 111 亿，营业收入 99 亿元，上交母公司净利润 6.31 亿元。道岔市场占有率、大型桥梁钢结构市场占有率均达到 70%。中铁装备年产自主知识产权盾构机 15 台，成为年产值超过 8 亿元产品的新企业。

【主要产品和生产厂家】 主要生产厂家有中铁山桥、宝桥、科工、装备等 4 家集团公司。生产的主要产品有：钢梁钢结构、道岔、工程机械、盾构、混凝土制品、建筑材料和电气化专用器材等。

【资源整合和结构调整】 2011 年 6 月 18 日，举行了“中铁山桥产业园奠基仪式”，项目建设全面启动，先后完成了 3.8 万平米存梁、拼装场地建设，满足了厦漳桥拼装需要，完成了 120 米×45 米棚跨厂房主体钢结构和 50 吨桥式起重机的安装调试工作，完成了箱式变电站和高低压输电设施安装建设。中山中铁港航船舶基地暨钢结构基地项目建设继续推进，一期工程软基处理进展顺利，航道疏浚工程量已完成 130 万方，占总工程量的 85.6%，码头工程正在有序推进。中铁宝桥城市轨道产品研发和制造基地并入原机械扩能改造项目开始实施，项目占地近 100 亩，完成河道筑切、厂房屋架梁制造等工程。

6 月 18 日中铁隧道装备制造有限公司与福建乾达重型机械有限公司，就总投资 20 亿元的海西高端制造业基地正式签约，以服务福建省的地铁、高速公路等基础设施建设的需要。中铁科工成立武汉瑞敏检测科技有限公司，开展大型铁路施工装备技术检测与维修业务。

【新产品研发和技术升级】 2011 年，公司开展工业系统新产品研发和技术升级工作，加大技术创新和新产品系统研发力度，逐步向主导产品的“上游”、“下游”产品延伸，完善主导产品的产业链。完成国内最大号码的 62 号客专道岔的试制，并通过铁道部组织的专家评审；完成弹片扣压整铸护轨垫板、新型防松机构、新型弹性垫层等多项课题的研究，为 GLC 道岔换代升级打下基础；完成轮胎行走式高频振动路面破碎机的研制，拓展道路改造施工新领域；完成适用于山岭地区“分体式”与“一体式”大型运架设备的研制，攻克过隧架梁特大施工难点；完成“十一五”国家科技支撑计划“高速磁浮交通技术创新及产业化研究”子课题“高速磁浮交通系统关键技术攻关与创新研究”的上海高速磁悬浮 24 米移车台研制，以及北京低速磁悬浮 S1 线全系列道岔的研制，株洲低速磁悬浮单开道岔，空中客车道岔跨座式关节型单开可挠道岔等多种机械和城市轨道交通产品的开发和研制。“盾构机成套装备关键技术”荣获河南省“十一五”优秀重大科技专项、“复合盾构样机研制”荣获河南省 2011 年度科学技术进步一等奖。

【施工设备管理制度建设】 2011 年是企业施工设备管理制度建设年。在现有设备管理制度基础上，编制《中国中铁股份公司工程项目机械设备管理标准化工作指引》,《中国中铁海外项目施工设备标准化管理指导意见》,《中国中铁股份有限公司施工设备优质供应商管理办法（暂行）》等文件。通过这些制度对企业工程项目的标准化管理、海外项目的机械设备管理，以及大型设备的集中采购活动进行了规范。制度的实施，推动全公司设备管理水平进一步提高。

【装备水平进一步提高】 截至 2011 年底，股份公司主要施工设备总台数达到 69900 台，原值接近 325 亿元，净值 181 亿元，总功率 600 万千瓦。主要施工设备台数比 2010 年末 64300 台增加 8.7%，设备原值比 2010 年末 290 亿增加近 12.3%，总功率比 2010 年末的 520 万千瓦增加至 15%。2011 年全公司新增主要施工设备 6900 台， 组成固定资产 34 亿元。增幅较前两年有所回落，但装备结构得到进一步改善。截至 2011 年底，全公司已有 600 吨以上混凝土箱梁制运架设备及无砟轨道施工设备等高铁设备 807 台(套)，原值 57.4 亿元以上；地铁和隧道施工盾构/TBM 已有 143 台，原值 77.9 亿元。装备实力继续在高铁建设和城市地铁建设领域中处于全国领先地位。

【大型设备集中采购】 2011 年颁布了《股份公司 2011～2012 年度施工设备优质供应商名录及混凝土拌和站预招标结果等情况的通报》，明确提出盾构机、900 吨箱梁提运架设备、混凝土拌和站、500 米长轨铺轨机以及湿喷机等设备必须采购股份公司直属内部工业企业产品。在此基础上，全年各公司共采购设备 28.4 亿，其中股份公司集中采购 25.7 亿，占 90%，三级公司采购 2.7 亿，占 10%。有 7700 万未纳入集中采购范围，约占 3%。

【推广新设备应用】 2011 年 3 月工业设备部在昆明组织

召开了“中国中铁隧道施工设备技术交流会”。股份公司各施工企业集团和相关企业领导；设备部门、工程部门负责人等100余人参加了会议。会议安排隧道局等九个单位围绕如何提高隧道施工机械化水平，确保隧道施工安全、质量、进度、成本等内容进行了发言和技术推广。现场观看了管棚钻机、混凝土喷射机械手工作情况和管棚钻机、隧道挖装机、隧道多功能作业车等设备。会议的另一大特色是推广、交流股份公司工业体系研发生产的隧道施工新成果和新产品。

【中铁山桥生产经营主要指标】 2011年，中铁山桥实现工业总产值（现价）39.6亿元，营业收入38.1亿元，利润总额3.49亿元，工业增加值11.6亿元，新签合同额50.9亿元。

2011年完成钢梁钢结构18万吨，折合标准吨23万吨，完成整组道岔4009组，折合标准组10707组，完成尖轨配件14656根，完成锰钢辙叉13690个，完成机加工辙叉13666个，完成机械产品25台，完成高强度螺栓205万套，完成铸铁件2076吨，完成道岔锻件1223吨。

【中铁山桥承揽主要任务】 2011年，中铁山桥在钢梁钢结构产品市场上，先后承揽郑焦黄河大桥、铜陵长江大桥、重庆青草背大桥、九江长江大桥、鄂尔多斯乌兰木伦河大桥、哈尔滨阳明滩大桥、中朝鸭绿江大桥等23个项目，完成钢梁钢结构订货19万吨，订货额23.5亿元。郑焦黄河大桥、铜陵长江大桥、重庆青草背大桥三座大桥的中标使中铁山桥集团有限公司又取得了两跨长江、一跨黄河的业绩；中朝鸭绿江大桥为长江以北最大双塔斜拉桥，是一项具有国际影响的工程。年内，中铁山桥集团有限公司把港珠澳大桥确定为经销工作的重点项目进行跟踪，投入精兵强将，举全公司之力，积极落实业主提出的要求，得到业主的充分肯定。在道岔产品市场上，由于铁道部基建项目放缓，中铁山桥集团有限公司把销售重点转向大维修和地铁市场。全年中标部管项目19个1303组道岔，沈阳铁路局、呼和铁路局、上海铁路局等铁路局大维修项目道岔698组，广州、上海、北京等地铁项目道岔930组，零售辙叉和钢轨配件的销售也比上年大幅增长，全年道岔系列产品订货23.08亿元。在机械产品市场上，中标中山基地2000吨门式起重机项目，承揽了尼日利亚铁路油罐车、孟加拉铁路转向架以及福州机务段铁路起重机中修等项目。在海外市场上，承揽了美国阿拉斯加铁路桥、孟加拉贝雷桥、摩洛哥钢结构及美国、印尼道岔等项目。阿拉斯加铁路桥是中铁山桥首次进入美国市场的大型桥梁项目，为今后拓展海外市场积累了经验。全年实现海外市场新签合同额3.26亿元人民币。

【中铁山桥产业基地建设】 2011年，山桥产业园完成了4万平方米成品存放及发运场地的建设，1号、2号油漆厂房、1号、4号打砂厂房已具备使用条件，钢结构联合厂房主体工程已经完成，厦漳跨海大桥、鄂尔多斯乌兰木伦河大桥、德大线黄河特大桥等项目已在山桥产业园进行拼装生产。如皋基地完成新增180米长江岸线防洪堤建设，完成6万平方米重钢结构厂房主体工程和龙门起重机等设备的安装，嘉绍长江大桥、九江长江大桥已在如皋基地进行总拼。与武汉、呼和浩特铁路局分别合资建立的道岔厂已完成工商注册。钢结构建筑安装公司已取得建筑行业施工总承包二级资质，全年完成哈尔滨阳明滩大桥、哈尔滨宣化街高架桥等多座桥梁的架设安装，为中铁山桥集团有限公司调整产品结构，延伸产业链做出积极贡献。综合办公大楼和单身公寓投入使用，厂区绿化、厂内道路改造全面完成，提升了企业的整体形象。

【中铁山桥工业产品生产情况】 2011年，钢结构生产项目多、工期紧、品种复杂，任务十分繁重。以整体节点杆件、格子梁体系超长、超大杆件、异型截面杆件为主，且供梁时间集中。生产系统克服了作业场地分散，倒运量大，生产和组焊、加工能力不足、涂装和存梁场地受限等种种困难，顺利收竣了安庆长江大桥、湖南矮寨大桥、嘉绍长江大桥、厦漳跨海大桥、哈尔滨市政18座钢箱梁桥、塞尔维亚萨瓦桥等国内外钢结构项目31个。钢一车间、钢二车间分别创造出月产7025吨和8141吨的历史最高记录，中铁山桥集团有限公司实现了年产18万吨的历史最好水平。在道岔生产上，全年完成了蒙冀铁路、石武铁路、京石铁路、津秦铁路、京沪线、哈大线、厦深线、长吉城际铁路等国家重点建设工程，满足了用户急需。在机械产品生产上，完成了3台满洲里铁路国际货场集装箱专用龙门吊，35个孟加拉铁路机车转向架，为山桥产业园、如皋基地制造各类型起重机19台，保证了两大基地建设的顺利进行。

【中铁宝桥生产经营主要指标】 2011年，中铁宝桥完成新签合同额51.3亿元，完成企业营业额40.1亿元，实现营业收入38.1亿元，完成利润总额3亿元。完成钢梁钢结构148533吨，整组道岔3234组，AT尖轨5104根，辙叉14087个，制造完成起重机械4台，完成轻轨道岔和磁浮道岔19组，完成PC梁支座390套，完成锻栓铸件1298吨。

【中铁宝桥承揽主要任务】 2011年，中铁宝桥发挥整体优势，中标重庆东水门长江大桥、将军渡黄河大桥、宁波大榭第二大桥等12个项目，总重约15万吨，合同金额16亿元。天元公司签订西宁桥、运城桥、临潼桥等8个项目约6亿元合同。宝工公司承揽清水川1000兆瓦锅炉构架、海纳钢结构等工程，完成新签合同额2.5亿元。桥源公司先后承揽洋县405厂房、陕西工贸学院综合楼等轻钢项目，完成新签合同额1

亿元。机械产品承揽比去年增长了168%。中标的重庆单轨交通关节型道岔，扩大了公司在这一领域的优势。西安曲江项目和张家界项目总承包方式的突破，延伸了公司的上下游产业。外经工作在机械产品出口方面实现了零的突破，签订了4组伊朗关节道岔合同。此外，全年出口整组道岔252组，同比增长33%，自营率58%。出口高锰钢辙叉3044个，同比增长93%，自营率62%。拿到缅甸3600吨厂房钢结构合同。

【中铁宝桥工业产品生产情况】 2011年，中铁宝桥发挥钢结构车间、天元、宝工、桥源公司和机一、机二、辙叉车间的资源优势，在郑焦黄河大桥、西安曲江轻轨项目的生产组织中，战胜预付款不到位、材料供应不及时、存放场地不充足等困难，实现控制目标。柳州维义桥、东胜景观桥、缅甸央东桥合龙通车。

2011 年，扬州公司三期建设如期完成。5000 吨级港池码头投入使用，购置安装了钻床、铣边机、门式起重机、板材矫正机等大型设备，拓展 11000 平方米存梁场地。扬州公司充分发挥三期扩能完成以后的设备、场地优势，13 个生产项目交叉进行，完成钢梁钢结构 94100 吨、800 吨门吊 1 台、磁悬浮道岔 1 组，马鞍山大桥钢塔实现桥位吊装，泰州长江公路大桥胜利合龙，南京四桥钢箱梁发运桥位并开始吊装。完成产值 88351 万元。

2011年7月15日，南京公司正式投产。250公里/小时和350公里/小时-18号道岔通过了铁道部组织的评审验收。生产整组道岔61组（其中客专16组），AT尖轨1790根。完成产值11725万元。

【中铁科工生产经营主要指标】 2011 年，中铁科工完成新签合同额 20.3 亿元，完成企业营业额 17.7 亿元，实现营业收入 14.6 亿元，完成利润总额 2463 万元，工业增加值 2.1 亿元。

【中铁科工市场营销情况】 2011 年，中铁科工市场营销工作在“抓市场、拓领域、变思路、促增长”工作思路的指导下，全面完成年度新签合同额任务指标。面对铁路建设市场急剧萎缩形势，各子分公司开始由路内向路外市场积极拓展：在广泛承接市政钢梁制造与安装业务方面取得较好成绩；拓展厂房建筑钢结构制造与安装业务，在安全、资金风险能得到完全控制、毛利率不低于 9%的前提下承揽任务，实行事业部管理模式，开创了新的业务领域；作为总承包方，首次直接从业主方承接江西五桂特大悬索桥全桥施工任务，实现了工程施工业务板块的新跨越。

2011 年，集团公司提出建立大城市经营根据地的经营思路，集团部分公司分别在宁波、广州、深圳、昆明、贵阳等大城市建立了营销分公司，直接承揽与协助承揽经营任务在 4 亿元以上，对弥补铁路市场急剧萎缩起到了关键作用，并为集团今后继续拓宽区域经营、规划建立大城市经营根据地积累了经验。

2011 年，分别获通用门式起重机 80 吨及以下、桥式起重机 260 吨及以下、桅杆起重机 75 吨及以下等多种规格的设备制造许可资质；申请获批了门式起重机、桅杆式起重机安装、改造、维修许可 A 级资质。

【中铁科工工业生产情况】 2011 年，中铁科工生产施工工作在“抓安全、重质量、保工期、增效益，全力打好生产施工安全攻坚战”工作思路的指导下，全面完成年度安全生产目标任务。

钢梁钢结构制造与安装。已完工和在建的特大桥钢梁制造与安装项目有：缅甸帕克库桥钢梁（已完工）、武汉二环线钢梁（已完工）、郁江特大桥钢桁梁（已完工）、穗莞深铁路特大桥钢桁梁（已完工）、厦深铁路榕江特大桥钢桁拱梁（已合拢）、柳州广雅特大公路桥钢箱拱梁、北江桥钢梁制造与安装、合福铁路铜陵长江大桥钢梁工程、武黄城际铁路黄冈长江大桥钢梁工程、宁安铁路安庆长江大桥钢梁工程、重庆粉房湾长江大桥等多座特大桥钢梁的制造与安装；完成武汉、合肥、昆明、贵阳、西安等多座城市高架桥钢箱梁的制造与架设任务，其中武汉市东沙连通工程三桥两景观项目、合肥南北高架桥钢箱制造与架设完成得很好，并取得较好经济效益；长春、哈尔滨、大连等地动车组平台制造与安装项目取得优异成绩；仅用两个月的时间，完成贵阳筑城四座桥梁工程钢梁的制造与架设任务。集团组织动员，三家参战单位的全体人员日夜加班，提前完成了任务，充分展示了科工集团的组织能力和协调能力。由于成绩突出，建设方允许中铁科工在钢梁上留下永久的标志品牌，并承诺下步将开建的几座桥梁，其钢梁优先给中铁科工来完成，打开了市场，创造了较好的社会效益和经济效益。工程机械制造。集团公司全年共完成设备制造 357 台套；完成了 900 吨“运架分离”与“运架一体”过隧架桥机、700 吨架桥机、低位运梁台车、500 米长钢轨铺设机组、320 吨桥面架梁起重机、隧道口门吊等多台大型架梁起重设备的制造；完成了 165 型架桥机、铺轨机、电机车及后配套、各类桩工机械等常规产品的制造。

桥梁工程施工。完成南广铁路郁江特大斜拉桥全桥的施工任务。该桥从水中主塔施工、钢梁制造及架设、上部斜拉索安装及线型调控，展现了中铁科工桥梁施工能力，为集团公司今后承接大型桥梁施工积累了丰富的经验；完成了湖北潜江东荆河大桥、郧西佘家湾大桥、崇阳县陆水河大桥工程施工；对集团首次独立承接的江西五桂特大悬索桥施工进行了施工方案评审，对施工管理进行了监管，目前工程进展顺利。

安全与质量管理。2011 年，集团公司未发生一般及以上的生产安全事故，完成了责任书既定目标。重点工程项目安全质量取得较好成绩。2011 年，集团公司对在建的 26 个重点项目的生产施工进行了监控、检查与管理，重点放在安全措施与重大技术方案的评审与管控方面，并取得了较好效果；QC 小组活动取得优异成绩。2011 年，中铁科工厦深铁路榕江特大桥钢梁架设班组获“全国质量信得过班组”称号，南广铁路郁江双线特大桥项目部 QC 小组获“全国工程建设优秀质量管理小组”二等奖；集团公司申报的武汉大兴洲大桥钢梁、东莞东江大桥钢梁项目工程，均获 2010 年度国家优秀焊接工程一等奖；全面推进了“三标”合一贯标认证工作，集团公司的质量、环境、职业健康安全管理体系得到了有效的统一与整合。

联合制造。与徐工集团签订了联合制造协议。充分利用中国中铁内部需求市场，就混凝土搅拌站产品进行联合制造。2011 年，集团公司与徐工集团合作生产制造 1800 型混凝土搅拌站共计 10 台套，拓展了新的产业领域；与武汉理工大学联合，制造了大桥桥墩水中浮式防撞装置新产品，拓展了新的市场领域；广泛与中铁资源集团、中铁隧道集团、中铁港航局、中铁二院、铁科院等单位进行了交流与合作，为今后进入矿山机械、港口机械、海洋工程机械、工程施工与国际贸易等领域打下基础。

产业链向上下游延伸。成立了武汉瑞敏检测科技有限公司，开展了大型铁路施工装备技术检测与维修业务；重工公司通过多年的努力，得到了铁道部的认可，成为铁路架桥（铺轨）机组车辆解体、检修、落成、验收基地，延伸了产业链条，增加了新的经济增长点。

【中铁科工企业管理情况】 2011 年，中铁科工完善集团所属二三级单位领导班子和负责人的绩效考核办法；制定《中铁科工集团有限公司劳务派遣人员管理暂行办法》，完善技能人才聘用机制；对集团各子分公司进行经济督导，全面分析各单位在生产经营方面存在的问题，并制定相应措施，对企业今后的发展将起到促进作用；全年共制定各类管理性文件和管理办法 16 项；完成内控体系建设，为企业进行风险管控打下了基础；较好实行了三个集中管理。2011 年，集团公司各单位均开展物资、设备集中采购，资金集中管理，降低了生产成本，在工程项目建设资金严重不足的情况下，保证企业生产经营正常运行，保证集团全体员工工资正常增长与发放。

2011 年，集团公司在人才队伍建设方面做出了一定成绩。新招聘大学生 88 人，技校生 41 人；通过考试考评，共聘用社会实用人才 39 人；开展各类培训班共 59 期，参培人员达 2192 人次；新增教授级高工 4 人，高级职称 9 人，中级职称 29 人；开展了 15 个工种的鉴定与评价，参鉴人员达 138 人，其中新增高级技师 4 人，技师 2 人，高级工 50 人，中级工 17 人；集团公司制定了《中铁科工集团有限公司首席技工管理暂行办法》，并组织了竞赛，通过选拔和评审，分别评选出具备一级首席技工资格 2 名，二级首席技工资格 2 名。

2011 年，中铁科工在发展企业的基础上，关心员工，较好履行了集体合同、“三不让”承诺及社会责任，开展了企业文化建设与系列文体活动。2011 年，集团各单位均完善了员工工资晋级机制，集团公司制定了《中铁科工集团有限公司本部员工住房公积金管理暂行办法》，完善员工的住房公积金体系。

【中铁科工生产厂家及主要产品】 中铁科工有 6 家子分公司，其中相关工业企业有 5 家，主要工业产品涉及铁路、公路、隧道、建筑、港口、站场、市政工程的工程机械、钢结构的研究与设计、制造、安装、检测；起重及运输设备、铁路专用设备及器材、工业自动化、预应力设备的研究设计、制造、安装、检测及信息服务；铁路、公路、隧道、建筑、港口、站场、市政工程、地基与基础工程施工、船舶、集装箱及机电产品制造、修理；仓储服务；设备租赁等。

1. 中铁科工机械院分公司。2011 年，中铁科工机械院分公司致力于加快形成国内领先、具有国际竞争力、自主创新能力强的产、科、研一体化的工业设计院，打造“中国中铁制造”品牌，进一步做优做强做大工业企业，与科工集团内部板块联合，全面提高工业研发设计可持续发展能力的要求，在集团公司发展战略的指导思想下积极配合集团公司实现建设成为集科研设计、工业制造与安装、检测与实验研究、工程施工四位一体的产科研一体化的新型工业集团战略。截至 2011 年底，机械院实现新签合同额 2.41 亿元，完成营业额 3.7 亿元。中铁工程机械研究设计院共完成专用与常规设备制造 60 余台套，完成施工装备检测项目 14 余项。在机械产品制造方面：2011 年，中铁机械院完成专用与常规设备制造 60 余台套，完成企业营业额约 3.7 亿元。主要产品有：高铁混凝土箱梁搬、提、运、架施工专用装备；普通铁路施工铺架设备；旧水泥公路白改黑共振破碎机械；地铁施工盾构后配套设备。其中高铁施工大型运架设备的研制和旧水泥公路白改黑共振破碎机械处于行业领先地位，展示了中铁工程机械研究设计院的技术实力。在科技检测业务方面：2011 年，中铁工程机械研究设计院通过加大投入，增添设备，在原有施工机械检测所的基础上成立了武汉瑞敏检测科技有限公司，开展了大型运架设备及结构工程的检测业务，形成了新的经济增长点。在大型架桥机成套装备检测方面制定了相应的标准，开展了施工机械的检测及监控技术的研究，延伸了产业链。2011 年共检测 900 吨搬提运架设备 9 台套，T 梁架桥机 5 台套，创造了较好的社会效益和经济效益。

2. 中铁科工成套分公司。公司业务主要涉及铁路、公路、桥梁、隧道、地铁、建筑、港口使用的大型工程机械和通用机械的研发、制造、施工、组装和配套，如各型架桥机、铺轨机、提梁机、运梁台车及各型桩工机械等。拥有四大主体车间及大型立车、落地镗床、数控火焰切割机、铣边机、各型大吨位桁车、龙门吊等工程机械和钢结构制造加工设备，并拥有先进的计算机辅助设计及精密的检测试验中心。2011年成套分公司共签合同额 1.75 亿元，完成工业总产值 1.5 亿元。其中装备制造厂完成：蔡家湾、沉湖、彭市三座大桥防撞钢套箱制作与安装项目、完成合肥南北高架桥、贵阳筑成广场景观桥、合肥铜陵路水中桥钢梁的制安、完成 MHDP10 地铁门吊 15 台、MH10t-20m-8m 门式起重机 2 台、MG45/10T-24.5m-A6 地铁口门吊一台 900 吨运架设备一台套、CCPG500 铺轨机及 700 吨运架设备在 7 月份和 9 月份全部出厂，并已在现场安装调试好；桩工机械厂共销售 232 台桩机。

3.中铁科工九桥公司。2011 年，中铁科工九桥公司围绕集团公司的工作部署，依靠“五位一体”桥梁产业链发展战略，抓市场、重生产、强管理、创效益，企业的各项工作呈现出可持续发展的良好势头，为实现公司“十二五”规划奠定基础。公司完成新签合同额 11 亿元，完成年初科工集团下达的新签合同额指标；计划营业额 8.8 亿，完成企业营业额 8.82 亿元，完成科工集团下达指标的 100%。

全年完成钢结构制造 7 万吨。主要完成项目有缅甸帕克库桥、武汉二环线、穗莞深城际东江南特大桥、厦深铁路榕江桥、南广铁路郁江桥。主要在建项目有重庆粉房湾长江大桥钢梁工程、宁安铁路安庆长江大桥钢梁工程、武黄城际铁路黄冈长江大桥钢梁工程、贵广铁路北江桥钢梁工程、广雅大桥钢梁工程等。土建市场取得重大突破，全年土建项目新签合同额 2.9 亿元，占新签合同总额的 26.3%。成功中标上饶五桂大桥工程，工程造价 2.29 亿元。公司土建施工与钢梁制、运、架“交钥匙工程”优势在日益激烈的市场竞争中得到凸显。

2011 年，企业从业人员数 938 人，离休人员 9 人，退休人员 605 人。其中各类管理和工程技术人员 477 人，教授级高级工程师 3 人，高级专业技术人员 25 人，中级专业技术人员 99 人，享受特殊津贴的科技人员 1 人，省部级专家 1 人，各主要工种技师 56 人，高级技师 12 人。截至 2011 年底机械设备总台数 1165 台/套，原值 7927.67 万元，利用率 70%，完好率 91%，全年报废设备 175 台，报废设备总原值 519.47 万元。

公司获“中国工程建设优秀施工企业”称号、“全国工程建设科技创新示范单位”称号、“2010 江西企业 100 强”称号、“2010 年度江西省优秀企业”称号、中国中铁“基层示范党委”称号等荣誉。

4.中铁科工重工公司。中铁科工重工公司始建于 1958 年，2008 年重组并入中铁科工，是国内生产铺架机械的重点厂家，是生产架桥机、铺轨机历史最久、规模最大、实力最强的制造企业，目前在国内市场占有大部分的份额，先后有 60 余台架桥机、铺轨机在国家重点铁路建设中做出了重大贡献；设计制造了我国第一台高原型架桥机、铺轨机，填补了我国高原铺架机械的空白；研制了适应铁路提速架桥的拥有完全自主知识产权的我国第一台 TJ165 型架桥机；同时在起重运输机械研究制造方面具有雄厚的技术实力和专业优势，是铁路集装箱中心站大型专用门吊的第一个生产企业；近年来，为适应市场需求，设计制造了钢管拱桥的钢性拱肋和钢性系梁、大型钢箱梁等。2011 年，新签合同额 46046 万元，比上年同期增长 20.62%，企业营业额 34264 万元，比上年同期增长 24.25%，销售收入 30000 万元，比上年同期增长 15.30%。钢箱梁项目有中北路高架桥、东一路桥、沙湖大桥、沙湖南环路桥、机场二通道 7 标高架桥、武黄城际铁路钢横梁、郧西县余家湾大桥、昆明钢结构基地项目、西安钢结构图基地项目等一万多吨钢梁；承接了哈尔滨、长春、大连、等地动车段作业平台及青岛、广州动车组平台安装生产任务，生产 TJ165 架桥机 7 台，新制 PG32 铺轨机 1 台，制作湖北陨西佘家湾大桥，铁路专用液压式转盘车 1 台。2011 年公司承揽位于中北路武汉市一号重点工程—东沙连通工程中的中北路高架桥、中北路跨楚河桥、沙湖大道跨楚河桥及东一路跨楚河景观桥、沙湖大道跨楚河景观桥等三桥二景观项目的制造安装工程。

5.中铁科工轨道交通装备公司。中铁科工轨道交通装备公司是 2010 年中铁科工和中铁隧道装备公司联合发起创立的子公司。主要从事盾构等大型轨道交通装备制造与组装，厚重大结构件的生产制造和大型精密件的机加工等。截至 2011 年底轨道公司累计完成新签合同额 4355 万元，完成了全年计划合同额的 87%；累计产值共 4011 万元，完成了全年计划营业额的 100%。完成了 5 套盾体的生产、15 台 30 吨电机车及 4 台 45 吨电机车、后备套系列产品 40 件；并完成蝶板及游管共计 25 台、液压机身 5 件、扁担及门吊各 2 件。

【中铁装备生产经营情况】 2011 年，中铁装备在铁路基建规模萎缩、施工企业资金紧张、盾构市场竞争激烈的环境下，转变经营思路，创新经营方式，谋划经营布局，加快盾构产品由“内部支持型”向“市场竞争型”的转变。实施片区经营，盘活市场资源，拓展中国中铁内部市场，先后与中铁九局、七局、四局、电化局深化合作关系，巩固内部市场；谋划战略经营，先后主动与中水、中交、中建、神华等系统外单位进行技术交流和信息沟通，努力建立多种形式的协作关系，开发新兴市场；致力高端经营，与合肥、福州、重庆、深圳、昆明、南京等地方政府成功对接，加强政治互信，挖掘潜在市场；推进海外经营，借助中国中铁世界双500强的品牌实力，广揽海外信息，与马来西亚客户达成两盾构采购意向。全年签订盾构销售合同18台，总价款7.3亿元。

2011年，中铁装备公司坚持以盾构研发制造为核心，以增强服务性为宗旨的盾构产业化发展战略，先后承担甘肃引洮供水、南京地铁、长沙南湖路和南昌地铁等项目国外品牌盾构的技术改造任务，不仅巩固和平衡了产业链条，而且应对市场形势变化，满足不同客户的需求，取得良好的经济效益和社会效益。原应用于引洮供水主干渠7号引水洞的“洋盾构”由于不适应工程的复杂地质而趴窝死机，经公司改造后创出了月进1868米的世界纪录。

2011年，公司在做好盾构研发制造及技术服务、维修改造主业务的同时，坚持“一主多元”经营战略，初步实现了“主打产品系列化、产品门类多样化、隧道装备产业纵向一体化”的产品开发目标。先后为平煤神马建工集团生产制造了后配套编组列车、为浙江东构机械制造公司提供了台车、管片螺栓等隧道专业设备产品，隧道施工后配套设备远销新加坡、马来西亚、香港等地；承揽了山西灵山两个标段的机电安装项目，迈出了机电安装经营的第一步；新开发的重旋挖钻机和长螺旋钻机产品也已打入市场，前景看好。

【中铁电气化局电气化器材生产情况】 2011年，中铁电气化局电气化器材生产情况见表6-1。

表6-1 中铁电气化局2011年电气化器材生产情况

	单位	工厂处合计		
		计划	完成	%
一、产值				
1.现行价格	万元	140000	150866	108%
2.销售产值	万元	140000	150866	108%
二、主要产品产量				
1.接触网配件	万套		722	
2.砼支柱	根		24092	
3.砼等径支柱	根		15089	
4.电力电杆	根		6873	
5.钢柱、硬横梁	根		40702	
6.变压器	台		1827	
7.开关板	面		1984	
三、质量				
1.机电产品一次合格率	%	90	100	111%
2.砼支柱合格率	%	98	100	102%
3.配件（钢件）	%	98	99	101%
（铸件）	%	60	99	165%
（精铸件）	%	73	96	132%
四、劳动生产率				
1.全员劳动生产率	元/人	989399	968331	98%
五、安全				
1.千人负伤率	‰	6	0	
六、利润				
1.利润总额	万元		1609	
七、设备				
1.机械利用率	%	90	100	111%
2.主要设备完好率	%	90	99	110%

【中铁二局工业生产情况】 中铁二局有工业企业2家，为五公司南宁机械厂、四川中铁勤宏钢结构有限责任公司。

1、南宁机械厂位于广西南宁市友谊路19公里处，占地面积15000平方米，有设备固定资产200万元，钢结构年生产能力4000吨，是中国模板协会会员。主要以加工平面钢模、圆柱钢模、T梁、挂篮、液压衬砌台车、液压自爬模等产品。资产总额为2191.7万元，全年完成总产值3180万元，营业收入3151.3万元，净利润50.15万元。

2、四川中铁勤宏钢结构有限责任公司位于成都市龙泉驿区大面镇青台山路381号，占地120余亩。主要从事设计、制造大型公路、铁路桥墩及桥梁模板、挂篮、钢结构厂房架设等工程，生产产品主要为箱梁模板、墩模模板、高铁全液压台车、隧道仰拱快速施工设备和水沟电缆槽。现有高级专家、各类专业技术人员及管理人员72余人，高级技工和经过培训的技术工人86多人；拥有大中型冲压、机械加工、检测通（专）用设备160余台（套）。公司先后为石太高速铁路、达成新建双线客运专线、广珠线、哈达高铁、京沪线高铁生产制作箱梁模板，为兰新铁路生产T梁模板。为钦北铁路中铁十五局郑开项目制作单箱双室内模及外模；为绵遂高速公路、成灌铁路、兰渝铁路、成渝铁路制作了制作了圆端型实体墩和空心墩模板；为贵广、湘桂、中铁五局（湘桂铁路）、兰渝铁路、成渝铁路生产了十二米和九米全液压衬砌台车。2011年，公司完成钢结构加工收入4400万元，利润162.25万元，上交现金150万元，上交“五金” 93万元。现生产销售情况良好。

【中铁四局工业生产情况】 中铁四局主要工业企业主要有：“中铁四局集团工程材料科技有限公司”、“中铁四局钢结构有限公司”、“百瑞得交通工程科技公司”。

截至2011年底，中铁四局集团工程材料技术有限公司完成新签合同额2.1亿元，生产销售额1.9亿元，分别占局调整后年度目标任务的210%和146%；连续五年实现了“安全年”；全年“双清”工作中累计收回销售货款2.38亿元，成为全局清欠工作取得最好成绩的单位之一。公司首次实现了企业零贷款的目标，成为全局17家子公司零贷款的单位之一。

2011年，中铁四局集团工程材料科技有限公司共取得国家授权专利7项。其中：发明专利2项，分别是：一种聚羧酸系高效减水剂的制备方法、乳化沥青砂浆的制备方法（年费）；实用新型专利5项，分别是：常温制备聚羧酸超塑化剂的新型反应装置、CRTSⅡ型板式无砟轨道底座板用多功能润湿装置、储液罐的固定架、储液罐的固定架的加固装置、一种沥青储罐。公司自行研制的《高速铁路乳化沥青用乳化剂及水泥乳化沥青砂浆用聚合物乳液的开发和研制》项目获2010年度中国施工企业管理协会科学技术奖技术创新成果一等奖、中国铁路工程总公司科技进步一等奖和安徽省科技进步三等奖，同时被局评为“十一五”十大优秀科技成果。公司成功地申报成为国家高新技术企业。

中铁四局集团钢结构有限公司，2011年，大连站客运设施改造工程、合肥滨湖会展中心工作、沪杭客运专线嘉兴南站、上海动车段四线库检查库工程，荣获得“全国优秀焊接工程”称号；合肥火车站、京沪高铁南京南站无站柱雨棚工程，获得“中国建筑工程钢结构金奖”。

2011年，累计完成新签合同额11.06亿元，是局下达公司年度计划17亿元的65.06%，其中铁路项目新签合同额5.76亿元，占局下达铁路调整计划13亿元的44.3%，非铁路项目5.3亿元，占局下达铁路调整计划4亿元的132.5%，超额完成了年度计划。

公司拥有集加工制造、试验室、设计研发中心于一体的现代化生产基地106000平方米，拥有5条轻钢、重钢、箱形梁生产线和三维数控钻床、数控相贯线切割机、铣边机、弯管机、抛丸机、网架杆件自动焊接机以及各种版型的彩钢板成型机、多规格檩条成型机等先进生产设备400余台（套），年生产能力10万吨。

公司为国家级高新企业，先后多项科研成果获得省部级奖项，并申报多项国家级工法和国家专利，其中，《烟大铁路轮渡系统集成技术》获铁道部科技进步特等奖，《无站台柱雨棚钢管桁架结构施工工法》被评为国家级工法，《120毫米厚板焊接技术》获国家发明专利、《大型钢梁移位装置》获国家实用新型专利。

中铁四局百瑞得交通工程科技有限公司，2011年，公司承揽任务1.64亿元，占局下达年度计划12000万元的140%，完成营业额1.68亿元，占局下达年度计划8000万元的210%，实现利润193万元，占局下达年度计划92万元的210％。2011年，公司组建了大西客运专线、江北产业集中区、南京南站三个项目经理部，反光材料分公司和声屏障分公司两个分公司，下属单位由2010年的6个，扩大为9个。

2011年，公司RPC盖板等产品合格率达100%，并因供货及时和质量过硬而受到施工单位和监理单位的好评；已生产安装完工在石武客专河南段50公里沿线的金属声屏障，顺利通过检验，百瑞得公司生产的声屏障质量已达到国内领先水平。

【中铁六局工业生产经营情况】 2011年，中铁六局全年工业总产值6011万元，产品销售产值完成6542万元。涉及工业生产的主要有四个子分公司的下属机构，分别为中铁丰桥桥梁有限公司北京分公司，太原铁建公司的桥梁构件公司、日化厂，北京中铁信达经贸有限公司北京灯塔电气有限责任公司，电务工程有限公司太原分公司电务器材部。

中铁丰桥桥梁有限公司北京分公司2011年完成工业总产值3010万元，工业销售产值3541万元，新签合同额4117万元，主要产品为铁路建设的桥梁模型、轨枕模型和桥梁配件等。

太原铁建公司2011年度完成工业总产值682万元，工业销售产值完成682万元，主要产品为桥隧构件公司生产的桥梁支座166孔；日化厂生产洗手液1.34万瓶，洗衣液2.99万瓶，护肤霜1.2万瓶；

北京中铁信达经贸有限公司北京灯塔电气有限责任公司2011年完成工业产值2200万元，工业销售产值2200万元，共生产灯塔157座，灯桥1575.4延米。北京灯塔电气有限责任公司前身系北京铁路灯塔厂，成立于1988年，1995年9月经改制成为有限责任公司，2011年由中铁六局集团收购为全资子公司，主要产品有升降式投光灯塔、升降式高杆灯塔、铁路站场照明灯桥、电气化铁路接触网钢柱、站台折臂灯杆和马路弯灯，具备年生产站场照明灯桥18000延米、升降式灯塔1500座、接触网钢柱1000余吨的能力。

电务工程有限公司太原分公司2011年完成工业产值119万元，工业销售产值119万元，主要产品是大站组合柜及其配套信号产品，用于信号专业施工，完成新型组合柜63个，阻容插接件186台，槽道420米，挂黄63000套。

中铁六局集团有限公司工业生产多为铁路建设服务，2011年受铁路建设放缓的影响，几家工业生产机构的经营活动受到了冲击，生产任务不足，产值和利润都比往年有所下降。

【中铁八局工业制造及相关业务情况】 2011年，中铁八局纳入集团工业统计的8个实体分别为：一公司修造厂、三公司商品混凝土分公司、昆建公司钢构分公司机床加工业务、桥梁公司混凝土制品分公司、兴桥公司和昆明轨枕公司、电务公司的达利公司和器材厂。全年完成营业收入4.13亿元，实现利润总额1364.9万元。

从2011年5月起，开展了对经营不理想的重点单位汽车公司中铁汽服和四公司青城山庄进行扭亏增盈的专项治理帮扶工作。

中铁汽服公司：在投入后，由于主营业务单一，单店出现亏损。多元产业部与汽车公司多次共同派员到北京进行专项分析，要求其尽快提高单店的盈利能力，并拟定“对中铁汽服的指导意见”，根据业务的开展进程，全面的进行帮扶和指导。具体整改措施：1、股东德麦卡公司退出10%的股份；2、保留2家门店，其他门店对外转让。截至2011年底，账面亏损196.45万元，及时减亏，防止亏损面进一步扩大。

青城山庄：自装修后开业以来，经营一直亏损，目前累计亏损金额已达2000多万元。2011年二季度账面亏损额达到165万元。5月，派出工作组到现场调研帮扶。6月与四公司领导、部门一起，在青城山庄召开专项治理工作会，对青城山庄亏损原因进行分析，查找问题，提出治理意见和建议，要求其尽快整改并实现扭亏增盈目标。7月～10月，青城山庄扭亏增盈工作取得成效，实现利润107万元，截至2011年底，青城山庄亏损减低至58万元。

【中铁建工生产厂家及经营情况】 中铁建工集团北京机械制造有限公司原名中铁建厂工程局涿州机电设备安装公司，2002年8月7日，公司依据中铁建工集团改制的统一部署，注销原中铁建厂工程局涿州机电设备安装公司，成立了中铁建工集团北京机械制造有限公司，为中铁建工集团下设全资子公司，注册资本金2000万元。2011年公司有职工147人，其中高级职称5人，中级职称11人，初级职称13人，高级技师5人，技师1人。公司主要承接工业冲压产品开发、设计及制造，钢结构制作与安装，铁路非标设备、机电设备设计、制作与安装工程。2011年公司累计营业收入4578万元，营业成本3410万元，营业税金及附加18万元、管理费用811万元、售销费95万元、财务费60万元、资产减值损失60万元、营业利润125万元、营业外收入104万元、营业外支出0万元、利润总额228万元。

中铁建工集团钢结构有限公司是中铁建工集团有限公司的全资子公司。公司是在组建于20世纪70年代的原铁道部建厂工程局三处机械厂（后更名为中铁建工集团上海分公司钢结构公司）的基础上，由中铁建工集团强力整合内部资源组建成立中铁建工集团南京钢结构分公司，2009年注资2000万元注册全资子公司，2010年在原有注册资本金的基础上追加8500万元（总资本金为1亿500万），更名为中铁建工集团钢结构有限公司。公司具有钢结构工程专业承包壹级资质，主营各类型钢结构工程设计、施工；钢结构构件研发、制造、加工、销售、安装及技术服务；地基与基础工程、房屋建筑工程施工；机械设备租赁；建筑材料销售；自营和代理各类商品及技术的进出口业务。公司座落于南京市六合区，占地面积270余亩，建有一、二、三号加工厂房、机加工车间、油漆车间、行政办公楼、科技楼、科研楼等生产办公设施，总建筑面积约108000平方米；拥有箱型梁、H型钢、管桁架等16条生产线，七辊校平机、折边机、剪板机、相贯切割机、数控钻床、自动切割设备、自动焊接设备450多台套。拥有20吨至220吨汽车吊机、履带吊机、龙门吊机50余台。钢结构年制作生产能力可达20万吨，钢结构年安装生产能力可达15万吨。

中铁建工生产主要产品。高速铁路轨道板专用设备：高速铁路无砟轨道施工专用的设备及配套辅助器具。适用于Rader2000的钢轨精调器；适用于CRTSⅠ型无砟轨道板铺设的DTC型轨道板调整器；适用于CRTSⅡ型无砟轨道板及道岔板铺设施工用 DTA、DTB、DTP 和 DTQ 调整器、调整器护套、定位锥、中间压板、侧面压板、灌浆侧堵系统、灌缝挡板、CRTSⅡ型轨道板吊具、CRTSⅡ型轨道板板翻转机等辅件、辅具、CRTSIII 型板调整器、道岔垫板；汽车铰链：北京汽车制造厂“骑士”“勇士”汽车铰链，四川绵阳华鑫汽车有限公司 6390 铰链，天津宇傲渌侨公司风窗铰链等汽车车门铰链；非标设备：铁路移车台、机车转盘、钻孔机、锯轨机、高压带电清扫机、工程车辆清洗机等。机电设备安装项目：轨道安装、和谐型电力机车制造及检修机务设备安装（新建广州和谐型大功率机车检修基地工程）；通风空调安装（京沪高速铁路蚌埠南站工程）。

新产品开发。铁路道岔垫板加工工艺研究及批量生产，开发钢轨道岔垫板的生产调研和试生产加工，完成了铁路道岔垫板生产加工工艺研发及生产制造。铁路道岔垫板是用于固定钢轨、防止车轮挤压导致道岔移动的装置，安装于轨枕道岔之间。道岔大量铺设于车站、编组站，是一种使机车车辆从一股道转入另一股道的线路连接设备。因为道岔线形状顺线路方向的不断变化，根据线路曲线半径、线路间距可分为单开、双开、三开、复式交分道岔，按辙叉角（α）的余切值可分为比如 9 号道岔、12 号道岔、18 号道岔、42 号道岔，N 值越大导曲线半径也越大，列车侧线通过道岔时就越平稳，允许过岔速度也就越高。每组道岔垫板根据道岔型号不同，其数量和种类都不相同。一组 60 千克/米钢轨 6301 单开道岔垫板需用 47 种长短、形状不同垫板共计 241 块，一组 60 千克/米钢轨 6303 单开道岔垫板需用 53 种长短、形状不同垫板共计 243 块道岔垫板，每块道岔垫板都有唯一的标识，安装在道岔固定的位置。铁路道岔垫板由底板、铁座、滑床台、承轨台等焊接而成，由下料—铣平面—划线—钻孔—铣∠1：40 斜面—焊接—校平—包装等工序组成。铁路道岔垫板加工执行 TB412-2004 和各类道岔垫板图纸，机加工部位棱角按不小于 C1 或 R1 倒棱或倒圆，垫板焊缝表面不允许有夹渣、未熔合以及明显的咬边和弧坑，焊缝高度不应小于焊缝设计高度，焊缝高度不应影响其它部件的安装，垫板表面不应有锈蚀。垫板检测方法采用通用量具和专用量具检测，平面度采用专用检测平台或平尺检测。垫板涂装进行涂油防锈处理或喷防锈漆。垫板标识要求是垫按图纸规定的内容及位置打印标识，标识中的字迹深度不得小于 0.5 毫米，标识文字、字母和数字不应小于技术制图标准 10 号字，垫板防锈处理后应保证标识字迹清晰可辩。垫板包装和运输要求：采用专用包装箱包装，装箱时工件应按类别、外形从大到小在箱内码放整齐，包装箱内应有装箱单，包装箱应标注产品名称、规格及主要零件名称或装箱编号。

【中铁西南院工业生产经营情况】 中铁西南院全资子公司中铁岩锋成都科技有限公司，主要产品有：TK 系列转子活塞式混凝土湿喷机、TKJ15 型喷射机组、各式衬砌模板台车等机电设备，TKW 无碱高性能速凝剂、早高强复合外掺料等喷射混凝土特种材料。具备年产湿喷机 3000 台（套）、喷射机组 100 套、特种建材 2 万吨以上的生产能力。。

2011 年，中铁岩锋成都科技有限公司新签合同额 1.45 亿元，实现销售收入 1.4517 亿元（含税），较 2010 年同比增长 36%；上缴国家税收 1460 余万元，同比增长 36%；实现经营净利润 1904 万元，同比增长 28%。

钢梁钢结构

【钢梁钢结构项目概况】 2011 年，中国中铁全年新承揽桥梁钢结构 48.2 万吨，承揽铜陵长江大桥、中朝鸭绿江界河公路大桥、郑州至焦作城际铁路黄河桥、沈阳浑河景观桥等项目；年内生产桥梁钢结构 41 万吨，为厦漳跨海大桥、嘉绍大桥、马鞍山长江公路大桥、南京长江第四大桥等提供了钢梁。海外项目取得新突破，承揽了美国阿拉斯加铁路桥、孟加拉贝雷桥等钢结构桥梁项目。

【厦漳跨海大桥南汊桥】 中铁山桥承揽制造的福建省厦漳跨海大桥工程起于厦门马青路院前处，止于漳州龙海市后宅处，路线全长 9.333 公里，其中桥梁长度 8.555 公里，北汊桥梁长 6.69 公里，南汊桥梁长 1.865 公里，按车速 100 公里/小时双向六车道高速公路标准设计，设计荷载为公路-I 级。

厦漳跨海大桥南汊桥主桥为组合梁斜拉桥，其跨径为（135＋300＋135）米=570 米，大桥纵面位于半径 R=16000 米两侧坡度 1.95%的竖曲线内。主梁钢结构部分由钢主梁（锚拉板焊于其上）、横梁、小纵梁及导流板等组成。主梁及锚拉板材料均采用 Q370qD，横梁、小纵梁及导流板材料采用 Q345C。南汊主桥索塔钢牛腿及钢锚梁采用 Q345C 钢材，钢锚梁端部支承在钢牛腿上，钢牛腿采用剪力钉与塔柱内壁连接。全桥钢结构总重约 8847 吨。

【厦漳跨海大桥北汊桥】 中铁山桥承揽制造的福建省厦漳跨海大桥北汊桥为主跨 780 米的五跨连续半漂浮体系双塔双索面斜拉桥，其跨径布置为(95+230+780+230+95)米=1430 米，钢箱梁结构总重约 30190 吨。采用扁平流线形封闭钢箱梁，钢箱梁由桥面顶板、底板、外腹板、纵隔板、横隔板、锚拉板、风嘴等组成。钢箱梁内设置两道纵隔板，除竖向支承区、压重区和索塔区A、B、C梁端采用实腹板式外，其余均为桁架式。

厦漳跨海大桥北汊桥钢锚梁分为南塔、北塔共计46节钢锚梁，每节钢锚梁对应2个钢牛腿，南北两塔共92个钢牛腿。其钢锚梁为单箱四锚头结构，此种结构在国内桥梁钢塔制造中尚属首次。

【湖南矮寨大桥】 中铁山桥承揽制造的湖南省吉茶高速公路矮寨悬索桥是长沙至重庆公路通道湖南省吉首至茶洞高速公路跨越矮寨大峡谷的一座特大型桥梁，为钢桁梁单跨悬索桥，桥面设计标高位于矮寨镇上空335米，大桥主跨1176米，为目前世界最大跨径峡谷悬索桥。主缆孔跨布置为（242+1176+116）米的悬索桥，矢跨比1/9.6，其中钢桁加劲梁跨径为1000.5米，主桥横向设2%横坡，桥面系宽24.5米。钢桁加劲梁由钢桁架和附属设施组成，钢桁架由主桁架、主横桁架、上下平联及抗风稳定板组成。桁高7.5米，桁宽27米，节间长度7.25米，每个节段由两个节间组成，每个节间处设置一道主横桁架。钢结构总重约12860吨。

【嘉绍大桥】 中铁山桥承揽制造的嘉绍大桥为嘉兴至绍兴跨江公路通道工程，主航道桥为世界上首座六塔柱四索面分幅钢箱梁斜拉桥，大桥主航道桥跨径为70+200+5×428+200+70=2680米。钢箱梁按两个行车道方向分为两幅独立的箱梁，单幅箱梁两侧各设有斜拉索锚固点，斜拉索在塔端共用一个锚箱，两幅箱梁之间间隔一个梁段设置横梁进行连接。索塔采用独柱型，上塔柱为内置钢锚箱外包预应力混凝土构造。

嘉绍大桥钢箱梁采用分幅形式，单幅箱梁为栓焊流线形扁平钢箱梁，钢箱梁梁高4.0米（箱梁内侧内尺寸），单幅梁宽24米（含风嘴及斜拉索检修道），两幅梁间横梁长9.8米，全幅总宽55.6米，桥面板横坡2%，钢箱梁由顶板、底板（包括斜底板）、横隔板、横梁、锚箱、腹板、风嘴及检修道等组成。钢箱梁梁段间连接除顶板U肋采用高强度螺栓连接外，其余板件均采用熔透对接焊的连接形式。横梁中段与横梁端头之间采用高强度螺栓连接。钢箱梁主体采用材质为Q345D钢板。

嘉绍大桥钢锚箱为斜拉索锚固构造，设置于上塔柱中间，第3～12对斜拉索锚固在钢锚箱上。钢锚箱顺桥向宽7.6米，横桥向宽4.0米，分为10个节段。最小节段高2.0米，最大节段高2.6米。钢锚箱底部通过1个高度0.8米的钢框架支承锚固在混凝土底座上，钢锚箱和钢框架总高为22.6米，最大吊装重量均不超过40吨。钢锚箱、钢框架主要材质为Q345D。钢锚箱为单箱双室结构，其构件主要有：侧拉板、中拉板、端部承压板、腹板、锚下承压板、锚垫板、加劲肋、套筒、法兰、工作平台等。

中铁山桥集团有限公司承揽制造的嘉绍大桥钢箱梁、钢锚箱制作第Ⅷ-2标段从嘉兴端起，K48+975～K50+295.6（至且包括Z5Z11），钢箱梁总长69.28+200+2×428+194.60=1319.88米，包括184段钢箱梁、34个箱形横梁、16个工字形横梁、30个钢锚箱节段、3个刚框架、梁内梁外检查车各2个的制作和运输。钢结构总重约38900吨。

【安庆长江大桥】 中铁山桥承揽制造的宁安铁路安庆长江大桥主桥为（101.5+188.5+580+217.5+159.5+116）米双塔钢桁梁斜拉桥，全长1363米，重约48000吨。主桁为平弦N型桁架，焊接整体节点结构，三片主桁分两幅等距布置，主桁中心距2×14米，桁高15米，节间长度14.503米，桥面系为正交异性板桥面与横梁、横肋、纵梁组成的板桁组合整体结构，板顶设有2%双向排水坡。梁端设置斜桥门架，中间支点处设置竖桁门架。上弦设交叉平联，每个上弦节点处均设有横联。两座主塔，塔高204米，斜拉索为空间三索面，上下游均为双线铁路线路。

中铁山桥集团有限公司承揽制造的C标，共14个节间（80～94节点），重6874吨，主要钢材材质为Q370qE和Q345qD。

【哈尔滨三环路西线跨松花江大桥】 由中铁山桥集团有限公司承揽制造的哈尔滨市三环西线跨松花江大桥主桥为五跨双塔钢-混组合悬索桥，跨径组合（46+108+248+108+46）米，全长556米，全桥由主系梁、横、纵梁、外挑横梁等组成。全桥重约7600吨，钢材采用Q370qE。

该桥为自锚式悬索桥，主梁断面为箱型结构，顶板设置1.5%滚水坡，主桥位于斜度0.5%的竖曲线上。由于冬季野外施工现场不具备焊接条件，因此主梁节段间以及主梁与横梁、外挑梁均采用高强度螺栓连接。

【武西高速公路桃花峪黄河大桥】 由中铁山桥集团有限公司承揽制造的武西高速公路桃花峪黄河大桥总长737米，中跨406米，钢箱梁总重约1.8万吨。本桥为自锚式悬索桥，标准梁段为扁平钢箱梁结构，由正交异形板桥面、横纵隔板、锚腹板及风嘴组成，桥面总宽39米，梁高3.5米。锚固段为双层钢箱梁结构，由悬索锚箱、正交异形板桥面、横纵隔板等组成，梁高6.5米。全桥共有53个标准梁段。

【黑瞎子岛乌苏大桥】 由中铁山桥集团有限公司承揽制造的黑瞎子岛乌苏大桥为独塔单索面混合式结合梁斜拉桥，全长280米，跨度布置为140+140=280米，全桥钢结构重约2800吨。该桥主桥采用带大挑臂的钢箱结合桥面板的断面，钢箱宽 5.0 米，挑臂长 10.75 米。斜拉索梁上锚点采用钢锚箱锚固在钢箱内，钢箱采用单箱双室截面，底板水平，顶板设 2%双向横坡，腹板采用直腹板。单侧钢箱共 15 段，其中钢混结合段长 6.1 米， 边墩无索区段 11.9 米，其余节段长 9.0 米。钢挑臂纵向间距为 2.5 米、3.0 米、3.3 米及 3.425 米，除端挑臂采用钢箱形式外，其余挑臂均采用变高度工字型钢梁形式。挑臂与钢箱之间腹板均采用高强度螺栓拼接，顶底板均采用工地现场焊接。该桥桥型新颖，为国内首个采用独塔单索面同时断面采用超长大挑臂形式的桥梁。

【德大铁路黄河特大桥】 由中铁山桥集团有限公司承揽制造的德大铁路黄河特大桥为（120+4×180+120）米下承式变桁高整体节点钢桁梁，全长 961.4 米，桥面系采用密布横梁正交异性钢桥面板体系，双线铁路，线间距 5.0 米。主桁采用 N 形桁上弦变高桁式，边支点桁高 14 米，中支点桁高 32 米，主桁桁宽 12.4 米，节间 12.0 米。钢梁重量约 22100 吨。

本桥桥式设计新颖、结构复杂，主桁上弦杆均为折线形变截面整体节点箱形杆件，长度随起拱变化而伸长缩短，上弦杆顶面均焊有两道折线形 T 型架桥机轨道，轨道腹板密布 Φ70 销孔，为国内首创；下弦杆为超高超重且内部空间狭窄的整体节点箱形杆件，外伸桥面板，众多杆件类型为桥梁制造首例。

【贵广铁路思贤窖特大桥】 由中铁山桥集团有限公司承揽制造的新建贵阳至广州铁路思贤窖特大桥位于佛山境内，主桥为（57.5+109.25+230 +109.25+57.5）米四线铁路钢桁梁斜拉桥，边支点至辅助墩 57.5 米，辅助墩至桥塔 109.25 米，两桥塔之间 230 米，梁端至边支座中心 1.0 米，桥梁全长 565.5 米。主桥采用两片主桁，主桁中心间距为 24 米，节间长度 11.5 米，边跨 5 个节间，次边跨 9.5 个节间，中跨 20 个节间，桁高 14 米，三角加劲桁高 10 米。主要材质为 Q370qD，钢梁总重约 20690 吨。

【重庆青草背长江大桥】 由中铁山桥集团有限公司承揽制造的重庆青草背长江大桥为单跨 788 米的钢箱梁悬索桥，加劲梁为流线型扁平钢箱梁，门形框架式索塔。主桥钢箱梁梁段间为大型薄板焊接钢结构，划分为 4 个类型，共计 50 个梁段，标准梁段长度为 16 米。梁段最大吊重约 395.2 吨，全桥钢箱梁钢材共重约 12331 吨。钢箱梁尺寸为：桥梁中心线处梁高 3.5 米，主梁全宽（含风嘴）30.7 米。顶板采用 14 毫米厚钢板，顶板 U 形加劲肋 8 毫米厚；底板采用 10 毫米厚钢板，底板 U 形加劲肋 6 毫米厚；吊耳板厚 80 毫米。在桥址梁段连接采用全焊连接的方式。

【九江长江公路大桥】 由中铁山桥集团有限公司承揽制造的福州至银川高速公路九江长江公路大桥，主桥结构为六跨不对称双塔混合梁斜拉桥，全桥长 1405 米。中标标段工程包括：主跨南索塔附近从结合段起至主跨跨中合拢段止钢箱梁，南索塔和北索塔，钢结构总重约 8600 吨。钢箱梁长 371.25 米，主梁划分为 6 种梁段类型共 26 个梁段。钢箱梁由顶板、底板、横纵隔板、锚腹板及风嘴单元组成。除顶板 U 形肋和板肋在梁段间用 M24 高强螺栓连接外，其余连接均为焊接。钢箱梁材质主要为 Q345qD。

大桥索塔分为南塔和北塔，南、北塔为不对称设计，锚索均为空间三维角度，共计 86 个钢锚梁，172 个钢牛腿。钢锚梁为箱形结构，主要由底板、腹板及其加劲板、隔板、顶板、以及锚板、锚下加劲板、锚垫板等组成。钢牛腿由座板、预埋钢板、托架、连接脚等组成。索塔材质主要为 Q345D。

【哈尔滨市新康高架桥】 由中铁山桥集团有限公司承揽制造的哈尔滨市道路拓宽改造工程文政街工程（新康高架桥）ES 匝桥钢箱梁上部结构采用 （46+74+74+46）米连续钢箱梁结构，两侧设防撞栏，主梁顶宽为 8 米，底宽为 4 米，设置结构反向单向横坡 1.5%，梁底水平，主梁为全桥变高度钢箱梁，箱梁梁高在边墩处为 1.6 米，中墩处为 3.5 米，跨中为 2.484 米，边跨 5.9 米直线段，墩顶 3 米直线段，其余梁高按 2 次抛物线变化。施工方法为预制拼装施工。钢结构总重约 1080 吨。

【郑焦铁路郑州黄河大桥】 由中铁山桥集团有限公司承揽制造的郑州黄河大桥为郑焦客运专线铁路暨改建京广铁路跨越黄河的公用桥梁，为四线铁路特大型桥梁。大桥距既有京广铁路郑州黄河大桥下游 110～190 米处，线路走向与既有京广线夹角约 2°。主桥长 2200 米，采用 11 联 2×100 米下承式变高度连续钢桁梁，主桥钢材材质 Q345qE，全桥钢结构总重约 8 万吨，中铁山桥集团有限公司承揽制造其中第 1 联、第 8～11 联共计 5 联，钢结构总重约 3.2 万吨。

大桥采用 N 形桁上弦变高桁式，边支点桁高 14 米，中支点桁高 25 米，节间 12.5 米。设三片主桁，边桁与中桁间距 12.5 米。上弦采用散拼节点，下弦采用整体节点结构。桥面系采用密布横梁正交异性钢桥面板体系，边桁与中桁间均为双线铁路，线间距 4.6 米。桥面板为密布横梁正交异性整体钢桥面板，道砟桥面。下弦节点处设置节点横梁，节点间设置节间横梁。桥面板单元与横梁、纵梁共同构成桥面系。

【鄂尔多斯市乌兰木伦河 4#大桥】 由中铁山桥集团有限公司承揽制造的鄂尔多斯市康巴什新区乌兰木伦河 4#大桥主桥为跨径[（40+42+42+51）+450+（51+42+42+40）]米的双斜塔斜拉桥，主跨 432 米采用封闭式流线型扁平钢箱梁结构，钢箱梁全长432米，桥梁中心线处梁高为3.263米，全宽37米，顶板设置1.5%的双向横坡。全梁标准断面为单箱三室截面，标准横隔板间距为3米，通长设两道中腹板及两道锚腹板，锚腹板与竖向夹角为5度。钢结构总重约18416吨。

桥塔为A形结构，塔高分别为132.017米、127.941米，塔柱采用三室矩形截面。桥塔分为顶部装饰及塔柱，顶部装饰高10.8米，塔柱分为上塔柱、中塔柱及下塔柱，由装饰至横梁间为上塔柱，高约40.05米，横梁至桥面间为中塔柱，高62.75米，桥面以下为下塔柱，分别高21.517米、17.431米。桥塔设置一道横梁，横梁距塔顶38.8米。

【哈尔滨阳明滩疏解工程阳明滩大桥】 由中铁山桥集团有限公司承揽制造的哈尔滨阳明滩疏解工程由Y1桥至Y8桥共计11座桥（包括Y3、Y5、Y6三座桥的匝道桥）组成，钢梁总重约16044吨。钢梁整体上由顶板、腹板、底板、空腹式横隔板、实腹式横隔板、普通横梁、支点横梁、腹板加劲肋、底板加劲肋组成，采用Q345qE钢材。腹板上布置有竖向及水平向加劲肋，竖向加劲肋断面形式为T型或板式，水平向加劲肋断面形式为板式，纵向非连续布置；底板上布置有纵向加劲肋，断面形式为板式，通过设置过焊孔穿越空腹式横梁，纵向连续布置。

【沈阳浑河景观桥】 由中铁山桥集团有限公司承揽制造的沈阳四环快速路浑河景观桥主桥桥型为跨径布置为（48+180+180+48）米的四跨连续独塔自锚式钢箱梁悬索桥，总长456米，两个主跨为自锚式悬吊结构。主梁采用整幅等高度钢箱梁，顶板为正交异性板结构。钢箱梁采用整体式带挑臂扁平箱形断面，箱梁全宽42.54米，标准梁高4.0米。主缆在梁内的锚固构造采用铸钢承压体与格构式钢结构组合的结构形式，吊索锚固采用锚管承压式构造，锚管与顶板、横隔板相交，其与横隔板间的焊接连接为主要传力构造，铸索塔采用外包钢壳的钢筋混凝土现浇结构。全桥钢结构总重约1.2万吨，主要材质为Q345D和Q345E。

本桥设计结构新颖，特殊部位结构复杂，主缆及吊索索面位于桥纵向中心线两侧，间距仅3米。索塔由双肢塔柱和六道横梁构成，呈火苗状，双肢塔柱位于桥纵向中心线上，穿梁而过，索塔钢壳为大断面薄壁曲面曲线壳体结构。

【潮白河大桥】 由中铁山桥集团有限公司承揽制造的京承联络线（西统路—京承高速）工程潮白河大桥为密云新城与东部发展带的联络线工程，其中的第三标段为主桥部分，桥梁采用主跨独塔自锚式钢箱梁悬索桥，跨径组合为（135+165）米，钢结构总重约5600吨。索区主梁为流线型正交异性板扁平钢箱梁设计，采用单箱四室断面，主要轮廓尺寸为有效全宽36.6米，含风嘴全宽37.26米，顶板设置2%双向横坡，底部平地板宽度为22米，两侧斜底板各宽7.3米，桥梁中线处梁高3米。钢箱梁顶板采用正交异性桥面板，顶板下顺桥向焊有U形加劲肋，穿越3米间距的横隔板，组成正交异性结构的钢桥面板，底板上顺桥向也焊有U形加劲肋，箱梁横向设置五道纵腹板，钢箱梁为全焊结构，梁段工地连接采用焊接方式。两吊索在钢箱梁横向间距为29.5米，纵向间距为9米。

【南溪长江大桥】 由中铁山桥集团有限公司承揽制造的四川南溪长江大桥为主跨820米的单跨吊钢箱梁悬索桥，主缆分跨为（192+820+176）米，中跨为悬吊结构，跨中设置中央扣。主缆矢跨比1/10，主缆横桥向中心间距为29.1米，吊索顺桥向标准间距为12.8米。主桥钢箱梁梁段为大型薄板焊接钢结构，划分为A、B、C、D共4个类型，共计65个梁段：标准梁段60个，特殊梁段5个。设计采用12.8米的标准吊索间距，标准梁段长度为12.8米。梁段最大吊重约180吨，全桥钢箱梁钢材总重约9919吨。钢箱梁主要钢材采用Q345C，对于钢板厚度大于等于30毫米的钢板（支点处调平钢板除外）均应做Z向超声波探伤。

【广州市凤凰三桥】 由中铁山桥集团有限公司承揽制造的广州市南沙区凤凰三桥跨越广州下横沥水道，主跨为308米的中承式无推力钢箱系杆拱桥，主桥桥跨组合为（40+61+308+61+40）米，全长510米，钢结构总重约8905吨。主桥为钢构提篮式钢箱系杆拱及钢砼结合梁结构，主桥设6线行车道，双线地铁，双向双线汽车道。

主拱结构为提篮式钢箱拱，跨度为308米（含三角钢架前斜腿，钢拱段跨度249.5米），主拱矢跨比为1/4.5，拱轴线采用mz1.25的悬链线，主拱肋按1/5角度内倾，拱顶处拱肋间距为19.1米。拱肋箱型截面尺寸由钢箱拱假想起点3.0米×6.0米均匀渐变至拱顶点的3.0米×3.8米，顶底板厚在44～32毫米之间变化，腹板厚在32～24毫米之间变化。两片拱肋通过9道钢箱横撑连为一体。

桥梁主跨加劲梁采用钢混组合梁，主跨主梁全长261.6米，位于半径为17500米的竖曲线上，两端支撑于三角刚架前横梁牛腿之上并通过伸缩缝与三角刚架主梁连接，组合梁桥面总宽50米，车行道设2%横坡，底部保持水平，主梁纵向共分为26个节段。

【郑焦城际铁路黄河大桥】 2011年1月，中铁宝桥中标郑焦城际铁路黄河大桥。郑焦城际铁路黄河桥主桥长2200米，GL-1标段共6联，长度为1200米，钢桁梁总重约40089吨。主桁、桥面系及横向联结系等主体结构采用的钢材材质为Q345qE、Q370qE。郑焦城际铁路黄河桥主桥GL-1标段采用6联2X100米连续钢桁梁结构。钢桁梁主桁为三角形变高度桁式，横向三片桁布置，桁高范围14～25米，节间距为12.5米、11.6米。中桁与两边桁平行，主桁全宽25米，铁路桥面为正交异性整体钢桥面板。

【山西中南部铁路通道钢桁梁】 2011年1月，中铁宝桥中标山西中南部铁路通道钢桁梁。新建山西中南部铁路通道汤阴东（不含）至日照南（含）段工程ZNTJ－16标段，起讫里程为DK840+000～DK879+700，含将军渡黄河特大桥、东平湖滞洪区特大桥、东戚村中桥等工程。正线新建线路长39.675公里。本项目位于河南省、山东省境内，西起河南省台前县向东过山东省梁山县、东平县。GL-1标段为将军渡黄河特大桥、东平湖滞洪区特大桥钢桁梁。将军渡黄河特大桥为（128+100+10×128+128）米简支梁，东平湖滞洪区特大桥为128米简支梁。主材质为Q370qE及Q345qE，总重约36629吨。

【重庆东水门长江大桥】 2011年9月，中铁宝桥中标重庆东水门长江大桥。重庆东水门长江大桥起于南岸区涂山路（龙门浩小学），跨越长江后经湖广会馆平接渝中区陕西路，主桥为（222.5+445+190.5）米双塔单索面钢桁梁斜拉桥，钢梁全长858米，该桥采用上下层布置的公轨两用桥梁，下层为双线轨道交通，线间距6米，上层为双向四车道汽车交通，上层桥面宽24米～39.2米。主体材质采用Q345qD、Q420qD，钢梁总重约23790.2吨。

【西安曲江轻轨观光工程】 2011年10月，中铁宝桥中标西安曲江轻轨观光工程。西安曲江新区观光轻轨工程为跨座式空中轨道交通系统，在距离地面8～10米的高空运行，全长约9.3公里，环绕曲江大雁塔、大唐芙蓉园等五大景区。本项目主体轨道部分按结构类型分为轨道梁、支座及支撑柱三部分，轨道梁为变截面箱型曲线杆件。支撑柱为钢管柱和悬臂柱两种类型。本工程钢结构部分总重约5600吨。本工程所用钢材主要为Q370qD－Z25、Q345D。

【洛阳新区跨伊河桥】 2011年11月，中铁宝桥中标洛阳新区跨伊河桥主桥。洛阳新区跨伊河桥工程位于开拓大道北段，北起古城路，南至新源路，全段长2762米，其中道路桩号1+874.70处跨伊河，新建特大型桥梁一座，与河道斜交90.98度。主桥采用双塔双索面自锚式悬索桥，主桥跨径布置为70.5+175+70.5=316米，主桥钢箱梁横向两侧采用两个单箱室钢箱连接形成主纵梁，两侧主纵梁通过连接横梁、次纵梁和桥面板连接形成钢箱梁，钢箱梁外侧设悬臂梁。钢箱梁端部通过预应力钢束、剪力钉与混凝土锚碇横梁连接。主桥钢箱梁采用Q345qD、Q235B钢材，全桥用钢量约6948吨。

【陕黄河特大桥】 2011年11月，中铁宝桥中标晋陕黄河特大桥钢桁梁。大西铁路晋陕黄河特大桥主桥加劲钢桁梁工程，位于山西省永济市和陕西省合阳县境内，主桁采用无竖杆三角形桁架，桁高9.35米，桥面以上桁高8.75米，节间长度12米，主桁中心距11米。上弦杆采用槽形截面，高650毫米，内宽为752毫米；端及次端腹杆采用箱形截面，高600毫米，宽752毫米，其余腹杆采用“工”形截面，高600毫米，宽752毫米。上、下弦节点与腹杆全截面拼接位置采用M24高强度螺栓连接。上平联采用三角形体系，横撑及斜杆均采用工字形截面，与平联节点板的连接形式为对接，采用M24高强度螺栓连接。全桥钢材材质采用Q345qE。重量5000吨。

【海南洋浦大桥】 2011年12月，中铁宝桥中标海南洋浦大桥钢梁。海南洋浦大桥连接海南省洋浦经济开发区和儋州市白马井镇，主桥跨度布置为：58.5+63+58.5+460+58.5+63+58.5=820米，采用双塔双索面混合式结合梁斜拉桥。主桥以中跨跨中对称设置纵坡3.4%，跨中段设在10000米的凸曲线上。钢梁（包括钢混凝土结合梁段埋入混凝土部分）全长为447米，以跨中对称布置。主桥中跨采用钢主梁结合混凝土桥面板的整体断面。断面设有两片钢边主梁，两边主梁横向中心距45.3米，钢边主梁采用工厂分节段制造，现场高强度螺栓连接。主桥钢材材质采用Q370qD。重量约4977吨。

【中铁科工钢梁钢结构制造情况】 2011年完成钢梁制造约9万吨，主要由中铁九桥工程有限公司、中铁重工有限公司、中铁科工集团机械成套分公司这三家子、分公司完成。

【中铁科工九桥公司钢梁钢结构】 2011年完成钢梁制造约7万吨。主要完成项目有缅甸帕克库桥、武汉二环线、穗莞深城际东江南特大桥、厦深铁路榕江桥、南广铁路郁江桥的钢梁制造。主要在建的钢梁制造项目有重庆粉房湾长江大桥钢梁、宁安铁路安庆长江大桥钢梁、武黄城际铁路黄冈长江大桥钢梁、贵广铁路北江桥钢梁、广雅大桥钢梁等工程。

【广东穗莞深东江南特大桥钢结构】 由中铁科工集团有限公司承揽制造的广东穗莞深东江南特大桥钢梁工程，此桥全长754米，主桥为（144+264+144）米加劲钢桁连续梁双线城际铁路桥。主梁为二片主桁钢桁梁，桁宽13米，桁高18米，节间长13.2米。主桥主桁立面采用有竖杆的隼枪式桁架，主加劲弦采用二次抛物线，上弦与上加劲弦之间用加劲腹杆连接。主桁采用焊接整体节点，桥面为正交异性板结构。

生产任务量为14000吨，2011年8月份全桥发运完成。

【缅甸帕克库公铁两用大桥钢结构】 由中铁科工集团有限公司承揽制造的缅甸帕克库公铁两用大桥钢梁工程，此桥全长3460米，其中钢梁部分为[(100+2×120)+4×(3×120)]米连续钢桁梁，主桁节间长度10米，桁宽14.8米。钢梁结构形式为散装节点。为在同一平面设置单线铁路和双向两车道公路的桥梁，建成后将成为缅甸伊洛瓦底江上最长的桥梁。生产任务量为14795吨，2011年3月7日全部发运完成。

【武汉二环线钢箱梁制造】 由中铁科工集团有限公司承揽的武汉二环线钢箱梁制造、安装：生产任务量为四联共6915吨（其中U肋总共1300吨），甲供料。L10、L13、L18联已于2011年3月底全部安装完成，L6联于2011年8月安装完成。其工期略有滞后，主要原因：一是甲方前期材料供应滞后、不配套造成生产缓慢；二是甲方基础施工设计变更造成现场架设多次停工。

【武汉金桥钢箱梁制造】 由中铁科工集团有限公司承揽的武汉金桥钢箱梁制造、安装：生产任务量约3743吨（其中U肋总共310吨），甲供料。2011年元月下旬完成钢箱梁安装。

【安徽安庆长江铁路大桥钢结构】 由中铁科工集团有限公司承揽制造的安徽安庆长江铁路大桥钢梁工程，此桥是南京至安庆城际铁路和阜阳至景德镇铁路的重要组成部分，该桥主桥（101.5+188.5+580+217.5+159.5+116）米两塔钢桁斜拉桥，钢梁全长1365.09米，重约4.6万吨。总工程量约为19521吨，甲供料。截至11月底下料累计完成15697吨，组拼累计完成11436吨，焊接累计完成10997吨，成品累计完成4961吨，涂装累计完成1171吨，发运累计完成785吨。

【铜陵公铁两用长江大桥钢结构】 由中铁科工集团有限公司承揽制造的铜陵公铁两用长江大桥钢梁工程，此桥为安徽省2008年“861”计划重点建设项目，是京福高铁安徽段项目的一个控制性工程，同时还是合肥-庐江-铜陵铁路和铜陵至巢湖高速公路的过江通道，位于安徽省铜陵市铜官山河段荻港水道中部，大桥主桥为（90+240+630+240+90）米五跨连续钢桁梁斜拉桥，主梁为钢桁梁，全长1290米。上层为6车道公路桥面，下层为4线铁路桥面。桁宽2×17.1米，节间长度15米。钢梁采用国内首次应用的整体桁片式结构设计，桁片规格为长30米（桥纵向），高18米，宽2.85米。单桁片最重约360吨。斜拉桥主梁为板桁结合钢桁梁，主塔及桥墩处三片主桁下均设有竖向刚性支座，纵向为活动，在两主塔处主塔横梁与三片主桁之间设纵向液压阻尼支座。总量为36000吨，截至11月底下料累计完成1913吨，拼装累计完成658吨，焊接累计完成455吨，钻孔累计完成243吨，首根试制上弦杆件首制桁片已制造完成。因甲方设计未完成，9月2日起已停工。

【柳州广雅特大桥钢结构】 由中铁科工集团有限公司承揽制造的柳州广雅特大桥钢梁工程，此桥主桥结构形式为（63+2×210+63）米海鸥式双孔中承式钢箱拱桥，主桥全长546米。主拱肋为钢箱拱，主桥桥面结构为格子梁+钢砼组合桥面板形成的正交异性主梁体系，主跨吊杆间距为12米。总工程量13200吨。截至11月底下料累计完成11949吨，成品累计完成10295吨，涂装累计完成10295吨，杆件发运累计完成10295吨。

【贵广铁路北江桥钢结构】 由中铁科工集团有限公司承揽制造的贵广铁路北江桥钢梁工程，此桥主跨采用（57.5+109.25+230+109.25+57.5）米钢桁梁斜拉桥，边支点至辅助墩57.5米，辅助墩至桥塔109.25米，两桥塔之间230米，梁端至边支座中心1.0米，桥梁全长565.5米。总工程量为19208吨，截至11月底下料累计完成14981吨，拼焊累计完成9354吨，成品累计完成6850吨，涂装累计完成4724吨，杆件发运累计完成4282吨。

【中铁科工重工公司钢梁钢结构】 2011年年初承接位于中北路的武汉市一号重点工程—东沙连通工程中的中北路高架桥、中北路跨楚河桥、沙湖大道跨楚河桥及东一路跨楚河景观桥、沙湖大道跨楚河景观桥等三桥二景观项目的制造安装工程12000余吨。2011年四季度联合成套公司承接了贵州省贵阳市筑城广场四座景观桥共约4000余吨的制造及安装。

【中铁科工成套公司钢梁钢结构】 2011年共完成了大产值约3754万元的厂房钢结构的制造及安装、市政钢桥5233吨的制造及安装、产值约431万元的桥梁防撞钢套箱的制造及安装。

【南广铁路郁江双线特大桥钢结构】 中铁三局集团第五工程有限公司承建的南广铁路郁江双线特大桥为全长11328.11米、主桥为（36+96+228+96+36）米斜拉钢桁梁桥，钢桁梁全长412米，共41节主桁架，每节有两片主桁，桁间距15米，桁高14米，节间长度12米。2011年11月39日大桥的钢桁梁全部完工。

【广雅大桥钢结构】 中铁三局集团有限公司桥隧工程分公司承建的广雅大桥位于柳州市区，该桥主桥跨径组合为（63+2×210+63）米，主拱肋为悬链线变截面钢箱拱，钢箱拱肋采用等宽变高的单箱单室截面，组合跨径为主跨双孔210米。钢箱肋宽2.5米，钢箱的腹板厚为28～40毫米，顶底板厚为28～40毫米。2011年12月底，大桥主拱肋合拢。2012年4月12日上午10时18分，柳州市广雅大桥实现主桥合龙。

【太原汾河人行钢结构景观桥】 中铁三局集团第六工程有限公司承建的太原市汾河人行钢结构景观桥为汾河景区内连接两座湖心岛的通行桥梁，为太原市第一座大跨度的钢结构桁架人行桥梁，全桥钢桁架采用Q345C矩形方管钢材，钢桁架142.62吨，桥全长81米。全桥分为三跨，两个边跨为18米，中跨为45米。本工程桥址位于太原市南中环桥与祥云桥之间，于2011年8月15日建设完工。

【北车风电建设工程二期工程】 中铁三局集团建筑安装工程有限公司承建的北车风电建设工程二期工程，由复合材料厂房、机加工厂房、倒班宿舍、北综合楼及附属工程组成，总建筑面积约14.8万平方米。复合材料厂房为排架结构，主体结构柱为预制钢筋混凝土柱，屋面为钢屋架，屋面板为大型预制混凝土屋面板，总建筑面积58764平方米，建筑高度17.55米，天车梁高度12米。该工程于2011年6月1日开始吊装，9月31日完成主体施工，于2012年1月10日竣工。

【长春站客运设备改扩建工程】 中铁三局集团建筑安装工程有限公司承建的长春站客运设备改扩建工程是铁道部加强长春区域性中心城市功能、提升铁路装备水平的重点工程之一。无站台柱雨棚的安装是长春站改造的最大的亮点之一，是新型交通建筑的标志。长春站无柱雨棚覆盖总面积达84760平方米，为无站台柱雨棚，结构体系采用钢桁架结构，主桁梁采用空间倒三角形管桁结构，纵向设置四道空间三角形管桁梁以及若干道刚性系杆以保证结构稳定，主桁架钢材材质均为Q345-B，檩条及附件等材质为Q235-B。站房及雨棚钢结构制作安装工程量大，工期紧，需要进行交叉施工作业，吊装难度大。建安公司根据工程总体进度计划和业主要求，细化和完善交叉配合区域节点划分，制定统一的施工顺序和流程，加强与相关单位的联系与沟通，做好协调配合工作，避免相互施工影响，确保了2011年6月30日哈大联调联试的节点工期要求。2011年10月公司受到沈阳铁路局通报表扬，并要求各单位参照学习。

【中铁六局钢梁钢结构制造情况】 公司承揽重点任务及生产情况为：中铁丰桥桥梁有限公司北京分公司以钢结构制作加工、机械设备制作、建筑钢结构工程制作安装等为主，2011年承揽系统内32米2101边梁模型10套及模型配件；承揽系统外：衙白白华铁路巴林左旗制梁场桥梁钢模型4套，中铁九局光明铁道轨道板场非标设备检修及拆装，长春东收费站钢结构工程、中铁八局预应力混凝土连续梁顶推工程，承制IIIC桥钢模型及岔枕钢模型等。

太原铁建公司的桥梁构件分公司成立于2008年1月，主要经营范围：铁路桥梁支座、公路桥梁支座、橡胶密封制品（止水带、密封圈）。2011年产值440.15万元，生产铁路铸钢支座01-8152支座73孔，8144支座152套，盆式橡胶支座8160-V型支座153套、3000支座16孔，折算为166孔支座。主要销售于北京工电大修段、中铁二十二局承德遵小铁路铺架工程项目、中铁十二局西山煤气化项目、广州公务大修段、中铁六局太原铁建阳涉线昔阳站改项目等。

【中铁九局四公司钢结构】 中铁九局四公司钢结构公司位于沈阳市大东区锦园路4号，主要从事各种钢构件的设计、制作和安装。公司具有10000平方米的钢结构加工基地，2100平方米的钢结构加工车间，一套H型钢生产线。

H型钢主要生产工艺过程为板条的切割下料、定位组立成型、自动埋弧焊接、翼缘矫正、筋板焊接钻孔、抛丸除锈、喷漆等。H型钢生产线由多头直条火焰切割机、H型钢组立机、龙门式自动埋弧焊机、H型钢翼缘矫正机和抛丸机等相应的自动设备完成各个工艺过程的具体工作。它的最大组合能力可生产出长15米、高1.5米、宽0.8米的H型钢，整条生产线的年产量可达7000吨。

2011年主要承建：1.沈吉线东陵站客车停留线雨棚工程，站台新建雨棚长550米，宽10米，水平投影面积5500平方米，柱距为12米，分为单柱、双柱类型，柱为焊管钢立柱，梁为焊接工字钢梁，檩条采用卷边槽型，冷弯钢檩条，用钢量为794.3吨，钢结构部分工程造价约1100万元。2.物资公司虎石台大库工程，建筑面积3461平方米，用钢量218吨，工程结算额310万元。3.沈阳站旅客跨线临时天桥新建工程，2011年4月20日开工，2011年11月20日竣工，天桥共两架，每架面积699平方米，总用钢量为156吨，工程造价约398万元。4.沈阳地铁上深沟地面厅工程，2011年5月20日开工，2011年12月20日竣工，玻璃幕墙面积467平方米，铝单板工程面积1349平方米，工程造价约600万元。5.辽宁省残疾人中等职业技术学校食堂、图书馆钢结构梁制作安装工程，包括食堂图书馆钢结构梁制作安装、文体馆钢结构屋面网架、天窗及、宿舍AB造型龙骨及雨棚制作安装，2011年8月20日开工，预计2012年5月10日竣工，钢结构梁共八根，单根平均长度为25米，单重9.7吨，网架101吨，工程造价约225万元。

全年完成钢结构产值约为 2424 万元。

【中铁九局一公司钢结构】 中铁九局一公司锦州机电设备制造安装分公司具有钢结构工程专业承包壹级资质，拥有数控管相贯切割机、数控切割机、便携式数控火焰切割机、等离子切割机、剪切机、半自动卧式带锯床、铣边机、联合冲剪机、龙门式移动数控钻床、摇臂钻床、液压板料折弯压力机、开式可倾压力机、弯板机、三辊卷板机、19 辊薄板矫平机、逆变弧焊机、二氧化碳气体保护焊机、电弧螺柱焊机、自动埋弧焊机、龙门埋弧焊机、喷砂机、通过式抛丸清理机、H 型钢矫正机、H 型钢组立机、门式起重机、桥式起重机、电动单梁起重机、汽车起重机等钢结构生产施工专用设备。共有机械动力设备 195 台（辆）。

2011 年以来，公司先后承建了沈阳枢纽、乌兰浩特无站台柱雨棚、盘锦站雨棚工程，前庄线钢管拱桥，乌兰浩特站声屏障，平齐线风雨棚、阿尔山风雨棚，锡乌、通霍、阿扎线和盘营客专等线的钢模板制作安装工程，平齐、宇松等线的高低压开关柜及箱式变电站的制作安装等工程，全年累计新签合同额 4 亿元。

2011 年，确定了以站场大跨度空间钢结构桁架吊装工艺为攻关课题。为了使钢梁准确就位，研制设计了一套安装支架，即能承载钢梁的重量，又可作为操平、找正、焊接作业的操作平台，从而保证了钢梁与钢立柱之间的分叉柱的顺利安装。其中 QC 成果 “运用 QC 方法确保大跨度钢桁架安全吊装”荣获辽宁省二等奖。

【中铁建工钢结构生产情况】 1. 太原南站钢结构工程。工程概况：太原南站钢结构工程由中央站房钢结构及两侧雨棚钢结构工程组成。太原南站站房钢结构分为 A、B、C 三个区，其中 A 区为西站房，B 区为高架候车站房，C 区为东站房。根据结构层次分为站台层（标高±0.00 米）、标高+10.35 米的高架候车层，标高 18.40 米的商业夹层及 35.6 米屋盖结构层。站房两侧为 D、E 区雨棚结构，为钢柱支撑的方管桁架屋盖体系，屋盖最大标高为 18.46 米。太原南站钢结构工程总体用钢量约 4.5 万吨。

2. 滨海站钢结构工程。工程概况：滨海站钢结构工程由站房和站台雨棚组成。滨海站站房建筑面积约 79950 平方米，其中地上 59411 平方米（其中站台层 19296 平方米，高架进站层 40115 平方米），地下 20539 平方米，雨棚建筑面积约 45736 平方米。南、北站房建筑总宽度均为 207 米，高架候车区建筑宽度 99 米，建筑进深 308 米，建筑高度 34 米。无站台柱雨棚单侧平行股道方向长 351 米，垂直股道方向宽度为 116.25 米。主站房主要分四层，即：地铁层、出站层、站台层和高架层。滨海站钢结构工程总体用钢量约 19000 吨。

3. 南昌西站钢结构工程。工程概况：南昌西站站房主体结构由站台层桥梁结构即钢筋砼铁路桥梁结构和钢筋砼框架结构高架候车室层、19 米标高钢结构商业夹层、钢结构屋盖组成。站房总建筑面积 259015 平方米，其中站房建筑面积 114508 平方米。南昌西站站房共三层，出站层、站台层、高架候车层。其中出站层为地下层，站台层与广场地面高差约为 0.26 米；高架候车层位于站场之上，高出站台层 10 米。站房主体建筑外墙：南北进深 385.5 米，东西面宽 163 米，站房主体最高点距地面 41.7 米。南昌西站钢结构工程总体用钢量约 27428 吨。

4. 天津西站钢结构工程。天津西站站台无柱雨棚结构为纵向（顺股道向）箱型梁框架结构；横向（垂直股道向）为多跨弧形刚架结构；基本柱间距为 30 米×21.5 米，东西两侧雨棚的宽度为 138 米，长度为 290.75 米，总高度为 18 米，投影面积 74187 平方米、钢金属重量 7000 吨左右。

道岔和提速道岔

【道岔产品概况】 2011 年，中国中铁工业企业新签整组道岔 8317 组，全年生产道岔 7243 组，同时加大了对铁路维修和地铁市场的开发；新签高锰钢辙叉 19402 个，生产高锰钢辙叉 24143 个。

【中铁山桥道岔产品】 2011 年中铁山桥主要道岔品种见表 6-2。

表 6-2 2011 年中铁山桥主要道岔品种一览表

序号	图 号	产品名称	主要结构特点	容许通过速度（公里/小时）		应用时间
				直 向	侧 向	
1	客专线(10)017	60kg/m 钢轨 12 号单开道岔	60D40 弹性可弯藏尖式尖轨、跟端限位器结构、钢轨组合型可动心轨辙叉、轧制翼轨、分开式护轨、分开式Ⅱ型弹条扣件。	250	50	2011.07

2	专线9753-I	60kg/m钢轨9号单开道岔	60AT 藏尖式直线尖轨、跟端设间隔铁式活接头、高锰钢整铸辙叉、分开式护轨、III型弹条分开式可调扣件。	100	30	2011.03
3	专线9753-II	碎石道床 60kg/m 钢轨9号单开道岔	60AT 藏尖式直线尖轨、跟端设间隔铁式活接头联结、高锰钢整铸辙叉、分开式护轨、III型弹条分开式可调扣件。	100	30	2011.03
4	专线9755	50kg/m 钢轨 7 号单开道岔	50AT 曲线尖轨、跟端间隔铁式活接头、高锰钢整铸辙叉、分开式护轨。	80	25	2011.03
5	BJM10 II-04-01-01-06-00-SS-GD	北京地铁 60kg/m 钢轨9号单开道岔（轨道减震器扣件）	60AT 藏尖式直线尖轨、跟端设间隔铁式活接头联结、高锰钢整铸辙叉、弹性分开式 DTVI2 型扣件、采用减震器。	地铁列车不限速	30	2011.04
6	城轨254	60kg/m钢轨9号单开道岔	60AT 弹性可弯藏尖式曲线尖轨、跟端用接头夹板连接、高锰钢整铸辙叉、分开式护轨、弹性分开式扣件。	120	35	2011.03
7	STB-GJ-030507—100	50kg/m钢轨7号单开道岔	50AT 弹性可弯藏尖式尖轨、跟端设间隔铁、高锰钢整铸辙叉、分开式护轨、II型弹条分开式可调扣件。	80	25	2011.11
8	STB-GJ-030516	60kg/m 钢轨 12 号单开道岔	60AT 弹性可弯藏尖式尖轨、跟端设间隔铁、高锰钢整铸辙叉、分开式护轨、II型弹条分开式可调扣件。	120	50	2011.11
9	SC700	60kg/m钢轨7号单开道岔	60AT 曲线尖轨、跟端间隔铁式活接头、高锰钢整铸辙叉、分开式护轨。	10	10	2011.07
10	SC559PZ	75kg/m 钢轨 12 号拚装辙叉（高锰钢整铸叉心）	主要冲击表面采用锰钢、钢轨栓接拚装、叉心爆炸硬化。			2011.07
11	GLC(10)102	委内瑞拉 UIC60 钢轨 18 号单开道岔	60D40 弹性可弯藏尖式尖轨、跟端限位器结构、钢轨组合型可动心轨辙叉、轧制翼轨、分开式护轨、分开式II型弹条扣件。	220	80	2011.06
12	GLC(10)103	委内瑞拉 UIC60 钢轨 14 号单开道岔	60D40 弹性可弯藏尖式尖轨、跟端限位器结构、焊接高锰钢整铸辙叉、分开式护轨、分开式II型弹条扣件。	货车 90 客车 180	60	2011.06
13	GLC(10)104	委内瑞拉 UIC60 钢轨 9 号单开道岔	60D40 弹性可弯藏尖式尖轨、跟端限位器结构、焊接高锰钢整铸辙叉、分开式护轨、分开式II型弹条扣件。	货车 90 客车 120	40	2011.06
14	GLC(10)105	委内瑞拉 UIC60 钢轨 7 号单开道岔	60D40 弹性可弯藏尖式尖轨、跟端限位器结构、焊接高锰钢整铸辙叉、分开式护轨、分开式II型弹条扣件。	60	30	2011.06
15	SCW1131	柬埔寨 1000mm 轨距 BS80A 钢轨 10 号单开道岔	BS80A 弹性可弯尖轨、高锰钢整铸辙叉、分开式护轨。	80	20	2011.01
16	SCW1133	1067mm 轨距 BS80A 钢轨 12 号单开道岔	BS80A 割线型尖轨，与基本轨采用斜贴方式，设跟端活接头，高锰钢整铸辙叉，分开式可调护轨，III型弹性分开式可调式扣件。	80	30	2011.04
17	SCW1157	印尼 1067mm 轨距 UIC54 钢轨 10 号单开道岔	UIC54B 弹性可弯藏尖式尖轨、跟端设间隔铁、高锰钢整铸辙叉、分开式护轨、扣件采用轨卡式。	120	40	2011.11
18	SCW1158	印尼 1067mm 轨距 UIC54 钢轨 12 号单开道岔	UIC54A 弹性可弯藏尖式尖轨、跟端设间隔铁、高锰钢整铸辙叉、分开式护轨、扣件采用轨卡式。	120	40	2011.11
19	SCW10113	泰国 SRT-UIC60 钢轨 14 号单开道岔	UIC60B 弹性可弯藏尖式尖轨、跟端设间隔铁、高锰钢整铸辙叉、分开式护轨、分开式III型弹条扣件。	160	60	2011.05
20	SCW10113YZ	泰国 SRT-UIC60 钢轨 14 号单开道岔	UIC60B 弹性可弯藏尖式尖轨、跟端设间隔铁、高锰钢整铸辙叉、分开式护轨、分开式III型弹条扣件。	160	60	2011.05
21	SCW1141	新西兰 TRL50 钢轨 7.5 号半交分道岔	弹性可弯藏尖式尖轨、跟端设间隔铁、锐钝角辙叉为高锰钢整铸辙叉、分开式护轨、e2011 扣件。	60	25	2011.02
22	GLC(08)01-D5.0	200km/h-60kg/m 钢轨 12 号 5.0m 间距交叉渡线	可动心单叉、轧制翼轨、II型弹条。	货车 120 客车 200	50	2011.09

23	GLC(08)01TS-DD4.42	60kg/m 钢轨 12 号可动心轨 4.42m 单渡线	可动心单叉、轧制翼轨、Ⅱ型弹条。	货车 120 客车 200	50	2011.09
24	专线 7632-0305	60kg/m 钢轨 12 号 5.5 米间距交叉渡线	60AT 弹性可弯尖轨、跟端采用限位器、高锰钢整铸辙叉、分开式护轨、Ⅱ型弹条扣件。	货车 80 客车 160	50	2011.09
25	专线 (01)7659-Ⅰ-09	50kg/m 钢轨 12 号 5m 间距交叉渡线	50AT 弹性可弯尖轨、跟端限位器结构、高锰钢整铸辙叉、分开式护轨。	货车 80 客车 120	50	2011.03
26	专线 (02)7660-Ⅰ-5	50kg/m 钢轨 12 号 5.3m 间距交叉渡线	50AT 弹性可弯尖轨、跟端限位器结构、高锰钢整铸辙叉、分开式护轨。	货车 80 客车 120	50	2011.01
27	专线 (02)7662-Ⅰ-3	50kg/m 钢轨 12 号 6.5m 间距交叉渡线	50AT 弹性可弯尖轨、跟端限位器结构、高锰钢整铸辙叉、分开式护轨。	货车 80 客车 120	50	2011.02
28	SC(07)340-0303	60kg/m 钢轨 12 号 5m 间距交叉渡线	60AT 弹性可弯藏尖式尖轨、耐施螺母、高锰钢整铸辙叉、分开式护轨、Ⅱ型弹条扣件。	货车 90 客车 120	50	2011.09
29	SC693	92 改进型 50kg/m 钢轨 9 号 6.0m 间距交叉渡线	50AT 直线尖轨、跟端间隔铁式活接头连接、高锰钢整铸辙叉、分开式护轨、分开式 B 型弹条扣件。	货车 80 客车 100	35	2011.03
30	SC655	75kg/m 钢轨 12 号 4.0m 间距单渡线	60AT 弹性可弯负割半切线型藏尖式尖轨、跟端双限位器结构、高锰钢整铸辙叉。	90	40	2011.07
31	SC662-Ⅱ	60kg/m 钢轨 12 号Ⅱ型道岔 4.0m 间距单渡线	60AT 弹性可弯尖轨、跟端采用限位器、高锰钢整铸辙叉、分开式护轨、分开式Ⅱ型弹条可调扣件。	货车 80 客车 160	50	2011.02
32	CZ2210-0303	92 改进型 50kg/m 钢轨 9 号 5m 间距交叉渡线	50AT 弹性可弯尖轨、跟端限位器结构、高锰钢整铸辙叉、分开式 B 型弹条扣件。	货车 80 客车 100	35	2011.09
33	专线 9754-Ⅰ	整体道床 60kg/m 钢轨 9 号 5m 间距交叉渡线	60AT 藏尖式直线尖轨、跟端设间隔铁式活接头、高锰钢整铸辙叉、分开式护轨、Ⅲ型弹条分开式可调扣件。	100	30	2011.04
34	专线 9756	50kg/m 钢轨 7 号 5m 间距交叉渡线	50AT 曲线尖轨、跟端间隔铁式活接头、高锰钢整铸辙叉、分开式护轨。	80	25	2011.03
35	STB-GJ-030508	50kg/m 钢轨 7 号 5m 间距交叉渡线	50AT 弹性可弯藏尖式尖轨、跟端设间隔铁、高锰钢整铸辙叉、分开式护轨、Ⅱ型弹条分开式可调扣件。	80	25	2011.11
36	BJM10 Ⅱ-04-01-01-09-00-SS-GD	60kg/m 钢轨 9 号 9.0m 间距不对称交叉渡线	60AT 藏尖式直线尖轨、跟端设间隔铁式活接头联结、高锰钢整铸辙叉、弹性分开式 DTⅥ2 型扣件、采用减震器。	地铁列车不限速	30	2011.04
37	GJ-030516-DD5.0	60kg/m 钢轨 12 号 5.0m 间距单渡线	60AT 弹性可弯藏尖式尖轨、跟端设间隔铁、高锰钢整铸辙叉、分开式护轨、Ⅱ型弹条分开式可调扣件。	120	50	2011.07
38	GJ-030516-DD5.3	60kg/m 钢轨 12 号 5.3m 间距单渡线	60AT 弹性可弯藏尖式尖轨、跟端设间隔铁、高锰钢整铸辙叉、分开式护轨、Ⅱ型弹条分开式可调扣件。	120	50	2011.07
39	SC(07)360	60kg/m 钢轨 12 号 6.5m 间距一渡多交道岔组合	60AT 弹性可弯藏尖式尖轨、耐施螺母、高锰钢整铸辙叉、分开式护轨、Ⅱ型弹条扣件。	货车 90 客车 120	45	2011.09
40	SC(07)370	60kg/m 钢轨 12 号 5.0m 间距多渡多交道岔组合	60AT 弹性可弯藏尖式尖轨、耐施螺母、高锰钢整铸辙叉、分开式护轨、Ⅱ型弹条扣件。	货车 90 客车 120	45	2011.09
41	SC458	50kg/m 钢轨 9 号 5.0m 间距一渡多交道岔组合	50AT 藏尖式曲线尖轨、耐施螺母、高锰钢整铸辙叉、分开式护轨、Ⅱ型弹条扣件。	货车 80 客车 120	35	2011.08
42	SC459	50kg/m 钢轨 9 号 5.0-6.5m 间距多渡多交道岔组合	50AT 藏尖式曲线尖轨、耐施螺母、高锰钢整铸辙叉、分开式护轨、Ⅱ型弹条扣件。	货车 80 客车 120	35	2011.07
43	SC(07)460	60kg/m 钢轨 9 号 5.0m 间距一渡多交道岔组合	60AT 半切线型复曲线藏尖式曲线尖轨、高锰钢整铸辙叉、防松螺母、Ⅱ型弹条分开式可调扣件。	货车 80 客车 90	35	2011.08

44	SC590	60kg/m 钢轨 12 号 5m 间距一渡多交道岔组合	60AT 弹性可弯尖轨、跟端采用限位器、高锰钢整铸辙叉、分开式护轨、II 型弹条扣件。	货车 80 客车 160	50	2011.03
45	SC668	60kg/m 钢轨 12 号 5m 间距一渡多交道岔组合	60AT 弹性可弯藏尖式尖轨、耐施螺母、高锰钢整铸辙叉、分开式护轨、II 型弹条扣件。	货车 90 客车 120	50	2011.04
46	SC669-222	60kg/m 钢轨 12 号 5-5.3m 间距多渡多交道岔组合	60AT 弹性可弯藏尖式尖轨、耐施螺母、高锰钢整铸辙叉、分开式护轨、II 型弹条扣件。	货车 90 客车 120	50	2011.05
47	SC691-1206	60kg/m 钢轨 9 号 5.0m 间距一渡多交道岔组合	60AT 藏尖式曲线尖轨、耐施螺母、高锰钢整铸辙叉、分开式护轨、II 型弹条扣件。	货车 80 客车 120	35	2011.03

【中铁宝桥道岔产品】 2011 年中铁宝桥完成整组道岔 3234 组，AT 尖轨 5104 根，辙叉 14087 个，详见表 6-3。

表 6-3 2011 年中铁宝桥主要道岔品种一览表

序号	图号	产品名称	主要结构特点	容许通过速度（公里/小事）		应用时间
				直向	侧向	
1	CZ2302	50kg/m 钢轨 7 号单开道岔	道岔平面：半割线型曲线尖轨（割距 4 毫米），割线型直线辙叉（割距 12 毫米），导曲线半径 150 米；设置一个牵引点，牵引点动程为 152 毫米；转辙器采用 50AT 尖轨，跟端采用间隔铁式活接头联结；尖轨工作边斜度为 1：5、非工作边的斜度均为 1：3；尖轨转换设一个牵引点，牵引点动程为 152 毫米；设置 1 个连杆以形成稳定的框架结构；辙叉采用高锰钢整铸式，辙叉下设置垫板；护轨为分开式，采用 43kg/m 钢轨制造，护轨顶面高出基本轨顶面 12 毫米；钢轨件均进行轨头顶面全长淬火；钢轨件均进行轨头顶面全长淬火；道岔范围内不设轨底坡或轨顶坡；本道岔垫板厚度一般为 18 毫米，辙跟垫板为 23 毫米，护轨垫板以及与护轨垫板在同一岔枕的垫板厚度为 22 毫米，除尖轨跟端垫板外，轨下均设厚度为 5 毫米的橡胶垫板，板下设 5 毫米塑料垫片。	80	25	2011.2
2	CZ2303	50kg/m 钢轨 7 号 5m 间距交叉渡线	本道岔平面：半割线型曲线尖轨（割距 4 毫米），割线型直线辙叉（割距 12 毫米，导曲线半径 150 米；设置一个牵引点，牵引点动程为 152 毫米；转辙器采用 50AT 尖轨，跟端采用间隔铁式活接头联结；固定型辙叉采用高锰钢整铸式，辙叉下设置垫板；护轨为分开式，采用 43kg/m 钢轨制造，护轨顶面高出基本轨顶面 12 毫米；钢轨件均进行轨头顶面全长淬火；一般轨下和垫板下设橡胶垫板，轨下均采用 5 毫米厚橡胶垫板，板下设 5 毫米厚塑料垫板；	80	25	2011.2
3	CZ2306	50kg/m 钢轨 7 号单开道岔	道岔电务转换设备为联动内锁闭，一点牵引，牵引点动程为 152 毫米；道岔平面：半割线型曲线尖轨（割距 4 毫米），割线型直线辙叉（割距 12 毫米），导曲线半径 150 米；转辙器采用 50AT 尖轨，跟端采用间隔铁式活接头联结；采用高锰钢整铸固定型辙叉，辙叉下设置铁垫板；护轨为分开式，采用 UIC33 槽型钢轨制造，护轨顶面高出基本轨顶面 12 毫米；钢轨顶面均进行全长淬火；道岔采用 I 型弹条分开式可调扣件；钢轨轨下和辙叉下设 10 毫米厚橡胶垫板，垫板下设置 5 毫米厚塑料垫片；	70	25	2011.8
4	CZ2307	昆明地铁 50kg/m 钢轨 7 号 5m 间距交叉渡线（木枕）	转辙器采用 50AT 曲线尖轨，跟端采用间隔铁式活接头联结；单开辙叉为高锰钢整铸式（与菱形交叉连接一侧为双轨式），锐角辙叉与钝角辙叉采用高锰钢整铸式双轨辙叉，单开辙叉与钝角辙叉之间的短轨接头应采用冻结接头。辙叉下设置铁垫板。辙叉端头、接头夹板的贴合面、接头螺栓孔及耳板与轨距块的贴合面等部位进行表面机加工；护轨为分开式，采用 UIC33 槽型钢轨制造，附加护轨采用 50kg/m 钢轨制造；扣件采用 I 型弹条分开式可调扣件；钢轨及锰叉下设 10mm 厚橡胶垫板，垫板下设 5 毫米厚塑料垫片；电务转换设备采用联动内锁闭装置。尖轨设一个牵引点，牵引点设计动程为 152 毫米；钢轨顶面均进行全长淬火；	70	25	2011.8

5	CZ2308	上海地铁 50kg/m 钢轨 7 号单开道岔	本道岔的轨下基础采用无挡肩混凝土岔枕；转辙器采用 8.54 米 50AT 弹性可弯尖轨，尖轨尖端为藏尖式，弹性可弯跟端设间隔铁；电务转换设备按联动内锁闭设计；尖轨设一个牵引点，牵引点动程为 152 毫米，在正常养护情况下，尖轨理论总扳动力为 4000 牛；固定辙叉采用高锰钢整铸式，辙叉下设置铁垫板；护轨为分开式，采用 43kg/m 钢轨制造，护轨顶面高出基本轨顶面 12 毫米；扣件采用Ⅰ型弹条分开式可调扣件；钢轨轨下及高锰钢辙叉下设置 5 毫米厚橡胶垫板，铁垫板下设置 10 毫米厚橡胶垫板；钢轨件均进行轨头顶面全长淬火；本道岔不设轨底坡，如与 1：40 轨底坡线路连接时，道岔前后采用顺坡垫板。	80	25	2011.8
6	CZ2309	上海地铁 50kg/m 钢轨 7 号 5m 间距交叉渡线	本道岔的轨下基础采用混凝土岔枕；转辙器采用 8.54 米 50AT 弹性可弯尖轨，尖轨尖端为藏尖式，弹性可弯跟端设间隔铁；交叉渡线中的 A（B）型辙叉、锐角辙叉及钝角辙叉均采用高锰钢整铸式，辙叉下设置铁垫板；护轨为分开式，采用 43kg/m 钢轨制造，附加护轨采用 50kg/m 钢轨制造；扣件采用Ⅰ型弹条分开式可调扣件；钢轨轨下及高锰钢辙叉下设置 5 毫米厚橡胶垫板，各垫板下设置 10 毫米厚橡胶垫板；钢轨件均进行轨头顶面全长淬火；电务转换设备按联动内锁闭设计；尖轨设一个牵引点，牵引点动程为 152 毫米，在正常养护情况下，尖轨理论总扳动力为 4000 牛。	80	25	2011.12
7	CZ2740	时速 200km 60kg/m 钢轨 600mm 伸缩调节器	该调节器基本轨与尖轨的组合位置为铺设时轨温 T=20℃的位置，此时已考虑了伸缩预留量±600 毫米；在木枕上铺设时，应在铁垫板与木枕之间预先放入 5 毫米、3 毫米厚的调高垫板各 1 块。此时，轨顶中心至轨枕顶面的高差为 208.2 毫米；组装时，应在尖轨非工作边与基本轨轨头刨切贴合面上、基本轨与铁垫板之间、基本轨轨腰与轨撑之间、超小阻力扣件与钢轨接触面均应涂适量润滑脂；当钢轨需调高（或低）时，可在预设的调高垫板上或下侧加垫（或减薄）调高垫板。			2011.3
8	CZ2741	60kg/m 钢轨曲线型组合道岔	该道岔的轨下基础采用合成轨枕（整体道床）；曲线型转辙器采用 11.2 米 60AT 弹性可弯尖轨，尖轨尖端为藏尖式，弹性可弯跟端设间隔铁；对称道岔转辙器采用尖轨 5.773 米 60AT 尖轨，尖轨尖端为藏尖式，跟端为活接头结构；曲线型转辙器尖轨设置两个牵引点，第一牵引点动程为 160 毫米，第二牵引点动程为 92 毫米；对称道岔转辙器尖轨设置一个牵引点，牵引点动程为 15 毫米；辙叉采用高锰钢整铸式，辙叉下设置铁垫板；护轨为分开式，采用 33kg/m 槽型钢轨制造，护轨顶面高出基本轨顶面 12 毫米；扣件采用Ⅲ型弹条分开式可调扣件；钢轨及高锰钢整铸辙叉下设 5 毫米厚橡胶垫板，铁垫板下设 10 毫米厚橡胶垫板；道岔钢轨均进行轨头顶面全长淬火；曲线型单开道岔、对称道岔电务转换设备均按内锁闭设计；本图按设轨道电路设计，对称道岔两股均设置绝缘，曲线道岔绝缘接头按设置在侧股设计；采用高强度螺栓的紧固件在组装、维修或保养时，采用扭矩扳手紧固。在有润滑条件下，M24 的螺母拧紧扭矩不小于 780 牛米，M27 的螺母拧紧扭矩不小于 980N 牛米。	35	20	2011.3
9	CZ2742	60kg/m 钢轨 9 号道岔 5.2m 间距交叉渡线	转辙器采用半割线型 60AT 弹性可弯曲线尖轨，尖轨尖端为藏尖式，跟端采用接头夹板连接；护轨为分开式可调护轨，采用 UIC33 槽形钢轨制造，护轨顶面高出基本轨顶面 12 毫米；垫层：钢轨轨下、高锰钢辙叉下设置 12 毫米厚的橡胶垫板，各垫板下设置 12 毫米厚的板下垫板；尖轨范围内的垫板上（不含跟端垫板），采用静刚度较大的双面沟槽橡胶垫板；为保护尖轨尖端，在尖轨尖端前的两块垫板上，采用与滑床板上相同的双面沟槽橡胶垫板；岔钢轨均进行轨头顶面全长淬火；本图 A（B）型辙叉、4.5 号锐角辙叉、钝角辙叉均按普通高锰钢辙叉设计，辙叉趾、跟端均采用接头夹板连接；电务转换设备采用联动内锁闭装置。尖轨设两个牵引点，第一牵引点设计动程为 160 毫米，第二牵引点设计动程为 84 毫米，尖轨理论总扳动力不大于 4 千牛；本图按钢轨轨缝均为 8 毫米设计；9 号 A（B）型辙叉及护轨分 A、B 型两种：图中左上方及右下方为 A 型，左下方及右上方为 B 型；安装限位器时，限位器 A 与限位器 B 之间的间隙应为 7±1 毫米。	120	35	2011.4

10	CZ2743	60kg/m 钢轨±400mm 伸缩调节器	基本轨采用 60kg/m、U75V 钢轨制造；尖轨采用 60AT 钢轨制造，尖轨尖端采用藏尖式；基本轨与尖轨贴合面采用半径 300 米的圆曲线，圆曲线与轨距线相切，尖轨实际尖端轨头宽 1 毫米；伸缩器范围内设 1：40 轨底坡与线路保持一致；为降低伸缩阻力，对基本轨进行预顶弯；尖轨固定，基本轨作相对伸缩；示意图上调节器基本轨与尖轨的组合位置是中间状态，基本轨伸缩预留量各为 400 毫米；当钢轨需调高时，可在铁垫板和 B 型短枕间加垫调高垫板，最大调高量 15 毫米；基本轨前端采用焊接接头；尖轨跟端采用冻结接头。	100		2011.4
11	CZ2747	昆明地铁 60kg/m 钢轨 9 号单开道岔	转辙器采用半割线型 60AT 弹性可弯曲线尖轨（割距 f=-22 毫米，尖轨尖端为藏尖式，为降低转换力，尖轨弹性可弯段按刨切轨底设计；尖轨跟端采用限位器结构，限位器 A、B 块两侧的设计间隙为 7±1 毫米，限位器水平螺栓采用高强度螺栓及高强度螺母；尖轨设两个牵引点，第一牵引点动程为 160 毫米，第二牵引点动程为 70 毫米，尖轨理论总扳动力不大于 4 千牛；辙叉采用高锰钢整铸式；滑床板、护轨垫板采用弹片扣压基本轨；基本轨外侧设置轨撑，增强道岔结构的稳定；护轨为分开式可调护轨，采用 33kg/m 槽型钢轨制造，护轨顶面高出基本轨顶面 12 毫米；轨下和高锰钢辙叉下设 12 毫米厚橡胶垫板，护轨垫板下设置 7 毫米厚橡胶垫板，其余垫板下设置 10 毫米厚橡胶垫板；电务转换设备采用联动内锁闭或分动外锁闭装置；道岔不设轨底坡，道岔前后设顺坡垫板；钢轨顶面应进行全长淬火；钢轨普通接头按 8 毫米轨缝设计，冻结接头按 2 毫米轨缝设计。	100	35	2011.5
12	CZ2748	昆明地铁 60kg/m 钢轨 9 号 5m 间距交叉渡线	本道岔轨下基础采用整体道床混凝土短轨枕；本道岔轨下基础采用整体道床混凝土短轨枕；转辙器采用半割线型 60AT 弹性可弯尖轨，尖轨尖端为藏尖式，跟端采用限位器结构；辙叉采用高锰钢整铸式；护轨为分开式可调护轨，采用 UIC33 槽型钢轨制造，护轨顶面高出基本轨顶面 12 毫米；扣件采用Ⅲ型弹条分开式可调扣件；钢轨及高锰钢辙叉下设 12 毫米厚橡胶垫板，护轨垫板下设 7 毫米厚橡胶垫板，其余垫板下设置 10 毫米厚橡胶垫板；钢轨件均进行轨头顶面全长淬火；本道岔不设轨底坡；电务转换设备采用联动内锁闭或分动外锁闭装置；尖轨设两个牵引点，第一牵引点设计动程为 160 毫米，第二牵引点设计动程为 70 毫米；正常情况下，尖轨理论总扳动力不大于 4 千牛。	100	35	2011.5
13	CZ2749	北京地铁 60kg/m 钢轨 12 号 14m 间距交叉渡线	本道岔的轨下基础采用混凝土短轨枕（整体道床）；转辙器尖轨采用 60AT 钢轨制造，尖轨尖端为藏尖式，跟端固定部分设置间隔铁；电务转换设备按分动外锁闭设计；转辙器采用两点牵引，第一牵引点动程为 160 毫米，第二牵引点动程为 77 毫米，在正常养护情况下，尖轨理论总扳动力为 3920 牛；辙叉采用高锰钢整铸式辙叉，辙叉下设铁垫板；护轨为分开可调式，采用 50kg/m 钢轨制造护轨顶面高出基本轨顶面 12 毫米；轨下及辙叉下设置 12 毫米厚的橡胶垫板，垫板下设置 12 毫米厚的橡胶垫板；交叉渡线菱形中钝角辙叉范围内轨距采用 1440 毫米；轨距过渡在锐角辙叉趾端接缝前完成；道岔轨缝均为 8 毫米；本交叉渡线道岔区不设绝缘接头；本道岔不设置轨底坡，若与设置 1：40 轨底坡的线路连接时，道岔前后端头垫板采用斜坡垫板；道岔钢轨采用 U75V 钢轨，钢轨顶面应进行全长淬火；轨顶面至岔枕顶面的高度为 220 毫米；	120	50	2011.5
14	CZ2750	60kg/m 钢轨双向伸缩调节器	该伸缩调节器允许伸缩量±500 毫米；在伸缩范围内，轨距的变化不超过 1435 毫米，且伸缩过程中，轨距保持不变；在尖轨轨头刨切范围内，尖轨与基本轨轨头保持密贴，能保证列车逆向运行的安全；尖轨尖端附近，基本轨无死弯；轨距调整量最大为±10 毫米；伸缩调节器全长（从一侧基本轨始端至另一侧基本轨始端的范围）22000±500 毫米；当钢轨需调高时，可在钢垫板和橡胶垫板之间加垫调高垫板。	200		2011.5

15	CZ2752	重庆地铁六号线60kg/m钢轨9号单开道岔	道岔的轨下基础采用混凝土短轨枕（整体道床）；转辙器采用11.2米60AT弹性可弯尖轨，尖轨尖端为藏尖式，跟端设间隔铁；尖轨设置两个牵引点，第一牵引点动程为160毫米，第二牵引点动程为85毫米，在正常养护情况下，尖轨理论总扳动力为4000牛；辙叉采用高锰钢整铸式，辙叉下设置铁垫板；护轨为分开式，采用33kg/m槽型钢轨制造，护轨顶面高出基本轨顶面12毫米；钢轨及高锰钢整铸辙叉下设10毫米厚橡胶垫板，铁垫板下设12毫米厚橡胶垫板；道岔钢轨均进行轨头顶面全长淬火；电务转换设备按联动内锁闭设计；钢轨轨缝均为8毫米；本道岔不设轨底坡，考虑到道岔与线路连接过渡，在道岔前后岔枕上设置顺坡垫板；	100	35	2011.5
16	CZ2753	重庆地铁60kg/m钢轨9号5m间距交叉渡线	本道岔轨下基础采用整体道床混凝土短轨枕（整体道床）；转辙器采用11.2m的60AT弹性可弯尖轨，尖轨尖端为藏尖式，弹性可弯跟端设间隔铁；辙叉采用高锰钢整铸式，辙叉下设置垫板；护轨为分开式，采用33kg/m槽型钢轨制造，护轨顶面高出基本轨顶面12毫米；扣件采用Ⅲ型弹条分开式可调扣件；钢轨下和辙叉下设10毫米厚橡胶垫板，护轨垫板下设置7毫米厚橡胶垫板，其余垫板下设置12毫米厚橡胶垫板；钢轨件均进行轨头顶面全长淬火；本道岔不设轨底坡，与1：40轨底坡线路连接时，道岔前后端应改用顺坡垫板；钢轨接头轨缝均为8毫米；电务转换设备按联动内锁闭设计。		35	2011.6
17	CZ3501	城轨60 kg/m钢轨9号单开道岔	该道岔直股轨距为1435毫米，尖轨尖端轨距为1440毫米，导曲线终点以后轨距为1435毫米；转辙器采用半割线型60AT弹性可弯曲线尖轨（负割距22毫米），尖轨尖端为藏尖式，跟端采用接头夹板连接；为降低转换力，尖轨弹性可弯段按刨切轨底设计；辙叉采用高锰钢整铸式，趾、跟端均采用接头夹板连接；护轨为分开式可调护轨，采用UIC33槽型钢轨制造，护轨顶面高出基本轨顶面12毫米；为平衡无缝线路温度力，在尖轨跟部设置限位器，限位器A块与限位器B块之间的间隙应为7±1毫米，限位器水平螺栓采用高强度螺栓及高强度螺母；基本轨外侧设置轨撑，增强道岔结构的稳定；钢轨轨下设置10毫米厚的橡胶垫板，高锰钢辙叉下设置10毫米厚的橡胶垫板，各垫板下设置5毫米厚塑料垫片；电务转换设备分两种：分动外锁闭装置和内锁闭装置，尖轨设两个牵引点，第一牵引点设计动程为160毫米，第二牵引点设计动程为70毫米，尖轨理论总扳动力不大于4千牛；钢轨件均进行轨头顶面全长淬火；本道岔不设轨底坡，如与区间有轨底坡线路连接时，应在道岔两端最外侧两根岔枕上进行轨底过渡，道岔前后设顺坡垫板，若与无轨底坡线路连接时，取消顺坡垫板。	100	35	2011.8
18	CZ3502	城轨60 kg/m钢轨伸缩调节器	该伸缩调节器优化尖轨刨切断面及刨切范围的轨顶高度，使尖轨尖端藏尖达到3毫米；尖轨轨撑和基本轨轨撑与轨腰面接触；增加基本轨双联轨；增大基本轨跟端附近轨顶刨切范围；优化护轨伸缩夹板；允许伸缩量±500毫米；在伸缩范围内，轨距的变化不超过1435毫米，且伸缩过程中，轨距保持不变；在尖轨轨头刨切范围内，尖轨与基本轨轨头保持密贴，能保证列车逆向运行的安全；尖轨尖端附近，基本轨无死弯；轨距调整量最大为±10毫米；当钢轨需调高时，可在钢垫板和橡胶垫板之间加垫调高垫板；伸缩调节器无论铺设在桥台还是桥墩附近，基本轨或尖轨接头距梁端必须大于2米。	200		2011.8

19	CZ3503	时速250公里60kg/m钢轨 12 号单开道岔（无砟）	本道岔适用于跨区间无缝线路，允许铺设轨温范围：最大升温幅度57℃，最大降温幅度57℃；道岔的轨下基础可采用道床板或混凝土无砟岔枕；本图预留了融雪装置的安装条件；尖轨为相离半切线型，采用13640毫米长的60D40弹性可弯尖轨，尖轨尖端为藏尖式；尖轨设两个牵引点，采用分动钩型外锁闭装置，各牵引点设计动程分别为160毫米、82毫米，在正常情况下，各牵引点的理论转换力分别为：1250 牛、3950牛；转辙器尖轨跟端按采用限位器设计，限位器子母块的间隙为15毫米；转辙器间隔设置带施维格滚轮的滑床板和防跳限位装置，基本轨内侧采用弹性夹扣压；可动心轨辙叉采用钢轨组合型，心轨采用60D40钢轨制造，短心轨后端为滑动端，翼轨采用轧制的特种断面钢轨；翼轨跟端用间隔铁分别与长心轨和叉跟尖轨胶接，胶接层厚度不大于1毫米；心轨设两个牵引点，采用钩型外锁闭装置，设计动程分别为113毫米和57毫米。正常情况下，各点的理论转换力分别为 1750牛、3970牛；可动心轨辙叉侧线设置护轨。护轨为分开式，采用33kg/m槽型钢制造，护轨顶面高出基本轨顶面12毫米，护轨基本轨内侧采用弹性夹扣压；道岔区钢轨设置1：40的轨底坡或轨顶坡；道岔内钢轨接头均采用铝热焊接接头，配轨长度均按轨缝8毫米设置，焊接时可现场锯轨。	250	50	2011.8
20	CZ3504	60kg/m钢轨 12 号单开道岔（上海地铁）	本道岔的轨下基础采用混凝土长岔枕；转辙器采用13米60AT弹性可弯尖轨，尖轨尖端为藏尖式，弹性可弯跟端设间隔铁；辙叉采用高锰钢整铸式，辙叉下设置铁垫板；护轨为分开式，采用50kg/m钢轨制造，护轨顶面高出基本轨顶面12毫米；钢轨轨下及高锰钢辙叉下设置10毫米厚橡胶垫板，各垫板下设置12毫米厚橡胶垫板；电务转换设备按分动外锁闭设计；尖轨设两个牵引点，第一牵引点动程为160毫米，第二牵引点动程为70毫米，在正常养护情况下，尖轨理论总扳动力为3920牛。本道岔配轨按普通接头设计；若采用焊接接头，钢轨轨端不钻接头螺栓孔；道岔钢轨采用U75V，钢轨件均进行轨头顶面全长淬火或采用在线淬火轨；本道岔不设轨底坡，如与1：40轨底坡线路连接时，道岔前后采用顺坡垫板。	120	50	2011.8
21	CZ3505	60kg/m钢轨9号单开道岔（上海地铁）	本道岔的轨下基础采用无挡肩混凝土短轨枕；转辙器采用10.68米的60AT弹性可弯尖轨，尖轨尖端为藏尖式，弹性可弯跟端设间隔铁；尖轨设两个牵引点，第一牵引点动程为160毫米，第二牵引点动程为80毫米，在正常养护情况下，尖轨理论总扳动力不大于 6000牛；固定辙叉采用高锰钢整铸式，辙叉下设置铁垫板；护轨为分开式，采用50kg/m钢轨制造，护轨顶面高出基本轨顶面12毫米；钢轨及锰叉下设10毫米厚橡胶垫板，铁垫板下设12毫米厚橡胶垫板；道岔钢轨采用U75V钢轨，均进行轨头顶面全长淬火；电务转换设备按分动外锁闭设计；钢轨轨逢均为8毫米；本道岔配轨按普通接头设计，若采用焊接接头，钢轨轨端不钻接头螺栓孔；本道岔不设置轨底坡，若与设置 1：40轨底坡的线路连接时，道岔前后端头垫板采用斜坡垫板，若与无轨底坡线路连接时，取消顺坡垫板改用平垫板。	100	35	2011.8
22	CZ3506	60kg/m钢轨9号对称三开道岔	本道岔的轨下基础采用混凝土短岔枕（整体道床）；尖轨采用60AT轨，直向尖轨尖端为藏尖式，侧向尖轨为贴尖式，跟端为间隔铁结构；尖轨设一个牵引点，侧向尖轨动程为180毫米；转辙器基本轨设可调式轨撑，转辙器设置弹片滑床板；辙叉采用高锰钢整铸式，中间辙叉为曲线型，后端辙叉为直线型，辙叉下设置铁垫板；后端辙叉为提高安全度，将两侧翼轨平直段向咽喉方向延长150毫米；护轨为分开式，采用50kg/m钢轨制造，护轨顶面高出基本轨顶面12毫米；钢轨及锰叉下设置10毫米厚橡胶垫板，铁垫板下设置12毫米厚橡胶垫板；短轨3276毫米应按示意图预先在厂内顶弯；本道岔不设轨底坡，如与1：40轨底坡线路连接时，道岔前后采用顺坡垫板；道岔采用U75V钢轨，轨头顶面全长淬火；	35		2011.9

23	CZ3507	60kg/m钢轨9号15m间距交叉渡线（整体道床）	本道岔轨下基础采用整体道床混凝土短轨枕（整体道床）；转辙器采用11.2米的60AT弹性可弯尖轨，尖轨尖端为藏尖式，弹性可弯跟端设间隔铁；辙叉采用高锰钢整铸式，辙叉下设置垫板；护轨为分开式，采用33kg/m槽型钢轨制造，护轨顶面高出基本轨顶面12毫米；钢轨下和辙叉下设10毫米厚橡胶垫板，护轨垫板下设置7毫米厚橡胶垫板，其余垫板下设置12毫米厚橡胶垫板；钢轨件均进行轨头顶面全长淬火；本道岔不设轨底坡，与1：40轨底坡线路连接时，道岔前后端应改用顺坡垫板；钢轨接头轨缝均为8毫米；交叉渡线菱形中钝角辙叉范围内轨距采用1440毫米。轨距过渡在锐角辙叉趾端接缝前完成。	35		2011.9
24	CZ3509	60kg/m钢轨伸缩量420mm双向伸缩调节器	本钢轨伸缩调节器尖轨固定不动，基本轨作相对伸缩；基本轨与尖轨贴合面采用半径为280米的圆曲线，圆曲线与轨距线相切，尖轨实际尖端处轨头宽1毫米，在任何伸缩量情况下，尖轨尖端处轨距保持1437毫米不变；基本轨采用60kg/m钢轨制造，尖轨采用60AT钢轨制造；尖轨尖端设3毫米藏尖；钢轨伸缩调节器与相邻钢轨的连接按冻结接头设计；本钢轨伸缩调节器应铺设于直线地段及半径不小于2000米的曲线地段；施工时应严格控制轨道水平、方向和高低，并按图示位置调整、检查轨距；设轨撑处铁垫板上不得使用调高垫板；			2011.10
25	CZ3510	60kg/m钢轨9号4.4m间距单渡线	转辙器采用11.2米60AT弹性可弯尖轨，尖轨尖端为藏尖式，弹性可弯跟端设间隔铁；尖轨设置两个牵引点，第一牵引点动程为160毫米，第二牵引点动程为70毫米，在正常养护情况下，尖轨理论总扳动力为4000牛；辙叉采用高锰钢整铸式，辙叉下设置铁垫板；护轨为分开式，采用50kg/m钢轨制造，护轨顶面高出基本轨顶面12毫米；扣件采用Ⅲ型弹条分开式可调扣件；钢轨及高锰钢整铸辙叉下设10毫米厚橡胶垫板，铁垫板下设12毫米厚橡胶垫板；道岔钢轨均进行轨头顶面全长淬火；电务转换设备按分动外锁闭设计；	95	35	2011.11
26	CZ3511	60kg/m钢轨9号4.2m间距单渡线	道岔的轨下基础采用合成轨枕（整体道床）；转辙器采用11.2米60AT弹性可弯尖轨，尖轨尖端为藏尖式，弹性可弯跟端设间隔铁；尖轨设置两个牵引点，第一牵引点动程为160毫米，第二牵引点动程为70毫米，在正常养护情况，尖轨理论总扳动力为4000牛；辙叉采用高锰钢整铸式，辙叉下设置铁垫板；护轨为分开式，采用50kg/m钢轨制造，护轨顶面高出基本轨顶面12毫米；扣件采用Ⅲ型弹条分开式可调扣件；钢轨及高锰钢整铸辙叉下设10毫米厚橡胶垫板，铁垫板下设12毫米厚橡胶垫板；道岔钢轨均进行轨头顶面全长淬火；钢轨轨缝均为8毫米；如采用焊接接头，钢轨轨头不钻接头夹板螺栓孔；本图按不设轨道电路设计。	95	35	2011.1
27	CZ3512	60kg/m钢轨伸缩量1000mm单向伸缩调节器（重庆地铁）	轨下基础采用混凝土短轨枕（整体道床）；基本轨与尖轨贴合面采用半径300米的圆曲线，圆曲线与轨距线相切，尖轨实际尖端轨头宽1毫米；示意图上调节器基本轨与尖轨的组合位置是中间状态，基本轨伸缩预留量各为500毫米；伸缩器范围内设1：40轨底坡与线路保持一致；为降低伸缩阻力，基本轨底按详图进行预顶弯；尖轨采用60AT钢轨制造，尖轨尖端采用藏尖式；尖轨固定，基本轨作相对伸缩，设置导向轨撑支撑基本轨轨腰及扣压轨底；本伸缩调节器不设护轨。	100		2011.11
28	CZ3513	60kg/m钢轨6号对称道岔	本道岔的轨下基础采用混凝土岔枕；尖轨用4630毫米长的60AT钢轨制造，尖轨尖端采用藏尖式，跟端采用活接头结构；尖轨工作边和非工作边的斜度均采用1：4斜度；尖轨转换设一个牵引点，牵引点处动程为152毫米；采用联动内锁转换装置；固定辙叉采用高锰钢整铸结构；护轨采用分开可调式UIC33槽型钢制造，护轨高出基本轨12毫米；道岔轨下设5毫米厚橡胶垫板，板下设10毫米厚橡胶垫板，护轨板下设5毫米橡胶垫板；采用弹性可调分开式扣件，基本轨外侧设弹性扣压轨撑，更好地承受水平横向冲击力；道岔外股设超高6毫米，采用措施如下：转辙器部分滑床台厚度采用35毫米；导曲线和辙叉部分在垫板下加6毫米厚塑料垫片，道岔前端在尖轨上顺坡，辙叉后用塑料垫片顺坡；若特殊情况时也可在辙叉前顺坡；本道岔不设轨底坡；道岔前端设迎轮护轨；钢轨件均进行全长淬火。	35		2011.12

29	CZ3514	60kg/m 钢轨 6 号 5m 间距交叉渡线(砼枕)	轨下基础采用混凝土岔枕；道岔转辙器尖轨为半割线型曲线尖轨，导曲线半径为 180 米；A（B）型辙叉为直线型，其与菱形交叉连接一侧为双轨式，菱形交叉部分均为双轨式，锐、钝角辙叉相同可以互换使用，减少品种，延长寿命，增强稳定性；为改善列车运行条件，便于养护维修，菱形交叉轨距采用 1440 毫米，并顺延至 6 号 A（B）型辙叉趾端前导曲线终点处，直股轨距为 1440 毫米；导曲线外股设 6 毫米超高，前部在尖轨内顺坡，后部在叉趾前顺坡，中部采用 6 毫米塑料垫片调整，两端采用垫板厚度调整；尖轨长度为 4630 毫米，用 60AT 钢轨制造，尖轨尖端为藏尖式，跟端为间隔铁夹板式；尖轨工作边、非工作边的斜度均为 1：4；尖轨设一个牵引点，牵引点动程 152 毫米，采用联动内锁转换装置，安装于两岔枕中间，转辙机通过托架固定在长岔枕上；A（B）型辙叉、菱形交叉双轨式辙叉及短轨均采用高锰钢整铸式；为防止螺栓副的松动，均采用防松螺母。垂直螺栓增设限位板；直股护轨为分开式，采用槽型钢制造，护轨顶面高出基本轨 12 毫米。钢轨及锰叉下设置 5 毫米厚橡胶垫板，护轨垫板下设置 5 毫米厚橡胶垫板，其它垫板下设置 10 毫米厚橡胶垫板；道岔各钢轨件均进行全长淬火，护轨轨头工作边侧面进行淬火；本道岔不设轨底坡。采用弹性可调分开式扣件，基本轨外侧设弹性扣压轨撑，更好地承受水平横向冲击力。	35		2011.12
30	CZ3515	50kg/m 钢轨 5 号 6.5m 间距三渡四交	复式交分道岔菱形短轴长度为 1437 毫米；交叉渡线菱形中钝角辙叉范围内轨距采用 1440 毫米，轨距过渡在锐角趾端接缝前完成；扣件采用Ⅱ型弹条分开式可调扣件；本道岔的轨下基础采用混凝土岔枕；渡线用岔枕均垂直于直股钢轨；复式交分道岔用岔枕按平行于其菱形中轴布置；为使牵引点处岔枕捣固后道碴的保持，在两岔枕之间设置岔枕连接装置；本道岔不设轨底坡，若与无轨底坡道岔连接时，取消顺坡垫板。			2011.12
31	CZ1531	1067mm 轨距 60kg/m 钢轨 12 号单开道岔	转辙器采用 60AT 弹性可弯尖轨，尖轨尖端为藏尖式，跟端采用限位器结构；跟端压型与 60kg/m 钢轨连接；转辙器采用两点牵引，采用联动内锁闭装置，第一牵引点动程为 160 毫米，第二牵引点动程为 75 毫米；辙叉采用高锰钢整铸式辙叉；护轨为分开可调式，采用 UIC33 钢轨制造，护轨顶面高出基本轨顶面 12 毫米；道岔普通接头及绝缘接头钢轨轨缝均为 8 毫米；钢轨、辙叉及护轨垫板下设置 5 毫米厚的橡胶垫板，其余垫板下设置 10 毫米厚的橡胶垫板；本道岔不设轨底坡，与有 1：40 轨底坡线路连接，道岔前后采用顺坡垫板；岔枕采用混凝土岔枕，并预埋尼龙套管，通过岔枕螺栓与垫板连接；钢轨顶面应进行全长淬火；	80	40	2011.1
32	CZ1532	印尼 UIC54 钢轨 12 号单开道岔（木枕）	道岔用钢轨：UIC54 钢轨；尖轨：54E1T1（UIC54A）；轨距：1067 毫米；岔枕采用木枕，通过螺纹道钉与垫板连接；转辙器尖轨采用 54E1T1（UIC54A）钢轨制造，并设置弹性可弯段，跟端通过机加工与 UIC54 钢轨连接；转辙器采用一点牵引，牵引点动程为 160 毫米；辙叉采高锰钢整铸式辙叉；辙叉趾端、跟端均在厂内焊接标准 UIC54 钢轨；扣件采用 KP03 扣板；护轨为分开可调式，采用 UIC33 钢轨制造，护轨顶面高出基本轨顶面 15.2 毫米；护轨垫板为焊接式；轨下及高锰钢辙叉下设置 5 毫米厚的橡胶垫板；所有垫板下均设置 5 毫米厚的塑料垫片；道岔区不设轨底坡，如用于设置轨底坡的线路时，应在道岔前后设置过渡段与线路过渡；道岔普通钢轨接头轨缝为 8 毫米，胶结绝缘接头轨缝为 6 毫米；钢轨顶面进行全长淬火，淬火技术条件按 Q/BQ24 执行。	120	40	2011.3
33	CZ1533	香港西岛线 UIC60 钢轨 14 号单开道岔	道岔的轨下基础采用混凝土岔枕和无砟道床；道岔采用弹性扣件系统，轨下及辙叉下设弹性垫层；尖轨采用 60E1A4 钢轨，并设置弹性可弯段，跟端压型与 60E1 钢轨连接；转辙器设三个牵引点，第一牵引点动程为 115 毫米，第二牵引点动程为 82 毫米，第三牵引点动程为 47 毫米；采用施威格滑床板和辊轮滑床板，基本轨采用弹性夹扣压，基本轨不使用轨距块；辙叉采用曲线整铸高锰钢辙叉。高锰钢辙叉进行厂内焊接，趾、跟端均不钻孔，以满足无缝线路需求；道岔区钢轨设置 1：20 的轨底坡或轨顶坡；在固定辙叉直向及侧向均设置护轨，护轨采用 UIC33 槽型钢。护轨工作边顶面高出基本轨顶面 15 毫米；	90	65	2011.10

机械类产品

【机械产品概况】 2011年，中铁科工承揽提运架设备11台套，生产完成17台套，完成其他机械产品340余台套；中铁装备承揽盾构18台，生产完成15台。

【YJ900型运架一体机制成】 YJ900型运架一体机，是一种适用于山区铁路客运专线（桥隧相连）20米、24米、32米双线整孔混凝土箱梁（含曲线梁、现浇梁前后的箱梁）架设的多功能大型施工设备；可在不需要任何辅助设施的情况下，利用设备自身功能和自带辅具，进行工地转移、调头、吊运混凝土箱梁穿越铁路客运专线双线隧道，方便快捷地完成第一孔梁及最末两孔梁的架设任务；能够满足隧道进、出口零距离和负距离架梁（包括时速250公里隧道和时速350公里隧道）；YJ900型运架一体机经适当调整还可以实现双向架梁，导梁可以通过专用转盘实现掉头。该型设备作业简单，施工安全，可顺利解决隧道口架桥的高难工况，在山岭多隧道地区的铁路建设中具有很强的实际应用优势。由中铁科工集团机械院分公司研制的YJ900型运架一体机的主机在吉图珲客运专线延边朝鲜自治州安图县石门镇大城村大成梁场顺利安装到位，10月份开始架梁。

【中国中铁29号、30号盾构制成】 中国中铁29号、30号盾构用于北京地铁7号线和15号线，采取电驱方式。针对北京地区的地质特点，公司对螺旋输送机的驱动方式进行了设计改进，由周边驱动改为尾部驱动，采用辐条式刀盘，减小搅拌扭矩，配置大扭矩主驱动，可兼顾卵石层，在设备适应性的基础上充分考虑了通用性、经济性。上述设计在施工中得到了有效的验证，最高日进度31.2米，最高月进度492米。

【中国中铁35号盾构制成】 中国中铁35号盾构用于长株潭城际铁路穿越湘江工程。开挖直径9330毫米，这是中铁装备承揽的直径最大的土压平衡盾构，也是国内最大直径过江土压平衡盾构机。中铁35号刀盘及刀具的布置和选材都是针对该段地质工程条件和长距离掘进要求而设计，刀盘的强度和刚度都经过了专业的复核和模拟，保证了刀盘结构的最优化。特设刀具磨损自动监测功能，配备刀具快速更换装置，能够有效对刀具状态进行监控，并能加快刀具更换速度，提高施工进度。为保证过江隧道开挖面稳定和较强的地面沉降控制能力，该盾构特设计双气路自动保压系统，具有可靠、灵敏的土压平衡调节能力。推进系统有分组控制和单独控制两种操作模式，提高了盾构的纠偏和爬坡能力。

【中国中铁36号盾构制成】 中铁36号是中国中铁股份公司科研课题（重大-17-2011）Φ4米小直径土压平衡盾构研制课题的样机，是为将来进入我国管沟市场而做的前瞻性研发设计。课题以南京的砂卵石地质为代表展开了研究，设计开挖直径4.18米，消化吸收了国内外先进技术，结合了在国内施工中使用过的不同品牌小直径土压平衡盾构机施工经验，以及中铁装备多年的盾构设计制造经验，最终设计制造了一台Φ4.15米的土压平衡式盾构样机。整机已通过车间调试，各项系统运行正常，各指标均达到设计要求。

【中国中铁37号TBM制成】 中国中铁37号是一台大型TBM改造项目，该设备用于国家重点水利工程—甘肃引洮引水工程。应业主要求，中铁装备集中力量，在五个月内对该TBM进了改造，提出了全新的设计思路，同时充分利用原设备的主要关键件，降低改造成本。新做了盾体、刀盘等部件，对所有电气和液压系统进行了检测和修复。重点将刀盘部分进行了特殊设计，使其双向旋转都可出碴，有效解决了盾体和管片的滚转问题。经中铁装备重新制造的TBM投入使用后，各项指标均创佳绩，在2011年11月份实现最高月掘进度1869.8米，创世界单护盾TBM月掘进最高记录，得到了业主和行业专家的高度评价。

【中国中铁44号盾构制成】 中国中铁44号是一台原开挖直径为11650毫米大型泥水平衡盾构改造项目。该设备用于长沙南湖路湘江隧道项目。该台盾构原使用于杭州运河隧道，地质以软岩为主。而南湖路湘江隧道的地质相对较差，主要是在强风化～中风化砾岩地层，中间部分存在上软下硬地层，不良地质以小规模的断裂破碎带以及隐伏的小溶洞为主要表现。针对工程地质条件的变化，中铁装备对盾构的适应性做出了相应的调整。加强了刀盘结构，改变刀具配置，以17寸滚刀破岩为主，大尺寸刮刀、切刀为辅。对设备所需扭矩进行了校核和计算，增加两套驱动组，加大了刀盘驱动扭矩。根据基础配置的改变，改造了供配电系统，升级控制系统及控制程序。经现场验证，该设备的改造完全满足地质要求。

【出口尼日利亚铁路油罐车】 尼日利亚铁路油罐车合同共20台，单车最大宽度小于等于2920毫米、最大高度小于等于3830毫米、皮重23吨、有效荷载40吨、有效容积率97.5%、轴重16.5吨、最大实际速度100公里/时、最小弯曲半径

80 米。年内该设备由中铁山桥集团有限公司制造。

【中铁科工机械产品概况】 2011 年，中铁科工工程机械制造取得较好成绩。集团全年共完成设备制造 357 台套；较好完成了 900 吨“运架分离”与“运架一体”过隧架桥机、700 吨架桥机、低位运梁台车、500 米长钢轨铺设机组、320 吨桥面架梁起重机、隧道口门吊等多台大型架梁起重设备的制造；安全优质完成了 165 型架桥机、铺轨机、电机车及后配套、各类桩工机械等常规产品的制造。主要单位（工厂）完成情况如下：

2011 年，中铁科工集团机械院分公司完成专用与常规设备制造 60 余台套，完成企业营业额约 3.7 亿元。主要产品有：高铁混凝土箱梁搬、提、运、架施工专用装备；普通铁路施工铺架设备；旧水泥公路白改黑共振破碎机械；地铁施工盾构后配套设备。通过加大投入，增添设备，在原有施工机械检测所的基础上成立了武汉瑞敏检测科技有限公司，开展了大型运架设备及结构工程的检测业务，形成了新的经济增长点。在大型架桥机成套装备检测方面：制定了相应的标准，开展了施工机械的检测及监控技术的研究，延伸了产业链。2011 年共检测 900 吨搬提运架设备 9 台套，T 梁架桥机 5 台套，创造了较好的社会效益和经济效益。

表6-4　2011年中铁科工机械院分公司机械产品销售情况

产品类别	新签合同	已交付
箱梁架桥机	5	1
运梁车	4	1
搬运机	2	2
电机车	38	35
地铁铺轨机	12	12
共振破碎机	1	1
合　计	62 台	52 台

2011 年，中铁科工集团成套公司的桩工机械厂共销售 232 台桩机，共完成合同额为 4536 万元，产值 3877 万元；徐工集团的搅拌站项目部完成产值 246.87 万元；MHDP10 地铁门吊 15 台，合同金额 172 万元；MH10t-20m-8m 门式起重机 2 台，合同金额 42.6 万元；MG45/10T-24.5m-A6 地铁口门吊一台，合同金额为 168 万元，产值为 143.59 万元；900 吨运架设备 1 台套，共完成产值为 1052.23 万元；CCPG500 铺轨机及 700 吨运架设备在本年度 7 月份和 9 月份全部出厂，并已在现场安装调试好。

2011 年，中铁科工集团重工公司生产架桥机 7 台，铺轨机 1 台，签定铺架类合同 2393 万元。动车平台新签合同额 4421 万元，完成了哈尔滨、长春、大连、等地动车段作业平台的生产安装任务。

2011 年，中铁科工集团轨道交通装备公司共完成了 8 套盾体的生产制造，其中 3 台已交验完成，剩余 5 台也已达到交验状态；电机车及后备套制造累计共完成了 15 台 30 吨电机车及 4 台 45 吨电机车。

【900 吨级隧道口箱梁快速运架设备制造】 中铁科工研发制造的 JQDS900 箱梁架桥机可架设梁型为 32 米、24 米、20 米双线等跨箱梁及变跨箱梁，额定起重重量为 900 吨，最小架设曲线半径为 1500 米，架设最大纵坡为 2%，整机质量约 680 吨，理论架梁速度为 6 小时/孔。该机最大的特点是在 YLS900 过隧道运梁车配合下，通过部件的转换和折叠，不进行大的拆解通过隧道，并能满足隧道口零距离及负距离架梁。

【YLS900 型运梁车】 中铁科工研发制造的 YLS900 型运梁车可将高速铁路 24 米、32 米双线整孔箱梁从预制场地通过便道、铁路路基、桥梁（包括刚构连续梁、钢混结合连续梁等）及时速 250 公里断面半径 6410 公里的隧道运至架梁工位，完成相应的架梁作业，最小转弯半径 50 米，最大通过坡道 4%。

【MDEL900 提梁机】 中铁科工研发制造的 MDEL900 提梁机是为高速铁路建设而研制的特大型成套专用设备之一，主要用于从制梁场将预制混凝土箱梁吊至存梁场或将箱梁吊装至运梁车上。同时，能完成架桥机在梁场组装及拆卸工作。该设备采用了多项先进的控制技术，操作灵活方便，安全可靠。

【工矿电机车】 中铁科工研发制造的 JXKB 系列直交变频

蓄电池工矿电机车为地铁隧道施工盾构后配套设备，设备采用直交变频调速及计算机智能控制技术，具有启动牵引力大，制动、运行可靠等特点，特别适合于地铁、隧道等封闭环境运输物料使用，中铁科工已形成 8～60 吨完整系列产品，同时提供电机车配套使用的沙浆车、渣土车、管片车、人员输送车等配套车辆和全面技术服务。

【DP10 型地铁铺轨机】 中铁科工研发制造的 DP10 型地铁铺轨机是为满足地铁轨道铺轨需要而研制的施工设备，既能两台设备联合作业，进行 25 米轨排的铺设，也能单台作业，吊运混凝土和其它物料。大车走行采用变频调速，装有液压制动装置，在 50‰坡道上制动安全可靠，采用电缆卷筒供电，外型尺寸满足地铁隧道施工限界要求。额定起重量为 10 吨，最小曲线半径为 150 米。

【GZL600 型共振破碎机】 GZL600 型共振破碎机是中铁科工集团自主研发设计的应用于旧水泥混凝土道路大修领域白改黑工程的施工装备，该装备具有高频（44～55 赫兹）、大振幅（约 20 毫米）、大能量三大技术要素，是目前国际最新前沿的技术产品。GZL600 型共振破碎机由于振动能量由上向下发散性传递、振动能量在面板中存在明显的衰减梯度，从而形成上部完全碎石化（碎块规格 3～8 厘米），下部呈现网状裂纹的特殊破碎结构（碎块规格约 8～20 厘米），可提供非常强的稳定承载能力，为水泥路面改造打下坚实的基础。

【30‰大坡道 900 吨箱梁架设设备】 2011 年，中铁三局集团公司根据大西客专项目 30‰大坡道 900 吨箱梁架设难题，对现有纵坡 20‰架运能力的架桥机进行了改造升级。改造完成的 30‰坡道 900 吨运架设备已通过国家质检总局验收，填补了该领域国内技术空白。

【900m 小曲线 900t 箱梁架设设备】 2011 年，中铁三局集团公司研制的 900 米小曲线 900 吨箱梁架设设备，采用空间转向和变频驱动，增加下导梁横移距离，使走行轮箱具有全方位转动功能，解决了小曲线架梁问题，成功应用于沪昆客专湖南段雨花梁场长沙浏阳河特大桥 900 米小曲线架梁作业中。

【TK 系列湿喷机】 中铁西南院研制的 TK 系列转子活塞式湿喷机，该设备具有“三高一低”的特点，即综合工效高、喷层混凝土性能高（密实、匀质）、设备可靠性高、混凝土与速凝剂材料消耗低特点。设备采用独特的转子活塞凸轮喂料机构，机内活塞强制泵送喂料，彻底解决料腔粘料问题；三个料腔同时径向喂料，实现塑性混凝土管道内的均匀稀薄流输送；速凝剂计量泵计量准确可调，速凝剂雾化射流与喷嘴混凝土混合均匀。

TK 系列转子活塞式湿喷机是中铁西南院全资子公司岩锋公司经过多年艰苦攻关取得的拥有自主知识产权的重要科研成果，现已广泛应用于铁路、公路、隧道、市政、水电等行业，先后获得 1998 年度铁道部科技进步二等奖、1999 年度国家技术发明三等奖，并入选 1999 年度国家重点新产品和 2000 年度国家级新产品计划。2010 年，TK 系列湿喷机列入了中国中铁股份公司集中采购设备目录。

TK 系列湿喷机产品型号包括 TK300、TK500、TK600、TK750、TK150、PS5I-H 等。

【TKJ-15 型混凝土喷射机组】 2011 年，中铁西南院研制出的 TKJ-15 型混凝土喷射机组通过铁道部出厂验收专家组评审。TKJ-15 型机械手是结合我国隧道施工特点而研制的大型湿喷机组。该机组由 TK150 型湿喷机、机械手、速凝剂添加装置、轮式装载机底盘等组成，机型紧凑、合理；喷射机与行走底盘可分离，可组合，使用灵活；采用创新型臂架结构，最大喷射高度可达 13 米，宽度 17 米，能满足铁路双线隧道施工要求。喷射试验表明，TKJ-15 型混凝土喷射机组生产率达 15 立方米每小时，可满足喷混凝土快速机械化施工的要求。该机组特别适用于软弱围岩隧道施工支护，能简化施工方法，形成软弱围岩快速机械化施工成套技术。

TKJ-15 型混凝土喷射机组继承了转子活塞式湿喷机的技术特点，能实现管道均匀稀薄流输送，喷层表面平整，厚度控制准确。另外该机选用铰接车架，转弯半径小；选用大型越野轮胎，路面通过性好，爬坡能力强；不需支腿，能快速进场与撤场；臂架结构形式特别适宜台阶法施工。TKJ-15 型混凝土湿喷机组操作采用遥控控制系统，确保作业人员安全，进一步改善作业环境，与进口机械手相比较，综合功效达到 60%～80%，价格仅为 1/3 左右，性价比高。

混凝土及其他产品

【中铁二局混凝土制造】 中铁二局铁达商品混凝土公司现有各类技术人员和管理人员55名。企业总资产2.01亿元，固定资产0.15亿元，流动资产1.86亿元。

经营中（议）标项目11个，承揽任务总额14669万元，完成企业营业额1.79亿元，为董事会年度目标1.3亿元的137%，比上年同期增加0.24亿元。实现利润总额733.43万元；全员技术装备率61400元/人，动力装备率79.96千瓦/人。全年发生死亡事故0起，死亡0人，死亡率0‰。完成生产任务54.6万方，企业营业额1.79亿元。2011年，完成了成都市规划馆、中信广场、德源立体公交站、成都地铁2号线西延伸线、三环路面改造、中铁西城等工程。各项生产经营能力和经营业绩名列前茅，获成都市砼协会“先进单位”称号（100多家企业）。

【中铁二局仓储物流】 中铁二局仓储物流板块下设物资有限公司、成都路桥多经开发有限公司、机筑公司贵阳西货站、成都物流有限责任公司（八里庄）、储运分公司（天回镇）、瑞隆物流有限公司等6家。

1.物资有限公司仓储物流。公司目前有成都、重庆、贵阳、南宁、百色、东莞六个分公司仓储物流基地，主要储存客户物资有钢材、化工、农产品、烟草、玻璃等品种，2011年度完成仓储物流收入5270.79万元，毛利2263.17万元。与此同时，集团公司对内部物流资源进行了整合，现已将四公司成都青白江黄金村、三公司南宁沙井土地资产整合到物资公司。

2.路桥多经开发有限公司经营范围有日用品、百货、凉席、糖果类、文具类、洗涤用品类、物流等。仓储库房总面积25000平米。全年安全检查仓库145次，新增灭火器76个，新建消防水池4个、消防柱4个，“一通三防”工作效果明显；全年营业收入646.12万元，实现利润10.46万元，多经公司现有员工人数64人。

3.贵阳西货站于2011年6月22日被贵阳汽车驾驶培训学校吸收重组。

4.成都物流有限责任公司（八里庄）现拥有员工157人。主要业务板块：钢材联运；装卸；货物托运；钢材开卷。物流配送、铁路货物运输代理、仓储及包装服务、金属材料（不含稀贵金属）加工及销售。2011年完成产值2270万元，现金上缴188万元，完成利润163万元，全面超额完成上级下达的经济指标。随着成都市政府整体物流规划，物流公司面临着三环路内的仓储企业将逐步外迁，公司已于2010年5月与四川汇津现代物流股份有限公司签定了仓储管理合作框架协议，为物流公司的可持续发展、适时外迁的基本思路奠定了的基础，为公司领导决策提供了依据。全年实现利润51.5万元。

5.储运分公司（天回镇）现有员工27名，各类专业技术人员6名，拥有铁路专用线长160余米，叉车10余台，仓库10座，总面积近10000平方米。储运分公司物流管理流程完备，依托川陕公路道路要冲，紧邻成都金牛高科技产业园，依靠铁路专线为客户真诚服务，追求互惠双赢，形成了从车皮到站至客户门市“一条龙门对门服务”体系。2011年完成仓库货物吞吐量15余万吨，车皮进5668个、34余万吨；主要材料消耗43.64万元。全年实现利润83.25万元。

6.瑞隆物流有限公司位于深圳市福田区益田路与福华三路交界东北深圳国际商会中心4203，公司现有员工53名，经营范围：铁路专用设备、建筑材料与辅料、装饰材料、工程机械、汽车零部件、机电设备等等。全年实现利润16033万元。

【中铁二局租赁业务】 中铁二局第三工程有限公司租赁有限责任公司，位于成都市金牛区天回镇蓉都大道天回路917号，专门从事机械设备租赁业务，占地面积3万余平方米。拥有正式职工50人。拥有从德国、日本瑞典等国进口的多种工程机械，分公司目前共管理机械设备127台，其中直管设备80台，通用工程机械47台。2011年主要工作有中江项目、贵广高铁项目、湘桂高铁项目、成渝客专项目等工地的设备管理。全年直管设备工作重点，为中江项目新建混凝土搅拌站，成渝客专璧山工地的变压器、发电机的安装、维护工作，贵广项目混凝土站的生产，湘桂项目稳定土站的生产。2011年亏损108.45万元。

【中铁三局混凝土及其它产品】 中铁三局拥有现场制梁场9座，全年预制预应力梁共计1854孔，其中，T梁488榀，箱梁913孔。兰新客专项目张掖轨枕厂全年生产LX-Ⅰ双块式轨枕25.63万根。

【中铁六局混凝土产品】 中铁丰桥桥梁有限公司平谷分公司2011年生产津秦铁路客运专线轨道板12172块，累计确认收入47371万元；生产新产品梯形轨枕2400块，包括上海地铁11号线梯形轨枕1400块，北京地铁6号线纵型轨枕1000块。以上收入均计入铁路工程。

【中铁六局灯塔电气产品】 北京中铁信达经贸有限公司北

京灯塔电气有限责任公司产品情况：（1）SDT系列升降式投光灯塔已在全国（除海南、台湾省外）各省、全路18个铁路局广泛使用，并纳入铁道部TB/T2865-1997标准。（2）自行开发、研制了SDT-PTZQ新型自升旋转组合式灯桥（转臂灯桥），该灯桥在安装过程中实现自提升、旋转、对接，无需吊装作业，实现了运输生产的无干扰安装施工。此项发明于2001年取得了"实用新型专利证书"。（3）接触网钢柱通过铁道部产品技术质量监督检测中心检测鉴定，符合TB/T2921-1998行业标准规定，并在电气化铁路区段推广使用。2011年度灯塔公司完成的重点工程项目有：南昌枢纽改造项目灯桥、大秦铁路四站改造工程灯桥、朔黄铁路黄骅港灯桥、朔黄采购灯塔12座、京石石武客专高杆灯塔8座、邯长铁路灯塔、京石石武客专河南段灯塔等。

【中铁六局电务器材】 中铁六局电务工程有限公司太原分公司电务器材部2011年生产新型组合柜63台，阻容插接件186台，槽道420米，主要用于津秦客专的秦东上联、柳村站、柳村南站，大秦应急改造的湖东站，北同蒲应急改造的阳曲站以及太焦线等工程项目。

【中铁六局日化产品】 中铁六局太原铁建公司日化厂2011年产值137.3万元，生产洗衣液1.34万瓶，洗手液2.99瓶，护肤霜1.2万瓶，主要销售于太原铁建内部，北京铁路局物资供应段及中铁六局集团天津铁建。

【中铁八局吐库制梁场】 南疆线吐鲁番至库尔勒段增建第二线PJS1标段铺架工程桥梁数量为1008孔通桥(2005)2101客货共线铁路预制后张法简支T梁的预制(其中32米梁746孔，24米梁86孔，16米梁112孔，12米梁64孔)，为完成桥梁的预制，在吐鲁番设立制梁场。2008年9月1日开始梁场基建施工，2008年12月31日开始试制第一孔桥梁。到2011年12月底，共生产桥梁796孔。

【中铁九局桥梁分公司】 中铁九局桥梁分公司具有预制构件贰级资质，2001年取得32米后张法混凝土铁路简支梁生产许可证书。2010年，桥梁分公司通化梁场、东乌旗梁场、嘉峪关梁场、东港梁场通过铁道部产品质量技术监督检验中心的鉴定，获得《32米铁路预制后张法简支T梁国家生产许可证》；同时嘉峪关梁场、衢州梁场通过铁道部产品质量技术监督检验中心的鉴定，获得《32米铁路预制后张法简支箱梁国家生产许可证》。桥梁分公司为辽宁省混凝土协会理事单位，公司生产的32米后张法预应力混凝土简支梁被评为2009～2010年度辽宁省混凝土协会"金厦杯"奖。公司现有后张法制梁台座100座，先张法生产线1条，年生产能力：预制梁1500孔，CRTSⅠ型无砟轨道板20000块；存梁场存放能力：铁路桥梁1140孔、CRTSⅠ型无砟轨道板存板10000块。公司具有计量器具260台，试验室具备部二级试验室能力。

2011年，完成各跨度桥梁1927孔（按两片式架设计），折合长度为61531.6延长米；预制轨道板6773块。局内主要工程有丹大铁路工程1034.5孔铁路T梁，杭长客专140孔铁路箱梁，沈丹客专铁路工程26孔铁路T梁，沈阳枢纽铁路工程74孔铁路T梁，兰新铁路工程137孔铁路箱梁、62孔铁路T梁，通灌铁路工程163孔铁路T梁，平齐线工程116孔铁路T梁，吉图珲客专工程50孔铁路箱梁，盘营客专工程6773块铁路轨道板（以上工程将于次年续建完成）。局外主要工程有：哈西客站工程45孔铁路T梁，内蒙古源源集团工程28孔铁路T梁等，局外工程已于当年全部竣工。

【中铁九局锦州制梁厂】 中铁九局一公司锦州制梁厂以生产预应力混凝土铁路简支梁为主，兼营公路桥梁、工业、民用构件。公司具有预制构件二级、预应力工程三级资质，并通过铁道部质检中心认证，于2010年8月取得了32米后张法预应力混凝土铁路桥T型简支梁生产许可证。产品销往东北地区及全国各地，同时还承建铁路、公路、涵洞、路面等工程施工项目。公司拥有桥梁生产台座12个，年生产32米桥梁能力可达240孔，拥有5个存梁区，可存放32米桥梁85孔。公司构件生产场区面积3万平方米，年生产各类工业民用构件可达2万立方米。公司场内拥有三条铁路专用线、两个搅拌站，一个二级试验室，场区内有80吨双梁门式起重机两台、10吨单梁门式起重机两台、5吨单梁门式起重机一台。

2011年，共完成混凝土制品产值2006万元，产品合格率100%。为盘营客运专线供应各类型预应力混凝土后张梁48孔，其中：32米后张梁31孔，24米后张梁10孔，20米后张梁5孔，16米后张梁2孔。共发运各类型混凝土梁67孔。在萧甬铁路绍兴县城区段改造工程项目建梁厂，投资500万元，预制32米后张梁简支T梁16孔。

【中铁港航局船舶建造】 中铁港航局2011年3月10日签订83米打桩船建造合同。2011年5月5日签订3700吨半潜驳建造合同及600吨起重船建造合同。2011年10月6日签订18方挖泥船起重部分合同。

生产工艺及技术创新

【技术创新概况】 股份公司直接组织的道岔研发取得新成绩，组织完成了铁道部科研项目GLC（07）02W、GLC（07）03W无砟道岔的研究、设计和试制，该道岔现已在沪杭、京沪高速铺设，这是股份公司第一次牵头进行客专无砟道岔的研制，项目的实施充分展现了股份公司道岔研发的综合能力。组织实施了委铁道岔的研究设计，方案设计已通过IFE的B级审查。

【中铁山桥生产工艺和技术创新情况】 2011年，中铁山桥围绕技术开发和工艺改进，以三级技改为依托，不断推进技术进步。全年获得国家级成果3项、省部级成果3项，获授权国家发明专利1项、实用新型专利8项。完成股份公司重大课题3项、省部级课题研究2项和公司重点开发项目68项。

重点项目和技术研发取得重大成果。南京长江三桥获国家优质工程金质奖，辽河特大桥获全国优秀焊接工程一等奖，苏通长江公路大桥、哈尔滨市松花江大桥获中国建设工程鲁班奖。《重庆朝天门长江大桥工程建设关键技术研究》获重庆市科技进步一等奖，《公轨两用特大跨（420米）组合式刚构系杆拱桥设计施工关键技术研究》获重庆市科技进步二等奖，《大跨度钢桁梁桥制造新技术研究》获河北省科技进步三等奖。62号客专道岔和75公斤/米-12重载拼装辙叉通过了铁道部专家评审。聘请美国资深专家指导改进酯硬化工艺，提高了高锰钢铸件质量。《建设200公里-350公里/小时高速铁路道岔研发与设备制造基地技改项目》获中央财政拨款1793万元，《大跨径桥梁钢结构及重型工程机械制造基地建设项目》获省财政贴息补助1121万元。建立了博士后科研工作站，两名博士后已进站工作。

【中铁宝桥生产工艺和技术创新情况】 2011年，中铁宝桥技开技措完成33项。向省、市、中国中铁申请科研经费5项，获得260万元资金支持。获专利授权20项，其中发明专利13项。全年开发道岔新产品55项、辙叉新品（含合金钢辙叉）61种、制造工艺改进及工艺试验工装26项、编制技术标准5项。高速铁路单开道岔翼轨加工工艺发明专利，被授予“中国专利优秀奖”。完成穗盐桥、郑焦桥等10个项目技术准备工作；编制了国家“十二五”科技支撑计划港珠澳大桥正交异性桥面板抗疲劳科研课题大纲、任务书以及投标技术方案30项。完成了高速磁悬浮移车台、跨座式单轨交通道岔、中低速磁悬浮全系列道岔等11个项目的研究开发，以及空中客车道岔、跨座式关节型单开可挠道岔、智能化集装箱门式起重机等新产品的开发工作。（详见表6-5、6）

表6-5　2011年中铁宝桥新增授权专利一览表

序号	专利名称	专利授权日	专利类型	专利申请号
1	铁路道岔滑床板与其轨距调整方法及专用复合缓冲偏心套	2011/08/10	发　明	ZL200710018790.6
2	辙叉跟端弹性固定系统及固定方法	2011/09/21	发　明	ZL200710156410.5
3	水平藏尖式长短心轨拼接方法（中）	2011/02/02	发　明	ZL200710156408.8
4	高速铁路道岔可动心轨辙叉组装工作平台（宝）	2011/09/07	发　明	ZL200710078096.3
5	钢轨弯折支距及钢轨边直线度激光辅助检测仪及检测方法（中）	2011/12/28	发　明	ZL200810163878.1
6	高锰钢辙叉与钢轨闪光对接焊接方法	2011/02/09	发　明	ZL200910021043.7
7	板式道岔垫板螺栓孔施工现场钻孔方法	2011/10/05	发　明	ZL200910158590.X
8	大型桥梁钢塔水平预拼系统	2011/08/05	发　明	ZL200910101484.8
9	一种钢轨轨顶面加工工艺	2011/08/10	发　明	ZL200910218991.X
10	铁路道岔用整铸滑床板制造方法	2011/11/16	发　明	ZL200910219262.6
11	钢轨轨顶扭转斜度检测尺及检测线路上钢轨轨顶扭转斜度的方法	2011/11/16	发　明	ZL200910261427.6
12	铁路道岔垫板上斜面与台板上表面相对高差检测尺	2011/11/16	发　明	ZL201010172111.2
13	钢轨弯折支距及钢轨边直线度激光辅助检测仪及检测方法	2011/12/28	发　明	ZL200810163878.1
14	一种预埋套管式板槽组合结构无碴道岔板模具	2011/11/30	实用新型	ZL201020678539.X
15	一种铁路道岔螺栓、螺母防松装置	2011/10/12	实用新型	ZL201020678546.X
16	一种水平深藏耐磨型尖轨和基本轨结构	2011/11/30	实用新型	ZL201020678547.4

17	铁路线路钢轨线型检测装置	2011/09/07	实用新型	ZL201020669617.X
18	楔形结构合金钢组合辙叉	2011/08/24	实用新型	ZL201020681195.8
19	嵌入式组合高锰钢辙叉	2011/08/10	实用新型	ZL201020681209.6
20	一种预埋套管式无碴道岔板整体成型模具	2011/12/14	实用新型	ZL201020678514.X

表6-6　2011年中铁宝桥专利申请一览表

序号	专利名称	专利申请日	专利类型	专利申请号
1	铁路线路钢轨轨顶面相对高差数显检测装置和检测方法	2011/08/04	发　明	201110222591.3
2	铁路线路钢轨线型检测装置和检测方法	2011/08/04	发　明	201110222597.0
3	可调式钢轨顶弯样板	2011/08/04	发　明	201110222559.5
4	中低速磁浮道岔锁定装置	2011/08/20	发　明	201110244977.4
5	中低速磁浮道岔F轨活动端定位连接装置	2011/08/20	发　明	201110244978.9
6	中低速磁浮道岔台车装置	2011/08/20	发　明	201110244979.3
7	中低速磁浮道岔梁中间铰轴装置	2011/08/20	发　明	201110244980.6
8	一种特殊结构的高锰钢辙叉及设计方法	2011/11/12	发　明	201110357196.6
9	一种合金钢组合辙叉心轨翼轨	2011/11/12	发　明	201110357197.0
10	一种新型高锰钢辙叉心轨结构	2011/11/12	发　明	201110357198.5
11	铁路线路钢轨轨顶面相对高差数显检测装置	2011/08/04	实用新型	201120281758.9
12	铁路线路钢轨线型检测装置　　中	2011/08/04	实用新型	201120281763.X
13	可调式钢轨顶弯样板	2011/08/04	实用新型	201120281760.6
14	中低速磁浮道岔锁定装置	2011/08/20	实用新型	201120311194.9
15	中低速磁浮道岔F轨活动端定位连接装置	2011/08/20	实用新型	201120311195.3
16	中低速磁浮道岔台车装置	2011/08/20	实用新型	201120311256.6
17	中低速磁浮道岔梁中间铰轴装置	2011/08/20	实用新型	201120311257.0
18	一种新型高锰钢辙叉心轨结构	2011/11/12	实用新型	201120445868.4
19	一种合金钢组合辙叉心轨翼轨	2011/11/12	实用新型	201120445869.9
20	一种特殊结构的高锰钢辙叉	2011/11/12	实用新型	201120445870.1
21	铁路道岔钢轨件数控铣削加工辅助系统	2011/11/28	软件著作权	2011R11L139241

【中铁科工科技创新】　2011年，中铁科工集团十分注重人才培养和创新体系的建设。通过加大企业科技投入力度，加强与高校、科研院所的联系，实行奖励、激励等措施，大力开展技术创新活动，不断培养和提升自主创新能力，努力提高企业核心竞争力，充分给技术工作者提供创新和成长的平台，使技术创新与企业的发展联系起来，真正为企业创造效益。

中铁科工集团对公司内科技资源进行了有效的整合，集团所属的中铁工程机械研究设计院、中铁九桥工程有限公司、中铁重工有限公司均成立有技术中心。研究院及各企业技术中心为集团公司新技术、新产品、新工法等技术研发的核心队伍。集团公司可根据重点研发项目的需要合理调配技术人员和试验设施。

2011年，中铁科工集团充分发挥了中国中铁施工装备技术研发中心、铁道部施工机械标准化技术归口单位、高新技术企业、湖北省与江西省两个省级企业技术中心及各子分公司技术中心等平台的作用，在科技创新工作方面取得了新的进步，全年共筹集外部科技经费340.19万元（包括：科技立项299万元、科技奖励20万元、标准编制20万元、专利资助1.19万元）。

集团公司获批为“湖北省首批创新型企业”；集团公司技术中心通过了“湖北省省级企业技术中心”的复审，评价为优秀，具备了申报“国家级企业技术中心”的基本资格；集团公司作为“高新技术企业”通过了2008年认定以来的首次复审；集团九桥工程公司荣获“全国工程建设科技创新示范单位”称号。集团公司研制的无砟轨道可变跨门式铺板机获批为“国家级重点新产品”。

中铁科工集团有限公司申报各级、各类纵向科技计划项目21项•次，获批科技立项15项，共获得科技资助经费299万。大吨位箱梁运架设备群远程安全监控系统获批为国家工业与信息化部两化推进示范项目，科工集团被列为国家900吨级架桥机监控系统的研制单位，中铁机械院与中铁十局、中交二航局被列为国家900吨级架桥机监控系统研发与使用组合单位；国家科技部科技支撑计划项目（旧水泥路面共振破碎再生技术及关键设备研制）的申报工作得到了有效的推进，已通过入库审批，有望于2012年批准立项。

中铁科工集团有限公司申报并获批各级、各类科技奖励11项/次，其中省部级奖励7项/次。

通过省级科技成果鉴定3项、股份公司科技成果评审3项，项目技术水平分别为“国际领先”或“国际先进”。此外，中铁南方装备制造基地1800吨门式起重机和50吨门座起重机也均通过了股份公司组织的技术设计评审，集团公司承担的武汉市2008年度专利成果转化专项步履式箱梁架桥机通过会议审查验收。

中铁科工集团有限公司获批专利授权10项，其中发明专利3项、实用新型专利7项；新申请专利8项，其中发明专利3项，实用新型专利5项，并获批专利申请资助经费1.19万元。

作为铁道部施工机械标准化技术归口单位，中铁科工集团归口管理并主编或参编了1项国家标准、18项铁道行业标准的制修订工作，其中颁布实施2项，报批12项，新开工2011年计划项目5项，并获批标准制修订项目经费20万元。此外，按铁道部高速铁路技术标准和技术文件梳理工作要求和安排，组织完成了17项高速铁路技术标准的梳理复审工作。（详见表6-7~12）

表6-7　2011年中铁科工科技项目情况一览表

序号	项目名称	批准立项部门		执行主体
“科学研究与试验发展”（R&D）类项目（18项）				
1	大跨度钢桁梁斜拉桥施工技术研究	江西省		九　桥
2		九江市		
3	城市轨道交通槽形梁运架设备的研制	股份公司	重大或重点项目	机械院
4	港珠澳大桥1500吨/65米龙门吊机的研制			机械院
5	跨海大跨度混凝土箱梁架、运、搬设备的研制			机械院
6	铜陵长江大桥整体桁片式杆件及大型整体桥面制造技术研究			九　桥（山桥牵头）
7	整体叉形节点变截面钢箱拱施工技术研究			九　桥
8	400吨特大吨位单片桁架设桅杆吊机的研制			
9	铁路隧道内救援吊机的研制			重　工
10	中东国家风沙地带小曲线铁路轨排铺轨机的研制			
11	客货共线铁路铺架设备群安全施工远程监控系统的研制			
12	软弱基础钻进挤压提升扩展螺纹灌注桩机的研制			成　套
13	软土地基大直径双向搅拌桩机的研制			
14	重庆粉房湾公铁（轨）两用钢桁梁斜拉桥施工关键技术研究		引导项目	九　桥
15	拉日铁路高原高寒新型T梁架桥机的研制			重　工
16	客货共线快速过轨新型轨排铺轨机的研制			
17	铁路线路沉陷病害处理桩机的研制			成　套
18	土压平衡式盾构机盾壳制造工艺优化与创新研究			轨　道
“科学研究与试验发展成果应用”类项目（3项）				
19	无砟轨道可变跨门式铺板机（国家重点新产品）	国家、科技部		集团公司
20	高速铁路装备产业化	武汉市		
21	大吨位箱梁运架设备群远程安全监控系统	工信部		机械院

表6-9　2011年中铁科工科技项目通过各级成果鉴定（评审）情况一览表

序号	项目名称	组织鉴定（评审）机构	技术评价	完成单位
1	东江大桥刚性悬索加劲钢桁梁结构关键力学特性研究	广东省交通运输厅	国际领先	九桥（参与）
2	大吨位箱梁运架设备群安全施工远程监控系统	湖北省科技厅	国际先进	机械院
3	大坡道小半径曲线铁路450吨级箱梁制运架施工技术及关键设备	四川省科技厅	国际先进	机械院（参与）
4	ZPC160自行式转盘车	股份公司	国际先进	重工
5	PG32拆分式铁路铺轨机		国际先进	
6	TJ165A型分体式架桥机		国际先进	

表 6-10　2011 年中铁科工申请专利一览表

序号	成果名称	申请号	专利类型
1	分体导梁式过隧道架桥机	201110250296.9	发　明
2	一种用于螺纹灌注桩施工的新型钻头及其成桩方法	201110291385.8	发　明
3	一种大吨位箱梁运架设备群安全施工的远程监控管理系统	201110444497.2	发　明
4	一种静压搅拌复合桩机	201120447745.4	实用新型
5	一种大吨位箱梁运架设备群安全施工的远程监控管理系统	201120555656.1	实用新型
6	多功能挤压螺纹桩机	201120077841.4	实用新型
7	分体导梁式过隧道架桥机	201120317985.2	实用新型
8	一种适应小曲线过孔的架桥机走行装置	201120317983.3	实用新型

6-11　2011 年中铁科工新增授权专利一览表

序号	成果名称	专利号
1	轨枕吊装布设装置	ZL200710168319.5
2	基于可编程自动控制器的排绳装置以及排绳方法	ZL200810000030.7
3	共振破碎机	ZL201010215034.4
4	一种低重心三轴螺纹钻机	ZL201020220122.9
5	一种箱梁转运设备	ZL201020159063.9
6	山岭地区超低位过隧道的运梁车	ZL201020220125.2
7	搅拌桩机的双向搅拌钻头	ZL201020264012.2
8	共振破碎机	ZL201020244151.9
9	能通过隧道且实现隧道口架梁的架桥机	ZL201020220129.0
10	多功能挤压螺纹桩机	ZL201120077841.4

6-12 2011 年中铁科工制定修订标准规范一览表

<table>
<tr><th>序号</th><th>类型</th><th>标准名称</th><th>制定或修订</th><th>参与程度</th><th>完成情况，或进度计划</th></tr>
<tr><td>1</td><td rowspan="2">TB</td><td>电气化铁路接触网恒张力放线车</td><td rowspan="3">制定</td><td rowspan="10">参编</td><td>已颁布实施
TB/T 3272-2011</td></tr>
<tr><td>2</td><td>电气化铁路接触网立杆作业车</td><td>已颁布实施
TB/T 3273-2011</td></tr>
<tr><td>3</td><td>GB</td><td>铁路砼梁运架设备安全监控系统</td><td>已报批</td></tr>
<tr><td>4</td><td rowspan="16">TB</td><td>铁路轨枕螺栓扳手</td><td>修订</td><td rowspan="11">已报批
（完成报批稿，提交铁道部审批后颁布）</td></tr>
<tr><td>5</td><td>无砟轨道铺轨机组</td><td rowspan="9">制定</td></tr>
<tr><td>6</td><td>板式无砟轨道水泥乳化沥青砂浆车</td></tr>
<tr><td>7</td><td>CRTSⅡ轨道板专用数控磨床</td></tr>
<tr><td>8</td><td>CRTSⅡ轨道板专用翻转机</td></tr>
<tr><td>9</td><td>CRTSⅡ轨道板专用真空吊具</td></tr>
<tr><td>10</td><td>有砟轨道长钢轨铺轨机组</td></tr>
<tr><td>11</td><td>高速铁路箱梁架桥机</td><td rowspan="4">主编</td></tr>
<tr><td>12</td><td>高速铁路箱梁运梁车</td></tr>
<tr><td>13</td><td>无砟轨道门式铺板机</td></tr>
<tr><td>14</td><td>铁路施工机械产品型号编制方法</td><td>修订</td></tr>
<tr><td>15</td><td>轨道车辆车架及转向架技术条件</td><td rowspan="3">制定</td><td rowspan="5">参编</td><td rowspan="5">2011 年新批计划项目，按要求进行中，计划 2012 年 9 月前全部完成。</td></tr>
<tr><td>16</td><td>带式物料运输车</td></tr>
<tr><td>17</td><td>车载雷达路基状态检测装置</td></tr>
<tr><td>18</td><td>起重轨道车通用技术条件</td><td rowspan="2">修订</td></tr>
<tr><td>19</td><td>起重轨道平车</td></tr>
</table>

【中铁装备技术创新】 2011 年，中铁装备以盾构产业化为核心，围绕盾构整机技术、关键技术、隧道专用设备及隧道施工配套材料等方面扎实推进研发工作。“盾构机成套装备关键技术”获河南省“十一五”优秀重大科技专项、“复合盾构样机研制”获河南省 2011 年度科学技术进步奖一等奖、“盾构变频驱动系统研制”获 2011 年度中国铁路工程总公司科学技术奖二等奖，“大直径泥水盾构控制系统的消化吸收与设计”项目通过中国中铁科技成果评审，“硬岩盾构成套装备关键技术研究及应用”通过河南省科技厅的产业化验收。完成了大、小直径盾构、75 米多功能钻机、45 吨内燃机车、防水板自动铺设机、混凝土湿喷机的研发制造；无骨架模板台车通过铁道部工业性试验验收；60 吨内燃机车、盾尾刷、软岩刀具、管片模具等近十项新产品正在开发。公司获得专利授权 19 项，其中实用新型专利 18 项，国内发明专利 1 项。

【中铁装备公司大、小直径盾构开发】 2011 年，中铁装备实现大、小直径土压平衡盾构研发制造新突破。应用于株潭城际轨道交通工程中国中铁 34 号盾构直径 9300 毫米，主要针对岩层，砂岩，砾岩和板岩的地质条件而设计。用于城市排水及电力、通讯管网隧道施工的中国中铁 36 号直径 4150 毫米，适用于软土及砂砾地层。

【中铁装备公司混凝土湿喷机样机研制】 2011 年 3 月，中铁装备首台混凝土湿喷机样机研制成功。该机底盘行走系统采用全液压驱动方式，有效节约了布置空间，提高了设备的机动灵活性。同时，该机臂架采用折叠式臂架，具有水平和垂直两个方向的旋转功能，有效增加了隧道施工时设备对隧道轮廓面的适应性。

【中铁装备公司新型衬砌模板台车研制】 2011 年 6 月 12 日，中铁装备研制的新型衬砌模板台车通过铁道部工业性试验验收，专家组一致认定该成果达到了国内领先水平，在国内外尚属首例。新型衬砌模板台车设计取消了传统台车门架支撑结构，采用四单元设计，结构合理，微调性能良好，可使两环搭接处错台减小，提高了衬砌表面平整度；增加了伸缩底模，可使底模与仰拱紧密接触，实现了衬砌不跑模；可方便的实现变断面加宽作业，且台车内净空增加，显著减少了模板台车的阻风率，改善了大直径通风管的穿越条件。（详见表 6-13）

6-13 2011 年中铁装备新增授权专利一览表

序号	专利名称	类型	申请号（专利号）	授权公告日
1	一种盾构远程监控系统	实用新型	ZL 201020294377.X	2011.02.09
2	泥水盾构破碎机油缸防损坏装置	实用新型	ZL 201020294359.1	2011.02.09
3	泥水盾构泥浆输送系统增强泥水仓和气垫仓环流流量的装置	实用新型	ZL 201020294376.5	2011.02.09
4	一种盾构机控制系统	实用新型	ZL 201020294360.4	2011.02.09
5	盾构皮带输送机分流器	实用新型	ZL 201020505813.3	2011.02.16
6	一种新型管片翻转器	实用新型	ZL 201020505812.9	2011.02.16
7	盾构独立加水系统	实用新型	ZL 201020524753.X	2011.02.16
8	复合式 TBM 新型辅助转向装置	实用新型	ZL 201020524713.5	2011.02.16
9	盾构及 TBM 刀盘新型楔形安装刀座	实用新型	ZL 201020524758.2	2011.02.16
10	盾构负载敏感控制系统	实用新型	ZL 201020505835.X	2011.04.13
11	盾构单线式油脂注入系统	实用新型	ZL 201020524734.7	2011.04.13
12	盾构管片拼装机回转机构限位装置	实用新型	ZL 201020524722.4	2011.04.13
13	盾构袋装膨润土提升装置	实用新型	ZL 201020505820.3	2011.05.18
14	盾构刀盘驱动功率限制机构	实用新型	ZL 201020505846.8	2011.05.18
15	盾构螺旋机洞内修复拆卸导向装置	实用新型	ZL 201020524775.6	2011.05.18
16	盾构刀盘可拆卸面板	实用新型	ZL 201020524740.2	2011.06.01
17	一种盾构液压泵的加载机构	实用新型	ZL 201020505832.6	2011.06.15
18	适用两种分度管片安装的盾构推进油缸布置机构	实用新型	ZL 201020509595.0	2011.09.14
19	软岩盾构机中具有小范围变径功能的切削装置	发明	ZL 201010261104.X	2011.12.07

【中铁三局生产工艺及技术创新】 2011 年，中铁三局经鉴定（评审）的科技成果 15 项，其中经山西省科学技术厅组织鉴定的科技成果 3 项、青海省科学技术厅组织鉴定的科技成果 1 项、股份公司组织评审的科技成果 12 项、广州市科技和信息化局评定的科技成果 1 项。“宽幅多室波形钢腹板 PC 组合箱梁施工关键技术”、“时速 350 公里高速铁路无砟轨道大跨度连续梁拱结构桥梁施工关键技术”、“城际客运专线电力、电气化施工与检测施工技术研究”、“繁华城区复

杂地质条件下泥水盾构综合施工技术研究"、"高速铁路无缝线路铺设技术研究"、"大型近接暗挖换乘地铁车站施工关键技术研究"达到国际领先或先进水平。

2011年，集团公司评审，评定2010年度企业级工法59项。二公司完成的"波形钢腹板预应力混凝土连续箱梁桥现浇施工工法"和四公司完成的"小导管超前分部开挖施工工法"被评定为2010年度公路工法；集团公司完成的"既有线软土地区站台大跨度钢管桁架无柱雨棚施工工法"等33项工法被评为2010年度山西省省级工法，完成的"深水浅覆盖层锁口钢管桩围堰施工工法"等13项工法被评为2010年度股份公司级工法，完成的"无砟轨道无缝线路施工工法"等4项工法被评为2010年度铁路建设工程部级工法。

本年度，集团公司在国家级工法的获得上取得骄人业绩，在2009～2010年度的132项国家一级工法中，集团公司"无砟轨道无缝线路施工工法"、"深水浅覆盖层锁口钢管桩围堰施工工法"名列其中；364项国家二级工法中，"盾构空推通过暗挖隧道或车站施工工法"、"波型钢腹板预应力混凝土连续箱梁现浇施工工法"名列其中，为中铁系统中获得数量最多的企业之一。

2011年度，集团公司在核心自主知识产权保护工作方面取得新成就，一是专利数量上有了大的飞跃、特别是发明专利所占比重有大的提高；二是部分子公司在专利获得上实现了零的突破，如二公司、线桥公司、广东公司等。年内，新申请专利79项，受理专利73项，授权专利43项（其中发明专利9项）。当年授权专利数量占到专利总数量的52%，发明专利数量占到总数量的56%。

【中铁六局生产工艺及技术创新】 全年共计完成工艺、工法创新24项，其中《无砟轨道摩擦板、端刺、过渡板施工工法》、《客运专线CRTSⅡ型板式无砟轨道施工工法》和《大跨度箱形变截面钢筋混凝土拱施工工法》3项工法被评为国家级工法，其余21项被评为省、部级工法。

【中铁建工集团工业技术革新及专利成果】 北京机械制造有限公司。2011年，通过对道岔垫板加工工艺的研究使公司在设备配置、人员技能、生产组织方面具备了年产240组道岔垫板的生产能力，掌握了机械校正钢板焊接变型工艺、采用防磁化铣、刨用强力电磁吸盘装夹工艺，提高超长工件一次性加工精度工艺，形成了一套大批量、多品种加工、包装、发运生产组织管理方法。实现了公司从生产铁路施工机具向生产铁路零部件的转变。

在其他新工艺开发方面，完善LT90钢轨调整器生产制造工艺，开展以提高生产效率、降低生产成本的技术改进。2011年公司获得2项无砟轨道板调整器、一种无砟轨道板式道岔板调整器和轨道安装预留孔的成型机构共4项国家知识产权局的实用新型专利授权证书。向国家知识产权局申报1项无砟轨道板定位块无搭边落料模实用新型专利。《铁路道岔垫板加工工艺研究及批量生产》获集团2011年度科研成果三等奖。

钢结构公司。2011年，钢结构公司继续加大科研经费投入，加强科研技革项目立项，取得的主要科研成果如下：福州南站《雨棚三跨连续不等跨张弦梁同步张拉施工工法》评为国家级工法；加工厂焊接H型钢加工工法评为集团公司工法；太原南站《大跨度放射伞状空间桁架高精度信息化分块安装技术研究》获得总公司科学技术奖二等奖；太原南站《地下室临时钢栈桥施工工法》和《卷扬机拆除钢结构临时支撑施工工法》获得山西省级工法；太原南站《大跨度放射伞状空间桁架的分块安装技术》和《变截面交叉五箱型钢柱的制作技术》获得集团公司科研技革二等奖；成都东站《钢结构逆作换撑法施工技术》获得集团公司科研技革一等奖；成都东站《"脸谱"柱制作及安装施工技术》获得集团公司科研技革一等奖；加工厂《施工工装改造为龙门起重机的技术研究》获得集团公司科研技革三等奖。

科技管理

【科技管理概况】 科技创新平台建设不断加强，为企业发展增添新动力。进一步完善了具有中国中铁特色的二级四层科技创新体系，三大平台得到充分发挥，以国家工程实验室为主的高端研发平台、专业技术研发中心为主的专业研发平台和企业技术中心为主的综合和推广应用平台充分发挥了在自主创新中的作用。截至 2011 年底，股份公司共拥有 2 个国家级实验室、6 个国家认定企业技术中心、19 个省级认定企业技术中心，成立了 6 个专业技术研发中心。

2011 年，一是组织召开了股份公司第四届科技大会，通过了股份公司《“十二五”科技发展规划》，为公司科技创新开好头、起好步奠定了坚实的基础。二是组织完成了公司总部技术中心年度评价工作；积极推进了两个国家实验室的建设，高速铁路建造技术国家工程实验室已具备验收条件，盾构及掘进技术国家重点实验室建设方案通过科学技术部审批，各项建设有序推进。三是股份公司与兰州交通大学签订了《科技合作与人才培养协议》，加强了校企间的合作，推动了双方在铁路、公路、城市轨道交通、能源、资源等多个领域的科技开发和人才培养合作。四是加强了博士后工作站建设，总公司博士后工作站顺利通过国家博管委组织的业绩考核，已有 3 名博士进站开展研究工作。五是股份公司科技创新体系进一步完善，科研水平不断提高，科技成果累累。2011 年公司获国家级科技进步奖 5 项；获中国土木工程詹天佑大奖 5 项；获省部级科技进步奖（含国家认可社会力量评奖）255 项；新增有效专利 519 项，其中发明专利 146 项，新增国家级工法 38 项，省部级工法 99 项。2011 年股份公司科技创新工作得到了国资委的高度评价，在中央企业科技工作会议和中国科协第八次全国代表大会上受到表彰。

【中铁二院科技机构设置】 中铁二院设立技术中心，负责全院技术管理、质量管理、三大部类（科研、标准化、业务建设）管理、科技情报管理，承担中铁二院的技术文件和图纸审查、重大技术方案会审、勘察设计现场调研与指导、中铁二院规程规范编制、科研项目实施等工作，同时，兼管中铁二院史志编纂、交通战备、工程地质勘察质量检查、博士后科研工作站、《高速铁路技术》期刊编辑出版等工作。

【中铁二院科技工作概况】 2011 年，中铁二院持续加大科研投入和研发力度，全年列支科研经费 1.2 亿元，新开科研项目 77 项，完成科研项目 44 项，通过科技成果鉴定 26 项，新增专利 65 项。

中铁二院 2011 年度开展的主要科技活动：

1. 召开了第一届科技大会，明确了新阶段、新形势下全公司科技创新工作的指导思想和总体要求，审定并通过了“十二五”科技发展规划，全院多项技术总结和科研开发稳步推进。2. 以成兰铁路、沪昆客专项目为平台，开展了山区高速铁路成套技术深化研究。3. 结合未来交通方式的新方向，以中国南车株洲机车车辆公司中低速磁悬浮试运线 EPC 项目为平台，开展了中低速磁浮交通成套技术研究。4. 结合海外项目的特殊性，以委内瑞拉、埃塞项目为平台，深化了中外技术对比及标准选用研究。5. 充分利用博士后工作站这一高端科技创新研发平台，开展了高速铁路无砟轨道减振降噪关键技术等系列研究。6. 启动的“光纤铁路环境静态安全监测设备及应用示范”研究课题，是中铁二院获得科技部支撑计划经费的第一个项目，并且由中铁二院担任了总体单位。7. 联合西南交通大学等多家单位筹建的“陆地交通地质灾害防治技术国家工程实验室”，已进入实质性建设阶段，“数字化轨道交通技术国家工程实验室”的申报准备工作也在有序推进之中。8. 成功申请成为四川省首批院士（专家）工作站建站单位，为中铁二院集聚高端人才、联合科研攻关搭建了新的重要平台。9. 在铁道部科研开发计划项目竞标中，中铁二院中标 4 项。10. 中铁二院大力推进数字化三维设计平台的研究工作，自主成功开发了“基于三维空间模型的铁路站场平纵横一体化设计”等 24 项软件，在中国中铁股份有限公司 2011 年度信息化考评中名列第一。11. 全年中铁二院申报各类专家 126 人次，建立了 244 人的海外项目专家人才库，先后举办总工总体等重点培训班 24 期，培训人数达 1390 多人次。中铁二院筹备“交子·技术大讲堂”，自开讲以来，先后邀请了 3 位工程院院士和多位国内外知名专家学者开展学术交流。

【中铁二院综合技术管理】 2011 年，中铁二院开展的综合技术管理工作：

1. 技术管理规章制度制定和补充完善。为加强和规范中铁二院技术管理，适应当前铁路建设形势发展要求，制定《关于发布路基填料勘察技术要求补充规定》、《关于加强集团公司各生产单位自揽外委工程项目技术管理的暂行规定》等技术管理规章制度 12 项。明确和补充完善各专业设计分工，发挥专业设计分工在勘察设计中的指导作用。根据中铁二院现行生产体制和勘察设计工作实际，对原《铁路工程勘察设计专业分工补充规定》（二设科技发（2005）236 号）进行修编，已装订成册分发给专业设计人员使用。

2. 专业设计分工协调工作。为加强和规范中铁二院技术管理，院技术中心参与和协助院总（副总）工程师、院生产项目管理部，对工程建设项目中的防雷设计、城市道路照明、供电设施设计、铁路工程建设项目隧道顶部及隧道附近建筑物等项目开展调查，进行专业设计分工协调，并形成了会议纪要，以便各相关专业遵照执行。

3. 技术公文汇编、清理及转发。完成 2010 年度技术公文汇编的搜集、整理、装订；对历年技术公文汇编中的作废文件进行清理，并在院局域网上公布作废文件目录清单；对铁道部、中铁总公司以及政府其他部门下发的有关技术文件、规定等，按院领导的批示，及时转发全院各有关部门贯彻执行。

4. 节能管理。完成 2010 年度《中铁二院节能减排统计报表》和《节能减排工作总结》的上报工作。制定《2011 年节能减排工作要点》和《中铁二院 2011 年节能减排量化考核指标》，并行文发布实施。转发财政部《中央国有资本经营预算节能减排资金管理暂行办法》文件。编制《中国中铁股份有限公司节能减排文件汇编（2008-2010 年）》、《2010 年度能源资源文件资料汇编》，印刷装订成册后发放各单位使用。编写健康体系文件中的《节能减排管理办法》部分。组织报送《中铁二院重点节能技术推荐项目》，参与报送《推荐两化融合促进节能减排重点推荐项目》工作。按照国家 14 部委下发的《关于 2011 年节能宣传周活动安排意见的通知》要求，组织筹划节能宣传周活动，提出中铁二院 2010 年节能宣传周活动的重点工作，编写《节能宣传周总结报告》。完成节能减排日常管理工作。

【中铁二院科研标准管理】 2011 年，中铁二院承担科学技术研究计划 231 项，计划经费 1.2 亿元（含产值及科研经费，下同）。其中，铁道部项目 29 项，计划经费 4094.2 万元；中国中铁项目 27 项，计划经费 1800.3 万元；建设指挥部项目 5 项，计划经费 365 万元；中铁二院项目 170 项，计划经费 5953 万元）。在铁道部《科技开发计划指南》的指导下，组织申报 2011 年铁道部科技开发计划 14 项，股份公司科技开发计划 17 项。组织铁道部科研开发计划项目投标 18 项（投中 4 项，合同经费 1315 万元）。拨付铁道部科研外协合同经费 55 项，拨付中国中铁科研外协合同经费 6 项；签订中铁二院科研外协合同 59 项。完成《铁道部科技开发计划课题年度执行情况表》20 项，《2010 年铁道部科研项目自查情况总结》。全年共组织各级科技成果评审、鉴定 18 项（四川省鉴定 9 项，中国中铁评审 9 项）。组织申报四川省级科技进步奖 15 项；组织申报成都市科技进步奖 5 项；组织申报各类学会、协会科技进步奖及技术创新 26 项。年内组织了“十一五”期间重大科技成果、科技创新先进集体及科技创新先进个人评审工作。完成科研项目 25 项（铁道部 7 项、中铁二院 18 项）。

2011 年，中铁二院承担规范标准编制计划 191 项，总产值 2840 万元，总经费 1758.7 万元。其中，部标准规范 54 项，产值 1044.5 万元，经费 350.00 万元；部控标准设计 34 项，计产值 528.5 万元，经费 1280.7 万元；院控标准设计 103 项（新开 90 项）计产值 1220 万元，经费 128 万元。组织申报铁道部工程建设标准建议计划 15 项。争取新编、修编技术标准《铁路站桥一体结构设计规范》、《铁路隧道设计规范》2 项。编制 2011 年《现行有效常用规范目录》、《标准设计图纸有效目录》各 1 期，共计 600 余册，并发放各生产单位。组织召开工程建设标准项目各阶段审查会议 10 余次。完成各单位线参考图升级为中铁二院参考图清理、汇总、审查共 78 项。完成对由中铁二院主持及参编规程规范、标准设计专项安全检查及清理 158 项。组织完成中铁二院优秀标准设计的评选 25 项（评出院优秀标准设计一等奖 6 项、二等奖 5 项、三等奖 10 项）。

2011 年，中铁二院共下达业务建设及其它内容计划 121 项，年度计划产值 2311.4 万元（部控项目 13 项，产值 501.5 万元；院控项目 108 项，产值 1809.5 万元），年度经费 265.5 万元。

【中铁二院博士后工作站】 2011 年中铁二院博士后工作站成果：1.《跨度铁路斜拉桥抗风性能技术研究》为杨咏漪博士后所研究的课题，获“铁路钢桁梁 T 型加劲肋正交异性板桥面的施工方法”发明专利。同时，杨咏漪博士后通过该课题还获得 4 项实用新型专利（其中有 2 项为研究成员排名第一）。2. 王子云通过“风能风机关键技术及其应用研究课题”，获得“立式换热器”实用新型专利。

2011 年中铁二院博士后工作站运行情况：1. 在站博士五名（包括 2011 年招进的两名博士），分别从事“风能风机关键技术及其应用研究”、“基于‘路线（路段、桥梁、隧道）—驾驶人—车辆’系统动力学仿真的公路行驶特性分析与设计控制”、“路堤沉降动态控制方法研究”、“基于光纤微光编码的路基沉降远程自动监测系统研究”、“高速铁路无咋轨道耐久性提升综合技术—基于水力劈裂磨蚀与溶蚀高速铁路无咋轨道破坏研究”等项目研究。前 3 个项目均通过中期考核并获得优秀。2.“高速铁路无砟轨道减震降噪关键技术研究”，是由一名伊拉克外籍博士进行研究，由于其签证出现问题，按照中铁二院博士后管理办法，已将其退站。3. 2011 年 6 月，杨咏漪博士后以优异的成绩顺利出站。截至 2011 年底，已有三位博士出站。他们在站期间的工作态度和学术水平获得了院领导和技术中心领导的好评。其中有两名博士后已经成为中铁二院的正式员工。另外一名博士后到美国普度大学进行一年的学术交流，国外专家对该博士后在站期间研究的课题表示赞赏，并表示愿意继续为该博士提供条件进行深入的研究。

【中铁设计咨询科技管理】 中铁设计咨询设立科技管理处，其职能主要为：负责公司“三大部类”管理、技术管理、勘察设计咨询质量管理，承担公司技术文件及图纸审查，重大技术方案会审，勘察设计过程的质量检查，负责公司科研及技术管理规章制度文件的编制、公司质量管理体系工作及专业学会工作。

2011 年，中铁设计咨询开展的各类科研项目 60 项，其中铁道部科研项目 4 项，股份公司科研项目 8 项，中铁设计咨询内部科研 36 项、软件 12 项。通过科研成果验收评审 17 项，其中通过股份公司成果评审 7 项，通过中铁设计咨询内部科研成果评审 5 项、软件成果评审 5 项。申请专利 8 项，其中发明专利 2 项；获得授权专利 6 项，其中发明专利 1 项。承担铁道部标准编制 6 项、标准设计 5 项。获得建设部工法 1 项。

2011 年，中铁设计咨询开展技术管理工作：

1. 加强勘察设计过程质量控制。全年组织开展了 11 次勘察中间检查，6 次重大项目的勘察资料验收，18 次异地分公司设计文件的审查，1 次地质勘探检查，4 次设计回访和现场核对。组织开展的重要技术评审和研讨活动共计 68 次。2. 完善集团公司科技管理规章制度。全年印发《集团公司技术会议制度》、《质量信息反馈规定》、《铁路工程勘察设计技术总结工作管理办法》、《标准设计和业务建设管理办法》、《专利管理办法》、《节能减排管理办法》等 10 项规定。编制《集团公司科技管理文件汇编》、《勘察设计咨询法定文件选编》等技术管理和质量管理文件。3. 根据铁道部要求，开展工程质量安全大检查。质量安全大检查从 2011 年 8 月开始，至年内完成。按要求上报铁道部的铁路勘察设计质量安全大检查的项目中铁设计咨询共有 32 个，其中大中型项目 29 个，客站项目 3 个。对检查中发现的问题，按要求边查边改，分类梳理，制定整改措施和整改实施计划，同时建立了问题库和整改消号制度，实行闭环管理。本次铁路项目勘察设计质量安全检查发现的各类问题，2011 年底按照铁道部鉴定中心的要求全部整改完毕。4. 开展质量信息反馈。全年共印发《技术质量信息报告》12 期，印发《技术质量工作报告》4 期。5. 进行技术文件质量评定。全年共对 764 个勘察设计咨询技术文件的质量进行评定，其中优秀 241 个、良好 516 个、合格 7 项。合格率 100%，质量优良率为 99.1%，优秀品率为 31.5%。6. 开展质量及科技管理工作考核。对重点勘察设计项目的质量考核，2011 年共对 18 个不同阶段的重点勘察设计项目进行了考核。对各单位的科技管理工作就勘察设计质量、科技创新、科技管理体系与标准化、质量改进四个方面进行考核。

【中铁西北院科技管理】 中铁西北院学术指导和科研工作的决策机构是学术委员会（简称学委会），主要职责是审定公司中长期科研发展规划和年度科研计划，对公司重要学术活动、科研工作提出指导意见，对公司的科研工作、学术交流进行全面评估，接受科技处提请，对重大课题进行阶段性检查，对研究成果进行公司内评审等。组织机构主要由公司长期从事科研、技术管理和技术开发工作的专家和学术带头人组成，人数为 15 人。设主任委员 1 名，副主任委员 1 名，委员 13 人（1 人兼秘书）。办公室设在科技处，为学委会的办事机构，负责处理日常工作。

科技处：中铁西北院开展科学研究、技术创新、科技服务、科技合作与交流等工作管理的职能部门。主要职责是制定公司科技工作的中长期发展规划、年度计划和相关规章制度；申报科研立项、管理计划项目、合作委托项目；组织申报科技成果、知识产权、科技奖励；筹划科研基地、研发平台（重点实验室、工程技术中心等）；组织和协调对外学术交流与重大学术活动，统计和宣传公司科技信息，组织和协调其它重大科技事务等。

科研所：中铁西北院下属的科研和技术创新机构，主要从事特殊土地力学及工程性质、特殊土地区工程病害及防治技术研究。在编人员 25 人，其中正高级职称 2 人，副高级职称 6 人，工程师 15 人；硕士以上学历人员 18 人，占科研所总人数的 72%。下设有冻土、黄土、沙漠和滑坡等四个研究室，青藏高原风火山冻土观测站，青藏铁路多年冻土实验室。四个研究室是中国铁路行业开展相关研究最早的专业机构，经过长期努力，滑坡、冻土、黄土和沙漠等四个专业发展成为在中国具有一定影响力的传统优势专业，5 年来获得专利 11 项，省部级以上奖项 16 项。

风火山冻土观测站：中铁西北院于 1961 年在青藏高原腹部地区建设而成，是中国唯一一座全年有人值守的高原冻土观测站，海拔 4750 米，至今已连续观测 51 年，观测数据和相关科研成果为青藏铁路的修建和安全运营提供了有力的技术支撑。管理归口科研所。

铁路冻土实验室：中铁西北院建立的专门服务于青藏铁路建设和运营的专业冻土实验室，青藏铁路公司冻土实验室挂靠在该实验室。设有冻土热物理、冻土物理力学、材料、低温、仪器仪表、土工、水分析、热棒检测和原位测试等 9 个试验室，现已具备冻土基本物理、热物理、力学参数试验、低温环境冻土工程模拟试验、运营维护过程中冻土区地基土体的原位测试、多年冻土区气象要素野外观测、热棒试验和工程元器件的制作与标定、青藏铁路建设和运营所采用材料的低温、耐久、老化性能试验等试验能力。管理归口科研所。

工程检测试验中心：1967 年，中铁西北院集各研究科室试验仪器设备，抽调骨干技术人员组建工程检测试验中心。先后参了 100 多项国家重点工程建设项目的试验检测、监测任务，涉及铁路、机场、公路、水电、煤矿等行业（工程项目)。在多年的科研与生产实践中，不仅取得多项重大科研成果，还多次获得国家及部级科技奖。2004年12月，该中心被抽选为中国 40 家重点国家级计量认证评审审查(验收)试验室之一，并通过国家计量认证复审/换证的审查验收，换发计量认证合格证；2008 年，检测中心获得甘肃省交通厅《交通建设工程试验检测机构资质等级证书》(交(公)工检证字第(33)号)；2009 年通过甘肃省建设厅资质复查，取得了建筑工程检测甲级、市政工程检测甲级、岩土工程检测甲级、地基基础和主体结构检测甲级、公路(桥梁)工程检测甲级、民用建筑工程室内环境质量检测乙级、建筑结构可靠性鉴定检测等资质，具备了在铁路、公路建设、水运、航运等领域从事试验检测的各项资质；2011 年 9 月，通过国家认可委的监督评审，并申请扩项 116 个参数。中心试验室可进行 410 个项目参数的试验能力，试验手段齐全。

该中心由工程检测部、物探部、边坡监测部、试验室、环保环评部、综合办公室等组成，现有各类专业技术人员 78 人，其中研究员 4 人，副研究员及高级工程师 16 人，工程师和助理工程师 58 人，全部持有铁道部、建设部、交通部颁发的各种上岗证书。拥有价值 1000 多万的野外试验检测活动车 1 台，野外地基试验车 1 台，桩基完整性检测仪(PIT)7 台，打桩分析仪(PAK)1 台，智能声波检测仪 5 台，地质雷达 3 套，瑞雷面波仪 1 台，浅层地震仪 1 套，TGP 地质超前预报仪 2 套，管线探测仪 1 台，隧道断面检测仪 10 台，静载荷载试验分析仪 6 台等先进的专业测试仪器设备近 400 台(套)，资产总额 2000 余万元。

【中铁西南院科技管理】 中铁西南院科研开发与管理、技术管理、学科建设管理以及信息化建设管理工作由科学技术部主要负责。

2011 年，中铁西南院修订科研相关管理办法，包括《科研管理办法》、《科技成果奖励管理办法》、《科研津贴管理办法》、《科技成果转化管理办法》和《研发中心管理办法》等。

2011 年，中铁西南院对所使用的技术标准和计量器具进行全面追踪自查，并按照相关规定，完成企业研究开发费用税前扣除工作、高新技术企业检查工作、技术企业复审工作、科技研发中心成立筹备工作、企业技术中心的认定工作等，通过成都市企业技术中心认定、四川省企业技术中心认定。

同时，中铁西南院加强信息化建设，初步建立起网络平台、视频会议等一系列信息化办公系统。制定了《即时通平台管理办法》、《视频会议管理办法》、《信息化网络运行、安全管理办法》及《计算机软硬件集中采购管理办法》。

中铁西南院科技研发中心成立于 2011 年 7 月 25 日，是中铁西南院从事科技研发工作的主要机构，负责企业的技术创新的规划和实施，指导和管理下属各实体技术创新工作。

1. 机构设置

根据研发中心职能和任务，研发中心的主要机构包括研发机构、管理结构和决策机构，具体如下：

(1)研发机构主要有隧道及地下工程研究所、桥梁与结构工程研究所、工程地质所、工程地质灾害研究所、机械研究所五个研究所；

(2)管理机构为研发中心办公室，负责研发中心的日常管理，与科学技术部合署办公；

(3)决策机构为专家委员会，负责研发中心科研项目立项、检查、评审等重大事情的决策。

2. 人员状况

研发中心现有员工 101 人，其中具有高级职称的人数为 16 人、中级职称的人数为 38 人、初级职称及以下人数为 47 人；科技研发人员 93 人，管理人员 8 人。

【中铁一局科技管理】 2011 年，中铁一局不断完善技术研发体制机制，进一步加强科研管理，持续开展节能减排，企业核心竞争力不断提升。

中铁一局坚持“科研管理项目化”理念，制定了“研发费用管理办法”，规范了研发费用使用行为，全年科研立项 151 个，“山西中南部重载路基试验研究”等 10 个项目被股份公司列为重大或重点研发项目，33 项成果荣获省部级或股份公司科技奖，22 项成果通过省部级鉴定或股份公司评审；中铁一局通过“国家级企业技术中心”认定，为申请国家级科研项目创造了条件；成立计量试验检测中心，为有效降低消耗、保证工程质量、提高经济效益奠定了基础；召开专业研究所首次技术工作会议，探讨新形势下专业研究所的运行管理机制；开展专利申报工作，全年获得专利授权 57 项，提升企业核心竞争力。

中铁一局坚持“建设绿色工程，打造低碳一局”理念，制定节能减排标准化工地评选等管理办法，全面推行“四节一环保”标准化工地建设，企业万元营业收入综合能耗同比降低 5%，西宝客专等 4 个项目获股份公司“节能减排标准化工地”称号。

【中铁二局科技管理】 2011 年，中铁二局申报国家级技术中心，技术中心与西南交通大学、成都理工大学以及国内研究机构、合作企业开展广泛的产学研联合，建立有效的自主创新体系，能够合理整合技术资源，为增强企业自主创新能力奠定了基础。

2011 年完成以桥梁为主的专项施工方案及施组审查 25 项，以隧道为主的专项施工方案及施组审查 30 项，开展技术服务和咨询工作 16 项，开展结构设计及专项检算 6 项，为公司施工生产起到技术支撑。

测试中心顺利通过国家计量认证铁道评审组的监督评

审检查，完成国家计量认证铁道评审组安排的水泥能力验证工作，确保公司试验检测资质的正常有效，核查并办理玉树灾后重建指挥部中心试验室、成绵乐铁路水泥乳化沥青砂浆试验室等共计9个试验室的资质授权，确保现场试验室的正常运行。参与企业标准体系建设，推动企业整体技术水平提高，全年共参与8项规范、标准、指南的编制。举办计量管理人员培训班及体系内审员业务培训班，分别培训学员52名、49名。修订《中铁二局股份有限公司节能减排监督管理办法》、《中铁二局股份有限公司节能减排标准化工地实施办法》。

《路基工程》全年按时出版发行6期，刊发论文371篇、275万字。其中科研基金项目论文122篇，占刊文总数的33%；国家和省部级科研基金项目论文100篇，占刊文总数的27%。在国家科技部所属中国科学技术信息研究所公布的《2011版年中国期刊引证报告》中，《路基工程》在铁路运输类36种期刊中各项指标排名第12位。6月取得中国学术期刊评价委员颁发的“RCCS中国核心（扩展版）学术期刊”收录证书。

2011年3月公司第四次科技大会在成都举行。明确公司中长期科技发展规划和建设创新型企业的指导方针、发展目标、重点任务、保障措施。

【中铁三局科技管理】 2011年，中铁三局省级企业技术中心顺利通过复评，评价结果处于省内优秀行列；制定“技术创新管理办法”、修订出台“研发项目、工法、专利管理细则”、“科学技术奖评选办法”等规章制度，完善技术创新保障机制；部分子分公司成立了技术开发部，实现了与集团公司技术开发部的对接，完善了技术创新体系，并以此为平台大力推动了其所在公司的技术创新工作。

中铁三局在推进科技开发、工法研究、技术发明、体制机制建设等方面均取得了长足进步。2011年，中铁三局获太原市高新区“2010～2011年度统计工作先进集体”、中施企协“2011年度技术创新先进企业”，连续两年获“山西省科技奉献奖先进集体特等奖”、“山西省技术中心建设成就奖”等多项荣誉。

【中铁四局科研机构和管理】 中铁四局技术中心负责全局施工技术管理、科技管理、工法与技术标准等管理制度和办法的制定、监督、检查和落实，新技术、新工艺、新材料、新设备的前瞻性研究和开发；负责局科技情报和科技信息的检索、收集和发布；对在建工程重大科技攻关项目的研究实施和组织管理；建立以技术中心为核心的科研开发、施工技术管理体系，负责施工技术管理工作。技术中心设立技术开发处、施工技术管理处、安徽省铁道学会秘书处（挂靠）。

技术中心下发了2011年上、下半年施组、方案评审计划和2011年上半年局重难点项目技术指导分工（中铁四技[2011]85号）及2011年中铁四局在建工程Ⅰ类项目管控目录清单（中铁四技[2011]184号）四个管理文件，认证研究了局重难点项目，根据项目特点明确了技术指导人员，做到了技术管理有重点，分工指导有针对性，同时梳理了全局在建项目技术特点，明确了局重点监控的施组、方案项目，做到重点突出，难点全局把控。

根据工程的安全风险程度、技术复杂程度及重要程度，将全局的项目分为三类，出台《中铁四局工程项目技术状态分类管理办法》（中铁四技[2011]201号），实现三个层次的全覆盖全过程控制；为加强技术责任落实力度，提升项目施工技术管控能力，实施《中铁四局施工技术管理不良行为记录管理办法》（中铁四技[2011]185号），将过程检查中发现的严重不良技术行为纳入“不良记录”，每个季度进行通报，营造全局施工技术管理良好氛围；针对海外项目不断拓展现状，制定并印发《中铁四局海外项目施工技术管理办法》，将海外项目施工技术管理纳入全局管控范围，规范海外项目管理。

技术中心从在建的桥梁、隧道、地铁、既有线、路基、无砟轨道、梁场认证等项目中选取81个项目作为局Ⅰ类项目进行重点监控管理，对Ⅱ、Ⅲ类项目及时督促各子（分）公司做好监控管理工作并进行抽查监控；利用现场技术指导、安全质量大检查等各种形式，先后对175个项目进行了施工技术管理检查；及时根据现场施工需要安排人员赴大丽高速公路、上海地铁、合福铁路、大连北站、襄樊东站、兰新铁路、西宝客专、集包铁路、杭州东站、竹山隧道、宁波铁路枢纽、宁波绕城、沪昆江西7标、淮南山南新区下穿隧道工程、宁芜铁路改线工程、合肥南环枢纽、德大铁路、昆明地铁、江北产业集中区、合肥莲花路派河大桥、北京市通州市政配套工程、张唐铁路、吉图珲客专、金温扩能工程、合肥合作化南路高架桥、青岛地铁、淮南阳光城、沈阳外环苏北大桥等项目现场帮助解决施工技术难题。

2011年，中铁四局主报詹天佑奖3项：“武广新广州站”、“武广浏阳河隧道”和“甬台温雁荡山特大桥”，参报詹天佑奖2项“杭州湾跨海大桥”和“沪宁城际跨经五路特大桥”，获2项詹天佑大奖，分别为主报的“武广浏阳河隧道”和参报的“杭州湾跨海大桥”，其中“武广浏阳河隧道”项目是中铁四局第一次主报获奖的工程。

试验检测中心固定资产价值为980万元，仪器设备179台（套）。试验室总面积840平方米，其中检测面积600平方米，恒温面积65平方米，户外检测面积240平方米。主要承接铁路、公路、市政、工业与民用建筑等领域的建材、土工、道路、桥梁隧道、原位测试、结构无损检测等业务，能开展水泥、土工、沥青、钢筋、防水材料、混凝土砂浆、混凝土掺加剂、主体结构、钢结构、地基础等21大类180

种产品及206项参数的试验检测。四公司中心试验室新增试验室检测场地面积200平方米，满足了公路综合乙级资质的要求。

试验检测中心完成了14个工地试验室的授权工作；共计委派58人次分别对一公司、四公司、建筑公司中心试验室和杭州东站扩建工程、宁波枢纽北环线等试验室对设备、环境、人员配置和体系运转进行了综合检查和指导。对项目部工地试验室进行《实验室资质认定评审准则》的检查和解析宣贯工作，在检查中覆盖了组织、管理体系、文件控制、检测（校准）的分包、服务和供应品的采购、合同评审、申诉和投诉、纠正措施/预防措施及改进、记录、内部审核、管理评审等“管理要求”等11个要素。

试验检测中心今年继续深化《建筑桩基工程泥浆固化技术研究》、《RPC活性混凝土研究应用》以及《无砟道床维护关键技术及其专用成套设备的研究》等科研项目。跟踪《RPC活性混凝土研究应用》技术的现场应用，对不足之处进行了改进；《建筑桩基工程泥浆固化技术研究》也在宁波北环、合肥南环等项目进行了放大试验，预计明年即可结题达到实际应用的程度；《无砟道床维护关键技术及其专用成套设备的研究》已取得了突破性的进展，维修维护材料均达到了相关规范的要求，维修维护专用设备已进入实质性的试制阶段。

参加铁路试验信息网2011年9月在山东济南召开的《工程试验仪器设备自校准方法》修编会议，局试验检测中心负责《工程试验仪器设备自校准方法》中混凝土、砂浆及梁体压浆材料检测仪器自校标准的编制。

参加铁道部经济规划研究院2011年10月在北京组织的《铁路混凝土试验检测规程》编制大纲审查会，局试验检测中心负责《铁路混凝土试验检测规程》中第十四章砂浆检测项目试验方法的编制。

【中铁五局科技管理】 2011年，中铁五局不断加强技术创新体系建设，市场竞争力进一步提升。

制度建设继续加强。出台《中铁五局科技创新工作考核办法》、《节能减排管理考核办法》、《2011年度中铁五局科技项目、工法和专利计划的通知》，完善科技开发、科技奖励以及节能减排等方面的管理办法。

技术创新体系建立健全。出台《中铁五局技术创新规划》。各子公司相继设立技术职能部门，加强技术组织机构建设。以项目为依托，对全局重难点项目施工提供技术指导和服务。开展城市轨道交通施工技术科技攻关。不间断地对北京地铁6号线二期15标敞口式盾构研制与应用、长沙市轨道交通2号线5标、大连地铁一期工程103标软硬不均复杂地层盾构隧道施工技术进行研究。召开地铁施工技术暨管理交流会，对地铁施工技术进行交流推广，提升了中铁五局地铁施工技术水平。深入项目有针对性的开展技术攻关：对高墩、大跨、深水等特殊结构桥梁，开展施工技术科技攻关；开展了沪昆贵州8标姚官屯特大桥、成兰铁路2标北延线双线大桥两座在建系杆拱桥的大跨拱肋缆索吊装技术研究。

技术创新成果丰硕。获国家级、省部级工法各2项，局级工法23项。获国家专利授权21项，其中发明专利1项，实用新型专利20项。获省部级科技进步奖1项。通过贵州省知识产权试点单位验收。

节能减排标准化工地建设有序开展。制定实施《节能减排标准化工地管理办法》及《节能减排管理考核办法》，全面推动“四节一环保”的节能减排标准化工地建设。《杭甬铁路客专》及《渝利铁路》两个项目荣获股份公司节能减排标准化工地称号，《长沙市轨道交通2号线4标5标》等10个项目获得局节能减排标准化工地称号，节能减排工作成效显著。通过宣传及相关培训工作的开展，提高全员的节能减排意识，为创建五局绿色施工理念打下了基础。

【中铁六局科技机构与管理】 2011，中铁六局加强全局技术创新体系建设。首先，通过明确工作职责，加强对目标指标完成情况的过程检查和指导，强化子分公司科技管理部门的职能，增强科管系统工作的执行力。继局通过北京市企业技术中心认定之后，石家庄铁建公司技术中心通过河北省技术中心认定；天津铁建公司被天津市科委认定为“天津市科技型中小企业”，将可享受到天津市针对科技型中小企业的政策支持及专项资金支持。第二，在巩固和强化集团公司和子分公司两级科管体系的基础上，明确各级总工程师在技术创新方面的责任，突出项目部在技术创新工作中的地位和作用，完善以各级总工程师为首的“集团公司－子分公司－项目部”三级技术创新体系。第三，在加强对技术中心4个技术分中心和9个专业研究室管理的同时，根据集团公司专业技术人才队伍的变化情况，及时对技术中心机构和成员进行了调整，补充了一大批优秀技术人员，增加了混凝土技术分中心，强化在混凝土技术方面的研究，保证技术中心的科研实力和专业领先能力。第四，通过组织召开技术中心工作会议，明确各研究室和分中心的年度工作任务，强化各专业研究室和分中心的职责，加强对技术中心的日常管理和检查，使技术中心真正起到了技术研发机构的作用。

2011年，试验检测资质进一步提升。一是局检测中心积极拓展行业资质，顺利完成“交通部公路综合乙级试验资质”的增项工作，通过了外加剂全部检测项目；同时，局检测中心在迎接山西省交通质监站信用评价检查组的检查中获得96分的高分，得到了好评。二是北京公司检测中心在9月份接受监督评审，顺利扩项三类产品，7项参数。三是丰桥公司检测中心在1月份接受了监督评审，增加了水泥游离氧化钙等6个参数。四是试验人员数量和资质保持稳定。

全局有项目试验室 65 个，其中铁路项目试验室 45 个，公路项目试验室 20 个，全局专职试验人员 710 人，持证上岗率 95%。铁路试验工程师 186 人，96 名授权签字人，在岗公路检测工程师 54 人，检测员 149 人次。项目试验人员数量和资格基本满足全局发展需求。

【中铁八局科技机构管理】 2011 年，科技工作在充分调研的基础上，根据中铁八局各子公司的自身实际，并结合股份公司科技工作的具体要求，及时制定《中铁八局集团有限公司 2011 年科研项目计划》，并分别针对科技开发、工法成果、QC 成果、专利工作、科研经费、科技奖励以及节能减排等方面的问题，完善相关管理办法，建立健全科技管理制度，编制科技管理工作的标准化程序，对管理程序、工作方法、工作内容及范围做出明确要求，使科技管理工作更标准、更规范，成果管理流程更加有序、便捷和高效，确保科技成果的质量和水平。

2011 年，中铁八局建立完善科技创新体系，为整合技术资源，组建中铁八局企业技术中心，技术中心下设科技管理部、研发中心、信息中心和检测中心。其中研发中心下设十个专业研究所，检测中心下设八个国家认定试验室。技术中心主任由集团公司总经理兼任，副主任由集团公司总工程师兼任。成立技术中心专家委员会，负责组织并管理集团公司的科研项目攻关、试制、试验和“四新”技术推广应用工作，牵头重大新技术方案和重大科技攻关项目的研究与开发。

为加强集团公司知识产权管理工作，促进企业自主知识产权的形成，成立中铁八局知识产权战略委员会，下设专利管理委员会、著作权管理委员会、商标管理委员会及知识产权管理办公室。各子公司也设立了相应的机构，形成了知识产权管理网络。

2011 年 11 月，中铁八局企业技术中心通过国家发改委认定。

【中铁九局科技管理】 2011 年，中铁九局推进科技研究及技术创新体系建设，完善由科学技术部牵头，以局技术中心为研发机构，以各子分公司为研发核心，依托工程项目，以大中型建设项目技术创新课题组为技术创新实体的科技开发模式及科技管理框架，在全局积极参与客运专线建设的新形式下，强攻关键技术，在科技工作方面取得显著成效。主要开展课题研究、工法开发、合理化建议、专利、项目管理信息化建设等多项科研开发工作。2011 年，《急流、基岩裸露地区深水桥梁基础施工技术研究》、《高速铁路季节性冻土路基变形机理及地基沉降控制技术研究》、《既有客运专线 CTCS-2 级列车控制系统安装和调试技术研究》等 3 项课题研究成功通过了股份公司级科技成果鉴定；《大跨度预应力型钢与高强混凝土组合梁桥关键技术研究》课题研究通过省级科技成果鉴定。

同时为盘营客专工程、新建兰新第二双线工程、吉图珲客专工程、宇松工程拆除施工等各大项目提供各类技术支持，为工程的顺利施工提供了优质服务。

【中铁十局科技机构与管理】 中铁十局科技部设置科技开发、工艺标准科、综合科及信息中心，人员定编为 11 人。局成立专家委员会，由高工以上职称 69 人组成集团公司专家库。局有四个具有资质的检测机构，分别为济南铁路诚意工程检测有限公司、第八工程公司检测试验中心、第二工程有限公司工程试验中心、第三建设有限公司质量检测中心。其中济铁诚意、八公司、二公司分别在 2010 年底顺利完成了计量认证的复审工作。

【中铁大桥局科技管理】 2011 年，中铁大桥局超额完成年度各项科技发展指标。承接国家科研项目 1 项、铁道部科研项目 2 项、武汉市科研项目 1 项、股份公司科研项目 9 项，共获得外部资金总额 630 万元。集团公司内部科研项目立项 61 项，合计总金额 6.3 亿元。

科研项目管理。完成 1 项湖北省科技成果鉴定，参评成果被评定为“国际领先”；7 项参加总公司科技评审，2 项科研成果被评定为“国际领先水平”，4 项科研成果评定为“国际先进水平”，1 项评定为“国内领先水平”。组织完成 6 项局内科研成果验收。

技术中心顺利通过国家企业技术中心两年一次的复审评价，最终评价得分 80.9 分，在湖北省建筑行业和中国中铁系统内均排名第一。

参编的铁道部《高速铁路桥涵工程施工技术指南》（TB10703—2010）和《高速铁路桥涵工程施工质量验收标准》（TB10753—2010）已发布实施。正在组织主编铁道部《铁路钢桥高强度螺栓连接施工技术指南》，参编了《铁路混凝土拌和站机械配置指导意见》。

企业标准建设。截至 2011 年，共发布企业标准 17 项。为推动常用大临设施的标准化，发布了《大桥施工常用组合杆件 I 型桁梁通用图（试行）》、《大桥施工常用组合杆件钢管柱通用图（试行）》、《（40+64+40）米、（48+80+48）米无砟轨道预应力混凝土连续梁（双线）悬浇挂篮通用图（试行）》、《锁口钢管桩围堰通用图（试行）》等 4 本通用图册，提高大临设施周转率，有效降低工程成本。

节能减排工作。将节能减排工作纳入企业发展战略，发布实施了《中铁大桥局集团有限公司节能减排标准化工地评选办法》（桥技 2011[215]号）。经集团公司推荐参评，桃花峪黄河大桥土建 6 标等 4 个项目部获“中国中铁股份有限公司 2011 年度节能减排标准化工地”，黄冈公铁两用长江大桥获批“中国建筑协会第二批全国建筑业绿色施工示范工程”。

信息化建设。公司信息化基础建设与系统应用在中国中铁信息化建设的综合排名上升至第五位。12月26日，公司信息化建设应用顺利通过“施工总承包企业特级资质标准信息化应用考评”。公司有互联网门户网站和九大业务应用系统即：项目综合管理信息化系统（工管系统）、人力资源管理系统、档案管理系统、财务管理系统、办公管理（OA 系统）、科管系统、电子商务采购平台、网上资金收付管理平台、知识库等。信息化系统应用覆盖了公司各个主要业务管理领域，提升了公司对各业务流程的管控水平。

科研成果丰硕。获国家科技进步奖二等奖2项；湖北省科技进步特等奖1项；中国铁道学会科技进步特等奖1项，二等奖3项，三等奖2项；中国公路学会科技进步奖二等奖1项，三等奖1项；中国钢结构协会科技进步特等奖1项，一等奖1项，三等奖1项；施工企业管理协会科学技术创新成果特等奖1项，一等奖1项，二等奖1项；中国铁路工程总公司科技进步一等奖5项，二等奖1项，三等奖1项；中国土木工程学会詹天佑奖1项；中国土木工程学会“百年百项杰出土木工程奖8项。获发明专利授权37项，实用新型专利授权14项。获国家级工法4项，铁路工法7项，局级工法15项。

【中铁隧道科技机构与管理】 中铁隧道技术中心是中铁隧道技术创新管理体系职能职权实体单位，主要从事隧道及地下工程领域新技术、新材料、新工艺、新设备研究开发和应用推广。2010 年，经国家发改委、科技部、财政部、海关总署和国家税务总局联合认定为国家级企业技术中心。

技术中心拥有先进的仪器设备及雄厚的技术力量，固定资产原值超过2000万元；现有职工114人（其中博士、硕士23人），副高级及以上职称18人，中级职称38人。有一级注册建造师4人，注册岩土师1人，有享受国务院特殊津贴1人，中国中铁专家4人，集团公司专家及学科带头人14人。技术中心下设发展规划部、研发管理部、技术推广部、人力资源部、财务部和综合管理部等六大系统管理部门；拥有结构工程研究所，岩土工程研究所，环境工程研究所，材料、装备及信息技术研究所等四大研发团队，具备专业化的科技研发能力；同时，还拥有作为集团公司专业化协作体系组成部分的注浆公司。河南省隧道技术与装备院士工作站及隧道及地下工程领域颇具影响力的科技期刊《隧道建设》也设在技术中心。

2011 年，技术中心新签合同额 42 项，合同额 7155 万元，实现营业收入 6819 万元（科研 1660 万元、技术推广 5159 万元），实现净利润 49.2 万元。全年承担科研开发项目48项（铁道部课题3项、股份公司课题6项、集团公司课题37项，自揽课题2项），通过各级鉴定、评审或验收6项，获奖3项，获交通部部级工法1项，获国家授权专利9项（发明专利4项、实用新型5项）。

【中铁建工科技管理】 中铁建工集团有限公司科技创新管理工作由集团公司技术中心负责。2011 年中铁建工集团的科研开发工作紧密围绕施工生产经营管理，开展科技立项、科技成果鉴定、工法开发、专利研究等工作，覆盖了集团公司在建的重点工程项目，解决了施工生产中技术难题。2011年科研立项共 137 项，总计完成 90 项，完成延续项目 11 项；评审出集团级科技进步奖 37 项；评审通过集团级工法 67项。通过“股份公司科技成果评审”5项，获得股份公司“科学技术奖”6 项，获得省部级及社会力量科技奖项共 7 项，1 项科技示范工程通过住建部评审，获得国家级工法 1 项，11 项工法通过省部级评审。授权发明专利 3 项、实用新型专利 16 项。

在中施协主办的全国科技创新表彰大会上，建工集团王福全获得科学技术奖技术创新先进个人。

【中铁港航局科技机构与管理】 中铁港航局于 2011 年 1 月初组建技术管理中心，全面负责集团公司施工技术管理、科技管理、试验检测、测绘和节能减排管理等几个方面的工作技术管理中心设有施工技术科、技术发展科、试验测量科，定员编制为11人。

2011 年度港航局在科技管理方面主要完成以下工作：1.制定集团公司科技管理制度，完善技术管理体系。按照集团公司重组后整章建制的统一安排，制定《中铁港航局集团有限公司施工技术管理办法》、《中铁港航局集团有限公司科研课题开发与成果管理办法》、《中铁港航局集团有限公司科学技术奖励管理办法》、《中铁港航局集团有限公司工法管理办法》、《中铁港航局集团有限公司试验检测管理办法》、《中铁港航局集团有限公司测绘管理办法》、《中铁港航局集团有限公司节能减排管理办法》等多项管理制度，及相关实施细则，并进行宣贯与落实。2.完成三个科研机构的建设。整合集团公司内部资源，组建中铁港航局集团有限公司工程检测中心和测绘中心，并分别获得公路水运试验检测乙级资质和国家测绘乙级资质；采取与武汉科技大学共建的方式，组建了爆破技术研究中心；三个科研机构的工作运行良好。3.完成广东省省级企业技术中心的认定工作，9月获得通过。4.组织开展科研课题工作。按照集团公司“十二五”科技发展规划，确定《缆索吊及斜拉扣挂法施工劲性骨架外包混凝土拱桥技术研究》等17项科研课题为集团公司2011年度科研项目，其中1项被股份公司认定为重大课题，3项被股份公司认定为重点课题。5.积极组织开展专利申报及工法开发工作。2011年度集团公司申报专利11项，其中实用新型专利6项获得授权，发明专利5项已通过初步审查及网上公示阶段，处于实质审查阶段；评审通过集团公司级工法11项，其中2项获得股份公司级工法。6.积极组织科技成果鉴定及科技类奖项的申报工作。2011年1月，集团公司申报的《海底深水沟槽开挖和炸礁技术》被评为2010年度中国铁路工程总公司科学技术二等奖。2011年12月，股份公司组织对《无背索斜拉桥索塔拉压杆竖向转体施工研究》、《武汉二七长江大桥关键技术研究》及《下承式钢管拱桥—空间倾斜系杆拱拱肋架设技术》三项科研成果进行鉴定，其中二项施工控制关键技术达到国内领先水平、一项达到国内先进水平；《空间倾斜系杆拱拱肋架设技术》获得总公司科学技术奖三等奖。7.组织开展在建项目专项技术方案的评审工作。2011年，技术管理中心紧组织对《广州市南沙凤凰三桥拱肋安装方案》、《漳州古雷港水下炸礁方案》等19项大型专项技术方案进行了评审，对项目的安全、工期、成本等方面的控制起到了良好的作用。

【中铁航空港科技机构与管理】 中国中铁航空港建设集团有限公司技术中心于2011年4月递交申报材料至北京市经济和信息化委员会并完成认定答辩，2011年12月经专家评审及北京市企业技术中心认定指导小组审定，结合中铁航空港综合实力、技术创新体系建设与运行机制、技术中心基本条件、技术创新活动成果等最终同意通过北京市第14批企业技术中心认定，并取得证书及牌匾。

中国中铁航空港建设集团有限公司技术中心是中铁航空港的技术开发和管理机构，是企业技术创新体系的核心，是企业技术进步的主要技术依托。2011年技术中心工作紧密围绕施工经营生产，开展科技立项、科技成果鉴定、工法开发、专利研究等工作，覆盖了中铁航空港在建的重点工程项目。中铁航空港还与中国人民解放军后勤工程学院合作，成立了国家救灾应急装备工程技术研究中心中国中铁航空港建设集团有限公司分中心，合作《地下工程电渗透防渗防潮装置研究》等四个项目课题。

【中铁上海局科技管理】 中铁上海局科技管理主要由技术中心负责，其负责施工技术管理、科技管理、试验检测、节能减排等方面管理制度和办法的制定、监督、检查和落实；建立以技术中心为核心的施工技术管理体系，负责全公司施工技术管理工作；负责科技情报和科技信息的检索和收集，负责新技术、新工艺、新材料、新设备研发工作；负责对在建工程重大科技攻关项目的研究、组织和实施进行管理；负责公司工程试验、工程测量和计量管理工作；负责公司节能减排工作；加强行业学会间的联系，负责管理与协调有关科学技术协会、学会组织的各项工作；负责公司信息化建设、计算机网络应用管理工作。技术中心设立技术管理科、技术开发科、网络信息科、试验检测科。技术中心在编10人，主任1人，副主任1人，公司副总工程师2人，另聘用技术顾问1人。2011年公司技术中心完成安徽省级企业技术中心更名及评价，运行良好。

整章建制规范管理。2011年下发《施工技术管理办法》（中铁上海技［2011］314号），统一公司施工技术管理标准。；下发《危险性较大的分部分项工程安全管理办法》（中铁上海技［2011］179号），规范和加强对危险性较大的分部分项工程安全管理，确保安全专项施工方案的实施，积极防范和遏制施工生产安全事故的发生；下发《地下工程监控量测管理办法》（中铁上海技［2011］226号），规范公司地下工程监控量测管理工作；下发《不良地质和特殊岩土地段隧道施工管理办法》（中铁上海技［2011］227号），规范和加强公司不良地质和特殊岩土地段的隧道施工；下发《工程制图标准实施性指导意见》（中铁上海技［2011］276号），统一公司工程制图标准，提高工程制图质量，为施工现场提供准确依据，积累保存完善的技术档案。

完成检测中心的基础建设，增加房屋检测面积233平方米，增加仪器设备100台套。制定并印发《中铁上海工程局试验检测工作管理办法》、《中铁上海工程局有限公司试验室搅拌站管理办法》、《中铁上海工程试验检测工作责任追究办法》等管理办法。2011年9月通过国家计量认证认可监督管理委员会计量认证资质复查评审，可开展水泥、钢材等21个类别、68种产品和128个检测参数，其中25名授权签字人通过审查考核。2011年6月举办了检测中心管理体系培训，会同人力资源部组织参加“中国中铁第十届青年技能大赛”的选拔赛。对金温铁路、江苏临海高等级公路等10个项目13个分部进行了试验检测监督检查；对公司23个在建项目搅拌站开展自查自纠活动，对其中的8个搅拌站进行复查；审核公司37个C50及以上水泥混凝土配合比。

2011年，公司技术中心组织施组方案评审41次，审批施组方案48个。完成金温铁路、天津红旗路、黄山花山大桥、沈阳四环、广西桂来高速、如东临海高速等施工组织设计的评审批复工作；完成大西铁路48米节段梁拼装、108米单T刚构、广西桂来黔江特大桥水中基础施工、南宁枢纽连续梁施工、黄山花山大桥主梁、主塔施工等专项施工方案的评审批复工作。

攻关研究课题

【股份公司重大科研课题情况】 2011年股份公司加强了科研项目立项、检查验收、评审管理工作，投入研究与开发费用约97亿元。围绕高速铁路、特大桥梁、长大隧道等工程建设的“十大领域”，结合重难点工程组织开展科研攻关，新开科研项目1198项；其中由股份公司直接研发管理的重大重点课题244项，涉及千米级大跨度桥梁、百米级深水基础技术研究、长大山岭隧道大断面施工、非钻爆法开挖、盾构法施工技术、电气化铁路机电产品研发、高速铁路无砟轨道和大号码道岔技术研究；股份公司组织评审科研成果120项，通过省部级科技成果鉴定评审45项。

【中铁二院重点攻关研究课题】 2011年，中铁二院承担科学技术研究计划231项，下达计划经费1.2亿元（含产值及科研经费，下同）。其中，铁道部项目29项，计划经费4094.2万元；中国中铁项目27项，计划经费1800.3万元；建设指挥部项目5项，计划经费365万元；中铁二院项目170项，计划经费5953万元）。其部控项目具体内容及进展情况见表7-1：

表7-1 2011年中铁二院科学技术研究计划项目表

顺序	项目名称	2011年进度要求	主持单位	参加单位
1	大瑞铁路复杂地质艰险山区重大工程地质问题研究—高边坡稳定性分析评价与预测和特殊支挡工程研究	1.研究地震期间和震后土压力及其分布图示与地震三要素的关系，提出设计使用的水平地震系数修正曲线； 2.大瑞高黎贡山越岭段典型高陡边坡稳定性分析研究； 3.典型高边坡变形监测与安全监控技术研究； 4.提交中期研究成果，并对成果进行初步评审； 5.对研究成果进行总结、补充与完善； 6.提交最终研究报告，进行科研成果鉴定。	土建一院 冯俊德	中国科学院力学研究所 西南交通大学 中南大学 香港科技大学
2	大瑞铁路复杂地质艰险山区工程建设成套技术研究—综合地质选线技术研究	1.根据研究结果，编制研究报告； 2.验证、补充研究成果，进行优化、完善； 3.完成研究报告并申请成果审查。	土建一院 许佑顶 曾榜荣	铁道部经济规划研究院 西南交通大学 昆明局
3	大瑞铁路复杂地质艰险山区工程建设成套技术研究—高地温深埋特长隧道修建关键技术研究	1.初步完成高温热害隧道恶劣区域强制降温技术的研究； 2.编写完成《灾害防治新技术和新材料研究》阶段性报告； 3.建立高地温环境下铁路隧道施工的风险管理体系； 4.开展并完成衬砌结构抗减震措施的振动台试验； 5.开展高黎贡山隧道竖井配套工程及竖井施工安全保证措施研究； 6.提出救援站外隧道区间的疏散联络通道的设置间距和几何尺寸。	土建一院 张海波 杨昌宇	西南交通大学 煤炭科学研究总院抚顺分院 煤炭工业济南设计研究院
4	大瑞铁路复杂地质艰险山区工程建设成套技术研究—高墩大跨桥梁修建关键技术研究	1.铁路高墩大跨桥梁合理结构形式研究： （1）推荐桥式施工方法研究和施工过程分析； （2）编写报告。 2.铁路大跨度钢桁拱桥抗风设计及试验研究： （1）最大悬臂状态气动弹性模型试验； （2）结构抖振计算分析及风载内力计算分析； （3）完成最终研究报告。 3.钢桁拱桥局部构造分析及模型试验研究： （1）模型细化计算、模型加工、运输； （2）模型安装、贴片、调试； （3）静载试验加载； （4）疲劳试验加载； （5）整理静载试验中间报告，整理疲劳试验中间报告； （6）中间报告评审，修改完善； （7）最终报告评审、验收； （8）整理并提交研究报告。	土建一院 陈克坚 何庭国	中铁大桥局 兰州交通大学 西南交通大学 北方交通大学 铁科院 成都亚佳公司

5	大瑞铁路复杂地质艰险山区工程建设成套技术研究—高陡边坡特殊支挡工程技术研究	1. 典型支挡工程地震动力响应和动力特性的数值模拟研究； 2. 支挡工程抗震改进措施和结构动力学分析方法研究。 3. 提交中期研究成果，并对成果进行初步评审； 4. 提交典型支挡工程地震动力响应和动力特性的数值模拟研究报告。	土建一院 冯俊德	中国科学院力学研究所 西南交通大学 中南大学
6	铁路工程结构物抗震设计标准与方法研究	1. 完善并完成《汶川地震及国内外工程震害报告》； 2. 完成理论分析、数值模拟等理论研究工作； 3. 开始并完成模型试验，整理试验数据； 4. 编写并完成《中外结构物抗震规范对比研究报告》； 5. 编写并完成中间成果报告； 6. 根据审查意见，完善并完成研究报告； 7. 成果鉴定。	土建一院 陈克坚 冯俊德	西南交通大学 北京交通大学 中南大学
7	大跨度桥梁建造关键技术研究—大跨度铁路斜拉桥建造关键技术研究	1. 完成索梁锚固区疲劳模型试验；完成主梁节段模型静动力风洞试验；结合试验结果，完成子课题 2、3 的的理论分析工作；完成斜拉索耐久性研究工作；完成钢桁斜拉桥运营养护标准研究及手册的编制工作；完成大桥健康监测的初步设计方案； 2. 完成课题阶段技术成果报告； 3. 完成课题总报告。	土建二院 刘名君	西南交通大学 中南大学 兰州交通大学 中铁大桥局
8	大跨度桥梁建造关键技术研究—大跨度双桁结构连续钢桁梁建造关键技术研究	1. 进行整体钢桥面构造细节疲劳试验； 2. 进行四线双桁连续钢桁梁复杂、典型节点静载试验； 3. 进行整体钢桥面计算分析方法研究；采取理论分析、数值分析与模型试验相结合的方法对东新赣江桥的构造细节疲劳性能进行研究； 4. 完成施工综合技术研究分项报告，组织分项评审。	土建二院 戴胜勇	铁科院 东南大学 西南交通大学
9	成灌线无砟轨道试验段板式无砟轨道结构研究	1. 2010 年 3 月～5 月现场实车实验； 2. 2010 年 8 月，申请项目结题验收。	土建二院 朱颖 颜华	成都市域公司 铁科院 西南交大 中铁二十三局 中铁二局 铁三院
10	200 公里/小时等级城市及城际铁路技术研究	完成全部合同内容。	土建二院	
11	铁路长大隧道综合勘探及集成技术研究	1. 完成长大隧道遥感技术应用研究； 2. 完成长大隧道地质调绘野外数据采集装备及应用研究； 3. 申请成果鉴定。	地勘分院 屈科 李光辉	成都理工大学 复旦大学
12	大瑞铁路复杂地质艰险山区重大工程地质问题研究—高地温场分析评价与预测和热害评估研究	1. 开展子课题各项内容补充研究，在生产使用过程中验证、补充研究成果，进行优化、修改、完善； 2. 研究报告送审稿； 3. 成果鉴定。	地勘分院 蒋良文 杜宇本	中国地质科学院 铁道部经济规划研究院 云南地质工程第二勘察院腾冲地热队 成都理工大学
13	大瑞铁路复杂地质艰险山区重大工程地质问题研究—深大活动断裂工程影响分析评价和强震及其诱发地质灾害预测研究	1. 向生产使用过渡，在生产使用过程中验证、补充研究成果，进行优化、修改、完善； 2. 研究报告送审稿； 3. 成果鉴定。	地勘分院 屈科	中国地质科学院 中国地震局地壳应力研究所 铁道部经济规划研究院 成都理工大学 西南交通大学
14	大瑞铁路复杂地质艰险山区重大工程地质问题研究—大规模涌水突泥灾害分析预测研究	1. 在生产使用过程中验证、补充分析预测研究成果，反复优化、修改、完善危险性评价体系与软件； 2. 研究报告送审稿； 3. 成果鉴定。	地勘分院 李光辉	成都理工大学 中国地质科学院 云南地质工程第二勘察院腾冲地热队 铁道部经济规划研究院
15	大瑞铁路复杂地质艰险	1. 围岩二次应力测试技术方法研究和深埋越岭隧道地应	地勘分院	中国地质科学院

16	山区重大工程地质问题研究 —高地应力、大变形、岩爆、围岩稳定性的分析评价与预测研究	力动态测试方法与对比分析研究； 2. 向生产使用过渡，在生产使用过程中验证、补充研究成果，进行优化、修改、完善； 3. 研究报告送审稿； 4. 成果鉴定。	王科	中国地震局地壳应力研究所 成都理工大学 铁道部经济规划研究院
16	成兰铁路地震次生地质灾害特征及分布规律研究	1. 进行现场补充调查，完成成兰铁路沿线潜在次生地质灾害的预测研究；进行物理模拟及数值模拟研究；进行成兰铁路地质灾害潜在危险性评价研究，初步建立评价指标体系和评价模型； 2. 提交初成兰铁路山区地震次生地质灾害特征及分布规律研究初步研究报告。	地勘分院 屈科	成都理工大
17	成兰铁路高烈度地震山区铁路综合选线关键技术研究	1. 进行现场补充调查，完成成兰铁路沿线潜在次生地质灾害的预测研究；进行物理模拟及数值模拟研究；进行成兰铁路地质灾害潜在危险性评价研究，初步建立评价指标体系和评价模型； 2. 提交初成兰铁路山区地震次生地质灾害特征及分布规律研究初步研究报告。 3. 结合成兰铁路勘察设计，开展成兰铁路高烈度地震山区铁路综合选线研究。	地勘分院 朱颖 李光辉	西南交大
18	大瑞铁路复杂地质艰险山区工程建设成套技术研究 —灾害防治新材料和新技术研究	1. 完成轨道结构关键部件的试制与组装、轨道结构室内模型试验； 2. 开展电气绝缘材料、电缆及其附件的工厂试验方案； 3. 开展接触网结构型式以及接触网零件工厂试验方案和内容； 4. 通过仿真计算结果确定接地技术方案； 5. 编制完成《高黎贡山隧道高温高湿高地震烈度高土壤电阻率长大隧道电气安全工程新技术研究》的分年度阶段性报告； 6. 根据《提高道床漏泄电阻，解决“红光带”的方法研究》评审结论，修改完善，推广使用，项目结题。	通号处 许佑顶 杨岗	西南交通大学 江西新龙电瓷电器制造有限公司 广东东莞市高能实业有限公司 中铁电气化局集团宝鸡器材有限公司 北京交通大学电气学院
19	铁路站段绿色生态塘污水处理技术	1. 分阶段提供中间试验成果报告、最终研究试验成果报告； 2. 完成研究总报告。	环研院 王庆生	
20	成兰铁路生态敏感区环境保护关键技术研究	1. 完成《成兰铁路大熊猫生命廊道及其栖息地植被恢复技术方案》；《成兰铁路生态脆弱区植被恢复技术研究技术方案》； 2. 选择合适的试验样地，开展试验示范研究。	环研院 韩鹏	四川大学 中科院成都生物所
21	复杂地质环境与高列度地震区高墩大跨桥梁抗震技术研究	1. 完成科研报告 2. 申请评审或鉴定。	土建一院 游励辉	兰州交大
22	南广铁路桂平郁江钢桁斜拉桥设计关键技术研究	1. 完成模型试验； 2. 完成车桥动力性能研究； 3. 完成设计研究报告，对设计研究进行阶段性中间评审；	土建一院 许智艳	西南交大
23	南广铁路郁江大跨钢桁斜拉桥桥上无缝线路受力特性研究	1. 完成郁江桥桥上无缝线路方案设计与结构算； 2. 完成各研究报告编写； 3. 进行成果审查鉴定。	土建一院 姚力	西南交大
24	玉蒙铁路高列度地震区特殊路基修建技术研究	1. 现场测试、调研、指导施工； 2. 现场测试，中期审查； 3. 现场观测，完成研究报告； 4. 申请评审或鉴定。	土建三院 蒋楚生	西南交大

【中铁设计咨询科研开发课题】 2011 年中铁设计咨询承担铁道部科研项目 4 项；中国中铁股份有限公司科研项目 8 项；中铁设计咨询自主立项科研项目 36 项、软件开发项目 12 项。（铁道部、中国中铁科研课题见表 7-2、3）

表 7-2　2011 年中铁设计咨询承担的铁道部科研课题一览表

序号	合同编号	项目名称
1	2011G014-C	高速铁路线桥维护技术研究—高速铁路桥梁检查维修装置的研制
2	2011G014-B	高速铁路线桥维护技术研究—高速铁路轨道测控技术及标准深化研究
3	2011G020	客货共线铁路桥梁不设护轨的技术措施研究
4	2011G028-A	30 吨轴重重载铁路道岔技术研究

表 7-3　2011 年中铁设计咨询承担的中国中铁科研课题一览表

序号	合同编号	项目名称
1	重大-01-2011	大跨度钢箱拱桥关键技术研究
2	重点-03-2011	大跨度上承式劲性骨架混凝土拱桥关键技术
3	重点-36-2011	城际铁路复杂断面隧道气动效应研究
4	重点-37-2011	严寒地区铁路隧道防冻害关键技术研究
5	重点-38-2011	隧道下穿高速铁路路基沉降控制关键技术研究
6	重点-78-2011	城市轨道交通施工监测信息管理系统
7	引导-桥 06-2011	山西省中南部铁路通道将军渡黄河特大桥关键技术
8	引导-综 58-2011	铁路数字化变电站研究

62 号道岔作为自主研发高速道岔的系列产品之一，是由中铁设计咨询主持负责的铁道部重大科研项目，60-62 号道岔是国内目前最大号码的高速道岔，是继国内自主研发完成时速 250 公里和时速 350 公里 18 号、42 号道岔后又一最新科研成果，代表了中国高速道岔的最高水平。该道岔全长 201 米，直向允许通过速度为 350 公里/小时；侧向允许通过速度为 220 公里/小时。平面线型为圆曲线（R=8200 米）+缓和曲线，共设置了 12 个牵引点，其中转辙器部分 8 个牵引点，尖轨长为 54.44 米，可动心轨部分 4 个牵引点。中铁设计咨询全面主持 62 号道岔的设计、研制、施工铺设、联调联试等工作。在前期已经完成 62 号道岔的设计、研制工作的基础上，2011 年 6 月，62 号道岔已进入施工铺设阶段，由施工单位中铁十一局开始在哈大线长春西站施工调试（两组左开单渡线，线间距 6.5 米），中铁设计咨询派专人现场配合施工。

中铁设计咨询负责编制的《“十二五”大型养路机械及工务专用设备装备规划》于 2011 年 10 月 18 日，在铁道部发展计划司和铁道部运输局联合组织的《“十二五”大型养路机械及工务专用设备装备规划》专家评审会上开通过专家评审。由运输局、发展计划司、铁科院、经规院、西南交大、北方交大、铁一、二、三、四院及有关铁路局、客专维修基地组成的专家组一致认为：中铁设计咨询负责编制的《“十二五”大型养路机械及工务专用设备装备规划》全面客观地评估了“十一五”末中国中国铁路大型养路机械的发展现状；根据铁路“十二五”规划总体思路，在对现状评估的基础上，科学分析了“十二五”大型养路机械的装备需求，依据客观、理由充分，有较强的规划衔接性与工作延续性；其确立的指导思想和基本原则，符合中国《中长期铁路网规划（2008 年调整）》和铁路“十二五”规划总体思路，规划目标明确、合理，充分体现了工务生产力应最大程度地适应运输发展的客观需求；装备需求测算依据清楚、过程完整，装备种类、性能及其数量与路网规模、线路等级、运输强度、修程修制、养修标准等基本要素相适应；规划中的大型养路机械装备技术创新与施工作业技术创新，是进一步提高和完善机械综合技术效能、创造一流施工作业水平的重要途径；保障措施是实现规划目标的支撑体系，具有现实性与可操作性。

【中铁西北院攻关研究课题】　2011 年，中铁西北院承担股份公司课题 11 项，其中重大课题 2 项，按照合同的目标和要求，进展情况正常，已取得了阶段性的创新成果。其中“滑坡三维可视化软件开发及技术研究”课题已完成滑坡可视化软件设计文档的编写，初步完成了滑坡三维可视化软件，已具备演示功能；“新疆铁路风吹雪灾害综合防治技术研究”课题已完成风吹雪形成机理的初步研究，并从路基、路堑、零填断面三种型式的风吹雪治理措施进行了数值模拟。2011 年度，中铁西北院组织自立项课题 4 项，进展情况良好。

【中铁西南院攻关研究课题】　2011 年中铁西南院加大科

研攻关研究课题的开发与管理力度，新签科研合同29项，其中国家科技部科研项目1项、铁道部科研项目2项、股份公司重大和重点科研项目9项；通过评审或鉴定的科研成果8项，其中通过鉴定的科技成果为2项、通过评审的科技成果6项。

【中铁电化院攻关研究课题】 2011年，中铁电化院完成国家科研项目1项：《城市轨道交通能馈式牵引供电系统及牵引传动系统研制》；完成天津市科研项目2项：《城市轨道交通工程供电系统雷害防治研究暨津滨轻轨雷害防治的研究及应用》和《集装箱码头轮胎吊“油改电”技术攻关及示范》；完成铁道部科研项目1项：《铁路牵引供电技术研究—接触网分区停电时运输安全防护系统研究》；完成中国中铁股份有限公司科研项目4项：《时速350公里以上接触网系统弓网耦合动力学仿真》、《城市轨道交通牵引供电系统短路及谐波仿真分析平台开发》、《高速铁路接触网吊弦、电连接设置方案研究》，和《城市轨道交通架空接触网雷害防治研究》；完成局科研项目2项：《分层分布分散式综合自动化系统装置的研究》和《城市轨道交通基于IEC61850规约的数字化电流保护技术研究》。

【中铁通号院攻关研究课题】 2011年中铁通号院科研立项8项，其中，铁道部2项：高速铁路防灾安全监控系统施工规范等研究、高速铁路轨道电路防烧损技术研究；股份公司1项：高速铁路牵引供电对信号电缆干扰和危害研究；中铁电气化局3项：长区段电码化补偿电容优化设置方案研究、高压不对称脉冲轨道电路参数研究及专用仪表研制、高速铁路牵引供电对信号电缆干扰和危害研究；通号院2项：既有电化区段信号设备接地系统研究、ZPW-2000系列区间自闭软件升级版开发。

上年延续项目11项（2007—2010年）。分别是：铁路防灾安全监控系统监控单元主机及其地震监控子系统中的应用研究（2010年总公司项目）。客运专线铁路防灾监控系统研究；信号CBTC系统国产化研究（2009总公司项目）。高速铁路电磁干扰测试软件的开发；新光源长寿命灯泡；提高转辙机在恶劣条件下安全可靠性的研究；城市轨道交通信息传输与接入平台应用研究；地铁通信系统集中告警系统的研发（2009集团公司项目）。铁路客运专线电磁辐射强度的研究（2008年总公司项目）。地铁传输系统接入设备优化方案的研究（2008年通号院项目）。上海浦东机场线磁悬浮列车电磁干扰测试（2007年通号院项目）。

3月28日“滑坡灾害对铁路行车安全的影响技早期预警监控系统的研究”通过中铁电化局集团公司组织的成果评审。5月4日信号所“室外电缆配线计算机辅助设计软件”通过院评审。10月13日信号所“改进型25赫兹相敏轨道电路结合智能监控器研究”通过院评审。10月20日地铁所“机场线无线频率干扰研究”通过院评审。10月25日信号所“车站电码化计算机辅助设计软件”通过院评审。10月25日信号所“牵引计算与区间布点辅助设计软件”通过院评审。

【中铁二局攻关科研课题】 2011年，中铁二局共完成科研项目27项，包括《复杂地质条件下隧道施工综合超前地质预报技术研究》、《风积沙隧道综合施工技术》、《超长深埋隧道施工深部岩体水文地质条件演化及突水预测控制研究》、《贵阳市北京东路浅埋暗挖小净距隧道施工综合技术》、《海底隧道钻爆法施工成套技术研究》、《预应力混凝土连续梁(刚构)桥施工计算分析系统》、《连续梁上部结构关键施工技术研究与临时结构优化设计》、《桥梁悬臂法施工控制技术》、《工程项目责任成本信息管理管理系统》、《中铁二局国际业务信息管理系统》，总公司《中国中铁科技信息管理系统》等科研项目，其中3个项目完成股份公司评审，4个项目完成四川省科技鉴定。

2011年，中铁二局成果获奖情况：《杭洲湾跨海大桥》科研项目获2011年国家科技进步二等奖；《海底隧道钻爆法施工关键技术研究》获得四川省2011年度科技进步二等奖，《风积沙隧道施工力学行为及关键技术》、《深圳北站工程关键施工技术》、《榆神高速公路风积沙路基施工技术及工艺研究》获得四川省2011年度科技进步三等奖；《独塔斜拉连续刚构组合桥关键施工技术》、《客运专线无砟轨道制造、施工成套设备及工艺研究》获2011年度中国铁道学会颁发的铁道科技奖二等奖；《独塔斜拉连续刚构组合桥关键施工技术》、《海底隧道钻爆法施工关键技术研究》、《风积沙地区高速公路下伏采空区综合整治技术》获得中国施工企业管理协会2010年度科学技术奖创新成果一等奖；《岩溶地区高风险隧道综合施工技术》等4个项目分别获总公司2011年度科学技术奖一等奖2项、三等奖3项。

【中铁三局攻关研究课题】 2011年，中铁三局科研开发项目立项103项。其中，重大研发项目11项、重点研发项目27项、引导研发项目65项。其中，股份公司新开课题13项，其中重大项目1项、重点项目5项、引导项目7项，支持经费90万元；铁道部新开课题“大西客运专线箱梁大坡道桥梁架设工艺研究”1项，经费60万元。

【中铁四局攻关研究课题】 2011年，中铁四局下达三批科研计划，接转上年度57项，7项标准编制，第二批新立项59项；2011年度共完成局科研成果评审22项，9项成果通过安徽省鉴定、4项成果通过股份公司评审。“轨道交通运输烟大铁路轮渡系统集成技术及应用”获2011年度国家科技进步二等奖；获安徽省科技进步一等奖1项、三等奖2项；获中国铁道学会一等奖1项、二等奖5项、三等奖1项；获总公司科学技术奖特等奖1项、一等奖5项、二等奖4项、三等奖2项；获中国施工企业管理协会科技进步一等奖4项、二等奖4项，中国质量评价协会创新成果奖2项。

2011年度中铁四局在国家立项上取得重大突破，“夏热冬冷地区建筑科学用能关键技术集成研究与示范”项目被列为“十二五”国家科技支撑计划。2011年度继续申报股份公司科研立项，其中“铁路制梁绿色高效施工技术研究”被列为股份公司重大课题，“青岛地铁区间穿古建筑群施工爆破振动控制与技术研究”等4项为重点课题，其他9项为引导课题，创历年新高；在安徽省立项也有了突破，“高铁桥梁快速预制关键技术研究”被列为安徽省2011年度重点科研项目，该项目也被列为股份公司2011年度重点项目。2011确定的研究项目，内容广泛，覆盖了普速铁路、高速铁路、桥梁、隧道、设备标准、软件开发等专业技术领域和节能减排等企业管理领域。这些科研项目的开展，对进一步提高业务系统管理效率，确保工程的顺利实施起到了很好的引领和推动作用。是中铁四局首个获安徽省经费资助的项目，同时还有5个项目被列为安徽省科研攻关项目。

中铁四局副总工程师、技术中心主任伍军获“全国施工企业科学技术奖技术创新先个人”及“安徽青年科技奖”等荣誉，局被评为中施协“科学技术奖技术创新先进企业”称号。

【中铁五局攻关研究课题】 2011年，中铁五局申报立项湖南省重点科技项目1项；申报立项股份公司科研项目3项，其中重大项目1项、重点项目1项、引导项目1项；集团公司自主立项科研项目30项，其中新增课题12项、延续课题18项。2立项课题覆盖普通铁路、高速铁路、桥梁、隧道、路基、生产设备等专业技术领域和节能减排相关课题领域。2年内完成辽宁省科技厅科技成果鉴定1项、股份公司科技成果评审2项、集团公司科技成果评定7项。2011年度，中铁五局获得辽宁省科技进步三等奖1项、总公司科学技术奖1项。

【中铁六局攻关研究课题】 2011年，中铁六局科技立项紧密围绕施工生产和经营管理，结合北京地铁十号线、深圳地铁2号线、太兴线以及一大批既有站场线路改造等重点工程项目和企业节能减排等管理工作，经技术中心专家评定，共确定立项课题18项、工法开发37项、专利开发22项，其中《小净距地铁盾构重叠隧道施工技术研究》课题被列为股份公司2011年度重大项目，《DG-Ⅱ型铁路道岔换铺成套装备研制及工艺研究》等2项课题被列为股份公司2011年度重点项目。科研项目覆盖普速铁路、高速铁路、桥梁、隧道、设备标准、软件开发等专业技术领域和节能减排等企业管理领域。

【中铁八局攻关研究课题】 2011年科研项目围绕重点、难点工程与科研院校联合开展重大科研项目的攻关，重点放在成渝、兰渝及大瑞线综合施工技术研究。制定了“中铁八局2011年度科研项目计划”，全年共安排科研项目36项，科技总投入6.9亿元。

完成了《复杂山区铁路扩能改造铺架工程综合施工技术》、《高速铁路桥面系附属构件材料制造工艺及成套设备研究》、《高速铁路RPC电缆槽盖板材料及制造工艺研究》、《42号高速有砟道岔研制及铺设技术》、《地铁混凝土衬砌管片预制环保自动化生产线及生产工艺研究》、《石太线太行山27公里山岭隧道CPIII控制网测量技术》、《开行动车组情况下增建二线铺架施工综合技术研究》、《高速铁路线下工程变形监测及评估技术与数据处理系统研究》等多项铁道部和股份公司重大科研项目的研究攻关。

主持并参与完成了多项铁道部现行铁路工程技术标准的编制及修订工作。主编完成《铁路工程路基填料制备技术指南》及《高速铁路轨道工程施工质量验收标准》英文版的翻译和审查工作，参编完成《铁路路基工程施工机械配置指导意见》、《高速铁路沉降变形评估技术规程》初稿编写。

【中铁九局攻关课题研究】 2011年，中铁九局完成高速铁路季节性冻土路基变形机理及地基沉降控制技术研究、既有客运专线CTCS-2列车控制系统安装与调试、急流基岩裸露地区深水桥梁施工技术研究股份公司科技成果鉴定3项。青岛海湾大桥浅海桥梁基础施工技术研究及盾构隧道施工引起地下管线变形规律、地表沉降预测研究两项成果获得中施企协科技技术奖二等奖。推荐上报股份公司课题项目6项，其中低碳水泥制备关键技术研究与中铁大桥局相关课题合并，合并后新型混凝土矿物掺合料及低碳水泥的研制及试验研究被股份公司列为2011年重大课题，另外5项被股份公司列为2011年引导课题，分别为：高速铁路大跨度连续梁转体施工关键技术研究、大型站场深基坑开挖对地下盾构隧道影响关键技术研究、高速铁路CRTSIII型板式无砟轨道施工综合技术研究、高性能混凝土试件强度与混凝土回弹值的一般规律研究、高架候车室屋面大跨度钢桁架吊装应力及变形关键技术研究。股份公司拨付2010年沈阳地铁隧道衬砌混凝土腐蚀状态检测技术研究、多层多线复杂空间铁路客专隧道群交叉并行段设计与施工关键技术研究、绿色环保节能建筑关键技术研究3项重点课题的研究经费共计60万元。

【中铁十局重大科研课题】 2011年，中铁十局科研项目56项，局重点监控项目20项，进展较好的项目：“斜拉桥叠合梁施工技术研究”，以济宁洸府河双塔双索面混合式叠合梁斜拉桥为工程依托，研究了“跨既有线悬臂拼装钢梁施工技术”、“钢砼叠合梁施工技术”、“斜拉索多次张拉与线形控制技术”，已初步形成研究报告。“沪宁城际铁路施工安全与沉降监测技术研究”，以新建沪宁城际铁路为依托，主要研究城际铁路建设中紧邻既有线施工安全监测与评估技术，正待结题。“兰渝铁路人和场隧道软弱围岩浅埋隧道结构稳定性分析及围岩变形监控量测新技术应用研究”，通过现场监控测量与理论计算相结合的研究方法，进行软弱、破碎围岩地质结构特性及其力学参数、非接触隧道监控量测技术研究。课题组通过采集、分析现场试验数据，获得了岩石物理力学参数，开展了隧道穿越敏感建筑群的围岩变形规律及其控制因素研究、隧道围岩与支护结构的相互作用机制研究。“大连地铁综合施工技术研究”，针对小半径（300米半径）曲线，上下隧道重叠始发至逐渐分离，复合地层长距离小半径曲线硬岩段掘进等工程技术难题，课题组通过研究，总结并形成了“大连地铁盾构机选型技术研究”、“盾构小半径曲线段盾构始发井内整体始发研究”、“复合地层下的长距离小半径盾构掘进技术”、“盾构施工测量技术”、“盾构法隧道施工监测技术”、“大连地铁盾构管片选型及拼装技术研究”等技术分报告。另外在铁道部立项的“客运专线复合加固深层软土技术研究”、“沪宁城际铁路施工安全与沉降监测技术研究”均已形成课题成果资料，正待结题。

【中铁大桥局攻关研究课题】 2011年，中铁大桥局新立项科研课题：国家科研项目1项、铁道部科研项目2项、武汉市科研项目1项、股份公司科研项目9项，共获得外部资金总额630万元。科研资金情况见表7-4

表7-4　2011年中铁大桥局科研资金情况表

序号	项目名称	获得经费支持（万元）	批准立项单位
1	海洋长大桥梁建造关键技术研究及高端装备研制	375	科技司
2	六线双层大跨铁路斜拉桥钢桁梁架设施工技术和合龙关键技术研究	20	铁道部
3	沪昆客运专线大跨度刚构连续梁施工技术研究	10	铁道部
4	桥梁与钢结构关键技术研究与产业化	80	武汉市
5	毗邻大堤及高层建筑的巨形新型沉井施工技术研究	20	股份公司
6	城际铁路大跨斜桁钢梁施工技术研究	20	股份公司
7	缆索吊及悬拉扣挂法施工劲性骨架外包混凝土拱桥技术研究	15	股份公司
8	新型混凝土矿物掺合料及低碳水泥的研制及试验研究	30	股份公司
9	跨多层公路斜拉桥钢箱梁架设技术研究	10	股份公司
10	考虑转角影响的大型铁路桥梁斜拉索全荷载疲劳试验研究	15	股份公司
11	千米级斜拉桥新型组合索塔锚固结构关键技术研究	20	股份公司
12	多联钢桁梁架设快速施工技术研究	15	股份公司
13	基于图像处理的现代光测技术在桥梁结构检测中的应用研究	0	股份公司

【中铁隧道攻关研究课题】 2011年中铁隧道研究课题有：

1．矿山法隧道施工地质风险跟踪预警预报系统建立与设备研制，随着铁路建设规模的扩大及高速铁路的兴建，深埋长大铁路隧道迅速增加，隧道施工中遭遇的工程地质问题更为复杂，施工地质风险加大，使得灾害防治问题日益突出。单一手段单一理论的预报方法已难以解读复杂地质现象，预报工作缺乏对灾害发生的可能性、性质与形式、灾害等级的评估；缺乏对具体工程采用的施工方案、技术及风险控制措施的定量分析与评价，难以提供充分的施工预警依据，预报层次较低，需要一个伴随施工全过程的地质风险预警预报平台，而市场上缺乏可用的产品；以往适用于简单地质问题的传统地质信息采集技术效率低，难以满足风险分析对数据种类与数据量的需求，市场无可用的种类多、容量大、采集效率高的仪器，急需研制高效的地质信息采集设备。

该课题为股份公司重大课题，通过本课题研究，开发配套一个伴随隧道开挖面推进的集地质信息采集、地质风险分析、施工安全预警预报为一体的、快速、高效，适用于矿山法施工的隧道施工跟踪地质风险预警预报信息系统。从而大幅度提高地质风险信息采集的种类和效率，形成系统、可靠的山岭隧道施工地质风险监测成套技术，建立山岭隧道地质风险实时分析与预警平台。

2．高地热条件下隧道施工技术研究，随着铁路建设的快速发展和技术水平的不断提高，隧道工程的长度、断面和埋深都在不断增加。随着埋深的增加，温度也逐步升高，平均开挖深度每增加100米，温度将升高3摄氏度，如果有熔岩、温泉或放射性物质等特殊情况，其温度将更高。

世界各国在近年都曾遭遇过高地热的不利状况，却没有专项的施工工艺和系统的理论指导。在建的拉日铁路，隧道埋深1172米，最高温度100摄氏度；即将建设的高黎贡山隧道，埋深1130米，最高温度75摄氏度，是国内外所罕见的。高地热的环境将带来一系列的工程问题，比如建筑材料性能的下降、工作人员效率的降低、通风系统负担的加重、机械设备的低效甚至受损、以及热水突涌等特殊工程地质灾害。

本课题以拉日铁路为依托工程，利用资料调研、室内、外试验的方法，分析高地温对隧道喷射混凝土、注浆堵水和混凝土衬砌材料和工艺的影响，研制出适合高地温环境下隧道注浆堵水、喷射混凝土和混凝土衬砌的材料配方和施工工艺；采用优化通风设计，增大通风量，通风并辅以制冷相结合的技术路线，将环境温度控制在28摄氏度以内。拟开发形成一套高温隧道施工通风、降温及人员防护成套技术；采用地质分析为基础，超前探测与监测为手段的技术路线。通过分析隧道穿越区域的地热热源，确定其在岩性、结构构造、地下水性质等方面的特征，判断热害产生的区段与性质，为进一步的详细探测打下基础；将地热探测技术纳入隧道地质超前预报工序，在常规地质超前探测的基础上，采用钻孔测温法、红外探测法等方法进行地热探测。开发隧道掌子面超前温度监测技术，进行掌子面超前温度实时监测。从而形成一套隧道地热超前探测和监测配套技术。

通过项目研究，解决拉日铁路隧道和高黎贡山隧道面临的高地热问题，满足工程的工期、安全、质量目标。形成一套高地温条件下隧道地温预测、施工堵水、支护关键技术。

3.海底盾构隧道结构优化与大型孤石处理技术研究，台山核电站取水隧洞主要采用大断面泥水盾构施工，为中国第一条大断面长距离的海底盾构隧洞工程。该工程地质条件复杂多变，特别是在海底软硬不均地层条件下进行隧道盾构施工时，会遇到许多技术挑战，这些挑战集中体现在大型孤石的精确探测与预处理、对不同地层情况下刀具磨损情况进行统计，刀具的磨损、泥水盾构施工时的风险控制等方面。

本课题以台山核电取水隧洞施工为依托，以理论研究为基础，通过本课题研究，掌握海底盾构隧道大型孤石精确探测及预处理技术，海底盾构隧道结构外荷载测试及隧道结构优化，海底盾构隧道软硬不均地层刀具磨损统计分析及泥水盾构施工风险管理，提升台山核电站取水隧道安全、快速施工能力，在确保质量和安全的前提下提高施工进度，创造良好经济效益。同时，本课题的研究将为后续越海或过江隧道工程提供很好的参考和借鉴，应用前景广阔，因此社会效益巨大。

4.盾构刀具磨损超声波检测技术研究及应用，随着盾构机制造技术的发展，盾构机的适应地层范围越来越广，盾构技术不仅在比较均匀，单一的土层中得到广泛应用，在各种软硬交替的复合地层中的应用也开始逐步推广。刀具磨损严重是盾构在复合地层中施工遇到的最大难题之一，刀具磨损检测技术是盾构施工的一个重要研究课题。

刀具磨损的检测方法目前主要有开仓检查、掘进参数分析、异味添加剂、岩渣性状分析等。开仓检查的方法最为直接有效，但却存在很高的风险，可能造成开挖面的坍塌，进而影响隧道周边建筑物的安全。掘进参数分析法则是通过对一些最基本、最重要的掘进参数(如掘进速度、千斤顶总推力、刀盘扭矩、刀盘转速、土舱压力等)进行分析后，建立掘进过程中总推力、总扭矩与掘进速度之间的关系，进而基本判断刀具的磨损情况，而刀具的实际磨损状况依然需要进仓检查获得。异味添加剂法只能在刀具磨损达到预先的限值才能发挥作用，且在土压平衡式盾构和泥水式盾构中效果不佳。岩渣出现问题时，刀具磨损就已经很严重了，不利于施工的统筹安排。

本研究项目旨在集团公司现有技术的基础上，通过在刀具中预埋超声波测量装置以获取刀具磨损数据，实时检测刀具磨损情况，掘进施工中可以根据磨损情况及时对刀具进行更换，减少被迫停机次数，进一步加快施工进度，保证施工及环境安全，并可在其他工程中推广应用，应用前景广泛。

5.京石客专多线并行大跨明暗挖隧道综合修建技术研究，随着路网的完善和扩能改造、提速及高速路网的发展等，将带来大量在既有线旁修建新线、一次性建成复线、新建铁路与公路并行等工程现象，新建交叉既有线施工工程日渐增多。随着建设规模的加大，这类工程越来越多，越来越复杂，近接隧道工程问题已成为当前地下工程施工中重要的不可回避的问题，它涉及到各种工法、工艺技术甚至施工顺序等环节。因此，广泛、深入、系统地开展地下工程中隧道近接施工的力学机制及对策研究，对相应施工技术，监、检测技术、工法等进行研究与开发，建立影响控制与管理标准等关键技术研究显得尤为迫切。

项目结合京石客专石家庄隧道开展“京石客专多线并行大跨明暗挖隧道综合修建技术研究”项目的研究工作。对“城区大面积临近既有线长大铁路隧道多工法施工安全风险管理与控制技术”进行专题立项研究，开发“基于WEBGIS的多元全程风险预测管理系统、可调预应力抗振锚固技术、隧道围岩变形分布式光纤超前（径向）监测技术、深大基坑围护结构系统分布式光纤实时监测技术、高精度模压式地层补偿技术”，申报国家专利7项和著作权1项；总结出“下穿既有线暗挖双联拱大跨隧道施工工法”和“长距离近接营业线大体量软土隧道明挖（盖挖）施工工法)”。

6.高海拔低气压地区特长铁路隧道施工关键技术研究，随着世界上海拔最高、线路最长的青藏铁路建成通车，国内铁路建设中高海拔低气压地区长大隧道的修建数量也逐渐多了起来，大部分设计为钻爆法施工。青藏铁路西宁至格尔木段，是当前青藏高原对外联系的唯一铁路通道，是推动青海、西藏两省区经济和社会发展，以及开发柴达木循环经济试验区的大动脉和对外交流的主要交通干线。为了提高青藏铁路全线整体运输能力，2007 年，西格二线全线开工，其中包含了国内铁路隧道建设的标志性工程——新关角隧道。

依托关角隧道开展的“高海拔低气压地区特长铁路隧道施工关键技术研究”主要研究高海拔低气压地区特长隧道施工独头通风技术、二郎洞 2 公里断层束破碎带安全快速施工技术、快速施工机械配套及组织管理技术和混装乳化炸药爆破新技术应用试验等。

通过该课题的研究，可以提高该工程的施工技术水平，开发出“斜井中隔板风道式通风”新型施工通风方式，实现单斜井双正洞 4 个开挖面同时施工；在断层破碎带施工技术研究中提出新的理论技术公式，总结提出合理支护参数和开挖进尺，为安全快速施工提供技术支持；将皮带机出碴运输技术成功应用于大坡度长斜井的钻爆法隧道施工中，降低循环作业时间，为以后类似工程提供借鉴。高地应力断裂爆破技术减少了钻孔和装药作业工作量，节省了循环作业时间，控制了开挖成型，加快了施工进度，保证了工程质量。

7. 复杂条件浅埋大跨水下隧道修建关键技术研究，1970 年，中国首条越江隧道上海打浦路隧道建成。尔后，上海陆续修建了大连路隧道、延安东路隧道、上海外环越江隧道、复兴东路隧道、外滩人行观光越江隧道、上海翔殷路越江隧道等一系列穿越黄浦江底的水下隧道，取得了一系列的施工技术和理论研究成果。

迄今，中国中、东部近海及江河湖泊发育地区先后建成了许多水下隧道。例如已建成的武汉长江隧道、武广客专浏阳河隧道、广州珠江隧道、成都地铁升仙湖隧道、苏州独墅湖隧道、南京玄武湖隧道、无锡蠡湖隧道、长沙营盘路年嘉湖隧道、厦门翔安海底隧道、香港海底隧道、穿越西湖湖底的杭州湖滨隧道等。取得了大量工程经验及研究成果并正在逐步形成适合中国特点的水下隧道建设施工工法及技术规范。

综上所述，国内外采用盾构方法和钻爆法施工了不少水下隧道。但对于浅埋暗挖水下大跨度隧道采用矿山法施工，可借鉴的经验不多，因此有必要对隧道建设关键技术和风险控制开展研究，保证今后的隧道运营安全。

本课题结合长沙市营盘路湘江隧道工程，通过对复杂地质条件下超浅埋大跨水下隧道施工关键技术及风险控制研究，建立近距离双线隧道穿越大型断层及分岔大跨段施工工法；形成地层加固注浆技术及支护可靠性评价体系；建立湘江隧道工程特点的风险管理系统；提出湘江隧道风险应急预备处理措施；建立高水压条件下隧道的防排水准则；提出适用于水下隧道防排水材料的合理安铺工艺；建立水下浅埋暗挖施工工法和支护的可靠性评价体系；提出湘江隧道风险应急预警及处理措施；为水下隧道设计和施工提供技术帮助和理论支持。

8. 浅埋暗挖地铁区间隧道机械化快速施工关键技术研究，城市地下矿山法隧道，以北京地铁 2 号线复兴门折返线段的施工作为起点，首次采用浅埋暗挖法施工，在砂卵石等松散地层中取得成功，将矿山法的应用延伸到城市地下隧道中，作为明挖法、盖挖法、盾构法等工法的替代工法，且与之比较，具备较强的竞争力。城市地下矿山法隧道目前基本使用人力开挖，人力手推车或农用车出碴，对于城市地下矿山法隧道的机械化施工技术方面的研究还很少，但在山岭隧道上已有所应用，山岭隧道以大瑶山隧道的重型机具综合机械化施工为开端，实现了从人工开挖到机械开挖的转变，将山岭隧道工程的施工技术提高到一个新的阶段。为了解决北京地铁隧道施工长期以来以人力开挖为主的现状，提高机械化施工技术水平，拟在北京地铁 6 号线东四站-朝阳门站区间标准段隧道施工中，和有实力的机械企业联合对地铁隧道的开挖、排管、注浆设备以及全断面施工及运输的机械配套技术，进行科技攻关并总结成果。

通过本课题研究，取得砂层、卵砾石层、粘土层等软弱地层隧道开挖机械化施工技术。系统地从土方开挖、超前小导管打设、注浆、皮带机出碴等方面研究，为其他类似工程提供借鉴依据，充分发挥隧道开挖机械化施工安全、质量、工期进度各方面的技术优点，促进浅埋暗挖法施工技术水平的进步和各种基础设施的发展。

9. 木寨岭隧道围岩变形机理与控制技术，在以往的工程实例中，对待高地应力软岩隧道大变形控制问题，主要采取以加强支护为主的措施，即“以抗为主”，但随着隧道埋深的增大，地应力也随之增大，屡屡出现支护破坏的现象，造成大量的套拱、拆换拱及坍塌等废弃工程，甚至出现后期衬砌开裂等现象危及运营安全，同时施工成本大大增加，施工效率急剧降低。因此，一味地加强支护已逐渐不适应高地应力软岩隧道施工技术的发展，必须对大变形控制技术进行深入研究，进一步提高综合性效益。

本课题结合国内外资料调研，依托新建兰渝铁路木寨岭隧道工程，针对高地应软岩隧道大变形控制，首先从大变形机理入手，对大变形成因、影响因素及变形规律进行分析，再通过应力释放结合变形控制措施，使地应力经预先释放后降低其作用于隧道结构上的应力，再结合行之有效的支护加强措施，采用“抗放结合”的策略，使应力释放与支护加强有机地结合起来，将变形控制在允许范围之内，从而减少拱架拆换，节约施工成本，加快施工进展，研究形成经济、合理、高效的综合性大变形控制技术。

10. 新建西平铁路“钢-混凝土组合桁架梁”施工关键技术及控制措施研究，新建西平铁路为跨越银武高速公路及考虑高速公路限高 6 米的要求，采用了 80 米钢-混凝土组合桁梁结构。它是近年来刚发展起来的一种新型结构，其实质上是桁架桥与槽形梁的组合结构。上、下弦均采用混凝土结构，腹杆采用钢结构，能充分发挥不同材料的优点，具有重量轻和跨越能力强等特点，并且用钢量大幅度降低，结构刚度也较钢桁梁明显增强，工程造价明显降低，后期养护工作量大大降低。因此钢-混凝土组合桁梁成为目前最具竞争能力的桥型之一。

施工过程中，由于桥梁结构的空间位置随着施工的进展不断变化，再考虑到施工过程中结构自重、施工荷载以及混凝土材料的收缩、徐变、材质特性的不稳定性和周围环境温度变化等因素的影响，都使施工过程中桥梁结构各个施工阶段的内力和变形不断发生变化，易造成结构体系的各类响应值与预期值严重偏离。

本课题结合太峪大桥施工 80 米钢-砼组合桁架梁施工，根据其结构特点，使用桥梁有限元计算软件模拟计算桥梁在不同的施工方法和施工工序时，桥梁在施工过程中的受力和变形，以桥梁的内力和变形为指标，制定此类桥梁最优施工工序和施工工艺；数值模拟计算桥梁施工完成后，在后期使用过程中的受力和变形；分析可能影响桥梁受力和线形的各种因素，并数值模拟这些因素对桥梁结构受力和变形的影响，确定出桥梁结构施工过程和使用过程中影响桥梁内力与变形的各项参数，如立模标高、支架变形、混凝土徐变、预应力损失等；使用施工监控程序，按正装或倒装分析方法，分析研究为确保施工过程安全可靠、各施工阶段和使用过程中桥梁内力、变形与设计值相符合，控制参数的取值要求。以此达到桥梁按设计线形和内力安全快速施工，施工过程可控，并能保证桥梁的使用安全，降低桥梁使用过程中的养护维修费用。

11. 近赣江、巨厚砂层、钻孔桩围护地铁车站深基坑施工技术和措施研究，目前国内发达的一线城市的轨道交通和地下空间建设发展较快，部分发达的二线城市和地下空间的开发应用正在逐步推进。大部分地铁工程中，车站基坑围护结构大部分采用地下连续墙的围护结构形式，有部分车站采用钻孔咬合桩、钻孔桩+旋喷桩或搅拌桩、SMW 工法桩、土钉墙等围护结构形式，以上几种围护结构形式从经济指标上看较地下连续墙低，可以降低工程造价，从基坑施工方面考虑地下连续墙的围护形式更加安全稳定，造价相对较高。施工过程中针对不同的地质情况采用相适应的围护结构形式是深基坑施工的关键。

在含水量极其丰富，在 10～14 米厚（部分范围内砂层厚度达约 18 米）砂层连续的地质条件下进行深基坑施工，在南昌地区尚属首例，在全国范围来看类似工程极少，且采用的围护结构形式是钻孔灌注桩+三轴搅拌桩止水帷幕，就更屈指可数，未发现其厚度最厚达到约 18 米(粉砂-中砂-粗砂-砾砂各个土层紧密连接，无其他土层隔断)，且整个开挖范围内均处在砂层中，砾砂与岩层直接连接，没有任何过渡层，施工过程中提前对基坑围护结构的防水质量进行检测，预知防水效果是否满足设计要求，可对存在的渗漏部位进行超前处理措施，规避基坑开挖过程中，因渗漏造成的基坑安全风险。在如此复杂的地质条件下进行深基坑施工技术研究将对类似工程施工有着重要的意义和价值，为施工提供一定的参考和实践依据。

12. 郑州地铁中心商业区车站及盾构区间隧道施工技术研究，在国内，土压平衡盾构施工技术已经成为一项成熟的隧道施工技术，但是郑州地铁刚刚起步，特别是在城市核心商业中心，在交通繁忙地段条件下，盾构穿越地层又主要为粉土、粉质粘土、局部为粉细砂层。施工技术难度大，地理位置特殊、环境要求高。采用盾构长距离穿越郑州火车站股道群、火车站无柱雨蓬、近距离平行、横穿洞室（电力隧道、人防洞室），风险较高，相关技术还需要进一步研究。

本研究项目就是在中铁隧道现有的施工技术的基础上，结合郑州市轨道交通 1 号线一期土建 03 合同段工程实践，针对郑州地铁繁华商业区车站施工技术，软土地层盾构长距离穿越郑州火车股道群施工技术，盾构近距离穿越火车站无柱雨棚掘进技术，盾构穿越人防洞群掘进技术，盾构平行、横穿电力隧道掘进技术等关键技术进行研究。

通过本课题的研究，以解决本工程主要难题为目的，达到安全、快速、优质、高效修建的目标；同时鉴于本工程施工难度大，受到广泛的关注，工程的成功实施，将为郑州地铁后续工程的建设提供宝贵的借鉴经验，经济和社会效益显著。

13. 大直径土压平衡盾构穿越湘江及地表复杂建（构）筑物施工关键技术研究，国内外以隧道方式跨越江、河、湖、海水域的工程越来越多，由于水底隧道施工面临巨大的安全风险，目前采用盾构隧道居多。而已经进行的大直径盾构水底隧道，通常采用不同直径泥水平衡盾构，如中铁隧道已修建或正在建的武汉长江隧道（φ11.38 米）、南水北调穿黄隧道（φ9.0 米）、广深港狮子洋盾构铁路隧道（φ11.2 米）、台山核电海底取水隧道（φ9.03 米）、等均为泥水平衡盾构施工；虽然大直径土压平衡盾构在上海均匀地层中获得成功应用，但是上海长江隧道也是采用φ15.43 米泥水气压平衡盾构进行施工。在大直径跨江海隧道中，已经建成的丹麦大海峡隧道采用 4 台φ8.75 米土压平衡盾构开挖，而对于采用大直径土压平衡盾构隧道穿越典型的复合地层，在国内外应用极为少见。

相对于泥水平衡盾构而言，土压平衡盾构虽然没有复杂的泥水处理系统，但是刀盘所受扭矩较大，对于盾构选型和设备配置技术、开挖面稳定、盾构同步注浆浆液配制及施工技术、土压平衡盾构碴土改良技术等问题具有其特点，迫切需要攻关解决。

对于大直径盾构隧道穿越敏感建筑物沉降控制技术，国内外均有成功的经验，主要通过数值模拟、现场试验、实时监测等方法，研究施工导致的地层损失、沉降的特性以及施工参数优化等，由于地质条件和环境条件的复杂性，尚难以达到0沉降控制目标。对于湘江隧道盾构穿越（紧邻）既有线及（构）建筑物施工，特别是穿越国防科技大学地段，地质条件难以探明条件下，大直径土压平衡盾构掘进实现0沉降，类似成果国内外尚未见报道，这也是本项目需要解决的关键难题。

目前国内外开展的盾构隧道风险管理研究，主要针对地铁盾构，且大多位于陆域，有关水底盾构施工风险管理技术研究目前可直接借鉴的经验不多。水下隧道的施工具有环境复杂、工程动态性和时效性的特点，是一项高风险地下工程，存在等级较高的风险源，目前尚缺乏系统的风险评估方法，特别是针对大直径土压平衡盾构施工风险的控制尚不足，给水下隧道盾构施工风险管理带来很大困难。

由此可见，针对长株潭城际铁路湘江隧道建设项目下穿湘江和地表复杂、建（构）筑物敏感等实际条件，通过开展盾构机选型及配套设备选型技术研究，盾构穿越湘江的关键施工技术研究，盾构穿越（紧邻）既有线及（构）建筑物施工技术研究，盾构穿越国防科技大学0沉降掘进技术研究，大直径土压平衡盾构穿越湘江及地表复杂建（构）筑物施工风险评价与控制技术研究，

通过本课题的研究将填补国内外复杂不均匀地层大直径土压平衡盾构水底隧道施工的空白，解决施工关键技术难题，实现安全、经济、高效的管理目标。

14.穿黄工程水底大直径输水盾构隧道环锚预应力衬砌施工技术研究，穿黄工程是南水北调中线总干渠与黄河交叉的建筑物，是总干渠上规模最大，技术最复杂，并控制工期的关键性工程。穿黄隧洞穿越河床覆盖层，地质条件复杂，围土中有全砂层、全壤土层、半砂半土层，有泥砾石夹层、钙质结核层，还有孤石和古树等障碍物，采用盾构法施工，在盾构保护下形成拼装式结构；穿黄隧洞地处黄河游荡性河段，最大冲刷深度为20米，河床冲淤变化剧烈，隧洞需要适应冲淤变化引起的纵向沉降；穿黄隧洞为水工隧洞，输送流量大、断面尺寸大，除承受外部水、土压力外，还承受较高的内水压力，内水压力高达0.55兆帕（隧洞底部——下同），外部水压力为0.4兆帕，所形成的隧洞衬砌需要严格防范由于内水外渗和地震作用引起的破坏；由于以上的工作特点，穿黄隧洞设计上与常规的水工隧洞和盾构法施工的交通隧道均有所不同，需要结合其工作特点研究合理的衬砌结构型式。经对国内外工程进行检索，就目前为止，具有上述类似工作条件和规模的隧洞工程，以埃及国的穿越苏伊士运河的萨拉姆（EL SALAM）输水隧洞工程较为典型。其它以热电厂的进水隧洞和排水隧洞较多，但隧洞断面尺寸和长度均较小；此外日本国有若干水工隧洞，如神田川地下调节池，断面尺寸较大，但不是在水底穿越的输水隧洞；又如日本国东京大田区污水处理隧洞，断面尺寸也比较大，设有双层衬砌，但内衬未按单独承担内部水压设计，只起着将内压传递至外衬，再与外部水、土压力相平衡的作用。

基于上述工作条件，穿黄隧洞采用新型的双层衬砌结构，外衬为拼装式管片环，内衬为预应力混凝土结构，内、外衬单独工作，确保安全承载；隧洞纵向分段设置永久缝，衬段以螺栓相连，可以适应由于冲淤作用和地震作用引起的纵向变形；在隧洞中按多断面、多种监测仪器，实现自动化监测，最大限度回避风险。此种复合衬砌结构为新型结构型式，通过1：1仿真模型，在内衬厚度仅为45厘米偏薄的情况下，成功实现了单索2250～2500千牛级的张拉，在国内属首次应用，结构创新、工艺复杂，确保工程安全，具有明显的社会效益。

通过本课题的研究，开展1:1仿真试验，经过修正后取得相应的参数，环锚预应力后张法的设计与研究，环锚预应力施工技术的应用。掌握管片手孔回填施工技术，内衬分段接缝防水施工技术，环锚张拉精细化施工技术，快速衬砌施工技术的关键技术。

15.复杂环境内城市水下超大断面超浅埋分岔暗挖隧道理论方法、技术工艺和施工安全技术研究，长沙市营盘路湘江隧道工程位于银盆岭大桥和橘子洲大桥居中偏南位置，是连接长沙河西与河东的重要通道。分岔段暗挖隧道开挖断面大（最大开挖面积380平方米）、分岔段跨度大（最大跨24.5米），现场地质条件复杂（由上自下依次为路面、杂填土、粉质粘土、卵石圆砾、全（强）风化板岩、中风化板岩）、超浅埋（埋深最浅6.5米），地质条件变化频繁，周边环境复杂（分岔隧道穿越湘江大堤、地表动荷载大的潇湘大道、莅临渫银桥），且采用矿山法施工，施工过程中风险极大。

对于复杂环境内城市水下超大断面超浅埋分岔隧道的施工技术，不管是设计领域还是施工领域都尚属于较前沿的新阶段，还非常缺乏科学、系统、完整的研究，基本属于空白状态。通过本课题研究，优化施工方案，选择合理的隧道的施工方法，控制施工过程的技术风险。主要研究内容包括：复杂环境内城市水下超大断面超浅埋分岔隧道地层地表和洞内加固改良技术，大断面超浅埋分岔隧道分部开挖理论模拟计算技术，超大断面超浅埋分岔隧道开挖方法及开挖后洞室围岩支护措施研究，浅埋暗挖水下隧道开挖、支护及变形控制技术，近距离双线分岔大断面隧道开挖施工顺序，超大断面分岔隧道的减震爆破，超大断面超浅埋分岔隧道地下生命管线变形控制与安全保护研究，超浅埋暗挖水下分岔隧道下穿湘江大堤施工技术。

通过本项目工程实践和本课题的研究掌握以下关键技术复杂地质环境内城市水下隧道地质分析与加固改良技术，

超小近距双线分岔大断面隧道开挖关键技术，浅埋暗挖分岔大断面隧道变形控制技术，分岔大断面隧道二衬施工与临时支撑拆除关键技术，分岔大断面隧道快速施工的机械选择与配套技术，为以后类似工程提供借鉴。

16．大断面山岭隧道修建技术及相关机具配套技术研究，中国铁路隧道快速施工设备配套技术和国产化水平尚处在隧道施工机械化初期阶段，以钻爆法为基础的机械化快速施工技术体系尚未完成，作业线配套主要设备都立足于从国外引进，自主创新开发的品种少、国产化程度低，因而影响作业效率，制约了隧道施工机械化配套技术的全面发展和进步。

本课题以贵广铁路隧道工程为依托，通过大断面山岭隧道修建技术、施工机具配套技术及施工机具国产化技术研究，解决在复杂地质条件下隧道快速施工技术方面的机具配套技术问题。为此开展“大断面山岭隧道修建技术及相关机具配套技术研究”课题研究，对提高施工效率，保证施工质量和安全，进一步提升隧道施工修建技术与机具配套、制造水平，完善中国修建大断面隧道修建技术体系具有重大意义。

【中铁电气化局攻关研究课题】 2011 年，中铁电气化局承担国家科技支撑计划 1 项、铁道部科研开发计划 3 项、股份公司科研开发计划 5 项。

1.国家科技支撑计划课题“中国高速列车关键技术研究及装备研制—高速列车牵引供电技术”。该课题于 2008 年启动，中铁电气化局为课题主承担单位。包括“高速铁路用高强高导接触网导线及其零部件研制”、“专用 2×27.5 千伏 GIS 开关柜技术的研究与装备试制”、“牵引供电系统雷电防护技术及装置研究”、“高速动车组不分闸自动过分相技术的研究与装备试制”、“高速铁路供电系统综合补偿及谐波抑制技术”、“高速铁路牵引供电品质研究”6 项任务，国拨经费 4858 万元。2011 年完成各任务软件及设备样机制造，型式、出厂、功能、性能、现场试验及工程应用等相关工作，形成系列阶段性成果。其中：大容量 27.5 千伏气体绝缘开关的研究，实现国产化大规模生产；高强高导接触线研制成果，使中国接触网导线设计、生产等方面处于世界领先地位；雷电防护研究成果使中国电气化铁路雷电防护技术处于世界前沿。“高强高导接触网导线及其零部件”、“专用 2×27.5 千伏 GIS 开关柜”等成果已规模应用于京沪高速铁路等高速铁路建设和运营中，部分成果指标达到世界先进水平，已初步形成一系列自主知识产权，获 2 项发明专利、5 项实用新型专利，有效支撑了中国高速铁路牵引供电系统工程大规模需求。各项任务已基本完成，正在进行鉴定文件的编写。

2.铁道部科研重大课题“高速铁路综合雷电防护关键技术研究—牵引供电系统雷电防护深化研究”（合同编号：2011Z01-C），2011 年开始启动，由中铁电化局与中国电力科学研究院联合承担。课题通过对复合绝缘子防雷应用特性、牵引变电所雷电侵入波瞬态过程仿真及耐雷可靠性评估、牵引变电所雷电防护优化方案、高架桥桥墩的雷电冲击接地参数试验等研究，建立牵引变电所雷电电磁瞬态仿真模型的研制移动式高电压大电流冲击电源，掌握高架桥桥墩的雷电冲击响应特性试验研究方法。为中国高铁牵引供电系统雷电防护提供理论支撑和技术依据，建立和完善雷电防护技术体系。课题正在进行中。

3.铁道部科研重大课题“高速铁路综合雷电防护关键技术研究—雷电防护系列标准研究”（合同编号：2011Z01-E），2011 年开始启动，由中铁电化局与中国铁道科学研究院联合承担。通过高速铁路综合雷电防护技术标准研究，提出一整套完善的针对铁路通信信号和牵引供电系统的系列化综合防雷指导性技术文件，编制一套综合防雷系列新标准，用以指导高速铁路通信、信号和牵引供电等系统雷电综合防护的安全评估、防雷设备（装置）选型、防护方案的设计以及防雷施工工艺等各个环节。课题正在进行中。

4.铁道部科研重点课题“高速铁路牵引供电技术总结”（合同编号：2011J020），2011 年开始启动。通过对国内已开通的武广、郑西、京津、石太等客运专线及京沪高速牵引供电系统工程创新成果的系统总结，提出未来高速铁路、客运专线牵引供电技术方案，规避高铁建设风险，降低高铁工程造价，实现安全可靠、技术先进、经济合理的总体要求。课题正在进行中。

5.股份公司科研重大课题“能馈式牵引供电系统方案设计及相关装备研制”（合同编号：重大-28-2011），2011 年开始启动。课题针对地铁（城轨）车辆制动频繁，再生能量累积量巨大，回收利用将产生显著“节能减排”效果，研究能馈式牵引供电系统总体技术方案、运行特性及参数优化设计，研制谐波测试分析及功率滤波装置，开展系统设计、工程实施及技术规范编制。课题正在进行中。

6.股份公司科研重大课题“城市轨道交通架空接触网雷害防治研究”（合同编号：重大-29-2011），2011 年启动。课题在国内首次建立城市轨道交通接触网雷电过电压仿真计算模型及工程实时动态雷电闪击趋势监测网及雷击参数数据库，研发了专用并联式复合型避雷器，提出“清除地面回路中地闪冲击电流”的全新技术方案，解决了防雷接地与杂散电流防护相矛盾的工程难题。成果填补了世界上该领域雷电防护的空白，为城市轨道交通接触网雷电防护提供了技术支持，2011 年 10 月 27 日通过股份公司组织的专家评审，总体技术达到国际领先水平。

7.股份公司科研重点课题“高速铁路接触网吊弦、电连接设置方案研究”（合同编号：重点-77-2011），2011 年启动。课题结合接触网设计方案，建立了高速铁路供电系统电气模型，成果已应用于京沪高铁工程，取消了接触网锚段内的横向电连接，经济社会效益显著。成果于 2011 年 10 月 26 日通过股份公司组织的专家评审，总体技术达到国内领先水平。

8.股份公司科研重点课题“高速铁路牵引供电系统对信号电缆的干扰和危险影响研究”(合同编号:重点-73-2011)，2011 年启动。通过高速铁路牵引供电系统供电特性研究，建立高速铁路牵引供电系统多导体传输线模型，制定信号电缆电磁防护的技术措施。课题正在进行中。

9.股份公司重点科研课题“带自润滑的低电阻受电弓滑板材料研究”（合同编号：重点-74-2011），2011 年开始启动。通过对中国接触网状况进行系统的弓网摩擦、导电、振动、电火花（离线率）研究，提出基础理论研究成果，用来指导新型滑板材料设计与制造。课题正在进行中。

【中铁建工科研课题】 2011 年，中铁建工科研立项 137 项，其中重载铁路综合施工技术研究、大型地下车站半逆作法及双螺旋单层网壳屋面施工技术研究列为股份公司重大课题；南昌西站综合施工技术研究、南极中山站建造及环境保护技术研究列为股份公司重点课题。全年完成 90 项，其中延续项目 11 项。

【中铁港航局攻关课题研究】 2011 年，中铁港航局根据集团公司科技发展规划、结合在建项目的技术特点，开展科研开发课题 17 项，其中确定集团公司重点课题 7 项、引导课题 10 项，课题类别涵盖桥梁施工、隧道施工、水下炸礁、爆破、软基处理等各专业，计划科研经费 4110 万元。经股份公司评审，其中 1 项课题被列为股份公司重大科研课题，3 项课题被列入股份公司重点科研课题。中铁港航局科研课题见表 7-5：

表 7-5 2011 年中铁港航局科研课题一览表

序号	课题名称	备注
1	缆索吊及悬拉扣挂法施工劲性骨架外包混凝土拱桥技术研究	股份公司重大课题
2	跨多层公路斜拉桥钢箱梁架设技术研究	股份公司重点课题
3	大跨度（308 米）提篮式钢箱拱整体安装新技术	股份公司重点课题
4	水下炸礁施工减少大块和浅点技术研究	股份公司重点课题

【中铁航空港科研课题】 2011 年，中铁航空港研究编制《中国中铁航空港建设集团有限公司 2011 年度技术研发项目计划》，下达项目计划共 94 项，其中股份公司重大课题 1 项、重点课题 3 项。项目课题覆盖桥梁修建技术、施工装备及工业产品制造技术、重载铁路修建技术及路基工程、高速铁路成套建造技术、隧道及地下工程修建技术、节能减排及新材料研究应用、软科学研究和机场工程领域 9 个重点领域及关键技术。《山西中南部铁路通道重载黄土路基施工关键技术》被列为股份公司科技开发重大课题，《动态威力模拟试验火箭滑撬工程施工技术》、《太原南站施工综合技术》、《地源热泵施工技术研究与应用》3 项被列为股份公司科技开发重点课题。此外与中国人民解放军后勤工程学院合作《地下工程电渗透防渗防潮装置研究》、《海水海砂结构混凝土新技术应用示范》、《无机保温结构一体化墙体》、《重庆市地下开挖地质灾害的评估与安全规定》4 项课题。

【中铁上海局攻关研究课题】 2011 年，中铁上海工程局在股份公司科研课题立项 7 项，其中重大课题 1 项，重点课题 3 项，引导课题 3 项。（见表 7-6）

表 7-6 2011 年中铁上海局课题一览表

序号	课题名称	备注
1	DN4.0 米超大直径长距离“S”型曲线顶管施工关键技术研究	重大课题
2	430 米主跨单主缆单双复合式吊杆悬索桥施工技术	重点课题
3	地铁隧道内钢轨焊接移动式软线圈高频正火设备及工艺研究	重点课题
4	金温铁路汤村山岭长大铁路隧道综合施工技术研究	重点课题
5	大西客运专线晋陕黄河特大桥施工技术	引导课题
6	大型地下水工构筑物无内支撑两墙合一逆作法施工技术	引导课题
7	低渗透性软弱土层深基坑施工技术研究	引导课题

其中重点课题“430 米主跨单主缆单双复合式吊杆悬索桥施工技术”和引导课题“大型地下水工构筑物无内支撑两墙合一逆作法施工技术”已经在股份公司进行科技成果评审，均获得国内领先的评审意见，并分获总公司科学技术奖

一等奖、三等奖。其余项目正在进行科研开发，进展顺利。

【中铁科工攻关研究课题】 2011 年，中铁科工攻关研究课题：

1. 国家工信部两化融合科技项目

大吨位箱梁运架设备群远程安全监控系统：2011 年 4 月 29 日通过湖北省科学技术厅组织的科技成果鉴定，达到“国际先进”水平。

2. 股份公司科技计划项目

（1）城市轨道交通槽形梁运架设备的研制：正在积极研究技术方案，项目获得国家科技部科研院所技术开发研究专项资金支持。

（2）港珠澳大桥 2000 吨门式起重机的研制：集团公司已经完成技术设计，技术设计已通过股份公司组织的的技术评审，目前正在进行制造。

（3）铁路隧道内救援吊机的研制：集团公司正在积极探索技术方案，已申报铁道部 2012 年重大科技计划项目。

3. 武汉市科技计划项目

高速铁路装备产业化：集团公司提出的产业化项目—高速铁路装备产业化获得武汉市十大科技专项支持，目前项目产业化工作进展顺利。

【中铁西南公司研究课题】 2011 年，中铁西南公司所属高速公路运营子公司富砚公司《高速公路沥青路面预防性养护技术研究》课题和平正公司《应用复合有机水硬性材料处治桥头跳车及路面沉陷技术研究》课题，均获得股份公司批复。其中富砚公司的《高速公路沥青路面预防性养护技术研究》课题列入了股份公司的引导性课题；平正公司的《复合有机水硬性材料处治桥头跳车及路面沉陷技术》课题已完成方案提报，正在实施阶段。

科研成果和进步

【股份公司科研成果情况】 2011 年股份公司共获各种奖项有：国家科技进步奖 5 项；中国土木工程詹天佑奖 5 项；省部级科技进步奖 255 项；全国优秀工程工程勘察设计奖 11 项；省部级优秀工程勘察设计奖 77 项；省部级优秀工程咨询成果奖 17 项；

中国中铁股份有限公司优秀工程勘察设计奖 86 项；中国中铁股份有限公司优秀工程咨询成果奖 32 项。

【中铁二院科研成果与技术进步】 2011 年，中铁二院勘察设计创优工作成效显著，工程勘察、设计、咨询创优工作取得了可喜的成绩。

2011 年，中铁二院共列支科研经费 1.2 亿元，取得有效专利 65 项，获得省部级以上科技进步奖 22 项，中国土木工程詹天佑奖 2 项，优秀工程勘察设计奖国家级 1 项、省部级 50 项，优秀工程咨询成果奖 14 项（国家级 6 项、省部级 6 项，优秀测绘工程奖国家级 1 项、省部级 1 项）。其中自主研发的遂渝铁路无碴轨道，实现了中国高铁建造技术的重大突破，获国家科技进步奖一等奖。全年中标铁道部科研开发计划项目 4 项。完成了《中低速磁浮轨道交通专利检索分析与对策研究》。同时，积极申报四川省首批“院士专家工作站”和“数字化轨道交通技术国家工程实验室”，完成了一系列工程词典的编撰及翻译工作，为企业发展提供了有力的科技支撑。

2011 年，中铁二院在磁浮交通、机场航道、港口码头等新领域也取得了实质性进展，磁浮交通方面已成功签约中国南车株机公司中低速磁悬浮试运线 EPC 项目，其分段试验中各项技术指标均达到了设计要求，为今后磁浮交通市场的经营开发产生了重要的示范作用和带动效应。机场航道方面获得了重庆机场 T3 航站楼的勘察设计项目，实现了该领域的实质性突破；港口码头方面承揽了印尼甲里文仓储和码头一体化等工程，为港航设计业务向国际拓展奠定了基础。海洋工程方面获得了海口市东海岸人工岛开发项目勘测设计任务，将为公司在海洋工程和海岛开发方面积累宝贵的经验。环保工程方面获得了江西赣州 6 万立方米/天污水处理厂设计项目，标志着公司有能力在环保领域进一步挖掘和开拓市场。

【中铁设计咨询科技成果获奖】 2011 年，中铁设计咨询有 8 项科技成果获省部级、总公司级科学技术奖。（见表 7-7）

表 7-7 2011 年中铁设计咨询科技成果获奖项目表

序号	项目名称	获奖类别	获奖等级
1	SGJ-T-CEC-Ⅰ型客运专线轨道几何状态测量仪系统	中国测绘学会科学技术奖	二等奖
2	客运专线铁路常用跨度桥梁技术	中国铁路工程总公司科学技术奖	特等奖

3	铁路客运专线整孔箱梁快速预制技术	中国铁路工程总公司科学技术奖	一等奖
4	北京市六环路斜拉桥关键技术	中国铁路工程总公司科学技术奖	一等奖
5	铁路客车自动上水系统优化及标准化建设的研究	中国铁路工程总公司科学技术奖	三等奖
6	广州新光大桥	股份公司“十一五”十大科技优秀成果奖	
7	隧道开挖诱发工程灾害预防与治理关键技术研究及工程应用	北京市科学技术奖	二等奖
8	客运专线铁路先张法预应力混凝土简支箱梁设计与实验研究	中国施工企业管理协会科学技术奖技术创新成果奖	一等奖

【中铁设计咨询科技成果鉴定】 2011年中铁设计咨询完成的科研项目通过股份公司评审7项（见表7-8），中铁设计咨询对内部立项科研及软件开发项目的评审，共10项，其中软件开发项目5项。

表7-8 2011年中铁设计咨询通过股份公司评审的科研项目一览表

序号	项目名称
1	SGJ-T-CEC-Ⅰ型客运专线轨道几何状态测量仪系统
2	城市轨道交通施工测量信息管理系统
3	数字地面摄影测量在铁路勘测中的应用研究
4	高速铁路轨道控制网数据采集与处理系统
5	数字摄影及Lidar激光摄影在铁路勘察设计中的应用研究
6	铁路排水用地图绘制软件
7	京张城际铁路封闭声屏障（结构全封闭、吸隔声材料半封闭）专题研究

【中铁西北院成果和进步】 2011年度，中铁西北院有6项成果通过评审和鉴定，9项成果获奖。其中3项成果获得省部级科技进步二等奖，2项成果获得省部级科技进步三等奖，3项成果分别获得中国铁路工程总公司科学技术一、二、三等奖，1项成果获得社会力量科学技术一等奖。由中铁西北院主持、获得甘肃省科技进步二等奖的“边坡预应力锚索结构的安全检测与加固技术研究”成果，实现了对锚索长度或锚固深度、波纹管或PE套管破损和注浆缺陷等质量状况的有效检测，解决了锚索结构工作性能检测以及荷载补偿的技术难题，并获得发明专利，该成果已在西北、西南和华南等省市的多条铁路、公路和市政边坡锚固工程的质量检测、工后质量检测评估和锚索补强加固中得到应用。

【中铁西南院成果和进步】 2011年，中铁西南院共17项科技成果获奖，其中获国家科技进步奖1项、中国铁道科学技术奖8项、社会力量设奖8项。具体为：

1.“隧道含水构造等不良地质超前预报定量识别及其灾害防治关键技术”获国家科技进步奖二等奖；

2.“宜万铁路高压富水大型充填岩溶及断裂带隧道修建技术”获中国铁道学会科学技术奖特等奖；

3.“宜万铁路复杂山区岩溶隧道设计关键技术”获中国铁道学会科学技术奖一等奖；

4.“高速铁路隧道气动效应研究及工程实践”获中国铁道学会科学技术奖一等奖；

5.“隧道（洞）仰拱模板台车与TBM联合作业的设计与研究”获中国铁道学会科学技术奖二等奖；

6.“宜万铁路复杂山区桥式结构技术”获中国铁道学会科学技术奖二等奖；

7.“郑西客专大断面黄土隧道施工方法与监控技术”获中国铁道学会科学技术奖二等奖；

8.“长大隧道通风关键技术研究”获中国铁道学会科学技术奖三等奖；

9.“黄土地区高速铁路修建关键技术”获中国铁道学会科学技术奖三等奖；

10.“隧道（洞）仰拱模板台车与TBM联合作业的设计与研究”获中施企协会科学技术奖一等奖；

11.“隧道连续皮带机出碴技术与设备国产化研究”获中施企协会科学技术奖一等奖；

12.“裂纹深度横波检测技术研究”获中施企协会科学技术奖二等奖；

13.“裂纹深度横波检测技术研究”获中国质量评价协会科技创新奖二等奖；

14.“TBM施工地下水超前预报技术研究”获中国质量评价协会科技创新奖优秀奖；

15.“隧道连续皮带机出碴技术与设备国产化研究”获中国质量评价协会科技创新奖优秀奖；

16.“与 TBM 联合作业的隧道（洞）仰拱模板台车”获中国质量评价协会科技创新产品金奖；

17.“HSP 超前地质预报仪”获中国质量评价协会科技创新产品优秀奖。

【中铁电化院成果和进步】 2011 年，中铁电化院《京津城际铁路总体设计》与铁三院共同获得铁道部优秀设计特等奖；《广州地铁二、八线供电系统拆解设计》获得股份公司优秀设计一等奖，《北京市轨道交通首都机场线工程供电系统、综合监控系统设计》、《海市轨道交通十一号线北段一期工程供电系统设计》、《新菏兖日铁路电气化改造工程设计》和《改建铁路蓝烟铁路电气化改造工程》获得股份公司优秀设计二等奖，《上海市轨道交通 2 号线东延伸段供电系统工程设计》、《上海市轨道交通 7 号线供电系统工程设计》、《新菏兖日铁路电气化改造工程设计》和《改建铁路蓝烟铁路电气化改造工程》获股份公司优秀设计三等奖；《上海市轨道交通 2 号线西延伸》、《上海市轨道交通 10 号（M1 线）线一期工程项目西延伸》、《上海浦江镇公共交通配套工程项目》和《上海市轨道交通 7 号线工程项目》获得上海市优秀工程设计奖一等奖。

院智多星、海亿、及时雨、智囊团小组分别参加了北京市、中国中铁股份有限公司和集团公司系统的 QC 小组成果发表会，分别获得全国工程建设行业、北京市和铁道部优秀质量管理小组称号。

【中铁通号院成果和进步】 2011 年，中铁通号院科技成果：“DCR—2000 型电加热道岔融雪装置”获总公司科学技术奖三等奖、中铁电化局科学技术奖一等奖；“改建铁路新菏兖日铁路电气化改造工程通信信号设计”获股份公司优秀工程设计二等奖；“改建铁路蓝烟铁路电气化改造工程通信信号设计”获 2 股份公司优秀工程设计三等奖。

2011 年 9 月～10 月，院开展优秀设计评选，有 12 个项目申报，评出优秀设计 10 项，其中一等奖 5 项、二等奖 5 项。

2011 年，通号院电磁兼容所 QC 成果“提高采集电气化铁路高频电磁干扰场强数据的能力”获国家工程建设（勘察设计）优秀质量管理成果奖，其 QC 小组被授予国家级优秀质量管理小组称号；地铁所 QC 成果“解决重庆单轨列车位置检测的问题”获股份公司优秀质量管理成果奖；通信所 QC 成果“解决长大区间通话柱的呼叫问题”获中铁电气化局优秀质量管理奖。

【中铁一局科技成果和进步】 2011 年中铁一局科技成果统计见表 7-9。

表 7-9　2011 年中铁一局科技成果统计表

序号	成果名称	主要完成单位	起止年限	鉴定评审验收级别	获奖及批准文号	先进性及推广应用情况
1	横山隧道水平岩层综合施工技术研究	中铁一局集团有限公司、中铁一局集团第五工程有限公司	2007～2009	集团公司评审	2011 年陕西省科学技术奖三等奖（陕政发[2012]2 号）	横山隧道为单洞双线隧道全长 11448 米，是太中银铁路的重点控制性工程。隧道穿越的主要地层岩性为泥岩、砂岩和砂泥岩互层，多呈水平薄层状，层间粘结力较弱，开挖后围岩自稳能力差，拱部易发生剥落、掉块现象。针对以上特点、难点开展了深入研究，并在工程中得到实际应用。创造了双线大跨度水平砂泥岩互层隧道施工记录，连续 8 个月单口月开挖进度达到了 132 米，单口最高开挖进度达到了 164.2 米/月的施工记录。该成果紧密结合工程实际，取得了良好的社会经济效益，总体技术达到国内领先水平。
2	西平铁路 64 米箱梁移动支架造桥机研制及成套应用技术研究	中铁一局集团有限公司、中铁一局集团第四工程有限公司	2005～2010	甘肃省鉴定	2011 年甘肃省科技进步奖三等奖	采用“八七”型铁路应急抢修钢桁梁以及部分异型杆件研制了 64 米箱梁移动支架造桥机。该造桥机结构新颖，设计合理，适应性和通用性强，架设速度快，成本低，使用安全方便，满足 64 米及以下单线铁路桥梁拼装的施工要求，其跨度为目前国内最大。该项目结合工程实际，成果达到国际先进水平。
3	宜万铁路高压富水大型充填岩溶及断裂带隧道修建技术	中铁一局集团有限公司			2011 年中国铁道学会科学技术奖特等奖	

序号	成果名称	主要完成单位	起止年限	鉴定评审验收级别	获奖及批准文号	先进性及推广应用情况
4	宜万铁路云雾山岩溶隧道关键施工技术	中铁一局集团有限公司、中铁一局集团第五工程有限公司、中铁一局集团第一工程有限公司	2006～2008	陕西省鉴定	2011年中国铁道学会科学技术奖二等奖	针对云雾山隧道岩溶及岩溶水极其发育等工程特点和难点，从隧道岩溶探测综合技术、释能降压施工技术、施工安全管理等方面进行了研究。在岩溶隧道溶洞探测综合技术应用中，对超前钻探工艺及装置进行了改进，并研制了导流管，解决了钻孔突水、充填物堵塞冲击器无法钻进钻不透溶腔的难题。对高风险岩溶隧道施工防灾与预警系统及安全管理进行了研究，成功地使用了“远程视频监控系统、声光报警系统、逃生应急系统”等先进监控和防范设施。该成果在高压富水岩溶隧道施工领域达到国内领先水平，取得了良好的社会和经济效益。
5	客运专线铁路有砟轨道综合施工技术研究	中铁一局集团有限公司、中铁一局集团新运工程有限公司	2008～2009	股份公司评审	2011年中国铁道学会科学技术奖三等奖	针对高速铁路枕式无砟道岔施工的特点、难点及不同的工程环境，对成套铺设施工技术进行了深入研究,优化完善了时速250公里客运专线铁路有砟轨道施工技术。首次研制了高速道岔基地组装平台，开发出高速道岔平台预组装、整组运输及铺设成套技术。该项成果已成功应用于甬台温、温福、福厦等客运专线铁路，相关内容已纳入《有砟轨道铁路铺砟整道施工作业指南》、《高速铁路轨道工程施工技术指南》等铁道行业标准。该成果总体达到国内领先水平。
6	厦门翔安海底隧道（东通道）建设与运营成套技术	中铁一局集团有限公司	2005～2009		2011年中国公路学会科学技术一等奖	
7	西部地区公路瓦斯隧道设计与施工技术研究	中铁一局集团第四工程有限公司			2012年中国公路学会科学技术二等奖	
8	轨道交通接触轨施工工艺研究	中铁一局集团有限公司、中铁一局集团电务工程有限公司	2008～2009	股份公司评审	2010年度中国施工企业管理协会科学技术奖一等奖（中施企协字[2011]40号）	课题组针对深圳轨道交通3号线接触轨施工技术进行研究，总结出一套切实可行的施工方法及工艺，并在深圳轨道交通3号线接触轨施工验证，方法可行，工艺先进，有较好的经济和社会效益。 该成果在接触轨施工技术上有所创新，总体技术达到国内先进水平，其中采用螺栓套筒预埋模具和接触轨模拟冷滑检测车达到国内领先水平。
9	地铁盾构瓦斯隧道施工技术研究	中铁一局集团有限公司、中铁一局集团城市轨道交通工程有限公司	2008～2009	股份公司评审	2010年度中国施工企业管理协会科学技术奖一等奖（中施企协字[2011]40号）	课题组针对武汉地铁2号线范-汉区间土压平衡盾构施工隧道穿越瓦斯地层的技术难题，从盾构瓦斯隧道等级划分、盾构施工及通风技术、瓦斯监测和安全管理等方面开展了系统研究。该成果填补了国内瓦斯隧道土压平衡盾构施工空白，经济和社会效益显著，达到国际先进水平。
10	Z-GP150型管管棚机研制	中铁一局集团有限公司、中铁一局集团建工机械有限公司	2006～2008	股份公司评审	2010年度中国施工企业管理协会科学技术奖一等奖（中施企协字[2011]40号）	研发的Z-GP150型管棚钻机，通过集成创新，实现了自主设计、制造。研制的钻进水气同进系统，在给前冲击提供了动力的同时，实现了钻孔作业时快速清孔、排渣，有效降低了粉尘污染，具有创新性。在钻进系统设有前后冲击装置，既提高了钻进效率，又解决了卡钻难题。 该钻机设计合理、结构新颖、技术先进、操作方便、安全可靠、适应性强，研究成果达到国内领先水平。

序号	成果名称	主要完成单位	起止年限	鉴定评审验收级别	获奖及批准文号	先进性及推广应用情况
11	TAS-2型全自动轨道板精调系统研制	中铁一局集团有限公司	2010～2010	股份公司评审	2010年度中国施工企业管理协会科学技术奖二等奖（中施企协字[2011]40号）	针对CRTSⅡ型轨道板精确定位要求，应用数字控制、无线遥控、伺服控制等技术，结合现有精调爪调整工艺，研发了TAS-2型全自动轨道板精调设备。该成果已成功应用于京石客运专线施工，达到国际先进水平。
12	城铁钢弹簧浮置板轨道及整体道床快速施工新技术	中铁一局集团有公司、中铁一局集团新运工程有限公司	2008～2009	股份公司评审	2010年度中国施工企业管理协会科学技术奖二等奖（中施企协字[2011]40号）	首次提出的“钢筋笼轨排法”钢弹簧浮置板轨道成套施工技术，实现了工厂化、机械化施工，较现有施工方法显著提高工效。自主研发了浮置板道床施工工艺及配套的施工工装；研发了盾构区间整体道床结构一次浇筑技术及配套设备，提高了道床浇筑速度和施工质量。该项成果已成功应用于上海、北京、西安、深圳、广州等城市地铁轨道施工，效果良好。“钢筋笼轨排法”钢弹簧浮置板施工技术达到国际先进水平。
13	沈阳地铁一号线保工街车站及暗挖区间综合施工技术	中铁一局集团有限公司、中铁一局集团第二工程有限公司	2006～2008	股份公司评审	2010年度中国施工企业管理协会科学技术奖二等奖（中施企协字[2011]40号）	针对富水砂层、复杂周边环境、结构断面变化大、施工工法多等特点，开展了砂层加固、地层变形控制、风险防范、工序合理转换等研究。首次在地铁施工中采用了新型固砂剂、研发了高效实用的风动注浆机具。该成果紧密结合工程实际，是多种施工技术的集成创新，经济、社会效益显著。整体达到国内领先水平。
14	湖泊下盾构区间工程施工风险控制及快速掘进技术	中铁一局集团有限公司、中铁一局集团城市轨道交通工程有限公司	2008～2009	股份公司评审	2010年度中国施工企业管理协会科学技术奖二等奖（中施企协字[2011]40号）	金鸡湖隧道采用土压平衡盾构机实现长距离水下隧道掘进施工，通过盾构机选型与适应性优化改进、端头加固及始发到达技术、盾构隧道防水技术与措施、测量与监测技术、周边环境保护等方面的系统研究，实现了连续水下掘进1832米，单线月掘进最高582米的纪录。 课题总结了以湖泊下粉砂、粉质粘土为主含微承压水地层长距离盾构掘进技术，创造了较好的经济和社会效益，达到了国内领先水平。
15	精伊霍铁路北天山富水隧道突涌水（泥）地段施工技术	中铁一局集团有限公司、中铁一局集团第二工程有限公司	2005～2008	股份公司评审	2010年度中国施工企业管理协会科学技术奖二等奖（中施企协字[2011]40号）	课题组针对北天山特长隧道高压、富水断层等工程难点，对突涌水（泥）等关键施工技术进行了深入研究。该成果解决了工程实际难题，取得了良好的经济和社会效益，综合施工技术达到国内领先水平。
16	青工网上技能练兵比武系统	中铁一局集团有公司、中铁一局集团新运工程有限公司	2008～2009	股份公司评审	2010年度中国施工企业管理协会科学技术奖二等奖（中施企协字[2011]40号）	针对建筑工程施工企业青工培训和技术练兵比武的难点，对职业技能题库和网络信息技术进行组合研究，设计了一个人机交互式系统。系统可实现工程建设单位遍布在全国各地的工程项目及公司多工种人员同时参加的网上技术比武，适用性强。青工网上技能练兵比武系统具有很好的企业应用价值和社会推广意义。研究成果填补了国内建筑行业员工网上技能练兵比武系统的空白，达到国内领先水平。
17	武广客运专线浏阳河隧道铣挖法施工及预加固技术研究	中国中铁股份有限公司、中铁一局集团有限公司、	2006～2008	股份公司评审	2011年度中国铁路工程总公司科学技术奖特等奖(中铁股份技[2012]号)	提出了大断面隧道铣挖法机械设备配套模式、施工工艺，实现了铣、掘、装、运流水作业，有效地减少了开挖对围岩的扰动，形成了铣挖法综合配套施工技术。首次在高速铁路隧道研究应用了玻璃纤维长锚杆掌子面预加固技术，系统地提出了锚杆材

序号	成果名称	主要完成单位	起止年限	鉴定评审验收级别	获奖及批准文号	先进性及推广应用情况
						质、加固长度、密度、范围、开挖步长等参数。提出了一种基于图像传感器的隧道净空变形监测方法，研发了隧道变形三维监测软硬件系统。该成果的研究与应用，保障了中国第一条穿越河底、市区的高速铁路浏阳河隧道的施工安全，提高了施工效率，其经济、社会和环境效益显著；该技术成果对提高中国软岩大断面隧道机械化施工技术水平具有重要价值，达到了国际先进水平。
18	黄土地层及全断面砂层土压平衡盾构掘进技术研究	中铁一局集团有限公司、中铁一局集团城市轨道交通工程有限公司	2009～2011	股份公司评审	2011年度中国铁路工程总公司科学技术奖一等奖(中铁程办[2012]20号)	课题依托西安地铁2号线4个盾构区间隧道施工，针对黄土地区砂质复合地层开展了盾构施工关键技术研究。该成果在西安地铁后续施工中得到了成功应用，取得了良好的社会、经济效益，为类似地层盾构隧道修建有很好的示范、指导作用，成果达到国际先进水平。
19	168000千牛自锚上承式拱桥转体施工技术	中铁一局集团有限公司、中铁一局集团桥梁工程有限公司	2009～2011	股份公司评审	2011年度中国铁路工程总公司科学技术奖二等奖(中铁程办[2012]20号)	沪杭客专海杭特大桥跨杭州石大路为(88+160+88)米钢筋混凝土自锚上承式拱桥。采用自平衡水平转体法施工，转体最大角度为26°0′54″,全桥分为2个转体结构，单个转体长158米，转体结构重168000千牛。通过仿真模拟、现场试验、过程监控等技术手段，对自锚上承式转体拱桥施工关键技术和工艺进行了探索和实践。成果中的168000千牛转体球铰经查新位列全国第一。整体达到国际先进水平，对类似工程具有借鉴作用。
20	湖泊下盾构区间工程施工风险控制及快速掘进技术	中铁一局集团有限公司中铁一局城市轨道交通工程有限公司	2008～2009	股份公司评审	2011年度中国铁路工程总公司科学技术奖二等奖(中铁程办[2012]20号)	金鸡湖隧道采用土压平衡盾构机实现长距离水下隧道掘进施工，通过盾构机选型与适应性优化改进、端头加固及始发到达技术、盾构隧道防水技术与措施、测量与监测技术、周边环境保护等方面的系统研究，实现了连续水下掘进1832米，单线月掘进最高582米的纪录。 课题总结了以湖泊下粉砂、粉质粘土为主含微承压水地层长距离盾构掘进技术，创造了较好的经济和社会效益，达到了国内领先水平。
21	深水倾斜裸岩河床条件下铁路特大桥基础施工技术	中铁一局集团有限公司、中铁一局集团桥梁工程有限公司	2009～2010	股份公司评审	2011年度中国铁路工程总公司科学技术奖二等奖(中铁程办[2012]20号)	兰渝铁路渔家咀渠江特大桥主桥为(48+4×80+48)米预应力混凝土刚构连续梁，其中29～33#主墩位于江中，桥位处河道宽339米，墩位处最大水深23米。主墩基础设计为φ2.5米钻孔灌注群桩，高桩承台结构尺寸为26×19.6×5米。针对施工环境及工程特点，对关键技术和工艺进行了研究。在国内首次研究采用小浮箱组拼成浮式作业平台的技术方案，解决了深水库区大型水上施工装备无法进入的施工难题。首次在国内实现了在深水库区条件下13米高单壁钢吊箱高桩承台的施工，形成了深水单壁钢吊箱施工工艺。整体施工技术达到国内领先水平，对类似工程有很好的借鉴作用。
22	软弱地质条件下长距离小净距重叠隧道盾构法施工技术	中铁一局集团有限公司、中铁一局集团城市轨道交通工程有限公司	2008～2010	股份公司评审	2011年度中国铁路工程总公司科学技术奖二等奖(中铁程办[2012]20号)	针对深圳地铁3号线红岭站—老街站—晒布路站区间重叠盾构隧道特点（重叠长度1045米，最小垂直净距1.6米，穿越软弱复合地层，地表建筑物密集），开展了软弱地质条件下长距离小净距重叠隧道盾构法施工技术研究。自主研发了自行式轮式液压支撑台车，解决了对先行隧道同步、

序号	成果名称	主要完成单位	起止年限	鉴定评审验收级别	获奖及批准文号	先进性及推广应用情况
						连续支撑难题。该成果在深圳地铁3号线红岭站—老街站—晒布路站区间重叠盾构隧道的成功应用，取得了良好的社会经济效益，对类似工程设计和施工具有重要的参考价值，整体达到国际先进水平。
23	复杂地层条件下超深超大地连墙综合施工技术	中铁一局集团有限公司、中铁一局集团天津建设工程有限公司、中铁一局集团有限公司广州分公司	2009～2011	股份公司评审	2011年度中国铁路工程总公司科学技术奖二等奖(中铁程办[2012]20号)	课题依托天津市于家堡站交通枢纽工程和武汉地铁2号线江汉路站工程的地下连续墙施工，针对软土地区复杂地层条件下超深超大地下连续墙的施工开展了关键技术研究。通过两个工程实践，总结形成了上软下硬地层地质条件超深地下连续墙的成槽、钢筋笼吊装及防绕流等施工关键技术。该成果在天津市于家堡站交通枢纽工程和武汉地铁2号线江汉路站工程的地下连续墙施工中得到成功应用，取得了良好的经济社会效益，达到国际先进水平。
24	青藏铁路施工人群脱习服期生理指标变化及再入高原时机选择的研究	中铁一局集团有限公司、中铁一局集团咸阳中心医院	2003～2010	陕西省鉴定	2011年度中国铁路工程总公司科学技术奖二等奖(中铁程办[2012]20号)	通过对青藏铁路施工人群返平原3-5年期间，多项生理指标的系统分析，进一步明确了高原环境对生理指标的影响，系统阐明了在高原脱习服过程中各项生理指标的变化规律。该项研究测试指标多、样本大、周期长、难度高，所取得的成果为高原施工卫生保障提供了医学依据。国内外尚未见同类研究，达到国际先进水平。研究具有非常重要的实际意义和广阔的应用前景。
25	海积淤泥地层地铁枢纽深基坑设计与施工技术研究	中铁一局集团有限公司		股份公司评审	2011年度中国铁路工程总公司科学技术奖二等奖(中铁程办[2012]20号)	
26	寒冷地区高速公路高墩大跨度曲线连续刚构桥悬灌施工关键技术	中铁一局集团有限公司、中铁一局集团第四工程有限公司	2008～2010	股份公司评审	2011年度中国铁路工程总公司科学技术奖三等奖(中铁程办[2012]20号)	河北保阜高速公路黑崖沟2号桥位于寒冷、V形风口地区，最低温度达-27℃，最大风力达10级，主桥为(70+3×127+70)米预应力钢筋混凝土连续刚构桥，最高墩为120.5米，曲线半径为805米。课题组针对该桥的特点和难点，通过理论分析、室内试验、现场监测等手段对施工关键技术进行了研究。采用仿真计算、回归分析的方法，研发了曲线连续刚构挂篮不对称滑移技术和线形控制方法。该成果整体达到国际先进水平，对类似工程施工具有借鉴作用。
27	740型运架一体机架设铁路多种形式箱梁施工技术及配套设备研究	中铁一局集团有限公司、中铁一局集团新运工程有限公司	2008～2010	股份公司评审	2011年度中国铁路工程总公司科学技术奖三等奖(中铁程办[2012]20号)	针对广珠城际铁路采用单箱双室、三箱单室、七箱单室等多种形式箱梁的设计特点，对既有740型运架一体式架桥机进行了适应性技术改造，研制了相关配套设备，形成了提梁、喂梁、运梁、架设成套技术。该成果具有推广应用价值，达到国内领先水平。
28	预应力混凝土箱梁节能减排施工工艺研究	中铁一局集团有限公司、中铁一局集团物资工贸有限公司	2010～2011	股份公司评审	2011年度中国铁路工程总公司科学技术奖三等奖(中铁程办[2012]20号)	课题符合节约型社会发展方向，开创了行业“节能环保”科研的先例。通过对箱梁预制场整体规划和传统制梁工艺的优化，取得了“四节一环保”的显著效果。该成果的社会、经济效益良好，整体达到国内领先水平。

序号	成果名称	主要完成单位	起止年限	鉴定评审验收级别	获奖及批准文号	先进性及推广应用情况
29	梁拱组合桥大节段拖拉浮运成桥技术	中铁一局集团有限公司、中铁一局集团厦门建设工程有限公司	2009～2010	股份公司评审	2011年度中国铁路工程总公司科学技术奖三等奖(中铁程办[2012]20号)	苏州寒山大桥跨越京杭大运河，主跨为单跨100米的单肋下承式简支系杆拱桥，拱肋为钢管混凝土结构，主梁为箱形结合梁。针对该桥的特点及难点进行了施工关键技术研究，首次提出了梁拱组合桥大节段拖拉浮运施工技术。该成果整体达到国内领先水平，对类似工程有借鉴作用。
30	异形双套拱塔斜拉桥关键施工技术	中铁一局集团有限公司、中铁一局集团厦门建设工程有限公司	2009～2010	股份公司评审	2011年度中国铁路工程总公司科学技术奖三等奖(中铁程办[2012]20号)	宜兴荆邑双套拱塔斜拉桥拱塔由非对称倒U型主副拱塔相套，主拱塔高73.6米，重约780吨，副拱塔高61.7米，重约580吨，属国内最大双套拱塔斜拉桥。针对双套拱塔安装关键技术进行了研究，研发了液压竖转技术，成功地实施了780吨大吨位主塔竖转，并利用就位的主塔竖转副塔。该成果整体达到国际先进水平，对类似工程有借鉴作用。
31	深圳地铁红岭站综合施工技术和太阳广场桩基托换施工技术研究	中铁一局集团有限公司、中铁一局集团城市轨道交通工程有限公司	2007～2009	股份公司评审	2011年度中国铁路工程总公司科学技术奖三等奖(中铁程办[2012]20号)	针对深圳地铁3号线红岭站半盖挖半明挖顺筑施工综合技术及太阳广场桩基托换技术进行了研究，该成果在深圳地铁3号线红岭站及太阳广场桩基托换工程得到成功应用，取得了良好的经济社会效益。该成果达到国内领先水平。
32	深基坑施工对周边环境的影响及对策研究	中铁一局集团有限公司、中铁一局集团建筑安装工程有限公司	2009～2010	股份公司评审	2011年度中国铁路工程总公司科学技术奖三等奖(中铁程办[2012]20号)	课题组针对西安地铁1号线通化门车站饱和软黄土地质条件、周边复杂环境条件、悬挂帷幕止水等特点，开展了深基坑施工对周边环境的影响及对策研究。该成果成功应用于西安地铁1号线通化门站工程，取得了较好的经济、社会效益，对类似条件基坑施工具有一定的指导意义。成果整体达到国内领先水平。
33	高技能人才评价试题管理系统	中铁一局集团有限公司、中铁一局集团新运工程有限公司	2007～2010	股份公司评审	2011年度中国铁路工程总公司科学技术奖三等奖(中铁程办[2012]20号)	自主研发的高技能人才评价试题管理系统软件（软著登字第0259102号），运用JAVA技术实现了职业（工种）高技能人才评价试题的自动生成，提高了高技能人才评价管理水平， 该系统使用效果良好，经济效益显著，具有较好的使用价值和推广前景，达到国内先进水平。
34	XZPS30型轮式混凝土湿喷机的研制	中铁一局集团有限公司	2009～2011	股份公司评审	2011年度中国铁路工程总公司科学技术奖三等奖(中铁程办[2012]20号)	针对隧道支护、边坡治理等混凝土喷射工况要求，通过对国内外混凝土喷射作业施工设备的调研，结合国内施工特点，研发制造了XZPS30型轮式混凝土喷射机。该产品整体设计合理，技术先进、操作方便、安全可靠、适应性强、效率高。该成果已取得4项国家实用新型专利，其技术达到国内先进水平。
35	西平铁路64米箱梁移动支架造桥机研制	中铁一局集团有限公司、中铁一局集团第四工程有限公司	2005～2010	甘肃省鉴定	2011年甘肃省建设厅科技进步一等奖（甘建科〔2011〕387号）	采用“八七”型铁路应急抢修钢桁梁以及部分异型杆件研制了64米箱梁移动支架造桥机。该造桥机结构新颖，设计合理，适应性和通用性强，架设速度快，成本低，使用安全方便，满足64米及以下单线铁路桥梁拼装的施工要求，其跨度为目前国内最大。该项目结合工程实际，成果达到国际先进水平。

序号	成果名称	主要完成单位	起止年限	鉴定评审验收级别	获奖及批准文号	先进性及推广应用情况
36	深安区间大跨度隧道施工技术研究与工程应用	中铁一局集团市政环保工程有限公司	2009～2010	甘肃省鉴定	2011年甘肃省建设厅科技进步一等奖（甘建科〔2011〕387号）	针对深圳地铁暗挖渡线段地层特点，进行了大跨度隧道洞身开挖与支护方案优化，首次采用三台阶七步开挖法施工技术，实现了国内单洞最大开挖断面隧道的施工（跨度为22.7米，高度为15.116米，断面面积为274.36米^2）该技术与工程实践结合，具有较高的理论意义和工程实用价值，可为同类工程提供参考。该成果达到国内领先水平。
37	富水杂填土地层深基坑施工技术研究	中铁一局集团市政环保工程有限公司	2008～2010	甘肃省鉴定	2011年甘肃省建设厅科技进步三等奖（甘建科〔2011〕387号）	根据富水杂填土的地层特点，通过对深基坑三级放坡开挖的稳定性计算和三维数值模拟分析，对原设计钻孔灌注桩+钢支撑的支护结构进行了优化，在降水的前提下，采用土钉墙和锚索桩支护形式，实现了富水杂填土地层深基坑开挖边坡的稳定。该成果具有一定的理论意义和工程实用价值，可为同类工程提供参考，该成果达到国内先进水平。

【中铁二局科技成果和进步】 2011年，中铁二局有3个项目完成股份公司评审，4个项目完成四川省科技鉴定，其中《杭州湾跨海大桥》科研项目获2011年国家科技进步二等奖，《海底隧道钻爆法施工关键技术研究》获得四川省2011年度科技进步二等奖，《风积沙隧道施工力学行为及关键技术》、《深圳北站工程关键施工技术》、《榆神高速公路风积沙路基施工技术及工艺研究》获得四川省2011年度科技进步三等奖；《独塔斜拉连续刚构组合桥关键施工技术》、《客运专线无砟轨道制造、施工成套设备及工艺研究》获2011年度中国铁道学会颁发的铁道科技奖二等奖；《独塔斜拉连续刚构组合桥关键施工技术》、《海底隧道钻爆法施工关键技术研究》、《风积沙地区高速公路下伏采空区综合整治技术》获得中国施工企业管理协会2010年度科学技术奖创新成果一等奖；《岩溶地区高风险隧道综合施工技术》等4个项目分别获总公司2011年度科技进步奖一等奖二项、三等奖二项。

表7-10　2011度中铁二局获省（部）级科技进步奖项目汇总表

序号	获奖名称	级别	获奖时间	获奖单位	奖励单位
1	强潮海域跨海大桥建设关键技术	二等奖	2011	杭州湾大桥工程指挥部，中交公路规划设计院有限公司，中铁大桥局股份有限公司，中铁二局股份有限公司	国家级
2	海底隧道钻爆法施工关键技术研究	一等奖	2011	中铁二局股份有限公司、中铁二局第二工程有限公司、西南交通大学	中国公路学会
3	风积沙隧道综合施工技术研究	三等奖	2011	中铁二局股份有限公司、中铁二局第一工程有限公司、西南交通大学	中国公路学会
4	海底隧道钻爆法施工关键技术研究	二等奖	2011	中铁二局股份有限公司、中铁二局第二工程有限公司　、西南交通大学	四川省
5	深圳北站工程关键施工技术	三等奖	2011	中铁二局集团有限公司、浙江杭萧钢构股份有限公司	四川省
6	榆神高速公路风积沙路基施工技术及工艺研究	三等奖	2011	中铁二局股份有限公司、陕西榆林榆神高速公路有限公司、西南交通大学	四川省
7	风积沙隧道施工力学行为及关键技术	三等奖	2011	中铁二局股份有限公司、中铁二局第一工程有限公司、西南交通大学	四川省
8	独塔斜拉连续刚构组合桥关键施工技术	二等奖	2011	中铁二局股份有限公司	中国铁道学会
9	《客运专线无砟轨道制造、施工成套设备及工艺研究	二等奖	2011	中铁二局集团有限公司	中国铁道学会

表 7-11　2011 度中铁二局获总公司级科学技术奖项目汇总表

序号	获奖名称	级别	获奖时间	获奖单位	奖励单位
1	岩溶地区高速铁路高风险隧道施工技术及应用研究	一等奖	2011	中铁二局股份有限公司、西南交通大学、四川大学、北京交通大学土木建筑工程学院、中铁隧道勘测设计院有限公司、上海同望软件有限公司	中国中铁股份有限公司
2	风积沙隧道施工力学行为及关键技术	一等奖	2011	中铁二局股份有限公司、中铁二局第一工程有限公司、西南交通大学	中国中铁股份有限公司
3	大坡道小半径曲线铁路 450 吨级箱梁制运架施工技术及关键设备	三等奖	2011	中铁二局股份有限公司、中铁科工集团有限公司、中铁二局集团新运工程有限公司	中国中铁股份有限公司
4	浅埋复合地层大断面长距离矩形顶管施工综合技术	三等奖	2011	中铁二局股份有限公司、中铁二局股份有限公司城通公司	中国中铁股份有限公司

【中铁三局科技成果和进步】　2011 年，中铁三局通过引入科技创新指标管理机制，极大的提高了科技人员技术创新工作的积极性和主动性。经鉴定（评审）的科技成果 15 项，达到国际领先或先进水平的 6 项；获得各类科学技术奖 13 项，其中总公司科学技术奖一等奖 2 项、中施企协创新成果一等奖 2 项；新增国家级工法 4 项，省部级工法 39 项、企业级工法 59 项。2011 年，集团公司各项科技创新指标均创历史新高，第一次获总公司科学技术奖一等奖 2 项；第一次获国家级工法 4 项。

表 7-12 2011 年度中铁三局新通过鉴定（评审）的科技成果一览表

序号	成果名称	鉴定/评审单位	鉴定/评审证书号	鉴定/评审日期	成果水平
1	宽幅多室波形钢腹板 PC 组合箱梁施工关键技术	山西省科技厅	晋科鉴字[2011]187 号	2011.7.29	国际先进
2	时速 350 公里高速铁路无砟轨道大跨度连续梁拱结构桥梁施工关键技术	山西省科技厅	晋科鉴字[2011]189 号	2011.7.29	国际先进
3	城际客运专线电力、电气化施工与检测施工技术研究	山西省科技厅	晋科鉴字[2011]188 号	2011.7.29	国际先进
4	深厚淤泥质土地基条件下桥梁支架现浇施工方案研究	股份公司	中铁股份技评字[2011]第 082 号	2011.10.25	国内领先
5	不良地质盖挖逆作地铁车站深基坑开挖关键技术研究	股份公司	中铁股份技评字[2011]第 089 号	2011.10.25	国内领先
6	繁华城区复杂地质条件下泥水盾构综合施工技术研究	股份公司	中铁股份技评字[2011]第 094 号	2011.10.25	国际先进
7	浅埋富水软弱围岩地质条件下江门隧道综合施工技术研究	股份公司	中铁股份技评字[2011]第 099 号	2011.10.25	国内先进
8	高速铁路无缝线路铺设技术研究	股份公司	中铁股份技评字[2011]第 121 号	2011.10.25	国际先进
9	既有线软土地区站台大跨度钢管桁架无柱雨棚施工技术	股份公司	中铁股份技评字[2011]第 100 号	2011.10.25	国内领先
10	高速铁路电气化施工恒张力放线及检测设备技术改造研究	股份公司	中铁股份技评字[2011]第 083 号	2011.10.25	国内先进
11	基于 CPIII 精测网的接触网安装技术研究	股份公司	中铁股份技评字[2011]第 078 号	2011.10.25	国内领先
12	采用集成电力试验车对 220 千伏及以下电力检测与试验的技术研究	股份公司	中铁股份技评字[2011]第 088 号	2011.10.25	国内先进
13	大胜关桥伸缩调节器铺设施工工艺研究	股份公司	中铁股份技评字[2011]第 087 号	2011.10.25	国内先进
14	柴达尔-木里铁路热棒对路基冷却效果的关键技术研究	青海省科技厅	9632011Y0023	2011.05	国内领先
15	大型近接暗挖换乘地铁车站施工关键技术研究	广州市科技和信息化局	GK11049	2011.4.18	国际先进

表 7-13　2011 年中铁三局科技成果获奖情况一览表

序号	成果名称	授奖单位	获奖等级	授奖年度	主要研究单位
1	客运专线大跨度混凝土 V 型连续刚构拱组合桥施工技术研究	铁道学会	二等	2011	中铁三局集团有限公司
2	京沪高速铁路道岔连续箱梁施工方法研究	铁道学会	三等	2011	中铁三局集团有限公司 中铁三局集团第六工程有限公司
3	铁路工程施工组织设计指南	铁道学会	三等	2011	铁道部经济规划研究院 铁道第三勘察设计院集团有限公司 中铁第四勘察设计院集团有限公司 中铁三局集团有限公司
4	宽幅多室波形钢腹板 PC 组合箱梁施工关键技术	总公司	三等	2011	中铁三局集团有限公司 中铁三局集团第二工程有限公司
5	时速 350 公里高速铁路无砟轨道大跨度连续梁拱结构桥梁施工关键技术	总公司	二等	2011	中铁三局集团有限公司中铁三局集团第二工程有限公司 中国铁道科学研究院铁道建筑研究所
6	深厚淤泥质土地基条件下桥梁支架现浇施工方案研究	总公司	一等	2011	中铁三局集团有限公司 中铁三局集团华东建设有限公司 中铁三局集团有限公司桥隧工程分公司
7	不良地质盖挖逆作地铁车站深基坑开挖关键技术研究	总公司	三等	2011	中铁三局集团有限公司
8	繁华城区复杂地质条件下泥水盾构综合施工技术研究	总公司	一等	2011	中铁三局集团有限公司
9	既有线软土地区站台大跨度钢管桁架无柱雨棚施工技术	总公司	三等	2011	中铁三局集团有限公司 中铁三局集团建筑安装工程有限公司
10	220 公里/小时时速铁路大跨 V 型连续钢构拱组合桥施工关键技术及其理论研究	中施企协	一等	2011	中铁三局集团有限公司
11	黄土地层中盾构下穿既有古建筑物及始发过站安全技术研究	中施企协	一等	2011	中铁三局集团有限公司
12	太中银吕梁山特长隧道综合辅助施工技术研究	中施企协	二等	2011	中铁三局集团有限公司
13	高速铁路异型道岔连续箱梁施工技术研究	中施企协	二等	2011	中铁三局集团有限公司 中铁三局集团第六工程有限公司

【中铁四局科技成果】 2011 年，中铁四局科技成果详见表 7-14。

表 7-14　2011 年中铁四局科技成果获奖情况一览表

序号	项目名称	获奖等级
1	烟大铁路轮渡系统集成技术及应用	国家科技进步二等奖
2	高速铁路浅埋暗挖大断面城市隧道关键技	安徽省科技进步一等奖
3	高速铁路 CA 砂浆关键材料的研制及应用	安徽省科技进步三等奖
4	高超大悬挑结构高支撑架体设计与施工关键技术	安徽省科技进步三等奖
5	铁路客运专线整孔箱梁快速预制技术	中国铁道学会科学技术一等奖
6	甬台温铁路雁荡山特大桥叠合拱桥施工技术研究	中国铁道学会科学技术二等奖
7	高速铁路乳化沥青用乳化剂及水泥乳化沥青砂浆用聚合物乳液的开发	中国铁道学会科学技术二等奖
8	SLC1500B 高速铁路水泥乳化沥青砂浆搅拌泵送灌注车研制	中国铁道学会科学技术二等奖
9	客运专线无砟道岔铺设技术	中国铁道学会科学技术二等奖
10	客运专线无砟轨道制造、施工成套设备及工艺研究	中国铁道学会科学技术二等奖
11	CRTS I 型板式无砟轨道施工技术及关键设备研究	中国铁道学会科学技术三等奖
12	汽车试验场拱形不平整路及圆凸起路施工技术研究	中国施工企业协会科学技术一等奖
13	高速铁路乳化沥青用乳化剂及水泥乳化沥青砂浆用聚合物乳液的开发和研制	中国施工企业协会科学技术一等奖

序号	项目名称	获奖等级
14	城区复杂地层高速铁路大断面隧道施工关键技术	中国施工企业协会科学技术一等奖
15	超高超大悬挑结构高支撑架体设计与施工关键技术	中国施工企业协会科学技术一等奖
16	斜拉桥宽体箱梁错块同步施工牵索挂篮及关键技术研究	中国施工企业协会科学技术二等奖
17	350公里/小时客专线预制箱梁液压模板开发研究	中国施工企业协会科学技术二等奖
18	高速铁路水泥乳化沥青砂浆搅拌灌注车研制	中国施工企业协会科学技术二等奖
19	大口径长距离钢管顶管施工技术	中国施工企业协会科学技术奖二等奖
20	高速铁路下穿城市浅埋大断面隧道施工关键技术	中国质量评价协会科技创新奖二等奖
21	舟山金塘跨海大桥60米/1600吨箱梁整孔预制及移运出海关键技术研究	中国质量评价协会科技创新奖三等奖
22	武广客运专线浏阳河隧道铣挖法施工及预加固技术研究	中国铁路工程总公司科学技术奖特等奖
23	大跨度单主缆宽幅悬索桥施工技术研究	中国铁路工程总公司科学技术奖一等奖
24	超高超大悬挑结构高支撑架体设计与施工关键技术	中国铁路工程总公司科学技术奖一等奖
25	试验场综合施工技术研究	中国铁路工程总公司科学技术奖一等奖
26	预制箱梁模板及配套工装通用化施工技术研究	中国铁路工程总公司科学技术奖一等奖
27	首条国产示范线信号CBTC系统施工技术研究	中国铁路工程总公司科学技术奖二等奖
28	斜拉桥宽体箱梁错块同步施工牵索挂篮及关键技术研究	中国铁路工程总公司科学技术奖二等奖
29	客运专线预制箱梁液压模板开发研究	中国铁路工程总公司科学技术奖二等奖
30	花岗岩软硬交互地层盾构施工关键技术研究	中国铁路工程总公司科学技术奖二等奖
31	紧邻既有铁路和建筑群地铁隧道施工关键技术研究	中国铁路工程总公司科学技术奖三等奖
32	预埋套管式高速道岔板预制与施工技术	中国铁路工程总公司科学技术奖三等奖

【中铁六局科技成果和进步】 2011年，通过注重前期立项策划，加强对研究过程的指导，中铁六局整体科研水平有了较大提升，科技成果的档次得到了大幅度提高。

全年完成科研课题研究15项，6项通过股份公司的成果评审，其中1项达到了国际先进水平，4项达到了国内领先水平，6项达到国内先进水平。特别是《CRTSⅡ型无砟轨道维修用水泥乳化沥青砂浆研究》，研制出了复合型水泥和复合型外加剂，试配出了适用于维修用水泥乳化沥青砂浆配合比，实现了12小时即可达到CA砂浆各项性能指标的目标，为集团公司进军无砟轨道维修市场打下了重要基础。另有《铁路道碴桥面预应力RPC简支T梁制造技术研究》等2项成果分获中国施工企业协会科学技术奖一等奖、二等奖；《近邻、重叠隧道盾构施工技术研究》等5项成果分获总公司科学技术奖二等奖2项、三等奖3项。

2011年，中铁六局主编的《CRTSⅡ型轨道板专用数控磨床》、《CRTSⅡ型轨道板专用翻转机》、《CRTSⅡ型轨道板专用真空吊具》等3项行业标准已获批复，待发布实施；参编的《铁路工程土工试验规程》、《铁路旅客车站客运服务信息系统工程施工质量验收标准》等2项行业规范已发布实施；参编的《铁路桥涵工程施工质量验收标准》4项行业规范正在编写过程中。截至2011年底，集团公司主编和参编行业标准、规范达18项。

【中铁七局科技成果和进步】 2011年，中铁七局科技研发实力得到加速提升。全年投入科研经费1000余万元，新立科研项目42项，其中科研成果“京沪高铁上海虹桥枢纽牵引供电综合应用技术研究”获中施协技术创新二等奖；“既有路面现场冷再生水泥稳定砂砾底基层施工技术”获2011年河南省建设科技进步三等奖；“小断面单线铁路特长隧道施工通风技术研究”、“浅海区大面积深厚软基层处理技术”、“液压变腿高低轨道步履式门式起重机架梁施工技术”、“神府高速公路大断面黄土隧道施工技术研究”获2011年总公司科学技术奖。10项通过省（部）级及股份公司级鉴定，有5项QC成果获全国工程建设优秀质量管理小组优秀成果奖，分别为“涨壳式预应力锚杆预应力施加质量控制”、“石武高铁聚脲防水层施工质量控制”、“确保松散碎石地层桩基施工顺利进行”、“攻克岩溶段路基施工难题”、“铁路T梁梁体横向裂纹控制”；11项成果获省部级工程建设优秀质量管理小组优秀成果奖，分别为“攻克临近既有线粉砂层、卵石层钻孔桩施工难题”、“T梁预应力施工质量控制”、“保证抗滑桩护壁施工质量”、“提高桥梁混凝土墩身外观质量”、“提高既有路面冷再生水泥稳定砂砾底基层合格率”、“大面积现浇空心楼板施工质量控制”、“客运专线钻孔桩溶洞处理”、“降低沿海软土地区钻孔桩施工坍孔率”、“提高客运专线路基填筑施工质量”“降低光纤熔接损耗”、“确保工程技术档案管理质量”；新增授权专利 14 项，其中 2 项发明专利为“无砟轨道人工轨排法”、“铁路既有线 250 公里/小时接触网系统的施工方法”，12 项实用新型专利为“一种桥梁球形钢支座”、“一种铁路桥梁用紧固件”、“大桥墩身混凝土养护装置”、“一种无砟道岔竖向支撑杆底部减磨装置”、“外露连接钢筋灌注混凝土堵漏止浆塞”、“隔离式桥墩防撞装置”、“一种桁架式防撞消能骨架”、“用于预应力钢绞线的穿料装置”、“外露波纹管灌注混凝土堵漏止浆套箍”、“一种消能防护板”、“铁路道口隐式轮缘槽”、“铁路桥墩分层施工装置”。

【中铁八局科技成果】 2011 年，中铁八局完成局级科技成果 17 项，通过省部级科技成果评审及鉴定 9 项，其中 2 项达到国际先进水平，7 项达到国内领先水平；获省部级科技进步奖 12 项，其中获中国铁道学会科学技术奖二等奖 1 项、中国施工企业管理协会科学技术奖二等奖 2 项、四川省科技进步三等奖 1 项、云南省科技进步三等奖 1 项、总公司科学技术奖特等奖 1 项、一等奖 2 项、二等奖 3 项、三等奖 1 项；完成局级 QC 成果 20 项，获省部级以上 QC 成果奖 58 项，其中国家级 QC 成果 11 项；获国家专利授权 13 项，其中发明专利 6 项；申报国家专利 11 项，其中发明专利 5 项。

【中铁九局成果与进步】 2011 年度，九局《急流、基岩裸露地区深水桥梁基础施工技术研究》、《高速铁路季节性冻土路基变形机理及地基沉降控制技术研究》、《既有客运专线 CTCS-2 级列车控制系统安装和调试技术研究》等 3 项课题研究成功通过了股份公司级科技成果鉴定；《大跨度预应力型钢与高强混凝土组合梁桥关键技术研究》课题研究成功通过了省级科技成果鉴定。

【中铁十局成果和进步】 2011 年，中铁十局在深水施工、大跨度复杂桥梁、高风险隧道、大型铺架施工、营业线施工等“高新难”工程中，通过强化技术攻关、攻坚克难，在多项领域实现了施工能力新突破，积累了宝贵的技术经验。一是首次采用盾构法施工，顺利完成大连地铁 201 标 1326 米的盾构施工。二是安全顺利的完成了德滨高速公路跨铁路桥、宿淮铁路跨既有线铁路桥的转体施工。三是按期完成了兰渝铁路 14 标嘉陵江特大桥（最大水深 47 米）、温州七都大桥（最大潮汐水深 17.5 米）的水中墩工程施工和桐子林嘉陵江大桥（98+168+92）米 m 连续梁的施工。四是完成了德大铁路 1-80 米系杆拱桥。五是云桂四标幸福隧道施工进展顺利（隧道全长 12781 米，是局承担的难度最大、最长、地质条件最为复杂的隧道）。六是天津分公司承担的华电甄家湾风电场项目进展顺利（项目单个风机高 84.6 米，塔筒高 80 米，翼展 93 米）。七是安全完成多个铁路项目的铺架作业，顺利完成济南站咽喉区过渡改造、青岛北客站跨胶济铁路门式墩施工等邻近营业线的施工。

2011 年，集团公司科技课题管理工作开展顺利。全年共审查科技课题立项申请 48 项，经集团公司科委发文确定的科研课题共计 41 项，其中新签 B 类项目 31 项，科技成果局级评审 17 项，其中四公司 4 项，二公司 3 项，济铁公司 1 项，三建公司、建筑公司、电务公司各 2 项，西北公司、八公司、房地产公司各 1 项。有 20 项自主开发的科技成果经专家推荐并顺利通过局级以上成果鉴定评审，其中通过省级鉴定的成果 17 项，通过股份公司评审的成果 3 项，（见表 7-15）

表 7-15　2011 年中铁十局通过局级以上鉴定（评审）科技成果一览表

序号	成果名称	成果水平	鉴定证书号	鉴定（评审）组织单位	主要研究单位
1	客运专线（济南东站）车站信号改造工程安全、高效（低停点）施工技术研究	国内领先	鲁科成鉴字[2011]第 838 号	山东省科技厅	电务公司
2	CTCS-2 级列控系统地面设备调试施工技术研究	国内领先	鲁科成鉴字[2011]第 839 号	山东省科技厅	电务公司
3	高速铁路箱梁预制场快速建场综合施工技术	国内领先	鲁科成鉴字[2011]第 954 号	山东省科技厅	四公司
4	新型钢绞线穿束机快速穿束综合施工技术	国内领先	鲁科成鉴字[2011]第 955 号	山东省科技厅	四公司
5	新型前卡式千斤顶快速张拉施工技术	国内领先	鲁科成鉴字[2011]第 956 号	山东省科技厅	四公司
6	大跨度 H 型钢平面组合结构张弦梁施工及空中换索施工技术研究	国际先进	鲁科成鉴字[2011]第 957 号	山东省科技厅	建筑公司
7	聚硅氧烷改性板式无砟轨道水泥乳化沥青砂浆研制	国际先进	暂未公布	安徽省科技厅	三建公司
8	沪杭客专 CRTS Ⅱ型板式无砟轨道施工技术	国内领先	浙技促鉴字[2011]第 03001 号	浙江省技术市场促进会	沪杭指挥部
9	客运专线 CRTS Ⅰ型无碴轨道施工工艺	国内先进	鲁经信技鉴字[2011]第 396 号	山东省经信委	二公司
10	客运专线 CRTS Ⅱ型无碴轨道施工工艺	国内先进	鲁经信技鉴字	山东省	二公司

序号	成果名称	成果水平	鉴定证书号	鉴定（评审）组织单位	主要研究单位
			[2011]第397号	经信委	
11	利用工业废渣填筑高速公路软土路基的研究及应用	国内先进	鲁经信技鉴字[2011]第401号	山东省经信委	二公司
12	濒海桥梁混凝土构件防腐施工技术研究	国内先进	鲁经信技鉴字[2011]第403号	山东省经信委	二公司
13	沪杭客运专线软土地基路桥过渡段施工技术	国内先进	鲁经信技鉴字[2011]第398号	山东省经信委	建筑公司
14	胶州站空间网架屋面施工技术研究	国内先进	鲁经信技鉴字[2011]第399号	山东省经信委	建筑公司
15	徐州主站房结构加固施工综合技术研究	国内先进	鲁经信技鉴字[2011]第400号	山东省经信委	建筑公司
16	利用高速搅拌压浆台车进行真空压浆的施工技术	国内领先	鲁经信技鉴字[2011]第402号	山东省经信委	四公司
17	利用异型开放式有刃角双壁钢围堰进行桥梁深水基础施工的技术	国内领先	鲁经信技鉴字[2011]第404号	山东省经信委	四公司
18	大跨度H型钢平面组合结构张弦梁施工及空中换索施工技术研究	国内领先	中铁股份技评字[2011]第097号	股份公司	建筑公司
19	下穿客运专线电气化铁路框架桥深基坑、小夹角斜向顶进综合技术	国内领先	中铁股份技评字[2011]第102号	股份公司	四公司
20	新型前卡式千斤顶快速张拉施工技术	国内先进	中铁股份技评字[2011]第106号	股份公司	四公司

【中铁大桥局科技成果和进步】 2011年，中铁大桥局继续加大局内科研投入今年公司内部科研项目立项61项，合计总额6.3亿元，其中局筹资金568.5万元。完成1项湖北省科技成果鉴定，参评成果被评定为“国际领先”；7项参加股份公司科技评审，2项科研成果被评定为“国际领先水平”；4项科研成果评定为“国际先进水平”；1项评定为“国内领先水平”。组织完成6项局内科研成果验收。

中铁大桥局股份公司技术中心顺利通过国家企业技术中心两年一次的复审评价，最终评价得分80.9分，在湖北省建筑行业和中国中铁系统内均排名第一。中铁大桥局2011年科技成果获奖项目见表7-16、17。

表7-16 2011年中铁大桥局通过科技成果评审项目一览表

序号	项目名称	组织评审单位	成果水平
1	三索面三主桁公铁两用斜拉桥关键技术	湖北省科技厅	国际领先
2	大桥局集团企业标准—工艺研究	中国中铁股份有限公司	国际领先
3	液-气耦合压差式竖向位移监测系统	中国中铁股份有限公司	国际领先
4	宁安铁路安庆长江大桥主墩深水基础施工关键技术	中国中铁股份有限公司	国际先进
5	万州长江大桥大跨度钢桁拱梁施工技术	中国中铁股份有限公司	国际先进
6	宜万铁路宜昌长江大桥施工关键技术	中国中铁股份有限公司	国际先进
7	渝利铁路韩家沱长江大桥钢梁架设施工技术	中国中铁股份有限公司	国际先进
8	大跨度系杆拱桥滑动平转施工技术	中国中铁股份有限公司	国内领先

表7-17 2011年中铁大桥局科技成果获奖情况一览表

序号	项目名称	奖励类别	获奖等级
1	强潮海域跨海大桥建设关键技术	国家科技进步奖	二等
2	大跨径桥梁钢桥面铺装成套关键技术及工程应用	国家科技进步奖	二等
3	三索面三主桁公铁两用斜拉桥建造技术	湖北省科技进步奖	特等
4	三索面三主桁公铁两用斜拉桥建造技术	中国铁道学会科学技术奖	特等

5	斜拉索新型杠杆质量减振装置（LMD）研发及其应用	中国铁道学会科学技术奖	二等
6	桥梁结构设计系统软件	中国铁道学会科学技术奖	二等
7	襄渝线牛角坪主跨 192 米大跨刚构桥建设技术试验研究	中国铁道学会科学技术奖	二等
8	光纤光栅式拉索索力测试系统的研发及其应用	中国铁道学会科学技术奖	三等
9	自浮式钢底板单壁吊箱围堰设计与施工技术	中国铁道学会科学技术奖	三等
10	杭州市江东大桥空间自锚式悬索桥设计与施工成套技术研究	中国公路学会科学技术奖	二等
11	自浮式钢底板单壁吊箱围堰设计与施工技术	中国公路学会科学技术奖	三等
12	郑州黄河公铁两用桥大跨长联多点连续同步顶推技术设计与应用	中国施工企业管理协会科技创新成果奖	特等
13	斜拉索新型杠杆质量减振装置（LMD）	中国施工企业管理协会科技创新成果奖	一等
14	自浮式钢底板单壁吊箱围堰设计与施工技术	中国施工企业管理协会科技创新成果奖	二等
15	三索面三主桁公铁两用斜拉桥建造技术	中国钢结构协会科学技术奖	特等
16	京沪高速铁路南京大胜关长江大桥施工技术	中国钢结构协会科学技术奖	一等
17	郑州黄河公铁两用桥大跨长联多点连续同步顶推技术设计与应用	中国钢结构协会科学技术奖	三等
18	宁安铁路安庆长江大桥主墩深水基础施工关键技术	中国铁路工程总公司科学技术奖	一等
19	液-气耦合压差式竖向位移监测系统的研制及产品应用	中国铁路工程总公司科学技术奖	一等
20	宜万铁路宜昌长江大桥施工关键技术	中国铁路工程总公司科学技术奖	一等
21	大桥局集团企业标准-工艺研究	中国铁路工程总公司科学技术奖	一等
22	渝利铁路韩家沱长江大桥钢梁架设施工技术	中国铁路工程总公司科学技术奖	一等
23	万州长江大桥大跨度钢桁拱梁施工技术	中国铁路工程总公司科学技术奖	二等
24	大跨度系杆拱桥滑动平转施工技术	中国铁路工程总公司科学技术奖	三等
25	杭州湾跨海大桥	中国土木工程詹天佑奖	
26	南京长江大桥	中国土木工程学会“百年百项杰出土木工程”奖	
27	武汉长江大桥	中国土木工程学会“百年百项杰出土木工程”奖	
28	武汉天兴洲长江大桥	中国土木工程学会“百年百项杰出土木工程”奖	
29	贵州水柏铁路北盘江大桥	中国土木工程学会“百年百项杰出土木工程”奖	
30	芜湖长江大桥	中国土木工程学会“百年百项杰出土木工程”奖	
31	重庆菜园坝长江大桥	中国土木工程学会“百年百项杰出土木工程”奖	
32	东海大桥	中国土木工程学会“百年百项杰出土木工程”奖	
33	澳门西湾大桥	中国土木工程学会“百年百项杰出土木工程”奖	

【中铁隧道科技成果和进步】 2011 年，中铁隧道获奖情况：《厦门翔安海底隧道施工关键技术》获 2011 年度洛阳市科技进步奖一等奖；《大型地铁换乘站紧邻既有建（构）筑物安全施工关键技术研究与应用》获 2011 洛阳市科技进步奖一等奖、中国施工企业管理协会 2010 年度科学技术奖技术创新成果特等奖、2011 年度河南省科技进二步奖；《软弱地层复杂结构三线大跨度断面地铁隧道施工技术》获 2011 年度洛阳市科技进步二等奖、中国施工企业管理协会 2010 年度科学技术奖技术创新成果一等奖；《盾构变频驱动系统的研制》获总公司 2011 年度科学技术奖二等奖；《城市软弱

围岩浅埋大跨下穿构造物、上跨既有线暗挖车站》获总公司2011年度科学技术奖二等奖；《海底隧道钻爆法修建技术及风险控制研究》获总公司2010年度科学技术奖一等奖；《浅埋高风险隧道下穿密集民房施工爆破震动控制技术》获总公司2010年度科学技术奖一等；《龙厦铁路象山隧道复杂地质条件下关键施工技术研究》获总公司2010年度科学技术奖一等奖；《深大基坑盖挖逆作地下换乘站受力变形规律分析及环境控制研究》获总公司2010年度科学技术奖一等奖；《沉管隧道设计与施工关键技术研究》获中国施工企业管理协会2010年度科学技术奖技术创新成果一等奖、2011年度中国公路学会科学技术奖二等奖；《浅埋暗挖水下隧道关键技术研究》获中国施工企业管理协会2010年度科学技术奖技术创新成果一等奖；《复合盾构机的研制》获2011年度河南省科技进一步奖；《武汉长江隧道工程建设成套技术》获2011年度湖北省一等奖。

【中铁电气化局科技成果和进步】 2011年，中铁电气化局获中关村丰台科技园"经济发展突出贡献企业"、"科技创新突出贡献企业"称号，并入选丰台科技园"企业倍增计划"首批企业。10项成果获省部级及中国铁路工程总公司科学技术奖励（见表7-16）和6项科研成果通过省部级鉴定或股份公司评审。（见表7-18）

表7-18 2011年中铁电气化局科技成果获奖情况一览表

序号	项目名称	奖励名称	奖励等级
1	高速铁路电气化施工关键技术研究	中国铁道学会科学技术奖	二等奖
2	GSM-R网络互联互通关键技术与测试方法研究	中国铁道学会科学技术奖	二等奖
3	电气化铁路牵引网高次谐波谐振抑制技术及装置	中国铁道学会科学技术奖	二等奖
4	客运专线（时速300～350公里）牵引供电设备运营维护技术	中国铁道学会科学技术奖	三等奖
5	客运专线接触网零件系列产品的研制	中国铁道学会科学技术奖	三等奖
6	北京地铁1、2号线消隐改造工程	北京市科学技术奖	二等奖
7	电气化铁道用27.5千伏气体绝缘开关柜(GIS)的研制	中国铁路工程总公司科学技术奖	特等奖
8	城市轨道交通牵引供电系统谐波及短路仿真分析平台开发	中国铁路工程总公司科学技术奖	二等奖
9	高速铁路接触网吊弦、电连接设置方案研究	中国铁路工程总公司科学技术奖	三等奖
10	重庆单轨整体夹持T型汇流排国产化研究	中国铁路工程总公司科学技术奖	三等奖

表7-19 2011年中铁电气化局科研成果通过省部级鉴定（评审）项目一览表

序号	成果名称	鉴定评审组织单位	成果技术水平
1	中国铁路既有线200～250公里/小时高速成套技术及应用科学技术成果鉴定证书	铁道部	国际领先
2	刚性悬挂弹性定位线夹	陕西省	国内领先
3	城市轨道交通牵引供电系统谐波及短路仿真分析平台开发	中国中铁股份有限公司	国内领先
4	时速350公里以上接触网系统弓网耦合动力学仿真	中国中铁股份有限公司	国内领先
5	高速铁路接触网吊弦、电连接设置方案研究	中国中铁股份有限公司	国内领先
6	城市轨道交通架空接触网雷害防治研究	中国中铁股份有限公司	国际领先

【中铁建工科技成果和进步】 2011年，中铁建工通过股份公司科技成果评审5项，获得总公司科学技术奖6项，其中南极中山站项目综合施工技术研究、大跨度空间桁架力系逆向转换及改造施工技术的研究与应用、南车长江车辆有限公司总部暨武汉基地建设项目获得一等奖；获得省部级及社会力量科技奖项共7项，其中成都东站工程设计施工综合技术研究获得中施协特等奖，太原理工大学多学科教学实验中心、南京南车浦镇城轨车辆有限责任公司城轨车辆基地建设工程、长沙南站工程综合施工技术研究获得一等奖；1项科技示范工程通过住建部评审。（见表7-20）

表 7-20　2011 年中铁建工通过省部级科技成果鉴定项目一览表

序号	成果名称	鉴定（评审）组织单位	成果技术水平
1	大跨度空间桁架力系逆向转换及改造施工技术的研究与应用	中国铁路工程总公司	国际先进水平
2	南极中山站工程综合施工技术研究	中国铁路工程总公司	国际先进水平
3	大跨度放射伞状空间桁架高精度信息化分块安装技术研究	中国铁路工程总公司	国内领先水平
4	狭窄空间软土深基坑及结构快速施工技术研究	中国铁路工程总公司	国内领先水平
5	广州大功率机车检修基地综合施工技术研究	中国铁路工程总公司	国内领先水平

表 7-21　2011 年中铁建工科技成果获奖情况一览表

序号	成果名称	颁奖单位	获奖等级
1	太原理工大学多学科教学实验中心	中国建材协会	一等奖
2	南京南车浦镇城轨车辆有限责任公司城轨车辆基地建设工程	北京市规委	一等奖
3	苏州工业园区生物纳米科技园研发楼	江苏省住建厅	三等奖
4	南极中山站项目综合施工技术研究	中国铁路工程总公司	一等奖
5	大跨度空间桁架力系逆向转换及改造施工技术的研究与应用	中国铁路工程总公司	一等奖
6	南车长江车辆有限公司总部暨武汉基地建设项目	中国铁路工程总公司	一等奖
7	狭窄空间软土深基坑及结构快速施工技术研究	中国铁路工程总公司	二等奖
8	大跨度放射伞状空间桁架高精度信息化分块安装技术研究	中国铁路工程总公司	二等奖
9	唐山轨道客车有限责任公司高速动车组检修基地建设项目可行性研究报告	中国铁路工程总公司	二等奖
10	成都东站工程设计施工综合技术研究	中国施工管理企协协会	特等奖
11	长沙南站工程综合施工技术研究	中国施工管理企协协会	一等奖
12	广州新客站 21 米高架候车层结构施工技术研究	中国施工管理企协协会	一等奖
13	于家堡站复杂地质条件下 60 米深 T 型地连墙施工技术研究	中国施工管理企协协会	二等奖

【中铁港航科技成果和进步】　2011 年，中铁港航申报的《海底深水沟槽开挖和炸礁技术》获得中国铁路工程总公司科学技术奖二等奖，《下承式钢管拱桥—空间倾斜系杆拱拱肋架设技术》获得中国铁路工程总公司科学技术奖三等奖。

为加强企业科技发展，促进科研成果转化为企业无形资产，以提升企业竞争力，2011 年底集团公司呈报三项科技成果给股份公司进行鉴定，经评定，《下承式钢管拱桥—空间倾斜系杆拱拱肋架设技术》和《武汉二七长江大桥关键技术》塔梁同步施工关键技术达到国内领先水平，《无背索斜拉桥索塔拉压杆竖向转体施工技术》成果总体达到国内先进水平。

【中铁航空港科技成果和进步】　2011 年，中铁航空港获得省部级以上奖项的科技成果 3 项：《重庆市地下开挖地质灾害的评估与安全规定》获重庆市科技进步二等奖，《大跨度放射伞状空间桁架高精度信息化分块安装技术研究》获总公司科学技术奖二等奖，《深圳地铁红岭站综合施工技术和太阳广场桩基托换施工技术研究》获总公司科学技术奖三等奖。

【中铁上海局科技成果和进步】　2011 年，中铁上海局召开 2 次科研、工法立项会议，开展科研开发项目 15 项，工法开发项目 21 项，投入科研经费 3426 万元，其中公司计划拨款 591.5 万元。申报股份公司科研立项 7 项，完成股份公司科技成果评审 3 项。获 2 项省部级科学技术进步奖，2 项社会力量科学技术奖，分别是中国施工企业协会科学技术奖科技创新成果奖二等奖 1 项，中国铁道学会科学技术奖三等奖 1 项；获总公司科学技术奖一等奖 1 项、三等奖 1 项。（见表 7-22）

表 7-22　2011 年中铁上海局科技成果获奖情况一览表

序号	成果名称	颁发单位	获奖等级
1	CRTS Ⅰ型板式无砟轨道施工技术及关键设备研究	中国铁道学会	三等奖
2	大口径长距离钢管顶管施工技术	中国施工管理企协协会	二等奖
3	大跨度单主缆宽幅悬索桥施工技术研究	中国铁路工程总公司	一等奖
4	大直径地下污水泵站无内支撑两墙合一施工关键技术研究	中国铁路工程总公司	三等奖

【中铁科工科技成果和进步】 2011 年，中铁科工申报并　　次。

获批各级、各类科技奖励 11 项/次，其中省部级奖励 7 项/

表 7-23　2011 年中铁科工科技成果获奖情况一览表

序号	项目名称	奖项名称及等级
1	铁路客运专线 900 吨级整体箱梁运架装备	湖北省科技成果推广奖三等奖
2	JQ900 型下导梁架桥机	九江市科技进步二等奖
3	小曲线大坡度单线箱梁架桥机	中国铁道学会科学技术奖二等奖
4		中国铁路工程总公司科学技术奖一等奖
5		武汉市科技进步奖二等奖
6		中国施工企业管理协会科学技术奖技术创新成果一等奖
7	无砟轨道可变跨门式铺板机	中国施工企业管理协会科学技术奖技术创新成果特等奖
8		中国铁道学会科学技术奖二等奖
9	ZPC160 型自行式转盘车	中国铁路工程总公司科学技术奖二等奖
10	小曲线单线箱梁运梁车	中国铁路工程总公司科学技术奖三等奖
11	大坡道小半径曲线铁路 450 吨级箱梁制运架施工技术及关键设备	中国铁路工程总公司科学技术奖三等奖

工法与专利

【股份公司工法与专利情况】 2011 年，股份公司新增有效专利 519 项，其中发明专利 146 项，新增国家级工法 38 项，省部级工法 99 项。

【中铁二院专利与工法管理】 2011 年，中铁二院立足于“科技兴企”方针，以市场为导向，以全面提高市场竞争力为目的，推行知识产权战略，加大企业知识产权工作的力度，在铁路、城市轨道交通、高速公路、市政工程、海外市场等领域的专利、工法方面，取得较好的成绩。分述如下：

1. 建立健全专利与工法管理制度。强化了专利法规宣传，专利知识普及，专利申请与保护工作，取得了明显成效。建立健全了专利管理制度，走规范化之路，把专利管理部门的职责，专利产权的管理，专利奖惩，专利工作的考核等内容纳入专利管理制度。鼓励员工的业务创新和职务发明，对发明人按照一定数额进行奖励，为员工提供了技术交流的平台。

2. 2011 年中铁二院专利管理工作概况：申报专利 105 项（发明专利 26 项、实用新型 79 项），获得国家知识产权局授权专利 65 项（发明专利 9 项、实用新型 56 项）；办理成都市专利资助申请 43 项、金牛区专利资助申请 43 项、院专利资助申请 44 项；申报四川省专利实施与促进专项资金项目 1 项，申报四川省科技成果转化项目 1 项。完成《中低速磁浮轨道交通专利检索分析与对策研究》分析报告。

3. 2011 年中铁二院工法管理工作在巩固已有成绩的基础上，继续深入开展申报、评审工作，在应用新技术、新工艺的同时，及时总结、交流，不断创新，以工法进步带动企业自主创新能力的提高，进一步提升公司建设工程的施工水平。2011 年，中铁二院通过评审，颁布了 2 项院级工法，申报国家级工法 1 项。

【中铁设计咨询获专利项目】 截至 2011 年底，中铁设计咨询共有有效专利 33 项，其中发明专利 9 项。2011 年新增授权专利 6 项，其中发明专利 1 项。（见表 7-24）

表 7-24　2011 年中铁设计咨询新增授权专利一览表

序号	专 利 名 称	授权日	专利号	类型
1	预埋件扣压垫板	2011.03.30	ZL201020289108.4	实用新型
2	用于拱肋结构的竖转铰系统	2011.03.30	ZL201020509087.2	实用新型
3	一种城市轨道交通用的扣件装置	2011.04.06	ZL201020262360.6	实用新型
4	客专轨道几何状态测量仪	2011.05.25	ZL201020593133.1	实用新型
5	预应力混凝土曲线梁桥连续拖拉装置	2011.11.02	ZL201020701200.7	实用新型
6	缓冲柔性粘接式门碰	2011.01.05	ZL200910164235.3	发　明

2011 年 11 月，国家知识产权局和世界知识产权组织在京举行第十三届中国专利奖颁奖大会，表彰运用知识产权制度，为技术创新和经济社会发展做出突出贡献的发明人、设计人和专利权人。中铁设计咨询《一种简支箱梁的制造方法》（ZL200810104232.6）专利获第十三届中国专利优秀奖。

【中铁设计咨询标准、规范编制】 2011 年中铁设计咨询开展的规范、规程、产品标准项目 6 项。（见表 7-25、26）

表 7-25　2011 年中铁设计咨询开展的规范编制项目表

序号	标 准 名 称	标 准 号	施行日期	发 布 文 号	类别
1	铁路工程摄影测量规范	TB10050-2010	20100801	铁建设[2010]106 号	勘察

表 7-26　2011 年中铁设计咨询开展的产品标准编制项目表

序号	项　目　名　称	类别	参主编
1	高速铁路道岔用非对称断面钢轨	制定	参编
2	预制先张法预应力混凝土简支箱梁	制定	主编
3	高速铁路隧道排水板技术条件	制定	参编
4	自动化系统通信规约	制定	主编
5	自动化系统网络地址编制规则	制定	参编

【中铁设计咨询承担的部级标准设计项目】　2011 年中铁设计咨询开展部级标准设计项目 5 项。(见表 7-27)

表 7-27　2011 年中铁设计咨询承担的部级标准设计项目表

序号	项　目　名　称	类　别	参主编
1	时速 160 公里客货共线铁路后张法预应力混凝土简支 T 梁(角钢支架人行道)	修订	主编
2	时速 200 公里客货共线铁路后张法预应力混凝土简支 T 梁(角钢支架人行道)	制定	主编
3	高速铁路桥梁桥面附属设施	修订	主编
4	铁路预应力混凝土桥枕铺设图	修订	主编
5	IIIC 型混凝土枕铺设图	制定	主编

【中铁设计咨询获 1 项部级工法成果】　2011 年，中铁设计咨询编制的“桥梁墩顶转体施工工法”获得部级工法。

【中铁西北院专利管理】　2011 年，中铁西北院质量管理体系已实现了程序化、规范化管理，在质量管理体系运行过程中，各部门、单位严格按照公司质量手册、程序文件和质量管理体系的过程控制进行工作，全面提升了公司的质量管理水平。组织《工程建设施工企业质量管理规范》(GB/T50403-2007) 及 ISO9001:2008 标准培训，增加质量目标管理制度、文件管理制度、记录管理制度等十六种制度，对质量手册、程序文件和作业指导书进行了相应的修改和换版，一次性通过了外部质量认证公司质量管理体系再认证和建筑施工领域质量管理体系初次认证审核。

2011 年，中铁西北院在专利申请和授权方面取得了突破，获得授权专利 12 项，其中发明专利 5 项、实用新型专利 7 项。申请专利 12 项，其中发明专利 7 项、实用新型专利 5 项。(详见表 7-28、7-29)

表 7-28　2011 年中铁西北院新增授权专利一览表

序号	专利名称	申请日期	授权日期	专利证书号	专利类型
1	锚管构架及其支护方法	2008.09.23	2011.01.12	Z1200810211352.6	发　明
2	锚索工程质量检测验收方法	2007.04.30	2011.03.02	Z1200710102327.X	发　明
3	一种治理滑坡的方法	2009.09.21	2011.05.11	Z1200910175599.1	发　明
4	一种协调互动组合纠倾方法	2010.03.13	2011.09.07	Z1201010125106.6	发　明
5	一种可控精确组合纠倾方法	2010.03.13	2011.09.14	Z1201010125050.4	发　明
6	自卸式手推运渣车	2010.04.10	2010.12.01	Z1201020157187.3	实用新型
7	一种环保粉尘收集装置	2010.04.23	2010.12.01	Z1201020170298.8	实用新型
8	植生管	2010.06.14	2011.01.05	Z1201020227236.6	实用新型
9	一种集沙仪	2010.05.27	2011.01.05	Z1201020207700.5	实用新型
10	一种防风挡沙装置	2010.05.27	2011.05.04	Z1201020210886.X	实用新型
11	土层扩孔钻头	2010.11.27	2011.06.22	Z1201020636709.8	实用新型
12	一种能主动防护泥石流的加固网	2011.01.24	2011.09.07	Z1201120021415.9	实用新型

表 7-29　2011 年中铁西北院申请专利一览表

序号	专利名称	申请时间	专利类型
1	土层扩孔钻头	2010.11.27	发　明
2	湿陷性黄土地基的无振动挤密处理方法	2011.05.18	发　明
3	无振动横向挤密扩孔装置	2011.05.18	发　明
4	无振动挤密扩孔设备	2011.05.18	发　明
5	一种快速安全环保的非开挖式抗滑桩施工方法	2011.01.24	发　明
6	混凝土灌注桩桩头快速分离与整体吊装方法	2011.07.12	发　明
7	递控式锚杆	2011.11.27	发　明
8	土层扩孔钻头	2010.11.27	实用新型
9	伞状无振动挤密扩孔装置	2011.05.18	实用新型
10	无振动挤密扩孔设备	2011.05.18	实用新型
11	一种能主动防护泥石流的加固网	2011.01.24	实用新型
12	递控式锚杆	2011.11.27	实用新型

【中铁西南院专利管理】　2011 年，中铁西南院组织参编的国家、地方和行业规范有“铁路工程纤维混凝土结构设计规程”、“隧道工程防水技术规范”、“中外铁路技术标准对比”、“中国高速铁路工务技术”。

2011 年中铁西南院获得专利和申请专利见表 7-30、31。

表 7-30　2011 年中铁西南院新增授权专利一览表

序号	专利名称	申请日期	授权日期	专利证书号	专利类型
1	隧道易切削锚杆全断面预加固施工方法	2009.02.20	2011.09.21	ZL200910058385.6	发明专利
2	隧道水平收敛远程激光测试系统	2010.12.17	2011.08.03	ZL201020666309.1	实用新型
3	一种喷射混凝土管道输送中间补风装置	2010.11.19	2011.06.15	ZL201020614420.6	实用新型
4	一种混凝土湿式喷射台车	2010.11.19	2011.06.01	ZL201020613958.5	实用新型
5	一种用于锚杆无损检测的电控式应力波发生器	2010.11.29	2011.07.20	ZL201020631420.7	实用新型
6	轻型桥梁转铰装置	2010.12.21	2011.08.03	ZL201020672016.4	实用新型

表 7-31　2011 年中铁西南院申请专利一览表

序号	专利名称	申请时间	专利类型
1	岩质滑坡水力启动室内模拟试验方法	2011.09.16	发明专利
2	具有移动回转支柱的臂架及操作方法	2011.11.08	发明专利
3	一种早强复合掺合料及制备方法	2011.11.08	发明专利
4	一种适应性可调整的聚羧酸减水剂的合成与复配方法	2011.11.30	发明专利
5	模拟施工现场注浆的室内加压注浆试验装置	2011.07.29	实用新型
6	隧道工程变形监测组合测点装置	2011.04.13	实用新型
7	锚杆锚固质量电磁法检测发射装置	2011.08.18	实用新型
8	风送型混凝土湿喷机进风量智能化自动控制系统	2011.09.21	实用新型
9	一种液体速凝剂雾化装置	2011.09.21	实用新型
10	一种模拟岩质滑坡水力启动的室内试验机	2011.09.16	实用新型

【中铁电化院专利管理】　2011 年，中铁电化院获得授权专利 4 项，均为实用新型专利，申报发明专利 2 项。

【中铁二局工法与专利】 2011年，中铁二局申请专利25件，获得授权专利46件，其中发明专利26件，实用新型专业19件，软件著作权1件。2011年，开发局级工法25项，获得总公司工法2项，公路工法4项，四川省工法10项，国家级工法3项。

表7-32 2011年中铁二局新增授权专利一览表

序号	专利类别	专利领域	专利名称	专利号	授权日
1	发明	桥梁工程	一种先张法折线配筋混凝土梁温度应力裂纹控制施工方法	ZL200910302403.0	2011.01.05
2	发明	桥梁工程	一种先张法预应力混凝土简支T梁的施工方法	ZL200810046545.0	2011.01.26
3	发明	隧道工程	长大明挖隧道施工方法	ZL200910311441.2	2011.01.26
4	实用新型	高速铁路	一种分体式箱梁整体连接施工的移动式作业平台	ZL201020217033.9	2011.01.26
5	实用新型	桥梁工程	用于桥梁带挂檐现浇砼防撞护栏的移动式旋转吊机	ZL201020217577.5	2011.01.26
6	实用新型	桥梁工程	用于桥梁防撞护栏模板安装检测仪	ZL201020217607.2	2011.01.26
7	实用新型	桥梁工程	用于桥梁带挂檐现浇砼防撞护栏的移动式操作平台	ZL201020217624.6	2011.01.26
8	实用新型	高速铁路	一种用于高速铁路分体式箱梁横移架设的装置	ZL201020239572.2	2011.01.26
9	实用新型	高速铁路	一种预制箱梁的整体吊装架	ZL201020239575.6	2011.01.26
10	实用新型	高速铁路	三向精调器	ZL201020246800.9	2011.01.26
11	实用新型	高速铁路	高速铁路无砟轨道板测量检测平台	ZL201020260843.2	2011.01.26
12	实用新型	高速铁路	无砟轨道板安装封边装置	ZL201020261014.6	2011.01.26
13	实用新型	高速铁路	一种无砟轨道板铺设限位装置	ZL200920297577.8	2011.02.09
14	发明	桥梁工程	钢管拱肋竖向提升方法	ZL200910308229.0	2011.02.16
15	实用新型	桥梁工程	用于桥梁防撞护栏成型修整自行式挂篮	ZL201020217541.7	2011.03.02
16	实用新型	高速铁路	桥式起重机转换吊具	ZL201020278475.4	2011.0.02
17	发明	高速铁路	轨道板沥青砂浆灌注方法	ZL200710051020.1	2011.03.16
18	发明	桥梁工程	外倾式钢箱拱肋节段姿态调整方法	ZL200810148104.1	2011.03.16
19	发明	高速铁路	轨道板模板系统	ZL200910300742.5	2011.03.23
20	外观	公路工程	检测仪（路基压实度）	ZL201030548726.1	2011.03.30
21	发明	隧道工程	强至极强岩爆安全快速处理工艺	ZL200810044239.3	2011.04.13
22	发明	隧道工程	采用疏系数自回归模型预测瓦斯的方法	ZL200910301574.1	2011.04.13
23	发明	公路工程	高速公路下伏采空区地表钻孔注浆投沙工艺	ZL201010137950.0	2011.04.13
24	实用新型	公路工程	风积沙路基大比例动态模型	ZL201020557030.X	2011.04.20
25	发明	公路工程	高速公路下伏房柱式采空区稳定性评价方法	ZL201010138141.1	2011.04.27
26	实用新型	高速铁路	无砟轨道板真空吊具保险装置	ZL201020261122.3	2011.04.27
27	发明	城市轨道交通	两线立交小半径、浅覆土、大纵坡复杂线型盾构施工方法	ZL200710050555.7	2011.05.11
28	发明	桥梁工程	一种先张法预应力张拉横梁及制作方法	ZL200810305851.1	2011.05.11
29	发明	隧道工程	一种过煤系地层隧道施工地质预报方法	ZL200910058824.3	2011.05.11
30	实用新型	公路工程	物理式沉降仪	ZL201020557038.6	2011.05.11
31	发明	高速铁路	客运专线长枕埋入式大号无砟道岔施工方法	ZL200710051010.8	2011.05.25
32	发明	隧道工程	一种瓦斯隧道的分区方法	ZL200910058843.6	2011.05.25
33	发明	测量工程	地下导线陀螺方位边的布设方法	ZL200910060034.9	2011.06.22

34	发　明	隧道工程	破碎岩体无止浆墙复合式注浆施工方法	ZL200910308130.0	2011.06.22
35	实用新型	城市轨道交通	一种用于混凝土运输与浇筑的装置	ZL201020629281.4	2011.06.22
36	发　明	高速铁路	无砟轨道板铺设方法	ZL200910311984.4	2011.07.27
37	发　明	高速铁路	一种高速铁路分体式箱梁的横移架设方法	ZL201010210931.6	2011.07.27
38	发　明	高速铁路	高速铁路斜拉连续刚构组合桥合龙段施工方法	ZL201010228847.7	2011.07.27
39	发　明	隧道工程	一种瓦斯隧道的分级方法	ZL200910058852.5	2011.08.10
40	发　明	隧道工程	土质下穿隧道超大直径管幕施工方法	ZL200910312357.2	2011.08.10
41	发　明	城市轨道交通	土压平衡盾构机刀盘	ZL200910059061.4	2011.10.26
42	发　明	城市轨道交通	浅埋暗挖松散漂卵石层中超前支护快速施工方法	ZL201010138298.4	2011.10.26
43	实用新型	高速铁路	一种高速铁路双线隧道仰拱的施工设备	ZL201120061795.9	2011.10.26
44	发　明	高速铁路	无砟轨道底座板施工方法	ZL200710051045.1	2011.11.23
45	实用新型	桥梁工程	一种桩基钢筋笼活动吊筋	ZL201120158965.5	2011.12.14
46	发　明	桥梁工程	一种钢帽定位方法	ZL200810147936.1	2011.12.14

【中铁三局专利管理】 2011 年，中铁三局申请专利 79 件、受理 73 件，新增授权专利 43 件，其中发明专利 9 件。本年度是集团公司首次授权专利数量突破 40 项，发明专利比重大幅提高，占到总数量的 17%。（见表 7-33）

表 7-33 2011 年中铁三局新增授权专利一览表

序号	专利名称	授权时间	专利号	专利类别
1	铁路无砟轨道桥梁路缘石现浇施工方法	2011.03.02	ZL200910074511.7	发明
2	盾构整体自行过站施工方法	2011.03.16	ZL200910074375.1	发明
3	用于混凝土桥梁上竖转钢管拱的反力架预应力锚固体系及方法	2011.04.20	ZL200910175434.4	发明
4	一种桥位现浇预应力混凝土连续梁的施工方法	2011.06.22	ZL201010161158.9	发明
5	高速铁路 CRTSII 型混凝土轨道板整体式测量平台	2011.10.05	ZL200910259874.8	发明
6	一种挂篮静载试验方法	2011.10.05	ZL201010253382.0	发明
7	高水压地层盾构掩埋式接受封堵超挖空隙的方法	2011.11.16	ZL201010228478.1	发明
8	独立桥墩盖梁模板托架的搭建方法	2011.11.16	ZL201010253364.2	发明
9	一种地下连续墙施工接缝防水及基于其完成的地下连续墙施工方法	2011.12.07	ZL201010228476.2	发明
10	高速铁路 CRTSⅡ型轨道板预应力张拉台座框架式压柱	2011.01.05	ZL2010202466590.3	实用新型
11	大型旋转式混凝土输送溜槽	2011.01.19	ZL201020229650.0	实用新型
12	整体标定张拉系统用大吨位反力架	2011.01.26	ZL201020249664.9	实用新型
13	一种挂篮静载试验装置	2011.02.16	ZL201020292632.7	实用新型
14	龙门吊轨道与运板小车轨道斜角钢制撤叉	2011.03.16	ZL201020531328.3	实用新型
15	独立桥墩盖梁模板托架	2011.03.16	ZL201020292647.3	实用新型
16	一种地下连续墙施工接缝的防水结构	2011.04.06	ZL201020260411.1	实用新型
17	用于机车上电压力表和压力传感器连接匹配校验装置	2011.04.11	ZL201120284031-6	实用新型
18	一种防坠物挂篮安全防护外挂装置	2011.04.20	ZL201020550263.7	实用新型
19	用于水下混凝土灌注的导管端头活动堵头	2011.04.20	ZL201020549838.3	实用新型

序号	专利名称	授权时间	专利号	专利类别
20	一种用于隧道仰拱钢架与拱脚钢架连接的螺栓连接板	2011.04.27	ZL201020570658.3	实用新型
21	一种用于隧道初期支护中隔壁下部的钢架	2011.04.27	ZL201020570672.3	实用新型
22	镜面桥梁模板	2011.05.04	ZL201020531367.3	实用新型
23	轨道板及水泥乳化沥青砂浆模板的固定装置	2011.05.11	ZL201020561424.2	实用新型
24	一种用于双壁钢围堰拼装和下沉的装置	201105.11	ZL201020562364.6	实用新型
25	桥梁张拉系统同步标定试验架	2011.06.15	ZL201020624358.9	实用新型
26	一种预制梁预应力胶皮管固定装置	2011.07.20	ZL201020627543.3	实用新型
27	道岔倒运装置	2011.07.27	ZL201120004109.4	实用新型
28	道岔紧贴装置	2011.07.27	ZL201120004102.2	实用新型
29	具有横向锁定装置的运轨支架	2011.08.03	ZL201120013373.4	实用新型
30	轨排式长钢轨存放平台	201108.10	ZL201120004113.0	实用新型
31	混凝土输送分配器	2011.08.17	ZL201120000482.2	实用新型
32	道岔横向移动门吊	2011.08.17	ZL201120004107.5	实用新型
33	一种具有养护功能的混凝土模板	2011.08.17	ZL201120000481.8	实用新型
34	用于桥梁悬臂浇筑施工的挂篮	2011.08.24	ZL201120106678.X	实用新型
35	一种用于施工安全防护的全密闭栅栏	2011.09.21	ZL201120066083.6	实用新型
36	隧道防水板铺设设备	2011.09.21	ZL201120081912.8	实用新型
37	一种用于 CFG 桩的桩头切割机	2011.10.26	ZL201120066093.X	实用新型
38	风能补偿式墙体太阳能装置	2011.10.26	ZL201120103946.2	实用新型
39	多跨隧道拱顶衬砌拉压稳定系统	2011.11.16	ZL201120137957.2	实用新型
40	一种组合式砂浆锚杆封口定位塞	2011.11.16	ZL201120137943.0	实用新型
41	一种双进料系统热拌间歇式沥青混合料拌合机	2011.11.18	ZL201120247820.2	实用新型
42	预制桥梁全长测量定位架	2011.11.30	ZL2011201166745.7	实用新型
43	预制桥梁跨度测量定位架	2011.11.30	ZL2011201166750.8	实用新型

【中铁四局工法开发】 2011 年，中铁四局下达工法开发计划项目 35 项，执行跨年度工法计划项目 19 项，评定出企业级工法 30 项，获得 2011 年度省级工法 13 项、交通部公路工法 1 项。“卵形消化池伞形模架施工工法”等 8 项工法获得 2009～2010 年度国家级工法（其中 1 项升级版）。这些工法的开发项目中，有首次在国内施工高速铁路相关技术“CRTSⅠ型板式无砟轨道轨道板铺设施工工法”等；有自主创新项目“宽翼缘板 PC 斜拉桥牵索挂篮施工工法”、“胶结密实圆砾土层双壁钢围堰施工工法”等，施工技术处于国内领先水平。

【中铁四局专利管理】 2011 年，中铁四局完成专利申请 99 项，其中发明专利 32 项，有“CRTSⅡ型板横向出板方法及板场”、“铁路客运专线无砟轨道床板双线施工方法”等高铁施工重要相关专有技术；获得国家授权专利 72 项，其中，发明专利 14 项；获著作权 1 项。中铁四局拥有“CPG500 型铺轨机组长钢轨铺设施工方法”、“有砟轨道客运专线道岔原位铺设方法”、“高速铁路预制箱梁液压内模销装液压机构”、“电气化铁路简单链型悬挂接触网整体吊弦施工方法”、“大跨度大幅面吊顶移动吊蓝式施工方法”等涉及高铁、钢结构、桥梁等重要技术领域的专有技术，有效保护了企业自主知识产权，增强了企业市场竞争力。

【中铁四局规范标准及计量管理工作】 2011 年，中铁四局完成《铁路给水排水工程施工质量验收标准 TB10422-2011》（第一主编）的编写和报批工作。

2010 年 10 月中启计量体系认证中心带领审核组来局进行测量管理体系年度监审，体系复审一次性通过。

根据局 2010 年度内部审核工作安排，六至七月份检查了局各相关单位及项目质量、测量、环境和职业健康安全管理体系运行的有效性。从审核结果看，体系运行达到了预期效果。方针和目标得到实施。并对体系审核过程中发现的一些问题及时进行了整改。

为了规范全局计量管理，保证测量管理体系的有效运行，九月份举办了计量管理员培训班，各子（分）公司和工指共45人取得计量员证书。

中铁四局2011年获得国家授权专利、工法见表7-34、35。

表7-34　2011年中铁四局新增授权专利一览表

序号	专利名称	类型	专利号
1	一种钢立柱带横梁钢混制梁台座	实用新型	ZL201020249810.8
2	一种钢立柱无横梁钢混制梁台座	实用新型	ZL201020249800.4
3	一种混凝土立柱带横梁钢混制梁台座	实用新型	ZL201020249780.0
4	一种混凝土立柱无横梁钢混制梁台座	实用新型	ZL201020249774.5
5	一种钢混制梁台座	实用新型	ZL201020249820.1
6	拼装式可调钢筋绑扎胎具支架	实用新型	ZL201020249840.9
7	沥青裂纹路面的施工方法	发明	ZL200910144388.1
8	具有大小圆凸起路面的施工方法	发明	ZL200910185871.4
9	挂蓝主桁架预压系统	实用新型	ZL201020553474.6
10	挂蓝预压变形百分表监测装置	实用新型	ZL201020553473.1
11	挂蓝预压变形刻度尺监测装置	实用新型	ZL201020553471.2
12	现浇箱梁倒三角支架	实用新型	ZL201020553449.8
13	一种预制梁可调坡度楔形块预制盒的设计及施工	实用新型	ZL201120166434.0
14	一种移动式防护棚架	实用新型	ZL201020675523.3
15	夹片式圆形锚板与压浆钢帽连接结构	实用新型	ZL201020648259.4
16	一种快速制作钢筋笼的定型模具	实用新型	ZL201020675468.8
17	悬灌施工挂篮预压系统	实用新型	ZL201120053596.3
18	桥梁施工中的下承式挂篮	实用新型	ZL201120053600.6
19	用于桥梁挂篮施工中的反力架预压系统	实用新型	ZL201120053598.2
20	桥梁梁体满堂支架施工预压系统	实用新型	ZL201120053594.4
21	长大钢箱梁同步连续顶拉施工方法	发明	ZL200910144500.1
22	高速铁路预制箱梁液压内模销装液压机构	实用新型	ZL201020246599.4
23	一种轨道板专用水养池	实用新型	ZL201020649724.6
24	一种轨道板张拉千斤顶	实用新型	ZL201020646947.7
25	一种板式无碴轨道水泥乳化沥青砂浆充填层灌注封边装置	实用新型	ZL201020530306.5
26	煤气管道可调节保护装置	实用新型	ZL201020269975.1
27	一种道岔板模具围板固定装置	实用新型	ZL201020530314.X
28	一种无碴轨道底座板可调模板	实用新型	ZL201020530289.5
29	一种轨道板吊具	实用新型	ZL201020630195.5
30	一种轨道板张拉退锚器	实用新型	ZL201020646946.2
31	一种轨道板钢筋绑扎胎具	实用新型	ZL201020658847.6
32	一种拱顶钢架安装工具	实用新型	ZL201020658847.9
33	深大竖井简易自动卸渣装置	发明	ZL200810021852.3
34	一种轨道板混凝土布料机	实用新型	ZL201020255383.4

序号	专利名称	类型	专利号
35	一种大型箱梁自动循环喷淋装置.jpg	实用新型	ZL201120055802.4
36	一种施工拱顶安装装置.	实用新型	ZL201120075151.X
37	CPG500型铺轨机组长钢轨铺设施工方法	发明	ZL200710021769.1
38	有砟轨道客运专线道岔原位铺设方法	发明	ZL200710190459.2
39	SS4G电力机车自降非常改常用制动方法	实用新型	ZL201020228020.1
40	复杂地质条件下的联合围堰	实用新型	ZL201020283648.1
41	宽桥面单一纵隔板钢箱梁顶推机构	实用新型	ZL201020283687.1
42	高主塔吊装门架支反力约束固定结构	实用新型	ZL201020208690.3
43	空间变截面钢箱塔下承压板的安装结构	实用新型	ZL201020283693.7
44	裸岩河床上的水中钢管桩支墩	实用新型	ZL201020283695.6
45	浮筒式水上钻孔平台	实用新型	ZL201020283615.7
46	三维变截面A形钢箱主塔节段吊装结构	实用新型	ZL201020283622.7
47	电气化铁路简单链型悬挂接触网整体吊弦施工方法	发明	ZL200810018930.4
48	裂缝波导管固定支架	实用新型	ZL201020270405.1
49	通用型隧道信号机支架	实用新型	ZL201020270405.4
50	电气化铁路接触网施工抬拨线装置	实用新型	ZL201020270436.X
51	地铁隧道设备限界检测装置	实用新型	ZL201020270405.8
52	大跨度大幅面吊顶移动吊蓝式施工方法	发明	ZL200810021139.9
53	一种不规则自应力张拉整体结构的索力检测装置	实用新型	ZL201020260128.9
54	一种自应力预锁紧杆结构	发明	ZL200910144029.6
55	高速铁路钢桥桥面板	实用新型	ZL201020651832.7
56	用于钢管桁架结构安装快速定位装置	实用新型	ZL201020650677.7
57	建筑施工中组合支撑架体用耳杆连接器	实用新型	ZL201020650561.3
58	一种两布一膜滑动层拉紧装置	实用新型	ZL201020567286.9
59	大体积异形变截面流道支模	实用新型	Zl201020554906.5
60	钢顶管纠偏用过渡管	实用新型	Zl201020555085.7
61	浮式水上作业平台	实用新型	Zl201020555094.6
62	单主缆斜吊杆地锚式悬索桥的施工方法	发明	ZL201010246627.7
63	常温制备聚羧酸超塑化剂的新型反应装置	实用新型	ZL201020571694.1
64	乳化沥青砂浆的制备方法	发明	ZL200910144737.X
65	一种聚羧酸系高效减水剂的制备方法	发明	ZL200910116584.8
66	CRTSⅡ型板式无砟轨道底座板用多功能润湿装置	实用新型	ZL201020571707.5
67	储液罐的固定架	实用新型	ZL2011200565649
68	储液罐的固定架的加固装置	实用新型	ZL2011200565846
69	一种沥青储罐	实用新型	ZL201120056587x
70	高、低弹模水泥乳化沥青砂浆通用搅拌泵送灌注车	发明	ZL200910144485.0
71	水泥乳化沥青砂浆搅拌灌注车	发明	ZL200910116135.3
72	轮胎式线上走行水泥乳化沥青砂浆搅拌车	实用新型	ZL201020275717.4
73	高速公路坐标高程计算程序软件著作权登记	著作权	2011SR062872

表 7-35　2011 年中铁四局获得省部级、企业级工法一览表

序号	项　目　名　称	工法编号	工法等级
1	客运专线预制简支梁 32 米箱梁工装通用化施工工法	GZSJGF04-11-01	企业级
2	大跨度简支钢桁梁跨线平转架设施工工法	AHGF33-11	省　级
3	大直径超长钻孔桩钢筋笼快速制作与安装施工工法	GZSJGF04-11-03	企业级
4	复杂地质条件下超长、大直径钻孔桩成桩施工工法	GZSJGF04-11-04	企业级
5	浅埋暗挖大跨度隧道下穿高速铁路施工工法	GZSJGF04-11-05	企业级
6	CRTSⅡ型板式无砟轨道桥梁段底座板施工工法	GZSJGF04-11-06	省　级
7	滨海冲积层 T 形多室沉井施工工法	AHGF35-11	省　级
8	污泥采用卧螺离心机脱水工法	GZSJGF04-11-08	企业级
9	多跨刚构连续梁挂篮施工线形控制工法	AHGF36-11	省　级
10	地铁膨胀土深基坑施工工法	AHGF37-11	省　级
11	客运专线路基桩板结构施工工法	GZSJGF04-11-11	企业级
12	客专线路基桩板结构上 AB 组填料施工工法	GZSJGF04-11-12	企业级
113	岩溶地区钻孔桩施工工法	GZSJGF04-11-13	企业级
14	大风、干旱地区高性能混凝土施工工法	AHGF38-11	省　级
15	动车组调车进路防护系统施工工法	GZSJGF04-11-15	企业级
16	地铁接触网“三线并架”施工工法	AHGF39-11	省　级
17	高大悬臂结构支撑架体施工工法	AHGF40-11	省　级
18	俯倾面 GRC 石材幕墙施工工法	GZSJGF04-11-18	企业级
19	宽桥面钢箱梁梁段预变形组拼工法	GZSJGF04-11-19	企业级
20	宽桥面钢箱梁节段多轮次 1+X 拼装线型控制工法	AHGF41-11	省　级
21	浅覆土地河床地段盾构施工工法	AHGF42-11	省　级
22	盾构推进油缸修复工法	GZSJGF04-11-22	省　级
23	盾构机调头工法	AHGF43-11	省　级
24	搪瓷钢板干挂施工工法	GZSJGF04-11-24	企业级
25	大型方柱阳角弧面石材干挂施工工法	GZSJGF04-11-25	企业级
26	高大空间金属板吊顶单元组合逆作施工工法	GZSJGF04-11-26	企业级
27	高速铁路级配碎石过渡段施工工法	GZSJGF04-11-27	企业级
28	干-湿热养护 RPC 活性粉末混凝土构件工法	AHGF44-11	省　级
29	CRTSⅡ型板式无砟轨道水泥乳化沥青砂浆充填层施工工法	AHGF45-11	省　级
30	轨道交通工程站台暗敷式复合绝缘层施工工法	GZSJGF04-11-30	企业级
31	特大断面隧道双侧壁导坑 6 部开挖施工工法	GGG(中企) D2-2011	部　级

【中铁五局工法与专利】 中铁五局 2011 年工法及专利见表 7-36、37。

表 7-36　中铁五局 2011 年获得工法一览表

序号	级别	工法名称	批准文号	工法编号
1	国家级	地铁道岔支架法整体道床施工工法	建质[20111]154 号	GJEJGF204-2010
2	国家级	冻土区隧道湿喷混凝土支护施工工法	建质[20111]154 号	GJEJGF230-2010
3	交通部	变化水位强透水性圆砾层深基坑施工工法	中路建协[2011]92 号	GGG（中企）C1044-2011

4	交通部	双斜钢拱塔原位无支架拼装施工工法	中路建协[2011]92 号	GGG（中企）C3071-2011
5	股份公司	双斜钢拱塔原位无支架拼装施工工法	中铁股份技[2011]345 号	CREC05-2011-01
6	股份公司	变化水位强透水性圆砾层深基坑施工工法	中铁股份技[2011]345 号	CREC05-2011-02

表 7-37 2011 年中铁五局新增授权专利一览表

序号	专利名称	专利号	专利类型	授权公告日
1	采用液压千斤顶移动行走挂篮的组合装置	ZL201020237217.1	实用新型	2011.01.05
2	针梁式仰拱衬砌滑行模架	ZL201020562704.5	实用新型	2011.04.27
3	挖掘装载机输送槽的从动链轮结构	ZL201020572660.4	实用新型	2011.05.04
4	一种挖掘装载机的运载驱动装置	ZL201020572649.8	实用新型	2011.05.04
5	一种挖掘机臂	ZL201020572656.8	实用新型	2011.05.04
6	注浆袖阀管	ZL201020562705.X	实用新型	2011.05.11
7	一种煤矿用挖掘机	ZL201020572647.9	实用新型	2011.05.18
8	桥墩吊篮安装预埋钢板	ZL201020592923.8	实用新型	2011.05.20
9	挖掘装载机驱动装置的主动链轮结构	ZL201020572663.8	实用新型	2011.06.15
10	一种挖掘式装载机	ZL201020572657.2	实用新型	2011.06.15
11	一种门式起重机移动供电装置的集电器	ZL201020639058.8	实用新型	2011.06.22
12	上跨电气化铁路桥梁轻型棚架防护结构	ZL201020562640.9	实用新型	2011.06.29
13	大断面洞式溢洪道的施工台架	ZL201020618100.8	实用新型	2011.08.17
14	长大隧道消烟降尘施工所使用的降尘站	ZL201120018601.7	实用新型	2011.08.17
15	单线铁路隧道整体式全液压衬砌台车	ZL201020639009.4	实用新型	2011.09.21
16	一种牵索挂篮结构	ZL201120115596.1	实用新型	2011.12.07
17	CFG 桩桩头切割装置	ZL201120039861.2	实用新型	2011.12.28
18	高铁箱梁架桥机转场支架	ZL201020672297.3	实用新型	2011.12.14
19	地铁车站通信设备安装环境的局部去湿装置	ZL201120145388.6	实用新型	2011.12.14
20	一种混凝土运浆车的轴头密封装置	ZL201020659673.5	实用新型	2011.09.07
21	一种混凝土输送泵油缸防渗水装置	ZL201020659696.6	实用新型	2011.06.29
22	多功能自行式仰拱栈桥	ZL201020237025.0	实用新型	2011.01.05
23	一种简易隧道降尘站	ZL201020577842.0	实用新型	2011.06.01
24	一次成型水沟电缆槽模架	ZL201120047760.X	实用新型	2011.09.14
25	一种 CRTSⅡ轨道板封边装置	ZL201120062308.0	实用新型	2011.10.12
26	一种防火隧道内壁	ZL201120062339.6	实用新型	2011.09.28
27	一种路桥桥面防水系统	ZL201120062325.4	实用新型	2011.10.05
28	一种伸缩式工地原材料钢筋棚	ZL201120062337.7	实用新型	2011.10.12
29	一种铁路防护发电罩	ZL201120062351.7	实用新型	2011.09.28
30	一种铁路桥梁伸缩装置	ZL201120062353.6	实用新型	2011.09.07
31	一种双斜钢拱塔原位悬臂拼装结构	ZL201120133722.6	实用新型	2011.12.07

【中铁六局工法与专利】 2011 年，中铁六局获得国家级工法 3 项、省部级工法 21 项，其中公路工法 1 项、省级工法 20 项。。全年新增授权发明专利 8 项、实用新型专利 29 项。截至 2011 年底，中铁六局拥有国家级工法 8 项，省部级工法 72 项；持有发明专利 14 项、实用新型专利 85 项、外观设计专利 1 项。

【中铁八局工法工作】 2011 年，中铁八局完成局级工法

19 项，获省部级工法 12 项，其中四川省二级工法 9 项、重庆市二级工法 3 项。《高速铁路客运专线无砟轨道道岔铺设施工工法》获国家级工法成果。

【中铁八局计量工作】 2011 年，中铁八局在计量工作方面，对各子公司（含检测中心）进行了摸底调查，根据调查结果，结合集团公司三体系（质量、环境、职业健康安全）贯标的要求，科技部编制并组织实施了《中铁八局集团有限公司监视和测量装置管理办法》（集司科技[2004]219 号）。同时，还完善升级了中铁八局计量器具计算机网络管理系统，有效提高了工作效率。2011 年 11 月通过了中建协三体系外部认证审核。

【中铁九局工法与专利】 2011 年，中铁九局新获授权专利 8 项（发明专利 2 项），新申请专利 5 项。完成工法 19 项，评审出企业级工法 7 项，奖励企业级工法 7 项。开展国家级及省部级工法申报工作，获国家级工法 1 项、省级工法 10 项。参编铁道部《混凝土搅拌站施工技术》指南。协助指导桥梁公司靖宇梁场、吉图珲大石头梁场及江南北梁场铁道部申证工作，协助指导桥梁公司灯塔板场 CRTSIII 型轨道板铁道部上道审查工作，并全部通过。专利与工法见表 7-38~40。

表 7-38 2011 年中铁九局新增授权专利一览表

序号	专利名称	专利类型	专利号	申请日期	授权公告日期
1	连续悬臂浇筑混凝土梁 0#块支撑方法	发 明	ZL200910187285.3	2009.09.08	2011.01.26
2	盾构调头整体升降支撑装置	实用新型	ZL201020235519.5	2010.06.24	2011.01.26
3	地铁隧道专用清泥链斗机	实用新型	ZL201020235517.6	2010.06.24	2011.01.26
4	V级围岩隧道施工方法	发 明	ZL200910012683.1	2009.07.23	2011.04.27
5	桥梁拖拉滑道装置	实用新型	ZL201020561208.8	2010.10.14	2011.05.11
6	钻孔桩模具	实用新型	ZL201020652327.4	2010.12.10	2011.06.22
7	钢塔安装导向装置	实用新型	ZL201020652410.1	2010.12.10	2011.08.17
8	单柱盖梁抱箍与三角支架组合施工支撑装置	实用新型	ZL201120146102.6	2011.5.10	2011.12.07

表 7-39 2011 年中铁九局受理专利一览表

序号	专利名称	专利类型	专利号	专利权人	专利申请日期
1	单柱盖梁抱箍与三角支架组合施工支撑装置	实用新型	201120146102.6	中铁九局	2011.05.10
2	单柱盖梁抱箍与三角支架组合体系施工方法	发明	201110119528.7	中铁九局	2011.05.11
3	多功能组合式轨道动力平车	实用新型	201120525535.2	中铁九局	2011.12.15
4	多用途箱梁吊装孔距转换装置	实用新型	201120525528.2	中铁九局	2011.12.15
5	利用轮胎式搬运机跨桥施工的方法	发明	201110441104.2	中铁九局	2011.12.15

表 7-40 2011 年中铁九局获国家级及省级工法一览表

编号	工法名称	工法级别	工法编号	编制单位
1	分次复式楔形掏槽减振爆破施工工法	国家级工法	GJEJGF219-2010	中铁十九局集团有限公司 中铁九局集团有限公司
2	25-28 米大跨度钢管屋架组合结构暖棚施工工法	省级工法	SJGF043-1-2011	中铁九局集团第四工程有限公司
3	ZPW-2000R 型移频自动闭塞设备安装及系统调试施工工法	省级工法	SJGF057-1-2011	中铁九局集团电务有限公司
4	高速铁路桥上道岔板施工工法	省级工法	SJGF074-2-2011	中铁十九局集团有限公司 中铁九局集团有限公司
5	土压平衡式盾构机切削穿越建筑物桩群施工工法	省级工法	SJGF078-2-2011	中铁十九局集团有限公司 中铁九局集团有限公司

编号	工法名称	工法级别	工法编号	编制单位
6	高位轮胎式搬运机跨桥装车施工工法	省级工法	SJGF082-1-2011	中铁九局集团有限公司
7	CRTSI 型板式无砟轨道板预制施工工法	省级工法	SJGF083-1-2011	中铁九局集团有限公司
8	CRTSI 型板式无砟轨道板铺设施工工法	省级工法	SJGF084-1-2011	中铁九局集团第一工程有限公司 中铁九局集团有限公司
9	既有线D梁加固对拉挡砟板施工工法	省级工法	SJGF085-1-2011	中铁九局集团第四工程有限公司
10	单壁钢沉箱施工水中承台工法	省级工法	SJGF086-1-2011	中铁九局集团第六工程有限公司 中铁九局集团有限公司
11	急流、基岩裸露地区深水栈桥钢管桩工法	省级工法	SJGF087-1-2011	中铁九局集团第六工程有限公司 中铁九局集团有限公司

【中铁十局工法与专利】 2011 年，中铁十局有获得 2009～2010 年度国家级工法 3 项（见表 7-35）、获得省部级工法 12 项，24 项工法被确定为 2011 年度局级工法。新申请专利 40 项，其中发明专利 11 项；新增授权专利 19 项，其中发明专利授权 2 项（见表 7-41、42）。

表 7-41 2011 年中铁十局获得国家级工法一览表

序号	工法名称	工法等级
1	桥梁水中墩土工冲泥管袋围堰施工工法	国家级
2	大断面单拱单柱双层地铁车站中洞法施工工法	国家级
3	冻土区隧道湿喷混凝土支护施工工法	国家级

表 7-42 2011 年中铁十局新增授权专利一览表

序号	专利名称	专利类型	发明单位
1	异型钢围堰施工方法	发　明	四公司
2	无碴轨道板安装方向调节仪	发　明	集团公司
3	一种防护桩基	实用新型	三建公司
4	一种钢护筒	实用新型	三建公司
5	一种桩机防倾覆装置	实用新型	三建公司
6	一种连续梁钢模板	实用新型	三建公司
7	一种钢板桩围堰的转角结构	实用新型	三建公司
8	一种移动装置	实用新型	三建公司
9	建筑组装式简便施工钢管楼梯	实用新型	建筑公司
10	一种预制梁人工滑船横移系统	实用新型	青岛公司
11	一种移梁平车	实用新型	青岛公司
12	异型钢围堰	实用新型	四公司
13	龙门吊电缆线收放装置	实用新型	四公司
14	弯制桥梁隔板用模具机	实用新型	四公司
15	箱涵顶进用钢制船头坡	实用新型	集团公司
16	高速铁路预制箱梁收缩徐变仿真分析用的模型梁	实用新型	四公司
17	CRTS II 型板式无砟轨道板灌注封边装置	实用新型	集团公司、沪杭项目部
18	高速公路高墩盖梁施工模板底侧模连接装置	实用新型	集团公司
19	一种水中钢吊箱底侧模连接装置	实用新型	集团公司、五公司

【中铁大桥局工法与专利】 2011 年，中铁大桥局申请发明专利 42 项、实用新型 16 项；申请 PCT 国际专利 1 项。获授权发明专利 37 项、授权实用新型专利 14 项。截至 2011 年底，获发明专利授权 90 项、实用新型专利授权 107 项，拥有发明专利数量占据股份公司发明专利总量的 30%以上。

2011 年中铁大桥局获国家级工法 4 项、铁路工法 7 项、局级工法 15 项。截至 2011 年底发布三级工法 113 篇。

2011 年中铁大桥局授权专利与工法见表 7-43、44。

表 7-43 2011 年中铁大桥局新增授权专利一览表

序号	专利号	专利名称	专利类型	授权日期
1	ZL200910186021.6	预应力砼箱梁支座预埋钢板施工控制装置	发 明	2011.01.05
2	ZL200810187503.9	组合围堰施工方法	发 明	2011.01.12
3	ZL200810142990.7	钻孔桩大吨位钢护筒下放方法	发 明	2011.01.12
4	ZL200810188048.4	一种钢索对拉式墩旁托架	发 明	2011.01.12
5	ZL200810134898.6	一种上承式移动模架	发 明	2011.01.12
6	ZL200910034106.2	大型吊箱围堰定位导缆器及其定位方法	发 明	2011.02.09
7	ZL200810188397.6	钢筋混凝土桥梁墩柱结构	发 明	2011.02.23
8	ZL200810183468.3	一种大型浅水浮运围堰	发 明	2011.03.02
9	ZL200910130903.0	一种利用临时支墩偏位的多桁钢梁强迫合龙技术	发 明	2011.03.02
10	ZL200810237452.6	一种液体质量双调谐减振方法	发 明	2011.03.16
11	ZL200810237406.6	钢梁悬臂架设时的双向可调式后锚固装置	发 明	2011.04.06
12	ZL200810237453.0	一种液气耦合压差式桥梁挠度测试方法	发 明	2011.04.06
13	ZL200810047930.7	大型超长箱梁吊装装置	发 明	2011.04.20
14	ZL200910186023.5	大体积预应力砼箱梁张拉多功能操作平台	发 明	2011.05.04
15	ZL200910263284.2	一种顶推钢箱梁的固定起吊支架装置及施工方法	发 明	2011.05.04
16	ZL200910272400.7	一种斜拉索刚性连接空间杠杆质量减振装置	发 明	2011.05.18
17	ZL200710168975.5	大跨度钢箱梁顶推法施工用半柔性支承装置	发 明	2011.05.25
18	ZL200910227605.3	一种支架现浇连续梁快速施工的施工方法	发 明	2011.06.22
19	ZL200810237450.7	弧形可转向索鞍	发 明	2011.07.20
20	ZL201010045839.9	海上自浮式钢底板单壁吊箱围堰施工方法及单壁吊箱围堰	发 明	2011.07.20
21	ZL201010147952.8	移动造桥机及其架桥方法	发 明	2011.07.27
22	ZL201010184520.4	多孔大跨度连续钢桁梁多点同步顶推施工方法	发 明	2011.08.03
23	ZL200710168606.6	大跨度悬索桥主缆架设门架式小循环牵引系统	发 明	2011.08.10
24	ZL200910036261.8	钢管支承桩插打时快速定位和连接系统及其施工方法	发 明	2011.08.10
25	ZL200810048347.8	下行式移动模架及其走行方法	发 明	2011.08.17
26	ZL200910273439.0	一种集中同步测试的桥梁挠度测试装置及方法	发 明	2011.08.24
27	ZL201010131457.8	斜拉桥塔梁同步施工时塔柱及索道管的测量控制方法	发 明	2011.09.07
28	ZL200810046940.9	一种确定钢绞线斜拉索单根钢绞线初始张拉力的方法	发 明	2011.09.07
29	ZL201010166438.9	自锚式托架的非原位预压方法及其自锚式托架	发 明	2011.09.28
30	ZL201010197643.1	大跨度钢拱桥拱肋二次竖转施工方法	发 明	2011.10.19
31	ZL201010209832.6	一种拼装空间斜腹杆的导向装置	发 明	2011.11.09
32	ZL201010118849.0	一种箱体拼装式大型承重平台	发 明	2011.12.21
33	ZL200910227607.2	一种深水接桩工艺	发 明	2011.12.07

34	ZL201010183353.1	一种大尺寸高承载力钢结构滑道高精度表面整平的方法	发　明	2011.12.21
35	ZL201010209883.9	无断面连接系大跨度三主桁斜边桁钢梁悬臂拼装施工方法	发　明	2011.12.14
36	ZL200910259854.0	PC钢绞线斜拉索的索力测试方法	发　明	20111031通知授权
37	ZL201010274952.4	斜拉桥钢桁梁架梁吊机的走行装置及使用方法	发　明	20111107通知授权
38	ZL201020205464.3	高强度螺栓检查辅助仪器	实用新型	2011.01.05
39	ZL200920297175.8	模块式悬臂混凝土结构浇筑构架	实用新型	2011.01.05
40	ZL201020244137.9	斜桁杆件测量用滑移式直角器	实用新型	2011.01.12
41	ZL201020238017.2	一种拼装空间斜腹杆的导向装置	实用新型	2011.02.02
42	ZL201020280552.X	用于钢桁拱桥施工的爬坡吊机	实用新型	2011.04.13
43	ZL201020594690.5	V形托架	实用新型	2011.05.25
44	ZL201020657068.4	悬浇连续梁0号块与下部结构同步快捷施工装置	实用新型	2011.08.03
45	ZL201020673132.8	一种钢桁梁杆件翻身装置	实用新型	2011.08.10
46	ZL201120013916.2	活动支架不变幅架梁吊机	实用新型	2011.08.24
47	ZL201120013894.X	辅助不变幅架梁吊机架设钢箱梁用主塔区活动支架	实用新型	2011.08.24
48	ZL201120013918.1	辅助不变幅架梁吊机架设钢箱梁用辅助墩活动支架	实用新型	2011.08.31
49	ZL201020698895.8	一种大型钢沉井整节段吊装接高施工设备	实用新型	2011.09.14
50	ZL201020697384.4	一种水下混凝土灌注导管的检查系统	实用新型	2011.12.21
51	ZL201120211455.X	一种钢筋混凝土梳齿锚	实用新型	20111110通知授权

表7-44　2011年中铁大桥局获得工法一览表

序号	工法名称	工法级别
1	深水桩基础浮式平 台施工工法	中华人民共和国住房和城乡建设部
2	高速铁路无砟轨道路基基床施工工法	中华人民共和国住房和城乡建设部
3	大型双壁钢套箱围堰施工工法	中华人民共和国住房和城乡建设部
4	全焊接钢桁梁斜拉桥主梁整节段安装施工工法	中华人民共和国住房和城乡建设部
5	大型双壁钢围堰气囊法下水施工工法	铁道部建设管理司
6	大型双壁钢吊箱围堰重锚系统施工工法	铁道部建设管理司
7	既有线旁开口式基坑防护施工工法	铁道部建设管理司
8	铁路钢桁梁桥面槽形梁原位现浇施工工法	铁道部建设管理司
9	MZ3200型双幅箱梁造桥机施工工法	铁道部建设管理司
10	大跨度连续刚构桥梁施工工法	铁道部建设管理司
11	客运专线铁路路基沉降观测施工工法	铁道部建设管理司
12	海上整孔箱梁整体运架施工工法	中铁大桥局集团
13	海上大体积预应力湿接头施工工法	中铁大桥局集团
14	斜拉桥钢桁梁支架段整体节段架设工法	中铁大桥局集团
15	铁路客运专线节段箱梁预制拼装工法	中铁大桥局集团
16	市政桥梁“干”字形墩上下盖梁施工工法	中铁大桥局集团
17	三桁整体桥面平弦钢桁梁架设施工工法	中铁大桥局集团
18	海湾大桥单桩独柱墩施工工法	中铁大桥局集团
19	高速铁路过渡段施工工法	中铁大桥局集团
20	桥梁维修加固施工工法	中铁大桥局集团

21	竖转铰安装施工工法	中铁大桥局集团
22	透水性模板布施工工法	中铁大桥局集团
23	6 米节段爬模施工工法	中铁大桥局集团
24	锚碇大体积混凝土温控工法	中铁大桥局集团
25	旋挖钻机施工水上大直径钻孔桩工法	中铁大桥局集团
26	围堰内无封底混凝土、开口高低刃脚双壁钢围堰施工工法	中铁大桥局集团

【中铁隧道工法与专利】 2011 年中铁隧道获得省部级工法及专利与著作情况见表 7-45~47。

表 7-45　2011 年中铁隧道获省部级工法一览表

序号	工 法 编 号	工　法　名　称	级别	日期及文号
1	EJGF69-2011	变截面空心薄壁高墩翻模施工工法	省级	豫建建[2012]4 号
2	EJGF70-2011	运营地铁车站接驳施工工法	省级	豫建建[2012]4 号
3	EJGF71-2011	中间柱桩施工工法	省级	豫建建[2012]4 号
4	EJGF72-2011	中心水沟切割劈裂施工工法	省级	豫建建[2012]4 号
5	EJGF73-2011	浅埋偏压大跨软弱围岩六车道双联拱隧道施工工法	省级	豫建建[2012]4 号
6	EJGF74-2011	盾构隧道水下地中对接施工工法	省级	豫建建[2012]4 号
7	EJGF75-2011	水底隧道软弱透水地层盾尾密封洞内液氮冻结更换工法	省级	豫建建[2012]4 号
8	EJGF76-2011	开敞式 TBM 长距离弧形导槽空载步进工法	省级	豫建建[2012]4 号
9	EJGF77-2011	第三纪地层富水隧道快速施工工法	省级	豫建建[2012]4 号
10	EJGF78-2011	复杂地质环境下地铁盾构硬岩段深孔微差爆破施工工法	省级	豫建建[2012]4 号
11	EJGF79-2011	邻近建（构）筑物大断面洞桩法隧道沉降控制工法	省级	豫建建[2012]4 号
12	EJGF80-2011	富水砂卵石地层有水桥梁桩基托换工法	省级	豫建建[2012]4 号
13	GGG（豫）D6-2011	孔口密封钻杆后退式分段注浆工法	部级	交通部 2011 年公路工程工法评审结果公示
14	GGG（豫）D1-2011	小间距大跨浅埋暗挖水下隧道施工工法	部级	交通部 2011 年公路工程工法评审结果公示
15	GGG（豫）D1-2011	淤泥质地层大跨度地道无横撑明挖施工工法	部级	交通部 2011 年公路工程工法评审结果公示
6	CRECSD-2011-01	变截面空心薄壁高墩翻模施工工法	部级	中铁股份技[2011]345 号
17	CRECSD-2011-02	淤泥质地层大跨度地道无横撑明挖施工工法	部级	中铁股份技[2011]345 号
18	GJYJGF074-2010	富水砂卵石地层土压平衡盾构施工工法	国家级	建质[2011]154 号
19	GJEJGF231-2010	大跨隧道拱箱双层组合结构施工工法	国家级	建质[2011]154 号
20	YJGF26-2002(2009-2010升级版-36)	弹性整体道床施工工法	国家级	建质[2011]154 号
21	YJGF14-2002(2009-2010升级版-37)	敞开式硬岩掘进机在软弱围岩铁路隧道施工工法	国家级	建质[2011]154 号
22	YJGF13-2002(2009-2010升级版-45)	铁路车站三线大跨度软弱围岩隧道施工工法	国家级	建质[2011]154 号

表 7-46　2011 年中铁隧道新增授权专利一览表

序号	专利名称	专利类型	颁证日期（授权公告日）	专利号	专利权人
1	孔口止浆钻杆分段后退式注浆方法	发明	2011.03.20	ZL200810049526.3	中铁隧道集团
2	钢管柱在富水软弱地层中深孔水下的安装定位方法	发明	2011.06.22	ZL201010139418.2	中铁隧道集团
3	一种沉管隧道二次围堰防渗体系的施工方法	发明	2011.06.22	ZL200910064942.5	中铁隧道集团

序号	专利名称	专利类型	颁证日期（授权公告日）	专利号	专利权人
4	一种适用于复杂地层施工的复合盾构	发明	2011.07.27	ZL200810187506.2	中铁隧道集团
5	一种沉管隧道管段用混凝土配合比	发明	2011.09.28	ZL200910064941.0	中铁隧道集团
6	一种隧道和地下工程无工作间超前大管棚施工工艺方法	发明	2011.09.28	ZL201010122486.8	中铁隧道集团
7	隧道通风机自动运行控制装置	实用新型	2011.06.01	ZL201020517123.x	中铁隧道集团
8	无门架式隧道衬砌模板台车	实用新型	2011.06.29	ZL201020652751.9	中铁隧道集团
9	隧道防水材料铺设装置	实用新型	2011.06.29	ZL201020652830.X	中铁隧道集团
10	一种快速均匀加固软弱地层的模袋注浆装置	实用新型	2011.10.12	ZL201020667957.9	中铁隧道集团、陕西省侯马市鑫丰康风机有限公司、运城市奥科远电器有限公司
11	可调节预应力锚固装置	实用新型	2011.10.12	ZL201020667979.5	中铁隧道集团
12	振动平衡锚固装置	实用新型	2011.10.12	ZL201020667905.1	中铁隧道集团
13	一种隧道施工用的拱架安装设备	实用新型	2011.10.12	ZL201020594946.2	中铁隧道集团
14	隧道施工拱架安装设备的工件翻转机构	实用新型	2011.10.12	ZL201020594948.1	中铁隧道集团
15	隧道施工拱架安装设备的工件夹取装置	实用新型	2011.10.12	ZL201020594956.6	中铁隧道集团

表 7-47　2011 年中铁隧道新增著作权一览表

序号	软件名称	著作权人	类型	授予日期	登记号	证书号
1	基于 WebGIS 和多元信息的隧道施工全程风险预测及管理系统 1.0.0	中铁隧道集团有限公司 西南交通大学 中国矿业大学	软件著作权	2011.08.11	2011SR056767	软著登字第 0320441 号

【中铁电气化局专利与工法】　2011 年，中铁电气化局获授权国家发明专利 1 项、实用新型专利 21 项，开发国家级工法 2 项。（见表 7-48、49）

表 7-48　2011 年中铁电气化局新增授权专利一览表

序号	专利名称	专利类型	专利号
1	一种 H 型预应力混凝土柱及其生产方法	发明专利	ZL201010175481.1
2	一种 H 型预应力混凝土柱	实用新型	ZL201020194112.2
3	铁路电气化接触网工具吊弦	实用新型	ZL201020248869.5
4	一种异步实时通讯数显扭力扳手	实用新型	ZL201020248860.4
5	电气化接触网弹性吊索张力测量仪	实用新型	ZL201020248859.1
6	电气化接触网腕臂偏移测量仪	实用新型	ZL201020248827.1
7	一种多功能电缆放线车	实用新型	ZL201020248886.9
8	一种电力、接触网工程线索架设倒装器	实用新型	ZL201020248887.3
9	感应板铺装车	实用新型	ZL201020248839.4
10	一种多用单轨施工车	实用新型	ZL201020248840.7
11	一种防窜中心锚结	实用新型	ZL201020248837.5
12	绝缘杆耐压试验支架	实用新型	ZL201020248788.5
13	隧道吊住腕臂安装架	实用新型	ZL201020248853.4

序号	专利名称	专利类型	专利号
14	快速防胀限位器	实用新型	ZL201020248807.4
15	快排雨水帽	实用新型	ZL201020248783.2
16	恒张力车加装调直机连接装置	实用新型	ZL201020248818.2
17	电气化铁路集装箱站移动式接触网	实用新型	ZL201020248829.0
18	一种自动制动轨行人力推车	实用新型	ZL201120170952.x
19	接触轨弹性绝缘支架	实用新型	ZL201120170945.x
20	弹性吸能定位装置	实用新型	ZL201120170685.6
21	一种变压器碰壳保护装置	实用新型	ZL201120170994.3
22	高铁电力电缆爬架	实用新型	ZL201120170735.0

表 7-49　2011 年中铁电气化局获得批准的工法一览表

序号	工法名称	工法级别	工法编号
1	单轨交通信号系统设备安装调试工法	国家级工法	GJEJGF205-2010
2	直线电机运载系统 DC1500V 三轨接触网系统施工工法	国家级工法	GJEJGF361-2010

【中铁电气化局规范标准工作】 2011 年，中铁电气化局　　主持或参加编写的标准 12 项。(见表 7-50)

表 7-50 2011 年中铁电气化局主持或参加编写的行业标准项目表

序号	标准名称	标准级别	标准编号
1	轨道交通 地面装置 直流开关设备 第 1 部分：总则	国家标准	GB/T 25890.1-2010
2	轨道交通 地面装置 直流开关设备 第 2 部分：直流断路器	国家标准	GB/T 25890.2-2010
3	轨道交通 地面装置 直流开关设备 第 3 部分：户内直流隔离开关、负荷开关和接地开关	国家标准	GB/T 25890.3-2010
4	轨道交通 地面装置 直流开关设备 第 4 部分：户外直流隔离开关、负荷开关和接地开关	国家标准	GB/T 25890.4-2010
5	轨道交通 地面装置 直流开关设备 第 5 部分：直流避雷器和低压限制器	国家标准	GB/T 25890.5-2010
6	轨道交通 地面装置 直流开关设备 第 6 部分：直流成套开关设备	国家标准	GB/T 25890.6-2010
7	轨道交通 地面装置 直流开关设备 第 7-1 部分：直流牵引供电系统专用测量、控制和保护装置 应用指南	国家标准	GB/T 25890.7-2010
8	轨道交通 地面装置 直流开关设备 第 7-2 部分：直流牵引供电系统专用测量、控制和保护装置 隔离电流变送器和其他电流测量设备	国家标准	GB/T 25890.8-2010
9	轨道交通 地面装置 直流开关设备 第 7-3 部分：直流牵引供电系统专用测量、控制和保护装置 隔离电压变送器和其他电压测量设备	国家标准	GB/T 25890.9-2010
10	电气化铁路接触网汇流排	铁道行业标准	TB/T3253-2010
11	电气化铁路接触网绝缘护套	铁道行业标准	TB/T3252-2010

【中铁建工工法与专利】 2011 年，中铁建工评审通过集团级工法 67 项，申报并通过评审的省部级工法 12 项，其中雨棚三跨连续不等跨张弦梁同步张拉施工工法为国家级工法。申请发明专利 3 项、实用型专利 16 项。见表 7-51、52。

表 7-51　2011 年中铁建工获得工法一览表

序号	名称	年度	级别
1	雨棚三跨连续不等跨张弦梁同步张拉施工工法	2009～2010	建设部
2	钢柱内多层小孔隔板自密性混凝土施工工法	2011	山西省
3	双层仿青砖窗花式组合幕墙施工工法	2011	山西省

4	地下室临时钢栈桥施工工法	2011	山西省
5	卷扬机拆除钢结构临时支撑施工工法	2011	山西省
6	背槽锚固式墙体干挂玻化砖施工工法	2011	辽宁省
7	直立锁边铝镁锰合金板金属屋面施工工法	2011	辽宁省
8	滚轴式滑动支座施工工法	2011	山东省
9	钢骨混凝土转换桁架施工工法	2011	山东省
10	内爬塔吊施工工法	2011	山东省
11	多系统组合支吊架施工工法	2011	山东省
12	混凝土超高泵送防回流工法	2011	山东省

表 7-52　中铁建工 2011 年专利开发情况一览表

序号	专利名称	专利类型	申报单位
1	移动式轨道	发　明	设计院
2	人工挖孔桩内用于安装钢管混凝土柱的定位连接器	发　明	深圳分公司
3	电梯井自稳操作平台	发　明	北方公司
4	施工工地用货架	实用新型	西北分公司
5	移动式砂浆车的应用	实用新型	上海分公司
6	无砟轨道板调整器Ⅰ型	实用新型	机械公司
7	无砟轨道板调整器Ⅱ型	实用新型	机械公司
8	电梯井自稳操作平台	实用新型	北方公司
9	轨道安装预留孔的成型机构	实用新型	北方、机械公司
10	单向预应力拉索幕墙支撑结构	实用新型	西南分公司
11	悬挑式卸料平台限载系统	实用新型	北京分公司
12	多功能移动式防护隔离操作平台	实用新型	铁工建设公司
13	一种无砟轨道板式道岔板调整器	实用新型	机械公司
14	钢筋折弯机	实用新型	深圳分公司
15	施工用重型升降机	实用新型	深圳分公司
16	施工用人货电梯防护门门轴扣件	实用新型	深圳分公司
17	与建筑主体结构随层施工提升的电梯井道施工脚手架装置	实用新型	上海分公司
18	火车站行包邮政自动运输系统实用新型	实用新型	设计院
19	一种手工切割钢板圆洞装置	实用新型	北方公司

【中铁港航局专利工法开发情况】　2011 年，中铁港航局获得授权实用新型专利 9 项、发明专利 1 项，有 5 项发明专利通过初步审查及网上公示，处于实质审查阶段；获得国家一级工法 2 项、国家二级工法 2 项。

表 7-53　2011 年中铁港航局新增授权专利一览表

序号	专利名称	专利类型	受理/授权号	备注
1	一种桥墩的施工方法	发明专利	ZL200910213993.X	
2	一种移梁台车	实用新型	ZL201020694237.1	
3	缆索吊机的鞍座	实用新型	ZL201120233791.4	
4	缆索吊机的承重主索调索机构	实用新型	ZL201120233792.9	
5	承重主索的锚固装置	实用新型	ZL201120233783.X	
6	注浆止阀管	实用新型	ZL201020694253.0	

7	用于水下钻孔护孔的套管	实用新型	ZL201020694254.5	
8	一种用于明礁处理的钻孔装置	实用新型	ZL201020093799.5	
9	用于水下钻孔套管的扶正器	实用新型	ZL201020694233.3	
10	一种深水深孔起爆网路	实用新型	ZL201020694234.8	

表 7-54 2011 年中铁港航局获得的国家级和省部级工法一览表

序号	工法编号	工法名称	级别
1	GJYJGF083-2010	深水桩基础浮式平台施工工法	国家级
2	GJYJGF074-2010	富水砂卵石地层土压平衡盾构施工工法	国家级
3	GJEJGF249-2010	全焊接钢桁梁斜拉桥主梁整节段安装施工工法	国家级
4	GJEJGF231-2010	大跨隧道拱箱双层组合结构施工工法	国家级

【中铁航空港工法与专利】 2011 年，中铁航空港获得批准国家和省部级工法 11 项，其中国家级工法 5 项、省部级工法 6 项。获得授权专利 5 项，其中发明 1 项、实用新型 4 项。（见表 7-55、56）

表 7-55 2011 年中铁航空港获得国家级和省部级工法一览表

序号	工法编号	工法名称	级别
1	GJYJGF084-2010	深水浅覆盖层锁口钢管桩围堰施工工法	国家级工法
2	GJEJGF228-2010	浅滩沙层大直径竖井施工工法	国家级工法
3	GJEJGF229-2010	盾构空推通过暗挖隧道或车站施工工法	国家级工法
4	GJEJGF243-2010	高空混凝土结构物反支点预压施工工法	国家级工法
5	GJEJGF246-2010	波型钢腹板预应力混凝土连续箱梁现浇施工工法	国家级工法
6	SJGF-11-14-083	双层仿青砖窗花式组合幕墙施工工法	山西省省级工法
7	SJGF-11-14-084	钢柱内多层小孔隔板自密性混凝土施工工法	山西省省级工法
8	SJGF-11-14-085	卷扬机拆除钢结构临时支撑施工工法	山西省省级工法
9	SJGF-11-14-086	地下室临时钢栈桥施工工法	山西省省级工法
10	SJGF033-1-2011 SJGF033-2-2011	背槽锚固式墙面干挂玻化砖施工工法	辽宁省省级工法
11	SJGF034-1-2011 SJGF034-2-2011	直立锁边铝镁锰合金板金属屋面施工工法	辽宁省省级工法

表 7-56 2011 年中铁航空港新增授权专利一览表

序号	专利名称	专利类型	专利号
1	高速路面清扫机	实用新型	ZL201120019304.4
2	装载机自动找平控制器	实用新型	ZL201120262424.7
3	内燃电动两用吊车	实用新型	ZL201120156210.1
4	柴油油路加热器	实用新型	ZL201120262414.3
5	一种双面双向钢丝网泡沫混凝土保温模板	发明专利	ZL201110217533.1

【中铁上海局工法专利工作】 2011 年，中铁上海局下达两批工法开发计划，共 21 项，组织召开 2 次工法评审，形成企业级工法 11 项，积极申报国家级工法，获得国家级工法 4 项（见表 7-57）。申报发明专利 12 项、实用新型专利 20 项，获授权发明专利 1 项、授权实用新型专利 7（见表 7-58）。

【中铁上海局标准规范工作】 2011 年，中铁上海局参与标准规范编制 2 项，其中《污水处理卵形消化池工程技术规程》已发布，铁道部行业标准《铁路给水排水施工机械配置指导意见》已完成送审稿的评审。技术中心为加强全公司标准规范管理，动态跟踪规范、标准的发布及更新情况，已2次更新公司工程建设标准目录。

【中铁上海局计量工作】 2011 年，技术中心根据测量管理体系认证需要组织人员进行培训取证，取得测量管理体系认证内审员证书21人；2011年7月，启动测量管理体系认证工作，较短时间内完成管理手册、程序文件的编写，并发布实施运行。安排公司员工对管理手册、程序文件进行学习、培训、检查，并在相关部门、单位的共同努力下，于 2011 年12月8日内完成了体系内审，一次性成功通过中启计量体系认证中心认证，获得AAA级测量管理体系认证证书。

表7-57　2011年中铁上海工程局国家级工法一览表

序	工法名称	工法编号	完成单位	工法等级	备注
1	预应力混凝土系杆拱桥逆序拆除	GJYJGF081-2010	一公司	国家一级	建质[2011]154号
2	卵形消化池伞形模架施工工法	GJEJGF065-2010	市政公司	国家二级	建质[2011]154号
3	胶结密实圆砾土层双壁钢围堰施	GJEJGF247-2010	一公司	国家二级	建质[2011]154号
4	深水溶蚀地质旧桥墩加固利用施	GJEJGF248-2010	一公司	国家二级	建质[2011]154号

表7-58　2011年中铁上海局新增授权专利一览表

序号	专利名称	专利类型	受理/授权号	备注
1	单主缆斜吊杆地锚式悬索桥的施工方法	发　明	ZL201010246627.7	此7项专利是2010年中铁上海工程局成员单位申请，2011年授权。
2	浮筒式水上钻孔平台	实用新型	ZL201020283615.7	
3	三维变截面A形钢箱主塔节段吊装结构	实用新型	ZL201020283622.7	
4	复杂地质条件下的联合围堰	实用新型	ZL201020283648.1	
5	宽桥面单-纵隔板钢箱梁顶推机构	实用新型	ZL201020283687.1	
6	高主塔吊装门架支反力约束固定结构	实用新型	ZL201020283690.3	
7	空间变截面钢箱塔下承压板的安装结构	实用新型	ZL201020283693.7	
8	铁路轨道板砂浆灌注封边压紧装置	实用新型	ZL201120133456.7	

【中铁西南公司工法与专利】 2011 年，中铁西南公司制定了《工法开发管理办法》，修订了《科技开发管理办法》，完善了激励措施，细化了工作流程。

所属BT项目柳州三桥一路项目的科技开发工作进展顺利，2011 年完成了维义大桥的《大跨度钢桁拱梁膺架法半悬臂架设施工工法》和双拥大桥的《A形三维变截面钢箱主塔施工工法》及广雅大桥的《钢箱拱V型墩架设施工工法》3个工法的开发工作。其中维义大桥的《大跨度钢桁拱梁膺架法半悬臂架设施工工法》和双拥大桥的《A形三维变截面钢箱主塔施工工法》的工法，经公司组织评审通过，并于6月份向股份公司申报，7月25日获得股份公司的评审通过，被评为股份公司企业级工法。维义大桥的《大跨度钢桁拱梁膺架法半悬臂架设施工工法》被中国公路建设行业协会评为2011 年度公路工程工法。柳州双拥大桥的《溶蚀透水地质条件下锚碇深基坑施工工法》、《510米钢箱梁单端多点连续顶推施工工法》，广雅大桥的《钢箱拱V型墩架设施工工法》均已完成实施，并上报至西南公司，进入评审阶段。

设计经营管理

【股份公司设计经营管理】 加强业务指导，勘察设计板块发展质量不断提高。一是加强对勘察设计研究企业的指导、协调、服务工作，完成了对中铁二院、中铁咨询和中铁工程设计院等单位的调研、检查和经济活动督导，推动了勘察设计板块的稳步发展。2011 年公司设计咨询板块积极调整思路，研究对策，制定措施，狠抓生产经营管理，生产经营业务平稳增长，十家设计研究单位均超额完成年度生产经营目标。中铁二院连续 6 年列全国勘察设计企业勘察设计营业收入首位。二是加大设计咨询企业产业结构调整和资源整合，中铁西南院产业基地正式投入使用，中铁咨询与中国北车成立合资公司，中铁大桥院与武钢集团、中铁二院与华为技术有限公司、中铁咨询与中港基业分别签订了战略合作协议，促进了企业主业突出、相关多元化健康发展。三是加大资质申报工作的指导力度，强化资质管理，2011 年新增勘察设计资质 4 项，5 家单位通过国家发改委的咨询资格认定。中铁电化院成功取得了铁道行业铁路综合甲（Ⅱ）级设计资质，成为股份公司第一家取得铁路综合甲级设计资质的专业型设计院；中铁西北院首次获得地质灾害危险性评估资质证书，成为全国为数不多的同时取得国土资源部地质灾害治理工程评估、勘察、设计、施工、监理资质的单位。四是在重大项目、BT 项目中，开展设计施工互动协调活动，帮助中老铁路、昆明地铁等建设项目解决施工中存在的技术难题，提高勘察设计质量。五是积极为股份公司海外项目、投资项目提供技术咨询，大力开展咨询业务，先后组织专家对刚果（金）、印尼煤炭运输项目等海外项目进行评审。六是注重创优管理，不断提高设计水平和质量，2011 年获全国优秀工程勘察设计奖 11 项，省部级工程勘察设计奖 77 项；获得省部级优秀工程咨询成果奖 17 项；获国家工程建设（勘察设计）QC 小组 13 项；评选出股份公司优秀工程勘察设计奖 86 项，优秀工程咨询成果奖 32 项。

【中铁二院资质管理与机构设置】 中铁二院工程集团有限责任公司（简称中铁二院），是中国铁路工程总公司控股的国有资产公司，持有国家甲级工程勘察、设计、咨询、监理、环境影响评价等 29 项资质证书和对外经营资格证书（其中有 4 项为 2011 年内获得），获有 IS09001 质量体系认证证书和英国皇家认可委员会（UKAS）颁发的“国际标准认证证书”。主要承担铁路、公路、城市轨道交通、城市规划、通信信号、工业与民用建筑等工程项目的勘测设计、咨询、工程监理及工程总承包等业务，其勘测设计手段和技术装备不断更新发展，GPS 全球卫星定位、CAD 和数字测量、光电测距、液压机械传动钻机、静力触探、计算机成图等高科技手段广泛应用于勘察设计，计算机技术在广域网系统、远程设计及勘测设计一体化、办公自动化、远程视讯会议和工程图档计算机管理等方面已全面普及。中铁二院现已成为科学技术应用和科学技术研究的甲级勘察设计企业。

中铁二院下属勘察设计单位设置情况如下：

1. 直属勘察设计研究单位

截至 2011 年底，中铁二院共下设 15 个生产院（测绘分院、交通规划研究院、土木建筑设计研究一院、土木建筑设计研究二院、土木建筑设计研究三院、地下铁道设计研究院、交通设计研究院、建筑工程设计研究院、环境工程研究院、通信信号研究设计院、机械动力工程设计研究院、电气化设计研究院、工程经济设计院、南宁分院、济南分院）。

2. 子公司

截至 2011 年底，中铁二院共拥有 13 个子公司。其中，有 8 个子公司的主要业务领域为工程勘察设计（中铁二院西安勘察设计研究院有限责任公司、中铁二院武汉勘察设计研究院有限责任公司、中铁二院成都勘察设计研究院有限责任公司、中铁二院昆明勘察设计研究院有限责任公司、中铁二院重庆勘察设计研究院有限责任公司、中铁二院华东勘察设计有限责任公司、中铁二院贵阳勘察设计研究院有限责任公司、中铁二院成都地勘岩土工程有限责任公司），2 个子公司的主要业务领域为工程技术管理服务（中铁二院咨询监理有限责任公司、中铁二院成都市政工程技术咨询有限责任公司）。

另有 3 个子公司为其他业务领域（中铁二院置业开发有限责任公司、成都铁二院图文印务有限责任公司、成都铁二院九天置业发展有限责任公司）。

3. 工程项目部

根据生产需要，设立若干工程项目部等临时性机构。

【中铁二院设计工作概况】 2011 年，中铁二院的生产形势较为严峻，一方面生产项目的任务总量较 2010 年有明显下滑；另一方面，需交付施工图和配合施工的项目任务量巨大、工期紧张、图纸交付时间集中。此外，还需投入大量的资源去完成方案补充、标准调整和设计复查等额外工作，生产组织压力巨大。通过加强资源调配、细化计划安排，中铁二院全年完成各类勘察设计实物工作量 3835 线路折算公里，为年度目标 3203.86 折算公里的 119.7%，是 2010 年完成勘察设计实物工作量 4926.19 线路折算公里的 77.8%。地质钻探 149 万实钻米，为 2010 年 362.5 万实钻米的 41.1%。

现分述如下：

1. 铁路方面：完成了约 10000 公里的预可研设计、210 公里的可研设计、163 公里的初步设计、3180 公里的初测、2300 公里的定测、2207 公里的补充定测、2120 公里的站前施工图、1481 公里的站后施工图，开展并完成了 9 个项目的概算清理工作。同时，按照铁道部要求，还按时完成了 12 个项目的补充标准研究、16 个项目的补充方案和建设时机研究，以及 49 个站房、雨棚的标准复查和 31 个铁路项目的生产生活设施配套复查。

2. 城市轨道交通方面：开展了北京、上海、西安、武汉等 20 多个城市 109 项轨道交通项目的前期研究、总体总包、设计咨询、工点系统等不同类别、不同阶段的勘察设计工作。

3. 公路市政方面：开展了南大梁高速公路、福建海西高速公路明溪联络线等 103 项共计约 1000 公里不同阶段的勘察设计工作。

4. 海外项目方面：开展了委内瑞拉、缅甸、老挝、埃塞俄比亚、孟加拉等多个国家 15 个项目、共计 3700 余公里不同阶段的勘察设计工作。

2011 年，中铁二院承担勘察设计、咨询及总承包项目 396 项，分列如下：

1. 铁路项目 144 项（前期项目 43 项、在建项目 43 项、收尾配套项目 17 项、咨询项目 33 项、站房项目 8 项）。

2. 城市轨道交通项目 109 项（设计总承包项目 27 项、前期项目 20 项、工点及系统项目 49 项、设计咨询项目 13 项），主要分布在成都、重庆、昆明、贵阳、广州、深圳、东莞、杭州、上海、宁波、南京、合肥、厦门、南昌、北京、郑州、青岛、西安、石家庄、武汉、长沙、南宁、佛山等城市；

3. 公路及市政交通工程项目 103 项（前期项目 4 项、新开工项目 53 项、在建项目 46 项），主要分布在珠海、广州、深圳、四川、云南等地区；

4. 海外项目 15 项（总包项目 1 项 64.2 公里、铁路可研项目 3 项 1193 公里、初步设计项目 1 项 418 公里、施工图设计项目 5 项 1919 公里、公路项目 3 项 246 公里、房建项目 2 项 1.1 万平方米），主要分布在亚洲、非洲、南美洲，涉及委内瑞拉、尼日利亚、埃塞俄比亚、缅甸、老挝、阿根廷、几内亚等多个国家；

5. 工程总承包项目 25 项（新开工项目 10 项、续建项目 15 项）。

【中铁设计咨询设计经营管理】 2011 年，中铁设计咨询全年实现营业收入 17.1 亿元，同比 2010 年增长了 1.52%；实现利润 1.6 亿元，同比 2010 年减少 3.8%；新签合同额 29 亿元，同比 2010 年增长 3.2%；资产负债率 56.39%，同比 2010 年下降 11.5%。

1. 国内市场经营开发

2011 年面对铁路建设步伐调整，铁路新上项目大幅减少的形势，中铁设计咨询在争取国铁项目的同时，积极关注铁路建设管理方式的调整、变化，追踪铁路局和地方铁路项目。并根据国家能源基础安全建设和节能减排政策，加大对煤炭产地、物流园区的企业铁路专用线市场的开发，2011 年承担的地方铁路和专用线项目较上年有大幅增加，全年铁路新签合同额仍达到公司 2011 年新签合同额的一半。针对国内许多城市加快城市轨道交通建设，积极参与投标，年内参与了 10 个城市的 20 多个轨道交通项目的投标，中标了一些项目（工点），使得城市轨道交通新签合同额比上年增长 59%。为有利于市场开发，中铁设计咨询在原有 6 个驻外办事处的基础上，又在 7 个城市新设了驻外办事处（后调整为分院），发挥“对外窗口”作用。为发挥企业联合的优势，与 4 个单位签署了战略合作协议。2011 年全年新签铁路工程合同额 14.5 亿元、城市轨道交通合同额 1.5 亿元、公路工程和市政工程合同额 1.2 亿元，技术咨询合同额 1.5 亿元、工程总承包合同额 5.2 亿元、岩土工程与工程监理合同额 4 亿元。

2. 海外市场经营开发

2011 年中铁设计咨询依靠股份公司整体开发海外市场的优势，配合股份公司有关组织海外项目的公司做好项目前期工作，因此年内海外项目中前期配合工作较多。继续做好援外项目的勘察设计工作，在完成好在建项目设计的基础上，争取获得更多的设计或咨询项目。对已掌握的海外项目信息坚持追踪，以获取项目承揽机会。2011 年海外勘察设计专业领域有所扩展，业务范围也从勘察设计拓展到咨询与项目管理，中标利比里亚邦峰矿铁路专用线总承包项目。2011 年，海外（含援外）项目营业额 6226 万元人民币，是股份公司下达年度计划目标 500 万美元的 195%。新签合同额 1.1 亿元人民币，是股份公司下达年度计划目标 800 万美元的 210%。

3. 项目生产管理

2011 年，中铁设计咨询面对铁路建设项目清理，开展了质量、安全大检查，同时，为保持业务增长，投标项目和承担的零小项目增多的情况，统筹安排、超前策划、严格计划作业表的执行，并采取多种有效的生产组织方式，确保各项生产任务的完成。对勘测设计项目采取分类管理：铁道部计划或规模大的项目由公司统一组织管理；规模小和单专业项目由生产单位代公司管理；规模小的专用线项目采用总体院管理；大型勘测外业由公司组建项目部管理等多种生产组织方式。

4. 管控体系

在内控方面，2011 年中铁设计咨询内部控制体系的《内部控制手册》、《内部控制体系流程文件汇编》发布执行，年末按股份公司要求进行了内部控制体系执行情况的内部审查。年内结合风险管理和内控体系完善的需要，补充修订各类规章制度56项。在质量技术管理方面，突出了质量检查，上报铁道部的铁路勘察设计质量安全大检查的项目共有32个，建立问题库和整改消号制度，实行闭环管理。检查发现的各类问题，到年末按照铁道部鉴定中心的要求全部整改完毕。加强了勘察设计过程的检查，年内组织开展了11次勘察中间检查，6次重大项目的勘察资料验收，18次异地分公司设计文件的审查，1次地质勘探检查。组织开展的重要技术评审和研讨活动共计68次。4次设计回访和现场核对。在财务管理方面，根据股份公司要求，采取各种措施厉行节约，减少不必要开支，实行了部门刚性预算等多项措施，细化各项费用管理，努力控制期间费用，本年度三项费用率均较上年降低。

5. 科技创新

2011年中铁设计咨询科技投入费用达到营业收入的3%以上，开展各类科研项目60项，其中铁道部科研项目4项，股份公司科研项目8项，中铁设计咨询内部科研36项、软件12项。通过科研成果验收评审17项，其中通过股份公司成果评审7项，通过中铁设计咨询内部科研成果评审5项、软件成果评审5项。申请专利8项，其中发明专利2项；获得授权专利6项，其中发明专利1项。承担铁道部标准编制6项、标准设计5项。获得建设部工法1项。

2011年中铁设计咨询获得科技成果奖、优秀勘察设计奖、优秀咨询成果奖共53项，其中获国家级奖4项、省部级奖24项、股份公司奖25项。获奖项目中“一种简支梁的制造方法”获得第十三届中国专利优秀奖。

6. 设计工作概况

2011年中铁设计咨询完成实物工作量：铁路1930.36折算公里，同比上一年减少25.7%；工程测量641.5标准平方公里，同比上一年减少67.1%；工程地质41万实钻米，同比上一年减少73.9%；水文地质926实钻米，同比上一年增加808实钻米；城市轨道交通212.82折算公里。

全年共承担勘察设计及总承包项目138项，分别为：铁路项目91项，城市轨道交通项目17项，国外工程项目24项，工程总承包项目6项。另承担技术咨询及岩土工程、工程监理项目35项。

【中铁大桥院设计经营管理】 2011年，中铁大桥院超额完成各项生产任务，新签合同额4.5亿元，完成营业额4.8亿元，利润总额5437万元。勘测设计质量合格率100%，优良率100%。年内承担的主要勘测设计项目有：武汉二七长江大桥、武汉鹦鹉洲长江大桥、武汉至黄冈城际铁路黄冈长江大桥、南京至安庆城际铁路安庆长江大桥、马鞍山长江公路大桥、晋豫鲁铁路通道汾河特大桥、港珠澳大桥DB02标段、港珠澳大桥主体工程测量控制中心、黑瞎子岛乌苏大桥及引道工程、南京快速内环西线南延工程、宁波轨道交通1号线一期工程1标、武汉轨道交通8号线等。

2011年，中铁大桥院面对严峻形势和困难局面，调整经营思路，更新营销策略，灵活多变地开拓市场，取得了经营开发的新成绩。

1. 路内市场保持稳定发展。公司签订路内项目合同18项，主要有合福铁路客运专线铜陵长江公铁两用大桥勘察设计、新建铁路兰州至乌鲁木齐第二双线八盘峡黄河特大桥勘察设计、琼州海峡跨海工程专题研究等。

2. 路外市场继续稳妥开发。公司承揽了港珠澳大桥主体施工图阶段勘察设计、重庆寸滩长江大桥及南引道工程科研与设计、泉州金屿大桥勘察设计、南京宏达大桥建设设计、内蒙乌海甘德尔黄河大桥勘察设计。

3. 城市轨道市场取得突破。公司中标武汉市轨道交通六号线7标、武汉市轨道交通八号线7标、宁波市轨道交通1号线二期工程设计SJ1205标段、南宁市轨道交通一号线一期工程设计土建1标、厦门市轨道交通1号线一期工程勘察1标。

4. 市政工程市场份额持续攀升。公司承接了武汉鹦鹉洲长江大桥接线工程1标和4标，其中1标为总体标。武汉鹦鹉洲长江大桥接线工程为纯陆地工程，为公司首次单独承担武汉市场非水域市政工程设计。

5. 海外市场进一步拓展。公司继续加大与中航国际、中土、中国技术、中国机械、中工国际等国内大型央企的沟通交流，在加纳、赞比亚、苏丹、摩洛哥、尼日利亚、土耳其、伊朗等十几个国家和地区进行市场开发，参与投标和跟踪项目20余个，业务范围包括咨询、设计、勘测、监理、诊治、市政道路等多领域。

6. 二级单位整体开发能力不断增强。咨询监理公司全年新签合同7项，开展业务涵盖公路、铁路、市政桥梁监理、岛隧工程监理、基础设施项目管理、设计审查咨询等；桥隧诊治公司新签合同35项，已初步形成四大主营业务与六项辅助业务并行的发展模式；建筑院新签合同82项，在房地产、铁路站房、公共建筑设计领域继续稳步推进；规划院新签合同142项，初步形成了规划、市政、建筑“三驾马车”并驾齐驱，勘测、监理、咨询多元发展的局面。

7. 资质升级方面取得新突破。2011年，公司市政行业（道路工程）专业资质升甲级获得建设部通过，成功解决了相关设计资质短板问题。

2011年，中铁大桥院生产组织严格规范，重点工程勘察设计项目取得新成绩。

1. 创新管理模式。针对任务量大，时间要求紧、现场配合施工多的现状，积极创新生产组织形式，创新管理方法，科学进行人员调配，严格项目管理，深入挖掘产能。通过成立项目设计小组、同地区施工设计代表协同工作组等新方式，在提高设计效率、现场配合施工和设计水平、质量等方面得到了业主的充分肯定。

2. 规范内部组织。坚持落实"项目现场管理优先"的思想，各分管领导、总工、项目负责人深入现场，掌握情况，把握大局，督促、指导现场工作，实现了"以市场促生产，用生产促市场"的"双促进"；坚持内部管理规范化，在项目实施过程中清晰工作目标，明确工作计划、进度安排和岗位责任，把考核机制和激励措施执行到底，提高了工作效率，减少了项目成本，保证了进度、效益"双丰收"；坚持抓好安全质量，"严"字当头，建立健全各项管理制度和责任体系，加强安全管理和质量控制，确保了安全、质量"双到位"；坚持科学创新，精心服务，在项目实施中，贯彻"供一流图纸、创一流服务、建一流工程"的工作理念，立足项目，主动作为，为业主考虑，对项目负责，重视与各方的沟通协调，做到了创新、服务"双落实"。

3. 重点工程进展正常。2011 年，港珠澳大桥、黄冈公铁两用长江大桥、武汉鹦鹉洲长江大桥、安庆长江铁路大桥、山西中南铁路通道汾河大桥等一批重大项目开展，南京大胜关长江大桥、济宁太白楼东路洸府河大桥、无锡太湖大道金匮桥、武汉二七长江大桥等一批工程项目相继建成通车。

【中铁西北院设计经营】 中铁西北院自 1961 年建院以来，勘察设计业务的开展以传统优势专业科研技术力量为依托，集特殊、重大应用理论及灾害防治工程措施研究、开发和创新为一体，持有地质灾害治理工程甲级勘察证书、地质灾害治理工程甲级设计证书、地质灾害工程甲级咨询证书、市政行业桥梁乙级设计证书、工程勘察专业类岩土工程甲级资质证书，以所属专业分公司—勘察设计分公司为主，主要承担滑坡、高边坡、冻土、沙漠、盐渍土等地质灾害的勘察、设计、咨询与研究工作，在特殊地质路基与地质灾害防治领域取得骄人成绩。公司在开发甘肃、青海、四川、福建、广州等省原有市场的基础上，2011 年新开拓新疆、陕西、山西、内蒙等地市场。继续保持滑坡、高边坡治理水平在国内的领先、国际先进的地位，积累了丰富的设计管理经验，拥有良好的办公环境条件，完善的设计设施和多种设计结构分析软件。公司扩大业务范围 2011 年实现了文物保护的专业扩展，取得了古文化遗址、古墓葬、古建筑、近现代重要史迹及代表性建筑保护的勘察设计甲级资质，承揽了多项古墓、石窟、古遗址等的文物保护抢险项目，初步建立了良好的市场口碑和专业品牌。

2011 年，中铁西北院新签勘察设计合同 71 项，新签合同额 6624 万元，其中边坡加固设计与地质灾害治勘察设计版块累计 5940 万元，文物保护勘察设计版块 684 万元。

1. 投标及项目完成情况

2011 年，中铁西北院完成了青海省清关公路乙赛村滑坡群治理工程、青海二尕线沿线高边坡治理工程、格尔木昆仑桥水电站青藏铁路桥墩及河岸岸体防护工程、重庆奉节—云阳高速公路沿线滑坡、高边坡治理工程、国道 214 线结古至多普玛公路（二期）滑坡及边坡病害治理工程、青海湟源—西海镇一级公路滑坡治理工程等边坡加固与地灾防治项目的勘察设计工作；完成了新疆吐鲁番地区交河故城游览木栈道维修工程、新疆吐鲁番地区克尔涧岩画崖体加固工程、文化遗产地炳灵寺石窟保护建设项目初步设计及施工图设计、巴州市巴州区北龛、西龛石窟危岩体加固工程勘察设计、吐鲁番地区吐峪沟千佛洞加固保护、青海省玉树州麦松民居文物修缮工程设计等文物保护抢险项目。

2. 相关战略合作

2011 年 1 月 1 日，中铁西北院与中铁二院共同出资组建了中铁二院西北勘察设计有限公司，抢抓西北市场，成功介入甘肃、青海、新疆等地市场，完成多项在公路、铁路工程设计项目，取得喜人成绩。2011 年 11 月，公司和内蒙古铁道勘察设计院有限公司签署了战略合作框架协议，就双方在内蒙勘察设计市场的有关合作事宜达成了战略协议。

【中铁西南院设计经营】 中铁西南院设计业务开展以 50 余年的传统优势专业—隧道及地下工程专业为技术依托，以轨道交通、铁路设计为主业。经过数年的发展，成立全资子公司—中铁成都轨道交通设计院有限公司。中铁西南院在国内外轨道交通、铁路、工业与民用建筑等市场上锻炼培养出一支朝气蓬勃、充满活力的设计师团队；积累丰富的设计管理经验；拥有良好的办公环境条件，完善的设计设施和多种设计结构分析软件。公司业务范围涵盖城市轨道交通设计、铁路专用线设计、桥隧设计、水电站铁路防护设计等方面。现持有市政行业轨道交通专业甲级设计证书、铁路工程甲级咨询证书、市政行业桥梁乙级设计证书、工程勘察专业类（工程测量、岩土工程）甲级资质证书，并通过了 ISO9001 质量管理体系认证。

2011 年，中铁西南院加大对设计业务的扶持力度，加大经营力度和投入，取得重大突破。截至 2011 年 12 月 31 日，设计业务新签合同额累计达 3151.5 万元，其中轨道交通板块（含勘察）合同共计 8 个，铁路设计板块合同共计 10 个，同比增长 238.35%；营业收入为 2578.4 万元，同比增长 167.74%。

1. 投标及项目完成情况

2011 年 1 月，与铁一院联合投标，中标成都地铁 2 号线二期工程东延线土建工点 TJ2 标段工点勘察设计项目。5 月，与广州地铁设计研究院有限公司联合投标，中标成都地铁 3 号线一期工程土建工程 CZ2 标段工点设计项目；12 月，与鸿昌嘉泰地产公司签订成都地铁 1 号线金融城站地下通道项目合同；合作完成沙坪二级水电站水库蓄水区铁路防护处理工程设计项目开发任务；完成中化重庆涪陵化工有限公司专用铁路改建工程可研咨询项目开发工作；完成内昆线彝良站华盛物流铁路专用线可研咨询项目开发工作；完成了成渝线古家沱站渝湖燃料铁路专用线可研咨询项目开发工作；开展了青岛地铁 2 号线一期工程土建工点设计二、四、五标段投标工作；开展中缅天然气管道工程隧道工程 EPC 总承包项目投标工作；同时对新津工业园铁路专用线、中国石油天然气公司贵阳销售分公司久长油库专用线、宜宾天畅物流专用铁路扩建工程、洪安呈祥化工铁路专用线改造项目工程等进行了积极的跟踪开发。

2. 合作经营工作情况

配合铁四院间接参与郑州地铁 1 号线一期工程项目投标工作；完成铁四院铁路隧道设计项目、昆明地铁设计项目和铁三院铁路隧道设计项目；完成了铁二院桥梁、隧道、线路、站场、路基专业合同签订工作。

3. 相关战略合作

与北京城建院签订战略合作协议，拟在四川成都地区开展工程地质勘察等相关合作。

4. 加强拓展海外业务工作

积极开展尼日利亚铁路项目的投标工作；加强与意大利 GEODATA（吉欧德塔）公司的合作，学习和了解国外轨道交通设计的先进经验，合作参与印度班加罗尔地铁项目的设计。

【中铁电化院设计经营管理】 2011 年，中铁电化院技术管理简况：

1. 完善体系文件。一是根据院组织机构变动，完善各级质量控制职责，对质量手册和程序文件进行修订。二是修订完成设计质量评定及质量处理实施细则和项目质量评定及质量处理实施细则。三是为适应国家科技支撑项目运作重点对《科研经费管理程序》进行了进一步细化，同时明确了科研奖励的范围。四是进一步理顺了科研管理的思路，明确了各级人员的职责。五是完善了专业负责人设置原则，将院专业负责人按照其综合技术水平及工作能力实行分层设置，使专业负责人与公司人才发展规划相适应，体现公司技术人才的发展方向，以确保发挥专业负责人专业建设、技术把关、院施工图审核及带徒弟的作用，有利于专业负责人阶梯式队伍建设，修订《专业负责人管理程序》。六是为提高档案管理的工作效率，将既有的电子档案和实物档案管理程序进行了修订和合并为《档案管理程序》，明确了各环节的职责与工作内容。七是为适应新形势下的保密工作，对原涉密测绘成果进行修订，完善管理制度，制定《涉密测绘成果管理规定》细化管理措施，明确责任与分工。

2. 设计质量控制

一是依据院“设计质量控制和奖惩管理办法”、“文件图纸签署范围”、“副总分管项目管理程序”和“专业负责人管理程序”，实施了全院各项目文件、图纸、报告的审核，并对设计质量进行了有效控制。二是实施“5+3”项目技术管理及控制措施和手段，即“设计原则、技术方案、工程投资、重大接口、设计变更、系统安全、节能减排、土地资源”等内容的院级质量把关。三是重大方案的技术交流与研讨，统一思想，制定对策、寻求合理方案。狠抓设计评审的时机，使设计方案、设计原则在开展设计前期基本确定，减少返工，提高效率。

3. 设计评审

坚持文件出院前设计评审不走形式，在评审前积极与项目部沟通，对存在问题和疑点，及时进行论证，确认符合评审要求的工作完成后，文件才允许出院。年内组织完成电气化铁路、城市轨道交通相关项目的初步设计评审，确保项目方案的正确性。

5. 技术研究

重点从项目预可行性研究、可行性研究、初步设计等阶段，自始自终，参与项目方案论证工作，先后组织如下技术课题的研究：一是京沪高速谐波问题技术研究；二是南京地铁三号线交流中压环网保护配置方案研究；三是北京地铁均回流技术研究；四是北京地区和京沪高速概算指标和概算清理专题研究；五是高架区段采用架空刚性接触网的结构形式技术研究。

6. 信息化建设

由技术信息管理部牵头，组织各管理部门梳理 EIP 存在的问题，提出完善方案；初步完成新基地 5A 系统用户需求方案；补充完善公司档案管理程序；重新布置了驻外项目部 SDH 专线。

7. 测绘及设计成果涉密

加强测绘成果和计算机信息系统的管理，确保测绘成果的保密安全，结合本单位工作性质，颁布了《涉密测绘成果管理规定》。

2011 年完成营业额 3.3 亿元，其中：勘测设计产值 2 亿元，其他收入产值 1.3 亿元。完成实物工作量为：电化折算公里 657；完成设计（折合 1 号）图纸 102 万张。

【中铁通号院设计经营管理】 2011 年，中铁通号院技术管理简况：

全年购置固定资产设备 138 台，其中采购计算机设备 11 批次，采购台式计算机 87 台，便携式计算机 23 台，一体计算机 5 台，投影仪 3 台，网络交换机 5 台，其它设备 15 台。2011 年质量管理体系换证审核于 12 月 14 日～16 日进行，外审通过认证，并颁发证书。2011 年完成成册设计文件近 300 册（件），质量评定全部优良，设计文件优良率达 100%，没有发生质量事故和顾客投诉。

2011 年，中铁通号院完成企业营业额 1.8 亿元，是年度计划的 114.8%，比上年增长 21.5%。其中完成设计产值 6500 万元，其他产值 1.1 亿元。完成新签合同额 1.8 亿元，是年计划的 101.9%，比上年增长 48.6%。实现利润总额 608.2 万元。

2011 年完成和正在进行的项目主要有 38 个。其中，铁路设计及咨询项目 13 个：沪昆线株娄间 ZPW-2000A 改造工程施工设计，竣工开通；11 年部管信号设备大修工程施工设计，竣工开通；全路车站电码化专项整治施工设计，竣工开通；北京至上海新建高速铁路防护工程施工设计，竣工开通；新建铁路玉林至铁山港线工程施工设计；胶(州)新(沂)铁路电气化工程施工设计；轨道交通运行控制系统国家工程研究中心建设项目工程施工设计；朔黄铁路扩能改造工程施工设计；沪昆线百亩井—酒店塘间自动闭塞改造工程初步设计；湘桂铁路柳州至南宁段电气化工程初步设计；华东二通道电气化改造工程初步设计；南广铁路黎肇段四电系统集成；杭州至长沙铁路客运专线浙江段超高压迁改等咨询服务。

轨道交通咨询、设计及集成项目 12 个：南京地铁一号线南延线工程（PPP 项目）设计联络；广州地铁 6 号线一期工程信号系统工程集成设计；重庆市轨道交通工程系统集成、设计及咨询；北京地铁 15 号线一期工程施工设计，年底开通了东段后沙峪—俸伯，11.35 公里；北京地铁 7 号线工程施工设计；南昌市轨道交通 1 号线一期工程施工设计；长沙市轨道交通 1 号线一期工程施工设计；福州市轨道交通 1 号线工程施工设计；北京地铁 16 号线工程施工设计；北京地铁海淀山后线工程施工设计；长沙市轨道交通 3 号线一期工程初步设计；长沙市轨道交通 4 号线一期工程初步设计。

工程项目 9 个：洛阳孟津电厂专用线四电工程施工，竣工开通；京石客专电力迁改施工；大西客专防护迁改工程施工；新建铁路海天至青岛工程通信迁改施工；合蚌客运专线防灾安全监控系统施工；广深港客运专线防灾安全监控系统施工；京津城际防灾安全监控系统施工；京沪高铁防灾安全监控系统施工，竣工开通；哈大客专防灾安全监控系统施工。

监理项目 4 个：无锡地铁 1 号线弱电集成；北京地铁八通线通信传输改造工程监理；石德线光缆工程监理；北京局四大线（京广、京九、京沪、京哈）视频监理。

【中铁工程设计院设计经营】 2011 年，中铁工程设计院围绕业务拓展、产品结构调整、体制机制创新三大主题，进行企业能力再造，积极寻找企业新的经济增长点，全面超额完成年度各项任务目标。新签合同额 3.2 亿元，增长率为 26.7%；营业收入 3.2 亿元，增长率为 24.8%；利润总额 1277 万元，增长率为 42.36%。

紧紧 2011 年，全院经营工作四大要点：

1. 核心产业增速明显。依靠传统的铁路工业设计优势，工业工程设计不仅巩固了南车、北车市场，还开拓了各铁路局、中国中铁内部和路外大型国有企业等相关市场。

2. 建筑设计单项合同额首次突破 2000 万。位于章丘地区的“中国中铁•诺德名城”项目总建筑面积 100 万平方米，成为院签订的建筑设计合同中设计费总额最高的项目。

3. 地铁设计稳步发展。继北京、上海、大连等地铁项目后，在南宁地铁取得了一段、一场、站前广场等三个项目，在上海地铁取得了金桥站、平度站的设计任务，在轨道交通建设领域中发挥院专业技术优势，创造“中铁工程设计院”的品牌。

4. 装备制造提高设备集成市场竞争能力。依托在工程设计的行业优势，全年承接昆明轨道交通 6 号线大板桥车辆段与综合基地设备总包、昆明小石坝机车检修中心设备集成包、苏州轨道交通 2 号线工程车辆段与综合维修基地设备集成包等项目，为更好地发展装备制造业务奠定良好基础。

2011 年勘察设计评奖报优和科技管理工作取得成果：“南京南车浦镇城轨车辆有限责任公司城轨车辆基地建设工程”获北京市优秀工程设计一等奖，这是公司首次在北京市取得的工程设计奖；“太原理工大学多学科教学实验中心设计”获“中国建材工程建设协会优秀工程设计一等奖”；“苏州工业园区生物纳米科技园研发楼设计”获“江苏省优秀工程设计三等奖”；“南车长江车辆有限公司总部暨武汉基地建设项目”获股份公司优秀工程设计一等奖，《唐山轨道客车有限责任公司高速动车组检修基地建设项目可行性研究报告》获股份公司优秀工程咨询成果二等奖；“置换式通风综合技术 QC 小组”获铁道部 2011 年优秀 QC 小组称号。2011 年，“动车组检修工位作业平台翻板与防护网翻板机构”取得了授权发明专利；“多轨距自动车挡浅坑式移车台”、“调移轨道多种轨距钢轨枕”、“移车台用闭式循环牵车系统”、“钢轨精确调整装置”、“可转向移车台受电装置”“动车组检修移动式顶层作业平台”6 个项目取得授权实用新型专利。

此外，在其他类型的评奖中取得不同等级的奖项：“蚌埠市龙子湖西岸滨湖新区龙湖花园”项目获精锐科学技术奖房地产开发优秀奖；“置地甲江南一期”获苏州市优秀勘察设计一等奖；“苏州乐园水上世界改造工程”、“苏州工业园区荣域花园”、“苏州工业园区 68047#地块（水云居）”3 个项目获苏州市优秀勘察设计二等奖；“苏新集团综合楼”获苏州市优秀勘察设计三等奖。

【中铁二局设计工作概况】 2011年，中铁二局集团勘测设计院有限责任公司是由中铁二局控股的全资子公司，具有建筑专业甲级、铁路工程甲（Ⅱ）级，工程勘察岩土工程、工程测量乙级，市政行业（道路、桥梁、给水、排水）、风景园林设计乙级，房建建筑、铁路监理乙级，市政监理丙级资质。设有建筑、结构、设备、电气、景观、规划、造价、线路、桥梁、隧道、路基、岩土、轨道交通、测绘、监理、咨询、工程经济、电子信息等专业，拥有先进的技术设备和设计手段，实现全程计算机信息化设计及管理，逐步成为专业设备配套、技术力量雄厚、设计手段先进、管理方法科学的综合性设计院。

2011年完成新签合同额6137万元（不含监理业务），为年度计划目标5000万元的123%，较2010年增长98%；完成产值4108万元（不含监理业务），为计划目标4000万元的105%，较2010年增长43%，双双实现历史新高，超额完成集团公司年度任务目标。新签合同额由1608.8万元增加到6137万元，增长281%，企业产值由1187万元增加到4108万元，增长246%，企业总资产由3278.9万元增加到4114万元，增长25%。

北川中学地质勘察获四川省勘察设计“四优评选”优秀勘察项目一等奖；“成都南沿线地标建筑金证后台服务基地斜柱、蜂巢板的应用设计”QC小组成果获四川省勘察设计优秀QC小组成果一等奖；交通所“提高岩质边坡工点设计速度”QC小组成果获四川省优秀QC小组成果奖。

【中铁四局设计工作概况】 中铁四局设计研究院成立于2002年，是一家专门从事土木工程设计、咨询、监理、科研的综合性设计研究院，业务涉及工业与民用建筑、市政、铁道、城市轨道交通等领域，持有建筑工程甲级、市政公用行业（桥隧、道路、排水）乙级、铁道行业综合乙级设计资质、勘察（岩土工程、工程测量）乙级、房建工程监理甲级、铁路工程监理乙级和规划、园林及工程总承包等各项资质，并通过ISO9001:2000质量管理体系认证。设计院下设设计研究一所（道路、桥梁）、设计研究二所（房建）、设计研究三所（铁路）、方案图文所、监理分公司、工程技术服务公司等部门。公司组织机构完善，技术全面，有一支人才结构合理、整体素质较高的专业技术队伍，各类专业技术人员占院总人数的90%，其中各类国家注册工程师比例达37%。

2011年，设计研究院明确了以“工程设计、工程监理、工程检测”三大业务统筹发展的战略，完成生产产值4948万元，为年度计划4000万元的123.7%；完成营销产值4635万元，为年度计划3000万元的155%。建筑工程设计：完成中铁科技大楼、阳光城一期、彩虹新城沿街、好而优购物广场修改、四公司阜阳北路生活区18、19#楼、局机关57-59#住宅楼及地下工程、十局钢构厂房、江南集中区公共租赁房等大型项目，共计45万平方米；中标中铁置业余杭项目设计顾问咨询项目，为院首次中标设计咨询项目，一方面培养和锻炼设计队伍，另一方面为成功介入江浙沪设计市场打下基础。市政公用桥隧、道路工程设计：完成宁国西津河人行悬索桥设计、安庆环城西路框架桥及多项铁路顶管等20座桥涵设计，总长1300米；进行了郎溪县开发区12条道路设计、旌德城西路设计、安哥拉一期8条路、安哥拉连接道路等33条道路设计工作，总长54公里。铁道工程设计：完成淮南矿业集团战场、肥西道口等铁路设计。完成合蚌线、兰新线、宁波铁路枢纽北线等工程检测项目4项；正在进行的绍兴东站、金温铁路、宿州跨京九铁路桥等监理工程15项。科研方面：正在进行“施工临时结构设计计算模块化研究”、“轨道交通高架桥设计成套技术研究”、“既有建筑墙屋面改造技术研究”等科研项目。安哥拉项目生产稳步推进，共完成住宅施工图设计170.1万平方米。

【中铁六局设计经营管理】 2011年，中铁六局工程设计院在财务上独立核算并介入上游工程，全年新签设计项目36项目，合同额996万元，完成2011年度计划的153%，同比增加740万元，增长289%；包括结构检算18项、施工图设计16项、施工图审核和咨询服务各1项。其中，独立承揽项目20个，合同额383.6万元，占总合同额的3.5%；承揽对外工程设计18项，合同额958.5万元，占总合同额96%。2011年，完成设计产值655万元，完成年度计划的100.8%，是2010年完成产值180万元的364%。

【中铁九局设计经营管理】 中铁九局勘察设计院于2009年10月8日成立，与局勘察设计部实行“一个机构，两块牌子”的管理模式。2011年9月11日，中铁九局公布《关于撤销中铁九局集团有限公司勘察设计部的通知》（中铁九局劳〔2011〕220号），勘察设计院正式以公司模式经营管理。2011年2月14日，取得了建筑行业（建筑工程）乙级设计资质。截至2011年底，市政行业道路工程、桥梁工程乙级设计资质正在申报过程中。

2011年，中铁九局勘察设计院完成各类设计任务600万元，主要包括：九局内大型临时工程检算及设计75项、铁路专用线工程设计4项、地方外委市政工程设计5项、铁路基建更改工程设计1项、沈阳铁路局水害复旧及大修工程设计50项和房建工程设计8项。

【中铁科工设计管理】 中铁工程机械研究设计院（原铁道部武汉工程机械研究所，简称：中铁机械院、武研院或武研所）为中铁科工下属分公司，集施工机械产品研发、生产、销售及施工于一体，设有技术开发中心、设备齐全的制造工厂及基础施工公司，是中国铁路工程总公司技术中心主要成员单位，是国家级高新区—武汉东湖新技术开发区内的知识密集型科技企业，是“铁道部施工机械标准化技术归口单位”，通过ISO9001质量管理体系认证，2007年入选“湖北省行业综合实力百强企业”。现有员工90%是各类技术人员，其中5人获茅以升奖，2名享受国家政府津贴的专家，3名铁道部或总公司有突出贡献的中青年专家，12名教授级高级工程师，5名铁道部青年拔尖人才。

中铁机械院成立近三十年来，大力推进科技进步，不断开发新技术、新产品，拥有二十余项专利技术，制订及修订了19项铁道行业标准或国家标准，累计完成科研项目200余项，研制了各型铁路、公路、城市轨道交通铺架机械以及桩工、隧道、工务等机械设备，多项获国家和铁道部科技进步奖。

中铁机械院研制新一代900吨级箱梁搬、提、运、架系列装备，其中JQ900A型架桥机和YL900型运梁车在合宁铁路客运专线全椒工地实现了全国铁路900吨级箱梁的首次架设，其总体技术国际领先；还研制了双向轮胎式运板车、系列轮胎式可变跨龙门吊等无砟轨道成套施工设备，服务于各工地施工现场。中铁机械院在客运专线箱梁运架及无砟轨道成套设备研制领域中达到国内领先水平。

中铁机械院研制出为适应新线和旧线改造时速200公里及以下客货共线铁路T型梁高吨位梁片铺设需求的T型梁架桥机JQ130、JQ170和JQ190型铁路T型梁倒、运、架设备，为配合地铁、隧道施工的蓄电池直—交变频工矿电机车及电机车编组隧道施工机械设备，以及系列喷粉桩机、高频液压振动锤、共振破碎机等新型桩工机械设备。

2011年，中铁机械院实现新签合同额2.4亿元，完成营业额3.7亿元，设计和制造完成专用与常规设备60余台套，完成施工装备检测项目14余项。

铁路设计

【中铁二院承担国内铁路勘设项目及执行情况】 2011年，中铁二院共承担国内铁路项目144项（前期项目43项、在建项目43项、收尾配套项目17项、咨询项目33项、站房项目8项）。开展了可研设计17项约967公里（其中16项约757公里为可研精度的补充技术方案研究）、初步设计16项约1159公里(其中12项约996公里为初步设计精度的补充技术标准研究)。开展了沪昆、成渝、三万南、云桂、贵广、广大等43个项目的施工图设计，完成交付了约2120公里的站前施工图、约1481公里的站后施工图。开展了成都东客站、六沾、达万、南涪、海东、仁丽、漯阜、盘锦港、贵阳枢纽改貌铁路货运中心等9个项目概算清理工作，以及成灌、成都货车外绕线、襄渝、黔桂、黄织、乐巴、贵阳枢纽、武广、郑西、胶济、大丽、福厦、南昌枢纽引入、洛张、青岛集装箱、仁丽、海东等17个项目的收尾配套工作。开展了武广、石太、广珠、广深港、京沪等共33个设计项目咨询工作。

此外，2011年中铁二院还完成了环评报告7项、水保报告7项。完成了各类航测制图约43840平方公里、精密测量约8310公里。完成了初测约3180公里、定测约2300公里、地质钻探约141.77万实钻米。

2011年，中铁二院承担的国内重点铁路项目计划执行情况分述如下：

一、可行性研究、初步设计项目（43项，约8428公里）

1. 西成客专广元至江油段（170公里）：修改初步设计未批复，正在开展安全质量评估。

2. 成都至贵阳铁路（486公里）：初步设计未批复，正在开展安全质量评估。

3. 成都至雅安铁路（99公里）：补充方案研究已完成，初步设计工作暂停，待铁道部明确标准后开展初步设计。

4. 成昆复线成都至峨眉段（100公里）：补充可研已完成。

5. 成昆复线峨眉至广通段（500公里）：米易至攀枝花、永仁至广通段补充可研已完成，未批复。

6. 重庆至贵阳铁路（347公里）：修改初步设计未批复，正在开展安全质量评估。

7. 重庆至万州城际铁路（250公里）：修改初步设计未批复，正在开展安全质量评估。

8. 渝怀复线涪陵至怀化段（538公里）：可研修编已报部，未批复。

9. 贵阳枢纽小碧至白云联络线（75公里）：初步设计修编文件已报部，未批复。

10. 黄桶至百色铁路（292公里）：可研文件已报部，未批复。

11. 毕节至织金铁路（82公里）：可研已批复，正在开展补充可研及初步设计工作。

12. 织金至纳雍铁路（75公里）：可研已批复，初步设计已报部。

13. 玉屏至铜仁铁路（57公里）：初步设计文件已完成，未批复。

14. 玉溪至磨憨铁路（490公里）：可研文件已完成，

待审查。

15. 磨憨物流园区一期工程：可研已批复，正在开展初步设计准备工作。

16. 丽江至香格里拉铁路（139 公里）：初步设计审查后修编文件已完成报送，正在开展安全质量评估。

17. 南宁至金城江铁路（220 公里）：可研修编已报部，未批复。

18. 南宁至凭祥铁路（200 公里）：可研修编已报部，未批复。

19. 南昆线南宁至百色段增二线（198 公里）：可研修编已完成，未批复。

20. 合浦至湛江铁路（121 公里）：可研未批复。初步设计已完成，由于技术标准调整，已重新编制可研文件，待可研文件获批后，按批复的可研修改后再报送建指。

21. 合浦至铁山港铁路（27 公里）：补充方案已完成，正在开展初步设计修编工作。

22. 海南西环快速铁路（345 公里）：可研已批复，正在开展安全质量评估。

23. 琼州海峡跨海工程（43 公里）：正在开展可研工作。

24. 孟平线增建二线孟庙至平顶山西段（99 公里）：初步设计未批复。

25. 武汉新港铁路香炉山至黄州段（39 公里）：初步设计未批复。

26. 深圳至中山过江通道：可研修编文件已完成，正在开展初步设计准备工作。

27. 广梅汕铁路龙湖南至汕头段增建二线（23 公里）：可研已完成，待批复后立即开展初步设计工作。

28. 林泉支线（30 公里）：已完成可研设计，待批复。

29. 界首至临泉路（28 公里）：可研文件已完成，待审查。

30. 珲春至东宁铁路（170 公里）：可研修编已完成，正在开展初步设计准备工作。

31. 黔桂铁路增二线（520 公里）：正在开展可研设计准备。

32. 浦梅铁路宁化至梅州段（240 公里）：正在开展可研设计准备。

33. 叙永至毕节铁路（156 公里）：正在开展初测及可研设计准备工作。

34. 纳雍至六盘水铁路（75 公里）：正在开展可研设计准备工作。

35. 攀枝花至毕节铁路（460 公里）：正在开展可研设计准备工作。

36. 广元至巴中铁路扩能（177 公里）：正在开展可研设计准备。

37. 郑万铁路重庆湖北段（480 公里）：正在开展可研设计准备工作。

38. 长汀至泉州铁路（280 公里）：正在开展可研设计准备工作。

39. 福建漳洲古雷港口铁路支线（65 公里）：正在开展可研设计准备工作。

40. 沈阳至吉林铁路扩能（260 公里）：正在开展可研设计准备工作。

41. 成都至浦江铁路（99 公里）：初步设计已批复，补充方案研究已完成，正在开展站前施工图设计。

42. 成都站扩能改造（99 公里）：补充方案研究已完成，待标准确定后开展下步工作。

43. 广通至大理扩能（173 公里）：站前施工图已基本交付完毕。

二、在建项目（43 项，约 7687 公里）

1. 沪昆客专玉屏至昆明段（744 公里）：正在开展施工图设计，已交付 90%以上施工图。

2. 贵阳至广州铁路（600 公里）：站前施工图已基本交付完成。

3. 云桂铁路（715 公里）：正在开展施工图设计，已交付 95%以上施工图。

4. 成都至兰州铁路（450 公里）：正在开展施工图设计。计划年底完成。

5. 成渝客运专线（307 公里）：正在开展施工图设计，计划年底完成。

6. 南宁至广州铁路（160 公里）：站前施工图已交付完毕，正在开展站后施工图设计。

7. 柳南城际段（220 公里）：站前施工图已基本完成，正在开展站后施工图设计。

8. 成绵乐城际铁路（322 公里）：站前施工图基本交付完成，正在开展站后施工图设计

9. 兰渝铁路广元至重庆段（401 公里）：站前施工图已基本交付完成。

10. 厦门至深圳铁路（203.8 公里）：站前施工图已基本交付完毕，正在开展站后施工图设计工作。

11. 成都动车组检修基地：初步设计已批复，正在按供图计划开展站前施工图设计。

12. 成都至都江堰铁路彭州支线（21 公里）：站前、站后施工图已基本全部交付完毕。

13. 和谐型大功率电力机车检修段：正在按供图计划开展站前施工图设计。

14. 巴中至达州铁路（125 公里）：站前施工图已基本交付完成。

15. 渝怀复线重庆至涪陵段（99 公里）：站前施工图已基本交付完毕，正在开展站后施工图设计。

16. 遂渝增建二线铁路（140 公里）：站前、站后施工

图施工图已基本交付完成。

17. 重庆至利川铁路（259 公里）：站前施工图及不受设备招标影响的站后施工图已交付完毕。

18. 南川至涪陵铁路（85 公里）：站前、站后施工图已基本交付完毕，正在开展概算清理工作。

19. 三江至万盛至南川铁路（57 公里）：站前施工图已交付完毕。

20. 达州至万州电化铁路（157 公里）：概算清理已报部并完成审查。

21. 贵阳市环城快速铁路东北环段（55 公里）：初步设计已批复，正在按供图计划开展施工图设计。

22. 贵阳枢纽改貌铁路货运中心：站前施工图已全部交付，正在开展站后施工图设计。

23. 贵阳至开阳铁路（55 公里）：正在按供图计划开展施工图设计。

24. 久长至永温线（36 公里）：正在开展站前施工图设计。

25. 林歹至织金铁路（130 公里）：站前施工图已基本交付完成，正在开展站后施工图设计。

26. 六盘水至沾益铁路（253 公里）：站前、站后施工图已全部交付，正在开展概算清理准备工作。

27. 昆明枢纽扩能改造工程（50 公里）：正在开展站前施工图设计。

28. 昆明枢纽东南环线（37 公里）：正在开展站前施工图设计。

29. 昆明至玉溪复线（49 公里）：正在开展站前施工图设计

30. 大理至瑞丽铁路（338 公里）：大理至保山段施工图已全部交付，已于建指签订站后施工图供图协议；保山至瑞丽段初步设计已审查，未批复。

31. 昆明至广通铁路（112 公里）：站前、站后施工图已交付完毕，正在开展概算清理准备工作。

32. 玉溪至蒙自铁路（143 公里）：站前施工图已交付完毕，正在开展站后施工图设计工作。

33. 蒙自至河口铁路（141 公里）：站前施工图已基本交付完毕。

34. 湘桂线永州至柳州段（350 公里）：站前施工图已基本完成，正在开展站后施工图设计。

35. 广西沿海铁路（261 公里）：站前施工图已基本交付完毕，正在开展站后施工图设计。

36. 南宁枢纽：正在按供图计划开展施工图设计。

37. 南昌枢纽京九、向莆引入相关工程（78 公里）：正在按供图计划开展施工图设计。

38. 湄洲湾南岸铁路支线（40 公里）：正在按供图计划开展站前施工图设计。

39. 福建漳州港尾铁路（46 公里）：站前施工图已全部完成。

40. 武汉新港铁路滠口至香炉山段（18 公里）：正在按供图计划开展站前施工图设计。

41. 漯河至阜阳扩能改造（206 公里）：站前施工图已全部交付、正在开展站后施工图设计工作。

42. 盘锦港疏港铁路（54 公里）：站前施工图已交付完毕，正在开展站后施工图设计及概算清理准备工作。

43. 衙门庙至白音华（167 公里）：站前施工图已交付完毕，正在开展站后施工图设计。

三、收尾配套项目（17 项）

2011 年，中铁二院开展了下述 17 个项目的收尾配套工作：

成都至都江堰铁路、成都货车外绕线、襄渝线、黔桂线、黄织铁路、乐巴铁路、贵阳枢纽、武广客运专线、郑西客运专线、胶济客运专线、大理至丽江铁路、福厦线、南昌枢纽引入相关工程、洛阳至张家界电化、青岛集装箱、仁和至丽江铁路、海南东环线城际铁路等。

四、咨询项目（33 项）

2011 年，中铁二院继续开展下述 33 个项目的设计咨询工作：

沪昆铁路客运专线湖南段、石门至长沙铁路增建第二线、新建铁路广州至珠海（含中山至江门）城际快速轨道交通工程、新建铁路北京至上海高速铁路工程（徐州至上海段）、新建铁路石太客运专线、新建铁路石家庄至武汉客运专线（河南段）、新建铁路武广客运专线及武汉站、广州南站相关工程、新建北京至石家庄铁路客运专线、新建石家庄至武汉铁路客运专线（河北段）、京石客专石家庄枢纽改建工程、杭州市彩虹快速路工程（滨江段）、新建吉林至珲春铁路、改建锦州至阜新至高台山铁路、新建铁路拉萨至日喀则线、改建铁路枢纽太原南站及相关工程（不含太原南站站房及相关工程）、新建武汉至黄冈铁路、新建武汉至黄石铁路、新建武汉至咸宁铁路、新建武汉至孝感铁路、新建铁路西宁站改造及相关工程西宁站房及西宁西过渡工程、新建合福铁路铁路客运专线（安徽段）、新建合福铁路铁路客运专线（闽赣段）、新建兰新第二双线铁路甘青段、广西沿海铁路黎塘至钦州段扩能改造工程、新建铁路玉林至铁山港线、新建铁路广深港客运专线广深段、新建铁路合肥铁路枢纽南环线工程、改建铁路合肥枢纽合肥南货场搬迁工程、汉宜铁路、新建沈阳南站工程、新建铁路广州至珠海段复工工程、新建龙岩至厦门铁路、宁西线南阳至合肥段增建第二线工程（含小励联络线）等。

五、大型站房项目（8 项）

继续开展石家庄站、合肥南站、青北站北站、重庆西站、重庆北站、厦门站、南宁调度楼、成都东站等大型站房设计。

六、补充技术标准研究、建设时机研究项目

1. 根据铁道部要求，2011 年，中铁二院开展了西成客专广元至江油段、成都至贵阳铁路、重庆至万州城际铁路、沪昆客专玉屏至昆明段、成渝客运专线、成绵乐城际铁路、兰渝铁路广元至重庆段、贵阳至广州铁路、柳南城际段、厦门至深圳铁路、重庆至贵阳铁路、成都至蒲江铁路等 12 个项目补充标准研究（初步设计精度）。

2. 2011 年，中铁二院开展了成昆复线成都至峨眉段扩能、重庆至贵阳铁路、毕节至织金铁路、合浦至铁山港段、成都至雅安铁路、重庆至万州城际铁路、成都至贵阳铁路、成都至兰州铁路、丽江至香格里拉铁路、织金至纳雍铁路、云桂铁路南宁至百色段客货共线、海南西环快速铁路、南宁至凭祥铁路、成都枢纽（包括大功率机车检修、动车组检修基地）、界首至临界铁路、合浦至铁山港段等 16 个项目补充技术方案和标准研究（可研精度）。

七、站房梳理

根据铁道部鉴定中心要求，2011 年，中铁二院对玉溪至蒙自铁路、六盘水至沾益铁路、厦门至深圳铁路、重庆至利川铁路、成绵乐客运专线、青岛北客站、石家庄站、合肥南站、绵阳站等初设已审未批复、初设已批复未开工及在建项目共 49 个车站站房及雨棚进行了设计标准梳理。

1. 梳理站房面积 538737 平方米，雨棚面积 637895 平方米。

2. 根据梳理结果重新上报变更设计 36 项，并根据变更设计批复重新变更，包括各站无站台柱雨棚改为有柱雨棚在内的施工图 36 项。

八、生产生活房屋复查

1. 2011 年 5 月以来，中铁二院为落实铁道部“重配套、上必须”的要求，开展了各线生产、生活配套设施的梳理和调研工作，对已投运的成灌、福厦、海东、黄织、成都东客站等 5 个项目，在建的厦深、六沾、玉蒙、南涪、贵阳枢纽改貌、遂渝二线、成绵乐、渝利、成彭、蒙河、成都和谐检修基地动车所、昆明枢纽、林织线、兰渝线等 14 个项目，已批待建的长昆、成兰、成渝、西成、成昆、渝黔、渝万、贵广、兰渝、贵枢市域（贵开、久长）、渝涪、成蒲等 12 个项目进行了重点梳理。

2. 编写了福州至厦门铁路、海南东环铁路、成都至都江堰铁路项目的生产、生活配套设施调研报告。

3. 向成都局、南昌局、昆明局等各铁路局提交了总建筑面积 217.5 万平方米的各项目生产、生活设施文件及附表。

4. 编制了相关梳理文件及调研报告，并形成报部文件。

九、安全质量大检查

1. 2011 年，中铁二院根据铁道部《关于开展铁路在建项目质量安全大检查的通知》、《关于铁路建设项目勘察设计质量安全检查工作有关要求的通知》、以及计划司铁路建设项目勘察设计质量安全检查评估工作指导意见，为深刻吸取“7.23”特大铁路交通事故教训，就时速 200 公里/小时及以上铁路项目进行了认真梳理，并对中铁二院承担范围内重点的 7 个设计项目、6 个运营项目、20 个在建项目进行了自查。共查出并整改了当前存在的问题 978 个、今后需加强的问题 130 个。检查站房项目 70 个。其中已投入运营的客站 36 座、在建客站 18 座、正在开展设计的客站 16 座，共查出并整改了当前存在的问题 41 个。

2. 对已批可研未开工项目，在安全质量检查的基础上重新进行项目安全评估，完成编制了中铁二院承担范围内的西安至成都、成都至贵阳、重庆至万州、成都至兰州、丽江至香格里拉、海南西环、重庆至贵阳扩能铁路共计 7 个项目的安全评估报告。

【中铁设计咨询承担国内铁路勘测设计、咨询项目】 2011 年，中铁设计咨询共承担铁路项目 91 项（9186.1 公里），包括：铁路重点项目（铁道部计划项目及大型项目）44 项（7741.6 公里），其中，前期工作（预可、可研）项目 20 项（3573.3 公里）、初设项目 8 项（936.5 公里）、施设及配合施工项目 16 项（3231.8 公里）；地方铁路及厂矿企业专用线项目 47 项（1317.7 公里），其中，前期工作（方案、预可、可研）项目 35 项（769.5 公里）、初设项目 5 项（141.5 公里）、施设及配合施工项目 7 项（406.8 公里）。项目分类如下：

一、铁路重点项目

（一）方案研究、规划、预可行性研究、可行性研究项目 20 项（3573.3 公里）

1. 新建铁路天成至赉红线天成至河东村段可行性研究。南起大准铁路樊家站，北至河东村站。工程相关的樊家疏解线、改建局部大准线。正线全长 65.770 公里，樊家疏解线 3.675 公里，改建大准线 5.829 公里。已完成可研。

2. 新建铁路天成至赉红线河东村至赉红段可行性研究。南起河东村站，终至集通铁路赉红站；工程相关的赉红疏解线、改建局部集通线。线路正线全长 69.292 公里，赉红疏解线 4.081 公里，改建集通线 0.545 公里。已完成可研。

3. 新建焦作至济源城际铁路预可行性研究。本线工程焦作（含）至济源东（含）；与焦作至晋城铁路疏解线工程；济源至洛阳相关工程。线路全长 64.200 公里。已完成预可研。

4. 新建靖边至延安至韩城铁路预可行性研究。杨桥畔（含）至延安北至下峪口（含）线路；靖边地区杨桥畔至海子壕上行疏解线及杨桥畔站改扩建工程；韩城地区风口至下峪口上行疏解线及下峪口、韩城地区改扩建工程；延安地区联络线及改扩建工程。正线长度为 347.533 公里，其中单线 309.523 公里，双线 38.01 公里，联络线长度为 10.123 公里。已完成预可研。

5.新建焦作至晋城铁路预可行性研究。焦作至晋城铁路按城际铁路建设，旅客列车速度目标值200公里/小时。线路全长59.331公里。已完成预可研。

6.新建郑州至新乡城际铁路预可行性研究。郑州站至新乡东站贯通正线；引入郑州枢纽相关配套改建工程。速度目标值：200公里/小时，预留250公里/小时条件；正线全长86.923公里，其中利用既有线13.146公里，新建正线全长73.777公里。已完成预可研。

7.新建齐齐哈尔至海拉尔至满洲里客运专线预可行性研究。齐齐哈尔南站至满洲里站，含齐齐哈尔铁路枢纽、海拉尔、满洲里铁路地区等配套工程。速度目标值：250公里/小时。新建线路全长653.534公里。已完成预可研。

8.新建毕节至遵义铁路预可行性研究。新建毕节至遵义铁路，线路长约191公里。2010年完成预可研后，2011年按铁道部计划司要求，补充单线和接轨点方案。已完成预可研。

9.新建锡林浩特至绥中港铁路可行性研究。线路北起内蒙古自治区锡林浩特市，经赤峰、宁城进入辽宁省境内，经凌源、建昌至绥中县黄家屯（规划绥中港）。线路全长659.826公里。双线、电气化铁路。桥隧总长210.226公里，桥隧占线路总长的31.86%。已完成可研。

10.新建东胜至鄂尔多斯机场线铁路可行性研究。新建城际铁路东胜站至鄂尔多斯机场站，含动车运用所和走行线，以及由于联络线引入引起的既有包神铁路东胜站改建工程；包鄂、呼鄂城际铁路引入城际铁路东胜站相关工程。新建双线长度54.442公里（地下段长6.602公里、路基段长18.98公里、高架段长28.860公里）。已完成可研。

11.新建陶利庙至纳林河铁路可行性研究。新建陶利庙至纳林河铁路自恩陶线终点至纳林河。新建正线全长24.92公里。已完成可研。

12.大秦线4.5亿吨配套工程津蓟线电化改造应急工程可行性研究。津蓟线汉沟镇站至蓟县站电化改造工程91公里；大秦津蓟上行联络线（含蓟县西）8.907公里；大秦津蓟下行联络线（含蓟县西）8.602公里；津哈蓟联络线4.007公里；相关工程大石庄至段甲岭联络线（含两端车站）改造工程。已完成可研。

13.新建柳州至肇庆铁路可行性研究（补充方案研究）。柳州至肇庆段（含两端铁路枢纽和地区）。线路全长414.56公里。中铁设计咨询为总体单位和中铁隧道院联合承担勘测设计，2010年已完成送审稿，但尚未立项，为配合建设单位立项，2011年2月再次深化研究梧州至肇庆段方案，补充上报铁道部。

14.石家庄至太原铁路扩能可行性研究。本次改造工程包括通信信号系统改造、牵引供电系统改造、小半径曲线改造、提高牵引定数、个别车站到发线延长。线路总长203公里。全路通号院负责通信信号设计，其它专业设计由中铁设计咨询负责。已完成可研。

15.包神线万水泉南至石圪台段万吨扩能改造工程可研。工程包括：万水泉南站（含）至石圪台站（含），正线长度144.65公里，涉及工程，关碾房、纳林沟门、韩家村、巴图塔、布尔台共5个站万吨改造工程，以上5个站站内的包神线增加二线、塔韩线引入、巴准线引入和专用线等；新建巴图塔至布尔台站间联络线1条，长度2.416公里；站后配套工程。已完成可研。

16.新建兴和至商都铁路预可行性研究（补充）。线路北端自在建张集线庙梁站接轨南端至集通线大东沟站，线路全长99.817公里。2010年已完成预可研，2011年10月建设单位提出接轨点改为兴和工业园，南端改为商都站，不再考虑集二联络线。年内完成补充。

17.新建沈阳至本溪城际铁路预可行性研究。线路全长约60公里。已完成预可研。

18.新建贲红至丹州营铁路（集通线至大准线联络线）工程预可研。线路长度130公里，预可研已完成。

19.济南铁路枢纽总体规划。结合环渤海地区山东半岛城市群城际轨道交通网规划(2011-2020年)的批复，对济南铁路枢纽总体规划进行研究，环渤海地区山东半岛城市群城际轨道交通线网引入济南市方案研究已经完成。

20.白阿线明水河至阿尔山段扩能可研。既有铁路扩能改造及阿尔山地区配套改建工程，改建后线路长度116.3公里，其中双线绕行段91.6公里、与既有线并行段24.8公里。完成了可研。

（二）初步设计项目8项（936.5公里）

1.新建北京至张家口城际铁路初步设计。北京至张家口城际铁路为客运专线速度目标值250公里/小时以上，线路全长174.3公里。年内初步设计审查后，根据国家发改委和铁道部计划司意见再对北京枢纽布局和八达岭设站方案补充研究，11月完成了补充研究。

2.新建张家口至呼和浩特铁路初步设计（鉴修）。本线为自张家口南至呼和浩特东线路全长286公里，按客运专线标准，速度目标值250公里/小时。年内完成初步设计，11月完成安全评估报告。

3.新建荆州至岳阳铁路初步设计（鉴修）。线路自荆沙线沙市东站引出至京广线岳阳北站，全长169.487公里，电气化铁路。项目由中铁设计咨询、中铁大桥院、中铁电化院联合设计。年内，完成初步设计鉴定后修改补充。

4.郑州至焦作城际铁路云台山支线初步设计（鉴修）。云台山支线起于新建郑焦线修武西站，终于云台山风景区，线路长36.6公里。本线为城际铁路郑焦线支线，速度目标值200公里/小时。完成初步设计审查后修改。

5.新月线增建第二双线初步设计（鉴修）。新月线增建第二双线为货运专线，电化双线铁路，自新荷线的新乡东站至月山站，线路全长79.88公里。年内完成初步设计(鉴修)。

6.白阿线芒罕屯至明水河段扩能初步设计。既有铁路扩能改造，改建后线路长度95.4公里，其中双线绕行段57.5公里、与既有线并行段37.9公里。完成了初步设计。

7.湛江东海岛铁路初步设计。东海岛线从既有湛江西站海安端接轨引出，引入湛江钢厂站，线路全长34.9公里。2009年已完成初步设计，2011年应建设单位要求，按铁道部新定额重新编制概算，已完成。2011年7月由于湛江市职工教育基地规划，湛江西站规划扩建及湛江钢铁基地工厂站位置调整等原因，应建设单位要求，重新编制修改可研，已完成。

8.东胜至鄂尔多斯机场铁路初步设计。线路自包神线东胜车站引出，至鄂尔多斯机场航站楼正北侧设机场地下站，为线路终点，线路全长59.861公里，比照城际铁路建设标准，速度目标值120公里/小时。年末完成了初步设计及局部地段施工图。

（三）施工图设计及配合施工项目16项（3231.8公里）

1.新建吉图珲铁路客运专线施工图设计及配合施工。线路全长360.602公里。桥隧总长246.071公里，占正线长度68.24%，新建车站8座。站前施工设计已完成，部分站后施工设计尚在进行，已开工的工点配合施工。已完成工程量18%。

2.新建南宁至广州铁路施工图设计及配合施工。中铁设计咨询承担的桂平至肇庆东段线路长度284.917公里，桥隧总长占线路长度的长度 59.94%。部分站后施工设计尚在进行，已开工的工点配合施工。工程已完成：路基（含站场）土石方98%，桥梁完成89%。涵洞完成99%。隧道完成87%。站后工程2%。

3.新建山西中南部铁路通道施工图设计及配合施工。线路全长1257公里。配套建设与岢瓦、太焦、京广、京九、京沪线的联络线。中铁设计咨询设计范围内线路长度 920公里。桥隧占线路长度的53.6%；全线路基土石方总量13676万立方米。部分施工设计还在进行，已开工的工点配合施工。已完成工程量的一半以上。

4.新建郑州至焦作城际铁路施工图设计及配合施工。本线为城际铁路，速度目标值200公里/小时，线路全长77.785公里。其中新建线路长68.137公里，利用既有京广线9.648公里，桥梁占线路长度的44%。完成施工图设计。本项目共分为两个标段：其中黄河特大桥为一标段，其余为二标段。一标段完成钻孔桩4022个，承台332个；二标段完成钻孔桩4381个，承台425个，墩台306个，水泥搅拌桩335.4332万延米，土石方472万立方米，框架小桥8769顶平米，框架涵洞1521横延米/座。

5.新建德龙烟铁路德大段施工图设计及配合施工。新建正线全长255.645公里；滨州地区滨州西至滨沾线杀虎刘线路所联络线长4.691公里；滨州西至滨州北联络线长1.661公里；东营地区刘集线路所至淄东线史口站联络线长2.699公里。进行内燃改电化设计和6处立交变更设计。开工工点配合施工，工程已完成约50%。

6.新建长春至吉林城际铁路（长春市域段）施工图设计及配合施工。中铁设计咨询设计范围长春站至与铁三院设计分界点段线路全长56.256公里。除龙嘉机场站和西营城子站站房工程、龙嘉机场站连廊工程未完成外，其余工程已全部完成。2011年1月11日正式开通。

7.东莞至惠州城际轨道交通项目施工图设计及配合施工。本线速度目标值200公里/小时，线路全长99.816公里，其中，桥梁段总长40.176公里(含高架站)，地下段长54.403公里（含地下站），全线新建车站17座（地下10，地面1，高架6）。动车运用所1座。进行站前施工图设计（标准调整后）。已开工工点配合施工。已完成工程量：隧道38.7%；桥梁48.2%；路基土石方64.2%；双块式轨枕49.9%；车站建筑27.4%。

8.新建茂名至湛江铁路施工图设计及配合施工。线路全长102.99公里。完成站前施工图、完成个别工点Ⅰ类变更设计。已完成工作量：区间及站场土石方89%；大中桥54%；小桥涵80%以上。

9.新建太原至兴县铁路配合施工。太兴铁路由既有太岚线汾河至镇城底段增建二线改造和新建镇城底至白文铁路组成。起点为太原北编组站的汾河站，终点为山西中南部铁路通道的白文站。太兴铁路项目分两段实施，其中太静段线路总长95公里，静兴段线路总长82.7公里。隧道掘进完成30公里，桥梁开工49座，土方完成936万立方米。

10.新建新街至恩格阿娄至陶利庙铁路施工图设计及配合施工。本线分为两段，新街至恩格阿娄段线路全长91.239公里；恩格阿娄至陶利庙段线路全长83.7公里。完成站后剩余部分施工图设计。除路基附属工程外，工程已基本完工，进入收尾。

11.新建海天至青岛铁路施工图设计及配合施工。线路自德龙烟线海天站接轨至胶济线芝兰庄站，线路全长90.186 公里。完成个别工点Ⅰ类变更设计。完成工程量：区间及站场路基土石方450万方，特大桥开工7座，大桥开工15座，中桥开工24座，涵洞开工272座，预制梁完成563片。

12.新建郑州至新郑机场城际铁路施工图设计。线路自郑州站至郑州机场T1航站楼北侧设新郑机场站，线路全长43.024公里，其中，利用既有线及在建郑州枢纽西南联络线14.155公里，改建陇海上行线0.8公里，新建线路28.069公里。桥隧占新建线路的89.7%。站前施工图设计修改基本完成。

13. 新建荆门至沙市铁路施工图设计。线路自焦柳线荆门南站引出至沙市（货）站，线路长度79.141公里。站前施工图设计已完成。

14. 东乌与包西联络线工程施工图设计。线路起自呼准鄂铁路格德尔盖站，，经由包西铁路鄂尔多斯站，止于既有东乌铁路桃林站西端。线路全长47.331公里。站前施工图设计已完成。

15. 包头至西安铁路通道（包头至大保当段）配合施工。线路全长236.672公里。完成新街站房Ⅰ类变更设计，防沙、固沙设计。工程进入收尾配套。

16. 南同蒲电气化改造工程配合施工。工程包括：南同蒲正线301.30公里、介西支线44.95公里、高显曲沃联络线7.9公里、万安义棠联络线2公里、改建车站40个。除环保工程、机务工程开工较晚未能完工外其它专业均已完成竣工验收工作。

二、地方铁路及厂矿企业专用线项目

（一）方案研究、规划、预可行性研究、可行性研究项目35项（769.5公里）

1. 开展方案研究和规划研究的项目10项，主要有：新街西站煤炭装车基地方案研究、锡林浩特地区铁路枢纽总图规划、哈尔滨至佳木斯铁路沿线铁路专用线规划、乌审旗铁路集疏运规划、董家口港区铁路规划、神华准格尔矿区煤炭伴生资源循环经济产业发展规划、鄂尔多斯市外运铁路通道规划、鄂尔多斯市危险化学品铁路规划、柳州市铁路建设“十二五”规划研究、柳州至百色铁路规划研究。

2. 新建榆林康隆铁路专用线方案研究。本线位于陕西省靖边县能源化工区，在太中银铁路的杨桥畔铁路专用线终点上接轨，线路长度约4.5公里。完成方案研究。

3. （江苏）沿江城际铁路“先行先试”方案研究。研究工作尚在进行，截至2011年末，已完成《研究工作大纲》的编制，并会同合作单位江苏省交通研究院两次向江苏省铁路办做了汇报。

4. 阿尔山口岸加工区铁路建设规划。对阿尔山市口岸园区、加工区、大型物流区、铁路等进行规划。截至年末规划尚在进行中。

5. 内蒙古自治区呼包鄂城际铁路建设规划，年末已完成建设规划修编。项目中含呼和浩特、包头、鄂尔多斯三个城市的城市轨道交通规划，截至年末，尚未完成。

6. 新建营盘壕煤矿铁路专用线预可研。线路自乌审旗站南端引出，至营盘壕矿井，全长14.2公里。预可研已完成。

7. 新建达旗羊场矿井铁路专用线预可研。本项目位于内蒙古自治区鄂尔多斯市境内，自包西线大塔站接轨，自东向西新建铁路专用线，线路长度约100公里。预可研已完成。

8. 呼吉尔特矿区（北部）铁路专用线预可研。北部矿区专用线包括6部分：巴彦淖尔矿井专用线；达海庙矿井专用线；图克矿井专用线；葫芦素矿井专用线；中煤350万吨化肥项目专用线；中天合创二甲醚项目专用线。专用线总长度48.5公里。已完成预可研。

9. 呼吉尔特矿区（南部）铁路专用线预可研。南部矿区专用线包括三部分：自新恩线大牛地站至母杜柴登矿井专用线，全长12.1公里；自母杜柴登矿井专用线出岔至沙拉达吉矿井专用线，全长2公里；专用线引入所引起的大牛地站改扩建工程。年内完成了方案研究，可研正在进行中。

10. 锦泰精细化工园铁路专用线预可研。专用线自红庆河站南咽喉引出，至锦泰化工园，新建线路长度为199.745公里。另建锡尼联络线工程11.876公里。年内完成预可研。

11. 莘县古云铁路货场专用线预可研。专用线于在建山西中南部铁路通道范县车站接轨，至莘县化工园区东侧古云货场站内，正线长度为12.2公里，下行疏解线4.935公里。年内完成预可研。

12. 内蒙古圣兴投资有限公司扎萨克物流园区铁路专用线预可研。项目位于鄂尔多斯市伊金霍洛旗新街镇境内，拟在察哈素铁路专用线预留的新街东站北侧札萨克物流园区设装车站，对新街地区专用线进行整合规划。已完成预可研。

13. 河北大唐国际丰宁2×1000兆瓦发电项目铁路专用线预可研。本线位于多丰线上黄旗站接轨，线路长度约15公里。12月下旬开展预可研编制。

14. 新建转龙湾矿井铁路专用线预可研。项目位于内蒙古鄂尔多斯市达拉特前期境内，自准东铁路接轨，线路长度约16公里。已完成预可研。

15. 内蒙古元和集团公司朝克、乌优特煤田专用线预可研。专用线自巴珠线上干其毛德站引出至朝克煤田设装车站，出站后前行至乌优特煤田东侧设乌优特煤田装车站，线路全长26.717公里。已完成预可研。

16. 新建石拉乌素矿井铁路专用线预可研。项目位于内蒙古鄂尔多斯市伊金霍洛旗境内，线路自台格庙站西端引出至石拉乌素装车站。正线全长15.2公里。已完成预可研。

17. 河南省内黄铁路专用线预可研。专用线自山西中南部铁路井店站引出，向东北至小屯村东侧设陶瓷工业站。正线长度18.800公里，井店上行疏解线长4.220公里。已完成预可研。

18. 河南省滑县铁路专用线预可研。本线自中鹤粉业铁路专用线中鹤粉业站接轨引出，至滑县新区东侧设滑县站，正线长度29.8公里，同时修建胡庄站东端环形疏解线，长度为5.803公里。已完成预可研。

19. 新建海阳至凤城地方铁路可研。线路西起蓝烟铁路的海阳站至凤城港，新建正线全长58.4公里，海阳港进港铁路8.9公里。国铁Ⅱ级铁路、单线、速度目标值120公里/小时。已完成可研。

20. 新建铁路郭家沟至大石家线可研。本项目包括：郭家沟至大石家下行联络线，线路长 12.05 公里；上行联络线自郭家沟站东侧引出，与下陈线路所相连，线路长 2.185 公里。联络线总长 14.235 公里。在大石家设货场。已完成可研。

21. 准东铁路扩能工程（侯家梁至格德尔盖段）可研。线路东起自准东铁路侯家梁站，西止于东乌—包西铁路联络线格德尔盖站，线路全长 32.476 公里，双线。年内完成可研。

22. 胜利东二号矿至锡林浩特北站铁路扩建工程可研。锡林浩特北站至大唐国际胜利东二矿站贯通正线 15.468 公里一次性增建二线；相关配套工程改扩建。已完成可研。

23. 绥中港疏港铁路可研。本项目为沈山线前卫站至绥中港工业园，线路长 10.467 公里。已完成可研。

24. 新建巴彦高勒矿井铁路专用线可研。专用线位于内蒙古自治区鄂尔多斯市，线路自呼吉尔特专用线沙拉吉达站接轨至巴彦高勒矿井，线路长度约 12 公里。已完成可研。

25. 张家口煤炭物流中心可研。本项目主要在张集线万全西站进行改扩建，设计新增到发线 4 股道，到达场和出发场按横列式布置。物流中心，设翻车机、装车站和空车集结线。已完成可研。

26. 鲁中煤炭储备物流有限公司铁路专用线可行性研究。因煤炭到、发量增加，需改造桓台站站场。铺轨长度 7.329 公里。已完成可研。

27. 华宝庆丰物流园铁路专用线可研。专用线起于董家口港铁路产业园站南端，出站后线路于麦墩村南折向西设华宝庆丰物流园站，线路全长 2.475 公里。产业园站增建 1 条到发线；物流园站设 2 条到发线。已完成可研。

28. 新建铁路乌兰陶勒盖集疏运系统可研。本项目位于内蒙古自治区鄂尔多斯市乌审旗境内，自在建新恩陶铁路乌兰陶勒盖站接轨，并新建煤炭集疏运站和货场。已完成可研。

29. 国电保定西北郊热电厂铁路专用线可研。线路自京广线于家庄站引出，至满城温屯村西侧设电厂站为终点，全线新建线路 12.885 公里，利用及电气化改造既有线 12.987 公里，已完成可研。

30. 山东清沂山石化有限公司铁路专用线工程可研。专用线从山西中南部通道的沂水西站，东咽喉引出，牵出线围着龙山布置，装卸线布置在山的南侧。铺轨 9.7 公里。已完成可研。

31. 新泰市东源煤炭储备配送中心铁路专用线可研。专用线接轨于山西中南部通道的天宝站，设装卸线 4 条，铺轨 5.4 公里。已完成可研。

32. 浩宇物资集团铁路专用线可研。专用线自山西中南部铁路莒县西站接轨，至浩宇能源厂区西侧工业站，线路全长 10.981 公里。已完成可研。

33. 海汇集团铁路专用线可研。专用线自在建山西中南部铁路莒县西站接轨，至海汇集团工业站，线路全长 4.924 公里。

34. 黄岛站扩能改造工程可研。工程改扩建内容：增建上行到发场（II场），设到发线 4 条有效长满足 1050 米，并预留发展条件；3 修建上行到发场与下行到发场（I场）之间的联络线；既有调车场 10～12 道到发线延长至 1050 米；III场尾部牵出线延长满足整列转场要求；既有驼峰进行自动化改造。铺轨约 9 公里。已完成可研。

35. 介西线孝义市区改线工程可研。工程分为两部分：介西线改线全长 17.1 公里，其中孝南至孝义市间为双线，长 6.7 公里，孝义市至白壁关为单线，长 10.4 公里。改建孝柳线全长 11.7 公里，全部为单线。已完成可研。

（二）初步设计项目 5 项（141.4 公里）

1. 查干淖尔煤田专用线初步设计。线路东起既有锡桑线白音库伦站接轨的查干淖尔煤田铁路专用线终点查干淖尔站引出，至拟建锡林浩特至二连铁路的哈朱尚德站，线路全长 82.6 公里。已完成初步设计。

2. 阿城钢铁公司厂前站改造工程初步设计。厂前站增加 2 条站线，既有站线有效长向两端延长，厂区新增设 8 条装卸线，2 条机车检修库线。已完成初步设计。

3. 太原煤气化龙泉能源发展有限公司铁路专用线初步设计。本线接轨于新建太兴铁路的静游站，至其矿井工业广场装车站，线路全长 5.5 公里。已完成初步设计。

4. 太钢袁家村矿铁路专用线初步设计。专用线自新建太原至兴县铁路岚县站至太钢袁家村矿铁路专用线装车站，线路长度 8.38 公里。已完成初步设计。

5. 寿光至邹平铁路（博兴至邹平段）初步设计。本段线路东起兴广铁路，向西经桓台县终至邹平县孙镇，线路长度 38.15 公里，另修建博汇支线 4.65 公里及淄东联络线 2.1 公里。已完成初步设计。

（三）施工图设计及配合施工项目 7 项（406.8 公里）

1. 寿光至邹平铁路（寿光至广饶段）施工图设计。工程包含四个部分，其中寿光至广饶段西起兴广铁路华泰站，东至益羊铁路田柳站，线路全长 36.839 公里；自本线化龙站接轨的华星支线，线路全长 3.432 公里；益羊铁路寿光段改线工程，改线起点自寿光市孙家集镇的边线王村北，改线段正线全长 21.801 公里；自改线段新建的寿光站接轨的晨鸣支线，线路全长 6.09 公里。地方铁路 I 级（按国铁 II 级标准）；单线。已完成站前施工图设计。

2. 承德新建水库承隆铁路改线施工图设计。改线段线路总长 6.437 公里，其中隧道 3 座（总长 5.31 公里）。已完成施工图设计。

3. 东北农垦总局“”九三”铁路专用线施工图设计。专用线接轨于富嫩线上九三站农 1 线引出，至九三物流园装卸场，物流园装卸场设 3 条到发兼货物线。正线全长 6.316 公里。已完成施工图设计。

4.遵化至小寺沟地方铁路配合施工。线路全长 121.849 公里。工程进度:隧道、路基、桥梁均已完成 80%以上。

5.新建多伦至丰宁地方铁路配合施工。线路全长 117.86 公里。线下工程已完成 90%以上。

6.新建虎什哈至丰宁地方铁路（二期）工程配合施工。线路全长 48.204 公里。线下工程已完成 90%以上。

7.新建岫岩至庄河铁路配合施工。线路全长 69.522 公里。工程已基本完成，进入收尾。站后不受设备招标影响部分施工图（咨询稿）已经完成。

【中铁电化院铁路设计】 1.京沪高速铁路工程。新建京沪高速铁路北京南站（不含）至虹桥站及相关工程，起讫里程为 DIK1+750～DK1305+700，正线长度 1318 公里，包括黄河大桥、大胜关长江大桥、相关新建线路（联络线、动车走行线）、天津西站及枢纽、济南站及枢纽、南京南站、上海虹桥站及枢纽的全部电气化工程。全线将按设计速度 350 公里/小时，初期运营速度 300 公里/小时设计，一次建成高速铁路双线线路。2011 年 1 月完成变电所施工图咨询版；2 月完成变电所施工图正式版；4 月完成接触网工区维修机具、设备技术规格书的编写工作；5 月完成供电车间维修机具、设备技术规格书的编写工作；6 月完成施工图预算初稿编写工作；开展全线施工配合及调试，2011 年 6 月 30 日开通。

2.黎湛电气化工程。该线位于广西自治区境内，全长约 310 公里。路网中与之相连通往西南地区的湘桂线柳州至南宁段、黔桂线、南昆线均改造为或即将改造为电气化铁路，南广铁路也正在建设中，南广铁路贵港至黎塘段客货分线运输。其建设可以使本线与周边电气化线路配套成网，改善运输组织条件，提高运输灵性性。2011 年 5 月完成预可研文件的编制工作并上报；2011 年 6 月 10 日通过了预可研审查；2011 年 7 月 15 完成预可研文件的补充编制工作。

3.广梅汕铁路龙川至潮安段电气化改造工程。广（州）梅（州）汕（头）铁路是一条横贯中国广东中部和东部的铁路，跨越 17 个市县，总长度 480 公里，该铁路是粤东铁路干线。始于广(州)深(圳)铁路东莞常平站，经惠州、博罗、河源、龙川、五华、兴宁、梅州、丰顺、榕城、湘桥等县(市)区，止于汕头市龙湖区。汕头段起自汕头市下蓬镇的　家园村，向南经陈厝寨、渔洲、跨汕樟路、汕汾公路、陈厝寨、合仔寮、南片埔、陈厝合、书斋脚，终于合仔村北侧，长 11.5 公里。境内设汕头北站，含位于陈厝寨西侧的货运区段站和位于泰山路中段与珠池路尾交汇处的汕头客运站。建成后将与京广铁路、京九铁路、广深铁路、三茂铁路相连。线路全长 349.7 公里，2011 年主要完成了站场线路的补充测量工作，由于初步设计审查正式批复未下发，指挥部没有具体的计划，所以本年度项目无具体进展。

4.宁启铁路电气化改造工程。宁启线西起南京站，迄与东端的南通市，线路全长 283.018 正线公里。2011 年完成了场址变更后扬州、南通的补充钻探工作；开展接触网、电力、供变电及配套房屋、暖通、给排水的施工图设计工作；进行外部电源配合；现场接触网、电力施工配合；完成了扬州、南通牵引变电所施工图设计及出版工作。

5.胶新线电气化改造工程：胶新线自胶济线的胶州站接轨至陇海线的新沂西站，单线铁路正线全长 303 公里，另外有其他线路长度 18.8 公里，为东部地区的路海通道及山东铁路“四纵四横”的重要组成部分。胶新线沿途经过胶州、诸城、五莲、莒县、沂水、沂南、临沂北、至新沂，跨越了山东省东南部及江苏省北部的新沂市。2011 年 3 月完成了征地图的设计工作；2011 年 5 月完成了施工图预算的编制工作；2011 年 6 月完成了施工图总说明书的编写工作；2011 年 7 月完成了补充定测工作；2011 年 11 月完成了全部施工图设计工作。

6.湘桂铁路柳州至南宁段电气化工程。湘桂线期自湖南省衡阳市，经湖南的永州市，广西的桂林、柳州、南宁，止于凭祥市，线路全长 1013 公里。其中永州至柳州段，既有为单线铁路，线路全长约 384 公里，柳州至南宁段为复线铁路，线路全长约 251 公里。2011 年 4 月完成了全线定测工作。2011 年 5 月完成了初步设计文件并报铁道部。

7.京通铁路电气化工程。京通铁路起于北京枢纽的昌平站，终于通辽枢纽的通辽站，线路全长 804.765 公里。京通铁路隶属北京铁路局和沈阳铁路局管辖，分界里程为 K244+565。连接华北与内蒙古东部地区，是进出关对外客货运输的辅助通道之一，现状为单线、内燃机车牵引，牵引定数为 3500 吨、4000 吨，部分 5000 吨。京通铁路昌平（不含）至通辽，共有车站 88 个；其中区段站 4 个（怀柔北、隆化、赤峰、通辽站），中间站 55 个，会让站 29 个。全线共有桥梁 478 座 42569.2 延米，占线路全长的 5.3%，最长的桥梁为 k511+684 老哈河特大桥，桥长 1446.8 延米。最大跨度桥为白河大桥的 3-128 米连续下桁钢梁桥。全线共有隧道 116 座，总长 73441.1 延长米，占正线全长的 9.1%；隧道均位于昌平—赤峰之间，其中昌平—隆化段有隧道 92 座 51597 延长米占该段线路长度的 21.1%。最长的隧道是 k209+642 处的红旗隧道，长度 5848.3 延长米。按照部 2011 年勘察设计工作安排，京通铁路电化 2011 年 1 月完成预可研审查，5 月完成可研。公司 2010 年 11 月上旬已完成预可研并报部，但预可研至今未组织审查。可研工作尚未开展。

【中铁通号院铁路设计】 1.胶新线铁路电气化改造工程。胶州至新沂铁路位于山东省的东南部和江苏省的东北部，东濒黄海，是东北至长江三角洲地区陆海通道的组成部分。胶新线北起胶济线的胶州站，向南经诸城市、五莲县、莒县、沂水县、沂南县，在临沂市境内与兖石线相接，再经郯城县至陇海铁路的新沂站止。正线全长303.330公里。

由中铁电气化勘测设计研究院、北京电铁通信信号勘测设计院、中铁工程设计咨询集团有限公司济南设计院共同设计，中铁电化院为总体设计单位。北京电铁通号设计院承担该工程的通信、信息、信号、通信信号供电、三电房屋及路外通信防护设计。通号院各专业于2010年12月开始施工图设计，通信、信息、房建、电力专业于2011年4月完成全部施工图设计，信号专业由于受设备选型的限制，于2011年4月完成室外图纸设计，室内结配线图要等到设备招标确定厂家后进行设计。2012年6月，铁道部工程管理中心下发工管工技函[2012]176号《关于胶新线铁路电气化改造工程施工图审核报告审查意见的函》，2012年7月，胶新线开始施工招标和设备招标工作，各专业配合建设指挥部进行招标、完成剩余图纸及现场施工配合工作。

2.沪昆线株娄段自动闭塞改造工程。沪昆线株洲至娄底段位于湖南省中东部，是西南地区经湖南省通向华东地区的主要运输线。该段铁路东起株洲枢纽，由田心站出岔，在十里冲站上下行线并行，向西经湘潭、湘乡、棋梓桥等地，在娄底洛湛线益娄段相接。正线全长135.824公里。

通号院承担该工程的自动闭塞改造及通信、电力、房建配套工程的设计，2010年6月，开展沪昆线株娄段自动闭塞改造工程施工设计。2010年12月，完成工程主体图纸设计，其余微机监测及TDCS施工图计划2011年2月完成；与娄底站结合部分图纸经与广铁集团电务处、娄底扩能工程指挥部及相关设计、施工单位协商后，于2011年4月完成。

2011年本项目完成施工图设计，并于2011年12月底全线顺利开通。此期间，通号院与建设单位和施工单位紧密配合，派相关人员协助现场解决问题，确保顺利开通，得到广铁集团表扬。

3.沪昆线百亩井—酒店塘间自动闭塞改造工程。沪昆线百亩井至大龙段位于湖南省中部，是西南地区通向湖南省及华东地区的主要运输线。该段铁路东起百亩井站，向西南经新化、烟溪、溆浦、怀化、新晃等地，与成都局管辖的大龙站相接。正线全长421.51公里。

由北京电铁通信信号勘测设计院承担该工程的通信、信息、信号、通信信号供电、三电房屋设计任务。工程于2011年4月完成设计现场勘测，2011年8月开始初步设计，2011年10月完成初步设计并报部审批。2011年12月，铁道部组织专家进行论证，完成审查初步设计。项目总投资为6.7亿元。2011年12月各专业完成施工图设计准备工作。

4.轨道交通运行控制系统国家工程研究中心建设项目工程。轨道交通运行控制系统国家工程研究中心建设项目是根据国家发改委、铁道部和教育部的批复，由北京交通大学牵头，联合中国铁路通信信号集团公司，中国铁道科学研究院、中国铁路投资公司共同申报组建，由北京市海淀区工商局批准注册成立，具有独立法人资格的实体，同时开展国家工程研究中心建设工作，建设内容主要包括5个平台15个子平台，具体建设平台名称见表7-58。

表7-58 大平台建设项目统计表

序号	平台名称	平台建设项目
1	列车运行控制系统实验平台	轨道交通运行控制系统实验技术体系
		CTCS-3级列控系统车载设备互联互通测试子平台
		CTCS-3级列控系统RBC功能测试子平台
		高速条件下应答器性能测试子平台
		基于城市轨道交通列控系统（CBTC）测试子平台
		移动体定位测试子平台
2	列车运行控制系统关键技术研究平台	基于模型的系统开发子平台
		安全计算机开发子平台
		列控系统间通用协议标准化设计及验证子平台
		线路通过能力仿真分析子平台
3	列车运行控制系统集成与仿真平台	列车运行控制系统集成与仿真平台
4	列车运行控制系统产业化平台	列控设备定型试验和检验子平台
		列车运行控制系统电磁兼容试验子平台
5	轨道交通移动通信关键技术研究与测试平台	高速铁路数字移动通信网络及终端测试子平台
		城市轨道交通无线局域网络及终端测试子平台

工程设计由北京电铁通信信号勘测设计院有限公司牵头，与北京筑通建筑勘察设计院有限公司组成联合体共同承担该项目的可行性研究及勘察设计任务，其中北京电铁通信信号勘测设计院有限公司为总体设计单位。北京电铁通号设计院承担该工程的5大平台总体设计、配套房屋改造设计、配套电力改造设计、配套通信设计。根据铁道部工程设计鉴定中心（铁鉴函〔2010〕1859号）《关于轨道交通运输控制系统国家工程研究中心建设项目初步设计的批复》进行设计。

本建设项目2010年4月完成可行性研究，2010年6月8日通过了铁道部工程鉴定中心在北京组织召开的对《轨道交通运行控制系统国家工程研究中心建设项目可行性研究报告》的评审会；2010年6月开始进行初步设计，2010年12月完成初步设计并报部审批，同年12月铁道部组织专家进一步论证，审查初步设计，核定本项目总投资为2亿元。

房建、电力专业于2011年8月开始施工图设计，于2011年10月完成全部施工图设计，于2011年10月底通过铁三院施工图审核和铁道部工程管理中心的批复。

5大平台及配套通信部分于2011年8月开始施工图设计，于2011年12月完成全部施工图设计，于2011年12月底通过铁三院施工图审核，并报铁道部工程管理中心批复。

本建设项目正在进行招标文件的编制。

5.新建铁路玉林至铁山港线工程。新建铁路玉林至铁山港线位于广西壮族自治区境内，北起玉林市，途经玉林市的福绵区、博白县，从玉林、钦州、北海三市交界处通过后，再经北海市的合浦县、铁山港区，与在建铁山港支线连接。正线约131公里，运营长度合计144.3公里（玉林Ⅱ场中心—在建铁山港支线终点兴港站）。近期新建沙田镇、博白、顿谷、沙河镇、曲樟、闸口镇六个车站。

本工程由中铁四院南宁勘察设计院有限公司负责，中铁电气化勘察设计研究院有限公司、北京电铁通信信号勘察设计研究院有限公司共同设计，中铁四院南宁院有限公司为总体设计单位。北京电铁通号设计院承担该工程的通信、信息、信号、通信信号供电、三电房屋及路外通信防护设计。通号院各专业于2010年10月开始施工图设计，通信、信息、信号专业于2011年底完成室外部分施工图设计，由于受站前路基、桥、遂及设备选型的限制，预计2012年12月完成全部施工图纸设计。

6．湘桂铁路柳州至南宁段电气化改造工程。湘桂铁路柳州至南宁段是广西、海南及粤西地区东出和北上的重要通道，也是内陆地区连接东南亚乃至亚太经济圈的主要运输通道。

湘桂线进德至邕宁段正线公里 K546+121 至 K761+993 段原为双线非电气化国铁Ⅰ线铁路，现改建为双线电气化铁路。本线正线运营长度合计217公里，共有白山、凤凰、来宾、良江、平塘、小平阳、和吉村、黎塘Ⅰ场、黎塘Ⅱ场、稔竹、沙江、六景、伶俐13座车站。

本工程由中铁电气化勘察设计研究院有限公司、北京电铁通信信号勘察设计研究院有限公司共同设计，中铁电气化勘察设计研究院有限公司为总体设计单位。北京电铁通号设计院承担该工程的通信、信息、信号、通信信号供电、三电房屋及路外通信防护设计。通信、信息、信号、通信信号供电、三电房屋及路外通信防护设计于2011年3月开始初步设计，2011年5月完成初步设计并报部审批，预计2012年7月进行鉴定，该项目通号院承担设计范围内总投资为2.9亿元。

【中铁工程设计院承担铁路工业设计项目】 2011年，中铁工程设计院共承担铁路工业设计项目90项，重点项目主要有：

1.南车青岛四方机车车辆股份有限公司提升高速动车组制造水平和延伸服务能力建设项目：新增高速动车组30列/年，新增铝合金城轨地铁车辆150辆/年，新增动车组五级修150列/年；

2.铁路货车和特种货车（含出口货车）改造建设项目建设内容调整项目：投资5000万元；

3.交流传动机车及高速动车组传动装置与风源系统产业化能力提升技术改造项目（初步设计）：投资7.8亿元；

4.和谐号城际动车组技术平移项目：投资5.3亿元；

5.退城搬迁入园建厂技术改造项目一期建设工程：投资12.5亿元；

6.新型电力机车检修和提高工程车制造工艺水平技术改造项目：投资3.3亿元；

7.煤机装备一期（无轨胶轮车）建设项目：投资1.4亿元；

8.提升铁路货车水平及关键零部件专业化生产技术改造项目：投资3.8亿元；

9.大连旅顺经济开发区特种集装箱多元产业基地项目（初步设计）：投资2.2亿元；

10.重载快捷及出口铁路货车大型部件制造水平提升技术改造项目：投资4亿元；

11.动车组和机车牵引与控制国家重点实验室北车基地建设项目：投资3亿元；

12.天津城轨车辆修造基地建设项目（一期工程）初步设计：投资3亿元；

13.哈车钢材物流基地建设项目：投资1.2亿元；

14.青岛四方庞巴迪铁路运输设备有限公司高速车铝合

金车体制造及实验基地建设项目涂装厂房：建筑面积25095.85平米；

15.轻轨车辆生产基地建设项目一期工程：车体、表面处理、总装及调试试验部分，年生产轻轨车辆200辆；

16.长春轨道客车股份有限公司高速列车系统集成国家工程实验室建设项目：投资3622万元；

17.南车长江车辆有限公司株洲分公司技术改造项目：投资2.3亿元；

18.长春轨道客车股份有限公司高速动车组能力提升技术改造项目初步设计：投资1.9亿元；

19.长春轨道客车股份有限公司高速动车组转向架制造系统技术改造项目初步设计：投资3.5亿元；

20.长春轨道客车股份有限公司城轨车辆提能技术改造项目初步设计：投资3.7亿元；

21.长春轨道客车股份有限公司完善高速动车组制造平台建设项目初步设计：投资9.9亿元；

22.长春轨道客车股份有限公司时速350公里动车组制造平台建设项目初步设计：投资22.6亿元；

23.南车株洲电力机车有限公司不锈钢城轨车辆建设项目初步设计：投资2.1亿元；

24.南车青岛四方机车车辆股份有限公司提升高速动车组制造水平和延伸服务能力建设项目：投资2.7亿元；

25.南车长江车辆有限公司武汉分部货车配套项目：投资8600万元；

26.南车长江车辆有限公司常州分公司技术改造项目：年检修铁路货车7000辆；

27.长春轨道客车装备有限责任公司车轴及轮对修造基地建设项目：投资44.5亿元，建筑面积约90000平米；

28.海峡轨道客车维修组装项目：总图规划、初步设计、施工图设计，年组装轨道车辆300辆，建筑面积69374平米；

29.南车青岛四方机车车辆股份有限公司调试整备厂房：建筑面积7553平米；

30.大连机车旅顺基地环形试验线建设项目：外环4587米、内环4552米；

31.广东南车轨道交通车辆维修基地建设项目：投资15.9亿元。

城轨设计

【中铁二院承担的城轨设计项目及执行情况】 2011年，中铁二院承担并开展了城市轨道交通前期项目20项(约420公里)、总体总包项目27项（约600公里)、咨询项目13项、工点及系统设计49项。重点城轨项目计划执行情况如下：

一、总体总包项目（27项，约600公里)

1.深圳城市轨道交通11号线（51.73公里)：总体设计已完成设计及审查，初步设计已通过评审，总包工作正在开展。

2.东莞市城市快速轨道交通R2线工程(37.768公里)：全线共15个车站、14个区间，总体设计、初步设计、土建招标设计已完成。各车站和区间正在进行施工图设计及总体、总包日常工作，部分车站开始配合施工。

3.重庆市轨道交通三号线二期工程施工图设计(18.875公里)：已于2011年9月28日开通试运行。

4.深圳地铁三号线首期段（32.912公里)：已于2010年12月28日通车。

5.深圳地铁三号线西延段工程(8.733公里)：已于2011年6月28日通车。

6.布吉客运枢纽工程总体总包工作（车站69900平方米，线路1.38)：施工图设计已完成，正开展配合施工。

7.深圳地铁二号线（13.86公里)：已开通试运营，正进行技术总结工作以及结算工作；总包工作仍在开展。

8.深圳地铁二号线东延线（20.65公里)：已开通试运营，正进行技术总结工作以及结算工作，总包工作仍在开展。

9.深圳地铁六号线（37.89公里)：正在开展并行段初步设计。

10.青岛市地铁2号线一期工程（29.7公里)：初步设计已完成，正在开展施工图设计及总体总包工作。

11.深圳市益田中心广场地下停车库工程（益田站配套工程)（65400平方米)：地下部分和地上部分土建已完成，机电设备已招标，待机电安装。

12.成都地铁2号线一期工程（22.38公里)：除车站附属建筑图—地面部分正在进行会签工作外，全线车站其余施工图已交付。全线系统工程施工图设计已按业主要求交付了大部分，正配合施工。

13.成都地铁2号线二期工程（19.5公里)：西延线工程车站施工图设计工作已取得进展，犀浦站的车站设备区装修、公共区装修以及车站导向系统已送咨询。西延线系统工程与2号线一期工程进展情况一致；东延线已收集完最新版线站位方案，准备正式开展施工图设计工作。

14.成都地铁4号线一期工程总体（19公里)：正开展

工点施工图设计工作，进行了围护结构、主体结构的会签。各系统、总体与工点单位进行了会签意见沟通。

15. 成都地铁3号线一期工程总体（19.957公里）：已完成工程可行性研究工作，正在进行总体设计和初步设计及总体总包工作。

16. 杭州地铁2号线一期（30.488公里）：东南段施工图设计工作已基本完成，西北段施工图设计正在开展中。机电系统方面，正配合业主单位进行东南段部分的机电设备招标工作。

17. 上海轨道交通9号线二期（14.5公里）：已于2009年年底通车试运营。正在进行遗留附属工程的施工配合。

18. 上海地铁9号线三期（东延伸）工程（13.808公里）：已完成总体设计文件的编制及评审工作。完成工程可行性研究的修编工作及国家正式评审。正进行总体协调工作并开展初步设计。

19. 北京地铁8号线二期工程总体总包（17.5公里）：初步设计已完成，正在开展施工图设计和总包管理工作。北段土建、设备施工图设计已基本完成，现阶段主要工作为配合施工。南段施工图设计正进行中，现阶段主要工作是协调各专业，实施设计质量、进度管理控制，开展施工图设计专业会签和总体审签工作。

20. 北京轨道交通昌平线与八号线联络线工程总体总包（6.3公里）：初步设计已完成，正开展施工图设计和总包管理工作。

21. 郑州市轨道交通2号线一期工程（18.045公里）：已完成初步设计，正进行施工图设计工作和总包工作。

22. 长沙市轨道交通1号线一期工程总体总包（23.86公里）：已完成初步设计、土建招标设计文件。正开展主体建筑和主体结构施工图设计及配合施工。

23. 广州市轨道交通五号线滘口—文冲（原文园）段设计联合总体（40.5公里）：已于2009年12月28日通车，正在开展设计变更清理、合同变更清理、设计总结编写和归档工作。

24. 广州市轨道交通六号线首期工程(浔峰岗—燕塘段)设计联合总体（21.7公里）：土建施工施工图已完成80%，除三个车站主体因外部原因未完成之外，其它车站主体结构设计已完成。机电工程正在进行施工招标。

25. 广州市轨道交通六号线东延段工程(燕塘—高塘石)设计联合总体（10.4公里）：燕塘—长湴段土建施工施工图已完成80%。长湴—高塘石段正开展施工图设计。

26. 广州市轨道交通六号线二期工程高塘石—香雪段设计联合总体（24.3公里）：正在开展土建施工图设计，机电工程正在配合土建施工图设计。

27. 厦门地铁1号线总体（31.3公里）：已完成总体阶段设计工作，其中试验段2站1区间(城市广场站—塘边站)已完成初步设计。工点设计单位已进场，各类专题报告正在梳理过程中。

二、前期项目（20项，约420公里）

1. 深圳轨道交通11号线工程可行性研究（52公里）：由中铁二院承担的工程可行性研究报告、环评、水保均已已完成。

2. 深圳市城市轨道交通12号线工程可行性研究报告（34.3公里）：由于业主原因，该项目暂停。

3. 上海轨道交通9号线三期（东延伸）工程：工程可行性研究报告已通过评审。

4. 郑州市轨道交通4号线（33.21公里）：4号线全线工程可行性研究待线网修编成果出来后开展后续工作。

5. 北京地铁八号线三期工程（18公里）：已完成规划方案编制，并通过专家评审。工程可行性研究报告已基本编制完成，待业主审查。

6. 重庆市轨道交通五号线一期工程（37.8公里）：已交付工程可行性研究报告（中间稿），待审查。

7. 杭州地铁2号线二期工程（13.3公里）：已完成工程可行性研究报告文件。

8. 杭州地铁6号线工程可行性研究报告（54.8公里）：已完成工程可行性研究报告文件。

9. 杭州地铁7号线（35.8公里）：已完成工程可行性研究报告文件。

10. 西安地铁4号线（3站、3区间）：正在进行试验段车站讨论。

11. 西安地铁6号线（41.08公里）：正在开展工程可行性研究工作。

12. 成都地铁1号线南延伸线（3.3公里）：已完成正式工程可行性研究报告，待审查。

13. 成都地铁7号线一期（15公里）：正在进行工程可行性研究报告文件编制，已提交送审稿。

14. 昆明市安宁都市快线（15公里）：正在进行准备工作。配合昆明市规划局和中国地铁咨询公司进行快线网的方案细化、编制及审批工作，并与地方政府、规划部门的沟通与汇报。

15. 昆明地铁4号线（45.3公里）：已完成工程可行性研究报告编制策划书并提交业，正在开展工程可行性研究报告的编制工作。

16. 昆明地铁3号线西延伸（4.16公里）：正在开展工程可行性研究报告的编制工作。

17. 贵阳轨道交通2号线工程（4.16公里）：已完成工程可行性研究报告文件初稿。

18. 佛山2号线工程可行性研究（32.0公里）：正在编制工程可行性研究报告。

19. 厦门地铁2号线一期工程（25.7公里）：已完成工

程可行性研究报告初稿，暂无审查意见。主要支撑性专题报告基本编制完成，个别专题项目尚在进一步完善中。

20. 合肥地铁二号线（27.3 公里）：各专业已基本完成方案研究以及文本编制。待客流与环评专业资料完成后，进行修改并形成工程可行性研究报告初稿交付轨道公司。

三、咨询项目（13 项）

1. 宁波市轨道交通 1 号线一期工程设计咨询（20.89 公里）：正在开展施工图咨询工作，完成部分施工图审查。

2. 宁波市轨道交通 2 号线一期工程设计咨询（28.41 公里）：正在开展施工图咨询工作，完成部分施工图审查。

3. 昆明市轨道交通首期工程设计监理（含施工图审查）（42 公里）：完成施 90%土建施工图的审查，正在开展首期工程北段施工图强审工作。

4. 郑州 1 号线施工图强审：已完成全线车站主体、区间施工图设计审查。完成了大部份附属结构施工图审查，还余下个别与物业结合的尚未完成。

5. 青岛地铁 3 号线一期工程设计咨询（包括施工图强审）：完成了部分结构施工图、建筑施工图的审查工作。

6. 深圳城市轨道交通 11 号线勘查测量监理（51.73 公里）： 已进入详勘阶段。

7. 广州市轨道交通五号线工程（滘口—文园段）设计咨询[5SZC 标]：正在开展设计变更清理、合同变更清理、设计总结编写和归档工作。

8. 广州市轨道交通六号线工程（浔峰岗—燕塘段）设计咨询[6SZD 标]：正在开展设计变更清理、合同变更清理、设计总结编写和归档工作。

9. 广佛线设计咨询：正在开展设计变更清理、合同变更清理、设计总结编写和归档工作。

10. 广州市轨道交通一号线加装屏蔽门工程设计咨询：正在开展设计变更清理、合同变更清理、设计总结编写和归档工作。

11. 广州市轨道交通三号线工程后评估：已完成初稿，准备和地铁公司交流后出正式稿。

12. 昆明轨道交通 6 号线设计监理（含施工图审查）：已完成初步设计、总体设计及招标设计文件的审查，完成 90%土建施工图审查及机电系统用户需求书审查。

13. 石家庄城市轨道交通 1 号线一期工程设计咨询：正在开展设计咨询工作。

四、工点系统(49 个)

1. 广州地铁 6 号线（21.7 公里）：正在开展施工图设计工作及配合施工。

2. 广州地铁 2、8 号线（31.98 公里）：已于 2010 年 11 月 3 日通车。

3. 广佛线（32.32 公里）：已于 2010 年 11 月 3 日通车。

4. 广州地铁 3 号线北延段：已于 2010 年 9 月 25 日通车。

5. 广州地铁 4 号线北延段：已于 2010 年 11 月 3 日通车。

6. 广州地铁 7 号线（27.831 公里）：在开展招标设计及编制用户需求书。

7. 广州地铁 9 号线（20 公里）：正在进行设备采购招标设计，编制用户需求书。

8. 广州地铁 13 号线（57 公里）：招标设计已经完成，配合业主进行土建招标。

9. 深圳地铁 2 号线（32.22 公里）：正在开展设计变更清理、合同变更清理、设计总结编写和归档工作。

10. 深圳地铁 2 号线东延线（20.65 公里）：正在开展设计变更清理、合同变更清理、设计总结编写和归档工作。

11. 深圳市地铁 3 号线在建段及西延段（20.65 公里）：已完成所有施工图交付。

12. 深圳机场轨道交通枢纽工程：正在进行配合施工。

13. 成都地铁 2 号线一期工程（22.38 公里）：全线车站除车站附属建筑图—地面部分正在进行会签工作外，其余所有施工图已交付。全线系统工程施工图设计已按业主要求交付了大部分。

14. 成都地铁 2 号线二期工程（19.5 公里）：西延线系统工程已完成 80%施工图设计。东延线已收集完最新版线站位方案，准备正式开展施工图设计工作。

15. 成都地铁 4 号线一期工程（19.5 公里）：正在开展施工图设计，已完成围护结构、主体结构的会签。

16. 重庆市轨道交通三号线二期工程（18.875 公里）：已完成童家院子、金渝、经开园、鸳鸯、凉井、回兴、双龙、滨港、江北机场共 9 个车站及系统专业施工图，正在开展配合施工。

17. 贵阳城市轨道交通一号线（31.9 公里）：正进行全线初步设计，工程可行性研究报告待批复。

18. 贵阳城市轨道交通二号线（26.8 公里）：正在开展工程可行性研究。

19. 上海轨道交通 2 号线东延伸线（29.63 公里）：已于 2010 年 3 月底通车试运营。

20. 上海轨道交通 7 号线(37723.42 平方米)：已于 2009 年 11 月底通车。

21. 上海轨道交通 9 号线二期（14.5 公里）：正在开展初步设计。

22. 上海轨道交通 9 号线三期（东延伸）工程（13.808 公里）：已完成工程可行性研究报告文件修编工作。完成总体设计文件及评审工作。地面建筑提前进入方案设计阶段。准备开展初步设计。

23. 上海轨道交通 12 号线(21869 平方米/44.25 公里)：正在开展剩余施工招标图设计，配合业主完成施工总承包的招标工作。

24. 上海轨道交通 13 号线祁连山南路站、真北路站

（22887 平方米）：已完成真北路站内部结构及祁连山南路施工图设计，正在配合项目公司完成祁连山南路站周边公交配套工作。

25. 杭州地铁 1 号线（20.89 公里）：各车站已完成施工图设计。

26. 杭州地铁 2 号线一期工程（23.445 公里）：正在开展初步设计优化，西北段已开展施工图设计，钱江路站已完成施工交付。新塘路—钱江世纪城站已完成初步设计审查，正开展施工图设计。

27. 宁波地铁 1 号线一期工程（20.89 公里）：正在进行配合施工。

28. 宁波地铁 1 号线二期工程（23.445 公里）：已完成全部土建部分施工图设计。

29. 宁波市轨道交通 2 号线一期工程：已完成全部车站和区间的土建部分施工图设计。系统专业正在配合其它专业的设计工作，编制用户需求书。

30. 南京地铁 1 号线南延线（2.2 公里）：已完成施工图交付，正进行配合施工。

31. 南京地铁 2 号线：正在开展土建及设备安装、装修配合施工，相应处理现场变更设计工作。

32. 南京地铁 4 号线：设计方案正在进一步优化、完善。

33. 西安地铁 1 号线（31.83 公里）：已完成 2 站 3 区间主体部分施工图，包括主体建筑、主体结构、防水、土建接地、区间竖井、人防第一分册、车站部分附属施工图。

34. 西安地铁 2 号线（26.4 公里）：正在进行工程消防验收。

35. 西安地铁 3 号线（50.5 公里）：已完成初步设计工作。

36. 西安地铁 4 号线（35.2 公里）：已完成和平门、大差市、五路口和李家村—和平门、和平门—大差市、大差市—五路口区间招标设计。

37. 北京地铁 7 号线土建工点标（08、09 合同段）（24 公里）：正在开展施工图设计。

38. 北京地铁 7 号线土建工点标（16 合同段）：正在开展施工图设计。

39. 北京地铁 8 号线二期工程（17.3 公里）：基本完成施工图设计，正进行配合施工。

40. 北京轨道交通昌平线与八号线联络线工程工点设计（区间土建设计）（6.3 公里）：已完成约 40%施工图设计。

41. 武汉地铁：已基本交付完毕土建施工图。

42. 郑州地铁 1 号线（26.2 公里）：已完成 60%的施工图送审工作。

43. 南昌地铁 1 号线：正在开展施工图设计。

44. 青岛地铁 3 号线一期工程（1 车站 1 车辆段和部分系统）：已开展车库主体建筑施工图设计及附属建筑施工图设计。开展现场配合施工。

45. 青岛地铁 2 号线一期工程（25.2 公里）：已二签完成所有工点车站的设计文件。系统文件已提交正式版。

46. 长沙地铁 1 号线一期工程（23.6 公里）：正在进行各站的主体建筑、结构的施工设计。

47. 长沙地铁 2 号线一期工程（22.26 公里）：正在进行各站的附属施工图、变更图的设计以及施工配合阶段。

48. 合肥地铁：车站部分 5 号中间风井已送总体审，6 号风井已完成涉路安全技术论证，已开展施工图设计。

49. 东莞市城市快速轨道交通 R2 线（37.768 公里）：全线所有车站、区间已完成总体设计、初步设计和招标设计，正在开展施工图的设计。

【中铁设计咨询承担的城轨设计项目】 2011 年，中铁设计咨询承担的城轨设计项目（工点设计）17 项，主要分布在北京、深圳、广州、太原、青岛、上海、长沙、大连等城市，承担项目中，前期工作（预可、可研、初设）8 项；施工图设计及咨询 9 项。主要项目如下：

一、前期工作（预可行性研究、可行性研究、初步设计）项目

1. 广州至清远城际轨道交通预可研（修编）。本线包括机场北至清远飞来湖段和广州北至汽车学院两段线路，总长 68.261 公里，桥隧占线路总长的 90%以上，新建车站 11 座（高架 6、地下 4、地面 1）。2009 年曾完成初步设计，后暂停。经铁道部广东省商定，调整设计标准，重新启动，完成预可研修编。

2. 太原市轨道交通 1 号线可研。1 号线一期工程线路起于西山矿务局，终于龙城大街东站，线路全长约 24.07 公里，设桥梁 1 座，长约 0.215 公里，其余全为地下线；共设置车站 20 座，全部为地下站，平均站间距为 1.247 公里，在线路西端设西山矿务局停车场 1 座、南端设马练营车辆段及综合维修基地 1 座及全线网共享控制中心 1 座。

3. 深圳地铁 7 号线 SJ3、SJ11 标初步设计。SJ3 标（土建）设计范围包括：红岭北站、八卦岭—红岭北 1 个站 1 个区间，路线长度 963.491 米；SJ11 标（土建）设计范围包括：丽水站（含站前单渡线站后折返线）、丽水—西丽区间、西丽站（含单渡线）、西丽—文光区间共 2 站 2 区间，线路总长 3.062 公里。完成初步设计。

4. 北京轨道交通燕房线（主线）工程初步设计（05 标段为高架段设计；06 标为轨道系统设计）。

5. 长沙市轨道交通 3 号线一期工程土建设计一标段初步设计。标段设计范围内线路起于长沙市坪塘镇，穿越湘江至书院路止，全长 11.4 公里，共包括：莲坪大道站、洋湖垸站、洋湖公园站、南二环站、靳江路站、书院路站 6 座车站及莲坪大道站至书院路站 6 个区间。完成初步设计。

6. 青岛地铁 2 号线一期工程土建 5 标初步设计。标段设计范围 3 个站 3 个区间，包含同安路站、汽车东站、东韩站及站前区间，总长度约 3.7 公里。已完成初步设计。

7. 深圳地铁 9 号线 3 站 3 区间初步设计。城市轨道交通续建项目。设计范围包括：红岭北站、园岭站、红岭站及笋岗—红岭北、红岭北—园岭、园岭—红岭 3 个站 3 个区间，线路长度 2.74 公里。完成初步设计。

8. 上海市轨道交通 11 号线北段（安亭站至花桥站）轨道系统初步设计。项目线路全长 6 公里，均为高架线。已完成初步设计。

二、工点施工图设计及咨询项目

1. 北京地铁 7 号线 04、05 标施工图设计。北京地铁 7 号线 04、05 标段土建部分共包括 5 站 6 区间，5 个站为虎坊桥、菜市口、磁器口、珠市口和崇文三里河站，线路长度 5.23 公里。接续施工设计。

2. 北京地铁 8 号线二期北段 02 标（土建）施工图设计。标段包括 3 个站（回龙观东大街站、霍营站、育新站）4 个区间，线路长度 4.81 公里。

3. 北京地铁 8 号线二期 06 标（轨道系统）施工图设计。8 号线二期工程，线路全长 17.54 公里。已完成施工图设计。

4. 北京地铁 9 号线 2 个站 3 个区间，线路长度 1.95 公里，完成施工图设计，配合施工。

5. 青岛地铁 3 号线一期工程土建 4 标施工图设计。标段设计范围 5 个站 5 个区间，包括清江路站、双山站、保儿站、河东站、万年泉路站及各站后区间，总长度约 5.8 公里。施工图设计已完成。

6. 大连地铁 1 号线、2 号线施工图设计。大连地铁 1 号线 4 站 4 区间，线路设计长度 4.086 公里；2 号线 2 站 2 区间线路设计长度 2.539 公里。接续施工设计，10 月因建设方原因暂停。

7. 广州市轨道交通线网综合维修基地及物流基地设计咨询。项目系广州市地下铁道总公司为已开通运营线网新建的综合维修基地和物流基地。总建筑面积：29742 平方米。主要房屋有综合办公楼、综合维修楼、工务及机加工维修楼、立体仓库、车库等。工程概算总额 1.4299 亿元。至 2011 年底完成 25%。

8. 广州市轨道交通 3 号线北延段工程总体设计咨询。全长 30.80 公里，建成通车。

9. 北京地铁 14 号线施工图审核。14 号线起永定河路西侧的芦井路，终点朝阳区来广营站，线路全长 47.2 公里，其中地下 42.2 公里，高架 4.5 公里，地面及 U 型槽过渡段 500 米，全线共设 36 座车站，除芦井路为高架站外，其余均为地下车站，车站中有 14 座换乘站。另在张仪村设停车场一处，香江路北侧设车辆段一处。审核工作尚在进行。

【中铁电化院城轨设计】 1. 深圳地铁一号线续建工程。全线 23.3 公里。采用直流 1500V 架空接触网供电。供电系统、变电所系统、接触网系统、杂散电流防护系统、电力监控系统的初步设计、施工设计。采用直流 1500V 架空接触网供电。2011 年完成后通段施工配合，现场开通调试配合，后通段工程于 2011 年 6 月 15 日开通试运行。

2. 重庆市轨道交通三号线一期工程。线路全长 21.16 公里，设 18 座车站，其中地下车站 5 座，高架车站 13 座。在唐家院子附近设车辆段及综合基地 1 处，在龙头寺火车客站附近黑房子设控制中心 1 座，建成后将服务于本线及六号线的运营管理，通过环线与四号线、五号线控制中心实现功能互补，也可与大坪控制中心(一、二线共用)实现联网。包括供电系统、牵引、降压变电所系统、综合接地系统、接触轨系统、电力监控系统、供电车间的初步设计设计、施工设计。采用直流 1500V 跨座式独轨供电。计划 2011 年建成通车。2011 年完成了设备安装调试，施工安装配合，送电配合，于 2011 年 12 月 30 日开通运营。

3. 南京地铁机场段工程。南京南站至机场段工程（南京至高淳城际快速轨道一期工程）为南京南站至禄口机场段（以下简称机场线），南起禄口机场，北至南京南站，全长约 34.9 公里，其中高架段长约 16.3 公里，过渡段长约 0.8 公里，地下段长约 17.8 公里。机场线共设置 8 座车站，其中地下车站 5 座。2011 年 7 月完成初步设计工作，2011 年 8 月开展土建配合，完成了技术规格书的编写工作。

4. 上海轨道交通 11 号线（安亭至花桥）工程。线路呈东西走向，途径花桥集中型自由办公区（先导区）、国际化商住配套区、复合型生态办公区（核心区）和行政居住综合区四个规划区域。线路全长约 5.992 公里，均为高架线，设站 3 座，分别为兆丰路站（高架三层半路侧车站）、光明路站（高架三层路中车站）、花桥站（高架三层路中车站）。2011 年完成了甲供设备技术规格书及施工招标文件，完成了接触网施工图设计。

5. 北京地铁九号线工程。位于城市西部，整体呈南北走向，分布在丰台、海淀两个行政区。线路全长为 16.5 公里，全部为地下线，共设车站 14 座，线路在南端的六圈沿六圈路东西向设车辆段 1 座。九号线工程除西客站及其两端区间和白石桥站及其两端区间已经建成外，其他一次建成。采用 B 型车，3 动 3 拖的 6 辆编组方案。包括供电、杂散电流防护、牵引、降压变电所、综合接地、牵引网及全线车站 UPS 电源整合的初步设计、施工图设计。采用 DC750V 三轨供电。预计 2011 年 12 月底建成通车。2011 年完成了施工图设计，完成了开通段设计总结编制，先通段于 2011 年 12 月 31 日开通运营。

6. 北京地铁 6 号线一期工程。从五路站至草房站，线路全长 30.1 公里，共设车站 22 座。计划 2012 年 12 月 31 日竣工通车。2011 年完成了预埋件通用图的设计，完成了全线变电施工图设计，地下接触网设备安装施工图设计，完成了外部电源报审图的设计。

7.北京地铁 8 号线二期工程。为南北走向的一条线路，基本贯穿北京市南北中轴线，线路全长 39.888 公里，运营长度 39.127 公里，其中一期工程（奥运支线）4.528 公里，二期工程（回龙观东—森林公园、熊猫环岛—美术馆东街）18.122 公里，远期工程（地安门—五福堂）17.238 公里，全部为地下线；设车站 30 座，其中一期工程 4 座，二期工程 12 座，远期工程 14 座，全部为地下站，在回龙观设车辆段一处、在大红门设停车场一处，计划 2012 年 12 月 31 日竣工通车。2011 年完成了施工图设计，完成北段施工、调试、验收、开通等配合工作，开展其余施工配合，北段于 2011 年 12 月 31 日开通运营。

8.北京地铁 16 号线工程。线路全长 22.27 公里，全部为地下线；共设车站 16 座，其中换乘站 10 座，平均站距约 1.51 公里，全线在丰西编组站东侧设榆树庄车辆段。线路北起苏州街，经苏州桥、紫竹桥、紫竹院、白石桥、甘家口、三里河、木樨地、甘石桥、丽泽商务区、丰台火车站、丰台科技园、南至榆树庄。2011 年完成了完成了初步设计文件的编制及修编工作。

9.苏州市轨道交通 2 号线工程。线路全长 26.386 公里，高架线长 6.57 公里，地下线长 19.146 公里、地面线及敞开段长 0.67 公里。全线设 22 座车站，其中高架车站 5 座，地下车站 17 座；计划 2012 年 12 月 31 日竣工通车。2011 年完成了供电系统、综合监控、FAS/BAS、门禁、气体灭火的用户需求书的编写工作；完成了供电、变电、杂散电流、电力监控、综合监控、FAS/BAS 等专业乙供设备技术规格书的编写工作，完成施工招标文件的编制，完成施工招标图纸的出图工作，完成了供电、变电、杂散电流、电力监控、综合监控、FAS/BAS 等专业进行车辆段上盖物业开发后的配合及报审图的出图工作。

10.长沙市轨道交通 2 号线一期工程。长沙市轨道交通 2 号线一期工程起点为汽车西站站，向东穿越岳麓山丘陵，在溁湾镇附近穿越湘江，然后沿五一大道到古曲路站转向南，经黎托，到新长沙站站，最后到达终点光达站，正线长 22.262 公里，均为地下线路；共设车站 19 座，均为地下站；设置一个运营控制中心，在线路终点光达站附近设置一座黄兴车辆段与综合基地。计划将于 2013 年建成通车。2011 年完成施工招标素材审查及修改，完成了施工招标文件的编写工作，完成了用户需求书的编写及修改，开展了设备招标的配合工作，开展施工招标图的设计工作。

11.郑州市轨道交通 2 号线一期工程。线路起于天山路，止于站马屯。途经开元路、郑花路、花园路、紫荆山路、花寨路，全长 26.7 公里，全线设车站 21 座，车辆段一处，停车场一处。平均站间距 1.3 公里。2 号线一期工程由广播台站至终点站马屯，均为地下线，共设 15 个站，分别为新龙路站、国基路站、北环路站、东风路站、农业路站、黄河路站、紫荆山站、东大街站、陇海东路站、帆布厂街站、航海东路站、长江路站、南环路站、向阳路站、终点；包括换乘站 6 处，分别为：国基路站、农业路站、紫荆山站、东大街站、陇海东路站和航海东路站；在站马屯设车辆段一处；在国基路站设置一座 110/35 千伏主变电所。计划 2012 年 12 月 31 日建成通车。2011 年完成了初步设计及修改工作，开展土建施工图设计配合工作。

12.天津地铁 5 号线供电系统工程。工程北起北辰区双街，南至西青区梨园头，沿线经过北辰、河北、河东、河西、南开、西青六个行政区；正线规划全长 33.595 公里，其中地下线 32.6 公里，地面线及过渡段 0.995 公里；全线共设 29 座车站，其中地下车站 28 座，地面站 1 座。另在梨园头设车辆段 1 座，在双街设停车场 1 座，全线设主变电所 2 座、控制中心 1 座（与 4、6 号线的控制中心合建）。本工程线路长，站点密集，地下车站多，换乘站多，工程量大，结构复杂。2011 年成了前期开工车站的初步设计概算修编工作；完成设备系统消防报审图纸；完成与专业设计配合与互提资料。

【中铁通号院城轨设计】 1.北京地铁 15 号线通信信号系统工程。线路全长约 41.4 公里，共设车站 20 座，其中地下线 27.7 公里，高架线 13.7 公里，地下车站 16 座，高架车站 4 座；在望京北设置马泉营车辆段一座，与 14 号线共用，在潮白河东设俸伯停车场一座。北京地铁 15 号线一期工程于 2009 年 3 月开工建设，分三段实施：中段：望京西（含）—后沙峪（含），长约 20.2 公里，地下线路长 10.1 公里，高架线路 10.1 公里，9 座车站，其中 5 座地下车站，4 座高架车站，已于 2010 年 12 月 28 日先期建成通车；东段：后沙峪（不含）—俸伯（含），长约 10.8 公里，4 座地下车站，已于 2011 年 12 月 31 日开通运营；西段：望京西站（不含）—清华东站（含），长约 10.4 公里，共设 7 座地下车站，计划于 2014 年年底开通运营。

通号院负责北京地铁 15 号线一期工程的通信、信号系统设计工作。2011 年 6 月完成北京地铁 15 号线一期工程西延段（清华东—北沙滩）初步设计文件以及设计概算文件，并通过专家评审；完成信号系统培训中心施工设计图纸。10 月完成 15 号线一期东段的防雷报审工作。11 月全部完成 15 号线一期东段设计变更文件。

2.北京地铁 7 号线通信信号系统工程。北京地铁 7 号线线路全长 23.67 公里，全部为地下线，全线共设车站 21 座，平均站间距 1.14 公里，原焦化厂内设置车辆段一处。本线控制中心设在小营的第二指挥中心，并在焦化厂车辆段内设置备用控制中心，当主用中心遭到不可测因素破坏时能够人工切换至备用控制中心继续监控线路列车运行。

北京地铁 7 号线由公司负责通信系统和信号系统的设计。设计范围包括：23.67 公里的正线，包括其中的折返线、渡线、存车线及与车辆段联络线等。21 座正线车站；初期配属的 6 辆编组列车；1 座控制中心及一座备用控制中心；焦化厂车辆段（含试车线）1 座；维修及培训中心，通信信号系统工程投资总概算为：8.9 亿元。

2011 年通号院 7 号线设计项目组执行设计总体组制订的工程设计计划，按设计阶段工期要求及时提交设计文件。3 月完成初步设计 C 版概算的修编，并通过北京市规划委组织的北京地铁 7 号线工程初步设计评审会专家组评审。8 月完成初步设计 D 版文件及概算的修编。10 月完成通信、信号、PIS 系统的设备集成采购招标书的编写工作。配合土建工点单位完成施工设计阶段车站建筑预留预埋的提资及确认。配合综合管线专业完成初步设计 D 版车站综合管线通信、信号、PIS 专业管线的布置与调整。配合相关设备专业进行设计接口工作，制定接口方案和工程实施划分。

3. 南昌市轨道交通 1 号线一期通信信号系统工程。南昌市轨道交通 1 号线一期工程线路长约 28.743 公里，均为地下线，共设地下车站 24 座，平均站间距 1239 米。通号院负责南昌地铁 1 号线一期工程的通信、信号系统设计工作。通信系统包含专用通信系统、民用通信系统、公安通信系统三部分，共计 19 个子系统；信号系统包含 ATP 子系统、ATS 子系统、ATO 子系统以及 CI 子系统。通信信号总投资 8.3 亿元，其中通信 4 亿元，信号 4.2 亿元。

2011 年主要设计工作完成情况：通信系统：根据总体院关于电源整合方案调整和信号设计机房单设的要求，车辆段、停车场、控制中心通信电源不进行整合，完成电源系统整合方案的修改；完成车站综合机房调整后的车站建筑平面的确认；配合土建施工设计的开展，完成土建结构开孔、敷管等预留、预埋；完成用户需求书的修改和标段划分与调整；完成施工设计阶段专业间的提资；配合控制中心土建初步设计工作的开展，完成各类机房面积的提资。

信号系统：根据总体院关于信号电源不进行电整合的要求，完成电源系统整合方案调整后的信号电源系统设计；完成信号设备机房单设后的车站建筑平面的确认；配合土建施工设计，完成土建结构开孔、敷管等预留、预埋；完成施工设计阶段专业间的提资；完成用户需求书的修改；开展过赣江中间风井设置的方案研究；配合控制中心土建初步设计工作的开展，完成机房面积的提资。

4. 北京地铁 16 号线通信信号系统工程。北京地铁 16 号线线路全长 26.10 公里，全部为地下线，共设车站 17 座，平均站间距 1.54 公里，终点设置停车场一处，出入段线长 885 米。北京地铁 16 号线及海淀山后线线建成后贯通运营，两线共用控制中心（小营二中心）及备用控制中心（北安河车辆段），车辆采用 8A 编制。

通号院负责北京地铁 16 号线的通信、信号系统设计工作。2011 年 4 月通过了总体方案设计的审查。2011 年 6 月通过了初步设计审查。2011 年 7 月开始施工图设计，配合土建、管综等专业施工图，并开始用户需求书编制工作。

5. 北京轨道交通海淀山后线通信信号系统工程。海淀山后线线路全长 23.37 公里，其中高架线 8.45 公里，地下线 14.92 公里。共设车站 13 座，其中高架站 5 座，地下站 8 座，平均站间距 1.86 公里。出入段线为高架线，全长 800 米。海淀山后线及北京地铁 16 号线建成后贯通运营，两线共用控制中心（小营二中心）及备用控制中心（北安河车辆段），车辆采用 8A 编制。通号院负责北京轨道交通海淀山后线的通信、信号系统设计工作。2011 年 4 月通过总体方案设计的审查。2011 年 6 月通过初步设计审查。2011 年 7 月开始施工图设计，配合土建、管综等专业施工图，并开始用户需求书编制工作。

6. 长沙市轨道交通 1 号线一期工程。线路全长 33.86 公里。共设车站 25 座，其中地下站 19 座，高架站 6 座，线路北端设停车场，南端设车辆段。全线在尚双塘设车辆基地 1 处，占地面积约 30.7 公顷，设主变电所 2 座，控制中心准备与 2 号线同设在火车站处，地铁 1、2 号线共用。施工设计于 2010 年 9 月开始，主要配合土建、管综等专业施工图设计。2011 年设计工作完成情况：1 月至 12 月配合土建专业完成建筑施工图主体及附属的提资及确认。1 月完成通信系统与主变电所的设计分工及界面。3 月完成信号用户需求书编制。4 月完成通信系统长沙轨道交通 1 号线乘客信息系统方案设计的编制。4 月 10 日完成通信系统用户需求书提交总体、咨询审查。5 月完成信号用户需求书总体、咨询审查，并根据总体、咨询意见修改用户需求书。6 月完成信号用户需求书业主审查；完成通信、信号系统接口文件的编制；完成通信传输设备系统制式调研报告。7 月完成通信系统用户需求书第一次业主审查。8 月完成通信、信号系统工程筹划计划表；完成轨道交通安全大检查及通信、信号系统自查；9 月完成通信、信号系统关于长沙 1 号线采用 A 型车可行性论证材料；12 月完成长沙轨道交通工程机电系统设计自查报告及交叉检查报告。长沙市轨道交通 1 号线线路全长 33.86 公里。共设车站 25 座，其中地下站 19 座，高架站 6 座，线路北端设停车场，南端设车辆段。全线在尚双塘设车辆基地 1 处，占地面积约 30.7 公顷，设主变电所 2 座，控制中心准备与 2 号线同设在火车站处，地铁 1、2 号线共用。

7. 福州市轨道交通 1 号线工程（一期）。福州市轨道交通 1 号线线路全长约 29.2 公里，共设 24 座地下车站，平均站间距 1.237 公里。设新店车辆段与综合基地 1 座和福州南停车场 1 座；设南门站主变电所 1 座和黄山站主变电所 1 座；设控制中心 1 处（达道路站处）。福州市轨道交通 1 号线工程(一期)设计范围为象峰站—福州南站站，线路长度约 24.78 公里，车站 21 座，均为地下车站，其中 5 座为换乘车站。福州市轨道交通 1 号线工程(一期)通信信号系统工程投资总概算为：6.57 亿元，其中通信系统 3.14 亿元，信号系统 3.43 亿元。

通号院于 2009 年年底中标福州市轨道交通 1 号线通信系统（含 PIS）、信号系统合同段并开始设计。2010 年 3 月通过了总体设计专家审查。2010 年 9 月通过了初步设计专家审查。2010 年 9 月开始施工设计，并与各土建标段进行施工设计配合，开始通信、信号系统招标文件的编制。

2011 年完成大部分土建标段施工设计配合任务；信号用户需求书编制工作，经过与业主和总体院、咨询院反复沟通，也于 11 月通过专家评审，等待报发改委审批。通信用户需求书编制工作，经过与业主和总体院、咨询院多次讨论，已基本定稿，等待业主组织专家评审。

8. 长沙市轨道交通 3 号线一期工程。3 号线一期工程从坪塘莲坪大道站至星沙龙角路站，线路长 35.483 公里，平均站间距为 1.407 公里，设车站 26 座，其中地下站 24 座、高架站 2 座；在莲坪大道站西北、南三环的南侧设洋湖垸车辆段，在龙角路站的东南设置张公塘停车场；在侯家塘附近与 1 号线共享主变电所，另在星沙大道站附近新设主变电所 1 座；与 1、2、4、5 号线共享利用 2 号线杜花路控制中心；在万家丽北路站设与 5 号线间的联络线。

2011 年主要设计工作完成情况：7 月中标长沙市轨道交通 3 号线一期工程通信、信号系统设计 3 标。8 月完成通信、信号系统对土建技术要求文件的编制。9 月完成通信、信号系统车辆段、停车场用房需求文件的编制。10 月完成通信、信号系统用电量需求和换乘车站相关资源及进控制中心路由的需求提资。11 月完成通信、信号系统总体方案审查。12 月完成初步设计说明书初稿的编制。长沙市轨道交通 3 号线一期工程线路全长约 33.4 公里，设置 24 座，全线推荐地下敷设方式。在坪塘镇南三环南侧、规划联江路北侧设置停车场，在长沙县星沙镇龙角路东侧、开元路南侧地块、319 国道北侧地块设置车辆段。长沙市轨道交通 3 号线一期工程衔接了坪浦镇、岳麓山大学城、贺龙体育馆、侯家塘商业中心、东塘商业中心、长沙火车站、长沙大学、星沙通程商业中心等重要功能中心和枢纽地区，快速串联了坪浦组团、主城区和星马组团，分担现状建成区南北向交通压力，引导城市向西南、东北方向拓展，为主城区对外辐射的西南—东北向骨干线路。长沙市轨道交通 3 号线一期工程由通号院负责通信系统和信号系统的设计。

9. 长沙市轨道交通 4 号线一期工程。长沙市轨道交通 4 号线一期工程（月亮岛路—桂花大道）线路全长 32.9 公里，设 23 座车站，均为地下车站，其中换乘站 13 座，平均站间距 1466 米，最大站间距 2260 米，为北二环路站至长望路站区间，最小站间距 780 米，为赤黄路站至砂子塘站区间。4 号线一期工程设车辆段一处，位于银杉路东侧，湘江西侧，北二环以北约 1 公里的地块内，设主变电站两座（分别为西湖公园、体育公园），控制中心一座，均以 2 号线共享。长沙市轨道交通 4 号线一期工程由通号院负责通信系统和信号系统的设计。

2011 年主要设计工作完成情况：7 月中标长沙市轨道交通 4 号线一期工程通信、信号系统设计 3 标。8 月完成通信、信号系统对土建技术要求文件的编制。9 月完成可研文件的修编。10 月完成通信、信号系统用电量需求和换乘车站相关资源及进控制中心路由的需求提资。11 月完成通信、信号系统总体方案审查。12 月完成初步设计说明书初稿的编制。长沙市轨道交通 4 号线一期工程线路全长 29.1 公里，共设 21 座，全线推荐采用地下敷设方式。在北二环路与银杉路东北象限设车辆段。

【中铁工程设计院承担的城轨设计项目】 2011 年，中铁工程设计院承担的城市轨道交通工程项目主要有 3 项。

城轨主要项目执行情况分述如下：

1. 南宁轨道交通一号线屯里车辆段（含工艺）及出入段线地面线：施工招标设计阶段；

2. 南宁轨道交通一号线停车场（含工艺）及出入线地面线：施工招标设计阶段；

3. 南宁东站综合交通枢纽地下空间：方案设计阶段。

桥隧设计

【中铁二院承担的桥梁设计主要项目及执行情况】 中铁二院 2011 年度承担的重大桥梁设计项目简介如下：

一、沪昆客专桥梁设计主要项目

1. 沪昆客专北盘江特大桥：桥址位于北盘江光照电站下游，线路穿岗乌隧道后横跨北盘江，桥尾紧接光照隧道进口，轨面距谷底高达 310 米。桥梁全长 727.25 米。主桥为 445 米上承式钢筋混凝土拱桥，引桥及拱上孔跨布置为预应力混凝土连续梁。截至 2011 年底，已完成开挖防护工程、拱座基础的施工图设计，拱座基础施工已开挖到位。

2．沪昆客专坝陵河特大桥：坝陵河特大桥桥面距谷底140米，桥跨布置为1×32米简支梁+(88+168+88)米预应力砼连续刚构+4×32米简支梁，桥长521.7米。以(88+168+88)米预应力混凝土连续刚构跨越坝凌河沟谷。截至2011年底，该桥因桥头隧顶危岩落石整治难度大而适当移动线位，已随线位调整完成相应方案设计并已获批复，已开展施工图设计。

3．沪昆客专姚官屯特大桥：该桥跨贵黄高速公路，该路面宽约25米，斜交角度25°，桥长1004.20米。拟采用（42+128+42）米拱加劲连续梁跨越该路。该桥同时跨越既有贵昆铁路，斜交角度23°，拟采用（60+100+60）米连续梁主跨跨既有贵昆铁路。截至2011年底，该桥因线位可能调整及地质勘探资料收集尚待完善，未开展施工图设计。

4．沪昆客运专线沙坡特大桥：桥梁跨越镇胜高速公路主干道和红果匝道，与主道斜交角度32°，桥长1297.942米。采用主桥（72+128+72）米连续梁128米主跨和72米边跨分别跨越筑岛和一侧匝道，采用主桥（48+80+48）米连续梁主跨80米跨越另一侧匝道。该桥已完成施工图设计。

5．沪昆客专岔河大桥：岔河大桥为沪昆客运专线玉屏至昆明段重点桥梁之一，桥梁跨越岔河河谷，桥址区河谷深切，呈“V”字型，两岸岸坡自然坡度为30°～65°，桥面至谷底高度近220米。孔跨布置为（88+168+88）米预应力砼连续刚构+(33+56+33)米预应力砼连续梁，桥长484.1米。最大墩高98米，墩身按二次边坡设计。该桥已完成施工图设计。

6．沪昆客专城头清水江特大桥：该桥在施秉县马号乡和台江县施洞镇跨越清水江，孔跨布置(72+128+72)米连续梁+7×32米。该桥已完成施工图设计。

二、云桂铁路桥梁设计主要项目

1．云桂铁路南盘江特大桥：桥址位于弥勒雷打滩水电站库区上游18.5公里处，跨越南盘江河谷，桥位处江面宽约100米，水面至轨面距离约270米。主桥为416米上承式钢筋混凝土拱桥，桥梁全长852.430米。引桥及拱上梁孔跨布置为3×42米连续梁+（60+104+60）米连续刚构+4×39.5米预应力砼连续梁+4×39.5米预应力砼连续梁+2×60米T构+1×42米简支箱梁。该桥已完成开挖边坡防护工程设计和拱座基础设计。

2．云桂铁路新邕宁邕江特大桥：桥址位于广西南宁市区，桥梁全长为1055.529米。(92+168+92）米连续梁主墩采用双壁钢围堰。

3．云桂铁路杨美左江双线特大桥：桥址位于广西自治区坛洛镇，桥梁全长为8423.657米。(88+168+88)米连续刚构主墩采用双臂墩，边墩及其余引桥桥跨均采用矩形墩，桩基或明挖基础，矩形空心桥台。

4．云桂铁路平果右江双线特大桥：桥址位于广西平果县，桥梁全长为1495.719米。(80+144+80)米连续梁主墩采用圆端型墩，边墩及其余引桥桥跨均采用矩形墩，桩基或明挖基础，矩形空心桥台。

5．云桂铁路百色右江双线大桥：桥址位于广西百色市，桥梁全长为417.08米。(80+144+80)米连续刚构主墩采用矩形桥墩外包圆弧端面，边墩及其余引桥桥跨均采用矩形墩，桩基或明挖基础，矩形空心桥台。

三、丽香铁路桥梁设计主要项目

丽香线金沙江特大桥：该桥为丽香铁路的重点标志性工程，受规划的金沙江龙盘水电站影响，桥址位于虎跳石景点上游约3.1公里，大角度穿越金沙江深切峡谷。综合考虑线路标高、地形、地质条件和结构受力，孔跨布置采用（98+660+98）米上承式连续钢桁梁悬索桥。采用大片桁式断面，桥面系采用大纵梁体系的正交异性钢桥面系。两岸采用隧道式锚碇。主塔采用C50混凝土刚架塔，丽江岸侧塔高196米，香格里拉岸塔高156米，塔柱采用变截面空心墩。该桥已完成初步设计。

四、成兰铁路桥梁设计主要项目

1．成兰线羊纪沟左线大桥：桥址位于四川省茂县川西高原地带，是成兰铁路四川段的重点控制工程之一，全长233.5米，孔跨布置形式为（80+80+56）米不对称T构连续梁。全桥位于直线和R=5000米的曲线上，以15.8‰坡度上坡，桥梁的两端均连接隧道。T构侧支点处的梁高为10米，T构墩墩高为50.5米，连续梁墩墩高为40米，轨道结构为无砟轨道。该桥已完成施工图设计。

2．成兰线黑河特大桥：黑河大桥是成兰铁路的控制性工程，地面高程2190～3350米，相对高差近1160米。桥跨区内两岸山峰林立、峭壁悬崖、河谷深切、水流湍急。桥梁全长为629.05米，桥跨布置为：1×24米+2×32米简支T梁+（138+249+138）米上承式连续钢桁梁。主墩为C40钢筋混凝土圆端型空心墩，#4墩墩高106米，#5墩墩高77.5米。该桥首次在高速铁路设计中采用（138+249+138）米上承式连续钢桁梁，解决了在地质复杂区域修建高墩大跨桥梁的难题，建成后将成为国内最大跨度铁路连续钢桁梁桥。

五、厦深铁路桥梁设计主要项目

1．厦深线韩江特大桥：桥梁全长为17634米，全桥设15联大跨度预应力混凝土连续梁。广梅汕铁路疏解联络线在跨西溪河段桥上出岔，线路由二变四，受通航、行洪控制，出岔段采用(48+2×80+88+48)米变宽连续梁。梁体长度345.5米，桥面板宽度12.2～26.76米，箱体宽6.7～21.66米。跨中及端支点梁高为4.5米，中支点处梁高为7.5米。该桥已建成合龙。

2．厦深线九龙江双线特大桥：全长4572.657米。以（48+2×80+48）米连续梁跨越北溪北港，以（32+48+32）

米连续梁跨越北溪南港堤岸，以（40+2×56+40）米连续梁跨越北溪南港，主桥采用(70.5+154+80)米不等跨连续梁。其特点主要有：主桥采用不对称连续梁，为了消除小边跨侧的负反力，小里程侧梁部设计成牛腿，使得引桥可置于连续梁上；支座采用减隔震球型支座，主墩吨位为80000千牛；在活动主墩上设置LUD装置，在突发荷载作用下，与固定桥墩一起承担所有纵向荷载。该桥已建成合龙。见图7-2

六、湘桂铁路桥梁设计主要项目

湘桂铁路柳江双线特大桥：柳江双线特大桥位于柳州岩溶盆地西侧新圩一带，为跨越柳江、黔桂铁路、柳太公路而设。双线部分桥长度1517.2米，左单线桥长451.51米，右单线桥长453.19米。双线矩形空心台，圆端形空心墩及实体墩。本桥简支梁均采用压应力混凝土简支T梁，制梁场集中预制，（60+5×104+60）米连续梁采用轻型挂篮分段悬臂对称灌注施工。该桥已建成合龙。（见图7-3、4）

七、柳南客专桥梁设计主要项目

柳南客专红水河双线特大桥：本桥为跨越红水河而设，孔跨式样为2（29×32+（80+144+80）连续梁+30×32）米预应力混凝土梁，桥梁全长为2249.81米。双线矩形空心台，圆端形空心墩及实体墩。本桥简支梁均采用制梁场集中预制，架桥机架设，（80+144+80）米连续梁挂篮分段悬臂对称灌注施工。见图7-5。

八、南广铁路桥梁设计主要项目

1. 南广铁路桂平郁江双线特大桥：该桥位于西江航运干线贵港至桂平河段，全长11.3276公里。主桥为钢桁斜拉桥，采用半漂浮体系，主塔与主梁间设纵向阻尼器，采用纵向阻尼约束体系。主梁为下承式钢桁梁。主桁弦杆均采用箱形截面，腹杆根据受力的不同采用箱形截面和H形截面。该桥于2011年11月22日合龙，为国内首座时速250公里纯铁路双线钢桁斜拉桥。2. 南广铁路独屋特大桥：独屋特大桥为南广铁路控制性工程之一。主桥采用（60+100+60）米连续梁跨越运输繁忙的黎湛铁路，为了减少施工对既有线的干扰，主桥采用先沿既有线对称悬灌，形成两个T构后，平面转体到设计位置并合龙的施工方法，该工法在广西高铁建设中尚属首例。2011年4月26日，独屋特大桥主桥转体顺利完成。

九、成渝客专桥梁设计主要项目

1. 成渝客专资阳沱江特大桥：该桥是成渝客专控制性工程，主桥为（90+180+90）米连续梁-拱组合桥，是国内铺设无砟轨道最大跨度连续梁-拱组合桥。主要创新点及先进性：采用连续梁－拱组合体系，有效地降低了梁体结构高度；主拱肋采用竖向转体施工，整个体系受力明确合理；在活动主墩上设置速度锁定装置，约束活动支座处梁体的纵向位移。

2. 设计阶段及工程进展情况：成渝客专全线桥梁正线296座161公里（另有框架桥涵192座，渡槽7座，地道10座），累计已交付桥梁咨询图291座，完成98.3%。正式施工图287，完成97%。框架桥涵共192座，已交付施工图169座，完成88%。

十、成绵乐客专桥梁设计主要项目

1. 成绵乐客专新津金马河特大桥：该桥上跨成雅高速公路、S103省道(大件路)处，采用（68+118+63.2）米连续梁+（33.2+2×64+38）米连续梁宽孔跨布置，新型智能测力调整支座，以实现施工与运营中的检测与监控，确保施工及运营期间的安全。该桥连续梁已合龙。2. 成绵乐客专新建大件路特大桥：该桥跨越新建大件路，采用（72+128+72）米连续梁，已合龙。

3. 成绵乐客专鸭子河特大桥：为满足线路小角度跨越宝成铁路及尽可能减小梁高、确保施工高度及运营安全，鸭子河特大桥在设计中采用（56+112+56）米连续梁拱桥跨布置。已完成连续梁部施工，进入拱部拼装。

4. 成绵乐客专机场路隧道与既有西环铁路桥、三环路互通立交桥、成雅高速公路桥及多处人行天桥桥梁基础桩基托换处理：设计采用桩基托换处理，除成雅高速公路桥桩基托换正在施工托换大梁外，其余桩基托换工点均已完成托换施工。

5. 成绵乐客专乐山青衣江特大桥：设计采用（72+128+72）米连续梁跨越乐雅高速公路、（68+120+68）米连续梁跨越乐宜高速公路、（60+100+60）米连续梁跨越高速公路收费站，采用（35+2×64+40）米连续梁跨越青衣江通航河道。中下部结构均已完成施工，正全面进入连续梁梁部施工中。

6. 成绵乐客运专线设计阶段及工程进展情况：江油—眉山段至2009年开工以来，2010年基本完成桥梁下部施工，2011年主要为大跨度连续梁施工及桥梁铺架。该段73座桥简支桥段开始铺架，大量连续梁梁部合龙，已基本完成正线梁部铺架，部分桥梁开始桥面无砟轨道板铺设。眉山—乐山（峨眉山）段80座桥梁下部基本完成，连续梁及特殊梁部施工及预制梁与桥梁铺架开始施工。

十一、兰渝铁路桥梁设计主要项目

兰渝铁路2011年共完成铁路桥梁设计58座，合计35.5公里，主要为原来线路不稳定地段、一类变更地段和连续梁、连续刚构等没有完成的特殊结构桥梁梁部施工图。

1. 兰渝铁路广元嘉陵江双线特桥：该桥梁跨度为[4×32+(82+172+82)连续梁－钢管混凝土拱桥+10×32+1×24]米，桥梁全长831.14米。主要技术创新点为首次在7度地震区，时速200公里客货共线高速重载铁路上采用单箱单室截面，比原常规采用单箱双室截面可节省投资约600万元，且大大提高了施工效率，节省了梁部施工周期，创造了国内外本项科学技术的新纪录。已完成梁部的整体计算、局部应力分析、梁体设计、附属设施设计。

2．兰渝铁路穿井坝涪江三线特大桥：该桥梁跨度为[23×32+(68+136+68)]米连续刚构，桥梁全长1030.87米，主跨（68.2+136+68.2）米三线连续刚构桥，创造了国内三线连续刚构桥的新纪录，为国内现有最大跨度的三线连续刚构桥。已完成梁部的实体分析计算、梁体设计、附属设施设计。

3．兰渝铁路新井口嘉陵江四线特大桥：桥梁全长4023米，主跨（84+152+76）米四线连续刚构桥采用梁体分修，桥墩合修的结构形式，大跨度铁路四线连续刚构桥为国内外首创。已完成梁体和分叉桥墩的整体计算、局部应力分析、完善梁体钢筋图、附属设施图纸设计。

4．兰渝铁路朝阳嘉陵江大桥：该桥为兰渝铁路的重点控制工程之一，主桥为（96+176+88）米单线预应力混凝土连续刚构，是中国现有跨度最大的单线预应力混凝土连续刚构。本桥采用纵向直坡，横向变坡的双薄壁墩，保证了结构足够的横、纵向刚度。已完成梁体的全部主图设计及附属工程的设计。

十二、重庆枢纽桥梁设计主要项目

重庆枢纽于2011年完成渝黔线初步设计鉴修工作。桥梁工程共104座，其中含特殊桥梁7座，涵洞工程171座，框架桥3座，跨线桥9座。

重庆枢纽新白沙沱长江大桥：主桥采用(81+162+432+162+81)米五跨连续钢桁梁斜拉桥，引桥部分采用32米及24米的简支梁，主桥桥塔采用简洁大方的H形桥塔，简支梁墩台类型有双层桥梁墩、门式墩、矩形墩。已完成初步设计，待审查完后进行施工图设计。

十三、西安至成都铁路客运专线桥梁设计主要项目

西成客专（四川段）：正线桥梁81座，总长约43公里，特殊结构桥梁20余座。设计中采用了预应力混凝土连续梁及6×32米先简后联道岔连续梁等，其中主跨144米连续梁为国内铺设无砟轨道高速铁路最大跨度连续梁，6×32米先简后联道岔连续梁为国内铁路首次采用。

十四、成昆铁路增建二线桥梁设计主要项目

1．成昆铁路增建二线金沙江大桥：位于攀枝花市盐边县，上游距雅砻江、金沙江汇合口约2公里。主桥跨度176米，桥位两端均连接隧道，小里程端跨越既有成昆铁路及S301省道；大里程端跨越渡金公路。本桥为通航、立交控制设计，主桥采用（101+180+101）米双线连续刚构。

2．成昆铁路增建二线石头房特大桥：该桥跨越永武高速，主桥左端为台尾，采用连续梁跨越不经济。轨底至路面高度仅为11.3米，净高控制设计，采用双线48米系杆拱跨越永武高速。

3．成昆铁路增建二线蜻蛉河大桥：轨底至沟底高度为136米，两侧山坡陡峭，主桥采用（68+128+68）米双线连续刚构。

【中铁二院承担的隧道设计主要项目及执行情况】 中铁二院2011年度承担的重大隧道设计项目简介如下：

一、云桂铁路隧道设计主要项目

1．云桂铁路新莲隧道：位于阳宗至昆明南区间，设计为250公里/小时单洞双线隧道，全长12863米，设计采用“1平导+2斜井”的辅助坑道模式。隧道施工主要风险为突水突泥，塌方及有害气体，本隧为Ⅰ级风险隧道。设计开展了风险评估、超前地质预报及风险控制措施的专项设计。土建总工期52个月，分进口、一号斜井、二号斜井及出口4个工区，已施工正洞423米、辅助坑道4322米。

2．云桂铁路石林隧道：位于阳宗至昆明南区间，设计为250公里/小时单洞双线隧道，全长18208米，为全线最长隧道，设计采用“1平导+2斜井”的辅助坑道模式。隧道施工主要风险为突水突泥，塌方，本隧为Ⅰ级风险隧道。设计开展了风险评估、超前地质预报及风险控制措施的专项设计。土建总工期50个月，分进口、一号斜井、二号斜井及出口4个工区，已施工正洞5499米、辅助坑道10871米。

3．云桂铁路新哨隧道：位于阳宗至昆明南区间，设计为250公里/小时单洞双线隧道，全长11512米，设计采用“进口平导+出口平导”的辅助坑道模式。隧道主要风险为突水突泥、塌方及有害气体，为Ⅰ级风险隧道。对洞身穿越水压较大地段，采用了能够承受一定水压的抗水压衬砌结构。土建总工期52个月，分进口及出口2个工区，已施工正洞506米；辅助坑道1696米。

4．云桂铁路六郎隧道：位于普者黑—新哨区间，设计为250公里/小时单洞双线隧道，全长14090米，设计为人字坡，最大埋深约537米，设置“贯通平导+中部横洞”的辅助坑道模式。隧道主要风险为突水突泥，塌方。土建总工期48.78个月，分进口工区、横洞工区、出口工区3个工区，已掘进正洞1733米；辅助坑道3302米。

5．云桂铁路幸福隧道：位于普者黑—腻革龙区间，设计为250公里/小时单洞双线隧道，全长12787米，设计为人字坡，最大埋深约280米，设置“贯通平导+中部斜井”的辅助坑道模式。隧道施工主要风险为突水突泥，塌方，为Ⅰ级风险隧道。出口穿越锯齿状非可溶岩与可溶岩接触带浅埋段，采用加强支护、加强超前地质预报及监控量测等方式。土建总工期48.45个月，分进口工区、斜井工区、出口工区3个工区。已掘进正洞2310米；辅助坑道4208米。

6．云桂铁路坡录元隧道：位于阳圩—平安区间，设计为250公里/小时单洞双线隧道，全长14090米，设计为人字坡，最大埋深约537米，设置“贯通平导+中部横洞”的辅助坑道模式。土建总工期48.78个月，分进口工区、横洞

工区、出口工区3个工区。已掘进正洞1733米；辅助坑道3302米。

二、沪昆客专（长沙—昆明段）隧道设计主要项目

1．长昆线大独山隧道：位于关岭—普安区间，为单洞双线隧道，设计时速为350公里，最大埋深380米，纵坡为人字坡，全长11882米，为本线第三长隧。施工图设计辅助坑道采用“一平两横”方案。本隧进口平导已完成660米施工，进口正洞工区已施工370米，出口工区平导已完成620米施工，出口正洞工区已完成150米施工，一号横洞工区已完成横洞1054米施工，进入正洞施工后，已完成正洞20米施工，二号横洞工区已完成横洞1365米施工，进入正洞施工后，已完成正洞170米施工。

2．长昆线岗乌隧道：位于关岭—普安区间，为双线单洞隧道，设计时速为350公里，最大埋深543米，纵坡为单面下坡，全长13186米，为本线第二长隧。施工图设计辅助坑道采用“一平三横”方案。本隧进口工区已施工正洞600米，一号横洞工区已完成横洞1590米施工，进入正洞施工后，已施工正洞230米，二号横洞工区已完成横洞施工1546米，进入正洞施工后，已施工正洞65米，三号横洞工区已完成横洞施工653米，进入正洞施工后，已施工正洞400米。

3．长昆线壁板坡隧道：位于盘县车站与富源北车站之间，全长14756米，为双洞单线隧道。施工图设计辅助坑道采用贯通平导方案，平导全长14717米。已完成进口施工正洞486米，施工平导1940米；出口施工左线正洞380米，施工平导1150米。

三、六沾铁路隧道设计主要项目

1．六沾铁路乌蒙山二号隧道：位于背开柱车站与扒挪块车站之间，为单洞双线隧道，全长12260米，为六沾线第一长隧。本隧道工程地质条件复杂，地下水丰富，最大涌水量为22.9×104立方米/天，设计要求采取相应的措施，以确保施工安全及地表水环境安全。该隧于2011年7月16日顺利贯通，开始道床铺设。

2．六沾铁路三联隧道：位于云南省境内新背开柱车站出站端，为单洞双线隧道，全长12214米，全隧辅助坑道采用2个斜井+3段平导方案。该隧道最大埋深约220米，隧道区域发育6条断层和1个向斜。隧道进口下穿既有贵昆线，中部约1080米范围分布宣威群煤系地层，煤层瓦斯含量为10.59～12.87立方米/吨，1#斜井工区为瓦斯突出工区。全隧仅W4标范围内正洞剩余274米未开挖，其余均已开挖完成。

四、大瑞线（大保段）隧道设计主要项目

1．大瑞线秀岭隧道：位于漾濞车站与太平车站之间，为单线隧道，设计为时速140公里，全长17623米，隧道主要穿越6个断层（共计760米），设置“1贯通平导＋1横洞”的辅助坑道方案。截至2011年底，秀岭隧道共有2个工区4个掌子面同时施工，共掘进正洞2576米，还剩15047米。

2．大瑞线大坡岭隧道：位于北斗车站与初一铺车站之间，为单线隧道，设计时速140公里，全长14665米。隧道为人字坡，最大埋深约700米，设置“1贯通平导+1斜井”的辅助坑道方案。现有2个工区4个掌子面同时施工，共掘进正洞2132米，还剩12533米。

3．大瑞线大柱山隧道：为时速140公里单线电气化铁路隧道，全长14484米，设置了贯通平导+进出口横洞共3个辅助坑道。洞内为小人字坡，进口端上坡长约11.7公里，下坡长约2.75公里。进口结合澜沧江车站和预留II线布置，形成681米双线隧道，其余为单线隧道。本隧穿越碳酸岩地段占全长约55%，采取相应的注浆堵水处理方案。正洞已完成开挖2537米，剩余开挖11947米。

五、广昆铁路隧道设计主要项目

广昆铁路安禄隧道：位于禄丰南车站与双湄村车站之间，设计为时速200公里，单洞双线隧道，洞内采用单面上坡，全长13187米。采用的辅助坑道方案调整为“进口平导+洞身4个斜井”。本隧地下水丰富，最大涌水量为14×10^4立方米/天，施工中易发生突水、突泥等施工灾害，设计中采用超前帷幕注浆、超前局部注浆及开挖后径向补注浆的工程措施。截至2011年底，安禄隧道共有4个工区6个掌子面同时施工，共掘进正洞10551米（剩余2636米）、斜井及平导8810米。

六、厦深铁路隧道设计主要项目

厦深铁路梁山隧道：位于福建省漳浦县和云霄县境内，洞身最大埋深680米，全长9888米，预留250公里/小时客运专线双线隧道。本隧的辅助坑道方案调整为“1#斜井（621米）+2#斜井（2527米）+洞身平导（1559米）”，全隧共分为进口、出口、1#斜井、2#斜井四个工区组织施工。截至2011年底，梁山隧道共掘进正洞9388米、斜井及平导4707米，剩余工为500米正洞，通过1、2#斜井工区组织施工。

七、蒙河铁路隧道设计主要项目

蒙河铁路屏边隧道：位于沙田坝车站与屏边车站之间，单线隧道，设计时速140公里，全长10381米。出口端562米为屏边车站，三线隧道，采用“左洞双线＋右洞单线”（2+1）分修，其余段落为单线隧道。设计采用”一平一斜一横”的辅助坑道方案。本隧土建工程总工期为40个月，分进口、横洞、斜井、平导和出口共五个工区。4个工区7个掌子面同时施工，截至2011年底，共掘进正洞5727米（余4654米），辅助坑道（包括横洞、斜井、平导）共掘进6520米（余1844米）。

八、南宁枢纽隧道设计主要项目

南宁枢纽花油山隧道：位于南宁枢纽，属于南环外绕线，双线隧道，为南还线控制工期工程，全长5400米。设计坡

度为人字坡，进口端3857米为4.6‰上坡，出口端1543米为3‰下坡。隧道进出口位于直线段上，洞身部分位于半径1600右偏曲线上，隧道最大埋深约100米。本隧道辅助坑道模式为"52斜井"。现已掘进正洞3075米，还剩2325米。

九、成兰铁路隧道设计主要项目

1. 成兰铁路柿子圆隧道：位于安县—高川区间，高川车站伸入隧道出口端。线路纵坡为17.8‰及6‰的单面上坡。隧道左线全长14069米，右线全长3412.41米。隧道进出口均紧邻桥台工程，最大埋深约680米。辅助坑道模式采用"6横洞"方案，工期为44.87个月。已于2011年12月设计完成并交付施工咨询图。

2. 成兰铁路龙门山隧道：位于高川车站—茂县车站区间，为双洞分修隧道，左、右线线间距为29.999～60.493米。隧道进口紧邻高川左右线双线大桥，高川车站分别伸入左、右线隧道；隧道出口接羊记沟左右线双线大桥。线路设计为单面上坡。最大埋深1445米。左线全长19981米，其中进口段双线车站隧道546米，车站隧道单双线过渡段90米，单线隧道19345米；右线全长20042米，其中进口段双线车站隧道586米，车站隧道单双线过渡段87米，单线隧道19369米。本隧左线要求土建工期为48个月，右线隧道土建工期为61.92个月。已于2011年12月设计完成并交付施工咨询图。

3. 成兰铁路榴桐寨隧道：位于茂县—龙塘区间，采用左右线分修方案，左右线间距30～40米。左线隧道全长16262米，进口紧邻核桃沟左线大桥，出口龙塘车站伸入隧道486米，紧邻龙塘右线双线大桥；右线隧道全长16257.5米，进口核桃沟右线大桥伸入隧道3.70米，出口龙塘车站伸入隧道483.5米，龙塘左线双线大桥伸入隧道1.64米。线路坡度为单面上坡，左线隧道最大埋深约1400米，右线隧道最大埋深约1410米。已于2011年12月设计完成并交付施工咨询图。

4. 成兰铁路平安隧道：位于龙塘车站—太平车站区间，双洞分修，左线隧道全长28426米，右线隧道全长28400.708米，为全线最长隧道。龙塘车站伸入隧道左右线进口端，太平车站伸入隧道左右线出口端，线路坡度为人字坡。隧道进出口均紧邻桥台工程，隧道最大埋深约1720米。辅助坑道采用"4横洞+4斜井"方案，左线土建工期为51.94个月，右线土建工期63.85个月。已于2011年12月设计完成并交付施工咨询图。

5. 成兰铁路弓杠岭隧道：位于黄胜关—大录区间，全隧为分修双洞单线隧道。直线段左右线线间距为30米。线路设计为人字坡，为全线海拔最高的越岭隧道。左线隧道全长16314米，右线隧道全长16287.793米，隧道最大埋深约830米。设计左线土建工期为59.85个月，右线土建工期为56.88月，已于2011年12月设计完成并交付施工咨询图。

6. 成兰铁路九寨沟隧道：位于大录—九寨沟区间，单洞双线隧道，全长17095米，为全线最长双线隧道。线路设计为人字坡，轨面高程为2729.111～2951.981米，隧道最大埋深约1228米。隧道进口位于九寨国家森林公园内，接亚隆双线大桥，桥台伸入隧道6.6米；出口接九寨沟车站，车站伸入隧道422米。考虑防灾救援，本隧中部设一防灾救援避难所。设计土建总工期为51.1个月，已于2011年12月设计完成并交付施工咨询图。

7. 成兰铁路岷山隧道：位于九寨沟—多儿区间，进口段400米合修，其余段分修，全长24554.911米，为本线第二长隧道。隧道进口紧邻多诺黑河双线特大桥兰州端桥台，出口多儿车站伸入隧道内。隧道最大埋深达1535米。全隧辅助坑道模式采用"2横+2斜+1平导"方案。为满足防灾救援需要，于2号斜井与正洞相接段设置一处长度550米的救援站。已于2011年12月设计完成并交付施工咨询图。

8. 成兰铁路洛大隧道：位于多儿站—腊子口站区间，进口～DK396+140段为单洞双线合修隧道，其余段为双洞单线分修隧道。线路设计为人字坡，隧道最大埋深1860米。左线隧道全长16445米，右线隧道全长15394.719米。多尔车站道岔伸入隧道进口端，隧道进口接路基工程；腊子口车站深入隧道出口端，形成双线隧道，隧道出口紧邻腊子口双线大桥。隧道最大埋深1770米。辅助坑道模式采用"3横洞+2斜井+1平导"方案，工期为65.80个月。本隧已于2011年年底完成施工咨询图设计。

十、大瑞铁路（保瑞段）隧道设计主要项目

大瑞铁路高黎贡山隧道：隧道全长34522米，最大埋深约1130米。隧道大理端为怒江四线特大桥，瑞丽方向出隧道后进入龙陵车站，采用"1平+2斜+4竖"的辅助坑道配置方案。隧道正常涌水量129500立方米/天，隧道最大涌水量按195000立方米/天。段内不良地质为高地温热害、断层破碎带、活动断裂、岩爆及软岩大变形、放射性、有害气体、岩溶、滑坡等。全隧道采用分段送排式通风方式，隧道内设置2处定点救援站，长度均为550米，疏散站台宽度均为2.3米。隧道土建工期为62.61个月。

十一、渝利铁路隧道设计主要项目

1. 渝利线万寿山隧道：位于重庆市石柱县境内，全长13468米，为渝利线第一长隧。隧道最大埋深588米，隧道岩层倾角较缓，质软，暴露易风化遇水易软化，易发生隧道拱部掉块塌方，采用加强拱部初期支护的措施，为快速化施工提供了保障。本隧设置三个横洞，施工工期为36个月。

2. 渝利线长洪岭隧道：位于丰都县江池镇境内，全长13294米，为渝利线第二长隧。隧道最大埋深420米。设置一座横洞及两座斜井，施工总工期33个月。

十二、兰渝铁路隧道设计主要项目

1. 兰渝铁路梅岭关隧道：全长8271米，设计时速200

公里，为高瓦斯隧道，设置进出口平导，采用巷道式通风，施工工期为 38.97 月（含无砟道床施作）。

2. 兰渝铁路肖家梁隧道：全长 5215 米，设计时速 200 公里。隧道有深层天然气等有害气体，为高瓦斯隧道。设计采用 2 个通风竖井和 1 个通风斜井进行施工通风。通风竖井采用反井钻开挖。隧道设计工期 32.9 月。

【中铁设计咨询桥梁设计项目】 1. 南广铁路肇庆西江特大桥。2011 年 11 月 12 日上午，由中铁设计咨询设计的南广铁路肇庆西江特大桥主拱肋顺利合龙。南广铁路肇庆西江特大桥是南广铁路的标志性和控制性工程，地处广东省高要市三榕峡上游的小湘收费站附近，跨越西江。该处接近河段弯曲段顶部，河面宽度 410 米，最大水深约 80 米。该桥全长 618.3 米，桥跨布置为（41.2+486+49.1）米钢箱提篮拱桥+1-32 米预应力混凝土简支梁，主桥是中国首座应用于铁路上的中承式钢箱提篮拱桥，桥面采用钢纵横梁结合梁体系，其 486 米的主跨跨度是目前世界高速铁路拱桥的最大跨度。

2. 京新高速公路北京上地斜拉桥。2011 年 5 月 7 日，由中铁设计咨询设计的京新高速公路上地斜拉桥经过 20 天的连续顶推作业后，成功准确就位，梁中线后端偏差 4 毫米，梁前端偏差 7 毫米。北京日报、北京青年报等媒体对本桥建设情况进行了报道。上地斜拉桥是京新高速（北京五环路—六环路段）控制性重点工程，也是华北地区跨径最大的桥梁。该桥全长 3 公里，主桥长 510 米，主跨 230 米，梁宽 35.5 米，主塔高 99 米，采用（46+46+230+98+90）米五跨连续独塔单索面预应力混凝土曲线斜拉桥，上有斜拉索 88 根，其中最长索 222 米，最大索重 27 吨。该桥位于缓和曲线长 245 米，圆曲线半径 920 米及半径为 11000 米的竖曲线上。主跨跨越地铁 13 号线、既有京包铁路及规划京张城际高速铁路，与既有线小角度斜交，交角为 19°。其中主跨 B 段现浇箱梁（212 米），采用塔后预制，顶推就位。顶推段箱梁总重 25000 吨，顶推距离 213 米，箱梁运动轨迹为圆曲线。其大跨度、大吨位、长顶程、复杂曲线上单点顶推的设计与施工工艺位居国内首位。

3. 荣成至乌海高速公路孤庄营跨线桥。荣成至乌海高速公路孤庄营跨线桥，位于京广铁路徐水站附近孤庄营村北侧，跨越 107 国道、京广铁路和拟建津保铁路左、右行线，全长 1390.232 米。桥宽 28.0 米，采用左右幅分幅不等跨布置，两桥间隔 0.5 米，其中跨越京广铁路和保津铁路右行线采用 2×65 米连续梁，跨越保津铁路左行线采用（33+50+33）米连续梁、跨越 107 国道采用（37.8+50+37.8）米连续梁，采用支架整体一次浇注施工，其他引桥采用 30 米、25 米结构连续预制 T 梁，采用架桥机架设。中铁设计咨询设计。

为减少大桥施工对京广铁路行车及安全带来的干扰，跨越京广铁路和保津铁路右行线的 2×65（米）连续梁采用 65+65（米）的 T 型刚构，整幅桥转体法施工。即先按京广铁路平行方向在铁路西侧采用满堂支架现浇，建造一座 T 型钢构桥，两侧悬臂各 55 米，然后逆时针转体 78.3° 就位，横跨京广铁路，将安全风险和中断铁路时间减少到最低，之后再搭满堂支架现浇 10 米合龙段，形成 2×65（米）的 T 构桥梁。该桥转体长度为 55+55（米），转体重量达为 12000 吨，转体主梁为单箱三室、变截面箱梁，中支点梁高 5.5 米，端部梁高 2.5 米。2011 年 7 月下旬长 110 米、重达 1.2 万吨的主桥仅用 55 分钟就成功转体就位。

【中铁设计咨询承担的主要隧道设计】 2011 年，中铁设计咨询新建铁路勘察设计中隧道设计较多的线主要有：

1. 东莞至惠州城际轨道交通项目。松山湖隧道，隧道跨东莞市南城区，隧道全长 38.81 公里，隧道内设 6 座地下车站，埋深 2～40 米。东江隧道，隧道跨东莞市老城区和新城区，隧道全长 13.1 公里，隧道内设 3 座车站，且隧道穿越 500 米宽的东江江面，江水深 5～15 米。两隧道施工图设计已完成。

2. 新建吉图晖客运专线项目。线路全长 360.60 公里，其中新建双线隧道 84 座，总长 156.8 公里，隧道占线路总长的 44%。隧道施工设计已完成。

3. 新建张家口至呼和浩特铁路项目。线路全长 286.77 公里，全线新建双线隧道共 32 座（含 2 座公跨铁防护明洞，每座公跨铁防护明洞长 100 米），合计 43.59 公里，占线路总长度的 15.2%；其中最长隧道为东土村隧道，全长 4839 米，位于内蒙古乌兰察布市三岔口乡境内；其中埋深最深隧道为福生庄 1 号隧道，最大埋深约 243 米，全长 3312.61 米，位于内蒙古乌兰察布市卓资县境内。已完成初步设计。

【中铁大桥院桥梁设计项目】 1. 武黄城际铁路黄冈公铁两用长江大桥。黄冈公铁两用长江大桥是武汉城市圈规划的重要工程，大桥地理位置重要，既是京九和武九两条铁路联络线上的过江通道，也是大广高速公路和汉鄂高速公路连接的重要纽带，同时，还是武汉城际轨道通往黄冈的重要过江通道。

大桥全长 4.01 公里，包括公铁合建段长 2.567 公里。主桥为钢筋混凝土主塔钢桁梁斜拉桥，桥面按上、下两层布置。上层四车道高速公路，设计时速 100 公里，下层铁路为双线客运专线，设计时速 200 公里及以上，道碴桥面。主桥混凝土用量 11.5 万立方米，钢材用量 4.5 万吨。

大桥主桥跨度布置为（81+243+567+243+81）米=1215 米，采用半飘浮体系，主塔和钢桁梁之间设置流体阻尼器对地震荷载进行抑制。

主梁采用等高度连续钢桁梁，双主桁，N形桁架结构，公路桥面宽29.5米，铁路桥面宽18米。为与上下层不等宽桥面相适应，主梁采用倒梯形截面，上弦主桁间距27.5米，下弦主桁间距16.0米，桁高15.5米，腹杆倾斜设置，主桁采用平行四边形箱形截面。

公路桥面采用采用纵、横梁支承的正交异性板结构，铺设6厘米混养沥青混凝土；铁路桥面采用密横梁支承的正交异性板结构，通过剪力钉固定道碴槽板。

斜拉桥主塔结构设计为“钻石”形钢筋混凝土结构，塔高190米。

塔上斜拉索锚固区采用应力锚固形式，斜拉索采用平行钢丝斜拉索。

主塔基础均采用φ3.0米大直径钻孔灌注桩。

该桥由中铁大桥院设计，2011年进行施工图设计和配合施工工作。

2.京福铁路铜陵长江公铁两用大桥。铜陵长江公铁两用大桥是连接安徽省长江两岸的一条快速通道，总长6.03公里，大桥下层为设计时速350公里京福铁路客运专线双线和200公里合庐铜Ⅰ级铁路双线共四线铁路，上层为设计时速100公里的双向六车道高速公路。

大桥主桥为两塔五跨钢桁梁斜拉桥，跨径布置为（90+240+630+240+90）米，主跨630米，单孔双向通航。钢桁主梁为板桁结合结构，N型桁架。主桁总宽度定为34.2米，横向采用三片主桁布置，桁高15.5米，节间长度15米。京福客运专线线路中心线和庐铜铁路线路中心线的线间距定为14.3米。

上、下弦杆设计时均考虑板桁共同作用，上、下弦杆均采用箱形截面。主桁节点采用焊接整体节点。

铁路和公路桥面系均采用密横梁正交异性钢板桥面。在主桥钢桁梁结构受力较大的区域及边墩和辅助墩需要压重的部位，铁路桥面局部采用正交异性箱型钢桥面。在其它结构受力较小的区域，将钢箱底板及其加劲肋取消，仅在横梁处设置横梁下缘底板。

主塔采用倒Y形混凝土主塔，塔高212米。主塔采用梯形截面，以增加主塔景观和减小风阻。

斜拉索采用钢绞线斜拉索，空间扇形三索面布置。全桥共228根斜拉索。单根斜拉索最大索力约1300吨，单根斜拉索最大截面束数为131束φ15.2的镀锌钢绞线。

主塔墩基础为3号和4号墩。其中3号墩位于深水区，常水位时水深达36米。4号墩位于南岸高滩处。3号主塔墩基础选用沉井基础。沉井外形轮廓尺寸为62×38米，沉井总高度为68米，其中下部50米采用浮运钢沉井，上部18米采用混凝土沉井。沉井采用不排水吸泥下沉的施工工艺，沉井底部放置在细圆砾土层中。岸滩处4号主塔墩为降低取土对大堤的影响，采用55根φ2.8米钻孔桩基础。

铜陵长江公铁两用大桥主要技术特点和创新点：

（1）荷载重、跨度大。铜陵桥为四线铁路、六车道高速公路，主桥主跨达630米，大桥规模居同类桥梁世界第一。

（2）钢桁梁全焊接桁片的设计与施工。铜陵桥钢桁梁采用全焊接桁片的设计与施工方案，其优势在于：可减少工地的拼接和焊接工作量，提高了工作效率和质量。由于吊重较轻，对运输、吊装设备要求大为降低。全焊接的节点构造减少了拼接数量，增加了钢梁外观效果。

（3）箱型铁路桥面的采用。随着跨度增加，主桁杆件需要的板厚越来越大。在铜陵桥主塔根部采用了箱型铁路桥面，可有效减小主桁杆件的截面尺寸，降低制造安装难度。

（4）在铁路斜拉桥中首次采用钢绞线斜拉索。采用钢绞线斜拉索时，可采用单束安装和张拉，使用轻型设备即可完成。单束钢绞线均有独立的PE护套，增加了索的耐久性，同时可简化主梁连接的构造。

（5）大型深水浮运钢沉井的采用。铜陵桥3号主塔基础下部采用了大型深水浮运钢沉井。沉井基础整体性好，抗船舶撞击能力强，需要的施工辅助措施少，节约大临工程的投资，经济性好。

该桥由中铁大桥院设计，2011年进行施工图设计和配合施工工作。

3.武汉鹦鹉洲长江大桥。武汉鹦鹉洲长江大桥位于武汉市中心城区，是《武汉市城市总体规划（2009~2020年）》中明确的过长江通道。鹦鹉洲长江大桥将作为城市一环线上一座重要的长江大桥，是城市新一环线的重要组成部分，是主城区“三环十三射”道路网系统的重要组成部分，也是一环线西进、南扩的关键性、控制性工程。

大桥桥址距下游武汉长江大桥约2.0公里，距上游规划杨泗港过江通道约3.2公里，距白沙洲大桥6.3公里。北接汉阳的鹦鹉大道，南连武昌的复兴路。桥梁总长度3.42公里，主桥为（200+2×850+200）米钢-混凝土叠合梁三塔悬索桥，八车道公路，桥面全宽38米，为城市快速路。

主缆矢跨比为1/9，每根主缆由114股索股组成，每根索股由127丝直径为5.1毫米的镀锌高强钢丝组成，主缆采用平行钢丝预制束股法制作，钢丝极限抗拉强度1770兆帕。

加劲梁为钢-混凝土叠合梁，梁高3米，钢梁采用工字型钢板梁，混凝土桥面板厚为20厘米，标准节段长15米，吊索中心距为36米，两片钢主梁的中心距为31.2米。

中塔采用钢-混叠合塔，叠合面在桥面以下，塔柱高为152米，钢结构上塔柱高107.5米，混凝土下塔柱高44.5米。中塔基础采用39根φ2.8米钻孔灌注桩，桩长40.0米。边塔采用钢筋混凝土结构，全高129.2米。北边塔基础采用44根φ2.0米钻孔灌注桩，桩长72.5米；南边塔基础采用20根φ2.8米钻孔灌注桩，桩长40.0米。

北锚碇采用圆形沉井基础，沉井外轮廓直径66.0米，高为46.0米，共为9节，底节厚6.0米，为钢壳混凝土；其余各节为钢筋混凝土。南锚碇采用地下连续墙基础，基础外径68米，基础高25.14米，壁厚为1.5米。

武汉鹦鹉洲长江大桥主要技术特点和创新点：

（1）对三塔两跨悬索桥技术进行了延伸，拓宽了多塔悬索桥的应用范围；大桥通过边跨增加吊索，江滩无桥墩，不改变汉阳江滩现状。

（2）为世界首座主缆连续的三塔四跨悬索桥，也是世界最大跨度的三塔四跨悬索桥。

（3）大跨悬索桥首次采用钢-混凝土叠合梁作为主梁，桥面为混凝土结构，可克服钢箱梁结构的桥面铺装的耐久性问题。

（4）汉阳侧锚碇基础采用环型截面多圆井孔的新型沉井结构，施工时采用不排水下沉，避免了对附近高楼及长江大堤的影响。

该桥由中铁大桥院设计，2011年进行施工图设计和配合施工工作。

4.港珠澳大桥。港珠澳大桥跨越珠江口伶仃洋海域，连接香港特别行政区、广东省珠海市、澳门特别行政区，是中国拟修建的一条超大型跨海公路通道，是中国继三峡工程、青藏铁路、南水北调、西气东输、京沪高铁之后，又一超大基础设施项目。路线起自香港大屿山石散石湾，经香港水域，沿23DY锚地北侧向西穿（越）珠江口铜鼓航道、伶仃西航道、青州航道、九洲航道，止于珠海/澳门口岸人工岛，总长约35.6公里，其中香港段长约6公里，粤港澳三地共同建设的主体工程长约29.6公里，主体工程采用桥隧组合方案，其中隧道约6.7公里，桥梁约22.9公里。

港珠澳大桥主体工程桥梁工程施工图设计阶段分为DB01、DB02两个标段，其中：DB01标段长约15.8公里，包括深水区非通航孔桥、青洲航道桥、江海直达航道桥；DB02标段长约6.5公里，包括浅水区非通航孔桥、九洲航道桥、珠澳口岸人工岛连接桥，珠澳口岸人工岛大桥管理区互通立交匝道桥，以及收费站暗桥。中铁大桥院承担DB02标段施工图设计工作。

港珠澳大桥桥梁工程DB02标段浅水区非通航孔桥采用85米连续组合梁桥，全长5440米，共64孔，其中九洲航道桥以东共53孔，九洲航道桥以西共11孔，跨径布置采用6×85米及5×85米两种。浅水区非通航孔85米连续组合梁桥采用整墩分幅布置，桥面总宽33.1米，两幅主梁中心距16.8米，桥梁中心线处梁缝宽0.5米。主梁采用单箱单室分幅等高组合连续梁，单幅桥面宽16.30米，主梁中心处梁高4.3米，桥面横坡2.5%。基础采用钢管复合桩，桥墩为空心墩，墩身及承台均为预制，采用大型浮吊安装。

九洲航道桥采用双塔单索面钢-混组合梁斜拉桥，主跨设单孔双向通航，桥跨布置为（85+127.5+268+127.5+85）米，全长693米。边中跨比例为0.476:1，边跨设置主要目的为平衡边墩及辅助墩的负反力。主桥位于半径R=14500米的竖曲线上，主跨桥面标准宽度为36.8米，两侧过主塔后渐变至33.1米，桥面设2.5%横坡。九洲航道桥采用塔、梁、墩固结体系。主梁采用分离式开口钢箱+混凝土桥面板的组合截面。主塔采用钢-混结构，“风帆”造型，景观优美。斜拉索采用竖琴形布置，梁上索距12.5米，塔上索距6.1米。主塔基础采用22根钢管复合桩，有钢管段直径2.5米，无钢管段直径2.2米，嵌岩桩，行列式布置，桩长分别为57米和74米，桩底持力层为中风化花岗岩。承台为高桩承台，平面尺寸36.5×23.5米（横桥向×纵桥向）。承台顶标高+3.8米，承台厚5米，封底混凝土厚2.0米。承台采用C45混凝土，钢管复合桩钢管采用Q345C钢材，桩身采用C40水下混凝土。

珠澳口岸人工岛连接桥桥梁总长为235米，桥跨布置为（3×65+40）米，4跨一联，采用预应力混凝土连续箱梁桥。连接桥220～222号墩采用整墩分幅形式，其余采用分墩分幅布置形式，为了与人工岛上暗桥顺畅衔接，连续梁截面采用变宽方式，单幅桥桥面宽度由16.30米逐渐变化至39.204米，采用单箱多室截面，桥梁宽度变化时，保持悬臂板长度和外腹板斜率不变，依靠逐渐变化底板宽度来实现。连续箱梁截面中心处高4.0米，悬臂板长3.50米，桥面设2.5%横坡。220～222号桥墩采用矩形空心墩，钢管复合桩基础。223号墩采用矩形实心墩，224号墩采用高低墩，均采用钻孔灌注桩基础。

2011年，中铁大桥院进行港珠澳大桥DB02标段的施工图设计工作。

四电设计

【中铁二院通信、信号、信息系统市场经营开发】 2011年，中铁二院站后通信、信号、信息设计中，共签定项目合同48项，合同总金额为6183.3万元。主要项目如下：

1.海南东环铁路对美兰国际机场、藤桥卫星地球站、海口地球卫星站电磁干扰影响防护及评审。

2.新建成都至绵阳至乐山客运专线CTCS-2级列控系统

配套工程数据编制及运用里程核定。

3. 湘桂线永州至柳州（含柳州枢纽）段扩能改造工程应答器基础数据收集、核实及用户数据编制。

4. 南宁市轨道交通 1 号线一期工程系统设计 3 标段(通信、信号系统) 合同。

5. 西安市地铁三号线鱼化寨至国际港务区 D3XTSJ-1 标段(通信系统设计)。

6. 2009 年福厦高速铁路无线信号覆盖工程一阶段勘测设计合同。

7. 上海市信息管线工程设计（2011 年度框架）。

【中铁二院通信、信号、信息系统承担的主要生产任务】 1. 铁路项目：成昆线扩能改造可研、海南西环快速铁路初步设计、海南东环线施工图设计、南昌枢纽向莆引入等相关工程施工图设计、厦深线施工图设计、成绵乐施工图设计、成都至兰州铁路可研等项目。

2. 地铁项目：成都 2、3 号线、广州地铁（7.9.13 号线）、深圳地铁（3 号线）、重庆地铁 3 号线、上海地铁 9 号线三期工程、长沙地铁（1、2 号线一期）、北京地铁 8 号线、宁波地铁 1 号线等项目。

3. 境外项目：尼日利亚铁路初步设计、委内瑞拉国家铁路施工图设计、新建老挝磨憨至万象铁路项目初步设计、埃塞亚的斯亚贝巴至吉布提铁路项目初步设计、孟加拉国 EPC 工程项目等。

【中铁二院承担的通信、信号、信息系统设计重大工程项目简介】

一、成都东站信息工程

(一)成都东站信息系统工程范围：旅客服务信息系统、票务系统、办公信息系统、公安管理信息系统、综合布线系统、有线电视系统、综合视频监控系统等 7 个系统。其中旅客服务信息系统由集成管理平台、综合显示系统、客运广播系统、信息查询系统、视频监视系统、入侵报警系统、旅客携带物品安全检查设施、时钟系统、门禁系统、投诉、求助设施等 11 个子系统构成。信息系统总投资 1.4 亿元。

（二）成都东站信息工程技术创新点：

1. 高质、高效的集成管理模式：在国内客运站设计中首次采用综合集成管理平台系统，集成了客运信息、火灾自动报警、机电设备监控等多个子系统。通过对各种专用设备和通用设备资源、运营、票务、服务等管理资源的高度有机整合，减少了管理层次，将繁杂的客站电气设施管理工作深度集成到车站客服信息管理平台上，为运营管理人员提供了统一的操作界面，推进了客运专线高效集约化运营管理。成都东客站是目前国内铁路唯一采用综合集成应用的车站。

2. 多系统联动设计：成都东旅客服务信息系统与票务、综合视频监控、电气设备监控、TDMS 等多个系统均存在接口，接口信息量大，涉及专业面广。通过系统联动设计，成都东客站实现了对空调、灯光等机电设备与客运信息系统的联动，满足成都东站客运计划、客运组织和客运服务方面的要求，达到节能减排、统一控制管理、减员增效、提高服务质量、提高应急处理能力的目标。

3. 高清晰度的客运广播系统：成都东站客运广播系统经过软件构模、模拟分析、设计选型、计算比选、施工设计、现场复测、优化调整等工作步骤，采用独有的非线性阵列设计方法，合理布设音箱，达到了高清晰度的标准。成功解决了大型铁路车站广播清晰度差的技术难题。

4. LED 全彩文字信息屏的应用：成都东站是国内首次全部采用新型 LED 全彩信息屏的铁路车站，进站大屏、售票屏、候车信息屏、检票屏、站台屏均为全彩信息屏，嵌入式安装，显示内容多样化，为旅客提供更丰富完整的信息。

5. 设备安装美观、协调：成都东站信息系统现场设备多采用隐蔽或嵌入式安装方式，围绕高架层 26 个检票房设计了列车到发通告屏、候车公告屏、广播、求助设施、进站检票屏、进站编组屏、时钟、监控、静态标识等嵌入式设备。这些设备颜色和造型与装修一致，与建筑风格融为一体。

（三）工程效益：

1. 铁路客站现代管理集成平台的应用，减少了站内人员，节约管理费用，提高工作效率。

2. 动态管理站内现场控制情况，实行自动统计和分析，实现各种系统设备统一控制，统一管理；提供高度共享的信息资源，实现数据共享。

3. 智能控制楼内设备，高效节能。

4. 实现应急预案的预设功能，提高车站安全管理性能。

二、厦深线信息工程

厦深铁路福建段，正线长度 144.17 公里。全线新设前场、东孚、角美、漳州南、漳浦、云霄、诏安 7 个车站，其中角美、漳州南、漳浦、云霄、诏安 5 个车站办理客运业务。根据铁道部工管审[2010]301 号《关于客运专线铁路客服及四电系统集成施工图审核有关事宜的通知》的精神，2011 上半年，展开全线“客运及其他信息系统”、“防灾安全监控系统”的“施工图设计原则及实施方案”并通过部工管中心审查。2011 年下半年，完成“客运及其他信息系统”和“防灾安全监控系统”施工图，并通过部工管中心审查。

三、新建福州至厦门铁路通信工程

（一）工程概况：新建福州至厦门铁路，为双线、电气化铁路，设计时速 250 公里/小时。福厦线北起福州枢纽福州站，南至厦门枢纽厦门站，线路全长 265.919 公里。全线新开车站 9 个，线路所 1 个，利用既有车站 3 个，纳入南昌铁路局调度指挥。福厦线于 2004 年完成初步设计，2007 年完成修改初步设计并报部核备，2008 年完成四电集成工程设计。通信专业于2009年开始进行施工设计，于2010年4月正式开通运营，福厦线正在进行联调联试。

（二）工程特点：

1. 采用四电集成建设模式，通信专业编制了四电集成工程招标书、通信设备技术规格书、物资清单及设备材料一览表。

2. 为客运专线，路基、桥梁、隧道、站场地段通信电缆槽、手孔、过轨钢管、沿路基边坡引下钢管、接地端子等由土建工程预留。

3. 沿线路两侧预留槽道敷设GYTZA53 20B1阻燃性光缆各一条，为通信传输系统和信号列控系统提供不同物理径路的光纤。

4. 新设数据通信系统作为综合视频监控、会议电视、电源及环境监控、办公系统等数据业务的基础承载平台。

5. 采用MSTP的二层交换功能实现电力SCADA系统传输带宽的收敛，优化了电力SCADA系统通信组网方案。

6. 调度通信系统采用固定用户接入交换系统（FAS）构成，通过与GSM-R系统互连，实现有线无线调度一体化。

7. 新设电源及环境监控系统，对通信机房的电源和四电机房的环境信息进行统一监测监控。

四、城市轨道交通通信、信号、信息工程

1. 东莞地铁R2号线通信系统：首次在国内轨道交通推出基于软交换技术的新一代公务电话系统，并配合采用新一代重要用户个人通信终端，提供重点用户语音、数据、视讯会议、上网、实时监控、无线通话等一系列的高端运营管理服务。（注：软交换技术是作为实现NGN（下一代网络）的核心技术）

2. 成都地铁2号线通信系统：首次在国内轨道交通领域将地面应急通信网的中心交换机与本线中心交换机互联，采用适当增加载频数量（通过频道属性设置技术实现专频专用），直接利用地铁专用无线通信系统的基站和天馈系统，完成地面应急通信网引入地下区间，同时实现地面应急通信网和消防无线通信在城轨地下区间的呼叫通信，实现资源共享。现该系统已投入设备安装。

3. 深圳地铁2号线信号系统：基于无线通信的移动闭塞列控系统，首次在车地通信网络上采用波导管方式实现车地双向通信。该项目已于2011年6月28日实现商业运行。

4. 深圳地铁11号线信息系统：在全线地铁车站的站台和站厅设置机场航班信息显示系统，深圳机场750个起降航班全部显示一次的时间约需2分钟左右，可满足车站乘客在候车时对航班信息的了解需求。

5. 深圳地铁3号线弱电综合UPS电源系统：该系统由控制中心、各车站、车辆段的220V交流不间断电源设备（UPS）、交流智能配电盘及电源集中监控系统组成，为通信、信号、自动化集成、自动售检票、防灾报警、机电设备监控、门禁等系统提供后备电源（含车站、车辆段及控制中心设备）。该系统首次在国内采用，已于2011年6月28号投入商业运行。

6. 深圳地铁2号线综合安防集成系统：该系统为包含运营CCTV、警用CCTV、门禁、列车视频监控、车站报警及求助电话等系统的综合监控集成平台。已于2011年6月28号投入商业运行。

【中铁二院承担的通信、信号、信息系统设计新技术应用】

2011年，中铁二院在通信、信号、信息系统设计中应用了如下新技术：

1. 在成都地铁2号线的项目实施中，进行了成灌铁路接触网弓网离线放电对成都地铁二号线弱电系统干扰的专题研究。该研究课题现已广泛用于工程设计和系统设计投标工作。

2. 在东莞地铁R2号线通信系统的设备招标中，中铁二院首次在国内轨道交通推出基于软交换技术的新一代公务电话系统，为地铁公务电话的应用服务提供了新的领域和内容。

3. 在成都地铁2号线通信系统设计中，针对用户需将地面应急通信网（TETRA800M）引入地铁的需求，结合本线中心交换机的性能，首次在国内轨道交通领域将地面应急通信网的中心交换机与本线中心交换机互联，完成地面应急通信网引入地下区间，同时实现地面应急通信网和消防无线通信在城轨地下区间的呼叫通信，实现资源共享。

4. 在深圳地铁2号线信号系统设计中，在基于无线通信的移动闭塞列控系统上首次在车地通信网络上采用波导管方式实现车地双向通信。

5. 首次承担开发“列车追踪及折返能力仿真系统”（西南交大协作），建立城市轨道交通工程项目的计算机辅助设计平台，利用系统内嵌的列车动力学和不同制式列车自动控制等数学模型，为项目的全过程设计提供定量分析的理论依据，便于在工程设计中尤其是设计的前期阶段，通过对线路、行车组织和相关系统设备的配置进行精确的仿真计算，在确保安全的前提下实现土建和机电系统的最优化配置。该系统现已广泛用于工程设计和系统设计投标工作。

【中铁二院承担的电气化设计项目及执行情况】

一、电气化设计项目的经营开发

2011年，中铁二院承担并开展工作的外委项目有35项。其中勘察设计项目22项，设计咨询项目13项。分述如下：

（一）铁路市场：相继获得了成绵乐、成渝、南广和广西沿海等铁路的四电标书或外资标书编译项目，合同金额640万元。

（二）城市轨道交通市场：取得了成都地铁3号线供电

系统设计任务，合同金额800万元。

（三）公路、市政交通市场：获得了福建莆田市马祖城核心区经营性管网建设项目设计任务，合同额320万元。

（四）新业务领域拓展方面：通过投标，取得了无锡地铁2号线供电系统集成服务管理项目，中标金额460万元；同时，完成设计项目35项、咨询项目8项。

二、主要生产任务

2011年，中铁二院铁路生产项目总量明显下降，前期项目工作量严重下滑，仅为去年同期的20%，铁道部基本上暂停了铁路项目竞标。但铁路项目站后施工图设计工作量仍然巨大；方案补充、标准清理、设计复查和安全质量大检查等工作量大幅增加；城市轨道交通和公路项目的竞标工作、境外项目的前期工作也有较大增长。分述如下：

（一）铁路项目：承担并开展的主要项目共有60余项，全年完成勘测设计综合工作量2957电化折算公里，比2010年2824电化折算公里增加4.71%，再创电化院历史新高。

1. 完成了成昆铁路米易—广通段、玉溪—磨憨铁路、海南西环线增建二线等可研项目约800公里。

2. 完成了渝黔线、成渝线、长昆线等项目初步设计和修改初步设计约2000公里

3. 完成了广昆铁路、广西沿海铁路、柳南城际铁路、云桂铁路、贵广铁路、玉蒙铁路等项目施工图设计约2400公里。

4. 配合业主开通了黄桶—织金铁路（70公里）、改貌铁路集装箱站。

5. 开展了石武客专（河南段）、合肥至福州铁路、沪昆铁路（湖南段）等14个项目的设计咨询工作。

6. 2011年2、3季度，按照铁道部的要求，开展了在建及已批复可研项目的技术标准清理工作，开展了铁路项目的安全质量大检查工作。

（二）城市轨道交通项目：承担并开展的主要项目有30余项。

1. 参加并完成了成都、青岛、无锡、大连等地铁项目的总体总包、供电系统设计、设备集成服务以及施工监理投标等12项。

2. 开展并完成了深圳地铁6号线、成都地铁2号线及西延伸线、株洲机车车辆厂磁悬浮试车线等项目的初步设计、施工图设计共10项，杭州地铁1号线一期工程已于2011年10月开始局部送电调试。

3. 完成了无锡地铁1号、宁波地铁1号线供电系统设备集成服务的阶段性工作。

4. 开展无锡地铁1号线、成都地铁2号线等5项供电系统安装施工监理工作。

（三）公路、市政交通工程项目：承担并开展的主要项目有20余项。

1. 参加并完成了四川省四条藏区高速公路、广西梧州至柳州高速路等4项投标工作。

2. 开展并完成了福建三明至明溪、广西柳州至武宣高速等9个公路项目的设计工作。

3. 开展并完成了郑州郑卞路立交、成都火车站道路综合改造、福建妈祖城核心区建设等13个市政配套项目的设计工作。

4. 境外项目：承担并开展工作的主要项目有14项，涉及到委内瑞拉、埃塞俄比亚、伊朗等多个国家和地区。共完成前期工作1200余公里，施工图400余公里。

三、电气化设计项目主要工程简介及执行情况

（一）埃塞俄比亚铁路公司亚的斯亚贝巴—吉布提铁路项目新建SEBETA—ADAMA—MIESO段铁路

1. 项目概况：该项目线路长度327.254公里，速度目标值为120公里/小时，其技术参数均参照中华人民共和国相关规范、规章、标准、典型和参考图纸。

2. 设计内容：全线新建7座牵引变电所，3座分区所。牵引供电系统采用单相工频25千伏交流制，带回流线的直接供电方式。牵引变电所采用132千伏进线型式，牵引变压器类型采用三相Vv接线。接触网采用同相单边供电，供电臂末端设分区所，可实现上下行并联及越区供电。接触网采用全补偿简单链形悬挂方式，正线、站线分别采用JTMH-95（15kN）+CTAH120（13kN）、JTMH-70（15kN）+CTAH85（9kN）。

3. 项目进展情况：2011年已完成全部牵引变电所及分区所的一次图、接触网平面布置图及安装图设计。

（二）黄织铁路

1. 项目概况：该项目是国家规划的隆（昌）百（色）铁路的重要组成部分，南起贵昆铁路线上的黄桶车站，经安顺市至毕节地区织金县，穿越贵州省最大煤田——织纳煤田腹地，全长62.58公里。

2. 设计内容：牵引供电系统采用带回流线的直接供电方式，牵引变电所采用110千伏进线型式，牵引变压器类型采用三相Vv接线。全线新建打括牵引变电所1座、改建黄桶牵引变电所1座。接触网采用同相单边供电。接触网采用全补偿简单链形悬挂方式，正线、站线分别采用JTMH-95+CTAH120、JTMH-70+CTSH85。

3. 项目进展情况：该线于2011年4月正式开通。

（三）新建南川至涪陵铁路

1. 项目概况：为国铁Ⅱ级单线铁路，正线长度78.331公里，速度目标值120公里/小时。

2. 设计内容：牵引供电系统采用带回流线的直接供电方式，牵引变压器采用110千伏三相Vv接线。全线新建高桥、鸭江牵引变电所2座，改造涪陵牵引变电所1座，新建南川线路开关站1座。新建牵引变电设施纳入既有重庆电力调度所渝怀线调度台调度指挥。接触网采用全补偿简单链形

悬挂方式，正线、站线分别采用 JTMH-95+CTSH120、JTMH-70+CTSH85。

3. 项目进展情况：该项目于 2008 年 7 正式开工，计划开通时间为 2012 年 7 月。

（四）新建玉溪至蒙自铁路

1. 项目概况：为客货混跑单线铁路，正线长约 141 公里，速度目标值 120 公里/小时。

2. 设计内容：牵引供电系统采用带回流线的直接供电方式，牵引变电所采用 110 千伏进线型式，牵引变压器类型采用三相 Vv 接线。全线新建 4 座牵引变电所并设动态无功功率补偿装置，新建蒙自开闭所 1 座，接触网采用同相单边供电，两相邻牵引变电所间电分相处设联络开关，可实现越区供电。接触网采用全补偿简单链形悬挂方式，正线、站线分别采用 JTMH-95+CTHA120、JTMH-70+CTHA85。

3. 项目进展情况：该项目预计于 2012 年 7 月正式开通。

（五）改建铁路渝怀线增建二线工程

1. 项目概况：正线长度 97.735 公里，速度目标值 120 公里/小时。

2. 设计内容：牵引供电系统采用带回流线的直接供电方式，牵引变电所采用 110 千伏进线型式，牵引变压器类型采用三相 Vv 接线。全线新建鱼嘴牵引变电所 1 座，改造既有长寿、涪陵牵引变电所，新建分区所 2 座。新建牵引变电设施纳入既有重庆电力调度所渝怀线调度台调度指挥。接触网采用同相单边供电方式，供电臂末端设分区所，可实现上下行并联及越区供电。接触网采用全补偿简单链形悬挂方式，正线、站线分别采用 JTMH-95（15kN）+CTAH-120（15kN）、JTMH-70（15kN）+CTAH-85（9kN）。

3. 项目进展情况：该项目于 2009 年 12 月开工，计划开通时间 2012 年 12 月。截至 2011 年底，已提供了全部施工图，并开展配合施工工作。

（六）新建南宁至广州铁路（黎塘西—桂平段）

1. 项目概况：左线全长 115.857 公里、右线全长 115.873 公里。柳广上下行联络线双单线合计总长 14.189 公里。本线采用四电集成模式，总承包单位为中铁电气化工程局。

2. 设计内容：牵引供电系统采用带回流线的直 AT 供电方式，牵引变电所采用 220 千伏进线型式，牵引变压器类型采用三相 Vv 接线。新建 AT 牵引变电所 3 座、分区所 3 座、AT 所 4 座、直供开闭所 1 座，改建南宁电力调度所 1 处。接触网采用同相单边供电，供电臂末端设分区所，可实现上下行并联及越区供电。接触网采用全补偿简单链形悬挂方式，正线、站线分别采用 JTMH-120（20kN）+CTSH150（25kN）、JTMH-95（15kN）+CTSH120（20kN）。

（七）新建贵阳至广州客运专线（贵阳北—贺州段）

1. 项目概况：该项目正线长度 856.899 公里，速度目标值 250 公里/小时。中铁二院为总体设计单位，设计范围为贵阳北—贺州段，正线长度 597.542 公里，铁四院作为参加设计单位，设计范围为贺州—广州南，正线长度 259.357 公里。

2. 设计内容：中铁二院设计范围内，牵引供电系统龙里北—贺州正线采用自耦变压器（AT）供电方式，贵阳北—龙里北、贵阳枢纽联络线、桂林地区联络线采用带回流线的直接供电方式。牵引变电所采用 220 千伏进线型式，牵引变压器类型采用三相 Vx 接线。新建 AT 牵引变电所 14 座、AT 分区所 13 座、AT 所 20 座、直供开闭所 1 座，增容改造直供牵引变电所 1 座。牵引调度及远动系统纳入广州调度所；接触网采用同相单边供电，供电臂末端设分区所，可实现上下行并联及越区供电。贵阳枢纽段接触网采用全补偿简单链形悬挂方式，正线、站线分别采用 JTMH-95（15kN）+CTSH120（15kN）、JTMH-70（15kN）+CTSH85（10kN）。老罗堡至贺州段接触网采用全补偿弹性链形悬挂方式，正线、站线分别采用 JTMH-120（20kN）+CTSH150（25kN）、JTMH-95（15kN）+CTSH120（15kN）。

（八）湘桂铁路扩能改造项目

1. 项目概况：该项目为客货共线的国家Ⅰ级干线铁路，扩能改造后新建线路长度 543 公里，分别由广州铁路集团公司、南宁局管辖，旅客列车的最高运行速度为 200 公里/小时及以上。

2. 设计内容：正线采用带回流线的直接供电方式，接触网额定电压为 25 千伏，频率 50 赫兹。电力系统向新建牵引变电所的供电电压为 110 千伏，牵引变压器向接触网供电的电压为 27.5 千伏。新建牵引变电所 9 座、分区所 9 座、开闭所 1 座、线路开关站 1 座，改建牵引变电所 1 座、分区所 1 座、开闭所 1 座、调度所扩能改造 1 座。

3. 项目进展情况：该线计划于 2012 年 12 月开通运营。

（九）广西沿海铁路扩能改造项目

1. 项目概况：该项目为国铁Ⅰ级，正线长度 260 公里，速度目标值 250 公里/小时，采用四电集成施工管理模式。

2. 设计内容：牵引供电系统采用 AT 供电方式，牵引变电所采用 220 千伏电源进线，分支接线，牵引变压器类型采用三相 Vx 接线。全线新建牵引变电所 4 座、分区所 5 座、分区所兼开闭所 2 座、AT 所 8 座。改建南宁电力调度所；接触网采用全补偿简单链形悬挂方式，正线、站线分别采用 JTM-120+CTSH150、JTM-95+CTSH120。

3. 项目进展情况：该线计划于 2012 年 12 月开通运营。

（十）新建成绵乐客运专线电气化工程

1. 项目概况：正线长度 318 公里，速度目标值 250 公里/小时。

2. 设计内容：牵引供电系统采用单相工频 25 千伏交流制，AT 供电方式；新建牵引变电所 6 座、分区所 7 座、AT 所 12 座，牵引变电所采用 2 台单相变压器，三相 V/X 联结的接线方式。接触网正线采用 JTMH-120（20kN）+CTSH150（25kN）全补偿弹性链形悬挂，站线采用 JTMH-95（15kN）+CTSH120（15kN）全补偿简单链形悬挂。

3. 项目进展情况：预计本线于 2012 年全线开通运营，是四川省第一条开通的高速电气化铁路。

（十一）厦深客运专线（厦门—潮汕段）

1. 项目概况：正线长度204公里，设计速度250公里/小时，为中国铁路快速客运通道的重要组成部分。

2. 设计内容：牵引供电系统采用AT供电方式，新建牵引变电所4座、分区所3座、在供电臂的中间位置设AT所；厦门枢纽内设前场AT所兼开闭所、东孚分区所兼开闭所。牵引变电所采用220千伏Vx接线牵引变压器。正线、站线接触网分别采用 JTMH-120（20kN）+CTSH-150（20kN）、JTMH-70（15kN）+CTSH-85（10kN）全补偿弹性链型悬挂方式，正馈线采用LGJ-185。

3. 项目进展情况：该项目现处于施工实施阶段，厦门至漳州段计划2012年6月开通

（十二）广通至昆明段扩能改造工程

1. 项目概况：该项目为既有成昆线增建复线工程，采用施工图招标方式开展工程招标。本工程广通—温泉段新建复线，线路长81.92公里，速度目标值160公里/小时。

2. 设计内容：牵引供电系统采用带回流线的直接供电方式。新建牵引变电所采用220千伏进线、牵引变压器类型采用三相Vv接线，既有牵引变电所维持110千伏进线、阻抗匹配平衡牵引变压器。全线新建牵引变电所1座、分区所2座，利用改造既有牵引变电所1座。接触网采用同相单边供电，供电臂末端设分区所，可实现上下行并联及越区供电。接触网采用全补偿简单链形悬挂方式，正线、站线分别采用JTMH-95（15kN）+CTSH120（15kN）、JTMH-70（10kN）+CTSH95（15kN）。

3. 项目进展情况：该线正在进行施工图招标设计。

（十三）新建云南国际铁路通道（蒙自—河口）

1. 项目概况：该项目为客货混跑单线铁路，正线长约141公里，速度目标值120公里/小时。

2. 设计内容：牵引供电系统采用带回流线的直接供电方式，牵引变电所采用110千伏进线型式，全线新建牵引变电所5座，河口北牵引变压器采用单相变，其余牵引变压器采用三相Vv接线，并设动态无功功率补偿装置。接触网采用同相单边供电，两相邻牵引变电所间电分相处设联络开关，可实现越区供电。接触网采用全补偿简单链形悬挂方式，正线、站线分别采用JTMH-95+CTHA120、JTMH-70+CTHA85。

3. 项目进展情况：该线预计于2013年正式开通。

（十四）杭州地铁1号线工程

1. 项目概况：该项目为国内在建的最长的地铁线路，线路总长约53.6公里。全线设车站34座、车辆段与停车场各1处、控制中心1座、主变电所4座、牵引降压混合变电所19座、降压变电所19座、跟随式降压变电所13座。

2. 设计内容：供电系统采用集中式、110/35千伏两级电压供电方式，牵引和动力照明配电系统共用35千伏供电环网。牵引供电系统采用DC1500V架空接触网供电、走行轨回流方式。接触网地下区段采用架空刚性悬挂，车场、地面及高架区段采用柔性架空接触网。

3. 项目进展情况：该线将于2012年10月1日开通运营。

（十五）成都地铁2号线一期工程

1. 项目概况：该项目线路全长22.38公里，均为地下线。共设置地下车站20座、控制中心1座、车辆段与综合基地1座、主变电所2座、牵引降压混合变电所8座、独立降压变电所12座、跟随式降压变电所8座。

2. 设计内容：供电系统采用集中式、110/35千伏两级电压供电方式，牵引和动力照明配电系统共用35千伏供电环网。牵引供电系统采用DC1500V架空接触网供电、走行轨回流方式。接触网地下区段采用架空刚性悬挂，车辆段采用架空柔性悬挂。

3. 项目进展情况：电气化工程已完成，开始送电调试。该线将于2012年9月开通试运营。

（十六）株洲机车车辆厂中低速磁悬浮试验线

1. 项目概况：该项目是中国首条采用钢铝复合轨的中低速磁悬浮试验线路，并率先在中低速磁悬浮工程中采用了四象限逆变回馈技术。工程全长约1.5公里，设置牵引降压混合变电所1座、运行控制中心1座、检修试验库1座。

2. 设计内容：牵引供电制式采用DC1500V正极接触轨受电、负极接触轨回流方式，正负极接触轨均绝缘安装。在牵引变电所设置逆变回馈型再生制动能量吸收装置。

3. 项目进展情况：2011年已完成施工设计，于2012年初投运，并逐步开展各项试验工作。

（十七）广西柳州至武宣高速公路

该项目为三江—北海公路的主要构成路段，线路全长88公里，工程投资约2亿。该路段的交通工程及沿线设施施工图设计为中铁二院独立承担，2011年已完成施工设计。

（十八）福建三明至明溪高速公路联络线

该项目原设计为三明至明溪的一条联络线，现已规划为湄洲湾—重庆高速公路到福建的一条国家高速公路，工程投资约1.5亿。现已完成该路段交通工程及隧道机电初步设计并通过了审查。

其他设计

【中铁二院承担的公路及市政交通工程设计项目及执行情况】 2011年，中铁二院开展了湄潭县中央大道道路工程、湄潭县天文大道道路工程、开阳县污水收集管网及人工湿地处理工程等共 4 项前期项目，南京城西干道快速路改造工程、大广高速公路粤境良口至中和里段、南充—大竹—梁平高速公路、福建海西高速明溪联络线等共53项（约600公里）的新开工项目，新洲至化龙快速路、成都第二绕城高速公路、南京市苜蓿园大街南下（一期）工程、成安渝高速公路勘察设计等共45项（约300公里）的在建项目的勘察设计工作。

2011 年度中铁二院公路及市政交通工程设计项目执行情况如下：

一、前期项目（4项）

1. 开阳县污水收集管网及人工湿地处理工程（6000平方米）：待业主完成工程可行性研究报告文件审查后开展下一阶段工作。

2. 湄潭县中央大道道路工程（2公里）:正在收集基础资料。

3. 湄潭县天文大道道路工程（2公里）：正在收集基础资料。

4. 海口市人工岛规划开发项目（6平方公里）：正在开展工程可行性研究工作。已完成控制测量，正在进行水下地形测量和海上钻探。

二、新开工项目（53项，约600公里）

1. 昆明南连接线高速公路二期工程（17.4 公里）：已完成施工图送审稿。

2. 南京城西干道快速路改造工程（6.04 公里）：已完成一期工程施工图，二期工程暂停。

3. 大广高速公路粤境良口至中和里段勘察设计（34.304公里）：正在开展施工图设计。

4. 大广高速公路粤境连平至从化段勘察设计（84 公里）：除D4施工图除三座特大桥正送公司审查外，已完成其余的施工图。

5. 南充—大竹—梁平高速公路勘察设计（58 公里）：已完成。

6. 云阳新县城北部新区（紫金沟片）路网建设工程（6.2公里）：已完成方案设计，正在开展初步设计。

7. 巴中至南部高速公路交通工程勘察设计（114公里）：已完成施工图设计，业主已审查完毕。

8. 合川工业园区核心区南沙路B段道路工程设计（5.0公里）：已交付40%施工图，其余的设计正在进行。

9. 货运大道绕城高速公路互通立交工程：已全部交付施工图修编文件，正配合施工。

10. 南宁南编组站及沙井铁路货运中心箱场道路及堆场铺面设计工程：已交付初步设计，下阶段工作待定。

11. 机场高速公路北延线二期东湖上下道增设匝道工程：已交付初步设计。

12. 广西柳州至武宣公路工程勘察设计：已完成施工图，正开展配合施工。

13. 六合区江北绕行线（机场段）改造工程（3.25 公里）：已完成工程可行性研究工作，已于9月12日交付正式初设文件。

14. 福建海西高速明溪联络线（30.52 公里）：已完成初步设计修编工作.完成先期开工段的施工图，正开展定测、施工图。

15. 黔东循环经济工业区核心区城市主干道道路工程建设工程（6.7公里）：已完成施工图设计。

16. 贵州省大方县大方镇金鱼村至龙昌村环境综合整治工程建设工程（6.01公里）：已交付施工图，正在开展施工招标。

17. 贵州省铜仁市兴市桥改扩建工程桥梁施工图设计建设工程（1座桥梁）:已完成约95%施工图设计。

18. 凯里市滨江大道工程（9.0公里）：已完成80%一次性施工图设计。

19. 贵州大龙循环经济生态工业基地1号主干道建设工程（6.0公里）：已完成约80%施工图设计。

20. 遵义市新火车站片区新南大道（7.3公里）：原有工程施工图于2010年3月23日交付，业主希望扩大工程规模，工作开展正在商议中。

21. 遵义市新蒲新区东联2号路工程（二标段、三标段）（12.0公里）：已完成二标段施工图，正在开展三标段施工图设计。

22. 遵义市新蒲新区 1 号路道路工程（3.1 公里）：已完成施工图设计。

23. 遵义市新蒲新区 5 号路道路工程（3.5 公里）：业主正在准备施工招投标。

24. 遵义市高新快线3号隧道工程（1.65公里）：正在进行施工图设计。

25. 遵义市湘江大道道路工程（2.5 公里）：施工图已交付业主。

26. 遵义市子尹路南延线工程（1.1公里）：已完成60%初步设计。

27．贵阳市小孟工业园 1 号路道路工程（1.5 公里）：已完成约 90%施工图设计，已经完成施工招标图。

28．贵阳市小孟工业园 2 号路道路工程（1.5 公里）：待业主完善相关程序后开展后续工作。

29．贵阳市小孟工业园 4 号路道路工程（1.3 公里）：已完成约 80%施工图设计，已经完成施工招标图。

30．贵阳市小孟工业园 5 号路道路工程（1.2 公里）：已完成约 80%施工图设计，已经完成施工招标图。

31．贵阳市阿哈水库水源保护工程（4.7 公里）：已经完成施工招标图。

32.贵阳市小河区浦江路至清水江路工程（1.0 公里）：已交付施工图，业主正在准备施工招投标。

33．大方县大方镇丰登大道道路工程（1.8 公里）：已于交付工程可行性研究报告并通过评审，完成初步设计约 60%。

34．重庆快速路一横线歇马隧道工程（4.3 公里）：已经完成站前施图设计。

35．合川区猴溪村片区路网建设工程（4.3 公里）：正在进行方案设计。

36．江津德感中路工程（1.8 公里）：已基本完成施工图设计，待业主通知出图。

37．合川东津沱高架桥新建工程方案设计（2.1 公里）：已完成方案，待审查。

38.北碚十里温泉城温泉大道 C 段市政道路工程勘察设计（两阶段）（2.7 公里）：方案已交付业主，待业主确定方案后安排初测。

39.广州增城沙庄至花都北兴二期工程：已完成初步设计，待业主组织初步设计审查后开展定测工作。

40．昆明东连接线广卫立交：已全部交付施工图

41．达州洲河大桥、明月江大桥：已全部交付施工图。

42.南京苜蓿园大街南下拓宽改造工程变更设计：已完成方案设计，待审查后开展下一步工作。

43．郑汴路互通立交工程：已交付初步设计文件，正进行初步设计修编工作。

44.成自泸自贡北互通施工图设计和连界互通施工图变更设计：已全部交付施工图。

45．成都市火车北站扩能改造配套工程勘察设计：正开展初测和方案设计。

46．渝黔线夜郎河双线特大桥施工图：方案已通过公司会审，正进行施工图设计。

47．东莞地铁会展中心站、旗峰公园站道路交叉设计：已完成方案设计，下阶段任务待定。

48．成都地铁 1 号线人民北路路面修复工程：已完成。

49．泉州环城高速公路涵洞变更设：已完成。

50．湖南洞新高速公路桥梁变更设：已完成。

51.重庆西永微电子产业园区西景大道跨襄渝铁路桥梁设计：正在开展施工图设计。

52．S217 甘孜至新龙至理塘君坝大桥段公路改建工程：正开展初步设计修编和定测工作。

53．湄洲湾至重庆高速公路三明段勘察设计（162 公里）：正开展初测。

三、、在建项目（45 项，约 300 公里）

1．郑州市中心区铁路跨线桥工程（1.71 公里）：正在进行配合施工工作。

2．205 国道深圳段改建工程（37.53 公里）：全线进行配合施工，同时各标段有局部变更设计。

3．渠县渠江明月大桥（0.57 公里）：正在进行配合施工工作。

4．新洲至化龙快速路（11 公里）：正在进行配合施工工作。

5．津蓟高速公路延长线（17.5 公里）：主线已通车，新增田家峪互通正在进行配合施工，其它已基本完成。

6．武隆县政府滑坡、柏杨坪滑坡整治工程：原地路处签合同，正在进行配合施工。

7．珠海市金凤路凤凰山隧道工程（3.84 公里）：正在进行配合施工及零星变更工作。

8．昆明市主城二环快速系统改扩建工程（3.5 公里）：正在进行配合施工工作。

9．成都至简阳旅游快速通道（16.1 公里）：正在进行配合施工工作。

10．云阳工业园（B）区大涵洞工程（1.4 公里）：已完成施工图设计，正在开展配合施工工作。

11．铜梁蒲吕工业园区 I\II 号骨干道路工程（4.5 公里）：已完成施工图设计，正在开展配合施工工作。

12．铜梁中兴路道路工程（1.2 公里）：已完成施工图设计，正在开展配合施工工作。

13．大渡口朝阳寺立交与双山公园大道连接道工程（0.35 公里）：已完成施工图设计，正在开展配合施工工作。

14.重庆西部现代物流园金属材料交易区跨铁路桥工程（0.2 公里）：已完成施工图设计，正在开展配合施工工作。

15．达州市野茅溪大桥（0.5 公里）：已完成施工图设计，正在开展配合施工工作。

16．广州东圃特大桥连续刚构加固（0.5 公里）：已完成施工图设计，正在开展配合施工工作。

17．合川白鹿山路网建设工程道路工程（4.0 公里）：已完成施工图设计，正在开展配合施工工作。

18．合川工业园南溪路二期道路工程（3.7 公里）：已完成施工图设计，正在开展配合施工工作。

19．莆田市妈祖城核心区一级土地开发项目（5 平方公里）：正在开展配合施工。

20. 重庆快速路一横线歇马隧道工程（4.3 公里）：正在开展配合施工。

21. 四川省地震灾区重大地质灾害防治工程都江堰市深溪沟泥石流、玉垒关危岩、鲜家沟滑坡勘察设计：正在开展配合施工。

22. 成都第二绕城高速公路（113.37 公里）：正在开展配合施工。

23. 湖南省洞口至新宁高速公路工程（4.3 公里）：已完成施工图，正在进行配合施工工作。

24. 南京市苜蓿园大街南下（一期）工程（1.2 公里）：正在进行配合施工工作。

25. 广深沿江高速公路勘察设计：已完成施工图设计，正在开展配合施工工作。

26. 深圳布吉客运枢纽：已完成施工图设计，正在开展配合施工工作。

27. 广州东莞大道延长线：已完成施工图设计，正在开展配合施工工作。

28. 郑州西三环——科学大道立交工程：已完成施工图设计，正在开展配合施工工作。

29. 广州东南西环高速公路异形板梁加固工程：已完成施工图设计，正在开展配合施工工作。

30. 广汉金雁大桥：已完成施工图设计，正在开展配合施工工作。

31. 广州市北环高速公路浔峰洲至沙贝互通恢复工程：已完成施工图设计，正在开展配合施工工作。

32. 大邑县市政基础设施工程总承包：已完成施工图设计，正在开展配合施工工作。

33. 遵义市河上坡路立交桥工程（5 平方公里）：已完成施工图设计，正在开展配合施工工作。

34. 贵州中烟工业公司贵阳卷烟厂易地技改项目 1、2 号桥梁工程（1 座桥梁）：已完成施工图设计，正在开展配合施工工作。

35. 郑州科学大道立交东端上下匝道设计：已完成施工图设计，正在开展配合施工工作。

36. 深圳市南光高速公路（31 公里）：正在进行配合施工。同时各标有零星变更设计。

37. 贵阳市小河区珠显路二期道路工程（2 座桥梁）：已完成施工图设计，正在进行配合施工。

38. 贵阳市小河区中曹路一期道路工程（1.05 公里）：已完成施工图设计，正在开展配合施工工作。

39. 贵阳市小河区珠清路道路工程（0.84 公里）：已完成施工图设计，正在开展配合施工工作。

40. 大龙循环经济工业基地 1 号主干道道路工程（0.59 公里）：已完成施工图设计，正在开展配合施工工作。

41. 贵州省玉屏县茅坪道路基础设施建设项目（6.3 公里）：已完成施工图设计，正在开展配合施工工作。

42. 深圳东部高速公路莲塘至盐田段（11.3 公里）：主线已通车，已基本完成配合施工。

43. 成安渝高速公路勘察设计（115 公里）：已完成施工图，进入配合施工阶段。

44. 广西沿海铁路钦州至北海段扩能改造工程：正进行上部基础的施工图，已完成下部基础的施工图。

45. 郑州市京广路-沙口路快速通道工程（5.4 公里）：已完成施工图设计，正在开展配合施工工作。

【中铁二院承担的房建工程设计项目】 2011 年，中铁二院开展的铁路站房及其他房建工程项目，共计完成投标 30 项、预可研和可研 30 项、初设、施设 60 项、站房项目 16 项、国外项目 10 项、配合施工 13 项、咨询 19 项。分述如下：

1. 投标项目（30 项）：

杭州南站站房，丽江至攀枝花、昆明至禄劝、合肥至安庆、福州松下港铁路支线 4 个项目的勘察设计，南宁东站地下空间，乌鲁木齐新客站，昆玉线玉溪西站房，云桂线经开、路阳、阳宗海等 7 站房，渝黔线珞璜、綦江东、赶水东、息烽等 8 站房，佛山西站房，渝万线长寿湖、垫江、万州北等 4 站房，成贵线宜宾东、黔西、大方等 9 站房，渝涪线洛碛蔺市站房，贵广铁路龙里北、昌明等 7 站房，贵广铁路五通、桂林西等 9 站房，广铁株洲北，江村站新调度大楼方案，蒙西至华中地区煤运通道，成都青白江综合客运枢纽建设工程，双流机场客运枢纽修建性详细规划等 30 个项目。

2. 预可研、可研项目（30 项）：

郑万铁路、遵义至黔江铁路、久长至都拉营铁路、昆明至禄劝铁路、南昆线南宁至百色段增建二线、钦州港集装箱办理站规划研究、成都、重庆专用基地规划研究、成昆铁路米易至攀枝花段、永仁至广通段、攀枝花至毕节至遵义线、六盘水枢纽运输能力加强工程、广元枢纽运输能力加强工程、重庆至黔江城际铁路、海口市人工岛、厦门、漳州、泉州同城化都市圈综合交通规划研究、云桂引入昆明枢纽、防城至东兴铁路、川藏铁路（成都至拉萨）、川青通道（成都至格尔木、成都至西宁）、长昆客专、泉州至厦门至漳州城际铁路、南昌枢纽湾里支线改造工程等 30 个项目。

3. 初步设计、施工图设计项目（60 项）：

叙织铁路毕节南至织金段、成都至雅安、成绵乐城际铁路、成都新客站、成都至都江堰客运专线、贵阳枢纽改貌货运中心、成都动车段检修设施办公区、南宁至凭祥铁路、铜仁至玉屏、南宁至广州铁路、成都动车段、福厦线、厦深线、盘锦港疏港铁路、三江至南川线、漯阜铁路电气改扩能改造、南宁枢纽北湖客技站及新建南宁车辆段、成渝客专修改初设、向莆引入南昌枢纽、蒙河线、海南西环快速铁路、西成客专广元至江油段、成都至贵阳铁路、成都至兰州铁路、成昆线成都至峨眉段扩、重庆至贵阳铁路、云桂铁路、合浦至湛江铁路、海南西环快速铁路、丽香线、广大铁路、昆明枢纽、广西沿海新建铁路、昆广线、兰渝线、湘桂线、柳南城际段、贵广线、南川至涪陵线、渝利线、成都至九寨沟(兰洲)、达万线等60个项目。

3.配合施工项目（13项）：

洛湛线、黔桂线、河湛线、襄渝线、达成线、黄织线、沾昆线、成都枢纽、贵阳枢纽、海南东环线、大丽线、六沾线、襄石线等13个配合施工项目。

5.站房项目（16项）：

合肥南站房、石家庄站房、六盘水站房、大瑞线（保山、永平、漾濞站）、蒙河线（屏边、河口北、蒙自）站房、万源站房、南广线（桂平、平南）站房、渝利线（长寿、涪陵）站房、成绵乐站房(双流、新津西、新津、彭州、广汉)、重庆北站、重庆西站、成都西站、广西沿海铁路钦州东站房、青岛北站、龙洞堡站、南宁东站地铁等16个项目。

6.国外项目（10项）：

尼日利亚铁路、委内瑞拉铁路、柬埔寨巴登至斯诺尔新建准轨铁路方案、几内亚矿山专用线、中缅铁路通道瑞丽至皎漂线、佛得角职业学校、加纳医科大学、塞内加尔法莱梅铁矿及配套基础设施项目、加纳Akosombo-Tema运输通道、埃塞俄比亚铁路、中老(磨憨至万象)铁路、格鲁吉亚第比利斯绕城铁路等10个项目。

7.咨询项目（19项）：

武广铁路客运专线、广深港客运专线广州至深圳段施工图、广州至珠海(含中山至江门)城际快速轨道交通工程施工图、广州至珠海铁路新建工程复工施工图、武汉至宜昌铁路新建工程施工图设计、杭州至长沙客运专线、新建铁路合福线合肥至福州段施工图、新建铁路北京至上海高速铁路徐州至上海段施工图设计、新建南京枢纽大胜关长江大桥南京南站及相关工程施工图设计、新建铁路龙厦线电气化工程施工图、京石客专、石武客专（河北段)、石武客专（河南段)、新建上海至昆明铁路客运专线（长沙至玉屏段)、石长铁路石门至长沙铁路增建二线工程、新建铁路兰新第二双线（甘青段）初步设计、立黎塘至钦州段扩能改造、玉林至铁山港线施工图审核、新建吉林至珲春铁路施工图审核、新建客运专线成都调度所工程施工图审核等19个项目。

【中铁二院主要车站房建工程简介及完成情况】

一、初步设计项目

（一）新建渝利铁路重庆北站：

重庆北站位于重庆市北部新区，位于既有重庆江北站以北、拟建重庆北站北广场及地下，与既有南站房背面进行扩建。其建筑平面布局具有平面面积大、空间高大开敞，空间分隔少、功能以大通道大空间为主的特点。重庆北站为特大型旅客车站，最高聚集人数16000人，其中南站房5000人，北站房及高架11000人。建筑类别为交通建筑，车站站型为上进下出，高架候车站型。总建筑规模为79996平米，包含北站房部分29713平方米，高架候车厅部分36060平方米，地下出站厅及楼梯部分14223平方米。建筑层数：北站房地下一层，地上三层，局部设置夹层，高架二层，局部设置夹层。

（二）新建南宁至广州铁路平南站房：

平南站位于广西壮族自治区贵港市平南县镇隆镇境内。平南站按1600人规模设计为中型站房。建筑面积7999.92平米，包含主站房，客运系统机房以及车站办公、公安派出所等用房。平南站设到发线5条（含正线两条)，基本站台1座，中间站台1座。车站建筑层数为主体一层，局部二层，局部设夹层。地面一层低于站台面7.5米，中间为主站房区域，左右两侧对称布置公安用房，车站办公用房，行包收集用房、出站厅和售票厅、设备用房等。

（三）新建铁路贵阳枢纽白云至龙里北联络线龙洞堡站房：

龙洞堡站是贵阳市域铁路东北环线与贵阳轻轨2号线的换乘站，国铁与轻轨车站合建，位于贵阳龙洞堡机场二期扩建航站楼前，与机场地下停车场结合设计。本站为地下站，地下一层是国铁与轻轨共用站厅层，地下二层是轻轨站台层，地下三层是国铁站台层。车站建筑设计：站厅层为国铁与轻轨共用，左侧为国铁部分，右侧为轻轨部分，中部为共用公共区。国铁旅客通过最左端闸机进站，通过中部闸机出站；轻轨旅客通过右端闸机进出站；二者通过共用公共区换乘。车站与机场航站楼通过两条通道连系。

二、施工图设计项目

改建铁路青岛枢纽新建青岛北站：青岛北站设在青岛市李沧区，位于青岛市“哑铃型”城市布局的中西部既有胶济线与环胶州湾高速公路间，采用双向广场设计，为跨线站房。新建客站规模采用18条到发线（含正线）及14个站台面。站房为地面站台、高架候车车站，建筑部分为地上二层、地下三层（地下二、三层为地铁站台层)，局部设置夹层。站房总建筑面积61395平方米，无站台柱雨棚覆盖面积70690平方米平方米。站房东侧广场为换乘枢纽的重点，1、3、8号线地铁换乘站布置于东广场下方，与进出站客流无缝连接。东广场南侧预留了公交车站，并通过地下通道与地下换乘大厅直接相连，形成体现“零换乘”理念的综合交通枢纽。

【中铁二院承担的海外工程设计项目及执行情况】 2011年，中铁二院实施的海外项目共15项，开展并完成了海外各类航测制图约21万平方公里、精密测量约450公里、地质钻探约14.05万实钻米。开展并完成了约80公里的初测、约860公里的定测。

在中铁二院承揽的海外项目中，委内瑞拉中部铁路、委内瑞拉北部铁路、中老铁路、中缅铁路、孟加拉铁路、埃塞俄比亚铁路、尼日利亚铁路拉各斯至卡杜纳段、尼日利亚阿布贾城轨等项目正稳步实施。孟加拉国栋吉至巴扎尔铁路增建二线工程作为中铁二院第一个海外EPC项目，标志着中铁二院承揽海外项目业务正逐渐走上正轨。

2011年度，中铁二院承担的海外工程设计项目执行情况如下：

一、正在开展工作的项目（15项）

1. 孟加拉国栋吉至巴扎尔铁路增建二线工程（64.2公里）：自2011年7月27日签订总承包合同以来，已完成该项目现场踏勘、物料考察、建点、分包谈判及合同签订、生产安全及质量计划等一系列前期工作，该项目11月2日正式开工，各项工程正陆续展开。

2. 新建泛亚铁路瑞丽东至腊戌至皎漂段（中缅铁路）项目（871公里）：2011年7月初，成立中缅铁路现场工作组，组织协调全线可研工作，勘察设计人员陆续进场。截至2011年12月31日，测量已完成木姐至皎漂段外业控制测量及1:2000地形图，地勘完成钻探1400米/55孔，静探460米/87孔。已完成全段简明可研及正式可研文件、木姐至腊戌段可研修编、先期开工段约10公里施工图。

3. 新建泛亚铁路磨憨/磨丁至万象段（中老铁路）项目（417.682公里）：自2010年4月中老双方签订MOU起，中铁二院已组织完成全线控制测量、Lidar航空摄影、1:2000地形图的制作、放线、断面测量及调查等测量工作。已完成约50%的钻探工作，共计5077孔/128591.89米。已经完成初步设计文件约60%，并组织完成可研文件补充材料并交付中咨公司进行评审。

4. 委内瑞拉北部平原铁路（470公里）：已全部完成测绘工作，地勘工作累计完成30884.4米/2149孔，占已布钻孔工作量的99.2%。已全部交付站前各专业详细设计文件并已通过审查，已交付施工；正在开展站后专业详细设计。

5. 埃塞俄比亚亚的斯亚贝巴至吉布提铁路项目（319公里）：截至2011年12月31日，已组织完成了全线测绘及地勘工作，已完成可研、初步设计、施工图设计设计并交付业主。完成塞贝塔至米索段EPC勘察设计策划和设计细则。

6. 埃塞俄比亚轻轨项目（31公里）：根据2011年7月11日与埃塞俄比亚铁路公司签署的亚的斯亚贝巴东西线和南北线（一期）轻轨项目补遗四文件精神，中铁二院组织相关专业技术人员于7月12日赶赴埃塞俄比亚，现场收集资料，与埃塞俄比亚提路公司接触。11月完成方案研究设计及各专业专题研究。

7. 尼日利亚铁路现代化项目伊都至卡杜纳段（187.45公里）：已完成全线测绘及地勘工作。已交付全线用地图，并得到咨询公司有限制性的批准。完成并交付中土公司伊都至卡杜纳段全线平纵面及征地图、全段路基、90公里涵洞、13座桥梁、5个车站施工图。剩余140公里涵洞、8座桥梁施工图待咨询公司批准后交付。11月中旬完成并交付站后设备配置报告的修编工作。

8. 尼日利亚阿布贾城铁项目（77.782公里）：已完成外业定测和钻探工作，已经完成交付一期工程Lot1A和Lot3共39.7公里的站前专业施工图，站后专业施工图受到设备选型和招标的制约，只能开展不受设备招标影响的部分设计，完成伊都站综合维修中心及综合办公楼的设计。

9. 阿根廷贝尔格拉诺货运铁路改造项目（1335公里）：2011年8月，配合中国机械设备工程股份有限公司（CMEC）完成阿根廷铁路改造项目现场实地考察工作，9月10日完成了阿根廷铁路项目部考察报告并提交CMEC，10月15日完成并交付工地焊与厂焊经济技术比较意见、指导性施工组织（草案）、招标估算原则、勘测设计综合进度文件、测量勘察进场设备清单等共五个文件。已完成测量大纲、勘察大纲。正按计划开展设计原则及勘察设计实施大纲、标段工程数量计算、轨道结构研究等工作。

10. 几内亚马塔康至卡利亚铁矿重载专用线项目（291.7公里）：已完成可研阶段测绘及地勘外业工作，包括地质测绘300公里，钻探1175.2米/48孔，地质挖探工作89.0米/28孔。2011年10月15日前已完成全线1/10000图、1/2000图于。组织完成了各专业专题研究及《几内亚马塔康至卡利亚重载铁路牵引机车维修制式》、《几内亚马塔康至卡利亚重载铁路铁矿石专用车辆维修制式》、《几内亚马塔康至卡利亚重载铁路重载车列牵引计算》、《几内亚马塔康至卡利亚重载铁路运输组织方案》等4个专题报告。可研文件第一版已于11月完成。

11. 阿尔及利亚东西高速公路项目（52公里）：正组织进行BPE（施工图）刷新工作。

12. 援蒙古乌兰巴托北京街改造项目（0.9公里）：组织完成了部分景观绿化方案设计。待蒙方提供的基础资料到位后，我方设计将按照合同约定按期完成。

13. 援巴基斯坦国道公路网维修项目（193公里）：已组织各专业开展N5号公路hala-moro路段109公里和N55号公路K140-K155路段15公里的详细调查。测绘完成N5 hala-Moro段109公里全部Gps测量和水准测量工作及N5 hala-Moro段80公里的平面和地形图测量。地勘已于11月初进场开展外业工作。

14. 援利比里亚卫生部办公楼续建工程项目（5000平方米）：已完成一步施工图，正在进行现场配合施工，12月该项目完工。

15. 援利比里亚职业培训学校维修扩建设计审查项目（6000平方米）：组织完成预可研设计审查意见及工作大纲

并报送商务部，等待商务部正式批文后开展相关工作。

二、前期追踪投标项目（34 项）

2011 年度，中铁二院正在跟踪的海外项目，计有印尼苏门答腊煤炭专用铁路、伊朗德黑兰-库姆-伊斯法罕高速铁路项目、哈萨克斯坦阿斯塔纳-阿拉木图新建铁路项目、南非约翰内斯堡—德班高速铁路项目，埃塞俄比亚米索至吉布提 EPC 总承包项目等 34 项。

【中铁二院承担的 EPC 工程设计项目及执行情况】 2011 年，中铁二院承担的 EPC 总承包项目共 25 项，完成产值 6.7 亿元。分述如下：

一、续建项目（15 项）

1. 中国石油大庆石化 120 万吨/年乙烯改扩建工程厂内铁路扩建项目 EPC 总承包：合同额 6300 万元，由中铁二院所属子公司成都公司承担，累计完成 90%。

2. 攀成钢旺苍 60 万吨焦化项目铁路专用线工程 EPC：合同额 6900 万元，由中铁二院所属子公司成都公司承担，累计完成 92%，工程已进入竣工交验阶段。

3. 法贷四川省城镇市政基础设施大邑县灾后重建 DB 项目：合同额 3001 万美元，由中铁二院所属环研院、攀枝花公路桥梁工程公司联合体承担，累计完成 83.3%。由于业主方案和工程措施变更造成工期延误。

4. 改建工业企业铁路陕西钢铁有限责任公司铁路专用线改扩建工程总 EPC 总承包：合同额 7261.8 万元，由中铁二院所属子公司西安公司承担，累计完成 14%。由于业主方征地原因和设计变更新增两股道，故工期拖延。

5. 法贷四川省城镇市政基础设施广汉灾后重建 DB 项目：合同额 7572.9 万元，由中铁二院所属环研院、河北城建集团工程有限公司联合体承担，累计完成 65%。

6. 遵义县南楠公路上跨川黔铁路立交桥及铁路防护迁改工程：合同额 3700 万元，由中铁二院所属子公司成都公司承担，累计完成 60%。

7. 国电电力酒泉热电厂（2×330 兆瓦）新建工程（F 标段）铁路专用线工程总承包：合同额 1.6 亿元，由中铁二院所属子公司西安公司与中铁十五局（以中铁二院资质签的合同）联合体承担。

8. 六盘水市花园路至水钢集团下穿贵昆线隧道工程 EPC：合同额 1.3 亿元，由中铁二院所属子公司成都公司、中铁十五局承担，累计完成 78.7%。

9. 国电驻马店热电有限公司 2×330 兆瓦供热机组铁路专用线工程电厂站工程总承包：合同额 3827.7 万元，由中铁二院所属子公司武汉公司承担，累计完成 60%，站前工程基本完成。

10. 四川福溪电厂 2×600 兆瓦级燃煤机组新建工程铁路专用线工程 EPC：合同额 8200 万元，由中铁二院所属子公司成都公司（成铁工总施工）承担。主体工程已完工，签补充合同 155.7 万元，正在进行竣工资料整理待正式验收。

11. 桐梓煤化工基地铁路专用线工程：合同额 3.2 亿元，由中铁二院所属子公司成都公司、中铁二局四公司、中铁八局承担，累计完成 25%。

12. 中国铝业水江铁路（企业）专用线工程（相关工程部分）EPC 总承包：合同额共 6344 万元（补签合同 500 万元），由中铁二院所属子公司重庆公司（成都铁路工程总承包公司）承担，累计完成 96.9%。

13. 瀑布沟水电站泄洪雾化对成昆铁路影响工程 EPC 总承包：合同额 9460 万元，由成都公司、中铁七局承担。已完成主体工程，待竣工交验。

14. 都江堰市老成阿公路灵岩山隧道建设工程 EPC 总承包：合同额 1.6 亿元，由中铁二院所属土建三院（中铁二十三局）承担，项目主体已完工。

15. 西安市自来水太华路管道敷设管道穿越陇海铁路陇海线钢筋混凝土框架防护涵工程：合同额 297.6 万元，由中铁二院所属子公司西安公司（西安铁路基建工程公司）承担，主体工程已竣工，待验收。

二、新开工项目（10 项）

1. 安宁市西一绕市政道路与大黄磷铁路专用线平交道口、安宁市政道路与大黄磷铁路专用线平交道口工程：合同额 536 万元，由中铁二院所属子公司昆明公司承担，累计完成 95%，主体工程已基本完工，待竣工验收。

2. 梧贵高速上跨南广铁路立交通道 EPC 工程：合同额 1750 万元，由中铁二院所属土建一院承担，累计完成 80%，主体框架浇筑已完成，工程进入收尾阶段，项目进展顺利。

3. 陕西陕煤韩城矿业有限公司象山矿井铁路专用线改扩建工程总承包项目：合同额 1752.5 万元，由中铁二院所属子公司西安公司承担，累计完成 36%。

4. 法贷四川省城镇市政基础设施灾后重建项目罗江县城镇供水设施及管网工程 DB 总承包：合同额 3180 万元，由中铁二院所属环研院、成都市龙西建筑工程公司联合体承担，累计完成 45%，预计 2012 年 2 底完成所有主体工程并进入收尾阶段。

5. 枕头坝一级水电站水库蓄水区铁路防护处理工程：合同额 1 亿元，由中铁二院所属子公司成都公司承担，现施工分包基本完成。

6. 南车株洲电力机车有限公司中低速磁浮试运线 EPC：合同额预计少于一亿元，由中铁二院所属土建一院、中铁五局承担，站前专业施工图已全部交付，工程已经过半。

7. 昆明南车城轨装备基地建设项目动调线工程：合同额 3679 万元，由中铁二院所属子公司昆明公司、中铁十一局联合体承担，累计完成 51.4%。抗滑桩已全部完成，站场内路基及附属（水沟、挡墙）已完成。

8. 湖北省建材供销公司铁路专用线工程施工总承包合同：合同额 3878.5 万元，由中铁二院所属子公司武汉公司承担，正在开展前期准备工作。

9. 中石化蓬溪油库铁路专用线 EPC 项目框架协议书：合同额 4000 万元，由中铁二院所属土建二院承担，正在开展前期准备工作。

10. 四川中心油库铁路专用线（成都枢纽洪安乡车站）EPC 项目框架协议书：合同额暂为 3200 万元，由中铁二院所属土建二院承担，工厂站线下工程已开始施工。

【中铁设计咨询承担的海外工程设计项目】 2011 年，中铁设计咨询追踪或承担了 24 项海外项目，主要分布在亚洲、非洲、南美洲。其中，前期追踪及开展配合工作的项目 12 项、正在开展工作的项目 13 项。主要项目执行情况如下：

一、 前期追踪及开展配合工作的项目 11 项

1. 配合中铁国际对卡塔尔多哈至巴林高速铁路（180 公里）、多哈至机场城市轨道交通（30 公里）项目考察

2. 配合中海外对巴基斯坦瓜达尔港至马斯腾的铁路考察和方案评估。

3. 配合中海外对塞内加尔至切斯间及新国际机场铁路基础设计编制预可研。

4. 配合中铁国际对伊朗德黑兰至库姆至伊斯法罕高速铁路（全长 375 公里）的设计咨询、工程检测及施工监理编制检测大纲及报价。

5. 澳大利亚 CHINA FIRST 动力煤项目配套铁路工程 1/2000 地形图制作及修改站前专业可行性研究，完成了现场考察。

6. 配合中石化上海工程有限公司"沙特 JUBAI 港物流中心工业园区项目"投标对配套的铁路工程报价。

7. 配合中铁六局对柬埔寨百威夏铁矿至国公省盐田港工程编制项目建议书。

8. 配合股份公司 EPC 总承包项目新建伊朗西部铁路全长约 266 公里（单线、内燃、预留电气化条件、客车时速 160 公里、货车时速 120 公里）编制预可行性研究。

9. 配合中铁国际对阿根廷科尔多瓦市地铁项目编制项目建议书。

10. 配合中铁国际对阿根廷布宜诺斯艾利斯市 G 线地铁项目一期工程（设 9 个站）修改报价。

11. 配合中国机械工业成套集团公司对乌克兰波利斯波里国际机场至基辅轨道交通项目编制可行性研究。

二、正在开展工作的项目 13 项

1. 援马里巴马科大学新校区项目。项目位于马里首都巴马科市卡巴拉区，项目规模按容纳学生 15620 人，任教教师 460 人，规划用地约 102 公顷，总建筑面积约 6.44 万平方米。2011 年 1 月中标，承担设计监理。

2. 援卢旺达职业技术学校项目。项目位于卢旺达北方省，项目规模按容纳学生 1100 名，总建筑面积 9075 平方米。2011 年 6 月中标，12 月完成初步设计。

3. 援安哥拉罗安达省总医院改扩建项目设计监理。项目规模为 268 床医疗主楼及附属配套设施，总建筑面积 2.2 万平方米（周转用房 1360 平方米；改扩建 2.06 万平方米）。除小部分需加固外，大部分为拆除扩建。中铁设计咨询负责设计监理，2011 年已完成施工招标。

4. 援苏丹伦拜克医院项目。项目为一般综合医院，50 张病床规模，项目包括门诊、住院、医技用房等，总建筑面积 3700 平方米。2011 年已完成施工图设计。

5. 援老挝建国阵线培训中心项目。项目总建筑面积 3730 平方米，包括学员及教师宿舍、会议室、图书阅览室及附属用房。2011 年完成初步设计。

6. 援老挝元首接待楼项目。项目位于老挝首都万象市中心区，总建筑面积 3340 平方米，包括元首、副总理、部长、副部长及普通官员接待用房，警卫、医生用房等。2011 年完成施工图设计。

7. 援毛里塔尼亚努瓦克肖特大学医学院项目。项目位于努瓦克肖特大学新区北侧，项目由 2 栋 3 层建筑组成，分别为教学实验楼和行政办公楼，总建筑面积 8952 平方米，2011 年基本完成施工图设计。

8. 巴基斯坦国道公路网 N35、N55（北段）国道部分路段修复（总长约 100 公里）初步设计、施工图设计，截至 2011 年末，项目正在进行中。

9. 刚果（金）金沙萨市卢本大道改造工程（约 14.3 公里）施工图设计。截至 2011 年末，项目正在进行中。

10. 援几内亚比绍 9.24 国家体育场维修项目施工总承包（EPC）项目。该体育场原为中国援建，后在几内亚内战中严重损坏，无法正常使用，本次援建全面维修。总投资约 9500 万元人民币。2011 年 5 月中标，9 月完成初步设计，11 月下旬开工。

11. 越南 50 公斤/米钢轨 10 号套线道岔及转向道岔项目（施工图设计）。本项目包括 46 组套线道岔和 2 组转向道岔。该 50 公斤/米钢轨 10 号套线道岔为 1000/1435 毫米轨距的套线道岔，分为左轨共用和右轨共用两种，直向速度 80 公里/小时，侧向速度 30 公里/小时。该道岔采用 75 型扣件、高锰钢辙叉、木岔枕，每组道岔采用 3 台转辙机。已完成施工图设计。

12. 中利联（香港）矿业有限公司利比里亚邦矿至邦峰铁路工程总承包项目。2011 年 11 月中标。工程为既有线改扩建 74.5 公里，新建铁路约 8.9 公里。已完成初步设计。

13. 刚果（金）SICOMINES 铜钴矿项目管理。工作在进行中。

【中铁设计咨询承担的工程总承包项目】 2011年，中铁设计咨询承担工程总承包项目6项，完成营业额3.03亿元。主要项目有：

一、新建项目：

1.新建察哈素矿井铁路专用线设计施工总承包。2011年新建项目。该线位于内蒙古自治区鄂尔多斯市伊金霍洛旗境内。察哈素矿井铁路专用线工程正线长度12.995公里，疏解线长度4.127公里，线路总长度17.122公里。其中，区间路基长度9.485公里，占线路总长度的55.4%，桥梁3 794.36延长米，占全长22.16%，隧道总长3843延长米，占全长22.44%。中标金额8.1749亿元。截至2011年底已完成工作量6%。

2.青海俄家台坎布拉四星级旅游宾馆建设总承包。新建项目。项目位于青海省黄南州坎布拉镇，平面布局分为主楼A、主楼B、二层附属用房三个体块，总建筑面积29013.69平方米。其中地上十二层，建筑面积23152.23平方米，设置酒店客房、会议中心、餐厅、厨房、娱乐用房等；地下两层，建筑面积5861.46平方米。2011年11月开工建设。合同总价1.76亿元。

3.山东汇丰石化铁路专用线工程总承包。该工程在铁源专用线接轨(接轨站为淄东铁路农中站)。厂内站新设货1股、货2股尽头式装卸线两条，装卸有效长均为672米。土石方9.27万方，新铺轨2.628公里，新铺道岔2组，新建桥涵6座，新建房屋250平方米。
2011年开工建设。

4.嘉祥县恒生贸易有限公司铁路专用线工程总承包。专用线自嘉祥站西咽喉接轨，正线全长2.258公里，接轨站新增1条到发线并对两端咽喉区进行改造；厂内站大宗货物装卸区设2条货物线和1条机车走行线；综合货物装卸区设2条货物线；新建及改建线路均进行电气化挂网。土石方17.4万方，新铺轨7.596公里，新铺道岔13组，新建或接建桥涵14座，新建生产和生活房屋4443平方米，架设接触网9.52公里。2011年开工建设。

二、续建项目：

1.新建桂林康密劳铁合金有限公司铁路专用线设计施工总承包专用线。续建项目。项目位于桂林市灵川县境内，专用线长度约1.4公里；三街站增加5、6道，桂林端咽喉区及76158军用线、燃气线作相应改造。合同价8767.5万元。截至2011年末，已完成工程量的84%

2.洛阳城轨组装及服务基地项目铁路专用线及场地工程项目总承包。项目由1条试运线、4条存车线(预留2条)、1条淋雨线和2条静调线组成，其中试运线全长1.33公里。试运线南侧修建一条车辆走行线，连通存车线、淋雨线、静调线。2010年7月展开了设计及进行施工的各项工作，工程已于2011年11月竣工并顺利交验。

【中铁西北院公路工程承揽任务及完成情况】 2011年，中铁西北院西南分公司在公路市场承揽的任务主要集中在贵州、广西片区，工程任务由原来较为单一的边坡调查和评估咨询工作拓展到公路工程地质勘察监理、桥梁桩基检测、边坡锚固工程质量检测、高边坡及滑坡的变形监控、隧道质量检测以及滑坡抢险治理工程。主要承揽了贵州、广西高速公路市场1800万元的工程任务，年底完成产值1400万元。

承担青海省国道G214线囊谦至多普玛（二期）滑坡及边坡病害勘察设计。该工程是玉树灾后重建的重要滑坡病害勘察整治项目，位于青海省玉树藏族自治州囊谦县境内，地处青藏高原东南部，青海省南部，南和西南与西藏自治区丁青、昌都、类乌齐三县相邻，西与杂多县相接，北与玉树县接壤，该项工程为改建三级公路，路面宽度为7.5米，特殊困难路段为6.5米。2011年8月，受青海省收费公路管理处委托，中铁西北院承担了该项目勘察设计工作，勘察设计地段海拔全部都在4000米以上，包括七个滑坡、七个高边坡病害，项目合同额300万。已于2011年年底提交了勘察设计报告，得到了业主的充分肯定。

承担青海省省道S101线河北乡至黑土山段（四期）滑坡及边坡病害勘察设计。2011年3月，受青海省公路建设管理局委托，中铁西北院承担了该项目勘察设计（四期）工作。此次勘察设计地段海拔全部都在3200米以上，包括七个滑坡、十八个高边坡病害，项目合同额约800万元。2011年6月已提交勘察设计报告，得到了业主的充分肯定。

【中铁工程设计院承担的建筑设计项目】 2011年，中铁工程设计院承担并开展了109项，其中主要的建筑设计项目有：

1.环保产业园B区(24#地块)1#厂房：建筑面积9309平米；

2.北京联合大学应用文理学院学生宿舍（设计）:建筑面积11023平米；

3.苏州乐园新建办公楼:建筑面积2380平米；

4.科技城五龙山宕口整治管理用房:建筑面积3000平米；

5.绿源城乡2011-B-17#地块:建筑面积53170平米；

6.沈阳新世界设备深化设计:建筑面积70000平米；

7.山西省总工会办公楼东配副楼及老干部活动中心改造装修设计:建筑面积5366.36平米；

8.任丘市党校进修学校:建筑面积1.2万平米；

9.中铁置业宜海格林镇小区:建筑面积258958平米；

10.兰州铁路局“红山雅轩”住宅小区:建筑面积70800平米；

11.南京市第一医院扩建门诊楼项目:建筑面积28402

平米；

12. 任丘市档案馆、博物馆：建筑面积 25500 平米；

13. 任丘市行政中心：建筑面积 72480 平米，其中地下车库 24000 平米，地下人防 3480 平米；

14. 白马涧旅游商业项目：建筑面积 27000 平米；

15. 中铁南方总部大厦：建筑面积 58065 平米；

16. 乌鲁木齐铁路局哈密铁路六街二期（铁集贸）集资建房工程：建筑面积地上 18 层，26000 平米；

17. 乌鲁木齐铁路局哈密铁路二十六街集资建房工程：建筑面积地上 18 层，31800 平米；

18. 乌鲁木齐铁路局哈密铁路三十五街集资建房工程：建筑面积地上 18 层，108450 平米；

19. 乌鲁木齐铁路局哈密铁路八街集资建房工程：建筑面积地上 27 层，32570 平米；

20. 乌鲁木齐铁路局库尔勒四十二区职工住宅工程：建筑面积地上 11 层，66330 平米；

21. 乌鲁木齐铁路局集资建房二工二十三街小高层：建筑面积地上 12 层，11690 平米；

22. 国网智能电网研究院项目未来科技城北区 A-08 地块：建筑面积 264705 平米

23. 苏地 2011-B-33 号地块居住区：建筑面积 160000 平米；

24. 北京动车客车段新建列车整备库：建筑面积 12120 平米；

25. 科技城智慧谷：建筑面积 301853 平米；

26. 苏州日本人学校异地新建项目：建筑面积 12250 平米；

27. 康佳花园六期：建筑面积 53834 平米；

28. 上海市嘉定区嘉定新城中心区 A12-3 地块：用地面积 8409.1 亩，总建筑面积 25560 平米；

29. 清泉坝安置区方案及施工图和启动区施工图设计：总建筑面积 32 万平米；

30. 首都经济贸易大学本部 3#学生宿舍供暖管线改造工程：建筑面积 6000 平米；

31. 中新科技城 241A 地块项目施工图设计：建筑面积 108636 平米；

32. 南院门小区商住楼：建筑面积 41000 平米；

33. 苏州学府初级中学：建筑面积 33309 平米；

34. 张家港 2007-A04 地块项目：建筑面积 166554 平米；

35. 龙华花园：建筑面积 236300 平米；

36. 涿州市双塔中学：建筑面积 50516 平米；

37. 涿州市联合实业集团有限公司 7#院住宅小区：建筑面积 11.7 万平米；

38. 中国中铁•诺德名城：总用地面积 40 万平米，建筑面积约 112 万平米；

39. 长春轨道客车股份有限公司完善高速动车组制造平台建设项目：投资 9.85 亿，面积 22.6 万平米；

40. 四期厂房及宿舍：建筑面积 83022 平米；

41. 大同火车站出站口改造：建筑面积 3050.83 平米；

42. 苏地 2010-B-20 号地块住宅小区：建筑面积 302000 平米；

43. 中茵阿丽拉精品酒店：建筑面积 17967 平米；

44. 尚城庄园：建筑面积 111000 平米；

45. 铁道部北戴河干休所 2 号楼改造工程：建筑面积 2603 平米；

46. 北京市房山区检察院综合楼建设项目：建筑面积 1400 平米；

47. 金色家园住宅三期环境设计：建筑面积 14400 平米；

48. 民旺苑住宅小区三期配套商品房：建筑面积 212192.89 平米；

49. 中新生态科技城 35022 号地块项目（三期标准厂房）：建筑面积 32012 平米；

50. 中铁诺德滨海花园一区：总建筑面积约 35.5 万平米。

【中铁工程设计院承担的 EPC 工程设计项目】 2011 年，中铁工程设计院承担并开展了 17 项，其中主要的 EPC 工程设计项目有：

1. 青岛动车所固定轨道桥、三层作业平台；
2. 大连动车所固定轨道桥、三层作业平台；
3. 长春动车所固定轨道桥、三层作业平台；
4. 哈尔滨动车所固定轨道桥、三层作业平台；
5. 南昌西动车所固定轨道桥、三层作业平台；
6. 北京西精品库三层作业平台；
7. 南京浦镇厂浅坑式移车台；
8. 银川车站改造工程甲供物质设备（固定轨道桥、三层作业平台）；
9. 昆明轨道交通 6 号线大板桥车辆段工艺设备集成。

技术咨询与服务

【专家咨询】 股份公司成立的专家委员会积极开展中老铁路、昆明地铁等建设项目的设计施工互动协调活动，帮助解决施工中遇到的技术难题，充分发挥专家委员会的作用；为股份公司海外项目、投资项目提供技术咨询，积极开展咨询业务，先后组织专家对刚果（金）、印尼煤炭运输项目等海外项目进行评审。

勘察设计企业充分发挥专业技术优势，大力开展建设项目的技术咨询服务和工程监理业务，涉及铁路、公路、市政和地质灾害防治等行业与专业，共开展技术咨询项目 204 项、工程监理 214 项。“京沪高速铁路线下工程沉降变形评估”、“青岛市地铁一期工程（3 号线）设计咨询”、“映秀至汶川高速公路工程项目隧道超前地质预测预报”等技术咨询项目，“京沪高速铁路土建工程监理”、“福州至广州高速公路漳州至诏安段工程勘察监理”、“北京市轨道交通大兴线土建工程监理”等工程监理项目得到业主认可与好评。

2011 年，在全国工程监理百强企业排名中，华铁工程咨询有限责任公司位列第 1 位、铁二院咨询监理公司排名第 12 名、北京中铁诚业工程建设监理有限公司排名第 17 名、四川铁科建设监理公司排名第 24 名、甘肃铁科建设工程咨询有限公司排名第 82 名、中铁武汉大桥工程咨询监理有限公司排名第 96 名、天津市路安电气化监理有限公司排名第 98 名。

【中铁设计咨询承担的技术咨询与工程监理项目】 2011 年，技术咨询（含技术咨询、工程检测、地勘监理）营业额 1.08 亿元（比上年增加 0.20 亿元）占全年营业额的 6.2%；新签合同额 1.50 亿元（比上年增加 0.14 亿元），占新签合同额的 5.2%。工程监理营业额 2.56 亿元（比上年增加 0.26 亿元），占全年营业额的 14.7%；新签合同额 3.58 亿元（比上年减少 0.41 亿元），占新签合同额的 12.3%。岩土工程营业额 2750 万元（与上年增加 82 万元），占全年营业额的 1.6%；新签合同额 3961 万元（比上年减少 283.5 万元），占新签合同额的 1.4%。承担技术咨询与工程监理、岩土工程项目共 35 项；其中技术咨询项目 18 项、工程监理项目 14 项、岩土工程项目 3 项。主要项目如下：

1. 铁路施工图审核项目 8 项，主要有：新建大同至西安铁路施工图审核、邯郸至长治铁路改造工程施工图审核、新建张家口至唐山铁路施工图审核、新建郑州至徐州客运专线施工图审核、北京调度所运营调度指挥系统施工图审核、北京客运专线基础设施维修基地施工图审核（完成）、唐山北客车线施工图审核、宁波站改造及宁波枢纽北环线和萧甬铁路绍兴县城区段改造工程施工图审核、赤大白铁路桥梁墩台加固方案审查。

2. 桩基检测项目 5 项，主要有：新建海青铁路桩基检测、太原西南环铁路桥梁桩基检测、吉图珲客运专线Ⅵ标段地基处理桩基质量检测、山西中南部铁路通道 11 标段和 17 标段地基处理质量检测、天津新港北集装箱中心站工程真空预压地基加固监测与检测。

3. 地质勘察监理项目 5 项，主要有：青荣城际铁路（一标段）地质勘察监理，线路长 192 公里；长昆客运专线（云南段）地质勘察监理，线路长 182.9 公里；广佛环线佛山西站至广州南站地质勘察监理，线路长 36 公里；大准与朔黄联络线地质勘察监理，线路长 197.2 公里；京津城际铁路延长线天津至于家堡工程地质勘察监理，线路长 45 公里。

4. 工程监理项目 14 项，主要有：京沪高速（6 标段），线路长度 155.4 公里，已竣工；哈大客专（3 标段），线路长度 345.6 公里；京石客专（2 标段），线路长度 91.9 公里；石武客专（8 段），线路长度 66 公里；西安至宝鸡客专（1 标段），线路长度 60.9 公里；沈阳至丹东客专（1 标段），线路长度 51.4 公里；合肥至福州客专（3 个标段）与其他公司联合监理，线路长度 281.8 公里；云桂铁路（1 标段），线路长度 116.5 公里；吉图珲铁路（3 标段），线路长度 128.6 公里；津秦客专（二标段），线路长度 94.3 公里；大同至西安铁路（2 标段）与其他公司联合监理，线路长度 219.8 公里；山西中南部铁路通道（16 标段），线路长度 145.9 公里；青岛至荣成铁路（2 标段），线路长度 99.3 公里；邯济铁路扩能改造工程（1 标段），线路长度 81.3 公里。

5. 岩土工程项目 3 项，主要有：东平铁路立交采空区治理，投资额 1972 万元；辛泰线 K54 公里处路基病害整治，投资额 580 万元；京九线 K493 公里～K495 公里路基病害整治，投资额 3377 万元。

【中铁西北院咨询与监理】 2011 年，中铁西北院专家承担并完成的咨询项目主要有：

1. 开展了十堰—天水高速公路汉中西段 60 多处高边坡或滑坡的咨询，90%以上意见被陕西高速公路公司接受，并委托中铁西北院承揽了一个科研课题和锚索监测任务，合同价 400 万元，具体由中铁西北院勘察设计分公司和西安分公司承担完成。

2. 开展了陕西府谷县清水川节能电场大滑坡的咨询，否定了大滑坡的存在，建议重视顺层边坡加固问题，意见被采纳后，业主委托中铁西北院承担了 3000 万元的边坡加固任务，具体由中铁西北院西安分公司承担。

3. 开展了四川攀枝花机场滑坡治理的咨询，方案被采纳后，业主委托中铁西北院承揽了设计、监测和施工任务，总合同额 5000 万元，具体由中铁西北院勘察设计分公司承担设计、监测任务，西南分公司承担施工任务，为进入机场建设系统创造了条件。

4. 开展了四川广甘（广元—姚渡）高速公路 40 多处滑坡和高边坡的咨询，被业主采纳意见后，委托中铁西北院承揽了 20 多个滑坡的勘察设计任务。

5. 中铁西北院专家咨询组为交通部、中国铁道建筑学会举办了滑坡与高边坡防治技术 8 次培训班。

6. 专家咨询组全年进行了铁道部课题“黄土地基工程特性深化研究”报告的编写。

7. 专家咨询组为中铁西北院工程检测试验中心及时提出了“现场岩石剪切试验方案”，为西安分公司兰州红楼时代广场建设项目提出了“荷载试验建议修改方案”；审查了科研所“黄土隧道技术规范”地基处理部分的内容；参加了“大西客专平遥东站人工湖处理方案”专家研讨会，作为组长提出了评价和处理意见；与中铁十三局商议并行路基施工技术问题，提出了“金丽温铁路扩能改造工程施工中并行路基稳定性试验研究”课题的研究思路、内容、关键技术、实施计划等；为工程检测试验中心提出了基桩静力抗拔试验方案，并到石嘴山指导试验。

二、2011 年 7 月，由中铁西北院西藏分公司监理的西藏首条高速公路——拉萨—贡嘎机场高速公路胜利通车，对西藏高速公路事业具有里程碑意义；监理的扎木—墨脱公路重点控制工程——嘎隆拉隧道贯通后，使中国唯一未通公路的西藏墨脱县实现了通车。

三、2011 年，中铁西北院甘肃铁科建设工程咨询有限公司承揽建设的主要监理项目有：

1. 兰渝铁路工程监理二标段。该项目属于新建铁路工程，设计时速目标值为 200 公里/小时，工程造价 35 亿元。监理标段线路长 70 公里，路基长 9 公里，桥梁 10.3 公里共 15 座，其中特大桥 5 座，隧道 49.3 公里共 13 座，其中高风险隧道 5 座。2009 年 2 月开工，计划 2015 年底建成通车。标段监理费 3563. 1 万元，2011 年年底已完成工程量的 73.9%。

2. 贵广铁路项目监理第四标段。该项目属于新建双线铁路，设计时速目标值为 250 公里/小时，正线全长 857 公里，监理标段线路长 165 公里，工程造价合同额为 81 亿元，新增了 19 亿元。该项目的建设还包括了贵阳、广州铁路枢纽改造及桂林、贺州相关铁路配套工程的工程监理、岩溶路基、岩溶隧道工程监理，标段监理费为 6580.7 万元，增加了 1420.3 万元。2008 年 12 月开工，计划 2012 年 7 月完工，2011 年年底已完成工程量的 54.5%。

3. 兰州至重庆线兰州枢纽货车北环线及兰州北编组站 1 标段。该项目属于新建铁路工程，设计时速目标值为 200 公里/小时，工程造价 25.9 亿元。监理标段的线路长 29.1 公里，包括道路改移；管线迁改；区间及站场路基工程，桥梁工程，隧道工程监理，监理费 2209 万元，2009 年 8 月开工，计划 2013 年 12 月完工。2011 年年底已完成工程量的 89.4%。

4. 新建兰新铁路第二双线兰州至西宁段工程 LXJL-2 标段。该项目属于新建铁路工程，设计时速目标值为 200 公里/小时，工程造价 45.48 亿元。监理标段的路基 7318 米，桥梁 28462 米共 20 座，隧道 25645 米共 10 座，铺设无砟道床 61.384 双线公里，站场 2 座，站后工程。其中 DK106+450～DK189+300，只包括站后工程，监理费 5421 万元，2009 年 12 月开工，计划 2014 年 12 月完工。2011 年年底已完成工程量的 66.1%。

5. 湘桂铁路黎塘至南宁段扩能改造工程和新建南宁至黎塘铁路工程监理三标。该项目属于新建湘桂铁路扩改工程柳南段和南黎铁路工程，设计时速目标值为 200 公里/小时，工程造价 59.5 亿元。监理费 5943.2 万元。2009 年 11 月开工，计划 2013 年 5 月完工。2011 年年底已完成工程量的 42.6%。

6. 新建沪昆铁路客运专线杭州至长沙（江西段）JXJL2 标。该项目属于新建铁路工程，设计时速目标值为 350 公里/小时，工程造价 526.9 亿元。监理费 1.07 亿元，2010 年 5 月开工，计划 2014 年 9 月完工。2011 年年底已完成工程量的 50.8%。

7. 新建沪昆铁路客运专线长沙至昆明段（贵州）。该项目属于新建铁路工程，设计时速目标值为 350 公里/小时，工程造价 680 亿元。监理费 4281.6 万元，2010 年 9 月开工，计划 2014 年 9 月完工。2011 年年底已完成工程量的 19.3%。

8. 新建长沙至昆明铁路客运专线湖南段。该项目属于新建铁路工程，设计时速目标值为350公里/小时，工程造价686亿元。监理的正线长87.03公里，设湘潭北站、韶山南站共2座车站。监理费3093.3万元，2010年9月开工，计划2014年9月完工。2011年年底已完成工程量的39.2%。

【中铁西南院咨询与监理】 2011年，中铁西南院承担技术咨询项目165个，涉及铁路工程、公路工程、市政公用工程（含地铁、轻轨、隧道、桥梁工程）等多个方面的检测、监测、超前地质预报、设计咨询等。主要有：

1.云桂铁路（云南段）隧道超前地质预报项目。新建云桂铁路位于云南省和广西壮族自治区境内。线路东起南宁站，沿既有南昆铁路走廊至百色站。经云南省的文山州、红河市、玉溪市至昆明南站。新建铁路全长710公里，其中云南省境内436公里，广西壮族自治区境内274公里。中铁西南院地质所承担了云桂铁路4座隧道的超前地质预报工作，分别为幸福隧道（正洞加辅洞26.97公里）、小寨隧道（正洞加辅洞9.23公里）、富宁隧道（正洞加辅洞18.89公里）和革朗隧道（正洞加辅洞12.96公里），累计总合同段长度约68.035公里，合同总额1200万元。四座隧道均为地质条件复杂，岩溶发育的长大隧道，隧道地质预报风险极高。隧道分布于丘北县、广南县和富宁县境内，存在点散面广、预报风险大、测试强度大等特点。

2.乐雅高速隧道施工质量检测。该项目是由中铁西南院下属子公司中铁成都工程检测咨询有限公司承担的2010年延续的检测项目，2011年底已完成喷射混凝土强度检测168组，锚杆质量检测397根，初支雷达检测37490米，初支净空断面检测191个，隧道衬砌质量检测25130米，二衬混凝土强度检测58组，二衬断面检测14个。

3.成德南高速公路监理试验室。中铁西南院成德南项目于2009年11月开工，预计工期为2013年3月，该项目为SY3监理试验室，途径绵阳市三台县和德阳市中江县，负责段落全长49.655公里，分为四个标段，合同要求人员12人，合同总价518万元。项目路基工程已经完成95%。项目获“中国中铁廉洁示范工程”称号。

4.丽攀高速公路基桩检测和桥梁监控项目。该项目包括桥梁基桩检测和桥梁监控两个方面。基桩检测方面：负责C8～C13六个标段共计1340根基桩的检测工作。其中C8标段有3座大桥和1座中桥共计183根基桩；C9标段有1座大桥和1个互通共计280根基桩；C10标段有1座大桥共计61根基桩；C11标段有4座大桥、1座中桥、1个互通和2处抗滑桩共计284根基桩；C12标段有1座特大桥共计68根基桩；C13标段有7座大桥、1座中桥、1个互通和一处挡墙抗滑桩共计464根基桩。现已完成声波透射法基桩检测1327根。桥梁监控方面：监控项目部主要负责大水井金沙江特大桥主桥施工阶段的监测监控工作。大水井特大桥位于丽江至攀枝花高速公路攀枝花段第5合同段，该桥跨越金沙江。其中主桥为（125+230+120）米预应力混凝土箱型连续刚构。已经开始主桥上部结构施工。

5.内遂高速沱江大桥施工监测监控。内遂高速公路沱江特大桥位于内江境内，起于四合镇三堆铺村，止于史东镇太平坝，横跨国道G321，沱江。其中主桥为118米+210米+118米预应力混凝土连续刚构桥。箱梁断面采用单箱单室直腹板断面，箱梁顶宽13.75米，根部梁高13.0米，跨中及边跨合龙段梁高为4.8米。箱梁翼板悬臂长度为2.875米，底板宽8米，箱梁底板下缘按1.6次抛物线变化。主墩采用双薄壁墩。横桥向长8米，壁厚1.8米，双壁外距9米。内遂高速沱江大桥于2012年5月结束。

6.铁道部工程质量安全监督总站隧道抽检。大瑞铁路：见山岭隧道：检测数量2段共计400米；阿克路隧道：检测数量2段，共计355米；彬阳隧道：检测数量2段，共计395米；江顶寺隧道，检测数量2段，共计330米。渝利铁路：排花洞隧道进口：检测数量2段，共计200米；黄草山隧道进口，检测数量2段，共计410米；石家坡隧道进口，检测数量1段，共计100米；大梁隧道出口，检测数量2段，共计385米；沙子关隧道出口，检测数量2段，共计200米；福宝山隧道：检测数量1段，共计200米。检测总工程量为16875米。

7.新建成都至重庆铁路客运专线桥梁基桩检测和复合地基检测、抗滑桩检测及桥梁监控。成渝客专是成都至重庆新建铁路客运专线，全长308.59公里，原设计最高时速350公里/小时。线路走向为：成都东客站→简阳→资阳→资中→内江→隆昌→荣昌→大足→永川→璧山→沙坪坝→重庆站。计划检测桥梁基桩39260根（低应变39180根，声波透射法80根）。复合地基承载力包括CFG桩和水泥搅拌桩检测，计划低应变检测6060根，钻芯1800余米，静载试验320余处。抗滑桩检测2500余根，桥梁监控20余座。至2012年5月，已完成桥梁基桩检测32685根，复合地基检测低应变完成4120余根，钻芯检测810余米，静载完成217余处，抗滑桩检测完成1530余根，桥梁监控项目刚刚启动。

2011年，中铁西南院全资子公司—四川铁科建设监理有限公司承担完成的主要监理项目有：

1.与意大利GEODATA公司合作监理成渝客运专线CYJL-2标项目。该项目包括新建成都至重庆铁路客运专线工程里程DK129+950～DK240+154.26，共112.08公里的站前站后全部工程（含 DK0+000～DK306+302 段铺轨工程）的施工监理工作。区间路基土石方 11905134 断面方，站场土石方 4953223 断面方，桥梁 146 座共 59480 延米（其中特大桥 29 座 36947 米，大桥 72 座 19403 米，中桥 32 座 2830 米），涵洞 120 座，隧道 16 座共 10811 延米，无碴道床 224 公里，铺轨 642.3 公里。管段内重点工程为吴家坝沱江双线特大桥[主跨为（76+144+76）米连续梁]、永川成渝高速 1、2 号双线特大桥、杜家坝低瓦斯隧道（1648 米）、部分特殊路基等。途经内江、隆昌、荣昌等城市。2010 年 10 月 1 日开工，2014 年 9 月 30 日完工。

2. 新建兰新铁路第二双线西宁至张掖段工程 LXJL-3 标段。该项目工程范围 DK240+430～DK275+182，DK328+819～DK339+335，线路长 45268 公里，全线主要位于青海境内，东起大通县至门源县，桥隧比例高达 99%。区间路基 174 米，大桥 951.92 延米/3 座，中桥 70.24 延米/1 座，隧道 43939 成洞米/6 座(其中 10 公里≤L 的隧道 1 座，6 公里＜L≤10 公里的隧道，2 座，3 公里＜L≤6 公里的隧道 3 座)。工程 DK1+700～DK345+155 范围内的铺轨 685.66 铺轨公里；DK192+100～DK240+430 范围内的“四电”工程，铺无砟道床 69.504 单线公里，站后工程。2010 年 2 月开工，2015 年 2 月完工。

3. 新建张家口至唐山铁路监理 JL3 标。该项目工程范围为 DK274+197～DK402+525，正线长度 127.6 公里。全线主要位于燕山山脉，西起丁营隧道进口，东至桃花山隧道出口，桥隧比例高达 67.96%。区间路基土石方 533.2 万方，站场路基土石方 791.7 万方，圬工 63.3748 万方，特大桥 8405 延米（其中张七各庄沙河特大桥不详）/8 座，大桥 4174 延米/15 座，中小桥 408 延米/5 座，涵洞五标 5323.71 横延米/79 座，六标 83 座（长度不详）。隧道 72918 成洞米（其中京承联络线隧道不详）/29 座(其中大于 10 公里一座，大于 5 公里小于 10 公里共五座)，车站 5 个。2010 年 9 月 1 日开工，2015 年 3 月 1 日完工（投标文件要求 48 个月，但已明确工期延长半年）。

4. 新建渝利铁路监理标段包括中铁十一局土建 2 标（DK36+111.31～DK86＋051.787）及中铁大桥局土建 3 标（DK86+051.787～DK124+716.25）。途经渝北区、长寿区、涪陵境内，标段内路基 24.863 公里，特大桥 10 座，计 11569 米；大桥及中桥 60 座，计 20596 米；隧道 12 座，计 29683 米；正线长度 72.21 公里。路基、隧道、桥梁各站线路总长约：33.09%、39.5%、27.41%，桥隧比重 66.91%。区间有长寿北站、蔡家沟双线特大桥（2057.4 米）、新桥双线特大桥（1712.9 米）、韩家沱长江双线特大桥（1138.14 米）、黄草山隧道（6663 米）、马鞍山隧道（5935 米）、尖峰顶 1#、2# 隧道为全线重难点及控制工程。蔡家沟双线特大桥“人”字型主墩最高为 139 米，是时速 200 公里双线铁路世界之最。韩家沱长江双线特大桥主跨 432 米为同类型桥梁世界第一。2008 年 12 月 28 日开工，2013 年 12 月 28 日完工，合同工期 60 个月。

【中铁大桥局专家咨询与监理】 2011 年，中铁大桥局中标监理项目 9 项，新签合同额 8833 余万元，重点项目包括：港珠澳大桥主体工程桥梁工程钢箱梁制造(SB02 合同段)、岱山官山大桥工程、武汉轻轨 1 号线延长线、马鞍山长江公路大桥悬索桥上部结构安装（MQ-J09 合同段）、湖南省龙山至永顺高速公路项目 J3 标、武汉“百瑞景”小区部分房建工程等。2011 年监理公司共承担 20 个监理项目的监理工作，全年营业收入约 6311 万元，全年共有 6 个项目顺利完工，分别是：宁波明州大桥、山东济宁洸府河大桥、无锡新华路新坊路工程、太原火炬桥、武汉沙湖大桥、杭州九堡大桥；嘉绍大桥、矮寨大桥、九堡大桥、石武客专等。

学会及学术活动

【学会及学术活动】 2011 年，股份公司加强学会学术管理。一是加强业务指导，不断提高学术期刊编辑水平，确保股份公司主管的《铁道工程学报》、《铁道标准设计》、《电气化铁道》、《世界桥梁》、《高速铁路技术》等科技期刊顺利出版发行。二是加强期刊管理，完成股份公司主管、主办公开发行科技期刊的年检工作。三是积极开展学术交流，开展"青藏铁路技术研讨会"征文活动，成功召开第八届三次工程爆破学术会议，出版《中国城市轨道工程技术论坛论文集》铁道工程学报增刊，为广大工程技术人员搭建学术交流平台。四是加强有关行业协会、学会的联系，积极为公司争取政策支持。

【中铁二院学会及学术交流概况】 2011 年，中铁二院学会共接收来自各级学会文件 75 件。在中国科协、四川省科协、中国铁道学会、中国土木工程学会、四川铁道学会、四川土木建筑学会、成都土木建筑等学会的指导下，开展以下学术活动：

一、对中铁二院参加的全国 148 个学会和协会进行日常的管理工作，组织各单位参加不同的学会、协会活动，做到上情下达，下情上转。

二、组织参加各学会的工作会议，根据各学会年度工作安排，在全院开展学会和协会的工作。对各协会、学会及各单位组织的交流会进行通知、联络、组稿及组织参会人员的统计工作，并参加有关专业的交流会。为铁道学会工程分会第六届线路专业委员会会议做筹备工作和会务工作，组织并筹备了中国中铁股份有限公司科技期刊工作交流会。

三、对部分学会、协会进行换届及发展个人会员工作。对学会和协会进行年度会费缴纳工作和办理其它费用的交纳手续。

四、发送交流刊物，各学会交流的铁道知识、铁道工程学报、铁道学报、四川建筑、四川铁道、川铁信息、四川测绘等期刊 7200 余册发送各有关处及作者手中。

五、开展宣传报道工作，为《川铁信息》、《四川省土木建筑学会会讯》、《北京全路通信信号情报网网讯》等提供中铁二院科技成果、学术交流信息，代表中铁二院参加第 12 届国际岩土力学年会的企业展览。同时对《高速铁路技术》期刊进行宣传赠阅。

【中铁设计咨询学术期刊编辑出版】 中铁设计咨询负责学术期刊《铁道标准设计》（月刊）和《铁道勘察》（双月刊）的编辑出版工作。2011 年，《铁道标准设计》出版月刊 12 期，其中第 1 期为《北京地铁大兴线、亦庄线、房山线、昌平线轨道系统工程技术论文专辑》，第 6 期为《沪杭高速铁路工程技术论文专辑》，增刊 2 期，分别为《大同至西安客运专线工程技术论文专辑》和《铁路工程建设工法专辑》，被北京大学图书馆 2011 年版的《中文核心期刊要目总览》收录，《铁道标准设计》在 U2 类"铁路运输类"核心期刊排名第四名。2011 年，《铁道勘察》出版双月刊 6 期，同年，《铁道勘察》在中国测绘学会年会上被评为第二届中国测绘优秀期刊。

【中铁西北院学会及学术交流】 2011 年，中铁西北院学委会组织一系列学术会议，派员参加相关技术交流与研讨会。以挂靠在中铁西北院的甘肃省岩石力学与工程学会为平台，组织"中铁西北院五十周年院庆暨甘肃省岩石力学与工程学会学术报告会"，邀请中国工程院院士、中铁西北院滑坡治理、冻土研究、地基加固与高层建筑物纠偏等领域的专家开展学术讲座；中铁西北院与中科院寒旱所、兰州地震研究所共同组织承办"第十一届全国土力学及岩土工程学术会议"；派员参加第十二届国际岩石力学大会、青藏铁路技术研讨会、中国高边坡（滑坡）工程治理与地灾防治新技术研讨会等 19 个技术交流研讨会，为学术会议积极征集论文，其中为"第十一届全国土力学及岩土工程学术会议"组稿 46 篇。

【中铁西南院学会及学术交流】 2011 年，中铁西南院参与"铁路工程纤维混凝土结构设计规程"和"隧道工程防水技术规范"等的编制工作；完成全年《现代隧道技术》编辑出版工作，刊登论文 186 篇；完成各类技术汇编、论坛论文集、会议论文集、专业杂志等共计百万余字的编辑出版工作；举办高水平学术交流会议 3 次，参加高层次会议 20 余次，人数 280 余人次；当选为《铁道学报》第一届理事会副理事长单位。

2011 年，中铁西南院举办"新理念 新技术 新产品 2011 隧道及地下工程新发展国际论坛"，并出版论文集，收录 56 篇论文；举办"中国铁道工程学会爆破专业委员会第八届学术会议"，出版论文集，收录 44 篇论文；举办"矿山法、新奥法、意大利法及其风险管理方法"报告会，邀请意大利吉尔德尔塔集团公司总裁、国际隧协副主席皮尔佐治奥·迦苏(Piergiorgio Grasso)先生作报告。

2011 年，中铁西南院组织参加中国工程爆破协会五届三次常务理事会、第七届铁路隧道年会、中国施工企业管理协会科技成果发布暨颁奖会、《铁道学报》理事会第一届会议、2011 年公路隧道安全设计与运营管理暨水下隧道建设技术国际会议、岩土及交通工程国际研讨会暨 24 届交通年会、2011 年世界隧道大会暨国际隧道协会 37 届年会、第五届中国国际隧道工程研讨会；6 次组织公司员工撰写专业学术论文，组织投稿 27 篇。

【中铁二局学会及学术交流】 2011 年 5 月，中铁二局与四川省、贵州省铁道学会在贵阳联合举办《中铁二局 2011 年隧道施工技术交流会》。本次隧道施工技术交流会总结回顾公司"十一五"以来隧道建设成就，交流隧道专业领域所取得的科技创新成果，促进技术资源的充分共享，推动科技成果的转化和应用，全面提升公司隧道施工技术水平。大会主要介绍中铁二局隧道施工技术研究的现状和发展方向，重点交流近年公司高风险隧道施工管理和科技创新经验，特别是"电缆沟移动模架"、"隧道仰拱移动模架"、"拌合站自动计量系统"、"中埋式止水带"、"微台阶开挖"、"混凝土湿喷工艺"等多项科技创新成果，受到与会领导、专家、代表的高度评价。

2011 年 11 月，中铁二局在成渝客专项目部召开《隧道快速施工现场会》，与会代表参观大安隧道施工现场，听取成渝客专项目部认真落实铁道部四个标准化管理理念，依靠技术创新，强化现场管理，在严格遵循安全步距的前提下，在Ⅳ、Ⅴ级围岩中，率先实现开挖、支护、仰拱及二衬成洞"四个一百"的经验介绍，提高各级管理人员对隧道施工质量意识，为深入推进隧道施工标准化管理起到积极的作用。

【中铁三局学会及学术交流】 2011 年 8 月，中铁三局组织召开"集团公司科技创新工作经验交流暨推进工作会"。集团公司领导、技术开发部、各子分公司和局项目（经理部）总工程师、科技管理人员对华东公司建设的南京地铁 12 号线 TA01 标桥梁支架现浇法施工进行观摩学习。通过本次会议，达到加强和推进 2011 年度集团公司科技创新精细化管理工作的目的，同时也为进一步提高企业施工新技术的开发和应用水平起到推动和示范作用。

2011 年，集团公司组织向铁道学会《铁道工程论文集》投稿 51 篇；编辑出版内部刊物《科技通讯》4 期，并在业内进行广泛交流。

【中铁四局安徽省铁道学会】 安徽省铁道学会挂靠单位为中铁四局。2011 年，安徽省铁道学会在安徽省科协的领导下，在中国铁道学会和各会员单位的指导下，围绕挂靠企业的生产经营工作中心积极开展学术交流、科技咨询、科普宣传和期刊出版等工作，较好完成 2011 年学会各项工作和任务。被省科协评为 2010 年《全省科协统计工作先进单位》及被省民政厅评为安徽省 2011 年度"百优社会组织"。

2011 年省学会、各分会和专业委员会开展各种学术活动 22 个，参加人数 2030 人，交流学术论文 590 篇。根据中国铁道学会、铁道部科学技术司、铁道部政治部宣传部、铁道部运输局联合学秘[2011]6 号文《关于举办 2011 年铁路科技活动周的通知》以"携手建设创新型国家"为主题，围绕铁路和谐发展、协调发展、可持续发展的中心工作和"保安全、保质量、保稳定、促发展"的工作大局，开展以"铁路科技进步惠及广大人民群众"为主题的铁路科技活动周，向社会各界广泛宣传铁路科技进步成果，活动中共制作各种宣传展板、挂图 130 套，横幅标语 95 个，在省学会和各分会的主要站段进行广泛宣传，收到较好效果。各分会结合实际，开展贴近生活、贴近群众，内容丰富、形式多样的科技知识普及活动。2011 年，学会出版发行《铁道建设》、《科技信息》8 期，共发表学术论文 166 篇，学会还出版发行《铁道建设》增刊一期共发表论文 98 篇。

【中铁五局贵州省铁道学会】 贵州省铁道学会挂靠单位为中铁五局。2011 年，贵州省铁道学会在贵州省科协的领导下，在中国铁道学会和各会员单位的指导下，结合会员单位生产发展需要，为企业服务，为广大科技工作者服务。在开展学术交流、科技普及、期刊出版、举荐优秀人才及推荐科技论文等方面做了大量的工作。2011 年，贵州省铁道学会获得 2011 年度全国省级"学会之星"称号，获得贵州省科协 2011 年度"优秀省级学会"称号并获得"学术期刊工作单项奖"。

2011 年，与中铁五局在长沙联合举办"2011 年中铁五局地铁施工技术暨管理交流会"，130 余名科技工作者参加会议；为配合大会的召开征集论文 70 余篇，评出 40 篇论文编辑出版《贵州铁道》增刊—《地铁施工技术交流会论文集》。开展"贵州境内砼骨料在铁路混凝土中的应用学术沙龙"活动。配合中铁二局、四川省铁道学会在贵阳召开的"隧道施工技术交流会"，150 名科技工作者与会。配合会员单位中铁二局一公司开展"桥梁施工技术现场交流会"。组织开展科技创新培训及讲座，并为中铁五局贵开指挥部管段的"南江双线特大桥"、"相思河双线特大桥"等难点疑点开展现场技术咨询。

配合贵州省科协开展贵州省院士专家论坛暨引聘科技专家活动，为企业牵线搭桥。

开展科普活动，组织会员单位开展技术讲座 20 余次，培训人员 500 人次。另外，组织联络员参观建设通车的坝陵河大桥和关岭国家地质公园，拓展会员知识面。

2011 年学会按期编辑出版《贵州铁道》季刊（登载 68

篇论文）和一期增刊，为科技人员搭建技术交流平台，编辑出版3期简报。

【中铁六局学会及技术交流】 中铁六局为中国铁道学会会员，参加学会组织的各项活动，同时在公司内部加强成果推广和技术交流。在充分利用知识管理系统、OA系统中开辟的“工程师园地”专栏和集团公司网站进行宣传和交流的同时，2011年，出版《工程科技与管理》期刊三期，收录论文80余篇，为广大技术人员搭建起技术交流平台。

【中铁八局学术交流】 2011年，中铁八局组织参加中国铁道学会工程分会在云南昆明举办的“第五届线路委员会年会”；参加四川省铁道学会年度理事会、工作会及技术交流培训；参加四川省工程爆破协会年度理事会、工作会及技术交流培训。编发《科技与管理》期刊二期，累计发表科技论文43篇，为工程技术、科技研发和经营管理等人员提供技术交流平台。

【中铁九局期刊管理】 中铁九局《施工技术》于2010年9月改版为《中铁九局科技》季刊。2011年出版发行4期，共计发表论文141篇。

【中铁十局学会及学术交流】 2011年，中铁十局充分发挥学术团体的作用，作为13个团体学会成员，新增办理入会手续3项，订阅学术杂志5类，组织参加学会举办的培训3次，参加学会举办的评奖5项。通过学术团体活动的开展，为技术人员提供学习交流的平台。

【中铁大桥局学会及学术交流】 2011年，中铁大桥局完成国家、省、市科协、茅以升基金会及多个学术学会布置的各项工作。全年向《铁道工程学报》推荐15篇论文，采用5篇；向《铁道工程建设》推荐17篇论文，采用6篇；向第二十届全国桥梁会议推荐论文摘要7篇。

【中铁隧道学会及学术交流】 2011年7月25日，中国土木工程学会隧道及地下工程分会第八届第二次常务理事（扩大）会议在成都召开。会议听取分会2010年及2011上半年的工作作情况汇报、新设备新材料应用专业委员会“2011隧道及地下工程新发展国际论坛”筹备情况汇报，研究北京中铁瑞威基础工程有限公司入会及第十七届年会召开和学会下一步的工作。

8月6日，第二届隧道掘进机(盾构、TBM)专业委员会第一次学术研讨会暨中铁隧道集团城市盾构项目管理、施工技术、设备维保交流会在无锡召开。无锡市轨道交通公司，中国中铁兄弟单位，以及学术机构、科研企业等单位的112名专家、学者和技术人员参加会议。

11月16日～20日，中国土木工程学会隧道及地下工程分会防水排水专业委员会第十五届学术交流会在昆明召开，铁路、交通、国防、市政、建工、水利水电以及高校各系统代表74个单位110余人参加会议。本次会议收集论文34篇，并以《地下工程和隧道》2011年增刊的形式公开发行。

11月23日～24日，中铁隧道集团市政地铁项目专题技术交流会在燕郊召开，市政地铁技术骨干102人参会。会议交流专题报告5项，优秀论文5篇。

另外，中国土木工程学会隧道及地下工程分会与中国岩石力学与工程学会地下工程分会、台湾隧道协会联合举办第十届海峡两岸隧道与地下工程学术及技术研讨会，参加第五届中国国际隧道工程研讨会及2011年世界隧道大会暨国际隧道协会年会。

【中铁电气化局学会工作】 2011年铁道学会电气化委员会把“立足科学发展，着力自主创新，完善体制机制，促进社会和谐”作为开展学会工作的指导方针，树立“为政府服务、为企业服务、为社会服务”的理念，开展学会活动。2011年11月19日～20日在北京召开“国外铁路电气化工程技术交流会”，并对会上评选出的9篇优秀论文，组织专家进行评审，推荐4篇参加中国铁道学会2011年度优秀论文的评选。

【中铁港航局学术及学会交流】 2011年中铁港航局参加9家行业协会，分别是中国工程爆破协会、广东省工程爆破协会、港口科技协会、水运建设行业协会、水运工程科技信息网协会、广东省建筑行业协会、路基工程协会、水运工程协会、中国公路建设行业协会。并与中国工程爆破协会开展科技成果鉴定及参与科技奖项评审的工作；与广东省建筑行业协会开展省级工法评审的工作。

【中铁航空港学术及学会交流】 2011年，中铁航空港参加中国公路建设行业协会、中国施工企业管理协会、中国建筑业协会等多个学术团体协会；与《现代隧道技术》、《路基工程》两个业内主流期刊杂志开展长期合作。

教育与培训

【总公司党校教育与培训】 2011年，总公司党校共举办培训班27期，分别是：三级企业领导人员培训班、新闻发言人培训班、组织部长和项目书记培训班、总工程师培训班、团干部培训班、宣传骨干培训班、通讯员培训班、工会群安员培训班、工会法律知识培训班（2期）、秘书业务知识培训班（2期）、档案业务培训班、内控评价培训班、保密工作培训班、会计人员继续教育培训班（6期）、一级注册建造师考前培训班（铁路、公路和市政三个专业，各2期）、企业法律顾问考前培训班、工程硕士考前辅导培训班、中铁三局职工董事监事培训班、中铁七局基层党支部书记培训班。举办的培训班涵盖业务素质、岗位技能、职业资格认证考前辅导、继续教育、学历教育等5大类培训。全年培训学员2704人次，接待学员约15000人天。通过精心组织，计划班的学员报到率高达111.5%。

一年来，总公司党校紧紧围绕中国中铁"人才兴企"战略和"六支人才队伍"建设，积极适应国内外宏观经济形势和股份公司发展现状，不断创新教学模式，强化教学组织管理，提升教学服务水平，教学质量不断提高，教学培训品牌日益凸显。主要做法如下：

一、创新培训理念，确保培训效果。在办班过程中，全校教职工秉承"视品牌如生命，待学员如亲人"和"两带来，三带走"的培训理念，坚持"两会一餐"制度，在不断完善《党校培训工作流程》、《学员手册》、《班主任工作规范》、《班主任第一次班会讲话规范》等各项制度的基础上，创新培训理念，加强教学组织管理，精心设计培训方案和课程，确保各期培训班的圆满完成。

二、优化师资配置，提高培训质量。2011年总公司党校进一步加强师资库建设，针对各期培训班的特点，精心配置高端、优秀师资。邀请相关领域的顶尖权威（例如国务院国资委的卢卫东局长、国务院新闻办的高剑云副局长、中宣部新闻局的殷汝涛主任、中央电视台制片人赵一民等）；知名专家教授（例如清华大学国际研究中心的丁兆林教授，清华大学领导力培训中心的詹从淼教授，国家行政学院的李清泉教授，中央党校的李建华教授、张荣臣教授、秦刚教授等）；股份公司领导、高管及相关部门领导（例如股份公司副董事长、党委副书记、工会主席姚桂清，党委副书记、纪委书记、监事会主席王秋明，副总裁马力，董事会秘书于腾群，副总经济师、干部部部长余汉林，工会副主席刘建媛，总裁办主任杨玉堂，战略规划部部长周民忠，财务部部长杨良，党委宣传部部长徐进，党委组织部部长丁荣昌等）；局级实干专家、地方企事业单位领导和高校专家教授。专家授课的内容既高屋建瓴，又贴近企业生产经营实际，既有理论上的高度，又有很强的实践指导意义。通过综合评估及班主任、学员反馈，及时掌握专家的授课方式和内容是否贴近股份公司的发展现状，是否满足学员的培训需求，从而实现对师资库的动态管理，确保党校较高的师资水平。

三、开拓培训市场，创新培训模式。2011年，通过校领导和相关部门的努力，多次与股份公司主办部门、各二三级单位主动联系、积极沟通、反复协商，党校开拓办班16期，占全年办班总数的60%，开拓办班数量创历史新高。其中，党校与石家庄铁道大学联合举办的工程硕士培训，通过努力，招生报名总人数170多人，为党校开展高学历教育培训开辟新路；中铁三局、中铁七局等二级公司委托党校策划、组织和实施的培训班，丰富党校的培训模式，为开拓思路、打开培训市场积累宝贵经验，也巩固提升了党校的教育培训品牌；年内连续6期会计人员继续教育培训班（共近千名学员）的成功举办，既创新了党校的办班形式，又锻炼了队伍，检验了全校教职工敢打硬仗、胜仗的能力素质。培训过程中的教学师资、课程设置、培训效果、教学设施、管理服务和住宿、餐饮的环境等方面，得到股份公司领导、主办部门、学员所在企业及广大学员的认可。

四、规范运作流程，强化教学服务意识。全校教职工强化服务意识，从培训计划的实施到各个环节的工作，包括培训手册的制作、学员接送站、报到接待、教室桌牌摆放、LED欢迎标语、学员住宿接待、班主任工作、教学档案管理、班级及学员管理、学员考核评价、学员文化生活等各方面，都做到精细管理，热情服务，得到学员的广泛赞誉。

【咸阳干院教育与培训】 2011年，咸阳干院举办学历教育班19个，在校生680人，各类短期培训班42个，培训各类管理人员和技术干部4140人次，联合办学在校生2377人，全年创收1405万元，同比增长13.48%，实现了年初提出的基本目标和任务。在总公司和宏达中心的领导下，学院以科学发展观为指导，以建设功能齐全的培训机构为目标，以做强岗位培训、职业教育、成人教育为重点，加强科学管理，深化内部改革，提高教学质量，努力创收节支，各项工作取得较好成效。岗位培训、职业教育、继续教育多元化办学格局基本形成。全年举办各类培训班42个，培训干部4140人次，较上年增加725人；举办高职和中职学历班19个，在校学生680人；函授和远程成人教育学历班在册学员1026人，较上年增加128人；联合办学在校学生2377人，全年创收1405万元，同比增加167万元；职工人均收入4.3万元，同比增加5012元，基本上实现年初提出的目标。

1. 抓好岗位培训，努力提高办学效益。学院以适应市场需要为导向，以坚持特色培训为目标，抓好土建类施工企业技术管理人员培训，抓好中国中铁系统内岗位培训，抓好精品项目培训，为满足股份公司所属各单位现场施工管理的需求，举办铁路客运专线施工技术、盾构及 TBM 施工技术及安全工程师、隧道工程师、桥梁工程师、项目经理继续教育等培训班 9 个，培训干部 1099 人；举办建筑类岗位证书培训班 33 个，培训人员 3041 人，培训收入 230 万元。

2. 努力办好职业教育，扩大学院办学规模。一是继续办好与职业技术学院联合举办的高等职业教育，强化就业指导，做好毕业生就业推荐，2011 年的毕业生基本就业，就业率达 97.2%。二是积极开展中等职业教育。学院开展多形式多渠道的招生工作，给每个单位下指标，给每位职工定任务，并纳入目标责任制考核，与年终兑现直接挂钩。经过努力，2011 年招收中职学生 160 名，在校生达到 307 人。新设工程造价、测量工程、酒店管理 3 个专业。制定管理中的各项规章制度，教学工作步入正规，2011 年已安置就业 17 人，考入成人教育大专学历班 33 人，办学收入 105 万元。

3. 成人教育规模持续扩大，形势喜人。充分利用西安建筑科技大学在学院设立的咸阳函授站，开设有工程造价、建筑工程技术、工程管理、土木工程、会计学等五个专业，2011 年毕业 269 人，现有注册学生 733 人。哈尔滨工业大学咸阳干院远程教育校外学习中心，开设土木工程、工程管理、工程造价与管理、建筑工程技术等专业，经过广泛宣传，多方努力，注册学生达到 309 人。函授、远程教育共有注册学生 1026 人，较上年增加 128 人，办学收入 136 万元，发展形势喜人。

4. 充分利用现有资源，重点抓好联合办学。在与陕西工业职业技术学院、西安铁路职工大学、咸阳师范学院等院校进行联合办学的基础上，新增加陕西财经职业技术学院，使在校人数达 2377 人，扩大创收。

5. 学院核心竞争力有所提升。一是强化教学常规管理，推进教学工作制度化、规范化运行。二是强化教学质量监控体系，坚持组织教学检查，鼓励教师改进教学方法，针对不同学生特点，采取课堂讲授、专题讲座、案例教学、模拟教学、集体研讨、多媒体课件等教学方法组织教学，提高教学效果。三是鼓励教职工开展学术研究，对公开发表论文作者进行奖励，努力提高业务能力和科研水平，促进教学质量的全面提高。

6. 坚持勤俭办学的原则，尽力改善办学条件。在学院经费十分紧张的情况下，坚持精打细算、厉行节约、勤俭办学，加强预算管理，实行经费包干，尽量压缩非教学、非经营性开支，用最低的公务活动成本，取得最佳的办学和经营效果。2011 年投入 30 万元，对学院公寓的电路进行改造，对教学楼屋面和学生公寓防水设施进行维修；投入 20 多万元，完成计算机中心、锅炉房、部分学生公寓的电子监控系统建设，添置电脑、打印机等教学设备和设施，使教学条件有所改善。同时投入 10.8 万元，完成两台取暖热交换器的更新及安装工程；投入 2.4 万元，完成开水房水箱焊接安装工程和水池改造工程。2011 年学院草拟校园总体规划和校园开发可行性报告，已上报总公司待批，为改善办学条件奠定基础。

一年来，学院坚持以人为本，重视学生的思想教育，适当加大办学投入，使办学条件校不断改善，关心职工生活，克服资金困难，千方百计提高职工收入，2011 年全校教职工年人均收入同比增长 13.35%，实现了预期目标。

【中铁二局员工教育与培训】 2011 年 9 月，中铁二局下发《关于严格控制员工总量的通知》，人才队伍建设由大规模引进向严控员工总量、优化人才队伍结构转变。7 家单位被授予“‘十一五’科技创新先进单位”称号、10 人获“‘十一五’科技创新标兵”称号；向重庆市发改委申报评标专家库专家 26 人，通过审查入库 10 人，1 人当选为国家发改委综合评标专家；丁睿荣获詹天佑铁道科学技术奖•青年奖。

2011 年，坚持以提高培训质量为中心，突出培训课程设计，加大培训结果考核力度，做实培训评估分析，持续改进各项培训组织管理工作，切实提高培训针对性，培训效果得到有效增强。加大培训基地的建设力度，联系协调峨眉疗养院、成都铁路工程学校进一步改善培训环境，购置培训设备，增强服务能力，为进一步提高培训质量提供良好后勤保障。2011 年，集团公司共举办领导人员理论培训班、专业技术人员知识更新培训班等 39 个班次的培训，培训员工 4215 人次。

【中铁三局教育与培训】 2011 年 5 月，中铁三局组织开展科技管理培训及交流会，就“如何开展和搞好集团公司的科技管理工作”、“如何进行研发项目、工法、专利的选题与开发”等进行培训。通过本次会议，加强了各子分公司科管人员对科技管理工作的认识，使其明确了技术创新工作的重点和管理流程，特别是对下一步如何开展各项技术创新工作有了明确的认识。

2011 年 6 月 23 日～24 日，为进一步提高软件应用水平和扩大使用者的范围，集团公司技术开发部邀请 MIDAS 公司的钱江高级培训师为公司进行了施工专题培训，参加培训的人员有集团公司技术开发部各研究科室、承担在建难点桥梁工程的五公司、六公司、桥隧分公司和西平指挥部等单位的相关科技人员共 15 人参加。此次培训针对性和实用性强，培训内容既涵盖了围堰、栈桥、挂篮、塔架等临时结构的分析，又对斜拉桥、连续梁桥施工监控计算分析进行了专题讲解，培训过程穿插了对结构分析的理论基础和软件应用技巧的培训。通过此次培训，软件使用人员加深对软件的认识，提高应用能力，拓宽应用领域，对集团公司施工生产、安全质量保证和科技研发提供了重要支撑，同时也为集团公司承担铁道部和股份公司科研课题奠定了硬件基础。

【中铁四局员工教育与培训】 2011 年，中铁四局为提高安全管理人员安全意识、业务技能和持证上岗率以及满足全局交通类项目市场营销需要，先后举办了 5 期建设厅安全三类安全人员培训班和 5 期交通部公路水运安全管理人员培训班（共计培训 1545 人），全局安全管理人员持证上岗率基本达到了 95%以上，基本满足企业交通类项目市场营销和施工生产需要。全年举办 7 期质量员取证和复审培训班，培训

686 人；举办施工员取证培训班 1 期、材料员培训班 2 期、资料员 1 期，试验员 1 期，培训 705 人；举办了公路试验工程师、一级建造师考前培训班，培训 124 人。协同举办了安全管理人员岗位业务培训班 2 期，培训 145 人；物资机械管理人员培训班 2 期，培训 129 人；混凝土搅拌站操作人员培训班 1 期，培训 89 人；测量技术人员培训班 2 期，培训 141 人。选派 278 人参加股份公司举办的中央党校理论培训班、国际项目经理培训班、总工程师培训班、总会计师培训班、盾构技术人员培训班、外经人员高铁及国际商务知识培训班等；选派 94 名人员参加了安徽省公安厅举办的爆破工程技术人员、爆破员培训班；12 参加爆破工程技术人员培训班，5 人通过高级爆破工程师考核，2 人通过中级爆破工程师考核，，满足局申请爆破资质的需要；委托石家庄铁道大学举办了 2 期试验骨干人员培训班，送培 120 人；委托中国科技大学举办了 1 期为期 3 个月的脱产培训班，送培 24 人；选派了 12 名优秀工程技术人员参加中南大学脱产研究生学习。

制定出台《中铁四局集团三级教育培训体系实施办法》（中铁四人[2011]209 号），对局、子（分）公司和项目经理部（含境外）的培训机构和培训职能进行重新明确，对岗前培训、在岗培训和继续教育提出了明确要求，培训管理、培训保障得到加强。组织、协调相关职能部门启动企业远程教育平台开发工作，使员工能在项目部、办公室通过电脑接受培训并及时反馈培训效果和改进建议。通过逐步完善培训资料库，扩大培训内容的范围和容量，实现培训资源在全局范围内共享。拟定项目经理、项目总工、工经部长、财务部长、物资部长、试验主管等 8 本培训教材的编写提纲。制定出台《中铁四局集团“十二五”人才培训规划》，明确“十二五”期间全局培训工作的指导思想、基本原则、主要任务和工作目标等主要内容，为做好“十二五”人才培训工作奠定基础。

【中铁五局教育与培训】 2011 年，中铁五局加强领导班子、干部队伍、专业人才队伍和职工队伍建设，为推动企业发展提供人才保障和智力支持。

为提高职工技能水平和综合素质，开展全局职工冬季大培训，较好提升了职工的能力素质。举办新任职领导人员培训班、领导人员培训班 3 期，对全局副处职以上领导人员进行分批脱产培训，180 名领导人员参加培训；为全面提升技术队伍素质，全局举办架子队队长、机械设备管理、物资管理、核算员、钢筋工、电工、焊工等岗位技能培训班 7 期，培训 384 人；为提高项目党工委书记的政治素质和业务能力，开展非铁路项目党工委书记轮训，全局累计 433 人次参加；在纪检监察人员基本功建设上，采取以委托办班形式，对 44 名专兼职纪检干部进行综合培训；为优化充实纪检监察队伍结构，全年共交流 20 名纪检干部，选拔新进 10 名纪检人员；举办了一期 130 人参加的写作培训班。

【中铁六局教育与培训】 2011 年，中铁六局举办各类培训班 450 期，培训 13566 人次。结合实际需求，选送 120 人参加了股份公司培训，较好落实股份公司培训计划。公司本部年度计划办班 33 期，已办班 24 期，培训 2764 人次，各了分公司年度计划办班共 354 期，实际办班 426 期，培训 10802 人次。重点抓了三项工作。

一是完善基础，提升员工教育培训管理水平。理顺培训职能，管理制度得到进一步完善。结合公司实际，修订完善了公司员工教育培训管理办法。为做好项目开工前进场人员的培训工作，制定《关于新开工项目进场人员培训的暂行规定》。明确实施新开工项目进场人员培训的责任主体及流程，对新开工项目进场人员培训工作提出具体要求。结合“十二五”人才发展战略规划，制定《关于“推行岗位任职资格制度，实施岗位能力素质达标工程”的方案》，就实施岗位能力素质达标工程提出了总体目标，即“十二五”期间，建立一个网络教学管理平台，梳理一册业务能力标准，编制一套达标标准化课程，完善一批保障制度努力使员工持证上岗率达 100%，管理及专业技术人员年度继续教育完成率达 100%，岗前、岗位、转岗培训合格率达 100%，员工的岗位能力素质与岗位要求匹配度 90%以上。

二是创新管理手段，完善网络教学管理平台。针对以往使用管理平台过程中遇到的问题，优化改进了管理平台的班级管理、考核管理、课程管理以及社区论坛等功能模块，同时增加了统计报表、统计分析等功能。通过了公司科研成果评审和鉴定，为实施岗位能力素质达标工程奠定基础。

三是突出重点，有效落实培训计划。与天津铁道职业技术学院合作，先后在天津、太原、呼和浩特举办了三期架子队安全员培训班，培训 262 人；与中铁石家庄职业技术学院合作，举办了概预算人员培训班，培训 77 人；举办了一级建造师考前培训班，培训 110 人。

【中铁八局教育与培训】 2011 年，中铁八局集团公司以优化培训质量和效果为目标，以施工现场培训为重点，逐步使应急培训向系统培训转变。下发了《关于加强员工培训管理工作的通知》，要求各单位进一步加强员工培训管理工作，杜绝培训工作中的弄虚作假现象。集团公司自办培训班 517 期，其中现场办班 147 期，培训员工 2 万余人次，其中，培训领导干部 360 人次，专业技术干部 6300 余人次，培训工人 5000 余人次，外协队伍 9300 余人次；举办建造师取证培训班 2 期，涉及 8 个专业，203 人参加集中培训；加强了重点项目现场施工技术及安全培训，先后在成渝客专龙泉山隧道、大瑞秀岭隧道、拉日铁路施工现场举办了六期各类技术及安全培训，培训项目部及架子队人员 270 余人。集团公司本部相继举办三体系贯标管理体系、成本管理、机关员工素质培训、项目支部书记、建设部安全管理人员、工程项目综合管理信息系统、成本管理等方面的人员培训班，培训员工近千余人次，送外培训 78 人。举办了集团公司首届专业技术干部技术比武；开展了盾构、电工、工程试验工等三项职业技能大赛，共有 90 名员工参加了比赛，促进了员工队伍整体素质全面发展。中铁八局科技部还会同人力资源部等有关部门联合组织了对科管人员、专业技术人员关于重载铁路及计量管理的专题培训。

【中铁九局职工培训】 2011 年，中铁九局举办培训班 2620

个（不含一级和委外培训），培训人员 105823 人（次），包括外协队伍 45432 人（次）。全员培训率达到 100%，局机关本部和各子分公司自办班完成计划的 100%，送出培训完成计划的 100%。

一级培训（股份公司，委外），委外培训班 27 个，培训人员 220 人（次）。二级培训（局、直属项目经理部），局机关主办培训班 90 个，培训人员 6325 人（次）；直属项目经理部举办培训班 81 个，培训人员 2489 人（次）。三级培训（各子分公司机关），举办培训班 554 个，培训人员 22790 人（次）。四级培训（各子分公司项目经理部），举办培训班 1895 个，培训人员 74219 人（次）。

培训重点工作。1. 构建和完善培训体系。根据股份公司“十二五”人才培训规划要求，构建和完善“四级”培训体系，其中：局（二级）主要负责开展领导人员、后备干部、海外专业知识、新技术新工艺、高技能人才培训；各子分公司（三级）主要负责管理业务流程、专业技术、职业技能鉴定培训；项目经理部（四级）主要负责施工工艺、安全质量、操作类培训。2. 健全培训考核及效果验证体系。由单一注重培训形式向过程督导和后期应用齐抓共管转变，将课中的学习培训与课后的能力展现紧密衔接，更加突出课后的效果反馈，加大考核兑现力度，确保培训形成闭环。3. 深入开展 12321 人才工程。对项目经理、总工程师、一级建造师、高技能人才、海外和房地产开发人才进行了专门培训。其中：项目经理 2 期，培训 135 人；总工程师 1 期，培训 96 人；海外培训 5 期，培训 407 人；房地产 2 期，培训 106 人；高技能人才 20 期，培训 956 人。4. 建立培训基地。将九局宾馆由以经营为主转变为以培训为主，打造成了九局内部规模最大的日常培训基地，一年来共举办培训班 62 个，培训人员 5308 人（次）。5. 建立内部兼职教师队伍。初步建立了内部兼职教师队伍，各子分公司提报内部兼职教师 96 名（专业技术 40 人，管理知识 37 人，操作技能 19 人）。6. 强化基础和基本功培训。①加大对新技术、新业务和既有线施工的培训。采取由专家教授现场考察、诊断、课堂讲学、座谈讨论、咨询等方式，针对高速铁路、长大隧道、大跨度桥梁等新技术进行培训，共培训 7 期，515 人。②坚持急项目之所急、教项目之所需的原则，深入到施工一线，将课堂设到基层，将培训的关口前移至生产一线，根据现场实际需要见缝插针，实施连续梁、隧道施工和无砟轨道铺设、技术内业管理等专业技术的动态培训，并与现场观摩、岗位练兵等相辅相成，切实提高了员工的管理能力和操作水平。③制定下发了项目部夜校培训管理办法，大力推广职工夜校，由项目经理或总工担任校长，与安全技术交底相结合，把培训时间放在开工前后，根据需要随时开班，充分发挥培训的针对性、灵活性。④开展管理人员素质提升大培训。为提高机关管理人员能力素质，夯实基本功，局机关举办了涉及形式任务教育、建筑业营销、团队沟通与素质提升、建筑业资本运作管理、创新理论（TRIZ）等培训班，培训 307 人（次）。

【中铁十局教育与培训】 2011 年，中铁十局评审、推荐、通过教授级高级工程师 6 人、高级工程师 54 人、工程师 248 人；成立了局专家委员会，共有 69 位高工以上职称的技术人员成为专家库成员；组织各单位技术部门开展了多种形式的技术交流和参观学习，强化业务培训，对部分项目（如云桂铁路 4 标、大西连续梁、宿淮转体施工、长春斜拉桥等）组织技术业务流程、桥隧施工技术控制要点等方面的学习和培训工作；通过技术业务培训，提高了技术人员在施工组织设计编制、技术交底、施工测量、施工过程检查监控等方面的业务素质；举办项目管理系统、办公软件、铁路工程试验、MADIS 结构分析软件等培训班 25 期，有 1312 人次参加培训；同时，加强对各类管理人员的培训，年内举办安全、质量、科技、物资设备、财务、法律、法律、党群等各类人才培训班，提高了管理人员的综合素质。

【中铁大桥局教育与培训】 2011 年，中铁大桥局组织各类培训班 25 期，共培训员工 2501 人次。其中，项目管理培训班 1 期，培训 67 人；机械设备管理、法律事务、“三标合一”内审员、新《工伤保险条例》、电子商务、保险业务、节能减排、党支部书记、入党积极分子、团干部、宣传干部、新员工岗前培训等各类管理人员培训班 17 期，培训 2017 人；举办 4 期专业技术人员培训班，其中铁路工程试验人员培训班 2 期，培训 150 人；高铁测量及 GPS 培训班 1 期，培训 46 人；桥梁施工技术与管理培训班 1 期，培训 67 人；一级建造师考前培训 1 期，53 人；结合在建的鹦鹉洲 BT 项目管理培训 1 期，培训 22 人；局史志修志人员培训 79 人。选派输送股份公司及地方政府组织的相关培训 145 人次。

2011 年举办技师培训班 11 期，培训技师 152 人，高级技师 106 人；举办技能鉴定培训班 13 期，培训高级工 260 人、中级工 0 人、初级工 83 人。

【中铁建工教育与培训】 2011 年，建工集团以满足企业生产经营需求为重点，全力做好管理培训工作。组织培训 60 期，参培人员 6260 人次。具体情况如下：

1. 为满足集团公司资质需求，完成集团公司房建、铁路特级资质工作，人力资源部按照资质就位申报材料要求全力协调、收集、整理、完善双特级资质就位申报所需人员及业绩资料，为企业资质就位配置合格人员 912 人，其中：房建资质配备 827 人，铁路资质配备 817 人。

2. 联合北京市建委相关部门到南昌火车站指挥部、贵阳地区、西宁火车站指挥部、昆明草海安置房指挥部等重点工程施工现场举办了 4 期安全生产和关键岗位培训考核班，共培训考核取证 566 人。

3. 联合安质环保部指导二级公司开展了 8 期集团公司安全培训月活动，共培训员工 2150 人。

4. 在深圳举办了集团公司人力资源部和社会保险业务培训班，并对集团公司人力资源部和社会保险重点工作进行了部署。

5. 配合财务部进行了财务会计人员岗位培训考核，共培训考核财会人员 331 人。

6. 指导二级公司开展 4 期项目管理培训，主要对基层项目领导班子及项目管理人员进行培训。

7. 联合工程管理部对集团公司机关及各子分公司施工、安质、机械、物资、人力、投标与合同管理等相应专业人员 60 人进行了培训，并在培训期间按要求编写了各自公司或部门的《质量手册》和《程序文件》。

8. 在北京和深圳地区举办一级建造师考前培训班，培训建筑、市政、公路、机电等 4 个专业，共有 425 人参加。选派了 23 人参加股份公司石家庄党校举行的一级建造师铁路、公路、市政专业培训。

9. 完成“三类人员”安全证书及岗位证书复审 350 人次，组织 62 名二级建造师、43 名造价工程师、23 名安全工程师参加继续教育培训工作，办理 14 人国际项目经理 C 级续期培训，办理建造师变更 20 人，初始注册 27 人。

职业技能培训鉴定工作具体情况如下：

1. 完成股份公司职业技能鉴定任务，鉴定初、中、高级工 169 人，在自有员工逐步减少的情况下，积极探索外部劳务队伍职业技能鉴定工作。

2. 完成了集团公司高技能人才评价工作，评审通过技师 15 人，高级技师 40 人。

3. 完成股份公司下达的工程木工、工程管道工、工程油漆工、工程抹灰工、工程砌筑工五个工种教材和试题库编写工作。

4. 在施工现场共培训特种作业人员 150 余人，并通过考试取得证书，持证上岗率达到 100%

5. 组织集团公司 16 人参加了股份公司在山海关举办的职业技能鉴定高级考评员、管理人员培训班。

6. 参加股份公司在武汉和秦皇岛举办的第十届工程试验和电工青年技能大赛，组织 60 名选手进行集中培训，通过内部选拔，各选拔出 4 名技术尖子参加股份公司比赛，取得较好成绩。

7. 组织集团公司 22 人参加股份公司在山海关技校举办的电工、工程机械维修等技能培训班。

8. 组织集团公司相关技术人员参加了铁道部举办的铁路客运专线基桩、混泥土结构强度及裂缝检测技术和铁路工程施工及基础设施安全管理培训班。

【中铁航空港教育与培训】 2011 年，中铁航空港教育及培训：

1. 建立健全培训和教育工作管理制度。出台《中国中铁航空港建设集团有限公司员工教育培训管理办法》，从培训管理体制、培训类别、培训计划制定、培训保障、培训经费和培训待遇 6 大方面做了详细的规定结合《中国中铁航空港建设集团有限公司证照资源使用管理办法》，制定《中国中铁航空港建设集团有限公司员工资格证书管理办法》，对岗位证书、执业资格证书、职业资格证书和职称证书的取得做了相应的奖励规定及津贴标准。

2. 组织领导干部培训。中铁航空港以领导干部队伍建设为突破口，加强领导干部培训力度，严格落实领导干部培训工作公司领导班子成员参加股份公司举办的新任职领导人员培训班，参加股份公司举办的第六期领导人员中央党校理论培训班。所属子分公司领导班子成员参加股份公司举办的总工程师培训班，参加股份公司举办的三级企业领导人员培训班。举办中铁航空港新任职中层领导干部培训班。

3. 组织执业资格考前培训及继续教育培训。中铁航空港将执业资格人才队伍建设纳入统一管理，制定执业资格人才培养规划，鼓励执业资格考试，推进执业资格考前培训。2011 年度有 40 余人参加了注册建筑师、注册结构工程师、注册土木工程师（岩土）、注册建造师、企业法律顾问等在内的多个专业的执业资格证书考前培训班。有 7 名注册安全工程师的员工参加了继续教育培训。

4. 组织国际工程项目管理及外经人才培训。结合股份公司发展战略，推进走出去的步伐，开拓海外市场，中铁航空港积极开展国际工程项目管理人才和外经人才的培训与储备。先后组织人员参加国际工程项目经理认证培训班、国际工程项目管理高级研修班、外经人员高铁及国际商务知识培训班和英语强化培训班，奠定开拓海外市场的人才基础。

5. 组织职业技能鉴定高级考评员管理人员培训。参加职业技能鉴定高级考评员和管理人员培训班，其中 12 人参加高级考评员培训，2 人参加管理人员培训。

6. 组织学历教育培训。鼓励员工参加学历教育，提高学历水平。18 名员工报名总公司党校与石家庄铁道大学联合举办的工程硕士学位培训班，1 人参加 2011 年工程硕士（GCT）培训，倡导“我要学”的学习风尚。

7. 组织各项管控系统建设培训。举办内部控制体系建设启动会暨第一次培训和第二次培训；举办工程项目综合管理信息系统培训；举行“三标一体”管理体系培训会；参加中国中铁劳资研讨会暨“劳务企业使用管理信息系统“培训班。

8. 业务技能及专业技术培训。参加宣传骨干培训班、隧道工程师继续教育专题培训班、桥梁暨高等级公路工程师继续教育培训班、房建及市政工程标准施工招标资格预审文件与招标文件培训；举办审计业务培训、办公设备操作培训、物资管理软件培训班；参加工程试验、电工、工程机械修理培训班。

【中铁上海局员工培训】 2011 年，中铁上海局拟定 2011 年度培训计划，全年共举办各类培训班 63 期，其中组织举办机关业务培训班 16 期，培训员工 560 人次，系统地对企业人事管理制度、财务管理制度、工会工作制度、社会保险工作制度等进行了集中培训；举办关键岗位技能业务培训班 9 期，培训员工 448 人次，其中测量人员培训班 2 期、铁路试验工程师（取证）培训班 1 期、信息化建设培训班 1 期、重点工程安全质量 4 期、营销人员施工现场培训班 1 期；组织举办了 1 期项目总工（工程部长）培训班，培训 40 人次。

举办了4期现场施工技术培训班，培训员工220人次。为满足招投标工作需要，加大取证培训力度，2011年送培一级建造师13人，派员参加一级注册结构工程师、注册岩土工程师考前培训班4人，参加一级注册建筑师考前培训班3人、英语强化培训班1人，爆破技术培训班1人，公路水运工程试验检测人员过渡考试培训班13人，测量管理体系内审员培训班8人，为公司下步施工生产顺利开展创造了条件。为提高员工学历层次，与上海应用技术学院签订了《校企合作委培协议》，以土木工程等专业为主，对员工分期、分批送培。制订了高层次人才培养计划，选派了15人参加石家庄铁道大学工程硕士考试，有6人被录取。全年开展农民工培训15161人次，其中工地负责人588人次，专兼职安全管理人员625人次，特殊岗位操作人员1008人次。

【中铁二院职工教育与培训】 2011年，中铁二院在职工教育培训管理方面，完成了如下工作：

1.职工教育培训年度概况

2011年，中铁二院教育培训工作紧密结合生产经营和发展战略，开展一系列多层次、多样化、具有较强针对性和前瞻性的教育培训，在增强团队综合管理、创新和执行能力，培训国际化复合型人才，完善、更新和优化员工知识结构，提高技术理论水平和专业技能，增强技术创新能力，促进工作质效全面提升等方面，取得了较好成绩。年内开办了“中铁二院交子技术大讲堂”，请院士、国内外知名专家前来授课，为广大技术人员及时掌握前沿科技提供了广阔平台。结合“走出去”战略，与西南交大签订合作协议，举办了多期外语能力提升班。举办了首期科、处级干部培训班，一百余名新任职领导人员接受了集中教育。同时，举办的办公室主任培训班、EPC项目管理班、总工总体班、外经人才培训班和职工英语方案汇报演讲等，成效明显。培训情况如下：

2011年中铁二院共计完成办班40期，培训人数2031人次。其中，计划内培训班27期，培训1656人次；计划外培训班13期，培训375（不含技术中心培训数据）。主要包括EPC项目管理班，总工总体班，外经人才培训班，铁路专业知识库培训班，环境、职业健康安全管理体系培训班，科、处职干部培训班，外事管理班，工人技能培训班安全生产管理班等。

办理临时送外培训110人次，全年共计培训1766人次。根据中铁二院及所属各单位培训数据统计，2011年全院范围内，培训管理干部1201人次，培训专业技术人员13519人次，培训工人478人次，共计培训人数15198人次（包括外聘和劳务派遣人员）。为学习国外先进管理经验和先进技术，先后组织各类干部76人次出国学习考察。

2.职工教育培训管理

开展学历验证工作，共计验收整理学籍档案资料27份（其中成人本科19人，专科5人；研究生2人；博士生1人）。开展全院继续教育工作管理及证书的发放、登记、验证工作，验证人数812人。开展国际项目管理证书的换发工作，通过认证机构对申报资料的严格审核，获取资格证书的人员47人。

按照职评有关文件精神，结合中铁二院职称评审要求，组织开展员工职称计算机报名、书籍征订及考务工作，参加计算机考试493人，1249个模块。

（五）根据程序文件要求，认真抓培训质量管理，做好培训记录资料的收集、整理和归档。集团公司培训工作在内部审核和外部审核检察中，无观察项和不合格项，得到了认证方的认可。

（六）组织基层单位进行2011年培训工作总结，上报培训数据统计，调查2012年培训需求。

三、人才队伍建设概况

按照“服务发展、高端引领”的基本要求，根据中铁二院《“十二五”人才发展规划》，2011年，中铁二院重点加强了对高层次人才的培养选拔和推荐工作。全年共推荐院士、杰出创新人才和中国青年科技奖获得者4人，申报各类专家126人次，92人获得院专业技术带头人称号，建立了海外项目专家人才库，有109人新晋副高以上职称。全年共引入研究生以上学历人员152人。截至2011年底，全院具有副高以上职称人员达1252人，研究生以上学历人员达1023人。

【中铁设计咨询职工培训】 2011年，中铁设计咨询根据发展战略和2011年工作目标，在了解各单位培训需求和人力资源现状的基础上，编制下发《集团公司二〇一一年度职工教育培训计划》，计划落实结果，全年参加教育培训员工总计6600余人次。落实股份公司下达的干部培训计划48人，包括：集团领导中央党校培训班1人，新任集团领导培训班1人，子公司领导人员岗位培训2人，国际工程项目管理高级研修班8人，国际工程项目经理（IPMP）认证培训班2人，外经人员高铁及高级商务知识培训班2人，第二期总工程师培训班1人，基层党组织负责人培训1人，注册一级建筑师考前培训班3人，注册一级结构工程师考前培训班10人，注册岩土工程师考前培训班7人，保密工作培训班1人，统计信息管理系统培训1人，办公室秘书培训3人，办公室负责人高级研修班2人，内部控制评价培训班2人，维稳信访工作研修班1人等。集团公司层面共举办项目总体专册系列培训班、3个标准（质量、安全、环保与职业健康）管理体系内审员培训班、EMBA班、总工班、新员工岗前培训班、董事监事培训、英语培训等共10余期，600余人次受训。2011年集团公司使用教育经费220万余元。

中铁设计咨询与北京交通大学联合举办的EMBA班自2007年12月开班以来，参加学习班的学员，经过3年多的在职学习，修完了EMBA各项课程和通过了毕业论文答辩，首批21名学员毕业。2011年4月17日，在北京交通大学举行了毕业典礼，中国工程院院士徐寿波、北京交通大学校长王永生应邀出席典礼并为学员颁发硕士学位证书。3名学员的论文荣获优秀毕业论文奖，1名学员荣获管理精英奖。

【中铁西北院教育与培训】 2011年，中铁西北院共组织各部门、子（分）公司员工参加各种培训137人次，培训内容包括地质灾害治理施工、质量管理、新进员工入职培训、统计培训等。

1.2011年4月，中铁西北院党群办公室副主任常正功参加了甘肃省政府国资委党建工作及创先争优月报编写培训班。

2.2011年5月，中铁西北院党群办公室副主任常正功参加了《中国中铁》报社在中国铁路工程总公司党校举办的首期宣传骨干通讯员培训班。

3.2011年5月，中铁西北院行政办公室干事刘晓琼参加了中国中铁在中国铁路工程总公司党校举办的中国中铁办公室秘书业务知识培训班。

4.2011年6月，中铁西北院行政办公室副主任杨印海参加了中国中铁在清华大学举办的中国中铁办公室负责人管理课程研修班。

5.2011年7月，中铁西北院人力资源处组织新入职员工29人参加入职培训。

6.2011年8月，中铁西北院副总经理张国帅参加了中国中铁第六期领导人员中央党校理论培训班。

7.2011年8月，中铁西北院党群办公室副主任常正功、行政办公室副主任杨印海参加了中国中铁在中国铁路工程总公司党校举办的中国中铁企业新闻发言人培训班。

8.2011年10月，中铁西北院党群办秘书于泉、行政办秘书杨东营参加了中国中铁在中国铁路工程总公司党校举办的中国中铁办公室秘书培训班。

9.2011年10月，中铁西北院副总工程师、科研所所长熊治文参加了中国中铁第九期三级企业领导人员培训班。

10.2011年11月，中铁西北院地质灾害治理施工相关专业53人参加了由中国地质大学承办的第十五、十六期地质灾害治理工程施工人员培训班。

11.2011年12月，中铁西北院党群办秘书于泉参加了中国中铁在中国铁路工程总公司党校举办的党内统计年报布置暨培训会。

12.中铁西北院现有注册一级结构工程师、注册土木工程师（岩土）、注册造价工程师、注册监理工程师、注册咨询工程师等9类注册执业资格证书122个，根据甘肃省建设厅、咨询协会及安监局等注册管理机构要求，2011年组织参加国家各类注册工程师初始教育、续期教育及其他与注册资质相关的教育培训共计42人次，参培人员通过考试并获得考核部门颁发的合格证书。

13.2011年中铁西北院培养铁道部科学研究院定向研究生12人（含近三年内在读10人，毕业2人）；培养铁道部科学研究院在职研究生中，在读3人，已毕业1人；与兰州交大、西南交大联合培养研究生4人。

【中铁西南院教育培训】 2011年，中铁西南院重视人才引进和教育培训，拓展人才引进渠道，采用高校引进、社会聘用、劳务合作等方式充实人才队伍。按计划开展各类各层次培训106个班次，参培人数2650余人次；参加执业资格证书培训并取得证书的共322人，全年培训费用投入20余万元（不含子公司）；加强干部培训工作，先后派出18名中、高层及后备干部参加四川省委党校、中国中铁党校等有关部门组织的理论及业务培训，提高了领导干部实践科学发展观的能力和企业经营管理能力。

【华铁咨询教育与培训】 2011年，华铁咨询继续有效开展教育与培训各项工作，参加建设部组织的国家注册监理工程师、设备监理师、造价工程师继续教育共三期81人次，监理工程师培训共三期，42人取得相应培训证书，监理员培训二期，41人取得相应培训证书；参加铁路监理协会、设备监理协会组织的铁路监理工程师继续教育共二期，32人取得相应培训证书，铁路总监理工程师培训共二期，30人取得相应培训证书；参与了股份公司组织的包括办公室秘书业务知识培训、新任职领导人员培训、总工程师培训、档案业务培训、企业法律顾问资格考试考前培训、领导人员中央党校理论培训、视频会议系统技术培训、内部控制评价培训等内容在内的业务培训班。

【中铁中原公司职工培训】 2011年，中铁中原公司制定下发《中铁中原投资发展有限公司2011年度培训计划》，确定年度培训工作重点是做好施工总承包模式下各业务系统适应性培训。各部门按照文件精神按时组织实施各专业和业务培训，一季度重点实施施工总承包模式下的技术管理、工程管理、前期工程管理、物资设备管理等培训；二、三季度重点开展好轨道交通施工相关规范和建设标准、概预算编制、安质知识等培训，同时邀请外聘专家就施工中重难点技术问题进行专题讲座，分阶段分层次实施专业技术培训，为顺利完成年度生产任务提供保证。全年公司共组织开展各类内部培训10余班次，有公司机关及参建各项目部100余人次参加了培训。

同时，2011年参加股份公司举办的领导人员管理实务、文秘、档案、工会业务等培训班约20余人次，有效增强公司高层管理者管理理论的学习和管理能力的开发，提升中层管理人员管理技巧和业务能力，较好适应公司对内对外业务开展和协调沟通需要。

董事会、监事会工作

【董事会日常工作机构】 总公司董事会秘书局，是总公司董事会的日常工作机构，由中国中铁股份有限公司董事会办公室负责具体工作。股份公司董事会办公室(监事会办公室)(以下简称"董办(监办)")合署办公，是股份公司董事会、监事会的常设工作机构。董办(监办)由综合、投资者关系、产权代表管理和监事会管理四个模块组成，主要职责：

1. 负责股份公司法人治理的制度建设及落实、监督工作。负责股东大会、董事会及其专门委员会、监事会日常工作。

2. 负责股份公司董事会试点日常工作。

3. 负责股份公司股东大会、董事会及其专门委员会会议等公司章程规定的有关会议的组织、承办工作和会议决议的执行督办及情况反馈工作。负责股份公司法定代表人印章管理工作。

4. 负责股份公司信息披露、定期报告编制、业绩推介、相关新闻发布和路演等活动的组织工作。负责与监管机构、中介机构、相关新闻媒体的沟通、联络和协调工作。

5. 负责投资者关系管理，负责股东持有公司股票管理。负责公司关联(连)交易的归口管理工作，负责股份公司网站投资者关系网页的日常维护工作。

6. 负责股份公司派出产权代表的日常管理。帮助、指导所属子公司规范法人治理结构，指导子公司董事会、监事会日常工作。

7. 负责支持和配合国务院派驻国有大型企业监事会开展工作。负责国有企业监事会企业年度报告编制工作

【"三会"筹备和服务】 2011 年，董办(监办)筹备完成"三会"会议 33 次并提供相应的履职服务。其中，股东大会 2 次，董事会会议 10 次，董事会专门委员会会议及专题沟通会 13 次(包括战略委员会 1 次、安全健康环保委员会 1 次、薪酬与考核委员会 3 次、审计委员会 7 次、专门委员会与国资委的专题沟通会 1 次)、监事会会议 5 次、总公司董事会会议 3 次；制作议案材料 177 份，决议纪要 57 份。

【信息披露】 2011 年，董办(监办)共起草并履行公司内部审批程序后发布公告及通函 136 项。其中，A 股公告 50 项，包括临时公告 32 项，定期报告 6 项，治理规则 1 项，股东大会资料 2 项，其他 9 项；H 股公告及通函 86 项，包括公告(中英文)21 项，海外监管公告 33 项，通函 18 项，财务报告(中英文)2 项，股本变动月报表 12 项。2011 年，共完成了 2010 年年报、2011 年一季报、2011 年半年报、2011 年三季报四期定期报告的编制及披露工作。编制 2010 年度、2011 年中期两期的《业绩路演模拟问答》、《业务数据一览表》以及《与中国铁建、中交建业绩比较分析》；制作公司宣传短片和推介 PPT。

【投资者关系管理】 2011 年，董办(监办)共组织接待投资机构来访 40 多次，接待境内外投资者 400 余人次，组织路演 50 场、反向路演 1 场、境内外电话会议 6 场、接听投资者热线电话约 1300 人次，参加国际投资策略会议 12 场，与上百位基金经理和分析师举行会谈。在京港两地组织了 4 场大型业绩发布会、新闻发布会。安排组织《中国证券报》、《上海证券报》、《证券时报》和《证券日报》4 家主要财经媒体对李长进董事长的联合专访 1 次。

【股权管理】 2011 年，董办(监办)按月、季度和年度分别收集公司的股东名册，按规定定期披露前十名股东情况和公司董事、监事、高级管理人员持股情况，及时分析前一百名股东的持股变动情况及其影响；完成公司董事、监事和高级管理人员个人及关联人信息申报工作；年内公司董事、监事和高级管理人员及其他内幕信息知情人未发生违规持股现象。

【产权代表管理】 2011 年，股份公司共有专职产权代表 30 名，兼职产权代表 21 名。全年董办(监办)组织召开产权代表述职会议 1 次、产权代表联席会 2 次，配合中铁一局、中铁二局、中铁七局、中铁八局、中铁电气化局、中铁咨询、中铁建工、中铁置业、中铁二院、中铁山桥、中铁资源等近 20 家单位组织产权代对海南南丽湖项目、诺德国际花园项目、包头新城村项目、遵义共青城项目、湖南青竹湖项目、顺义花溪渡项目、平潭项目、昆明沙朗国际旅游地产项目、兰渝铁路工程施工现场、青海省倒淌河高速公路项目、南京地铁南延线投资项目、泰州市高教园区土地一级开发项目、中老铁路项目、山桥产业园项目以及山桥概预算执行情况专项进行了调研考查，撰写调研报告 30 余份。

【规范子公司董事会运作】 2011 年，制定并发布了《关于进一步加强和改进全公司董事会监事会工作的意见》，各子公司董事会监事会规范运作理念和运作质量在较短的时间内都得到了较大提升；加强对全公司执行《对外发布信息审查办法》、《重大事项内部报告制度》等制度落实情况的监督。

【董事会试点工作】 撰写《2010 年度董事会履职报告》和《总公司 2010 年度董事会试点工作报告》；配合完成国资委对 2010 年度董事会、董事评价工作和董事会对高管人员薪酬管理和考核评价工作；同中建、中煤科工、中海油等董事会试点中央企业交流董事会运作经验；承担国资委安排的《建设规范董事会公司治理问题》和《双层董事会管控模式探究》等课题研究。总结近几年总公司董事会和股份公司董事会运作的公司治理经验并在国资委举办的董事沟通会上做了经验交流，该经验做法 2011 年 6 月被国务院国资委确定为建设规范董事会中央企业处理“双层董事会”的三种模式之一——“中铁模式”，并向中央企业进行推广；公司董事会秘书于腾群的《董事会秘书工作实践与体会》一文于 2011 年 12 月刊载于国资委的中央企业建设规范董事会工作简报 2011 年第 10 期上。

【配合证券监管机构工作】 2011 年，董办（监办）向北京证监局和上海证券交易所报备了公司所有董事会、监事会决议，完成上海证券交易所在线调查 6 项；报备公司所有的公告及相关材料，报送各类统计表格 15 项；依法履行向交易所的资料报备工作；协助新一届董事、监事和高级管理人员签署《声明及承诺书》和关联人信息，并递交上海证券交易所。

【服务国有企业监事会工作】 完成 2010 年度企业年度报告；根据国有企业监事会对中国中铁 2010 年度监督检查发现的问题和整改意见，完成《关于国有企业监事会与中国铁路工程总公司交换意见所涉及若干问题的回复函》；组织完成对中海外、中铁国际、华铁咨询、中铁置业、中铁六局、中铁电气化局、中铁建工、总部机关、中铁四局、中铁十局、中铁三局等 11 家单位实地监督检查；组织参加中国中铁年度工作会、2010 年度暨 2011 年一季度经济活动分析会、干部工作会议、经营工作会议、年度预决算布置会等重要会议和所有董事会会议、监事会会议、总裁办公会，及时报送有关会议资料，做好保密提示；组织新任国有企业监事会主席见面会，及与部分董事座谈、高管交流会；配合开展境外资产检查工作。

【公司治理业务培训】 组织公司董事、监事和部分高管人员参加国务院国资委举办的“建设规范董事会中央企业董事专题培训”9 人次；董事监事参加北京证监局举办的“北京辖区上市公司 2011 年度董事监事培训” 8 人次、董事会沟通会 10 人次；组织参加上海证券交易所举办的“独立董事任职资格培训”1 人次、独立董事后续培训 3 人次，董事会秘书后续培训 3 人次、董事会秘书任职资格培训 4 人次，组织参加香港特许秘书公会培训 6 人次。

综合管理

【总公司办公厅】 总公司办公厅与股份公司总裁办（党办）合署办公，是总公司、总公司党委和股份公司、股份公司党委的综合办公机构，是协助公司领导处理公司日常工作的职能部门。

总裁办公室（党办）由综合保密、文书、秘书、信访维稳四个模块组成，主要职责：

1. 负责总裁办（党办）的全面工作。

2. 负责公司领导公务活动安排和公司、公司党委综合性重要会议的筹备和会务组织工作，组织起草、修改公司主要领导在综合性会议上的重要讲话及重要文稿。

3. 负责总裁办（党办）报销审批，归口管理接待费、交通费及大型综合性会议的会议费等费用的审批。

4. 负责股份公司对外公共关系工作，协调对外联络和接待工作。负责对上、对下及对总部各部门的协调工作。

5. 负责处理股份公司党委日常事务，协调党建、宣传及群众工作。

6. 按照总部质量、环境、职业健康安全管理体系标准运行的要求，负责总裁办文件控制程序、协商与交流控制程序的制定，并对其运行、监督检查实施领导。

7. 负责指导公司和公司党委内外公文传递、公司领导批示传达、公司和公司党委重要会议及领导讲话、批示中提出的重要决策、重点工作和重要指示的督查督办工作。

8. 负责指导全公司信息调研、收集、整理、编撰和上报工作。

9. 负责公司秘书工作的指导与管理。

10. 负责指导公司信访、保密、档案、收发、值班工作。

11. 协助公司领导组织处理突发性事件和重大事故。

12. 完成领导交办的其他工作。

【以文辅政】 2011 年，总裁办公室坚持把以文辅政作为办公室最突出、最核心的职能，积极出思路，切实发挥参谋助手作用。围绕企业重点工作，研究市场环境变化，深入分析企业管理现状，起草了 2011 年度工作会、职代会、经济活动分析会、经营工作会、玉树灾后重建座谈会、党代会等重要会议以及各类专题会议、有关经济论坛的领导讲话共计300余篇，推动企业重点工作的全面推进。在应对中铁九局宇松铁路质量事故中，贯彻领导意图，连续作战，短期内先后起草了有关汇报材料、领导讲话10余篇，为上级领导了解情况、公司领导正确决策提供详实的信息减少事故带来的不利影响。同时充分发挥传、帮、带作用，采取压担子、交任务、定责任等多种形式，加强对办公室人员、秘书人员写作能力的培养和锻炼，定期不定期对文稿进行点评，提高办公室工作人员的文字写作水平；及时组织办公室人学习党和国家有关政策及企业重要会议精神，结合企业改革发展，提出合理化建议，强化办公室以文辅政的作用。

【综合协调】 2011年，公司高层次的交流互访较为频繁，企业生产经营任务异常繁重。总裁办（党办）坚持高标准、严要求，认真谋划，精心组织，加强内外协调和沟通联系，完成各重大事项的协调服务工作。先后完成大中型会议、活动14次，签约仪式、重要宴会71次，小型宴会若干，服务人次超过1500余人，月均出车450台次。在时间特别紧迫的情况下，与有关部门配合，完成股份公司总公司第三次（股份公司第一次）党代会会务工作。完成日常值班工作以及清明、五一、端午、中秋节值班工作，处理紧急电话和传真事项17起，接听值班电话9000多个。加强节假日值班管理，安排元旦、春节、国庆值班人员57人次。

【服务保障】 2011年，总裁办公室针对公司高层次的交流互访较为频繁、企业生产经营任务异常严峻的实际情况，立足高标准、高要求，统筹谋划，精心安排，加强内外协调和沟通联系，全力做好综合服务保障工作，有效保证了企业各项重点工作和重要任务的完成。先后完成国内外大型公务接待活动89次，服务人次超过3125余人。年初，积极策划会议方案，协同有关部门在一周时间内连续组织召开二届九次全委（扩大）会、一届二次职代会、2011年工作会、第四届科技大会等8个会议；6月24-27日，协调有关部门连续召开庆祝建党90周年暨创先争优活动经验交流表彰大会、干部大会、经营工作会三个重要会议，取得成效。围绕企业中心工作、重要会议、重要决议、领导重要指示等内容，开展督查督办工作，下发《2011年股份公司总部各部门督办工作表》，明确63项督查工作内容，确定完成标准、时间节点和责任人，督办率100%。对12次总裁办公会，12次大交班会，33次小交班会，60余次专题会议等决定事项进行追踪督办，对上半年董事会和总裁办公会议决议执行情况进行梳理汇总，对每次党委办公会议定事项都进行综合通报，做到事事有人办，件件有回音，提高企业的管控能力。先后组织安排节假日值班87人次，处理国家各部委紧急通知23项，提高企业整体运转效能和效率。

【信息调研】 2011年，提高对信息调研工作的重视程度，调整信息编报力量，做好信息参谋服务。1.对2010年全年及2011年各季度的信息调研工作情况进行综合评分通报，并对16个先进单位和24名先进个人进行评比表彰。2.对股份公司总部信息工作人员进行调整，对所属各单位和总部机关信息员重新统计。3.规范信息工作审批流程，提高信息编发质量。4.全年共收到基层单位上报信息14000余条，采用并编发3377条，编发《中国中铁信息》836期、《情况通报》54期，其中国资委《央企要情》刊发中国中铁信息102条；国资委网站刊用中国中铁相关信息201条。有3篇综合类信息被国资委采用，4篇信息被国资委采编并上报中办、国办，股份公司信息工作有突破。股份公司全年累计得分140分，较2009年增长31%，列中央企业信息工作第28位。加大调研力度，结合企业发展实际，股份公司领导带头先后深入到所属8家基层单位和1家省属国有企业进行调研，结合调研情况，起草完成单位调研报告。全年收到所属单位调研报告116篇，编发38篇。

【维稳信访】 2011年，贯彻中央企业维稳工作会议精神，分析企业维稳信访面临的新形势和新情况，坚持关口前移、重心下沉，切实加强指导和督导，维护企业的合法权益和稳定局面。针对中央维稳要求，结合企业实际，明确全年维稳信访工作的总体要求和六项重点任务。针对企业发展中一些突出问题和潜在上访因素，特别是由于铁路建设市场变化给农民工队伍和职工队伍带来的影响，进行专项调查研究，制定《关于采取有力措施维护施工生产一线稳定工作的紧急通知》、《关于正确处理恶意利用农民工讨薪引发不稳定事件的情况通报》、《股份公司突发群体性事件应对工作指引》、《关于采取有力措施切实解决职工和农民工工资拖欠问题的紧急通知》等文件。开展矛盾纠纷排查化解工作，建立包括协作队伍矛盾纠纷问题、企业内部历史遗留问题、改革发展中的矛盾和问题等三大类问题台帐，及不稳定事件信息通报机制。加大全国两会、深圳大运会、十七届六中全会等会议节日期间的维稳工作。分片召开部分单位维稳信访工作座谈会，就一些历史遗留问题对所属30多个基层单位进行协调指导，以实地代培方式在总部为二级单位分批培训信访工作人员，提高信访维稳工作效率和质量。2011年，全公司到股份公司总部上访总量较上年下降21%。全公司到国资委上访量继续下降，季度排名已经降至27位，彻底退出到国资委上访重点单位行列。办公厅信访处被授予“中央企业信访工作先进集体”，在国资委相关会议上作经验介绍。

【公文处理】 做好股份公司和股份公司党委及总公司和总公司党委文件的收发、登记、分办、传递、用印、整理、归档、销毁工作。公文处理做到及时、准确、安全，能够严格程序，加快运转，保证质量，提高时效。全年中国中铁股份公司共发文1298件。其中行政文件709件（其中：发文481件、发函132件、办发96件），网络电报244件，党委文件100件，各类会议纪要121件，签报124件。中国铁路工程总公司共发文234件。行政文件226件（其中发文127件、函80件、办发12件、纪要7件）；党委文件8件。2011年度公文报送工作被国资委评为“无差错单位”。

共处理各类收文3054件，其中处理外来文件1236件，国务院来文103件，国资委传输平台接收文件699件（其中相关文件355件，通报及简报333件，其他11件），所属单位上报文件1016件。

总公司办公厅获中央国家机关机要文件交换站先进单位，总公司获国资委中央企业机要文件交换优秀集体，员工徐朵获以上两单位表彰的机要文件“优秀交换员”。

【证照管理】 执行有关规定，做好总公司、股份公司印、信、证照的保管和使用工作。做好总部各部门和相关成员企业印章的刻制、启用、更换及归档工作；做好总公司、股份公司法人代码、营业执照证书归口管理工作；做好股份公司相关介绍信函的办理工作。全年开具各类介绍信117份。监刻印章17枚，外出监督用印5次。用印1700余人次。能够满足管理使用公司印章、营业执照、组织机构代码证书需要。

【档案工作】 2011年，按照档案管理工作的制度化、规范化和标准化要求，加强组织领导，完善规章制度，在档案的基础设施建设、业务工作和档案信息交流等方面取得成绩。白总批示：除完成日常档案基础业务外，重点抓几项工作：1.完成国资委对中央企业档案工作自评上报。按照国资委对中央企业档案工作开展评价的要求，对国资委各项评分项目进行比照，并按时完成自评上报工作。2.开展股份公司档案评价工作。2011年上半年印发《中国中铁档案工作评价办法》，在调研和征求意见的基础上，印发《中国中铁档案工作评价实施细则》，对本年度档案评价工作进行安排部署。3.参加中央企业档案工作协作组活动。股份公司是央企第八协作组成员单位，2011年参加两次协作组活动，通过活动，对促进本单位档案工作的发展有着借鉴作用，被推选为下一年协作组组长单位。4.开展中国中铁档案协作组活动。年初重新制订档案工作协作组管理办法，将所属48家单位划分为四个协作组，搭建起交流经验、研究业务、促进工作的互动平台。5.加大对成员单位档案工作的指导、管理。年初印发《中国中铁2011年度档案工作要点》，加大对各单位档案工作的组织、管理及指导力度。6.加强全公司档案工作人员业务培训。共举办两期档案业务培训班，培训单位覆盖到所有二级单位和部分三级单位，培训人数达140余人。7.推广电子档案管理系统的应用工作。全年有23家所属单位完成部署工作，部分单位已着手开展在三级公司的安装工作。

【史志工作】 1.完成《中国铁路工程总公司年鉴》（2010年卷）的定稿、出版发行工作，书号：SBN 978-7-113-14817-1，全书计100万字，共印700余册，分发各有关单位。2.分别完成向国资委《国资年鉴》、铁道部《中国铁道年鉴》、建设部《中国建设年鉴》、《建筑业年鉴》等提供稿件任务。3.完成《中国铁路工程总公司年鉴》（2011年卷）的资料收集、组稿、编辑等工作。4.完成铁道部部署公司承担的《中国铁路志》编修等工作。

【值班管理】 由综合模块负责公司总部日常行政事务工作，包括对外重要接待工作、值班管理、汽车队管理等工作。综合模块现员13人，其中经理2人，主管2人，管服人员9人。加强节假日值班管理，共安排各类值班人员57人次，接听值班电话9000多个，处置紧急电话和传真17起，及时将各种信息和情况向领导报告，保障股份公司的安全稳定。

【重要接待工作】 优化接待程序，规范接待流程，提高接待质量，完成股份公司高层各项接待任务。共完成各类重要接待、签约任务71批次，接待服务1500余人次。主要接待国外政要和内阁成员及驻华使节、来股份公司进行业务洽谈的外企负责人，国内部委领导及相关司局负责人、地方政府党政负责人、相关中央企业负责人以及重要客户，安排公司与地方政府、相关企业签约仪式等。

【打字室工作】 做好股份公司公文打字、修版、文印工作。截至2011年，主要完成工作：公文流转文件套红1135个，打印文件资料等54629页。打字员兼总部机要员，完成机要文件（信函）的领取和投递工作。按时将外发函件、信件、特快等送交国务院机要交换站、铁道部文书交换站，或通过邮局寄发有关单位。机要文件交换：发件213件，收件2015件（其中，国资委交换站412件、国务院交换站1603件）。

【收发室工作】 严格执行收发工作制度，督促取件人员按规定到收发室当面签收挂号、纸包、包裹、包单、汇款单、货运单等凭证。做好需邮寄文件（信函）的统一暂存、清点、登记、装封等工作。2011年，总收发量2万多件. 其中包括：特快，信函文件，挂号文件，公安文件，干部人事令，汇款，包裹单等等是3298件。收件是16702件。确保总部机关报刊征订、接收和及时分送工作。

【车队管理】 车队安全行车60多万公里，日出车均25

台次，人均月出车30天，全年无大小任何事故，完成各项用车任务，，被评为地区交通安全先进单位。在压缩预算，不购新车的情况下，在管理近百台车的车务手续和50台车辆全面管理工作，实行单车核算单立台帐，老旧车辆合理调配管理，严控油料和修理费用，保证各项费用不超预算。

【制度建设】推进标准化建设，按照岗位标准化、责任明确化、工作流程化、考核规范化的要求，梳理办公室的现有规章制度，对11项不适应当前情况的办法、规定进行重新修订，补充制定12项新的管理办法，绘制涉及办公室工作的30项业务流程图，在此基础上汇编形成办公室管理手册；起草完成了办公室公文、信息、档案、信访、保密等业务工作评价办法，以及全公司办公室工作综合考核评价办法，初步建立全公司办公室工作评价考核体系。在改进文风、精简文件简报、提高公文质量、加强服务工作等方面提出新的措施，建立健全办公室创先争优工作机制，完善了办公室内部创建标准。

【加强自身建设】 2011年，总裁办公室开展培训年活动，举办全公司办公室负责人、秘书业务知识、档案管理、电子文档管理系统、信访干部、保密工作业务等7次培训班，培训人员超过800人，促进办公室系统整体工作能力的提升。

1.第一期秘书业务知识培训班情况。2011年5月4日～11日，总裁办（党办）在中国中铁党校举办2011年中国中铁第一期办公室秘书业务知识培训班，来自所属单位的办公室秘书共85人参加了培训。这期秘书培训班是中国中铁整体上市之后举办的第一期全公司办公室系统秘书培训班，总裁办（党办）在课程设置上侧重开阔思路、提升素质，既安排了公文写作、新闻写作等办公室业务知识，安排了上市公司治理有关知识，企业财务及有关法律、法规知识，信息化管理等相关内容，还邀请国资委办公厅信息处领导和河北师大的教授为学员授课，重点突出，效果明显。

2. 办公室工作高级研修班情况。2011年6月6日～10日，在清华大学举办办公室负责人高级研修班。股份公司副董事长、党委副书记、工会主席姚桂清出席开班典礼并为培训班授课，股份公司所属单位董（监）办、司办、党办主任、副主任共计72人参加了培训。这期培训班的主要特点：一是办公室系统首次在清华大学举办培训班；二是股份公司领导高度重视，姚桂清副书记出席开班典礼并授课；三是培训师资主要邀请了清华大学、北京大学、国家行政管理学院、吉林大学等高等学府具有资深理论水平和丰富实践经验的有关方面教授、专家和学者；四是培训学员主要是公司所属二级企业的董（监）办、司办、党办主任、副主任；五是授课内容主要包括“十二五”期间中国宏观经济形势解读、建筑企业发展战略管理、领导艺术与执行力提升、博弈论与科学决策、制度与文化结合的管理效应、组织行为与沟通艺术、公众形象塑造与职场礼仪、重要文稿写作等。

3. 档案业务培训班情况。2011年6月26日～7月1日，在中国中铁党校举办了中国中铁档案业务培训班，来自所属单位的95人参加了培训。培训班邀请了国务院国资委、国家档案局、中国人民大学、河北省档案局等在档案工作方面的著名教授、专家、学者授课，邀请企业内部经验丰富、多年从事档案工作的人员进行授课交流。这期档案培训班是中国中铁历史上第一次高规格、大规模的培训班是推进中国中铁档案工作的一项具体举措，同时也为企业开展档案协作组活动奠定基础。

4. 第二期秘书业务知识培训班情况。2011年10月17日～22日，在中国中铁党校举办了2011年第二期秘书业务知识培训班，股份公司所属二、三级公司以及有关项目（指挥）部的办公室秘书和工作人员共计138人参加培训。培训对象侧重于股份公司所属三级公司的办公室秘书和工作人员；培训师资主要以股份公司总部机关有关部门负责人为主，邀请河北省委党校和河北师大的教授专家予以授课；培训内容包括国家宏观经济形势分析、胡锦涛同志“七一”重要讲话解读、商务礼仪与构建和谐人际关系、重要公文写作、公司治理相关知识、企业财务报表解读、企业信息化管理、通讯报道写作技巧、群体性突发事件应急处置、公文处理等内容。

5.电子档案管理系统培训班情况。2011年10月28日～29日，中国中铁电子档案管理系统培训班在成都举办，所属部分单位的办公室主任或副主任、档案馆馆长以及负责档案工作人员共45人参加了培训。这期培训班与档案工作第二协作组会议相结合，采用以会代训的方式，在对电子档案工作进行系统培训，重点就电子档案管理系统的整体部署、远期构架目标和具体操作中存在的问题进行集中研讨。

6. 信访干部培训班情况。2011年11月5日～8日，在成都举办了信访干部培训班暨维稳信访工作专题会议，来自全公司138名分管信访工作的各级领导和信访工作干部参加培训会。这次培训结合年底企业维稳信访工作面临的新情况、新问题，针对今年“两节”期间维稳信访重难点工作进行深入研讨。股份公司副总裁马力，国务院办公厅副巡视员、维稳办公室副主任韩凌，国家信访局副局级督导专员兼办信二司副司长沈相玉、人力资源和社会保障部办公厅处长王剑辉等领导出席会议。

7. 保密工作业务培训班情况。2011年11月14日～17日，在中国中铁党校举办了保密工作业务培训班。来自所属二级企业保密办主任、副主任及有关工作人员共51人参加了培训。此次培训班邀请河北师范大学、北京电子科技学院等有关教授、专家系统讲解了商业秘密保护知识、保密形势与保密业务发展趋势、保密工作评价管理以及信息安全攻防演练等相关知识，播放保密教育警示片，就股份公司当前的保密工作形势与任务进行研讨。

战略管理

【企业战略管理】 1.完成股份公司“十二五”规划的编制上报工作。根据国资委《关于开展中央企业“十二五”发展规划编制工作的通知》(国资厅发规划[2009]58号)要求，2010年5月股份公司成立“十二五”发展规划编制的工作机构，经过四个多月的收集资料、调研论证等工作，2010年8月完成股份公司“十二五”发展规划的编制工作。2010年11月、12月分别经股份公司总裁办公会和股份公司董事会审议通过，2011年3月正式上报国资委。

2.组织开展二级公司子战略的编制工作。根据《关于编制股份公司“十二五”发展规划工作安排的通知》要求，组织启动所属各二级公司“十二五”发展规划的编制工作。股份公司需要编制上报“十二五”发展规划的子公司共计35家，其中工程局集团公司17家、海外公司2家、勘察设计及研究咨询企业6家、工业企业4家、房地产企业1家、资源1家、投资公司2家（西南投资公司、南方投资公司)、信托1家、物资贸易1家。截至2011年底已有34家二级公司上报“十二五”发展规划。股份公司“十二五”科技发展、人力资源、海外、工业、资源、房地产等职能和业务板块发展战略已经董事会审议通过并颁布实施。

3.做好子战略的审核批复工作。12月21日，股份公司召开专题会议对上报的各单位“十二五”发展规划进行评审。针对规划内容是否符合国资委制定的中央企业发展规划编制大纲（修订稿）和股份公司战略管理办法的要求；主营业务范围是否符合国资委对股份公司的要求；规划目标和主要经济指标是否齐全、合理等提出修改意见，形成《评审纪要》，对各单位的发展规划进行批复。

4.做好战略合作协议的签署工作。根据国资委资源大整合、大联合的要求，先后组织起草、评审、完成了中国中铁与中国南车、长春市、铜陵市、兰州市、河北省、福州市、厦门市签订战略合作协议的相关工作，并与上述省市和企业签订战略合作协议。与中国保利、中国神华、铜陵有色、招商局、中国中钢、中煤集团等单位进行沟通和协调，起草与上述单位签订战略合作协议的文本，适时签订战略合作协议。

【内控体系建设】 1.发布运行内控体系。按照《企业内部控制基本规范》的要求，完成内部控制制度的经理层、董事会的审核审批和发布运行工作，3月1日召开了总部内控体系发布运行会议，2011年1月1日起股份公司总部内控体系正式发布运行。全公司二级企业年内都完成内控体系发布运行工作，推进内控体系有效运行。

2.开展全面风险评估工作。结合企业实际，在组织开展风险管理初始信息收集和所属各单位风险评估结果的基础上，编制风险评估调查问卷，从5大类74个风险列举出公司层面面临的风险，从风险发生的可能性和影响程度两个维度制定风险评估准则，开展风险问卷调查，评估确定公司层面重大和重要风险，编制完成《2011年度全面风险管理报告》，提请总裁办公会审议，经公司董事会批准，4月份上报国资委。股份公司撰写的《以流程管理为载体，全面构建企业内部控制体系》材料，在2011年2月国资委召开的中央企业管理创新暨全面风险管理经验交流会上进行交流。同时参与国资委组织的海外经营风险控制方案的编写工作。

3.推进三级企业内控体系建设。按照股份公司《全公司内控体系建设总体方案》和推进计划，10月31日召开股份公司内部控制工作视频会议，对推进逐级建立内控体系、内控评价及审计工作进行部署和安排。在完成二级企业内部控制体系建立工作的基础上，全面推进三级企业内控体系建设工作。各单位有序推进三级企业内控体系建设工作，截至2010年底三级企业完成内控体系建设工作。

4.加强企业制度建设。根据《中国中铁股份有限公司规章制度管理办法》，下发了《关于印发<2011年公司规章制度制定和修订计划>的通知》，组织管理制度评审专题会14次，评审各项管理制度50个，提高各项管理制度科学性和准确性，完善企业制度建设。汇总编制《2010年企业管理制度汇编》。

5.推进内控管理信息化工作。按照制度流程化、内控信息化的要求，制定内部控制与风险管理体系运行管理信息系统建设实施方案，提交公司信息化评审，经总裁办公会议审批，自2011年9月开展内控管理软件部署及相关数据的录入工作。2011年12月22日组织总部相关部门进行评审和征求意见，实现总部上线试运行的工作目标。

6.协助开展内控自我评价。按照企业内部控制规范体系的要求，协助开展内部控制审计机构的比选工作，经董事会审议，经股东大会批准，确定内控审计的会计师事务所，协助组织制定内控审计工作方案。按照工作方案及实施计划，有条不紊协助推进内控审计工作。截止2011年底协助完成中期测试和缺陷确认及整改工作，完成对所属企业内控评价工作抽样检查工作。

7.做好内控体系建设的总结和上报工作。制定《中国中铁股份有限公司内部控制实施方案》，经2011年3月30日公司第二届董事会第二次会议审议批准，报证监会北京监管局，每月按时向北京监管局上报公司内部控制实施情况。按照北京证监局，完成上报2011年全公司《内控规范实施工作总结》。2011年12月13日，北京证监局张海文副局长一行七人对股份公司内控规范实施情况进行检查，对全公司内控体系建设工作给予肯定。

8.做好管理体系复评认证工作。2011年是股份公司管理体系复评换证年，按照要求全面修订“三标一体”管理体系手册。结合内控体系建设，探索内控体系与管理体系有机结合，根据认证审核的有关规定，2011 年 8 月 3 日至 5 日组织开展公司总部的复评认证审核工作，获得新的认证书，实现两体系的有机融合。

【计划统计工作】 1. 加强计划统计研究分析。根据股份公司“十二五”发展规划，制定下达股份公司 2011 年生产经营指导性计划，其中，企业营业额 5036 亿元，新签合同额 6500 亿元。起草《关于“十二五”规划开局之年实施情况的报告》，向董事会战略委员会作了专题汇报，提出意见和建议。加强计划统计工作的研究分析，及时了解掌握各中央建筑企业经营动态，编制《中国中铁统计信息》12 期。

2. 开展统计执法检查工作。印发《关于开展 2011 年度统计法执行情况大检查的通知》，在各单位自检的基础上，10 月份股份公司组成检查组对所属子公司进行检查。各单位健全了统计工作管理体制，配备了一定数量的专兼职统计人员，原始凭证收集、统计台帐建立、统计报表填报等基础工作扎实，做到数出有据。

3. 加快统计信息化管理系统建设。为统一股份公司统计信息化平台，在调查和论证的基础上，制定全公司统计信息化建设方案。经技术评审和总裁办公会议批准，完成软件开发和硬件建设工作，将在试点、培训的基础上，在全公司投入运行。

【推进清理整合工作】 3 月 30 日召开了全公司“清理整合四级及以下企业减少管理层级”视频会议，对清理整合工作进行再动员、再部署。截至 2011 年底，一局应注销 3 家，实际完成 1 家；二局应注销 8 家，实际完成 5 家；四局应注销 3 家，实际完成 2 家；五局应注销 9 家，实际完成 2 家；六局应注销 2 家，实际完成 2 家；八局应注销 14 家，实际完成 2 家；大桥局应注销 1 家，已完成；电化局应注销 6 家，实际完成 2 家；中铁建工应注销 9 家，实际完成 1 家。61 家注销企业中实际完成注销 18 家，有 21 家正进行中，其余 22 家主要是房地产类项目公司，在项目完工后执行注销程序。2011 年新批三级企业 32 家。

【企业资质管理】 1. 做好特级特级资质就位工作。按照资质就位推进计划，第一批申报的一至五局、大桥、隧道、电化局 8 家铁路特级设计、施工总承包资质通过铁道部审核并报建设部，完成现场实地核查待公示；中铁二局、建工集团、航空港房建设计、施工总承包特级资质通过审核。一局公路特级资质通过交通部审核，待现场审核后公示。第二批中铁六至十局铁路设计施工总承包特级资质报建设部完成现场审核。

2. 做好新重组企业资质申报工作。三个新重组工程局 2011 年共申报各类资 25 项，其中中铁上海局申报 11 项，中铁航空港申报 8 项，中铁港航局申报 6 项。除三个铁路施工总承包特级资质外，其它 22 项总承包特级、一级和专业承包资质均完成公示和颁证。

3. 加强资质研究分析。结合加快企业转变发展方式和转型升级，加强企业资质研究分析，梳理摸清全公司资质现状，全公司具有各类资质 903 项，其中特级 19 项，总承包一级 222 项。编制股份资质管理手册。帮助三级企业共办理各类资质 30 余项。

【协会工作】 2011 年，积参加协会组织的各项活动，抓好相关申报及评审工作：

1. 组织申报国家优质工程。组织 2011 年度国家优质工程申报，2011 年全公司荣誉国家优质工程 13 项，其中，金质奖 1 项，银质奖 12 项。

2. 组织“三优”评审。根据股份公司“三优”评审办法，组织股份公司优秀企业、优秀企业家、优秀项目经理的申报和评审。20 家企业、17 名企业负责人和 180 名项目经理当选。

3. 组织申报质量管理先进成果、优秀企业、先进个人。组织召开股份公司施工系统第三十一次质量管理小组成果发布会，有 45 个质量管理小组成果在现场发表，63 个质量管理小组成果书面交流。推荐全国工程建设优秀质量管理小组成果 55 个、全国工程建设优秀质量管理小组活动优秀企业 13 家、全国工程建设优秀质量管理小组活动卓越领导者 11 人、全国工程建设优秀质量管理小组活动优秀推进者 8 人。

干部管理

【领导班子考察调整】 股份公司十项领导干部监督管理制度办法实施以来，加强对所属单位领导人员的监督管理，提升选人用人的公信度。一是根据所属单位生产经营、改革发展和班子建设需要，到 21 家所属单位对班子运行情况进行考察，及时调整补充班子成员、解决了存在问题、强化班子整体功能；二是先后两次组织开展试用期满领导人员考核评价工作，对 30 家所属单位 90 名试用期满领导人员进行考核；三是落实领导人员淘汰制和问责制，对 2 名有重大过失的领导人员进行了免职处理。2011 年，调整变动领导人员 106 人，其中：提拔正职 9 人，提拔副职 30 人，交流 9 人，免职 2 人，调出 1 人，退休 3 人，职务调整 52 人。

【四好班子建设】 推进“四好”领导班子创建活动。授予中铁一局、中铁四局、中铁八局、中铁大桥局、中铁电气化局、中铁建工、中铁二院、中铁设计咨询集团、中铁山桥、中铁置业、中铁南方公司和委内瑞拉分公司等12家单位领导班子为二〇一〇度股份公司“四好班子”称号。给予班子成员当年年薪5%的一次性奖励。

【法人治理结构建设】 5月中旬组织开展中铁科工、中铁资源、中铁国际3家企业董事会、监事会任期届满考核评价工作，对董事会、董事和监事会、监事进行全面考核评价，提出下届法人治理结构人选建议方案，经股份公司党委研究，确定新一届董事会、监事会的组成人员。对股份公司委派的专职外部董事、外部监事管理办法进行修订，对专职外部董事、监事的管理方式及任职条件、选拔聘用、责权义务、履职、考核激励、交流晋升作了明确规定。

【干部管理机制建设】 制定实施股份公司《关于领导班子和领导人员考核评价暂行办法》、《关于董事会、董事考核评价暂行办法》、《关于监事会、监事考核评价暂行办法》、《关于领导人员试用期制暂行办法》、《关于领导人员任期制暂行办法》、《关于领导人员交流制暂行办法》、《关于不胜任、不称职领导人员淘汰制暂行办法》、《关于领导人员问责制暂行办法》、《关于领导人员报告个人有关事项的规定》、《关于对配偶子女均已移居国（境）外的领导人员加强管理的暂行规定》等十项制度办法，建立新的干部管理制度体系，坚持把领导人员推荐、选拔、考察的关口迁移至后备干部管理阶段，在调研论证的基础上，探索建立备用结合、动态管理的后备干部管理新机制，取得进展。

【职业项目经理评审】 落实项目经理管理办法，召开股份公司一、二级职业项目经理资格评审会议，2011年评审通过一级职业项目经理51人、二级职业项目经理107人。

【人力资源信息系统软件开发】 推广股份公司人力资源信息管理系统的应用，完成了全系统各二级单位系统管理员的培训工作，提高全系统人力资源管理的水平和效率。

【干部培训】 一是加大领导人员培训力度。2011年选派7名股份公司领导参加中组部、国资委组织的高端培训班学习和3名所属单位领导正职参加中央党校厅局级干部进修班。举办新任职领导人员培训班，对2010年8月份至2011年4月份期间新任职的100多名所属单位领导班子成员和总部机关部门副职以上人员进行了集中谈话、廉洁教育和培训。举办第六期领导人员中央党校理论培训班股份公司与总公司党校一起组织举办第九期三级企业领导人员培训班，培训三级企业领导人员102名。委托西南交大为公司单独组织高级管理人员工商管理硕士（EMBA）学位培训班，从全公司选择57名副处级以上年轻领导干部深造学习。

二是大规模培训国际化人才。国际业务是股份公司2011年战略发展的重点。股份公司将2011年定位为“国际化人才大规模培训年”，先后组织举办了1期国际项目经理（IPMP）认证培训班、1期外经人员高铁知识及国际商务知识培训班、4期国际工程项目管理高级研修班和1期英语强化培训班，共培训各单位海外项目管理、商务人员及翻译人员410多人次。公司领导对国际人才培训非常重视，副总裁周孟波参加培训班开学典礼并亲自授课，对培训班的组织和学员提出要求。参培人员掌握国际大型工程项目的运作和管理，熟悉了国际商务沟通，提高国际市场开发能力。

三是围绕“创先争优”活动，加强总部员工培训。在股份公司总部机关组织举办“学习力决定竞争力”专题讲座，聘请知名专家授课，总部机关94名员工参加了培训。2011年，总部共派出近40人次参加外部机构组织的各类培训班，为总部员工拓展视野、更新专业知识、提升岗位技能奠定基础。

四是制定发布“十二五”人才发展规划及培训规划。股份公司，从2010年4月份开始启动“十二五”人才发展规划和人才培训规划编制工作，2011年6月份正式发布实施。“十二五”人才发展规划提出了2015年员工总量控制在28万人以内的总量目标及“经营管理人才队伍”、“职业项目经理人才队伍”、“专业技术人才队伍”、“国际化人才队伍”、“党群工作人才队伍”及“高技能人才队伍”六支人才队伍建设的具体目标。“十二五”人才发展规划和培训规划是全公司“十二五”期间人才队伍建设的纲领性文件。

劳资社保管理

【劳资社保部机构、编制变动情况】 劳资社保部部门总编制18人，其中部长1人、副部长2人、职员15人，部内不设机构。

【劳动用工管理】 一是贯彻国家劳动用工政策，坚持依法落实企业劳动用工和劳动合同管理，截至2011年12月股份公司29.2万人与各单位签订了符合《劳动合同法》要求的劳动合同，签订率达到100%。

二是研究制定《劳务企业使用管理办法》，从总体要求、管理机构和职责分工、资格准入、选用管理、用工管理、教育培训、考核与年审等方面进行全面规定，搭建劳务用工管理体系奠定企业劳务分包集中管理基础。

三是推广使用“劳务企业使用管理信息系统”，搭建了统一的劳务企业使用管理信息平台。2011 年 11 月 2～10 日在中铁四局连续举办 3 期培训班，培训骨干管理人员约 400 人，覆盖到所属三级企业和单位，为规范推进劳务企业使用管理奠定基础。

四是组织在京轨道交通 22 个项目劳务管理专项检查。召开专题工作会议，规范所属单位首都施工项目用工管理，增强各单位的“首都意识”，有效规避企业用工风险。

五是组织推动企业农民工管理工作。2011 年转发国家有关加强“两节”期间保障农民工工资支付的通知，督导所属企业落实国家政策要求，履行中央企业社会责任。研究制定《中国中铁加强农民工管理工作的指导意见》，建立针对农民工管理的专项制度体系，提升企业农民工管理工作水平。

【收入分配管理】 一是落实国家收入分配政策。2010 年国资委审核批复工效挂钩工资总额 173 亿，实际发放 167.9 亿，较国资委批复值偏离度 2.4%，为历年控制最好的一年。同时，发挥内部调剂作用，满足了工效挂钩清算缺口企业的实际需要，降低企业 2.85 亿元的纳税成本。

二是汇总、审核、下达所属企业工资总额预算，编制了股份公司 2011 年度工资总额预算，完善了工资总额控制同企业经济效益联动机制。下发《关于加强工资总额管理的通知》，建立“效益升，工资升；效益降，工资降”的联动机制。

三是股份公司按照《办法》对 2010 年度子公司负责人薪酬进行了结算兑现，子公司负责人 2010 年度平均薪酬 67.40 万元，较上年 58.6 万元增长 15%，低于职工平均工资增长幅度。其中：最高 98.3 万元，最低 37.80 万元，最高是最低的 2.6 倍。从结果来看，理顺了各业务板块企业负责人的薪酬关系，发挥薪酬政策的导向作用。

四是编制《2010 年度人工成本分析报告》，根据人工成本指标体系从不同角度、不同深度对各业务板块和企业进行了全面分析和预警提示，提供重要管理信息，推进人工成本预算管理。组织开展 2010 年度典型岗位薪酬统计调查工作，完善股份公司薪酬管理基础数据库，为科学持续开展薪酬管理工作提供数据支持。

五是落实转制单位转制前退休人员待遇工作。2011 年年初国家人力资源和社会保障部等部委印发了《关于适当解决中央转制单位转制前退休人员待遇有关问题的通知》、《关于规范在京中央事业单位退休人员津贴补贴的通知》、《关于规范京外中央事业单位退休人员津贴补贴的通知》等文件，解决中央转制单位转制前退休人员待遇有关问题。鉴于这项工作的复杂性，劳资社保部研究政策，对所属单位转制前退休人员情况进行摸底调查，召开专题会议，在充分征求各单位意见的基础上对此项工作进行部署。各单位按照股份公司的统一要求落实了转制前退休人员的待遇，总体平稳，未出现上访情况，维护了企业的稳定。

六是争取到国家财政 4050 人员专项补助资金 597.5 万，缓解困难企业的经济负担。

【组织机构、高技能人才培养及劳动定额管理】 一是完成 36 个经营机构、管理机构的设置和调整工作，搭建企业经营发展的平台。

二是根据股份公司“十二五”规划中“562”工程（5 年培养 6000 名技师、2000 名高级技师）的要求，下达 2011 年职业技能鉴定及高技能人才评价计划，其中：技师 1859 人、高级技师 756 人，部署各单位开展鉴定及评价工作。2011 年各单位实际参与技师鉴定评价人数 2605 人，通过 1730 人，通过率 66.4%；参与高级技师鉴定评价人数 1065 人，通过 773 人，通过率 72.6%。

三是报人社部同意组建了航空港、上海局、港航局 3 个技能考核站，建立和完善战略重组单位的高技能人才培养机构和管理体系。根据国家人社部办公厅《关于开展职业技能鉴定所（站）质量管理评估工作的通知》（人社厅函〔2011〕33 号）安排，部署了 18 家职业技能鉴定站开展质量管理工作评估。考核结果全部达到了合格及以上标准，其中 8 家达到优秀标准，推选 5 家单位参加国家人社部组织的示范评估，强化职业技能鉴定质量管理，满足国家对职业技能鉴定的质量管理要求。

四是完成路基工程、接触网工等 7 项高速铁路国家劳动标准和定额的编定工作。高铁劳动定员定额标准于 2011 年 6 月 25 日通过国家标准委员会组织的专家评审会，9 月下旬获国家人社部主管副部长杨志明的签批。按照国家人社部的要求组织了国家职业分类大典 88 个工种标准修订。完成第二批 39 个工种、3200 万字高技能人才培训教材的编制工作，完善股份公司高技能人才评价工作基础。

【职业技能鉴定高级考评员和管理人员培训】 2011 年 7 月 21 至 27 日，股份公司在山海关分 3 期举办全系统职业技能鉴定高级考评员、管理人员培训班，由部职业技能鉴定中心专家授课，培训合格高级考评员 435 人、管理人员 44 人，获人社部鉴定中心颁发的资格证卡，满足股份公司职业技能鉴定和高技能人才评价工作需要。

【职教幼教退休教师待遇、分离办社会和遗留问题处理】

一是下发《关于妥善解决国有企业职教幼教退休教师待遇问题的通知》，开展调研和政策宣传，指导企业主动积极争取地方政策支持，推动企业历史遗留问题的妥善解决。

二是推动公安移交工作，维护企业和社会稳定。截至2011年12月底，公安移交工作取得突破，河北、陕西、天津、河南、山东等5个省市的总公司所属企业公安机构移交工作基本完成。仅剩山西省（7个公安机构209人）、四川（3个公安机构140人）因地方政府机构改革、公务员身份转换手续缓慢以及地方职能部门内部协调等问题没有全部完成移交，各企业仍在联系协商中。

三是向国家有关部委反映企业困难，争取理解和政策支持。首先是对股份公司有关历史遗留问题进行梳理，9月将这些未纳入76号文件范围之内尚待国家出台相关政策解决的问题，上报国务院国资委维稳办。其次是分别于10、11月两次到国务院农民工部际联系办公室汇报因铁路工程停工等原因，造成农民工工资拖欠问题。一方面获得国务院农民工办的理解、关注，另一方面获得政策和信息支持。其三是10-12月三次到铁道部劳卫司沟通、汇报、协调中铁三、五、一、七、六局及有关重点工程农民工工资发放问题，确保严格按铁道部政策解决。

【薪酬分配改革】 一是年初按照《公司高级管理人员2010年度薪酬与考核工作方案》的要求，在薪酬与考核委员会的领导下和相关业务部门的配合下，组织完成高管人员2010年度个人KPI、个人能力素质述职考核工作和考核结果统计计算工作。完成股份公司高管人员2010年度薪酬结算工作和年度薪酬管理报告的编写和上报工作。股份公司董事会薪酬与考核委员会对劳资社保部在高管薪酬管理中所做出的工作给予肯定。

二是按照国资委2010年董事会试点企业高管人员薪酬考核工作安排，完成了2010年高管人员业绩考核结果最终确定和分析工作。结合公司实际，在收集央企建筑业相关信息的基础上，拟订公司高管正职2010年薪酬建议方案。薪酬与考核委员会据此方案与国资委分配局进行沟通，确定公司高管正职2010年96万元的薪酬标准，较上年增长11万元，增幅13%，列中央建筑企业之首，基本达到预期目标。

三是研究制定总部薪酬改革方案，贯彻落实股份公司领导关于总部人员工资套改的意见和要求，在坚持工作原则和实际操作标准，核定每个员工具体情况的基础上，对机关291人的工资进行套改。套改前年人均收入23.14万元，套改后年人均收入24.24万元，人均增长4.8%。平稳实施总部机构改革人员工资套改工作。本次套改适当提高高端岗位收入水平，较大幅度提升中青年骨干员工收入水平，使不同层级员工收入差距更趋合理。完善薪酬晋档和绩效考核与薪酬相结合的机制，提高总部薪酬满意度。完成总部机关工勤人员的2010年度绩效考核工作，建立总部员工薪酬正常增长机制。

四是优化所属企业负责人薪酬管理，制定《股份公司子公司负责人薪酬管理办法》，对子公司企业负责人薪酬管理办法进行调整。新办法有效解决子公司负责人薪酬板块间的差异性和板块内部的公平性问题，理顺各业务板块企业负责人的薪酬水平关系，引导企业负责人在做大、做强、做优企业的同时，实现职工（在岗、非在岗）收入协调增长。调整后的办法结构合理、导向明确、操作简便。

五是加强对所属单位薪酬制度审核管理工作。对中国航空港建设集团和中铁隧道装备公司本部薪酬制度进行了审核、批复，规范新成立企业的基本薪酬制度。对中铁七局、中海外、中铁国际的薪酬制度调整方案进行审核、批复，加强薪酬分配的激励和约束作用，加强工资总额管理，使子公司本部薪酬管理符合《股份公司薪酬管理指导意见》要求。完成中国中铁玉树灾后重建现场指挥部薪酬标准的确定工作。

【社保管理及主要职责】 负责组织贯彻执行国家关于养老、失业、医疗、工伤、生育保险的政策、法规；负责公司社会保险的协调工作；负责公司补充养老保险（企业年金）管理和补充医疗保险的政策指导；负责公司社会保险主要业务指标的统计分析；贯彻执行北京市关于社会保险的政策、法规；承担北京市社会保险基金管理中心直属代办机构的相关工作；负责公司在京单位社会保险的管理；负责社会保险政策的宣传解释；负责公司总部社会保险的管理；负责公司总部企业年金和补充医疗保险办法的制定及贯彻实施；负责接受公司在京非法人单位委托，办理社会保险的审核、申报；负责社会保险基金的收缴、支付、稽核自查等工作；负责社会保险各项数据库的建立、动态维护及档案管理；负责与北京市社保中心之间数据的传递。

【社保工作概况】 公司社会保险已基本实现属地化管理，全部参保人员分布在25个省市，其中：80%的参保人员主要分布在陕西、四川、北京、安徽、山西、河南、河北、湖北、湖南和广东等10个省市。公司24万多离退休人员基本养老金实现了按时足额发放。

【养老保险】 2011年公司参加基本养老保险统筹人数54.29万人。其中：缴费人数29.35万人，缴纳基本养老保险费37.41亿元，其中：单位缴纳26.69亿元；个人缴纳10.72亿元。离退休人数24.93万人，其中：离休2980人；退休24.64万人。年度发放基本养老金55.17亿元。获得当地社会保险经办机构拨付的基本养老金差额款17.76亿元。企业负担3.18亿元。离休人员月平均基本养老金4251元，退休人员月平均基本养老金2180元。

【医疗保险】 2011年公司参加基本医疗保险统筹人数

52.41万人，占应参保人数的97.1%，比上年增加2.5个百分点，缴纳基本医疗保险费12.99亿元，其中：单位缴纳10.53亿元，个人缴纳2.45亿元。

【工伤保险】 2011年公司参加工伤保险统筹人数27.44万人，占应参保人数的93.5%，比上年增加1.2个百分点，缴纳工伤保险费1.18亿元。

【失业保险】 2011年公司参加失业保险统筹人数27.83万人，占应参保人数的94.82%，比上年增加0.3个百分点，缴纳失业保险费2.96亿元，其中：企业缴纳2.02亿元，职工个人缴纳9371.8万元。

【生育保险】 部分省市尚未实施生育保险社会统筹。2011年公司参加生育保险统筹人数18.37万人，占应参保人数的62.6%，比上年增加3.33个百分点，缴纳生育保险费5157.8万元。

【企业年金】 健全完善企业年金制度，开展年金的清理规范工作。2011年公司参加企业年金人数4.79万人，占职工总数的16.3%，当年缴纳企业年金1.3亿元。历年积累基金7.3亿元。

【补充医疗保险】 2011年公司参加企业补充医疗保险人数20.74万人，占参加基本医疗保险统筹人数的38.2%。当年缴纳企业补充医疗保险9817.5万元。历年积累企业补充医疗保险1.7亿元。

【社会保险代办机构】 经当地社会保险经办机构批准，中铁一局、中铁三局、中铁五局、中铁大桥局及股份公司劳资社保部分别为所在地社会保险代办机构，成为自1998年行业养老保险关系移交地方管理以来，为数不多的行业代办机构，增强企业社保部门与当地社会保险经办机构的工作关系。

财务管理

【财务部职责及定员】 股份公司财务部是总公司财务工作的主管部门，设股份公司财务部部长1人，副部长2人，定员35人，现员25人。

财务部的职责为：1.负责制订和组织实施公司财务战略。2.制订和组织实施公司财务管理制度、会计政策和会计核算办法。3.负责组织实施统一会计核算，编制、合并（汇总）公司满足境内外要求的财务会计报告和其他财务会计信息。4.组织财务预算的编制和执行，提供相关财务预算管理工作的分析报告。5.负责组织公司业绩考核体系的建立和实施；组织建立财务风险管理体系，实施财务风险预警制度。6.监督、检查公司各级财务机构对会计准则、财务会计政策、财务战略和财务制度的贯彻实施情况。7.组织建立和实施财务绩效评价制度，组织实施财务绩效评价工作。8.组织实施公司直管项目财务管理工作，负责公司总部工资和资产管理。9.负责组织实施公司财务信息化工作。10.负责会计学会管理工作。11.负责公司的涉税管理和税收筹划工作。

【全面预算工作】 2011年初，财务部在公司领导的主持下，在各级子企业和相关职能部门的密切配合下，实现业务预算、资本预算和财务预算的有效衔接，编制完成了2011年预算报告。各单位根据批复的2011年各项预算指标，采取措施横向、纵向分解落实，加强预算过程控制和预算执行分析。同时，为积极应对国家宏观经济形势的变化特别是铁路等基建投资大幅收缩的不利局面，财务部及时组织各级子企业，科学预测，合理判断，对2011年预算有关指标进行了调整，并通过经济运行督导活动，提出全方位强化各级公司及项目现金流预算，确保企业渡过难关，更好地完成全年各项预算指标。

财务部牵头制订了《全面预算管理办法》。该办法明确了全面预算管理的真正内含及有关内容，与原《财务预算管理办法》相比，发生了较大变化：一是提出了业务预算与财务预算的有效衔接；二是更加注重全业务、全过程、全员的预算管理模式；三是明确了预算管理有关主责部门的职责；四是提出按照“先咨询、后实施，整体规划、稳步推进”的原则，在股份公司全系统推行全面预算管理信息系统，将全面预算管理落到实处。

财务部研究国有资本经营预算政策，把握支持重点，分享国有资本收益。2011年累计向财政部、国资委申请财政资金支持31219万元，其中境外投资资金7431万元，安全生产保障能力建设专项资金6637万元，重大科技创新及产业化资金3240万元，施工新技术与开发资金950万元、科技奖励资金150万元，离休干部医药费补贴773万元，矿产资源节约与综合利用奖励资金500万元，国外矿产资源风险勘查专项资金232万元，对外经济合作专项资金2213万元，节能减排专项资金 897 万元，铁道战备资金 245 万元，道岔研发和重点产业振兴和技术改造资金 1793 万元，沈阳桥梁厂政策性破产资金 6158 万元。

【制订财会制度】 财务部组织编写的《中国中铁会计核算手册》从 2011 年 1 月 1 日起全面实施。股份公司对各单位执行统一会计政策的情况进行持续跟踪，提供咨询和指导，组织政策执行的专项检查，严格财会政策，夯实会计基础，规范会计核算，提高信息质量，强化内部管理和支持经济决策。财务部组织收集了各子企业会计基础工作相关资料，组织研究完善会计基础工作相关内容，为今后统一制定《中国中铁会计基础工作规范》打下基础。财务部牵头制订《国际业务财务监管指导意见》。该指导意见健全股份公司财务监管制度体系，有利于各单位加强国际业务财务监管，减少财务风险。财务部将结合各单位下一步国际业务财务监管的落实情况，统筹考虑，及时制定具体的管理办法和实施细则。

财务部在各位领导、总部各部门的帮助和支持下，2011 年 12 月 16 日制定印发了《总部经费管理暂行办法》。办法规范了总部经费的开支范围、标准及审批程序，要求以总部机关年度工作计划为基础，遵循“合理必须、勤俭节约”原则编制经费预算，经费管理注重过程控制和事后评价，实现经费管理全覆盖。办法自 2012 年起正式实施。

【决算工作】 组织引导各子企业加强决算组织，明确工作责任，严肃决算纪律，规范报表编制，按时保质完成了 2010 年度、2011 年半年度和一、三季度决算工作。根据总裁办公会对 2010 年度利润分配工作的要求，完成股份公司对外分配利润及股份公司内部利润分配工作。股份公司 2010 年度以 4,736 亿元的收入规模，重新夺回全球建筑业第一的位次，并一举跻身于世界企业 500 强的前 100 名；年度利润总额首次突破 100 亿元大关，实现了收入与利润的同步增长。公司 2010 年度财务决算和报快工作双双获得财政部通报表扬。在国资委决算批复中，有关财务会计的问题已明显减少。

在年度决算上报时间上，根据 H 股披露要求，时间提前一个月。完成决算编报任务，审计机构也都出具客观公正的标准无保留审计意见的审计报告。

在决算组织管理方面，为提高会计信息质量，保证会计信息的真实、准确、及时、完整，财务部组织拟写《财务决算考核评比办法》，并向二级单位广泛征集意见。

【经济活动分析及运行督导工作】 财务部密切关注企业经济运行状态，及时发现企业生产、经营和管理中的突出问题，对运行过程全面控制。

组织召开经济活动分析会。4 月 25-26 日，财务部牵头筹办 2010 年度暨 2011 年一季度经济活动分析会议，会议采取“由面及点、综合对标”形式，由财务部等十个业务部门从各自分管业务角度就股份公司整体及各子公司经济运行情况进行分析点评，针对企业经营管理中主要问题进行总结，提出控制目标和具体措施。在进行综合分析的同时，针对公司重点项目进行财务分析工作，了解和掌握股份公司重大项目阶段性财务成果，分析判断全公司生产经营形势，为企业加强项目管理和经济决策提供可靠的财务信息。

组织经济运行督导检查。2011 年 8 月 16 日～9 月 22 日，财务部组织由股份公司主要领导带队、总部相关业务部门参加的经济运行督导检查。10 个督导组对 38 个子分公司及部分三级子公司、重点项目部进行实地督导检查，全面了解企业在经营开发、施工生产、项目管理、内部管控、财务管理、风险防范、结构调整、转变发展方式和惩防体系建设等各方面情况，提出督导意见。10 月 9 日至 10 日，股份公司召开党委中心组会议，听取督导检查专项汇报。股份公司印发了财务部拟写的《企业经济运行督导总结报告》，对下一阶段工作提出 11 项管理建议。

推广项目财务管理先进经验。2011 年 6 月 29～30 日，财务部在合肥组织召开工程项目财务管理现场经验交流会。各工程局及二院、设计咨询集团的总会计师、财务部长参加会议，与会人员听取了中铁四局在工程项目财务管理方面的经验介绍，观摩了四局工程项目财务管理具体的业务流程和基础资料，交流本单位在工程项目财务管理方面的经验和做法。

四是优化财务预警管理。财务部从 2011 年二季度开始，完善财务预警机制，对财务预警指标的设置、权重及风险计算方法进行适当调整，增加对未来财务指标有重大影响的新签合同额指标为预警指标，优化风险判断标准和计算方法，增强所属企业风险管理意识。

【业绩考核工作】 财务部全程跟踪年度决算进展，根据国资委令第 22 号，测算了 2010 年国资委对总公司业绩考核各项指标的得分，并根据公司决算数据，向国资委正式呈报《关于 2010 年度中央企业负责人经营业绩考核完成情况的总结分析报告》（中铁程财〔2011〕59 号）。根据 2011 年 9 月国资委下发的《关于中国铁路工程总公司负责人 2010 年度经营业绩测试评价结果的通知》，股份公司各项考核指标目标值完成且有加分表现，综合考虑各项考核因素，国资委给予股份公司公司 2010 年度经营业绩测试评价综合得分 133.7 分，测试评价结果为 A 级。

财务部按照业绩考核办法，根对各企业经营业绩进行了综合考核评价，经公司总裁办公会审议批准，隧道局、电化局、建工集团、四局等 27 家企业业绩考核评价为优秀等级。

【资产管理】 财务部完成日常产权管理工作，在产权转让和资产评估工作中严格执行国资委有关制度和办法，严把机构选择、评估审核、进场交易和协议转让关，规范产权管理行为。所有的评估报告均由各子企业在总公司确定的评估机构库中选择评估机构出具。下发《关于进一步明确资产评估机构备选库的通知》，对2006年确定的评估机构备选库中的八家评估机构，调整增加到九家。

2011年，财务部共完成了11个增资及注资事项的批复，31个资产评估报告的备案工作。对评估报告进行审核时，对资产金额较大、评估内容较复杂的评估报告召开专家评审会进行审核，对专家提出的问题由委托单位和出具报告的评估机构进行答复并修改报告，对因评估方法不合理而影响评估结果的退回重新进行评估，切实保障国有权益。

对于对外转让股权的事项，严格审核各单位上报请示文件，批复时要求进入产权交易机构进行交易。对于公司内部的产权转让事项，要求各单位按照国资委的有关规定，以评估结果或经审计的净资产为依据进行协议转让，并上报备案。完成向国资委报送产权管理资料工作。对2010年度公司全系统发生的产权协议转让事项进行整理汇总，并在规定时间内上报国资委。

加强境外产权管理，参加国资委对境外产权管理办法和加强个人代持股管理研讨，并提出修改建议。发文《转发国务院国资委〈中央企业境外产权管理暂行办法〉的通知》和《转发国务院国资委关于加强中央企业境外国有产权管理有关工作通知的通知》，并提出加强境外产权管理的具体要求。

【税收管理】 组织在京单位迎接财政部、国家税务总局、北京市国税局、地税局、财政局关于跨地区经营建筑企业所得税有关问题的调研，充分客观地反映了《关于跨地区经营建筑企业所得税征收管理问题的通知》（国税函[2010]156号文）在实际执行中的问题和困难，取得了有关部门的理解支持，目前相关政策正在研究完善过程中。

配合财政部进行关于建筑安装业营业税改增值税的相关工作，组织所属单位研究增值税改革对企业可能产生的重大影响和对策，拟写并向财政部上报《关于增值税改革测算分析的报告》，客观反映建筑业增值税改革存在的困难和建议。

组织考察有关税务中介咨询机构的综合实力，商谈聘请股份公司常年税务顾问，明确常年服务内容，提升税务管理专业能力；组织收集和研究财政部、国家税务总局最新发布的税收政策文件，在每月《财务信息通报》上解读最新的重要税收政策，全年解读最新财税政策24项。

掌握股份公司税收管理和筹划工作开展的情况，收集各单位税收方面存在的问题和有关建议，组织和指导各单位加强对企业涉税税种、税收优惠政策、境内外税收政策差异、地方特殊税收政策以及企业内部重组、关联交易等特定涉税事项的深入研究和管理筹划，规避税务风险，降低税负成本。

【财务信息化】 组织完成《会计核算手册》。指导帮助各子企业完成系统初始化、开立新账、系统切换等工作，帮助指导新组建的港航、航空港、上海局建立财务数据中心和进行数据迁移；完成股份公司及下属企业各期财务报表的修改、更新工作。通过财务信息平台按时上报决算快报，将快报模块与决算模块分服务器实施，在快报服务器上实施债权债务报表模块；组织调研中铁二局、八局、二院、西南院、信托等单位财务信息化现状；了解外部其他企业全面预算管理、网上报销、集中核算、合并报表、商业智能(BI)等信息化建设情况，调研学习先进经验；组织拟订《中国中铁商业智能(BI)需求报告》，与浪潮软件公司合作实施BI系统建设；按照国资委关于中央企业财务信息化的有关要求，财务部牵头组织制订《中国中铁财务信息化建设“十二五”规划》，明确了未来五年股份公司财务信息化建设的发展思路、发展目标和重点任务。

【债务风险管控】 由于资产负债率增长较快，且2010年末超过80%，股份公司2011年起被国资委确定为债务风险重点关注企业。财务部在分析高负债率形成原因基础上，5月初向国资委上报了《债务风险管控方案》，明确未来三年债务风险控制目标和具体措施。7月22日，财务部制定下发《债务风险管控指导意见》，对子企业债权债务管理提出要求，并结合国资委要求制定并下发《债务风险监测报表》，建立每月上报制度，动态监测企业债务风险变动情况。

务2011年3月份开始，财务部建立项目收款及占资统计制度。到10月份，健全铁路建设资金信息统计制度，即每天上报铁路项目收款情况，每周上报铁路项目资金收支周报，每月上报政府项目占用资金情况，适时掌握最新情况。为公司及时掌握资金清欠请收、合理统筹资金安排等方面提供支持。

【“小金库”专项治理】 财务部组织开展“小金库”专项治理复查活动。各子企业按时保质复查工作，复查率达到100%。通过查发现“小金库”21个，涉及金额595.7万元。对自查发现的“小金库”，相关单位积极采取整改措施，将相关“小金库”全部撤销，应纳入规定账簿核算的金额也全部纳入规定账簿核算在全面复查基础上，相继开展以中央“小金库”治理办公室、国资委“小金库”治理领导小组和中国中铁“小金库”治理领导小组为主体的三个层面的督导检查工作，通过督导检查共发现“小金库”5个，金额87.3万元。针对督导检查发现的“小金库”，股份公司“小金库”治理领导小组按照自查从轻从宽、被查从严从重的原则，对检查中发现的涉及“小金库”的相关责任人进行严肃处理，并要求相关单位提出整改措施，严防此类事件的发生。

完善防治“小金库”长效机制建设。着手建立健全制度、管理和监督“三位一体”的长效防治机制，将“小金库”治理纳入日常监督管理工作中。建立责任追究制度，强力监控，查找管理的薄弱环节。

【举办会计大赛】财务部历时5个月，在股份公司范围内举办股份公司首届财务会计职业技能大赛。

【学习交流】 2011年4月在铁道财会学会软科学课题专家评审会上，财务部报送的课题取得一等奖2项、二等奖21项、三等奖16项。全公司2011年在中国铁道财会学会立项财会软科学研究课题46项；2011年，财务部组织在《国际商务财会》上发表论文50多篇；参加第六届中国交通财会学术研讨会优秀论文评审活动，共征集论文40多篇，经专家评审后，报送5篇，并向《铁道财会》推荐优秀论文参加评审。参加《铁道财会》摄影大赛，向铁道财会学会推荐中国中铁财务人员优秀摄影作品42幅。 组织各子企业总会、财务部门负责人及业务骨干参加国资委干部教育培训中心举办的2011年国有企业总会计师岗位培训班共4期，培训60余人。

资本运营管理

【资本运营部】 股份公司资本运营部负责管理和指导股份公司及所属子（分）公司境内外各种直接和间接市场融资、金融投资及金融信用资源等工作；负责审批和监管境内外实施的融资计划；负责制订、组织实施境内外资金管理的制度并对境内外资金管理工作进行业务指导和监督检查；负责集中管理资金和账户，负责资金预算的编制与执行；负责境外资金汇率风险管理工作的业务指导和监督检查，组织套期保值业务的实施和监管；负责管理各项担保、反担保、各类保函、保证、信贷证明等中间业务办理工作；负责组织编制、汇总、审核年度融资和金融投资预算及调整业务；负责研究国际、国内金融市场环境和政策，拟订相应的管理建议和对策等。部门现员13人。

2011 年资本运营部紧紧围绕公司“练内功、打基础、强管理、创一流”的年度工作中心，紧密结合公司和市场实际情况，在做好日常业务的基础上，着重在制度建设、融资产品创新、强化管控等方面做了大量工作，积极拓宽融资渠道，加强对下属单位的服务，确保了公司资金链条的总体平稳。

【金融资源管理】 截至2011年底，股份公司获各合作银行集团综合授信6823亿元，其中贷款授信2359亿元。排名前5位的是建设银行1274亿元、中国银行1200亿元、工商银行910亿元、交通银行830亿元、农业银行800亿元。全公司已使用综合授信额度3143亿元，其中使用贷款授信1013亿元。使用授信占比前5位的银行为建设银行697亿元，占22.19%；中国银行569亿元，占18.12%；工商银行405亿元，占12.9%；农业银行377亿元，占11.99%；交通银行367亿元，占11.69%。五家银行合计占比76.88%。

【资金集中管理】 截至2011年底，全公司银行账户11781个，其中六家合作银行账户9486个，六大行以外及外币账户2295个。授权成功账户为7374个，因销户等动态原因，实际成功并上线有余额的账户7289个，占全部六大银行账户的76.84%。

2011年全公司资金集中度月平均72%，完成2011年度62%的考核目标；全年资金上线率月平均41.45%；年末全公司合并口径存贷比为48.7%；年末各级资金中心合计吸收内部存款为731亿元；年末各级资金中心合计发放内部调剂款为834亿元，集中资金运用程度提高；全年各级资金中心合计节约财务费用为13亿元。

在“中国第二届企业现金管理十佳评选”活动中，获第4名，并获“最佳企业现金管理实践案例奖”。

【境外资金集中管理】 2011年公司启动境外资金集中管控工作，7月获得北京外管局对公司本部、中海外、中铁六局三家单位收入存放境外的批复，总额度20亿美元。9月完成中交集团香港资金中心和工银亚洲、香港渣打的调研考察，初步搭建起公司境外资金集中管控的管理模式和系统框架。

【资金系统运行】 截至2011年底，通过资金系统办理上收、下拨及对外付款业务342298笔，成功328092笔，成功率 95.85%。2011 年全年系统日均登录人次 3395.22 次，日均交易次数 1558.66 笔，交易次数日最高峰值达到 4505 余笔。

为监控资金头寸，启动资金预算和头寸风险控制模块的开发，2011 年 10 月召集 7 家单位进行集中研讨，确定预算和头寸风险控制的管理模式、开发需求和进度计划。8 月份开始加强对二级资金分中心运行状况的监控管理，通过信息周报制度，重点监控二级分中心运行质量和头寸风险。

2011 年对中铁港航局、航空港和上海局等单位资金管理人员业务进行操作培训和指导，年内完成 3 家新重组单位资金分中心的建立实施运行。

【中间业务管理】 配合股份公司生产经营，全年共办理银行中间业务 83 份，金额 18.61 亿元，其中银行保函 49 份，金额 15.15 亿元；银行信贷证明 21 份，金额 3.46 亿元；银行查证授权书及银行资信证明 13 份。加强与金融机构沟通协调力度，将保函手续费由每年千分之二降至每年千分之一，对金额较大的保函逐笔申请优惠费率，最低至每年万分之三，全年为公司节省费用 200 余万元。

【担保业务管理】 公司施行对外担保统一集中管理，开展对外担保预算控制，建立和完善全系统对外担保定期监管和风险分析平台，并及时办理相关信息披露。截至 2011 年底，股份公司全口径对外担保总额 359.30 亿元，扣除对全资子公司担保后的对外担保总额为 235.78 亿元，较 2010 年底仅增加 9.02 亿元，与净资产占比持续下降，在公司生产经营和投资活动保持持续增长的情况下，有效地控制住了对外担保风险。

【融资集中管控】 制定、调整全年融资预算，克服预算不足与生产经营需求增长的矛盾，确保股份公司和各单位生产经营对资金的需求，明确融资管控的具体目标。

强化执行融资审批制度、信息报送和分析制度。为中铁二局、八局协调工银亚洲海外资金代付融资 10 亿元，为中铁五局、八局协调工行、建行、农行西藏优惠利率贷款规模 10 亿元，为资源公司开展建设银行内保外贷 1.2 亿美元，为各单位协调新增贷款规模约 40 亿元。

【直接市场融资】 2011 年以公司总部为主体，发行 120 亿元中期票据，启动 100 亿元私募债券和 160 亿元短期融资券注册工作。

【创新融资产品】 融资租赁方面，通过联合承租模式，实现为各子分公司信用增级，达降低成本目的。2011 年已完成与工银租赁、中铁租赁等多家租赁公司的合作方案设计，获得 40 亿元总额度。表外融资方面，为东莞虎门项目量身定做了信托表外融资方案，既确保融资到位，又能实现优化报表，为 BT 类投资项目开拓新的融资渠道做了尝试和探索。

【资金风险防范】 利用经济活动分析会、经营工作会议和资本运营部简报等手段，通过对政府货币和信贷政策、铁路基建市场变化、房地产结构性宏观调控和政府融资平台清理等信息的分析解读，联系各单位资金管理、融资管理等实际情况，提示面临的信贷紧缩和资金困难形势，要求各单位提前做好预案。

跟踪和分析政府政策层面释放的信号和市场情况及金融合作机构反馈的信息，预判到 2011 年信贷紧缩形势，2011 年年初梳理全公司到期续贷需求，并与各合作总行沟通，确保股份公司 2011 年到期续贷额度 222 亿元。

【团队建设】 开展“学习提高、健康运动”主题活动。一方面积极组织员工参加职称和其他执业资格考试，不断提升自身素质。2011 年，部门 3 人参加高级职称考试全部通过；3 人参加高级职称评审全部通过；9 人参加银行人员从业资格考试 7 人通过。另一方面，鼓励员工积极参加羽毛球、篮球、台球、乒乓球等各种健康运动，锻炼了身体素质，减少了低级趣味，树立了部门形象，2011 年部门员工参加公司组织的各项赛事，分别取得了总部羽毛球男双第一、三名，3 人篮球第一名，乒乓球前 5 名。

投资开发工作

【投资发展部】 定员 13 人，2011 年实际就位 7 人，主要负责制定基础设施、房地产和资源板块的管理制度，组织实施三大投资板块的发展战略和年度投资计划。负责以股份公司名义开展的基础设施和房地产投资项目的信息收集、追踪，可行性研究，项目合同谈判、评审、签约、任务分配和建设监管等工作。负责组织股份公司所属二级子（分）公司基础设施、房地产、矿产资源投资项目的可行性研究评审、报批和合同评审等工作。负责指导股份公司所属二级子（分）

公司开展基础设施、房地产和矿产资源投资项目的开发和管理等工作。负责对股份公司及所属二级子（分）公司基础设施投资、房地产和矿产资源业务的监管工作。负责股份公司所属二级子（分）公司BOT和TOT类高速公路、水务等投资项目运营的归口管理工作。配合做好股份公司及所属二级子（分）公司基础设施、房地产和矿产资源投资项目的后评价工作。

【完善规章制度】 制定出台《中国中铁股份有限公司房地产管理暂行办法》，编辑印发《矿产资源法律法规文件汇编》，编制下发了《房地产开发一、二级项目可行性研究报告》模板体系，草拟《中国中铁股份有限公司矿产资源管理办法》。

【防范投资风险】 分别从投资范围、建设模式、资金回报、项目周期、价差与变更、回购担保、区域选择、投资回报等八个方面明确了三大投资板块的具体投资条件和要求。撰写完成《股份公司在新形势下开展实业投资的咨询报告》，从优化战略发展规划、调整投资发展思路和投资预算、改投资预算为融资预算管理、严控投资风险、拓展融资渠道、整合集中管理等七个方面提出公司在新形势下开展实业投资的咨询建议。加大对房地产市场与政策的调查与研究，召开了北京地区房地产研讨会，从销售、抗风险能力、土地储备、土地闲置、保障房建设等多层面分析评估调控政策对房地产板块的影响，提出了严控新增土地和审慎介入保障房建设的建议。要求矿产资源在品种选择上应有保有舍，尽量围绕国家鼓励勘探开发的矿种进行重点培育。

【严格预算管理】 三大板块全年完成投资466.3亿元，为年度投资预算456.1亿元的102%，其中：基础设施和矿产资源均完成年度预算的100%、房地产为104%。此外，BOT高速公路实现清分收入20.4亿元，为年度计划的127%。

【严控新增项目】 加强项目评审，控制投资节奏与规模。全年共对125个投资项目信息进行分析、论证和评审，经严格比选后优中选优，推荐上会项目30个，全部通过决策程序，新增投资总规模701.3亿元，其中：BT项目上报信息85个，确定可跟踪18个，推荐上会9个，投资规模206.3亿元；土地一级开发项目上报信息14个，推荐上会1个、投资规模10亿元。房地产二级开发项目上报信息26个，有22个项目召开专家评审会，推荐上会20个、投资规模485亿元、土地总面积6893亩，其中当年取得土地面积3568亩、较上年3640亩同比下降2个百分点。

【加强项目监管】 对深圳地铁5号线、东莞长堤路、临海如东段、柳州三桥一路、桂林一路两江、沈阳四环路等14个BT项目，妈祖城和蚌埠等11个土地一级开发项目，彩虹新城和滨湖名邸等40余个房地产二级开发项目，以及刚果（金）两矿一厂、蒙古片区、鹿鸣矿、常福龙金矿等15个矿产资源项目进行现场督导，完成三大板块重点项目年度督导任务及目标，确保深圳地铁5号线如期交付运营，优化妈祖城建设方案，推进上海如东和桂林一路两江项目进展，实现柳州双拥和维义大桥按期竣工验收、遵义共青大道提前通车，指导完成常福龙金矿专题调研报告，兑现133个在建项目不停工的年度目标。

【提高投资收益】 抓项目成本和回款，加强资金管控，提高投资收益。柳州三桥一路和重庆会展中心支线项目在未完工的情况下提前回购2.2亿元和3亿元，房地产二级开发年度完成投资额274.7亿元中利用项目回款124亿元、占比45.2%。西南公司通过“五规范”集中管理，高速公路管养成本逐年下降，在2010年已节省2000万元的基础上，预计2011年管养成本将同比下降12.3%，在广西同行业中处于最低水平。深圳地铁5号线通过索赔调概，预计合同外可增收8.12亿元，将大幅提高项目收益水平。遵义项目提前通车进入回购，取得良好的经济和社会效益。2011年，三大板块回款203.4亿元，预计收益61.8亿元。

【开展效益分析】 完善投资项目收益评估原则与方法，对三大板块进行投资收益分析和经济后评价，完成如皋、天津南仓BT项目及成都瑞景茗城、武汉金桥港湾花园二期等房地产项目的经济评价。经统计分析，2011年，公司各板块的实际投资收益均高于预期，BT项目收益率稳定在16%以上，土地一级开发平均收益率为40.8%，房地产二级开发收益率在20%左右。

【拓展市场空间】 在风险可控的前提下，根据公司投资能力，加大营销力度，有选择性地深化政企合作，开发大市场、运作大项目，拓展市场空间、提高市场占有率。一是加强与广州、深圳、珠海、江门、太原、石家庄、沈阳、大连、青岛、长春、福州、厦门、海口、长沙、武汉、南宁、桂林、昆明、成都、兰州等20余家地方政府的沟通、对接和互访，签订战略合作协议和框架协议，完成石家庄正定新区土地一级开发可行性研究。二是年度新开了东莞长堤路、大连甘南路、沈阳四环路、武汉鹦鹉洲大桥、高明西江新城、江门江顺大桥、平潭竹屿湖、南宁龙岗新区、深圳观澜安居房、昆明地铁等10个BT项目，投资规模约460亿元。三是积极运作并推进深圳地铁11号线、海口人工岛、成都地铁、石家庄地铁、厦门地铁等一批重大项目。四是经论证、评审、比选后，全年推荐上会项目30个，新增投资规模701.3亿元。

法律事务管理

【法律事务部】 股份公司法律事务部定员编制9人，主要职责为：

1. 负责公司法律事务的管理。建立法律事务工作机制；制订、落实法律事务管理规章制度；推进全系统总法律顾问制度的落实，加强法律顾问机构和队伍建设；组织开展普法工作；检查和指导公司所属单位法律事务工作。

2. 负责公司重大决策、重要规章制度的合法性审查和合同管理工作。负责公司合资合作、对外担保、股权质押、和关联（关连）交易等重大经营管理和决策的法律论证；组织或参与重要规章制度起草论证，审核规章制度草案的合法性；参与重大项目的谈判、合同起草和审查；指导公司所属单位境内、外业务的法律尽职调查、法律论证以及合同评审、合同综合管理等工作。

3. 负责法律纠纷管理和法律维权工作。负责组织办理公司为当事人，及公司员工因履行职务而发生的民事、行政、刑事等各类法律案件；负责调解公司所属各单位之间的经济纠纷；负责公司开展业务所需的境内、外法律服务机构的选择、管理和评价等工作；协调和指导公司所属单位境外业务产生的法律纠纷的处理。

4. 负责办理国内工商及事业单位登记管理业务，组织办理国际业务商事登记管理工作。负责子公司章程管理；指导新设子公司工商注册登记；指导子公司办理国际业务的商事登记所涉文件准备、翻译、公证、认证及跟踪管理工作。

5. 负责公司各类业务法律环境的研究工作，参与国家法规制定和立法工作。跟踪境内业务法律环境变化和论证工作；搜集研究境外业务主要经营地国家和地区所适用的法律法规工作；制定预防法律风险的措施和对策。

6. 办理法定代表人授权业务；组织处理有关股权、知识产权（专利、商标、版权、商业秘密等）、行政许可、矿业权等权属管理的法律事务；处理上市公司运作和市场监管中涉及的法律事务；研究处理国内外与非政府组织相关的法律事务等。

【召开法律事务工作会议】 2011年5月，法律事务部成功召开了股份公司全系统法律事务工作会议，公司总裁白中仁、副总裁、总会计师、总法律顾问李建生以及国资委领导出席了会议并做了重要讲话，股份公司法律事务部部长、所属各单位总法律顾问及法律部部长均参加了会议。会上，白总指出，法律事务工作是企业依法决策、依法经营、依法管理的重要保障，是现代企业“软实力”的重要体现。会议深明确今后的工作思路，指明了工作方向。

【完善总法律顾问制度】 2011年是国资委法制工作第二个三年目标验收年。法律部从抓总法律顾问制度的落实入手，安排和部署工作，深入各单位了解情况，查找问题，提出建议，推动工作。2011年6月份，法律部抽调十余人，组织三个工作组，对各单位落实三年法制工作目标情况进行了检查验收，基本完成了股份公司设立的第二个三个目标的要求。在国资委的第二个三年法制工作目标验收工作会议上，公司在所有中央企业中排名第12位。

【合同管理工作】 2011年全公司法律系统共审查合同62170份，人均80余份合同，标的额约计9741.69亿元。股份公司审查各类合同134份，标的额约计271亿元。承担股份公司工程承包项目合同管理课题研究，并顺利完成研究任务。为促进股份公司项目合同管理的水平和标准化，法律事务部组织制定了股份公司《建设工程项目合同管理办法》及配套的《工程项目合同管理操作指引》，整理系统内各类常用合同示范文本。成果对于公司合同管理尤其是项目合同管理水平促进作用，有助于合同管理标准流程的打造，降低合同管理风险。

【参与企业重大决策把关工作】 2011年，法事事务部参与处理公司重大决策共计1344件，其中股份公司法律部参与处理重大决策共计21件。参与公司境内外重大项目的法律论证和服务工作。在国内，主要参与了昆明、郑州、石家庄等城市地铁、江苏省临海高等级公路如东段工程、广东轨道交通产业园建设工程、江门市江顺大桥、西环路快速干道及市政道路、中山基地建设等BT项目；中铁置业上海青浦、深圳龙岗、沈阳丁香湖、贵州遵义，中铁大桥局武汉四新生态新城，电气化局江苏泰州高教园区，中铁宝桥陕西宝鸡市茹家庄和益门等房地产投资开发项目的法律论证、合同审查以及有关法律服务。参与了股份公司2011年短期融资券、中期票据发行以及非公开定向债务融资等项目的组织工作并提供承销协议、发行协议、发行法律意见审查等相关法律服务。同时参与和组织了对刚果（金）资源财政化项目、委内瑞拉中部铁路、中缅铁路、中老铁路、埃塞俄比亚铁路、孟加拉铁路、老挝钾盐矿开发等重大海外项目的法律论证、法律服务工作，出具法律意见书供领导参考决策。

【法律纠纷处理】 股份公司法律纠纷主要由两个部分组成，一是外部纠纷；二是内部纠纷。2011年，股份公司总部没有新发生诉讼和仲裁案件，也没有发生因违法造成重大法律风险事件。全公司系统内解决法律纠纷3180起，涉及标的额 54.6 亿元，有效维护了企业的合法利益。对于所属二级企业发生的重大法律纠纷，始终坚持进行适时监控，跟踪管理。特别是对进入诉讼、仲裁阶段的重大案件，主动参与把关。如中铁置业青岛案件、河南平正高速公路公司股权转让纠纷仲裁案件，香港 FG 起诉刚果（金）政府、中国中铁案件等取得胜诉。

针对波兰 A2 高速公路项目发生的问题，积极进行参与和指导。组织人员就法律问题进行深入研究，出具有关专项法律问题的指导性法律意见书 11 份，起到重要指导作用。

2011 年，共受理内部经济纠纷案件 28 起，涉案金额达 2.15 亿元。其中经过调解已经达成调解协议的 17 起，正在调解的 11 起。股份公司通过内部纠纷调解工作为全公司系统节约外聘律师费、诉讼费、执行费和其他办案经费达 1000 万余元，维护上市公司的整体形象。

【加强普法工作】 法律事务部加大法制宣传力度，开展法制宣传教育，增强企业全体员工的法律意识及风险防范意识，应对危机、防范企业经营风险意识，进一步扩大普法教育的成果。一方面利用集中讲座、报纸等传统形式进行普法宣传，通过网络、征文、12•4 普法宣传日进行普法宣传等形式来进一步提高员工学法、守法的积极性，深入开展法制宣传和教育，同时又利用中国中铁报，组织刊载普法文章加大了法制工作的宣传力度；组稿编辑出版了《中国中铁法律事务》，提高了全体员工学法用法的积极性。扩大了普法教育的成果。

【其他法律事务工作】 2011 年，法律事务部审核、修改、批复子公司章程修正案 23 份；办理商标申请权的转让及商标注册及权利的保护等工作。截至 2011 年，总公司、股份公司共拥有商标 5 个，包括“铁工”、“工总”、“中铁工程”、“CERC”及“CREC”图形商标。

审计工作

【审计部职责与工作】 股份公司审计部是股份公司内部审计职能部门，主要职责是：（一）负责制订、实施股份公司审计规章制度。负责行使内部审计监督权，实施内部审计监督。负责开展股份公司董事会审计委员会赋予的工作。（二）负责制订和实施股份公司审计工作计划。负责组织开展各类审计业务，提交审计报告和建议。（三）负责对股份公司经济活动、资本运营、国有资本变动等实施审计监督。（四）负责股份公司内部审计工作规范化和信息化建设。履行股份公司内部审计协会的职责。（五）负责协调与国家审计署、国资委和中国内部审计协会等单位的工作关系。（六）负责股份公司内部控制评价等工作。股份公司审计部定员 13 人。

2011 年，股份公司内部审计工作在国资委的正确领导下，在董事会审计委员会和中国内部审计协会的指导下，积极履行内部审计监督职责，紧紧围绕股份公司“练内功、打基础、强管理、创一流”的中心工作和管理重点，坚持“依法审计，服务大局，围绕中心，突出重点，求真务实”的审计工作方针，以内控制度和风险管理审计为导向，积极开展各项审计工作，加强了境外企业和项目的审计监督，全面开展了企业内部控制评价，促进了企业加强管理、建立健全内控制度、防范经营风险，为促进提高经济效益发挥了积极作用。

2011 年，全公司共完成审计项目 2359 项，其中：工程项目审计 914 项，经济责任审计 319 项，经济效益审计 200 项，财务收支审计 208 项，管理绩效审计 114 项，内控制度审计 115 项，财务决算审计 56 项，专项审计、基建项目审计等其他项目 433 项。股份公司审计部完成审计项目 14 项，其中：经济责任审计 9 项，项目经营及财务审计 2 项，内部控制和财务收支审计 2 项，工程项目竣工审计 1 项。通过审计，促进增收节支 19,773 万元，提出审计建议被采纳 7515 条。

【审计工作会议】 2011 年 3 月 22 至 24 日，股份公司审计工作会议在南昌召开，股份公司副总裁马力、国资委监事会 07 办监事魏新岚出席会议并做了重要讲话，股份公司及所属各单位审计部门负责人、中铁电气化局集团公司总会计师王建军等参加了会议。马力副总裁在讲话中，对认真贯彻落实国资委中央企业内部审计工作会议精神、认真学习贯彻《党政主要领导干部和国有企业领导人员经济责任审计规定》、加强企业内部审计工作、加强海外项目审计监督、防范海外经营风险以及认真开展企业内部控制评价、促进企业完善内部控制、提高公司治理水平等工作提出了具体要求。股份公司审计部总结了全公司 2010 年内部审计工作，提出了 2011 年审计工作的总体思路、重点任务以及 2011 年审计项目计划安排，对股份公司各单位制定 2011 年的审计工作计划起到了指导作用。中铁电气化局、四局、二局、大桥局、建工集团和八局等单位分别就工程项目审计、境外项目审计、同级审计、内部控制审计、经济责任审计以及审计队伍建设，进行大会经验介绍和交流。

【工程项目审计】 2011 年全公司共开展工程项目审计 914

项，纠正违规问题金额64,287万元，促进增收节支13,149万元，提出审计建议被采纳3551条。根据股份公司2011年审计工作计划，股份公司审计部实施了对中国中铁哈大铁路客运专线工程指挥部项目竣工审计，截止2011年3月末，累计完成营业收入232.62亿元，实现利润2.64亿元，同时审计组通过对哈大指挥部的审计，对哈大指挥部在财产管理、会计核算、城建税筹划等方面提出了审计建议。

【经济责任审计】 2011年全公司开展经济责任审计319项，纠正违规问题金额49,321万元，促进增收节支1,020万元，提出审计建议被采纳1227条。股份公司审计部开展经济责任审计8项，组织实施了对中铁六局集团公司原总经理章献、中铁大桥局集团公司原总经理刘自明和原董事长梅权、中铁大桥勘测设计院有限公司原董事长秦顺全、中铁荷泽德商高速公路建设发展有限公司原总经理赵庆武、中铁西北科学研究院有限公司原董事长王应先、中铁七局集团公司原总经理刘永红和原董事长姜满金离任经济责任审计。审计过程中，重点关注公司治理以及内部控制的健全性、有效性等情况，通过审计反映了企业经营状况，如实披露了存在的问题，对领导人员任期内经营业绩与经济责任进行了客观公正的分析和评价。

【境外项目审计】 2011年股份公司审计部开展对中铁国际南非公司项目经营及财务收支审计、对中海外和中铁大桥局南非瓦尔河项目审计调查。境外项目及资产较多的单位，如中海外、中铁国际公司、中铁七局、中铁五局和中铁资源集团公司等单位审计部门也开展境外企业及项目审计工作。

【内控评价工作】 开展内控评价是五部委《企业内部控制基本规范》和《企业内控评价指引》的要求，根据《中国中铁股份公司内部控制体系运行管理办法》，股份公司审计部作为内部控制体系评价的归口管理部门，负责组织编写《股份公司2010年度内部控制评价报告》。根据上海证券交易所《关于做好上市公司2010年年度报告工作的通知》要求以及股份公司年报编制工作的整体安排，审计部制定了内部控制评价方案和编制分工表，围绕公司的内部控制环境、风险评估、控制活动、信息与沟通、内部监督等要素进行认定和评价，形成《股份公司2010年度内部控制评价报告》，经股份公司董事会审议通过后随年报一同披露，保证了股份公司年报披露工作的进行。

积极组织开展股份公司2011年度内部控制评价工作。为提高内控评价质量，聘请了迪博企业风险管理技术有限公司负责股份公司总部内部控制评价工作，并指导所属各单位按照股份公司的统一部署和要求，组织开展本单位的内部控制评价工作。评价工作于2011年10月启动，审计部组织开展了对全系统评价人员的培训工作。2011年10月31日召开中国中铁全系统内控工作视频会，公司领导对内控评价工作进行了全面部署和动员。2011年11月1日股份公司印发了《2011年度内控评价工作方案》，明确了总体要求、评价原则、组织领导和工作方式、评价依据、评价程序和方法、评价内容、评价底稿、缺陷认定、时间节点要求等具体内容，全面指导本次评价工作。股份公司和所属各单位按照工作部署和评价方案的有关要求，结合相关法律法规，统一部署、分级实施、重点抽查、严格评价、整改提高，全面推进内控评价工作。同时，股份公司副总裁马力召集主持召开内控评价工作专题会议，研究部署评价过程中的实施进度、政策对接、缺陷认定、报告编制等问题，有序推进评价工作顺利完成。根据财政部、证监会、上交所等监管部门的披露要求，股份公司内控评价工作组将于2012年3月中旬编制完成《股份公司2011年度内部控制评价报告》和《股份公司内部控制缺陷分析报告》。

【同级审计、财务收支审计、专项审计】 开展同级审计、财务收支审计及专项审计工作，促进企业完善公司治理和内部控制。2011年全公司共开展财务收支和专项审计224项，纠正违规问题金额1382万元，提出审计建议被采纳678条。股份公司审计部开展对中铁隧道院有限公司、中铁电化院有限公司等单位的内部控制及财务收支审计，查找内部控制、财务管理和会计核算等方面存在的问题，提出审计建议，对被审单位改善加强经营管理，起到促进作用。

【绩效审计和经济效益审计】 开展绩效审计和经济效益审计。各单位根据企业管理需要，开展绩效审计和经济效益审计，2011年全公司开展绩效审计和经济效益审计合计314项，促进增收节支3550万元，提出审计建议被采纳699条。

【重点建设项目审计工作】 根据审计署2011年审计工作计划，审计署对京沪、哈大、京石等铁路大中型项目特别是高速铁路和客运专线项目加强审计监督，对建设单位、施工单位、设计单位进行审计和延伸审计。6月初审计部根据马总指示及时下发《关于做好迎接国家审计署对铁路重点建设项目审计的通知》，要求各有关单位高度重视审计署对铁路重点建设项目的审计工作。各单位提前开展自查自纠工作，配合好审计机关开展工作。2011年审计配合工作基本平稳，较好的维护企业信誉和权益。

【审计队伍建设】 加强审计队伍建设，健全审计机构，提高审计人员综合素质是股份公司各级审计部门需要常抓不懈的基础工作。2011年，各单位十分重视加强审计队伍建设，采取多种形式不断提高审计人员综合素质和业务能力，一是自主举办内部审计业务培训；二是邀请专家进行专门培训；三是积极支持审计人员参加中国内部审计协会及各省市内部审计协会举办的各种类型的审计业务培训班；四是鼓励和支持广大审计人员参加注册会计师、高级会计师、高级审计师、国际注册内部审计师等执业资格或职称考试，通过学习考试自我完善，丰富专业知识，提高业务能力。

安全质量环保工作

【制度建设】 按照股份公司《关于进一步加强和规范安全质量环保专职机构设置及人员配备的通知》要求，安质部积极推动和加强了安全质量专职人员队伍建设，强化了各级安全生产总监设置和专职稽查队伍建设工作，加大了监督管理力度。目前各单位建立健全了安全生产监管职能部门，配强配齐了专职人员、组建了安全质量稽查队伍，使安全质量环保专职队伍建设得到加强。截至2011年12月，全公司专职人员配备数量达到13000余人，其中注册安全工程师1600余名，基本满足了安全质量管理需要。安质部以2011年1号文件为工作指导，适时研究和下发了《安全质量稽查队伍管理办法》、《中国中铁安全质量稽查手册》、《隧道施工防坍卡控红线》，修订了《安全质量事故责任追究办法》、《职业安全健康监督管理规定》、《安全质量及灾害事故（事件）应急响应预案》等管理文件、办法，促使了安全质量管理工作进一步制度化、标准化、规范化。

【安全生产基础管理工作】 安质部2011年先后下发了《关于进一步规范全公司生产安全事故报告的通知》、《关于建立安全质量监管工作信息定期报送机制的通知》、《关于进一步规范生产安全事故报告、在建项目风险等级统计和安全质量监管工作信息填报的通知》、《关于要求安全质量环保专兼职人员统一企业标识的通知》、《关于进一步强化中国中铁安全质量监管记录工作的通知》等40余份管理性电报、文件，促进了各单位安全质量管理体系有效运行，规范了生产安全事故报告程序和内容，推动和掌控各单位在建工程项目风险等级、工程进展情况，规范专职部门的日常工作和安全质量监管行为。

【安全稽查工作】 将安全质量检查与稽查相结合，安质部积极推动在全公司范围内开展多种形式的安全质量大检查和铁路建设项目常态稽查活动。2011年，先后组织开展安全质量大检查和常态化稽查9次，检查涉及259个项目，提出整改要求和意见共计1991条，涵盖了在建铁路、公路、矿山项目和在建复杂地质隧道、地铁工程、营业线施工、客运专线、深水桥梁、大型机械设备作业现场和混凝土拌合站、工地试验室等。2011年，全公司累计开展各类安全质量检查活动29327次，发现问题或隐患103569项，整改101782项，整改率98.3%。

【安全质量培训工作】 2011年，安质部先后在机关本部、石家庄党校、郑州铁路局党校、咸阳干校等地与企业、地方监管部门联合举办了5期“三类人员”安全生产考核取证培训班、专职人员和注册安全工程师继续教育培训班，部门负责人亲自讲课，受教育人数1500余人，提高专职人员的整体业务水平和工作能力。通过强化安全生产教育培训，提高了基层员工防范生产安全事故和自救互救能力，夯实管理基础。2011年，全公司累计开展各类安全质量宣传教育培训活动22796次，受教育人数达到698380人。

【安全监督工作】 安质部与工会、团委等部门组织各单位开展岗位达标竞赛活动，推进安全质量班前宣誓、群众安全生产监督员、青年安全监督岗等活动2011年6月“安全生产月”期间，各单位按照股份公司安排，开展安全质量宣誓活动、安全生产事故警示教育周活动、安全生产宣传咨询日活动、应急预案演练周活动和全国“安康杯”竞赛等七大活动。

【全国安全生产应急知识竞赛】 全公司有16万余人参加了全国安全生产知识竞赛，为历年参赛人数最多，范围最广，影响力最大，股份公司、中铁隧道局、中铁电气化局、中铁三局、中铁四局、中铁六局、中铁十局、中铁八局、中铁置业、中铁宝桥、中铁上海局、中铁设计咨询、中铁港航、中海外14个单位荣获全国安全生产知识竞赛优胜单位奖。股份公司任乐春、中铁八局丁智、中铁隧道局贺清华、中铁置业王蔚华、中铁电化局刘英华、中铁上海局郑文、中海外许可7人获全国知识竞赛百名竞赛优秀组织者奖。

【加强安全质量事故责任追究力度】 加大安全质量事故问责追究力度，及时对年度生产安全事故进行问责，安质部结合公司实际，完善和修订《安全质量事故责任追究办法》。组织召开股份公司安委会会议，按有关规定对相关人员进行责任追究。

【安全应急管理】 安质部指导、配合中铁二局、五局、隧道局完成抢险救援队伍组建、基地建设、设备配置和整章建制，并开展人员培训和应急演练，初步具备救援能力。国家安监总局、财政部将股份公司列入“重点支持中央企业安全生产应急救援队伍名单”，中国中铁作为建筑行业唯一一家被选为直接享受中央财政补贴的单位。

【质量创优工作】 为实现年度工程质量创优目标，安质部加强组织协调，积极配合有关单位做好创优申报工作。2011年度创优成果显著，16项工程获得全国“AAA”安全文明工地，2010-2011年度（2年内）有16项工程获得“鲁班奖”（累计获得“鲁班奖”107项，国家“AAA”级安全文明工地48项），2011年度有54项工程获得“火车头优质工程奖。”

【会议组织情况】 安质部组织召开了安全质量环保监管工作座谈会、应急管理工作座谈会、辽宁片区安全生产工作座谈会以及4次季度视频例会、1次质量专题视频会、2次安委会会议，还与有关设计、科研院所研究探讨“隧道防坍塌监测监控方案”专题。

国际业务管理

【外事管理工作】 2011年，股份公司审批因公出国团组584个，其中自组团548个，双跨36个，涉及出国人数1842人次，办理出国（赴港澳）团组护照和通行证734本；办理(赴港澳)签证、签注 1195人次；涉及国家和地区有：香港、澳门、日本、韩国、越南、老挝、马来西亚、新加坡、蒙古、巴基斯坦、泰国、土库曼斯坦、斯里兰卡、英国、法国、意大利、瑞士、西班牙、委内瑞拉、巴西、刚果（金）、加纳、坦桑尼亚、阿尔及利亚、乍得、多哥、乌干达、澳大利亚等36个，邀请来华团组22个，技术人员49人。

【重大事件与活动】 1.李长进董事长会见哈萨克斯坦铁路公司总裁马明先生。

2011年1月18日，李长进董事长在股份公司总部会见了哈萨克斯坦铁路公司总裁马明先生一行，双方就哈萨克斯坦阿拉木图至阿斯塔纳高速铁路项目进行了友好会谈。

会谈中，李董事长介绍了中国中铁高铁建设、人才团队和施工能力、施工经验以及近年来海外业务开展等情况；阐明了修建阿拉木图至阿斯塔纳高速铁路对双方产生的重要意义和国际影响；表达了中国中铁有实力与哈方合作实施阿拉木图至阿斯塔纳高速铁路项目意愿。同时也介绍了中国中铁对此项目给予的高度重视和目前已经成立了领导小组以及尽快组织展开前期勘察设计工作等情况。

马明总裁听了李董事长的介绍，对中国中铁实施修建阿拉木图至阿斯塔纳高速铁路项目充满信心，明确表示，十分愿意把项目交由中国中铁实施，并且坚信选择中国中铁是正确的。另外，双方同意在今年4月份哈萨克斯坦总统来华进行正式友好访问以及两国元首会面后，进一步推进项目的开展。会谈结束时，马明总裁再次感谢李董事长，同时也感谢中国中铁员工为项目所作的大量工作 。

2.白中仁总裁赴委内瑞拉检查委铁项目并拜见查韦斯总统，全力推进委铁项目建设。

2011年3月7日～19日，白中仁总裁率领国际业务部及各参建单位主要领导赴委内瑞拉检查委铁项目进展情况，同时，为加快解决当前委内瑞拉铁路项目存在的资金问题，顺利推进北部平原铁路建设，积极创造条件，先后拜见并且多次与委内瑞拉总统查韦斯，副总统兼能源部长拉米雷斯，IFE 局长弗兰克林和中国驻委大使赵宗宪以及委内瑞拉驻华大华马内罗先生会谈，通过有效的相互沟通和谈判，委铁项目2010年工程验工计价以及支付问题得到了初步解决，促成了委铁项目2011年将继续实施平稳推进和落实。

在委铁项目工作检查过程中，白总裁全线查看五个项目分部驻地和全线的重点区段；详细听取各分部施工生产情况和待工情况汇报；全面了解施工进度控制、安全管理、质量管控等工作。对委铁分公司和各参建单位2010年取得的成绩给予了充分肯定。同时，白总裁也对委铁项目当前面临的困难和形势作了详尽分析，并且提出了下一步工作需要注意的问题和要求。

在解决项目支付工程计价款以及下一步项目正常推进问题上，白总裁寻找各种途径，先后与委内瑞拉高层会见，积极努力和委内瑞拉政府相关管理部委沟通与磋商。3月13日乘专机空中查看北部平原铁路施工现场；3月14日会见委内瑞拉副总统兼能源石油部长拉米雷斯、交通与通信部部长加尔塞斯、PDVSA建设公司总经理何塞拉蒙、国家铁路局局长弗兰克林等高层领导，就委铁项目资金支付问题进行“专题”会谈。3月16日，在委内瑞拉巴里纳斯州国有农场别墅会客厅，白总裁又专程拜见了委内瑞拉总统查韦斯，并且与他进行了亲切友好的会谈。查韦斯总统对中国中铁代表团赴委表示欢迎，对白总裁邀请他参加巴里纳斯的住房项目活动表示十分感谢。双方就多项议题进行了深入商讨，并达成了多项共识。经过多方会谈和努力，委铁项目验工计价款的支付问题得到了初步解决，使委铁项目的建设和施工在2011年得以稳步推进。

白总裁率团此次赴委内瑞拉，以科学测算项目成本及混合币种比例结算为前提，取得委铁项目计价支付问题的突破，维护了企业利益，同时，由于白总裁与委方高层的积极沟通和会谈，也使中国中铁在委铁经营领域得到了新的铁路项目建设机遇，拓宽了中国中铁在委内瑞拉及南美市场的后续经营开发渠道 。

3.周孟波副总裁赴印度尼西亚与各方举行会谈，推进项目进一步落实。

2011年3月8日～14日，股份公司副总裁周孟波赴印度尼西亚，就“印尼苏门答腊煤炭运输项目”融资 、运价调整以及项目开工前各方的准备工作与印尼国有煤矿公司(PTBA)、雄鹰集团进行了会谈，集中解决了印尼煤炭运输项目中所涉及的融资、运价、征地、技术交流、开工日期等关键问题，经过沟通，双方达成了项目按照计划推进并争取今年底开工的初步意见。此外，在访问期间：周孟波副总裁还拜访了中国驻印度尼西亚大使张启月和经济参赞房秋晨，汇报了“印尼煤炭运输项目”和中国提供优惠贷款的“爪哇岛三宝垄至泗水的铁路项目”等方面情况；拜访了印尼力宝集团董事长李文正，就双方潜在的项目合作等问题进行了沟通与交流。

在3月11日、12日向张启月大使和房秋晨参赞作专题汇报中，张启月大使和房秋晨参赞听了周副总裁关于项目推进情况 汇报后，对中国中铁推进项目情况非常满意，表示：将全力支持中国中铁实施这个项目，并希望中国中铁在印尼能够扎根，长期经营并取得更大的发展。周孟波副总裁对大使馆长期以来对中国中铁的信任和支持表示感谢，并对今后开发印尼市场以及运作好印尼煤炭运输项目进行了表态。

为了推进项目实施，3月10日，股份公司副总裁周孟波在雅加达主持召开了“印尼煤炭运输项目推进专题会议”，部署了下一步细化项目进度计划、完善施工组织设计和积极主动完成融资协议签署以及配合业主做好征地拆迁、项目设计评审等重点工作。

4、中国中铁认购澳大利亚源库资源有限公司股权签字仪式隆重举行

2011年1月19日下午，中国中铁股份有限公司认购澳大利亚源库资源有限公司 2 亿美元股权签字仪式在股份公司总部隆重举行。李长进董事长与澳大利亚源库资源有限公司首席执行官帕尔玛先生共同签署了股权认购协议。

此次签约是自去年年底双方签署China First煤矿铁路建设项目EPC框架协议之后又一个重要成果，标志着双方战略合作已经迈出实质性的步伐。根据中国中铁与源库资源有限公司签订的框架协议，中国中铁将以EPC总承包的方式建设China First煤矿项目中连接矿区加利利盆地和澳洲东海岸艾博特角港，全长约470公里的单线重载标准轨铁路。借此契机，双方将在澳洲市场的资源开发、交通运输、基础设施建设等领域开展全方位、多层次的务实合作，为中澳两国的经济发展和友好交流做出新的贡献。

5.中铁五局援塔吉克斯坦沙尔-沙尔隧道项目荣获“中国工程建设鲁班奖”

中铁五局实施的中国援塔吉克斯坦沙尔-沙尔隧道项目，是中国政府投资3.36亿元修建的援建工程， 也是自塔独立以来中国援塔最重大的工程项目。该项目是连结塔首都杜尚别至中塔边境口岸干线公路上的枢纽工程之一，对改善塔国落后的交通状况乃至加强中塔商贸物流往来都具有重要的政治意义。项目2006年10月20日开工，2009年8月20日竣工并通车。在三年的施工过程中，中铁五局项目技术组克服了原道路崎岖险峻，冬季大雪封山恶劣气候和材料供应紧张以及生活条件艰苦等种种困难， 采用地下空间施工技术暗挖法和高性能混凝土裂缝防治10项四新技术，制服了坍塌和涌水，保证了施工安全和工程质量，确保了沙尔隧道安全优质提前贯通。经验收，援塔吉克斯坦沙尔-沙尔隧道项目工程质量合格率100%。在项目移交仪式上，塔吉克斯坦总统埃莫马利•拉赫蒙对项目一流的施工质量给予了高度赞誉，并向中国驻塔大使左学良提出了“希望能让这支优秀的施工队伍继续留在塔吉克斯坦参与塔吉克斯坦铁路建设”的要求。

鉴于此项目高效、优质、安全的施工质量以及为推进中塔两国世代友好做出的突出贡献，经铁道工程建设协会推荐，中铁五局就援塔吉克斯坦沙尔-沙尔隧道项目正式向中国建筑业协会申报了“中国工程建设鲁班奖（境外工程)”，2011 年 1 月 18 日，中国建筑业协会批准授予了援塔吉克斯坦沙尔-沙尔隧道项目为“中国工程建设鲁班奖”荣誉项目。

6、李长进董事长会见澳大利亚源库公司董事长帕尔玛

2011年6月20日下午，李长进董事长在股份公司总部会见了澳大利亚源库公司董事长克里夫•帕尔玛先生一行，双方就澳大利亚中国第一煤矿项目的进展情况交换了意见。

帕尔玛先生首先感谢李长进董事长百忙之中的接见，并介绍了澳大利亚中国第一煤矿项目上市及融资的最新情况。随后，李长进董事长对帕尔玛先生通报最新项目情况表示感谢，表示：源库公司是中国中铁最值得信任的合作伙伴，中国中铁将一如既往的支持源库公司。

会谈中，双方还就澳大利亚中国第一煤矿项目尽快展开前期勘察设计、EPC合同文本编写等问题进行了交流并达成了一致。

7、白中仁总裁会见塞内加尔国务大臣卡里姆 •瓦德阁下一行

2011年5月11日下午，总裁白中仁在股份公司总部会见了塞内加尔国务大臣兼国际合作、空中交通、基础设施建设和能源部国务部长卡里姆•瓦德阁下一行，双方就塞内加尔铁路等基础设施建设和矿产资源开发等合作问题交换了意见，并达成广泛共识。

会见中，白总向客人介绍了中国中铁综合实力和国际业务的开展以及在资源开发、房地产等产业领域取得的经验和成果。同时，也向客人表达了中国中铁愿同塞方建立长期、稳定的战略合作伙伴关系，并希望双方在具体项目上展开实质性的合作意愿。随后，卡里姆•瓦德部长向白中仁总裁转达了塞内加尔总统阿卜杜拉耶•瓦德阁下的亲切问候，并对中国中铁在各领域取得的成绩表示由衷赞赏和钦佩。同时表示：塞内加尔十分愿意与中国中铁建立战略合作伙伴关系，愿意与中国中铁加强塞内加尔铁路和资源开发等项目的合作。

8、周孟波副总裁会见埃塞俄比亚特命全权大使麦斯芬阁下

2011年5月12日，周孟波副总裁在股份公司总部会见了埃塞俄比亚特命全权大使麦斯芬阁下，双方就亚的斯亚贝巴至吉布提铁路项目的开发和技术等问题坦诚地交换了意见。

会见中，麦斯芬阁下首先感谢周总的热情接待，随后，说明了亚的斯亚贝巴至吉布提铁路的建成将为埃塞的政治、经济发展所起到的重要作用。同时，代表埃塞政府感谢中国中铁工程技术人员在埃塞所做的大量工作。周总表示，亚的斯亚贝巴至吉布提铁路项目是中国中铁与埃塞战略合作协议框架下的重要项目，中国中铁不仅要高度重视，并且要从人力、物力和财力上给予大量投入，做好前期工作。

9、中国中铁与缅甸公司签署缅甸木姐至皎漂铁路项目谅解备忘录和补充协议

2011年4月27日，中国中铁股份有限公司与缅甸铁路总公司在缅甸内比都签订了《关于缅甸木姐—皎漂铁路运输系统项目谅解备忘录》。缅甸副总统丁昂敏乌、中国驻缅甸大使李军华、缅甸铁道运输部长昂民、中国中铁股份有限公司董事长李长进出席了签字仪式。签字前，缅甸副总统在府邸还专门会见了李长进董事长，并就中缅铁路项目有关事宜交换了意见。当晚，李长进董事长举行了答谢宴会，缅甸副总统及铁道部长以及中缅双方嘉宾应邀出席了晚宴。时隔一个月，5月27日晚，缅甸总统吴登盛访华期间，在两国元首的见证下，李长进董事长与缅方代表签署了《关于缅甸木姐—皎漂铁路运输系统项目谅解备忘录补充协议》。协议签署后，中国中铁从根本上锁定了中缅铁路项目的实施运作主体地位。

木姐至港口城市皎漂联合铁路项目，一期工程为木姐至腊戌段，全长126公里，包括41座桥梁、36个涵洞和7座车站。项目预计工期3年，将与腊戌至昆明的中缅天然气管道项目一起实施。

10、李长进董事长会见英国前首相布莱尔阁下

2011年8月29日，股份公司董事长、党委书记李长进在总部会见了来访的英国前首相托尼•布莱尔阁下及布莱尔办公室主任凯瑟琳•瑞莫、礼宾主任维多利亚•古尔德一行，双方就EPC和政府主导特定项目合作和互设办事机构等事项进行了商谈。

会见中，李董事长首先对布莱尔阁下在一年内第三次访问中国中铁表示欢迎和感谢，并向布莱尔阁下介绍了目前中国中铁生产经营、中国铁路建筑市场形势以及中国中铁当前正在加快转型升级，加大路外、海外建筑市场的经营开发力度等情况。其后，李董事长强调了加强与布莱尔阁下就EPC和政府主导下特定项目合作的重要性，并且相信通过与布莱尔阁下的合作，使双方在工程建筑领域业务拓展和具体项目上有较大突破。布莱尔阁下对李长进董事长的盛情接待表示由衷感谢，他说：之所以多次访问中国中铁，就是把中国中铁视为重要的合作伙伴，并进一步探讨具体的合作事宜。布莱尔就国际经济政治形势，介绍了当前全球金融危机的大环境下，他所了解到的如美国西部、阿根廷、哥伦比亚、“金砖四国”、中东地区、非洲等一些国家和地区基建市场仍然具有一定活力、具有较好的投资机会和项目合作机会等情况。他表示，布莱尔咨询公司将在北京设立办事机构，十分愿意加强与中国中铁的沟通，尽快确定具体项目，实现双方合作的突破性进展。参加会见的国内代表有：中国人民外交学会王妍、股份公司副总裁周孟波、总部机关相关部门负责人和中铁国际总经理卢勃。

11、白中仁总裁会见力拓能源集团副总裁一行

2011年9月16日，白中仁总裁在总部会见了力拓能源集团副总裁海伦•纽厄尔女士一行五人，双方就莫桑比克煤矿项目合作与开发交换了意见。

白总裁首先对纽厄尔副总裁的来访表示欢迎，并介绍了中国中铁拥有基建工程、勘查设计、资源开发等优势的综合性企业概况；回顾了几年来中国中铁与力拓集团就有关资源开发、安全环保等方面开展合作意愿和接触情况，强调了双方通过莫桑比克煤矿项目合作以及战略合作协议签订的重要性，同时，也表达了今后在全球范围内加强双方合作，走共同发展之路的信心，并期待从此达到实质性地合作。纽厄尔副总裁非常感谢白总裁的热情接待，赞同白总裁关于中国中铁与力拓集团签订战略合作协议的倡议，十分愿意以此为基础建立牢固的、长期的合作关系。她说：通过白总裁的介绍和观看宣传片，中国中铁给她留下了极其深刻的印象，对中国中铁取得的业绩感到敬佩，也对企业在生产安全和环境保护方面所做的工作表示高度赞赏。希望中国中铁与力拓集团本着强强联合、优势互补，共同参与莫桑比克煤炭项目的

开发。

力拓集团，是世界最大的矿业开发三巨头企业之一，主营业务包括矿产行业的上游开发和冶炼加工等，在全球40个国家设有机构，拥有75000员工。莫桑比克煤炭项目，投资前景良好，是一个低成本、高质量、开发时间长的优质焦煤项目。

12、白中仁总裁参加商务部与国资委联合召开的加强对外投资合作和援外工作管理座谈会

2011年8月23日，商务部和国资委联合召开了加强对外投资合作和援外工作管理座谈会。会议通报了近期中央企业“走出去”及援外工作情况和存在的问题，并就进一步改进和提高工作质量和水平进行了研究和部署。国务院国资委主任王勇、商务部部长陈德铭出席会议并讲话。国资委副主任黄丹华，商务部副部长傅自应、部长助理李荣灿和48家中央企业主要负责人出席会议。白中仁总裁全程参加了会议，并作了重点发言。

王勇主任和陈德铭部长讲话中就中央企业贯彻中央“走出去”战略所取得的成绩给予肯定，同时，也对目前中央企业“走出去”做好战略规划与宏观指导以及境外经营中存在的问题和风险防范提出了要求。与会人员座谈后，陈德铭、王勇分别代表商务部和国资委签署了《协作备忘录》。协定双方在“十二五”期间要建立更为紧密长效的协作机制，全面推进并规范中央企业对外投资，规范企业境外经营行为，加快信息平台建设，减少“走出去”的盲目性，为企业解决在对外投资合作中遇到的困难。

13、白中仁总裁赴委内瑞拉出席中委高委会第十次会议并检查委铁分公司工作

2011年11月22日、23日，白中仁总裁随同中方代表国家发改委副主任张晓强赴委内瑞拉首都加拉加斯出席中国—委内瑞拉经济合作高级混合委员会第十次会议。会上，张晓强副主任重点介绍了我公司正在实施建设的委铁以及已被列入中委合作四大重点支持的委内瑞拉国家矿业公司FMO铁矿铁路项目推进情况，并对上述两项目工作计划、实施方案和资金安排等向委方提出了建议和意见。会议期间，白中仁总裁会见了委内瑞拉副总统、国家石油工业部长拉米雷斯，就在建的委内瑞拉北部平原铁路、中南部铁路和住房项目推进、项目融资等问题进行了交流和协商并达成共识。

24日上午，查韦斯总统接见了中委高委会第十次会议全体代表，白中仁总裁向查韦斯总统就“北部平原铁路项目”进展情况，以及今年3月16日查韦斯在家乡款待白总时让中国中铁提出“委内瑞拉中南部铁路和住房项目情况研究”情况进行了汇报。查韦斯总统认真听取了白总汇报，并对中国中铁在委内瑞拉所做的工作表示十分满意；同时，对中国中铁承建北部平原铁路给沿线人民带来了就业机会和社会稳定作用给予了充分肯定；对中国中铁为其开展的北中部铁路沿线住房项目研究也给予了高度评价，希望中国中铁与委方一道加快工作，争取早日签订商务合同，尽快实施项目开工。会见结束后，白中仁总裁不顾劳累即刻赶赴委铁项目工地。首先，热情慰问了全体员工，送去了祖国和家人的温暖；其次，及时听取了委铁分公司和各施工单位的工作汇报，并针对委铁项目施工和分公司在南美进行市场开拓提出了具体要求。

在项目施工方面：一是，坚持“量入为出”原则，严格计划组织生产，坚决避免盲目施工；二是，科学资源配置，优化用工组织，做好机械设备的保养维护；三是，高度重视施工安全和工程质量，确保营地和员工人身安全；四是，抓好综合治理。

在开发南美洲市场方面：白总要求各单位，第一，不仅要盯着委铁项目，重要的是要在委铁分公司统一协调下，尽快形成合力，制定统一开发规划，强化属地化意识，有组织、有计划地进行综合开发；第二，面对委内瑞拉不断恶化的社会治安形势，白总要求委分公司及各在委施工单位要克服麻木思想，强化安全防范知识教育，加强改进安全应急预案和安全措施，全面落实好安全管理责任，密切与当地警方、驻军关系，杜绝重大恶性安全事件的发生。

白总此次赴委内瑞拉，解决了委铁项目2010年验工计价13.94亿美元工程款支付问题；草签了中南部铁路EPC承包合同；推进了住房项目的实施工作；明确了中国中铁在中南美洲经营工作目标。

14、周孟波副总裁代表中国中铁签署印尼煤炭运输项目融资框架协议

2011年11月18日，印度尼西亚南苏门答腊煤炭运输项目融资框架协议签字仪式在巴厘岛WESTIN酒店隆重举行，股份公司副总裁周孟波、国家开发银行计划总监陈剑英和印尼BATA公司董事长鲁迪分别代表三方在融资框架协议上签字。中国驻印度尼西亚大使章启月、公使衔参赞周惠，印尼驻中国大使易幕龙、RAJAWALI Group集团董事会主席皮特松达，以及国家开发银行、巴克塔山煤炭公司、印尼工商企业会及印尼当地公司代表，新闻记者100多人出席了签字仪式。印尼工商企业会会长、易幕龙大使和章启月大使分别在签字仪式上讲话祝贺。框架协议的签署，明定了国家开发银行作为项目融资协调牵头银行，标志着项目融资工作取得了突破性进展。

协议签署后， 周孟波副总裁向章启月大使和周惠公参汇报了项目目前进展情况；章启月大使再次重申了国家对该项目的重视和支持，同时对中国中铁执行该项目的能力也表示充分信任。

15、周孟波副总裁出席第八届中国-东盟商务与投资峰会

2011年10月21日，周孟波副总裁出席南宁第八届中

国-东盟商务与投资峰会。开幕式上，中共中央政治局常委、国务院总理温家宝发表了《深化合作，共同繁荣》的主旨演讲，明确表示了巩固同东盟面向和平与繁荣的战略伙伴关系、推进互利互惠的全方位合作和办好共同建设好自贸区、大力推进互联互通、扩大多方投资合作、深化区域经济合作以及拓展人文领域的交流等事项的重要性。随后，柬埔寨首相洪森发表了演讲。

本次峰会主题是“深化区域合作，实现共同繁荣”。马来西亚总理纳吉布、缅甸副总统吴丁昂敏乌、老挝副总理宋萨瓦、泰国副总理吉滴叻、越南副总理阮春福等东盟国家领导人，文莱工业与初级资源部、新加坡贸工部、印度尼西亚贸易部、菲律宾贸工部的官员，东盟秘书长素林以及国际和区域组织代表、企业界代表、专家学者等出席了会议。

开幕式后，周孟波副总裁参加了马来西亚总理纳吉布与中国企业CEO进行的圆桌对话会，双方畅谈了中马在能源、基础设施、电力、环保、通讯等领域的合作前景及发展机遇促进双方经贸合作共同发展等问题。

16、中国中铁中标埃塞俄比亚 Sebeta-Mieso 段铁路项目

2011 年 10 月 25 日下午，在埃塞俄比亚副总理兼外长、兼埃塞俄比亚铁路公司董事长 Hailemariam Desalegn 阁下、中国驻埃塞俄比亚大使馆顾晓杰大使和钱兆刚参赞见证下，周孟波副总裁代表中国中铁股份有限公司与埃塞俄比亚铁路公司总经理 Getachew Betru 博士在埃塞俄比亚首都亚的斯亚贝巴正式签署“亚的斯亚贝巴-吉布提铁路项目塞贝塔（Sebeta）-米埃索（Mieso）段的 EPC 总承包合同”。

签约仪式上，埃塞俄比亚副总理兼外长、兼埃塞俄比亚铁路公司董事长 Hailemariam Desalegn 阁下发表热情洋溢的讲话，祝贺 EPC 总承包合同的成功签署。中国驻埃塞俄比亚大使馆顾晓杰大使也发表讲话，感谢埃塞俄比亚政府为本项目所做的支持。希望埃塞政府今后能继续给予支持。随后，周孟波副总裁代表中国中铁做出郑重承诺：中国中铁将会把此项目列为最重要的项目，一定举全公司之力，以优质、高效，按期完成项目建设任务。

“亚的斯亚贝巴-吉布提铁路项目塞贝塔（Sebeta）-米埃索（Mieso）段铁路线全长约 320 公里，全线电气化，部分双线，合同金额为 16.39 亿美元（不包括机车车辆），合同工期为 4 年。项目主要采用中国铁路标准，设计时速为 120 公里/小时。该铁路项目是埃塞俄比亚的一条重要战略通道，项目建成后将会极大地促进埃塞俄比亚国民经济的发展。

【“走出去”战略实施情况】 中国中铁股份有限公司 2011 年新签境外工程及设计项目等合同所在国家和地区情况

1. 新签工程项目合同所在的国家和地区

巴新、毛塔、刚果金、赞比亚、摩洛哥、南部苏丹、肯尼亚、南非、澳门、马里、安哥拉、尼日利亚、阿联酋、喀麦隆、香港、白俄罗斯、印度、斐济、埃塞俄比亚、孟加拉、南极、阿尔及利亚、贝宁、加纳、委内瑞拉、坦桑尼亚、泰国、塞拉利昂、沙特、斯里兰卡、安提瓜岛、尼日尔、塞内加尔、阿根挺、几内亚、哈萨克斯坦、吉布提、等 37 个。

2. 新签道岔及钢结构产品加工项目合同所在国家和地区：丹麦、孟加拉、美国、韩国、香港、新西兰、台湾、加纳、泰国、伊朗、马来西亚、印尼、德国、孟加拉、塞拉利昂、沙特、尼日利亚等 17 个。

3. 新签设计合同项目所在国家和地区

阿根挺、几内亚、孟加拉、委内瑞拉、埃塞俄比亚、巴新、吉布提、刚果（金）、泰国、卢旺达等 11 个。

4. 中国中铁股份有限公司 2011 年底境外在建项目所在国家和地区情况。

截至 2011 年 12 月底，股份公司全系统境外在建工程项目和设计项目总数 319 个，涉及 53 个国家和地区，在建项目合同总额 187.6119 亿美元，目前尚未完成的合同总额 115.1225 亿美元，在建项目中：500 万美元以上较大的项目有 208 个；上亿美元项目有 17 个；道岔及钢结构产品加工涉及 17 个国家和地区。

科技设计管理

【科技设计部】 科技设计部定员 22 人。主要职责为：

1. 负责制订和落实股份公司科技发展战略、中长期科技发展规划以及科技工作管理规章制度；

2. 负责股份公司科研及勘察设计咨询管理工作。负责股份公司技术标准、工法的编制和管理，专利技术申报和知识产权保护等工作。承担设计咨询分公司工作；

3. 负责股份公司科技项目研究开发和重大科技项目攻关工作。负责先进技术的引进、消化、吸收和创新工作。指导国家重点实验室和博士后工作站工作。承担股份公司技术中心职能；

4. 负责股份公司科技学术类团体的归口管理工作。负责

与外部相关学术类团体的联系，承担中国铁道学会铁道工程分会秘书处工作。负责《铁道工程学报》的编辑出版及其它相关工作。负责总公司科技期刊的主管工作；

5. 负责股份公司各类科技专家委员会工作，参与专家和科技人才队伍建设，参与对专家委员会专家的考核和调整工作；

6. 负责股份公司信息化战略、信息化建设及信息管理工作。负责股份公司节能减排管理工作。

【第四届科技大会】 2011年1月24日，在北京召开了中国中铁股份有限公司第四届科技大会，与会代表170余人。会上总裁白中仁、董事长李长进分别做了重要讲话，会议通过《中国中铁股份有限公司“十二五”科技发展规划》，并分别对股份公司“十一五”期间的十大科技成果、科技创新先进企业、十佳节能减排标准化工地和十大科技标兵进行表彰与奖励。

【勘察设计与咨询工作座谈会】 2011年5月16日～17日，股份公司勘察设计与咨询工作座谈会在深圳召开，股份公司公司副总裁、总工程师刘辉出席会议并做重要讲话。会议由股份公司副总工程师、科技设计部部长刘成军主持，参加会议的有中铁二院、中铁设计咨询、大桥院、西北院、西南院、华铁咨询、隧道院、电化院、通号院、中铁工程设计院的主要负责人、总工程师和生产经营有关部门的领导，铁三院、中铁南方公司的主要领导应邀参加会议，会议还特邀深圳市政府副秘书长赵鹏林、深圳地铁公司总经理林茂德参加。会议的主要内容是：贯彻落实2011年股份公司工作会议和第四届科技大会精神，总结2010年取得的成绩，分析存在的问题，研究设计咨询市场的发展趋势，探讨勘察设计与咨询企业的可持续发展途径和对策，部署2011年勘察设计与咨询工作。

【总工程师年会】 2011年12月25日～26日，中国中铁总工程师知识更新培训班暨2011年总工程师会在武汉召开。会议由股份公司科技设计部与干部部联合举办，股份公司副总裁、总工程师刘辉，副总工程师、科技设计部部长刘成军，股份公司所属35个子、分公司的总工程师参加会议。会议听取学习副总裁刘辉做的《隧道防坍塌及工程抢险救援技术》、秦顺全院士做的《世界桥梁发展现状及趋势》、中南大学徐志胜教授做的《重大工程项目中的灾害防治与对策》等三个主题讲座；陈副部长唯一代表科技设计部做《2011年度股份公司科技开发计划立项及执行情况》报告。会议回顾总结2011年股份公司科技设计工作，分析形式，对2012年的科技设计重点工作提出要求、进行整体部署。

【中国铁道学会铁道工程分会换届大会】 2011年12月10日，中国铁道学会工程分会换届会议暨第六届全体委员大会在北京中国科技会堂召开。铁道部总工程师何华武，中国铁道学会理事长孙永福、副理事长杨建兴，工程分会第六届委员会主任白中仁，副主任委员苏全利、周孝文、张志方、顾聪、刘辉（常务）、陈云，顾问施德良等领导及委员，以及工程分会所属勘测设计、线路、工程地质与路基、桥梁、隧道与地下工程、工程机械化、水工水文、工程爆破、暖通空调、工程振动、可靠度等11个专业委员会负责人共90余人出席了大会。孙永福理事长、何华武总工程师、白中仁主任分别发表了重要讲话，会议审议通过了第五届委员会工作报告和第五届委员会《财务工作报告》，宣读《中国铁道学会工程分会工作条例》（征求意见稿）并做修改说明，宣布了第六届委员会组成人员名单。

【第八届三次工程爆破学术会议】 2011年10月26～28日，中国铁道学会工程分会爆破分专业委员会在成都召开了“第八届三次工程爆破学术会议”。来自会员单位和部分路外代表等31个单位、60人参加会议。爆破专业委员会的冯叔瑜院士、刘宏刚教授、顾毅成研究员和金骥良研究员、工程分会何宁秘书长等专家和领导应邀出席会议。会议内容涉及复杂环境下的石方控制爆破、隧道爆破、拆除爆破和爆破器材的最新发展等，并对此开展讨论。

【中国铁道学会工程分会第六届线路专委会换届会议】 2011年12月23日在昆明召开中国铁道学会工程分会第六届线路专业委员会会议。中国铁道学会副理事长杨建兴、中国铁道学会工程分会秘书长何宁等领导和会员单位、相关专业技术代表50余人参加了会议。会上，秘书长何宁传达中国铁道学会工程分会换届会议暨第六届全体委员大会的会议精神，以及白中仁总裁提出的学会工作实现三大转变、搭建四个平台的重要指示。会议总结回顾了第五届线路专委会的工作情况、选举产生了新一届线路专委会、讨论通过了第六届线路委员会的工作规划，并围绕企业走向国际化及铁路线路设计展开技术交流。

【制度建设】 2011年，科技设计部制定并修改完善了科开管理、科技奖励、工程项目勘察设计管理、信息化项目管理、网站群相关技术规范和标准等办法，强化业务指导，规范了部门管理，有序推动了部门工作。

【节能减排管理】 强化监督管理，节能减排取得新突破。一是加强日常管理，组织制定股份公司《“十二五”节能减排规划》、《中国中铁办公楼节能改造实施方案》和《节能减排工作要点》，下达年度考核指标，开展节能减排考核，完成全公司全年能耗统计和呈报国资委的节能减排专题报告。二是推行“四节一环保”的节能减排标准化工地建设，开展节能减排标准化工地评选活动。2011 年全公司共有 17 家单位申报了 65 个项目，通过现场检查和综合评定，共评选表彰了 33 个股份公司节能减排标准化工地。三是积极开展节能减排宣传和技术攻关，能效水平进一步提高，2011 年全公司万元营业收入综合能耗为 0.0742 吨标煤，比上一年下降 5.5 %，超额完成年度下降 5%的节能减排考核目标。四是国家节能减排专项资金申报取得突破。股份公司组织推荐申报的“轨道板预制装备智能化项目”获工信部批准，成为首批 80 个两化融合促进节能减排重点推进项目，是股份公司首次取得工信部项目立项，也是唯一一家中央建筑企业获批项目；组织申报的中央国有资本经营预算节能减排项目“CRTS Ⅱ型轨道板预制综合节能应用项目”获财政部 897 万元的资金拨款。在中央企业节能减排工作会议上，总公司被国资委授予“十一五”中央企业节能减排优秀企业称号。

【信息化建设】 深化系统应用，信息化建设再上新水平。一是加强信息化建设，用信息化推动企业管理现代化。“五统一”信息化基础平台进一步推广应用，系统资源整合，确保 OA 系统、财务、资金、工程、人力资源、科技等管理应用系统和视频会议系统的稳定运行。二是实现了网站架构和内容升级。组织开展网站系统的技术架构升级和内容改版工作，调整行业资讯、教育培训等 51 个栏目、300 多项内容，新增电子商务、在线客服、站群管理等 28 项功能，完成了国资委规定的 107 项考核指标内容，初步形成股份公司主站/子站群的技术架构和动态内容集中管理模式。三是推行计算机软硬件集中采购。组织完成了总部及所属 13 家二级企业 13 类 35 项产品、总部统计和内控信息系统硬件设备招标两次集中采购工作。四是开展灾备系统建设，加强运维管理和网络舆情管理，为全公司生产经营管理提供信息保障。2011 年，在国资委发布的中央企业信息化水平评价结果中，股份公司由 C 级晋升为 B 级，排名上升了 18 位。

经营开发管理

【经营开发部职责】 1. 负责经营开发部全面工作。负责公司的经营开发、成本管理和二次经营业务工作。

2. 贯彻执行国家有关法律、法规，执行公司董事会及党、政的有关决议、决定。

3. 负责制定、落实公司国内基建业务经营开发战略，主持编制经营协调和成本管理的有关办法、规章制度等。

4. 负责组织、协调和指导所属单位的经营开发工作，协调与所属单位对口部门的业务关系。

5. 负责公司本部资质证书使用的审批管理工作。

6. 负责并指导、协调所属单位与有关部委和相关政府部门的业务联系工作。

7. 负责部门内控体系的运行和维护工作，负责部内工作的组织、管理及考评。

8. 完成领导交办的其他工作。

【经营思路】 准确把握市场脉搏，超前谋划，指导、督促各单位及时将经营工作重点转向非铁路市场。在 2010 年三季度铁路项目集中招标结束后召开的经营工作座谈会上，股份公司分管领导就要求各单位在继续抓好铁路项目开发的同时，要把经营工作的重点迅速向非铁路市场转移。经营开发部 2011 年初及时搜集整理了国内地铁和高速公路的行业发展规划，并将相关分析研究资料反馈各工程局。在多种场合、通过多种形式不断指导、督促、要求各单位尽快将经营工作重点转向非铁路市场，合理调整经营布局。

【品牌营销】 开展高层营销、品牌营销，加强与政府层面的合作联系，重大项目、重点区域工程总承包取得突破。2011 年股份公司领导带队拜访了 20 余个省市的领导和业主单位，加强互动，推动高层经营，加强与政府的战略合作，多个项目取得突破。成功实现对昆明地铁 3 号线西标段的施工总承包，以此为契机，指导、协助建工集团承包昆明市 32 亿元保障房建设工程。创新投招标模式，以 BT＋EPC 模式实现了对江门南车配套基地项目总承包。利用承担玉树灾后重建工作的有利条件，推动青海地区的公路、市政等项目的经营开发，取得成果。

【区域经营】 2011 年 5 月股份公司分别在沈阳和西安组织召开了东北片区、西北片区区域经营工作会议，推广区域经营的理念，推进各单位区域经营合作工作的开展，倡导、推动系统内三级公司之间的联合、协作。从实际运行情况来看，遏制了内部单位恶性低价竞争，提高中标质量和市场份额，保障股份公司的整体经济效益。

【资质使用管理】 加强公司资质使用审批管理工作。经营开发部在 2011 年资质使用管理工作中，加强资质使用的审批和协调服务工作，加大对新成立企业的扶持力度，加强对新组建企业经营工作的指导，全年累计审批建设公司和新组建的工程局使用资质 180 余项，理顺管理关系。

【成本管理整章建制】 建立和完善工程项目成本管理工作规章制度，为股份公司全面提高工程项目成本管理水平和经济效益提供有效的信息服务。2011 年建立在建工程项目的成本管理和合同管理季度报表制度，理顺管理关系，加强工程项目成本和合同管理信息的采集、分析。起草了《中国中铁股份有限公司工程项目成本管理指导意见》，加强和规范股份公司工程项目成本管理。

【概算清理】 组织指导重大铁路项目的概算清理。组织各参建单位集中清理了甬台温、福厦、武广新广州站等项目的概算问题，就跨越大江大河及海湾滩涂桥梁重大工程措施调整所增加费用等十多个问题，形成书面材料向铁道部和业主报告，跟踪解决，取得阶段性成效。

【定额修编】反映铁路工程造价问题，参与新一轮定额修编工作。每季度对股份公司 2500 余个在建工程项目的合同管理数据进行收集、整理和分析。向铁道部反映施工企业存在的问题和困难，对于铁道部收取 5%审计预留金、地材差、铁路项目概算工费标准严重偏低、施工企业入不敷出，垫资数额大，亏损严重等问题向铁道部提出解决建议。组织开展《铁路工程工期对于成本的影响定量关系》科研课题的研究，初步形成《工期变化影响成本费用计算框架与方法》，对京沪、哈大等项目工期缩短引起的成本费用增加进行现场测定和深入分析，为新一轮定额立法修编提供参考。

【开展培训】 组织举办首次工程项目成本管理及二次经营培训班。2011 年 4 月，在北京组织举办了工程项目成本管理及二次经营培训班。股份公司 17 个子分公司的 350 名工经人员参加了培训，不仅提升了参训人员的业务水平，而且推动了各单位对各级成本管理人员的培训工作。

【玉树灾后重建】 1.定期向国资委上报玉树灾后重建工作进展情况，完成与国资委、青海省等有关方面的联络、沟通和协调。按照股份公司重建领导小组的指示要求，经营开发部负责落实公司领导小组对玉树灾后重建工作的具体部署，建立与国资委和青海省政府的沟通、联系和汇报，定期编发《中国中铁玉树灾后重建工作简报》和调度周报；配合现场及时报告和帮助解决存在的问题，组织完成玉树重建工作的现场调研、联络协调等各项工作。

2.为争取工程造价问题尽快解决，经营开发部利用各种会议的机会，多次向国家发改委、国资委等有关部门专题反映玉树援建工程价格偏低问题。

3.组织召开股份公司玉树灾后重建工作会议。2011 年 5 月组织召开股份公司玉树地震灾后重建领导小组会议，就制约和影响重建工作的因素和需要解决的问题进行研究，对 2011 年玉树灾后援建工作做具体安排部署。2011 年 12 月组织召开玉树灾后重建工作总结会。总结了施工、设计、监理等负面 2011 年玉树灾后重建工作情况、面临的困难和问题，研究部署灾后重建下一阶段的工作。

4.组织股份公司成本调研组、薪酬调研组到玉树灾后重建现场进行调研。经营开发部 6 月份牵头组织成本调研组和薪酬调研组到玉树进行实地调研，确定内部成本控制红线和现场指挥部管理人员薪酬标准和管理费用额度，促进玉树灾后重建任务的推进。

工程管理

【工程管理部职责】 负责制订和实施股份公司工程项目管理的规章制度。指导、监督、协调股份公司所属单位的工程项目管理工作。负责组织生产调度会议，检查落实生产调度命令。负责在建国内工程项目信息管理。负责股份公司与有关部委的业务联系及国内工程项目信誉评价工作。负责指导股份公司所属单位的铁路运输工作，协助办理路用车审批、自轮运转设备过轨运输等事宜。负责股份公司国防交通战备和人防等工作。负责对股份公司及所属二级子（分）公司各类境外工程项目和非矿业投资项目等施工生产进行业务指导和监督抽查工作。

【施工生产督促协调工作】 1.及时通报生产情况，提出改进意见。通过交班会和季度生产与安全视频会通报各单位国内项目产值完成情况，针对施工生产和项目管理中存在的问题提出意见和改进措施。2.召开片区施工生产会议。包括重庆轨道交通工程施工生产联席会议和上海地区施工生产办公会。通过座谈交流和现场观摩，加强沟通协调，对该地区的施工生产和区域化经营起到推动作用。3.召开施工生产对话会。公司领导与完成任务较差的单位领导进行视频或面对面对话，督促有关单位切实抓好相关措施的落实，争取全年生产任务的完成。4.在日常检查中督促施工生产。通过检查，着重了解项目进展情况和存在问题，督促、指导合理组织施工生产，并就存在的困难及采取的措施提出意见和建议。5.对存在问题的单位和项目进行督导、协调。分别对深圳地铁

5号线现场驻点督导、针对广珠铁路业主反映的情况进行协调，组织成立四个督导组对三、六、七、九局的部分项目进行施工生产督导。

【标准化管理和架子队建设】 在项目进行检查、督导、调研时，始终着眼于标准化建设，注重检查项目标准化管理情况和架子队建设情况，并就有关问题进行解释、探讨或提出意见、建议。在广深港召开的架子队建设现场推进会，并提交了《中铁电气化局架子队建设调研报告》。根据铁道部《铁路建设工程转包和违法分包清理规范建议方案》，撰写《股份公司铁路工程转包和违法分包清理情况》，指出工作重点和改进方向。

【推广项目管理经验】 针对隧道局一处、四局石武客专项目河北段的企业管理和项目管理情况进行了调研，为推广、交流先进的管理经验提供具体的案例和素材。在项目检查调研中，以及各种有关会议和培训班上，就如何把握工程项目管理的各要素、如何加强项目管理、搞好技术管理、促进施工生产等有关问题提出具体的改进意见与建议。

【参加安全质量大检查】 2011年，先后对铁路、公路、地铁、市政工程等10多个项目进行检查和督导。在公司的部署下，参加国内在建50多个不同类别的项目的安全质量检查或安全稽查工作。

【BT项目和以公司资质中标项目的管理】 加强对公司BT项目、总承包项目和以公司资质中标项目的关注和监管。参加对沈阳四环路面工程、江顺大桥和高明土地一级开发项目的评标，组织相关部门对昆明地铁、沈阳四环的施组进行评审，制订昆明地铁工程《项目管理目标责任书》。

【完善项目管理的制度办法】 2011年制定发布《中国中铁股份公司工程项目施工生产管理暂行办法》，为进一步规范工程项目特别是为以股份公司资质中标项目的管理提供依据。

【工程信息系统管理工作】 编制了《生产周报》、《大交班资料》、《施工月报》、《主要在建铁路项目》、《主要在建非铁路项目》。收集并整理2011年度重、难点工程项目，对存在工期调整、技术标准改变的项目进行分类统计、汇总，并调查分析部分铁路项目工期推后的情况及原因，及时收集铁路施工企业信誉评价结果，建立国内铁路工程项目信誉评价管理台账。

【战备、人防、运输工作】 在战备工作方面，下发年度《战备工作要点》，调整重组企业战备任务划分，明确各单位承担的交通保障任务，召开年度战备工作会议。对列入国家“十一五”战备建设计划的战备库新建或维修项目，进行实地验收。此外，组织开展了国防交通物资储备仓库标识牌授牌和战备专业保障队伍演练、观摩活动。

在人防工作方面，下发了年度《人防工作要点》，与国家机关人防办和在京有关单位签订了《人民防空工作责任书》。完成地下空间综合整治及数据核补和上级机关对公司人防工作的年度考核。

在运输工作方面，召开了年度路用车会议，报批路用车78批次，共计4995辆。办理循环运梁专列8列平车384辆；协助办理轨道车跨局运行命令40多次，满足各单位的施工生产需要。

【技术交流、定额测定工作】 组织召开了股份公司调度工作座谈会、电务处长会等专题会议。

完成铁路工程定额及计价标准修订项目委托合同。根据2008年7月和2009年7月铁路工程定额所与股份公司签订的《铁路工程定额及计价标准修订项目委托合同》，承担了“铁路路基、桥涵、隧道、轨道工程定额测定与分析”任务。通过3年的努力，定额测定与成果分析资料通过了铁道部经规院组织的验收评审。此次铁路工程定额测定与分析为我国铁路工程有关定额和标准的修订提供基础资料，对于国家铁路建设的合理定价有着深远的意义。

工业设备管理

【工业设备部】 1.负责编制、实施股份公司工业板块发展战略。负责制订和落实股份公司机械设备装备规划和机械设备管理制度。

2.负责组织新型、大型机械设备的研制开发及相关技术的推广、应用等工作。

3.负责组织大型施工设备集中招标采购和调配工作。负责协调股份公司重大总承包项目的机械设备配置工作。负责对重要工业产品生产进度、产品质量，重大工程的重大机械装备项目进行监管。

4.负责对股份公司工业企业重大投资项目、技术改造项目，重大设备投资项目进行评审、监管。

5. 协调股份公司工业企业生产经营等工作。协助工业企业办理产品生产许可证等有关工作。

6. 配合有关部门开展工业企业改制重组等有关工作。

【工业企业内部管理】 工业企业加强企业内部管理，提高产品质量和合同履约能力，保证股份公司下达的主要经济指标完成。2011年全年新签合同超过131亿，营业额超过106亿，销售收入111亿，归属母公司净利润6.3亿，综合毛利率18%。2011年完成的主要产品数量如下：道岔7209组；钢结构40.4万吨；盾构15台；大型搬提运架设备6台；TJ165架桥机5台；传统铺轨机2台。各项指标取得历史最好成绩。

【工业"十二五"规划】 工业设备部2011年初成立工业制造业"十二五"战略编制组，通过筹划、调研、讨论、编辑进行六稿修订。8月《股份公司直属工业制造业"十二五"战略发展规划》通过股份公司评审，9月通过总裁办公会，10月份通过股份公司董事会审议批准并发布。工业制造业"十二五"战略的发布，对股份公司工业板块的持续发展将起到指导作用。

【内部企业协调组织工作】 2011年以来股份公司加强内部企业间重大产品经营方面的协调组织，在钢结构方面，在大桥局总包的几个重点项目上加大市场协调力度，减少内部企业恶性竞争的情况，增加企业的效益。在资源矿产设备开发方面，协调中铁科工与中铁装备研发方向，有选择的进行重点突破，避免重复投资和无序竞争，减少资源浪费。

【港珠澳大桥钢箱梁制造项目前期相关工作】 为确保在港珠澳大桥钢结构制造方面发挥主导作用，拿到任务。工业设备部组织山桥、宝桥、科工成立联合技术课题组，针对港珠澳大桥钢箱梁制造重点难题开展技术研究和攻关。组织编写完成《钢结构总体制造方案研究报告》、《大节段场内转运及装船方案研究报告》、《大节段制造技术研究》、《大节段海上运输方案研究》、《桥位钢结构施工技术研究》、《耐久性研究》和《钢混结合梁制造方案研究》等七个课题，并在5月中旬向港珠澳大桥管理局的领导做研究成果汇报。在此基础上，根据港珠澳大桥建设的需要又组织开展《自动化、智能化制造技术研究》、《信息化与生产管理融合技术研究》、"钢塔制造"和"钢混叠合梁施工方案"的研究，为项目的投标和实施奠定基础。

为推进中山基地建设，2011年8月，派专人对中山基地建设项目的实施情况进行驻地督导和协调，期间与指挥部、港航局、地方政府、施工单位在理顺关系、强化管理、优化方案、降低造价进行沟通，取得成果。750亩工业用地的软基处理已完成，剩余250亩2012年2月完成，均能保证港珠澳大桥投标和实施的需要。

【规范现场施工设备管理】 工业设备部将2011年定为制度建设年。完善股份公司施工设备管理方面的制度和办法。成立《股份公司工程项目机械设备管理标准化工作指引》编制组，通过在基层调研、征求意见、部门内审、制度评审等程序，编制组四易其稿，7月通过股份公司总裁办公会审议批准并下发各单位。通过该《指引》，对工程项目机械设备日常管理活动确定了标准、明确了职责、规范了流程，促进项目设备管理标准化上新台阶。

工业设备部还组织编写《中国中铁海外项目施工设备标准化管理指导意见》，在加强海外设备管理方面进行探索。

【大型设备集中采购管理工作】 为做好集中采购，工业设备部根据施工设备集中采购需要编写《中国中铁股份有限公司施工设备优质供应商管理办法（暂行）》（中铁股份[2011]408号文），规范施工设备供应商的评审办法及评审程序，明确股份公司及二级公司的职责范围。

根据《优质供应商管理办法》，工业设备部组织十七个施工企业设备管理人员对重点设备优质供应商进行了招标评审最终确认三十八家施工设备供应商为股份公司2011年～2012年度施工设备优质供应商。完善股份公司采购和评价体系，提升管控能力，降低采购成本和管理成本。

通过加强盾构、客运专线箱梁提运架等大型设备采购的管理和闲置设备的调配，定期公布大型设备使用动态，提供调剂信息，提高内部资源的利用率，避免在设备方面的盲目投资、重复投资和低效投资。

2011年股份公司完成设备投资28亿，其中设备采购集中度达到总投入80%以上。

【设备投资预算管理和资产管理】 通过加强设备投资预算管理和资产管理，使投资更加科学，装备结构更合理，设备利用率更高。工业设备部加强对各单位设备管理情况的调研，掌握大型设备集中采购与调配、投入预算、现场管理等情况。在批复各局采购申请时，进行引导，对铁路客运专线运架设备和无砟轨道施工设备，采取以闲置资源的调剂为主、零星补充为辅的手段，指导大桥局租用港航局900吨运架设备一套，提梁机4台；九局调拨六局博格板厂设备一套；八局租用一局双块式轨枕生产线一套，合计节约各局采购资金3亿元以上。

【推进施工技术和装备进步】 发布《股份公司2011-2012

年度施工设备优质供应商名录及混凝土拌和站预招标结果等情况的通报》，明确提出盾构机、900 吨箱梁提运架设备、混凝土拌和站、500 米长轨铺轨机以及湿喷机等设备必须采购股份公司直属内部工业企业产品。全年股份公司各局共采购中隧装备盾构机 7 台，价值 2.8 亿；采购中铁科工提运架设备 12 台套，价值 1.7 亿元；采购中铁科工、中铁山桥联合体 2000 吨门吊 2 台、中铁科工 50 吨门座式回转吊 1 台，价值约 1.3 亿元。

行政管理

【行政管理部定员与职责】 1. 负责股份公司总部机关办公用品、办公电话管理以及低值易耗品的计划、采购和领用管理。

2. 负责股份公司总部机关办公楼的物业管理公司选用、物业合同签订和履行及日常监督管理工作。

3. 负责股份公司总部机关的办公室、会议室、办公家具的使用管理。负责股份公司总部机关劳动保护用品的计划、采购、发放工作和员工健康体检、计划生育、贯标等工作。

4. 负责股份公司安全保卫工作的指导和总部机关的安全保卫、卫生防疫、绿化、“门前三包”、消防及社会治安综合治理、公务车辆泊位管理等工作。

5. 负责组织落实股份公司总部机关所在地各级地方政府要求的其他社会事务工作，总部机关其他日常事务和后勤保障等工作。

6. 负责股份公司离退休工作的指导和总部离退休人员的管理工作。

部门定员 10 人，其中部长 1 人、副部长 2 人、职员 7 人。

【制度建设】 制定和修订了《总部会议室管理与使用办法》、《总部员工用餐管理办法》、《关于调整总部机关住房委员会组成人员的通知》《总部员工临时性租房补贴管理办法》《总部员工自购住宅物业费、取暖费报销暂行管理办法》等 5 个管理制度办法，下发《关于进一步加强新形势下离退休干部管理工作的意见》，拟定《中国中铁总部离退休干部管理办法》。同时，根据总部安全需要，编制《总部突发事件应急处置预案》、《总部治安消防安全管理手册》。调整了机构名称，形成行政管理部、离退休干部部、保卫部，与机关党委、机关工会“五位一体”，合署办公，推进各项工作制度化、规范化和标准化。

【总部物业服务】 结合《总部物业管理考核办法》，对总部物业管理与服务工作制定新的工作目标。对考核指标进行的量化和调整，将日常考核与定期考核相结合，同支付物业管理费相挂钩，推进物业管理服务质量的提升。对物业实施标准化管理，指导物业公司建立高管服务流程、会议组织流程、接待活动流程，改进了入室保洁流程、绿植养护流程；督促物业公司对不符合总部物业服务需要的保洁、保安队伍及人员进行清理清退，更换了部分会服和形象岗人员。完成大楼的空调、避雷、通风、消防报警、给水、监控、泛光照明、电梯和防水等 9 大系统的维修与维保，并按照国家、地方要求取得相关合格证书。通过确定标准、规范流程、提升素质、严格检查、及时反馈等手段，确保总部大楼物业管理工作实现了安全、平稳、有序的目标。

【内部治安保卫工作】 3 月会同北京市铁路工程公安局召开了在京所属企业内部治安保卫工作会议，表彰一批先进保卫部门、先进保卫人员。对股份公司所属单位内部治安保卫机构建立情况及专兼职内部治安保卫人员情况进行了统计与分析，并建立了相应的联系制度。对中铁建工集团和隧道集团北京地铁 7 号线 03 标项目部内部治安保卫工作经验、做法进行了总结，股份公司总经济师许廷旺作重要批示，并通过《情况通报》和《中国中铁报》在全公司范围内转发推广，收到好的效果。建立 “日例行巡查、周重点检查、月专项检查、季综合检查”的安全检查制度，为总部机关财务室、工会财务室安装红外报警器和防盗门，对总部大楼 129 个监控点进行了调整与更换，形成了楼内外、重点部位全覆盖的监控系统，实现人防、物防、技防的有机结合，确保总部机关平安无事故，全公司实现了“三零”目标。

【离退休干部管理】 下发《关于进一步加强新形势下离退休干部工作的意见》，推动全公司离退休干部管理工作的开展。落实中组部《关于提高离休干部生活补贴标准和扩大发放范围的通知》和北京市《关于调整离休人员生活补贴操作流程的通知》的精神，为离休干部和离休人员增发和补发相关补贴。元旦、春节期间，先后对 100 多名老领导、老同志进行走访、慰问，组织召开新春茶话会。2011 年 7 月 1 前，股份公司领导对总部机关 34 名老红军、老战士和老领导进行慰问。与北京市劳动和社会保障局积极协调，两次组织公司在京单位 180 名离退休干部参加北京市退休工人健康疗养活动。坚持就近节俭的原则，组织了 368 人（次）郊游和 132 人（次）的垂钓活动，走访、慰问、探视生病、住院的离退干部 130 余人（次）。在 2011 年召开的全国老干部工作先进集体和先进工作者表彰大会上，公司离退休干部管理工作得到了中组部和国资委的高度赞扬，袁立新同志获全国老干部工作先进工作者的荣誉称号。

【总部后勤管理】 2 月 18 日，总裁白中仁主持召开总部后勤管理工作专题会议，对总部全年的后勤工作提出了具体要求。完成总部机关住房委员会调整工作；与劳资社保部完成住房公积金交接工作；协调宏达中心完成单身宿舍和总公司注册办公用房租赁清退工作；与五棵松文体中心协商完成竣工资料移交、相关费用清算和下沉广场的交接工作，配合法律部取得公司办公大楼的房产证；协调中恳快餐和天使食府完成总部员工就餐调整工作，制定总部餐厅和伙管会工作职责，同时定期征求总部员工的意见，督促供餐单位积极改进；完成了万寿路甲 2 号院相关费用清算工作，并组织相关单位和人员对后期管理工作进行了研究和论证；修改下发《总部员工租住住房临时性补贴暂行管理办法》，完成总部 51 名员工申请的审核与发放；制定《总部员工供暖费、物业费暂行管理办法》，为总部在职和离退休 420 名职工审核报销物业费和供暖费；参加国管局组织的两次培训，完善总部员工住房档案。

【总部节能减排工作】 与机关党委、科技设计部共同制定下发《总部机关节能减排实施方案》，从总部机关的各个方面提出了全员节能减排的具体措施。开展以“节能我先行、低碳新生活”为主题的宣传活动，在总部员工中开展节能环保知识答卷活动，320 名员工参加了答卷活动，占总部员工的 95%以上。指导物业公司细化实施方案，通过技术优化改造，合理调整开关时间，合理设置公共区域空调温度，多岗位联合巡查责任制等措施节约用电；通过技改升级、调整水压，及时更换老旧水龙头、完善保洁作业流程等措施节约用水；通过集中招标、总量控制、有效调剂、以旧换新等措施降低办公费用。一年来节能降耗与 2010 年同比降低 5%以上。

【总部大楼收尾和改造工作】 与五棵松文体中心进行多次协调，并先后组织装饰、安装、弱电、消防等多家施工单位对大楼运行中存在的 261 项问题进行消项。为确保股份公司整体利益，配合新办公楼建设领导小组、法律部、财务部，组织做好总部大楼设备、功能用房面积分摊的勘查工作，理清总部与五棵松文体中心及相关租赁商家的费用清算，做好大楼竣工备案、组资的相关准备工作，检查督促租赁商家严格执行大楼有关安全消防规定。组织监督、指导设计、施工单位完成大楼内宴会厅、乒乓球室、淋浴间、停车棚的改造工作，组织完成南大厅水幕墙、南大门文化墙和广场地砖更换、A、B 座大厅顶部防水、露天广场通风口改造等 9 项工程任务。

【总部社会事务工作】 加强与海淀区委、区政府、北京市公安局铁路工程公安局、海淀区房屋管理局、万寿路街道办事处、北京城市综合执法局海淀分局、海淀区质量技术监督局、供电局、五棵松消防中队、自来水公司、歌华有线等政府和主管部门的沟通协调工作。收集汇总总部和所属单位需要地方政府协助解决的问题，及时向海淀区、丰台区政府进行沟通、汇报。按照北京市安排部署，组织完成海淀区人大代表换届选举工作，机关党委书记、行管部长权有勇当选海淀区人大代表。

物资管理

【主要经济指标】 2011 年，全公司累计在 2585 个重点工程项目上实施物资集中采购，占项目总数量 3094 个的 83.6%；物资集中采购供应总额为 1259.6 亿元，占施工项目所需主要物资供应总额 1520 亿元的 82.8%，占年度集采指标 1100 亿元的 114.5%，与 2010 年同期集中采购总额 1215.4 亿元相比增加 3.6%。

【物资集中采购全过程控制】 按照股份公司提出的“对 2011 年新开工项目，都要通过物资管理部门进行前期策划和评估，发挥物资人员和专业机构的优势，实施集中采购”的管理要求，各单位物资采购供应部门，落实责任，根据项目物资实际情况，提前布置物资集中采购供应工作，对市场和资源情况进行调查，提出采购供应方案供项目部进行决策。通过对项目采购进行后期评价和分析，提出“管理机构专业化、采购供应集中化、消耗管理精细化、过程控制标准化、业务流程信息化”五化管理模式。建立工地材料厂考核制度，定期对工地材料厂进行检查和考核。考核的内容包括其资源优势、计划管理、采购与供应管理、合同管理以及成本控制情况等，并从人员、流程、资源、质量、价格、服务等方面向各用料单位开展满意度调查。同时采用“采购集中度”和“成本贡献率”的量化分析方式，来反映各工地材料厂主要材料的集中采购供应程度及相对成本控制能力，反映集中采购的经济效果。

【管理制度建设】 下发《中国中铁股份有限公司工程项目物资（集中采购）招标管理办法（试行）》。办法强化股份公司及各集团公司物资管理部门在物资招标过程中的职能作用，明确物资招标工作具体的内容和要求。2011年，股份公司及各集团公司共组织招标2589次，招标金额476.3亿元，降低采购成本约21.9亿元。

【资源渠道建设】 物资采购管理中心按照全公司在建施工项目分布和资源需求情况，先后与昆钢、东钢、天瑞等多家知名钢材、水泥企业建立了战略合作关系，建立了覆盖全国的资源采购渠道。2011年初，股份公司提出了“推进在建项目主要物资从生产厂家直接采购，其中：钢材占采购总量30%、水泥占采购总量50%、非铁路铺架施工用钢轨占采购总量60%”的管理目标。截至2011年底，根据22个集团公司上报数据汇总，全公司累计从厂家直接采购钢材350万吨、金额为173.6亿元，占采购总额506.7亿元的34.2%；水泥2755万吨、金额为125.9亿元，占采购总额164.5亿元的76.5%；钢轨23.6万吨、金额为14.9亿元，占采购总额24.6亿元的60.9%。其中钢材占采购量达30%、水泥占采购量达50%、钢轨占采购量达60%的单位有中铁二局、三局、八局、大桥局、上海局。通过从厂家直接采购，减少流通环节，降低采购成本约达9.4亿元。

【部管物资代理服务】 部管物资代理服务项目33个，组建16个现场项目经理部，签订代理服务合同27个，未签订代理服务合同6个。各个建设项目上报部管物资总需求计划121.2亿元，2011年完成招标的物资总额为64.4亿元，有22个代理项目开始物资的供应以及工厂监造工作，累计完成桥梁支座、隧道防水板、钢轨扣配件、道岔等物资供应额28.2亿元，监造产值8.65亿元。

【信息化建设】 2011年初，股份公司提出“全公司物资信息系统用于在建项目的覆盖率达70%”的管理目标，为此，股份公司物资采购管理中心按照年初制定的推进计划，组织软件服务商加大推广力度，完成中铁港航局、上海局、航空港等单位服务器安装和调试工作，深入现场，对中铁一局、四局、六局、九局物资管理人员进行培训和指导。截至2011年12月底，全公司物资管理信息系统用于在建项目数量达2413个，覆盖率达77.9%。共举办各类物资管理培训班20余次，参人数达1018人。通过普及物资管理信息化知识，提高物资管理人员的操作技能和信息化应用水平，促进物资管理系统软环境的改善，提升全公司物资管理水平。

为实现全公司的集采信息共享，加快电子商务平台建设，改变传统的采购模式。2011年物资采购管理中心联合梦龙软件公司，经过研讨、论证、定型测试和上线使用，2011年6月开通集中采购电子商务网站，成为股份公司直管项目和各集团公司提供网上申请、公告、投标、报价、采购、供应等全过程服务信息平台。下半年，物资采购管理中心借助网站平台，完成了委铁项目桥梁支座，东莞虎门BT项目土工材料、预制管桩，郑州地铁混凝土、钢筋连接套、防水材料、管片及螺栓等主要物资集中采购招标。通过现代化管理手段，规范招标采购行为，实现采购过程的公开、公正和透明。

【物资队伍建设】 2011年股份公司通过召开培训班、研讨会、自学或高等院校招聘优秀人才等多种形式，努力建造一支适应中国中铁发展需要的人才队伍。积极从高等院校引进物资管理专业大学毕业生，采取举办物资人员培训班、开展导师带徒、召开经验交流会等形式提高基层物资人员的业务素质，丰富物资管理和技术人才资源。对新入职的物资管理人员进行岗前培训，培训内容涉及物资管理制度及办法、过程控制，安全管理，合同及财务管理等相关内容。培训结束后，对全部学员进行考试，并向考试合格人员颁发物资管理岗位证书。

非上市资产管理

【组织机构及编制情况】 中铁宏达中心共分三级管理，一级为中心本部，截至2011年底，二级为分支机构20家，三级为非上市单位32家。全系统年末职工人数5125名。

北京燕丰饭店宏达资产管理办公室2011年2月撤销；中国中铁股份公司企业内部重组后，2011年1月成立中国中铁航空港宏达资产管理分中心、中铁港航局宏达资产管理分中心和上海工程局宏达资产管理分中心，二级分支机构由18家增加为20家。

【计划执行情况】 2011 年，全年完成企业营业收入 9.2 亿，是年初计划的 131%；完成利润总额 4500 万元，是年初计划的 5.6 倍；完成资本性投资 1.88 亿元支持重点单位发展；非上市单位全年减少 7 家，宏达管理的单位减少到 32 家。在 102 家的基础上，共减少了 70 家；全年职工平均年收入较上年增长 10%以上；全年无重大恶性上访事件和群体进京上访突发事件。

【系统改革发展情况】 2011 年，宏达中心支持有发展条件的单位发展，改变所属职业院校和医疗服务单位格局。

2011 年又撤销了 7 家没有发展前途的企业，宏达管理的单位减少到 32 家，优化企业的组织结构。探索股份制改革的方式和途径，引入社会资本对二局中心医院进行股份制改革试点工作。按照企业化、市场化运作方式，研究本部机关改制工作，推进分支机构职能的调整，强化分中心经营的职能。

宏达中心对有发展潜能和发展条件的单位加大帮助扶持力度。对总体发展好的职业教育院校，加大基础设施投入，改善办学条件、优化办学结构、提高办学质量、扩大办学规模、拓宽发展路径，培育新的经济增长点，增强造血功能；对于资产规模大，营业收入高、财务结果好、人才结构合理、专业优势明显、医疗特色突出、社会影响力和知名度大、具有一定发展条件和独立经营能力的医疗服务单位实行重点扶持。2011 年以来，帮助职业教育院校和医疗服务单位争取地方政府支持和优惠政策，资金补贴和土地优惠政策，进职业教育院校购地建设新校区工作，寻求医疗服务单位发展路径并取得了效。一是衡水电气化学校新址明年将建成使用；二是郑州铁路高级技师学院购地 600 亩拟建新校区即将开工建设；三是哈尔滨铁道技术学院购地 900 亩建设新校区已经全面启动；四是四局阜阳医院购地 100 亩建设综合性医院项目得到了总公司原则同意，目前已经同政府达成了共识，正在积极推进；五是武汉地区大桥局技校和武汉桥梁学校两校整合、购地建设新校区前期工作已经完成，项目论证方案上报股份公司。在加强校企合作、挖掘职业教育院校发展深度，以及拓展医疗服务功能方面上下功夫，使职业教育院校和医疗服务单位发展环境得到优化，经济效益不断提高，职工收入稳步增长，呈现较好的发展势头。

【系统资产经营】 2011 年，宏达中心把依法合规，管理好、经营好土地房产，提高资产经营效益作为解决企业主要矛盾和为企业发展提供资金支持的根本性举措来抓。一是在资产管理方面，召开了资产经营管理工作会议，明确了全系统资产经营管理工作方针、目标和具体措施；开展资产大检查工作，进一步规范了企业资产经营管理行为；对政府征用、主业使用、经营开发、资产处置与核销等资产管理事项，认真把关，履行审批程序。同时，做好关联交易协议签订和落实工作，资产管理工作得到有效执行。二是在资产经营方面，抓住政府城市规划及旧城改造有利时机，通过内部合作等方式，积极开发土地资源，实现合作共赢；通过资产评估、产权转让等方式，将主业需要的非上市土地房产注入上市范围，支持了主业发展；通过与主业协商，按照有关规定利用企业自有土地资源，为改善职工住房条件集资建房的方式取得了部分收入。同时，在政府征地拆迁过程中，按照有关法规政策，加强与政府协商，积极争取权益，维护了企业与职工合法权益和利益。一年来，通过采取合作经营、产权转让、盘活利用和市场开发等经营模式，共形成资产经营新签合同额 9000 万元，较好的支持主业生产经营，同时为职业教育院校和医疗服务单位快速发展提供了资金支持。

【系统管理情况】 2011 年宏达中心领导班子在企业科学管理、规范企业管理行为和管控，防范决策风险、管理风险方面，注重管理程序，严格按照企业章程办事，实行集体领导和党政联席会议制度，在企业发展战略、工作方针、经营目标、企业重大改革改制、重要人事任免、机构设置、投资、财务预决算“三重一大”等重要事项决策中，通过会前认真调查论证、专题会议研究、主要领导充分沟通和会议中充分发扬民主等程序进行共同研究决定，确保了企业决策的正确性和科学性。一年来，召开宏达中心党政联席会议十次，共研究决定涉及企业管理、经营开发项目、职业院校购地建设新校区、等重要事项 97 项。

组织各部门认真查找了影响宏达发展和本部门制度建设方面的缺失等问题，梳理并修订和完善的有关管理制度目录，完成内部整改和下一步需要提高的思想认识、能力素质、制度建设等三方面问题。召开部门全体员工大会，对个人进行评议、测评，以及对部门测评，加强本部机关建设，提升本部机关的管控能力。

【系统党群工作情况】 2011 年，宏达中心开展创先争优活动，注重廉洁从业建设，党群各项工作得到全面加强。一是深入开展创先争优活动。在创先争优第二阶段工作中培育、选树、奖励和宣传各类先进典型，在宏达中心党工委召开的纪念中国共产党成立九十周年暨创先争优表彰大会上进行命名表彰。创先争优活动转入第三阶段，总结宏达中心及其所属各单位创先争优活动前两个阶段的基本情况和取得成效。；二是在全系统继续开展创建学习型党组织、领导干部作风建设年、五先五最、党工共建、廉洁文化建设年等活动，加强基层党的组织建设、思想建设、制度建设、作风建设和反腐倡廉建设；三是加强本部机关党的建设。2011 年上半年对企业本部机关工作岗位调整的党员重新编入部门对应的党支部，对新调入本部的党员和新发展党员及时编入部门对应的党支部过组织生活，重新划分党小组，在本部机关两个党支部设立 6 个党小组。

企业党的工作

【总公司党委】 2011年，全公司各级党组织围绕企业中心工作，特别是面对外部环境重大变化带来的严峻挑战，坚持把好方向、出好思路、抓好保障、带好队伍，开拓创新，扎实工作，为推动企业持续发展提供政治保证。股份公司党委主要抓了六项重点工作，取得成效。

【党委二届九次全委（扩大）会议】 1月20日，中国中铁党委召开二届九次全委（扩大）会议。股份公司党委书记、董事长李长进主持会议并作重要讲话。公司党委委员、董事会秘书、三总师副职、纪委委员、所属各单位党委书记和总部机关党群部门负责人参加会议。会议审议通过股份公司党委书记、董事长李长进作的党委工作报告；听取了股份公司总裁白中仁作的行政工作报告和党委副书记、纪委书记、监事会主席王秋明作的纪委工作报告，并提出意见和建议。

【党委办公室】 企业成功上市后党委办公室与行政办公室合并，作为中国铁路工程总公司总部的机构，称总公司办公厅，作为中国中铁股份有限公司总部的机构称总裁办公室，一个部门两个牌子。党委办公室的工作，包括保密办公室，均在总裁办中履行职责，具体工作情况参见管理篇中的综合章节。

【办公室开展创先争优活动情况】 2011年，按照国资委党委以及公司党委关于“创先争优”活动的部署和要求，坚持以“四比两创”活动为载体，以提高办公室履职能力、服务质量为目标，着力解决在思想认识、能力素质、工作作风上不适应的问题，扎实推进活动开展。8月19日召开支部大会，传达学习各级领导在创先争优第三阶段活动中的讲话精神，以及关于创先争优第三阶段工作的部署要求，及时下发了党支部创先争优第三阶段的工作安排，就以文辅政、标准化建设、素质提升等方面工作提出具体要求。9月初党支部书记给全体党员集中上了一次党课，同时按党小组分别召开了党员、员工大会，每个党员、员工都进行了自检自查，支部领导和员工都进行了互查、集体共查，及时查找了总裁办存在的问题，制定整改方案。组织办公室员工参与总部机关党委“我为党旗添光彩·纪念建党90周年征文”活动，有10名同志分获一、二、三等奖，总裁办（党办）获优秀组织奖，同时支部在总部机关创先争优活动经验交流暨转段动员会上做经验介绍，并获股份公司党委创先争优活动示范党支部、总部机关党委先进党支部称号，在总部机关“创先争优”活动中做出表率，发挥作用。

【开展“四比两创”活动】 按照公司党委和机关党委的部署要求，总裁办（党办）以“四比两创”为活动载体，开展创先争优以及“学、争、创”活动。7月15日，召开了支部全体员工“创先争优”暨“四比两创”活动动员会，并结合公司KPI考核要求和办公室工作实际，研究确定8项具体目标，提出5项具体的工作措施；9月10日，召开支部“创先争优”暨“四比两创”活动推进会，全体党员在会上结合工作岗位实际，就“四比两创”活动开展以来完成的主要任务、工作体会、存在的问题，以及需要改进的工作不足等情况进行交流；10月19日，召开支部创先争优专题民主生活会，党支部制定5项公开承诺，支部全体党员分别作出承诺，特别是股份公司党委书记、董事长李长进，总裁白中仁参加会议，向全体党员作出公开承诺。

【保密工作】 公司保密办公室设在办公厅内，总公司党委重视保密工作，针对形势、任务及保密工作的重大问题及时作出具体部署。2011年的主要工作：结合企业实际情况，调整股份公司保密委员会成员，明确股份公司保密委员会职责。制定下发《关于进一步加强舆情管理和商业秘密保护工作的意见》、《关于开展企业商业秘密保护教育整改活动的通知》和《中国中铁重要会议及文稿管理办法》等文件，积极指导各单位加强商业秘密保护工作。印发了《自觉保护企业商业秘密，积极维护中国中铁持续健康发展——中国中铁开展企业商业秘密保护教育整改活动宣传提纲》，在全公司范围内开展为期一个月的商业秘密保护教育整改活动，在总部机关各部门组织开展一次保密教育活动，重点解决保密工作，特别是商业秘密保护工作中思想认识、制度规范、管理行为方面存在的问题。指导各单位开展检查，形成检查结果报告上报国资委。与要害部门签订《保密工作责任书》，特别是针对网络化办公给保密工作带来的新课题，加大督查力度，堵塞网络泄密漏洞，维护企业利益。

组织工作

【组织部】 公司党委组织部是主管全公司党的组织建设工作的业务部门。其主要职责是：贯彻执行党的路线、方针、政策和公司党委及上级组织部门的指示、决定，调查、了解和掌握全公司党的组织工作情况；负责研究制定党建工作方面的政策、制度、规划和实施办法，并负责贯彻落实；检查公司所属企业党委贯彻执行民主集中制、参与重大问题决策和发挥政治核心作用的情况，针对突出问题提出加强改进意见和建议；检查指导全公司各级党委贯彻执行党代会、民主生活会等项制度情况；做好公司所属企业党委换届选举和届中增补委员的指导、审批工作；负责所属企业党员领导干部民主生活会的检查指导；会同有关部门了解掌握公司所属企业党委班子建设情况，协同干部部门完成公司党委交办的所属企业党委班子的考核工作；负责贯彻落实公司党委加强基层党组织建设的总体要求，规划指导全公司基层党组织建设，提出加强项目部党组织和基层党支部建设的意见和措施；制定全公司加强党员教育、管理和发展党员工作的规划和措施，检查指导贯彻落实情况，提出加强改进意见；指导全公司开展党内“创先争优”、“创岗建区”等创建活动，负责做好公司党委和上级党组织表彰的先进基层党组织、优秀共产党员、优秀党务干部的推荐工作，会同政研会抓好党建工作方面的研究，做好先进典型的选树和总结推广工作；检查指导公司所属企业党费的收缴、使用和管理工作；负责公司党委留用党费的收缴、使用和管理；指导所属企业党委组织部门搞好党内统计工作；做好公司党内资料统计和分析工作；做好党内有关刊物的征订、分发工作；管理和指导全公司党员党籍、组织关系工作，受理与党的组织工作相关的来信、来访；负责公司本部党群机构设置及编制定员工作；了解和掌握所属企业党群工作机构定编定员及有关情况；负责全公司确定和更改参加革命工作时间以及落实干部政策遗留问题的政策指导和协调，承办局级干部更改参加革命工作时间以及落实干部政策遗留工作；完成上级组织和领导交办的其它工作。定员5人，设部长1人，副部长1人，现员3人。

【党组织和党员队伍状况】 至2011年底，公司系统共有党的基层委员会780个，其中局级党委33个，处级党委382个，其他党委365个。有党工委918个，党总支796个，党支部8072个，其中生产一线党支部5766个，多经党支部90个，离退休党支部684个，机关党支部1216个，其他党支部316个。

全公司共有党员151772名，其中预备党员6961名；女党员24146名，占党员总数15.91%。党员队伍年龄结构：35岁以下45048名，占党员总数29.68%；36—45岁33770名，占党员总数22.25%；46—54岁25708名，占党员总数16.94%；55—59岁12825名，占党员总数8.45%；60岁以上34421名，占党员总数22.68%。文化结构：大专以上文化程度77464名，占党员总数51.04%；中专及高中文化程度42055名，占党员总数27.71%；初中及以下32253名，占党员总数21.25%。职业结构：在职党员106521名，占党员总数70.18%，离退休党员44337名，占党员总数29.21%。在职党员中工人党员22606名，占党员总数14.89%；党政管理人员35820名，占党员总数23.6%；各类专业技术人员48095名，占党员总数 31.69%。

【开展创先争优活动】 2011年，按照中央企业创先争优活动领导小组和公司党委的部署安排，全公司各级组织部门以加强基层党组织建设和机关党的建设为重点，扎实推进创先争优活动第二阶段和第三阶段各项工作，取得显著成效。一是加强制度建设。按照上级党组织和公司党委的安排部署，组织部起草印发《关于印发〈中国中铁股份有限公司深入开展创先争优活动2011年工作要点〉的通知》、《关于在全公司深入开展“为民服务创先争优”活动的实施意见》等文件，转发了中央创先争优活动领导小组《关于在创先争优活动中做好领导点评工作的指导意见》，批转了总部机关党委《关于认真做好创先争优活动第三阶段工作，加强机关党的建设的指导意见》，对全公司创先争优活动进行了部署，指导基层单位扎实开展创先争优活动。二是组织开展公开承诺和领导点评工作。组织部协助公司党委在认真调研、反复论证、广泛征求意见的基础上，围绕生产经营、干部管理、安全生产、企业管理等10个方面作出公开承诺，接受职工群众监督，指导基层单位结合各自实际开展了公开承诺工作。协调陪同公司领导班子成员利用到所属单位参加民主生活会、工作调研、走访慰问、检查指导等机会，两次深入所属单位30多个基层单位，对基层单位活动进行领导点评工作。三是扎实推进“百千万创先争优示范工程”。组织部按照公司党委《关于开展百千万创先争优示范工程的通知》要求，在全公司开展以创建100个“基层示范党委”、1000个“示范党支部”、10000个“党员示范岗”为主要内容的“百千万创先争优示范工程”，指导所属各单位结合实际进一步细化活动标准和措施，构建具有自身特色的活动载体。“七一”前夕，公司党委召开庆祝建党90周年暨创先争优活动经验交流大会，分别授予78个基层党委、152个基层党支部、243名党员中国中铁创先争优活动“基层示范党委”、“示范党支部”、“党员示范岗”荣誉称号。在中央企业创先争优活动经验交流视频会上，国资委主任、党委书记王勇对中国中铁开展“百千万创先争优示范工程”活动给予肯定。组织部起草的《创建“百千万”示范工程，深入推进创先争优活动》经验材料，在5月16日出版的《求是》杂志第10期全文刊登，国资委副主任金阳作出批示，要求我们总结经验做法，成为央企党建标杆。起草的《以创先争优活动为契机，努力提高基层党建工作科学化水平》的经验材料，在6月8日出版的《人民日报》理论版头条全文刊发，在社会上引起反响。

【加强领导班子思想政治建设】 2011年，全公司各级组织部门和广大组织工作者在公司党委的领导下，贯彻落实党的十七届六中全会和庆祝建党90周年大会会议精神，紧密围绕企业生产经营中心和党委工作重心，大力加强领导班子思想政治建设和作风建设，为增强企业党组织的创造力、凝聚力和战斗力，全面完成企业年度各项任务提供了政治保证和组织保障。公司党委组织部及时指导所属各单位党委采取中心组学习、召开民主生活会、“三会一课”、举办培训班等多种形式，组织广大党员特别是党员领导干部深入学习、深刻领会、准确把握党的十七届六中全会和庆祝中国共产党成立90周年大会会议精神，并以会议精神指导开展创先争优活动、指导基层党组织建设和党员队伍建设、指导党群共建等基础性工作，推动企业党建工作再上新台阶。公司党委还组织领导班子召开为期两天的中心组学习会议，重点学习了胡锦涛等中央领导同志在两次会议上的重要讲话、《中共中央关于深化文化体制改革、推动社会主义文化大发展大繁荣若干重大问题的决定》，还邀请《求是》杂志副总编黄中平同志作了十七届六中全会精神专题辅导报告，进一步加强了对十七届六中全会、庆祝建党90周年大会精神的领会和把握，做到以党的科学理论武装头脑、指导实践、推动工作。

【筹备召开党代会】 按期召开总公司第三次（股份公司第一次）党代会，不仅是中国中铁改革发展进程中的一件大事，也是全公司各级党组织和广大党员政治生活中的一件大事。自8月份以来，在公司党委的领导下，组织部先后6次与国资委党委组织部进行积极有效的沟通汇报，经国资委党委同意后，协助公司党委成立了以党委书记李长进任组长的党代会筹备工作领导小组，起草了党代会筹备工作实施方案和推进计划，确保各项工作明确责任部门，明确责任人，明确完成时限。承担和参与了355名党代表的选举、“两委”报告起草、“两委”候选人酝酿推荐、选举办法制定等一系列的文字起草和组织协调工作，确保大会按照规定程序高质量召开。12月28日、29日，总公司第三次（股份公司第一次）党代会在京胜利召开。这次大会的召开，不仅是中国中铁改革发展进程中的一件大事，也探索出 “两个党代会套开”的新模式。

【推荐党的十八大代表】 推荐党的十八大代表和选举中央企业系统党代表会议代表，对于调动各基层党组织和广大党员的积极性、主动性和创造性，以优异的成绩迎接党的十八大召开，将起到重要的推动和促进作用。根据国资委党委的要求，我们认真开展党的十八大代表候选人人选推荐工作。下发《 紧急通知》，发放近8000册《宣传手册》及《 宣传提纲》，制定了《推荐选举工作的推进计划》，明确了开展这项工作的日程安排。在推荐提名过程中，听取基层党组织和广大党员意见，按照“两上两下”的程序进行。选举产生9名出席中央企业系统党代表会议代表，为中央企业系统出席党的十八大代表会议起到了积极的作用，完成了推荐党的十八大代表和选举中央企业系统党代表会议代表的任务。在近期召开的中央企业系统（在京）党代表会议上，股份公司董事长、党委书记李长进同志光荣当选党的十八大代表。

【召开各级领导班子民主生活会】 12月16日，按照上级党组织要求，协助公司党委召开2011年度党员领导干部民主生活会，公司领导班子成员结合国资委企干二局负责同志向领导班子和班子成员个人反馈的意见，紧密联系自身实际，认真查找了在思想、工作、作风等方面存在的问题和不足，开展批评与自我批评，并提出切实有效的整改落实措施。公司所属41家单位也分别召开以坚持“发扬密切联系群众优良作风，开展创先争优活动”为主题党员领导干部民主生活会，对照检查在推动企业科学发展、带头创先争优、密切联系群众、加强党性修养等方面存在的问题，并提出整改措施，进一步增强了各级领导班子的凝聚力、向心力和战斗力。

【探索创新党建思想政治工作】 组织部围绕创先争优活动、基层党组织建设、党员教育管理等开展调研，推进党建思想政治工作探索创新。3月份，根据公司党委的安排部署，下发《关于认真做好项目党建调研和创先争优理论研讨工作的通知》，研究提出了4个调研题纲和10个理论研讨选题，组织所属单位对全公司党支部建设特别是项目党建工作进行全面调研，开展创先争优活动理念研讨工作。协助公司党委组成了由主要领导带队、相关部门负责人参加的四个专题调研组，深入18个二级单位60多个工程项目部，对全公司创先争优活动情况、项目党建和党支部建设情况进行调研，总结推广党建标准化、“双标共建”、“五小”工作法、加强农民工党员教育管理等方面的成功经验。同时，组织部还积极配合中组部、国资委等上级单位开展党建工作探索，协助公司党委分别向中组部党员教育中心、中央企业海外党组织建设调研二组、国资委企干二局等上级单位领导汇报工作，受到上级领导的肯定。组织部研究起草的《现代企业制度条件下企业党组织充分发挥政治核心作用研究》经验材料，被国资委党建研究专委会评为创先争优理论研讨会优秀成果三等奖；起草的《信息网络化条件下加强和改进党员教育工作的意见和建议》、《坚持“五化”，夯实基础，努力提高党支部工作科学化水平》等经验材料，分别在中央召开的信息网络化条件下党员教育工作调研座谈会、中组部和国资委联合召开的央企部分海外单位党组织建设座谈会、庆祝中国共产党成立90周年暨中央企业“一先两优”表彰大会等会议上进行了交流。

【开展海外党建和项目党建工作】 全公司各级组织部门和广大组工干部坚持以加强项目党建、海外党建等为重点开展工作，积极探索建立富有特色的党建工作体系。9月份，组织部会同宣传部召开海外党建思想政治工作座谈会，听取十余家基层单位关于加强海外党建思想政治工作的基本情况、做法及意见建议。在调研的基础上，六易其稿，编制印发了《关于加强和改进海外项目党建思想政治工作的指导意见》，为提升海外党建思想政治工作水平、促进海外工程项目建设奠定基础。公司所属各级组织部门结合各自实际开展以“五个标准化”为主要内容的项目党建标准化建设实现项目党建工作标准化与项目管理标准化共创共促、施工单位与建设单位共创共赢、职工队伍建设与“架子队”管理共创共融的三级共建体系。同时，各级组织部门以加强基层党组织建设为重点，大力推动党建工作“融入中心同步化、项目党建标准化、主题活动特色化、党员作用主体化、教育管理人文化”，提高了基层党建工作科学化水平。

【加强基层党组织建设】 2011 年，党委组织部指导中铁三局、五局、七局、隧道集团、电气化局、二院、西北院等7家单位筹备召开了党代会，选举产生了党委会和纪律检查委员会，完成了党委的换届选举工作。在广泛调研和深入沟通的基础上，指导上海工程局、中原公司、昆明指挥部、贵州旅游文化公司、印尼公司、老挝分公司、物贸公司等 7 家新组建单位成立了党委（党工委）和纪委（纪工委），明确了党组织和纪检监察组织的隶属关系、主要职责、基本职能和机构配置；积极与中国进出口银行等5家单位进行沟通协商，指导华刚矿业公司成立党工委和纪工委；指导帮助隧道装备公司与河南省委进行沟通协调，理顺了隧道装备公司党组织关系的管理体制；起草下发《关于明确中铁大桥勘测设计院等单位党组织关系的通知》，对股份公司近年来重组成立的15家二级企业、项目管理公司、工程项目指挥部党组织的隶属关系进行重新明确；分别对一局、隧道集团、上海局、国际等4家单位党委常委、党委委员、纪委委员进行了增补，增补总公司党校校务委员，对上海地区党工委组成人员进行变更调整，确保党组织政治核心作用的发挥，推动了党建思想政治工作的开展。

【加强党员队伍建设】 2011 年，全公司各级组织部门坚持以全面提升广大党员各项综合素质为抓手，深入结合学习贯彻党的十七届六中全会精神、创先争优活动、“练内功、打基础、强管理、创一流”等年度重点工作，采取中心组学习、形势任务教育、领导干部宣讲、党员党课学习等多种形式广泛开展党员教育管理工作。按照公司党委安排部署，起草印发了《关于做好基层党支部书记培训工作的指导意见》，对全公司基层党务干部培训工作的基本原则、目标任务、保障措施等进行了明确，提出了“两年内确保专职党支部书记培训率达 90%，兼职党支部书记培训率达 80%以上，每三年对党支部书记轮训一遍”的工作要求。8 月 22 日～26 日，组织所属30多个单位的68名基层党务干部在石家庄党校进行集中培训。公司各级组织部门结合开展的创先争优活动对全公司基层党务干部进行教育培训，共计培训基层党务干部1400 余人次。还按照公司党委要求，加强党费收缴、使用和管理工作，下发《关于对党费收缴、使用和管理情况进行自查的通知》、《关于公示 2010 年度中央组织部代中央管理党费收支情况的通知》和《关于推广应用全国党员管理信息系统（基层版）软件的通知》，对所属单位党费收缴管理、党员信息统计等工作提出了具体要求，维护党费收缴、使用和管理工作的严肃性，确保党费管理和党统工作的运行。

【创建红旗项目部】 组织部按照股份公司党委要求，在全公司组织开展以“保安全、铸精品、创效益、建堡垒、当先锋”为内容的“红旗项目部”主题创建活动。结合工程项目建设实际，将“红旗项目部”的创建与项目管理业绩考核、项目班子的经济责任制相挂钩，把“创岗建区”、“创先争优”、“党员先锋工程”、“党员五先五最”等党内主题活动纳入“红旗项目部”的创建之中，推动全公司项目管理和项目党建工作的不断深化，项目党建的服务保证作用得到发挥。2012年1月，股份公司“红旗项目部”评审委员会召开评审会议，在对所属各单位推荐上报工程项目进行层层遴选，评选出中海外巴布亚新几内亚西高地省拜尔公路项目部等 111 个优秀工程项目部，授予股份公司“红旗项目部”荣誉称号，在全公司 2012 年工作会议上进行表彰。

【培养选树先进典型】 全公司各级组织部门坚持把培育选树先进典型、总结推广党建经验作为一项重点工作来抓，发挥先进典型作用。“七一”前，组织部按照公司党委的安排部署，对中铁一局窦铁成同志的先进事迹进行收集整理，推荐上报国资委党委。在7月1日召开的庆祝中国共产党成立90 周年大会上，窦铁成被中央授予“全国优秀共产党员”称号。在组织部的指导下，电气化局推荐上报的二公司党委、二局推荐上报的四公司党委书记张文杰也分别获“全国先进基层党组织”、“全国优秀党务工作者”称号，中国中铁成为中央企业系统唯一一家同时获此三项殊荣的单位。同时，经组织部推荐，4 个基层党组织、4 名党员、3 名党务工作者分别获“中央企业先进基层党组织”、“中央企业优秀共产党员”和“中央企业优秀党务工作者”称号。

【加强自身建设】 2011 年，公司党委组织部在配齐配强党务干部的同时，结合企业实际，采取送高校深造、举办培训班、交叉任职、岗位交流等形式，加强对组工干部的培训，提高组工干部的思想政治素质和理论基础，提高组工干部的工作能力和业务水平，努力培养一支讲党性、重品行、做表率的复合型组工干部队伍。公司各级党委组织部门还紧密围绕现代企业制度条件下党建工作面临的新情况、新问题和新任务，开展调查研究，坚持以改革创新精神研究和解决党建工作、组织工作中的新情况和新问题，对今后一个时期全公司党建思想政治工作提出意见和建议，推动基层党建工作开展。

宣传思想和文化工作

【企业文化（党委宣传）部】 负责制定、实施股份公司企业文化发展战略和相关制度，组织实施企业文化建设和品牌建设；负责党的路线、方针、政策以及公司重大决策、重要部署的宣传工作；负责政治理论教育和员工队伍的思想教育工作；负责党委中心组理论学习的组织工作。负责政工职称评审工作；负责企业对外宣传工作，组织实施对外宣传报道，负责股份公司网站信息更新工作；负责牵头管理股份公司履行社会责任的相关工作；负责股份公司统战工作；负责防范和处理邪教等工作；负责对股份公司各级党校、政研会及报刊媒体的指导工作。定员8人，现员8人，设部长1人，副部长2人。

2011年，全公司宣传思想文化工作围绕股份公司“练内功、打基础、强管理、创一流”的中心工作，抓好理论武装、三项主题教育、对外宣传报道、新闻舆论应对、企业文化建设等工作，为企业改革发展提供思想保证、精神动力、舆论支持和文化支撑。

【推进学习型党组织建设】 股份公司党委分别集中组织4次中心组学习，学习全国“两会”精神、胡锦涛“七一”重要讲话和十七届六中全会精神，特别是10月份的中心组学习，听取股份公司经济运行督导检查组专项督导情况汇报，分析企业面临的形势，研讨对策和思路。公司党委《培育企业学习力，提升核心竞争力》的经验材料，在中央企业学习型党组织建设视频会议上作交流，在中宣部《党建》杂志第9期刊载。

【突出“创先争优”活动宣传】 紧密围绕公司党委“百千万示范工程”活动进行宣传报道。4月2日，中央电视台《焦点访谈》以《精耕细作聚人心》为题宣传了中铁电化局的“五小工作法”；《求是》杂志第10期刊登了中国中铁党委《创建“百千万”示范工程，推进创先争优活动》的经验；6月8日，《人民日报》理论版刊发了中国中铁党委《在创先争优中提高基层党建科学化水平》的文章。4月14日，组织中央媒体宣传报道了“玉树重建党旗红、中国中铁当先锋”的经验。为配合国资委党委组织大庆精神、航天精神和青藏铁路建设精神报告团，撰写《建设雪域天路，铸就精神高原》青藏铁路建设精神事迹报告材料，制作宣传片，宣传中国中铁“艰苦不怕吃苦，缺氧不缺精神，风暴强意志更强，海拔高追求更高”的青藏铁路建设精神。

【加强生产经营中的宣传思想工作】 开展“三项主题教育”，组织编写了“十二五”发展战略宣传提纲、落实股份公司工作会议精神宣传提纲、“五讲”形势任务教育宣传提纲、迎接党代会胜利召开宣传提纲。落实中央《关于加强和改进新形势下国有及国有控股企业思想政治工作的意见》，不断加强施工现场思想政治工作，在中央企业思想政治工作座谈会上，交流《融入中心、服务大局，为企业改革发展提供强大动力》的经验材料，并组织中央电视台、人民日报等中央媒体进行宣传报道。10月24日，中宣部副部长申维辰带领调研组到中国中铁调研，对企业改革发展和党建思想政治工作给予“六个好”的评价。12月22～23日，中宣部召开全国国有企业核心价值体系座谈会，中铁电化局在大会发言，并播发了专题片和画册。

【加大对外宣传报道力度】 2011年，全公司在各大媒体刊发稿件一万余篇。对京沪高铁宣传，6月27日，中央外宣办组织113家国外媒体、28家港澳台媒体及部分国内媒体300多名记者进行采访，我们组织参建单位领导和专家陪同沿线采访。6月14日～25日，中央电视台《朝闻天下》和《新闻直播间》连续11天报道建工集团承建的北京南站等11座站房。6月中下旬，新华社、中央电视台、北京电视台、东方卫视等媒体在新闻联播、新闻直播间、千里走京沪、走遍中国等栏目分别报道了中国中铁施工的重点工程和先进典型；对重点工程宣传，抓住深圳地铁5号线开通、胶州湾大桥验收、盾构下线等契机，组织新华社、人民日报、中央人民广播电台、中央电视台、光明日报、经济日报、工人日报等中央媒体和香港卫视、大公报、文汇报等香港媒体以及各大网站进行宣传报道。中央电视台新闻联播分别报道了深圳地铁5号线开通和中国中铁盾构品牌；对玉树灾后重建宣传，会同玉树指挥部制定了《玉树灾后重建宣传方案》，组织了三次大规模的集中宣传报道。4月14日，中央纪念玉树强烈地震一周年在中国中铁玉树第一民族中学施工现场举行，副总理回良玉一行视察工地，中央电视台新闻联播、整点新闻和晚间新闻进行了报道，新华社、人民日报、数十家媒体60余次分别进行报道。8月22日，国资委主任王勇、副主任黄丹华到玉树慰问，我们组织现场宣传，编制了《脊梁》玉树灾后重建画册和宣传报道汇编。8月2～—26日，组织新华社、人民日报、中央电视台等12家中央主流媒体进行了集中报道，人民日报、新华网、青海电视台等媒体对建设情况进行全方位报道。11月初，中宣部和青海省联合组织玉树重建成果宣传，我们积极跟进，组织新华社、人民日报、中央电视台、中央人民广播电台、中央国际广播电台、光明日报、经济日报、中国日报、中国新闻社等9家媒体，进行跟踪报道，央视新闻调查栏目进行专题报道；对重大事件宣传，5月27日，中缅铁路协议在人民大会堂举行，胡锦涛总书记与缅甸总统出席签字仪式，李长进董事长代表中方与缅方代表签署协议。起草新闻通稿，及时与新华社、中央电视台等媒体沟通联系，当晚新闻联播进行报道，新华社、人民网等数十家媒体进行报道。7月份，参加中国轨道交通展，展示中国中铁在轨道交通建设方面的实力。11月份，中国对外承包商会在委内瑞拉举办"中国工程技术展览会"，制作KT宣传板参展，承包商会专门发来感谢信；对重大节日宣传，春节期间，组织中央和地方新闻媒体先后300多次宣传报道中国中铁重点工程建设和党建思想工作情况。"5·12"地震三周年期间，组织新华社、人民日报、中央电视台等30多家媒体深入中国中铁灾后重建项目采访报道，刊发稿件220余篇。"七一"前，人民日报先后6次报道中国中铁创先争优、京沪高铁、学习型党组织建设、党建思想政治工作成就和"知识型产业工人"窦铁成、"桥梁院士"方秦汉的事迹。十一，组织人民日报、中央电视台"走基层"等栏目分别报道了中铁一局兰新铁路、中铁二局玉树重建、中铁六局准朔铁路、中越友谊桥等内容。

【加强海外宣传思想工作】一是指导委铁分公司党委对523名海外员工进行思想状况问卷调查，针对委铁员工存在"两种担忧"和"三个期盼"，即担忧人身安全，担忧父母健康和子女教育；期盼改善生活环境，期盼改善休假制度，期盼增加收入，根据股份公司领导指示，会同工会组织6家参建单位到411户员工家庭录制以"家音"为主题的亲人亲情音像光盘490盘、CD光盘5套。二是会同组织部组织召开海外党建思想政治工作座谈会，制定下发《加强海外党建思想政治工作的指导意见》。三是指导中铁国际制定了《海外党建思想政治工作标准化》100条，对海外项目党建、班子建设、思想政治工作、宣传文化工作、党风廉政建设、群众工作、突发事件应急处置等作出明确规定。

【加强新闻舆论应对工作】一是建立了新闻发言人制度，向社会公布了中国中铁新闻发言人，宣传部负责接待和处理各类媒体和社会公众电话咨询、采访事宜。建立总部舆情管理联席会议制度，每月末召开总部舆情管理联席会议，通报当月舆情，进行分析研判，对下月舆情管理进行安排部署，增强舆情管理的主动性、针对性。二是加强股份公司网站建设，会同科技设计部对股份公司网站进行改版，2010年中央企业网站评估，中国中铁排第15位，进入A级企业。按照上市公司信息披露的规定，发布信息953条。三是制定突发事件应对工作指引，组织有关部门分别制定股份公司资本市场、群体性事件、安全质量环保、海外突发事件、网络与信息安全和新闻舆论6个模块的突发事件应对工作指引。四是应对舆论危机。10月20日，中铁九局靖宇至松江河铁路工程问题曝光后，启动舆论危机应对预案，在股份公司党委领导指挥下，分析舆情动态，采取应对措施，妥善处理舆论危机。4月20日，中铁二局兰新铁路小平羌口隧道发生重大安全事故。宣传部立即陪同股份公司领导赶赴现场，积极做好舆论应对工作，使事故报道有序可控。12月10日，接到中铁二局成渝铁路大安隧道火灾事故报告后，指导中铁二局应对，控制负面舆论。召开会议，协调处置波兰A2公路工程等舆论应对工作。

【加强企业文化建设】一是深入开展项目文化建设达标活动，评选表彰了46个股份公司项目文化建设示范点。二是开展"班前安全质量宣誓"活动，进行了检查通报，配合安质部组织了安全教育图片展。三是制作了中国中铁"精神家园"网站，分七个版块汇编了200多篇近10万字的文字和800余幅图片，并在中央文明网和国资委网站上线运行。组织4个单位参与中央电视台拍摄的21集大型纪录片《中国公路》制作。四是修订企业视觉识别系统手册和企业宣传片，受到基层单位尤其是新重组企业的欢迎。重新制作了企业宣传片《脊梁》，展示企业形象。五是有7个单位获第三届"全国文明单位"，包括中铁五局、中铁大桥局、中铁电气化局、中铁建工集团、中铁宝桥、中铁四局五公司、中铁大桥局五公司。

【加强社会责任工作】一是编制发布《2010年社会责任报告》。二是组织了农民工志愿服务活动，在国资委召开的中央企业农民工工作视频会议上，白中仁总裁交流了中国中铁加强农民工工作的经验，受到国资委领导肯定。3月26日《经济日报》全文刊登李长进董事长的署名文章《全面推进"五同"管理，加强农民工思想政治工作》。4月份，中国中铁加强农民工"五同"管理的案例，被中组部写入"全国基层党组织加强社会管理集中轮训教材"。在国资委关爱农民工活动启动仪式上，巨晓林作发言。"班前安全质量宣誓"活动，获"中央企业优秀社会责任实践成果奖"。

【加强宣传干部队伍建设】对全公司宣传思想文化队伍进行了摸底调查。2011年，全公司宣传思想文化领域1232人，宣传部系统758人。举办三期培训班，培训199人。起草《贯彻落实“三重一大”决策制度实施办法》，并上报国资委。组织政工职称评审，全公司155人申报高级政工师，125人获得通过。加强统战工作，在中央统战部党外知识分子联系点会上，中国中铁介绍经验。中铁二局、中铁二院分别荣获中央企业“先进基层侨联组织”等称号。开展反邪教工作，维护企业和谐稳定。

纪检监察工作

【组织机构】　总公司纪委监察部配备人员11人，其中，总公司党委副书记、纪委书记1人，纪委副书记、监察部长1人，纪委副书记1人；办公室2人，案件检查处3人，案件审理宣传教育处1人，执法监察处2人。总公司所属44个单位及其下属297个三级公司全部建立纪检监察组织。全公司共配备专职纪检监察人员789名，配备兼职纪检监察人员592名。总公司和所属44个单位纪委书记都由同级党委副书记担任（其中中铁信托、西南投资、海西公司、贵州旅游、物贸公司、咸阳干院纪委书记由党委书记担任）。

【主题教育活动】　在全公司组织开展“领导干部作风建设年”主题教育活动，增强各级领导人员的“五种意识”，提高“四种能力”。公司纪委在《中国中铁》报开辟“领导干部谈作风”专栏，编辑报道了二级企业35名党政主要领导对作风建设的认识和要求；邀请最高人民检察院铁路运输检察厅阎敏才厅长，为总部机关部门以上领导人员和所属单位党政主要领导、在京单位领导班子成员近300人作预防职务犯罪专题报告；公司纪委主要领导利用检查调研机会为基层单位讲作风建设专题党课8场，636名党员干部受到教育。各级纪委与新任职领导人员进行廉洁谈话1626人（次），与各级领导人员签订廉洁从业责任书6581份，组织党性、党风、党纪教育2300余场（次），促进各级领导人员作风的转变。

【惩防体系建设】2011年9月，公司纪委召开推进惩防体系建设专题会议，全面总结几年来惩防体系建设的基本情况，交流部分单位强化教育监督、加大惩处力度、创新工作载体、完善体制机制的经验和做法，就全面落实惩防体系建设重点任务进行了部署，对全面开展惩防体系建设自查作出了具体安排。公司党委坚持以党风廉政建设责任制为抓手，落实领导责任，强化监督检查，确保了惩防体系建设的整体推进。2011年，公司党委领导带队，对中铁六局、七局、隧道集团、西南院等11个二级企业、16个三级企业党风廉政建设责任制落实情况进行检查，听取汇报、座谈讨论、实地考察，全面了解各单位党风和反腐倡廉建设情况；通过查阅资料、问卷调查、群众评议等方式，从4个大项、38个方面对惩防体系建设情况进行量化考核，分析存在问题，明确整改要求，促进惩防体系建设各项任务的落实。在国资委党委惩防体系建设检查中，书记强卫东高度评价股份公司惩防体系建设工作，认为中国中铁惩防体系建设思路清晰、措施有效，党风廉政建设责任制得到较好落实；大力推进“六项工程”建设，具有企业特色的惩防体系框架基本形成；运用惩防体系思路解决突出问题有成效，创新反腐倡廉工作取得新进展。

【工程建设领域突出问题专项治理】　公司组织召开专项治理工作领导小组会议，研究部署2011年专项治理工作，明确工程项目安全质量、减亏扭亏、协作队伍、招投标、资金管控、查办案件等六项重点整改任务。公司纪委监察部选取全公司30%的亏损项目建立督查电子台帐，动态掌握项目减亏扭亏情况；制定《专项治理整改工作检查督导方案》，对3个二级企业、6个三级企业和23个重点工程项目开展专项检查，发现各类问题117个，针对资金管控、招标管理、协作队伍管理等方面反映问题，帮助分析，提出整改意见，促进规范管理。开展“小金库”专项治理，发现“小金库”192个，涉及金额5607万元，督促整改，完善资金管理制度。参与企业管理重大问题调查，分析宇松铁路项目协作队伍管理方面存在的问题，提出整改要求，并在全公司开展协作队伍管理自查自纠活动。对波兰A2高速公路项目重大经营亏损问题进行调查，分析亏损原因，追究管理责任，提出防范海外经营风险的意见和建议。

【廉洁示范工程】　各单位始终把创建“廉洁示范工程”作为纪检监察工作融入中心、促进管理的有效载体，坚持把创建活动与规范项目管理相结合，保证“资金安全、工程优质、干部优秀”目标的实现。公司纪委总结“廉洁示范工程”创建活动经验，明确创建内容，健全创建标准，完善考核办法，命名表彰第一批49个“廉洁示范工程”，促进创建活动的规范化、标准化，提升工程项目管理水平。公司纪委坚持把反腐倡廉区域联建活动作为整合内部资源、落实惩防体系建设重点任务的有效载体，召开联席会议，总结经验，查找不足，确定区域联建的功能定位和主要任务，完善具有中国中铁特色的区域联建工作机制。各片区大力加强与地方纪委和司法机关的沟通合作，发挥地方资源优势，探索企地共同预防职务犯罪、共同防范廉洁风险、共同查办违纪违法案件的有效途径，形成企地共同营造良好发展环境、共同服务企业发展的长效机制。

【查办违纪违法案件】 各级纪检监察组织坚持从严治党、从严执纪，以工程项目和关键岗位人员为重点，主动发现案件线索，拓展案件来源，加大办案力度，查处各类违纪违法案件。2011 年，全公司共受理来信、来访、电话举报 513 件（次），初步核实线索 210 件；立案查办违纪违法案件 68 件，其中大案要案 29 件；涉案 153 人，给予党纪政纪处理 135 人，受到刑事处理 18 人；涉案总金额 2502 万元，通过办案挽回经济损失 691 万元。配合各级纪委和司法机关查办涉及企业案件 97 件。公司高度重视配合中央纪委查办铁道部专案工作，公司主要领导两次召集 17 家施工单位主要领导和纪委书记进行动员部署，明确要求；先后配合中央纪委进行 7 起案件的谈话取证工作。

【自身队伍建设】 公司纪委指导华刚矿业、中铁物贸等 8 个单位及时组建纪委（纪工委），建立工作制度。中铁港航局等新建单位及时健全了各级纪检监察组织。公司纪委制订了纪检监察干部培训规划，选送 13 名二级企业纪委书记参加中国纪检监察学院组织的培训；举办案件管理软件培训班，分两个片区组织案件质量互检，培训案件检查和案件审理人员。全公司共举办各类培训 57 场，1800 多人（次）接受了培训，提高了业务水平，增强了综合能力。各单位深入开展调查研究和理论研讨，向中国监察学会铁道分会报送论文 22 篇，有 7 篇优秀论文获得表彰；公司纪委对各单位 133 篇优秀论文和调研报告进行评选，汇编成册予以发布。

【重要事件和活动】 1 月 12～13 日，国资委召开中央企业反腐倡廉建设工作会议，传达学习十七届中央纪委第六次全会精神，总结 2010 年中央企业反腐倡廉建设工作，通报中央企业反腐倡廉形势和情况，部署 2011 年中央企业反腐倡廉建设任务。国资委党委书记、主任李荣融，监察部副部长郝明金作重要讲话，国资委党委委员、纪委书记强卫东作工作报告。公司董事长、总经理李长进，党委副书记、纪委书记王秋明参加会议。

1 月 23～24 日，公司纪委召开了纪委书记会议，传达十七届中央纪委六次全会和中央企业反腐倡廉建设工作会议精神，通报了公司 2010 年查办案件工作情况，表彰了“廉洁文化建设年”征集廉洁理念、格言警句活动先进组织单位和优秀个人，调整充实了中铁工程纪检监察支会领导机构和组织机构。公司董事长、总经理李长进出席会议并讲话。各子分公司纪委书记及公司纪委全体人员共 50 人参加了会议。

3 月 9 日，国资委纪委召开推进惩防体系建设抽查工作部署会，公司党委副书记、纪委书记王秋明参加会议。

3 月 21 日，公司纪委、机关党委举行了总部机关《廉洁文化手册》颁发仪式，对如何学好、用好《廉洁文化手册》，建设好学习型、廉洁型、和谐型、高效型机关提出了要求。

4 月 1 日，国资委党委委员、纪委书记强卫东带领检查组，对公司惩防体系建设情况进行检查。检查组召开座谈会，进行问卷调查，实地考察了中铁隧道集团地下直径线项目，听取公司董事长、总经理李长进代表领导班子作的题为《坚持“五个更加注重”，推进惩防体系建设，为企业科学发展提供有力支持》的专题汇报，对公司近年来惩防体系建设整体情况给予肯定。

4 月 6～9 日，公司党委副书记、纪委书记王秋明率领调研组，深入中铁四局、大桥局、科工九桥公司及部分在建项目施工现场，通过座谈研讨、查阅资料、听取汇报等方式，对“创先争优”活动中项目党建和党支部建设情况进行调研。

4 月 27 日，公司党委副书记、纪委书记王秋明参加公司新任职领导干部培训班，以《加强党性修养、自觉廉洁从业，以优良作风推进企业科学发展》为题，与全体学员进行任前集体廉洁谈话。

5 月 1～13 日，公司党委副书记、纪委书记王秋明一行到中铁上海工程局，对企业“十二五”发展思路、生产经营、党建思想政治工作、反腐倡廉建设和“创先争优”活动等进行调研。

5 月 18 日国资委召开贯彻落实党政机关公务用车问题专项治理工作和清理规范庆典、研讨会、论坛活动工作动员视频会议。国资委纪委书记、党委委员强卫东同志传达开展公务用车问题专项治理工作和清理规范庆典、研讨会、论坛活动工作电视电话会议精神；部署国资委开展两项专项治理工作。国资委副主任、党委委员金阳作动员讲话。公司党委副书记、纪委书记王秋明及相关部门负责人、纪委监察部全体人员在公司总部机关分会场参加会议。

5 月 19 日，公司反腐倡廉区域联建华北一片区部分单位会同辽宁、吉林两省检察机关，相继在长春、吉林召开了共同预防职务犯罪工作座谈会。检企双方在建立高层交流、完善工作机制、拓展合作平台等方面达成共识，为形成检企共建共防长效机制奠了基础。

5 月 23～25 日，公司党委副书记、纪委书记王秋明一行到中铁港航局，对企业“十二五”发展思路、生产经营、党建思想政治工作、反腐倡廉建设和“创先争优”活动等进行调研。

5 月 27 日，中央纪委、监察部、国务院国资委在北京市召开强化廉洁风险防控加快推进国有企业惩治和预防腐败体系建设座谈会，监察部副部长郝明金出席会议并讲话，国务院国资委纪委书记、党委委员强卫东主持会议。公司党委副书记、纪委书记王秋明参加会议。

6 月 9 日，中国中铁反腐倡廉区域联建联席会议在中国中铁总部机关召开。公司党委副书记、纪委书记王秋明出席会议并做讲话。中铁一局、二局、四局、七局、九局、建工集团、电化局、中铁二院、中铁国际、西北院等各片区组长单位、2011 年承办单位纪委书记，各片区联系人，公司纪委各室负责人参加会议。会议传达中央纪委、监察部和国资委“强化廉洁风险防控、加快推进国有企业惩治和预防腐败体系建设座谈会”会议精神，总结了开展区域联建工作以来好的做法、经验，分析了区域联建工作中存在的问题和不足，听取了各单位对区域联建工作的意见和建议，交流了今后三年区域联建工作规划和 2011 年的活动安排，进一步明确了当前和今后一个时期区域联建工作的主要任务。

6 月 12～15 日，公司党委副书记、纪委书记王秋明到中铁置业贵阳公司考察指导工作。

6 月 19 日，公司纪委与中铁二局纪委联合青海省玉树州纪委、玉树州人民检察院在玉树灾后重建现场召开深化“三优一安企地共建”工作现场会。会议总结了开展“三优一安企地共建”活动以来的成功经验，进一步明确了深化企地共建工作的目标和任务，并在会议期间为参建党员干部举办了职务犯罪预防讲座。中国中铁纪委、中铁二局领导，玉树州纪委、检察院检领导，中铁建、中国水利水电、北京援建、辽宁援建领导，及玉树灾后重建全体管理人员及协作队伍代表共 200 多人参加会议。公司纪委副书记、监察部长王宏光出席会议并讲话。

6 月 21～23 日，公司纪委组织召开案件审理工作座谈会。公司西北、西南、华中片区 16 个单位的 30 余名负责案件审理工作人员参加会议。会议传达全国纪检监察案件审理电视电话会议工作精神，总结公司近年来的案件审理工作，明确当前和今后一个时期加强和改进案件审理工作的思路、措施和要求。讨论《中国中铁纪检监察案件审理工作流程》，对 2008 年～2010 年审结的部分案件进行案件质量互检。大桥局等 5 家单位交流工作经验和体会。公司纪委副书记苑宝印参加会议，对加强案件审理工作提出要求。

6 月 26 日，最高人民检察院铁路运输检察厅阎敏才厅长应邀到公司总部作预防职务犯罪专题报告。公司董事长、党委书记李长进，总裁白中仁及公司领导班子成员、高管，三总师副职，专职董事监事，总部机关各部门负责人，所属各单位党政主要领导、干部部长，在京各单位班子成员，共计 286 人收听报告。

6 月 30 日，国资委召开中央企业惩防体系建设工作视频会议。会议传达国资委主任、党委书记王勇关于推动中央企业惩防体系建设工作深入开展，全面完成好反腐倡廉建设各项任务的重要批示，通报 2010 年度惩防体系建设检查情况，部分中央企业介绍惩防体系建设经验，国资委纪委书记、党委委员强卫东出席会议并讲话。公司党委副书记、纪委书记王秋明，总部机关各部门负责人，纪委监察部全体人员在总部机关分会场参加了会议。

7 月 6～8 日，公司党委副书记、纪委书记王秋明，纪委副书记苑宝印等，对中铁山桥集团公司惩防体系建设和党风廉政建设责任制落实情况进行检查。检查期间王秋明书记以《认真学习七一讲话，自觉加强作风建设，营造风清气正人和企兴的科学发展环境》为题，为中铁山桥集团中层以上干部做了专题党课。

7 月 13～14 日，公司党委副书记、纪委书记王秋明在中铁置业总经理王子光，党委副书记、纪委书记戴玉民的陪同下，到沈阳中铁人杰水岸项目调研，并视察中铁万科香湖盛景项目。

7 月 29 日，公司党委副书记、纪委书记王秋明参加中铁航空港北京地铁十号线二期 13 标慈寿寺站创建“廉洁项目示范点”推进会暨“企检共建”签字仪式，为项目部授“廉洁项目示范点”牌匾，赠送廉洁书籍作讲话。活动期间，北京市检察院第一分院与中铁航空港建设集团纪委签订“企检共建协议书”。区域联建华北二片区有关单位纪委书记和航空港所属单位纪检干部参加活动。

8 月 8 日，国资委召开加强和改进中央企业纪检监察组织建设工作视频会议，国资委纪委书记、党委委员强卫东主持会议，国资委副主任、党委委员金阳对加强中央企业纪检监察组织建设提出明确要求。公司董事长、总经理李长进，党委副书记、纪委书记王秋明及相关部门负责人、纪委监察部全体人员在分会场参加会议。

8 月 9～10 日，国资系统惩防体系建设小组交流会在中铁大桥局召开。国资委纪委副书记阮国平，公司党委副书记、纪委书记王秋明，纪委副书记苑宝印等出席会议。中国中铁、中国建筑、中国化工、中国冶金地质总局、中国乐凯等五家中央企业的纪委书记及湖北省国资委纪委、湖北省部分国有企业的纪委书记参加会议。

8 月 12 日，国资委纪委副书记、监察局局长邵春保带领检查组，对公司治理商业贿赂工作进行检查调研。公司召开专题汇报会，党委副书记、纪委书记王秋明向检查组汇报全公司治理商业贿赂工作开展情况，总部相关部门负责人，纪委监察部全体人员参加汇报会。

8 月 20～22 日，中国中铁西南片区 2011 年反腐倡廉区域联建工作会议在昆明召开，会议以“进一步深化检企共建机制，共同开展预防职务犯罪工作”为主题，重点就检企跨省共同开展预防职务犯罪工作进行研讨，检企双方共同签署

《关于共同开展预防职务犯罪工作的会议纪要》。期间，西南片区邀请四川省人民检察院领导作预防职务犯罪工作专题讲座。公司党委副书记、纪委书记王秋明，纪委副书记苑宝印，四川省、云南省、成都市人民检察院领导，西南片区成员企业纪委书记等30余人参加会议。

8月27日～9月6日，公司纪委副书记、监察部长王宏光带领联合检查组，对3个二级企业、7个三级企业和15个重点工程项目的安全质量管理、减亏扭亏工作、协作队伍管理、招投标管理、项目资金管控和“小金库”治理等工作进行检查。

9月5～16日，公司党委副书记、纪委书记王秋明带领检查组，对中铁建工集团、电气化局、航空港集团进行经济运行督导检查。

9月12～16日，公司纪委选送13名近年来新任职的二级企业纪委书记，参加中国纪检监察学院《国有企业纪检监察干部培训班》培训。

9月22日，公司、公司党委联合下发文件，命名中铁一局京石客运专线项目等49个工程项目为“中国中铁廉洁示范工程”并颁发奖牌。公司党委下发文件，决定授予罗红艳等70名纪检监察干部“中国中铁优秀纪检监察工作者”荣誉称号，颁发证书。

9月26～27日，中国中铁2011年纪委书记会议暨惩防体系建设推进会在西安召开。会议以“深化惩防体系建设，打造廉洁中国中铁，为实现企业“十二五”发展战略提供有力保证”为主题，全面总结了近年来惩治和预防腐败体系建设推进情况，对当前和今后一个时期深入推进惩防体系建设的重点工作任务进行了安排部署。公司党委副书记、纪委书记王秋明出席会议并作重要讲话。公司纪委全体人员，以及所属子（分）公司纪委（纪工委）书记，部分单位的纪委副书记、监察部长，共计80余人参加会议。公司纪委副书记、监察部长王宏光主持会议。

10月11～13日，国资委举办中央企业监察部长（主任）培训班，公司纪委副书记苑宝印参加培训。

10月19～20日，中国中铁2011年反腐倡廉区域联建华中片区工作会议在中铁七局召开。全国最高人民检察院、河南省纪委、河南省人民检察院、郑州铁路检察分院、河南省公安局的领导，公司纪委副书记苑宝印，华中片区各成员单位纪委书记、副书记等30余人参加会议。

11月2～4日，公司党委副书记、纪委书记王秋明带领检查组，对中铁装备党风廉政建设责任制落实和惩防体系建设推进情况进行检查。

11月8日，公司党委副书记、纪委书记王秋明赴中国中铁党校，为公司三级企业领导人员培训班作党风廉政专题党课。

11月14日，国资委召开中央企业加快转变经济发展方式监督检查工作视频会议，国资委主任、党委书记王勇作重要讲话。公司在京领导班子成员及高管，纪检监察部门负责同志参加会议。

11月22～24日，国资委举办第二期案管、信访软件操作培训班。公司纪委案件检查室童旭升同志参加培训。

11月17日，国资委召开《关于加强和改进中央企业和中央金融机构纪检监察组织建设的若干意见》贯彻落实情况座谈会。公司纪委副书记、监察部长王宏光参加会议并作发言。

12月6～7日，公司党委书记白中仁带领检查组，通过听、看、测、问、查、谈等形式，对中铁隧道集团党风廉政建设责任制落实和反腐倡廉建设情况进行检查。

12月7～8日，公司党委副书记、纪委书记王秋明一行来到中铁西南院，全面检查党风廉政建设责任制落实情况。

12月14～16日，公司纪委在山海关海源培训中心组织举办档案管理、信访管理软件操作批训班，所属部分二、三级企业负责案件管理人员60余人参加培训。

12月26日，公司党委书记白中仁带领检查组，通过召开座谈会、问卷调查、查阅资料等形式，对中铁置业党风廉政建设责任制落实情况进行检查。

【中铁工程纪检监察支会】 中铁工程纪检监察支会召开理事扩大会议对支会领导机构和工作机构做了相应的调整。1、因工作调动等原因下列同志不再担任中铁工程纪检监察支会的相关职务：余汉林不再担任中铁工程纪检监察支会副会长、常务理事、理事；王珂平不再担任中铁工程纪检监察支会秘书长，常务理事、理事；白克强、郭亨民、李布英、吴致强、刘庭魁同志不再担任中铁工程纪检监察支会常务理事、理事；阳贤成、刘海强、陈育宝不再担任中铁工程纪检监察支会理事。2、增补苑宝印为中铁工程纪检监察支会副会长；陈文志为中铁工程纪检监察支秘书长；苑宝印、陈文志、张作义、赵可信、刘月森、何梦通、田道明、张红星、董晓明、杨永康、曹吉波、王军、吴泽林、李才文、史柏生、梁永和为中铁工程纪检监察支会常务理事、理事；景保宪、高正、钱誉庆、曲宏为中铁工程纪检监察支会理事。

工会工作

【组织机构】 股份公司工会隶属于中华全国铁路总工会和国务院国资委群众工作局领导，下有48个所属单位工会和工委组织，股份公司工会机关设：办公室、组织民管部、生产宣传部、生活保障女工部、火车头体育协会。

【2011年集体合同平等协商会议】 1月11日，中国中铁2011年集体合同平等协商会议在股份公司总部机关召开。公司和职工双方代表共12人参加了会议。双方代表本着平等协商、利益兼顾的原则，对公司《2011年集体合同》（草案）文本内容进行了认真的讨论和协商，同意提交中国中铁一届二次职代会审议。2011年集体合同特点：一是注重解决职工上岗问题；二是注重提高职工收入水平；三是注重加强安全生产；四是注重提高职工队伍整体素质；五是注重提高职工生活福利待遇；六是更加注重服务女职工成长成才；七是更加注重提高农民工管理水平；八是注重加强《集体合同》的履约检查。

【一届二次职工代表大会】 1月21日至22日，中国中铁一届二次职代会在公司总部隆重召开。李长进、白中仁、姚桂清等股份公司班子成员，来自全公司所属各单位的240余名职工代表参加大会。

李书记对本次会议及以后工作重点提出三点要求：一要牢固树立党的群众路线，加强和改进新形势下群众工作；二要履行职责，确保民主管理制度的作用得到发挥；三要坚持全面客观公正和实事求是的原则，做好民主评议、民主测评工作。白总裁向大会作行政工作报告，对落实党的依靠方针提出四点要求：一是要积极推进职工民主管理，二是要切实维护职工的合法权益，三是要大力加强职工队伍建设，四是要积极支持工会工作。代表们采用无记名投票方式对公司领导进行民主评议和满意度测评。会议对职工监事进行投票选举。白中仁和姚桂清分别代表公司方、职工方签订《中国中铁2011年集体合同》。

【二届九次全委（扩大）会议】 1月23日至24日，股份公司工会二届九次全委（扩大）会议在北京召开。股份公司党委书记、董事长李长进，股份公司总裁白中仁分别到会作了重要讲话，股份公司副董事长、党委副书记、工会主席姚桂清作题为《服务企业中心工作，发挥工会组织优势，团结职工为实现企业“十二五”发展战略目标做出新的贡献》的工作报告。股份公司工会二届委员会委员、经审委委员及所属单位工会主席50余人参加会议。姚桂清在工作报告中，部署2011年六项重点工作：一是以大力开展中国中铁“二次创业杯”劳动竞赛为重点，团结带领广大职工为实现企业新的目标建功立业；二是以加强和改进新形势下职工思想工作为重点，维护企业和职工队伍的和谐稳定；三是以坚持和完善职代会制度为重点，推进现代企业条件下职工民主管理制度建设；四是以加强集体合同制度建设特别是普遍开展工资集体协商为重点，努力解决职工群众最关心、最直接、最现实的利益问题；五是开展女职工素质提升建功立业工程，激发广大女职工创造活力，提升女职工工作品牌；六是开展党工共建创先争优活动，加强工会自身建设，增强工会工作活力。会议按照民主程序，增替补选股份公司工会二届委员会委员和经费审查委员会委员。

【深入推进群安员活动座谈会】 5月30日下午至31日上午，股份公司在总部机关召开深入推进群众安全生产监督工作座谈会。股份公司党委书记、董事长李长进，总裁白中仁，党委副书记、副董事长、工会主席姚桂清，副总裁、总工程师刘辉出席会议并讲话。股份公司工会副主席刘建媛主持会议。公司安全总监周振国，总部机关安质部、工程部等有关部门负责人出席会议。各生产单位的工会副主席、生产宣传部长，受表彰的群安员以及部分基层代表共60余人参加座谈会。座谈会中，股份公司领导同与会人员就一线安全生产及群众安全生产监督工作存在的问题进行交流。来自各生产单位的安全总监、安质部长、项目经理、基层工会主席、受表彰的群安员等11名同志结合自身工作经历，围绕生产一线施工安全中存在的问题，群众安全生产监督工作推进过程中存在的主要障碍和困难提出好的意见和建议。会议表彰了10名有突出贡献的群众安全生产监督员。

【参加全国工会干部教育培训会议并作经验介绍】 6月2日至3日，中华全国总工会在北京召开“全国工会干部教育培训工作会议”。各省（自治区、直辖市）总工会，铁路、民航、金融等产业工会，中央直属机关工会联合会、中央国家机关工会联合会、新疆生产建设兵团工会等干部教育培训工作分管领导和组织部长，副省级城市总工会分管领导，中国劳动关系学院和各省级工会干部院校负责同志参加会议。中国铁路工程总公司工会作为全国唯一一家企业工会，在大会上作经验交流发言。

【参加铁总女职工委员会四届二次会议】 6月8日，中华铁路总工会在湖南长沙召开了女职工委员会四届二次会议。铁总副主席郭润英和相关部门负责人及来自各路局、各公司的女职工委员会主任共40余人参加了会议。会议总结和部署了全路女职工工作，听取了铁总女工委权益维护、劳动保护和宣传教育三个专业组，分别就调研情况向大会进行的专题报告。另有两家单位就女职工组织建设和女职工工作进行了经验交流。中国中铁工会副主席、女工委主任刘建媛“以实施三大工程为载体，努力推进女职工工作迈上新台阶”为题，介绍2011年以来，中国中铁工会女工委开展女职工工作好做法，受到铁总领导及与会者高度评价。

【2011年度工会财务工作会议】 6月14日至15日，中国中铁工会2011年度财务工作会议在济南召开。股份公司党委副书记、副董事长、工会主席姚桂清出席会议并讲话，股份公司工会副主席刘建媛作财务工作报告，中华全国铁路总工会财务部部长于秀敏讲解新《工会会计制度》要求，股份公司工会办公室副主任白敏芳讲授了工会财务软件的应用知识。来自37个单位的工会财务负责人参加会议。

会议表彰全公司2010年度工会财务工作先进个人和2011年度工会经费清欠先进个人及先进基层单位。中铁五局、十局、隧道集团和电气化局工会还分别就工会财务管理、工会经费收缴清欠、会计电算化建设方面作经验交流。

【二届十次全委（扩大）会暨党工共建创先争优推进会】 中国中铁工会二届十次全委（扩大）会暨党工共建创先争优推进会，8月8日至9日在总部机关举行。股份公司工会委员、所属各单位工会（工委）负责人参加了会议，股份公司工会经审委委员以及部分三级子公司工会负责人等共计60余人列席了会议。会议对上半年工会工作进行总结，对后几个月工会工作重点进行研究部署，重点研究解决在当前暂时困难形势下如何推进群安员活动、党工共建创先争优以及维护职工利益等课题，安排部署了职工工资拖欠情况专项调研工作。公司领导李书记、白总裁、姚主席出席会议并讲话。此次会议还命名表彰35个“四好工会班子”和98名“四强工会工作者”，增替补了第二届工会委员、常委。

【体协秘书长会议】 8月18日～19日，股份公司2011年体协秘书长工作会议在中铁宝桥集团召开。股份公司所属各单位体协秘书长27人参加会议。股份公司工会副主席刘建媛、中华全国铁路总工会体育工作部李磊处长等出席会议。股份公司工会刘建媛副主席在讲话中传达中国中铁工会二届十次全委（扩大）会和党工共建创先争优推进会的主要精神，就当前职工群众体育活动的重点提出要实现“三个转变”：由机关向项目的转变、由领导向职工群众的转变、由片区点的活动向全公司整体活动的转变。

【开展“两节”送温暖活动】 2011年的“两节”送温暖活动，全公司共筹措“两节”送温暖资金5619万余元，股份公司党政工领导先后慰问所属单位的45户特困职工。全公司各级领导走访慰问3.149万余名困难员工、10万余名一线员工，慰问13名老红军、12名院士和设计大师以及和近万名离退休老同志、老专家及劳动模范，并为15.7万名农民工送上棉被、军大衣、肉蛋、粮油等慰问品。

【举行联合欢送农民工返乡仪式】 1月23日，由中华全国总工会、铁道部、交通运输部以及北京市人民政府等联合主办的“2011年春节在京农民工平安返乡欢送仪式”在中国航空港建设有限公司北京地铁十号线二期慈寿寺站工地举行。中华全国总工会副主席书记处第一书记王玉普、铁道部副部长王志国、交通运输部副部长冯正霖、北京市委常委、市总工会主席梁伟、副市长苟仲文以及北京市总工会、市交通委、市住建委、首都文明办等单位领导出席仪式。股份公司副总裁章献、航空港副总经理兼工会主席张宝强为农民工兄弟平安返乡送上慰问品。

【开展工会工作综合调研活动】 5月8日～24日，股份公司工会成立两个调研组，到基层相关单位，就各单位开展党工共建创先争优、工会组织建设、海外工会工作、群安员活动、农民工入会以及现场职工思想动态等情况进行综合调研。调研组在深入基层各单位和一线项目部进行现场察看、听取汇报、项目座谈的基础上，分别在成都、合肥、武汉、北京召开了四个片区座谈研讨会，此次调研共涉及了17个二级公司、43个三级公司和29个项目部。通过深入的调研检查，掌握材料，了解各单位工会开展情况，查找工作中存在的问题，进一步明确工作思路和重点。

【编辑出版四本书】 7月4日，股份公司工会集中编辑出版《优秀论文》、《感言集》、《玫瑰绽放》、《帼之慧》四本书。旨在为基层单位和广大工会工作者提供相互交流、相互借鉴、相互学习的信息平台。《优秀论文》集中收集38篇工运理论研究论文和调查报告。这些论文具有一定的理论水准和思想深度，对广大工会工作者具有一定的启迪思路、开阔视野的参考借鉴作用。《感言集》共收录来自基层单位工会工作者参加股份公司清华大学“工会干部领导能力提升高级研修班”50多名学员撰写的学习感言，反映工会干部对学习的渴望、追求与感悟。《玫瑰绽放》汇集中国中铁女职工“二次创业、巾帼建功”征文优秀作品80篇，集中反映女职工对“二次创业、巾帼建功”的准确理解、深刻感悟。《帼之慧》收录股份公司在清华大学举办的三期先进女职工、女干部素质提升研修班的学员畅谈看问题的新视角，提高能力的新思维、认识人生的新收获、感受和体会。

【开展群众安全生产监督检查】 为贯彻落实5·30会议精

神，从6月初到7月中旬，股份公司工会组织17个施工生产单位工会对群安员活动展开检查，共对2931个在建项目，特别是隧道、分包工程的生产安全和群安员工作进行排查和检查。股份公司工会先后深入中铁二局、三局、五局、八局、电化局、建工、上海工程局等7个局级单位，16个三级公司和38个重点工程项目进行了抽查。通过这次大检查，累计发现并排查事故隐患4万余处，其中重大隐患200余处。

【对在委施工人员家属进行慰问】 10月13日至14日，参加委内瑞拉铁路建设的中铁一局、二局、四局、九局、十局和中铁二院等单位工会，按照股份公司统一部署，利用召开座谈会、家庭走访、慰问等多种形式，慰问委铁参建员工家属。各级组织共计走访了526户参建员工家庭，发放慰问金慰问品共计24.42万元。在深入家庭进行慰问当中，6家参建单位局处两级宣传和工会等部门，还为参建员工家庭进行音像采集，拍摄制作以“家音”为主题的光盘，共录制VCD光盘490盘、CD光盘5套，让远在委内瑞拉的员工能亲切看到家庭和亲人的容貌，听到亲人的问候和嘱托。股份公司工会专门拨付50万元，用于改善在委参建员工的工作生活和文化条件，让大家在异国他乡工作的舒心、生活的安心。

【组织劳模健康疗养】 8月28～9月3日，股份公司工会组织了32名中国中铁、省部级、全国劳模到云南昆明进行健康疗养，体现企业对劳模的尊重和关心。

【开展对职工、农民工工资拖欠情况调研】 9月15日，根据工会全委扩大会精神和李书记、白总裁、姚书记的指示，公司工会组织开展了职工、农民工工资拖欠情况专题调研工作，专门下发通知要求各单位对职工、农民工工资拖欠情况进行全面细致调查，同时，股份公司工会到中铁三局、九局部分子分公司及所属项目部进行实地调研摸底，召开工会生活保障部长专题座谈会和项目信息直报点负责人座谈会，了解各单位职工、农民工工资发放和拖欠情况。根据调研结果，起草完成《关于工资拖欠情况的报告》和《关于开展“同舟共济闯难关”互助活动的实施方案》。

【启动2012年“两节”送温暖活动】 12月13日，股份公司党政工团联合下发通知，部署以“真情暖职工，关爱促和谐”为主题的2012年“两节”送温暖活动。此次“两节”送温暖活动主要是面向困难职工群体，面向一线职工、面向先进模范人物、面向有突出贡献的科技专家，尤其对拖欠工资时间长、数额大的困难单位的困难劳模、特困职工，更重点关注。股份公司领导到基层看望慰问一线坚守岗位的职工，重点走访慰问各单位困难职工家庭。同时要求各级干部细致的思想教育工作做到基层、工地和家庭，把党组织、企业、工会、同事的关爱、情谊、温暖送到职工心里。各单位探索送温暖活动的多种实现形式，给困难职工送钱、送物，送健康、送技能、送信息、送安全叮嘱、送快乐和谐。确保职工过好“两节”。要高度重视和维护稳定工作，开展“五讲”形势任务教育，做好职工群众的思想工作，及时发现、排查各类不稳定因素，预防和妥善处置各种突发事件。

【中央企业项目管理创新技能大赛】 12月6日，首届中央企业项目管理创新技能大赛初赛在北京举行，来自42家中央企业的72支代表队共216名选手参加了初赛。经参赛队员的奋力拼搏，中国中铁派出的两支代表队都取得了较好名次，并有一支代表队以初赛第2名的优异成绩进入了复赛，这是所有晋级复赛央企中唯一一家建筑企业。12月26日，在广州参加决赛获三等奖。

【参加火车头体协第七次代表大会】 11月10日，中国火车头体育协会第七次代表大会在北京铁道大厦召开。大会选举产生了火车头体协第七届理事会理事和常务理事，铁道部党组书记、部长盛光祖当选火车头体协第七届理事会主席，中国中铁副董事长、党委副书记、工会主席姚桂清当选为中国火车头体协第七届理事会常务理事，中国中铁体协秘书长王伟当选为火车头体协第七届理事会理事。

【评选表彰“建功立业杯”劳动竞赛先进集体】 1月15日，股份公司下发《关于表彰2010年度“建功立业杯”劳动竞赛先进集体的决定》，授予中海外南非卡拉盖迪锰矿项目部等100个集体“中国中铁2010年度‘建功立业杯’劳动竞赛先进集体”，并颁发奖牌。2011年，各单位按照股份公司、股份公司工会的部署，以“打好施工生产攻坚战”为主题，以“六比六创”为内容，开展“十一五建功立业杯”劳动竞赛活动。各重点工程项目，在全公司生产一线掀起施工生产建设高潮，为股份公司完成年度生产经营任务作出贡献，为企业加快发展、增强实力打下坚实基础。

【评选表彰“四个十大”】 3月5日，制定下发《关于评选表彰第二届中国中铁“十大专家型工人”“十大杰出女性”和“十大新型农民工”》文件通知，组织所属单位通过自下而上、层层选拔，推荐上报了一批先进人物。股份公司工会根据被推荐先进人物的事迹材料3月25日召开常委（扩大）会进行初选，提出初步候选人并下发所属单位工会进行投票评选。4月27日下午，股份公司在总部机关隆重举行庆祝“五一”“五四”暨表彰“四个十大”先进人物视频会议。股份公司总裁白中仁，副董事长、党委副书记、工会主席姚桂清等公司领导，受表彰的“四个十大”先进人物、总部机关各部门负责人以及各单位领队共80余人在主会场参加了会议。股份公司所属各二、三级单位，各工程项目指挥部党政工团领导、机关部门负责人，分别在分会场参加了会议。股份公司工会副主席刘建媛主持了会议。表彰会上，姚桂清主席代表股份公司党政工团宣读了《关于表彰第二届“十大专家型技术工人”、“十大杰出女性”、“十大新型农民工”和第五届“十大杰出青年”的决定》。股份公司领导为“四个十大”先进人物颁发奖章和证书。表彰会上首次通过播放视频的方式，介绍 “四个十大”先进人物的主要事迹，“四个十大”先进人物代表分别作事迹报告。

【下发重要文件】 1. 制订“十二五”期间开展中国中铁“二次创业杯”劳动竞赛的指导意见。为推动股份公司“推进两大转变，实现二次创业”“十二五”发展战略的实施， 4月27日，制定下发了《中国中铁“二次创业杯”劳动竞赛的指导意见》，指导基层单位创新竞赛方式，丰富竞赛内涵，广泛开展以“比优质工程，创国际企业新品牌；比安全生产，创大型企业新形象；比自主创新，创现代企业新实力；比成本控制，创上市企业新效益；比员工素质，创一流企业新特色；比协作队伍，创和谐企业新业绩”为内容的“六比六创”劳动竞赛。

2. 起草完成《加强和改进工会工作指导意见》”、《加强和改进培养选拔女干部工作指导意见》”两个文件。 7月20日，起草完成了《关于加强和改进新形势下工会工作的指导意见》、《关于进一步加强和改进培养选拔女干部工作的指导意见》，在同干部部等部门沟通交流和充分讨论的基础上，对两个办法进行修改完善，以党委文件下发，此两个文件将对加强工会工作和女职工队伍建设起到很大的推动作用。

3. 制定下发《2011－2015 年中国中铁工会干部教育培训规划。根据中华全国铁路总工会《2011－2015 年铁路工会干部教育培训规划》，结合股份公司“十二五”人才发展规划和建设复合型党群工作人才队伍的工作目标，股份公司工会对“十二五”中国中铁工会干部教育培训的指导思想、总体目标、培训原则、培训任务和工作要求作出详细规划。

4. 制订《中国中铁群众安全生产监督工作指南》。在配合安质部完成“群安员工作标准”的制定、针对协作队伍设立群安员开展专题调研的基础上，修改完成《中国中铁群众安全生产监督工作指南》，力求将群众安全生产监督工作规范化、标准化。

5. 下发“中国中铁专家型职工学习工作室创建标准及管理办法。制订、下发“中国中铁专家型职工学习工作室创建标准及管理办法”（试行），规范和指导各单位创建活动，打造学习创新平台，培育专家型创新团队，以此推动“四个一流”职工队伍建设。

共青团工作

【团组织和团员队伍状况】 股份公司现有 35 岁以下青年近16万人，其中团员青年5万余人。有46个直属团（工）委，近600个二级团委，3300多个团（总）支部。几年来，全公司有70多个团委获省级“五四红旗团委”，有10多个团委列为“全国五四红旗团委创建单位”，有 7 个团委获“全国五四红旗团委”，有 7 个支部荣获“全国五四红旗团支部”。股份公司团委获“2010年中央企业青年志愿者工作先进单位”称号。

【团工委领导到中铁建工项目慰问】 1月19日，中央企业团工委书记、中央企业青联主席许高峰出席在中国中铁建工集团于家堡项目举行的中国中铁党团共建创先争优“百千万示范工程”授旗仪式暨中央企业团工委新年慰问活动。许高峰看望慰问施工生产一线的青年员工、农民工，并向一线青年赠送了书籍和米面油肉等慰问品；向青年职工、青年农民工代表授予“中铁建工集团党团共建创先争优五比五争竞赛”旗帜；于家堡项目全体青年员工和农民工进行集体宣誓，争创“五好、五强、五优”。

【二届八次全委（扩大）会议召开】 1月23日至24日，共青团中国中铁二届八次全委（扩大）会议在中国中铁总部召开。会议回顾总结 2010 年团委工作，认真分析了团委面临的新形势，研究确定 2011 年团委各项工作的总体要求和重点任务。股份公司党委书记、董事长李长进，总裁白中仁，副董事长、党委副书记、工会主席姚桂清出席会议并讲话。股份公司团委书记李新生代表股份公司团委作题为《统一思想促开局，凝聚力量助起步，为推动“十二五”发展战略实施而努力奋斗》的工作报告。各单位团委负责人 35 人参加了会议。

【团中央领导到中铁隧道集团项目慰问】 1月28日，团中央书记处书记贺军科在团中央城市青年工作部部长徐晓、企业处处长何雷以及中国中铁团委书记李新生、中国中铁隧道集团副总经理范国文的陪同下，来到中国中铁隧道北京地下铁路直径线项目为项目部的青年员工和务工青年送来春节慰问品，并参观正在紧张作业的隧道施工现场。

【开展主题征文活动】 2月28日，股份团委在全公司范围内启动以“推进两大转变，实现二次创业—我与企业同发展”为主题的征文活动。活动截至到6月底收到各单位征文186篇，评选出一等奖作品4篇，二等奖作品6篇，三等奖作品10篇，优秀奖作品20篇。

【青年模拟竞聘观摩研讨会】 4月13至14日，中国中铁青年模拟竞聘观摩研讨会在济南召开，研讨《中国中铁青年模拟竞聘活动实施意见（讨论稿）》，股份公司团委以及所属28个单位团委负责人参加会议。“青年模拟竞聘”活动是股份公司在中铁十局试点推行的品牌活动，旨在有效服务企业青年人力资源的合理开发和配置，搭建青年展示自我的平台，建立健全青年人才推荐选拔的机制。

【表彰十大杰出青年】 4月27日，股份公司团委与工会联合召开“庆祝五一、五四暨表彰四个十大先进人物”视频会议，会上授予中海外吴东正、中铁三局李彪、中铁四局吴波、中铁五局蒲青松、中铁六局于杰方、中铁隧道集团王坤、中铁二院梅熙、中铁大桥院肖海珠、中铁资源王勇、中铁建设分公司孙玉国等10名同志第五届“十大杰出青年”称号，授予贺志荣同志“中国中铁杰出青年标兵”称号。股份公司总裁白中仁作重要讲话，副董事长、党委副书记、工会主席姚桂清宣读党政工团表彰决定。公司领导及各部门负责人和获表彰的“四个十大”先进人物共80余人在主会场参加会议，公司所属二三级子分公司5000余人在全国各地206个分会场参加会议。

【中央企业共青团五四表彰】 4月8日，中央企业团工委发文表彰2010年度中央企业青年文明号、五四红旗团委、五四红旗团支部、五四红旗团委创建单位、优秀共青团员、优秀共青团干部、青年岗位能手。中国中铁受表彰集体和个人数位列中央企业第一位。

【公司领导寄语团员青年】 “五四”前，股份公司党委书记、董事长李长进，总裁白中仁向全公司团员青年发出题为《二次创业，青年争先，在实现企业“十二五”发展战略中再谱新篇》的寄语，号召团员青年抓住机遇，弘扬“五四”精神，在中国中铁“十二五”发展的宏伟征程中贡献力量。

【庆“五四”总部机关青年座谈会】 5月4日，股份公司“庆五四•我与企业同发展”总部机关青年座谈会在总部B座报告厅举行，中央企业团工委书记许高峰，股份公司董事长、党委书记李长进，总裁白中仁，副董事长、党委副书记、工会主席姚桂清，副总裁马力，党委副书记、纪委书记、监事会主席王秋明，总经济师许廷旺，董事会秘书于腾群等领导出席座谈会。总部机关相关部门负责人和全体青年90余人参加了座谈。

【第十届青年技能竞赛】 5月14日，中国中铁第十届青年技能竞赛盾构机械操作工技能大赛在深圳闭幕。16家成员单位的64名选手参加比赛。中铁一局、中铁六局、中铁五局、中铁二局、中铁隧道依次获得大赛团体总分前五名，中铁一局李鹏等20名同志获大赛个人排名前二十名，获“中国中铁青年岗位能手（标兵）”称号，大赛前三名获全国青年岗位能手称号。

7月15日至18日，中国中铁第十届青年技能竞赛工程试验技能大赛在武汉举行。股份公司18家下属单位的72名选手参加比赛。中铁大桥局、中铁九局、中铁四局、中铁六局、中铁十局分获团体前五名。股份公司副总裁章献出席闭幕式并作总结讲话。大赛前三名获全国青年岗位能手称号。

7月18日至21日，中国中铁第十届青年技能竞赛电工技能大赛在山海关举行。股份公司21个单位的84名选手参加比赛。中铁山桥、中铁九局、中铁宝桥、中铁电气化局、中铁十局分获大赛团体总分前五名，11名选手通过本次比赛晋升技术等级。大赛前三名获全国青年岗位能手称号。

【香港大学生暑期实习活动】 6月22日至7月22日，股份公司团委承办第五届“共创新世界”香港大学生北京暑期实习交流团活动，3名学生在六局进行为期一个月的实习工作。

【表彰党建带团建先进单位】 6月26日，公司党委下发文件，对近两年来在党建带团建工作中表现突出的中铁一局、中铁二局、中铁三局、中铁四局、中铁五局、中铁六局、中铁九局、中铁十局、中铁大桥局、中铁隧道、中铁电气化局、中铁二院等12家单位的党委进行表彰。

【“永远跟党走—唱响红歌，创先争优”文艺比赛】 自4月份伊始，在全公司开展“永远跟党走—唱响红歌，创先争优”文艺比赛活动，各级团组织累计开展各类红歌传唱活动640余场次，参与人数5万余人。7月1日，“永远跟党走—唱响红歌，创先争优”文艺比赛决赛在总部报告厅举行，中央企业团工委书记、中央企业青联主席许高峰，国资委群众工作局青年处处长巴清宏，股份公司领导白中仁、姚桂清、李建生、刘辉、马力、段秀斌、王秋明、许廷旺等领导，以及总部机关、部分北京地区单位员工共计430余人观看决赛。

【“CREC，每日学一句”活动】 自7月1日起，团委为适应企业的国际化战略目标，通过内部OA平台、中铁青年网、团委博客在全公司长期开展“CREC，每日学一句”的学习英语活动。

【“五讲”形势任务教育】 7月26日，团委在全公司广大团员青年中普遍开展了以“讲形势、讲优势、讲前景、讲对策、讲稳定”为主要内容的形势任务学习教育活动。组织团员青年学习《坚定信心攻难关，凝心聚力促发展——中国中铁“五讲”形势任务教育宣传提纲》，开展活动1447场次，累计41000余人参加学习宣讲活动。

【中央企业青年工作会议】 8月25日，国资委党委在京召开中央企业青年工作会议。国资委主任、党委书记王勇，团中央书记处第一书记陆昊出席会议并分别作重要讲话。会上，中铁大桥局党委、中铁四局党委获中央企业“党建带团建工作先进单位”称号，中铁五局一公司总经理蒲青松获首届“中央企业青年五四奖章”。股份公司副董事长、党委副书记、工会主席姚桂清参加会议，并代表股份公司上台领奖。中国中铁于腾群、胡汉舟作为中央企业青联常委候选人，刘福广、毕彦春、杨凯利作为中央企业青联委员候选人列席会议，参加中央企业青联三届一次全体会议。

【总部机关三人制篮球赛】 8月20日，团委联合体协、机关团委、机关篮球协会举办股份公司总部机关2011年度三人制篮球赛。活动得到了总部机关员工的大力支持，共有64名选手组成了16支参赛队伍进行比赛。

【中国中铁玉树团工委成立大会】 8月29日，团委在玉树灾后重建指挥部召开 “玉树扬团旗、创争展风采”青春建功活动调研会暨中国中铁玉树团工委成立大会。青海省玉树州团委副书记尕玛才仁出席会议。中铁建工、中铁二局团委、现场指挥部党工委以及中国中铁在玉树地区各参建单位团组织负责人、青年代表参加会议。

【团干部培训班】 9月3日～8日，团委在总公司党校举办2011年度团干部培训班，来自公司所属30个子、分公司的124名基层专兼职团干部参加培训。姚书记出席培训班开班典礼，并讲话。在为期5天的培训中，培训班邀请股份公司总裁办、宣传部、报社领导以及中央团校、河北省党校、河北省师范大学、西柏坡纪念馆的专家集中讲授当众讲话的语言艺术、青年领袖的成长智慧、胡锦涛总书记“七一”重要讲话解读、青年心理健康、公文写作与应用、新闻写作实务、企业发展形势及任务、当前宏观经济形势分析、历史的启示—从上海、嘉兴到西柏坡、共青团组织统计软件操作等10项课程，累计授课40个学时，并传达学习中央企业青年工作会议精神。

【“大干四季度，献礼党代会”青春建功主题实践活动】 10月13日，团委在全公司广泛启动以“五强化，五促进，大干四季度，献礼党代会”为主题的青春建功主题实践活动，即：强化青年思想引导，促进员工队伍稳定；强化青年突击队竞赛，促进年度生产经营目标完成；强化青年安全监督岗队伍建设，促进企业安全形势稳定；强化“党团共建，创先争优”活动，促进企业政治优势发挥。

【“工作日志”上网活动】 10月24日，为解决工作中存在的“庸、懒、散”问题，股份公司团委推出了“工作日志”上网活动，在中铁青年网团委开设专栏，每日更新上传工作日志，接受全公司各级团组织和广大团干部、团员青年监督。

【青年安全监督岗岗员技能大赛】 自6月份以来，团委在全公司范围内开展青年安全监督岗岗员技能大赛，先后在基层组织开展青安岗培训和考试700余次，累计参加人员14000余人，累计征集安全知识试题24000余题。10月27日，中国中铁2011年度青年安全监督岗岗员技能大赛知识竞赛在中铁总部举行。中铁二局、中铁电气化局、中铁隧道集团、中铁隧道装备、中铁建工集团、中铁五局分获团体一、二、三等奖，中铁建工集团张文辉等15名选手获“优秀青年安全监督岗岗员”称号。国务院国资委群工局副局长、中央企业团工委常务书记张相红，国家安监总局监管二司处长韩鸿以及股份公司领导白中仁、姚桂清、刘辉等领导出席比赛为获奖集体和个人颁奖。股份公司机关各部门、北京地区部分单位和项目部300名余人到比赛现场观摩。

【“党团共建，创先争优”第三阶段工作】 11月30日，股份公司团委下发实施意见部署“党团共建，创先争优”第三阶段工作，确定第三阶段工作以加强思想作风建设和素质能力建设为重点，以各级团委机关和支部班子为对象，实现加强建设、提升能力、解决问题、取得实效的目标。

【表彰先进典型】 1月29日，发文表彰授予20个团委中国中铁“五四红旗团委”称号；授予20个团支部中国中铁“五四红旗项目团支部”称号；授予 20 名同志中国中铁“优秀团员”称号；授予 20 名同志中国中铁“优秀团干部”称号；2 月 14 日，发文表彰命名 20 个单位为“青年文明号”称号，授予 10 名同志“青年岗位能手标兵”称号，授予 20 名同志“青年岗位能手”荣誉称号，授予 20 个单位“优秀青年安全监督岗”称号，授予 20 名同志“青年安全监督岗岗员”称号；8 月 10 日，发文表彰授予 104 对师徒“中国中铁 2011 年度‘模范师徒’”称号；12 月 6 日，联合科技设计部发文，授予 56 名同志“青年管理创新奖”称号，授予 59 名同志“青年技术创新奖”，分别授予 40 项成果“青年创新成果奖”一、二、三等奖。

机关党委工作

【机关党委】 机关党委、机关工会与行政管理部合署办公，机关党委书记、机关工会主席与行政管理部负责人交叉任职。机关党委职员 1 人。主要职责：

1. 负责公司总部及直属单位党员、员工的政治理论学习，提高总部及直属单位员工的政治素质。

2. 负责公司总部及直属单位党组织的思想、组织、作风建设；定期召开总部党员大会；督促检查党组织召开党员大会和生活会的情况。

3. 负责抓好机关党风建设，监督检查机关完善惩防体系和落实党风廉政建设责任制及有关规定的落实情况，做好对违纪党员的教育和处理工作。

4. 结合机关改革发展和生产经营工作实际，抓好机关精神文明建设，做好员工的思想政治工作。

5. 负责制定总部员工培训规划，协助有关部门抓好总部员工培训计划的落实。

6. 负责机关党内统计工作，做好总部党费收缴、使用和管理工作，转递党组织关系。

7. 抓好机关党组织“三会一课”制度的落实；组织开展党内建设活动，做好表彰和推荐先进党组织和优秀共产党员、优秀党务干部工作。

8. 负责机关和直属单位党委、总支和支部换届选举工作。

9. 做好发展党员工作。指导党组织做好对预备党员和积极分子的培养教育和考查工作。

10. 加强党员教育和管理，发挥党组织的战斗堡垒作用和党员的先锋模范作用，提高机关党组织的战斗力。

11. 认真贯彻落实工会工作的法规、规章和制度，组织会员学习党的方针政策，建设有理想、有道德、有文化、有纪律的职工队伍。

12. 加强民主管理，发挥维护、建设、参与和教育职能。做好职工的社会保障工作，建立完善的职工互助保障体系，解决职工的实际困难。

13. 积极开展群众性的劳动竞赛，合理化建议活动和组织开展文化体育活动。

14. 围绕公司改革发展和稳定中心，认真研究和部署机关工会的工作，动员组织广大会员立足本职，建功立业。

15. 抓好所属工会组织的组织建设和思想建设，发挥所属工会组织的作用，抓好各级工会干部的培训工作。

16. 加强对机关共青团组织的政治领导，支持其独立负责地开展工作。

17. 完成领导交办的其它工作。

【加强党建标准化建设】 2011 年，机关党委对机关党的工作进行了统筹部署，就如何做好新形势下机关党的工作、深化创先争优活动、推进学习型党组织建设、加强机关组织与作风建设、纪念建党 90 周年活动等方面做了具体安排。5 个党支部进行创先争优活动经验交流。创办《机关党建》。创办 6 个月内编发 14 期，主要刊登了公司党委和公司领导对机关党建、思想政治工作、创先争优活动、精神文明建设与机关建设的讲话、指示要求；机关党委重要活动情况与信息和机关支部党建工作好的经验与做法；编印下发《党支部工作手册》。系统全面地规定了支部书记、委员的职责，党建工作内业资料的基本要求，党费收缴、党员发展、党内会议召开的时限和记录，规范总部机关党支部工作的标准。召开机关党员代表会议。11 月 2 日会议按照《党章》和《中国共产党基层组织选举工作暂行条例》及公司党委规定，经过两上两下和与会党员代表充分酝酿讨论，以无记名投票方式和差额选举办法，选举产生总部机关出席总公司第三次（股份公司第一次）党代会的代表 25 名，增强机关党组织的凝聚力和向心力。

【加强机关党的组织建设】 2011 年，机关党委对 13 个党支部进行了支部改选和补充，占机关 22 个党支部的 59%，完善了总部机关基层组织建设；清理机关各支部内部调转、调出及外派人员组织关系，通过《机关党建》进行公布；做好直属单位党员组织关系转接工作，规范党员管理；积极做好党员发展工作，2011 年发展预备党员 3 名，预备党员转正 5 名。总部机关 22 个党支部支部设置和支部班子建设全部到位，256名党员有组织地参加党内的各项活动。理顺机关党委与直属单位党委的职责与管理关系，15个公司直属单位党的组织关系、党员组织关系转接、党费收缴和党内统计工作纳入机关党委管理。

【深入开展总部创先争优活动】 明确总部机关创先争优活动的目标。确立以开展“学争创”活动为载体，建设学习型党组织、争当先进部室和优秀共产党员、创建学习型、高效型、创新型、服务型、廉洁型的“五型机关”。找准存在的问题。通过个人自查、领导帮查、横向互查、集体共查，查找找准总部机关层面、支部（部门）和党员层面在思想作风、业务素质、服务意识、廉洁从业等方面存在的问题和不足。确保活动不走过场。阶段分为宣传与动员、学习与查找、整改与提高、评议与表彰等四个环节。在四个环节的工作中，开展“六个一”活动，并做到每一个环节有具体实施意见、有会议动员部署、有典型示范引领、有综合通报总结。发挥示范带头作用。机关党委向公司二级企业下发《关于征求对股份公司总部机关层面和总部机关各部门及工作人员意见与建议的通知》，44个子、分公司、项目（指挥）部反馈559条意见和建议。机关党委将意见和建议梳理分类，形成报告分别上报股份公司党政主要领导，并分送机关各支部（部门），对标认领。公司党委主要领导采取每个支部单独汇报、领导逐一点评的方式，集中听取各支部阶段工作汇报。7个支部在转段动员会上介绍经验，在《中国中铁报》上专栏刊登。公司党委将机关创先争优活动作为一项主要工作，列入重要日程。党政主要领导策划部署、把关定向、组织协调、带头参加。公司党委书记、董事长李长进在机关党委连续召开的三次动员部署、表彰先进、转段动员会上做重要讲话；党委副书记、总裁白中仁在总裁办公会、大交班会等多次会议上对机关建设和创先争优活动提出具体明确的要求；党委副书记、副董事长姚桂清亲自策划部署、亲自听取各支部汇报，亲自组织协调；总经济师许廷旺带头参加活动，并指导机关党委组织实施创先争优活动的每个环节，推动活动的引深，使总部机关创先争优活动始终走在全公司基层党组织创先争优活动的前列。

【推进学习型党组织建设】 全面推进“学习型党组织”建设，重点打造机关“学习型党支部”，提高党员干部思想理论素质。3月31日机关党委会同干部部，在机关举办“学习力决定竞争力”专题讲座。机关党委为公司领导和各支部购买和发放了《中国共产党党史》、《关于党的建设》、《共产党员风采录》和《特殊党费》等4类党建学习资料，共计680本；会同股份公司纪委，专门召开总部机关党支部书记会议，举行了《中国中铁廉洁手册》发放仪式，对改进机关学风、文风、会风、作风及廉洁文化建设提出要求。在机关广大党员中开展读书活动，进一步推动了机关党员干部读书学习活动。组织学习贯彻胡锦涛总书记“七一”重要讲话，推进总部机关学习之风的持续。

【庆祝建党90周年系列活动】 2011年初确立开展“一先两优”评选活动，7月1日召开总部机关庆祝建党90周年暨“一先两优”表彰会议，表彰先进党支部8个，优秀支部工作者11名，优秀共产党员34名。在全体员工中开展“我为党旗添光彩——纪念建党90周年征文”活动、网上推荐全国优秀共产党员活动、离退休干部“与党同呼吸、工命运、心连心”征文等系列庆祝活动。会同安质环保部举行了机关员工安全质量宣誓活动、会同科技设计部开展以“节能我先行、低碳新生活”为主题的节能减排宣传月活动。建党90周年征文共征集作品72篇，获奖作品一等奖5篇、二等奖8篇、三等奖10篇、优秀奖15篇、优秀组织奖3个，优秀作品汇编成册，公司党政主要领导亲自题词。“七一”前夕，公司党委书记、董事长李长进，总裁白中仁，党委副书记、副董事长、工会主席姚桂清，总经济师许廷旺亲赴离退休老红军、老战士、老党员、老专家、老劳模家中、医院病床前走访慰问，共走访慰问了34名老同志。活动中，总部机关还及时落实离休干部生活补贴待遇，公司领导将生活补贴送到老同志手中。

机关工会工作

【职工文体生活】 制定《体育场馆使用管理暂行规定》《场馆使用须知》公布在场馆门前。组织员工篮球、乒乓球、桌球等比赛，为机关各工会配备、发放了运动套装，提醒大家坚持冬季运动，增强体质，保证健康身体。为总部员工办理2011年公园年票341张。

【“送温暖”慰问工作】 春节期间慰问机关困难员工。坚持日常员工生老病、住院送温暖。“三八”节、“六一”节为女职工和14岁以内儿童员工发放慰问金，在传统节日为职工办福利，把企业的关怀送达到每位员工。

【女职工工作】 切实做好女职工工作，按期组织每年的女职工妇科体检工作，有 67 名参加了检查，没发现一例妇科病症。以“三八”妇女节、“六一”儿童节、女职工妇科检查为载体，逐年增加慰问费，续保了“女职工安康保险”。

【计划生育工作】 做好日常的计生工作，为初婚员工办理了生育光荣证。核准办理了独生子女补贴，热情办理育龄职工的“准生证”，独生子女关系转接等工作，年终将 2011 年调入人员的计划生育关系，进行统计、确认、核算，发通知单配合劳资部， 保证年终计生补贴的按时发放。

【会费管理】 及时收缴、上解工会会费，管好、用好工会经费为职工办实事。根据工会财务工作群众性和独立性特点，坚持做到收好、管好、用好各项经费，使有限工会经费发挥作用。接受上级工会经费审计，机关工会充分准备，将近年来经费的收缴、管理、使用等情况向经审委做了总结汇报，并与经审委交换意见，得到肯定。

【体检防疫】 对体检中心进行实地考察、比较、确定，组织总部全体员工体检工作。根据员工健康情况体检项目做适当调整，更适合机关员工身体特点。联系安排了总部机关接种“流感疫苗”的防疫工作，分几次为员工接种。

【餐厅日常管理】 努力保持与送餐公司的沟通，监督饭菜的卫生、质量、品种、数量，及时提出意见，建议，要求迅速改正。根据职工就餐的需要，改造加热箱线路，填装监视器，为做好餐厅就餐保暖工作，想办法保证员工就餐环境的适宜。

报 社

【报社】 《中国中铁》报创刊 2003 年元月，原名《中国铁路工程》报，由中国铁路工程总公司党委主办，在全公司内部发行。截至 2011 年底出刊 438 期。报社定员 5 人，现员 4 人，设总编 1 人，副总编 2 人，部员 2 人。

2011 年，报社坚持团结、稳定、鼓劲和正面宣传为主的方针，按照“围绕中心、服务大局、面向读者、贴近实际”的办报宗旨，围绕“提高办报质量、扩大覆盖面”的工作目标，创新新闻宣传的观念、内容、形式、方法，同时深入开展创先争优活动，加强党组织建设、队伍建设和精神文明建设，为企业的改革发展提供了强大的舆论支持、思想保证和精神动力。全年共编辑出报 49 期（第 390 至 438 期），编发相关稿件近 4500 余篇(幅)。同时报社紧密配合总公司领导及总部机关的各项重大活动、重要会议和重要来访接待活动，多次派出记者现场采访、拍照约 160 余人次，撰写相关稿件 40 余篇。

【改进年初系列会议报道方式】 为做好 2011 年新春系列会议宣传报道工作，报社在报道方式上进行了大胆创新，采用“双头条”的版式，用 8 个版的篇幅，图文并茂地重点宣传了中国中铁 2011 年工作会议、第一届董事会四十一次会议、党委二届九次全委（扩大）会议、一届二次职工代表大会、中国中铁第四届科技大会、2011 年第一次临时股东大会、纪委书记会议、工会二届九次全委（扩大）会议、团委二届八次全委（扩大）会议、专职产权代表述职会议、女工委二届四次全委（扩大）会议等系列会议情况，并配发了《立足新起点，实现新跨越》的社论，动员全公司广大干部员工群采群力，为确保企业“十二五”发展开好局、起好步，实现“推进两大转变、实现二次创业”新的发展战略目标而努力奋斗。新春系列会议的宣传报道为各单位准确掌握股份公司战略部署、明确未来发展方向、谋划全年工作安排提供依据。

【宣传股份公司中心工作】 围绕 2011 年股份公司“练内功，打基础，强管理，创一流” 的中心工作及公司党委不同阶段的宣传工作重点要求，一版自 2 月 23 日第 395 期起开辟“练内功、打基础、强管理、创一流”专栏，集中宣传各二级公司贯彻落实工作会议精神，坚持以科学发展为主题、以转变发展方式为主线，紧密围绕股份公司中心任务，在“十二五”开局之年的总体思路和重点工作；二版开设《起好步 开好局 再创新业绩》栏目，刊发三级公司抓好生产经营、安全质量管理等方面的工作；三版在 392 期用三分之二个版面的篇幅，刊登了《练内功 打基础 强管理 创一流 实现“十二五”良好开局——贯彻落实股份公司 2011 年工作会议精神宣传提纲》，为各单位全面学习领会、贯彻落实会议精神，推进重点工作落实营造良好舆论氛围。

【宣贯“七一”讲话精神及庆祝建党 90 周年】 7 月份先后刊登股份公司党委中心组召开学习会议，全文转发股份公司党委《关于认真学习贯彻胡锦涛总书记在庆祝中国共产党成立 90 周年大会上重要讲话精神的通知》；突出报道了各单位党委组织学习的有关情况。推出了《中央“七一”表彰全国先进党组织和优秀个人，中国中铁“一先两优”均榜上有名》、《国务院国资委党委在京召开庆祝中国共产党成立 90 周年中央企业“一先两优”表彰大会，中国中铁党委在会上作了经验交流》、《总部机关召开庆祝建党 90 周年表彰会议，李长进、白中仁等公司领导出席会议并颁奖》、《中国中铁“永远跟党走——唱响红歌，创先争优”

文艺比赛圆满落幕》等一批重点、热点新闻。对各单位开展唱红歌、组织红色旅游等纪念活动的情况进行报道。

【宣传“三会”精神】 6月底股份公司召开庆祝建党90周年暨创先急优活动经验交流表彰大会、干部工作会议、经营工作会议，分析企业面临的内外形势，对工作进行重点部署后，报社迅速行动，一版7月份开辟“落实公司‘三会’精神，促进企业持续健康发展”专栏，宣传报道了8个子、分公司传达贯彻落实“三会”精神，在415期三版用近三分之二个版面的篇幅刊登《坚定信心攻难关 凝心聚力促发展—中国中铁“五讲”形势任务教育宣传提纲》，对促进全公司学习贯彻落实“三会”精神，引导员工认识和应对形势，统一思想、坚定信心，打好年度生产经营攻坚战起到作用。二版、三版也分别结合生产经营和党建思想政治工作实际，重点报道基层单位以实际行动贯彻落实“三会”精神的新闻。

【宣贯股份公司第一届党代会精神】 为迎接总公司第三届暨股份公司第一届党代会的召开，10月12日三版推出了《总公司第三届党代会、股份公司第一届党代会宣传提纲》；12月21日又推出《旗帜，飘扬在中国中铁——党代会代表风采录》，创新性地以两个通版的形式，图文并茂地深入报道了从参会的355名代表中精选出的12名先进人物的事迹通讯，并在党代会召开的当天在会场散发，在全体与会代表中引起强烈共鸣；12月28日438期报纸又以四个版的篇幅，围绕党代会开展重点报道，其中一版刊登会议消息，二、三版编发领导报告摘要，四版推出会议场景及文艺演出的整版图片，为党代会的召开及扩大影响起到良好的舆论铺垫作用。

【深入宣传创先争优活动】 报纸每期推出“深入开展创先优活动”固定栏目，综合运用消息、通讯、言论、图片等新闻体裁，报道股份公司及各二、三级公司贯彻落实党中央、公司党委有关精神，推进“创争”活动，推动企业改革发展的好经验、好举措及阶段性成果，重点对各单位开展党组织与党员公开承诺情况，上级领导对党组织开展创先争优活动情况及党员工作表现的点评，群众对基层党组织和党员的评议情况，以及股份公司各单位全面推进“百千万创先争优示范工程”、“为民服务”等活动情况进行报道。2011年共刊登创先争优活动文字及图片稿件近580多篇（幅）。

【践行“三贴近”原则】 报社寻求统筹的最佳结合点、策划的最佳切入点、宣传的最佳突破点、报道的最佳着力点，成功开展了一系列重大报道与业务活动。6月8日二版用一个整版的篇幅，推出“庄严宣誓，捍卫安全”专题报道，营造出浓厚的“安全责任、重在落实”的舆论氛围；为配合深圳地铁五号线的开通运营，6月22日第412期五版图文并茂地推出了“铁龙起舞，鹏城飞歌”专版；为配合建党90周年活动，6月29日第413期四版策划“七一”特刊，重点报道各单位开展唱红歌、党内主题活动的新闻稿件和文艺作品，并在版面编排形式、视觉效果上进行大胆创新。

【提高采编工作质量】 在5月份股份公司党委办公会、总裁办公会上，李长进书记、白中仁总裁等领导多次就报社工作提出指示与要求，报社党支部组织全体员工学习领导的指示精神，并结合报社工作实际，进行研究和讨论，从改进重要会议的新闻报道、加强形势任务教育的新闻宣传报道、提高报纸采编质量三大方面提出具体改进措施，经过半年的实施，取得成效。

【报纸增刊工作】 按从6月开始，报社在人员没有增加，编辑出版、通联发行等工作量增加50%的情况下，自我加压，加班加点，在对扩容后的版面、栏目的设置、稿件的策划组织等进行研究安排的基础上，截至12月底，已编辑出版发行15期增刊（插页），共增加了54个版的内容，增加用稿（文字、图片）近680篇（幅）。

【加强通联和发行工作】 报社统计在册的骨干通讯员人数达2000人。为做好通联工作，报社继续与各单位加强沟通，与骨干通讯员的联系。建立起全公司骨干通讯员QQ群。在日常来稿下载整理中，通联人员对不符合投稿要求的稿件都会进行及时回复，提示撰稿人进行修改。报社全年给地址不详细的通讯员回复500多条，此举得到各方好评。报社正在对全公司重点工程项目部的报纸发行地址开展调研、统计，提高报纸发行工作的实效。

【完善各项规章制度】 在建立和明确部门KPI指标的基础上，建立健全包括《编委会制度》、《好新闻评选办法》、《优秀通讯员表彰办法》等一系列规章制度；坚持编前会制度，实现信息传递，统筹谋划；坚持向子（分）公司宣传部门和通讯员及时通报报纸各版年度和季度的报道要点。

【优化数字报网络建设】 随着企业生产经营规模的快速扩张，工程施工项目点多，对中国中铁报的需求量增大。报社每期及时上传数字报，解决了对报纸大量需求，缩短见报时间。截至12月底共制作上传数字报49期，文字约380万字，图片510余幅。

【好新闻评选、新闻摄影比赛】 4月份，根据《中国中铁报好新闻评选办法》的要求和条件，按消息、通讯、言论、新闻图片、版面及文艺副刊作品等种类对2010年度新闻作品进行认真评选，评选出优秀通讯员98名，优秀发行员11名，优秀发行单位11家，优秀投稿组织单位7

家，并在第二次编委会上审议通过后在第410期报纸刊登获奖名单并颁发奖金与获奖证书。从5月底开始，报社继续举办第三届“中国中铁杯”新闻摄影比赛。截至12月底，收到投稿作品800余幅，从中挑选出150幅优秀作品在各版上予以刊登。

【举办第一期骨干通讯员培训班和报社第二届编委会】 5月27日至6月1日，在石家庄中国中铁党校成功举办《中国中铁》报创刊以来的第一期骨干通讯员培训班。公司各单位选派近130名骨干通讯员参加培训。培训班上请专家为学员讲授了消息、通讯、言论及新闻摄影等知识。31日上午召开报社第二届编委会；下午股份公司副董事长、党委副书记、工会主席姚桂清为参加编委会的公司所属15家报社的总编和近130名骨干通讯员作重要讲话。

【基层通讯员培训工作】 报社派出编辑到中铁电气化局、党校、航空港、西北院，中铁一局新运公司，中铁十局等单位为通讯员授课，讲授新闻业务知识，进行面对面的业务交流。全年共帮助有关基层单位培训骨干通讯员500多人次。报社坚持实施骨干通讯员轮训、帮助工作制度，截至2011年底有10人赴报社参加培训，其个人能力、业务素质得到了明显成长与提高，同时对提升其所在单位的新闻宣传工作水平也起到促进作用。

【加强与地方新闻媒体的联系】 报社在发挥好“内聚合力”作用的基础上，充分发挥“外树形象”的作用，与地方新闻媒体建立常态联系机制，推介稿件，应对突发舆情。如应中海外党委工作部的要求帮助他们在《人民日报》一版要闻版发表加强海外项目党建的稿件1篇、在人民网发表西非公司海外发展模式等长篇通讯4篇。

政研会工作

【落实工作部署】 2011年，公司党建思想政治工作研究会深入贯彻落实科学发展观，认真贯彻落实股份公司工作会议精神，紧密围绕科学发展主题和加快转变发展方式的主线，以“推进两大转变、实现二次创业”战略目标为中心，以企业党建思想政治工作的重大理论和现实问题为主攻方向，本着理论研究与实践探索并举、重在应用研究的宗旨，坚持围绕中心、服务大局，立足应用、指导实践，推动企业党建思想政治工作不断改进创新，为促进企业实现科学发展做出贡献。

各级党建政研会继续认真贯彻《关于加强和改进全公司党建政研会工作的指导意见》，明确公司党建政研会的性质地位和作用。以前没设立党建政研会的单位和新组建的单位，建立党建政研会组织；随着机构改革和领导班子调整，各单位及时调整了党建政研会领导成员。建立健全股份公司、集团公司、子(分)公司三级研究会组织网络。各级党建政研会发挥党建政研会调查研究、理论探讨、交流经验、传播信息、咨询服务、参谋助手的作用。

【工作业务培训】 为贯彻《中央宣传部、国务院国资委关于加强和改进新形势下国有及国有控股企业思想政治工作的意见》，提高全公司党建政研会工作水平，结合庆祝中国共产党建党90周年活动，股份公司和各单位党建政研会秘书长、向中央企业党建政研会申报2011年～2012年度立项研究课题的8个二级企业课题组撰稿人40多人参加会议。会议期间，股份公司工会副主席、党建政研会副会长毛小民作了专题报告，总结股份公司重点立项课题研究工作取得的经验和成果；举行重点课题研究报告撰写的业务培训；交流各单位开展重点立项课题研究和2011年党建政研会工作任务落实情况；就如何以改革创新精神办好《中国中铁党建》杂志进行研讨。这次会议对加强和改进全公司党建思想政治工作研究会工作，发挥党建政研会服务企业中心、促进科学发展的作用具有意义。

【重点课题调研】 3月份，经公司党委领导审定，确定将《创先争优与党的先进性建设研究》作为在全国党建研究会2011年度立项的重点研究课题，将《加强和改进农民工群体中党建工作研究》作为在全国党建研究会2011年度立项的自选调研课题；将《加强中央企业境外单位党组织建设、境外单位职工思想工作调查与研究》、《加强中央企业农民工、劳务工思想工作调查与研究》作为在中央企业党建政研会2011年～2012年度立项的重点研究课题。分别报全国党建研究会和中央企业党建政研会审批后，成立了由公司党委领导任组长，党建政研会的同志为成员的重点立项课题研究组。公司党建政研会抽调人员于5月下旬开始分批前往中铁一、二、三、四、五、六、七、八、九、十局，大桥、隧道、建工集团等单位，采取听、查、问、访的方式深入进行专题调研，收集手资料，为起草研究成果报告奠定基础。

【课题成果交流与呈报】 7月份，完成在全国党建研究会立项的《创先争优与党的先进性建设研究》的子课题成果《在创先争优活动中加强基层党组织先进性建设的探索与研究》、自选调研课题成果《关于加强农民工群体党建工作的调查与研究》报告，呈送公司党委领导审阅，根据党委领导的批示又进一步修改，形成研究成果。8月份参加了全国党建研究会在青海西宁召开的研究课题成果交流会，按照会议要求，经过修改后于 11 月上旬按时上报两个课题的研究报告。

【承担中央企业第十二课题组牵头工作】 根据中央企业党建思想政治工作研究会秘书处《关于印发2011年～2012年度立项课题的通知》，中国中铁党建政研会作为中央企业党建政研会第十二组的牵头单位，负责 37 个中央企业“关于中央企业农民工、劳务工思想工作调查与研究”、“完善国有企业联系职工群众工作机制实践与研究”、“中央企业构建和谐劳动关系研究”、“中央企业班组建设和高技能人才队伍建设研究”、“中央企业加强青年工作研究”等立项课题的研究工作。及时起草了中央企业党建政研会第十二课题组 2011 年～2012 年度立项课题研究工作计划安排，分别发送到 37 个中央企业课题组，要求各单位按照工作计划安排年内开展调研、课题研究报告主附件的起草等工作，为 2012 年召开中央企业党建政研会第十二课题组立项课题交流会、初评会做好准备工作。

【党建政研会研究成果】 向全国党建研究会呈报的自选调研课题成果《关于加强农民工群体党建工作的调查与研究》获一等奖，参加全国党建研究会重点立项课题《创先争优与党的先进性建设研究》的子课题成果《在创先争优活动中加强基层党组织先进性建设的探索与研究》获三等奖。

【宣传企业发展成果】 5 月份，经积极策划，配合国资委《企业文明》杂志在第 5 期用 18 个页面刊登了中国中铁“十一五”成果回顾及“十二五”发展展望专题。包括股份公司董事长、党委书记李长进《弘扬“勇于跨越，追求卓越”的企业精神，推动企业实现科学发展》，总裁白中仁《实施科技兴企人才强企战略 推动企业实现跨越发展》，副董事长、党委副书记、工会主席姚桂清《坚持服务大局、认真履行职责，推动企业实现和谐发展》的三篇文章；中国中铁“十一五”主要经济技术指标完成情况柱状图；获奖工程统计表；发展成果照片；“十二五”发展战略目标文字表述；在封面刊登中国中铁建成的天兴洲大桥照片，在中央企业系统和社会上产生很大影响。

【深化党建思想政治工作研究】 股份公司和所属各单位党建政研会紧密围绕企业改革发展和生产经营中心，积极开展了党建思想政治工作研究工作，通过专题报告、宣讲辅导、学习培训等形式，使广大党员干部和员工深刻领会“两大转变”的新内涵、新要求，清醒认识“二次创业”的新机遇、新挑战。以“推进两大转变，实现二次创业”战略目标为中心，坚持“练内功、打基础、强管理、创一流”，深入开展创先争优活动，不断创新创先争优活动的内容、方法和载体，打造“百千万创先争优示范工程”，充分发挥了各级党组织的战斗堡垒作用和广大党员的先锋模范作用，进一步激发出广大职工的工作热情和创造活力，为推动企业实现科学发展、安全发展、和谐发展做出了积极贡献。进一步形成了融入中心、促进管理、服务大局、实践应用的成果转化应用机制，不断提高了研究成果的转化和实践应用水平。

【深入基层调查研究】 2011 年，应部分单位党委的邀请，先后深入建工集团郑州和成都东站、中铁三局运输分公司第二运输段、中铁十局、中铁六局丰桥公司、中铁二局工会、中铁一局新运公司、中铁五局、中铁设计咨询集团郑州院、中铁八局进行调研，分别写出关于建工集团党委推行项目党建标准化，提升企业党建科学化水平；中铁三局新运公司二段培育基层组织学习，提升市场综合竞争力；中铁十局融入中心抓管理，群策群力保安全；中铁六局丰桥公司发挥政治优势，促进企业发展；中铁二局工会融入中心，服务大局，履行职责，展现作为；中铁一局新运公司从做产品到做品牌的跨越；中铁五局围绕发展主题创先争优，推动企业实现新的发展；中铁设计咨询集团郑州院坚持做到“六个有”，推进海外党建工作；中铁八局发挥政治核心作用，推动企业科学发展等 9 个有份量的调研报告。这些调研报告都呈送党委分管领导审阅并作了批示，并分别在《中国中铁》报、《中国中铁党建》作了摘要刊登。同时与国资委《企业文明》杂志等媒体联系，在《企业文明》特别关注一亮点栏目刊登 5 篇调研报告，在《工人日报》刊登 4 篇文章，在《人民铁道报》刊登了 1 篇文章。6 月 9 在中组部党建研究所《党建研究参考资料》2809 期，专题刊登中铁建工集团党委推行项目党建工作标准化、提高企业党建科学化水平的经验，提高中铁建工集团和中国中铁的党建工作品牌的影响力。

【提高《中国中铁党建》办刊水平】 坚持以改革创新精神办刊物，紧紧围绕企业改革发展和生产经营中心，围绕企业党建思想政治工作的重点工作和重大活动，把《中国中铁党建》办成版式新颖、图文并茂、内容丰富、理论联系实际，体现中国中铁特色和基层工作特点，具有权威性、指导性、可读性和有说服力与感染力的刊物。2011 年，《中国中铁党建》共出刊 6 期，刊登 270 多篇文章，使《中国中铁党建》成为各成员企业和员工的参谋助手、良师益友。

高级技术专家

【2011 年新增高级技术专家】

中国青年科技奖：

何庭国　　中铁二院工程集团有限责任公司

教授级高级工程师：

中铁一局　孙志斌　何占忠　李育朝　黄　辉　齐永前　孙平利　李世清　郑利文　曹俊鑫　樊家临

中铁二局　辜文凯　郑玉辉　蔡以智

中铁三局　刘金生　刘宝龙　王炳华　杨宝生　张宇宁　刘云霞　李冠东　秦德进　陈登彦

中铁四局　汪海旺　杨　铭　黄龙光　周云飞　张　帆　许耀亮　刘庆国　焦宁艳　黄玉华　吴　波　伍　军　杨克龙　张　峰　郑德禹　聂宗泉

中铁五局　杨文国

中铁六局　周恒武　王朝义　唐　红　熊守富　袁　悦　裴　健　赵根田

中铁七局　薛宁鸿　张中齐

中铁八局　叶昌林　苏　兴　陈守忠　肖功夷　彭　洪　龚斯昆

中铁十局　程广朝　刘若群　刘嘉来　张云昭　段宗林　杜强泽

中铁大桥局　傅战工　马　涛　许佳平　黄显宇　全建设　杨梦纯　许交武　李艳哲　刘晓霞　查道宏　邹纪民　李述宝　李华军　雷运华　胡贵琼　童智洋　郑平伟　徐海鹰

中铁隧道局　李丰果　陈　智　蒋　肃　赵阶勇　潘明亮　何　峰　杨书江　邹　翀　张美琴　周书明　鲁军良

中铁电气化局　苏保卫　张云太　高云霞　谢风华　韩兰贵　李增勤　许建国

中铁建工　吴长路　吴　杨　李益华　张鸣侠　张广礼　姚大刚

中铁二院　廖尚茂　李正川　杨正国　刘　伟　李传琳　杨红兵　王子江　梅　熙　宋元胜　金　琰　胡京涛　杨昌宇　张志勤　李楚根　陈思孝　周世林　张　涛　罗世培　巩　云　王　毅　高建强　金旭炜　何学刚　刘　洋　杨　健　李剑虹

中铁设计咨询　刘忠旗　赵金顺　王国民　李辉　刘永锋

中铁置业　郑　勇

中铁港航　林世发

中铁航空港　韩海生

中铁上海局　梁永兴　李　亮　陈理平　姚松柏

南方公司　宁　锐　刘学勤

中铁大桥院　王碧波　曹洪武　杨光武　王为玉　郭子俊　张皖湘

中铁西北院　刘庆元　李永强

中铁山桥　刘春凤

中铁科工　梁怿如　谢厚生　马朝晖　万恒国

华铁咨询　郑旭日

总部机关　段秀斌　何　宁　杨宗林

省部级有突出贡献的优秀专家：

中铁二局　陈　叔　刘仁智　王　勇　邱学良　何开伟　王云波　林　原

省部级学术技术带头人：

中铁二局　卿三惠　林　原　潘永光　刘乃生　丁　睿　李友明

截至 2011 年底高级技术专家：

【中国工程院院士】

王梦恕　中铁隧道集团有限公司

方秦汉　中铁大桥勘测设计院集团有限公司

秦顺全　中铁大桥局集团有限公司

【中国勘察设计大师】

杨　进　中铁大桥勘测设计院集团有限公司

卓宝熙　中铁工程铁设计咨询集团有限公司

马庭林　中铁二院工程集团有限责任公司

徐恭义　中铁大桥局勘测设计有限公司

高宗余　中铁大桥勘测设计院有限公司

【国家级有突出贡献的中青年专家】

杨　进　中铁大桥局勘测设计院公司

王梦恕　中铁隧道集团有限公司

马其祥　中铁电气化局集团有限公司

沈长耀　中铁工程铁设计咨询集团有限公司

王建宇　中铁西南科学研究院有限公司

【新世纪百千万人才工程国家级人选】

秦顺全　中铁大桥局集团有限公司
高宗余　中铁大桥勘测设计院集团有限公司
徐恭义　中铁大桥勘测设计院集团有限公司
徐升桥　中铁工程设计咨询集团有限公司

【中国青年科技奖】

秦顺全　中铁大桥局集团有限公司
何庭国　中铁二院工程集团有限责任公司

【省部级有突出贡献的中青年专家】

中铁一局　郭民龙
中铁大桥局　陈洪钺　刘均岩　张立超　赵梅桥
余启新　张春新　刘自明　秦顺全
宋　杰
中铁二院　张　雄　曾德礼　朱　颖　胡光常
扈　森　陶伟明　许志艳　李海光
周　建
中铁设计咨询　黄铁生　李胜华
中铁西南院　梅志荣

【享受政府特殊津贴人员】

总公司机关　诸均安　秦淞君　李际中　轩辕啸雯　白继承
吴信然　郝光隆　张建峰　孙德永　刘　辉
刘　春　何振宁　李怡厚　刘成军　史柏生
中海外　郑　亮　熊光裕
中铁一局　甘道佑　白文清　叶录年　杜谟远　程槐朗
杨兆虎　欧阳泉　韩　溥　朱　飙　张松柏
黄海清　钱家安　张金夫　窦铁成　范恒秀
中铁二局　罗正荣　关世贵　王守仁　郭子明　张泽民
杨鉴凌　邵祚钧　鲍子固　龚　倩　田少民
付仁泰　王永国　郑宝迪
中铁三局　阴飞龙　缪垂祖　刘志江　虞铁春　郭喜忠
杨世福　刘章奎　王家林　李修森　吴仁友
赵宗礼　边炳龛　付其栋　刘宏刚　赵延心
刘同良　张俊兵
中铁四局　宋桂华　金新康　盛仁声　周柏常　朱善乃
李湘涛　罗传义　黄天培　石　麟　钱文展
成振远　周振强　李学民
中铁五局　王　开　乔培枫　雷国琳　徐志洪　邓松华
李荣泰　宋德光　付永贵　房晓军
中铁六局　钱树青　赵剑发
中铁七局　王斯华　刘林山
中铁八局　赵　智　冀嵩山　任仁南
中铁九局　李成富　左良仁
中铁十局　肖时开
中铁大桥局　陈守容　邱　岳　赵煜澄　戴宗诚　曹春元
周民侠　刘长元　李瀛沧　邵克华　林荫岳
任旭初　彭月燊　林国雄　王燮培　秦顺全
陈元喜　吴时才　陶建山　谢红兵　宋伟俊
刘杰文　秦环兵　潘东发
中铁隧道　蒋中庸　姚一飞　谭曼怡　李才儒　吴鸣冈
刘昌用　王梦恕　范国文　洪开荣　刘招伟
李治国　李友坤　张文庭
中铁建工　陈明辉　陆增育　杨金绪　郁　鑫　朱　瑞
周德方　宋贵元　周旭歧　浦中修　黄守和
杨　煜
中铁电气化局　谢书佐　严秀聪　徐蕴芳　王立朗　张振华
顾鸿鹏　姚　磐　陆明强　容仕宽　吴高荣
曹东白　史集芬　马其祥　肖培龙
中铁航空港　王兆增
中铁上海局　田兴善　周建国　林其荃
中铁设计咨询　沈长耀　东玉振　卓宝熙　胡志贵　郑魁信
沙志国　蒋秉和　郑天中　丁伯皋　洪　瑚
陈绍光　李鸿敏　齐顺卿　徐升桥　赵凤德
吴锦元　于兴义　李胜华
中铁二院　苏光亨　孙泽民　李闫生　陈俊真　陈国亮
郝昭謇　陈光曦　吴宗俭　田宜鑫　倪鹤龄
李泽民　陈俊虎　徐良德　陈浩然　徐　勇
李海光　马庭林　方亚非　符德川　张祉道
蒋忠信　林　骏　陈克坚　李安洪　高　杨
朱　颖
中铁大桥院　高宗余　方秦汉　杨　进　徐恭义
中铁山桥　屈运平　高德春　王德胜　张芸玲　徐安友
王柏重　于宝东
中铁宝桥　王振明　张庆魁　孙昌茂　李　毅　常秉立
夏桂钰
中铁科工　冯保之　李育桃　黄渝成　张显忠　张仲礼
张智莹　党春太　鄢怀斌
中铁西北院　徐邦栋　李　嘉　刘光代　王恭先　李传珠
谌壮丽　杨海容　马　骥　楚华栋　丁靖康
徐峻龄　黄小铭　董敏玉　廖小平　王　桢
朱本珍
中铁西南院　王建宇　王子谦　沈寿长　谭炳炎　陈成宗
郭辉南　叶华祥　刘棣华　朱桂兰　王石春
高尔洋　柴永模　管敏鑫　罗朝廷　段美贵
王良玮　高菊如　何发亮　严金秀

【詹天佑铁道科学技术奖】

股份公司机关 何振宁 郑 机
中铁一局 张金夫
中铁二局 丁 睿
中铁三局 张俊兵
中铁五局 房晓军 苟祖宽
中铁八局 王智勇
中铁大桥局 林国雄 黄支金 陶建山 潘东发 秦顺全 宋伟俊 曹春元 顾金钧 邵克华
中铁大桥院 肖海珠 高宗余 杨 进 方秦汉 徐恭义 陈 新
中铁隧道 王梦恕 李治国 吕建乐 洪开荣 朱世友 万姜林
中铁建工 袁振兴
中铁电气化局 容仕宽 刘宝锟 李金华 陆明强 孟祥奎 王立天 张云太
中铁设计咨询 卓宝熙 甄春相 柳学发 邓运清 雷慧峰 崔俊杰 孙超额
中铁二院 李海光 蒋楚生 马庭林 张祉道 蒋忠信 孙泽民 林 骏 李安洪 陈克坚 徐 勇 陶伟明 朱 颖
中铁山桥 徐安友
中铁宝桥 陶祖纪
中铁科工 鄢怀斌 王员根
中铁西南院 严金秀 罗朝廷
中铁西北院 马惠民 屈耀辉

【铁道部有突出贡献的中青年专家】

股份公司机关 何振宁 李怡厚 陈唯一
中铁一局 黄海清 钱家安
中铁三局 刘宏刚 赵延心 陈启平
中铁五局 房晓军
中铁六局 钱树青
中铁八局 赵 智
中铁大桥局 何建豫 吴时才 陈元喜 涂光骞 黄支金 孙笑萍
中铁隧道集团 刘招伟 王梦恕 刘昌用
中铁电气化局 史集芬 曹东白 张战平 杨文彬 容仕宽
中铁二院 苏光亨 李闰生 周 建 李安洪 曾昭强
中铁设计咨询 东玉振 郑天中 丁伯臬 洪 瑚 陈绍光 齐顺卿 李胜华 黄铁生
中铁大桥院 徐恭义
中铁山桥 徐安友
中铁宝桥 张庆魁
中铁科工 张仲礼 栗培章 鄢怀斌

【总公司有突出贡献的中青年专家】

股份公司机关 刘成军
中铁一局 张金夫 张松柏 范恒秀
中铁二局 邱学良 卿三惠
中铁三局 张俊兵 于善毅
中铁四局 李学民 闫子才
中铁五局 黄 武 杨安杰
中铁六局 肖于太
中铁八局 杨先凤 谢录杲
中铁大桥局 秦顺全 陶建山 宋伟俊 谢红兵 周外男 刘杰文 潘东发
中铁大桥院 万田保 高宗余
中铁隧道 范国文 李治国 洪开荣 张继奎
中铁电气化局 陆明强 肖培龙 沈九江 于 增
中铁建工 杨 煜 郑 明
中铁二院 陈克坚 徐 勇 高 扬 李德才 敖云碧 王 智
中铁设计咨询 徐升桥 于兴义 许有全
中铁山桥 王柏重 于宝东 魏云祥
中铁西南院 何发亮 高菊如 宋 冶 李苍松
中铁西北院 王 桢 王引生 朱本珍 马惠民
中铁科工 党春太 张智莹 尹 卫 李 玲
中铁资源 钟长汀
中铁装备 李建斌
中铁港航 郭秀春
中铁南方 史柏生

【茅以升铁道工程师奖】

中铁一局 欧阳泉 李昌宁 李育朝
中铁二局 谭文杰
中铁四局 吴 波 段相生
中铁大桥局 邵克华 文武松 余本俊 唐寰澄 胡汉舟 文武松
中铁隧道 马锁柱 孙 谋
中铁电气化局 陆明强 邢尊军 姜春林 苏鹏程 刘峰涛 张云太
中铁宝桥 李 松
中铁二院 王茂靖 罗世培 何庭国 石义军 陈克坚 袁 明
中铁设计咨询 申兆繁
中铁大桥院 高宗余 徐恭义 石建华 肖海珠
中铁西南院 李苍松

【铁道部拔尖人才】

股份公司机关 白中仁 李开言 郑 机 陈唯一 王宗怀
汪建刚
中铁一局 项志敏 苟 彪 符照星 戴 维
中铁二局 赵勤俭 刘仁智 王广钟 刘剑斌
中铁三局 温晓林 段建国 张作义 贾定祎
中铁四局 宿 万 闫子才 孔 通
中铁五局 陈晓春 曹吉波 黄 武 房晓军 陈德斌
刘少林
中铁六局 贾文彬 肖于太
中铁八局 赵 智
中铁十局 应建林
中铁大桥局 秦顺全 黄支金 汪双炎 文武松 张立超
陶建山 刘自明
中铁隧道 杨盛双 刘招伟 万姜林 范国文 宋建平
罗 琼
中铁建工 丁秦生 蒋显德 战佳斌
中铁电气化局 于 增 孟 力 赵印军 姜春林 李显欣
中铁二院 张海波 王国昌 吴刘忠球 蒋楚生 敖云碧
魏德勇 李生权 朱 颖 方昌福 徐银光
陈克坚 陶伟明 高贻贵 王公社 朱 雁
唐先国 王保林
中铁设计咨询 吴克聪 许有全 马景含 吴麦奎 于兴义
崔俊杰 雷慧锋 侯文英 汪春杰 徐升桥
徐小华 邓运清 曹永刚
中铁大桥院 徐恭义
中铁山桥 金荣铭 于宝东 王柏重 李慧成
中铁宝桥 周惠春
中铁科工 鄢怀斌 李 玲 唐智奋 杨祖新
中铁西北院 朱本珍
中铁西南院 严金秀 罗朝廷
中铁南方公司 刘建国

【总公司拔尖人才】

股份公司机关 冯慧光 杨启兵 张永强 刘建廷 郑 机
蔡泽民
中铁一局 范恒秀 王宗琦 郝志宏 马丁乙 岳毅科
李振周 马成武 吴成魁 崔科宇 徐永祥
乔 岗 宁 锐 闵拥军 刘东晨 刘普文
高建勋 司军平 李育朝 夏 宏 李显实
樊 斌 高洪涛 孙兆兴 陈 军 李宏涛
李永鹏 郝小苏 赵 斌 卓普周 项志敏
苟 彪 符照星 戴 维
中铁二局 蔡 伟 王 麒 代伯寿 任中田 龙援青
林 原 匡 明 潘永光 何拥军 潘 伟
王宇辉 邹 杰 蒲 伟 杨 洵 刘仁智
唐志成 郜小群 蒋光全 刘乃生 李友明
杨旭初 刘 阳 丁 睿 李朝晖 王大奇
黄世红 谭文杰 邹宏伟 王广钟 刘剑斌
中铁三局 贾士俊 王守君 魏家君 宋云灿 张作义
贾定祎 郎需岭 张照宁 张宏伟 秦建卫
温晓林 段建国 刘中华 要 旭 秦德进
贾志强 程文斌 王炳华
中铁四局 吴成福 黄邦良 肖亚荣 胡世山 林 绩
杨国新 徐永茂 李学民 郭立君 吴 瞀
魏进文 黄 新 汤航辉 吴 波 章国辉
孔 通 闫子才
中铁五局 舒 畅 陈思俊 陈广森 陈 麟 梁承欢
李传健 杨远明 董盛国 沈曼盛 何程茂
何晓春 欧阳华勇 杨文国 刘少林
中铁六局 郭继龙 孙 焱
中铁七局 许青峰 薛宁鸿 拓守盛
中铁八局 王银之 吴海涛 何国辉 郭相武 张 峰
中铁九局 刘海东 高明洲 金 耀
中铁十局 王 谦 沈 周 孙立海
中铁大桥局 赵志尚 张德铭 许交武 秦顺全 潘东发
王天亮 赵梅桥 黄支金 宋 杰 周明星
肖根旺 周外君 周汉麟 马远刚 余本俊
王戒躁 于祥君 刘自明 宋伟俊 涂满明
张立超 刘杰文
中铁隧道 张 炜 周校光 郑大榕 唐 忠 卓 越
高 军 杨立新 周书明 赵 华 赵春华
叶康慨 徐军哲 丁 锐 唐果良 翟 可
陈洪光 吕剑英 谢仁根 杨盛双 洪开荣
刘招伟 万姜林 范国文 宋建平 罗 琼
马锁柱 朱世友 吕建乐 孙 谋
中铁电气化局 陕振岗 裘 韧 韦 国 高大刚 张建华
胡懿洲 何劲松 孙才勤 丁为民 杨文彬
姜春林 王立天 肖培龙 李显欣 苏鹏程
刘峰涛
中铁建工 杨 煜 段永传 龙清波 杨玉喜 孟庆军
宋建辉 张坤涛 丁秦生 郑 明 穆亦龙
王 静 王 英 袁振兴 蒋显德 战佳斌
中铁二院 贺惠琴 潘樾富 黄银孙 葛根荣 张文健
陈 列 林宗良 甘善杰 秦小林 朱泳标
罗 庆 熊 冰 姚 力 刘卫东 石义军
余颜丽 吴刘忠球 张 雄 蒋楚生 敖云碧
王茂靖 李生权 朱 颖 胡光常 徐银光
李安洪 曾昭强 扈 森 陈克坚 许志艳
曾德礼 罗世培 何庭国
中铁设计咨询 武 农 张忠良 曹登敬 杜文山 高静青

刘永锋 任为东 韩改新 崇六喜 彭岚平
郭宏锐 张建瑞 陈平萍 甄春相 于兴义
吴麦奎 许有全 马景含 徐升桥 柳学发
申兆繁 张东风 崔显付 崔俊杰 雷慧锋

中铁大桥院 胡长灿 张强 高宗余 徐恭义 万田保 石建华

中铁资源 易政青

中铁山桥 果连成 魏云祥 鹿广清 孟祥红 金荣铭 于宝东

中铁宝桥 李军平 李松 董彦录 胡小斌 周惠春

中铁科工 张同宝 谢厚生 尹卫 张智莹 欧阳博涵 于永平 杨祖新

中铁置业 张安民 潘盛上 郑勇

中铁西北院 王引生 蒋富强 郑静 张俊德 张红利 宋响军 王建松

中铁西南院 李苍松 胡元芳

中铁南方 张国亮

咸阳干院 廖晓明 张根凤

【正高级专业技术人员】

股份公司机关 李长进 白中仁 刘辉 周孟波 章献 曹小林 郑机 吴建元 李开言 汪建刚 季志华 刘成军 王喜军 闵国暲 徐安华 陈唯一 薛林 罗育桂 王宗怀 李海明 史柏生 陈铁师 韩学诠

中海外 荆秀芬 黄福波

中铁一局 孙永刚 和民锁 项志敏 郭民龙 马海民 范恒秀 崔科宇 窦忠孝 李振周 戴维 许铁力 马丁乙 杨育僧 张金夫 胡守正 于俊红 李昌宁 王跃西 闵拥军 祝西文 罗方 雷向锋 樊斌 郭炜 张宝强 李小林 安国勇 李永鹏 符昭星 闫群东 杜强 唐德贤 肖代宁 王德旭 陈军 金奇峰 郝小苏 刘旭全 贺庆 胡文俊 卓普周 汶文钊 雒红卫 王崇新

中铁二局 唐志成 邓元发 王广钟 林原 王云波 蔡伟 卿三惠 陈叔 胡建 刘世杰 刘仁智 任中田 任宗军 蒲建明 方世林 匡明 陈道圆 唐宇田 翁文福 蔡以智 潘永光 何拥军 王心利 何开伟 唐浩先 李友明 杨旭初 侯永和 杨家松 郜小群 赵勤俭 刘乃生 刘学力 黄世红 李朝永 黄俊文 秦仁佩 罗兴财 韩兴旭 辜文凯 郑玉辉

中铁三局 范富国 黄天德 张俊兵 徐建中 白立刚 于善毅 韩志强 张宁南 王彬 贾定祎 容建华 杨林浩 常乃超 王模公 雷为民 要旭 刘中平 任立志 赵东荣 唐宇田 王勇 翁文福 潘永光 何拥军 王心利 何开伟 唐浩先 李友明 赵勇 宋富荣 温德智 郝刚 韩仁海 魏家君 张作义 原郭兵 刘中华 李新远 王惟 李新民 朱铁岩 桑志亮 张英才

中铁四局 李学民 张文禄 吴成福 邓民 汤航辉 肖家安 张庭华 林蹟 闫子才 孔遁 高锦林 蔡小林 苏学波 董燕囡 王福恩 何贤军 王怀海 赵飞 黄新 杨国新 赵东荣 宿万 杨仲杰 郭法生 李为强 胡世山 张志传 杨家林 刘皖怀 褚明东 陈宝民 郝又猛 杨红卫 王圣涛 周新亚 赵中华 孙爱军 李冰 肖亚荣 徐毛宏 夏阳 刘雪平 郭庆智 耿锦 张庆远 阮正洁 刘瑜 程维国 许宝成

中铁五局 舒畅 徐中义 黄武 陈麟 房晓军 谭光宗 王永义 许伟书 王贵霞 杨安杰 黄成俊 陈克望 邓矿辉 吴为爱 何晓春 沈曼盛 黄双胜 杨安书 贺建端 李树德 刘少林 陈德斌 税明东 史建明 齐康平

中铁六局 肖于太 刘松 李小和 卢建中 杨新平 贾文彬 刘胜尧 刘林周 赵剑发 王东旭 戴焕文 秦剑晟 杨炳勋 张恩龙

中铁七局 刘永红 刘林山 张炳根 张西海 许青峰 王随新 王建军 郭建群 刘凤兰 师健 毛锁明 卢家友 刘坚 杨会军 王民焕 张继源 杜翔斌

中铁八局 赵智 李俊 郭相武 冀嵩山 陈晓栋 谢录杲 张俊峰 吴利清 张峰 敬启双 何国辉 王银之 张勇 杨先凤 秦瑞谦 左兴明 张开聪 袁大鹏 杨峰 董冲锋 梅红 罗磊 徐敦美 赵双林 高传伟 董天鸿 李劲

中铁九局 王猛 刘冬跃 周文明 王旭光 白海峰 金耀 李杨 于建军

中铁十局 沈尧兴 武海光 董文德 张维超 周瑞泽 杨兰松 朱俊山 王爱平 林定权 沈周 邵双修 张炳林

中铁大桥局 连泽平 张君武 周外男 刘自明 文武松 宋杰 刘杰文 李军堂 吴方明 谢红兵 赵梅桥 王政兵 黄支金 张春新

秦顺全 陶建山 张德铭 宋伟俊 李兴华
李德坤 张立超 冯广胜 肖根旺 陈志宜
肖佳鹏 汪正兴 蔡登山 田启贤 王天亮
汪双炎 王戒躁 欧阳华林 徐 进
潘东发 高兴泽 朱云翔 罗瑞华 陈宁贤
王贵明 王员根 徐雪峰 陈开利 毛伟琦
杨齐海 胡汉舟 周祖干 胡国庆 孟 莎
张少峰 李富仓 季跃华 刘幸福 沈阳云
张红心 朱志虎 刘承亮 涂满明 周超舟
王跃年 赵志尚 贾卫中 王东辉 刘 俊
傅新军 马润平 周明星 徐炳法 黄龙华
许溶丰 高培成 黄晓航 张瑞霞 张爱花
农代培 戴振洋 孙俊敞 曹克强 吴向军
于祥君 孟 钢 彭建萍 陈 炜 程宝辉
安群慧 何祖发 傅战工 马 涛 许佳平
黄显宇 全建设 杨梦纯 许交武 李艳哲
刘晓霞 查道宏 邹纪民 李述宝 李华军
雷运华 胡贵琼 童智详 郑平伟 徐海鹰

中铁隧道 王梦恕 崔 原 张继奎 郭大焕 范国文
宋建平 罗 琼 唐 忠 万姜林 刘招伟
夏安琳 庄金波 刘东亮 周校光 马锁柱
洪开荣 丁 锐 刘坤鹏 郑大榕 杨盛双
刁天祥 杨秀权 唐 健 冯 健 卓 越
杨立新 李治国 陈 建 吴全中 吕建乐
张昌伟 郑玉欣 王洪勇 杜道龙 张先锋
姚 兰 朱亮来 卢智强 尤显明 赵玉良
陈 馈 干昆蓉 方俊波 刘建飞 郭 群
徐 辉 张双亚 孙 谋 李彦军 宋 仪
郑新定 张 炜 高 军 陈庆怀 郭卫社
屈天祥 琚时轩 吕剑英 闫高翔 王志刚
金强国 熊江陵 于明华 孙振川 叶康慨
李建华 徐福东 张 存 谢朝军

中铁电气化局 马其祥 孟宪浩 陆明强 吕 波 赵印军
于 增 田胜利 王立天 李金华 单圣熊
曹东白 李继胜 喻 军 王青斌 陕振岗
肖培龙 程德勤 沈九江 姜春林 孙成良
谢 潇 孟 力 丁为民 李显欣 王作祥
高大纲 刘峰涛 丁晋春 孟祥奎 苏鹏程
孙才勤 任拴院 王 宁

中铁建工 刘文斌 徐洪球 杨 煜 李 耀 王 英
孙佩明 郭怀金 易 良 段永传 王沧州
陈淑民 郑 明 张松甫

中铁二院 李海光 马庭林 张海波 李安洪 敖云碧
张文健 陈 列 许佑顶 曾昭强 魏永幸
游励晖 魏德勇 朱 颖 扈 森 陈克坚
张小强 漆宝瑞 蒋楚生 袁 明 苟定才
曾德礼 王茂靖 肖道坦 胡新明 刘先万
胡光常 周 建 高 扬 冯俊德 薛晓滨
刘名君 徐银光 秦小林 喻 渝 黄 俊
许志艳 耿 直 屈 科 王 科 颜 华
郑天池 葛根荣 高 宏 潘 英 方昌福
牟 俊 郑建伟 张华明 甘善杰 张雪才
李德才 罗 庆 李 敏 周 勇 李生权
林世金 唐 林 邓健儿 刘 华 卢建康
闵卫鲸 李光慧 彭炳芬 熊 冰 蒋良文
陆传菁 陶伟明 陈赤坤 高丰农 王 成
方亚非 张 雄 俞济涛 杨惠东 朱祖华
王 建 刘卫东 王 智 罗一农 李光辉
唐万春 熊灵阳 李 坚 刘昌义 周 义
郭建勋 赵万强 周路时 林宗良 高夕良
刘志军 李建强 杨 英 程 昂 陈章明
姚 力 罗照新 戴胜勇 曾满元 杨建民
段永奇 王仕春 王晋川 刘启峰 涂 强
何义宏 宋随弟 韩 康 刘莉蓉 张可军
李聪林 汪国信 张广泽 朱泳标 王国昌
赖紫辉 李云华 李正祥 徐 勇 何庭国
孙 莺 邱 健 侯 勇 朱 敏 陶孟华
杨 岗 蔡 亮 廖建州 向 红 廖 宇
钟星灿 喻 波

中铁设计咨询 黄铁生 李寿兵 张金武 刘春彦 于兴义
陈进昌 陈红念 吴麦奎 蒋伟平 曹永刚
甄春相 杜文山 张 庆 许有全 杨正武
徐升桥 杜士杰 邓运清 高静青 柳学发
李胜华 马国友 张素敏 陈学峰 张晓卫
王 菁 张金龙 侯爱滨 吴克聪 侯文英
陆亚军 田新明 张忠良 韩改新 郑晓龙
施顺涛 刘 杰 魏 放 申兆繁 王修华
赵德文 李汶京 刘家锋 夏瑞伶 张大春
任为东 彭岚平 王文利 王开群 农大柱
齐传生 张 钊 张锐敏 罗元新 姚楚峰
崔显付 崔俊杰 雷慧锋 魏宏伟 吴彩兰

中铁大桥院 徐 伟 万田保 方秦汉 杨 进 徐恭义
陈 新 高宗余 易伦雄 张 敏 田道明
庄 勇 梅新咏 方辉兵 黄燕庆 曾小怀
胡 勇 李光耀 朱利明 陆勤丰 张 强
刘汉顺 吴迪军 宁伯伟 肖海珠 罗先钰
张建军 曾洪贤 李龙安 李振岭 胡昌炳
夏支埃 王东晖 陈德柱 朱运河 高宝峰
王应良 熊小莉 张自荣 尹巧珍 周传斌
石建华 李卫平 汪 磊 段雪炜 张燕飞

张必准　彭振华　谷熠岩　李世文　李书银
王天华
中铁国际　卢　勃　陈诗平
中铁科工　唐智奋　栗培章　党春太　尹　卫　张智莹
胡建伟　容　毅　李　玲　杨祖新　李晓钢
林承朝　唐秋生　陈　灵　周以福　张启贵
于永平　李书学　鄢怀斌　江爱国　王员根
中铁山桥　刘恩国　王柏重　魏云祥　于宝东　李士斌
中铁宝桥　李　毅　李军平
中铁西北院　朱本珍　牛怀俊　马惠民　王锡来　廖小平
方建生　郑　静　李文军　王文灿　王　桢
王引生　王小军　侯殿英　金培杰　谢明皆
张红利　蒋富强　张忠平　宋响军　熊治文
王建松　张俊德
中铁西南院　梅志荣　李　林　严金秀　粟　健　陈礼伟
何发亮　高菊如　胡元芳　谷明成　宋　冶
罗朝廷　伍晓军　李苍松　魏　鸿　李　蓉
唐　英　万晓燕　陈　钒　谢衔光
华铁咨询　王伟宁

优秀施工企业和企业家

【全国优秀施工企业】　中国施工企业管理协会评选(2011年度)。

中铁一局集团物资工贸有限公司
中铁一局集团新运工程有限公司
中铁二局第一工程有限公司
中铁二局第三工程有限公司
中铁三局集团第二工程有限公司
中铁四局集团有限公司
中铁四局集团第二工程有限公司
中铁五局集团第一工程有限责任公司
中铁五局集团第一建筑工程有限责任公司
中铁七局集团第三工程有限公司
中铁八局集团有限公司
中铁八局集团昆明铁路建设有限公司
中铁九局集团第四工程有限公司
中铁十局集团第三建设有限公司
中铁大桥局集团第一工程有限公司
中铁隧道股份有限公司
中铁隧道集团二处有限公司
中铁电气化局集团第三工程有限公司
中铁建工集团有限公司

【中国工程建设优秀职业经理人（高级）】　中国施工企业管理协会评选(2011年度)。

陈道圆　中铁二局第四工程有限公司
赵晓斌　中铁二局第三工程有限公司
许宝成　中铁四局集团有限公司
赵中华　中铁四局集团第二工程有限公司
贾恩增　中铁四局集团第五工程有限公司
吴阿勤　中铁四局集团建筑工程有限公司
聂　旭　中铁五局集团建筑工程有限责任公司
申凌云　中铁五局集团建筑工程有限责任公司
杨文忠　中铁五局集团机械化工程有限责任公司
何　江　中铁七局集团第三工程有限公司
曾卫平　中铁七局集团建筑工程有限公司
杨　峰　中铁八局集团有限公司
徐敦美　中铁八局集团有限公司
熊国武　中铁八局集团昆明铁路建设有限公司
李谷华　中铁八局集团昆明铁路建设有限公司
王学军　中铁九局集团第四工程有限公司
杜钟海　中铁十局集团济南铁路工程有限公司
张瑞刚　中铁隧道集团二处有限公司
刘荣耀　中铁建工集团有限公司
卢志良　中铁上海工程局第一工程有限公司

【中国工程建设优秀职业经理人（中级）】　中国施工企业管理协会评选(2011年)。

刘　祥　中铁八局集团昆明铁路建设有限公司
陶　炼　中铁八局集团昆明铁路建设有限公司

【全国工程建设优秀项目经理】　中国施工企业管理协会评选(2011年度)。

殷文虎　中铁一局集团有限公司
梁战喜　中铁一局集团有限公司
焦茂生　中铁一局集团有限公司
樊　斌　中铁一局集团新运工程有限公司
焦茂生　中铁一局集团有限公司
黄世红　中铁二局第二工程有限公司

李登辉　中铁二局机械筑路工程有限公司
匡龙君　中铁二局第五工程有限公司
张明书　中铁二局第五工程有限公司
朱瑞喜　中铁三局集团有限公司
张　威　中铁三局集团有限公司
邹本波　中铁三局集团有限公司
于天生　中铁三局集团有限公司
胡世山　中铁四局集团有限公司
朱升起　中铁四局集团有限公司
袁德富　中铁四局集团第四工程有限公司
刘武生　中铁四局集团第一工程有限公司
胡广辉　中铁四局集团第二工程有限公司
唐喻胜　中铁四局集团机电设备安装有限公司
杨益合　中铁五局（集团）有限公司
王国庆　中铁五局（集团）有限公司
杨　勇　中铁五局（集团）有限公司
田　波　中铁五局（集团）有限公司
蒋佐文　中铁五局集团建筑工程有限责任公司
王学明　中铁五局集团建筑工程有限责任公司
王院淼　中铁六局集团北京铁路建设有限公司
赵庆芳　中铁六局集团石家庄铁路建设有限公司
刘继文　中铁七局集团第四工程有限公司
张　勇　中铁八局集团第四工程有限公司
王　伟　中铁八局集团桥梁工程有限责任公司
王贵鹏　中铁九局集团有限公司
齐孟星　中铁九局集团电务工程有限责任公司
赵　宇　中铁十局集团第三建设有限公司
滕兆宝　中铁十局集团济南铁路工程有限公司
章华平　中铁大桥局股份有限公司
范万祥　中铁大桥局股份有限公司
查道宏　中铁大桥局集团第四工程有限公司
李　伟　中铁隧道集团有限公司
罗　嵩　中铁隧道股份有限公司
曾哲平　中铁隧道集团三处有限公司
赵自力　中铁电气化局集团有限公司
何劲松　中铁电气化局集团有限公司
张宝顺　中铁电气化局集团有限公司
严　峰　中铁建工集团有限公司
唐永胜　中铁建工集团有限公司
范志忠　中铁建工集团有限公司
周　军　中铁建工集团有限公司深圳份公司
严从林　中铁上海工程局市政工程有限公司
段德荣　中铁上海工程局华海工程有限公司
袁　伟　中国中铁航空港建设集团有限公司

【全国工程建设优秀质量管理小组】 国家工程建设质量奖审定委员会评选（工质字[2011]6号）(2011年度)。

一等奖（排名不分先后）

中铁一局集团城市轨道交通工程有限公司无锡地铁一号线17标项目部QC小组
中铁四局集团建筑装饰安装工程有限公司深圳项目部QC小组
中铁隧道集团二处有限公司革故鼎新QC小组
中铁一局集团第五工程有限公司京石客运专线QC小组
中铁一局集团新运工程公司上海城市轨道工程公司上海10号线项目部QC小组
中铁一局集团第四工程有限公司郑州地铁盾构QC小组
中铁一局集团第五工程有限公司兰渝线QC小组
中铁三局集团有限公司运输工程分公司准格尔铁路运输段列检QC小组
中铁电气化局集团有限公司一公司网六段巨晓林QC小组
中铁一局集团建筑安装工程有限公司西安地铁一号线通化门车站QC小组
中铁一局集团第二工程有限公司哈尔滨地铁项目部QC小组
中铁一局集团建筑安装工程有限公司天津地铁3号线项目QC小组
中铁六局集团太原铁路建设有限公司混凝土分公司QC小组
中铁一局集团第三工程公司兰渝铁路项目部QC小组
中铁一局集团新运工程有限公司新运公司库阿二线铺架项目部QC小组
中铁一局集团桥梁工程有限公司西宝改扩建项目部QC小组
中铁一局集团天津建设工程有限公司于家堡一标项目QC小组
中铁一局集团桥梁工程有限公司泸州泰安长江大桥项目部QC小组

二等奖（排名不分先后）

中铁九局集团第六工程有限公司南坡坪黄河特大桥钢沉箱QC小组
中铁六局集团太原铁路建设有限公司钢结构QC小组
中铁十局集团有限公司二公司沪宁城际高铁QC小组
中铁七局集团郑州工程有限公司昆明外绕项目部QC小组
中铁一局集团物资工贸有限公司西宝武功制梁场QC小组
中铁一局集团新运工程有限公司新运公司温福福厦项目部测量QC小组
中铁航空港集团第一工程有限公司郴宁项目部QC小组
中铁八局集团第四工程有限公司都会•路苑项目部QC小组
中铁八局集团第三工程有限公司第三项目部QC小组

中铁八局集团建筑工程有限公司瑞景QC小组
中铁建工集团有限公司深圳分公司重庆国际大厦质量控制QC小组
中铁三局集团第六工程有限公司厦漳高速公路项目部QC小组
中铁三局集团电务工程有限公司通号一公司沪昆线QC小组
中铁一局集团城市轨道交通工程有限公司深圳地铁3151项目部QC小组
中铁三局集团有限公司运输工程分公司第三运输段模板加工QC小组
中铁大桥局集团第五工程有限公司黄冈长江大桥项目部安全管理信息化QC小组
中铁五局（集团）有限公司沈阳地铁一号线中街站钢管柱安装精度控制QC小组
中铁三局集团第五工程有限公司南广项目QC小组
中铁一局集团电务工程有限公司深圳地铁龙岗线3207项目部“大运”QC小组
中铁电气化局集团有限公司一公司维管分公司供电QC小组
中铁大桥局集团第一工程有限公司水泥乳化沥青砂浆灌注质量控制QC小组
中铁四局集团第一工程有限公司石武铁路一分部QC小组
中铁四局集团第五工程有限公司成绵乐铁路门式墩施工QC小组
中铁三局集团建筑安装工程有限公司京沪站后工程QC小组
中铁四局集团有限公司第八工程分公司朔黄运输分处QC小组
中铁六局集团石家庄铁路建设有限公司 第五项目部QC小组
中铁隧道集团二处有限公司墩柱施工QC小组
中铁二局股份有限公司城通公司苏州地铁1号线2标项目部QC小组
中铁四局集团建筑工程有限公司渡江战役纪念馆项目部QC小组
中铁六局集团北京铁路建设有限公司直属第六项目部QC小组
中铁四局集团第一工程有限公司北城制梁场QC小组
中铁大桥局集团第二工程有限公司西江特大桥QC小组
中铁五局集团第二工程有限责任公司武汉集装箱中心站QC小组
中铁二局第一工程有限公司西南环线二期B标段爆破拆除QC小组
中铁二局第三工程有限公司贵广铁路项目部第二QC小组
中铁四局集团机电设备安装有限公司沪昆二工区QC小组
中铁四局集团电气化工程有限公司宁启复线电缆迁改QC小组
中铁七局集团武汉工程有限公司取直线QC小组
中铁隧道集团二处有限公司集思致远QC小组
中铁八局集团昆明铁路建设有限公司大保项目部隧道防水QC小组
中铁港航局集团第三工程有限公司西铜高速公路XTK-3合同段质量争优QC小组
中铁建工集团有限公司深圳分公司滨海医院项目部QC小组
中铁二局第二工程有限公司石武铁路第一QC小组
中铁二局广深港客运专线ZH-3标项目部第七QC小组
中铁大桥局股份有限公司郑州工程指挥部石武客专I标鹤壁特大桥0#块整体吊装QC小组
中铁建工集团有限公司刘永峰QC小组
中铁二局股份有限公司城通公司昆明地铁1-4标QC小组
中铁四局集团建筑装饰安装工程有限公司暖通QC小组
中铁建工集团有限公司深圳分公司中航广场项目QC小组
中铁五局集团机械化工程有限责任公司衡茶吉铁路项目部QC小组
中铁隧道股份有限公司成都地铁二号线一期土建11标QC小组
中铁一局集团天津建设工程有限公司17标项目部QC小组
中铁科工集团有限公司南广铁路郁江双线特大桥项目部QC小组
中铁九局集团第一工程有限公司盘营客专工程TJ-1标段三工区QC小组
中铁四局集团有限公司第七工程分公司兰新铁路第二双线（新疆段）项目QC小组
中铁五局集团机械化工程有限责任公司西兰商项目QC小组
中铁港航局集团第三工程有限公司北京地铁6号线一期05标项目经理部QC小组
中铁六局集团石家庄铁路建设有限公司第六项目部QC小组
中铁三局集团有限公司桥隧工程分公司广雅QC小组
中铁七局集团第三工程有限公司清关项目部QC小组

三等奖（排名不分先后）

中铁上海工程局第二工程有限公司申嘉线北段（二期）11GT-5标段项目部QC小组
中铁建工集团有限公司金属屋面节点漏水防治QC小组
中铁四局集团第二工程有限公司第二医院手足外科QC小组
中铁九局集团有限公司T梁预制QC小组

中铁六局集团石家庄铁路建设有限公司第九项目部QC小组

中铁十局集团有限公司三建公司莆田项目部QC小组

中铁六局集团石家庄铁路建设有限公司路桥项目部QC小组

中铁建工集团有限公司深圳分公司福田科技广场项目部QC小组

中铁大桥局集团第一工程有限公司林长高速6标QC小组

中铁十局集团济南铁路工程有限公司兰渝七分部QC小组

中铁建工集团有限公司广州大功率QC小组

中铁六局集团电务工程有限公司北京分公司津秦QC小组

中铁电气化局集团有限公司西安铁路工程有限公司树林召隧道QC小组

中铁十局集团有限公司工业物资有限公司物资管理QC小组

中铁六局集团石家庄铁路建设有限公司路桥项目部磁县转体桥QC小组

【全国工程建设优秀质量管理小组活动优秀企业】 中国建筑业协会评选(2011年度)。

中铁四局集团第五工程有限公司

中铁四局集团机电设备安装有限公司

中铁六局集团电务工程有限公司

中铁八局集团第三工程有限公司

【全国工程建设优秀质量管理小组活动优秀推进者】 中国建筑业协会评选。

中铁一局集团建筑安装工程有限公司　马永利

中铁三局集团有限公司　常乃超

中铁三局集团有限公司　安静

中铁四局集团第一工程有限公司　张建蒙

中铁四局集团有限公司第七工程分公司　柯宇庆

中铁电气化局集团有限公司　刘科明

中铁建工集团有限公司深圳分公司　吕燕霞

【全国工程建设优秀质量管理小组活动优秀企业】 中国建筑业协会评选(2011年度)。

中铁一局集团电务工程有限公司

中铁一局集团第五工程有限公司

中铁三局集团有限公司

中铁四局集团第一工程有限公司

中铁四局集团有限公司第七工程分公司

中铁六局集团石家庄铁路建设有限公司

中铁七局集团有限公司

中铁八局集团有限公司

中铁八局集团有限公司昆明铁路建设有限公司

中铁九局集团有限公司

中铁电气化局集团有限公司

中铁大桥局股份有限公司

【全国工程建设质量管理先进工作者】 中国建筑业协会评选(2011年度)。

闫子才　中铁四局集团有限公司

李　明　中铁四局集团机电设备安装有限公司

张国强　中铁一局集团第四工程有限公司

苏兆群　中铁四局集团有限公司

夏　阳　中铁四局集团钢结构有限公司

胡汉舟　中铁大桥局集团有限公司

丁晋春　中铁电气化局集团第一工程有限公司

高建彬　中铁建工集团有限公司

【全国建设工程优秀项目管理成果】 中国建筑业协会评选。【建协〔2012〕26号】)(2011年度)

一等奖

中铁二局股份有限公司、中铁建工集团有限公司、中铁四局集团有限公司深圳北站综合交通枢纽工程项目

二等奖

中铁二局股份有限公司深圳港大铲湾港区集装箱码头一期道路堆场工程项目

中铁建工集团有限公司新建铁路福厦线福州南站房及配套工程项目

【铁道部优秀质量管理小组】 中国铁道企业管理协会评选(2011年度)。

中铁一局集团电务工程有限公司广州市轨道交通二、八号线延长线信号系统安装工程项目部QC小组

中铁一局集团建筑安装工程有限公司西安分公司QC小组

中铁二局集团新运工程有限公司I型板铺设QC小组

中铁二局集团建筑有限公司办公室QC小组

中铁三局集团第六工程有限公司十房高速公路项目部QC小组

中铁三局集团有限公司线桥分公司第四工程段QC小组

中铁四局集团第四工程有限公司包河区制梁场QC小组

中铁四局集团第二工程有限公司杭州东站三分部QC小组

中铁五局集团第四工程有限责任公司大连地铁103标段QC小组

中铁五局集团第六工程有限责任公司深圳地铁4号线项目经理部QC小组

中铁六局集团太原铁路建设有限公司租赁分公司QC小组

中铁六局集团电务工程有限公司拓新QC小组

中铁七局集团郑州工程有限公司石武客专无砟轨道 QC 小组

中铁七局集团第五工程有限公司洛阳枢纽工程项目 QC 小组

中铁八局集团第一工程有限公司重庆长寿湖旅游专用高速公路预制空心板施工 QC 小组

中铁八局集团桥梁工程有限公司常州制板场 QC 小组

中铁九局集团有限公司大连工程处西部通道项目经理部 QC 小组

中铁九局集团有限公司广州分公司增从高速 S11 标项目经理部挂蓝 QC 小组

中铁十局集团有限公司第四工程公司赣韶项目部 QC 小组

中铁十局集团西北工程有限公司西商路面 QC 小组

中铁大桥局集团第七工程有限公司恩施红旗大桥主缆索股架设 QC 小组

中铁隧道集团三处有限公司无锡地铁 1 号线 03 标项目部 QC 小组

中铁电气化局集团电气化公司高速段速龙 QC 小组

中铁建工集团有限公司曲阜东站项目 QC 小组

中铁二院工程集团有限责任公司特桥第一 QC 小组

中铁工程设计咨询集团有限公司太原院电化所太兴线 QC 小组

中铁电气化勘测设计研究院有限公司海亿 QC 小组

中铁电气化勘测设计研究院有限公司智多星 QC 小组

中铁大桥勘测设计院集团有限公司成贵客专金沙江大桥设计 QC 小组

中铁二院工程集团有限责任公司沪昆通道运输组织研究 QC 小组

中铁工程设计院有限公司置换式通风综合技术 QC 小组

中铁二院工程集团有限责任公司长沙市轨道交通 2 号线穿越湘江研究 QC 小组

北京电铁通信信号勘测设计院有限公司电磁兼容 QC 小组

中铁工程设计咨询集团有限公司山西中南部铁路线路、地质 QC 小组

中铁山桥集团有限公司机一车间技术攻关 QC 小组

中铁宝桥集团有限公司道岔研发 QC 小组

中铁科工集团有限公司盾构机盾体 QC 小组

中铁山桥集团有限公司质检处技术攻关 QC 小组

中铁科工集团有限公司 JQDS 隧道架桥机 QC 小组

中铁山桥集团有限公司铸钢车间电炉 QC 小组

中铁科工集团有限公司厦深铁路荣江特大桥高强度螺栓施拧 QC 小组

中铁四局集团合肥中铁钢结构有限公司柳州双拥大桥钢箱梁制造 QC 小组

中铁四局集团合肥中铁钢结构有限公司合肥南环线钢桁梁高强度螺栓连接施工质量控制 QC 小组

中铁宝桥集团有限公司技术研发部马塔制造 QC 小组

【全国优秀质量管理小组】 中国质量协会评选（2011 年度）。

中铁电气化局集团第一工程有限公司天津地铁三号线光明 QC 小组

中铁六局集团天津铁路建设有限公司津秦客运项目部 QC 小组

中铁电气化局集团第一工程有限公司宁启复线电化工程点滴 QC 小组

中铁电气化铁路运营管理有限公司腾飞 QC 小组

中铁建工集团有限公司泰山基业 QC 小组

中铁六局集团电务工程有限公司地铁房山线“星雨”QC 小组

中铁九局集团第六工程有限公司机械租运站混凝土搅拌设备 QC 小组

中铁四局集团第一工程有限公司和清高速公路项目部 QC 小组

中铁五局集团机械化工程有限责任公司西太公路项目雨水管道工程顶管施工部 QC 小组

中铁二院工程集团有限责任公司磐石轨道 QC 小组

中铁八局集团第四工程有限公司第一 QC 小组

中铁二局第三工程有限公司杭州秋石项目 QC 小组

中铁八局集团电务工程有限公司一项目部一工班 QC 小组

中铁八局集团电务工程有限公司经租站 QC 小组

中铁五局集团第一工程有限责任公司工程施工技术攻关 QC 小组

中铁八局集团昆明铁路建设有限公司办公室 QC 小组

中铁一局集团第五工程有限公司向莆五标项目部 QC 小组

中铁一局集团电务工程有限公司厦门海底隧道项目 QC 小组

中铁一局集团物质工贸有限公司“创先”QC 小组

中铁一局集团桥梁工程有限公司沪杭客运专线 QC 小组

中铁宝桥集团有限公司结构机械部机械第二 QC 小组

中铁一局集团电务工程有限公司二公司无限射频电缆连接器安装 QC 小组

中铁一局集团第五工程有限公司精测队 QC 小组

中铁四局集团第五工程有限公司石武客专轨板 QC 小组

中铁工程设计咨询集团有限公司山西中南部铁路线路、地质 QC 小组

中铁一局集团第二工程有限哈尔滨地铁项目部 QC 小组

中铁一局集团桥梁工程有限公司西宝改扩建项目部 QC 小组

中铁七局集团郑州工程有限公司石武客专无砟轨道 QC 小

组

【全国质量管理小组活动优秀企业】 中国质量协会评选（2011 年度）。

中铁一局集团有限公司

中铁电气化集团有限公司

【全国质量管理小组活动卓越领导者】 中国质量协会评选(2011 年度)。

中铁一局集团城市轨道交通工程有限公司　朱宏堂

中铁三局集团有限公司　刘宝龙

中铁四局集团第一工程有限公司　王传越

中铁四局集团有限公司第七工程分公司　薛模美

中铁六局集团有限公司　肖于太

中铁六局集团石家庄铁路建设有限公司　张印成

中铁七局集团有限公司　张建国

中铁八局集团有限公司昆明铁路建设有限公司　栾宏源

中铁电气化局集团有限公司　王青斌

中铁十局集团有限公司　王爱平

中铁建工集团有限公司　孟庆军

【全国建筑业企业优秀项目经理】 中国建筑业协会评选。(2011 年度)

刘向阳　中国中铁股份有限公司

杨永康　中国中铁股份有限公司

王　光　中铁一局集团第四工程有限公司

张鹏茂　中铁一局集团有限公司房屋建筑工程分公司

李　毅　中铁二局第一工程有限公司

杨　山　中铁二局第五工程有限公司

朱朝佐　中铁二局第二工程有限公司

高建利　中铁三局集团有限公司

徐丛国　中铁三局集团有限公司

杨林浩　中铁三局集团有限公司

李　冰　中铁四局集团有限公司

薛中权　中铁四局集团钢结构有限公司

朱晓勇　中铁四局集团建筑工程有限公司

梁承欢　中铁五局（集团）有限公司

赵新华　中铁六局集团有限公司

刘政局　中铁七局集团有限公司

董冲锋　中铁八局集团有限公司

冉　兵　中铁八局集团第一工程有限公司

石俊杰　中铁九局集团有限公司

姚德臣　中铁十局集团济南铁路工程有限公司

朱军华　中铁十局集团建筑工程有限公司

胡汉舟　中铁大桥局股份有限公司

张春新　中铁大桥局股份有限公司

胡景军　中铁隧道集团二处有限公司

孙　谋　中铁隧道股份有限公司

张　建　中铁电气化局集团有限公司

范增国　中铁电气化局集团西安铁路工程有限公司

侯国树　中铁建工集团有限公司

吕　铭　中铁建工集团有限公司

王建营　中铁建工集团有限公司

王宗兴　中铁建工集团有限公司

浦玉东　中铁上海工程局有限公司

叶天翔　中国中铁航空港建设集团有限公司

黄纪强　中铁港航局集团第三工程有限公司

【全国建筑业先进企业】 中国建筑业协会评选。(2011 年度)

中铁四局集团有限公司

中铁大桥局集团有限公司

中铁二局集团有限公司

中铁隧道集团有限公司

中铁建工集团有限公司

中铁十局集团有限公司

【全国建筑业优秀企业家】 中国建筑业协会评选。(2011 年度)

许宝成　中铁四局集团有限公司

于　军　中铁四局集团机电设备安装有限公司

杨　昆　中铁二局第一工程有限公司

张继奎　中铁隧道集团有限公司

杨兰松　中铁十局集团有限公司

谭国顺　中铁大桥局股份有限公司

段永传　中铁建工集团有限公司

【全国建筑业优秀总工程师】 中国建筑业协会评选。(2011 年度)

闫子才　中铁四局集团有限公司

陈宝民　中铁四局集团钢结构有限公司

程维国　中铁四局集团机电设备安装有限公司

潘东发　中铁大桥局集团有限公司

郝小苏　中铁一局集团第五工程有限公司

【全国工程建设 QC 小组活动优秀推进者】 中国建筑业协会评选。(2011 年度)

郑海明　中铁四局集团第一工程有限公司

鲍俊捷　中铁四局集团第五工程有限公司

胡光全　中铁二局第一工程有限公司

陈加升　中铁八局集团第三工程有限公司

董炬洪　中铁七局集团有限公司

【全国工程建设优秀 QC 小组】 中国建筑业协会评选。(2011 年度)

一等奖

中铁四局集团第一工程有限公司沪宁铁路二分部 QC 小组
中铁一局集团第五工程有限公司精测队 QC 小组
中铁四局集团第一工程有限公司精测大队 QC 小组
中铁二局第二工程有限公司贵广铁路项目部 QC 小组
中铁五局集团机械化有限责任公司兰新铁路 QC 小组
中铁一局集团电务工程有限公司十公司北京地铁 QC 小组
中铁四局集团第五工程有限公司石武客专轨道板场 QC 小组

二等奖

中铁一局集团天津建设工程有限公司架梁分公司 QC 小组
中铁建工集团有限公司鼓楼医院南扩工程 QC 小组
中铁建电气化局集团南方工程有限公司宁杭客专电力项目部 QC 小组
中铁八局集团电务工程有限公司接触网一项目部 QC 小组
中铁八局集团第三工程有限公司油小线 QC 小组

优秀奖

中铁二局股份有限公司城通公司上海地铁项目 QC 小组
中铁一局集团建筑安装工程有限公司咸阳毕塬小区高层住宅楼项目部 QC 小组
中铁一局集团城市轨道交通工程有限公司苏州Ⅰ-TS-14 项目部 QC 小组
中铁一局集团电务工程有限公司苏州地铁 QC 小组
中铁一局集团第四工程有限公司郑州地铁盾构 QC 小组
中铁六局集团桥隧分公司巫奉项目部 QC 小组
中铁七局集团第三工程有限公司成龙市政项目部 QC 小组
中铁九局集团有限公司桥梁分公司灯塔轨道板场 QC 小组
中铁隧道集团一处有限公司通途 QC 小组
中铁四局集团第五工程有限公司沪昆客专轨道板场 QC 小组
中铁二局股份有限公司城通公司武汉地铁 2-18A 标项目部 QC 小组
中铁二局集团建筑有限公司载体桩施工 QC 小组
中铁二局第五工程有限公司苏州轨道交通 2 号线先锋 QC 小组
中铁二局第一工程有限公司思剑高速公路第二合同段项目第一 QC 小组

【中国中铁股份有限公司优秀企业】 中国中铁股份有限公司评选（2011 年度）。

中铁一局集团物资工贸有限公司
中铁一局集团新运工程有限公司
中铁二局第三工程有限公司
中铁三局集团第二工程有限公司
中铁四局集团有限公司
中铁四局集团第二工程有限公司
中铁五局集团第一工程有限责任公司
中铁七局集团建筑工程有限公司
中铁七局集团第三工程有限公司
中铁八局集团有限公司
中铁八局集团桥梁工程有限责任公司
中铁九局集团第四工程有限公司
中铁十局集团第三建设有限公司
中铁十局集团济南铁路工程有限公司
中铁隧道股份有限公司
中铁电气化局集团第三工程有限公司
中铁建工集团有限公司
中铁上海工程局第一工程有限公司
中铁航空港建设集团北京有限公司
中铁丰桥桥梁有限公司

【中国中铁股份有限公司优秀企业家】 中国中铁股份有限公司评选（2011）。

卓普周　中铁一局集团城市轨道交通工程有限公司
陈　强　中铁一局集团物资工贸有限公司
陈道圆　中铁二局第四工程有限公司
赵晓斌　中铁二局第三工程有限公司
许宝成　中铁四局集团有限公司
赵中华　中铁四局集团第二工程有限公司
聂　旭　中铁五局集团建筑工程有限责任公司
何　江　中铁七局集团第三工程有限公司
曾卫平　中铁七局集团建筑工程有限公司
杨　峰　中铁八局集团有限公司
王学军　中铁九局集团第四工程有限公司
杜钟海　中铁十局集团济南铁路工程有限公司
张瑞刚　中铁隧道集团二处有限公司
刘荣耀　中铁建工集团有限公司
马立强　中铁航空港建设集团北京有限公司
卢志良　中铁上海工程局第一工程有限公司
赵根田　中铁丰桥桥梁有限公司

【中国中铁股份有限公司优秀项目经理】 中国中铁股份有限公司评选（2011 年度）。

殷文虎　中铁一局集团有限公司
王巍松　中铁一局集团新运工程有限公司
樊　斌　中铁一局集团新运工程有限公司

李东锋　中铁一局集团电务工程有限公司
张鹏茂　中铁一局集团有限公司
刘新文　中铁一局集团第四工程有限公司
王　光　中铁一局集团第四工程有限公司
焦茂生　中铁一局集团市政环保工程有限公司
王卓培　中铁一局集团第五工程有限公司
张永全　中铁一局集团第五工程有限公司
郑宗跃　中铁二局第一工程有限公司
毕国云　中铁二局第一工程有限公司
黄世红　中铁二局第二工程有限公司
朱朝佐　中铁二局第二工程有限公司
靳连杰　中铁二局第四工程有限公司
肖南军　中铁二局第四工程有限公司
陈启林　中铁二局集团建筑有限公司
孙思松　中铁二局集团电务工程有限公司
李登辉　中铁二局机械筑路工程有限公司
李政华　中铁二局机械筑路工程有限公司
陈长春　中铁二局集团建筑有限公司
秦辉虎　中铁二局集团建筑有限公司
胡南军　深圳中铁二局工程有限公司
汪郅杰　深圳中铁二局工程有限公司
王之仁　深圳中铁二局工程有限公司
任德元　中铁二局集团新运工程有限公司
满宏明　中铁二局集团装饰装修工程有限公司
吴耀勇　中铁二局集团装饰装修工程有限公司
李必棋　中铁二局股份有限公司城通公司
匡龙君　中铁二局第五工程有限公司
杨　山　中铁二局第五工程有限公司
张明书　中铁二局第五工程有限公司
朱瑞喜　中铁三局集团有限公司
张民栓　中铁三局集团有限公司
于庆福　中铁三局集团有限公司
邹本波　中铁三局集团有限公司
王明耀　中铁三局集团有限公司
吴也平　中铁三局集团有限公司桥隧工程分公司
李冠东　中铁三局集团第六工程有限公司
于天生　中铁三局集团有限公司
史华强　中铁三局集团电务工程有限公司
贾广林　中铁三局集团第二工程有限公司
高建利　中铁三局集团有限公司线桥工程分公司
李　冰　中铁四局集团有限公司
胡世山　中铁四局集团有限公司
刘武生　中铁四局集团第一工程有限公司
胡广辉　中铁四局集团第二工程有限公司
袁德富　中铁四局集团第四工程有限公司
胡国庆　中铁四局集团第五工程有限公司
朱晓勇　中铁四局集团建筑工程有限公司
刘根龙　中铁四局集团电气化工程有限公司
薛中权　中铁四局集团钢结构有限公司
吴锡君　中铁四局集团有限公司第七工程分公司
王青元　中铁四局集团有限公司第八工程分公司
朱升起　中铁四局集团有限公司城市轨道交通工程分公司
张　健　中铁五局（集团）有限公司
张伏生　中铁五局（集团）有限公司
宋贵明　中铁五局集团第一工程有限责任公司
黄昌洋　中铁五局集团第一工程有限责任公司
田　波　中铁五局集团第二工程有限责任公司
胡喜峰　中铁五局集团第二工程有限责任公司
钟勇奇　中铁五局集团第四工程有限公司
廖令军　中铁五局集团第四工程有限公司
叶　黔　中铁五局集团第五工程有限责任公司
周囿圆　中铁五局集团第五工程有限责任公司
王国庆　中铁五局集团第六工程有限责任公司
黄惠平　中铁五局集团机械化工程有限责任公司
杨安书　中铁五局集团电务工程有限责任公司
简正彬　中铁五局集团路桥工程有限责任公司
杨　勇　中铁五局（集团）有限公司城通分公司
刘细乔　中铁五局集团贵州工程有限公司
王院淼　中铁六局集团北京铁路建设有限公司
杨子江　中铁六局集团北京铁路建设有限公司
赵庆芳　中铁六局集团石家庄铁路建设有限公司
张志安　中铁六局集团电务工程有限公司
张大彪　中铁六局集团石家庄铁路建设有限公司
赵新华　中铁六局集团有限公司铺架分公司
夏生祥　中铁六局集团太原铁路建设有限公司
史　磊　中铁七局集团郑州工程有限公司
冯明辉　中铁七局集团武汉工程有限公司
刘继文　中铁七局集团第四工程有限公司
董冲锋　中铁八局集团有限公司
左兴明　中铁八局集团有限公司
张俊峰　中铁八局集团有限公司
喻修正　中铁八局集团有限公司
但友春　中铁八局集团有限公司
张　勇　中铁八局集团第四工程有限公司
王　伟　中铁八局集团桥梁工程有限责任公司
梁金桥　中铁九局集团第一工程有限公司
王贵鹏　中铁九局集团有限公司
刘丰林　中铁九局集团第四工程有限公司
纪广清　中铁九局集团第四工程有限公司

李国强　中铁九局集团第六工程有限公司
徐世文　中铁九局集团第二工程有限公司
何长明　中铁九局集团电务工程有限责任公司
栾友根　中铁十局集团第三建设有限公司
赵　宇　中铁十局集团第三建设有限公司
滕兆宝　中铁十局集团济南铁路工程有限公司
韩圣允　中铁十局集团第四工程有限公司
田　猛　中铁十局集团第四工程有限公司
栾志强　中铁十局集团第四工程有限公司
张春新　中铁大桥局股份有限公司
陈志宜　中铁大桥局股份有限公司
张红心　中铁大桥局股份有限公司
黄锡柱　中铁大桥局股份有限公司
谭康荣　中铁大桥局股份有限公司
张君武　中铁大桥局股份有限公司
邓敬雄　中铁大桥局股份有限公司
申长国　中铁大桥局集团第一工程有限公司
王立忠　中铁大桥局集团第二工程有限公司
卢海明　中铁大桥局集团第四工程有限公司
韦理仁　中铁大桥局集团第四工程有限公司
张　武　中铁大桥局集团第四工程有限公司
樊启望　中铁大桥局集团第五工程有限公司
杜国庆　中铁大桥局集团第六工程有限公司
职常应　中铁隧道集团有限公司
李　伟　中铁隧道集团有限公司
马彦啟　中铁隧道集团有限公司杭州分公司
罗　嵩　中铁隧道股份有限公司
郭　磊　中铁隧道股份有限公司
彭宇民　中铁隧道集团一处有限公司
陈庆怀　中铁隧道集团二处有限公司
江正青　中铁隧道集团二处有限公司
谭修高　中铁隧道集团三处有限公司
曾哲平　中铁隧道集团三处有限公司
黄天学　中铁隧道集团四处有限公司
白军红　中铁隧道集团四处有限公司
刘　晖　北京中铁隧建筑有限公司
王建成　北京中铁隧建筑有限公司
李建军　中铁电气化局集团第一工程有限公司
杜　麾　中铁电气化局集团第一工程有限公司
王　波　中铁电气化局集团第一工程有限公司
张万全　中铁电气化局集团第二工程有限公司
曾义平　中铁电气化局集团第二工程有限公司
王元清　中铁电气化局集团第二工程有限公司
李火清　中铁电气化局集团第二工程有限公司
赵自力　中铁电气化局集团西安铁路工程有限公司
乔冠云　中铁电气化局集团西安铁路工程有限公司
陈均顺　中铁电气化局集团西安铁路建设有限公司
汤隆波　中铁电气化局集团西安电气化工程有限公司
冯军锋　中铁电气化局集团西安电气化工程有限公司
张卓见　中铁电气化局集团有限公司电气化公司
王金平　中铁电气化局集团有限公司电气化公司
库西田　中铁电气化局集团有限公司城铁公司
陈建明　中铁电气化局集团有限公司
景建民　中铁电气化局集团有限公司
王　英　中铁建工集团钢结构有限公司
王六生　中铁建工集团北方工程有限公司
王宝宁　中铁建工集团有限公司深圳分公司
严　峰　中铁建工集团北方工程有限公司
胡攀高　中铁建工集团有限公司北京分公司
吴　杨　中铁建工集团北京装饰工程有限公司
张建设　中铁建工集团钢结构有限公司
刘凡民　中铁建工集团青岛工程有限公司
付绪志　中铁建工集团有限公司承包总公司
田晓钟　中铁建工集团有限公司北京路桥分公司
位　强　中铁建工集团安装工程有限公司
黄新平　中铁建工集团有限公司华北分公司
李　铉　中铁建工集团有限公司上海分公司
刘永峰　中铁建工集团有限公司上海分公司
付学东　中铁建工集团北京装饰工程有限公司
杨　栩　中铁建工集团有限公司深圳分公司
万兴权　中铁上海工程局第一工程有限公司
张桂俊　中铁上海工程局第一工程有限公司
严从林　中铁上海工程局市政工程有限公司
段德荣　中铁上海工程局华海工程有限公司
刘跃生　中铁上海工程局第一工程有限公司
王小波　中铁上海工程局市政工程有限公司
赵文君　中铁上海工程局华海工程有限公司
张利军　中铁上海工程局第一工程有限公司
宋　芊　中铁上海工程局市政工程有限公司
焦广彦　中铁航空港集团第一工程有限公司
袁　伟　中铁航空港建设集团北京有限公司
陈建强　中铁航空港集团辽宁工程有限公司
魏永生　中国中铁航空港建设集团有限公司深圳分公司
王鹏飞　中铁航空港集团第二工程有限公司
李家奇　中铁航空港集团第三工程有限公司
李志纯　中铁航空港建设集团北京有限公司
张国洪　中铁航空港建设集团北京有限公司
何正伦　中国中铁航空港建设集团有限公司北京第八分公司

【中国中铁股份有限公司优秀质量管理小组】 中国中铁股份有限公司评选（2011年度）。

中铁一局集团第五工程有限公司　精测队QC小组

中铁一局集团桥梁工程有限公司　泸州泰安长江大桥项目部QC小组

中铁一局集团城市轨道交通工程有限公司　深圳地铁3152标项目部QC活动小组

中铁一局集团第三工程有限公司　兰渝项目部QC小组

中铁一局集团建工机械有限公司　起重机制作攻关QC小组

中铁一局集团市政环保工程有限公司　兰新铁路第二双线项目部QC小组

中铁二局第一工程有限公司　西南环线二期B标段爆破拆除QC小组

中铁二局股份有限公司城通公司　昆明地铁1-4标QC小组

中铁二局集团有限公司　广深港ZH-3标项目部第七QC小组

中铁二局第二工程有限公司　隧道水沟、电缆槽模架研制QC小组

中铁二局集团新运工程有限公司　I型板铺设QC小组

中铁二局集团建筑有限公司　办公室QC小组

中铁二局机械筑路工程有限公司　张花项目钢筋套筒连接QC小组

中铁二局集团电务工程有限公司　淮南线接触网腕臂安装QC小组

中铁三局集团有限公司桥隧工程分公司　广雅QC小组

中铁三局集团有限公司运输工程分公司　准格尔铁路列检QC小组

中铁三局集团电务工程有限公司　通号一公司QC小组

中铁三局集团建筑安装工程有限公司　京沪站后项目QC小组

中铁三局集团第六工程有限公司　南港特大桥钻孔桩QC小组

中铁三局集团有限公司线桥工程分公司　五段QC小组

中铁三局集团第五工程有限公司　南广项目QC小组

中铁三局集团第四工程有限公司　青岛海底隧道接线工程项目QC小组

中铁四局集团第一工程有限公司　精测大队QC小组

中铁四局集团建筑装饰安装工程有限公司　深圳项目部QC小组

中铁四局集团有限公司第七工程分公司　兰新铁路第二双线（新疆段）项目QC小组

中铁四局集团第五工程有限公司　成绵乐铁路门式墩QC小组

中铁四局集团有限公司第八工程分公司　洛湛铺架经理部QC小组

中铁四局集团第四工程有限公司　包河区制梁场QC小组

中铁四局集团建筑工程有限公司　集包增建第二双线QC小组

中铁四局集团第二工程有限公司　杭州东站三分部QC小组

中铁五局集团机械化工程有限责任公司　衡茶吉铁路项目部QC小组

中铁五局集团机械化工程有限责任公司　兰新铁路项目QC小组

中铁五局集团机械化工程有限责任公司　西商公路项部QC小组

中铁五局集团第二工程有限责任公司　武汉集装箱中心站QC小组

中铁五局集团第六工程有限责任公司　深圳地铁4号线项目经理部QC小组

中铁五局集团电务工程有限责任公司　长荆铁路项目部QC小组

中铁五局集团路桥工程有限责任公司　横峰制梁场技术攻关QC小组

中铁五局集团第四工程有限责任公司　大连地铁项目部QC小组

中铁六局集团太原铁路建设有限公司　混凝土分公司QC小组

中铁六局集团北京铁路建设有限公司　直属第六项目部QC小组

中铁六局集团电务工程有限公司　北京电力分公司津秦QC小组

中铁六局集团太原铁路建设有限公司　租赁分公司QC小组

中铁六局集团电务工程有限公司　拓新QC小组

中铁六局集团石家庄铁路建设有限公司　第六项目部QC小组

中铁六局集团太原铁路建设有限公司　钢结构QC小组

中铁六局集团有限公司桥隧分公司　巫奉隧道初支变形处理QC小组

中铁七局集团第三工程有限公司　清关项目部QC小组

中铁七局集团郑州工程有限公司　昆明环城项目部QC小组

中铁七局集团武汉工程有限公司　山西取直薛孤制梁场QC小组

中铁七局集团第三工程有限公司　成龙公路QC小组

中铁七局集团郑州工程有限公司　石武客专无砟轨道

QC 小组
中铁七局集团建筑工程有限公司　　洛阳枢:I工程项目 QC 小组
中铁七局集团第一工程有限公司　　洛阳枢纽项目部 QC 小组
中铁七局集团武汉工程有限公司　　福州江阴港项目 QC 小组
中铁八局集团第三工程有限公司　　中铁八局三公司第三项目部 QC 小组
中铁八局集团第四工程有限公司　　都会路苑项目部 QC 小组
中铁八局集团建筑工程有限公司　　瑞景茗城项目经理部 QC 小组
中铁八局集团第一工程有限公司　　重庆长寿湖旅游专用高速公路预制空心板施工 QC 小组
中铁八局集团第二工程有限公司　　南涪铺架项目部 300 米长轨焊接 QC 小组
中铁八局集团电务工程有限公司　　昆明分公司第三项目部 QC 小组
中铁八局集团房产工程有限公司　　房开公司节水科技 QC 小组
中铁八局集团桥梁工程有限公司　　常州制板场 QC 小组
中铁九局集团第六工程有限公司　　南坡坪黄河特大桥钢沉箱 QC 小组
中铁九局集团有限公司　　前庄项目 T 梁预制 QC 小组
中铁九局集团第一工程有限公司　　盘营客专工程 TJ-1 标段三工区 QC 小组
中铁九局集团有限公司设备分公司　　前庄项目 T 梁架设 QC 小组
中铁九局集团第二工程有限公司　　云端隧道 QC 小组
中铁九局集团第七工程有限公司　　本溪枢纽沈丹客专第二项目分部 QC 小组
中铁九局集团有限公司桥梁分公司　　灯塔轨道板场 QC 小组
中铁十局集团第二工程有限公司　　沪宁城际高铁 QC 小组
中铁十局集团第三建设有限公司　　莆田项目部 QC 小组
中铁十局集团山东鲁铁工业物资有限公司　工业物资公司 QC 小组
中铁十局集团有限公司第四工程公司 赣韶项目部 QC 小组
中铁十局集团西北工程有限公司　　西商路面 QC 小组
中铁十局集团电务工程有限公司　　喀和项目部 QC 小组
中铁十局集团建筑工程有限公司　　昆明天润康园项目部 QC 小组
中铁十局集团西北工程有限公司　　十天高速 A-CD24 标项目 QC 小组
中铁大桥局集团第二工程有限公司　西江特大桥 QC 小组
中铁大桥局集团第一工程有限公司　林长高速 6 标 QC 小组
中铁大桥局股份有限公司　石武客专标鹤壁特大桥 0#块整体吊装 QC 小组
中铁大桥局集团第五工程有限公司　　黄冈大桥项目部桥梁安全管理的信息系统研发 QC 小组
中铁大桥局集团第七工程有限公司　　恩施红旗大桥主缆索股架设 QC 小组
中铁大桥局集团第四工程有限公司　　芜线还建工程青弋江特大桥拱脚拱肋预埋安装质量 QC 小组
中铁大桥局集团第五工程有限公司　澜沧江大桥钢管拱肋输转底铰安装质量控制 QC 小组
中铁大桥局集团第二工程有限公司　铜陵长江大桥 QC 小组
中铁隧道集团一处有限公司　通途 QC 小组
中铁隧道集团二处有限公司　　革故鼎新 QC 小组
中铁隧道集团二处有限公司　　集思致远 QC 小组
中铁隧道股份有限公司　　成都地铁二号线一期土建 11 标 QC 小组
中铁隧道集团三处有限公司　　无锡地铁 1 号线 03 标项目部 QC 小组
中铁隧道集团一处有限公司　　方斗山隧道 QC 小组
中铁隧道集团三处有限公司　　天津地铁三号线 13 标 QC 小组
中铁隧道集团有限公司　　双永高速 A14 标段项目部 QC 小组
中铁电气化局集团第一工程有限公司 网六段“巨晓林”QC 小组
中铁电气化局集团第一工程有限公司 维管分公司供电 QC 小组
中铁电气化局集团西安铁路工程有限公司　树林召隧道 QC 小组
中铁电气化局集团第一工程有限公司　天津地铁起跑线 QC 小组
中铁电气化局集团电气化公司　　高速段速龙 QC 小组
中铁电气化局集团西安铁路工程有限公司　京石客专天堑 QC 小组
中铁电气化局集团城铁公司　　北京地铁十五号线卓越 QC 小组
中铁建工集团有限公司　　鼓楼医院南扩工程 QC 小组
中铁建工集团有限公司　　刘永峰 QC 小组
中铁建工集团有限公司　　成都东客站 QC 小组
中铁建工集团有限公司　　广州大功率 QC 小组
中铁建工集团有限公司　　余杭站 QC 小组

中铁建工集团有限公司　常州站QC小组
中铁建工集团有限公司　于家堡站QC小组
中铁建工集团有限公司　成都东客站QC小组
中铁建工集团有限公司　中航广场项目QC小组
中铁科工集团有限公司　南广铁路郁江双线特大桥项目部QC小组
中铁港航局集团第三工程有限公司　西铜高速公路XTK-3合同段钢箱梁现场焊接质量控制QC小组
中铁港航局集团第三工程有限公司　北京地铁6号线一期05标项目部QC小组
中铁上海工程局市政工程有限公司　上海青草沙项目部QC小组
中铁上海工程局第一工程有限公司　上海S6公路5标QC小组

【中国中铁股份有限公司优秀质量管理小组最佳发表】 中国中铁股份有限公司评选（2011年度）。
中铁二局第一工程有限公司　西南环线二期B标段爆破拆除QC小组
中铁六局集团太原铁路建设有限公司　混凝土分公司QC小组
中铁十局集团第二工程有限公司　沪宁城际高铁QC小组
中铁大桥局集团第五工程有限公司　黄冈大桥项目部桥梁安全管
中铁电气化局集团第一工程有限公司　维管分公司供电QC小组
中铁建工集团有限公司　广州大功率QC小组

【中国中铁股份有限公司优秀质量管理小组最佳制作】 中国中铁股份有限公司评选（2011年度）。
中铁一局集团第五工程有限公司　精测队QC小组
中铁三局集团有限公司桥隧工程分公司　广雅QC小组
中铁五局集团机械化工程有限责任公司　兰新铁路项目QC小组
中铁八局集团建筑工程有限公司　瑞景茗城项目经理部QC小组
中铁隧道集团二处有限公司　革故鼎新QC小组
中铁电气化局集团第一工程有限公司　网六段“巨晓林”QC小组

劳模和先进单位及个人

【全国五一劳动奖章获得者】

卢卫平　中国中铁玉树灾后重建现场指挥部指挥长

李国华　中国中铁玉树灾后重建现场指挥部工程部部长

程思军　中国中铁玉树灾后重建现场指挥部总工程师

杨　昆　中铁二局第一工程有限公司副总经理

张　勇　中铁二局第二工程有限公司项目总工程师

陈　明　中铁五局第五工程局有限公司渝利铁路项目部总工程师

王三勤　中铁八局第三工程有限公司工人

熊国武　中铁八局集团昆明铁路建设有限公司项目经理

傅　全　中铁八局三公司混凝土分公司机电班工人

傅明俊　中铁十局电务工程有限公司副总工程师

王国英　中铁大桥局第六工程有限公司工人

汪远寿　中铁隧道集团营盘路湘江隧道工程联合体项目部工人

张金龙　中铁工程设计院有限公司基础施工项目部经理

【全国五一劳动奖状】

中国中铁玉树灾后重建现场指挥部

中铁电气化局集团公司西安通信信号工程处

中铁山桥集团有限公司

【全国“工人先锋号”】

中铁一局集团有限公司第五工程有限公司精密测量队

中铁四局钢结构有限公司制造分公司

中铁九局第二工程有限公司“铁军”作业队

中铁大桥局股份有限公司合福铁路铜陵长江大桥项目经理部

中铁大桥局股份有限公司宁安铁路安庆长江大桥项目部

中铁电气化局二公司京沪高铁项目部

中铁建工集团有限公司玉树灾后重建现场指挥部

中铁二院工程集团有限责任公司测绘工程设计研究院数字化所

中铁宝桥集团有限公司道岔车间

中铁置业集团有限公司石家庄分公司项目部

【铁路工人先锋号获得单位】

中铁五局二公司第一桥梁专业架子队连续梁工班

中铁六局集团石家庄铁路建设有限公司第九项目部

中铁大桥局广州枢纽项目部

中铁隧道集团二处兰渝铁路西秦岭隧道 XQLS2 标斜井项目部

【火车头奖杯获得单位名单】

中铁一局集团广州分公司

中铁二局大西铁路客运专线站前 9 标指挥部

中铁三局集团四公司北京地铁项目部

中铁四局集团电气化工程有限公司

中铁七局集团武汉工程有限公司

中铁电气化局集团城铁公司

中铁建工集团于家堡站项目部

【火车头奖章获得者名单】

韩泽新　中国海外工程有限责任公司财务部副部长

强晓东　中铁一局第三工程公司项目工程技术部部长

董文学　中铁一局集团桥梁工程有限公司项目总工程师

任绍刚　中铁二局第五工程有限公司工人

钟云超　中铁二局城通公司长沙 2—15 项目盾构操作手

陈有利　中铁三局集团运输工程分公司线路工长

李学意　中铁三局第六工程有限公司项目总工程师

刘恩波　中铁四局集团第二工程有限公司项目经理

汪家雷　中铁四局集团第五工程有限公司成绵乐项目部总工程师

黄宜伟　中铁五局机械化公司湘桂铁路项目部总工程师

张春伦　中铁五局四公司杭甬铁路客专项目部总工程师

乔文禄　中铁六局石家庄枢纽工程指挥部指挥长

袁丽萍（女）中铁七局集团建筑工程有限公司实验员

李兴国　中铁八局集团第二工程有限公司铺架队领工员

李仁强　中铁九局集团第六工程有限公司副总工程师

程广彦　中铁十局房地产开发有限公司中铁•汇展国际项目部项目经理

朱定法　中铁大桥局集团有限公司副总经济师

邱连义　中铁大桥局集团第一工程有限公司测绘分公司副经理

冯均明　中铁隧道集团股份公司隧道四公司作业队队长

曾宝成　中铁隧道集团青藏铁路西格二线关角隧道工程指挥部党工委书记

陈　建　中铁电气化集团保定铁道变压器有限公司综合车间工班长

李铁拴　中铁电气化局集团北京建筑工程有限公司郑州指挥部机电部长

袁振兴　中铁建工集团钢结构公司副总工程师

杨智艳　中铁建工集团北京分公司总经理

吕立峰　中铁建工集团西北分公司大客运专线四分部项目经理

张　利　中铁航空港建设集团有限公司项目总工程师

黄　新　中铁上海工程局副总工程师

赵晓波　中铁港航局二公司实验高级技师

娄玉春　中铁山桥集团钢结构技术部高级工程师

张　莉（女）中铁宝桥集团有限公司道岔研发部工程师

涂宏未　中铁科工集团九桥工程有限公司技术中心副总工程师

向　林　中铁二院重庆勘察设计研究院有限公司总经理

周宇清　中铁工程设计咨询集团线站院副总工程师

冯祖祥　中铁宏达资产管理中心大桥局宏达分中心主任

董铁军　贵阳中铁置业有限公司总经理

崔和平　中铁资源集团芒来矿业有限公司副总经理

肖发明　中国中铁委内瑞拉分公司副总工程师

【全国青年岗位能手】

中铁一局　　李　鹏

中铁一局　　李　宁

中铁一局　　郭向青

中铁二局　　张　勇

中铁九局　　孙宏义

中铁山桥　　周艳伟

中铁山桥　　王建伟

中铁大桥局　崔嵩岭

中铁大桥局　藕长洪

中铁大桥局　方苏波

【全国青年岗位能手标兵】

中铁一局　白芝勇

【全国青年岗位能手】

韦丽仁　中铁大桥局四公司渝利项目铁路工程项目部项目经理

张　勇　中铁二局集团有限公司二公司项目总工

【国家级一类职业技能竞赛】

任绍刚　中国铁路工程总公司二局集团第五工程有限公司员工

【国家级二级职业技能竞赛及行业职业技能竞赛】

孙宏义　中国中铁九局一公司电工

周艳伟　中国中铁山桥集团动力供应有限公司电工

王建伟　中国中铁山桥集团动力供应有限公司电工

李　鹏　中国中铁一局集团城市轨道交通公司项目副经理

郭向青　中国中铁一局集团城市轨道交通公司项目副经理

崔嵩岭　中国中铁大桥局集团一公司工程师

藕长虹　中国中铁大桥局集团七公司工程师

方苏波　中国中铁大桥局集团助理工程师

【中央企业五四红旗团委】

中国铁路工程总公司中铁山桥集团有限公司团委

中国铁路工程总公司中铁一局集团有限公司团委

中国铁路工程总公司中铁建工集团有限公司团委

中国铁路工程总公司中铁八局集团有限公司团委

【2011年度中央企业五四红旗团支部】

中国铁路工程总公司中铁工程设计咨询集团有限公司地路院团总支

中国铁路工程总公司中铁航空港建设集团北京地铁十号线二期13标项目部团支部

中国铁路工程总公司中铁二院昆明勘察设计演技也有限责任公司团支部

【中央企业优秀共青团员】

张　掂　中国铁路工程总公司中铁电气化集团第三工厂有限公司第五工程段

李晓庚　中国铁路工程总公司中铁西南科学研究院有限公司成都轨道交通设计院

【中央企业优秀共青团干部】

祝　愿　中国铁路工程总公司中铁二局集团有限公司团委副书记

李高峰　中国铁路工程总公司中铁五局集团有限公司团委副书记

黄　彬　中国铁路工程总公司中铁上海工程局有限公司团委书记

同亚勇　中国铁路工程总公司中铁宝桥集团有限公司团委书记

【中央企业青年文明号】

中国铁路工程总公司中铁西南投资广西岑兴告诉公路发展有限公司玉林收费站

中国铁路工程总公司中铁四局集团四公司南环四分部

中国铁路工程总公司中铁大桥局集团二公司南广铁路西江特大桥青年突击队

中国铁路工程总公司中铁六局集团天津铁建公司天津西站项目部

中国铁路工程总公司中铁资源集团刚果（金）分公司绿纱矿

中国铁路工程总公司中铁十局集团五公司74省道南延三门段三标项目部

中国铁路工程总公司中铁隧道装备制造有限公司盾构分公司盾构车间

中国铁路工程总公司中铁大桥勘测设计院集团有限公司第一设计院

中国铁路工程总公司中铁十局集团德大铁路项目部一分部二工段青年突击队

中国铁路工程总公司中铁隧道二处重庆轨道交通6号线二期北碚段项目部

【中央企业杰出青年岗位能手】

王国英　中国铁路工程总公司中铁大桥局集团第六工程有限公司

【中央企业青年岗位能手】

刘占雷　中国铁路工程总公司中铁七局集团郑州工程有限公司

林鹏远　中国铁路工程总公司中铁隧道集团二处有限公司

田　华　中国铁路工程总公司财务部

潘桂东　中国铁路工程总公司中铁置业集团青岛祥丰置业有限公司

【中国安全生产协会全国信息联系工作先进集体】

中国中铁股份有限公司安全质量环保部

【中国安全生产协会全国优秀信息联络员】

中国中铁股份有限公司　任乐春

【2011年财政部年度决算工作通报表扬】

中国铁路工程总公司

【2011年财政部快报工作通报表扬】

中国铁路工程总公司

【上海产权交易所最佳产权交易组织奖】

中国中铁股份有限公司

【中国铁道财务会计学先进财会学会】

中国铁路工程总公司财会学会

【全路财会学会先进集体】

中铁二局财会学会　　中铁四局财会学会

中铁十局财会学会　　中铁大桥局财会学会

【全国内部审计先进集体和先进工作者】

一、先进集体

中铁四局集团有限公司审计部

中铁大桥局集团有限公司审计部

中铁大桥局集团第五工程有限公司审计部

二、先进工作者

巩治国　中铁七局集团有限公司审计部部长

范经华　中铁大桥局集团有限公司审计部部长

【全国优秀老干部先进工作者】

袁立新

【北京市公安局2011年度先进保卫工作者个人三等功】

韩东

【中国中铁信息工作先进单位及个人】

一、中国中铁2011年度信息工作先进单位：

中铁二局集团有限公司

中铁四局集团有限公司

中铁一局集团有限公司

中铁八局集团有限公司

中铁电气化局集团有限公司

中铁隧道集团有限公司

中铁五局（集团）有限公司

中铁九局集团有限公司

中铁十局集团有限公司

中铁西南科学研究院有限公司

中铁西南投资管理有限公司

中铁置业集团有限公司

中铁西北科学研究院有限公司

中铁工程设计咨询集团有限公司

中铁资源集团有限公司

二、中国中铁2011年度信息工作先进个人：

中铁二局集团有限公司　熊　磊、沈泽、张志

中铁四局集团有限公司　吕庆荣、吴兵

中铁一局集团有限公司　刘彬彬、苏星、赵军权

中铁八局集团有限公司　雷钱良、宋顺军、颜修品

中铁电气化局集团有限公司　张世永

中铁隧道集团有限公司　张　涛

中铁五局（集团）有限公司　董素莉

中铁九局集团有限公司　范鹏蛟、于栋梁

中铁十局集团有限公司　张卫平、汪婷婷

中铁西南科学研究院有限公司　黄　兴、贾金婵

中铁西南投资管理有限公司　巨　勇、丁西海

中铁置业集团有限公司　冯军山、杨　成

中铁西北科学研究院有限公司　常正功、杨东营

中铁工程设计咨询集团有限公司　吕晓亮、张穆童

中铁资源集团有限公司　周　立、韩忠艺

股份公司董办（监办）　王　凯

股份公司总裁办（党办）　陈一鑫

【中国中铁 2011 年度"四好领导班子"】

中铁四局集团有限公司
中铁建工集团有限公司
中铁一局集团有限公司
中铁十局集团有限公司
中铁置业集团有限公司
中国中铁股份有限公司工程建设分公司
中铁山桥集团有限公司
中国中铁股份有限公司委内瑞拉分公司
中铁宝桥集团有限公司
中铁南方投资发展有限公司
中铁大桥勘测设计院集团有限公司
中铁西南科学研究院有限公司
中铁二院工程集团有限责任公司

【中国中铁第十一届青年技能竞赛盾构机械操作工技能大赛获奖单位及个人】

前二十名获奖选手

第一名　中铁装备　王保利
第二名　中铁装备　赵江涛
第三名　中铁五局　李　吉
第四名　中铁装备　花　岩
第五名　中铁五局　周继泉
第六名　中铁隧道　田玉龙
第七名　中铁装备　徐　飞
第八名　中铁七局　张　雄
第九名　中铁七局　邹　飞
第十名　中铁一局　郭　凯
第十一名　中铁隧道　肖利星
第十二名　中铁电气化局　王宝佳
第十三名　中铁三局　章波恩
第十四名　中铁六局　杨　强
第十五名　中铁八局　牟建红
第十六名　中铁六局　卢　森
第十六名　中铁四局　曹　伟
第十七名　中铁电气化局　孙啸宇
第十八名　中铁隧道　曹洪飞
第十九名　中铁隧道　马伟涛
第二十名　中铁七局　王旭波

优秀裁判员

沈熙智　中铁装备
曾垂刚　中铁隧道
欧国辉　中铁一局
杨　军　中铁二局
陶军武　中铁三局
夏　岭　中铁四局
朱红光　中铁五局
王义强　中铁六局
周向伟　中铁七局
李明佳　中铁港航局

团体总分前五名的单位

第一名　中铁隧道装备制造有限公司
第二名　中铁隧道集团有限公司
第三名　中铁五局集团有限公司
第四名　中铁七局集团有限公司
第五名　中铁六局集团有限公司

优秀组织奖名单

中铁隧道装备制造有限公司

【股份公司 2010-2011 年度先进会计工作者】

中海外：章林　王磊
中铁一局：常林刚　茆庭祥　郭培杰　谢立文　陈　强　苑　丰
中铁二局：王占学　王大奇　王奇彬　李传烈　银　宏　钟炳祥　许玉全
中铁三局：王　睿　刘文国　刘红宝　白旭刚　宋志勤　付振东
中铁四局：王新华　梁廷河　魏成富　耿天宝　邓先平　陈松俊
中铁五局：张爱萍　喻理平　李　祥　刘建良　胡建蓉　马衍文
中铁六局：李密福　门天民　康长庚　王文生　段泽锋
中铁七局：王战利　程跃岭　肖汉菊　何　军　邓红艳
中铁八局：陈绍平　冉新明　曹铁如　黄　伟　邓　忠
中铁九局：白殿清　程慧丽　张洪澍　孙永梅　宋世明
中铁十局：唐　燕　赵金磊　侯可敬　赵廷进　曹永生
中铁大桥局：叶智勇　刘小勇　王宏发　秦国和　张以明
中铁隧道：梁小平　曾　军　谭炳海　唐歌梅　周晓红
中铁电气化局：周宝来　牛光辉　屈素玲　石　跃　庞　洁
中铁建工：陆秀敏　刁星伍　李玉俠　蔡长水　顾锋伟
中铁航空港：贾学斌　曲东
中铁上海局：李　茂　王天军
中铁港航局：王永军　刘云霞　周永康
中铁国际：刘祥根
中铁二院：陈　超　周兴国　王业会　袁　广
中铁设计咨询：周文清　周　欣　刘　昕

中铁大桥院：柳　雷

中铁西北院：廖小龙　杜永鹏

中铁西南院：蒋光辉　闵　媛

中铁山桥：戴菊萍　王惠权　王淑芳

中铁宝桥：陈　莹　李来明　黄景学

中铁科工：周　焕　张　晨

中铁装备：董长生

中铁信托：马东开

中铁置业：宋　亮　黄　岩

中铁资源：李　斌　肖　浪

中铁物贸：杨书梅

中铁西南公司：祝青华

南方公司：夏建雄

总部:李　静　王　恺　尹翔飞　田华　闫　刚　张亚旭

【2011 年度决算考核评比结果】

一等奖

中铁一局、中铁四局、中铁大桥局、中铁置业

二等奖

中铁五局、中铁七局、中铁电气化局、中铁建工、中铁上海局、中铁港航局、中铁宝桥、中铁信托

三等奖

中铁二局、中铁六局、中铁八局、中铁隧道局、中铁航空港、中铁二院、中铁设计咨询、中铁大桥院、中铁科工、中铁南方公司、委铁分公司、宏达中心

【中国中铁 2011 年审计工作先进单位及个人】

一、先进单位

中铁二局集团有限公司

中铁三局集团有限公司

中铁四局集团有限公司

中铁七局集团有限公司

中铁电气化局集团有限公司

中铁隧道集团有限公司

二、先进工作者

中铁一局　扆秀琴　高小康　陈卫国　昝雪琴

中铁二局　徐晓强　高建霞　叶仲成　张青友　唐小明

中铁三局　赖萍　徐明明　武国栋　卢巍　陈文青

中铁四局　方文胜　程静　郭湘　吴懿　熊伟　杨学农

中铁五局　杨延富　何勇　李英明　曾志宏

中铁六局　马金达　张北京　李俊芳　田春华

中铁七局　金龙华　王党锋　韩俊峰　邱青桃

中铁八局　唐先德　程先敏　孔　静　汪广平

中铁九局　佟胜旺　肖桂新　范璐　赵靖

中铁十局　杨淑华　李伦　韩翠萍　王静

中铁电气化局　初惠芳　赵程远　杨奇明　薄宝刚　邵建强

中铁大桥局　肖忠宽　吴旭　邓敏顺　沈齐波　叶梦呓　袁维平

中铁隧道　沈菊花　刘军灵　田春梅　郑东

中铁建工　朱宇峰　张涛　张雪莲

中海外　王洋

中铁航空港　李爱国　高正发

中铁港航局　陈斌

中铁上海局　常旭

中铁置业　张红生

中铁二院　杨莉　周华

中铁设计咨询　赵晶晶

中铁西南公司　王军超

中铁山桥　王明慧

【股份公司 2010-2011 年度安全生产“一先两优”先进个人】

中海外南部非洲分公司现场工程师　沈　超

中铁一局电务公司安全总监、安质部部长　常洛石

中铁一局广州分公司安质科科长　乔　明

中铁一局物资工贸公司哈密制梁场项目经理　陈树森

中铁二局五公司苏州地铁 2 号线 04 标项目部安全总监　江登宏

中铁二局城通公司上海轨道交通工程 13 号线 3 标项目部安全总监　孙忠田

中铁三局杭甬项目经理部五公司分部常务副经理　宋志坚

中铁三局四公司北京地铁六号线 01 标段项目经理部明挖车站、盾构区间副经理　田军令

中铁三局五公司钦防铁路项目部安质主任　谭　旭

中铁四局二公司安全总监　白友武

中铁四局成绵乐铁路客运专线指挥部安质部部长　王绍军

中铁四局八分公司集包铺架项目部安全总监　吴国安

中铁五局四公司副总工程师、安质部部长　董显苇

中铁五局建筑公司副总经理、贵州片区指挥长、贵大七标项目经理　王明军

中铁五局一公司副总经理、沈阳市府广场地铁配套工程基坑工程项目经理　杨厚斌

中铁六局石家庄铁建公司安质部部长　李建强

中铁七局电务公司副总经理　陈福涛

中铁七局三公司安质部部长　王　朝

中铁八局一公司副总经理　胡大东

中铁八局昆建公司副总经理　夏发宝

中铁九局一公司阿扎铁路工程项目部安质部部长　刘　建

中铁九局六公司东北东部铁路通道前阳至庄河段项目部安质部部长　袁伟鹏

中铁十局五公司安全总监、安质部部长　苏怀兵

中铁十局德大铁路综合Ⅰ标项目经理部安质部部长　岳春记

中铁大桥局武汉至黄冈城际铁路项目部

安质部部长 袁 灿
中铁大桥局南钦铁路指挥部副指挥长、总工程师陈国祥
中铁大桥局合福铁路铜陵长江大桥项目部
安质部副部长 高谦君
中铁隧道一处高明海天立交工程项目部安全总监何长春
中铁隧道三处天津文化中心交通枢纽工程1标
项目部安全环保部部长 黄 平
中铁隧道台山核电站取水隧洞项目部安全总监 吴永忠
中铁电气化局城铁公司安全监察室工程师 李 昊
中铁电气化局东南分公司副总经理、安全总监 赵 明
中铁电气化局二公司副总经理 万文斌
中铁建工北京分公司沈阳站改造工程项目部
生产经理 刘纯璞
中铁建工深圳分公司安质部部长 李海生
中铁建工青岛工程公司泰山•基业项目部
安全总监 翁维银
中铁航空港三公司西安地铁一号线项目部
安质部部长 王朝彦
中铁上海局一公司兰新铁路第二双线项目部
安全总监 彭鹏光
中铁港航局二公司南钦铁路项目部
安全总监、安质部部长 李建华
中铁二院测绘工程设计研究院
贵阳勘测设计处测量工 母 斌
中铁设计咨询航测遥感研究院第二勘测队队长 崔洪元
中铁西北院甘肃中铁建设工程有限公司副经理、总工程师 马周全
中铁西南院四川铁科建设监理公司成渝客专
CYJL－2标项目经理部总监 苏 诚
中铁山桥钢二车间安全员 郑海山
中铁宝桥钢结构车间安全员 辛宗贤
中铁科工中铁九桥工程有限公司副总经理 李慧明
中铁国际川铁公司尼日利亚子公司商务经理 徐子龙
中铁置业贵阳中铁逸都国际项目部项目经理 谢 军
中铁资源芒来矿业有限公司总经理 郜运松
建设分公司重钢环保搬迁铁路专用线EPC项目部
副总工程师、安质部部长 庞文喻

【股份公司2010～2011年度安全生产“一先两优”优秀群众安全生产监督员】

中铁一局五公司云桂铁路项目部开挖班班长 李春浓
中铁一局新运公司库阿二线铺架项目部值班员 唐大宝
中铁二局建筑公司玉树灾后重建项目部施工员 张义波
中铁三局运输工程分公司准格尔运输段机务队司机长 冯 浩
中铁三局桥隧分公司柳州市广雅大桥项目部施工员 向书凯
中铁四局建筑公司集包一项目部施工员 易开锁
中铁四局七分公司兰新铁路高台制梁场领工员 陈路路
中铁五局六公司成绵乐铁路客专眉山梁场装吊工班长 陈宝权
中铁五局二公司成绵乐铁路客专七桥梁工程队领工员 廖章平
中铁六局北京铁建公司直属第八项目部领工员 边跃峰
中铁六局太原铁建公司西南环项目部领工员 白建军
中铁七局郑州公司京沙快速通道项目部防护员 马智军
中铁七局武汉公司北同蒲取直线项目部施工员 冯弘绯
中铁八局二公司铺架分公司兰新客专铺架项目工班长 申琼中
中铁八局桥梁公司兰新客专张掖制梁场工班长 张贵军
中铁九局一公司盘营铁路客专轨道铺设队领工员 陈国柱
中铁九局六公司沈阳枢纽项目部领工员 任广和
中铁十局电务公司电气化第二项目部工班长 贾春良
中铁十局西北公司成昆铁路项目部施工员 尹宇坤
中铁大桥局二公司西江特大桥南宁岸架子队装吊技师 郭小虎
中铁大桥局安庆长江大桥工程指挥部二分部施工员 付昌斌
中铁隧道北京中铁隧建筑公司市政四公司沈阳华润过街道项目部隧道工 马 宏
中铁隧道引洮供水一期工程总干渠7#隧洞项目部工班长 李洪全
中铁电气化局西铁公司渝涪项目部四分部领工员 胡永泰
中铁电气化局三公司向莆铁路电化工程工班长 李宏刚
中铁建工北京分公司沈阳站改造工程项目部焊工 郭海滨
中铁建工西北分公司西宁站改造工程项目部木工工长 张周祥
中铁航空港北京公司北京地铁10号线二期13标电工 姚利群
中铁上海局市政公司上海南汇支线项目部施工员 李学江
中铁港航局三公司成绵乐铁路客运专线施工员 潘小涛

【股份公司2010-2011年度安全生产“一先两优”优秀青年安全监督岗】

中铁一局物资工贸公司兴平制梁场安质部部长 王海斌
中铁二局机筑公司钦北铁路项目部工程部副部长 文浩宇
中铁三局沪昆铁路客运专线广州分公司项目部技术员 李磊
中铁四局二公司杭长铁路客运专线四分部安全员 张 波
中铁五局机械化公司沪昆铁路客专贵州段技术主管 刘 俊
中铁六局集包增建第二双线第五项目部安全总监 韩兴明
中铁七局二公司神府项目部工程部副部长 张仲军
中铁八局建筑公司成渝客专第四分部副总工程师 刘 帅
中铁九局四公司省残校项目部副经理 孙仙洲
中铁十局济铁建安聊城站改造工程项目部总工程师 曾来仕
中铁大桥局五公司工程部技术员 卢小明
中铁隧道金温扩能改造工程三分部安质部部长 张国康
中铁电气化局一公司宁启复线电化工程专业工程师 呼艳焘

中铁建工上海分公司南昌西站项目部安全员　张黎明
中铁航空港辽宁公司沈阳四环快速路 BT 工程第一项目部安质部部长　毛　勇
中铁上海局华海公司宁波地铁2号线8标项目部安质部部长　马树军
中铁港航局深圳公司青岛普集路铁路职工住宅楼项目部安全员　廖志敏
中铁山桥铸钢车间班长　张春雷
中铁宝桥动力车间技术员　朱志鼎
中铁资源芒来矿业有限公司生产部破碎主管　郑爱平

【中国中铁创先争优活动“基层示范党委”】

中海外南非卡拉盖迪锰矿项目党工委
中铁一局电务公司党委
中铁一局物贸公司党委
中铁一局西宝铁路客专指挥部党工委
中铁一局二公司北京地铁八号线项目部党工委
中铁一局三公司哈密南环项目部党工委
中铁二局电务公司党委
中铁二局建筑公司党委
中铁二局城通公司党委
中铁二局玉树灾后重建工程指挥部党工委
中铁二局成绵乐铁路工程指挥部党委
中铁三局运输分公司党委
中铁三局六公司党委
中铁三局电务公司党委
中铁三局线桥工程分公司党委
中铁三局大西铁路客运专线指挥部党工委
中铁四局一公司党委
中铁四局四公司党委
中铁四局二公司杭州东站扩建工程项目部二分部党委
中铁四局五公司沪昆客专江西段站前工程项目部党工委
中铁四局钢结构公司合肥铁路枢纽南环线工程项目部党工委
中铁五局一公司党委
中铁五局二公司党委
中铁五局六公司党委
中铁五局机械化公司汝郴高速公路十四合同段项目部党工委
中铁五局成绵乐铁路工程指挥部党工委
中铁六局电务公司党委
中铁六局石家庄铁建公司党委
中铁六局天津铁建公司党委
中铁七局武汉公司党委
中铁七局三公司党委
中铁七局电务公司党委
中铁八局一公司党委
中铁八局昆明铁建公司党委
中铁八局桥梁公司党委
中铁九局电务公司党委
中铁九局大连工程处党委
中铁九局桥梁分公司党委
中铁十局济南公司党委
中铁十局三公司党委
中铁十局房地产公司党委
中铁大桥局五公司党委
中铁大桥局六公司党委
中铁大桥局武汉桥梁科学研究院党委
中铁大桥局武汉至黄冈城际铁路联合体项目部党工委
中铁隧道股份有限公司党委
中铁隧道集团一处有限公司党委
中铁隧道集团专用设备中心党工委
中铁隧道集团北京铁路地下直径线项目部党工委
中铁电气化局一公司第五分公司党委
中铁电气化局二公司党委
中铁电气化局三公司第一工程段党委
中铁电气化局西铁公司第一工程段党委
中铁电气化局京沪高铁四电系统集成电气化项目分部党工委
中铁建工集团北方公司党委
中铁建工集团深圳分公司党委
中铁建工集团北京华升房地产公司党委
中铁港航局二公司南钦项目部党工委
中铁港航局三公司成绵乐8标项目部党工委
中铁航空港北京公司党委
中铁航空港一公司党委
中铁上海工程局一公司党委
中铁上海工程局华海公司党委
中铁二院武汉勘察设计研究院党委
中铁二院地下铁道设计研究院党委
中铁二院重庆勘察设计研究院党委
中铁工程设计咨询集团济南设计院党委
中铁工程设计咨询集团郑州设计院党委
中铁山桥集团工程管理部党工委
中铁宝桥集团中铁宝工党委
中铁宝桥集团扬州钢结构分公司党委
中铁科工集团九桥公司党委
中铁科工集团机械成套分公司党委
中铁置业集团沈阳中铁盛丰置业公司党工委
中铁资源集团芒来矿业公司党委
中铁国际川铁公司党委
中铁西南公司柳州项目指挥部党工委
中铁西南院监理公司党委

【中国中铁创先争优活动“示范党支部”】

中海外摩洛哥分公司党支部

中海外西非公司路桥项目部党支部

中铁一局四公司映汶项目党支部

中铁一局五公司杭州地铁项目党支部

中铁一局建安公司宏基公司党支部

中铁一局市政环保公司兰新二线项目党支部

中铁一局桥梁公司中南铁路通道项目党支部

中铁一局建工公司机械工业分公司党支部

中铁一局经开中心党总支

中铁二局一公司花溪二道起点段 B 标项目党支部

中铁二局二公司胶州湾隧道第二施工合同段项目党支部

中铁二局三公司贵广项目党支部

中铁二局新运公司石武铁路客运专线项目党支部

中铁二局机筑公司钦北铁路工程指挥部五项目党支部

中铁二局深圳公司深圳地铁一号线前海车辆段项目党支部

中铁二局中铁瑞城花水湾项目党支部

中铁三局桥隧分公司第五工程队党支部

中铁三局二公司京沪十四工区党支部

中铁三局三公司第一工程总队党总支

中铁三局七公司金属结构公司党支部

中铁三局四公司沈阳地铁项目部直属党支部

中铁三局五公司石武客专桥梁工区党支部

中铁三局建安公司第二工程队党支部

中铁四局四公司合肥铁路枢纽南环线工程项目四分部党总支

中铁四局七分公司甘肃武罐高速公路 3 标项目党支部

中铁四局八分公司汉宜铁路铺架项目铺架队党支部

中铁四局电气化公司南京铁路三电迁改项目党支部

中铁四局建筑公司合肥渡江战役纪念馆项目党支部

中铁四局机电公司武汉舵落口货场改扩建工程项目第一党支部

中铁四局物资工贸公司合蚌、合福工地材料厂党支部

中铁五局四公司第一隧道作业队党支部

中铁五局五公司渝利铁路工程项目第五总队隧道二队党支部

中铁五局电务公司六沾复线指挥部党支部

中铁五局建筑公司上海分公司党支部

中铁五局城通分公司沈阳地铁二号线三标项目韶山一号党支部

中铁五局路桥公司沪昆制梁场党支部

中铁五局贵州公司惠兴项目隧道六队党支部

中铁六局北京铁建公司直属第十五项目党支部

中铁六局太原铁建公司太原铁路枢纽西南环一项目党支部

中铁六局呼和浩特铁建公司南疆铁路库阿增建二线 ZH4 标项目党支部

中铁六局丰桥公司天津西青分公司党支部

中铁六局铺架分公司第三项目党支部

中铁六局盾构分公司北京地铁十号线二期 07 标项目党支部

中铁七局郑州公司动车所项目党支部

中铁七局三公司长沙地铁项目党支部

中铁七局武汉公司漯阜项目部党总支

中铁七局电务公司新疆地区项目党支部

中铁七局四公司衙白铁路项目部党支部

中铁七局建筑公司石武客专项目部一分部党支部

中铁八局二公司成渝客专项目部第五分部党支部

中铁八局三公司改貌货运中心工程项目党支部

中铁八局建筑公司成渝客专项目部第四项目分部党支部

中铁八局昆明铁路房屋建筑公司施孟公路项目党支部

中铁八局四公司德阳新客站项目党支部

中铁八局房地产开发公司一党支部

中铁九局一公司机电分公司党总支

中铁九局二公司“铁军”党支部

中铁九局四公司沈阳枢纽第五架子队党支部

中铁九局六公司本溪枢纽项目党支部

中铁九局七公司盘营项目党支部

中铁九局机械设备分公司混凝土项目党支部

中铁十局二公司察格项目党支部

中铁十局四公司翔达公司党支部

中铁十局五公司京沪高铁快速路六标项目党支部

中铁十局八公司灵山大街立交桥项目党支部

中铁十局电务公司电务第三项目党支部

中铁十局工业物资公司租赁分公司党支部

中铁大桥局一公司测绘工程分公司党支部

中铁大桥局二公司柳州维义大桥项目党总支

中铁大桥局四公司渝利铁路工程项目党总支

中铁大桥局集团公司审计部党支部

中铁大桥局九江船舶分公司“小天鹅”党支部

中铁大桥局武桥重工集团重钢事业部党支部

中铁隧道股份有限公司台山核电站取水隧洞项目党支部

中铁隧道集团一处有限公司三分公司党总支

中铁隧道集团二处有限公司市政七公司党总支

中铁隧道集团三处有限公司杭州地铁一号线项目党支部

中铁隧道集团四处有限公司市政一公司党总支

中铁隧道集团有限公司办公室党支部

中铁电气化局一公司第二分公司北京地区党支部

中铁电气化局二公司第一工程段第一项目党支部

中铁电气化局三公司第三工程段哈大客专变电电力作业队党支部

中铁电气化局西铁公司第六工程段京石客专项目党支部

中铁电气化局电气化公司广深港客专项目部第二作业队党支部

中铁电气化局西安电化公司西安地铁项目党支部
中铁电气化局西铁公司重庆轻轨项目党支部
中铁建工集团深圳分公司郑州东站工程指挥部党总支
中铁建工集团国际公司南极项目党支部
中铁建工集团玉树重建指挥部直属党支部
中铁建工集团西南分公司成都东客站项目党支部
中铁建工集团上海分公司中欧项目党支部
中铁建工集团安装公司苏州分公司党支部
中铁港航局一公司妈祖城项目党支部
中铁港航局三公司昆明轨道交通首期工程项目党支部
中铁港航局航道公司大连鲇鱼湾原油泊位疏浚工程项目党支部
中铁港航局爆破公司珠海项目党支部
中铁港航局深圳公司青岛项目党支部
中铁航空港北京公司北京地铁十号线二期慈寿寺站项目党支部
中铁航空港三公司杭甬(长)客专项目党支部
中铁航空港一公司西宝项目党支部
中铁航空港二公司长沙地铁项目党支部
中铁航空港深圳分公司深圳地铁 3 号线 3101 项目党支部
中铁上海工程局一公司大西铁路客专 11 标第三项目党支部
中铁上海工程局一公司哈密制梁厂党支部
中铁上海工程局二公司上海申嘉线北段 11GT-5 标段项目党支部
中铁上海工程局市政公司松潘县灾后重建项目党支部
中铁上海工程局华海公司苏州轨道交通 1 号线 SRT1-13 标项目党支部
中铁二院土木建筑设计研究一院隧道所党支部
中铁二院土木建筑设计研究二院路基所党支部
中铁二院交通设计研究院党总支
中铁二院西安勘察设计研究院地铁建筑党支部
中铁工程设计咨询集团科技企划党支部
中铁工程设计咨询集团桥梁院第二党支部
中铁工程设计咨询集团太原院铁道工程党支部
中铁山桥集团钢结构二车间党支部
中铁山桥集团工程机械公司党支部
中铁山桥集团钢结构一车间党总支
中铁宝桥集团辙叉车间党支部
中铁宝桥集团质量管理部党支部
中铁科工集团工程机械研究设计院第一党支部
中铁科工集团重工公司起重机分厂党支部
中铁信托公司第一党支部
中铁信托公司第三党支部
贵阳中铁置业有限公司党支部
中铁资源集团钴盐厂党支部
中铁资源集团伊春鹿鸣矿业有限公司第二党支部
中铁国际公司总部党总支
中铁国际川铁公司尼日利亚电站项目党支部
中铁大桥院赞比亚公路勘察项目党支部
中铁大桥院城建分院党支部
中铁委内瑞拉分公司一局项目部第二党支部
中铁工程建设分公司顺德 BT 工程碧桂路总包部党支部
中铁哈大指挥部二局项目部机关党支部
中铁哈大指挥部九局项目部第一作业队党支部
中铁南方公司第一党支部
中铁南方公司第二党支部
中铁西南公司广西岑兴公司收费监控中心党支部
中铁海西公司机关党支部
中铁中原公司机关党支部
中铁隧道装备制造公司盾构分公司党支部
中铁隧道装备制造公司设计研究院党支部
中铁西北院科研所党支部
中铁西北院勘察设计分公司党支部
中铁西南院桥梁与结构工程研究所党支部
中铁西南院岩锋公司党支部
中铁咸阳管理干部学院后勤服务中心党支部
中国铁路工程总公司党校第二党支部
华铁咨询公司京沪高铁监理项目党支部
股份公司总裁办党支部
股份公司干部部党支部
股份公司科技设计部党支部
中铁宏达资产管理中心本部第一党支部

【中国中铁创先争优活动“党员示范岗”】

罗红艳　中海外纪委副书记、纪检监察审计部部长
李自清　中海外毛里塔尼亚分公司经理
刘长有　中海外巴布亚新几内亚公司经理助理
许月亮　中海外刚果（金）分公司经理助理兼综合部部长
吕　飞　中铁一局二公司沈阳地铁 2 号线项目总工程师
郝树占　中铁一局三公司京石项目党工委副书记
张国强　中铁一局四公司党委书记
张秦安　中铁一局电务公司党委组织部部长
史松建　中铁一局新运公司上海城轨公司电工技师
唐　勇　中铁一局桥梁公司架梁公司高级技师
李新银　中铁一局建安公司德大项目经理
尹汇辉　中铁一局建工公司中南通道项目党支部书记
王兴忠　中铁一局广州分公司党委书记
王学武　中铁一局天津公司天津于家堡交通枢纽项目党工委书记
孟绥宝　中铁一局上海分公司无锡高浪路项目副经理
马鹏飞　中铁一局人力资源部干部科科长

吴进兴　中铁一局五公司团委书记

郭书涛　中铁二局一公司花溪二道起点段B标项目经理

余义国　中铁二局三公司深圳地铁项目常务副经理

陈黔芬　中铁二局新运公司林织项目副工班长

陈吉生　中铁二局机械筑路公司兰新铁路山丹制梁场党委书记

李志强　中铁二局深圳公司深圳地铁5号线5318标项目副经理

朱　健　中铁二局瑞城公司成都市盈庭置业有限公司总经理

谢会彬　中铁二局物资公司成都分公司经理、党委书记

马朴亭　中铁二局建筑公司青岛普集项目部作业队队长

彭　强　中铁二局机关离休党总支副书记

陈可嘉　中铁二局公安处刑警支队副支队长

王　伟　中铁二局广州（深圳）分公司经理

郑玉辉　中铁二局设计院副总经理

胡志勇　中铁二局人力资源部部长

宫文通　中铁三局二公司石长项目总工程师

赵安一　中铁三局三公司第一工程总队队长

甄　文　中铁三局四公司南广铁路NGZQ-4标项目一分部经理

宋志坚　中铁三局五公司杭甬铁路客运专线项目副经理

左瑞龙　中铁三局六公司纪委副书记、组织部长

张延涛　中铁三局桥隧分公司中南项目经理

郎需岭　中铁三局建安公司工程试验中心主任

段锦旺　中铁三局电务公司电化一公司作业队长

郭　海　中铁三局线桥分公司无缝段党支部书记

李秋旺　中铁三局运输分公司副总经理、第二运输段段长

靳利安　中铁三局广州分公司副总工程师、莞惠项目总工程师

李建成　中铁三局广珠城际指挥部工程管理部部长

崔喜春　中铁三局物资公司大西铁路物资采购配送分中心材料工

张　飞　中铁四局一公司合蚌铁路水湖制梁场场长

刘志祥　中铁四局二公司宜万铁路A1标制梁场项目经理

张跟平　中铁四局四公司合肥铁路枢纽南环线项目三分部党总支书记

汪家雷　中铁四局五公司成绵乐铁路指挥部总工程师

吴锡君　中铁四局七分公司副总经理、兰新铁路项目常务副指挥长

朱传开　中铁四局八分公司朔黄运输分处机辆队司机长

彭　张　中铁四局电气化公司上海分公司总经理

肖丽娜　中铁四局建筑公司集包铁路增建二线工程指挥部工程师

谭兴周　中铁四局建筑装饰安装公司上海分公司工程部副部长

郝才芳　中铁四局物资工贸公司合肥分公司龙门吊司机

于文富　中铁四局城市轨道交通工程公司兰新铁路工程项目测量主管

陈　娟　中铁四局中铁工程材料公司技术中心副主任

路　辉　中铁四局企业文化部职员

杨　伟　中铁五局三公司成绵乐铁路工程指挥部第一项目施工员

刘玉峰　中铁五局电务公司电化分公司第三架子队总工

彭立军　中铁五局物资公司总经理

王太盛　中铁五局机电公司架梁事业部兰新架梁队工班长

万　莉　中铁五局置业公司贵州天纬房地产公司物管经理

徐传文　中铁五局多元经济管理中心三建公司毕节项目驾驶员

刘世喜　中铁五局测绘试验中心贵开铁路项目中心试验室主任

麻宗要　中铁五局海外工程分公司副总经理

胡种新　中铁五局衡茶吉铁路工程指挥部总工程师

苏思念　中铁五局成绵乐乐山指挥部常务副指挥长

张　宇　中铁五局贵阳分公司总经理

熊清华　中铁五局党委宣传部副部长

莫凡彪　中铁五局天怡酒店策划部经理

臧宪荣　中铁六局总经理助理，昆明枢纽工程指挥部指挥长、党工委书记

唐　红　中铁六局副总工程师兼科技管理部部长

王进福　中铁六局石家庄铁建公司第五项目部领工员

候洪才　中铁六局北京铁建公司副总工程师兼顶桥项目经理

裴　健　中铁六局太原铁建公司建安分公司总工程师、副经理

菅永强　中铁六局呼和铁建公司南疆铁路库阿增建工程项目经理

王朝腾　中铁六局天津铁建公司张唐工程项目经理

梁顺发　中铁六局电务公司北京电力分公司副经理

张世群　中铁六局丰桥公司副总工程师、合福制梁项目经理

刘建强　中铁七局武汉公司铺架分公司焊轨队长

张俊伟　中铁七局一公司洛阳枢纽项目书记

任再铭　中铁七局电务公司吐库信号项目副经理

冯百华　中铁七局郑州公司动车所项目经理

刘铮民　中铁七局二公司刚果（金）项目经理

高明军　中铁七局三公司深圳地铁项目总工程师

付　峰　中铁七局四公司岑水高速公路三标项目副经理

王永波　中铁七局建筑公司柳南客专项目书记
余振信　中铁七局海外公司莫桑比克项目经理
钟　俊　中铁八局副总经济师、人力资源部部长
刘晓燕　中铁八局电务公司作业队长
李　超　中铁八局市政公司项目书记
王　春　中铁八局海外分公司刚果（金）项目工程部部长
阳勇周　中铁八局现代物流公司项目经理
刘　华　中铁八局成都中铁汽车销售服务有限公司副总经理
陈　富　中铁八局大瑞铁路工程项目直管分部总工程师
罗　兵　中铁八局兰渝铁路工程指挥部安质部副部长
但友春　中铁八局成渝客专项目常务副经理
孔宪民　中铁九局一公司西部战略项目经理
关锡纯　中铁九局二公司库俄项目第二作业队工长
张文平　中铁九局兰新铁路甘青段项目经理
黄　华　中铁九局四公司吉林站改房建项目副经理
兰功海　中铁九局电务公司第六项目副经理
许守辉　中铁九局六公司总工程师、杭长项目经理
闫志毅　中铁九局七公司董事长、党委书记
贾有权　中铁九局桥梁分公司副总经理、总工程师
王淑英　中铁九局检测公司总经理
彭国启　中铁十局济南公司京沪高铁济南西客站指挥部一工段副经理
孙庆炉　中铁十局三公司汉鄂项目党支部书记
时培山　中铁十局西北公司广南路面项目机械钳工
张　云　中铁十局建筑公司成本管理部部长
邰德忠　中铁十局海外分公司副总经理，肯尼亚项目经理、书记
李太福　中铁十局天津分公司副总工程师
李恒忠　中铁十局安全质量监督管理处副处长
李秀良　中铁十局兰渝铁路 LYS-14 标段项目副经理
周如彬　中铁十局山西中南部铁路通道 ZNTJ-15 标项目常务副经理
申长国　中铁大桥局一公司林长高速公路第六合同段项目经理
程　健　中铁大桥局二公司中南部通道项目经理
姜明松　中铁大桥局四公司铜陵桥项目副经理
李述宝　中铁大桥局五公司总经理
杜国庆　中铁大桥局六公司山西长治 11 标项目经理
董喜兵　中铁大桥局七公司二七桥配套工程Ⅳ标项目党总支书记
严生平　中铁大桥局物资公司总经理助理、桥梁钢事业部部长
袁晓东　中铁大桥局置业公司副总经理、湘西世纪山水项目经理
周鹏飞　中铁大桥局大桥地产工程部工程师
王　辉　中铁大桥局沪昆项目安质部副部长
王　臻　中铁大桥局赣龙铁路指挥部副指挥长
赵　政　中铁大桥局铜陵桥项目一分部 3 号主塔墩架子队工人
罗小平　中铁隧道勘测设计院有限公司副总经济师
靳玉东　中铁隧道股份有限公司党委副书记、纪委书记
刘建平　中铁隧道集团一处台车分公司机械队长
蒋　平　中铁隧道集团二处长沙营盘路湘江隧道项目工区主任
卫鹏华　中铁隧道集团三处沪昆客专长昆湖南段项目总工程师
屈　聪　中铁隧道集团四处董事会秘书、办公室主任
王二平　中铁隧道集团北京隧建筑公司京石客专项目架子队队长
易　坤　中铁隧道集团杭州分公司财务部部长
王春强　中铁隧道集团路桥工程处合福八标箱梁分部经理
周明发　中铁隧道集团技术中心注浆公司副经理
寇晓林　中铁隧道集团专用设备中心商务部部长
曹军伟　中铁隧道集团党委常委秘书
安志杰　中铁电气化局一公司接触网三段队长
冯玉华　中铁电气化局二公司接触网十段党支部书记、段长
徐　静　中铁电气化局三公司第一工程段工人
金国童　中铁电气化局西铁工程公司唐山客车线项目经理
荆群生　中铁电气化局西安电化公司第八工程段党总支书记
刘举举　中铁电气化局西铁建设公司乌精二线第二项目总工程师
毕　涛　中铁电气化局西安通号处北京分公司经理
李　磊　中铁电气化局城铁公司深圳地铁 5 号线项目经理
霍玉龙　中铁电气化局运管公司临河供电车间党支部书记、车间主任
王　胜　中铁电气化勘测设计研究院接触网设计所副所长
范　坤　北京电铁通号勘测设计院副总经济师、党支部书记、所长
李忠毅　中铁电气化局天津电气化设备公司党总支书记、总经理
秦自让　中铁电气化局党委组织部部长、机关党委书记
冯晓迎　中铁建工集团玉树重建指挥部卫生所所长
毛朝成　中铁建工集团安全总监
张吉纯　中铁建工集团北方公司总经理

孙海涛　中铁建工集团国际公司阿尔及利亚中区项目经理

袁振兴　中铁建工集团钢结构公司副总工程师、南昌西站项目经理

孙佩明　中铁建工集团中铁工设计院副院长兼工业工程公司经理

方玉敏　中铁建工集团北京分公司京沪高铁四标二分部党支部书记

夏　莉　中铁建工集团青岛公司海情御园项目党支部书记

周良武　中铁建工集团华北分公司玉树项目经理

刘家军　中铁建工集团上海分公司上海客专调度所项目土建架子队副队长

邹先权　中铁港航局二公司南广铁路鼎湖特大桥第二项目经理

刘荣荣　中铁港航局三公司兰新二线第三项目党工委书记

彭金超　中铁港航局航道公司大连鲇鱼湾项目中铁港航2号船轮机长

魏树立　中铁港航局深圳公司副总经济师兼成本合约部部长

任俊杰　中铁港航局南方公司中山基地项目建设指挥部计财部部长

贾　磊　中铁航空港北京公司三亚美丽之冠项目总工程师

李小健　中铁航空港三公司副总工程师兼科技设计部部长

王春文　中铁航空港北京第七分公司安全员

罗博意　中铁航空港辽宁公司德大项目架子队副队长

衣东生　中铁航空港北京第六分公司党群工作部部长

唐　俊　中铁上海工程局一公司柳州双拥大桥项目经理

欧阳秀金　中铁上海工程局一公司南宁枢纽指挥部第二项目领工员

宋　芊　中铁上海工程局市政公司白龙港污水处理厂项目常务副经理

项智军　中铁上海工程局华海公司五分公司领工员

姚德勇　中铁上海工程局南通投资建设管理公司副总经理

林世金　中铁二院集团公司副总工程师

敖云碧　中铁二院集团公司副总工程师

王茂靖　中铁二院地勘岩土工程公司副总工程师

周燕其　中铁二院土木建筑设计研究一院桥梁设计所工程师

姜　莉　中铁二院土木建筑设计研究二院计调室主任

张可军　中铁二院昆明勘察设计研究院总工程师

杨　岗　中铁二院通信信号设计研究院总工程师

李学军　中铁二院地下铁道研究设计院土建结构工程设计处处长

王国昌　中铁二院测绘工程设计研究院院长

石　山　中铁工程设计咨询集团城市轨道交通设计研究院院长

何建文　中铁工程设计咨询集团党委办公室主任

白武刚　中铁工程设计咨询集团计划经营处开发中心副主任

单玉民　中铁工程设计咨询集团计划经营处计划调度部部长

侯　淼　中铁工程设计咨询集团线路站场设计研究院职工

刘长印　中铁山桥集团钢结构二车间工段长

宋红飞　中铁山桥集团钢结构技术部副部长

杜　鹏　中铁山桥集团钢结构一车间组四班班长

苏亚斌　中铁山桥集团道岔车间门吊班班长

高育军　中铁宝桥集团钢结构车间电焊组电焊工

孙旭叶　中铁宝桥集团铸钢车间工长

梁英科　中铁宝桥集团中铁宝工道岔垫板车间技术组长

王小文　中铁宝桥集团天元公司道岔车间工长

张和清　中铁科工集团九桥公司党委书记

李晓钢　中铁科工集团副总工程师、工程机械研究设计院常务副院长

邓文进　中铁科工集团机械成套分公司总经理助理、装备制造厂厂长

张　波　中铁科工集团重工公司起重机分厂电焊工高级技师

严　震　中铁信托公司风险管理部总经理

魏玲玲　中铁信托宝盈基金管理公司集中交易部副总监

张春胜　中铁置业集团公司综合部部长

陆全发　蚌埠中铁置业投资发展公司总经理

金国峰　中铁置业集团公司项目管理部部长

李鸿杰　青岛中铁祥丰置业公司总经理

周学元　中铁资源集团国金矿业公司常福龙矿选矿厂副厂长

高帮飞　中铁资源集团地质勘查公司勘查部部长

杨德佳　中铁国际公司人力资源部部长

陈　艳　中铁国际川铁公司经营一部经理

王东晖　中铁大桥勘测设计院第二设计所副所长

袁作祥　中铁大桥勘测设计院海外事业部部长

苗伯新　中铁委内瑞拉分公司四局项目经理、党工委书记

杨永康　中铁工程建设分公司副总经理

王海波　中铁哈大指挥部副总工程师兼工程部部长

周彦泽　中铁哈大指挥部八局项目部第一作业队技术员

刘学勤　中铁南方公司工程管理部部长

黄鑫琢　中铁南方公司安质环保部部长

柳丽君　中铁西南公司菏泽德商公司副总经理兼总工程师

陈　霞　中铁西南公司广西全兴公司兴安收费站站长

董　川　中铁海西公司工程技术部部长

封　华　中铁海西公司物资部长

高　毅　中铁中原公司郑州地铁工程指挥部工程管理部部长

贾连辉　中铁隧道装备制造公司设计院院长助理兼液压所所长

张志国　中铁隧道装备制造公司总经理助理

米维军　中铁西北院科研所黄、裂土研究室副主任

韩　侃　中铁西北院岩土工程检测中心工程师

周汉国　中铁西南院研发基地建设指挥部总工程师

刘　毅　中铁西南院中铁成都工程检测咨询公司工程师

史兆光　中铁咸阳管理干部学院物业管理中心司炉工

王　茜　中铁咸阳管理干部学院教师

王福兴　总公司党校资产处职员

王淑敏　总公司党校教育培训处处长

马夺标　华铁工程咨询公司轨道交通大兴线通号总监办总监

余　赞　股份公司董事会办公室副主任

景　象　股份公司战略规划部副部长

张春泉　股份公司干部部高级经理

林　鑫　股份公司资本运营部部长

韩　东　股份公司行政管理部副部长

程建伟　股份公司报社总编

李逸云　中铁宏达中心财务部高级会计师

【中国中铁股份有限公司“红旗项目部”】

中海外巴布亚新几内亚西高地省拜尔公路项目部

中铁一局三公司兰新二线项目部

中铁一局物贸公司西宝客专兴平制梁厂项目部

中铁一局建安公司北京地铁郭公庄车辆段项目部

中铁一局城轨公司无锡地铁一号线项目部

中铁一局新运公司吐库项目部

中铁一局四公司映汶项目部

中铁二局四公司兰新铁路甘青段项目部

中铁二局五公司成绵乐项目部

中铁二局电务公司苏州地铁项目部

中铁二局建筑公司玉树灾后重建工程项目部

中铁二局城通公司上海地铁 13 号线一期 3 标项目部

中铁二局装修公司成灌铁路工程第六项目部

中铁三局沪昆客专杭长湖南段项目部

中铁三局霍永项目部

中铁三局运输分公司准格尔铁路运输项目部

中铁三局二公司沪昆项目部

中铁三局四公司北京地铁 7 号线项目部

中铁三局桥隧分公司南京地铁三号线 TA14 标项目部

中铁四局一公司河北徐水长城项目部

中铁四局二公司杭州钱江通道南接线项目部

中铁四局四公司江西德上高速公路项目部

中铁四局五公司兰新铁路第二双线三工区二项目部

中铁四局七分公司甘肃营双高速公路项目部

中铁四局八分公司汉宜铁路铺架项目部

中铁五局一公司长沙地铁 2 号线 4 标 5 标项目部

中铁五局二公司承赤项目部

中铁五局四公司大思高速公路 12 标项目部

中铁五局五公司元红公路八标项目部

中铁五局六公司成绵乐项目部

中铁五局机械化公司汝郴项目部

中铁六局北京铁建公司直属第十五项目部

中铁六局天津铁建公司天津西站项目第二分部项目部

中铁六局电务公司北京分公司第三项目部

中铁六局盾构分公司北京地铁十号线二期 07 标项目部

中铁六局铺架分公司第二项目部

中铁六局石家庄铁建公司第十一项目部

中铁七局海外公司乌干达 75 公里项目部

中铁七局三公司奎克项目部

中铁七局一公司山西中南部铁路通道 14 标二分部项目部

中铁七局郑州公司新建石武客专郑州动车所项目部

中铁七局电务公司吐库通号项目部

中铁七局武汉公司坦桑尼亚 154 项目部

中铁八局一公司二十九项目部

中铁八局四公司德阳车站站房灾后重建工程项目部

中铁八局建筑公司清水路苑三组团项目部

中铁八局桥梁公司拉萨制梁场项目部

中铁八局昆房公司东方锅炉德阳职工安居房工程项目部

中铁八局昆建公司安徽阜阳泉河大桥工程项目部

中铁九局大连工程处委铁项目部

中铁九局电务公司通霍项目部

中铁九局二公司平齐项目部

中铁九局一公司西部战略项目部

中铁九局吉图珲客专项目部

中铁九局七公司第四项目部

中铁十局西安地铁一号线 TJSG-16 标项目部

中铁十局长春市光复路高架桥及台北大街互通立交桥项目部

中铁十局八公司中南通道第二项目部

中铁十局杭州东站扩建工程艮山门动车运用所项目部
中铁十局电务公司电气化第一项目部
中铁十局南通市外环北路高架项目部
中铁大桥局武汉鹦鹉洲长江大桥项目部
中铁大桥局武汉至黄冈城际铁路联合体项目部
中铁大桥局赣龙铁路 GL-2 标工程指挥部
中铁大桥局沪昆客专长昆湖南段项目部
中铁大桥局山西中南部铁路通道 ZNTJ-16 标项目部
中铁大桥局合福铁路铜陵长江大桥项目部
中铁隧道集团重庆会展中心配套交通工程项目部
中铁隧道股份有限公司台山核电站取水隧道工程项目部
中铁隧道集团一处博深高速公路第四合同段项目部
中铁隧道集团二处北京地铁六号线一期工程三标项目部
中铁隧道集团三处长沙轨道交通 2 号线 SG-13.14 标项目部
中铁隧道集团四处南宁大学-明秀路口综合交通工程项目部
中铁电气化局一公司京沪高铁项目部
中铁电气化局二公司京沪项目部
中铁电气化局三公司京沪高铁项目部
中铁电气化局建筑公司武汉大功率检修基地项目部
中铁电气化局西安电化公司哈大客专项目部
中铁电气化局城铁公司北京地铁六号线供电及综控安装项

目部
中铁建工集团新大连站项目部
中铁建工集团新建广州和谐型大功率机车检修基地项目部
中铁建工集团向莆铁路南昌西站项目部
中铁建工集团深圳分公司南山商业文化中心项目部
中铁建工集团玉树灾后重建现场指挥部二分部项目部
中铁建工集团坦桑公司多多马大学项目部
中铁航空港一公司西宝项目部
中铁航空港二公司长沙地铁项目部
中铁航空港三亚美丽之冠项目部
中铁航空港辽宁公司沈阳四环项目部
中铁上海局上海申嘉线北段（二期）GT-5 标段项目部
中铁上海工程局宁波市轨道交通 2 号线一期 8 标项目部
中铁上海工程局昆明轨道交通首期工程呈贡站项目部
中铁上海工程局一公司柳州双拥大桥项目部
中铁港航局二公司武汉二七长江大桥III标项目部
中铁港航局三公司昆明轨道交通首期工程项目部
中铁港航局深圳公司佛肇城际 GZZH-3 标项目部
中铁港航局一公司中铁南方装备基地工程项目部
中铁二院委内瑞拉项目部
中铁二院海南东环铁路项目部
中铁大桥勘测设计院港珠澳大桥项目部
中铁山桥集团湖南矮寨特大桥项目部
中铁宝桥集团南京长江第四大桥项目部
中铁科工集团重工公司东沙项目部
中铁隧道装备公司盾构分公司重庆硬岩盾构项目部
中铁置业上海“中铁中环时代广场”项目部
中铁国际川铁公司尼日利亚 KOGI 州体育场项目部
中铁西北院湘桂铁路扩改工程柳南段和南黎铁路工程监理 3 标监理站项目部
中铁西南院四川铁科建设监理公司兰新铁路甘青段监理站项目部
中铁工程建设分公司沈阳四环快速路交通 BT 工程总包项目部
中铁西南公司柳州市三桥一路工程指挥部
中铁南方公司深圳地铁 5 号线 BT 项目建设指挥部

【第二届“中国中铁十大专家型技术工人”名单】

史松建　中铁一局新运公司钢轨焊接工技师
任绍刚　中铁二局五公司测量工高级技师
刘建强　中铁七局武汉工程公司电焊工高级技师
候德政　中铁十局西北工程公司电钳工技师
陈长柏　中铁大桥局五公司桥梁装吊工技师
刘　军　中铁电气化局二公司接触网工高级技师
杨改锁　中铁航空港一公司电工高级技师
曹利辉　中铁上海局一公司测量工高级技师
曲　岩　中铁山桥集团钢一车间电焊工高级技师
杨鸿涛　中铁宝桥集团杨州钢结构公司电焊工高级技师

【第二届“中国中铁十大杰出女性”名单】

阎　彬　中铁三局勘测设计院有限公司总经理
曹冬梅　中铁四局装饰公司项目经理
杨翠华　中铁五局六公司项目总工程师
杨先凤　中铁八局桥梁公司总工程师教授级高工
王国英　中铁大桥局六公司试验工高级技师
姚　兰　中铁隧道集团工会副主席副总经济师教授级高工
谢　潇　中铁电气化局宝鸡器材公司技术总监教授级高工
向　红　中铁二院地铁院副总工程师教授级高工
邓运清　中铁设计咨询集团桥梁设计院副院长教授级高工
夏远君　中铁置业集团华丰公司总经理

【中国中铁农民工楷模】

巨晓林　中铁电化局一公司接触网工

【第二届“中国中铁十大新型农民工”】

王建新　中铁一局新运公司测量工
龙　明　中铁二局城通公司电工技师
赵现书　中铁三局桥隧分公司电工
徐露平　中铁四局四公司预应力张拉工
李建学　中铁六局铺架分公司机电工
赵刚刚　中铁七局三公司深圳地铁项目部盾构队队长
史世友　中铁九局二公司“铁军”作业队工班长
程继云　中铁隧道集团广深客专狮子洋项目电瓶车司机
罗煌勋　中铁建工集团南极科考队员钢结构安装工
潘韶兵　中铁港航局二公司装吊工

【中国中铁杰出青年标兵】

贺志荣　中铁二局集团公司安质部副部长

【第五届“中国中铁十大杰出青年”名单】

吴东正　中海外巴布亚新几内亚公司经理
李　彪　中铁三局四公司总经理
吴　波　中铁四局集团公司副总工程师
蒲青松　中铁五局一公司总经理
于杰方　中铁六局北京铁建公司党委书记
王　坤　中铁隧道集团海外公司副总经理
梅　熙　中铁二院测绘院副总工程师兼技术部部长
肖海珠　中铁大桥院第二设计所所长
王　勇　中铁资源地质勘查公司勘查部副部长
孙玉国　中铁工程建设分公司副总工程师

【中国中铁先进女职工】

郝清玉　中海外东非公司
李玉宏　中铁一局二公司
刘红梅　中铁一局建工机械公司
宋千钧　中铁一局西安中心医院妇产科
陈黔芬　中铁二局新运公司龙厦项目部南靖草坂制梁场
叶广会　中铁二局机筑公司兰新铁路第二双线项目部一工区

混凝土拌合站
赵　焰　中铁二局信息职业技术学院项目部
上官凤　中铁三局哈尔滨铁道职业技术学院
李　娜　中铁三局二公司石长项目部
王新春　中铁三局五公司榆林公路项目部
董燕囡　中铁四局局技术中心
曹冬梅　中铁四局装饰公司宁杭项目部
赵　瑜　中铁四局电气化公司物机部
刘　琴　中铁五局第六工程公司经营开发部
帅磊君　中铁五局电务公司
苏利娟　中铁五局路桥公司
潘秀敏　中铁六局丰桥公司工程队
张　晗　中铁六局天津铁建公司
代碧涛　中铁七局三公司福泉项目部
李春英　中铁七局电务工程公司华源分公司
冯亚娇　中铁八局昆明铁路建设公司大连轻轨项目部
舒　秦　中铁八局北京办事处
陈建荣　中铁九局成本预算部
尚瑞红　中铁九局第六工程公司
李慧丽　中铁十局五公司
杜桂芳　中铁十局二公司
关　燕　中铁大桥局四公司宣传部
李莉琼　中铁大桥局六公司赣龙铁路项目部
徐振玲　中铁大桥局集团公司人力资源部
张美琴　中铁隧道局勘测设计院
杨家桂　中铁隧道局股份公司厦门翔安隧道项目部
崔雅宁　中铁电气化局北京景旭房地产开发公司
白雪莲　中铁电气化局勘测设计研究院北京分院
张晓彤　中铁电气化局西安电化公司西安地铁项目部
李玉侠　中铁建工集团
唐秋岩　中铁港航局三公司多元中心
李　华　中铁航空港一公司预算部
韩　梅　上海工程局华海工程公司
许晓蓉　中铁二院电气化设计研究院
陈国涛　中铁二院交通与城市规划设计研究院
伍丽蓉　中铁工程设计咨询公司线站院
冀梦苏　中铁山桥工程机械公司
王章红　中铁宝桥道岔研发部
闵清华　中铁科工重工公司起重机分厂
何　茜　中铁信托投资银行部
王艳玲　中铁置业集团公司营销部
何　文　中铁资源内蒙古郭白铁路公司
翁　蕾　中铁国际川铁公司
文小萍　中铁西北院物业公司
谷　婷　中铁西南院工程地质研究所
胡　娟　中国铁路工程总公司党校
杨卫华　咸阳干校管理干部学院土木工程系
高　云　总部机关工会
刘颖慧　总部机关信访处

【中国中铁先进女职工工作者】

孙　静　中国海外党委工作部
贾润婷　中铁一局建安公司

许宗芬　中铁一局五公司工会
马　燕　中铁二局三公司
方克君　中铁二局工程信息职业技术学院项目部
杨　波　中铁三局集团公司工会
巴丽梅　中铁三局集团公司社管中心（宏达分中心）
王晓红　中铁四局集体公司工会
盛　玲　中铁四局八分公司工会
汪书珺　中铁四局七分公司工会
宋　华　中铁五局机械化公司工会
周　丽　中铁五局二公司工会
杨桂荣　中铁六局呼和浩特铁建公司
王　英　中铁七局集团公司工会
唐　静　中铁七局武汉公司工会
邱　萍　中铁八局桥梁工程公司工会工作部
仕秀花　中铁九局集团公司工会
吕明岩　中铁九局集团公司工会
赵　英　中铁十局济铁公司
梁志红　中铁大桥局集团公司工会
马秀花　中铁大桥局一公司工会
段玉琼　中铁隧道集团公司工会
王艳红　中铁电化局集体公司工会
杨桂梅　中铁电化局三公司二段
苏宝春　中铁建工集团北京安装工程公司
易其燕　中铁二院地下铁道设计研究院
汤　键　中铁二院集团公司工会
邱学君　中铁山桥集团公司工会
李翠荣　中铁宝桥集团公司工会
席惠芬　中铁科工集团公司工会工作部
李安宁　股份公司董事会办公室

【中国中铁先进女职工集体】

中铁一局电务公司第十一工程公司维修部
中铁二局二公司湘桂铁路项目部防护女工班
中铁三局四公司北京地铁六号线经理部预算部
中铁四局钢结构公司制造分公司操作班
中铁五局五公司社保中心
中铁六局太原铁建天和工程公司天和服装厂
中铁七局郑州工程公司预算合同部
中铁八局四公司金路饭店
中铁九局第二工程公司财务部
中铁十局西北公司经营开发部
中铁大桥局六公司赣龙铁路项目部
中铁隧道局一处四分公司永武高速 A7 标隧道队女工班
中铁电气化局一公司一分公司女工班
中铁建工集团深圳分公司财务部
中铁二院地下铁路设计研究院成都地铁 4 号线 3 站项目组
中铁设计咨询图文中心
中铁科工集团九桥公司市场营销部
中铁西南院四川铁科建设监理公司经营管理部

【中国中铁先进女职工组织】

中铁一局第四工程公司工会女职工委员会
中铁二局建筑公司工会女职工委员会
中铁三局集团公司工会女职工委员会
中铁四局集团公司女职工委员会
中铁五局一公司工会女职工委员会
中铁六局北京铁建公司工会女职工委员会
中国中铁七局集团公司工会女职工委员会
中铁八局昆明房屋建筑公司工会女职工委员会
中铁九局第六工程公司工会女职工委员会
中铁十局集团公司工会女职工委员会
中铁大桥局集团公司工会女职工委员会
中铁隧道集团公司工会女职工委员会
中铁电气化局二公司工会女职工委员会
中铁建工集团北方工程公司工会女职工委员会
中铁二院土木建筑设计研究一院工会女职工委员会

【2011 年度中国中铁青年文明号】

中铁一局桥梁公司兰渝项目部青年突击队
中铁一局电务公司深圳地铁龙岗线 3207 标供电系统项目部
中铁二局垫忠高速公路有限公司
中铁二局陕西榆林榆神高速公路有限公司
中铁二局兰渝铁路项目部
中铁三局桥隧分公司张唐铁路项目部
中铁四局电气化公司北京地铁六号线信号项目部
中铁四局沪昆客专宜春制梁场
中铁四局建筑公司张唐铁路第八项目队
中铁五局建筑工程公司银海元隆项目部
中铁五局六公司德靖项目部
中铁五局山西中南部铁路通道 10 标项目经理部
中铁六局太原铁建公司太原大西枢纽项目部
中铁六局丰桥合福项目部王云涛青年突击队
中铁六局北京铁路建设公司直属第十五项目部
中铁七局一公司山西中南部铁路通道 14 标项目二分部
中铁七局三公司郑州地铁项目部
中铁八局哈尔滨地铁项目部
中铁八局一公司杨馨大酒店
中铁九局机械设备分公司前庄项目铺架作业队

中铁九局六公司吉图珲项目部
中铁九局沈阳绕城高速公路桥梁二合同段项目部
中铁十局大西客专晋中制梁场
中铁十局山西中南部铁路通道 ZNTJ-15 标二分部
中铁十局二公司察格路面项目部
中铁大桥局第六工程公司武汉鹦鹉洲长江大桥项目部
中铁大桥局股份公司设计分公司
中铁隧道广乐高速公路 T10 标项目部
中铁隧道仁赤高速公路 7 标项目部
中铁隧道一处广东博深高速公路项目部
中铁电化局运管公司呼和浩特公司
中铁电气化局景旭房地产石家庄中景盛世长安项目部
中铁电气化局深圳地铁五号线系统设备总承包项目部
中铁建工华北分公司诺德中心项目部
中铁建工北京分公司第六项目部
中铁建工山东中铁诺德房地产开发有限公司
中铁航空港三亚美丽之冠项目部
中铁航空港一公司山西中南部铁路通道项目部
中铁航空港机场分公司大同美术馆项目部
中铁上海局市政公司甘泉铁路乌拉山一号隧道青年突击队
中铁上海局一公司柳州双拥大桥工程
中铁港航局佛肇城际 GZZH-3 标项目部
中铁港航局一公司福建富源石化仓储码头工程项目部
中铁二院建筑院建筑所
中铁二院武汉公司线路站场设计所
中铁设计咨询桥梁院莞惠城际项目组
中铁设计咨询航测遥感研究院外业队
中铁大桥院杭州至长沙铁路客运专线站房项目组
中铁大桥院第二设计院港珠澳大桥施工图项目部
中铁山桥道岔车间技术组
中铁山桥钢一车间整备工段综二班
中铁宝桥机械一车间钳工组
中铁宝桥结构机械部
中铁科工重工公司
中铁装备盾构分公司
中铁装备设计研究总院
中铁置业青岛中铁祥丰置业有限公司
中铁置业蚌埠投资发展有限公司
中铁资源国金矿业常福龙矿机电维修班组
中铁国际川铁尼日利亚 KOGI 州体育场项目部
华铁咨询大西客运专线项目部
西南公司云南富砚公司者腊收费站
西南公司河南平正公司新蔡砖店收费站
西南公司菏泽德商公司济广鲁豫收费站
南方公司财务部
中原公司郑州市轨道交通 2 号线 01 工区经理部
中原公司郑州市轨道交通 2 号线 06 工区经理部
建设分公司沈阳四环交通 BT 工程总包部青年突击队
建设分公司玉蒙铁路指挥部青年突击队。
党校计财处
北京中铁第一太平物业服务有限公司-中铁办公楼物业服务中心

【中国中铁青年岗位能手】

中铁一局天津公司	尚　杰
中铁一局上海分公司	丁圣磊
中铁二局瑞城公司温江	李蓓蓓
中铁二局人力资源部	刘　兵
中铁二局电务公司	沈　垒
中铁三局检测公司	申晓瑜
中铁三局山西天昇测绘公司	李庆一
中铁四局一公司	邓二龙
中铁四局钢结构公司	金　健
中铁四局装饰公司	李铁栓
中铁五局财务会计部	雷启勇
中铁五局路桥公司	林志艺
中铁五局五公司	周囿圆
中铁六局太原铁建公司	董永钢
中铁六局市场营销部	苏晓堃
中铁六局呼和铁建公司	张鑫磊
中铁七局五公司	王　晖
中铁七局四公司	陆　鑫
中铁八局建筑公司	刘增旭
中铁八局成都中铁汽车服务有限公司	李　建
中铁九局人事部	林　健
中铁九局七公司	孙兴伟
中铁九局三公司	张菲菲
中铁十局三建公司	武奎龙
中铁十局八公司	张　凯
中铁十局济铁公司	李　静
中铁大桥局设计分公司	胡　军
中铁大桥局设计分公司	梁　伟
中铁大桥局设计分公司	赵小静
中铁隧道四处	邹少祥
中铁隧道股份公司	李华坤
中铁隧道财务部	许占山
中铁电气化局西安电化公司	唐海军
中铁电气化局哈大客专项目部	胡志华
中铁电气化局一公司	陈　哲
中铁建工深圳分公司	邹晓波
中铁建工北方公司	王建新

中铁建工承包总公司	秦晓峰
中铁航空港财务部	单　盟
中铁航空港二公司	姜晓弟
中铁航空港七公司	曲　政
中铁上海局一公司	曾凡冲
中铁上海局华海公司	吴　峰
中铁港航局航道公司	徐　杰
中铁港航局爆破公司	尹雷雷
中铁二院通号院	吴桦林
中铁二院重庆公司	尹志斌
中铁设计咨询济南院	马海洋
中铁设计咨询城交院	韩国俊
中铁大桥院设计二院	张建强
中铁大桥院规划院	胡　林
中铁山桥钢二车间	张　健
中铁山桥生产部	赵雄才
中铁宝桥钢结构车间	于宏钢
中铁宝桥经营销售部	李志龙
中铁科工重工公司	金方明
中铁装备技术服务分公司	王保利
中铁置业沈阳盛丰公司	张　亮
中铁置业营销部	魏爱德
中铁资源地质勘查公司	高帮飞
中铁国际经营二部	白　锰
华铁咨询沈阳分公司	张福伟
南方公司工程部	徐世达
西南公司云南富砚公司	沈跃淑
西南公司云南富砚公司	卿嫚倩
西南公司广西岑梧公司	陆海凤
中原公司郑州地铁工程指挥部	杨亚天
中原公司郑州地铁 2 号线 02 工区	杨红军
建设分公司工程管理部	刘旭升
建设分公司玉蒙铁路工程指挥部	宁三子
党校教培处	李　然
股份公司科技设计部	袁　明

【中国中铁 2011 年度总部先进单位及个人】

一、先进党支部（9 个）

董事会办公室党支部

总裁办公室（党办）党支部

战略规划部党支部

干部部（党委干部部）党支部

财务部党支部

科技设计部党支部

工业设备部党支部

企业文化部（党委宣传部）党支部

离退休党总支万寿路党支部

二、优秀支部工作者（11 名）

王飞孟　邓飞喜　冯慧光　刘涵宁

闫　旭　吴　青　张睿开　李夏初

屈建国　俞　坚　钱荣华

三、优秀共产党员（34 名）

毛建军　王兴波　王　烨　邓志胜

尼玉瀛　田　华　白　昭　关静雅

刘志伟　刘佩津　刘贵明　刘颖慧

余　赟　吴　茵　张春全　李凤超

李晓鹏　李德忠　杨书华　杨宗林

杨路帆　陈之功　林　鑫　罗元恒

罗庆梅　郑　江　韩　东　洪　云

赵乾钊　徐　进　黄观明　黄建中

景　象　程建伟

【《中国中铁》报 2011 年度优秀单位及个人】

一、优秀通讯员

中海外：冯伟　赵兴业

中铁一局：牛荣健　史飞龙　孙　杰　张陕峰　张大强　马文强

中铁二局：周云勇　张长明　谢瑞珍　廖金阳　刘小蓉　张文军

中铁三局：李志勇　梁海斌　张安全　李　颖　王祥山　孙清华

中铁四局：舒郁仁　张红雷　曹振华　方成龙　文良诚　白　杰

中铁五局：何增旺　谢崇志　袁蓉生　张小俊　谢永彬　蒋方槐

中铁六局：郑海鹏　王保军　肖　博　代亚东　部战胜

中铁七局：杨　静　邹昌成　郑会星　孙少甫　车春兰

中铁八局：陈兴鹏　王　帅　宋旭东　王春梅　候　捷

中铁九局：王　宾　赵庆富　李卫东　赵海峰　谷振新

中铁十局：刘宏志　李　卿　孔庆林　赵淑芳　武奎龙

中铁大桥局：刘家华　张丽琴　夏宜兵　孙奇忠　马文建

中铁隧道：吉建科　宋世斌　宋宝华　李文春　厉玉鹏

中铁电气化局：胡　斌　王志坚　郭永俊　李聚民　纪　托

中铁建工：戴荣里　杨正华　李小勇　宋道远　倪亚菲

中铁港航局：李经萍　雷　礼　王建国　时迪凯

中铁上海局：蔡祥重　王孝义　李　颖　张华先　赵晓亮

中铁航空港：孔令斌　王　刚　朱丽娟　南鹏超

中铁设计咨询：韩　晶　高　正

中铁二院：蔡中祥　郑馥璇

中铁西南院：覃　一　罗　毅

中铁西北院：常正功　李　静

中铁大桥院：洪　芬　林冠华

中铁山桥：张吉森　李家泉

中铁宝桥：闫小平　周亚全

中铁科工：洪杰雄　杜建平

中铁置业：杨　成　彭　华

中铁资源：韩忠义　王永峰

中铁国际：梅晓茜　苏亮昆

中铁装备：董俊保　焦卫华

中铁信托：邹纯余

总公司党校：王兴安

咸阳干院：巨世卓

委内瑞拉分公司：杨能兵

建设分公司：王耀辉

中铁南方公司：陈国良

中铁西南公司：聂鸿

总部机关：吕月胜　杨文博　张睿开　王　剑　范勤学　张劲枫、李元、任乐春

二、优秀发行员

中铁二局：谢瑞珍

中铁三局：王雪红

中铁四局：张红雷

中铁五局：袁蓉生

中铁六局：郑海鹏

中铁七局：邹昌成

中铁十局：李卿

中铁航空港：罗维平

中铁资源：迟煜

总部机关：高丽萍

三、优秀发行单位

中铁一局集团有限公司

中铁八局集团有限公司

中铁九局集团有限公司

中铁大桥局集团有限公司

中铁隧道集团有限公司

中铁建工集团有限公司

中铁电气化局集团有限公司

中铁港航局集团有限公司

中铁二院工程集团有限责任公司

中铁西北科学研究院有限公司

四、优秀投稿组织单位

中铁二局集团有限公司

中铁四局集团有限公司

中铁五局集团有限公司

中铁六局集团有限公司

中铁十局集团有限公司

中铁大桥局集团有限公司

中铁上海工程局有限公司

中铁置业集团有限公司

中铁西南科学研究院有限公司

【2011 年度中国铁路好新闻】

《中国中铁》报 414 期二版《青藏高原告别无电气化铁路历史》获 2011 年度中国铁路好新闻消息类一等奖

《中国中铁》报 406 期一版《窦铁成——不歇的脚步》获 2011 年度中国铁路好新闻通讯类一等奖

《中国中铁》报 410 期八版《动态的风景》获 2011 年度中国铁路好新闻散文类一等奖

【中铁一局特别荣誉】

国家认定企业技术中心　中铁一局

中国公路建设行业协会优秀会员单位　中铁一局

中国建筑业竞争力百强企业　中铁一局

全国施工企业信用评价 AAA 级信用企业　中铁一局

全国“安康杯”竞赛示范企业　中铁一局物贸公司

全国“安康杯”竞赛优胜企业　中铁一局城轨公司

全国“安康杯”竞赛优胜班组　中铁一局四公司浙江龙丽温高速公路云景项目部

全国工会“职工书屋”示范点　中铁一局四公司机械厂

全国职工教育培训示范点　中铁一局电务公司宝鸡培训基地

陕西省优秀建筑业企业　中铁一局

陕西省建筑业协会工作先进集体　中铁一局

陕西省质量管理小组活动优秀企业　中铁一局城轨公司、五公司

陕西省省级卫生先进单位　中铁一局

江西省“十一五”全省重点工程建设先进单位　中铁一局

贵州省　“十一五”时期参与贵州交通建设先进单位　中铁一局

陕西省先进基层党组织　中铁一局党委

陕西省国资委先进基层党组织标兵　中铁一局党委

陕西省国资委先进基层党组织

中铁一局新运公司西宝客专铺架项目部党工委

中铁一局物贸公司西宝客专制梁场党支部

中铁一局集团有限公司纪委监察部党支部

陕西省“安康杯”竞赛优胜企业　中铁一局建安公司

陕西省“安康杯”竞赛优秀组织单位　中铁一局集团公司工会

全国工人先锋号　中铁一局五公司精测队

陕西省“工人先锋号”　中铁一局电务公司一公司 中铁一局广州分公司营销中心 中铁一局三公司库库项目部综合作业班

陕西省经济技术创新优胜单位　中铁一局五公司

陕西省首届职工科技节优秀组织单位　中铁一局集团公司工会

陕西省职业技能培训竞赛基地　中铁一局集团公司盾构技术培训基地、中铁一局电务公司宝鸡职工培训基地

陕西省国资委系统先进团组织　中铁一局电务公司团委

陕西省青年文明号　中铁一局二公司盾构分公司北京地铁八号线项目部

中央企业五四红旗团委　中铁一局团委

总公司优秀企业　中铁一局物贸公司中铁一局新运公司

全国优秀共产党员　窦铁成

中央企业优秀共产党员　冯斌

全国优秀建造师　贺庆、张丛峰

茅以升科学技术奖—建造师奖　张亚君

全国建筑业优秀总工程师（中建）　郝小苏

全国工程建设质量管理小组活动卓越领导者　朱宏堂

全国工程建设质量管理小组活动优秀推进者　马永利

陕西省优秀共产党员　卓普周

陕西省国资委优秀党务工作者标兵　雷会平

陕西省国资委优秀党务工作者　彭伦理　石大利

陕西省国资委优秀共产党员　熊　波　汤　勇　王　光　张奉超

鲁佩林　姚安甫　宋千钧（女）

陕西省建筑业协会工作先进工作者　叶慧萍

陕西省质量管理小组活动优秀推进者　王建望杨新雅

陕西省优秀建造师　贺庆、张丛峰

陕西省优秀高级职业经理人　安国勇吴驰

陕西省优秀企业家　安国勇

陕西省优秀项目经理　张志强　魏瑞　宋技　梁战喜　张林　刘安岐

陕西省优秀总工程师　郝小苏

总公司优秀企业家　陈强、卓普周

总公司优秀项目经理　殷文虎　王巍松　樊斌　李东锋　张鹏茂　刘新文　王光　焦茂生　王卓培张永全

陕西省杰出青年岗位能手　白芝勇

陕西省优秀共青团干部　高怀泽

陕西省国资委系统优秀共青团和青年工作者　杨永刚、刘帅

中央企业青年岗位能手　罗进海

陕西省青年岗位能手　孙富军、王永全、李根柱

陕西省“安康杯”竞赛优秀组织个人　熊兴亮

首届陕西省“十大杰出工人”　窦铁成

陕西省职工经济技术创新标兵　董文学、　李玉宏

陕西省“十一五”十佳技术工人标兵　马文辉

火车头奖章　强晓东、董文学

陕西省杰出能工巧匠　窦铁成、白芝勇、陈宁、曾玉祥、冯斌、史松建

【中铁八局特别荣誉】

全路职工之家　昆建公司工会

全国五一巾帼标兵岗　电务公司达利分公司女工班

四川省工人先锋号　昆建公司轨道交通六号线

四川省五一劳动奖状　桥梁公司成都至都江堰铁路工程项目部

四川省工人先锋号　桥梁公司郫县北制梁场

全国优秀职工书屋　三公司贵阳北站项目部

贵州省工人先锋号　三公司贵广引入贵阳站项目部

贵州省模范职工小家　三公司改貌项目部

重庆市模范职工之家　一公司工会

重庆市五一劳动奖状　一公司

全路女职工先进集体　二公司检测中心

四川省五一劳动奖章　黄洪胜（一公司项目经理）

重庆市五一劳动奖章　王小平（一公司总经理）

股份公司劳模　刘晓燕（电务公司五项目部工班长）、乔定昭（桥梁公司拉萨轨枕厂工人）

【中铁十局特别荣誉】

山东省“富民兴鲁劳动奖状”称号　四公司

山东省总工会劳动关系和谐企业称号　青岛公司

山东省“富民兴鲁劳动奖状”称号　青岛公司

铁道部　“全路模范职工之家”称号八公司

浙江省工人先锋号　五公司有一项目部

山东省工人先锋号　济铁公司青岛海湾大桥项目部

山东省工人先锋号　建筑公司中南通道项目部

山东省“富民兴鲁劳动奖章”杨志明　于　伟

山东省“富民兴鲁劳动奖章”

【中铁大桥局特别荣誉】

全国建筑业优秀总工程师

中铁大桥局　潘东发

全国文明单位

中铁大桥局集团有限公司　中铁大桥局五公司

湖北省首批创新型企业湖北省科技厅

中铁大桥局集团有限公司

湖北省“关爱农民工最佳用人单位”

中铁大桥局集团有限公司

铁路工人先锋号

中铁大桥局广州枢纽工程项目部

河南省高速公路建设优秀施工单位河南省交通运输厅

中铁大桥局桃花峪黄河六标项目部

A级信用施工单位（福建省交通运输厅）

中铁大桥局二公司乌龙江桥拓改工程项目部

河南省高速公路建设优秀施工单位（河南省交通运输厅）

中铁大桥局桃花峪黄河桥六标项目部

中央企业党建带团建工作先进单位

中铁大桥局集团党委

中央企业五四红旗团委

中铁大桥局一公司团委

福建省AA级信用企业（最高等级）

中铁大桥局股份有限公司

江西省“十一五”重点工程建设先进施工单位

中铁大桥局股份有限公司

湖北省先进基层党组织

中铁大桥局集团公司党委
湖北省模范职工之家
中铁大桥局船舶分公司
湖北省“工人先锋号”
中铁大桥局黄冈桥项目部
中铁大桥局七公司武汉三环东段项目部
湖北省“五一”劳动奖状
中铁大桥局二七桥项目部
全国优秀工会工作者
中铁大桥局　秦汉桥
湖北省“五一”劳动奖章
中铁大桥局　肖佳鹏　古继洪　周勇刚
湖北省宣传思想文化先进工作者
中铁大桥局　吏林山
中央企业参与2010年上海世博会荣誉个人
中铁大桥局　吏林山
湖北省“十大杰出农民工”（首届）
中铁大桥局　周勇刚
湖北省“优秀农民工”
中铁大桥局　彭恩权
湖北省“五一”劳动奖章
中铁大桥局　张红心　肖佳鹏　张宝林　古继洪
安徽省“五一劳动奖章”
中铁大桥局　徐炳法
湖北青年“五四”奖章
中铁大桥局　万祥
江苏省青年“五四”奖章
中铁大桥局　孟钢
湖北省优秀CFO（第二届）
中铁大桥局　付红平
四川省重点工程劳动竞赛优秀建设者（四川省总工会）
中铁大桥局　张遵明
湖北省优秀团员
中铁大桥局　郑思超　王有矣
湖北省优秀团干部
中铁大桥局　田少坤
江苏省“优秀党务工作者”
中铁大桥局　袁先留
中华全国总工会“职工书屋”建设先进个人
中铁大桥局　徐建宁
湖北省十大优秀青年企业家
中铁大桥局　王永胜

【中铁隧道集团特别荣誉】

全国铁路工会干部教育培训工作先进集体
中铁隧道集团有限公司工会
全国铁路“三八红旗手”　杨家桂
全国“安康杯”竞赛优胜企业　中铁隧道集团有限公司
全国“安康杯”竞赛优胜班组
中铁隧道集团公司北京铁路地下直径线项目经理部
深圳市“安康杯”竞赛先进单位
中铁隧道集团三处有限公司工会
郑州市“安康杯”竞赛优胜单位
中铁隧道股份郑州地铁项目部
南宁市“安康杯”竞赛优胜单位
中铁隧道集团四处有限公司工会
长沙市“安康杯”竞赛优胜企业
中铁隧道集团三处长沙轨道交通2号线13、14标项目部
宁波市“安康杯”竞赛优胜企业
中铁隧道集团杭州分公司宁波穿好七标项目部
全国职工书屋
中铁隧道集团有限公司工会
全国模范职工之家
中铁隧道集团一处有限公司工会
天津市五一劳动奖状
中铁隧道设计院第二设计分院
河南省学习型组织先进单位
中铁隧道集团有限公司
河南省职工职业道德建设先进单位
中铁隧道股份有限公司
河南省职工建功十一五技术创新竞赛组织工作先进集体
中铁隧道集团有限公司工会
河南省“六好”基层工会
中铁隧道股份有限公司工会
河南省模范职工之家
中铁隧道集团四处有限公司工会
河南省五一巾帼标兵岗
中铁隧道集团一处四公司永武高速A7标隧道队女工班
河南省工运理论研究先进单位
中铁隧道集团公司工会
河南省“女工工作”示范单位
中铁隧道集团公司工会
天津市AA级劳动关系和谐企业
中铁隧道勘测设计院
2011年度全国交通系统“工人先锋号”
中铁隧道集团四处市政一公司南宁轻轨（西大）项目部
福建省工人先锋号
中铁隧道集团一处五分公司
河南省工人先锋号
中铁隧道集团南疆土库二线SK2标中天山指挥部

中铁隧道勘测设计院北京地铁项目部

湖南省工人先锋号

中铁隧道股份长株潭城铁项目部

中铁隧道集团二处长沙湘江隧道项目部

山东省工人先锋号

中铁隧道集团二处青岛地铁一期工程试验段项目部

重庆市工人先锋号

中铁隧道集团二处重庆轨道交通六号线二期复合式 TBM 试验段项目部北碚分部

中铁隧道集团四处重庆两江新区一横线西段二标

洛阳市工人先锋号

中铁隧道集团物资供应中心建材公司外加剂厂

中铁隧道集团技术中心注浆公司

深圳市工人先锋号

中铁隧道集团三处深圳地铁 3153 项目部

河南省百项职工优秀技术创新成果

三处《紧邻商业楼桩基地铁站台扩建及新建换乘体与运营地铁接驳技术》

龙岩市工人先锋号（2010 年 12 月）

中铁隧道集团一处五分公司

中铁隧道集团一处四分公司

宁德市工人先锋号

中铁隧道股份宁武 A5 标项目部

无锡市工人先锋号

中铁隧道集团二处轨道交通 1 号线 07 标

无锡市工人先锋号

中铁隧道集团二处青岛地铁一期工程试验段项目部

中铁隧道集团二处青岛地铁一期工程（3 号线）土建 03 标项目部

全国“五一巾帼标兵”　费曼利

北京市劳动模范　　何　峰

重庆市五一劳动奖章　谢显科

河南省五一劳动奖章

祖庆军　李银华　罗厚金　高　波

湖南省五一劳动奖章　汪远寿

郑州市“五一”劳动奖章　郭磊

深圳市五一劳动奖章　罗伟

洛阳市“五一”劳动奖章　兰涛　蒋流川　刘彦民

重庆市“五一”巾帼标兵　赵明芳

河南市“五一”巾帼标兵　王　娜

全国“职工书屋”建设先进个人　王　剑

河南省百名职工技术英杰　雷泽军

河南省职工职业道德建设先进个人　周素红

河南省送温暖活动和帮扶中心建设工作先进个人　朱敏

北京市总工会优秀工会工作者　胡伟荣

山东省优秀工会工作者　李　剑

河南省优秀工会工作者　李 强

河南省青年文明号

中铁隧道一处博深高速公路第四合同段项目部

中铁隧道三处 TBM 三公司

中铁隧道四处市政二公司

重庆市青年文明号

中铁隧道一处六分公司

河南省五四红旗团委

中铁隧道股份团委

河南省五好团支部

中铁隧道杭州分公司杭州地铁二号线 SG2-3 标项目部团支部

河南省驻外团工委建设工作先进单位

中铁隧道集团公司团委

第十五届“河南青年五四奖章”　靳玉东

河南省优秀共青团员　谢长峰

河南省模范团干部　刘硕

【中铁电气化局特别荣誉】

全国用户满意企业　中铁电气化局集团有限公司

全国质量 AAA 单位　中铁电气化局集团有限公司

全国质量信得过班组　中铁电气化局集团一公司五分公司沪宁线“铁路电力”自强班组

北京市质量管理小组活动优秀企业　中铁电气化局集团一公司；中铁电气化局集团运管公司

北京市质量信得过班组　中铁电气化局集团三公司电气化分处接触网一队一班；中铁电气化局集团西铁工程公司临潼梁场质量管理班组；中铁电气化局集团西安电气化公司第三工程段工程科；中铁电气化局集团建筑公司第十一项目部机电部；中铁电气化局集团电气化公司第一工程段接触网四队三班；中铁电气化局集团公司城铁公司西南分公司信号作业队三班

首都劳动奖状　中铁电气化局集团建筑工程公司

首都劳动奖章　中铁电气化局集团西安通号处顾民权

全国文明单位　中铁电气化局集团有限公司

首都文明单位　中铁电气化局集团有限公司

2011 年度“企业文化建设百强单位”　中铁电气化局集团有限公司

全国“先进基层党组织”　中铁电气化局集团二公司党委

全国交通建设系统“优秀工会工作者”　中铁电气化局集团公司蒋玉林

全国五一巾帼标兵　中铁电气化局集团公司工厂处宝鸡器材公司谢潇

全国铁路先进女职工　中铁电气化局集团公司工厂处宝鸡器材公司谢潇

全国“安康杯”竞赛优胜企业　中铁电气化局集团公司

“全国‘十一五’时期社会主义劳动竞赛先进集体”　中铁电气化局集团西铁工程公司

全国交通建设系统“工人先锋号”　中铁电气化局集团三公司哈齐客专项目部、中铁电气化局集团电化院变电设计所

“全国铁路工会干部教育培训工作先进集体”中铁电气化局集团有限公司工会

北京市“安康杯”竞赛优秀单位　中铁电气化局集团建筑工程公司；中铁电气化局集团公司城铁公司

北京市“安康杯”竞赛优秀班组　中铁电气化局集团第一工程公司北京城铁项目部

“北京市模范职工之家”　中铁电气化局集团天津电化院工会

“北京市优秀工会工作者”　中铁电气化局集团公司吴国强

“北京市优秀职工之友”　中铁电气化局集团天津电化院姜春林

北京市国资委“先进基层党组织”　中铁电气化局集团二公司党委；中铁电气化局集团西安通号处党委

北京市国资委“优秀共产党员”　中铁电气化局集团三公司党委书记、董事长靳富群；中铁电气化局集团电化院副总工程师、技术部长田胜利；中铁电气化局集团西铁工程公司唐山客车线项目部经理金国童；中铁电气化局集团西铁建设公司襄渝项目部副经理、高级熔接工尹铁路；中铁电气化局集团公司工厂处保定铁道变压器有限公司总经理由振忠；中铁电气化局集团公司建筑公司党委书记、副董事长宋连持

北京市国资委“优秀党务工作者”　中铁电气化局集团通号院党委书记、董事长李永龙；中铁电气化局集团一公司党委书记、董事长刘文宣

【中铁建工特别荣誉】

北京市优秀共产党员　冯晓迎

北京市国资委优秀共产党员　冯晓迎

北京市国资委优秀共产党员　侯国树

北京市国资委优秀共产党员　王福全

北京市国资委优秀党务工作者　祁宝忠

北京市国资委优秀基层党组织　北方工程有限公司党委

2011年度中国中铁安全标准工地　承包总公司　珠海站

虹口区文明工地　承包总公司　虹口区82号地块旧区改造南区商办楼

东莞市建筑工程施工安全标准化工地　承包总公司左庭右院5#、6#、7#、8#楼

2011年上半年东莞市安全生产文明施工优良样板工地　承包总公司左庭右院5#楼

2011年下半年东莞市安全生产文明施工优良样板工地　承包总公司鼎峰尚境地下室、5、6栋

2011年度上半年深圳市安全生产文明施工优良工地奖　深圳分公司南山中心区超高层

2011年度山东省安全文明示范工地北京分公司　青岛国际贸易中心

浦东新区文明示范工地　上海分公司　中欧大厦

2011年度第一批江苏省建筑施工文明工地　上海分公司哥伦布广场二期商业用房

2011年上半年度无锡市市级文明工地　上海分公司哥伦布广场二期商业用房

安徽省建筑施工安全质量标准化示范工地　上海分公司安徽瑞祥国际大酒店

淮安市文明工地　上海分公司　淮安市中水处理站

成都市建设工程安全文明工地　西南分公司成都东客站综合交通枢纽道路客运站东、西广场地下部分工程

成都市建设工程安全文明工地　西南分公司沙河堡成都新客站片区基础设施南北匝道桥连接线桥梁工程

青海省安全标准化示范工地　华北分公司玉树县第二完全小学工程

2011年度青海省安全标准化示范工地　西北分公司青藏铁路花园四期一标段工程

2011年“AAA级安全文明标准化诚信工地”　北京公司太原铁路局调度指挥中心危房改造工程

AAA级安全文明标准化诚信工地　北方公司南宁调度所

AAA级安全文明标准化诚信工地　北方公司中瀛御景住宅小区

宁夏回族自治区建筑施工安全质量“标准化工地”　北方公司中瀛御景住宅小区

湖北省安全生产标准化示范工地（标段）　北方公司汉宜铁路荆州站

2011年度中国中铁安全标准工地　北方公司广州大功率

青岛市标准化示范工地　青岛公司诺德广场

青岛市标准化示范工地　青岛公司彭和大厦（财富中心）

青岛市标准化示范工地　青岛公司海情御园（二标段）

青岛市标准化示范工地　青岛公司华仁药业三期工程

青岛市标准化示范工地　青岛公司御景尚都二期住宅工程（1、2、26#）

烟台市安全文明工地　青岛公司莱阳阳光城丽锦区5-8#、13#、15-17#楼

烟台市安全文明工地　青岛公司莱阳阳光城阳光银街1-3#、206#、208#、219#楼

烟台市安全文明工地　青岛公司莱阳阳光城阳光银街

205#、207#、209-212#、199-202#、215-218#、220#楼

苏州市安全文明工地　　青岛公司太仓怡景南园

国家优质工程奖设立三十周年精品工程　深圳分公司大连期货广场B座

国家优质工程奖设立三十周年精品工程　上海分公司中金广场

第十届中国土木工程詹天佑奖　　西北分公司那曲物流中心

百年百项杰出土木工程　北京分公司国家图书馆

百年百项杰出土木工程　北京公司北京南站改扩建工程

百年百项杰出土木工程　北京站

2011年全国用户满意工程　　华北分公司天津滨海国际会议中心工程

2011年全国建筑工程装饰奖　装饰公司中国中铁股份有限公司新办公楼

2011年上海市十佳用户满意工程　上海分公司上海国浩长风城商场

2011年度辽宁省建设工程世纪杯　深圳分公司大连期货广场B座

2011年度辽宁省优质主体结构工程深圳分公司大连期货广场B座

江苏省"扬子杯"优质工程　上海分公司淮阴卷烟厂"十一五"技改工程（含"十五"后期规划调整）

大连市优质装饰工程银质奖　深圳分公司大连期货广场B座

2011年上半年深圳市优质结构工程　深圳分公司深圳北站综合交通枢纽西广场

虹口区优质结构　　承包总公司虹口区82号地块旧区改造南区商办楼

中关村杯优质工程 北京分公司北京船舶系统工程部永丰基地

结构"朝阳杯"金奖　　北京分公司招商上苑2#楼

苏州市"姑苏杯"优质工程　上海分公司海尚•壹品11号楼

无锡市优质结构　　上海分公司无锡五洲国际装饰城三期E栋

苏州市优质结构工程　　青岛公司太仓怡景南园

【中铁航空港特别荣誉】

北京市住房和城乡建设委员会2011年度安全生产管理先进单位　中国中铁航空港建设集团有限公司

山西省总工会工人先锋号　北京工程有限公司太原南站项目部

国资委中央企业法律事务先进工作者

高　山　中铁航空港总法律顾问

普法教育先进个人　吴洪涛

中国中铁股份有限公司2010-2011年度 一先两优安全生产先进个人

王朝彦　中铁航空港三公司西安地铁项目安质部长

中国中铁股份有限公司有突出贡献群众安全生产监督员

刘铁刚 中铁航空港一公司卢阳项目部电工高级技师

中国中铁股份有限公司优秀群众安全生产监督员

姚利群　中铁航空港北京公司北京地铁10号线项目部农民工电工

中国中铁股份有限公司优秀青年安全监督岗

毛勇　中铁航空港辽宁公司沈阳四环项目部安质部长

中国中铁股份有限公司优秀个人

杨永青　中铁航空港第三工程有限公司纪委副书记

中国中铁股份有限公司优秀纪检监察工作者

吴金省 中铁航空港北京工程有限公司纪委书记

中国中铁股份有限公司优秀工会工作者

吴金省 中铁航空港北京公司工会主席

钱建强 中铁航空港工会主管

中国中铁股份有限公司廉洁项目示范工程　中铁航空港一公司西宝客运专线项目

中国中铁股份有限公司工会四好工会班子　中铁航空港一公司工会

中国中铁股份有限公司青年管理创新奖

王　剑　中铁航空港发展规划部

张　涛　中铁航空港北京公司

周志勇　中铁航空港三公司

中国中铁青年技术创新奖

郝秀文　中铁航空港机场工程分公司

邵启亮　中铁航空港一公司

王凤亮　中铁航空港北京公司

中国中铁股份有限公司模范师徒

王　震　任海松　中铁航空港三公司

李振国　初世春　中铁航空港三公司

【中铁二院特别荣誉】

全国工程设计大师　马庭林

四川省工程勘察设计大师　李安洪　陈克坚　肖道坦　朱颖　高　杨　蒋良文　罗　庆

云南省工程勘察设计大师　李光慧

四川省学术和技术带头人　马庭林　张海波　许佑顶　陈克坚　魏永幸

四川省学术和技术带头人后备人选

周　建　张海波　陶伟明　蒋楚生　徐银光　陈　列

许志艳　熊　冰　敖云碧　陈克坚　张　雄　魏永幸

涂　强　李生权　李安洪　许佑顶　周　勇　袁　明

高　扬　方昌福　朱　颖　宋随弟　张小强　杨　岗
罗　庆　徐　勇　高丰农　曾德礼　魏德勇　曾庆华
高　山　秦小林　陈赤坤　张雪才　陈章明　李德才
喻　渝　邓健儿　喻　波　石义军　罗照新　朱　敏
蒋良文　肖　琨

四川省有突出贡献的优秀专家

周　建　曾德礼　胡光常　陶伟明　朱　颖　许志艳
扈　森　张　雄　黎再龙　李安洪　刘名君　罗　庆
肖道坦　张小强　秦小林　徐　勇　高　扬　葛根荣
方昌福　杨　岗　周　勇　罗世培　魏永幸　朱　敏
钟星灿、蒋良文

铁道部专业技术带头人　马庭林

詹天佑成就、人才、青年奖

成就奖：马庭林　朱　颖　李安洪

人才奖：朱　颖

青年奖：蒋楚生　陈克坚　徐　勇　陶伟明

四川省青年科技奖　林宗良　姚　力

总公司优秀科技工作者　蒋楚生　王国昌

总公司青年科技标兵　陶伟明

四川省“五一劳动奖状”　中铁二院测绘院、中铁二院环研院市政环保所

四川省“工人先锋号”　中铁二院测绘院重庆勘测设计处、中铁二院土建三院桥梁所

四川省“灾后重建，再立新功”劳动竞赛组织奖

中铁二院工会

中国中铁2010年度“建功立业杯”劳动竞赛先进集体

中铁二院地铁院

全国“安康杯”竞赛优胜班组

中铁二院重庆公司桥梁设计处

四川省“安康杯”竞赛优胜单位

中铁二院地勘岩土公司、中铁二院电化院接触网所、中铁二院通号院通信所

四川省“五一劳动”奖章　中铁二院技术中心秦小林

四川省成绩突出的工会劳动保护监督检查员

中铁二院地勘岩土公司王爱国

2006-2010年度四川省职工技协工作先进个人

中铁二院工会杨军

全国工会职工书屋建设先进个人　中铁二院工会黄建伟

【中铁设计咨询特别荣誉】

火车头奖杯　中铁设计咨询诚业监理公司京沪高速铁路监理六标项目部（联合体）

火车头奖章　中铁设计咨询诚业监理公司京沪高速铁路监理六标项目部总监　周玉华

中央企业“五四”红旗团委　中铁设计咨询团委

河南省优秀环评机构　中铁设计咨询

山西省四星级基层工会　中铁设计咨询太原院

山西省“五一”劳动奖章

中铁设计咨询太原院院长　田新明

全国住房和建设系统“企业文化建设示范单位”

中铁设计咨询济南院

中关村国家自主创新示范区“十百千工程”企业

中铁设计咨询

【中铁西北院特别荣誉】

2011年度甘肃省政府国资委“创先争优先进基层党组织”中铁西北院党委

2011年度甘肃省政府国资委“创先争优优秀共产党员”中铁西北院党委书记牛怀俊、勘察设计分公司党员戚宗轲

中铁西北院甘肃铁科建设工程咨询有限公司兰渝铁路监理站LYJL-2标2011年10月获股份公司“2011年度廉洁项目示范点（示范线）

中铁西北院甘肃铁科建设工程咨询有限公司沪昆铁路客运专线江西段JXJL-2监理项目部2011年12月获中华全国铁路总工会火车头奖杯，监理项目部副总监徐小华荣获中华全国铁路总工会火车头奖章；副总监徐小华、张雪峰等4人获沪昆铁路客运专线江西有限责任公司2011年度“立志在沪昆、创新在沪昆、建功在沪昆”建功立业竞赛活动先进个人

中铁西北院审计处周艳霞2011年1月获甘肃省科技厅、甘肃省统计局“十一五”期间“甘肃省科技统计工作突出贡献奖”

中铁西北院财务处王孟芳2011年7月获股份公司工会“党工共建创先争优优秀工会工作者”

中铁西北院甘肃铁科建设工程咨询有限公司周玮、牛旭升2011年7月获2010年度中国铁道工程建设协会“优秀总监理工程师”

中铁西北院财务处毛飞2011年10月获股份公司首届财务会计职业技能大赛优秀选手

【中铁西南院特别荣誉】

四川省国资委2010年信息先进单位　中铁西南科学研究院有限公司

四川省国资委全优报表企业党组织　中铁西南院党委

中国中铁信息调研工作先进单位　中铁西南科学研究院有限公司

中国中铁工程项目文化建设示范点　中铁西南院工程地质研究所贵广铁路地质超前预报项目部

四川省国资委优秀共产党员　杨　燕　中铁成都工程检测咨询有限公司

四川省国资委优秀党务工作者　石维明　中铁西南院党委办公室

中国质量评价协会科技创新二等奖　“裂纹深度横波检测技术研究”　中铁西南科学研究院有限公司

中国质量评价协会科技创新优秀奖

“TBM施工地下水超前预报技术研究”　中铁西南科学研究院有限公司

“隧道连续皮带机出碴技术与设备国产化研究”　中铁西南科学研究院有限公司

中国质量评价协会科技创新产品金奖　“与TBM联合作业的隧道（洞）仰拱模板台车”　中铁西南科学研究院有限公司

中国质量评价协会科技创新产品优秀奖　“HSP超前地质预报仪”　中铁西南科学研究院有限公司

2010年度下半年深圳市优质结构工程奖

深圳地铁2号线2223标　四川铁科建设监理有限公司深圳地铁2号线2111标监理部

深圳地铁2号线2224标　四川铁科建设监理有限公司深圳地铁2号线2112标监理部

青岛市交通委员运输委员会示范工地　四川铁科建设监理有限公司青岛海底隧道总监办

青岛市工人先锋号集体　四川铁科建设监理有限公司青岛海底隧道总监办

青岛市工人先锋个人　马文华　四川铁科建设监理有限公司青岛海底隧道总监办

2011年度青岛市优秀监理企业　四川铁科建设监埋有限公司

2011年度青岛市市政工程优秀监理企业　四川铁科建设监理有限公司

2011年度广州市市政优良样板工程奖　四川铁科建设监理有限公司

2011年度广州市市政优秀监理工程师　黄祚琼　四川铁科建设监理有限公司

2010年度成都市建设工程质量安全管理先进集体　四川铁科建设监理有限公司

2010年度成都市建设工程质量安全管理先进个人　任庆铨　四川铁科建设监理有限公司成都地铁2号线一期工程土建施工监理5标项目部

2011年度“工人先锋号”　四川铁科建设监理有限公司成都地铁2号线二期工程2标项目监理部

成都市市政工程优秀项目总监　刘晓曦　四川铁科建设监理有限公司成都地铁2号线二期工程2标项目监理部

【中铁置业特别荣誉】

中国百城建筑新地标　　中铁·青岛中心

中国房地产诚信企业　　贵阳中铁置业有限公司

中国房地产优秀企业内刊　　《视野》

优秀工程勘察设计奖

【优秀工程勘察设计奖】　2011年度股份公司获国家和省部级优秀工程勘察设计奖以及总公司评出优秀工程勘察设计奖、2011年度股份公司勘察设计与咨询优秀质量管理小组见表10-1、10-2。

表10-1　中国中铁获得的优秀工程勘察设计奖（2011）

序号	项目名称	获奖类别	获奖级别	获奖等级	获奖单位
1	石太客运专线太行山越岭地区工程地质勘察	工程勘察	国家	金奖	铁道第三勘察设计院集团有限公司
2	武广客运专线精密控制测量	工程勘察	国家	银奖	中铁第四勘察设计院集团有限公司 中铁二院工程集团有限责任公司
3	京津城际铁路工程地质勘察	工程勘察	国家	银奖	铁道第三勘察设计院集团有限公司
4	京津城际铁路总体设计	工程设计	国家	金奖	铁道第三勘察设计院集团有限公司 中铁电气化勘测设计研究院有限公司 北京全路通信信号研究设计院有限公司
5	北京地铁5号线工程	工程设计	国家	金奖	北京城建设计研究总院有限责任公司 中铁电气化勘测设计研究院有限公司 北京全路通信信号研究设计院 北京市市政工程设计研究总院 中铁大桥勘测设计院集团有限公司 中铁第一勘察设计院集团有限公司

					中铁二院工程集团有限责任公司 铁道第三勘察设计院集团有限公司 中铁隧道勘测设计院有限公司 总参工程兵第四设计研究院 第二炮兵工程设计研究院 深圳市利德行投资建设顾问有限公司 北京德港清水建筑设计有限公司
6	北京市轨道交通首都机场线工程	工程设计	国家	金奖	北京市市政工程设计研究总院 北京城建设计研究总院有限责任公司 北京电铁通信信号勘测设计院有限公司 中铁电气化勘测设计研究院有限公司 中铁工程设计咨询集团有限公司 中铁隧道勘测设计院有限公司
7	《民用建筑电气设计与施工》上、中、下三册	工程设计	国家	金奖	中国建筑设计研究院 中国建筑标准设计研究院 中铁工程设计咨询集团有限公司 中国航空工业规划设计研究院 机械工业第一设计研究院 五洲工程设计研究院 全国工程建设标准设计强电专业专家委员会 中国纺织工业设计院
8	杭州湾跨海大桥工程设计	工程设计	国家	银奖	中交公路规划设计院有限公司 中铁大桥勘测设计院集团有限公司
9	达成铁路扩能改造工程云顶隧道	工程设计	国家	银奖	中铁二院工程集团有限责任公司
10	北京动车段	工程设计	国家	银奖	铁道第三勘察设计院集团有限公司
11	北京地铁10号线一期工程	工程设计	国家	银奖	北京城建设计研究总院有限责任公司 中铁第四勘察设计院集团有限公司 中铁第一勘察设计院集团有限公司 中铁隧道勘测设计院有限公司 中铁工程设计咨询集团有限公司 铁道第三勘察设计院集团有限公司 北京全路通信信号研究设计院 总参工程兵第四设计研究院 第二炮兵工程设计研究院 北京华创天中工程设计咨询有限公司 深圳市利德行投资建设顾问有限公司
12	武广客运专线精密控制测量	工程勘察	铁道部	一等	中铁二院工程集团有限责任公司
13	武广客运专线韶关至花都段工程地质勘察	工程勘察	铁道部	一等	中铁二院工程集团有限责任公司
14	石太客运专线太行山越岭地区工程地质勘察	工程勘察	铁道部	一等	铁道第三勘察设计院集团有限公司
15	武汉天兴洲公铁两用长江大桥工程地质勘察	工程勘察	铁道部	一等	中铁大桥勘测设计院集团有限公司
16	襄渝铁路增建二线新大巴山隧道工程地质勘察	工程勘察	铁道部	二等	中铁二院工程集团有限责任公司
17	郑西客运专线灵宝特大桥工程地质勘察	工程勘察	铁道部	三等	中铁二院工程集团有限责任公司
18	郑西客运专线张茅隧道工程地质勘察	工程勘察	铁道部	三等	中铁二院工程集团有限责任公司
19	昆明市二环路改扩建工程石虎关立交（含）至福德立交（含）段工程地质勘察	工程勘察	铁道部	一等	中铁二院工程集团有限责任公司
20	深圳地铁3号线工程测量	工程勘察	铁道部	一等	中铁二院工程集团有限责任公司
21	青海师范大学二期工程3号住宅楼纠偏加固工程	工程勘察	建设部	一等	中铁西北科学研究院有限公司
22	天津市中心城区快速路密云路立交工程基桩检测	工程勘察	天津市	二等	铁道第三勘察设计院集团有限公司

23	新建天津和谐型大功率机车综合检修基地工程	工程勘察	天津市	三等	铁道第三勘察设计院集团有限公司
24	京津城际轨道交通工程杨村特大桥（31～139号墩）基桩检测	工程勘察	天津市	三等	铁道第三勘察设计院集团有限公司
25	广州仑头～生物岛～大学城隧道	工程勘察	天津市	三等	中铁隧道勘测设计院有限公司
26	新建铁路海天至青岛线精测网工程	工程勘察	山东省	三等	中铁工程设计咨询集团有限公司济南院
27	烟台火车站改造工程（岩土工程勘察）	工程勘察	山东省	三等	中铁工程设计咨询集团有限公司济南院
28	武广客运专线总体设计	工程设计	铁道部	特等	中铁二院工程集团有限责任公司
29	郑西客运专线总体设计	工程设计	铁道部	一等	中铁二院工程集团有限责任公司
30	襄渝铁路安康至重庆段增建二线总体设计	工程设计	铁道部	一等	中铁二院工程集团有限责任公司
31	武广客运专线无砟轨道设计	工程设计	铁道部	一等	中铁二院工程集团有限责任公司
32	石太客运专线太行山隧道	工程设计	铁道部	一等	铁道第三勘察设计院集团有限公司
33	北京南站改扩建工程站场设计	工程设计	铁道部	一等	铁道第三勘察设计院集团有限公司
34	武广客运专线通信、信号、信息系统	工程设计	铁道部	一等	中铁二院工程集团有限责任公司
35	郑西客运专线通信、信号、信息系统	工程设计	铁道部	一等	中铁二院工程集团有限责任公司
36	武广客运专线牵引供电、电力供电系统	工程设计	铁道部	一等	中铁二院工程集团有限责任公司
37	郑西客运专线牵引供电、电力供电系统	工程设计	铁道部	一等	中铁二院工程集团有限责任公司
38	北京动车段	工程设计	铁道部	一等	铁道第三勘察设计院集团有限公司
39	石太客运专线孤山大桥	工程设计	铁道部	二等	铁道第三勘察设计院集团有限公司
40	滦港铁路滦柏干渠大桥RPC混凝土低高度梁设计	工程设计	铁道部	二等	铁道第三勘察设计院集团有限公司
41	北京北站改扩建工程	工程设计	铁道部	二等	中铁工程设计咨询集团有限公司
42	石太客运专线四电系统集成设计	工程设计	铁道部	二等	铁道第三勘察设计院集团有限公司
43	铜陵至九江铁路总体设计	工程设计	铁道部	三等	铁道第三勘察设计院集团有限公司
44	石太客运专线DK49+610~DK97+088无砟轨道设计	工程设计	铁道部	三等	铁道第三勘察设计院集团有限公司
45	萧甬铁路电气化改造工程牵引供电系统设计	工程设计	铁道部	三等	中铁电气化勘测设计研究院有限公司
46	烟台站房	工程设计	铁道部	三等	中铁工程设计咨询集团有限公司
47	石板滩焊轨基地	工程设计	铁道部	三等	中铁二院工程集团有限责任公司
48	昆明市主城二环快速系统南二环改扩建工程官南立交至石虎关立交段福德立交桥改扩建工程设计	工程设计	云南省	二等	中铁二院工程集团有限责任公司
49	成昆线“8.30”地震灾害复旧工程新江车站新建悬臂棚洞工程设计	工程设计	云南省	三等	中铁二院工程集团有限责任公司
50	达成铁路扩能改造工程云顶隧道	工程设计	四川省	一等	中铁二院工程集团有限责任公司
51	达州至成都铁路牵引供电系统工程设计	工程设计	四川省	一等	中铁二院工程集团有限责任公司
52	广州北部地区（新国际机场）高速公路北延线	工程设计	四川省	一等	中铁二院工程集团有限责任公司
53	广州地铁五号线西村站	工程设计	四川省	二等	中铁二院工程集团有限责任公司
54	上海轨道交通9号线二期工程（初期）商城路站~杨高中路站盾构区间隧道	工程设计	四川省	二等	中铁二院工程集团有限责任公司
55	昆明市主城二环快速路系统改扩建工程（石虎关立交段）	工程设计	四川省	二等	中铁二院工程集团有限责任公司
56	锦屏水电站漫水湾转运站及专用线铁路	工程设计	四川省	三等	中铁二院工程集团有限责任公司
57	复杂艰险山区黔桂铁路扩能改造工程	工程设计	四川省	三等	中铁二院工程集团有限责任公司

58	北京地铁4号线工程	工程设计	建设部	一等	中铁隧道勘测设计院有限公司 铁道第三勘察设计院集团有限公司 中铁工程设计咨询集团有限公司
59	改扩建天津站站房工程	工程设计	建设部	二等	铁道第三勘察设计院集团有限公司
60	烟台火车站站房工程	工程设计	建设部	三等	中铁工程设计咨询集团有限公司济南院
61	大连市东联路建设工程跨越铁路（沈大线K4+086.20）部分	工程设计	建设部	三等	吉林铁道勘察设计院有限公司
62	沈阳地铁一号线一期及延伸线工程	工程设计	建设部	三等	铁道第三勘察设计院集团有限公司
63	黄山风景区清凉别墅	工程设计	安徽省行业奖	一等	中铁芜湖建筑设计研究院有限公司
64	安徽中医药高等专科学校图书馆与中医药博物馆	工程设计	安徽省行业奖	二等	中铁芜湖建筑设计研究院有限公司
65	芜湖99.金鼎及镜街设计	工程设计	安徽省行业奖	二等	中铁芜湖建筑设计研究院有限公司
66	芜湖市滨江景观公园	工程设计	安徽省行业奖	三等	中铁芜湖建筑设计研究院有限公司
67	虹桥综合交通枢纽交通中心工程—地铁虹桥西站、西交通广场、西交通广场延伸工程	工程设计	天津市	一等	铁道第三勘察设计院集团有限公司
68	沈阳地铁一号线一期及延伸线工程	工程设计	天津市	二等	铁道第三勘察设计院集团有限公司
69	北京地铁四号线工程北京南站	工程设计	天津市	三等	铁道第三勘察设计院集团有限公司
70	大连市快轨3号线续建工程	工程设计	天津市	三等	铁道第三勘察设计院集团有限公司
71	北京地铁四号线工程西四站——车站结构设计	工程设计	天津市	三等	铁道第三勘察设计院集团有限公司
72	沈阳地铁一号线一期及延伸线工程车辆基地	工程设计	天津市	三等	铁道第三勘察设计院集团有限公司
73	京津城际动车组开行至滨海新区塘沽站站房工程	工程设计	天津市	三等	铁道第三勘察设计院集团有限公司
74	仑头～-生物岛～大学城隧道工程	工程设计	天津市	二等	中铁隧道勘测设计院有限公司
75	南京南车浦镇城轨车辆有限责任公司城轨车辆基地建设工程	工程设计	北京市	一等	中铁工程设计院有限公司
76	苏州工业园区生物纳米科技园研发楼	工程设计	江苏省	三等	中铁工程设计院有限公司
77	铁路峰福线横峰至南平南段电气化工程	工程设计	山东省	一等	中铁工程设计咨询集团有限公司济南院
78	烟台火车站站房项目	工程设计	山东省	一等	中铁工程设计咨询集团有限公司济南院
79	新建鞍钢鲅鱼圈钢铁项目铁路专用线工程	工程设计	山东省	二等	中铁工程设计咨询集团有限公司济南院
80	黄岛站及港内铁路应急扩能工程	工程设计	山东省	三等	中铁工程设计咨询集团有限公司济南院
81	贵阳市环城高速公路花溪大桥	工程设计	北京市	二等	中铁工程设计咨询集团有限公司
82	深港皇岗-落马洲人行通道桥	工程设计	北京市	三等	中铁工程设计咨询集团有限公司
83	大秦铁路大同南至湖东增建四线工程	工程设计	山西省	一等	中铁工程设计咨询集团有限公司太原院
84	改建铁路孝柳铁路电气化工程	工程设计	山西省	一等	中铁工程设计咨询集团有限公司太原院
85	北同蒲铁路朔州至宁武段增建二线工程	工程设计	山西省	二等	中铁工程设计咨询集团有限公司太原院
86	宁岢支线扩能改造工程	工程设计	山西省	三等	中铁工程设计咨询集团有限公司太原院
87	山西宝特国际物流有限公司侯马陆港口岸铁路专用线	工程设计	山西省	三等	中铁工程设计咨询集团有限公司太原院
88	太原理工大学多学科教学实验中心	工程设计	中国建材协会	一等	中铁工程设计院有限公司
89	委内瑞拉TINACO-ANACO铁路工程测量	工程勘察	总公司	一等	中铁二院工程集团有限责任公司
90	京沪高速铁路北京至徐州段精密工程控制测量	工程勘察	总公司	一等	铁道第三勘察设计院集团有限公司

91	北京动车段岩土工程勘察	工程勘察	总公司	一等	铁道第三勘察设计院集团有限公司
92	厦门翔安海底隧道综合工程勘察	工程勘察	总公司	一等	中铁大桥勘测设计院集团有限公司 中科院岩土力学研究所 长江勘测技术研究所
93	新建铁路铜九线铜陵东站站房工程勘察	工程勘察	总公司	二等	铁道第三勘察设计院集团有限公司
94	新建京沪高速铁路上海虹桥站房及相关工程岩土工程详细勘察	工程勘察	总公司	二等	铁道第三勘察设计院集团有限公司
95	石武客专（湖北段）无砟轨道施工测量检测	工程勘察	总公司	二等	铁道第三勘察设计院集团有限公司
96	长吉城际铁路精密工程测量	工程勘察	总公司	二等	中铁工程设计咨询集团有限公司 铁道第三勘察设计院集团有限公司
97	广州市轨道交通五号线控制测量及施工测量检测工程项目B标段	工程勘察	总公司	二等	中铁隧道勘测设计院有限公司
98	临策线额济纳段风沙、胡杨林保护区地质环境选线	工程勘察	总公司	三等	中铁工程设计咨询集团有限公司
99	包西铁路（包头至省界）精密工程控制测量	工程勘察	总公司	三等	中铁工程设计咨询集团有限公司
100	福州市鼓山大桥工程勘察	工程勘察	总公司	三等	中铁大桥勘测设计院集团有限公司
101	山西中南部铁路通道隧道洞外控制测量	工程勘察	总公司	三等	中铁工程设计咨询集团有限公司 铁道第三勘察设计院集团有限公司
102	郑西高速铁路渑池至灵宝段黄土路基设计	工程设计	总公司	一等	中铁二院工程集团有限责任公司
103	武广高速铁路韶关至花都段路基工程设计	工程设计	总公司	一等	中铁二院工程集团有限责任公司
104	郑西高速铁路张茅隧道	工程设计	总公司	一等	中铁二院工程集团有限责任公司
105	北京南站改扩建地下结构工程设计	工程设计	总公司	一等	铁道第三勘察设计院集团有限公司
106	大秦重载铁路车辆设备系统设计	工程设计	总公司	一等	铁道第三勘察设计院集团有限公司
107	京津城际铁路运营后沉降观测及防灾安全监控系统设计技术	工程设计	总公司	一等	铁道第三勘察设计院集团有限公司
108	武汉天兴洲公铁两用长江大桥正桥设计	工程设计	总公司	一等	中铁大桥勘测设计院集团有限公司
109	北京动车段信息系统设计	工程设计	总公司	一等	铁道第三勘察设计院集团有限公司
110	深圳地铁5号线（环中线）工程总体设计	工程设计	总公司	一等	铁道第三勘察设计院集团有限公司 中国中铁南方投资发展有限公司
111	包西铁路通道黄河特大桥	工程设计	总公司	一等	中铁工程设计咨询集团有限公司
112	芜湖市保兴埠综合整治改造规划设计	工程设计	总公司	一等	中铁芜湖规划设计研究院有限公司
113	广州地铁二、八号线供电系统拆解设计	工程设计	总公司	一等	中铁电气化勘测设计研究院有限公司
114	南车长江车辆有限公司总部暨武汉基地建设项目	工程设计	总公司	一等	中铁工程设计院有限公司
115	福厦铁路乌龙江特大桥	工程设计	总公司	一等	中铁二院工程集团有限责任公司
116	福厦铁路128m钢系杆拱桥	工程设计	总公司	一等	中铁二院工程集团有限责任公司
117	北京动车段桥梁工程设计	工程设计	总公司	一等	铁道第三勘察设计院集团有限公司
118	广州市仑头～生物岛～大学城隧道工程设计	工程设计	总公司	一等	中铁隧道勘测设计院有限公司
119	南京地铁二号线工程上海路站～新街口站矿山法区间设计	工程设计	总公司	一等	中铁隧道勘测设计院有限公司
120	福州至厦门铁路电气化工程设计	工程设计	总公司	一等	中铁二院工程集团有限责任公司
121	武广客专韶花段隧道总体设计	工程设计	总公司	二等	中铁二院工程集团有限责任公司
122	海南东环铁路美兰机场隧道设计	工程设计	总公司	二等	中铁二院工程集团有限责任公司
123	京九铁路电气化工程牵引供电及电力供电设计	工程设计	总公司	二等	铁道第三勘察设计院集团有限公司

124	福州市鼓山大桥设计	工程设计	总公司	二等	中铁大桥勘测设计院集团有限公司
125	石太客运专线信号系统设计	工程设计	总公司	二等	铁道第三勘察设计院集团有限公司
126	郑西高速铁路函谷关隧道	工程设计	总公司	二等	中铁二院工程集团有限责任公司
127	北京市轨道交通首都机场线工程供电系统、综合监控系统设计	工程设计	总公司	二等	中铁电气化勘测设计研究院有限公司
128	石太客运专线南梁隧道设计	工程设计	总公司	二等	铁道第三勘察设计院集团有限公司
129	丹东客站改造工程设计	工程设计	总公司	二等	铁道第三勘察设计院集团有限公司
130	上海市轨道交通十一号线北段一期工程供电系统设计	工程设计	总公司	二等	中铁电气化勘测设计研究院有限公司
131	北京地铁四号线动物园站	工程设计	总公司	二等	中铁工程设计咨询集团有限公司
132	汶川地震灾后重建工程汉源县龙潭沟大桥设计	工程设计	总公司	二等	中铁大桥勘测设计院集团有限公司
133	南仓立交桥 2×150m 联体独塔斜拉桥设计	工程设计	总公司	二等	铁道第三勘察设计院集团有限公司
134	北京动车段工程信号系统设计	工程设计	总公司	二等	铁道第三勘察设计院集团有限公司
135	合肥市第八中学新校区建筑设计	工程设计	总公司	二等	中铁合肥建筑市政工程设计研究院有限公司
136	京九铁路电气化改造工程信号工程设计	工程设计	总公司	二等	铁道第三勘察设计院集团有限公司
137	改建铁路京九铁路电气化工程通信工程设计	工程设计	总公司	二等	铁道第三勘察设计院集团有限公司
138	四川广元皇泽寺摩崖造像抢险加固工程设计	工程设计	总公司	二等	中铁西北科学研究院有限公司
139	改建铁路新菏兖日铁路电气化改造工程	工程设计	总公司	二等	北京电铁通信信号勘测设计院有限公司 中铁电气化勘测设计研究院有限公司
140	成都至都江堰铁路客运服务信息系统设计	工程设计	总公司	三等	中铁二院工程集团有限责任公司
141	上海市轨道交通 11 号线北段一期工程赛车场车辆段设计	工程设计	总公司	三等	铁道第三勘察设计院集团有限公司
142	石太客运专线特长隧道防灾救援与安全疏散工程设计	工程设计	总公司	三等	铁道第三勘察设计院集团有限公司
143	北京地铁四号线工程宣武门站设计	工程设计	总公司	三等	中铁隧道勘测设计院有限公司
144	北京市轨道交通机场线工程 T2 站及 T2 区间地下段设计	工程设计	总公司	三等	中铁隧道勘测设计院有限公司
145	四川省都江堰市奎光塔震后抢险加固工程设计	工程设计	总公司	三等	中铁西北科学研究院有限公司
146	武广客运专线花都特大桥	工程设计	总公司	三等	中铁二院工程集团有限责任公司
147	长春至吉林城际铁路路基防冻设计	工程设计	总公司	三等	铁道第三勘察设计院集团有限公司
148	京津城际动车组开行至滨海新区塘沽站工程南仓疏解区设计	工程设计	总公司	三等	铁道第三勘察设计院集团有限公司
149	石太客运专线通信系统设计	工程设计	总公司	三等	铁道第三勘察设计院集团有限公司
150	深圳地铁 1 号线续建工程试验段高新园站设计	工程设计	总公司	三等	铁道第三勘察设计院集团有限公司
151	清溪镇自来水管网及泵站改扩建工程设计	工程设计	总公司	三等	铁道第三勘察设计院集团有限公司
152	改建铁路京包线大同至包头段电气化改造工程牵引供电系统设计	工程设计	总公司	三等	铁道第三勘察设计院集团有限公司
153	海河共同沟工程设计	工程设计	总公司	三等	铁道第三勘察设计院集团有限公司
154	京九线店子干渠大桥换梁改造工程设计	工程设计	总公司	三等	铁道第三勘察设计院集团有限公司
155	深圳地铁 1 号线续建工程前海车辆段填海及软基处理工程设计	工程设计	总公司	三等	铁道第三勘察设计院集团有限公司
156	石太线隧道防灾救援消防设计	工程设计	总公司	三等	铁道第三勘察设计院集团有限公司

157	石家庄至太原铁路客运专线声屏障设计	工程设计	总公司	三等	铁道第三勘察设计院集团有限公司
158	铜九线膨胀性围岩隧道设计	工程设计	总公司	三等	铁道第三勘察设计院集团有限公司
159	北京欧美同学会新建办公楼	工程设计	总公司	三等	中铁工程设计咨询集团有限公司
160	南京地铁一号线南延线工程竹-海段设计	工程设计	总公司	三等	中铁工程设计咨询集团有限公司
161	胶济客运专线青州北站	工程设计	总公司	三等	中铁工程设计咨询集团有限公司
162	芜湖方特梦幻王国主题公园工程设计	工程设计	总公司	三等	中铁芜湖建筑设计研究院有限公司
163	芜湖市滨江公园一期工程景观设计	工程设计	总公司	三等	中铁芜湖建筑设计研究院有限公司
164	成都地铁一号线一期工程骡马市站设计	工程设计	总公司	三等	中铁隧道勘测设计院有限公司
165	新菏兖日铁路电气化改造工程设计	工程设计	总公司	三等	中铁电气化勘测设计研究院有限公司
166	上海市轨道交通7号线供电系统工程设计	工程设计	总公司	三等	中铁电气化勘测设计研究院有限公司
167	上海市轨道交通2号线东延伸段工程供电系统工程设计	工程设计	总公司	三等	中铁电气化勘测设计研究院有限公司
168	改建铁路蓝烟铁路电气化改造工程	工程设计	总公司	三等	北京电铁通信信号勘测设计院有限公司 中铁电气化勘测设计研究院有限公司
169	160km/h客货共线铁路双线隧道明洞衬砌（普通货物运输）	标准设计	总公司	二等	中铁工程设计咨询集团有限公司
170	160km/h客货共线铁路单线隧道明洞衬砌（普通货物运输）	标准设计	总公司	二等	中铁工程设计咨询集团有限公司
171	基于可靠度理论的挡土墙设计软件	计算机软件	总公司	二等	中铁二院工程集团有限责任公司
172	城市轨道交通施工监测信息管理系统	计算机软件	总公司	二等	中铁工程设计咨询集团有限公司
173	排水用地图绘制软件	计算机软件	总公司	二等	中铁工程设计咨询集团有限公司
174	复线车站电码化辅助设计软件	计算机软件	总公司	三等	中铁二院工程集团有限责任公司

表10-2　2011年度股份公司勘察设计与咨询优秀质量管理小组

序号	小组名称	获奖级别	获奖单位
1	山西中南部铁路线路、地质QC小组	国家工程建设（勘察设计）	中铁工程设计咨询集团有限公司
2	遵义市子尹路隧道设计方案优化QC小组	国家工程建设（勘察设计）	中铁二院工程集团有限责任公司贵阳设计研究院
3	地铁车辆段低压配电设计QC小组	国家工程建设（勘察设计）	中铁二院武汉勘察设计研究院有限责任公司
4	成灌线快铁牵引供电初步设计QC小组	国家工程建设（勘察设计）	中铁二院工程集团有限责任公司
5	通号所信号QC小组	国家工程建设（勘察设计）	中铁工程设计咨询集团有限公司济南设计院
6	东平线采空区QC小组	国家工程建设（勘察设计）	济南鸿运铁路岩土工程有限责任公司（中铁咨询）
7	太原院电化所太兴线QC小组	国家工程建设（勘察设计）	中铁工程设计咨询集团有限公司
8	海亿QC小组	国家工程建设（勘察设计）	中铁电气化勘测设计研究院有限公司
9	大桥院成贵客专金沙江大桥设计QC小组	国家工程建设（勘察设计）	中铁大桥勘测设计研究院有限公司
10	南水北调桥梁QC小组	国家工程建设（勘察设计）	中铁工程设计咨询集团有限公司郑州设计院
11	特桥第一QC小组	国家工程建设（勘察设计）	中铁二院工程集团有限责任公司
12	电磁兼容QC小组	国家工程建设（勘察设计）	北京电铁通信信号勘测设计院有限公司
13	勘察设计QC小组	国家工程建设（勘察设计）	中铁西南科学研究院有限公司
14	特桥第一QC小组	股份公司	中铁二院工程集团有限责任公司

15	太原院电化所太兴线 QC 小组	股份公司	中铁工程设计咨询集团有限公司
16	海亿 QC 小组	股份公司	中铁电气化勘测设计研究院有限公司
17	智多星 QC 小组	股份公司	中铁电气化勘测设计研究院有限公司
18	成贵客专金沙江大桥设计 QC 小组	股份公司	中铁大桥勘测设计院集团有限公司
19	沪昆通道运输组织研究 QC 小组	股份公司	中铁二院工程集团有限责任公司
20	置换式通风综合技术 QC 小组	股份公司	中铁工程设计院有限公司
21	长沙市轨道交通 2 号线穿越湘江研究 QC 小组	股份公司	中铁二院工程集团有限责任公司
22	电磁兼容 QC 小组	股份公司	北京电铁通信信号勘测设计院有限公司
23	山西中南部铁路线路、地质 QC 小组	股份公司	中铁工程设计咨询集团有限公司
24	测量工程部 QC 小组	股份公司	中铁大桥勘测设计院集团有限公司
25	工程经济所 QC 小组	股份公司	中铁工程设计咨询集团有限公司
26	勘查设计 QC 小组	股份公司	中铁西南科学研究院有限公司
27	襄渝线人行天桥转体关键技术研究 QC 小组	股份公司	中铁西南科学研究院有限公司
28	青岛地铁设计 QC 小组	股份公司	中铁隧道勘测设计院有限公司
29	长沙湘江多匝道隧道通风 QC 小组	股份公司	中铁隧道勘测设计院有限公司
30	古迹坪隧道进口二衬混凝土外观质量控制 QC 小组	股份公司	中铁西北科学研究院有限公司
31	接触网 QC 小组	股份公司	中铁电气化勘测设计研究院有限公司
32	广甘路宝轮服务区滑坡治理工程勘察设计 QC 小组	股份公司	中铁西北科学研究院有限公司
33	铜陵公铁两用长江大桥基础设计 QC 小组	股份公司	中铁大桥勘测设计院集团有限公司
34	长沙湘江多匝道隧道通风 QC 小组	股份公司	中铁隧道勘测设计院有限公司
35	吉林至珲春铁路地质 QC 小组	股份公司	中铁工程设计咨询集团有限公司
36	东平线采空区 QC 小组	股份公司	中铁工程设计咨询集团有限公司
37	兰州碑林地质灾害治理工程 QC 小组	股份公司	中铁西北科学研究院有限公司
38	重庆市轨道交通项目部 QC 小组	股份公司	北京电铁通信信号勘测设计院有限公司
39	遵义市子尹路南延线工程子尹隧道设计方案优化 QC 小组	股份公司	中铁二院工程集团有限责任公司
40	林白线桥梁专业施工图设计 QC 小组	股份公司	中铁二院工程集团有限责任公司
41	陶上线站场 QC 小组	股份公司	中铁工程设计咨询集团有限公司
42	南吕梁山隧道钻探 QC 小组	股份公司	中铁隧道勘测设计院有限公司
43	鹅岭隧道设计 QC 小组	股份公司	中铁隧道勘测设计院有限公司
44	中老铁路项目工经 QC 小组	股份公司	中铁二院工程集团有限责任公司
45	大浪沟路基段灰土挤密桩及改良土质量控制 QC 小组	股份公司	中铁西北科学研究院有限公司

优秀工程咨询成果奖

【优秀工程咨询成果奖】 2011 年股份公司获国家和省部级优秀工程咨询成果奖以及股份公司评出优秀工程咨询成果奖见表 10-3。

表 10-2 中国中铁获得优秀工程咨询成果奖（2011）

序号	项目名称	获奖级别	获奖等级	完成单位
1	天津市地下铁道 3 号线工程可行性研究报告	天津市	一等	铁道第三勘察设计院集团有限公司

2	京沪高速铁路天津西站站房工程实施方案	天津市	一等	铁道第三勘察设计院集团有限公司
3	于家堡站交通枢纽配套市政公用工程-地下项目可行性研究报告	天津市	二等	铁道第三勘察设计院集团有限公司
4	环渤海地区山东半岛城市群城际轨道交通线网规划环境影响报告书	天津市	二等	铁道第三勘察设计院集团有限公司
5	广东省深圳市城市轨道交通7号线地质灾害危险性评估报告	天津市	二等	铁道第三勘察设计院集团有限公司
6	天津市区至滨海新区快速轨道交通工程中山门西段方案优化报告（津滨轻轨二期工程可行性研究报告）	天津市	三等	铁道第三勘察设计院集团有限公司
7	南宁市轨道交通1号线一期工程环境影响报告书	天津市	三等	铁道第三勘察设计院集团有限公司
8	长春西站综合交通换乘中心工程可行性研究调整报告	天津市	三等	铁道第三勘察设计院集团有限公司
9	河北唐山海港开发区铁路布局专项规划	天津市	三等	铁道第三勘察设计院集团有限公司
10	孟州产业集聚区铁路专用线可行性研究	河南省	二等	中铁工程设计咨询集团有限公司郑州院
11	刚果（金）金沙萨市市政道工程可行性研究	河南省	三等	中铁工程设计咨询集团有限公司郑州院
12	长沙市轨道交通1号线一期工程可行性研究报告	四川省	一等	中铁二院工程集团有限责任公司
13	新建铁路成都至贵阳线乐山至贵阳段环境影响报告书	四川省	一等	中铁二院工程集团有限责任公司
14	东莞市城市快速轨道交通线网建设规划主变电站设置及供电方式专题研究	四川省	一等	中铁二院工程集团有限责任公司
15	吴川市滨江路（省道蓬吴线（S285）市区段一级公路（二期））建设工程工程可行性研究报告	四川省	二等	中铁二院工程集团有限责任公司
16	重钢集团环保搬迁铁路专用线工程可行性研究报告	四川省	三等	中铁二院工程集团有限责任公司
17	改建铁路孟庙至平顶山西增建第二线可行性研究报告	湖北省	三等	中铁二院工程集团有限责任公司武汉公司
18	武汉鹦鹉洲长江大桥工程项目申请报告	股份公司	一等	中铁大桥勘测设计院集团有限公司 武汉市城市建设投资开发集团有限公司 武汉市规划设计研究院 武汉市交通规划设计研究院
19	新建沪昆铁路客运专线长沙至昆明段可行性研究报告	股份公司	一等	铁道第三勘察设计院集团有限公司 中铁二院工程集团有限责任公司
20	重庆至贵阳铁路扩能改造工程可行性研究	股份公司	一等	中铁二院工程集团有限责任公司
21	合福铁路铜陵公铁两用长江大桥可行性研究	股份公司	一等	中铁大桥勘测设计院集团有限公司
22	新建铁路成都至兰州线环境影响报告书	股份公司	一等	中铁二院工程集团有限责任公司
23	新建张家口至呼和浩特铁路工程可行性研究	股份公司	一等	中铁工程设计咨询集团有限公司
24	邯长邯济铁路扩能改造工程水土保持方案报告书	股份公司	一等	铁道第三勘察设计院集团有限公司
25	新建长沙至昆明铁路客运专线水土保持方案报告书	股份公司	二等	铁道第三勘察设计院集团有限公司
26	新建张家口至呼和浩特铁路节能评估报告书	股份公司	二等	中铁工程设计咨询集团有限公司
27	黄冈公铁两用长江大桥可行性研究	股份公司	二等	中铁大桥勘测设计院集团有限公司
28	新建邯郸（邢台）至黄骅港铁路工程核准申请报告	股份公司	二等	铁道第三勘察设计院集团有限公司
29	福州市琅岐闽江大桥及接线工程可行性研究	股份公司	二等	中铁大桥勘测设计院集团有限公司 福州市规划设计研究院
30	新建沈阳南客站铁路工程及站区配套设施工程实施方案	股份公司	二等	铁道第三勘察设计院集团有限公司
31	郑西铁路客运专线技术咨询专题报告	股份公司	二等	铁道第三勘察设计院集团有限公司
32	唐山轨道客车有限责任公司高速动车组检修基地建设项目可行性研究报告	股份公司	二等	中铁工程设计院有限公司
33	新建盘锦至营口铁路客运专线可行性研究	股份公司	二等	铁道第三勘察设计院集团有限公司
34	南宁市南宁东站综合交通枢纽规划	股份公司	二等	中铁二院工程集团有限责任公司

35	重庆一江两翼三洋国际物流大通道战略规划研究	股份公司	二等	中铁二院工程集团有限责任公司
36	新建张家口至呼和浩特铁路环境影响报告书	股份公司	二等	中铁工程设计咨询集团有限公司 中国铁道科学研究院
37	新建吉林至珲春铁路工程可行性研究	股份公司	三等	中铁工程设计咨询集团有限公司
38	东莞市城市快速轨道交通 R2 线（东莞火车站～东莞虎门站段）工程可行性研究报告	股份公司	三等	中铁二院工程集团有限责任公司
39	太原铁路枢纽西南环线可行性研究报告	股份公司	三等	铁道第三勘察设计院集团有限公司
40	荆岳铁路公安长江大桥、洞庭湖大桥可行性研究	股份公司	三等	中铁大桥勘测设计院集团有限公司
41	集宁至通辽线扩能改造工程可行性研究	股份公司	三等	铁道第三勘察设计院集团有限公司
42	中缅铁路口岸站通关项目方案研究	股份公司	三等	铁道第三勘察设计院集团有限公司
43	新建客运专线铁道部调度指挥中心地下工程实施方案	股份公司	三等	铁道第三勘察设计院集团有限公司
44	郑西铁路客运专线项目管理咨询专题报告	股份公司	三等	铁道第三勘察设计院集团有限公司
45	新建张家口至呼和浩特铁路水土保持方案报告书	股份公司	三等	中铁工程设计咨询集团有限公司 中国铁道科学研究院
46	新建天津至保定铁路工程核准申请报告	股份公司	三等	铁道第三勘察设计院集团有限公司
47	青岛胶州湾隧道土建工程安全风险控制与管理	股份公司	三等	中铁隧道勘测设计院有限公司 同济大学 青岛国信胶州湾交通有限公司
48	新建铁路郑焦线云台山支线项目环境影响报告书	股份公司	三等	中铁工程设计咨询集团有限公司
49	新建郑州至新郑机场城际铁路项目环境影响报告书	股份公司	三等	中铁工程设计咨询集团有限公司

优质工程奖

【国家优质工程奖】 2011 年，中国中铁获得国家优质工程奖 10 项。（见表 10-4）

表 10-4 中国中铁获国家优质工程项目（2011）

获奖工程	奖励等级	获奖单位
国道（GZ40）云南新街至河口高速公路	金质奖	四局
华能昌邑第一风力发电（49.5 MW）工程	银质奖	电化局二公司
华电内蒙古辉腾锡勒 2#（库伦）200MW 风电场工程	银质奖	三局
深圳市轨道交通二期地铁 3 号线横岗双层车辆段工程	银质奖	二院
精伊霍铁路伊宁火车站工程	银质奖	一局、一局建安公司、一局新运公司
河南省驻马店至泌阳高速公路工	银质奖	四局、七局
河南岭南高速蒲山特大桥工程	银质奖	七局、设计咨询
蓝商高速公路李家河 3#隧道工程	银质奖	七局三公司
泸州泰安长江大桥	银质奖	一局、一局桥梁公司
周口市体育馆工程	银质奖	中铁工程设计院有限公司
大连国际金融中心 B 座（大连期货广场 B 座）工程	银质奖	建工集团、建工集团北京安装公司、建工集团北京公司
天津市津滨水厂工程	银质奖	建工集团
昆明荷塘月色小区二期第 2～6 栋	银质奖	八局昆明铁建公司

【中国建设工程鲁班奖】 2011 年，中国中铁获得中国建设工程鲁班奖 8 项。（见表 10-5）

表 10-5　中国中铁获中国建设工程鲁班奖项目（2011）

工程名称	施工单位
南宁大桥	二局/二局五公司
沪蓉国道主干线湖北宜昌至恩施公路八字岭隧道	中国中铁股份有限公司
福州南站	建工集团/建工集团北京装饰工程有限公司
沈阳地铁 1 号线工程	四局、五局、九局、电化局、隧道局/一局、三局、七局
杭州湾跨海大桥工程	大桥局、二局、四局
淮阴卷烟厂"十一"五技改工程	建工集团
东汽汉旺生产基地灾后异地重建项目	八局
哈尔滨市道外二十道街松花江大桥及引道工程	山桥

【中国中铁优质工程奖】 2011 年股份公司共评出中国中铁　　优质工程奖 91 项。见表 10-5

表 10-5　中国中铁优质工程项目及获奖单位（2011）

序号	项目名称	获奖单位
一	综合工程（15 项）	
1	鹤大高速公路桓仁至丹东古城子段第一合同段综合工程	中铁一局集团第四工程有限公司
2	黑龙江省吉黑高速公路北安至黑河段第四合同段综合工程	中铁一局集团第四工程有限公司
3	衡阳至邵阳高速公路第 06 合同段	中铁一局集团桥梁工程有限公司
4	攀枝花至田房高速公路 E9 合同段	中铁一局集团第三工程公司
5	石环公路（省道 S101）工程第五合同段	中铁二局股份有限公司、中铁二局第一工程有限公司
6	静海县南常公路（子牙园区快速路）工程	中铁六局集团北京铁路建设有限公司
7	包西铁路通道 BSSG-1 标段工程	中铁六局集团呼和浩特铁路建设有限公司
8	新建铁路临河至策克线临河至额济纳西段工程	中铁六局集团呼和浩特铁路建设有限公司
9	武广客运专线新建武汉动车段工程	中铁七局集团武汉工程有限公司
10	长寿湖旅游专用高速公路工程	中铁八局集团第一工程有限公司
11	京珠国道主干线郑州至漯河高速公路改扩建工程 NO.3 合同段	中铁九局集团有限公司
12	沈阳西部工业走廊铁路工程	中铁九局集团有限公司
13	十天高速汉中段路面 3 标及路基 14 标	中铁十局集团西北工程有限公司
14	黄衢南高速公路 B1 合同段	中铁上海工程局第一工程有限公司
15	新疆维吾尔自治区国道 G045 线赛里木湖至果子沟口段公路改建工程第三合同段	中铁航空港集团第一工程有限公司
二	桥梁工程（23 项）	
1	十堰至天水高速公路石泉汉江大桥	中铁一局集团桥梁工程有限公司
2	武广客运专线临湘特大桥	中铁一局集团桥梁工程有限公司
3	宜万铁路驷步河特大桥	中铁一局集团第四工程有限公司
4	京沪高速铁路济南黄河大桥	中铁一局集团有限公司、中铁一局集团桥梁工程有限公司
5	厦蓉高速贵州境（桂黔界）摆牛 1 号特大桥	中铁二局股份有限公司、中铁二局第二工程有限

		公司
6	荣乌线高速公路第八合同段弥河特大桥	中铁三局集团第二工程有限公司
7	泉厦高速公路扩建工程（泉州段）A2 标段沉洲特大桥	中铁四局集团第七工程分公司
8	福厦铁路中亚城特大桥	中铁四局集团第五工程有限公司
9	新建汉宜铁路高峡特大桥	中铁四局集团第四工程有限公司
10	武广客专新广州站新街河特大桥	中铁四局集团第五工程有限公司
11	沪宁城际铁路Ⅰ标跨经五路特大桥	中铁四局集团第一工程有限公司
12	沪陕线西安至蓝田至商州高速公路（西安～蓝田段）席家河互通式立交	中铁五局集团机械化工程有限责任公司
13	涪陵乌江二桥工程	中铁八局集团第一工程有限公司
14	成灌铁路西金厂特大桥	中铁八局集团第二工程有限公司
15	重庆市涪陵石板沟大桥工程	中铁八局集团第一工程有限公司
16	阜阳市颍北新农村路网一期工程北三环路颍河大桥工程	中铁八局集团昆明铁路建设有限公司
17	渭蒲高速 C-C04 标渭河特大桥	中铁十局集团西北工程有限公司
18	福州市鼓山大桥及接线工程	中铁大桥局股份有限公司、中铁大桥局集团第二工程有限公司
19	赣州章江大桥	中铁大桥局股份有限公司、中铁大桥局集团第五工程有限公司
20	郑州黄河公铁两用桥南引桥	中铁大桥局股份有限公司、中铁大桥局集团第一工程有限公司
21	武广铁路客运专线 XXTJⅡ标洪塘村特大桥	中铁上海工程局第一工程有限公司
22	大同市南三环御河大桥	中铁港航局集团第二工程有限公司
23	安康至毛坝高速公路 AME14 合同段高坝特大桥	中铁港航局集团第三工程有限公司
三	隧道工程（10 项）	
1	张承高速公路大华岭隧道	中铁三局集团第五工程有限公司
2	新建沪宁城际铁路Ⅰ标南象山隧道	中铁四局集团第七工程分公司
3	厦蓉高速（贵州境）榕江格龙至都匀段 BT17 标上寨隧道	中铁七局集团第三工程有限公司
4	沪蓉西高速大水井隧道	中铁隧道集团有限公司、中铁隧道股份有限公司
5	重庆市奉云阳高速公路财神梁隧道	中铁隧道股份有限公司
6	重庆市巫奉高速公路摩天岭隧道	中铁隧道集团有限公司、中铁隧道集团一处有限公司
7	重庆市奉云高速公路凤凰梁隧道	中铁隧道集团二处有限公司、中铁十五局集团第一工程有限公司
8	昆明三环闭合工程岗头隧道	中铁隧道集团一处有限公司、上海隧道股份有限公司
9	武广铁路客运专线 XXTJⅡ标牛轭湾隧道	中铁上海工程局第一工程有限公司
10	沪蓉国道主干线湖北宜昌至恩施公路八字岭隧道	中国中铁工程建设公司
四	房建工程（8 项）	
1	中铁六局集团太原铁路建设有限公司生产调度指挥中心楼工程	中铁六局集团太原铁路建设有限公司
2	钦州港金海湾花园海明轩·海逸轩工程	中铁隧道集团四处有限公司
3	佛山.金河水岸	中铁建工集团承包总公司
4	惠州市百利通广场一期工程	中铁建工集团深圳分公司
5	铁道部羊坊店住宅区旧房改造项目 1-5 号楼	中铁航空港建设集团有限公司北京有限公司

6	宜万线恩施火车站站房综合楼工程	中铁一局集团建筑安装工程有限公司
7	新疆和田火车站站房工程	中铁一局集团建筑安装工程有限公司
8	成都至都江堰铁路犀浦站房工程	中铁八局集团建筑工程有限公司
五	铁路四电（5项）	
1	长沙南北站迁建霞凝站新建货场站前工程	中铁六局集团太原铁路建设有限公司
2	新建北京动车段走行线工程	中铁六局集团北京铁路建设有限公司
3	京哈铁路秦皇岛至沈阳段列控系统改造工程	中铁九局集团有限公司
4	新建地方铁路三北羊场至上海庙段“四电”及房建工程	中铁电气化局集团第三工程有限公司
5	西安铁路枢纽新丰镇编组站改扩建工程 XFZH 标段	中铁电气化局集团西安电气化工程有限公司
六	污水处理（1项）	
1	苏州福星污水处理厂升级改造工程	中铁十局集团有限公司
七	市政道路（10项）	
1	深圳港大铲湾港区集装箱码头一期工程 A 区道路堆场工程	中铁二局股份有限公司、深圳中铁二局工程有限公司
2	上海 A15 公路新建工程第 A15-9 标	中铁四局集团第二工程有限公司、中铁上海工程局第二工程有限公司
3	南京市纬七路西延建设工程一标段	中铁四局集团第二工程有限公司
4	贵阳市北京西路道路工程 A、B 标段	中铁五局集团路桥工程有限责任公司
5	西安市西部大道至太平峪口一级公路工程	中铁五局集团机械化工程有限责任公司
6	昆明市环湖南路中谊村下穿昆玉铁路工程	中铁八局集团昆明铁路建设有限公司
7	石家庄和平路跨线桥工程二标段	中铁十局集团有限公司、中铁十局集团济南铁路工程有限公司
8	南京市纬七路西延建设工程Ⅱ标段	中铁十局集团有限公司、中铁十局集团济南铁路工程有限公司
9	厦门 BRT2 号线（同安线）A 合同段	中铁大桥局股份有限公司、中铁大桥局集团第五工程有限公司
10	上海 A15 公路新建工程 14 标	中铁上海工程局第一工程有限公司
八	轨道交通（19项）	
1	深圳地铁 2 号线蛇口西车辆段综合工程（2209 标）	中铁一局集团建筑安装工程有限公司
2	珠江三角洲城际快速轨道交通广州至佛山段项目轨道工程施工Ⅰ标	中铁一局集团新运工程有限公司
3	西安地铁一号线 TJSG-6 标劳动路站	中铁一局集团城市轨道交通工程有限公司
4	武汉轨道交通四号线一期工程土建第六标段	中铁一局集团城市轨道交通工程有限公司
5	无锡市轨道交通一号线土建工程 17 标	中铁一局集团城市轨道交通工程有限公司
6	北京市轨道交通昌平线轨道及供电安装工程	中铁一局集团新运工程有限公司、中铁一局电务工程有限公司
7	北京市轨道交通亦庄线信号系统工程	中铁四局集团电气化工程有限公司
8	上海市轨道交通 11 号线北段一期 22.1 标	中铁四局集团第八工程分公司
9	上海轨道交通十号线九标机电安装工程	中铁四局集团电气化工程有限公司
10	北京轨道交通房山线工程	中铁六局集团北京铁路建设有限公司
11	广州市轨道交通三号线北延段燕塘站	中铁六局集团有限公 司
12	成都地铁 1 号线一期工程供电系统	中铁八局集团电务工程有限公司
13	北京市轨道交通大兴线土建施工 06 合同段	中铁隧道集团有限公司、中铁隧道集团二处有限公司

14	广州市轨道交通二、八号线延长线工程施工11标	中铁隧道集团有限公司、中铁隧道集团三处有限公司
15	上海市轨道交通2号线东延伸工程通信系统施工总承包项目	中铁电气化局集团有限公司、中铁电气化局集团有限公司城铁公司
16	南京市地铁一号线南沿线供电系统、通信系统、信号系统、环控、综合信息系统安装工程	中铁电气化局集团有限公司、中铁电气化局集团有限公司城铁公司
17	南京地铁二号线接触网施工安装总承包工程	中铁电气化局集团有限公司、中铁电气化局集团有限公司城铁公司
18	沈阳地铁一号线一期延伸线工程	中铁电气化局集团有限公司、中铁电气化局集团有限公司城铁公司
19	广州市轨道交通二、八号线延长线供电系统安装工程	中铁电气化局集团有限公司、中铁电气化局集团有限公司城铁公司

【中国中铁安全标准工地（车间）】 2011年股份公司共评出中国安全标准工地（车间）84个。（见表10-6）

表10-6 2011年中国中铁安全标准工地（车间）

序号	工程项目	施工单位	项目经理
一	综合工程（27项）		
1	福州至永泰高速公路A8合同段	中国中铁股份有限公司工程建设分公司 中铁十局集团第三建设有限公司	潘立辉
2	莆永高速公路莆田段A6合同段	中国中铁股份有限公司工程建设分公司 中铁隧道集团一处有限公司	向金友
3	龙丽温（泰）高速公路云和至景宁段土建工程	中铁一局集团第四工程有限公司	余维东
4	向莆铁路五标	中铁一局集团第五工程有限公司	王卓培
5	新建天津至保定铁路JBSG-4标段	中铁二局机械筑路工程有限公司	李登辉
6	广西沿海铁路钦州北至防城港段扩能改造工程QF-1标	中铁三局集团第五工程有限公司	赵亚军
7	新建铁路大同至西安客运专线站前工程-7标段改DK458+383.5-改DK477+352.6	中铁三局集团运输工程分公司	韩建民
8	新建南广铁路NGZQ-4项目	中铁三局集团南广项目经理部	张民栓
9	合肥新桥国际机场高速公路	中铁四局集团第一工程有限公司	宋昌宜
10	杭州东站扩建工程I标	中铁四局集团第二工程有限公司	王　杰
11	集包增建第二双线工程	中铁六局集团天津铁建公司	郭亚春
12	新建北京至石家庄客运专线铁路石家庄枢纽(京局代建)站场工程	中铁六局集团石家庄铁建公司	伍晓兵
13	武汉至广州客运专线新建武汉动车段	中铁七局集团武汉工程有限公司	余功常
14	新建兰新铁路第二双线西宁至张掖段站前工程LXS-9标段	中铁八局集团第一工程有限公司	宋小飞
15	广东省莞惠城际GZH-10标	中铁八局集团昆明铁路建设有限公司	吴治勍
16	新建成都至重庆铁路客运专线工程CYSG-1标段	中铁八局集团成渝客专项目经理部	但友春
17	沈丹客专本溪枢纽工程	中铁九局集团第六工程有限公司	曹　军
18	大西铁路客运专线工程	中铁十局集团济南铁路工程有限公司	刘恒新
19	西铜高速XT-M03合同段	中铁十局集团西北工程有限公司	陈全顺
20	武汉至黄冈城际铁路WGSG标段	中铁大桥局集团有限公司	刘杰文
21	广深沿江高速（深圳段）II标段	中铁大桥局集团有限公司	杜亚凡
22	博深高速公路第4合同段	中铁隧道集团一处有限公司	冯昌彬
23	新建西安至平凉铁路XPS-2标	中铁隧道集团有限公司杭州分公司	杨　海

24	神府高速公路 1-1 合同段	中铁电气化局集团西铁工程公司	张耀洪
25	渝涪二线工程	中铁电气化局集团西铁建设公司	赵党直
26	新建贵广(南广)铁路广州枢纽及相关工程站前工程 GTGG-2 标段	中铁港航局集团第二工程有限公司	尹本文
27	山西中南部铁路通道 ZNTJ—11 标	中铁航空港集团第一工程有限公司	魏天刚
二	桥梁工程（17 项）		
1	文家堡双线特大桥	中铁二局第三工程有限公司	杨智亮
2	大西铁路涞水河特大桥	中铁二局第四工程有限公司	张正全
3	广西柳州市广雅大桥工程项目	中铁三局集团桥隧工程分公司	李英俊
4	合肥铁路枢纽南环线南淝河特大桥	中铁四局集团第一工程有限公司（参建：四公司、钢构公司）	张华明
5	沪昆客专 HKJX-7 标黄梅塘特大桥	中铁四局集团第五工程有限公司	陈　亮
6	新建兰新铁路第二双线 LXS-11 标段梧桐泉特大桥	中铁四局集团第七工程分公司	吴锡君
7	汝城至郴州高速公路 14 标项目部文明特大桥	中铁五局集团机械化工程有限公司	黄惠平
8	新建杭长铁路客运专线 HCZJ-5 标汤溪特大桥	中铁五局集团第四工程有限公司	肖琼朝
9	弋阳特大桥	中铁五局集团第五工程有限公司	柏小明
10	新建兰新铁路第二双线张掖至红柳河段 LXS-13 标段河口村一号特大桥	中铁九局集团第三工程有限公司	张文平
11	温州市七都大桥 II 标	中铁十局集团第五工程有限公司	石雅清
12	合福铁路铜陵长江大桥 HFZQ-3 标段	中铁大桥局集团有限公司	季跃华
13	武西高速公路桃花峪黄河大桥 TJ-6 标	中铁大桥局集团第一工程有限公司	王政兵
14	马鞍山长江公路大桥 MQ-01 合同段	中铁大桥局集团第四工程有限公司	刘　俊
15	柳州市双拥大桥	中铁上海工程局第一工程有限公司	唐　俊
16	广州南沙开发区凤凰三桥工程	中铁港航局集团第二工程有限公司	何则林
17	马鞍山长江公路大桥左汊悬索桥钢箱梁制作项目	中铁宝桥集团有限公司扬州钢结构分公司	李　硕
三	隧道工程（2 项）		
1	新建铁路重庆至利川线第Ⅵ标段福宝山隧道	中铁五局集团第一工程有限公司	彭福山
2	贵州省惠水至兴仁高速公路第 16 合同段老熊湾隧道	中铁五局集团贵州公司	刘细乔
四	四电工程（2 项）		
1	长荆铁路电气化改造工程	中铁七局集团长荆铁路电气化改造工程项目部	荔大江
2	新建绵成乐铁路客运专线四电系统集成工程	中铁电气化局集团第二工程有限公司	朱晓光
五	制梁场、铺架和临管运输（7 项）		
1	兰新铁路第二双线 LXTJ-3 标哈密制梁场	中铁一局集团物资工贸公司	陈树森
2	大西客运专线五标渭南轨枕场	中铁一局集团物资工贸公司	陈作光
3	沪昆客运专线杭长湖南段 HCTJⅡ长沙雨花制梁场	中铁三局集团广州工程分公司	吴桂民
4	大准、准东、呼准铁路煤炭运输	中铁三局运输工程分公司准格尔铁路运输段	谢明德
5	合肥至蚌埠客运专线铁路 2 标铺架工程	中铁四局集团第八工程分公司	张剑青
6	中铁五局成绵乐铁路工程眉山制梁场	中铁五局集团第六工程有限公司	李友金
7	成都地铁 2 号线一期工程预制构件、2 号线二期工程（西延线）钢筋砼管片预制构件供应	中铁八局集团桥梁工程有限责任公司混凝土制品分公司	雷　勇
六	房建（9 项）		
1	中铁逸都国际 C 组团	中铁天丰建筑工程有限公司	谢　军
2	青岛北客站站房	中铁二局集团建筑有限公司	何通全

3	武黄城际铁路鄂州站车场及站房改造工程	中铁六局集团桥隧分公司	王明龙
4	清水•路苑三组团工程	中铁八局集团建筑工程有限公司	刘　波
5	中铁九局总部大厦工程	中铁九局集团第四工程有限公司	纪广清
6	郑州东站	中铁建工集团深圳分公司	黄延英
7	广珠城际轨道工程珠海站	中铁建工集团承包总公司	陈　明
8	深圳南山中心区超高层项目	中铁建工集团深圳分公司	张全安
9	新建广州和谐型大功率基地	中铁建工集团北方公司	张　伟
七	市政工程（4 项）		
1	莆田妈祖城核心区基础设施建设项目	中铁海西投资发展有限公司 中铁二局集团第二工程有限公司	裴昌红
2	淮南山南新区路网工程	中铁四局集团第四工程有限公司	程晓涛
3	天津塘沽北塘污水处理厂（一期）	中铁四局集团第三建设有限公司	姜顺年
4	合肥滨湖新区环湖北路（珠江路—包河大道段）道排工程	中铁十局集团第三建设有限公司	于湘东
八	城市轨道交通工程（15 项）		
1	上海轨道交通 12 号线土建 27 标	中国中铁股份有限公司上海办事处 中铁一局集团有限公司上海分公司	孙兆兴
2	无锡市轨道交通 1 号线土建工程 17 标	中铁一局集团城市轨道交通工程有限公司	曾益平
3	杭州地铁一号线轨道工程正线Ⅱ标	中铁一局集团新运工程有限公司	王巍松
4	宁波市轨道交通 1 号线一期工程 TJ-Ⅶ标	中铁一局集团城市轨道交通工程有限公司	高永琪
5	北京地铁 8 号线二期 2 标设备安装工程	中铁一局集团建筑安装工程有限公司	程静雷
6	苏州地铁一号线供电集成工程	中铁二局电务工程有限公司	刘建强
7	北京地铁 14 号线工程第 00 标段	中铁三局集团第四工程有限公司	马　锋
8	西安地铁一号线土建七标	中铁七局集团有限公司	周铁柱
9	大连市地铁一期工程 204 标段	中铁九局集团大连工程处	李旭东
10	青岛地铁 3 号线 09 标	中铁隧道集团二处有限公司	贾顺礼
11	无锡轨道交通 1 号线土建工程 3 标	中铁隧道集团三处有限公司	吴锡平
12	大连地铁 215 标	中铁隧道集团四处有限公司	汤德品
13	北京地铁十五号线九标	中铁电气化局集团铁路工程分公司	幸智军
14	上海申嘉线北段（二期）11GT-5 标（东明路站、浦三路站土建工程）	中铁上海工程局第二工程有限公司	高锦林
15	西安地铁一号线 TJSG-14 标	中铁航空港集团第三工程有限公司	席庆温
九	安标车间（1 项）		
1	山西中南部铁路通道 ZNTJ-11 标	中铁一局集团物资工贸公司	陆长林

科技成果奖

【科技成果奖】 2011 年，股份公司获得国家科技进步奖、省部级科学技术奖和股份公司评出的科学技术奖。（见表

10-8、10-9）

表 10-8　2011 年中国中铁股份有限公司获科学技术进步奖情况

（国家级、土木工程詹天佑奖）

序号	项目名称	获奖级别	获奖等级	完成单位
1	大跨度铁路桥梁钢成套技术开发及应用	国家	二等	武汉钢铁（集团）公司、中铁大桥勘测设计院集团有限公司、北京科技大学、武汉科技大学
2	隧道含水构造等不良地质超前预报定量识别及其灾害防治关键技术	国家	二等	山东大学、中国水电顾问集团华东勘测设计研究院 长安大学、二滩水电开发有限责任公司、中铁西南科学研究院有限公司、中国科学院武汉岩土力学研究所、济宁浩珂矿业工程设备有限公司
3	大跨径桥梁钢桥面铺装成套关键技术及工程应用	国家	二等	东南大学、中铁大桥局武汉天兴洲长江大桥工程指挥部、上海长江隧桥工程建设指挥部
4	强潮海域跨海大桥建设关键技术	国家	二等	杭州湾大桥工程指挥部、中交公路规划设计院有限公司、中铁大桥局股份有限公司、中铁大桥勘测设计院集团有限公司、中铁二局股份有限公司、宁波工程学院、浙江省水利河口研究院
5	烟大铁路轮渡系统集成技术及应用	国家	二等	铁道第三勘察设计院集团有限公司、铁道部工程设计鉴定中心、中国铁路建设投资公司、中铁渤海铁路轮渡有限责任公司、中交第四航务工程勘察设计院有限公司、上海船舶研究设计院、合肥中铁钢结构有限公司
6	青藏铁路那曲物流中心	土木工程詹天佑奖		中铁建工集团有限公司、中铁建工集团安装工程有限公司、中铁建工集团北京装饰工程有限公司、青藏铁路公司那曲物流中心铁路工程建设指挥部、甘肃铁一院工程监理有限责任公司
7	杭州湾跨海大桥	土木工程詹天佑奖		中铁大桥局集团有限公司、杭州湾大桥工程指挥部、中交公路规划设计院、中铁大桥勘测设计院集团有限公司、中交第二航务工程局有限公司、中铁二局股份有限公司、浙江省交通工程建设集团有限公司、中铁四局集团有限公司、宁波交通工程建设集团有限公司、中国公路工程咨询集团有限公司
8	襄渝铁路新大巴山隧道	土木工程詹天佑奖		中铁二院工程集团有限责任公司、西安铁路局襄渝铁路工程指挥部、中铁隧道集团有限公司、铁科院（北京）工程咨询有限公司、铁道第三勘察设计院集团有限公司
9	国道 317 线鹧鸪山隧道	土木工程詹天佑奖		中国人民武装警察部队交通第一总队、西南交通大学、中铁隧道集团一处有限公司、中铁二院工程集团有限责任公司、国道 317 线鹧鸪山隧道工程项目办公室
10	武汉至广州高速铁路浏阳河隧道	土木工程詹天佑奖		中铁四局集团有限公司、中铁一局集团有限公司、中铁第四勘察设计院集团有限公司

表 10-9　2011 年中国中铁股份有限公司获科学技术进步奖情况

（省部、学会、协会和总公司奖）

序号	项目名称	获奖级别	获奖等级	完成单位

1	200km/h 时速铁路大跨 V 型连续刚构拱组合桥施工关键技术及其理论研究	山西省	二等	中铁三局集团有限公司
2	横山隧道水平岩层综合施工技术研究	陕西省	二等	中铁一局集团有限公司、中铁一局集团第五工程有限公司
3	城轨列车虚拟运行环境关键技术及装备	四川省	一等	中铁二院工程集团有限责任公司
4	高速铁路用 CRTSⅡ型轨道板专用数控磨床	四川省	二等	四川省宜宾普什集团有限公司、铁道第三勘察设计院集团有限公司、中铁六局集团有限公司、中铁二十局集团有限公司
5	海底隧道钻爆法施工关键技术研究	四川省	二等	中铁二局股份有限公司、中铁二局第二工程有限公司、西南交通大学
6	边坡预应力锚索质量检测与荷载补偿技术研究	甘肃省	二等	中铁西北科学研究院有限公司
7	西平铁路 64 米箱梁移动支架造桥机研制及成套应用技术研究	甘肃省	三等	中铁一局集团有限公司、中铁一局集团西平铁路工程指挥部、中铁一局集团第四工程有限公司
8	青海柴木铁路冻土沼泽湿地路基修筑综合技术	青海省	二等	中铁三局集团有限公司
9	高速铁路浅埋暗挖大断面城市隧道关键技术	安徽省	一等	中铁四局集团有限公司、中南大学
10	超高超大悬挑结构高支撑架体设计与施工关键技术	安徽省	三等	安徽建筑工业学院、合肥市重点工程建设管理局 中铁四局集团有限公司、中铁四局集团建筑工程有限公司
11	软土地基上建筑物的抗震性能研究	安徽省	三等	安徽工程大学、中铁芜湖建筑设计研究院有限公司
12	高速铁路 CA 砂浆关键材料的研制及应用	安徽省	三等	中铁四局集团有限公司、安徽中铁工程材料科技有限公司
13	三索面三主桁公铁两用斜拉桥建造技术	湖北省	特等	中铁大桥局集团有限公司、中铁大桥勘测设计院集团有限公司、中铁大桥局股份有限公司
14	武汉长江隧道工程建设成套技术	湖北省	一等	中铁隧道集团有限公司
15	特大型铁路桥梁钢成套制造与应用技术创新	湖北省	二等	中铁大桥勘测设计院集团有限公司、中铁大桥局股份有限公司
16	铁路客运专线 900 吨级整体箱梁运架装备	湖北省	三等	中铁科工集团有限公司
17	宜万铁路高压富水大型充填岩溶及断裂带隧道修建技术	中国铁道学会	特等	铁道部工程管理中心、中铁第四勘察设计院集团有限公司、中铁一局集团有限公司、中铁十一局集团有限公司、中铁十二局集团有限公司、中铁十六局集团有限公司、北京交通大学、中铁隧道集团有限公司、北京中铁瑞威基础工程有限公司、中铁西南科学研究院有限公司、同济大学、成都西南交大工程建设咨询监理有限责任公司、华铁工程咨询有限责任公司
18	三索面三主桁公铁两用斜拉桥建造技术	中国铁道学会	特等	中铁大桥局集团有限公司、中铁大桥勘测设计院集团有限公司、中铁大桥局股份有限公司、中国中铁股份有限公司、沪汉蓉铁路湖北有限责任公司、中国铁道科学研究院、中铁山桥集团有限公司
19	高速铁路常用跨度桥梁技术	中国铁道学会	特等	中铁工程设计咨询集团有限公司、中国铁道科学研究院、铁道部经济规划研究院
20	宜万铁路复杂山区岩溶隧道设计关键技术	中国铁道学会	一等	中铁第四勘察设计院集团有限公司、铁道部工程管理中心、武汉铁路局宜万铁路工程建设指挥部、北京交通大学、中铁西南科学研究院有限公司、中南大学
21	铁路客运专线整孔箱梁快速预制技术	中国铁道学会	一等	中铁四局集团有限公司、中铁第五勘察设计院集团有限公司、中铁工程设计咨询集团有限公司
22	武广高铁关键技术研究	中国铁道学会	一等	中铁第四勘察设计院集团有限公司、武广铁路客运专线有限责任公司、西南交通大学、中南大学、中铁二院工程集团有限责任公司、武汉铁路局、广州铁路（集团）公司、中铁八局集

				团有限公司、中国铁建十六局集团公司
23	高速铁路隧道气动效应研究及工程实践	中国铁道学会	一等	中国铁道科学研究院、中铁西南科学研究院有限公司、中南大学、高速铁路轨道技术国家重点实验室
24	无砟轨道可变跨门式铺板机	中国铁道学会	二等	中铁科工集团有限公司
25	小曲线大坡度单线箱梁架桥机	中国铁道学会	二等	中铁科工集团有限公司
26	甬台温铁路雁荡山特大桥叠合拱桥施工技术研究	中国铁道学会	二等	中铁四局集团有限公司、中铁四局集团第四工程有限公司、沿海铁路浙江有限公司、中铁第四勘察设计院集团有限公司
27	宜万铁路云雾山岩溶隧道关键施工技术研究	中国铁道学会	二等	中铁一局集团有限公司、中铁一局集团第五工程有限公司、中铁一局集团第一工程有限公司
28	桥梁结构设计系统软件	中国铁道学会	二等	中铁大桥勘测设计院集团有限公司、中铁大桥局股份有限公司
29	高速铁路乳化沥青用乳化剂及水泥乳化沥青砂浆用聚合物乳液的开发	中国铁道学会	二等	中铁四局集团有限公司、安徽中铁工程材料科技有限公司
30	SLC1500B 高速铁路水泥乳化沥青砂浆搅拌泵送灌注车研制	中国铁道学会	二等	中铁四局集团有限公司、中铁四局集团机电设备安装有限公司
31	客运专线无砟道岔铺设技术	中国铁道学会	二等	中铁四局集团有限公司、中铁四局集团第八工程分公司、中铁山桥集团有限公司
32	郑西客运专线湿陷性黄土地基处理技术试验研究	中国铁道学会	二等	中铁二院工程集团有限责任公司、西南交通大学
33	襄渝线牛角坪主跨 192m 大跨刚构桥建设技术试验研究	中国铁道学会	二等	中铁二院工程集团有限责任公司、重庆大学、西安铁路局、北京交通大学、中国铁道科学研究院、中铁大桥局武汉桥梁科学研究院有限公司、中铁大桥局襄渝二线安康项目部
34	独塔斜拉连续刚构组合桥施工关键技术	中国铁道学会	二等	中铁二局股份有限公司、中铁二局第五工程有限公司
35	铁路桥梁减、隔震支座技术及标准研究	中国铁道学会	二等	中铁二院工程集团有限责任公司
36	边坡预应力锚索结构安全检测与加固技术研究	中国铁道学会	二等	中铁西北科学研究院有限公司
37	客运专线无砟轨道系统经济性分析	中国铁道学会	二等	铁道部经济规划研究院、中铁二院工程集团有限责任公司、铁道第三勘察设计院集团有限公司、中铁第四勘察设计院集团有限公司
38	隧道（洞）仰拱模板台车与 TBM 联合作业的设计与研究	中国铁道学会	二等	中铁西南科学研究院有限公司、辽宁润中供水有限责任公司、辽宁省水利水电勘测设计研究院、辽宁水利土木工程咨询有限公司、北京振冲工程股份有限公司
39	铁路客站技术深化研究——铁路大型客站建筑节能综合技术研究	中国铁道学会	二等	铁道部经济规划研究院、清华大学、中铁第四勘察设计院集团有限公司、铁道第三勘察设计院集团有限公司、中南建筑设计院股份有限公司、中铁第一勘察设计院集团有限公司、中铁二院工程集团有限责任公司
40	斜拉索新型杠杆质量减振装置（LMD）研发及其应用	中国铁道学会	二等	中铁大桥局集团有限公司、中铁大桥局集团武汉桥梁科学研究院有限公司
41	客运专线大跨度混凝土 V 型连续刚构拱组合桥施工技术研究	中国铁道学会	二等	中铁三局集团有限公司
42	宜万铁路复杂山区桥式结构技术	中国铁道学会	二等	中铁第四勘察设计院集团有限公司、中南大学、宜万铁路建设指挥部、中国铁道科学研究院、西南交通大学、中铁西南科学研究院有限公司
43	武广高速铁路无砟轨道路基关键技术研究	中国铁道学会	二等	中铁第四勘察设计院集团有限公司、武广铁路客运专线有限公司、中南大学、中铁建十六局集团有限公司、中铁八局集团有限公司

44	高速铁路电气化施工关键技术研究	中国铁道学会	二等	中铁电气化局集团有限公司
45	无砟轨道结构混凝土材料试验研究及工程应用	中国铁道学会	二等	中国铁道科学研究院铁道建筑研究所、中南大学、中铁工程设计咨询集团有限公司、中铁轨道系统集团有限公司、中铁丰桥桥梁有限公司、高速铁路轨道技术国家重点试验室
46	GSM-R 网络互联互通关键技术与测试方法研究	中国铁道学会	二等	北京交通大学、北京铁路通信技术中心、中国铁道科学研究院通信信号研究所、北京全路通信信号研究设计院有限公司通号所、中铁电气化集团北京电信研究实验中心有限公司
47	电气化铁路牵引网高次谐波谐振抑制技术及装置	中国铁道学会	二等	北京交通大学、北京铁路局、中铁电气化勘测设计研究院有限公司、中铁第四勘察设计院集团有限公司、荣信电力电子股份有限公司
48	客运专线无砟轨道制造、施工成套设备及工艺研究	中国铁道学会	二等	中国中铁股份有限公司、中铁八局集团有限公司、中铁二局集团有限公司、中铁六局集团有限公司、中铁四局集团有限公司、高速铁路建造技术国家工程试验室
49	成都至都江堰铁路无砟轨道工程设计优化	中国铁道学会	二等	成都市域铁路有限公司、中铁二院工程集团有限责任公司、中铁二十三局集团有限公司、西南交通大学、中国铁道科学研究院、中铁二局股份有限公司
50	郑西客专大断面黄土隧道施工方法与监控技术	中国铁道学会	二等	中铁第一勘察设计院集团有限公司、中铁西南科学研究院有限公司、兰州交通大学
51	客运专线铁路有砟轨道综合施工技术研究	中国铁道学会	三等	中铁一局集团有限公司、中铁一局集团新运工程有限公司
52	铁路站段绿色生态塘污水处理技术研究	中国铁道学会	三等	中铁二院工程集团有限责任公司、沈阳铁路局科学技术研究所、中国铁道科学研究院
53	全电缆贯通线路的研究	中国铁道学会	三等	中铁二院工程集团有限责任公司、西南交通大学
54	基于信息化技术的连续梁上跨既有线安全防护技术研究	中国铁道学会	三等	中铁十局集团有限公司
55	武广客运专线路基加固与防护工程抗环境水侵蚀成套技术研究	中国铁道学会	三等	中铁二院工程集团有限责任公司、中南大学、武广铁路客运专线有限责任公司、中铁十七局集团有限公司、中铁十二局集团有限公司
56	长大隧道通风关键技术研究	中国铁道学会	三等	中铁二院工程集团有限责任公司、西南交通大学、中铁西南科学研究院有限公司
57	桥上无缝道岔设计理论及方法研究	中国铁道学会	三等	中铁二院工程集团有限责任公司、西南交通大学
58	高速客运专线客运站通过能力研究	中国铁道学会	三等	中铁二院工程集团有限责任公司、西南交通大学
59	成都东站工程设计施工综合技术研究	中国铁道学会	三等	中铁建工集团有限公司、中铁二院工程集团有限责任公司
60	长联大跨度及常用跨度砼连续梁设计及下部结构线刚度限值研究	中国铁道学会	三等	中铁二院工程集团有限责任公司、西南交通大学、中船重工第七二五研究所
61	CRTS Ⅰ型板式无砟轨道施工技术及关键设备研究	中国铁道学会	三等	中铁四局集团有限公司、中铁上海工程局有限公司
62	富水碎裂玄武岩夹凝灰岩铁路长大隧道施工技术研究	中国铁道学会	三等	中铁十局集团有限公司
63	郑西客运专线湿陷性黄土地基工程特性及设计参数试验研究	中国铁道学会	三等	中铁西北科学研究院有限公司、机械工业勘察设计研究院、郑西铁路客运专线有限责任公司、中铁第一勘察设计院集团有限公司、中铁二院工程集团有限责任公司
64	基于虚拟环境的铁路线路设计方法与高速列车运动仿真研究	中国铁道学会	三等	中铁二院工程集团有限责任公司、石家庄铁道大学
65	客运专线（时速 300～350 公里）牵引供电设备运营维护技术	中国铁道学会	三等	中铁电气化局集团有限公司、中铁电气化铁路运营管理有限公司

66	高速铁路异型道岔连续箱梁施工技术研究	中国铁道学会	三等	中铁三局集团有限公司、中铁三局集团第六工程有限公司
67	自浮式钢底板单壁吊箱围堰设计与施工技术	中国铁道学会	三等	中铁大桥局集团有限公司、中铁大桥局集团第五工程有限公司
68	青藏铁路运营条件下多年冻土路基地温场研究	中国铁道学会	三等	中铁西北科学研究院有限公司
69	光纤光栅式拉索索力测试系统的研发及其应用	中国铁道学会	三等	中铁大桥局股份有限公司
70	客运专线接触网零件系列产品的研制	中国铁道学会	三等	中铁电气化局集团有限公司、宝鸡保德利电气设备有限责任公司、中铁电气化局集团宝鸡器材有限公司
71	海底隧道钻爆法施工关键技术研究	中国公路学会	一等	中铁二局股份有限公司、中铁二局第二工程有限公司、西南交通大学
72	厦门翔安海底隧道（东通道）建设与运营成套技术	中国公路学会	一等	厦门路桥建设集团有限公司、中交第二公路勘察设计研究院有限公司、西南交通大学、北京交通大学、中铁隧道集团有限公司、水利部交通运输部国家能源局南京水利科学研究院、中铁大桥勘测设计院集团有限公司、招商局重庆交通科研设计院有限公司、中铁隧道集团有限公司洛阳科学技术研究所、中铁一局集团有限公司
73	杭州市江东大桥空间自锚式悬索桥设计与施工成套技术研究	中国公路学会	二等	杭州市高速公路管理局、上海市政工程设计研究总院(集团)有限公司、西南交通大学、中铁大桥局集团武汉桥梁科学研究院有限、中交第二公路工程局有限公司、杭州市交通工程质量安全监督局
74	大跨度预应力混凝土箱梁桥长期变形与裂缝控制技术研究	中国公路学会	二等	江苏省长江公路大桥建设指挥部、解放军理工大学工程兵工程学院、东南大学、江苏省交通规划设计院股份有限公司、中铁大桥勘测设计院集团有限公司
75	沉管隧道设计与施工关键技术研究	中国公路学会	二等	中铁隧道集团有限公司、中铁隧道集团有限公司技术中心
76	西部地区公路瓦斯隧道设计与施工技术研究	中国公路学会	二等	四川省交通运输厅公路规划勘察设计研究院、四川都汶公路有限责任公司、重庆大学、中铁一局集团有限公司第四工程公司
77	自浮式钢底板单壁吊箱围堰设计与施工技术	中国公路学会	三等	中铁大桥局集团有限公司、中铁大桥局集团第五工程有限公司
78	风积沙隧道综合施工技术研究	中国公路学会	三等	中铁二局股份有限公司、中铁二局第一工程有限公司、西南交通大学
79	郑州黄河公铁两用桥主桥建造关键技术研究	中施企协	特等	中铁大桥局集团第一工程有限公司、中铁大桥局股份有限公司
80	郑州黄河公铁两用桥大跨长联多点连续同步顶推技术设计与应用	中施企协	特等	中铁大桥局集团有限公司、中铁大桥局股份有限公司
81	无砟轨道可变跨门式铺板机	中施企协	特等	中铁科工集团有限公司
82	大型地铁换乘站紧邻既有建（构）筑物安全施工关键技术研究与应用	中施企协	特等	中铁隧道集团有限公司、中铁隧道集团三处有限公司
83	成都东客站设计施工综合技术研究	中施企协	特等	中铁建工集团有限公司、中铁二院工程集团有限责任公司
84	襄渝线牛角坪主跨 192m 大跨刚构桥建设技术试验研究	中施企协	一等	中铁二院工程集团有限责任公司
85	客运专线简支箱梁施工阶段收缩徐变仿真分析与控制技术研究	中施企协	一等	中铁十局集团有限公司、中南大学
86	独塔斜拉连续刚构组合桥关键施工技术	中施企协	一等	中铁二局股份有限公司、中铁二局第五工程有限公司

87	客运专线铁路先张法预应力混凝土简支箱梁设计与试验研究	中施企协	一等	中铁工程设计咨询集团有限公司
88	铁路道碴桥面预应力 RPC 简支 T 梁制造技术研究	中施企协	一等	中铁六局集团有限公司、中铁丰桥桥梁有限公司
89	斜拉索新型杠杆质量减振装置（LMD）研发及其应用	中施企协	一等	中铁大桥局集团有限公司
90	风积沙地区高速公路下伏采空区综合整治技术	中施企协	一等	中铁二局股份有限公司
91	汽车试验场拱形不平整路及圆凸起路施工技术研究	中施企协	一等	中铁四局集团有限公司、中铁四局集团第一工程有限公司
92	小曲线大坡度单线箱梁架桥机	中施企协	一等	中铁科工集团有限公司
93	北京戒台寺滑坡机理及综合治理技术研究	中施企协	一等	中铁西北科学研究院有限公司
94	220KM/H 时速铁路大跨 V 型连续钢构拱组组合桥施工关键技术及其理论研究	中施企协	一等	中铁三局集团有限公司
95	高速铁路乳化沥青用乳化剂及水泥乳化沥青砂浆用聚合物乳液的开发和研制	中施企协	一等	中铁四局集团有限公司、安徽中铁工程材料科技有限公司
96	轨道交通接触轨施工工艺研究	中施企协	一等	中铁一局集团有限公司、中铁一局集团电务工程有限公司
97	隧道（洞）仰拱模板台车与 TBM 联合作业的设计与研究	中施企协	一等	中铁西南科学研究院有限公司、辽宁润中供水有限责任公司、辽宁水利水电勘测设计研究院、辽宁水利土木工程咨询有限公司、北京振冲工程股份有限公司
98	软弱地层复杂结构三线大跨度断面地铁隧道施工技术	中施企协	一等	中铁隧道集团有限公司、中铁隧道集团二处有限公司
99	海底隧道钻爆法施工关键技术研究	中施企协	一等	中铁二局股份有限公司
100	地铁盾构瓦斯隧道施工技术研究	中施企协	一等	中铁一局集团有限公司、中铁一局集团城市轨道交通工程有限公司
101	城区复杂地层高速铁路大断面隧道施工关键技术	中施企协	一等	中铁四局集团有限公司
102	沉管隧道设计与施工关键技术研究	中施企协	一等	中铁隧道集团有限公司、中铁隧道集团有限公司技术中心
103	黄土地层中盾构下穿既有古建筑物及始发过站安全技术研究	中施企协	一等	中铁三局集团有限公司
104	Z-GP150 型管管棚机研制	中施企协	一等	中铁一局集团有限公司、中铁一局集团建工机械有限公司、中南大学
105	浅埋暗挖水下隧道关键技术研究	中施企协	一等	中铁隧道集团有限公司、中铁隧道股份有限公司、中铁隧道集团有限公司技术中心
106	隧道连续皮带机出碴技术与设备国产化研究	中施企协	一等	中铁西南科学研究院有限公司
107	超高超大悬挑结构高支撑架体设计与施工关键技术	中施企协	一等	中铁四局集团有限公司、中铁四局集团建筑工程有限公司
108	广州新客站 21 米高架候车层结构施工技术研究	中施企协	一等	中铁建工集团有限公司
109	长沙南站工程综合施工技术研究	中施企协	一等	中铁建工集团有限公司
110	自浮式钢底板单壁吊箱围堰设计与施工技术	中施企协	二等	中铁大桥局集团有限公司
111	高速铁路桥梁栏杆机械化生产工艺及装备研究	中施企协	二等	中铁八局集团有限公司
112	裂纹深度横波检测技术研究	中施企协	二等	中铁西南科学研究院有限公司
113	斜拉桥宽体箱梁错块同步施工牵索挂篮及关键技术研究	中施企协	二等	中铁四局集团有限公司、中铁四局集团第二工程有限公司
114	青岛海湾大桥浅海桥梁基础施工技术研究	中施企协	二等	中铁九局集团有限公司
115	异型开放式有刃角双壁钢围堰施工技术研究	中施企协	二等	中铁十局集团有限公司
116	昆明福海立交桥钢箱梁现场吊装与焊接施工技术研究	中施企协	二等	中铁八局集团昆明铁路建设有限公司

117	基于信息化技术的连续梁上跨既有线安全防护技术研究	中施企协	二等	中铁十局集团有限公司
118	高速铁路异型道岔连续箱梁施工技术研究	中施企协	二等	中铁三局集团有限公司
119	350km/h 客专线预制箱梁液压模板开发研究	中施企协	二等	中铁四局集团有限公司、中铁四局集团第四工程有限公司
120	深厚软土地基增压式真空预压技术研究	中施企协	二等	中铁六局集团有限公司
121	高速铁路水泥乳化沥青砂浆搅拌灌注车研制	中施企协	二等	中铁四局集团机电设备安装有限公司
122	TAS-2 型全自动轨道板精调系统研制	中施企协	二等	中铁一局集团有限公司、西安远景智能控制有限公司
123	城铁钢弹簧浮置板轨道及整体道床快速施工新技术	中施企协	二等	中铁一局集团有公司、中铁一局集团新运工程有限公司
124	京沪高铁上海虹桥枢纽牵引供电综合应用技术研究	中施企协	二等	中铁七局集团有限公司、中铁七局集团电务工程有限公司
125	沈阳地铁一号线保工街车站及暗挖区间综合施工技术	中施企协	二等	中铁一局集团有限公司、中铁一局集团第二工程有限公司
126	大口径长距离钢管顶管施工技术	中施企协	二等	中铁四局集团有限公司、中铁上海工程局有限公司
127	湖泊下盾构区间工程施工风险控制及快速掘进技术	中施企协	二等	中铁一局集团有限公司、中铁一局集团城市轨道交通工程有限公司
128	太中银吕梁山特长隧道综合辅助施工技术研究	中施企协	二等	中铁三局集团有限公司
129	盾构隧道施工引起地下管线变形规律及地表沉降预测研究	中施企协	二等	中铁九局集团有限公司
130	精伊霍铁路北天山富水隧道突涌水（泥）地段施工技术	中施企协	二等	中铁一局集团有限公司、中铁一局集团第二工程有限公司
131	于家堡站复杂地质条件下 60 米深 T 型地连墙施工技术	中施企协	二等	中铁建工集团有限公司
132	主跨 552 米公轨两用钢桁拱桥设计	总公司	特等	中铁大桥勘测设计院集团有限公司、招商局重庆交通科研设计院有限公司
133	大跨度钢桁梁桥制造新技术研究	总公司	特等	中铁山桥集团有限公司
134	武广客运专线浏阳河隧道铣挖法施工及预加固技术研究	总公司	特等	中国中铁股份有限公司、中铁一局集团有限公司、中铁西南科学研究院有限公司、中铁四局集团有限公司、西南交通大学、中南大学、高速铁路建造技术国家工程实验室
135	双块式无砟轨道施工关键设备国产化研制	总公司	特等	中铁八局集团有限公司
136	电气化铁道用 27.5kV 气体绝缘开关柜(GIS)的研制	总公司	特等	中铁电气化勘测设计研究院有限公司、中铁电气化局集团有限公司、常州太平洋电力设备（集团）有限公司
137	深厚淤泥质土地基条件下桥梁支架现浇施工方案研究	总公司	一等	中铁三局集团有限公司、中铁三局集团华东建设有限公司、中铁三局集团有限公司桥隧工程分公司
138	大跨度单主缆宽幅悬索桥施工技术研究	总公司	一等	中铁上海工程局有限公司、中铁四局集团有限公司、中铁西南投资管理有限公司、中铁上海工程局第一工程有限公司
139	海底隧道钻爆法修建技术及风险控制研究	总公司	一等	中铁隧道集团有限公司、中铁隧道股份有限公司、青岛国信胶州湾交通有限公司、西南交通大学
140	黄土地层及全断面砂层土压平衡盾构掘进技术研究	总公司	一等	中铁一局集团有限公司、中铁一局集团城市轨道交通工程有限公司
141	岩溶地区高速铁路高风险隧道施工技术及应用研究	总公司	一等	中铁二局股份有限公司、西南交通大学、四川大学、北京交通大学土木建筑工程学院、中铁隧道勘测设计院有限公司、上海同望软件有限公司
142	石太客运专线特长隧道重大工程地质问题及对策研究	总公司	一等	铁道第三勘察设计院集团有限公司
143	高速铁路平面最小曲线半径计算理论及参数标准研究	总公司	一等	中铁二院工程集团有限责任公司、西南交通大学
144	超高超大悬挑结构高支撑架体设计与施工关键技术	总公司	一等	中铁四局集团有限公司、中铁四局集团建筑工程有限公司、安徽建筑工业学院

145	南极中山站项目综合施工技术研究	总公司	一等	中铁建工集团有限公司
146	浅埋高风险隧道下穿密集民房施工爆破震动控制技术	总公司	一等	中铁隧道集团有限公司、中铁隧道集团一处有限公司、北京交通大学
147	龙厦铁路象山隧道复杂地质条件下关键施工技术	总公司	一等	中铁隧道集团有限公司、福州大学
148	试验场综合施工技术研究	总公司	一等	中铁四局集团有限公司、中铁四局集团第一工程有限公司
149	42 号高速有砟道岔研制及铺设技术	总公司	一等	中铁八局集团有限公司、中铁山桥集团有限公司
150	大跨度空间桁架力系逆向转换及改造施工技术的研究与应用	总公司	一等	中铁建工集团有限公司、浙江精工钢结构有限公司、武汉市建筑设计院、国家建筑工程质量监督检验中心、北京铁路局
151	宁安铁路安庆长江大桥主墩深水基础施工关键技术	总公司	一等	中铁大桥局集团有限公司
152	液-气耦合压差式竖向位移监测系统的研制及产品应用	总公司	一等	中铁大桥局集团有限公司、中铁大桥局集团武汉桥梁科学研究院有限公司
153	宜万铁路宜昌长江大桥施工关键技术	总公司	一等	中铁大桥局集团有限公司
154	繁华城区复杂地质条件下泥水盾构综合施工技术研究	总公司	一等	中铁三局集团有限公司
155	运营条件下青藏铁路多年冻土区路基病害调查及整治措施研究	总公司	一等	中铁西北科学研究院有限公司
156	大桥局集团企业标准-工艺研究	总公司	一等	中铁大桥局集团有限公司
157	小曲线大坡度单线箱梁架桥机	总公司	一等	中铁科工集团有限公司
158	预制箱梁模板及配套工装通用化施工技术研究	总公司	一等	中铁四局集团有限公司、中铁四局集团第一工程有限公司
159	渝利铁路韩家沱长江大桥钢梁架设施工技术	总公司	一等	中铁大桥局集团有限公司
160	风积沙隧道施工力学行为及关键技术	总公司	一等	中铁二局股份有限公司、中铁二局第一工程有限公司、西南交通大学
161	锚杆检测评定指标及仪器研究	总公司	一等	中铁西南科学研究院有限公司
162	深大基坑、盖挖逆作地下换乘站受力变形规律分析及环境控制研究	总公司	一等	中铁隧道集团有限公司、中铁隧道集团有限公司技术中心
163	铁路线路方案虚拟踏勘系统	总公司	一等	铁道第三勘察设计院集团有限公司
164	高速铁路浅埋小净距大跨度隧道群关键技术研究	总公司	一等	中铁四局集团有限公司、中铁四局集团第二工程有限公司、中南大学土木工程学院
165	多排、埋入式抗滑桩加固大型滑坡研究	总公司	一等	中铁二院工程集团有限责任公司、重庆市地质灾害防治工程技术研究中心、西南交通大学
166	地铁混凝土衬砌管片预制环保型自动化生产线及生产工艺研究	总公司	一等	中铁八局集团有限公司、中铁八局集团桥梁工程有限责任公司
167	施工期桥梁围堰水流力研究	总公司	二等	中铁大桥勘测设计院集团有限公司、南京水利科学研究院
168	客运专线 12 号无砟单开道岔及交叉渡线关键技术研究	总公司	二等	中铁二院工程集团有限责任公司、西南交通大学、中铁山桥集团有限公司
169	客运专线中等压缩性土地基沉降特性及处理技术研究	总公司	二等	中铁二院工程集团有限责任公司、西南交通大学
170	首条国产示范线信号 CBTC 系统施工技术研究	总公司	二等	中铁四局集团有限公司、中铁四局集团电气化工程有限公司
171	大跨度放射伞状空间桁架高精度信息化分块安装技术研究	总公司	二等	中铁建工集团有限公司、中国中铁航空港建设集团有限公司
172	168000kN 自锚上承式拱桥转体施工技术	总公司	二等	中铁一局集团有限公司、中铁一局集团桥梁工程有限公司
173	客运专线简支箱梁施工阶段收缩徐变仿真分析与控制技术研究	总公司	二等	中铁十局集团有限公司、中南大学
174	钉形水泥土双向搅拌桩、泡沫轻质土处理铁路软土地基施工技术研究	总公司	二等	中铁六局集团有限公司、中铁六局集团天津铁路建设有限公司
175	高速铁路季节性冻土路基变形机理及地基沉降控制技术研究报告	总公司	二等	中铁九局集团有限公司、辽宁工程技术大学
176	测绘数据集成共享及三维仿真可视化系统研究及应用	总公司	二等	中铁二院工程集团有限责任公司、武汉地大信息工程有限公司、北京东方道迩信息技术股份

				有限公司
177	砖石古塔地震破坏机理与抗震加固工程措施研究	总公司	二等	中铁西北科学研究院有限公司
178	沿海城际铁路电气化设备在强台风地区的适应性研究	总公司	二等	中铁二院工程集团有限责任公司
179	万州长江大桥大跨度钢桁拱梁施工技术	总公司	二等	中铁大桥局集团有限公司
180	福厦高速铁路钢系杆拱桥研究	总公司	二等	中铁二院工程集团有限责任公司、中国铁道科学研究院铁道建筑研究所、中国铁道科学研究院金属及化学研究所、西南交通大学
181	湖泊下盾构区间工程施工风险控制及快速掘进技术	总公司	二等	中铁一局集团有限公司、中铁一局城市轨道交通工程有限公司
182	狭窄空间软土深基坑及结构快速施工技术研究	总公司	二等	中铁建工集团有限公司
183	盾构变频驱动系统的研制	总公司	二等	中铁隧道集团有限公司、中铁隧道装备制造有限公司
184	深水倾斜裸岩河床条件下铁路特大桥基础施工技术	总公司	二等	中铁一局集团有限公司、中铁一局集团桥梁工程有限公司
185	时速 350km 高速铁路无砟轨道大跨度连续梁拱组合桥梁施工关键技术	总公司	二等	中铁三局集团有限公司、中铁三局集团第二工程有限公司、中国铁道科学研究院铁道建筑研究所
186	斜拉桥宽体箱梁错块同步施工牵索挂篮及关键技术研究	总公司	二等	中铁四局集团工程有限公司、中铁四局集团第二工程有限公司
187	客运专线预制箱梁液压模板开发研究	总公司	二等	中铁四局集团有限公司、中铁四局集团第四工程有限公司
188	软弱地质条件下长距离小净距重叠隧道盾构法施工技术	总公司	二等	中铁一局集团有限公司、中铁一局集团城市轨道交通工程有限公司
189	沈阳地铁砂卵石地层盾构施工技术及盾构刀盘刀具研究	总公司	二等	中铁五局（集团）有限公司、中铁五局集团城市轨道交通工程分公司、中铁五局集团第一工程有限责任公司
190	客货共线长大隧道附加空气阻力研究	总公司	二等	中铁西南科学研究院有限公司、中铁二院工程集团有限责任公司
191	高速铁路线下工程变形监测及评估技术与数据处理系统研究	总公司	二等	中铁八局集团有限公司、中铁二院工程设计有限责任公司
192	SGJ-T-CEC-I 型客运专线轨道几何状态测量仪系统	总公司	二等	中铁工程设计咨询集团有限公司、西南交通大学
193	岩质滑坡水力启动模型与预测预警方法研究	总公司	二等	中铁西南科学研究院有限公司
194	大跨度 H 型钢平面组合结构张弦梁施工及空中换索技术研究	总公司	二等	中铁十局集团有限公司、中铁十局建筑工程有限公司
195	城市轨道交通牵引供电系统谐波及短路仿真分析平台开发	总公司	二等	中铁电气化勘测设计研究院有限公司
196	成都至都江堰铁路景观设计研究	总公司	二等	中铁二院工程集团有限责任公司、厦门高格桥梁设计研究中心
197	花岗岩软硬交互地层盾构施工关键技术研究	总公司	二等	中铁四局集团有限公司、中铁四局城市轨道交通工程分公司、安徽建筑工业学院
198	近邻、重叠隧道盾构施工技术研究	总公司	二等	中铁六局集团有限公司、中铁六局集团有限公司盾构分公司
199	城市软弱围岩浅埋大跨下穿构造物、上跨既有线暗挖车站施工技术	总公司	二等	中铁隧道集团有限公司、中铁隧道集团三处有限公司
200	石太线太行山 27 公里山岭隧道 CPIII控制网测量技术	总公司	二等	中铁八局集团有限公司、中铁八局集团第二工程有限公司
201	基于列控联锁一体化的 CTCS-2 级列控系统关键技术研究及应用	总公司	二等	铁道第三勘察设计院集团有限公司
202	复杂地层条件下超深超大地连墙综合施工技术	总公司	二等	中铁一局集团有限公司、中铁一局集团天津建设工程有限公司、中铁一局集团有限公司广州分公司
203	开行动车组情况下增建二线铺架施工综合技术研究	总公司	二等	中铁八局集团有限公司、中铁八局集团第二工程有限公司
204	青藏铁路施工人群脱习服期生理指标变化及再入高原时机选择的研究	总公司	二等	中铁一局集团有限公司、中铁一局集团咸阳中心医院、中国人民解放军第三军医大学

205	城际铁路在综合运输通道中的建设条件研究	总公司	二等	中铁二院工程集团有限责任公司、西南交通大学
206	内部控制和风险管理体系构建与信息系统	总公司	二等	中国中铁股份有限公司、迪博企业风险管理技术有限公司
207	ZPC160 自行式转盘车	总公司	二等	中铁科工集团有限公司、中铁重工有限公司
208	隧道预制管片衬砌设计方法研究	总公司	二等	中铁二院工程集团有限责任公司
209	海积淤泥地层地铁枢纽深基坑设计与施工技术研究	总公司	二等	中铁南方投资发展有限公司、中国矿业大学、中铁西南科学研究院有限公司、中铁一局集团有限公司、中铁工程设计咨询集团有限公司
210	宽幅多室波形钢腹板 PC 组合箱梁施工关键技术	总公司	三等	中铁三局集团有限公司、中铁三局集团第二工程有限公司
211	大跨度系杆拱桥滑动平转施工技术	总公司	三等	中铁大桥局集团有限公司
212	下承式钢管拱桥--空间倾斜系杆拱拱肋架设技术	总公司	三等	中铁港航局集团有限公司、中铁港航局集团第二工程有限公司
213	CRTSⅡ型无砟轨道维修用水泥乳化沥青砂浆研究	总公司	三等	中铁六局集团有限公司、中铁六局集团太原铁路建设有限公司
214	桥上 CRTSⅡ型板式无砟轨道施工技术再创新研究	总公司	三等	中铁六局集团有限公司、中铁六局集团太原铁路建设有限公司
215	客运专线铁路桥上铺设有砟无缝道岔设计研究	总公司	三等	中铁二院工程集团有限责任公司、西南交通大学
216	全电缆贯通线路研究	总公司	三等	中铁二院工程集团有限责任公司、西南交通大学
217	小曲线单线箱梁运梁车	总公司	三等	中铁科工集团有限公司
218	寒冷地区高速公路高墩大跨度曲线连续刚构桥悬灌施工关键技术	总公司	三等	中铁一局集团有限公司、中铁一局集团第四工程有限公司
219	740 型运架一体机架设铁路多种形式箱梁施工技术及配套设备研究	总公司	三等	中铁一局集团有限公司、中铁一局集团新运工程有限公司
220	预应力混凝土箱梁节能减排施工工艺研究	总公司	三等	中铁一局集团有限公司、中铁一局集团物资工贸有限公司
221	梁拱组合桥大节段拖拉浮运成桥技术	总公司	三等	中铁一局集团有限公司、中铁一局集团厦门建设工程有限公司
222	异形双套拱塔斜拉桥关键施工技术	总公司	三等	中铁一局集团有限公司、中铁一局集团厦门建设工程有限公司
223	大坡道小半径曲线铁路 450 吨级箱梁制运架施工技术及关键设备	总公司	三等	中铁二局股份有限公司、中铁科工集团有限公司、中铁二局集团新运工程有限公司
224	液压变腿高低轨道步履式门式起重机架梁施工技术研究	总公司	三等	中铁七局集团有限公司、中铁七局武汉工程有限公司
225	急流、基岩裸露地区深水桥梁基础施工技术研究	总公司	三等	中铁九局集团有限公司
226	下穿客货共线电气化铁路框架桥深基坑、小夹角斜向顶进综合技术	总公司	三等	中铁十局集团有限公司
227	预应力桥梁预应力施加质量检测技术研究	总公司	三等	中铁西北科学研究院有限公司
228	汶川地震灾后重建工程汉源县龙潭沟大桥抗震设计	总公司	三等	中铁大桥勘测设计院集团有限公司
229	深圳地铁红岭站综合施工技术和太阳广场桩基托换施工技术研究	总公司	三等	中铁一局集团有限公司、中铁航空港集团第一工程有限公司、中国中铁航空港建设集团有限公司深圳分公司、中铁一局集团城市轨道交通工程有限公司
230	深基坑施工对周边环境的影响及对策研究	总公司	三等	中铁一局集团有限公司、中铁一局集团建筑安装工程有限公司
231	浅埋复合地层大断面长距离矩形顶管施工综合技术	总公司	三等	中铁二局股份有限公司、中铁二局股份有限公司城通公司
232	不良地质盖挖逆作地铁车站深基坑开挖关键技术研究	总公司	三等	中铁三局集团有限公司
233	紧邻既有铁路和建筑群地铁隧道施工关键技术研究	总公司	三等	中铁四局集团有限公司、中铁四局集团第五工程有限公司、中南大学
234	富水复杂地质条件下地铁 综合施工关键技术研究	总公司	三等	中铁六局集团有限公司、中铁六局集团有限公司盾构分公司

235	神府高速公路大断面黄土隧道施工技术研究	总公司	三等	中铁七局集团有限公司、中铁七局集团第二工程有限公司
236	小断面单线铁路特长隧道施工通风技术研究	总公司	三等	中铁七局集团有限公司、中铁七局集团武汉工程有限公司
237	复杂困难地层隧道及地下工程防水技术研究	总公司	三等	中铁西南科学研究院有限公司
238	靠山大跨半明半暗地铁车站综合修建技术研究	总公司	三等	中铁南方投资发展有限公司、中铁西南科学研究院有限公司、中国矿业大学、中铁二局集团有限公司、深圳市市政设计研究院有限公司
239	大直径地下污水泵站无内支撑两墙合一施工关键技术研究	总公司	三等	中铁上海工程局有限公司、中铁上海工程局市政工程有限公司
240	预埋套管式高速道岔板预制与施工技术	总公司	三等	中铁四局集团有限公司、中铁四局集团第五工程有限公司、中铁四局集团第一工程有限公司
241	浅海区大面积深厚软基层处理技术研究	总公司	三等	中铁七局集团有限公司、中铁七局集团武汉工程有限公司
242	复杂山区铁路扩能改造铺架工程综合施工技术	总公司	三等	中铁八局集团有限公司、中铁八局集团第二工程有限公司
243	铁路轨道动力学评价系统	总公司	三等	中铁二院工程集团有限责任公司、西南交通大学
244	IMU/DGPS 辅助空三在铁路勘测中的应用研究	总公司	三等	中铁二院工程集团有限责任公司
245	数字地面摄影测量在铁路勘测中的应用研究	总公司	三等	中铁工程设计咨询集团有限公司
246	铁路排水用地图绘制软件	总公司	三等	中铁工程设计咨询集团有限公司
247	城市群城际轨道交通线网规划理论与方法研究	总公司	三等	铁道第三勘察设计院集团有限公司
248	路基工程设计系统研究与开发	总公司	三等	铁道第三勘察设计院集团有限公司
249	高技能人才评价试题管理系统	总公司	三等	中铁一局集团有限公司、中铁一局集团新运工程有限公司
250	XZPS30 型轮式混凝土湿喷机的研制	总公司	三等	中铁一局集团有限公司、成都市新筑路桥机械股份有限公司
251	既有线软土地区站台大跨度钢管桁架无柱雨棚施工技术	总公司	三等	中铁三局集团有限公司、中铁三局集团建筑安装工程有限公司
252	既有客运专线 CTCS-2 级列车控制系统安装和调试技术研究	总公司	三等	中铁九局集团有限公司
253	高速铁路接触网吊弦、电连接设置方案研究	总公司	三等	中铁电气化勘测设计研究院有限公司
254	重庆单轨整体夹持 T 型汇流排国产化研究	总公司	三等	中铁电气化局集团有限公司
255	电气化铁道预装箱式线路开关站	总公司	三等	中铁二院工程集团有限责任公司、珠海南自电气系统工程有限公司

所属单位

【中国海外工程有限责任公司】 中国海外工程有限责任公司是具有独立法人地位的国有大型综合性企业，前身为原外经贸部直属的中国成套设备出口公司（简称成套公司）的重要组成部分。1987 年成套公司组建中成海外公司，1991 年 10 月成为部直属企业并正式更名为中国海外工程总公司（简称中海外）。1998 年底中海外划归原中央企业工委。2003 年 12 月 19 日经国资委批准，中海外与中国铁路工程总公司进行重组，成为其全资子公司。2006 年 12 月更名为中国海外工程有限责任公司。

公司的经营范围和主业：

——承包国内外各类工程和境内外工程；上述工程所需设备、材料及零配件的出口。

——对外派遣各类工程、生产及服务行业劳务人员；外派劳务人员培训。

——承担各类海外工业、民用建筑工程的咨询、勘察和设计。

——利用外方资源、资金和技术在境内开展劳务合作。

——承担我国对外经济援助项目。

——经营或代理除国家统一联合经营的十六种出口商品及国家实行核定公司经营的十二种进口商品以外的其它商品及技术的进出口业务。

——承办中外合资经营、合作生产、来料加工、来样加工、来件装配业务；对销贸易、易货贸易及转口贸易业务。

——承担工业与民用建筑工程总承包。公司兼营国内市政工程、装饰工程、水力电力工程，港口建设、道路桥梁工程；设备安装；建筑材料、工程机械的销售；定型包装食品、酒、保健食品的销售（有效期按卫生许可证）。

目前，公司主营业务为对外承包工程和国家援外项目。拥有建设部核发的房屋建筑工程施工总承包和市政公用工程施工总承包壹级资质，以及"公路路面施工壹级资质"和"建筑装饰装修工程专业承包壹级资质"。

1995 年以来，中海外连年被美国《工程新闻记录》列入 225 家全球最大国际工程承包商。1999 年中海外通过了 ISO9002 系列国际质量标准体系认证，获得了英国 UKAS 和中国船级社认证中心颁发的国际国内两套证书。

中海外目前在 23 个国家派驻有常设机构，在全球 60 多个国家（地区）承建实施了公路、机场、桥梁、码头、港口、铁路、市政公用工程、房屋建筑、农田水利和中国对外经济技术援助工程，如国家议会大厦、政府建筑群、总统山庄、民航大楼、商业中心、体育场馆、驻外使馆等各类大、中型项目一千多个，在境外建成了化工厂、糖业联合体、制药厂、纺织厂，拥有自己的矿产资源开发企业和纺织制药企业，累计派出各类劳务人员 6 万余人次，拥有房屋建筑工程施工总承包壹级资质、市政公用工程施工总承包壹级资质、公路路面专业总承包壹级资质和建筑装修装饰工程专业总承包壹级资质；通过 ISO9001、ISO14000 环境、OHS18000 职业健康 / 安全管理等国际质量标准体系认证；先后荣获"中国对外承包工程企业市场开拓奖"、"中国对外经济技术合作五星奖"、"全国建筑业企业工程总承包先进企业"、"全国模范劳动关系和谐企业"、"中国海外项目管理体系建设"获 IPMA 国际项目管理大奖优胜奖等。

公司领导：
董事长　项晓凯
总经理　黄天德
党委书记　王紫光
副总经理　施平 赵翔 张伟 吴继邦
党委副书记、纪委书记　赵超英
总会计师　王贺彩
总经济师　李亚铭
总工程师　孙　航

地址：中国北京海淀区紫竹院路 1 号 7 号楼中海外大厦
邮政编码：100048
电话：010-88566601/6602
传真：010-88566998
网址：www.covec.com
电子邮箱：covec@covec.com

【中铁一局集团有限公司】 中铁一局集团有限公司为中国中铁股份有限公司的全资子公司，其前身是西北铁路干线工程局，于 1950 年 5 月 1 日在甘肃省天水市成立，主要从事西北铁路建设。

随着施工、运营条件和时间的变化，机构变更多次易名，依次为：铁道部新建铁路工程总局第一工程局（1953 年 1 月 1 日）；铁道部乌鲁木齐铁路局（1958 年 10 月 25 日）；铁道部西北铁路工程局（1963 年 9 月 1 日）；铁道部第一铁路工程局（1966 年 8 月 1 日）；交通部第一铁路工程局（1970 年 7 月 1 日）；铁道部第一工程局（1975 年 1 月）；铁道部第一工程公司（1984 年 10 月 18 日）；铁道部第一工程局

（1985年9月1日)。2000年5月，铁道部第一工程局依法改制为“中铁一局集团有限公司”，建立现代企业制度。

中铁一局集团有限公司改制之前是铁道部所属的大型国有企业，主要业务是铁路建设；改制之后，归属于国资委，集团公司直接面向社会、面向市场。为适应企业体制的重大转变，集团公司顺应建筑市场的变化适时调整经营开发战略，逐渐从以铁路市场为主，转变为铁路、公路、城市交通、市政环保及城市建设四人主营板块均衡发展。随着国家经济十余年来的高速发展，集团公司生产经营也进入快速发展阶段，在发展战略方面注重理性控制规模，改善和优化产品结构、地域布局，树立产业链上、中、下游协调发展的经营理念。集团公司相继颁布了一系列支持性文件，实施标准化管理，使集团公司的管理水平和发展质量得到稳步提高。

截至2011年底，中铁一局集团有限公司总资产276.12亿元，营业额为438.88亿元，经营业务遍布全国各地，并已拓展到海外10多个国家。六十年来，集团公司发扬“诚信创新、永争一流”的企业精神，为国家基本建设做出了突出贡献，建成了大批优质工程，获得国家优质工程金、银质奖、中国建筑工程鲁班奖、詹天佑土木工程奖、中国市政金杯奖等各种表彰奖励数百项。

在任领导：

董事长	孙永刚
总经理	和民锁
党委书记	张为和
副总经理	曹根子　郭民龙　马海民　崔科宇 张亚君　朱卫东　李冬立　郭　炜 赵怀利
总会计师	党继勇
总工程师	范恒秀
纪委书记	王恩华
工会主席	曹根子

地址：陕西省西安市雁塔北路1号
邮编：710054
电话：029—87864150
传真：029—82327689
电子邮箱：ztyj@crfeb.com.cn
网址：www.crfeb.com.cn

【中铁二局集团有限公司】 中铁二局前身系西南铁路工程局，组建于1950年6月12日。1952年12月15日，为适应和贯彻铁路新线施工管理办法，西南铁路工程局奉命撤销，同时以施工局为主体成立直属铁道部的新建铁路工程总局第二工程局；1958年5月26日，继宝成铁路全线通车后，更名为铁道部第二工程局；1979年1月起，铁道部第二工程局分建为第二、五两个工程局；1998年成功改制为中铁二局集团有限公司，1999年9月发起设立中铁二局股份有限公司，2001年5月28日“中铁二局”股票上市，成为铁路建设行业第一家建立现代企业制度和股票上市的企业。

截至2011年底，中铁二局总资产500多亿元，年综合生产能力600亿元以上，拥有全资及控股子公司25个、分公司及事业部11个；员工2.3万人，其中专业技术人员1.2万人；具有铁路、公路等20个施工总承包特级和总承包一级资质，43个专业承包一级资质，涉及铁路、公路、市政、电气化等建筑业诸多领域；通过质量管理体系、环境管理体系和职业安全健康管理体系认证，享有对外经营权和对外贸易权。

近年来，具有“开路先锋”特质的中铁二局人团结一致，同心同向，在超额完成企业第一、二阶段发展战略目标基础上，正在实施新的发展战略，沿建筑业价值链纵向一体化，推进工程施工、房地产、国际业务、物流、基础设施投资及管理、设计咨询、商业物业等业务协调发展，努力实现改革发展新跨越。

2011年是集团公司“十二五”发展战略规划实施的开局年，公司各单位坚持以科学发展为主题，认真贯彻落实企业发展战略和《年度施工生产总体部署》，积极面对铁路项目建设资金不足、承担工程任务不理想等困难，沉着应对宏观调控和铁路建设市场的巨变，高扬开路先锋大旗，完善项目管理制度，狠抓项目基础管理工作，基本实现董事会确定“十二五”发展战略规划首年规划目标，新签合同额、企业营业额均兑现总公司下达年度计划目标，在总公司系统排名第一。全年共完成企业营业额602亿元，新签合同额730亿元。企业营业额、新签合同额、企业总资产、净资产4项指标在中国中铁系统继续保持第一。在岗员工收入增长10.09%，达到人均6.68万元，超过8%的增长目标。一年来，获得省部级以上优质工程奖26项（其中鲁班奖3项、詹天佑奖1项，全国市政金杯示范工程1项）、获得国家科技进步奖及“中国建筑业先进企业”等46项省部级以上集体荣誉、84项个人荣誉。

在任领导：

唐志成　集团公司总经理、副董事长、党委副书记，股份公司董事长、党委副书记

郑建中　集团公司董事长、党委副书记，股份公司党委书记、副董事长

邓元发　集团公司党委书记、副董事长，股份公司总经理、副董事长、党委副书记

郭敬辉　集团公司、股份公司党委副书记、纪委书记

方国建　集团公司工会主席

龙援青　股份公司副总经理、总经济师

王广钟　股份公司副总经理

张次民　股份公司副总经理

林　原　股份公司副总经理

刘剑斌　股份公司副总经理

王云波　股份公司副总经理

曾永林　股份公司副总经理、总会计师

邓爱民　股份公司副总经理

卿三惠　股份公司副总经理、总工程师

蔡　伟　集团公司副总经理

熊志勇　股份公司副总经理

崔江利　集团公司副总经理

地址：中国四川成都市马家花园路 10 号

电话：86-028-86442050

传真：86-028-87663096

邮编：610032

网址：www.cregc.com.cn

电子信箱：sbmsc@cregc.com.cn

【中铁三局集团有限公司】　中铁三局集团有限公司中铁三局集团有限公司是中国首批工程总承包建筑企业，具有铁路工程施工总承包特级资质、公路工程施工总承包、房屋建筑工程施工总承包、市政公用工程施工总承包一级资质的大型综合性建筑施工企业，具有铁路工程施工总承包特级资质，可承接房屋建筑、公路、铁路、市政公用、港口与航道、水利水电各类别工程的施工总承包、工程总承包和项目管理业务。集团公司下属 22 个子分公司，拥有员工 2.6 万人，其中，高级技术职称人才 929 人。公司拥有总资产 159 亿元，各类机械设备 7000 台(套)，年施工生产能力 500 亿元以上。1999 年通过 GB/T19001 标准认证，2003 年顺利通过了 IS014001 环境管理体系认证及 GB/T28001 职业健康安全管理体系认证。

中铁三局成立 60 年来，共完成百余条新线、复线铁路的修建和技术改造工程，完成的铁路里程总长度超过 12000 公里。同时，公司还在高等级公路、水利、电力、通信、城市轨道交通、房屋建筑、铁路运输、市政公用工程、工程设计、投资等领域取得了优良的业绩，施工领域已拓展到国内 29 个省、市、自治区。进军海外市场硕果累累，在坦桑尼亚、尼日利亚、埃塞俄比亚、埃及、阿联酋、伊拉克、新加坡、蒙古等国家承担铁路、房建、电厂、公路、水利等工程项目。

2011 年是企业多年来面临困难最多、压力最大的一年，全体职工团结一心，迎难而上，紧紧围绕“调结构、闯市场、练内功、保增长”的中心工作，大力实施“三足鼎立”、转型升级、人才强企和科技引领四大战略，纵深推进标准化，深入开展“精细化管理年”活动，因势利导，内外兼修，以坚韧的毅力和艰辛的汗水，经受住了严峻考验。在铁路市场极度萎缩的情况下，完成营销额 309.19 亿元；在资金极度紧张的情况下，完成营业额 276.43 亿元；在极其困难的条件下，实现净利润 2.83 亿元；安全质量持续平稳受控，全年未发生等级责任伤亡、质量事故；公司在岗员工平均收入比 2010 年增长 14.59%；企业经济运行秩序持续好转，为企业的稳定发展奠定了坚实基础。

中铁三局集团公司一贯坚持“知行合一，永争第一”的理念，以“科学技术铸造品牌”作为打开市场之门的金钥匙。在近二十多年中，已获 70 多项国家和省部级科技进步奖，获得国家专利 80 余项；有 148 项工程荣获鲁班奖、詹天佑奖、国家市政工程金杯奖、国家优质工程奖、白玉兰奖等国家或省部级优质工程奖。

近年来，中铁三局先后承担了青藏铁路和合宁、武广、郑西、石太、太中银、广珠、京沪、石武、沪昆等一大批国家高标准铁路线的建设，并在铁道部质量信誉评价中名列前茅。

公司凭借雄厚的实力和优秀的企业文化，赢得了丰厚的社会效益。2002 年被评为“全国质量效益型先进企业”，荣获“全国用户满意施工企业”，2003 年被认定为国家高新技术企业，2004 年荣获“全国守合同重信用企业”，公司 2005 年、2006 年连续荣获“全国优秀施工企业”，2008 年获得“全国五一劳动奖状”并多次获得“全国安康杯优胜企业”、“火车头奖杯”等荣誉，连续十几年被山西省评为“AAA”级资金信用等级企业。

在任领导：

高令旗　董事长、党委书记

刘宝龙　总经理、党委副书记、副董事长

张作义　党委副书记、纪委书记、监事（2011 年 12 月离任）

张　杰　党委副书记、纪委书记、监事（2011 年 12 月任职）

董国斌　工会主席、副总经理、职工董事

谢大鹏　副总经理、董事（2011 年 3 月任董事）

郝　刚　副总经理、董事（2011 年 3 月任董事）

张作义　副总经理（2011 年 12 月任职）

杨林浩　副总经理

李新远　副总经理

葛复存　副总经理

孙养俊　副总经理

谭世俊　副总经理

张庆远　副总经理

王树伟　副总经理

张振兴　副总经理（2011 年 10 月继续任职）

黄怀朋　副总经理、总经济师、董事

常乃超　副总经理、总工程师（2011 年 3 月兼任副总经理）

秦永虎　副总经理、总会计师（2011 年 3 月兼任副总经理）

地址：山西省太原市迎泽大街 269 号

邮编：030001

电话：0351-4038637

传真：0351-4088024

网址：www.ztsj.com.cn

电子邮箱：bgs@ztsj.com.cn

【中铁四局集团有限公司】　中铁四局集团有限公司（简称“中铁四局”）前身最早是 1950 年组建的中国人民志愿军抗美援朝铁道工程总队。铁道工程总队于 1953 年 11 月从朝鲜凯旋回国。同年，铁道部陆续在全国组建 12 个工程局、4 个专业工程公司，铁四局即其中之一。后经多次归并组合和调整，于 1966 年正式更名为铁道部第四工程局（简称“铁四局”）。铁四局 2000 年 6 月 28 日改制为中铁四局集团有限公司。

中铁四局集团拥有铁路工程施工总承包特级资质（作为主项资质），公路工程、房屋建筑工程、市政公用工程、机电安装工程等 4 个施工总承包一级资质，桥梁工程、公路路面、公路路基、铁路铺轨架梁等 4 个专业承包一级资质，城市轨道交通工程专业承包资质，以及国外承包工程资质和对外经营权。集团现有铁道行业综合乙级、建筑工程甲级、市政行业乙级设计资质，建筑工程甲级监理资质。具体业务包括铁路、公路、市政、水务环保、地铁、工业民用建筑、电力、通信、信号、电气化接触网、机场、码头、汽车试验（赛车）场、装饰装璜等工程施工；钢结构制作安装、机电设备安装；工程装备、新材料研发生产；工程设计与监理；物流、商贸、服务业，以及房地产、BT 等投资项目。目前，业务分布在全国各地及海外 7 个国家。

中铁四局集团是一家具有综合施工能力的跨行业、跨国经营的国有控股大型建筑企业。目前，全集团年生产、经营能力在 500 亿元以上。

中铁四局共有 15 家全资子公司、14 家分公司 4 家事业编制单位 1 家代管单位，共有 20 个直属工程指挥部（项目经理部），截至 2011 年底，全局在册员工 21594 名，其中各类管理人员 13297 名、各类技能人员 8297 人。在管理人员中，专业技术人员 11750 人，其中高级职称 943 人、中级职称 2929 人。高级职称人员中，正高级人员 49 人，其中，教授级高级工程师 46 人，主任医师 3 人。在技能人员中，高级技师 129 人、技师 463 人。全局拥有一级注册建造师 606 人、二级注册建造师 158 人。2011 年共引进高校毕业生 1002 人。

2011 年，全年完成新签合同额 400.35 亿元，占股份公司计划 450 亿元的 89%，排名股份公司各成员企业第三位。其中完成国内非铁路营销 240.56 亿元，占年度调整计划 225 亿元的 106.9%，同比增加 85.15 亿元，先后在成都、福州等多个城市承揽地铁项目 40.17 亿元，较 2010 年净增 14.64 亿元，地铁盾构年内获得了新增 6 个城市的入场券。

2011 年，全年共完成营业额 420.08 亿元，为局四个季度计划 410 亿元的 102.5%，占股份公司年度计划 378 亿元的 111.1%，在股份公司系统排名第三，其中海外完成 54.5 亿元，占年初计划的 109%，在股份公司系统排名第一。

2011 年，全局未发生生产安全责任事故和较大以上质量事故，。全年共获得省部级及以上优质工程 23 项，其中鲁班奖 2 项、国家优质工程金、银奖各 1 项、全国用户满意建筑工程 1 项。

2011 年，重新组建了政分公司，重组扩编上海分公司、重庆分公司，完成三公司、钢结构公司、城轨分公司和设计研究院的改制或更名，组建安哥拉分公司、哥伦比亚分公司，完成原六公司和市政分公司的资产转让、资质变更，开展“首席员工”评选试点，出台领导班子与成员考核评价等 10 项制度，

2011 年，全年共完成物资集中采购供应 126.03 亿元，占全局物资采购总额的 83.6%；全局资金集中度达 86.5%，较上年度提高 1.34 个百分点，日均集中资金 77 亿元，较上年度净增 22 亿元；全年办理银行承兑汇票 3632 笔，日均办理 10 笔，金额达 27.85 亿元，全年通过税收筹划节税 1.18 亿元，局实现资金管理净收益 2.36 亿元。全年共收回纳入清欠指标的欠款 20.53 亿元，占年度计划的 92.7 %。52 个铁路项目及深圳地铁年内批复变更索赔金额 32.9 亿元，占年度计划的 122.8%，其中 25 个收尾项目开累批复 95.3 亿元，占期望值的 96.4%，27 个在建项目开累批复 14.23 亿元，占期望值的 22.3%。二季度末下达的至 75.39 亿元确权目标，至年末已计量 47.24 亿元，占目标值的 62.7%，全局已完工未结算款显著降低，经营风险逐步化解。

2011 年，全年实现净利润 5.27 亿元，占股份公司年度计划的 103.94%，在股份公司基建板块的二级工程局中位列

第一，各项目回笼资金420.75亿元，保持经营性现金净流量11.11亿元的正向流入，连续三年保持了银行“零贷款”。截至2011年末，全局总资产296.09亿元，较年初267.16亿元增加28.93亿元；净资产34.9亿元，较年初29.1亿元增加5.8亿元。

2011年，中铁四局国家级技术中心通过国家发改委复查，钢结构公司、工程材料科技公司被认定为国家级高新技术企业，建筑公司技术中心通过了安徽省认定。全年获得省与行业级科技进步奖17项、国家级工法31项、国家授权专利73项，国家级工法和专利超过了“十一五”总和；获得詹天佑工程创新奖2项，占全国总数25个的8%；创新平台及各类成果、奖项继续位居行业前列。

中铁四局上下半年铁路信用评价均再次获得A类，取得了“十三连冠”，巩固了系统“标杆”、行业领先地位。在17个开展公路信用评价的省（市）中，也获得了14个省份共29个A级和AA级的良好业绩。

2011年共投入“送温暖”、“三不让”资金1272万元，用于“三工”建设资金7701万元；全局员工人均年收入达70740元，在岗员工人均年收入达75369元，同比分别增长17.98%和14.79%；对项目回收的资金优先支付农民工工资和材料供应商，有效化解了矛盾纠纷；适时改变内退员工“一刀切”做法，大幅提高内退人员收入待遇，全局共有2人荣登“中国好人”榜、1人荣获“全国优秀志愿者”。

在任领导：

董事长　张河川

副董事长　许宝成

董事　王传霖、何文、刘永红、程广朝、毛小民、段广和

党委书记　张河川

总 经 理　许宝成

副总经理　王砚才、张建场、李学民、王传霖、闫子才、汪志成、张庭华、邵刚、王西明、耿锦、刘勃、伍军

总会计师　何 文

总工程师　伍军

监事、监事会主席　陈路明

监事　刘宝来、资宝成、李以文、方文胜

地址：安徽省合肥市望江东路96号

邮编：230023

电话：0551-65244114 65246109

传真：0551-63632921

网址：ctce@ctce.com.cn

【中铁五局（集团）有限公司】　中铁五局前身为1950年6月12日成立的西南工程局。1952年12月15日，铁道部决定撤销西南工程局，在西南地区以原西南铁路工程局的人员为基础，组建铁道部新建铁路工程总局第二工程局等六个铁路施工单位。1958年5月7日，铁道部新建铁路工程总局第二工程局更名为铁道部第二工程局。1958年10月15日，铁道部撤销铁道部第二工程局，以二局为基础，组建铁道部贵阳工程局，进入“工管合一”时期。1961年，“工管合一”恢复为“工管分离”。1961年8月15日，铁道部西南铁路工程局改名为铁道部第二工程局。1971年9月1日，交通部和铁道部合并，改称交通部，原铁道部第二铁路工程局也改为交通部第二铁路工程局。1975年铁道部、交通部分离，4月1日原交通部第二铁路工程局又改称为铁道部第二铁路工程局。1979年1月1日，铁道部第二铁路工程局分建第二、第五两个工程局。分建后的铁五局机关驻地为贵阳。1999年12月29日，铁道部第五工程局改制为中铁五局（集团）有限公司。

中铁五局是世界500强企业中国中铁股份有限公司的全资子公司，注册资本金17.3亿元，注册地贵州省贵阳市。公司下辖17个子公司，22个分公司。公司现有员工22684人，共有各级各类专家129人，专业技术人员9776人。公司现有机械设备5268台套，固资设备总值约27.45亿元，其中拥有地铁盾构及后配套设备5套，预制箱梁搬、提、运、架设备8套。

中铁五局具有铁路工程施工总承包特级资质，房建、公路、水利水电、市政公用工程施工总承包壹级资质，桥梁、隧道、公路路面、公路路基工程施工专业承包壹级、城市轨道工程专业承包资质。中铁五局具有援外成套项目实施企业A级资质，具有外经、外贸权，是中国对外承包工程商会会员单位，在加纳等10多个国家设立了分公司或驻外办事机构。公司主要从事国内外建筑施工、房地产开发、酒店经营、资本运营等业务。

中铁五局是我国较早组建省级企业技术中心的建筑施工企业之一，掌握复杂地质条件下的高速公路、高速铁路、客运专线软土路基，长大、突泥涌水、溶洞群、特大断面隧道施工关键技术，高墩大跨、深水基础施工技术；900吨箱梁现浇及预制架设，无砟轨道预制铺设、精调施工关键技术；TDCS列车调度指挥系统、GSM-R通信系统、高寒地区高压电缆敷设接续施工工艺和道岔融雪系统构成及测试技术。掌握繁华城区复杂环境大型地铁车站、浅埋暗挖地铁隧道施工综合关键技术、区间土压平衡盾构操作技术。在工程机械开发、计算机信息技术运用等方面也具有较强的实力。

中铁五局秉承“勇于跨越、追求卓越”的企业精神，以打造百年不朽工程为己任，竭诚为境内外顾客奉献至臻精品。改革开放以来，中铁五局先后参加了全国80多条铁路主干线，100多条公路主干线，以及全国各地机场码头、城

市轨道、水利水电、市政工程的建设。近几年来，在武广、京沪、哈大、沪昆等国家“四纵四横”高速铁路网建设中发挥了主力军作用。公司承建的工程质量优良，共有25项工程获鲁班奖、詹天佑奖、国家优质工程奖或全国用户满意工程等国家级奖项。所建工程创造了多项全国、亚洲、世界纪录。

中铁五局是国内最早贯彻实施国际管理标准的建筑施工企业之一，先后通过ISO9000、ISO9001国际质量体系，ISO14001国际环境管理体系和GB/T28001职业健康安全管理体系认证。遵循“依靠科技、规范管理、持续改进、顾客满意”的质量方针，以科学的管理、精湛的技术、优良的装备、文明的施工，取得了显著业绩，获得了各界好评。1998年受国务院表彰，成为全国十四家先进单位和企业之一；1999年被评为“中国企业形象AAA级单位”、“全国优秀施工企业”、“十五年来全国最佳施工企业”，荣获“全国五一劳动奖状”；2000年被评为“全国质量效益型先进施工企业”、“全国质量管理小组活动优秀企业”；2001年荣获“九五铁路先进企业”、“1998～2000年度贵州省有突出贡献的国有企业”称号；2002年被评为“贵州省红旗文明单位”和“全国建筑安全生产先进集体”；2003年荣获“全国安康杯优胜企业”；2004年荣获“中央企业先进集体”、“贵州省优秀企业”；2005年10月，被中央文明委评为“全国精神文明建设工作先进单位”；2006年荣获“全国工程建设质量管理优秀企业”、“全国企业文化建设工作优秀单位”称号；2007年荣获“全国守合同重信用单位”称号；2011年荣获“全国企业文化建设2011年度优秀单位”、“全国模范劳动关系和谐企业”、“全国文明单位”称号。

2011年，中铁五局围绕“以科学发展为主题，以转变发展方式为主线，以练内功、强管理、调结构为主措”的总体工作思路，积极应对市场变化，夯实基础管理，实现了持续发展。全年，完成新签合同额300.7亿元、企业营业额322亿元。局机关本部贵阳、长沙两地办公，主要职能部门设置到长沙办公中心，局社保部、海外部、物资部仍在贵阳办公，并在贵阳办公中心增设行政工作部、党群工作部、财会部贵阳分部、科技部贵阳分部。

在任领导：

董事长　张敏（至2011.8.31）

总经理、副董事长、党委副书记　张回家（2011.8.31起任法定代表人）

董事长、党委书记　马江黔（2011.8.31起任董事长）

党委副书记　李晓声（至2011.8.31）

党委副书记、纪委书记　于保林

党委副书记、工会主席、副总经理　齐康平（2011.12.29起任党委副书记）

副总经理　黄武

副总经理　徐中义

副总经理、总法律顾问　陈广森（2011.12.29由总会计师改任副总经理）

副总经理、总经济师　王丽（2011.7.1调离）

总工程师　陈德斌

副总经理　梁承欢

副总经理　陈佐林

副总经理　刘晓辉

副总经理　孙成明

副总经理　房晓军

总会计师　周海辉（2011.12.29起）

副总经理　曹吉波

地址：贵州省贵阳市枣山路23号

邮编：550003

电话：0851-8180150

传真：0851-8180960

网址：www.ztwj.cn/

电子邮箱：Twjjb@public.gz.cn

【中铁六局集团有限公司】　中铁六局集团有限公司的前身是北京铁路建设集团有限公司，始建于1953年1月1日。原名北京铁路局北京工程处，1992年9月更名为北京铁路工程总公司，2001年12月改制为北京铁路建设集团有限公司。2003年11月中国铁路工程总公司按照国资委、铁道部《关于将铁道部部属第二第三勘测设计院等22户企业划转中国铁路工程总公司有关问题的批复》（国资改革函〔2003〕373号）文件精神，将接收的北京铁路建设集团有限公司、太原铁路建设集团有限公司、呼和浩特铁路建设（集团）有限责任公司和丰台桥梁工厂四家企业重组成立为中铁六局集团有限公司。组建方式为：以北京铁路建设集团有限公司“更名扩股”，于2003年12月18日变更工商注册，注册资本53628万元，隶属于中国铁路工程总公司，2004年元月6日正式挂牌成立的国有特大型建筑施工企业。2007年9月17日变更为中国中铁股份有限公司的全资子公司，注册资本金13.875亿元。中铁六局总部位于北京，现下设有北京、太原、呼和浩特、天津、石家庄铁建公司和电务工程、中铁丰桥桥梁、北京置业、北京中铁天易科技发展、北京中铁信达经贸、海外工程等11个子公司和桥隧、广州、盾构、铺架、设计院等5个分公司。现有员工近16000人，各类专业技术人员近6000人，其中高中级职称人员2400余人，一级建造师300余人，拥有各类先进的施工设备4300余台（套），年施工能力200亿元以上。公司拥有铁路工程施工总承包特级、房屋建筑、市政、公路工程施工总承包一级，桥梁、隧道、铁路铺轨架梁工程专业承包一级，城市轨道交通、环保、钢结构、地基与基础、土石方、建筑装修装饰、电力、铁路电务、铁路电气化、城市及道路照明、建筑智能化、电信、通信、管道、爆破与拆除、预拌商品混凝土、混凝土预制构件、房地产专业承包等68项资质，以及国家（CMA）计量认证资质、公路工程试验检测综合乙级等资质。同时，拥有对外承包工程资格证书。

地址：北京市海淀区万寿路2号
邮编：100036
传真：010-68157693
网址：www.crsg.com.cn/

【中铁七局集团有限公司】 中铁七局集团有限公司创建于2003年12月25日，由原郑州铁路工程建设集团、武汉铁路工程建设集团、洛阳、襄樊、安康铁路工程有限公司和中铁一局三公司六家单位重组成立的国有控股大型施工企业，公司注册地在河南省郑州市。公司具有铁路工程施工总承包特级、公路工程施工总承包壹级、房屋建筑工程施工总承包壹级、市政公用工程施工总承包壹级、桥梁工程专业壹级、公路路基工程专业承包壹级、隧道工程专业承包壹级、城市轨道交通工程专业及水工隧洞工程专业承包壹级等多项资质。同时具有国家外经贸部授予的境外工程承包经营权。中铁七局集团有限公司下辖1个分公司、6个经营分公司、10个全资子公司、1个省级技术中心和1个铁道行业甲Ⅱ级资质设计分公司。集团公司年新签合同额300亿元以上，企业营业收入250亿元以上。截止2011年底，集团总资产达180.74亿元。集团现有员工14454人，其中：各类专业技术人员7000余人，一级建造师500余人。公司拥有各类大型施工机械5000余台（套），其中有从美、英、德、日、瑞典等国引进的隧道全断面掘进三臂台车、门式台车、砼三联喷护机械、大型土石方挖装运输机械、移动砼拌合工厂、盾构机等大型施工机械设备以及HZQ900型铁路客运专线用整孔箱梁架桥机、900吨轮胎式运梁车、500吨铁路客运专线用门式起重机等铁路客运专线专用机械。

中铁七局集团有限公司施工足迹遍布全国各地，以及东南亚、中东、非洲、南美洲等多个国家，完成了一大批在国内外都具有重大影响力的工程建设项目。铁路方面，特别是客运专线，先后参与了秦沈、郑西、胶济、合武、沪宁、石武、汉宜、贵广、郑焦、柳南等客运专线的建设，其中有公铁两用斜拉桥中跨度第一的武汉天兴洲长江大桥，公铁两用桥长度世界第一的郑州黄河公铁两用桥工程。参与了京广、陇海、焦枝、襄石、大秦、西康、南疆、内昆、宝兰、渝怀、青藏、西延、兰渝、巴达、准朔、等多条铁路一级干线和山西中南部通道重载铁路的施工。公路方面，先后参与了京珠、大广、厦蓉、青兰、包茂、兰海、沈海、京珠、襄十、漯平、烟黄、乌奎、榆靖、长晋、许平南、华福、滨博、江珠、沪杭甬、青兰、神府、十天、连霍等主干线及支线高速公路的施工。城轨地铁方面，先后参与了广州、深圳、杭州、沈阳、西安、郑州、重庆、苏州、南京、武汉等多个城市的地铁轻轨施工。水利水电方面，先后参与了引大入秦、引硫济金、引冯济羊、南水北调等多项水电工程建设。市政工程方面，先后参与了上海共和路立交桥工程、苏州官渎里立交桥工程、宜昌夷陵长江大桥工程、泸州长江大桥工程、南京长江三桥工程、南京玄武湖隧道工程等一批重点市政项目的建设。在房建、通信、电力等方面也具有雄厚的施工资源和良好的施工业绩，集团公司《铁路既有线250km/h接触网施工综合施工技术》及《京沪高铁上海虹桥枢纽牵引供电综合技术》均达到了国内领先水平，“四电”施工技术研究取得较快进展。海外工程施工方面，先后到朝鲜、科威特、坦桑尼亚、赞比亚、几内亚、尼日利亚、伊拉克、沙特、塞内加尔、马里共和国、莫桑比克、刚果（金）等多个国家，承担了有国际影响的工程施工，取得了良好的经营业绩，实现了海外市场的滚动发展。

中铁七局集团有限公司在建筑施工行业一直保持着良好的信誉和经营业绩，工程合同履约率100%，工程质量合格率100%。荣获中国建筑工程“鲁班奖”和国家优质工程奖10项、省部级优质工程奖54项。在科技创新成果方面，拥有下承式钢管拱肋公路跨铁路桥双向转体施工工法等国家级工法7项，多功能电动转辙机操纵台等专利技术42项，并主持编制了多项铁道行业工程建设行业标准。集团公司曾多次获得“中国500家最大经营规模建筑业企业”、“铁路、公路、隧道、桥梁建筑业行业100家最大经营规模企业”、“全国优秀施工企业”、“全国最佳施工企业”、“全国守合同重信用企业”、“全国铁路安全生产先进单位”，顺利通过了ISO9002质量管理体系国际、国内认证；ISO14000环境管理体系、GBT18000职业健康安全管理体系认证。2010年，集团公司荣获“全国五一劳动奖状”。

地址：河南省郑州市航海东路1225号
邮编：450016
电话：0371-67723150
传真：0371-67723109
网址：www.crsg.cn

【中铁八局集团有限公司】 中铁八局集团有限公司是国家特级资质综合性施工企业，组建于2003年12月22日，隶属中央大型企业、世界500强企业—中国中铁股份有限公司。

中铁八局机关设在素有天府之国美誉的四川省成都市。

下属13个子公司分别设在四川、贵州、云南和重庆三省一市，并在北京、上海、福州、广州、兰州、西安设有6个办事处。截至2011年底，全局共有员工11305人，其中一级建造师327人，教授级高工32人，高级职称361人，中级职称1627，初级职称3968人；拥有各类先进的工程机械设备4500余台（套）；注册资本156428.48万元，施工能力500亿元以上。

中铁八局是在中国铁路基础性改革的主辅分离中，重组了由铁路系统剥离出来的原成都铁路工程集团、昆明铁路建设集团和中铁成都桥梁厂组建而成。组建后企业资质等级迅速提升，企业生产经营规模迅速扩大，企业科技创新能力迅速增强。

中铁八局具有铁路工程施工总承包特级资质和房屋建筑工程施工总承包壹级、公路工程施工总承包壹级、市政公用工程施工总承包壹级、水利水电工程施工总承包贰级别、通信工程施工总承包叁级、桥梁工程专业承包壹级、隧道工程专业承包壹级、公路路基工程专业承包壹级、铁路铺轨架梁工程专业承包壹级等方面资质，同时具有城市轨道交通工程专业承包资质。

企业规模已从成立之初的年新签合同额30多亿元，迅速扩大到现在的年新签合同额360亿元以上；科技创新方面，在无砟轨道、无砟道岔、铁路客运专线工程、铁路综合工程、桥梁施工、CA砂浆配方等多个领域拥有技术领先地位；生产经营范围于2010年4月在原经营范围中有所增加，2011年无变动情况。中铁八局正在由原来单一的建筑施工向投资管理、项目策划、房地产开发、工业设备制造销售、汽车销售维修、仓储物流、混凝土制品，以及其他能够涉及的业务进行了大力拓展，形成了“一业为主，多元经营”的科学发展新格局。

中铁八局组建后，先后9次荣获中国建筑工程鲁班奖（国家优质工程），96项省、部级优质工程；生产的混凝土轨枕被评为国家级优质产品；连续创造了29项中国企业新纪录，获得国家专利78项，国家级工法15项，主、参编了9项部级标准和规范，并先后荣获全国建筑业科技进步与技术创新先进企业、全国创新型企业、全国“五一”劳动奖状、全国最佳施工企业、全国优秀施工企业、全国文化管理先进单位、全国企业文化建设50强、文化部2008中国优秀企业形象十佳单位、建国60周年•中国企业文化典范单位、中国企业文化建设百家重诚信单位、“十一五”全国建筑业科技进步与技术创新先进企业等荣誉称号。

2011年，集团公司全年共完成总营业额268.56亿元，为股份公司下达计划265亿元的101.35%。其中国内完成265.46亿元，境外完成3.10亿元（4813.4万美元），为股份公司下达计划4000万美元的120.33%。

2011年是《安全生产“十二五”规划》的开局之年，集团公司紧紧围绕“十二五”时期“完善企业安全保障体系、完善政府安全监管和社会监督体系、完善安全科技支撑体系、完善法律法规和政策标准体系、完善应急救援体系以及完善宣传教育培训体系”六项安全生产主要任务，坚持“安全第一，预防为主，综合治理”的安全生产方针，认真落实安全生产责任制和安全一票否决制，狠抓施工现场强化重点环节的安全管理，严格执行技术标准和作业规范，积极开展在建隧道和地下工程防坍、交通运输及汛期安全生产、营业线施工等专项安全检查，大力开展群众安全生产监督员活动，努力提高全员安全意识。以创建安标工地为载体，继续深入推进标准化管理，促进了安全生产形势的稳定可控，保证了集团公司施工生产的顺利进行和年度安全方针目标的实现。

2011年，集团公司共有在建工程项目215个，合同总价698亿元，开累完成410亿元。5000万以上在建工程项目155个，其中以集团公司名义中标子公司独立施工的项目50个。

2011年，集团公司实现总收入221.82亿元，总成本202.82亿元，营业税金及附加66,404.65万元，销售费用13,902.08万元，管理费用60,389.91万元，财务费用16,495.21万元，资产减值损失3,393.48万元，投资收益3,643.62万元，实现营业利润33,082.97万元，营业外收入3,465.49万元，营业外支出1,026.18万元，实现利润总额35,522.27万元，所得税费用8,793.16万元，净利润26,729.12万元，少数股东损益2,705.36万元，实现归属于母公司的净利润24,023.76万元。

截至2011年12月31日，集团公司共有员工11305人，其中干部6581，占员工总数的58.21%；工人4724人，占员工总数的41.79%。

集团公司现有干部6352人，其中具有专业技术职称人员5453人，占干部总数的85.85%；管理人才3477人，占干部总数的54.74%；纯专业技术干部2875人，占干部总数的45.26%。

在任领导：

曹　义　集团公司董事长
杨　峰　集团公司总经理、党委副书记
徐敦美　集团公司党委书记、副董事长
赵　智　集团公司副总经理、总工程师
唐　云　集团公司副总经理
李　俊　集团公司副总经理
尹　成　集团公司党委副书记、纪委书记
王国明　集团公司副总经理、总会计师、总法律顾问
郭相武　集团公司副总经理
董冲锋　集团公司副总经理

左兴明　集团公司副总经理、工会主席
陈守忠　集团公司副总经理、总经济师
喻修正　集团公司副总经理
张俊峰　集团公司副总经理

地址：成都市金牛区金科东路 68 号
邮编：610036
电话：028—87518338
传真：028—87517929
网址：www.cr8gc.com
电子邮箱：zjl@cr8gc.com

【中铁九局集团有限公司】 中铁九局集团有限公司由原沈阳铁路工程建设集团有限公司、沈阳铁路局锦州工程（集团）有限责任公司、沈阳铁路局吉林建设工程集团有限公司三家企业重组而成。于 2003 年 12 月 23 日经国家工商行政管理总局核准，在辽宁省沈阳市工商局注册，2003 年 12 月 26 日，中铁九局在沈阳正式挂牌成立。是集施工、科研、房地产开发、机加工为一体的多功能、大型集团，年施工能力 200 亿元以上。总部设在辽宁省沈阳市。

公司具有国家住房和城乡建设部批准的铁路工程施工总承包特级资质；公路工程、市政公用工程、房屋建筑工程施工总承包一级资质；桥梁工程、隧道工程、铁路电务、钢结构、装饰装修、铁路铺轨架梁工程专业承包一级资质；城市轨道交通工程专业承包资质；机电设备安装、水利水电、铁路电气化工程专业承包等三十余项资质。公司先后通过了 ISO9001：2000 质量体系、ISO14001：2004 环境管理体系、GB/T28001：2001 职业健康安全管理体系的三整合认证。

截至 2011 年末，中铁九局有 23 个成员企业和所属单位。分布在辽宁、吉林、广东、四川和上海四省一市，包括中铁九局集团第一、第二、第三、第四、第六、第七、电务工程有限公司、沈阳房屋开发有限公司、大连房屋开发有限公司、沈阳亚航物资有限公司、工程试验检测公司 11 家全资子公司；四川建升房地产开发有限公司、广州盛德房地产开发有限公司 2 家控股公司；中铁九局集团有限公司大连工程处、机械设备分公司、桥梁分公司、隧道分公司、广州分公司、成都分公司、上海分公司、长春分公司、西安分公司、勘察设计院 10 家分公司。

中铁九局主营范围为：铁路、公路、市政、房屋建筑、水利水电、隧道、桥梁、城市轨道交通、钢结构、土石方、爆破、铺架、土木工程建筑、电力、信号、通信线路安装、电气化、环保水处理、装饰装修、暖通制冷、幕墙施工；锅炉安装；对外援助成套项目工程施工；承包境外工程及境内国际招标工程、上述工程所属的设备和材料的出口、对外派遣上述境外工程所需的劳务人员；检测试验、工程设计、特种设备安装、维护、保养、改造、租赁；周转材料、机械设备租赁；预拌混凝土、预制构件（含桥梁构件）、建筑材料、钢材销售。

截至 2011 年末，中铁九局共有员工 11968 人，拥有专业技术职务人员 6040 人，其中正高级 5 人、副高级 407 人、中级 1300 人、中级以下 4328 人。取得国家一级注册建造师资格的有 296 名、国家二级注册建造师资格的有 159 名；取得国家各类注册资格证书的有 702 余名。拥有机械设备达 5978 台（套）。

几十年来，中铁九局（包括其前身）共新建、改（扩）建铁路干线 4400 公里以上，修建高速公路 600 多公里。先后参与了沟海线、集通线、东边道、长双烟、沈抚城际、秦沈客专、福厦客专、哈大客专、盘营客专、杭长客专、沈丹客专、沪昆客专、锡乌线、扎阿线、宇松线、库俄线、兰新线、西部战略等铁路的新建和哈大、沈山、平齐、大郑、沈吉、长图、通辽枢纽、通霍线、吉林站技改、大准线、广西沿海等铁路的改建和增建二线工程施工；承建了金州、灵山、苏家屯特大型铁路编组站和沈阳北铁路新客站、沈哈提速改造、津沈电气化改造，哈大电气化改造、湘桂线等大型铁路工程。并在高速公路、高层建筑、市政工程、城市轨道交通等施工领域取得了辉煌业绩。

在海外市场方面，中铁九局先后承建了沙特、利比亚、伊拉克、坦桑尼亚、赞比亚、乌干达、博茨瓦纳、刚果（金）等国的铁路、房建、水利、市政等国际工程，获得了良好的国际声誉。

中铁九局 2008 年取得省级技术中心认证，2009 年取得辽宁省高新技术企业认证。获国家鲁班奖 2 项，国家优质工程 2 项，省部级优质工程 54 项；主编国家行业标准 1 项、参编 4 项；荣获国家和省部级科技进步奖 12 项，国家级工法 7 项，省部级工法 47 项；发明及实用型专利 24 项；连续多年被国家和辽宁省评为企业信誉 AAA 级单位、重合同守信用单位和全国质量效益型先进施工企业。

在任领导：
董 事 长　柳汉桥
总 经 理　张润文
党委书记　王　猛
副总经理　赵铁军（11 月 3 日撤职）
李春喜　韩顺学　刘海东　赵金祥　杨绍平　彭　齐
副总经理、工会主席　宋玉国
总工程师　周文明
总会计师、总法律顾问　刘长城
党委副书记、纪委书记　苑宝印（3 月 31 日调出）
党委副书记、纪委书记汪国明（7 月 1 日任）
总经理助理　薛江伟（3 月 22 日任）

股份公司专职董事、监事　方永忠（7月15日退休）

地址：辽宁省沈阳市沈河区敬宾街3-1号
邮编：110013
电话：024-62042635　031-42635
传真：024-62041245　031-41245
网址：www.crjj.com/crjj
电子邮箱：crjjbgs@163.com

【中铁十局集团有限公司】　中铁十局集团有限公司，是根据国资委、铁道部（国资改革[2003]89号、国资改革函[2003]373号文件）及中国铁路工程总公司《关于筹备成立中铁十局集团有限公司的通知》（中铁程劳[2003]385号文），通过变更“原济南铁路工程（集团）有限责任公司”名称和重组原“中铁三局集团第三工程有限公司”、原“中铁四局集团第三工程有限公司”设立的，于2003年12月26日在山东省工商行政管理局登记注册。

集团公司是以建筑工程施工总承包为主的跨行业跨国经营的国有特大型企业集团，拥有铁路施工总承包特级，公路、市政、房建施工总承包壹级，桥梁工程、铁路铺轨架梁工程、隧道工程、环保工程、钢结构工程、铁路电务、电气化工程及路基、路面、土石方工程、装修、建筑智能化、机电设备安装工程专业承包壹级，爆破与拆除、水利水电、电信等工程总承包贰级，城市轨道交通工程专业资质。拥有对外承包工程资格证书和对外援助成套项目A级资质。

集团公司是中国中铁股份有限公司的全资子公司，注册资本金为13.34亿元。截至2011年末，集团公司资产总额206.7亿元，下设23个子分公司，年施工能力300亿元以上。公司现有员工1.5万人，共有各类专业人员7000余人，其中拥有高中级及以上专业技术职务人员2000多人，一级建造师近300人。

经过多年的拼搏和发展，公司在铁路、公路、市政、房建施工和房地产开发等诸多领域取得了令人瞩目的业绩。先后参与了京九铁路、青藏铁路、京沪高铁、沪杭高铁、沪宁城际、宜万铁路、胶济客专、温福铁路、甬台温铁路、合武铁路、太中银铁路、向莆铁路、兰渝铁路、大西铁路、云桂铁路、中南铁路通道等百余条国家大型铁路工程建设，承建了济南、青岛、徐州、烟台、泰州、济南西站等新客站和铁路枢纽工程，新建、改建、扩建铁路干线、支线6000多公里，先后参与了济青、京沪、连霍、济广等百余条高速公路建设，建成高速公路总长1500多公里，参建各类大桥、特大桥1000多座。参建了广州、深圳、成都、大连、武汉、福州、长春、西安、贵阳等多个城市的地铁和轻轨交通项目，完成了国内诸多城市千余项高层建筑、大型厂房、城市立交、电气化工程、汽车试验场、高尔夫球场、环保水务等工程项目。此外，还参与了白俄罗斯、委内瑞拉、南部苏丹、乌干达、肯尼亚、斯里兰卡等国外工程项目施工以及采矿投资开发等项目的运作。

公司承建的工程项目先后荣获“中国建筑工程鲁班奖”、“中国土木工程詹天佑大奖”、“中国市政工程金杯奖”等国家级优质工程奖17项，山东省“泰山杯”等省部级优质工程奖57项。获得国家级工法13项，省部级工法74项。获得省部级科技进步奖25项，获得专利授权49项。通过了“质量管理体系”、“环境管理体系”、“职业健康安全管理体系”认证，先后被授予“全国优秀施工企业”、“全国优秀诚信企业”、“全国精神文明建设工作先进单位”、“全国公路行业优秀施工企业”、“全国质量效益型先进施工企业”、“重合同守信用企业”、“‘十一五’全国建筑业科技进步与技术创新先进企业”、“山东省企业文化建设十佳单位”、“山东省劳动关系和谐企业”、“富民兴鲁劳动奖状”等多项荣誉称号，连续多年保持山东省“最佳信贷诚信企业”称号。

在任领导：

程广朝　董事长、党委书记（1月1日至9月5日）
沈尧兴　总经理、副董事长、党委副书记（1月1日至9月5日）
沈尧兴　董事长、党委副书记（9月5日至12月31日）
万冠群　党委副书记、纪委书记（1月1日至9月5日）
万冠群　党委书记、副董事长（9月5日至12月31日）
杨兰松　副总经理（1月1日至9月5日）
杨兰松　总经理、党委副书记（9月5日至12月31日）
贺贤栋　总经理助理（1月1日至9月5日）
贺贤栋　党委副书记、纪委书记（9月5日至12月31日）
黄新宇　工会主席、副总经理（1月1日至12月31日）
武海光　副总经理（1月1日至12月31日）
董文德　副总经理、总法律顾问（1月1日至12月31日）
汪保华　副总经理（1月1日至12月31日）
郑胜庄　副总经理（1月1日至12月31日）
陈国清　副总经理（1月1日至12月31日）
王爱平　总工程师（1月1日至12月31日）
王祥玉　副总经理（1月1日至12月31日）
吴永兵　副总经理（1月1日至12月31日）
郭建封　总会计师（1月1日至12月31日）
崔　军　总经理助理（1月1日至9月5日）
崔　军　副总经理（9月5日至12月31日）
熊宝琳　董事会秘书（1月1日至12月31日）
薛飞红　总经理顾问（1月1日至12月31日）

地址：山东省济南市高新区舜泰广场7号楼
邮编：250101
电话：0531-82461026
传真：0531-82461260
网址：www.cr10g.com
电子邮箱：ztsj@cr10g.com

【中铁大桥局集团有限公司】 中铁大桥局集团有限公司是中国中铁股份有限公司旗下的全资子公司，由原创建于1953年4月的铁道部大桥工程局改制而成的一家现代化企业，是集科学研究、勘测设计、建筑施工、机械制造四位于一体的、具有施工总承包特级资质的建筑企业，并率先通过ISO9000质量体系和ISO14000环境管理体系认证。

1950年经中央人民政府指示，铁道部开始武汉长江大桥的筹建工作，1953年4月成立“铁道部新建铁路总局武汉大桥工程局”。1954年1月，滕代远部长代表铁道部向政务院总理、副总理及委员提交了《关于修建武汉长江大桥的报告》。1954年1月21日，政务院召开第203次政务会议，通过《中央人民政府政务院关于修建武汉长江大桥的决定》，正式任命彭敏为大桥局局长，武汉市委书记王任重兼任政治委员。

大桥局成立初期，下辖5个从事施工生产的工程队（段），局机关设20个职能科（室），共有职工2533人，主要任务是修建衡阳湘江大桥、武汉长江大桥及其配套的桥涵工程。

1957年10月武汉长江大桥建成通车。1958年3月，大桥局改称“铁道部大桥工程局”。此后，所辖施工生产单位逐步扩编为8个工程处（厂），局机关科（室）相继升格为处（室），并成立了勘测设计院、桥梁科学研究所、中心医院、子弟学校等单位，成为一个具有综合职能，集科研、设计、施工、制造于一体的大型专业化工程局，职工人数增至2万多，施工点遍布全国各大水系，并成为当时全国唯一能在长江、黄河上修桥的专业化队伍。

1970年8月，铁道部与交通部合并，大桥局亦改称“交通部大桥工程局”。1975年3月，铁道部与交通部分设，本局仍属铁道部，名称恢复为“铁道部大桥工程局”。此前及此后，单位名称还有“革命委员会”、“桥梁与基础工程公司”等短期变更，但隶属关系及内部机构均无实质性变化。

2000年10月，大桥局与铁道部脱钩，更名为“中铁大桥工程局”，属中铁工程总公司领导，仍是一个集科学研究、勘测设计、建筑施工、机械制造四位于一体的大型施工企业。

2001年4月26日，大桥局改制为“中铁大桥局集团有限公司”，向现代企业制度迈出了重要一步。随即，集团社管中心成立，集团公司各单位、部门相继改制、改革。

2004年10月28日，经国务院国有资产监督管理委员会批准，中铁大桥局股份有限公司依法成立。中铁大桥局股份有限公司是由中铁大桥局集团有限公司、武汉钢铁（集团）公司、中铁隧道集团有限公司、中铁山桥集团有限公司、铁道科学研究院共同发起，以中铁大桥局集团有限公司桥梁建设等土建施工资产改制重组设立的股份有限公司。

截至2011年底，集团公司拥有总资产206.31亿元，集团公司现有子公司16个，其中：施工板块11个，物流板块1个，科研板块1个，房地产板块2个（其中一个项目公司），其他1个；分公司18个，其中专业化分公司5个；在建直属项目部24个。另根据市场营销的需要，设立营销类分公司9个、办事处5个。集团公司机关设部室22个，其中行政部门15个，党群部门7个。集团公司现有员工14000余名，拥有中国工程院院士2名、全国工程勘察设计大师3名、国家有突出贡献专家1名、享受国务院特殊津贴的专家27名、省部级有突出贡献专家16名、教授级高级工程师101名、高级工程师569名、各类专业技术人员7259名。

中铁大桥局是世界上设计建造桥梁最多的企业，一直引领着中国桥梁事业发展。迄今，公司在国内外设计建造了1500余座大桥，总里程1500余公里，并先后参加了铁路干线和高等级公路建设。修建了一大批精品名优工程，获得了一大批奖项，其中，获国家科技进步奖28项，新中国成立60周年“百项经典暨精品工程”10项，国家优质工程金质、银质奖9项，中国建筑工程鲁班奖24项，詹天佑大奖17项，创中国企业新纪录37项，拥有有效专利197项。现已建的知名大桥包括我国公铁两用大桥的四座里程碑武汉、南京、九江、芜湖长江大桥，获得国际桥梁“乔治•理查德森大奖”的公铁两用大桥武汉天兴洲长江大桥，世界首座六线铁路大桥南京大胜关长江大桥，世界最长公铁两用大桥郑州黄河公铁两用大桥，我国第一座真正意义上的跨海大桥东海大桥，世界最长的跨海大桥杭州湾跨海大桥，世界最高海拔铁路青藏铁路上的标志性工程拉萨河特大桥，港澳地区标志性建筑澳门西湾大桥、深圳湾公路大桥，孟加拉国最大的桥梁帕克西大桥，世界首座三塔两跨千米级悬索桥泰州长江大桥，长江口第一桥上海长江口隧桥工程等；在建的特大型桥梁包括韩家沱长江铁路大桥、武汉二七长江大桥、黄冈公铁两用长江大桥、九江长江二桥、泰州长江大桥、铜陵公铁两用长江大桥、安庆长江铁路桥、马鞍山长江大桥、南京长江四桥、桃花峪黄河大桥等。先后参与了京津、温福、合武、甬台温、福厦、武广、哈大、石武、津秦、渝利、京沪、京福、南广、南钦等铁路客运专线（高速铁路）工程建设。

2011年，集团新签合同额248.4亿元，完成企业营业额236.2亿元，在逆境中实现了“十二五”的良好开局。尤其是1项工程荣获鲁班奖、1项工程荣获詹天佑奖、9项桥梁工程入选“中国百年百项杰出土木工程”、2项关键技术获国家科技进步二等奖等成绩的取得，以及全年相继有京沪高铁大胜关长江大桥、胶州湾跨海大桥、二七长江大桥等26项工程竣工或通车，充分展示了集团的良好形象和强大实力。

在任领导：
刘自明　集团公司董事长
胡汉舟　集团公司总经理
文武松　集团公司党委书记
谭国顺　股份公司总经理
秦顺全　集团公司总工程师
古继洪　集团公司总会计师
王政兵　集团公司副总经理、总经济师
黄支金　集团公司副总经理
张春新　集团公司副总经理
高兴泽　集团公司副总经理
刘杰文　集团公司副总经理
李富仓　集团公司副总经理
秦汉桥　集团公司工会主席、副总经理
季跃华　集团公司副总经理
张跃进　集团公司党委副书记、纪委书记
蔡登山　集团公司副总经理

地址：湖北省武汉市汉阳大道38号
邮编：430050
电话：027-84842526
传真：027-84842430
网址：www.ztmbec.com
电子邮箱：mbecjb@ztmbec.com

【中铁隧道集团有限公司】 中铁隧道集团（China Railway Tunnel Group，缩写CTG）是以中铁隧道集团有限公司为核心企业，集勘测设计、建筑施工、科研开发、机械修造四大功能为一体的国内隧道和地下工程领域最大的企业集团，隶属于中国中铁股份有限公司。

中铁隧道集团主要经营范围和资质包括：铁路工程施工总承包特级（可承接房屋建筑、公路、铁路、市政公用、港口与航道、水利水电各类别工程的施工总承包、工程总承包和项目管理业务）；房屋建筑、公路、市政公用工程施工总承包壹级；水利水电工程施工总承包叁级；城市轨道交通工程专业承包；隧道、桥梁、水工隧洞、公路路基工程专业承包壹级；混凝土预制构件专业贰级；铁道行业甲（Ⅱ）级设计资质；科研、设计及技术服务；承包境外铁路综合工程，境内国际招标工程及其设备材料出口和派遣劳务；自营和代理商品及技术进出口，进料加工和“三来一补”业务，经营对销贸易和转口贸易。经营刊物广告业务。铁路24米及以上预应力混凝土简支梁的生产。机械制造等。集团公司及主业了公司先后通过了GB/T19001标准质量管理体系、GB/T24001环境管理体系和GB/T28001职业健康安全管理体系认证。

2011年，集团公司总部共设有23个部处室及社管中心和房地产开发管理中心，集团公司派出机构有片区指挥部6个、办事处3个和A类项目经理部（指挥部）30个；集团现有全资子公司13个，控股子公司3个，参股公司2个，分公司7个。在建工程项目300个，施工队伍遍布全国各地。

全集团现有员工15536人，拥有管理、技术人员8890人，工人6549人，其中中国工程院院士、国家级有突出贡献专家各1人，享受国务院政府特殊津贴6人，拥有涵盖铁路、公路、市政公用、机电、通信等专业的一级注册建造师416人。集团保有机械设备6905台套，净值18.76亿元，总功率74.7万千瓦。盾构、TBM装备62台，是国内拥有盾构、TBM门类最齐全、数量最多的施工企业。

中铁隧道集团成立30多年来，企业经营生产规模不断扩大，市场由铁路内向铁路外、由境内向境外不断拓展。完成了一大批科技含量高的国家重点工程建设任务。铁路工程先后参加了东陇海、衡广、大秦、侯月、宝成、京九、南昆、朔黄、西康、内昆、株六、梅坎、神延、西安南京、渝怀、赣龙、青藏、兰武、宜万、大丽、洛湛、石太、武广、合武、武康、襄渝、温福、甬台温、太中银、青藏二线、南疆吐库二线、广深港、北京地下直径线、龙厦、厦深、沾六、京石、渝利、贵广、西平、南广、兰渝、玉蒙、库俄支线、沈阳枢纽东北环线、东北东部通灌、合福、张唐、山西中南部通道、金温、吉图珲等铁路干复线建设，建成或参与建成的著名长大隧道有：国内最长的铁路双线隧道衡广复线大瑶山隧道（14.3公里）、国内最长的铁路单线隧道兰武二线乌鞘岭隧道（20.5公里）、国内首次采用TBM掘进机修建的西安安康秦岭特长隧道（18.5公里）、国内最长的岩溶隧道渝怀铁路第一长隧圆梁山隧道（11.1公里）、国内最长的瓦斯隧道侯月铁路第一长隧云台山隧道（8.2公里）。公路工程已建成或参与建成的著名长大隧道有：国内海拔最高的国道317线鹧鸪山隧道（4.4公里、海拔4000米）、川藏公路最长的二郎山隧道（4.2公里）、广渝高速公路最长的华蓥山隧道（4.7公里）、重庆忠石高速公路最长的方斗山隧道（7.6公里）、武汉长江公路隧道（3.63公里）、厦门翔安海底隧道、青岛胶州海底隧道等。城市地铁先后建成了北京、上海、天津、南京、广州、深圳、沈阳、西安、杭州、无锡、重庆、成都、武汉地铁等大量的车站和区间。

自2001年5月改制以来，中铁隧道集团瞄准“国内领先，世界著名”的总体发展目标，弘扬“大产业，大学校，大家庭，大舞台”的企业理念，全面落实科学发展观，与时俱进，迎难而上，抢抓机遇，提升能力，以改革为动力，以管理为基础，以科技为先导，以文化为灵魂，不断加强和改善企业管理，推进管理科学化、现代化，构建符合现代企业制度要求、适应市场竞争需要、有利于企业竞争能力提高的新型企业管理体系，经营生产年年上新台阶，企业竞争能力得到显著增强，实现了中铁隧道集团在优胜劣汰、竞争激烈的市场环境中得以持续快速发展。

集团坚持技术研发战略，致力于隧道与地下工程领域新技术、新工艺的研究、开发与运用，率先在国内引进、吸收并全面掌握了新奥法施工技术，尤其是在断层破碎带、软弱围岩、膨胀性围岩、高地应力、含煤瓦斯地层、涌水、岩溶、岩堆、流砂、黄土等复杂特殊地质条件下的隧道和地下工程施工方面，有其精湛的工艺和独到的技术。近几年在运用大型先进设备施工技术方面取得突破，完成盾构隧道工程200公里、TBM隧道工程150公里以上。迄今，共有381项科研成果通过企业或省部级等科技主管部门鉴定、评审和验收，其中具有国际领先水平11项，国际先进水平41项，国内领先水平67项，国内先进水平52项。获国家科技进步奖10项（含特等奖1项）、获“中联重科杯”华厦建设科学技术奖3项、省部级科技进步奖131项。已获得专利55项，其中发明专利18项、实用新型专利36项、著作权1项。创国家级工法19项、省部级工法56项、企业级工法160项。

集团奉行“至精、至诚，更优、更新”的企业精神，精心锻造精品工程，先后荣获国家建筑工程鲁班奖14项，国家土木工程詹天佑大奖17项，国家优质工程金奖3项、银奖13项，国家设计金奖3项、银奖2项，省部级优质工程奖104项。国家科技部将“盾构及掘进技术国家重点实验室”设在中铁隧道集团公司，中国土木工程学会将隧道与地下工程分会设在中铁隧道集团，企业技术中心被认定为国家级企业技术中心，河南省科技厅认定中铁隧道集团公司为河南省高新技术企业。集团公司先后获得“中铁工程总公司优秀企业”、“河南省优秀施工企业”、“河南省优秀思想政治工作企业”、“全国工程建设质量管理优秀企业”、“全国优秀施工企业”、 “全国首批建筑业AAA级信用企业” 、“中国优秀企业”、“中国诚信单位”、“全国用户满意施工企业”、“全国模范职工之家”、“全国安康杯竞赛优胜企业”、“全国企业文化建设工作先进单位”、“全国五一劳动奖状” 等荣誉。

在任领导：

董事长　郭大焕

总经理　张继奎

党委书记　丁荣富

副总经理　宋建平　范国文　唐　忠　罗　琼

陈　建　高　伟　赵玉良　王水海

总工程师　洪开荣

总会计师　裴广进

总经济师　宋建平

党委副书记、纪委书记　张瑞刚

工会主席　崔　原

地址：河南省洛阳市状元红路

邮编：471009

电话：059-33141（路电） 0379-62633141（市电）

传真：0379-61869988（市电）

网址：www.ctg.ha.cn

【中铁电气化局集团有限公司】 中铁电气化局集团有限公司（原铁道部电气化工程局）成立于1958年9月，2001年8月改制为有限公司，2003年11月西安铁路工程（集团）有限责任公司整体并入。中铁电气化局集团有限公司是世界企业和世界品牌双 500 强中国中铁股份有限公司的成员企业，是集科研、设计、施工、器材生产、工程咨询、建设监理、运营维管、电信研究、物资供应、房地产开发为一体，能够承担铁路电气化建设接触网、电力、变电、通信、信号、房建、土木工程、城市地铁、轻轨等各项专业工程设计、施工、维护管理等任务的国家大型技术密集型企业集团，具有铁路工程总承包特级和机电安装、市政工程总承包一级资质及电气化、电务、桥梁、隧道、公路路基、土石方、铁路铺架等多个专业承包一级资质及城市轨道专业资质和境外工程承包经营权。截至2011年底中铁电气化局集团拥有总承包资质23项，专业承包资质43项。银行信用等级AAA级，通过了ISO9000质量认证。公司总部设在北京万寿路南口中铁电气化大厦。至2011年末，中铁电气化局集团由中铁电气化局集团有限公司及其控股或全资的 19 个子公司组成（一、二、三公司、西安铁路工程有限工程、西安铁路建设有限公司、西安电气化工程有限公司、中铁电化铁路运营管理有限公司、北京建筑工程有限公司、北京景旭房地产开发有限公司、大连建设工程有限公司、中铁电气化勘测设计研究院有限公司、北京电铁通信信号勘测设计院有限公司、南京中铁电化投资管理有限公司、衡水投资有限公司、中铁电气化物资贸易有限公司、北京电信研究试验中心有限公司、北京通达监理有限公司、中铁电化（西安）铁安设备科技有限公司、北京顺达电铁电气化工程有限责任公司）。中铁电气化局集团有限公司下设14个分公司、事业部（铁路工程分公司、电气化公司、城铁公司、西安通信信号处、集成事业部、国际工程公司、工厂处、上海分公司、西宁办事处、东南公司、内蒙分公司、新疆分公司、电气试验中心、企业技术中心）、1 个事业单位（社会事业管理中心）。至 2011年末，企业资产总额239.4亿元，共有机械设备5244台，动力装备率18.36千瓦/人，技术装备率4.75万元/人。职工21163人。其中，管理人员、专业技术人员10994人，工人 10169 人。全局共有中级及以上专业技术职务人员 4116 人。其中教授级高工 32 人，高级技术职称 792 人，中级技术职称 3292 人，高级技师 241 人，技师 942 人。

2011 年，完成新签合同额 362.8 亿元，完成企业营业额 320.9 亿元，实现利润总额 6.26 亿元、净利润 4.86 亿元，在困境中实现了持续稳定发展。

全年新开工项目 57 项，建成开通 58 项。建成、开通电气化铁路 2074.15 正线公里，贯通隧道 27590 洞米，建成桥梁折合 57722 延米，铺轨 137.1 公里，完成施工产值 281.1 亿元。城铁、房建、公路、市政、设计咨询等板块强劲增长，保证了全年任务目标的完成。特别是一次建成开通世界上里程最长、速度最快、标准最高的京沪高速铁路，在世界高铁发展史上树起新的里程碑。

2011 年竣工交验单位工程 1913 件。其中："四电工程" 1200 件；房建工程 561 件，竣工面积 943095.56 平米；线路、桥隧、站场、公路及其他工程 144 件；工程一次验收合格率 100%，未发生重大质量事故，公司连续实现 12108 天无重大质量事故。工业产品质量出厂合格率达到 100%，维管合同履约率 100%，每百万千瓦时责任跳闸次数、年责任故障停电累计时间控制在各铁路局规定的指标以内。华能昌邑第一风力发电（49.5 兆瓦）工程获国家电力优质工程银质奖；上海市轨道交通 2 号线东延伸工程通信系统施工总承包项目；南京地铁一号线南沿线供电系统、通信系统、信号系统、环控、综合信息系统安装工程；广州市轨道交通二、八号线延长线供电系统安装工程；南京地铁二号线接触网施工安装总承包工程获火车头优质工程奖；北京地铁四号线工程获北京市长城杯工程金质奖；西铁工程家园住宅小区 ABC 栋住宅楼工程获陕西省建设工程长安杯奖。2011 年获中国铁道科学技术奖 5 项，其中："高速铁路电气化施工关键技术研究"、"GSM-R 网络互联互通关键技术与测试方法研究"和"电气化铁路牵引网高次谐波谐振抑制技术及装置"获二等奖；"客运专线（时速 300～350 公里）牵引供电设备运营维护技术"、"客运专线接触网零件系列产品的研制"获三等奖。北京地铁 1、2 号线消隐改造工程获北京市科学技术奖二等奖。获中铁股份公司科学技术奖 4 项，其中："电气化铁道用 27.5kV 气体绝缘开关柜（GIS）的研制"获特等奖；"城市轨道交通牵引供电系统谐波及短路仿真分析平台开发"获二等奖；"高速铁路接触网吊弦、电连接设置方案研究"、"重庆单轨整体夹持 T 型汇流排国产化研究"获三等奖。获国家优秀 QC 成果 5 项，行业国优、省部级优秀 QC 成果 54 项。1 个班组获全国"质量信得过班组"称号。6 个班组获北京市质量信得过班组。2011 年度集团公司获全国质量管理小组活动优秀企业、全国工程建设质量管理活动优秀企业、全国用户满意企业，全国质量 AAA 单位。中铁电气化局集团二公司党委获中央企业"先进基层党组织"，集团公司第八次获得全国"安康杯"竞赛优胜企业，连续两年获得"首都文明单位"称号，首次获得"全国文明单位"称号，获得 2011 年度"企业文化建设百强单位"称号。1 名职工获"五一劳动奖章"，1 名职工获"首都劳动奖章"，19 名职工获铁道部"火车头奖章"，中铁电气化局集团西安通号处、中铁电气化局集团公司京沪高铁电气化项目分部获"五一劳动奖状"；中铁电气化局集团建筑工程公司获"首都劳动奖状"；中铁电气化局集团公司城铁公司、中铁电气化局集团公司京沪高铁电气化项目分部、中铁电气化局集团公司京石客专项目部获"火车头奖杯"。

在任领导：

董事长、党委书记　王其增

总经理　刘志远

副总经理　王青斌

齐学勇（2010 年 11 月 30 日股份公司专职董事）

李同茂（2 月 28 日退休）

曹相和

韦　国

蒋玉林（兼）

张建喜（兼）

周志宇

沈九江

李爱敏

刘德海

张文贵

总经济师　李爱敏（兼）（2 月 16 日任职）

总工程师　于　增

总会计师　王建军

总法律顾问　王建军（兼）（2 月 16 日任职）

党委副书记　张建喜

刘志远

刘月森

纪委书记　刘月森

工会主席　蒋玉林

总经理助理　董安平（2 月 16 日任职）

李争科（4 月 2 日任职）

邹领权（4 月 2 日任职）

地址：北京万寿路南口金家村一号

邮编：100036

电话：010-51846560

传真：010-51846590

网址：www.creeb.nep

电子邮箱：eeb@eeb.cn

【中铁建工集团有限公司】 中国中铁建工集团有限公司是世界500强企业—中国中铁股份有限公司的全资子公司。主营业务为勘测设计、工程施工、工程监理、设备安装、装修装饰、市政交通、加工制造、物资贸易、大型钢结构制作安装、房地产开发等。具有国家房屋建筑施工总承包特级资质，铁路工程、市政公用工程、机电安装工程、地基与基础工程、建筑装修装饰工程、钢结构工程、起重设备安装工程等多项一级总承包资质并拥有对外经营权。

中铁建工集团是在成立于1953的铁道部建厂公司和铁道部工厂设计事务所的基础上，于1965年整编为铁道部第五设计院，后更名为铁道部建厂工程局，于1998年再次更名为中铁建厂工程局的基础上，经2002年改制后组建的。

中铁建工集团下属10个分公司和13个子公司，业务分布在全国31个省、市、自治区和亚洲、欧洲、非洲等16个国家。现有员工7460人，各类专业技术和管理人员4377人，其中高级技术职称人员334人，中级技术职称人员1008名，国家一级注册建筑师15人，国家一级注册结构师23人，注册岩土工程师6人，注册咨询工程师11人，国家一级注册建造师391人，享受国务院津贴的专家11人。拥有各类大型先进机械3000余台，总功率60800千瓦，年生产和经营规模达两百亿元以上。国内建筑企业首批通过IS090001质量管理体系和IS014001环境管理体系OHSAS18001职业健康安全管理体系认证；两次获“创鲁班奖工程特别荣誉奖”，获得“全国文明单位”、“全国五一劳动奖状”、“全国优秀企业管理奖”、“全国优秀施工企业”、“全国企业文化50强”等荣誉。

中铁建工集团坚持“以诚信、智慧、科技、管理铸就更高质量和更富情感的建筑精品”的质量方针，先后获76项鲁班奖、国优（包括参建奖）；获得北京长城杯、上海白玉兰杯、深圳金牛杯、山东泰山杯、福州榕城杯和铁道部优质工程奖等近二百余项。先后获国家级科技进步奖特等奖1项、省部级科技进步奖37项、国家级工法5项、省部级工法34项、国家专利22项、部级优秀勘测奖1项、国家优秀咨询奖1项。北京南站工程荣获英国皇家建筑师协会（RIBA）2009国际年奖。

五、六十年代，设计建造了新中国第一座汉阳枕木防腐工厂、西安车辆修理厂、成都机车车辆厂、资阳内燃机车厂、丰台桥梁厂钢筋混凝土轨枕工艺生产线，建成了新中国第一座大型火车站—北京火车站，援建了第一座国外火车站—坦桑尼亚达累斯萨拉姆火车站。这7项“共和国第一”，记录着中铁建工集团昨天的辉煌。

改革开放以来，中铁建工集团在铁路建设的主战场和东部沿海地区承建了一大批有影响的重大工程项目。在国家西部大开发、走出去战略的引领下，取得丰硕的成果。北京站、深圳站、贵阳站、昆明站、南京站、拉萨站、长沙站、武昌站和北京南站等知名火车站的建成是中铁建工的经典之作。正在承建的郑州、福州、呼和浩特、太原、成都等站已初具规模。中铁建工集团从50年代承建北京十大建筑北京站以来，先后承建各类铁路站房近百座，一举确立了在铁路站房建设领域的龙头地位。朔黄铁路、迁曹铁路、大秦铁路、六沾铁路等新线建设和改造，记录了中铁建工集团在铁路线路建设上的新作为。国家图书馆、青岛海上皇宫、上海南证大厦、上海滨江茗苑、深圳五洲宾馆、深圳市民中心、深圳赛格群星广场、深圳东方玫瑰园、贵州电视大楼、福州高法大楼、贵航大厦等地标性工程，展示了中铁建工集团在高层、高标准、高等级公用与民用建筑领域的光辉业绩和非凡实力。坦桑尼亚达累斯萨拉姆火车站、吉布提和卢旺达国家体育场、约旦亚喀巴电站、乞力马扎罗大酒店、南极长城站和中山站扩建等200多项工程的建设，标志着中铁建工集团在国际市场的竞争力。中铁建工集团在超高层、深基坑、大跨度等高科技建筑领域屡创新高，创造了国家数字图书馆超万吨钢屋架结构整体提升的世界纪录，建设了代表中国铁路站房最高水平的北京南站。这两项工程光荣当选“当代北京十大建筑”。在新中国成立60周年“百项重大经典建设工程”的评选，由中铁建工集团承建或参建的青藏铁路格尔木至拉萨段、京津城际铁路、北京站、大秦铁路及扩能工程、南京站、国家图书馆、苏州科技文化中心等7项工程入选，极大地提升了中铁建工的社会知名度。

上世纪党的三代领导人毛泽东、邓小平、江泽民分别为中铁建工集团承建的北京站、深圳站、北京西站题写了站名。进入新世纪以来，在北京南站、拉萨站、中组部综合楼、外交部公寓等重大项目建设期间，胡锦涛、吴邦国、温家宝等党和国家领导人多次现场视察。

此间，中铁建工集团还创造了多项世界、国家、区域第一：世界海拔最高的现代化车站—拉萨站；世界海拔最高的现代化物流中心—那曲物流中心；亘古南极的第一个永久性建筑—中国南极长城站；中国第一条高速铁路京津城际铁路的起始站、终到站—北京南站、天津站；中国第一座数字化图书馆—国家图书馆；被誉为东北第一高楼的中国中铁•诺德大厦；西南第一高楼的重庆国际大厦。

50多年来，中铁建工集团实现了从路内到路外，从国内到国外，从单一的铁路工厂到大型的工业与民用建筑，从单纯的设计施工到工程总承包，从一般的房建工程到超大型、高科技含量工程施工的跨越发展。

在任领导：

董 事 长　　刘荣耀

总 经 理　　段永传

党委书记　崔宝华
副董事长　崔宝华
党委副书记　刘荣耀
段永传
李选民
纪委书记　李选民
副总经理　刘炳才
邱振虎
李成生
黄振庭
穆亦龙
孟庆军
毕彦春
周志立
总会计师　郭俊亮
总经济师　刘玉华
总工程师　杨　煜
工会主席　卢卫平

地址：北京市丰台区南四环西路 128 号
邮编：100070
电话：010-51136666
传真：010-51136668
电子邮箱：crceg@crceg.com

【中铁港航局集团有限公司】 中国中铁港航局集团有限公司成立于 1952 年（原名广东中海工程建设总局），2008 年 11 月并入中国中铁股份有限公司，2010 年 10 月改制重组成集团公司。是一个具有港口与航道工程施工总承包壹级、房屋建筑工程施工总承包壹级、市政公用工程施工总承包壹级、矿山工程施工总承包参级、爆破与拆除工程专业承包壹级、地基与基础工程专业承包壹级、航道工程专业承包壹级、城市轨道交通工程专业承包资质的大型国有施工企业。

公司现有职工 4914 人，其中具有专业技术职称人数总计 2372 人：国家级爆破专家一名、高级技术职称人员 233 名，中级技术职称人员 639 名，其中具有国家一级注册建造师 132 人，二级注册建造师 26 人，注册造价工程师 12 人，注册安全工程师 36 人，注册监理工程师 4 人。施工范围分布于广东、广西、海南、福建、浙江、江苏、山东、云南、湖南、辽宁、沈阳等地区，主要承建工程有港口、航道、码头，公路和铁路桥梁、市政工程以及其它水工建筑物、爆破、土石方及陆域吹填、软基处理等多项工程。集团公司现拥有大型炸礁船 4 艘、起锚艇 4 艘、3700 吨运载力半潜驳 1 艘、在建的 18 方抓斗挖泥船 1 艘、60 吨起重船 1 艘、83 米打桩船 1 艘、2940 千瓦拖轮等共 13 艘。

第一届董事会目前由七名董事组成，其中内部董事四人，外部董事二人，职工董事一人。一届董事会组成人员为：吴成福（董事长），黄江刚（副董事长），魏振国、曹建生（外部董事），郭秀春、王宏利（董事），樊江源（职工董事）。

2011 年末，公司实有职工总数为 4914 人，管理及专业技术人才 3141 人、技能人才 1773 人。管理及专业技术人才中高级职称 233 人、中级职称 637 人、初级职称 1506 人。技能人才中高级技师 36 人、技师 183 人、高级工 496 人。

公司下设八个全资子公司，四个分公司，两个控股子公司，一个参股公司。公司总部现有 9 个职能部门：企业发展部、人力资源部（党委干部部）、办公室、审计部、财务部、法律事务部、安全质量环保部、工程经济部、设备物资部；4 个管理中心：技术管理中心、项目管理中心、经营开发中心、宏达资产管理分中心；政工系统结构为：党委工作部、纪委、工会、团委。

为全面实施公司“十二五”经营发展战略，年内先后新成立华北（东北）、华东、华南、西北、西南五个经营中心，五大经营中心下设北京、天津、沈阳、大连、长沙、武汉、海口、重庆、南宁等十个办事处，基本形成立足华南，面向全国的经营大格局。为加强水工板块业务经营开发力度和提升水工工程建设的整体实力，年内还分别成立了青岛分公司和船舶分公司。

公司总部定员 126 人，包含公司领导 12 人，副总师 4 人，五大经营中心、海外分公司、置业公司及新成立的船舶分公司、青岛分公司总定员 52 人。

为了适应企业重组发展的需要，集团公司党委坚持“调整结构、选好干部、配强班子”的原则，通过交流、提拔、招聘、引进等多种方式，选拔了一大批综合素质好、领导能力强、业绩突出的优秀干部，充实到了各单位领导岗位上。2011 年 1 月、4 月、6 月，在公司范围内共进行了 3 次干部考察工作，7 月在股份公司范围内进行了 1 次大规模的公开招聘。公司全年共调整、补充所属单位领导班子成员 56 人次，其中提拔正职 7 人，提拔副职 29 人，交流 14 人次，优化了所属单位领导班子结构，增强了领导干部队伍的活力。

在任领导：
吴成福　集团公司董事长
黄江刚　集团公司党委书记、副董事长
郭秀春　集团公司总经理、党委副书记
王珂平　集团公司党委副书记、纪委书记、监事会主席
王宏利　集团公司副总经理、总会计师、总法律顾问
樊江源　集团公司工会主席、副总经理
金德成　集团公司副总经理
许伟章　集团公司副总经理
谢季军　集团公司副总经理

罗超群　集团公司副总经理
柯松林　集团公司副总经理、总工程师
张　超　集团公司副总经理

地址：广州市科学城香山路 11 号
邮编：510660
电话：020-62863370
传真：020-62863333
网址：http://www.crpcec.com/

地址：广州市科学城香山路 11 号
邮编：510660
电话：020-62863370
传真：020-62863333
网址： www.crpcec.com/

【中铁航空港建设集团有限公司】 中国中铁航空港建设集团有限公司，是经过改制和重组的综合型建筑企业集团，现为中国中铁股份有限公司所属全资子公司，具有房屋建筑、铁路、机场、公路、市政、地铁、水利、装饰装修、钢结构等多领域建设的施工管理和技术创新实力。

中国中铁航空港建设集团有限公司原名中国航空港建设总公司，前身为空军工程建设总局和空军直属工程总队。1998 年 12 月整体移交地方，先后隶属于三九企业集团和华润集团。2009 年 12 月，并入中国铁路工程总公司。2010 年 10 月进行了改制重组，原中铁一局一公司、中铁三局一公司、中铁建工集团北京公司整体划入。2010 年 11 月更名为中国航空港建设有限公司，2011 年 1 月更名为中国中铁航空港建设集团有限公司。

完成改制重组的中国中铁航空港建设集团有限公司，注册资本 5 亿元，下辖 13 个子（分）公司，共有员工 7000 余人，一、二级注册建造师 420 余人，专业技术人员 2700 余人。具有房屋建筑工程施工总承包特级、铁路工程建设总承包特级资质，公路工程总承包一级、市政公用工程总承包一级、装饰装修设计施工一级资质，矿山工程施工总承包三级和机场场道、机电设备安装、钢结构、土石方工程专业承包一级资质，以及城市轨道交通专业资质，具有进出口贸易和劳务输出经营权。通过了 ISO9001 质量管理体系、ISO14001 环境管理体系、GB/T28001 职业健康安全管理体系认证，拥有 AAA 级资信，具备年营业额 200 亿元以上的施工能力。

中国中铁航空港建设集团有限公司所属子分公司，均为共和国建设史上的施工劲旅。60 多年来，先后参加了国内外 120 余项长大铁路干线、客运专线及高速铁路工程建设，新建、改建、扩建铁路 4300 余公里；参加了国内外 140 余项高等级和高速公路工程建设，累计完成新建、改建、扩建公路 700 余公里；承建了国内外 120 余项工业与民用建筑及国家重点公共设施工程建设，30 多项机场新建、改建、扩建工程，40 多项市政工程和城市轨道交通工程，30 多项大跨度、高难度、新工艺的钢结构工程，50 多项装饰装修工程以及大型水利水电工程，为国内外铁路、公路、城市交通、军用及民用机场、工业与民用建筑、水利水电工程建设做出了卓越的贡献。

中国中铁航空港建设集团有限公司以科学、精细、严谨的管理，创建了一大批国家及省部级名优精品工程，有百余项工程荣获“鲁班奖”、“詹天佑奖”、“国家质量金奖”、“国家质量银奖”、“火车头奖”等国家级大奖，公司多次被评为“全国重质量守信用企业”、“全国用户满意企业”、“全国设备管理优秀单位”，被录入中国优秀企业数据库。

中国中铁航空港建设集团有限公司秉承中国中铁“勇于跨越，追求卓越”的企业精神，紧跟国家“十二五”发展规划的战略部署，发扬优良传统，勇于创先争优，积极运用现代企业管理理念和经营模式，大力开拓新市场，着力把公司打造成为“起点高、标准严、观念新”，“勇于创新，敢于争先”的中国中铁旗下优秀骨干成员企业，向着“立足新起点、展现新形象、树立新品牌、再创新辉煌”的“四新型”企业目标迈进。

2011 年，中国中铁航空港建设集团有限公司完成营业总收入 123.83 亿元，新签合同额 108 亿元，职工人均年收入达到 4.22 万元，在岗职工人均年收入达到 4.96 万元，企业净利润预算实现 4220 万元。

在任领导：
董事长　刘书英
总经理　项志敏
党委书记　初继旺
党委副书记、纪委书记　贾惠平
工会主席、副总经理　张宝强
副总经理　张超生
副总经理、总工程师　胡守正
总会计师　彭德宏
副总经理　张卫红　耿午阳　袁禧泉　王宝恩　王夙君

地址：北京市海淀区闵庄路 87 号
邮编：100093
电话：010-62720600
传真：010-62720612
网址：www.caccc.com.cn

【中铁上海工程局有限公司】 中铁上海工程局有限公司成

立于2010年12月30日。由原中国中铁股份有限公司上海分公司、中铁三局华海公司、中铁四局六公司、市政分公司整体重组而成，是具有铁路总承包特级资质和专业承包资质的大型综合性建筑施工企业。注册资本5亿元。公司经营范围涉及建筑工程、通信工程、建筑装潢工程、建筑科技专业领域内的技术开发、技术咨询、技术转让、技术服务、物业管理、从事货物及技术的进出口业务、国际货物运输代理、建材、机械设备的销售、租赁和维修。

中铁上海工程局有限公司现有员工4934人，其中具有高中级技术职称744人，装备有总功率达7.25万千瓦的各类先进机械设备890台（套），净资产55182万元，年生产能力120亿元。公司下设5个全资子公司、1个分公司，成立北京、成都、昆明、沈阳、西安、福州6个公司办事处和南宁、天津、长沙、武汉4个代公司办事处。业务覆盖铁路工程、市政环保、高速公路、城市轨道交通、工业和民用建筑、桥隧和建筑安装工程等众多领域。

公司成员单位在几十年的创业历程中，创造了辉煌的业绩。参建了以京九、青藏铁路、武广、石武客运专线等为代表的50多条国家铁路重难点工程；参建了以上海、广州、南京、深圳、天津轻轨为代表的20多项城市轨道交通工程；参建了莘松、沪宁、乍嘉苏等为代表的30余项高速公路工程；承建了徐州、阜阳、芜湖等为代表的10余个大型铁路枢纽的给排水工程以及上海、合肥、南京、武汉等城市30余项大中型市政污水处理和水源工程。承建的亚洲最大的上海白龙港污水处理厂8个卵形消化池、同类单体规模位居世界第三、亚洲第一的武汉三金潭卵形消化池、创造了同类桥梁“世界第一跨”的柳州双拥大桥单主缆斜吊杆地锚式悬索桥等一大批代表国内水务环保、桥梁施工尖端技术工程，先后获得包括鲁班奖、詹天佑奖在内的几十项国家、省、部级和建设单位优质工程奖。

2011年，公司成立六个公司办事处、四个代公司办事处，全年公司累计中标工程59项，完成合同额63.14亿元，占股份公司下达营销计划96亿元的65.77%。

2011年，公司在建项目105个，完成产值80.95亿元，占年度股份公司下达计划90亿元的90%。获得国家级优质工程奖1项，省部级优质工程奖6项，火车头奖2项，2个QC小组被评为国家级优秀质量管理小组；获得国家级安全文明工地1项，获省部级安全文明工地12项，其中昆明地铁呈贡站获得“国家AAA级安全文明标准化诚信工地”荣誉称号。

截至12月底，公司吸收内部单位集中款3.41亿元，资金集中度达到68.03%；各单位实际上缴现款达100%；公司清欠收回7.51亿元，回收率为86.22%；与六大银行建立互信关系，已获得综合授信额度101亿元，保证了公司正常生产营销需要。

2011年，根据重组进程，优化了子（分）公司班子成员结构，累计引进硕士、本科等各类高校毕业生329人，通过评审、推荐、评定工程师、政工师73人；4人通过股份公司教授级高级工程师评审，34人通过高级工程师、高级经济师、高级政工师的评审；有13人分别获得股份公司一级、二级职业项目经理任职资格。508人次“三类人员”通过培训获取A、B、C资格证书；

2011年，公司技术中心通过了安徽省级技术中心和国家工程质量检测中心的评审和认定；获取国家计量认证授权。共组织编制并完成审查施组方案113个。成功申报国家财政支持科研项目1项，获中施协科技进步二等奖1项；获得4项国家级工法；获得专利授权7项，其中发明专利1项；全年组织参编铁道部标准1项、住建部标准1项。柳州市双拥大桥“单主缆斜吊杆地锚式悬索桥的施工方法”发明专利，填补了我国该结构体系桥梁施工的技术空白。

2011年，公司共制定出台了123项管理制度，规范了企业的管理行为。全面推行物资、机械设备、劳务队伍集中管理。，全年完成物资集中采购供应24亿元，占股份公司年度计划18亿元的133%。公司下发了《项目管理手册》，着手部署全力推进项目标准化管理。公司获得2011年“上海市用户满意施工企业”和上海市“文明单位”称号。

在任领导：

荣树森　董事长
孔　通　总经理
梁永兴　党委书记
易铁军　纪委书记
李　宁　总会计师
李　杨　副总经理
赵　斌　副总经理
王辉州　副总经理、工会主席
李　亮　副总经理
徐江洪　副总经理
张贺华　副总经理
高锦林　总工程师

地址：上海市闸北区江场三路272号
邮编：200436
电话：021-60768240
传真：021-60768572
网址：www.crecsh.com

【中铁二院工程集团有限责任公司】 中铁二院工程集团有限责任公司（以下简称中铁二院），是中国中铁股份有限公司控股的国有资产公司。

中铁二院创建于1952年，其前身为1952年2月成立的铁道部设计局西南设计分局。1956年1月，更名为铁道部第二设计院。建院以来，先后命名、更名为：铁道部第二设计院（文革期间称：铁道部第二设计院革命委员会）、交通部第二铁路设计院（1970年）、铁道部第二设计院（1975年）、铁道部第二勘测设计院（1978年）、铁道部第二勘测设计公司（对外名称：中国华阳工程咨询公司，1984年）、铁道部第二勘测设计院（1985年）、铁道第二勘测设计院（2001年）、中铁二院工程集团有限责任公司（2006年）。中铁二院先后隶属铁道部设计总局、铁道部基建总局、中国铁路工程总公司（隶属国资委）。

2001年，中铁二院完成了由事业单位向企业法人的转变，成为具有独立法人地位的科技型企业，更名为铁道第二勘察设计院。2003年9月27日，根据国资委要求（国资改革[2003]89号文），铁二院脱离铁道部划归中国铁路工程总公司。2007年1月17日，铁二院在成都工商行政管理局完成"中铁二院工程集团有限责任公司"注册登记。

2003年，国资委、铁道部联合发出国[资改革函[2003]89号文件，中铁二院划转进入中国铁路工程总公司。根据中铁程劳[2004]151号文，武汉中铁勘察设计研究院、西安中铁勘察设计研究院于2004年4月并入中铁二院，成都铁路局勘测设计院、昆明铁路局勘测设计院于2005年4月并入中铁二院，成为中铁二院下属全资子公司。2007年1月17日，"铁道第二勘察设计院"经国家工商总局核准，更名为"中铁二院工程集团有限责任公司"，完成新的企业法人注册登记工作。

截至2011年底，中铁二院持有国家甲级工程勘察、设计、咨询、监理、环境影响评价等29项资质证书和对外经营资格证书（其中有4项为2011年内获得），获有ISO9001质量体系认证证书和英国皇家认可委员会(UKAS)颁发的"国际标准认证证书"。主要承担铁路、公路、城市轨道交通、城市规划、通信信号、工业与民用建筑等工程项目的勘测设计、咨询、工程监理及工程总承包等业务，其勘测设计手段和技术装备不断更新发展，GPS全球卫星定位、CAD和数字测量、光电测距、液压机械传动钻机、静力触探、计算机成图等高科技手段广泛应用于勘察设计，计算机技术在广域网系统、远程设计及勘测设计一体化、办公自动化、远程视讯会议和工程图档计算机管理等方面已全面普及。中铁二院现已成为科学技术应用和科学技术研究的甲级勘察设计企业。

截至2011年底，中铁二院下属机构设置情况有15家直属勘察设计研究单位：测绘分院、交通规划研究院、土木建筑设计研究一院、土木建筑设计研究二院、土木建筑设计研究三院、地下铁道设计研究院、交通设计研究院、建筑工程设计研究院、环境工程研究院、通信信号研究设计院、机械动力工程设计研究院、电气化设计设计研究院、工程经济设计院、南宁分院、济南分院；13家子公司：中铁二院西安勘察设计研究院有限责任公司、中铁二院武汉勘察设计研究院有限责任公司、中铁二院成都勘察设计研究院有限责任公司、中铁二院昆明勘察设计研究院有限责任公司、中铁二院重庆勘察设计研究院有限责任公司、中铁二院华东勘察设计有限责任公司、中铁二院贵阳勘察设计研究院有限责任公司、中铁二院成都地勘岩土工程有限责任公司、中铁二院咨询监理有限责任公司、中铁二院成都市政工程技术咨询有限责任公司、中铁二院置业开发有限责任公司、成都铁二院图文印务有限责任公司、成都铁二院九天置业发展有限责任公司；12家驻外经营分院：北京分院、上海分院、南京分院、福州～厦门分院、深圳分院、广州分院、海南分院、沈阳分院、珠海分院、南昌分院、郑州分院、新疆分院。

业务职能管理部门：院办、人力资源部、安全生产监督管理部、财务部、投融资部、审计部、计划经营部、海外经营部、生产项目管理部、企业发展规划部、法律事务部、技术中心、信息技术中心、档案馆、离退休人员管理中心、铁路工程公安局直属第二公安分处、产业部、车管中心。产业部、车管中心为2011年新设立的职能部门。

党群部门：党委办公室、党委组织部机关党工委、宣传部、纪委监察部、工会、团委。

截至2011年底，全院在册职工总数为5293人。其中干部4483人（党政干部1180人，技术干部3213人，内退及其它不在岗人员90人）。具备高级职称1272人（含正高153人）、中级职称2172人、初级职称1451人。工人811人，其中高级技师2人、技师57人、高级工506人、中级工118人、初级工126人（含普工）。全院拥有全国工程设计大师1人、四川工程勘察设计大师7人、部级有突出贡献中青年专家3人、四川省学术和技术带头人5人、铁道部拔尖人才19人。形成了一支专业齐全、结构合理的优秀勘察设计队伍。

2011年度，中铁二院设备购置预算2889件（套），预算总金额6,039万元。中期因生产急需和新成立的项目部，以及已批准纳入本年度预算的去年未完成预算的新增预算，计310件（套），总金额6,149万元。2011年全年预算数量3199件（套），总金额12,188万元。截至2011年底，中铁二院共完成预算（已入账）数量2504件（套），金额8,535万元。

在任领导：

董事长　漆宝瑞

副董事长　朱　颖

董　事　范胜利（专职外部董事）、刘宝来（专职外部董事）、杜远华（职工董事）、张文健、郑建伟、胡光涛

总经理　朱　颖

副总经理　张文健、郑建伟、扈　森、胡光涛、闵卫鲸、陆建华、许佑顶、张雪才、王书龙、李生权（2010年10月任职）

总工程师　许佑顶

总会计师　胡光涛

总法律顾问　郑建伟(2011年7月卸职)、王书龙(2011年7月任职)

党委书记　漆宝瑞

党委副书记　朱　颖、杜远华、孙建晞

纪委（监委）书记　孙建晞

工会主席　杜远华

地址：四川省成都市通锦路3号

邮编：610031

电话：45120（028-86445120）

传真：45250（028-86445250）

网址： www.creegc.com

电子邮箱：mgldz@163.com

【中铁工程设计咨询集团有限公司】 中铁设计咨询集团有限公司（以下简称中铁设计咨询）的核心成员是原铁道专业设计院，其前身是成立于1953年2月的铁道部设计局定型设计课，1957年11月由原铁道部设计总局直属的定型、电务、工厂、大桥设计处和航空勘察事务所五个业务部门组建铁道部专业设计院，1958年后电务、工厂、大桥设计业务部门相继划出。2001年铁道部专业设计院由铁道部所属事业单位改为科技型企业，更名为铁道专业设计院。2004年7月铁道专业设计院、北京铁路局北京勘测设计院、太原勘测设计院、郑州铁路勘察设计研究院、济南铁路勘察设计咨询院有限公司五家单位重组改制，创立中铁工程设计咨询集团有限公司（简称中铁设计咨询）。注册资本3.2986亿元，截至2011年末，总资产16.2812亿元。公司拥有工程设计综合甲级资质、工程勘察综合甲级资质；工程咨询、工程监理、地质灾害治理工程勘查和设计甲级资质；拥有国家商务部批准的对外工程承包经营资格。公司通过了ISO9001质量管理体系认证。是北京市高新技术企业、中关村国家自主创新示范区第三批百家创新型试点企业和“十百千工程”第二批重点培育企业，国家火炬计划重点高新技术企业。

中铁设计咨询生产组织机构设置为：本部设立了线路站场设计研究院、航测遥感研究院、地质路基设计研究院、桥梁设计研究院、城市轨道交通设计研究院、轨道设计研究院、工程经济设计研究院、建筑设计研究院、电气化设计研究院、通讯信号设计研究院、环境工程设计研究院、机械动力设计研究院、矿产冶金设计研究院等十三个专业分公司和工程总承包公司、咨询公司，在异地注册设立了济南设计院、郑州设计院、太原设计院三个综合勘察设计分公司；在呼和浩特、南京、石家庄、广东、哈尔滨、沈阳、南宁、新疆、西安昆明、上海、武汉、重庆、福州、青岛等地设立了驻外分院。本部设立了产品中心、信息中心；设立了编辑出版《铁道标准设计》和《铁道勘察》两个科技刊物的编辑部。下设北京中铁诚业工程建设监理有限公司、中铁济南工程建设监理有限公司、中铁太原工程建设监理有限公司、中铁济南工程技术有限公司、中铁设计咨询集团北京工程检测有限公司等五家全资子公司。

截至2011年底，共有员工2225人。其中各类专业技术人员2023人，占职工总数的90%以上；专业技术人员中，具有高级专业技术职称的638人（其中，提高工资待遇高级工程师59人），中级专业技术职称的802人。截至2011年底有各类生产办公设备合计6173台套，设备价值1.998亿元。

2011年，在铁路投资降温，面临比较困难的外部经济环境下，中铁设计咨询按照新一轮发展战略，积极开拓铁路以外的其它业务市场，以增加营业收入，全年营业额实现17.48亿元，同比上年增长3%；全年新签合同额28.97亿元，同比上年增长3%，两项指标均再创新高。同时，公司凭借良好的生产经营及严格的成本费用控制制度，降低成本支出，通过增收节支全年实现营业利润仍超出上年。依据国家住房和城市建设部2011年公布的“2010年全国工程勘察设计企业统计资料”显示，中铁设计咨询营业收入在全国工程勘察设计企业营业收入排名名列第63名，比2009年提升了12位；勘察设计收入排名名列第10名，比2009年提升3位。这是中铁设计咨询连续6年进入勘察设计企业营业收入全国排名前100名、勘察设计收入进入全国排名前50名。

2011年，中铁设计咨询管控完成不同阶段的主要勘测设计、咨询、工程总承包项目共174项；累计完成勘察设计实物工作量：铁路1930.36折算公里；工程测量641.5标准平方公里；工程地质41万实钻米。

2011年，中铁设计咨询全年科研开发投入已达到占公司年营业收入的3%以上，年内，新承担铁道部科研开发项目4项，股份公司科研开发项目8项，中铁设计咨询内部立项科研开发项目36项、软件开发项目12项。全年科研开发、软件开发项目成果通过鉴定评审17项，其中，股份公司评审7项，中铁设计咨询内部评审10项。年内有8项科技成果获科学技术奖（其中省部级3项、股份公司级5项。全年新增授权专利6项（其中发明专利1项）。截至2011年末，中铁设计咨询共有有效专利33项（其中发明专利9项），1项专利获第十三届中国专利优秀奖。

2011年中铁设计咨询获国家级、部省级、股份公司级优秀工程勘察设计奖及优秀咨询成果奖共计44项，其中国家级优质工程、优秀勘察设计奖3项；部级优秀勘察设计奖

4项；省（市）级优秀勘察设计奖、优秀咨询成果奖17项；中国中铁优秀勘察设计奖、优秀咨询成果奖20项。获国家级、部省级及股份公司级优秀质量管理小组共31个，其中全国优秀质量管理小组1个；国家工程建设（勘察设计）优秀质量管理小组5个；铁道部优秀质量管理小组2个；山东省、河南省优秀质量管理小组17个；股份公司优秀质量管理小组6个。

在任领导：

董 事 长　黄铁生
总 经 理　李寿兵
副总经理　刘春彦
　　　　　于兴义
　　　　　辛　兵
　　　　　陈红念
　　　　　颜廷祥
　　　　　蒋伟平
总工程师　陈红念（兼）
总会计师　郭宏军
总法律顾问　郭宏军（兼）
党委书记　张金武
党委副书记　李寿兵（兼）
　　　　　何梦通
纪委书记　何梦通（兼）
工会主席　辛　兵（兼）

地址：北京市丰台区广安路15号
邮政编码：100055
联系电话：010—51835097
传真：010—52691111
电子邮箱：ztzx@cec.com.cn
网址：www.cec-cn.com.cn

【中铁大桥勘测设计院有限公司】 中铁大桥勘测设计院集团有限公司，简称中铁大桥院，始建于1950年8月，根据党和国家关于修建武汉长江大桥的决定，铁道部设计局成立武汉大桥测量钻探队；1953年3月，在武汉大桥设计组和武汉大桥测量钻探队的基础上，成立大桥设计事务所；1957年12月，大桥设计事务所成为铁道部专业设计院大桥设计处；1986年3月，大桥局勘测设计处更名为大桥局勘测设计院；2001年10月，按照国家关于勘察设计单位体制改革的要求，经国家工商行政管理局核准，武汉市工商行政管理局注册，原“铁道部大桥工程局勘测设计院”更名为“中铁大桥勘测设计院”；2003年，按照中铁工程总公司的统一部署，完成股份制改造，成立“中铁大桥勘测设计院有限公司”；2010年，中铁大桥勘测设计院有限公司升格为正局级单位，由中国中铁股份有限公司直接管理；2011年，成立中铁大桥勘测设计院集团，公司更名为“中铁大桥勘测设计院集团有限公司”。

中铁大桥院是国内唯一一家以桥为主、多元发展的勘测设计集团，持有国家颁发的工程勘察（综合类）、工程测量、公路设计（特大桥梁）、铁道设计（铁路桥梁）、市政公用设计（桥梁工程、城市隧道工程、轨道交通工程）、市政行业（道路工程）、工程咨询、工程造价咨询、市政公用工程监理、公路工程监理、铁路工程（铁路桥梁工程）监理、工程总承包、建筑行业（建筑工程）设计、城乡规划编制等甲级资格证书，主要承担规划测量与工程测量，岩土工程及工程地质勘察，铁路和公路桥梁设计，市政桥梁、地铁轻轨、隧道设计，桥梁、隧道的试验、检测、监测、加固改造，建筑设计，城乡规划编制，以及工程咨询、工程监理等业务。

中铁大桥院下设子公司四个：中铁武汉大桥工程咨询监理有限公司、中铁大桥（南京）桥隧诊治有限公司、中铁芜湖规划设计研究院有限公司、中铁芜湖建筑设计研究院有限公司；分公司四个：华东分公司、郑州分公司、沌口分公司、福建分公司。

中铁大桥院六十多年来共勘测设计咨询了公路、铁路、市政等大型、特大型桥梁850余座，工程项目遍布全国各地及十余个国家与地区。具有代表性工程有：武汉长江大桥、南京长江大桥、九江长江大桥、芜湖长江大桥、武汉长江二桥、汕头海湾大桥、西陵长江大桥、澳门西湾大桥、东海大桥、杭州湾大桥、重庆朝天门长江大桥、郑州黄河公铁两用大桥、武汉天兴洲长江大桥、京沪高速铁路南京大胜关长江大桥等。

中铁大桥院先后获国家科技进步奖19项、詹天佑大奖9项、全国优秀勘察设计奖13项等国家级奖项40余项，获省部级科技进步奖、优秀设计奖、优秀勘察奖等百余项，创中国企业新纪录11次；获得专利权证书34项，其中发明专利19项，实用新型专利15项，并取得软件著作权7项。公司通过ISO9001：2008标准认证，取得质量管理体系认证证书。2008年被国家认定为高新技术企业，并于2011年通过复审。2011年连续第八次被湖北省省委、省政府授予“最佳文明单位”称号。

截至2011年底，中铁大桥院职工总数841人，其中中国工程院院士2人，全国工程设计大师3人，国家级专家3人，教授级高工56人。

2011年，公司生产经营再上新的台阶，超额完成了各项生产任务，其中，新签合同额4.53亿元，完成营业额4.76亿元，利润总额5437万元。勘测设计质量合格率100%，优良率100%。年内承担的主要勘测设计项目：武汉二七长江大桥、武汉鹦鹉洲长江大桥、武汉至黄冈城际铁路黄冈长江大桥、南京至安庆城际铁路安庆长江大桥、马鞍山长江公路大桥、晋豫鲁铁路通道汾河特大桥、港珠澳大桥DB02标段、港珠澳大桥主体工程测量控制中心、黑瞎子岛乌苏大桥及引道工程、南京快速内环西线南延工程、宁波轨道交通1号线一期工程1标、武汉轨道交通8号线；主要监理项目：武汉二七长江大桥、南京长江第四大桥、泰州长江公路大桥、港珠澳大桥岛隧工程、成渝客运专线、合福客运专线；主要诊治项目：无锡开源大桥检测试验、评估及维修设计，南京双桥门、赛虹桥立交检测试验及维修设计，柳州维义大桥监控监测及称重管理系统，武汉二七长江大桥健康监测及荷载试验；主要建筑设计项目：龙湖新城三期设计、保定新城勘察设计、三山峨桥设计、春水湾居住区设计、美加印象设计、百瑞景小区设计；主要规划设计项目：南陵县弋江镇总体规划、福清市渔溪镇中心区及渔溪河沿线规划、裕溪口地区污水工程规划、铜陵国际家具集散中心规划。

在任领导：

董事长　刘成军

副董事长　田道明

总经理　张　敏

副总经理　庄勇、黄燕庆、周传斌、张强、付宏平

总工程师　高宗余

总会计师　付宏平

党委书记　田道明

党委副书记　张　敏、汪小平

纪委书记、工会主席　汪小平

地址：湖北省武汉市汉阳大道34号

邮编：430050

电话：（027）84846738

传真：（027）84844209

网址：www.brdi.com.cn

电子邮箱：webmaster@brdi.com.cn

【中铁山桥集团有限公司】 中铁山桥集团有限公司即原山海关桥梁厂，始建于1894年，是我国最早建成的铁路桥梁工厂，2001年改制为中铁山桥集团有限公司。

2011年公司实现工业总产值（现价）39.6亿元，营业收入38.1亿元，利润总额3.49亿元，工业增加值11.6亿元，新签合同额50.9亿元。

2011年完成钢梁钢结构18万吨，折合标准吨23万吨，完成整组道岔4009组，折合标准组10707组，完成尖轨配件14656根，完成锰钢辙叉13690个，完成机加工辙叉13666个，完成机械产品25台，完成高强度螺栓205万套，完成铸铁件2076吨，完成道岔锻件1223吨。

2011年中铁山桥集团有限公司在钢梁钢结构产品市场上，先后承揽了郑焦黄河大桥、铜陵长江大桥、重庆青草背大桥、九江长江大桥、鄂尔多斯乌兰木伦河大桥、哈尔滨阳明滩大桥、中朝鸭绿江大桥等23个项目，完成钢梁钢结构订货19万吨，订货额23.5亿元。郑焦黄河大桥、铜陵长江大桥、重庆青草背大桥三座大桥的中标使中铁山桥集团有限公司又取得了两跨长江、一跨黄河的业绩；中朝鸭绿江大桥为长江以北最大双塔斜拉桥，是一项具有国际影响的工程。年内，中铁山桥集团有限公司把港珠澳大桥确定为经销工作的重点项目进行跟踪，投入精兵强将，举全公司之力，积极落实业主提出的要求，得到业主的充分肯定。在道岔产品市场上，由于铁道部基建项目放缓，中铁山桥集团有限公司把销售重点转向大维修和地铁市场。全年中标部管项目19个1303组道岔，沈阳铁路局、呼和铁路局、上海铁路局等铁路局大维修项目道岔698组，广州、上海、北京等地铁项目道岔930组，零售辙叉和钢轨配件的销售也比上年大幅增长，全年道岔系列产品订货23.08亿元。在机械产品市场上，中标了中山基地2000吨门式起重机项目，承揽了尼日利亚铁路油罐车、孟加拉铁路转向架以及福州机务段铁路起重机中修等项目。在海外市场上，承揽了美国阿拉斯加铁路桥、孟加拉贝雷桥、摩洛哥钢结构及美国、印尼道岔等项目。阿拉斯加铁路桥是中铁山桥集团有限公司首次进入美国市场的大型桥梁项目，为今后拓展海外市场积累了经验。全年实现海外市场新签合同额3.26亿元人民币。

2011年，山桥产业园完成了4万平方米成品存放及发运场地的建设，1号、2号油漆厂房、1号、4号打砂厂房已具备使用条件，钢结构联合厂房主体工程已经完成，厦漳跨海大桥、鄂尔多斯乌兰木伦河大桥、德大线黄河特大桥等项目已在产业园进行拼装生产。如皋基地完成了新增180米长江岸线防洪堤建设，完成了6万平方米重钢结构厂房主体工程和龙门起重机等设备的安装，嘉绍长江大桥、九江长江大桥已在如皋基地进行总拼。与武汉、呼和浩特铁路局分别合资建立的道岔厂已完成工商注册。钢结构建筑安装公司已取得建筑行业施工总承包二级资质，全年完成了哈尔滨阳明滩大桥、哈尔滨宣化街高架桥等多座桥梁的架设安装，为中铁山桥集团有限公司调整产品结构，延伸产业链做出了积极贡献。综合办公大楼和单身公寓投入使用，厂区绿化、厂内道路改造全面完成，提升了企业的整体形象。

2011年，钢结构生产项目多、工期紧、品种复杂，任务十分繁重。以整体节点杆件、格子梁体系超长、超大杆件、异型截面杆件为主，且供梁时间集中。生产系统克服了作业场地分散，倒运量大，生产和组焊、加工能力不足、涂装和存梁场地受限等种种困难，顺利收竣了安庆长江大桥、湖南矮寨大桥、嘉绍长江大桥、厦漳跨海大桥、哈尔滨市政18座钢箱梁桥、塞尔维亚萨瓦桥等国内外钢结构项目31个。

钢一车间、钢二车间分别创造出月产7025吨和8141吨的历史最高记录，中铁山桥集团有限公司实现了年产18万吨的历史最好水平。在道岔生产上，全年完成了蒙冀铁路、石武铁路、京石铁路、津秦铁路、京沪线、哈大线、厦深线、长吉城际铁路等国家重点建设工程，满足了用户急需。在机械产品生产上，完成了3台满洲里铁路国际货场集装箱专用龙门吊，35个孟加拉铁路机车转向架，为山桥产业园、如皋基地制造各类型起重机19台，保证了两大基地建设的顺利进行。

2011年，中铁山桥集团有限公司围绕技术开发和工艺改进，以三级技改为依托，不断推进技术进步。全年获得国家级成果3项，省部级成果3项，国家发明专利1项，实用新型专利8项。完成股份公司重大课题3项、省部级课题研究2项和公司重点开发项目68项。

重点项目和技术研发取得重大成果。南京长江三桥获国家优质工程金质奖，辽河特大桥获全国优秀焊接工程一等奖，苏通长江公路大桥、哈尔滨市松花江大桥获中国建设工程鲁班奖。《重庆朝天门长江大桥工程建设关键技术研究》获重庆市科技进步一等奖，《公轨两用特大跨（420米）组合式刚构系杆拱桥设计施工关键技术研究》获重庆市科技进步二等奖，《大跨度钢桁梁桥制造新技术研究》获河北省科技进步三等奖。62号客专道岔和75kg/m-12重载拼装辙叉通过了铁道部专家评审。聘请美国资深专家指导改进酯硬化工艺，提高了高锰钢铸件质量。《建设200～350公里/小时高速铁路道岔研发与设备制造基地技改项目》获中央财政拨款1793万元，《大跨径桥梁钢结构及重型工程机械制造基地建设项目》获省财政贴息补助1121万元。建立了博士后科研工作站，两名博士后已进站工作。

2011年，中铁山桥集团有限公司董事会和监事会严格按照“五必上”原则，对“三重一大”事项进行科学决策，保障了股东权益。董事会坚持“定方向、决大事、控风险”的原则，充分发挥了职能作用，提高了决策水平。建立了有效的内部控制体系，实现了风险管理的程序化、标准化、规范化、系统化。加强了两级领导班子和后备干部队伍建设。加强了全员考核和专业培训，提高了员工的整体素质。财务管理以资金管理为核心，拓宽融资渠道，加强应收账款回收，保证了企业的正常生产经营。修改完善了工程项目招（议）标等4个管理办法，推进了工程项目管理的规范化、标准化、信息化。强化了对生产单位产品质量的责任追究，加强了对外购物资和外协质量的管控，通过了相关资质的审核认证。加强了对特种作业人员和在外施工项目、协作单位及临时务工人员的安全管理，加强了事故应急救援体系建设，确保了全年无重大安全事故发生。

2011年，中铁山桥集团有限公司加强了两级班子和队伍建设，重点抓好两级领导班子的思想政治建设、能力素质建设和作风建设，不断提高领导干部的党性修养、道德修养、能力素质和领导水平。积极推进创先争优活动，结合“三项教育”活动和迎接建党九十周年，掀起了创先争优活动高潮。企业文化建设三大体系有效运行，开展了一系列企业文化建设工作，组织了庆祝公司成立十周年系列活动，重新修建了山桥青年园，加强了工地项目文化建设，提升了企业形象。坚持企务公开，加强“三工”建设，实行了工资集体协商。积极开展“三不让”和“送温暖”活动，走访慰问困难员工205户，发放慰问金12万元，推动了和谐企业建设。

在任领导：

董事长　吴兆安

总经理　刘恩国

副总经理　李慧成、金荣铭、赵英杰、王柏重、于保东

总经济师、企业总法律顾问　李受年

总工程师　魏云祥

总会计师　廖　克

党委书记　郭长江

党委副书记、纪委书记　田　苗

工会主席　赵英杰

地址：河北省秦皇岛市山海关区南海西路35号

邮编：066205

市电：0335－5151185

路电：0340－40033

传真：0335－5153186

网址：www.crsbg.com

电子邮箱：crsbg@crsbg.com

【中铁宝桥集团有限公司】 中铁宝桥集团有限公司即原宝鸡桥梁工厂，始建于1966年7月，是我国最早建成的铁路桥梁工厂之一，2009年1月，改制为中铁宝桥集团有限公司。

中铁宝桥集团有限公司下属9个子公司：天元发展实业有限公司、汕头宝桥钢结构有限责任公司、宝鸡桥源工贸有限责任公司、宝桥科技有限公司、宝桥房地产有限公司、宝桥实业有限公司、宝桥（扬州）钢结构有限公司、宝桥（南京）有限公司、中铁宝工有限责任公司。

2011年，集团公司完成新签合同额51.3亿元，完成企业营业额40.1亿元，实现营业收入38.1亿元，完成利润总额3亿元。完成钢梁钢结构148533吨，整组道岔3234组，AT尖轨5104根，辙叉14087个，制造完成起重机械4台，完成轻轨道岔和磁浮道岔19组，完成PC梁支座390套，完成锻栓铸件1298吨。

2011年7月，宝桥（南京）有限公司正式投产仪式。

250 公里/小时和 350 公里/小时-18 号道岔通过了铁道部组织的评审验收。生产整组道岔 61 组（其中客专 16 组），AT 尖轨 1790 根。完成产值 11725 万元。

2011 年，集团公司技术改造扩能项目进展顺利，扬州公司三期建设如期完成。5000 吨级港池码头投入使用，购置安装了钻床、铣边机、门式起重机、板材矫正机等大型设备，拓展 11000 平方米存梁场地。北门机械产品扩能改造项目已经完成了蒙峪沟改造、清姜河护坡、围墙、一期场地压实和门吊安装等工程。

2011 年，集团公司召开了第三届科技大会。聘任了集团公司新一届“十大科技专家”，表彰了“十大科技成果”、“十大科技标兵”、和“十大金牌职工”，部署安排了“十二五”期间的科技工作重点任务。

2011 年，集团公司技开技措完成 33 项。向省、市、中国中铁申请科研经费 5 项，获得 260 万元资金支持。获专利授权 19 项，其中发明专利 12 项。全年开发道岔新产品 55 项、辙叉新品（含合金钢辙叉）61 种、制造工艺改进及工艺试验工装 26 项、编制技术标准 5 项。高速铁路单开道岔翼轨加工工艺发明专利，被授予“中国专利优秀奖”。完成穗盐桥、郑焦桥等 10 个项目技术准备工作；编制了国家“十二五”科技支撑计划港珠澳大桥正交异性桥面板抗疲劳科研课题大纲、任务书以及投标技术方案 30 项。完成了高速磁悬浮移车台、跨座式单轨交通道岔、中低速磁悬浮全系列道岔等 11 个项目的研究开发，以及空中客车道岔、跨座式关节型单开可挠道岔、智能化集装箱门式起重机等新产品的开发工作。

2011 年，集团公司坚持管理体制创新，坚持中干竞聘制和岗位交流制。对 17 个中层管理岗位公开竞聘，按照程序，严格筛选 16 人。先后两次调整中层干部 77 人次。在物资保障部进行了大范围的岗位交流。坚持高标准人才引进方针。通过院校招聘 2011 年度应届大学毕业生 45 人，通过社会招聘专业技术人才 11 人。根据《2011 年优秀劳务派遣工招聘管理办法》和招聘工作安排，严格按照程序筛选转化 48 名优秀劳务工。

2011 年，集团公司获“全国质量工作先进单位”、“陕西省质量工作先进单位标兵”和“中国质量诚信企业”、“全国检验检疫信用 AA 级企业”、“宝鸡市履行安全责任制先进单位”荣誉称号。扬州公司取得了美国 AISC 认证和欧盟 DIN18800-7 和 ISO3834-2 焊接认证证书。重庆朝天门大桥获中国土木工程詹天佑大奖，青银高速公路济南黄河大桥获“全国优秀焊接工程一等奖”。2011 年，按照股份公司部署，深圳迪博公司专业人员通过访谈和收集、整理、分析、梳理公司现状，提出了 660 条管理建议和 371 项管理缺陷，建立了公司业务流程框架，编制了内部控制手册，对 212 个三级流程进行了测试、缺陷认定和整改工作。内控管理体系运行增强了企业的风险识别和防范能力，提升了公司的管理水平。

2011 年，集团公司完善升级信息化管理系统，对道岔车间网络管理信息系统进行了升级改造，进一步完善了储运部产品出入库系统，建设并实施了上网行为管理系统，对财务管理系统进行了二次开发，从而提升了企业的现代化管理水平。

2011 年，集团有限公司拥有各种设备 2178 台，其中关键设备均为技术含量高、加工精度高的进口数控设备，在同行业中居领先地位。公司现有员工 5547 人，其中各类专业技术干部 743 人，拥有较强的科技力量，是全国 100 家最大交通运输设备制造企业之一。

在任领导：
董事长　黄振宇
总经理　李宗民
副总经理　张琳　王辉平　梁世来　董彦录
总工程师　吉敏廷（2011 年 7 月任）
财务负责人　潘志军
党委书记　洪军
党委副书记　黄明仓
工会主席　梁世来
地址：陕西省宝鸡市清姜路 80 号
电话：（市电）0917-3351818 3351188
传真：0917-3353371
邮编：721006
网址： www.crbbg.com/
电子邮箱：baoqiao@crbbi.com

【中铁科工集团有限公司】　中国中铁科工集团，总部位于九省通衢的武汉市，是由世界 500 强企业中国中铁股份公司独家发起，对原中铁工程机械研究设计院有限公司、中铁大桥局集团第七工程有限公司、中铁重工有限公司等三家单位重组，于 2008 年 5 月正式挂牌成立的产科研服务一体化新型工业集团。注册资本 5.5 亿元，总资产逾 20 亿元。

中铁科工是国家高新技术企业、铁道部施工机械标准化技术归口单位、省级企业技术中心、中国中铁施工装备技术研发中心。

产业结构包括科研设计，工业制造，工程施工与安装，科技检测与监控。

主营业务包括铁路公路、桥梁隧道、港口站场、市政建筑、能源开采等工程施工与作业装备的研发制造，大型钢梁结构制造与安装，土建工程施工，科技检测与监控等。

主导产品是桥梁、线路、隧道、基础、采矿等各类工程施工设备，港口、站场作业机械，以及钢梁钢结构产品等。

人才优势：拥有享受国务院政府特殊津贴专家9人，8人荣获铁道部及总公司有突出贡献中青年专家称号，14人获铁道部及总公司拔尖人才称号，7人获茅以升/詹天佑大奖。近千名各类专业技术人员中，教授级高工24人，高级职称68人，中级职称233人，技师、高级技师100人。

科技创新：荣获省部级以上科技奖励44项；拥有有效专利38项，其中发明专利9项；先后制订（或修订）45项国家及行业技术标准，累计完成科研项目200余项。

行业地位：在铁路与轨道交通工程等大型专用施工设备研制领域，核心技术达到国际先进水平；大型桥梁钢结构制造与架设技术，位居行业前列。

企业精神：创新超越　追求卓越

愿景目标：建设成为“行业领先、国际知名”具有较强竞争实力的大型工业企业集团。

科研设计：以“中国中铁施工装备技术研发中心”为核心，“中铁工程机械研究设计院”等科研机构为支撑，构建集团公司科技研发创新体系；利用铁道部施工机械标准化技术归口单位优势，掌握和引领行业前沿技术，努力实现以科技领先带动企业领先之目标。

工业制造：武汉徐东大型施工装备电控系统研制及远程监控测试中心、武汉江夏铁路与轨道交通施工装备制造基地、武汉武北铁路轨行式铺架设备制造总装基地、江西九江桥梁钢结构及架梁专用机械制造基地等四大生产基地，构建形成中铁科工集团武汉大型施工技术装备研发制造、九江钢梁钢结构生产两大工业产业链，形成具有中铁科工集团特色的“产业一体化、产品多元化”格局。

施工安装：在桥梁工程、市政工程、大型钢梁钢结构安装工程、地基基础工程等方面具有丰富的施工经验，先后独立承建了厦门环岛路海上立交桥、深圳皇岗一落马洲斜拉桥等十余座桥梁的全桥施工工程，参建了武汉天兴洲长江大桥、南京大胜关长江大桥等一批国内外知名项目。

检测监控：拥有钢结构工程检测等专业资质，具备第三方检测资格。在大型桥梁钢结构无损检测、铁路施工装备安全性能检测与监控测试技术方面，积累了丰富的实践经验。

在任领导：

董事长　唐智奋

总经理　鄢怀斌

党委书记、副董事长　栗培章

党委副书记、纪委书记　杨历生

副总经理　陈晓鸿　杨祖新　张延西　胡建伟

总工程师　李　玲

总会计师　胡建华

工会主席　陈晓鸿

地址：湖北省武汉市洪山区徐东大街45号

邮编：430066

电话：027-86821959　86827773

传真：027-86711266

网址：www.crsic.cn

电子邮箱：yx@crsic.cn

【中铁隧道装备制造有限公司】 中铁隧道装备制造有限公司（China Railway Tunneling Equipment Co.,Ltd）简称“中铁装备公司”（CRECTBM），是中国中铁工业板块中的新兴企业，国家高新技术企业，组建于2009年12月22日，注册地河南郑州。总部原址河南新乡，现址河南省郑州国家经济技术开发区第六大街99号。网址 www.CRECTBM.com。企业法人代表李建斌。

中铁装备公司主要从事适应不同地质的全断面隧道掘进机（盾构、TBM）及常规隧道施工智能设备、长大隧道施工运输设备等专用设备的集研发制造、维修改造、技术服务、整机及配件销售租赁，经营范围还包括钢模具设备、桩工设备的设计制造，商品及技术进出口，机电安装等。公司下设设计研究总院、盾构分公司、设备分公司、技术服务分公司、机电工程分公司及中铁三力重工有限公司（筹）共6个子分公司。公司有郑州、新乡两大生产基地，其中郑州基地为国内最大的盾构研发制造基地，盾构年产能40台套，新乡为隧道施工配套专用设备生产基地。员工中专业技术人员占62.85%。

2011年，中铁装备公司面对复杂的国内外经济形势和激烈的市场竞争态势，坚持以科学发展观为指导，以“管理年”为抓手，突出经营龙头地位，准确判断抢机遇，从容应对抗风险，全面超额完成了全年各项经营生产任务。全年累计完成新签合同额8.65亿元，同比增长15.33%，为中国中铁股份有限公司年度计划8.5亿元的101.76%；完成营业额9.87亿元，同比增长59.19%，为中国中铁股份有限公司年度计划7.37亿元的133.92%；营业收入8.32亿元，同比增长59.23%；利润总额0.53亿元，同比增长201.99%；资产总额7.78亿元，净资产收益率24.72%。职工人均工资收入8.82万元，同比增长10%以上。截至2011年末，公司具有自主知识产权的盾构订单已排至“中国中铁49号”，所生产的土压平衡盾构和复合式TBM已应用于北京、天津、郑州、沈阳、大连、西安、重庆、无锡、成都等18个大中城市的轨道交通、市政和水工工程，掘进总里程达8万米。所生产的交直流变频电机车、管片运输车、人员运输车、混凝土搅拌罐、金刚车等隧道施工配套设备还远销新加坡、马来西亚、香港等国家和地区。

股权变更。2011年初，中铁装备公司注册资本金为人民币1亿元，其股权比例为：中国中铁股份有限公司60%，人民币6000万元；中铁隧道集团有限公司40%，人民币4000

万元。

为适应公司发展需要，2011 年 6 月，注册资本金增加至人民币 2 亿元，其股权比例为：中国中铁股份有限公司 60%，人民币 12000 万元；中铁隧道集团有限公司 40%，人民币 8000 万元。

2011 年 5 月 24 日，公司董事会首届六次会议通过关于以股份制形式与福建乾达重工共同成立福建中铁乾达装备制造有限公司，在福州打造盾构及隧道施工配套设备等产品的加工制造基地，共同开拓福州及周边市场的决议。福建中铁乾达装备制造有限公司注册资本金 3000 万元，其中中铁装备公司 900 万元，占 33.33%。

法人治理结构及党委领导班子：

董事会董事：李建斌、薛林、韦忠信、陈建、裴广进、韩亚丽、谭顺辉；李建斌任董事长

监事会监事：席福禄、吴泽林、周晓红、张红星、方新强；席福禄任监事会主席

总经理：韩亚丽

副总经理：谭顺辉（兼总经济师）、方新强、张宁川（兼总工程师）、赵华

总会计师兼总法律顾问：宁辉东

公司党委委员：李建斌、韩亚丽、张红星、谭顺辉、方新强、张宁川、宁辉东。李建斌任书记，韩亚丽任副书记，张红星任副书记兼纪委书记。

地址：河南省郑州国家经济技术开发区第六大街 99 号
网址：www.ztzb2009.com

【中铁信托有限责任公司】 中铁信托有限责任公司（简称中铁信托，原名为衡平信托有限责任公司）是经中国银行业监督管理委员会批准，以金融信托为主营业务的非银行金融机构，注册资本 12 亿元。2002 年 12 月，由原成都工商信托投资有限责任公司和成都金通信托投资公司合并新设立衡平信托。2005 年 10 月，中国铁路工程总公司和其下属的中铁二局集团有限公司收购了衡平信托 72.39% 的股权。2007 年 7 月，按照中国银监会《信托公司管理办法》换发了新的金融许可证，成为全国首批换发金融许可证的信托公司之一。2008 年 12 月，经批准，正式更名为“中铁信托有限责任公司”。

中铁信托业务范围涵盖资金信托、动产信托、不动产信托、有价证券信托、投资基金、证券承销、投资银行业务等；办理居间、咨询、资信调查等业务；以存放同业、拆放同业、贷款、租赁、投资方式运用固有财产；以固有财产为他人提供担保，从事同业拆借以及法律法规规定或中国银行业监督管理委员会批准的其他业务。2008 年 9 月，中国银监会核准中铁信托特定目的信托受托机构资格；2009 年 11 月，经中国银行业监督管理委员会四川监管局批复，中铁信托获得以固有资产从事股权投资的创新业务资格。

2011 年，中铁信托紧紧抓住宏观经济环境给信托业带来的业务契机，紧紧围绕“三提升、一加强”（提升单位收益率、提升营销拓展能力、提升风险管控能力、加强精细化管理）的年度工作主线，在巩固、创新传统业务领域的同时，通过加强对宏观经济、行业动态、监管环境的研究，积极拓展新业务，当选中国信托业协会第一届监事会监事单位，蝉联了“中国优秀信托公司”称号。从业务领域来看，按照审慎、积极的原则，开展与经济较发达地区的政信合作业务；在国家密集调控房地产行业的背景下，深入贯彻“大优客户”战略，在严格控制风险的前提下，保持房地产信托业务规模平稳增长；以有限合作的方式创新拓展阳光私募和结构化证券集合信托业务，强化了上市公司股票质押类信托融资业务的拓展广度与深度；与此同时，公司进一步深化同业往来，以金融资产为投资标的的业务机会也得到了较快发展。在异地业务拓展方面，在稳定本土市场的基础上，先后在北京、上海、广州、深圳、武汉、重庆建立了业务拓展机构，异地业务拓展的步伐进一步加大。在业务创新方面，公司选择性地试点了白酒信托，对艺术品信托、矿产信托等新的业务领域进行了前期探索。

2011 年，公司全年实现营业收入 102313 万元，完成预算的 166%，较上年增长 88%；实现利润总额 77715 万元，完成预算的 216%，较上年增长 115%；实现归属母公司净利润 57,797 万元，完成预算的 250%，较上年增长 115%。本年度共发行信托项目 191 个，规模 326 亿元，其中，集合资金信托 149 个，较上年增加 59 个，募集资金 198.71 亿元，平均单位规模由上年 8000 万元增加到 13000 万元；单一资金信托 42 个，规模 127.28 亿元。截至 2011 年底，公司累计发行信托产品近 700 个、管理信托财产规模 1300 多亿元。

在任领导：

董事长、党委书记、纪委书记　王俊明

总经理、党委副书记　景开强

监事长　董寰

副总经理、总法律顾问　李文众

副总经理、董事会秘书　陈赤

副总经理　孙毅

副总经理、总会计师、工会主席　解义才

副总经理　王石

地址：四川省成都市航空路 1 号国航世纪中心 B 座
邮编：610041
电话：028-86029144

财富热线：4008-085-085，028-87789999，028-86277999
传真：028-86029198
网址：www.crtrust.com
电子邮箱： crtc@crtrust.com

【中铁置业集团有限公司】 中铁置业集团有限公司是中国中铁股份有限公司为完善产业布局、做强做大房地产业务而成立的全资子公司，是中国中铁房地产板块业务核心企业。国务院国资委于2006年下半年批准将房地产开发作为中国铁路工程总公司主营业务后，中国铁路工程总公司于2007年1月18日研究决定成立“中铁置业发展有限公司”。2月14日，公司在国家工商总局成功注册。4月28日，中铁置业发展有限公司更名为中铁置业集团有限公司，并成立了中铁置业集团。为有效整合总公司内房地产资源，统一打造中铁置业品牌，2007年9月17日，中国中铁股份有限公司成立了房地产开发管理中心，与中铁置业合署办公，履行管理、指导和协调系统内房地产业务职能。

中铁置业具有较强的资金实力和较高的资质等级。2008年3月，中铁置业增资15亿元，注册资本由6亿元增加至21亿元。公司经营范围包括：房地产开发与经营、策划、咨询，建筑工程施工，市政工程，装饰装修，建筑材料销售，机械设备租赁，投资管理，物业管理及相关服务。集团公司具有房地产开发一级资质，并通过了质量、环境、职业健康安全管理体系认证。2009年11月，中铁置业被中关村科技园区管委会授予“高新技术企业”称号。集团公司下属的建筑公司具有建筑施工总承包一级资质，物业公司具有物业服务一级资质，新业投资咨询公司具有全国房地产经纪机构资质。

中铁置业注重战略规划制定与实施。中铁置业坚持高起点、高标准发展，坚持战略引导，致力完善企业战略发展之路。在对外部市场进行认真研判、对中国中铁系统房地产业发展现状进行深入调查研究、对基础数据进行统计分析的基础上，研究制定了《中铁置业集团战略发展规划》，并经中国中铁总裁办公会议研究批准执行。随后，又出台了管控发展、市场开发、人力资源开发、财务运营、品牌建设、企业文化建设六个子战略，对总体发展战略进行了分解细化，增强了战略规划的可操作性。2011年，中铁置业根据市场形势和股份公司要求，对战略规划进行了修编，形成了中铁置业“十二五”战略发展规划。

中铁置业市场布局形成。中铁置业成立以来，按照区域开发、重点发展的思路，加强了重点区域和城市的开发力度，截至2011年底，中铁置业已拥有32家子分公司，初步建立了覆盖环渤海、长三角、珠三角中心经济区域以及全国各中心城市的全国性战略布局。已在北京、上海、深圳、西安、三亚、青岛、杭州、厦门、成都、长沙、贵阳、沈阳、石家庄、蚌埠、秦皇岛、烟台等地拥有28个房地产开发项目，形成了京津唐地区以北京为中心，长三角地区以上海为中心，珠三角地区以深圳为中心，西南地区以贵阳为中心，华中地区以长沙为中心，西北地区以西安为中心、东北地区以沈阳为中心的全国市场布局。截至2011年底，项目土地总量6400亩，开发面积525万平方米。

中铁置业组织架构和产业链逐渐完善。中铁置业注重企业管理基础建设，制定了符合国有房地产企业运营特点的多项管理制度和办法。注重人力资源队伍建设，建立了“两个市场化”的用人机制，吸引了大批德才兼备的人才加盟。中铁置业2008、2009、2010年连续三年被评为中国中铁股份有限公司“四好班子”。为完善产业链条，培育新的利润增长点，集团公司还成立了中铁天丰建筑公司、中铁新业投资顾问公司、北京安丰造价咨询公司和中铁第一太平物业服务公司等专业子分公司。

中铁置业企业文化建设特色突出。中铁置业坚持“营造美好空间，造福社会大众”的企业宗旨及“诚信为本、合作共赢”的经营理念，培育以“满足市场需求，体现人生价值”为核心价值观的企业文化，努力实现客户需求、员工发展、企业利益、社会责任的和谐统一。中铁置业注重用中国中铁文化融合凝聚队伍，形成了关系融洽、工作和谐，相互支持、取长补短的环境和氛围，形成了“一报一刊一网站”的企业文化建设立体传播架构，举办了以“家文化”为主题的新春团拜会、演讲比赛、业余协会、全民健身、情感慰问等多项富有特色的活动。

中铁置业市场品牌推广工作卓有成效。为打造统一的“中铁置业”品牌，提升中国中铁房地产板块的整体市场竞争力，中铁置业构建了品牌建设管理体系，并通过多种形式不断加大企业品牌推广力度，在新华网和人民网等主流媒体发稿40余篇，扩大了中铁置业的社会知名度和行业影响力。中铁置业先后两次荣获中国住交会“中国房地产名企”称号。2011年被国家科技部授予精瑞科学技术奖，被国家安监总局、全国总工会授予“全国落实企业安全生产主体责任知识竞赛优胜单位奖”。2011年，中铁置业入选北京房地产开发企业10强，被国家科技部、北京精瑞住宅科技基金会、全国工商联房地产商会授予第八届精瑞科学技术奖中绿建成就企业奖。2011年，中铁置业入选中国房地产开发企业50强，位列第23位。

中铁置业成立五年来，经营业绩逐年提升。五年累计销售房屋144万平方米，销售金额159亿元，实现营业收入135亿元，利润总额22亿元，净利润16.46亿元，归属母公司净利润13.43亿元。2011年和2007年相比，企业总资产增长7.7倍，营业收入增长15倍，归属母公司净利润增长19倍，截至2011年底，企业总资产达300亿元。

地址：北京市丰台区广安路15号

邮编：100055

电话：010-58095801

网址：www.crreg.com.cn

邮箱：hr@crreg.com.cn

【中铁资源集团有限公司】 中铁资源集团有限公司是集地质勘查、矿山开发、商贸物流于一体的国际化、综合型矿产资源开发集团，是由中国中铁股份有限公司独家发起设立的全资子公司，公司注册资本金为人民币30亿元，总部设在北京。

2007年1月18日，经中国中铁股份有限公司（当时称中国铁路工程总公司）第一届董事会第二次会议研究，决定设立“中国铁路工程集团有限公司资源开发分公司”，主要负责集团公司国际、国内资源项目的开发工作；组织资源投资项目的跟踪、前期立项、报建审批、设计工作。下设综合部、财务部、地勘部、金属部、非金属部。资源开发分公司的成立是股份公司立足当前，着眼长远，进行企业结构的调整，保证企业持续健康发展的又一重大举措。

2008年4月29日，经中国中铁股份有限公司第一届董事会第九次会议通过，股份公司决定在资源开发分公司的发展基础上，成立“中铁资源有限公司”，作为股份公司的资源开发专业化子公司。注册资本金10亿元人民币，由股份公司全额出资。中铁资源的经营范围拟为“贵金属、有色金属、黑色金属和非金属等资源开采、加工及销售；煤炭开采、洗选加工、煤炭及煤炭制品的销售；矿井建设；仓储及运输；国内外自然资源开发的技术研究、咨询、勘探及设计；进出口业务、对外经济合作；基础设施投资建设；用自有资金兴办企业和投资项目。

2009年4月28日，中国中铁股份有限公司第一届董事会第十九次会议决定：“中铁资源有限公司”更名为“中铁资源集团有限公司”至2011年底。

截至2011年底，全公司已拥有煤炭资源35亿吨，有色金属量铅140万吨，锌145万吨，铜100万吨，钴8万吨，钼110 万吨，黄金20吨，部分矿产品类在同行业处于领先地位；完成营业收入41.71亿元，实现净利润9.92亿元，归属母公司净利润8.37亿元，企业净资产达到54亿元，为创立之初的5.4倍，经营利润进入股份公司成员企业第一方阵。奠定了企业可持续发展的基础，增强了我们做大做强做优企业的决心和信心。

截至2011年底，集团公司拥有独资、控股子公司及分支机构近30家，分布在蒙古、刚果（金）、哈萨克斯坦等6个国家，以及内蒙古、青海、黑龙江等10多个省区，逐步拓展和优化了市场布局。

截至2011年底，拥有员工1760人，其中硕士及以上学历126人。

在经营区域上，中铁资源集团有限公司坚持国内国外“两个市场”协调开发，国内市场延伸到内蒙古、新疆、青海、黑龙江、云南、河北、四川、广西等多个资源大省（区）；海外市场拓展到非洲的刚果（金）、大洋洲的澳大利亚、亚洲的蒙古、哈萨克斯坦、吉尔吉斯坦、印尼、老挝和美洲的委内瑞拉等多个国家，并在不断加快向周边开发的步伐。

在任领导：

董事长　易政青

总经理、党委副书记　吴建元

党委书记、副总经理　李　辉

党委副书记、纪委书记、工会主席　佟立国

副总经理　赵庆云

副总经理　毛德宝

总会计师、总法律顾问：杨宏伟

副总经理　孙瑞文

总工程师　王含渊

总地质师　钟长汀

地址：北京市海淀区西四环中路16号院中铁资源大厦

邮编：100039

电话：010-88213160

传真：010-88213080

网址：www.crmrc.com.cn

【中铁国际经济合作有限公司】 中铁国际经济合作有限公司是由世界企业500强、世界品牌500强企业—中国中铁股份有限公司（CREC）为实施“大海外”战略而成立的国际化专业子公司，注册资本金9亿元人民币，具有国家商务部颁发的工程建设类《对外承包工程经营资格证书》以及国家住房和城乡建设部核准的铁路工程施工总承包壹级、房屋建筑工程施工总承包壹级、市政公用工程施工总承包壹级的建筑施工企业资质证书。

2008年1月21日，股份公司第一届董事会第一次会议召开，决议成立中铁国际经济合作有限公司，专门在国际市场运用中国中铁品牌从事组织实施对外经济技术合作、工程承包建设和有关投融资项目。2008年2月26日，公司完成工商注册。2008年3月7日，中铁股份人[2008]59号文件《关于成立中铁国际经济合作有限公司的通知》正式下发，重组了原中国中铁股份有限公司下属的香港公司、马来西亚公司、中东公司、新加坡公司和中铁二局旗下的川铁国际经济技术合作有限公司。

公司采用总部和子分公司形式的组织架构，总部设立各功能性职能部门，实施总部的管理职能和为子分公司提供服务，境外按区域设立子分公司以及部分国别市场分公司，实现公司业务的属地化经营。中铁国际总部有部门16个，境内外全资子公司3家，控股子公司1家，境外分支机构3个。

公司主要职能：负责在国际市场运用中国中铁品牌，组织实施经济技术合作、工程承包建设和有关投融资项目；负责组织落实中国中铁股份有限公司与其它国际承包商、开发商联合开发的大型国际项目；负责国际市场有关项目的信息收集、筛选和处理工作，了解有关国家（地区）在国际工程承包市场、投融资、经济技术合作等领域的法律法规，加强与股份公司各子、分公司的合作，全方位开拓国际市场。

经营范围：对外经济合作项目的实施；国外基础设施的投资、融资、BT、BOT或中外合作开发；国外铁道、交通、水利、水电等工程的投资、咨询、监理、勘察、设计和施工；国外能源、矿产的开发；境内外资工程的咨询、监理、勘察、设计和施工；本行业各类工程物资、设备的进出口贸易；经营进料加工和“三来一补”业务，经营对销贸易、机械设备租赁以及工程劳务人员的对外派遣。

公司各子分公司情况：

子公司—川铁国际经济技术合作有限公司（以下简称“川铁国际”）是全国重点外经企业之一，该公司创立于1980年，30多年来，风雨兼程、拼搏进取，从劳务合作到工程项目总承包，从单一产业到多轮驱动，如今已发展成为资产总额达16亿元的大型国际工程总承包企业，实现了输出劳务——输出资本——输出标准三大跨越。特别是通过在安哥拉、摩洛哥、尼日利亚等国的铁路、公路、市政工程、房屋建筑工程等项目实施，形成了安哥拉、摩洛哥项目管理模式，尼日利亚属地化发展模式，在业内产生了重要影响，展示了国际工程承包项目管理和国际市场开发的能力和水平。

子公司—中国铁路工程（香港）有限公司在中铁国际成立之前长期代表股份公司拓展海外市场。中铁国际成立后以全资子公司的方式整体并入，具有完善的市场信息网络和广泛的海外人脉资源，通过项目管理和市场经营开发，锻炼和培养了一批懂经营、善管理的国际化经营人才。

子公司—中铁国际香港有限公司是中铁国际成立的全资子公司，代表中铁国际对其控股的南非CHN-Eagle Investment (Pty) Ltd（以下简称南非开发公司，我方占股份51%），China CRI Construction SA (Pty) Ltd（以下简称南非工程公司，我方占股份74%）实施控股管理。

控股子公司—中铁国际港航总承包有限责任公司。2010年5月，中铁国际与中铁港航工程局共同出资组建了中铁国际港航总承包有限责任公司，主要负责开发中东地区的建筑市场。

原马来西亚公司已于2011年8月整体并入中铁印尼公司（后改名为中铁南洋公司）。

自成立以来，公司坚持以邓小平理论和“三个代表”重要思想为指导，坚持以科学发展观统揽企业改革发展大局，紧密围绕股份公司“推进两大转变、实现三大目标、建立四型企业”的发展战略目标，确定了“以市场开发为根本，以项目控制为手段，组合资源，快速形成一体化总包能力，打造成为多元经营、高端运行的集成商”的战略定位。2011年，公司在“创先争优 两推一保”的指导思想下，紧密围绕公司经营工作的中心，勇于开拓，锐于进取，不断推进企业各项工作有序发展，2011年公司累计完成新签合同额28.8亿美元，累计完成营业额4.3亿美元。

中铁国际的法人治理结构由公司股东会、董事会、监事会、经理层构成。股东会是企业的最高权力机构，由中国中铁和中铁二局集团二元股东组成（中国中铁占75%，中铁二局占25%）。董事会是企业的决策机构，负责行使企业经营决策权和管理权，对股东会负责。董事会目前由7名董事组成，其中，董事长、副董事长各1名，外部董事3名。监事会是企业的监督机构，对董事、董事会和经理层的经营行为进行监督。监事会目前由1名主席和4名监事组成，其中，外部监事2名，职工监事2名。经理层实行总经理负责制，在董事会的领导下，执行董事会决议并负责企业的日常经营管理。现设总经理1名，副总经理4名，副总经理兼总会计师、总法律顾问1名。

地址：北京市海淀区复兴路69号中国中铁大厦C座
邮编：100039
电话：010-52680099
传真：010-52680088
网址：www.crecgi.com

【中铁物贸有限责任公司】 中铁物贸有限责任公司前身为中国中铁股份有限公司物贸分公司，成立于2007年2月。2010年12月，为加快产业结构调整，实现企业可持续发展，加快推进两大转变，实现二次创业，根据股份公司总体部署，决定在物贸分公司基础上，改制成立中铁物贸有限责任公司，并于2010年12月8日完成工商注册。中铁物贸有限责任公司是中国中铁股份有限公司独家出资成立的子公司，注册资金1.8亿元。公司经营范围：销售钢材、水泥、建筑材料、机械电器设备、电子产品、通讯器材、五金交电、日用品、化工产品（不含一类易制毒化学品及危险化学品）、橡胶制品、金属材料、焦炭、有色金属、煤炭、燃油、木材及其制品、石材及其制品、林业产品；经济信息咨询（不含中介）；招投标代理；仓储服务；设备租赁；项目投资；资产管理；货物进出口、技术进出口、代理进出口。

中铁物贸有限责任公司同时承担中国中铁股份有限公

司“物资采购管理中心”的管理职能，推进股份公司“两级集中采购平台，三级管理机构”的建立。公司总部设在北京，下设综合处、业务管理处、招投标处、经营管理处、财务处等管理部门，以及原材料经营部、部管物资代理事业部、轨道材料经营部、国际业务经营部等经营单位。公司成立以来，已先后在深圳、佛山、莆田、柳州、桂林、郑州、南通、昆明、沈阳、成都、合肥等地设有子、分公司和物供中心，负责股份公司直管项目的物资集采供应管理；在昆明、贵阳、成都、重庆、兰州、乌鲁木齐等地设有14个现场项目经理部，负责西北、西南五个路局34个项目的铁道部部管物资代理服务。

自中国中铁全面推行物资集中采购管理后，中铁物贸有限责任公司分别代表中国中铁与中国建材、河北钢铁、攀钢、包钢、武钢、韶钢、裕丰、天瑞、昆钢等大型资源企业建立战略合作伙伴关系，同时与中国中铁下属各局物贸公司及物资管理机构建立紧密的合作经营关系。中铁物贸有限责任公司将秉承股份公司“勇于跨越，追求卓越”的企业精神，全面推行精细化管理，按照股份公司对物贸公司“立足中铁，面向市场，走出国门”的企业定位，以“物通三江、贸达四海，诚信服务、永争一流”的企业精神为指导，整合中国中铁既有物流资源，着力打造“中国中铁物贸”品牌，建立中国中铁物资产业板块。

在任领导：

总经理、党工委书记　白鹤林

副总经理　蒋岩松、朱定法、朱建平

总会计师　杨向歌

地址：北京市丰台区莲花池南里26号中铁工程大厦5楼

邮编：100055

电话：010-51846757

传真：010-51871983

【中铁西北科学研究院有限公司】 中铁西北科学研究院有限公司（简称中铁西北院），是世界500强排名第95位、中国建筑业排头兵的中国中铁股份有限公司旗下的二级成员单位，成立于1961年，原隶属于铁道部科学研究院。1992年11月1日，铁道部科学研究院西北研究所更名为铁道部科学研究院西北分院，2000年10月作为国家第二批134个转制科研院所之一进入中国铁路工程总公司，2001年10月1日，进入中国中铁股份有限公司，更名为中铁西北科学研究院，2005年12月26日改制为有限公司，2007年，随中国中铁股份有限公司在上海、香港同时上市。

中铁西北院设有14个职能管理部门；设有3个全资子公司：甘肃铁科建设工程咨询有限公司、甘肃中铁建设工程有限公司和甘肃兴科物业管理有限公司；设有9个分支机构：勘察设计分公司、工程检测试验中心、南方分公司、西南分公司、西安分公司、新疆分公司、贵州分公司、西藏分公司、科研所（设有滑坡与高边坡病害防治、冻土与盐湖、黄土与膨胀土、沙漠与环境工程地质四个研究室、风火山冻土观测站和地基与桥梁加固、建筑物纠偏等三个中心）；2个合资公司：中铁二院西北勘察设计有限责任公司、沈阳铁科工程监理有限公司；1个驻外机构，即北京办事处。

截至2011年12月，中铁西北院拥有由多名国际、国内知名的岩土工程专家组成的专家委员会和一支4名博导、11名硕导、383名技术人员为核心的员工队伍。该公司党政领导班子由9人组成，董事长刘成军，法定代表人、总经理、副董事长、党委副书记朱本珍，党委书记、工会主席牛怀俊，纪委书记、党委副书记刘文龙，副总经理马惠民，副总经理、董事会秘书方建生，副总经理张国帅，副总经理、总工程师郑静，副总经理、总法律顾问王引生。

中铁西北院是以特殊地质路基与地质灾害防治为重点专业，以特殊、重大应用理论及灾害防治工程措施为主攻方向，集研究、勘察、设计、试验、工程检测、监测、监理、咨询、施工、环保与环评为一体、取得ISO9001质量管理体系认证的综合性高新技术企业，拥有国内先进的岩土工程试验室与低温试验室，配备有先进的专业测试仪器设备及勘测、施工等配套设备。设有滑坡与高边坡、冻土与盐湖、黄土与地基基础、沙漠与环境工程地质、裂土（膨胀土）、环保与环评、文物保护及建筑物纠偏、岩土工程检测八个专业。实施以科学研究为基础，科技开发为支柱，多种经营为补充的战略方针，坚持“科研创新与生产紧密结合，将科研成果转化为生产力”的特色发展之路。主要经营范围为：土木工程及地质灾害防治工程的科学研究、工程测量、试验、测试、检测、监测、勘察、设计、施工（均凭资质证）；文物保护和加固工程、防腐工程、土石方工程、建筑防水工程（均凭资质证）；工程技术咨询服务，成果转让、新工艺的开发应用，绿化环境工程治理，环境设备的制造、销售、安装、调试，房地产开发、房屋租赁；节能材料、五金交电（不含进口摄录像机）、化工产品（不含危险品）、建筑材料的批发零售；物业管理、住宿（限分支机构经营）。

2011年，超额完成了股份公司下达的年度各项经济指标，完成项目实现了零亏损，累计承揽合同额11亿元，实际新签合同额为7.65亿元，完成年度计划的139%，，其中：基建建设合同3.76亿元，勘察设计合同0.56亿元，监理合同1.87亿元，监测及科研合同1.46亿元；累计完成营业额6.09亿元，完成年度计划的145%，其中：基建建设完成2.57亿元，勘察设计完成0.86亿元，监理项目完成1.36亿元，监测及科研合同完成1.3亿元。2011年完成清欠3110万元，超额完成了中国中铁下达的“双清”指标。

2011 年有 9 项成果获奖，其中获省部级科技进步二等奖 3 项、三等奖 2 项，获中国施工企业管理协会科学技术创新成果一等奖 1 项，获中国中铁科学技术一、二、三等奖各 1 项，成果获奖数量较 2010 年增长 50%；有 12 项专利获得授权，授权发明及实用新型专利数量较 2010 年分别增长 150%和 75%。。认定为甘肃省第一家“省级企业技术中心”。

法人治理结构

董事会（7 人）：

董 事 长　刘成军（兼职外部董事）

副董事长　朱本珍（非外部董事）

董　事　牛怀俊（非外部董事）

董　事 郑　静（非外部董事）

董　事 王凤江（专职外部董事）

董　事　修　贵（专职外部董事）

董　事　尹长君（职工董事）

监事会（5 人）：

监事会主席　刘　坚（专职外部监事）

监　事　曹建生（专职外部监事）

监　事　侯殿英（非外部监事）

监　事　谢明皆（职工监事）

监　事　赵坤印（职工监事）

经理层及高管：（7 人）

总经理　朱本珍（法定代表人）

副总经理　马惠民

副总经理　方建生（兼董事会秘书）

副总经理　张国帅

副总经理　郑　静（兼总工程师）

副总经理　王引生（兼总法律顾问）

副总会计师　廖小龙（财务处处长）

地址：甘肃省兰州市民主东路 365 号中铁科技大厦 A 座

邮编：730000

电话：0931-4934554

传真：0931-4934524

网址：www.crnric.com

电子邮箱：crnric@163.com

【中铁西南科学研究院有限公司】 中铁西南科学研究院有限公司（以下简称“中铁西南院”）是一家科技型企业，其业务范围包括隧道及地下工程、桥梁及工程结构、地质灾害防治工程的科学研究、检测、监理、设计、技术开发、服务、转让、咨询；工程机械、材料、计算机及软件的研究、生产、销售、维修；灾害预防及防治技术的研究、技术服务、环保产品与材料的研制、生产、销售；自营和代理各类商品和技术的进出口。

1959 年 12 月 15 日，中铁西南院始建于成都，前身是铁道部隧道科学技术研究所。1961 年 3 月，归属铁道部科学研究院，命名为铁道部科学研究院西南研究所。1966 年搬迁至峨眉山市关山。1985 年经铁道部批准，迁回成都。1992 年更名为铁道部科学研究院西南分院。2000 年 10 月，执行国务院和铁道部党组决定，从铁科院剥离进入中国铁路工程总公司，正式冠名为中铁西南科学研究院。2001 年 6 月，在成都市工商行政管理局注册登记。2006 年 2 月 13 日完成现代企业制度的建立，在成都市工商行政管理局注册为中铁西南科学研究院有限公司，注册资本金 2431.84 万元。其中中国中铁占股 95.89%，出资 2331.84 万元，中国铁道科学研究院（原铁科院）出资 100 万元，占股 4.11%。2008 年 3 月 3 日，中铁西南院按照中国中铁的有关安排完成小产权收购，成为中国中铁一元股东的全资子公司。2009 年，中国中铁股份有限公司先后两次追加投资 3000 万元，共增资 6000 万元。2010 年 1 月完成工商备案，公司注册资金由原来的 2431.84 万元增加到 8431.84 万元整。

中铁西南院下设科技研发中心，有隧道及地下工程、工程地质研究、工程地质灾害防治、桥梁与结构工程结构、隧道工程机械、科技信息研究六个研究所。设有四川铁科建设监理有限公司、中铁岩锋成都科技有限公司、中铁成都工程检测咨询有限责任公司和中铁成都轨道交通设计院有限公司、中铁成都桥梁技术有限公司 5 个全资子公司和成都中铁教育有限公司一个参股子公司。另设有工程公司、广东分公司，机关管理部门设有董事会办公室、行政管理部、人力资源部、财务会计部、生产管理部、市场开发部、、科学技术部、国际业务部、纪监审计部、党群工作部、建设指挥部及北京办事处等驻外机构。

截至 2011 年 12 月 31 日，中铁西南院完成经营指标 6.61 亿元，其中：新签合同额 5.92 亿元，为中国中铁下达年度任务 5.5 亿元的 108%，同比增长 14%，中标未签合同额 0.69 亿元。完成营业收入 5.01 亿元，为中国中铁下达年度任务 4.50 亿元的 111%，同比增长 48.17%。

中铁西南院在喷锚支护技术、软弱围岩隧道修建技术、隧道地质超前预报、工程岩体稳定性分析、长大隧道施工机械化、工程检测的地球物理方法、新型桥梁结构、泥石流灾害防治技术、以及隧道工程信息研究等方面，取得了一批具有重大社会效益和经济效益的研究成果。特别是在成昆铁路、大瑶山隧道、秦岭隧道、广州地铁等重大工程的科技攻关中，以及高速铁路隧道设计技术参数、沉管水下隧道可行性研究等项目的研究工作中创造过辉煌的业绩。转企后，中铁西南院面向市场积极开展技术咨询和技术服务业务，承接勘察设计、工程承包、工程监理、工程检测等业务，并逐步向社会建筑业大市场全面渗透拓展，涉足于铁路、公路、地铁、水利、矿山等多个领域。经过50余年的发展，已成为以隧道及地下工程、地质灾害防治和新型桥梁结构为主要专业的、适应市场经济的、具有一定特色和创新能力及技术配套的科技型企业。

截至2011年底，中铁西南院通过评审（鉴定）的科技成果161项，其中省部级鉴定（评审）118项，其他级别鉴定（评审）43项。共获得191项科研成果奖励，其中国家级奖励（国家科技进步奖、自然科学奖和发明奖）24项，省部级奖励130项，市、局级奖励37项。“成昆铁路关村坝隧道快速施工”、“预应力钢筋混泥土铁路桥梁”、“小流域暴雨径流分析与计算”等5项成果获全国科学大会奖。“青藏铁路工程”、“大瑶山长大铁路隧道修建新技术”、“在复杂地质险峻山区修建成昆铁路新技术” 获国家科学技术进步特等奖。“隧道含水构造等不良地质超前预报定量识别及其灾害防治关键技术”获国家科技进步二等奖。“宜万铁路高压富水大型充填岩溶及断裂带隧道修建技术”获中国铁道学会铁道科技特等奖。“宜万铁路复杂山区岩溶隧道设计关键技术”、“高速铁路隧道气动效应研究及工程实践” 获中国铁道学会铁道科技一等奖。“郑西客专大断面黄土隧道施工方法与监控技术”、“宜万铁路复杂山区桥式结构技术”、“隧道（洞）仰拱模板台车与TBM联合作业的设计与研究”获中国铁道学会铁道科技二等奖。“隧道连续皮带机出碴技术与设备国产化研究”、“宜万铁路齐岳山高压富水岩溶隧道施工技术研究”获中施企协会科学技术一等奖等。此外，取得国家发明专利、实用新型专利29项。其中“TK-961型混凝土湿喷机”获国家技术发明三等奖。

截至2011年12月31日，中铁西南院员工人数788人（含子公司），其中在职职工495人，外聘员工293人。在册正式职工中科技人员和管理干部451人，工人44人。

中铁西南院编辑出版《现代隧道技术》、《世界隧道》、《铁路隧道、地下工程科技信息》、《秦岭隧道科技信息》、《世界沉管隧道信息》等多种科技期刊杂志，定期组织召开“海峡两岸隧道学术交流会”及“隧道及地下工程技术动态报告会”等大型国际性会议。公司拥有7名国家、省部级专家，其中多名专家在国内享有较高声誉。

在任领导：

董事长　梅志荣

总经理、党委书记　李林

副总经理　严金秀　罗朝廷　魏鸿

总工程师　伍晓军

副总经理、工会主席　粟健

党委副书记、纪委书记　万晓燕

地址：成都市高新西区古楠街97号

邮编：611731

电话：（028）67580052

传真：（028）67580052

网址：www.swi.com.cn

电子邮箱：crecswi@163.com

【中铁工程建设分公司】 2001年4月18日成立中国铁路工程总公司工程承包公司，2004年4月18日更名组建为中铁工程建设公司，2007年11月19日注册为中国中铁股份有限公司工程建设分公司。

2010年建设分公司所属的在建工程项目共计32个，完成或超额完成了建设单位下达的年度计划，年累完成营业额51.15亿元亿元，占股份公司下达年度计划45亿元的114%，比2010年同比增长35%。各项目都做到了“施工安全稳定、工程质量可控、重点项目进度有序、施工难点均有突破”，其中：沈阳四环快速路BT项目、长沙县BT交通投资项目、广东轨道交通产业园配套基地项目、佛山市高明区投资项目、江门市江顺大桥、沈海高速A12标、靖海高速A2标、苛临高速LJ5标、郑卢高速11标等新中标项目准备充分、组织科学、管理到位，取得良好开局；福建双永高速A15标、永宁高速A2标、山西平阳高速4标、陕西十天高速A-CD45标、重庆轻轨一号线杨公桥项目、四川纳黔高速C19标主体工程顺利完工，其中永宁高速公路A2标、重庆轻轨杨公桥项目顺利通过交工验收；玉蒙铁路秀山隧道、青海省西久公路拉脊山隧道、十天高速A-CD40标吕河隧道、重钢EPC项目二期新界牌坡隧道、博深高速公路4标等重难点工程取得突破性进展（已贯通或打到合同分界里程）；丹通高速公路B11标等收尾项目工程进展顺利。

2011年建设分公司所属的在建工程项目中，涌现出一大批先进集体和个人，获得多种荣誉称号。重钢搬迁专用线EPC项目部被重庆市评为“集体一等功”并授予重庆市“工人先锋号”，项目副经理王多全荣获个人“一等功”和“五一劳动奖章”，荣获集体和个人二、三等功共9名，为股份公司赢得了声誉。河南郑卢项目部被评选为2011年度郑卢高速公路质量管理先进单位以及2011年度郑卢高速公路安全管理先进单位。项目张卫东（先进技术员）、魏锦扬（先进项目总工）、孙宝哲（先进技术员）被评为2011年度郑卢高速公路先进个人；刘东奎、付健康、郑晓波被评选为2011年度郑卢高速公路质量管理先进个人；张卫东、付健康被评为2011年度郑卢高速公路安全管理先进个人。厦成线漳州段A1标荣获福建省2011年度“平安工地建设”先建单位，作为福建省的“迎检项目”迎检频率极高，多次迎接检查和观摩参观，获各级领导的好评，社会效益显著，仅9月份就迎接大型检查两次（代表福建省高速公路迎接交通部检查及代表业主迎接省交通厅厅长检查），获得奖金 43 万元。

2011 年获得 1 项国家级奖项、1 项省部级奖项，4 项股份公司级奖项。其中：

沪蓉西高速公路八字岭隧道荣获 2010～2011 年度“中国建设工程鲁班奖”。

沪蓉西高速公路八字岭隧道获得“火车头优质工程奖”一等奖；广东省博深高速公路四合同段获得广东省平安工地示范点和安全标准工地称号。

福建省福永高速公路A8标和莆永高速公路A6标项目荣获中国中铁股份公司“安全标准工地”称号；广东省博深高速公路四合同段项目荣获股份公司“节能减排标准化工地”。

2011 年完成新签合同额 123.8 亿元。

2011 年，工程建设分公司参加了国内公路、市政、铁路等工程项目的市场开发，中标 6 个项目，新签合同额 123.8 亿元（其中沈阳四环 BT 项目 65 亿元、南车基地 BT+EPC 项目 25 亿元、江顺大桥 BT 项目 28.6 亿元、合作投标中标 2 个项目合计 5.53 亿元）。

在任领导：

股份公司副总经济师王立平兼任建设公司总经理（党工委书记）、珠三角投资发展公司董事长

副总经理　曹小林（党工委副书记、纪工委书记）

副总经理　李川（兼中南投资发展公司总经理、东北投资发展公司总经理）

总工程师　张永强（工会工委主任）

总经济师　叶樵

珠三角投资发展公司总经理　杨永康

地址：北京西客站南广场中铁工程大厦 A 座

邮编：100055

电话：010-51843841

传真：010-51843925

电子邮箱：crc@crecg.com

【华铁工程咨询有限公司】 华铁工程咨询有限责任公司经铁道部批准，国家工商总局审批、北京市工商行政管理局注册的国有公司，于 1984 年 10 月成立，原名为中国铁道工程咨询公司，1992 年更名为华铁工程咨询公司，2007 年经中国中铁股份有限公司批准改制为华铁工程咨询有限责任公司。

公司具有国家发改委批准的甲级工程咨询资质、建设部批准的综合工程监理资质和国家质检总局批准的甲级设备监理资质。是中国工程咨询协会、北京市工程咨询协会、中国建设监理协会、北京市建设监理协会、中国铁道工程建设协会的会员单位和中国建设监理协会理事、中国设备监理协会理事、中国铁道工程建设监理协会的常务理事单位，已通过 ISO9001：2000 标准质量管理体系认证（CCQS）、英国皇家质量体系认证（UKAS）、GB/T24001-2004/ISO14001：2004 环境管理体系认证、GB/T28001-2001 职业健康安全管理体系认证。

公司技术实力雄厚，专业配套齐全，管理手段先进、安全质量管理到位。在铁道工程、铁道电气化、铁道通信、铁道信号、铁道供电、通信、桥梁与隧道、道路与桥梁、工民建、给排水、采暖通风、空调、电气自动化、机械、工艺设备、技术经济、工程造价、地质、测量等多个专业。在铁路综合工程、工业与民用建筑、公路工程、市政公用工程、地铁轻轨工程等方面具有非常丰富的工程监理和工程咨询能力，可以承担工程项目全过程的管理和监理咨询服务。目前具有 2325 名技术水平较高、实践经验丰富、综合素质较强的高、中、初级工程技术人员和经济技术人员。其中具有高级技术职称的 276 人，中级技术职称的 1135 人，国家注册监理工程师 183 人，国家注册咨询工程师 20 人，国家注册造价师 16 人，国家注册安全工程师 34 人，国家注册一级建造师 42 人，国家注册设备监理师 39 人，省部级注册监理工程师证书 493 人，铁道部总监理工程师证书 147 人，上岗监理人员均已通过了监理工程师的系统培训。

公司成立二十年来，在 30 多个省、市、自治区承担了一百多项国家重点工程和大中型建设项目的工程监理任务，有多项工程获得国家和省部级优秀工程奖，公司和监理站多次荣获先进监理单位荣誉称号。其中获得国家建筑工程最高奖有鲁班奖、詹天佑土木工程大奖、国家优质工程银质奖等。

公司机构设工程监理咨询部、经营开发部、法律事务部、企业规划发展部、办公室、人力资源部、财务部、党群工作部、城市轨道事业部，所属子公司为上海华铁工程咨询监理公司、北京华铁工物探勘察有限公司和北京燕丰饭店有限公司；分公司为广州分公司、沈阳分公司、海南分公司、上海分公司、大连分公司、成都分公司、南宁分公司、西安分公司、兰州分公司、重庆分公司、贵阳分公司、青海分公司、西北分公司。

公司以其科学的管理、先进的技术、完善的制度和严谨的质量管理保证体系创造了监理行业的突出业绩。公司员工始终奉行“严格监理，提供顾客超值服务；预防污染，贯彻法律法规要求；以人为本，保证职工健康安全；持续改进，提升企业管理水平”的质量/环境/职业健康安全管理方针，努力达到“合同履约率 100%，顾客满意率 100%”质量目标。以良好的信誉，精湛的技术，优良的质量竭诚为业主服务，为各行业的工程建设监理和咨询做出贡献。

在任领导：

总经理　么少英

董事长　毕征才

党委书记兼副总经理　王 军

党委副书记、纪委书记、工会主席　经 越

副总经理　王伟宁、杨 明、于晓东

地址：北京市丰台区莲花池南里 26 号中国中铁大厦 A 座

邮编：100055

电话/传真：010-63319661

网址：www.htgczx.com

电子邮箱：huatie@yeah.net

【中国中铁委内瑞拉分公司】 根据 2008 年 10 月 30 日中国中铁股份有限公司第一届董事会第十五次会议通过的关于成立中国中铁委内瑞拉公司的决议和股份公司承揽、建设委内瑞拉玻利瓦尔共和国北部平原迪那科（TINACO）—阿那科（ANACO）段铁路工程项目的管理需要，经 2009 年 8 月 18 日股份公司本年度第 7 次总裁办公会议研究决定成立中国中铁委内瑞拉分公司。

1. 主要职能

（1）负责代表股份公司协调与委内瑞拉国家政府及有关部门的关系，按照股份公司对其“委托经营，独立核算，自负盈亏”的管理模式开展工作，履行两国框架协议下企业应该承担的责任和义务。

（2）负责履行中国中铁与委内瑞拉国家铁路局签订的合同，对委内瑞拉北部平原迪那科（TINACO）—阿那科（ANACO）段铁路工程项目设计、施工实行总承包管理。

（3）负责对股份公司及所属成员企业在委内瑞拉和中南美洲地区开展生产经营、组织项目实施的管理、协调、监督工作。

（4）负责按期完成股份公司下达的经营、生产、安全、利润等指标，并对责任成本、效益和债权、债务及相关经济、法律责任负责。

（5）负责股份公司及所属成员企业在委内瑞拉和中南美洲地区工程项目工期、安全质量、环境保护等事项的管理工作。负责对生产性安全事件和非生产性安全事件的管理和应急处理工作。

（6）负责执行股份公司各项管理制度，并结合实际，做好分公司有关人事、财务、薪酬管理和境外账户资金安全等工作。

（7）受股份公司党委委托，负责在委内瑞拉的股份公司及成员企业的党群和思想政治工作。

2. 分公司机构设置

（1）分公司领导层：总经理 1 人，常务副总经理 1 人，副总经理（分别主管生产管理、资源配置，商务管理业务）3 人，总工程师（主管设计业务）1 人，总会计师 1 人。

（2）分公司共设 5 个部门：综合事务部、工程管理部、商务合同部、财务部、国内工作部。

工程概况。委内瑞拉 Tinaco-Anaco 铁路（简称迪阿铁路）为委内瑞拉国家规划铁路网中北部平原铁路（全长 1115 公里）中的一段，线路西起科赫德斯（Cojedes）州的迪那科（Tinaco），东至安索阿特吉（Anzoátegui）州的阿那科（Anaco），优化后的线路正线全长 462.3 公里，路基开挖土石方 4750 万断面方，路基填筑土石方 2512 断面方，铁路桥梁 13.23 公里，375 孔钢混结合梁，涵洞 1005 座，上跨立交公路桥 8 万平方米。

2009 年 7 月 30 日中国中铁股份公司与委内瑞拉公共工程和住房部在委内瑞拉首都加拉加斯签订了迪阿铁路工程合同。该合同为集设计、施工、设备采购为一体的 EPC 合同，总造价 75 亿美元，合同工期 40 个月。

迪阿铁路设客运站 10 个，货运站 3 个。

2011 年完成情况。截至 2011 年 12 月 31 日，累计完成建安产值 19.88 亿美元（含税），占合同总价 75 亿美元的 26.5%。其中，2011 年完成建安产值 5.95 亿美元。

【中铁西南投资管理有限公司】 中铁西南投资管理有限公司主营高速公路投资、建设、运营，市政、交通基础设施投资，土地整理开发，是中国中铁从事高速公路板块投资、建设、运营服务的专业公司。公司于 2007 年 12 月 28 日在广西南宁注册，注册资本金 12 亿元。

公司前身是中铁工程广西项目管理中心，成立于 2005 年 8 月 5 日，代表股份公司履行中国中铁与广西区政府签订的“两路一铁”项目（即全兴、岑兴高速公路和田东至德保铁路）《合作投资框架协议》的相关职责，主要负责广西岑兴、岑梧、全兴高速公路项目的投资、融资、建设、运营管理工作，并以中国中铁名义在广西地区开展生产经营活动。2007 年 12 月 28 日，根据业务发展需要，股份公司决定在中铁工程广西项目管理中心基础上成立中铁西南投资管理有限公司。2009 年 12 月 18 日，股份公司决定将其所属的富砚、平正、德商、渝邻、岑兴、全兴公司划归西南公司集中统一管理。2010 年 2 月 25 日，公司升格为正局级单位管理。

中铁西南投资管理有限公司自成立以来，依托央企背景，充分发挥品牌、资金、人才、管理等优势，迅速发展壮大，经营业绩逐年攀升，目前管理的总资产达 260 亿元，总投资超过 400 亿元，年营业额 30 亿元。公司在山东省、河南省、云南省、重庆市和广西等全国五个省市自治区管理运营 7 条高速公路，累计运营里程达 603 公里。公司在广西柳州市投资建设“三桥一路”（维义大桥、广雅大桥、双拥大桥、北外环路）市政 BT 项目，在桂林市投资建设“一路两江”（西二环路、南溪河整治、小东江整治）BT项目，2011年底，公司中标南宁市邕宁区龙岗新区城市基础设施BT项目，并与昆明市轨道交通有限公司草签昆明市草海北片区及安置地块基础设施项目合作框架协议。

中铁西南投资管理有限公司现有子公司、指挥部共11个，分别是：广西梧州岑梧高速公路有限公司，广西岑兴高速公路发展有限公司，广西全兴高速公路发展有限公司，河南平正高速公路发展有限公司，中铁菏泽德商高速公路建设发展有限公司，云南富砚高速公路有限公司，重庆渝邻高速公路有限公司，广西柳州铁程交通投资有限公司，中铁柳州市三桥一路工程指挥部，广西桂林铁程交通投资有限公司，中铁桂林市一路两江项目工程指挥部。2011年10月，公司本部职能部门由10部2室变更为10部3室，即董事会办公室（监事会办公室）、党（纪）委办公室、公司办公室、人力资源部、财务会计部、投资管理部、市场开发部、运营管理部、工程管理部、安全质量环保部、法律事务部、内控审计部、群众工作部，将原党群工作部拆分为党（纪）委办公室和群众工作部。截至2011年12月31日，公司及所属各单位共有各类员工1582人，其中，中铁系统160人，其他股东派遣17人，公司聘用548人，劳务派遣及其他857人。

在任领导：

董事长、党委书记　蔡甲胜

总经理　徐坤甲

副总经理、总工程师　刘宁

副总经理　徐洮刚　王新忠

总会计师兼总法律顾问　陈元海

地址：广西南宁市金湖路63号金源CBD现代城26层

邮编：530021

电话：0771-2372950

传真：0771-5561630

网址：www.crecic.com

电子邮箱：ztxntz@163.com

【中铁南方投资发展有限公司】 中铁南方投资发展有限公司是中国中铁股份有限公司的全资子公司，于2008年1月在深圳市南山区注册成立，注册资本金4亿元人民币。

南方公司代表中国中铁负责深圳地铁5号线BT项目、深圳北站综合交通枢纽的建设管理、投融资以及后续相关工程的开发建设和管理工作。经营范围主要是城市轨道交通及沿线物业一体化开发等基础设施建设投融资、设计施工总承包，土地开发整理，房地产开发业务以及以建设管理新模式涉足城市更新的城中村改造、福利性保障性住房等建筑上游板块业务。

公司法人治理结构完善，成立了董事会、监事会。公司行政部门设10部1室，即综合部、财务部、投资发展部、地产部（与投资发展部合署办公）、工程管理部、安装工程部、规划设计部、计划合同部、物资设备部、安质环保部和董监办。公司党群系统设党群部（与董监办合署办公）。

公司受股份公司委托管理的单位有：中国中铁深圳地铁5号线BT项目建设指挥部、中国中铁深圳地铁工程枢纽指挥部、中国中铁深圳地铁5号线塘朗车辆段保障性住房工程指挥部、中国中铁东莞虎长堤路市政工程项目建设指挥部；下设子公司2个，指挥部1个、中铁南方遵义投资发展有限公司、中铁南方东莞投资发展有限公司、中铁南方公司中国中铁南方总部大厦建设工程指挥部。

2011年，南方公司牢记股份公司赋予的使命，积极稳妥推进深圳地铁5号线及北站枢纽建设。全年，完成投资28.86亿元，完成建设管理产值22.86亿元，新签合同额23.6亿元，实现利润7833万元。2011年，深圳地铁5号线成功实现“1.18”全线热滑、“3.28”试运行等重大合同节点目标，一次性通过业主竣工、消防、安全评估、试运营基本条件等8项政府专项验收，按期完成全线“管理权、指挥权、使用权”移交，并于6月22日提前合同工期8天实现全线开通试运营，充分展现了BT项目优势。5号线自运营以来，运营质量和水平一直位居深圳轨道二期前列，赢得了深圳市政府主要领导、社会和行业的积极评价。2011年12月26日，深圳北站综合配套工程配合广深港高铁全面开通，标志着华南地区乃至全国重要的区域性铁路客运枢纽全面交付运营。遵义共青大道于2011年10月30日提前开通，投资收益基本锁定。全年完成产值4.89亿元，占年度2.3亿元的213%。累计完成投资6.8亿元，占计划目标4.6亿元的148%。东莞虎门项目平稳推进，风险管控成绩显著。全年向业主提出了6项费用问题，为项目增效逾6000万元；累计上报变更20余项，获批14项，确定变更金额约1758万元。中铁南方总部大厦于9月28日正式动工，桩基施工顺利推进。经股份公司2011年第61次专题会议研究决定，南方总部大厦产权归属南方公司所有。

2011年，南方公司在立足华南城市轨道交通主营业务的基础上，积极推进市政、房建市场开发，努力形成城市轨道、市政、房建三大市场的均衡投资格局。试行投资管理分级制度，全年重点追踪的城市轨道项目有深圳地铁三期7/9/11号线、厦门地铁一期工程、广州地铁14号线、南昌地铁等；地产项目有珠海西部中心城区一级土地整理，市政项目有中山“纵四线、中拱路”项目、坪盐通道、南坪三期、深圳大外环高速公路、深圳沿一线快速通道等；房建项目有长安观澜安居房、塘朗山A区综合体开发等。公司投资工作不断巩固专业化发展方向，形成了业有专攻、技有专长的发展态势，初步奠定了国内城市轨道专业投资领先地位。

2011 年，南方公司党工委继续深入开展“深圳地铁党旗红”、“创先争优”等党建活动，认真贯彻国务院关于工程领域突出问题专项治理，积极建设和培育企业文化，荣获了“国务院国资委中央企业先进基层党组织”、“中国中铁创先争优活动示范党支部”等荣誉称号。

在任领导：

总经理、党工委书记、法人代表　付漳湖

董事长　王卫

副总经理　李才文、赵勇、张淦华

副总经理、总工程师　张国亮

财务总监、总法律顾问　李同杰

地址：广东省深圳市南山区龙珠七路中爱大厦 11-12 楼

邮编：518055

电话：0755-33952171

传真：0755-33952180

网址：www.crec-s.com

【中铁海西投资发展有限公司】 中铁海西投资发展有限公司于 2008 年 10 月在福建省莆田市注册成立。是中国中铁股份有限公司在东南地区的唯一一家全资二级子公司，注册资本金 2 亿元人民币，经营范围包括项目投资、工程勘察、设计、施工、建筑工程物资购销、建设项目管理。

公司设董事会和监事会，董事会由 1 名外部董事和 4 名内部董事共 5 人组成，设董事长 1 名；监事会由 2 名外部监事和 1 名职工监事共 3 人组成，设监事会主席 1 名。公司经理层设总经理 1 名，副总经理、总工程师、财务总监（兼总法律顾问）各 1 名。海西公司健全了党政工团组织，董事长兼任党工委书记，共有党员 22 人。

海西公司成立之初，设立有综合办公室（董、监事会办公室）、工程管理部（安质部）、计划合同部、财务部、建设协调部（党群工作部）、设计部、物资部 7 部一室。后因公司发展需要，经 2011 年公司一届六次董事会审议通过了公司增设运营策划部和投资发展部，将原计划合同部更名为“经营开发部”。调整后公司现有 9 部一室。

公司现有定员 39 人，其中股份公司总部委派 4 人，股份公司所属成员单位助勤 29 人，项目部抽借及社会招聘 6 人。公司现有高级职称 9 人（其中教授级高级职称 2 人），中级职称 18 人。

截至 2011 年底，妈祖城项目的主体工程基本完成，其中，四座桥梁主体全部完成，正在进行桥梁附属工程施工；22.8 公里路网路基填筑除环城路剩余两公里路段因拆迁影响未施工外，其余路基填筑、地基处理全部顺利完成，累计填筑土方 185 万立方米；填海造地基本完成，正在进行场地整平及补缺施工；内湾护岸工程全长约 1 万米，已完成 7300 米；排水工程已经全面展开，6 万米雨、污水管道已经完成 3.5 万米；1#排洪沟工程完成 340 延米，2#排洪沟 1120 延米全部完成；路面级配碎石工程已经完成 51600 平方米；路面水稳层试验段已完成约 1 万平方米，东区 1094 亩土地初步具备了出让条件。截至 2011 年底，经莆田市确认累计完成投资 16 亿元，其中，累计完成建安产值 10.2 亿元，资金成本 1.5 亿元，建设其他费用 4.3 亿元。

截至 2011 年底，未发生安全质量事故，工程质量合格率达到 100%，已获得 2011 年度福建省“闽江杯”工程质量奖提名；成功实现福建省“安康杯”竞赛先进单位称号两连冠，并荣获竞赛优秀组织奖；妈祖城项目先后被福建省、莆田市、股份公司评为安全文明标准示范工地；中铁二局妈祖城项目部荣获福建省“工人先锋号”称号。

2011 年完成建安产值 4.99 亿元，为批复预算 4.65 亿元的 107.29%；实现利润 0.19 亿元，为批复预算 0.18 亿元的 104.26%，累计实现利润 0.38 亿元；管理费用发生 720 万元，为批复预算 721 万元的 99.8%；财务费用发生-65 万元，为批复预算-10 万元的 650%。

在任领导：

董事长、党工委书记　史柏生

总 经 理　王喜军

副总经理　李建军（妈祖城项目指挥长）

财务总监　段乐骋（总法律顾问）

总工程师　陈　宏

地址：福建省莆田市湄洲湾北岸开发区

邮编：351152

电话：0594—6977111

传真：0594—6913009

网址：crceg-haixi.com

邮箱：crecg__zthx@163.com

【中铁中原投资发展有限公司】 中铁中原投资发展有限公司简称“中铁中原公司”是中国中铁股份有限公司在河南省郑州市设立、注册的全资子公司，2010 年 8 月成立，公司注册资本金 1 亿元人民币。

公司主要职责和任务是代表股份公司全面履行中国中铁股份有限公司和河南省政府、郑州市人民政府签订的《战略合作框架协议》，负责与河南省及中原地区洽谈有关城际铁路、城市轨道工程、规模较大的市政工程、土地一级整理与开发等领域的建设管理及投融资工作。同时，代表中国中铁股份有限公司履行郑州轨道交通 2 号线一期土建工程的总承包职责，统筹组织、指挥和协调中国中铁各参建单位的有关工作。

公司致力于基础设施项目投资建设、城市轨道交通投资建设和土地一级开发，是中国中铁从事上游基础设施投资和建设管理的专业公司。公司下设综合部、财务部、计划合同部、工程管理部、安质环保部、设备物资部、投资发展部7个部门。公司在职人员37人，均为中高级管理人员和专业技术人员，其中教授级高级工程师2人，享受政府特殊津贴专家1人，具备一级建造师、安全工程师等各类执业资格证书10人。

在任领导：

董事会董事（5人）：赵庆武　冯慧光　林　鑫　魏振国　刘少魏；赵庆武任董事长。

监事会监事（3人）：席福禄　王怀远　李家标；席福禄任监事会主席。

总经理：刘少魏。副总经理（3人）：刘林山、王建军（兼总工程师）、杨马庄（兼工会工委主任、纪工委书记）。

董事会秘书：武晋龙。

公司机关党支部3人：李培增、李家标、高　毅。李培增任书记，李家标任组织委员，高　毅任宣传委员。

地址：河南省郑州市航海东路1225号

邮编：450016

电话：0371-67727300

传真：0371-67727301

电子邮箱：ztzygs@163.com

【中铁印尼有限责任公司】　2010年3月23日，中国中铁与印尼巴克塔山泛太平洋铁路公司（简称BATR）签署《印尼南苏门答腊煤炭铁路运输专用线项目》设计、施工、运营总承包合同（简称DBO合同）。经股份公司2011年3月23日本年度第二次总裁办公会议研究决定成立中国中铁印尼有限责任公司，代表股份公司负责印尼南苏门答腊煤炭运输铁路专用线项目的各项工作。2011年6月7日下发中铁股份劳〔2011〕255号文件《关于成立中国中铁印尼有限责任公司的通知》。2011年8月10日股份公司下发中铁股份外〔2012〕356号文件《关于中国铁路工程（马来西亚）有限公司管理归属关系变更有关问题的批复》，决定从8月1日起，将中铁国际所属的中国铁路工程（马来西亚）有限公司交由中国中铁印尼公司全权管理，原中铁国际管理的中国中铁股份有限公司新加坡分公司管理关系也随马来西亚公司一并转移。

2011年7月12日，中国中铁印尼公司召开一届一次股东会、董事会及监事会，通过公司《章程》，选举公司董事长、监事会主席，聘任公司经理层，完成公司法人治理结构法定程序，并经7月19日、22日股份公司总裁办公会、二届六次董事会审议通过。9月20日，公司申报在印度尼西亚设立有限责任公司获得国家商务部审批，取得《境外投资许可证》。11月25日，经协调国家发改委及北京市外汇管理局，办理完毕外汇登记备案手续。

中国中铁印尼公司注册资本金150万美元，由中国中铁股份有限公司单一股东出资，注册地在印度尼西亚雅加达。公司内设综合部、人力资源部、商务合约部、财务部、工程部、设计部、安质环保部和国内工作部。公司人员共计24人，前方现场管理人员16人，后方服务人员8人；综合管理型人员7人，商务技术人员17人。

中国中铁印尼公司作为一家新成立的外经公司以股份公司“十二五”发展规划为指导纲领，坚持“大小结合、远近兼顾，区域经营，滚动发展”的长远目标，以完善公司法人治理结构为基础，以印尼南苏门答腊煤炭铁路运输专用线项目启动为中心，积极探讨新形势下的多种合作模式，将经营开发作为工作的重点。公司在密切跟踪印度尼西亚、马来西亚等东南亚国家建筑市场的同时，辐射澳大利亚、伊朗等区域周边国家市场，加大开发力度，努力争取市场份额，实现市场突破，推动区域经营，为实现国际业务区域化经营格局的长远战略目标奠定基础。

在任领导：

董事长　周孟波（法定代表人）

总经理　陈诗平

副总经理　蔡泽民、刘维志

地址：北京市海淀区复兴路69号中国中铁广场C座313室

邮编：100039

电话：010-51878777

传真：010-51878795

【中铁贵州旅游文化发展有限公司】　中铁贵州旅游文化发展有限公司（以下简称“中铁贵州公司”）于2011年4月12日在贵州省龙里县正式注册成立，公司注册资本金人民币叁亿元，其中，中国中铁股份有限公司出资壹亿伍仟叁佰万元，拥有股权51%；中国中铁股份有限公司全资子公司中铁五局集团有限公司出资捌仟柒佰万元，拥有股权29%；深圳市欧迈建筑设计有限公司出资陆仟万元，拥有股权20%。中铁贵州公司主要职能是代表中国中铁股份公司全面负责中铁国际生态城项目开发建设和投资运营工作。2011年7月5日，中国中铁股份公司下文成立了中铁贵州国际旅游体育休闲度假中心项目工程建设指挥部（以下简称“项目工程建设指挥部"），与中铁贵州公司实行"一套班子、两块牌子"的管理方式，负责中铁国际生态城项目所有工程建设相关事宜。

项目情况。2010 年 12 月 26 日，在北京人民大会堂举行的贵州省面向央企招商会上，中国中铁股份有限公司与贵州省黔南州、龙里县两级政府签订正式协议，双方将共同打造中铁贵州国际旅游体育休闲度假中心项目（以下简称："中铁国际生态城项目"）。项目不仅被列为贵州省重点项目，是贵州省制定的"十二五旅游发展规划明确的十大旅游项目"之一，同时也是省委、省政府明确的"大贵阳城市群"城市建设重点项目，黔中经济圈建设的重点项目。项目位于贵州省龙里县西侧贵龙经济带内，毗邻贵阳龙洞堡国际空港区，总占地面积 2038.02 公顷，距贵阳市中心约 15 公里，距贵阳龙洞堡国际机场约 6 公里，贵新高速、贵龙大道东西向横穿用地，北侧紧邻 210 国道，南侧为夏蓉高速和贵广高铁。中铁国际生态城项目是集旅游、度假、休闲、运动、娱乐、养生、会议、会展、教育、培训等为一体的大型综合性地产项目，是未来贵州省乃至全国重要的旅游休闲度假基地，项目预计总投资约 500 亿元。

机构设置。中铁贵州公司本部常设部门 7 个：综合部、财会审计部、市场开发部、工程管理部、成本合约部、营销策划部、招商工作部；至年底，中铁贵州公司新成立下属子公司 1 个：龙里铁五建房地产开发有限公司；参股公司 2 个：贵州鼎业旅游文化发展有限公司、贵州中铁兴隆物业管理有限公司。党群系统：2011 年 7 月成立了中共中铁贵州旅游文化发展有限公司工作委员会和纪律检查工作委员会。2011 年 8 月成立了中铁贵州旅游文化发展有限公司公司工会工委和团工委。

投资开发：2011 年，中铁国际生态城项目累计完成投资约 6.5 亿元，

在任领导：

股份公司副总经济师、董事长、党工委书记、纪工委书记、工委主任：张　敏

公司总经理、项目工程建设指挥部指挥长：邓树传

副总经理、总法律顾问：程芝元

财务总监：黄　立

团工委书记：丁佳玉

地址：贵州省贵阳市龙洞堡国际机场海关大楼二楼

邮编：550005

电话：0851-5195888

传真：0851-5195007

项目地址：贵州省黔南州龙里县谷脚片区"中铁国际生态城"

邮编：551200

电话：0851-5195016

传真：0851-5195015

【中铁泛亚建设投资有限公司】 根据股份公司与昆明市人民政府签署的合作框架协议，结合昆明市政府实施项目的要求，按照项目进一步推进的实际需要，于 2011 年 12 月 6 日成立中铁泛亚建设投资有限公司（中铁股份劳〔2011〕497 号）（以下简称"泛亚公司"），12 月 8 日在昆明市西山区工商局完成登记注册，取得营业执照。

泛亚公司与中国中铁昆明轨道交通工程指挥部采用一个机构两个牌子的管理模式合署办公。

泛亚公司主要职能：

1. 泛亚公司代表股份公司全面履行中国中铁与昆明市人民政府签署的合作框架协议，负责与昆明市政府有关部门洽谈开展在市域铁路、城市轨道交通工程、保障房、安置房建设和房地产开发、滇池治理等领域的投资合作项目。

2. 负责昆明市城市轨道交通工程等项目的建设管理及投、融资工作。

3. 负责代表中国中铁在云南省、昆明市开展有关工程投资项目的开发及管理工作。

泛亚公司机构设置：

公司成立董事会，成员 5 人，其中董事长 1 人。

公司成立监事会，成员 3 人，其中监事会主席 1 人。

公司经理层设总经理 1 人，副总经理 7 人（包括兼任的总工程师、总经济师、财务总监各 1 人）。

公司设立综合部（包括党群工作）、计划合同部、融资财务部、工程设计管理部（包括征地拆迁协调）、安质环保部、机电物资设备部等部门。

根据工作需要和精简高效的原则，公司定员编制在 50 人以内。

【中国中铁哈大铁路客运专线工程指挥部】 2011 年，哈大客专建设进入收尾配套、保联调联试和开通运营的关键阶段。在股份公司和哈大客专公司的正确领导和大力支持下，指挥部带领各参建单位克服了资金异常紧张、收尾工程繁杂及施工干扰大等不利影响，自加压力，迎难而上，科学组织，精心施工，扎实推进标准化施工管理，深入开展创先争优活动，全力打好收尾配套攻坚战。

精心组织，有序推进施工进展。面对点多线长，收尾工作相互交织、相互干扰的实际，指挥部深入现场，靠前指挥，优化施组，卡控节点、以轨道精调、声屏障安装、防护栅栏安装、大连站区铺轨、铺岔、鞍山隧道铺轨工程为重点，有序推进施工进展， TJ-1 标全年完成投资计划 21.4 亿元，

占年度第三次调整施工计划21.4亿元的100%，24.4亿元，占新调整合同24.9亿元的98.1%。指挥部在认真梳理剩余工程的基础上，对实现主要节点工期目标采取了重奖重罚、奖罚对等的专项奖罚措施，明确轨道和道岔精调、声屏障施工、防护栅栏施工、鞍山隧道部分铺轨工程、剩余的有砟轨道、各车站站线工程、接口工程、静态验收问题整改的最终节点工期及奖罚额度。参建各局项目经理部成立施工现场督导组，项目部领导亲自挂帅，千方百计创造条件，精心组织，合理安排，全力以赴，中铁九局于4月11日、中铁一局于4月18日、中铁八局于4月19日、中铁五局于4月21日提前完成了第三遍轨道精调工作，创造了TJ-1标有利的验交条件。中铁二局项目部科学制定施工方案，配齐配足施工力量，合理安排工作面、优化工序衔接，施工进度快速推进，于5月初完成了鞍山隧道钢轨换铺，7月13日、15日先后安全顺利完成了新大连站左线、右线首次转线拨接施工，为全标段联调联试打下了基础。

永不懈怠，狠抓安全质量工作。指挥部坚持“安全第一、预防为主、综合治理”的方针，根据2011年TJ-1标安全生产风险源的实际情况，将高空作业安全、桥梁声屏障安装施工安全、轨道精调焊接锁定施工安全、长轨运输安全、桥面铺砟施工安全、大型设备施工安全等作为安全控制重点，深化隐患排查治理，全面落实安全生产责任制，强化安全生产标准化建设，促进安全管理水平不断提高；在质量方面以精调质量控制、静态验收缺陷整改、声屏障安装质量为重点，深入推进质量整治活动，狠抓静态验收达标，严格标准，加大现场监督检查整改力度，确保了施工质量。2011年指挥部进行5次月度安全质量大检查和4次专项检查，及时发现和消除事故隐患，有效遏制、防范了安全质量事故的发生。

实现全年安全生产零事故、质量无事故的良好局面，完成了安全质量目标。上半年施工企业信用评价中中铁二局、九局并列总分第一名，中铁五局、一局并列总分第二名，中铁八局列总分第三名，充分展示了中国中铁参建队伍的整体实力和水平，继续保持了全程领先的态势，再次为中国中铁赢得了荣誉。

抓住源头，加大变更设计力度。履行指挥部在共性变更设计工作中的牵头职能，多次梳理剩余变更设计项目，提交哈大公司研究，共同推动设计院开展变更，解决施工产值和资金困难局面；指挥部领导带队多次赴设计院就无砟轨道概算调整，线路防护栅栏、声屏障、高性能砼、桥面系变化和箱梁变窄等重大变更设计进行联系沟通，如轨道板及底座砼特殊困难地段运输、桥梁支座、钢筋数量不足等，实事求是地提出来，供设计院研究与采纳，收到良好效果。截至2011年底，共批准Ⅰ类变更设计52项（不含路基岩溶注浆和线路防护栅栏）91809.3万元，其中：铁道部批变更9项60239.1万元，哈大客专公司批变更43项31570.1万元。

地址：辽宁省沈阳市苏家屯区红椿路88号米拉晶典小区C2-111

邮编：110111

电话：024-31484503

传真：024-31484502

【中国中铁驻上海办事处】 上海办事处是中国中铁股份有限公司派驻上海的办事机构。1988年10月，经上海市人民政府批准成立铁道部基本建设总局驻上海联络处（后更名为中国铁路工程总公司驻上海联络处），注册地在上海市闸北区；2002年6月变更为中国铁路工程总公司驻上海办事处；2011年9月变更为中国中铁股份有限公司驻上海办事处。

2010年12月，企业重组后，股份公司对上海办事处的职能和人员编制进一步明确，其主要职能有：代表股份公司与上海市政府、有关职能部门、业主建设单位、行业协会沟通与联系；负责股份公司在沪和新进沪企业的审批、管理及协调、服务工作；代表股份公司负责中国中铁上海工程指挥部日常工作，负责股份公司在沪企业突发事件应急处理的指导、协调；贯彻落实上海地方党建以及股份公司区域党建、工建的工作部署。同时，任命沈秋根为办事处主任、上海地区党工委书记，徐建明任办事处副主任。

2007年4月，成立中国中铁上海轨道交通工程指挥部，2008年1月，更名为“中国中铁上海工程指挥部”。2011年3月28日，指挥部主要领导人员调整：股份公司副总裁刘辉兼任中国中铁上海工程指挥部指挥长，沈秋根任常务副指挥长，徐建明任副指挥长。

2011年4月，上海办事处、上海工程指挥部迁入新址合署办公。下设建管处、综合办公室；现员5人。2011年主要工作情况如下：

进沪企业管理。2011年，纳入办事处管理的进沪单位38家。其中一级企业1家，二级企业15家，三级企业22家；新增进沪企业4家，分别是：中铁二局建筑公司、中铁二局三公司、中铁港航局、中铁九局电务公司；退出上海市场3家，分别是：中铁四局六公司、中铁六局集团公司、中铁五局三公司；年内按要求完成在沪企业年度电子诚信手册申请、变更、核定、备案及各类人员信息变更、资证管理工作。

经营协调管理。发挥综合协调职能，强化区域经营联动措施，做好上海地区轨道交通领域经营协调工作。多次组织一局、二局、三局、四局、五局、七局、上海工程局、隧道局、电气化局以及相关兄弟驻沪单位召开轨道交通项目经营协调会，协助有关单位成功承揽上海轨道9号、11号、12号、13号、16号线的三轨、接触网、铺架、变电、通信、信号项目16个，完成新签合同额36.5亿元，进一步巩固中国中铁在上海轨道交通领域的优势地位。同时，办事处还积极组织参与本系统在苏州、无锡区域的经营协调工作。

安全质量管理。一是加强监管责任。成立由指挥部和各工程局分管领导组成的中国中铁上海轨道交通建设管理领导小组，各局驻沪办主任为主的工作小组及各专业技术负责人，项目经理为责任人的二级推进管理网络，进一步落实责任；二是加强源头监管。认真贯彻上海市政府22条整治建筑市场新规，督促驻沪企业对照“22条”意见开展自查，并对重点项目的安全生产责任制落实情况、质量安全监督机构设置情况、安全培训情况，企业特种作业人员持证上岗情况，落实项目质量安全防护措施情况、分包队伍信用审核情况进行抽查，督促制定并落实有针对性的整改措施，从源头上加强监管；三是加强日常巡查力度。以开展“文明工地”、“平安工地”等创建工作为抓手，加大安全质量监督检查力度。为吸取8.18宏润建设集团上海轨道交通16号线脚手架坍塌事故教训，着重对10个轨道交通土建项目等重点工程开展施工安全专项治理大检查，进一步消除和减少轨道交通工程建设质量安全隐患，提高了安全生产工作的针对性和有效性。全年在沪企业没有发生一起重大安全责任事故，安全质量控制总体良好。

奖项申报、审核管理。年内向上海市质量协会申报QC成果24个，现场发布9个，交流15个，13项成果获一等奖，6项成果获二等奖，5项成果获三等奖，其中两项QC成果被推选为国家级发布成果；6人被评为QC小组活动“优秀推进者”，6人被评为质量管理小组活动“先进工作者”；3家单位被评为“上海市用户满意企业”；10家单位推荐申报上海市平安单位；中铁二院上海市轨道交通10号线（M1线）一期工程获得上海市优秀工程设计一等奖；四局电气化公司上海分公司评为中央企业青年文明号；电化局上海市轨道交通2号线东延伸工程通信系统施工总承包项目”通过了“2011年度火车头优质工程”复查；“上海轨道交通2号线东延伸工程通信系统”配合2号线东延伸工程全线申报“上海市政金杯奖”。

精神文明。指导基层单位开展文明单位创建活动，做好2011-2012年度市级、合作交流系统级文明单位的申报、自查工作。中铁上海局、中铁大桥局上海分公司2家单位推荐申报2011～2012年度市级文明单位，中铁建工集团上海分公司、中铁四局电气化上海分公司2家单位推荐申报市合作交流系统文明单位。

立功竞赛。一是深入动员。7月份，组织9家轨道交通在建单位召开中国中铁轨道交通建设推进暨立功竞赛动员大会，广泛宣传开展轨道交通立功竞赛活动的意义，进一步引导、动员广大干部职工争作先锋的良好氛围；二是加强检查。密切配合轨道交通指挥部开展经常性地检查指导和月度综合评比工作，定期参加总结讲评会议并做好意见反馈，督促相关单位落实整改事项；三是做好先进典型的推选工作。在上半年的评选表彰中，驻沪企业有4人获得上海市“建设功臣”称号，9人获得先进个人荣誉，12个项目部获得立功竞赛先进集体。

创先争优。6月份参加上海市合作交流系统“两优一先”选拔、推荐工作，中铁四局上海S6公路5标项目部党委被授予“先进基层党组织”，中铁二局城通公司上海轨道交通13号线一期3标项目部机电部电工技师龙明被授予“优秀共产党员”，中铁一局集团公司上海分公司党委书记唐毅勇、中铁四局上海S6公路5项目部党委书记师朝祥被授予“优秀党务工作者”；中铁电气化局一公司副经理、上海分公司经理安智勇同志当选上海党建“每周一星”人物；11月份，通过市合作交流党委 “基层党组织责任制落实情况”专项检查，并获得检查组的好评。

团的工作。9月份，向上海市合作交流青年联合会第一届委员会推荐在沪单位8名40岁以下具有代表性和先进性的青年为委员；11月份组织在沪单位11名专兼职团干部参加团市委举办的“凝千聚万、青春活力”第三届上海市团干部运动会，进一步丰富团员青年的业余生活，团组织的活力和凝聚力增强。

地址：上海市江场三路278号2楼
邮编：200436
电话：021－60768216
传真：021－60768206

【中铁宏达资产管理中心】 中铁宏达中心于2007年5月成立。隶属于中国铁路工程总公司，是在国家工商行政管理总局登记注册为全民所有制企业，依法享有民事权利、承担民事责任。代表总公司履行非上市单位和资产的管理职能，对总公司委托经营的国有资产效益负责。

2007年初，中国铁路工程总公司根据国务院国资委“加快推进中央企业公司制股份制改革”的要求，开展了整体重组并在境内外上市工作。中国中铁股份有限公司股票于2007年12月3日和7日分别在上海证券交易所和香港联合交易所发行上市。2007年4月，中国铁路工程总公司决定成立中铁宏达中心，将重组剥离的不能纳入上市范围的教育、医疗单位等非主业单位、非经营性资产划入中铁宏达中心，由中铁宏达中心代表中国铁路工程总公司进行管理。

在任领导：
法定代表人、主任、党工委副书记 姜洪友
党工委书记 韩仁海
总会计师 李欣
副主任、纪工委书记、工会工委主任 董晓明

地址：北京市丰台区莲花池南里 26 号中铁工程大厦 A 座
邮编：100055
电话：010-51843628
传真：010-51843550

【中国铁路工程总公司党校】 中国中铁党校成立于 1984 年，是中国中铁股份公司党委下属的重要工作机构。建校 28 年来，全校教职工在公司党委的正确领导下，不懈探索、开拓创新，为公司培养造就了一大批德才兼备的企业领导干部和管理人才，充分发挥了“阵地”和“熔炉”的作用。

28 年来，党校开办了 41 个大专班，参加学历教育人数 2419 名；举办各种短期培训班 233 期，培训党、政、工、青和各类专业人才 11282 人次，共计培训学员一万三千多人。在这些学员中，相当数量的同志走上了局、处级领导干部岗位，有的多次受到了党和国家领导人的接见，相当一批同志成了全国劳动模范、全国三八红旗手、全国优秀企业家、全国优秀项目经理、全国纪检监察先进工作者、优秀思想政治工作者、优秀党务工作者、火车头奖章获得者、共和国青年功臣、青藏铁路建设标兵……

中国中铁党校坐落于石家庄市裕华东路 56 号中铁商务广场。教学、办公、餐饮、住宿自成体系，各类现代化教学设施一应俱全。党校拥有一支高素质的教育、科研、咨询、管理、服务团队，有功能强大的信息资源网络、雄厚的师资力量、前沿的培训项目、专业的科研人才队伍和热情的培训服务团队。目前，正全力打造集高端教育培训、理论研究、精细化管理服务、信息情报咨询于一体的一流中央企业党校。

2011 年，总公司党校以制度建设为重点，推进标准化、精细化管理。积极适应大厦新环境的要求，不断提高财务管理、资产管理、教学管理、后勤服务管理等各项管理水平，建立了与学校发展相适应、与大厦运营相配套的一系列管理制度。加强财务管理，制定出台了《财务预算管理办法》、《货币资金管理办法》、《财务收支管理办法》、《资本性支出管理办法》等财务管理制度。深化教学改革，对培训班实行项目化管理，不断强化师资库建设，加强班主任工作和学员管理，加强教学档案管理和教学质量评估工作；加强开拓办班，开展学历教育、联合办学、根据需求定制办班等多种类型的培训，丰富了培训模式。加强资产管理和运营工作，规范了资产管理各项工作程序，制定了一系列标准化流程；加强了合同管理，明确了合同管理的标准和操作规范；通过调整办公区域，增加了酒店客房的数量，接待培训的能力得到加强，收益有所增长；资产合作经营达到了预期标准，取得了稳定的收益；通过积极运作，使教室、会议室的利用率进一步提高。加强教职工队伍建设和先进文化建设，继续深入践行《教职工行为规范》，进一步丰富、完善了“四个共同体”、“我是党校人，党校是我家，我为党校发展做贡献”、“视品牌如生命，待学员如亲人”等一系列发展理念，不断打造党校团结拼搏、务实高效的教职工队伍。加强了节能减排工作，2011 年万元产值综合能耗比 2010 年下降了 48 个百分点。

2011 年，总公司党校以课题攻关为重点，理论研究工作取得了新突破。2011 年，党校申请承担了总公司立项的重点科研课题“中国中铁国际工程项目风险管理研究”。该课题于 2011 年 7 月正式立项后，总公司党校经过前期调研和筹备工作，及时制定了相关实施方案和保障措施，成立了课题研究工作组，通过与股份公司战略规划部、法律事务部、国际业务部、中海外、中铁国际及下属川铁公司、中铁四局、石家庄铁道大学等部门和单位协作和广泛调研，于 2011 年 11 月初完成了初稿，经过 7 次修改，并邀请专家来校召开了课题预评审会，不断完善研究成果。2012 年 4 月，总公司党校向股份公司科技设计部提交了课题结项申请书、研究文本、研究成果报告等相关材料，正式申请结项。

2011 年，总公司党校以创先争优活动为重点，党建思想政治工作不断加强。按照总公司党委和石家庄市直机关工委深入开展创先争优活动安排部署，围绕发展抓党建，抓好党建促发展，加强机关党组织建设，扎实开展了创先争优活动。结合实际制订了活动实施方案；坚持了领导干部联系点、示范党支部和党员示范岗制度；组织学员和教职工到革命圣地西柏坡、井冈山进行了主题教育实践活动；召开了党校机关第二次党员大会，选举产生了新一届机关党的委员会；开展了庆祝建党 90 周年系列活动，组织学员开展了红歌会、诗朗诵会等；认真组织学习、传达和贯彻了胡锦涛总书记“七一”讲话精神和党的十七届六中全会精神；针对学校机构、人员微调，加强和完善了组织制度建设、党支部建设，健全了组织，巩固和加强了党支部基础工作；制定了机关党委工作制度、议事规则和工作手册、党支部工作制度汇编、党支部工作细则、党支部发展党员工作实施细则；加强了入党积极分子和青年职工教育培训，培养、发展了 2 名新党员。通过一系列的活动和措施，丰富了创先争优活动载体，促进了各项工作的蓬勃发展。

在任领导：
常务副校长　马元林
副校长、工会主席　王军芳
副校长、机关党委书记　韩平易

地址：河北省石家庄市裕华东路 56 号
邮编：050011

电话：0311-67660609

传真：0311-67660610

网址：www.crecdx.com

电子邮箱：ztdx2008@163.com

【中铁咸阳管理干部学院】 中铁咸阳管理干部学院前身是铁道部基建总局咸阳干部学校，成立于1981年9月（[81]铁基学1483号）。1985年经陕西省人民政府同意（陕高教成［85］45号），铁道部（[85]铁干培字1209号）批准改为铁道部管理干部学院咸阳基建学院，由中国铁路工程总公司管理。2001年由于总公司和铁道部脱勾，经总公司批准，更名为中铁咸阳管理干部学院。

学院占地141亩，建筑面积80000平方米，其中用于教学、行政用房40000平方米。有教学楼3栋约13209平方米，学生宿舍楼4栋约15000平方米，学生食堂2个约2784平方米。图书馆面积1106平方米，藏书10万余册，中外期刊400多种。电教电算中心建筑面积1053平方米，有计算机130台，建成了局域网，并入了宽带互联网。有48座的多媒体语音室和100座的学术报告厅及土木工程实验室和工程测量实验室。有学生活动的操场、球场等活动场地。有1100平方米800座的礼堂。有500门程控电话的通讯设备。有招待所、浴池以及配套齐全的水、电、天然气等生活服务设施。学院固定资产约4000多万元。

学院现有在册教职工197人，其中在岗150人，有专职教师45人，其中具有正副教授、高级工程师等高级职称20人，具有讲师、工程师等中级职称59人。具有国家注册造价师2人，注册监理师2人，注册建筑师1人。另外聘请38名专家为兼职教师。

2011年，学院举办学历教育班19个，在校生680人，各类短期培训班42个，培训各类管理人员和技术干部4140人次，联合办学在校生2377人，全年创收1405万元，同比增长13.48%，实现了年初提出的基本目标和任务。在总公司和宏达中心的领导下，学院以科学发展观为指导，以建设功能齐全的培训机构为目标，以做强岗位培训、职业教育、成人教育为重点，加强科学管理，深化内部改革，提高教学质量，努力创收节支，各项工作取得较好成效。岗位培训、职业教育、继续教育多元化办学格局基本形成。全年举办各类培训班42个，培训干部4140人次，较上年增加725人；举办高职和中职学历班19个，在校学生680人；函授和远程成人教育学历班在册学员1026人，较上年增加128人；联合办学在校学生2377人，全年创收1405万元，同比增加167万元；职工人均收入42549元，同比增加5012元，基本上实现年初提出的目标。

在任领导：

党委书记　梁永和

院　　长　张友民

副院长　周民勇

纪委书记　梁永和

工会主席　周民勇

地址：陕西省咸阳市秦皇中路5号

邮编：712000

电话：029—32879710

传真：029—32879741

网址：www.ztgy.cn

邮箱：ztyb_123@.com

托管项目

【中国中铁昆明轨道交通工程】 为加强股份公司对昆明轨道交通工程建设项目的组织领导，经股份公司研究，于2011年4月6日成立“中国中铁昆明轨道交通工程指挥部”（中铁股份劳〔2011〕171号）（以下简称“昆明指挥部”）。

昆明指挥部主要职能：

1.代表股份公司，负责实施股份公司与昆明轨道交通有限公司签署的昆明轨道交通3号线西标段工程建设合同，履行施工总承包职责，统筹组织、指挥和协调中国中铁各参建单位的有关工作。

2.负责与昆明市政府及各有关部门、业主、设计、监理等有关单位的业务联系和沟通、协调等工作。

3.负责对昆明轨道交通建设工程安全、质量、工期、成本控制等方面的组织、指导、协调与监督管理；负责突发事件应急预案和突发事件处置的领导、指挥。

4.负责代表中国中铁在昆明及云南地区开展轨道交通等有关工程项目的开发、管理工作。

昆明指挥部2011年主要工作：

1.全力推进昆明轨道交通3号线西标段工程建设，履行施工总承包职责

根据股份公司赋予昆明指挥部的职能，昆明市轨道交通3号线土建工程西标段项目经理部自2011年4月中旬组建以来，在股份公司的正确领导和大力支持下，经理部按照快速建点、快速开工、快速建设的原则，迅速开展各项筹备工作，于7月15日正式开工，安全、质量、进度、文明施工得到昆明市政府、昆明轨道交通有限公司的高度肯定。

2011年3号线西标段完成产值16199万元，占合同总价的11.06%。

2.依托在建，积极开拓市场

昆明指挥部成立以来，在股份公司领导的亲自部署下，在干好3号线西标段的同时，积极开展了昆明地铁1号线延长线、3号线延长线、4号线、安嵩地方铁路工程安宁段、呈贡新城白龙潭居住区B地块建设等BT项目经营开发的前期筹备工作，基本实现了立足在建，积极开拓市场的初步目标。

2011年7月5日白中仁总裁莅临昆明与昆明市委仇和书记会见，7月6日与昆明市政府何波副市长就BT项目举行会谈，7月20日，股份公司与昆明市政府在北京签订战略合作协议。9月14日，股份公司与昆明轨道交通有限公司在昆明签订了昆明地铁1号线延长线、3号线延长线、4号线、安嵩地方铁路工程安宁段4个BT项目的合作框架协议。11月21日，刘辉副总裁与何波副市长代表双方就4个BT项目的推进计划达成共识并形成了会谈备忘录。根据协议和备忘录的精神，昆明指挥部积极组织，深入细致地开展了各项工作。2011年11月18日，在碧鸡关隧道出口隆重举行了安嵩地方铁路工程安宁段开工仪式，标志着中国中铁与昆明市政府在城市轨道交通领域的合作取得了突破性的成果。

3.加强对昆明地区轨道交通项目的监督管理

昆明指挥部分别于2011年6月20日～25日、12月21日～28日对股份公司系统内各单位自行承担的昆明轨道交通工程在建项目进行了上下半年安全质量大检查，涉及中铁一局、二局、四局、八局、隧道局、电气化局、上海局、港航局等8个单位承建的16个在建项目，合同金额43.33亿元。大部分受检项目做到了组织机构完善，管理体系健全，过程控制有效，安全投入到位，危险源辨识、风险卡控、教育培训、职业健康、环境保护等基础管理工作持续改进和提高，2011年，昆明片区未发生重大安全、质量事故。

【中国中铁昆明市轨道交通3号线土建工程西标段项目】 为实施昆明市轨道交通3号线土建工程西标段项目，股份公司组建了中国中铁昆明市轨道交通3号线土建工程西标段项目经理部（中铁股份劳〔2011〕172号），在股份公司的领导和帮助下，经理部按照快速建点、快速开工、快速建设的原则，于7月15日正式开工，迅速开展各项工作，安全、质量、进度、文明施工得到昆明市政府、昆明轨道交通有限公司的高度肯定。

合同造价：146534万元；中标日期：2011年4月26日；合同工期：673天；中标单位：中国中铁股份有限公司；建设单位：昆明轨道交通有限公司；施工单位：中铁二局、中铁四局、中铁八局、中铁隧道局、中铁上海局、中铁港航局；设计单位：中铁二院；监理单位：广州轨道交通建设监理有限公司。

工程概况：西标段项目起点石咀站，终点市体育馆站，线路沿春雨路、人民西路敷设，设计起讫里程YDK4+200～YDK12+658，标段全长7.89公里（不含眠山站、沙沟尾站、西苑立交站和梁家河站），工程共包括4座车站（石咀站、小渔村站、马街站、市体育馆站），7个盾构区间（石咀～小渔村—马街—眠山—沙沟尾—西苑立交—梁家河—市体育馆），1个明挖区间、1明挖车辆段出入段线（石咀明挖区间及出入段线），共13个单位工程。

石咀站是昆明市轨道交通3号线西标段工程的起点车站，位于春雨路下方，昆石铁路石咀站西侧，沿春雨路呈东

北、西南向布置，为地下二层岛式站台车站。车站有效站台中心里程为 YCK4+657.85，设计起讫里程为 YCK4+439.8～875.8，车站总长为436米，标准段宽19.7米，岛式站台宽度11米，车站总建筑面积15201平方米，有效站台中心处顶板覆土厚度2.5米。车站共设10个出入口通道（其中远期预留6个），4组风亭。车站北端提供石～小区间盾构始发。

小渔村站是昆明市轨道交通3号线西标段工程的中间站，车站位于春雨路下方，大渔路以南，沿春雨路呈东北、西南向布置，为地下二层岛式站台车站，车站有效站台中心里程为 YDK5+932.90，设计起讫里程为 YDK5+842.4～YDK6+023.4，车站总长181.0米，标准段宽19.7米，岛式站台宽度11米，有效站台长度120米，车站总建筑面积11561平方米，有效站台中心处顶板覆土厚度2.7米。本站设置4个出入口及通道（其中B号出入预留口），2组风亭（均为矮风亭）。车站提供盾构整体过站。

马街站位于马街北路与春雨路交叉口，沿春雨路呈东北、西南向布置，为地下二层岛式站台车站。车站有效站台中心里程为 YDK6+856.3，设计起讫里程为 YDK6+768.65～YDK6+943.95，车站总长175.3米，标准段宽19.7米，岛式站台宽度11米，有效站台长度120米，车站总建筑面积10735平方米，有效站台中心处顶板覆土厚度3.1米。本站共设4个出入口，2组风亭（均为高风亭）。车站南北两端分别提供小渔村站—马街站区间和马街站—眠山站区间盾构吊出。

市体育馆站位于人民西路与环城西路的交叉路口处，沿人民西路呈东西向布置，车站为地下二层岛式站台车站。有效站台中心里程为 YDK12+522.5，设计起讫里程为 YDK12+387～YDK12+658，车站总长271米，标准段宽19.7米，岛站台宽度11米，有效站台长度120米，车站总建筑面积15188平方米，有效站台中心处顶板覆土厚度3.1米。车站共设7个出入口（其中预留E号出入口）、3组风亭（1、3号为矮风亭；2号为高风亭）。车站西端提供西苑立交站—市体育馆站区间盾构吊出，并设轨排井，提供铺轨作业；东端提供市体育馆站～西昌路站区间盾构始发。

石咀明挖区间与石咀站相连，施工起讫里程为 YDK4+200～YDK4+439.8，线路总长239.8米，标准段开挖宽度15.5米，开挖深度约14.6～21.2米，围护结构采用φ1000@800钻孔咬合桩+内支撑支护，内支撑设四道，其中，第一道采用钢筋混凝土矩形支撑，第2～4道及倒换支撑采用φ609，壁厚t=16毫米的钢管支撑。明挖区间的结构形式为单层三跨钢筋混凝土框架结构，侧墙、顶板厚度均为900毫米，底板厚度为1000毫米，主体混凝土结构混凝土等级均为C35。

石咀车辆段入段线起止里程为 RCK0+305.85～+520.00，长214.15米，出线段起止里程为 CCK0+268.94～+483.096，长214.06米。出入段线开挖宽度约11.05～15.5米，开挖深度约7～12.7米。围护结构采用排桩+内支撑支护。排桩采用φ800@1200钻孔灌注桩，桩间采用φ600单重旋喷桩止水，桩内侧采用网喷C20喷射混凝土回填；内支撑采用φ609，壁厚t=14毫米的Q235钢管支撑。其中区间线路入线段 RCK0+350～+440（出线段 CCK0+269～+310）下穿昆石铁路。

盾构区间均采用通用环衬砌环类型，隧道内径5500毫米，管片幅宽1.2米，厚度350毫米，管片采用3+2+1拼装，三块标准块、两块邻接块和一块小封顶块，标准块管片圆心角为67.5°，邻接块管片左右各一块，圆心角为68°，封顶块管片圆心角为21.5°；联络通道处区间隧道采用钢管片和钢筋混凝土管片组成的复合型管片环。管片环缝和纵缝均采用5.8级M30弯螺栓连接，环向管片间设2个单排螺栓，纵向设16个螺栓（即封顶块设2个螺栓，其它管片每块设3个螺栓），按22.5°等角度布置，管片重心处设一个吊装孔，兼作二次注浆孔。区间共设置7座联络通道，6座废水泵房，采用矿山法施工。

工程特点：线路长、工期紧、交通疏解难、地质复杂、施工难度大。市体育馆站受交通导改及管线迁改影响，至今尚未实现全面开工，工期压力极大；盾构区间五次下穿河流，两次下穿铁路，穿越地层分布诸多泥炭质土、有机质土等不良地质，部分地段灰岩和溶洞侵入隧道，呈上软下硬地层，复杂的地面和地质条件对盾构掘进施工提出了较高要求。

2011年3号线西标段项目经理部完成产值16199万元，完成合同总价的11.06%。

【中铁玉蒙铁路工程】

一、工程概况

玉蒙铁路位于云南省滇南地区，是云南国际铁路通道的重要组成部分，也是昆明至河口铁路的重要一段。修建玉蒙铁路是建设云南国际铁路通道的重要标志和具体行动，是加快云南省经济发展、实施西部大开发战略的重要举措，对完善云南省铁路网布局等方面具有十分重要的意义。玉蒙铁路为新建铁路，北起昆玉铁路玉溪南站，经通海、建水等县至蒙自，新建正线长度141.498公里。

玉蒙铁路第一标段是总公司于2005年11月凭总部品牌和综合实力，在铁路建筑市场中标的特大铁路工程项目，由建设分公司代表总公司履行管理职能，设指挥部直接进行现场组织和管理。玉蒙铁路第一标段位于云南省玉溪市境内，全长37.45公里，共有隧道10座，总计长23990延米；桥梁10座，总计1740.3延米；涵洞84座，总计1909.34横延米；路基及站场土石方共255万方。桥隧长度占线路总长达69%。

玉蒙铁路第一标段工程地质复杂，所处区域地层岩性、地质构造复杂，地震活动频繁，褶皱与断层均比较发育，岩体受构造影响极严重，岩体破碎，风化强烈，隧道围岩以Ⅳ、Ⅴ级围岩为主，自稳性差。

玉蒙铁路第一标段合同中标价6.97亿元，合同工期36个月，实际开工日期为2006年3月。后因施工组织设计调整，经铁道部批准工期顺延至2012年7月。

二、重点工程秀山隧道

秀山（原通海）隧道位于云南省通海县境内，正洞全长10302米，是玉溪至蒙自铁路的第一长隧（控制性工程），也是目前云南省已建成的第一长隧，工程地质条件极其复杂，为铁道部极高（Ⅰ级）风险隧道，施工安全风险极高，施工难度极大。在线路左侧距正洞30米处设置一座多功能贯通平行导坑，全长10294米，并通过横通道（共25个）与正洞相连。全隧为单面下坡，最大线路纵坡为-20.4‰，进口工区为反坡施工工区。

秀山隧道穿越地段地层岩性复杂：主要为断层角砾（Fbr）、灰岩、白云岩、泥灰岩、砂岩、泥岩、砾岩、页岩等。地质构造复杂：全隧穿越五里箐向斜与里山背斜两大褶皱带，以及关营断层（F4）、通海断层（F11－2）、泥者断层（F11－3）、乌龙塘断层（F11－4）、周沟断层等断层破碎带（破碎带宽80～365米不等）。岩体受多期构造影响，极为破碎，在地下水作用下，施工过程中极易发生坍塌、涌水突砂、围岩大变形等现象，施工安全风险极高，施工难度极大。水文地质条件复杂：地表水及地下水均发育，地表水为沟水、库南河水。地下水主要为岩溶裂隙水、管道水、基岩裂隙水；Zbd、J2z、J3s地层中地下水对砼有弱硫酸型酸性侵蚀和弱～中等溶出型侵蚀。全隧预测正常涌水量为15.7×104立方米/天，雨季施工时最大涌水量为23.5×104立方米/天，实际施工中单口平均涌水量达3～5×104立方米/天，最大为12×104立方米/天。构造裂隙水、岩溶水在隔水层夹持、组合作用下形成水位高达200～400米的层间承压水，且沿洞身影响范围长。隧道所处区域地震动峰值加速度为0.20g，地震动反应谱特征周期为0.4s。工程地质条件极其复杂：属高烈度地震区，存在活动断层破碎带、岩溶、单面坡遇大规模高压涌（突）水、膨胀岩（土）、围岩大变形或岩爆、放射性、局部地段夹煤线而引起瓦斯聚集等工程地质难题，其工程地质条件的复杂性和多变性在隧道建设史上极为罕见。

秀山隧道自2006年3月开工，于2012年1月完工，历时近70个月，合同中标价2.74亿元。

三、安全质量目标

1.质量目标：工程一次合格率达100%，综合工程质量确保达到部级优质工程标准，争创国家级优质工程，并满足全线创优规划要求。其中秀山隧道创鲁班奖。

2.安全目标：杜绝安全特大、重大、大事故；杜绝死亡事故和人身重伤事故；防止一般事故的发生。消灭人身重伤及以上机械大事故等一切责任事故和等级火警事故的发生，确保人民生命财产不受伤害。创建省部级安全生产标准工地。

四、完成情况

1.产值及形象进度完成情况

2011年完成产值12000万元，开累完成104895万元（其中：施工图工程量完成75874万元，变更设计完成18858万元，材料价差调整增加10163万元）。2011年完成的主要实物工作量：区间土石方完成2万立方米，开累完成115万立方米，占设计总量的100%；站场土石方完成25万立方米，开累完成136万立方米，占设计总量的97%；大中桥开累完成1740.3延长米，占设计总量的100%；小桥开累完成924.6顶面平方，占设计总量的100%；涵洞开累完成1909.34横延米，占设计总量的100%；隧道完成2582.07成峒米，开累完成23990成峒米，占设计总量的100%。

2.重点工程秀山隧道完成情况

秀山隧道正洞2011年度完成2505.96成峒米，开累完成10302成峒米，占设计总长度10302米的100%。其中：正洞开挖年度完成2240米，开累完成10302米，占全长的100%；平导开挖年度完成953米，开累完成10294米，占全长的100%。

3.安全生产情况

玉蒙铁路一标段2011年保持了安全生产无事故，未发生一起伤亡事故。实现了“一个确保、六个杜绝”的安全目标。2011年6月9日，全长10294米的秀山隧道平行导坑安全顺利贯通。2012年1月10日全长10302米的秀山隧道正洞胜利贯通。

2011年玉蒙铁路一标段全部工程一次验收合格率100%，未发生一起质量事故。

自开工以来，玉蒙铁路第一标段取得了安全无事故、质量零缺陷的业绩，实现了安全质量目标，目前正在准备秀山隧道申报鲁班奖。

【中铁临策铁路工程】

一、工程概况

新建铁路临河至策克线LCSG-2标段，位于阿拉善盟，起讫里程为K216+002.62～K352+897.18（含乌兰敖包），全长136.89456公里。工程内容包括路基、桥涵（不含制、架梁）、隧道、房屋（独立的三电房屋除外）、其他运营生产设备及建筑物工程、大型临时设施及过渡工程、配合辅助工程等。临策铁路第二标段是总公司于2006年凭总部品牌和综合实力，在铁路建筑市场中标的特大铁路工程项目，由建设分公司代表总公司履行管理职能，设指挥部直接进行现场组织和管理。临策铁路第二标段合同中标价 4.8455 亿元，合同工期 21 个月。

本区属巴彦淖尔～阿拉善剥蚀平原区，地势由南向北、由西向东缓倾，

地形相对较为平缓，略呈波状起伏，局部地段起伏较大，地面高程 900～1800 米。该地貌单元主要以剥蚀地貌为主，其间包含有低山丘陵、山间洼地、湖积平原、冲洪积倾斜平原、沙漠戈壁等次一级地貌。剥蚀丘陵多呈低矮浑圆状，湖积平原区可见少量硬盐壳和龟裂地，山间洼地中受风沙影响可见固定、半固定沙丘、沙地。

本区地处亚洲大陆腹地的内陆高原，远离海洋，周围群山环抱，为典型的中温带大陆性干旱气候。区内阳光充足，热量丰富，降水量少，蒸发量大，干旱少雨，春秋两季大风弥漫，风大沙多，夏季酷热，冬季严寒，无霜期较长，昼夜温差悬殊，四季气候特征明显。

年平均气温 7.3℃～8.1℃，极端最高气温 41.1℃，最冷月平均气温-10.9℃～-9.9℃，雨季集中在 7～8 月，年平均降水量为 99.0～154.2 毫米，年最大降水量 267.9 毫米，年平均蒸发量为 2265.6～3136.6 毫米，年平均风速 2.1～3.7 米/秒，主导风向 WNW、WSW 等，最大风速 26 米/秒，土壤最大季节冻土深度 138～163 厘米。

本段地层主要为第四系全新统、上更新统、白垩系下统和华力西期侵入岩。第四系主要为风积层和冲洪积层，岩性为风积细砂层；冲洪积层剥蚀平原区，地层主要为细砂、中粗砂及细圆砾土等；白垩系下统出露于剥蚀平原部分地表，岩性为紫红色、灰绿色砂岩、砾岩及泥岩，在部分地段玄武岩、安山岩等喷出岩覆盖于白垩系沉积岩地层之上；石炭系上统出露于剥蚀平原局部地表，与白垩系呈不整合接触，为一套灰黑色、灰绿色砂岩；局部低山丘陵地段有华力西期花岗岩出露。

区内地表水不发育，在部分沟床中有少量分布。沿线地下水主要为第四系孔隙水和基岩裂隙水，其中第四系孔隙水在本标段内主要在大型沟床中呈带状分布，埋深 1～20 米不等，水质较差，对混凝土具硫酸盐弱-强侵蚀性；基岩裂隙水主要分布于狼山中山区及剥蚀平原区基岩中，本地地处干旱地区，年降雨量较少，河流水系不发育，补给来源较贫乏，基岩裂隙水水量较小。

标段沿线现场交通较困难，现有道路除部分乡镇之间有沥青路面外，大部分地段为砂土简易路面，工地大部分处于荒漠半荒漠地区和部分处于高山深沟之中，现场无道路，施工时需要修若干条便道与既有道路相接。新修便道 139 公里，改建便道 75 公里。

二、工程大事记

1.2006 年 12 月 1 日正式开工。

2.2009 年 12 月竣工、通车运营。

3.2011 年 12 月通过国家审计。

三、重点、难点工程

贵钦斯太特大桥 43-32 米、哈日末尔特大桥 34-32 米、哈日陶勒盖高勒特大桥 24-32 米、呼和乌九尔高勒特大桥 18-32 米工期紧，工程量大，是本标段的重点桥梁工程。DK315+147 阿勒陶勒高勒 1#大桥 13－32 米梁（436.36 米）、DK315+538 阿勒陶勒高勒 2#大桥 6－32 米梁（205.95 米）有的桥墩高达 51 米，是难点工程。呼口一号隧道和呼口二号隧道 2630 米、610 米，是本标段重点、难点工程。缺水少电，风沙大，气候恶劣，施工条件非常困难。

四、施工安全与工程质量

1.施工安全：

在整个施工过程中，无安全事故。被业主评为“安全先进指挥部”。

2.工程质量：

在整个施工过程中，无质量事故。路基、桥梁、涵洞工程 7 项（次）被评为“样板工程”。竣工验收合格率 100%。

【中铁珠三角投资发展有限公司】 中铁珠三角投资发展有限公司（2011 年 12 月 22 日经国家工商局批准由中铁佛山投资发展有限公司变更现名）是 2008 年 6 月 30 日由佛山市工商行政管理局批准成立的。注册资本金 15000 万元，经营范围是：项目投资、建设项目管理。公司设董事长一人，总经理一人，副总经理一人，总工程师一人，设办公室、财务部、经营开发部、物资设备部四个部门。下辖江顺大桥、南车基地和高明投资项目三个总包项目经理部。

2011 年是中铁珠三角投资发展有限公司空前发展的一年。在股份公司、建设分公司的正确领导下，佛山投资公司抓住机遇，开拓创新，全面完成了年初签订的各项经营承包考核指标。投资开发、安全质量管理取得了去前所未有的好成绩

2011 年 8 月 4 日中标广东轨道交通产业园基地项目 25 亿元，2011 年 9 月 16 日中标江门市江顺大桥及配套工程项目 28.6 亿元， 2011 年 11 月 23 日中标佛山市高明区西江新城一级土地整理项目 12.2 亿元。取得了累计年度开发任务 65.8 亿元的丰硕成果。

江顺大桥是广佛江快速通道最重要的节点工程之一，是连接江门市蓬江区与佛山市顺德区的特大型桥梁。项目起点位于顺德区杏坛镇，跨越西江干流，终点位于江门市蓬江区棠下镇。本项目的建成，对于促进江门市和滨江新区的发展，加强与佛山地区的经济交流，具有十分重要的意义。

江顺大桥全长 2287.04 米，其中主桥长 1172 米，东引桥长 811.52 米，西引桥长 303.52 米。主要工程由西江干流主桥、东引桥、西引桥、杏坛立交、滨江路立交五部分组成。

主桥结构特点：

1. 主桥为双塔双索面混合钢箱梁斜拉桥。主桥全长1172米，其中钢箱全长1052米，主跨700米，为广东省第一大跨，全国第七跨斜拉桥，钢梁总重20800吨。

2. 索塔为“H”型塔身，塔高186米（承台顶面以上）。其中上塔柱高60.1米，中塔柱高105.77米，下塔柱高20.13米。斜拉索总计176根，总重量约2834吨。

3. 主墩基础为56根3米钻孔桩（每个主墩28根）。其中顺德岸27号主墩最大桩长100.3米，江门岸28号主墩最大桩长73.3米。主墩承台为73.052米（横桥向）×24.5米（顺桥向）×6.5米（厚度）哑铃型承台，单个承台混凝土量10200立方米。

该桥由中铁大桥局四公司（西岸）和中铁港航局二公司（东岸）承建。

佛山市高明区西江新城文化中心，由中铁二局四公司承建。该中心占地50亩，建筑面积4万平方米，包括1200个座位的多功能演艺厅，多功能剧场（会议厅）、小型电影厅、公共文化展示区、文化艺术广场和艺星苑（休闲商贸）等。工程总投资3.8亿元

佛山市高明区西江新城体育中心，由中铁航空港建设集团北京公司承建。该中心占地255亩，包括主体育场、副体育场、综合体育馆、游泳馆、大型体育健身广场、体育健身区和休闲娱乐区，工程总投资4.8亿元

一、强化管理，狠抓落实，全面完成各项经营指标

2011年，中铁珠三角投资公司认真贯彻落实建设分公司经营管理思路，层层分解责任，强化管理，狠抓落实。先后制定了《大额资金审批制度》、《验工计价管理办法》、《安全生产管理办法》、《差旅费、招待费报销制度》、《职工假期管理办法》等。由于措施得当，落实有力，起得了良好的管理效果，全面实现了年初制定的各项经营指标。

1. 产值实际完成情况：2011年全年完成产值13885万元，占年度产值调整计划100%。

2. 安全管理首次实现了“零”事故，质量管理达到一次验收合格率100%的管理目标。

3. 经营开发指标：全年累计开发任务65.8亿元，出色完成了经营开发计划。

二、紧抓机遇，开拓创新，投资开发任务又上新台阶

由于国际金融危机的影响，2011年国家宏观经济调整，传统建筑市场大量萎缩，招投标市场竞争达白热化程度。在这种不利的市场环境下，珠三角投资公司转变观念，开拓创新，依托中国中铁的品牌和资源优势，充分利用珠三角地区经济发达，政府官员观念超前的特点，走强强联合之路。在相互尊重、理解、双赢的基础上，新签江门市江顺大桥及配套工程项目28.6亿元，广东轨道交通产业园基地项目25亿元，佛山市高明区西江新城一级土地整理项目12.2亿元。取得了累计年度开发任务65.8亿元的丰硕成果。特别是佛山市高明区西江新城一级土地整理项目首开新例，市场前景广阔。

三、加强监控，落实责任，安全管理成绩显著

安全不稳企业无宁日，质量不精企业难生存。根据建设公司加强安全管理有关文件精神，结合2011年度经营考核责任目标，年初公司组织召开了广东片区安全（质量）生产大会，传达了股份公司、建设分公司一系列的有关安全（质量）生产的文件，系统地部署了广东片区的安全生产工作。确立了“明确目标、落实责任、分兵把口、严防死守”的安全管理思路，在项目管理中强力推行了“安全第一、质量第二、进度第三、效益第四”的安全管理理念。健全规章制度，完善安全机制，落实安全责任，强化安全意识。切实做到领导重视，全员参与，全过程管理。认真开展安全生产隐患排查工作，加强现场管理人员和作业人员安全风险识别、安全检查、隐患整治、事故抢险工作能力。全年组织开展了1次安全知识竞赛，举行了1次“安全生产月”活动宣誓活动，1次“安全橙色预警期”活动，实施了10余次安全（质量）大检查。另外投资公司组织了安全督察组对全广东片区的各项目部进行了拉网式的安全检查，先后发出整改通知书6份，从反馈的情况看，各项目部对存在的问题全部进行了整改。因此，安全生产工作实现了平稳可控。

广东片区的各项目部实现了无死亡事故，无人身重伤及以上事故，年负伤频率控制在0.5%以下，无等级火警事故，无机械及交通事故，无食物中毒等其它事故。实现了全年安全生产“0”事故。

四、从严管理，样板引路，质量管理水平进一步提高

2011年，在继续贯彻执行中铁佛投[2010]9号《切实开展广东省高速公路建设管理提升年活动的通知》文件精神的基础上，明确提出了“项目营造质量过程精品品质至上”的质量管理理念。引进广东省高速公路建设管理中“双标管理”的先进经验，要求在全广东片区各项目部积极开展“双标管理”提升年活动。明确提出了路基工程要“稳定密实”，桥涵构造物要“内实外美”，隧道工程要“稳扎稳打”，拌和站和预制场要“布局合理”等具体要求。同时对广东交通建设市场质量通病进行了通报，要求广东片区各项目部举一反三，做好预防。做好营造实施的首件样板领先，精细化实施推进的质量管理模式。

经检查，广东片区各项目部截至目前，没有质量事故，已完工程自检合格率100%，一次验收合格率100%，实现了与业主签订合同的质量目标要求。

此外文明施工与环境保护有了长足的进步，未发生一起投诉事件。在每次信誉评价和领导检查中，均受到各方一致好评，称赞中国中铁重信誉守诚信。

【长沙交通BT工程总包项目】

一、工程概况

中国中铁高度关注潜力巨大的长株潭城市群一体化基建市场，为实施中国中铁在中南地区的发展战略和“立足上游业务，扩大经营领域”的战略目标， 中国中铁凭品牌和综合实力与长沙县政府多次沟通，并就长沙空港高铁和星沙新城建设相配套的交通工程建设模式进行洽谈。长沙县委县政府落实科学发展观，创新拉动基础设施建设的模式，打破常规，采取目前国内较先进的、集投融资、工程总承包、移交（回购）等为一体的建设模式。于2010年9月8日，双方本着合作共赢的原则，就长沙县“十二五”规划建设的重点工程项目，以投资—建设—移交（BT）回购方式达成合作共识。以实现工程融资、优质、快速、安全、廉政的诸多目标。

2010年11月25日，湖南省委书记、省人大主任周强在长沙会见了国务院国有重点大型企业监事会主席石大华、中国中铁股份有限公司总裁白中仁一行，从高层推动了项目的落地。11月26日由省政府组织召开“中国中铁参与湖南基础设施建设”座谈会后，双方合作步伐进一步加速前进。

2010年12月24日，长沙县人民政府积极贯彻湖南省委省政府《关于加强与中央企业对接合作工作指导意见》的精神，本着立足长远、强强联合、优势互补、互惠互利、合作双赢、共同发展的原则，通过严格规范的公开招标程序确定由中国中铁股份公司作为长沙县重点交通道路项目的合法投资人。并于2011年1月10日，双方正式签订《投资建设移交合同》。中铁作为长沙县重点道路交通项目的投资建设方，投资22.35亿元对长沙县“十二五”规划建设的重点交通道路工程项目进行融资建设和工程总承包。

由中国中铁融资加工程总承包方式建设的长沙交通BT工程，是长沙县“十二五”规划建设的城市交通骨干网重点建设工程，包括长沙市人民路东延线（空港城段）、万家丽北路北延线、黄兴大道南延线、黄兴大道北延线、省道S207南延线、黄江公路东延线等子项目组成，总投资22.35亿元。

长沙交通BT工程项目位于长沙县境内，作为“三湘第一县”，又处于长株潭“两型社会”综合配套改革试验区的核心地带，长沙县区位和交通优势得天独厚。县域内形成以开元路、S207为骨干的“五纵十三横”道路交通已有万家丽路等16个现代化交通接口与省会长沙实现无缝对接，先后实施了省内最大的城市湖泊松雅湖成湖、黄花机场扩建、万家丽路建设等一批重大城市基础设施项目。

2011年1月10日在长沙县举行了重点交通道路投资建设项目合同签约仪式；中国中铁股份有限公司与长沙县交通运输局签订《长沙县黄兴大道南延线等道路工程项目投资-建设-回购合同》。自签订合同后，中铁工程建设分公司根据股份公司授权，2月份组建中国中铁投资发展有限公司暨中铁长沙交通BT工程总包部，负责长沙区域的黄兴大道北延线一期路面工程、黄兴大道北延线二期路基工程、人民路东延线（长沙县段）路基工程、万家丽北路北延线工程项目的监管，随着各项目的相继开工。一年多来，中铁中南公司暨长沙总包部高度重视与地方政府的协调沟通，提出“建景观大道，让政府放心，让人民满意”的核心理念，得到了地方政府的充分认可和大力支持，合作势态良好。

二、安全、质量、文明施工及环境保护目标

1.质量目标：消灭质量问题，杜绝质量事故，已完工程自检合格率100%，一次验收合格率100%，确保工程质量在长沙市同期同类工程领先，实现与业主签订合同的质量目标要求，综合工程质量确保达到省部级优质工程标准，争创国家级优质工程，并满足项目创优规划要求。

2.安全目标：确保实现安全无责任事故，杜绝死亡事故，无人身重伤及以上事故，年负伤频率控制在0.5%以下，无等级火警事故，无机械及交通事故，无食物中毒等其它事故。消灭违章指挥，消灭违章作业，消灭惯性事故，创建安全文明工地。

3.文明施工及环境保护目标。达到相关法律、法规及设计标准，满足当地政府的要求。

三、完成情况

1.产值及形象进度完成情况

截至2011年12月31日，长沙交通BT工程完成验工计价产值39538万元，占建设公司下达年度计划35000万元的113%。其中：黄兴大道北延线一期路面工程完成验工产值14827万元，黄兴大道二期路基工程完成验工产值5466万元，人民路东延线完成验工产值14712万元，万家丽北路北延线完成验工产值4533万元。

主要形象进度为：黄兴大道北延线一期路面工程已完工交验；黄兴大道北延线二期路基工程主体工程基本完成；人民路东延线（长沙县段）路基完成55%，桥涵完成40%；万家丽北路北延线路基完成40%，桥涵完成38%。

2.总工期目标完成情况

黄兴大道北延线一期路面工程2010年12月开工，已于2011年12月12日正式交工。黄兴大道北延线二期路基工程于2011年6月正式开工，年内主体工程基本完工，2012年9月份沥青路面可完工；人民路东延线2011年4月28日举行动工仪式，2011年8月正式开工，2012年底主体工程可完工；万家丽北路北延线2011年8月正式开工，2013年4月份主体工程可完工，总体工期均能满足业主及合同要求。

3.安全、质量指标完成情况

我们遵循建设公司《关于加强2011年安全生产管理的通知》要求，坚持“安全第一、预防为主、综合治理”的方针，全面贯彻落实五项基础工作。以健全规章制度，夯实安全生产基础，强化企业安全生产主体责任为重点，严肃查处现场各类“三违”行为，全面加强安全生产监管，遏制事故苗头，坚决防范事故的发生。

黄兴大道北延线一期路面工程，全长24.26公里，沥青砼路面，投资约1.5亿元；一次性通过湖南省长沙市交通工程质监站的验收，合格率为100%。被列为长沙市交通局质量监督站现场观摩工地，稀浆封层工艺被列为沥青路面施工推广工艺。该工程于2011年9月28日举行了通车典礼。现已一次竣工验交完毕，目前正在办理回购相关事宜。

黄兴大道北延线二期工程，路线全长20.075公里，Ⅱ级公路标准，投资约1.5亿元，2011年6月正式开工，2012年6月主体工程可完工。在长沙市县有关部门检查现场施工过程中，都给予了高度评价

人民路东延线（空港城段），全长约6.017公里，市政Ⅰ级公路标准，工期18个月，投资5.8亿元。2011年4月28日举办隆重的开工仪式，湖南省省委周强书记、国务院大型企业监事会石大华主席及股份公司刘辉副总裁等领导出席，由周强书记宣布项目开工。2012年底主体工程可完工。2011年10月中旬，在长沙县工务局组织的年度检查施工中，获得市政项目检查评比的第一名，并获得表彰和奖励。

万家丽北路北延线工程，全长3.897公里，按城市Ⅰ级主干道标准设计，建安投资2.4亿元，2011年8月正式开工，2013年4月份主体工程可完工。11月15日，在长沙县建设指挥部组织的全线大检查中得到通报表扬，评价为“安全质量可控，现场施工文明、规范。尤其是捞刀河大桥桥墩灌注的混凝土大面平整、光滑，犹如武广高铁墩台”。

长沙交通BT工程项目自开工以来，全部工程一次验收合格率100%，未发生一起质量事故。取得了安全无事故、质量零缺陷的业绩，实现了安全质量目标，目前正在准备创建湖南省建设工程“芙蓉奖”。

【中铁东北投资发展有限公司】 为了实施沈阳市四环快速路投资-建设项目和推进东北地区有关工程项目开发及管理工作，经股份公司总裁办公会研究决定，于2011年3月28日在东北中心城市沈阳成立中铁东北投资发展有限公司是，注册资本金30000万元。公司主要经营职能：一是代表股份公司全面履行沈阳四环快速路工程项目建设合同；二是负责沈阳四环快速路工程项目的建设管理及投、融资工作；三是代表中国中铁在东北地区开展有关工程项目的开发及管理工作。

中铁东北投资发展有限公司为股份公司所属一人有限责任公司，由股份公司授权中铁工程建设分公司负责组建。目前，中铁东北投资发展有限公司已有员工51人，公司设执行董事1人、监事1人，经理层设总经理1人、常务副经理1人，副总经理人1人，总工程师1人。公司内设综合部。财务部、工程管理部、安质环保部、经营合同部和物资设备部六大部门。

目前，中铁东北投资发展有限公司唯一在建工程为沈阳四环快速路工程。沈阳四环快速路工程是沈阳市委、市政府与中国中铁股份有限公司抢抓机遇、学习实践科学发展观，创新建设模式，优势互补，战略合作，采用（BT）工程总承包模式建设的辽宁省重点工程，现已列入国家级重点工程，是十二届全运会的重点配套工程，更是部署“十二五“开局对沈阳市经济社会发展具有强大推动力的民心工程。

沈阳四环快速路建设总长度132公里，预计总投资规模65亿元，总工期两年零七个月，2012年7月1日前竣工。该项目工期紧、任务重、施工难度大，全线交叉跨越铁路既有线13处，高速公路6处。其中，主跨180米高坎浑河独塔自锚式悬索桥；跨越17条铁路的沈西编组场立交桥；跨越秦沈客运专线的立交桥；跨越浑河的西苏堡大桥是沈阳四环路的重点控制性工程。

为确保在2013年7月1日前建成总投资规模65亿的四环路工程，中铁东北投资建设发展有限公司，代表中国中铁全面履行沈阳四环快速路工程的投资建设，抽调精兵强将，组建了精干高效的中铁四环快速路BT工程总承包项目经理部，承担四环路施工项目总承包管理的神圣使命，决心实现以下三大目标：一是通过科学管理、以人为本、绿色环保，给沈阳市人民一个幸福和谐的环境；二是通过科技进步、精细施工、建城市景观工程、争创鲁班奖，给沈阳市政府一个满分的答卷；三是通过实施工程总承包，充分发挥“中国中铁”品牌、资金、技术、项目管理四大核心竞争力，专业分工、大兵团作战，在沈阳创造前所未有的施工速度，力争26个月完成65亿的投资建设项目，确保十二届全运会，向沈阳市政府兑现庄严的承诺！

2011年，在中铁沈阳四环快速路交通BT工程总包部的组织、管理和运作下，沈阳四环快速路工程完成施工产值22.6亿元，完成年度产值计划134%；按照“一个确保，六个杜绝”的安全生产总体要求，实现了沈阳四环“安全生产零事故”；按照“建绿色环保城市景观工程，争创鲁班奖”的质量管理要求，实现了“质量零缺陷”，已完工程一次验收合格率达到100%。

【中铁江门江顺大桥工程总包项目】 江顺大桥工程是规划连接江门市蓬江区与佛山市顺德区的桥梁。项目起点位于顺德区杏坛镇，中间跨越西江干流，终于江门市北部的蓬江区棠下镇附近。顺德岸通过互通立交与顺番公路、高富路快速对接，并顺接顺德区主干线杏龙路；江门岸通过互通立交连接滨江大道，并顺接后续建设的广佛江快速通道江门段工程。

项目路线全长约3.58公里，其中桥长2290米，桥宽40米（含两边人行道），江顺大桥主桥对称布置，主桥全长

1172米，主跨长700米，跨径布置为（60+176+700+176+60）米，边跨设一个辅助墩，主桥为H型双塔斜拉桥。主塔基础采用钻孔桩+圆哑铃型承台基础，主塔设上、下横梁。斜拉索采用平行高强钢丝斜拉索。斜拉索锚固采用钢锚梁锚固方案。主梁采用钢箱梁结构，支承体系采用半漂浮体系，配重梁采用混凝土箱梁。江顺大桥 Z3#、Z4#墩塔柱基础各设有28根Φ3.0米钻孔灌注桩，桩基呈花式布置：行距6米、列距 3 米，桩底进入微风化或中风化岩。承台平面尺寸为73.052 米（横桥向）×24.5 米（顺桥向），承台厚度 6.5米，承台顶设3.0米塔座，承台底设2.5米封底混凝土。塔座为棱柱体，底面为23.2米（横桥向）×20米（顺桥向），顶面为17.2米（横桥向）×14米（顺桥向）。

索塔有两个塔柱和两道横梁。柱身为钢筋混凝土空心箱型截面，上下两道横梁为预应力箱型截面。上塔柱高 60.1米，中塔柱高105.77米，下塔柱高20.13米，索塔高高度186米，索塔在桥面以上高度为158.63米，高跨比为0.227。

主要工程数量：钻孔桩92根，墩台6个，钢箱梁1052米，斜拉索44对。项目按双向6车道一级公路、设计时速为80公里/小时标准设计，概算总投资约21.2亿元。

【中铁广东轨道交通产业园配套基地工程总包项目】 中国中铁广东轨道交通产业园配套基地项目，是股份公司作为融资建设和工程总承包单位，与江门新会区按BT及EPC模式运作的工程项目。按照2010年底广东省江门市政府与中国中铁的合作意向，结合中铁建设公司及珠三角投资公司的统一安排，于2011年3月安排组织进场试施工（南车工程厂前路）。2011年7月26日，经过严格规范的公开招标程序，中国中铁中标广东交通产业园配套基地BT及EPC项目，总投资估算约25亿元。总工期18个月，回购期二年半。并于2011年7月27日由中国中铁与江门市新会区东大公司（新会区政府代表）签订了框架合同。

一、工程概况

广东轨道交通产业园配套基地工程，共分四个项目，首期总投资为4.5亿，截至2012年5月25日，开累完成3.53亿，具体情况如下：

1.厂前路工程

厂前路工程起讫点为K0+000～K2+614.77，市政工程Ⅰ级，路线全长2.615公里。总投资2.49亿（第三方预算）。分为三个标段：第一标段设计范围为 K0+000～K0+946；第二标段为 K1+386～K2+614.777；第三标段设计范围为K0+946～K1+386（除U型槽及泵房外的所有工序）。

业主工期要求：12个月（2011年7月28日至2012年7月27日）。

完成情况：截至2012年5月25日，完成投资2.46亿元，占总投资2.49亿元的98.7%。桥涵、路基、路面全部完工，照明、绿化、防护等附属工程完成70%，预计2012年6月全部完工，并完成交验。

2.江门南站连接线工程

江门南站连接线工程连接广珠铁路江门南站，起讫点为BK0+820-BK1+959.325，路线全长1.139公里。采用一级公路兼城市道路设计标准，总投资0.26亿元（设计预算）。

业主工期要求：17个月（2011年7月28日至2012年12月27日）。

完成情况：截至2012年5月25日，完成投资0.07亿元，占总投资0.26亿元的38%。主要完成工程量：挖淤泥完成3734立方米，完成总量的100%，清表及回填14545立方米。中粗砂回填5万立方米。

3.疏港路工程

疏港路工程起点并接东甲村 S365 线江门新会过境线（简称新乐路），终点止于S270大洞大桥。项目里程段落为K2+760—K5+760，全长3公里。采用一级公路兼城市道路设计标准，总投资1.37亿元（设计预算）。

业主工期要求：17个月（2011年7月28日至2012年12月31日）。

完成情况：截至2012年5月25日，完成投资0.95亿元，占总投资1.37亿的78%。主要完成工程量：预应力管桩18.8万米，塑料排水板137万米，路基填方23万方。

4.园区厂房软基处理

园区厂房基础由于新会区政府正式通知不做下步施工，目前只完成场地清理及吹填砂施工，完成投资0.38亿。

二、市场开发

广东轨道产业园配套基地BT+EPC项目2011年完成产值25000 万元，其中厂前路完成产值 19000 万元，占总投资33350.18万元的57%；疏港路工程完成产值6000万元，占总投资20495.36万元的29.3%。

2011年广东轨道产业园配套基地BT+EPC项目新签合同额57831.5万元，其中公路市场新签合同额24481.32万元，占新签合同总额的 42.3%，市政市场新签合同额 33350.18万元，占新签合同总额的57.7%。

2011年公路市场中标总额24481.32万元。其中：

江门南站连接线工程投资3985.96万元，工程全长1.14公里， 计划工期2012年10月30日完工。

疏港路工程中标总额 20495.36 万元，疏港路沿 S270古港线新会城区改线工程，起点并接东甲村S365线江门新会过境线，跨越广珠铁路沿江门水道堤内侧南下，终点位于S270 大洞大桥，线路连接南环路、新乐路、中国南车轨道交通车辆修造基地、厂前路及银湖大道，线路（一期）里程为K2+760～K5+760，线路全长3公里，计划工期2012年10月1日完工。

2011年市政市场中标厂前路工程，投资额33350.18万元，新会区厂前路工程位于新会南新区，为广珠铁路西侧道路之一，西起启超大道二期，向东下穿广珠铁路路基段，紧邻南车项目用地走线，延伸至江门水道边，连接规划中的疏港大道，全长约 2.61 公里。服务广珠铁路货运站场及南车项目。厂前路工程起点位于启超大道二期，与启超大道呈 T 型平面交叉，起点桩号为 K0+000，路线由西向东下穿广珠铁路，紧邻南车项目用地向东延伸至疏港大道，与疏港大道呈 T 型平面交叉，终点桩号为 K2+61 4.777，计划工期 2012 年 6 月 30 日完工。

【中国中铁深圳重点工程指挥部】 中国中铁股份有限公司深圳重点工程指挥部于 2007 年 4 月 18 日成立。主要代表股份公司负责与深圳市委、市政府、各行政主管部门及有关业主单位的沟通和联系，参加深圳市重点工程建设会议和有关重要活动。负责股份公司在深圳市重点工程建设的统一领导和指挥，负责对安全质量的监督和检查，确保各项重点工程的工期进度和工程质量。根据股份公司各成员企业资源配置状况，向业主推荐参加深圳市重点工程建设的施工单位。负责股份公司各成员企业在深圳市突发事件应急预案的制定，以及突发事件处置的领导和指挥。深圳重点工程指挥部的日常工作由中铁南方投资发展有限公司代行管理。

中国中铁作为最早进入深圳经济特区的中央企业，30 年来积极参加深圳市的基础设施建设，工程项目涉及铁路、高速公路、市政、房建、港口等多个建设领域，同时，积极与市政府合作，先后实施了多项房地产开发及城市轨道交通投融资项目。在深圳的建设项目中获得了多个国家建筑工程鲁班奖及国家优质工程奖。其中深圳火车站、梧桐山隧道、石龙特大桥、雅园立交桥、国企大厦、五洲宾馆、宝安体育馆等先后荣获建筑工程鲁班奖，深圳市铁路高架桥、赛格群星广场、东方玫瑰园、香榭里花园等荣获国家优质工程，此外还有 100 余项工程分别被评为全国用户满意工程、建设部科技示范工程以及省优、市优工程。截至目前，中国中铁深圳地区在建工程已确定合同总价超过 800 亿元，已经完成建筑安装价值超过 400 亿元。重点项目包括：

1. 铁路和城际轨道交通工程。继京九铁路、广深铁路后，中国中铁承担了广深港铁路客运专线、厦深铁路、穗莞深城际铁路等工程；

2.城市轨道交通工程。完成了地铁 1 号线、2 号线、3 号线和 5 号线主要设计和施工任务。其中，深圳地铁 5 号线、11 号线整体由中国中铁以 BT（建设-移交）模式实施；

3.公路和市政工程。承担了广深沿江高速公路深圳段工程和国道 205 线深圳段改建工程、深圳南快速路二期、丹平快速路一期、福永码头至洲石路道路工程机场路改扩建工程、深圳北站综合交通枢纽、宝安固戍污水处理厂、鹅公岭污水处理厂和葵涌污水处理厂主体或配套工程以及深圳北线引水工程配套干管工程；

4.房建工程和港口工程。继深圳市民中心、五洲宾馆等知名工程后，中国中铁近期实施了深圳宏达大厦、东方沁园等房建工程项目以及蛇口港、盐田港、宝安港部分工程施工项目以及大铲湾码头一期工程；

5.房地产开发项目。近几年，中国中铁旗下中铁置业、中铁建工、中铁五局等成员企业积极参与深圳房地产市场的投资开发工作，实施了诺德中心和太子花园等有一定影响力的房地产开发项目，合计投资额超过 100 亿元。

现任领导：

指挥长：戴和根

常务副指挥长：付漳湖

【中国中铁股份有限公司桂来高速公路第四合同段工程项目】

合同造价：26898.4788 万元。

合同工期：2011 年 5 月 1 日～2013 年 9 月 1 日（暂定）。实际开工时间为 2011 年 5 月 1 日。

施工单位：中铁上海工程局二公司。

工程概况：桂平至来宾高速公路 IV 合同段包括主线 K210+000～K222+000）全长 12 公里和武宣联线 3.8563 公里。主线（K210+000～K222+000），路基土石方 231.65 万立方米；大、中桥 194.17 米/2 座；小桥 60.08 米/2 座；跨线立交桥 186.2 米/3 座；线外桥 49 米/1 座；钢筋混凝土盖板通道 34 个；钢筋混凝土圆管涵 13 个。武宣联线（LK4+500～LK8+356.3）为进出武宣县及周边乡镇的公路。路线长 3.8563 公里，路基土石方 35.64 万立方米，黔江特大桥 749.68 米/1 座；涵洞 8 个。黔江特大桥上部结构为（106+200+106）米三跨一联的预应力混凝土变截面连续箱梁，主桥全长 412 米，整幅式布置。箱宽 9.5 米，翼板悬臂 4.2 米，全宽 17.9 米。两岸引桥分别采用 2×30 米和 9×30 米先简支后连续预应力砼 T 型梁，引桥共长 337.682 米。

进度情况：截至 2011 年底，完成建安产值 4104 万元，开累完成 4104 万元，占合同金额的 15.3%。项目管理人员 50 人，协作队伍 9 家 270 人；进场大型设备 36 套。

主要形象进度：完成土石方 21 万立方米，涵洞 14 座，钻孔桩 55 根，承台 8 个，立柱 20 根。

地址：广西省来宾市武宣县长寿村中国中铁桂来高速公路项目部

邮编：545900

电话：15900688878

【中铁杭州地铁 1 号线工程下沙东站项目】

合同造价：4439万元，上报变更总造价为6655.9万元。

合同工期：开工日期为2007年11月28日，竣工日期为2009年4月30日，实际竣工日期为2010年1月7日，合同工期为540天，工程质量保修期为1年。

施工单位：中铁上海工程局一公司。

工程概况：本标段工程为下沙东站，有效站台中心里程为K33+861.498（K33+755.498～K33+926.498），工程范围为车站的主体工程及附属工程（4个出入口、2个风亭）等土建工程。

本站地处杭州电子科技大学以西的下沙村，跨规划景苑北路，布置在规划九沙大道下（车站偏处于九沙大道北侧），呈东西走向。周围以农田为主，兼有少量居民，场地宽阔。站址地面有2条排水沟渠，地面下没有现状管线。

下沙东站属于1号线的下沙段，为二期工程的中间站。车站全长171米，标准段结构外包尺寸18.5米宽×12.89米高，为地下二层岛式车站（站台宽度10米），总建筑面积8549.3平方米（其中车站主体6741.4平方米，附属结构1087.9平方米）。

车站两端为盾构区间，其中西端头井为下沙中心站—下沙东站区间盾构调头井，东端头井为下沙东站—文泽路站区间盾构始发井。

车站共设4个出入口、2组风亭（车站北侧由东至西依次为：1号风亭、1号出入口、2号出入口、2号风亭；车站南侧由西至东依次为：3号出入口、4号出入口）。出入口均从主体结构地下一层旁出至地面。

车站主体结构顶板覆土2.5米，车站标准段基坑开挖深度约15.59米，端头井段基坑开挖深度约17.24米。车站主体侧墙结构采用复合墙体系，主体结构为双层三跨～二跨现浇钢筋混凝土框架结构。主体结构受力体系由侧墙、立柱、梁和顶板、楼板、底板等构件组成。出入口通道采用明挖单层矩形框架结构和U形槽结构。车站主体围护结构采用φ1000毫米@750毫米钻孔咬合桩形式。风亭、出入口通道围护结构采用φ850毫米@600毫米SMW工法桩，在通道出地面端横向采用φ850毫米水泥土搅拌桩围护结构。

工程特点及难点：

1.工程设计标准高

车站主体结构主要构件设计使用年限为100年，安全等级为一级；车站内部构件设计使用年限为50年，既是交通动脉，又具有战时防护功能，设计标准高，是名符其实的百年大计工程。

2.工序繁多、施工组织难度较大

车站采用明挖顺作法，工程涉及钻孔咬合桩、SMW工法桩、水泥土搅拌桩地基加固、高压旋喷桩地基加固、施工降水、深基坑开挖、结构施工、结构防水等多道工序，工序间相互穿插和制约，施工涉及面广，施工干扰大，需要严密的施工组织和动态管理。

3.管线迁改、保护、交通设施迁移工作重要，协调要求高

本工程施工主要影响南北向既有水泥路的交通，既有水泥路需保持正常通行。场地无地下管线，仅南北向水泥路两侧有架空农用电力线、架空农用通讯线。交通设施和管线迁改、防护工作涉及面广，协调要求高，成为顺利展开施工的前提。

4.车站深基坑开挖变形控制要求高、难度大

明挖基坑最大挖深17.24米，变形控制等级标准为一级，环境保护和地面沉降及围护结构水平位移要求严格。

结构所在场地大部分为砂质粉土地层，地下水位高，基坑开挖时，极易产生侧向变形导致开挖面隆起变形而引起边坡失稳及基坑涌水等。

5.防水技术标准严格

地下结构的特殊工作环境决定了高标准防水要求，地铁车站主体及通道按一级防水标准设计，施工时应严格按照设计文件规定及有关规范要求执行，保证地下结构施工质量和防水效果。

6.环境保护、文明施工要求高

本工程处于杭州市内，工程的施工对城市的正常生活、交通秩序影响非常大，对环境保护、文明施工要求高。

地址：浙江省杭州市萧山区城厢街道东湘村转中铁工总
邮编：311201
电话：0571-82365332

【中铁合肥供水管道工程项目】

合同造价：3068.981068万元。

合同工期： 90日历天，开工日期2011年4月15日。

施工单位：中铁上海工程局市政公司。

工程概况：球墨铸铁管道中心线：全线沿蒙城北路西侧铺设，其中六水厂出水管至天水路南侧的540米位于路中心线西侧25.5米，其余位于路中心线西侧32.5米。

本工程供水管道自六水厂DN1600出水管（桩号2+66）接出后，沿蒙城北路道路西侧向北敷设，至蒙城北路与金梅路交口北侧的排气三通处（桩号54+89）处截至。管道沿线交通情况较好，道路与绿化已形成，施工将对部分道路及绿化进行拆除。

本标段主要工程数量：DN1400球墨铸铁管铺设3017米，DN1600球墨铸铁管铺设2206米，DN1600钢管铺设10米，铸铁管件安装82个，钢制管件安装14个，法兰钢管件安装11个，阀门安装18只，阀门井18座，排气井8座，排水井10座。

主要施工技术情况：根据本工程特点，球墨铸铁管采用

承插式橡胶圈接口，沟槽开挖成形后采用吊车下管，挖掘机顶推接口施工。

完成产值及形象进度：2011 年共完成 DN1600 球墨铸铁管铺设 1440 米，DN1400 球墨铸铁管铺设 2426.7 米，完成产值 2140 万元，占年度计划的 70%。

地址：合肥市庐阳区风梅家园 81 幢 单元 802 室

邮编：230041

电话：18297971288

【中铁陕西榆横煤化工项目】

工程原合同造价：4695.26 万元。

合同工期：合同总工期 150 日历天，开工日期 2011 年 11 月 11 日。

施工单位：中铁上海工程局市政公司。

工程概况：工程位于榆林市横山县的白界乡和榆阳区芹河乡境内的榆横煤化学工业区。园区东北距榆林市约 25 公里，西南至横山县约 40 公里。

中煤陕西榆横煤化工项目一期Ⅰ工程系统工程全厂地下管网工程共包括：一循供回水系统（CWS1/CWR1）、二循供回水系统（CWS2/CWR2）、三循供回水系统（CWS3/CWR3）、原水系统（RW）、生产及低压消防水系统（IW）、高压消防水系统（FW）、生活给水系统（PW）、回收水系统（BW）、回用水系统（RUD）、清净雨水系统（RWW）、生活污水系统（SD）、生产污水系统（WW）、含盐废水系统（SAD）等十三个系统。

本工程属全厂一级地下管网工程第二标段，为非金属管道系统，范围包括清净雨水系统（RWW）、生活污水系统（SD）、生产污水系统（WW）、含盐废水系统（SAD）共四个系统。

本标段主要工程数量：土方挖方（变更后）56.4 万立方米，土方填方 52.2 万立方米，钢带增强聚乙烯螺旋波纹管（DN300～DN1800）总长 34.2 公里，钢骨架增强 PE 管总长 8.67 公里，塑料排水检查井 868 座，钢筋混凝土井 6 座。

主要施工技术情况：该工程管线总延长米 42.87 公里，厂区东西长 1.66 公里，南北长 2.52 公里，管网纵横遍布整个厂区。项目工期紧，而且大部分工期在当地冬季施工期间，项目开工前详细编制施工组织、冬季施工方案施工计划，合理安排施工工序。对于个别回填超过 5 米的区域，提前定位出具体位置，编制基坑开挖及支护方案，加强开挖过程旁站监督。冬季施工对非金属管材焊接影响极大，项目采用彩钢房作为保温棚，棚内采用煤炉生火取暖，焊接过程中采用红外线测温仪和温度计进行焊接环境和焊接技术参数的控制，加强现场旁站和质量监督力度，确保工程质量。

完成产值及形象进度：2011 年 11 月～12 月完成产值 2383.90 万元，占原合同产值的 51%。2011 年年底完成业主下达的施工任务，被业主评为优秀施工承包商。

地址：陕西省榆林市榆阳区航宇路建设路荟景名园 2-2-402（转中铁上海局陕西榆横煤化工项目部）

邮编：719111

电话：0912-7714329

【中铁樟树盐化工业基地铁路专用线项目】

合同造价：1500 万元。

合同工期：2011 年 9 月 1 日～2012 年 1 月 31 日，调整后工期：2011 年 10 月 10 日～2012 年 1 月 31 日，实际开工时间：2011 年 10 月 10 日。

施工单位：中铁上海工程局二公司。

工程概况：本项目为樟树、新干盐化基地铁路专用线液态危险品装车点及其相关工程，是江西省“十一五”期间重点建设的十大产业基地之一，项目总投资为 1500 万，专用线起止里程为 DK0+000～DK1+073.111，位于樟树、新干盐化工业基地铁路装卸站内，距离樟树东站约 2.7 公里，在基地铁路专用线 K2+721.1 处接轨。本项目主要工程量有路基、涵洞、轨道工程、门卫房、消防道路、四电（信息、信号、通信、供电）工程，其中盖板涵 1 座，路基挖土方 103859 立方米，利用土 39305 立方米，M7.5 浆砌片石 1855 立方米，C15 片石砼 1051 立方米，铺 50 kg/m 轨 3.695 公里，铺设 9 号单开道岔 6 组，C25 砼路面消防道路 8040 平方米，平交道口 1 处，车控道岔控制设备 6 套。

进度情况：2011 年，完成建安产值 465 万元，开累完成 465 万元，占合同金额的 31%。经理部 8 人，外协队伍现到位 2 家合计 50 人。机械现进场 14 台，挖掘机 3 台、搅拌机 2 台、装载机 1 台、电焊机 1 台、打夯机 1 台、推土机 1 台、土方车 5 辆。现场施工完成路基挖土方 103859 立方米，浆砌石 1855 立方米，料粒道床 7916 立方米，浆砌石排水沟 2364 米。

地址：江西省宜春市樟树市店下镇盐化货运站

邮编：331200

电话：15170515858

【中铁昆明主城区乌龙河调蓄池工程项目】

工程总价：5160 万元。

合同工期：2011 年 7 月 19 日～2012 年 3 月 31 日。

施工单位：中铁上海工程局市政公司。

工程概况：乌龙河调蓄池与滇池北岸水环境治理工程白马庙雨水泵站合建，规划总占地面积 11340 平方米。调蓄池规划容积 1.1 万立方米，设计平面尺寸为 55 米×33 米，基坑深度 12.8 米。进水为丹霞路干管，收集乌龙河流域合流水，减少雨季溢流量；出水管接入西苑浦路 DN1200 污水干管，最终汇入第三污水处理厂进行处理；出水排入乌龙河下游。

调蓄池采用地下式结构，顶板以上覆土2.0米，并结合周边环境进行绿化景观布置，为方便管理，值班用房及高低压配电室采用地面式框架结构。

本标段主要工程数量：基坑支护采用115根D1200钻孔灌注桩，桩间采用190根D600高压旋喷止水桩，调蓄池底部采用273根D800抗拔工程桩。基坑开挖总土方量为36000立方米，调蓄池主体钢筋制安1500吨、混凝土浇筑5500立方米，设备及自控仪表采购安装90余台套。

工程特点及重难点：

1.基坑支护与降水

本工程基坑深度12.8米，局部加深处14.1米，基坑土质为泥炭质土、粘土、粉质粘土、有机质土、粉土、粉砂。地下水埋深在1.10～5.4米，水位高差3.89米，渗透系数为2.16米/天，承压水层厚度为8.2米。

2.周边环境监护

基坑南侧25米为二环路高架桥，北侧50米为既有成昆铁路线，周边环境复杂，深基坑的安全与稳定是工程施工的重点与难点。

3.主体结构防水混凝土施工

调蓄池属水工构筑物，其混凝土防水工程是至关重要的工序，水平施工缝、穿墙套管等特殊部位施工工艺复杂，对工人的操作水平要求高，这些部位的防水施工是工程的重点和难点。

4.钢筋混凝土支撑的拆除

标高为1884米和1879米两层钢筋混凝土支撑的拆除工程量很大，将近为期30天的施工周期，而且拆除属高处作业，安全风险较大，对基坑维护结构的变形有一定的影响。

5、进水管道顶管工程

调蓄池进水管道有80米直径为⌀2000的钢管管道埋深大约7米因不便开挖需要顶进作业，埋设深度大，管道直径大，钢管易变形等是难点。

主要施工技术情况：

1.编制专项基坑支护施工方案，根据方案优化资源配置，采用115根⌀1200钻孔灌注桩支护、桩间采用190根⌀600高压旋喷止水桩形成止水帷幕。根据水文地质条件及土体渗透系数等参数编制专项降水施工方案，基坑内布设8口钢管真空减压井降水，分层土方开挖时配合轻型井点疏干层间水加快施工进度。

2.业主招标的第三方按照方案进行监测；施工方按照施工组织进行平行监测并根据监测结果信息反馈，动态指导施工。严格控制混凝土支撑的制作质量和养护周期。土方开挖控制分段、分层深度及时间，遵循“时空效应”原理。

3.防水混凝土必须加强对商品混凝土站的管理，包括砂石原材的洁净度、水泥、缓凝减水剂等、配合比设计、搅拌时间、运输时间、塌落度检测等必须按照施工方案的要求达到相应的技术标准，在现场控制环节做好模板的湿润、混凝土的振捣、及养护。对于施工缝等薄弱环节，在施工过程中严格按照设计要求施做，保证接缝部位混凝土面干净无浮石、浮渣，钢板止水带安装采用辅助钢筋定位，保证混凝土浇注后其位于结构厚度中间位置。穿墙管件施工过程中，要严格施焊止水环，同时保证防水层与穿墙管间焊接牢固无缝隙、无缺口。

4.编制专项拆除方案并对作业人员进行交底和教育；严格检测换撑混凝土的强度；在支撑梁上做好分段拆除编号，并旁站监督按顺序拆除；做好安全技术教育和交底，并旁站监督高处作业；

5.编制顶管施工方案经审批后并对作业人员进行交底和教育；制作钢筋砼工作井时必须加强混凝土后背的强度保证；管道直径大，可能会产生竖向变形，因此需采取内部加固支撑措施；向北顶50米较长距离要考虑采取泥浆减阻措施；顶进时随时检测地下是否有有害气体，加强管道内的通风措施和照明措施控制；

完成产值及形象进度：2011年年度完成产值2400万元。主要形象进度是完成钻孔灌注支护桩115根，高压旋喷止水桩119根，抗拔工程桩273根，土方开挖36000立方米，钢筋混凝土支撑1200立方米，主体钢筋制作300吨。

地址：云南省昆明市西山区丹霞路白马小区东碧组团9幢2单元104

邮编：650000

电话：13526190380

【中国中铁股份有限公司马钢（合肥）工业供水水厂工程项目】

工程造价：2288万元。

合同工期：150日历天，开工日期2011年7月28日。

施工单位：中铁上海工程局市政公司。

工程概况：马钢（合肥）工业供水有限责任公司BOT水厂项目设计总规模为10万立方米/天，一期供水量为5万立方米/天。本工程内容包括：取水头部、源水管线、取水泵房、加药间及配电室、值班室及倒班宿舍、道路、围墙、设备基础等土建工程、厂区工艺管线等生产辅助设施的制安，以及场地的平整及土方的挖、填、运，土建、装饰、安装、上下水、卫生器具的安装，地基和基础处理，构筑物的蓄水试验，所有施工临时措施，施工用水、电的接引，工艺管线及设备的安装，道路及排水的施工，消防设施的施工。

主要工程数量：取水头部混凝土42立方米，D1220×14管道加工、水下铺设3178米；取水泵房混凝土2100立方米，沉井 14.5 米；加药间及配电室、值班室及倒班宿舍建筑面积 334 平方米；2.1 米高围墙 244 米长；厂区道路 232 米；厂区内送水系统、给水系统、排水系统、消防系统各 1 套。

主要施工技术情况：本工程规模较小，但涉及危险源较大的分部分项工程较多，包含水下管道铺设、取水头部浮运、顶管施工、取水泵房沉井、取水泵房高支模等。项目部对技术工作极度重视，以上各分部分项工程，均按照住建部颁发的建质【2009】87 号（关于印发《危险性较大的分部分项工程安全管理办法》的通知）要求，制定专项施工方案，通过公司审批并组织专家论证，确保本项目各分部分项工程安全顺利施工，将项目重难点"化整为零"，确保项目的保质保量、安全顺利的实施。

完成产值及形象进度：2011 年完成混凝土 2242.5 立方米，占总量的 80%；原水管道水下铺设完成 2736 米，占总量的 86.1%；取水泵房沉井完成，上部结构完成 80%；加药间及配电室、值班室及倒班宿舍主体工程、装饰工程基本完成。累计完成 21176433.84 元，占年度计划的 112.94%。

地址：安徽省肥东县长临镇孙家凤村巢湖边转中铁马钢项目部

邮编：231605

电话：0551—7396277

【中铁阳春市铁路支线标段Ⅰ工程项目】

合同造价：4753 万元。

合同工期：2010 年 5 月 15 日～2011 年 5 月 15 日，调整后工期：2010 年 6 月 28 日～2011 年 9 月 30 日，实际开工时间：2010 年 6 月 28 日。

施工单位：中铁上海工程局二公司。

工程概况：阳春南山铁路专用线线路自岗美站北端预留牵出线接轨，平行既有阳阳铁路走行约 3 公里左折自阳阳高速南穿屯堡小学北侧垭口，上跨省道 S277，穿华吉岭垭口，跨黄村公路，经观河、狗仔头，绕观音山南，于大塘上跨漠阳江，其后线路前行经下南山、上南山，由鬼仔陂左转至工业园工厂站，线路全长 16.315 公里。铺轨总长度 19.524 公里，其中正线 16.315 公里，站线 3.209 公里。沿线分布特大桥 2 座 1756.96 米，中桥 2 座 137.62 米，渡槽 1 座 36 米，涵洞 49 道，通道 21 道，线外涵 12 道，平交 5 处，改移道路 3.572 公里。线路共分为 4 个标段，本标段为Ⅰ标段，起始里程为 DK0+000～DK4+475.6（含岗美站），总长 4.475 公里，主要工程包括特大桥一座（4×32+18×24）米、中桥一座（2×32 米），涵洞 15 座，其余全部为路基工程。主要工作内容为：岗美站改扩建、桥涵工程、路基工程（包括地基处理、路基填筑、路基附属工程）、渡槽、道路顺接、拆铺轨道、通信、绿化及环境保护工程、临时设施及过渡工程等。

进度情况：截至 2011 年底，完成建安产值 2692.1 万元，开累完成 4306.2 万元，占合同金额的 90.6%。经理部管理人员 23 人，外协队伍现到位 5 家合计 75 人，机械设备进场 8 台。

主要形象进度：完成正线铺轨及 T 梁架设施工，附属工程施工完成 70%，剩余岗美站改扩建及部分附属工程未施工。

地址：广东省阳江市阳春市岗美镇龙源酒店对面中国中铁阳春市铁路支线标段Ⅰ标项目部

邮编：529600

电话：18666233061

【中铁国投新集公司矿区铁路改扩建工程项目】

合同造价：16000 万元。

合同工期：2010 年 7 月 18 日～2011 年 10 月 18 日，调整后工期：2010 年 7 月 18 日～2011 年 12 月 31 日，实际开工时间：2010 年 7 月 18 日

施工单位：中铁上海工程局二公司。

工程概况：国投新集能源股份有限公司矿区铁路改扩建工程位于阜阳市颍上县境内。起点 DK0+000（=阜淮上行线 K46+102.479），在阜淮下行线 K44+625.7 位置处上跨，到 DK3+802.908（=刘庄既有线 K2+687.055）接入梁庄既有车档待机线，在刘庄既有线上下行方向增设 5、6 道 2 条到发线，K3+780 为梁庄站中心，在梁庄站中心增设调度指挥中心一处，行至刘庄既有线 K5+045.757 向右出岔顺接专用线设置机务整备所一处，沿线工程包括路基、桥涵、轨道、三电、房建、给排水及附属工程。

进度情况：截至 2011 年底，完成建安产值 6031 万元，开累完成 6757 万元，占合同金额的 42.2%；经理部管理人员 33 人，生产人员 8 人；外协队伍现到位 4 家合计 60 人，机械 10 台。

主要形象进度：路基土石方工程（主要为梁庄站站场路基土石方、立交疏解线及机务整备所路基土石方未施工）共完成 5.44 万立方米，完成总量 23.65%。站场附属工程：站场围墙完成 2200 米，完成总量 46.56%；站场排水沟完成 3600 米，完成总量的 60%。桥涵工程：盖板涵完成 4 座，圆管涵完成 1 座，箱型桥完成 3 座，顶进涵完成 1 座，完成总量 39.13%。房建工程共完成 3176.5 平方米，完成总量 23.42%。电力工程完成电力桥架基础 150 个、立柱 80 个、桁架 40 个，完成总量的 60%。轨道工程完成钢轨铺设 5000 米，完成总量的 30.23%；完成道岔铺设 13 组，完成总量的 50%。预制梁工程完成预制梁 101 片，完成总量 57.95%。

地址：阜阳市颍东区幸福路 88 号安徽中原轨道工程有

限公司

邮编：236054

电话：0558-2108169

【中铁南通投资建设管理有限公司】 中铁南通投资建设管理有限公司（以下简称南通公司）成立于 2010 年 7 月 23 日（中铁股份人[2010]220 号），是为实施临海高等级公路如东段工程 BT 项目投资建设及南通地区有关建设、施工项目开发工作。主要职能是在中国中铁股份有限公司的领导下，代表股份公司全面履行中国中铁与如东县政府签订的临海高等级公路如东段工程 BT 项目投资建设框架协议，并负责实施与如东县交通运输局签署的临海高等级公路如东段工程 BT 项目建设合同；负责临海高等级公路如东段工程 BT 项目的建设管理及投、融资工作；负责代表中国中铁在南通地区开展有关建设、施工项目的开发工作。公司设置执行董事 1 人、监事 1 人，经理层设总经理 1 人，副总经理 3 人、总工程师 1 人（兼）、总工程师 1 人（兼）。公司设五部一室，即工程管理部、计划合同部、安质环保部、资金财务部、市场营销部、综合办公室。为推进江苏省临海高等级公路如东段 BT 项目建设，成立中国中铁临海高等级公路如东段 BT 工程总包项目经理部（以下简称总包部）。主要职能是代表中国中铁股份有限公司负责实施临海高等级公路如东段 BT 工程总承包建设；负责组织协调与地方政府、设计、监理等单位的关系，并对项目工期、安全质量、责任成本、效益等负责；负责按建设单位要求与股份公司安全、质量、环境三大管理体系的要求和规定，对各参建单位进行监督管理、协调指挥。总包部设项目经理 1 人，副经理 3 人，总会计师 1 人（兼）、总工程师 1 人（兼），安全总监 1 人及四部一室，与南通公司实行一套机构两块牌子的管理模式。南通公司与总包部同步建立了党工委、纪检小组、工会工委及团委。2011 年 5 月 4 日，股份公司将南通公司及总包部转由中铁上海工程局代管（中铁股份劳[2011]205 号）。2011 年 6 月 9 日，股份公司将所持南通公司股权全部转让中铁上海工程局（中铁股份财[2011]300 号）。

南通公司自成立以来，立足如东 BT 项目，在国内没有成熟 BT 项目合同范本的情况下，认真学习，借鉴吸收，最大限度地维护了企业的利益，最大限度地体现了合作共赢的思想，最终顺利签订了建设合同，得到了中铁上海工程局和股份公司的肯定。随着工作的推进，南通公司对原有人员和资产在投资公司和总包部间进行了重新配置和严格区分，对内实行“一套班子，二个机构”的管理模式，对外体现二个机构独立运行，分别履行职责，并独立进行财务管理和会计核算，有效地防范了审计风险。南通公司在发展过程中，不断转变观念，强化管理，积极进取，推进投融资工作和项目管理齐头并进，促使公司发展快速走上规范化道路。

2011 年，南通公司成功申报了两项实用新型专利：铁路轨道板砂浆灌注封边压紧装置和钢筋砂浆护筒。甲供、甲控两类物资采购集中度达 100%，实际采购价格比市场信息价降低率达 9.5%，合同价比投标平均报价降低 3.61%，累计节约资金近5000余万元。南通公司正在实施的如东 BT 项目，被南通市评为“平安工地”市级示范工程，其中两个标段被评为 “平安工地”省级示范。

地址：江苏省南通市如东县掘港镇通洋南路 88 号

邮编：226400

电话：0513-81909800

传真：0513-81909800

【中铁临海高等级公路如东段 BT 工程总包项目】

投资总额：21.98 亿元（含 3 亿元前期费用）。

工期安排： 开工日期为 2011 年 6 月 30 日，建设期 32 个月，回购期 28 个月。

甲方：江苏省如东县人民政府。

乙方：中国中铁股份有限公司。

甲方代表：如东县交通运输局。

乙方代表（项目公司）：中铁上海工程局南通投资建设管理有限公司。

施工单位：中铁十局集团有限公司（路基一标）；中铁九局集团有限公司（路基二标）； 中铁上海局第二工程有限公司（路基三标）；中铁七局集团郑州工程有限公司（路基四标）；中铁上海局华海工程有限公司（路基五标）；中铁四局集团第一工程有限公司（路面一标、路面二标）；中铁四局集团机电设备安装有限公司（交安标）。

线路走向：路线起自海安如东交界，接老坝港工业园区规划振海路，项目起点桩号 K3+298，跨越北凌河南支线后，路线偏南向东，沿东南方向利用洋通大道，途经如东沿海经济开发区，洋口经济开发区，在一线海堤内侧沿 221 省道向南到达东安科技园区，最后路线止于如东与通州交界遥望港，项目终点桩号为 K77+670，全长 74.372 公里。

设计标准：本项目采用一级公路标准进行建设，设计车速为 100 公里/小时。一般路段采用 26 米的一级公路标准断面；港口及开发区路段 K12+850～K23+765、K43+685～K56+410，总长 23.64 公里，采用 33.5 米或 34.5 米的一级公路标准断面。

路面结构层：4 厘米 SUP-13 沥青砼+8 厘米 SUP-20 沥青砼+34 厘米水泥稳定碎石基层+20 厘米（4%水泥+8%石灰）稳定土底基层。

主要工程量：全线新建 70.902 公里，老路改造 3.47 公里，路基填方 690.3 万立方米 ；水泥稳定碎石 64.7 万立方米、水泥石灰稳定土 39.9 万立方米，沥青面层 21.6 万立方米。桥梁47座，共长4058.7米，其中大桥9座，长2282.496米（不含遥望港大桥）；中桥26座，长1357.684米；小桥12座，长418.52米。箱涵16座，长971.7米；圆管涵152道，长5397.6米。

桥梁工程全部采用钻孔桩基础，柱式墩台，上部结构除洋口大桥7-10#墩为（50+80+50）米预应力砼悬浇连续箱梁外，其他桥梁均为空心板梁或小箱梁。梁型主要有：25米、30米跨度的后张预应力小箱梁，20米、16米、13米和10米跨度的先张空心板梁，8米跨度的普通空心板梁。全线预制梁数量为：小箱梁618片；空心板梁3096片；普通板梁192片。分别在一、三、五标设置三个梁场进行集中预制，其中一标预制箱梁106片、板梁1008片；三标预制箱梁228片、板梁2280片；五标预制箱梁284片。

工程重、难点：本项目沿线土方奇缺，尤其是K60～K77+670路段，该段路基是工期控制点之一；中、弱盐渍土地段路基填筑是本项目质量控制的难点；洋口大桥深基坑围护、一联（50+80+50）米悬浇连续箱梁既是本项目安全控制重点也是工期控制点之一；沥青路面施工质量是本项目投资最终能否成功的回收的关键点之一。

工程进度：截至2011年底，BT项目投资开累完成额为68962.9万元，其中：工程前期费用20635万元，工程建安费46023.10万元、项目管理费用1302.12万（其中2010年度506.56万元，2011年度795.56万元）、财务费用918.61万元。

地址：江苏省南通市如东县掘港镇通洋南路88号
邮编：226400
电话：0513-81909800
传真：0513-81909800

【中铁绥阳煤电化一体化水泥项目基地至电厂道路工程项目】

合同造价：4195万元。

合同工期：2009年8月28日～2010年12月28日，调整后工期：2009年11月1日～2011年7月30日，实际开工时间：2009年11月15日。

施工单位：中铁上海工程局二公司。

工程概况：贵州省绥阳煤电化一体化工程基地至电厂道路位于绥阳县蒲场镇，离遵义市约39公里，距绥阳县城约11公里，基地至电厂道路起于规划的基地转盘，顺后水河而下至电厂储煤坪附近，路线长约2.85公里。按山岭重丘区二级公路标准，计算行车速度40公里/小时，路基宽度12米（即行车道宽2×3.5米，硬路肩宽2×1.5米，土路肩加固宽2×0.75米），有桥梁2座（169延米），涵洞10座（203.5延米）。

进度情况：截至2011年底，完成建安产值1380万元，开累完成3456万元，占合同金额的82%。经理部现到位12人，外协队伍现到位4家合计81人；机械现进场13台，挖掘机5台、装载机2台、压路机1台、推土机1台、自卸车3台、吊车1台。主要形象进度完成挖土石方6.26万方米，填土6.97万方米，排水沟3267立方米，路基防护12132平方米。

地址：贵州省遵义市绥阳县沿河村
邮编：563305
电话：15186730061

【中铁绍兴至诸暨高速公路项目土建工程SZTJ02施工合同段项目】

合同造价：7554.7万元。

合同工期：2008年11月25日～2010年12月25日，调整后工期2009年1月25日～2011年6月30日，实际开工时间：2009年5月31日。

施工单位：中铁上海工程局二公司。

工程概况：绍诸标陶堰特大桥，起点为K3+000～K4+396，全长1396米，上部配跨为[3×20+1×30+8×20+4×30+（40+80+45）+1×32.7+4×30+6×27.6+4×35+1×32.7+16×30]米，下部为柱式墩、钻孔灌注桩基础及实体墩、桩基接承台，柱式桥台，钻孔灌注桩基础。

施工技术重、难点：杭甬运河处为（45+80+45）米现浇预应力变截面连续箱梁，采用挂篮施工方法施工，主桥为45+80+45=170米三跨变截面预应力混凝土连续梁桥，上部结构：主桥为单箱单室断面，顶板宽度为12.6米，底板宽度为6.6米，箱梁支点处梁高4.8米，跨中及边跨合拢段梁高为2.5米，箱梁底板下缘按二次抛物线变化。箱梁底板厚度0号块为70厘米，各梁段从悬臂根部至悬浇段结束处由58.7厘米渐变至30.7厘米，其间按二次抛物线变化，跨中合拢段及边跨现浇段为30厘米，箱梁顶板厚度0号块为30厘米，其余为30厘米。

进度情况：截至2011年底，完成施工产值2441万元，开累完成8163.7万元，占合同金额的108%。经理部15人，作业队伍5支60人。主要完成钻孔桩196根，承台72个，立柱142根，盖梁90榀，箱梁预制及架设494片，现浇箱梁52段，桥面铺装及护栏96孔3736延米。

地址：浙江省绍兴市绍兴县陶堰镇瓶山村104国道北侧中铁绍诸高速2标项目部
邮编：312000
电话：13605756790

【中铁上海申嘉线北段（二期）11GT-5标段项目】

合同造价：22498万元。

合同工期：2009年8月31日～2011年11月31日，实际开工时间：2010年7月18日。

施工单位：中铁上海工程局二公司。

工程概况：东明路站：车站外包全长183.56米，为地下两层多跨钢筋混凝土框架结构岛式站台车站，标准段结构净宽18.4米，基坑最大开挖深度为18米。基坑环境保护等级为二级。附属结构包括4个出入口及2组风井，均为地下一层箱形结构。主要采取明挖顺作法施工。浦三路站：车站外包全长311.2米，为地下两层单柱双跨或双柱三跨钢筋混凝土框架结构侧式站台车站，标准段结构净宽26米，基坑最大开挖深度为19米。基坑环境保护等级为二级。车站附属结构包括4个出入口及3组风亭，其中2号风亭内包于车站主体结构内，与主体结构同时施工。采取明挖顺作法施工。

进度情况：截至2011年底，完成建安产值13675万元，开累完成20375万元，占合同金额的91%。经理部现到位35人（经理、书记、总工在现场）；外协队伍现到位4家（合计180人）；主要机械设备9套。

主要形象进度：东明路车站：4月份完成西端头井结构施工并交付盾构施工单位；6月份完成西区主体结构施工及东端头井施工；10月份实现主体结构封顶及完成4号出入口施工。浦三路车站：2月份完成西端头井结构施工并交付盾构施工单位；4月份完成3、4号出入口施工并交付管线单位进行二期管线和交通导改；6月份完成东区结构段施工；9月份完成中区开挖条件验收并实施开挖；12月初实现主体结构封顶。

地址：上海浦东新区浦三路3066号

邮编：200124

电话：021-68369071

传真：021-68369072

【中铁瑞寻高速公路B8合同段项目】

合同造价：16551万元。

合同工期：2009年11月～2011年11月，实际开工时间：2010年1月20日。

施工单位：中铁上海工程局二公司。

工程概况：承担管段K1560+1500～K1563+150，正线长3公里土建工程施工，主要结构物有金刚山隧道，8座涵洞。寻乌金刚山隧道为一分离式隧道，隧道左洞始于ZK1560+759，终于ZK1562+445，长度1686米，隧道右洞起始桩号为YK1560+790，终于YK1562+415，长度为1625米，净空高度5米，隧道属于公路长隧道，隧道进出口洞门均为削竹式型式。

进度情况：2011年，完成建安产值5621.4万元，开累完成17971万元，占合同金额的109%。现场施工完成隧道二衬18米，隧道路面3311延米，隧道装饰3311延米，防护工程17074立方米，排水工程6652.5立方米，该项目提前5个月结束施工。

地址：江西省赣州市寻乌县岳家庄大道348号中国中铁瑞寻高速公路B8合同段项目经理部

邮编：342299

电话：18684673969

【中铁南京鼓楼区马家街及芦席营污水管道项目】

工程总价：1483.02万元。

合同工期：计划开工2011年11月20日，竣工日期2012年5月20日。

施工单位：中铁上海工程局市政公司。

工程概况：鼓楼区金川河流域2011年街巷污水管道工程-马家街、芦席营污水管道是南京市鼓楼区雨污分流工程项目中的一个重要节点工程，管道总长1499米，（其中D1000污水顶管约931米，D800顶管长86米，顶管工作井6座，顶管接收井2座）分马家街、芦席营两段。马家街污水管道工程分为东西两段，西段起于中国医科大学，自西向东敷设，东段污水管道起于红星家居广场，转输上游玄武区污水，穿过中央路，沿马家街自西向东敷设至芦席营，接入芦席营拟建D1000污水管道。马家街西段需挖除现状雨水管道后，同槽实施污水管道建设；东段污水管道采用D1000顶管施工。芦席营污水管道起于马家街，沿芦席营自南向北敷设至新模范马路，接入金川河主流污水主干管。

施工方法：全线主管长1017米采用顶管施工方法，顶管工作井、接收井采用高压旋喷桩砼内衬逆作法施工，D400-D600污水支管及雨水管采用开槽埋管法。

主要工程数量：顶管工作井6座，顶管接收井2座，采用采用高压旋喷桩砼内衬逆作法施工；D800钢筋砼管顶管长86米，D1000钢筋砼管顶管长931米。De225-De600开槽埋设支管、雨水管482米，检查井50座，雨水口9座。

工程特点及重难点：

1.确保交通畅通和交通安全是本工程顺利实施的重要保证

施工在城市街巷道路上，道路沿线居民和单位多，且与现况路口相交点多，拟建地下管线施工的每一道工序均与社会交通相关联，施工必须确保现况道路畅通、交通安全和施工安全。

2.沿线地下管线较多，施工中需加强保护

本标段沿线分布有电信、给水、雨水、污水、电力、燃气等现况管线，高压铁塔，地上建构筑物较多，安全风险大。

3.搞好安全文明施工和环境保护工作是本工程实施前提保障

本工程道路沿线两侧主要为道路、居民区和单位，特殊的地理位置和工程意义，要求必须做好安全文明施工和环境保护工作。

4.季节性施工

本工程施工会遇到冬季，做好季节性施工是本工程的重点，尤其是解决好冬期的土方回填、砼浇筑及砼养护工作。

5.管道埋深浅，地质情况差，易形成流砂，顶管难度较大。

6.顶管覆土浅，管顶覆土厚度为2.7米左右。

主要施工技术情况：本工程顶管工程管径小（D800、D1000），施工难度大，管顶覆土层较薄，因地下管线复杂，不可遇见的地下障碍物多，无法采用泥水平衡、土压平衡顶管法，地下水高，管道位于粉砂层，易形成流砂，更无法采用人工顶管法施工，针对这种复杂的地质情况，施工中采用了气压平衡顶管工法，此工法可采用气压平衡土体中的水压力，机头为舱门可开闭，可有效处理遇到的各种障碍物。

顶管工作井、接收井位于小街小巷，宽度较窄，路面宽度5米，人行道宽度2米左右，街巷两旁均为居民小区，人流、车流量较大，不能封闭道路施工，除了施工占用外，必需要留出一个机动车道，工作井接收井不得不采用椭圆形、异形井。由于地下水位高，工作井采用双层高压旋喷桩止水，钢筋砼逆作法内衬施工。

完成产值及形象进度：2011年年度完成产值150万元，占总计划的10.11%，占年度计划的90%。完成顶管工作井1座，顶管接收井1座。

地址：江苏省南京市秦淮区土城头1号（秦淮茶都）
邮编：210001
电话：025-52277237

【中国中铁股份有限公司孟加拉铁路项目】

一、项目概况

2011年，中铁二院下属的勘察设计单位土建三院，承揽了孟加拉国栋吉（Tongi）～派罗布巴扎尔（Bhairab Bazar）铁路增建二线工程施工总包（EPC）项目，该项目起于栋吉（Tongi），途经纳尔辛迪（Narshingdi），终于派罗布巴扎尔（Bhairab Bazar），为既有铁路增建二线工程（米轨），全长64.27公里，合同额2.02亿美元。

在建设管理和工程总承包业务上，这是中铁二院走出国门的第一个国际总承包项目。

二、主要工程数量

该项目线路长度为64.27公里，站前工程为12个车站的改建（含轨道、站房、雨篷、人行天桥、站场给排水、站场电力）、40座桥梁、31座涵洞、200.82万立方米路基土方、84.64公里铺轨长度。站后工程为12个车站的信号、通信工程基于系统设计、设备制造、交货、安装、试验、调试、试运营、培训、交付的交钥匙工程。

三、总工期

合同工期为1095天。2011年11月2日发布开工令。

四、业主工程师

SMEC International Pty Ltd., Australia（澳大利亚）

五、项目实施情况

（一）项目前期工作

2011年6月23日，中铁二院收到孟加拉铁路中标通知书，中标价格为孟加拉货币（塔卡）BDT 140.54亿元（按合同基准日汇率折合计2.02亿美元）。7月5日，CREC董事长李长进向中铁二院项目经理闻东签发授权书。7月11日，向中铁股份公司汇报项目情况，通过中铁股份公司项目评审。7月27日，项目经理闻东代表CREC与孟加拉铁路局签订项目合同。7月底，孟加拉铁路项目部在现场建点工作。8月初项目部成员陆续进驻现场，进行现场核查工作。9月中下旬中铁二院副总经理、总工程师许佑顶率相关专业专家，赴孟加拉铁路现场指导工作。10月，项目部组织编写了风险管理手册、质量控制计划、环境管理计划、施工组织设计等技术性文件。

（二）项目部对外工作联络

项目部经理层到达孟加拉国后，迅速建立了与亚行代表、监理工程师、孟加拉交通部、铁路局、中国驻孟加拉使馆经参处、各中资企业、潜在分包商、当地银行等方面的接触和日常联系。

六、项目管理进展情况

（一）项目部组织架构及管理要素责任矩阵

孟加拉铁路项目部运用国际项目管理的方法和技术，对本项目进行有效的管理，项目部建立之初，即按照国际项目管理十要素建立项目组织架构及部门岗位责任分工。

项目管理关键要素包含项目范围管理、项目进度管理、项目费用管理、项目资源管理、项目质量管理、项目HSSE管理、项目风险管理、项目合同管理、项目信息沟通管理、项目综合管理等十项。孟加拉铁路项目部执行过程中，每一管理过程都体现为“计划、实施、检查、处理”的持续改进过程。

（二）项目风险管理实施情况

作为中铁二院走出国门的第一个国际总承包项目，风险管理从一开始就成为项目管理工作的重中之重。项目部成立伊始，立即组织项目部成员充分预测项目所有可能存在的风险，对潜在风险源进行识别、分类、评级，制定风险对策，最终形成风险管理手册，并报中铁二院审查。

此外项目部还聘请品诚梅森专业律师团队，对项目合同风险进行了专业分析和详细评估，为项目执行出谋划策。

在项目实施过程中，项目部专职风险管理工程师实时监控风险源发展情况，通过不断地收集和分析各种与项目环境相关的信息，捕捉风险前奏的信号，预测、确定未来的风险并提出预先警告，并组织拟定应对措施。

（三）风险管理组织保证措施

项目部根据风险管理工作特点，制定以下工作流程：

1. 风险评估工作流程

2. 风险应对工作流程

3. 风险监控工作流程

4. 目前项目风险状态

孟加拉铁路项目已实施一来，根据项目至今实际情况，与品诚梅森专业工程律师反复磋商分析，现将风险分为 5 大类：

1. 项目启动/开工风险

2. 质量相关风险

3. 计价支付相关风险

4. 工期风险

5. 法律风险

根据以上风险分类，项目部与品诚梅森专业律师共同完成风险评估报告。

人员变动情况

表 11-1　总公司和股份公司领导变动情况（2011）

文号	日期	内容
国资党委干二〔2011〕249 号	2011-12-27	《关于中国中铁股份有限公司党委常委及纪委书记候选人预备人员的请示》（中铁程党组〔2011〕9 号）收悉。经研究，同意提名马力、王秋明、白中仁、刘辉、许廷旺、李长进、李建生（女）、余汉林、周孟波、段秀斌、姚桂清、章献、戴和根同志为中国中铁股份有限公司新一届党委常委候选人预备人选（按姓氏笔画为序），李长进同志为党委书记候选人预备人选，白中仁、姚桂清、王秋明同志为党委副书记候选人预备人选；王秋明同志为中国中铁股份有限公司纪委书记候选人预备人选。请按有关规定办理。
中铁股份董任免〔2011〕1 号	2011-1-31	2011 年 1 月 27 日中国中铁股份有限公司第二届董事会第一次会议选举李长进为股份公司董事长、姚桂清为副董事长，任期 3 年，自董事会通过之日起至第二届董事会任期届满。
中铁股份董任免〔2011〕2 号	2011-1-31	2011 年 1 月 27 日中国中铁股份有限公司第二届董事会第一次会议聘任白中仁为股份公司总裁，任期 3 年，自董事会通过之日起至第二届董事会任期届满。
中铁股份董任免〔2011〕3 号	2011-1-31	2011 年 1 月 27 日中国中铁股份有限公司第二届董事会第一次会议聘任李建生为股份公司副总裁、财务总监、总法律顾问，刘辉为股份公司副总裁、总工程师，马力、周孟波、戴和根、段秀斌、章献为股份公司副总裁，许廷旺为股份公司总经济师，任期 3 年，自董事会通过之日起至第二届董事会任期届满。
中铁股份董任免〔2011〕4 号	2011-1-31	2011 年 1 月 27 日中国中铁股份有限公司第二届董事会第一次会议聘任于腾群为股份公司董事会秘书，任期 3 年，自董事会通过之日起至第二届董事会任期届满。
中铁股份监任免〔2011〕1 号	2011-1-31	中铁股份监任免〔2011〕1 号　　2011-1-31　　2011 年 1 月 27 日中国中铁股份有限公司第二届监事会第一次会议选举王秋明为股份公司监事会主席，任期 3 年，自监事会通过之日起至第二届监事会任期届满。

表 11-2　总公司机关和直属单位负责人变动情况（2011）

文号	日期	内容
中铁程党任免〔2011〕28 号	2011-8-31	韩仁海试用期已满，经考核，同意按期结束试用，继续任中铁宏达资产管理中心党工委书记。任职时间从二〇一〇年八月二十四日起计算。
中铁程党任免〔2011〕29 号	2011-8-31	董晓明试用期已满，经考核，同意按期结束试用，继续任中铁宏达资产管理中心纪工委书记、工会工委主任。任职时间从二〇一〇年八月二十四日起计算。
中铁程党任免〔2011〕30 号	2011-12-29	马元林试用期已满，经考核，同意按期结束试用，任中国铁路工程总公司党校常务副校长、校务委员会副主任。任职时间从二〇一〇年十二月二十四日起计算。
中铁程党任免〔2011〕31 号	2011-12-29	韩平易试用期已满，经考核，同意按期结束试用，任中国铁路工程总公司党校副校长、校务委员会委员。任职时间从二〇一〇年十二月二十四日起计算。
中铁程任免〔2011〕3 号	2011-8-31	姜洪友试用期已满，经考核，同意按期结束试用，继续任中铁宏达资产管理中心主任。任职时间从二〇一〇年八月二十四日起计算。
中铁程任免〔2011〕4 号	2011-8-31	董晓明试用期已满，经考核，同意按期结束试用，继续任中铁宏达资产管理中心副主任。任职时间从二〇一〇年八月二十四日起计算。

表 11-3　总公司、股份公司下属单位局级领导变动（2011）

文号	日期	内容
中铁股份党任免〔2011〕3 号	2011-2-23	经研究，免去刘玉春中国海外工程有限责任公司党委委员职务。
中铁股份党任免〔2011〕4 号	2011-3-28	经研究，恢复于耀辉中铁六局集团有限公司党委书记职务。
中铁股份党任免〔2011〕5 号	2011-3-28	经研究，杨马庄任中铁中原投资发展有限公司纪工委书记、工会工委主任。
中铁股份党任免〔2011〕10 号	2011-3-30	经研究，郭毅任中铁国际经济合作有限公司党委副书记、纪委书记、工会工委主任，试用期一年。
中铁股份党任免〔2011〕58 号	2011-7-1	经研究，汪国明任中铁九局集团有限公司党委副书记、纪委书记，试用期一年。
中铁股份党任免〔2011〕59 号	2011-7-19	经研究，免去方远明中国海外工程有限责任公司党委副书记、党委委员职务。
中铁股份党任免〔2011〕60 号	2011-7-19	经研究，免去黄天德中国中铁股份有限公司哈大铁路客运专线工程指挥部党工委书记、纪工委书记职务；任中国海外工程有限责任公司党委副书记。
中铁股份党任免〔2011〕61 号	2011-7-19	经研究，季志华任中铁昆明轨道交通指挥部党工委书记、纪工委书记、工会工委主任。
中铁股份党任免〔2011〕62 号	2011-7-19	经研究，张敏任中铁贵州旅游文化发展有限公司党工委书记、纪工委书记、工会工委主任。
中铁股份党任免〔2011〕63 号	2011-7-19	经研究，陈诗平任中铁印尼有限责任公司党工委书记、纪工委书记、工会工委主任。
中铁股份党任免〔2011〕64 号	2011-7-19	经研究，温德智任中铁老挝分公司党工委书记、纪工委书记、工会工委主任。
中铁股份党任免〔2011〕65 号	2011-7-19	经研究，白鹤林任中铁物贸有限责任公司党工委书记、纪工委书记、工会工委主任。
中铁股份党任免〔2011〕66 号	2011-7-19	经研究，闵国暐任华刚矿业股份有限公司党工委书记。
中铁股份党任免〔2011〕67 号	2011-8-8	经研究，刘洪任中国中铁玉树灾后重建现场指挥部党工委副书记。
中铁股份党任免〔2011〕73 号	2011-8-31	经研究，牛景路任华刚矿业股份有限公司党工委副书记、纪工委书记。试用期一年。
中铁股份党任免〔2011〕74 号	2011-8-31	经研究，免去张敏中铁五局（集团）有限公司党委常委职务。仍任中铁贵州旅游文化发展有限公司党工委书记、纪工委书记、工会工委主任。
中铁股份党任免〔2011〕75 号	2011-8-31	经研究，免去程广朝中铁十局集团有限公司党委书记、党委常委职务。
中铁股份党任免〔2011〕76 号	2011-8-31	经研究，杨兰松任中铁十局集团有限公司党委副书记。
中铁股份党任免〔2011〕77 号	2011-8-31	经研究，免去万冠群中铁十局集团有限公司纪委书记职务，任党委书记。试用期一年。
中铁股份党任免〔2011〕78 号	2011-8-31	经研究，贺贤栋任中铁十局集团有限公司党委副书记、纪委书记。试用期一年。
中铁股份党任免〔2011〕79 号	2011-8-31	经研究，免去李小京中铁国际经济合作有限公司党委书记、党委委员职务。
中铁股份党任免〔2011〕80 号	2011-8-31	经研究，免去李晓声中铁五局（集团）有限公司党委副书记、党委常委职务，任中铁国际经济合作有限公司党委书记。试用期一年。
中铁股份党任免〔2011〕81 号	2011-8-31	经研究，免去周世祥中铁南方投资发展有限公司党工委委员职务。
中铁股份党任免〔2011〕82 号	2011-8-31	经研究，免去王卫中国中铁航空港建设集团有限公司党委书记、党委常委职务。
中铁股份党任免〔2011〕83 号	2011-8-31	经研究，免去初继旺中铁隧道集团有限公司党委常委职务，不再担任工会主席职务，任中国中铁航空港建设集团有限公司党委书记。试用期一年。请按有关规定办理。
中铁股份党任免〔2011〕84 号	2011-8-31	经研究，崔原为中铁隧道集团有限公司工会主席人选，仍任党委副书记。请按有关规定办理。
中铁股份党任免〔2011〕85 号	2011-8-31	经研究，蔡甲胜任中铁西南投资管理有限公司党委书记、纪委书记。
中铁股份党任免〔2011〕86 号	2011-8-31	经研究，免去杨永康中国中铁股份有限公司工程建设分公司党工委副书记、党工委委员、纪工委书记职务；仍任中铁佛山投资发展有限公司党工委副书记。
中铁股份党任免〔2011〕87 号	2011-8-31	经研究，免去王军华铁工程咨询有限责任公司纪委书记职务，仍任党委书记。

文号	日期	内容
中铁股份党任免〔2011〕88号	2011-8-31	经研究，经越任华铁工程咨询有限责任公司党委副书记、纪委书记，为工会主席人选。请按有关规定办理。
中铁股份党任免〔2011〕89号	2011-8-31	经研究，免去田道明中铁大桥勘测设计院有限公司纪委书记职务，仍任党委书记。
中铁股份党任免〔2011〕90号	2011-8-31	经研究，汪小平纳入股份公司管理，任中铁大桥勘测设计院有限公司纪委书记，仍任党委副书记、工会主席。试用期一年。
中铁股份党任免〔2011〕91号	2011-9-6	经研究，免去于洪潮中铁港航局集团有限公司党委常委职务。
中铁股份党任免〔2011〕92号	2011-9-6	经研究，免去吴成福中铁四局集团有限公司党委常委职务，任中铁港航局集团有限公司党委常委。
中铁股份党任免〔2011〕93号	2011-10-13	经研究，王卫任中铁南方投资发展有限公司党工委副书记。
中铁股份党任免〔2011〕94号	2011-10-13	经研究，赵勇任中铁南方投资发展有限公司党工委委员。
中铁股份党任免〔2011〕95号	2011-10-13	经研究，免去陈诗平中国中铁印尼有限责任公司纪工委书记、工会工委主任职务，仍任党工委书记。
中铁股份党任免〔2011〕96号	2011-10-13	经研究，刘维志任中国中铁印尼有限责任公司纪工委书记、工会工委主任。
中铁股份党任免〔2011〕97号	2011-10-13	经研究，杨煜任中国中铁玉树灾后重建现场指挥部党工委书记；免去卢卫平党工委书记、党工委委员职务。
中铁股份党任免〔2011〕101号	2011-12-29	王紫光试用期已满，经考核，同意按期结束试用，任中国海外工程有限责任公司党委书记。任职时间从二〇一〇年十一月三十日起计算。
中铁股份党任免〔2011〕102号	2011-12-29	张作义试用期已满，经考核，同意按期结束试用，并调整工作岗位。免去张作义中铁三局集团有限公司党委副书记、纪委书记、党委常委职务，另行任职。提职时间从二〇一〇年十二月二十四日起计算。
中铁股份党任免〔2011〕103号	2011-12-29	马江黔试用期已满，经考核，同意按期结束试用，任中铁五局（集团）有限公司党委书记。任职时间从二〇一〇年十一月三十日起计算。
中铁股份党任免〔2011〕104号	2011-12-29	赵可信试用期已满，经考核，同意按期结束试用，任中铁七局集团有限公司党委副书记、纪委书记。任职时间从二〇一〇年十二月二十四日起计算。
中铁股份党任免〔2011〕105号	2011-12-29	文武松试用期已满，经考核，同意按期结束试用，任中铁大桥局集团有限公司、中铁大桥局股份有限公司党委书记。任职时间从二〇一〇年十一月三十日起计算。
中铁股份党任免〔2011〕106号	2011-12-29	刘月森试用期已满，经考核，同意按期结束试用，任中铁电气化局集团有限公司党委副书记、纪委书记。任职时间从二〇一〇年十一月三十日起计算。
中铁股份党任免〔2011〕107号	2011-12-29	梁永兴试用期已满，经考核，同意按期结束试用，任中铁上海工程局有限公司党委书记。任职时间从二〇一〇年十一月三十日起计算。
中铁股份党任免〔2011〕108号	2011-12-29	王辉洲试用期已满，经考核，同意按期结束试用，任中铁上海工程局有限公司工会主席。任职时间从二〇一〇年十一月三十日起计算。
中铁股份党任免〔2011〕109号	2011-12-29	张宝强试用期已满，经考核，同意按期结束试用，任中国中铁航空港建设集团有限公司工会主席。任职时间从二〇一〇年十一月三十日起计算。
中铁股份党任免〔2011〕110号	2011-12-29	经研究，免去王俊明中铁信托有限责任公司党委书记、纪委书记职务，仍任党委委员。
中铁股份党任免〔2011〕111号	2011-12-29	经研究，免去郭敬辉中铁二局集团有限公司党委副书记、纪委书记、党委常委，中铁二局股份有限公司党委副书记、纪委书记、党委委员职务，调中铁信托有限责任公司工作，任党委书记、纪委书记。试用期一年。
中铁股份党任免〔2011〕112号	2011-12-29	经研究，方国建任中铁二局集团有限公司党委副书记、纪委书记，中铁二局股份有限公司党委副书记、纪委书记；仍任中铁二局集团有限公司工会主席、中铁二局股份有限公司工会主席。
中铁股份党任免〔2011〕113号	2011-12-29	经研究，张杰任中铁三局集团有限公司党委副书记、纪委书记。试用期一年。
中铁股份党任免〔2011〕114号	2011-12-29	经研究，免去赵铁军中铁九局集团有限公司党委常委职务。
中铁股份党任免〔2011〕115号	2011-12-29	经研究，免去郭大焕中铁隧道集团有限公司党委书记职务，任党委副书记。
中铁股份党任免〔2011〕116号	2011-12-29	经研究，免去丁荣富中铁隧道集团有限公司纪委书记职务，任党委书记。试用期一年。
中铁股份党任免〔2011〕117号	2011-12-29	经研究，张瑞刚任中铁隧道集团有限公司党委副书记、纪委书记。试用期一年。
中铁股份党任免〔2011〕120号	2011-12-29	齐康平任中铁五局（集团）有限公司党委副书记，仍任工会主席。

文号	日期	内容
中铁股份党任免〔2011〕121号	2011-12-29	经研究，免去曹小林中国中铁股份有限公司工程建设分公司工会工委主任职务，任党工委副书记、纪工委书记。
中铁股份党任免〔2011〕122号	2011-12-29	经研究，张永强任中国中铁股份有限公司工程建设分公司党工委委员、工会工委主任。试用期一年。
中铁股份党任免〔2011〕123号	2011-12-29	经研究，叶樵任中国中铁股份有限公司工程建设分公司党工委委员。
中铁股份党任免〔2011〕124号	2011-12-29	经研究，免去王广钟中铁二局集团有限公司党委常委、中铁二局股份有限公司党委委员职务。
中铁股份党任免〔2011〕125号	2011-12-29	经研究，季志华任中铁泛亚建设投资有限公司党工委书记，王广钟任党工委副书记，邓民任党工委委员。
中铁股份任免〔2011〕2号	2011-1-17	经研究，免去张人康中国中铁股份有限公司物贸分公司副总经理职务，调中国中铁股份有限公司工程建设分公司工作。
中铁股份任免〔2011〕6号	2011-1-24	经研究，李毅不再担任中铁宝桥集团有限公司副总经理、总工程师职务，退休。请按有关规定办理。
中铁股份任免〔2011〕9号	2011-1-20	经研究，免去赵印军中铁电气化勘测设计研究院有限公司总经理职务，为中铁电气化局集团有限公司副总经理人选。请按有关规定办理。
中铁股份任免〔2011〕10号	2011-1-20	经研究，于增任中国中铁股份有限公司副总工程师。
中铁股份任免〔2011〕11号	2011-1-31	经研究，王立平任中铁中南投资发展有限公司执行董事，李川任总经理，谢文利任常务副总经理，张亚旭任监事。
中铁股份任免〔2011〕12号	2011-1-31	经研究，谢文利任中铁长沙交通BT工程总包项目经理部总经理，盘明山任总工程师。
中铁股份任免〔2011〕13号	2011-1-30	经研究，免去李布英中铁工程设计咨询集团有限公司调研员职务，退休。
中铁股份任免〔2011〕14号	2011-1-18	经研究，席福禄不再担任中铁大桥局股份有限公司监事会主席、监事职务，陈晓春为监事、监事会主席人选。请按有关规定办理。
中铁股份任免〔2011〕17号	2011-2-23	经研究，刘玉春不再担任中国海外工程有限责任公司副总经理职务，退休。请按有关规定办理。
中铁股份任免〔2011〕18号	2011-3-4	经研究，何新权不再担任中铁二院工程集团有限责任公司调研员职务，退休。
中铁股份任免〔2011〕24号	2011-3-28	经研究，秦永虎为中铁三局集团有限公司副总经理人选，仍任总会计师。请按有关规定办理。
中铁股份任免〔2011〕25号	2011-3-28	经研究，常乃超为中铁三局集团有限公司副总经理人选，仍任总工程师。请按有关规定办理。
中铁股份任免〔2011〕26号	2011-3-28	经研究，恢复卢建中中铁六局集团有限公司董事长职务。
中铁股份任免〔2011〕27号	2011-3-28	经研究，免去徐建明中国中铁股份有限公司上海分公司副总经理职务，任中国中铁上海工程指挥部副指挥长，仍任中国中铁股份有限公司上海办事处副主任。
中铁股份任免〔2011〕28号	2011-3-28	经研究，免去吴占东中国中铁股份有限公司上海分公司副总经理职务，由中铁上海工程局有限公司另行安排工作。
中铁股份任免〔2011〕29号	2011-3-28	经研究，赵华为中铁隧道装备制造有限公司副总经理人选。试用期一年。请按有关规定办理。
中铁股份任免〔2011〕30号	2011-3-28	经研究，戴和根不再兼任中国中铁上海工程指挥部指挥长职务。
中铁股份任免〔2011〕31号	2011-3-28	经研究，刘辉兼任中国中铁上海工程指挥部指挥长。
中铁股份任免〔2011〕32号	2011-3-28	经研究，沈秋根兼任中国中铁上海工程指挥部常务副指挥长。
中铁股份任免〔2011〕33号	2011-3-28	经研究，王梦恕任中国中铁股份有限公司副总工程师，比照所属集团公司正职管理。仍任中铁隧道集团有限公司副总工程师。
中铁股份任免〔2011〕34号	2011-3-28	经研究，秦顺全任中国中铁股份有限公司副总工程师，比照所属集团公司正职管理。仍任中铁大桥局集团有限公司总工程师、董事、中铁大桥局股份有限公司总工程师。
中铁股份任免〔2011〕35号	2011-3-28	经研究，中铁印度尼西亚有限公司法人治理结构由下列人员组成：一、董事会由7人组成：董事、董事长人选：周孟波（为法定代表人）；董事人选：陈诗平、陈之功；另4名董事人选分别由中铁一局集团有限公司、中铁三局集团有限公司、中铁大桥局集团有限公司、中铁国际经济合作有限公司推荐。二、监事会由3人组成：监事、监事会主席人选：张继华；监事人选：杨良、王怀远。三、经理层组成：总经理人选：陈诗平；副总经理人选：蔡泽民、刘维志。请按有关规定办理。
中铁股份任免〔2011〕36号	2011-3-28	经研究，蔡泽民为中铁印度尼西亚有限公司副总经理人选。试用期一年。请按有关规定办理。

文号	日期	内容
中铁股份任免〔2011〕37号	2011-3-28	经研究，刘维志为中铁印度尼西亚有限公司副总经理人选。试用期一年。请按有关规定办理。
中铁股份任免〔2011〕38号	2011-3-28	经研究，中铁贵州旅游文化发展有限公司法人治理结构由下列人员组成：一、董事会由5人组成：董事、董事长人选：张敏（为法定代表人）；董事人选：邓树传、曾宪明、黄立；另1名董事人选由其他股东推荐。二、监事会由3人组成：监事、监事会主席人选：梅权；监事人选：喻理平；另1名监事人选由其他股东推荐。三、经理层组成：总经理人选：邓树传；副总经理人选：程芝元;财务总监人选：黄立。请按有关规定办理。
中铁股份任免〔2011〕40号	2011-3-28	根据国发〔1978〕104号文件规定，经研究，批准王世来退休。
中铁股份任免〔2011〕41号	2011-3-30	经研究，免去杨向歌中国中铁股份有限公司财务部副部长兼财务信息管理处处长职务，不再担任中铁西南投资管理有限公司监事会主席、监事职务；调中铁物资贸易有限公司工作，任总会计师，试用期一年。请按有关规定办理。
中铁股份任免〔2011〕43号	2011-3-30	经研究，席福禄任中铁中原投资发展有限公司监事，为监事会主席人选。请按有关规定办理。
中铁股份任免〔2011〕44号	2011-3-30	经研究，张喜学任中铁西南投资管理有限公司监事，为监事会主席人选。请按有关规定办理。
中铁股份任免〔2011〕45号	2011-3-30	经研究，马海民任中铁一局集团有限公司董事，仍任副总经理。
中铁股份任免〔2011〕46号	2011-3-30	经研究，谢大鹏任中铁三局集团有限公司董事，仍任副总经理。
中铁股份任免〔2011〕47号	2011-3-30	经研究，郝刚任中铁三局集团有限公司董事，仍任副总经理。
中铁股份任免〔2011〕48号	2011-3-30	经研究，吴成福任中铁四局集团有限公司董事，仍任副总经理。
中铁股份任免〔2011〕49号	2011-3-30	经研究，赵铁军任中铁九局集团有限公司董事，仍任副总经理。
中铁股份任免〔2011〕50号	2011-3-30	经研究，郭建封任中铁十局集团有限公司董事，仍任总会计师。
中铁股份任免〔2011〕51号		经研究，张学军任中铁置业集团有限公司董事，仍任副总经理。
中铁股份任免〔2011〕52号		经研究，郭毅为中铁国际经济合作有限公司监事、监事会主席人选。请按有关规定办理。
中铁股份任免〔2011〕53号	2011-3-30	经研究，郑静任中铁西北科学研究院有限公司董事，仍任副总经理、总工程师。
中铁股份任免〔2011〕54号	2011-3-30	经研究，修贵任中铁西北科学研究院有限公司董事。
中铁股份任免〔2011〕55号	2011-3-30	经研究，舒畅任中铁海西投资发展有限公司监事。
中铁股份任免〔2011〕56号	2011-3-30	经研究，郭佳芳任中铁工程设计咨询集团有限公司监事。
中铁股份任免〔2011〕57号	2011-3-30	根据国发〔1978〕104号文件规定，经研究，批准席福禄退休。专职外部董事、监事职务续聘至2011年12月31日。
中铁股份任免〔2011〕66号	2011-4-18	经研究，王立平任中铁东北投资发展有限公司执行董事，李川任总经理，陈万春任常务副总经理，李继宏任总工程师，张亚旭任监事。
中铁股份任免〔2011〕309号	2011-5-30	经研究，付宏平为中铁大桥勘测设计院有限公司副总经理、总会计师人选，试用期一年。请按有关规定办理。
中铁股份任免〔2011〕310号	2011-5-30	经研究，中铁大桥勘测设计院有限公司庄勇、黄燕庆、周传斌、张强、高宗余纳入股份公司管理。庄勇、黄燕庆、周传斌、张强为副总经理人选，高宗余为总工程师人选，试用期一年。请按有关规定办理。
中铁股份任免〔2011〕311号	2011-5-30	经研究，刘辉兼任中国中铁昆明轨道交通工程指挥部指挥长、昆明轨道交通3号线西标段项目经理部经理。
中铁股份任免〔2011〕312号	2011-5-30	经研究，季志华任中国中铁昆明轨道交通工程指挥部常务副指挥长、昆明轨道交通3号线西标段项目经理部常务副经理。
中铁股份任免〔2011〕313号	2011-5-30	经研究，唐连成任中国中铁昆明轨道交通工程指挥部副指挥长兼总经济师、昆明轨道交通3号线西标段项目经理部副经理兼总经济师。
中铁股份任免〔2011〕314号	2011-5-30	经研究，史金洪到中国中铁昆明轨道交通工程指挥部助勤，任中国中铁昆明轨道交通工程指挥部副指挥长、昆明轨道交通3号线西标段项目经理部副经理，助勤期至该项目结束。
中铁股份任免〔2011〕315号	2011-5-30	经研究，贾科到中国中铁昆明轨道交通工程指挥部助勤，任中国中铁昆明轨道交通工程指挥部副指挥长、昆明轨道交通3号线西标段项目经理部副经理，助勤期至该项目结束。
中铁股份任免〔2011〕316号	2011-5-30	经研究，王凤忠到昆明轨道交通3号线西标段项目经理部助勤，任项目部总工程师，助勤期至该项目结束。
中铁股份任免〔2011〕317号	2011-5-30	根据国资委有关通知要求，卢勃已于2011年5月结束了国务院国资委干部教育培训中心组织的“企业高级管理人员工商管理硕士（EMBA）项目（第六期赴美班）”学习。经研究，卢勃自2011年6月1日起回你公司总经理岗位工作，董事长赵德义不再代行总经理职责。

文号	日期	内容
中铁股份任免〔2011〕318 号	2011-5-30	经研究，中铁大桥勘测设计院有限公司法人治理结构由下列人员组成：一、董事会由 7 人组成：董事、董事长人选：刘成军（兼职外部董事）；董事、副董事长人选：田道明（非外部董事）；董事人选：张敏（非外部董事，为法定代表人）；董事人选：梅权（专职外部董事）；董事人选：常仲相（专职外部董事）。另 2 名董事人选，其中 1 名董事人选由中铁大桥局集团有限公司推荐，另 1 名职工董事人选由中铁大桥勘测设计院有限公司工会民主选举产生。二、监事会由 5 人组成：监事、监事会主席人选：刘永红（专职外部监事）；监事人选：杨良（兼职外部监事）。另 3 名监事人选，其中 1 名监事人选由中铁大桥局集团有限公司推荐，另 2 名职工监事人选由中铁大桥勘测设计院有限公司工会民主选举产生。三、经理层组成：总经理人选：张敏；副总经理人选：庄勇、黄燕庆、周传斌、张强；总工程师人选：高宗余；副总经理、总会计师人选：付宏平。请按有关规定办理。
中铁股份任免〔2011〕319 号	2011-5-30	经研究，宋建平任中铁隧道集团有限公司董事，仍任副总经理、总经济师。
中铁股份任免〔2011〕320 号	2011-5-30	经研究，蒋岩松任中铁物资贸易有限公司副总经理。
中铁股份任免〔2011〕321 号	2011-5-30	经研究，朱建平任中铁物资贸易有限公司副总经理，试用期一年。
中铁股份任免〔2011〕322 号	2011-5-30	经研究，朱定法任中铁物资贸易有限公司副总经理。
中铁股份任免〔2011〕337 号	2011-7-1	经研究，王丽不再担任中铁五局（集团）有限公司副总经理、总经济师、董事职务；调成都铁路局工作。请按有关规定办理。
中铁股份任免〔2011〕338 号	2011-7-1	根据国发〔1978〕104 号文件规定，经研究，批准吴致强退休。专职外部董事、监事职务续聘至 2011 年 12 月 31 日。
中铁股份任免〔2011〕339 号	2011-7-1	经研究，吉敏廷为中铁宝桥集团有限公司总工程师人选，试用期一年。请按有关规定办理。
中铁股份任免〔2011〕340 号	2011-7-1	经研究，张永强任中国中铁股份有限公司西安分公司总经理，杨宗林任技术负责人。
中铁股份任免〔2011〕341 号	2011-7-1	经研究，杨永康任中国中铁股份有限公司深圳分公司总经理，杨平任技术负责人。
中铁股份任免〔2011〕342 号	2011-7-1	经研究，孙玉国任中铁东北投资发展有限公司副总经理，兼任中国中铁股份有限公司沈阳四环快速路交通 BT 工程总包项目经理部常务副总经理。
中铁股份任免〔2011〕343 号	2011-7-7	根据国务院国资委安排，经研究，西藏天路建筑工业集团有限公司总经理、西藏天路股份公司党委副书记、纪委书记、工会主席舒成高挂职中铁四局集团有限公司副总经理，挂职期一年。
中铁股份任免〔2011〕349 号	2011-7-19	经研究，方远明不再担任中国海外工程有限责任公司总经理、法定代表人，任副董事长。请按有关规定办理。
中铁股份任免〔2011〕350 号	2011-7-19	经研究，免去黄天德中国中铁股份有限公司副总工程师兼中国中铁股份有限公司哈大铁路客运专线工程指挥部常务副指挥长职务；为中国海外工程有限责任公司总经理人选、法定代表人。请按有关规定办理。
中铁股份任免〔2011〕351 号	2011-7-19	经研究，成爱民任中铁九局集团有限公司调研员，仍任中国中铁股份有限公司哈大铁路客运专线工程指挥部副指挥长（主持工作）。
中铁股份任免〔2011〕352 号	2011-7-19	经研究，李才文任中铁南方投资发展有限公司董事，仍任副总经理。
中铁股份任免〔2011〕353 号	2011-8-8	经研究，中铁国际经济合作有限公司第二届法人治理结构由下列人员组成：一、董事会由 7 人组成：董事、董事长人选：赵德义（非外部董事，为法定代表人）；董事、副董事长人选：李小京（非外部董事）；董事人选：卢勃（非外部董事）；董事人选：杨凯利（非外部董事）；董事人选：魏振国（专职外部董事）；董事人选：修贵（专职外部董事）；另 1 名董事人选由中铁二局集团有限公司推荐。二、监事会由 5 人组成：监事、监事会主席人选：郭毅（非外部监事）；监事人选：舒畅（专职外部监事）；监事人选：范胜利（专职外部监事）；2 名职工监事由中铁国际经济合作有限公司按有关规定产生。三、经理层组成：总经理人选：卢勃。请按有关规定办理。
中铁股份任免〔2011〕354 号	2011-8-8	经研究，中铁资源集团有限公司第二届法人治理结构由下列人员组成：一、董事会由 7 人组成：董事、董事长：易政青（非外部董事，为法定代表人）；董事、副董事长：吴建元（非外部董事）；董事：李辉（非外部董事）；董事：赵庆云（非外部董事）；董事：常仲相（专职外部董事）；董事：冯慧光（外部董事）；董事：王怀远（外部董事）。二、监事会由 5 人组成：监事、监事会主席人选：佟立国（非外部监事）；监事：杨良（外部监事）；监事：张利生（外部监事）；2 名职工监事由中铁资源集团有限公司按有关规定产生。三、经理层组成：总经理人选：吴建元。请按有关规定办理。

文号	日期	内容
中铁股份任免〔2011〕355 号	2011-8-8	经研究，中铁科工集团有限公司第二届法人治理结构由下列人员组成：一、董事会由 7 人组成：董事、董事长：唐智奋（非外部董事，为法定代表人）；董事、副董事长：栗培章（非外部董事）；董事：鄢怀斌（非外部董事）；董事：方永忠（专职外部董事）；董事：薛林（外部董事）；董事：方锐（外部董事）；董事：胡建华（非外部董事）。二、监事会由 5 人组成：监事、监事会主席人选：梅权（专职外部监事）；监事：魏都（专职外部监事）；监事：杨历生（非外部监事）；2 名职工监事由中铁科工集团有限公司按有关规定产生。三、经理层组成：总经理人选：鄢怀斌。请按有关规定办理。
中铁股份任免〔2011〕356 号	2011-8-8	经研究，免去刘光福中国中铁玉树灾后重建现场指挥部副指挥长职务，黄光省任副指挥长。
中铁股份任免〔2011〕357 号	2011-8-8	根据国发〔1978〕104 号文件规定，经研究，批准方永忠退休。专职外部董事、监事职务续聘至 2011 年 12 月 31 日。
中铁股份任免〔2011〕369 号	2011-8-31	经研究，免去张敏中铁五局（集团）有限公司董事长、董事职务，不再担任法定代表人；任中国中铁股份有限公司副总经济师，仍任中铁贵州旅游文化发展有限公司董事长、法定代表人。请按有关规定办理。
中铁股份任免〔2011〕370 号	2011-8-31	经研究，张回家为中铁五局（集团）有限公司法定代表人，仍任总经理、副董事长。请按有关规定办理。
中铁股份任免〔2011〕371 号	2011-8-31	经研究，马江黔任中铁五局（集团）有限公司董事长。
中铁股份任免〔2011〕372 号	2011-8-31	经研究，免去程广朝中铁十局集团有限公司董事长、董事职务，不再担任法定代表人；聘任为中国中铁股份有限公司派往所属企业专职董事、监事，任中铁隧道集团有限公司董事，为中铁贵州旅游文化发展有限公司董事人选，聘期至 2011 年 12 月 31 日。请按有关规定办理。
中铁股份任免〔2011〕373 号	2011-8-31	经研究，沈尧兴不再担任中铁十局集团有限公司总经理职务，任董事长，为法定代表人。请按有关规定办理。
中铁股份任免〔2011〕374 号	2011-8-31	经研究，杨兰松任中铁十局集团有限公司董事，为总经理人选。试用期一年。请按有关规定办理。
中铁股份任免〔2011〕375 号	2011-8-31	经研究，万冠群不再担任中铁十局集团有限公司监事职务，任副董事长。
中铁股份任免〔2011〕376 号	2011-8-31	经研究，贺贤栋任中铁十局集团有限公司监事。
中铁股份任免〔2011〕377 号	2011-8-31	经研究，崔军为中铁十局集团有限公司副总经理人选。试用期一年。请按有关规定办理。
中铁股份任免〔2011〕378 号	2011-8-31	经研究，免去董文德中铁十局集团有限公司董事职务。
中铁股份任免〔2011〕379 号	2011-8-31	经研究，李小京不再担任中铁国际经济合作有限公司副董事长、董事职务；聘任为中国中铁股份有限公司派往所属企业专职董事、监事。任中铁十局集团有限公司董事，为中铁贵州旅游文化发展有限公司监事、监事会主席人选。聘期至 2011 年 12 月 31 日。请按有关规定办理。
中铁股份任免〔2011〕380 号	2011-8-31	经研究，李晓声为中铁国际经济合作有限公司董事、副董事长人选。请按有关规定办理。
中铁股份任免〔2011〕381 号	2011-8-31	经研究，免去周世祥中铁南方投资发展有限公司董事长、董事职务，不再担任法定代表人。请按有关规定办理。
中铁股份任免〔2011〕382 号	2011-8-31	经研究，付漳湖为中铁南方投资发展有限公司法定代表人，仍任总经理、董事。请按有关规定办理。
中铁股份任免〔2011〕383 号	2011-8-31	经研究，免去王卫中国中铁航空港建设集团有限公司副董事长、董事职务，任中铁南方投资发展有限公司董事长。试用期按原期限执行。
中铁股份任免〔2011〕384 号	2011-8-31	经研究，初继旺不再担任中铁隧道集团有限公司副总经理职务，任中国中铁航空港建设集团有限公司副董事长。请按有关规定办理。
中铁股份任免〔2011〕385 号	2011-8-31	经研究，崔原不再担任中铁隧道集团有限公司副总经理职务。请按有关规定办理。
中铁股份任免〔2011〕386 号	2011-8-31	经研究，免去杨永康中国中铁股份有限公司工程建设分公司副总经理职务；仍任中铁佛山投资发展有限公司总经理、董事。
中铁股份任免〔2011〕387 号	2011-8-31	经研究，免去刘元重中国中铁股份有限公司工程建设分公司副总经理职务，由中国中铁股份有限公司工程建设分公司另行安排工作。
中铁股份任免〔2011〕388 号	2011-8-31	经研究，经越不再担任华铁工程咨询有限责任公司副总经理职务。请按有关规定办理。
中铁股份任免〔2011〕389 号	2011-8-31	经研究，于晓东为华铁工程咨询有限责任公司副总经理人选，试用期一年。请按有关规定办理。
中铁股份任免〔2011〕390 号	2011-8-31	经研究，韩鲁斌为中铁电气化勘测设计研究院有限公司总经理人选，纳入股份公司管理。试用期一年。请按有关规定办理。

文号	日期	内容
中铁股份任免〔2011〕391 号	2011-8-31	经研究，北京电铁通信信号勘测设计院有限公司张少平、李永龙纳入股份公司管理。仍任原职。试用期一年。
中铁股份任免〔2011〕392 号	2011-8-31	经研究，谭顺辉为中铁隧道装备制造有限公司董事人选。请按有关规定办理。
中铁股份任免〔2011〕393 号	2011-8-31	经研究，免去梅权中铁十局集团有限公司董事职务，不再担任中铁贵州旅游文化发展有限公司监事会主席、监事职务。请按有关规定办理。
中铁股份任免〔2011〕394 号	2011-8-31	经研究，免去刘永红中铁港航局集团有限公司监事职务。
中铁股份任免〔2011〕395 号	2011-8-31	经研究，免去舒畅中铁隧道集团有限公司董事职务。
中铁股份任免〔2011〕396 号	2011-8-31	经研究，免去安德智中国中铁股份有限公司哈大铁路客运专线工程指挥部综合部部长职务，结束助勤。仍回中铁三局集团有限公司工作。
中铁股份任免〔2011〕397 号	2011-8-31	孙养俊试用期已满，经考核，同意按期结束试用，继续任中铁三局集团有限公司副总经理。任职时间从二〇一〇年七月三十日起计算。
中铁股份任免〔2011〕398 号	2011-8-31	高海宏试用期已满，经考核，同意按期结束试用，继续任中铁六局集团有限公司副总经理。任职时间从二〇一〇年七月三十日起计算。
中铁股份任免〔2011〕399 号	2011-8-31	郭继龙试用期已满，经考核，同意按期结束试用，继续任中铁六局集团有限公司副总经理。任职时间从二〇一〇年七月三十日起计算。
中铁股份任免〔2011〕400 号	2011-8-31	董炬洪试用期已满，经考核，同意按期结束试用，继续任中铁七局集团有限公司副总经理、总工程师。任职时间从二〇一〇年七月三十日起计算。
中铁股份任免〔2011〕401 号	2011-8-31	赵金祥试用期已满，经考核，同意按期结束试用，继续任中铁九局集团有限公司副总经理。任职时间从二〇一〇年七月三十日起计算。
中铁股份任免〔2011〕402 号	2011-8-31	吴永兵试用期已满，经考核，同意按期结束试用，继续任中铁十局集团有限公司副总经理。任职时间从二〇一〇年七月三十日起计算。
中铁股份任免〔2011〕403 号	2011-8-31	陈建试用期已满，经考核，同意按期结束试用，继续任中铁隧道集团有限公司副总经理。任职时间从二〇一〇年七月三十日起计算。
中铁股份任免〔2011〕404 号	2011-8-31	李爱敏试用期已满，经考核，同意按期结束试用，继续任中铁电气化局集团有限公司副总经理、总经济师。任职时间从二〇一〇年七月三十日起计算。
中铁股份任免〔2011〕405 号	2011-8-31	刘德海试用期已满，经考核，同意按期结束试用，继续任中铁电气化局集团有限公司副总经理。任职时间从二〇一〇年七月三十日起计算。
中铁股份任免〔2011〕406 号	2011-8-31	张文贵试用期已满，经考核，同意按期结束试用，继续任中铁电气化局集团有限公司副总经理。任职时间从二〇一〇年七月三十日起计算。
中铁股份任免〔2011〕407 号	2011-8-31	李亮试用期已满，经考核，同意按期结束试用，继续任中铁上海工程局有限公司副总经理。提职时间从二〇一〇年七月三十日起计算。
中铁股份任免〔2011〕408 号	2011-8-31	罗超群试用期已满，经考核，同意按期结束试用，继续任中铁港航局集团有限公司副总经理。任职时间从二〇一〇年七月三十日起计算。
中铁股份任免〔2011〕409 号	2011-8-31	谢季军试用期已满，经考核，同意按期结束试用，继续任中铁港航局集团有限公司副总经理。任职时间从二〇一〇年七月三十日起计算。
中铁股份任免〔2011〕410 号	2011-8-31	王书龙试用期已满，经考核，同意按期结束试用，继续任中铁二院工程集团有限责任公司副总经理。任职时间从二〇一〇年七月三十日起计算。
中铁股份任免〔2011〕411 号	2011-8-31	颜廷祥试用期已满，经考核，同意按期结束试用，继续任中铁工程设计咨询集团有限公司副总经理。任职时间从二〇一〇年七月三十日起计算。
中铁股份任免〔2011〕412 号	2011-8-31	金荣铭试用期已满，经考核，同意按期结束试用，继续任中铁山桥集团有限公司副总经理。任职时间从二〇一〇年七月三十日起计算。
中铁股份任免〔2011〕413 号	2011-8-31	董彦录试用期已满，经考核，同意按期结束试用，继续任中铁宝桥集团有限公司副总经理。任职时间从二〇一〇年七月三十日起计算。
中铁股份任免〔2011〕414 号	2011-8-31	胡建伟试用期已满，经考核，同意按期结束试用，继续任中铁科工集团有限公司副总经理。任职时间从二〇一〇年七月三十日起计算。
中铁股份任免〔2011〕415 号	2011-8-31	彭晓华试用期已满，经考核，同意按期结束试用，继续任中铁工程设计院有限公司总经理。任职时间从二〇一〇年七月三十日起计算。
中铁股份任免〔2011〕416 号	2011-9-6	经研究，免去于洪潮中铁港航局集团有限公司董事长、董事职务，不再担任法定代表人，退休。请按有关规定办理。
中铁股份任免〔2011〕417 号	2011-9-6	经研究，免去吴成福中铁四局集团有限公司董事职务，不再担任副总经理职务；任中铁港航局集团有限公司董事长，为法定代表人。试用期一年。请按有关规定办理。
中铁股份任免〔2011〕418 号	2011-9-6	经研究，张超为中铁港航局集团有限公司副总经理人选。试用期一年。请按有关规定办理。

文号	日期	内容
中铁股份任免〔2011〕421号	2011-9-28	经研究，周世祥任中国中铁股份有限公司派驻中铁南方投资发展有限公司高级顾问。
中铁股份任免〔2011〕422号	2011-9-28	蒋伟平试用期已满，经考核，同意按期结束试用，继续任中铁工程设计咨询集团有限公司副总经理。任职时间从二〇一〇年九月二十八日起计算。
中铁股份任免〔2011〕426号	2011-10-28	经研究，徐中义任中铁五局（集团）有限公司董事，仍任副总经理。
中铁股份任免〔2011〕427号	2011-10-28	经研究，陈德斌任中铁五局（集团）有限公司董事，仍任总工程师。
中铁股份任免〔2011〕428号	2011-10-13	经研究，杨煜任中国中铁玉树灾后重建现场指挥部指挥长；免去卢卫平指挥长职务。
中铁股份任免〔2011〕431号	2011-11-9	经研究，免去孙国荣中铁工程设计咨询集团有限公司调研员职务，退休。
中铁股份任免〔2011〕451号	2011-12-29	郭炜试用期已满，经考核，同意按期结束试用，任中铁一局集团有限公司副总经理。任职时间从2010年11月30日起计算。
中铁股份任免〔2011〕452号	2011-12-29	赵怀利试用期已满，经考核，同意按期结束试用，任中铁一局集团有限公司副总经理。任职时间从2010年11月30日起计算。
中铁股份任免〔2011〕453号	2011-12-29	经研究，免去张作义中铁三局集团有限公司监事职务，为副总经理人选。请按有关规定办理。
中铁股份任免〔2011〕454号	2011-12-29	谭世俊试用期已满，经考核，同意按期结束试用，任中铁三局集团有限公司副总经理。任职时间从2010年12月24日起计算。
中铁股份任免〔2011〕455号	2011-12-29	葛复存试用期已满，经考核，同意按期结束试用，任中铁三局集团有限公司副总经理。任职时间从2010年122月24日起计算。
中铁股份任免〔2011〕456号	2011-12-29	王树伟试用期已满，经考核，同意按期结束试用，任中铁三局集团有限公司副总经理。任职时间从2010年12月24日起计算。
中铁股份任免〔2011〕457号	2011-12-29	张庆远试用期已满，经考核，同意按期结束试用，任中铁三局集团有限公司副总经理。任职时间从2010年12月24日起计算。
中铁股份任免〔2011〕458号	2011-12-29	耿锦试用期已满，经考核，同意按期结束试用，任中铁四局集团有限公司副总经理。任职时间从2010年12月24日起计算。
中铁股份任免〔2011〕459号	2011-12-29	刘勃试用期已满，经考核，同意按期结束试用，任中铁四局集团有限公司副总经理。任职时间从2010年12月24日起计算。
中铁股份任免〔2011〕460号	2011-12-29	孙成明试用期已满，经考核，同意按期结束试用，任中铁五局（集团）有限公司副总经理。任职时间从2010年12月24日起计算。
中铁股份任免〔2011〕461号	2011-12-29	房晓军试用期已满，经考核，同意按期结束试用，任中铁五局（集团）有限公司副总经理。任职时间从2010年12月24日起计算。
中铁股份任免〔2011〕462号	2011-12-29	杨振江试用期已满，经考核，同意按期结束试用，任中铁六局集团有限公司副总经理。任职时间从2010年12月30日起计算。
中铁股份任免〔2011〕463号	2011-12-29	张建国试用期已满，经考核，同意按期结束试用，任中铁七局集团有限公司总经理。任职时间从2010年12月30日起计算。
中铁股份任免〔2011〕464号	2011-12-29	程志强试用期已满，经考核，同意按期结束试用，任中铁七局集团有限公司副总经理。任职时间从2010年12月24日起计算。
中铁股份任免〔2011〕465号	2011-12-29	彭齐试用期已满，经考核，同意按期结束试用，任中铁九局集团有限公司副总经理。任职时间从2010年12月24日起计算。
中铁股份任免〔2011〕466号	2011-12-29	杨绍平试用期已满，经考核，同意按期结束试用，任中铁九局集团有限公司副总经理。任职时间从2010年12月24日起计算。
中铁股份任免〔2011〕467号	2011-12-29	郭建封试用期已满，经考核，同意按期结束试用，任中铁十局集团有限公司总会计师。任职时间从2010年12月24日起计算。
中铁股份任免〔2011〕468号	2011-12-29	蔡登山试用期已满，经考核，同意按期结束试用，任中铁大桥局集团有限公司副总经理、中铁大桥局股份有限公司副总经理。任职时间从2010年12月24日起计算。
中铁股份任免〔2011〕469号	2011-12-29	赵玉良试用期已满，经考核，同意按期结束试用，任中铁隧道集团有限公司副总经理。任职时间从2010年12月24日起计算。
中铁股份任免〔2011〕470号	2011-12-29	周志立试用期已满，经考核，同意按期结束试用，任中铁建工集团有限公司副总经理。任职时间从2010年12月24日起计算。
中铁股份任免〔2011〕471号	2011-12-29	荣树森试用期已满，经考核，同意按期结束试用，任中铁上海工程局有限公司董事长。任职时间从2010年11月30日起计算。
中铁股份任免〔2011〕472号	2011-12-29	孔遁试用期已满，经考核，同意按期结束试用，任中铁上海工程局有限公司总经理。任职时间从2010年11月30日起计算。
中铁股份任免〔2011〕473号	2011-12-29	徐江洪试用期已满，经考核，同意按期结束试用，任中铁上海工程局有限公司副总经理。任职时间从2010年11月30日起计算。
中铁股份任免〔2011〕474号	2011-12-29	张贺华试用期已满，经考核，同意按期结束试用，任中铁上海工程局有限公司副总经理。任职时间从2010年11月30日起计算。

文号	日期	内容
中铁股份任免〔2011〕475 号	2011-12-29	王辉洲试用期已满，经考核，同意按期结束试用，任中铁上海工程局有限公司副总经理。任职时间从 2010 年 11 月 30 日起计算。
中铁股份任免〔2011〕476 号	2011-12-29	高锦林试用期已满，经考核，同意按期结束试用，任中铁上海工程局有限公司副总经理、总工程师。任职时间从 2010 年 11 月 30 日起计算。
中铁股份任免〔2011〕477 号	2011-12-29	金德成试用期已满，经考核，同意按期结束试用，任中铁港航局集团有限公司副总经理。任职时间从 2010 年 11 月 30 日起计算。
中铁股份任免〔2011〕478 号	2011-12-29	柯松林试用期已满，经考核，同意按期结束试用，任中铁港航局集团有限公司副总经理、总工程师。任职时间从 2010 年 11 月 30 日起计算。
中铁股份任免〔2011〕479 号	2011-12-29	王卫试用期已满，经考核，同意按期结束试用，任中铁南方投资发展有限公司董事长。提职时间从 2010 年 11 月 30 日起计算。
中铁股份任免〔2011〕480 号	2011-12-29	项志敏试用期已满，经考核，同意按期结束试用，任中国中铁航空港建设集团有限公司总经理。任职时间从 2010 年 11 月 30 日起计算。
中铁股份任免〔2011〕481 号	2011-12-29	彭德宏试用期已满，经考核，同意按期结束试用，任中国中铁航空港建设集团有限公司总会计师。任职时间从 2010 年 11 月 30 日起计算。
中铁股份任免〔2011〕482 号	2011-12-29	王宝恩试用期已满，经考核，同意按期结束试用，任中国中铁航空港建设集团有限公司副总经理。任职时间从 2010 年 11 月 30 日起计算。
中铁股份任免〔2011〕483 号	2011-12-29	耿午阳试用期已满，经考核，同意按期结束试用，任中国中铁航空港建设集团有限公司副总经理。任职时间从 2010 年 11 月 30 日起计算。
中铁股份任免〔2011〕484 号	2011-12-29	袁禧泉试用期已满，经考核，同意按期结束试用，任中国中铁航空港建设集团有限公司副总经理。任职时间从 2010 年 11 月 30 日起计算。
中铁股份任免〔2011〕485 号	2011-12-29	张卫红试用期已满，经考核，同意按期结束试用，任中国中铁航空港建设集团有限公司副总经理。任职时间从 2010 年 11 月 30 日起计算。
中铁股份任免〔2011〕486 号	2011-12-29	王夙君试用期已满，经考核，同意按期结束试用，任中国中铁航空港建设集团有限公司副总经理。任职时间从 2010 年 11 月 30 日起计算。
中铁股份任免〔2011〕487 号	2011-12-29	胡守正试用期已满，经考核，同意按期结束试用，任中国中铁航空港建设集团有限公司副总经理、总工程师。任职时间从 2010 年 11 月 30 日起计算。
中铁股份任免〔2011〕488 号	2011-12-29	张宝强试用期已满，经考核，同意按期结束试用，任中国中铁航空港建设集团有限公司副总经理。任职时间从 2010 年 11 月 30 日起计算。
中铁股份任免〔2011〕489 号	2011-12-29	王石试用期已满，经考核，同意按期结束试用，任中铁信托有限责任公司经理。任职时间从 2010 年 11 月 30 日起计算。
中铁股份任免〔2011〕490 号	2011-12-29	李生权试用期已满，经考核，同意按期结束试用，任中铁二院工程集团有限责任公司副总经理。任职时间从 2010 年 12 月 24 日起计算。
中铁股份任免〔2011〕491 号	2011-12-29	白蕊试用期已满，经考核，同意按期结束试用，任中铁国际经济合作有限公司副总经理。任职时间从 2010 年 12 月 24 日起计算。
中铁股份任免〔2011〕492 号	2011-12-29	钟长汀试用期已满，经考核，同意按期结束试用，任中铁资源集团有限公司总地质师。任职时间从 2010 年 12 月 24 日起计算。
中铁股份任免〔2011〕493 号	2011-12-29	白鹤林试用期已满，经考核，同意按期结束试用，任中铁物贸有限责任公司总经理、股份公司物资采购管理中心主任。任职时间从 2010 年 11 月 2 日起计算。
中铁股份任免〔2011〕494 号	2011-12-29	王立杰试用期已满，经考核，同意按期结束试用，任中国中铁老挝分公司副总经理、中铁国际经济合作有限公司副总经理。任职时间从 2010 年 12 月 24 日起计算。
中铁股份任免〔2011〕495 号	2011-12-29	黄宏试用期已满，经考核，同意按期结束试用，任中国中铁老挝分公司副总经理。任职时间从 2010 年 12 月 24 日起计算。
中铁股份任免〔2011〕496 号	2011-12-29	郑杰试用期已满，经考核，同意按期结束试用，任中国中铁老挝分公司副总经理。任职时间从 2010 年 12 月 24 日起计算。
中铁股份任免〔2011〕497 号	2011-12-29	杨玉德试用期已满，经考核，同意按期结束试用，任中国中铁老挝分公司经理。任职时间从 2010 年 12 月 24 日起计算。
中铁股份任免〔2011〕498 号	2011-12-29	王勇试用期已满，经考核，同意按期结束试用，任中国中铁老挝分公司副总经理、总工程师。任职时间从 2010 年 12 月 24 日起计算。
中铁股份任免〔2011〕499 号	2011-12-29	根据考核情况，经研究，李亚铭延长试用期半年，仍任中国海外工程有限责任公司总经济师。延长时间从 2011 年 7 月 30 日起计算。
中铁股份任免〔2011〕500 号	2011-12-29	经研究，免去郭敬辉中铁二局集团有限公司监事职务，不再担任中铁二局股份有限公司监事会主席、监事职务。请按有关规定办理。
中铁股份任免〔2011〕501 号	2011-12-29	经研究，方国建任中铁二局集团有限公司监事，为中铁二局股份有限公司监事、监事会主席人选。请按有关规定办理。
中铁股份任免〔2011〕502 号	2011-12-29	经研究，张杰任中铁三局集团有限公司监事。
中铁股份任免〔2011〕503 号	2011-12-29	经研究，闫子才不再担任中铁四局集团有限公司总工程师职务，仍任副总经理。请按有关规定办理。

文号	日期	内容
中铁股份任免〔2011〕504号	2011-12-29	经研究，伍军为中铁四局集团有限公司副总经理、总工程师人选，试用期一年。请按有关规定办理。
中铁股份任免〔2011〕505号	2011-12-29	经研究，陈广森不再担任中铁五局（集团）有限公司总会计师职务，为副总经理人选，仍任董事。请按有关规定办理。
中铁股份任免〔2011〕506号	2011-12-29	经研究，周海辉为中铁五局（集团）有限公司总会计师人选，试用期一年。请按有关规定办理。
中铁股份任免〔2011〕507号	2011-12-29	经研究，免去赵铁军中铁九局集团有限公司董事职务。
中铁股份任免〔2011〕508号	2011-12-29	经研究，免去崔原中铁隧道集团有限公司董事职务。
中铁股份任免〔2011〕509号	2011-12-29	经研究，免去丁荣富中铁隧道集团有限公司监事职务，任董事。
中铁股份任免〔2011〕510号	2011-12-29	经研究，张瑞刚任中铁隧道集团有限公司监事。
中铁股份任免〔2011〕511号	2011-12-29	经研究，王水海为中铁隧道集团有限公司副总经理人选，试用期一年。请按有关规定办理。
中铁股份任免〔2011〕514号	2011-12-29	经研究，韩亚丽为中铁隧道装备制造有限公司副董事长人选，仍任总经理。请按有关规定办理。
中铁股份任免〔2011〕515号	2011-12-29	经研究，免去曹小林中国中铁股份有限公司工程建设分公司总工程师职务，任副总经理。
中铁股份任免〔2011〕516号	2011-12-29	经研究，免去李川中国中铁股份有限公司工程建设分公司总经济师职务，任副总经理。
中铁股份任免〔2011〕517号	2011-12-29	经研究，张永强任中国中铁股份有限公司工程建设分公司总工程师。试用期一年。
中铁股份任免〔2011〕518号	2011-12-29	经研究，叶樵任中国中铁股份有限公司工程建设分公司总经济师。试用期一年。
中铁股份任免〔2011〕522号	2011-12-29	经研究，季志华任中铁泛亚建设投资有限公司董事长，为法定代表人。
中铁股份任免〔2011〕523号	2011-12-29	经研究，王广钟不再担任中铁二局股份有限公司副总经理职务，调中铁泛亚建设投资有限公司工作，为副总经理人选，主持行政工作。任中国中铁昆明轨道交通工程指挥部副指挥长。请按有关规定办理。
中铁股份任免〔2011〕524号	2011-12-29	经研究，邓民调中铁泛亚建设投资有限公司工作，为副总经理、总工程师人选，试用期一年。任中国中铁昆明轨道交通工程指挥部副指挥长。请按有关规定办理。
中铁股份任免〔2011〕525号	2011-12-29	经研究，王恺为中铁泛亚建设投资有限公司财务总监人选。请按有关规定办理。

表 11-3　总公司机关部门负责人变动情况（2011）

文号	日期	内容
中铁程任免〔2011〕1号	2011-3-23	经研究，李平免现职，聘任为总公司财务部部长，聘期至 2013 年 12 月 31 日，试用期一年。岗位工资为部门正职一档。
中铁程党任免〔2011〕2号	2011-3-23	经研究,聘任余汉林为总公司党委干部部部长,聘期至 2013 年 12 月 31 日。
中铁程党任免〔2011〕3号	2011-3-23	经研究，聘任苑宝印为总公司纪委副书记,聘期至 2013 年 12 月 31 日，试用期一年。
中铁程党任免〔2011〕4号	2011-3-23	经研究，聘任毛小民为总公司工会副主席、党建和思想政治工作研究会副会长。聘期至 2012 年 1 月 31 日。
中铁程党任免〔2011〕5号	2011-3-23	经研究，聘任王宏光为总公司纪委副书记兼监察部部长，聘期至 2013 年 12 月 31 日。
中铁程党任免〔2011〕6号	2011-3-23	经研究，聘任刘福广为总公司党委宣传部副部长，聘期至 2013 年 12 月 31 日。
中铁程党任免〔2011〕7号	2011-3-23	经研究，聘任刘建媛为总公司工会副主席，聘期至 2013 年 12 月 31 日。
中铁程党任免〔2011〕8号	2011-3-23	经研究，聘任杨玉堂为总公司党委办公室(保密办公室)主任。聘期至 2013 年 12 月 31 日，试用期至 2011 年 11 月 28 日。
中铁程党任免〔2011〕9号	2011-3-23	经研究，聘任徐进为总公司党委宣传部部长。聘期至 2013 年 12 月 31 日。
中铁程党任免〔2011〕10号	2011-3-23	经研究，聘任曹艳春为党建和思想政治工作研究会秘书长兼总公司党委宣传部副部长，聘期至 2013 年 12 月 31 日。
中铁程党任免〔2011〕11号	2011-3-23	经研究，聘任丁荣昌为总公司党委组织部部长。聘期至 2013 年 12 月 31 日。

文号	日期	内容
中铁程党任免〔2011〕12号	2011-3-23	经研究，聘任杨建华为总公司纪委案件审理宣传教育处处长，聘期至2013年12月31日。
中铁程党任免〔2011〕13号	2011-3-23	经研究，聘任曹兴为总公司纪委案件检查处处长，聘期至2013年12月31日。
中铁程党任免〔2011〕14号	2011-3-23	经研究，聘任李新生为总公司团委书记，聘期至2013年12月31日。
中铁程党任免〔2011〕15号	2011-3-23	经研究，聘任常玉伟为总公司党委办公室副主任，聘期至2013年12月31日。
中铁程党任免〔2011〕16号	2011-3-23	经研究，聘任李辉为总公司党委办公室副主任，聘期至2013年12月31日，试用期至2011年8月23日。
中铁程党任免〔2011〕17号	2011-3-23	经研究，聘任王飞孟为总公司党委干部部副部长，聘期至2013年12月31日。
中铁程党任免〔2011〕18号	2011-3-23	经研究，聘任裴清宁为总公司党委干部部副部长，聘期至2013年12月31日，试用期一年。
中铁程党任免〔2011〕19号	2011-3-23	经研究，聘任黄建中为总公司党委组织部副部长，聘期至2013年12月31日。
中铁程党任免〔2011〕20号	2011-3-23	经研究，聘任俞坚为总公司纪委执法监察处副处长，聘期至2013年12月31日。
中铁程党任免〔2011〕21号	2011-3-23	经研究，聘任关静雅为总公司纪委案件审理宣传教育处副处长，聘期至2011年6月30日。
中铁程党任免〔2011〕22号	2011-3-23	经研究，聘任林道明为总公司纪委案件检查处副处长，聘期至2013年12月31日。
中铁程党任免〔2011〕23号	2011-3-23	经研究，聘任池洪军为总公司工会生产宣传部部长，聘期至2013年12月31日。
中铁程党任免〔2011〕24号	2011-3-23	经研究，聘任郑黎为总公司工会办公室主任，聘期至2013年12月31日，试用期一年。
中铁程党任免〔2011〕25号	2011-3-23	经研究，聘任陈文志为总公司纪委办公室主任，聘期至2013年12月31日，试用期一年。
中铁程党任免〔2011〕26号	2011-3-23	经研究，聘任陈宝华为总公司工会生活保障女工部部长，聘期至2013年12月31日，试用期一年。
中铁程党任免〔2011〕27号	2011-8-31	李辉试用期已满，经考核，同意按期结束试用，继续聘任为总公司党委办公室副主任，聘期至2013年12月31日。
中铁程党任免〔2011〕32号	2011-12-28	经研究，聘任刘治国为工会组织民管部部长，聘期至2013年12月31日，试用期一年。
中铁程党任免〔2011〕33号	2011-12-28	杨玉堂试用期已满，经考核，同意按期结束试用，聘任为总公司党委办公室主任，任职时间从2010年11月29日起计算，聘期至2013年12月31日。

表11-4　股份公司机关部门负责人变动情况（2011）

文号	日期	内容
中铁股份党任免〔2011〕9号	2011-3-28	经研究，免去苑宝印中铁九局集团有限公司党委副书记、纪委书记、党委常委职务；调股份公司工作，聘任为纪委副书记，聘期至2013年12月31日，试用期一年，岗位工资为三总师副职一档。
中铁股份党任免〔2011〕11号	2011-3-23	经研究，聘任余汉林为党委干部部部长，聘期至2013年12月31日。
中铁股份党任免〔2011〕12号	2011-3-23	经研究，聘任刘建媛为股份公司工会副主席，聘期至2013年12月31日。岗位工资为副总师二档。
中铁股份党任免〔2011〕13号	2011-3-23	经研究，聘任杨玉堂为党委办公室(保密办公室)主任，聘期至2013年12月31日，试用期至2011年11月28日。
中铁股份党任免〔2011〕14号	2011-3-23	经研究，聘任权有勇为机关党委书记，聘期至2013年12月31日。
中铁股份党任免〔2011〕15号	2011-3-23	经研究，聘任徐进为党委宣传部部长，聘期至2013年12月31日。
中铁股份党任免〔2011〕16号	2011-3-23	经研究，聘任曹艳春为党建和思想政治工作研究会秘书长兼党委宣传部副部长，聘期至2013年12月31日。岗位工资为部门正职二档。
中铁股份党任免〔2011〕17号	2011-3-23	经研究，聘任丁荣昌为党委组织部部长，聘期至2013年12月31日。岗位工资为部门正职二档。
中铁股份党任免〔2011〕18号	2011-3-23	经研究，聘任杨建华为纪委案件审理宣传教育室主任，聘期至2013年12月31日。岗位工资为部门正职一档。

文号	日期	内容
中铁股份党任免〔2011〕19 号	2011-3-23	经研究，聘任曹兴为纪委案件检查室主任，聘期至 2013 年 12 月 31 日。岗位工资为部门正职一档。
中铁股份党任免〔2011〕20 号	2011-3-23	经研究，聘任王伟为体协秘书长，聘期至 2013 年 12 月 31 日，试用期为一年。岗位工资为部门正职二档。
中铁股份党任免〔2011〕21 号	2011-3-23	经研究，聘任李新生为股份公司团委书记，聘期至 2013 年 12 月 31 日。岗位工资为部门正职二档。
中铁股份党任免〔2011〕22 号	2011-3-23	经研究，聘任程建伟为《中国中铁》报社总编，聘期至 2013 年 12 月 31 日。岗位工资为部门正职二档。
中铁股份党任免〔2011〕23 号	2011-3-23	经研究，聘任常玉伟为党委办公室副主任，聘期至 2013 年 12 月 31 日。
中铁股份党任免〔2011〕24 号	2011-3-23	经研究，聘任李辉为党委办公室副主任，聘期至 2013 年 12 月 31 日，试用期至 2011 年 8 月 23 日。
中铁股份党任免〔2011〕25 号	2011-3-23	经研究，聘任王飞孟为党委干部部副部长，聘期至 2013 年 12 月 31 日。
中铁股份党任免〔2011〕26 号	2011-3-23	经研究，聘任裴清宁为党委干部部副部长，聘期至 2013 年 12 月 31 日，试用期一年。
中铁股份党任免〔2011〕27 号	2011-3-23	经研究，聘任王宏光为股份公司纪委副书记兼监察部部长，聘期至 2013 年 12 月 31 日。岗位工资为副总师一档。
中铁股份党任免〔2011〕28 号	2011-3-23	经研究，聘任毛小民为股份公司工会副主席、党建和思想政治工作研究会副会长，聘期至 2012 年 1 月 31 日。岗位工资为副总师六档。
中铁股份党任免〔2011〕29 号	2011-3-23	经研究，聘任刘副广为党委宣传部副部长，聘期至 2013 年 12 月 31 日。
中铁股份党任免〔2011〕30 号	2011-3-23	经研究，聘任黄建中为党委组织部副部长，聘期至 2013 年 12 月 31 日。岗位工资为部门副职一档。
中铁股份党任免〔2011〕31 号	2011-3-23	经研究，聘任俞坚为纪委执法监察室副主任，聘期至 2013 年 12 月 31 日。岗位工资为部门副职二档。
中铁股份党任免〔2011〕32 号	2011-3-23	经研究，聘任关静雅为纪委案件审理宣传教育室副主任，聘期至 2011 年 6 月 30 日。岗位工资为部门副职二档。
中铁股份党任免〔2011〕33 号	2011-3-23	经研究，聘任林道明为纪委案件检查室副主任，聘期至 2013 年 12 月 31 日。岗位工资为部门副职一档。
中铁股份党任免〔2011〕34 号	2011-3-23	经研究，聘任高云为机关工会主席，聘期至 2011 年 10 月 31 日。岗位工资为部门副职三档。
中铁股份党任免〔2011〕35 号	2011-3-23	经研究，聘任池洪军为工会生产宣传部部长，聘期至 2013 年 12 月 31 日。岗位工资为部门副职一档。
中铁股份党任免〔2011〕36 号	2011-3-23	经研究，聘任郑黎为工会办公室主任，聘期至 2013 年 12 月 31 日，试用期一年。岗位工资为部门副职一档。
中铁股份党任免〔2011〕37 号	2011-3-23	经研究，聘任屈建国为《中国中铁》报社副总编，聘期至 2013 年 12 月 31 日。岗位工资为部门副职二档。
中铁股份党任免〔2011〕38 号	2011-3-23	经研究，聘任齐树华为《中国中铁》报社副总编，聘期至 2011 年 5 月 31 日。岗位工资为部门副职一档。
中铁股份党任免〔2011〕50 号	2011-3-23	经研究，你公司陈文志到股份公司工作，聘任为纪委办公室主任，聘期至 2013 年 12 月 31 日，试用期一年。岗位工资为部门正职一档。
中铁股份党任免〔2011〕51 号	2011-3-23	经研究，你公司陈宝华到股份公司工作，聘任为工会生活保障女工部部长，聘期至 2013 年 12 月 31 日，试用期一年。岗位工资为部门副职一档。
中铁股份党任免〔2011〕56 号	2011-6-13	经研究，你公司曹彬到股份公司工作，聘任为团委副书记，聘期至 2013 年 12 月 31 日，试用期一年。岗位工资为部门副职一档。
中铁股份党任免〔2011〕57 号	2011-6-13	根据国发[1978]104 号文件规定，批准关静雅(高级政工师)退休，自 2011 年 7 月 1 日生效。
中铁股份党任免〔2011〕71 号	2011-8-31	李辉试用期已满，经考核，同意按期结束试用，继续聘任为党委办公室副主任，聘期至 2013 年 12 月 31 日。
中铁股份党任免〔2011〕98 号	2011-10-13	根据国发[1978]104 号文件规定，批准高云(高级政工师)退休，自 2011 年 11 月 1 日生效。
中铁股份党任免〔2011〕100 号	2011-11-29	经研究，韩东为机关工会主席人选，请按有关规定办理。
中铁股份党任免〔2011〕124 号	2011-12-28	杨玉堂试用期已满，经考核，同意按期结束试用，聘任为党委办公室(保密办公室)主任，任职时间从 2010 年 11 月 29 日起计算，聘期至 2013 年 12 月 31 日。
中铁股份党任免〔2011〕125 号	2011-12-28	经研究，聘任刘治国为工会组织民管部部长，聘期至 2013 年 12 月 31 日，试用期一年，岗位工资调整为部门副职一档。

文号	日期	内容
中铁股份任免〔2011〕42号	2011-6-2	经研究，周振国不再担任中铁隧道集团有限公司副总经理职务；调股份公司工作，聘任为安全总监，聘期至2013年12月31日，试用期一年，岗位工资为三总师副职二档，请按有关规定办理。
中铁股份任免〔2011〕68号	2011-3-23	经研究，聘任季志华为股份公司副总工程师，聘期至2013年12月31日。岗位工资为副总师四档。
中铁股份任免〔2011〕69号	2011-3-23	经研究，聘任汪建刚为股份公司副总工程师，兼任工程管理部部长，聘期至2013年12月31日。岗位工资为副总师四档。
中铁股份任免〔2011〕70号	2011-3-23	经研究，聘任王立平为股份公司副总经济师，聘期至2013年12月31日。岗位工资为副总师四档。
中铁股份任免〔2011〕71号	2011-3-23	经研究，聘任刘成军为股份公司副总工程师，兼任科技设计部部长，聘期至2013年12月31日。岗位工资为副总师三档。
中铁股份任免〔2011〕72号	2011-3-23	经研究，聘任余汉林为股份公司副总经济师，兼任干部部部长，聘期至2013年12月31日。岗位工资为副总师三档。
中铁股份任免〔2011〕73号	2011-3-23	经研究，聘任李开言为股份公司副总工程师，聘期至2013年12月31日。岗位工资为副总师四档。
中铁股份任免〔2011〕74号	2011-3-23	经研究，聘任郑机为股份公司副总工程师，聘期至2013年12月31日。岗位工资为副总师二档。
中铁股份任免〔2011〕75号	2011-3-23	经研究，聘任黄天德为股份公司副总工程师，聘期至2013年12月31日。岗位工资为副总师二档。
中铁股份任免〔2011〕76号	2011-3-23	经研究，聘任闵国暐为股份公司副总工程师，聘期至2013年12月31日。岗位工资为副总师二档。
中铁股份任免〔2011〕77号	2011-3-23	经研究，聘任史柏生为股份公司副总工程师，聘期至2013年12月31日。岗位工资为副总师二档。
中铁股份任免〔2011〕78号	2011-3-23	经研究，聘任李新洲为股份公司副总经济师，聘期至2013年12月31日。岗位工资为副总师二档。
中铁股份任免〔2011〕79号	2011-3-23	经研究，聘任张继华为股份公司副总会计师，聘期至2013年12月31日。岗位工资为副总师二档。
中铁股份任免〔2011〕80号	2011-3-23	经研究，聘任傅漳湖为股份公司副总经济师，聘期至2013年12月31日。岗位工资为副总师二档。
中铁股份任免〔2011〕81号	2011-3-23	经研究，聘任甘百先为股份公司副总工程师，聘期至2013年12月31日。岗位工资为副总师二档。
中铁股份任免〔2011〕82号	2011-3-23	经研究，聘任温德智为股份公司副总工程师，聘期至2013年12月31日。岗位工资为副总师一档。
中铁股份任免〔2011〕83号	2011-3-23	经研究，聘任陈诗平为股份公司副总工程师，聘期至2013年12月31日。岗位工资为副总师三档。
中铁股份任免〔2011〕84号	2011-3-23	经研究，聘任杨玉堂为总裁办公室主任，聘期至2013年12月31日，试用期至2011年11月28日。岗位工资为部门正职一档。
中铁股份任免〔2011〕85号	2011-3-23	经研究，聘任周民忠为战略规划部部长，聘期至2013年12月31日。岗位工资为部门正职二档。
中铁股份任免〔2011〕86号	2011-3-23	经研究，聘任刘志伟为劳资社保部部长，聘期至2013年12月31日。岗位工资为部门正职二档。
中铁股份任免〔2011〕87号	2011-3-23	经研究，聘任杨良为财务部部长，聘期至2013年12月31日。岗位工资为部门正职三档。
中铁股份任免〔2011〕88号	2011-3-23	经研究，聘任林鑫为资本运营部部长，聘期至2013年12月31日。岗位工资为部门正职二档。
中铁股份任免〔2011〕89号	2011-3-23	经研究，聘任冯慧光为投资发展部部长，聘期至2013年12月31日。岗位工资为部门正职二档。
中铁股份任免〔2011〕90号	2011-3-23	经研究，聘任王怀远为法律事务部部长，聘期至2013年12月31日。岗位工资为部门正职二档。
中铁股份任免〔2011〕91号	2011-3-23	经研究，聘任林隆彪为审计部部长，聘期至2013年12月31日。岗位工资为部门正职二档。
中铁股份任免〔2011〕92号	2011-3-23	经研究，聘任李凤超为安质环保部部长、安全稽查总队队长，聘期至2013年12月31日，试用期至2011年11月28日。岗位工资为部门正职一档。
中铁股份任免〔2011〕93号	2011-3-23	经研究，聘任陈之功为国际业务部部长，聘期至2013年12月31日。岗位工资为部门正职二档。
中铁股份任免〔2011〕94号	2011-3-23	经研究，聘任梁勇为经营开发部部长，聘期至2013年12月31日。岗位工资为部门正职一档。
中铁股份任免〔2011〕95号	2011-3-23	经研究，聘任薛林为工业设备部部长，聘期至2013年12月31日。岗位工资为部门正职四档。

文号	日期	内容
中铁股份任免〔2011〕96 号	2011-3-23	经研究，聘任权有勇为行政管理部部长，聘期至 2013 年 12 月 31 日。岗位工资为部门正职二档。
中铁股份任免〔2011〕97 号	2011-3-23	经研究，聘任徐进为企业文化部部长，聘期至 2013 年 12 月 31 日。岗位工资为部门正职二档。
中铁股份任免〔2011〕98 号	2011-3-23	经研究，聘任曹艳春为企业文化部副部长，聘期至 2013 年 12 月 31 日。
中铁股份任免〔2011〕99 号	2011-3-23	根据 2011 年 1 月 27 日中国中铁股份有限公司 2011 年第一次临时股东大会决议，聘任陈文鑫为股份公司专职监事，聘期至 2013 年 12 月 31 日. 岗位工资为部门正职一档。
中铁股份任免〔2011〕100 号	2011-3-23	经研究，聘任张睿开为董事会办公室副主任(主持工作)，聘期至 2013 年 12 月 31 日。岗位工资为部门副职一档。
中铁股份任免〔2011〕101 号	2011-3-23	经研究，聘任余赞为董事会办公室副主任，聘期至 2013 年 12 月 31 日。岗位工资为部门副职四档。
中铁股份任免〔2011〕102 号	2011-3-23	经研究，聘任万明为董事会办公室副主任，聘期至 2013 年 12 月 31 日，试用期一年。岗位工资为部门副职一档。
中铁股份任免〔2011〕103 号	2011-3-23	经研究，聘任常玉伟为总裁办公室副主任，聘期至 2013 年 12 月 31 日。岗位工资为部门副职二档。
中铁股份任免〔2011〕104 号	2011-3-23	经研究，聘任李辉为总裁办公室副主任，聘期至 2013 年 12 月 31 日，试用期至 2011 年 8 月 23 日。岗位工资为部门副职一档。
中铁股份任免〔2011〕105 号	2011-3-23	经研究，聘任范永贵为战略规划部副部长，聘期至 2013 年 12 月 31 日。岗位工资为部门副职四档。
中铁股份任免〔2011〕106 号	2011-3-23	经研究，聘任方锐为战略规划部副部长，聘期至 2013 年 12 月 31 日。岗位工资为部门副职三档。
中铁股份任免〔2011〕107 号	2011-3-23	经研究，聘任景象为战略规划部副部长，聘期至 2013 年 12 月 31 日，试用期至 2011 年 8 月 23 日。岗位工资为部门副职一档。
中铁股份任免〔2011〕108 号	2011-3-23	经研究，聘任王飞孟为干部部副部长，聘期至 2013 年 12 月 31 日。岗位工资为部门副职二档。
中铁股份任免〔2011〕109 号	2011-3-23	经研究，聘任裴清宁为干部部副部长，聘期至 2013 年 12 月 31 日，试用期一年。岗位工资为部门副职一档。
中铁股份任免〔2011〕110 号	2011-3-23	经研究，聘任靖建平为劳资社保部副部长(部门正职待遇)，聘期至 2013 年 12 月 31 日。岗位工资为部门正职四档。
中铁股份任免〔2011〕111 号	2011-3-23	经研究，聘任李敏为劳资社保部副部长，聘期至 2013 年 12 月 31 日，试用期一年。岗位工资为部门副职一档。
中铁股份任免〔2011〕112 号	2011-3-23	经研究，聘任李静为财务部副部长，聘期至 2013 年 12 月 31 日。岗位工资为部门副职一档。
中铁股份任免〔2011〕113 号	2011-3-23	经研究，聘任王恺为财务部副部长，聘期至 2013 年 12 月 31 日，试用期一年。岗位工资为部门副职一档。
中铁股份任免〔2011〕114 号	2011-3-23	经研究，聘任肖圣为资本运营部副部长，聘期至 2013 年 12 月 31 日，试用期一年。岗位工资为部门副职一档。
中铁股份任免〔2011〕115 号	2011-3-23	经研究，聘任杨涛为资本运营部副部长，聘期至 2013 年 12 月 31 日，试用期一年。岗位工资为部门副职一档。
中铁股份任免〔2011〕116 号	2011-3-23	经研究，聘任罗晓春为投资发展部副部长，聘期至 2013 年 12 月 31 日，试用期至 2011 年 9 月 27 日。岗位工资为部门副职六档。
中铁股份任免〔2011〕117 号	2011-3-23	经研究，聘任曾宪明为投资发展部副部长，聘期至 2013 年 12 月 31 日，试用期至 2011 年 9 月 27 日。岗位工资为部门副职一档。
中铁股份任免〔2011〕118 号	2011-3-23	经研究，聘任陈晓平为法律事务部副部长，聘期至 2013 年 12 月 31 日，试用期一年。岗位工资为部门副职一档。
中铁股份任免〔2011〕119 号	2011-3-23	经研究，聘任张利生为审计部副部长，聘期至 2013 年 12 月 31 日。岗位工资为部门副职二档。
中铁股份任免〔2011〕120 号	2011-3-23	经研究，聘任吴青为审计部副部长，聘期至 2013 年 12 月 31 日。岗位工资为部门副职一档。
中铁股份任免〔2011〕121 号	2011-3-23	经研究，聘任韩学诠为安质环保部副部长，聘期至 2013 年 12 月 31 日。岗位工资为部门副职三档。
中铁股份任免〔2011〕122 号	2011-3-23	经研究，聘任樊玉智为安质环保部副部长，聘期至 2013 年 12 月 31 日，试用期一年。岗位工资为部门副职一档。
中铁股份任免〔2011〕123 号	2011-3-23	经研究，聘任赵艳杰为国际业务部副部长，聘期至 2013 年 12 月 31 日。岗位工资为部门副职三档。
中铁股份任免〔2011〕124 号	2011-3-23	经研究，聘任曹登敏为国际业务部副部长，聘期至 2013 年 12 月 31 日。岗位工资为部门副职五档。

文号	日期	内容
中铁股份任免〔2011〕125号	2011-3-23	经研究，聘任杨新平为国际业务部副部长，聘期至2013年12月31日。岗位工资为部门副职三档。
中铁股份任免〔2011〕126号	2011-3-23	经研究，聘任陈唯一为科技设计部副部长(部门正职待遇)，聘期至2013年12月31日。岗位工资为部门正职四档。
中铁股份任免〔2011〕127号	2011-3-23	经研究，聘任何宁为科技设计部副部长，聘期至2013年12月31日。岗位工资为部门副职四档。
中铁股份任免〔2011〕128号	2011-3-23	经研究，聘任李海明为科技设计部副部长，聘期至2013年12月31日。岗位工资为部门副职四档。
中铁股份任免〔2011〕129号	2011-3-23	经研究，聘任张瀚为科技设计部副部长，聘期至2013年12月31日。岗位工资为部门副职四档。
中铁股份任免〔2011〕130号	2011-3-23	经研究，聘任高峰为科技设计部副部长，聘期至2013年12月31日。岗位工资为部门副职二档。
中铁股份任免〔2011〕131号	2011-3-23	经研究，聘任刘涵宁为科技设计部副部长，聘期至2013年12月31日。岗位工资为部门副职二档。
中铁股份任免〔2011〕132号	2011-3-23	经研究，聘任杨宗林为经营开发部副部长，聘期至2013年12月31日。岗位工资为部门副职四档。
中铁股份任免〔2011〕133号	2011-3-23	经研究，聘任李夏初为经营开发部副部长，聘期至2013年12月31日。岗位工资为部门副职二档。
中铁股份任免〔2011〕134号	2011-3-23	经研究，聘任何荣康为工程管理部副部长，聘期至2013年12月31日。岗位工资为部门副职四档。
中铁股份任免〔2011〕135号	2011-3-23	经研究，聘任唐连成为工程管理部副部长，聘期至2013年12月31日。岗位工资为部门副职二档。
中铁股份任免〔2011〕136号	2011-3-23	经研究，聘任沈平为工业设备部副部长，聘期至2013年12月31日。岗位工资为部门副职二档。
中铁股份任免〔2011〕137号	2011-3-23	经研究，聘任韩东为行政管理部副部长，聘期至2013年12月31日，试用期至2011年8月23日。岗位工资为部门副职一档。
中铁股份任免〔2011〕138号	2011-3-23	经研究，聘任袁立新为行政管理部副部长，聘期至2013年7月31日。岗位工资为部门副职四档。
中铁股份任免〔2011〕139号	2011-3-23	经研究，聘任刘福广为企业文化部副部长，聘期至2013年12月31日。岗位工资为部门副职二档。
中铁股份任免〔2011〕363号	2011-8-31	韩东试用期已满，经考核，同意按期结束试用，继续聘任为行政管理部副部长，聘期至2013年12月31日。
中铁股份任免〔2011〕364号	2011-8-31	景象试用期已满，经考核，同意按期结束试用，继续聘任为战略规划部副部长，聘期至2013年12月31日。
中铁股份任免〔2011〕365号	2011-8-31	李辉试用期已满，经考核，同意按期结束试用，继续聘任为总裁办公室副主任，聘期至2013年12月31日。
中铁股份任免〔2011〕366号	2011-8-31	罗晓春试用期已满，经考核，同意按期结束试用，继续聘任为投资发展部副部长，聘期至2013年12月31日。
中铁股份任免〔2011〕367号	2011-8-31	经研究，免去曾宪明股份公司投资发展部副部长、中铁贵州旅游文化发展有限公司董事职务，到中铁建工集团有限公司工作。

统计资料

表 11-5.1 中国铁路工程总公司企业营业额完成情况（2011）（万元）

指标名称 / 企业名称	年累完成		境内			
	总计	其中	合计	基建建设		
		境外		小计	铁路	公路
甲	03	04	06	07	08	09
中国中铁股份有限公司总计	50464219	1862899	48601320	38821168	19630937	6732566
工程集团公司合计	46563760	1693666	44870094	37757399	19511424	6510989
中海外	372737	304763	67974	7547		
中铁一局	4388838	64832	4324006	3741176	1835086	741970
中铁二局	6023542	0	6023542	3432122	1587297	542457
中铁三局	2764328	14068	2750260	2497210	1502200	396289
中铁四局	4200788	545200	3655588	3205588	1852804	733720
中铁五局	3225376	116509	3108867	2850335	1391835	559105
中铁六局	1522394	26086	1496308	1475132	995204	178611
中铁七局	2241504	169648	2071856	2034361	1105822	696636
中铁八局	2685653	31043	2654610	1760621	950394	227795
中铁九局	1582617	45588	1537029	1523566	1085163	153977
中铁十局	2559464	108110	2451354	2356938	1189354	620285
中铁大桥局	2361966	40268	2321698	1864393	994773	388826
中铁隧道	3206528	27677	3178851	3048062	1140352	706653
中铁电气化局	3209126	2215	3206911	2817555	2018458	114318
中铁建工	2426800	100074	2326726	2118781	886392	5513
中铁置业	885455	0	885455	280654		
中铁国际	97585	97585	0	0		
中铁港航工程局有限公司	857545	0	857545	857545	321304	185491
中铁上海工程局有限公司	803557	0	803557	739997	240111	85710
中国航空港建设总公司	1147957	0	1147957	1145816	414875	173633
工业企业合计	1097786	26077	1071709	64195	16892	20061
中铁山桥	420864	9425	411439	6229		
中铁宝桥	401300	6224	395076	2760		

中铁科工	176948	10243	166705	51811	16892	16666
中铁隧道装备制造有限公司	98674	185	98489	3395		3395
设计企业合计	832103	52173	779930	87617	33044	0
中铁二院	580303	43297	537006	54573		
中铁工程设计咨询	174800	6226	168574	33044	33044	0
中铁大桥勘测设计院	45800	2650	43150	0		
华铁工程咨询公司	31200	0	31200	0		
科研企业合计	104672	0	104672	32331	10772	8225
中铁西北科学研究院	57129	0	57129	24290	7022	8225
中铁西南科学研究院	47543	0	47543	8041	3750	
矿产资源企业合计	240781	90983	149798	0	0	0
中铁资源有限公司	240781	90983	149798	0		
	0	0	0	0		
投资管理、物贸及金融	529485	0	529485	0	0	0
中铁西南投资管理有限公司	120579	0	120579	0		
中铁物资贸易有限公司	305600	0	305600	0		
中铁信托有限责任公司	103306	0	103306	0		
总部及分公司合计	1095632	0	1095632	879627	58805	193291
中铁工程建设公司	528896	0	528896	528896	42770	193291
设计咨询分公司	631	0	631	0		
总　部	235549	0	235549	20175	16035	0
哈大	16035	0	16035	16035	16035	
南方	219514	0	219514	4140		
中国铁路工程总公司	50537719	1862899	48674820	38821168	19630937	6732566
中国中铁股份	50464219	1862899	48601320	38821168	19630937	6732566
宏达资产管理中心	73500	0	73500	0		

表 11-5.2 中国铁路工程总公司企业营业额完成情况（2011）（万元）

指标名称 / 企业名称	境内						
	基建建设						
	市政	房建	水电	港码	机场	城轨	其它
	10	11	12	13	14	15	16
中国中铁股份有限公司总计	3507149	3422524	189178	180941	21744	3722436	1413695
工程集团公司合计	3469530	3418996	189130	180941	21234	3721719	733436
中国海外工程有限责任公司		7547					
中铁一局	286721	116974	19929			740496	
中铁二局	323283	417238	34927	8695	14977	472097	31151
中铁三局	67373	153854				370900	6594
中铁四局	266643	116266				133165	102990
中铁五局	162037	215170	41907			305350	174931
中铁六局	202865	21500	18106	0	0	47242	11604
中铁七局	83711	30220	1118	0	0	67665	49189
中铁八局	186370	277971	4757	0	0	71381	41952
中铁九局	122323	94427				63539	4137
中铁十局	396260	58230				50411	42398
中铁大桥局	433477			18590		6700	22027
中铁隧道	436765	8903	68386			660255	26748
中铁电气化局	67523	98093		281		360608	158274
中铁建工	84371	1075222	0	0	0	65320	1963
中铁置业		280654					
中铁国际							
中铁港航局	108332	21698		153375		64300	3045
中铁上海局	185929	3028				171081	54138
中铁航空港	55547	422001			6257	71208	2295
工业企业合计	12947	3388	48	0	510	536	9813
中铁山桥							6229
中铁宝桥		2760					
中铁科工	12947	628	48		510	536	3584

中铁装备							
设计企业合计	0	0	0	0	0	0	54573
中铁二院							54573
中铁工程设计咨询	0	0	0	0	0	0	0
中铁大桥院							
华铁工程咨询公司							
科研企业合计	0	0	0	0	0	181	13153
中铁西北院							9043
中铁西南院						181	4110
矿产资源企业合计	0	0	0	0	0	0	0
中铁资源							
投资管理、物贸及金融	0	0	0	0	0	0	0
中铁西南公司							
中铁物资							
中铁信托							
总部及分公司合计	24672	140	0	0	0	0	602719
中铁工程建设公司	20672						272163
设计咨询分公司							
总　部	4000	140	0	0	0	0	0
哈大指挥部							
南方公司	4000	140					
中国铁路工程总公司	3507149	3422524	189178	180941	21744	3722436	1413695
中国中铁股份	3507149	3422524	189178	180941	21744	3722436	1413695
宏达资产管理中心							

表 11-5.3 中国铁路工程总公司企业营业额完成情况（2011）（万元）

指标名称 / 企业名称	境内									
	设计									
	小计	铁路	公路	市政	房建	水电	港码	机场	城轨	其它
	17	18	19	20	21	22	23	24	25	26
中国中铁股份有限公司总计	626054	424220	28915	40772	45463	0	0	0	85051	1634
工程集团公司合计	101271	21633	701	3403	36188	0	0	0	38872	474
中海外	0									
中铁一局	0									
中铁二局	4045				4045					
中铁三局	3616	3616								
中铁四局	2533	282	598		1653					
中铁五局	0									
中铁六局	0									
中铁七局	0									
中铁八局	0									
中铁九局	0									
中铁十局	0									
中铁大桥局	474									474
中铁隧道	36640	6023	103	3403	3508	0	0	0	23603	0
中铁电气化局	28095	11712			1114				15269	
中铁建工	25868	0	0	0	25868	0	0	0	0	0
中铁置业	0									
中铁国际	0									
中铁港航局	0									
中铁上海局	0									
中铁航空港	0									
工业企业合计	0	0	0	0	0	0	0	0	0	0
中铁山桥	0									
中铁宝桥	0									
中铁科工	0									

中铁装备	0									
设计企业合计	515281	401147	21530	37369	9275	0	0	0	45737	224
中铁二院	387030	312289	14226	18774					41741	
中铁设计咨询	97201	80253	5134	6835	1225	0	0	0	3531	224
中铁大桥院	31050	8605	2170	11760	8050				465	
华铁咨询	0									
科研企业合计	9502	1440	6684	0	0	0	0	0	442	936
中铁西北院	8297	841	6684							772
中铁西南院	1205	599							442	164
矿产资源企业合计	0	0	0	0	0	0	0	0	0	0
中铁资源	0									
	0									
投资管理、物贸及金融	0	0	0	0	0	0	0	0	0	0
中铁西南公司	0									
中铁物资	0									
中铁信托	0									
总部及分公司合计	0	0	0	0	0	0	0	0	0	0
中铁工程建设公司	0									
设计咨询分公司	0									
总　部	0	0	0	0	0	0	0	0	0	0
哈大指挥部	0									
南方公司	0									
中国铁路工程总公司	626054	424220	28915	40772	45463	0	0	0	85051	1634
中国中铁股份	626054	424220	28915	40772	45463	0	0	0	85051	1634
宏达资产管理中心	0									

表 11-5.4 中国铁路工程总公司企业营业额完成情况（2011）（万元）

指标名称 / 企业名称	境内								
	工业品销售	房地产项目	矿产资源	基础设施投资	技术咨询	工程监理	批发零售贸易	机械租赁	其它经营
中国中铁股份有限公司总计	1372519	1773628	68259	685725	68524	137467	4064396	45744	937837
工程集团公司合计	452992	1741316	0	350820	11817	25171	3758796	45744	624769
中海外	1000						59427		
中铁一局	61012	2340		90518		1504	348600		78856
中铁二局	20695	277662		46955		1240	2189890		50933
中铁三局	14113						110481		124840
中铁四局	28793	46000		150000			83787		138887
中铁五局	27965	76527					84145	26249	43646
中铁六局	6011	10267							4898
中铁七局	1766	35729							
中铁八局	66945	234973	0	0	0	0	469717	0	122355
中铁九局		6000							7463
中铁十局		56204					872		37340
中铁大桥局	3350	150928			9753	6190	261966	19031	5613
中铁隧道	6855				2064	1456	82375		1399
中铁电气化局	209975	128055				12640	7000		3591
中铁建工	4507	115489	0	0	0	0	60536	464	1081
中铁置业		601142							3659
中铁国际									
中铁港航局									
中铁上海局	5			63347					208
中铁航空港						2141			
工业企业合计	902812	0	0	0	0	0	0	0	104702
中铁山桥	385534								19676
中铁宝桥	308557								83759
中铁科工	114677								217
中铁装备	94044.04								1050
设计企业合计	0	32312	616	0	35713	86535	0	0	21857

中铁二院		32312	616		20255	22298			19922
中铁设计咨询	0	0	0	0	10778	25617	0	0	1935
中铁大桥院					4680	7420			
华铁咨询						31200			
科研企业合计	16715	0	0	0	20363	25761	0	0	0
中铁西北院					12490	12052			
中铁西南院	16715				7873	13709			
矿产资源企业合计	0	0	67643	0	0	0	0	0	82155
中铁资源			67643						82155
投资管理、物贸及金融	0	0	0	119531	0	0	305600	0	104354
中铁西南公司				119531					1048
中铁物资							305600		
中铁信托									103306
总部及分公司合计	0	0	0	215374	631	0	0	0	0
中铁工程建设公司									
设计咨询分公司					631				
总　部	0	0	0	215374	0	0	0	0	0
哈大									
南方									
中国铁路工程总公司	1372519	1773628	68259	685725	68524	137467	4064396	45744	1011337
中国中铁股份	1372519	1773628	68259	685725	68524	137467	4064396	45744	937837
宏达资产管理中心									73500

表 11-5.5 中国铁路工程总公司企业营业额完成情况（2011）（万元）

指标名称 企业名称	境外										
	合计	基建建设									
		小计	铁路	公路	市政	房建	水电	港码	机场	城轨	其他
	36	37	38	39	40	41	42	43	44	45	46
股份公司总计	1862899	1613457	283269	537949	79378	554848	9613	5896	37754	14796	89954
工程集团公司合计	1693666	1608802	283269	535964	79378	552178	9613	5896	37754	14796	89954
中海外	304763	219899		160029		34046			25666		158
中铁一局	64832	64832	45828	11877		734					6393
中铁二局	0	0									
中铁三局	14068	14068		9040	1500		760				2768
中铁四局	545200	545200	121600			388900					34700
中铁五局	116509	116509	4290	102751		6371					3097
中铁六局	26086	26086	12070							14016	
中铁七局	169648	169648	0	149281	7641	3763	0	0	2976		5987
中铁八局	31043	31043			31043						
中铁九局	45588	45588	23849	3	1929	6324					13483
中铁十局	108110	108110	64375	20173					9112		14450
中铁大桥局	40268	40268	2214	30192	6013						1849
中铁隧道	27677	27677		27677							
中铁电气化局	2215	2215	1100							780	335
中铁建工	100074	100074	0	0	0	100074	0	0	0	0	0
中铁置业	0	0									
中铁国际	97585	97585	7943	24941	31252	11966	8853	5896			6734
中铁港航局	0	0									
中铁上海局	0	0									
中铁航空港	0	0									
工业企业合计	26077	1985	0	1985	0	0	0	0	0	0	0
中铁山桥	9425	0									
中铁宝桥	6224	0									
中铁科工	10243	1985		1985							
中铁装备	185	0									

设计企业合计	52173	2670	0	0	0	2670	0	0	0	0	0
中铁二院	43297	0									
中铁设计咨询	6226	2670		0	0	2670	0	0	0	0	0
中铁大桥院	2650	0									
华铁咨询	0	0									
科研企业合计	0	0	0	0	0	0	0	0	0	0	0
中铁西北院	0	0									
中铁西南院	0	0									
矿产资源企业合计	90983	0	0	0	0	0	0	0	0	0	0
中铁资源有限公司	90983	0									
	0	0									
投资管理、物贸及金融	0	0	0	0	0	0	0	0	0	0	0
中铁西南投资管理有限公司	0	0									
中铁物资贸易有限公司	0	0									
中铁信托	0	0									
总部及分公司合计	0	0	0	0	0	0	0	0	0	0	0
中铁工程建设公司	0	0									
设计咨询分公司	0	0									
总　部	0	0	0	0	0	0	0	0	0	0	0
哈大	0	0									
南方	0	0									
中铁中原投资有限公司	0	0									
中铁海西投资发展有限公司	0	0									
蚌埠土地开发项目	0	0									
印尼煤炭运输项目	0	0									
中国铁路工程总公司	1862899	1613457	283269	537949	79378	554848	9613	5896	37754	14796	89954
中国中铁股份	1862899	1613457	283269	537949	79378	554848	9613	5896	37754	14796	89954
宏达资产管理中心	0	0									

表 11-5.6 中国铁路工程总公司企业营业额完成情况（2011）（万元）

指标名称 / 企业名称	境外				
	设计	工业	矿产资源	对外劳务	其它
	47	48	49	50	51
中国中铁股份有限公司总计	49503	90104	46962	7824	55049
工程集团公司合计	0	66012	0	7824	11028
中海外		66012		7824	11028
中铁一局					
中铁二局					
中铁三局					
中铁四局					
中铁五局					
中铁六局					
中铁七局					
中铁八局					
中铁九局					
中铁十局					
中铁大桥局					
中铁隧道					
中铁电气化局					
中铁建工	0	0	0	0	0
中铁置业					
中铁国际					
中铁港航局					
中铁上海局					
中铁航空港					
工业企业合计	0	24092	0	0	0
中铁山桥		9425			
中铁宝桥		6224			
中铁科工		8258			
中铁装备		185.3			

设计企业合计	49503	0	0	0	0
中铁二院	43297				
中铁设计咨询	3556	0	0	0	0
中铁大桥院	2650				
华铁咨询					
科研企业合计	0	0	0	0	0
中铁西北院					
中铁西南院					
矿产资源企业合计	0	0	46962	0	44021
中铁资源			46962		44021
投资管理、物贸及金融	0	0	0	0	0
中铁西南公司					
中铁物资					
中铁信托					
总部及分公司合计	0	0	0	0	0
中铁工程建设公司					
设计咨询分公司					
总　部	0	0	0	0	0
哈大指挥部					
南方公司					
中国铁路工程总公司	49503	90104	46962	7824	55049
中国中铁股份	49503	90104	46962	7824	55049
宏达资产管理中心					

表 11-6.1　中国铁路工程总公司企业新签合同额情况（2011）（万元）

指标名称 企业名称	年累完成		境内			
	总计	其中	合计	基建建设		
		境外		小计	铁路	公路
中国中铁股份有限公司总计	57080000	4397790	52682210	40419629	8370322	8444206
工程集团公司合计	48886530	3879707	45006823	36632210	8160176	8107500
中国海外工程	650882	574336	76546	14499		
中铁一局	4601508	96922	4504586	3859764	892294	986164
中铁二局	6276829	865409	5411420	3127929	14513	450827
中铁三局	3091890	148335	2943555	2217500	399744	690852
中铁四局	4003535	503100	3500435	3099805	705953	791379
中铁五局	3006675	233847	2772828	2216690	238151	997688
中铁六局	1203340	97	1203243	1161707	480970	207104
中铁七局	2411652	300161	2111491	1883210	937049	574066
中铁八局	3070170	188106	2882064	2073370	284399	98944
中铁九局	1620937	131359	1489578	1444177	577120	239553
中铁十局	2902210	103496	2798714	2521496	452198	920016
中铁大桥局	2482998	121805	2361193	1516120	292618	558509
中铁隧道	3017547	0	3017547	2854003	716891	700314
中铁电气化局	3628699	30531	3598168	3116215	1626684	207942
中铁建工	3008835	115945	2892890	2707098	160226	
中铁置业	851634	0	851634	230196		
中铁国际	466258	466258	0	0		
中铁港航局	877065	0	877065	877065	159081	259765
中铁上海局	631436	0	631436	631436	56911	310979
中铁航空港	1082430	0	1082430	1079930	165374	113398
	0	0	0	0		
工业企业合计	1326182	38785	1287397	93587	42940	18371
中铁山桥	509632	29050	480582	1057		
中铁宝桥	513103	9550	503553	3713		
中铁科工	202784	0	202784	83259	42940	12813
中铁装备	100663	185	100478	5558		5558
	0	0	0	0		
设计企业合计	1260098	388314	871783	114259	56001	0

中铁二院	884747	377477	507270	58258		
中铁设计咨询	289710	10702	279008	56001	56001	0
中铁大桥院	45340	135	45205	0		
华铁咨询	40301	0	40301	0		
	0	0	0	0		
科研企业合计	135670	0	135670	45778	22376	13020
中铁西北院	76516	0	76516	37586	14184	13020
中铁西南院	59154	0	59154	8192	8192	
	0	0	0	0		
矿产资源企业合计	240781	90983	149798	0	0	0
中铁资源	240781	90983	149798	0		
	0	0	0	0		
投资管理、物贸及金融	591306	0	591306	0	0	0
中铁西南公司	0	0	0	0		
中铁物资	488000	0	488000	0		
中铁信托	103306	0	103306	0		
	0	0	0	0		
总部及分公司合计	4639433	0	4639433	3533795	88829	305315
中铁工程建设公司	1241315	0	1241315	305315		305315
设计咨询分公司	707	0	707	0		
	0	0	0	0		
总　部	3397412	0	3397412	3228480	88829	0
哈大指挥部	88829	0	88829	88829	88829	
南方公司	168932	0	168932	0		
昆明地铁	146530	0	146530	146530		
	0	0	0	0		
中国铁路工程总公司	57153500	4397790	52755710	40419629	8370322	8444206
中国中铁股份	57080000	4397790	52682210	40419629	8370322	8444206
宏达资产管理中心	73500	0	73500	0		

表 11-6.2 中国铁路工程总公司企业新签合同额情况（2011）（万元）

指标名称 / 企业名称	境内						
	基建建设						
	市政	房建	水电	港码	机场	城轨	其它
中国中铁股份有限公司总计	5148297	7968845	101348	399315	49247	5479557	4458492
工程集团公司合计	5122359	7964607	101348	399265	45115	5332527	1399313
中海外		14499					
中铁一局	650528	240353				1016399	74026
中铁二局	409205	1699247		28383	29122	408055	88577
中铁三局	223981	273695	0	0	0	556542	72686
中铁四局	706494	226978		63685	1937	401678	201701
中铁五局	107137	291338	24658			410595	147123
中铁六局	294909	60217	3953			98286	16268
中铁七局	83220	130631	828			110111	47305
中铁八局	279481	1256886	13794			85701	54165
中铁九局	244623	238435				28302	116144
中铁十局	857615	128133	4436			52090	107008
中铁大桥局	598706		20380	4103		15698	26106
中铁隧道	382586	18191	15531			940759	79731
中铁电气化局	49476	346760	12337			835228	37788
中铁建工	60609	2101628				102920	281715
中铁置业		230196					
中铁国际							
中铁港航局	62510	11989	1664	303094		52630	26332
中铁上海局	109671	2056	3767			148052	
中铁航空港	1608	693375			14056	69481	22638
工业企业合计	25938	4238	0	50	493	500	1057
中铁山桥							1057
中铁宝桥		3713					
中铁科工	25938	525		50	493	500	
中铁装备							
设计企业合计	0	0	0	0	0	0	58258

中铁二院							58258
中铁设计咨询	0	0	0	0	0	0	0
中铁大桥院							
华铁咨询							
科研企业合计	0	0	0	0	3639	0	6743
中铁西北院					3639		6743
中铁西南院							
矿产资源企业合计	0	0	0	0	0	0	0
中铁资源							
投资管理、物贸及金融	0	0	0	0	0	0	0
中铁西南公司							
中铁物资							
中铁信托							
总部及分公司合计	0	0	0	0	0	146530	2993121
中铁工程建设公司							
设计咨询分公司							
总　部	0	0	0	0	0	146530	2993121
哈大指挥部							
南方公司							
昆明地铁						146530	
中国铁路工程总公司	5148297	7968845	101348	399315	49247	5479557	4458492
中国中铁股份有限公司	5148297	7968845	101348	399315	49247	5479557	4458492
宏达资产管理中心							

表 11-6.3 中国铁路工程总公司企业新签合同额情况（2011）（万元）

指标名称 / 企业名称	境内									
	设计									
	小计	铁路	公路	市政	房建	水电	港码	机场	城轨	其它
中国中铁股份有限公司总计	726599	410704	38209	57499	43445	22	4012	0	167307	5401
工程集团公司合计	134933	22572	1112	6785	33870	22	0	0	69524	1048
中海外	0									
中铁一局	0									
中铁二局	6137				6137					
中铁三局	2010	1943			67					
中铁四局	2533	282	598		1653					
中铁五局	0									
中铁六局	0									
中铁七局	0									
中铁八局	0									
中铁九局	620									620
中铁十局	0									
中铁大桥局	0									
中铁隧道	69511	13640	514	6785	4013	22	0	0	44109	428
中铁电气化局	32122	6707							25415	
中铁建工	22000				22000					
中铁置业	0									
中铁国际	0									
中铁港航局	0									
中铁上海局	0									
中铁航空港	0									
	0									
工业企业合计	0	0	0	0	0	0	0	0	0	0
中铁山桥	0									
中铁宝桥	0									
中铁科工	0									
中铁装备	0									
	0									
设计企业合计	584562	387150	34107	50714	9566	0	4012	0	96987	2026

中铁二院	379439	241170	26840	17529	5629		4012		82308	1951
中铁设计咨询	172078	144565	2046	9994	719	0	0	0	14679	75
中铁大桥院	33045	1415	5221	23191	3218					
华铁咨询	0									
	0									
科研企业合计	7104	982	2990	0	9	0	0	0	796	2327
中铁西北院	5581	264	2990							2327
中铁西南院	1523	718			9				796	
	0									
矿产资源企业合计	0	0	0	0	0	0	0	0	0	0
中铁资源	0									
	0									
投资管理、物贸及金融	0	0	0	0	0	0	0	0	0	0
中铁西南公司	0									
中铁物资	0									
中铁信托	0									
	0									
总部及分公司合计	0	0	0	0	0	0	0	0	0	0
中铁工程建设公司	0									
设计咨询分公司	0									
	0									
总　部	0	0	0	0	0	0	0	0	0	0
哈大指挥部	0									
南方公司	0									
昆明地铁	0									
	0									
中国铁路工程总公司	726599	410704	38209	57499	43445	22	4012	0	167307	5401
中国中铁股份有限公司	726599	410704	38209	57499	43445	22	4012	0	167307	5401
宏达资产管理中心	0									

表 11-6.4 中国铁路工程总公司企业新签合同额情况（2011）（万元）

指标名称 / 企业名称	境内								
	工业品销售	房地产项目	基础设施投资	矿产资源	技术咨询	工程监理	批发零售贸易	机械租赁	其它经营
中国中铁股份有限公司总计	1600447	2384620	2188784	75643	85972	182525	3984742	51663	981587
工程集团公司合计	480089	2370430	1083852	8000	19642	22580	3496742	51663	706682
中海外		1344					60703		
中铁一局	102911	103963	110984			1005	261124		64835
中铁二局	10823	147417	38480				2080634		
中铁三局	1030	0	542288	0	0	0	121022	0	59705
中铁四局	28793	46000	144600				32461		146243
中铁五局	75296	363411					48429	32028	36974
中铁六局	7393	15774							18369
中铁七局		196813							31468
中铁八局	37363	224222					301717		245392
中铁九局		32000		8000					4781
中铁十局		181000							96218
中铁大桥局	31970	162246	247500		13967	6594	363161	19635	
中铁隧道	6855				2885	510	82375		1408
中铁电气化局	172506	147564			2790	11971	115000		
中铁建工	5149	128527					30116		
中铁置业		620149							1289
中铁国际									
中铁港航局									
中铁上海局									
中铁航空港						2500			
工业企业合计	1106865	0	0	0	0	0	0	0	86945
中铁山桥	473234								6291
中铁宝桥	420553								79287
中铁科工	119034								491
中铁装备	94044								876
设计企业合计	0	14190	0	0	41111	115162	0	0	2499

中铁二院		14190			24065	29012			2306
中铁设计咨询	0	0	0	0	14960	35776	0	0	193
中铁大桥院					2086	10074			
华铁咨询						40301			
科研企业合计	13493	0	0	0	24512	44783	0	0	0
中铁西北院					14667	18682			
中铁西南院	13493				9845	26101			
矿产资源企业合计	0	0	0	67643	0	0	0	0	82155
中铁资源				67643					82155
投资管理、物贸及金融	0	0	0	0	0	0	488000	0	103306
中铁西南公司									
中铁物资							488000		
中铁信托									103306
总部及分公司合计	0	0	1104932	0	707	0	0	0	0
中铁工程建设公司			936000						
设计咨询分公司					707				
总　部	0	0	168932	0	0	0	0	0	0
哈大指挥部									
南方公司			168932						
昆明地铁									
中国铁路工程总公司	1600447	2384620	2188784	75643	85972	182525	3984742	51663	1055087
中国中铁股份有限公司	1600447	2384620	2188784	75643	85972	182525	3984742	51663	981587
宏达资产管理中心									73500

表 11-6.5 中国铁路工程总公司企业新签合同额情况（2011）（万元）

指标名称 企业名称	境外							
	合计	基建建设						
		小计	铁路	公路	市政	房建	水电	港码
中国中铁股份有限公司总计	4397790	4088613	1405485	945832	249413	718052	85501	4673
工程集团公司合计	3879707	3740963	1197332	945832	249413	709152	85501	4673
中海外	574336	437578	106783	306160		8873		
中铁一局	96922	96922						
中铁二局	865409	865409	865409					
中铁三局	148335	146349	57316	39267	0	0	49309	0
中铁四局	503100	503100				503100		
中铁五局	233847	233847	1149	202674		30024		
中铁六局	97	97	97					
中铁七局	300161	300161		227778	65686			
中铁八局	188106	188106	107241		80865			
中铁九局	131359	131359			2762	46621		
中铁十局	103496	103496						
中铁大桥局	121805	121805	28806	92999				
中铁隧道	0	0						
中铁电气化局	30531	30531	30531					
中铁建工	115945	115945	0	0	0	115945		
中铁置业	0	0						
中铁国际	466258	466258		76954	100100	4589	36192	4673
中铁港航	0	0						
中铁上海	0	0						
中铁航空港	0	0						
	0	0						
工业企业合计	38785	0	0	0	0	0	0	0
中铁山桥	29050	0						
中铁宝桥	9550	0						
中铁科工	0	0						
中铁装备	185	0						
	0	0						
设计企业合计	388314	347650	208153	0	0	8900	0	0

中铁二院	377477	338750	208153					
中铁工程设计咨询	10702	8900				8900		
中铁大桥院	135	0						
华铁工程咨询公司	0	0						
	0	0						
科研企业合计	0	0	0	0	0	0	0	0
中铁西北	0	0						
中铁西南	0	0						
	0	0						
矿产资源企业合计	90983	0	0	0	0	0	0	0
中铁资源有限公司	90983	0						
	0	0						
投资管理、物贸及金融	0	0	0	0	0	0	0	0
中铁西南投资管理有限公司	0	0						
中铁物资贸易有限公司	0	0						
中铁信托有限责任公司	0	0						
	0	0						
总部及分公司合计	0	0	0	0	0	0	0	0
中铁工程建设公司	0	0						
设计咨询分公司	0	0						
	0	0						
总　部	0	0	0	0	0	0	0	0
哈大	0	0						
南方	0	0						
昆明地铁	0	0						
	0	0						
中国铁路工程总公司	4397790	4088613	1405485	945832	249413	718052	85501	4673
中国中铁股份	4397790	4088613	1405485	945832	249413	718052	85501	4673
宏达资产管理中心	0	0						

表 11-6.6 中国铁路工程总公司企业新签合同额情况（2011）（万元）

企业名称＼指标名称	境外							
	基建建设			设计	工业	矿产资源	对外劳务	其它
	机场	城轨	其他					
中国中铁股份有限公司总计	16389	95131	568137	40664	40771	46962	8620	172159
工程集团公司合计	16389	95131	437540	0	1986	0	8620	128138
中海外	12134		3628				8620	128138
中铁一局		95131	1791					
中铁二局								
中铁三局	0	0	457	0	1986	0	0	0
中铁四局								
中铁五局								
中铁六局								
中铁七局	4255		2442					
中铁八局								
中铁九局			81976					
中铁十局			103496					
中铁大桥局								
中铁隧道								
中铁电气化局								
中铁建工								
中铁置业								
中铁国际			243750					
中铁港航局								
中铁上海局								
中铁航空港								
工业企业合计	0	0	0	0	38785	0	0	0
中铁山桥					29050			
中铁宝桥					9550			
中铁科工								
中铁装备					185			
设计企业合计	0	0	130597	40664	0	0	0	0

中铁二院			130597	38727				
中铁设计咨询				1802				
中铁大桥院				135				
华铁咨询								
科研企业合计	0	0	0	0	0	0	0	0
中铁西北院								
中铁西南院								
矿产资源企业合计	0	0	0	0	0	46962	0	44021
中铁资源						46962		44021
投资管理、物贸及金融	0	0	0	0	0	0	0	0
中铁西南公司								
中铁物资								
中铁信托								
总部及分公司合计	0	0	0	0	0	0	0	0
中铁工程建设公司								
设计咨询分公司								
总　部	0	0	0	0	0	0	0	0
哈大指挥部								
南方公司								
昆明地铁								
中国铁路工程总公司	16389	95131	568137	40664	40771	46962	8620	172159
中国中铁股份有限公司	16389	95131	568137	40664	40771	46962	8620	172159
宏达资产管理中心								

表 11-7.1 中国中铁股份有限公司施工企业完成实物量（2011）

指标名称	计量单位	代码	合计	一局	二局	三局	四局
甲	乙	丙	01	02	03	04	05
一、土石方合计	万立方米	01	306937	7704	6774	3385	4637
二、隧道长度	—	—	—	—	—	—	—
1、设计长度	折合米	02	908118	100157	96889	44456	2176
2、换算长度	折合米	03	1310269	177717	134010	78969	18471
三、地铁成洞	折合米	04	161194	32168	13625	0	2363
四、桥梁长度	—	—	—	—	—	—	—
1、设计长度	折合米	05	1477713	115546	69990	68148	156647
2、换算长度	折合米	05	1676702	202171	117797	107617	117401
其中：大中桥	—	—	—	—	—	—	—
1、设计长度	折合米	07	1185655	113377	67403	47047	153163
2、换算长度	折合米	08	1407465	199447	115210	77937	137903
五、架梁	—	—	—	—	—	—	—
1、铁路架梁	孔	09	39994	5489	2675	2593	8701
2、公路架梁	片	10	40515	6143	1668	1298	7623
六、涵渠	折合横延米	11	220478	25444	28786	8845	18504
七、铺轨	公里	12	4261		1543	515	
1、正线	公里	13	4538	1194	687	484	779
2、站线	公里	14	1160	297	80	31	82
3、轻轨	折合米	15	1497	171	16	0	
八、通信及信号	—	—	—	—	—	—	—
1、通信线缆	条公里	16	9715	1049	398	874	314
其中：电缆线路	条公里	17	7601	42	124	288	256
2、自动闭塞	折合正线公里	18	3065	88	228	155	133
九、电力及牵引供电	—	—	0	0		0	
1、供电线路	折合正线公里	19	13384	346	252	236	170
其中：电缆线路	折合正线公里	20	7209	4	122	142	161
2、牵引网	折合正线公里	21	6824	340	306	64	148
其中：接触网	折合正线公里	22	6847	340	306	64	148
3、牵引变电所	折合处	23	278	14	3	11	
十、给排水管路	公里	24	1031	0	53	7	38
十一、圬工总量	万立方米	25	3570080	2321441	4966	247	
十二、公路	折合公里	26	1125	122	16	19	9
其中：高速公路	折合公里	27	748	97	6	19	4
十三、公路路面	平方米	28	28714008	2381138	3431204	1323763	20

十四、房屋	折合平方米	29	22362226	939349	8293932	557818	
其中：住宅	折合平方米	30	14773070	566390	6858480	395628	
十五、单位工程施工个数	个	31	17678	2720	2170	1062	
其中：本年新开工个数	个	32	5888	595	623	440	
十六、单位工程竣工个数	个	33	6558	656	565	200	
1、一次交验合格个数	个	34	6187	388	565	200	
十七、房屋建筑施工面积	平方米	35	49763062	1419965	9605171	1694932	412888
其中1：本年新开工面积	平方米	36	20790229	584302	7475600	224178	174100
其中2：高层建筑施工面积	平方米	37	28264648	595952	8359608	1109881	
十八、房屋建筑竣工面积	平方米	38	8225649	614888	643598	144291	86847
其中1：一次交验合格面积	平方米	39	7876687	614888	643598	144291	35046
其中2：高层建筑竣工面积	平方米	40	3191768	427078	332661	47463	
其中3：按主要用途分	—	—	0	0		0	
1、厂房、仓库	平方米	41	684924	100727		35361	38446
2、住宅	平方米	42	4203706	300174	360997	79463	18686
3、办公用房	平方米	43	1200065		81545	0	
4、批发和零售用房	平方米	44	45722	0		0	
5、住宿和餐饮用房	平方米	45	43435	0		0	
6、居民服务业用房	平方米	46	57762	13009	26581	0	
7、教育用房	平方米	47	234462	61936		0	
8、文化、体育和娱乐用房	平方米	48	269246	0	174475	15990	22744
9、卫生医疗用房	平方米	49	21691	0		13477	
10、科研用房	平方米	50	27454	0		0	
11、铁路站房	平方米	51	748437	36155		0	30541
12、其他用房	平方米	52	650991	102887		0	
十九、房屋建筑竣工产值	万元	53	2023282	247079		0	7540
其中按主要用途分	—	—	0			0	
1、厂房、仓库	万元	54	93588	1965		0	
2、住宅	万元	55	588169	51590	51803	0	7540
3、办公用房	万元	56	199208	0	11702	0	
4、批发和零售用房	万元	57	8649	0		0	
5、住宿和餐饮用房	万元	58	21009	0		0	
6、居民服务业用房	万元	59	13406	4302	3814	0	
7、教育用房	万元	60	57234	15529		0	
8、文化、体育和娱乐用房	万元	61	56115	0	25048	0	7073
9、卫生医疗用房	万元	62	5217	0		0	
10、科研用房	万元	63	6134	0		0	
11、铁路站房	万元	64	586084	32315		0	
12、其他用房	万元	65	546985	141379		0	

表 11-7.2　中国中铁股份有限公司施工企业完成实物量（2011）

指标名称	计量单位	代码	五局	六局	七局	八局	九局	十局	大桥
甲	乙	丙	06	07	08	09	10	11	12
一、土石方合计	万立方米	01	4868	5933	13836	2790	236866	5850	993
二、隧道长度	—	—	—	—	—	—	—	—	—
1、设计长度	折合米	02	92156	25767		30761	24061	39986	5560
2、换算长度	折合米	03	0	28660	87553	34023	27513	71590	10551
三、地铁成洞	折合米	04	0	5012		1295	1826	2656	0
四、桥梁长度	—	—	—	—	—	—	—	—	—
1、设计长度	折合米	05	127841	59019	36007	49843	207440	132887	106848
2、换算长度	折合米	05	0	67053		69842	219831	203281	176874
其中：大中桥	—	—	—	—	—	—	—	—	—
1、设计长度	折合米	07	109623	49636	25215	28463	130319	91479	106848
2、换算长度	折合米	08	0	57284	25574	43890	141846	157842	176874
五、架梁	—	—	—	—	—	—	—	—	—
1、铁路架梁	孔	09	2880	3497	2830	3383	2369	3123	645
2、公路架梁	片	10	568	1480	3894	1807	990	5363	2269
六、涵渠	折合横延米	11	16043	19349		19955	11051	33288	3010
七、铺轨	公里	12	290	508	784	3	280	309	0
1、正线	公里	13	244	342		93	362	285	0
2、站线	公里	14	46	166	170	11	189	28	0
3、轻轨	折合米	15	0	1310	0	0		0	0
八、通信及信号	—	—	—	—	—	—	—	—	—
1、通信线缆	条公里	16	43	252	465	197	88	2268	0
其中：电缆线路	条公里	17	43	165	143	183	41	2268	0
2、自动闭塞	折合正线公里	18	0	87	109	52	29	481	0
九、电力及牵引供电	—	—		0		0		0	
1、供电线路	折合正线公里	19	253	383	409	110	82	1108	0
其中：电缆线路	折合正线公里	20	253	299	130	91	55	1108	0
2、牵引网	折合正线公里	21	167	234	141	72	22	754	0
其中：接触网	折合正线公里	22	167	234	141	240	20	754	0
3、牵引变电所	折合处	23	5	1		13		0	0
十、给排水管路	公里	24	0	656	28	18	10	30	50
十一、圬工总量	万立方米	25	18	159	117	47107	359549	470	594
十二、公路	折合公里	26	329	24	104	41	14	282	22
其中：高速公路	折合公里	27	233	24	27	21	14	171	20
十三、公路路面	平方米	28	15004745	400130	794537	201499	0	4780712	158761
十四、房屋	折合平方米	29	782086	188788	107345	887355	455020	260261	0
其中：住宅	折合平方米	30	761259	68391	65968	592722	211661	111190	0

十五、单位工程施工个数	个	31	3722	2162	439	230	212	729	360
其中：本年新开工个数	个	32	1574	988	165	56	77	240	145
十六、单位工程竣工个数	个	33	2328	260	45	27	27	169	109
1、一次交验合格个数	个	34	2328	260	48	18	12	112	109
十七、房屋建筑施工面积	平方米	35	2584356	484802	48	3541674	1260945	1350677	0
其中1：本年新开工面积	平方米	36	726052	186088		1810216	559143	143866	0
其中2：高层建筑施工面积	平方米	37	1411539	112806	73109	1736920	80694	905019	0
十八、房屋建筑竣工面积	平方米	38	451091	78167	69214	1460971	134449	118270	0
其中1：一次交验合格面积	平方米	39	451091	78167	69214	1388479	105935	118270	0
其中2：高层建筑竣工面积	平方米	40	201042	0	28767	156265		37840	0
其中3：按主要用途分	—	—		0	0	0		0	
1、厂房、仓库	平方米	41	35567	0	27967	319202	11217	0	0
2、住宅	平方米	42	415542	0	28767	862409	3648	0	0
3、办公用房	平方米	43		0	0	209313	1433	37840	0
4、批发和零售用房	平方米	44		0	0	0		0	0
5、住宿和餐饮用房	平方米	45		0	0	0		0	0
6、居民服务业用房	平方米	46		0	0	0	13403	0	0
7、教育用房	平方米	47		0	0	15095		0	0
8、文化、体育和娱乐用房	平方米	48		0	0	0		0	0
9、卫生医疗用房	平方米	49		0		0		0	0
10、科研用房	平方米	50		0	0	0		0	0
11、铁路站房	平方米	51		71286	11245	0	78593	80430	0
12、其他用房	平方米	52		6881	1235	54952	3555	0	0
十九、房屋建筑竣工产值	万元	53	59344	11732	10254	199801	69381	112709	0
其中按主要用途分	—	—		0	0	0		0	
1、厂房、仓库	万元	54	3470	0	4468	35646	11051	0	0
2、住宅	万元	55	55874	0	4447	110542	5520	0	0
3、办公用房	万元	56		0	0	29524	804	8213	0
4、批发和零售用房	万元	57		0		0		0	0
5、住宿和餐饮用房	万元	58		0		0		0	0
6、居民服务业用房	万元	59		0	0	0	4047	0	0
7、教育用房	万元	60		0	0	2700		0	0
8、文化、体育和娱乐用房	万元	61		0	0	0		0	0
9、卫生医疗用房	万元	62		0	0	0		0	0
10、科研用房	万元	63		0	0	0		0	0
11、铁路站房	万元	64		10693	1239	0	42963	104496	0
12、其他用房	万元	65		1039	100	21389	4996	0	0

表 11-7.3　中国中铁股份有限公司施工企业完成实物量（2011）

指标名称	计量单位	代码	隧道	电化	建工	港航	上海	航空
甲	乙	丙	13	14	15	16	17	18
一、土石方合计	万立方米	01	4071	2953	213	3203	829	2033
二、隧道长度	—	—	—	—	—	—	—	—
1、设计长度	折合米	02	343092	22834	360	13439	8948	57478
2、换算长度	折合米	03	563066	22921	360	13641	2774	38450
三、地铁成洞	折合米	04	77945	17237	0	916	301	5850
四、桥梁长度	—	—	—	—	—	—	—	—
1、设计长度	折合米	05	44685	48331	436	111047	5191	137808
2、换算长度	折合米	05	79032	50819	460	141741	32444	90339
其中：大中桥	—	—	—	—	—	—	—	—
1、设计长度	折合米	07	43034	42831	422	66751	2328	107716
2、换算长度	折合米	08	75736	45218	446	55062	21620	75576
五、架梁	—	—	—	—	—	—	—	—
1、铁路架梁	孔	09	8	197	0	469	930	206
2、公路架梁	片	10	811	631	0	1477	2408	2085
六、涵渠	折合横延米	11	15107	8108	328	3374	933	8352
七、铺轨	公里	12	0	0	0	0	29	0
1、正线	公里	13	0	42	0	0	26	0
2、站线	公里	14	0	49	9	0	3	0
3、轻轨	折合米	15	0	0	0	0	0	0
八、通信及信号	—	—	—	—	—	—	—	—
1、通信线缆	条公里	16	0	3744	0	0	24	0
其中：电缆线路	条公里	17	0	4048	0	0	0	0
2、自动闭塞	折合正线公里	18	0	1704	0	0	0	0
九、电力及牵引供电	—	—		—		0	0	0
1、供电线路	折合正线公里	19	0	10036	0	0	0	0
其中：电缆线路	折合正线公里	20	0	4843	0	0	0	0
2、牵引网	折合正线公里	21	0	4575	0	0	0	0
其中：接触网	折合正线公里	22	0	4432	0	0	0	0
3、牵引变电所	折合处	23	0	231	0	0	0	0
十、给排水管路	公里	24	0	72	0	1	65	3
十一、圬工总量	万立方米	25	44077	770184	0	249	6499	14403
十二、公路	折合公里	26	21	45	0	40	0	37
其中：高速公路	折合公里	27	14	21	0	40	0	37
十三、公路路面	平方米	28	13247	0	0		27043	197209
十四、房屋	折合平方米	29	30699	1024485	5822105	197999	0	2814985
其中：住宅	折合平方米	30	0	375191	2808610	197999	0	1759582

十五、单位工程施工个数	个	31	257	2100	713		292	510
其中：本年新开工个数	个	32	59	569	128		58	171
十六、单位工程竣工个数	个	33	57	1913	91		36	75
1、一次交验合格个数	个	34	57	1913	91		23	63
十七、房屋建筑施工面积	平方米	35	62543	2426597	19676107	197999	10492	5033867
其中 1：本年新开工面积	平方米	36	49200	1127211	6010769	23758	10492	1685255
其中 2：高层建筑施工面积	平方米	37	0	1382284	10667960	174241	0	1654635
十八、房屋建筑竣工面积	平方米	38	0	943095	2740989	35772	0	704006
其中 1：一次交验合格面积	平方米	39	0	943095	2740989	35772	0	507852
其中 2：高层建筑竣工面积	平方米	40	0	0	1613838	35772	0	311042
其中 3：按主要用途分	—	—		0	—		0	0
1、厂房、仓库	平方米	41	0	0	68041		0	48397
2、住宅	平方米	42	0	342944	1401980	35772	0	353323
3、办公用房	平方米	43	0	459799	276626		0	133510
4、批发和零售用房	平方米	44	0	0	45722		0	0
5、住宿和餐饮用房	平方米	45	0	0	43435		0	0
6、居民服务业用房	平方米	46	0	0	0		0	4769
7、教育用房	平方米	47	0	0	116275		0	41156
8、文化、体育和娱乐用房	平方米	48	0	0	15801		0	40236
9、卫生医疗用房	平方米	49	0	0	0		0	8214
10、科研用房	平方米	50	0	0	14000		0	13454
11、铁路站房	平方米	51	0	0	440187		0	0
12、其他用房	平方米	52	0	81744	318922		0	80815
十九、房屋建筑竣工产值	万元	53	0	168905	1071984	3657	0	60896
其中按主要用途分	—	—		0			0	0
1、厂房、仓库	万元	54	0	0	27051		0	9937
2、住宅	万元	55	0	45703	226106	3657	0	25388
3、办公用房	万元	56	0	5942	134532		0	8491
4、批发和零售用房	万元	57	0	0	8649		0	0
5、住宿和餐饮用房	万元	58	0	0	21009		0	0
6、居民服务业用房	万元	59	0	0	0		0	1243
7、教育用房	万元	60	0	0	32688		0	6316
8、文化、体育和娱乐用房	万元	61	0	0	18638		0	5356
9、卫生医疗用房	万元	62	0	0	3654		0	1563
10、科研用房	万元	63	0	0	4917		0	1217
11、铁路站房	万元	64	0	67102	327276		0	0
12、其他用房	万元	65	0	97669	267465			12949

表 11-8.1　中国中铁股份有限公司施工企业材料消耗（2011）

指标名称	计量单位	代码	合计	一局	二局	三局	四局
甲	乙	丙	01	02	03	04	05
一、材料消耗费用	万元	01	14570277	1552086	1598600	1200541	1508448
其中：1、钢材	万元	02	5408274	528568	416280	459809	412158
2、木材	万元	03	59126	3628		1997	6059
3、水泥	万元	04	1721767	238966	194110	111833	156857
二、材料消耗量	——	——	——	—	—		—
1、钢材	吨	05	11174238	1094755	830898	951413	977669
2、木材	立方米	06	471296	17725		97422	43717
3、水泥	吨	07	39795292	4528663	4431733	2850368	3458218
三、安全生产	——	——	——	—	—	—	—
1、重大质量事故损失金额	千元	08	830	0		0	0
2、重大质量事故次数	次	09	1	0		0	0
3、工伤事故次数	次	10	5	1	3	0	0
4、死亡人数	人	11	21	1	19	0	0
5、重伤人数	人	12	0	0		0	
四、年末自有机械设备	——	——	——	—	—	—	—
1、总台数	台	13	67484	4702	4191	5695	3479
2、总功率	千瓦	14	6075265	506940	466835	922451	396262
其中：施工机械	千瓦	15	5412239	478381	392800	864236	396262
其中：本年购进	千瓦	16	680837	44676	38719	134912	28749
3、机械设备原值	万元	17	3241223	349144	344790	373912	21579
4、机械设备净值	万元	18	3597659	191642	181666	190933	123123

表11-8.2 中国中铁股份有限公司施工企业材料消耗（2011）

指标名称	计量单位	代码	五局	六局	七局	八局	九局	十局
甲	乙	丙	06	07	08	09	10	11
一、材料消耗费用	万元	01	719799	560785	369013	637631	743828	956410
其中：1、钢材	万元	02	515124	186075	280123	222330	252787	266344
2、木材	万元	03	5170	2133	621	1613	5917	2514
3、水泥	万元	04	199505	47028	88269	61363	85963	72336
二、材料消耗量	—	—	—	—	—	—	—	—
1、钢材	吨	05	1007195	400258	540122	434750	542720	591875
2、木材	立方米	06	28453	14883	35155	9136	27731	16762
3、水泥	吨	07	4525386	1137841	2349310	1475218	1847288	2411198
三、安全生产	—	—	—	—	—	—	—	—
1、重大质量事故损失金额	千元	08	0	0	0	0	830	0
2、重大质量事故次数	次	09	0	0	0	0	1	0
3、工伤事故次数	次	10	0	0	0	0	0	0
4、死亡人数	人	11	0	0	0	0	0	0
5、重伤人数	人	12	0	0	0	0	0	0
四、年末自有机械设备	—	—	—	—	—	—	—	—
1、总台数	台	13	5268	4973	5176	4589	5892	3995
2、总功率	千瓦	14	593378	216199	529638	285661	338255	201498
其中：施工机械	千瓦	15	546468	137804	458908	285661	309689	161198
其中：本年购进	千瓦	16	56731	9340	45563	17137	22790	28283
3、机械设备原值	万元	17	274482	110022	238822	175331	124080	95615
4、机械设备净值	万元	18	177879	59114	141138	85640	79566	58086

表 11-8.3　中国中铁股份有限公司施工企业材料消耗（2011）

指标名称	计量单位	代码	大 桥	隧 道	电 化	建 工	港 航	上 海	航 空
甲	乙	丙	12	13	14	15	16	17	18
一、材料消耗费用	万元	01	848721	1261740	679291	970279	378424	163050	421631
其中：1、钢材	万元	02	460992	510423	190960	314908	90000	138326	163067
2、木材	万元	03	2179	6570	3383	12954	1076	285	3027
3、水泥	万元	04	75399	213019	41728	18531	40000	24439	52421
二、材料消耗量	——	——	—	—	—	—			—
1、钢材	吨	05	896275	1041732	465044	600885	186000	284834	327813
2、木材	立方米	06	13211	48311	20145	76566	5220	2199	14660
3、水泥	吨	07	1853041	4913891	937812	467131	816000	559791	1232402
三、安全生产	——	——	—	—	—	—	—		—
1、重大质量事故损失金额	千元	08			0	0	0	0	0
2、重大质量事故次数	次	09			0	0	0	0	0
3、工伤事故次数	次	10		1	0	0	0	0	0
4、死亡人数	人	11		1	0	0	0	0	0
5、重伤人数	人	12		0	0	0	0	0	0
四、年末自有机械设备	——	——	—	—	—	—	—		—
1、总台数	台	13	6516	5670	3666	1438	667	890	677
2、总功率	千瓦	14	246434	728015	315851	79838	70178	72505	105327
其中：施工机械	千瓦	15	209254	728015	184786	67035	54893	59522	77326
其中：本年购进	千瓦	16	35527	160163	29848	4456	4666	5100	14177
3、机械设备原值	万元	17	270436	364927	306498	41290	57797	48775	43722
4、机械设备净值	万元	18	151199	1981639	68184	18870	37745	27559	23676

表11-9　中国中铁股份有限公司技术动力装备情况年报(2011年)

单位名称	自有机械设备台数(台)	年末自有机械设备价值(万元)		自有机械设备总功率(kw)	技术装备率(净值)(万元/人)		动力装备率(KW/人)		装备生产率(万元)	设备新度系数%
		原值	净值		全部职工	其中:工人	全部职工	其中:工人		
中铁一局	4702	349144.00	191642.00	506940.00	6.87	15.03	18.18	39.77	19.80	55.00
中铁二局	4191	344790.31	181665.97	466835.12	9.81	29.43	25.21	75.64	18.89	53.00
中铁三局	5933	376938.94	200330.00	972435.56	8.02	16.70	38.72	81.05	11.50	53.00
中铁四局	3479	215279.06	123123.29	396262.46	5.70	14.84	18.35	47.76	29.69	57.22
中铁五局	5268	274482.09	177878.73	593377.90	8.39	30.26	27.98	100.95	16.06	64.81
中铁六局	4974	110022.08	58506.88	216199.00	4.78	7.30	17.48	26.68	25.40	53.70
中铁七局	5176	238822.00	141138.32	529637.00	10.55	22.42	39.59	84.14	13.22	59.00
中铁八局	4589	175331.36	85640.07	285661.15	7.58	18.13	25.27	60.47	20.25	49.00
中铁九局	5978	127217.10	78409.00	340616.20	6.82	10.35	29.61	44.95	20.18	62.00
中铁十局	3995	95615.26	58086.40	201497.85	3.90	8.82	13.58	30.59	42.70	61.00
中铁大桥局	6516	270436.12	151199.43	246433.80	11.10	27.00	18.10	43.90	12.33	55.91
中铁隧道	7047	390405.56	202934.79	724463.50	13.06	30.99	46.63	110.62	15.16	51.98
中铁电气化局	5040	185917.34	104113.71	371082.00	4.89	14.48	17.43	51.63	27.06	56.00
中铁建工	1438	41289.93	18869.73	79838.36	2.20	10.87	9.34	45.99	117.59	45.70
中铁港航	1635	60999.98	37776.74	71158.00	8.20	23.71	15.44	44.76	17.08	61.93
股份公司合计	69961	3256691.13	1811315.06	6002437.9	8.14	19.10	26.96	63.30	19.80	56.00

表 11-10　中国中铁股份有限公司工业主要产品、产量（2011 年）

产品名称	计量单位	总计	工程局计	工厂计
钢梁钢结构	吨	292442	812	291630
钢模版制作	吨	21775	21775	0
污水处理	吨	2914	2914	0
灯塔	座	157	157	0
灯桥	延米	1575.4	1575.4	0
新型组合柜	个	63	63	0
槽道	米	420	420	0
挂黄	套	63000	63000	0
阻容插接件	台	186	186	0
作业车	台	66	66	0
砼岔枕	组			
砼轨枕	根			
Ⅲ型枕	根			
公路梁	片			

表 11-11　中国中铁股份有限公司固定资产投资（2011）（万元）

建设项目	计划总投资	开累完成投资	未完工程累计投资	本年计划投资	本年完成投资	购置商品房实际支出额
一、企业集团基地建设固定资产投资合计	386668	200299	35025	236018	175792	39681
二、企业集团设备、工具器购置投资合计	377981	265264	37313	384607	324709	
1、施工生产机械及设备	341892	255109	37313	360666	295128	
2、非施工生产机械及设备	36089	10155		23941	29581	
三、企业集团更新改造投资合计						

表 11-12　中国中铁股份有限公司设备、工器具购置情况（2011）

设备、工器具名称	代码	数量	金　额（万元）
甲	乙	01	02
一、生产性设备合计		--	341892
1、土石方机械	01	523	25576
2、动力机械	02	594	18595
3、起重机械	03	690	59935
4、运输机械	04	966	45087
5、混凝土机械	05	595	38188
6、基础水工机械	06	34	31559
7、木工机械	07	8	5318
8、金切机床	08	86	2364
9、检测设备	09	812	4439
10、线路机械	10	87	7476
11、其他机械	11	4654	103356
二、非生产性设备合计	12	--	36089

表 11-13.1　中国中铁股份有限公司主要成员企业劳动工资情况（2011）

指标 单位	全部职工				在岗职工			
	期末人数	平均人数	工资总额（元）	平均工资（元）	期末人数	平均人数	工资总额（元）	平均工资（元）
中海外	488	501	114887799	229317	463	475	113200000	238316
中铁一局	28118	27747	1251044367	45088	23618	23559	1221954328	51868
中铁二局	21604	21408	1354630722	63277	18515	18067	1310636507	72543
中铁三局	25753	25262	966130199	38244	19288	19322	929181159	48089
中铁四局	20890	20983	1294764640	61705	18939	18998	1262630661	66461
中铁五局	22836	22395	981805694	43840	19356	18865	939190804	49785
中铁六局	14978	15008	769766054	51290	12358	12596	734285864	58295
中铁七局	14454	14334	655082515	45701	11347	11286	619838433	54921
中铁八局	11305	11253	632397405	56198	10601	10527	622434168	59127
中铁九局	12288	12003	470518789	39200	10300	9899	451344373	45595
中铁十局	15118	15108	705365873	46688	11958	11942	669507411	56063
中铁大桥局	14179	14240	797531708	56006	11824	11956	765090810	63992
中铁隧道	15536	15611	1006433071	64469	13824	13919	987242643	70928
中铁电气化局	21287	21293	1355043452	63638	19011	19058	1323168589	69429
中铁建工	9600	9606	773093795	80480	8549	8477	754097017	88958
中铁港航局	5041	4993	253150865	50701	4404	4325	243226220	56237
中铁上海局	4928	4920	253977638	51621	4268	4201	247148829	58831
中铁航空港	7908	8004	313221907	39133	6491	6646	300947206	45282
中铁国际	305	308	38669862	125551	304	307	38657922	125922
中铁置业	2131	1960	190206514	97044	2131	1960	190206514	97044
中铁山桥	4981	4961	295266940	59518	4922	4884	294582958	60316
中铁宝桥	5547	5558	251898614	45322	4191	4109	234224075	57003
中铁科工	2287	2239	87140601	38919	1850	1779	85748808	48201
中铁装备	323	276	24345848	88210	323	276	24345848	88210
中铁二院	6406	6421	1285836256	200255	6242	6255	1282913551	205102
中铁设计咨询	2100	2144	384454151	179316	1958	2015	381083500	189123
中铁大桥院	848	838	130714817	155984	781	764	129464068	169456
华铁咨询	347	344	32799866	95348	320	315	32069791	101809
中铁西北院	358	352	31315247	88964	352	346	31249226	90316
中铁西南院	495	466	47040238	100945	489	458	46933158	102474
其他单位	1982	1862	301424672	161882	1970	1847	301159126	163053
建设分公司	41	40	6802500	170063	41	40	6802500	170063
中铁物贸	67	67	5125826	76505	67	67	5125826	76505
中铁资源	1178	1072	137943259	128678	1175	1067	137890345	129232
总部机关	291	284	61969646	218203	284	276	61757014	223757
西南投资	158	160	30174864	188593	156	158	30174864	190980
南方投资	126	122	22669838	185818	126	122	22669838	185818
中原公司	5	5	2420000	484000	5	5	2420000	484000
中铁信托	116	112	34318739	306417	116	112	34318739	306417

表 11-13.2 中国中铁股份有限公司主要成员企业劳动工资情况（2011）

指标 / 单位	非在岗职工			
	期末人数	平均人数	生活费（元）	平均生活费（元）
中海外	25	26	1687799	64915
中铁一局	4500	4188	29090039	6946
中铁二局	3089	3341	43994215	13168
中铁三局	6465	5940	36949041	6220
中铁四局	1951	1985	32133979	16188
中铁五局	3480	3530	42614890	12072
中铁六局	2620	2412	35480190	14710
中铁七局	3107	3048	35244082	11563
中铁八局	704	726	9963237	13723
中铁九局	1988	2104	19174416	9113
中铁十局	3160	3166	35858462	11326
中铁大桥局	2355	2284	32440898	14204
中铁隧道	1712	1692	19190428	11342
中铁电气化局	2276	2235	31874863	14262
中铁建工	1051	1129	18996778	16826
中铁港航局	637	668	9924645	14857
中铁上海局	660	719	6828809	9498
中铁航空港	1417	1358	12274701	9039
中铁国际	1	1	11940	11940
中铁置业				
中铁山桥	59	77	683982	8883
中铁宝桥	1356	1449	17674539	12198
中铁科工	437	460	1391793	3026
中铁装备				
中铁二院	164	166	2922705	17607
中铁设计咨询	142	129	3370651	26129
大桥院	67	74	1250749	16902
华铁咨询	27	29	730075	25175
中铁西北院	6	6	66021	11004
中铁西南院	6	8	107080	13385
建设分公司				
中铁物贸				
中铁资源	3	5	52914	10583
总部机关	7	8	212632	26579
西南投资	2	2		0
南方投资				
中原公司				
中铁信托				

表 11-14 中国中铁股份有限公司勘察设计工作量完成情况（2011）

指　　标	计量单位	代码	合计	二院	设计咨询	大桥院
甲	乙	丙	1	2	3	4
1. 工程设计工作量	—	—	0			
工程设计工作量合计	折算公里	1	3835	3835		
(1)铁路	折算公里	2	4371	2441	1930	
(2)公路	折算公里	3	199	199		
(3)市政	折算公里	4	48	46	2	
(4)城市轨道交通	折算公里	5	37851	1149	213	36489
(5)独立大桥	桥延折算公里	6	130314		1371	128943
(6)独立隧道	隧道折算公里	7	0			
电 气 化	电化折算公里	8	4570	2957	1613	
电　　务	电务折算公里	9	2044		2044	
房　　建	折算万平方米	10	1858		45	1813
2. 工程勘察工作量	—	11	0			
工程测量	标准平方公里	12	6269	5224	642	403
工程地质	实钻米	13	2023739	1489775	410070	123894
水文地质	实钻米	14	926		926	
工程物探	标准点	15	355261	125776	75967	153518

文件辑要

2011年中国铁路工程总公司发文目录

发文字号	文件标题
中铁程办〔2011〕1号	关于给予沈阳桥梁厂关闭破产项目办公室一定奖励有关问题的批复
中铁程办〔2011〕2号	关于中国铁路工程总公司所属新重组企业申报铁路工程施工总承包特级资质有关问题的请示
中铁程办〔2011〕3号	关于申请试行企业年金的请示
中铁程办〔2011〕4号	关于调整战备保障任务和增设铁路交通战备专业保障队伍的请示
中铁程办〔2011〕5号	关于恳请就中国中铁在老挝注册成立分支机构出具相关证明的请示
中铁程财〔2011〕6号	关于对河南平正高速公路发展有限公司2011年度预算主要指标的批复
中铁程办〔2011〕7号	关于邀请哥伦比亚交通部长来华签署合作建设该国铁路网项目谅解备忘录事宜的请示
中铁程办〔2011〕8号	关于报送《刚果民主共和国SICOMINES铜钴矿项目补充材料二》的报告
中铁程办〔2011〕9号	关于呈报中国铁路工程总公司2010年度《企业年度工作报告》的报告
中铁程财〔2011〕10号	关于申请所属沈阳桥梁厂政策性破产财政负担费用的请示
中铁程办〔2011〕11号	关于申请试行企业年金的请示
中铁程财〔2011〕12号	关于报送中国铁路工程总公司“小金库”治理工作总结的报告
中铁程办〔2011〕13号	关于中国中铁股份有限公司认购RESOURCEHOUSE LIMITED股权的请示
中铁程财〔2011〕14号	关于呈报中国铁路工程总公司2011年度财务预算报表的报告
中铁程办〔2011〕15号	中国铁路工程总公司关于所属企业2010年度减持所持上市公司股票情况的报告
中铁程办〔2011〕16号	关于中国中铁股份有限公司认购RESOURCEHOUSE LIMITED股权的请示（报商务部）
中铁程办〔2011〕17号	关于呈报《中国铁路工程总公司2010年度内部审计工作总结和2011年度工作计划》的报告
中铁程办〔2011〕18号	关于中国中铁股份有限公司认购RESOURCEHOUSE LIMITED股权的请示（报国资委）
中铁程办〔2011〕19号	关于呈报中国铁路工程总公司在京单位2010-2011年跨年结转和新申请建房计划的报告
中铁程财〔2011〕20号	关于中国航空港建设有限公司北京市海淀区地块土地出让手续有关问题的批复
中铁程办〔2011〕21号	关于报送2011年度国家科学技术奖励推荐参评项目材料的报告
中铁程办〔2011〕22号	关于呈报《中国中铁股份有限公司董事会2010年度履职报告》的报告
中铁程办〔2011〕23号	关于报送《中国中铁股份有限公司“十二五”发展规划》的报告
中铁程财〔2011〕24号	关于呈报2011年度董事会企业测试评价目标建议值的报告
中铁程办〔2011〕25号	关于郑州铁路高级技工学校建设新校区有关事宜的批复
中铁程办〔2011〕26号	关于请求铁道部向南非交通部明确中铁工为中国与南非铁路项目合作中方推荐企业的请示
中铁程财〔2011〕27号	关于2010年中国铁路工程总公司国有评估项目统计情况的报告
中铁程办〔2011〕28号	关于中国铁路工程总公司在北非及中东地区项目和人员情况的报告
中铁程办〔2011〕29号	关于中老铁路项目合作情况的报告
中铁程办〔2011〕30号	关于报送《中国中铁股份有限公司2010年度信息化工作总结和2011年度信息化工作安排》的报告
中铁程办〔2011〕31号	关于赴缅甸进行“新建中缅铁路通道中国瑞丽至缅甸姣漂线”项目谈判的请示
中铁程办〔2011〕32号	关于调整中国铁路工程总公司战备领导小组的通知
中铁程办〔2011〕33号	关于将所属中国中铁航空港建设集团有限公司等3家企业列入我公司企业鉴定单位的请示
中铁程办〔2011〕34号	关于报送《刚果民主共和国SICOMINES铜钴矿项目补充材料三》的报
中铁程财〔2011〕35号	关于呈报2010年度财政性资金投资企业基本建设项目决算报表的报告
中铁程财〔2011〕36号	关于申请2011年中央国有资本经营预算境外资金支持的请示
中铁程财〔2011〕37号	关于申请2011年国有资本经营预算施工新技术与开发资金支持的请示
中铁程办〔2011〕38号	关于请求同意中国铁路工程总公司作为牵头企业推进中老铁路项目的请示
中铁程办〔2011〕39号	关于请求同意中国铁路工程总公司作为牵头企业推进中缅铁路项目的请示
中铁程办〔2011〕40号	关于中国铁路工程总公司兼并重组情况的报告

中铁程办〔2011〕41号	关于中国铁路工程总公司2010年度特定就业政策补助资金清算的报告
中铁程办〔2011〕42号	关于恳请同意中国铁路工程总公司参与新建中缅铁路通道（中国瑞丽—缅甸皎漂）项目运作并出具相关支持函的请示
中铁程办〔2011〕43号	关于撤销中铁工程广西项目管理中心的通知
中铁程财〔2011〕44号	关于报送2010年度企业财务决算报表的报告（财政部）
中铁程财〔2011〕45号	关于申报2010年度国有资本收益的请示
中铁程办〔2011〕46号	关于授权中铁国际作为中国中铁总牵头单位推进中缅铁路通道项目有关问题的批复
中铁程财〔2011〕47号	关于报送2010年度企业财务决算报表的报告（报国资委）
中铁程财〔2011〕48号	关于报送中国铁路工程总公司2010年度利润分配方案的报告
中铁程办〔2011〕49号	关于申报澳大利亚及刚果民主共和国两个国外矿产资源风险勘查专项资金项目的请示（报国土资源部）
中铁程办〔2011〕50号	关于申报澳大利亚及刚果民主共和国两个国外矿产资源风险勘查专项资金项目的请示（报商务部）
中铁程财〔2011〕51号	中国铁路工程总公司关于2010年度财务决算备案合并范围变动情况的报告
中铁程财〔2011〕52号	中国铁路工程总公司关于2010年度资产减值准备财务核销管理工作情况的报告
中铁程财〔2011〕53号	中国铁路工程总公司关于2010年度账销案存资产管理工作情况的报告
中铁程财〔2011〕54号	关于申请2011年国有资本经营预算重大科技创新资金支持的请示
中铁程财〔2011〕55号	关于呈报《中国铁路工程总公司债务风险控制方案》的报告
中铁程办〔2011〕56号	中国铁路工程总公司关于呈报2010年度工效挂钩工资清算及2011年度工效挂钩申报方案的请示
中铁程办〔2011〕57号	关于呈报《中国铁路工程总公司2010年度建设规范董事会工作报告》的报告
中铁程财〔2011〕58号	关于中铁宏达资产管理中心2011年度预算主要指标事宜的批复
中铁程办〔2011〕59号	关于2010年度中央企业负责人经营业绩考核完成情况的总结分析报告
中铁程办〔2011〕60号	关于成立哈尔滨铁道职业技术学院新校区建设及既有校区开发工作领导小组的通知
中铁程办〔2011〕61号	关于波兰A2高速公路项目进展情况的报告(报国资委)
中铁程办〔2011〕62号	关于申报澳大利亚及蒙古国两个国外矿产资源风险勘查专项资金项目的请示
中铁程办〔2011〕63号	关于批转总公司审计部《关于对中国铁路工程总公司党校原常务副校长王宏光同志任期经济责任审计的报告》和《任期经济责任审计评议书》的通知
中铁程办〔2011〕64号	关于所属中铁山桥两项目申报2011年重点产业振兴和技术改造项目中央财政专项资金补助的请示（报发改委）
中铁程办〔2011〕65号	关于所属中铁山桥两项目申报2011年重点产业振兴和技术改造项目中央财政专项资金补助的请示（报工信部）
中铁程办〔2011〕66号	关于项目联营体向波方提请终止波兰A2高速公路A、C标段合同相关情况的报告
中铁程办〔2011〕66号	关于签署中缅木姐至皎漂铁路运输系统项目谅解备忘录相关文件情况的报告
中铁程办〔2011〕67号	关于下达中铁宏达资产管理中心主要负责人2010年薪酬结算和2011年预发标准的通知
中铁程办〔2011〕68号	关于下达咸阳管理干部学院主要负责人2010年薪酬结算和2011年预发标准的通知
中铁程办〔2011〕69号	中国铁路工程总公司石家庄党校
中铁程办〔2011〕70号	关于下达哈尔滨铁道职业技术学院主要负责人2010年薪酬结算的通知
中铁程办〔2011〕71号	中国铁路工程总公司关于“壳公司”情况调查的报告
中铁程办〔2011〕72号	关于中国铁路工程总公司企业重组整合有关情况的报告
中铁程办〔2011〕73号	关于授权中铁九局对沈阳桥梁厂破产案中的资产损益情况进行确认和批复的通知
中铁程办〔2011〕74号	关于中国中铁开展套期保值业务情况的报告
中铁程办〔2011〕75号	关于中国铁路工程总公司企业转型升级有关情况的报告
中铁程办〔2011〕76号	关于项目联合体收到业主终止波兰A2高速公路项目A、C标段施工合同函有关情况的报告
中铁程办〔2011〕77号	关于恳请支持中国铁路工程总公司设立财务公司的请示
中铁程办〔2011〕78号	关于办理所属中铁三局免税进口机械设备有关事宜的请示
中铁程财〔2011〕79号	关于中国铁路工程总公司清理、规范境外企业内派人员薪酬账户及管理自查情况的报告
中铁程办〔2011〕80号	关于成立中国铁路工程总公司缅甸铁路项目工作组的通知
中铁程办〔2011〕81号	关于申报2011年度中央国有资本经营预算节能减排项目的请示
中铁程办〔2011〕82号	中国铁路工程总公司关于落实法制工作三年目标工作情况的报告
中铁程财〔2011〕83号	关于铁道部第二工程局成都职工生活供应站净资产转让有关事宜的批复
中铁程财〔2011〕84号	中国铁路工程总公司关于2011年“小金库”专项治理全面复查情况的报告

中铁程办〔2011〕85号	中国铁路工程总公司关于通过股份制与其他中央企业实施同类业务重组整合有关意向的报告
中铁程办〔2011〕86号	关于中铁十局集团有限公司济南市白马山路两地块处置有关问题的批复
中铁程办〔2011〕87号	关于中国铁路工程总公司所属中铁丰桥桥梁有限公司转持北京银行股份有限公司部分股权充实社保基金的请示
中铁程办〔2011〕88号	关于印发《中国铁路工程总公司法制宣传教育第六个五年规划（2011-2015年）》的通知
中铁程办〔2011〕89号	关于中国铁路工程总公司新重组企业申报施工资质有关问题的请示
中铁程办〔2011〕90号	关于恳请发函商请建设部支持中国铁路工程总公司新重组企业申报铁路施工总承包特级资质事宜的请示
中铁程财〔2011〕91号	关于中国铁路工程总公司原董事长石大华离任经济责任审计国资委所提问题整改情况的报告
中铁程办〔2011〕92号	关于波兰A2高速公路项目的情况报告
中铁程办〔2011〕93号	关于报送《中国铁路工程总公司总部2011年向职工出售公有住房实施办法》的请示
中铁程办〔2011〕94号	关于所属中铁六局集团有限公司洪泰庄办公用地办理国有土地使用权出让事宜的请示
中铁程办〔2011〕95号	关于呈报2011年度工资总额计划（预算）的报告
中铁程办〔2011〕96号	关于撤销中国铁路工程总公司成都物资分公司的通知
中铁程财〔2011〕97号	中国铁路工程总公司关于上报2012年国有资本经营预算项目预申报的报告
中铁程劳〔2011〕98号	关于废止《中国铁路工程总公司企业职工补充养老保险试行办法》的通知
中铁程财〔2011〕99号	关于调整河南平正高速公路发展有限公司2011年度中期预算事宜的批复
中铁程办〔2011〕100号	关于解决先期停办中小学仍留企业退休教师待遇问题的请示
中铁程办〔2011〕101号	关于中国铁路工程总公司新重组企业申报铁路施工特级资质有关问题的请示
中铁程办〔2011〕102号	中国铁路工程总公司关于厂办大集体改革工作计划的报告
中铁程财〔2011〕103号	关于2011年度财务预算主要指标不作调整的报告
中铁程办〔2011〕104号	关于发放原沈阳桥梁厂退休教师生活补贴的批复
中铁程办〔2011〕105号	关于委内瑞拉北部平原铁路迪纳科至阿纳科段分期实施方案研究结论报告(报发改委)
中铁程办〔2011〕106号	关于委内瑞拉北部平原铁路迪纳科至阿纳科段分期实施方案研究结论报告（报商务部）
中铁程办〔2011〕107号	关于委内瑞拉北部平原铁路迪纳科至阿纳科段分期实施方案研究结论报告（报国资委）
中铁程办〔2011〕108号	关于下达2010年度工效挂钩清算结果和2011年度工效挂钩基数的通知
中铁程财〔2011〕109号	中国铁路工程总公司关于上报2012年国有资本经营预算项目预申报的报告（报财政部）
中铁程办〔2011〕110号	关于帮助解决所属中国中铁航空港建设集团有限公司资质申报有关问题的请示
中铁程办〔2011〕111号	关于申请2011年中央国有资本经营预算安全生产保障能力建设专项资金的请示（报安监总局）
中铁程财〔2011〕112号	关于申请2011年中央国有资本经营预算安全生产保障能力建设专项资金的请示（报财政部）
中铁程办〔2011〕113号	关于恳请为所属中铁航空港办理利用自用土地集资建设职工住宅规划意见书的请示
中铁程办〔2011〕114号	关于波兰A2高速公路项目进展情况的报告
中铁程财〔2011〕115号	关于报送2011年国有资本经营预算计划支出的报告
中铁程财〔2011〕116号	关于2011年上半年业绩考核指标执行情况的报告
中铁程办〔2011〕117号	关于申请办理中国中铁印尼有限责任公司境外投资项目备案的请示
中铁程财〔2011〕118号	关于呈报2011年度中国铁路工程总公司经营业绩考核工作总结的报告
中铁程办〔2011〕119号	关于恳请帮助解决中国铁路工程总公司新重组企业铁路施工总承包特级资质事宜的请示
中铁程办〔2011〕120号	关于所属中铁电气化局集团有限公司建设电气化运维管控中心规划立项事宜的请示
中铁程办〔2011〕121号	关于呈报所属中铁隧道装备集团工业转型升级技术改造重点储备项目的报告
中铁程办〔2011〕122号	关于所属中铁资源集团有限公司收购刚果（金）刚果国际矿业公司股权并投资建设铜钴冶炼项目备案的请示
中铁程财〔2011〕123号	关于调整沈阳桥梁厂退休军转干部生活补助金标准有关事宜的批复
中铁程办〔2011〕124号	关于中老铁路项目近其进展情况的报告
中铁程财〔2011〕125号	关于申请所属沈阳桥梁厂实施政策性破产财政负担费用的请示
中铁程办〔2011〕126号	中国铁路工程总公司关于对所属中铁九局施工的靖宇至松江河铁路重大工程质量责任事故的检查报告
中铁程财〔2011〕127号	关于中国铁路工程总公司“小金库”专项治理工作总结的报告
中铁程财〔2011〕128号	关于申请2012年国有资本经营预算企业离休干部医药费补助资金的请示
中铁程财〔2011〕129号	中国铁路工程总公司关于2011年度财务决算备案情况的报告
中铁程财〔2011〕130号	关于呈报2012年度主要指标预报表的报告

2011年中国铁路工程总公司行政发函目录

发文字号	文件标题
中铁程办函〔2011〕1号	关于申请办理所属中铁六局丰桥厂职工住宅及配套工程立项延期的函
中铁程办函〔2011〕2号	关于申请办理所属中铁六局洪泰庄职工住宅和办公楼项目立项延期的函
中铁程办函〔2011〕3号	关于国有企业监事会与中国铁路工程总公司交换意见所涉若干问题的复函
中铁程办函〔2011〕4号	关于办理境外换发届玥旅行证的申请
中铁程办函〔2011〕5号	关于对《铁路建设工程施工企业信用评价暂行办法》的修改意见
中铁程办函〔2011〕6号	国务院国有企业监事会进驻企业开展实地监督检查准备工作的通知
中铁程办函〔2011〕7号	中国铁路工程总公司关于中央企业参与上海世博会荣誉集体和荣誉个人评选推荐工作的报告
中铁程办函〔2011〕8号	关于我公司派员工秦顺全赴台湾参加学术会议的请示
中铁程办函〔2011〕9号	关于派李耀平赴港执行项目管理任务的请示
中铁程办函〔2011〕10号	关于上报《中央企业2010年节能减排统计监测汇总报表》及“十一五”节能减排总结分析报告的报告
中铁程办函〔2011〕11号	关于申请罗行静在港工作签注延期征求意见的函
中铁程办函〔2011〕12号	关于申请办理杨东友境外护照更换的函
中铁程办函〔2011〕13号	关于报送2010年度档案统计年报的函
中铁程办函〔2011〕14号	关于恳请为何龙林等6人办理在澳门逗留延期相关手续的函
中铁程办函〔2011〕15号	关于兴丰房地产经营开发公司返还投资款有关事宜的复函
中铁程办函〔2011〕16号	关于中国铁路工程总公司外事工作基本情况的报告
中铁程办函〔2011〕17号	关于2010年度中央、国务院文件清退监销工作情况的报告
中铁程办函〔2011〕18号	关于中国中铁第十届青年技能竞赛盾构机械操作工、工程试验、电工技能大赛申请备案的函
中铁程办函〔2011〕19号	关于我公司派员赴台湾商务交流的请示
中铁程办函〔2011〕20号	关于申报2009-2010年度国家级工法的函
中铁程办函〔2011〕21号	关于拟派员赴香港执行项目管理任务的请示
中铁程办函〔2011〕22号	关于推荐刘辉副总裁入围“全国大中型企业信息化建设突出贡献人物”的复函
中铁程办函〔2011〕23号	关于呈报《中国中铁2010年度中央企业信息化水平评价数据采集表》的报告
中铁程办函〔2011〕24号	关于拟派何锋等4人赴香港执行项目管理任务的请示
中铁程办函〔2011〕25号	关于申请办理HOCHSTRATE THOMAS等3名德籍技术人员在华居留登记手续的函
中铁程财函〔2011〕26号	中国铁路工程总公司关于申请矿产资源节约与综合利用专项奖励资金的函（报财政部）
中铁程财函〔2011〕27号	中国铁路工程总公司关于申请矿产资源节约与综合利用专项奖励资金的函（报国土资源部）
中铁程办函〔2011〕28号	关于申报参评2011年度国家工程建设（勘察设计）优秀QC小组的函
中铁程办函〔2011〕29号	关于中国铁路工程总公司近期安全生产工作情况的报告
中铁程办函〔2011〕30号	关于申请办理Rheis Ronny等5名德籍技术人员在华居留登记手续的函
中铁程办函〔2011〕31号	关于恳请对中国铁路工程总公司设立财务公司事宜给予支持和指导的函
中铁程办函〔2011〕32号	关于推荐王子建作为驻外使领馆经商处参赞人选的函
中铁程办函〔2011〕33号	关于中国铁路工程总公司近期安全生产工作情况的报告(报住建部)
中铁程办函〔2011〕34号	关于中国中铁2010年度信息化相关工作及信息化水平评价自查结果的补充报告
中铁程办函〔2011〕35号	中国铁路工程总公司关于落实国资委中央企业“走出去”会议精神情况的报告
中铁程办函〔2011〕36号	关于波兰A2高速公路项目进展情况的报告（报商务部）
中铁程办函〔2011〕37号	关于波兰A2高速公路项目进展情况的报告（报外交部）
中铁程办函〔2011〕38号	关于请求为我公司高级工程师王耀武赴台湾商务交流办理相关手续的请示
中铁程办函〔2011〕39号	关于报送所属中铁二院（成都）咨询监理有限责任公司工程咨询资格认定申请材料的函
中铁程办函〔2011〕40号	关于《大吨位箱梁运架设备群远程安全监控系统》申报两化融合项目事宜的请示
中铁程办函〔2011〕41号	关于拟派李爱敏等6人赴台湾商务考察和交流的请示
中铁程办函〔2011〕42号	关于申报2011年对外经济技术合作专项资金的请示
中铁程办函〔2011〕43号	关于向中国中铁股份有限公司股东大会提交临时提案的函
中铁程办函〔2011〕44号	关于沈阳桥梁厂政策性破产法律程序有关问题的报告
中铁程办函〔2011〕45号	关于派员参团赴德国进行电气化设计及运用管理培训事宜的复函
中铁程办函〔2011〕46号	关于中铁八局昆明铁路房屋建筑有限公司历史遗留问题有关情况的报告
中铁程办函〔2011〕47号	关于参与中老铁路项目投资的确认函
中铁程办函〔2011〕48号	关于增加所属中国海外工程有限责任公司试行企业年金制度的报告

中铁程办函〔2011〕49号	关于申请加急办理REIHS RONNY等2人在华居留登记手续的函
中铁程办函〔2011〕50号	关于上报《中央企业2011年节能减排统计监测汇总报表》及2011年上半年节能减排总结分析报告的报告
中铁程办函〔2011〕51号	关于调整铁路勘察设计费收费标准和支付方式的建议意见
中铁程办函〔2011〕52号	关于推荐2011年度全国优秀工程勘察设计行业奖参评项目的函
中铁程办函〔2011〕53号	中国铁路工程总公司关于呈报特定就业政策补助实施情况总结评估的报告
中铁程办函〔2011〕54号	关于推荐“十二五”国家高技术研究发展计划主题专家组候选人的函
中铁程办函〔2011〕55号	关于申请办理德籍技术人员CAVALLO MASSIMO在华居留登记手续的函
中铁程办函〔2011〕56号	关于申请李发良、胡广明在港工作签注延期的征求意见函
中铁程办函〔2011〕57号	关于请求加快推进中国铁路工程总公司系统在川企业公安机构分离移交工作的函
中铁程办函〔2011〕58号	关于请求加快推进中国铁路工程总公司系统在晋企业公安机构分离移交工作的函
中铁程办函〔2011〕59号	关于中国中铁股份有限公司企业年金方案备案的函
中铁程办函〔2011〕60号	关于报送中国铁路工程总公司非主业投资情况的报告
中铁程办函〔2011〕61号	关于报送所属中铁科工集团有限公司“轨道交通施工装备研制基地项目”自查报告的函
中铁程办函〔2011〕62号	关于推荐中国土木工程学会副理事长事宜的复函
中铁程办函〔2011〕63号	关于报送中铁大桥勘测设计院有限公司工程设计资质申请材料的函
中铁程办函〔2011〕64号	关于申请办理李向辉在港工作签注延期的征求意见函
中铁程办函〔2011〕65号	关于报送中国铁路工程总公司信息化工作有关材料的报告
中铁程办函〔2011〕66号	关于请求组织制定《铁路铺架机组专项检修办法》有关事宜的请示
中铁程办函〔2011〕67号	关于申请办理员工汪洋境外护照更换的函
中铁程办函〔2011〕68号	关于中国铁路工程总公司外事管理工作情况的报告
中铁程办函〔2011〕69号	关于拟派吴树伟等赴香港项目工作的请示
中铁程办函〔2011〕70号	关于请求协调解决委内瑞拉北部平原铁路项目迪纳科至阿纳科段建设资金的请示
中铁程办函〔2011〕71号	关于《中国铁路工程总公司境外国有资产检查报告（征求意见稿）》的修改建议函
中铁程办函〔2011〕72号	关于《铁路建设项目总价承包标准施工招标文件补充文本》修订有关意见和建议的复函
中铁程办函〔2011〕73号	关于派李寿兵等4人赴台湾进行商务考察和交流活动的请示
中铁程办函〔2011〕74号	关于做好《中国铁路工程总公司年鉴（2010年卷）》发行工作的通知
中铁程办函〔2011〕75号	关于拟派陈峰等5人赴香港、澳门执行项目测量任务的请示
中铁程办函〔2011〕76号	关于申请办理吕枫在港工作签注延期的征求意见函
中铁程办函〔2011〕77号	关于所属中铁电气化局集团有限公司申报2012年中央投资项目资金的请示
中铁程办函〔2011〕78号	关于所属中铁电气化局集团有限公司申报2012年中央投资项目资金的请示
中铁程办函〔2011〕79号	关于对中铁宏达资产管理中心2010年度财务决算的批复
中铁程财函〔2011〕80号	关于对河南平正高速公路发展有限公司2010年度财务决算的批复
中铁程办函〔2011〕81号	关于拟派张健等贰人赴香港项目工作的请示

2011年中国铁路工程总公司党委发文目录

发文字号	文件标题
中铁程党组〔2011〕1号	关于增补王常在等三同志为中国铁路工程总公司党校校务委员会委员事宜的批复
中铁程党办〔2011〕2号	关于呈报《中国铁路工程总公司贯彻落实“三重一大”决策制度实施办法》的报告
中铁程党组〔2011〕3号	关于召开中共中国铁路工程总公司第三次代表大会（中共中国中铁股份有限公司第一次代表大会）的报告
中铁程党组〔2011〕4号	关于选举出席中国铁路工程总公司第三次（中国中铁股份有限公司第一次）党代会代表的通知
中铁程党组〔2011〕5号	关于中共中国铁路工程总公司第三次（中国中铁股份有限公司第一次）代表大会和党委、纪委组成人员候选人预备人选事宜的请示
中铁程党组〔2011〕6号	关于征求总公司（股份公司）党委委员、纪委委员候选人初步人选名单意见的通知
中铁程党组〔2011〕7号	关于公布出席中共中国铁路工程总公司第三次（中国中铁股份有限公司第一次）代表大会代表选举结果的通知
中铁程党组〔2011〕8号	关于中共中国铁路工程总公司第三次（中国中铁股份有限公司第一次）代表大会和党委、纪委组成人员候选人预备人选事宜的请示
中铁程党组〔2011〕9号	中国铁路工程总公司党委关于召开2011年度党员领导干部民主生活会的请示

2011年中国中铁股份有限公司公司行政发文目录

发文字号	文件标题
中铁股份安〔2011〕1号	关于印发《中国中铁股份有限公司2011年安全生产、工程质量、环境保护、职业健康监督管理工作要点》的通知
中铁股份财〔2011〕2号	关于印发《中国中铁会计核算手册》的通知
中铁股份技〔2011〕3号	关于表彰2010年度股份公司节能减排标准化工地的决定
中铁股份划〔2011〕4号	关于中国航空港建设有限公司组建企业集团有关问题的批复
中铁股份外〔2011〕5号	关于中铁资源在境外设立中铁资源控股有限公司公司等三家公司有关问题的批复
中铁股份划〔2011〕6号	关于中铁大桥局集团有限公司新设立三独资子公司有关问题的批复
中铁股份劳〔2011〕7号	关于适当解决转制单位转制前退休人员待遇有关问题的通知
中铁股份管〔2011〕8号	关于进一步加强新形势下离退休干部工作的意见
中铁股份董〔2011〕9号	关于发布《股份公司董事会授权经理层决定部分投资事项的方案》的通知
中铁股份技〔2011〕10号	关于印发《中铁十局集团有限公司聊城制梁场后张法预应力混凝土铁路桥T型简支梁投产鉴定意见》的通知
中铁股份安〔2011〕11号	关于表彰2010年度安全标准工地的决定
中铁股份安〔2011〕12号	关于表彰2010年度中国中铁优质工程项目及获奖单位的决定
中铁股份董〔2011〕13号	关于发布《中国中铁股份有限公司股东大会、董事会决议执行跟踪检查与评价办法（试行）》的通知
中铁股份法〔2011〕14号	关于修订《中铁宝桥集团有限公司章程》的批复
中铁股份财〔2011〕15号	关于哈大指挥部购买办公用房事宜的批复
中铁股份法〔2011〕16号	关于修订《华铁工程咨询有限责任公司章程》的批复
中铁股份技〔2011〕17号	关于表彰中国中铁股份有限公司“十一五”十大优秀科技成果的决定
中铁股份技〔2011〕18号	关于表彰2010年度中国铁路工程总公司科学技术奖获奖项目的决定
中铁股份技〔2011〕19号	关于表彰中国中铁股份有限公司“十一五”科技创新先进企业的决定
中铁股份办〔2011〕20号	关于表彰2010年度“建功立业杯”劳动竞赛先进集体的决定
中铁股份财〔2011〕21号	关于对中铁六局集团有限公司2011年度预算主要指标的批复
中铁股份财〔2011〕22号	关于对中铁七局集团有限公2011年度预算主要指标的批复
中铁股份财〔2011〕23号	关于对中铁一局集团有限公司2011年度预算主要指标的批复
中铁股份财〔2011〕24号	关于对中铁二局集团有限公司2011年度预算主要指标的批复
中铁股份财〔2011〕25号	关于对中铁三局集团有限公司2011年度预算主要指标的批复
中铁股份财〔2011〕26号	关于对中铁四局集团有限公司2011年度预算主要指标的批复
中铁股份财〔2011〕27号	关于对中铁五局（集团）有限公司2011年度预算主要指标的批复
中铁股份财〔2011〕28号	关于对中铁八局集团有限公司2011年度预算主要指标的批复
中铁股份财〔2011〕29号	关于对中铁九局集团有限公司2011年度预算主要指标的批复
中铁股份财〔2011〕30号	关于对中铁大桥局集团有限公司2011年度预算主要指标的批复
中铁股份财〔2011〕31号	关于对中铁十局集团有限公司2011年度预算主要指标的批复
中铁股份财〔2011〕32号	关于对中铁隧道集团有限公司2011年度预算主要指标的批复
中铁股份财〔2011〕33号	关于对中铁电气化局集团有限公司2011年度预算主要指标的批复
中铁股份财〔2011〕34号	关于对中铁建工集团有限公司2011年度预算主要指标的批复
中铁股份财〔2011〕35号	关于对中国航空港建设有限公司2011年度预算主要指标的批复
中铁股份财〔2011〕36号	关于对中铁上海工程局有限公司2011年度预算主要指标的批复
中铁股份财〔2011〕37号	关于对中铁港航工程局有限公司2011年度预算主要指标的批复
中铁股份财〔2011〕38号	关于对中国海外工程有限责任公司2011年度预算主要指标的批复
中铁股份财〔2011〕39号	关于对中铁国际经济合作有限公司2011年度预算主要指标的批复
中铁股份干〔2011〕40号	关于成立股份公司专家委员会的决定
中铁股份划〔2011〕41号	关于印发《中国中铁股份有限公司内部控制体系运行管理办法（试行）》的通知
中铁股份财〔2011〕42号	关于中铁二局集团收购陕西明泰工程建设有限公司所持榆神高速管理公司股权对价事宜的批复
中铁股份财〔2011〕43号	关于对中铁隧道装备制造有限公司2011年度预算主要指标的批复
中铁股份财〔2011〕44号	关于对中铁宝桥集团有限公司2011年度预算主要指标的批复
中铁股份财〔2011〕45号	关于对中铁科工集团有限公司2011年度预算主要指标的批复

中铁股份财〔2011〕46号	关于对哈大指挥部等直属项目机构2011年度预算主要指标的批复
中铁股份财〔2011〕47号	关于对中铁山桥集团有限公司2011年度预算主要指标的批复
中铁股份财〔2011〕48号	关于对华铁工程咨询有限责任公司2011年度预算主要指标的批复
中铁股份财〔2011〕49号	关于对中铁大桥勘测设计院有限公司2011年度预算主要指标的批复
中铁股份财〔2011〕50号	关于对中铁西南科学研究院有限公司2011年度预算主要指标的批复
中铁股份财〔2011〕51号	关于对中铁西北科学研究院有限公司2011年度预算主要指标的批复
中铁股份财〔2011〕52号	关于对中铁二院工程集团有限公司2011年度预算主要指标的批复
中铁股份财〔2011〕53号	关于对中铁工程设计咨询集团有限公司2011年度预算主要指标的批复
中铁股份财〔2011〕54号	关于对中铁置业集团有限公司2011年度预算主要指标的批复
中铁股份财〔2011〕55号	关于对中铁南方投资发展有限公司2011年度预算主要指标的批复
中铁股份划〔2011〕56号	关于中铁八局成立中铁汽车销售服务有限公司有关问题的批复
中铁股份财〔2011〕57号	关于对中铁信托有限责任公司2011年度预算主要指标的批复
中铁股份财〔2011〕58号	关于对中铁物贸有限责任公司2011年度预算主要指标的批复
中铁股份财〔2011〕59号	关于对中铁资源有限公司2011年度预算主要指标的批复
中铁股份财〔2011〕60号	关于对中铁西南投资管理有限公司2011年度预算主要指标的批复
中铁股份财〔2011〕62号	关于对中铁资源集团有限公司违规转让股权的通报
中铁股份劳〔2011〕63号	关于中铁上海工程局有限公司机关员工薪酬管理（暂行）办法有关问题的批复
中铁股份劳〔2011〕64号	关于中铁港航工程局有限公司机关机构设置和编制等事项的批复
中铁股份生〔2011〕65号	转发铁道部《铁路建设项目信息和信用信息公开管理暂行办法》的通知
中铁股份劳〔2011〕66号	关于规范在京转制单位转制前退休人员津贴补贴的通知
中铁股份劳〔2011〕67号	关于规范京外转制单位转制前退休人员津贴补贴的通知
中铁股份劳〔2011〕68号	关于印发《中国中铁股份有限公司2011年劳资社保工作要点》的通知
中铁股份办〔2011〕69号	关于命名表彰中国中铁2010年度青年文明号和青年岗位能手（标兵）的决定
中铁股份劳〔2011〕70号	关于中国航空港建设有限公司总部机构设置和编制等事项的批复
中铁股份劳〔2011〕71号	关于进一步加强和规范安全质量环保专职机构设置及人员配备的通知
中铁股份划〔2011〕72号	关于下达中铁大桥局集团有限公司2011年生产经营指导性计划的通知
中铁股份划〔2011〕73号	关于下达中国海外工程有限责任公司2011年生产经营指导性计划的通知
中铁股份划〔2011〕74号	关于对中铁科工集团有限公司2011年生产经营指导性计划的通知
中铁股份划〔2011〕75号	关于下达中铁大桥勘测设计院有限公司2011年生产经营指导性计划的通知
中铁股份划〔2011〕76号	关于下达华铁工程咨询有限责任公司2011年生产经营指导性计划的通知
中铁股份划〔2011〕77号	关于下达中铁上海工程局有限公司2011年生产经营指导性计划的通知
中铁股份划〔2011〕78号	关于下达中铁二院工程集团有限责任公司2011年生产经营指导性计划的通知
中铁股份划〔2011〕79号	关于下达中铁工程设计咨询集团有限公司2011年生产经营指导性计划的通知
中铁股份划〔2011〕80号	关于下达中铁信托有限责任公司2011年生产经营指导性计划的通知
中铁股份划〔2011〕81号	关于下达中铁港航工程有限公司2011年生产经营指导性计划的通知
中铁股份划〔2011〕82号	关于下达中铁九局集团有限公司2011年生产经营指导性计划的通知
中铁股份划〔2011〕83号	关于下达中铁八局集团有限公司2011年生产经营指导性计划的通知
中铁股份划〔2011〕84号	关于下达中铁六局集团有限公司2011年生产经营指导性计划的通知
中铁股份划〔2011〕85号	关于下达中铁二局集团有限公司2011年生产经营指导性计划的通知
中铁股份划〔2011〕86号	关于下达中铁三局集团有限公司2012年生产经营指导性计划的通知
中铁股份划〔2011〕87号	关于下达中铁四局集团有限公司2013年生产经营指导性计划的通知
中铁股份划〔2011〕88号	关于下达中铁五局（集团）有限公司2014年生产经营指导性计划的通知
中铁股份划〔2011〕89号	关于下达中铁七局集团有限公司2013年生产经营指导性计划的通知
中铁股份划〔2011〕90号	关于下达中铁十局集团有限公司2014年生产经营指导性计划的通知
中铁股份划〔2011〕91号	关于下达中铁一局集团有限公司2011年生产经营指导性计划的通知
中铁股份划〔2011〕92号	关于下达中铁建工集团有限公司2011年生产经营指导性计划的通知
中铁股份划〔2011〕93号	关于下达中铁南方投资发展有限公司2011年生产经营指导性计划
中铁股份划〔2011〕94号	关于下达股份公司工程建设分公司2011年生产经营指导性计划的通知
中铁股份划〔2011〕95号	关于下达中铁物资贸易有限公司2011年生产经营指导性计划的通知
中铁股份划〔2011〕96号	关于下达中铁海西投资发展有限公司2011年生产经营指导性计划的通知
中铁股份划〔2011〕97号	关于下达中铁国际经济合作有限公司2011年生产经营指导性计划的通知
中铁股份划〔2011〕98号	关于下达中铁电气化局集团有限公司2011年生产经营指导性计划的通知
中铁股份划〔2011〕99号	关于下达中铁中原投资发展有限公司2011年生产经营指导性计划的通知
中铁股份划〔2011〕100号	关于下达中铁西北科学研究院有限公司2011年生产经营指导性计划的通知
中铁股份划〔2011〕101号	关于下达中铁山桥集团有限公司2011年生产经营指导性计划的通知

中铁股份划〔2011〕102号	关于对中铁隧道装备制造有限公司2011年生产经营指导性计划的通知
中铁股份划〔2011〕103号	关于下达中铁置业集团有限公司2011年生产经营指导性计划的通知
中铁股份划〔2011〕104号	关于下达中铁资源集团有限公司2011年生产经营指导性计划的通知
中铁股份划〔2011〕105号	关于下达中铁西南投资管理有限公司2011年生产经营指导性计划的通知
中铁股份划〔2011〕106号	关于下达中铁西南科学研究院有限公司2011年生产经营计划的通知
中铁股份划〔2011〕107号	关于下达中铁隧道集团有限公司2011年生产经营指导性计划的通知
中铁股份划〔2011〕108号	关于下达中国航空港建设有限公司2011年生产经营指导性计划的通知
中铁股份划〔2011〕109号	关于下达中铁宝桥集团有限公司2011年生产经营指导性计划的通知
中铁股份划〔2011〕110号	关于中国航空港建设有限公司组建企业集团有关问题的批复
中铁股份财〔2011〕111号	关于印发《中国中铁股份有限公司2011年度财会工作要点》的通知
中铁股份外〔2011〕112号	关于巴基斯坦铁路项目有关问题的请示
中铁股份干〔2011〕113号	关于印发《中国中铁股份有限公司2011年培训计划》的通知
中铁股份安〔2011〕114号	关于印发《中国中铁股份有限公司安全质量稽查队伍管理办法》的通知
中铁股份安〔2011〕115号	关于表彰中国中铁2010年度青年安全杯竞赛先进集体和个人的决定
中铁股份法〔2011〕116号	关于修订《中铁资源集团有限公司章程》的批复
中铁股份物〔2011〕117号	关于下达股份公司2011年物资集中采购计划的通知
中铁股份审〔2011〕118号	关于批转股份公司审计部《关于对中铁建工集团有限公司原总经理郑勇同志任期经济责任审计报告》和《任期经济责任审计评议书》的通知
中铁股份董〔2011〕119号	关于印发《中国中铁股份有限公司章程》（2011年修订版）的通知
中铁股份审〔2011〕120号	关于批转股份公司审计部《中铁九局集团有限公司原总经理柳汉桥同志任期经济责任审计报告》和《任期经济责任审计评议书》的通知
中铁股份劳〔2011〕121号	关于成立中铁贵州旅游文化发展有限公司的通知
中铁股份外〔2011〕122号	关于请求代表中方出面敦促委内瑞拉有关方面尽快支付委铁项目工程款及确保后续资金有关问题的请示
中铁股份外〔2011〕123号	关于调整中国中铁股份有限公司境外突发事件应急处置领导小组的通知
中铁股份财〔2011〕124号	转发财政部关于清理、规范境外企业内派人员薪酬账户及管理通知的通知
中铁股份劳〔2011〕125号	关于印发《2011年中国中铁股份有限公司企业技能鉴定及高技能人才评价工作计划》的通知
中铁股份劳〔2011〕126号	关于举办中国中铁第十届青年技能竞赛盾构机械操作工、工程试验、电工技能大赛的通知
中铁股份外〔2011〕127号	关于中铁九局集团有限公司设立委内瑞拉分公司有关问题的批复
中铁股份法〔2011〕128号	关于授权中铁南方公司负责南方总部大厦开发建设有关问题的批复
中铁股份技〔2011〕129号	关于印发《中国中铁股份有限公司“十二五”科技发展规划》的通知
中铁股份技〔2011〕130号	关于提高自主创新能力，全面推进创新型企业建设，支撑中国中铁又好又快发展的决定
中铁股份法〔2011〕131号	关于修订《中铁四局集团有限公司章程》的批复
中铁股份监〔2011〕132号	转发铁道部《关于北京永泰亿成化学科技有限公司等八家公司在招投标活动中违规行为的通报》的通知
中铁股份监〔2011〕133号	关于2010年“双清”工作情况的通报
中铁股份劳〔2011〕134号	关于成立中国中铁东莞虎门长堤路市政工程项目建设指挥部的通知
中铁股份生〔2011〕135号	关于调整重组单位战备保障任务及大桥院、西南院、西北院纳入股份战备管理的通知
中铁股份办〔2011〕136号	关于做好电子档案管理系统应用工作的通知
中铁股份干〔2011〕137号	关于调整中国中铁股份有限公司职业项目经理评审工作领导小组成员的通知
中铁股份干〔2011〕138号	关于调整中国中铁股份有限公司职称改革工作领导小组成员的通知
中铁股份办〔2011〕139号	关于表彰2010年度信息调研工作先进单位和先进个人的决定
中铁股份干〔2011〕140号	关于成立中国中铁股份有限公司专家委员会的通知
中铁股份劳〔2011〕141号	关于公布2010年度年审不合格外部劳务队伍名单的通知
中铁股份技〔2011〕142号	关于下达2011年股份公司节能减排量化考核指标的通知
中铁股份技〔2011〕143号	关于中国中铁2010年度节能减排统计监测工作情况的通报
中铁股份划〔2011〕144号	关于中铁二院设立贵阳勘察设计研究院有限公司有关问题的批复
中铁股份审〔2011〕145号	关于表彰2010年度股份公司审计工作先进单位和先进工作者的决定
中铁股份劳〔2011〕146号	关于将所属中国中铁航空港建设集团有限公司等3家企业列入我公司企业鉴定单位的请示
中铁股份外〔2011〕147号	关于中海外设立中国海外工程苏丹有限责任公司有关问题的批复
中铁股份法〔2011〕148号	关于印发《2011年度股份公司法制工作要点》的通知
中铁股份法〔2011〕149号	关于修订《中铁五局集团有限公司章程》的批复
中铁股份划〔2011〕150号	关于华铁大厦（原北京燕丰饭店）装修改造项目有关问题的批复
中铁股份董〔2011〕151号	关于中铁二局股份有限公司2010年年报涉及同业竞争、关联交易有关问题的批复
中铁股份财〔2011〕152号	关于中铁二院（成都）置业开发有限责任公司转让所持陕西千层浪房地产开发有限公司等企业股权及债权有关问题的批复

中铁股份法〔2011〕153号	关于印发《中铁中南投资发展有限公司章程》的通知
中铁股份资〔2011〕154号	关于中国中铁股份有限公司申请办理认购RESOURCEHOUSE LIMITED股权境外投资外汇登记的请示
中铁股份管〔2011〕155号	关于印发《中国中铁总部职工临时租住住房租金补贴暂行办法》的通知
中铁股份办〔2011〕156号	关于转发中华全国铁路总工会《集体合同工资专项协议（样本）》的通知
中铁股份劳〔2011〕157号	关于成立中铁东北投资发展有限公司的通知
中铁股份劳〔2011〕158号	关于成立中铁沈阳四环快速路交通BT工程总包项目经理部的通知
中铁股份劳〔2011〕159号	关于成立中国中铁股份有限公司桂来高速公路第四合同段工程项目经理部的通知
中铁股份划〔2011〕160号	关于印发《中国中铁股份有限公司工程合格供方名单》的通知
中铁股份技〔2011〕161号	关于印发《股份公司2011年科技设计工作要点》的通知
中铁股份财〔2011〕162号	关于2010年年报财务预警初步分析结果的通报
中铁股份外〔2011〕163号	关于中铁九局设立香港久隆国际投资集团有限公司有关问题的批复
中铁股份审〔2011〕164号	关于批转股份公司审计部《关于对中铁宝桥股份有限公司原总经理黄振宇同志任期经济责任审计的报告》和《任期经济责任审计评议书》的通知
中铁股份审〔2011〕165号	关于批转股份公司审计部《关于对中铁宝桥股份有限公司原董事长曹连生同志任期经济责任审计的报告》和《任期经济责任审计评议书》的通知
中铁股份审〔2011〕166号	关于批转股份公司审计部《关于对中铁港航工程局有限公司原总经理于洪潮同志任期经济责任审计的报告》和《任期经济责任审计评议书》的通知
中铁股份划〔2011〕167号	关于中铁科工设立武汉瑞敏检测科技有限公司有关问题的批
中铁股份办〔2011〕168号	关于在“十二五”期间开展中国中铁“二次创业杯”劳动竞赛的指导意见
中铁股份生〔2011〕169号	关于转发铁道部战备办《2011年铁路战备工作要点》的通知
中铁股份生〔2011〕170号	关于转发中央国家机关人防办《2010年中央国家机关人防工作总结》和《2011年中央国家机关人防工作要点》的通知
中铁股份劳〔2011〕171号	关于成立中国中铁昆明轨道交通工程指挥部的通知
中铁股份劳〔2011〕172号	关于成立中国中铁股份有限公司昆明市轨道交通3号线西标段项目经理部的通知
中铁股份划〔2011〕173号	关于印发《中国中铁股份有限公司工程合格供方经营开发及项目管理办法》的通知
中铁股份技〔2011〕174号	关于公布2010年度中国中铁股份有限公司工法的通知
中铁股份技〔2011〕175号	关于印发《中铁十局集团有限公司重庆制梁场预应力混凝土T梁投产鉴定意见》的通知
中铁股份财〔2011〕176号	关于中铁隧道装备制造有限公司增加注册资本金事宜的批复
中铁股份财〔2011〕177号	关于中铁西北科学研究院有限公司增加注册资本金事宜的批复
中铁股份财〔2011〕178号	关于中铁西南科学研究院有限公司增加注册资本金事宜的批复
中铁股份财〔2011〕179号	关于北京中铁华升房地产有限责任公司增加注册资本金事宜的批复
中铁股份财〔2011〕180号	关于中铁建工集团深圳投资有限公司增加注册资本金事宜的批复
中铁股份财〔2011〕181号	关于中国中铁航空港建设集团有限公司增加注册资本金事宜的批复
中铁股份劳〔2011〕182号	关于成立中国中铁股份有限公司合肥供水管道工程项目经理部的通知
中铁股份安〔2011〕183号	关于贯彻落实住房和城乡建设部《关于继续深化“安全生产年”活动的实施意见》的通知
中铁股份划〔2011〕184号	关于设立中铁建工集团芜湖有限公司有关问题的批复
中铁股份划〔2011〕185号	关于将中海外所属中国铁工建设有限公司重组并入中铁建工的通知
中铁股份资〔2011〕186号	关于中铁八局集团有限公司2011年度对外担保额度事宜的批复
中铁股份划〔2011〕187号	关于中铁建工合资设立丰台诺德置业有限公司有关问题的批复
中铁股份划〔2011〕188号	关于中铁设计咨询集团合资设立中铁北车（太原）工程建设有限公司有关问题的批复
中铁股份划〔2011〕189号	关于中铁大桥局设立武汉鹦鹉洲长江大桥有限公司有关问题的批复
中铁股份董〔2011〕190号	关于印发《关于进一步加强和改进全公司董事会监事会工作的意见》的通知
中铁股份审〔2011〕191号	关于批转股份公司审计部《中铁西南投资管理有限公司原董事长吴泽林同志任期经济责任审计报告》和《任期经济责任审计评议书》的通知
中铁股份审〔2011〕192号	关于批转股份公司审计部《中铁西南投资管理有限公司原总经理蔡甲胜同志任期经济责任审计报告》和《任期经济责任审计评议书》的通知
中铁股份外〔2011〕193号	关于中铁五局设立利比里亚办事处有关问题的批复
中铁股份外〔2011〕194号	关于中铁五局设立乌干达办事处有关问题的批复
中铁股份财〔2011〕195号	关于公布股份公司所属二级单位2010年度业绩考核结果的通知
中铁股份办〔2011〕196号	关于表彰中国中铁第二届“十大专家型技术工人”、“十大杰出女性”、“十大新型农民工”和“农民工楷模”、“杰出青年标兵”、第五届“十大杰出青年”的决定
中铁股份投〔2011〕197号	关于授权中铁西南公司实施广西桂林市“一路两江”BT项目的通知
中铁股份外〔2011〕198号	关于授权中铁国际作为中国中铁牵头单位推进伊朗高速铁路项目有关问题的批复
中铁股份技〔2011〕199号	关于公布2011年股份公司勘察设计与咨询优秀质量管理小组评审结果的通知

中铁股份监〔2011〕200号	关于调整股份公司专项治理工作协调小组的通知
中铁股份劳〔2011〕201号	关于成立中国中铁深圳地铁5号线塘朗车辆段保障性住房工程建设指挥部的通知
中铁股份财〔2011〕202号	关于股份公司所属相关企业2010年财务预警分析情况的通报
中铁股份财〔2011〕203号	关于注入中铁东北投资发展有限公司注册资本金的通知
中铁股份技〔2011〕204号	关于印发《中铁十局集团有限公司德州制梁场预应力混凝土T梁投产鉴定意见》的通知
中铁股份劳〔2011〕205号	关于中铁南通投资建设管理有限公司及中国中铁临海高等级公路如东段BT工程总包项目经理部转由中铁上海局代管的通知
中铁股份营〔2011〕206号	关于请求解决铁路项目工程进度款支付比例、人工费和地方料价差等有关问题的请示
中铁股份资〔2011〕207号	关于中铁十局集团有限公司2011年度对外担保额度事宜的批复
中铁股份资〔2011〕208号	关于中铁科工集团有限公司2011年度对外担保额度事宜的批复
中铁股份资〔2011〕209号	关于中铁二局集团有限公司2011年度对外担保额度事宜的批复
中铁股份资〔2011〕210号	关于中铁西南科学研究院有限公司2011年度对外担保额度事宜的批复
中铁股份资〔2011〕211号	关于中铁一局集团有限公司2011年度对外担保额度事宜的批复
中铁股份资〔2011〕212号	关于中铁电气化局集团有限公司2011年度对外担保额度事宜的批复
中铁股份资〔2011〕213号	关于中铁工程设计咨询集团有限公司2011年度对外担保额度事宜的批复
中铁股份资〔2011〕214号	关于中铁隧道集团有限公司2011年度对外担保额度事宜的批复
中铁股份资〔2011〕215号	关于中铁国际经济合作有限公司2011年度对外担保额度事宜的批复
中铁股份法〔2011〕216号	关于修订《中铁隧道装备制造有限公司章程》的批复
中铁股份资〔2011〕217号	关于中铁三局集团有限公司2011年度对外担保额度事宜的批复
中铁股份资〔2011〕218号	关于中铁五局（集团）有限公司2011年度对外担保额度事宜的批复
中铁股份办〔2011〕219号	关于印发《中国中铁股份有限公司总部交班会议规定》的通知
中铁股份监〔2011〕220号	关于继续深化工程建设领域突出问题专项治理工作的通知
中铁股份划〔2011〕221号	关于表彰2011年度中国中铁股份有限公司优秀质量管理小组的决定
中铁股份财〔2011〕222号	关于下达2011年度KPI管理目标（财务指标）的通知
中铁股份安〔2011〕223号	关于深入开展铁路建设项目质量安全专项整治工作的通知
中铁股份外〔2011〕224号	关于授权中铁二院代表中国中铁运作推进委内瑞拉中部铁路西段项目等有关问题的批复
中铁股份划〔2011〕225号	关于设立中铁六局集团海外工程有限公司有关问题的批复
中铁股份技〔2011〕226号	关于印发《中铁九局集团有限公司靖宇制梁场后张法预应力混凝土铁路桥T型简支梁投产鉴定意见》的通知
中铁股份划〔2011〕227号	关于下达2011年股份公司四级及以下法人企业清理注销计划的通知
中铁股份法〔2011〕228号	关于印发《中铁东北投资发展有限公司章程》的通知
中铁股份资〔2011〕229号	关于同意中铁西北科学研究院有限公司为其子公司提供担保的通知
中铁股份资〔2011〕230号	关于同意中铁七局集团有限公司为其子公司提供担保的通知
中铁股份资〔2011〕231号	关于同意中铁九局集团有限公司为其子公司提供担保的通知
中铁股份资〔2011〕232号	关于同意中铁建工集团有限公司为其子公司提供担保的通知
中铁股份资〔2011〕233号	关于同意中国中铁航空港建设集团有限公司为相关外部单位提供担保的通知
中铁股份资〔2011〕234号	关于同意中铁二院工程集团有限责任公司为其子公司提供担保的通知
中铁股份资〔2011〕235号	关于同意中铁港航工程局集团有限公司为其子公司提供担的通知
中铁股份资〔2011〕236号	关于同意中铁大桥勘测设计院有限公司为其子公司提供担保的通知
中铁股份资〔2011〕237号	关于中铁大桥局集团有限公司2011年度对外担保额度事宜的通知
中铁股份资〔2011〕238号	关于为桂林市“一路两江”BT项目融资提供担保事宜的批复
中铁股份资〔2011〕239号	关于股份公司为中铁置业有关项目提供融资担保及同意中铁置业集团有限公司为其子公司提供担保的通知
中铁股份法〔2011〕240号	关于修订《中铁西南科学研究院有限公司章程》的批复
中铁股份法〔2011〕241号	关于修订《中铁十局集团有限公司章程》的批复
中铁股份划〔2011〕242号	关于设立中铁四局集团辽宁（东北）工程有限公司有关问题的批复
中铁股份财〔2011〕243号	关于2011年一季度财务预警初步分析结果的通报
中铁股份安〔2011〕244号	关于股份公司2011年“安全生产月”活动安排的通知
中铁股份劳〔2011〕245号	关于印发《中国中铁股份有限公司子公司负责人薪酬管理办法》的通知
中铁股份劳〔2011〕246号	关于表彰中国中铁第十届青年技能竞赛盾构机械操作工技能大赛先进集体和先进个人的决定
中铁股份技〔2011〕247号	关于印发《中铁隧道集团有限公司都匀东制梁场后张法预应力混凝土铁路桥箱型简支梁投产鉴定意见》的通知
中铁股份资〔2011〕248号	关于印发《中国中铁股份有限公司套期保值业务管理暂行办法》的通知
中铁股份劳〔2011〕249号	关于中铁隧道装备制造有限公司总部机构和编制事宜的批复

中铁股份法〔2011〕250号	关于开展落实法制工作三年目标检查工作的通知
中铁股份法〔2011〕251号	关于修订《中国中铁航空港建设集团有限公司章程》的批复
中铁股份劳〔2011〕252号	关于《中铁隧道装备制造有限公司岗位等级工资制办法》有关问题的批复
中铁股份劳〔2011〕253号	关于中国中铁航空港建设集团有限公司薪酬调整方案事宜的批复
中铁股份办〔2011〕254号	关于严格执行国家房地产调控政策有关事项的通知
中铁股份劳〔2011〕255号	关于成立中国中铁印尼有限责任公司的通知
中铁股份劳〔2011〕256号	关于中国中铁航空港建设集团有限公司等3家所属企业开展职业技能鉴定及高技能人才评价工作有关事项的批复
中铁股份劳〔2011〕257号	关于下达中铁一局集团有限公司主要负责人2010年薪酬结算和2011年预发标准的通知
中铁股份劳〔2011〕258号	关于下达中铁二局集团有限公司主要负责人2010年薪酬结算和2011年预发标准的通知
中铁股份劳〔2011〕259号	关于下达中铁三局集团有限公司主要负责人2010年薪酬结算和2011年预发标准的通知
中铁股份劳〔2011〕260号	关于下达中铁四局集团有限公司主要负责人2010年薪酬结算和2011年预发标准的通知
中铁股份劳〔2011〕261号	关于下达中铁五局（集团）有限公司主要负责人2010年薪酬结算和2011年预发标准的通知
中铁股份劳〔2011〕262号	关于下达中铁六局集团有限公司主要负责人2010年薪酬结算和2011年预发标准的通
中铁股份劳〔2011〕263号	关于下达中铁七局集团有限公司主要负责人2010年薪酬结算和2011年预发标准的通知
中铁股份劳〔2011〕264号	关于下达中铁八局集团有限公司主要负责人2010年薪酬结算和2011年预发标准的通知
中铁股份劳〔2011〕265号	关于下达中铁九局集团有限公司主要负责人2010年薪酬结算和2011年预发标准的通知
中铁股份劳〔2011〕266号	关于下达中铁十局集团有限公司主要负责人2010年薪酬结算和2011年预发标准的通知
中铁股份劳〔2011〕267号	关于下达中铁大桥局集团有限公司主要负责人2010年薪酬结算和2011年预发标准的通知
中铁股份劳〔2011〕268号	关于下达中铁隧道集团有限公司主要负责人2010年薪酬结算和2011年预发标准的通知
中铁股份劳〔2011〕269号	关于下达中铁电化局集团有限公司主要负责人2010年薪酬结算和2011年预发标准的通知
中铁股份劳〔2011〕270号	关于下达中铁建工集团有限公司主要负责人2010年薪酬结算和2011年预发标准的通知
中铁股份劳〔2011〕271号	关于下达中铁国际经济合作有限公司主要负责人2010年薪酬结算和2011年预发标准的通知
中铁股份劳〔2011〕272号	关于下达中国海外工程有限公司主要负责人2010年薪酬结算和2011年预发标准的通知
中铁股份劳〔2011〕273号	关于下达中铁置业集团有限公司主要负责人2010年薪酬结算和2011年预发标准的通知
中铁股份安〔2011〕274号	关于进一步强化中国中铁安全质量监管记录工作的通知
中铁股份劳〔2011〕275号	关于下达中铁资源集团有限公司主要负责人2010年薪酬结算和2011年预发标准的通知
中铁股份劳〔2011〕276号	关于下达中铁西北科学研究院有限公司主要负责人2010年薪酬结算和2011年预发标准的通知
中铁股份劳〔2011〕277号	关于下达中铁西南科学研究院有限公司主要负责人2010年薪酬结算和2011年预发标准的通知
中铁股份劳〔2011〕278号	关于下达中铁信托有限责任公司主要负责人2010年薪酬结算和2011年预发标准的通知
中铁股份劳〔2011〕279号	关于下达华铁工程咨询有限责任公司主要负责人2010年薪酬结算和2011年预发标准的通知
中铁股份劳〔2011〕280号	关于下达中铁西南投资管理有限公司主要负责人2010年薪酬结算和2011年预发标准的通知
中铁股份劳〔2011〕281号	关于下达中铁海西投资发展有限公司主要负责人2010年薪酬结算和2011年预发标准的通知
中铁股份劳〔2011〕282号	关于下达中铁工程建设分公司主要负责人2010年薪酬结算和2011年预发标准的通知
中铁股份劳〔2011〕283号	关于下达中铁哈大铁路客运专线工程指挥部主要负责人2010年薪酬结算和2011年预发标准的通知
中铁股份劳〔2011〕284号	关于下达中国中铁航空港建设集团有限公司主要负责人2010年薪酬结算和2011年预发标准的通知
中铁股份劳〔2011〕285号	关于下达中铁中原投资发展有限公司主要负责人2010年薪酬结算和2011年预发标准的通知
中铁股份劳〔2011〕286号	关于下达中铁上海局有限公司主要负责人2011年薪酬预发标准的通知
中铁股份劳〔2011〕287号	关于下达中铁大桥勘测设计院有限公司主要负责人2011年薪酬预发标准的通知
中铁股份劳〔2011〕288号	关于下达中铁隧道装备制造有限公司主要负责人2011年薪酬预发标准的通知
中铁股份劳〔2011〕289号	关于下达中铁委内瑞拉分公司主要负责人2010年薪酬结算和2011年预发标准的通知
中铁股份劳〔2011〕290号	关于下达中铁港航局集团有限公司主要负责人2010年薪酬结算和2011年预发标准的通知
中铁股份劳〔2011〕291号	关于下达中铁南方投资发展有限公司主要负责人2010年薪酬结算和2011年预发标准的通知
中铁股份劳〔2011〕292号	关于下达中铁工程设计咨询集团有限公司主要负责人2010年薪酬结算和2011年预发标准的通知
中铁股份劳〔2011〕293号	关于下达中铁二院工程集团有限公司主要负责人2010年薪酬结算和2011年预发标准的通知
中铁股份劳〔2011〕294号	关于下达中铁科工集团有限公司主要负责人2010年薪酬结算和2011年预发标准的通知
中铁股份劳〔2011〕295号	关于下达中铁宝桥集团有限公司主要负责人2010年薪酬结算和2011年预发标准的通知
中铁股份劳〔2011〕296号	关于下达中铁山桥集团有限公司主要负责人2010年薪酬结算和2011年预发标准的通知
中铁股份办〔2011〕297号	关于表彰有突出贡献群众安全生产监督员的决定
中铁股份划〔2011〕298号	关于设立中铁大桥局沈阳工程有限公司有关问题的批复

中铁股份技〔2011〕299 号	关于印发《中国中铁股份有限公司 2011 年度科技开发计划》的通知
中铁股份财〔2011〕300 号	关于将所持中铁南通投资建设管理有限公司股权全部转让中铁上海局的通知
中铁股份法〔2011〕301 号	关于修订《中铁一局集团有限公司章程》的批复
中铁股份审〔2011〕302 号	关于批转股份公司审计部《关于对中铁三局集团有限公司原总经理(后董事长)范富国同志任期经济责任审计报告》和《任期经济责任审计评议书》的通知
中铁股份审〔2011〕303 号	关于批转股份公司审计部《关于对中铁三局集团有限公司原董事长刘成山同志任期经济责任审计报告》和《任期经济责任审计评议书》的通知
中铁股份审〔2011〕304 号	关于批转股份公司审计部《关于对中铁三局集团有限公司原总经理黄天德同志任期经济责任审计报告》和《任期经济责任审计评议书》的通知
中铁股份技〔2011〕305 号	关于中国中铁申报国家重点节能技术的请示
中铁股份外〔2011〕306 号	关于中国中铁委内瑞拉北部平原铁路项目最新进展情况的报告
中铁股份划〔2011〕307 号	关于设立中铁九局集团吉林房地产开发有限公司有关问题的批复
中铁股份划〔2011〕308 号	关于中铁港航局集团设立全资子公司有关问题的批复
中铁股份财〔2011〕309 号	关于印发《中国中铁 2011 年“小金库”专项治理工作实施方案》的通知
中铁股份外〔2011〕310 号	关于中铁四局设立哥伦比亚分公司有关问题的批复
中铁股份董〔2011〕311 号	关于印发《中国中铁股份有限公司 2011 年度董事会监事会日常工作要点》的通知
中铁股份资〔2011〕312 号	关于中铁南方为遵义市共青大道项目融资提供担保有关问题的批复
中铁股份资〔2011〕313 号	关于为长沙道路工程项目融资提供担保有关问题的批复
中铁股份资〔2011〕314 号	关于为佛山高明区快速干线路网项目融资提供担保有关问题的批复
中铁股份资〔2011〕315 号	关于为沈阳市四环快速路项目融资提供担保有关问题的批复
中铁股份财〔2011〕316 号	关于转让深圳中铁二局物资有限公司 16.67%股权事宜的批复
中铁股份财〔2011〕317 号	关于将中海外所属中国铁工建设有限公司重组并入中铁建工有关事项的通知
中铁股份财〔2011〕318 号	关于山西省晋中市道路工程征收中铁三局六公司土地事宜的批复
中铁股份生〔2011〕319 号	关于印发《中国中铁股份有限公司工程项目施工生产管理暂行办法》的通知
中铁股份划〔2011〕320 号	关于中铁南方投资发展有限公司发展定位及推进计划有关问题的批复
中铁股份法〔2011〕321 号	关于中铁和利时轨道交通技术有限公司注册有关问题的批复
中铁股份劳〔2011〕322 号	关于《中铁七局集团有限公司薪酬管理办法》有关问题的批复
中铁股份劳〔2011〕323 号	关于成立中国中铁股份有限公司西安分公司的通知
中铁股份〔2011〕324 号	
中铁股份劳〔2011〕325 号	关于成立中国中铁配合国有企业监事会开展境外资产检查和非主业投资检查工作领导小组的通知
中铁股份划〔2011〕326 号	关于中铁电气化局合资设立中铁和利时轨道交通技术有限公司有关问题的批复
中铁股份劳〔2011〕327 号	关于明确中国中铁玉树灾后重建现场指挥部薪酬标准的通知
中铁股份干〔2011〕328 号	关于从严控制员工总量的通知
中铁股份劳〔2011〕329 号	关于成立中铁贵州国际旅游体育休闲度假中心项目工程建设指挥部的通知
中铁股份劳〔2011〕330 号	关于奖励 2010 年度股份公司“四好”领导班子的通知
中铁股份安〔2011〕331 号	关于印发《中国中铁股份有限公司安全质量事故责任追究办法》的通知
中铁股份法〔2011〕332 号	关于修订《中铁隧道集团有限公司章程》事宜的批复
中铁股份外〔2011〕333 号	关于在香港独资设立中铁资源控股股份有限公司有关问题的批复
中铁股份财〔2011〕334 号	关于印发《中国中铁股份有限公司内部利润分配管理办法》的通知
中铁股份资〔2011〕335 号	关于同意中铁资源集团有限公司为子公司提供担保的通知
中铁股份财〔2011〕336 号	关于 2011 年一季度财务预警分析结果的通报
中铁股份安〔2011〕337 号	关于印发《中国中铁股份有限公司隧道程施工防坍卡控红线》的通知
中铁股份技〔2011〕338 号	关于下达中国中铁股份有限公司 2011 年度工法开发计划和 2011 年度专利申请计划的通知
中铁股份划〔2011〕339 号	关于中铁建工集团设立华升物业公司有关问题的批复
中铁股份劳〔2011〕340 号	关于《中铁国际经济合作有限责任公司总部薪酬管理试行办法》有关问题的批复
中铁股份劳〔2011〕341 号	关于《中国海外工程有限责任公司工资管理办法》有关问题的批复
中铁股份劳〔2011〕342 号	关于公布中国中铁股份有限公司总部部门岗位职责的通知
中铁股份劳〔2011〕343 号	关于印发《中国中铁股份有限公司子公司主要负责人薪酬调节系数实施细则》的通知
中铁股份财〔2011〕344 号	关于印发《中国中铁股份有限公司债务风险管控指导意见》的通知
中铁股份技〔2011〕345 号	关于公布 2011 年度第一批中国中铁股份有限公司工法的通知
中铁股份劳〔2011〕346 号	关于设立中国中铁莫斯科代表处的通知
中铁股份工〔2011〕347 号	关于印发《中国中铁股份有限公司工程项目机械设备标准化管理指引》的通知
中铁股份办〔2011〕348 号	关于 2011 年上半年《集体合同》签订及履行情况检查的通报
中铁股份财〔2011〕349 号	关于资源公司确定伊春鹿鸣钼矿采矿权价值评估单位事宜的批复

中铁股份资〔2011〕350 号	关于中铁大桥局为鹦鹉洲大桥项目融资提供担保事宜的批复
中铁股份资〔2011〕351 号	关于为东莞市虎门镇长堤路市政工程项目融资提供担保的批复
中铁股份资〔2011〕352 号	关于为中铁资源外币融资提供担保事宜的批复
中铁股份劳〔2011〕353 号	关于表彰中国中铁第十届青年技能竞赛电工技能大赛先进集体和先进个人的决定
中铁股份劳〔2011〕354 号	关于表彰中国中铁第十届青年技能竞赛工程试验技能大赛先进集体和先进个人的决定
中铁股份劳〔2011〕355 号	关于获国资委 2010 年度中央企业职工技能大赛先进单位和优秀工作者表彰有关情况的通报
中铁股份外〔2011〕356 号	关于中国铁路工程（马来西亚）有限公司管理归属关系变更有关问题的批复
中铁股份财〔2011〕357 号	关于中铁隧道一处置换办公用房事宜的批复
中铁股份财〔2011〕358 号	关于中铁大桥局武汉置业公司收购酒鬼酒公司所持中铁金桥世纪山水置业有限公司 20%股权事宜的批复
中铁股份财〔2011〕359 号	关于中铁电气化局集团有限公司向所属南京中铁电化投资管理有限公司增加资本金事宜的批复
中铁股份财〔2011〕360 号	关于向中铁信托有限责任公司增资事宜的批复
中铁股份财〔2011〕361 号	关于调整中铁一局集团有限公司 2011 年度中期预算事宜的批复
中铁股份监〔2011〕362 号	关于调整股份公司治理商业贿赂领导小组的通知
中铁股份劳〔2011〕363 号	关于成立中国中铁股份有限公司昆明主城区乌龙河调蓄池工程项目经理部的通知
中铁股份审〔2011〕364 号	关于批转股份公司审计部《关于对中铁大桥勘测设计院有限公司原董事长秦顺全同志任期经济责任审计的报告》和《任期经济责任审计评议书》的通知
中铁股份办〔2011〕365 号	关于进一步加强舆情管理和商业秘密保护工作的意见
中铁股份劳〔2011〕366 号	关于印发《中国中铁股份有限公司企业年金方案》的通知
中铁股份劳〔2011〕367 号	关于印发《中国中铁股份有限公司企业年金管理办法》的通知
中铁股份劳〔2011〕368 号	关于印发《中国中铁股份有限公司企业年金管理委员会工作规则》的通知
中铁股份劳〔2011〕369 号	关于成立中国中铁股份有限公司企业年金管理委员会的通知
中铁股份财〔2011〕370 号	关于调整中国海外工程有限责任公司 2011 年度中期预算事宜的批复
中铁股份财〔2011〕371 号	关于调整中铁二局集团有限公司 2011 年度中期预算事宜的批复
中铁股份财〔2011〕372 号	关于调整中铁三局集团有限公司 2011 年度中期预算事宜的批复
中铁股份财〔2011〕373 号	关于调整中铁四局集团有限公司 2011 年度中期预算事宜的批复
中铁股份财〔2011〕374 号	关于调整中铁五局（集团）有限公司 2011 年度中期预算事宜的批复
中铁股份财〔2011〕375 号	关于调整中铁六局集团有限公司 2011 年度中期预算事宜的批复
中铁股份财〔2011〕376 号	关于调整中铁七局集团有限公司 2011 年度中期预算事宜的批复
中铁股份财〔2011〕377 号	关于调整中铁八局集团有限公司 2011 年度中期预算事宜的批复
中铁股份财〔2011〕378 号	关于调整中铁九局集团有限公司 2011 年度中期预算事宜的批复
中铁股份财〔2011〕379 号	关于调整中铁十局集团有限公司 2011 年度中期预算事宜的批复
中铁股份财〔2011〕380 号	关于调整中铁大桥局集团有限公司 2011 年度中期预算事宜的批复
中铁股份财〔2011〕381 号	关于调整中铁隧道集团有限公司 2011 年度中期预算事宜的批复
中铁股份财〔2011〕382 号	关于调整中铁电气化局集团有限公司 2011 年度中期预算事宜的批复
中铁股份财〔2011〕383 号	关于调整中铁建工集团有限公司 2011 年度中期预算事宜的批复
中铁股份财〔2011〕384 号	关于调整中国中铁航空港建设集团有限公司 2011 年度中期预算事宜的批复
中铁股份财〔2011〕385 号	关于调整中铁港航局集团有限公司 2011 年度中期预算事宜的批复
中铁股份财〔2011〕386 号	关于调整中铁上海工程局有限公司 2011 年度中期预算事宜的批复
中铁股份财〔2011〕387 号	关于调整中铁二院工程集团有限责任公司 2011 年度中期预算事宜的批复
中铁股份财〔2011〕388 号	关于调整中铁工程设计咨询集团有限公司 2011 年度中期预算事宜的批复
中铁股份财〔2011〕389 号	关于调整华铁工程咨询有限责任公司 2011 年度中期预算事宜的批复
中铁股份财〔2011〕390 号	关于调整中铁国际经济合作有限公司 2011 年度中期预算事宜的批复
中铁股份财〔2011〕391 号	关于调整中铁山桥集团有限公司 2011 年度中期预算事宜的批复
中铁股份财〔2011〕392 号	关于调整中铁宝桥集团有限公司 2011 年度中期预算事宜的批复
中铁股份财〔2011〕393 号	关于调整中铁西南科学研究院有限公司 2011 年度中期预算事宜的批复
中铁股份财〔2011〕394 号	关于调整中铁西北科学研究院有限公司 2011 年度中期预算事宜的批复
中铁股份财〔2011〕395 号	关于调整中铁大桥勘测设计院有限公司 2011 年度中期预算事宜的批复
中铁股份财〔2011〕396 号	关于调整中铁科工集团有限公司 2011 年度中期预算事宜的批复
中铁股份财〔2011〕397 号	关于调整中铁隧道装备制造有限公司 2011 年度中期预算事宜的批复
中铁股份财〔2011〕398 号	关于调整中铁置业集团有限公司 2011 年度中期预算事宜的批复
中铁股份财〔2011〕399 号	关于调整中铁西南投资管理有限公司 2011 年度中期预算事宜的批复
中铁股份财〔2011〕400 号	关于调整中铁资源集团有限公司 2011 年度中期预算事宜的批复
中铁股份财〔2011〕401 号	关于调整中铁信托有限责任公司 2011 年度中期预算事宜的批复

中铁股份财〔2011〕402号	关于调整中铁物贸有限责任公司2011年度中期预算事宜的批复
中铁股份财〔2011〕403号	关于调整中铁南方投资发展有限公司2011年度中期预算事宜的批复
中铁股份法〔2011〕404号	关于修订《中铁物贸有限责任公司章程》的批复
中铁股份财〔2011〕405号	关于转让所持大邑中铁金山房地产开发有限责任公司全部股权事宜的批复
中铁股份法〔2011〕406号	关于修订《中铁宝桥集团有限公司章程》的批复
中铁股份劳〔2011〕407号	关于《中铁物贸有限责任公司薪酬管理暂行办法》有关问题的批复
中铁股份工〔2011〕408号	关于印发《中国中铁股份有限公司施工设备优质供应商管理办法（试行）》的通知
中铁股份工〔2011〕409号	关于股份公司2011-2012年度施工设备优质供应商名录及混凝土搅拌站预招标结果等情况的通报
中铁股份审〔2011〕410号	关于批转股份公司审计部《关于中国中铁哈大铁路客运专线工程指挥部的审计报告》的通知
中铁股份审〔2011〕411号	关于批转股份公司审计部《中铁国际经济合作有限公司南非投资公司经营及房地产项目审计报告》的通知
中铁股份审〔2011〕412号	关于批转股份公司审计部《关于南非瓦尔河项目的审计调查报告》的通知
中铁股份资〔2011〕413号	关于中铁二局对富砚公司借款担保事宜的批复
中铁股份划〔2011〕414号	关于中铁隧道设立海外工程有限公司有关问题的批复
中铁股份划〔2011〕415号	关于中铁隧道集团设立辽宁建设工程有限公司有关问题的批复
中铁股份划〔2011〕416号	关于中铁二院设立地下铁（四川）设备技术有限公司有关问题的批复
中铁股份劳〔2011〕417号	关于成立中国中铁股份有限公司马钢（合肥）工业供水水厂工程项目经理部的通知
中铁股份办〔2011〕418号	关于开展企业商业秘密保护教育整改活动的通知
中铁股份审〔2011〕419号	关于批转股份公司审计部《关于对中铁西北科学研究院有限公司原董事长王应先同志任期经济责任审计的报告》和《任期经济责任审计评议书》的通知
中铁股份外〔2011〕420号	关于印发《中国中铁股份有限公司海外项目投标监管办法》（试行）的通知
中铁股份技〔2011〕421号	关于印发《中铁九局集团有限公司江南东制梁场后张法预应力混凝土铁路桥箱型简支梁投产鉴定意见》的通知
中铁股份技〔2011〕422号	关于印发《中铁九局集团有限公司大石头后张法预应力混凝土铁路桥箱型简支梁投产鉴定意见》的通知
中铁股份财〔2011〕423号	关于调整中铁信托有限责任公司2011年度中期预算的补充通知
中铁股份审〔2011〕424号	关于批转股份公司审计部《关于对中铁大桥局集团有限公司原董事长梅权同志任期经济责任审计的报告》和《任期经济责任审计评议书》的通知
中铁股份审〔2011〕425号	关于批转股份公司审计部《关于对中铁大桥局集团有限公司原总经理刘自明同志任期经济责任审计的报告》和《任期经济责任审计评议书》的通知
中铁股份审〔2011〕426号	关于批转股份公司审计部《关于对中铁六局集团有限公司原总经理章献同志任期经济责任审计报告》和《任期经济责任审计评议书》的通知
中铁股份劳〔2011〕427号	关于中铁西北院原“五七工、家属工”养老保险有关事宜的批复
中铁股份财〔2011〕428号	关于调整中国海外工程有限责任公司2011年度中期预算的补充通知
中铁股份财〔2011〕429号	关于调整中铁隧道集团有限公司2011年度中期预算的补充通知
中铁股份财〔2011〕430号	关于调整中铁物贸有限责任公司2011年度中期预算的补充通知
中铁股份财〔2011〕431号	关于增加沈阳桥梁厂内部退养人员生活费有关事宜的批复
中铁股份劳〔2011〕432号	关于成立中国中铁股份有限公司广东轨道交通产业园配套基地工程总包项目经理部的通知
中铁股份划〔2011〕433号	关于中铁航空港申报工程测绘资质有关事宜的批复
中铁股份外〔2011〕434号	关于印发《中国中铁股份有限公司海外经营主责区域市场划分指导意见》的通知
中铁股份劳〔2011〕435号	关于成立中国中铁股份有限公司佛山市高明区投资项目工程总包项目经理部的通知
中铁股份劳〔2011〕436号	关于成立中国中铁股份有限公司江门江顺大桥工程总包项目经理部的通知
中铁股份劳〔2011〕437号	关于下达2010年度工效挂钩清算结果和2011年度工效挂钩基数的通知
中铁股份劳〔2011〕438号	关于加强工资总额管理的通知
中铁股份劳〔2011〕439号	关于印发《中国中铁股份有限公司劳务企业使用管理办法》的通知
中铁股份劳〔2011〕440号	关于中铁西南公司优化其本部薪酬制度事宜的批复
中铁股份物〔2011〕441号	关于印发《中国中铁股份有限公司工程项目物资（集中采购）招标管理办法（暂行）》的通知
中铁股份法〔2011〕442号	关于修订《中铁七局集团有限公司章程》的批复
中铁股份办〔2011〕443号	关于进一步加强企校合作积极推进人才强企战略的通知
中铁股份财〔2011〕444号	关于中铁隧道集团留置一处有限公司办公楼事宜的批复
中铁股份干〔2011〕445号	关于下发2012年股份公司各子、分公司人才引进计划的通知
中铁股份法〔2011〕446号	关于积极应对当前工程承包市场法律风险的指导意见

中铁股份安〔2011〕447号	关于发布中国中铁股份有限公司安全生产（质量）委员会组成与职责的通知
中铁股份财〔2011〕448号	关于增加中铁西南投资管理有限公司注册资本金的通知
中铁股份财〔2011〕449号	关于为中铁置业青岛项目提供抵押担保事宜的批复
中铁股份财〔2011〕450号	关于转让所持北京铁信通科技发展有限公司全部股权事宜的批复
中铁股份财〔2011〕451号	关于成立中国中铁股份有限公司樟树盐化工业基地铁路专用线项目经理部的通知
中铁股份财〔2011〕452号	关于财务预警管理思路调整与半年度风险预警结果情况的通报
中铁股份财〔2011〕453号	关于表彰中国中铁首届财务会计职业技能大赛先进集体和先进个人的决定
中铁股份财〔2011〕454号	关于表彰“中国中铁财务会计岗位能手”和“中国中铁首届财务会计职业技能大赛优秀选手”的决定
中铁股份划〔2011〕455号	关于中铁山桥设立湖北武铁山桥轨道装备有限公司等三家子公司有关问题的批复
中铁股份财〔2011〕456号	关于中铁南方使用中国中铁股份有限公司发票专用章有关问题的批复
中铁股份办〔2011〕457号	关于印发《企业经济运行督导总结报告》的通知
中铁股份审〔2011〕458号	关于印发《中国中铁股份有限公司2011年度内部控制评价工作方案》的通知
中铁股份财〔2011〕459号	关于内蒙古郭白铁路有限公司固定资产折旧政策有关问题的批复
中铁股份技〔2011〕460号	关于公布2011年度股份公司优秀工程勘察设计获奖项目的通知
中铁股份技〔2011〕461号	关于公布2011年度股份公司优秀工程咨询成果获奖项目的通知
中铁股份安〔2011〕462号	关于中铁九局宇松铁路重大工程质量事故的通报
中铁股份安〔2011〕463号	关于开展2010-2011年度安全生产 “一优两先”评选工作的通知
中铁股份办〔2011〕464号	关于印发《关于精打细算、厉行节约勤俭办企业的指导意见》的通知
中铁股份划〔2011〕465号	关于中铁四局合资设立合肥中铁四局日铺试车场建设有限公司有关问题的批复
中铁股份法〔2011〕466号	关于表彰“五五”普法先进单位和先进个人以及中央企业法律事务先进工作者的决定
中铁股份法〔2011〕467号	关于修订《中铁资源集团有限公司章程》的批复
中铁股份法〔2011〕468号	关于修订《中铁西南投资管理有限公司章程》的批复
中铁股份法〔2011〕469号	关于修订《中铁三局集团有限公司章程》的批复
中铁股份外〔2011〕470号	关于印发《中国中铁股份有限公司“十二五”国际化经营发展规划〉的通知
中铁股份财〔2011〕471号	关于转让所持成都中铁名人置业发展有限公司60%股权事宜的批复
中铁股份财〔2011〕472号	关于2011年度预算、财务快报及经济活动分析情况的通报
中铁股份财〔2011〕473号	关于2010年度财务决算编报情况的通报
中铁股份技〔2011〕474号	关于印发《中国中铁股份有限公司总部网络与信息安全事件应急预案》的通知
中铁股份安〔2011〕475号	关于表彰中国中铁2011年度青年安全监督岗岗员技能大赛先进集体和个人的决定
中铁股份法〔2011〕476号	关于修订《中铁十局集团有限公司章程》的批复
中铁股份劳〔2011〕477号	关于成立中铁平潭投资建设有限公司的通知
中铁股份劳〔2011〕478号	关于调整行政管理部机构名称的通知
中铁股份劳〔2011〕479号	关于调整中铁佛山投资发展有限公司名称和职能的通知
中铁股份工〔2011〕480号	关于印发“1800t轨道式门式起重机方案设计”评审意见的通知
中铁股份工〔2011〕481号	关于印发“MQ5030门座式起重机技术设计”评审意见的通知
中铁股份劳〔2011〕482号	关于成立中国中铁股份有限公司陕西榆横煤化工项目经理部的通知
中铁股份劳〔2011〕483号	关于印发《中国中铁股份有限公司加强农民工管理工作的指导意见》的通知
中铁股份财〔2011〕484号	关于2011年三季度财务风险预警结果情况的通报
中铁股份划〔2011〕485号	关于中铁物贸设立张家口通和煤炭经销有限公司有关问题的批复
中铁股份工〔2011〕486号	关于印发《中国中铁股份有限公司直属工业制造业“十二五”发展规划》的通知
中铁股份干〔2011〕487号	关于尽快设立专职总法律顾问的通知
中铁股份财〔2011〕488号	关于增加中铁隧道集团有限公司资本金的通知
中铁股份财〔2011〕489号	关于中铁大桥局捐赠湖北省保康县有关事宜的批复
中铁股份办〔2011〕490号	关于印发《中国中铁专家型职工学习工作室创建标准及管理办法（试行）》的通知
中铁股份办〔2011〕491号	关于成立中国中铁企校合作指导委员会的通知
中铁股份划〔2011〕492号	关于设立中铁六局集团沈阳铁路建设有限公司有关问题的批复
中铁股份划〔2011〕493号	关于设立中铁大桥局上海工程有限公司有关问题的批复

2011年中国中铁股份有限公司公司行政发函目录

发文字号	文件标题
中铁股份资函〔2010〕1号	关于中国中铁股份有限公司申请注册发行120亿元中期票据的函
中铁股份外函〔2010〕2号	关于申请出具白俄罗斯布雷斯特-巴拉诺维奇铁路电气化提速改造项目贷款意向书的函
中铁股份营函〔2010〕3号	贺电（中标新建吉林至珲春铁路）
中铁股份资函〔2010〕4号	中国中铁股份有限公司关于申请办理出口收入存放境外开户登记的函
中铁股份外函〔2010〕5号	关于印尼南苏门答腊煤炭运输项目情况的报告
中铁股份外函〔2010〕6号	关于埃塞俄比亚亚的斯亚贝巴东西线和南北线（一期）轻轨项目情况的报告
中铁股份工函〔2010〕7号	关于请求支持中铁南方装备制造基地建设有关工作的函
中铁股份董函〔2010〕8号	关于国务院国有企业监事会07办对所属部分子公司开展实地监督检查的通知
中铁股份外函〔2010〕9号	关于请求支持中国中铁参加印度尼西亚三宝垄至泗水铁路复线项目投标的函
中铁股份技函〔2010〕10号	关于“盾构及掘进技术国家重点实验室”建设工作相关事项的通知
中铁股份技函〔2010〕11号	关于申报、评选2011年度勘察设计优秀质量管理小组的通知
中铁股份工函〔2010〕12号	关于恳请批复所属中铁十局两组轨道车上线运行的函
中铁股份投函〔2010〕13号	关于对《黑龙江省铁力市鹿鸣钼矿区资源储量核实报告》评审结果的认可函
中铁股份管函〔2010〕14号	关于转发中组部关于组织开展好“与党同呼吸、共命运、心连心”征文活动通知的通知
中铁股份技函〔2010〕15号	转发中国铁道学会关于青藏铁路技术研讨会征文通知的通知
中铁股份外函〔2010〕16号	关于请求国家发改委领导赴委内瑞拉出席该国中部铁路开工典礼并现场检查指导中国中铁委铁项目工作的请示
中铁股份监函〔2010〕17号	关于请求督促西宁市城市建设发展有限公司尽快支付拖欠工程款的函
中铁股份划函〔2011〕18号	关于呈报《中国中铁股份有限公司内部控制规范实施工作方案》的报告
中铁股份工函〔2011〕19号	关于印发《中国中铁股份有限公司2011年度GLC道岔工作会议纪要》的通知
中铁股份监函〔2011〕20号	关于请求尽快支付拖欠所属中铁十局工程款的函
中铁股份划函〔2011〕21号	关于中国中铁股份有限公司有关情况的报告
中铁股份董函〔2011〕22号	关于对中国中铁股份有限公司2010年年度报告事后审核意见的复函
中铁股份工函〔2011〕23号	关于就南京地铁建设项目配置盾构机有关问题的函
中铁股份工函〔2011〕24号	关于组织申报2011年全国优秀焊接工程的通知
中铁股份办函〔2011〕25号	关于启用中国中铁昆明轨道交通工程指挥部印章的通知
中铁股份办函〔2011〕26号	关于借调梁灿同志到中铁印度尼西亚有限公司工作的函
中铁股份董函〔2011〕27号	关于国务院国有企业监事会07办对中铁四局集团有限公司开展实地监督检查的通知
中铁股份技函〔2011〕28号	关于联合主办“2011中国城市轨道交通工程技术高层论坛”的函
中铁股份法函〔2011〕29号	关于征求《中国中铁股份有限公司所属一人公司章程（模板）》意见的通知
中铁股份外函〔2011〕30号	关于中国中铁与巴基斯坦铁道部签署合作谅解备忘录情况的报告
中铁股份技函〔2011〕31号	关于商请更正“京津客专牵引供电系统集成创新”获奖项目主要完成人之一任兴堂名字的函
中铁股份董函〔2011〕32号	关于恳请总公司以股东名义向股份公司股东大会提交临时提案的函
中铁股份技函〔2011〕33号	转发国家发展改革委办公厅关于组织推荐重点节能技术通知的通知
中铁股份划函〔2011〕34号	关于规范合资铁路管理意见和建议的函
中铁股份董函〔2011〕35号	关于中国中铁股份有限公司2010年中报有关问题的复函
中铁股份董函〔2011〕36号	关于股息预扣中国所得税有关问题的复函
中铁股份技函〔2011〕37号	关于中国中铁申报两化融合促进节能减排项目的函
中铁股份办函〔2011〕38号	关于启用中国中铁股份有限公司昆明市轨道交通3号线土建工程西标段项目经理部印章的通知

中铁股份董函〔2011〕39号	关于直接发放中国中铁2010年度现金红利的函（致长江证券）
中铁股份董函〔2011〕40号	关于直接发放中国中铁2010年度现金红利的函（致嘉实基金）
中铁股份董函〔2011〕41号	关于对中铁资源集团有限公司第一届董事会、董事和监事会、监事任期工作的评价意见
中铁股份董函〔2011〕42号	关于对中铁国际经济合作有限公司第一届董事会、董事和监事会、监事任期工作的评价意见
中铁股份董函〔2011〕43号	关于对中铁科工集团有限公司第一届董事会、董事和监事会、监事任期工作的评价意见
中铁股份工函〔2011〕44号	关于紧急请求加快推进中铁南方装备制造基地建设相关工作的函
中铁股份外函〔2011〕45号	关于申请参加埃塞俄比亚亚的斯亚贝巴—吉布提铁路项目建设的函
中铁股份技函〔2011〕46号	关于对现有外来技术标准进行梳理工作的通知
中铁股份财函〔2011〕47号	关于下达中铁上海局2011年施工新技术研究与开发资金支出（拨款）的通知
中铁股份财函〔2011〕48号	关于下达中铁港航局2011年施工新技术研究与开发资金支出（拨款）的通知
中铁股份财函〔2011〕49号	关于下达中铁航空港2011年施工新技术研究与开发资金支出（拨款）的通知
中铁股份财函〔2011〕50号	关于中铁资源2011年矿产资源节约与综合利用奖励资金（拨款）的通知
中铁股份外函〔2011〕51号	关于恳请再次组织召开埃塞俄比亚铁路项目协调会议的函
中铁股份办函〔2011〕52号	关于同意中国水利水电建设集团公司代表中方企业集团向商务部申请办理境外投资核准手续的函
中铁股份生函〔2011〕53号	关于申请运梁专列增加到站的函
中铁股份外函〔2011〕54号	关于委内瑞拉北部平原铁路项目近期有关工作安排的通知
中铁股份外函〔2011〕55号	关于卡塔尔综合铁路项目近期有关工作安排的通知
中铁股份办函〔2011〕56号	关于请求支持所属中铁八局变更成都华铁国际储运有限公司集装箱海关监管场地址的函（报成都海关）
中铁股份办函〔2011〕57号	关于请求支持所属中铁八局变更成都华铁国际储运有限公司集装箱海关监管场地址的函（报四川政府口岸办公室）
中铁股份财函〔2011〕58号	关于下达中铁资源2011年国外矿产资源风险勘查专项资金支出（拨款）的通知
中铁股份投函〔2011〕59号	关于加快推进临海高等级公路如东段工程BT项目建设有关问题的函
中铁股份董函〔2011〕60号	关于开展内幕信息管理及内幕交易防控专项学习活动情况的报告
中铁股份外函〔2011〕61号	关于对中海外-中铁一局联营体投标亚美尼亚南北公路走廊项目的复评审意见
中铁股份董函〔2011〕62号	关于《中铁置业进一步加强和改进董事会监事会工作实施意见》有关事宜的批复
中铁股份董函〔2011〕63号	关于中铁隧道进一步加强和改进董事会监事会工作措施方案有关事宜的批复
中铁股份董函〔2011〕64号	关于中铁十局进一步加强和改进董事会监事会工作措施有关事宜的批复
中铁股份生函〔2011〕65号	关于报送铁路定额测定与分析资料的函
中铁股份技函〔2011〕66号	关于征求《中国中铁股份有限公司“十二五”节能减排规划》（征求意见稿）意见的通知
中铁股份资函〔2011〕67号	关于中国中铁股份有限公司申请注册发行2011年短期融资券的函
中铁股份生函〔2011〕68号	关于理顺大西客专施工管理关系有关问题的复函
中铁股份工函〔2011〕69号	关于2011年“中国中铁道岔技术创新研讨会”征文的通知
中铁股份董函〔2011〕70号	关于中铁大桥勘测设计院有限公司进一步加强和改进董事会监事会工作有关事宜的批复
中铁股份董函〔2011〕71号	关于中铁四局集团有限公司进一步加强和改进董事会监事会工作整改措施事宜的批复
中铁股份董函〔2011〕72号	关于中铁大桥局集团有限公司进一步加强和改进董事会监事会工作实施方案事宜的批复
中铁股份董函〔2011〕73号	关于中铁上海工程局有限公司进一步加强和改进董事会监事会工作有关事宜的批复
中铁股份董函〔2011〕74号	关于中铁工程设计咨询集团有限公司进一步加强和改进董事会监事会工作有关事宜的批复
中铁股份董函〔2011〕75号	关于中铁国际经济合作有限公司进一步加强和改进董事会监事会工作有关事宜的批复
中铁股份董函〔2011〕76号	关于中铁港航局集团有限公司进一步加强和改进董事会监事会工作有关事宜的批复
中铁股份董函〔2011〕77号	关于中铁宝桥集团有限公司进一步加强和改进董事会监事会工作有关事宜的批复
中铁股份董函〔2011〕78号	关于中铁西南投资管理有限公司进一步加强和改进董事会监事会工作有关事宜的批复

中铁股份董函〔2011〕79 号	关于中国中铁股份有限公司信息披露有关事宜的复函
中铁股份工函〔2011〕80 号	关于恳请紧急协调贯通进入中山基地道路有关问题的函
中铁股份工函〔2011〕81 号	关于辞去中国设备管理协会工程机械维修委员会和中国工程机械学会维修工程分会理事长单位的函
中铁股份外函〔2011〕82 号	关于请求支持中国中铁参加埃塞俄比亚亚的斯亚贝巴-吉布提铁路 Sebeta-Adama-Mieso 段项目建设的函
中铁股份外函〔2011〕83 号	关于巴基斯坦铁路项目近阶段工作情况的报告
中铁股份投函〔2011〕84 号	关于推荐所属中中铁隧道集团参与重庆轨道交通五号线及环线一期 BT 项目建设的函
中铁股份管函〔2011〕85 号	关于申请经济适用房的函
中铁股份财函〔2011〕86 号	关于对中铁宝桥集团有限公司 2010 年度财务决算的批复
中铁股份财函〔2011〕87 号	关于对中铁佛山投资发展有限公司 2010 年度财务决算的批复
中铁股份财函〔2011〕88 号	关于对中铁南方投资发展有限公司 2010 年度财务决算的批复
中铁股份财函〔2011〕89 号	关于对中铁国际经济合作有限公司 2010 年度财务决算的批复
中铁股份财函〔2011〕90 号	关于对中铁菏泽德商高速公路建设发展有限公司 2010 年度财务决算的批复
中铁股份财函〔2011〕91 号	关于对中铁海西投资发展有限公司 2010 年度财务决算的批复
中铁股份财函〔2011〕92 号	关于对中铁港航局集团有限公司 2010 年度财务决算的批复
中铁股份财函〔2011〕93 号	关于对广西岑兴高速公路发展有限公司 2010 年度财务决算的批复
中铁股份财函〔2011〕94 号	关于对广西全兴高速公路发展有限公司 2010 年度财务决算的批复
中铁股份财函〔2011〕95 号	关于对中国中铁航空港建设集团有限公司 2010 年度财务决算的批复
中铁股份财函〔2011〕96 号	关于中铁二院工程集团有限责任公司 2010 年度财务决算的批复
中铁股份财函〔2011〕97 号	关于中铁工程设计咨询集团有限公司 2010 年度财务决算的批复
中铁股份财函〔2011〕98 号	关于中铁西南科学研究院有限公司 2010 年度财务决算的批复
中铁股份财函〔2011〕99 号	关于中铁大桥勘测设计院有限公司 2010 年度财务决算的批复
中铁股份财函〔2011〕100 号	关于中铁西北科学研究院有限公司 2010 年度财务决算的批复
中铁股份财函〔2011〕101 号	关于对中铁南通投资建设管理有限公司 2010 年度财务决算的批复
中铁股份财函〔2011〕102 号	关于对中铁上海工程局有限公司 2010 年度财务决算的批复
中铁股份财函〔2011〕103 号	关于对中铁隧道装备制造有限公司 2010 年度财务决算的批复
中铁股份财函〔2011〕104 号	关于对中铁人才交流咨询有限责任公司 2010 年度财务决算的批复
中铁股份财函〔2011〕105 号	关于对中铁山桥集团有限公司 2010 年度财务决算的批复
中铁股份财函〔2011〕106 号	关于中铁科工集团有限公司 2010 年度财务决算的批复
中铁股份财函〔2011〕107 号	关于对中铁物贸有限责任公司 2010 年度财务决算的批复
中铁股份财函〔2011〕108 号	关于对中铁西南投资管理有限公司 2010 年度财务决算的批复
中铁股份财函〔2011〕109 号	关于对中铁信托有限责任公司 2010 年度财务决算的批复
中铁股份财函〔2011〕110 号	关于对中铁置业集团有限公司 2010 年度财务决算的批复
中铁股份财函〔2011〕111 号	关于对中铁中原投资发展有限公司 2010 年度财务决算的批复
中铁股份财函〔2011〕112 号	关于对中铁资源集团有限公司 2010 年度财务决算的批复
中铁股份财函〔2011〕113 号	关于华铁工程咨询有限责任公司 2010 年度财务决算的批复
中铁股份办函〔2011〕114 号	关于印发国务院国资委领导同志批示及股份公司领导在质量安全专题视频会议上讲话的通知
中铁股份财函〔2011〕115 号	关于中铁建工集团有限公司 2010 年度财务决算的批复
中铁股份财函〔2011〕116 号	关于中铁电气化局集团有限公司 2010 年度财务决算的批复
中铁股份财函〔2011〕117 号	关于中铁隧道集团有限公司 2010 年度财务决算的批复
中铁股份财函〔2011〕118 号	关于中铁大桥局集团有限公司 2010 年度财务决算的批复
中铁股份财函〔2011〕119 号	关于中铁十局集团有限公司 2010 年度财务决算的批复
中铁股份财函〔2011〕120 号	关于中铁九局集团有限公司 2010 年度财务决算的批复

中铁股份财函〔2011〕121号	关于中铁一局集团有限公司2010年度财务决算的批复
中铁股份财函〔2011〕122号	关于中铁二局集团有限公司2010年度财务决算的批复
中铁股份财函〔2011〕123号	关于中铁三局集团有限公司2010年度财务决算的批复
中铁股份财函〔2011〕124号	关于中铁四局集团有限公司2010年度财务决算的批复
中铁股份财函〔2011〕125号	关于中铁五局集团有限公司2010年度财务决算的批复
中铁股份财函〔2011〕126号	关于中铁六局集团有限公司2010年度财务决算的批复
中铁股份财函〔2011〕127号	关于中铁七局集团有限公司2010年度财务决算的批复
中铁股份财函〔2011〕128号	关于中铁八局集团有限公司2010年度财务决算的批复
中铁股份财函〔2011〕129号	关于中国海外工程有限责任公司2010年度财务决算的批复
中铁股份董函〔2011〕130号	关于国务院国有企业监事会07办对中铁三局集团有限公司开展实地监督检查的通知
中铁股份财函〔2011〕131号	关于下达中铁山桥2011年中央预算内基建投资项目资金支出（拨付）的通知
中铁股份外函〔2011〕132号	关于申请参加马来西亚吉隆坡捷运(MRT)地下工程项目投标的函
中铁股份董函〔2011〕133号	于贯彻落实《关于进一步加强和改进全公司董事会监事会工作的意见》情况的通报
中铁股份董函〔2011〕134号	关于中铁电气化局集团有限公司进一步加强和改进董事会监事会工作有关事宜的批复
中铁股份董函〔2011〕135号	关于中铁七局集团有限公司进一步加强和改进董事会监事会工作有关事宜的批复
中铁股份董函〔2011〕136号	关于华铁工程咨询有限责任公司进一步加强和改进董事会监事会工作有关事宜的批复
中铁股份董函〔2011〕137号	关于中铁科工集团有限公司进一步加强和改进董事会监事会工作有关事宜的批复
中铁股份董函〔2011〕138号	关于中铁资源集团有限公司进一步加强和改进董事会监事会工作有关事宜的批复
中铁股份财函〔2011〕139号	关于下达中铁六局中央国有资本经营预算节能减排资金支出（拨付）的通知

2010年中国中铁股份有限公司公司总裁办发文目录

发文字号	文件标题
股份办资发〔2011〕1号	转发国资委关于建立中央企业金融衍生业务临时监管机制通知的通知
股份办团发〔2011〕2号	关于评选中国中铁2010年度“青年安全杯”竞赛先进集体和先进个人的通知
股份办劳发〔2011〕3号	转发财政部人力资源社会部关于中央管理企业特定就业政策2010年清算及2011年补助有关问题通知的通知
股份办团发〔2011〕4号	关于评选中国中铁2010年度青年文明号和青年岗位能手（标兵）的通知
股份办划发[〔2011〕5号	关于编报《2011年企业全面风险管理报告》的通知
股份办发〔2010〕6号	关于2010年四季度全公司信息报送及采用情况的通报
股份办管发〔2011〕7号	关于印发《中国中铁总部物业管理考核办法》的通知
股份办划发〔2011〕8号	关于印发《中国中铁股份有限公司内部控制体系文件》的通知
股份办安发〔2011〕9号	关于转发国务院国资委《中央企业安全生产禁令》的通知
股份办干〔2011〕10号	关于印发《2011年股份公司总部员工培训计划》的通知
股份办劳〔2011〕11号	转发人力资源和社会保障部关于开展职业技能鉴定所（站）质量管理评估工作通知的通知
股份办安〔2011〕12号	关于转发中国铁道建设协会2010年度火车头优质工程奖获奖项目及单位名单的通知
股份办管〔2011〕13号	关于印发《中国中铁总部会议室管理办法》的通知
股份办发〔2011〕14号	关于2010年度全公司信息调研工作情况的通报
股份办干〔2011〕15号	关于公布《中国中铁股份有限公司总部员工岗位任职标准》的通知
股份办干〔2011〕16号	关于印发《股份公司总部员工业绩考核及重新聘任工作实施方案》的通知
股份办干〔2011〕17号	关于印发《中国中铁股份有限公司总部员工业绩考核暂行办法》的通知
股份办监〔2011〕18号	转发国资委《关于中央企业工程建设领域突出问题专项治理整改工作的指导意见》的通知

股份办发〔2011〕19号	关于重视做好国资委《信息参考》信息报送工作的通知
股份办发〔2011〕20号	关于印发《中国中铁股份有限公司2011年度档案工作要点》的通知
股份财发〔2011〕21号	转发财政部关于公布2010年全国政府性基金项目目录通知的通知
股份技发〔2011〕22号	转发财政部关于 2011 年中央国有资本经营预算重大技术创新及产业化资金项目申报工作通知的通知
股份划发〔2011〕23号	关于印发《2011年度股份公司规章制度制定和修订计划》的通知
股份办劳〔2011〕24号	转发关于做好国有企业老工伤人员等纳入工伤保险统筹管理有关工作通知的通知
股份干发〔2011〕25号	关于举办国际工程项目管理高级研修班的通知
股份办干〔2011〕26号	关于做好2011年股份公司职业项目经理资格评审工作有关问题的通知
股份办生〔2011〕27号	转发铁道部《无砟轨道和高速道岔首件工程评估实施细则》的通知
股份办技〔2011〕28号	转发国家发展改革委办公厅关于2011年工程咨询单位资格申报有关事项通知的通知
股份办发〔2011〕29号	关于做好《中国铁路工程总公司年鉴》(2010年卷)稿样校对工作的通知
股份办管〔2011〕30号	关于调整中国中铁总部机关住房委员会成员的通知
股份办管〔2011〕31号	关于转发中共中央组织部等9部委《关于利用社区资源做好离退休干部服务工作的意见》的通知
股份办安〔2011〕32号	关于转发铁道部关于2010年度铁路优质工程(勘察设计)奖评选结果公告的通知
股份办技〔2011〕33号	关于对2011年度科技开发计划进行公示的通知
股份办技〔2011〕34号	关于积极申报2011年度“中国铁道学会科学技术奖”的通知
股份办劳〔2011〕35号	关于做好2010年度工效挂钩清算及2011年度工效挂钩方案申报工作的通知
股份办安〔2011〕36号	关于转发国务院安委办《工程建设领域建筑施工预防坍塌事故专项整治工作方案》的通知
股份办发〔2011〕37号	关于2011年一季度全公司信息报送及采用情况的通报
股份办管〔2011〕38号	关于印发《中国中铁总部机关节能减排实施方案》的通
股份办财〔2011〕39号	关于举办中国中铁第一届财务会计职业技能大赛的通知
股份办管〔2011〕40号	关于印发《中国中铁总部员工就餐管理办法》的通知
股份办安〔2011〕41号	关于转发国家安全监管总局关于做好建设项目职业卫生“三同时”监督管理工作通知的通知
股份办技〔2011〕42号	关于申报2011年度中国土木工程詹天佑奖参选工程工作安排的通知

2011年中国中铁股份有限公司公司党委发文目录

发文字号	文件标题
中铁股份党组〔2011〕1号	关于同意召开中国共产党中铁西北科学研究院有限公司第二次代表大会的通知
中铁股份党组〔2011〕2号	关于成立中共中铁上海工程局有限公司委员会和纪律检查委员会的通知
中铁股份党组〔2011〕3号	关于成立中共中铁中原投资发展有限公司工作委员会和纪律检查工作委员会的通知
中铁股份党组〔2011〕4号	关于公布中国中铁股份有限公司总部党群机构编制、部门职能、业务模块设置的通知
中铁股份党组〔2011〕5号	转发中央创先争优活动领导小组《关于在创先争优活动中认真做好领导点评工作的指导意见》的通知
中铁股份党干〔2011〕6号	关于印发《中国中铁股份有限公司2011年干部管理工作要点》的通知
中铁股份党组〔2011〕7号	关于增补中铁隧道集团有限公司党委常委的通知
中铁股份党组〔2011〕8号	关于中铁电气化局集团有限公司党委、纪委换届候选人预备人选的通知
中铁股份党组〔2011〕9号	关于中铁西北科学研究院有限公司党委、纪委换届候选人预备人选的通知
中铁股份党组〔2011〕10号	关于中铁三局集团有限公司党委、纪委换届候选人预备人选的通知
中铁股份党办〔2011〕11号	关于2011年《中国中铁》报报道重点的通知
中铁股份党宣〔2011〕12号	关于印发《2011年全公司宣传思想文化工作要点》的通知
中铁股份党组〔2011〕13号	关于印发《2011年全公司党委组织工作要点》的通知

中铁股份党宣〔2011〕14号	关于印发《贯彻落实股份公司2011年工作会议精神宣传提纲》的通知
中铁股份党纪〔2011〕15号	转发国资委党委《关于推进中央企业廉洁文化建设的指导意见》的通知
中铁股份党组〔2011〕16号	关于同意召开中国共产党中铁隧道集团有限公司第三次代表大会的通知
中铁股份党组〔2011〕17号	关于对中共中铁西北科学研究院有限公司第二次代表大会和第二届委员会、纪律检查委员会第一次全体会议选举结果的批复
中铁股份党组〔2011〕18号	关于对中共中铁电气化局集团有限公司第三次代表大会和第三届委员会、纪律检查委员会第一次全体会议选举结果的批复
中铁股份党组〔2011〕19号	关于对中共中铁三局集团有限公司第三次代表大会和第三届委员会、纪律检查委员会第一次全体会议选举结果的批复
中铁股份党组〔2011〕20号	关于增补中铁上海工程局有限公司党委委员及纪委委员的通知
中铁股份党工〔2011〕21号	关于转发中共中央纪委等六部委《关于进一步做好职工代表大会民主评议国有企业领导人员工作的意见》的通知
中铁股份党宣〔2011〕22号	关于转发《中央宣传部、国务院国资委关于加强和改进新形势下国有及国有控股企业思想政治工作的意见》的通知
中铁股份党办〔2011〕23号	关于表彰《中国中铁》报2010年度优秀通讯员、优秀发行员、优秀发行单位、最佳投稿组织单位的决定
中铁股份党组〔2011〕24号	关于明确中铁大桥勘测设计院等单位党组织关系的通知
中铁股份党纪〔2011〕25号	关于调整股份公司惩治和预防腐败体系建设领导小组的通知
中铁股份党办〔2011〕26号	关于调整《中国中铁》报编辑委员会成员的通知
中铁股份党组〔2011〕27号	关于中铁国际经济合作有限公司增补两名党委委员事宜的批复
中铁股份党组〔2011〕28号	关于中国共产党中铁大桥局集团有限公司召开第三次党员代表大会事宜的批复
中铁股份党组〔2011〕29号	关于中铁一局集团有限公司党委增补4名委员及1名常委事宜的批复
中铁股份党办〔2011〕30号	关于密切关注当前形势切实做好稳定工作的紧急通知
中铁股份党组〔2011〕31号	关于中国共产党中铁七局集团有限公司召开第二次代表大会有关事宜的批复
中铁股份党干〔2011〕32号	关于印发《中国中铁股份有限公司领导班子和领导人员考核评价暂行办法》的通知
中铁股份党干〔2011〕33号	关于印发《中国中铁股份有限公司董事会、董事考核评价暂行办法》的通知
中铁股份党干〔2011〕34号	关于印发《中国中铁股份有限公司监事会、监事考核评价暂行办法》的通知
中铁股份党干〔2011〕35号	关于印发《中国中铁股份有限公司领导人员试用期制暂行办法》的通知
中铁股份党干〔2011〕36号	关于印发《中国中铁股份有限公司领导人员任期制暂行办法》的通知
中铁股份党干〔2011〕37号	关于印发《中国中铁股份有限公司领导人员交流制暂行办法》的通知
中铁股份党干〔2011〕38号	关于印发《中国中铁股份有限公司不胜任、不称职领导人员淘汰制暂行办法》的通知
中铁股份党干〔2011〕39号	关于印发《中国中铁股份有限公司领导人员问责制暂行办法》的通知
中铁股份党干〔2011〕40号	关于印发《中国中铁股份有限公司领导人员报告个人有关事项的规定》的通知
中铁股份党干〔2011〕41号	关于印发《中国中铁股份有限公司对配偶子女均已移居国（境）外的领导人员加强管理的暂行规定》的通知
中铁股份党干〔2011〕42号	关于印发《中国中铁股份有限公司“十二五”人才发展规划》的通知
中铁股份党干〔2011〕43号	关于印发《中国中铁股份有限公司“十二五”人才培训规划》的通知
中铁股份党组〔2011〕44号	关于表彰“百千万创先争优示范工程”基层示范党委、示范党支部和党员示范岗的决定
中铁股份党组〔2011〕45号	关于认真做好创先争优活动第三阶段重点工作的通知
中铁股份党干〔2011〕46号	关于表彰2010年度股份公司“四好”领导班子的决定
中铁股份党办〔2011〕47号	关于表彰中国中铁“党建带团建”工作先进单位的决定
中铁股份党办〔2011〕48号	关于成立中国中铁股份有限公司总部国家安全小组的通知
中铁股份党办〔2011〕49号	关于调整中国中铁股份有限公司保密委员会成员的通知
中铁股份党组〔2011〕50号	关于同意召开中国共产党中铁五局（集团）有限公司第三次代表大会的通知
中铁股份党宣〔2011〕51号	关于认真学习贯彻胡锦涛总书记在庆祝中国共产党成立90周年大会上重要讲话精神的通知

中铁股份党宣〔2011〕52号	关于印发《坚定信心攻难关，凝心聚力促发展——中国中铁"五讲"形势任务教育宣传提纲》的通知
中铁股份党组〔2011〕53号	关于成立中共中国中铁昆明轨道交通工程指挥部工作委员会和纪律检查工作委员会的通知
中铁股份党组〔2011〕54号	关于成立中共华刚矿业股份有限公司工作委员会和纪律检查工作委员会的通知
中铁股份党组〔2011〕55号	关于成立中共中国中铁股份有限公司老挝分公司工作委员会和纪律检查工作委员会的通知
中铁股份党组〔2011〕56号	关于成立中共中国中铁贵州旅游文化发展有限公司委员会和纪律检查作委员会的通知
中铁股份党组〔2011〕57号	关于成立中共中国中铁印尼有限责任公司工作委员会和纪律检查工作委员会的通知
中铁股份党组〔2011〕58号	关于变更调整中国中铁上海地区党工委人员组成有关问题的批复
中铁股份党组〔2011〕59号	关于成立中共中铁物贸有限责任公司工作委员会和纪律检查工作委员会的通知
中铁股份党组〔2011〕60号	关于中铁七局集团有限公司党委、纪委换届候选人预备人选有关问题的批复
中铁股份党组〔2011〕61号	关于做好基层党支部书记培训工作的指导意见
中铁股份党干〔2011〕62号	关于进一步加强和改进培养选拔女干部工作的指导意见
中铁股份党工〔2011〕63号	关于加强和改进新形势下工会工作的指导意见
中铁股份党组〔2011〕64号	关于同意召开中国共产党中铁信托有限责任公司第一次党员大会的通知
中铁股份党组〔2011〕65号	关于对中共中铁七局集团有限公司第二次代表大会和第二届委员会、纪律检查委员会第一次全体会议选举结果的批复
中铁股份党组〔2011〕66号	关于同意召开中国共产党中铁二院工程集团有限责任公司第二次代表大会的通知
中铁股份党组〔2011〕67号	关于印发股份公司党委书记李长进在总部机关创先争优活动第三阶段推进会议上的讲话和批转总部机关党委《关于认真做好创先争优活动第三阶段工作，进一步加强机关党的建设指导意见》的通知
中铁股份党组〔2011〕68号	关于公布中国中铁股份有限公司总部党群部门岗位职责的通知
中铁股份党组〔2011〕69号	关于中铁隧道集团有限公司党委、纪委换届候选人预备人选的通知
中铁股份党纪〔2011〕70号	关于命名中国中铁廉洁项目示范线（示范点）的决定
中铁股份党纪〔2011〕71号	关于表彰中国中铁优秀纪检监察工作者的决定
中铁股份党组〔2011〕72号	关于在全公司深入开展"为民服务创先争优"活动的实施意见
中铁股份党组〔2011〕73号	关于对中共中铁隧道集团有限公司第三次代表大会和第三届委员会、纪律检查委员会第一次全体会议选举结果的批复
中铁股份党组〔2011〕74号	关于中铁五局集团有限公司党委、纪委换届候选人预备人选的通知
中铁股份党宣〔2011〕75号	关于印发《中国铁路工程总公司第三届党代会、股份公司第一届党代会宣传提纲》的通知
中铁股份党组〔2011〕76号	关于加强和改进海外项目党建思想政治工作的指导意见
中铁股份党宣〔2011〕77号	关于认真学习贯彻党的十七届六中全会精神的通知
中铁股份党组〔2011〕78号	关于召开以坚持"发扬密切联系群众优良作风，深入开展创先争优活动"为主题党员领导干部民主生活会的通知
中铁股份党组〔2011〕79号	关于对中共中铁五局（集团）有限公司第三次代表大会和第三届委员会、纪律检查委员会第一次全体会议选举结果的批复
中铁股份党办〔2011〕80号	关于给予张振兴党内严重警告处分的批复
中铁股份党组〔2011〕81号	关于中铁二院工程集团有限责任公司党委、纪委换届候选人预备人选有关事宜的批复
中铁股份党宣〔2011〕82号	关于表彰"中国中铁工程项目文化建设示范点"的决定

2011年中国中铁股份有限公司公司纪委发文目录

发文字号	文件标题
中铁股份纪审[2011]1号	关于表彰"廉洁文化建设年"征集廉洁理念格言警句活动先进组织单位和优秀个人的决定
中铁股份纪监[2011]2号	关于转发国资委纪委《中央企业2011年效能监察工作指导意见》的通知

中铁股份纪审[2011]3号	转发国资委纪委《关于向中国纪检监察报“企业之窗”专版投稿》的通知
中铁股份纪审[2011]4号	转发国资委纪委《关于学习刘金国同志先进事迹的通报》的通知
中铁股份纪办[2011]5号	关于转发《关于组织观看〈学习贯彻第十七届中央纪委六次全会精神辅导专题〉电视片的通知》的通知
中铁股份纪审[2011]6号	关于开展“领导干部作风建设年”活动的通知
中铁股份纪办[2011]7号	关于同意航空港公司纪委变更名称的通知
中铁股份纪办[2011]8号	关于深入开展反腐倡廉区域联建活动的通知
中铁股份纪办[2011]9号	关于开展反腐倡廉重点课题调查研究的通知
中铁股份纪办[2011]10号	关于转发中纪委《关于开展全国廉政公益广告创意征集活动的通知》的通知
中铁股份纪办[2011]11号	关于评选表彰廉洁项目示范点(示范线)和优秀纪检监察工作者的通知
中铁股份纪办[2011]12号	关于转发强卫东同志在中央企业惩防体系建设工作视频会议上的讲话的通知
中铁股份纪审[2011]13号	关于表彰纪检监察优秀论文和优秀组织单位的决定
中铁股份纪办[2011]14号	关于“两节”期间严格遵守廉洁从业规定坚决禁止奢侈浪费行为的通知

2011年中国中铁股份有限公司工会发文目录

发文字号	文件标题
中铁股份工会函[2011]1号	关于进一步加强电子公文管理工作的通知
中铁股份工会函[2011]2号	关于投票评选第二届中国中铁“十大专家型工人”、“十大杰出女性”和“十大新型农民工”初步人选的通知
中铁股份工会函[2011]3号	关于做好股份公司工会季度决算编制和上报工作的通知
中铁股份工会函〔2011〕4号	关于广泛组织开展2011年“全民健身日”活动的通知
中铁股份工会函〔2011〕5号	关于对中铁置业、中铁资源、中铁国际工会财务管理工作检查的通知
中铁股份工会函〔2011〕6号	关于做好《玫瑰绽放》和《帼之慧》两本书籍发放学习工作的通知
中铁股份工会函〔2011〕7号	关于开展工会工作调研的通知
中铁股份工会函〔2011〕8号	关于报送2011年工会工作总结和2012年重点工作思路的通知
中铁股份工会函〔2011〕9号	关于继续做好《玫瑰绽放》、《帼之慧》两本书发放和学习体会征集工作的通知
中铁股份工会函〔2011〕10号	关于召开中国中铁工会年度预决算工作会议的通知
中铁股份工会经审〔2011〕1号	关于2010年度股份公司工会经审工作竞赛评比结果的通报
中铁股份工会经审〔2011〕2号	关于对中铁五局、中铁七局集团有限公司工会经费的审计通知
中铁股份工会审意〔2011〕1号	关于对中铁七局集团有限公司工会经费的审计意见
中铁股份工会审意〔2011〕2号	关于对中铁五局集团有限公司工会经费的审计意见
中铁股份工会审意〔2011〕4号	关于中铁宏达资产管理中心工会经费的审计意见
中铁股份工会审意〔2011〕5号	关于对中铁航空港建设集团工会经费的审计意见
中铁股份工会审意〔2011〕6号	大桥设计院审计意见
中铁股份工会审意〔2011〕7号	大桥局审计意见
中铁股份工会审意〔2011〕8号	关于对中铁山桥集团有限公司工会经费的审计意见
中铁股份工会审意〔2011〕9号	关于对中铁西南院工会经费的审计意见
中铁股份工会审意〔2011〕10号	关于对中铁港航局工会经费的审计意见
中铁股份工会审意〔2011〕11号	关于对中铁上海局工会经费的审计意见
中铁股份工会审意〔2011〕12号	关于对中铁隧道装备公司工会经费的审计意见
中铁股份工会审意〔2011〕13号	关于对中铁信托公司工会经费的审计意见
中铁股份工会审意〔2011〕14号	关于对中铁二局集团有限公司工会经费的审计意见
中铁股份工会经审函〔2011〕1号	关于对中铁山桥集团有限公司工会经费的审计通知书
中铁股份工会经审函〔2011〕3号	关于对中航港、中铁宏达中心工会经费审计的通知
中铁股份工会经审函〔2011〕4号	关于对中铁二局、中铁西南院、中铁信托工会经费审计的通知
中铁股份工会经审函〔2011〕5号	关于对中铁大桥局集团、中铁大桥勘测设计院工会经费审计的通知
中铁股份工会经审函〔2011〕6号	关于对中铁上海局、中铁港航局、中铁隧道装备公司工会经费审计的通知

2011年中国铁路工程总公司团委发文目录

发文字号	文件标题
中铁股份团〔2011〕1号	关于开展“安全生产，青年争先”主题实践活动的通知
中铁股份团〔2011〕2号	关于开展家庭经济困难农民工调查工作的通知
中铁股份团〔2011〕3号	关于表彰中国中铁2010年度五四红旗团委、五四红旗项目团支部、优秀团员、优秀团干部的决定
中铁股份团〔2011〕4号	关于印发《二〇一一年中国中铁共青团工作要点》的通知
中铁股份团〔2011〕5号	2010年度中国中铁青年网信息报送情况通报
中铁股份团〔2011〕6号	关于印发李长进、白中仁、姚桂清在共青团中国中铁二届八次全委（扩大）会议上的讲话的通知
中铁股份团〔2011〕7号	关于开展中国中铁共青团2011年重点工作督办落实工作的通知
中铁股份团〔2011〕8号	关于开展“推进两大转变，实现二次创业——我与企业同发展”主题征文活动的通知
中铁股份团〔2011〕9号	关于做好“党团共建，创先争优”活动近期有关工作的通知
中铁股份团〔2011〕10号	关于开展中国中铁优秀（杰出）青年项目经理优秀（杰出）青年项目总工评选活动的通知
中铁股份团〔2011〕11号	关于转发中央团工委《关于组织开展“我与祖国共奋进”形势政策教育活动的通知》
中铁股份团〔2011〕12号	关于开展纪念“五四运动”92周年系列活动的通知
中铁股份团〔2011〕13号	关于开展“永远跟党走——唱响红歌，创先争优”文艺比赛的通知
中铁股份团〔2011〕14号	共青团建立省部级以上荣誉备案制度通知
中铁股份团〔2011〕15号	关于开展“永远跟党走——唱响红歌，创先争优”文艺比赛的通知
中铁股份团〔2011〕16号	关于开展2011年度共青团理论研究工作的通知
中铁股份团〔2011〕17号	关于印发《中国中铁股份有限公司团委创先争优活动阶段性公开承诺（2011.6-2011.12）》的通知
中铁股份团〔2011〕18号	关于举办青年安全监督岗岗员技能大赛的通知
中铁股份团〔2011〕19号	关于做好2011年度大中专毕业生接收服务工作的通知
中铁股份团〔2011〕20号	关于开展“导师带徒”优秀师徒评选活动的通知
中铁股份团〔2011〕21号	关于组织引导广大团员青年和团干部认真学习贯彻胡锦涛总书记在庆祝中国共产党成立90周年大会上重要讲话的通知
中铁股份团〔2011〕22号	关于表彰“永远跟党走——唱响红歌，创先争优”文艺比赛获奖曲目及单位的决定
中铁股份团〔2011〕23号	关于在全公司团员青年中开展“五讲”形势任务学习教育活动的通知
中铁股份团〔2011〕24号	关于认真做好共青团创先争优活动近期有关工作的通知
中铁股份团〔2011〕25号	关于表彰中国中铁2011年度“模范师徒”的决定
中铁股份团〔2011〕26号	关于中国中铁青年网信息上报系统升级的通知
中铁股份团〔2011〕27号	关于转发黄丹华同志和王晓同志在中央企业青联三届一次全委会上讲话的通知
中铁股份团〔2011〕28号	关于转发王勇同志和陆昊同志在中央企业青年工作会议上讲话的通知
中铁股份团〔2011〕29号	关于开展“大干四季度，献礼党代会”青春建功主题实践活动的通知
中铁股份团〔2011〕30号	关于评选中国中铁2011年度五四红旗团委、五四红旗项目团支部、优秀团员、优秀团干部的通知 中铁股份团
中铁股份团〔2011〕31号	关于做好2011年度共青团和青年工作基础台账的通知
中铁股份团〔2011〕32号	关于开展中国中铁2012年度青年DV大赛的通知
中铁股份团〔2011〕33号	关于评选哈大铁路客运专线工程建设先进青年集体和个人通知
中铁股份团〔2011〕34号	关于建立团委负责人重难点工程联系点的实施意见
中铁股份团〔2011〕35号	关于认真做好“党团共建，创先争优”活动第三阶段工作的实施意见
中铁股份团组〔2011〕1号	关于对共青团中铁四局集团有限公司第三次代表大会和第三届委员会第一次全体会议选举结果的批复
中铁股份团组〔2011〕2号	关于对共青团中铁大桥局集团有限公司第二次代表大会和第二届委员会第一次全体会议选举结果的批复
中铁股份团组〔2011〕3号	关于对共青团中铁宝桥集团有限公司第二次代表大会和第二届委员会第一次全体会议选举结果的批复

中铁股份团组〔2011〕4号	关于对张立吉同志任命的复函
中铁股份团组〔2011〕5号	关于对中铁隧道装备制造有限公司团委人员组成的复函
中铁股份团组〔2011〕6号	关于同意召开共青团中铁八局集团有限公司第二次代表大会的批复
中铁股份团组〔2011〕7号	关于同意召开共青团中铁九局集团有限公司第二次代表大会的批复
中铁股份团组〔2011〕8号	关于共青团中铁九局集团有限公司第二届委员会委员候选人预备人选建议名单的批复
中铁股份团组〔2011〕9号	关于共青团中铁八局集团有限公司第二届委员会委员及书记候选人预备人选的批复
中铁股份团组〔2011〕10号	关于同意召开共青团中铁建工集团有限公司第二次团代会的批复
中铁股份团组〔2011〕11号	关于补选共青团中铁大桥局集团有限公司二届委员会委员的批复
中铁股份团组〔2011〕12号	关于共青团华铁工程咨询有限责任公司委员会纳入股份公司团委管理序列的批复
中铁股份团组〔2011〕13号	关于共青团中铁九局集团有限公司第二次代表大会和共青团中铁九局集团有限公司二届一次全委会议选举结果的批复
中铁股份团组〔2011〕14号	关于成立共青团中铁海西投资发展有限责任公司委员会的通知
中铁股份团组〔2011〕15号	关于同意召开共青团中铁一局有限公司第三次代表大会的批复
中铁股份团组〔2011〕16号	关于白志刚同志任命的函
中铁股份团组〔2011〕17号	关于同意召开共青团中铁西南科学研究院有限公司第二次代表大会的批复
中铁股份团组〔2011〕18号	关于成立共青团中国中铁股份有限公司老挝分公司工作委员会的通知
中铁股份团组〔2011〕19号	关于成立共青团中国中铁股份有限公司印尼分公司工作委员会的通知
中铁股份团组〔2011〕20号	关于成立共青团中国中铁贵州旅游文化发展有限公司工作委员会的通知
中铁股份团组〔2011〕21号	关于成立共青团中铁物贸有限责任公司工作委员会的通知
中铁股份团组〔2011〕22号	关于成立共青团中国中铁股份有限公司工程建设分公司工作委员会的通知
中铁股份团组〔2011〕23号	关于成立共青团中国中铁昆明轨道交通工程指挥部工作委员会的通知
中铁股份团组〔2011〕24号	关于成立共青团中铁中原投资发展有限工作委员会的通知
中铁股份团组〔2011〕25号	关于成立共青团华刚矿业股份有限公司工作委员会的通知
中铁股份团组〔2011〕26号	关于刘佳同志任命的复函
中铁股份团组〔2011〕27号	关于共青团中铁西南科学研究院有限公司第二次代表大会和共青团中铁西南科学研究院有限公司第二届委员会第一次全体会议选举结果的批复
中铁股份团组〔2011〕28号	关于中国中铁老挝分公司团工委人员组成的报告批复
中铁股份团组〔2011〕29号	关于共青团中铁中原投资发展有限公司工作委员会委员人选请示的批复
中铁股份团组〔2011〕30号	关于对共青团中国中铁贵州旅游文化发展有限公司工作委员会委员组成人选的批复
中铁股份团组〔2011〕31号	关于中国中铁昆明轨道交通工程指挥部团工委选举情况报告的批复
中铁股份团组〔2011〕32号	关于陈峰、王宏铭同志任职的复函
中铁股份团组〔2011〕33号	关于同意召开共青团中国中铁航空港建设集团有限公司第一次代表大会的批复
中铁股份团组〔2011〕34号	关于共青团中国中铁航空港建设集团有限公司第一届委员会及常委会组成人选的批复
中铁股份团组〔2011〕35号	关于共青团华刚矿业股份有限公司工作委员会组成人选请示的批复
中铁股份团组〔2011〕36号	关于共青团中国中铁股份有限公司工程建设分公司工作委员会组成人员的批复
中铁股份团组〔2011〕37号	关于同意召开共青团中铁资源集团有限公司第一次代表大会的批复
中铁股份团组〔2011〕38号	关于共青团中国中铁一局集团有限公司第三次代表大会和第三届委员会第一次全体会议选举结果的批复
中铁程团〔2011〕1号	关于对常宇通同志任职的复函
中铁股份办团发〔2011〕2号	关于评选中国中铁2010年度“青年安全杯”竞赛先进集体和先进个人的通知
中铁股份办团发〔2011〕4号	关于评选中国中铁2010年度青年文明号和青年岗位能手（标兵）的通知

专题资料

文献选编

管理提升：为培育世界一流企业奠定坚实基础

白中仁

今年，国资委决定在中央企业全面开展以“强基固本、控制风险、转型升级、保值增值、做强做优、科学发展”为主题的管理提升活动，该活动切合中央企业改革发展的实际，对于应对当前国内国际复杂多变的市场环境，提高市场竞争能力，推动中央企业做强做优，建设世界一流企业具有重大指导意义。

经过多年的改革发展，中国中铁的整体实力得到明显增强，但与世界一流企业相比，不仅在装备、技术等硬实力方面存在差距，在管理、人才等软实力方面也存在很大差距。特别是在管理创新方面，目前还没有取得实质性突破。按照国资委开展管理提升活动的总体要求，在深入调查研究、开展自我诊断的基础上，企业重点要抓好“五个强化，五个提升”。

一是强化项目管理，提升项目盈利能力。近些年来，随着施工生产规模不断扩大，企业高度重视并积极加强和改进工程项目管理，全公司项目管理质量和水平有了很大程度的提高。但从总体上看，项目管理仍处于粗放管理的状态，重揽轻管、以包代管、包而不管、管理过程粗放、监控不到位的问题还十分突出，项目效益流失比较严重。为此，在全公司范围内把加强以工程项目为重点的标准化和精细化管理作为管理提升活动的一项重要任务，以深入落实中国中铁制定的工程项目成本管理、资金管理、合同管理、分包管理、劳务企业使用管理和新修订的安全质量管理等制度办法为抓手，大力开展“项目管理专项提升”，深入推进资金、物资、设备、劳务队伍的“四个集中”管理，创新管理模式、规范管理行为、优化管理手段、提高队伍素质，形成管理有序、运作高效、过程可控、效益突出的管理体系，实现工程项目由粗放管理向精细管理的转变，推动企业管理迈上一个新台阶。

二是强化外协队伍管理，提升企业管控能力。随着企业规模的不断扩大，外协队伍已成为企业施工生产的重要力量。因此，在管理提升活动中把加强外协队伍管理作为重点来抓，要求各单位全面推进“五个纳入”、“四个集中”和“两个统一”管理：“ 五个纳入”即纳入领导班子绩效考核、纳入施工生产全过程管理、纳入项目党建思想政治工作、纳入职工队伍建设、纳入工程项目效能监察，形成党政纪工齐抓共管的合力；“ 四个集中”，即集中准入、集中选择、集中年审、集中发布；“两个统一”即统一管理流程、统一评价标准。要大力推广架子队管理模式，坚持“ 以我为主”，牢牢把握项目施工的主动权，通过强化对作业层的管理和控制，有效防范项目管理风险，严格控制外协队伍总量，严禁违法转包和违规分包，坚决整顿和清理不合格外协队伍。要加快劳务基地建设，提高外协队伍和劳务工的整体素质，切实加强分包工程的过程监控，做到监管制度、监管人员、管控措施、奖罚措施“四个到位”，使外协队伍管理有一个明显的提升。

三是强化基础管理，提升企业竞争能力。目前，股份公司共有法人企业 712 户，其中三级公司 429 户。三级公司是企业承上启下的重要管理层级，是全面参与市场竞争的经营主体，是加强项目管理的主责层面，也是我们夯实企业发展基础、提升企业发展质量的关键所在。在当前的市场环境下，迫切需要发挥三级公司的市场竞争主体、企业管理主责的作用，提高市场份额、加强基础管理。因此，在管理提升活动中要把做实三级公司、提高市场竞争能力作为首要任务来抓。要实行分类管理，加大三级公司绩效考核的力度，特别是对一些存在亏损和潜亏问题的三级公司，要逐个进行分析，查明亏损原因，提出专项提升方案，实行领导包干责任制，限期进行整改。要加大三级公司支持扶持力度，帮助解决三级公司生产经营存在困难和问题。

四是强化内控管理，提升风险防范能力。当前，随着国内外经济形势的交织影响，企业改革发展面临的形势依然复杂多变，各种现实和潜在的风险骤然增多。在这种情况下，进一步加强内部控制体系建设，不断增强企业抵御风险的能力和水平，确保企业持续健康稳定发展，比以往任何时候都显得更为紧迫和重要。为此，在去年积极开展内控审计和自我评价工作的基础上，紧密围绕“ 目标、风险、控制”这一主线，针对当前企业面临的安全质量、企业投资、海外经营、协作队伍管理、企业稳定和干部廉洁等风险，深入开展风险评估，优化管控流程，强化管控措施，严格监督评价，建立健全企业内部控制和风险管理体系，推进内部控制持续改进与优化。要通过管理提升活动，认真梳理企业管理中的薄弱环节和潜在风险点，全面加强基础管理，完善内部风险管理报告制度，建立“企业定期体检”制度，对“三重一大”、投融资业务、重大海外项目要建立专项风险评估，消除可能发生的重大隐患，确保企业重大风险得到有效控制。

五是强化创新管理，提升转型升级能力。管理创新和体制创新是实现企业发展方式转变的关键因素。要通过管理提升活动，进一步提高企业管理科学化、现代化水平，发挥管理创新对企业转变发展方式的积极作用，提高企业经营效益和发展质量，促进企业发展方式、盈利模式、运营机制的根本转变。要认真贯彻国资委《中央企业“十二五”转型升级战略实施纲要》，按照中国中铁“推进两大转变、实现二次创业，建设世界一流企业”的“十二五”发展战略，加快组织、产业、产品、人员结构调整，推进增长方式由主要依靠要素投入、规模扩张向主要依靠科技进步、劳动者素质提高、管理创新转变。要加快制订企业转型升级战略，坚持转升并举，通过结构调整、科技创新、加强管理、科学发展，推动企业转型升级，使企业在“十二五”期间发展质量显著提高、产业结构明显改善、组织结构不断优化、科技创新能力不断增强、节能减排成效显著、管理水平不断提升，把中国中铁打造成为具有国际竞争力的世界一流企业。

2012 年 9 月 23 日　光明日报

青藏铁路精　　神

建设雪域天路　铸就精神高原

——中国中铁青藏铁路建设精神宣讲报告

在“世界第三极”修建青藏铁路，是中国几代人的梦想，也是中国铁路建设者的神圣使命。然而，青藏铁路建设条件之苦、难度之大、要求之高，在世界铁路建设史上前所未有。许多外国专家断言：“铁路不可能修到拉萨去。”但中国中铁人发扬“挑战极限，勇创一流”的青藏铁路精神，顽强拼搏、团结奋战，创造了举世瞩目的伟大奇迹！

2001 年 6 月 29 日，青藏铁路格尔木至拉萨段开工典礼在中国中铁南山口铺架基地和造耳峰隧道同时进行，青藏铁路二期工程拉开序幕。面对艰险的环境、艰苦的条件、艰巨的任务，中国中铁一局在南山口铺架基地的大墙上，打出了“艰苦不怕吃苦，缺氧不缺精神，风暴强意志更强，海拔高追求更高！”的标语。此后，这句响亮的口号，成为激励广大建设者征战雪域高原、建设人间天路的精神旗帜。在这种精神的鼓舞下，中国中铁人靠聪明智慧攻克了世界性难题，靠满腔热血铸就了新的钢铁长城，靠忠诚信念彰显了中华民族的精神海拔。

青藏铁路建设精神充分展示了广大建设者“艰苦不怕吃苦”的伟大品格。

青藏高原千里冰封，人迹罕至。当地有句话“到了昆仑山，如进鬼门关；过了五道梁，哭爹又喊娘；上了风火山，三魂快归天。”由于高原反应，大家喘不上气，睡不着觉，煮不熟饭，也吃不下饭，即使普通感冒也会导致肺水肿、脑水肿，甚至危及生命。然而中国中铁人视困难为考验，视挑战为机遇，越是艰险越向前！

中央作出建设青藏铁路的英明决策后，作为中国铁路建设主力军，中国中铁毅然担当起“开路先锋”的大任。各级组织层层宣传发动，激励广大员工“吃苦在高原、奉献在高原、建功在高原”。广大员工踊跃参战，纷纷写下请战书、决心书。全公司迅速组织 6 万建设大军和大批机械设备，从格尔木，经纳赤台，上昆仑山，穿可可西里，翻五道梁，跨沱沱河，越唐古拉，贯藏北草原，直抵拉萨，全线打响青藏铁路建设攻坚战。

中铁四局工地医院护士长丁太环是最早上青藏线的。在筹建海拔 4750 米的雁石坪工地医院中，由于条件所限，作为女同志，她只能和 6 名男同志同吃同住。既要克服自身的高原反应，又要护理反应严重的同事，还要夜以继日地筹建医院，两次因劳累过度而晕倒。在她的带领下，仅用 17 天就建成了这个“世界最高的医院”。她常说，“作为医护人员，我更清楚什么叫生命禁区，更知道生命是多么脆弱，又是多么顽强！”

中铁建工集团青藏指挥长段永传，在拉萨火车站建设中，他和工程技术人员每天背着几十公斤重的测量仪，连续两个月在冰冷刺骨的河水中观测拉萨河水文地质，保证了拉萨站顺利开工。一次交通事故，他的颈椎错位、胸椎骨折，医生让他回北京治疗。段永传坚决地说：“我是指挥长，瘫了也要盯在工地！”在他的带领下，广大职工日夜奋战，出色完成拉萨站建设任务。10 个月中，人均瘦了 20 多斤。竣工时，段永传激动地说，拉萨站的按期建成，是我们 6000 多兄弟 12 万斤肉换来的呀！

上了青藏线，就要做贡献。在这里有身先士卒、靠前指挥的指挥长，也有顶风冒雪、顽强拼搏的一线工人；有强忍病痛、坚守岗位的工程师，也有夜以继日、忘我工作的技术员；有只能尽忠、不能尽孝的儿子，也有牵肠挂肚、思念幼子的年轻母亲。然而，中国中铁人更有以苦为荣、以苦为乐的豪迈斗志。中铁四局党工委书记于耀辉创作了“白天劳累，扯块白云擦把汗；夜晚孤寂，摘颗星星点盏灯”、“无花无草无怨悔，有苦有乐有豪情”等对联，充分表达了广大员工“艰苦不怕吃苦”的伟大品格。就这样，中国中铁人逢山开路、遇水架桥，不畏艰险、攻坚克难，用青春和热血践行了党和人民赋予的神圣使命。

青藏铁路建设精神充分展示了广大建设者“缺氧不缺精神”的崇高境界。

青藏高原含氧量仅为平原的一半。在这里，打火机打不着火，面条要用高压锅煮。人即使不动，心脏负担也相当于在平原背着几十斤的东西爬坡。如果没有“缺氧不缺精神”的崇高境界，别说建设青藏铁路，就连一天也待不下去。而中国中铁人却在这里坚守、奋斗了半个世纪。

1961年初，中国中铁西北科学研究院就在海拔4780米的风火山上建立了我国第一座，也是世界上唯一一座全年值守的高原冻土观测站，对多年冻土进行长期、系统的观测和研究。风火山严重缺氧、冬季漫长，最低气温零下四十多度，还经常有火球状的滚地雷，生存条件十分恶劣。

为观测冻土，必须有三、四个人常年坚守在风火山。他们成年累月看不到报纸、听不到广播，连过往的人影也没有，既要克服生理上的缺氧，更要承受精神上的孤独。为了防止狼的攻击，观测站站长常正功从兰州带回一条狗。上山途中，由于缺氧，狗怎么也迈不动脚。常正功就把它背上风火山，后来这条狗成了他们的忠实伙伴。

在认识冻土、掌握冻土规律过程中，风火山观察站涌现出一大批“坚守信念、献身青藏”的英雄：第一任站长周怀珍一干就是22年，直到退休，被誉为“风火山上不老松”。唐延华、唐雪松两代共产党员，成为坚守雪域高原的“父子兵”。这里还埋着“魂系风火山的好干部”王占吉的忠骨。他在临终前说：“活着没能看到青藏铁路修通，是我一生的遗憾。死后一定把我埋在风火山，我要看着火车从脚下通过。”后来，他的儿子又来到了风火山，继承了父亲的事业。

中国中铁三代人、半个世纪，默默奉献，矢志不渝，测取了1200多万个高原冻土区气象和地温数据，用青春乃至生命凝结成29项重大科研成果，为破解多年冻土难题、建设青藏铁路提供了科学依据。直到现在，他们仍然坚守在风火山上，不间断地观测冻土、气象和路基变化，为青藏铁路运行提供持续保障。

在青藏铁路施工中，机械设备因为缺氧不能正常运转，功率也大幅下降。我们就采取补氧增压等措施进行改造。机器尚且如此，人就更不用说了。为克服高原缺氧，指挥部每隔50公里设置一座制氧站，在隧道施工和员工宿舍采取弥漫式供氧和点对点供氧。在拼抢昆仑山隧道口施工中，工班长张鹏带领大家，背着氧气罐，一边吸氧一边工作，轮班倒、连轴转，不间断施工。这种坚守信念、无私奉献，挑战极限、拼搏进取的英雄壮举，在青藏线上不胜枚举。

青藏铁路建设精神充分展示了广大建设者“风暴强意志更强”的顽强斗志。

青藏高原多冰雪、多风暴、强日光、强辐射，“一年无四季，一日不同天”，常年冰天雪地，经常是狂风暴雪、飞沙走石。广大建设者以钢铁的意志，经受了恶劣气候、艰巨任务的重重考验。

铺架施工是全天候的作业，也是施工持续时间最长、遭遇风暴最多的。三岔河特大桥位于昆仑山北麓，海拔近4000米，是青藏铁路重点控制工程，也是全线的最高桥梁，桥面距谷底54.1米，建筑高度85.6米。2002年9月5日夜间，中铁一局正在实施大桥落梁任务，突然狂风暴雨夹着冰雹席卷而来。而此时，100多吨重的大梁正悬在空中，如不能及时下落，后果将不堪设想。紧急关头，指挥长郭秀春爬到54米高的桥墩上近距离指挥落梁，广大员工奋战40多分钟，安全完成落梁任务。正是靠着这种顽强的斗志，他们完成了格尔木至安多667公里、占全线58.5%的正线铺轨和3200余孔桥梁架设。

《西游记》中记载通天河“千层汹浪滚，万迭峻波颠”。中铁四局在通天河特大桥施工中，遇到汛期暴雨，汹涌的河水突然冲开施工大坝，涌向承台模板，广大员工毫不犹豫地跳入冰冷刺骨的通天河，手挽手、肩并肩，在湍急的河水中筑“人墙”、打木桩、填沙袋、排积水，奋战三个小时，堵住了缺口，保住了承台，顺利建成通天河特大桥。

面对艰苦环境和艰巨任务，中国中铁党委充分发挥中央企业的政治优势，坚持施工战线延伸到哪里，党组织就建立到哪里，活动就开展到哪里，作用就发挥到哪里。各级党组织围绕急难险重任务，开展了“青藏高原党旗红”活动，创“党员先锋岗”，建“红旗责任区”。中铁四局昆仑桥隧道项目部用高原上的石头铺成祖国的地图，组织火线入党和党员宣誓活动。15标海拔4700多米，通讯不便，职工们思念亲人，党工委就将指挥生产的唯一一部卫星电话，让每人每月免费使用3分钟，很多职工都是流着泪和家人通话的，他们把这三分钟称为“温馨三分钟”。

深入细致的思想政治工作，从根本上激发了广大干部职工的拼搏热情。领导干部身先士卒、率先垂范，共产党员勇挑重担、冲锋在前，广大员工顽强拼搏、团结奉献，创造了人类铁路建设史上前所未有的伟大奇迹。这里有长达半个世纪的基础研究，也有科学的勘测设计；有冻土地带的路基施工，也有穿越无人区的铺架工程；有被誉为世界之最的昆仑山隧道、羊八井1号隧道，也有全线控制工程——长江源特大桥、拉萨河特大桥。所有这些，都已成为中国铁路建设者在雪域高原履行央企使命、彰显脊梁本色的历史丰碑。

青藏铁路建设精神充分展示了广大建设者“海拔高追求更高”的科学态度。

青藏铁路全长1956公里，其中格拉段1142公里，海拔在4000米以上地段965公里，全线平均海拔4500米以上，最高处的唐古拉山口5072米，是世界海拔最高、线路最长的高原铁路。中国中铁人以“海拔高追求更高”的科学态度和勇于创新、精益求精的创造精神，攻克了“多年冻土、高寒缺氧、生态脆弱”三大世界性难题，建成了“科技、环保、和谐”的百年精品工程。

我们大力推进科技创新。青藏铁路工程获得国家科技进步奖特等奖，青藏铁路混凝土施工、机械铺轨等获国家级工法，拉萨河特大桥“三联拱型桥面”和拉萨站“彩色混凝土”等50多项科技成果处于国际领先水平。昆仑山隧道含冰量超过50%，是铁路建设史上难度最大、跨度最长的永久冻土隧道，中铁五局发明了拱顶作业车，既攻克了冻土隧道施工难题，也创造了青藏铁路发明1号专利。在施工中，一线员工还发明了“空调路基”、车辆穿“棉袄”、桥墩裹“婚纱”、“汽车拉着火车跑”等工艺和方法，既确保了工程质量，又提高了工作效率。

为保障参建员工的健康，中国中铁党委提出“上多少人回多少人，一个都不能少”，大力加强工地生活、工地卫生、工地文化“三工建设”，在格尔木建立了后勤保障基地，在各工点设立制氧站、医疗站，每天强制员工吸氧，建立了员工健康档案和“工前、工中、工后”体检制度，保障了员工正常的生产生活，创造了5年时间在青藏高原“大兵团”重体力劳动“高原病零死亡”的奇迹。

我们坚持建设与保护并重，建立环保责任制，设立环保监理，投入15.6亿元为藏羚羊等野生动物修建迁徙通道、种植和移植草皮58万平方米、设立防沙治沙点46处。在三江源特大桥施工中，中铁三局坚持不让一点污水流到江里，不让一片垃圾飘到江里，不让一滴废油滴到江里。他们在每个桥墩旁都挖了沉淀池，排出的泥浆必须经过二次沉淀，做到了“玉洁冰清，还诸天地；青山碧水，留以子孙！”

就这样，中国中铁人尊重科学、勇于创新、促进和谐、争创一流，铺就了一条前无古人的钢铁大道，演绎出一曲富有时代精神的绚丽华章。

2006年7月1日，青藏铁路建成通车。胡锦涛总书记高度赞扬青藏铁路建设者以惊人的毅力和勇气战胜了各种难以想象的困难，用心血和汗水谱写了人类铁路建设史上的辉煌篇章。他强调，青藏铁路建成通车不仅是中国铁路建设史上的伟大创举，也是世界铁路建设史上的一大奇迹，将永载共和国的史册！

青藏铁路建设展示的是国家的实力，彰显的是产业工人的志气，在世界之巅筑起了中华民族新的精神高原。青藏铁路建设精神，通过先进事迹报告团走进了人民大会堂，通过新闻媒体和电影《青藏线》、电视剧《雪域天路》传遍了大江南北，成为中华民族宝贵的精神财富，和大庆精神、载人航天精神一起成为中央企业先进精神的旗帜，成为民族精神、时代精神的重要组成部分。它所昭示的广大建设者“艰苦不怕吃苦”的伟大品格，“缺氧不缺精神”的崇高境界，“风暴强意志更强”的顽强斗志，“海拔高追求更高”的科学态度，也伴随着中国中铁的跨越征程，不断得到传承、丰富和发展。

弘扬青藏铁路建设精神，我们勇当国家基本建设主力军。完成了京津城际、武广客专、京沪高铁等高速铁路建设，建成了全国3/5的地铁和1/10的高速公路；修建了一万多座跨江跨海大桥，建成了总长五千多公里的穿山越洋隧道；先后9次远征南极，完成了中山站、长城站、昆仑站的建设维护任务，树立起一座座彪炳千秋的历史丰碑。

弘扬青藏铁路建设精神，我们推进企业跨越式发展。成功实施了公司制改造和境内外整体上市，企业规模以年均30%的速度快速增长，成为世界最大的建筑承包商，连续7年进入世界企业500强；在铁路、公路、机场码头、城市轨道、市政工程等领域拥有核心技术，达到国际领先水平，成为全国首批“创新型企业”。

弘扬青藏铁路建设精神，我们在关键时刻挺身而出。在汶川抗震救灾中，组成100多支抢险突击队，救出426名被埋群众，抢通宝成铁路109隧道，修复6条铁路，打通12条公路，捐款5577万元；在玉树灾后重建中，承担120个援建项目，是出图最快、开工最早、完成任务最多的企业，充分彰显了中央企业脊梁本色。

弘扬青藏铁路建设精神，我们建设具有国际竞争力的世界一流企业。认真贯彻落实科学发展观，深入开展创先争优活动，创建了100个“基层示范党委”、1000个“示范党支部”、10000个“党员示范岗”，党组织战斗力和企业竞争力不断增强。先后荣获“全国五一劳动奖状”、“全国抗震救灾先进基层党组织”、“西部大开发突出贡献集体”等荣誉称号；涌现出“全国知识型产业工人、共和国双百人物”窦铁成、“全国农民工楷模、专家型技术工人”巨晓林等一大批先进典型；培育了“勇于跨越、追求卓越”的企业精神，使青藏铁路建设精神得到弘扬和发展。

青藏铁路建设精神，为青藏铁路建设提供了强大动力，为中国中铁发展注入了生机活力，为中华民族的精神家园增添了时代内涵。伟大的时代造就伟大的工程，伟大的工程培育伟大的精神。我们相信，在我国现代化建设的伟大进程中，青藏铁路建设精神必将不断绽放出新的绚丽光芒！

媒体报道

让180万农民工有归属感（走进国企）

《人民日报》（2012年05月15日 01版）

编者按：国有企业有“共和国长子”之称，第一架飞机、第一台机床、第一个自动化电站……以国有企业为依托，新中国现代工业实现了从无到有、从小到大，从弱到强的跨越。

深化改革、攻坚克难，近年来，国有企业改革不断向前推进。国有企业的数量虽然在减少，但影响力、控制力、竞争力显著增强，成为社会责任的"主心骨"，自主创新的"排头兵"，重大工程的"顶梁柱"，走出国门的"探路者"，在经济社会发展中发挥着不可替代的作用。

从今天起，本报推出"走进国企"系列报道，从科技创新、国际化经营、应对大事难事、履行社会责任等方方面面反映国企的真实情况和不懈努力，向社会展示一个个富有活力、勇于担当的国企，以更好地推进改革。

5月初，中国中铁航空港集团承建的北京在建规模最大的地铁换乘站——慈寿寺站，已进入施工收尾阶段。午饭时间，酱鸡架和红烧鱼块的香味弥漫了工地休息区。打饭窗口前，南腔北调，笑声不断，分不清哪位是项目经理，哪些是大学生，哪些又是农民工。只知道这一双双手共同交出的质量验收成绩单，一直漂亮。

慈寿寺工地只是中国中铁推进农民工与职工"五同"管理的一个缩影。每年，180万农民工在中国中铁找到了主人翁的感觉，而中国中铁的各项业绩指标也在农民工的支撑中屡创历史新高。

"在中国中铁，农民工不是临时工，而是主人翁。大家同学习、同劳动、同管理、同生活、同报酬，营造了重视农民工、尊重农民工、依靠农民工、维护农民工合法权益的企业文化。"中国中铁股份有限公司董事长李长进说。

农民工不是"临时工"，和正式职工是一家人

5月初，看着地铁慈寿寺站内一天天换上新装，农民工姚利群打心底自豪。从一名普通工人成长为高级电工，姚利群的收入从过去每天30元，涨到了200多元。"没想到会跟着一家企业干上10年。在中铁学了技术，收入也涨了好几倍，挺满意的。"

每年，180万名像姚利群这样的农民工，在中国中铁获得就业机会，使中国中铁成为我国农民工用工最多的企业。然而，农民工规模大、流动性强、平均文化水平低，如何才能保持农民工队伍的稳定性，让这支百万兵团真正融入中铁大军？

理念要先行。近年来，中国中铁在全公司广泛开展了"五破五立"的宣传教育，破除农民工是"打工仔"、是"附属劳动力"、是"临时工"的旧思想，树立农民工是工人阶级新成员、是企业财富共同创造者、和职工是一家人的新观念；破除维护农民工权益是"照顾"、保障农民工权益"无关紧要"的旧思想，树立维护农民工权益是依法办事、保障农民工权益关系企业发展稳定大局的新观念。

如今中铁上下都达成共识：改革开放初期是农民工离不开中国中铁，现在则是中国中铁的事业离不开农民工。"农民工不是包袱，是财富，是重要的人力资源，发挥着不可替代的重要作用。"中国中铁航空港集团党委书记初继旺说。

制度做保障。在中国中铁，总部及所属单位都有农民工工作领导小组，并在信息沟通、重大隐患报告、工资支付保障等方面建立了长效运行机制。农民工工作优劣成为各企业评比考核的重要依据，农民工的生存发展和管理者的"位子"、普通职工的"票子"紧密相连。

管理强基础。在中国中铁，大学毕业的技术员都分散在全国上万个工地，与项目部的农民工同学习、同劳动、同管理、同生活、同报酬。统一的工装、统一的工作标准、统一的生活设施、统一的文化活动、统一的医疗保障，工资标准也实行同工同酬……在实施"五同"管理中，大学生和农民工之间的隔阂被打破，彼此成为良师益友。

"人们常夸赞中铁不仅没有'用工荒'，而且工人能'一呼就起、一激即活、一触即发、一战就胜'。这种优良作风靠的就是团结，一家人的团结。"中国中铁股份有限公司工会主席姚桂清说。

不仅让农民工就业，更给他们一方成才的土壤

在中国中铁，曾经的农民工、如今的正式职工巨晓林名声响亮。他跟随中铁电气化局工作23年，记下230万字的工作笔记，革新工艺43项，创造经济效益600多万元，并独立编写出我国铁路电气化史上第一本施工教科书。

"如果中国2.3亿农民工都能像巨师傅一样爱动脑子，粗活巧干，铁路建设的脚步会更稳更快！如果企业都像中国中铁这样善待和发掘农民工，那么中国社会发展的脚步还会更好更快。"天津路安电气化监理有限公司常务副总经理陆文说。

中国中铁给予农民工的不仅是一个就业岗位，更是一份事业、一方成才的土壤。

中国中铁重视职业教育，助推农民工从普通壮工转型为技术工人。在中国中铁，每年都有农民工培训管理规划，并建立了1000余个"窦铁成学习型班组"和300多所"巨晓林农民工夜校"，积极开展农民工职业技能鉴定，全公司农民工岗前培训率100%，特殊工种持证上岗率100%，仅中铁四局就在安徽巢湖、阜阳、安庆、亳州等地区与地方政府联合建立7个农民工培训基地。

中国中铁发挥个人特长，鼓励农民工进行管理创新与工艺革新。农民工不仅是建筑一线作业的主力军，更是工艺创新的主力军。多年来，巨晓林每到一个项目部，中铁电气化局就专门安排一间"工作室"，尽其所长地改良各种吊臂、竹竿、滑轮、挂钩等小物件。最后，小小的"工作室"成了

一线创新的吸铁石，工友们都跑来集思广益，使电气化局的施工工艺始终走在同行前列。

一方水土养一方人，千千万万的知识型、创新型农民工如雨后春笋般在中铁大军中迅速成长。农民工赵刚刚，中铁七局三公司深圳地铁项目部盾构队队长，他带领的队伍以45天掘进500米的速度创造深圳地铁掘进的第一效率；农民工徐露平，中铁四局四公司预应力张拉工，他发明制造的钢绞线自动穿束机，使每个高铁制梁场节约资金数十万元……

正是有了这支愿奉献、有知识、能创新的农民工队伍，中铁大军逢山开路，遇水架桥，累计为国家新建、扩建和改建铁路占全国铁路总运营里程的2/3以上，修建电气化铁路占全国电气化铁路总运营里程的95%，修建的城市轨道交通占全国总里程3/5。

打破职业“天花板”，让农民工有奔头、有尊严

24岁的农民工李腾飞2007年开始跟随中铁隧道集团工作，如今已升职为项目部的安全管理员，每月工资也涨了1000元。作为80后农民工，李腾飞对自己的职业有规划。“中铁的就业环境好，给农民工也提供了晋升的通道。懂管理的可以进入管理层级，爱钻研技术的可以评职称，当技术主管，或许30岁时，我能当上安全总监呢！”

打破农民工事业发展的玻璃“天花板”，成为中国中铁农民工工作的最大亮点。为了使农民工享有与职工平等的政治待遇，中国中铁不断破除农民工在加入党、团、工会组织和教育培训、表彰奖励、提拔使用、参与决策等方面的体制机制障碍。

近些年来，中国中铁先后有8万余名农民工加入工会组织，370多人被选为各级职代会代表，3600多人被评为省级以上先进，3人当选为全国劳模，2人荣获全国五一劳动奖章，1.5万多人被提拔到生产管理和技术岗位。3年多来，有960多名技术能力和综合素质优秀的农民工被转为企业正式职工。

事业有前途，文化生活也要像正式职工一样丰富多彩。2011年春节前，中国中铁组织北京工人疗养院医务人员为农民工兄弟免费体检，请专业书法家为农民工写春联，组织全总文工团为农民工演出，还安排大巴和铁路专列送在京农民工返乡过年。

“我们的建设工程急难险重，全靠农民工兄弟挑大梁。企业不能让农民工吃亏，要让他们干活有劲头，事业有奔头，生活有尊严。这是央企的承诺，更是责任。”初继旺说。